Bamberger/Barry/Führ/Kilian/Otto/Primaczenko/Roemer/
Wittkowski

Notariatskunde

NOTARPRAXIS

Notariatskunde

20. Auflage 2021

Begründet von
Notar a.D. Dr. Hermann J. Faßbender (†),
Notariatsbürodirektor i.R. Walter Grauel,
Notar Dr. Peter Kemp (†),
Notar a.D. Dr. Werner Ohmen
und Notar a.D. Dr. Wolfgang Peter

Bearbeitet von
Notarin Hanna Bamberger, Notar Dr. Sebastian Barry,
Notar Dr. Thorsten Führ, Notar Dr. Thomas Kilian,
Notar a.D. Dr. Dirk-Ulrich Otto, Notar Dr. Vladimir
Primaczenko, Notar Dr. Heiner Roemer
und Notar Dr. Ralf Wittkowski

DeutscherNotarVerlag

Zitiervorschlag:
Faßbender/*Bearbeiter*, Notariatskunde, § 1 Rn 1

Hinweis

Die Formulierungsbeispiele in diesem Buch wurden mit Sorgfalt und nach bestem Wissen erstellt. Sie stellen jedoch lediglich Arbeitshilfen und Anregungen für die Lösung typischer Fallgestaltungen dar. Die Eigenverantwortung für die Formulierung von Verträgen, Verfügungen und Schriftsätzen trägt der Benutzer. Autoren und Verlag übernehmen keinerlei Haftung für die Richtigkeit und Vollständigkeit der in dem Buch enthaltenen Ausführungen und Formulierungsbeispiele. Es wird darauf hingewiesen, dass in der elektronischen Fassung dieses Titels die Fußnoten innerhalb der Muster nicht enthalten sind.

Copyright 2021 by Deutscher Notarverlag, Bonn
Satz: Reemers publishing services GmbH, Krefeld
Druck: Hans Soldan Druck GmbH, Essen
ISBN 978-3-95646-236-8

Bibliografische Information der Deutschen Bibliothek
Die Deutsche Bibliothek verzeichnet diese Publikation in der Deutschen Nationalbibliografie; detaillierte bibliografische Daten sind im Internet über http://dnb.ddb.de abrufbar.

Vorwort

Der „Faßbender, Notariatskunde", es gibt wohl kaum Notariate, in denen die Mitarbeiter und Mitarbeiterinnen, mit diesem Titel nicht sofort die unverzichtbare „blaue Bibel" verbinden.

Die nun 20. Auflage berücksichtigt sämtliche Gesetzesänderungen der vergangenen Jahre (genannt seien u.a.: EU-Erbrechtsverordnung, EU-Güterrechtsverordnung, Datenschutzgrundverordnung) ebenso wie auch die jüngsten Reformen, welche sich auf die Arbeit im Notariat auswirken; exemplarisch seien angeführt:

■ Reform des Geldwäschegesetzes (GwG) durch die Umsetzung der 4. EU-Geldwäscherichtlinie,
■ Verschärfung der Melde- & Prüfpflichten durch die GwGMeldV-Immobilien beim Erwerb eines Grundstücks,
■ Verordnung über die Führung notarieller Akten und Verzeichnisse (NotAktVV),
■ Anpassung des GNotKG durch das Kostenrechtsänderungsgesetz 2021 (KostRÄG 2021),
■ WEG-Reform (WEMoG),
■ Vertiefung der Ausführungen zum Datenschutz (Stichwort: DSGVO und BDSG).

Beibehalten wurde die Aufteilung des Werkes:

§ 1 Der Notar und seine Mitarbeiter

§ 2 Das Büro des Notars

§ 3 Die Amtsgeschäfte des Notars

§ 4 Die einzelnen Geschäfte und ihre Abwicklung

§ 5 Notarkostenrecht

Die „Notariatskunde" bietet umfassende Informationen über den Notar, seine Tätigkeitsbereiche und die rechtlichen Hintergründe. Die große Fülle von Mustern, Beispielen und grafischen Darstellungen erklärt den zum Teil schwierigen Stoff und erleichtert den Umgang mit der Materie.

Das Autorenteam – ausschließlich Notarinnen und Notare – besteht auch in der vorliegenden Auflage aus erfahrenen und renommierten Praktikern.

Neu hinzugestoßen ist Notar Dr. Vladimir Primaczenko aus Plauen, der sich für das Internationale Privatrecht verantwortlich zeichnet.

Gesetzgebung und Rechtsprechung bis April 2021 sind berücksichtigt.

Im Mai 2021

Der Verlag

Inhaltsverzeichnis

14

Autorenverzeichnis

Hanna Bamberger
Notarin, Bonn-Bad Godesberg

Dr. Sebastian Barry
Notar, Bergisch Gladbach

Dr. Thorsten Führ, LL.M. (Cambridge)
Notar, Düren

Dr. Thomas Kilian
Notar, Aichach

Dr. Dirk-Ulrich Otto
Notar a.D., Leipzig

Dr. Vladimr Primaczenko
Notar, Plauen

Dr. Heiner Roemer
Notar, Jülich

Dr. Ralf Wittkowski
Notar, Xanten

Bearbeiterverzeichnis

§ 1 Der Notar und seine Mitarbeiter
Führ

§ 2 Das Büro des Notars
Führ

§ 3 Die Amtsgeschäfte des Notars
Führ

§ 4 Die einzelnen Geschäfte und ihre Abwicklung

A. Aus dem Bereich des Grundstücksverkehrs

I. Allgemeines
Barry

II. Der Kaufvertrag über ein Grundstück
Barry

III. Der Tauschvertrag
Barry

IV. Der Überlassungsvertrag
Roemer

V. Erbschaftsteuer – Schenkungsteuer
Roemer

VI. Kosten
Otto

VII. Besonderheiten bei der Abwicklung eines Überlassungsvertrags
Roemer

VIII. Hof- und Landgutübergabe
Roemer

IX. Das Wohnungs- und Teileigentum
Barry

X. Genehmigungserfordernisse beim Grundstücksvertrag
Roemer

XI. Die Abwicklung eines Grundstücksvertrags
Barry

B. Aus dem Bereich der Grundstücksbelastungen und Grundstücksbeschränkungen
Bamberger

C. Aus dem Bereich des Familienrechts
Führ

D. Aus dem Bereich des Ehegüterrechts, des Versorgungsausgleichs und der Eingetragenen Lebenspartnerschaft
Roemer

E. Aus dem Bereich des Erbrechts
Wittkowski

F. Aus dem Bereich des Handels- und Vereinsrechts
Kilian

G. Aus dem Bereich des Schuldrechts

I. Miete und Pacht
Roemer

II. Die Abtretung
Roemer

III. Schuldübernahme und Vertragsübernahme
Roemer

IV. Schuldversprechen und Schuldanerkenntnis
Roemer

V. Die Bürgschaft
Roemer

VI. Die Sicherungsübereignung
Führ

H. Internationales Privatrecht
Wittkowski/Primaczenko

§ 5 Notarkostenrecht
Otto

Abkürzungsverzeichnis

1. EheRG	Erstes Gesetz zur Reform des Ehe- und Familienrechts
aA.	anderer Ansicht
aF.	alter Fassung
AGBGB Schl-H	Ausführungsgesetz des Landes Schleswig-Holstein zum Bürgerlichen Gesetzbuch
AO	Abgabenordnung
AV	Allgemeine Verfügung
AVNot	Angelegenheiten der Notare
BauGB	Baugesetzbuch
BeurkG	Beurkundungsgesetz
BFH	Bundesfinanzhof
BGB	Bürgerliches Gesetzbuch
BGBl. I., II.	Bundesgesetzblatt Teil I und Teil II
BGH	Bundesgerichtshof
BGHZ	Entscheidungen des Bundesgerichtshof in Zivilsachen
BNotK	Bundesnotarkammer
BNotO	Bundesnotarordnung
BRAO	Bundesrechtsanwaltsordnung
BStBl	Bundessteuerblatt
BT-Drs.	Bundestagsdrucksache
BVerfG	Bundesverfassungsgericht
BWGBl	Gesetz- und Verordnungsblatt des Landes Baden-Württemberg
DNotZ	Deutsche Notar-Zeitschrift
DONot	Dienstordnung für Notare
DSGVO	Datenschutzgrundverordnung
DStR	Deutsches Steuerrecht
DtZ	Deutsch-Deutsche Rechts-Zeitschrift
EG	Erwägungsgrund zur EU-Erbrechtsverordnung
EGBGB	Einführungsgesetz zum Bürgerlichen Gesetzbuch
ENZ	Europäisches Nachlasszeugnis
ErbbauRG	Gesetz über das Erbbaurecht
ErbStDV	Erbschaftsteuer-Durchführungsverordnung
ErbStG	Erbschaftsteuer- und Schenkungsteuergesetz
EStG	Einkommensteuergesetz
EU-ErbVO	Europäische Verordnung zum Internationalen Erb- und Erbverfahrensrecht v. 4.7.2012 (Abl. EG v. 27.7.2012 Nr. L 201, S. 107)
EuGH	Gerichtshof der Europäischen Union
FamFG	Gesetz über das Verfahren in Familiensachen und in den Angelegenheiten der freiwilligen Gerichtsbarkeit

FGB	Familiengesetzbuch der ehemaligen DDR
FGG	Reichsgesetz über die Freiwillige Gerichtsbarkeit
FGG-RG	FGG-Reformgesetz
FIU	Zentralstelle für Finanztransaktionsuntersuchung
FPR	Familie, Partnerschaft & Recht
GAL	Gesetz über eine Altershilfe für Landwirte
GBO	Grundbuchordnung
GBV	Grundbuchverfügung
GG	Grundgesetz
GleichbG	Gesetz über die Gleichberechtigung von Mann und Frau auf dem Gebiet des bürgerlichen Rechts
GNotKG	Gesetz über Kosten der freiwilligen Gerichtsbarkeit für Gerichte und Notare (Gerichts- und Notarkostengesetz)
GrdstVG	Grundstückverkehrsgesetz
GrEStG	Grunderwerbsteuergesetz
GeschGehG	Gesetz zum Schutz von Geschäftsgeheimnissen
GVG	Gerichtsverfassungsgesetz
GV NW	Gesetz- und Verordnungsblatt des Landes Nordrhein-Westfalen
GVO	Grundstücksverkehrsordnung
GWG	Geldwäschegesetz
GwGMeldV-Immobilien	Geldwäschegesetzmeldepflichtverordnung-Immobilien
Hess FGG	Hessisches Gesetz über die Freiwillige Gerichtsbarkeit
h.M.	herrschende Meinung
HöfeO	Höfeordnung
HöfeVfO	Höfeverfahrensordnung
HRefG	Handelsrechtsreformgesetz
InsO	Insolvenzordnung
IntErbRVG	Internationales Erbrechtsverfahrensgesetz vom 29.6.2015, BGBl. 2015, 1042
IPR	Internationales Privatrecht
JMBl NW	Justizministerialblatt für das Land Nordrhein-Westfalen
KG	Kammergericht
LAnpG	Landwirtschaftsanpassungsgesetz
LPartG	Lebenspartnerschaftsgesetz
MittBayNot	Mitteilungen des Bayerischen Notarvereins
MittRhNotK	Mitteilungen der Rheinischen Notarkammer
NdsAGBGB	Niedersächsisches Ausführungsgesetz zum Bürgerlichen Gesetzbuch
NdsFGG	Niedersächsisches Gesetz über die Freiwillige Gerichtsbarkeit
NJW	Neue Juristische Wochenschrift
notar	Monatsschrift für die gesamte notarielle Praxis und Mitteilungsblatt des Deutschen Notarvereins
NotAktVV	Verordnung über die Führung notarieller Akten und Verzeichnisse

NotBZ	Zeitschrift für die notarielle Beratungs- und Beurkundungspraxis
OLG	Oberlandesgericht
OVG	Oberverwaltungsgericht
PrAGBGB	Preußisches Ausführungsgesetz zum BGB
PrFGG	Preußisches Gesetz über die Freiwillige Gerichtsbarkeit
PStG	Personenstandsgesetz
RegVBG	Registerverfahrensbeschleunigungsgesetz
Rhl-Pf	Rheinland-Pfalz
Richtlinien-empfehlungen	Richtlinienempfehlungen der BNotK, Allgemeine Richtlinien für die Berufs-ausübung der Notare
Rdn	Randnummer, intern
Rn	Randnummer, auf externe Werke bezogen
RNotZ	Rheinische Notar-Zeitschrift
Rpfleger	Der Deutsche Rechtspfleger
RPflG	Rechtspflegergesetz
RSG	Reichssiedlungsgesetz
SGB VIII	Sozialgesetzbuch Achtes Buch (VIII)
StAG	Staatsangehörigkeitsgesetz
str.	streitig
UmwG	Umwandlungsgesetz
VersAusglG	Versorgungsausgleichsgesetz
VIZ	Zeitschrift für Vermögens- und Investitionsrecht
VO	Verordnung
VwGO	Verwaltungsgerichtsordnung
VwVfG	Verwaltungsverfahrensgesetz
WEG	Wohnungseigentumsgesetz
Zerb	Zeitschrift für die Steuer- und Erbrechtspraxis
ZEV	Zeitschrift für Erbrecht und Vermögensnachfolge
ZFE	Zeitschrift für Familien- und Erbrecht
ZGB	Zivilgesetzbuch der ehemaligen DDR
ZNotP	Zeitschrift für die Notarpraxis
ZPO	Zivilprozessordnung

Literaturverzeichnis

Armbrüster/Preuß/Renner, BeurkG/DONot, 8. Aufl. 2020

Beck'sches Notar-Handbuch, 8. Aufl. 2019 (zit. Beck'sches Notar-Handbuch/*Bearbeiter)*

Bohrmann/Diehn/Sommerfeldt, GNotKG, 3. Aufl. 2016

Diehn, Notarkostenberechnungen, 6. Aufl. 2020

Diehn/Sikora/Tiedtke, Das neue Kostenrecht, 2013

Elsing, Notargebühren von A–Z, 4. Aufl. 2019

Fackelmann, Notarkosten nach dem neuen GNotKG, 2013 (zit. *Fackelmann*, Einführung)

Fackelmann/Heinemann, GNotKG, 2013 (zit. Fackelmann/Heinemann/*Bearbeiter)*

Faßbender, Das Kostenprivileg der Landwirtschaft, Rinteln 1990 (zit. *Faßbender*, Kostenprivileg)

Ferid/Firsching/Dörner/Hausmann, Internationales Erbrecht, 115. Aufl. 2020 Loseblattsammlung

Filzek, Kostenordnung, 5. Aufl. 2015

Gustavus, Handelsregisteranmeldungen, 10. Aufl. 2020

Hannes, Formularbuch Vermögens- und Unternehmensnachfolge, 2. Aufl. 2017 (zit. Hannes/*Bearbeiter*)

Hartmann/Toussaint, Kostenrecht, 50. Aufl. 2020

Hausmann/Odersky, Internationales Privatrecht in der Notar- und Gestaltungspraxis, 3. Aufl. 2017, zit.: Hausmann/Odersky/*Bearbeiter)*

von Hoyenberg, Vorweggenommenen Erbfolge, 2010 (zit.: *v. Hoyenberg*)

Hügel, Beck'scher Online-Kommentar GBO, 28. Edition, Stand 1.11.2016 (zit. BeckOK-GBO/*Bearbeiter*)

Kersten/Bühling, Formularbuch und Praxis der Freiwilligen Gerichtsbarkeit, 26. Aufl. 2019 (zit. Kersten/Bühling/*Bearbeiter*)

Kilian/Sandkühler/vom Stein, Praxishandbuch Notarrecht, 3. Aufl. 2018 (zit. Kilian/Sandkühler/vom Stein/*Bearbeiter*)

Krauß, Immobilienkaufverträge in der Praxis, 9. Aufl. 2020

Ländernotarkasse, Leipziger Kostenspiegel, 3. Aufl. 2020 (zit. als Kostenspiegel)

Müller-Lukoschek, Die neue EU-Erbrechtsverordnung, 2. Aufl. 2015

MüKo zum Bürgerlichen Gesetzbuch, 8. Auflage 2021 (zit. MüKo-BGB/*Bearbeiter*)

Notarkasse München, Streifzug durch das GNotKG, 12. Aufl. 2018 (zit. als Streifzug)

Palandt, Bürgerliches Gesetzbuch 80. Aufl. 2021(zit. Palandt/*Bearbeiter*)

Renner/Otto/Heinze, Leipziger Gerichts- und Notarkostenkommentar, 3. Aufl. 2021 (zit. Leipziger-GNotKG/*Bearbeiter*).

Rohs/Heinemann, Die Geschäftsführung der Notare, 11. Aufl. 2002

Schare/Ziba-Ali, Urkundsabwicklung von A–Z, 4. Aufl. 2019

Schippel/Bracker, Kommentar, BNotO, 9. Aufl. 2011

Schöner/Stöber, Grundbuchrecht, 16. Aufl. 2020

Süß (Hrsg.), Erbrecht in Europa, 4. Aufl. 2021

Süß/Ring (Hrsg.), Eherecht in Europa, 4. Aufl. 2020

Würzburger Notarhandbuch, 5. Aufl. 2017 (zit. Würzburger Notarhandbuch/*Bearbeiter*)

Zimmermann, GNotKG, Das neue Kostenrecht für Gerichte und Notare, 2013

§ 1   Der Notar und seine Mitarbeiter

A.   Die Stellung des Notars in der Rechtspflege

I.   Die Rechtspflege als Teil der Daseinsvorsorge

Alle Staatsgewalt geht vom Volke aus, Art. 20 GG. Sie wird vom Volk in Wahlen und Abstimmungen und **1**
durch besondere Organe der Gesetzgebung, vollziehenden Gewalt und Rechtsprechung ausgeübt. Die Organe sind voneinander unabhängig und jedes Organ übt für sich seine Aufgaben aus. Man nennt diese Aufteilung der Staatsgewalt „Gewaltenteilung" oder „Gewaltenordnung".

Innerhalb der dem modernen Rechtsstaat eigentümlichen Aufgliederung der Staatsobliegenheiten kommt der dritten Gewalt – der Justiz – die Aufgabe zu, Rechtsstreitigkeiten zu entscheiden, Rechtsbrecher zu verfolgen und die Rechtsverhältnisse der Bürger untereinander zu gestalten.

Die dritte Gewalt allein unter dem Gesichtspunkt der Streitentscheidung und Strafverfolgung zu sehen, **2**
wäre zu eng. Die Rechtspflege ist auch dazu berufen, vorsorgend tätig zu werden, damit es erst gar nicht zu einem Streit kommt.

Viele Lebenssachverhalte können, obwohl unter den Beteiligten kein Streit besteht, nur durch Mithilfe der Rechtspflege geordnet werden. Man denke an die Erbenfeststellung, die Beurkundung von Verträgen, an Registersachen und Grundbuchangelegenheiten. Die gestaltende Rechtspflege heißt „freiwillige Gerichtsbarkeit". Hierzu zählen: Grundbuchsachen, Vormundschaftssachen, Verfahren in Betreuungs- und Unterbringungssachen, Angelegenheiten des Familienrechts, Nachlasssachen, Handels- und Vereinsregistersachen sowie das Beurkundungswesen.

Eine gesetzliche Definition der freiwilligen Gerichtsbarkeit fehlt. Die Abgrenzung der „freiwilligen" Ge- **3**
richtsbarkeit von der „streitigen" Gerichtsbarkeit ist allein vom Gegenstand, vom Zweck und von den Mitteln her nicht ausführbar. Es ist zwar möglich, den Zweck der freiwilligen Gerichtsbarkeit in erster Linie in der *Gestaltung* privater Lebensverhältnisse zu sehen und in der streitigen Gerichtsbarkeit ausschließlich die zwangsweise *Durchsetzung* von Ansprüchen mit Hilfe der Gerichte. Doch ist das Begriffspaar „freiwillig – streitig" nicht in allen Fällen zur Unterscheidung tauglich. Auch im Bereich der freiwilligen Gerichtsbarkeit müssen manchmal gegensätzliche Interessen der Beteiligten durch das Gericht entschieden werden, z.B. bei einem Erbscheinsantrag, wenn verschiedene Personen behaupten, Erbe zu sein.

Man kann freiwillige und streitige Gerichtsbarkeit nur formell abgrenzen. Zur streitigen Gerichtsbarkeit gehört eine Angelegenheit, wenn sich das Verfahren nach der Zivilprozessordnung richtet; zur freiwilligen Gerichtsbarkeit, wenn es in anderen Gesetzen geregelt ist, z.B. im Gesetz über das Verfahren in Familiensachen und in den Angelegenheiten der freiwilligen Gerichtsbarkeit (FamFG), in der Grundbuchordnung (GBO), im Beurkundungsgesetz (BeurkG), im Handelsgesetzbuch (HGB), im Gesetz über das gerichtliche Verfahren in Landwirtschaftssachen (LwVG), in der Höfeverfahrensordnung (HöfeVfO) etc.

Die streitige Gerichtsbarkeit richtet ihren Blick in die Vergangenheit, auf schon Geschehenes, das zu Streit unter mindestens zwei Bürgern geführt hat. Hier muss die Justiz durch Urteil den Streit beenden.

Der Blick der freiwilligen Gerichtsbarkeit geht in die Zukunft. Mit Hilfe des Rechts sollen Beziehungen **4**
so gestaltet werden, dass zukünftig kein Streit entstehen kann. Die freiwillige Gerichtsbarkeit will für die rechtlichen Belange des Einzelnen Vorsorge gewähren. Das unterschiedliche Ziel bedingt ein unterschiedliches Verfahren.

Die in die Zukunft gerichtete Aufgabe der freiwilligen Gerichtsbarkeit wird auch als „vorsorgende Rechtspflege" bezeichnet. Das Wort „vorsorgende" ist besser geeignet als das Wort „freiwillige", um das Ziel der freiwilligen Gerichtsbarkeit zu kennzeichnen. Die vorsorgende Rechtspflege versteht sich als Teil der allgemeinen Daseinsfürsorge, die der Staat für das Wohlergehen des einzelnen Bürgers bereithält. Zugleich dient die vorsorgende Rechtspflege auch der Allgemeinheit, weil sie einer unnötigen Inanspruchnahme der streitigen Gerichtsbarkeit vorbeugt.

II. Die Aufgaben des Notars im Rahmen der Rechtspflege

5   Der Staat erfüllt die Aufgaben der vorsorgenden Rechtspflege durch die Gerichte (z.B. Nachlassgericht, Registergericht, Grundbuchamt), seltener durch Verwaltungsbehörden (z.B. Standesamt), vor allem aber durch die Bestellung von Notaren. Dabei ändert die organisatorische Konstruktion, nämlich ob ein Gericht, eine Verwaltungsbehörde oder ein Notar mit der vorsorgenden Rechtspflege betraut ist, nichts an der systematischen Einordnung. Vorsorgende Rechtspflege ist unabhängig von ihrer Organisation ein Teil der allgemeinen Rechtspflege und immer staatliche, hoheitliche Tätigkeit.[1]

6   Die Definition des Notars in § 1 der Bundesnotarordnung zieht daraus die Schlussfolgerung:

> *„Als unabhängige Träger eines öffentlichen Amtes werden für die Beurkundung von Rechtsvorgängen und andere Aufgaben auf dem Gebiet der vorsorgenden Rechtspflege in den Ländern Notare bestellt."*

Damit ist die Stellung des Notars in ersten Zügen umrissen:

Der Notar ist beauftragt, im eigenen Namen und unter eigener Verantwortung die Angelegenheiten der vorsorgenden Rechtspflege wahrzunehmen. Hierzu gehört in erster Linie das in § 1 BNotO besonders genannte Beurkundungswesen: Er soll Rechtsvorgänge beurkunden, soweit die Gesetze Beurkundungsform vorschreiben, z.B.: Grundstücksgeschäfte, Schenkungsversprechen, Gesellschaftsverträge von Kapitalgesellschaften, Erbverträge, Eheverträge. Weiter soll er beurkunden, wenn die Beurkundung von den Beteiligten gewünscht wird. Die Beurkundung wird häufig gewählt, ohne vom Gesetz gefordert zu sein, bei der Abfassung wichtiger Verträge, die einer fachkundigen juristischen Ausarbeitung bedürfen. Man denke an die Gesellschaftsverträge der Personengesellschaften (Kommanditgesellschaft, offene Handelsgesellschaft) oder an komplizierte Miet- und Pachtverträge.

Zu den Beurkundungsaufgaben des Notars gehört weiter die Beglaubigung von Unterschriften und Abschriften sowie die Beurkundung von tatsächlichen Vorgängen (z.B. Gesellschafterversammlungen), die Vornahme von Verlosungen, Aufnahme von Vermögensverzeichnissen, Anlegen von Siegeln und die Ausstellung von Bescheinigungen über amtlich wahrgenommene Tatsachen.

Neben die Beurkundung treten als „andere Aufgaben aus dem Bereich der vorsorgenden Rechtspflege" (§ 1 BNotO):

Die Verwahrung von Wertgegenständen und Geld, das Einholen behördlicher Genehmigungen, Anfertigen von Urkundenentwürfen und die *Beratung* der Beteiligten in nichtprozessualen Rechtsangelegenheiten.

7   Allen Tätigkeiten ist gemeinsam, dass weder ein Streit unter den Beteiligten kraft hoheitlichen Ausspruchs entschieden noch einem Beteiligten bei der Erlangung einer Streitentscheidung einseitig geholfen wird. Es handelt sich vielmehr um „Hilfeleistungen bei der Gestaltung der Rechtsbeziehungen". Sie darf der Notar weder für noch gegen einen Beteiligten erbringen; wo eine Einigung durch freiwilligen Interessenausgleich nicht möglich ist, findet die Tätigkeit des Notars ihr Ende.

Die Einigung der Beteiligten schlägt sich in der Regel in einem Vertrag nieder, mag der Vertrag Kaufvertrag, Übergabevertrag, Gesellschaftsvertrag oder anders heißen. Die Sinnbedeutung des Wortes „Vertrag" weist darauf hin, wie er entstanden ist: Nur wo die Beteiligten sich „vertragen", kann ein „Vertrag" beurkundet werden (schon im Lateinischen leitete sich das Wort für Vertrag „pactum" aus dem Wort für Frieden „pax" ab). Der Notar als Helfer bei der Vertragsgestaltung ist daher ein „friedfertiger" Jurist. Kann eine friedliche Lösung nicht erreicht werden, muss der Notar die Beteiligten an die anderen Organe der Rechtspflege, Gericht oder Rechtsanwalt, verweisen.

III. Die Abgrenzung des Notaramtes von den anderen Rechtspflegeorganen

8   Richter und Notar ist gemeinsam, dass ihnen Sachverhalte unterbreitet werden, die ihrer – meist kraft Gesetzes geforderten – Mitwirkung bedürfen. Ziel der richterlichen Behandlung ist es, eine Entscheidung zu finden. Die Entscheidung des Richters ist ein Urteil oder Beschluss, wenn in einem Streitverfahren über

---

1 BVerfG DNotZ 1987, 121.

die Durchsetzung von privaten Ansprüchen zu befinden ist (streitige Gerichtsbarkeit). Auch im Bereich der freiwilligen Gerichtsbarkeit oder besser „vorsorgenden" Rechtspflege ist vom Richter bzw. Rechtspfleger eine autoritäre Entscheidung verlangt, z.B. Erteilung einer familiengerichtlichen Genehmigung, eines Erbscheins oder die Eintragung in das Grundbuch oder ein Register.

Der Notar dagegen entscheidet nicht; er bietet seinen Rat und seine Mitwirkung an; die Beteiligten sind   9
frei, dies anzunehmen oder nicht.

Sein Ziel ist es, dass die Beteiligten zu einer Einigung kommen. Bei der Beurkundung von Rechtsgeschäften muss er den Willen der Beteiligten ermitteln, bei der Willensbildung beratend helfen und das gefundene Ergebnis so formulieren, dass der Vertrag es zutreffend wiedergibt.

Wieder anders ist die Aufgabe des Rechtsanwaltes. Er ist wie der Richter und der Notar ein Organ der   10
Rechtspflege (§ 1 Bundesrechtsanwaltsordnung). Er dient dem Recht, aber nicht wie der Notar als Mittler *zwischen* den Interessen, sondern als *einseitiger Berater* und Vertreter *einer Seite*. Dabei ist der Rechtsanwalt zwar unabhängig wie der Richter und der Notar, aber im Gegensatz zu ihnen nicht unparteiisch. Seine Rechtsvertretung ist keine amtliche, sondern eine privatrechtliche Tätigkeit.

In erster Linie wird der Rechtsanwalt auf dem Gebiet der streitigen Gerichtsbarkeit tätig. Er vertritt die Ansprüche seiner Auftraggeber im Prozessverfahren. Wenn er daneben außerhalb von Prozessverfahren als Rechtsberater tätig wird, so bleibt er dabei einseitiger Vertreter einer Partei, die ihn beauftragt hat.

IV. Kurze Geschichte des deutschen Notariats

Der Notar, früher lateinisch „notarius" genannt, hat einen alten Beruf. Ursprünglich war er ein Urkunden-   11
und Gerichtsschreiber. Die Übersetzung des lateinischen Wortes „notarius" mit „Schreiber" deutet auf seine Tätigkeit als Verfasser von Urkunden und Protokollen hin. Das Amt verlieh ihm der Kaiser. Die erste für ganz Deutschland geltende Notariatsverfassung ist die Reichsnotarordnung des Kaisers Maximilian I. aus dem Jahre 1512.

Die kaiserliche Notarordnung enthielt die Grundsätze des Notaramtes und auch einige Einzelvorschriften zum Beurkundungsverfahren, die noch heute gelten: In die von ihm persönlich aufzunehmende Urkunde sollte der Notar Ort und Zeit sowie den Inhalt der Verhandlung aufnehmen und die so errichtete Niederschrift Wort für Wort vorlesen, genehmigen lassen und mit seiner Unterschrift versehen (§§ 3, 11, 14 KaisNotO). Weiter heißt es in § 14 KaisNotO, dass der Notar die Urkunde „ohne falsche Einmischung" zweifelsfrei zu errichten habe. Eine Vorschrift, die mit dem heutigen § 17 BeurkG inhaltlich übereinstimmt. Damit hat der Notar die Stellung eines bloßen Schreibers verlassen: Er war zu einem Amtsträger mit eigener Verantwortung für den Inhalt der von ihm errichteten Urkunde geworden.

Die kaiserliche Notarordnung löste sich jedoch in die Partikularregelungen der einzelnen deutschen Län-   12
der auf, die nie ganz überwunden wurden und heute noch vorzufinden sind. Insbesondere schaffte Preußen im Laufe des 18. Jahrhunderts das Amt des allein zur Beurkundung berufenen Notars ab und verband es mit dem Amt des Justizkommissars, dem die außerprozessuale Rechtsberatung und Vertretung oblag. Als Preußen im 19. Jahrhundert die freie Advokatur (= Anwaltschaft) einführte, wurde den Anwälten das Notariat als Beigabe zu ihrem Rechtsanwaltsberuf zugewiesen. Damit wurden in Preußen zwei an sich wesensfremde und in ihrer Tätigkeit einander widersprechende Berufe (Rechtsanwalt und Notar) vereinigt.

Anders verlief die Entwicklung in den süddeutschen Staaten, insbesondere in Bayern. Hier blieb die Stel-   13
lung des Notars als Urkundsperson, der keine anderen Rechtstätigkeiten gestattet waren, letztlich erhalten. Nachdem in den ersten Jahrzehnten des 19. Jahrhunderts die notariellen Aufgaben im rechtsrheinischen Bayern zunächst von den Gerichten unterer Instanz ausgeübt wurden, führte die Neuordnung der Gerichtsverfassung von 1861 dazu, dass wieder Notare als selbstständige öffentliche Beamte bestellt wurden, welche die nicht den Gerichten vorbehaltene freiwillige Gerichtsbarkeit versahen.

Die norddeutschen Staaten bestellten fast nur Rechtsanwälte zu Notaren und schlossen sich somit dem preußischen Vorbild an.

Württemberg ernannte Justizbeamte ohne Befähigung zum Richteramt zu Amtsnotaren und übertrug ihnen zugleich das Grundbuchamt, das Vormundschaftsgericht und das Nachlassgericht. In Baden mussten diese Notare bei fast gleichen Aufgaben die Befähigung zum Richteramt haben (Richternotare). Im Bereich des badischen Rechtsgebiets können nunmehr neben den Richternotaren auch hauptamtliche Notare gemäß § 3 Abs. 1 BNotO bestellt werden. Durch Bundesgesetz vom 15.7.2009[2] wurde – flankiert durch Landesgesetz vom 29.7.2010[3] – eine Reform des baden-württembergischen Notariatswesens festgelegt. Wesentliche Inhalte dieser Reform sind, dass zum Stichtag 1.1.2018 alle staatlichen Notariate aufgelöst wurden, wobei die dort bisher bestehenden gerichtlichen Zuständigkeiten auf die Amtsgerichte übergingen, ein Teil der Notare im Landesdienst sowie Notarvertreter auf eigenen Antrag aus dem Beamtenverhältnis ausschieden und Notare zur hauptberuflichen Amtsausübung wurden, und dass nur noch Notare zur hauptberuflichen Amtsausübung, die auf eigene Rechnung tätig sind, bestellt werden können.

14   Als das Rheinland nach den napoleonischen Kriegen Preußen zugeschlagen wurde (Rheinpreußen), behielt der preußische Gesetzgeber das im Rheinland vorgefundene, dort auf dem französischen Recht beruhende Nurnotariat bei, da es in der Bevölkerung anerkannt war und sich bewährt hatte.

In den Gebieten der ehemaligen DDR wurde durch Verordnung vom 26.6.1990 das Nurnotariat eingeführt mit Ausnahme des Ostteils von Berlin, in dem – wie im Westteil Berlins – nur Anwälte zu Notaren bestellt werden.

Die Vielfalt der Notare als Nurnotare, Anwaltsnotare, Richternotare und Amtsnotare hat sich gefestigt. Die Reichsnotarordnung aus dem Jahre 1937 strebte zwar eine einheitliche Einführung des Nurnotariats an. Dieses Ziel ist jedoch nicht erreicht worden. Die Bundesnotarordnung aus dem Jahre 1961 hält an der überkommenen uneinheitlichen Gestaltung des Notariats fest.

B.   Das Amt des Notars

I.   Die Rechtsgrundlagen

15   Als Quellen des Notarrechts sind hervorzuheben:

1.   Bundesnotarordnung

16   Die Bundesnotarordnung enthält die grundlegenden Bestimmungen des notariellen Berufsrechts.

Die BNotO behandelt im ersten Teil das Amt des Notars (§§ 1–64a BNotO); im zweiten Teil die Notarkammern und die Bundesnotarkammer (§§ 65–91 BNotO); im dritten Teil die Aufsicht über die Notare und das Disziplinarverfahren (§§ 92–110a BNotO) und im vierten Teil Übergangs- und Schlussbestimmungen (§§ 111–118 BNotO).

2.   Rechtsverordnungen der Landesregierungen und allgemeine Verfügungen der Landesjustizminister

17   Viele Bereiche hat die BNotO nur grundsätzlich geregelt und die Ausführung im Einzelnen den Ländern vorbehalten. Die Länder haben die BNotO durch Rechtsverordnungen und allgemeine Verfügungen der Justizminister ergänzt.

a)   Dienstordnung für Notare (DONot)

18   Die wichtigste Ergänzung ist die Dienstordnung für Notare (DONot). Die DONot ist eine bundeseinheitliche Verwaltungsvorschrift, die von den Landesjustizministern gemeinschaftlich erarbeitet und von den einzelnen Ländern in gleich lautenden Fassungen als allgemeine Verfügung des Justizministers verkündet wurde.

---

2 BGBl I 2009, 1798.
3 GBl 2010, 555.

Die DONot ist aufgrund der Änderungen des Beurkundungsgesetzes und der Bundesnotarordnung im Jahre 2001 in grundlegend überarbeiteter Form neu gefasst worden.[4] Erstmals sind auch Bestimmungen über die automationsgestützte Führung der Bücher und Verzeichnisse aufgenommen worden. Jedoch hat sich die DONot nicht vom Grundsatz der „papiergebundenen Bücherführung" getrennt. Andere Datenträger können nur als Hilfsmittel neben dem Ausdruck auf Papier erfolgen. In der Dienstordnung wird immer von Notarin und Notar gesprochen; hier wird wegen der notwendigen Kürze und Lesbarkeit nur der Begriff „Notar" verwendet.

Die DONot will eine Rechtsgrundlage für den *praktischen* Ablauf der Arbeiten im Notariat geben. Sie enthält Vorschriften über:

- amtliche Unterschrift (§ 1 DONot), Amtssiegel (§ 2 DONot), Amtsschild (§ 3 DONot),
- Verpflichtung der bei dem Notar beschäftigten Personen (§ 4 DONot),
- Führung der Unterlagen, Dauer der Aufbewahrung (§ 5 DONot),
- Urkundenrolle, Erbvertragsverzeichnis, Verwahrungsbuch, Massenbuch, Anderkontenliste, Namensverzeichnisse, Führung der Bücher in Loseblattform, Dokumentationen zur Einhaltung von Mitwirkungsverboten, automationsgestützte Führung der Bücher und Verzeichnisse (§§ 6–17 DONot),
- Urkundensammlung, Verfügungen von Todes wegen, Wechsel- und Scheckproteste, Nebenakten, Generalakten (§§ 18–23 DONot),
- Erstellung von Geschäftsübersichten (§ 24 DONot),
- Erstellung von Übersichten über die Verwahrungsgeschäfte (§ 25 DONot),
- Feststellung und Bezeichnung der Beteiligten bei der Beurkundung (§ 26 DONot),
- Verwahrungsgeschäfte (§ 27 DONot),
- Herstellung der notariellen Urkunden (§§ 28–31 DONot),
- Prüfung der Amtsführung (§ 32 DONot),
- Notariatsverwaltung, Notarvertretung (§ 33 DONot).

Die DONot ist weder Gesetz noch Rechtsverordnung; es handelt sich nur um Dienstanweisungen der Landesjustizverwaltung. Verstöße gegen die Dienstordnung führen nicht zur Ungültigkeit eines notariellen Geschäftes. Doch ist jeder Notar verpflichtet, die Dienstordnung für Notare zu kennen und zu beachten. Er handelt in hohem Maße schuldhaft, wenn er entweder die Vorschriften der DONot überhaupt nicht zur Kenntnis nimmt oder sie nur unaufmerksam und gedankenlos überfliegt oder gar sich nach Kenntnisnahme über sie hinwegsetzt.[5]   19

Durch das Gesetz zur Neuordnung der Aufbewahrung von Notariatsunterlagen und zur Einrichtung des Elektronischen Urkundenarchivs wurde der „steinerne" Grundsatz des papiergebundenen Notariats Geschichte.[6] Der Notar kann künftig zwar Akten und Verzeichnisse in Papierform oder elektronisch führen, wobei diese Wahlfreiheit sowohl im Hinblick auf das neue Urkundenverzeichnis als auch für das Verwahrungsverzeichnis entfällt, §§ 55, 57 BeurkG n.F. Mittlerweile wurde auch gem. § 36 BNotO die Verordnung über die Führung notarieller Akten und Verzeichnisse verabschiedet, NotAktVV.[7] Neben der umfassenden Modernisierung der bisherigen Vorschriften der DONot ergeben sich daraus die Bestimmungen für die elektronische Führung von Akten und Verzeichnissen. Hierbei treten die einzelnen Regelungen zu verschiedenen Stichtagen in Kraft, je nach zeitlicher Abfolge der verschiedenen Entwicklungsstufen.   20

b) Rechtsverordnungen und Allgemeine Verfügungen im Lande Nordrhein-Westfalen

Im Folgenden werden einige wichtige Rechtsverordnungen und Allgemeine Verfügungen im Lande Nordrhein-Westfalen dargestellt. Die Bestimmungen der anderen Länder sind inhaltlich fast gleich, soweit die unterschiedlichen Notariatsverfassungen keine Abweichungen bedingen.   21

---

4 JMBl NW 2001, 117 ff.
5 BGH DNotZ 1972, 551 f.
6 Armbrüster/Preuß/Renner/*Eickelberg*, Vorbemerkungen DONot, Rn 63 ff.
7 BGBl. I S. 2246 vom 13. Oktober 2020.

In der Verordnung zur Ausführung der BNotO vom 18.5.1999[8] ist festgelegt, dass die Oberlandesgerichtsbezirke Düsseldorf und Köln den Bezirk einer Notarkammer bilden und diese den Namen „Rheinische Notarkammer" trägt.

Fragen der Organisation des Notariats widmet sich die Allgemeine Verfügung des Justizministers vom 8.3.2002.[9] Hier sind Vorschriften zusammengefasst über die Bestellung von Notaren, den Anwärterdienst der Notarassessoren, die Tätigkeit der Aufsichtsbehörden, Ausschreibungen von Notarstellen, Ausschreibungen von Notarassessorenstellen, Einrichtung von Verwalterschaften, Bestellung von Notarvertretern und Geschäftsführung der Notare.

Bestimmungen über die gemeinsame Berufsausübung hauptberuflicher Notare sind enthalten in der Sozietäts-VO vom 19.1.2000.[10]

3. Richtlinien für die Berufsausübung

22   Aufgrund des § 78 Abs. 1 Nr. 5 der BNotO hat die Bundesnotarkammer am 29.1.1999 Empfehlungen für die von den Notarkammern nach § 67 Abs. 2 BNotO zu erlassenden Richtlinien beschlossen.[11] Die Empfehlungen der Bundesnotarkammer dienen dem Schutz des Vertrauens, das dem Notar entgegengebracht wird, und der Wahrung des Ansehens des Berufsstandes. Die Empfehlungen sind ungeachtet der unterschiedlichen Organisationsformen Ausdruck des einheitlichen Notariates in Deutschland. Die Richtlinienempfehlungen der Bundesnotarkammer sind von den einzelnen Notarkammern in fast allen Punkten wortgleich als Richtlinien für die Amtspflichten übernommen worden.

Die Richtlinien enthalten allgemeine Regeln

- zur Wahrung der Unabhängigkeit und Unparteilichkeit des Notars (I.),
- für das nach § 14 Abs. 3 BNotO zu beachtende Beurkundungsverfahren (II.),
- zur Wahrung fremder Vermögensinteressen (III.),
- zur Pflicht zur persönlichen Amtsausübung (IV.),
- über die Sozietäten (V.),
- zu Vorkehrungen zur Erfüllung der Mitwirkungsverbote und Regeln für die Einforderung der Gebühren (VI.),
- über das Auftreten des Notars in der Öffentlichkeit (VII.),
- über die Beschäftigung und Ausbildung der Mitarbeiter (VIII.),
- über Grundsätze zu Beurkundungen außerhalb des Amtsbereichs und der Geschäftsstelle (IX.),
- über die Fortbildung (X.),
- zu Kollegialitätspflichten (XI.).

Den nachstehenden Ausführungen sind die Richtlinienempfehlungen der Bundesnotarkammer zugrunde gelegt; Zitate beziehen sich nur auf die Richtlinienempfehlungen.

23   Bei den von den einzelnen Notarkammern erlassenen Richtlinien handelt es sich um einen Akt der Rechtssetzung durch Satzung im Rahmen der gesetzlichen Zuweisung § 67 Abs. 2 BNotO, sodass keine Bedenken mehr gegen die Qualifikation der Richtlinien als Rechtsnormen bestehen.[12] Die Richtlinien sind unmittelbar anwendbares Recht für die der Kammer angehörenden Notare.[13] Deshalb ist jeder Notar verpflichtet, sich über den Inhalt der Richtlinien zu informieren und sie zu befolgen. Für die Dienstaufsicht und die Rechtsprechung sind die Richtlinien die Erkenntnisquelle dafür, was im Einzelfall einer ordnungsgemäßen Amtsausübung entspricht.

---

8 GV NW, 208.

9 AVNot JMBl NW 2002, 69 ff. in der Fassung vom 19.12.2011 (3830 – Z. 44).

10 GV NW S. 51 in der Fassung vom 5.4.2005 GV NW 2005, S. 332; vgl. dazu auch die Richtlinien der RhNotK vom 13.5.2000, MittRhNotK Amtl. Teil Nr. 2/2000.

11 DNotZ 1999, 258.

12 *Frenz/Miermeister*, § 67 Rn 35 ff.

13 Präambel vor den Richtlinien der Rheinischen Notarkammer MittRhNotK amtl. Teil Nr. 2/2001.

Die Konferenz der Notariate der europäischen Union hat einen europäischen Kodex des notariellen Standesrechtes aufgestellt. Der Kodex enthält u.a. Bestimmungen zur Verwendung moderner Informations- und Kommunikationstechnologie durch die Notare. Er stellt klar, dass die berufsrechtlichen Regeln auch auf diesen Bereich Anwendung finden und gibt Grundregeln für den Umgang mit elektronischen Signaturen auf.[14]

4. Beurkundungsgesetz

Während in der BNotO Notariatsverfassung und Amtsrecht geregelt sind, befasst sich das Beurkundungsgesetz (BeurkG) mit dem *Verfahren* der Beurkundung. Das BeurkG hat die Vorschriften darüber, *wie* beurkundet wird, zusammengefasst. Allerdings sind die Grenzen zwischen dem Amtsrecht und dem Beurkundungsgesetz flüssig. Einzelne Vorschriften, die zugleich dem Amtsrecht zugehören, sind im Beurkundungsgesetz und nicht in der BNotO niedergelegt, z.B. sind die Prüfungs- und Belehrungspflichten aus der Bundesnotarordnung herausgenommen und in das Beurkundungsgesetz eingefügt worden (§§ 17 ff. BeurkG). Dennoch gehören die Prüfungs- und Belehrungspflichten zu den Kernvorschriften des notariellen Amtsrechts.   24

Bundesnotarordnung und Beurkundungsgesetz enthalten keine Vorschriften darüber, bei *welchen* Geschäften der Notar mitwirken muss. Die Form des Rechtsgeschäfts ist in den einzelnen Gesetzen geregelt, die die betreffenden Rechtsangelegenheiten behandeln; z.B.: für den Grundstückskauf in § 311b Abs. 1 BGB; für die Gründung einer Gesellschaft mit beschränkter Haftung in § 2 GmbH-Gesetz; für die Anmeldung eines Kaufmanns zum Handelsregister in § 12 HGB.

II. Notariatsformen

In etwa zwei Dritteln des Bundesgebietes werden die Notarinnen und Notare zur hauptberuflichen Notartätigkeit auf Lebenszeit bestellt. Demgegenüber werden in etwa einem Drittel Deutschlands Rechtsanwältinnen und Rechtsanwälte mit mehrjähriger Berufserfahrung und Nachweis der erforderlichen notarspezifischen Qualifikation zu Notarinnen und Notaren bestellt. Sie üben diesen Beruf neben dem des Anwaltsberufs aus („Anwaltsnotarin", „Anwaltsnotar").   25

Unabhängig von den verschiedenen Notariatsformen haben alle Notarinnen und Notare die gleichen Beurkundungszuständigkeiten und unterliegen den gleichen Amtspflichten.

Im Hinblick darauf, dass Anwaltsnotarinnen und -notare das Notariat neben dem Anwaltsberuf ausüben, gibt es derer mehr als hauptberufliche Notarinnen und Notare. Derzeit gibt es bundesweit ca. 1.500 hauptberufliche Notarinnen und Notare und 5.600 Anwaltsnotarinnen und -notare.

Der Anwaltsnotar unterscheidet sich vom hauptberuflichen Notar lediglich dadurch, dass er das Notaramt neben einem anderen Beruf, nämlich dem des Rechtsanwalts, ausübt.   26

Möglichen Interessenkollisionen, die daraus entstehen können, dass der Anwaltsnotar in seiner Eigenschaft als Rechtsanwalt einseitig die Interessen einer Partei vertritt, während er in seiner Eigenschaft als Notar unabhängiger und unparteiischer Betreuer aller Beteiligten ist, versucht das Gesetz durch umfangreiche Mitwirkungsverbote entgegenzuwirken. So darf der Anwaltsnotar nicht in einer Angelegenheit als Notar tätig werden, in der er bereits als Rechtsanwalt tätig war (und umgekehrt). Verstöße hiergegen können bis zur Amtsenthebung führen.

Der Zugang zum Anwaltsnotariat ist in § 6 Abs. 2 BNotO geregelt. Voraussetzung für die Bestellung zum Anwaltsnotar ist demnach das Bestehen der notariellen Fachprüfung, die den hohen Qualitätsstandard des Notariats sichert. Die Prüfung wird durch das bei der Bundesnotarkammer eingerichtete Prüfungsamt für die notarielle Fachprüfung abgenommen. Anschließend durchläuft der Bewerber eine Praxisausbildung   27

---

14 Der Kodex ist veröffentlicht in DNotZ 2003, 721 ff.

bei einem Notar, welche durch das Absolvieren von Praxislehrgängen oder auch das Sammeln von praktischen Erfahrungen als Notariatsvertreter oder -verwalter verkürzt werden kann.[15]

28   Der Anwaltsnotar ist Notar und zugleich Rechtsanwalt. Er übt das Amt des Notars nur im Nebenberuf aus, § 3 Abs. 2 BNotO. Seine Berufsbezeichnung lautet „Rechtsanwalt und Notar". Wenn der Anwaltsnotar jedoch als Notar tätig wird, zeichnet er seine Unterschrift – wie der Nurnotar – lediglich mit dem Zusatz „Notar". Denn der Anwaltsnotar ist immer Anwalt oder Notar und nicht, wie das Gesetz etwas missverständlich formuliert, Anwalt und Notar. Verschiedene Bestimmungen der BNotO gelten ausschließlich für Anwaltsnotare, §§ 39 Abs. 3, 52 Abs. 2 S. 3, 54 Abs. 2 und 3.

Das Anwaltsnotariat, das aus der preußischen Rechtstradition kommt, besteht in folgenden, ehemals preußischen Gebieten:

Berlin (und zwar ganz Berlin), Bremen, Hessen, Niedersachsen, Nordrhein-Westfalen mit Ausnahme der Gebiete des rheinischen Rechts und in Schleswig-Holstein.

Der Zugang zum Anwaltsnotariat ist nunmehr einheitlich in der BNotO geregelt. Das Gesetz vom 2.4.2009 (BGBl I 696) hat die BNotO ergänzt und klare Zugangsregelungen in § 6 Abs. 2, §§ 7–7i BNotO eingeführt.

III. Der Notar als Träger eines öffentlichen Amtes

29   § 1 der BNotO:

> *„Als unabhängige Träger eines öffentlichen Amtes werden für die Beurkundung von Rechtsvorgängen und andere Aufgaben auf dem Gebiete der vorsorgenden Rechtspflege in den Ländern Notare bestellt"*

enthält neben der erwähnten Aufgabenzuteilung zwei Grundkomponenten des Notarberufes: Der Notar ist Träger eines *öffentlichen* Amtes. Der Notar ist *unabhängig* in der Führung seines Amtes.

1. Die Tätigkeit des Notars als hoheitliche Tätigkeit

30   Als „Amt" bezeichnet man eine Institution, der der Staat einen begrenzten Teil seiner hoheitlichen Aufgaben zugewiesen hat. Dem Notar sind Zuständigkeiten aus der vorsorgenden Rechtspflege übertragen. Da die vorsorgende Rechtspflege ein Teil der allgemeinen Rechtspflege ist, erscheint es nur folgerichtig, wenn § 1 BNotO den Notar als Träger eines öffentlichen Amtes bezeichnet. Der Notar ist Amtsträger, ohne Behörde oder Beamter zu sein.

Die Tätigkeiten des Notars sind – soweit sie dem Bereich der vorsorgenden Rechtspflege entnommen sind (Beurkundung, Beratung, Verwahrung von Geldern usw.) – Amtshandlungen, nicht privatrechtliche Dienstleistungen. Der Notar wird auf Ersuchen tätig, nicht wie der Rechtsanwalt aufgrund eines Geschäftsbesorgungsvertrages, Auftrages oder überhaupt eines Vertrages. Aus der hoheitlichen Natur folgt, dass der Notar kein Honorar vereinbart, sondern als Entgelt die im GNotKG festgelegten Gebühren erhält (Verbot der Gebührenvereinbarung, § 125 GNotKG) und er auch keine Beurkundung ohne Grund ablehnen darf (§ 15 BNotO).

31   Der Beruf des Notars ist kein Gewerbe (§ 2 S. 3 BNotO). Das ergibt sich notwendig aus der Amtseigenschaft. Hoheitliche Tätigkeit kann nie gewerblich ausgeübt werden.

Der Beruf des Notars ist wegen seines hoheitlichen Charakters auch kein „freier Beruf", wie der des Rechtsanwalts. Wenn der Notar gelegentlich den freien Berufen zugezählt wird, so soll damit nur gesagt sein, dass er kein Beamter im Sinne des Beamtenrechts ist und *wirtschaftlich* mit den freiberuflich Tätigen insoweit verglichen werden kann, als er die Berufsrisiken und die Unkosten seines Büros selbst trägt und seinen Unterhalt aus dem Überschuss der Gebühreneingänge über die Betriebsausgaben zieht.

---

15 Vgl. notar.de, Informationsportal der Bundesnotarkammer.

2. Die Unabhängigkeit des Notars

Wer unparteiischer Mittler zwischen den Beteiligten sein und die Belange der Klienten bei Gerichten und **32** Behörden wahrnehmen will, muss unabhängig sein; unabhängig vom Staat, insbesondere der Justiz, aber auch unabhängig von den Klienten. Die Unabhängigkeit zu wahren ist eine Amtspflicht des Notars.

Die BNotO enthält verschiedene Bestimmungen, deren Zweck es ist, diese Unabhängigkeit zu gewährleisten: Der Notar wird auf Lebenszeit bestellt, § 3 Abs. 1 BNotO. Sein Amt erlischt jedoch mit Ende des Monats, in dem er das 70. Lebensjahr vollendet, § 48a BNotO in Verbindung mit § 47 Nr. 1 BNotO. Das Amt des Anwaltsnotars erlischt auch, wenn er der zuständigen Rechtsanwaltskammer nicht mehr angehört, §§ 3 Abs. 2, 47 Nr. 3 BNotO. Das Amt erlischt nur aus den in §§ 47 ff. BNotO festgelegten Gründen. Er untersteht zwar der Dienstaufsicht (§§ 92 ff. BNotO); diese erstreckt sich aber nur darauf, ob das Amt ordnungsgemäß geführt ist. Bei der sachlichen Entscheidung des Einzelfalles ist der Notar an keine Weisungen gebunden.

Die Unabhängigkeit von den Klienten wird durch eine Reihe wichtiger Vorschriften gesichert: Es werden **33** nur so viele Notare bestellt, wie es den Erfordernissen der Rechtspflege entspricht (§ 4 BNotO). Dadurch soll erreicht werden, dass der Notar ein gesichertes Einkommen hat und daher wirtschaftlich unabhängig ist. Dem gleichen Zweck dient das Verbot der Gebührenvereinbarung (§ 125 GNotKG). Der Unabhängigkeit von den Beteiligten wollen auch die Mitwirkungsverbote (§§ 3, 6, 7 BeurkG und § 16 BNotO) dienen. Sie verbieten dem Notar die Ausübung des Amtes, wenn er zu den Beteiligten in einer verwandtschaftlichen Beziehung steht oder selbst an der Angelegenheit in irgendeiner Weise beteiligt ist (vgl. § 3 Rdn 163 ff.).

3. Die Bestellung des Notars

a) Persönliche Voraussetzungen

Zum Notar darf nur bestellt werden, wer die Befähigung zum Richteramt nach dem Deutschen Richter- **34** gesetz erlangt hat (§ 5 BNotO). Früher durfte zudem gemäß § 5 BNotO a.F. nur zum Notar bestellt werden, wer neben der Befähigung zum Richteramt auch die deutsche Staatsbürgerschaft besaß. In einer Reihe von Vertragsverletzungsurteilen hat der Europäische Gerichtshof jedoch am 24.5.2011 entschieden, dass zum Beruf des Notars nicht allein derjenige zu bestellen ist, der die Staatsangehörigkeit des jeweiligen Mitgliedstaates besitzt. Der EuGH stellte dabei aber auch ausdrücklich fest, dass seine Entscheidung „weder den Status und die Organisation des Notariats in der deutschen Rechtsordnung betrifft noch die Voraussetzungen, die neben der Staatsangehörigkeit für den Zugang zum Beruf des Notars in diesem Mitgliedstaat bestehen".

Nach den §§ 5–7 Deutsches Richtergesetz (DRiG) wird die Befähigung zum Richteramt durch das Bestehen der ersten und zweiten juristischen Staatsprüfung erlangt. Der ersten Staatsprüfung, dem Referendarexamen, muss ein Rechtsstudium von mindestens vier Jahren vorausgehen. Zwischen Referendarexamen und zweiter juristischer Staatsprüfung, dem Assessorexamen, muss ein Vorbereitungsdienst (Referendarzeit) von mindestens zwei Jahren liegen. Bezogen auf diese Zulassungsvoraussetzungen ist der EuGH der Auffassung der Kommission, dass die in einem anderen Mitgliedstaat erworbenen Berufsqualifikationen auch in Deutschland anzuerkennen seien, entgegengetreten. Eine Anwendung der EU-Berufsqualifikationsrichtlinie, wie sie die Kommission gefordert hatte, komme mit Blick auf die Besonderheiten dieser Richtlinie nicht in Betracht. Gerechtfertigt seien insbesondere solche Beschränkungen der Berufsausübung, die darauf abzielen, dem öffentlichen Charakter der notariellen Beurkundung Rechnung zu tragen. Dazu zählt der EuGH unter anderem die Bedürfnisprüfungen, das Amtsbereichsprinzip, die Kostenordnungen sowie die Regelungen zur notariellen Unabhängigkeit. Den insofern maßgeblichen EuGH-Urteilen ist zu entnehmen, dass den Mitgliedstaaten insoweit ein sehr weiter Beurteilungsspielraum zukommt.

Es sollen nur solche Bewerber zu Notaren bestellt werden, die nach ihrer Persönlichkeit und ihren Leistun- **35** gen für das Amt des Notars geeignet sind und bei Ablauf der Bewerbungsfrist das 60. Lebensjahr noch nicht vollendet haben (§ 6 BNotO). Der anzulegende Maßstab darf nicht zu milde sein. Die Bewerber müssen Geduld haben können und sollen sich auch in schwierigen Situationen ein gelassenes Urteil bewahren.

Künftige Nurnotare leisten deshalb einen dreijährigen Anwärterdienst als Notarassessor (§ 7 BNotO), in dem festgestellt werden soll, ob der Notarassessor für das Amt des Notars geeignet ist (vgl. dazu z.B. § 4 der Verordnung für die Ausbildung der Notarassessoren im Lande Nordrhein-Westfalen). Anwaltsnotare müssen eine Prüfung ablegen (§§ 7–7i BNotO).

b) Bedürfnisprüfung

36 Da das Amt des Notars ein öffentliches Amt ist, darf der Staat die Zahl und den Sitz der Notarstellen nur nach den Erfordernissen einer geordneten Rechtspflege bestimmen. Dabei sind das Bedürfnis nach einer angemessenen Versorgung der Rechtsuchenden nach notariellen Leistungen und die Wahrung einer geordneten Altersstruktur des Notarberufs zu berücksichtigen (§ 4 BNotO). Die Bildung neuer Notarstellen ist eine Ermessensentscheidung der Justizverwaltung.[16] Die notarielle Rechtsbetreuung erfolgt am besten ortsnah; sie soll zudem schnell und unbürokratisch sein. Andererseits dürfen nicht mehr Notarstellen geschaffen werden, als der nachhaltige Geschäftsanfall erfordert. Nur dann ist der Notar wirtschaftlich so abgesichert, dass er seinen Beruf unabhängig ausüben kann. Deshalb sind Zwergnotariate und Riesennotariate unerwünscht.

Im Bereich des Nurnotariats beobachtet die Justizverwaltung den durchschnittlichen Geschäftsanfall der in den einzelnen Bezirken tätigen Notare. Aufgrund von Richtzahlen schreibt sie nach Rücksprache mit der betreffenden Notarkammer neue Stellen aus. Die Richtzahlen sind unterschiedlich, je nachdem ob es sich um ländliche, städtische oder großstädtische Bereiche handelt.

Auch im Anwaltsnotariat werden Notare nur nach den Erfordernissen einer geordneten Rechtspflege bestellt. Die Länder haben in ihren AVNot unterschiedliche Richtzahlen für die Bedürfnisprüfung festgelegt.

c) Ernennung

37 Die Notare werden von der Landesjustizverwaltung (also von dem Justizminister oder dem Justizsenator) nach Anhörung der Notarkammer ernannt (§ 12 BNotO). Die Aushändigung der Bestallungsurkunde ist der entscheidende Rechtsakt, der das Amt des Notars begründet. In der Bestallungsurkunde wird der Amtssitz bezeichnet und die Dauer der Bestellung angegeben (auf Lebenszeit bzw. bis Erreichen der Altersgrenze bei Nurnotaren; auf Dauer der Zulassung als Rechtsanwalt bei Anwaltsnotaren). Bei der Aushändigung der Bestallungsurkunde hat der Notar den Amtseid zu leisten (§ 13 BNotO):

> *„Ich schwöre [bei Gott, dem Allmächtigen und Allwissenden], die verfassungsmäßige Ordnung zu wahren und die Pflichten eines Notars gewissenhaft und unparteiisch zu erfüllen, [so wahr mir Gott helfe]!"*

Die Abnahme des Eides geschieht durch den Landesgerichtspräsidenten, der über den Akt der Ernennung ein Protokoll aufnimmt.

d) Notarvertreter

38 Der Notar ist verpflichtet, sein Amt persönlich auszuüben; er kann keine andere Person, auch nicht einen Notarassessor, mit der Amtsausübung beauftragen. Deshalb muss in den Fällen der Verhinderung (z.B. Urlaub, Krankheit) durch die Justizverwaltung ein Notarvertreter bestellt werden (§§ 38 ff. BNotO). Der Notarvertreter wird durch schriftliche Verfügung der Aufsichtsbehörde bestellt (§ 40 Abs. 1 BNotO). Ob und wann der Landgerichtspräsident, der Oberlandesgerichtspräsident oder der Justizminister zuständig sind, ist in den einzelnen Bundesländern unterschiedlich geregelt (vgl. dazu die AVNot der Bundesländer).

Der Notar und der Vertreter müssen darauf achten, dass der Vertreter die Vertretungszeit einhält, also keine Beurkundung vor oder nach Ablauf der in der Verfügung angegebenen Zeit vornimmt. Amtsgeschäfte ohne gültige Vertreterbestellung sind unwirksam. Der Stellvertreter muss die persönlichen Voraussetzungen besitzen, die bei einer Ernennung zum Notar erfordert werden. Der Vertreter ist wie der Notar Inhaber eines öffentlichen Amtes; ihn treffen die Rechte und Pflichten eines Notars. Die Gebühren

---

16 BVerfG DNotZ 1987, 121/123.

stehen jedoch dem vertretenen Notar zu. Die Vertretervergütung vereinbaren Notar und Vertreter untereinander, sofern es sich nicht um einen Notarassessor handelt, der von der Notarkammer oder der Notarkasse besoldet wird, die ihre Kosten dafür auf die vertretenen Notare umlegt.

Der Vertreter kann für jede einzelne Verhinderung bestellt werden, aber auch als ständiger Vertreter von vornherein für die während eines Kalenderjahres eintretenden Verhinderungsfälle. Die Bestellung eines Vertreters, insbesondere eines ständigen Vertreters, darf nicht dazu führen, dass der Grundsatz der persönlichen Amtsausübung beeinträchtigt oder der Umfang seiner Amtstätigkeit vergrößert wird (IV. 4. Richtlinienempfehlungen). Die Einzelheiten der Vertreterbestellung regeln die §§ 39–46 BNotO sowie die AVNot der Länder.

4. Beendigung des Amtes

a) Beendigungsgründe

Der Notar kann sein rechtswirksam verliehenes Amt nur in den gesetzlich vorgesehenen Fällen verlieren 39 (§ 47 BNotO). Dadurch wird die in § 1 BNotO verliehene Unabhängigkeit gesichert. Die einzelnen Erlöschungsgründe sind:

§ 47 BNotO

1. Entlassung aus dem Amt (§ 48 BNotO),
2. Erreichen der Altersgrenze (§ 48a BNotO) oder Tod,
3. vorübergehende Amtsniederlegung (§§ 48b, 48c BNotO),
4. bestandskräftiger Wegfall der Mitgliedschaft in einer Rechtsanwaltskammer im Fall des § 3 Abs. 2 BNotO,
5. rechtskräftige strafgerichtliche Verurteilung, die einen Amtsverlust (§ 49 BNotO) zur Folge hat,
6. bestandskräftige Amtsenthebung (§ 50 BNotO),
7. rechtskräftiges disziplinargerichtliches Urteil, in dem auf Entfernung aus dem Amt (§ 97 Abs. 1 S. 1 Nr. 3, Abs. 3 BNotO) erkannt worden ist.

b) Versetzung

Als Disziplinarmaßnahme gegen einen Nurnotar kann auch auf seine Entfernung vom bisherigen Amts- 40 sitz erkannt werden (§ 97 Abs. 2 BNotO). In diesem Fall hat die Justizverwaltung dem Notar einen anderen, zumeist kleineren, Amtssitz zuzuweisen. Auf Antrag wird der Amtssitz eines Nurnotars verlegt, sofern eine andere, in der Regel einträglichere Notarstelle frei geworden ist.

c) Vorläufige Amtsenthebung

Die endgültige Enthebung von seinem Amt ist für den Notar ein schwerer Eingriff in seine persönliche 41 Existenz. Stellt sich später heraus, dass die Enthebung ohne Grund erfolgte, so ist die Wiedergutmachung praktisch nicht möglich, da die Klienten zerstreut, das Ansehen des Notars zerstört oder die Stelle neu besetzt ist. Deshalb müssen die Voraussetzungen der Amtsenthebung von der Aufsichtsbehörde gründlich untersucht werden; gegen die ausgesprochene Enthebung ist ein weitgehender Rechtsschutz gegeben.

Bis zur Rechtskraft der Entscheidung über die Amtsenthebung kann die Aufsichtsbehörde eine vorläufige Amtsenthebung aussprechen (§ 54 BNotO). Kraft Gesetzes ist der Notar seines Amtes vorläufig enthoben, solange er in Untersuchungshaft sitzt. Wegen der Einzelheiten vgl. § 54 BNotO. Bei einem Anwaltsnotar ist Entfernung aus dem Amt auch für eine bestimmte Zeit möglich.

d) Notariatsverwalter

Der *Notarvertreter* wird „dem Notar bestellt" (§ 39 Abs. 1 BNotO). Er ist Stellvertreter des Notars, der 42 seine Amtsbefugnisse behält und sie nach Wegfall der Verhinderung wieder ausübt.

Der *Notariatsverwalter,* früher: Notariatsverweser, wird dagegen „anstelle des Notars bestellt" (§ 56 Abs. 1 BNotO); er vertritt den Notar nicht, sondern ersetzt ihn. Der Notariatsverwalter verwaltet die Notarstelle vorübergehend auf Kosten der Notarkammer, wenn der bisherige Stelleninhaber versetzt worden oder gestorben ist oder aus einem sonstigen Grunde sein Amt nicht mehr ausüben kann (§ 47 BNotO). Man könnte den Notariatsverwalter einen „Ersatznotar auf Zeit" nennen. Der Notariatsverwalter übernimmt die sog. Amtsbestände des Notars (Urkunden, Akten, Bücher, hinterlegtes Geld und hinterlegte Wertsachen). Ihm steht das Verfügungsrecht über die hinterlegten Gegenstände und Anderkonten zu.

43 Wenn der Verwalter an Stelle eines Nurnotars bestellt ist, endet die Verwalterschaft mit der Ernennung eines neuen Notars. Der Zweck dieser Verwalterschaft liegt darin, die Stelle des Nurnotars bis zur Bestellung des neuen Notars zu erhalten und die laufenden Geschäfte fortzuführen.

Wenn das Amt eines Anwaltsnotars erloschen ist, wird nur ausnahmsweise ein Notariatsverwalter bestellt. Der Notariatsverwalter anstelle eines Anwaltsnotars soll das Notariat jedoch nicht verwalten und fortführen, sondern lediglich abwickeln. Diese Verwalterschaft endet ein Jahr nach Erlöschen des Notaramtes. In begründeten Ausnahmefällen kann diese Frist über ein Jahr hinaus verlängert werden (§ 56 Abs. 2 BNotO).

C. Zeichen des Amtes

I. Amtssiegel

1. Form

44 Als Träger eines öffentlichen Amtes führt der Notar ein Amtssiegel (§ 2 S. 2 BNotO). Die Ausgestaltung des Amtssiegels ist in § 2 DONot näher beschrieben.

Die Umschrift enthält den Namen des Notars mit den Worten: „Notar in … (Ort)" oder „Notarin in … (Ort)". Der Vorname des Notars braucht nicht aufgenommen zu werden; anzugeben ist der Ort, an dem sich der Amtssitz befindet.

Der *Notariatsverwalter* führt ein eigenes Amtssiegel. Es hat die gleiche Form wie das Siegel des Notars. Die Umschrift enthält jedoch keinen Namen, sondern lautet lediglich „Notariatsverwalter in …" (§ 33 Abs. 2 S. 1 DONot). Der *Notarvertreter* führt das Siegel des vertretenen Notars (§ 41 Abs. 1 BNotO).

Das Amtssiegel gibt es als Prägesiegel und als Farbdrucksiegel (§ 2 Abs. 1 DONot).

a) Prägesiegel
Das Prägesiegel teilt sich auf in *Oblatensiegel* und *Lacksiegel*. Bei dem Oblatensiegel werden in eine runde Metallscheibe eingeschnittene Bilder und Worte in das Urkundenpapier selbst oder in ein darauf mit einer Oblate befestigtes Papierstück eingeprägt. Bilder und Worte heben sich aus dem Papier heraus, in das sie mit der Siegelpresse eingedrückt werden. Wenn das Siegel in erhitzten und auf das Papier aufgeträufelten Siegellack eingepresst wird, genügt der geringere Druck eines *Handsiegels* (Lacksiegel). Das Handsiegel wird auch Petschaft genannt.

b) Farbdrucksiegel
Das Farbdrucksiegel (Stempel) druckt aus einer runden Metall- oder Gummischeibe *herausragende* Bilder und Worte, die eine vom Stempelkissen aufgenommene dunkle Farbe tragen, deshalb Farbdrucksiegel, früher Farbdruckstempel genannt, auf die Urkunde

45

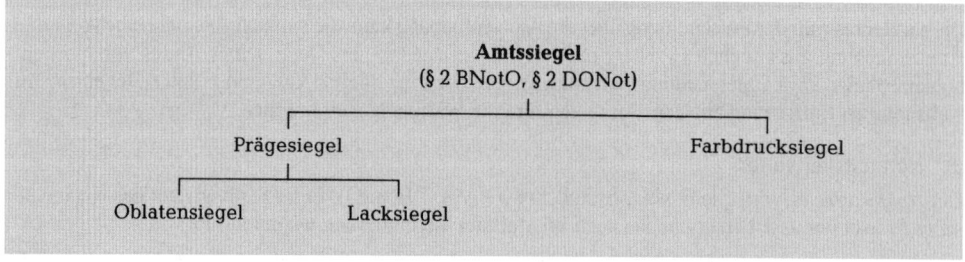

2. Verwendung

Der Platz für den Aufdruck des Siegels (oder Stempels) ist auf Urkunden unter, links oder rechts neben der **46** Unterschrift des Notars, wo das Siegel die öffentliche Beurkundung bestätigt.

Wann Prägesiegel oder Farbdrucksiegel überhaupt oder wann das eine oder das andere ausschließlich oder wahlweise nebeneinander zu verwenden sind, ist aus vielen Einzelbestimmungen zu entnehmen. Grundsätzlich lässt sich Folgendes sagen:

a) Präge- oder Farbdrucksiegel kennzeichnen die öffentliche Urkunde nach *außen* und sind deshalb auf den in der Verwahrung des Notars verbleibenden Urschriften der Niederschriften nicht anzubringen, sondern nur dann, wenn diese ausnahmsweise herausgegeben werden (§ 45 Abs. 1 S. 2 BeurkG). Besteht jedoch die zurückzuhaltende Niederschrift aus mehreren Blättern, so sind diese zu heften und der Heftfaden anzusiegeln.

b) Das Anheften mehrerer Bogen oder Blätter mit einem Siegel geschieht grundsätzlich *nur durch das Prägesiegel* (§ 44 S. 1 BeurkG). Das Siegel auf den Testamentsumschlägen dient dem Verschließen und wird in der Regel auf Siegellack mit einem Handsiegel eingeprägt (§ 34 Abs. 1 S. 1 BeurkG). Dabei ist die Verwendung des „Lacksiegels" nicht zwingend vorgeschrieben. Vorgeschrieben ist die Verwendung des Prägesiegels, sodass auch mit dem Oblatensiegel der Testamentsumschlag verschlossen werden kann.

c) Ansonsten ist es dem Notar also freigestellt, ob er das Prägesiegel oder das Farbdrucksiegel verwendet.

Dabei ist zu beachten:

Der Abdruck/die Prägung müssen so abgebildet sein, dass das Siegel gelesen werden kann. Der Name des Notars mit dem Zusatz „Notar in …" müssen deutlich zu erkennen sein.

Bei einfachen Zeugnissen, insbesondere Unterschriftsbeglaubigungen und Beglaubigungen von Abschriften nach § 39 BeurkG (Vermerk), ist das Beifügen des Siegels – anders als bei der Niederschrift – eine zwingende Wirksamkeitsvoraussetzung für die Urkunde. Wenn das Siegel nicht den Namen des Notars und den Ort erkennen lässt, ist der Vermerk unwirksam. Versehentlich vergessene Siegel können nachgeholt werden.

3. Verwahrung

Der Notar hat dafür zu sorgen, dass sein Amtssiegel nicht missbraucht wird (§ 2 Abs. 3 DONot). Siegel **47** dürfen nach Büroschluss nicht offen herumliegen, sondern müssen verschlossen werden. Bei verschuldetem Missbrauch der Siegel haftet der Notar wegen Amtspflichtverletzung.

Die gleiche Obhutspflicht obliegt dem Notar für die nach dem Signaturgesetz zu verwendende Signatureinheit, die aus Signaturkarte und dem Zugangscode, der sog. PIN, besteht. Mit dem Einsatz dieser Signatureinheit wird die Unterschrift des Notars und die Verwendung des Siegels im elektronischen Verfahren ersetzt. Die Weitergabe der Chipkarte und Bekanntgabe der PIN an einen Dritten steht der Erteilung von Blankounterschriften des Notars nebst Beidrückung seines Siegels gleich. Die Weitergabe der Signatureinheit und Bekanntgabe der PIN ist mit der persönlichen Amtsausübung des Notars nicht vereinbar. Es besteht deshalb die Amtspflicht des Notars, die Signaturkarte sorgfältig zu verwahren und den Zugangscode, die PIN, geheim zu halten.

Gemäß § 2a DONot muss der Notar, wenn er eine Urkunde in elektronischer Form errichtet, hierfür die Signaturkarte eines akkreditierten Zertifizierungsdiensteanbieters verwenden. Er muss sich im Zertifizierungsverfahren durch eine öffentliche Beglaubigung seiner Unterschrift unter dem Antrag identifizieren. Bei Verlust der Signaturkarte hat der Notar eine sofortige Sperrung des qualifizierten Zertifikats beim Zertifizierungsdiensteanbieter zu veranlassen. Der Verlust der Signaturkarte ist unverzüglich dem Präsidenten des Landgerichts und der Notarkammer anzuzeigen. Mit der Anzeige ist ein Nachweis über die Sperrung des qualifizierten Zertifikats vorzulegen.

Nach Erlöschen des Amts sind die Siegel bei dem zuständigen Amtsgericht zur Vernichtung abzugeben (§ 51 Abs. 2 BNotO). Bei Beendigung einer Verwalterschaft vernichtet das Gericht die Siegel jedoch nicht, sondern bewahrt sie für spätere Verwalterschaften auf. Die Verwahrung des Verwaltersiegels ist deshalb sinnvoll, weil die Siegel in der Umschrift keinen Namen enthalten und folglich von jedem Verwalter am gleichen Ort benutzt werden können.

II. Amtsschild

48   Der Notar ist berechtigt, seine Geschäftsstelle durch ein Amtsschild zu kennzeichnen. Das Amtsschild enthält das Landeswappen und die Aufschrift „Notar" oder „Notarin" (§ 3 Abs. 1 DONot). Der Hinweis auf die Geschäftsstelle kann außerdem auch oder nur durch ein Schild mit dem Namen des Notars erfolgen (§ 3 Abs. 2 DONot, Namensschild). Zahl, Größe und Form der Schilder müssen jeden Eindruck von Werbung vermeiden. Die Namensschilder ausgeschiedener oder versetzter Notare sind spätestens ein Jahr nach dem Amtsantritt des Nachfolgers zu entfernen.[17]

D.   Die Notariatsorganisation

49   Ähnlich wie Rechtsanwälte, Wirtschaftsprüfer und Ärzte sind auch die Notare berufsständisch organisiert. Die Vorschriften hierüber befinden sich im 2. Teil der BNotO unter der Überschrift „Notarkammern und Bundesnotarkammer" (§§ 65–91 BNotO).

I.   Die Notarkammern

50   Alle Notare eines Oberlandesgerichtsbezirks bilden eine Notarkammer. Der Landesregierung ist es jedoch vorbehalten, zu bestimmen, dass mehrere Oberlandesgerichtsbezirke oder Teile von Oberlandesgerichtsbezirken den Bereich einer Notarkammer bilden. Hiervon wurde in Bayern, Hessen und Nordrhein-Westfalen Gebrauch gemacht: Die Landesnotarkammer Bayern umfasst ganz Bayern, nämlich die Oberlandesgerichtsbezirke München, Nürnberg und Bamberg; die Rheinische Notarkammer die Oberlandesgerichtsbezirke Köln und Düsseldorf. Im Bereich des Oberlandesgerichts Frankfurt gibt es die Notarkammern Frankfurt/Main und Kassel.

51   Hauptberuflich sind die Notare tätig in Bayern, Brandenburg, Hamburg, Mecklenburg-Vorpommern, Rheinland-Pfalz, im Saarland, Sachsen, Sachsen-Anhalt, Thüringen und in den rheinischen Teilen Nordrhein-Westfalens sowie in Teilen Baden-Württembergs.

Anwaltsnotare sind tätig in Berlin, Bremen, Hessen, Niedersachsen, Schleswig-Holstein sowie in Teilen Nordrhein-Westfalens (Oberlandesgerichtsbezirk Hamm, rechtsrheinischer Teil des Landgerichtsbezirks Duisburg und Amtsgerichtsbezirk Emmerich) und Baden-Württembergs (Oberlandesgerichtsbezirk Stuttgart). In Baden-Württemberg gibt es derzeit auch noch die im Landesdienst tätigen Notare.

52   Jeder Notar ist kraft Gesetzes Mitglied der zuständigen Notarkammer. Die Mitgliedschaft ist Zwangsmitgliedschaft; sie beginnt automatisch mit der Bestellung und endet mit dem Erlöschen des Amtes. Befreiungen sind ausgeschlossen. Die Notarassessoren sind nicht Mitglieder der Kammer, aber zur Mitarbeit an den Aufgaben der Notarkammer berechtigt und verpflichtet; sie können an der Kammerversammlung ohne Stimmrecht teilnehmen (vgl. dazu die Satzungen der Notarkammern; §§ 3 Abs. 2, 17 Abs. 4 Satzung Rheinische Notarkammer).

Die Notarkammer ist eine Körperschaft des öffentlichen Rechts und unterliegt der Staatsaufsicht durch die zuständige Landesjustizverwaltung (Justizminister oder Justizsenator). Die Aufsicht der Justizverwaltung ist eine reine Rechtsaufsicht und beschränkt sich darauf, dass Gesetz und Satzung und die der Notarkammer übertragenen Aufgaben erfüllt werden. Zu Anweisungen in einzelnen Sachfragen ist der Justizminister nicht befugt.

Die Kammer regelt ihre internen Verhältnisse, Zuständigkeiten und die Geschäftsführung durch eine Satzung. Die Satzungen bedürfen der Genehmigung durch die Landesjustizverwaltung und werden in den

---

17 VII. 5. Richtlinien für die Amtspflichten und sonstigen Pflichten der Mitglieder der Rheinischen Notarkammer.

Mitteilungsblättern der Kammern oder in den Justizministerialblättern der betreffenden Länder veröffentlicht. Da die Bundesnotarordnung die Rechtsverhältnisse der Kammern, ihrer Organe und Mitglieder nur in den Grundzügen geregelt hat, kommt der Satzung für den praktischen Geschäftsablauf der Kammerarbeit große Bedeutung zu.

Organe der Notarkammern sind der Vorstand und die Versammlung der Notare (§ 68 BNotO). Der Präsident der Notarkammer beruft die Notare mindestens einmal im Jahr zur Kammerversammlung ein. Demokratischen Grundsätzen entsprechend ist die Versammlung der Notare das oberste Organ der Notarkammer. Sie ist für alle Angelegenheiten der Notarkammer zuständig. In der Kammerversammlung geben die Notare ihrem Willen Ausdruck durch Beschlüsse und Wahlen; insbesondere wählen sie den Vorstand, befinden über seine Entlastung und bestimmen die Haushaltsführung. **53**

Der Vorstand besteht aus dem Präsidenten, seinen Stellvertretern und weiteren Mitgliedern (§ 69 Abs. 2 BNotO). Der Präsident vertritt die Kammer gerichtlich und außergerichtlich (§ 70 BNotO). Zur Erledigung der laufenden Geschäftsarbeit bestellt der Vorstand einen – oder mehrere – Geschäftsführer. Der Geschäftsführer ist an die Weisungen des Vorstands gebunden.

Die Aufgaben der Notarkammer sind in § 67 BNotO niedergelegt: **54**

Hauptaufgaben der Kammer sind die Standesaufsicht und die Standesvertretung. Im Rahmen der Standesaufsicht übt die Kammer hoheitliche Gewalt über die Notare und Notarassessoren aus und kann z.B. Ermahnungen aussprechen. Sie soll über Ehre und Ansehen der Mitglieder wachen, die Justizverwaltung bei ihrer Tätigkeit unterstützen und für eine gewissenhafte und lautere Berufsausübung der Notare und Notarassessoren sorgen (§ 67 Abs. 1 BNotO). Dem Verdacht einer Pflichtverletzung muss die Kammer nachgehen, wenn er ihr – etwa durch eine Beschwerde aus der Bevölkerung – bekannt wird. Aufgabe der Notarkammer ist es weiter, Versicherungsverträge zur Ergänzung der Haftpflichtversicherung der Notare (Gruppenanschlussversicherungen) abzuschließen und auch Versicherungsverträge zur Deckung solcher Schäden zu unterhalten, die als vorsätzliche Handlung durch die Allgemeinen Versicherungsbedingungen vom Haftpflichtschutz ausgenommen sind (Vertrauensschadenversicherungen, § 67 Abs. 3 Nr. 3 BNotO, vgl. Rdn 69 ff.). Weiter obliegt es ihr, Vertrauensschadenfonds einzurichten (§ 67 Abs. 4 Nr. 3 BNotO). Aus dem Vertrauensschadenfonds werden freiwillige Hilfeleistungen bei Schäden erbracht, die von Notaren vorsätzlich herbeigeführt und nicht bereits durch die Vertrauensschadenversicherung nach § 67 Abs. 3 Nr. 3 BNotO gedeckt sind.

Als Standesvertretung soll die Notarkammer die Interessen der Notare wahrnehmen. Damit ist keine rechtliche Vertretung, sondern eine berufs-, rechts- und wirtschaftspolitische Vertretung gemeint. Es handelt sich hierbei um: **55**

- Erlass von Richtlinien über die Amtsführung,
- Stellungnahmen und Anregungen zu gesetzgeberischen Verfahren, die den Bereich des Notariats betreffen,
- Pflege des Notariatsrechts,
- Fortbildung der Notare und die Heranbildung von Hilfskräften der Notare,
- Fürsorge- und Versorgungseinrichtungen für die ausgeschiedenen Notare und deren Hinterbliebenen.

Insbesondere wird die Notarkammer bei Entscheidungen der Justizverwaltung gehört. Dabei ist es ihre Aufgabe, die Angelegenheit aus der Sicht der Notare darzustellen und die Justizverwaltung zu informieren, etwa bei der Bestellung von Notaren, Ernennung von Notarassessoren, Verlegung des Amtssitzes eines Notars, Gestattung von Nebentätigkeiten eines Notars, Bestellung von Notarvertretern und Notariatsverwaltern, Amtsenthebung eines Notars.

Im Bereich der bayerischen Notarkammer und in den neuen Bundesländern – mit Ausnahme von Berlin – gibt es neben der Notarkammer eine Notarkasse, die eine Anstalt des öffentlichen Rechts ist. **56**

Es sind dies für die neuen Bundesländer die Ländernotarkasse in Leipzig und für Bayern und den Regierungsbezirk Pfalz des Landes Rheinland-Pfalz die Notarkasse in München. Die Aufgaben der Notarkasse sind in §§ 113, 113a BNotO beschrieben; es handelt sich hierbei im Wesentlichen um folgende Bereiche:

- erforderliche Ergänzung des Berufseinkommens der Notare,
- Versorgung ausgeschiedener Notare,

■ Besoldung von Notariatsbeamten,
■ einheitliche Durchführung der Versicherung der Notare.

Die Ländernotarkasse in Leipzig ist der bayerischen Notarkasse nachgebildet.

II. Die Bundesnotarkammer

57   Die Notarkammern sind zur Bundesnotarkammer zusammengeschlossen, die ebenfalls eine Körperschaft des öffentlichen Rechts ist und unter Staatsaufsicht, und zwar des Bundesministers der Justiz, steht. Die Struktur der Bundesnotarkammer weicht von der Struktur der Notarkammern wesentlich ab: Während Mitglieder der einzelnen Notarkammern die in dem Bezirk tätigen Notare sind, sind Mitglieder der Bundesnotarkammer die einzelnen Notarkammern. Die Bundesnotarkammer ist somit eine Körperschaft des öffentlichen Rechts, deren Mitglieder wiederum Körperschaften des öffentlichen Rechts sind.

Die Bundesnotarkammer ist den einzelnen Notarkammern nicht übergeordnet und hat ihnen gegenüber auch kein Weisungsrecht. Sie soll vielmehr die Aufgaben erledigen, die die *Gesamtheit* der in der Bundesrepublik tätigen Notare angehen. Der Schwerpunkt der berufsständischen Organisation und Verwaltung im Einzelnen liegt bei den Notarkammern.

Die Bundesnotarkammer hat Gutachten zu erstatten, die eine an der Gesetzgebung beteiligte Behörde oder Körperschaft des Bundes oder ein Bundesgericht in Angelegenheiten der Notare anfordern. Durch Beschluss der Vertreterversammlung spricht sie Empfehlungen aus für die von den Notarkammern zu erlassenden Richtlinien. Sie stellt ebenfalls Richtlinien auf für die Ausbildung der Hilfskräfte der Notare. Sie kann insbesondere Maßnahmen ergreifen, die der wissenschaftlichen Beratung der Notarkammern und ihrer Mitglieder, der Fortbildung von Notaren, der Aus- und Fortbildung des beruflichen Nachwuchses und der Hilfskräfte der Notare dienen. Die Bundesnotarkammer gibt die Deutsche Notarzeitschrift (DNotZ) heraus.

58   Die Organe der Bundesnotarkammer sind denen der Notarkammern nachgebildet. Oberstes Organ ist die Vertreterversammlung, in der die einzelnen Notarkammern durch ihre Präsidenten oder durch ein anderes Mitglied vertreten sind. Als Exekutivorgan besteht ein Präsidium. Das Präsidium wird von der Vertreterversammlung auf vier Jahre gewählt. Das Präsidium besteht aus dem Präsidenten, zwei Stellvertretern und vier weiteren Mitgliedern. Vier Mitglieder des Präsidiums müssen zur hauptberuflichen Amtsausübung bestellte Notare (Nurnotare) sein, drei Mitglieder müssen Anwaltsnotare sein. Ein Stellvertreter muss zur hauptberuflichen Amtsausübung bestellter Notar, ein Stellvertreter Anwaltsnotar sein, § 80 BNotO. Die im Oberlandesgerichtsbezirk Karlsruhe tätigen Richternotare können an den Vertreterversammlungen der Bundesnotarkammer durch einen von ihnen gewählten Vertreter ohne Stimmrecht teilnehmen, § 115 BNotO.

III. Amtssitz, Amtsbereich und Amtsbezirk des Notars

59   Die Ernennungsurkunde des Notars soll seinen Amtsbezirk und Amtssitz bezeichnen und die Dauer der Bestellung (§ 3 Abs. 1 und 2 BNotO) angeben (§ 12 BNotO). Der Notar ist also nicht frei in der Wahl des Ortes, an dem er sich niederlässt, und der Orte, an denen er im Einzelfall Amtshandlungen vornimmt. Die Bindung des Notars an einen bestimmten Ort ist ähnlich dem Sitz der Gerichte und Behörden und erweist dadurch das öffentliche Amt:

Der Notar als Teil der staatlichen Rechtspflegeorganisation muss sich der planmäßigen, regionalen Aufteilung anpassen; die regionale Verteilung aber richtet sich nach den Erfordernissen der Rechtspflege (Bedürfnisprüfung vgl. Rdn 3 ff.) und nicht nach den Wünschen des Notars.

60   1. Amtssitz ist der Ort, an dem der Notar seine Geschäftsstelle (= Kanzlei, Amtsstube, Büro) zu halten hat. Die Pflicht des Notars, an seinem Amtssitz auch seine Wohnung zu nehmen (= Residenzpflicht), ist aufgehoben. Er hat seine Wohnung so zu nehmen, dass er in der ordnungsgemäßen Wahrnehmung seiner Amtsgeschäfte nicht beeinträchtigt wird, § 10 Abs. 2 BNotO.
Als Amtssitz wird in der Regel eine politische Gemeinde bestimmt. In Großstädten (über 100 000 Einwohner) kann dem Notar auch ein bestimmter Stadtteil oder Amtsgerichtsbezirk als Amtssitz zuge-

wiesen werden. Es kann ihm in ländlichen Bereichen auferlegt werden, mehrere Geschäftsstellen zu unterhalten oder auswärtige Sprechtage abzuhalten. Von sich aus darf er das ohne Genehmigung der Aufsichtsbehörde nicht.

2. Vom Amtssitz leiten sich der *Amtsbezirk* (§ 11 BNotO) und der *Amtsbereich* (§ 10a BNotO) ab.

   a) Der *Amtsbezirk* deckt sich immer mit dem Oberlandesgerichtsbezirk, in dem der Amtssitz liegt. Der Amtsbezirk begrenzt den Tätigkeitsbereich des Notars, da er Amtshandlungen grundsätzlich nur innerhalb seines Amtsbezirks vornehmen darf.

   Außerhalb dieses Bezirks darf er Amtshandlungen nur dann vornehmen, wenn entweder Gefahr im Verzuge ist (z.B. ein Beteiligter droht zu sterben, bevor ein zuständiger Notar kommt) oder wenn die Aufsichtsbehörde es vorher genehmigt hat (§ 11 Abs. 2 BNotO).

   Ohne diese Voraussetzungen liegt in der Vornahme von Amtsgeschäften außerhalb des Amtsbezirks ein Dienstvergehen des Notars; die Beurkundung ist aber gültig (§ 2 BeurkG, § 11 Abs. 3 BNotO).

   Dagegen darf der Notar im Ausland (= außerhalb der Bundesrepublik Deutschland) niemals Amtsgeschäfte vornehmen. Denn die Befugnis des Notars, Urkunden aufzunehmen, ist ein Ausfluss der staatlichen Hoheitsgewalt. Die Hoheitsgewalt eines Staates endet an seinen Grenzen. Beurkundungen eines deutschen Notars im Ausland sind deshalb nichtig. Die Beurkundung nach deutschem Verfahrensrecht im Ausland obliegt nicht den Notaren, sondern den deutschen Konsulatsbehörden, denen der Empfangsstaat diese Tätigkeit gestattet hat.

   b) Vom Amtsbezirk ist der *Amtsbereich* des Notars zu unterscheiden (§ 10a BNotO). Der Amtsbereich (auch Amtssprengel genannt) ist der Amtsgerichtsbezirk, in dem der Notar seinen Amtssitz hat. Der Amtsbereich ist in der Regel bei Nurnotaren noch enger gefasst, wenn mehrere Nurnotare eines Amtsgerichtsbezirks ihren Amtssitz in verschiedenen politischen Gemeinden haben. Dann beschränkt sich der Amtsbereich der einzelnen Notare auf den Ort ihres Amtssitzes und das dazu gehörende Hinterland (§ 10a Abs. 1 S. 2 BNotO). Die Landesjustizverwaltung kann den Amtsbereich, insbesondere zur Anpassung an eine Änderung von Gerichtsbezirken, ändern.

   Auf diesen engeren *Amtsbereich* muss sich der Notar unbeschadet seiner Ernennung für den Bezirk eines Oberlandesgerichts bei der Urkundtätigkeit grundsätzlich beschränken (IX. 1. Richtlinienempfehlungen). Mit der Urkundenrolle kann durch die Pflichtangabe des Ortes der Beurkundung nun überprüft werden, ob dies vom Notar eingehalten wurde.

   Zwischen der Bestellung für einen Amtsbezirk (= Oberlandesgerichtsbezirk) und der Pflicht, den Amtsbereich (= Amtsgerichtsbezirk) einzuhalten, besteht nur ein scheinbarer Widerspruch. Der Amtsbezirk ist die *äußerste Grenze,* bis zu der der Notar gehen darf. Verlässt er seinen Amtsbezirk, so muss er vorher um die Genehmigung der Aufsichtsbehörde nachsuchen. Bei einer Tätigkeit innerhalb des Amtsbezirks hat der Notar selbst unter eigener Verantwortung zu prüfen, ob ein Grund vorliegt, die Grenzen seines *Amtsbereiches* zu verlassen. Er darf den Amtsbereich nur verlassen, wenn besondere Interessen der Rechtsuchenden es gebieten (§ 10a Abs. 2 BNotO). Überschreitet er die Grenzen seines *Amtsbereiches* ohne triftigen Grund und wird er in dem Gebiet eines anderen Kollegen tätig, so kann er wegen der Verletzung kollegialer Rücksichten disziplinarisch belangt werden. Gründe, den *Amtsbereich* (nicht den Amtsbezirk) zu verlassen, können z.B. sein: Genehmigung durch den betroffenen Kollegen; Nichterreichbarkeit des ansässigen Notars in einer eiligen Sache; plötzliche Verhinderung des Klienten, in die Amtsstube des Notars zu kommen, der die zu beurkundende Angelegenheit vorbereitet hat.

   Urkundtätigkeiten außerhalb seines Amtsbereiches hat der Notar der Aufsichtsbehörde oder nach deren Bestimmung der Notarkammer, der er angehört, unverzüglich unter Angabe von Gründen mitzuteilen, § 10a Abs. 3 BNotO.

E. Standesrecht

I. Rechtsgrundlagen

Notarielles Standesrecht ist die Summe der Verhaltensregeln und Amtspflichten, die der Notar bei der Ausübung seines Berufes beachten muss. Die Verhaltensregeln und Amtspflichten sind nicht in einem 61

Gesetz zusammengefasst, sondern in vielen Vorschriften und Dienstanweisungen verstreut. Sie finden sich zunächst in den oben aufgeführten Quellen des Notarrechts (vgl. Rdn 15 ff.). Aber auch in Gesetzen und Verordnungen, die nicht das Notariat betreffen, werden dem Notar Pflichten auferlegt, etwa die Mitteilungspflichten in den Steuergesetzen, die Anzeigepflichten im Baugesetzbuch.

Zu einem großen Teil ist das Standesrecht jedoch nicht als geschriebenes Recht festgelegt, sondern einem Gewohnheitsrecht zu entnehmen, das der Notarstand im Laufe der Jahrzehnte entwickelt hat. Richtungweisend für das Standesrecht sind die Richtlinienempfehlungen, die die Bundesnotarkammer am 29.1.1999 aufgestellt hat (siehe Rdn 22 ff.); nachfolgend kurz Richtlinienempfehlungen genannt.

§ 14 BNotO verpflichtet den Notar, sein Amt getreu seinem Eide (§ 13 BNotO) zu verwalten und sich der Achtung und des Vertrauens würdig zu erweisen, die seinem Beruf entgegengebracht werden. „Um die Pflichten eines Notars gewissenhaft und unparteiisch zu erfüllen", – so die Eidesformel – muss der Notar die gewohnheitsrechtlichen Standesregeln und die überkommenen Auffassungen von den Berufspflichten beachten. Durch die Generalklausel in § 14 BNotO hat die ungeschriebene Standessitte somit die Qualität von Rechtsnormen erhalten.

II. Amtsführung

62   Der Gesamtinhalt der Amtspflichten ist in § 14 BNotO programmatisch dargestellt.

Der Notar hat sein Amt zu führen

- sachlich, unparteiisch und unabhängig,
- dabei die verfassungsmäßige Ordnung zu achten,
- im Einklang mit den Forderungen der Gesetze und von Treu und Glauben (§ 242 BGB),
- gemäß den gewohnheitsrechtlichen Standesregeln und den überkommenen Auffassungen von den Berufspflichten.

Der Notar hat sich durch sein Verhalten innerhalb und außerhalb seines Amtes der Achtung und des Vertrauens, die dem Notaramt entgegengebracht werden, würdig zu zeigen. Er hat jedes Verhalten zu vermeiden, das den Anschein eines Verstoßes gegen die ihm gesetzlich auferlegten Pflichten erzeugt, insbesondere den Anschein der Abhängigkeit oder Parteilichkeit (§ 14 Abs. 3 BNotO).

Die Leitsätze des § 14 BNotO (Grundpflichten) müssen in einzelne gegenständliche Verhaltensregeln aufgelöst werden, um richtig angewandt werden zu können.

Die wichtigste Konkretisierung der Verhaltensmaßregeln ist in den Richtlinienempfehlungen der Bundesnotarkammer vom 29.1.1999 enthalten, die von den Notarkammern in ihren Richtlinien übernommen worden sind (vgl. Rdn 22 ff.). Im Folgenden sollen anhand der Richtlinienempfehlungen der Bundesnotarkammer einige Regeln dargestellt werden, die die Amtsführung im Allgemeinen betreffen und die der Notar einhalten muss, wenn er „sich der Achtung und des Vertrauens, die seinem Beruf entgegengebracht werden, würdig zeigen will".

63   Der Notar ist immer unparteiischer Rechtsberater und Betreuer sämtlicher Beteiligten. Auch bei einem einseitigen Antrag auf Beratung und Erstellung von Entwürfen hat er doch seine Unparteilichkeit zu wahren (I. Richtlinienempfehlungen).

Der Notar hat das Beurkundungsverfahren so zu gestalten, dass die vom Gesetz mit dem Beurkundungserfordernis verfolgten Zwecke erreicht werden, insbesondere die Schutz- und Belehrungsfunktion der Beurkundung gewahrt und der Anschein der Abhängigkeit oder Parteilichkeit vermieden wird. Dies gilt insbesondere, wenn eine große Zahl gleichartiger Rechtsgeschäfte beurkundet wird, an denen jeweils dieselbe Person beteiligt ist oder durch die sie wirtschaftliche Vorteile erwirbt. Dazu gehört auch, dass er den Beteiligten ausreichend Gelegenheit einräumt, sich mit dem Gegenstand der Beurkundung auseinander zu setzen (II. Richtlinienempfehlungen).

Der Notar hat jedes gewerbliche Verhalten, insbesondere eine dem öffentlichen Amt widersprechende Werbung zu unterlassen, § 29 BNotO. Wenn auch die Grenzen der Werbung bei Rechtsanwälten, Steuerberatern und Wirtschaftsprüfern weiter gesteckt sind als bei Notaren, so darf sich die weitergehende

Werbemöglichkeit doch nicht auf die notarielle Berufsausübung erstrecken, § 29 Abs. 2 BNotO. Soweit es üblich ist, dass öffentliche Stellen (z.B. Städte, Gemeinden, Kirchen, Verbände) Beurkundungsaufträge gleichmäßig verteilen, ist es standeswidrig, bei diesen Stellen Wünsche wegen der Beteiligung eines bestimmten Auftrages vorzubringen (VII. 1. 3. Richtlinienempfehlungen). Dem Ziel, Werbung zu verhindern, dient auch das Verbot, neben der Amtsbezeichnung andere Titel als des Doktors, des Professors und des Justizrates zu führen (VII. 2. 1. Richtlinienempfehlungen). Eine Ausnahme gilt nur für Anwaltsnotare, soweit sie berechtigt sind, als Rechtsanwalt den Titel zu führen.

Der Notar soll seine Amtsgeschäfte in der Regel in seiner Geschäftsstelle vornehmen und nur aus besonderem Anlass auswärts (außerhalb seiner Geschäftsstelle) beurkunden. „Herumreisen zu Klienten" ist für einen Notar unangemessen (IX. 2. und 3. Richtlinienempfehlungen). Der Notar muss sich auf seinen engeren räumlichen Amtsbereich beschränken (§ 10a BNotO, IX. Richtlinienempfehlungen). 64

Anvertraute Vermögenswerte sind mit besonderer Sorgfalt zu behandeln und Treuhandaufträge sorgfältig auszuführen. Der Notar darf dabei nicht dulden, dass sein Amt zur Vortäuschung von Sicherheiten benutzt wird (III. Richtlinienempfehlungen). Damit die Klienten im Falle einer Schädigung nicht leer ausgehen, muss eine Haftpflichtversicherung bestehen (§ 19a BNotO).

Der Notar ist verpflichtet, die gesetzlich vorgeschriebenen Gebühren zu erheben, zu denen auch alle Zusatzgebühren gehören. Der Notar hat die Beziehungen zu seinen Mitarbeitern so zu gestalten, dass seine Unabhängigkeit und Unparteilichkeit nicht gefährdet wird (VIII. Richtlinienempfehlungen). Notare haben bei Streitigkeiten untereinander eine gütliche Einigung zu versuchen. Bleibt der Versuch erfolglos, so sollen sie eine gütliche Einigung durch Vermittlung der Notarkammer versuchen, bevor die Aufsichtsbehörde oder ein Gericht angerufen wird (XI. Richtlinienempfehlungen).

Einige besonders wichtige Amtspflichten, insbesondere solche, deren Verletzung regelmäßig Schadenersatzverpflichtungen nach sich ziehen, sind im nächsten Kapitel (siehe Rdn 72 ff.) gesondert dargestellt.

III. Aufsicht, Prüfung der Amtsführung

Alle Amtsträger unterstehen einer Dienstaufsicht. Die Aufsicht über die Notare hat vorbeugenden und berichtigenden Charakter. Sie soll dafür sorgen, dass die Notare ihr Amt nach den Gesetzen ausüben und Pflichtwidrigkeiten in Prüfungen aufgedeckt werden. In Abständen von mehreren – höchstens vier – Jahren und, wenn besondere Gründe vorliegen, auch in der Zwischenzeit, wird die Amtsführung jedes Notars geprüft (§ 32 DONot). 65

Die Prüfung wird durch den Landgerichtspräsidenten oder einen von ihm beauftragten Richter in den Amtsräumen des Notars vorgenommen. Der Notar hat den Prüfern alle erforderlichen Unterlagen zu überreichen. Die Prüfung erstreckt sich auf die gesamte Amtstätigkeit: die Einrichtung der Geschäftsstelle, Führung und Aufbewahrung der Bücher und Akten, auf die vorschriftsmäßige Verwahrung von Wertgegenständen, Anzeige von Vertretungen. In jedem Fall ist eine größere Anzahl von Urkunden und Nebenakten durchzusehen und dabei die Kostenberechnung zu prüfen.

Über die Prüfung wird ein Bericht angefertigt, den der Notar bei seiner Generalakte aufzubewahren hat. Soweit der Bericht Beanstandungen enthält, trifft der Landgerichtspräsident nach Anhörung des Notars die erforderlichen Anordnungen; z.B. Rückzahlung zu viel erhobener und Nachforderung zu wenig geforderter Kosten; Anlegen und Fortführen der fehlenden Bücher; Berichtigung bzw. Neuvornahme mangelhafter Beurkundungen. 66

Bei ordnungswidrigem Verhalten oder Pflichtverletzungen leichterer Art kann eine Missbilligung ausgesprochen werden. Bei schweren Verstößen wird die Aufsichtsbehörde ein Disziplinarverfahren einleiten (vgl. Rdn 68 ff.).

Neben den turnusmäßigen Geschäftsprüfungen können die Aufsichtsbehörden von den Notaren Berichte und Stellungnahmen zu einzelnen Vorfällen und Beschwerden verlangen oder Rückfragen halten. Der Zweck der Dienstaufsicht wird vielfach schon durch die bloße Möglichkeit der Prüfung erreicht. Denn das Bewusstsein, den Aufsichtsbehörden für die Amtstätigkeit Rechenschaft zu schulden, weckt das Verantwortungsgefühl der auf diese Weise überwachten Notare.

67 Die zur Aufsicht berufenen Behörden sind in § 92 BNotO genannt: Der Landgerichtspräsident für alle Notare, die im Landgerichtsbezirk ihren Amtssitz haben, der Oberlandesgerichtspräsident für alle Notare des Oberlandesgerichtsbezirks und die Landesjustizverwaltung (Justizminister oder Justizsenator) für alle Notare eines Landes. Welcher der drei genannten für welche Überwachungs- und Aufsichtsmaßnahme zuständig ist, regeln die Landesjustizverwaltungen durch allgemeine Verfügungen (AVNot).

Neben den Justizbehörden sind auch die Notarkammern zur Beaufsichtigung der Notare berufen (vgl. Rdn 54). Eine ihrer Aufgaben ist es, für die gewissenhafte und lautere Berufsausübung der Notare und Notarassessoren zu sorgen (§ 67 Abs. 1 BNotO).

IV. Disziplinarrecht

68 Notare und Notarassessoren, die schuldhaft die ihnen obliegenden Amtspflichten verletzen, begehen ein Dienstvergehen (§ 95 BNotO). Dienstvergehen werden durch ein förmliches Disziplinarverfahren geahndet. Im Disziplinarverfahren können folgende Maßnahmen verhängt werden:

- Verweis,
- Geldbuße,
- Entfernung aus dem Amt, bei einem Nurnotar auch Versetzung an einen anderen Amtssitz; bei einem Anwaltsnotar auch Entfernung aus dem Amt auf eine bestimmte Zeit.

F. Die Amtspflichten des Notars

I. Die Verantwortlichkeit

69 Verletzt der Notar seine Amtspflicht, so kann er dafür von der Dienstaufsicht zur Rechenschaft gezogen werden. Mit disziplinarischen Maßnahmen allein ist den Beteiligten jedoch oft nicht geholfen. Sie wollen *Schadenersatz,* wenn ihnen aus der Pflichtverletzung ein Nachteil entstanden ist. Dem entspricht das Gesetz:

> *§ 19 BNotO:*
>
> *„Verletzt der Notar vorsätzlich oder fahrlässig die ihm einem anderen gegenüber obliegende Amtspflicht, so hat er diesem den daraus entstehenden Schaden zu ersetzen."*

Die Haftung des Notars entspricht im Wesentlichen der Haftung eines Beamten (§ 839 BGB i.V.m. Art. 34 GG). Auch der Notar haftet bei Fahrlässigkeit nur, wenn der Verletzte nicht auf andere Weise Ersatz zu erlangen vermag (§ 19 Abs. 1 S. 2 BNotO, Grundsatz der subsidiären Haftung). Eine Ausnahme gilt für Verwahrungsgeschäfte und sonstige Betreuungstätigkeit (§§ 23, 24 BNotO). Wenn der Notar dabei einen Fehler macht, kann er die Beteiligten nicht darauf verweisen, zunächst auf andere Weise Ersatz zu suchen. Die Ersatzpflicht tritt nicht ein, wenn der Verletzte es vorsätzlich oder fahrlässig unterlassen hat, den Schaden durch Gebrauch eines Rechtsmittels abzuwenden (§ 839 Abs. 2 BGB i.V.m. § 19 Abs. 1 S. 3 BNotO).

Ansprüche kann aber immer nur der geltend machen, dessen Interessen gerade durch die verletzte Amtspflicht geschützt werden sollten. Nicht erforderlich ist, dass der geschützte „Dritte" selbst beim Notar erschienen ist. Es genügt, wenn die Amtspflicht seinen Schutz im Auge hatte.

70 | *Beispiel*

Bei der Testamentserrichtung sind nicht nur der Erblasser geschützt, sondern auch die *Testamentserben* und *Vermächtnisnehmer,* die regelmäßig in keine Beziehung zu dem Notar getreten sind.

Die Schadenersatzansprüche gegen den Notar (wenn dieser verstorben ist gegen seine Erben) verjähren in drei Jahren. Die Verjährung beginnt, sobald der Verletzte von dem Schaden und der Person des Ersatzpflichtigen Kenntnis erlangt; ohne Rücksicht auf die Kenntnis in dreißig Jahren von der Pflichtverletzung an (§ 19 Abs. 1 S. 3 BNotO i.V.m. §§ 195, 199 BGB). Häufig stellt sich der Schaden erst nach Jahren oder Jahrzehnten heraus, oft erst, wenn der Notar längst verstorben ist.

| Beispiel | 71 |

Ein Testament wird 25 Jahre nach der Beurkundung eröffnet. Dabei stellt sich heraus, dass eine Unterschrift irrtümlich vergessen wurde.

Das Haftungsrisiko kann den Notar und seine Erben 30 Jahre lang treffen. Schon aus diesem Grund ist eine angemessene Haftpflichtversicherung des Notars nicht nur Rechtspflicht, um den Klienten eine Regressmöglichkeit zu sichern, sondern notwendiger Selbstschutz für den Notar und seine Erben. Gemäß § 19a BNotO hat jeder Notar eine Berufshaftpflichtversicherung von mindestens 500 000 EUR abzuschließen, wobei die Leistungen des Versicherers für alle innerhalb eines Versicherungsjahres verursachten Schäden auf 1 Million EUR begrenzt werden dürfen. Daneben muss die Notarkammer eine Gruppenanschlussversicherung abschließen (§ 67 Abs. 3 Nr. 3 BNotO). Für eine Amtspflichtverletzung seines Vertreters haftet der Notar dem Geschädigten neben dem Vertreter als Gesamtschuldner (§ 46 BNotO). Eine Haftung des Staates anstelle des Notars besteht nur für die Amtsnotare im Oberlandesgerichtsbezirk Stuttgart und die Richternotare im Oberlandesgerichtsbezirk Karlsruhe.

II. Einzelne Amtspflichten

1. Pflicht zur Amtsbereitschaft

Der Notar muss das ihm verliehene Amt auch tatsächlich ausüben. Die Ernennung gibt ihm nicht die   72
Wahl, den Beruf auszuüben oder nur den Titel zu führen. Die Figur des „Titular-Notars" widerspricht dem Auftrag des Notaramtes. Denn das Notariat ist eine notwendige Einrichtung der vorsorgenden Rechtspflege, ausgerichtet allein an den Erfordernissen der Rechtspflege.

Die allgemeine Pflicht, das Amt auszuüben (Pflicht zur Amtsbereitschaft) erfordert, dass der Notar eine Geschäftsstelle unterhält und diese während der üblichen Geschäftsstunden geöffnet ist (§ 10 Abs. 3 BNotO).

Der Sicherung der Amtsbereitschaft dienen die Vorschriften über längere Abwesenheit (§ 38 BNotO: Entfernung vom Amtssitz für länger als eine Woche muss dem Landgerichtspräsidenten angezeigt werden) und über den Wohnsitz des Notars.

2. Pflicht zur Amtsausübung

Von der Pflicht zur allgemeinen Amtsbereitschaft ist die Pflicht der Amtsausübung im Einzelfall zu un-   73
terscheiden. Der Notar darf seine *Urkundstätigkeit* nicht ohne ausreichenden Grund verweigern, § 15 BNotO. Zu einer Beurkundung in einer anderen als der deutschen Sprache ist er nicht verpflichtet, § 15 Abs. 1 BNotO. Dagegen steht es ihm frei, ob er eine beratende oder betreuende Tätigkeit (§§ 23, 24 BNotO) übernehmen will.

Der Notar muss seine Amtstätigkeit versagen, wenn sie mit seinen Amtspflichten nicht vereinbar wäre, insbesondere, wenn seine Mitwirkung bei Handlungen verlangt wird, mit denen erkennbar unerlaubte oder unredliche Zwecke verfolgt werden (§ 14 Abs. 2 BNotO).

Das Gleiche gilt, wenn der Notar von der Nichtigkeit des beabsichtigten Geschäfts oder davon überzeugt ist, dass einem Beteiligten die erforderliche Geschäftsfähigkeit fehlt. Der Notar sollte seine Mitwirkung auch bei Geschäften vollmachtloser Vertreter ablehnen, wenn die Genehmigung der Erklärungen durch den Vertretenen nicht zu erwarten oder nicht nachholbar ist.

Selbstverständlich darf der Notar nicht beurkunden, wenn er aus persönlichen Gründen von der Amtsausübung ausgeschlossen ist (§ 3 BeurkG; siehe § 3 Rdn 158 ff.).

Der Notar ist berechtigt, aber nicht verpflichtet, seine Amtstätigkeit abzulehnen, wenn er sich in einer Sache für befangen hält (§ 16 Abs. 2 BNotO). Befangenheit ist der begründete Zweifel an der vollen Unparteilichkeit.

74   *Beispiel*

Beurkundung für einen guten Freund des Notars.

Das Ausbleiben eines angeforderten Kostenvorschusses berechtigt ebenfalls, nicht tätig zu werden. Der Notar kann seine Tätigkeit auch ablehnen, wenn er überbelastet ist oder dringendere Amtsgeschäfte anstehen. Eine Ablehnung aus diesen Gründen widerspricht jedenfalls dann nicht den Erfordernissen einer geordneten Rechtspflege, wenn ein anderer Notar am selben Ort oder in einem Nachbarort die Geschäfte wahrnehmen kann.

Lehnt der Notar eine Beurkundung ab, so muss er das dem Betroffenen unverzüglich mitteilen. Gegen die Weigerung hat der Betroffene das Recht der Beschwerde (§ 15 Abs. 2 BNotO). Über die Beschwerde entscheidet eine Zivilkammer des Landgerichts.

3. Pflicht zur Unparteilichkeit

75   § 14 Abs. 1 BNotO stellt ausdrücklich fest, dass der Notar „nicht Vertreter einer Partei, sondern unparteiischer Betreuer der Beteiligten" ist. Im Amtseid schwört er, seine Pflichten „unparteiisch zu erfüllen" (§ 13 BNotO).

Die Pflicht zur Unparteilichkeit gilt nicht nur bei Beurkundungen, sondern bei allen Amtstätigkeiten. Der Notar darf keine Vertretung annehmen, in der es sich um die Wahrnehmung gegensätzlicher Parteiinteressen handelt (I. Richtlinienempfehlungen).

Unparteilich heißt: Der Notar hat das Amt, die Wahrheit zu sagen, damit der Rechtsverkehr sicher ist. Niemanden bevorzugen und niemanden benachteiligen; keine Bindung, keine Zuneigung oder Abneigung, keine Voreingenommenheit. Rücksicht auf eigene Vorteile oder Nachteile dürfen das Handeln nicht beeinflussen.

76   Dieses Gebot verlangt von dem Notar Standfestigkeit, denn manche „Stammklienten" glauben, dass ihr „Hausnotar" ihre Interessen vorzugsweise wahrnimmt. Unparteilichkeit fordert Unabhängigkeit; wer abhängig ist, kann nicht unbefangen handeln. Dem entspricht § 1 BNotO: „als unabhängige Träger eines öffentlichen Amtes … werden Notare bestellt". Die Sicherung der Unabhängigkeit ermöglicht es dem Notar erst, unparteiisch zu sein. Darüber hinaus soll der Notar auch jeden *Anschein,* parteilich zu sein, vermeiden, § 14 Abs. 3 BNotO. Die Mitwirkungsverbote in § 3 BeurkG konkretisieren diese allgemeine Standespflicht zur unparteiischen Amtsausübung (vgl. § 3 Rdn 158 ff.).

4. Die Konfliktlage des Anwaltsnotars

77   Die Unparteilichkeit stellt besondere Anforderungen an den Anwaltsnotar: Denn die Pflicht des Rechtsanwaltes geht gerade dahin, einseitig einer Partei zum Erfolg zu verhelfen. Was also dem Rechtsanwalt geboten ist, ist dem Notar strengstens verboten.

Den Konflikt zwischen der Tätigkeit als Rechtsanwalt und der Tätigkeit als Notar versucht das Gesetz zu verhindern, indem es dem Rechtsanwalt oder dem Notar in bestimmten Situationen gebietet, sich einer Tätigkeit zu enthalten. Die Ausschließungsvorschriften finden sich in der Bundesnotarordnung, dem Beurkundungsgesetz und der Bundesrechtsanwaltsordnung (BRAO).

Dabei geht es im Wesentlichen um zwei Fragen:

a) Kann ein Anwaltsnotar in einer Sache als Notar tätig werden, die er als Anwalt bearbeitet oder beraten hat oder die mit seiner anwaltlichen Tätigkeit zusammenhängt?

b) Kann ein Anwaltsnotar in einer Sache als Anwalt tätig werden, die mit seiner früheren notariellen Tätigkeit zusammenhängt?

a) Ausschluss des Notars wegen Kollision mit seiner Anwaltstätigkeit

Beurkundungsgesetz und Bundesnotarordnung lassen sich von dem Grundsatz leiten, dass die Unabhän-   **78** gigkeit und Unparteilichkeit des Notars vor jeder nur denkbaren Gefährdung zu schützen sind. Vor diesem Hintergrund ist das Mitwirkungsverbot des Notars wegen vorangegangener Anwaltstätigkeit (§ 3 Abs. 1 Nr. 7 BeurkG) zu sehen. Eine Mitwirkung als Notar ist verboten, wenn es sich um Angelegenheiten einer Person handelt, für die der Notar oder einer seiner Sozien außerhalb der Amtstätigkeit in derselben Angelegenheit bereits tätig war oder ist, es sei denn, diese Tätigkeiten wurden im Auftrag *aller* Personen ausgeübt, die an der Beurkundung beteiligt sein sollen. § 16 BNotO erweitert dieses Mitwirkungsverbot auf alle Amtsgeschäfte des Notars, seien sie Beurkundungen oder sonstige Amtshandlungen.

Dieses Verbot gilt nicht nur, wenn der einzelne Notar vorbefasst ist, sondern in gleicher Weise, wenn ei-   **79** ner seiner Sozien in der geschilderten Weise vorbefasst ist. § 3 Abs. 1 Nr. 7 BeurkG scheidet jedoch aus, wenn die Vorbefassung des Anwaltsnotars im Rahmen seiner Amtstätigkeit als Notar oder im Rahmen der Notartätigkeit seines Notarsozius erfolgt. Nur anwaltliche oder sonstige Vorbefassung, nicht aber notarielle Vorbefassung, schließt aus. Das Mitwirkungsverbot greift ferner dann nicht ein, wenn die Vorbefassung im Auftrag aller Personen erfolgte, die an der Beurkundung beteiligt sein sollen. Mit „Beteiligung" ist die Beteiligung im *materiellen* Sinne gemeint, die bereits dann gegeben ist, wenn Rechte oder Pflichten durch den Urkundsvorgang betroffen werden. Hierbei ist nicht nur auf den Inhalt der Urkunde oder die unmittelbar am Urkundsgeschäft Beteiligten abzustellen, sondern vor allem auf das von der Urkunde erfasste wirtschaftliche und rechtliche Verhältnis.[18]

Danach ist es nicht gestattet, einen Vertrag, insbesondere einen Vergleich, zu protokollieren, wenn der Notar in der Angelegenheit von einem Beteiligten als Anwalt bevollmächtigt ist. Eine Umgehung und folglich unzulässig ist es auch, wenn der Anwaltsnotar, bevor er als Notar tätig wird, seine anwaltliche Vertretung niederlegt oder für beendet erklärt, nachdem sich die Beteiligten über den bisherigen Streit- und Verhandlungsstoff geeinigt haben und nur noch die Beurkundung der Einigung vorzunehmen ist, z.B.:

- ■ Erbauseinandersetzungsverhandlung mit anwaltlicher Vertretung der Parteien, anschließend Auseinandersetzungsvertrag;
- ■ Auseinandersetzungsvertrag einer gekündigten Gesellschaft, wenn der Notar bei Auseinandersetzungsverhandlungen und Liquidation als Anwalt einseitig beraten hat.

Ziel des Mitwirkungsverbots ist, den Begriff „dieselbe Angelegenheit" nicht einengend, sondern im Gesamtzusammenhang zu werten. Der Notar ist somit immer von der Beurkundung ausgeschlossen, wenn zwischen der anwaltlichen Tätigkeit und der beabsichtigten notariellen Tätigkeit ein enger Sachzusammenhang besteht. So darf der Anwalt, der Vollmacht zur Vertretung im Scheidungsprozess hat, keine Unterhaltsvereinbarung beurkunden. Die Beteiligung ist immer als *Sachbeteiligung* zu verstehen. Hierbei ist nicht nur auf den Inhalt der Urkunde oder die unmittelbar am Urkundsgeschäft Beteiligten abzustellen, sondern vor allem auf das von der Urkunde erfasste wirtschaftliche und rechtliche Verhältnis. Auch *nach* rechtskräftiger Scheidung darf der Anwalt, wenn er den Auftrag dazu hat, die Unterhaltsregelung oder Auseinandersetzung herbeizuführen, eine solche Vereinbarung nicht beurkunden.

Neben den unmittelbar Beteiligten kann als Beteiligter auch ein Dritter in Betracht kommen. Daher darf   **80** der Anwalt, der einen Gläubiger vertritt, also von ihm bevollmächtigt ist, kein Schuldanerkenntnis und keine Hypothekenbestellung des Schuldners beurkunden. Da das Gesetz allein auf die Sachbeteiligung abstellt, ist es nicht gestattet, die Vorschrift dadurch zu umgehen, dass der eine Anwaltsnotar das Angebot und der andere Anwaltsnotar die Annahme protokolliert.

Weiter gelten ein Mitwirkungsverbot in Angelegenheiten einer Person, die den Notar in derselben Angelegenheit bevollmächtigt hat (§ 3 Abs. 1 S. 1 Nr. 8 BeurkG) und die Hinweis- und Fragepflicht des § 3 Abs. 2 BeurkG. Handelt es sich um eine Angelegenheit mehrerer Personen und ist der Notar *früher* in dieser Angelegenheit als gesetzlicher Vertreter oder Bevollmächtigter tätig gewesen oder ist er für eine dieser Personen in *anderer* Sache als Bevollmächtigter tätig, so soll er vor der Beurkundung darauf hinweisen und fragen, ob er die Beurkundung gleichwohl vornehmen soll. In der Urkunde soll er vermer-

---

18 *Vaasen/Starke*, DNotZ 1998, 670 f.

ken, dass dies geschehen ist, § 3 Abs. 2 BeurkG. Der Anwendungsbereich des § 3 Abs. 2 BeurkG ist allerdings durch § 3 Abs. 1 Nr. 8 BeurkG (Angelegenheiten einer Person, die den Notar in derselben Angelegenheit bevollmächtigt hat) eingeschränkt. § 3 Abs. 1 Nr. 8 BeurkG geht als die speziellere Vorschrift vor. Immer, wenn der Notar von einer Person in derselben Angelegenheit bevollmächtigt ist, darf er nicht mitwirken; auch die Genehmigung durch die Beteiligten erlaubt es ihm nicht.

81   Ganz wichtig ist zu beachten, dass die Mitwirkungsverbote auch auf die Notarsozien, seien es Anwälte, Steuerberater, Wirtschaftsprüfer, ausgedehnt sind. Auch in einer Angelegenheit, mit der der Sozius vorbefasst ist, kann der Notar nicht beurkunden. Für dauernde Beratungsverhältnisse, wie sie oft bei Sozietäten mit Steuerberatern und Wirtschaftsprüfern vorkommen, hat das zur Folge, dass aus dem auftragsbezogenen Mitwirkungsverbot häufig ein mandantenbezogenes Mitwirkungsverbot wird: Insbesondere die Beratungs- und Prüfungstätigkeit des Wirtschaftsprüfers, des Steuerberaters, die ihrer Natur nach umfassend und dauerhaft angelegt ist, verbietet in der überwiegenden Zahl der Fälle eine Mitwirkung des Notarsozius in Angelegenheiten des betreffenden Mandanten.[19]

Nach § 14 Abs. 3 S. 2 BNotO hat der Notar jedes Verhalten zu vermeiden, das den Anschein eines Verstoßes gegen die ihm gesetzlich auferlegten Pflichten erzeugt, insbesondere den Anschein der Abhängigkeit oder Parteilichkeit. Der Notar als Inhaber eines öffentlichen Amtes unterliegt strengeren Bindungen an das Berufsrecht als die Angehörigen anderer rechts- und wirtschaftsberatenden Berufe. Bei der Beurteilung der Amtsführung des Notars kommt es somit auch auf den Eindruck an, den sein Verhalten in der Öffentlichkeit erweckt. Der Notar wird also sein Beurkundungsverfahren so gestalten, dass auch der Anschein vermieden wird, er sei von einer an der Urkunde beteiligten Person abhängig oder mit ihr in besonderer Weise verbunden, sodass man ihn für parteilich halten könnte.

b)   Verbot anwaltlicher Tätigkeit mit Rücksicht auf frühere notarielle Tätigkeit

82   § 45 Abs. 1 Ziff. 2 BRAO verbietet es, als Rechtsanwalt tätig zu werden, wenn es sich um den Rechtsbestand oder die Auslegung einer von dem Rechtsanwalt als Notar aufgenommenen Urkunde handelt. Hieraus darf nun nicht geschlossen werden, dass in allen anderen Fällen die Vertretung eines Urkundsbeteiligten durch den Rechtsanwalt, der als Notar beurkundet hat, zulässig sei. Denn die BRAO regelt nur die anwaltlichen Pflichten.

Dem Notar ist darüber hinaus aus Gründen des notariellen Standesrechts schlechterdings versagt, irgendeinen Beteiligten bei der Geltendmachung von Ansprüchen aus einer von ihm aufgenommenen Urkunde anwaltlich zu vertreten. Der Notar schuldet den Beteiligten, für die er früher in der Angelegenheit als Notar einmal tätig war, die unbedingte Unparteilichkeit weiterhin auch über den Abschluss des Amtsgeschäftes hinaus.

83   Unzulässig ist hiernach z.B.: Die Vertretung eines Miterben oder Vermächtnisnehmers als Rechtsanwalt gegen andere Miterben, wenn der Notar das Testament beurkundet hat. Die Vertretung des Käufers oder Verkäufers in Streitigkeiten aus einem vom Notar beurkundeten Kaufvertrag. Die Zustellung und Vollstreckung für die Hypothekengläubiger aus einer vom Notar beurkundeten vollstreckbaren Urkunde. Der Bundesgerichtshof[20] hat darauf hingewiesen, dass § 45 BRAO nicht eng ausgelegt werden darf: Immer wenn es im Zivilprozess darum geht, welche Folgerungen aus einer in notarieller Urkunde niedergelegten Vertragsbestimmung zu ziehen sind, ist der Rechtsanwalt, der als Notar die Urkunde aufgenommen hat, von der Vertretung der Prozesspartei ausgeschlossen.

Zum Amt des Notars gehört es, die Beteiligten auf dem Gebiet der vorsorgenden Rechtspflege vor Gerichten und Behörden zu vertreten (§ 24 Abs. 1 S. 2 BNotO). Handelt der Notar dabei im Rahmen einer Vollzugstätigkeit zu einem Amtsgeschäft, so ist er zur Weiterverfolgung der Angelegenheit auch in den Rechtsmittelinstanzen befugt. Der Anwaltsnotar handelt dabei stets als Notar, was sich hinsichtlich seiner Haftung, seiner Gebühren und der Beitreibung der Kosten auswirkt.

---

19 *Vaasen/Starke*, DNotZ 1998, 671.
20 DNotZ 1968, S. 639 ff.

Beispiele   84

a) *Kaufvertrag.* Der Notar vertritt die Beteiligten im Genehmigungsverfahren nach dem GrdstVG, nach dem BauGB sowie im Beschwerdeverfahren gegenüber dem Grundbuchamt.

b) *Erbscheinsantrag.* Der Notar vertritt den Antragsteller in einem etwaigen Beschwerdeverfahren.

c) *Pachtvertrag.* Der Notar vertritt die Beteiligten in einem Beanstandungsverfahren nach dem Landpachtgesetz.

d) *Hofübergabevertrag.* Der Notar vertritt die Beteiligten im landwirtschaftsgerichtlichen Verfahren nach der HöfeO, aber auch in einem etwaigen, zur Absicherung des Ergebnisses angezeigten Feststellungsverfahren nach § 11 HöfeVfO.

Jedoch ist zu beachten, dass der Notar nicht einseitig in einen Streit der Beteiligten eingreifen darf. Im Falle BGH[21] hatte der Notar den Antrag auf Erteilung eines Testamentsvollstreckerzeugnisses beurkundet und diesen Antrag im Beschwerdeverfahren vertreten. Nach Auffassung des BGH durfte der Notar den Antrag nicht weiter verfolgen, als sich die Tochter des Antragstellers beim Nachlassgericht meldete und die Zurückweisung des Antrages ihrer Mutter erstrebte. Der BGH führte aus, „dass der Notar die Vertretung niederlegen muss, weil sich auf gleicher Ebene ein anderer Beteiligter mit widerstreitenden Interessen meldete".

5. Prüfungs- und Belehrungspflichten

Die Prüfungs- und Belehrungspflichten waren früher in der Dienstordnung für Notare niedergelegt. Die   85
BNotO aus dem Jahre 1961 hatte sie in das Gesetz übernommen (§§ 26–37 BNotO a.F.). Mit dem Inkrafttreten des BeurkG am 1.1.1970 erhielt das Beurkundungs*verfahren* im gesamten Bundesgebiet eine einheitliche Ordnung. In den §§ 17–21 BeurkG wurden die notariellen Belehrungspflichten neu aufgestellt und zugleich aus der BNotO herausgenommen (vgl. hierzu Rdn 24). Da die BNotO im Oberlandesgerichtsbezirk Karlsruhe nicht gilt (§ 115 Abs. 1 S. 1 BNotO), erreichten die Prüfungs- und Belehrungspflichten mit Inkrafttreten des BeurkG zum ersten Mal eine einheitliche gesetzliche Geltung für das ganze Bundesgebiet.

Der Gesetzgeber befasste sich nicht ohne Grund zum zweiten Male innerhalb von 10 Jahren (1961: Inkrafttreten der BNotO; 1970: Inkrafttreten des BeurkG) mit einer Neuordnung dieses Rechtsgebietes: Der Fragenkomplex um die Aufklärungs-, Belehrungs-, Prüfungs- und Beratungspflichten des Notars ist die wichtigste, schwierigste und auch aktuellste Materie des gesamten Notariatsrechts. Die sich wandelnde Auffassung von der Stellung des Notars in der Rechtspflege findet hier einen deutlichen Ausdruck. Die nähere Beschreibung dieser Pflichten ist für fast jedes Amtshaftungsurteil unerlässlich. Die meisten Amtshaftungsprozesse haben ihren Grund darin, dass eine dieser Pflichten nicht genügend beachtet wurde.

Die Beratungspflicht gewinnt laufend an Gewicht. Der Gesetzgeber sieht den Zweck der Beurkundung   86
immer mehr in der Beratung und Belehrung der Beteiligten und weniger in der Beweissicherung oder dem Schutz vor Übereilung. Dieser Wille des Gesetzgebers wurde auch in den Beratungen zur Novellierung des § 313 BGB a.F. (jetzt § 311b BGB) deutlich.[22]

Rechtsprechung und Literatur zu den Prüfungs- und Belehrungspflichten sind in ihrer Fülle fast unüberschaubar.[23] Die Vielschichtigkeit der Belehrung und Prüfung kann hier nicht annähernd ausgebreitet werden. Die folgende Darstellung beschränkt sich auf wenige Punkte.

Auszugehen ist vom Gesetz (§§ 17–21 BeurkG). Die allgemeinen Grundsätze sind in § 17 BeurkG niedergelegt.

---

21 NJW 1969, 929.

22 BT-Drucks 7/63, 6.

23 Vgl. dazu das Buch von *Reithmann/Albrecht*, Handbuch der notariellen Vertragsgestaltung, 8. Aufl. 2001, wo Rechtsprechung und Literatur gesammelt sind.

87   Danach muss der Notar

- den Willen der Beteiligten erforschen,
- den Sachverhalt klären,
- die Erklärungen der Beteiligten klar formulieren,
- über die rechtliche Tragweite des Geschäftes belehren.

88   Dabei soll er

- Irrtümer und Zweifel vermeiden,
- unerfahrene und ungewandte Beteiligte vor Nachteil schützen,
- etwaige Zweifel und rechtliche Bedenken gegen das Geschäft mit den Beteiligten erörtern und eventuell in der Niederschrift vermerken.

89   Der Notar soll das Beurkundungsverfahren so gestalten, dass die Einhaltung dieser Pflichten gewährleistet ist, § 17 Abs. 2a) BeurkG. Alle *materiell* am Beurkundungsverfahren Beteiligten sollen den Vorteil der Belehrung erhalten.

Gestaltungsformen des Beurkundungsverfahrens, die geeignet sind, diese Belehrungspflichten des Notars zu unterlaufen, müssen an § 17 Abs. 2a) BeurkG gemessen werden:

- die planmäßige Beurkundung unter Beteiligung von vollmachtlosen Vertretern,
- die systematische Beurkundung aufgrund isolierter Vollmachten,
- die systematische Beurkundung mit Mitarbeitern des Notars als Vertreter,
- die systematische Aufspaltung von Verträgen in Angebot und Annahme,
- die Auslagerung wichtiger Vereinbarungen in Bezugsurkunden, die nicht vorgelesen werden müssen,

verstößt gegen § 17 Abs. 2a) BeurkG.

§ 17 Abs. 2a) BeurkG ist durch Gesetz vom 23.7.2001 (OLG-Vertretungs-Änderungsgesetz BGBl I, S. 2859) ergänzt worden um Bestimmungen für die Beurkundung von *Verbraucherverträgen*. Nach der gesetzlichen Definition des Verbrauchervertrages in § 310 Abs. 3 BGB sind dies Verträge zwischen einem Unternehmer (§ 14 BGB) und einem Verbraucher (§ 13 BGB).

90   Bei Verbraucherverträgen soll der Notar darauf hinwirken, dass

1. die rechtsgeschäftlichen Erklärungen des Verbrauchers von diesem persönlich oder durch eine Vertrauensperson vor dem Notar abgegeben werden und
2. der Verbraucher ausreichend Gelegenheit erhält, sich vorab mit dem Gegenstand der Beurkundung auseinander zu setzen; bei Verbraucherverträgen, die der Beurkundungspflicht nach § 311b) Abs. 1 S. 1 und Abs. 3 BGB unterliegen, geschieht es im Regelfall dadurch, dass dem Verbraucher der beabsichtige Text des Rechtsgeschäftes zwei Wochen vor der Beurkundung zur Verfügung gestellt wird.

91   Das bedeutet im Ergebnis:

Liegt ein Verbrauchervertrag vor, so gelten die weitergehenden strengeren Amtspflichten aus § 17 Abs. 2a) S. 2 BeurkG. Liegt kein Verbrauchervertrag vor, so verbleibt es bei den Amtspflichten aus § 17 Abs. 2a) S. 1 BeurkG.

Gemäß der Neuregelung in § 17 Abs. 2a) S. 2 Nr. 1 BeurkG soll der Notar bei Verbraucherverträgen darauf hinwirken, dass die Rechtsgeschäfte in den Erklärungen des Verbrauchers von diesem persönlich oder durch eine Vertrauensperson abgegeben werden. Ziel dieser Vorschrift ist es, eine effektive Interessenwahrnehmung des Verbrauchers gegenüber dem Unternehmer zu ermöglichen sowie sicherzustellen, dass die Belehrung des Notars tatsächlich diejenige Person auch erreicht, zu deren Schutze sie gedacht sind.

92   § 17 Abs. 2a) S. 2 Nr. 2 Hs. 1 BeurkG legt dem Notar bei Beurkundung von Verbraucherverträgen allgemein die Pflicht auf, darauf hinzuwirken, dass der Verbraucher ausreichend Gelegenheit erhält, sich vorab mit dem Gegenstand der Beurkundung auseinander zu setzen. Der Verbraucher soll mithin nicht unvorbereitet in die Beurkundung gehen, sondern seine Entscheidung zu dem beabsichtigten Rechtsgeschäft so weit wie möglich vorher prüfen können. Zugleich soll er ausreichend Gelegenheit erhalten, andere Berater (z.B. Steuerberater) hinzuzuziehen, um die steuerlichen und sonstigen, nicht im Belehrungsumfang des Notars enthaltenen Konsequenzen des Rechtsgeschäfts zu überprüfen.

§ 17 Abs. 2a) S. 2 Nr. 2 Hs. 2 BeurkG verschärft die Amtspflichten noch erheblich, allerdings beschränkt auf Verbraucherverträge, die der Beurkundungspflicht nach § 311b) Abs. 1 S. 1 und Abs. 3 BGB unterliegen (das sind im Wesentlichen Grundstücksgeschäfte). Bei diesen vorgenannten Grundstücksverträgen soll dem Verbraucher der beabsichtigte Text des Rechtsgeschäftes „im Regelfall" *zwei* Wochen vor Beurkundung zur Verfügung gestellt werden. Hierzu hat der BGH jüngst nochmals klargestellt, dass diese Regelfrist nicht zur Disposition der Urkundsbeteiligten steht und ein Abweichen von der Regelfrist nur dann in Betracht kommt, wenn es im Einzelfall nachvollziehbare Gründe, insbesondere unter Berücksichtigung der Schutzinteressen des Verbrauchers, rechtfertigen, die dem Verbraucher zugedachte Schutzfrist zu verkürzen.[24] Voraussetzung für die Nichteinhaltung der Frist ist deshalb ein sachlicher Grund, der vorzugswürdigerweise in der Urkunde aufgeführt werden sollte. Der Notar ist bei Fehlen eines nachvollziehbaren sachlichen Grundes von Amts wegen verpflichtet, die Beurkundung bei Unterschreiten der Frist auch dann abzulehnen, wenn diese von den Beteiligten ausdrücklich gewünscht wird. Nachvollziehbare Gründe können insbesondere darin zu finden sein, dass das Geschäft wegen eines steuerlichen Stichtages eilbedürftig ist oder persönliche Gründe des Verbrauchers wie ein kurz bevorstehender Krankenhausaufenthalt vorgebracht werden.[25]

Daneben enthält das BeurkG spezielle Belehrungs- und Prüfungspflichten, nämlich   93

- *Belehrung:* über gerichtliche und behördliche Genehmigungserfordernisse (§ 18 BeurkG); Fragen der Grunderwerbsteuer (§ 19 BeurkG); gesetzliche Vorkaufsrechte (§ 20 BeurkG);
- *Prüfung:* des Grundbuchinhalts (§ 20 BeurkG); der Geschäftsfähigkeit der Beteiligten (§ 11 BeurkG); der Verfügungs- und Vertretungsmacht (§ 12 BeurkG).

Es handelt sich hierbei um die Anwendung des allgemeinen Grundsatzes aus § 17 BeurkG auf einzelne konkrete Fälle.

§ 17 BeurkG betrifft nach seinem Wortlaut zwar nur die Beurkundung von Willenserklärungen, doch gelten die Grundsätze auch bei den anderen Amtstätigkeiten des Notars, etwa bei Entwürfen, Beratungsaufträgen, Hinterlegungsgeschäften.

a) Den Willen der Beteiligten erforschen

Der Wille der Beteiligten ist die Grundlage der zu errichtenden Urkunde. Bevor der Notar die Urkunde   94
formuliert, muss er notwendigerweise diesen Willen festgestellt haben. Das geschieht durch ein vorbereitendes Gespräch mit den Beteiligten oder in der Weise, dass die Beteiligten oder Dritte im Büro des Notars schriftlich oder fernmündlich die für die Urkunde erforderlichen Angaben machen. Der Notar darf sich dabei nicht einfach auf die Erklärungen der Beteiligten verlassen, sondern muss durch Fragen und Erörterung – spätestens bei der Beurkundung – ermitteln, ob die Erklärungen auch dem *wahren* Willen *aller* Beteiligten entsprechen.

Oft verstehen die Beteiligten unter den verwendeten Begriffen etwas anderes als der Jurist. Dazu ein Beispiel:

Das Wort „Erbe" wird von Laien auch dann benutzt, wenn sie nur einen bestimmten Gegenstand einer Person zuwenden wollen; gewollt ist also in Wirklichkeit ein Vermächtnis. Hier setzt das Gespräch ein, um den wirklichen Willen des Erblassers aufzudecken.

Die Angaben sind nicht selten lückenhaft und unvollständig und lassen deshalb den Willen nicht oder nur   95
undeutlich erkennen. Der Notar muss deshalb ermitteln, was gemeint ist.

Häufig bringen die Beteiligten vollständige Urkundsentwürfe mit und bitten, diese zu beurkunden. Der Notar darf dennoch den Entwurf nicht einfach übernehmen. Er muss ihn mit den Beteiligten durchsprechen, um zu klären, ob er verstanden und so gewollt ist. Der Notar trägt die Verantwortung auch für den von ihm beurkundeten fremden Entwurf. Dabei darf sich die Gründlichkeit des Gespräches an dem Wissensstand der Beteiligten ausrichten. Ein Rechtsanwalt z.B. braucht nicht bis ins Einzelne befragt zu werden, wie der Notar es etwa bei einem Lehrer tun muss.

---

24 BGH, Urt. v. 7.2.2013 – III ZR 121/12.
25 Armbrüster/Preuß/Renner/*Armbrüster*, § 17 BeurkG Rn 246 f.

b) Den Sachverhalt klären

96   Wenn der Notar in seiner Urkunde den Willen der Beteiligten richtig wiedergeben will, muss er den zugrunde liegenden Sachverhalt kennen. Die *Tatsachen* können aber nur die Beteiligten selber liefern. Der Notar hat keine Handhabe und auch kein Recht dazu, selbst zu ermitteln, wie der Richter oder der Staatsanwalt es können. Wenn § 17 BeurkG bestimmt, „Der Notar soll … den Sachverhalt klären", so ist damit gemeint, dass der Notar von den Beteiligten alle rechtlich wichtigen tatsächlichen Umstände *erfragen* muss. Die tatsächlichen Angaben, die die Beteiligten machen, darf er ohne eigene Sachprüfung als richtig zugrunde legen.

Gibt der dargestellte Sachverhalt jedoch zu Zweifeln Anlass, muss der Notar auf Aufklärung dringen und den Beteiligten erklären, warum es auf die Aufklärung gerade dieser Tatsachen ankommt.

97   Dazu einige **Beispiele:**

Die Beteiligten teilen dem Notar den Kaufpreis für ein Grundstück mit. Es ist nicht Sache des Notars, nach der Angemessenheit des Preises zu forschen. Wenn er jedoch begründete Zweifel hat, ob der Kaufpreis richtig angegeben ist, so muss er sagen, was ein falscher Kaufpreis bewirkt, und besonders sorgfältig über die Folgen eines Schwarzgeschäftes belehren, nämlich über die Nichtigkeit des Vertrages, über die Strafbarkeit wegen Steuerhinterziehung etc.

Bei der Beurkundung einer Verfügung von Todes wegen muss der Notar den Testator befragen, ob er nicht schon durch frühere gemeinschaftliche Testamente oder Erbverträge gebunden ist. Er muss den Testator also fragen, ob er schon einmal zusammen mit einer anderen Person testiert hat.

Soweit es sich um Rechtstatsachen handelt, kann sich der Notar nicht ohne weiteres darauf verlassen, dass Rechtsbegriffe von rechtlich ungebildeten Laien richtig benutzt werden. Dies gilt zum Beispiel vom Güterstand der Ehegatten. Der Notar muss sich Gewissheit darüber verschaffen, ob die Beteiligten ihren Güterstand richtig benennen. Oft geben die Beteiligten an, Gütergemeinschaft zu haben, weil sie diesen Güterstand mit der gesetzlichen Zugewinngemeinschaft verwechseln. Durch einzelne Fragen, etwa: „Wurde eine notarielle Urkunde über den Güterstand errichtet?", muss er der Richtigkeit der Angaben auf den Grund gehen. Doch bestimmen auch hier wieder Wissen und Bildungsstand der Beteiligten über die Beharrlichkeit der Nachfragen.

Beurkundet der Notar lebzeitige Verfügungen verheirateter Personen, so muss er im Hinblick auf die Verfügungsbeschränkungen des § 1365 BGB beim gesetzlichen Güterstand der Frage besondere Aufmerksamkeit widmen, ob eine Verfügung über das gesamte Vermögen stattfinden soll. Denn eine verheiratete Person, die im gesetzlichen Güterstand der Zugewinngemeinschaft lebt, kann nur mit Einwilligung des anderen Ehegatten über ihr Vermögen im Ganzen verfügen.

c) Die Erklärungen der Beteiligten klar formulieren

98   Erforschung des Willens und Klärung des Sachverhaltes sind die Vorarbeiten für die Urkunde. Danach erfolgt die Niederschrift, die die „Erklärungen klar und unzweideutig wiedergeben muss" (§ 17 Abs. 1 BeurkG).

Klar und unzweideutig besagt, dass alle Erklärungen möglichst einfach und für jeden Beteiligten verständlich niedergeschrieben werden sollen, sodass sie keiner Auslegung bedürfen. Das ist in erster Linie ein sprachliches Problem. Der Notar soll sich möglichst nur solcher Ausdrücke und Wendungen bedienen, die die Beteiligten – ohne juristische Vorbildung – verstehen können. Wenn Rechtsbegriffe nicht zu vermeiden sind, so ist der Gesetzessprache der Vorrang vor anderen Begriffs- und Wortbildungen zu geben.

99   Eine Formulierung, die zweifelhaft erscheinen lässt, was gemeint ist, geht meistens zu Lasten des Notars. Denn der Notar muss – wenn die Beteiligten sich nicht klar ausdrücken – auf zweifellose Klarheit dringen. Klar und unzweideutig heißt aber auch: vollständig. Die Urkunde soll die Willenserklärungen lückenlos wiedergeben und auch die Nebenabreden enthalten.

d) Über die rechtliche Tragweite des Geschäfts belehren

100   Wo das bürgerliche Recht die Beurkundung als Form vorschreibt, will der Gesetzgeber damit erreichen, dass der Bürger vor dem Abschluss dieses Geschäfts eine juristische Belehrung über seine Tragweite er-

hält. Sinn des § 17 BeurkG ist es, dem Bürger diese – von dem materiellen Recht als selbstverständlich vorausgesetzte – Belehrung zu sichern. Die Aufnahme der Urkunde verpflichtet den Notar, die Beteiligten so weit zu belehren, wie es nötig ist, damit sie den rechtlichen Inhalt ihrer Erklärungen erkennen und sich der rechtlichen Tragweite der Erklärungen bewusst sind.

aa) Die rechtliche Tragweite

Zur rechtlichen Tragweite einer Willenserklärung zählen die rechtlichen Voraussetzungen, die erforderlich sind, um den von den Beteiligten gewollten Erfolg zu erreichen, sowie die Wirkungen (Folgen) des Geschäfts. Daneben ist es oft nötig, über seine Vollziehung und Abwicklung aufzuklären.   **101**

Einige **Beispiele** sollen das deutlich machen:

Beispiel:

Bei einem Grundstückskaufvertrag muss der Notar darauf hinweisen, wann das Eigentum auf den Käufer übergeht, nämlich nicht schon mit dem Vertragsabschluss und der Auflassung, sondern erst mit der Umschreibung im Grundbuch. Die Umschreibung kann aber erst erfolgen, wenn alle erforderlichen Genehmigungen (welche?), eine Erklärung der Gemeinde hinsichtlich der Vorkaufsrechte nach dem Baugesetzbuch und – in einzelnen Ländern (vgl. § 4 Rdn 125 f.) – dem Denkmalschutzgesetz sowie die Unbedenklichkeitsbescheinigung des Finanzamts vorliegen. Den Käufer interessiert, dass das Grundstück bis dahin dem Zugriff Dritter ausgeliefert ist und der Verkäufer noch weiter darüber verfügen, etwa es belasten oder anderweitig verkaufen kann. Der Käufer muss das wissen, damit er nicht vorher, ohne seine Risiken bedacht zu haben, den Kaufpreis zahlt.

Beispiel:

Bei Testamenten kann ein Hinweis darauf angebracht sein, dass ein Einzeltestament jederzeit abgeändert werden kann; bei gemeinschaftlichen Testamenten und Erbverträgen muss die Bindung des Testators erörtert werden.

Zwar braucht der Notar bei einer Beurkundung nicht über alles und jedes zu sprechen, was in der Urkunde   **102** erwähnt ist. Ein Grundstückskaufvertrag ist keine Kurzvorlesung über das Sachenrecht und auch keine Lehrstunde für Allgemeinbildung. Der Notar darf davon ausgehen, dass Grundbegriffe des Rechtsverkehrs bekannt sind. Zum Beispiel weiß jedermann, dass ein Vertrag endgültig ist und niemand, nachdem die Unterschriften geleistet sind, sich ohne Zustimmung der anderen Beteiligten von dem Vertrag lösen kann. Dagegen muss der Notar auf das Wesentliche, das nicht ohne weiteres geläufig ist, aufmerksam machen. Anlass zur Belehrung und Besprechung ist immer gegeben, wenn Zweifel oder Unwissenheit der Beteiligten bemerkbar werden.

Die *wirtschaftlichen* Folgen (Gegensatz: rechtliche Folgen) der Erklärungen braucht der Notar nicht zu prüfen und nicht mit den Beteiligten zu erörtern. Der Notar ist kein Wirtschaftsprüfer und kein Steuerberater; er ist auch nicht der Vormund der Beteiligten. Die Beurteilung der wirtschaftlichen Seite ist Sache der Vertragsparteien selbst. Dazu gehören die Fragen, ob der Kaufpreis angemessen ist, der Vertragsgegner zahlungsfähig oder sonst zuverlässig ist, ob das Pfandobjekt genügend Sicherheit bietet, oder ob ein Rangrücktritt ohne Risiko möglich ist.

Der Notar ist zur Beurteilung dieser Fragen auch gar nicht in der Lage. Ob ein Kaufpreis zu hoch oder zu   **103** niedrig ist, kann letztlich nur ein Sachverständiger (Gutachter) feststellen. Ob der Vertragspartner seriös ist, mögen Detekteien feststellen. Eine Belehrungspflicht über wirtschaftliche Dinge entsteht nur beim Vorliegen ganz besonderer Umstände, wenn es nämlich für den Notar aus besonderen Gründen auf der Hand liegt, dass ein Beteiligter sich in eine Gefahr begibt, deren er sich nicht bewusst ist. Beispiel: Eine ungewandte alte Frau wird von einem Makler „angeschleppt" und will zu einem krass niedrigen Preis verkaufen.

bb) Steuerfragen

104 Über Steuerfragen trifft den Notar grundsätzlich keine Belehrungspflicht. Der Eintritt der Steuerpflicht verursacht beim Steuerpflichtigen in aller Regel keinen „Schaden",[26] sondern die Steuer ist eine vom Gesetzgeber auferlegte Last, die nicht durch die notarielle Belehrungspflicht zum Gegenstand von Spekulationen gemacht werden soll.

Eine Ausnahme von diesem Grundsatz besteht dann, wenn für den Notar erkennbar ist, dass ein Beteiligter auf eine Klärung der Steuerfrage Wert legt. Bei der Versteuerung von Veräußerungsgewinnen hat der BGH die Ansicht vertreten, der Notar müsse auf die Gefahr der Spekulationssteuer hinweisen, „wenn er davon Kenntnis hat, dass der Verkäufer das Grundstück vor weniger als zwei Jahren erworben hat";[27] jetzt ist die Frist 10 Jahre, § 23 EStG.

105 Wenn der Notar im Zuge der Vorbereitung der Urkunde oder anschließend bei der Beurkundung steuerliche Hinweise gibt, so sollte er sich darauf beschränken, die steuerliche Seite aufzuzeigen und den Beteiligten empfehlen, sich über die steuerlichen Probleme gesondert beraten zu lassen.

Eine Ausnahme gilt bei Schenkungen und Zweckzuwendungen unter Lebenden. Hier hat der Notar „auf die mögliche Steuerpflicht hinzuweisen", nicht dagegen auf den tatsächlichen Anfall oder die Höhe der Steuer (§ 8 Abs. 1 S. 4, Abs. 4 Erbschaftsteuer-Durchführungsverordnung).

Ähnlich ist es bei der Grunderwerbsteuer. § 19 BeurkG bestimmt:

> *„Darf nach dem Grunderwerbsteuerrecht eine Eintragung im Grundbuch erst vorgenommen werden, wenn die Unbedenklichkeitsbescheinigung des Finanzamts vorliegt, so soll der Notar die Beteiligten darauf hinweisen und dies in der Niederschrift vermerken."*

Diese Hinweispflicht soll die Kenntnis der Beteiligten über steuerliche Hindernisse beim Vollzug des beurkundeten Rechtsgeschäfts sicherstellen. Dagegen ist es nicht die Aufgabe des Notars, Auskünfte über die Grunderwerbsteuer im Allgemeinen, ihren tatsächlichen Anfall, ihre Höhe oder eine bevorstehende Änderung zu geben.

cc) Warnungs- und Hinweispflicht

106 Die Rechtsprechung hat die Belehrungspflicht, die nach dem Wortlaut des § 17 BeurkG nur im Zusammenhang mit einer *Beurkundung* besteht, über den Wortlaut des § 17 BeurkG hinaus *erweitert*. Der Bundesgerichtshof hält den Notar für verpflichtet, alle Beteiligten vor nicht bedachten rechtlichen Folgen zu bewahren und über den Nichteintritt erwarteter Folgen aufzuklären.

Er begründet die „Warnungs- und Hinweispflicht aus allgemeiner Betreuungsverpflichtung" mit einem Hinweis auf die Stellung des Notars in der Rechtspflege:

Der Notar als Träger der vorsorgenden Rechtspflege darf es nicht untätig geschehen lassen, dass die Beteiligten in die Gefahr eines folgenschweren Irrtums geraten, der durch eine mit wenigen Worten zu gebende sachgemäße Belehrung zu vermeiden ist.[28]

107 Die Rechtsprechung lässt die „Warnungs- und Hinweispflicht aus allgemeiner Betreuungsverpflichtung" jedoch nur dann eintreten, wenn *besondere Umstände* es nahelegen, dass einem Beteiligten ein Schaden droht, dessen er sich nicht oder doch nicht voll bewusst ist. Andererseits hat die Rechtsprechung den geschützten Personenkreis erweitert. „Beteiligte" sind nicht nur die an der Beurkundung mitwirkenden Personen, sondern jeder, der mit dem Notar irgendwie, sei es auch nur telefonisch, in Verbindung getreten ist.[29]

---

26 BGH DNotZ 1979, S. 229, 231.
27 BGH MittRhNotK 1989, 85.
28 BGH DNotZ 1954, 330 f.
29 BGH DNotZ 1969, S. 507 f.

Als Beispiel für die „allgemeine Betreuungsverpflichtung" ist folgendes Urteil des BGH vom 25.2.1969[30] bekannt geworden:

> Der Eigentümer eines Bauernhofes hatte von einem Notar eine Eigentümergrundschuld zur Eintra-   **108**
> gung in das Grundbuch beurkunden lassen. Der Notar bescheinigte dem Kreditinstitut in einem beson-
> deren Brief die Lasten, die der Eigentümergrundschuld in Abt. III des Grundbuches im Range vorgin-
> gen. Einen in Abt. II des Grundbuches eingetragenen Nacherbenvermerk erwähnte er nicht. Bei
> telefonischer Rückfrage der Bank wies der Notar wiederum nicht auf den Nacherbenvermerk hin, ob-
> wohl die Bank erkennen ließ, dass sie einen Kredit aufgrund der abgetretenen Eigentümergrundschuld
> auszahlen wolle. Der Bundesgerichtshof hat den Notar zum Schadenersatz verurteilt, als der Kredit
> nicht zurückgezahlt wurde und der Zugriff auf das Grundstück wegen des Nacherbenvermerks ver-
> schlossen war. Der BGH hat ausgeführt, der Notar hätte die Bank bei dem telefonischen Anruf über
> den Nacherbenvermerk aufklären müssen. Er hätte es nicht geschehen lassen dürfen, dass ein Dritter
> Schaden nimmt, wenn er dies durch eine kurze Aufklärung hätte verhindern können.

dd) Beratung

Neben die Belehrungspflicht „aus der Beurkundung" oder „allgemeiner Betreuung" kann auch eine Be-   **109**
lehrungspflicht aus *Beratung* treten. Doch muss die Beratung stets vom Notar übernommen sein; eine
Pflicht zur Übernahme besteht nicht. Hat der Notar die Beratung übernommen, dann begründet sie besondere Amtspflichten. Die Beratung muss zweckentsprechend und richtig sein. Ihr Umfang richtet sich nach
dem Auftrag. Hier ist für den Notar Vorsicht geboten. Hat er beispielsweise eine Beratung über steuerliche Fragen einer Urkunde übernommen, so muss er sich vorher prüfen, ob er die genügende Sachkenntnis
im Steuerrecht dazu besitzt. Übernimmt er eine Beratung, ohne ausreichende Sachkenntnis zu haben, so
kann er sich schadenersatzpflichtig machen.

e) Irrtümer und Zweifel vermeiden und unerfahrene und ungewandte Beteiligte vor Nachteilen schützen

Irrtümer und Zweifel zu vermeiden, ist eine selbstverständliche Amtspflicht des Notars. Sie ist in den Prü-   **110**
fungs- und Belehrungspflichten auch ohne besondere Nennung schon enthalten. § 17 Abs. 1 BeurkG gibt
insoweit nur eine bloße Wiederholung.

Unerfahrene und ungewandte Beteiligte sind der Fürsorge des Notars besonders anbefohlen. Er hat sie
gegen geschäftsgewandte Vertragspartner in Schutz zu nehmen und so für die „Waffengleichheit" der
Vertragsbeteiligten zu sorgen. Seine Belehrungen hat der Notar auf den Bildungsstand der Beteiligten
abzustimmen. Auf unerfahrene Beteiligte muss er – auch unter größerem Zeitaufwand – besonders eingehen und sie ausführlich belehren.

f) Etwaige Zweifel und rechtliche Bedenken gegen das Geschäft mit den Beteiligten erörtern und eventuell in der Niederschrift vermerken

Der Notar muss die Rechtslage prüfen. Hält er ein Rechtsgeschäft für unwirksam, so muss er die Beur-   **111**
kundung ablehnen (vgl. hierzu Rdn 73). Er darf sich nicht dazu hergeben, dass ein nichtiger Vertrag
oder ein sonstiges nichtiges Rechtsgeschäft beurkundet wird. Seine Amtspflicht verbietet es ihm, gegen
seine Überzeugung nichtige Urkunden aufzunehmen.

Wegen bloßer Zweifel an der Gültigkeit eines Rechtsgeschäfts soll eine Beurkundung allerdings nicht
abgelehnt werden. Der Notar würde ansonsten einer Entscheidung des Prozessgerichts, das die Beteiligten anrufen könnten, vorgreifen. Denn die Möglichkeit, dass das Geschäft von einem Gericht für gültig
erachtet wird, ist bei bloßen Zweifeln an der Wirksamkeit nicht ausgeschlossen.

Wenn der Notar Zweifel an der Wirksamkeit des Rechtsgeschäfts hat, muss er so vorgehen: **112**

Der Notar hat seine Zweifel mit den Beteiligten zu erörtern und sie über die Rechtslage, speziell im Hinblick auf die Unwirksamkeit, zu belehren. Bestehen die Beteiligten dennoch auf der Beurkundung, so soll

---

30 DNotZ 1969, 507 ff.

der Notar die erteilte Belehrung und die dazu abgegebenen Erklärungen der Beteiligten in der Niederschrift vermerken.

Vermerke über Belehrungen sollte der Notar nicht nur dann aufnehmen, wenn dies gesetzlich bestimmt ist, wie zum Beispiel: § 17 Abs. 3 BeurkG Anwendung ausländischen Rechts; § 18 BeurkG Genehmigungserfordernisse; § 19 BeurkG Unbedenklichkeitsbescheinigung; § 20 BeurkG Gesetzliche Vorkaufsrechte; § 21 BeurkG Grundbucheinsicht. Häufig empfiehlt es sich, die Tatsache der Belehrung in der Urkunde auch ohne gesetzlichen Zwang zu vermerken. Dadurch wird die Belehrung für die Beteiligten eindringlicher und zugleich verbessert der Notar seine Beweissituation in einem Haftungsprozess, wenn der Kläger behaupten sollte, vom Notar nicht ausreichend belehrt worden zu sein.

6. Durchführungspflicht

113 Der Notar muss zum Vollzug des Rechtsgeschäfts, bei dessen Errichtung er tätig geworden ist, weiterhelfen. Das Gesetz legt ihm die Durchführung ausdrücklich als Amtspflicht auf. § 53 BeurkG bestimmt:

> *„Sind Willenserklärungen beurkundet worden, die beim Grundbuchamt oder Registergericht einzureichen sind, so soll der Notar dies veranlassen, sobald die Urkunde eingereicht werden kann, es sei denn, dass alle Beteiligten gemeinsam etwas anderes verlangen; auf die mit einer Verzögerung verbundenen Gefahren soll der Notar hinweisen."*

Der Beurkundung wird die durch den Notar vollzogene Beglaubigung dann gleichgesetzt, wenn der Notar die Erklärung entworfen hat. Zu den Willenserklärungen, die der Notar durchzuführen hat, gehören insbesondere: Auflassungen, Eintragungsbewilligungen zum Grundbuch, Löschungsbewilligungen, Grundbuchberichtigungsanträge, Handelsregisteranträge.

Dem Wortlaut nach handelt es sich um eine Soll-Vorschrift, doch wird dem Notar tatsächlich kein Ermessen eingeräumt. Der Notar muss diese Geschäfte vollziehen, sobald es möglich ist. Voraussetzung der Durchführung ist die Vollzugsreife. Die Vollzugsreife fehlt, wenn der Durchführung der Urkunde ein Hindernis entgegensteht. Ein solches Hindernis liegt vor, wenn die erforderliche Unbedenklichkeitsbescheinigung der Steuerbehörde fehlt, eine sonstige gerichtliche oder behördliche Genehmigung notwendig ist und noch aussteht.

Dem Notar wird oft bei der Beurkundung der Auftrag erteilt, alles zu tun, was zum Vollzug der Urkunde oder auch im Zusammenhang mit der Urkunde als erforderlich und zweckdienlich erscheint. Dieser Auftrag verpflichtet den Notar, sämtliche Genehmigungen herbeizuführen. Neben der Durchführung des Vollzuges steht die Überwachung des Vollzuges, also die Überprüfung, ob die Anträge richtig und vollständig durch das Grundbuchamt oder das Handelsregister ausgeführt wurden. Diese Überwachung des Vollzuges obliegt dem Notar immer, wenn ihm der Vollzug obliegt.

7. Verschwiegenheitspflicht

114 Der Notar hat über die ihm bei seiner Berufsausübung bekannt gewordenen Angelegenheiten Verschwiegenheit gegen jedermann zu bewahren (§ 18 BNotO). Diese Pflicht bezieht sich auf alles, was ihm bei Ausübung seines Amtes bekannt geworden ist. Dies gilt nicht für Tatsachen, die offenkundig sind oder ihrer Bedeutung nach keiner Geheimhaltung bedürfen. Die Schweigepflicht ist in der Natur des Notarberufs begründet. Der Notar braucht die Kenntnisse des gesamten Lebenssachverhalts, der Beweggründe und Hintergründe, um die Beteiligten sachgemäß beraten zu können. Deshalb werden dem Notar von den Klienten wirtschaftliche, persönliche und sehr oft vertrauliche Dinge vorgetragen. Die Klienten können aber nur offen mit dem Notar reden, wenn sie sicher sind, dass die Vertraulichkeit gewahrt bleibt.

Diese Verschwiegenheit hat der Notar auch den bei ihm beschäftigten Personen zur Pflicht zu machen (§ 26 BNotO). Die Pflicht zur Verschwiegenheit fällt weg, wenn die Beteiligten den Notar davon befreien (§ 18 Abs. 2 BNotO). Ist ein Beteiligter verstorben oder eine Äußerung von ihm nur mit unverhältnismäßigen Schwierigkeiten zu erlangen, so kann an seiner Stelle die Aufsichtsbehörde Befreiung erteilen; auch bei Zweifeln über die Pflicht zur Verschwiegenheit kann der Notar die Entscheidung der Aufsichtsbehörde einholen. Wenn die Aufsichtsbehörde die Pflicht zur Verschwiegenheit des Notars verneint, können daraus, dass der Notar sich geäußert hat, keine Ansprüche gegen ihn hergeleitet werden (§ 18 Abs. 3 BNotO). Mit Rücksicht auf die Verschwiegenheitspflicht hat der Notar im Zivilprozess (§ 383 Abs. 1 Nr. 6 ZPO) und im Strafprozess (§ 53 Abs. 1 Nr. 3 StPO) das Recht und im Hinblick auf § 18 BNotO auch die Pflicht, sein Zeugnis über alles zu verweigern, was ihm in seiner Eigenschaft als Notar anvertraut oder bekannt geworden ist. Das Zeugnisverweigerungsrecht endet, wenn alle Beteiligten ihn von der Schweigepflicht befreit haben.

Der Bruch der Schweigepflicht kann Folgen in drei Richtungen nach sich ziehen: Zunächst ist die pflicht- **115** widrige Verletzung der Schweigepflicht stets ein Dienstvergehen. Der Notar kann dienststrafrechtlich belangt werden. Darüber hinaus ist die Schweigepflicht auch strafrechtlich geschützt. § 203 StGB bestraft mit Freiheitsstrafe bis zu einem Jahr oder mit Geldstrafe jeden, der unbefugt ein fremdes Geheimnis offenbart, das ihm als Rechtsanwalt, Patentanwalt, Notar, Verteidiger oder ähnlichen Berufen anvertraut worden ist (§ 203 Abs. 1 Nr. 3 StGB). Dem Notar stehen seine Mitarbeiter und die Personen gleich, die beim Notar zur Vorbereitung auf ihren Beruf tätig sind. Entsteht durch den Bruch der Verschwiegenheit einem Beteiligten ein Schaden, so kann der Notar zivilrechtlich auch auf Schadenersatz aus dem Gesichtspunkt der Amtspflichtverletzung (§ 19 BNotO) in Anspruch genommen werden.

Die Pflicht zur Verschwiegenheit wird durchbrochen durch die Mitteilungs- und Aufklärungspflichten, die in zahlreichen Gesetzen aufgestellt sind (vgl. hierzu Rdn 117 ff.).

8. Verbot von Makler- und Garantiegeschäften, Verbot von Nebengeschäften

Dem Notar ist es verboten, Darlehen sowie Grundstücksgeschäfte zu vermitteln oder im Zusammenhang **116** mit einer Amtshandlung eine Bürgschaft oder sonstige Gewährleistung für einen Beteiligten zu übernehmen oder Urkundsgeschäfte zu vermitteln (§ 14 Abs. 4 BNotO). Mit dieser Beschränkung hebt sich das deutsche Notariatsrecht von dem in einigen anderen Staaten (z.B. Belgien) geltenden Recht ab und verbietet dem Notar jegliche *Maklertätigkeit*. Das Verbot will die unabhängige und unparteiische Führung der Amtsgeschäfte sichern, die in Gefahr ist, wenn der Notar selbst als Vermittler an dem Zustandekommen des Geschäfts interessiert ist. Diese Verbote gelten uneingeschränkt auch für den Anwaltsnotar. Der Anwaltsnotar darf die verbotenen Geschäfte auch nicht in seiner Eigenschaft als Rechtsanwalt tätigen. Nicht unter das Gewährleistungsverbot fällt, dass der Notar sich etwa dem Grundbuchamt gegenüber für die Kostenschuld der Beteiligten „stark sagt", um eine Eintragung zu erreichen, ohne dass zuvor ein Kostenvorschuss gezahlt wurde.

Der Notar darf auch nicht zugleich Inhaber eines besoldeten Amtes sein (§ 8 Abs. 1 BNotO). Dadurch soll erreicht werden, dass der Notar seine ganze Arbeitskraft seinem Notarberuf widmet. Bei Anwaltsnotaren ist eine Nebenbeschäftigung jedoch gestattet, die der Ausübung des Anwaltsberufes dient. Daneben soll durch das Verbot der Nebentätigkeit unerwünschten Konflikten zwischen dem Notaramt und der vom Notar ausgeübten Nebentätigkeit vorgebeugt werden.

III. Mitteilungspflichten

Das Gebot der Amtsverschwiegenheit wird durchbrochen von den Mitteilungspflichten. Verschiedene **117** Gesetze und Verordnungen verpflichten den Notar, den Behörden Anzeige oder Mitteilung zu machen. Eine Zusammenfassung aller Mitteilungspflichten des Notars findet sich bei *Küperkoch*;[31] dort auch eine ausführliche Aufzählung der einzelnen Rechtsgeschäfte, die anzuzeigen sind.

1. Anzeigepflicht gegenüber dem Finanzamt

Dem Notar ist es in den Steuergesetzen zur Pflicht gemacht, den Finanzämtern von bestimmten Urkunds- **118** geschäften Mitteilung zu geben. Sinn der Mitteilungspflicht ist es, dass das Finanzamt von steuerbaren

---

31 RNotZ 2002, 297 ff.

Vorgängen Kenntnis erhält und die Beteiligten zur Steuer heranziehen kann. Versäumt der Notar eine Mitteilung, so können die Finanzbehörden disziplinarische Schritte gegen ihn einleiten (etwa Anzeige beim Landgerichtspräsidenten); ein Schadensersatzanspruch des Staates gegen den Notar wegen der entgangenen Steuer besteht jedoch nicht.[32]

a) Grunderwerbsteuer

119 Anzuzeigen sind alle Rechtsvorgänge, die unter das Grunderwerbsteuergesetz fallen, und zwar auch dann, wenn das Geschäft gerade von der Besteuerung ausgenommen ist (§ 18 GrEStG). Eine Anzeigepflicht besteht immer, wenn mit der *Möglichkeit* einer Steuer zu rechnen ist. Denn das Finanzamt will selbst entscheiden, ob etwas zu versteuern ist. Der Notar muss nicht nur eine Anzeige machen, wenn er den Vorgang beurkundet hat, sondern auch, wenn er über den Vorgang eine Urkunde entworfen und darunter eine Unterschrift beglaubigt hat.

120 Anzuzeigen sind unter anderem

- Grundstückskaufverträge und andere Rechtsgeschäfte, die den Anspruch auf Übertragung eines Grundstücks begründen, sowie Angebote zum Abschluss solcher Geschäfte,
- Übertragung von Gesellschaftsanteilen, wenn zum Vermögen der Gesellschaft ein Grundstück gehört,
- teilweise auch Grundbuchberichtigungsanträge,
- Übertragung von Anteilen an einem Nachlass (Erbteilsübertragungen), zu denen ein Grundstück gehört.

Die Aufzählung ist nicht vollständig, sondern umfasst nur die wichtigsten Vorgänge.

Eine Aufzählung der anzeigepflichtigen Rechtsgeschäfte gibt § 18 GrEStG. Örtlich zuständig ist das Finanzamt, in dessen Bereich das Grundstück oder der wertvollste Teil des Grundstücks liegt, § 18 Abs. 5 i.V.m. § 17 Abs. 1 GrEStG.

Bezieht sich der Rechtsvorgang auf mehrere Grundstücke, so ist das Finanzamt zuständig, in dessen Bezirk das wertvollste Grundstück liegt.

Die Anzeige muss auf einem amtlich vorgeschriebenen Vordruck (Veräußerungsanzeige) erfolgen unter Beifügung einer einfachen Abschrift der Urkunde. Bei der Anzeige ist ab dem 14.12.2010 auch die steuerliche Identifikationsnummer für alle Beteiligten anzugeben. Der Notar sollte bei der Übersendung des Entwurfes die Beteiligten darauf hinweisen und bitten, bei der Beurkundung die steuerliche Identifikationsnummer (bei wirtschaftlich Tätigen die Wirtschafts-Identifikationsnummer) bereitzuhalten.

121 Die Absendung der Anzeige ist auf der Urschrift der Urkunde zu vermerken. Der Vermerk kommt auf die zurückbehaltene beglaubigte Abschrift, wenn der Notar die Urkunde nur entworfen und unter dem Entwurf eine Unterschrift beglaubigt hat (§ 18 Abs. 4 GrEStG). Die Aushändigung der Urkunde und die Erteilung von Ausfertigungen oder beglaubigten Abschriften ist erst *nach* Absendung der Anzeige an das Finanzamt gestattet (§ 21 GrEStG).

Der Erwerber eines Grundstücks oder Erbbaurechts darf in das Grundbuch erst dann eingetragen werden, wenn eine Bescheinigung der zuständigen Finanzbehörde vorgelegt wird, wonach der Eintragung steuerliche Bedenken nicht entgegenstehen (§ 22 Abs. 1 GrEStG). Das Finanzamt erteilt die Unbedenklichkeitsbescheinigung, wenn die Grunderwerbsteuer entrichtet, sichergestellt oder gestundet worden ist oder wenn Steuerfreiheit besteht (§ 22 Abs. 2 GrEStG).

Im Rahmen des Steuerentlastungsgesetzes 1999/2000/2002 wurde in § 22 Abs. 1 GrEStG ein neuer S. 2 aufgenommen, der vorsieht, dass die obersten Finanzbehörden der Länder im Einvernehmen mit den Landesjustizverwaltungen Ausnahmen von der Vorlagepflicht von Unbedenklichkeitsbescheinigungen zulassen können.

122 Für das Land Nordrhein-Westfalen wurde durch AV vom 29.6.2007 von der Ermächtigung Gebrauch gemacht und für einige Erwerbsvorgänge Ausnahmen von der Vorlagepflicht von Unbedenklichkeits-

---

32 *Reithmann*, DNotZ 1970, 9.

bescheinigungen gemacht. Dies gilt für Grundstückserwerbe von Todes wegen; Grundstückserwerbe durch Ehegatten, Grundstückserwerbe zwischen Personen, die miteinander in gerader Linie verwandt sind, Grundstückserwerbe durch die Bundesrepublik Deutschland, durch ein Land oder durch eine Gemeinde. Für Erbauseinandersetzungen ist weiterhin die Unbedenklichkeitsbescheinigung erforderlich. Dabei ist zu beachten, dass dennoch die Anzeige des Rechtsgeschäftes erforderlich ist. § 22 Abs. 1 S. 2 i.V.m. den Ausführungsverordnungen der Länder erspart nur die Vorlage der Unbedenklichkeitsbescheinigung bei der Eigentumsumschreibung, nicht die Anzeige beim Finanzamt.

b) Erbschaftsteuer und Schenkungsteuer

Der Notar hat alle Beurkundungen anzuzeigen, die für die Festsetzung der Erbschaftsteuer (Schenkung- **123** steuer) von Bedeutung sein können (§ 34 Abs. 1 ErbStG). Die einzelnen anzeigepflichtigen Rechtsvorgänge ergeben sich aus §§ 1, 3, 7, 8 und 34 ErbStG und § 13 ErbStDV. Danach hat der Notar insbesondere anzuzeigen:

- Erbauseinandersetzungen, **124**
- Schenkungen, Schenkungsversprechen,
- Zweckzuwendungen,
- Vereinbarung einer Gütergemeinschaft,
- Erbverzichtsverträge gegen Abfindung,
- Geschäfte zur Befriedigung von Pflichtteilsansprüchen und ähnliche Geschäfte, durch die ein Erbrecht abgefunden oder erworben wird,
- alle Rechtsgeschäfte, die zwar der Form nach entgeltlich sind, in der Sache aber eine (teilweise) Schenkung enthalten.

Die Aufzählung ist nicht vollständig, sondern umfasst nur die wichtigsten Vorgänge.

Zu der letzten Gruppe der anzuzeigenden Geschäfte gehören die Übergabeverträge zwischen Eheleuten, Eltern, Kindern oder Personen, die sonst nahe verwandt sind. Da es Sinn der Anzeigepflicht ist, dem Finanzamt die Prüfung der Steuerbarkeit zu ermöglichen, sind derartige Geschäfte schon dann anzuzeigen, wenn eine Vermutung für eine freigiebige Zuwendung besteht.

Die Notare haben dem für die Verwaltung der Erbschaftsteuer zuständigen Finanzamt eine beglaubigte Abschrift der Urkunde über eine Schenkung (§ 7 ErbStG) oder eine Zweckzuwendung unter Lebenden (§ 8 ErbStG) unter Angabe des der Kostenberechnung zugrunde gelegten Wertes mit einem Vordruck zu übersenden. Die Vordrucke können bei den Erbschaftsteuerstellen der Finanzämter angefordert werden.

Enthält die Urkunde keine Angabe darüber, sind die Beteiligten über

1. das persönliche Verhältnis (Verwandtschaftsverhältnis) des Erwerbers zum Schenker und
2. den Wert der Zuwendung

zu befragen und die Angaben in der Anzeige mitzuteilen. Die Anzeige hat unverzüglich nach Beurkundung zu erfolgen. Auf der Urschrift der Urkunde ist zu vermerken, wann und an welches Finanzamt die Abschrift übersandt worden ist. Die Notare haben bei der Beurkundung von Schenkungen und Zweckzuwendungen unter Lebenden die Beteiligten auf die mögliche Steuerpflicht hinzuweisen. Diese Verpflichtungen erstrecken sich auch auf Urkunden über Rechtsgeschäfte, die zum Teil oder der Form nach entgeltlich sind, bei denen aber Anhaltspunkte vorliegen, dass eine Schenkung oder Zweckzuwendung unter Lebenden vorliegt.

Die Übersendung einer beglaubigten Abschrift von Schenkungs- und Übergabeverträgen und die Mitteilung der vorgenannten Angaben darf unterbleiben, wenn Gegenstand der Schenkung nur Hausrat (einschließlich Wäsche und Kleidungsstücke) im Wert von nicht mehr als 5.200 EUR und anderes Vermögen im reinen Wert von nicht mehr als 5.200 EUR ist (§ 8 Abs. 3 und 4 ErbStDV).

Die örtliche Zuständigkeit der Finanzämter ist aus § 35 ErbStG zu entnehmen. Danach ist regelmäßig das Finanzamt zuständig, in dessen Bezirk der Erblasser oder Schenker seinen Wohnsitz hatte.

125

Amtsgericht/Notariat

Schenkungsteuer

An das Finanzamt – Erbschaftsteuerstelle –

_____

Die anliegende beglaubigte Abschrift/Ablichtung wird mit folgenden Bemerkungen übersandt:

1. **Schenker** Name, Vorname   (...) _____

       Geburtstag   (...) _____

       Anschrift   (...) _____

2. **Beschenkter** Name, Vorname   (...) _____

       Geburtstag   (...) _____

       Anschrift   (...) _____

3. **Vertrag** vom   (...) Urkundenrolle-Nr. (...)

4. **Ergänzende Angaben** (§ 34 ErbStG, § 8 ErbStDV)

Persönliches Verhältnis (Verwandtschaftsverhältnis) des Erwerbers zum Schenker (z.B. Ehegatte, Kind, Geschwisterkind, Bruder der Mutter, nicht verwandt)   (...)

Verkehrswert des übertragenen Vermögens	Bei Grundbesitz: letzter Einheitswert/Grundbesitzwert (Nichtzutreffendes ist zu streichen)	Wert, der der Kostenberechnung zugrunde liegt
(...) EUR	(...) EUR	(...) EUR

5. **Sonstige Angaben**

Zur Verfahrensvereinfachung und Vermeidung von Rückfragen werden mit Einverständnis der Urkundsparteien folgende Angaben gemacht, soweit sie nicht bereits aus dem Vertrag ersichtlich sind:

Valutastand der übernommenen Verbindlichkeiten am Tag der Schenkung	Jahreswert von Gegenleistungen wie z.B. Nießbrauch	Höhe der Notargebühren
(...) EUR	(...) EUR	(...) EUR

(...) _____   (...)

Ort, Datum   Unterschrift

c) Einkommensteuer-Durchführungsverordnung

126 Durch Ergänzung der Einkommensteuer-Durchführungsverordnung (BGBl I 1995 S. 1384) ist praktisch der alte Rechtszustand wieder eingeführt worden, der vor der Aufhebung des Kapitalverkehrsteuergesetzes bestand. Nach § 54 der Einkommensteuer-Durchführungsverordnung müssen die Notare dem Finanzamt, in dessen Geltungsbereich sich die Geschäftsleitung der Gesellschaft befindet, eine beglaubigte Abschrift aller aufgrund gesetzlicher Vorschrift aufgenommenen oder beglaubigten Urkunden, die die

Gründung, Kapitalerhöhung, Kapitalherabsetzung, Umwandlung oder Auflösung von Kapitalgesellschaften oder die Verfügung über Anteile an Kapitalgesellschaften zum Gegenstand haben, zusenden. Die Abschrift ist binnen zwei Wochen, von der Aufnahme oder Beglaubigung der Urkunde an gerechnet, einzureichen. Die Abschrift soll mit der Steuernummer gekennzeichnet sein, mit der die Kapitalgesellschaft bei dem betreffenden Finanzamt geführt wird. Die Absendung der Urkunde ist auf der vom Notar zurückbehaltenen Urschrift bzw. auf einer zurückbehaltenen Abschrift zu vermerken. Den Beteiligten dürfen beglaubigte Abschriften oder Ausfertigungen der Urkunden erst dann ausgehändigt werden, wenn die Abschrift der Urkunde an das Finanzamt abgesandt ist.

2. Mitteilungspflichten gegenüber dem Standesamt

a) Mitteilungspflichten in Nachlasssachen

Wenn eine Person verstorben ist, die ein Testament, einen Erbvertrag oder eine sonstige Erklärung hinterlassen hat, durch die der Inhalt der (gesetzlichen) Erbfolge geändert wird, so muss die Stelle, die die betreffende Urkunde verwahrt, von dem Erbfall unterrichtet werden.   **127**

Aufgrund des Gesetzes zur Modernisierung des Benachrichtigungswesens in Nachlasssachen durch Schaffung des Zentralen Testamentsregisters bei der Bundesnotarkammer ist der Notar seit dem 1.1.2012 verpflichtet, in nachlassrechtlichen Angelegenheiten die Verwahrangaben erbfolgerelevanter Urkunden an das Zentrale Testamentsregister zu übermitteln. Früher erfolgte diese Benachrichtigung gegenüber dem zuständigen Standesamt bzw. bei Beteiligten, deren Geburtsort im Ausland lag, gegenüber der Hauptkartei für Testamente. Der Notar ist nun auch für die Meldung der dem Nachlassgericht einzureichenden Testamente und Erbverträge zuständig, was die Nachlassgerichte entlastet.[33]

Die Meldepflicht des Notars erstreckt sich auf die folgenden Urkunden: **128**

- Erbverträge und notarielle Testamente,
- Aufhebungsverträge zu Erbverträgen,
- Rücktritts- und Anfechtungserklärungen zu (gemeinschaftlichen) Testamenten und Erbverträgen,
- Erbverzichtsverträge (nicht: Pflichtteilsverzichtsverträge, da diese nicht die Erbfolge ändern),
- Eheverträge, Lebenspartnerschaftsverträge, wenn sie erbrechtliche Auswirkungen haben, z.B. Gütertrennungsverträge, Gütergemeinschaftsverträge, erstmalige Vereinbarung oder Änderung des Vermögensstandes,
- Rechtswahl gemäß Art. 15 Abs. 2 EGBGB, da sich diese auch auf das Erbrecht auswirken kann,
- Zuwendungsverzichtsverträge,
- Änderungen erbfolgerelevanter Urkunden,
- Rückgabe eines Erbvertrages aus der notariellen Verwahrung,
- Widerrufstestamente.

Nicht anzuzeigen hat der Notar Pflichtteilsverzichtsverträge.

Der Notar ist verpflichtet, die Angaben elektronisch und unverzüglich zu melden. Unverzüglich dürfte eine Meldung sein, die innerhalb von üblichen Bearbeitungszeiten beim Register eingeht. Fehlt beispielsweise die Geburtsregisternummer eines Beteiligten, so muss der Notar zunächst ohne diese Angabe unverzüglich melden.[34] Eine Verpflichtung des Notars, die Geburtsregisternummer zu ermitteln, besteht jedenfalls nicht, vgl. § 2 Abs. 3 ZTRV.   **129**

In der Mitteilung anzugeben sind:

- Familienname,
- Geburtsname (auch wenn gleichlautend),
- Vornamen (wie in der Geburtsurkunde vermerkt),
- Geschlecht,

33 Armbrüster/Preuß/Renner/*Seger*, § 34a BeurkG Rn 2.
34 Armbrüster/Preuß/Renner/*Seger*, § 34a BeurkG Rn 4.

- Geburtsort,
- Tag der Geburt,
- Geburtsstandesamt mit Geburtsregisternummer (bei im Ausland geborenen Beteiligten den Staat der Geburt),
- Bei Übergabe von notariellen Testamenten und Erbverträgen in die Verwahrung beim Nachlassgericht ist diesem die Verwahrnummer mitzuteilen, die vom Zentralen Testamentsregister vergeben wurde.

130   Die Registrierungsbestätigung ist gem. § 3 Abs. 2 S. 1 ZTRV dem Erblasser zuzuleiten. Ein weiterer Ausdruck der Registrierungsbestätigung ist sodann gem. § 20 Abs. 2 DONot zur Urkunde zu nehmen, wenn diese in der Urkundensammlung verwahrt wird bzw. bei der beglaubigten Abschrift oder dem Vermerkblatt, die oder das an Stelle der Urkunden in der Urkundensammlung verwahrt wird. Wird ein Erbvertrag vom Notar in der Urkundensammlung verwahrt, ist bei späterer Einreichung darauf zu achten, dass der Ausdruck der Registrierungsbestätigung in der Urkundensammlung bei der beglaubigten Abschrift der Urkunde verbleibt.

131   Nach dem Tod eines Beteiligten übermittelt das den Sterbefall protokollierende Standesamt die Sterbedaten an die Bundesnotarkammer, die in der Folge gem. § 78c BNotO prüft, ob im Zentralen Testamentsregister Verwahrangaben vorliegen. Ist dies der Fall, informiert sie elektronisch das zuständige Nachlassgericht und die verwahrende Stelle. Wird der Notar informiert, obwohl er die Urkunde nicht mehr verwahrt, muss er die Bundesnotarkammer hiervon in Kenntnis setzen, damit diese sich an das zuständige Nachlassgericht wenden kann.

b) Mitteilungspflichten im Bereich des Familienrechts

132   Beglaubigte Abschrift der Vaterschaftsanerkennung und alle Erklärungen, die für die Wirksamkeit der Vaterschaftsanerkennung bedeutsam sind, sind dem Standesbeamten, der die Geburt des Kindes beurkundet hat, zu übersenden (§ 1597 Abs. 2 BGB i.V.m. § 44 Abs. 3 PStG). Das Gleiche gilt für die Mutterschaftsanerkennung (§ 44 Abs. 3 PStG). Ist die Geburt des Kindes nicht im Inland beurkundet, so ist eine beglaubigte Abschrift dem Standesamt I in Berlin zu übersenden.

3. Registrierung einer Vorsorgevollmacht

133   Die Bundesnotarkammer führt ein automatisiertes Register über Vorsorgevollmachten (zentrales Vorsorgeregister) § 78a BNotO. Beurkundet der Notar eine Vorsorgevollmacht, so soll er auf die Möglichkeit der Registrierung bei dem zentralen Vorsorgeregister hinweisen, § 20a BeurkG. Wird diese gewünscht, so wird der Antrag auf Eintragung im Online-Verfahren übermittelt. Es empfiehlt sich, in die Urkunde aufzunehmen, dass auch die personenbezogenen Daten des/der Bevollmächtigten gemeldet werden sollen.

4. Mitteilungspflicht nach dem Baugesetzbuch

134   Jeder Vertrag, durch den sich jemand verpflichtet, das Eigentum an einem Grundstück gegen Entgelt oder im Wege des Tausches zu übertragen oder ein Erbbaurecht zu begründen, ist dem Gutachterausschuss anzuzeigen (§ 195 BauGB). Gutachterausschüsse bestehen bei kreisfreien Städten und den Landkreisen (§§ 192, 199 BauGB). Durch die Anzeige soll dem Gutachterausschuss eine Übersicht über die Entwicklung der Kaufpreise ermöglicht werden, die ihn in den Stand versetzt, Wertgutachten über andere, vergleichbare Grundstücke abzugeben.

5. Sonstige Mitteilungspflichten

135   a) Nach § 8 Zinsinformationsverordnung trifft den Notar eine Meldepflicht an das Bundeszentralamt für Steuern, wenn ein verzinstes Anderkonto geführt wird, dessen Zinsen nach der Hinterlegungsvereinbarung einem wirtschaftlich Berechtigten zustehen, der seinen Wohnsitz in einem anderen europäischen Mitgliedstaat hat. Ein Auskunftsverweigerungsrecht nach § 102 Abs. 1 Nr. 3 lit. b) AO besteht nach § 102 Abs. 4 S. 1 AO nicht.

b) Nach dem Außenwirtschaftsgesetz (AWG) können dem Notar aus § 23 AWG oder einer Rechtsverordnung nach § 12 AWG Meldepflichten nur erwachsen, wenn er selbst bei Verwahrungsgeschäften oder sonstiger Betreuung der Beteiligten nach § 24 BNotO am Wirtschaftsverkehr mit dem Ausland teilnimmt.

c) Der Notar ist gemäß § 40 Abs. 2 GmbHG verpflichtet, Veränderungen, an denen er mitgewirkt hat, unverzüglich dem Handelsregister mitzuteilen. Er erfüllt die Mitteilungspflicht, indem er eine Abschrift der geänderten Gesellschafterliste übermittelt mit der Bescheinigung, dass die geänderten Eintragungen den Veränderungen entsprechen, an denen er mitgewirkt hat, und die übrigen Eintragungen mit dem Inhalt der zuletzt im Handelsregister aufgenommenen Gesellschafterliste übereinstimmen.

d) Dem Handelsregister ist der Notar mitteilungspflichtig, wenn er von einer unrichtigen, unvollständigen oder unterlassenen Anmeldung zum Handelsregister erfährt (§ 379 FamFG).

e) Wird ein Guthaben auf einem notariellen Anderkonto gepfändet, so gehen die Auskunftspflichten nach § 840 ZPO der Pflicht zur Verschwiegenheit vor.[35]

f) Eine Zusammenfassung aller Mitteilungspflichten des Notars findet sich bei *Danne*.[36]

IV. Datenschutzgrundverordnung

136 Seit dem 28.5.2018 ist die Datenschutzgrundverordnung gültig und muss von Notaren als Träger eines öffentlichen Amtes besonders beachtet werden. Notariate sind eine öffentliche Stelle der Länder, Notare „Verantwortliche" i.S.v. Art. 4 Nr. 7 DSGVO.[37] Der Notar wird pflichtgemäß die persönlichen Daten von natürlichen Personen, die an einem notariellen Verfahren beteiligt sind, schützen.

In diesem Zusammenhang sind folgende Punkte vordringlich:

a) Bestellung eines Datenschutzbeauftragten:
Notare sind verpflichtet, einen betrieblichen Datenschutzbeauftragten zu bestellen, Art. 37 Abs. 1 DSGVO. Für Sozietäten kommt die Bestellung eines gemeinsamen Datenschutzbeauftragten in Betracht, Art. 37 Abs. 3 DSGVO. Datenschutzbeauftragter kann entweder ein Mitarbeiter des Notars oder ein externer Dritter auf der Grundlage eines Dienstleistungsvertrages sein, Art. 37 Abs. 6 DSGVO. Der Datenschutzbeauftragte wird nach Art. 37 Abs. 5 DSGVO benannt.

b) Meldung des betrieblichen Datenschutzbeauftragten
Notare sind verpflichtet, die Kontaktdaten ihres betrieblichen Datenschutzbeauftragten der Aufsichtsbehörde zu melden, Art. 37 Abs. 7 DSGVO. Aufsichtsbehörde im Bereich der Rheinischen Notarkammer ist der Landesbeauftragte für Datenschutz und Informationsfreiheit Nordrhein-Westfalen in Düsseldorf.[38]

c) Datenschutzkonformität der Homepage
Auf der Homepage des Notars müssen die Kontaktdaten des betrieblichen Datenschutzbeauftragten veröffentlicht werden, Art. 37 Abs. 7 DSGVO.

d) Verschwiegenheitsvereinbarung
Gem. § 26a Abs. 3 BNotO n.F. muss der Notar mit nicht arbeitsvertraglich beschäftigten Personen, die bei Ausführung der Dienstleistung möglicherweise Zugang zu der notariellen Verschwiegenheitspflicht unterfallenden Informationen erhalten, eine schriftliche Verschwiegenheitsvereinbarung schließen. Ein Verstoß gegen diese Amtspflicht ist gem. § 203 Abs. 4 S. 2 Nr. 1 StGB n.F. für den Notar strafbewehrt, wenn die nicht arbeitsvertraglich beschäftigte Person eine der notariellen Verschwiegenheitspflicht unterfallende Information offenbart. Muster für eine Verschwiegenheitsvereinbarung i.S.d. § 26a Abs. 3 BNotO sind von der Bundesnotarkammer erarbeitet worden und wurden den Notaren seitens der Notarkammern zur Verfügung gestellt.
Hinsichtlich der Amtspflicht gem. § 26 Abs. 4 BNotO betreffend arbeitsvertraglich beschäftigte Personen vgl. unten Abschnitt G, I.

---

35 Tätigkeitsbericht der Bundesnotarkammer in DNotZ 1975, 260.

36 RNotZ 2002, 297 ff. bzw. Kersten/*Danne*, § 8.

37 Vgl. Rundschreiben 5/2018 der Bundesnotarkammer, S. 1.

38 Vgl. www.ldi.nrw.de

e) Informationspflichten nach Art. 13 DSGVO

Notare sind verpflichtet, personenbezogene Daten von natürlichen Personen als Beteiligte im notariellen Verfahren („Betroffene") zu schützen. Betroffene sollen einen Überblick darüber erhalten, was mit ihren Daten geschieht, um von Beginn der Datenverarbeitung an über die Konsequenzen der Datenübermittlung an den Verantwortlichen informiert zu sein. Aus Art. 13 DSGVO folgt somit die Pflicht des Notars, dem Beteiligten bestimmte Informationen hinsichtlich der Verarbeitung von dessen personenbezogenen Daten zukommen zu lassen.

Zwei Fälle aus der Praxis erscheinen hier besonders erwähnenswert:[39]

Beispiel 1:

Ein Makler bittet um Erstellung eines Kaufvertragsentwurfs unter Übermittlung personenbezogener Daten der Beteiligten.

Spätestens mit der Übermittlung des Entwurfs sollte der Notar die Datenschutzhinweise erteilen. Eine vorherige Information ist nicht erforderlich, da die Erstellung und Übermittlung des Entwurfs innerhalb einer Frist i.S.d. Art. 14 Abs. 3 Buchst. a DSGVO erfolgen dürfte.

Beispiel 2:

Ein Erblasser benennt Neffen und Nichten als Erben und teilt deren personenbezogene Daten zur Entwurfserstellung mit.

Hier gilt wegen der Pflicht zur Verschwiegenheit gem. § 18 BNotO, dass den Erben weder mitgeteilt werden muss noch darf, dass deren personenbezogene Daten verarbeitet werden, vgl. Art. 14 Abs. 5 Buchst. d DSGVO.

137   Datenschutzhinweise für Klienten können beispielsweise wie folgt lauten:

Informationen zum Datenschutz

Wer ist verantwortlich, an wen können Sie sich wenden?

Verantwortlicher für die Verarbeitung Ihrer personenbezogenen Daten bin ich, Notar/in [Vorname Name] mit Amtssitz in [Ort]. Sie können sich für alle Datenschutzanfragen an mich oder an meine/n Datenschutzbeauftragte/n wenden, und zwar wie folgt:

…

oder:

Verantwortliche für die Verarbeitung Ihrer personenbezogenen Daten sind wir, Notar/in [Vorname Name], Notarin [Name] und Notar/in [Name]. Jeder der vorgenannten Notare ist für den von ihm jeweils zu verantwortenden Bereich alleiniger Verantwortlicher im Sinne der datenschutzrechtlichen Vorschriften. Sie können sich für alle Datenschutzanfragen an den jeweils verantwortlichen Notar oder an unsere/n Datenschutzbeauftragte/n wenden, und zwar wie folgt:

mailto:	Verantwortliche/r	Datenschutzbeauftragte/r
Anschrift	Notar [Vorname Name]	Notar [Vorname Name]
	[Straße]	z. H. des/der Datenschutzbeauftragten
	[PLZ Ort]	[Straße]
		[PLZ Ort]
Telefon	[Telefon]	[Telefon]
Telefax	[Telefax]	[Telefax]
E-Mail	[E-Mail]	[E-Mail]

39 Vgl. zum Ganzen Rundschreiben der BNotK Nr. 5/2018.

Welche Daten verarbeite ich und woher kommen die Daten?

Ich verarbeite personenbezogene Daten, die ich von Ihnen selbst oder von Ihnen beauftragten Dritten (z.B. Rechtsanwalt, Steuerberater, Makler, Kreditinstitut) erhalte, wie z.B.

- Daten zur Person, z.B. Vor- und Zuname, Geburtsdatum und Geburtsort, Staatsangehörigkeit, Familienstand; im Einzelfall Ihre Geburtenregisternummer;
- Daten zur Kontaktaufnahme, wie z.B. postalische Anschrift, Telefon- und Fax-Nummern, E-Mail-Adresse;
- bei Grundstücksverträgen Ihre steuerliche Identifikations-Nummer;
- in bestimmten Fällen, z.B. bei Eheverträgen, Testamenten, Erbverträgen oder Adoptionen, auch Daten zu Ihrer familiären Situation und zu Ihren Vermögenswerten sowie ggf. Angaben zu Ihrer Gesundheit oder andere sensible Daten, z.B. weil diese zur Dokumentation Ihrer Geschäftsfähigkeit dienen;
- in bestimmten Fällen auch Daten aus Ihren Rechtsbeziehungen mit Dritten wie z.B. Aktenzeichen oder Darlehens- oder Kontonummern bei Kreditinstituten.

Außerdem verarbeite ich Daten aus öffentlichen Registern, z.B. Grundbuch, Handels- und Vereinsregistern.

Für welche Zwecke und auf welcher Rechtsgrundlage werden die Daten verarbeitet?

Als Notar bin ich Träger eines öffentlichen Amtes. Meine Amtstätigkeit erfolgt in Wahrnehmung einer Aufgabe, die im Interesse der Allgemeinheit an einer geordneten vorsorgenden Rechtspflege und damit im öffentlichen Interesse liegt und in Ausübung öffentlicher Gewalt (Art. 6 Abs. 1 S. 1 Buchst. e der Datenschutz-Grundverordnung (DSGVO)).

Ihre Daten werden ausschließlich verarbeitet, um die von Ihnen und ggf. weiteren an einem Geschäft beteiligten Personen begehrte notarielle Tätigkeit entsprechend meinen Amtspflichten durchzuführen, also etwa zur Erstellung von Urkundsentwürfen, zur Beurkundung und dem Vollzug von Urkundsgeschäften oder zur Durchführung von Beratungen. Die Verarbeitung der personenbezogenen Daten erfolgt daher immer nur aufgrund der für mich geltenden berufs- und verfahrensrechtlichen Bestimmungen, die sich im Wesentlichen aus der Bundesnotarordnung und dem Beurkundungsgesetz ergeben. Aus diesen Bestimmungen ergibt sich für mich zugleich auch die rechtliche Verpflichtung zur Verarbeitung der erforderlichen Daten (Art. 6 Abs. 1 S. 1 Buchst. c DSGVO). Eine Nichtbereitstellung der von mir bei Ihnen angeforderten Daten würde daher dazu führen, dass ich die (weitere) Durchführung des Amtsgeschäfts ablehnen müsste.

An wen gebe ich Daten weiter?

Als Notar unterliege ich einer gesetzlichen Verschwiegenheitspflicht. Diese Verschwiegenheitspflicht gilt auch für alle meine Mitarbeiter und sonst von mir Beauftragten.

Ich darf Ihre Daten daher nur weitergeben, wenn und soweit ich dazu im Einzelfall verpflichtet bin, z.B. aufgrund von Mitteilungspflichten gegenüber der Finanzverwaltung oder an öffentliche Register wie Grundbuchamt, Handels- oder Vereinsregister, Zentrales Testamentsregister, Vorsorgeregister, Gerichte wie Nachlass-, Betreuungs- oder Familiengericht oder Behörden. Im Rahmen der Standes- und Dienstaufsicht bin ich unter Umständen auch zur Erteilung von Auskünften an die Notarkammer oder meine Dienstaufsichtsbehörde verpflichtet, die wiederum einer amtlichen Verschwiegenheitspflicht unterliegen.

Ansonsten werden Ihre Daten nur weitergegeben, wenn ich hierzu aufgrund von Ihnen abgegebener Erklärungen verpflichtet bin oder Sie die Weitergabe beantragt haben.

Werden Daten an Drittländer übermittelt?

Eine Übermittlung Ihrer personenbezogenen Daten in Drittländer erfolgt nur auf besonderen Antrag von Ihnen oder wenn und soweit ein Urkundsbeteiligter in einem Drittland ansässig ist.

Wie lange werden Ihre Daten gespeichert?

Ich verarbeite und speichere Ihre personenbezogenen Daten im Rahmen meiner gesetzlichen Aufbewahrungspflichten.

Nach § 5 Abs. 4 der Dienstordnung für Notarinnen und Notare (DONot) gelten für die Aufbewahrung von notariellen Unterlagen folgende Aufbewahrungsfristen:

- Urkundenrolle, Erbvertragsverzeichnis, Namensverzeichnis zur Urkundenrolle und Urkundensammlung einschließlich der gesondert aufbewahrten Erbverträge (§ 18 Abs. 4 DONot): 100 Jahre,
- Namenverzeichnis zum Massen-, Verwahrungsbuch, Anderkontenliste, Generalakten: 30 Jahre,
- Nebenakten: 7 Jahre; der Notar kann spätestens bei der letzten inhaltlichen Bearbeitung schriftlich eine längere Aufbewahrungsfrist bestimmen, z.B. bei Verfügungen von Todes wegen oder im Falle der Regressgefahr; die Bestimmung kann auch generell für einzelne Arten von Rechtsgeschäften, wie z.B. für Verfügungen von Todes wegen, getroffen werden.

Nach Ablauf der Speicherfristen werden Ihre Daten gelöscht bzw. die Papierunterlagen vernichtet, sofern ich nicht nach Art. 6 Abs. 1 S. 1 Buchst. c DSGVO aufgrund von steuer- und handelsrechtlichen Aufbewahrungs- und Dokumentationspflichten (aus Handelsgesetzbuch, Strafgesetzbuch, Geldwäschegesetz oder der Abgabenordnung) sowie berufsrechtlicher Vorschriften zum Zwecke der Kollisionsprüfung zu einer längeren Speicherung verpflichtet bin.

Welche Rechte haben Sie?

Sie haben das Recht:

- Auskunft darüber zu verlangen, ob ich personenbezogene Daten über Sie verarbeite, wenn ja, zu welchen Zwecken ich die Daten und welche Kategorien von personenbezogenen Daten ich verarbeite, an wen die Daten ggf. weitergeleitet wurden, wie lange die Daten ggf. gespeichert werden sollen und welche Rechte Ihnen zustehen.
- unzutreffende, Sie betreffende personenbezogene Daten, die bei mir gespeichert werden, berichtigen zu lassen. Ebenso haben Sie das Recht, einen bei mir gespeicherten unvollständigen Datensatz von mir ergänzen zu lassen.
- Löschung der Sie betreffenden personenbezogenen Daten zu verlangen, sofern ein gesetzlich vorgesehener Grund zur Löschung vorliegt (vgl. Art. 17 DSGVO) und die Verarbeitung Ihrer Daten nicht zur Erfüllung einer rechtlichen Verpflichtung oder aus anderen vorrangigen Gründen im Sinne der DSGVO geboten ist.
- von mir zu verlangen, dass ich Ihre Daten nur noch eingeschränkt, z.B. zur Geltendmachung von Rechtsansprüchen oder aus Gründen eines wichtigen öffentlichen Interesses verarbeite, während ich beispielsweise Ihren Anspruch auf Berichtigung oder Widerspruch prüfe, oder ggf., wenn ich Ihren Löschungsanspruch ablehne (vgl. Art. 18 DSGVO).
- der Verarbeitung zu widersprechen, sofern diese erforderlich ist, damit ich meine im öffentlichen Interesse liegenden Aufgaben wahrnehmen oder mein öffentliches Amt ausüben kann, wenn Gründe für den Widerspruch vorliegen, die sich aus Ihrer besonderen Situation ergeben.
- sich mit einer datenschutzrechtlichen Beschwerde an die Aufsichtsbehörden zu wenden. Die für mich zuständige Aufsichtsbehörde ist: Die Landesbeauftragte für Datenschutz und Informationssicherheit NRW, Postfach 200444, 40102 Düsseldorf, Telefon: 02 11/38 42 40, Telefax: 02 11/3 84 24 10; E-Mail: poststelle@ldi.nrw.de. Die Beschwerde kann unabhängig von der Zuständigkeit bei jeder Aufsichtsbehörde erhoben werden.

V. Geldwäschegesetz und insbesondere Geldwäschegesetzmeldepflichtverordnung-Immobilien (GwGMeldV-Immobilien)

Geldwäschebekämpfung steht immer mehr im Fokus der Gesetzgebung. Dabei ist die Herausforderung, dass das Recht der Geldwäschebekämpfung stetig im Wandel ist.[40] **138**

Der Anwendungsbereich des Geldwäschegesetzes (GWG) ist eröffnet beim Immobilienkauf, im Gesellschaftsrecht und bei der Verwahrung. Der Notar ist Verpflichteter i.S.d. § 2 Abs. 1 Nr. 10 GWG. Insbesondere muss er bei Geschäften die wirtschaftlich Berechtigten von Gesellschaften ermitteln, § 10 Abs. 1 Nr. 2 GWG. Wirtschaftlich Berechtigte sind alle natürlichen Personen, die unmittelbar oder mittelbar mehr als 25 % der Kapital- und Stimmanteile innehaben oder auf vergleichbare Weise Kontrolle ausüben, § 3 Abs. 2 GWG.

Durch Art. 14 des Gesetzes zur Umsetzung der Vierten EU-Geldwäscherichtlinie führte der Gesetzgeber bei der Liste der Gesellschafter einer GmbH die Pflicht ein, dass wirtschaftlich Berechtigte durch die prozentualen Angaben beim betroffenen Gesellschafter oder den Geschäftsanteilen erkennbar sein sollen. Gleichzeitig wurde neben dem Handelsregister das Transparenzregister eingeführt.[41] Dem Transparenzregister sollen die wirtschaftlich Berechtigten einer Gesellschaft mitgeteilt werden, um dort eingetragen und abrufbar zu sein. In diesem Zusammenhang ist die Gesellschafterlistenverordnung (GesLV) zu beachten und bei der Erstellung von Gesellschafterlisten umzusetzen.

Am 1.10.2020 trat zudem die am 31.8.2020 verkündete Verordnung zu den nach dem Geldwäschegesetz meldepflichtigen Sachverhalten im Immobilienbereich (GwGMeldV-Immobilien) in Kraft. Sie erweitert die Meldepflichten der Notare bei Immobilientransaktionen und steht damit konkretisierend neben den allgemeinen Pflichten der Notare als Verpflichtete nach dem GWG.

Die Dienstaufsicht des Notars überprüft das Einhalten der Pflichten des Notars. Die allgemeinen Maßnahmen und Überprüfungen hierzu wird der Notar in seiner Generalakte festhalten, insbesondere sollte er dort die allgemeine und erste nationale Risikoanalyse vorhalten. **139**

Als Büroleitfaden für die Prüfungs- und Meldepflichten nach dem GWG bietet sich folgende Übersicht an: **140**

Prüfungs- und Meldepflichten nach dem Geldwäschegesetz

Abfrage Transparenzregister[42]

Prüfung GWG

GWG Tool der BNotK[43]

Prüfungstool: Frage/Antwortmodus mit abschließendem Prüfbericht als Prüfungsbeleg für die Akte

Anwendungsbereich GWG:

- Prüfungspflichten bestehen grundsätzlich bei **allen** Notariatsgeschäften
- ausgenommen Schenkungen, Übertragungsverträge, Erb- und Familienrecht
- keine Bagatellgrenze
- bei Beglaubigungen sind Prüfungspflichten auf die Identität beschränkt

Meldepflichten Transparenzregister:

- Unstimmigkeitsmitteilung an Register, wenn Informationen des Notars von Angaben im Register abweichen **oder** im Register keine Informationen vorhanden sind **und** Meldepflicht zu FIU besteht
- Ohne Meldepflicht FIU keine zwingende Verpflichtung zur Meldung an Transparenzregister

---

40 Vgl. zum Ganzen *Bülte*, notar 2020, S. 195 ff.; *Ehrl*, notar 2020, S. 300 ff.
41 Vgl. hierzu *Elsing*, notar 2018, 71 ff.
42 Siehe www.transparenzregister.de
43 Siehe https://gwg.bnotk.de bzw. auf dem eigenen PC.

Meldepflichten nach GWG (goaml-Portal) bei Immobiliengeschäften i.V.m. VO zu meldepflichtigen SV im Immobilienbereich:

bei Vorliegen einer der Fälle a) bis o) muss gemeldet werden, Beurkundung dann frühestens drei Tage später – Sperrfrist für etwaigen Widerspruch durch FIU

a) Drittstaatbezug oder Bezug zu Risikostaat eines Beteiligten oder einer Kontoverbindung[44,45]
b) Beteiligter ist in Liste von EU oder des Bundesministeriums für Wirtschaft und Energie enthalten
c) Verweigerung der Mitwirkungspflichten bei Prüfung nach GWG
d) bewusste Falschangaben zum Beteiligten
e) Begründung oder Aufhebung von Treuhandverhältnissen ohne wirtschaftlichen oder rechtmäßigen Zweck
f) Vorstrafen oder Strafermittlungen beim Beteiligten im Zusammenhang mit Beurkundungsgeschäft
g) Erwerb steht in grobem Missverhältnis zum Einkommen/Vermögen des Beteiligten
h) wirtschaftliche Berechtigung wird über Gesellschaft in Drittstaat vermittelt, ohne Bezug des Berechtigten zum Drittstaat
i) Erwerb steht in Bezug zu grenzüberschreitender Steuergestaltung
h) keine formgerechte Vollmacht und keine Genehmigung/Bestätigung innerhalb von zwei Monaten, unechte Vollmachtsurkunde, Grundverhältnis der Vollmacht ist nicht erkennbar, Vollmacht ist vor deutschem Konsulat in Drittstaat beglaubigt
j) Barzahlungen über 10.000 EUR, Vorabzahlung über 10.000 EUR, Zahlung in Kryptowerten, Zahlung über Bankkonto in Drittstaat
k) Gegenleistung liegt deutlich unter Wert, ohne dass Schenkung erkennbar ist
l) Zahlung an dritte Person ohne sachlichen Grund
m) Weiterverkauf innerhalb von drei Jahren mit erheblicher Preisabweichung
n) Rückkauf innerhalb von drei Jahren ohne erkennbaren Grund
o) Wunsch nach Anderkonto ohne Sicherungsgrund

Meldepflichten nach GWG bei sonstigen Urkunden:

- grds. keine Meldepflicht, auch nicht bei Geldwäscheverdacht
- bei Verdacht verstärkte Sorgfaltspflicht (s.u.)
- Meldung bei positiver Kenntnis von Geldwäsche

Handhabungen in Urkunden

- Erklärung der Beteiligten, auf eigene Rechnung zu handeln, aufnehmen bei allen Verkaufs- und Tauschgeschäften
- Vollmachten und Genehmigungen im Gesellschaftsrecht grds. in beglaubigter Form, jedenfalls bei ausländischen und/oder unbekannten Gesellschaften

Handhabung bei Identitätsprüfung

- bei geringem GWG Risiko sind auch abgelaufene Ausweisdokumente weiterhin zur Identifizierung möglich (bei Ausländern grds. nicht)
- Identifizierung muss nicht jedes Mal wiederholt werden
- Ausweiskopien oder Scan sind zwingend bei Neumandanten

Dokumentation der Prüfung der Identität und der wirtschaftlich Berechtigten in den Akten

- bei allen grunderwerbssteuerrelevanten Vorgängen *Fragebogen* selbst ausfüllen oder von der Gesellschaft ausfüllen lassen
- bei allen meldepflichtigen Vorgängen (goaml) nach Verordnung, Meldung in Akte dokumentieren und *drei Tage Frist* bis Beurkundung
- Prüfungstool BNotK zu GWG bei allen Erwerbsgeschäften (Immobilien und Anteile) nutzen und Prüfbericht in Akte

---

44 Siehe https://www.zoll.de/DE/FIU/Fachliche-Informationen/Drittlaender/drittlaender_node.html
45 Siehe https://www.zoll.de/DE/FIU/Fachliche-Informationen/Finanzsanktionen/finanzsanktionen_node.html

- bei Stammmandanten (Gesellschaften) Prüfung der wirtschaftlich Berechtigten in Generalakte, dann keine erneute Prüfung
- bei (bekannten) GmbHs genügt ordentliche Gesellschafterliste, Abfrage Transparenzregister kann entfallen
- sonst bei allen Gesellschaften (außer GbR) Anfrage Transparenzregister
  a) Auszug enthält Prüfvermerk → kein zwingendes Beurkundungsverbot, weitere Prüfung
  b) kein Auszug eingeholt → keine Beurkundung bei ausländischen Gesellschaften, i.Ü. grds. auch keine Beurkundung bei unbekannten Gesellschaften
  c) Negativattest = Gesellschaft ist im Register nicht gemeldet → Beurkundung möglich, aber ggf. Unstimmigkeitsmeldung durch Notar an Register, wenn wirtschaftlich Berechtigte nicht aus anderen Dokumenten zu ermitteln sind und Voraussetzungen einer Meldung an FIU vorliegen

G. Die Mitarbeiter des Notars

I. Aufgaben und Pflichten der Mitarbeiter

Der Notar kann seinen Beruf nicht ohne ein Büro ausüben. In der Regel wird der Notar mit bloßen Schreibkräften nicht auskommen. Er braucht zusätzlich ausgebildete Hilfskräfte (Fachkräfte), die ihn bei der Vorbereitung und Abwicklung der Amtsgeschäfte entlasten. Eine der Grundlagen für die erfolgreiche Amtstätigkeit ist ein zuverlässiges Büro, das dem Notar so viel wie möglich an büro- und urkundstechnischen Arbeiten abnimmt, damit er für seine eigentlichen Aufgaben Zeit hat: Beratung der Beteiligten, Anfertigung von Entwürfen, Beurkundung. 141

Der Notar wird also versuchen, Bürokräfte einzustellen, die selbstständig einfache Amtsgeschäfte vorbereiten, bei der Vorbereitung schwieriger Amtsgeschäfte behilflich sind, beurkundete Geschäfte abwickeln, das Kostenwesen verwalten, überhaupt möglichst viele der Tätigkeiten ausführen, die nicht von ihm persönlich wahrgenommen werden müssen. Dazu hat sich der Beruf des Notarfachangestellten (früher: Notargehilfe) entwickelt, dessen Berufsbild mit Gesetzeskraft in der Verordnung über die Ausbildung zur Rechtsanwaltsfachkraft, Notarfachkraft und Patentanwaltsfachkraft niedergelegt ist.[46] Er ist ein Lehrberuf; die Ausbildungszeit wird mit einer Prüfung abgeschlossen.

Unabhängig davon, ob der Mitarbeiter des Notars ausgebildeter Jurist, Fachkraft oder eine angelernte Kraft ist, gelten für alle Hilfskräfte folgende Grundsätze: 142

Der Notar muss von ihnen wirtschaftlich unabhängig sein. Eine unmittelbare oder mittelbare Gewinnbeteiligung der Mitarbeiter ist standeswidrig. Die Beziehungen des Notars zu den Mitarbeitern müssen so gestaltet sein, dass die führende und bestimmende Tätigkeit des Notars nicht beeinträchtigt oder gefährdet wird. In jedem Fall muss es den Beteiligten möglich bleiben, sich persönlich an den Notar zu wenden (IV. und VIII. Richtlinienempfehlungen).

Dem Notar verbotene Tätigkeiten darf er auch nicht durch seine Mitarbeiter ausüben lassen, denn die im Notariat beschäftigten Personen sind in den Vertrauensbereich des Notars bei der Bevölkerung mit einbezogen. Der Notar hat deshalb dafür zu sorgen, dass seine Angestellten unterlassen, was ihm selbst nicht gestattet wäre. Nach § 14 Abs. 4 BNotO ist es dem Notar verboten, Darlehen sowie Grundstücksgeschäfte zu vermitteln oder im Zusammenhang mit einer Amtshandlung eine Bürgschaft oder sonstige Gewährleistung für einen Beteiligten zu übernehmen (siehe Rdn 13 ff.). Er hat dafür zu sorgen, dass auch die bei ihm beschäftigten Personen sich nicht mit derartigen Geschäften befassen.

Nach § 26 BNotO muss der Notar die bei ihm beschäftigten Personen bei der Einstellung auf die Bestimmungen des § 14 Abs. 4 BNotO hinweisen und sie zur Wahrung des Amtsgeheimnisses verpflichten. Hierüber ist eine Niederschrift anzufertigen, die vom Notar und dem Verpflichteten zu unterzeichnen ist und bei den Generalakten des Notars aufbewahrt wird. Die Niederschrift kann etwa so lauten: 143

---

46 Verordnung vom 23.11.1987, BGBl I S. 2392, zuletzt geändert durch VO vom 15.2.1995, BGBl I S. 206 ff.

144

Niederschrift über die Verpflichtung einer beim Notar beschäftigten Person

Der unterzeichnende Notar (…)

mit Amtssitz in (…)

hat am (…)

Herrn/Frau (…)

gem. § 26 BNotO über dessen/deren Pflichten belehrt und gem. § 1 des Verpflichtungsgesetzes förmlich verpflichtet. Darüber wurde die folgende Niederschrift aufgenommen:

Der/Die Beschäftigte wurde von mir, dem Notar, auf die gewissenhafte Erfüllung seiner/ihrer Obliegenheiten verpflichtet.

Der/Die Beschäftigte wurde besonders auf die Bestimmung des § 14 Abs. 4 BNotO hingewiesen. Ihm/Ihr wurde untersagt, Darlehen sowie Grundstücksgeschäfte zu vermitteln oder im Zusammenhang mit einer Amtshandlung des Notars eine Bürgschaft oder sonstige Gewährleistung für einen Beteiligten zu übernehmen.

Besonders wurde auch auf die Verpflichtung zur Wahrung des Amtsgeheimnisses nach § 18 BNotO hingewiesen und darauf, dass auch jede bei einem Notar beschäftigte Person über alles zur Verschwiegenheit verpflichtet ist, was ihr im Rahmen der Ausübung der Tätigkeit beim Notar bekannt geworden ist. Auf die strafrechtlichen Folgen der Verletzung der Pflichten wurde hingewiesen.

Dem/Der Beschäftigten wurde sodann der Inhalt der folgenden Strafvorschriften des Strafgesetzbuches bekanntgegeben:

§ 133 Abs. 1, 3 StGB – Verwahrungsbruch

§ 201 StGB – Verletzung der Vertraulichkeit des Wortes

§ 203 StGB – Verletzung von Privatgeheimnissen

§ 204 StGB – Verwertung fremder Geheimnisse

§§ 331 Abs. 1, 332 StGB – Vorteilsannahme und Bestechlichkeit

§ 353b Abs. 1–3 StGB – Verletzung des Dienstgeheimnisses

§ 355 StGB – Verletzung des Steuergeheimnisses

§ 358 StGB – Nebenfolgen.

Dem/Der Beschäftigten ist bekannt, dass die Strafvorschriften für ihn/sie gelten. Ihm/Ihr ist ferner bekannt, dass die Strafvorschriften, sofern ihre Anwendung eine förmliche Verpflichtung voraussetzt, aufgrund der heutigen Verpflichtung für ihn/sie gelten.

Der/Die Beschäftigte erklärte, von dem Inhalt der vorgenannten Bestimmungen der Bundesnotarordnung und des Strafgesetzbuches Kenntnis erhalten zu haben.

Der Notar hat ihn/sie durch Handschlag zur Wahrung des Amtsgeheimnisses und zur gewissenhaften Erfüllung aller anderen Obliegenheiten verpflichtet.

Für den Fall eines einheitlichen Beschäftigungsverhältnisses zu mehreren Notaren:

Der Notar wies den/die Beschäftigte(n) darauf hin, dass es bei einem einheitlichen Beschäftigungsverhältnis zu mehreren Notaren gem. § 26 S. 3 BNotO genügt, wenn einer von ihnen die Verpflichtung vornimmt.

Er/Sie unterzeichnete dieses Protokoll zum Zeichen der Genehmigung und bestätigte den Empfang einer Abschrift dieser Niederschrift.

(…) _____   (…) _____

(Unterschrift des Notars)   (Unterschrift des/der Verpflichteten)

Anlage: *[Abdruck der vorgenannten Bestimmungen des Strafgesetzbuches]*

Gem. § 26 S. 4 BNotO n.F. tritt neben die bisher schon bestehende Amtspflicht zur förmlichen Verpflichtung der arbeitsvertraglich beschäftigten Personen eine weitere Amtspflicht, „in geeigneter Weise auf die Einhaltung der Verschwiegenheitspflicht durch die von ihm beschäftigten Personen hinzuwirken". Ein Verstoß gegen diese berufsrechtliche Pflicht zur Überwachung der Einhaltung der Verschwiegenheitspflicht der eigenen Mitarbeiter ist entgegen dem ursprünglichen Gesetzentwurf nicht strafbewehrt. Eine Mustervereinbarung gem. § 26a Abs. 3 BNotO lautet wie folgt:

145

Verpflichtung auf die Vertraulichkeit

Herr/Frau ...

Abteilung/Tätigkeit ...

wird hiermit auf die Vertraulichkeit nach der Datenschutz-Grundverordnung (DSGVO), auf Wahrung von Geschäftsgeheimnissen gem. § 23 Gesetz zum Schutz von Geschäftsgeheimnissen (GeschGehG) verpflichtet.

Verpflichtung auf die Vertraulichkeit nach Art. 5 Abs. 1 Buchst. f i.V.m. Art. 32 Abs. 4 DSGVO

Die einschlägigen gesetzlichen Vorschriften verlangen, dass personenbezogene Daten so verarbeitet werden, dass die Rechte der durch die Verarbeitung betroffenen Personen auf Vertraulichkeit und Integrität ihrer Daten gewährleistet werden. Daher ist es Ihnen auch nur gestattet, personenbezogene Daten in dem Umfang und in der Weise zu verarbeiten, wie es zur Erfüllung der Ihnen übertragenen Aufgaben erforderlich ist. Eine Verarbeitung von personenbezogenen Daten über diesen Zweck hinaus ist unzulässig.

Nach diesen Vorschriften ist es untersagt, personenbezogene Daten unbefugt oder unrechtmäßig zu verarbeiten oder die Sicherheit der Verarbeitung in einer Weise zu verletzen, die zur Vernichtung, zum Verlust, zur Veränderung, zu unbefugter Offenlegung oder unbefugtem Zugang führt.

Verstöße gegen die Datenschutzvorschriften können ggf. mit Geldbuße, Geldstrafe oder Freiheitsstrafe geahndet werden. Entsteht der betroffenen Person durch die unzulässige Verarbeitung ihrer personenbezogenen Daten ein materieller oder immaterieller Schaden, kann ein Schadenersatzanspruch entstehen.

Ein Verstoß gegen die Vertraulichkeits- und Datenschutzvorschriften stellt einen Verstoß gegen arbeitsvertragliche Pflichten dar, der entsprechend geahndet werden kann. Dies gilt ebenso bei einem Verstoß gegen gesetzliche Vorgaben.

In Bezug auf die Vertraulichkeit und die Integrität personenbezogener Daten werde ich die Vorgaben der geltenden Datenschutzvorschriften einhalten. Ich verpflichte mich, personenbezogene Daten lediglich in dem Umgang und in der Weise zu verarbeiten, wie es zur Erfüllung der mir übertragenen Aufgaben erforderlich ist. Dies gilt für die dienstliche Tätigkeit sowohl innerhalb als auch außerhalb des Unternehmens (z.B. bei Klienten).

Ich bin darüber aufgeklärt worden, dass es mir untersagt ist, personenbezogene Daten unbefugt oder unrechtmäßig zu verarbeiten oder absichtlich oder unabsichtlich die Sicherheit der Verarbeitung in einer Weise zu verletzen, die zur Vernichtung, dem Verlust, der Veränderung, der unbefugten Offenlegung oder dem unbefugten Zugang führt.

Stelle ich Sicherheitsverletzungen oder Verstöße gegen die datenschutzkonforme Verarbeitung fest, bin ich verpflichtet, diese zu melden.

Die Verpflichtung auf die Vertraulichkeit besteht auch nach der Beendigung des Beschäftigungsverhältnisses fort.

Optional: Verpflichtung auf die Wahrung von Geschäftsgeheimnissen gem. § 23 GeschGehG

Über Angelegenheiten des Unternehmens, die beispielsweise Einzelheiten seiner Organisation und seine Einrichtung betreffen sowie über Geschäftsvorgänge und Zahlen des internen Rechnungswesens ist – auch im Falle der Versetzung oder der Beendigung des Arbeitsverhältnisses – von mir Verschwiegenheit zu wahren, sofern sie nicht allgemein öffentlich bekannt geworden sind. Hierunter fallen auch Vorgänge von Drittunternehmen, mit denen ich dienstlich befasst bin.

Alle dienstliche Tätigkeiten betreffende Aufzeichnungen, Abschriften, Geschäftsunterlagen, Ablichtungen dienstlicher oder geschäftlicher Vorgänge, die mir überlassen oder von mir angefertigt werden, sind vor Einsichtnahme Unbefugter zu schützen und stehen im Eigentum des Unternehmens. Es ist untersagt, unbefugt unternehmenszugehörige Dateien zu kopieren.

Schlussbestimmungen

Diese Verpflichtung habe ich zur Kenntnis genommen. Die Verpflichtung auf die Vertraulichkeit besteht auch nach der Beendigung des Beschäftigungsverhältnisses fort.

Ich bin mir bewusst, dass ich mich bei Verletzungen der Vertraulichkeit und Integrität personenbezogener Daten strafbar machen kann, insbesondere nach §§ 42, 43 BDSG n.F.

Weitere und weitergehende Berufspflichten, auch in Bezug auf die Vertraulichkeit von Informationen, insbesondere aufgrund der förmlichen Verpflichtung nach § 26 Bundesnotarordnung (BNotO), bestehen neben dieser Verpflichtung und sind davon unabhängig. Die heutige Verpflichtung auf die Vertraulichkeit entfaltet insbesondere eine eigene Wirkung in Bezug auf Lieferanten und andere Mitarbeiter sowie sonstige Personen, deren Daten bzw. Informationen nicht der notariellen Verschwiegenheitspflicht unterliegen.

Auf die gesetzlichen Bestimmungen wurde ich besonders hingewiesen.

Mit meiner Unterschrift bestätige ich die Verpflichtung zur Vertraulichkeit sowie zur Wahrung von Geschäftsgeheimnissen und zugleich den Empfang einer Kopie dieser Niederschrift nebst Anlage.

Ort, Datum

_____

Verpflichtete(r)

II. Bürovorsteher, Fachangestellter, Auszubildender

146 Der Bürovorsteher ist für den Ablauf des Bürobetriebes verantwortlich. Dazu zählen

- die Aufsicht über die Angestellten,
- die Verteilung und Überwachung der Arbeit der Angestellten,
- die Führung (oder Beaufsichtigung) der Bücher des Notars,
- das Kostenwesen, die Buchführung, die Kassenführung.

Zum Bürobetrieb gehört es ebenfalls, die Klienten zu empfangen, Informationen entgegenzunehmen und Auskünfte über den Stand der Angelegenheit des Besuchers zu geben. Der Bürovorsteher ist über den bürotechnischen Betrieb hinaus auch mit der Vorbereitung der Amtsgeschäfte und ihrer Durchführung betraut. Einfache Urkunden bespricht er oft selbstständig mit den Beteiligten und entwirft sie auch. Hier ist für den Notar Folgendes zu beachten:

Auch wenn sein Mitarbeiter die Urkunde vorbereitet hat, trägt der Notar die volle Verantwortung für ihren Inhalt. Er muss sich vergewissern, ob der Vertragsentwurf dem Willen der Beteiligten entspricht und die Beteiligten richtig belehrt sind.

Der Notar hat seine Amtspflichten grundsätzlich persönlich zu erfüllen. Er darf nicht dulden, dass die Mitarbeiter die eigentliche Rechtsberatung selbstständig betreiben. Wenn ein Mitarbeiter Rechtsauskünfte erteilt, muss sich der Notar davon überzeugt haben, dass der Mitarbeiter dazu in der Lage ist. Anderenfalls muss der Notar Rechtsauskünfte durch seine Mitarbeiter unterbinden, wenn er sich nicht der Gefahr einer Amtshaftung (§ 19 BNotO) aussetzen will.

147 Entsprechendes gilt, soweit der Bürovorsteher oder Fachangestellte die Urkundsgeschäfte nach der Beurkundung abwickelt. Die Antragstellung beim Grundbuchamt, die Überwachung der Kaufpreiszahlung, die Einholung der Genehmigungen, die Abgabe von Testamenten beim Nachlassgericht und viele andere Dinge werden vom Büro unter Leitung des Bürovorstehers sehr oft selbstständig bearbeitet. Dennoch trägt der Notar hierfür die alleinige Verantwortung. Er muss sich vergewissern, ob die Geschäfte ordnungsgemäß durchgeführt werden.

Der Bürovorsteher ist meistens ein Fachangestellter mit langjähriger Berufserfahrung. Im Bereich der Rheinischen Notarkammer, der Notarkammer Koblenz und der Saarländischen Notarkammer besteht für fachkundige Mitarbeiter die Möglichkeit, an Fortbildungslehrgängen teilzunehmen. Diese können von den Teilnehmern mit einer Abschlussprüfung beendet werden. Die Ausbildung ist in zwei Stufen aufgeteilt. Mit Bestehen der Fortbildungsprüfung der ersten Stufe ist der fachkundige Mitarbeiter berechtigt, die Bezeichnung „Notarfachassistent/Notarfachassistentin" zu führen. Mit Bestehen der Fortbildungsprüfung der zweiten Stufe darf er/sie sich „Notarfachreferent/Notarfachreferentin" nennen.

Der Beruf des Notarfachangestellten setzt eine Ausbildungsdauer von regelmäßig drei Jahren voraus. Die Ausbildung wird mit einer Prüfung abgeschlossen. **148**

Grundlage der Ausbildung ist die Verordnung über die Berufsausbildung zur Rechtsanwaltsfachkraft, zur Notarfachkraft, zur Rechtsanwalts- und Notarfachkraft und zur Patentanwaltsfachkraft.

Die Verordnung legt neben der Ausbildungsdauer (regelmäßig drei Jahre) das Berufsbild und einen Rahmenplan für die Ausbildung fest.

Folgende Kenntnisse und Fertigkeiten sind Gegenstand der Berufsausbildung der Notarfachkraft:

- Stellung des Notars,
- Büropraxis und -organisation,
- Aufgaben und Aufbau der Rechtspflege,
- fallbezogene Rechtsanwendung im bürgerlichen Recht, Handels- und Gesellschaftsrecht sowie im Arbeits- und Sozialrecht,
- Mitarbeit im Urkundswesen und Führen der Bücher,
- Mitarbeit bei der Vorbereitung und Abwicklung von Notariatsgeschäften im Liegenschafts- und Grundbuchrecht,
- fallbezogene Rechtsanwendung im Verfahren der freiwilligen Gerichtsbarkeit,
- Mitarbeit in registerrechtlichen Angelegenheiten,
- Mitarbeit in familien- und erbrechtlichen Angelegenheiten,
- Erstellen von Kostenrechnungen.

Der Auszubildende sollte am Ende seiner Ausbildungszeit einfache Urkunden aus der täglichen Praxis des Notariats entwerfen können.

Zu dem Ausbildungsgegenstand „Büropraxis und Organisation" zählen folgende Fertigkeiten und Kenntnisse: **149**

- Organisation des Ausbildungsbüros,
- Schriftstücke und Akten gemäß Urkundenrolle auffinden und ablegen,
- Termin- und Fristenkontrolle,
- eingehende Post nach der Organisation des Büros sortieren, ausgehende Post nach Unterschriftskontrolle versandfertig machen,
- betriebliche Arbeits- und Organisationsmittel fachgerecht handhaben sowie wirtschaftlich und umweltgerecht einsetzen,
- Schriftverkehr nach Diktat führen, einfachen Schriftverkehr bearbeiten und einfache Aktenvermerke verfassen,
- Vorgänge des Zahlungsverkehrs bearbeiten,
- berufsbezogenes Rechnen,
- zur Buchführung im Ausbildungsbüro erforderliche Arbeiten, Prinzip der Überschussrechnung,
- Gehaltsabrechnung,
- Besucher empfangen, Telefongespräche führen und Anliegen erfragen,

- Gesetzesübersichten und Inhalts- und Sachverzeichnisse in Textsammlungen sowie Gesetzesvorschriften auffinden,
- Gesetze, Rechtsprechung, Literatur und Zeitschriften sowie deren Fundstellen mit den üblichen Abkürzungen bezeichnen, unterscheiden und zuordnen,
- Informations- und Kommunikationstechnik fachbezogen anwenden, insbesondere Textverarbeitungsgeräte und Textsysteme fachgerecht, wirtschaftlich und umweltgerecht einsetzen.

Der Notar hat dem Auszubildenden eine sorgfältige und möglichst umfassende Fachausbildung zu vermitteln und ihn zum Besuch der Berufsschule anzuhalten (VIII. Richtlinienempfehlungen).

III. Das Dienstverhältnis

150   Die Standesehre verlangt, dass der Notar seine Hilfskräfte angemessen entlohnt und den Verpflichtungen aus dem Arbeitsrecht, insbesondere den Sozialversicherungsgesetzen und dem Berufsbildungsgesetz, nachkommt. Tarifverträge für Notariatsmitarbeiter bestehen nicht.

Etwas anderes gilt in Bayern: Dort gibt es – neben anderen Notariatsangestellten – Hilfskräfte, die nicht in einem Dienstverhältnis zum Notar stehen, sondern Angestellte der Notarkasse sind (über die Aufgaben der Notarkasse in Bayern vgl. § 113 BNotO). Die Notarkasse weist die Hilfskräfte den Notaren zur Dienstleistung zu. Das Arbeitsverhältnis und die Vergütung der Angestellten der Notarkasse sind dem Bundesangestelltentarif und den sonstigen für die Angestellten des Freistaates Bayern maßgebenden Bestimmungen unterworfen.

Mit dem Auszubildenden schließt der Notar einen Berufsausbildungsvertrag ab. Die Verträge werden in ein Verzeichnis aufgenommen, das bei der Notarkammer geführt wird.

§ 2 Das Büro des Notars

A. Allgemeine Büropraxis

I. Räumlichkeiten und Ausstattung der Kanzlei

Das Notariat ist eine notwendige Einrichtung der Rechtspflege. Der Notar ist daher verpflichtet, sein **1** Amt auch tatsächlich auszuüben. Deshalb muss jeder Notar eine Geschäftsstelle (Kanzlei, Amtsstube) haben, kennzeichnen und offen halten (zur Amtsbereitschaft vgl. § 1 Rdn 72); (zur Kennzeichnung der Amtsstelle vgl. § 1 Rdn 48). Der Notar hat dafür zu sorgen, dass die Kanzlei mit Räumen und sachlichen Hilfsmitteln ausreichend ausgestattet ist, um den örtlichen Erfordernissen der Rechtspflege zu genügen. Räume und Ausstattung müssen dem amtlichen Charakter der Notartätigkeit und der Würde des Amtes angemessen sein: auffälliger Luxus würde dem genauso widersprechen wie Unsauberkeit und Unordnung.

II. Empfang der Besucher

Die Art und Weise, wie der Besucher im Notariat empfangen wird, vermittelt ihm einen Eindruck von der **2** dort herrschenden Atmosphäre. Auch wenn der Eindruck nur oberflächlich sein kann, beeinflusst er maßgebend das Vertrauensverhältnis zu dem Notariat. Deshalb ist es oberstes Gebot für den Notar und alle seine Mitarbeiter, am Telefon und im persönlichen Gespräch freundlich, hilfsbereit und höflich zu sein.

In der Regel ist ein Mitarbeiter für den Empfang und die Anmeldung der Klienten zuständig. Sein Arbeitsplatz sollte nahe dem Eingang zu den Praxisräumen liegen. Nachdem der Besucher den Anlass seines Erscheinens genannt hat, wird er unverzüglich dem zuständigen Mitarbeiter oder dem Notar vorgestellt. Sind Akten vorhanden, so sollten sie sogleich herausgesucht und dem Notar vorgelegt werden. Ist der Termin vorher vereinbart, so sollten die Akten bei Erscheinen des Besuchers schon bereit liegen. Unnötige Wartezeiten sind unhöflich; aufgeregtes Aktensuchen im Beisein des Klienten ist ungeschickt. Ein schlechter Empfang der Besucher weist auf eine mangelhafte Organisation des Notariats hin und beeinträchtigt das Vertrauen in die sonstige Arbeit der Kanzlei.

III. Behandlung der Post

Die eingehende Post wird sofort dem Notar vorgelegt. Dem Notariat können Sendungen durch die Post **3** oder über ein Gerichtsfach zugehen. In die Fächer bei den Gerichten legen die Gerichte und manchmal auch andere am gleichen Ort ansässige Notare für den Notar bestimmte Schriftsätze, Mitteilungen, Urkunden oder sonstige Sendungen ein. Die Gerichtsfächer müssen regelmäßig nachgesehen werden.

Häufig ist den Schriftstücken in den Gerichtsfächern ein Empfangsbekenntnis beigefügt. Der Notar unterzeichnet das Empfangsbekenntnis unter Angabe des Eingangsdatums und gibt es dem Gericht zurück. Durch das Empfangsbekenntnis wird der Zugang eines bestimmten Schreibens zu einem bestimmten Zeitpunkt quittiert. Den Zugang eines Schriftstückes durch Empfangsbekenntnis festgestellt zu haben, ist für alle Fälle unerlässlich, in denen eine Frist abläuft.

Die eingegangene Post wird mit dem Datum des jeweiligen Tages versehen und oft vom Notar abgezeichnet. **4** Sodann wird die Post dem betreffenden Aktenvorgang beigefügt und dem Notar oder zuständigen Notarmitarbeiter zur Bearbeitung wieder vorgelegt. Genehmigungen zu Urkunden werden der Urschrift der betreffenden Urkunde beigefügt.

Die ausgehende Post wird dahin geprüft, ob ihr die im Schreiben erwähnten Anlagen beigefügt sind und keine Unterschrift vergessen wurde. Nicht nur aus Rationalisierungsgründen, sondern auch um Verwechslungen zu vermeiden, benutzt man zweckmäßigerweise Fensterbriefumschläge.

Werden wichtige Schriftstücke oder Urkunden (z.B. Grundschuldbriefe) versandt (am besten per Einschreiben), so fügt man zweckmäßigerweise eine zusätzliche Kopie des Anschreibens bei mit der Bitte, **5** den Eingang der betreffenden Anlagen auf der Kopie zu bestätigen. Das Gleiche gilt, wenn die Schriftstücke bei dem Empfänger durch Boten abgegeben werden. Der Bote lässt sich bei der Abgabe den Empfang quittieren.

IV. Erledigung von Botengängen

6   Täglich müssen die Fächer des Notars bei dem Amtsgericht seines Amtsbereiches geleert werden, eine Aufgabe, die häufig den Auszubildenden zufällt. Dabei werden zugleich die Anträge, die der Notar bei Gericht stellt, und die Testamente, die er beurkundet hat, auf der zuständigen Geschäftsstelle abgegeben (Erbverträge, wenn nicht die amtliche Verwahrung durch den Notar vom Erblasser verlangt wird). Wichtig ist es, die Abgabe der Schriftsätze nebst Anlagen von der Geschäftsstelle des Gerichts quittieren zu lassen. Nur so kann der rechtzeitige und vollständige Eingang der Unterlagen bewiesen werden. Liegt der Amtssitz des Notars nicht am Ort des Amtsgerichts, so begnügt man sich zumeist mit einer einfachen Übersendung per Post. Verfügungen von Todes wegen sollten immer abgegeben, zumindest jedoch per Einschreiben an das Amtsgericht geschickt werden.

V. Terminkalender

7   In den Terminkalender gehören nicht nur die Termine für Beurkundungen und Besprechungen, sondern auch *Wiedervorlagetermine*. Als Wiedervorlagetermin werden Fristen eingetragen, die nicht versäumt werden dürfen, und Aktenkontrollen zur Überprüfung, ob in einer Angelegenheit etwas zu veranlassen ist. Die Fristenkontrolle ist auch auf andere Art möglich, z.B. durch Aufstecken von Fristenreitern. Der Terminkalender ist eine Nebenakte und muss wie diese verwahrt werden.

VI. Kostenregister, Kassenbuch (Buchführung)

8   Die Führung des Kostenregisters (Kostenbuch) schreibt die DONot nur für die Notare im Bereich der bayerischen Notarkasse und der Ländernotarkasse in Leipzig vor, § 16 DONot; (zu den Notarkassen vgl. § 1 Rdn 56). Der Notariatsverwalter (siehe § 1 Rdn 42) führt sein Amt auf Rechnung der Notarkammer (§ 59 Abs. 1 BNotO). Die Notarkammer verlangt von den Verwaltern zur Vereinfachung der Abrechnung ebenfalls die Führung eines Kostenregisters. Ob und wie die übrigen Notare ein Kostenregister halten, bleibt ihrer Entscheidung überlassen.

Die Notare sind nach den Bestimmungen der Steuergesetze als Selbstständige buchführungspflichtig, damit das Finanzamt die Einkommensbesteuerung durchführen kann. Außerdem muss von den vereinnahmten Entgelten Mehrwertsteuer abgeführt werden. Aus diesem Grunde führen die Notare außer dem Kostenbuch, heutzutage meist elektronisch, ein Journal (Buchführung), in dem sämtliche Einnahmen und Ausgaben des Notariats mit der darauf anfallenden Mehrwertsteuer aufgezeichnet werden. Neben dem Journal wird zur Kontrolle der Barkasse ein Kassenbuch gehalten.

B. Die Bücher des Notars

I. Urkundenrolle

1. Einrichtung der Urkundenrolle

9   Die Urkundenrolle mit dem dazugehörigen Namensverzeichnis ist das wichtigste Buch des Notars.

a) Urkundenrolle, § 8 DONot

10   Die Urkundenrolle ist ein fortlaufendes Register über die Beurkundungen des Notars. In die Urkundenrolle sind die Beurkundungen in Form einer Niederschrift (§§ 8, 36, 38 BeurkG) und auch die Beurkundungen in Form eines Vermerkes (§ 39 BeurkG), Vollstreckbarkeitserklärungen gemäß § 796c Abs. 1, § 1053 Abs. 4 ZPO, und die Einigung, das Abschlussprotokoll, die Vertragsbeurkundung und die Ver-

tragsbestätigung gemäß § 98 Abs. 2 S. 1, § 99 S. 1, § 96 Abs. 3 S. 1 und § 96 Abs. 5 S. 2 SachenRBerG einzutragen. Nicht eingetragen werden:

- Erteilung von Ausfertigungen,
- Beglaubigung von Abschriften,
- Wechsel- und Scheckproteste,
- Vertretungsbescheinigungen,
- notarielle Eigenurkunden (vgl. § 3 Rdn 179 ff.).

Alle Beurkundungen müssen in *zeitlicher* Reihenfolge in die Urkundenrolle eingetragen werden. Jede Urkunde erhält eine fortlaufende Nummer in der Urkundenrolle und den Jahrgang der Urkundenrolle, z.B. 220/2020; d.h.: Urkundennummer 220 im Jahre 2020. Nummer der Urkundenrolle und Jahreszahl sind auf der Urschrift, Ausfertigung oder Abschrift der Urkunde anzugeben (§ 28 Abs. 2 DONot). Dadurch wird eine genaue Registrierung und Kennzeichnung aller notariellen Urkunden erreicht.

Die Urkundenrolle ist ein Buch aus dauerhaftem Papier und in festem Einband, versehen mit einem Titel- **11** blatt. Auf dem Titelblatt stehen der Name des Notars und sein Amtssitz. Bevor der Notar das Buch in Gebrauch nimmt, stellt er unter Beifügung von Datum, Unterschrift und Farbdrucksiegel auf dem Titelblatt die Seitenzahl des Buches fest (§ 7 Abs. 1 DONot).

Das Buch kann auch aus einer Sammlung herausnehmbarer Einlageblätter bestehen (§ 14 DONot); in jedem Fall müssen die voll beschriebenen Einlageblätter in Schnellheftern oder Aktenordnern abgelegt werden. Nach Ablauf eines Kalenderjahres sind die Einlageblätter dann unverzüglich zu heften und zu siegeln, § 14 Abs. 1 S. 5 DONot. Die bisher übliche Heranziehung von Buchbindern ist nicht mehr nötig, wie sie in § 14 Abs. 1 S. 5 DONot a.F. („fest einbinden") gefordert wurde. Bevor die Blätter des Jahrganges zu einem Buch oder sonst fest eingebunden werden, ist ein Titelblatt anzufertigen.

Ausschabungen und Radierungen in der Urkundenrolle sind, wie bei allen Büchern des Notars, unzulässig. Verbesserungen müssen immer so vorgenommen werden, dass der ursprüngliche Text erkennbar bleibt (§ 7 Abs. 2 DONot).

b) Namensverzeichnis

Zu der Urkundenrolle gehört ein alphabetisches Namensverzeichnis. In das Namensverzeichnis sind die **12** Personen aufzunehmen, die an der Beurkundung beteiligt sind. In Vertretungsfällen sind die Vertreter *und* die Vertretenden aufzunehmen. Bei Beurkundungen in gesellschaftsrechtlichen Angelegenheiten ist auch die Gesellschaft aufzunehmen. In Verbindung mit dem Namensverzeichnis wird es durch die Registrierung möglich, jede Urkunde, die im Notariat aufgenommen worden ist, leicht und schnell aufzufinden, selbst wenn man keine weiteren Angaben hat als nur den Namen eines Beteiligten. Die in § 9 DONot a.F. gegebene Möglichkeit, bei Unterschriftsbeglaubigungen auf die Eintragung zu verzichten, ist entfallen.

Das alphabetische Namensverzeichnis kann jedem Band der Urkundenrolle beigefügt sein oder auch für **13** mehrere Bände gemeinsam als Kartei geführt werden. In großen Notariaten ist die Karteiform am zweckmäßigsten. Sie wird insbesondere von Nurnotaren bevorzugt. Soweit in Sozietäten *eine* Namenskartei für alle Sozien gemeinsam geführt wird, hat dies so zu geschehen, dass sie – etwa durch Verwendung verschiedenfarbiger Karteikarten – ohne größeren Arbeitsaufwand wieder aufgeteilt werden kann.

c) Eintragungen in die Urkundenrolle und das Namensverzeichnis

Eintragungen in die Urkundenrolle sind zeitnah, spätestens vierzehn Tage nach der Beurkundung in un- **14** unterbrochener Reihenfolge vorzunehmen, § 8 Abs. 3 DONot. Auch die Eintragungen in das Namensverzeichnis haben noch zeitnah zu erfolgen, spätestens jedoch zum Vierteljahresschluss, § 13 Abs. 2 DONot.

d) Automationsgestützte Führung der Urkundenrolle und des Namensverzeichnisses

§ 6 Abs. 1 DONot bestimmt ausdrücklich, dass Bücher und Verzeichnisse immer auf dauerhaftem Papier **15** zu führen sind und andere Datenträger lediglich Hilfsmittel für die Erstellung der in Papierform zu führenden Bücher und Verzeichnisse sind. Urkundenrolle und Namensverzeichnis im Sinne der Dienstordnung sind *nicht* die Speicher der EDV, sondern die auf Papier ausgedruckten Seiten. Daraus zieht § 17 DONot nachfolgende Konsequenz:

Werden Bücher und Verzeichnisse automationsgestützt geführt, so muss jeweils an dem Tage, an dem bei herkömmlicher Führung die Eintragung vorzunehmen wäre, die Eintragung in den Datenspeicher *und* der Ausdruck dieser Eingabe erfolgen; wenn dabei Wiederholungen früherer Ausdrucke entstehen, sind die früheren Ausdrucke zu vernichten. Die voll beschriebenen Seiten oder/und die letzte abgeschlossene Seite bilden die Urkundenrolle oder das Namensverzeichnis. Die Unterlagen sind in der Geschäftsstelle zu führen. Zur Führung der Unterlagen dürfen nur Personen herangezogen werden, die bei dem Notar beschäftigt sind. Die Beauftragung dritter Personen oder Stellen ist unzulässig, § 5 Abs. 3 DONot.

Durch das Gesetz zur Neuordnung der Aufbewahrung von Notariatsunterlagen und zur Einrichtung des Elektronischen Urkundenarchivs bei der Bundesnotarkammer wurde der „steinerne" Grundsatz des papiergebundenen Notariats i.S.v. § 6 Abs. 1 DONot Geschichte.[1] Der Notar kann künftig Akten und Verzeichnisse in Papierform oder elektronisch – sogar „hybrid", vgl. § 44 NotAktVV – führen, ausgenommen das Urkunden- und das Verwahrungsverzeichnis, welche zwingend elektronisch zu führen sind. Verwahrende Stelle bleibt der Notar, es ändert sich lediglich der konkrete Datenspeicher.

16   Die eingesetzten Anwendungsprogramme dürfen keine Verfahren zur nachträglichen Veränderung enthalten, wenn mit dem Ausdruck auf Papier die Eintragung abgeschlossen ist, § 17 Abs. 1 S. 1 DONot. Eine Bescheinigung des Softwareherstellers darüber, dass bei den jeweils eingesetzten Anwendungsprogrammen nachträglich Veränderungen der Urkunden nicht möglich sind, muss der Notar einholen und bei seinen Generalakten aufbewahren.

17   Im Rahmen des Urkundenarchivgesetzes wurde § 55 BeurkG vollständig neu gefasst.[2] Die Vorschrift tritt am 1.1.2022 in Kraft. Im Zusammenspiel mit § 78h BNotO stellt § 55 BeurkG künftig eine der Kernvorschriften zur Einführung des Elektronischen Urkundenarchivs dar. Mit dem Urkundenverzeichnis wird die Urkundenrolle als zentrale Aufzeichnung über die Amtsgeschäfte des Notars durch ein elektronisches Verzeichnis im Elektronischen Urkundenarchiv abgelöst. Die Verwahrung der Urkunden erfolgt dann, neben der fortbestehenden Urkundensammlung, auch in einer elektronischen Urkundensammlung im Elektronischen Urkundenarchiv.[3]

Das künftige Urkundenverzeichnis ersetzt die bisherige Urkundenrolle, das Namensverzeichnis zur Urkundenrolle und das Erbvertragsverzeichnis und stellt gewissermaßen das Inhaltsverzeichnis der elektronischen Urkundensammlung dar.[4] Im Urkundenverzeichnis werden künftig auch solche Informationen zur Urkunde eingetragen, die heute noch auf der Urschrift selbst zu vermerken sind, etwa der Ausfertigungsvermerk.

Für die Generalakte gilt mittlerweile § 46 NotAktVV.

2.   Eintragungen in die Urkundenrolle

18   Die Urkundenrolle hat fünf Spalten:

Spalte 1 (fortlaufende Nummer):

Hierhin gehört die laufende Nummer der Beurkundung. Die Nummerierung beginnt mit jedem Kalenderjahr neu. Mehrfache Eintragungen unter einer Nummer sind nicht gestattet. Wenn versehentlich mehrfache Eintragungen unter einer Nummer vorgenommen worden sind, helfen Unterbezeichnungen mit Buchstaben wie 220 a/2020. Ist eine Urkunde versehentlich nicht am Beurkundungstag in die Urkundenrolle eingetragen worden und stellt sich dies erst später heraus, nachdem bereits andere Urkunden unter einem späteren Tag zur Eintragung gelangt sind, dann ist es unzulässig, die früher errichtete Urkunde als „a"-Nummer nachträglich noch zwischen zwei Eintragungen zu schieben. Die Eintragung hat vielmehr unter der nächsten freien UR-Nr. zu erfolgen, allerdings unter dem Tag der Errichtung der Urkunde.

---

1 Armbrüster/Preuß/Renner/*Eickelberg*, Vorbemerkungen DONot Rn 65.
2 BGBl I 2017, 1396 ff.
3 Frenz/Miermeister/*Löffler*, § 55 BeurkG Rn 1.
4 Armbrüster/Preuß/Renner/*Piegsa*, § 55 BeurkG Rn 3.

Zweckmäßigerweise weist man hierauf in der Spalte „Bemerkungen" besonders hin. Irrtümlich über-
schlagene Nummern kennzeichnet man und lässt sie frei.

Spalte 2 (Tag der Beurkundung):   19

Um Verwechslungen zu vermeiden, wird der Monatsname in Worten geschrieben; gebräuchliche Abkürzungen (z.B. Sept., Okt.) sind erlaubt.

Spalte 3 (Beteiligte):   20

In Spalte 3 der Urkundenrolle sind die Beteiligten aufzuführen, bei der Beurkundung von Rechtsgeschäften jeder Teil, dessen Erklärung beurkundet wird. Bei der Bezeichnung natürlicher Personen sind der Name, das Geburtsdatum, der Wohnort und die Wohnung anzugeben; weicht der zur Zeit der Beurkundung
geführte Familienname von dem Geburtsnamen ab, ist auch der Geburtsname anzugeben (§ 26 Abs. 2
DONot). Die Angabe des Berufs ist nicht vorgeschrieben, aber üblich: Arbeiter, Rentner, Pfarrer, Hausfrau, Sekretärin etc.

Sind mehr als zehn Personen beteiligt, so genügt eine zusammenfassende Bezeichnung, § 8 Abs. 5
DONot, z.B. „Erben (Name des Erblassers)". Diese Erleichterung gilt auch bei dem Namensverzeichnis,
§ 13 Abs. 3 DONot. Bei Beurkundungen in gesellschaftsrechtlichen Angelegenheiten ist auch die Gesellschaft aufzuführen, § 8 Abs. 5 DONot. Bei Firmen empfiehlt sich der Zusatz: „Fa.". Im Namensverzeichnis wird die Firma unter ihrem Anfangswort registriert.

Wird ein Beteiligter vertreten – gleichgültig, ob mit oder ohne Vertretungsmacht, gleichgültig, ob gesetzliche oder gewillkürte Vertretung –, so sind der Vertretene **und** der Vertreter aufzuführen, § 8 Abs. 5 DONot.

Beispiel   21

Eheleute …

als gesetzliche Vertreter ihres Kindes …

Bei der Beteiligung einer GmbH & Co. KG sind die Kommanditgesellschaft, deren persönlich haftende
Gesellschafterin, die GmbH, sowie der für die GmbH handelnde Geschäftsführer in die Urkundenrolle
einzutragen.

Beispiel   22

Willi Baumann GmbH & Co Kommanditgesellschaft Baufachgroßhandel, Linnich

vertreten durch:

Willi Baumann GmbH, Linnich

vertreten durch:

Wolfgang Baumann *29.5.1952, Linnich

Spalte 4 (Gegenstand des Geschäfts):   23

Der Gegenstand soll möglichst kurz und treffend angegeben werden. Jedoch muss die Eintragung immer
den Inhalt des Geschäfts erkennen lassen, § 8 Abs. 5 (bzw. Abs. 6 in NRW und dem Saarland) DONot.
Bezeichnungen wie: Vertrag, Erklärung, Angebot, Anmeldung genügen also nicht. Es muss stattdessen
genauer heißen: Kaufvertrag, Gesellschaftsvertrag, Erbvertrag, Erbauseinandersetzungsvertrag; oder:
Löschungsbewilligung, Zustimmung zum Kaufvertrag, Testament, Schuldurkunde, Angebot zum Kauf;
oder: Anmeldung zum Handelsregister, Anmeldung zum Vereinsregister.

In NRW und dem Saarland: 24

Spalte 5 (Ort des Geschäfts):

Seit dem 1.1.2012 gilt allgemein (außer in Bremen und im Saarland) unter Umbezifferung der Abs. 4–6 in
5–7 des § 8 DONot ein „neuer" Abs. 4, wonach die genaue Bezeichnung des Ortes, an dem das Amtsgeschäft vorgenommen wurde, und dessen Anschrift in die Urkundenrolle in einer gesonderten
Spalte 2a einzutragen ist.

25   *Seite aus der Urkundenrolle*

Jahr 2020 Urkundenrolle der/des Notarin/Notars __ in __ [5] Seite 1

Lfd. Nr.	Tag der Ausstellung der Urkunde	Ort des Amtsgeschäfts[6]	Name, Wohnort oder Sitz der nach § 8 Abs. 4 DONot aufzuführenden Personen	Gegenstand des Geschäfts	Bemerkungen
1	2	2a	3	4	5
1	4. Januar	Geschäftsstelle	Jürgen K. in B., Hans H. in B.	Grundstückskaufvertrag	vgl. Nr. 7
2	4. Januar	Geschäftsstelle	Erich E. in D., Peter E. in A., Berta A. geb. Z. in D., letztere vertreten durch Peter E. in A. in Erbengemeinschaft nach Friedrich E. in A.	Erbauseinandersetzungsvertrag	vgl. Nr. 6
3	4. Januar	Stadthalle B, X-Straße 1, B.	AL Aktiengesellschaft in B.	Hauptversammlung	
4	4. Januar	Hauptverwaltung der AL-AG, X-Allee, B.	AL Aktiengesellschaft in B., Axel P. in K., Karl M. in B., Susanne M. in B., Peter M. in K., Richard B. in K.	Anmeldung zum Handelsregister und Unterschr.-Begl. mit Entwurf	
5	5. Januar	Geschäftsstelle	Anton A. in B., Renate B. geb. A. in A.	(Grundschuldbestellung und) Unterschriftsbeglaubigung ohne Entwurf	
6	8. Januar	Wohnung der Berta A., X-Straße, D.	Berta A. geb. Z. in D.	Genehmigung der Erbauseinandersetzung Nr. 2	verwahrt bei Nr. 2
7	8. Januar	Geschäftsstelle	Jürgen K. in B., Hans H. in B.	Nachtrag zum Kaufvertrag Nr. 1	verwahrt bei Nr. 1

26   Zu Abweichungen in der Gestaltung der Urkundenrolle vgl. § 6 Abs. 3 DONot.

Dabei sind gebräuchliche Abkürzungen zulässig, z.B.: Ges.Vertr., ErbausVertr., Löschbew., Test., Anm.VR, Anm.HR.

Hat der Notar bei einer Unterschriftsbeglaubigung auch den Entwurf der Urkunde gefertigt, so ist dies in der Urkundenrolle zu vermerken (§ 8 Abs. 6 S. 2 Hs. 1 DONot), etwa so: Entwurf Löschungsbewilligung und Beglaubigung, abgekürzt: Entw. Löschbew. u. Begl.

Der Vermerk Beglaubigung, „Begl.", darf nur dann in Spalte 4 stehen, wenn der Notar lediglich die Unterschrift beglaubigt hat.

---

5 Wird die Urkundenrolle in Buchform geführt, so kann die Überschrift entfallen.
6 In Nordrhein-Westfalen sowie im Saarland.

Spalte 5 (Bemerkungen):

Urkunden, in denen der Inhalt einer anderen Urkunde berichtigt, geändert, ergänzt oder aufgehoben wird, erhalten eine neue Nummer (§ 8 Abs. 7 DONot). In der Spalte 5 ist jeweils *wechselseitig* auf die Nummer der anderen Urkunde zu verweisen, zum Beispiel mit den Worten „berichtigt in …", „ergänzt in …", „aufgehoben in …". Auch die Auflassung zu einem Kaufvertrag kann so vermerkt werden. Um die wechselseitige Zusammengehörigkeit der Urkunden zu sichern, bestimmt § 18 Abs. 2 DONot, dass auf den Urkunden selbst diese Hinweise auch eingetragen werden. Außerdem ist es gestattet, die spätere Urkunde bei der früheren zu verwahren. In Spalte 5 ist dann der entsprechende Vermerk „verwahrt bei Nr. …" einzutragen. Dadurch soll gewährleistet werden, dass der Zusammenhang der Urkunden nicht übersehen wird.

Beginn und Ende einer Vertretung des Notars oder einer Verwalterschaft sind unverzüglich in der Urkundenrolle zu vermerken. Dies gilt auch dann, wenn der Vertreter keine Beurkundungen vorgenommen hat. Der Vermerk kann in Spalte 5 gesetzt werden oder über sämtliche Eintragungen hinweg unmittelbar im Anschluss an die letzte Eintragung. Wenn der Vertreter sein Amt antritt, kann der Vermerk so lauten: **27**

„*Am 1.12.2020 hat Notarassessor … die Vertretung des Notars … übernommen.*"

Wenn der Notar sein Amt wieder übernimmt, kann der Vermerk lauten:

„*Am 10.12.2020 hat Notar … sein Amt wieder aufgenommen.*"

Es ist nicht notwendig, den Vermerk mit einer Unterschrift zu versehen.

Eine Seite aus einer Urkundenrolle mit Beispielen ist als Muster (siehe Rdn 25) abgedruckt.

II. Verzeichnis der in Verwahrung genommenen Erbverträge

Der Notar hat über die Erbverträge, die er gemäß § 34 Abs. 3 BeurkG in Verwahrung nimmt, ein Verzeichnis zu führen (§ 9 DONot). Die Eintragungen sind jahrgangsweise mit laufenden Nummern zu versehen. Die Eintragungen sind zeitnah, spätestens vierzehn Tage nach der Beurkundung vorzunehmen. Damit entspricht der Eintragungszeitpunkt in das Erbvertragsverzeichnis dem Eintragungszeitpunkt in die Urkundenrolle. In das Verzeichnis sind aufzunehmen: **28**

- die Namen der Erblasser,
- ihr Geburtsdatum,
- der Tag der Beurkundung,
- die Nummer der Urkundenrolle.

Das Verzeichnis der Erbverträge ist als Anlage zu der Urkundenrolle zu nehmen und mit der Urkundenrolle aufzubewahren. Ein Muster eines solchen Verzeichnisses ist unten abgedruckt (siehe § 4 Rdn 988).

Statt des Verzeichnisses können auch Durchschriften der den Standesämtern und dem Zentralen Testamentsregister zu übersendenden Verwahrungsnachrichten in einer Kartei – zeitlich geordnet und mit laufenden Nummern versehen – aufbewahrt werden. Falls der Erbvertrag später in besondere amtliche Verwahrung gebracht oder nach dem Tod des Erblassers an das Gericht zur Eröffnung abgeliefert wird, sind im Verzeichnis oder auf der zurückbehaltenen Verwahrungsanzeige das Gericht und der Tag der Abgabe zu vermerken. Der Notar hat das Verzeichnis oder die Durchschriften am Jahresende auf uneröffnete Erbverträge, die älter als 30 Jahre sind (bis zum 31.8.2009: 50 Jahre), durchzusehen. Findet er solche, so müssen Ermittlungen angestellt werden, ob der Erblasser noch lebt. Dazu fragt der Notar zweckmäßigerweise beim Standesamt an, ob der Erblasser verstorben ist. Kann der Notar nicht feststellen, dass der Erblasser noch lebt, so reicht er den Erbvertrag dem Nachlassgericht zur Eröffnung ein (vgl. § 4 Rdn 973 ff.). Für Erbverträge, bei denen eine Ablieferung noch nicht veranlasst ist, ist das Verfahren spätestens alle fünf Jahre zu wiederholen.

Ab dem 1.1.2022 ist die Verwahrung der Erbverträge in einer gesonderten Erbvertragssammlung zwingend vorgeschrieben, da bei Verfügungen von Todes wegen nach § 34 Abs. 4 BeurkG, in seiner ab dem 1.1.2022 geltenden Fassung, keine mit der Papierform gleichgestellte elektronische Fassung der Urschrift **29** hergestellt werden kann. Notariell verwahrte Erbverträge müssen daher weiterhin für die gesamte Aufbewahrungszeit in Papierform verwahrt und beim Tod eines testierenden Erblassers auch in dieser Form an das Nachlassgericht abgeliefert werden.[7]

III. Verwahrungsbuch und Massenbuch

1. Das Verwahrungsgeschäft

30 Die Notare sind zuständig, Geld, Wertpapiere und Kostbarkeiten, die ihnen von den Beteiligten übergeben wurden, zur Aufbewahrung oder zur Ablieferung an Dritte zu übernehmen (§ 23 BNotO). Besonders häufig ist die Verwahrung (Hinterlegung) bei der Abwicklung von Kaufverträgen, z.B. wenn der verkaufte Grundbesitz mit Grundpfandrechten belastet ist, die aus dem Kaufpreis abgelöst werden sollen. Auch bei der Kaufpreisfinanzierung kann oft auf eine Hinterlegung der Darlehnsvaluta nicht verzichtet werden (vgl. § 4 Rdn 57 ff.). Die den Kaufpreis finanzierende Bank hinterlegt den Kaufpreis auf das Anderkonto des Notars mit dem Treuhandauftrag, das Geld an den Verkäufer weiterzuleiten, wenn der Käufer als neuer Eigentümer und für die Bank ein Grundpfandrecht im Grundbuch eingetragen ist.

Der Gesetzgeber hat den Bereich der notariellen Hinterlegung in einem eigenen, zwischenzeitlich Sechsten Abschnitt des Beurkundungsgesetzes (§§ 57 ff. BeurkG) geregelt. Im Einzelnen sieht das Beurkundungsgesetz folgende Vorschriften vor:

31 **a)** § 57 BeurkG formuliert die Grundsätze für die Einleitung des Hinterlegungsverfahrens (Verwahrungsverfahren). Der Notar darf Bargeld zur Aufbewahrung nicht entgegennehmen. Das Verbot der Bargeldannahme soll den Notar insbesondere vor missbräuchlicher Inanspruchnahme für Geldwäschezwecke bewahren. Der Notar muss also auf einer üblichen Überweisung des Geldes auf sein Notaranderkonto bestehen (§ 57 Abs. 1 BeurkG).

b) Gemäß § 57 Abs. 2 und 3 BeurkG darf der Notar den Verwahrungsantrag nur annehmen, wenn die Verwahrungsanweisung den Bedürfnissen einer ordnungsgemäßen Geschäftsabwicklung oder eines ordnungsgemäßen Vollzugs der Verwahrung sowie dem Sicherungsinteresse aller am Verwahrungsgeschäft beteiligten Personen genügt. Diesen Hinterlegungsauftrag anzunehmen steht im Ermessen des Notars. Der Notar wird somit eine ihm angetragene Verwahrung ablehnen, wenn sie unnötig ist und durch die Hinterlegung keine *zusätzliche* Sicherheit für die Beteiligten begründet wird. Der Notar übernimmt ein Verwahrungsgeschäft immer nur als Träger eines öffentlichen Amtes, nicht etwa aufgrund eines privatrechtlichen Vertrages. Pflichtverletzungen bei dieser Amtstätigkeit lösen Amtshaftungsansprüche aus, keine vertraglichen Ansprüche.

c) Nimmt der Notar ein Hinterlegungsansuchen an, so ist eine Hinterlegungsanweisung (Verwahrungsanweisung), die die Voraussetzungen des § 57 BeurkG erfüllt, zwingend.

Die *Hinterlegungsanweisung* muss den Hinterleger, den Empfangsberechtigten, die zeitlichen und sachlichen Bedingungen der Hinterlegung sowie die Voraussetzung für die Hergabe oder Rückerstattung des hinterlegten Geldes (Wertpapiere, Kostbarkeiten) einschließlich der Zinsen (Erträgnisse) enthalten. Die Verwahrungsanweisung sowie deren Ergänzung, Änderung oder Widerruf bedürfen der Schriftform. Auf der Verwahrungsanweisung hat der Notar die Annahme mit Datum und Unterschrift zu vermerken, sofern die Verwahrungsanweisung nicht Gegenstand einer notariellen Niederschrift ist, die der Notar selbst aufgenommen hat. Kommt eine Hinterlegungsanweisung mit dem geforderten Inhalt nicht zustande, so muss der Notar das Verwahrungsgeschäft ablehnen.

---

7 Armbrüster/Preuß/Renner/*Piegsa*, § 55 BeurkG Rn 5.

Zum Inhalt der Hinterlegungsanweisung gehören im Einzelnen:

- Hinterleger/Empfänger
  Der Hinterleger ist im Regelfall der Anweisende. Wenn Hinterleger und Anweisender nicht identisch sind, muss der Hinterleger bestimmen, wer die Anweisungen zu erteilen hat. Empfänger können der andere Vertragspartner, der oder die zu befriedigenden Gläubiger oder sonstige Dritte sein.
- Hinterlegungszeitpunkt
  Der Notar soll auf eine genaue Bestimmung des Hinterlegungstermins hinwirken.
- Sachliche Bedingungen der Hinterlegung
  Hierunter gehört die Auswahl der Bank, ob das Geld auf Festgeld oder auf einfachem Girokonto festgelegt werden soll.
- Zinsen, Bankkosten
  Zu regeln ist die Frage, wem die Zinsen zustehen sollen und wer die Bankkosten zu tragen hat.
- Rückzahlung der eingezahlten Gelder
  Geregelt werden soll auch der Fall, dass die Durchführung des Vertrages sich verzögert oder unmöglich wird, z.B. dass der Hinterleger ab einem bestimmten Zeitpunkt bei Verzögerung der Auszahlungsvoraussetzungen die Rückzahlung verlangen kann.
- Auszahlung des hinterlegten Geldes
  Einer der wichtigsten Punkte der Hinterlegungsanweisung ist es, den Zeitpunkt der Auszahlungsreife festzusetzen. Weiter soll gleich ein Konto des Empfängers genannt werden.

d) § 60 BeurkG enthält eine Regelung über den Widerruf der Hinterlegungsanweisung. Gemäß § 60 Abs. 1 BeurkG hat der Notar den schriftlichen Widerruf einer Anweisung zu beachten, soweit er dadurch Dritten gegenüber bestehende Amtspflichten nicht verletzt. In § 60 Abs. 2 und 3 BeurkG sind Bestimmungen über den Widerruf bei mehrseitigen Verwahrungsverhältnissen enthalten. Auch ein solcher Widerruf ist immer zu beachten, wenn er durch alle Anweisenden erfolgt. Ein einseitiger Widerruf soll dagegen nur dann beachtlich sein, wenn er dadurch begründet wird, dass das der Verwahrung zugrunde liegende Rechtsverhältnis aufgehoben, unwirksam oder rückabzuwickeln ist. Somit sind nur diejenigen Fälle erfasst, in denen der Bestand des Rechtsgeschäftes in Frage gestellt ist. Dagegen führt z.B. die Berufung auf Mängel des Kaufgegenstandes nur dann zur Beachtlichkeit des einseitigen Widerrufes, wenn der Vertrag zugleich rückabzuwickeln ist.[8] Ist der einseitige Widerruf nach diesen Grundsätzen zu beachten, so soll sich der Notar zunächst jeder weiteren Verfügung über das Anderkonto enthalten. Gleichzeitig aber wird er dem Widerrufenden eine angemessene Frist setzen, in der dieser nachweisen muss, dass die zivilgerichtliche Klärung seiner behaupteten Widerrufsberechtigung eingeleitet ist. Damit ist dem Umstand Rechnung getragen, dass der Notar – anders als ein Gericht – weder befugt noch in der Lage ist, die materielle Rechtslage zwischen den Beteiligten zu klären. Als „angemessene Frist" im Sinne von § 60 Abs. 3 S. 3 Nr. 2 BeurkG wird man in der Regel einen Zeitraum von zwei bis vier Wochen ansehen können. Weist der Widersprechende nicht nach, dass die zivilgerichtliche Klärung eingeleitet ist, so wird der Notar mit der Auszahlung laut Hinterlegungsanweisung beginnen. § 60 Abs. 5 BeurkG stellt klar, dass die Entscheidung des Notars darüber, ob ein Widerruf beachtlich ist oder nicht, im Wege der Beschwerde nach § 15 Abs. 2 BNotO überprüft werden kann.

Regelmäßig wird die Hinterlegungsanweisung nicht gesondert getroffen, sondern sie ist ein Bestandteil des notariellen Hauptvertrages, etwa des Kaufvertrages. Der Notar wird dann alle vorgenannten Punkte in den Kaufvertrag aufnehmen. Etwa wie folgt:

> Der Kaufpreis ist in voller Höhe bei dem beurkundenden Notar auf dessen Anderkonto ... bei der ... am ... zu hinterlegen. Vom Zeitpunkt der Hinterlegung ab ist der Notar der Treuhänder für alle Beteiligten. Die Beteiligten wurden darüber belehrt, dass von dieser Hinterlegungsanweisung abweichende Weisungen nur einvernehmlich erteilt werden können. Der Kaufpreisanspruch des Verkäufers ist erst dann erfüllt, wenn die Auszahlung des Betrages durch den Notar erfolgt ist oder der Betrag nach Auszahlungsreife auf Verlangen des Verkäufers auf dem Anderkonto verbleibt. Der Verkäufer ist berech-

---

8 *Vaasen/Starke*, DNotZ 1998, 661, 678.

tigt, einseitig vom Notar die Anlage als Festgeld zu verlangen. Die Abwicklung des Kaufvertrages darf dadurch nicht verzögert werden.

Der Notar wird unwiderruflich – sodass eine abändernde Wirkung nur gemeinschaftlich erteilt werden kann – angewiesen, aus dem hinterlegten Kaufpreis zunächst folgende Belastungen ... abzulösen und den verbleibenden Restbetrag an den Verkäufer auszuzahlen, wenn der Käufer als Eigentümer im Grundbuch eingetragen ist. Die Auszahlung an den Verkäufer hat zu erfolgen auf das Konto ...

Die anfallenden Hinterlegungszinsen stehen abzüglich etwaiger Bankspesen dem Verkäufer zu. Darüber hinausgehende Kosten der Hinterlegung trägt der Käufer. Ist die Eintragung des Käufers im Grundbuch nicht bis zum ... erfolgt oder sichergestellt, so ist der Notar berechtigt, die hinterlegten Beträge an die einzahlenden Beteiligten auf deren Verlangen zurück zu überweisen.

Wenn die Hinterlegungsanweisung in der notariellen Kaufvertragsurkunde enthalten ist, bedarf es nicht noch einer gesonderten Annahme dieser Hinterlegungsanweisung durch den Notar, § 57 Abs. 5 BeurkG. Dabei ist darauf zu achten, dass Treuhandaufträge nur schriftlich abgeändert oder ergänzt werden können. § 57 Abs. 4 BeurkG verlangt grundsätzlich für jede Anweisung in einem Verwahrungsgeschäft die Schriftform.

2. Durchführung der Verwahrung

32   Die Durchführung der Verwahrung ist nunmehr in § 58 BeurkG geregelt.

Wertpapiere und Kostbarkeiten sind sicher und getrennt von anderen Massen aufzubewahren. Der Notar hat anvertraute Gelder unverzüglich einem Sonderkonto für fremde Gelder (Notaranderkonto) zuzuführen. Der Notar ist zu einer bestimmten Anlage nur bei einer entsprechenden Anweisung der Beteiligten verpflichtet. Fremdgelder sowie deren Erträge dürfen auch nicht vorübergehend auf einem sonstigen Konto des Notars oder Dritten geführt werden.

Das Notaranderkonto muss bei einem im Inland zum Geschäftsbetrieb befugten Kreditinstitut oder der Deutschen Bundesbank eingerichtet sein. Die Anderkonten sollen bei Kreditinstituten in dem Amtsbereich des Notars oder dem unmittelbar angrenzenden Amtsgerichtsbezirk desselben Oberlandesgerichtsbezirks eingerichtet werden, sofern in der Anweisung nicht ausdrücklich etwas anderes vorgesehen wird oder eine andere Handhabung sachlich geboten ist. Dabei steht die Auswahl der Kreditinstitute dem Notar zu, insoweit die Beteiligten keine Wünsche äußern. Für jede Verwahrungsmasse ist ein gesondertes Anderkonto zu führen; Sammelanderkonten sind nicht zulässig.

33   Über das Notaranderkonto darf nur der Notar persönlich, dessen amtlich bestellter Vertreter oder der Notariatsverwalter verfügen. Eine Vollmachtserteilung an andere Personen ist nicht zugelassen. Verfügungen sollen nur erfolgen, um Beträge unverzüglich dem Empfangsberechtigten oder einem von diesem schriftlich benannten Dritten zuzuführen. Sie sind grundsätzlich im bargeldlosen Zahlungsverkehr durchzuführen, sofern nicht besondere berechtigte Interessen der Beteiligten die Auszahlung in bar oder mittels Bar-/Verrechnungsschecks gebieten. Die Gründe für eine Bar- oder Scheckauszahlung sind von dem Notar zu vermerken. Die Bar- oder Scheckauszahlung ist durch den berechtigten Empfänger oder einem von ihm schriftlich Beauftragten nach Feststellung der Person zu quittieren. Verfügungen zugunsten von Privat- oder Geschäftskonten des Notars sind lediglich zur Bezahlung von Kostenforderungen aus dem zugrunde liegenden Amtsgeschäft unter Angabe des Verwendungszwecks und nur dann zulässig, wenn hierfür eine notarielle Kostenberechnung erteilt und dem Kostenschuldner zugegangen ist sowie Auszahlungsreife des verwahrten Betrages zugunsten des Kostenschuldners gegeben ist. Schecks sollen unverzüglich eingelöst oder verrechnet werden, soweit sich aus den Anweisungen nichts anderes ergibt.

34   Auszuzahlen ist, sobald die vereinbarte Auszahlungsvoraussetzung eingetreten ist. Obgleich die Auszahlung unverzüglich zu erfolgen hat, muss dem Notar eine angemessene Prüfungszeit bleiben, um sorgfältig die Auszahlungsvoraussetzungen untersuchen zu können. Eine Frist von 4–5 Werktagen ist nicht zu lange.

Der gesamte Verwahrungsbetrag einschließlich der Zinsen steht den Beteiligten zu, sodass nach Abrechnung des Kontos noch eingehende Zinsbeträge an die Empfangsberechtigten auszukehren sind. Eigene Zinsvorteile darf der Notar aus den Anderkonten nicht ziehen.

3. Eröffnung eines Notaranderkontos

Jegliche notarielle Verwahrung von Geld auf einem Notaranderkonto nach § 23 BNotO fällt in den Anwendungsbereich des Geldwäschegesetzes (GwG). Das heißt, der Notar als Verpflichteter i.S.d. GwG muss zum einen eine allgemeine Risikoanalyse für die Struktur seines Notaramtes durchführen, § 5 GwG, zum anderen eine konkrete Risikobewertung des jeweiligen Amtsgeschäftes, § 10 Abs. 2 GwG. **35**

Notaranderkonten dürfen nur bei der Deutschen Bundesbank oder einem im Inland zum Geschäftsbetrieb befugten Kreditinstitut eingerichtet werden.[9]

Bei der Eröffnung muss der Notar diejenigen Personen benennen, für deren Rechnung er bei der Einrichtung des Notaranderkontos handelt. Dies sind diejenigen Personen, die zum Zeitpunkt der Einrichtung des Notaranderkontos dem Notar Hinterlegungsanweisungen erteilt haben. Für den (häufigsten) Fall der Einrichtung eines Notaranderkontos zum Zwecke der Kaufvertragsabwicklung sind diese in der Regel Verkäufer und Käufer.[10] Bei dieser Identifizierungspflicht des § 10 Abs. 1 Nr. 1 GwG muss der Notar Vor- und Nachnamen, Geburtsort, Geburtsdatum, Staatsangehörigkeit und Wohnsitz ermitteln, § 11 Abs. 4 Nr. 1 GwG. Zur Überprüfung der Identität muss sich der Notar grundsätzlich einen gültigen amtlichen Ausweis vorlegen lassen, d.h. Reisepass oder Personalausweis. Ein Führerschein oder ein abgelaufener amtlicher Ausweis genügen, anders als nach § 10 BeurkG, für die Identifizierung nach GwG nicht.[11] Nur wenn im Einzelfall ein geringes Risiko bei Geldwäsche besteht, kann der Notar zur Überprüfung der Identität auch andere Dokumente genügen lassen, z.B. einen abgelaufenen Ausweis.[12]

Das Notaranderkonto muss im Übrigen nach den einheitlichen Bedingungen für Notaranderkonten geführt werden, § 27 Abs. 2 DONot. Die aktuellen Anderkontenbedingungen wurden von der Vertreterversammlung der Bundesnotarkammer am 27.9.2017 beschlossen, insbesondere wegen der vom GwG vorgegebenen Neuerungen. Hinzuweisen ist insbesondere darauf, dass ein Anderkonto jetzt auch mittels Online-Banking geführt werden darf, § 27 DONot.[13]

4. Eintragungen in das Verwahrungsbuch und in das Massenbuch

a) Allgemeines zu beiden Büchern

Alle Verwahrungen sind gleichlautend in ein Verwahrungsbuch und in ein Massenbuch einzutragen. Für die äußere Gestaltung der Bücher gelten die gleichen Bestimmungen wie bei der Einrichtung der Urkundenrolle: **36**

Herkömmliche Form ist das Buch aus dauerhaftem Papier und festem Einband. Zu dem Massenbuch gehört ein Namensverzeichnis. Das Verwahrungsbuch kann auch als Buch mit herausnehmbaren Einlegeblättern geführt werden (§ 14 Abs. 1 DONot). Anstelle des Massenbuches kann der Notar eine Kartei für die einzelnen Massen (Massenkartei) halten. Die Karteiblätter müssen dann mit fortlaufenden Nummern versehen sein und in der Nummernfolge getrennt nach erledigten und nicht erledigten Massen aufbewahrt werden (§ 14 Abs. 2 DONot).

Anders als die Urkundenrolle dürfen Verwahrungsbuch und Massenbuch im Durchschreibeverfahren geführt werden, auch wenn die bisherige Bestimmung in § 14 Abs. 3 DONot a.F. nicht in der Neufassung der DONot ausdrücklich enthalten ist. Bei der Durchschreibetechnik wird die Eintragung zunächst nur in das Verwahrungsbuch vorgenommen; die Eintragung in das Massenbuch (Massenkartei) geschieht durch den

9 Armbrüster/Preuß/Renner/*Renner*, § 58 BeurKG Rn 5.
10 Zur Angabe der wirtschaftlich Berechtigten vgl. Armbrüster/Preuß/Renner/*Renner*, § 58 BeurkG Rn 58, Buchst. d).
11 Frenz/Miermeister/*Hertel*, § 57 BeurkG Rn 113a.
12 Frenz/Miermeister/*Hertel*, § 57 BeurkG Rn 113a.
13 Vgl. Frenz/Miermeister/*Hertel*, § 27 DONot Rn 18.

Durchdruck. Das Durchschreibeverfahren kommt den Rationalisierungsbestrebungen entgegen und wird von Notariaten mit vielen Hinterlegungsgeschäften bevorzugt.

In der Praxis wird heutzutage natürlich die elektronische Datenverarbeitung eingesetzt, von der dann lediglich Ausdrucke erfolgen, die zu heften und zu siegeln sind.

37   Zwischen beiden Büchern besteht, obwohl sie die gleichen Eintragungen enthalten, ein großer Unterschied:

In das Verwahrungsbuch werden alle Eingänge und Ausgänge in der zeitlichen Reihenfolge eingetragen, ohne sie nach den einzelnen Hinterlegungsgeschäften zu ordnen. Das Verwahrungsbuch stellt sich als ein Kassenbuch („Journal") dar, aus dem jederzeit ersehen werden kann, welche Werte der Notar insgesamt vereinnahmt oder verausgabt hat und welcher Bestand auf allen seinen Anderkonten vorhanden ist. Der Saldo zwischen den Einnahmen und den Ausgaben des Verwahrungsbuches muss zu jeder Zeit identisch sein mit der Saldosumme aller zurzeit laufenden, in das Massenbuch eingetragenen Massen. Diese „doppelte Buchführung" ermöglicht eine schnelle und gründliche Richtigkeitskontrolle. Fehler im Rechenwerk werden auf diese Weise aufgedeckt.

Das Massenbuch dagegen ist kein fortlaufendes Journal, sondern ein Kontenbuch, das über den Verbleib und die Abwicklung eines jeden einzelnen Hinterlegungsgeschäftes Auskunft gibt. Die einzelnen Hinterlegungsgeschäfte werden „Masse" genannt. Aus dem Massenbuch lässt sich ersehen, was der Notar in der einzelnen Angelegenheit (Masse) eingenommen und ausgegeben hat.

38   Zu den Eintragungen im Einzelnen:

Verwahrungsbuch und Massenbuch haben getrennte Spalten für „Wertpapiere und Kostbarkeiten" und für „Geld". Schecks und Sparbücher sind wie Geld zu behandeln. Die Eintragungspflicht erstreckt sich jedoch nicht auf Geldbeträge, die der Notar als Protestbeamter empfangen hat, wenn diese Beträge unverzüglich an den Berechtigten herausgegeben werden. Wertpapiere sind im Verwahrungsbuch nur der Gattung und dem Gesamtbetrag nach zu bezeichnen. Zins-, Renten- und Gewinnanteilscheine oder Erneuerungsscheine sind kurz zu vermerken (§ 11 Abs. 3 DONot). Im Massenbuch dagegen sind die Wertpapiere nach Gattung, Nennbetrag, Stückzahl, den Serien und Nummern einzutragen (§ 12 Abs. 3 DONot). Soweit Verwahrungsbuch und Massenbuch im Durchschreibeverfahren geführt werden, kommt daher nur die weitergehende Form, die für das Massenbuch gefordert ist, in Frage.

Jede Einnahme oder jede Ausgabe sind sowohl im Verwahrungsbuch als auch im Massenbuch noch am Tag der Einnahme oder der Ausgabe unter diesem Datum einzutragen. Umbuchungen zwischen einem Giroanderkonto und einem Festgeldanderkonto, die für dieselbe Verwahrungsmasse eingerichtet worden sind, sind weder als Einnahme noch als Ausgabe einzutragen, es kann jedoch durch einen Vermerk im Massenbuch auf sie hingewiesen werden, § 10 Abs. 2 DONot. Bei bargeldlosem Zahlungsverkehr sind die Eintragungen nach dem Grundsatz der so genannten taggenauen Buchung am Tage des Eingangs des Kontoauszuges vorzunehmen, § 10 Abs. 3 DONot. Die Kontoauszüge oder Mitteilungen sind zu diesem Zweck mit dem Eingangsdatum zu versehen, § 10 Abs. 3 S. 2 DONot. Dies gilt auch, wenn der Eingang der Zinsgutschriften oder Spesenabrechnungen erst nach einem Jahreswechsel erfolgt. Die Buchungen finden dann im Verwahrungsbuch des neuen Jahres statt.

39   Hinsichtlich der automationsgestützten Führung von Verwahrungsbuch und Massenbuch wird verwiesen auf die Ausführungen zur automationsgestützten Führung der Urkundenrolle, § 17 DONot. Die Eingabe in den Datenspeicher und der Ausdruck dieser Eingabe müssen also am gleichen Tag erfolgen, an dem bei herkömmlicher Führung die Eintragung vorzunehmen wäre.

Auch aus den Erträgen der Notaranderkonten wird seit 1.1.1993 ein Zinsabschlag gemacht. Das Kreditinstitut gibt eine Steuerbescheinigung auf den Namen des Notars mit dem Hinweis „Anderkonto". Der Notar leitet das Original dieser Steuerbescheinigung an den Berechtigten weiter. Wenn die auf dem Notaranderkonto erzielten zinsabschlagsteuerpflichtigen Zinsen zeitanteilig auf Verkäufer und Käufer entfallen, stellt der Notar entsprechende beglaubigte Abschriften der Originalbescheinigung her und vermerkt auf diesen, in welcher Höhe er Zinsen gutgeschrieben hat. Die weiteren Einzelheiten des

Zinsabschlages bei Notaranderkonten sind dargestellt in einem Schreiben des Bundesministers der Finanzen an die Bundesnotarkammer, das veröffentlicht ist im BStBl 1992 Teil I S. 696.[14]

b) Verwahrungsbuch

Die auf einer Seite des Verwahrungsbuches eingetragenen Geldbeträge sind aufzurechnen und auf die **40** folgende Seite zu übertragen. Am Schluss des Kalenderjahres wird für das Verwahrungsbuch ein Abschluss gemacht. Aus der Summe der Einnahmen und Ausgaben wird der Saldo (Überschuss der Einnahmen über die Ausgaben) gebildet und eingetragen. Der Notar unterschreibt den Jahresabschluss unter Angabe von Ort und Tag, mit Beifügung seiner Amtsbezeichnung. Der Überschuss über die Einnahmen wird auf das neue Kalenderjahr vorgetragen.

Der Jahresabschluss wird mit den Bankauszügen verglichen. Der Überschussbetrag der Einnahmen über die Ausgaben muss identisch sein mit der Summe der Guthaben auf allen Anderkonten.

In einer besonderen Spalte des Verwahrungsbuches ist bei jeder Eintragung auf die entsprechende Eintragung im Massenbuch zu verweisen.

c) Massenbuch

Im Massenbuch wird die Entwicklung auf der Einnahmen- und Ausgabenseite eines jeden einzelnen Ver- **41** wahrungsgeschäfts im Zusammenhang und gesondert dargestellt. Deshalb ist den Eintragungen, die dieselbe Masse betreffen, eine kurze bezeichnende Überschrift voranzustellen, z.B.: Kaufvertrag, UR.Nr., Name des Verkäufers und des Käufers. In der Massenkartei erhält jede Masse ein besonderes Karteiblatt. Wird das Massenbuch in Buchform geführt, bekommt jede Masse eine neue Doppelseite. Wenn man nicht für jede Masse eine ganze Doppelseite ansetzen will, muss man vorher abschätzen, wie viele Eintragungen vermutlich für die gesamte Abwicklung des Verwahrungsgeschäfts nötig sind.

Sind sämtliche zu einem Verwahrungsgeschäft gehörenden Gelder eingezahlt und wieder ausgezahlt, stimmen also die Spalten auf der Einnahmen- und Ausgabenseite überein (beide auf 0 EUR), so ist die Masse erledigt und rot zu durchkreuzen.

d) Anderkontenliste

Als Anlage zum Massenbuch (und mit diesem zusammen aufzubewahren) ist zusätzlich gemäß § 12 **42** Abs. 5 DONot eine so genannte „Anderkontenliste" zu führen, die Name und Anschrift des Kreditinstitutes, Nummer des Anderkontos, Nummer der Masse sowie Beginn und Beendigung eines jeden Verwahrungsgeschäftes angibt.

Das Verzeichnis kann als Kartei geführt werden. Nach Abwicklung der hinterlegten Masse sind die betreffenden Angaben in der Anderkontenliste mit Rotstift zu durchstreichen.

e) Muster

Eine Seite aus einem Verwahrungsbuch (Loseblattform), eine Massenkartei und eine Anderkontenliste **43** sind mit Beispielen unten (siehe Rdn 47 ff.) abgedruckt.

5. Belege und Blattsammlung

Alle Ausgaben in bar oder mittels Schecks sind durch den berechtigten Empfänger oder einen von ihm **44** schriftlich Beauftragten nach Feststellung der Person zu quittieren. Wird die Empfangsbescheinigung in Form einer notariellen Niederschrift beurkundet, so ist in der Bemerkungsspalte auf die Urkunde zu verweisen.

Bei Ausgabe mittels Überweisung von einem Notaranderkonto ist grundsätzlich die schriftliche Bestätigung des beauftragten Kreditinstitutes, dass es den Überweisungsauftrag jedenfalls in seinem Geschäftsbereich ausgeführt hat (Ausführungsbestätigung), erforderlich. Der mit der Ausführungsbestätigung versehene Beleg muss den Inhalt des Überweisungsauftrages vollständig erkennen lassen. Nicht bestätigte

14 Vgl. auch Armbrüster/Preuß/Renner/*Renner*, § 58 BeurkG Rn 12 ff.

Durchschriften des Überweisungsträgers sowie andere Eigenbelege des Notars entsprechen – auch in Verbindung mit sonstigen Nachweisen – nicht den Anforderungen an einen ordnungsgemäßen Beleg (§ 27 Abs. 4 DONot).

45 Die Belege über die Einnahmen und die Ausgaben werden mit der Nummer der Masse bezeichnet und in den Nebenakten verwahrt. Für jedes Verwahrungsgeschäft muss eine gesonderte Blattsammlung geführt werden, zu der auch die Hinterlegungsanweisung (§ 22 Abs. 2 DONot) oder eine beglaubigte Abschrift derselben zu nehmen ist. Ist die Hinterlegungsanweisung in einer notariellen Urkunde enthalten, so muss eine beglaubigte Abschrift dieser notariellen Urkunde zu der gesonderten Blattsammlung genommen werden. Die separate Blattsammlung bedeutet nicht, dass eine aktenmäßige Trennung erforderlich wäre. Jede Masse kann zu der entsprechenden Nebenakte des Notars als gesonderte Blattsammlung geheftet werden.

6. Jahresübersichten

46 Gemäß § 25 DONot hat der Notar nach Abschluss eines jeden Kalenderjahres dem Präsidenten des Landgerichts eine Übersicht über den Stand seiner Verwahrungsgeschäfte, und zwar bis zum 15. Februar des Folgejahres, einzureichen. Der Präsident des Landgerichts lässt dem Notar die erforderlichen Vordrucke für die Übersicht zukommen. Die Notare haben auf der Übersicht zu versichern, dass diese vollständig und richtig ist und dass die aufgeführten Geldbeträge mit den in den Rechnungsauszügen der Kreditinstitute und ggf. in den Sparbüchern angegebenen Guthaben übereinstimmen; sie haben die Übersicht zu unterschreiben.

Verwahrungsbuch

Verwahrungsbuch (Loseblattform) — Seite 1

Lfd. Nr.	Datum Monat	Tag	Bezeichnung des Auftraggebers oder Empfängers	Geld Einnahme EUR	Cent	Geld Ausgabe EUR	Cent	Wertpapiere und Kostbarkeiten Nenn- oder Schätzungswert	Einnahme	Ausgabe	Nr. der Masse	Bemerkungen
1	2		3	4				5			6	7
	2017											
1	Jan.	3.	Peter H. in B.	5000	–	–	–	–	–	–	1	
2	Jan.	5.	C. Bank in B. für Peter H. daselbst	–	–	–	–	10000	7 v.H. Bundesanleihe mit Erneuerungsscheinen	–	1	
3	Jan.	8.	Jürgen N. in Z.	1500	–	–	–	–	–	–	2	
4	Jan.	8.	H. Rechtsanwalt in K.	–	–	1500	–	–	–	–	2	
5	Jan.	10.	Franz F. in N.	2000	–	–	–	–	–	–	3	
6	Jan.	11.	Amtsgericht in P.	–	–	1800	–	–	–	–	3	
7	Jan.	17.	Franz F. in N.	–	–	–	–	15000	8 v.H. Pfandbriefe der Dtsch. Hypothekenbank Bremen mit Erneuerungsscheinen	–	3	
8	Jan.	17.	Finanzamt in B.	–	–	200	–	–	–	–	3	
9	Jan.	17.	Otto K. in B.	–	–	3000	–	–	–	–	1	
10	Jan.	17.	Otto K. in B.	–	–	–	–	10000	–	7 v.H. Bundesanleihe mit Erneuerungsscheinen	1	
11	Jan.	17.	Peter H. in B.	–	–	1500	–	–	–	–	1	
12	Jan.	17.	Verrechnung auf Notargeb.	–	–	500	–	–	–	–	1	
13	Jan.	22.	Lothar F. in K.	2500	–	–	–	–	Sparbuch Nr. 45675, Sparkasse in K.	–	4	
14	Jan.	25.	Petra P. in K.	900	–	–	–	–	–	–	4	
			Übertrag:									

Zu Abweichungen in der Gestaltung des Verwahrungsbuchs vgl. § 6 Abs. 3 DONot

Massenbuch

Massenbuch (Karteiform)

URNr. 1293/06		Peter H. in B. Beleihungsmasse	**Massen-Nr. 1**
Anderkonto: Kreissparkasse in B., Konto-Nr. 174130			Seite 1

Lfd. Nr.	Datum		Bezeichnung des Auftraggebers oder Empfängers	Geld				Wertpapiere und Kostbarkeiten			Lfd. Nr. des Verw. Buchs
	Monat	Tag		Einnahme		Ausgabe		Nenn- oder Schätzungswert	Einnahme	Ausgabe	
				EUR	Cent	EUR	Cent				
1	2		3	4				5			6
	2007										
1	Jan.	3.	Peter H. in B.	5000	–	–	–	–			1
2	Jan.	5.	C. Bank in B. für Peter H. daselbst	–	–	–	–	10000	7 v.H. Bundesanleihe Serie A Nr. 4760, 4761, 4762, 4763, 4764, 4765, 4766, 4767, 4768, 4769 zu je 1.000 EUR mit Erneuerungsscheinen zu diesen Nummern	–	2
3	Jan.	17.	Otto K. in B.	–	–	3000	–	–			9
4	Jan.	17.	Otto K. in B.	–	–	–	–	10000	–	7 v.H. Bundesanleihe Serie A Nr. 4760, 4761, 4762, 4763, 4764, 4765, 4766, 4767, 4768, 4769 mit Erneuerungsscheinen zu diesen Nummern	10
5	Jan.	17.	Peter H. in B	–	–	1500	–	–			11
6	Jan.	17.	Verrechnung auf Notargebühren	–	–	500	–	–			12
			Übertrag:	5000	–	5000	–	–	–	–	

Zu Abweichungen in der Gestaltung des Massenbuchs vgl. § 6 Abs. 3 DONot

(Bemerkung: Die punktierten Linien sollen eine Durchstreichung mit Rotstift (siehe § 2 Rn 40) darstellen.)

49

Anderkontenliste ANDERKONTENLISTE			Blatt 1 Jahrgang 2007	
(gem. § 12 Abs. 5 DONot) des Notars (...)				
a) Name und Anschrift des Kreditinstituts:	b) Nr. des Anderkontos/ Anderdepots	c) Nr. der Masse	d) Beginn des Verwahrungsgeschäftes	Beendigung
~~Kreissparkasse in B.~~	~~174 130~~	~~1~~	~~3.1.07~~	~~17.1.07~~
~~Volksbank in J.~~	~~834 26~~	~~2~~	~~18.1.07~~	~~2.5.07~~

7. Elektronisches Verwahrungsverzeichnis

Die neu in das BeurkG eingefügten §§ 59, 59a wurden 2017 durch das Gesetz zur Neuordnung der Auf-   50
bewahrung von Notariatsunterlagen und zur Einrichtung des Elektronischen Urkundenarchivs bei der
Bundesnotarkammer sowie zur Änderung weiterer Gesetze (Urkundenarchivgesetz) eingefügt. Nach
§ 59a BeurkG muss jeder Notar ab dem 1.1.2022 ein elektronisches Verwahrungsverzeichnis für seine
Notaranderkonten führen, als Teil des Elektronischen Urkundenarchivs. Dies wird die bisherigen Masse-
und Verwahrungsbücher, die Anderkontenliste und die dazu gehörigen Namensverzeichnisse ersetzen.

Sonderbestimmungen für die Nebenakten bei Verwahrungsgeschäften finden sich in der bereits teilweise
geltenden Vorschrift des § 41 NotAktVV.

C. Die Akten des Notars

I. Urkundensammlung

In der Urkundensammlung werden aufbewahrt (§§ 18–21 DONot):   51

a) Alle Urschriften der notariellen Urkunden, soweit sie nicht nach § 45 BeurkG den Beteiligten ausgehändigt werden (zur Aushändigung der Urschriften an die Beteiligten vgl. § 3 Rdn 191) oder als Verfügung von Todes wegen nach § 34 BeurkG in die besondere amtliche Verwahrung des Nachlassgerichts gebracht werden.
b) Ausfertigungen, die gemäß § 45 Abs. 1 BeurkG an die Stelle der hinausgegebenen Niederschriften
(Urschriften) getreten sind.
c) Registrierungsbestätigungen des Zentralen Testamentsregisters für Verfügungen von Todes wegen,
die in die besondere amtliche Verwahrung des Amtsgerichts gegeben worden sind. Sofern der Notar
von den Verfügungen von Todes wegen eine beglaubigte Abschrift zurückbehält – was die Regel ist –,
so kann auch diese bei der Urkundensammlung verwahrt werden.
   Erbverträge, die in der Verwahrung des Notars bleiben, können *gesondert* aufbewahrt werden, § 18
Abs. 4 DONot. Für die Urkundensammlung ist dann ein Vermerkblatt oder eine beglaubigte Abschrift
zu fertigen.
d) Beglaubigte Abschriften von Erbverträgen, deren Urschrift der Notar nach Eintritt des Erbfalles an das
Nachlassgericht abgeliefert hat.
e) Beglaubigte Abschriften der vom Notar gefertigten Entwürfe, unter denen er eine Unterschrift beglaubigt hat.
f) Vermerkblätter über Urkunden, die weder in Urschrift noch in Abschrift beim Notar zurückbleiben
(insbesondere bei bloßen Unterschriftsbeglaubigungen, Zeugnissen und Bescheinigungen).

52 Doch halten manche Notare es für zweckmäßiger und rationeller, in diesen Fällen als Vermerkblatt eine beglaubigte Abschrift der betreffenden Urkunde zu verwenden.

Die Aufzählung a) bis f) ist erschöpfend. Zu jeder Nummer der Urkundenrolle muss ein Schriftstück in der Urkundensammlung enthalten sein. Sämtliche Urkunden müssen dauernd in der Urkundensammlung verbleiben mit Ausnahme der nach dem Eintritt des Erbfalles an das Nachlassgericht abzuliefernden Urschriften der Erbverträge. Die Verwahrung ist eine wichtige Aufgabe der Rechtspflege, schon wegen des Anspruchs der Beteiligten und ihrer Rechtsnachfolger auf Ausfertigungen, Abschriften und Einsichtnahmen.

Für die Aufbewahrung stehen dem Notar mehrere Verfahren zur Wahl: Die Urkunden können in Schnellheftern, Aktenordnern, Urkundskästen oder festen Umschlägen gesammelt oder zu Aktenbänden gebunden werden.

53 Die Urkunden sind grundsätzlich nach der Nummernfolge der Urkundenrolle geordnet aufzubewahren. Eine Ausnahme gilt für Nachtragsurkunden, in denen der Inhalt einer früheren Urkunde berichtigt, geändert, ergänzt oder aufgehoben wird. Die Nachtragsurkunden können mit der früheren Urkunde zusammengeheftet werden. In der Urkundenrolle muss ein entsprechender Vermerk angebracht werden, bei welcher Haupturkunde die Nachtragsurkunde verwahrt wird.

Werden Haupturkunde und Nachtragsurkunde nicht miteinander verbunden, so muss auf der Haupturkunde durch einen entsprechenden Vermerk auf die spätere Urkunde verwiesen werden. Der Vermerk ist in die Ausfertigungen und Abschriften der Haupturkunde zu übernehmen.

Dadurch wird erreicht, dass die Haupturkunde nur gemeinsam mit der Nachtragsurkunde oder doch zumindest mit einem Änderungsvermerk versehen ausgefertigt wird und die Ausfertigungen so ein richtiges Bild der Rechtslage wiedergeben.

54 Ebenso dürfen Urkunden, die ihrem Inhalt nach mit anderen, in der Urkundensammlung befindlichen Urkunden zusammenhängen (wie Auflassungen, Genehmigungen, Vertragsannahmen) bei der Haupturkunde verwahrt werden. Auch hier muss ein Hinweis auf die abweichende Verwahrung in der Urkundenrolle angebracht sein (vgl. Rdn 25).

Zweckmäßig ist es auch, Urkunden, die nicht vom Notar errichtet worden sind, aber für die Rechtswirksamkeit oder Durchführung des Geschäftes Bedeutung haben, der Urschrift beizufügen. Es handelt sich hierbei um Genehmigungserklärungen, behördliche Beschlüsse, Bescheinigungen etc. Diese werden gegebenenfalls ebenso wie die inhaltlich zusammengehörenden Urkunden angeklebt; eine Beiheftung mit Schnur und Siegel ist nicht erforderlich (über die Herstellung von Urschriften, beglaubigten Abschriften und Ausfertigungen vgl. § 3 Rdn 184 ff.).

Zur Dauer der Aufbewahrung der Urkunden siehe § 5 Abs. 4 DONot.

II. Sammelband für Wechsel- und Scheckproteste

55 Wenn der Notar einen Wechsel- oder Scheckprotest beurkundet hat, ist eine beglaubigte Abschrift der Protesturkunde und ein Vermerk über den Inhalt des Wechsels bzw. Schecks mit der dazugehörenden Kostenberechnung zurückzubehalten. Die Protestabschrift und der Vermerk werden auf *ein* Blatt gesetzt und die Urkunden nach der zeitlichen Reihenfolge geordnet in Schnellheftern, Aktenordnern oder Aktenkästen abgelegt. Sie bilden die Sammelbände für Wechsel- und Scheckproteste (§ 21 DONot).

Die Aufbewahrungspflicht beträgt fünf Jahre, § 5 Abs. 4 DONot; nach Ablauf dieser Frist müssen die Sammelbände vernichtet werden (über die Aufnahme von Wechsel- und Scheckprotesten siehe § 3 Rdn 149).

III. Nebenakten

56 Der Notar führt zu den einzelnen Geschäften – Beurkundungen, Beratungen, Entwürfen, Verwahrungen – Handakten, die Nebenakten oder Blattsammlungen genannt werden. Zu den Handakten nimmt er alle

Schriftstücke, die mit dem Geschäft im Zusammenhang stehen, z.B.: Schriftwechsel mit den Beteiligten, mit Gerichten und Behörden, Grundbuchauszüge, Grundbuchnachrichten. Die Anlegung der Akten ist Amtspflicht des Notars und nicht seinem Ermessen überlassen. Bei allen Verwahrungsgeschäften müssen Nebenakten bestehen; bei den Beurkundungen immer dann, wenn dies zur Vorbereitung und Abwicklung des Geschäfts geboten ist. Die Nebenakten müssen sieben Jahre aufbewahrt werden und sind dann zu vernichten (§ 5 Abs. 4 DONot). Der Notar kann aber schriftlich eine längere Aufbewahrungsfrist bestimmen, z.B. bei Verfügungen von Todes wegen oder Gefahr eines Regresses. Die Nebenakten dienen dazu, einen geordneten Geschäftsgang zu gewährleisten und müssen daher sorgfältig geführt und so geordnet werden, dass sie jederzeit, auch nach Abschluss des Geschäfts, ohne Mühe wiedergefunden werden. Für die Führung der Nebenakten in Papierform, elektronisch oder „hybrid" gilt nunmehr Abschnitt 6 der NotAktVV.

IV. Generalakten

Für den Schriftwechsel mit den Aufsichtsbehörden, für Prüfungsberichte und andere, die Amtstätigkeit   57
im Allgemeinen betreffende Vorgänge hat der Notar Generalakten zu führen (früher § 23 DONot, jetzt § 46 NotAktVV). Zu den Vorgängen, die die Amtstätigkeit im Allgemeinen betreffen, gehören u.a. Schriftstücke über die Vertreterbestellung und die Niederschriften über die Verpflichtung der bei dem Notar beschäftigten Personen. Wie der Notar seine Generalakten anlegt, ist seinem Ermessen überlassen. Meistens genügt es, die Schriftstücke zeitlich geordnet in Aktenordner zu nehmen. Die Generalakten sind 30 Jahre aufzubewahren und dann zu vernichten (§ 5 Abs. 4 DONot).

V. Dokumentation zur Einhaltung von Mitwirkungsverboten

§ 28 BNotO verpflichtet den Notar, durch geeignete Vorkehrungen die Einhaltung der Mitwirkungsver-   58
bote sicherzustellen. Aufgrund der Ermächtigung in § 67 Abs. 2 Nr. 6 BNotO sind in Ziffer VI. der Richt-linienempfehlungen der Bundesnotarkammer und den entsprechenden Richtlinien der Notarkammern die nach § 28 BNotO zu treffenden Vorkehrungen konkretisiert worden. In Ziffer VI. Nr. 1.2. ist die Führung eines Beteiligtenverzeichnisses vorgesehen. Freilich ist eine solche Dokumentation nur dann vom Notar zu führen, wenn auch die Möglichkeit besteht, dass die Verbotstatbestände des § 3 Abs. 1 Nr. 7, Nr. 8 Abs. 2 BeurkG eingreifen. Der hauptberufliche Notar, der keine Nebentätigkeiten ausübt, braucht eine solche Dokumentation nicht zu führen.

VI. Dauer der Aufbewahrung

In § 5 Abs. 4 DONot sind die Aufbewahrungsfristen für Bücher, Verzeichnisse und Akten des Notars zu-   59
sammenfassend geregelt. Nach Ablauf der jeweiligen Aufbewahrungsfrist sind die Unterlagen zwingend zu vernichten.

Für die Dauer der Aufbewahrung der Unterlagen gilt Folgendes:

- Urkundenrolle, Erbvertragsverzeichnis, Namensverzeichnis zur Urkundenrolle und Urkunden-sammlung einschließlich der gesondert aufbewahrten Erbverträge (§ 18 Abs. 4 DONot): 100 Jahre,
- Verwahrungsbuch, Massenbuch, Namensverzeichnis zum Massenbuch, Anderkontenliste, Gene-ralakten: 30 Jahre,
- Nebenakten: 7 Jahre; der Notar kann spätestens bei der letzten inhaltlichen Bearbeitung schriftlich eine längere Aufbewahrungsfrist bestimmen, z.B. bei Verfügungen von Todes wegen oder im Falle der Regressgefahr; die Bestimmung kann auch generell für einzelne Arten von Rechtsgeschäften, wie z.B. Verfügungen von Todes wegen getroffen werden,
- Sammelbände für Wechsel- und Scheckproteste: 5 Jahre.

Unterlagen, die bisher nach § 5 Abs. 1 DONot a.F. dauernd aufzubewahren waren, sind, sofern sie nach dem 31.12.1949 entstanden sind, nur noch hundert Jahre aufzubewahren.

VII. Verwahrung der Akten und Bücher nach Erlöschen des Amtes oder Verlegung des Amtssitzes des Notars

60   Ist das Amt eines Notars erloschen (§ 47 BNotO) oder wird sein Amtssitz in einen anderen Amtsgerichts-bezirk verlegt (§ 10 Abs. 1 BNotO), so hat das Amtsgericht, in dessen Bezirk der Notar seinen Amtssitz hat, auf Antrag die Akten und Bücher in Verwahrung zu nehmen. Der Oberlandesgerichtspräsident kann jedoch die Verwahrung einem anderen Amtsgericht oder einem Notar übertragen (§ 51 BNotO). Die ge-setzliche Regelung des § 51 BNotO wird aber in der Praxis meistens nicht sofort vollzogen. Vielmehr geht die Verwahrung in der Regel zunächst auf einen Notariatsverwalter über, der anstelle des ausgeschiede-nen oder verstorbenen Notars bestellt wird. Bei Nurnotaren überträgt der Oberlandesgerichtspräsident die Verwahrung der Bücher und Akten regelmäßig auf Antrag dem Amtsnachfolger des ausgeschiedenen Notars.

VIII. Abgabe des Schriftgutes der Notare an die Staatsarchive/Elektronisches Urkundenarchiv

61   Die Abgabe von Notariatsakten an die Staatsarchive und die Vernichtung von Notariatsakten regelt bisher die Landesjustizverwaltung, § 51 Abs. 5 BNotO. Am 12.5.2017 hat nun das Gesetz zur Neuordnung der Aufbewahrung von Notariatsunterlagen und zur Einrichtung des Elektronischen Urkundenarchivs bei der Bundesnotarkammer sowie zur Änderung weiterer Gesetze (Gesetzentwurf der Bundesregierung, BT-Drucks 18/10607, in der Fassung der Beschlussempfehlung und des Berichts des Ausschusses für Recht und Verbraucherschutz des Deutschen Bundestages, BT-Drucks 18/11636) den Bundesrat passiert.

Notarielle Urkunden werden danach künftig nicht mehr ausschließlich in Papierform aufbewahrt werden. Fortan werden die Dokumente in einem Elektronischen Urkundenarchiv digital gespeichert. Dafür wird die Bundesnotarkammer Schritt für Schritt in den nächsten vier Jahren das Elektronische Urkundenarchiv einrichten. An diesem Ort werden die Notardokumente für 100 Jahre gespeichert. Damit diese dort abge-legt werden können, müssen Notare die Urkunden digitalisieren, qualifiziert elektronisch signieren und verschlüsseln. Eine Ausfertigung der Urkunde in Papierform können die Beteiligten aber auch weiterhin erhalten. Die Digitalisierung ermöglicht, dass sämtliche Notarurkunden von Gerichten, Ämtern, Banken und anderen Stellen sofort elektronisch verwendet werden können. Die elektronische notarielle Urkunde hat die gleiche Beweiskraft wie das Papierdokument. Um das zu gewährleisten, unterliegt die Digitalisie-rung und Speicherung besonderen gesetzlichen Anforderungen. So müssen sämtliche Dokumente nach dem neuesten Stand der Technik inhaltsverschlüsselt abgelegt werden. Entschlüsselt werden können die Dokumente nur von dem Notar. Die elektronische Signatur bürgt für die Echtheit und Unversehrtheit des Dokuments.

Für die Verwahrung und die Übernahme durch ein öffentliches Archiv gelten die Übergangsvorschriften der §§ 118 bis 120 BNotO n.F.

D. Bezug von Gesetzblättern und Zeitschriften

62   Es gehört zu den Amtspflichten des Notars, sich ausreichend über Gesetzgebung und Rechtsprechung zu unterrichten. Aus diesem Grunde verpflichtet § 32 BNotO die Notare zum Bezug folgender Zeitschriften:

- Bundesgesetzblatt Teil I,
- Gesetzblatt des Landes,
- Bekanntmachungsblatt der Landesjustizverwaltung,
- Deutsche Notarzeitschrift.

Die Verpflichtung zum Bezug der Zeitschriften umfasst nur den Bezug der Ausgaben, die während der Dauer des Notaramtes erscheinen, nicht den Bezug früherer Jahrgänge. Die Verpflichtung zum Bezug schließt die Verpflichtung zur Aufbewahrung der Blätter ein. Sind mehrere Notare zu gemeinschaftlicher Berufsausübung verbunden, so genügt der gemeinschaftliche Bezug je eines Stückes.

Teilweise erscheinen die Pflichtblätter ausschließlich elektronisch. Im Rundschreiben Nr. 10/2010 vom 1.4.2010 hat die Bundesnotarkammer die Anforderungen an den elektronischen Bezug von Pflichtpublikationen behandelt. Um § 32 BNotO zu erfüllen, dürfte es danach regelmäßig erforderlich sein, die als Datei enthaltenen Publikationen im Notariat zu speichern. Über die Homepage der Bundesnotarkammer lässt sich herausfinden, welche kommerziellen Anbieter sämtliche Pflichtblätter zum elektronischen Bezug anbieten. **63**

§ 3 Die Amtsgeschäfte des Notars

A. Allgemeines

Die Notare „... werden für die Beurkundung von Rechtsvorgängen und andere Aufgaben auf dem Gebiet der vorsorgenden Rechtspflege ... bestellt" (§ 1 BNotO). Danach sind zwei große Tätigkeitsbereiche des Notars zu unterscheiden: Die *Urkundstätigkeit* (§§ 20–22 BNotO) und die sonstige *Notarielle Rechtsbetreuung* (§§ 23, 24 BNotO).   **1**

B. Die Urkundstätigkeit

I. Allgemeines

1. Urkunden

a) Begriff

aa) Papierurkunde

Die „Urkunde" wird als die Verkörperung eines Gedankens beschrieben. Einen „verkörperten Gedanken"   **2**
enthalten aber nicht nur Schriftstücke, sondern auch Grenzsteine, Fahrzeugnummern, Tonbänder, Disketten und alle anderen Träger, die Informationen gespeichert haben. Der Urkundsbegriff, der allein auf die Verkörperung des Gedankens abstellt, wie es z.B. das Strafrecht tut, ist für das spezielle Urkundenrecht zu weit. Zweck des Urkundenwesens ist es, den Rechtsverkehr durch unmittelbar erfassbare und jederzeit erkennbare Aufzeichnungen zu erleichtern. Die Aufzeichnungen müssen zudem vor Fälschungen einen gewissen Schutz bieten. Das wird durch die „Schrifturkunde" erreicht. Dabei setzt die Schrifturkunde weder für die Schriftunterlage noch für die Schrift selbst ein bestimmtes Material voraus. Die Schrift muss nur dauerhaft und die Schriftunterlage so handlich sein, dass sie in Akten eingeordnet werden kann.[1]

Nicht jedes Schriftstück (z.B.: Urlaubsgruß, Einladungsbrief) ist schon eine Urkunde. Der niedergelegte Gedanke muss außerdem einen rechtlich bedeutsamen Inhalt haben. Genauer gesagt: Das Schriftstück muss entweder über rechtserhebliche Vorgänge berichten oder rechtserhebliche Vorgänge verkörpern.

bb) Elektronisches Dokument

Neben die herkömmliche Papierurkunde ist das elektronische Dokument getreten, § 126a BGB. Die elek-   **3**
tronische Form wurde mit dem Gesetz zur Anpassung der Formvorschriften des Privatrechts und anderer Vorschriften an den modernen Rechtsgeschäftsverkehr vom 13.7.2001 in das BGB eingeführt. Die elektronische Form kann die Schriftform ersetzen, § 126 Abs. 3 BGB. Dadurch soll dem Rechtsverkehr die umfassende Nutzung der modernen Informations- und Kommunikationstechnologie ermöglicht werden, um hierdurch Kosten und Zeit zu sparen.

Die elektronische Urkunde ist ein elektronisches Dokument (elektronische Daten), das in einem Schriftträger verkörpert ist, der ohne technische Hilfsmittel nicht gelesen werden kann. Gleichgültig für das elektronische Dokument ist, ob die Daten unverschlüsselt oder verschlüsselt sind. Voraussetzung ist aber, dass die Daten (jedenfalls nach Entschlüsselung) in Schriftzeichen lesbar sind und der Schriftträger geeignet ist, die Daten dauerhaft festzuhalten. (Zur elektronischen Form und Textform vgl. Rdn 22 ff.). Dem tragen §§ 39a und 42 Abs. 4 BeurkG Rechnung, die auch Vermerkurkunden des Notars in elektronischer Form gestatten (vgl. Rdn 22 ff.).

b) Öffentliche und private Urkunden

Für die Verwendung eines Schriftstücks im Rechtsleben kommt es darauf an, von wem es herrührt, wer   **4**
der *Aussteller* ist. Nach der Person des Ausstellers unterscheidet man öffentliche und private Urkunden.

Öffentliche Urkunden sind Schriftstücke, die von einer öffentlichen Behörde oder von einer mit öffentlichem Glauben versehenen Person innerhalb ihrer Zuständigkeit und in der vorgeschriebenen Form auf-

---

1 Armbrüster/Preuß/Renner/*Preuß*, § 1 BeurkG Rn 12.

genommen sind (§ 415 ZPO). Zu den öffentlichen Behörden zählen alle Bundes-, Landes-, Gemeinde- und Kirchenbehörden, die Dienststellen der Körperschaften des öffentlichen Rechts, öffentliche Kreditanstalten und sonstige öffentliche Anstalten und Stiftungen. Mit öffentlichem Glauben versehene Personen sind in erster Linie die Notare, aber auch Gerichtsvollzieher, Rechtspfleger, Urkundsbeamte der Geschäftsstellen der Gerichte, Standesbeamte.

5   *Privaturkunden* sind alle Urkunden, die nicht öffentliche Urkunden sind.

Die Unterscheidung zwischen öffentlichen und privaten Urkunden ist wichtig für die *Beweiskraft*. Voraussetzung für die Beweiskraft einer jeden Urkunde, sei sie öffentlich oder privat, ist zunächst, dass sie echt ist. Urkunden, die sich nach Form und Inhalt als von einer öffentlichen Behörde oder von einer mit öffentlichem Glauben versehenen Person errichtet darstellen, haben die Vermutung der Echtheit für sich (§ 437 ZPO).

Das Gericht im Zivilprozess, Behörden, denen die Urkunde vorgelegt wird, und der private Rechtsverkehr vertrauen darauf, dass die Urkunde von dem Aussteller herrührt, dessen Siegel sie trägt. Denn der Rechtsverkehr geht davon aus, dass ein Siegel nicht ohne weiteres entwendet, gefälscht oder missbraucht werden kann. Privaturkunden haben diese Echtheitsvermutung nicht. Wer eine Privaturkunde vorlegt, muss beweisen, dass sie echt ist, wenn der Gegner Gründe dafür vorbringt, dass sie unecht sein könnte.

6   Neben die Vermutung der Echtheit tritt bei öffentlichen Urkunden außerdem noch die gesetzliche Beweisregel der Wahrheit. Das heißt: Öffentliche Urkunden beweisen, dass die Tatsache so, wie sie beurkundet wurde, auch wahr ist (§§ 415, 418 ZPO). Bei der Erklärung einer Person vor einem Notar beispielsweise ist bewiesen, dass die Person diese Erklärung so abgegeben hat – natürlich nicht, dass auch diese Erklärung selbst wahr ist. Es ist nur der Gegenbeweis zulässig, der Vorgang sei unrichtig beurkundet worden (§§ 415 Abs. 2, 418 Abs. 2 ZPO). Durch Anzweifeln der Richtigkeit wird die Beweiskraft der Urkunde nicht beseitigt oder abgeschwächt.

c)   Bewirkende und berichtende Urkunden

7   Nach dem *Inhalt* der Urkunde unterscheidet man bewirkende und berichtende Urkunden, und als Unterart der berichtenden Urkunde die bezeugende Urkunde. Die bezeugende Urkunde (Zeugnisurkunde) enthält einen schriftlichen Bericht des Ausstellers über Vorgänge, die er selbst wahrgenommen hat. Bewirkende – auch wirkende oder konstitutive Urkunden genannt – verkörpern unmittelbar den Rechtsakt selbst; berichtende Urkunden dagegen geben eine Darstellung des rechtlich erheblichen Vorganges.

Beispiele: Gerichtsurteile müssen immer schriftlich niedergelegt sein, für Anordnungen und Verfügungen von Behörden (Verwaltungsakte) gilt regelmäßig dasselbe. Ohne die Urkunde ist die Entscheidung nicht existent (= sie „bewirkt" nichts). Urkunden über gerichtliche Urteile und Verwaltungsakte verkörpern die jeweilige Entscheidung. Ein weiteres einfaches Beispiel für eine bewirkende Urkunde ist die vollstreckbare Ausfertigung, die der Notar erteilt: Wenn der Notar unter eine Ausfertigung die Vollstreckungsklausel setzt, kann mit dieser Urkunde gegen den Schuldner vollstreckt werden. Der Vollstreckungsvermerk „bewirkt" den Vollstreckungstitel.

8   Anders ist es bei den berichtenden Urkunden. Der Tod einer Person wird nicht durch die Sterbeurkunde „bewirkt", sondern die Sterbeurkunde berichtet von dem Tod und beweist, dass der Tod einer Person eingetreten ist. Ist Gegenstand der berichtenden Urkunde nicht bloß der Bericht über eine Tatsache (z.B. Geburtsurkunde, Sterbeurkunde, Heiratsurkunde), sondern hat darüber hinaus die Urkundsperson die berichtete Tatsache *persönlich* wahrgenommen, so spricht man von einer Zeugnisurkunde. In der Zeugnisurkunde berichtet die Person (fast immer ein Notar), was sie auch mündlich als Zeuge aussagen könnte, nämlich ihre Wahrnehmungen über Vorgänge. Die Vorgänge können tatsächlicher Natur sein (Verlosungen, Siegelungen), es können aber auch – und das ist der häufigste Fall – Erklärungen sein, die andere Personen *vor* der Urkundsperson abgegeben haben.

d)   Die Urkunden des Notars

9   Die Urkunden des Notars sind immer öffentliche Urkunden. Sie haben, wenn sie mit Unterschrift und Siegel versehen sind, die Vermutung der Echtheit und die Vermutung der Wahrheit für sich. Die Urkunden des Notars sind Zeugnisurkunden, in denen der Notar über Vorgänge berichtet, die er in amtlicher Eigen-

schaft wahrgenommen hat. Die einzige bewirkende Urkunde des Notars ist die vollstreckbare Ausfertigung einer notariellen Urkunde.

Der Notar kann als Urkundsperson immer nur tätig werden, wenn er darum *ersucht* wird. Das Ersuchen ist Voraussetzung für seine Zuständigkeit. Wird der Notar zufällig Zeuge eines Vorgangs, z.B. eines Verkehrsunfalls, so kann er diesen Vorgang mit Beweiskraft nicht in einer öffentlichen Urkunde bezeugen. Er muss vielmehr wie jeder andere Zeuge im Zivil- oder Strafprozess mündlich aussagen. Denn die Vermutung der Wahrheit, die den Urkunden des Notars als „öffentlichen" innewohnt, ist nicht um des Notars willen, sondern für den Rechtsverkehr aufgestellt. Sie gilt deshalb nur, wenn sich ein anderer an den Notar in seiner Eigenschaft als öffentliche Urkundsperson mit einem Beurkundungsersuchen gewandt hat.

2. Notarielle Urkunden über Willenserklärungen und sonstige Erklärungen, Tatsachen oder Vorgänge

Aufgabe der Notare ist es, „Beurkundungen jeder Art vorzunehmen" (§ 20 BNotO). Was Beurkundung **10** bedeutet, wird von der BNotO nicht näher erklärt. Die BNotO setzt den Begriff als bekannt voraus. Die Rechtslehre hat „Beurkundung" als Herstellen einer „Zeugnisurkunde" definiert, also einer Urkunde, in der der Notar über eigene Wahrnehmungen berichtet.

Die Wahrnehmungen, über die der Notar berichtet, oder – um in der Sprache der BNotO zu bleiben – die er „beurkundet", können tatsächliche Vorgänge betreffen (Beglaubigung von Unterschriften oder Abschriften, Siegelungen, Verlosungen) oder Willenserklärungen sein.

Willenserklärungen sind Äußerungen einer Person, durch die sie Rechtsfolgen herbeiführen möchte.

Beispiele: Erklärung, ein Grundstück zu kaufen, eine andere Person zum Erben einzusetzen, einen Ehe- **11** vertrag zu schließen.

Der Unterschied zwischen „Beurkundung von Willenserklärungen" einerseits und „sonstigen Beurkundungen" andererseits beherrscht das gesamte Urkundenrecht. Dabei muss man im Urkundenrecht drei Rechtsbereiche unterscheiden:

- das *materielle Recht der Geschäftsformen*, wo ausgesprochen ist, welche Rechtsgeschäfte der Beurkundung bedürfen; in erster Linie das BGB, aber auch die anderen bürgerlich-rechtlichen Nebengesetze wie HGB, GBO, GmbHG, AktG. Hier unterscheiden die Gesetze nur private und öffentliche Urkunden und die öffentlichen Urkunden wiederum in öffentlich beglaubigte und notariell beurkundete Urkunden (siehe Rdn 4 ff.),

- das *Notariatsrecht*, niedergelegt in der BNotO, das bestimmt, wer zuständig ist, die vom materiellen Recht geforderte Urkunde zu errichten. § 20 BNotO zählt in Form eines Zuständigkeitskataloges verschiedene Urkunden auf. Danach sind die Notare zuständig, Beurkundungen jeder Art vorzunehmen sowie Unterschriften, Handzeichen und Abschriften zu beglaubigen. Zu ihren Aufgaben gehören insbesondere auch die Beurkundung von Versammlungsbeschlüssen, die Vornahme von Verlosungen und Auslosungen, die Aufnahme von Vermögensverzeichnissen, die Anlegung und Abnahme von Siegeln, die Aufnahme von Protesten, die Zustellung von Erklärungen sowie die Ausstellung sonstiger Bescheinigungen über amtlich von ihnen wahrgenommene Tatsachen.

- das Recht, in welchem Verfahren die Urkunden errichtet werden. Das *Urkundsverfahrensrecht* ist im Beurkundungsgesetz enthalten.

Bei einem Vergleich der Gesetze (BNotO, BGB, BeurkG) fällt auf, dass der Begriff „Beurkundung" nicht **12** einheitlich gebraucht wird. BNotO und BeurkG bezeichnen das Errichten eines Schriftstücks über Tatsachen und Vorgänge, die der Notar selbst wahrgenommen hat, als „Beurkundung" – gleichgültig ob es sich dabei um die Beglaubigung einer Unterschrift oder Abschrift, die Beurkundung von Willenserklärungen oder die Aufnahme eines Vermögensverzeichnisses handelt – Beurkundungsbegriff im weiteren Sinn. Das BGB (vgl. §§ 311b, 518, 2033 u.a.) verwendet den Begriff „Beurkundung" dagegen nur als Aufnahme einer Willenserklärung durch den Notar in Protokollform (§ 128 BGB, siehe Rdn 27) – Beurkundungsbegriff im engeren Sinne. Doch auch zwischen BNotO und BeurkG besteht, auch wenn sie beide vom Beurkundungsbegriff im weiteren Sinn ausgehen, keine Übereinstimmung, da die Aufzählung der Urkundsgeschäfte in der BNotO nicht dem System des Beurkundungsgesetzes entspricht.

Die mangelnde begriffliche Übereinstimmung der Gesetze ist aus der historischen Entwicklung zu erklären. Das BGB entstand Ende des 19. Jahrhunderts, als das Urkundenwesen landesgesetzlich und nur unvollkommen geregelt war. Es definierte, weil übereinstimmende Begriffe fehlten, „Beurkundung" vom Verfahren her, und zwar als die Niederlegung der Willenserklärung durch die Urkundsperson in einer schriftlichen Verhandlung.

13   Die Notarordnungen, die später als das BGB, aber ebenfalls noch zu einer Zeit erlassen wurden, als das Beurkundungsrecht teils im FGG, teils in den Landesgesetzen niedergelegt war, hatten nicht eine Regelung des *Urkundenwesens* zum Ziel, sondern wollten eine einheitliche *Notariatsverfassung* geben. Dementsprechend begnügten sie sich damit, die Zuständigkeit des Notars allgemein für „Beurkundungen jeder Art" aufzustellen, ohne die einzelnen Urkundsgeschäfte zu unterscheiden oder zu erklären. Erst das BeurkG aus dem Jahre 1969 gibt eine zusammenfassende, systematische Regelung des Beurkundungswesens für das gesamte Gebiet der Bundesrepublik Deutschland. Die früher in Bundes- und Landesgesetzen verstreuten Vorschriften über die Herstellung von Urkunden sind im Beurkundungsgesetz zum ersten Mal zusammengefasst und dadurch vereinheitlicht worden.

14   Die folgende Darstellung der Urkundstätigkeit des Notars orientiert sich an der Systematik des BeurkG:

Im Ersten Abschnitt (§§ 1–5 BeurkG) enthält es „Allgemeine Vorschriften", die für alle Beurkundungen im Sinne des § 20 BNotO gelten. Allgemeine Geltung besitzen insbesondere die Vorschriften über die Ausschließung und Ablehnung des Notars und die Urkundensprache. Der Zweite Abschnitt (§§ 6–35 BeurkG) ist der wichtigste Teil. Er enthält die Vorschriften über die Beurkundung von Willenserklärungen, also die Bestimmungen über die „notarielle Beurkundung" im engeren Sinne (§ 128 BGB). Der Dritte Abschnitt (§§ 36–43 BeurkG) bezieht sich auf alle anderen Beurkundungen, für die der Notar nach § 20 BNotO zuständig ist.

Die Aufteilung in den Zweiten Abschnitt (Beurkundung von Willenserklärungen) und den Dritten Abschnitt (Sonstige Beurkundungen) hat einen systematischen und einen sachlichen Grund. Dadurch wird zunächst der Dualismus des materiellen Rechts nachvollzogen, das die Beurkundung von Willenserklärungen in der Form einer Niederschrift – enger Beurkundungsbegriff des BGB (§ 128 BGB) – und die Beglaubigung von Unterschriften (§ 129 BGB) unterscheidet. Zum anderen wird dadurch die zentrale Bedeutung der Beurkundung von Willenserklärungen hervorgehoben. Sie ist die wichtigste Aufgabe des Notars. Die Formvorschriften müssen hier besonders streng sein, um Beweissicherung, Beratung und Belehrung sicherzustellen.

Der Dritte Abschnitt des Beurkundungsgesetzes, der sich auf die sonstigen Beurkundungen im Sinne des § 20 BNotO bezieht, kann sich auf gewisse Vereinfachungen beschränken und eine andere Form als die Niederschrift zulassen, nämlich den Vermerk.

Der Vierte Abschnitt des Beurkundungsgesetzes (§§ 44–54 BeurkG) über die Behandlung der Urkunden hat ebenso wie der Erste Abschnitt allgemeine Bedeutung. Er regelt das Verfahren, das nach dem Abschluss der Beurkundung einzuhalten ist, und bestimmt, wie die Urschrift zu behandeln und wie Abschriften und Ausfertigungen herzustellen sind. Der Fünfte Abschnitt regelt neuerdings die Verwahrung der Urkunden, während der Sechste Abschnitt nunmehr die Vorschriften zur Verwahrung enthält. Der Siebte Abschnitt enthält in den Schlussvorschriften Bestimmungen, die den bisherigen Rechtszustand überleiten.

3.   Formfreiheit und Urkundszwang im Rechtsverkehr

15   Der rechtsgeschäftliche Wille einer Person kann nur beachtet werden, wenn er geäußert ist. Insofern bedarf jede *Willenserklärung* einer Form, das heißt: eines Äußerungsmittels. Die Frage ist: Darf der Erklärende die Form frei wählen? – dann sprechen wir von formfreien Geschäften –, oder ist eine bestimmte Erklärungs*form* vorgeschrieben, ohne deren Einhaltung der Wille nicht beachtet wird – dann sprechen wir von formbedürftigen Geschäften. Die vom Gesetz geforderte Form ist fast immer eine Urkunde; andere als urkundliche Formvorschriften sind dem heutigen Recht bis auf ganz wenige Ausnahmen (z.B. Dreizeugentestament) unbekannt.

Während ältere Rechtsordnungen den Formzwang für die meisten Geschäfte kannten, herrscht heute im Privatrechtsverkehr der Grundsatz der *Formfreiheit*. Er ist zwar nicht durch eine besondere Bestimmung des BGB ausdrücklich hervorgehoben, aber mittelbar dadurch eingeführt, dass Urkundsformen als Ausnahmen besonders vorgeschrieben sein müssen.

Nicht die Form schafft das Rechtsgeschäft, sondern der Wille der Beteiligten. Die Form ist nur das Mittel   **16** zum Zweck. Der Zweck, der mit der Form eines Rechtsgeschäfts verfolgt wird, ist die *Sicherheit des Rechtsverkehrs*. Die Urkundsform sichert den Rechtsverkehr auf dreierlei Weise:

Zunächst sichert sie auf Dauer den Beweis des Rechtsgeschäfts nach Bestand und Inhalt. Das gesprochene Wort verfliegt. Um es zu ermitteln, sind im Streitfall Zeugen erforderlich. Die Urkunde trägt dazu bei, Streitigkeiten und Prozesse zu vermeiden oder abzukürzen. Man nennt das die *„Beweisfunktion"* der Urkunde.

Andererseits ruft die Urkundsform bei den Beteiligten eine gesteigerte Achtsamkeit hervor und fordert so zu Vorsicht und Behutsamkeit heraus. Die Beteiligten werden durch die Hürde der Form vor unüberlegten, übereilten Geschäftsabschlüssen gewarnt *(„Warnfunktion")*.

Die Protokollierung der Urkunde durch eine Urkundsperson soll diese Wirkung verstärken und darüber hinaus eine ausreichende Belehrung und Beratung der Beteiligten sicherstellen. Der Formzwang erhält dadurch zusätzlich eine *soziale* Bedeutung. Der unerfahrene Bürger, der sich gewandteren Partnern gegenübersieht, wird über das Formerfordernis geschützt *(„Belehrungsfunktion")*.

Gleichwohl schreibt das Gesetz die Einhaltung der Urkundsform nur für eine geringe Zahl von Rechts-   **17** geschäften vor. Dem liegt die Befürchtung zugrunde, die Leichtigkeit und Schnelligkeit des Rechtsverkehrs könne durch zu viele Formvorschriften behindert werden. Deshalb bestehen Formvorschriften nur für Rechtsgeschäfte, die so wesentlich sind, dass sie eine eindeutige Klarstellung erfordern, und für solche, von denen der Gesetzgeber wünscht, dass sich die Beteiligten ihre wirtschaftliche Bedeutung vor Augen führen und über das Risiko des Geschäfts Klarheit gewinnen.

4. Die Formen der Rechtsgeschäfte (Geschäftsformen)

Das Bürgerliche Gesetzbuch kennt als Geschäftsformen private und öffentliche Urkunden.   **18**

Die privaten Urkundsformen sind die

- Schriftform,
- eigenhändige Urkunde,
- Urkunde in elektronischer Form
- Urkunde in Textform.

Als öffentliche Urkundsform kennt das BGB die

- öffentlich beglaubigte Urkunde,
- notarielle Beurkundung.

a) Schriftform

Ist vom Gesetz schriftliche Form vorgeschrieben, so muss die Urkunde vom Aussteller eigenhändig durch   **19** Namensunterschrift unterzeichnet werden (§ 126 BGB). Unterzeichnet der Aussteller durch bloßes Handzeichen (z.B. drei Kreuze), so ist die Schriftform nur gewahrt, wenn das Handzeichen notariell beglaubigt wurde. Ist die Schriftform für einen Vertrag vorgeschrieben, so müssen beide Parteien auf derselben Urkunde unterzeichnen. Werden über den Vertrag mehrere gleich lautende Urkunden aufgenommen, etwa um jedem Beteiligten eine Urkunde geben zu können, so genügt es, wenn jede Partei die für die andere Partei bestimmte Urkunde unterzeichnet (§ 126 Abs. 2 BGB).

Beispiel für Schrifturkunden: Mietvertrag bzw. Pachtvertrag über Grundstücke oder Wohnräume für   **20** länger als ein Jahr (§§ 550, 581 BGB). Landpachtverträge für längere Zeit als zwei Jahre (§ 585a BGB).

Bei bestimmten Verträgen fordert das Gesetz die Schriftform nur für die Erklärung des *einen* Vertragspartners, so bei der Bürgschaft für die Erklärung des Bürgen (§ 766 BGB), beim Schuldversprechen und

Schuldanerkenntnis für die Erklärung des Schuldners (§§ 780, 781 BGB), beim Leibrentenvertrag für das Versprechen des Schuldners (§ 761 BGB).

b) Eigenhändige Urkunde

21   Eigenhändige Urkunde heißt, dass der Aussteller die Urkunde nicht nur selbst unterschrieben (Namensunterschrift), sondern darüber hinaus auch den Text der Urkunde mit eigener Hand geschrieben haben muss. Einziger Fall: das eigenhändige Testament (§ 2247 BGB, vgl. § 4 Rdn 911).

c) Elektronische Form

22   Die schriftliche Form kann durch die elektronische Form ersetzt werden, wenn sich aus dem Gesetz nicht etwas anderes ergibt (§ 126 Abs. 3 BGB). Die Schriftform kann aber *nur* dann durch eine elektronische Form ersetzt werden, wenn der Erklärungsempfänger oder bei einem Vertrag der Vertragspartner damit einverstanden ist. Das Einverständnis bedarf keiner Form. Es kann auch ausdrücklich oder schlüssig erklärt werden. Ein schlüssiges Einverständnis ist anzunehmen, wenn die Beteiligten ihren Geschäftsverkehr elektronisch abwickeln.[2]

23   Die elektronische Form erfordert, dass

- der Erklärende der Erklärung seinen Namen beifügt,
- mit einer qualifizierten elektronischen Signatur nach dem Signaturgesetz unterschreibt (§ 126a Abs. 1 BGB).

Bei einem Vertrag müssen beide Parteien jeweils ein gleich lautendes Dokument in der vorbezeichneten Weise elektronisch signieren.

Vor Anwendung der elektronischen Form muss geprüft werden, ob die elektronische Form nicht ausnahmsweise unzulässig ist (§ 126 Abs. 3 BGB). In vielen Fällen kann die Schriftform noch *nicht* durch die elektronische Form ersetzt werden (z.B. §§ 484, 492, 623, 630, 761, 766, 780, 781 BGB). In diesen Formvorschriften ist die Abgabe der Erklärung in elektronischer Form ausdrücklich ausgeschlossen. Wenn man also die schriftliche Form durch die elektronische Form ersetzen will, muss man sich vorher vergewissern, dass die elektronische Form im Einzelfall auch die schriftliche Form ersetzen kann.

d) Textform

24   Die Textform ist ein neuer Formtyp der lesbaren, aber unterschriftslosen Erklärung, § 126b BGB. Voraussetzungen der Textform sind:

- Abgabe einer Erklärung in Schriftzeichen,
- auf eine Urkunde oder auf eine zur dauerhaften Wiedergabe geeigneten Weise,
- Nennung der Person des Erklärenden,
- Erkennbarkeit des Abschlusses durch „Nachbildung der Namensunterschrift oder anderes".

Die Textform kann dem Empfänger per Post oder Fax übermittelt werden; ausreichend ist auch eine am Computer abgefasste und per E-Mail zugeleitete Erklärung. Dem Erfordernis der Lesbarkeit ist Genüge getan, wenn der Empfänger den Text auf seinem Bildschirm lesen kann. Ob er die Erklärung ausdrucken will oder nicht, entscheidet der Empfänger selbst.[3]

25   Die Textform ist für Erklärungen und Mitteilungen angemessen, die eine Dokumentation oder Information zum Inhalt haben. Die Textform findet u.a. in folgenden Fällen Anwendung (für die früher die Schriftform erforderlich war):

Mitteilung des Vermieters von Maßnahmen zur Verbesserung etc., die das Kündigungsrecht des Mieters auslöst (§ 554 Abs. 3 S. 1 BGB); Indexmiete (§ 557b Abs. 3 BGB); Begründung der Mieterhöhung (§ 558a Abs. 1 BGB); Garantieerklärung (§ 477 Abs. 3 BGB); Informationspflichten beim Fernabsatzvertrag (§ 312c Abs. 3 BGB). Auch das Wohnungseigentumsgesetz kennt die Textform: § 24 Abs. 4 WEG erlaubt es, die Eigentümerversammlung in Textform einzuberufen.

---

2 Palandt/*Ellenberger*, § 126a Rn 6.
3 Palandt/*Ellenberger*, § 126b Rn 3.

e) Öffentlich beglaubigte Urkunde

Für eine Reihe von Rechtsgeschäften verlangt das Gesetz öffentliche Beglaubigung. Die Beglaubigungsform ist für die meisten Erklärungen vorgeschrieben, die eine Eintragung in öffentliche Register bezwecken, aber auch für bestimmte Erklärungen aus dem Bereich des Familien- oder Erbrechts. **26**

Was eine öffentlich beglaubigte Urkunde ist, besagt § 129 BGB: Die Erklärung muss schriftlich abgefasst und die Unterschrift des Erklärenden von einem Notar beglaubigt werden. Öffentliche Beglaubigung bedeutet also lediglich Beglaubigung der *Unterschrift*, die unter einem Schriftstück steht. Der Urkunds*inhalt* erlangt durch die Beglaubigung der Unterschrift keine größere „Glaubwürdigkeit". Der Text kann in beliebiger Weise hergestellt worden sein, mit der Hand, mit der Schreibmaschine, durch Fotokopie, durch Druck etc. (vgl. Rdn 183).

f) Notarielle Beurkundung

Die notarielle Beurkundung ist die stärkste Urkundsform des bürgerlichen Rechts. Der Notar bezeugt, dass die in der Urkunde bezeichnete Person die Erklärung des beurkundeten Inhalts abgegeben hat. Sie wird vom Notar in der Form einer Niederschrift (Protokoll) festgehalten (§ 128 BGB). Bezeugt ist nicht nur die Unterschrift, sondern der gesamte Inhalt der Erklärung, nicht jedoch deren Richtigkeit. Die Beurkundung sichert den Beteiligten den sachkundigen Rat und die Belehrung durch die Urkundsperson. Notarielle Beurkundung ist deshalb vorgeschrieben für Rechtsgeschäfte, bei denen der Gesetzgeber wünscht, dass die Beteiligten über ihre Tragweite und rechtliche Bedeutung aufgeklärt werden. Davon ist der Grundstücksvertrag der wichtigste (§ 311b BGB). Weiter bedürfen der Beurkundung beispielsweise das Schenkungsversprechen (§ 518 BGB) und die Erklärung, durch die eine Person sich der sofortigen Zwangsvollstreckung unterwirft (§ 794 Abs. 1 Nr. 5 ZPO), der Vertrag über die Errichtung einer GmbH oder einer AG, die Abtretung eines Geschäftsanteils an einer GmbH, der Ehevertrag, der Erbvertrag, die Anerkennung der Vaterschaft, der Rücktritt vom Erbvertrag, der Erbverzichtsvertrag, die eidesstattliche Versicherung zur Erlangung eines Erbscheins. **27**

Ist notarielle Beurkundung vorgeschrieben, so reichen andere, auch öffentliche, Urkunden nicht aus. Andererseits ersetzt die notarielle Beurkundung alle anderen Urkundsformen (z.B. Schriftform, eigenhändige Urkunde, öffentliche Beglaubigung). **28**

Für alle Geschäftsformen gilt, dass die stärkere Form die schwächere ersetzt: die Beurkundung ersetzt die Beglaubigung und die Schriftform (§§ 129 Abs. 2, 126 Abs. 3 BGB), die Beglaubigung ersetzt die Schriftform, diese wieder die mündliche Erklärung. Dies gilt nicht für das eigenhändige Testament. Hier ersetzt die Beglaubigungsform nicht die Eigenhändigkeit. Im Übrigen ist ein Rechtsgeschäft, das der vorgeschriebenen Form ermangelt, nichtig (§ 125 BGB).

II. Beurkundung von Willenserklärungen

1. Die Niederschrift

a) Grundsatz

Bei der Beurkundung von Willenserklärungen, also der „notariellen Beurkundung" des § 128 BGB – enger Beurkundungsbegriff –, muss eine Niederschrift über die Verhandlung aufgenommen werden (§ 8 BeurkG). Niederschrift (auch „Protokoll" genannt) bedeutet, dass die Verhandlung, die die Beteiligten vor dem Notar führen, schriftlich festgehalten wird. Damit ist aber nicht gesagt, dass in die Niederschrift alles aufgenommen werden müsste, was verhandelt worden ist. Nicht das gesamte „Verhandeln", nicht die Erörterung der Angelegenheit zwischen den Beteiligten und im Gespräch mit dem Notar, wird protokolliert, sondern dessen *Ergebnis*, also die endgültigen rechtsgeschäftlichen Erklärungen der Beteiligten. **29**

Dazu ein **Beispiel:** **30**

Einem Erbvertrag können verschiedene Erwägungen zugrunde liegen: etwa die Altersversorgung des überlebenden Ehegatten, der Schutz der Kinder für den Fall, dass der überlebende Ehegatte wieder heiratet, die Sicherung der Ausbildung noch minderjähriger Kinder. Die Niederschrift über den Erbvertrag kann und soll nicht die einzelnen Gedankengänge der Vertragschließenden wiedergeben. Die Niederschrift begnügt sich damit, das Ergebnis der Überlegungen, die erbrechtlichen Anordnungen der Beteiligten, in klarer und knapper Form festzuhalten. Das schließt nicht aus, im Einzelfall zum besseren Verständnis auch einmal die Motive oder die Vorgeschichte des Rechtsgeschäfts aufzuzeigen. Doch darf das nicht dazu führen, dass aus der Urkunde eine Geschichtserzählung wird. Die Niederschrift muss ihren Charakter (Fixierung des rechtsgeschäftlichen Willens der Beteiligten) behalten.

b)   Bezeichnung des Ortes und des Tages der Verhandlung

31   Jedes Protokoll beginnt mit der Feststellung von Ort und Tag der Verhandlung: „Die Niederschrift soll Ort und Tag der Verhandlung enthalten" (§ 9 Abs. 2 BeurkG). „Soll" besagt, dass fehlende oder unrichtige Angaben über Ort und Tag die Wirksamkeit der Niederschrift als öffentliche Urkunde nicht berühren. Doch ist es Amtspflicht des Notars, eine Sollvorschrift genauso zu beachten wie eine zwingende Vorschrift.

Die Angabe des Ortes kann sich auf die politische Gemeinde beschränken, auf deren Gebiet die Verhandlung stattfindet; z.B. „Verhandelt zu Köln". Ortsteil, Straße und Hausnummer sind überflüssig. Doch ist es zweckmäßig, auch im Hinblick auf das Erfordernis der Eintragung einer Auswärtsbeurkundung in der Urkundenrolle, bei Beurkundungen außerhalb der Geschäftsstelle des Notars die Ortsangabe genauer zu machen: „Verhandelt zu Köln in den Städtischen Krankenanstalten …". Das Fehlen einer genaueren Ortsangabe spricht dafür, dass der Notar in seiner Geschäftsstelle verhandelt hat.

32   Die Zeit der Verhandlung wird üblicherweise nach Jahr, Monat und Tag angegeben, und zwar Jahr und Tag nur in Zahlen. Es ist in manchen Gegenden Brauch, stattdessen oder daneben Jahr und Tag in Worten auszuschreiben. Man kann den Tag auch mit seiner Bedeutung bestimmen: „Karfreitag", „Martini", „Heiligabend" und dergleichen. Wird die Verhandlung unterbrochen und an einem anderen Tag fortgesetzt, so kann das vermerkt werden. Anzugeben ist jedenfalls der Tag des Abschlusses der Verhandlung.

c)   Bezeichnung des Notars

33   Die Namen des Notars und der Beteiligten dürfen nicht fehlen. Eine Urkunde, die den Notar oder die Beteiligten nicht nennt, ist unwirksam. Der Notar wird üblicherweise mit seiner Amtsbezeichnung und seinem vollen Namen (Vor- und Familiennamen) im Urkundeingang aufgeführt. Es entspricht Standesgebrauch, neben dem Namen auch den Amtssitz und gegebenenfalls den Doktortitel zu nennen, also etwa so: „Vor mir, Dr. jur. Tobias Wilms, Notar in Viersen …". Im Bereich des Anwaltsnotariats darf die Berufsbezeichnung „Rechtsanwalt" *nicht* mit angegeben werden. Wenn der „Rechtsanwalt und Notar" in notariellen Angelegenheiten tätig wird, bezeichnet er sich nur als Notar.

Der Notarvertreter (siehe § 1 Rdn 38) gibt seinen Namen und den des vertretenen Notars an: „Vor mir, Notarassessor Gustav Müller aus Bonn als amtlich bestelltem Vertreter des Notars Dr. Karl Schmidt in Köln …". Der Notariatsverwalter muss erkennen lassen, an wessen Stelle er das Amt ausübt: „Vor Notarassessor Gustav Müller aus Bonn als amtlich bestelltem Notariatsverwalter anstelle des Notars Dr. Karl Schmidt in Köln …".

d)   Bezeichnung der Beteiligten

34   Die Beteiligten sollen so genau bezeichnet werden, dass Verwechslungen vermieden werden (§ 10 Abs. 1 BeurkG). „Beteiligte" im Sinne des § 9 Abs. 1 BeurkG sind die Personen, deren Erklärungen beurkundet werden. Dabei macht es keinen Unterschied, ob die Erschienenen Willenserklärungen im eigenen oder im fremden Namen abgeben. In wessen Namen die Erschienenen ihre Erklärungen abgeben, kann schon bei ihrer Bezeichnung mit angegeben werden. Es genügt jedoch, wenn im Protokoll bei den einzelnen Erklärungen festgehalten wird, für wen der Erklärende sie abgibt. Fehlt jeder Hinweis, so ist es selbstverständlich, dass der Erschienene im eigenen Namen gehandelt hat und die Rechtsfolgen seiner Erklärungen ihn selber treffen.

Es ist auch möglich, dass jemand für sich selbst und zugleich für einen anderen handelt.

Beispiel: Wenn Eheleute Eigentümer eines Grundstücks sind und sich die Ehefrau bei dessen Verkauf **35** von ihrem Ehemann vertreten lässt, so formuliert man etwa:

36
(...)

erschienen,

1. Herr (...)
   hier handelnd:
   a) im eigenen Namen,
   b) als mündlich bevollmächtigter Vertreter seiner Ehefrau (...)

Zur Vertretung vgl. Rdn 43 ff.

Bei der Bezeichnung natürlicher Personen sind der Name, das Geburtsdatum, der Wohnort und die Wohnung anzugeben. Weicht der zurzeit der Beurkundung geführte Familienname von dem Geburtsnamen ab, ist auch der Geburtsname anzugeben, § 26 Abs. 2 DONot.

Die Angabe des Berufes ist nicht vorgeschrieben, aber üblich.

e) Feststellungen über die Identität der Beteiligten

Aus der Niederschrift soll sich ergeben, ob der Notar die Beteiligten kennt bzw. wie er sich Gewissheit **37** über ihre Person verschafft hat. Kann sich der Notar diese Gewissheit nicht verschaffen, wird aber gleichwohl die Aufnahme der Niederschrift verlangt, so soll der Notar dies in der Niederschrift unter Anführung des Sachverhalts angeben (§ 10 Abs. 2 BeurkG).

aa) Kenntnis der Beteiligten (1. Alternative) **38**

Damit ist gemeint, dass der Notar die Überzeugung von der Identität eines Beteiligten schon bei *früherer* Gelegenheit erlangt hat. Dann ist dies mit den Worten „bekannt", „von Person bekannt" oder „persönlich bekannt" zu vermerken. Von Person bekannt ist nicht, wer erst anlässlich der Beurkundung dem Notar vorgestellt wird.

bb) Der Notar kennt den Beteiligten nicht, kann sich aber Gewissheit über seine Person verschaffen (2. Alternative)

Wie der Notar die Identität feststellt, ist seinem Ermessen überlassen. An feste Beweisregeln ist er dabei nicht gebunden. Da so gut wie jeder Erwachsene einen amtlichen Ausweis besitzt, sind Personalausweis und Reisepass die häufigsten Ausweismittel. Aber auch sonstige amtliche, mit Lichtbild versehene Legitimationspapiere (Dienstausweis einer Behörde, Führerschein) können ausreichen. Der Notar soll die Gültigkeit des Ausweises prüfen. Es steht ihm aber frei, sich auch mit einem Ausweis zu begnügen, der bereits abgelaufen ist, wenn sonst keine Zweifel an der Identität bestehen.

Der Notar muss sich den Ausweis selbst ansehen. Er darf sich nicht darauf verlassen, dass ein Mitarbeiter dies getan hat. In die Urkunde nimmt der Notar einen entsprechenden Hinweis auf („ausgewiesen durch Personalausweis"). Die Angabe der Nummer des Ausweises ist zweckmäßig. Dadurch kann der Notar später leicht nachweisen, dass ihm der Ausweis tatsächlich vorgelegen hat. Datum und Ort der Ausstellung beizufügen ist überflüssig, allenfalls sinnvoll bei ausländischen Ausweispapieren.

Als Erkennungszeugen sind nur solche Personen geeignet, die der Notar selbst und als zuverlässig kennt und die weder Beteiligte sind, noch zu einem Beteiligten in näheren verwandtschaftlichen oder sonstigen, dem Notar bekannten Beziehungen stehen. Es genügt deshalb nicht, dass der dem Notar bekannte Ehemann seine Frau vorstellt, wenn die Ehefrau dem Mann Generalvollmacht erteilt. (Es könnte ja eine „falsche" Ehefrau sein.) Auch kann der Käufer dem Notar nicht den Verkäufer hinreichend sicher vorstellen. (Es könnte ja ein Komplize den „Verkäufer" spielen.) Geeignete Erkennungszeugen sind die Mitarbeiter des Notars. Die Identifizierung durch Erkennungszeugen kommt besonders oft vor, wenn der Notar sich vertreten lässt. Der Vertreter kennt die Klienten des Notars regelmäßig nicht, während sie den Mitarbeitern bekannt sind.

„Die Erschienenen wurden dem Notarvertreter durch den Bürovorsteher, Herrn Ewald Grün, vorgestellt."

Wenn weder ein Ausweis vorgelegt wird, noch Erkennungszeugen vorhanden sind, muss eine Beurkundung regelmäßig unterbleiben. Nur ausnahmsweise kann besondere Sachkunde einen Beteiligten ausweisen. Sie liegt vor, wenn der Erschienene Kenntnisse zeigt, die nur eine bestimmte Person selbst haben kann. Sie kann mit der Vorlage von Urkunden verbunden sein, die vom Inhaber sorgfältig aufbewahrt zu werden pflegen. Die Art und Weise der Persönlichkeitsfeststellung soll sich immer aus einem Vermerk in der Niederschrift ergeben. Das Feststellungsmittel muss dabei konkret genannt werden.

cc) Auch wenn sich der Notar keine Gewissheit über die Person der Beteiligten verschaffen kann, braucht er die Beurkundung nicht abzulehnen (3. Alternative)

Die fehlende Identitätsfeststellung beeinträchtigt nicht die Wirksamkeit der Beurkundung, sondern nur deren Beweiskraft, Verwertbarkeit und spätere Vollziehbarkeit. Der Notar muss dann aber in der Niederschrift angeben, dass er sich keine Gewissheit über die Person eines oder der Beteiligten hat verschaffen können und dass sie die Beurkundung trotz der Belehrung über die dadurch bedingte geringere Verwertbarkeit der Urkunde wünschten.

Beispiel

Ein Kranker will ein Testament errichten, kann sich aber, weil er im Krankenhaus keinen Ausweis zur Hand hat, nicht ausweisen. Der Notar darf das Testament dennoch aufnehmen, soll aber die besonderen Umstände und die Belehrung über die eingeschränkte Beweiskraft im Protokoll festhalten.

Die zunächst nicht nachgewiesene Identität kann durch ein Nachtragszeugnis bestätigt werden. Das Nachtragszeugnis wird auf die Urschrift gesetzt: Im Urkundseingang stellt der Notar fest, dass der Beteiligte sich nicht ausweisen kann, aber seinen Ausweis nachzureichen verspricht, und alle Beteiligten den Notar um sofortige Beurkundung bitten. Wenn der Beteiligte anschließend seinen Ausweis vorlegt, setzt der Notar auf die Urschrift den Vermerk:

„Herr (…) legte mir heute seinen Personalausweis vor. Dadurch habe ich mir Gewissheit über seine Identität verschafft."

Dieser Vermerk wird mit Ort und Tag der Ausstellung, der Unterschrift und dem Siegel des Notars abgeschlossen.[4]

39 dd) Besondere Identifizierungspflichten hat das *Geldwäschegesetz* dem Notar auferlegt. Bei der Beurkundung folgender Geschäfte (vgl. § 2 Abs. 1 Nr. 10 GwG):

- Kauf und Verkauf von Immobilien und Gewerbebetrieben,
- Verwaltung von Geld, Wertpapieren und sonstigen Vermögenswerten,
- Eröffnung von Bank-, Spar- und Wertpapierkonten,
- Gründung, Betrieb oder Verwaltung von Treuhandgesellschaften, Gesellschaften oder ähnlichen Strukturen,

muss der Notar über die Bestimmungen des BeurkG und der DONot *hinaus* noch weitere Identifizierungsmaßnahmen vornehmen:

- Feststellung von Namen, Geburtsdatum, Geburtsort, Staatsangehörigkeit und Anschrift[5] jeweils durch Vorlage eines gültigen[6] Personalausweises oder Reisepasses (vgl. § 12 Abs. 1 Nr. 1 GwG),[7]

---

4 Vgl. dazu LG Würzburg MittRhNotK 1975, 341.

5 Aus dem Reisepass kann man die Wohnanschrift nicht entnehmen, dennoch genügt dieser zur Identifizierung. Das GwG erfordert ebenso keinen zusätzlichen Nachweis des Wohnsitzes, wenn der Personalausweis noch eine alte Adressangabe enthält (Frenz/*Miermeister*/*Hertel*, § 57 BeurkG Rn 113c).

6 Nur wenn im Einzelfall ein geringes Risiko der Geldwäsche besteht, kann der Notar zur Identifizierung auch andere Dokumente, z.B. einen abgelaufenen Personalausweis, genügen lassen, § 14 Abs. 2 S. 1 Nr. 2 GwG.

7 Anstelle von Reisepass oder Personalausweis genügt auch ein amtlicher Pass- oder Ausweisersatz, etwa ein Passersatz nach §§ 3, 4 AufenthG oder eine Bescheinigung über die Aufenthaltsgestattung nach § 64 Asylverfahrensgesetz – beides aber nur dann, wenn nach dem Inhalt des Dokuments die Personalangaben nicht lediglich auf den eigenen Angaben des Ausweisinhabers beruhen (vgl. BNotK, Anwendungsempfehlungen GwG 2017, Teil E II 2, S. 16).

- Feststellung von Art und Nummer und ausstellende Länderbehörde des amtlichen Ausweises,
- Kopieren des Personaldokumentes, vgl. § 8 Abs. 1 S. 3 GwG,
- Aufzeichnung der genannten Angaben und Aufbewahrung gemäß § 8 Abs. 4 GwG für fünf Jahre, als Teil der Nebenakte werden sie im Regelfall aber erst nach sieben Jahren vernichtet, § 5 Abs. 4 DONot, bzw. später, sofern im Einzelfall eine längere Aufbewahrung der Nebenakten vom Notar verfügt wurde.

Der Aufzeichnungs- und Aufbewahrungspflicht genügt man am einfachsten durch Kopie des Ausweises bzw. besser noch durch ein Einscannen, § 8 Abs. 3 GwG; ein Ausdruck zu den Nebenakten ist nicht erforderlich, solange die Daten während der Aufbewahrungsfrist technisch zugänglich sind.[8]

Von der Identifizierung kann gem. § 11 Abs. 3 GwG nur noch abgesehen werden, wenn der zu Identifizierende bereits früher nach dem GwG identifiziert wurde. Erforderlich ist aber, dass dies ebenfalls nach Maßgabe des GwG erfolgte; eine frühere Personalienfeststellung nur nach § 10 BeurkG oder persönliche Bekanntheit des Notars genügt nicht.[9]

f) Feststellungen über die Geschäftsfähigkeit

Grundsätzlich können nur voll geschäftsfähige Personen rechtswirksame Willenserklärungen abgeben. **40** Die volle Geschäftsfähigkeit wird mit der Vollendung des 18. Lebensjahres (Volljährigkeit) erlangt (§ 2 BGB). Bei einigen Geschäften, z.B. zur Entgegennahme einer Schenkung, reicht ausnahmsweise die beschränkte Geschäftsfähigkeit (= Vollendung des 7. Lebensjahres). In anderen Fällen wird ein Mindestalter verlangt (z.B. ein notarielles Testament darf durch mündliche Erklärung oder Übergabe einer offenen Schrift errichten, wer das 16. Lebensjahr vollendet hat; seine Einwilligung zur Annahme als Kind kann abgeben, wer 14 Jahre alt ist).

Das Beurkundungsgesetz verpflichtet deshalb den Notar nicht, die „Geschäftsfähigkeit" festzustellen, sondern die *„erforderliche* Geschäftsfähigkeit" (§ 11 Abs. 1 BeurkG). Ist der Notar überzeugt, dass bei einem Beteiligten die für das beurkundete Geschäft erforderliche Geschäftsfähigkeit nicht vorhanden ist, so soll er die Beurkundung ablehnen (§ 11 Abs. 1 S. 1 BeurkG). Bloße Zweifel an der erforderlichen Geschäftsfähigkeit berechtigen ihn dazu nicht. Vielmehr soll er dann protokollieren, aber seine Zweifel in der Niederschrift festhalten (§ 11 Abs. 1 S. 2 BeurkG). Ohne besonderen Anlass braucht in der Niederschrift keine Feststellung über die Geschäftsfähigkeit enthalten zu sein. Es gilt die Vermutung, dass ein Erwachsener geschäftsfähig ist.

Etwas anderes gilt, wenn ein Beteiligter schwer krank ist. Hier ist der Notar gehalten, Feststellungen über **41** die Geschäftsfähigkeit in der Niederschrift zu treffen (§ 11 Abs. 2 BeurkG). Bei Heranwachsenden ist es ratsam, sich über die Volljährigkeit zu vergewissern, bei Minderjährigen sollte man das Geburtsdatum beifügen.

Besonderheiten gelten für die Verfügungen von Todes wegen. Nach § 28 BeurkG soll der Notar in jedem Fall seine Wahrnehmungen über die erforderliche Geschäftsfähigkeit in der Niederschrift vermerken. Bei Verfügungen von Todes wegen und Vollmachten, die von Kranken erteilt werden, ist besondere Aufmerksamkeit geboten. Die Erklärungen werden von Personen, die im Testament nicht bedacht oder von der Vollmacht beeinträchtigt werden, oft mit der Behauptung angefochten, der Testator oder Vollmachtgeber sei nicht mehr im Vollbesitz seiner geistigen Kräfte gewesen. Der Notar sollte die Beteiligten vor dieser Gefahr möglichst schützen und daher Feststellungen treffen, die über den Satz „der Notar überzeugte sich von der erforderlichen Geschäftsfähigkeit des Erblassers" hinausgehen. Oft kann ein Attest des behandelnden Arztes beigebracht werden, das dem Testament beigefügt wird. Wenn der Beteiligte es erlaubt, kann der Notar auch selbst mit dem Arzt sprechen und dessen Auskunft in der Niederschrift vermerken.

g) Feststellungen über Vertretung und Bevollmächtigung

Willenserklärungen werden grundsätzlich dem Erklärenden zugerechnet. Wenn der Erschienene die Er- **42** klärungen im Namen eines anderen abgibt, spricht man von Vertretung. Der Vertretene (Geschäftsherr) wird aus der Willenserklärung aber nur dann unmittelbar berechtigt und verpflichtet, wenn der Erklärende

---

8 Frenz/Miermeister/*Hertel*, § 57 BeurkG Rn 123b.
9 Frenz/Miermeister/*Hertel*, § 57 BeurkG Rn 115.

Vertretungsmacht hatte. Sie kann auf dem Gesetz beruhen (= gesetzliche Vertretung) oder auf einer Bevollmächtigung durch den Vertretenen (= „gewillkürte" oder „rechtsgeschäftliche" Vertretung).

43   aa) Gesetzliche Vertreter sind die Eltern für ihre Kinder, Vormünder und Pfleger für die Mündel, die Organe juristischer Personen (Geschäftsführer einer GmbH, Vorstand einer Aktiengesellschaft) sowie der persönlich haftende Gesellschafter für die Kommanditgesellschaft etc.

Vorgelegte Vollmachten bzw. Ausweise über die gesetzliche Vertretung sollen der Niederschrift in Urschrift oder beglaubigter Abschrift beigefügt werden (§ 12 BeurkG). Vormünder, Pfleger und Betreuer weisen ihre Vertretungsmacht bei der Beurkundung durch die Vorlage der Bestellungsurkunde nach.

... erschien:

für den minderjährigen, am 13.2.1997 geborenen Ewald Schuster, wohnhaft in Aachen, Domplatz 2,

als Pfleger aufgrund in Urschrift vorgelegter Bestellungsurkunde des Amtsgerichts Aachen vom 3.3.1997 (Az. VIII 83/1997),

die in beglaubigter Abschrift beigefügt ist:

Herr Rechtsanwalt Willi Schiffers in Aachen, Gerichtsstraße 7.

Kinder werden von beiden Eltern gemeinsam vertreten (§ 1626 Abs. 2 BGB).

... erschien:

für den minderjährigen, am 13.2.1997 geborenen Ewald Schuster, wohnhaft bei seinen Eltern,

dessen Eltern, die Eheleute Herr Erich Schuster, Kaufmann, geboren am 1.2.1970, und Frau Agathe geborene Schuhmacher, Hausfrau, geboren am 2.3.1972, beide wohnhaft in Aachen, Domplatz 2.

Nach dem Tod eines Elternteils steht die Vertretungsmacht dem anderen Elternteil allein zu.

... erschien:

für den minderjährigen, am 13.2.1997 geborenen Ewald Schuster, wohnhaft bei seiner Mutter,

als alleinige gesetzliche Vertreterin dessen Mutter, Frau Witwe Erich Schuster, Agathe geborene Schuhmacher, Hausfrau, geboren am 2.3.1972, wohnhaft in Aachen, Domplatz 2.

44   Eine Sterbeurkunde des anderen Elternteils braucht nicht beigefügt zu werden. Nur wenn Anlass besteht, die Glaubwürdigkeit des erschienenen Elternteils zu bezweifeln, wird der Notar einen geeigneten Nachweis verlangen.

Leben die Eltern, denen die elterliche Sorge gemeinsam zusteht, nicht nur vorübergehend getrennt, insbesondere im Fall der Scheidung, so kann jeder Elternteil beantragen, dass ihm das Familiengericht die elterliche Sorge oder einen Teil der elterlichen Sorge allein überträgt (§ 1671 Abs. 1 BGB).

... erschien:

für den minderjährigen, am 13.2.1997 geborenen Ewald Schuster, wohnhaft bei seiner Mutter,

als alleinige gesetzliche Vertreterin aufgrund Beschlusses des Amtsgerichts Aachen vom 4.6.1997 (Az. 4 X 13/1997), der in beglaubigter Abschrift beigefügt ist, dessen Mutter, Frau Agathe Schuster geborene Schuhmacher ...

45   Die elterliche Sorge für Kinder, deren Eltern nicht miteinander verheiratet sind, richtet sich nach § 1626a BGB. Haben die Eltern, die nicht miteinander verheiratet sind, Sorgeerklärungen abgegeben und damit ihre gemeinsame Sorge begründet, so können sie durch Ausfertigungen der entsprechenden Sorgeerklärungen ihre Vertretung nachweisen.

... erschien:

für den minderjährigen, am 13.2.1997 geborenen Ewald Schuster, wohnhaft bei seiner Mutter,

dessen Vater, Herr Erich Meyer, und dessen Mutter, Frau Agathe Schuster geborene Schuhmacher, gemeinsam sorgeberechtigt;

Ausfertigung der Sorgerechtserklärung vom (...) UR.Nr. (...) des Notars (...) vorlegend, von der eine beglaubigte Abschrift dieser Urkunde beigefügt ist.

Juristische Personen (GmbH, AG, Verein, Genossenschaft) werden durch ihre Organe vertreten. Die Vertretungsbefugnis ergibt sich aus dem Handels-, Vereins- bzw. Genossenschaftsregister. Nach § 12 S. 2 BeurkG kann der Notar eine Vertretungsbescheinigung beifügen (vgl. dazu Rdn 138).

... erschien:

für die „Schmidt GmbH" (AG Düren HR B 1) mit dem Sitz in Düren, Tivolistraße 1,

deren Geschäftsführer Herr Rudolf Müller, Diplom-Kaufmann, wohnhaft in Düren, Tivolistraße 1.

Aufgrund Einsicht in die elektronische Datei des Handelsregisters des Amtsgerichts Düren vom heutigen Tage bescheinige ich, dass Herr Rudolf Müller alleinvertretungsberechtigter Geschäftsführer der „Schmidt GmbH" mit Sitz in Düren ist.

bb) Tritt ein rechtsgeschäftlich bestellter Vertreter (= gewillkürter Vertreter) auf, so hat der Notar zunächst zu prüfen, ob bei dem vorzunehmenden Rechtsgeschäft Vertretung überhaupt zulässig ist. Manche Geschäfte können nur persönlich abgeschlossen werden. **46**

Beispiel

Der Erblasser kann einen Erbvertrag nur persönlich schließen (§ 2274 BGB), das Gleiche gilt für die Testamentserrichtung (§ 2064 BGB) und die Einwilligung zur Annahme als Kind (§ 1746 Abs. 1 BGB).

Weiter muss die Vollmacht ordnungsgemäß erteilt sein und in ihrem Umfang das vorzunehmende Rechtsgeschäft decken. Etwaige Formvorschriften für die Vollmacht müssen eingehalten sein. Die Urkunden für die Vollmacht sollen in Urschrift oder beglaubigter Abschrift der Niederschrift beigefügt werden (§ 12 BeurkG).

Dabei ist zu beachten, dass die Vollmacht bei der Beurkundung immer in *Urschrift* oder *Ausfertigung* vorgelegt werden muss. Denn sie könnte widerrufen oder sonst erloschen sein, ohne dass der Bevollmächtigte das Original der Urkunde oder die Ausfertigung zurückgegeben hat. Nach § 172 BGB ist der Geschäftsgegner nur bei Vorlage der „Vollmachtsurkunde" in seinem guten Glauben an die Vollmacht geschützt. Vollmachtsurkunde im Sinne des § 172 BGB ist aber nur das Original der Vollmacht und bei notariell beurkundeten Vollmachten eine Ausfertigung (§ 47 BeurkG). Wird die Urschrift oder Ausfertigung der Vollmacht noch anderweitig benötigt, sodass der Vertreter die Urkunde nicht aus der Hand geben kann, so ist außerdem in der Niederschrift selbst festzustellen, dass die Vollmacht in Urschrift oder Ausfertigung vorgelegen hat. **47**

... erschien:

Herr Rechtsanwalt Franz Schneider, wohnhaft in Düsseldorf, Königsallee 300, hier handelnd

als Bevollmächtigter aufgrund in Ausfertigung vorliegender Vollmacht vom 3.2.1997 (UR.Nr. 50/1997 des Notars Fritz Richard in Mülheim), die in beglaubigter Abschrift dieser Niederschrift beigefügt ist, für:

Herrn Reiner Kloster, Kaufmann, wohnhaft in Aachen, Domplatz 3.

Es ist auch möglich, dass sich ein Beteiligter vollmachtlos vertreten lässt. Der von einem Vertreter ohne Vertretungsmacht abgeschlossene Vertrag ist bis zur Genehmigung durch den vollmachtlos Vertretenen schwebend unwirksam (§ 177 BGB).

... erschien:

für die Stadt Aachen

als vollmachtloser Vertreter, die Genehmigung vorbehaltend:

Herr Anton Müller, Bürovorsteher, wohnhaft in Aachen, Domplatz 5.

h) Erklärungen der Beteiligten einschließlich der Anlagen

48 Nach den Feststellungen über Ort und Tag der Verhandlung, der Bezeichnung des Notars und der Beteiligten folgen die Erklärungen der Erschienenen, eingeleitet mit: „Die Erschienenen erklärten" oder „Sie erklärten zu Protokoll des Notars" oder ähnlich. Als Erklärung der Erschienenen nimmt der Notar deren rechtsgeschäftliche Willensäußerungen in die Urkunde auf. Die Erklärungen werden zweckmäßigerweise in direkter Rede wiedergegeben.

aa) Erklärungen der Beteiligten

49 Eine Beurkundung geht im Allgemeinen so vor sich:

Der Notar, der nicht nur ein „Protokollführer" ist, sondern der unparteiische und fachkundige Berater der Beteiligten, erörtert mit den Erschienenen den Gegenstand der Beurkundung und erforscht das wirklich Gewollte, das er dann formuliert (siehe § 1 Rdn 86 ff.). Den von ihm formulierten Text nimmt der Notar als Erklärung der Erschienenen auf. Dadurch, dass die Erschienenen den vom Notar vorgelesenen Text als ihre Erklärung „genehmigen", machen sie sich ihn zu eigen. Es kann somit entgegen dem Wortsinn eine Person vor dem Notar umfangreiche „Erklärungen" im Sinne des § 9 BeurkG abgeben, ohne dabei ein Wort zu sagen, indem sie nämlich nur mit dem Kopf nickt und das Protokoll unterzeichnet. Ob die Erklärungen vollständig und geeignet sind, den beabsichtigten Rechtserfolg herbeizuführen, ist keine Frage des Beurkundungsrechts, sondern des materiellen Rechts (BGB, HGB etc.).

> *Beispiel*
>
> Wenn Verkäufer und Käufer beim Grundstücksvertrag die Vertragsbedingungen falsch oder unvollständig, etwa die Gegenleistungen geringer als vereinbart, angeben oder ganz verschweigen (um Steuern zu hinterziehen), dann ist der Vertrag nicht aus formellen Gründen unwirksam. Denn die Erklärungen vor dem Notar sind richtig protokolliert. Der Vertrag ist unter Umständen aber aus materiellen Gründen unwirksam. Nach § 311b BGB – der materiellen Vorschrift – müssen alle wesentlichen Vertragsbedingungen beurkundet werden. Nebenabreden außerhalb der Urkunde können zur Nichtigkeit des ganzen Vertrages führen (§§ 311b, 125 BGB).

bb) Die Anlagen

50 Die Erklärung der Beteiligten braucht nicht in dem Protokoll selbst enthalten zu sein. Nach § 9 Abs. 1 S. 2 BeurkG gelten Erklärungen in einem Schriftstück, auf das in der Niederschrift verwiesen und das der Niederschrift beigefügt wird, als in der Niederschrift enthalten. Ein solches Schriftstück kann Willenserklärungen beliebiger Art enthalten. Es braucht nicht vom Notar zu stammen, kann auch von den Beteiligten dem Notar übergeben worden sein.

Zur Verweisung auf das Schriftstück gehört und genügt es zu vermerken, dass die in der Anlage niedergelegten Äußerungen von den Erschienenen zum Gegenstand ihrer Erklärungen vor dem Notar gemacht wurden. Fehlt es an einer solchen Verweisung, so ist der Inhalt der Anlage, mag sie der Niederschrift auch beigefügt sein, nicht vom Notar beurkundet. Die Prüfungs- und Belehrungspflicht des Notars (§ 1 Rdn 85 ff.) bezieht sich auch auf übergebene und der Niederschrift beigefügte Schriftstücke. Die Anlage muss, da sie zur Niederschrift gehört, vorgelesen und genehmigt werden.

Beispiele für beigefügte Erklärungen

Die Erschienenen gründen eine GmbH und verweisen hinsichtlich der Satzung auf einen Gesellschaftsvertrag, den sie der Niederschrift beifügen. Die Verweisung könnte so lauten: „Für das Gesellschaftsverhältnis vereinbaren wir den Gesellschaftsvertrag, der dieser Urkunde als Anlage beigefügt ist."

Jemand will die Richtigkeit von Angaben in einem Schriftstück an Eides statt versichern. In der Niederschrift belehrt der Notar über die Bedeutung der eidesstattlichen Versicherung und die Strafbarkeit einer fahrlässig oder vorsätzlich falschen Versicherung dieser Art. Der Erschienene versichert dann an Eides statt, dass die in dem als Anlage beigefügten Schriftstück enthaltenen Angaben richtig und vollständig sind.

Häufig bedienen sich die Beteiligten zur Verdeutlichung ihrer Erklärungen dem Protokoll beizufügender **51** Karten, Zeichnungen oder sonstiger Abbildungen;[10] etwa beim Verkauf von noch nicht vermessenen Teilflächen. Dem Kaufvertrag über ein Trennstück wird regelmäßig eine Katasterkarte oder eine Handskizze beigefügt. In die Karte sind die Grenzen des herauszumessenden Teilstückes eingezeichnet.

Karten, Zeichnungen und Abbildungen enthalten keine vorlesbaren Worte und sind deshalb keine „Schriftstücke". Dennoch behandelt § 9 Abs. 1 S. 2 BeurkG diese Hilfsmittel wie Schriftstücke, sodass sie als Anlage mitbeurkundet werden können und auch mitbeurkundet werden müssen, wenn die Erklärung ohne die Abbildung nicht verständlich wäre.

Soweit sich aus der Erklärung in Verbindung mit der Karte eine hinreichend klare Aussage ergibt, wird **52** die Niederschrift von der möglicherweise umständlichen und wenig anschaulichen Wiedergabe des Karteninhalts in Wortform befreit. Allerdings ist es nicht möglich, Karten und dergleichen isoliert zu beurkunden. Erforderlich ist stets eine rechtsgeschäftliche Erklärung in der Niederschrift selbst, die sich auf die Karte als Erklärungsmittel bezieht.

Die Möglichkeit, Erklärungen unter Verwendung von Abbildungen, Karten und Zeichnungen abzugeben, wirkt sich auf das Beurkundungsverfahren aus:

Da diese Unterlagen nicht vorgelesen werden können, sieht § 13 Abs. 1 S. 1 BeurkG für Karten, Zeichnungen und Abbildungen als Ersatz die Vorlage zur Durchsicht vor. Sie ersetzt das nicht mögliche Vorlesen.

Der Notar formuliert wie folgt:

> „Das Teilstück ist in der als Anlage zu dieser Urkunde genommenen Skizze rot angelegt und mit den Buchstaben A-B-C-D-A bezeichnet.
>
> Die Skizze wurde den Beteiligten zur Durchsicht vorgelegt und von ihnen genehmigt."

i) Verweisung auf eine andere notarielle Niederschrift gemäß § 13a BeurkG

Erklärungen, die zum beurkundungsbedürftigen Inhalt eines Rechtsgeschäftes gehören, können zunächst **53** auf zweierlei Weise beurkundet werden:

1. Die Erklärungen werden in die Niederschrift selbst aufgenommen, § 9 Abs. 1 Nr. 2 BeurkG; vorstehend h) aa).
2. In der Niederschrift wird auf die Erklärungen in dem anderen Schriftstück verwiesen, das andere Schriftstück wird als Protokollanlage beigefügt und mitvorgelesen, § 9 Abs. 1 S. 2 BeurkG; vorstehend h) bb).

Eine dritte Möglichkeit der Beurkundung hat der in das Beurkundungsgesetz eingeführte § 13a BeurkG geschaffen:

3. In der Niederschrift wird auf das andere Schriftstück, sofern dies eine notarielle *Niederschrift* ist, in dem Verfahren nach § 13a BeurkG verwiesen.

---

10 Auch Fotografien, DNotI-Report 2007, 60 ff.

Das Verweisungsverfahren nach § 13a BeurkG unterscheidet sich nur insoweit von der Aufnahme in die Niederschrift selbst – vorstehend h) aa) – und von der Mitbeurkundung als Protokollanlage – vorstehend h) bb) –, als das Vorlesen und Beifügen *verzichtbar* sind.

Es handelt sich bei dem Beurkundungsverfahren nach § 13a BeurkG um eine vom Gesetzgeber gewollte Vereinfachung, die notwendig geworden ist, um die Beurkundung zu erleichtern, nachdem die Rechtsprechung des Bundesgerichtshofes bei der Bezugnahme auf andere notarielle Urkunden neue (im Ergebnis wohl überzogene) Anforderungen gestellt hatte.

54 § 13a BeurkG will bei der Beurkundung umfangreicher *serienmäßiger* Abmachungen, wie sie der moderne Rechtsverkehr mit sich bringt (Bauträgerverträge mit Baubeschreibung; Verkauf von Eigentumswohnungen mit Teilungserklärung; Beurkundung von Zusatzabreden bei Kaufverträgen wie Fernwärme- oder Antennenvereinbarungen) den Beteiligten das lange Vorlesen, das oft nur ein sinnloser Formalismus ist, und die unnötige Beifügung von Urkunden, die schon im Besitz der Beteiligten sind, ersparen. Demzufolge erlaubt das Verfahren nach § 13a BeurkG, unter bestimmten Voraussetzungen auf Vorlesen und Beifügen solcher Anlagen zu verzichten, die bereits anderwärts *notariell beurkundet* sind.

Die folgenden Grundsätze gelten nur für das Verweisen im engeren Sinne, d.h. nur für die Bezugnahme auf solche Urkunden, deren Inhalt „an sich" mit vorgelesen, genehmigt und unterschrieben, also mit „beurkundet" werden müsste. Die Bezugnahme auf andere (auch privatschriftliche) Urkunden oder Karten etc., die nur als erläuternder Hinweis gemeint ist und deren Protokollierung durch die Verweisung nicht erübrigt werden soll, weil es ihrer gar nicht bedarf, unterliegt den nachfolgenden Regeln *nicht*.

> *Beispiel*
>
> In einem Erbscheinsantrag wird auf ein eigenhändiges Testament „verwiesen" oder „Bezug genommen".

55 Die zwingenden Wirksamkeitsvoraussetzungen für das vereinfachte Beurkundungsverfahren nach § 13a BeurkG sind:

1. Es muss auf eine andere *notarielle* Niederschrift verwiesen werden. Die Verweisung auf andere öffentliche Urkunden (auch Urkunden im Sinne des Beurkundungsgesetzes, die von anderen Urkundspersonen protokolliert worden sind) und ausländische Urkunden würde die Verweisung und damit die Urkunde selbst unwirksam machen. Die Urkunde, auf die verwiesen wird, muss nach den Vorschriften über die Beurkundung von Willenserklärungen errichtet sein. Es darf also nur auf Urkunden gemäß §§ 8 ff. BeurkG verwiesen werden, nicht auf solche nach §§ 36 ff. BeurkG (Beurkundung tatsächlicher Vorgänge, Versammlungsbeschlüsse, Eide, Unterschriftsbeglaubigung). Besonders wichtig und anzumerken ist, dass eine Urkunde, unter der nur eine Unterschrift beglaubigt wurde, nicht verweisungsfähig ist. Die andere notarielle Urkunde, auf die verwiesen wird, muss formwirksam sein.
2. Auf die andere notarielle Niederschrift muss in der zu errichtenden Niederschrift *verwiesen* werden. „Verweisen" auf die andere notarielle Niederschrift setzt voraus, dass die andere Niederschrift genau bezeichnet wird nach Notar, Amtssitz, Datum, Nummer der Urkundenrolle, und dass der Inhalt der anderen Urkunde in die zu errichtende Niederschrift einbezogen wird.
3. Weiter verlangt das Verfahren nach § 13a BeurkG, dass die Beteiligten auf das Vorlesen der anderen Urkunde verzichten. Die Erklärung des Verzichts muss verbunden sein mit der Erklärung der Beteiligten, der Inhalt der anderen Niederschrift sei ihnen bekannt.
Es kann auch auf das *Beifügen* der anderen Niederschrift, auf die verwiesen wird, verzichtet werden, ferner sowohl auf das Vorlesen wie auf das Beifügen oder auch nur auf das Vorlesen oder nur auf das Beifügen.

56 Neben den unverzichtbaren Wirksamkeitsvoraussetzungen für die Verweisung, deren Verletzung die Beurkundung nichtig macht, kommt den Soll-Vorschriften in § 13a BeurkG besondere Bedeutung zu. Durch sie soll sichergestellt werden, dass die Beteiligten auch ohne Vorlesen über den Inhalt der Niederschrift, auf die verwiesen wird, unterrichtet sind. Die Soll-Vorschriften einzuhalten, ist Amtspflicht des Notars.

Folgende Förmlichkeiten soll der Notar bei dem Beurkundungsverfahren nach § 13a BeurkG beachten:

1. Die Niederschrift soll feststellen, dass die Beteiligten erklärt haben, der Inhalt der anderen Niederschrift sei ihnen bekannt und sie verzichteten auf das Vorlesen.
Wenn auch auf das Beifügen verzichtet wird, soll dies ebenfalls zusätzlich vermerkt sein, das Gleiche gilt, wenn nur auf das Beifügen verzichtet wird (nicht also auch auf das Vorlesen).

2. Der Notar soll nur beurkunden, wenn den Beteiligten die andere Niederschrift zumindest in beglaubigter Abschrift bei der Beurkundung vorliegt. Das Wort „zumindest" stellt klar, dass Urschrift und Ausfertigung auch genügen.

3. Kann die andere Niederschrift bei dem Notar oder einer anderen Stelle rechtzeitig vor der Beurkundung eingesehen werden, so soll der Notar dies den Beteiligten vor der Verhandlung mitteilen; befindet sich die andere Niederschrift bei dem Notar, so soll er diese den Beteiligten auf Verlangen übermitteln.

Das Gesetz schreibt nicht vor, dass der Notar bei der Beurkundung die Beachtung der Soll-Vorschriften **57** zu vermerken hat. Dennoch muss empfohlen werden, in der Niederschrift die Einhaltung der Soll-Vorschriften zu protokollieren.

Das nachfolgende Muster geht davon aus, dass die Beteiligten auf Vorlesen und Beifügen der anderen Niederschrift verzichten:

„Wegen der Teilungserklärung, Baubeschreibung und der Baupläne, die Gegenstand dieses Vertrages **58** sind, verweisen die Beteiligten auf die Urkunde des amtierenden Notars vom 15.4.2021 – UR.Nr. 320/2021 –, die in Urschrift bei der Beurkundung vorlag. Der Käufer hat bereits vor der heutigen Verhandlung vom Notar eine beglaubigte Abschrift dieser Urkunde erhalten.

Der Notar hat die Beteiligten darüber belehrt, dass der Inhalt dieser Urkunde als Teil ihrer heutigen Vereinbarungen mit dem Abschluss dieses Vertrages für sie verbindlich wird.

Die Beteiligten erklärten, dass ihnen der Inhalt dieser Urkunde bekannt sei und dass sie auf das Vorlesen der Schriftstücke, auf die Vorlage der Baupläne zur Durchsicht und auf das Beifügen dieser Urkunden zur heutigen Niederschrift verzichten."

j) Eingeschränkte Vorlesungspflicht

§ 14 BeurkG enthält eine Einschränkung der Vorlesungspflicht nach § 13 BeurkG. Werden Bilanzen, Inventare, Nachlassverzeichnisse oder sonstige Bestandsverzeichnisse über Sachen, Rechte und Rechtsverhältnisse in ein Schriftstück aufgenommen, auf das in der Niederschrift verwiesen und dieser beigefügt wird, so braucht es nicht vorgelesen zu werden, wenn die Beteiligten auf das Vorlesen verzichten. Das Gleiche gilt bei der Bestellung von Grundpfandrechten für diejenigen Erklärungen, die nicht selbst in das Grundbuch eingetragen werden müssen. Auch diese können in ein Schriftstück aufgenommen werden, auf das die Niederschrift verweist und das der Niederschrift beigefügt wird. Das beigefügte Schriftstück braucht nicht vorgelesen zu werden, wenn die Erschienenen darauf verzichten. Der Verzicht ist in die Niederschrift aufzunehmen. Das Schriftstück soll den Beteiligten zur Kenntnisnahme vorgelegt und von ihnen unterschrieben werden.

Wenn Bilanzen, Inventare, Nachlassverzeichnisse oder sonstige Bestandsverzeichnisse beigefügt werden, so ist zu beachten, dass sie sich auf einen real existierenden Bestand beziehen müssen. Beschreibungen oder Auflistungen von Gegenständen, die erst noch beschafft oder hergestellt werden müssen, beispielsweise die Baubeschreibung im Rahmen eines Bauträgervertrages, unterfallen nach wie vor der uneingeschränkten Vorlesungspflicht.

Besteht das Schriftstück aus mehreren Seiten, so *soll* jede einzelne Seite von den Beteiligten unterzeichnet **60** net werden. Die Prüfungs- und Belehrungspflicht, § 17 BeurkG (siehe § 1 Rdn 85 ff.). besteht auch hinsichtlich des nicht verlesenen Schriftstückes. Bei der Beurkundung von Grundpfandrechten *muss* die Niederschrift selbst auf jeden Fall enthalten:

Die Bezeichnung des Gläubigers, den Nennbetrag des Grundpfandrechts, den Zinssatz und die anderen Nebenleistungen (§ 1115 Abs. 1 S. 1 BGB), ferner jedenfalls die Unterwerfung unter die sofortige Zwangsvollstreckung (§ 14 Abs. 1 BeurkG).

Dagegen können die schuldrechtlichen Vereinbarungen (Zahlungsbedingungen, Fristen, Kündigungsrechte, Sorgfaltspflichten hinsichtlich des Beleihungsobjektes) in die Anlage aufgenommen werden.

k) Sammelbeurkundung

61 § 13 Abs. 2 BeurkG gestattet eine erleichterte Form der Vorlesung bei Sammelbeurkundungen:

Werden mehrere Niederschriften aufgenommen, die ganz oder teilweise übereinstimmen, so genügt es, wenn der übereinstimmende Teil den Beteiligten einmal vorgelesen wird. Bei der sogenannten Sammelbeurkundung muss der Notar Folgendes beachten:

- Alle Beteiligten müssen mit dem Verfahren einverstanden sein,
- die Verschwiegenheitspflicht darf nicht verletzt werden,
- die Belehrung aller Beteiligten über den Inhalt der Urkunde muss sichergestellt sein.

62 Daraus ergeben sich Beschränkungen. Die Richtlinien (Empfehlungen der BNotK Ziffer II 1 S. 4 lit. e) verbieten die Sammelbeurkundung, wenn gleichzeitig mehr als fünf Niederschriften mit verschiedenen Beteiligten aufgenommen werden. Dies gilt als Obergrenze.

Bei der Beurkundung von Bauträgerverträgen erscheint wegen deren Komplexität eine Obergrenze bei drei Beteiligten geboten.

l) Schlussvermerk und Unterschriften

63 Die Niederschrift muss in Gegenwart des Notars den Beteiligten (sprich: Erschienenen) vorgelesen, von ihnen genehmigt und eigenhändig unterschrieben werden (§ 13 Abs. 1 BeurkG). In ihr soll festgestellt werden, dass dies geschehen ist. Auch der Notar muss sie unterschreiben (§ 13 Abs. 3 BeurkG).

„Vorlesen" – „genehmigen" – „unterschreiben" sind die unverzichtbaren Bestandteile jeder notariellen Verhandlung. Ein Verstoß hat die Nichtigkeit der Urkunde zur Folge. Die Beteiligten können den Notar von dem Vorlesen nicht befreien oder durch zustimmende Erklärung die Formnichtigkeit heilen.

Vorzulesen ist das ganze Protokoll vom ersten bis zum letzten Wort, einschließlich des „Protokollkopfes", mit Ort und Tag der Verhandlung, der Bezeichnung des Notars und der Beteiligten. Eine Ausnahme darf gemacht werden, wenn in einem Termin mehrere Urkunden protokolliert werden, deren Wortlaut ganz oder teilweise übereinstimmt. Dann genügt es, eine Urkunde vorzulesen und von den übrigen nur die Abweichungen (§ 13 Abs. 2 BeurkG).

64 Die Versuchung ist groß, das Vorlesen nicht so ganz genau zu nehmen. Bei Formularurkunden, z.B. Grundschuldbestellungen, bitten die Erschienenen den Notar manchmal, „schnell zu machen", da sie das Formular schon oft gehört hätten und das Vorlesen deshalb eine überflüssige Förmlichkeit sei. Der Notar, der in einem nicht verlesenen Protokoll feststellt, dass es verlesen sei, begeht eine Falschbeurkundung im Amt.

Die Niederschrift muss in Gegenwart des Notars, aber nicht unbedingt von ihm selbst verlesen werden. Nicht gegenwärtig ist der Notar, wenn er im Nebenraum sitzt und durch die offene Tür zuhört.[11] Auf Verlangen soll der Notar die Niederschrift den Beteiligten zur Durchsicht vorlegen. Die Vorlage ersetzt jedoch nicht das Vorlesen (§ 13 Abs. 1 BeurkG).

65 Die Urkunde muss von den Beteiligten genehmigt werden. Die Genehmigung kann in beliebiger Form geschehen, etwa durch Kopfnicken oder durch anderes schlüssiges Verhalten. Regelmäßig liegt die Genehmigung darin, dass die Beteiligten widerspruchslos unterschreiben. Haben die Beteiligten die Niederschrift eigenhändig unterschrieben, so wird vermutet, dass sie in Gegenwart des Notars vorgelesen oder, soweit es sich um Karten und dergleichen handelt, diese zur Durchsicht vorgelegt und von den Beteiligten genehmigt wurden (§ 13 Abs. 1 S. 3 BeurkG).

Vor den Unterschriften steht der Schlussvermerk, etwa: „Diese Niederschrift wurde den Erschienenen (in Gegenwart des Notars) vorgelesen, von ihnen genehmigt und eigenhändig unterschrieben." Die Beteiligten müssen „eigenhändig" unterschreiben. Auf die Verwendung der Hand kommt es entgegen dem Wortlaut jedoch nicht an. Ein Versehrter kann auch mit dem Mund oder einem Fuß unterschreiben. „Eigenhän-

---

11 BGH DNotZ 1975, 365.

dig" heißt: Unmittelbar mit eigener Kraft auf das Papier seinen Namen setzen. Hierbei ist es zulässig, den Beteiligten zu unterstützen, etwa durch Halten des Armes oder der Hand.[12]

„Unterschrift" ist die Namensunterschrift, die mit dem Familiennamen geleistet wird. Die Unterzeich- **66** nung nur mit dem Vornamen führt zur Unwirksamkeit der Urkunde.[13] Führt der Erschienene einen ande- ren Namen als nach bürgerlichem Recht (Ordensname, Künstlername etc.), so kann er auch damit unterschreiben, sofern er dadurch zuverlässig identifiziert wird. Bei mehreren Beteiligten gleichen Fami- liennamens dient es der Klarheit, wenn der Vorname hinzugefügt wird. Der Name muss ausgeschrieben sein. Die Unterzeichnung mit den Anfangsbuchstaben (Paraphe) genügt nicht. Leserlich braucht der Na- menszug nicht zu sein. Auch ein Blinder, der schreiben kann, muss die Niederschrift unterschreiben (vgl. Rdn 73).[14]

Handzeichen, z.B. drei Kreuze, sind keine Unterschrift. Deshalb muss für einen Schreibunkundigen oder Schreibunfähigen ein Schreibzeuge zugezogen werden, der für ihn unterschreibt (vgl. Rdn 84). Da der Schreibunfähige jedoch seine Handzeichen notariell beglaubigen lassen kann, hilft sich die Praxis, wenn kein Schreibzeug zur Hand ist, damit, dass für den Schreibunfähigen ein mündlich Bevollmächtig- ter auftritt (sofern Vertretung zulässig ist) und der Vertretene unter die Genehmigungsurkunde sein Hand- zeichen setzt.

Die Unterschrift hat unter dem letzten Satz des Protokolls zu stehen. Wenn ein Beteiligter zwischen dem **67** Schlussvermerk und seiner Unterschrift Platz lässt, soll der Notar den Zwischenraum durch einen Füll- strich vor nachträglichen Einfügungen sichern. Verweigert ein Beteiligter die Unterschrift, so ist die Be- urkundung seiner Erklärung nicht zustande gekommen.

Die Unterschrift des Notars schließt die Beurkundung ab. Die zeitliche Reihenfolge kommt auch räum- lich zum Ausdruck. Die Unterschrift des Notars ist die letzte und steht unter den anderen Unterschriften. Der Notar soll so unterschreiben, wie er seine Unterschrift beim Landgerichtspräsidenten hinterlegt hat (§ 1 DONot). Seinem Namen fügt er die Amtsbezeichnung „Notar", der Notarvertreter die Amtsbezeich- nung „Notarvertreter" bei.

Hat der Notar seine Unterschrift versehentlich vergessen, so kann er sie nach herrschender Ansicht bei lebzeitigen Erklärungen auch dann noch nachholen, wenn bereits Ausfertigungen erteilt wurden. Hierzu ist eine Nachtragsverhandlung erforderlich. Die Nachtragsverhandlung könnte etwa lauten:[15]

> „Diese Verhandlung habe ich am ... fortgesetzt und mit meiner Unterschrift abgeschlossen."

Etwas anderes gilt bei Verfügungen von Todes wegen. Hier kann die fehlende Unterschrift des Notars nur **68** nachgeholt werden, solange der Erblasser noch lebt.

Allerdings wird die in der Niederschrift der Verfügung von Todes wegen fehlende Unterschrift „ersetzt" durch die in der Aufschrift auf dem verschlossenen Umschlag, mit welchem der Notar die Verfügung von Todes wegen in die besondere amtliche Verwahrung bringt, befindliche Unterschrift, § 35 BeurkG (siehe Rdn 97).

2. Beteiligung behinderter Personen

Das Gesetz will den schützen, der an einem körperlichen Gebrechen leidet und deshalb an der eigenen **69** Überwachung des Beurkundungsvorganges gehindert ist. Ist ein Erschienener gebrechlich (= taub, stumm, blind; oder in der Sprache des Beurkundungsgesetzes: hörbehindert, sprachbehindert, sehbehin- dert), so müssen bei der Beurkundung die Sondervorschriften der §§ 22–26 BeurkG beachtet werden.

---

12 BayObLG DNotZ 1986, 299.

13 BGH ZNotP 2003, 142.

14 Zu den Anforderungen an Unterschriften unter der notariellen Niederschrift vgl. *Kanzleiter*, DNotZ 2002, 520 ff., und Eylmann/ Vaasen/*Limmer*, § 13 Rn 19.

15 LG Aachen DNotZ 1976, 428 ff.

a) Art der Behinderung

70 *Hörbehindert* (taub) ist, wer nicht hören kann oder doch so behindert ist, dass eine zuverlässige Verständigung von Mund zu Ohr nicht stattfinden kann. Bloße Schwerhörigkeit ist nicht Taubheit, sofern sie durch lautes Sprechen überwunden werden kann.

Sprachbehindert (stumm) ist, wer sich nicht durch Sprachlaute verständlich machen kann. Unschädlich ist es, wenn der Beteiligte einzelne Worte nicht sprechen kann, sofern er sich durch Zeichen oder Gesten verständlich machen kann. Er muss jedoch das Wort „ja" sagen, auch wenn es schwer verständlich ist.[16]

Sehbehindert ist, wer blind oder so hochgradig schwachsichtig ist, dass er der Verhandlung nicht mit dem Sehsinn folgen kann. Der Sehbehinderte (Blinde) ist nicht immer schreibunfähig. Viele Blinde können ihren Namen schreiben.

b) Feststellung der Behinderung

71 Es kommt nicht darauf an, ob der Beteiligte wirklich nicht hören, sehen oder sprechen kann. Das Urteil darüber ist schwierig und darf nicht allein dem Notar überlassen bleiben. Das Gesetz stellt deshalb alternativ auf die Angabe des Beteiligten selbst *oder* die Überzeugung des Notars ab. Immer reicht die Angabe des Beteiligten, er könne nicht sehen, hören oder sprechen aus, um das besondere Beurkundungsverfahren auszulösen. Will ein Beteiligter seine Behinderung jedoch nicht zugeben, so genügt auch die Überzeugung des Notars von der Behinderung. Ist der Notar von dem Gebrechen des Erschienenen überzeugt, so darf er nur unter Beachtung der Vorschriften der §§ 22 ff. BeurkG beurkunden.

c) Beurkundungsverfahren

72 Steht die Behinderung fest, so hat der Notar die Amtspflicht, zu der Beurkundung einen Zeugen oder einen zweiten Notar hinzuzuziehen, sofern nicht alle Beteiligten – nicht nur der Behinderte allein – darauf verzichten. Diese Tatsachen sollen in der Niederschrift angegeben werden (§ 22 Abs. 1 S. 3 BeurkG).

Als Zeuge oder zweiter Notar darf gemäß § 26 BeurkG nicht hinzugezogen werden, wer

- selbst beteiligt ist, also in der Niederschrift eine eigene Erklärung abgibt, oder vertreten wird,
- aus der zu beurkundenden Willenserklärung einen rechtlichen Vorteil erlangt,
- mit dem Notar verheiratet oder in gerader Linie verwandt ist,
- mit dem Notar eine Lebenspartnerschaft führt,
- zu dem Notar in einem ständigen Dienstverhältnis steht (z.B. Angestellte des Notars, jedoch kann ein Notarassessor, der dem Notar zur Ausbildung überwiesen ist, als Schreibzeuge hinzugezogen werden),
- geisteskrank oder geistesschwach ist,
- selbst behindert ist,
- nicht schreiben kann,
- der deutschen Sprache, oder wenn in einer anderen Sprache beurkundet wird, dieser Sprache nicht mächtig ist.

Es ist nicht nötig, jedoch zweckmäßig, die Identität des Zeugen zu prüfen. Der Zeuge genehmigt die Niederschrift nicht, der Behinderte genehmigt sie selbst. Der Zeuge soll die Niederschrift unterschreiben (§ 22 Abs. 2 BeurkG); der Schreibzeuge *muss* sie unterschreiben (§ 25 S. 3 BeurkG).

73 Zu beachten:

Der Blinde muss selbst unterschreiben. Kann der Blinde nicht schreiben, so wird er als Schreibunfähiger behandelt. Dann ist die Hinzuziehung eines Zeugen unverzichtbar; dieser Schreibzeuge *muss* die Niederschrift unterschreiben (§ 25 S. 3 BeurkG).

Auf Verlangen eines hör- oder sprachbehinderten Beteiligten soll der Notar einen Gebärdensprachdolmetscher hinzuziehen (§ 22 Abs. 1 S. 2 BeurkG). Mit dem Ausdruck „auf Verlangen" wird zum Ausdruck gebracht, dass der Notar nicht von sich aus einen Gebärdensprachdolmetscher hinzuziehen soll, sondern

---

16 BayObLG DNotZ 2001, 471 ff.

nur, wenn dies von dem behinderten Beteiligten verlangt wird. § 22 Abs. 2 BeurkG, wonach die Niederschrift auch vom Zeugen oder zweiten Notar unterschrieben werden soll, erwähnt den Gebärdensprachdolmetscher nicht. Warum er die Niederschrift nicht auch unterschreiben soll, ist aus dem Gesetzestext nicht ersichtlich. Auch seine Unterschrift unter der Niederschrift ist empfehlenswert.

§ 26 BeurkG (Verbot als Zeuge oder zweiter Notar hinzugezogen zu werden) ist nicht um den Gebärdensprachdolmetscher ergänzt. Ein Verstoß gegen §§ 22 und 26 BeurkG (Hinzuziehung eines Zeugen oder Hinzuziehung eines Gebärdensprachdolmetschers) führt nicht zur Unwirksamkeit der Beurkundung, jedoch ist es Amtspflicht des Notars, diese Vorschriften einzuhalten. Diese Tatsachen sollen in der Niederschrift festgestellt werden (§ 22 Abs. 1 S. 3 BeurkG). Die Niederschrift soll vom Zeugen oder dem zweiten Notar unterschrieben werden, § 22 Abs. 2 BeurkG. Sollte sich aus der Nichtbeachtung dieser Vorschriften ein Schaden ergeben, so hat der Notar dafür einzustehen. **74**

aa) Beteiligung eines Hörbehinderten

Bei hörbehinderten Personen muss die Niederschrift dem Hörbehinderten anstelle des Vorlesens vorgelegt werden. Dies soll in der Niederschrift festgestellt werden. Das Nichtvorlegen bewirkt die Unwirksamkeit der Beurkundung (§ 23 BeurkG). **75**

76

Verhandelt zu (…) am (…)

Vor Notar (…) erschienen:

1. Herr Müller (…)
2. Herr Schmitz (…)

Die Erschienenen sind dem Notar bekannt.

Herr Schmitz vermag nach seinen Angaben (oder: der Überzeugung des Notars) nicht hinreichend zu hören. Es wurde jedoch allseits auf die Zuziehung eines Zeugen oder zweiten Notars verzichtet (oder: es wurde deshalb als Zeuge zugezogen Herr (…), Beruf (…), wohnhaft in (…), dem Notar bekannt, der bei der ganzen Verhandlung zugegen war).

Herr Schmitz verlangte nicht, dass der Notar einen Gebärdensprachdolmetscher hinzuzieht. Die Beteiligten erklärten:

(…)

Diese Niederschrift wurde in Gegenwart des Notars den Beteiligten vorgelesen und Herrn Schmitz zur Durchsicht vorgelegt, von den Beteiligten genehmigt und eigenhändig unterschrieben:

bb) Beteiligung eines Sprachbehinderten

77

Verhandelt zu (…) am (…)

Vor Notar (…) erschienen:

1. Herr Müller (…)
2. Herr Schmitz (…)

Die Erschienenen sind dem Notar bekannt.

Herr Schmitz vermag nach seinen Angaben (oder: der Überzeugung des Notars) nicht hinreichend zu sprechen. Es wurde jedoch allseits auf die Zuziehung eines Zeugen oder zweiten Notars verzichtet. Die Hinzuziehung eines Gebärdensprachdolmetschers wurde von dem sprachbehinderten Herrn Schmitz nicht verlangt. Die Beteiligten erklärten, und zwar Herr Schmitz im Wege schriftlicher Verständigung:

(…)

Diese Niederschrift wurde in Gegenwart des Notars den Beteiligten vorgelesen, von ihnen genehmigt und eigenhändig unterschrieben:

cc) Beteiligung eines Sehbehinderten

78 Das nachfolgende Muster gilt für den Fall, dass der Blinde schreiben kann. Wenn der Blinde die Urkunde nicht selbst unterschreibt, muss er als Schreibunfähiger behandelt werden, sodass die Zuziehung eines Schreibzeugen unverzichtbar ist, § 25 BeurkG.

79
> Verhandelt zu (…) am (…)
>
> Vor Notar (…) erschienen:
>
> 1. Herr Müller (…)
> 2. Herr Schmitz (…)
>
> Die Erschienenen sind dem Notar bekannt.
>
> Herr Schmitz vermag nach seinen Angaben nicht hinreichend zu sehen. Es wurde jedoch allseits auf die Zuziehung eines Zeugen oder zweiten Notars verzichtet.
>
> Die Beteiligten erklärten:
>
> (…)
>
> Diese Niederschrift wurde in Gegenwart des Notars den Beteiligten vorgelesen, von ihnen genehmigt und eigenhändig unterschrieben:

dd) Beteiligung eines Hör- oder Sprachbehinderten, mit dem eine schriftliche Verständigung nicht möglich ist

80 Eine weitere Besonderheit gilt, wenn ein Beteiligter nach seinen Angaben oder der Überzeugung des Notars nicht hinreichend zu hören oder zu sprechen vermag *und* sich auch nicht schriftlich verständigen kann. Eine derartige Behinderung soll der Notar in der Niederschrift feststellen. Wird in der Niederschrift eine solche Feststellung getroffen, muss zwingend zu der Beurkundung eine Person hinzugezogen werden, die sich mit dem behinderten Beteiligten zu verständigen vermag und mit deren Zuziehung der Beteiligte nach Überzeugung des Notars auch einverstanden ist (§ 24 Abs. 1 BeurkG). Auf die Zuziehung der Person, die sich mit dem Behinderten verständigen kann, darf nicht verzichtet werden. Wenn eine schriftliche Verständigung nicht möglich ist, kann der Beteiligte nur über diese Person seinen Willen äußern.

Hier ist gegenüber der alten Fassung des § 24 BeurkG insoweit eine Änderung eingetreten, dass der Begriff der „Vertrauensperson" (§ 24 Abs. 1 BeurkG a.F.) ersetzt wurde durch „eine Person, die sich mit dem behinderten Beteiligten zu verständigen vermag" und mit deren Zuziehung der Behinderte nach Überzeugung des Notars einverstanden ist. Zweifelt der Notar an der Möglichkeit der Verständigung zwischen der zugezogenen Person und dem behinderten Beteiligten, so soll er dies in der Niederschrift feststellen (§ 24 Abs. 1 S. 3 BeurkG). Die Beurkundung von Willenserklärungen ist insoweit unwirksam, als diese darauf gerichtet sind, der zugezogenen Person einen rechtlichen Vorteil zu verschaffen, § 24 Abs. 2 BeurkG.

81 In der Gesetzesbegründung heißt es zu der Änderung, der Begriff „Vertrauensperson" – wie er in der alten Fassung des § 24 BeurkG verwendet wurde – verursache insoweit Anwendungsschwierigkeiten, als er eine Vertrauensbeziehung voraussetze, die der Notar – vor allem in eiligen Fällen – nicht zuverlässig nachprüfen könne. Da die Zuziehung einer Vertrauensperson Wirksamkeitsvoraussetzung sei, könne das Bestehen einer Vertrauensbeziehung damit leicht Gegenstand eines Rechtsstreits über die Erklärung werden. Es müsse sichergestellt werden, dass die zugezogene Person dem Behinderten nicht gegen seinen Willen aufgedrängt werde.

82
> Verhandelt zu (…) am (…)
>
> Vor Notar (…) erschienen:
>
> 1. Herr Müller (…)
> 2. Herr Schmitz (…)
>
> Die Erschienenen sind dem Notar bekannt.

Herr Schmitz vermag nach seinen Angaben und nach Überzeugung des Notars nicht hinreichend zu hören (oder zu sprechen) und sich auch nicht schriftlich zu verständigen. Der Notar zog deshalb zur Verhandlung zu: Herrn (...) ausgewiesen durch (...), der sich als Gebärdensprachdolmetscher mit Herrn Schmitz zu verständigen vermag und mit dessen Zuziehung Herr Schmitz nach der Überzeugung des Notars einverstanden ist. Der Notar überzeugte sich davon, dass der Gebärdensprachdolmetscher Herr (...) sich mit Herrn Schmitz verständigen kann. Alle Beteiligten verzichteten auf die Zuziehung eines Zeugen.

Die Beteiligten erklärten:

(...)

Diese Niederschrift wurde den Beteiligten vorgelesen, Herrn Schmitz von dem Gebärdensprachdolmetscher übersetzt, von allen Beteiligten genehmigt und von allen Beteiligten und dem Gebärdensprachdolmetscher eigenhändig unterschrieben.

Gemäß § 24 Abs. 3 BeurkG bleibt das Erfordernis, nach § 22 BeurkG einen Zeugen oder zweiten Notar hinzuzuziehen, unberührt.

Vermag der Hör- und Sprachbehinderte, mit dem eine schriftliche Verständigung nicht möglich ist, seinen Namen nicht zu schreiben, so gilt zusätzlich § 25 BeurkG; es *muss* dann *zwingend* zusätzlich ein (Schreib)Zeuge hinzugezogen werden, wenn nicht bereits nach § 22 BeurkG ein Zeuge oder ein zweiter Notar zugezogen worden ist.

ee) Schwerkranker als Beteiligter

Für die Beurkundung mit Beteiligung schwer kranker Personen ist § 11 Abs. 2 BeurkG im Blick zu halten. Nach dieser Vorschrift, die nicht zwischen körperlicher und psychischer Krankheit unterscheidet, sind in solchen Fällen vom Notar besondere Feststellungen über die Geschäftsfähigkeit zu machen.[17] Um der Beweissicherungsfunktion des Vermerks in der Niederschrift zu genügen, hat der Notar zunächst die Erkrankung festzuhalten. Beeinflusst diese Krankheit regelmäßig nur die körperlichen, und nicht die geistigen Funktionen des Beteiligten, reicht die Feststellung des Notars, dass an der Geschäftsfähigkeit keine Zweifel bestehen. Ansonsten muss der Notar beschreiben, auf welche Art und Weise er zu dem Ergebnis gekommen ist, dass der Kranke geschäftsfähig ist.   **83**

3. Beteiligung schreibunfähiger Personen

Schreibunfähigkeit liegt vor, wenn der Beteiligte nicht in der Lage ist, aus eigener Kraft die nach § 13 Abs. 1 S. 1 BeurkG erforderliche eigenhändige Namensunterschrift zu leisten. Worauf die Schreibunfähigkeit beruht, ist gleichgültig. Analphabeten sind Handverletzten oder Handgelähmten gleichzustellen. Ein Armamputierter, der mit dem Mund oder dem Fuß schreiben kann, ist nicht schreibunfähig: Insoweit kommt es nicht auf die Verwendung der Hand an, sondern auf die Schriftleistung mit eigener Kraft. Die Hand darf gestützt werden, jedoch muss die *frei* gewollte Bewegung der Hand erhalten bleiben, ansonsten ist die Unterschrift nicht „eigen"-händig.   **84**

Blindheit ist allein kein Grund für Schreibunfähigkeit. Ob der Beteiligte über seinen Namen hinaus schreiben oder Geschriebenes lesen kann, ist unbeachtlich. Nicht zweifelsfrei ist es, ob ein Beteiligter als schreibunfähig zu behandeln ist, der mit fremden Schriftzeichen (Chinesisch, Arabisch, Kyrillisch) unterschreibt. Auch eine solche Unterschrift identifiziert den Urheber und ist deshalb zugelassen. Solange diese Frage jedoch von der Rechtsprechung nicht eindeutig geklärt ist, empfiehlt es sich, den Beteiligten in fremden Schriftzeichen unterschreiben zu lassen, ihn aber außerdem gleichzeitig wie einen Schreibunfähigen zu behandeln.

Für die Annahme der Schreibunfähigkeit genügt die Erklärung des Beteiligten oder die Überzeugung des Notars. Hinsichtlich des Beurkundungsverfahrens gilt das Gleiche wie bei dem gebrechlichen Beteilig-   **85**

---

17 OLG Bamberg RNotZ 2013, 43.

ten, jedoch mit dem Unterschied, dass *immer* ein Zeuge (Schreibzeuge) oder ein zweiter Notar hinzuge- zogen werden muss. Die Zuziehung ist unverzichtbar. Ein Verstoß macht die Beurkundung unwirksam (§ 25 Abs. 1 BeurkG). Der Schreibzeuge oder der zweite Notar muss die Niederschrift unterschreiben. Zugezogen ist der Zeuge nur, wenn er *vor* Verhandlungsbeginn aufgefordert worden ist, den Beurkun- dungsvorgang bewusst zu begleiten. Wenn sich erst nach dem Verlesen herausstellt, dass ein Beteiligter nicht schreiben kann, so genügt es nicht, dass der Notar eine Person, die bei Beurkundung anwesend war, als Zeugen unterschreiben lässt. Vielmehr muss die Niederschrift in Gegenwart des Zeugen nochmals vorgelesen werden.[18]

86

> Vor (...) erschienen:
>
> 1. Herr Müller (...)
> 2. Herr Schmitz (...)
>
> Die Beteiligten sind dem Notar bekannt.
>
> Herr Schmitz erklärte, seinen Namen nicht schreiben zu können. Es wurde daher Herr Emil Meier, Kaufmann, geboren am 13.5.1940, wohnhaft in 50667 Köln, Unter Sachsenhausen Nr. 10, als Zeuge hinzugezogen. Er ist dem Notar von Person bekannt.
>
> Die Beteiligten erklärten:
>
> (...)
>
> Diese Niederschrift wurde in Gegenwart des Notars und des Schreibzeugen den Beteiligten vorgele- sen, von den Beteiligten genehmigt und von ihnen sowie dem Zeugen eigenhändig unterschrieben.

4. Urkundssprache und Beteiligung sprachfremder Personen

87   Grundsätzlich sind die Urkunden in deutscher Sprache abzufassen (§ 5 Abs. 1 BeurkG). Das ist zwingen- des Recht für Amtsgerichte, Standesämter, Jugendämter und alle anderen Urkundspersonen. Nur der No- tar (und die deutschen Konsuln) dürfen die Urkunden auf Verlangen der Beteiligten in einer fremden Sprache errichten. Der Notar wird das aber nur tun, wenn er dieser Sprache hinreichend mächtig ist (§ 5 Abs. 2 BeurkG).

Fremdsprachige Urkunden eines deutschen Notars sind in der Praxis selten. Häufiger kommt es vor, dass ein Beteiligter die deutsche Sprache, in der die Niederschrift aufgenommen wird, nicht hinreichend ver- steht. In diesem Fall muss das besondere Beurkundungsverfahren für Sprachfremde eingehalten werden (§ 16 BeurkG).

88   Sprachfremd ist ein Beteiligter, wenn er erklärt, der Urkundensprache nicht hinreichend kundig zu sein, oder wenn sich der Notar von der mangelnden Sprachkenntnis überzeugt hat. Dies soll in der Urkunde vermerkt werden. Alsdann muss sie dem sprachfremden Beteiligten anstelle des Vorlesens übersetzt wer- den. Die Übersetzung geschieht mündlich. Der Notar soll den Beteiligten darauf aufmerksam machen, dass er *außerdem* eine schriftliche Übersetzung verlangen kann. Sie ersetzt die mündliche nicht. Ist eine schriftliche Übersetzung verlangt worden, so wird sie dem Sprachfremden zur Durchsicht vorgelegt und der Niederschrift als Anlage beigefügt.

89   Der Notar – vorausgesetzt, er ist der fremden Sprache kundig – kann selbst übersetzen. Übersetzt der No- tar aber nicht selbst, so muss ein Dolmetscher hinzugezogen werden. Es reicht nicht, wenn ein anderer Beteiligter dem Sprachfremden die Urkunde übersetzt. Als Dolmetscher kann keine Person mitwirken, bei der Ausschließungsgründe bestehen, die auch einen Notar von der Beurkundung ausschließen würden (vgl. Rdn 158). Damit soll erreicht werden, dass der Dolmetscher unparteiisch und nicht versucht ist, den Fremdsprachigen durch die Übersetzung zu beeinflussen (§ 16 Abs. 3 i.V.m. §§ 6 und 7 BeurkG).

---

18 BayObLG DNotZ 1985, 217.

Ist der Übersetzer nicht allgemein vereidigt, so soll der Notar ihn vereidigen, es sei denn, dass alle Beteiligten auf die Vereidigung verzichten. Das besondere Verfahren, das die Beteiligung des Sprachfremden verursacht, soll in der Niederschrift festgehalten werden.

Das folgende Beispiel geht davon aus, dass ein vereidigter Dolmetscher übersetzt und der Sprachfremde eine schriftliche Übersetzung verlangt.

90

Vor (…) erschienen:

1. Herr Müller (…)
2. Herr Legrand (…)

Die Beteiligten sind dem Notar bekannt.

Herr Legrand ist nach der Überzeugung des Notars der deutschen Sprache nicht hinreichend kundig. Er spricht französisch. Es wurde deshalb Herr Hans Dietrich, Großhandelskaufmann, wohnhaft in Bremen, Hansastraße 11–13, geboren am 7.5.1940, als Dolmetscher zugezogen, in dessen Person Ausschließungsgründe als Dolmetscher nicht vorliegen. Er ist dem Notar bekannt. Er erklärte, als Dolmetscher allgemein vereidigt zu sein. (Oder: Er erklärte, als Dolmetscher nicht allgemein vereidigt zu sein. Alle Beteiligten verzichteten darauf, dass der Notar den Dolmetscher vereidigt.)

Die Beteiligten erklärten:

(…)

Diese Niederschrift wurde den Erschienenen in Gegenwart des Notars in deutscher Sprache vorgelesen und sodann von dem Dolmetscher in die französische Sprache übersetzt. Da Herr Legrand nach Hinweis des Notars eine schriftliche Übersetzung verlangte, fertigte der Dolmetscher eine schriftliche Übersetzung an, die Herrn Legrand zur Durchsicht vorgelegt wurde und der Niederschrift beigefügt ist. (Oder: Der Notar wies Herrn Legrand darauf hin, dass er eine schriftliche Übersetzung verlangen kann. Herr Legrand verzichtete jedoch auf eine schriftliche Übersetzung.) Die Niederschrift wurde von den Beteiligten genehmigt und von ihnen und dem Dolmetscher eigenhändig unterschrieben.

Die Verlesung in der Urkundensprache neben der Übersetzung kann unterbleiben, wenn der Fremdsprachige der einzige Urkundsbeteiligte ist. Die Übersetzung ersetzt aber **nur** gegenüber dem Sprachfremden das Vorlesen. Allen anderen ist die Niederschrift hingegen in der Urkundensprache vorzulesen, auch wenn sie zusätzlich die Sprache, in die übersetzt wird, verstehen.[19]

5. Sondervorschriften für notarielle Testamente und Erbverträge

Erbverträge und Testamente sind Verfügungen von Todes wegen. Für ihre Beurkundung gelten die Vorschriften über die Beurkundung von Willenserklärungen, jedoch mit einigen Abweichungen und Ergänzungen (§§ 27–35 BeurkG): 91

a) Im Allgemeinen sind Feststellungen über die Geschäftsfähigkeit der Beteiligten in der Niederschrift nur zu vermerken, wenn dafür ein besonderer Anlass besteht (vgl. Rdn 40). Bei der Beurkundung einer Verfügung von Todes wegen soll der Notar dagegen immer seine Wahrnehmungen über die erforderliche Geschäftsfähigkeit in der Niederschrift schildern (§ 28 BeurkG). Das BGB nennt die Geschäftsfähigkeit bei Verfügungen von Todes wegen „Testierfähigkeit" (§ 2229 BGB). Damit macht das BGB darauf aufmerksam, dass die bei Verfügungen von Todes wegen erforderliche Geschäftsfähigkeit einige Besonderheiten aufweist (zu den Einzelheiten: § 2229 BGB). 92

b) Der Notar soll bis zu zwei Zeugen oder einen zweiten Notar hinzuziehen – unabhängig von einer Gebrechlichkeit –, wenn die Beteiligten es wünschen (§ 29 BeurkG). 93

c) Während bei der Beteiligung Sprachfremder die Niederschrift im Allgemeinen nur mündlich übersetzt und die schriftliche Übersetzung nur auf Verlangen angefertigt wird (§ 16 BeurkG), *muss* bei Verfügun- 94

---

19 DNotIReport 2006, 183.

gen von Todes wegen stets eine schriftliche Übersetzung angefertigt werden (§ 32 BeurkG). Der Erblasser kann aber auch hier auf die schriftliche Übersetzung verzichten. Wird verzichtet, so *muss* dies in der Niederschrift festgehalten werden.

95 d) Als Zeuge, zweiter Notar, Dolmetscher oder Gebärdensprachdolmetscher darf über das Mitwirkungsverbot des § 26 BeurkG hinaus bei der Beurkundung einer Verfügung von Todes wegen nicht zugelassen werden, wer durch sie einen rechtlichen Vorteil erlangt. Das Gleiche gilt für den Notar. Er darf nicht beurkunden, wenn er selbst oder einer seiner Angehörigen bedacht wird. Als „bedacht" gilt auch, wer zum Testamentsvollstrecker ernannt wird (§ 27 BeurkG). Der Notar darf sich also nicht in der Verfügung von Todes wegen zum Testamentsvollstrecker ernennen lassen.

Der Notar soll auch keine Verfügung von Todes wegen beurkunden, durch die sein Sozius zum Testamentsvollstrecker ernannt wird, § 3 Abs. 1 Nr. 4 BeurkG.[20]

Ein Verstoß hat nicht in allen Fällen die Unwirksamkeit zur Folge. Ist der zweite Notar oder ein Zeuge bedacht, so ist die Verfügung zwar wirksam, der Notar hat jedoch gegen eine Amtspflicht verstoßen (§ 27 i.V.m. § 26 Abs. 1 BeurkG). Sind dagegen der beurkundende Notar, der Dolmetscher, deren Ehegatten, Verwandte, Verschwägerte oder der nach § 24 BeurkG hinzugezogene Gebärdensprachdolmetscher bedacht, so ist die sie begünstigende Verfügung unwirksam (§§ 7, 16 Abs. 3, 24 Abs. 2 und 27 BeurkG).

96 e) § 2232 BGB a.F. sah vor, dass ein öffentliches Testament zur Niederschrift eines Notars errichtet wird, indem der Erblasser dem Notar seinen letzten Willen *mündlich* erklärt oder ihm eine Schrift mit der mündlichen Erklärung übergibt, dass die Schrift seinen letzten Willen enthalte. Die mündliche Erklärung war zwingend.[21] Der Erblasser musste also zumindest in der Lage sein, auf die Frage, ob das Vorgelesene seinem letzten Willen entspreche, mit „Ja" zu antworten. Kopfnicken oder ähnliche Gebärden reichten nicht aus. War der Erblasser nicht in der Lage, dem Notar seinen letzten Willen *mündlich* zu erklären, kam die Errichtung des öffentlichen Testaments nur in der Weise in Betracht, dass der Erblasser dem Notar eine Schrift mit der Erklärung übergibt, dass die Schrift seinen letzten Willen enthalte. Diese Schrift brauchte nicht von ihm geschrieben zu sein.

Nach § 2233 Abs. 2 BGB a.F. konnte ein Erblasser, der nicht im Stande war, Geschriebenes zu lesen, das Testament nur durch mündliche Erklärung errichten. Vermochte der Erblasser nach seinen Angaben oder nach der Überzeugung des Notars nicht hinreichend zu sprechen, so konnte er das Testament nur durch Übergabe einer Schrift errichten, § 2233 Abs. 3 BGB a.F. Eine schreib- und sprechunfähige Person konnte daher ein öffentliches Testament nicht errichten. Der Stumme, der nicht schreiben konnte, war damit faktisch testierunfähig.

Das Bundesverfassungsgericht[22] hat entschieden, dass der generelle Ausschluss schreib- *und* sprechunfähiger Personen von der Testiermöglichkeit in den §§ 2232, 2233 BGB und § 31 BeurkG gegen die Erbrechtsgarantie des Artikels 14 Abs. 1 GG sowie gegen den allgemeinen Gleichheitsgrundsatz des Artikels 3 Abs. 1 GG und das Benachteiligungsverbot für Behinderte in Artikel 3 Abs. 3 S. 2 GG verstößt.

Der Gesetzgeber hat deshalb im OLG-Vertretungsänderungsgesetz das Erfordernis einer mündlichen Erklärung für öffentliche Testamente dadurch ganz entfallen lassen, dass in §§ 2232 und 2233 BGB n.F. die Worte „mündlich" jeweils vor den Worten „Erklärung" gestrichen und die §§ 2233 Abs. 3 BGB und 31 BeurkG ersatzlos aufgehoben worden sind.

Damit kann der Erblasser jetzt seine Erklärung gegenüber dem Notar in jeder denkbaren Verständigungsmöglichkeit abgeben, das heißt auch konkludent durch Gebärden, Zeichen oder auf andere Weise, wenn er weder sprechen noch schreiben kann.[23] Voraussetzung für die wirksame Errichtung eines Testaments vor dem Notar ist nur, dass die vorgeschriebenen beurkundungsrechtlichen Formen eingehalten werden, die für die Beurkundung bei der Beteiligung behinderter Personen gefordert werden. Auch der Sprechunfähige, der weder lesen noch schreiben kann, kann nunmehr ein Testament vor dem Notar errichten.

---

20 Vgl. *Vaasen/Starke*, DNotZ 1998, 669.
21 Zu den Anforderungen an die Sprachlaute vergleiche BayObLG DNotZ 2001, 471 ff.
22 DNotZ 1999, 409.
23 Palandt/*Weidlich*, § 2233 Rn 2.

f) Hat der Notar die Niederschrift über die Errichtung einer Verfügung von Todes wegen nicht unterschrieben, so ist die Beurkundung aus diesem Grunde nicht unwirksam, wenn er die Aufschrift auf dem verschlossenen Umschlag (vgl. § 4 Rdn 929) unterschrieben hat (§ 35 BeurkG). **97**

g) Bei einem Erbvertrag gelten die vorstehenden Besonderheiten entsprechend auch für die Erklärungen des anderen Vertragschließenden, der nicht Erblasser ist (§ 33 BeurkG). **98**

III. Sonstige Beurkundungen

1. Allgemeines

Das Gegenstück zur Beurkundung von Willenserklärungen bilden die „sonstigen Beurkundungen" (§§ 36–43 BeurkG). Dazu zählen insbesondere: die Beurkundung von Eiden, eidesstattlichen Versicherungen und Versammlungsbeschlüssen, die Vornahme von Versteigerungen und Verlosungen, die Aufnahme von Verzeichnissen, die Anlegung und Abnahme von Siegeln, die Beglaubigung von Unterschriften und Abschriften sowie das Ausstellen von Bescheinigungen nach § 20 BNotO. **99**

Das Verfahren für die „sonstigen Beurkundungen" ist im 3. Abschnitt des Beurkundungsgesetzes geregelt. Es gilt entweder die Form der Niederschrift (§ 36 BeurkG), also das gleiche Verfahren wie bei der Beurkundung von Willenserklärungen, oder die Form des Vermerks (§ 39 BeurkG). Der Vermerk ist eine Art verkürzter Niederschrift.

a) Die *Niederschrift* muss die Bezeichnung des Notars, den Bericht des Notars über seine Wahrnehmungen und die eigenhändige Unterschrift des Notars enthalten (§ 37 i.V.m. § 13 BeurkG). Darüber hinaus soll die Niederschrift den Ort und den Tag der Wahrnehmungen des Notars sowie den Ort und den Tag der Errichtung der Urkunde enthalten (§ 37 Abs. 2 BeurkG). Ähnlich wie bei der Beurkundung von Rechtsgeschäften kann der Bericht in einem Schriftstück enthalten sein, das der Niederschrift als Anlage beigefügt wird (§ 37 Abs. 1 S. 2 BeurkG). **100**

b) Die Form des *Vermerks* ist zugelassen bei der Beglaubigung von Unterschriften, Handzeichen, Namenszeichnungen, bei der Feststellung des Zeitpunktes, zu dem eine private Urkunde vorgelegt wird, bei Bescheinigungen über Eintragungen in öffentliche Register, bei der Beglaubigung von Abschriften und sonstigen einfachen Zeugnissen (§ 39 BeurkG). **101**

Der Vermerk muss die Wahrnehmungen des Notars (Zeugnis), die Unterschrift des Notars und das Präge- oder Farbdrucksiegel enthalten. Darüber hinaus soll der Vermerk auch den Ort und den Tag der Ausstellung angeben (§ 39 BeurkG).

c) Bei der Erstellung des Vermerkes ist durch § 39a BeurkG eine bedeutsame Ergänzung eingetreten: **102**

Beglaubigungen und sonstige Zeugnisse im Sinne des § 39 BeurkG können elektronisch errichtet werden. Das hierzu erstellte Dokument muss mit einer qualifizierten elektronischen Signatur nach dem Signaturgesetz versehen werden. Diese soll auf einem Zertifikat beruhen, das auf Dauer prüfbar ist. Mit dem Zeugnis muss eine Bestätigung der Notareigenschaft durch die zuständige Stelle verbunden werden. Das Zeugnis soll Ort und Tag der Ausstellung angeben. Damit wird die notarielle Vermerkurkunde in elektronischer Form der papiergebundenen notariellen Urkunde gleichgestellt.

Die Gestalt der elektronischen notariellen (Vermerk-)Urkunde ist in § 39a BeurkG geregelt. Naturgemäß ergeben sich hier aufgrund des anders gearteten Trägermediums Unterschiede zur Urkunde in papiergebundener Form. Die elektronische notarielle Urkunde gemäß § 39a BeurkG stellt eine virtuelle Datei dar. Das schließt eine Unterschrift und das Beidrücken eines Siegels aus. Eigenhändige Unterschrift und Siegel des Notars sind zwingende Anforderungen der papiergebundenen notariellen Vermerkurkunde nach § 39 BeurkG. Bei der elektronischen notariellen Urkunde treten an die Stelle der eigenhändigen Unterschrift und des Siegels funktionsgleiche elektronische Äquivalente:

Gemäß § 39a S. 2 BeurkG muss die elektronische Datei eine qualifizierte elektronische Signatur tragen. Diese qualifizierte elektronische Signatur ist das Gegenstück zur eigenhändigen Unterschrift. Bei der qualifizierten elektronischen Signatur wird in einem Zertifizierungsverfahren ein Signaturschlüssel nachweislich einer bestimmten Person durch den Zertifizierungsdiensteanbieter (Zertifizierungsstelle,

Trustcenter) zugewiesen und auf einer sicheren Signaturerstellungseinheit (auch Signaturkarte) gespeichert. Durch die Eingabe der zugehörigen PIN in das Kartenlesegerät kann die qualifizierte elektronische Signatur erzeugt werden.

103 Die Regelungssystematik der §§ 39, 39a BeurkG zeigt an, dass für die elektronische Urkunde nach § 39a BeurkG grundsätzlich dieselben rechtlichen Regelungen gelten wie für die papiergebundene Vermerkurkunde nach § 39 BeurkG. § 39a BeurkG macht aufgrund des andersgearteten Mediums nur nähere Vorgaben zur Ausgestaltung der elektronischen Urkunde. Hinsichtlich der Frage des Inhalts der vom Notar zu erstellenden Urkunde sind § 39 BeurkG und § 39a BeurkG deckungsgleich. Grundsätzlich kann daher jede Vermerkurkunde, die bislang in papiergebundener Form erzeugt wurde, auch in elektronischer Form dargestellt werden. Konsequenz daraus ist, dass die weiteren Vorschriften der §§ 39 ff. BeurkG, die nähere Vorgaben zum Inhalt der Vermerkurkunde machen, auch auf die elektronische Urkunde Anwendung finden müssen, sofern diese nicht – wie bei der Unterschriftsbeglaubigung (§ 40 BeurkG) – zwingend papiergebundene Form voraussetzen.

2. Beurkundung von Eiden und eidesstattlichen Versicherungen

104 Nach § 22 BNotO sind die Notare zur Abnahme von Eiden und eidlichen Vernehmungen nur zuständig, wenn der Eid oder die eidliche Vernehmung nach dem Recht eines ausländischen Staates oder zur Wahrnehmung von Rechten im Ausland erforderlich ist. Zur Abnahme von Eiden und eidlichen Vernehmungen in inländischen Angelegenheiten sind die Notare demnach nicht zuständig. Ausnahme: die Vereidigung von Dolmetschern, § 16 Abs. 3 BeurkG (vgl. Rdn 89).

Auch zur Abnahme einer eidesstattlichen Versicherung ist der Notar nicht unbeschränkt zuständig. Sie darf er nur aufnehmen, wenn einer Behörde oder sonstigen Dienststelle eine tatsächliche Behauptung glaubhaft gemacht werden soll (§ 22 Abs. 2 BNotO). Nicht zugelassen ist mithin die Protokollierung einer eidesstattlichen Versicherung, die im privaten Rechtsverkehr einen Sachverhalt glaubhaft machen soll. Gelegentlich verlangen Versicherungen von einem Versicherungsnehmer eine eidesstattliche Versicherung über den Schadensfall. Derartige Beurkundungen sind vom Gesetz nicht vorgesehen und daher vom Notar abzulehnen.

105 Das Verfahren für die Abnahme von Eiden und die Aufnahme von eidesstattlichen Versicherungen ist in § 38 BeurkG geregelt. Es gelten die Vorschriften über die Beurkundung von Willenserklärungen entsprechend: Es ist eine Niederschrift aufzunehmen, sie ist vorzulesen und von dem Erschienenen und dem Notar zu unterschreiben.

Der Notar soll über die Bedeutung des Eides bzw. der eidesstattlichen Versicherung belehren und dies in der Niederschrift vermerken (§ 38 Abs. 2 BeurkG). Dabei macht er in der Regel darauf aufmerksam, dass die vorsätzlich oder fahrlässig falsche Abgabe von Eiden bzw. eidesstattlichen Versicherungen mit Strafe bedroht ist.

Der Hauptanwendungsfall für die Eidesabnahme ist das für den angelsächsischen Rechtskreis (USA, England, Kanada) bestimmte Affidavit.[24] Das dort empfohlene Verfahren kann vereinfacht werden, nachdem § 5 Abs. 2 BeurkG dem Notar die Aufnahme der Urkunde in einer fremden Sprache gestattet.

106 *Muster:*

Vor (…)

erschien (…)

Der Erschienene erklärte:

Ich habe einen Eid zu leisten für einen Rechtsstreit, der bei dem Gericht in (…)/England anhängig ist. Ich ersuche um die Abnahme dieses Eides. Herr (…) legte ein in englischer Sprache abgefasstes Schriftstück nebst einer vom vereidigten Dolmetscher (…) beglaubigten Übersetzung vor. Der

---

24 Die Praxis richtet sich in diesen Fällen nach einer Empfehlung des Preußischen Justizministers aus dem Jahre 1907, erneut bekanntgegeben in DNotZ 1963, 328, vgl. auch *Brambring*, DNotZ 1976, 726 ff. und *Hagena*, DNotZ 1978, 387 ff.

Erschienene erklärte, dass die vorgelegte Schrift die von dem englischen Gerichtshof gestellten Fragen und seine Antworten darauf enthalte.

Der Notar las dem Erschienenen die deutsche Übersetzung der Schrift vor. Der Erschienene bestätigte die Richtigkeit seiner Antworten und leistete den Eid nach der Belehrung über die Strafbarkeit einer falschen eidlichen Aussage in folgender Weise:

Der Notar sprach die Worte vor: „Sie schwören bei Gott dem Allmächtigen und Allwissenden, dass die Ihnen vorgelesene Erklärung wahr ist."

Der Erschienene sprach darauf: „Ich schwöre, dass die mir vorgelesene Erklärung wahr ist, so wahr mir Gott helfe."

Hierauf setzte der Notar auf den englischen Text den Vermerk: „sworn before me by …" Der Vermerk auf dem englischen Text wurde mit Siegel und Unterschrift des Notars versehen und dem Erschienenen ausgehändigt. Die deutsche Übersetzung ist dieser Niederschrift als Anlage beigefügt.

Diese Niederschrift wurde in Gegenwart des Notars dem Erschienenen vorgelesen, von ihm genehmigt und eigenhändig von ihm unterschrieben.

Einfacher ist die Niederschrift über eine eidesstattliche Versicherung.

107

Muster:

Vor (…)

erschien (…)

Der Erschienene erklärte:

Ich wurde vom Notar darüber belehrt, dass eine vorsätzlich oder auch fahrlässig falsche eidesstattliche Versicherung mit Strafe bedroht ist. Zur Vorlage bei (…) (Angabe der Behörde oder des Verfahrens) versichere ich die Richtigkeit meiner folgenden Angaben an Eides statt:

(…)

Diese Niederschrift wurde in Gegenwart des Notars dem Erschienenen vorgelesen, von ihm genehmigt und eigenhändig unterschrieben.

Der Hauptanwendungsfall der eidesstattlichen Versicherung ist der Erbscheinsantrag. Hierbei ist die Versicherung nach § 2356 Abs. 2 BGB negativ zu formulieren, etwa wie folgt:

108

Ich versichere an Eides statt, dass mir nichts bekannt ist, was der Richtigkeit meiner vorstehenden Angaben entgegensteht.

Häufig wird der Notar um die Beglaubigung der Unterschrift unter einer eidesstattlichen Versicherung gebeten. Eine solche Beglaubigung ist zulässig, entspricht aber nicht dem Verfahren nach § 38 BeurkG. Der Notar kann die Unterschriftsbeglaubigung jedoch nur ablehnen, wenn ersichtlich ist, dass die Urkunde zu unerlaubten oder unredlichen Zwecken benutzt wird. Er sollte aber darauf aufmerksam machen, dass die Behörde die eidesstattliche Versicherung in beurkundeter Form verlangen kann. Der Notar kann auch, ohne seine Zuständigkeit zu überschreiten, die Unterschrift unter einer eidesstattlichen Versicherung beglaubigen, die nicht zur Glaubhaftmachung bei einer Behörde bestimmt ist.

3. Beurkundung von Versammlungsbeschlüssen

Der Notar ist zuständig, über Mitgliederversammlungen ein Protokoll aufzunehmen und die Versammlungsbeschlüsse zu beurkunden (§ 20 BNotO). Dies gilt vor allem für die Gesellschafterversammlungen von Kapitalgesellschaften (Gesellschaft mit beschränkter Haftung, Aktiengesellschaft, Kommanditgesellschaft auf Aktien).

109

Wenn der Notar über den Hergang und die Beschlussfassung in der Versammlung eine Niederschrift auf-nimmt, so beurkundet er keine Willenserklärungen, sondern Tatsachen. Eine Willenserklärung ist zwar die Stimmabgabe. Sie wird jedoch nicht beurkundet, sondern der tatsächliche Hergang der Abstimmung als gesellschaftsrechtlicher Gesamtakt.

Beurkundungszwang besteht u.a. für folgende Gesellschafterbeschlüsse:

- Hauptversammlungsbeschlüsse einer Aktiengesellschaft oder Kommanditgesellschaft auf Aktien (§§ 130, 278 Abs. 3 AktG),
- Beschlüsse der Gesellschafter einer Gesellschaft mit beschränkter Haftung über Änderungen des Gesellschaftsvertrages (§ 53 Abs. 2 GmbHG),
- Beschlüsse über die Umwandlung einer Personenhandelsgesellschaft (Offene Handelsgesell-schaft, Kommanditgesellschaft) in eine Gesellschaft mit beschränkter Haftung, Aktiengesellschaft oder Kommanditgesellschaft auf Aktien.

110 Die Form der Protokolle ist mit Ausnahme des Hauptversammlungsprotokolls der Aktiengesellschaft und der Kommanditgesellschaft auf Aktien in den §§ 36, 37 BeurkG geregelt.

Für die Hauptversammlung der Aktiengesellschaft (Kommanditgesellschaft auf Aktien) gelten daneben die besonderen Vorschriften der §§ 129, 130 AktG. Die Niederschrift über die Hauptversammlung muss danach zwingend enthalten: den Ort und den Tag der Verhandlung, den Namen des Notars, die Art der Abstimmung (z.B. durch Aufstehen, Stimmzettel), das Ergebnis der Abstimmung und die Feststellung des Vorsitzenden über die Beschlussfassung. Die Belege über die Einberufung sind der Niederschrift als Anlage beizufügen, wenn sie nicht unter Angabe ihres Inhalts in der Niederschrift aufgeführt sind.

Stets müssen die strengeren Vorschriften des Beurkundungsgesetzes über die Beurkundung von Willens-erklärungen eingehalten werden, soweit in der Niederschrift *neben* den Beschlüssen auch rechtsgeschäft-liche Erklärungen beurkundet werden (z.B. die Übernahme von GmbH-Anteilen bei einer Kapital-erhöhung). Insbesondere sind dann die Verlesung sowie Genehmigung und Unterzeichnung des Protokolls durch die Beteiligten und den Notar notwendig und zu vermerken.

4. Beurkundung sonstiger Tatsachen und Vorgänge in Protokollform

111 § 20 BNotO nennt als weitere Tatsachenbeurkundung, die der Notar in Protokollform vollzieht: die Vor-nahme von Verlosungen und Auslosungen, die Aufnahme von Vermögensverzeichnissen, die Anlegung und Abnahme von Siegeln sowie die Durchführung von freiwilligen Versteigerungen.

a) Vornahme von Verlosungen und Auslosungen

112 Die Verlosung oder Auslosung kann auf zweierlei Weise vor sich gehen. Entweder nimmt der Veranstal-ter die Verlosung vor und der Notar berichtet in einer Niederschrift über die Verlosung, oder der Notar nimmt die Verlosung selbst vor und berichtet in der Niederschrift darüber. Es handelt sich in beiden Fällen um eine Tatsachenbeurkundung. In der Niederschrift schildert der Notar den Verlosungsvorgang unter Angabe des Ziehungsgerätes und der an der Ziehung beteiligten Personen. Der Notar pflegt sich durch Stichproben von der Ordnungsmäßigkeit des Ziehungsmaterials zu überzeugen und dies in der Nieder-schrift festzustellen. Zweckmäßigerweise wird auch das Vorliegen einer behördlichen Genehmigung ver-merkt, am besten unter Beifügung des Genehmigungsbescheides als Anlage zu der Niederschrift.

b) Aufnahme von Vermögensverzeichnissen

113 Das BGB kennt zwei Verfahren, die Notare an der Aufnahme von Vermögensverzeichnissen zu betei-ligen, und unterscheidet diese durch die Wortwahl des Gesetzes: einmal soll der Notar *mitwirken* (nach-stehend aa)), zum anderen ist die *„Aufnahme des Verzeichnisses"* durch den Notar (nachstehend bb)) ge-fordert.

114 aa) Die Inventarerrichtung zur Haftungsbeschränkung (§§ 1993, 2002 BGB) oder durch den Vormund (§ 1802 Abs. 2 BGB) soll nicht durch den Notar erfolgen, sondern der Notar wird hier lediglich „hinzuge-zogen" oder sich seiner „Hilfe bedient". Hier ist es Aufgabe des Notars, den Erben oder Vormund mit

seinen Sach- und Rechtskenntnissen zu unterstützen. Der Notar vermerkt seine Mitwirkung auf der (Privat-)Urkunde des Erben bzw. Vormunds. Er kann aber auch eine Niederschrift über seine Mitwirkung errichten und der Niederschrift das Verzeichnis des Erben oder des Vormundes als Anlage beifügen.

bb) Nach § 1035 BGB können beim Nießbrauch an einem Sachinbegriff (Geschäften, landwirtschaftli-   **115**
chen Betrieben) Eigentümer und Nießbraucher verlangen, dass ein Verzeichnis der mit dem Nießbrauch belasteten Sachen durch einen Notar aufgenommen wird. Jeder Ehegatte, der im Güterstand der Zugewinngemeinschaft lebt, hat einen Anspruch auf Aufnahme eines Verzeichnisses des Anfangsvermögens durch einen Notar (§ 1377 i.V.m. § 1035 BGB). Nach Beendigung des Güterstandes ist jeder Ehegatte verpflichtet, dem anderen Ehegatten über den Bestand seines Endvermögens Auskunft zu erteilen. Jeder Ehegatte kann verlangen, dass das Verzeichnis auf seine Kosten durch einen Notar aufgenommen wird (§ 1379 BGB).

Eltern haben ihrer Verwaltung unterliegendes Vermögen, das ihr Kind von Todes wegen erwirbt, zu verzeichnen, das Verzeichnis mit der Versicherung der Richtigkeit und Vollständigkeit zu versehen und dem Familiengericht einzureichen (§ 1640 Abs. 1 BGB). Reichen die Eltern ein solches Verzeichnis nicht ein oder ist das eingereichte Verzeichnis ungenügend, so kann das Familiengericht anordnen, dass das Verzeichnis durch einen Notar aufgenommen wird (§ 1640 Abs. 3 BGB). Ein Verzeichnis auch des übrigen Kindesvermögens kann vom Familiengericht gefordert werden, wenn das Vermögen durch die Verwaltung der Eltern gefährdet erscheint (§ 1667 BGB).

Der Vorerbe ist berechtigt und auf Verlangen des Nacherben verpflichtet, ein Verzeichnis der zur Erb-   **116**
schaft gehörenden Gegenstände durch einen Notar aufnehmen zu lassen (§ 2121 Abs. 3 BGB). Die gleiche Verpflichtung trifft den Testamentsvollstrecker (§ 2215 BGB) und den Erben, wenn ein Pflichtteilsberechtigter es verlangt (§ 2314 Abs. 1 S. 3 BGB):[25]

Bei der „Aufnahme des Verzeichnisses" geht die Tätigkeit des Notars über eine reine Beurkundung hinaus. Ihn trifft nämlich die Pflicht, die vorhandenen Vermögensgegenstände gewissenhaft festzustellen. Dabei wird er sich auf die Angaben und Auskünfte der Beteiligten stützen müssen, die er mit gebotener Sorgfalt nachzuprüfen hat. Nach Befragung wird er Einsicht in die Grundbücher nehmen, Unterlagen sichten, insbesondere Auszüge von Bankkonten verlangen. Dem Notar obliegt es aber nicht, „ins Blaue hinein" nach Vermögensgegenständen zu forschen, von denen eine bloße Existenz von Seiten der Beteiligten lediglich behauptet wird, ohne substantiiert darzulegen, ob hierfür eine hinreichende Wahrscheinlichkeit besteht. Eine sog. „Rasterfahndung" nach Bankkonten bei örtlichen Geldinstituten gehört daher ebenso wenig zu der Erforschungspflicht des Notars wie die Suche nach unbekanntem Grundbesitz des Erblassers, dessen Existenz ohne konkrete Anhaltspunkte behauptet wird.[26]

Gesteigerte Anstrengungen sind erforderlich, wenn der Hausstand des Erblassers noch existiert; der Notar   **117**
wird dann einen Ortstermin machen.[27] Der Notar nimmt das Vermögensverzeichnis in Form eines Protokolls nach § 37 BeurkG auf.

c) Anlegung und Abnahme von Siegeln

Jeder Besitzer von Sachen oder Räumen kann diese zum Zweck der Beweissicherung durch einen Notar   **118**
versiegeln lassen.

Beispiele

■ Stilllegung einer Mühle durch Versiegelung des Mahlwerks, um in den Genuss einer Stilllegungsprämie zu gelangen.
■ Die Erben lassen, um einer eigenmächtigen Entnahme von Nachlassgegenständen vor der Erbteilung vorzubeugen, die zum Nachlass gehörenden Räume versiegeln.

Auch durch das Gericht kann eine Siegelung von Nachlassgegenständen angeordnet werden (§ 1960 Abs. 2 BGB).

---

25 Ausführlich hierzu *Schreinert*, RNotZ 2008, 61 ff.; *Braun*, MittBayNot 2008, 351.
26 Vgl. OLG Köln RNotZ 2013, 127 f.
27 Ausführlich hierzu *Schreinert*, RNotZ 2008, 61 ff.

119   Der Notar ist für alle Arten der Siegelung zuständig (§ 20 Abs. 1 BNotO). Auch die Siegelung oder Entsiegelung ist ein über die bloße Beurkundung hinausgehender Akt der vorsorgenden Rechtspflege. Über den Akt der Siegelung nimmt der Notar eine Urkunde in Form einer Niederschrift auf, in der er die vorgefundenen Gegenstände und die Siegelung beschreibt. Ein Raum kann versiegelt werden, indem der Notar Türen und Fenster mit Papierstreifen, die sein Siegel tragen, an den Türpfosten und Fensterrahmen verklebt, sodass das Siegel zerreißt, wenn Türen oder Fenster geöffnet werden.[28]

d) Freiwillige Versteigerung von Grundstücken

120   Die freiwillige Versteigerung ist ein Verkauf in einem besonderen Verfahren, das durch den Wettbewerb der Kaufanwärter den höchstmöglichen Preis erzielen soll. In der Bekanntgabe der Versteigerungsbedingungen durch den Verkäufer liegt eine Aufforderung zur Abgabe von Angeboten zum Abschluss des Kaufvertrages. Die Gebote der Bieter sind die Kaufangebote. Die Annahme des höchsten Gebots erfolgt durch den Zuschlag (§ 156 BGB). Die Ansteigerer sind an ihre Gebote gebunden, bis ein höheres Gebot abgegeben wird oder die Versteigerung ohne Zuschlag geschlossen wird (§ 156 S. 2 BGB). Der Veräußerer kann die Versteigerung selbst leiten, aber auch gemäß § 20 Abs. 3 BNotO dem Notar übertragen.

121   Die Angebote der Bieter und der Zuschlag durch den Versteigerer sind Willenserklärungen. Die Niederschrift des Notars über die Versteigerung enthält folglich die Protokollierung von Tatsachen (Feststellung der Terminbekanntgabe, Mitteilung der Versteigerungsbedingungen, Aufforderung zur Abgabe von Geboten, Feststellung des Meistgebots) *und* die Beurkundung von Willenserklärungen. Sie muss deshalb den Formvorschriften für Willenserklärungen genügen (Ort und Tag der Verhandlung, Bezeichnung des Notars, Bezeichnung der an der Versteigerung beteiligten Personen). Beteiligt sind neben dem Versteigerer, der als Vertreter des Veräußerers auftritt, die Bieter, die an ihr Gebot gebunden sind (§ 15 BeurkG).

122   Die Niederschrift über die Versteigerung muss den Beteiligten vorgelesen, von ihnen genehmigt und eigenhändig unterschrieben werden (§ 13 BeurkG). Doch macht § 15 BeurkG eine Ausnahme: Entfernt sich ein Bieter vor dem Schluss der Verhandlung, so genügt anstelle seiner Unterschrift die Feststellung des Notars, dass sich der Bieter entfernt hat. Wenn allerdings im Versteigerungstermin zugleich die Auflassung erklärt wird, so gilt § 15 BeurkG nicht. Dann sind die Unterschriften von Veräußerer und Erwerber unter der Niederschrift erforderlich.[29]

Allgemeines zur freiwilligen Versteigerung: Gutachten des DNotI.[30]

5. Beglaubigung von Unterschriften und Handzeichen

123   In der Praxis vieler Notare macht die Beglaubigung von Unterschriften einen Großteil der Beurkundungen aus. Öffentliche Beglaubigung ist für alle Erklärungen vorgeschrieben, die die Eintragung in ein öffentliches Register (Grundbuch, Handelsregister) bezwecken, sowie für einige Erklärungen aus dem Familien- und Erbrecht (z.B. Erbausschlagung nach § 1940 BGB). Bei Geschäften, für die öffentliche Beglaubigung nicht vorgeschrieben ist, kann sie von den Beteiligten gleichwohl verlangt werden (zum Zweck der Beweissicherung).

Öffentliche Beglaubigung ist das Zeugnis des Notars in einem Vermerk über die Echtheit der Unterschrift einer bestimmten Person unter einem bestimmten Text. Mit seiner Unterschrift bekennt sich der Unterzeichner zu dem Schriftstück (§ 416 ZPO). Durch die Beglaubigung der Unterschrift wird also nicht nur dargetan, dass der Namenszug von einer bestimmten Person herrührt, sondern auch bewiesen, dass sich der Unterzeichner den über der Unterschrift stehenden Text zurechnen lassen will. Das ist auch bei der Blankounterschrift nicht anders. Mit ihr bekennt sich der Aussteller zu einem Text, der erst später eingesetzt wird. Die Blankounterschrift kommt der Vollmacht nahe. Jede Beglaubigung darf nur auf Ersuchen der Person vorgenommen werden, deren Unterschrift beglaubigt wird. Es ist unzulässig, dass der Notar

---

28 Vgl. etwa die Muster bei Kersten/Bühling/*Terner*, 25. Auflage, § 18 Rn 38 ff.
29 Vgl. Armbrüster/Preuß/Renner/*Piegsa*, § 15 BeurkG Rn 47.
30 DNotI-Report 1996, 209 ff.

eine Unterschrift beglaubigt, deren Vollzug er zufällig beigewohnt hat, wenn der Unterschreibende ihn nicht dazu auffordert.

Der Unterschrift steht das Handzeichen gleich. Es erfordert keinen individuellen Charakter (z.B. drei 124 Kreuze). Jeder kann es statt seiner Unterschrift leisten, auch wer seinen Namen schreiben könnte. Ein Zeuge braucht dabei nicht hinzugezogen zu werden. Häufig wird die unvollständige Unterschrift eines Kranken oder der fremde Schriftzug eines Ausländers (vgl. Rdn 66) als Handzeichen beglaubigt.

Die Beglaubigung der Unterschrift (Handzeichen) ist das Protokoll über eine persönliche Wahrnehmung des Notars. Die Unterschrift muss in seiner Gegenwart vollzogen oder *vor* ihm (nicht – wie vielfach formuliert wird – *von* ihm) anerkannt werden (§ 40 Abs. 1 BeurkG). Die Beglaubigung einer Unterschrift aufgrund schriftlicher oder telefonischer Anerkennung (Fernbeglaubigung) bedeutet eine Amtspflichtverletzung. Wie aus § 40 Abs. 1 BeurkG hervorgeht („soll nur beglaubigen") ist die Fernbeglaubigung aber trotz der Amtspflichtverletzung wirksam.

Während das Schriftstück, unter dem die Unterschrift steht, Privaturkunde bleibt, ist der Beglaubigungs- 125 vermerk eine öffentliche Urkunde, genauer: Tatsachenbeurkundung in der Form eines Vermerks. Er *muss* gemäß § 39 BeurkG das „Zeugnis" des Notars, d.h. das Ergebnis seiner Wahrnehmung, seine Unterschrift und sein Siegel sowie gemäß § 40 Abs. 3 BeurkG den Namen der Person enthalten, deren Unterschrift beglaubigt wird. Fehlt eine dieser Voraussetzungen, so ist die Beglaubigung unwirksam.

Ferner *soll* der Vermerk enthalten:

- den Ort und den Tag, an dem der Notar ihn unterzeichnet („ausstellt", § 39 BeurkG),
- Zweifel und Verwechselungen ausschließende Angaben über die Person des Unterzeichners (§ 40 Abs. 4 i.V.m. § 10 Abs. 1 BeurkG),
- die Art der Identitätsfeststellung („von Person bekannt", „ausgewiesen durch …"), § 40 Abs. 4 i.V.m. § 10 Abs. 3 S. 1 BeurkG,
- ob die Unterschrift vor dem Notar vollzogen oder anerkannt worden ist (§ 40 Abs. 3 S. 2 BeurkG).

Das Fehlen dieser Angaben beeinträchtigt die Gültigkeit der Beglaubigung nicht. 126

Den Inhalt der Erklärung, unter der die Unterschrift beglaubigt werden soll, braucht der Notar nur darauf zu überprüfen, ob er seine Amtstätigkeit nach § 14 Abs. 2 BNotO, § 4 BeurkG verweigern muss oder ob er nach § 3 BeurkG von der Urkundstätigkeit ausgeschlossen ist. Zu einer weitergehenden Prüfung ist er nur verpflichtet, wenn ihm ein entsprechender Auftrag erteilt wird. Sonst braucht er über den Inhalt der Urkunde und ihre Rechtsfolgen nicht zu belehren. Das gilt nicht, wenn der Notar selbst den Text über der Unterschrift entworfen hat. Dann trifft ihn die volle Prüfungs- und Belehrungspflicht.

Wegen der Frage der Vorbefassung nach § 3 Abs. 1 Nr. 7 BeurkG siehe § 1 Rdn 78 ff.

Unterschriften ohne zugehörigen Text (Blankounterschriften) soll der Notar nur beglaubigen, wenn die 127 Beteiligten darlegen, dass die Beglaubigung vor der Festlegung des Urkundeninhalts benötigt wird (§ 40 Abs. 5 BeurkG). Im Beglaubigungsvermerk soll angegeben werden, dass ein durch die Unterschrift gedeckter Text bei der Beglaubigung nicht vorhanden war. Auch unter einem fremdsprachigen Text und unter Schriftstücken mit fremden Schriftzeichen (chinesisch, griechisch) ist die Unterschrift auf Antrag zu beglaubigen.

Muster: Urkundenrolle Nummer: 333/2017 128

Vorstehende, vor mir vollzogene (bzw. anerkannte) Unterschrift des Herrn Franz Müller, Kaufmann, wohnhaft in Aachen, Beeckstraße 57, geboren am 1.1.1952, beglaubige ich. Herr Müller wies sich durch seinen Personalausweis aus.

Siegel
 Ort, Datum
 Unterschrift des Notars

> *Urkundenrolle Nummer: 334/2017*
>
> Vorstehendes, vor mir vollzogenes Handzeichen der Frau Emilie Recht, Rentnerin, wohnhaft in Aachen, Altersheim St. Josef, Am Steppenweg 1, geboren am 20.4.1921, beglaubige ich. Frau Recht ist mir von Person bekannt.
>
> Siegel   Ort, Datum
>
>   Unterschrift des Notars

Der Beglaubigungsvermerk kann, wenn der Notar die Fremdsprache hinreichend beherrscht, in der anderen Sprache angefertigt werden.

129 *Muster einer Beglaubigung in englischer Sprache*

(Übersetzung des vorstehenden Musters Urkundenrolle Nummer 333/2017):

> **File No. 333/1999**
>
> I hereby certify that the above is the true signature, subscribed in my presence, of Mr. Franz Müller, of 57 Beeckstraße, Aachen, Germany, Merchant, born 1st of January 1952, who is personally known to me. (Oder: identified by Passport/by Identity Card.)
>
> Siegel   Dueren, June30th 2020
>
>   Notary

130 *Muster einer Beglaubigung in französischer Sprache*

(Übersetzung des vorstehenden Musters Urkundenrolle Nummer: 333/2017):

> **Répertoire No 333/1999**
>
> J'atteste par la présente l' authenticité de la signature ci-dessus, apposée devant moi, de Monsieur Franz Müller, commerçant à Aix la Chapelle, Beeckstraße 57, que je connais personellement. (Oder: identifié par son passeport.)
>
> Siegel   Dueren, le 30. Juin 2020
>
>   Notaire

Weitere Muster für Beglaubigungen in fremden Sprachen sind abgedr. bei *Röll*.[31] Beglaubigungsvermerke mit Vertretungsbescheinigungen in englischer Sprache sind abgedr. bei *Röll*[32] und *Schervier*.[33]

6. Beglaubigung von Abschriften

131 Unter der Beglaubigung einer Abschrift ist das urkundliche Zeugnis darüber zu verstehen, dass eine bestimmte Abschrift mit einer bestimmten Hauptschrift übereinstimmt. Als Hauptschrift bezeichnet man die Urkunde, von der die Abschrift genommen ist.

Das Verfahren für die Beglaubigung von Abschriften ist in § 42 i.V.m. § 39 BeurkG geregelt: Der Notar bezeugt auf der Abschrift (Ablichtung) eines Schriftstücks dessen Übereinstimmung mit dem vorgelegten Original. Der Beglaubigungsvermerk muss den Ort und den Tag seiner Ausstellung enthalten und ist mit der Unterschrift und dem Siegel des Notars zu versehen. Fehlt eine dieser Angaben, so ist die Beglaubigung unwirksam.

31 DNotZ 1974, 423 ff.
32 MittRhNotK 1978, 170 f.
33 MittBayNot 1989, 198 f.

Die Hauptschrift kann eine Urschrift (auch einer Privaturkunde), eine Ausfertigung oder eine (einfache oder beglaubigte) Abschrift sein. Im Beglaubigungsvermerk soll festgestellt werden, ob die Hauptschrift eine Urschrift, Ausfertigung, beglaubigte oder einfache Abschrift ist (§ 42 Abs. 1 BeurkG).

132

Muster:

Die Übereinstimmung der vorstehenden Abschrift mit der mir vorliegenden Urschrift beglaubige ich.

Siegel   Ort, Datum

                     Unterschrift des Notars

oder:

Die Übereinstimmung der vorstehenden Abschrift mit der mir vorliegenden Ausfertigung der Urkunde beglaubige ich.

Siegel   Ort, Datum

                     Unterschrift des Notars

Weist die dem Notar zur Beglaubigung vorgelegte Hauptschrift Lücken oder Änderungen auf (Durchstreichungen, Radierungen, Einschiebungen oder Ähnliches), so soll dies in dem Beglaubigungsvermerk festgestellt werden (§ 42 Abs. 2 BeurkG).

133

Muster:

Die Übereinstimmung der Abschrift mit der mir vorliegenden Urschrift beglaubige ich. In der ersten Zeile war ein Wort ausradiert. Zwischen den Worten: „schuldet mir" und den Worten: „Euro" fehlte der Text.

Siegel   Ort, Datum

                     Unterschrift des Notars

Enthält die Abschrift nur den Auszug aus einer Urkunde, so soll in dem Beglaubigungsvermerk der Gegenstand des Auszuges angegeben und bezeugt werden, dass die Urkunde über diesen Gegenstand keine weiteren Bestimmungen enthält (§ 42 Abs. 2 BeurkG).

134

135

Muster:

Die Übereinstimmung der vorstehenden auszugsweisen Abschrift des Ehevertrages mit der mir vorliegenden Urschrift beglaubige ich. Zugleich bescheinige ich, dass die Urschrift weitere, den Ehevertrag betreffende Bestimmungen nicht enthält.

Siegel   Ort, Datum

                     Unterschrift des Notars

oder:

Die Übereinstimmung der vorstehenden auszugsweisen Abschrift des Kaufvertrages (ohne Auflassung) beglaubige ich. Zugleich bescheinige ich, dass die Urschrift weitere, den Kaufvertrag selbst betreffende Bestimmungen nicht enthält.

Siegel   Ort, Datum

                     Unterschrift des Notars

„Abschrift" ist nicht wörtlich zu nehmen, bezieht sich also nicht nur auf durch Abschreiben hergestellte Duplikate, sondern ebenso auf Kopien, Abdrucke, Durchschläge oder sonstige Vervielfältigungen. Das alles sind „Abschriften" im Sinne des § 39 BeurkG.

136

Ist ein Siegel in der Abschrift nicht zu erkennen, so wird es an der Stelle, wo es auf der Hauptschrift angebracht ist, durch das Zeichen „L. S." (locus sigilli) ersetzt. Auch was nicht „geschrieben" wurde, wie Pläne, Zeichnungen, Stammbäume, kann Gegenstand einer beglaubigten „Abschrift" sein.

137 Mit dem Justizkommunikationsgesetz (JKomG) wurde das Beurkundungsgesetz um §§ 39a und 42 Abs. 4 ergänzt. Mit diesen Ergänzungen wird die Transformation elektronischer Dokumente, also der Medientransfer zwischen Papierurkunde und elektronischer Urkunde und wiederum umgekehrt, also die Umwandlung eines elektronischen Dokumentes in ein Papierdokument, möglich gemacht:

Eine beglaubige Abschrift wird in elektronischer Form erstellt, § 39a BeurkG, und aus einem elektronischen Dokument wird eine papiergebundene beglaubigte Abschrift generiert, § 42 Abs. 4 BeurkG.

Die zur Realisierung dieser Vorgänge erforderlichen technischen Einrichtungen sind im Auftrage der Bundesnotarkammer unter dem Programmnamen Sig-Notar entwickelt.

7. Bescheinigungen und Bestätigungen

138 § 20 Abs. 1 BNotO zählt zu den Aufgaben des Notars „die Ausstellung sonstiger Bescheinigungen über amtlich von ihm wahrgenommene Tatsachen". Die Bescheinigungen enthalten nur Zeugnisse über Tatsachen. Tatsachen sind mit einem der Sinne wahrgenommene Vorgänge der Außenwelt, z.B. das Leben einer Person, die Feststellung, wann eine Urkunde vorgelegt wurde.

Die Tatsachenbescheinigung erteilt der Notar regelmäßig in der Form des Vermerks (§ 39 BeurkG). Er kann allerdings auch eine Niederschrift anfertigen (§ 36 BeurkG).

139 Schlussfolgerungen und Wertungen, die der Notar trifft, kann er nicht als Tatsachen bescheinigen. Daher sind Bescheinigungen über die Vertretungsberechtigung bei Handelsgesellschaften und Bescheinigungen über die Richtigkeit einer Übersetzung (§ 50 BeurkG) so genannte Rechtsbescheinigungen oder „Bestätigungen", die der Notar als öffentliche Urkunde nur ausstellen darf, sofern dies vom Gesetz vorgesehen ist, nämlich als:

- Vertretungsbescheinigung (§ 21 Abs. 1 Nr. 1 BNotO),
- Registerbescheinigung (§ 21 Abs. 1 Nr. 2 BNotO),
- Bescheinigung über die Richtigkeit einer Übersetzung (§ 50 BeurkG),
- Satzungsbescheinigung nach § 181 AktG, § 54 GmbHG.

Die Rechtsbescheinigung erteilt der Notar ebenfalls in der Form des § 39 BeurkG.

Zu der Notarbestätigung bei Hypotheken und Grundschulden siehe unten (vgl. § 4 Rdn 512 ff.). Bei dieser so genannten Rangbescheinigung handelt es sich nicht um eine notarielle Urkunde im Sinne des Urkundenrechts, sondern um ein Gutachten, das der Notar im Rahmen der sonstigen notariellen Rechtsbetreuung erteilt.

a) Lebensbescheinigung

140 Die Lebensbescheinigung ist eine Tatsachenbescheinigung. Sie wird oft von Stellen verlangt, die Renten auszahlen.

Muster: Urkundenrolle Nummer: 338/2017

Ich bescheinige, dass der mir persönlich bekannte Rentner Max Frisch, wohnhaft in Aachen, Montagstraße 1, geboren am 1.7.1952, lebt. Er suchte mich heute im Notariat auf.

Siegel

Ort, Datum

Unterschrift des Notars

b) Feststellung der Vorlegungszeit einer privaten Urkunde

Für die Wahrung von Fristen und zur Sicherung der Priorität von Erfindungen, Kompositionen, Formeln, **141** Einfällen etc. bietet § 43 BeurkG eine Beweismöglichkeit an. Der Notar beurkundet in der Form eines Vermerks, dass ihm eine bestimmte Urkunde zu einer bestimmten Zeit vorgelegt wurde. Der Vermerk wird unmittelbar auf die vorgelegte Urkunde gesetzt. Finden sich in der vorgelegten Urkunde Lücken, Durchstreichungen, Einschaltungen, Änderungen, unleserliche Worte oder weist die Urkunde Rasuren oder Ähnliches auf, so soll der Notar dies in dem Vermerk feststellen.

Muster: Urkundenrolle Nummer: 339/2017   **142**

Die vorstehende Urkunde ist mir heute um 15.00 Uhr von Herrn Josef Breuer, Ingenieur, wohnhaft in Köln, Rochusplatz 7, geboren am 20.9.1954, im Notariat vorgelegt worden. Herr Breuer wies sich aus durch die Vorlage seines Personalausweises.

Siegel   Ort, Datum
                                 Unterschrift des Notars

---

c) Bescheinigungen aus dem Register

Die gleiche Beweiskraft wie das Zeugnis des Registergerichtes hat die Bescheinigung des Notars gemäß **143** § 21 BNotO. Nach § 21 BNotO sind die Notare zuständig

1. Bescheinigungen über eine Vertretungsberechtigung sowie
2. Bescheinigungen über das Bestehen oder den Sitz einer juristischen Person oder Handelsgesellschaft, die Firmenänderung, eine Umwandlung oder sonstige rechtserhebliche Umstände

auszustellen, wenn sich diese Umstände aus einer Eintragung im Handelsregister oder einem ähnlichen Register ergeben (§ 21 Abs. 1 BNotO).

Der Notar darf die Bescheinigung nur ausstellen, wenn er sich zuvor über die Eintragung Gewissheit verschafft hat, die auf Einsichtnahme in das Register oder in eine beglaubigte Abschrift hiervon beruhen muss. Er hat den Tag der Einsichtnahme in das Register oder den Tag der Ausstellung der Abschrift in der Bescheinigung anzugeben (§ 21 Abs. 2 BNotO). Nach der Neufassung des § 21 BNotO ist nunmehr klargestellt, dass sich der Notar wohl Gewissheit über das Register verschaffen muss, die auf einer Einsichtnahme in das Register beruht. Er muss jedoch *nicht* das Register *persönlich* einsehen. Er kann sich auch geeigneter Hilfspersonen bedienen, auf deren Sorgfalt er vertrauen kann.

Muster einer Vertretungsbescheinigung: **144**

Aufgrund heutiger Einsicht in die elektronische Datei des Handelsregisters des Amtsgerichts Düren (HRB 1000) bescheinige ich, dass der vorgenannte Herr Heinz Müller als Geschäftsführer und der vorgenannte Herr Friedrich Schuster als Prokurist gemeinschaftlich berechtigt sind, die „Müller Immobilien GmbH" zu Jülich zu vertreten.

Siegel   Ort, Datum
                                 Unterschrift des Notars

Muster einer Firmenbescheinigung: **145**

Aufgrund Einsicht in die elektronische Datei des Handelsregisters des Amtsgerichtes (…) HR A (…) vom (…) bescheinige ich Folgendes:

Die Firma Meier & Schulte ist am (…) mit Beginn am gleichen Tage als Kommanditgesellschaft in das Handelsregister eingetragen worden. Persönlich haftende Gesellschafter sind die Kaufleute (…) und (…), beide wohnhaft in (…). Sie sind gemeinsam vertretungsberechtigt, jeder von ihnen ist auch in Gemeinschaft mit einem Prokuristen zur Vertretung berechtigt. Kommanditisten sind seit der Eintragung der Firma Herr (…) und Frau (…), beide wohnhaft in (…), und zwar jeder mit einer Kommanditeinlage von 50.000 EUR. Prokuristen sind laut Eintragung vom (…) die Herren (…) und (…), beide wohnhaft in (…) Jeder von ihnen ist zusammen mit einem persönlich haftenden Gesellschafter vertretungsberechtigt.

Siegel   Ort, Datum

                                       Unterschrift des Notars

d) Satzungsbescheinigung

146   Nach § 54 GmbHG und § 181 AktG ist der Notar zuständig, eine Bescheinigung über die Satzung einer GmbH bzw. AG zu erteilen. Es handelt sich um die Bescheinigung, dass geänderte Bestimmungen des Gesellschaftsvertrages mit dem Beschluss über die Satzungsänderung und die anderen Bestimmungen mit dem zuletzt dem Handelsregister eingereichten vollständigen Wortlaut des Gesellschaftsvertrages übereinstimmen (siehe § 4 Rdn 1523).

e) Übersetzungsbescheinigung

147   Der Notar kann die deutsche Übersetzung einer Urkunde mit der Bescheinigung ihrer Richtigkeit und Vollständigkeit versehen, wenn er die Urkunde selbst in fremder Sprache errichtet hat oder für die Erteilung einer Ausfertigung des Protokolls zuständig ist. Der Notar soll die Bescheinigung nur erteilen, wenn er der fremden Sprache hinreichend kundig ist (§ 50 BeurkG). Die Bescheinigung wird in der Form eines Vermerks erteilt.

148   *Muster:*

Die Richtigkeit und Vollständigkeit der Übersetzung meiner Urkunde Nummer 337/2013 aus der französischen in die deutsche Sprache bescheinige ich.

Siegel   Ort, Datum

                                       Unterschrift des Notars

8. Wechsel- und Scheckproteste

149   Löst der Bezogene den Wechsel nicht ein, so kann der Inhaber die anderen Wechselbeteiligten (Aussteller, Indossant, Wechselbürgen) auf Zahlung in Anspruch nehmen, wenn der Wechsel dem Bezogenen durch einen Protestbeamten vorgelegt und der Bezogene zur Zahlung aufgefordert wurde und wenn das Ergebnis der Aufforderung in einer Urkunde niedergeschrieben ist (Art. 44 WG). Dies nennt man „Protest mangels Zahlung". Zuständig dafür ist außer dem Gerichtsvollzieher auch der Notar (§ 20 Abs. 1 BNotO).

Der Protest mangels Zahlung ist nicht der einzige Protest. Daneben gibt es noch den Protest mangels Annahme (der Bezogene weigert sich zu unterschreiben, „anzunehmen") und den Protest mangels Sichtbestätigung (bei Nachsichtwechseln weigert sich der Aussteller zu bestätigen, dass ihm der Wechsel vorgelegt wurde).

150   Üblich ist es, dass der Wechsel nicht in der Wohnung oder dem Büro des Bezogenen zahlbar gestellt wird, sondern bei einer Bank oder Sparkasse. Sie ist nur die Zahlstelle des Bezogenen, nicht etwa selbst Wechselschuldner. Der Wechsel ist in der Zahlstelle vorzulegen oder bei Nichtzahlung dort zu protestieren.

Der Protest mangels Zahlung darf nicht am Zahlungstag (Verfalltag), sondern muss an einem der beiden auf den Zahlungstag folgenden Werktage erhoben werden (Art. 44 Abs. 3 WG). Verfällt der Wechsel an einem Sonntag, gesetzlichen Feiertag oder an einem Samstag, so kann die Zahlung erst am nächsten Werktag verlangt werden, sodass sich die Frist dann verschiebt (Art. 72 WG).

Auch die Protesterhebung ist nur an einem Werktag, nicht an einem Feiertag oder Samstag möglich. Da an **151** Samstagen oder Feiertagen die Frist nicht ablaufen kann, gilt für die Protesterhebung Folgendes:

Verfalltag	Zahlungstag	frühester Protesttag	spätester Protesttag
a) Donnerstag	Donnerstag	Freitag	Montag
b) Freitag	Freitag	Montag	Dienstag
c) Samstag	Montag	Dienstag	Mittwoch
d) Sonntag	Montag	Dienstag	Mittwoch

In der Praxis ist zweifelhaft, ob bei Wechseln, die an einem Freitag verfallen, spätestens am Dienstag der folgenden Woche Protest zu erheben ist oder schon am Montag der folgenden Woche. Der Samstag ist jedoch kein Werktag im Sinne des Art. 44 Abs. 3 S. 1 WG, weil an einem Samstag kein Protest erhoben werden kann. Dem Wechselgläubiger sollen aber zwei volle Werktage zur Protesterhebung zur Verfügung stehen.

Über den Protest nimmt der Notar eine Urkunde auf. Sie muss enthalten:

a) den Namen des Wechselinhabers, **152**
b) den Namen dessen, für den „protestiert" wird,
c) den Namen dessen, gegen den „protestiert" wird (Protestat),
d) die Angabe, dass dieser ohne Erfolg zur Zahlung (bzw. zur Annahme oder sonstigen wechselrechtlichen Leistung) aufgefordert wurde bzw. dass er nicht angetroffen wurde, oder auch, dass sich die Wohnung (das Geschäftslokal) nicht ermitteln ließ,
e) den Ort und den Tag der Aufforderung,
f) die Unterschrift des Notars und sein Amtssiegel.

Das folgende Beispiel eines zu Protest gegangenen Wechsels geht davon aus, dass der Bezogene (Wilfried Schulze) bei Fälligkeit nicht zahlt und der Wechselnehmer (Egon Eiermann) den Wechsel an die Stadtsparkasse Aachen zum Zwecke des Wechseleinzuges weitergegeben (= indossiert) hat. Die Zahlstelle (Stadtsparkasse Aachen) und der letzte Wechselinhaber (Stadtsparkasse Aachen) sind identisch.

Eine beglaubigte Abschrift von der Protesturkunde und einen Vermerk über den Inhalt des protestierten **153** Wechsels nimmt der Notar in seine Protestsammelakte (§ 2 Rdn 55). In den Vermerk über den Inhalt des Wechsels nimmt er auf: Betrag, Verfalltag, Ort und Tag der Ausstellung, Aussteller, Wechselnehmer, Bezogener, Zahlstelle, etwaige Notadressen und Ehrenannehmer (Art. 85 Abs. 2 WG).[34]

Eine Besonderheit gilt bei Wechseln, die nach Maßgabe des Wechselabkommens (WAbk) eingezogen wer- **154** den, aufgrund dessen es für den Einzug eines Wechsels keines förmlichen Indossaments zwischen den Kreditinstituten mehr bedarf, sondern es ausreicht, wenn die erste Inkassostelle, d.h. das Kreditinstitut, das den Wechsel zum Einzug gibt, auf der Rückseite des Wechsels „Vollmacht gemäß Wechselabkommen" unter Beifügung seines Namens, der Bankleitzahl und dem Ort der Ausfertigung vermerkt.[35] Der Stempelabdruck wird nicht unterschrieben. Bei derartigen Wechseln ist ausschließlich dieses erste, den Stempelabdruck aufbringende Institut förmlich wechselmäßig legitimiert. Der Protest muss daher, um seine Wirksamkeit sicherzustellen, im Namen dieses ersten Instituts erhoben werden, wobei das letzte, den Wechsel zu Protest gebende Institut als dessen Vertreter tätig wird. Dies hat auch in der Protesturkunde zum Ausdruck zu kommen. War z.B. die Commerzbank Monschau das erste Kreditinstitut, an das der Wechselnehmer Eiermann den Wechsel indossiert hatte und das den Stempelabdruck aufgebracht hat, und gibt die Stadtsparkasse Aachen als letztes Institut den Wechsel zu Protest, so sollte die Protesturkunde etwa lauten:

„Im Auftrag der Stadtsparkasse Aachen, diese handelnd als Vertreterin der Commerzbank Monschau, **155** begab ich mich …"

---

34 Die Wechselsteuer ist seit dem 1.1.1992 entfallen, Art. 4 Finanzmarktförderungsgesetz (BGBl I 1990, S. 266 ff).
35 Kersten/Bühling/*Terner*, § 17 Rn 15.

Diese Form der Protesterhebung kommt in der Praxis häufig vor, da sich die Kreditwirtschaft des verein-fachten Wechseleinzugsverfahrens überwiegend bedient. Es ist daher stets darauf zu achten, ob Wechsel, die protestiert werden sollen, den erwähnten Stempelabdruck tragen. Von dem vereinfachten Wechsel-einzugsverfahren ausgenommen sind in der Regel Wechsel, die von Stellen der öffentlichen Hand oder aus dem Ausland zum Einzug gegeben werden. Protesturkunden über solche Wechsel sind in der herkömmlichen Form auszustellen.[36]

9. Vermittlung der Auseinandersetzung eines Nachlasses oder Gesamtguts

156 Durch das Gesetz zur Übertragung von Aufgaben im Bereich der freiwilligen Gerichtsbarkeit auf Notare wurden Notaren bundeseinheitlich Aufgaben des Nachlassgerichts im Bereich der Nachlass- und Ge-samtgutauseinandersetzung übertragen.[37] § 344 Abs. 4a FamFG n.F. regelt die örtliche Zuständigkeit von Notaren zur Vermittlung einer Nachlassauseinandersetzung. Für eine solche Auseinandersetzung ist nun nur noch jeder Notar zuständig, der seinen Amtssitz im Bezirk des Amtsgerichts hat, in dem der Erblasser seinen letzten Wohnsitz hatte. Eine gerichtliche Zuständigkeit ist nach neuer Gesetzeslage nicht mehr gegeben. § 344 Abs. 5 S. 1 FamFG n.F. enthält eine entsprechende Regelung für die örtliche Zuständigkeit von Notaren für die Auseinandersetzung des Gesamtguts einer Gütergemeinschaft, falls ein Anteil an dem Gesamtgut zu einem Nachlass gehört, indem auf die örtliche Zuständigkeitsregelung zur Nachlassauseinandersetzung verwiesen wird.

10. Zustellung von Erklärungen

157 Schließlich gehört zur Urkundtätigkeit des Notars noch die Zustellung von Erklärungen (§ 20 Abs. 1 BNotO). Ausgenommen sind jedoch Zustellungen im Zivilprozess und im gerichtlichen Verfahren der freiwilligen Gerichtsbarkeit. Die Zustellung setzt eine Willenserklärung voraus, die übermittelt werden soll (z.B. Rücktritt vom Erbvertrag, Kündigung einer Hypothek). Zu beachten ist, dass bei der Zustellung einer empfangs- und formbedürftigen Willenserklärung eine *Ausfertigung* zugestellt werden muss, der Zugang einer beglaubigten Abschrift genügt nicht.

Dem Adressaten ist persönlich zuzustellen, die Identität des Empfängers muss festgestellt werden. Die Zustellung durch den Notar ist unzweckmäßig, da eine Ersatzzustellung nicht möglich ist (z.B. wenn der Notar niemanden antrifft). Zustellungen durch den Notar kommen in der Praxis so gut wie nie vor. Sie werden fast immer durch den Gerichtsvollzieher bewirkt (§ 132 BGB).[38]

IV. Ausschluss des Notars von der Beurkundung

158 Der Notar ist nicht Vertreter einer Partei, sondern unparteiischer Betreuer aller Beteiligten (§ 14 Abs. 1 BNotO). Als unparteiischer Betreuer muss er bei seiner Amtstätigkeit von allen Beteiligten unabhängig sein. Die Unparteilichkeit des Notars wird vom Gesetz durch eine Reihe von Bestimmungen gewährleis-tet, die man unter den Begriff der „Mitwirkungsverbote" zusammenfassen kann. Grundlage ist § 16 Abs. 2 BNotO. Danach soll sich der Notar der Ausübung des Amtes enthalten, wenn er zu der Angelegenheit eine so nahe Verbindung hat, dass er den Beteiligten als „befangen" erscheinen muss (siehe dazu Rdn 175).

159 Das in § 16 Abs. 2 BNotO allgemein ausgedrückte Gebot, sich bei Befangenheit der Amtstätigkeit zu ent-halten, wird im Beurkundungsgesetz unterstrichen und spezialisiert:

- in bestimmten Konfliktsfällen ist die Beurkundung ganz oder teilweise unwirksam (§§ 6, 7 BeurkG),
- in anderen Fällen ist die Beurkundung zwar nicht unwirksam, doch gebietet die Amtspflicht dem Notar, die Beurkundung nicht vorzunehmen (§ 3 Abs. 1 BeurkG),

---

36 Vgl. zum Ganzen auch *Becker*, notar 12/2015, 387 ff.
37 BGBl I, 2013, 1800.
38 Ein Muster für die Zustellung durch den Notar findet sich bei Kersten/Bühling/*Terner*, § 15 Rn 35.

■ in einigen Fällen, in denen der Verdacht der Befangenheit naheliegt, soll der Notar vor der Beurkundung auf seine Beziehung zu der Angelegenheit hinweisen und die Beteiligten fragen, ob er die Beurkundung gleichwohl vornehmen soll (§ 3 Abs. 2, 3 BeurkG).

1. Unwirksamkeit der Beurkundung (§§ 6, 7, 38 BeurkG)

Zur (ganzen oder teilweisen) Unwirksamkeit der Beurkundung kann es nur bei der Beurkundung von Willenserklärungen und der ihnen gleichgestellten Eide oder eidesstattlichen Versicherungen kommen (§§ 6, 7, 38 BeurkG). Mithin sind alle anderen Beurkundungen auch bei einer Verletzung des Mitwirkungsverbots wirksam; jedoch mit einer Ausnahme: Die Beglaubigung der eigenen Unterschrift ist nichtig, da es sich nicht mit dem Begriff der Beglaubigung verträgt, dass Amtsperson und Person, deren Unterschrift beglaubigt wird, identisch sind.

160

Gänzlich unwirksam ist nach § 6 Abs. 1 BeurkG die Beurkundung von Willenserklärungen, wenn an der Beurkundung beteiligt ist:

■ der Notar selbst,
■ sein Ehegatte, sein Lebenspartner,
■ ein mit ihm in gerader Linie Verwandter oder
■ wenn ein Vertreter für den Notar, seinen Ehegatten oder eine mit dem Notar in gerader Linie verwandte Person handelt.

„Beteiligt" ist dabei rein formell jeder Erschienene, dessen Erklärung beurkundet wird, mag er die Erklärung im eigenen Namen oder als Vertreter eines anderen abgeben.

Beispiel

161

Der Käufer eines Grundstücks lässt sich durch den Sohn des Notars vertreten. Die Beurkundung ist unwirksam, unabhängig davon, ob der Sohn bevollmächtigt war oder als Vertreter ohne Vertretungsmacht aufgetreten ist.

Der formale Beteiligungsbegriff wird ergänzt durch § 6 Abs. 1 Nr. 4 BeurkG. Die Beurkundung darf auch dann nicht vorgenommen werden, wenn der Notar, sein Ehegatte, sein Lebenspartner oder ein mit ihm in gerader Linie Verwandter sich durch einen anderen vertreten lässt. Dadurch wird die Umgehung durch Einschaltung von Vertretern unmöglich gemacht und die formelle Beteiligung auf die materielle Beteiligung ausgedehnt.

Teilweise unwirksam ist die Beurkundung, wenn der Inhalt der Erklärung darauf gerichtet ist, bestimmten Personen einen Vorteil zu verschaffen (§ 7 BeurkG). Zu diesen Personen gehören der Notar selbst, sein Ehegatte, sein Lebenspartner, ein früherer Ehegatte, ein früherer Lebenspartner und Personen, die mit dem Notar in gerader Linie verwandt, in der Seitenlinie bis zum dritten Grade verwandt (Neffe) oder bis zum zweiten Grade verschwägert (Ehefrau des Enkels, Schwager) sind. Es kommt im Gegensatz zu § 6 BeurkG nicht auf die formelle Beteiligung, sondern auf die Sachbeteiligung an. Der Notar ist von der Beurkundung immer ausgeschlossen, wenn eine dieser Personen durch die Beurkundung eine günstigere Rechtsposition erlangt.

Beispiel

162

Der Notar beurkundet einen Grundstückskaufvertrag. Käufer ist u.a. sein Neffe. Insoweit ist die Beurkundung unwirksam (in der Seitenlinie im dritten Grad verwandt). Kauft aber die Ehefrau des Neffen, so ist die Beurkundung wirksam (im dritten Grad verschwägert).

Bei Testamenten und Erbverträgen ist die Unwirksamkeit schon immer dann gegeben, wenn eine der Personen des § 7 BeurkG irgendwie bedacht oder zum Testamentsvollstrecker ernannt wird (§ 27 BeurkG).

2. Mitwirkungsverbote (§ 3 Abs. 1 BeurkG)

163 Das Ansehen der Notare gründet auf ihrer Unabhängigkeit und Unparteilichkeit. Unabhängigkeit und Unparteilichkeit der Notare müssen vor jeder Gefährdung geschützt werden. Die Bestimmung des § 3 BeurkG, die die Mitwirkungsverbote regelt, gehört deshalb zu den zentralen Vorschriften des notariellen Berufsrechtes. Im Interesse einer geordneten vorsorgenden Rechtspflege soll bereits der Anschein einer Gefährdung der Unabhängigkeit und Unparteilichkeit des Notars vermieden werden. Deshalb schreibt § 14 Abs. 3 BNotO dem Notar vor, jedes Verhalten zu vermeiden, das den Anschein eines Verstoßes gegen die ihm gesetzlich auferlegten Pflichten erzeugt, insbesondere den Anschein der Abhängigkeit oder der Parteilichkeit.

164 Dem Anwaltsnotar ist es nunmehr gestattet, sich mit anderen Mitgliedern einer Rechtsanwaltskammer, Patentanwälten, Steuerberatern, Steuerbevollmächtigten, Wirtschaftsprüfern und vereidigten Buchprüfern zur gemeinsamen Berufsausübung zu verbinden oder mit ihnen gemeinsame Geschäftsräume zu haben (§ 9 Abs. 2 BNotO). Der Gesetzgeber ist davon ausgegangen, dass die gewandelten Organisationsformen der Anwaltsnotare in interprofessionellen und überörtlichen Sozietäten Gefahren für die Unabhängigkeit und Unparteilichkeit bedeuten. Die Erweiterung der Sozietätsmöglichkeiten hat den Gesetzgeber veranlasst, die Mitwirkungsverbote erheblich zu verschärfen. Die Verschärfung der Mitwirkungsverbote will in erster Linie den Gefahren vorbeugen, die aus dem Zusammenschluss der Anwaltsnotare mit Anwälten, Wirtschaftsprüfern, Steuerberatern, vereidigten Buchprüfern der Unparteilichkeit und Unabhängigkeit des Notars drohen.

§ 28 BNotO verpflichtet den Notar, durch geeignete Vorkehrungen die Einhaltung der Mitwirkungsverbote sicherzustellen. Zu diesem Zweck hat der Notar Beteiligtenverzeichnisse oder sonstige zweckentsprechende Dokumentationen zu führen, die eine Identifizierung der in Betracht kommenden Personen ermöglichen (VI 1.2. Richtlinienempfehlung der Bundesnotarkammer). Diese Vorkehrungen genügen § 28 BNotO und den Richtlinienempfehlungen nur dann, wenn sie

a) die Identität der Person, für welche der Notar oder sein Sozius außerhalb seiner notariellen Amtstätigkeit bereits tätig war oder ist oder welche den Notar oder seinen Sozius bevollmächtigt haben, zweifelsfrei erkennen lassen,
b) und den Gegenstand der Tätigkeit in ausreichend gekennzeichneter Weise angeben.
Die Dokumentation muss einen Abgleich mit der Urkundenrolle und dem Namensverzeichnis möglich machen.

165 Der Notar soll gemäß § 3 Abs. 1 BeurkG an der Beurkundung nicht mitwirken, wenn es sich handelt um:

1. eigene Angelegenheiten, auch wenn der Notar nur mitberechtigt oder mitverpflichtet ist,
2. Angelegenheiten seines Ehegatten, früheren Ehegatten oder Verlobten, Angelegenheiten seines Lebenspartners oder früheren Lebenspartners,
3. Angelegenheiten einer Person, die mit dem Notar in gerader Linie verwandt oder verschwägert oder in der Seitenlinie bis zum dritten Grade verwandt oder bis zum zweiten Grade verschwägert ist oder war,
4. Angelegenheiten einer Person, mit der sich der Notar zur gemeinsamen Berufsausübung verbunden oder mit der er gemeinsame Geschäftsräume hat,
5. Angelegenheiten einer Person, deren gesetzlicher Vertreter der Notar oder eine Person im Sinne von Nr. 4 ist,
6. Angelegenheiten einer Person, deren vertretungsberechtigtem Organ der Notar oder eine Person im Sinne der Nr. 4 angehört,
7. Angelegenheiten einer Person, für die der Notar außerhalb seiner Amtstätigkeit oder eine Person der Nr. 4 außerhalb ihrer Amtstätigkeit in derselben Angelegenheit bereits tätig war oder ist, es sei denn, diese Tätigkeit wurde im Auftrag aller Personen ausgeübt, die an der Beurkundung beteiligt sein sollen,
8. Angelegenheiten einer Person, die den Notar in derselben Angelegenheit bevollmächtigt hat oder zu der der Notar oder eine Person im Sinne der Nr. 4 in einem ständigen Dienst- oder ähnlichen ständigen Geschäftsverhältnis steht,
9. Angelegenheiten einer Gesellschaft, an der der Notar mit mehr als 5 v.H. der Stimmrechte oder mit einem anteiligen Betrag des Haftkapitals von mehr als 2.500 EUR beteiligt ist.

a) Angelegenheit

Sämtliche oben aufgeführten Mitwirkungsverbote knüpfen an „Angelegenheiten" der verschiedenen Personenkreise an. Um bereits den Anschein mangelnder Unabhängigkeit und Unparteilichkeit zu verhindern, darf der Begriff „Angelegenheiten" nicht zu eng ausgelegt werden. „Angelegenheit" im Sinne der Vorschrift ist *Lebenssachverhalt,* auf den sich die Beurkundungstätigkeit des Notars bezieht. Um Angelegenheiten einer *Person* handelt es sich immer dann, wenn diese *sachlich* an der Beurkundung beteiligt ist. Dies sind zunächst alle diejenigen Personen, deren Rechte, Pflichten und Verbindlichkeiten durch den Inhalt der Amtstätigkeit unmittelbar begründet, erweitert oder vermindert werden. Es genügt, dass die Rechte, Pflichten und Verbindlichkeiten faktisch unmittelbar günstig oder ungünstig beeinflusst werden. Eine Sachbeteiligung ist z.B. gegeben: Bei Angeboten an den Notar, bei der Bestellung einer Hypothek für den Notar, bei einer Löschungsbewilligung für eine Hypothek auf dem Grundstück des Notars. Die Sachbeteiligung kann auch mittelbar bestehen, so bei einer Bürgschaft, wenn die Forderung, für die gebürgt wird, dem Notar zusteht. 166

Die nichteheliche Lebensgemeinschaft löst von Gesetzes wegen kein Mitwirkungsverbot aus. Der Notar sollte indes in Angelegenheiten seines Partners einer nichtehelichen Lebensgemeinschaft seine Mitwirkung gemäß § 14 Abs. 3 S. 2 BNotO i.V.m. § 16 Abs. 2 BNotO verweigern, um nicht den Anschein eines parteilichen Verhaltens zu erwecken.

b) § 3 Abs. 1 Nr. 1–3 BeurkG

Diese Vorschriften verbieten dem Notar jegliche Mitwirkung in eigenen Angelegenheiten oder in Angelegenheiten der genannten Angehörigen. Dieses Mitwirkungsverbot gilt auch im Verhältnis zu den *früheren* Ehegatten und im Verhältnis zu früheren Verwandten oder früheren Verschwägerten. 167

c) § 3 Abs. 1 Nr. 4 BeurkG

In § 3 Abs. 1 S. 1 Nr. 4 BeurkG ist ein Mitwirkungsverbot in Angelegenheiten einer Person statuiert worden, mit der sich der Notar zur gemeinsamen Berufsausübung verbunden oder mit der er gemeinsame Geschäftsräume hat. Damit soll verhindert werden, dass in den Augen eines Vertragspartners der Eindruck entsteht, der Notar berücksichtige bewusst oder unbewusst die Informationen seines Sozius oder der Sozius könne auf die Vertragsgestaltung und Vertragsdurchführung einen größeren Einfluss nehmen, weil diese sich im Bürobetrieb, an dem er auch beteiligt ist, abwickeln. Diese Regelung geht allerdings sehr weit, weil sie auch Gestaltungen miterfasst, in denen der Anschein einer Parteilichkeit von vornherein ausscheidet: z.B. Testament des Sozius oder auch Unterschriftsbeglaubigung für den Sozius. 168

d) § 3 Abs. 1 Nr. 5 BeurkG

In § 3 Abs. 1 Nr. 5, 6, 7 und 8 BeurkG werden die Mitwirkungsverbote auf die Fälle erstreckt, in denen das beschriebene Näheverhältnis nicht nur zu dem beurkundenden Notar selbst, sondern auch zu seinem Sozius besteht. 169

Ist der Notar gesetzlicher Vertreter einer natürlichen oder juristischen Person, so ist er an der Beurkundung sämtlicher Angelegenheiten gehindert, an denen der Vertretene beteiligt ist (§ 3 Abs. 1 S. 1 Nr. 5 BeurkG). Gesetzlicher Vertreter im Sinne dieser Vorschrift sind z.B. Vater oder Mutter (§ 1629 BGB), Vormund (§ 1793 BGB), Betreuer (§ 1902 BGB), Pfleger (§§ 1915 und 1793 BGB), Vereinsvorstand (§ 26 Abs. 2 BGB), Stiftungsvorstand (§§ 86, 26 BGB), Geschäftsführer einer GmbH (§ 35 GmbHG), Vorstand einer Aktiengesellschaft (§ 78 AktG) oder einer Genossenschaft (§ 24 GenG), Vertreter einer Gebietskörperschaft (z.B. Bürgermeister, Gemeindedirektor) oder einer sonstigen juristischen Person des öffentlichen Rechtes (z.B. Präsident einer Notarkammer).

e) § 3 Abs. 1 Nr. 6 BeurkG

Nach § 3 Abs. 1 S. 1 Nr. 6 BeurkG soll der Notar nicht mitwirken in Angelegenheiten einer Person, deren vertretungsberechtigtem Organ der Notar angehört. Es muss sich um die Mitgliedschaft in einem *vertretungsberechtigten* Organ handeln. Ein vertretungsberechtigtes Organ ist beispielsweise der mehrgliedrige Vorstand eines eingetragenen Vereines, einer Genossenschaft, einer Aktiengesellschaft. 170

Nicht zu den vertretungsberechtigten Organen zählt z.B. der Aufsichtsrat einer Aktiengesellschaft, denn der Aufsichtsrat ist im Allgemeinen nur Kontrollorgan, aber nicht Vertreter der Aktiengesellschaft. Die Mitgliedschaft im Aufsichtsrat einer AG oder Verwaltungsrat einer Sparkasse o.Ä. begründet nur eine *Hinweispflicht* gem. § 3 Abs. 3 Nr. 1 BeurkG (siehe Rdn 177).

f)   § 3 Abs. 1 Nr. 7 BeurkG

171   Kernbestimmung der neu gefassten Mitwirkungsverbote ist § 3 Abs. 1 Nr. 7 BeurkG. Der Gesetzgeber hat damit ein Mitwirkungsverbot aufgrund vorangegangener außernotarieller Tätigkeit aufgenommen. In das Mitwirkungsverbot hat er alle Personen einbezogen, mit denen der Notar zur gemeinsamen Berufsausübung verbunden ist oder eine Bürogemeinschaft unterhält. Das Mitwirkungsverbot besteht auch dann, wenn die Vorbefassung bereits abgeschlossen ist; es reicht also in die Vergangenheit. Das Mitwirkungsverbot greift nur dann nicht ein, wenn die Vorbefassung im Auftrag *aller* Personen ausgeübt wird oder wurde, die an der Beurkundung beteiligt sein sollen (insoweit die Darstellung des Mitwirkungsverbotes in § 3 Abs. 1 Ziff. 7 „Konfliktlage des Anwaltnotars" siehe § 1 Rdn 77 ff.).

Um die Einhaltung des § 3 Abs. 1 Nr. 7 BeurkG sicherzustellen, hat der Notar grundsätzlich vor Beurkundung nach einer Vorbefassung im Sinne des § 3 Abs. 1 Nr. 7 zu fragen und in der Urkunde die Antwort zu vermerken (§ 3 Abs. 1 S. 2 BeurkG). Der Wortlaut eines solchen Vermerkes, der in die Urkunde aufzunehmen ist, könnte wie folgt lauten:

172   Der Notar fragte die Erschienenen, ob er oder eine der mit ihm beruflich verbundenen Personen in einer Angelegenheit, die Gegenstand dieser Beurkundung/Beglaubigung ist, außerhalb des Notaramtes tätig war oder ist. Die Frage wurde von allen Beteiligten verneint.

Diese Fragepflicht besteht nicht nur dann, wenn konkrete Anhaltspunkte für eine Vorbefassung bestehen, sondern in allen Fällen. Nach herrschender Ansicht ist diese Frage- und Vermerkpflicht auf das Anwaltsnotariat zugeschnitten. Anders als beim Anwaltsnotar ist eine „Vorbefassung" des hauptberuflichen Notars i.S.d. § 3 Abs. 1 Nr. 7 BeurkG schwer denkbar. Der hauptberufliche Notar kann nicht anwaltlich tätig sein und sich auch mit keiner anderen Person zur gemeinsamen Berufsausübung verbinden, es sei denn, diese ist auch hauptberuflicher Notar. Die mit der Anordnung der Frage- und Vermerkpflicht verfolgten Ziele des Gesetzgebers, also eine andere als notarielle Vorbefassung des Notars oder seiner Sozien zu verhindern, legen deshalb die Differenzierung nahe, dass diese Pflichten auf den hauptberuflich tätigen Notar nicht anwendbar sind.[39]

g)   § 3 Abs. 1 Nr. 8 BeurkG

173   § 3 Abs. 1 S. 1 Nr. 8 BeurkG enthält drei voneinander zu unterscheidende Sachverhalte:

- Angelegenheiten einer Person, die den Notar in derselben Angelegenheit bevollmächtigt hat;
- Angelegenheiten einer Person, zu der der Notar in einem ständigen Dienst- oder ähnlichen ständigen Geschäftsverhältnis steht;
- Angelegenheiten einer Person, zu der eine Person i.S.d. Nr. 4 in einem ständigen Dienst- oder ähnlichen ständigen Geschäftsverhältnis steht.

Die erste Fallgestaltung ist Gegenstand von § 3 Abs. 1 Nr. 7 BeurkG, die insoweit als die speziellere Vorschrift zuerst anzuwenden ist. § 3 Abs. 1 Nr. 8 BeurkG greift deshalb nur noch dann ein, wenn Nr. 7 ausscheidet, weil die anderweitige Tätigkeit des Notars im Interesse aller Personen ausgeübt wurde, die an der Beurkundung beteiligt sein sollten und weiter dann, wenn der Notar in derselben Sache zwar bevollmächtigt, aber noch tätig geworden ist. Der zweite Fall richtet sich gegen den „Hausnotar". Gedacht ist an einen Notar, der bei einem Unternehmen als Direktor, Syndikus, Justitiar oder in ähnlicher Funktion tätig ist. Er ist selbstverständlich an allen Beurkundungen gehindert, an denen das Unternehmen beteiligt ist. Wichtiger ist der letzte Fall, dass der Sozius in einem ständigen Dienst- oder

---

39 *Hermanns*, MittRhNotK 1998, 359 ff.; *Heller/Vollrath*, MittBayNot 1998, 322 ff.

Geschäftsverhältnis steht. Auch dann darf der Notar nicht beurkunden in Angelegenheiten des Unternehmens, bei dem der Sozius beschäftigt ist.

h) § 3 Abs. 1 Nr. 9 BeurkG

Gemäß § 3 Abs. 1 S. 1 Nr. 9 BeurkG unterliegt der Notar dem Mitwirkungsverbot in Angelegenheiten **174** einer Gesellschaft, an der er mit mehr als 5 v.H. der Stimmrechte oder mit einem Anteil am Betrag des Haftungskapitals von mehr als 2.500 EUR beteiligt ist. Entsprechende Beteiligungen seines Sozius lösen ein Mitwirkungsverbot nicht aus.

3. Gesetzliche Vermutung der Befangenheit (§ 3 Abs. 2 und 3 BeurkG)

In manchen Fällen, in denen bei den Beteiligten Zweifel an der Unparteilichkeit und Unabhängigkeit des **175** Notars bestehen könnten, ist dem Notar die Beurkundung nicht schlechthin verboten. Er soll aber hier nur beurkunden, wenn er die Beteiligten vorher auf seine Sachbeziehung hingewiesen und gefragt hat, ob er gleichwohl beurkunden darf, und wenn die Beteiligten dies bejahen (§ 3 Abs. 2, 3 BeurkG). In der Niederschrift ist zu vermerken, dass dies geschehen ist. Es handelt sich hierbei um folgende Fälle:

a) § 3 Abs. 2 BeurkG

1. Angelegenheiten, in denen der Notar früher als Bevollmächtigter oder gesetzlicher Vertreter eines **176** Beteiligten tätig gewesen ist,
2. wenn der Notar als Bevollmächtigter eines Beteiligten in *anderen* Angelegenheiten tätig ist.

Der erste Fall ist ohne praktische Bedeutung, da diese Sachverhalte fast immer unter die Vorbefassungsregel des § 3 Abs. 1 Nr. 7 BeurkG fallen, die als das speziellere Gesetz vorgeht. Ein Anwendungsbereich liegt vor, wenn die Vortätigkeit im Auftrag aller Personen ausgeübt wurde und deshalb § 3 Abs. 1 Nr. 7 BeurkG den Notar nicht ausschließt.

b) § 3 Abs. 3 BeurkG

1. Angelegenheiten einer Person, deren nicht zur Vertretung berechtigtem Organ der Notar angehört, **177** § 3 Abs. 3 Nr. 1 BeurkG (z.B. Aufsichtsrat einer AG, GmbH oder Genossenschaft, Beirat oder Verwaltungsrat einer GmbH, Beirat eines Vereins). Ist der Notar Mitglied eines zur Vertretung berechtigten Organs, so ist seine Mitwirkung durch § 3 Abs. 1 Nr. 6 BeurkG schlechthin ausgeschlossen. § 3 Abs. 3 Nr. 1 BeurkG greift z.B. ein, wenn der Notar Mitglied des Aufsichtsrates einer Aktiengesellschaft, Gesellschaft mit beschränkter Haftung oder Genossenschaft ist. In diesem Fall soll er fragen, ob er beurkunden darf.
2. Angelegenheiten einer Gemeinde oder eines Kreises, deren Organ der Notar angehört (§ 3 Abs. 3 Nr. 2 BeurkG).
   Hiermit ist auch die Mitgliedschaft in einem nicht zur Vertretung berechtigten Organ erfasst. Die Mitgliedschaft in Gebietskörperschaften oder deren Zusammenschlüssen z.B. Räte, Ausschüsse, Verbandsversammlungen, Bezirksausschüsse führt nicht zu einem Mitwirkungsverbot, sondern nur zu einem Fragegebot.
3. Angelegenheiten einer als Körperschaft des öffentlichen Rechts anerkannten Religions- oder Weltanschauungsgemeinschaft oder einer als Körperschaft des öffentlichen Rechts anerkannten Teilorganisation einer solchen Gemeinschaft, deren Organ der Notar angehört (§ 3 Abs. 3 Nr. 3 BeurkG).

In den Angelegenheiten einer Gemeinde oder eines Kreises, deren Organ der Notar angehört (§ 3 Abs. 3 **178** Nr. 2 BeurkG), und in Angelegenheiten einer als Körperschaft des öffentlichen Rechts anerkannten Religions- oder Weltanschauungsgemeinschaft, deren Organ der Notar angehört (§ 3 Abs. 3 Nr. 3 BeurkG), gilt § 3 Abs. 1 Nr. 6 BeurkG nicht. § 3 Abs. 3 Nr. 3 letzter Satz nimmt diese Fälle ausdrücklich aus. Ein Notar, der Mitglied einer zur gesetzlichen Vertretung berufenen Gemeinde- oder Kreisvertretung oder Mitglied in einem zur gesetzlichen Vertretung einer Religionsgemeinschaft berufenen Organ ist, ist nicht von der Beurkundung gemäß § 3 Abs. 1 Nr. 6 BeurkG ausgenommen, sondern unterliegt lediglich der Fragepflicht.

V. Notarielle Eigenurkunden

179   Um eine so genannte notarielle Eigenurkunde handelt es sich, wenn der Notar eine von ihm selbst beurkundete oder beglaubigte Grundbucherklärung, insbesondere eine Bewilligung, aufgrund ausdrücklicher Vollmacht nachträglich ergänzt oder ändert. Diese Eigenurkunde ist eine öffentliche Urkunde und genügt den Anforderungen des § 29 GBO, wenn sie vom Notar unterzeichnet und mit dem Amtssiegel versehen ist;[40] sie bedarf keiner weiteren Beglaubigung. Sie wird nicht in die Urkundenrolle eingetragen (§ 8 DONot), da auf sie das BeurkG nicht anwendbar ist.[41]

180   *Formulierungsbeispiel für eine grundbuchlich abzuwickelnde Urkunde:*

Der Notar ist berechtigt, Anträge aus dieser Urkunde getrennt und eingeschränkt zu stellen und sie in gleicher Weise zurückzunehmen. Die Beteiligten bevollmächtigen den Notar, sie im Grundbuchverfahren uneingeschränkt[42] zu vertreten, insbesondere Bewilligungen und Anträge gegenüber dem Grundbuchamt zu ergänzen und zu ändern, überhaupt alles zu tun, was verfahrensrechtlich zur grundbuchlichen Durchführung dieser Urkunde notwendig ist.

181   Eine Eigenurkunde kommt *nicht* in Betracht, wenn *materiell-rechtlich* für das Rechtsgeschäft die Beurkundung vorgeschrieben ist; sie ist lediglich zulässig für die Ergänzung oder Berichtigung *verfahrensrechtlicher* Erklärungen.

In einer Eigenurkunde könnte der Notar – vorausgesetzt, er ist dazu bevollmächtigt –

- ■ eine fehlende Grundstücksbezeichnung (§ 28 GBO) nachholen,
- ■ eine so genannte Identitätserklärung (katasteramtliche Bezeichnung z.B. für eine verkaufte und aufgelassene Teilfläche eines Grundstücks) abgeben,
- ■ eine Rangbestimmung vornehmen,[43]
- ■ die Rücknahme eines von den Beteiligten persönlich gestellten Antrages erklären,
- ■ aufgrund einer ihm erteilten Doppelvollmacht (vgl. § 4 Rdn 239 f.) bestätigen, dass er eine familiengerichtliche/betreuungsgerichtliche/nachlassgerichtliche Genehmigung entgegengenommen, dem anderen Vertragsteil mitgeteilt und die Mitteilung wiederum für diesen entgegengenommen hat.

182   *Muster einer Eigenurkunde des Notars:*

Notarielle Eigenurkunde

In meiner Urkunde vom (…) – UR.Nr. (…) – ist als Kaufobjekt das im Grundbuch von (…) eingetragene Grundstück Flur 4, Flurstück 835 angegeben worden. Nachträglich hat sich herausgestellt, dass das Grundstück tatsächlich die Flurstücks-Nr. 835/61 führt. Bei der in der genannten Urkunde bewilligten Restkaufpreishypothek fehlt das Beteiligungsverhältnis.

Aufgrund der mir in Ziffer V. meiner vorbezeichneten Urkunde erteilten Vollmacht und des Vollzugsauftrages ergänze und berichtige ich die Kaufvertragsurkunde, wie folgt:

---

40 BGH Rpfleger 1980, 465 = DNotZ 1981, 118 mit zust. Anm. *Winkler*, DNotZ 1981, 252.
41 Kersten/Bühling/*Terner*, § 10 Rn 10; Kersten/Bühling/*Basty*, § 35 Rn 40.
42 Siehe hierzu OLG Düsseldorf RNotZ 2012, 562.
43 Siehe zur Eigenurkunde mit Rangbestimmung DNotI-Report 1998, 169.

1. Das verkaufte Flurstück lautet richtig 835/*61*.
2. Die bewilligte Restkaufpreishypothek von EUR (…) soll zugunsten der Eheleute (…) je zur Hälfte in das Grundbuch eingetragen werden.

(…), den (…)

(Amtssiegel; Farbdrucksiegel genügt)   Unterschrift, Notar

Siehe zur notariellen Eigenurkunde auch sehr ausführlich *Milzer*.[44]

VI. Behandlung der Urkunden

Der Vierte Abschnitt des Beurkundungsgesetzes (§§ 44–54 BeurkG) enthält Bestimmungen über die Behandlung der Urkunden und Vorschriften über das Verfahren nach dem Abschluss der Beurkundung. Ergänzt werden die gesetzlichen Regelungen durch die Dienstordnung für Notare (DONot), die den technisch-praktischen Ablauf betreffen.   **183**

1. Äußere Form der Niederschriften und Vermerke

Urschriften, Ausfertigungen und beglaubigte Abschriften notarieller Urkunden sind so herzustellen, dass sie gut lesbar, dauerhaft und fälschungssicher sind, § 29 Abs. 1 DONot. Es ist festes holzfreies weißes oder gelbliches Papier in DIN-Format zu verwenden, § 29 Abs. 2 S. 1 DONot.   **184**

Es dürfen nur verwendet werden:

- blaue oder schwarze Tinte und Farbbänder, sofern sie handelsüblich als urkunden- oder dokumentenecht bezeichnet sind, z.B. auch unter Einsatz von Typenradschreibmaschinen oder Matrixdruckern (Nadeldruckern),
- blaue oder schwarze Pastentinte (Kugelschreiber), sofern Minen benutzt werden, die eine Herkunftsbezeichnung tragen und eine Aufschrift, die auf die DIN 16 554 oder auf die ISO 12752–2 hinweist,
- in klassischen Verfahren und in schwarzer oder dunkelblauer Druckerfarbe hergestellte Drucke des Buch- und Offsetdruckverfahrens,
- in anderen Verfahren (z.B. elektrografische/elektrofotografische Herstellungsverfahren) hergestellte Drucke oder Kopien, sofern die zur Herstellung benutzte Anlage (z.B. Kopiergeräte, Laserdrucker, Tintenstrahldrucker) nach einem Prüfzeugnis der papiertechnischen Stiftung (PTS) in Heidenau (früher der Bundesanstalt für Materialforschung und -prüfung in Berlin) zur Herstellung von Urschriften von Urkunden geeignet sind,
- Formblätter, die in den genannten Druck- oder Kopierverfahren hergestellt worden sind.

Bei Unterschriftsbeglaubigungen, für Abschlussvermerke in Niederschriften, für Vermerke über Beglaubigungen von Abschriften sowie für Ausfertigungsvermerke ist der Gebrauch von Stempeln unter Verwendung von haltbarer schwarzer oder dunkelblauer Stempelfarbe zulässig, § 29 Abs. 3 DONot.

Vordrucke, die dem Notar von einem Urkundenbeteiligten zur Verfügung gestellt werden (z.B. Grundpfandrechtsbestellungsformulare der Banken) müssen den vorbeschriebenen Anforderungen an die Herstellung von Urschriften genügen. Insbesondere dürfen die Vordrucke keine auf den Urheber des Vordrucks hinweisenden individuellen Gestaltungsmerkmale (Namen, Schriftzug, Firmenlogo, Signet, Fußzeile mit Firmendaten und Ähnliches) aufweisen. Der Urheber des Vordrucks soll am Rande angegeben werden. Dies gilt nicht bei Beglaubigungen ohne Entwurf, § 29 Abs. 4 S. 2 DONot. Bei Verwendung solcher Vordrucke besteht nämlich die Gefahr, dass bereits vom äußerlichen Erscheinungsbild her der Eindruck einer Verbindung von Notar und Kreditinstitut erweckt wird, was die Stellung des Notars als unabhängiger Träger eines öffentlichen Amtes in Frage stellen könnte.[45]

---

44 *Milzer*, notar 2013, 35 ff.
45 *Mihm/Bettendorf*, DNotZ 2001, 45.

185   Streichungen sind so vorzunehmen, dass das Geschriebene noch lesbar bleibt. Rasuren sind unzulässig (§ 28 Abs. 1 DONot). Im Bereich der Rheinischen Notarkammer ist es üblich, Wörter und Sätze, die nicht gelten sollen, einzuklammern und dahinter das Wort „lies:" zu setzen. Am Rande soll der Notar die Streichung mit seiner Unterschrift vermerken, § 44a Abs. 2 BeurkG. Wichtige Zahlen, wie Kaufpreis, Schuldbetrag, Zinssatz, sind in Ziffern und Buchstaben zu schreiben. Lücken und leere Seiten müssen zur Verhinderung nachträglicher Einschübe durch Füllstriche gesichert werden.

186   Änderungen, die nicht geringfügig sind – Zusätze gelten immer als erheblich –, sollen entweder am Schluss vor den Unterschriften oder am Rande vermerkt werden. Werden sie am Rande angebracht, so soll der Notar sie besonders unterschreiben (§ 44a Abs. 1 BeurkG).

   Größere Änderungen und Ergänzungen werden zumeist am Schluss des Protokolls mit einem Hinweis auf die Stelle der Urkunde angebracht, wo sie einzufügen sind. Mit demselben Zeichen wird diese Stelle markiert. Werden die Änderungen hinter den Schlussvermerk gesetzt, so ist der Schlussvermerk (verkürzt) zu wiederholen.

187   *Beispiel: Randvermerk*

   Auf dieser Seite sind zwei Wörter gestrichen und drei Wörter hinzugesetzt.   Notar

188   *Beispiel: Vermerk am Schluss*

   Auf Seite 5 der Urkunde ist bei dem Zeichen „V" einzufügen …

   Auf der Seite 7 ist bei dem Zeichen „V" einzufügen …

   Zusätze mit vorgelesen, genehmigt und unterschrieben

   Offensichtliche Unrichtigkeiten kann der Notar auch *nach* Abschluss der Niederschrift durch einen von ihm zu unterschreibenden Nachtragsvermerk richtigstellen. Der Nachtragsvermerk ist am Schluss nach den Unterschriften oder auf einem besonderen, mit der Urkunde zu verbindenden Blatt niederzulegen und mit dem Datum der Richtigstellung zu versehen (§ 44a Abs. 2 BeurkG).

189   *Beispiel*

   In der vorstehenden Niederschrift habe ich beim Zeichen *) die dort angegebene Grundbuchbezeichnung Blatt „0551" in Blatt „0155" als offensichtliche Unrichtigkeit gemäß § 44a BeurkG richtiggestellt.

   Ort, Datum   Notar

   Die Verletzung einer dieser Vorschriften macht die Beurkundung, Ausfertigung oder beglaubigte Abschrift nicht unwirksam, kann aber den Beweiswert der Urkunde mindern.

   Die Urkunden sollen stets einen genügend breiten Heftrand erhalten, damit die am Rande stehenden Wörter auch nach dem Heften noch zu lesen sind. Mehrere Blätter einer Urkunde werden mit Schnur und Prägesiegel verbunden, ebenso alle Schriftstücke, die der Niederschrift als Anlage beigefügt sind (§ 44 BeurkG). Die Heftschnur soll im oberen Drittel des Seitenrandes so angesiegelt werden, dass eine Beschädigung beim Lochen und Abheften vermieden wird. Das gilt für Urschrift, Ausfertigung und beglaubigte Abschrift. Es sollen Heftfäden in den Landesfarben verwendet werden (§ 30 Abs. 1 DONot).

2.   Behandlung der Urschrift

a)   Verwahrung der Urschrift

190   Auf jeder Urschrift ist die Nummer der Urkundenrolle mit der Jahreszahl anzugeben, § 28 Abs. 2 DONot. Die Nummer wird aus der Urkundenrolle entnommen und am Kopf der Urkunde angebracht; bei Unterschriftsbeglaubigungen auch da, wo der Vermerk des Notars beginnt. In die Ausfertigungen und Abschriften ist die Nummer der Urkundenrolle zu übernehmen.

Die Urkundensammlungen sind möglichst in verschließbaren Schränken aufzubewahren. In offenen Regalen dürfen die Sammlungen nur liegen, wenn der Raum abschließbar und sichergestellt ist, dass Unbefugte die Urkundensammlung nicht einsehen können.

b) Aushändigung der Urschrift

In § 45 BeurkG werden für die Aushändigung der Urschrift zwei Fälle unterschieden: **191**

- Die Urschrift der Urkunde, die der Notar in der Form der Niederschrift aufgenommen hat, bleibt grundsätzlich in seiner Verwahrung; eine Ausnahme gilt für Erbverträge und Testamente, die in die besondere amtliche Verwahrung des Amtsgerichts zu bringen sind. Haben die Beteiligten bei einem Erbvertrag diese besondere amtliche Verwahrung ausgeschlossen, so bleibt die Urkunde auch in der Verwahrung des Notars. Nach Eintritt des Erbfalls hat er den Erbvertrag jedoch an das Nachlassgericht abzuliefern (§ 25 Abs. 2 BNotO).
- Urschriften in Form eines Vermerks (§ 39 BeurkG) händigt der Notar den Beteiligten aus, wenn nicht die Verwahrung ausdrücklich verlangt wird.

Ausnahmsweise darf der Notar auch die Urschrift eines Protokolls aushändigen, wenn dargelegt wird, dass sie im Ausland verwendet werden soll und alle zustimmen, die eine Ausfertigung verlangen können. Dann soll die Urschrift mit dem Siegel versehen und eine Ausfertigung in der Urkundensammlung zurückbehalten werden, auf der vermerkt ist, an wen und weshalb die Urschrift ausgehändigt wurde (§ 45 Abs. 1 BeurkG). Die Ausfertigung ersetzt dann die Urschrift.

Beispiel **192**

Die Urschrift, von der diese gleich lautende Ausfertigung zurückbehalten worden ist, wurde mit Zustimmung aller Beteiligten an Herrn Müller in Köln, Langstraße 13, ausgehändigt.

Herr Müller legte dar, dass er die Urschrift in Lima/Peru zur Gründung einer Gesellschaft benötige.

Urschriften von Urkunden, die in der Form eines Vermerks errichtet sind (§ 39 BeurkG), werden regelmäßig ausgehändigt, weil bei ihnen die Urschrift für den Rechtsverkehr bestimmt ist. Nach § 19 Abs. 2 DONot ist eine Abschrift der Urkunde mit Kostenberechnung oder wahlweise ein Vermerkblatt mit Kostenberechnung zur Urkundensammlung zu bringen.

Beispiel **193**

Urkundenrolle Nummer: (...) für 20(...)

Vermerkblatt

Heute wurde von mir die Namensunterschrift des

Herrn Siegfried Muskat, Beamter,

wohnhaft in Köln, Raketenweg 9,

geboren am 22.7.1965,

– mir von Person bekannt –

beglaubigt, und zwar unter einer Abtretungserklärung für die Kreissparkasse Bonn.

Wert: 20.000 EUR

Ort, Datum

Unterschrift des Notars

Kostenberechnung

Hat der Notar die Urkunde entworfen und Unterschriften oder Handzeichen darauf beglaubigt, so hat er an Stelle des Vermerkblattes eine beglaubigte Abschrift der Urkunde einschließlich der Kostenberechnung für die Urkundensammlung zurückzubehalten (§ 19 Abs. 1 DONot).

c)   Ersetzung der Urschrift

194   Die Urschrift einer ganz oder teilweise zerstörten oder abhanden gekommenen notariellen Niederschrift kann ersetzt werden, wenn dazu Anlass besteht. Zuständig für die Ersetzung ist diejenige Stelle, die für die Erteilung der Ausfertigung oder beglaubigten Abschrift zuständig sein würde, wenn die Urschrift noch vorhanden wäre. Die Ersetzung ist aber nur möglich, wenn noch eine beglaubigte Abschrift oder Ausfertigung der Urkunde existiert. Fehlt beides, so ist die Ersetzung nicht möglich.

Die Urschrift wird dadurch ersetzt, dass der Notar auf der noch vorhandenen Ausfertigung oder beglaubigten Abschrift den Vermerk anbringt, sie trete an die Stelle der Urschrift. Der Notar kann von der Ausfertigung oder beglaubigten Abschrift auch eine neue beglaubigte Abschrift fertigen und auf diese dann den Vermerk setzen.

195   *Beispiel*

Die Urschrift der Urkunde Nummer 333/1941 vom 25.3.1941 ist durch Kriegseinwirkung verloren gegangen. Von ihrer Ausfertigung in den Grundakten von Jülich Blatt 0890 habe ich diese Abschrift hergestellt, deren Übereinstimmung mit der Ausfertigung ich beglaubige. Die verloren gegangene Urschrift wird hiermit ersetzt. Diese Urkunde tritt an die Stelle der Urschrift.

Siegel   Ort, Datum

                                           Unterschrift des Notars

Ist in der Urkunde eine Unterwerfung unter die sofortige Zwangsvollstreckung enthalten, so soll der Schuldner, der sich der sofortigen Zwangsvollstreckung unterworfen hat, vor der Ersetzung gehört werden (§ 46 Abs. 3 BeurkG). Ist die Urschrift ersetzt, so sind diejenigen Personen, die eine Ausfertigung verlangen können, davon zu verständigen, soweit dies ohne Schwierigkeiten möglich ist (§ 46 Abs. 3 S. 2 BeurkG).

Gegen die Ablehnung der Ersetzung und gegen die Ersetzung selbst ist das Rechtsmittel der Beschwerde gegeben (§ 54 Abs. 1 BeurkG). Über die Beschwerde entscheidet eine Zivilkammer des Landgerichts, in dessen Bezirk der Notar seinen Amtssitz hat (§ 54 Abs. 2 BeurkG).

d)   Vermerke auf der Urschrift

196   Auf der Urschrift soll die Erteilung jeder Ausfertigung vermerkt werden (§ 49 Abs. 4 BeurkG). Der Vermerk muss das Datum und den Empfänger der Ausfertigung enthalten und von dem Notar mit seiner vollen Unterschrift und nicht nur mit seiner Paraphe unterschrieben werden. Er beweist die Erteilung der Ausfertigung und ist besonders wichtig bei vollstreckbaren Ausfertigungen als Gewähr gegenüber ihrer doppelten Erteilung.

197   *Beispiel*

Der Kreissparkasse Düren in Düren wurden eine einfache und eine vollstreckbare Ausfertigung erteilt.

                                           Datum

                                           Unterschrift des Notars

Der Vermerk befindet sich auf der letzten Seite der Urschrift. Die nach § 19 Abs. 6 GNotKG zu den Akten zu bringende Abschrift der Kostenberechnung wird häufig ebenfalls mit einem Kostenstempel auf der letzten Seite der Urschrift angebracht. Vielfach vermerkt man hier auch die Übermittlung von Abschriften an die Steuer-, Genehmigungs- und sonstigen Behörden sowie an das Grundbuchamt (siehe § 1 Rdn 119 ff.). Bei Erbverträgen und sonstigen Urkunden, nach deren Inhalt die Erbfolge geändert wird, und die sich in Verwahrung des Notars befinden, benachrichtigt der Notar das Zentrale Testamentsregister. Eine Abschrift der Meldenachricht verwahrt er bei der Urschrift, § 20 Abs. 2 DONot. Ein bloßer Vermerk genügt nicht (mehr).

3. Die Ausfertigung

a) Bedeutung

Die Ausfertigung vertritt die Urschrift im Rechtsverkehr (§ 47 BeurkG). Sie allein hat, wenn es auf die   **198**
Vorlegung der Urkunde ankommt, dieselbe Wirkung wie die Urschrift. Die beglaubigte Abschrift beweist
nicht mehr als die Übereinstimmung der Abschrift mit der Urkunde; die Willenserklärung selbst enthält
sie nicht.

Das ist zu beachten bei allen empfangsbedürftigen Willenserklärungen, für die notarielle Beurkundung
vorgeschrieben ist; diese müssen in *Ausfertigung* zugehen.

Dazu ein **Beispiel:**   **199**

> Der Rücktritt vom Erbvertrag (§ 2296 BGB) und der Widerruf eines gemeinschaftlichen Testaments
> (§ 2271 BGB) müssen notariell beurkundet werden und dem anderen Beteiligten zugehen. Da die be-
> urkundete Erklärung in der Urkunde verkörpert ist und die *Urschrift* im Rechtsverkehr durch die *Aus-
> fertigung* ersetzt wird, muss hier eine Ausfertigung zugestellt werden!
>
> Dasselbe gilt für das Angebot einer Grundstücksveräußerung. Dem Angebotsempfänger muss eine
> *Ausfertigung,* nicht nur eine beglaubigte Abschrift, übersandt werden.

b) Zuständigkeit

Die Ausfertigung wird von der Stelle erteilt, die die Urschrift verwahrt (§ 48 BeurkG). Verwahrende   **200**
Stelle ist grundsätzlich der Notar, der die Niederschrift aufgenommen und zu seiner Urkundensammlung
genommen hat (§ 45 Abs. 1 BeurkG). Ist das Amt des Notars erloschen (§ 47 BNotO) oder wird sein Amtssitz verlegt, so nimmt sein Amtsnachfolger, sonst das Amtsgericht die Urkundensammlung in Verwahrung (§ 51 Abs. 1 und 4 BNotO). In diesem Fall erteilt der Amtsnachfolger bzw. der Urkundsbeamte der
Geschäftsstelle des Amtsgerichts die Ausfertigung (§ 48 BeurkG). Da Testamente nicht vom Notar, sondern vom Amtsgericht verwahrt werden, ist der Notar nicht zuständig zur Erteilung einer Ausfertigung
von ihnen.

c) Form

Unter der Überschrift „Ausfertigung" folgt eine Abschrift der Verhandlung einschließlich der Unter-   **201**
schriften und mitbeurkundeten Anlagen (§ 49 BeurkG). Zusätze und Berichtigungen werden in den
Text der Ausfertigung aufgenommen. Der Ausfertigungsvermerk gibt Tag und Ort der Erteilung an, bezeichnet die Person, der die Ausfertigung erteilt wird, und bestätigt die Übereinstimmung der Ausfertigung mit der Urschrift. Der Ausfertigungsvermerk muss vom Notar unterschrieben und mit dem Siegel
versehen werden (§ 49 Abs. 2 BeurkG). Besteht die Ausfertigung aus mehreren Blättern, so sind diese mit
Schnur und Siegel zu verbinden (§ 44 BeurkG). Häufig werden mit der Ausfertigung Abschriften von Urkunden verbunden, die nicht beurkundet wurden, z.B. behördliche Genehmigungen, Vollmachten und
Beitrittserklärungen. Diese brauchen dann nicht besonders beglaubigt zu werden. Der Ausfertigungsvermerk verleiht ihnen die Eigenschaft beglaubigter Abschriften (§ 49 Abs. 3 BeurkG).

Muster: **202**

Vorstehende, mit der Urschrift übereinstimmende Ausfertigung wird hiermit Herrn Rainer Meier,
Kaufmann, geboren am 20.4.1944, wohnhaft in Jülich, Rurstraße 500, erteilt.

Siegel   Ort, Datum

                                           Unterschrift des Notars

Verwahrt ein Amtsnachfolger die Urschrift, so kann er seiner Unterschrift den Zusatz beifügen: **203**

„als Verwahrer der Urkunde des Notars Dr. (…)"

d) Auszugsweise Ausfertigung

204 Grundsätzlich müssen Ausfertigungen den ganzen Wortlaut der Urschrift enthalten. § 49 Abs. 5 BeurkG gestattet es, Ausfertigungen auch auszugsweise zu erteilen. Dafür kann ein Interesse bestehen, wenn in einer Urkunde mehrere Geschäfte beurkundet sind, es aber ausreichend ist, der zuständigen Stelle nur ein Geschäft mitzuteilen. Werden z.B. Erbscheinsantrag und Erbauseinandersetzung in einer Niederschrift beurkundet, so wird dem Nachlassgericht nur der Erbscheinsantrag eingereicht. Oder: Von einer Niederschrift soll ein bestimmter Teil, etwa die Auflassung, (noch) nicht ausgefertigt werden (um den Erwerber daran zu hindern, selbst vorzeitig die Eigentumsumschreibung zu bewirken). Oder: Von einem Ehe- und Erbvertrag wird nur der Teil „Ehevertrag" für die Berichtigung des Grundbuchs nach der Vereinbarung der Gütergemeinschaft benötigt.

In dem Ausfertigungsvermerk muss der Gegenstand des Auszugs angegeben und bezeugt werden, dass die Urschrift keine weiteren Bestimmungen über diesen Gegenstand enthält (§ 49 Abs. 5 i.V.m. § 42 Abs. 3 BeurkG).

205 *Muster:*

Diese auszugsweise gleich lautende Ausfertigung, die nur den Erbscheinsantrag enthält, wird Herrn Emil Müller, Kaufmann, wohnhaft in Aachen, Domplatz 9, erteilt. Zugleich wird bescheinigt, dass die Urkunde keine weiteren Bestimmungen über den Erbscheinsantrag enthält.

Siegel   Ort, Datum

Unterschrift des Notars

e) Anspruch auf Erteilung von Ausfertigungen und Abschriften, Recht auf Einsicht in die Urkunden

206 Anspruch auf Erteilung von Ausfertigungen hat:

- jeder, der eine Erklärung im eigenen Namen abgegeben hat,
- jeder, für den eine Erklärung abgegeben worden ist,
- deren Rechtsnachfolger (§ 51 Abs. 1 BeurkG).

Die Beteiligten können gemeinsam in der Niederschrift oder durch besondere Erklärung etwas anderes bestimmen, insbesondere also auch die Erteilung von Ausfertigungen an dritte Personen vorsehen (§ 51 Abs. 2 BeurkG). Wer Anspruch auf Ausfertigungen hat, kann auch einfache oder beglaubigte Abschriften verlangen und die Urschrift einsehen.

f) Vollstreckbare Ausfertigung und Klauselumschreibung

207 Aus einer Urkunde, die ein (deutscher) Notar protokolliert hat, kann der Gläubiger die Zwangsvollstreckung betreiben, sofern die Urkunde über einen Anspruch errichtet ist, der einer vergleichsweisen Regelung zugänglich ist, und der Schuldner sich in der Urkunde wegen des – genau – zu bezeichnenden Anspruchs der sofortigen Zwangsvollstreckung unterworfen hat (§ 794 Abs. 1 Nr. 5 ZPO). Nicht unterwerfungsfähig ist nach dem Gesetzeswortlaut ein Anspruch, der auf Abgabe einer Willenserklärung gerichtet ist oder den Bestand eines *Miet*verhältnisses über *Wohnraum* betrifft (ausgeschlossen ist im zuletzt genannten Fall also ein Anspruch auf Herausgabe [Räumung] und auf Einschränkung *des Miet*besitzes).

208 Die nach früherem Recht bestandene Beschränkung der Vollstreckungsunterwerfung auf Geldansprüche und Ansprüche auf andere vertretbare Sachen oder Wertpapiere ist entfallen. Die Vollstreckungsunterwerfung kann – neben den schon bisher unterwerfungsfähigen Ansprüchen, insbesondere Zahlungsansprüchen – auch erklärt werden wegen

- der Herausgabe einer bestimmten *beweglichen Sache,* z.B. eines genau bezeichneten Wohnzimmerschrankes oder des verkauften Personenkraftwagens Fabrikat BMW mit dem polizeilichen Kennzeichen ME WG 6, Fahrzeug-Identifizierungsnummer (…), dessen Besitz am (…) auf den Käufer übergeht (§ 883 Abs. 1 ZPO),
- der Herausgabe einer *unbeweglichen Sache,* z.B. eines Gewerbegrundstücks (§ 885 Abs. 1 ZPO),

- der *Vornahme vertretbarer Sachen*, z.B. Mängelbeseitigung (§ 887 ZPO),
- des Anspruchs auf *unvertretbare Handlungen*, z.B. Auskunftserteilung, Erstellung eines Nachlass-verzeichnisses (§ 888 Abs. 1 ZPO).[46]

Zulässig ist es jedoch, dass sich der Verkäufer in einem Grundstückskaufvertrag zur Räumung der von   **209** ihm *selbst genutzten Wohnung* unterwirft, auch wenn der vereinbarte Räumungstermin lange Zeit nach dem Zeitpunkt des Gefahrübergangs liegt oder der Verkäufer für die Zeit vom Erhalt des Kaufpreises an eine Nutzungsentschädigung zu zahlen hat, wie sich auch der Verkäufer wegen der Übergabe des Besitzes an einem Grundstück der sofortigen Zwangsvollstreckung unterwerfen kann. Unterwerfungsfähig wären z.B. weiterhin: *Unterlassungspflichten* oder *Ansprüche aus Dienstbarkeiten* (z.B. Duldungspflicht bezüglich eines Weges), § 890 Abs. 1 ZPO.[47]

Muster der Unterwerfung unter die Zwangsvollstreckung wegen der Duldungspflicht aus einer Wege-   **210** *rechts-Grunddienstbarkeit:*

(Protokolleingang)

Grunddienstbarkeitsbestellung (…)

Demzufolge darf der Eigentümer des herrschenden Grundstücks den in dem als Anlage zu dieser Urkunde genommenen Lageplan mit den Buchstaben (…) umschriebenen Weg befahren, um vom herrschenden Grundstück aus zu der vor dem dienenden Grundstück liegenden öffentlichen Straße „August-Poenssgen-Straße" zu gelangen und umgekehrt.

Eintragungsbewilligung (…)

Als Eigentümer des dienenden Grundstücks unterwerfe ich mich hierdurch sowohl dem jeweiligen Eigentümer des herrschenden Grundstücks als auch Herrn (…) als dem derzeitigen Eigentümer des herrschenden Grundstücks gegenüber wegen der aus der Grunddienstbarkeit entspringenden Duldungspflicht der sofortigen Zwangsvollstreckung aus dieser Urkunde.

Der Notar soll Herrn (…) als dem derzeitigen Eigentümer des herrschenden Grundstücks sofort eine vollstreckbare Ausfertigung dieser Urkunde erteilen.

(…)

(Protokollabschluss)

Die Zwangsvollstreckungsunterwerfung darf niemals dinglicher Inhalt der Grunddienstbarkeit sein. Eine Eintragung nach § 800 ZPO wie bei Grundpfandrechten ist nicht möglich.

Muster der Vollstreckungsklausel: **211**

Die vorstehende Ausfertigung, die eine vollständige Wiedergabe der Urschrift ist, wird hierdurch Herrn (…) als dem derzeitigen Eigentümer des herrschenden Grundstücks zum Zwecke der Zwangs-vollstreckung wegen der aus der vorbestellten Grunddienstbarkeit entspringenden Duldungspflicht gegen Herrn (…) (Eigentümer des dienenden Grundstücks) erteilt.

Siegel   Ort, Datum

                                           Unterschrift des Notars

Die Unterwerfung unter die Zwangsvollstreckung wegen eines Geldbetrages wird auch weiterhin am häufigsten vorkommen.

---

46 Formulierungsvorschläge für Unterwerfungen der vorgenannten Art bringt auch *Limmer*, DNotI-Report 1998, 10 f.
47 Siehe hierzu DNotZ 1999, 1 ff.

212
Beispiel

Der Kaufpreis beträgt 100.000 EUR – i.W.: hunderttausend EUR –. Er ist am (…) fällig und bis dahin zinslos. Zahlt der Käufer den Kaufpreis bei Fälligkeit ganz oder teilweise nicht, so hat er den offenen Kaufpreis mit 10 % jährlich zu verzinsen.

Wegen dieses Betrages und der Zinsen unterwirft sich der Käufer dem Verkäufer gegenüber der sofortigen Zwangsvollstreckung aus dieser Urkunde.

213
Nach dem Gesetzeswortlaut muss sich der Schuldner „wegen des zu bezeichnenden Anspruchs" der sofortigen Zwangsvollstreckung unterwerfen. Das ist so zu verstehen, dass pauschale Unterwerfungen („wegen *aller* Ansprüche aus dieser Urkunde") nicht mehr gestattet sind, vielmehr jeder einzelne Anspruch in der Unterwerfungserklärung konkret bezeichnet werden muss. Dabei ist es notwendig, so viele einzelne Unterwerfungsklauseln in die Urkunde aufzunehmen wie Ansprüche vollstreckbar gestellt werden sollen. Eine Klausel in einer notariellen Urkunde, mit der sich der Erwerber einer Eigentumswohnung „wegen etwaiger Verpflichtungen zur Zahlung bestimmter Geldsummen" der Zwangsvollstreckung aus dieser Urkunde unterwirft, genügt nicht den Anforderungen des Konkretisierungsgebots.[48] Aus einem Grundstücksübertragungsvertrag mit Rentenzahlungsverpflichtung ergeben sich bei entsprechender Formulierung hinsichtlich der Rente drei Ansprüche:

1. der dingliche Anspruch gemäß §§ 1105 Abs. 1, 1107, 1147 BGB,
2. der dem dinglichen Anspruch akzessorische persönliche Anspruch aus § 1108 Abs. 1 BGB,
3. der persönliche Anspruch aus der mit dem Übertragungsvertrag verbundenen schuldrechtlichen Rentenzahlungsverpflichtung (§ 759 BGB).

214
Muster einer Vollstreckungsunterwerfung für dieses Beispiel:

Der Erwerber unterwirft sich wegen der dinglichen und wegen der persönlichen Ansprüche aus der Reallast sowie wegen der persönlichen Zahlungsverpflichtung, und zwar wegen

a) der Zahlungsverpflichtung von (…) EUR (Ausgangsbetrag),
b) wegen des aufgrund der Wertsicherungsklausel möglichen Zusatzbetrages

der sofortigen Zwangsvollstreckung aus dieser Urkunde.

Sollte eine der beiden Zwangsvollstreckungsunterwerfungen unwirksam sein, so soll (…).

215
Sind mehrere Personen auf der Schuldnerseite genannt, ohne dass über ihre Haftungsart etwas erwähnt ist, so sind diese im Zweifel Gesamtschuldner.[49] Bei mehreren Schuldnern sollte zur Vermeidung von Unklarheiten in keiner Urkunde eine Erklärung wie z.B. „die Käufer schulden den Kaufpreis und die Zinsen als Gesamtschuldner. Jeder von ihnen unterwirft sich wegen seiner Zahlungsverpflichtungen der sofortigen Zwangsvollstreckung aus dieser Urkunde" fehlen.

Bei einer Mehrheit von *Gläubigern* (z.B. bei mehreren *Ver*käufern) ist die Frage, wem von diesen eine vollstreckbare Ausfertigung erteilt werden kann und welchen Inhalt sie zu erhalten hat.[50] Beim Verkauf durch Miteigentümer (z.B. in Bruchteilsgemeinschaft zu je ½) kann jeder Verkäufer ohne Mitwirkung der anderen Verkäufer die Erteilung einer vollstreckbaren Ausfertigung verlangen. Die Vollstreckungsklausel ist aber mit der Maßgabe zu erteilen, dass hieraus nur zur Leistung an *alle* Mitgläubiger vollstreckt werden kann.

216
Der Eigentümer kann sich in Ansehung einer Hypothek, Grund- oder Rentenschuld der sofortigen Zwangsvollstreckung in der Weise unterwerfen, dass die Zwangsvollstreckung aus der Urkunde gegen den jeweiligen Eigentümer zulässig sein soll (§ 800 ZPO). Die Unterwerfung bedarf zu ihrer Wirksamkeit

---

48 BGH DNotZ 2013, 120 = NotBZ 2013, 27.
49 *Wolfsteiner*, Die vollstreckbare Urkunde, 1979, Rn 46.20; aA. OLG Köln JMBl. NW 1980, 57 = MittRhNotK 1980, 88.
50 Wegen des unterschiedlichen Berechtigungsverhältnisses bei einer Gläubigermehrheit (Teilgläubiger [§ 420 BGB], Mitgläubiger [§ 432 BGB], Gesamtgläubiger [§ 428 BGB]) siehe Gutachten in DNotI-Report 2006, 117. Zur Gläubigermehrheit an der Kaufpreisforderung aus einem Grundstückskaufvertrag siehe auch ausführlich *Litzenburger*, NotBZ 2003, 296 ff.

gegenüber späteren Eigentümern in diesem Falle der Eintragung in das Grundbuch; die Bezugnahme auf die Urkunde reicht nicht aus. Der Sinn dieser Zwangsvollstreckungsunterwerfung ist, dass bei der Zwangsvollstreckung gegen einen späteren, im Grundbuch eingetragenen Eigentümer die Zustellung der den Erwerb des Eigentums nachweisenden öffentlichen oder öffentlich beglaubigten Urkunden nicht notwendig ist (§ 800 Abs. 2 ZPO). Diese Vorschrift bedeutet nicht etwa, dass bei einem eingetretenen Eigentümerwechsel die gegen den alten Eigentümer erteilte Vollstreckungsklausel auch zur Vollstreckung gegen den jeweiligen, insbesondere den neuen Eigentümer ausreichend ist, weil doch die Unterwerfung gegen den „jeweiligen" Grundstückseigentümer erklärt worden ist.

Mit der Zwangsvollstreckung darf erst begonnen werden, wenn der Schuldtitel dem Schuldner mindestens zwei Wochen vorher zugestellt worden ist (§ 798 ZPO). Unter „Schuldtitel" i.S.d. § 798 ZPO sind alle in § 750 Abs. 2 ZPO genannten Urkunden zu verstehen. Das sind die vollstreckbare Urkunde mit der Vollstreckungsklausel und in den Fällen, in denen die Erteilung der vollstreckbaren Ausfertigung auf Nachweisen beruht, die durch öffentliche oder öffentlich beglaubigte Urkunden geführt worden sind, auch diese Urkunden. Hierzu gehören z.B. Abtretungserklärungen, Erbscheine, Vollmachten, Genehmigungserklärungen und sonstige Vertretungsnachweise. Auf die Einhaltung der Zweiwochenfrist kann der Schuldner dann verzichten, wenn die Vollstreckungsklausel ohne weitere Nachweise erteilt werden kann. **217**

Die vollstreckbare Ausfertigung wird von dem Notar erteilt, der die Urkunde verwahrt (§ 797 Abs. 2 ZPO).

Die Aufnahme der Vollstreckungsunterwerfung in die Urkunde ist vor allem bei Geldansprüchen zweckmäßig. Sie verschafft dem Gläubiger schneller einen Vollstreckungstitel als dies beim Gericht im streitigen Verfahren – man vergesse hierbei nicht die Einlegung von Rechtsmitteln – möglich wäre. Dadurch kommt der Gläubiger auch sehr viel schneller zur Zwangsvollstreckung, ohne sich in langwierigen und kostspieligen gerichtlichen Verfahren erst einen Titel beschaffen zu müssen. Auch der Schuldner hat einen Vorteil: Die für die Protokollierung der vollstreckbaren Urkunde entstehenden Kosten sind wesentlich geringer als die Kosten eines gerichtlichen Verfahrens. **218**

Die vollstreckbare Urkunde muss in der Form einer Niederschrift (Protokollform, Beurkundungsform) aufgenommen werden (§§ 8 ff. BeurkG). In einer *nur beglaubigten* Urkunde kann die Vollstreckungsunterwerfung nicht wirksam erklärt werden. **219**

Wenn die Unterwerfung unter die sofortige Zwangsvollstreckung durch einen Vertreter erklärt worden ist, darf die vollstreckbare Ausfertigung erst erteilt werden, wenn die Bevollmächtigung oder die Genehmigung durch eine öffentliche oder öffentlich beglaubigte Urkunde nachgewiesen ist.

Die Zwangsvollstreckung kann u.a. wegen einer *bestimmten* Geldsumme erfolgen. Die Geldsumme muss sich aus der Urkunde selbst oder aus einer darin in Bezug genommenen öffentlichen Urkunde ergeben oder errechnen lassen. Bei einer Sicherungshypothek zum Höchstbetrag ist aus diesem Grund die Klausel, dass sich der Eigentümer der sofortigen Zwangsvollstreckung unterwirft, grundsätzlich unzulässig. Etwas anderes gilt, wenn sich der Eigentümer in der Urkunde nur hinsichtlich einer bestimmten Teilforderung innerhalb des vereinbarten Höchstbetrages der sofortigen Zwangsvollstreckung unterwirft. **220**

Bei einer Reallast (auch bei einer Erbbauzinsreallast) wird die Unterwerfung unter die sofortige Zwangsvollstreckung in der Weise, dass diese gegen den *jeweiligen* Eigentümer oder Erbbauberechtigten zulässig sein soll, nicht für zulässig erachtet. Jedoch ist die Zwangsvollstreckungsunterwerfung wegen bestimmter persönlicher und dinglicher Ansprüche aus der Reallast möglich, falls sie den Anforderungen genügen.

Ist die Erteilung der Vollstreckungsklausel nach dem Inhalt der Urkunde von dem Eintritt einer Tatsache abhängig, so muss bei der Erteilung der Vollstreckungsklausel diese Tatsache bereits vorliegen (§ 726 ZPO). Die Vollstreckungsklausel darf in diesem Falle nur erteilt werden, wenn das durch öffentliche oder öffentlich beglaubigte Urkunden bewiesen ist. Ist die Fälligkeit der Schuld von einer Kündigung abhängig, so trifft die Beweislast dafür, dass die Kündigung ausgesprochen wurde, den Gläubiger. Das Kündigungsschreiben selbst bedarf nicht der öffentlichen Form. Es muss jedoch vor der Erteilung der vollstreckbaren Ausfertigung der Nachweis, dass die Kündigung dem Schuldner zugegangen ist, durch eine öffentliche Urkunde (Zustellungsurkunde des Gerichtsvollziehers) geführt werden. Tritt die Fälligkeit auch ohne Kündigung zu einem bestimmten Termin ein, so darf die Vollstreckungsklausel grundsätz- **221** lich erst nach Ablauf dieses Termins erteilt werden. Bei der sog. Verfallklausel (Fälligkeit des Kapitals bei nicht rechtzeitiger Entrichtung von Zins- und Tilgungsbeträgen) ist es nicht Sache des Gläubigers, die Nichtzahlung zu beweisen. Vielmehr ist es umgekehrt Sache des Schuldners, die Zahlung zu beweisen.

Es besteht jedoch auch die Möglichkeit, dass der Schuldner den Gläubiger von dem Nachweis der eingetretenen Fälligkeit seiner Forderung befreit. Wenn eine solche Klausel in der Urkunde enthalten ist, braucht der Notar den Eintritt der Fälligkeit vor der Erteilung der Vollstreckungsklausel nicht zu prüfen. Sie könnte etwa folgenden Inhalt haben:

> Dem Gläubiger soll sofort eine vollstreckbare Ausfertigung dieser Urkunde erteilt werden, ohne dass es hierzu des Nachweises der Fälligkeit bedarf.

Ein solcher Verzicht ist auch nach Inkrafttreten des Risikobegrenzungsgesetzes wirksam.[51]

222 Zweckmäßigerweise bringt man aber in der Urkunde zum Ausdruck, dass dem Gläubiger „sofort" eine vollstreckbare Ausfertigung der Urkunde erteilt werden soll, ohne dass es hierzu des Nachweises der Fälligkeit bedarf. Um Konflikte mit dem damaligen AGB-Gesetz (jetzt: §§ 305 ff. BGB) zu vermeiden, empfiehlt *Wolfsteiner*,[52] jeder Zwangsvollstreckungsunterwerfung – sinngemäß – folgende Klausel hinzuzufügen:

> „… im Verfahren der Vollstreckungsgegenklage liegt die Beweislast jedoch unverändert beim Verkäufer (Gläubiger)."

Rastätter[53] hat sich mit dieser Frage ausführlich auseinandergesetzt und kommt zu dem Ergebnis, dass kein Grund zur Aufnahme der von *Wolfsteiner* vorgeschlagenen Klausel besteht.

Es sollte jedoch wegen des Gebots der Ausgewogenheit notarieller Verträge von einer formularmäßigen Aufnahme des Nachweisverzichts abgesehen werden.

223 Der BGH hat[54] entschieden, dass eine Zwangsvollstreckungsunterwerfung des Erwerbers in einem *Bauträgervertrag* wegen Verstoßes gegen §§ 3, 12 MaBV i.V.m. § 134 BGB nichtig ist, wenn der Notar ermächtigt ist, die Vollstreckungsklausel ohne besonderen Nachweis zu erteilen.[55]

224 Die Form der Vollstreckungsklausel ist in § 725 ZPO geregelt. Wesentliches Erfordernis ist die Bezeichnung des Gläubigers. Dagegen ist die Bezeichnung des Schuldners nur dann erforderlich, wenn er nicht mit dem in der Urkunde genannten übereinstimmt, wenn es sich also um die Erteilung einer Vollstreckungsklausel gegen den Rechtsnachfolger handelt. Die Bezeichnung des Umfangs der Haftung des Schuldners („wegen des Darlehnsbetrages – oder wegen der Schuldsumme – von 10.000 EUR nebst 8 v.H. Jahreszinsen ab 1.8…") ist nicht erforderlich, weil er sich ja aus der Urkunde ergibt. Soll jedoch nur wegen eines Teiles der Forderung oder wegen der Zinsen allein vollstreckt werden können, so ist dies in der Klausel anzugeben (z.B. „hinsichtlich der jeweils fällig werdenden Zinsen …"), damit keine unberechtigte Vollstreckung erfolgen kann. Die Vollstreckungsklausel ist mit dem Amtssiegel zu versehen. Unter „Siegel" ist nicht etwa nur das Prägesiegel zu verstehen, vielmehr ist es auch zulässig, dass die Ausfertigung mit dem Farbdrucksiegel versehen wird (die Beidrückung des Prägesiegels ist stets nur dann notwendig, wenn das Gesetz vom *Prägesiegel* spricht).

225 *Muster einer einfachen Vollstreckungsklausel:*

Die vorstehende Ausfertigung, die eine vollständige Wiedergabe der Urschrift ist, wird hiermit der Stadtsparkasse (…) zum Zwecke der Zwangsvollstreckung erteilt.

Siegel   Ort, Datum
                                                              Unterschrift des Notars

---

51 LG Lübeck Rpfleger 2009, 451 mit zust. Anm. *Schulz*.
52 NJW 1982, 2851, 2853.
53 NJW 1991, 392.
54 Urt. v. 22.10.1998 – DNotZ 1999, 53 = NJW 1999, 51.
55 Vgl. hierzu auch DNotI-Report 1999, 141 ff.

Muster einer Vollstreckungsklausel, wenn vor ihrer Erteilung der Eintritt der Fälligkeit durch Kündigung nachgewiesen werden musste: **226**

> Die vorstehende Ausfertigung, die eine vollständige Wiedergabe der Urschrift ist, wird hiermit der (…) Bank zum Zwecke der Zwangsvollstreckung erteilt. Die Kündigung des Kapitals ist nachgewiesen durch den vorgelegten Brief des Gläubigers an den Schuldner vom (…) nebst Postzustellungsurkunde vom (…) in Verbindung mit der Zustellungsurkunde des Gerichtsvollziehers (…) vom (…).
>
> Je eine beglaubigte Ablichtung des Kündigungsschreibens des Gläubigers mit der Postzustellungsurkunde und der Zustellungsurkunde des Gerichtsvollziehers (…) vom (…) sind dieser Vollstreckungsklausel beigeheftet.

Bei diesem und den nachfolgenden Mustern wird nur noch der eigentliche Wortlaut der Vollstreckungsklausel gebracht; Ort, Datum, Siegel und Unterschrift des Notars sind nicht mehr beigesetzt.

Die Angabe des Schuldners in der Vollstreckungsklausel ist notwendig, wenn es sich um die Erteilung der   **227** Klausel gegen den Rechtsnachfolger handelt. Die Rechtsnachfolge des Schuldners kann z.B. durch Erbgang eingetreten sein. Gegen Rechtsnachfolger kann eine vollstreckbare Ausfertigung nur erteilt werden, wenn die Rechtsnachfolge für den Notar offenkundig ist oder durch öffentliche oder öffentlich beglaubigte Urkunden nachgewiesen wird (§§ 727 ff. ZPO). Offenkundig sind die dem Notar bekannten Tatsachen. Hierbei ist es ohne Bedeutung, ob er die Kenntnis amtlich oder außeramtlich erlangt hat. Nicht offenkundig ist dagegen das, was der Notar erst aus irgendwelchen Erkenntnisquellen erkunden, erforschen oder feststellen muss. *Aktenkundig* ist nicht mit *offenkundig* gleichzusetzen. Beim Erbgang wird die Rechtsnachfolge durch eine Ausfertigung des Erbscheins oder durch eine beglaubigte Abschrift der eröffneten, in einer öffentlichen Urkunde enthaltenen Verfügung von Todes wegen mit einer beglaubigten Abschrift des Eröffnungsprotokolls des Amtsgerichts nachgewiesen. Die Rechtsnachfolge kann auch, etwa durch Erbgang oder Abtretung, auf der Seite des Gläubigers eingetreten sein. Bei einem *Brief*grundpfandrecht ist die durch Abtretung eingetretene Rechtsnachfolge durch Vorlage der Urschrift einer öffentlich beglaubigten oder der Ausfertigung der beurkundeten Abtretungserklärung nachzuweisen; eine beglaubigte Abschrift *reicht nicht* aus. Wenn die Urschrift der Abtretungserklärung dem Grundbuchamt eingereicht ist, müsste sich der Gläubiger diese zurückgeben lassen. Das über das Internet zugängliche Registerportal der Länder „Handelsregister.de" als Informationsmöglichkeit ersetzt nicht den für die Erteilung einer Vollstreckungsklausel als Rechtsnachfolger notwendigen Nachweis der Rechtsnachfolge durch Vorlage einer öffentlichen oder öffentlich beglaubigten Urkunde.[56]

Der Notar darf grundsätzlich nur *eine* vollstreckbare Ausfertigung erteilen. Deshalb muss ihm für die Erteilung (Umschreibung) der Vollstreckungsklausel für oder gegen Rechtsnachfolger die bereits erteilte vollstreckbare Ausfertigung vorgelegt werden (wegen des Ausnahmefalles siehe Rdn 243).

Häufig verlangen die Gläubiger, dass der Grundstückseigentümer neben der Grundschuldbestellung ein   **228** abstraktes Schuldanerkenntnis abgibt und sich auch dieserhalb der sofortigen Zwangsvollstreckung unterwirft. Wird in einem solchen Fall *lediglich* die Grundschuld abgetreten, so bedeutet dies nicht zugleich die Abtretung des Anspruchs aus dem abstrakten Schuldanerkenntnis. Sollen auch die Rechte aus der persönlichen Haftung an den neuen Gläubiger mit übergehen, so müssen diese ausdrücklich abgetreten werden. Auch die Abtretung der Grundschuld mit den Zinsen und „allen Nebenrechten" reicht nicht aus; denn der Haftungsanspruch ist kein Nebenrecht, sondern ein selbstständiges Recht.[57] Die Abtretungserklärung erhält zweckmäßigerweise folgenden Wortlaut:

> … Hierdurch trete ich diese Grundschuld mit den Zinsen vom … sowie alle Rechte aus der Grundschuldbestellungsurkunde, insbesondere auch den persönlichen Haftungsanspruch gegen den Grundstückseigentümer, ab an … und bewillige …

---

56 OLG Naumburg Rpfleger 2012, 398.
57 Vgl. hierzu auch ausführlich das Gutachten in DNotI-Report 2001, 37 ff.

229   **Einige Muster für Vollstreckungsklauseln nach dem Eintritt einer Rechtsnachfolge:**

a) Vollstreckungsklausel *für einen Rechtsnachfolger des Gläubigers* (wenn bisher noch keine Vollstreckungsklausel erteilt war):

> Die vorstehende Ausfertigung, die eine vollständige Wiedergabe der Urschrift ist, wird hiermit der Volksbank (…) eG in (…) zum Zwecke der Zwangsvollstreckung erteilt.
>
> Die Rechtsnachfolge der Gläubigerin ist durch die in Urschrift vorgelegte Abtretungserklärung vom (…) – UR.Nr. (…) für 2004 des Notars X – nachgewiesen.

Um zu vermeiden, dass die (Mit-)Zustellung der Urkunden, aufgrund deren die Vollstreckungsklausel erteilt ist, übersehen und dadurch die Zwangsvollstreckung verzögert wird, sollte – im vorliegenden Fall – eine beglaubigte Abschrift der Abtretungserklärung beigefügt werden. Der Klausel wäre folgender Satz anzufügen:

> Die Urschrift der Abtretungserklärung liegt dem Notar vor; sie ist dieser vollstreckbaren Ausfertigung in beglaubigter Abschrift beigefügt.

230   b) Vollstreckungsklausel *gegen den Rechtsnachfolger des Schuldner-Erblassers:*

> Die vorstehende, mit der Urschrift übereinstimmende Ausfertigung wird hiermit dem (…) gegen
>
> 1. (…)
> 2. (…)
> 3. (…)
>
> als Gesamtschuldner zum Zwecke der Zwangsvollstreckung erteilt.
>
> Die vorstehend zu 1., 2. und 3. Genannten sind Erben des am (…) in (…) verstorbenen XY. Ihre Rechtsnachfolge ist nachgewiesen durch die vorgelegte Ausfertigung des Erbscheins des Amtsgerichts (…) vom (…) – 18 VI (…)/06 –, von der eine beglaubigte Abschrift dieser Vollstreckungsklausel beigeheftet wurde. Als Erben haften sie gemäß § 2058 BGB gesamtschuldnerisch.

231   c) Vollstreckungsklausel *für einen Rechtsnachfolger des Gläubigers und gegen einen Rechtsnachfolger des Grundstückseigentümers.* Der mit der zugunsten der Stadt-Sparkasse … eingetragenen vollstreckbaren Grundschuld belastete Grundbesitz ist an Fritz Meyer verkauft worden. Der damalige Grundstückseigentümer hatte bei der Grundschuldbestellung keine persönliche Haftung für die Zahlung eines Geldbetrages in Höhe des Grundschuldbetrages und der vereinbarten Zinsen übernommen und sich auch nicht der sofortigen Zwangsvollstreckung in sein gesamtes Vermögen unterworfen. Der Käufer hat die Grundschuld nebst Zinsen übernommen, ohne im Kaufvertrag ein abstraktes Schuldversprechen neben der Grundschuld abzugeben. Nachdem Fritz Meyer als Eigentümer im Grundbuch eingetragen worden ist, ist die Grundschuld mit den Zinsen an die Kreissparkasse … abgetreten worden. Der Notar, der die Grundschuldbestellung beurkundet hat, soll jetzt die Vollstreckungsklausel umschreiben. Die Vollstreckungsklausel könnte folgenden Wortlaut erhalten:

> Die vorstehende Ausfertigung wird hiermit unter Zurückziehung der am (…) wegen des dinglichen Anspruchs erteilten Vollstreckungsklausel der Kreissparkasse (…) zum Zwecke der Zwangsvollstreckung wegen des dinglichen Anspruchs, insbesondere auch zum Zwecke der Zwangsvollstreckung in den belasteten Grundbesitz, gegen Herrn Fritz Meyer, geboren am (…), Schreinermeister, zu (…), (…) Straße 45, erteilt.

Die Rechtsnachfolgen sind nachgewiesen worden:

a) auf der Gläubigerseite durch die Urschrift der Abtretungserklärung vom (…) – UR.Nr. (…) für 2011 des Notars Y –, von der eine beglaubigte Abschrift dieser Vollstreckungsklausel beigeheftet ist,

b) auf der Eigentümerseite durch einen die Eintragung des Herrn Fritz Meyer als Eigentümer im Grundbuch ausweisenden, mir vorgelegten beglaubigten Grundbuchauszug.

Es wäre nicht richtig, die Vollstreckungsklausel auf den „belasteten Grundbesitz" zu beschränken, da für das Grundpfandrecht kraft Gesetzes auch noch andere Vermögenswerte, die sich aus §§ 1120 ff. BGB (insbesondere Erzeugnisse, Bestandteile, Zubehör, Miet- und Pachtzins) ergeben, haften.

Nach dem Urteil des BGH[58] hat bei Sicherungsgrundschulden i.S.d. § 1192 Abs. 1a BGB der Notar im Klauselerteilungsverfahren von Amts wegen zu prüfen, ob der neue Grundschuldinhaber den Eintritt in den Sicherungsvertrag nach Maßgabe des § 727 Abs. 1 ZPO nachgewiesen hat. Demgegenüber hat der VII. Senat des BGH am 29.6.2011[59] entschieden, dass der Notar dem Zessionar (neuen Gläubiger) einer Sicherungsgrundschuld die Vollstreckungsklausel als Rechtsnachfolger des bisherigen Gläubigers ungeachtet der vorgenannten Entscheidung des XI. Senats des BGH vom 30.3.2010 erteilen muss, wenn die Rechtsnachfolge entsprechend § 727 ZPO in öffentlicher oder öffentlich beglaubigter Form nachgewiesen ist. Gleiches gilt übrigens auch, wenn die Rechtsnachfolge für den Notar offenkundig ist. Der Notar braucht nach Abtretung einer Sicherungsgrundschuld im Klauselerteilungsverfahren grundsätzlich nicht mehr den Eintritt des Zessionars in den Sicherungsvertrag zu prüfen. Es gelten demzufolge für die Erteilung der Vollstreckungsklausel für den Rechtsnachfolger wieder die Grundsätze, die vor dem bezeichneten Urteil des BGH vom 30.3.2010 galten.

232

d) Vollstreckungsklausel bei *Teilabtretung*

233

Wenn nur ein Teil der Hypothek, nebst der ihr zugrunde liegenden Forderung abgetreten wurde, so ist die Klausel – vorausgesetzt, es war bereits für den gesamten Anspruch eine vollstreckbare Ausfertigung erteilt – wie folgt zu fassen:

> Diese Ausfertigung, die eine vollständige Wiedergabe der Urschrift ist, wird hiermit dem (…) (neuen Gläubiger) wegen des Teilbetrages von (…) EUR – i.W.: (…) EUR – nebst Zinsen seit dem (…) zum Zwecke der Zwangsvollstreckung sowohl wegen des persönlichen als auch wegen des dinglichen Anspruchs, insbesondere auch zum Zwecke der Zwangsvollstreckung in den belasteten Grundbesitz, erteilt.
>
> Die Rechtsnachfolge des Gläubigers ist nachgewiesen durch die Vorlegung der Urschrift der Abtretungserklärung vom (…) – UR.Nr. (…) für 2011 des Notars (…) –, von der eine beglaubigte Abschrift dieser Vollstreckungsklausel beigefügt ist.

Auf der dem alten Gläubiger erteilten vollstreckbaren Ausfertigung muss dann Folgendes vermerkt werden:

> Wegen des Teilbetrages von (…) EUR – i.W.: (…) EUR – nebst Zinsen seit dem (…) ist sowohl wegen des persönlichen als auch wegen des dinglichen Anspruchs, insbesondere auch zum Zwecke der Zwangsvollstreckung in den belasteten Grundbesitz, eine neue vollstreckbare Ausfertigung erteilt. Die vorstehende vollstreckbare Ausfertigung erstreckt sich nicht mehr auf diesen Betrag und die darauf entfallenden Zinsen.

---

58 V. 30.3.2010 – XI ZR 200/09 –, DNotI-Report 2010, 104 = NotBZ 2010, 263 mit ausf. Anm. *Zimmer* = ZNotP 2010, 270.
59 Az.: VII ZB 89/10, DNotZ 2011, 751 = RNotZ 2011, 484 = ZNotP 2011, 353; siehe auch *Heinze*, ZNotP 2011, 332 ff.

234   e) In der heutigen Zeit spielt die Erteilung von Vollstreckungsklauseln gegen Insolvenzverwalter bei Insolvenz auf Seiten der Schuldner oft eine Rolle. Gemäß § 89 InsO finden Zwangsvollstreckungen für einzelne Insolvenzgläubiger während der Dauer des Insolvenzverfahrens weder in die Insolvenzmasse noch in das sonstige Vermögen des Schuldners statt. Der Gläubiger muss seine Befriedigung im Insolvenzverfahren suchen. Regelmäßig hat der Notar, wenn er mit der Erteilung einer Vollstreckungsklausel im Zusammenhang mit einem Insolvenzverfahren befasst wird, mit notariellen Urkunden zu tun, in denen vor der Eröffnung des Insolvenzverfahrens wirksam Grundpfandrechte bestellt sind, also die Vollstreckung aus einem Grundpfandrecht in das unbewegliche Vermögen erfolgen soll. Bei solchen vollstreckbaren Urkunden steht dem Grundpfandrechtsgläubiger gemäß § 49 InsO das Recht der abgesonderten Befriedigung, also der vorzugsweisen Befriedigung eines Anspruchs aus einem zur Insolvenzmasse gehörenden Gegenstand, zu; die abgesonderte Befriedigung erfolgt außerhalb des Insolvenzverfahrens. Es muss aber eine Vollstreckungsklausel gegen den Insolvenzverwalter als Rechtsnachfolger des Grundstückseigentümers, aber nur zum Zwecke der abgesonderten Befriedigung, vorliegen.

Muster einer Vollstreckungsklausel gegen den Insolvenzverwalter:

Die vorstehende Ausfertigung wird hiermit der (…) Hypothekenbank Aktiengesellschaft in (…) zum Zwecke der Zwangsvollstreckung wegen des dinglichen Anspruchs, insbesondere in den belasteten Grundbesitz zum Zwecke der abgesonderten Befriedigung aus der im Teileigentumsgrundbuch von Mettmann Blatt 1750 in Abteilung III unter Nr. 1 eingetragenen Hypothek von 110.000 EUR nebst Zinsen gegen Herrn Rechtsanwalt (…) in seiner Eigenschaft als Insolvenzverwalter über das Vermögen des (…) erteilt.

Die Eröffnung des Insolvenzverfahrens über das Vermögen des Schuldners durch das Amtsgericht Wuppertal ist mir durch Vorlage einer beglaubigten Abschrift des Eröffnungsbeschlusses des Amtsgerichts Wuppertal vom (…) – 45 IN 42/09 – nachgewiesen worden, während mir die Bestellung des Rechtsanwalts (…) zum Insolvenzverwalter nachgewiesen worden ist durch die Ausfertigung der Bestellungsurkunde des genannten Amtsgerichts vom (…); beglaubigte Abschriften dieser Urkunden sind dieser Vollstreckungsklausel beigefügt.

Die am (…) erteilte Vollstreckungsklausel wird wegen des dinglichen Anspruchs hiermit zurückgezogen.

235   f) Die dem Gemeinschuldner zustehenden Rechte, das zur Insolvenzmasse gehörende Vermögen zu verwalten und über es zu verfügen, können nach der Eröffnung des Insolvenzverfahrens nur noch durch den Insolvenzverwalter geltend gemacht werden (§ 80 Abs. 1 InsO). Deshalb ist die dem Gläubiger erteilte Vollstreckungsklausel entsprechend § 727 ZPO für den Insolvenzverwalter umzuschreiben. Der Verwalter muss hierfür seine Bestellungsurkunde (§ 56 Abs. 2 InsO) in Urschrift, Ausfertigung oder beglaubigter Abschrift vorlegen. Zweckmäßigerweise wird diese Bestellungsurkunde der Vollstreckungsklausel beigeheftet.

Muster einer Vollstreckungsklausel für den Insolvenzverwalter als Gläubiger

(wenn dem in Insolvenz befindlichen Gläubiger bereits eine vollstreckbare Ausfertigung erteilt war):

Die vorstehende Ausfertigung wird unter Zurückziehung der dem Gläubiger XY, dem heutigen Insolvenzschuldner, am (…) erteilten Vollstreckungsklausel Herrn Rechtsanwalt (…) in seiner Eigenschaft als Insolvenzverwalter über das Vermögen des XY zum Zwecke der Zwangsvollstreckung erteilt.

Es sind mir nachgewiesen worden die Eröffnung des Insolvenzverfahrens über das Vermögen des Gläubigers durch eine beglaubigte Abschrift des Eröffnungsbeschlusses des Amtsgerichts (…) vom (…) – 45 IN 810/09 – und die Bestellung des Rechtsanwalts (…) als Insolvenzverwalter des Gläubigers durch die Urschrift der Bestellungsurkunde des Amtsgerichts (…) vom (…); je eine beglaubigte Abschrift dieser Urkunden sind dieser Vollstreckungsklausel beigeheftet.

Nach einhelliger Auffassung in Literatur und Rechtsprechung beginnt das Amt des Verwalters erst mit 236
seiner Annahme.[60] Deshalb müsste eigentlich der Nachweis der Amtsannahme geführt werden. Allerdings gibt sich der BGH[61] mit der Ausfertigung oder einer öffentlich beglaubigten Abschrift der Bestellungsurkunde zufrieden; der Eröffnungsbeschluss allein ist jedoch nicht ausreichend.[62]

Gesellschaft bürgerlichen Rechts (GbR) – vollstreckungsrechtlich

237

Zur GbR im Einzelnen siehe § 4 Rdn 1388 ff.

Beim *Erwerb* von Grundbesitz durch die GbR haftet sowohl diese mit dem Gesellschaftsvermögen als auch die Gesellschafter der GbR mit ihrem gesamten Vermögen analog § 128 HGB für die Kaufpreisschuld. Die GbR kann sich wegen der Kaufpreisschuld der sofortigen Zwangsvollstreckung unterwerfen. Die Vollstreckungsunterwerfung der *GbR* erfasst aber nicht eine Unterwerfung der *Gesellschafter* wegen deren persönlicher Haftung. Es bedarf daher auch einer Zwangsvollstreckungsunterwerfung der Gesellschafter selbst. Sollte sich später herausstellen, dass die GbR nicht existiert oder diese beim Abschluss des Kaufvertrages nicht ordnungsgemäß vertreten war, kann der Verkäufer mit der Zwangsvollstreckungsunterwerfung der Gesellschafter wegen der persönlichen Haftung, die akzessorisch an der Haftung der GbR hängt, nichts anfangen. Deshalb wird in der Praxis geraten, durch die Gesellschafter für die Kaufpreiszahlung auch die persönliche Haftung übernehmen zu lassen.

Muster für die Zwangsvollstreckungsunterwerfung durch die GbR und deren Gesellschafter 238

nach *Krauß*:[63]

Die Erschienenen X, Y und Z treten den schuldrechtlichen Verpflichtungen der erwerbenden GbR in dieser Urkunde bei und übernehmen – zusätzlich zu der gegebenenfalls gesellschaftsrechtlich bestehenden Haftung und unabhängig von dieser – als Gesamtschuldner alle Verpflichtungen des Erwerbers auch persönlich. Die XYZ-GbR sowie die Herren X, Y und Z persönlich unterwerfen sich wegen der in dieser Urkunde eingegangenen Verpflichtung zur Zahlung von (…) EUR samt Verzugszinsen gemäß § 288 Abs. 1 (bzw. Abs. 2) BGB hieraus ab dem Datum der Erteilung der vollstreckbaren Ausfertigung der Zwangsvollstreckung in ihr jeweiliges Vermögen. X, Y und Z haften im Verhältnis zueinander als Gesamtschuldner, im Verhältnis zur XYZ-GbR (sofern diese existiert und wirksam vertreten ist) akzessorisch.

Siehe zu den Risiken für den Veräußerer bei Erwerb durch die GbR den Hinweis von *Krauß*.[64]

Bei der *Veräußerung* von Grundbesitz durch die GbR ist vollstreckungsrechtlich nichts Besonderes zu beachten. Für die evtl. Eintragung einer Kaufpreis(rest)hypothek zugunsten einer GbR auf den verkauften Grundbesitz gelten bzgl. der Gläubigerbezeichnung § 47 Abs. 2 GBO und § 15 Abs. 1c GBV.

Muster für Vollstreckungsunterwerfung: 239

Die hier verkaufende GbR hat gegen den Käufer Anspruch auf Zahlung des Kaufpreis(rest)es in Höhe von (…) EUR nebst (…) vom Hundert Jahreszinsen seit dem (…)

Wegen dieses Anspruchs unterwirft sich der Käufer – mehrere als Gesamtschuldner – der (…) [GbR] gegenüber der sofortigen Zwangsvollstreckung aus dieser Urkunde persönlich und in Ansehung der nachbewilligten Hypothek in der Weise, dass die Zwangsvollstreckung gegen den jeweiligen Eigentümer des zu belastenden Grundbesitzes zulässig ist.

---

60 Vgl. *Kesseler*, RNotZ 2004, 463, insbes. Fn 11 f.
61 RNotZ 2006, 144 m. teilw. krit. Anm. *Kesseler.*
62 Siehe zur Erteilung der Vollstreckungsklausel durch den Notar gegen den Schuldner im Insolvenzverfahren auch *Schreinert*, RNotZ 2013, 161 ff.
63 Notar 2009, 437.
64 Notar 2009, 437.

240   **Zur Bestellung einer Grundschuld mit Vollstreckungsunterwerfung durch die GbR**

Ist die GbR *Eigentümerin* von Grundbesitz, der mit einer Grundschuld belastet werden soll, müsste der Notar klären, ob neben der Haftung der GbR und der persönlichen Haftung aller Gesellschafter analog § 128 HGB (also der gesellschaftsrechtlich bestehenden Haftung der Gesellschafter) auch noch das persönliche und abstrakte Schuldanerkenntnis in Höhe des Grundschuldbetrages und der Zinsen nebst Zwangsvollstreckungsunterwerfung durch die Gesellschafter aus den vorstehend beim *Erwerb* genannten Gründen und zur weiteren Sicherheit des Gläubigers abgegeben werden soll. Üblicherweise wird dies vom Gläubiger ohnehin verlangt.

241   *Muster für die Unterwerfung der GbR und der Gesellschafter nur wegen des persönlichen und abstrakten Schuldanerkenntnisses:*

Die AB-Grundstücksverwaltungsgesellschaft GbR, bestehend aus A und B, sowie ihre Gesellschafter A und B erklären hiermit gegenüber der Gläubigerin X-Bank das persönliche und abstrakte Schuldanerkenntnis in Höhe von (…) EUR nebst (…) vom Hundert Jahreszinsen seit heute. Alle Vorgenannten unterwerfen sich diesbezüglich der Gläubigerin gegenüber der sofortigen Zwangsvollstreckung aus dieser Urkunde in ihr jeweiliges gesamtes Vermögen. A und B haften im Verhältnis zur AB-Grundstücksverwaltungsgesellschaft GbR akzessorisch; im Übrigen besteht Gesamtschuldnerschaft.

242   *Muster für die Vollstreckungsklausel hierzu:*

Vorstehende mit der Urschrift übereinstimmende Ausfertigung wird der Gläubigerin X-Bank in (…) zum Zwecke der Zwangsvollstreckung gegen die AB-Grundstücksverwaltungsgesellschaft GbR, bestehend aus A und B, sowie gegen A und B erteilt. A und B haften im Verhältnis zur AB-Grundstücksverwaltungsgesellschaft GbR akzessorisch; im Übrigen besteht Gesamtschuldnerschaft.

243   **Weitere vollstreckbare Ausfertigung**

Ist dem Gläubiger die ihm erteilte vollstreckbare Ausfertigung abhandengekommen oder von ihm nicht mehr aufzufinden oder wenn der Gerichtsvollzieher dem Schuldner die vollstreckbare Ausfertigung zu Unrecht ausgehändigt hat und der Gläubiger die Berechtigung zu einer weiteren Vollstreckung glaubhaft macht, besteht die Möglichkeit, eine weitere vollstreckbare Ausfertigung zu erteilen. Die Entscheidung über die Erteilung einer weiteren vollstreckbaren Ausfertigung wird vom 1.9.2013 ab bei einer notariellen Urkunde von dem die Urkunde verwahrenden Notar oder, wenn die Urkunde von einer Behörde verwahrt wird, von dem Amtsgericht, in dessen Bezirk diese Behörde ihren Amtssitz hat, getroffen (§ 797 Abs. 3 n.F. ZPO). Bei der Entscheidung über die Zulässigkeit einer weiteren vollstreckbaren Ausfertigung wird der Notar den Schuldner regelmäßig nach § 733 Abs. 1 ZPO anhören.

244   *Muster der Vollstreckungsklausel auf einer weiteren vollstreckbaren Ausfertigung:*

Die vorstehende Ausfertigung wird der (…) Bank als weitere vollstreckbare Ausfertigung zum Zwecke der Zwangsvollstreckung erteilt.

Feststellungen/Gründe:

Die Gläubigerin hat glaubhaft gemacht, dass die ihr erteilte vollstreckbare Ausfertigung der Urkunde vom (…) – UR. Nr. (…) für 201 (…) des unterzeichnenden Notars – abhandengekommen ist und ihr die titulierte Forderung noch in voller Höhe zusteht. Dem Schuldner ist Gelegenheit zur Stellungnahme gegeben worden; er hat sich mit der Erteilung der weiteren vollstreckbaren Ausfertigung einverstanden erklärt.

Zur Entscheidung über die Erteilung dieser weiteren vollstreckbaren Ausfertigung ist der unterzeichnende Notar gemäß § 797 Abs. 3 ZPO zuständig.

Allgemeines 245

Auf der Urschrift der Urkunde muss vermerkt werden, wann, wem und gegebenenfalls mit welchem Inhalt die Vollstreckungsklausel erteilt worden ist (§ 734 ZPO). Bei ausführlichen Klauseln, insbesondere in Fällen der Rechtsnachfolge, kann es zweckmäßig sein, von der Vollstreckungsklausel eine Kopie zu fertigen und diese mit der Urschrift der Niederschrift zu verbinden.

Abschließend ist Folgendes festzuhalten:

Für die Zwangsvollstreckung müssen regelmäßig drei Voraussetzungen erfüllt sein

1. Titel	(Vorliegen eines Vollstreckungstitels),
2. Klausel	(mit der Vollstreckungsklausel versehener Vollstreckungstitel; die sogenannte vollstreckbare Ausfertigung),
3. Zustellung	(Zustellung der mit der Vollstreckungsklausel versehenen Urkunde durch den Gerichtsvollzieher).

4. Vollstreckbarer Anwaltsvergleich

Zur Entlastung der Zivilgerichte hat der Gesetzgeber den „vollstreckbaren Anwaltsvergleich" eingeführt. 246
Nach §§ 796a bis 796c ZPO kann ein datierter und von den Rechtsanwälten der Parteien unterschriebener Vergleich, in dem sich der Schuldner der sofortigen Zwangsvollstreckung unterworfen hat, mit – innerhalb oder außerhalb des Vergleichs erklärter – Zustimmung der Parteien von einem Notar in Verwahrung genommen, also bei ihm niedergelegt, und für vollstreckbar erklärt werden. Örtlich zuständig ist jeder Notar, der seinen Amtssitz im Bezirk eines Amtsgerichts hat, bei dem eine der am Vergleich beteiligten Parteien im Zeitpunkt des Vergleichsabschlusses ihren allgemeinen Gerichtsstand hat. Die Vollstreckbarerklärung setzt einen Antrag voraus, der aber keiner Form bedarf und von jeder Partei, ggf. durch einen bevollmächtigten Rechtsanwalt, gestellt werden kann. Der Notar ist zur Verwahrung ebenso wenig *verpflichtet* wie zur Vollstreckbarerklärung.

Der vollstreckbare Anwaltsvergleich darf – ebenso wie die notarielle vollstreckbare Urkunde (§ 794 247
Abs. 1 Nr. 5 ZPO) – nicht auf die Abgabe einer Willenserklärung gerichtet sein oder den Bestand eines Mietverhältnisses über Wohnraum betreffen (§ 796a Abs. 2 ZPO).

Nach § 796b Abs. 2 ZPO kann der Notar ohne mündliche Verhandlung über den Antrag auf Vollstreckbarerklärung entscheiden; vor der Entscheidung über den Antrag auf Vollstreckbarerklärung ist jedoch der Gegner zu hören.

Muster eines Antrages auf Verwahrung und Vollstreckbarerklärung eines Anwaltsvergleichs: 248

Herrn Notar (…)

Verwahrung und Vollstreckbarerklärung eines Anwaltsvergleichs (§§ 796a ff. ZPO)

Sehr geehrter Herr Notar,

als Anlage überreiche ich namens und in Vollmacht des von mir beim Vergleichsabschluss vertretenen Herrn Max Schmits die Urschrift des zwischen den Parteien

Max Schmits ./. Karl Gebaur

am (…) geschlossenen und von diesen und ihren Rechtsanwälten unterzeichneten Vergleichs, in dem sich der Schuldner der sofortigen Zwangsvollstreckung unterworfen hat und in dem die Parteien ihre Zustimmung zur Verwahrung durch Sie erteilt haben,

mit der Bitte, diesen Vergleich in Ihre Verwahrung zu nehmen und ihn für vollstreckbar zu erklären.

gez. Jura, Rechtsanwalt

Der Notar hat Vollstreckbarerklärungen nach § 796c Abs. 1 ZPO in seine Urkundenrolle einzutragen (§ 8 Abs. 1 Nr. 6 DONot); die Urschrift des für vollstreckbar erklärten Anwaltsvergleichs ist bei der Vollstreckbarerklärung aufzubewahren (§ 18 Abs. 1 S. 2 DONot).

Der Notar erlässt alsdann nach – unverzichtbarer – Prüfung der Voraussetzungen des § 796a i.V.m. § 796c ZPO folgenden, auf der Urschrift des Anwaltsvergleichs anzubringenden oder auf ein mit ihr zu verbindendes besonderes Blatt zu setzenden

249

UR. Nr. (…) für (…) 202(…)

Beschluss

Der am (…) zwischen

Herrn Max Schmits, geboren am 6.6.1949, Kaufmann, wohnhaft zu 40822 Mettmann, Neanderstraße 68,

einerseits,

und

Herrn Karl Gebaur, geboren am 30.5.1957, Kaufmann, wohnhaft zu 40468 Düsseldorf, Kalkumer Straße 30,

andererseits,

geschlossene Anwaltsvergleich wird in Verwahrung genommen und gemäß § 796c ZPO für vollstreckbar erklärt.

Die Kosten des Vollstreckbarerklärungsverfahrens hat der Schuldner Karl Gebaur zu tragen.

Gründe:

Beide Parteien haben der Verwahrung des Anwaltsvergleichs durch den amtierenden Notar zugestimmt (§ 796c Abs. 1 ZPO).

Dem Gegner ist Gelegenheit gegeben worden, Einwände gegen die Vollstreckbarerklärung zu erheben (§ 796b Abs. 2 ZPO); er hat sich nicht geäußert.

Düsseldorf, den (…)

(L. S.) (…), Notar

Dieser Beschluss ist *von Amts wegen* den Parteien bzw. ihren (Prozess-)Bevollmächtigten zuzustellen (§ 176 ZPO). Der Notar kann den Beschluss der Post zur Zustellung übergeben oder einen Gerichtsvollzieher mit der Zustellung beauftragen.

Neben dem für vollstreckbar erklärten Anwaltsvergleich bedarf es noch der Vollstreckungsklausel, die aber erst erteilt werden kann, wenn der Beschluss wirksam geworden, also zugestellt worden ist.

Der Partei, die aus dem Anwaltsvergleich vollstrecken will, erteilt der Notar – wenn die Voraussetzungen des § 726 ZPO vorliegen – auf Antrag eine mit der Vollstreckungsklausel versehene Ausfertigung des Anwaltsvergleichs nebst Vollstreckbarerklärung. Diese Vollstreckungsklausel könnte folgenden Wortlaut erhalten:

250

Die vorstehende Ausfertigung, die eine vollständige Wiedergabe der Urschrift ist, wird hierdurch Herrn Max Schmits, geboren am 6.6.1949, Kaufmann, wohnhaft zu 40822 Mettmann, Neanderstraße 68, zum Zwecke der Zwangsvollstreckung gegen Herrn Karl Gebaur, geboren am 30.5.1957, Kaufmann, wohnhaft zu 40468 Düsseldorf, Kalkumer Straße 30, erteilt.

Die vollstreckbare Ausfertigung des Beschlusses über die Vollstreckbarerklärung bedarf der Zustellung an den Schuldner, die im Parteibetrieb (durch den Gerichtsvollzieher) zu erfolgen hat. Mit der Zwangsvollstreckung darf erst begonnen werden, wenn die Zustellung mindestens zwei Wochen vorher erfolgt ist (§ 798 ZPO).

5. Vollstreckbarerklärung von Schiedssprüchen mit vereinbartem Wortlaut (§§ 1053 Abs. 4, 1062, 794 Abs. 1 Nr. 4a ZPO)

Ein Schiedsspruch „mit vereinbartem Wortlaut" kann nach § 1053 Abs. 4 ZPO mit Zustimmung der Parteien **251** entsprechend § 1062 Abs. 1 ZPO in erster Linie von dem in der Schiedsvereinbarung bezeichneten Notar für vollstreckbar erklärt werden, ohne dass der Schiedsspruch in die Verwahrung des Notars genommen werden muss. Der Schiedsspruch mit vereinbartem Wortlaut bedarf – anders als der vollstreckbare Anwaltsvergleich – keiner Unterwerfungsklausel. Sofern die gesetzlichen Voraussetzungen gegeben sind, ähneln sich die Verfahren der Vollstreckbarerklärung mit Klauselerteilung und des vorgenannten vollstreckbaren Anwaltsvergleichs.

6. Notarielle Urkunden, die zum Gebrauch im Ausland bestimmt sind

a) Anerkennung deutscher notarieller Urkunden im Ausland

Die „Urkundsgewalt" eines Notars endet an den Grenzen des Staates, der ihm seine Amtsbefugnisse ver- **252** liehen hat. Deutsche Notare können deshalb nur in Deutschland, ausländische Notare nur in ihrem Heimatland beurkunden. Eine Urkunde, die ein deutscher Notar im Ausland aufnimmt, ist *nichtig*; ebenfalls ist eine Urkunde nichtig, die ein ausländischer Notar in Deutschland aufnimmt.

Will ein deutscher Staatsbürger im Ausland eine notarielle Urkunde errichten, so muss er sich an einen Notar des Gastlandes wenden oder die diplomatische oder konsularische Vertretung der Bundesrepublik Deutschland aufsuchen. Die deutschen Konsularbeamten sind befugt, in Ausübung ihres Amtes Niederschriften oder Vermerke aufzunehmen, Willenserklärungen zu beurkunden sowie Unterschriften und Abschriften zu beglaubigen (§ 10 Abs. 1 Konsulargesetz). Die von einem deutschen Konsularbeamten im Ausland aufgenommenen Urkunden stehen den von einem deutschen Notar im Inland aufgenommenen gleich (§ 10 Abs. 2 Konsulargesetz).[65]

Von der Zuständigkeit zur Errichtung der Urkunden ist ihre *Verwendung* im Ausland zu unterscheiden. **253** Gelegentlich werden Urkunden eines deutschen Notars im Ausland verwendet, z.B. Vollmachten oder Testamente. Manche Staaten verlangen dann den Nachweis, dass die Unterschrift des Notars echt ist, darüber hinaus oft auch, dass der Notar für die Amtshandlung nach den deutschen Gesetzen zuständig war und die Urkunde in der gesetzlichen Form aufgenommen worden ist. Umgekehrt kann für ausländische Urkunden, die in Deutschland vorgelegt werden, die deutsche Behörde eine Echtheitsbestätigung durch einen Konsul oder einen Gesandten der Bundesrepublik Deutschland oder eine Apostille verlangen.

b) Legalisation und Apostille

Die im internationalen Rechtsverkehr geforderte Echtheitsbestätigung nennt man „Legalisation". Sie **254** wird von der zuständigen Vertretung des ausländischen Staates in der Bundesrepublik Deutschland (Konsulat, Botschaft) besorgt, in dem die Urkunde verwendet werden soll. Welche Anforderungen an den Echtheitsbeweis (Legalisation) im Einzelfall gestellt werden, bestimmt die Rechtsordnung des Staates, in dem die Urkunde vorgelegt werden soll. Bevor die diplomatische Vertretung eines ausländischen Staates die Urkunde eines deutschen Notars legalisiert, verlangt sie eine weitere besondere Beglaubigung, die so genannte *„Zwischenbeglaubigung"*. Zuständig dafür ist der Präsident des Landgerichts. Er bescheinigt, dass der Notar zur Vornahme der Amtshandlung befugt war, und bestätigt die Echtheit des beigedrückten Siegels nebst Unterschrift.

Einige Staaten verlangen bei der Legalisation von Urkunden außer der „Zwischenbeglaubigung" durch **255** den Präsidenten des Landgerichts eine „Endbeglaubigung" durch das Bundesverwaltungsamt (Köln).

An die Stelle der Legalisation tritt im Verkehr mit den Vertragsstaaten des „Haager Übereinkommens vom 5.10.1961 zur Befreiung ausländischer öffentlicher Urkunden von der Legalisation" die vereinfachte Form der Echtheitsbestätigung, die so genannte *„Apostille"*. Sie wird nicht von der ausländischen Vertretung des Staates erteilt, in dem die Urkunde vorgelegt werden soll, sondern von den Behörden des Errichtungsstaates der Urkunde. Die Apostille ersetzt die umständlichere Legalisation, indem die zustän-

---

[65] Einen Überblick über das konsularische Beurkundungswesen gibt *Bindseil*, DNotZ 1993, 5 ff.

dige Behörde (für notarielle Urkunden ist in Deutschland der Landgerichtspräsident zuständig) die Unterschrift der Urkundsperson und die Echtheit des beigedrückten Siegels „überbeglaubigt".

256   Umgekehrt gilt das „Haager Übereinkommen vom 5.10.1961" auch, wenn *ausländische* notarielle Urkunden bei deutschen Behörden vorgelegt werden. Die deutsche Behörde muss sich dann, wenn der Errichtungsstaat dem Haager Übereinkommen beigetreten ist, mit der Apostille begnügen, die die zuständige Behörde des Errichtungsstaates erteilt hat. Eine Legalisation darf die deutsche Behörde in diesen Fällen nicht verlangen.

Außerdem gibt es (leider nur wenige) Staaten, die für die Vorlage deutscher notarieller Urkunden weder eine Legalisation noch eine Apostille verlangen, sondern die deutsche notarielle Urkunde so, wie sie ausgefertigt worden ist, anerkennen.

257   Wenn feststeht, dass die Urkunde im Ausland verwendet werden soll, geht der Notar wie folgt vor:

1. Zunächst prüft er, ob der fremde Staat die deutsche notarielle Urkunde ohne weiteres anerkennt. Zum Beispiel sind deutsche Personenstandsurkunden und Ehefähigkeitszeugnisse, die nach dem Muster der Übereinkommen der Internationalen Kommission für das Zivil- und Personenstandswesen (CIEC) ausgestellt werden, in den anderen Vertragsstaaten von jeder Förmlichkeit befreit.
2. Soll die deutsche notarielle Urkunde in einem Land verwendet werden, in dem die Urkunden nicht per se von jeder Förmlichkeit befreit sind, so muss gefragt werden, ob eine Apostille genügt. Nach dem „Haager Übereinkommen vom 5.10.1961" lassen zahlreiche Länder die bloße Überbeglaubigung durch den Landgerichtspräsidenten (die so genannte Apostille) genügen.
3. Für die Verwendung in allen Staaten, die nicht unter die Ausnahmen der voranstehenden Ziffern 1. und 2. fallen, bedarf die notarielle Urkunde der Legalisation durch die diplomatische Vertretung des Verwendungsstaates. Bevor diese (Botschaft, Konsulat) die Legalisation erteilt, verlangt sie eine Zwischenbeglaubigung der Urkunde durch den Präsidenten des Landgerichts. Von einigen Vertretungen ausländischer Staaten werden neben der Zwischenbeglaubigung der Urkunde durch den Landgerichtspräsidenten noch weitere Zwischen- bzw. Endbeglaubigungen verlangt.
    Das Auswärtige Amt hat die Vornahme von Endbeglaubigungen im Urkundenverkehr mit dem Ausland auf das Bundesverwaltungsamt in 50728 Köln übertragen. Die Beteiligten können die Urkunden nach der Zwischenbeglaubigung durch den Präsidenten des Landgerichts dem Bundesverwaltungsamt unmittelbar einreichen.

258   Wenn also feststeht, dass die Urkunde legalisiert werden muss, ist weiter zu fragen, ob die diplomatische Vertretung die Legalisation nach der Zwischenbeglaubigung durch den Landgerichtspräsidenten erteilt, oder ob sie noch zusätzlich Zwischen- bzw. Endbeglaubigungen verlangt.

259   Mit welchen Staaten bilaterale völkerrechtliche Verträge bestehen, die auf Förmlichkeiten jeder oder einzelner Art verzichten, welche Staaten unter die Anwendbarkeit des Haager Übereinkommens fallen und wie im Übrigen die Legalisation deutscher öffentlicher Urkunden konkret vonstatten geht, ergibt sich immer aktuell aus der Liste des Auswärtigen Amtes zur Verwendung deutscher Urkunden im Ausland, abrufbar auf der Homepage des DNotI unter der Rubrik „Arbeitshilfen-IPR und Ausländisches Recht".

260   Dort findet sich auch eine Liste des Auswärtigen Amtes zur Verwendung ausländischer Urkunden in Deutschland.

C.   Sonstige notarielle Rechtsbetreuung

261   Zum Amt des Notars gehört neben der Urkundtätigkeit die „sonstige Betreuung" der Beteiligten auf dem Gebiet der vorsorgenden Rechtspflege. § 24 BNotO nennt ausdrücklich: Entwurfsfertigung, Beratung und Vertretung vor Gericht und Behörden. Daneben sind Treuhandtätigkeiten sowie Rechtsauskünfte und Bestätigungen von praktischer Bedeutung. § 23 BNotO nennt als Sonderfall der Treuhandtätigkeit die Verwahrung von Geld und Wertsachen. Auch die „sonstige notarielle Rechtsbetreuung" ist Amtstätigkeit. Wie stets ist ein Auftrag erforderlich. Bei der notariellen Rechtsbetreuung kommt es auf diesen Auftrag besonders an. Denn er begrenzt den Umfang und die Art der übernommenen Aufgabe. Der Notar ist anders als bei der Urkundtätigkeit (§§ 20–22 BNotO) zur Übernahme einer „sonstigen Betreuung" nicht verpflichtet. Die Pflicht zur Amtsausübung (§ 15 BNotO) gilt hier nicht.

I. Treuhandgeschäfte, Verwahrung

Die wichtigste Treuhandaufgabe des Notars ist die Sicherung von Leistung und Gegenleistung beim **262**
Grundstückskaufvertrag. Die gebräuchlichsten Gestaltungen sind:

- Überwachung der Kaufpreisfälligkeit und die Zurückhaltung des Umschreibungsantrages bis zur Bestätigung der Kaufpreiszahlung,
- Freistellung des Kaufobjektes von den eingetragenen Belastungen aus dem Kaufpreis,
- Hinterlegung des Kaufpreises beim Notar und Auszahlung an den Verkäufer bzw. dessen Gläubiger, wenn die vertragsgemäße Umschreibung erfolgt oder zumindest gesichert ist.

Die Instrumente, mit denen der Notar seine Treuhandfunktion erfüllt, sind das *Notaranderkonto* und der von der Rechtspraxis entwickelte *Treuhandauftrag*.

Durch die Annahme eines Treuhandauftrages verpflichtet sich der Notar, von einer bestimmten Urkunde (z.B. Löschungsbewilligung, Vorrangseinräumung etc.) nur Gebrauch zu machen, wenn bestimmte Voraussetzungen, die der Treugeber verlangt hat, vorliegen.

II. Beratung

Bei seiner Urkundstätigkeit ist der Notar von Amts wegen zur Beratung und Belehrung der Beteiligten **263**
verpflichtet, § 17 BeurkG (vgl. § 1 Rdn 85 ff.).

In § 24 BNotO geht es jedoch nicht darum, sondern um die „bloße" Beratung. Viele Bürger wenden sich an den Notar nicht zur Vorbereitung oder Durchführung einer Urkunde, sondern um in einer Angelegenheit der vorsorgenden Rechtspflege einen Rechtsrat zu erhalten. Solche Ratschläge können neben dem Notar auch Angehörige anderer rechts-, steuer- oder wirtschaftsberatender Berufe geben.

Oft ist die Abgrenzung der notariellen Betreuung von der dem Notar nicht erlaubten „Nebentätigkeit" **264**
schwierig. Die Pflicht zur Unparteilichkeit begrenzt die Befugnis zur Beratung. Nicht mehr zur vorsorgenden Rechtsbetreuung gehören daher die Beratung und Vertretung einer Partei in einem streitigen Verfahren. Grundsätzlich soll eine Beratung unterbleiben, wenn sie die Durchsetzung gegensätzlicher Parteiinteressen zum Ziel hat. Wohl aber gehört eine Beratung in Erbschafts- und Nachlassangelegenheiten, bei der Gründung von Gesellschaften, bei der Verschmelzung und Umwandlung von Gesellschaften, bei der Vermittlung von Auseinandersetzungen regelmäßig zum Bereich der vorsorgenden Rechtspflege. In diesem Rahmen kann der Notar auch Rechtsgutachten erstatten. Gutachten, die der einvernehmlichen Regelung von Rechtsverhältnissen dienen, fallen unter den Bereich der vorsorgenden Rechtspflege. Dagegen würde ein Gutachten über Aussichten eines Rechtsstreites nicht mehr zur notariellen Rechtsbetreuung zählen.

Gutachten und Auskünfte über die Auslegung von Urkunden, die der Notar selbst beurkundet hat, gehören stets zur Notartätigkeit. Wenn nur ein Beteiligter den Notar um die Auslegung einer Urkunde bittet, muss der Notar besonders auf seine *Unparteilichkeit* achten und eine einseitige Beratung ablehnen.

III. Urkundsentwürfe

Zur Amtstätigkeit des Notars gehört auch das Anfertigen von Urkundsentwürfen. Selbstverständlich darf **265**
der Notar auch hierbei nur als unparteiischer Betreuer aller Beteiligten tätig werden. Die Prüfung von Entwürfen, die von anderen Notaren oder sonstigen Personen gefertigt wurden, gehört zur Beratung. Wenn der Notar unter einem von ihm gefertigten Entwurf die Unterschriften der Beteiligten beglaubigt, so handelt es sich um ein einheitliches Urkundsgeschäft, nicht um ein „sonstiges Geschäft der notariellen Betreuung".

IV. Vertretung der Beteiligten vor Gerichten und Behörden

Die Vertretung der Beteiligten vor Gerichten und Behörden darf der Notar nur übernehmen, soweit es sich **266**
um vorsorgende Rechtspflege handelt (§§ 1 und 24 Abs. 1 BNotO). Dazu gehört das Einholen behördli-

cher oder gerichtlicher Genehmigungen zu Urkundsgeschäften und die Vertretung der Beteiligten in Steuersachen, soweit die Steuerangelegenheit durch ein Urkundsgeschäft ausgelöst ist.

Die Vertretung vor Gerichten und Behörden setzt, wie jede Tätigkeit, die für einen anderen ausgeübt wird, dessen Vollmacht voraus. Das Gesetz unterstellt („fingiert") in einer Reihe von Vorschriften die Bevollmächtigung des Notars zum Vollzug der von ihm beurkundeten oder beglaubigten Urkunden, so z.B. § 15 GBO für das Grundbuchverfahren und § 378 FamFG für Registersachen.

Hat der Notar einen Vertrag beurkundet, der der Genehmigung nach dem Grundstückverkehrsgesetz bedarf, so gilt er kraft Gesetzes als ermächtigt, den Genehmigungsantrag zu stellen (§ 3 Abs. 2 GrdstVG). Dasselbe gilt gemäß § 13 HöfeVfO für Anträge auf Zustimmung zu einer Verfügung von Todes wegen über einen Hof im Sinne der HöfeO und für Anträge auf Genehmigung von Hofübergabeverträgen (§ 16 HöfeVfO).

§ 4 Die einzelnen Geschäfte und ihre Abwicklung

A. Aus dem Bereich des Grundstücksverkehrs

I. Allgemeines

1. Das Grundstück, Teilung und Verbindung von Grundstücken

a) Das Grundstück

Man unterscheidet Grundstücke im natürlichen, Grundstücke im katastertechnischen und Grundstücke 1
im Rechtssinne.

Unter einem Grundstück im **natürlichen** Sinne wird ein räumlich abgegrenzter Teil der Erdoberfläche
verstanden.

Ein Grundstück im **katastertechnischen** Sinn (sogenanntes Flurstück, vgl. hierzu auch Rdn 7) besteht aus
einem oder mehreren Grundstücken im natürlichen Sinne, die in der Flurkarte unter einer Nummer aufgeführt werden.

Ein Grundstück im **Rechtssinn** sind ein oder mehrere Grundstücke im katastertechnischen Sinne, die im
Grundbuch unter einer laufenden Nummer im Bestandsverzeichnis gebucht sind. Zwischen den Kataster-
Parzellen, die ein Grundstück im Rechtssinn bilden, besteht in der Regel – nicht notwendigerweise – ein
räumlicher und/oder wirtschaftlicher Zusammenhang.

b) Teilung von Grundstücken

Ein Grundstück kann in der Weise geteilt werden, dass ein Teil im Grundbuch abgeschrieben und als 2
selbstständiges Grundstück eingetragen wird. Dies ist der Fall, wenn entweder eines von mehreren Flurstücken, die im Grundbuch unter einer laufenden Nummer im Grundbuch geführt werden, oder die Teilfläche eines Flurstücks als selbstständiges Grundstück im Grundbuch gebucht werden soll. Dazu bedarf
es eines Antrags des Eigentümers in beglaubigter Form (§ 29 GBO) und der Eintragung des abgetrennten
Teilstücks unter einer eigenen lfd. Nummer im Grundbuch. Soll die Teilfläche eines Flurstücks als selbstständiges Grundstück im Grundbuch eingetragen werden, so darf die Teilung nur eingetragen werden,
wenn das Grundstück neu vermessen worden ist und der abzuschreibende Teil eine gesonderte Nummer
im Liegenschaftskataster erhalten hat (§ 2 Abs. 3 GBO).

Ein generelles Genehmigungserfordernis für die Teilung von Grundstücken gibt es inzwischen nicht
mehr. Die betreffenden Bestimmungen in den §§ 19 ff. BauGB wurden durch das Gesetz zur Anpassung
des Baugesetzbuchs (BauGB) an EU-Richtlinien vom 24.6.2004 aufgehoben.

Allerdings sieht die Bauordnung des Landes Nordrhein-Westfalen (§ 8 Abs. 1 BauO NRW) die Geneh- 3
migungsbedürftigkeit der Teilung eines bebauten Grundstücks vor. Auch die Landesbauordnung von
Hessen sieht seit dem 7.7.2018 ein allgemeines Genehmigungserfordernis für die Teilung eines bebauten
oder zu bebauenden Grundstücks vor (§ 7 HBauO). In Baden-Württemberg wurde mit Wirkung zum
1.3.2015 lediglich eine Anzeigepflicht für Grundstücksteilungen eingeführt. Genehmigungspflichten
für die Teilung eines Grundstücks bestehen jedoch noch nach

- § 51 Abs. 1 Nr. 1 BauGB (Umlegung),
- § 144 Abs. 2 Nr. 5 BauGB (städtebauliche Sanierung) und
- §§ 169 Abs. 1 Nr. 3, 144 Abs. 2 Nr. 5 BauGB (städtebauliche Entwicklungsmaßnahmen).

Genehmigungsbehörde ist die Gemeinde (vgl. hierzu auch Rdn 255). Bedarf die Teilung im Einzelfall
einer Genehmigung, hat dies grundsätzlich zur Folge, dass der grundbuchliche Vollzug der Teilung
von dem Vorliegen der Teilungsgenehmigung abhängt (sogenannte Grundbuchsperre). § 8 Abs. 3
BauO NRW sieht demgegenüber aus kompetenzrechtlichen Gründen eine Katastersperre vor.

Beachte:

Besteht ein bebautes Grundstück im Rechtssinne aus mehreren (unter einer laufenden Nummer im
Grundbuch gebuchten) Flurstücken, wird in der Praxis mitunter übersehen, dass auch die Teilung die-

ses Grundstücks durch Fortschreibung eines dieser Flurstücke unter einer separaten laufenden Nummer im Grundbuch einer Teilungsgenehmigung gemäß § 8 Abs. 1 BauO NRW bedarf. Regelmäßig kommt es in diesen Fällen dennoch zum grundbuchlichen Vollzug der Teilung, da das Katasteramt in den Vorgang mangels Teilung eines Katasterflurstücks nicht eingebunden ist und das Grundbuchamt das Vorliegen einer Teilungsgenehmigung in diesen Fällen regelmäßig nicht prüft. Die Teilung ist dann ungeachtet ihres grundbuchlichen Vollzugs mangels Erteilung einer Teilungsgenehmigung schwebend unwirksam (§ 134 BGB).

In Baden-Württemberg und Schleswig-Holstein ist die Teilung von Waldgrundstücken genehmigungspflichtig. In Rheinland-Pfalz ist zur Bildung von Teilstücken einer gemeinschaftlichen Holzung (im Sinne von § 1 des Gesetzes über gemeinschaftliche Holzungen vom 14.3.1881) in den früheren Regierungsbezirken Koblenz, Trier und Montabaur die Genehmigung der Aufsichtsbehörde erforderlich.[1]

Ein gesonderter Antrag auf **Eintragung** der Teilung ist grundsätzlich nicht notwendig, wenn ein Grundstücksteil mit einem Recht belastet werden soll (§ 7 Abs. 1 GBO) oder wenn ein Grundstücksteil veräußert wird. Diese Erklärung ist dann bereits in der die Veräußerung betreffenden Einigungserklärung bzw. in der Belastungsbewilligung enthalten.

c) Verbindung von Grundstücken

4   Wenn zwei oder mehrere Grundstücke rechtlich miteinander verbunden werden sollen, ist dies nach § 890 BGB in der Weise möglich, dass

- sie zu einem Grundstück vereinigt werden (§ 890 Abs. 1 BGB, § 5 GBO) oder
- ein oder mehrere Grundstücke einem anderen Grundstück als Bestandteil zugeschrieben werden (§ 890 Abs. 2 BGB, § 6 GBO).

Die an der Verbindung (Vereinigung oder Bestandteilzuschreibung) beteiligten Grundstücke sollen im Bezirk desselben Grundbuch- und Katasteramts liegen und unmittelbar aneinandergrenzen. Hiervon soll nur abgewichen werden, wenn hierfür, insbesondere wegen der Zusammengehörigkeit baulicher Anlagen und Nebenanlagen, ein erhebliches Bedürfnis besteht. Zum Nachweis der Lage der Grundstücke zueinander bedarf es der Vorlage einer von der zuständigen Behörde (regelmäßig vom Katasteramt) beglaubigten Karte. Das erhebliche Bedürfnis ist glaubhaft zu machen; der öffentlich beglaubigten Form bedarf die Glaubhaftmachung nicht (so würde z.B. eine Bestätigung der Baubehörde genügen); vgl. hierzu §§ 5 und 6 Abs. 2 GBO.

aa) Vereinigung

5   Die Vereinigung gemäß § 890 Abs. 1 BGB bedarf eines öffentlich beglaubigten Antrags des Grundstückseigentümers (§ 29 GBO). Die Vereinigung von Grundstücken kann in das Grundbuch jedoch nur eingetragen werden, wenn hiervon Verwirrung, insbesondere aufgrund unterschiedlicher Belastungen der zu vereinigenden Grundstücke, nicht zu besorgen ist (§ 5 Abs. 1 S. 1 GBO).[2]

Beispiel:

Amtsgericht Bergisch Gladbach

– Grundbuchamt –

51429 Bergisch Gladbach

Als Eigentümer der im Grundbuch von Refrath Blatt 573 eingetragenen Grundstücke Flur 7 Flurstücke 19 und 20 beantrage ich, diese Grundstücke zu einem Grundstück gemäß § 890 Abs. 1 BGB zu vereinigen.

---

1 Vgl. die unter www.dnoti.de in der Rubrik Arbeitshilfen/Immobilienrecht/Genehmigungserfordernisse und Vorkaufsrechte abrufbare Übersicht „Grundstücksteilung – Übersicht über landesrechtliche Genehmigungserfordernisse (DNotI) (Stand: 15.1.2020)".
2 Vgl. im Einzelnen *Schöner/Stöber*, Grundbuchrecht, 16. Aufl. 2020, Rn 634 ff.

Der Verkehrswert der beiden Grundstücke beträgt 50.000 EUR.

Bergisch Gladbach, den (...)

Unterschrift des Eigentümers

– Unterschriftsbeglaubigung –

Kostenberechnung

Geschäftswert:	10–20 % des zusammengerechneten Werts aller zu vereinigenden Grundstücke (§§ 36 Abs. 1, 46 Abs. 1, 119 Abs. 1 GNotKG), hier 10.000 EUR
Gebühr:	GNotKG KV Nr. 24102, 21201 Nr. 4 (0,5) = 37,50 EUR (zzgl. MwSt)

Wirkungen:

Die vereinigten Grundstücke verlieren ihre Selbstständigkeit und werden Bestandteil des einheitlichen Grundstücks. Die bisherigen Belastungen der Einzelgrundstücke bleiben an den entsprechenden Teilstücken bestehen, ohne dass diese Belastungen auf die anderen Grundstücksteile übergreifen. Neue – also nach der Vereinigung aufgenommene – Belastungen erfassen das ganze – neue – Grundstück.

bb) Bestandteilszuschreibung
Auch der Antrag auf Bestandteilszuschreibung bedarf der öffentlichen Beglaubigung.

6

Beispiel:

Amtsgericht Bergisch Gladbach

– Grundbuchamt –

51429 Bergisch Gladbach

Ich beantrage, das im Grundbuch von Bensberg-Honschaft Blatt 0918 – lfd. Nr. 19 des Bestandsverzeichnisses – eingetragene Grundstück Flur 7 Flurstück 50 dem dort unter lfd. Nr. 23 des Bestandsverzeichnisses eingetragenen Grundstück Flur 7 Flurstück 51 als Bestandteil gemäß § 890 Abs. 2 BGB zuzuschreiben.

Den Verkehrswert des zuzuschreibenden Grundstücks schätze ich auf 3.000 EUR.

Bergisch Gladbach, den (...)

Unterschrift des Eigentümers

– Unterschriftsbeglaubigung –

Kostenberechnung

Geschäftswert:	20 % des Werts des zuzuschreibenden Grundstücks (§§ 36 Abs. 1, 46 Abs. 1, 119 Abs. 1 GNotKG), also 600 EUR
Gebühr:	GNotKG KV Nr. 24102, 21201 Nr. 4 (0,5) = 30 EUR [Mindestgebühr] (zzgl. MwSt)

Wirkungen:

Das zugeschriebene Grundstück wird unter Verlust seiner rechtlichen Selbstständigkeit Bestandteil des einheitlichen Grundstücks. Auf dem Hauptgrundstück lastende Grundpfandrechte erstrecken sich auf das zugeschriebene Grundstück, gehen aber den bereits auf dem zugeschriebenen Grundstück eingetragenen Belastungen im Rang nach (§ 1131 BGB). Grundpfandrechte, die auf dem zugeschriebenen Grundstück ruhen, erfassen nicht das Hauptgrundstück. Andere Rechte (Reallasten, Vorkaufsrechte, Dienstbarkeiten) bleiben im bisherigen Umfang bestehen; sie belasten daher jeden Teil gesondert. Neue Belastungen erstrecken sich auf das einheitliche Grundstück.

2. Das Kataster

7   Grundlage für die Eintragung der Grundstücke im Bestandsverzeichnis des Grundbuchs ist ein amtliches Verzeichnis, in dem die Grundstücke unter Nummern aufgeführt sind. Dieses Verzeichnis heißt Kataster. Die Karten des Katasteramtes sind nach Gemarkungen eingeteilt. Die Gemarkung deckt sich in der Regel mit dem Gebiet einer (früher selbstständigen) Gemeinde, notwendig ist dies jedoch nicht. Das Kartenbild einer Gemarkung lässt sich nicht immer auf einem einzigen Kartenblatt darstellen. Deshalb ist häufig die Aufteilung auf mehrere Blätter geboten. Die Gemarkung wird in einzelne, fortlaufend nummerierte Flure untergliedert. Es wird im Allgemeinen pro Flur eine Flurkarte hergestellt. Die in der Flurkarte unter einer besonderen Nummer geführten Grundstücke werden „Flurstück" (früher „Parzelle") genannt.

Beim Katasteramt wird neben den Flurkarten noch eine Anzahl weiterer Bücher und Verzeichnisse geführt, nämlich:

- das Flurbuch,
- das Liegenschaftsbuch,
- das Eigentümerverzeichnis,
- das alphabetische Namensverzeichnis.

8   Ist in der Kartei des Grundbuchamtes der Eigentümer eines Grundstücks nicht verzeichnet, so kann oft über die Kartei des Katasteramts die Grundbuchstelle ermittelt werden. Ist auch diese Kartei unvollständig, so können die Eintragungen im Kataster und dann wiederum die Grundbuchstelle über den Ort, die Straße und die Hausnummer oder durch Einsicht in die Flurkarte festgestellt werden.

Kreditinstitute verlangen häufig einen Auszug aus dem Liegenschaftsbuch und eine Abzeichnung der Flurkarte – die Katasterhandzeichnung –, in der das für die Beleihung vorgesehene Grundstück mit den angrenzenden Grundstücken eingezeichnet ist. Für die Banken sind diese Unterlagen ein wichtiges Hilfsmittel, um den Verkehrswert des zu belastenden Grundstücks zu ermitteln. Die Einsicht in das Kataster ist jedem gestattet, der ein berechtigtes Interesse darlegt.

3. Das Grundbuch

a) Sinn und Zweck des Grundbuchs

9   Das Grundbuch soll erkennbar machen, wer die Eigentümer der Grundstücke sind, welche Rechte Dritter an den Grundstücken und für die jeweiligen Eigentümer der Grundstücke an anderen Grundstücken bestehen und welche (eintragungspflichtigen) Lasten und Beschränkungen auf den Grundstücken ruhen.

b) Zuständigkeit

10   Die Grundbücher werden von den Amtsgerichten für die in ihrem Bezirk gelegenen Grundstücke geführt (§ 1 Abs. 1 GBO). Die Grundbuchangelegenheiten werden – von geringen Ausnahmen abgesehen – vom Rechtspfleger (einem Beamten des gehobenen Justizdienstes, dem richterliche Aufgaben übertragen worden sind) bearbeitet. Eintragungen in das Papier-Grundbuch müssen vom Rechtspfleger und vom Urkundsbeamten der Geschäftsstelle (Grundbuchführer) oder einem ermächtigten Justizangestellten unterzeichnet sein. Besonderheiten gelten in den neuen Bundesländern.

Beim inzwischen durchweg maschinell geführten Grundbuch soll eine Eintragung nur möglich sein, wenn die für die Führung des Grundbuchs zuständige Person oder nach landesrechtlicher Bestimmung in den Fällen des § 74 Abs. 1 S. 3 GBV der Urkundsbeamte der Geschäftsstelle der Eintragung ihren oder seinen Nachnamen hinzusetzt und beides elektronisch unterschreibt (§ 75 S. 1 GBV).

c) Grundakten

11   Die zum Grundbuch eingereichten Urkunden und die Verfügungen des Grundbuchamts werden in den Grundakten, und zwar für jedes Grundbuchblatt in einem gesonderten Aktenstück, zusammengefasst. Als Arbeitshilfe für den Grundbuchbeamten wurde früher zusätzlich noch eine wortgetreue Abschrift des Papier-Grundbuchblattes, das sogenannte Handblatt (auch Blattübersicht, Hilfsblatt oder Tabelle genannt), gefertigt. Zum maschinell geführten Grundbuch wird kein Handblatt mehr angelegt.

d) Einsicht in das Grundbuch

Jedem, der ein berechtigtes Interesse darlegt, ist die Einsicht in das Grundbuch und in die Grundakten **12** gestattet. Wer dieses Recht hat, kann auch Grundbuchauszüge und Abschriften von Urkunden in den Grundakten (gegen Kostenerstattung) verlangen. Notare sind von der Darlegung eines berechtigten Interesses befreit. Gemäß § 133a GBO sind Notare ihrerseits berechtigt, jedem, der ein berechtigtes Interesse darlegt, Auskunft über den Inhalt des Grunduchs zu geben sowie Grundbuchabdrucke zu erteilen. Über solche Mitteilungen des Grundbuchinhalts ist ein Protokoll zu führen (vgl. § 133a Abs. 3 GBO).

e) Öffentlicher Glaube

Das Grundbuch erfüllt seine Funktion, Gewissheit über die rechtlichen Verhältnisse an Grundstücken zu **13** vermitteln, nur, wenn jeder sich unbedingt auf seinen Inhalt verlassen kann. Daher ist das Grundbuch mit „öffentlichem Glauben" ausgestattet (§§ 892, 893 BGB). Der redliche – also gutgläubige – Erwerber kann sich auf den Inhalt des Grundbuches verlassen, auch wenn er nicht mit der wahren Rechtslage übereinstimmt. Der Schutz des „guten Glaubens" erstreckt sich:

a) auf das Bestehen der im Grundbuch eingetragenen dinglichen Rechte,
b) darauf, dass diese Rechte demjenigen zustehen, der als ihr Inhaber eingetragen ist,
c) auf das Nichtbestehen nicht eingetragener (oder gelöschter), aber eintragungsfähiger dinglicher Rechte,
d) auf das Nichtbestehen nicht eingetragener (oder gelöschter), aber eintragungsfähiger relativer Verfügungsbeschränkungen.

Eigentümer und Berechtigter müssen also aufpassen, dass sie der wahren Rechtslage entsprechend im **14** Grundbuch eingetragen sind, um nicht ihre Rechte an einen gutgläubigen Erwerber zu verlieren.

Beispiele für gutgläubigen Erwerb

(1) Der gutgläubige Erwerber eines Grundstücks erlangt das Eigentum mit seiner Eintragung im Grundbuch auch dann, wenn es dem als Eigentümer im Grundbuch eingetragenen Veräußerer tatsächlich nicht gehörte (Fall zu a) und b)).
(2) Die Hypothek des H ist am Grundstück des E vom Grundbuchamt versehentlich gelöscht worden. E übereignet das Grundstück an den gutgläubigen K. K erwirbt das Grundstück lastenfrei (Fall c)).
(3) Über das Vermögen des Grundstückseigentümers E ist das Insolvenzverfahren eröffnet worden. Ein Insolvenzvermerk (§ 32 InsO) ist im Grundbuch nicht eingetragen worden. E übereignet das Grundstück an K, der von der Insolvenz des E nichts weiß. K erwirbt das Eigentum an dem Grundstück, obwohl nicht mehr E, sondern der Insolvenzverwalter gemäß § 80 InsO über das Grundstück verfügungsberechtigt war (Fall d)).

Der gute Glaube ist aber nur bei rechtsgeschäftlichem Erwerb geschützt, nicht dagegen beim Erwerb kraft **15** Gesetzes (z.B. Erbfolge) oder bei Begründung eines Rechts im Wege der Zwangsvollstreckung (z.B. Zwangssicherungshypothek). Zu beachten ist weiter, dass der Schutz des guten Glaubens bei einem rechtsgeschäftlichen Erwerbsvorgang nur besteht, wenn es sich um ein Verkehrsgeschäft handelt. Ein Verkehrsgeschäft liegt dann nicht vor, wenn wirtschaftliche oder persönliche Identität zwischen Erwerber und Veräußerer besteht.

Beispiel

Der zu Unrecht als Eigentümer eines Grundstücks im Grundbuch eingetragene A überträgt das Eigentum an eine GmbH, deren einziger Gesellschafter er ist (kein Verkehrsgeschäft, da wirtschaftliche Identität).

Ein gutgläubiger Erwerb ist selbstverständlich nicht möglich, wenn bei dem Recht ein Widerspruch gegen die Richtigkeit des Grundbuches (§ 899 BGB) eingetragen ist. **16**

Der öffentliche Glaube erstreckt sich nicht auf rein **tatsächliche Angaben**, z.B. Wirtschaftsart, Lage und Größe eines Grundstücks. Eine Ausnahme gilt für aus dem Kataster entnommene Bestandsangaben, die erst die rechtliche Kennzeichnung des Grundstücks ergeben.

Beispiel

Bei einer Neuvermessung ist die Grenze des Grundstücks irrtümlich in das Nachbargrundstück verschoben worden. Sofern sich der tatsächliche Grenzverlauf (z.B. Hecke) in der Örtlichkeit nicht mit dem „richtigen", sondern mit dem irrtümlich angenommenen Grenzverlauf deckt, erwirbt ein gutgläubiger Dritter das Grundstück.

17 Der gute Glaube versagt ferner bei nicht eintragungsfähigen Rechten, Belastungen und Beschränkungen. Hierzu zählen etwa beim Güterstand der Zugewinngemeinschaft die Verfügungsbeschränkung gem. § 1365 BGB (siehe Rdn 727 ff.), öffentlich-rechtliche Beschränkungen und Belastungen (Bauverbote, Baulinien, Anliegerbeiträge und Erschließungskosten) sowie die gesetzlichen Vorkaufsrechte nach dem Baugesetzbuch, dem Reichssiedlungsgesetz und dem Denkmalschutzgesetz.

Grunddienstbarkeiten, die vor 1900 begründet worden sind und damals nicht in das Grundbuch eingetragen wurden (häufig im Rheinland), erwirbt der Erwerber des berechtigten Grundstücks mit und der Eigentümer des verpflichteten Grundstücks hat sie gegen sich gelten zu lassen.

f) Antragsprinzip

18 Eine Eintragung, abgesehen von solchen kraft Gesetzes oder von Amts wegen (z.B. Testamentsvollstrecker- oder Nacherbenvermerk, Amtswiderspruch), soll nur auf – formlosen (§ 30 GBO) – Antrag erfolgen (§ 13 GBO). Antragsberechtigt ist jeder, dessen Recht von der Eintragung betroffen wird oder zu dessen Gunsten die Eintragung erfolgen soll (§ 13 Abs. 1 S. 2 GBO). Der Notar, der für eine Eintragung erforderliche Erklärungen beurkundet hat, gilt als ermächtigt, die Eintragung zu beantragen (§ 15 Abs. 2 GBO).

Eintragungsanträge unter Vorbehalt (Bedingung) sind unzulässig (§ 16 Abs. 1 GBO). Die Anweisung an den Notar, den Eintragungsantrag erst nach dem Eintritt einer bestimmten Bedingung (z.B. Hinterlegung des Kaufpreises) zu stellen, ist keine schädliche Bedingung, da der Eintragungsantrag **selbst** unbedingt gestellt ist. Werden von den Beteiligten mehrere Eintragungen in einer Urkunde beantragt, so kann bei Antragstellung jedoch bestimmt werden, dass die eine Eintragung nicht ohne die andere erfolgen soll (§ 16 Abs. 2 GBO). Das Grundbuchamt ist an diese Bestimmung gebunden.

Der Antragsteller kann seinen Eintragungsantrag bis zur Vollendung der Eintragung ohne Begründung in öffentlich beglaubigter Form zurücknehmen (§ 31 GBO) und damit den Eintritt der Rechtsänderung verhindern; die Rücknahme eines Grundbuchberichtigungsantrages ist jedoch formlos möglich (§ 31 Abs. 1 S. 2 GBO). So könnte der Verkäufer seinen Eintragungsantrag ohne Wissen des Käufers zurücknehmen und das Grundstück nochmals an einen Dritten veräußern. Stellen beide Parteien den Eintragungsantrag, ist diese Gefahr ausgeschlossen. Die Rücknahme des Antrags durch einen Beteiligten ist dann ohne Bedeutung, weil der Antrag des anderen weiterhin gestellt ist.

Der Notar kann den von ihm gestellten Antrag zurücknehmen. Die Rücknahmeerklärung ist mit dem Amtssiegel des Notars zu versehen (§ 24 Abs. 3 BNotO).

g) Bewilligungsprinzip

19 Eine Eintragung in das Grundbuch erfolgt, wenn derjenige sie bewilligt, dessen Recht von ihr betroffen wird **(formelles Konsensprinzip)**. „Betroffen" ist, wer ein Recht verliert oder dessen Recht irgendwie geschmälert wird (die Bestellung einer Hypothek beeinträchtigt das Eigentum, daher ist der Grundstückseigentümer „betroffen"; die Abtretung eines Grundpfandrechts beeinträchtigt den Abtretenden = Zedenten). Das Grundbuchamt hat sich mit der Einverständniserklärung des Betroffenen zu begnügen. Es prüft nicht, ob die für die Rechtsänderung erforderlichen materiellrechtlichen Willenserklärungen – zumeist die Einigung nach § 873 Abs. 1 BGB – abgegeben worden sind. Eine Ausnahme gilt bei der Auflassung eines Grundstücks und bei der Bestellung, Inhaltsänderung oder Übertragung eines Erbbaurechts. Hier muss das Grundbuchamt prüfen, ob die dingliche Einigung über die Rechtsänderung wirksam erklärt ist.

Die Bewilligung kann im Gegensatz zum Antrag (§ 13 GBO) nie formlos erklärt werden (§ 29 GBO).

h) Voreintragungsgrundsatz

Grundsätzlich soll eine Eintragung nur erfolgen, wenn die Person, deren Recht durch sie betroffen wird, **20** als der Berechtigte im Grundbuch eingetragen ist (§ 39 Abs. 1 GBO). Die Voreintragung ist ausnahmsweise bei einem Brief-Grundpfandrecht dann nicht erforderlich, wenn der nicht eingetragene Gläubiger den Brief besitzt und sein Gläubigerrecht durch eine auf einen eingetragenen Gläubiger zurückgehende, zusammenhängende Reihe öffentlich beglaubigter Abtretungserklärungen gemäß § 1155 S. 1 BGB nachweist (§ 39 Abs. 2 GBO).

Eine weitere, in der Praxis häufig vorkommende Ausnahme vom Voreintragungsgrundsatz ist gegeben, wenn der Betroffene der Erbe des eingetragenen Berechtigten ist und die **Übertragung** oder **Aufhebung** eines Rechts in das Grundbuch eingetragen werden soll (§ 40 Abs. 1 GBO).

> *Beispiel*
>
> E ist Eigentümer eines Grundstücks. Er verstirbt und wird von S und T beerbt. S und T verkaufen das Grundstück an K und lassen es an diesen auf. K kann in das Grundbuch eingetragen werden, ohne dass zuvor die Grundbuchberichtigung auf S und T vorgenommen werden müsste.
>
> Nichts anderes würde gelten, wenn zunächst lediglich eine Eigentumsverschaffungs-Vormerkung eingetragen werden soll.

Siehe hierzu auch Rdn 39.

Der Fall liegt aber grundsätzlich anders, wenn die Erben des eingetragenen Eigentümers das – geerbte – Grundstück **belasten** wollen, da § 40 Abs. 1 GBO nur für die Übertragung oder Aufhebung eines Rechts eine Ausnahme vom Voreintragungsgrundsatz vorsieht.

> *Beispiel*
>
> Die Erben lassen das Grundstück an einen Dritten auf, der zur Finanzierung des Kaufpreises ein dinglich zu sicherndes Darlehen aufnehmen muss. Soll das Grundpfandrecht vor der Umschreibung des Grundbesitzes auf den Käufer in das Grundbuch eingetragen werden, muss das Grundbuch nach wortgetreuer Lesart des § 40 Abs. 1 GBO zuvor durch Eintragung der Erben als Eigentümer berichtigt werden. Inzwischen haben einige Oberlandesgerichte allerdings geurteilt, dass eine vorherige Grundbuchberichtigung jedenfalls dann nicht erforderlich ist, wenn die Bestellung des Finanzierungsgrundpfandrechts aufgrund einer transmortalen Vollmacht des verstorbenen Eigentümers erfolgt.[3]

i) Öffentliche oder öffentlich beglaubigte Form

Eine Eintragung soll nur vorgenommen werden, wenn die Eintragungsbewilligung oder die sonstigen zur **21** Eintragung erforderlichen Erklärungen durch öffentliche oder öffentlich beglaubigte Urkunden nachgewiesen werden (§ 29 GBO).

Zur Beurkundung von Grundbucherklärungen und zur Beglaubigung der Unterschriften der Beteiligten unter solchen Erklärungen sind grundsätzlich nur die Notare befugt. Urkundspersonen sind jedoch auch die Konsularbeamten (vgl. §§ 10 ff. KonsG). In Hessen sind die Ortsgerichtsvorsteher befugt, Unterschriften zu beglaubigen. In Rheinland-Pfalz sind neben den Notaren auch die Kommunalbehörden zur öffentlichen Beglaubigung von Unterschriften befugt. In sehr engen Grenzen bestehen auch Beglaubigungsbefugnisse der Vermessungsbehörden (vgl. § 61 Abs. 1 Nr. 6 BeurkG). Von Bedeutung für das Grundbuchverfahren ist auch, dass eine Beglaubigungszuständigkeit ermächtigter Urkundspersonen bei den Betreuungsbehörden für Unterschriften und Handzeichen unter Vorsorgevollmachten besteht (§ 6 Abs. 2, Abs. 4 BtBG).[4] § 925 Abs. 1 S. 3 BGB sieht schließlich noch die Möglichkeit vor, eine Auflassung in einem gerichtlichen Vergleich oder einem rechtskräftig bestätigten Insolvenzplan zu erklären.

---

3 OLG Celle, Beschl. v. 16.8.2019 – 18 W 33/19; OLG Stuttgart, Beschl. v. 2.11.2018 – 8 W 312/18.
4 Vgl. OLG Karlsruhe BWNotZ 2016, 22; OLG Naumburg NotBZ 2014, 234; *Böttcher*, NJW 2015, 840, 843 m.w.N.

Bei behördlichen Erklärungen oder Ersuchen gegenüber dem Grundbuchamt kann ein Abdruck des Dienstsiegels auch maschinell eingedruckt oder aufgedruckt werden (§ 29 Abs. 3 S. 2 GBO). Insoweit bedarf es keiner individuellen Siegelung mit einem Prägesiegel oder einem Farbdrucksiegel.

j) Notarielle Vorprüfung gemäß § 15 Abs. 3 GBO

22 Der Notar hat die zu einer Eintragung in das Grundbuch erforderlichen Erklärungen, welche dem Formerfordernis des § 29 Abs. 1 S. 1 GBO unterliegen, vor ihrer Einreichung beim Grundbuchamt auf ihre Eintragungsfähigkeit zu überprüfen (§ 15 GBO Abs. 3 GBO).[5] Diese Prüfungspflicht gilt gemäß § 15 Abs. 3 S. 2 allerdings dann nicht, wenn die vom Notar an das Grundbuchamt übermittelte Erklärung von einer öffentlichen Behörde abgegeben wurde. Gleiches gilt im Ergebnis für unterschriftsbeglaubigte Vollmachten oder Genehmigungserklärungen, da diese die betreffenden Grundbucherklärungen nicht unmittelbar enthalten.

Weitergehende Prüfungsanforderungen ergeben sich für den Notar aus § 15 Abs. 3 GBO im Ergebnis auch dann nicht, wenn er Grundbucherklärungen beurkundet oder diese – ohne sie später zu beurkunden – selbst entworfen hat, da ihm dann ohnehin eine inhaltliche Prüfungspflicht obliegt.

Ziel der notariellen Vorprüfung ist, dass vollständige und sachgerecht formulierte Anmeldungen beim Grundbuchamt eingereicht werden. Folglich bezieht sich die Prüfungspflicht des Notars auch ausschließlich auf die ihm vorliegende Anmeldung bzw. Erklärung selbst, während außerhalb der Erklärung liegende Umstände grundsätzlich außer Betracht bleiben (z.B. Berechtigung bzw. Rechtsmacht des Erklärenden; Vorliegen weiterer Erklärungen oder Dokumente, die für die begehrte Eintragung etwa erforderlich sind; in der Erklärung gemachte Grundbuchangaben).

Für das Grundbuchamt muss aus der Erklärung selbst ersichtlich sein, dass der Notar deren Eintragungsfähigkeit überprüft hat. Ist eine Erklärung nach §§ 6 ff. BeurkG beurkundet worden, bedarf es insoweit keiner gesonderten Erklärung des beurkundenden Notars. Bei unterschriftsbeglaubigten Grundbucherklärungen sollte sich die erfolgte Prüfung der Eintragungsfähigkeit aus einem entsprechenden Prüfvermerk ergeben, der zweckmäßigerweise dem notariellen Beglaubigungsvermerk anzufügen ist.

> *Formulierungsbeispiel*
>
> Die vorstehend unterschriebene Erklärung habe ich auf ihre Eintragungsfähigkeit überprüft.

Sollte der Notar im Einzelfall Zweifel an der Eintragungsfähigkeit der Erklärung haben oder die Erklärung für nicht eintragungsfähig halten und die Beteiligten dennoch auf deren Übermittlung an das Grundbuchamt bestehen, ist auch dies im Beglaubigungsvermerk entsprechend zu vermerken:

> *Formulierungsbeispiel*
>
> Die vorstehend unterschriebene Erklärung habe ich auf ihre Eintragungsfähigkeit überprüft. Ich habe Zweifel hinsichtlich der Eintragungsfähigkeit der Erklärung/Ich halte die Erklärung nicht für eintragungsfähig.

Das GNotKG wurde in Bezug auf die neue Prüfungspflicht gemäß § 15 Abs. 3 GBO (bzw. § 378 Abs. 3 FamFG in Registerangelegenheiten) in GNotKG KV Nr. 22124 ergänzt. Regelmäßig entstehen den Beteiligten durch die notarielle Vorprüfung jedoch keine Mehrkosten.

k) Grundbuchberichtigung

23 Von der rechtsändernden Eintragung ist die bloß berichtigende zu unterscheiden. Betroffener ist hier der fälschlich Eingetragene. Er hat die Berichtigung zu bewilligen. Die Bewilligung der Berichtigung ist entbehrlich, wenn die Unrichtigkeit des Grundbuches nachgewiesen wird (§ 22 GBO). Dieser Nachweis muss durch öffentliche oder öffentlich beglaubigte Urkunden erbracht werden. Alsdann genügt für die Grundbuchberichtigung ein formloser Antrag eines Berechtigten.

---

5 Eine Parallelvorschrift für Registersachen (mit Ausnahme der Genossenschafts- und Partnerschaftsregistersachen) wurde in § 378 Abs. 3 S. 1 FamFG aufgenommen.

Beispiel

Tod des Eigentümers: Für die Grundbuchberichtigung genügen der Erbnachweis und der Antrag eines Erben.

l) Rangordnung

Zwischen den auf einem Grundstück lastenden Rechten besteht ein bestimmtes, im Gesetz geregeltes 24 Rangverhältnis. Das gesetzliche Rangverhältnis bestimmt sich, wenn die Rechte in **derselben Abteilung** eingetragen sind, **nach der Reihenfolge der Eintragung**. Bei in **verschiedenen Abteilungen** eingetragenen Rechten hat das unter einem **früheren Datum** eingetragene Recht den **Vorrang**. Die am selben Tag eingetragenen Rechte haben gleichen Rang untereinander. Eine abweichende Bestimmung des Rangverhältnisses bedarf der Eintragung in das Grundbuch (§ 879 Abs. 3 BGB).

Das Rangverhältnis kann auch nachträglich geändert werden (§ 880 BGB). Hierzu sind die Einigung zwischen dem Berechtigten des zurücktretenden und des vortretenden Rechts und die Eintragung im Grundbuch erforderlich. Wenn ein Grundpfandrecht im Range zurücktritt, bedarf es außerdem der Zustimmung des Grundstückseigentümers (§ 880 Abs. 2 S. 2 BGB).

Der Eigentümer kann sich sogleich bei der Belastung des Grundstücks die Befugnis vorbehalten, ein anderes, dem Umfang nach bestimmtes Recht mit Vorrang eintragen zu lassen (Rangvorbehalt, § 881 BGB).

Wegen der Möglichkeit einer nachträglich vorgenommenen Rangänderung ist bei einer Grundbucheinsicht besonders auf Vermerke in der Spalte „Veränderungen" zu achten (vgl. Rdn 580 ff.).

4. Einteilung des Grundbuchs

Das Grundbuch gliedert sich in die Aufschrift (Deckblatt), das Bestandsverzeichnis und in weitere drei 25 Abteilungen.

a) Aufschrift (Deckblatt)

Die Aufschrift enthält die Angabe des Amtsgerichts, des Grundbuchbezirks und der Nummer des Blattes, 26 den Schließungsvermerk bei Schließung eines Blattes und den Umschreibungsvermerk bei der Umschreibung eines Blattes. Bei einem Hof i.S.d. Höfeordnung wird in der Aufschrift des Grundbuches der Hofvermerk eingetragen (vgl. § 1 HöfeO). Die Eintragung lautet: „Hof gemäß der Höfeordnung" oder beim Ehegattenhof „Ehegattenhof gemäß der Höfeordnung". Die Aufhebung der Hofeigenschaft wird gleichfalls auf der Aufschrift des Grundbuchs vermerkt.

In der Aufschrift eines Blattes, das für ein Erbbaurecht angelegt ist, wird unter dem Vermerk über das Blatt das Wort „Erbbaugrundbuch" gesetzt. Bei Wohnungseigentum wird unter die Blattnummer das Wort „Wohnungsgrundbuch" bzw. bei Teileigentum das Wort „Teileigentumsgrundbuch" gesetzt. Schließlich werden auch Wohnungs- bzw. Teilerbbaugrundbücher in der Aufschrift des Grundbuchblattes in gleicher Weise als „Wohnungserbbaugrundbuch" bzw. „Teilerbbaugrundbuch" bezeichnet.

b) Bestandsverzeichnis

Im Bestandsverzeichnis werden die Grundstücke aufgeführt, und zwar mit den Katasterangaben (Gemarkung, Flur, Flurstück, Wirtschaftsart, Lage und Größe). Auch Miteigentumsanteile an gemeinschaftlich genutzten Grundstücken (z.B. an Wegeflächen) können im Bestandsverzeichnis der sog. „herrschenden" 27 Grundstücke gebucht werden (vgl. hierzu die Eintragung im nachgenannten Grundbuchauszug). Nach § 3 Abs. 6 GBO ist dies auf Antrag des Eigentümers schon möglich, wenn die betroffenen Grundstücke noch im Eigentum **eines** Eigentümers stehen. Es können im Bestandsverzeichnis auch mit dem Grundstück verbundene Rechte (Grunddienstbarkeiten, z.B. Wegerechte oder Kanalleitungsrechte) vermerkt werden (sogenannte „Herrschvermerke"). Das Bestandsverzeichnis enthält ferner die Spalten „Bestand und Zuschreibungen" und „Abschreibungen". Unter „Bestand und Zuschreibungen" wird eingetragen, von welchem Grundbuch das Grundstück übernommen wurde. Es wird vermerkt, ob es z.B. durch Teilung oder Verbindung – Bestandteilszuschreibung oder Vereinigung – entstanden ist. Unter „Abschreibungen" wird die Übertragung des Grundstücks oder eines Teiles des Grundstücks in ein anderes Grundbuchblatt eingetragen.

c) Abteilung I

28 Diese Abteilung dient der Eintragung des Eigentümers und der Grundlage seiner Eintragung. Sind mehrere Eigentümer vorhanden, so müssen entweder die Anteile der Berechtigten in Bruchteilen angegeben oder das Rechtsverhältnis der Gemeinschaft (Beteiligungsverhältnis) bezeichnet werden (§ 47 GBO).

> *Beispiel 1*
> a) Max Müller, geboren am …,
> b) Franziska Müller geborene Schmitz, geboren am …, beide wohnhaft in Düsseldorf, zu je ½.

Oder:

> *Beispiel 2*
> a) Max Müller, geboren am …, Düsseldorf,
> b) Fritz Müller, geboren am …, Opladen,
>   in Erbengemeinschaft.

Grundlage der Eintragung können z.B. sein: Auflassung, Erbfolge, Zuschlagsbeschluss im Versteigerungsverfahren.

d) Abteilung II

29 Hier werden die Belastungen und Beschränkungen des Grundstücks vermerkt, mit Ausnahme der Grundpfandrechte, die in Abteilung III eingetragen werden.[6]

In der II. Abteilung können eingetragen werden:

> **an Belastungen:**
>
> *Dienstbarkeiten* nach §§ 1018 ff. BGB
> ■ Grunddienstbarkeiten, §§ 1018–1029 BGB (vgl. Rdn 349 ff.)
> ■ beschränkte persönliche Dienstbarkeiten, §§ 1090–1093 BGB (vgl. Rdn 349 ff.)
> *Dauerwohn- und Dauernutzungsrechte,* §§ 31–42 WEG (vgl. Rdn 426 ff.)
> *Reallasten* nach §§ 1105–1112 BGB; hierzu gehört auch das Altenteil (vgl. Rdn 386 ff.)
> *Vorkaufsrechte* nach §§ 1094–1104 BGB (vgl. Rdn 449 ff.)
> *Erbbaurechte* nach dem ErbbauRG (vgl. Rdn 398 ff.)
> *Nießbrauch* nach §§ 1030–1067 BGB (vgl. Rdn 370 ff.)
>
> einschließlich der sich auf *diese* Belastungen beziehenden *Vormerkungen* und *Widersprüche;*
>
> **an Verfügungsbeschränkungen:**
>
> Nacherbenvermerk (vgl. Rdn 597 ff., 1076)
> Testamentsvollstreckervermerk (vgl. Rdn 601 f., 1106 ff., 41)
> Zwangsversteigerungs- und Zwangsverwaltungsvermerk (vgl. Rdn 607 ff.)
> Insolvenzvermerk (vgl. Rdn 603 ff., 43)
> Sanierungs-, Umlegungs- und Entwicklungsvermerk (vgl. Rdn 618 ff.)
> Verwaltungs- und Benutzungsregelungen (vgl. Rdn 625, 35)
> *ferner* die das Eigentum betreffenden Widersprüche und Vormerkungen (vgl. Rdn 432 ff., 471 ff., 56, 59 f.)
> **sowie** ein als Hinweis auf den Ausgleichsbetrag nach § 25 des Bundes-Bodenschutzgesetzes in das Grundbuch einzutragender Bodenschutzlastvermerk (§ 93b GBV, vgl. Rdn 90 f., 127).

---

6 Vgl. im Einzelnen *Schöner/Stöber*, Grundbuchrecht, 16. Aufl. 2020, Rn 1100.

e) Abteilung III

Diese Abteilung dient der Aufnahme von Hypotheken, Grund- und Rentenschulden einschließlich der   **30**
sich auf diese Rechte beziehenden Vormerkungen, Widersprüche und Veränderungen (Abtretung, Löschung etc.).

(Wegen der Einzelheiten siehe Rdn 477 ff.)

Zum besseren Verständnis wird auf den folgenden Seiten ein Auszug aus dem Grundbuch mit Mustereintragungen abgedruckt.

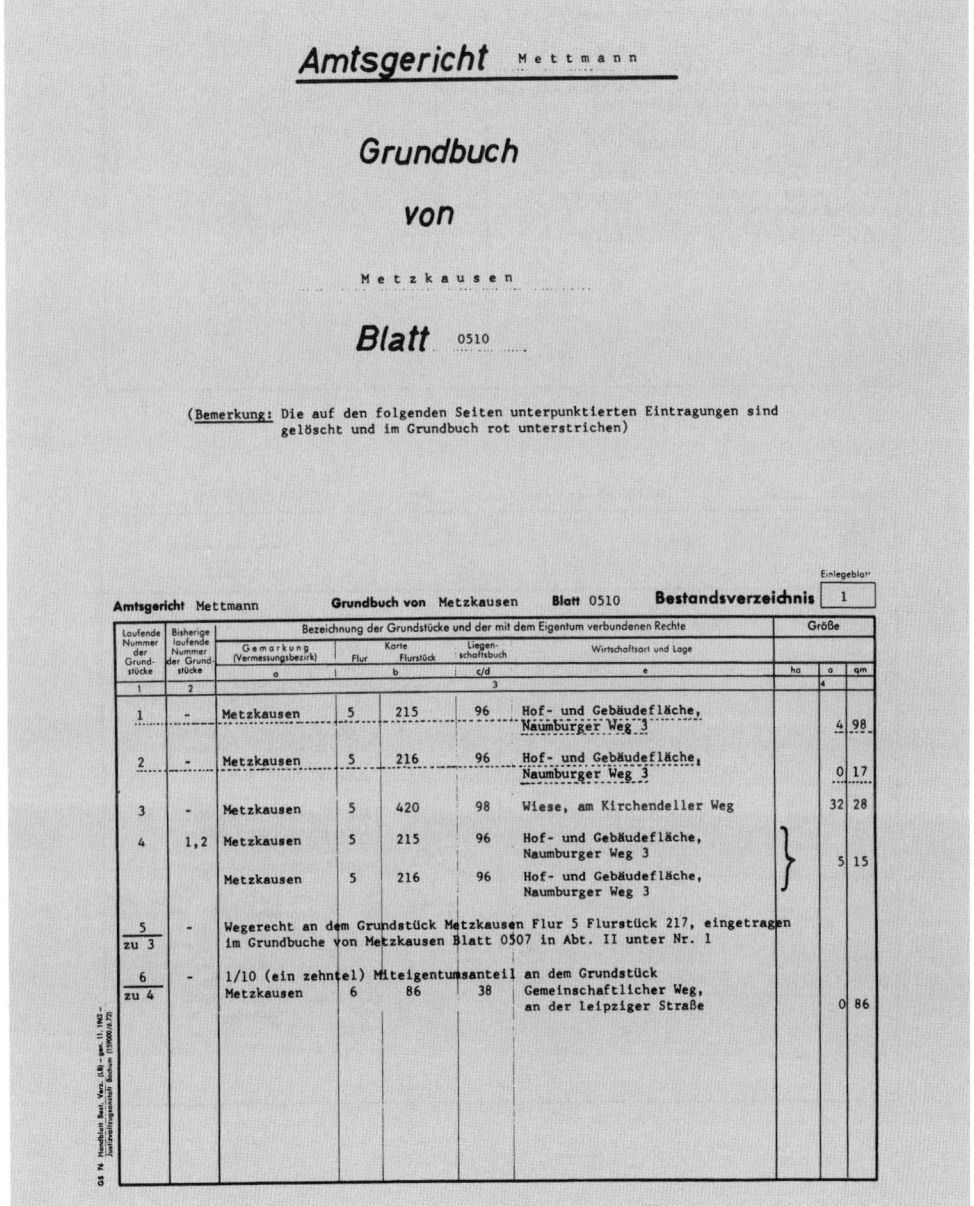

Zur lfd. Nr. der Grundstücke	Bestand und Zuschreibungen	Zur lfd. Nr. der Grundstücke	Abschreibungen
5	6	7	8
1	Von Blatt 197 hierher übertragen am 1. August 1973 *Meyer Koch*		
2	Von Blatt 201 hierher übertragen am 5. August 1973 *Meyer Koch*		
3	Von Blatt 008 hierher übertragen am 5. August 1973 *Meyer Koch*		
1,2,4	Nr. 2 der Nr. 1 als Bestandteil zugeschrieben und Nr. 2 mit Nr. 1 als Nr. 4 neu eingetragen am 10. September 1974 *Kummer Koch*		
5 zu 3	Vermerkt am 12. September 1977 *Schön Koch*		
6	Von Blatt 498 hierher übertragen am 12. November 1977 *Schön Koch*		

Fortsetzung auf Einlegeblatt ☐

| Amtsgericht Mettmann | Grundbuch von Metzkausen | Blatt 0510 | Erste Abteilung | Einlegeblatt 1 | Abt. I |

Laufende Nummer der Eintragungen	Eigentümer	Laufende Nummer der Grundstücke im Bestandsverzeichnis	Grundlage der Eintragung
1	2	3	4
1	Wilhelm Schulz, Kaufmann, Metzkausen	1	Aufgelassen am 29. Juni 1973 und eingetragen am 1. August 1973 *Meyer Koch*
		2	Aufgelassen am 29. Juni 1973 und eingetragen am 5. August 1973 *Meyer Koch*
		3	Aufgelassen am 19. März 1973 und eingetragen am 5. August 1973 *Meyer Koch*
2	Walter Schulz, Ingenieur, geboren am 15. Dezember 1926, Mettmann	1,2,3,4	Auf Grund des Erbscheines des Amtsgerichts Mettmann vom 30. August 1977 -6 VI 426/77- eingetragen am 6. September 1977 *Schön Koch*
		5 zu 3	Metzkausen Blatt 0507 eingetragen am 12. September 1977. Hier vermerkt am 12. September 1977 *Schön Koch*
		6	Aufgelassen am 14. September 1977 und in Blatt 498 eingetragen am 11. Oktober 1977. Gemäß § 3 Abs. 3 GBO hier eingetragen am 12. November 1977 *Schön Koch*

| Amtsgericht Mettmann | | Grundbuch von Metzkausen | Blatt 0510 | Zweite Abteilung | Einlegeblatt 1 | Abt. II |

Laufende Nummer der Eintragungen	Laufende Nummer der betroffenen Grundstücke im Bestandsverzeichnis	Lasten und Beschränkungen
1	2	3
1	1,2 ----- 4	Nießbrauchsrecht für den Kaufmann Max Müller, Ratingen. Zur Löschung des Rechts genügt der Nachweis des Todes des Berechtigten. Unter Bezugnahme auf die Bewilligung vom 29. Juni 1973 eingetragen am 8. August 1973. *Hoffmann* *Koch*
2	3	Vormerkung zur Sicherung des Anspruchs auf Eigentumsübertragung für die Stadt Mettmann. Unter Bezugnahme auf die Bewilligung vom 10. September 1974 eingetragen am 23. September 1974. *Meyer* *Koch*
3	4	Vorkaufsrecht für alle Verkaufsfälle für Alfons Schmitz, Landwirt, Wülfrath. Unter Bezugnahme auf die Bewilligung vom 13. September 1974 eingetragen am 23. September 1974. *Meyer* *Koch*
4	4	Beschränkte persönliche Dienstbarkeit (Recht auf Verlegung und Unterhaltung eines Stromkabels verbunden mit einer Nutzungsbeschränkung) zu Gunsten der Rheinisch-Westfälisches Elektrizitätswerk Aktiengesellschaft, Essen/Ruhr. Unter Bezugnahme auf die Bewilligung vom 16. September 1974 eingetragen am 24. September 1974. *Meyer* *Koch*
5	4	Beschränkte persönliche Dienstbarkeit (Wohnungsrecht) für die Eheleute Paul Schulz, Kaufmann, und Marion geborene Wilde, Hausfrau, Metzkausen, als Gesamtberechtigte nach § 428 BGB. Unter Bezugnahme auf die Bewilligung vom 16. September 1974 eingetragen am 24. September 1974. *Meyer* *Koch*
6	3,4	Die Zwangsversteigerung ist angeordnet. Eingetragen am 26. September 1976. *Meyer* *Koch*

GV 78 Mandblatt Zweite Abt. (I,II) — gen. 11. 1962 — Justizverlagsanstalt Bochum (T/00 0000,LM)

Veränderungen			Löschungen	
Laufende Nummer d. Spalte 1			Laufende Nummer d. Spalte 1	
4	5		6	7
3	Dem Recht Abt. III Nr. 2 ist der Vorrang eingeräumt. Eingetragen am 24. Oktober 1974. *Meyer* *Koch*			
4,5	Das Recht Abt. III Nr. 2 hat Vorrang. Eingetragen am 24. Oktober 1974. *Meyer* *Koch*			
1	Dem Recht Abt. III Nr. 2 ist der Vorrang eingeräumt. Eingetragen am 26. Oktober 1974. *Meyer* *Koch*			

Fortsetzung auf Einlegeblatt

Einlegeblatt	Abt.
1	III

Amtsgericht Mettmann   **Grundbuch von** Metzkausen   **Blatt** 0510   **Dritte Abteilung**

Laufende Nummer der Eintragungen	Laufende Nummer der belasteten Grundstücke im Bestandsverzeichnis	Betrag	Hypotheken, Grundschulden, Rentenschulden
1	2	3	4
1	1,2 ---- 4	15.000,- DM -5.000,- DM 10.000,- DM	Fünfzehntausend Deutsche Mark Grundschuld mit zwölf vom Hundert jährlich verzinslich für die Credit- und Volksbank eG., Wuppertal-Barmen. Unter Bezugnahme auf die Bewilligung vom 29. Juni 1973 eingetragen am 8. August 1973. *Hoffmann Koch*
2	4	50.000,- DM	Fünfzigtausend Deutsche Mark Hypothek für ein Darlehn der Deutschen Centralbodenkredit-Aktiengesellschaft in Köln nebst 9,5 vom Hundert Jahreszinsen. Unter Umständen sind ferner ein Säumniszuschlag von jährlich 1 vom Hundert und eine Entschädigung von höchstens 2,5 vom Hundert des ursprünglichen Darlehnsbetrages zu zahlen. Der jeweilige Eigentümer ist der sofortigen Zwangsvollstreckung unterworfen. Mit Bezug auf die Bewilligung vom 10. Oktober 1974 eingetragen am 24. Oktober 1974 mit Rang vor den Rechten Abt. II Nrn. 3, 4 und 5 sowie Abt. III Nr. 1. *Meyer Koch*
3	3	20.000,- DM	Sicherungshypothek zum Höchstbetrag von zwanzigtausend Deutsche Mark für den Werkmeister Friedrich Schlapeit, Hagen/Westf. Unter Bezugnahme auf die Bewilligung vom 9. Oktober 1974 eingetragen am 24. Oktober 1974. *Meyer Koch*

	Veränderungen			Löschungen		
Laufende Nummer der Spalte 1	Betrag		Laufende Nummer der Spalte 1	Betrag	
5	6	7	8	9	10
1	10.000,- DM	Dem Recht Abt. III Nr. 2 ist der Vorrang eingeräumt. Eingetragen am 24. Oktober 1974. *Meyer Koch*	1	5.000,- DM	Fünftausend Deutsche Mark gelöscht am 10. Januar 1974. *Scholz Koch*
2	50.000,- DM	Löschungsvormerkung für den jeweiligen Gläubiger des Rechts Abt. III Nr. 1. Unter Bezugnahme auf die Eintragungsbewilligung vom 10. Oktober 1974 eingetragen am 24. Oktober 1974. *Meyer Koch*			
2	50.000,- DM	Dem Recht Abt. III Nr. 2 ist der Vorrang vor dem Recht Abt. II Nr. 1 eingeräumt. Eingetragen am 26. Oktober 1974. *Meyer Koch*			
2	50.000,- DM	Löschungsvormerkung für den Kaufmann Max Müller, Ratingen, als Berechtigter des Rechts Abt. II Nr. 1. Unter Bezugnahme auf die Bewilligung vom 10. Oktober 1974 eingetragen am 26. Oktober 1974. *Meyer Koch*			

Fortsetzung auf Einlegeblatt

II. Der Kaufvertrag über ein Grundstück

1. Begriff

Der Kaufvertrag ist ein gegenseitiger Vertrag über ein Grundstück, in dem sich der Verkäufer verpflichtet, dem Käufer das Grundstück zu übereignen und zu übergeben, d.h. das Eigentum und den Besitz daran zu verschaffen. Der Käufer verpflichtet sich, als Gegenleistung den vereinbarten Kaufpreis zu bezahlen und das Grundstück abzunehmen (§ 433 BGB). Der Kaufvertrag ist das schuldrechtliche (obligatorische) Verpflichtungsgeschäft. Er ist nur dann wirksam zustande gekommen, wenn er notariell beurkundet worden ist (§ 311b Abs. 1 BGB). Es muss zwischen dem Kauf und dem dinglichen Erfüllungsgeschäft (der Auflassung nach § 925 BGB) unterschieden werden. Das Eigentum geht durch die Einigung (Auflassung) und Umschreibung des Grundstücks auf den Käufer im Grundbuch über (§§ 873, 925 BGB).

31

2. Form

Ein Vertrag, in dem sich der eine Teil verpflichtet, Eigentum an einem Grundstück zu übertragen oder zu erwerben, bedarf der notariellen Beurkundung (§ 311b Abs. 1 BGB). Ein privatschriftlich oder gar mündlich geschlossener Grundstückskaufvertrag ist daher nichtig (§ 125 S. 1 BGB). Er wird allerdings seinem ganzen Inhalt nach gültig, der Formmangel also „geheilt", wenn die Auflassung und die Eintragung in das Grundbuch erfolgen (§ 311b Abs. 1 S. 2 BGB). Die Auflassung muss wiederum vor einem Notar erklärt werden (§ 925 BGB). Der Notar soll sie nur entgegennehmen, wenn ihm der beurkundete Kaufvertrag vorgelegt oder er gleichzeitig von ihm beurkundet wird (§ 925a BGB). Der Beurkundungszwang besteht auch für Nebenabreden. Unvollständig oder mit falschem Inhalt, etwa mit einem zu niedrigen Kaufpreis (sogenannter „Schwarzkauf"), beurkundete Verträge werden durch Auflassung und Eintragung geheilt, sofern sie nur wegen des Formmangels, also nicht gleichzeitig etwa wegen eines Verstoßes gegen ein gesetzliches Verbot (§ 134 BGB) oder die guten Sitten (§ 138 BGB), unwirksam sind.

32

Sind das Angebot zum Kaufvertrag und die Annahme getrennt erklärt worden, müssen beide notariell beurkundet sein.

Nach der Rechtsprechung des BGH bedarf die Änderung eines Grundstückskaufvertrages grundsätzlich keiner notariellen Beurkundung, wenn

33

- die Auflassung bereits erklärt wurde und die Verpflichtung zur dinglichen Rechtsänderung nicht verändert oder neu begründet wird oder
- die Änderung nur der Beseitigung von unvorhergesehenen Schwierigkeiten dient, die bei der Abwicklung des Vertrages auftreten, und sich die beiderseitigen Verpflichtungen dadurch nicht wesentlich ändern.

Für die **Aufhebung** eines Grundstückskaufvertrages gilt Folgendes:

- Ist die Auflassung noch nicht erklärt und eine Eigentumsvormerkung weder im Grundbuch eingetragen noch zur Eintragung in das Grundbuch beantragt, kann der Kaufvertrag formlos aufgehoben werden. In diesem Falle bedarf es lediglich einer übereinstimmenden – zweckmäßigerweise schriftlichen – Anweisung an den Notar, den Vollzug des Kaufvertrages nicht zu betreiben.
- Wenn die Auflassung zwar erklärt, aber noch keine Eigentumsvormerkung für den Käufer zur Eintragung in das Grundbuch beantragt ist, ist die Aufhebung des Kaufvertrages ebenfalls formfrei möglich. Auch die Aufhebung der Auflassung bedarf in diesem Fall keiner Form.
- Nach erklärter Auflassung und Stellung des Antrages auf Eintragung einer Eigentumsvormerkung (selbstverständlich auch, wenn in diesem Falle die Eigentumsvormerkung bereits im Grundbuch eingetragen ist) oder auf Umschreibung des Eigentums entsteht ein dingliches Anwartschaftsrecht des Käufers. In einem solchen Fall unterliegt der Aufhebungsvertrag der Beurkundungsform.[7] Für den Notar bedeutet dies, dass er den Antrag auf Eintragung der – noch nicht eingetragenen – Eigentumsvormerkung oder den Antrag auf Eigentumsumschreibung erst nach Beurkundung des Aufhebungsvertrages zurücknehmen darf.

---

[7] BGH DNotZ 1982, 619 ff.

■ Wenn nach Auflassung und Eigentumsumschreibung der Kaufvertrag aufgehoben werden soll, bedarf der Aufhebungsvertrag, durch den die Rückübertragung des Grundbesitzes begründet wird, der Form des § 311b BGB, also der notariellen Beurkundung.

3. Beteiligte des Kaufvertrags

a) Allgemeines

34   Beteiligte beim Grundstückskauf sind Verkäufer und Käufer. Erwerben mehrere Personen, so sind entweder ihre Anteile in Bruchteilen (z.B. je zur Hälfte) oder ihr sonstiges Rechtsverhältnis (Gütergemeinschaft, Erbengemeinschaft) anzugeben (§ 47 Abs. 1 GBO). Soll eine Gesellschaft bürgerlichen Rechts erwerben und als Eigentümerin eingetragen werden, so sind die Gesellschaft und auch deren Gesellschafter in das Grundbuch einzutragen, § 47 Abs. 2 GBO (siehe hierzu auch Rdn 1395 ff.). Beim Erwerb in Bruchteilsgemeinschaft werden mitunter Vereinbarungen über die Verwaltung, die Benutzung und den Ausschluss der Teilungsversteigerung getroffen und durch Eintragung in das Grundbuch gemäß § 1010 BGB auch für Rechtsnachfolger verbindlich gemacht. Gelegentlich werden überdies wechselseitig Vorkaufsrechte bestellt.

35   *Muster einer solchen Vereinbarung:*

(Protokolleingang)

(...)

(Kaufvertrag; Kaufpreis: 100.000 EUR; es erwerben A und B je zur Hälfte)

Die Käufer vereinbaren Folgendes:

1. Das Recht, die Aufhebung der Gemeinschaft zu verlangen, wird für immer ausgeschlossen.
2. A erhält das Erdgeschoss und den vom Hauseingang links gelegenen Kellerraum, B die erste Etage und den vom Hauseingang rechts gelegenen Kellerraum zur alleinigen Benutzung. Für Räume, die einem Miteigentümer zur alleinigen Nutzung zugewiesen sind, trägt der betreffende Miteigentümer alle Kosten und Lasten sowie die Verkehrssicherungspflichten.
3. Jeder Miteigentümer räumt dem jeweiligen anderen Miteigentümer ein Vorkaufsrecht für jeden Fall des Verkaufs an seinem Miteigentumsanteil ein.
4. Die Beteiligten bewilligen, in das Grundbuch als Belastung jedes Miteigentumsanteils zugunsten des jeweiligen Miteigentümers einzutragen:
   a) den Ausschluss des Rechts, die Aufhebung der Gemeinschaft zu verlangen,
   b) die Benutzungs- und Verwaltungsregelung,
   c) das Vorkaufsrecht.

Diese Niederschrift (...)

Kostenberechnung

Ausgangspunkt für den Geschäftswert ist der Kaufpreis (= Verkehrswert) des Grundstücks (§§ 51 Abs. 2, 47 S. 1 GNotKG).

a) Für Kaufvertrag: Geschäftswert nach §§ 97 Abs. 1, 47 S. 1 GNotKG (Kaufpreis) = 100.000 EUR
b) Der Wert für den Ausschluss der Auseinandersetzung beträgt 30 % des von der Beschränkung betroffenen Gegenstands, hier des Verkehrswertes des Grundbesitzes (§ 51 Abs. 2 GNotKG).
c) Die Benutzungs- und Verwaltungsregelung ist mit 30 % des Verkehrswertes anzusetzen (§ 51 Abs. 2 GNotKG).[8]
d) Bei den Vorkaufsrechten handelt es sich um einen Austauschvertrag gemäß § 97 Abs. 3 GNotKG. Es ist daher nur einmal die Hälfte des halben Werts des Grundstücks anzusetzen (§ 51 Abs. 1 S. 2 GNotKG).

---

8 Die Verwaltungs- und Benutzungsregelung einerseits und der Aufhebungsausschluss andererseits sind gegenstandsverschieden und jeweils gemäß § 51 Abs. 2 GNotKG zu bewerten (vgl. Bormann/*Diehn*, GNotKG, 3. Aufl. 2019, § 51 Rn 6).

Geschäftswert daher:

a) Kaufpreis	100.000 EUR
b) 30 % von 100.000 EUR	30.000 EUR
c) 30 % von 100.000 EUR	30.000 EUR
d) 100.000 EUR: 2 = 50.000 EUR; hiervon die Hälfte =	25.000 EUR
	185.000 EUR
Beurkundungsgebühr §§ 97 Abs. 1, 47 S. 1 GNotKG, KV Nr. 21100 =	**816 EUR (zzgl. MwSt)**

Vgl. hierzu auch Rdn 625 ff.

b) Güterstände

Vor der Beurkundung muss geklärt werden, ob die Beteiligten verheiratet sind und in welchem Güter-   **36**
stand sie leben.

Beim gesetzlichen Güterstand bleiben die Vermögen von Mann und Frau getrennt (§ 1363 Abs. 2 BGB). Jedoch benötigt ein Ehegatte beim Verkauf eines Grundstücks die Einwilligung des anderen Ehegatten, falls das Grundstück sein ganzes oder nahezu sein ganzes Vermögen ausmacht (§ 1365 Abs. 1 BGB). Ein ohne diese Zustimmung geschlossener Kaufvertrag ist schwebend unwirksam. Verweigert der andere Ehegatte die Genehmigung, wird der Vertrag endgültig unwirksam (§ 1366 Abs. 4 BGB).

Die Verfügungsbeschränkung des § 1365 BGB greift allerdings nur dann ein, wenn der Käufer positiv weiß, dass das Grundstück das gesamte oder nahezu das gesamte Vermögen des Verkäufers ausmacht, oder er zumindest die Umstände kennt, aus denen sich dies ergibt.

Wer im Güterstand der Gütertrennung lebt, kann Grundbesitz veräußern und erwerben, ohne dass eine Zustimmung des anderen Ehegatten erforderlich ist.

Leben die Ehegatten in Gütergemeinschaft, müssen beide bei der Veräußerung eines zum Gesamtgut   **37**
gehörenden Grundstücks mitwirken. Dies gilt auch dann, wenn nur einer das Gesamtgut verwaltet (§§ 1423 ff. BGB). Unter bestimmten Voraussetzungen besteht jedoch die Möglichkeit, die Einwilligung des anderen Ehegatten durch das Familiengericht ersetzen zu lassen (§ 1426 BGB). Ein von einem Ehegatten allein erworbenes Grundstück fällt „automatisch" in das Gesamtgut. Dasselbe wird auch angenommen, wenn die Ehegatten es fälschlicherweise in Bruchteilsgemeinschaft erwerben. Einer besonderen Auflassung auf die Eheleute „in Gütergemeinschaft" bedarf es nicht; ein formloser Grundbuchberichtigungsantrag ist nach h.M. genügend. Ein Ehegatte kann über ein Grundstück, das zu seinem Vorbehaltsgut gehört, allein verfügen (Einzelheiten zu den Güterständen siehe Rdn 725 ff.; zum Güterstand von Bürgern der ehemaligen DDR siehe Rdn 778.).

c) Ausländer

Bei Beteiligung von verheirateten Ausländern an einem Grundstückskaufvertrag ist stets zu prüfen, wel-   **38**
ches Recht auf die güterrechtlichen Wirkungen der Ehe des bzw. der an dem Grundstückskaufvertrag beteiligten ausländischen Ehegatten anwendbar ist. Zu ermitteln ist somit das so genannte „**Güterrechtsstatut**". Richten sich die güterechtlichen Wirkungen der Ehe der Beteiligten nach ausländischem Güterrecht, so kann dies Auswirkungen auf die Gestaltung des Grundstückskaufvertrages haben. Dies kann sowohl für Verkäufer als auch für Käufer gelten, die nach ausländischem Güterrecht verheiratet sind. Auf Verkäuferseite stellt sich die Frage, ob das ausländische Güterrecht Verfügungsbeschränkungen bzw. Zustimmungsvorbehalte vorsieht, wodurch Grundbesitz, der im Alleineigentum eines der Ehegatten steht, nicht ohne Mitwirkung des anderen Ehegatten veräußert werden kann. Sind Käufer nach ausländischem Güterrecht verheiratet, stellt sich die Frage, in welchem Erwerbsverhältnis der Grundbesitz von ihnen gemeinsam erworben werden kann. So kann das betreffende ausländische Güterrecht etwa dazu führen, dass die Ehegatten grunsätzlich kein Bruchteilseigentum an dem Grundbesitz erwerben können (z.B. Erwerb des Grundbesitzes zu je ½ Anteil), sondern nur ein gesamthänderischer Erwerb des Grundbesitzes (z.B. „in Errungenschaftsgemeinschaft nach dem Recht der Volksrepublik China") möglich ist, da der erworbene Grundbesitz automatisch in das gemeinschaftliche Vermögen („Gesamtgut") der Ehe-

gatten fällt. Ist im konkreten Fall hingegen beabsichtigt, dass einer der nach ausländischem Güterrecht verheirateten Ehegatten den Grundbesitz allein erwirbt, kann das einschlägige ausländische Güterrecht dazu führen, dass dies nicht oder jedenfalls nicht ohne ergänzende güterrechtliche Regelungen (etwas in Form einer Rechtswahl) möglich ist.

Die vorstehend aufgezeigten Fragestellungen können selbst dann eine Rolle spielen, wenn Ehegatten ausländischer Herkunft inzwischen beide die deutsche Staatsangehörigkeit angenommen haben, da sie ungeachtet dessen nach wie vor nach ausländischem Güterrecht verheiratet sein können.

Hinsichtlich der sich im Einzelnen stellenden Rechtsfragen und deren Handhabung kann auf die Ausführungen unter Rdn 1724 ff. verwiesen werden.

d) Erbnachweis

39   Handelt es sich bei den Verkäufern um die Erben des noch im Grundbuch eingetragenen Erblassers, so muss ihr Erbrecht gegenüber dem Grundbuchamt nachgewiesen werden. Dies erfolgt bei gesetzlicher Erbfolge und bei Erbfolge aufgrund eines eigenhändigen Testaments durch die Vorlage einer Ausfertigung des Erbscheins oder durch Verweisung auf die Erbscheinsakten, sofern sie bei demselben Amtsgericht geführt werden. Ist die Erbfolge in einem notariellen Testament oder Erbvertrag geregelt, so genügt regelmäßig die Vorlage einer vom Nachlassgericht beglaubigten Abschrift der Verfügung von Todes wegen und des Eröffnungsprotokolls (§ 35 Abs. 1 S. 2 GBO). Die Voreintragung der Erben im Grundbuch ist beim Verkauf nicht erforderlich (§ 40 Abs. 1 GBO). § 892 BGB lässt einen gutgläubigen Erwerb (vgl. auch Rdn 13 ff.) jedoch nur vom **eingetragenen** Eigentümer oder von seinem Erben, der sich durch einen **Erbschein** ausweist (§ 2366 BGB), zu. Die §§ 892, 2366 BGB ermöglichen es einem Käufer gutgläubig Eigentum zu erwerben, auch wenn sich im Nachhinein herausstellt, dass der Verkräufer nicht der Eigentümer des Grundbesitzes war. Voraussetzung ist, dass sich der Käufer hinsichtlich der Eigentümerstellung des Verkäufers in gutem Glauben befand.

Allerdings ist der gute Glaube an die grundbuchlich verzeichnete Eigentümerstellung (§ 892 BGB) umfassender geschützt als der gute Glaube an die durch Erbschein nachgewiesene Erbenstellung (§ 2366 BGB). Ist der Verkäufer im Grundbuch als Eigentümer eingetragen, reicht es in zeitlicher Hinsicht für den gutgläubigen Eigentumserwerb durch den Käufer aus, wenn dieser bis zum Eingang des Umschreibungsantrags beim Grundbuchamt hinsichtlich der Eigentümerstellung des Verkäufers gutgläubig war (§ 892 Abs. 2 BGB). Ist die Eigentümerstellung des Verkäufers durch Erbschein nachgewiesen, ohne dass es zu einer Voreintragung des Verkäufers als Eigentümer im Grundbuch kommt, muss der gute Glaube des Käufers an die Eigentümerstellung des Verkäufers demgegenüber bis zur Vollendung des Rechtserwerbs, d.h. bis zur Eigentumsumschreibung im Grundbuch, fortbestanden haben (§ 2366 BGB). Selbige Grundsätze gelten auch für den gutgläubigen Erwerb einer Eigentumsvormerkung (§§ 893, 892 Abs. 2 BGB). Führt der Erbe den Erbnachweis durch ein notarielles Testament oder einen notariellen Erbvertrag und findet sich später eine anderslautende Verfügung von Todes wegen, so ist für § 2366 BGB kein Raum. Der Käufer hat daher vom „angeblichen" Erben ohne dessen Voreintragung im Grundbuch (§ 892 BGB) nicht gutgläubig erworben.

Der Notar wird den Beteiligten deshalb in jedem Fall empfehlen, die Kaufpreisfälligkeit auch davon abhängig zu machen, dass der veräußernde Erbe vorher im Wege der Grundbuchberichtigung als Eigentümer in das Grundbuch eingetragen worden ist. Eine solche Grundbuchberichtigung kann auch deshalb erforderlich sein, weil der Käufer den Kaufpreis durch ein Bankdarlehen finanziert, das zulasten des erworbenen Grundbesitzes durch ein Grundpfandrecht im Grundbuch gesichert werden soll (vgl. dazu oben Rdn 21). Wünschen die Beteiligten – zumeist aus Kostengründen – ausdrücklich keine Voreintragung des Verkäufers im Wege der Grundbuchberichtigung, ist auf die damit verbundenen Risiken hinzuweisen:

Formulierungsbeispiel:

Der Notar hat empfohlen, den Verkäufer gemäß der eingetretenen Ebfolge zunächst als neuen Eigentümer in das Grundbuch eintragen zu lassen, um das Risiko auszuschließen, dass der Käufer trotz Zahlung des Kaufpreises (und Eigentumsumschreibung im Grundbuch) kein Eigentum erwirbt, weil sich später herausstellt, dass der Verkäufer (z.B. wegen einer anderslautenden, den Beteiligten derzeit nicht bekannten Verfügung von Todes wegen) nicht Eigentümer des veräußerten Grundbesitzes war. Dieses Vorgehen wurde von den Beteiligten ausdrücklich nicht gewünscht.

Für Erblasser mit letztem gewöhnlichen Aufenthalt in den alten Bundesländern, deren Todestag in die **40** Zeit vom 1.1.1976 bis zum 2.10.1990 fällt, bestimmen sich die erbrechtlichen Verhältnisse in Bezug auf das Eigentum und andere Rechte an Grundstücken und Gebäuden, die sich in den neuen Bundesländern befinden, gemäß Art. 235 § 1 EGBGB und § 25 Abs. 2 RAnwG der DDR nach dem Recht der ehemaligen DDR, also nach dem ZGB. In einem solchen Fall ist für den genannten Personenkreis ein Erbschein zu erteilen, der das Erbrecht bezüglich des Eigentums und anderer Rechte an Grundstücken und Gebäuden in der ehemaligen DDR einerseits und des übrigen Vermögens andererseits möglicherweise mit jeweils anderen Erbquoten ausweist.

e) Testamentsvollstrecker

Nur der Testamentsvollstrecker ist über die seiner Verwaltung unterliegenden Gegenstände verfügungs- **41** befugt, §§ 2205, 2211 BGB (vgl. Rdn 601, 1106 ff.).

Seine Verfügungsmacht weist der Testamentsvollstrecker nach:

- wenn er in einem eigenhändigen Testament berufen worden ist, durch die Vorlage des Testamentsvollstreckerzeugnisses in Ausfertigung,
- wenn er in einem notariellen Testament oder Erbvertrag berufen worden ist, alterativ auch durch eine vom Nachlassgericht beglaubigte Abschrift der Verfügung nebst Eröffnungsprotokoll. Daneben müssen die Erklärung über die Annahme des Amtes in öffentlich beglaubigter Form sowie die Eingangsbestätigung des Nachlassgerichts vorgelegt werden. In diesem Fall ist der gute Glaube an die Verfügungsbefugnis des Testamentsvollstreckers allerdings nicht gemäß §§ 2366, 2368 BGB geschützt.

Die Verfügungsbefugnis des Testamentsvollstreckers erstreckt sich gemäß § 2205 S. 3 BGB grundsätzlich nicht auf unentgeltliche Verfügungen. Bestehen Zweifel an der Vollentgeltlichkeit der Grundstücksveräußerung, kann es sich – soweit möglich – empfehlen, alle Erben an dem Rechtsgeschäft mitwirken zu lassen. Mit ihrer Zustimmung kann der Testamentsvollstrecker auch unentgeltlich verfügen.

Die Verfügungsbefugnis des Testamentsvollstreckers muss noch zur Zeit des Eintritts des letzten Tatbestandsmerkmals der **Rechtsvollendung** gegeben sein, also bei einem Grundstückskaufvertrag bei der Eigentumsumschreibung im Grundbuch, da sonst der/die Erben genehmigen müssen. Eine Vorverlagerung des für die Verfügungsbefugnis des Testamentsvollstreckers maßgeblichen Zeitpunkts in entsprechender Anwendung von § 878 BGB lehnt die Rechtsprechung ab. Ist der Testamentsvollstrecker z.B. vorher entlassen worden, ist die Verfügungsbefugnis entfallen. Dann liegt eine wirksame Einigung nicht mehr vor. Es ist daher vom Notar zu prüfen, ob die Testamentsvollstreckereigenschaft noch im Zeitpunkt der Eintragung der Eigentumsvormerkung im Grundbuch fortbestand. Davon sollte dann auch die Fälligkeit des Kaufpreises abhängig gemacht werden. Sollte der Testamentsvollstrecker in der Zeit zwischen Eintragung der Eigentumsvormerkung und Eigentumsumschreibung sein Amt verlieren und die von ihm erklärte Auflassung deshalb unwirksam werden, hat der Käufer immer noch einen vormerkungsgesicherten Übereignungsanspruch gegen den/die Erben. Diesen muss er notfalls im Klagewege geltend machen. Wer auch dieses Risiko für den Käufer ausschließen möchte, muss die Zahlung des Kaufpreises auf ein Notaranderkonto vorsehen. Die Auszahlung des Kaufpreises vom Notaranderkonto an den Verkäufer erfolgt dann erst mit erfolgter Eigentumsumschreibung auf den Käufer (und ggf. erneuter Vergewisserung, dass die Testamentsvollstreckereigenschaft auch zum Zeitpunkt der Eigentumsumschreibung noch fortbestand). In der Regel empfiehlt es sich zudem, die Löschung der Eigentumsvormerkung nicht – wie üblich – zugleich mit der Eigentumsumschreibung zu beantragen, sondern sie erst nach erfolgter Eigentumsumschreibung im Grundbuch und Vergewisserung über den Fortbestand der Testamentsvollstreckereigenschaft bis zum Zeitpunkt der Eigentumsumschreibung zur Löschung zu bringen.

f) Vorerbe

42 Vgl. hierzu Rdn 1064 ff.

g) Insolvenzverwalter

43 Mit der Eröffnung des Insolvenzverfahrens verliert der Schuldner (Grundstückseigentümer) die Befugnis, sein zur Insolvenzmasse gehörendes Vermögen zu verwalten und darüber zu verfügen. An seiner Stelle übt der Insolvenzverwalter das Verwaltungs- und Verfügungsrecht aus (§ 80 Abs. 1 InsO). Der Insolvenzverwalter weist sich durch Vorlage der **Urschrift** oder einer **Ausfertigung** der vom Insolvenzgericht ausgestellten Bestallungsurkunde (§ 56 Abs. 2 InsO) aus. Anders als das Testamentsvollstreckerzeugnis genießt die dem Insolvenzverwalter erteilte Bestallungsurkunde allerdings keinen öffentlichen Glauben (siehe auch Rdn 603). Der vorläufige Insolvenzverwalter hat zum Nachweis seiner Befugnisse zusätzlich eine Ausfertigung des Beschlusses über die Anordnung eines allgemeinen Verfügungsverbotes vorzulegen.[9]

Wie beim Testamentsvollstrecker geht die Rechtsprechung auch beim Insolvenzverwalter davon aus, dass die Verfügungsbefugnis des Insolvenzverwalters bis zur Vollendung des Rechtserwerbs, d.h. beim Erwerb von Grundbesitz bis zur Eigentumsumschreibung im Grundbuch, fortbestehen muss. Hinsichtlich der diesbezüglichen Erwägungen zu einer möglichst sicheren Gestaltung der Grundstücksveräußerung durch einen Insolvenzverwalter kann auf die Ausführungen zur gleichgelagerten Problematik bei Veräußerung von Grundbesitz durch einen Testamentsvollstrecker verwiesen werden (vgl. oben Rdn 41).

h) Gesetzliche Vertretung

44 Vgl. hierzu auch Rdn 649 ff. Gesetzliche Vertreter eines minderjährigen – ehelichen – Kindes sind beide Eltern gemeinschaftlich. Ein Elternteil vertritt das Kind allein, wenn ihm das Familiengericht die elterliche Sorge übertragen hat.

Sind die Eltern bei der Geburt des Kindes nicht miteinander verheiratet, hat die Mutter mit der Geburt die alleinige elterliche Sorge (§ 1626a Abs. 3 BGB). Den Eltern steht jedoch dann die elterliche Sorge gemeinsam zu, wenn sie in öffentlich beurkundeter Form erklären, dass sie die Sorge gemeinsam übernehmen wollen, wenn sie einander heiraten oder wenn ihnen das Familiengericht die elterliche Sorge gemeinsam überträgt (§ 1626a Abs. 1 BGB). Die Abgabe der Sorgeerklärungen nach § 1626a Abs. 1 Nr. 1 BGB hat die beurkundende Stelle dem für den Geburtsort des Kindes zuständigen Jugendamt zum Zwecke der Eintragung in das Sorgeregister und der Auskunftserteilung daraus mitzuteilen (§ 1626d Abs. 2 BGB). Steht den nicht nur vorübergehend getrenntlebenden Eltern die elterliche Sorge gemeinsam zu, so kann das Familiengericht auf Antrag die elterliche Sorge einem Elternteil ganz oder teilweise allein übertragen (§ 1671 Abs. 1 BGB). Leben die Eltern nicht nur vorübergehend getrennt und steht die elterliche Sorge nach § 1626a Abs. 3 BGB der Mutter allein zu, so kann der Vater beantragen, dass ihm das Familiengericht die elterliche Sorge ganz oder teilweise allein überträgt (§ 1671 Abs. 2 BGB). Die elterliche Sorge ist bei der Vertretung des Kindes, dessen Eltern nicht miteinander verheiratet sind, in notariellen Angelegenheiten nachzuweisen:

- bei beiden Eltern durch Vorlage einer Ausfertigung der öffentlich beurkundeten Sorgeerklärung, in der sie die gemeinsame Sorge begründet haben,
- bei beiden Eltern durch Vorlage einer Ausfertigung des Beschlusses des Familiengerichts über die Übertragung der gemeinsamen Sorge,
- bei der Mutter durch Bescheinigung des für den Geburtsort des Kindes zuständigen Jugendamts, dass eine Eintragung im Sorgeregister über die Abgabe einer Sorgeerklärung nach § 1626a Abs. 1 Nr. 1 BGB und über die Übertragung der gemeinsamen elterlichen Sorge nicht vorliegt (§ 58a Abs. 2 SGB VIII).

Sofern der oder die gesetzlichen Vertreter gehindert sind, das Kind beim Grundstückskaufvertrag zu vertreten, bedarf es der Bestellung eines Ergänzungspflegers (vgl. Rdn 657, 666 ff.). Zur familiengerichtlichen Genehmigung solcher Verträge vgl. Rdn 655, 235 ff.

---

9 Vgl. *Krauß*, Immobilienkaufverträge in der Praxis, 9. Aufl. 2020, Rn 808.

Der Vormund, Betreuer oder Pfleger hat sich auszuweisen durch die *Urschrift* oder eine **Ausfertigung** der vom Familien-/Betreuungsgericht ausgestellten Bestallungsurkunde (§§ 1791, 1897, 1915 BGB).

i) Bevollmächtigter, Vertreter ohne Vertretungsmacht

Die Beteiligten können sich beim Vertragsabschluss vertreten lassen. Die Vollmacht für einen Grundstücksverkauf oder -kauf bedarf grundsätzlich keiner Form. Ausnahmsweise muss sie notariell beurkundet werden, wenn der Vollmachtgeber eine **unwiderrufliche** Vollmacht zum Kauf oder Verkauf eines Grundstücks erteilt. Das Beurkundungserfordernis besteht auch dann, wenn die Bevollmächtigung vor allem im Interesse des Vertreters erfolgt, der Vertreter vom Verbot des Selbstkontrahierens befreit wird und alsbald mit der Vornahme des Rechtsgeschäfts zu rechnen ist.[10] Selbst bei einer nur mündlich erteilten Vollmacht wird der Vertrag für den Vertretenen sofort verbindlich. Nur für den Vollzug des Vertrages beim Grundbuchamt ist ihre Beibringung in beglaubigter oder beurkundeter Form erforderlich.

45

Muster Grundstücks-Verkaufsvollmacht in Protokollform

(Protokolleingang)

(…)

Der Erschienene erklärte:

Ich bevollmächtige hiermit Herrn Karl Schmitz, geboren am 15.3.1962, wohnhaft Mohrenstraße 4, 50670 Köln, mein im Grundbuch des Amtsgerichts Düsseldorf von Gerresheim Blatt 1491 verzeichnetes Grundstück

Flur 6, Flurstück 319, Hof- und Gebäudefläche, Gräulinger Straße 40, groß 805 m²,

oder Teile davon zu beliebigen Preisen (alternativ: zum Preis von mindestens (…) EUR) zu verkaufen, die Vertragsbedingungen nach seinem Ermessen zu vereinbaren, die Auflassung zu erklären und alle zur Durchführung des Vertrages erforderlichen und zweckmäßigen Erklärungen und Bewilligungen abzugeben und entgegenzunehmen sowie alle hierzu erforderlichen Rechtshandlungen vorzunehmen.

Der Bevollmächtigte ist auch ermächtigt, auf dem verkauften Grundbesitz Grundpfandrechte in unbeschränkter Höhe zu bestellen, deren Bedingungen zu vereinbaren, mich der sofortigen Zwangsvollstreckung in der Weise zu unterwerfen, dass die Zwangsvollstreckung gegen den jeweiligen Eigentümer des Kaufobjekts zulässig ist, sowie überhaupt alle Erklärungen abzugeben und entgegenzunehmen, die für die Bestellung der Grundpfandrechte an der vom Gläubiger geforderten Rangstelle erforderlich sind und mich bei allen vorstehenden Rechtshandlungen zu vertreten. Die Übernahme einer persönlichen Haftung für mich ist nicht gestattet. Aufgrund der zu vereinbarenden Sicherungsabrede darf der Gläubiger das Grundpfandrecht bis zur vollständigen Zahlung des Kaufpreises nur in der Höhe als Sicherheit verwerten oder behalten, in der er tatsächlich mit Erfüllungswirkung auf die Kaufpreisschuld des Käufers geleistet hat. Dem Grundbuchamt gegenüber ist die Vollmacht unbeschränkt.

Der Bevollmächtigte ist befugt, Untervollmacht zu erteilen. Er ist von den Beschränkungen des § 181 BGB befreit. Die Vollmacht gilt über meinen Tod hinaus. Sie kann jederzeit widerrufen werden.

Von dieser Vollmachtsurkunde erhält der Bevollmächtigte zunächst eine Ausfertigung. Weitere Ausfertigungen sollen nur dann erteilt werden, wenn ich oder meine Erben den Notar hierzu schriftlich anweisen.

Diese Niederschrift (…)

46

---

10 BGH NJW 1952, 1210 ff.

47   *Muster Grundstücks-Erwerbs*vollmacht in Beglaubigungsform:

Vollmacht

Hiermit bevollmächtige ich Frau Maria Müller geborene Heider, geboren am 12.8.1974, wohnhaft Friedrichstraße 160, 40476 Düsseldorf, das im Grundbuch des Amtsgerichts Velbert von Velbert Blatt 817 verzeichnete Grundstück Flur 38, Flurstück 262, Hof- und Gebäudefläche, Friedrichstraße 160, groß 452 m², zu kaufen, die Auflassung für mich entgegenzunehmen, alle Erklärungen abzugeben und entgegenzunehmen sowie alle Rechtshandlungen vorzunehmen, die zur Durchführung des Kaufvertrages und zur Umschreibung des Eigentums auf mich erforderlich oder zweckdienlich sind.

Die Bevollmächtigte kann nach ihrem Ermessen mit dem Verkäufer die Vertragsbedingungen vereinbaren, dinglich gesicherte Verbindlichkeiten und Grundpfandrechte übernehmen oder neue aufnehmen und mich wegen der in dem Kaufvertrag vereinbarten Zahlungsverpflichtungen der sofortigen Zwangsvollstreckung unterwerfen.

Die Bevollmächtigte ist auch berechtigt, zu Lasten des Kaufobjektes Grundpfandrechte zu bestellen, mich wegen des Nennbetrages der zu bestellenden Grundpfandrechte nebst den Zinsen und sonstigen Nebenleistungen dinglich in der Weise der sofortigen Zwangsvollstreckung zu unterwerfen, dass die sofortige Zwangsvollstreckung gegen den jeweiligen Eigentümer des Kaufobjektes zulässig ist, sowie für die Zahlung von Geldbeträgen in Höhe der zu bestellenden Grundpfandrechte (Kapital, Zinsen und sonstige Nebenleistungen) für mich auch die persönliche Haftung zu übernehmen und mich auch wegen der persönlichen Haftung der sofortigen Zwangsvollstreckung zu unterwerfen.

Die Bevollmächtigte ist berechtigt, alle im Zusammenhang mit der Bestellung der Grundpfandrechte und deren Eintragung in das Grundbuch erforderlichen oder zweckdienlichen Erklärungen abzugeben und den Grundpfandrechten den Vorrang vor einer für mich in das Grundbuch einzutragenden Eigentumsvormerkung einzuräumen.

Die Bevollmächtigte ist befugt Untervollmacht zu erteilen. Von den Beschränkungen des § 181 BGB ist sie ausdrücklich nicht befreit. Die Vollmacht gilt über meinen Tod hinaus. Sie kann jederzeit widerrufen werden.

Von dieser Vollmachtsurkunde erhält die Bevollmächtigte zunächst eine Ausfertigung. Weitere Ausfertigungen sollen nur dann erteilt werden, wenn ich oder meine Erben den Notar hierzu schriftlich anweisen.

(Beglaubigungsvermerk)

Dem Grundbuchamt gegenüber weist sich der Bevollmächtigte durch die Vorlage der **Urschrift** seiner notariell beglaubigten oder einer **Ausfertigung** der beurkundeten Vollmacht aus. Die Vorlage einer beglaubigten Abschrift beim Grundbuchamt genügt, wenn der Notar im Protokoll feststellt, dass ihm die Urschrift oder die Ausfertigung der Vollmacht bei der Beurkundung vorgelegt worden ist. Es besteht grundsätzlich auch die Möglichkeit, den Nachweis über die Vollmachtserteilung dem Grundbuchamt gegenüber durch eine entsprechende notarielle Vollmachtsbescheinigung gemäß § 21 Abs. 3 BNotO zu führen (vgl. hierzu § 34 GBO). Bei notariellen Niederschriften entbindet eine solche Vollmachtsbescheinigung den beurkundenden Notar allerdings nicht von seiner Pflicht gemäß § 12 S. 1 BeurkG, der Niederschrift die Vollmacht in Urschrift oder beglaubigter Abschrift beizufügen.

48   *Muster:*

„… hier handelnd als Bevollmächtigter für (…) aufgrund Vollmacht vom (…) – UR.Nr. (…) des Notars (…) –, die er in Ausfertigung (oder: Urschrift) vorlegte und von der eine beglaubigte Abschrift als Anlage zu dieser Urkunde genommen wird."

49   Legt der Bevollmächtigte keine Vollmachtsurkunde vor, so kann er als mündlich Bevollmächtigter oder als Vertreter ohne Vertretungsmacht handeln. Zwischen den beiden Vertretungsarten (vollmachtlose Vertretung – schriftliche oder mündliche Bevollmächtigung) sollte wegen der Möglichkeit der Haftung des Vertreters nach § 179 Abs. 3 BGB unterschieden werden. Nach § 179 Abs. 3 BGB haftet nämlich der Vertreter nicht, wenn der andere Teil den Mangel der Vertretungsmacht gekannt hat oder hätte kennen müssen. Ist die Vollmacht nur mündlich erteilt worden, so bedarf es zur grundbuchlichen Durchführung des Vertrages einer beglaubigten Vollmachtsbestätigung. Im Kaufvertrag steht dann etwa:

„(…) hier handelnd als mündlich Bevollmächtigter für (…). Er versprach, eine Vollmachtsbestätigung in der erforderlichen Form nachzureichen."

Muster einer Vollmachtsbestätigung   **50**

Herr Fritz Schulze, geboren am 24.10.1964, wohnhaft Komödienstraße 4, 53227 Bonn, hat in der Urkunde vom 15. Dezember 20(…) – UR.Nr. 2384 für 20(…) des Notars Dr. Karl Fleißig in Köln – als mündlich Bevollmächtigter für mich Erklärungen abgegeben. Ich bestätige hiermit, dass Herr Schulze am 15. Dezember 20(…) von mir bevollmächtigt war, diese Erklärungen abzugeben.

Köln, den 19. Dezember 20(…)   Klara Müller

– Beglaubigungsvermerk –

Kostenberechnung

Geschäftswert: Kaufpreis, §§ 119 Abs. 1, 98, 47 S. 1 GNotKG

(Kaufpreis 100.000 EUR; dieser ist nach § 98 Abs. 1 GNotKG zu halbieren, sodass der Geschäftswert 50.000 EUR beträgt)

Gebühr gemäß GNotKG KV Nr. 24101, 21200 (1,0)   165 EUR (zzgl. MwSt)

Die Wirksamkeit eines von einem vollmachtlosen Vertreter abgeschlossenen Vertrages hängt von der   **51**
Genehmigung durch den Vertretenen ab. Im Kaufvertrag steht dann etwa:

„… hier handelnd als Vertreter ohne Vertretungsmacht für (…), sich die Genehmigung des vollmachtlos Vertretenen ausdrücklich vorbehaltend, …"

Muster einer Genehmigungserklärung siehe Rdn 231.

4. Kaufgegenstand

Das Grundstück ist übereinstimmend mit dem Grundbuch oder durch Hinweis auf das Grundbuchblatt zu   **52**
bezeichnen (§ 28 GBO). Es sollte, um Verwechslungen zu vermeiden, so genau wie möglich beschrieben werden.

Beispiel

Der Verkäufer verkauft den Käufern je zur Hälfte das im Grundbuch von Metzkausen Blatt 0512 eingetragene Grundstück Gemarkung Metzkausen Flur 5 Flurstück 420, Wiese, Am Kirchendeller Weg, groß 896 m^2.

Wird ein noch zu vermessender Grundstücksteil verkauft, so muss er so genau beschrieben werden, dass   **53**
er auch von einem **Dritten** ohne Schwierigkeiten genau identifiziert werden kann (sogenannte „dingliche Bestimmtheit"), anderenfalls ist der Vertrag nichtig. Die Bezeichnung kann erfolgen, indem die Grenzen des Teilstücks nach den Himmelsrichtungen beschrieben werden. Dabei können Grenzsteine, Bachläufe, Bäume, Zäune, Holzpflöcke usw. als Orientierungspunkte dienen.

54 *Muster:*

> Der Verkäufer verkauft dem Käufer von dem im Grundbuch von Metzkausen Blatt 0512 eingetragenen Grundstück Gemarkung Metzkausen Flur 5 Flurstück 420, Wiese, Am Kirchendeller Weg, groß 896 m²,
>
> ein noch nicht vermessenes Teilstück mit einer Größe von etwa 450 m², das begrenzt wird:
>
> a) im Norden durch den dort verlaufenden Mühlenbach,
> b) im Osten durch die natürliche Grenze des Grundstücks,
> c) im Süden durch den auf dem Grundstück stehenden Zaun; dieser Zaun soll noch auf dem verkauften Grundstück stehen,
> d) im Westen durch eine Linie, die in einem Abstand von zehn Metern parallel zur Westgrenze des Grundstücks verläuft.

55 In der Praxis hilft man sich in der Regel damit, dass das Kaufobjekt in einem Lageplan näher bezeichnet wird, der als Anlage zur Niederschrift genommen wird. Dieser Lageplan ist Bestandteil der Niederschrift. Er wird den Beteiligten in der Beurkundung zur Durchsicht vorgelegt, was in der Niederschrift entsprechend zu vermerken ist (§ 13 Abs. 1 S. 1 und 2 BeurkG).

Beispiel

Der Verkäufer verkauft dem Käufer von dem im Grundbuch von Metzkausen Blatt 0510 eingetragenen Grundstück Gemarkung Metzkausen Flur 5 Flurstück 420 ein noch zu vermessendes Teilstück, das in der als Anlage zu dieser Urkunde genommenen Handzeichnung mit dem Buchstaben A–B–C–D–A umschrieben (und schraffiert) ist, in einer Größe von etwa 450 m².

Die Handzeichnung wurde den Beteiligten zur Durchsicht vorgelegt und von ihnen genehmigt. Auf die Handzeichnung wird verwiesen; sie ist Bestandteil dieser Niederschrift.

Die oben angegebene Flächengröße ist möglichst einzuhalten, die Abweichung des Vermessungsergebnisses darf höchstens (…) % betragen.

Als vereinbart gilt, dass bei Unklarheiten über Lage, Zuschnitt und Größe des Kaufobjekts die geschuldete Vertragsleistung gemäß § 317 BGB von dem mit der Vermessung des Kaufgrundbesitzes beauftragten öffentlich bestellten Vermessungsingenieur (…) für alle Beteiligten verbindlich festgelegt wird. Hierdurch entstehende Kosten gehen je zur Hälfte zulasten der Vertragschließenden.

Wegen der in einem solchen Fall zweckmäßigerweise aufzunehmenden Vollmacht für die (ggf. erneut zu erklärende) Auflassung der Teilfläche bzw. die Feststellung der Identität zwischen veräußerter und vermessener Teilfläche (sogenannte „Identitätserklärung") siehe Rdn 110.

5. Kaufpreis

a) Fälligkeit

56 Für die Abwicklung der Kaufpreiszahlung hat der Notar Regelungen vorzuschlagen, die verhindern, dass eine der Vertragsparteien zu Schaden kommt. Ein Schaden droht immer dann, wenn eine Partei bereits leistet, ohne dass sichergestellt ist, dass sie die Gegenleistung erhält (sogenannte „ungesicherte Vorleistung"). So ist das Vermögen des Käufers gefährdet, wenn er den Kaufpreis bezahlt, bevor sein vertragsmäßiger Erwerb sichergestellt ist – also:

- alle erforderlichen Genehmigungen vorliegen,
- feststeht, dass kein Vorkaufsrecht ausgeübt wird,
- für ihn eine Eigentumsvormerkung eingetragen ist,
- alle Löschungs- bzw. Pfandfreigabeunterlagen vorliegen.

Denn der Verkäufer könnte das Grundstück z.B. zwischenzeitlich neu belasten oder nochmals veräußern, es könnte ein Insolvenzverfahren über sein Vermögen eröffnet werden, oder der Vertrag könnte an einer erforderlichen Genehmigung scheitern. Wird andererseits das Grundstück bereits vor der Zahlung des Kaufpreises auf den Käufer umgeschrieben, so besteht für den Verkäufer die Gefahr, dass der Käufer in Vermögensverfall gerät und der Kaufpreisanspruch daher nicht mehr durchgesetzt werden kann. Die notarielle Praxis hat verschiedene Gestaltungen entwickelt, die eine für beide Seiten sichere Abwicklung des Kaufvertrages ermöglichen.

b) Sicherstellung

aa) Der Verkäuferinteressen

Es gilt, Rechtsstreitigkeiten zu vermeiden und den Beteiligten die schnelle Durchsetzung ihrer Ansprüche zu ermöglichen. Deshalb soll der Notar darauf hinwirken, dass sich der Käufer wegen jedes einzelnen, konkret zu bezeichnenden Anspruchs des Verkäufers (nicht pauschal: „wegen **aller** Ansprüche aus dieser Urkunde") der sofortigen Zwangsvollstreckung aus der Urkunde unterwirft. Das gibt dem Verkäufer die Möglichkeit, wegen seiner Ansprüche vollstrecken zu können, ohne vorher einen langwierigen und kostspieligen Prozess gegen den Käufer führen zu müssen (vgl. dazu § 3 Rdn 218).   **57**

Die Interessen des Verkäufers werden am besten geschützt, wenn der Kaufpreis schon bei der Beurkundung – oder bald danach – beim Notar hinterlegt wird. Er kann dann ausgezahlt werden, sobald die vertragsgemäße Umschreibung sichergestellt ist – gegebenenfalls unter Ablösung nicht übernommener Grundpfandrechte.

Auch kann die Auflassung hinausgeschoben werden, bis der Kaufpreis bezahlt oder die Kaufpreiszahlung sichergestellt ist. Auf diese Weise wird verhindert, dass der Verkäufer das Eigentum verliert, bevor er den Kaufpreis erhalten hat.   **58**

Das Hinausschieben der Auflassung kann auf verschiedene Weise bewerkstelligt werden. Denkbar wäre, die Auflassung (nach erfolgter Kaufpreiszahlung) von den Beteiligten in einer gesonderten Urkunde erklären zu lassen. Dies führt zu Problemen, wenn ein zweiter Beurkundungstermin aus tatsächlichen Gründen nicht zustande kommt oder sich erheblich verzögert. Um diesen Bedenken zu begegnen oder den Beteiligten zumindest den erneuten Weg zum Notar zu ersparen, könnten entsprechende Mitarbeitervollmachten in den Kaufvertrag aufgenommen werden. Die Erklärung der Auflassung zu gesonderter Urkunde ist für die Beteiligten jedoch in jedem Fall mit Mehrkosten verbunden.

In der Praxis durchgesetzt haben sich deshalb in erster Linie zwei andere Verfahren zur Überwachung der Eigentumsumschreibung: Bei der sogenannten „Ausfertigungssperre" werden dem Käufer und dem Grundbuchamt bis zur Kaufpreiszahlung keine Ausfertigungen oder beglaubigte Abschriften des Kaufvertrages erteilt, welche die bereits erklärte Auflassung sowie die betreffende Eintragungsbewilligung enthalten. Der Notar wird zudem angewiesen, die Umschreibung erst zu beantragen, wenn der Kaufpreis bezahlt oder die Kaufpreiszahlung sichergestellt ist. Damit soll ausgeschlossen werden, dass der Käufer seine Eintragung selbst und vor der Kaufpreiszahlung betreibt. Jedoch ist schwierig zu gewährleisten, dass bei diesem Verfahren im Einzelfall nicht doch versehentlich vollständige Ausfertigungen oder beglaubigte Abschriften des Kaufvertrages erteilt werden. Insoweit sieht sich der Notar bei diesem Vorgehen einem potentiell höheren Haftungsrisiko ausgesetzt. Vorzugswürdig erscheint deshalb im Ergebnis ein grundbuchverfahrensrechtlicher Lösungsansatz, der sich durch eine „ausgesetzte Bewilligung" der Auflassung kennzeichnet. Hierbei wird die Auflassung zwar im Kaufvertrag auch sogleich miterklärt. Der Kaufvertrag enthält aber ausdrücklich keine die Auflassung betreffende Eintragungsbewilligung. Die Beteiligten bevollmächtigen jedoch den Notar in dem Kaufvertrag, die Eintragungsbewilligung in einer Eigenurkunde gegenüber dem Grundbuchamt abzugeben, sobald ihm die Kaufpreiszahlung nachgewiesen wurde. Alternativ kann die Eintragungsbewilligung auch unter die aufschiebende Bedingung gestellt werden, dass der Notar die Eigentumsumschreibung mit einer entsprechenden Eigenurkunde beantragt.

Die Sicherung des Kaufpreises oder des Restkaufpreises kann ferner durch die Eintragung eines Grundpfandrechts (z.B. einer Sicherungshypothek) erreicht werden (Muster siehe Rdn 127). Auch kann der Kaufpreis durch eine Bürgschaft, insbesondere eine Bankbürgschaft, gesichert werden.

bb) Der Käuferinteressen

59   In der Regel dauert es längere Zeit, bis die Umschreibung im Grundbuch beantragt werden kann, weil zu fast jedem Kaufvertrag behördliche Genehmigungen, Verzichtserklärungen etc., jedenfalls aber die Unbedenklichkeitsbescheinigung des Finanzamts, erforderlich sind. Für den Käufer kann ein Risiko entstehen, wenn er den Kaufpreis bezahlt, bevor die zur Wirksamkeit des Vertrages erforderlichen Genehmigungen erteilt sind und die Umschreibung beantragt werden kann. Bis dahin könnte der Verkäufer noch Verfügungen über das Grundstück treffen; es bestünde auch die Gefahr der Eröffnung des Insolvenzverfahrens über das Vermögen des Verkäufers. Auch könnten Dritte durch Zwangsmaßnahmen (Eintragung einer Zwangshypothek, Betreiben der Zwangsversteigerung oder Zwangsverwaltung) die Umschreibung auf den Käufer vereiteln oder seine Rechte zumindest beeinträchtigen. Deshalb sollte der Notar im Kaufvertrag die Eintragung einer Eigentumsvormerkung ins Grundbuch vorsehen. Die Eigentumsvormerkung bietet jedoch dann keinen hinreichenden Schutz, wenn der Kaufpreis vor der Erteilung der behördlichen Genehmigungen bzw. Verzichtserklärungen zum Vorkaufsrecht gezahlt wird, weil der Vertrag erst danach voll wirksam bzw. vollziehbar ist. Daher sollte der Notar darauf hinwirken, dass der Kaufpreis erst fällig wird, wenn die behördlichen Erklärungen sowie die Verzichtserklärungen bezüglich der Vorkaufsrechte vorliegen und die rangrichtige Eintragung der Eigentumsvormerkung erfolgt ist (Muster vgl. Rdn 127).

Eine Vorleistung des Käufers lässt sich auch dann vermeiden, wenn vom Käufer nicht übernommene Belastungen aus dem Kaufpreis abgelöst werden sollen. Dazu könnte die Hinterlegung des Kaufpreises auf einem Notaranderkonto vereinbart und dem Notar der Auftrag erteilt werden, aus dem hinterlegten Kaufpreis – nach Eintritt der sonstigen Fälligkeitsvoraussetzungen – zunächst das Grundstück von den nicht übernommenen Belastungen freizustellen und den Rest des Kaufpreises an den Verkäufer auszuzahlen. Dieses Verfahren bietet dem vorleistenden Käufer höchstmöglichen Schutz. Im Regelfall ist der Käufer jedoch auch dann hinreichend geschützt, wenn die Fälligkeit des Kaufpreises zusätzlich davon abhängig gemacht wird, dass dem Notar bezüglich nicht übernommener Grundbuchbelastungen grundbuchfähige Löschungsunterlagen vorliegen, die lediglich mit solchen Treuhand- bzw. Zahlungsauflagen verbunden sind, die aus dem Kaufpreis bestritten werden können. Der Käufer wird dann angewiesen, entsprechende Zahlungsauflagen bei Kaufpreisfälligkeit in Anrechnung auf den Kaufpreis zu erfüllen und nur den dann etwa noch verbleibenden Restbetrag des Kaufpreises direkt an den Verkäufer zu zahlen. Auf diese Weise ist sichergestellt, dass alle vom Käufer nicht übernommenen Belastungen nach erfolgter Kaufpreiszahlung aus dem Grundbuch gelöscht werden können. Der „Zwischenschaltung" eines Notaranderkontos bedarf es daher nur in Ausnahmefällen, in denen das beschriebene Vorgehen aus bestimmten anderen Gründen keine vergleichbare Sicherheit bietet.

60   Der Notar sollte also vorschlagen, den Kaufpreis erst fällig zu stellen, wenn

- eine Eigentumsvormerkung für den Käufer an rangsicherer Stelle im Grundbuch eingetragen ist,
- die zum Vertrag erforderlichen Genehmigungen und Verzichtserklärungen beim Notar eingegangen sind,
- die Freistellung des Kaufobjekts von nicht übernommenen Belastungen gewährleistet ist.

Wenn sich der Verkäufer zur Räumung und Herausgabe des Kaufobjekts bis zu einem bestimmten Zeitpunkt verpflichtet, kann vorgesehen werden, dass er sich wegen dieser Verpflichtung der sofortigen Zwangsvollstreckung unterwirft (Unterwerfung jedoch nicht möglich, wenn der Anspruch den Bestand eines **Mietverhältnisses** über **Wohnraum** betrifft, aber zulässig bei Verpflichtung zur Räumung und Herausgabe z.B. eines Gewerbegrundstücks oder einer **eigengenutzten** Wohnung vgl. hierzu Rdn 96; § 3 Rdn 208 f.).[11]

Bei Kaufverträgen über Grundbesitz in den neuen Bundesländern können für den Käufer zusätzliche Risiken aufgrund der Bestimmungen der Grundstücksverkehrsordnung (GVO) hinzukommen. Zweck der GVO ist es in erster Linie, den Untergang von Restitutionsansprüchen nach dem Vermögensgesetz durch die Veräußerung von restitutionsbelastetem Grundbesitz zu verhindern. Hierzu sieht § 2 Abs. 1 S. 1 GVO vor, dass

---

11 Siehe *v. Rintelen*, RNotZ 2001, 2, 20 f.

- die Auflassung eines Grundstücks und der schuldrechtliche Vertrag hierüber sowie
- die Bestellung und Übertragung eines Erbbaurechts und der schuldrechtliche Vertrag hierüber

einer behördlichen Genehmigung bedürfen (zu Ausnahmen von der Genehmigungspflicht vgl. § 2 Abs. 1 S. 2 GVO). Ein Risiko für den Käufer stellt insbesondere der Umstand dar, dass die betreffende Genehmigung gemäß § 5 GVO bis zum Ablauf eines Jahres seit ihrer Erteilung widerrufen werden kann.[12] Den Beteiligten sollte deshalb beim Abschluss solcher Kaufverträge geraten werden, den Kaufpreis gegebenenfalls bis zum Ablauf der Widerrufsfrist auf einem Notaranderkonto zu hinterlegen.

c) Schuldübernahme

Vielfach werden im Kaufvertrag Grundpfandrechte in Anrechnung auf den Kaufpreis übernommen (Schuldübernahme). Die Wirksamkeit der Schuldübernahme hängt von der Genehmigung des Gläubigers ab (§ 415 Abs. 1 BGB). Wird sie nicht erteilt, so kann allenfalls vereinbart werden, dass der Käufer den Verkäufer im Innenverhältnis von der Schuld freizustellen hat (wegen Einzelheiten siehe Rdn 1636 ff.). 61

Muster einer Schuldübernahme im Kaufvertrag: 62

In Anrechnung auf den Kaufpreis übernimmt der Käufer – mehrere Personen als Gesamtschuldner – zur vollständigen Entlastung des bisherigen Schuldners folgende dinglich gesicherte Verbindlichkeiten nach Maßgabe der Schuldurkunden mit den Zinsen und allen sonstigen Nebenleistungen ab dem Zeitpunkt des Besitzübergangs als eigene Schuld:

a) 14.380,60 EUR – vierzehntausenddreihundertachtzig 60/100 EUR – restliche Schuld gegenüber der Kreissparkasse Köln nebst bis zu 18 vom Hundert Jahreszinsen, die der Hypothek Abt. III Nr. 2 in Höhe von ursprünglich 18.000 EUR zugrunde liegt,

b) 18.667,26 EUR – achtzehntausendsechshundertsiebenundsechzig 26/100 EUR – restliche Schuld gegenüber der Deutsche Bank AG nebst bis zu 12 vom Hundert Jahreszinsen, gesichert durch die Grundschuld Abt. III Nr. 4 im Nennbetrag von 22.000 EUR.

Soweit übernommene Verbindlichkeiten zusätzlich durch ein abstraktes Schuldanerkenntnis oder Schuldversprechen gesichert sind, übernimmt der Käufer – mehrere Personen als Gesamtschuldner – auch diese Verbindlichkeiten im Nennbetrag des jeweiligen Grundpfandrechts und seiner Nebenleistungen. Der Käufer – mehrere Personen als Gesamtschuldner – unterwirft sich wegen dieser Zahlungsverpflichtungen gegenüber den Gläubigern der sofortigen Zwangsvollstreckung aus dieser Urkunde. Der Notar ist berechtigt, den Gläubigern jederzeit und ohne weitere Nachweise, die das Entstehen und die Fälligkeit der Forderungen betreffen, vollstreckbare Ausfertigungen dieser Urkunde zu erteilen.

Die aufgeführten Beträge beruhen auf den Angaben der Beteiligten. Sollte sich herausstellen, dass die übernommenen Verbindlichkeiten am Stichtag höher oder niedriger als angegeben sind, so sind die Beteiligten verpflichtet, den Differenzbetrag unmittelbar untereinander auszugleichen, sobald die Höhe der übernommenen Verbindlichkeiten feststeht, frühestens jedoch mit Fälligkeit des Restkaufpreises.

Sollte ein Gläubiger die Schuldübernahme nicht genehmigen oder das Darlehen aus Anlass der Veräußerung kündigen, so hat es der Käufer – mehrere Personen als Gesamtschuldner – in Anrechnung auf den Kaufpreis, nicht jedoch vor Fälligkeit des Restkaufpreises, abzulösen. Eine dabei anfallende Vorfälligkeitsentschädigung geht zu Lasten des Verkäufers.

Der Verkäufer tritt alle ihm gegenwärtig und zukünftig in Bezug auf die vorgenannten Grundpfandrechte zustehenden Rechte, insbesondere Eigentümerrechte und Rückgewähransprüche, mit Wirkung ab der Eigentumsumschreibung an den dies annehmenden Käufer – an mehrere Personen zu gleichen Teilen – ab.

---

12 Zu weiteren dem Genehmigungserfordernis nach der GVO immanenten Risiken vgl. *Krauß*, Immobilienkaufverträge in der Praxis, 9. Aufl. 2020, Rn 6121 ff.

> Sollte ein Gläubiger aus Anlass der Schuldübernahme Bearbeitungsgebühren fordern, so gehen diese zu Lasten des Käufers.
>
> Der Notar hat die Beteiligten darauf hingewiesen, dass die Schuldbefreiung des bisherigen Schuldners der Genehmigung der Gläubiger bedarf und dass der bisherige Schuldner bis zur Genehmigung der Schuldübernahme durch die Gläubiger diesen gegenüber weiter haftet.
>
> Der Notar soll den Gläubigern je eine beglaubigte Abschrift (oder: eine vollstreckbare Ausfertigung) dieses Vertrages übersenden.
>
> Er wird beauftragt, die Genehmigung der Schuldübernahme und die Entlassung der Verkäufer aus der persönlichen Schuldhaft zu beantragen. Der Käufer – mehrere Personen als Gesamtschuldner – hat den Verkäufer bis zur Erteilung der Genehmigungen von jeder Inanspruchnahme durch die Gläubiger freizustellen.
>
> Der Notar wird von allen Beteiligten angewiesen, die Eigentumsumschreibung erst zu beantragen, wenn ihm die Zahlung des Restkaufpreises nachgewiesen ist und die Gläubiger schriftlich zugesagt haben, die Schuldübernahme nach Mitteilung über die Eigentumsumschreibung zu genehmigen, und sie zudem schriftlich bestätigt haben, dass demzufolge die Grundpfandrechte nur noch zur Sicherung von Forderungen gegen den Käufer dienen und keine persönliche Schuldhaft des Verkäufers mehr besteht. Wird die Genehmigung versagt oder das Darlehen gekündigt, so darf die Eigentumsumschreibung erst nach vollständiger Ablösung der Darlehensverbindlichkeiten des Verkäufers erfolgen.

63   **Kostenanmerkung:**

Die Erklärung der Schuldübernahme, die Abtretung der Eigentümergrundschulden und der Rückgewähransprüche sind Vertragsbedingungen des Kaufvertrages und daher derselbe Beurkundungsgegenstand (§ 109 GNotKG); sie lösen keine zusätzlichen Gebühren aus.

Allerdings sind die zur Durchführung der Übernahme der Grundpfandrechte (Hypotheken und Grundschulden) gegenüber den Gläubigern abgegebenen Erklärungen (Schuldanerkenntnisse und die persönlichen Zwangsvollstreckungsunterwerfungen) mit dem Kaufvertrag nicht gegenstandsgleich (§ 110 Nr. 2a GNotKG). Sie lösen eine 1,0-Gebühr gemäß GNotKG KV Nr. 21200 aus; der Geschäftswert bestimmt sich nach dem Wert des Rechtsverhältnisses, das Beurkundungsgegenstand ist (hier: Beträge, für die sich der Käufer persönlich der sofortigen Zwangsvollstreckung unterwirft), § 97 Abs. 1 GNotKG. Es entsteht daher neben der 2,0-Gebühr für den Kaufvertrag (GNotKG KV Nr. 21100) eine 1,0-Gebühr (KV Nr. 21200) von 18.000 EUR und 22.000 EUR, insgesamt also 40.000 EUR.

Sind im Kaufvertrag keine weiteren gebührenpflichtigen Erklärungen enthalten, sind für den Kaufvertrag und für die „Erklärungen zur Finanzierung der Gegenleistung gegenüber den Gläubigern" gemäß § 94 Abs. 1 GNotKG getrennte Gebühren zu berechnen, sofern dies für den Kostenschuldner günstiger ist als die Gebühr nach dem höchsten infrage kommenden Gebührensatz aus dem Gesamtbetrag der Werte (sogenannte „Vergleichsrechnung").

Für die Beschaffung der Gläubigererklärung über die Verpflichtung zur Genehmigung der Schuldübernahme entsteht eine 0,5-**Vollzugsgebühr** gemäß GNotKG KV Nr. 22110 KV Vorbem. 2.2.1.1 S. 2 Nr. 8. Der Geschäftswert für den Vollzug ist der Geschäftswert des zugrunde liegenden Beurkundungsverfahrens (§ 112 S. 1 GNotKG), also der Kaufpreis zuzüglich der Finanzierungserklärungen. Obwohl Erklärungen von drei Gläubigern zu beschaffen sind, entsteht die Gebühr nur einmal (§ 93 Abs. 1 S. 1 GNotKG). Mit dieser Gebühr sind auch alle weiteren Vollzugstätigkeiten (z.B. Beschaffung der Verzichtserklärung bezüglich des Vorkaufsrechts nach §§ 24 ff. BauGB oder einer etwaigen Löschungsbewilligung für ein vom Käufer nicht übernommenes Recht in Abt. II oder Abt. III des Grundbuchs) abgegolten.

Hinzukommt dann noch eine 0,5-**Betreuungsgebühr** gemäß GNotKG KV Nr. 22200 Nr. 2 und 3 für die Prüfung und Mitteilung der Kaufpreisfälligkeit und die Überwachung der Umschreibungssperre, für die der Geschäftswert wie bei der Beurkundung zu bestimmen ist (§ 113 Abs. 1 GNotKG). Für beide Betreuungstätigkeiten ist die Gebühr nur einmal zu erheben (§ 93 Abs. 1 S. 1 GNotKG).

Weiterverwendung einer Grundschuld ohne Schuldübernahme **64**

Vorsicht ist geboten, wenn der Käufer eine Grundschuld übernimmt, die eine Forderung nicht oder nicht mehr sichert. Das ist insbesondere dann der Fall, wenn der Käufer die eingetragene Grundschuld entweder ganz oder teilweise für seine eigene Finanzierung verwenden will. Die übernommene Grundschuld dient dem Gläubiger aufgrund der zwischen ihm und dem Verkäufer getroffenen Sicherungszweckabrede weiterhin als Sicherheit für seine Forderungen gegen den **Verkäufer**. Der Grundschuldgläubiger könnte daher auch nach der Umschreibung des Eigentums auf den Käufer wegen seiner gegen den Verkäufer bestehenden Ansprüche weiterhin in den Grundbesitz vollstrecken. Daher hat der Notar im Kaufvertrag vorzusehen, dass der Grundschuldgläubiger eine Erklärung abgibt, dass die übernommene Grundschuld künftig nur noch zur Sicherung von Verbindlichkeiten des Käufers dient. Das Vorliegen dieser Erklärung des Gläubigers ist dann (weitere) Voraussetzung für die Fälligkeit des Kaufpreises.

Regelmäßig wird es dann zusätzlich erforderlich sein, dass der Käufer sich wegen des Nennbetrages des Grundpfandrechts (und der Nebenleistungen) auch persönlich der Zwangsvollstreckung unterwirft. Aufgrund der dadurch ausgelösten Notarkosten ist die mögliche Kostenersparnis für den Käufer im Vergleich zur Neubestellung eines Grundpfandrechts deutlich geschmälert. Grundsätzlich stellt sich die Frage nach der Übernahme bestehender Grundpfandrechte durch den Käufer in der Praxis auch nur dann, wenn der Käufer mit dem eingetragenen Grundpfandrechtsgläubiger finanzieren möchte. Denn anderenfalls bedürfte es zusätzlich noch einer Abtretung des Grundpfandrechts an den Finanzierungsgläubiger des Käufers, wodurch dem Käufer weitere Kosten entstünden.

Muster einer Weiterverwendungs-Vereinbarung: **65**

Die durch die Übernahme der Grundschuld zur Weiterverwendung durch den Käufer notwendige Änderung des Sicherungsvertrages mit dem Grundschuldgläubiger werden die Vertragschließenden selbst herbeiführen. Sie verpflichten sich, alle Erklärungen abzugeben, die zur Änderung der Zweckbestimmungserklärung notwendig sind, sodass die Grundschuld dem Grundschuldgläubiger künftig nur noch zur Sicherung von Forderungen gegen den Käufer dient.

Oder (wenn der Notar tätig werden soll):

Der amtierende Notar wird von den Vertragschließenden beauftragt, von dem Grundschuldgläubiger eine Erklärung anzufordern, wonach die Grundschuld nur noch zur Sicherung von Forderungen gegen den Käufer dient.

Kostenanmerkung **66**

Angenommen, der Kaufpreis beläuft sich auf 300.000 EUR und der Nennbetrag der übernommenen Grundschuld beträgt 250.000 EUR. Die dingliche Grundschuldübernahme für eigene Finanzierungszwecke mit Übernahme der persönlichen Haftung durch den Käufer und die persönliche Zwangsvollstreckungsunterwerfung sind mit dem Kaufvertrag nicht gegenstandsgleich (§ 110 Nr. 2a GNotKG); sie lösen neben der Beurkundungsgebühr für den Kaufvertrag eine 1,0-Gebühr nach § 97 Abs. 1 GNotKG, KV Nr. 21200 aus.

Kostenberechnung **67**

2,0 von 300.000 EUR (Kaufpreis), §§ 97 Abs. 1, 47 S. 1 GNotKG, KV Nr. 21100	1.270 EUR
1,0 von 250.000 EUR (übernommene Grundschuld mit Übernahme der persönlichen Haftung), § 97 Abs. 1 GNotKG, KV 21200	535 EUR
	1.805 EUR
Gegenprobe nach § 94 Abs. 1 GNotKG 2,0 von 550.000 EUR	**2.030 EUR**

Es bleibt bei der Einzelberechnung, da diese für den Kostenschuldner günstiger ist. Für die Beschaffung der Gläubigererklärung bezüglich der Entlassung des Verkäufers aus der persönlichen Haftung durch den

Notar gelten die gleichen Grundsätze wie für die Beschaffung der Gläubigererklärung zur Schuldübernahme (Kostenanmerkung siehe Rdn 63 vorletzter Abs.).

d) Kreditbeschaffung durch den Käufer vor der Eigentumsumschreibung

68   Nur wenige Käufer sind in der Lage, den Kaufpreis vollständig aus eigenen Mitteln zu bezahlen. In den meisten Fällen wird ein erheblicher Teil des Kaufpreises durch die Aufnahme von Krediten finanziert. Die Banken gewähren die Darlehen aber nur gegen Sicherheiten, vornehmlich Grundschulden. Vor der Umschreibung des Kaufobjekts kann der Käufer Grundpfandrechte nur bestellen, wenn er bereits Eigentümer eines anderen Grundstücks ist. Er kann es dann belasten, um den Kaufpreis für das gekaufte Grundstück zu bezahlen. Oftmals ist jedoch nur das gekaufte Grundstück als Pfandobjekt vorhanden. Daran kann der Käufer aber grundsätzlich erst nach Umschreibung des Grundstücks im Grundbuch Grundpfandrechte bestellen. Dies wäre wenig praktikabel, weil der Verkäufer, wenn das Grundstück vor Sicherstellung des Kaufpreises umgeschrieben würde, vorleistungspflichtig wäre. Zudem würde sich die Zahlung des Kaufpreises erheblich verzögern.

69   Diese Schwierigkeiten werden vermieden, wenn noch der Verkäufer – im Regelfall vertreten durch den Käufer – die Eintragung der Grundpfandrechte bewilligt. Das ist der schnellste und auch der sicherste Weg der Kaufpreisfinanzierung. Schnell deshalb, weil der (Noch-)Eigentümer die Grundpfandrechte bewilligt und diese daher umgehend, also längere Zeit vor Eintragung des Käufers als Eigentümer des Kaufobjekts im Grundbuch, eingetragen werden können. Die Interessen des Verkäufers werden vor allem dadurch geschützt, dass die Sicherungsabrede der Finanzierungsgrundschuld in der Weise eingeschränkt wird, dass die Grundschuld bis zur vollständigen Begleichung der Kaufpreisschuld nur zur Sicherung von tatsächlichen Zahlungen auf den Kaufpreis dient. Dazu werden entsprechende Vereinbarungen zwischen Verkäufer und Käufer im Kaufvertrag getroffen (vgl. auch Rdn 127 Ziffer III.). Sobald die Eintragung der Grundschuld an der vom Gläubiger verlangten Rangstelle sichergestellt ist und die vertraglichen Voraussetzungen für die Fälligkeit des Kaufpreises vorliegen, wird das durch die Grundschuld gesicherte Darlehen unmittelbar an abzulösende Gläubiger und mit dem verbleibenden Betrag an den Verkäufer ausgezahlt. Erfolgt die Kaufpreisabwicklung ausnahmsweise über ein Notaranderkonto, überweist der Notar den Hinterlegungsbetrag, wenn die Fälligkeitsvoraussetzungen vorliegen, an die Gläubiger abzulösender Belastungen und den verbleibenden Restbetrag an den Verkäufer.

70   Früher war es üblich, dass der Käufer seinen gegen den Grundschuldgläubiger bestehenden Darlehensauszahlungsanspruch in Höhe des Kaufpreises an den Verkäufer abtrat. Dieses Verfahren sollte vorsorglich nicht mehr praktiziert werden, da die Tilgung der Kaufpreisschuld des Käufers bei einer Direktüberweisung des Darlehensbetrages an den Verkäufer gemäß einer Entscheidung des BGH aus dem Jahr 2008 jedenfalls daran scheitern kann, dass sich die Abtretung des Darlehensauszahlungsanspruchs im Nachhinein aus irgendeinem Grund als unwirksam erweist.[13] Ohnehin enthalten die gängigen Darlehensverträge der Kreditinstitute häufig Abtretungsbeschränkungen, an denen eine Abtretung des Darlehensauszahlungsanspruchs an den Verkäufer scheitern würde.

Regelmäßig erteilt der Verkäufer dem Käufer im Kaufvertrag eine Belastungsvollmacht (Muster vgl. Rdn 127), aufgrund derer der Käufer namens des Verkäufers ohne dessen erneutes Erscheinen beim Notar erforderliche Finanzierungsgrundpfandrechte bestellen kann.

71   *Muster einer noch vom Grundstückseigentümer (Verkäufer) bestellten Grundschuld:*

(Protokolleingang)

(…) erschienen, dem Notar von Person bekannt:

1. (…)
    – nachstehend „Grundstückseigentümer/Eigentümer" oder „Sicherungsgeber" genannt –,
2. (…)
    – im Folgenden als „Schuldner", „Darlehensnehmer" oder „Kreditnehmer" bezeichnet –.

---

13 DNotZ 2008, 923 = ZNotP 2008, 362.

Die Erschienenen erklärten:

Der nachstehend genannte Pfandgrundbesitz steht noch im Eigentum des Sicherungsgebers – nachstehend auch „Verkäufer" genannt. Der Schuldner – im Folgenden auch als „Käufer" bezeichnet – hat den Pfandgrundbesitz durch Urkunde vom (…) – UR.Nr. (…) des Notars (…) – gekauft.

Der Verkäufer wirkt bei dieser Grundschuldbestellung nur als derzeitiger Grundstückseigentümer mit. Die Beteiligten haben in dem Kaufvertrag folgende Bestimmungen getroffen, die als Inhalt dieser Grundschuldbestellung wiederholt werden:

a) Sicherungsabrede
   Die Gläubigerin darf das Grundpfandrecht nur insoweit als Sicherheit verwerten oder behalten, als sie tatsächlich Zahlungen mit Tilgungswirkung auf die Kaufpreisschuld des Käufers geleistet hat. Die Gläubigerin ist verpflichtet, Löschungsbewilligung ohne Auflagen und Kosten für den Verkäufer gegen Rückzahlung geleisteter Valutierungsbeträge zu erteilen, wenn der Kaufvertrag aus Gründen, die der Verkäufer nicht zu vertreten hat, nicht durchgeführt wird. Sollte die Grundschuld zurückzugewähren sein, so kann nur ihre Löschung verlangt werden, nicht Abtretung oder Verzicht. Alle weiteren Zweckbestimmungserklärungen, Sicherungs- und Verwertungsvereinbarungen innerhalb und außerhalb dieser Urkunde gelten erst, nachdem der Kaufpreis vollständig bezahlt ist, in jedem Fall ab Eigentumsumschreibung. Ab dann gelten sie für und gegen den Käufer als neuen Sicherungsgeber.
b) Persönliche Zahlungspflichten und Kosten
   Der Verkäufer übernimmt im Zusammenhang mit der Grundpfandrechtsbestellung keine persönlichen Zahlungspflichten. Der Käufer hat den Verkäufer von allen Kosten und sonstigen Folgen der Grundpfandrechtsbestellung freizustellen.
c) Fortbestand des Grundpfandrechts
   Das bestellte Grundpfandrecht darf auch nach Eigentumsumschreibung auf den Käufer bestehen bleiben. Alle Eigentümerrechte und Rückgewähransprüche in Bezug auf das bestellte Grundpfandrecht werden hiermit mit Wirkung ab vollständiger Bezahlung des Kaufpreises, in jedem Fall aber ab Eigentumsumschreibung auf den Käufer übertragen. Entsprechende Grundbucheintragung wird bewilligt.

Der Käufer stimmt dem gesamten Inhalt dieser Urkunde zu und wiederholt die dingliche Zwangsvollstreckungsunterwerfung gemäß § 800 ZPO in den Pfandbesitz wegen der Grundschuld samt Grundschuldnebenleistungen auch im eigenen Namen. Er verzichtet zudem auf den Nachweis des Eigentumswechsels.

(Hier folgen die Grundschuldbestellung durch den Verkäufer mit Eintragungsbewilligungen sowie dinglicher Zwangsvollstreckungsunterwerfung und das abstrakte Schuldversprechen mit persönlicher Zwangsvollstreckungsunterwerfung durch den Käufer.)

Wenn der Käufer als Bevollmächtigter des Verkäufers bei der Grundschuldbestellung handelt, müsste der Eingang der Niederschrift entsprechend formuliert werden: **72**

Muster der Bestellung einer Finanzierungsgrundschuld aufgrund einer dem Käufer erteilten Belastungsvollmacht

(…) erschien, dem Notar von Person bekannt,

(…)

hier handelnd

a) im eigenen Namen
   – im Folgenden auch als „Schuldner", „Darlehensnehmer" oder „Kreditnehmer" bezeichnet –,
b) als Bevollmächtigter
   (…)

> aufgrund in Ausfertigung vorgelegter Vollmachtsurkunde aus dem Kaufvertrag vom (…) – UR.Nr. (…) für 2020 des Notars (…) –, von der eine beglaubigte Abschrift als Anlage zu dieser Urkunde genommen wurde,
> – nachstehend „Grundstückseigentümer/Eigentümer" oder „Sicherungsgeber" genannt.
>
> Der Erschienene erklärte, handelnd wie angegeben:
>
> (Hier folgen alle Erklärungen des vorstehenden Musters von „Der nachstehend genannte Pfandgrundbesitz steht noch im Eigentum (…)" bis zum Schluss.)

73   Grundsätzlich würde es für die Bestellung der Grundschuld ausreichen, wenn der Verkäufer die dinglichen Erklärungen einschließlich der dinglichen Zwangsvollstreckungsunterwerfung abgibt, während der Käufer die persönlichen Schulderklärungen einschließlich der persönlichen Vollstreckungsunterwerfung erklärt. In diesem Fall wäre jedoch nach erfolgter Eigentumsumschreibung auf den Käufer die Umschreibung der Vollstreckungsklausel (§ 727 ZPO) bezüglich der dinglichen Zwangsvollstreckungsunterwerfung notwendig. Selbst die übliche Formulierung in der Grundschuldbestellungsurkunde, wonach die dingliche Zwangsvollstreckung in den Pfandgrundbesitz in der Weise erfolgt, dass die Zwangsvollstreckung gegen den jeweiligen Eigentümer des Grundbesitzes zulässig sein soll (vgl. § 800 ZPO), würde daran nichts ändern. Denn die Zwangsvollstreckungsunterwerfung künftiger Eigentümer gemäß § 800 ZPO bewirkt lediglich, dass diesen abweichend von § 750 Abs. 2 ZPO nicht die den Eigentumserwerb nachweisenden Urkunden zuzustellen sind. Im Ergebnis bedarf es einer Umschreibung des dinglichen Vollstreckungstitels auf den Käufer bei Finanzierungsgrundschulden dennoch regelmäßig nicht, weil der Käufer darin die Vollstreckungsunterwerfung auch bereits im eigenen Namen abgibt und zudem „auf den Nachweis des Eigentumswechsels verzichtet".

74   Der Käufer könnte seinem Darlehensgeber auch ohne Mitwirkung des Verkäufers eine dingliche Sicherheit für das gewährte Darlehen an dem gekauften Grundstück verschaffen, indem er je nach dem Stand der Vertragsabwicklung entweder den Auflassungsanspruch oder nach der Auflassung sein Anwartschaftsrecht dem Kreditgeber verpfändet. Mit der Eintragung des Käufers als Eigentümer erwirbt der Gläubiger anstelle seines Pfandrechts eine Sicherungshypothek für seine Forderung an dem Grundstück (§ 1287 S. 2 BGB). Diese Sicherungshypothek geht, falls der Käufer noch weitere Grundpfandrechte vor seiner Eintragung bestellt hat, diesen Rechten im Rang vor. Die Sicherungshypothek entsteht nämlich kraft Gesetzes mit der Umschreibung des Grundstücks, während die rechtsgeschäftlich bestellten Grundpfandrechte erst mit der Eintragung im Grundbuch entstehen (§ 873 Abs. 1 BGB). Die Eintragung kann aber erst nach der Eintragung des Käufers als Eigentümer erfolgen (vgl. § 39 GBO). Der Schutz der Beteiligten ist bei diesem Vorgehen gering, da der Erwerb und der Bestand des Pfandrechts vom Bestand, der Übertragbarkeit und Durchsetzbarkeit des Übereignungsanspruchs abhängig sind. Der Kaufvertrag kann z.B. vor der Verpfändung aufgehoben worden oder der Verkäufer kann – z.B. wegen Zahlungsverzugs – vom Kaufvertrag zurückgetreten sein. Für Pfandgläubiger bringt die Verpfändung erst dann Sicherheit, wenn

- die Bezahlung des Kaufpreises nachgewiesen oder zumindest gewährleistet ist,
- die Auflassungsvormerkung rangrichtig im Grundbuch eingetragen ist,
- Vorkaufsrechte nicht bestehen,
- alle erforderlichen Genehmigungen zum Kaufvertrag vorliegen,
- ein vertragliches Rücktrittsrecht nicht vereinbart ist.

Der Auflassungsanspruch oder das Anwartschaftsrecht des Käufers können auch gepfändet werden. Dann erwirbt der Pfändungsgläubiger analog § 848 Abs. 2 S. 2 ZPO bei der Umschreibung des Grundstücks ebenfalls eine Sicherungshypothek. Von der Pfändung erfahren der Finanzierungsgläubiger und der Notar nichts. Erfolgt die Pfändung zeitlich vor der Verpfändung zugunsten des Finanzierungsgläubigers, so geht die Sicherungshypothek des Pfändungsgläubigers im Rang vor. Ferner kann der Käufer das Grundstück vor der Eintragung der Sicherungshypothek zugunsten des Finanzierungsgläubigers weiterveräußern. Sofern dieser Dritterwerber gutgläubig ist, wird die Sicherungshypothek des Finanzierungsgläubigers ihm gegenüber unwirksam. Aus all diesen Gründen spielt die Verpfändung des Auflassungsanspruchs als Sicherungsmöglichkeit für den Finanzierungsgläubiger in der Praxis faktisch keine Rolle.

In der Praxis wird teilweise auch so verfahren, dass der Käufer das Grundpfandrecht schon vor seiner Eintragung als Eigentümer bestellt und der Notar dem Gläubiger die vollstreckbare Ausfertigung der Bestellungsurkunde übermittelt mit der gleichzeitigen Anforderung der Valuta auf Notaranderkonto. Die Auszahlung des Hinterlegungsbetrages soll dann nach erfolgter Eigentumsumschreibung und ranggerechter Eintragung des Grundpfandrechts erfolgen. Von **diesem Verfahren ist abzuraten**, da es Haftungsrisiken birgt. Das Grundpfandrecht kann erst in das Grundbuch eingetragen werden, wenn der Käufer zuvor Eigentümer geworden ist. Bis zur Eigentumsumschreibung können der Auflassungsanspruch bzw. das Anwartschaftsrecht des Käufers gepfändet werden. In einem solchen Fall erhält das Grundpfandrecht des Kreditinstituts, das den Kaufpreis finanziert, Rang nach der gemäß § 848 Abs. 2 ZPO entstehenden Sicherungshypothek. Dadurch würde die vom Grundpfandrechtsgläubiger ausbedungene Rangstelle nicht erreicht mit der Folge, dass das hinterlegte Geld zurückgefordert wird. Hat der Notar die Auszahlung – z.B. zur Befriedigung von Gläubigern nicht übernommener Belastungen – bereits vorgenommen, kann er die Rückzahlung nicht mehr vornehmen. **75**

e) Verzug und Rücktritt

Zahlt der Käufer den Kaufpreis trotz Fälligkeit nicht, so gerät er in Verzug, sofern der Verkäufer ihn nach Eintritt der Fälligkeit mahnt (§ 286 Abs. 1 BGB). Der Verzug tritt ohne Mahnung ein, wenn u.a. der Käufer den Kaufpreis bis zu einem bestimmten Tag zu zahlen hat (§ 286 Abs. 2 Nr. 1 BGB) oder der Leistung ein Ereignis vorauszugehen hat und eine angemessene Zeit für die Leistung in der Weise bestimmt ist, dass sie sich von dem Ereignis an nach dem Kalender berechnen lässt (§ 286 Abs. 2 Nr. 2 BGB). **76**

Muster: **77**

Der Kaufpreis ist fällig am (…). Zahlt der Käufer den Kaufpreis bei Fälligkeit nicht, kommt er ohne Mahnung in Verzug. Auf die gesetzlichen Verzugsfolgen hat der Notar hingewiesen.

Weiteres Muster: **78**

Zur Fälligkeit des Kaufpreises müssen folgende Voraussetzungen vorliegen:

a) …

b) …

c) …

(übliche Fälligkeitsvoraussetzungen)

Diese Voraussetzungen werden vom Notar überwacht. Ihren Eintritt teilt der Notar dem Käufer mit einfachem Brief mit. Der Verkäufer erhält eine Abschrift dieser Mitteilung. Der Kaufpreis ist fällig und zahlbar innerhalb von 5 Bankarbeitstagen nach Zugang der Fälligkeitsmitteilung des Notars beim Käufer.

Der Kaufpreis muss am Tag der Kaufpreisfälligkeit auf dem Empfängerkonto bzw. den Empfängerkonten gutgeschrieben werden, anderenfalls gerät der Käufer ohne weitere Voraussetzungen in Verzug. Der Notar hat auf die gesetzlichen Vollzugsfolgen bei nicht rechtzeitiger Zahlung hingewiesen.

Während des Verzugs muss der Käufer – wenn kein bestimmter Verzugszins vereinbart ist – den Kaufpreis pro Jahr mit 5 Prozentpunkten über dem Basiszinssatz (§ 288 Abs. 1 i.V.m. § 247 BGB), bei Rechtsgeschäften, an denen ein Verbraucher nicht beteiligt ist, pro Jahr mit 9 Prozentpunkten über dem Basiszinssatz (§ 288 Abs. 2 BGB) verzinsen. Die Geltendmachung eines weiteren Schadens ist nicht ausgeschlossen (§ 288 Abs. 4 BGB).

In der notariellen Praxis werden regelmäßig Vereinbarungen getroffen, die es dem Verkäufer erlauben, sich schneller vom Vertrag zu lösen. So kann in einem Individualvertrag auch ein Rücktrittsrecht für den Verkäufer **vereinbart** werden für den Fall, dass der Kaufpreis nicht fristgerecht gezahlt wird. **79**

80   *Muster:*

Der Verkäufer behält sich das Recht vor, von diesem Vertrag zurückzutreten, wenn der Kaufpreis nicht spätestens bis zum Ablauf des siebenten Werktags seit Fälligkeit gezahlt worden ist.

Im Falle des Rücktritts wegen Zahlungsverzugs sind alle mit diesem Vertrag und seiner Rückabwicklung verbundenen Kosten (wenn eine Eigentumsvormerkung für den Käufer beantragt oder eingetragen ist: auch die Kosten der Eintragung und Löschung der Eigentumsvormerkung) vom Käufer zu tragen. Der Rücktritt schließt das Recht des Verkäufers nicht aus, etwaige Schäden geltend zu machen.

Das Rücktrittsrecht erlischt, wenn der Kaufpreis gezahlt wird, bevor der Verkäufer den Rücktritt erklärt hat.

Kommt der Käufer mit seiner Verpflichtung zur fristgerechten Zahlung des Kaufpreises in Verzug, so treten die gesetzlichen Verzugsfolgen ein. Der Verkäufer kann dem zahlungssäumigen Käufer zur Zahlung des Kaufpreises eine angemessene Nachfrist setzen mit der gleichzeitigen Androhung, vom Kaufvertrag zurückzutreten, falls er diese Frist verstreichen lässt. Nach fruchtlosem Ablauf dieser Nachfrist kann der Verkäufer entweder Schadenersatz statt der Leistung verlangen (§ 281 Abs. 1 S. 1 BGB) oder vom Vertrag zurücktreten (§ 323 Abs. 1 BGB). Das Recht, Schadenersatz zu verlangen, wird durch den Rücktritt nicht ausgeschlossen (§ 325 BGB).

6. Haftung für Mängel

81   Der Verkäufer hat dem Käufer die Sache frei von Sach- und Rechtsmängeln zu verschaffen (§ 433 Abs. 1 S. 2 BGB).

a) Rechtsmängel

82   Der Verkäufer hat dem Käufer das Grundstück frei von Rechten Dritter zu verschaffen (z.B. Dienstbarkeiten und Grundpfandrechte, § 435 S. 1 BGB). Würde im Kaufvertrag eine Vereinbarung über die Übernahme oder Freistellung von Rechten nicht getroffen werden, hätte der Verkäufer diese Rechte zu beseitigen. § 435 S. 2 BGB bestimmt, dass im Grundbuch eingetragene, nicht mehr bestehende Rechte (Buchrechte) einen Rechtsmangel darstellen, also vom Verkäufer ebenfalls zu beseitigen sind. Eine ausdrückliche Bestimmung, dass der Verkäufer die Kosten der Freistellung des Kaufobjekts von diesen Rechten zu tragen hat, fehlt im Gesetz. Diese Kostentragungspflicht dürfte sich aber bereits aus § 433 Abs. 1 S. 2 BGB ergeben. Teilweise wird auch vertreten, diese Kosten seien zu den „zum Zwecke der Nacherfüllung erforderlichen Aufwendungen" i.S.d. § 439 Abs. 2 BGB zu rechnen, die der Verkäufer zu tragen habe. In jedem Fall empfiehlt sich eine entsprechende vertragliche Kostenregelung.

Der Verkäufer haftet nicht, wenn der Käufer bei Vertragsabschluss den Mangel kannte (§ 442 Abs. 1 S. 1 BGB). Ist dem Käufer ein Mangel infolge grober Fahrlässigkeit unbekannt geblieben, kann der Käufer Rechte wegen dieses Mangels nur geltend machen, wenn der Verkäufer den Mangel arglistig verschwiegen oder eine Garantie für die Beschaffenheit des Kaufgegenstandes übernommen hat (§ 442 Abs. 1 S. 2 BGB). Im Grundbuch eingetragene Rechte muss der Verkäufer aber auch dann beseitigen, wenn der Käufer sie kennt (§ 442 Abs. 2 BGB). Ein Rechtsmangel liegt nicht vor, wenn der Käufer ein Recht vertraglich übernimmt. Wird ein Recht nicht übernommen, so wird regelmäßig der Antrag, es zu löschen, in den Kaufvertrag mit aufgenommen (Ziffer IV. 2. des nachstehenden Kaufvertragsmusters siehe Rdn 127).

Werden Mängel nicht beseitigt, kann der Käufer gemäß § 437 BGB, soweit nicht ein anderes vereinbart ist,

- nach § 439 BGB Nacherfüllung verlangen,
- nach den §§ 440, 323 und 326 Abs. 5 BGB vom Vertrag zurücktreten, hilfsweise nach § 441 BGB den Kaufpreis mindern und
- nach den §§ 440, 280, 281, 283 und 311 a BGB Schadenersatz oder nach § 284 BGB Ersatz vergeblicher Aufwendungen verlangen.

Nach § 436 Abs. 1 BGB ist der Verkäufer verpflichtet, Erschließungs- und sonstige Anliegerbeiträge für   **83** die Maßnahmen zu tragen, die bis zum Tage des Abschlusses des Kaufvertrages bautechnisch begonnen sind, unabhängig vom Zeitpunkt des Entstehens der Beitragsschuld. Diese gesetzliche Regelung wird als wenig befriedigend empfunden. Deshalb besteht Regelungsbedarf (siehe hierzu Rdn 97 und die Formulierungsvorschläge bei Rdn 127, Ziffer IV. 5.).

Der Verkäufer haftet nach dem Gesetz nicht für die Freiheit des Grundstücks von anderen öffentlichen Abgaben und Lasten (z.B. Grundsteuern, Müllabfuhrgebühren etc.), die nicht ins Grundbuch eingetragen werden (§ 436 Abs. 2 BGB).

Der Grundstückseigentümer kann eine Verpflichtung öffentlich-rechtlicher Natur zu einem Tun, Dulden   **84** oder Unterlassen übernehmen. Diese Verpflichtung kann als **Baulast** in das bei der Bauaufsichtsbehörde geführte Baulastenverzeichnis eingetragen werden; die Baulast entsteht regelmäßig mit ihrer Eintragung in diesem Verzeichnis.

Das Rechtsinstitut der Baulast ist nur im Zusammenhang mit dem öffentlichen Baurecht zu verstehen: Eine Baulast kann ein anderenfalls baurechtswidriges Bauvorhaben unter gewissen Voraussetzungen mit dem öffentlichen Baurecht in Einklang bringen und somit die Grundlage für die Erteilung einer Baugenehmigung für dieses Bauvorhaben überhaupt erst schaffen. Bestes Beispiel hierfür ist die sogenannte Abstandsflächenbaulast: Das öffentliche Baurecht sieht im Grundsatz vor, dass zwischen Baukörpern bestimmte Mindestabstandsflächen einzuhalten sind. Kann der erforderliche Mindestabstand zur Nachbarbebauung nicht auf dem eigenen Grundstück eingehalten werden, steht dies der Erteilung einer Baugenehmigung grundsätzlich entgegen. Abhilfe kann hier die Bestellung einer Abstandsflächenbaulast auf dem angrenzenden Nachbargrundstück schaffen, durch die der Eigentümer des Nachbargrundstücks die Verpflichtung gegenüber der Baubehörde übernimmt, einen bestimmten Bereich dieses Nachbargrundstücks nicht zu bebauen. Auf diese Weise kann für das in Rede stehende Bauvorhaben auf dem angrenzenden Grundstück die baurechtlich einzuhaltende Abstandsfläche zwischen dem darauf geplanten Baukörper und dem auf dem betreffenden Nachbargrundstück aufstehenden Baukörper „auf fremdem Grund" vorgehalten werden.

In den Ländern Bayern und Brandenburg sehen die Landesbauordnungen keine Baulasten vor. Die Baulast begründet lediglich eine öffentlich-rechtliche Verpflichtung gegenüber der Baubehörde, gewährt dem Eigentümer des begünstigten Grundstücks aber keinen Anspruch gegen den Baulastbesteller auf Nutzung oder Duldung. Daher sollte neben der Baulast stets eine inhaltsgleiche Grunddienstbarkeit zur Sicherung des privatrechtlichen Anspruchs des Begünstigten bestellt und im Rang vor bestehenden Verwertungsrechten in das Grundbuch des dienenden Grundstücks eingetragen werden. Der Notar ist nach h.M. nicht verpflichtet, das Baulastenverzeichnis einzusehen.[14] Dennoch sollte er die Beteiligten auf die Möglichkeit des Bestehens einer den Erwerber in seinen Nutzungsrechten unter Umständen beeinträchtigenden Baulast und auf die Möglichkeit, das Baulastenverzeichnis vor der Beurkundung einzusehen (Ziff. VI. 4. siehe Rdn 127), hinweisen.

Miet- und Pachtverhältnisse sind Rechtsmängel i.S.d. § 435 S. 1 BGB. Sofern sie im Kaufvertrag nicht   **85** vom Käufer übernommen werden, ist der Verkäufer daher zur Eigentumsverschaffung frei von diesen obligatorischen Rechten der Mieter oder Pächter verpflichtet, trägt also auch grundsätzlich das Risiko eines eventuellen Räumungsprozesses. Besteht zum Zeitpunkt des Eigentumsübergangs auf den Käufer ein Miet- oder Pachtverhältnis in Bezug auf den veräußerten Grundbesitz, tritt der Käufer gemäß § 566 Abs. 1 BGB mit seiner Eintragung als Eigentümer im Grundbuch kraft Gesetzes anstelle des Verkäufers in das Miet- bzw. Pachtverhältnis ein. Eine Vereinbarung zwischen Verkäufer und Käufer, wonach der Käufer das bestehende Miet- bzw. Pachtverhältnis in Abweichung von § 566 Abs. 1 BGB nicht übernimmt, ist unwirksam („Kauf bricht Miete nicht"). Es sollten daher bezüglich der bestehenden Miet- und Pachtverhältnisse in jedem Fall klare Vereinbarungen getroffen werden, z.B.:

Die bestehenden Mietverhältnisse sind dem Käufer bekannt; sie werden von ihm übernommen. Soweit von den Mietparteien Kautionszahlungen oder sonstige Sicherheiten geleistet wurden, sind diese einschließlich etwaiger Zinsen vom Verkäufer – Zustimmung der Mieter vorausgesetzt – mit Wirkung ab

---

14 Vgl. z.B. OLG Schleswig DNotZ 1991, 339.

dem Besitzübergang an den Käufer zur weiteren mietvertraglichen Verwendung zu übergeben. Der Notar hat die Beteiligten darauf hingewiesen, dass der Verkäufer so lange für die Rückzahlung der Mietkautionen haftet, bis die Mieter der Übergabe der Kautionen an den Käufer zugestimmt haben. Der Verkäufer tritt dem dies annehmenden Käufer hiermit alle ihm aus den bestehenden Mietverträgen zustehenden Rechte mit Wirkung zum Tag des Besitzübergangs ab. Ab dem Besitzübergang hat der Käufer den Verkäufer von allen mitvertraglichen Pflichten freizustellen.

86 Die soziale Wohnraumförderung zum Zwecke der Schaffung von Wohnraum für sozial benachteiligte Personengruppen führt regelmäßig dazu, dass der betreffende Wohnraum von Gesetzes wegen nur zu bestimmten Konditionen an festgelegte Personengruppen vermietet werden kann und eine Eigennutzung nicht oder nur nach Erteilung einer entsprechenden behördlichen Sondergenehmigung möglich ist. Wohnungsbindung nach dem Wohnungsbindungsgesetz stellt daher nach der Rechtsprechung des BGH[15] einen Rechtsmangel dar. Gleiches muss wohl auch von Nutzungsbeschränkungen aufgrund des Wohnraumförderungsgesetzes gelten, welches das Wohnungsbindungsgesetz zum 1.9.2001 abgelöst hat. Seit dem 1.9.2006 fällt die soziale Wohnraumförderung in die ausschließliche Gesetzgebungskompetenz der Bundesländer. Allerdings bleibt das bisherige Bundesrecht vorbehaltlich landesrechtlicher Gesetzgebung weiterhin in Kraft.

Der Verkäufer ist verpflichtet, dem Käufer – wenn nicht anders vereinbart – den verkauften Grundbesitz frei von Beschränkungen dieser Art zu verschaffen. Der Notar ist aber nicht verpflichtet, auf soziale Wohnraumförderung hinzuweisen,[16] da sie von der Belehrungspflicht des § 17 BeurkG nicht umfasst wird. Dennoch kann ein Hinweis auf diese Thematik beim Abschluss des Kaufvertrages zweckmäßig sein:

▪ Der Verkäufer erklärt, dass eine Wohnungsbindung und Wohnungsbauförderung nicht bestehen.

b) Sachmängel

87 Der Verkäufer hat die Pflicht, dem Käufer das verkaufte Grundstück frei von Sachmängeln zu übergeben (§§ 433 Abs. 1 S. 2, 434 BGB). Die Haftung des Verkäufers ist ausgeschlossen, wenn

■ der Käufer beim Abschluss des Vertrages den Mangel kannte (§ 442 Abs. 1 S. 1 BGB),
■ dem Käufer der Mangel infolge grober Fahrlässigkeit unbekannt war und der Verkäufer den Mangel weder arglistig verschwiegen noch eine Garantie für die Beschaffenheit des Kaufgegenstandes übernommen hat (§ 442 Abs. 1 S. 2 BGB),
■ die Beteiligten die Sachmängelhaftung im Kaufvertrag oder später durch vertragliche Vereinbarung beschränkt oder ausgeschlossen haben.

Sachmängel sind z.B.: Hausschwamm, Funktionsstörungen der Heizung oder der Entwässerungsanlagen, Unbebaubarkeit des Grundstücks aufgrund öffentlichen Baurechts, wenn beide Vertragsteile von der Eigenschaft „Bauland" ausgehen.

In einem Individualvertrag, insbesondere einem typischen Kaufvertrag über einen **Altbau**, an dem ausschließlich Personen beteiligt sind, die nicht unternehmerisch tätig werden, ist in der Regel ein vollständiger Haftungsausschluss zulässig und sachgerecht.

Bezüglich des Ausschlusses der Sachmängelhaftung könnte folgende Klausel verwendet werden:

88 *Muster:*

Alle Ansprüche und Rechte wegen Sachmängeln am Kaufobjekt werden hiermit vollumfänglich ausgeschlossen. Der Verkäufer haftet insbesondere nicht für das Flächenmaß des Grundbesitzes, die Verwendbarkeit des Grundbesitzes für Zwecke des Käufers oder für steuerliche Ziele des Käufers. Von der vorstehenden Rechtsbeschränkung ausgenommen ist eine Haftung bei Vorsatz oder Arglist. Der Verkäufer erklärt, dass ihm versteckte Sachmängel nicht bekannt sind.

---

15 BGH DNotZ 1977, 104; 1984, 689; NJW 2000, 1256 = NotBZ 2000, 122.
16 OLG Düsseldorf DNotZ 1985, 185; OLG Köln DNotZ 1987, 695.

Der Ausschluss der Sachmängelhaftung gilt nicht, soweit der Verkäufer einen Mangel arglistig verschwiegen oder eine Garantie für die Beschaffenheit der Sache übernommen hat (§ 444 BGB).

Beim Verkauf eines neu errichteten Hauses oder einer Eigentumswohnung durch eine Privatperson an eine andere Privatperson können in einem Individualvertrag auch alle Rechte wegen Sachmängeln ausgeschlossen werden (typischer Fall: Verkauf eines Eigenheims oder einer Eigentumswohnung wegen Wegzugs kurz nach Erwerb vom Bauträger). Zusätzlich sind die dem Verkäufer gegen die am Bau beteiligten Handwerker/Unternehmer zustehenden Ansprüche wegen eines Sachmangels an den Käufer abzutreten. Ein **formelhafter** Ausschluss der Gewährleistung für Sachmängel ist in einem solchen Fall jedoch unwirksam, wenn die Freizeichnung nicht mit dem Erwerber unter ausführlicher Belehrung über die einschneidenden Rechtsfolgen eingehend erörtert worden ist. **89**

Eine solche Freizeichnung ist bei dem Verkauf eines neu hergestellten Objekts durch einen Unternehmer an einen Verbraucher nicht zulässig.

Hat der Verkäufer für einen Sachmangel einzustehen, so kann der Käufer gemäß § 437 BGB

- Nacherfüllung (§ 439 BGB), also Beseitigung des Mangels, verlangen,
- bei deren Scheitern vom Vertrag zurücktreten (§§ 440, 323 und 326 Abs. 5 BGB) oder den Kaufpreis mindern (§ 441 BGB), unter Umständen
- Schadenersatz (§§ 440, 280, 281, 283 und 311a BGB) oder Ersatz vergeblicher Aufwendungen (§ 284 BGB) verlangen.

Gelegentlich wird auch vereinbart, dass der Verkäufer einzelne Mängel innerhalb einer bestimmten Frist auf seine Kosten behebt.

Die Gewährleistungsansprüche wegen Sachmängeln verjähren in fünf Jahren bei Mängeln am Bauwerk (§ 438 Abs. 1 Nr. 2 BGB) bzw. in zwei Jahren bei Mängeln am Grundstück (§ 438 Abs. 1 Nr. 3 BGB). Die Verjährung beginnt jeweils mit der Übergabe des Grundstücks (§ 438 Abs. 2 BGB). Hat der Verkäufer einen Mangel arglistig verschwiegen, kommt die dreijährige Regelverjährung gemäß §§ 195, 199 BGB zur Anwendung.

Zu den offenbarungspflichtigen Sachmängeln gehören auch **Altlasten** und schädliche Bodenveränderungen im Sinne des Bundes-Bodenschutzgesetzes (BBodSchG) vom 17.3.1998 (BGBl I S. 502). Das BBodSchG und die Bundes-Bodenschutz- und Altlastenverordnung (BBodSchV) vom 12.7.1999 (BGBl I S. 1554) haben die Haftung für Altlasten erheblich verschärft. Zur Sanierung eines Grundstücks kann grundsätzlich auch der frühere Eigentümer herangezogen werden, wenn er sein Eigentum nach dem 1.3.1999 übertragen hat und die schädliche Bodenveränderung oder Altlast hierbei kannte oder kennen musste. Sanierungspflichtig sind auch der aktuelle Eigentümer, der Inhaber der tatsächlichen Gewalt, der Verursacher einer schädlichen Bodenveränderung (und dessen Gesamtrechtsnachfolger), derjenige, der aus handelsrechtlichem oder gesellschaftsrechtlichem Rechtsgrund für eine juristische Person einzustehen hat, der ein Grundstück, das mit einer schädlichen Bodenveränderung oder einer Altlast belastet ist, gehört, sowie derjenige, der das Eigentum an einem solchen Grundstück aufgibt (vgl. zum Ganzen § 4 BBodSchG). **90**

Soweit durch den Einsatz öffentlicher Mittel bei Maßnahmen zur Erfüllung der Pflichten nach § 4 BBodSchG der Verkehrswert eines Grundstücks nicht nur unwesentlich erhöht wird und der Eigentümer die Kosten hierfür nicht oder nicht vollständig getragen hat, hat er einen von der zuständigen Behörde festzusetzenden Wertausgleich in Höhe der maßnahmenbedingten Wertsteigerung an den öffentlichen Kostenträger zu leisten. Der Ausgleichsbetrag ruht als öffentliche Last auf dem Grundstück. Auf diesen Ausgleichsbetrag wird durch einen in Abteilung II des Grundbuches einzutragenden Vermerk über die Bodenschutzlast hingewiesen (§ 25 BBodSchG). Der Bodenschutzlastvermerk lautet gemäß § 93b GBV wie folgt: **91**

Bodenschutzlast

Auf dem Grundstück ruht ein Ausgleichsbetrag nach § 25 des Bundes-Bodenschutzgesetzes als öffentliche Last.

Siehe hierzu auch Rdn 29.

Im Grundstückskaufvertrag sollte der Verkäufer erklären, dass ihm auf dem Grundbesitz ruhende Altlasten oder schädliche Bodenveränderungen im Sinne des Bundes-Bodenschutzgesetzes nicht bekannt sind (vgl. auch Rdn 127, Ziff. III.1.). Der Käufer kann zudem auf die Möglichkeit hingewiesen werden, vor der Beurkundung Einsicht in das Altlastenkataster zu nehmen.

Bestehen Anhaltspunkte für das Vorhandensein von Altlasten oder schädlichen Bodenveränderungen oder sind den Beteiligten solche sogar bekannt, sollten hierzu weitergehende Regelungen in den Grundstückskaufvertrag aufgenommen werden.[17]

7. Besitzübergabe, Übergang von Nutzungen, Lasten und Gefahr

92 Das Gesetz sieht vor, dass die Gefahr des zufälligen Untergangs und der zufälligen Verschlechterung mit Übergabe der Sache auf den Käufer übergeht und dass ihm ab diesem Zeitpunkt auch die Nutzungen gebühren und er die mit der Sache verbundenen Lasten zu tragen hat (§ 446 BGB). Nutzungen (§ 100 BGB) sind z.B. die Miete oder der Gebrauchsvorteil im Fall der Eigennutzung. Lasten (§ 103 BGB) sind z.B. die Grundsteuern sowie die Prämien der Gebäudeversicherung.

Im Grundstückskaufvertrag wird ausdrücklich geregelt, wann der Besitz, die Nutzungen, die Lasten und die Gefahr des zufälligen Untergangs oder der zufälligen Verschlechterung des Grundstücks auf den Käufer übergehen (sogenannter „wirtschaftlicher Übergang"). Häufig ist vorgesehen, dass der wirtschaftliche Übergang des Grundstücks auf den Käufer mit vollständiger Kaufpreiszahlung erfolgt. Denkbar ist aber auch, die Lasten bereits ausdrücklich mit Kaufpreisfälligkeit auf den Käufer übergehen zu lassen. Auf diese Weise wird klargestellt, dass der Käufer sich dem Lastenübergang nicht durch eine verspätete Kaufpreiszahlung entziehen kann. Anderenfalls wäre diese Frage auf der Ebene des Verzugsschadens des Verkäufers wegen Zahlungsverzugs des Käufers zu behandeln.

93 *Muster:*

Auf den Käufer gehen über der Besitz und die Nutzungen, die privaten und öffentlichen Lasten, die Gefahr und alle Rechte und Pflichten aus den Kaufgegenstand betreffenden Versicherungen sowie die Verkehrssicherungspflichten mit Wirkung zum Tag der vollständigen Kaufpreiszahlung.

94 *Muster:*

Auf den Käufer gehen über der Besitz und die Nutzungen, die Gefahr, die Verkehrssicherungspflichten sowie alle Rechte und Pflichten aus den den Kaufgegenstand betreffenden Versicherungen mit Wirkung zum Tag der vollständigen Kaufpreiszahlung. Die öffentlichen und privaten Lasten hat der Käufer bereits ab der Fälligkeit des Kaufpreises zu tragen.

Vom Übergang dieser Rechte und Pflichten ist der Übergang des Eigentums zu unterscheiden. Meistens tritt der Käufer in die Rechte und Pflichten aus dem Grundstück ein, bevor er als neuer Eigentümer in das Grundbuch eingetragen worden ist.

Dass der Besitzübergang unmittelbar nach vollständiger Kaufpreiszahlung erfolgt, ist Ausdruck des Grundsatzes, dass der Austausch von Leistung (Verschaffung von Besitz und Eigentum am Grundstück) und Gegenleistung (Kaufpreiszahlung) grundsätzlich Zug-um-Zug erfolgen soll. Da aber die Eigentumsumschreibung im Grundbuch und damit der rechtliche Eigentumserwerb durch den Käufer nach Kaufpreiszahlung noch einige Zeit in Anspruch nehmen, soll der Käufer nach der Kaufpreiszahlung zumindest schon das „wirtschaftliche Eigentum" an dem erworbenen Grundbesitz erhalten. Dieser Überlegung tragen die vorstehenden Musterformulierungen Rechnung.

Im Einzelfall kann es von den Beteiligten ausdrücklich gewünscht sein, dass der Besitzübergang schon vor der Kaufpreiszahlung erfolgt. Dann erbringt der Verkäufer jedoch eine ungesicherte Vorleistung,

---

17 Vgl. hierzu etwa *Krauß*, Immobilienkaufverträge in der Praxis, 9. Aufl. 2020, Rn 3810 ff.

weil er den Besitz einräumt, ohne den Kaufpreis erhalten zu haben. Zahlt der Käufer den Kaufpreis nicht und tritt der Verkäufer deshalb vom Kaufvertrag zurück, trägt der Verkäufer vor allem das Risiko eines Räumungsprozesses, falls der Käufer bereits in den Kaufgegenstand eingezogen ist und diesen nicht freiwillig wieder räumt. Der Notar wird von einem Besitzübergang vor Kaufpreiszahlung deshalb grundsätzlich abraten. Sollten die Beteiligten dennoch einen sofortigen Besitzübergang wünschen, ist auf die damit verbundenen Risiken hinzuweisen. Zudem hat der Notar auf Sicherungsmöglichkeiten zur Abmilderung bestehender Risiken hinzuweisen (Anzahlung auf den Kaufpreis vor Besitzübergang, Hinterlegung des Kaufpreises auf Notaranderkonto etc.).

Nicht unüblich sind in der Praxis sogenannte „Renovierungsklauseln", die es dem Käufer erlauben, den Kaufgegenstand schon vor erfolgter Kaufpreiszahlung zu renovieren bzw. renovieren zu lassen. Der Käufer ist bei dieser Gestaltung jedoch nicht berechtigt, den Kaufgegenstand vor vollständiger Kaufpreiszahlung zu beziehen oder durch Dritte nutzen zu lassen. Diese Einschränkungen mildern das Vorleistungsrisiko des Verkäufers im Vergleich zum sofortigen Besitzübergang zumindest teilweise ab. Ist eine solche Renovierungsklausel im Einzelfall gewünscht, hat der Notar dennoch auf die ungesicherte Vorleistung des Verkäufers und damit verbundene Risiken hinzuweisen und Sicherungsmöglichkeiten (s.o.) aufzuzeigen.

Besitzübergabe bedeutet grundsätzlich:

95

Verschaffung der tatsächlichen Gewalt über das Grundstück (§ 854 Abs. 1 BGB).

Die Einräumung der tatsächlichen Gewalt über das Grundstück, d.h. die Übergabe aller vorhandenen Schlüssel nach vollständiger Räumung, setzt allerdings voraus, dass der Verkäufer dieses tatsächlich auch im Besitz hat. Übernimmt der Käufer das Grundstück im vermieteten Zustand, ist dies nicht der Fall. Die tatsächliche Sachherrschaft hat dann der Mieter. Er ist der unmittelbare (Fremd-)Besitzer im Sinne von § 854 Abs. 1 BGB. Der Verkäufer ist dann der mittelbare (Eigen-)Besitzer des Grundstücks, weil ihm sein Besitz durch den über die unmittelbare Sachherrschaft verfügenden Mieter „vermittelt" wird (§ 868 BGB). In diesem Fall kann der Verkäufer dem Käufer auch keinen unmittelbaren Besitz verschaffen, da dieser ja beim Mieter verbleibt. Die „Übergabe" des mittelbaren Besitzes erschöpft sich dann darin, dass Käufer und Verkäufer sich einig sind, dass der Mieter künftig nicht mehr dem Verkäufer sondern dem Käufer den Besitz „vermittelt" und der Mieter deshalb insbesondere verpflichtet ist, den Kaufgegenstand nach einer etwaigen Beendigung des Mietverhältnisses nicht mehr an den Verkäufer sondern an den Käufer herauszugeben.

Bei Eigennutzung des Kaufgegenstandes durch den Verkäufer ist eine Regelung zur Räumungs- und Besitzverschaffungspflicht des Verkäufers in den Kaufvertrag aufzunehmen:

96

Muster:

Der Verkäufer verpflichtet sich, das Kaufobjekt bis spätestens zum (...) vollständig zu räumen und dem Käufer die Räumung unverzüglich anzuzeigen. Der Verkäufer hat den Kaufgegenstand an den Käufer sodann unter der Voraussetzung der vollständigen Kaufpreiszahlung besenrein und mit allen Schlüsseln zu übergeben. Wegen seiner Verpflichtung zur Räumung und zur Besitzübergabe unterwirft sich der Verkäufer der sofortigen Zwangsvollstreckung aus dieser Urkunde. Der Notar ist ermächtigt, dem Käufer nach dem (...) auf Antrag ohne weitere Nachweise eine vollstreckbare Ausfertigung dieser Urkunde hinsichtlich der Räumungspflicht zu erteilen. Eine vollstreckbare Ausfertigung hinsichtlich der Pflicht zur Besitzübergabe kann dem Käufer auf Antrag jedoch erst dann erteilt werden, wenn dem Notar die Kaufpreiszahlung nachgewiesen wurde.

8. Öffentliche Lasten, insbesondere Regelungen zu Erschließungskosten

Wie bereits erwähnt (siehe Rdn 81 ff.), haftet der Verkäufer kraft Gesetzes nicht für die Freiheit des Grundstücks von öffentlichen Lasten, die nicht im Grundbuch eingetragen sind (§ 436 Abs. 2 BGB). Hierunter fallen z.B. die Grundsteuer oder Müllabfuhrgebühren. In Ermangelung anderer Vereinbarungen trägt der Käufer alle nach der Übergabe des Grundstücks fällig werdenden öffentlich-rechtlichen Lasten

97

(§§ 446, 103 BGB). § 436 Abs. 1 BGB sieht hinsichtlich der Erschließungs- und Anliegerbeiträge eines Grundstücks eine Kostenteilung vor. Danach ist der Verkäufer – soweit nichts anderes vereinbart ist – verpflichtet, Erschließungs- und Anliegerbeiträge für die Maßnahmen zu tragen, die bis zum Tage der Beurkundung bautechnisch begonnen sind, unabhängig vom Zeitpunkt des Entstehens der Beitragsschuld.

Um bösen Überraschungen vorzubeugen, sollte die Tragung der Erschließungskosten im Kaufvertrag klar geregelt werden. Denn in der Praxis kommt es leider immer wieder vor, dass Erschließungsanlagen schon lange fertiggestellt sind, entsprechende Gebührenbescheide aber erst Jahre später an die Eigentümer der betroffenen Grundstücke ergehen. Besondere Abgrenzungsschwierigkeiten hinsichtlich der Lastentragung zwischen Käufer und Verkäufer können sich zudem ergeben, wenn die tatsächliche Herstellung oder Erneuerung von Erschließungsanlagen zum Zeitpunkt der Veräußerung gerade stattfindet.

Abgabepflichten aufgrund gemeindlicher Erschließungsmaßnahmen können aufgrund unterschiedlicher Rechtsgrundlagen entstehen. Zum einen sieht § 127 Abs. 2 BauGB Erschließungsbeiträge für bestimmte Erschließungsanlagen vor (Straßen, Wege, Plätze, Parkflächen, Grünanlagen, Immissionsschutzanlagen usw.). Hinzu kommen Straßenausbau- und Anschlussbeiträge sowie Kostenerstattungsansprüche für den Haus- bzw. Grundstücksanschluss an Ver- und Entsorgungsanlagen nach Maßgabe der Kommunalabgabengesetze der Länder (vgl. z.B. §§ 8, 10 Kommunalabgabengesetz (KAG) NW).

Die Abgaben gemäß §§ 127 ff. BauGB sowie die Straßenausbau- und Anschlussbeiträge gemäß § 8 KAG NW ruhen kraft Gesetzes als öffentliche Last auf dem betreffenden Grundbesitz (§ 134 Abs. 2 BauGB, § 8 Abs. 9 KAG NW). Somit kann jeder (auch spätere) Eigentümer auf Zahlung dieser Abgaben in Anspruch genommen werden (vgl. auch § 134 Abs. 1 BauGB). Für Kostenersatzansprüche gemäß § 8 KAG NW gilt dies nicht.

Die Erschließungsbeitragspflicht entsteht grundsätzlich mit der endgültigen Herstellung der Erschließungsanlage bzw. sobald der Anschluss an eine leitungsgebundene Einrichtung oder Anlage erfolgen kann (§ 133 Abs. 2 BauGB, § 8 Abs. 7 KAG NW).

Beitragsschuldner ist jedenfalls nach dem BauGB, wer im Zeitpunkt der Zustellung des Beitragsbescheides Eigentümer ist (§ 134 Abs. 1 BauGB).

Einige Formulierungsvorschläge für die Tragung von Erschließungsbeiträgen sind im nachstehenden Gesamtmuster (vgl. Rdn 127) enthalten.

9. Kosten und Steuern

a) Kosten

98 Nach dem Gesetz hat der Käufer „die Kosten der Beurkundung des Kaufvertrages und der Auflassung, der Eintragung ins Grundbuch und der zu der Eintragung erforderlichen Erklärungen" zu tragen (§ 448 Abs. 2 BGB). Vermessungs- und Löschungskosten (§§ 448 Abs. 1, 433 Abs. 1, 435 S. 1, 442 Abs. 2 BGB) hat der Verkäufer zu tragen, es sei denn, der Käufer übernimmt diese Kosten. Die gesetzlichen Regeln über die Kostentragung sind nicht zwingend; die Beteiligten können eine abweichende Vereinbarung treffen. Im Kaufvertrag sollte die Kostentragungspflicht in jedem Fall genau geregelt werden. Demzufolge ist zu klären, wer die Kosten zu tragen hat für

- die Beurkundung des Vertrages;
- die Lastenfreistellung (einschließlich diesbezüglicher Treuhand- und Vollzugstätigkeiten des Notars);
- die Genehmigungen von vertretenen Beteiligten;
- die behördlichen Genehmigungen und Erklärungen;
- die Vermessung (beim Teilflächenkauf);
- die Verwahrung des Kaufpreises auf einem Notaranderkonto;
- den Grundbuchvollzug.

Es sollte im Kaufvertrag auch eine Aussage dazu getroffen werden, wer anfallende Steuern (insbesondere die Grunderwerbsteuer) zu tragen hat (vgl. dazu Rdn 100 ff.).

Regelungen zu Kosten und Steuern beziehen sich allerdings nur auf das Innenverhältnis zwischen den Beteiligten. Im Außenverhältnis haften die Beteiligten für Kosten und Steuern als Gesamtschuldner (§ 13 Nr. 1 GrEStG, § 11 Abs. 2 GrStG, §§ 30, 32 Abs. 1 GNotKG). Darauf sollte der Notar die Beteiligten hinweisen.

Eine solche Klausel könnte etwa lauten: **99**

Muster:

Die mit dieser Urkunde und ihrem Vollzug verbundenen Kosten einschließlich der Kosten und Gebühren der erforderlichen behördlichen und privaten Genehmigungen und Erklärungen sowie die Grunderwerbsteuer gehen zu Lasten des Käufers. Die Treuhandgebühren sowie die Kosten, welche das Grundbuchamt und die Gläubiger des Verkäufers für die Löschung nicht übernommener Belastungen in Rechnung stellen, gehen zu Lasten des Verkäufers.

Der Notar hat auf die gesamtschuldnerische Haftung für die den Kaufgegenstand treffenden Steuern, die Grunderwerbsteuer und die Kosten hingewiesen.

b) Steuern

Im Zusammenhang mit einem Grundstückskaufvertrag können folgende Steuerarten von Belang sein: **100**

- Grunderwerbsteuer,
- Schenkungsteuer,
- Einkommensteuer,
- Grundsteuer.

Die **Grunderwerbsteuer** wird aufgrund des Grunderwerbsteuergesetzes (GrEStG) erhoben. Die Steuer- **101** pflicht knüpft u.a. an den Kaufvertrag über ein inländisches Grundstück oder ein anderes Rechtsgeschäft an, das den Anspruch auf Übereignung eines inländischen Grundstücks begründet; an die Auflassung, wenn ein schuldrechtlicher Vertrag nicht vorausgegangen ist (§ 1 Abs. 1 Ziff. 1 und 2 GrEStG). Erbbaurechte stehen Grundstücken gleich (§ 2 GrEStG).

Die Steuer betrug für das gesamte Bundesgebiet früher einheitlich 3,5 %. Seit 2006 dürfen die Bundesländer den Steuersatz selbst festlegen. Von dieser Möglichkeit hat ein Großteil der Länder bereits Gebrauch gemacht. Die aktuellen Grunderwerbsteuersätze betragen:[18]

In Prozent	Bundesländer
3,5	Bayern, Sachsen
4,5	Hamburg
5,0	Baden-Württemberg, Bremen, Mecklenburg-Vorpommern, Rheinland-Pfalz, Sachsen-Anhalt, Niedersachsen
6,0	Berlin, Hessen
6,5	Schleswig-Holstein, Nordrhein-Westfalen, Thüringen, Brandenburg, Saarland

Die Steuer bemisst sich grundsätzlich nach dem Wert der Gegenleistung (§ 8 Abs. 1 GrEStG). Beim Kauf **102** ist dies der Kaufpreis einschließlich der vom Käufer übernommenen sonstigen Leistungen und der dem Verkäufer vorbehaltenen Nutzungen (§ 9 Abs. 1 Nr. 1 GrEStG). Beim Erwerb eines Erbbaurechts ist dem zusätzlich der kapitalisierte Erbbauzins hinzuzurechnen (§ 9 Abs. 2 Nr. 2 GrEStG). Der jährliche Erbbauzins ist gemäß § 13 Abs. 1 BewG i.V.m. Anl. 9a BewG ab Beginn der Erbbauzinszahlungspflicht durch den **Erwerber** für die Restlaufzeit zu kapitalisieren. Der kapitalisierte Erbbauzins beträgt höchstens das 18,6-fache des Jahreserbbauzinses (bei einer Restlaufzeit von mehr als 101 Jahren). Daher würde bei einem Kaufpreis für das Erbbaurecht von 300.000 EUR und einer Restlaufzeit des Erbbaurechts von 62 Jahren (zu zahlender Jahreserbbauzins: 2.000 EUR) der der Berechnung der Grunderwerbsteuer zugrunde zu legende Wert betragen:

---

18 Vgl. die unter www.dnoti.de in der Rubrik Arbeitshilfen/Steuerrecht/Besteuerung von Immobiliengeschäften abrufbare Übersicht „Aktuelle Grunderwerbsteuersätze (Stand: 28.3.2019)".

Berechnungsbeispiel

Kaufpreis	300.000 EUR
Kapitalisierter Erbbauzins gem. Anl. 9a BewG: 2.000 EUR × 18,006 =	36.012 EUR
	336.012 EUR
Davon 6,5 % =	21.840,78 EUR
abgerundet gem. § 11 Abs. 2 GrEStG auf	16.800 EUR

Der Steueranspruch entsteht, nachdem der Kaufvertrag wirksam geworden ist; sofern behördliche Genehmigungen erforderlich sind, also erst nach deren Erteilung. Steuerschuldner sind der Verkäufer und der Käufer, und zwar als Gesamtschuldner (§ 13 Nr. 1 GrEStG). Im Innenverhältnis trägt der **Käufer** regelmäßig die Grunderwerbsteuer allein (vgl. auch oben Rdn 98 f.).

103   Unter bestimmten Voraussetzungen wird bei der Rückabwicklung eines Kaufvertrages oder beim Rückerwerb des Grundbesitzes nach erfolgter Eigentumsumschreibung die Grunderwerbsteuer auf Antrag nicht festgesetzt oder die Steuerfestsetzung aufgehoben (§ 16 GrEStG).

Das GrEStG sieht insbesondere in den §§ 3 bis 7 zahlreiche Steuerbefreiungstatbestände vor. In der notariellen Praxis sind vor allem die folgenden Steuerbefreiungen regelmäßig von Bedeutung:

- Bagatellfälle – maßgebender Wert des Grundstücks beträgt nicht mehr als 2.500 EUR – (§ 3 Nr. 1 GrEStG); übersteigt die Gegenleistung diese **Freigrenze** (**kein Freibetrag**) – wenn auch nur geringfügig –, so ist GrESt von der **gesamten** Gegenleistung zu zahlen. Werden mehrere Grundstücke oder Miteigentumsanteile (z.B. durch Ehegatten – je zur Hälfte –) erworben, so gilt die Freigrenze von 2.500 EUR für den Erwerb **jedes** Grundstücks oder **jedes** Miteigentumsanteils;
- Grundstückserwerbe von Todes wegen und Grundstücksschenkungen unter Lebenden im Sinne des Erbschaft- und Schenkungsteuergesetzes (§ 3 Nr. 2 S. 1 GrEStG), wobei die Steuerbefreiung für Schenkungen unter einer Auflage nur eingeschränkt gilt (§ 3 Nr. 2 S. 1 GrEStG);
- Erwerbe zum Nachlass gehöriger Grundstücke durch Miterben zur Teilung des Nachlasses (§ 3 Nr. 3 S. 1 GrEStG); den Miterben stehen deren Ehegatten und Lebenspartner und unter gewissen Voraussetzungen auch der Ehegatte oder Lebenspartner des Erblassers gleich (§ 3 Nr. 3 S. 2 und 3 GrEStG);
- Grundstückserwerbe durch den Ehegatten oder den Lebenspartner des Veräußerers (§ 3 Nr. 4 GrEStG) sowie durch den früheren Ehegatten oder Lebenspartner im Rahmen der Vermögensauseinandersetzung nach der Scheidung bzw. nach der Aufhebung der Lebenspartnerschaft (§ 3 Nr. 5, 5a GrEStG);
- Grundstückserwerbe durch Personen, die mit dem Veräußerer in gerader Linie verwandt sind oder deren Verwandtschaft durch die Annahme als Kind bürgerlich-rechtlich erloschen ist; den Abkömmlingen stehen Stiefkinder gleich; den vorgenannten Personen stehen deren Ehegatten oder Lebenspartner gleich (§ 3 Nr. 6 GrEStG);
- bestimmte Grundstückserwerbe durch bzw. von einer Gesamthand (§§ 5, 6 GrEStG);
- Steuerbefreiungen für Umstrukturierungen im Konzern (§ 6a GrEStG).

Zur Mitteilungspflicht des Notars gegenüber der Grunderwerbsteuerstelle des Finanzamts und zur Unbedenklichkeitsbescheinigung vgl. § 1 Rdn 119 ff.

104   **Schenkungsteuer** kann bei einem normalen Grundstückskaufvertrag nicht anfallen, da keine Schenkung im Sinne des Erbschaftsteuer- und Schenkungsteuergesetzes vorliegt. Allerdings kann dann – gegebenenfalls neben der Grunderwerbsteuer – Schenkungsteuer anfallen, wenn es sich bei dem Vertrag um eine gemischte Schenkung handelt, d.h. wenn der Kaufpreis den Verkehrswert des Kaufgegenstandes unterschreitet (vgl. Rdn 135 ff.).

Beispiel

Ein Grundstück mit einem Verkehrswert von 100.000 EUR wird für 50.000 EUR verkauft. Hier ist – wenn kein Befreiungsgrund gegeben ist – von 50.000 EUR Grunderwerbsteuer und bezogen auf den Wert der geschenkten anderen Hälfte Schenkungsteuer zu entrichten.

Einkommensteuer fällt beim Verkauf eines Grundstücks in der Regel nicht an, weil kein Einkommen   **105**
erzielt, sondern lediglich das Vermögen umgeschichtet wird (Grund und Boden gegen Geld).

Allerdings kann bei einem privaten Veräußerungsgeschäft im Sinne von § 23 EStG Einkommensteuer
anfallen. Ein solches privates Veräußerungsgeschäft liegt grundsätzlich nur dann vor, wenn der Zeitraum
zwischen der Anschaffung und Veräußerung nicht mehr als zehn Jahre beträgt. Davon ausgenommen ist
jedoch Grundbesitz, der im Zeitraum zwischen Anschaffung oder Fertigstellung und Veräußerung ausschließlich zu eigenen Wohnzwecken oder im Jahr der Veräußerung und in den beiden vorangegangenen
Jahren zu eigenen Wohnzwecken genutzt wurde.

> *Beachte:*
>
> Maßgeblich für den Zeitpunkt der Anschaffung im Sinne von § 23 EStG ist das **Datum des Vertrags-
> schlusses** (und nicht der Zeitpunkt des Besitz- oder Eigentumsübergangs). Weiter zu differenzieren ist
> jedoch bei solchen Verträgen, die nicht sofort wirksam werden, weil es weiterer Genehmigungen be-
> darf (z.B. aufgrund vollmachtloser Vertretung eines Beteiligten, behördlicher Genehmigungserfor-
> dernisse oder Zustimmungsvorbehalte Dritter) und bei Gestaltungen, die bei wirtschaftlicher Betrach-
> tungsweise das Ergebnis eines Verkaufs bereits vorwegnehmen.[19]

Liegt ein privates Veräußerungsgeschäft vor, ist die Differenz zwischen dem Veräußerungspreis und den
Aufwendungen für den veräußerten Grundbesitz (Anschaffungs- bzw. Herstellungs- sowie Werbungskosten) zu versteuern.

Ist dem Notar bekannt, dass ein privates Veräußerungsgeschäft im Sinne des § 23 EStG vorliegt und die
Anschaffungskosten des Verkäufers unter dem Verkaufspreis liegen, muss er grundsätzlich auf damit
etwa verbundene steuerliche Folgen hinweisen.[20]

Beim Verkauf eines Grundstücks haftet der Käufer neben dem Verkäufer als Gesamtschuldner für die auf   **106**
das Grundstück entfallende, an die zuständige Gemeinde zu zahlende **Grundsteuer**. Der Käufer haftet
nicht nur mit dem Grundstück, sondern auch persönlich mit seinem ganzen Vermögen für diese Steuer,
allerdings nur für das laufende und das vorangegangene Kalenderjahr (§ 11 Abs. 2 GrStG, vgl. auch
Rdn 98).

10. Auflassung, Grundbucheintragung und Überprüfung der Eintragungsnachrichten

Zur Übertragung des Eigentums an einem Grundstück ist die Einigung des Verkäufers und des Käufers   **107**
über den Übergang des Eigentums erforderlich (§ 873 BGB). Diese Einigung heißt Auflassung (§ 925
BGB). Sie muss bei gleichzeitiger, jedoch nicht persönlicher Anwesenheit der Beteiligten zu Protokoll
erklärt werden, bloße Beglaubigung genügt nicht. Eine Trennung in Angebot und Annahme ist bei der
Auflassung also nicht möglich, weil sie gleichzeitig erfolgen muss. Jedoch kann sie durch Bevollmächtigte oder durch Vertreter ohne Vertretungsmacht erklärt werden. Käufer und Verkäufer können durch
einen Bevollmächtigten (z.B. Notariatsangestellten) vertreten werden. Der Notar soll die Auflassung
nur beurkunden, wenn der notarielle Kauf-, Tausch-, Schenkungsvertrag o.Ä. vorgelegt oder gleichzeitig
errichtet wird (§ 925a BGB). Die Auflassung muss unbedingt und unbefristet erklärt werden (§ 925 Abs. 2
BGB). Das aufgelassene Grundstück ist genau zu bezeichnen (§ 28 GBO).

---

19 Vgl. *Krauß*, Immobilienkaufverträge in der Praxis, 9. Aufl. 2020, Rn 5514.
20 BGH DNotZ 1989, 452.

108   *Muster einer vom Kaufvertrag getrennt beurkundeten Auflassung:*

Verhandelt (...)

Vor Notar (...)

erschienen:

1. (Verkäufer)
2. (Käufer)

beide dem Notar bekannt.

Sie erklärten:

Durch Vertrag vom (...) – UR.Nr. (...) für 20(...) des Notars (...) – hat (Verkäufer) an (Käufer) das im Grundbuch von (...) Blatt (...) eingetragene Grundstück Flur (...) Flurstück (...) verkauft.

Die Beteiligten sind sich einig, dass das Eigentum an diesem Grundstück auf den Käufer (oder die Käufer zu je ½ Anteil) übergeht und bewilligen die Umschreibung im Grundbuch.

Der Antrag der Beteiligten (§ 13 GBO) braucht nicht mitbeurkundet zu werden, weil der Notar zur Antragstellung befugt ist (§ 15 GBO).

109   Ein noch zu vermessendes, genau bezeichnetes Teilstück kann bereits aufgelassen werden. Dann muss nach Vermessung und katasteramtlicher Fortschreibung aber zusätzlich eine sogenannte Identitätserklärung abgegeben werden, damit die Umschreibung im Grundbuch erfolgen kann. Zweckmäßigerweise erteilen sich hierzu die Beteiligten wechselseitig oder dem beurkundenden Notar Vollmacht. Eine solche Identitätserklärung hat etwa folgenden Wortlaut:

Muster:

In der Urkunde vom (...) – UR.Nr. (...) – hat (Verkäufer) an (Käufer) das dort näher bezeichnete Teilstück aus dem im Grundbuch von (...) Blatt (...) eingetragenen Flurstück (...) verkauft und aufgelassen.

Als Bevollmächtigter der Beteiligten erkläre ich, dass das aufgelassene Grundstück jetzt folgende Bezeichnung führt:

Flur (...), Flurstück (...), groß (...)

Der Verkäufer bewilligt, den Käufer als Eigentümer des bezeichneten Grundstücks in das Grundbuch einzutragen.

(...), den (...)   – Beglaubigungsvermerk –

Ist der Notar von den Beteiligten zur Abgabe der Identitätserklärung bevollmächtigt, genügt die unterzeichnete und mit dem Amtssiegel versehene notarielle Eigenurkunde (vgl. § 3 Rdn 179 ff.).

110   Es ist alternativ auch möglich, das noch zu vermessende Teilstück erst nach Vorliegen der Katasterunterlagen aufzulassen und im Kaufvertrag Vollmacht zur Erklärung der Auflassung zu erteilen.

Muster einer Auflassungsvollmacht:

Die Beteiligten bevollmächtigen Herrn (...) und Frau (...), und zwar jeden von ihnen einzeln und unter Befreiung von den Beschränkungen des § 181 BGB, für sie die Auflassung zu erklären und zur vertragsgemäßen Durchführung des Erwerbs erforderlich werdende oder zweckmäßig erscheinende Erklärungen abzugeben und entgegenzunehmen.

Die Auflassung genügt nicht zur Übertragung des Eigentums. Daneben ist noch die Eintragung des Käufers in das Grundbuch erforderlich (§ 873 Abs. 1 BGB). Den Umschreibungsantrag stellt gewöhnlich der

Notar, wenn die erforderlichen Unterlagen (z.B. behördliche Genehmigungen, Vorkaufsrechtsverzichtserklärungen bzw. entsprechende Negativerklärungen, Bestätigung der Kaufpreiszahlung, Unbedenklichkeitsbescheinigung des Finanzamts) vorliegen.

Das Grundbuchamt benachrichtigt nach der Eintragung des Käufers als Eigentümer hierüber den Notar, **111** den Verkäufer und den Käufer (§ 55 GBO). Der Eigentumswechsel soll auch denen, die ein dingliches Recht an dem Grundstück haben, bekannt gemacht werden. Hat der Notar nach § 15 GBO im Namen der Beteiligten den Antrag gestellt, so erhält grundsätzlich er – und **nur er** – die für sie bestimmten Grundbuchnachrichten.

Wenn auch der Notar grundsätzlich nicht zur Überwachung des grundbuchlichen Vollzuges verpflichtet ist,[21] so dürfte für ihn doch dann eine Überwachungspflicht bestehen, wenn er den Antrag nach § 15 GBO gestellt oder die Überwachung zumindest stillschweigend übernommen hat.

Der Notar ist somit verpflichtet, die Grundbuchnachrichten zu überprüfen und sie bei Verzögerungen anzumahnen.

11. Auflassungsvormerkung

Siehe Rdn 432 ff. **112**

12. Genehmigungserfordernisse

Siehe Rdn 231 ff. **113**

13. Gesetzliche Vorkaufsrechte

In Betracht kommen im Wesentlichen Vorkaufsrechte nach: **114**

- dem Baugesetzbuch,
- dem Reichssiedlungsgesetz,
- dem Gesetz über Naturschutz und Landschaftspflege (Bundesnaturschutzgesetz),
- § 577 BGB (Mietervorkaufsrecht),
- den Denkmalschutz- und Naturschutzgesetzen sowie Wald-, Wege- und Wassergesetzen.

a) Baugesetzbuch (BauGB)

Das **Baugesetzbuch** (BauGB) kennt zwei Arten von Vorkaufsrechten: **115**

(1) das *allgemeine Vorkaufsrecht* an bebauten und unbebauten Grundstücken (§ 24 BauGB)
- im Geltungsbereich eines Bebauungsplans, soweit es sich um Flächen handelt, für die nach dem Bebauungsplan eine Nutzung für öffentliche Zwecke oder für Flächen oder Maßnahmen zum Ausgleich im Sinne des § 1a Abs. 3 BauGB festgesetzt ist,
- in einem Umlegungsgebiet,
- in einem förmlich festgelegten Sanierungsgebiet und städtebaulichen Entwicklungsbereich,
- im Geltungsbereich einer Satzung zur Sicherung von Durchführungsmaßnahmen des Stadtumbaus und einer Erhaltungssatzung,
- im Geltungsbereich eines Flächennutzungsplans, soweit es sich um unbebaute Flächen im Außenbereich handelt, für die nach dem Flächennutzungsplan eine Nutzung als Wohnbaufläche oder Wohngebiet dargestellt ist,
- in Gebieten, die nach §§ 30, 33 oder 34 Abs. 2 BauGB vorwiegend mit Wohngebäuden bebaut werden können, soweit die Grundstücke unbebaut sind, sowie
- in Gebieten, die zum Zweck des vorbeugenden Hochwasserschutzes von Bebauung freizuhalten sind, insbesondere in Überschwemmungsgebieten.

---

21 BGH DNotZ 1958, 557.

(2) das durch Satzung begründete *besondere Vorkaufsrecht* (§ 25 BauGB)

- im Geltungsbereich eines Bebauungsplanes an unbebauten Grundstücken,
- in Gebieten, in denen die Gemeinde städtebauliche Maßnahmen in Betracht zieht, zur Sicherung einer geordneten städtebaulichen Entwicklung.

116 Ein Vorkaufsrecht gemäß §§ 24, 25 BauGB darf nur ausgeübt werden, wenn das Wohl der Allgemeinheit dies rechtfertigt (§§ 24 Abs. 3 S. 1, 25 Abs. 2 S. 1 BauGB).

Nach § 28 Abs. 2 BauGB kann das Vorkaufsrecht nur innerhalb von **zwei Monaten** nach Mitteilung des rechtswirksamen Kaufvertrages durch Verwaltungakt gegenüber dem Verkäufer ausgeübt werden.

Das Grundbuchamt darf bei Kaufverträgen den Käufer als Eigentümer in das Grundbuch nur eintragen, wenn ihm die Nichtausübung oder das Nichtbestehen des Vorkaufsrechts nachgewiesen ist (§ 28 Abs. 1 S. 2 BauGB). Hieraus folgt die Belehrungspflicht des Notars darüber, dass dem Grundbuchamt bei der Eigentumsumschreibung ein entsprechender Nachweis vorzulegen ist.

Im § 28 BauGB sind Verfahren und Entschädigung für die Ausübung des Vorkaufsrechts geregelt. Danach kann z.B. die Gemeinde den zu zahlenden Betrag nach dem Verkehrswert des Grundstücks (§ 194 BauGB) im Zeitpunkt des Kaufes bestimmen, wenn der vereinbarte Kaufpreis den Verkehrswert in einer dem Rechtsverkehr erkennbaren Weise deutlich überschreitet (§ 28 Abs. 3 BauGB). Der Preis für das Grundstück bemisst sich nach dem Entschädigungswert, wenn die Gemeinde das Vorkaufsrecht im Geltungsbereich eines Bebauungsplanes zum Erwerb einer für öffentliche Zwecke bestimmten Fläche ausübt (§ 24 Abs. 1 S. 1 Nr. 1 BauGB), der Erwerb des Grundstücks zur Verwirklichung des Bebauungsplans erforderlich ist und die Fläche enteignet werden könnte (§ 28 Abs. 4 BauGB).

117 Das Vorkaufsrecht entsteht nur bei Abschluss eines **Kaufvertrages** über den betreffenden Grundbesitz. Ein Vorkaufsrecht gemäß §§ 24, 25 BauGB scheidet deshalb insbesondere bei folgenden Rechtsgeschäften aus:

- einer (gemischten) Schenkung,
- einem Tausch,
- der Bestellung eines Erbbaurechts,
- einer Erbauseinandersetzung über Grundbesitz,
- der Einbringung von Grundbesitz in eine Gesellschaft,
- der Übertragung von Anteilen an einer Grundbesitzgesellschaft,
- der Veräußerung eines Miteigentumsanteils an einen Miteigentümer (da dieser nicht Dritter im Sinne des § 463 BGB ist).

In diesen Fällen kann das Grundbuchamt die Vorlage einer Erklärung der Gemeinde zum Vorkaufsrecht nicht verlangen.

118 Nach § 26 Nr. 1 BauGB ist die Ausübung des Vorkaufsrechts **ferner ausgeschlossen**, wenn der Eigentümer das Grundstück an seinen Ehegatten oder an eine Person verkauft, die mit ihm in gerader Linie verwandt oder verschwägert oder in der Seitenlinie bis zum dritten Grad verwandt ist (wegen der Verwandtschafts- und Schwägerschaftsverhältnisse siehe Rdn 629 ff.).

Weitere Ausschließungsgründe ergeben sich aus § 26 Nr. 2 bis 4 BauGB.

119 Das Vorkaufsrecht steht der Gemeinde nicht zu beim Kauf von **Rechten nach dem Wohnungseigentumsgesetz und von Erbbaurechten** (§§ 24 Abs. 2, 25 Abs. 2 BauGB).

120 Zumindest in den Fällen der §§ 24 Abs. 2, 25 Abs. 2, 26 Nr. 1 BauGB (sog. Verwandten- und Verschwägertenprivileg) ist die Vorlage eines Negativattests beim Grundbuchamt nicht erforderlich. Voraussetzung ist jedoch, dass die erforderlichen Angaben im Kaufvertrag gemacht werden. Dies könnte z.B. wie folgt geschehen:

Muster:

...

erschienen:

1. Herr ...	– Verkäufer –
2. dessen Sohn, Herr ...	– Käufer –.

b) Reichssiedlungsgesetz (RSG)

Das Vorkaufsrecht gemäß § 4 Abs. 1 des **Reichssiedlungsgesetzes** (RSG) besteht, wenn ein landwirt- **121** schaftliches Grundstück oder Moor- und Ödland, das in landwirtschaftliche Kultur gebracht werden kann, durch Kaufvertrag veräußert wird und folgende weitere Voraussetzungen vorliegen:

- das verkaufte Grundstück hat eine Größe von mindestens zwei Hektar,[22]
- der Kaufvertrag bedarf einer Genehmigung nach dem Grundstückverkehrsgesetz (GVG) und die Genehmigung wäre nach Auffassung der zuständigen Behörde gemäß § 9 GVG zu versagen (die Genehmigung darf also weder erteilt noch versagt sein).

Das Vorkaufsrecht ist jedoch ausgeschlossen, wenn der Verkauf an eine Körperschaft des öffentlichen Rechts, an den Ehegatten oder an eine Person erfolgt, die mit dem Verkäufer in gerader Linie oder bis zum dritten Grade in der Seitenlinie verwandt oder bis zum zweiten Grade verschwägert ist (§ 4 Abs. 2 RSG).

Eine Vorkaufsrechtsverzichtserklärung braucht dem Grundbuchamt nicht vorgelegt zu werden, weil die Eintragung der Eigentumsänderung ohnehin nur möglich ist, wenn dem Grundbuchamt die rechtskräftig erteilte Genehmigung nach dem Grundstückverkehrsgesetz vorgelegt wird. Ist aber diese Genehmigung erteilt, kann ein Vorkaufsrecht nach dem RSG nicht mehr ausgeübt werden.

c) Gesetz über Naturschutz und Landschaftspflege (Bundesnaturschutzgesetz, BNatSchG)

Den Ländern steht nach § 66 Abs. 1 des am 1.3.2010 in Kraft getretenen Gesetzes über **Naturschutz und** **122** **Landschaftspflege (Bundesnaturschutzgesetz** – BNatSchG) – soweit sie hierauf nicht verzichtet oder § 66 BNatSchG für nichtanwendbar erklärt haben – ein Vorkaufsrecht zu an Grundstücken,

- die in Nationalparks, nationalen Naturmonumenten, Naturschutzgebieten oder als solchen einstweilig sichergestellten Gebieten liegen,
- auf denen sich Naturdenkmäler oder als solche einstweilig sichergestellte Gegenstände befinden,
- auf denen sich oberirdische Gewässer befinden.

Das Vorkaufsrecht darf nur ausgeübt werden, wenn dies aus Gründen des Naturschutzes und der Landschaftspflege einschließlich der Erholungsvorsorge erforderlich ist (§ 66 Abs. 2 BNatSchG). Es kann nur innerhalb einer Frist von zwei Monaten nach Mitteilung des rechtswirksamen Kaufvertrages ausgeübt werden (§ 66 Abs. 3 S. 4 BNatSchG, § 469 Abs. 2 S. 1 BGB).

Das Vorkaufsrecht erstreckt sich nicht auf einen Verkauf, der an einen Ehegatten, eingetragenen Lebenspartner oder einen Verwandten ersten Grades erfolgt (§ 66 Abs. 3 S. 5 BNatSchG).

Auf Antrag kann das Vorkaufsrecht von den Ländern auch zugunsten von Körperschaften und Stiftungen des öffentlichen Rechts und anerkannten Naturschutzvereinigungen ausgeübt werden (§ 66 Abs. 4 BNatSchG).

Eine Verzichtserklärung oder ein Negativattest braucht mit dem Umschreibungsantrag dem Grundbuchamt nicht vorgelegt zu werden, da das Vorkaufsrecht **keine Grundbuchsperre** bewirkt. Allerdings hat

---

22 In **Bayern** mindestens 1 Hektar (Art. 3 des Gesetzes zur Sicherung der bäuerlichen Agrarstruktur (BayAgrG) vom 13.12.2016, das am 1.1.2017 in Kraft getreten ist); in **Baden-Württemberg** gilt statt § 4 RSG das Vorkaufsrecht gemäß §§ 17 ff. Agrarstrukturverbesserungsgesetz (ASVG), welches unter gewissen Voraussetzung bereits bei der Veräußerung von Grundstücksflächen mit einer Mindestgröße von 10 Ar ausgeübt werden kann (vgl. § 17 Abs. 1 S. 3 ASVG).

das Vorkaufsrecht Vormerkungswirkung (§ 66 Abs. 3 S. 4 BNatSchG, § 1098 Abs. 2 BGB) und kann deshalb auch noch nach erfolgter Eigentumsumschreibung gegen den Käufer durchgesetzt werden.

123   Das Vorkaufsrecht gemäß § 66 BNatSchG lässt abweichende Vorschriften der Länder ausdrücklich unberührt (§ 66 Abs. 5 BNatSchG). Das Verhältnis zwischen den naturschutzrechtlichen Vorkaufsrechten der Landesgesetzgeber und dem Vorkaufsrecht gemäß § 66 BNatSchG ist ungeachtet dessen nicht abschließend geklärt.[23]

Zum Konkurrenzverhältnis zwischen § 66 BNatSchG und dem zwischenzeitlich außer Kraft getretenen Vorkaufsrecht gemäß § 36a LG NRW hatte das Ministerium für Umwelt- und Naturschutz, Landwirtschaft und Verbraucherschutz des Landes Nordrhein-Westfalen am 25.2.2010 Folgendes mitgeteilt:

> *„Hinsichtlich des Vorkaufsrechts wird darauf hingewiesen, dass nach § 66 Abs. 5 BNatSchG abweichende Vorschriften der Länder unberührt bleiben. § 36a LG NRW gilt somit unverändert fort und verdrängt die bundesrechtliche Regelung des § 66 BNatSchG. Insofern tritt ab 1.3.2010 mit Inkrafttreten des BNatSchG in NRW keine Änderung der Rechtslage ein. Es bleibt dabei, dass dem Träger der Landschaftsplanung (das sind die Kreise und kreisfreien Städte) im Geltungsbereich eines Landschaftsplans ein Vorkaufsrecht beim Kauf von Grundstücken zusteht."*

Seit dem 16.7.2016 gilt § 36a LG NRW nicht mehr. Es wurde durch ein dinglich wirkendes Vorkaufsrecht gemäß § 74 Abs. 2 LNatSchG NW (i.V.m. § 66 BNatSchG) ersetzt. Das landesnaturschutzrechtliche Vorkaufsrecht besteht gemäß § 74 Abs. 1 LNatSchG NW allerdings nur, soweit das Grundstück zum Zeitpunkt des Vertragsschlusses in das vom Landesamt für Natur, Umwelt und Verbraucherschutz Nordrhein-Westfalen nach § 74 Abs. 6 S. 1 LNatSchG NW zu führende Vorkaufsrechtsverzeichnis eingetragen ist. Dieses elektronische Vorkaufsrechtsverzeichnis befindet sich derzeit noch im Aufbau und ist noch nicht veröffentlicht. Folglich kann ein naturschutzrechtliches Vorkaufsrecht gemäß § 74 Abs. 1 LNatSchG NW derzeit noch nicht bestehen.[24]

Sachsen hat § 66 BNatSchG für nicht anwendbar erklärt.

d) § 577 BGB

124   Nach § 577 BGB besteht ein **Vorkaufsrecht des Mieters** dann, wenn vermietete Wohnräume, an denen nach der **Überlassung** an den Mieter Wohnungseigentum begründet worden ist oder begründet werden soll, an einen Dritten verkauft werden. Dieses Vorkaufsrecht besteht jedoch nicht beim Verkauf der Wohnräume durch den Vermieter an einen Familienangehörigen oder an einen Angehörigen seines Haushalts. Das Vorkaufsrecht gilt nur für den ersten Verkaufsfall. Das Vorkaufsrecht erlischt durch den ersten Verkaufsfall selbst dann, wenn der Mieter beim Erstverkauf gar kein Vorkaufsrecht geltend machen konnte, weil es sich bei dem Erstverkauf um einen Vorgang handelte, der das Vorkaufsrecht nicht zum Entstehen gebracht hat (etwa bei einer Veräußerung im Rahmen der Zwangsversteigerung). Der Mieter kann das Vorkaufsrecht binnen zwei Monaten nach Mitteilung des **wirksamen** Kaufvertrages durch schriftliche Erklärung gegenüber dem Verkäufer ausüben (§§ 577 Abs. 1 S. 3, Abs. 3 i.V.m. 469 Abs. 2 S. 1 BGB). Eine Grundbuchsperre tritt nicht ein; mit dem Umschreibungsantrag braucht daher eine Vorkaufsrechtsverzichtserklärung oder ein Negativattest nicht vorgelegt zu werden.

e) Landesrechtliche Vorkaufsrechte

125   Landesrechtliche Vorkaufsrechte sind in zahlreichen Bundesländern vor allem im Denkmalschutzrecht, im Naturschutzrecht, im Wald- und Forstrecht, im Wasser- und Fischereirecht sowie im Straßen- und Wegerecht vorgesehen. Um sich einen schnellen Überblick über die in den einzelnen Bundesländern bestehenden Vorkaufsrechte zu verschaffen, empfiehlt sich ein Blick in die entsprechenden Arbeitsmaterialien des Deutschen Notarinstituts, auf die an dieser Stelle verwiesen wird.[25]

---

23 Vgl. DNotI-Report 2010, S. 64 ff.

24 Dasselbe gilt für das am 16.7.2016 in Kraft getretene Vorkaufsrecht gemäß § 73 Landeswassergesetz NW.

25 Vgl. die unter www.dnoti.de in der Rubrik Arbeitshilfen/Immobilienrecht/Genehmigungserfordernisse und Vorkaufsrechte abrufbaren Übersichten „Landesrechtliche Vorkaufsrechte an Grundstücken – Gesetzestexte" sowie „Tabellarische Übersicht landesrechtlicher Vorkaufsrechte an Grundstücken".

f) Neue Bundesländer

■ § 20 Vermögensgesetz   126

§ 20 Vermögensgesetz räumt Mietern und Nutzern von Ein- und Zweifamilienhäusern sowie von Erholungsgrundstücken, die der staatlichen Verwaltung unterlagen oder auf die ein Anspruch auf Rückübertragung besteht, auf Antrag ein – durch Grundbucheintragung entstehendes – Vorkaufsrecht am Grundstück ein, wenn das Miet- oder Nutzungsverhältnis am 29.9.1990 bestanden hat und im Zeitpunkt der Entscheidung über den Antrag fortbesteht und das Grundstück oder Gebäude durch den Mieter oder Nutzer vertragsgemäß genutzt wird.

(keine Grundbuchsperre)

■ § 20a Vermögensgesetz

Bei Grundstücken, die nicht zurückübertragen werden können, weil Dritte an ihnen Eigentums- oder dingliche Nutzungsrechte erworben haben, wird dem Berechtigten auf Antrag ein Vorkaufsrecht am Grundstück eingeräumt. Das gilt jedoch nicht, wenn das Grundstück nach den Vorschriften des Investitionsvorranggesetzes erworben worden ist.

(keine Grundbuchsperre)

■ § 57 Schuldrechtsanpassungsgesetz

Den von der Schuldrechtsanpassung betroffenen Nutzern ist ein gesetzliches Vorkaufsrecht eingeräumt worden.

(keine Grundbuchsperre)

14. Muster eines Grundstückskaufvertrages mit Kostenberechnung

Eine Urkunde muss immer auf den Einzelfall abgestimmt werden. Daher kann und soll das nachstehende   127
Muster nur Anregungen und Formulierungsvorschläge geben.

Muster:

UR.Nr. 425 für 2017

Verhandelt zu Düsseldorf, am 15.3.2020

Vor mir,   Dr. Max Tüchtig,

Notar zu Düsseldorf,

erschienen:

1. Herr Harry Schuller, geboren am 2.4.1949, wohnhaft Graf-Adolf-Straße 13, 40212 Düsseldorf, hier handelnd im eigenen Namen sowie als Bevollmächtigter seiner Ehefrau Harriet Schuller geborene Müller, geboren am 11.5.1957, wohnhaft ebenda, aufgrund in Ausfertigung vorgelegter Vollmacht vom 27.1.1978 – UR.Nr. 167 für 1978 des Notars Paul Fleißig zu Düsseldorf –, von der eine beglaubigte Abschrift zu dieser Urkunde genommen wurde,
   – nachstehend „Verkäufer" genannt –,
2. Frau Frida Ehrhardt, geboren am 24.7.1972, wohnhaft Wiesenstraße 2, 40699 Erkrath,
   – im Folgenden als „Käuferin" bezeichnet –.

Herr Harry Schuller ist dem Notar von Person bekannt.

Frau Frida Ehrhardt wies sich durch Vorlage ihres Personalausweises aus.

Die Erschienenen erklärten zur Beurkundung:

Wir schließen folgenden

Kaufvertrag:

I.

1. Als Eigentümer des im Grundbuch von Lohausen – Amtsgericht Düsseldorf – Blatt 1931 verzeichneten Grundstücks Flur 7, Flurstück 717, Bauplatz, Kaiserswerther Straße 34, groß 819 m², –nachfolgend auch kurz mit „Kaufgegenstand" bezeichnet – sind die vorstehend zu 1. aufgeführten Eheleute Harry und Harriet Schuller je zur Hälfte eingetragen.

2. Abteilung II des vorbezeichneten Grundbuches ist lastenfrei, in Abteilung III unter Nr. 1 ist eine Grundschuld von 150.000 EUR zugunsten der Rheinischen Kreditbank Aktiengesellschaft zu Düsseldorf eingetragen.
   Diesen Grundbuchstand hat der Notar am 14.3.2020 durch Einsichtnahme in das elektronische Grundbuch festgestellt.

3. Die Verkäufer verkaufen der dies annehmenden Käuferin den vorbeschriebenen Kaufgegenstand mit darauf befindlichen Gebäuden und allen sonstigen wesentlichen Grundstücksbestandteilen und dem gesetzlichen Zubehör. Das Recht Abteilung III Nr. 1 wird von der Käuferin nicht übernommen.

II.

1. Der Kaufpreis beträgt 350.000 EUR – in Worten: dreihundertfünfzigtausend EUR –.
   Er steht den beiden Verkäufern entsprechend ihrer Beteiligung am Kaufobjekt je zur Hälfte zu.

2. Zur Fälligkeit des Kaufpreises müssen folgende Voraussetzungen vorliegen:
   a) Im Grundbuch des Grundbesitzes wurde die nachstehend bewilligte Vormerkung zur Sicherung des Eigentumsverschaffungsanspruchs der Käuferin eingetragen. Der Vormerkung dürfen keine von der Käuferin nicht übernommenen Rechte im Rang vorgehen oder im Rang mit ihr gleichstehen.
   b) Das Zeugnis der zuständigen Gemeinde liegt vor, wonach gesetzliche Vorkaufsrechte nicht bestehen oder nicht ausgeübt werden.
   c) Dem Notar liegen die Löschungsunterlagen für die vom Verkäufer zu beseitigenden, mit Rang vor der Eigentumsvormerkung vorhandenen Grundbucheintragungen vor. Sind die Löschungsunterlagen mit Zahlungsauflagen verbunden, müssen diese aus dem Kaufpreis erfüllbar sein.
   Diese Voraussetzungen werden vom Notar überwacht. Ihren Eintritt teilt der Notar der Käuferin mit einfachem Brief mit. Die Verkäufer erhalten eine Abschrift dieser Mitteilung.

3. Weitere Voraussetzung für die Fälligkeit des Kaufpreises ist die vollständige Räumung des Kaufgegenstandes durch die Verkäufer. Die Räumung wird vom Notar nicht überprüft.

4. Der Notar wird beauftragt, bei den Gläubigern der nicht übernommenen Belastungen unter Übersendung einer Abschrift des Kaufvertrages die Unterlagen anzufordern, die zur Löschung bzw. Freistellung des Kaufgegenstandes von den nicht übernommenen Belastungen erforderlich sind. Soweit die Gläubiger die Löschung bzw. Freistellung von Zahlungsauflagen abhängig machen, teilt der Notar der Käuferin diese Zahlungsauflagen in der Fälligkeitsmitteilung mit. Die Zahlungsauflagen sind von der Käuferin bei Fälligkeit des Kaufpreises in Anrechnung auf den Kaufpreis zu erfüllen.

5. Die Käuferin hat den Kaufpreisteilbetrag, der nicht zur Lastenfreistellung benötigt wird und deshalb direkt an die Verkäufer zu zahlen ist, bei Fälligkeit des Kaufpreises auf folgendes Konto zu überweisen:
   Kontoinhaber: Eheleute Harry und Harriet Schuller
   Kreditinstitut: (…)
   IBAN: (…)

6. Der Kaufpreis ist fällig und zahlbar innerhalb von 5 Bankarbeitstagen nach Zugang der Fälligkeitsmitteilung des Notars bei der Käuferin. Haben die Verkäufer zu diesem Zeitpunkt ihre Räumungsverpflichtung noch nicht erfüllt, ist der Kaufpreis jedoch erst mit der Räumung fällig.
   Der Kaufpreis muss am Tag der Kaufpreisfälligkeit auf dem Empfängerkonto bzw. den Empfängerkonten gutgeschrieben werden, anderenfalls gerät die Käuferin ohne weitere Voraussetzun-

gen in Verzug. Der Notar hat auf die gesetzlichen Vollzugsfolgen bei nicht rechtzeitiger Zahlung hingewiesen.

7. Die Käuferin unterwirft sich wegen ihrer Pflicht, den Kaufpreis zu bezahlen, zuzüglich fünf Prozentpunkten Zinsen über dem Basiszinssatz jährlich, die aus vollstreckungsrechtlichen Gründen ab dem 15.4.2020 als geschuldet gelten, der sofortigen Zwangsvollstreckung aus dieser Urkunde. Den Verkäufern kann eine vollstreckbare Ausfertigung dieser Urkunde ohne weitere Nachweise erteilt werden, nicht jedoch vor Eintritt der von dem Notar zu überwachenden Fälligkeitsvoraussetzungen.

III.

1. Die Verkäufer verpflichten sich, zum Zweck der Kaufpreisfinanzierung bei der Bestellung von Grundpfandrechten mitzuwirken. Diese Mitwirkungspflicht besteht nur, wenn in der Grundpfandrechtsbestellungsurkunde folgende Vereinbarungen wiedergegeben werden:

   a) Sicherungsabrede

   Die Gläubigerin darf das Grundpfandrecht nur insoweit als Sicherheit verwerten oder behalten, als sie tatsächlich Zahlungen mit Tilgungswirkung auf die Kaufpreisschuld der Käuferin geleistet hat. Die Gläubigerin ist verpflichtet, Löschungsbewilligung ohne Auflagen und Kosten für die Verkäufer gegen Rückzahlung geleisteter Valutierungsbeträge zu erteilen, wenn der Kaufvertrag aus Gründen, die die Verkäufer nicht zu vertreten haben, nicht durchgeführt wird. Sollte die Grundschuld zurückzugewähren sein, so kann nur ihre Löschung verlangt werden, nicht Abtretung oder Verzicht. Alle weiteren Zweckbestimmungserklärungen, Sicherungs- und Verwertungsvereinbarungen innerhalb und außerhalb dieser Urkunde gelten erst, nachdem der Kaufpreis vollständig bezahlt ist, in jedem Fall ab Eigentumsumschreibung. Ab dann gelten sie für und gegen die Käuferin als neuen Sicherungsgeber.

   b) Kaufpreiszahlung

   Kaufpreiszahlungen der Käuferin haben ausschließlich in der Weise zu erfolgen, wie sie im Kaufvertrag vereinbart sind.

   c) Persönliche Zahlungspflichten und Kosten

   Die Verkäufer übernehmen im Zusammenhang mit der Grundpfandrechtsbestellung keine persönlichen Zahlungspflichten. Die Käuferin hat die Verkäufer von allen Kosten und sonstigen Folgen der Grundpfandrechtsbestellung freizustellen.

   d) Fortbestand des Grundpfandrechts

   Das bestellte Grundpfandrecht darf auch nach Eigentumsumschreibung auf die Käuferin bestehen bleiben. Alle Eigentümerrechte und Rückgewähransprüche in Bezug auf das bestellte Grundpfandrecht werden hiermit mit Wirkung ab vollständiger Bezahlung des Kaufpreises, in jedem Fall aber ab Eigentumsumschreibung, auf die Käuferin übertragen. Entsprechende Grundbucheintragung wird bewilligt.

2. Die Verkäufer erteilen der Käuferin Vollmacht unter Befreiung von den Beschränkungen des § 181 BGB, auf dem verkauften Grundbesitz Grundpfandrechte in beliebiger Höhe zu bestellen, deren Bedingungen zu vereinbaren, in Ansehung der Grundpfandrechte die Eigentümer dinglich, d.h. gemäß § 800 ZPO, der sofortigen Zwangsvollstreckung zu unterwerfen, Zweckbestimmungserklärungen abzugeben, sowie überhaupt alle Erklärungen abzugeben, die mit der Bestellung der Grundpfandrechte an der vom Gläubiger geforderten Rangstelle erforderlich sind, und sie bei allen vorstehenden Rechtshandlungen zu vertreten. Die Vollmacht darf nur verwendet werden, wenn in den Grundpfandrechtsbestellungsurkunden die vorstehend unter a) bis d) getroffenen Vereinbarungen wiedergegeben werden und die Bestellung der Grundpfandrechte zugunsten von Kreditinstituten erfolgt, die gemäß § 32 KWG über eine Erlaubnis zum Geschäftsbetrieb in Deutschland verfügen. Die Vollmacht kann ausgeübt werden, bevor behördliche Genehmigungen erteilt sind. Mit Wirkung im Außenverhältnis kann von der Vollmacht nur durch Erklärung gegenüber dem amtierenden Notar, seinem Vertreter, seinem Sozius oder seinem Amtsnachfolger Gebrauch gemacht werden. Die weiteren Beschränkungen gelten nicht gegenüber dem Grundbuchamt.

IV.

Weiter wird Folgendes vereinbart:

1. Der Grundbesitz wird verkauft mit Gewähr für den lastenfreien Besitz- und Eigentumsübergang. Im Grundbuch nicht eingetragene Dienstbarkeiten, Baulasten und nachbarrechtliche Beschränkungen, deren möglichen Inhalt der Notar erläutert hat, werden von der Käuferin übernommen. Die Verkäufer erklären, dass ihnen von solchen nichts bekannt ist. Der Notar hat auf die Möglichkeit hingewiesen, das Baulastenverzeichnis einzusehen.

   Die Käuferin hat das Grundstück genau besichtigt und kauft es im gegenwärtigen altersbedingten Zustand. Alle Ansprüche und Rechte wegen Sachmängeln am Kaufobjekt werden hiermit vollumfänglich ausgeschlossen. Die Verkäufer haften insbesondere nicht für das Flächenmaß des Grundbesitzes, die Verwendbarkeit des Grundstücks für Zwecke der Käuferin oder für steuerliche Ziele der Käuferin. Von der vorstehenden Rechtsbeschränkung ausgenommen ist eine Haftung bei Vorsatz oder Arglist. Die Verkäufer erklären, dass ihnen versteckte Mängel nicht bekannt sind.

   Die Verkäufer erklärten, dass sie keine schädlichen Bodenveränderungen oder Altlasten im Sinne des Bundes-Bodenschutzgesetzes am Grundbesitz verursacht haben und ihnen das Vorhandensein von schädlichen Bodenveränderungen oder Altlasten auch nicht bekannt ist. Der Notar hat auf die Möglichkeit hingewiesen, das Altlastenkataster einzusehen.

   Sachmängel, die ab heute bis zum wirtschaftlichen Übergang entstehen, hat der Verkäufer auf seine Kosten zu beseitigen.

2. Auf den Käufer gehen über der Besitz und die Nutzungen, die privaten und öffentlichen Lasten, die Gefahr und alle Rechte und Pflichten aus den Kaufgegenstand betreffenden Versicherungen sowie die Verkehrssicherungspflichten mit Wirkung zum Tag der vollständigen Kaufpreiszahlung.

3. Die Verkäufer verpflichten sich, den Kaufgegenstand bis spätestens zum 15.4.2020 vollständig zu räumen und der Käuferin die Räumung unverzüglich anzuzeigen. Die Verkäufer haben den Kaufgegenstand an die Käuferin sodann unter der Voraussetzung der vollständigen Kaufpreiszahlung besenrein und mit allen Schlüsseln zu übergeben. Wegen ihrer Verpflichtung zur Räumung und zur Besitzübergabe unterwerfen sich die Verkäufer der sofortigen Zwangsvollstreckung aus dieser Urkunde. Der Notar ist ermächtigt, der Käuferin nach dem 15.4.2020 auf deren Antrag ohne weitere Nachweise eine vollstreckbare Ausfertigung dieser Urkunde hinsichtlich der Räumungspflicht zu erteilen. Eine vollstreckbare Ausfertigung hinsichtlich der Pflicht zur Besitzübergabe kann der Käuferin auf deren Antrag jedoch erst dann erteilt werden, wenn dem Notar die Kaufpreiszahlung nachgewiesen wurde.

4. Miet- und Pachtverhältnisse bestehen nicht.

5. Die Verkäufer kennen keine Erschließungsanlagen oder Erschließungsarbeiten, für die noch kein Beitragsbescheid zugestellt ist. Die Verkäufer versichern, alle in der Vergangenheit etwa angeforderten Erschließungskosten und Anliegerbeiträge bezahlt zu haben. Vorsorglich wird dazu vereinbart:

   (Regelfall: Käufer trägt alle Erschließungskosten und Anliegerbeiträge, die ab heute angefordert werden):

   Erschließungskosten und Anliegerbeiträge im Sinne des § 436 BGB trägt die Käuferin, soweit sie ab heute angefordert werden, mögen sie auch in der Vergangenheit entstanden, aber noch nicht abgerechnet sein. Etwaige Ansprüche auf Rückzahlung von Vorausleistungen oder Erstattungen aufgrund aufgehobener Bescheide treten die Verkäufer an die Käuferin unter der aufschiebenden Bedingung der Kaufpreiszahlung ab. Die Beteiligten werden die Abtretung der Gemeinde selbst anzeigen. Sollte die Gemeinde die Verkäufer bis zur Umschreibung des Eigentums noch zu Leistungen dieser Art heranziehen, so hat die Käuferin sie davon freizustellen.

   – **Oder** (bei Lastenteilung nach dem derzeitigen Stand der Erschließung):

   Erschließungskosten und Anliegerbeiträge im Sinne des § 436 BGB tragen für die heute im Erschließungsgebiet ganz oder teilweise tatsächlich vorhandenen Erschließungsanlagen die Verkäufer, unabhängig vom Zeitpunkt der Entstehung der Beitragspflicht und der Zustellung des Beitragsbescheides; alle übrigen Beiträge und Lasten trägt die Käuferin. Bereits erbrachte Vorausleistungen sind den Verkäufern nach Zugang des endgültigen Beitragsbescheides zu erstatten, soweit die Käuferin im Innenverhältnis die Erschließungskosten zu tragen hat. Etwaige Erstattungsansprüche aufgrund aufgehobener Bescheide werden hiermit an die Käuferin unter der aufschiebenden Bedingung der Kaufpreiszahlung abgetreten; die Beteiligten werden die Abtretung der Gemeinde selbst anzeigen. Soweit die Erstattung nicht zur Zahlung der endgültigen Beitragsschuld erforderlich ist bzw. soweit die betreffenden Erschließungskosten im Innenverhältnis von der Käuferin zu tragen wären, verpflichtet sich die Käuferin zur Rückerstattung an die Verkäufer.

– **Oder** (wenn Ersterschließungskosten die Verkäufer zu tragen haben):

Die Verkäufer tragen die Kosten für die Herstellung sämtlicher Erschließungsanlagen gemäß Baugesetzbuch und Kommunalabgabengesetz für die im Zeitpunkt des Besitzübergangs tatsächlich vorhandenen, bautechnisch errichteten Erschließungsanlagen sowie für die erstmalige Herstellung der Erschließungsanlagen mit Ausnahme der Kosten für die Hausanschlüsse. Beiträge für Erschließungsanlagen, die nach Übergabe des Kaufobjekts bautechnisch errichtet werden und die über die erstmalige Herstellung der Erschließungsanlagen hinausgehen, trägt die Käuferin.

Der Notar hat darauf hingewiesen, dass der Gemeinde gegenüber derjenige beitragspflichtig ist, der im Zeitpunkt der Zustellung des Beitragsbescheides Eigentümer des Kaufgegenstandes ist und dass Erschließungskosten nach dem Baugesetzbuch und Staßenausbau- und Anschlussbeiträge nach dem Kommunalabgabengestz als öffentliche Lasten auf dem Grundbesitz ruhen. Der Notar hat abschließend darauf hingewiesen, dass die Beteiligten bei der zuständigen Gemeinde Erkundigungen über etwa ausstehende Erschließungskosten und Anliegerbeiträge einholen können.

6. Der Verkäufer erklärt, dass eine Wohnungsbindung oder Wohnungsbauförderung nicht besteht.

7. Für den Fall, dass ein gesetzliches Vorkaufsrecht ausgeübt wird, steht den Beteiligten ein vertragliches Rücktrittsrecht zu. Soweit die Käuferin bereits Leistungen aufgrund des Kaufvertrages erbracht hat, tritt der Verkäufer ihm gegen den Vorkäufer zustehende Kaufpreiszahlungsansprüche sicherungshalber an die Käuferin ab.

8. Die mit dieser Urkunde und ihrem Vollzug verbundenen Kosten einschließlich der Kosten und Gebühren der erforderlichen behördlichen und privaten Genehmigungen und Erklärungen sowie die Grunderwerbsteuer gehen zu Lasten der Käuferin. Die Treuhandgebühren sowie die Kosten, welche das Grundbuchamt und die Gläubiger der Verkäufer für die Löschung nicht übernommener Belastungen in Rechnung stellen, gehen zu Lasten der Verkäufer.

V.

1. Die Beteiligten bewilligen zur Sicherung des Erwerbsanspruchs der Käuferin die Eintragung einer Eigentumsvormerkung zugunsten der Käuferin in das Grundbuch.

   Die Käuferin bewilligt schon jetzt die Löschung dieser Vormerkung gleichzeitig mit der Eigentumsumschreibung, sofern bis dahin in Abteilung II und III des Grundbuches Zwischeneintragungen ohne Zustimmung der Käuferin weder erfolgt noch beantragt sind.

2. Die Beteiligten beantragen die Löschung aller Rechte in Abteilung II und III des Grundbuchs.

3. Die Beteiligten sind darüber einig, dass das Eigentum an dem verkauften Grundbesitz auf die Käuferin übergeht. Sie bewilligen und beantragen in dieser Urkunde jedoch ausdrücklich **nicht**, diese Auflassung im Grundbuch einzutragen. Hierzu bevollmächtigen die Beteiligten unwiderruflich und über den Tod hinaus den amtierenden Notar, seinen Vertreter, seinen Sozius und seinen Amtsnachfolger mit der Maßgabe, dass die Eigentumsumschreibung auf den Namen der Käuferin erst dann beim Grundbuchamt zu beantragen ist, wenn dem Notar nachgewiesen ist, dass die Käuferin ihrer Verpflichtung zur Zahlung des Kaufpreises in vollem Umfange – jedoch ohne etwa angefallene Verzugszinsen – nachgekommen ist, oder aber wenn die Verkäufer den Notar ausdrücklich um die Eigentumsumschreibung ersuchen.

VI.

Die Beteiligten wurden auf Folgendes hingewiesen:

1. Die Beteiligten haften als Gesamtschuldner für die den Kaufgegenstand treffenden Steuern, die Grunderwerbsteuer und die Notar- und Gerichtsgebühren.

2. Der Kaufvertrag muss vollständig und richtig beurkundet werden. Nebenabreden außerhalb dieser Urkunde können zur Nichtigkeit des gesamten Kaufvertrages führen.

3. Das Eigentum geht erst mit der Umschreibung im Grundbuch auf die Käuferin über; bis dahin können die Rechte der Käuferin beeinträchtigt werden. Vor der Umschreibung müssen die Vorkaufsrechtserklärung der Gemeinde sowie die Unbedenklichkeitsbescheinigung des Finanzamts vorliegen. Der Anspruch auf Eigentumsübertragung wird durch die Eintragung einer Vormerkung gesichert. Der Notar hat die Beteiligten darüber belehrt, inwieweit diese Vormerkung nach ihrem grundbuchmäßigen Rang die Rechte der Käuferin sichern kann.

4. Der Notar hat die Beteiligten darauf hingewiesen, dass die Grundstücksveräußerung Einkommensteuer auslösen kann (§ 23 EStG). Der Notar hat eine steuerliche Beratung im Zusammenhang mit dem Abschluss dieses Kaufvertrages nicht übernommen. Er hat das Baulastenverzeichnis und das Altlastenkataster nicht eingesehen und keine Erkundigungen über etwa ausstehende Erschließungskosten oder Anliegerbeiträge eingeholt.

5. Die Beteiligten beantragen hiermit alle zu diesem Vertrag erforderlichen Genehmigungen und Zustimmungserklärungen. Sie beauftragen und bevollmächtigen den Notar, die erforderlichen Genehmigungen und Zustimmungserklärungen für sie einzuholen und entgegenzunehmen.

6. Der Notar ist berechtigt, Anträge aus dieser Urkunde zu ändern, getrennt und eingeschränkt zu stellen und sie in gleicher Weise zurückzunehmen. Im Übrigen ist der Notar ermächtigt, diese Urkunde zur grundbuchlichen Durchführung zu ergänzen und zu ändern.

Diese Niederschrift wurde in Gegenwart des Notars vorgelesen, von den Beteiligten genehmigt und von ihnen und dem Notar eigenhändig wie folgt unterschrieben:

Harry Schuller

Frida Ehrhardt

Dr. Tüchtig, Notar

128   Anmerkung:

Nach Abschluss des Kaufvertrages müssen versandt werden:

a) eine Abschrift an das Finanzamt – Grunderwerbsteuerstelle – mit einer Anzeige nach amtlich vorgeschriebenem Vordruck, sog. Veräußerungsanzeige (§ 18 GrEStG) unter Angabe der steuerlichen Identifikationsnummern des Verkäufers und des Käufers (vgl. hierzu auch § 1 Rdn 120),

b) eine Abschrift an den Gutachterausschuss (§ 195 BauGB).

In der Praxis beschafft der Notar die behördlichen Genehmigungen und die Verzichtserklärungen bezüglich der gesetzlichen Vorkaufsrechte. Weiterhin erteilt er den Beteiligten Ausfertigungen und Abschriften, schließlich stellt er auch die Anträge beim Grundbuchamt.

129   Für den vorliegenden Fall ist insbesondere Folgendes zu bemerken:

■   Die Genehmigung nach dem GrdstVG ist nicht erforderlich (vgl. Rdn 247 ff.).

■   Der Notar hat die Verzichtserklärung bzgl. des Vorkaufsrechts nach §§ 24 ff. BauGB beschafft (Vollzugstätigkeit nach KV Nr. 22110 i.V.m. Vorb 2.2.1.1 Abs. 1 S. 2 Nr. 1 und 9, §§ 93 Abs. 1 S. 1, 112 S. 1 GNotKG).

■   Der Notar hat veranlasst, dass der Grundpfandrechtsgläubiger die Löschungsunterlagen an ihn übersendet. Dies ist eine Vollzugstätigkeit nach KV Nr. 22110 i.V.m. Vorb 2.2.1.1 Abs. 1 S. 2 Nr. 9, §§ 93 Abs. 1 S. 1, 112 S. 1 GNotKG, die eine Gebühr von 0,5 in Höhe von 342,50 EUR auslöst. Mit dieser Gebühr sind dann aber **alle** ausgeübten Vollzugstätigkeiten (d.h. auch die Vorkaufsrechtsanfrage) abgegolten.

■   Der Notar überprüft den Eintritt der Fälligkeitsvoraussetzungen und übermittelt den Beteiligten die Fälligkeitsmitteilung. Er beantragt die Eigentumsumschreibung beim Grundbuchamit erst nach vollständiger Kaufpreiszahlung (Betreuungstätigkeiten gemäß GNotKG KV Nr. 22200 Nrn. 2, 3 i.V.m. §§ 93 Abs. 1 S. 1 GNotKG, 113 Abs. 1 GNotKG). Auch die Betreuungsgebühr fällt für alle Betreuungstätigkeiten insgesamt nur einmal an).

■   Der Gläubiger übermittelt dem Notar diese Unterlagen zu treuen Händen mit der Auflage, von ihnen nur Gebrauch zu machen, wenn die Restforderung einschließlich der Zinsen in Höhe von

120.000 EUR gezahlt worden ist. Für die Beachtung der Auflage entsteht eine 0,5-Treuhandgebühr (GNotKG KV Nr. 22201 i.V.m. § 113 Abs. 2 GNotKG).

Kostenberechnung (zum vorstehenden Muster, jedoch ohne Auslagen): **130**

(Bei den Nummern handelt es sich um die Nummern der Anlage 1 zum GNotKG

– Kostenverzeichnis – KV GNotKG; Paragrafen ohne nähere Bezeichnung sind solche des GNotKG)

a)	Beurkundungsverfahren (Kaufvertrag) Geschäftswert: 350.000 EUR (§§ 97 Abs. 1, 47 S. 1)			
	21100	(2,0)	1.370 EUR	1.370 EUR
b)	Vollzugsgebühr Geschäftswert: 350.000 EUR (§ 112 S. 1)			
	22112, 22110; KV Vorb. 2.2.1.1 Abs. 1 S. 2 Nrn. 1, 9	(0,5)		
	– Vorkaufsrechtsanfrage, Anforderung Löschungsunterlagen –		342,50 EUR	342,50 EUR
d)	Betreuungsgebühr Geschäftswert: 350.000 EUR (§ 113 Abs. 1)			
	22200 Nr. 3	(0,5)		
	– Prüfung und Mitteilung der Kaufpreis-fälligkeit, Umschreibungsüberwachung		342,50 EUR	342,50 EUR
e)	Treuhandgebühr (Beachtung der Treu-handauflage des Grundschuldgläubigers) Geschäftswert: 120.000 EUR (§ 113 Abs. 2)			
	22201	(0,5)	150 EUR	150 EUR
				2.205,00 EUR

Muster eines in Angebot und Annahme getrennten Grundstückskaufvertrages I **131**

Angebot zum Abschluss des Kaufvertrages

– vom Käufer ausgehend –

(Protokolleingang)

erschien, dem Notar bekannt,

Herr (…)

– nachstehend „Käufer" genannt –.

Der Erschienene erklärte:

Hiermit mache ich den Eheleuten (…)

– im Folgenden als „Verkäufer" bezeichnet –

nachstehendes Angebot zum Abschluss eines Grundstückskaufvertrages. An dieses Angebot halte ich mich bis zum (…) unwiderruflich gebunden. Wird das Angebot nicht innerhalb der Frist angenommen, erlischt es nicht, es kann jedoch von mir jederzeit widerrufen werden. Zur Wirksamkeit der Annahme genügt deren Erklärung zu notariellem Protokoll, ohne dass es des Zugangs der Annahmeerklärung bei mir bedarf. Der Notar, vor dem die Annahme erklärt wird, wird jedoch gebeten, mir eine Ausfertigung der Annahmeerklärung zu übersenden.

Das Angebot hat folgenden Wortlaut:

es folgt jetzt der Wortlaut des unter Rdn 127 abgedruckten Kaufvertrages von Ziffer I. an, jedoch ohne

■ die Zwangsvollstreckungsunterwerfung des Verkäufers hinsichtlich der Räumung des Kaufgegenstandes (Ziffer IV. 3.);
■ die Auflassung; die Ziffer V. 3. könnte stattdessen wie folgt gefasst werden:
„Der Käufer bevollmächtigt hiermit die Verkäufer unter Befreiung von den Beschränkungen des § 181 BGB, mit der Annahme des Kaufangebots gleichzeitig die Auflassung in seinem Namen zu erklären und alle zur vertragsgemäßen Durchführung des Kaufvertrages erforderlichen Erklärungen abzugeben und entgegenzunehmen.“

(Protokollabschluss)

Kostenberechnung

Geschäftswert: Kaufpreis (§§ 97 Abs. 1, 47 S. 1 GNotKG) 350.000 EUR

Gebühr (ohne Auslagen):

2,0-Gebühr (GNotKG KV Nr. 21100)　　　　　　　　　　　　　　　　1.370 EUR

Anmerkung:

In das Angebot sollte nur die Zwangsvollstreckungsunterwerfung des Anbietenden (nicht des Annehmenden) aufgenommen werden. Um sicher zu erreichen, dass auch der Annehmende eine für erforderlich gehaltene Zwangsvollstreckungsunterwerfung abgibt, kann die Wirksamkeit des Vertrages unter die ausdrückliche Bedingung gestellt werden, dass der Annehmende eine solche in der Annahmeerklärung abgibt.

Das Angebot darf zudem die Auflassung nicht enthalten, da diese bei gleichzeitiger Anwesenheit beider Teile erklärt werden muss. Aus diesem Grund ist es zweckmäßig – wie vorstehend vorgesehen –, eine Auflassungsvollmacht zu erteilen.

Wie der Verkäufer kann auch der Käufer ein Angebot machen. Hätte der Verkäufer das Angebot gemacht, sollte in dem Angebot dementsprechend die Zwangsvollstreckungsunterwerfung des Käufers wegen der Kaufpreiszahlung (Rdn 127, Ziffer II. 7.) entfallen.

Es ist schließlich noch Folgendes zu beachten:

Das Angebot muss dem Erklärungsempfänger in Ausfertigung zugehen; der Zugang einer beglaubigten Abschrift ist nicht ausreichend. Die Annahme des Angebots ist erst möglich, wenn dem Angebotsempfänger zuvor eine **Ausfertigung** des Angebots zugegangen ist.

132　*Muster eines in Angebot und Annahme getrennten Grundstückskaufvertrages II*

Annahme des Angebots zum Abschluss des Kaufvertrages

– durch Verkäufer, beurkundet durch einen Notar, der das Angebot *nicht* beurkundet hat –

(Protokolleingang)

erschienen, dem Notar bekannt:

die Eheleute (…)

Die Erschienenen erklärten:

Durch Urkunde vom (…) – UR.Nr. (…) – hat uns Herr (…) das Angebot zum Abschluss eines Kaufvertrages gemacht.

Das uns in der vorgenannten Urkunde gemachte, uns in allen Teilen bekannte Vertragsangebot, von dem uns eine Ausfertigung zugegangen ist, nehmen wir hierdurch im vollen Umfang an.

Zu diesem Zweck geben wir alle einseitigen, in dem Kaufvertragsangebot enthaltenen Erklärungen ab (ggf. auch Unterwerfung unter die Zwangsvollstreckung wegen der Verpflichtung zur Räumung und Übergabe des Kaufgegenstandes).

Aufgrund der in der eingangs erwähnten Urkunde erteilten Vollmacht erklären wir sowohl im eigenen Namen als auch als Bevollmächtigte des Käufers folgende Auflassung:

Es besteht Einigkeit darüber, dass das Eigentum an dem Kaufobjekt auf den Käufer übergeht.

Es wird bewilligt, in das Grundbuch einzutragen:

a) die Eigentumsänderung,
b) eine Vormerkung zur Sicherung des Anspruchs auf Eigentumsübertragung zugunsten des Käufers.

Die Löschung dieser Vormerkung gleichzeitig mit der Eigentumsumschreibung wird schon jetzt bewilligt, sofern bis dahin in Abteilung II und III des Grundbuches Zwischeneintragungen ohne Zustimmung des Käufers weder erfolgt noch beantragt sind.

Dem Notar lag die Angebotsurkunde nicht vor. Er konnte daher nicht prüfen, ob sich daraus – über die vollständige und unbedingte Annahme hinaus – noch weitere Bedingungen für die Wirksamkeit der Annahme ergeben. Die Annehmenden wünschten trotz dieser Unsicherheit gleichwohl die Beurkundung zum jetzigen Zeitpunkt.[26]

(Protokollabschluss)

Kostenberechnung

Geschäftswert: Kaufpreis (§§ 97 Abs. 1, 47 S. 1 GNotKG) = 350.000 EUR

Gebühr (ohne Auslagen)

1,0-Gebühr (GNotKG KV Nr. 21100, 21102)	685 EUR

Werden die Annahme und die Auflassung von demselben Notar beurkundet, der auch das Angebot beurkundet hat, entsteht lediglich eine 0,5-Gebühr (GNotKG KV Nr. 21100, 21101). Etwas anderes gilt allerdings dann, wenn die Annahme auch eine Zwangsvollstreckungsunterwerfung enthält, da in diesem Fall stattdessen eine 1,0-Gebühr gemäß GNotKG KV Nr. 21200 anfällt.

III. Der Tauschvertrag

1. Begriff

Beim Tausch besteht die Gegenleistung für einen hingegebenen Gegenstand nicht in Geld, sondern in einem anderen Gegenstand. Lediglich eine etwaige Wertdifferenz zwischen den Tauschgegenständen ist üblicherweise in Geld auszugleichen. Die gesetzlichen Regelungen zum Kaufvertrag finden auf den Tauschvertrag entsprechende Anwendung (§ 480 BGB).   133

Werden statt des Tausches zwei selbstständige Kaufverträge beurkundet, sind diese *nichtig*.

Bei einem Grundstückstausch ist die Grunderwerbsteuer so zu bemessen, als lägen zwei Kaufverträge vor. Die Grunderwerbsteuer ist daher für jede Tauschleistung (jeden Grunderwerb) gesondert anzusetzen (§ 1 Abs. 5 GrEStG).

---

26 Vgl. hierzu *Hertel*, in: DAI-Skript Aktuelle Probleme der notariellen Vertragsgestaltung im Immobilienrecht 2011/2012, S. 249 ff.

2. Muster eines einfachen Tauschvertrages

134

Muster:

(...)

Die Erschienenen erklärten:

Wir schließen folgenden

Tauschvertrag:

I.

Herr Franz Meier überträgt tauschweise der Frau Klara Schmitz das im Grundbuch von (...) Blatt (...) eingetragene Grundstück Flur 5 Flurstück 18, (...)

Dagegen überträgt Frau Klara Schmitz dem Herrn Franz Meier das im Grundbuch von (...) Blatt (...) eingetragene Grundstück Flur 5 Flurstück 20, (...)

II.

Für die ausgetauschten Grundstücke werden folgende Werte angenommen:

a) für das an Frau Schmitz übertragene Flurstück 18:	20.000 EUR,
b) für das an Herrn Meier übertragene Flurstück 20:	10.000 EUR.

Die Wertdifferenz von 10.000 EUR – in Worten: zehntausend EUR – ist von Frau Schmitz zinslos bis spätestens zum (...) an Herrn Meier zu zahlen, nicht jedoch bevor (...)

(Zwangsvollstreckungsunterwerfung)

III.

(...)

(Löschungszustimmung für auf dem Flurstück 20 eingetragene Grundschuld von 10.000 EUR)

Die Kosten für die Beurkundung dieses Vertrages tragen die Vertragschließenden je zur Hälfte. Im Übrigen hat jeder Erwerber die Kosten seines Erwerbs einschließlich der Grunderwerbsteuer zu tragen. Die Kosten für die Löschung der Grundschuld gehen zu Lasten der Frau Klara Schmitz.

IV.

(Auflassung)

(...)

Kostenberechnung:

Geschäftswert:

Die Werte der ausgetauschten Grundstücke sind miteinander zu vergleichen; der höhere Wert ist maßgebend (§ 97 Abs. 3 GNotKG). Im vorliegenden Falle sind die Leistungen gleichwertig. Daher beträgt der Wert 20.000 EUR.

Gebühren (ohne Auslagen):

a)	Gebühr GNotKG KV Nr. 21100 (20.000 EUR)	214,00 EUR
b)	bei notwendiger Vollzugstätigkeit:[27] Gebühr GNotKG KV Nr. 22110, KV Vorb. 2.2.1.1 Nr. 9 (Wert: 20.000 EUR, § 112 S. 1 GNotKG)	53,50 EUR
		267,50 EUR

---

27 Z.B. – wie hier – für Anforderung und Prüfung der Löschungsunterlagen für die Grundschuld von 10.000 EUR.

IV. Der Überlassungsvertrag

1. Begriffe

Bei einem Kaufvertrag und bei einem Tauschvertrag gehen die Beteiligten davon aus, dass die beiderseitigen Leistungen gleichwertig sind. Bei einem (reinen) Schenkungsvertrag sind sich die Beteiligten darüber einig, „dass die Zuwendung unentgeltlich erfolgt" (§ 516 BGB). Meinen die Beteiligten, die beiderseitigen Leistungen seien gleichwertig, obwohl sie es tatsächlich nicht sind, so liegt dennoch ein voll entgeltlicher Kauf- oder Tauschvertrag vor. Überlässt der Verkäufer den Gegenstand dem Käufer aus Freundschaft oder mit Rücksicht darauf, dass beide miteinander verwandt sind, bewusst zu einem besonders günstigen Preis, so handelt es sich auch dabei in der Regel gleichwohl um einen reinen Kaufvertrag. Sind sich die Vertragspartner dagegen bewusst, dass die Gegenleistung geringer als die Leistung ist, und wollen sie beide, dass der Mehrwert unentgeltlich übergehen soll, so liegt eine so genannte gemischte Schenkung vor. Wird bei der Schenkung die Nebenbestimmung getroffen, dass der Empfänger zu einer bestimmten Leistung aus dem Wert des Geschenks verpflichtet sein soll, ohne dass sich seine Leistung als Gegenleistung für den übertragenen Gegenstand darstellt, so haben wir es mit einer Schenkung unter einer Auflage zu tun (§ 525 BGB). Es ist oft schwierig festzustellen, ob ein Kauf- bzw. Tauschvertrag, eine gemischte Schenkung oder eine Schenkung unter Auflage gewollt ist, zumal wenn die beiderseitigen Leistungen annähernd gleichwertig sind.

135

Wird die Übertragung vorgenommen, um die Erbfolge in den übertragenen Gegenstand schon zu Lebzeiten des Übergebers vorwegzunehmen, so spricht man von einem Übergabevertrag (oder: Übertragungsvertrag, Überlassungsvertrag, Verpflegungsakt). Er ist je nachdem ein Unterfall der Schenkung, der gemischten Schenkung oder der Schenkung unter einer Auflage. Die Rechtsprechung ist nicht einheitlich. So wurden Übertragungen gegen Übernahme von Altenteilsleistungen (Zahlung einer Rente, Pflege- und Verpflegeverpflichtung, Vorbehalt des Wohnungsrechts und Abfindung weichender Erben) teilweise als Schenkung unter Auflage,[28] teilweise aber auch als gemischte Schenkung[29] angesehen. Wird kein Recht vorbehalten und keinerlei Gegenleistung ausbedungen, so ist es eine reine Schenkung. Übersteigen die Gegenleistungen den Wert des übertragenen Gegenstandes und ist dies den Beteiligten bewusst, so spricht man zwar von einem Übergabevertrag, wenn er zum Zweck der Vorwegnahme der Erbfolge geschlossen wird. In diesem Fall liegt jedoch allenfalls eine Schenkung seitens des Übernehmers vor, sofern er die überhöhten Gegenleistungen nicht zur Erfüllung etwa einer Unterhaltspflicht übernimmt. Typischerweise enthält ein Überlassungsvertrag sowohl Elemente der gemischten Schenkung als auch der Auflagenschenkung.[30] Die Übertragung auf ein Kind ist insoweit nicht Schenkung, sondern Ausstattung (§ 1624 BGB), als sie mit Rücksicht auf dessen Verheiratung oder zur Schaffung einer Existenz für das Kind erfolgt und den Vermögensverhältnissen der Eltern angemessen ist. Die Übertragung auf den Ehegatten zur „Verwirklichung der ehelichen Lebensgemeinschaft" wird als sog. „ehebedingte Zuwendung" in gewisser Hinsicht den Regeln über die Schenkung unterworfen, in anderer nicht (vgl. Rdn 741 ff.).

136

Sind die beiderseitigen Leistungen gleichwertig und werden sie auch von den Beteiligten als gleichwertig angesehen, so kommt es allein auf den mit dem Vertrag verfolgten Zweck an: Sollen vor allem gleichwertige Leistungen ausgetauscht werden, so liegt ein Kauf- oder Tauschvertrag vor. Soll dagegen vor allem die sonst erst beim Tode des Übergebers eintretende Nachfolge in den übertragenen Gegenstand vorgenommen werden, so handelt es sich um einen Übergabevertrag.

137

2. Bedeutung der Unterscheidungen

Die Frage, ob die Überlassung eine Schenkung, eine gemischte Schenkung oder eine Schenkung unter Auflage ist, erlangt Bedeutung,

138

- ■ wenn sie nicht notariell beurkundet worden ist oder
- ■ wenn es darum geht, ob und inwieweit die Schenkung wegen Nichterfüllung einer Auflage (§ 527 BGB) oder wegen Verarmung des Schenkers (§ 528 BGB) zurückgefordert, wegen groben Undanks

---

28 BGH NJW 1989, 2122; OGHBrZ NJW 1949, 260.
29 BGH FamRZ 1967, 214; BGH NJW 2009, 1346.
30 Vgl. BGH MittBayNot 1989, 206.

des Beschenkten widerrufen (§ 530 BGB) oder ihre Erfüllung wegen Eigenbedarfs des Schenkers verweigert werden darf (§ 519 BGB).

Auf diese Rechte kann nicht im Voraus verzichtet werden. Die Unterscheidung ist ferner für die Mängelhaftung von Bedeutung.

139 Die Übertragung eines Grundstücks bedarf stets der **notariellen Beurkundung** (§ 311b Abs. 1 BGB). Dasselbe verlangt § 518 BGB für einen Schenkungsvertrag auch über beliebige andere Gegenstände, sofern nicht die Schenkung sofort vollzogen, der verschenkte Gegenstand also nicht sogleich übereignet bzw. abgetreten wird. Bei sofortiger Vollziehung spricht man von einer Handschenkung. Sonst liegt ein bloßes Schenkungsversprechen vor. Ein gemischtes Schenkungsversprechen bedarf nach herrschender Ansicht nur insoweit der Beurkundung, als es Schenkungsversprechen ist, also nicht für den entgeltlichen Teil. Allerdings führt der Formmangel wegen § 139 BGB (ist ein Teil nichtig, dann ist im Zweifel alles nichtig) i.d.R. zur Ungültigkeit des ganzen Vertrages, also auch des entgeltlichen Teils.[31] Bei der Schenkung unter Auflagen gibt es keinen entgeltlichen Teil, das Schenkungsversprechen unter einer Auflage ist daher stets **insgesamt** beurkundungsbedürftig.

140 Bei einer **Schenkung unter Auflage** sind die Vorschriften über das Rückforderungsrecht wegen Verarmung des Schenkers (§ 528 BGB) und Schenkungswiderruf wegen groben Undanks (§ 530 BGB) ohne Einschränkungen anwendbar).[32] Bei einer **gemischten Schenkung** hingegen erstrecken sich das Rückforderungsrecht des § 528 BGB und das Widerrufsrecht des § 530 BGB grundsätzlich nur auf den unentgeltlichen Teil, während die Rückforderung des gesamten übertragenen Gegenstands, z.B. eines Grundstücks, oder der Widerruf eines gesamten Vertrages nur dann verlangt werden können, (unter Rückgabe der Gegenleistung), wenn der unentgeltliche Teil des Rechtsgeschäfts überwiegt.[33] Ein derartiges Überwiegen des Schenkungscharakters wird bei der gemischten Schenkung, wenn die Herausgabe des Geschenks gefordert wird, angenommen, wenn die Zuwendung des Schenkers wertmäßig doppelt so hoch ist, wie die Gegenleistung des Beschenkten;[34] ist dies nicht der Fall, so kann nur Wertersatz in Höhe der Differenz zwischen Schenkung und Gegenleistung, nicht aber Herausgabe des Zuwendungsobjekts selbst verlangt werden.[35]

141 Bei der gemischten Schenkung haftet der Schenker nur für Mängel des entgeltlichen Teils der Übertragung wie ein Verkäufer voll. Seine Haftung für den geschenkten Teil ist eingeschränkt (§§ 521, 523, 524, 526 BGB).

3. Die mit einer Überlassung verfolgten Zwecke

142 Mit einer gemischten Schenkung bzw. einer Schenkung unter Auflagen wird, was den geschenkten Teil angeht, die Verbesserung der Vermögenslage des Beschenkten, und, was den entgeltlichen Teil angeht, die eigene Versorgung des Überlassers oder die Verbesserung der Vermögenslage eines Dritten (z.B. der Ehefrau oder eines anderen Kindes) angestrebt.

Der Anstoß zu einer solchen Übergabe geht etwa von folgenden Überlegungen aus:

143 Dem Übernehmer soll, um ihm eine eigene Existenz zu verschaffen, der Betrieb des Übergebers ganz oder zum Teil (z.B. durch Aufnahme als Gesellschafter, Abtretung einer Gesellschaftsbeteiligung) übertragen werden, häufig verbunden mit der Vereinbarung von Versorgungsleistungen für den Übergeber, wie z.B. eine lebenslange Rente.

144 Oder der Übernehmer braucht eine eigene Wohnung. Er will das elterliche Haus ausbauen. Um ihm dafür die nötige Sicherheit zu verschaffen, wird ihm das Haus übertragen. Die Eltern behalten ein Wohnungsrecht.

---

31 MüKo-BGB/*Koch*, § 516 Rn 40.
32 Siehe *von Hoyenberg*, S. 19.
33 Palandt/*Weidenkaff*, § 516 Rn 16; *von Hoyenberg*, S. 17.
34 Palandt/*Weidenkaff*, § 516 Rn 16.
35 BGH NJW 2012, 605; Palandt/*Weidenkaff*, § 516 Rn 16.

Oder der Übergeber will seine Versorgung im Alter sichern. Er überträgt dem Kind, das ihn pflegen und unterstützen will, sein Vermögen und erhält dafür einen Anspruch auf Pflege, Beköstigung, Rente und dergleichen.   **145**

Oder dem Übergeber wird aufgrund vorgerückten Alters die Verwaltung seines Mietshauses zu beschwerlich; er überträgt es an den Übernehmer, der sich verpflichtet, an den Übergeber wiederkehrende Geldzahlungen in Höhe der erzielten Miete zu leisten.   **146**

Oder der Übergeber will durch die Übertragung von Vermögensgegenständen Pflichtteilsansprüche mindern. Nach früherem Recht blieb die Schenkung bei der Berechnung des Pflichtteilsanspruchs jedoch nur dann außer Ansatz, sofern im Zeitpunkt des Erbfalls seit der Schenkung bereits zehn Jahre verstrichen waren (§ 2325 Abs. 3 BGB a.F.). Nach der am 1.1.2010 in Kraft getretenen Neufassung des § 2325 Abs. 3 BGB ist an die Stelle des früheren Alles-oder-nichts-Prinzips ein gleitendes Abschmelzmodell getreten. Danach werden mit Vollendung jeweils eines Jahres nach Schenkungsvollzug je 10 % des Schenkungswertes von der Pflichtteilsergänzung ausgenommen, sodass z.B. bei einer Schenkung, die bereits fünf Jahre zurückliegt, nur noch 50 % des Schenkungswertes zu berücksichtigen sind. Geblieben sind allerdings die strengen Regeln zum Fristbeginn. Nach wie vor beginnt die Frist bei Übertragungen unter Ehegatten nicht vor Auflösung der Ehe. Sie beginnt zudem nur, wenn der Übergeber das übergebene Gut wirtschaftlich aus seinem Vermögen ausgliedert und die Folgen der Entäußerung selbst zu tragen hat.[36] Der Vorbehalt des uneingeschränkten Nießbrauchs lässt danach die Frist nicht anlaufen.[37] Auch die Abschmelzung beginnt in diesem Fall nicht.   **147**

Oder es soll bei einem großen Vermögen Steuer gespart werden. Überträgt der Übergeber rechtzeitig Teile seines Vermögens, so können, wenn er danach noch zehn Jahre lebt, mehrmals die Freibeträge bei der Erbschaftsteuer ausgenutzt werden. Außerdem erlangt der Übernehmer dann oft aus dem übertragenen Vermögen eigene Einkünfte, die nicht mehr bei dem zumeist stärker besteuerten Übergeber, sondern bei dem weniger verdienenden und daher niedriger besteuerten Übernehmer zur Einkommensteuer veranlagt werden. Dadurch tritt nicht selten eine beträchtliche Verminderung der Gesamtsteuerlast der Familie ein.   **148**

Oder der Übergeber möchte verhindern, dass, falls er irgendwann einmal pflegebedürftig werden sollte, sein Haus für die Pflegekosten verwertet wird und überträgt es dem Übernehmer, hoffend, dass der Pflegefall, wenn überhaupt, dann frühestens nach zehn Jahren und damit nach Ablauf der Ausschlussfrist für die Rückforderung wegen Verarmung des Schenkers (§§ 528, 529 BGB) eintreten möge.   **149**

Der Rückforderungsanspruch wegen Verarmung des Schenkers wird in der Praxis nur selten vom Schenker selbst, sondern sehr viel häufiger von den Sozialhilfeträgern geltend gemacht.[38] Diese können nämlich den Herausgabeanspruch des pflegebedürftigen Schenkers, der seine Heimkosten nicht tragen kann, auf sich nach § 93 SGB XII überleiten. Nach dem Wortlaut des § 528 BGB („Soweit der Schenker … außerstande ist, seinen angemessenen Unterhalt zu bestreiten …"), besteht der Anspruch auf Herausgabe des Geschenks nur in dem Umfang, in welchem der Schenkungsgegenstand zur Deckung des angemessenen Unterhalts des Schenkers erforderlich ist.[39] Bei einem nicht teilbaren Geschenk, wie dies bei Grundstücken der Fall ist, ist der Anspruch von vornherein auf die wiederkehrende Zahlung eines der jeweiligen Bedürftigkeit des Schenkers entsprechenden Wertanteils gerichtet (vergleichbar einer Unterhaltsrente), bis der Wert des Geschenks erschöpft ist.[40] Der Beschenkte kann die auf § 528 BGB gestützte Zahlungspflicht abwenden, wenn er dem Sozialhilfeträger die Rückübertragung des geschenkten Grundstücks anbietet.[41]

---

36 BGH DNotZ 1987, 315; BGH DNotZ 1994, 784.
37 BGH DNotZ 1994, 784; BGH NJW 2016, 2957. Zur Frage, ob auch der Vorbehalt eines Wohnungsrechts den Anlauf der 10-Jahresfrist hindert, vgl. BGH NJW 2016, 2957.
38 Siehe *von Hoyenberg*, S. 4.
39 BGH NJW 2003, 2449, 2450.
40 BGH NJW 2003, 2449, 2450; BGH NJW 1985, 2419.
41 BGH DNotZ 2011, 31.

4. Der typische Inhalt von Überlassungsverträgen

a) Die Leistungen des Übergebers

150   Die gemischte Schenkung bzw. Schenkung unter Auflagen besteht regelmäßig in der Übertragung eines Gegenstandes oder einer Gesamtheit von Gegenständen (Betrieb). Allerdings kann die Leistung des Schenkers auch etwa im Erlass einer Forderung bestehen.

Für die Übertragung der Gegenstände gelten die allgemeinen Regeln: Ein Grundstück muss aufgelassen, seine Umschreibung im Grundbuch bewilligt werden. Ein GmbH-Anteil oder ein Erbanteil muss mit dinglicher Wirkung in einem (beurkundungsbedürftigen) Vertrag übertragen werden. Dazu müssen beide Beteiligte erklären, dass sie über den Rechtsübergang einig sind. Eine Forderung, etwa ein Sparbuch, muss abgetreten werden. Ein beweglicher Gegenstand (Auto, Hausrat) muss übergeben werden.

Zwar werden zumeist das dingliche Erfüllungsgeschäft und der schuldrechtliche Vertrag, in dem der Übergeber sich dazu verpflichtet (hier: das Schenkungsversprechen), zusammen beurkundet. Dennoch handelt es sich um zwei rechtlich getrennte Vorgänge. Der dingliche Vertrag ist grundsätzlich vom schuldrechtlichen unabhängig (abstrakt). Daher kann das Erfüllungsgeschäft wirksam sein und bleiben, auch wenn das Verpflichtungsgeschäft ungültig ist oder nachträglich wegfällt (etwa durch Anfechtung, Rücktritt oder Widerruf).

b) Die Gegenleistungen des Übernehmers

151   Die Gegenleistungen des Übernehmers können von der verschiedensten Art sein. Wir wollen hier die in der Praxis am häufigsten vorkommenden Vereinbarungen darstellen und dabei auch die dem Übergeber vorbehaltenen Rechte mit darunter verstehen.

aa) Rente, dauernde Last

152   Bei der Übertragung werden oft **Rentenzahlungen** an den Übergeber und seinen Ehegatten bis zum Tode des Längstlebenden von ihnen (**Leibrente**) vereinbart. Wird die Höhe der Rente auch von der Leistungskraft des Übernehmers und/oder dem Bedarf des Übergebers abhängig gemacht, so handelt es sich um eine sog. **dauernde Last**. Wird deren Höhe von den wirtschaftlichen Verhältnissen der Beteiligten abhängig gemacht, so ist die für das Grundbuch erforderliche Bestimmbarkeit der Reallast, mit der sie üblicherweise gesichert wird, nur in Höhe des Ausgangsbetrages gegeben (vgl. nachfolgendes Muster „Dauernde Last"). Die Rente kann auch für eine bestimmte Zeit (sog. **Zeitrente**) oder mit der Maßgabe vereinbart werden, dass sie sich beim Tode des ersten von mehreren Berechtigten um einen bestimmten Prozentsatz verringert. Um den Auswirkungen der Geldentwertung zu entgehen, wird die Höhe der Rente regelmäßig von der Entwicklung der Lebenshaltungskosten (Verbraucherpreisindex) oder bestimmter Einkommen (Beamtengehalt, Renten der gesetzlichen Rentenversicherung) abhängig gemacht (sog. Wertsicherungsklausel). Bei der Koppelung an die Lebenshaltungskosten erhält der Berechtigte jeweils einen Betrag, mit dem er sich immer annähernd das Gleiche kaufen kann; bei der Koppelung an ein Einkommen nimmt er darüber hinaus an der allgemeinen Wohlstandsentwicklung teil (Erläuterungen zur Wertsicherungsklausel vgl. Rdn 256 ff.).

153   Nicht selten soll die Höhe der Rente vom Ertrag des zu übertragenden Gegenstandes abhängig sein. Dann koppelt man sie an den Umsatz oder den Gewinn daraus, nach unten zumeist von einem Mindestbetrag, nach oben oft auch von einem Höchstbetrag begrenzt. Sofern Grundbesitz übertragen wird, bietet es sich an, die Rente durch die Eintragung einer Reallast oder einer Höchstbetragssicherungshypothek im Grundbuch zu sichern.

154   *Muster: Rente*

Die Übernehmer verpflichten sich als Gesamtschuldner, an den Übergeber und dessen Ehefrau Anna geborene Schmitz als Gesamtberechtigte und auf deren Lebenszeit eine Rente von 1.000 EUR – in Worten: eintausend EUR – im Monat zu zahlen. Sie ist spätestens am dritten Werktag eines jeden Monats fällig, erstmal am …. Nach dem Tode des Erstversterbenden der Berechtigten verringert sie sich um $^1/_3$.

Wegen dieser Zahlungsverpflichtungen unterwerfen sich die Übernehmer als Gesamtschuldner der sofortigen Zwangsvollstreckung aus dieser Urkunde.

Veränderungen im Bedarf der Berechtigten oder in der Leistungskraft der Verpflichteten sind ohne Einfluss auf die Höhe der Rente. Sie verändert sich jedoch im selben Verhältnis, wie sich in Zukunft, bezogen auf den ersten Tag des auf die Beurkundung dieses Vertrages folgenden Monats, die Altersrenten in der gesetzlichen Rentenversicherung verändern.

Oder: das monatliche Grundgehalt eines Bundesbeamten in der Besoldungsgruppe A 13 und der Dienstaltersstufe 3 ohne einmalige oder dauernde Zuschläge.

Oder: der Verbraucherpreisindex für Deutschland

Eine Anpassung soll jedoch nur vorgenommen werden, wenn sich eine Veränderung der Rentenhöhe um mindestens 5 % ergibt. Der geänderte Rentenbetrag ist vom nächsten Monat an zu zahlen, der auf die berechtigte Geltendmachung des Anpassungsanspruchs folgt. Dieser wirkt also nicht auf den Zeitpunkt zurück, von dem ab eine Anpassung hätte verlangt werden können.

Sollte die vereinbarte Wertsicherungsklausel nach dem Preisklauselgesetz nicht zulässig sein, so bleibt der Vertrag im Übrigen wirksam. Die Beteiligten sind dann verpflichtet, eine zulässige Wertsicherung zu vereinbaren, die der hier vereinbarten im wirtschaftlichen Ergebnis möglichst nahe kommt.

Zur Sicherung der Rente bewilligen und beantragen wir die Eintragung einer Reallast für den Übergeber und dessen Ehefrau als Gesamtberechtigte nach § 428 BGB auf dem übertragenen Grundbesitz in Höhe des Ausgangsbetrages von 1.000 EUR monatlich und mit Rang nach dem Wohnungsrecht.

Die Berechtigten verpflichten sich, mit dieser Reallast hinter ein Grundpfandrecht von bis zu 50.000 EUR nebst bis zu 18 % Jahreszinsen und bis zu 10 % einmaliger Nebenleistung zurückzutreten, wenn bei dem Grundpfandrecht für sie eine Löschungsvormerkung eingetragen wird und die Gläubigerbank ihnen gegenüber die Verpflichtung übernimmt

a) dafür einzustehen, dass das Darlehen ausschließlich zur Bezahlung von Handwerkerrechnungen für Renovierungs- und Erweiterungsarbeiten auf dem übertragenen Grundbesitz verwendet wird,
b) mit dem Grundpfandrecht nur dieses Darlehen zu sichern,
c) Löschungsbewilligung auch dann zu erteilen, wenn ihr noch sonstige Ansprüche gegen die Übernehmer oder deren Rechtsnachfolger zustehen,
d) auf Verlangen der Übergeber auch Teillöschungsbewilligungen in Höhe der nicht entstandenen oder nicht mehr bestehenden Teile der Darlehensforderung zu erteilen, jedoch jeweils nur in Teilen von 10.000 EUR,
e) das Grundpfandrecht nicht abzutreten.

Muster: Dauernde Last

155

Als dauernde Last verpflichten sich die Übernehmer als Gesamtschuldner zur Zahlung eines monatlichen Betrages von zunächst 1.000 EUR – in Worten: eintausend EUR – an den Übergeber und dessen Ehefrau als Gesamtberechtigte gemäß § 428 BGB auf deren Lebenszeit. Der Betrag ist monatlich im Voraus bis zum dritten Tag des Monats zu zahlen, erstmals am dritten Tag des Monats, der auf die Beurkundung dieses Vertrages folgt.

Wegen dieses Betrages unterwerfen sich die Übernehmer als Gesamtschuldner der sofortigen Zwangsvollstreckung aus dieser Urkunde. Wir bewilligen und beantragen die Eintragung einer Reallast für die Übergeber als Gesamtberechtigte nach § 428 BGB auf dem übertragenen Grundbesitz zur Sicherung ihrer Ansprüche auf Leistung dieser Geldbeträge.

Schuldrechtlich gilt Folgendes:

Die Höhe der dauernden Last soll abhängig sein

a) von der Entwicklung der Währungs- und Preisverhältnisse,
b) von der gesamtwirtschaftlichen Entwicklung, insbesondere von der Entwicklung des allgemeinen Lebensstandards,

c) von der Leistungskraft der Übernehmer, insbesondere der Gewinnentwicklung des übertragenen Betriebes,

d) von dem sich möglicherweise ändernden Bedarf der Berechtigten. Ein etwaiger Mehrbedarf der Berechtigten, der sich daraus ergibt, dass diese das übertragene Anwesen, aus welchem Grund auch immer, verlassen, berechtigt jedoch nicht zu einer Abänderung der dauernden Last.

Die dauernde Last steht dem Überlebenden der Berechtigten ungeschmälert zu, mindert sich also durch den Tod des Erstversterbenden nicht. Einigen sich die Beteiligten nicht über eine Anpassung, so ist sie von einem von der Industrie- und Handelskammer Köln zu benennenden vereidigten Sachverständigen als Schiedsgutachter verbindlich festzustellen. Dessen Gebühren zahlt derjenige, der mit seinem letzten Angebot weiter von der vom Schiedsgutachter festgelegten Zahlungshöhe entfernt lag, bei gleichem Abstand beide je zur Hälfte. Die geänderte Zahlungshöhe ist rückwirkend von dem 1. des Monats an maßgebend, der auf das begründete Änderungsbegehren folgt.

(Sicherung durch Reallast etc. siehe oben Rdn 154.)

bb) Nießbrauchsrecht

156   Statt einer Rente behält sich der Übergeber in anderen Fällen ein **Nießbrauchsrecht** vor. Dabei bleiben ein Teil der Herrschaftsgewalt (Besitz, § 1036 BGB) und der Ertrag (Nutzung, § 1030 BGB) beim Übergeber. Es kann abweichend von der gesetzlichen Regelung mehr, aber auch weniger an Rechten und Pflichten für den Nießbraucher beinhalten. Bei der schwächsten Ausprägung kann der Nießbraucher nur die Zahlung des ausgeschütteten Reinertrages verlangen. Bei der stärksten Ausprägung hat er eine so weitgehende Verfügungsmacht, dass er als wirtschaftlicher Eigentümer angesehen und steuerlich auch so behandelt wird.

157   Beim **vorbehaltenen Nießbrauch** („Vorbehaltsnießbrauch") kann nicht der neue Eigentümer die Absetzungen für Abnutzung (sog. AfA) geltend machen, wohl aber der Nießbraucher, beim zugewendeten Nießbrauch („Zuwendungsnießbrauch") keiner von beiden.

158   Der **vermachte Nießbrauch** wird wie der vorbehaltene behandelt. Weil der Eigentümer eines nießbrauchbelasteten Grundstücks keine Einkünfte erzielt, kann er auch keine Werbungskosten geltend machen. Um die nach dem Gesetz dem Eigentümer obliegenden außergewöhnlichen Unterhaltungskosten (§ 1041 BGB) absetzbar zu machen, werden sie oft vertraglich dem Nießbraucher auferlegt. Damit das für diesen nicht zu einer untragbaren Belastung wird, kann ihm das Recht eingeräumt werden, unter Verzicht auf das Nießbrauchsrecht die Zahlung einer Leibrente oder dauernden Last verlangen zu können, die durch die Eintragung einer Reallast zu sichern ist.

159   Im Hinblick auf etwaige Pflichtteilsergänzungsansprüche (§ 2325 BGB) ist bei einer Übertragung unter Nießbrauchsvorbehalt Folgendes zu beachten:

■ Die Zehnjahresfrist des § 2325 Abs. 3 S. 2 BGB beginnt nicht zu laufen.[42]

■ Für die Berechnung des Anspruchs sind nach der Rechtsprechung[43] – zunächst noch ohne Berücksichtigung des vorbehaltenen Nutzungswerts – die inflationsbereinigten Verkehrswerte des Zuwendungsobjekts im Zeitpunkt der Übertragung und im Zeitpunkt des Erbfalls gegenüberzustellen. Maßgeblich ist der geringere Wert von beiden (Niederstwertprinzip, § 2325 Abs. 2 BGB). War der Wert im Zeitpunkt der Übertragung der niedrigere von beiden, so sind in einem zweiten Schritt die kapitalisierten Nutzungen von dem Wert des Zuwendungsobjektes abzuziehen. Der danach verbleibende Restwert ist sodann unter Berücksichtigung des Kaufkraftschwundes auf den Todestag des Erblassers umzurechnen und unterliegt der Pflichtteilsergänzung. War dagegen der Wert im Zeitpunkt des Erbfalls geringer als der im Zeitpunkt der Übertragung, so bleibt das vorbehaltene Nutzungsrecht für die Pflichtteilsergänzung gänzlich unberücksichtigt.

---

42 BGH NJW 1994, 1791; BGH NJW 2016, 2957.
43 BGH NJW 1992, 2887.

Beispiel nach Heinrichs[44]

Betrug der – inflationsbereinigte – Wert eines unter Nießbrauchsvorbehalt zugewendeten Grundeigentums zum Zeitpunkt der Schenkung 100.000 EUR und im Zeitpunkt des Erbfalls 120.000 EUR, während der Wert des vorbehaltenen Nießbrauchsrechts 70.000 EUR betrug, so wäre ein Betrag von 30.000 EUR als geschenkt anzusehen und für die Pflichtteilsergänzung dem Nachlass hinzuzurechnen. Hätte dagegen der – inflationsbereinigte – Wert des Grundbesitzes zum Zeitpunkt des Erbfalls aber nur 99.000 EUR betragen, wären dem Nachlass 99.000 EUR für die Pflichtteilsergänzung hinzuzurechnen.

Soll der Übernehmer den unmittelbaren Besitz erhalten, so vermietet oder verpachtet der Übergeber ihm **160** im Rahmen des Übergabevertrages (bis zur Beendigung des Nießbrauchsrechts) den übertragenen Gegenstand (Betrieb).

(Wegen der Einzelheiten siehe § 4 Rdn 370 ff.)

Muster: Nießbrauch **161**

Der Übernehmer räumt dem Übergeber und – aufschiebend bedingt auf den Tod des Übergebers – auch dessen Ehefrau Anna Meier, geborene Schmitz an allen übertragenen Gegenständen ein lebenslängliches und unentgeltliches Nießbrauchsrecht ein.

Auf dem übertragenen Grundbesitz bewilligen und beantragen wir die Eintragung eines Nießbrauchsrechts für den Übergeber Peter Meier und eines durch dessen Tod aufschiebend bedingten Nießbrauchsrechts für dessen Ehefrau Anna Meier, geborene Schmitz, jeweils mit dem Vermerk, dass zur Löschung der Nachweis des Todes des Berechtigten genügt. Der Jahreswert des Nießbrauchsrechts beträgt 16.000 EUR.

Abweichend von den gesetzlichen Regelungen vereinbaren wir schuldrechtlich:

1. Die Nießbraucher tragen die etwaige, durch diesen Vertrag ausgelöste Schenkungsteuer und Grunderwerbsteuer sowie außer den Zinsen auch die fällig werdenden Tilgungsbeträge für die auf dem übertragenen Grundbesitz dinglich gesicherten Verbindlichkeiten, ferner die außergewöhnlichen Unterhaltungskosten.
2. Die Nießbraucher sind berechtigt, im forstrechtlich zulässigen Umfang den nießbrauchunterworfenen Wald abzuholzen, ohne zur Wiederaufforstung verpflichtet zu sein (Kahlschlagsrecht).
3. An der übertragenen Gesellschaftsbeteiligung sollen die Nießbraucher im zulässigen Umfang die Rechtsstellung als Gesellschafter behalten (was nur möglich ist, wenn der Gesellschaftsvertrag es zulässt oder alle Gesellschafter zustimmen), also auch das Stimmrecht. Sofern letzteres nicht zulässig sein sollte, erteilt der Übernehmer den Nießbrauchern eine gemeinsam auszuübende Stimmrechtsvollmacht, die unwiderruflich und befreit von den Beschränkungen des § 181 BGB sein soll. Bei Kapitalerhöhungen unterfallen die neuen Anteile dem Nießbrauchsrecht. Wird das Kapital aus Mitteln der Gesellschafter erhöht, so haben die Nießbraucher im Innenverhältnis davon $\frac{1}{3}$ (oder: $\frac{2}{3}$, alles, nichts) zu tragen.

Oder: An der übertragenen Gesellschaftsbeteiligung sind die Rechte der Nießbraucher darauf beschränkt, die Auszahlung des ausgeschütteten Reingewinns verlangen zu können. Alle anderen Rechte, insbesondere das Stimmrecht, stehen dem Übernehmer zu. Bei Kapitalerhöhungen (…) etc.

Oder: In Ausübung des Nießbrauchsrechts verpachten hiermit der Übergeber und seine Ehefrau dem Übernehmer das auf dem Grundstück Flur 10 Nummer 8 betriebene Hotel für die Dauer von 10 Jahren und gegen einen Pachtzins von monatlich 2.000 EUR – in Worten: zweitausend EUR. Im Einzelnen vereinbaren wir dazu Folgendes (…)

---

[44] MittRhNotK 1995, 157, 165 ff.; vgl. auch Hannes/*Roemer*, S. 51 f.

cc) Abstandsgeld

162   Statt einer Rente oder des Nießbrauchsrechts, gelegentlich aber auch zusätzlich dazu, wird manchmal eine einmalige Geldleistung des Übernehmers an den Übergeber vereinbart (sog. *Abstandsgeld* oder *Übergabepreis*). Damit soll in der Regel ein bereits erkennbarer Geldbedarf des Übergebers (etwa für die Beschaffung einer Wohnung) oder ein möglicherweise in Zukunft entstehender zusätzlicher Bedarf (bei Krankheit, für die Ausstattung anderer Kinder etc.) befriedigt werden. Oft will der Übergeber auch nur ein erhöhtes Gefühl der Sicherheit gegen die Wechselfälle des Lebens behalten oder den Übernehmer mit der Möglichkeit der Geltendmachung dieser Forderung zu Wohlverhalten drängen können.

Sofern der Eintritt des Bedarfs nicht von vornherein für sicher gehalten wird, machen die Beteiligten die Fälligkeit der Forderung meistens von einer besonderen Geltendmachung durch den Übergeber abhängig. Um den Übernehmer dadurch nicht in Verlegenheit kommen zu lassen, werden je nachdem höhere oder geringere Teilbeträge pro Jahr abrufbar gemacht. Nicht selten wird vereinbart, dass der beim Tode des Berechtigten noch nicht abgerufene Übergabepreis erlassen sein soll.

Zur Sicherung dieser Forderung bieten sich eine Höchstbetragssicherungshypothek oder eine nicht abtretbare Buchgrundschuld an. Bei der Überlassung von Betriebsvermögen ist die Vereinbarung eines Abstandsgeldes zumeist steuernachteilig.

163   *Muster: Abstandsgeld, Übergabepreis*

Der Übergeber erhält ein Abstandsgeld (Übergabepreis) von 20.000 EUR – in Worten: zwanzigtausend EUR –. Es ist nicht zu verzinsen, darf von den Übernehmern nicht vorzeitig gezahlt werden[45] und kann mit einer Frist von einem Monat in Teilbeträgen von höchstens insgesamt 5.000 EUR im Kalenderjahr abgerufen werden. Beim Tode des Übergebers geht die Forderung auf dessen Ehefrau über. Was beim Tode des Überlebenden von beiden noch nicht abgerufen worden ist, wird kraft hiermit getroffener Vereinbarung den Übernehmern erlassen. (Gegebenenfalls Unterwerfung unter die sofortige Zwangsvollstreckung und Bewilligung einer Hypothek oder Grundschuld.)

dd) Wohnungsrecht

164   Wenn nur die Wohnbedürfnisse des Übergebers und seines Ehegatten bis zum Tode befriedigt werden sollen, ohne dass sie dafür das ganze Haus benötigen, wird ein *Wohnungsrecht* (§ 1093 BGB) vereinbart. Dabei muss zur Wahrung des sachenrechtlichen Bestimmtheitsgrundsatzes genau beschrieben werden, auf welche Räume es sich beziehen soll. Auch wird zumeist ausdrücklich vermerkt, dass es sich auf die Mitbenutzung der gemeinschaftlich genutzten Räume, Anlagen und Einrichtungen (Keller, Flur, Speicher, Bad, Garten, Garage etc.) erstreckt und den freien Zu- und Umgang einschließt.

Das Wohnungsrecht als dingliches Recht ist stets *unentgeltlich*. Jedoch kann schuldrechtlich ein Entgelt vereinbart werden. Das Wohnungsrecht berechtigt dazu, die Wohnung selbst oder durch Familienmitglieder (§ 1093 Abs. 2 BGB) zu benutzen. Die Überlassung der Ausübung an andere ist nur gestattet, wenn dies vereinbart worden war. Es ist nicht vererblich (im Übrigen vgl. Rdn 364 ff.).

165   Probleme können entstehen, wenn der Wohnungsberechtigte nicht mehr in der Lage ist, sein Wohnungsrecht auszuüben, z.B. weil er aufgrund Pflegebedürftigkeit in ein Alten- oder Pflegeheim aufgenommen wird. In diesen Fällen entspricht es regelmäßig nicht dem Willen der Beteiligten, wenn Dritte, z.B. das Sozialamt, Ansprüche gegen den Übernehmer wegen des zwar nicht mehr ausgeübten, aber trotz Auszugs fortbestehenden Wohnungsrechts[46] stellen. Hier kann es sich empfehlen, im Übertragungsvertrag zu vereinbaren, dass das Wohnungsrecht entschädigungslos erlischt, wenn der Wohnungsberechtigte aus dem

---

45   In einigen Bundesländern kann das Kündigungsrecht des Übernehmers, sofern zur Sicherung des Abstandsgeldes ein Grundpfandrecht bestellt wird, längstens auf die Dauer von 20 Jahren ausgeschlossen werden. Danach kann der Übernehmer unter Einhaltung einer Frist von 6 Monaten kündigen.

46   Auch bei einem Umzug des Wohnungsberechtigten in ein Pflegeheim bleibt das Wohnungsrecht bestehen, vgl. BGH NJW 2007, 1884; BGH NJW 2009, 1348.

Wohnobjekt auszieht. Die Rechtsprechung hält solche Vereinbarungen, sofern nicht besondere erschwerende Umstände hinzukommen, für wirksam.[47]

Muster: Wohnungsrecht   **166**

Der Übergeber und – aufschiebend bedingt auf dessen Tod – auch dessen Ehefrau Anna geborene Schmitz erhalten an folgenden Räumen des übertragenen Hauses Flur 4 Flurstück 8 ein Wohnungsrecht:

a) an dem Raum im Erdgeschoss an der Straße, rechts von der Straße aus gesehen,
b) an dem Raum in der ersten Etage hofwärts, links von der Straße aus gesehen,
c) an dem Raum in der ersten Etage an der Straße, links von der Straße aus gesehen.

Das Wohnungsrecht umfasst das Recht zur Mitbenutzung der gemeinschaftlich genutzten Räume, Einrichtungen und Anlagen, insbesondere des Kellers, des Flures, des Bades, der Toiletten, des Speichers, des Gartens, der Garage sowie der Waschmaschine, des Trockners und der Bügelmaschine. Seine Ausübung darf keinem Dritten überlassen werden. Nach dem Tode des Erstversterbenden steht es dem Überlebenden bis zu dessen Tode allein und uneingeschränkt weiter zu. Verlässt der Wohnungsberechtigte die Wohnung auf Dauer, so erlischt das Wohnungsrecht entschädigungslos. Er hat in diesem Fall das Wohnungsrecht auf Verlangen und Kosten des Eigentümers in grundbuchmäßiger Form zur Löschung zu bewilligen.

Den Jahreswert des Wohnungsrechts geben wir mit 2.400 EUR an.

Wir bewilligen und beantragen auf dem Grundstück Flur 4 Flurstück 8 mit Rang vor den Versorgungsreallasten einzutragen:

Ein Wohnungsrecht für den Übergeber Peter Meier sowie ein – durch den Tod des Übergebers Peter Meier aufschiebend bedingtes – Wohnungsrecht für dessen Ehefrau Anna Meier geborene Schmitz.

ee) Ver- und Entsorgung

Mit dem Wohnungsrecht verbunden wird i.d.R. eine Vereinbarung darüber, wer die auf die überlassene   **167** Wohnung entfallenden *Kosten für Strom, Heizung, Müllabfuhr und Wasser einschließlich Abwasser* trägt: der Übernehmer, der Übergeber oder beide zu einem bestimmten Teil.

Muster: Strom, Heizung und Wasser

Die Übernehmer verpflichten sich als Gesamtschuldner, für den Übergeber und dessen Ehefrau Zeit deren Lebens die Kosten von Strom, Heizung, Müllabfuhr, Wasser und Abwasser zu tragen.

ff) Beköstigung

Die Versorgung des Übergebers wird gelegentlich auch auf seine *Beköstigung* erstreckt. Dabei wird zu-   **168** meist ausdrücklich vermerkt, dass sie „am gemeinschaftlichen Tisch" zu erfolgen hat, damit der Übergeber nicht an einen „Katzentisch" gesetzt oder mit minderwertiger Kost abgespeist werden kann. Ihm wird einseitig das Recht zuzubilligen sein, verlangen zu können, dass ihm das Essen (etwa bei Krankheit oder bei Streit) in seiner Wohnung verabreicht wird. Soll sich der Übergeber an den Kosten der Ernährung beteiligen, so empfiehlt es sich, dafür den monatlichen Geldbetrag zu bestimmen, der anfangs bezahlt wird, mit der Maßgabe, dass er sich entsprechend verändert, wenn sich die Lebenshaltungskosten (Verbraucherpreisindex) oder etwa die Altersrenten in der gesetzlichen Rentenversicherung ändern. Statt der Beköstigung am gemeinschaftlichen Tisch wird gelegentlich auch (noch) vereinbart, dass der Übernehmer dem Übergeber eine gewisse Menge Lebensmittel aus dem eigenen Betrieb oder Geschäft zur Verfügung stellen muss (Deputat, Naturalaustrag).

---

47 BGH NJW 2009, 1346; *Herrler*, DNotZ 2009, 408, 423.

Muster: Beköstigung

Die Übernehmer verpflichten sich, den Übergeber und dessen Ehefrau auf Lebenszeit unentgeltlich am gemeinschaftlichen Tisch zu beköstigen. Die Berechtigten können verlangen, dass ihnen Speise und Trank in ihre Wohnung gebracht wird. Im Krankheitsfalle ist ihnen Diät- oder Schonkost zu reichen.

Oder: Der Übergeber und seine Ehefrau beteiligen sich an den Kosten für die Verpflegung mit monatlich 200 EUR. Dieser Betrag verändert sich im selben Verhältnis, wie sich in Zukunft die Altersrenten in der gesetzlichen Rentenversicherung verändern, und zwar ab dem Monat, der auf das Anpassungsverlangen folgt.

gg) Pflege

169   Vor allem in ländlichen Regionen und im Rahmen von Hofübergabeverträgen verpflichtet sich der Übernehmer nicht selten, jedoch regional unterschiedlich und mit rückläufiger Tendenz, den Übergeber und dessen Ehegatten entweder ab sofort oder bei Bedarf unentgeltlich zu pflegen oder für ihre Pflege aufzukommen. Damit soll im Rahmen der Möglichkeiten des Übernehmers dem Übergeber und seinem Ehegatten der Wegzug in ein Alten- und Pflegeheim erspart werden. Wird der Übergeber, zu dessen Pflege im übertragenen Anwesen sich der Übernehmer verpflichtet hatte, in einem Pflegeheim untergebracht, so soll der Übernehmer auch ohne besondere Abrede verpflichtet sein, sich in Höhe der ersparten Aufwendungen an den Heimkosten zu beteiligen.[48] Das gilt jedoch nicht, wenn die Parteien vereinbaren, dass die Pflegeverpflichtung entschädigungslos ruhen solle, wenn der Übernehmer nicht mehr im übertragenen Objekt wohnt, insbesondere wegen Aufnahme in ein Alten- und Pflegeheim. Eine solche Vereinbarung (sog. Wegzugsklausel) verstößt, sofern nicht weitere erschwerende Umstände hinzutreten, auch nicht gegen die guten Sitten (§ 138 BGB).[49]

Muster: Pflege

Der Übernehmer hat seinen Eltern auf deren Lebenszeit bei Krankheit und Gebrechlichkeit sorgsame Pflege und hauswirtschaftliche Versorgung in den Räumen des übertragenen Hofanwesens zu gewähren.

Zur Pflege gehört insbesondere die Hilfe bei Aufstehen und Zu-Bett-Gehen, An- und Auskleiden, Nahrungsaufnahme und Körperpflege sowie die Verabreichung von Medikamenten. Die Pflegeverpflichtung umfasst nicht Leistungen, die nur von geschultem Personal erbracht werden können. Dauerpflege ist nur in dem Umfang zu erbringen, der einschließlich der notwendigen hauswirtschaftlichen Verrichtungen für die Übergeber nach dem Urteil des Hausarztes der Übergeber einen durchschnittlichen Zeitaufwand von insgesamt zwei Stunden täglich nicht überschreitet.

Zur hauswirtschaftlichen Versorgung gehören insbesondere die Verrichtung der anfallenden häuslichen Arbeiten wie Reinigung der Wohnung, der Kleidung, der Wäsche und des Schuhwerks, Geschirrspülen sowie die Verköstigung der Berechtigten zu allen Mahlzeiten mit Speisen und Getränken, die dem Alters- und Gesundheitszustand der Berechtigten entsprechen. Die Kosten für die Beschaffung der hierfür erforderlichen Lebensmittel müssen die Berechtigten jedoch selbst tragen.

Die Verpflichtung zur Pflege und hauswirtschaftlichen Versorgung ruht entschädigungslos, wenn sich der Pflegeberechtigte nicht mehr in dem übertragenen Hofanwesen aufhält.

Ein etwaiges Pflegegeld steht den Pflegeberechtigten zu, die es zur Deckung etwaiger Pflegekosten zu verwenden haben. Soweit ihnen solche Kosten aufgrund der Leistung des Übernehmers nicht oder nicht in vollem Umfang entstehen, haben sie das Pflegegeld dem Übernehmer zu überlassen.

---

48 BGH DNotZ 2002, 702; BGH RNotZ 2003, 450.
49 BGH DNotZ 2009, 441.

Die Beschränkung der Pflegepflicht auf die Dauer des Aufenthalts der Berechtigten in dem übertragenen Anwesen verhindert nicht, dass der Übernehmer aus einem übergeleiteten Anspruch auf Herausgabe wegen Notbedarfs (§ 528 BGB) in Höhe des Werts des Geschenks 10 Jahre lang vom Sozialhilfeträger in Anspruch genommen werden kann, wenn dieser für Pflegeleistungen des Übergebers in einem Pflegeheim in Vorlage getreten ist.

Zur näheren Bestimmung des Umfangs der Pflegeverpflichtung und damit auch zu ihrer Begrenzung wurde bisher in notariellen Verträgen häufig auf die Pflegestufen nach dem Pflegeversicherungsgesetz (§ 15 SGB XI) Bezug genommen. Die am 1.1.2017 in Kraft getretene Neuregelung der §§ 14 und 15 SGB XI hat insoweit zu einschneidenden Änderungen geführt.[50] § 15 Abs. 3 SGB XI n.F. sieht nicht mehr die aus dem früheren Recht bekannten drei Pflegestufen, sondern fünf Pflegegrade vor. Die bisherige Orientierung am Zeitaufwand für die Pflege ist weggefallen. Stattdessen werden nunmehr Punktwerte ermittelt. Entsprechend dem erreichten Gesamtpunktwert erfolgt die Einordnung in eine der Pflegegrade, die von Pflegegrad 1 (geringe Beeinträchtigung der Selbstständigkeit oder der Fähigkeiten) bis Pflegegrad 5 (schwerste Beeinträchtigung der Selbstständigkeit oder der Fähigkeiten mit besonderen Anforderungen an die pflegerische Versorgung) reichen. Die gesetzliche Neuregelung lässt es ratsam erscheinen, die geschuldeten Pflegeleistungen und den zeitlichen Umfang der zu erbringenden Tätigkeiten (Begrenzung des geschuldeten täglichen Zeitaufwands) vertraglich genauer zu konkretisieren.[51]

Fraglich ist, wie zu verfahren ist, wenn in vor dem 1.1.2017 geschlossenen Verträgen zur Konkretisierung der geschuldeten Pflegeverpflichtung auf eine der drei Pflegestufen des bisherigen Rechts Bezug genommen wurde. Sofern die Beteiligten nicht bereits ausdrücklich vereinbart hatten, dass die bei Vertragsschluss gültige Fassung des § 15 SGB XI maßgeblich sein solle, dürfte sich deren Geltung jedenfalls in der Regel im Wege der ergänzenden Vertragsauslegung ergeben.[52] Auch dann können sich freilich nach der gesetzlichen Neufassung Schwierigkeiten ergeben, da der Medizinische Dienst keine Einstufung nach den alten Pflegstufen und keine Feststellung des für die Pflege erforderlichen Zeitaufwands vornehmen wird, so dass im Streitfall evtl. nur die Klärung durch einen Gutachter bleibt.[53]

Andererseits legen die Geschwister des Übernehmers in der Regel Wert darauf, von der Haftung für solche eventuellen Sozialhilfeleistungen freigestellt zu werden, und zwar mit der Begründung, dass der Übernehmer das Anwesen zu Gegenleistungen weit unter seinem Verkehrswert bekommen habe, sie also ein Opfer gebracht hätten und deshalb nicht zu zusätzlichen Leistungen für die Eltern herangezogen werden möchten. Dies kann bei einer nicht ausreichenden Leistungskraft des Übernehmers zu einem unlösbaren Problem führen. Deshalb sollte eine solche Freistellungspflicht zumindest betragsmäßig begrenzt werden. **170**

Muster: Freistellung der Geschwister von der Haftung für Sozialhilfeleistungen

Die Möglichkeit, dass der Sozialhilfeträger den Anspruch auf Herausgabe wegen Notbedarfs nach § 528 BGB auf sich überleitet und den Übernehmer daraus in Anspruch nimmt, wurde uns erläutert. Der Übernehmer hat seine Geschwister und deren Abkömmlinge von ihrer gesetzlichen Unterhaltspflicht gegenüber dem Übergeber freizustellen. Die Freistellungsverpflichtung ist begrenzt auf einen Betrag von 400 EUR monatlich und insgesamt auf einen Betrag von 50.000 EUR.

---

hh) Begräbnis, Grab, Grabpflege

Oft legt der Übergeber besonderes Gewicht darauf, dass sich der Übernehmer verpflichtet, ihm ein *„standesgemäßes christliches Begräbnis"* zu bereiten, für ihn ein Grab zu kaufen, darauf einen Grabstein zu errichten und das Grab zu pflegen und zu schmücken. Dafür soll der Übernehmer dann i.d.R. das Sterbegeld von einer etwaigen Sterbegeldversicherung erhalten. **171**

---

50 Hierzu und zum Folgenden vgl. DNotI-Report 2016, 194.
51 DNotI-Report 2016, 194.
52 DNotI-Report 2016, 194.
53 DNotI-Report 2016, 194.

Muster: Begräbnis, Grabpflege

Die Übernehmer haben sowohl dem Übergeber als auch seiner Ehefrau ein standesgemäßes christliches Begräbnis zu bereiten. Beim Tode des ersten von ihnen haben sie auf die längstmögliche Zeit ein Doppelgrab zu besorgen. Alle Kosten tragen die Übernehmer. Dafür erhalten sie das etwaige Sterbegeld in voller Höhe.

Sofern nach dem Tode des Übergebers und seiner Ehefrau noch kein Grabstein vorhanden sein sollte, haben die Übernehmer einen standesgemäßen, im Übrigen ortsüblichen Grabstein zu beschaffen. Das Grab des Übergebers und seiner Ehefrau haben die Übernehmer den örtlichen Gepflogenheiten gemäß zu pflegen und zu schmücken.

ii) Umwandlungsrecht

172   Für den Fall, dass der Übergeber aus der Wohnung auszieht und damit die geldwerten Leistungen (Wohnung, Strom, Heizung, Wasser, Beköstigung, Pflege etc.) nicht mehr in Anspruch nehmen kann, wird gelegentlich vereinbart, dass er das Recht haben soll, ersatzweise eine angemessene, mit der Geldentwertung steigende Geldsumme zu verlangen (Umwandlungsrecht). Der Geldbetrag bemisst sich meistens nicht nach den Kosten, die für die Selbstversorgung entstehen, weil diese unverhältnismäßig höher sind als die Kosten bei Naturalleistung. Der Übergeber soll vielmehr in diesem Fall i.d.R. einen Teil der Mehrkosten selbst tragen. Das hemmt zugleich seinen Entschluss, bei aufkommenden Streitigkeiten allzu schnell das Weite zu suchen. Zumeist wird zusätzlich bestimmt, dass das Umwandlungsrecht überhaupt nur entstehen soll, wenn der Übernehmer oder dessen Angehörige nachweisbar, schuldhaft und in grober, nachhaltiger Weise ihre Pflichten verletzen oder den Übergeber und/oder dessen Ehefrau so schlecht behandeln, dass ihnen die Fortsetzung der Versorgung im übertragenen Anwesen nicht mehr zugemutet werden kann.

Muster: Umwandlungsrecht

Wenn die Übernehmer vor dem Übergeber und seiner Ehefrau versterben, aber auch wenn das Zusammenleben in dem Haus Flur 4 Flurstück 10 aufgrund des Verhaltens der Übernehmer oder ihrer Angehörigen für den Übergeber oder seine Ehefrau unzumutbar wird, können der Übergeber und seine Ehefrau die Beköstigung und Pflege durch die Übernehmer ablehnen und statt dessen einen Geldbetrag von monatlich 400 EUR – in Worten: vierhundert EUR – verlangen. Ziehen der Übergeber und seine Ehefrau in diesem Fall aus der ihnen vorbehaltenen Wohnung aus, so erhöht sich der Ersatzbetrag auf 550 EUR – in Worten: fünfhundertfünfzig EUR.

Diese Beträge ändern sich in demselben Verhältnis, wie sich ab heute die Altersrenten in der gesetzlichen Rentenversicherung verändern. Sie vermindern sich um 30 %, wenn einer der Eheleute Peter Meier und Anna geborene Schmitz verstirbt. Sie sind von vornherein um ein Viertel geringer, wenn die Trennung auf Verlangen der Übernehmer erfolgt, weil der Übergeber und/oder seine Ehefrau durch anhaltend grob unverträgliches Verhalten den Übernehmern das Zusammenleben mit ihnen unzumutbar gemacht haben.

Im Fall der Trennung sind der Übergeber und seine Ehefrau berechtigt, an Einrichtungsgegenständen, insbesondere Möbeln, Geschirr und Wäsche, soviel mitzunehmen, wie sie zur Führung eines eigenen Haushalts benötigen. Sie erlangen an diesen Gegenständen nur ein bis zum Tode des Überlebenden von ihnen unkündbares unentgeltliches Gebrauchsrecht nach den Regeln der Leihe.

jj) Sicherung der Versorgungsrechte

173   Die in Übergabeverträgen, insbesondere in Hofübergaben vereinbarten Versorgungsrechte des Übergebers wie Wohnungsrecht, Zahlung einer Leibrente, Pflegerecht, Beköstigung, Versorgung mit Strom, Heizung und Wasser, Übernahme der Begräbniskosten sowie Grabpflege können im Grundbuch getrennt und für jedes Einzelrecht gesondert gesichert werden, das Wohnungsrecht als beschränkt persönliche Dienstbarkeit, die übrigen vorgenannten Rechte durch Reallasten. Sie können aber auch gemäß § 49 GBO als sog. „Altenteil" (auch „Leibgeding", „Leibzucht", „Austrag" oder „Auszucht" genannt) zusammengefasst im Grund-

buch eingetragen werden. Die Eintragung unter der Sammelbezeichnung „Altenteil" ändert aber nichts daran, dass es sich bei dem Altenteil im Sinne von § 49 GBO um eine Mehrzahl dinglicher Rechte handelt, die lediglich aus Vereinfachungsgründen und zur besseren Übersichtlichkeit des Grundbuchs zusammengefasst eingetragen werden können,[54] von denen aber jedes einzelne Recht für sich zulässig und eintragungsfähig sein muss. Die Pflicht zur Tragung der Beerdigungskosten sowie die Grabpflegepflicht sollten zweckmäßigerweise nicht Bestandteil des grundbuchlichen Altenteils werden. Andernfalls könnten sie nicht aufgrund Todesnachweises und auch nicht nach Ablauf des Sperrjahres des § 23 Abs. 2 GBO gelöscht werden, sondern nur mit Erbnachweis und Bewilligung der Erben.[55] Anders als das Altenteil nach Art. 96 EGBGB setzt das grundbuchliche Altenteil des § 49 GBO nicht voraus, dass der übertragene Grundbesitz eine die Existenz des Übernehmers zumindest teilweise sichernde Wirtschaftseinheit darstellt,[56] wie dies etwa typischerweise bei Hofübergabeverträgen der Fall ist. Hofübergabeverträge sind regelmäßig Altenteilsverträge i.S.d Art. 96 EGBGB. Für derartige Altenteilsverträge gelten über Art. 96 EGBGB ergänzende landesrechtliche Bestimmungen, die z.B. Ersatzansprüche bei Wegzug des Übergebers aus dem übertragenen Anwesen vorsehen und im Interesse des Fortbestandes des Vertrages insbesondere das Rücktrittsrecht wegen Nichterfüllung oder Verzug mit einer Leistungspflicht sowie das Herausgaberecht gemäß § 527 BGB überwiegend ausschließen. Diese landesrechtlichen Bestimmungen können jedoch vertraglich abbedungen werden. Als landesrechtliche Bestimmungen zum Altenteilsvertrag sind zu nennen:

Für Baden-Württemberg: §§ 6–17 AGBGB; Bayern: Art. 7–23 AGBGB; Bremen: Art. 27 AGBGB; Hessen: Art. 4 ff. AGBGB; Niedersachsen: §§ 5–17 AGBGB; Nordrhein-Westfalen (für die früheren preußischen Gebiete): Art. 15 PreußAGBGB; Rheinland-Pfalz: Art. 2 ff. AGBGB; Saarland: §§ 6–22 AGJusG; Schleswig-Holstein: § 1 ff. AGBGB; Thüringen: § 16 AGBGB.

Muster: Altenteil   **174**

Wir vereinbaren für die Übergeber als Gesamtberechtigte gemäß § 428 BGB auf deren Lebenszeit ein Altenteil, das aus folgenden Einzelrechten besteht:

a) aus einem Wohnungsrecht auf dem Grundstück Flur 10 Flurstück 8 an allen Räumen des Erdgeschosses, welches das Recht zur Mitbenutzung des Kellers (…) einschließt,

b) aus dem Recht, die Übernahme aller Kosten für Strom, Heizung, Wasser und Abwasser sowie Müllabfuhr zu verlangen,

c) aus einem Pflegerecht, aufgrund dessen die Übernehmer verpflichtet sind, (…)

d) aus dem Recht auf Bezug aller von den Übernehmern erzeugten oder gehandelten Lebensmittel zum Eigenverbrauch des Übergebers und seiner Ehefrau,

e) aus einer ab dem … monatlich im Voraus zu entrichtenden Leibrente von 800 EUR – in Worten: achthundert EUR –, die sich nach dem Tode des Erstversterbenden der Berechtigten um $1/3$ ermäßigt und deren Höhe sich im selben Verhältnis ändert, wie sich in Zukunft die Altrenten der gesetzlichen Rentenversicherung verändern (…)

f) aus der Auflage, dem Überlebenden ein standesgemäßes christliches Begräbnis zu bereiten und das Grab des Übergebers und seiner Ehefrau, solange es besteht, dem örtlichen Herkommen gemäß zu pflegen und zu schmücken.

Wir bewilligen und beantragen, für die Eheleute Peter Meier und Anna geborene Schmitz als Gesamtberechtigte nach § 428 BGB in das Grundbuch einzutragen:

a) auf dem Grundstück Flur 10 Flurstück 8 ein Wohnungsrecht als beschränkte persönliche Dienstbarkeit,

b) auf dem gesamten übertragenen Grundbesitz Reallasten zur Sicherung der anderen Ansprüche – mit Ausnahme derjenigen gemäß Buchstaben f) –

unter Zusammenfassung zu einem Altenteil mit dem Vermerk, dass zur Löschung der Todesnachweis genügt.

---

54 BGH NJW 1994, 1158.
55 BayObLG RPfleger 1983, 308; BayObLG NJW-RR 1988, 464.
56 BGH NJW 1994, 1158.

kk) Rücktrittsrecht

175 Für den Fall, dass der Übernehmer die übernommenen Pflichten nachhaltig grob verletzen sollte, wünscht der Übergeber nicht selten die Aufnahme eines vertraglichen *Rücktrittsrechts*. Ein solches Rücktrittsrecht ist, wenn es an persönliches Fehlverhalten anknüpft, wie etwa die vermeintliche Schlechterfüllung einer Pflegeverpflichtung, nicht unproblematisch. Wenn, wie insbesondere bei Übergaben mit vorbehaltenem Wohnungsrecht, zwei Generationen unter einem Dach wohnen, bleiben zwischenmenschliche Konflikte und Störungen nicht aus. Ursächlich hierfür ist häufig nicht nur das Verhalten einer Partei, vielmehr tragen meist beide Seiten hierzu bei. Es empfiehlt sich die Vereinbarung, dass die Rücktrittserklärung der notariellen Beurkundung bedürfen soll. Damit werden die Beteiligten vor unbedachten Schritten bewahrt. Ferner wird so einem Notar Gelegenheit gegeben, nach der Anhörung der Beschwerden beider Seiten die Beteiligten noch einmal auf ihre Rechte und Pflichten hinzuweisen und ihnen die Konsequenzen eines Rücktritts vor Augen zu führen.

Es sollte klargestellt werden, was im Rücktrittsfall wechselseitig zu erstatten ist. Oft wird vereinbart, dass nur der Grundbesitz zurückzuübertragen ist, gegebenenfalls gegen Übernahme von grundpfandrechtlich gesicherten Verbindlichkeiten, die anderen wechselseitig erbrachten Leistungen (abgesehen von Kapitalzahlungen wie insbesondere Abfindungen) dagegen nicht erstattet werden müssen. Das wirkt sich für den Übernehmer oft wie eine Vertragsstrafe aus. Es vereinfacht die Rückabwicklung, kann aber, wenn der Übernehmer wertsteigernde Investitionen vorgenommen hat, die im Zeitpunkt der Rückübertragung noch werterhöhend vorhanden sind, problematisch sein.

Der beim Rücktritt entstehende Rückauflassungsanspruch kann durch die Eintragung einer Rückauflassungsvormerkung gesichert werden.

176 *Muster: Rücktrittsrecht*

Sollten die Übernehmer eine der übernommenen Verpflichtungen vorsätzlich und nachhaltig nicht oder schlecht erfüllen oder sollte infolge schuldhaften Verhaltens der Übernehmer oder ihrer Angehörigen die Fortsetzung des Vertragsverhältnisses für den Übergeber und seine Ehefrau aus einem sonstigen Grunde unzumutbar werden, so ist der Übergeber berechtigt, von diesem Vertrag zurückzutreten. Nach seinem Tod ist seine Ehefrau unter denselben Voraussetzungen berechtigt zu verlangen, dass ihr die oben aufgeführten Gegenstände bzw. die an deren Stelle getretenen Ersatzgegenstände übereignet werden.

Die Erklärung des Rücktritts bzw. des Übereignungsverlangens soll der notariellen Beurkundung bedürfen. Die Kosten dafür und für die Rückübertragung gehen zu Lasten der jetzigen Übernehmer.

Im Falle der Ausübung dieses Rechts sind die hier übertragenen Gegenstände bzw. die an deren Stelle getretenen Ersatzgegenstände dem Übergeber zurückzuübertragen bzw. nach dessen Tod seiner Frau zu übereignen, und zwar gegen Übernahme etwaiger Grundpfandrechte und der ihnen zugrunde liegenden Verbindlichkeiten, sofern es sich dabei um Reste von den in diesem Vertrag übernommenen Hypotheken und Grundschulden oder um solche Grundpfandrechte handelt, die von den Übernehmern im Einvernehmen mit dem Übergeber bestellt worden sind, sowie gegen Erstattung bis dahin erbrachter Abfindungszahlungen. Alle anderen aufgrund dieses Vertrages erbrachten Leistungen sind nicht zu erstatten.

Der Auflassungsanspruch ist nicht vererblich. Ist er beim Tode des Überlebenden der Berechtigten zwar geltend gemacht, aber noch nicht erfüllt, so erlischt er mithin.

Zur Sicherung des etwaigen Rückauflassungsanspruchs bzw. Auflassungsanspruchs bewilligen wir, auf dem hier übertragenen Grundbesitz

a) für Herrn Peter Meier eine Rückauflassungsvormerkung,
b) mit Rang danach für seine Ehefrau Anna, geborene Schmitz, eine Auflassungsvormerkung

in das Grundbuch einzutragen.

Bei der Rückauflassungsvormerkung ist eine Eintragung gemäß § 23 Abs. 2 GBO, dass zu ihrer Löschung **177** der Nachweis des Todes des Berechtigten genügt, nicht möglich.[57] Um dennoch nach dem Tode des Auflassungsberechtigten die Löschung der Vormerkung ohne die ansonsten erforderliche Bewilligung seiner Erben samt Nachweis der Erbenstellung herbeiführen zu können, besteht die Möglichkeit, die Auflassungsvormerkung auf die Lebenszeit des Übergebers zu befristen oder den Übernehmer im Übergabevertrag zu bevollmächtigen, die Auflassungsvormerkung nach dem Tode des Vormerkungsberechtigten zur Löschung zu bewilligen.

Muster: Befristung der Auflassungsvormerkung **178**

Die Beteiligten bewilligen und beantragen die Eintragung einer auf die Lebenszeit des Übergebers befristeten Rückauflassungsvormerkung zugunsten des Übergebers auf dem in dieser Urkunde übertragenen Grundbesitz zur Sicherung seines in § (...) dieser Urkunde vereinbarten Rückforderungsrechts.

Muster: Löschungsvollmacht im Übergabevertrag **179**

Der Übergeber bevollmächtigt den Übernehmer unter Befreiung von den Beschränkungen des § 181 BGB, die in dieser Urkunde bewilligte Rückauflassungsvormerkung des Übergebers nach dessen Tod unter Vorlage einer Sterbeurkunde zur Löschung zu bewilligen.

II) Verfügungsverbot

Oft wird gewünscht, dass der Übernehmer den erworbenen Grundbesitz zu Lebzeiten des Übergebers **180** ohne dessen Zustimmung weder veräußern noch belasten darf. Dieses Verfügungsverbot kann zwar als solches nicht in das Grundbuch eingetragen werden; wohl aber kann vereinbart werden, dass der Übernehmer bei einem Verstoß gegen das Verfügungsverbot verpflichtet sein soll, den Grundbesitz an den Übergeber zurückzuübertragen. Der Rückübertragungsanspruch kann durch eine Auflassungsvormerkung gesichert und diese im Grundbuch eingetragen werden.

Wird ein solches Verfügungsverbot allerdings in einem Vertrag vereinbart, der die Übergabe eines Be- **181** triebes, z.B. eines landwirtschaftlichen Betriebes zum Gegenstand hat, so kann dies rechtlich problematisch sein. Nach einer neueren Entscheidung des BGH sollen nämlich Unterlassungspflichten, die dem Übernehmer eines Betriebes Verfügungen über den Betrieb oder über betrieblichen Grundbesitz untersagen, nach § 138 BGB nichtig sein, sofern der Übernehmer von dem Übergeber nicht die Zustimmung zu einer mit den Grundsätzen ordnungsgemäßer Wirtschaft zu vereinbarenden und dem Zweck des Verfügungsverbots nicht wesentlich gefährdenden Verfügung (Veräußerung oder Belastung) verlangen kann.[58] Allerdings hat der BGH nur solche Verfügungsverbote verworfen, die dem Übernehmer ausnahmslos jede Verfügung über das Vermögen des Betriebes oder über dessen Grundvermögen untersagen. Will man nicht in Betriebsübergabeverträgen auf Verfügungsverbote gänzlich verzichten, so empfiehlt es sich, diese abzuschwächen, z.B. durch die Vereinbarung, dass der Übernehmer berechtigt ist, bestimmte Grundstücke auch ohne Zustimmung des Übergebers zu veräußern oder zu belasten. Die Grundsätze der genannten BGH-Entscheidung gelten jedoch nicht, wenn nur ein einzelner Vermögensgegenstand, z.B. ein Hausgrundstück übertragen wird.[59]

Muster: Belastungs- und Veräußerungsverbot

Die Übernehmer verpflichten sich, den übertragenen Grundbesitz bis zum Tode des Übergebers nicht ohne dessen Zustimmung und gegebenenfalls danach bis zum Tode seiner Ehefrau Anna geborene Schmitz nicht ohne deren Zustimmung zu belasten oder zu veräußern und auch keine Verpflichtung dazu einzugehen. Die Zwangsvollstreckung in den übertragenen Grundbesitz steht dem gleich.

---

57 BGH NJW 1992, 1683.
58 BGH NJW 2012, 3162.
59 BGH NJW 2012, 3162, 3164.

Im Falle des Verstoßes hiergegen sind die Übernehmer verpflichtet, den übertragenen Grundbesitz auf Verlangen des Rückübertragungsberechtigten an den Übergeber bzw. nach dessen Tod an seine Ehefrau zurückzuübertragen. Etwaige dinglich gesicherte Verbindlichkeiten hat der Rückübertragungsberechtigte zu übernehmen, sofern es sich um Verbindlichkeiten handelt, die in diesem Vertrag übernommen oder mit seiner Zustimmung eingegangen worden sind. Werterhöhende Aufwendungen des Übernehmers auf den Grundbesitz sind zu erstatten, sofern und soweit die Werterhöhung im Zeitpunkt der Rückübertragung noch besteht. Auf den Erstattungsbetrag sind diejenigen vom Rückübertragungsberechtigten zu übernehmenden Verbindlichkeiten anzurechnen, die der Übernehmer mit Zustimmung des Rückübertragungsberechtigten zum Zwecke der Finanzierung der zu erstattenden Aufwendungen eingegangen ist. Alle sonstigen wechselseitigen Leistungen und Aufwendungen sind nicht zu erstatten.

Zur Sicherung dieses etwaigen Auflassungsanspruchs bewilligen wir die Eintragung je einer Auflassungsvormerkung für den Übergeber und mit Rang danach für seine Ehefrau.

mm) Rückforderungsrecht für den Fall des Vorversterbens

182 Übertragen Eltern zu Lebzeiten Grundbesitz auf ihr Kind, so geschieht dies häufig in Vorwegnahme der Erbfolge. Verstirbt das Kind wider Erwarten vor seinen Eltern, so möchten diese regelmäßig die Möglichkeit haben, den Grundbesitz wieder zurück zu verlangen. Für diesen Fall wird daher oft ein Rückforderungsrecht im Übergabevertrag vorbehalten. Es liegt dann in der Entscheidung der Eltern, ob sie bei Vorversterben ihres Kindes das Rückforderungsrecht ausüben, um den Grundbesitz sodann an andere Personen zu übertragen oder zu vererben, oder ob sie ihn bei den Erben ihres Kindes belassen.

183 *Muster: Rückforderungsrecht für den Fall des Vorversterbens*

Die Übergeber behalten sich das Recht vor, die Rückübertragung des in dieser Urkunde übertragenen Grundbesitzes auf sich zu verlangen, falls der Übernehmer vor dem Längstlebenden der Übergeber versterben sollte. Verstirbt ein Übergeber, so steht das Rückforderungsrecht dem Längstlebenden der Übergeber alleine und in vollem Umfang zu. Wird das Rückforderungsrecht ausgeübt, so ist der Grundbesitz an die Übergeber zu je ½ Anteil, bei Vorversterben eines Übergebers an den Längstlebenden allein zurück zu übertragen. (Es folgen die weiteren Bestimmungen zum Rückforderungsrecht ähnlich wie beim Muster Rücktrittsrecht, siehe Rdn 176).

Die Beteiligten bewilligen und beantragen die Eintragung einer Auflassungsvormerkung auf dem übertragenen Grundbesitz zugunsten der Übergeber – zu je ½ Anteil – zur Sicherung des Rückübertragungsanspruchs gemäß § … der Urkunde mit dem Vermerk, dass der Rückübertragungsanspruch beim Tode des Erstversterbenden der Übergeber dem Überlebenden alleine zusteht.

nn) Abfindung von weichenden Erben

184 In der Regel wird, wenn der Wert der übertragenen Gegenstände deutlich höher ist als die übernommenen Gegenleistungen, zum Ausgleich des Mehrwerts eine *Abfindungszahlung* an die Geschwister (auch „Gleichstellungsgeld" genannt) vereinbart. Sie wird meist so bemessen, dass der Übernehmer noch einen gewissen Vorteil behält, um ihn überhaupt an dem Vertrag zu interessieren, aber auch, um ihn für die damit verbundenen Bindungen, Behinderungen, Zwänge und Risiken zu entschädigen.

a) Bei einem Betrieb orientiert man sich gewöhnlich nicht an dessen Verkehrswert, sondern an seinem sog. Ertragswert. Das ist der Wert, der sich aus der Multiplikation des durchschnittlichen Reinertrages (nach Abzug eines eigenen, gedachten Lohnanspruchs des Übernehmers und etwaiger unbezahlter Arbeit von Familienmitgliedern) mit einem Vervielfältiger (16 bis 25) ergibt.

b) Der Ertragswert liegt nur bei außerordentlich gewinnträchtigen Unternehmen gelegentlich einmal über den Teilwerten der Betriebsbestandteile und praktisch nie über dem Verkehrswert des gesamten Unternehmens, der seinerseits oft als das Mittel zwischen Ertragswert und Sachwert errechnet wird.

c) In der westdeutschen Landwirtschaft bewegt sich derzeit der Ertragswert nur bei etwa 20 % des Verkehrswerts. Das hängt mit der extrem niedrigen Verzinsung zusammen, die bei einer – als besonders sicher angesehenen – Geldanlage in land- und forstwirtschaftlichen Grundstücken erzielt wird. Der Ertragswert wird in den meisten Ländern mit dem Faktor 25 (= 4 %) errechnet (in Baden-Württemberg, Bayern und den ehemals bayerischen Gebietsteilen des Saarlandes mit dem Faktor 18, in Niedersachsen mit dem Faktor 17).

d) Um die Lebensfähigkeit des Unternehmens nicht zu gefährden, werden die Abfindungszahlungen oft unverzinslich oder gering verzinslich über mehrere Jahre verteilt. Der Beginn der Ratenzahlung wird in manchen Fällen auf einen Zeitpunkt nach dem Tod (etwa 1 Jahr) der Übergeber festgelegt. Dahinter steht die Überlegung, dass der Übernehmer bis dahin wegen der Altenteilsleistungen an die Übergeber außerstande ist, daneben auch noch Abfindungszahlungen aufzubringen.

e) Sofern die Geschwister („Abfindlinge", „weichende Erben") am Vertrag nicht beteiligt sind, sollte klargestellt werden, ob die Vereinbarung der Zahlungen an sie als sog. echter Vertrag zugunsten Dritter verstanden werden soll, der dann nicht mehr zu deren Nachteil geändert werden könnte, oder ob die Beteiligten des Vertrages sich das Recht vorbehalten wollen, diese Vereinbarungen auch ohne Mitwirkung der Abfindlinge noch zu ändern oder zu streichen. Regelmäßig ist es anzustreben, die Abfindlinge beim Vertrag mitwirken zu lassen. Das fördert den Familienfrieden, weil dann keiner mehr sagen kann, er habe von der Übertragung nichts gewusst oder sei mit ihr nicht einverstanden gewesen. Zu erwägen ist stets, ob die Abfindlinge nicht vorsorglich einen gegenständlich beschränkten Pflichtteilsverzicht erklären sollen, damit sie später nicht doch noch Pflichtteilsergänzungsansprüche geltend machen können. Soll ein solcher Verzicht ausgesprochen werden, so ist zu beachten, dass dann der Vertrag von dem Übergeber (= Erblasser) nur persönlich, also nicht durch einen Vertreter, abgeschlossen werden kann (§ 2347 Abs. 2 BGB).

f) Erhält der Übernehmer den Betrieb für Gegenleistungen, die beträchtlich unter seinem Verkehrswert liegen – was oft angezeigt ist, um ihn nicht zu überfordern –, so erscheint es den Beteiligten i.d.R. gerechtfertigt, dem Übernehmer zusätzliche Zahlungen an den Übergeber oder die Geschwister für den Fall aufzuerlegen, dass er den Betrieb oder wesentliche Teile davon innerhalb eines bestimmten Zeitraumes verkauft. Denn der Grund für die Bevorzugung des Übernehmers liegt in einem solchen Fall darin, dass man ihm die Erhaltung des Betriebes in der Familie möglich machen oder doch erleichtern will. Dieser Grund fällt bei der vorzeitigen Veräußerung des Betriebes nachträglich weg. Sein Erhalt war, aber eine sog. Geschäftsgrundlage des Vertrages.[60] Mit seinem Wegfall soll auch die Begünstigung entfallen. Der Übernehmer soll daher dann die volle oder einen Teil der Differenz zwischen dem Verkehrswert und dem Übernahmepreis nachentrichten. Eine gesetzliche Regelung gibt es dafür im Zuweisungsrecht (§ 17 GrdstVG) und im Höferecht (§ 13 HöfeO und § 26 HöfeO Rhl.-Pf.). Beim Hofübergabevertrag vgl. unten Rdn 202 ff.

185

Muster: Abfindung weichender Erben – Abfindungsergänzung

In der Form eines echten Vertrages zugunsten Dritter, also so, dass der Berechtigte die Ansprüche aus diesem Vertrag unmittelbar und ohne seine Mitwirkung unabänderlich erlangt, verpflichtet sich der Übernehmer, seinen Bruder Max Meier mit der Hälfte des Ertragswerts des Betriebes abzufinden. Maßgebender Stichtag für die Ermittlung des Ertragswertes ist der 1. Februar, der auf den Tod des Überlebenden der Eheleute Peter Meier und Anna, geborene Schmitz, folgt.

Die Abfindung ist zinslos in fünf gleichen Teilbeträgen zu zahlen, von denen der erste ein Jahr nach dem Tode des Überlebenden der Eheleute Peter Meier fällig ist, die Folgebeträge jeweils im Abstand von sechs Monaten nach Fälligkeit des vorherigen Teilbetrages. Die Abfindung hat sich Herr Max Meier auf seine Pflichtteilsansprüche nach dem Tode des Überlebenden der Eltern anrechnen zu lassen.

Veräußert der Übernehmer oder sein Rechtsnachfolger innerhalb von 20 Jahren ab heute den Betrieb, nur die Hofstelle oder insgesamt 2 ha der Betriebsfläche, so ist er verpflichtet, an den Bruder Max Meier bzw. an dessen Erben die Hälfte des Veräußerungsgewinns abzuführen.

---

60 Vgl. auch BGH NJW 1997, 653.

Veräußerungsgewinn ist die Differenz zwischen dem Ertragswert am Stichtag und dem erzielten bzw. dem erzielbaren Erlös nach Steuer. Die Abfindungsergänzung findet auch statt, wenn der Übernehmer den Betrieb oder wesentliche Teile davon innerhalb von 20 Jahren ab heute in anderer Weise als durch Veräußerung, also etwa durch die Bestellung von Erbbaurechten, Auskiesung oder Umwidmung in einen Gewerbebetrieb, zweckfremd verwertet, nicht jedoch bei bloßer Verpachtung oder bei der Veräußerung des Inventars. Wird die Hofstelle veräußert oder umgewidmet, so ist die Hälfte ihres Erlöses bzw. Verkehrswerts im Zeitpunkt der Entnahme an Max Meier abzuführen.

Schließt der Übernehmer innerhalb eines Jahres nach Abschluss des schuldrechtlichen Vertrages über die Veräußerung einen Vertrag zum Erwerb eines in den Ertragsmesszahlen gleichwertigen Ersatzbetriebes bzw. Ersatzlandes und wird der Erwerbsvertrag ohne Verzug durchgeführt, so entstehen Abfindungsergänzungsansprüche nicht.

Im Übrigen sollen die Bestimmungen des § 13 HöfeO sinngemäß gelten.

Im Streitfall entscheidet ein von der Landwirtschaftskammer Nordrhein-Westfalen zu benennender vereidigter Sachverständiger als Schiedsgutachter verbindlich. Dieser hat auch den Ertragswert des Betriebes zum vorgenannten Stichtag durch Gutachten zu ermitteln. Die Kosten des Sachverständigen tragen beide Seiten je zur Hälfte.

Bei nicht landwirtschaftlichen Objekten werden Nachabfindungen selten vereinbart. Das vorstehende Muster müsste dafür den Gegebenheiten entsprechend abgewandelt werden.

oo) Schuldübernahme

186 Bei Übergabeverträgen wird zumeist vereinbart, dass der Übernehmer die auf dem Grundbesitz ruhenden Belastungen und Beschränkungen mit den ihnen zugrunde liegenden persönlichen Verbindlichkeiten übernehmen soll, und zwar gleichviel, ob die Gläubiger den Übergeber aus der persönlichen Schuldhaft freigeben oder nicht. Bei der Überlassung von Betriebsvermögen ist die Übernahme privater Schulden des Übergebers oft steuernachteilig (zu den Einzelheiten vgl. „Schuldübernahme" Rdn 61, 1636 ff.).

c) Sonstiger Inhalt

aa) Anrechnungs- oder Ausgleichungspflicht

187 Wenn Eltern zu ihren Lebzeiten Vermögen, z.B. ein Grundstück, auf ihr Kind übertragen, stellt sich die Frage, ob das Kind sich diese Zuwendung in irgendeiner Weise auf sein späteres Erbe oder seinen Pflichtteil „anrechnen" lassen muss oder nicht. Die „Anrechnung" auf den Erbteil nennt das Gesetz „Ausgleichung" (§ 2050 BGB), während es in Bezug auf den Pflichtteil von „Anrechnung" spricht (§ 2315 BGB).

188 Bei der Ausgleichung unterscheidet das BGB zwischen Zuwendungen, die auch ohne entsprechende Anordnung des Zuwendenden auszugleichen sind, und solchen, die nur auszugleichen sind, wenn der Zuwendende dies bei der Zuwendung angeordnet hat (§ 2050 Abs. 3 BGB). Zur ersten Gruppe gehören Ausstattungen nach § 1624 BGB, ferner Zuschüsse zu Einkünften und Aufwendungen für die Berufsausbildung, diese jedoch nur insoweit, als sie das den Vermögensverhältnissen des Zuwendenden entsprechende Maß übersteigen (§ 2050 Abs. 1 und Abs. 2 BGB). Alle sonstigen Zuwendungen sind nur auszugleichen, wenn der Zuwendende die Ausgleichung bei der Zuwendung angeordnet hat (§ 2050 Abs. 3 BGB). Da die Abgrenzung im Einzelfall schwierig sein kann, empfiehlt es sich, im Übergabevertrag jeweils ausdrücklich zu regeln, ob und gegebenenfalls wie eine Ausgleichung zu erfolgen hat oder ob diese ausgeschlossen sein soll.

Eine nachträgliche Anordnung oder ein nachträglicher Ausschluss kann nur durch Verfügung von Todes wegen (Testament oder Erbvertrag) erfolgen.

Muster: Vereinbarungen über die Ausgleichungs- bzw. Anrechnungspflicht

II.

Eine Gegenleistung ist nicht zu erbringen. Der Übergeber behält sich auch kein Recht an dem Grundstück vor. Der Übernehmer hat das übertragene Grundstück

■ nicht nach dem Übergeber auszugleichen,
oder:
■ mit seinem Wert von zurzeit 50.000 EUR – in Worten: fünfzigtausend EUR – nach dem Übergeber zur Ausgleichung zu bringen. Dieser Betrag verändert sich im selben Verhältnis wie der Verbraucherpreisindex für Deutschland zwischen heute und dem Erbfall,
oder:
■ mit seinem Verkehrswert beim Tode des Übergebers zur Ausgleichung zu bringen (oder auf seinen Pflichtteil anrechnen zu lassen). Dabei werden werterhöhende Veränderungen durch den Übernehmer, vor allem von ihm errichtete Gebäude, nicht veranschlagt.

Die Ausgleichung wird wie folgt durchgeführt: Die Zuwendung wird dem Nachlass hinzugerechnet. Anschließend wird der Wert der Zuwendung von dem auf den Zuwendungsempfänger entfallenden Erbteilswert abgezogen. Für die Berechnung des Werts der Zuwendung ist, sofern der Zuwendende nichts anderes bestimmt hat, der Verkehrswert des Objektes im Zeitpunkt seiner Zuwendung maßgeblich (§ 2055 Abs. 2 BGB). Spätere Wertsteigerungen und Erträge des Zuwendungsobjektes bleiben unberücksichtigt, jedoch ist der Kaufpreisschwund zwischen Zuwendung und Erbfall einzurechnen.[61] Zu diesem Zweck wird der Wert, den der Gegenstand im Zeitpunkt seiner Zuwendung hatte, mit der Preisindexzahl für den Verbraucherpreisindex des Todesjahres multipliziert und durch die entsprechende Preisindexzahl für das Zuwendungsjahr dividiert.   **189**

Beispiel für Ausgleichung   **190**

V hat seiner Tochter T ein Baugrundstück übertragen. Im Übertragungsvertrag ist vereinbart, dass die T die Zuwendung nach dem Tode ihres Vaters auszugleichen hat. Das Grundstück war bei der Übertragung 60.000 EUR wert. Die Tochter errichtete auf dem Grundstück ein Haus. Im Zeitpunkt des Todes des V betrug der Verkehrswert des bebauten Grundstücks 290.000 EUR, der Verkehrswert des Grundstücks ohne Aufbauten belief sich aufgrund zwischenzeitlicher Wertsteigerungen auf 90.000 EUR. Der Kaufpreisschwund betrug 30 %. V hinterlässt einen Netto-Nachlass von 180.000 EUR. Er wird von seinen beiden Kindern S und T zu je ½ Anteil beerbt.

Der Nachlass ist wie folgt zu verteilen:

Vorhanden:		180.000 EUR
Hinzuzurechnen:	60.000 EUR + 30 % Kaufpreisschwund =	78.000 EUR
Anzusetzen:		258.000 EUR

Davon gebührt jedem Kind die Hälfte. T hat bereits 78.000 EUR (= 60.000 EUR zzgl. – aufgrund einzurechnenden Kaufpreisschwunds – 18.000 EUR) erhalten, bekommt also noch 51.000 EUR, S erhält 129.000 EUR.

Hat der Übernehmer durch die Zuwendung bereits mehr erhalten, als er vom Nachlass zu verlangen hat, so braucht er den Mehrbetrag nicht herauszuzahlen (§ 2056 BGB).

Beispiel   **191**

Beträgt im vorstehenden Beispiel der Netto-Nachlass nur 50.000 EUR, so ist zwar unter Berücksichtigung des Vorempfangs von 78.000 EUR ein rechnerischer Nachlasswert von 128.000 EUR zu ver-

---

61 BGH NJW 1975, 1831.

anschlagen, so dass jedem Kind 64.000 EUR zustehen würden. Da jedoch die Tochter T den Mehrwert ihres Vorempfangs nicht an S herauszahlen muss, erhält dieser nur die noch vorhandenen 50.000 EUR.

192   Von der Ausgleichung zu unterscheiden ist die Anrechnung auf den Pflichtteil. Der Pflichtteilsberechtigte muss sich Zuwendungen nur dann auf seinen Pflichtteil anrechnen lassen, wenn der Zuwendende eine solche Anrechnung vor oder spätestens mit der Zuwendung angeordnet hat (§ 2315 BGB). Nachträglich kann eine Anrechnungspflicht nur durch notariell zu beurkundenden Verzichtsvertrag zwischen Zuwendungsempfänger und Zuwendenden begründet werden.[62]

> *Beispiel*
>
> Im Beispiel zu Rdn 190 soll der Netto-Nachlass 400.000 EUR betragen. V hat den S zum Alleinerben eingesetzt. Der Pflichtteil der T würde 100.000 EUR betragen (= $1/4$ von 400.000 EUR).
>
> Auf diesen Betrag muss T sich die bereits erhaltene Zuwendung mit 78.000 EUR anrechnen lassen, so dass ihr Pflichtteil noch 22.000 EUR beträgt.

Allerdings kann bei Schenkungen, nicht bei anderen Zuwendungen, über einen etwaigen Pflichtteilsergänzungsanspruch nach § 2325 BGB doch noch eine Herauszahlungspflicht für den Übernehmer entstehen.

bb) Pflichtteilsverzicht des Übernehmers

193   Ist der zugewendete Gegenstand bei der Erbauseinandersetzung, insbesondere bei der Pflichtteilsberechnung, nicht mit seinem Verkehrswert, sondern etwa mit dem 1 $1/2$-fachen Einheitswert (Hof im Sinne der HöfeO), dem Ertragswert (Landgut) oder dem Buchwert (Gesellschaftsbeteiligung) zu veranschlagen, so kann die Situation eintreten, dass der Übernehmer noch Pflichtteilsansprüche behielte, obwohl er nach dem Verkehrswert mehr erhalten hat, als ihm bei gleichmäßiger Verteilung des Nachlasses nach Verkehrswerten zustünde.

> *Beispiel*
>
> Wert der Zuwendung nach dem Verkehrswert: 1 Mio. EUR, nach dem Ertragswert: 350.000 EUR. Wert des sonstigen Nachlasses: 2,8 Mio. EUR, bei Hinzurechnung der Zuwendung zum Verkehrswert also 3,8 Mio. EUR, für die Pflichtteilsberechnung 3.150.000 EUR. Gesetzliche Erbquote des Übernehmers: $1/4$, Pflichtteil also $1/8$ = 393.750 EUR. Restpflichtteil demnach noch 43.750 EUR. Der Übernehmer hat aber an Verkehrswert bereits 1 Mio. EUR erhalten, obwohl ihm als gesetzliches Erbteil nach Verkehrswerten nur 950.000 EUR zustanden. Er würde also insgesamt 93.750 EUR mehr bekommen, als ihm bei gleichmäßiger Verteilung zugestanden hätte.

Soll diese Folge ausgeschlossen werden, so bedarf es eines Pflichtteilsverzichts des Übernehmers. Der *Übergeber* kann dann wiederum beim Vertragsabschluss nicht vertreten werden.

cc) Pflichtteilsverzicht des Ehegatten, Zugewinnausgleichsverzicht

194   Ist die Zuwendung eine *Schenkung,* so wird sie – wenn der Übergeber innerhalb von 10 Jahren stirbt (§ 2325 Abs. 3 BGB) – für die Pflichtteilsberechnung dem Nachlass hinzugerechnet, nach der seit dem 1.1.2010 geltenden Neufassung des § 2325 Abs. 3 BGB jedoch abgemildert in der Weise, dass mit jedem Jahr nach Schenkungsvollzug je 10 % des Schenkungswertes abzuziehen sind. Das kann dazu führen, dass der Übernehmer etwa an den Ehegatten des Übergebers nach dessen Tod noch Pflichtteilsergänzungszahlungen zu leisten hat.

> *Beispiel*
>
> Wert der Zuwendung: 2 Mio. EUR. Wert des Nachlasses bei Hinzurechnung der Zuwendung: 2,3 Mio. EUR. Gesetzliche Erbquote des Ehegatten: $1/2$, Pflichtteil also $1/4$ oder 575.000 EUR. Da

---

62 *Thubauville*, MittRhNotK 1992, 289, 297.

der vorhandene Nachlass nur 300.000 EUR ausmacht, steht dem Ehegatten gegen den Beschenkten eine Forderung von 275.000 EUR zu (§ 2329 BGB).

Auch dies kann nur durch einen Pflichtteilsverzicht (hier: des Ehegatten gegenüber dem Übergeber) ausgeschlossen werden.

Wenn der Übergeber die Übertragung vornimmt, um im Scheidungsfall die Zugewinnausgleichsansprüche seines Ehegatten zu vereiteln oder zu mindern, kann es ebenfalls zu einer Haftung des Übernehmers für den ausgefallenen Ausgleichsanspruch kommen (§§ 1375 Abs. 2, 1390 BGB), sofern der Übergeber bei der Übergabe in der Absicht handelte, seinen Ehegatten zu benachteiligen. Wenn der Übernehmer das ausschließen will, ist die Zustimmung des anderen Ehegatten oder dessen (teilweiser) Ausgleichsverzicht erforderlich.

dd) Zustimmung des Ehegatten

Lebt der Übergeber mit seinem Ehegatten im Güterstand des Zugewinnausgleichs, so bedarf es ohnehin dessen Einwilligung, wenn die übertragenen Gegenstände das gesamte oder nahezu gesamte Vermögen des Übergebers ausmachen und der Übernehmer das weiß oder doch die Verhältnisse kennt, aus denen es sich ergibt (§ 1365 BGB). Daher empfiehlt es sich, bei allen Übergabeverträgen, die nicht offensichtlich nur einen Teil des Vermögens des Übergebers erfassen, entweder die Einwilligung des anderen Ehegatten oder zumindest eine Versicherung des Übergebers, dass er nur über einen Teil seines Vermögens verfügt, mit zu beurkunden.   **195**

Zwar kann die Einwilligung auch außerhalb der Urkunde nachträglich und formfrei erteilt werden. Da sie jedoch dem Grundbuchamt in öffentlich beglaubigter Form nachgewiesen werden muss, bedarf es bei Grundstücksübertragungen zumindest einer Einwilligung in Beglaubigungsform. Das Grundbuchamt darf den Nachweis der Einwilligung bzw. des Vorhandenseins weiteren Vermögens allerdings nur verlangen, wenn es bestimmte Anhaltspunkte dafür hat, dass es sich im konkreten Fall um eine Übertragung (nahezu) des gesamten Vermögens handelt. Bei größeren Vermögen genügt es, wenn dem veräußernden Ehegatten 10 % seines ursprünglichen Vermögens verbleiben, bei kleineren muss es mehr sein (im Regelfall 15 %), jedoch keinesfalls mehr als 30 % (+).[63]

V. Erbschaftsteuer – Schenkungsteuer

Die steuerrechtlichen Fragen, die ein Übergabevertrag – zumal bei größeren Vermögen – aufwerfen kann, sind so schwierig geworden, dass ihre Abhandlung den Rahmen dieses in erster Linie für Notarmitarbeiter bestimmten Lehrbuches übersteigt. In allen nicht ganz einfachen und eindeutigen Fällen sollte der Notar die Beteiligten an einen Steuerberater verweisen. Das gilt insbesondere bei der Übertragung von Betrieben.   **196**

VI. Kosten

1. Geschäftswert

Gemischte Schenkungen und Schenkungen unter Auflagen, insbesondere also auch Übergabeverträge, haben den Austausch von Leistungen zum Gegenstand. Daher sind für die Kostenberechnung die Leistungen einer der beiden Vertragspartner zugrunde zu legen, und zwar die höhere der beiderseitigen Leistungen (§ 97 Abs. 3 GNotKG). Dies ist zumeist die des Übergebers. Allerdings kann, wenn der Versorgungscharakter überwiegt, auch einmal die Summe der Leistungen des Übernehmers höher sein.   **197**

Der Wert der Leistungen bestimmt sich nach den allgemeinen und besonderen Wertvorschriften (siehe § 5 Rdn 100 ff.). Soweit die Leistungen in einem bezifferten Geldbetrag bestehen, ergeben sich keine Besonderheiten. Rentenverpflichtungen sind nach § 52 GNotKG zu kapitalisieren. Bei Nießbrauchsrechten und

---

63 BGH NJW 1980, 2350; BGH NJW 1991, 1739.

Wohnungsrechten ist der jährliche Nettoertrag bzw. -wert überschlägig und nach dem Mindestwertprinzip im Gespräch mit den Beteiligten zu ermitteln und tunlichst in der Urkunde festzuhalten. Alsdann ist auch hier die Tabelle nach § 52 Abs. 4 GNotKG anzuwenden (Beispiele siehe § 5 Rdn 121–126).

Werden Grundstücke übertragen, so ist deren Wert nach § 46 GNotKG zu ermitteln (vgl. hierzu § 5 Rdn 105). Wenn dieser Wert höher ist als die Summe der Leistungen des Übernehmers, dann interessieren die Übernehmerleistungen für die Wertberechnung beim Notar im Ergebnis nicht und das Grundbuchamt nur, soweit dafür ein Recht (z.B. ein Altenteil) eingetragen werden soll. § 110 Nr. 2b GNotKG, wonach die Bestellung von subjektiv-dinglichen Rechten immer einen verschiedenen Beurkundungsgegenstand gegenüber der Veräußerung darstellt gilt nicht für die typischerweise als subjektiv-persönliche Rechte (beschränkte persönliche Dienstbarkeit, Wohnungsrecht) vereinbarten Gegenleistungen im Übergabevertrag (wohl aber für etwaige Grunddienstbarkeiten).

Soweit im Gespräch mit den Beteiligten nichts Genaueres zu ermitteln ist, geht man üblicherweise von Erfahrungswerten aus. Bei durchschnittlichen Verhältnissen wird man im Rahmen der Ermessensausübung (§ 36 Abs. 1 GNotKG) etwa folgende Werte zugrunde legen können:

(1) Wohnungsrecht: ortsübliche Miete vergleichbarer (häufig nicht abgeschlossener) Räume. Hilfsweise kann die **Sozialversicherungsentgeltverordnung** (SvEV, Verordnung nach § 17 SGB IV, zuletzt geändert am 15.12.2020, BGBl. I S. 2933) herangezogen werden. Die SvEV sieht für eine freie Unterkunft, die keine abgeschlossene Wohnung ist, einen Betrag von derzeit 237 EUR pro Person monatlich vor (Abzug von 15 % bei Aufnahme im Haushalt, also z.B. bei Gemeinschaftsküche oder Bad).

(2) Monatswert für Licht, Beheizung, Müllabfuhr und Wasser einschließlich Abwasser: je Berechtigten etwa 70 EUR,

(3) Beköstigung pro Monat und Person: etwa 350 EUR. Die SvEV setzt dafür nur 263 EUR an (je 104 EUR für Mittag- und Abendessen, 55 EUR für Frühstück).

(4) Pflegerecht: Maßgeblich ist die konkret geschuldete Leistung. Eine Orientierung geben die Leistungen der gesetzlichen Pflegeversicherung als Pflegesachleistung (§ 36 SGB XI) oder Pflegegeld (§ 37 SGB XI). Für Wart und Pflege können mindestens 125 EUR pro Person und Monat angesetzt werden, das entspricht dem bei Pflegegrad 1 gezahlten Entlastungsbetrag (§ 28a Abs. 2 SGB XI). Die Beträge sind in den anderen Pflegegraden deutlich höher. Das Pflegegeld ist zur Weitergabe an eine nichtprofessionelle Hilfe gedacht und spiegelt den wirtschaftlichen Wert der Pflege daher nicht unbedingt wider.

(5) Begräbniskosten: etwa 5.000 EUR,

(6) Grabpflege: Jahreswert der gärtnerischen Leistungen eines Laien, kapitalisiert auf die Restdauer der Grabmiete (längstens 20 Jahre, § 52 Abs. 2 S. 2 GNotKG). Ein Kapitalwert von etwa 5.000 EUR dürfte nicht zu beanstanden sein.

Für die Kapitalisierung aller wiederkehrenden Leistungen gilt die Rechenanweisung der § 52 Abs. 2 und Abs. 4 GNotKG. Wenn – bei jungem Alter der Übergeber – noch ganz und gar ungewiss ist, ob Leistungen wie Verköstigung und Pflege jemals in Anspruch genommen werden, kann und der Wert herabgesetzt werden muss (§ 52 Abs. 6 S. 3).

Stehen die Übertragung eines Grundstücks und die Gegenleistungen in einem Austauschverhältnis ohne Schenkungsanteil, so kann der Wert des Grundstücks auch über die Summe der übernommenen Gegenleistungen ermittelt werden. Bei der Überlassung eines landwirtschaftlichen Betriebes gelten Besonderheiten (siehe hierzu § 5 Rdn 388).

2. Beurkundungsgebühr

198 Es handelt sich stets um die Beurkundung eines Vertrages i.S.d. KV Nr. 21100 GNotKG. Demnach ist das Doppelte der vollen Gebühr zu erheben.

3. Vollzugsgebühren

Für die nach dem Wert des Überlassungsvertrags (§ 112 GNotKG) zu bestimmende Vollzugsgebühr gemäß KV Nr. 22110 GNotKG kommen vor allem die folgenden Tätigkeiten der Vorbemerkung KV 2.2.1.1. (1) GNotKG in Betracht: **199**

Nr. 1: Wenn der Vertrag einer behördlichen oder gerichtlichen Genehmigung bedarf, sofern die Beteiligten den Notar beauftragen, ein Negativattest bzw. die Genehmigung einzuholen.

Nr. 4: Wenn zu dem Vertrag eine Genehmigung des Familiengerichts erforderlich ist und der Notar mit der Einholung beauftragt wird (z.B. bei Bestellung eines Nießbrauchsrechts am Grundstück des minderjährigen Eigentümers).

Nr. 5: Wenn der Notar auftragsgemäß eine Vollmachtsbestätigung oder Genehmigung nicht oder nicht formgerecht vertretener Beteiligter einholt.

Nr. 6: Wenn der Notar auftragsgemäß eine privatrechtliche Verzichtserklärung einholt (z.B. bei Rechten Dritter am überlassenen Grundstück).

Nr. 8: Wenn eine Schuldübernahme vereinbart ist und der Notar deren Genehmigung durch den Gläubiger einholen soll. Ebenso bei einer Haftentlassungserklärung.

Nr. 9: Wenn der Notar auftragsgemäß Löschungsbewilligungen oder Rangrücktrittserklärungen einholt.

Nr. 11: Im Rahmen einer Tätigkeit nach Nr. 1 tritt der Notar in Verhandlungen mit der Behörde, dem Gericht etc., um die beantragten Unterlagen zu erhalten bzw. es bedarf eigener Begründung gestellter Anträge durch den Notar.

Die Vollzugsgebühr fällt grundsätzlich nur einmal an. Hinsichtlich der Gebührenhöhe ist aber zu beachten, dass jede einzelne Tätigkeit nach Nr. 1 und Nr. 2 höchstens eine Gebühr von 50 EUR begründet („wachsende Höchstgebühr"). Wenn nur solche Tätigkeiten im Vollzug anfallen, ist deren mit 50 EUR multiplizierte Anzahl zu vergleichen mit der bei Ansatz des Gebührensatzes von 0,5 entstehenden Gebühr (Beispiel siehe § 5 Rdn 194).

Fällt wenigstens eine Vollzugstätigkeit nach KV 2.2.1.1. (1) Nr. 4–11 GNotKG an, gilt immer die ungeschmälerte Gebühr nach dem Gebührensatz 0,5. Insofern hat die Abgrenzung zwischen Nr. 1 und Nr. 11 Bedeutung: Ist z.B. die Bestellung eines Ergänzungspflegers erforderlich, soll nach der Literatur[64] Nr. 1 dann gelten, wenn der Notar lediglich das bloße Ersuchen verschickt. Begründet er dagegen das Erfordernis der Bestellung oder macht er Ausführung, welche Person weshalb zum Pfleger bestellt werden soll, gilt danach Nr. 11.

4. Betreuungs- und Treuhandgebühren

Auch eine **Betreuungsgebühr** ist nach dem Wert des Überlassungsvertrags (§ 113 Abs. 1 GNotKG) zu bestimmen. Sie fällt mit einem Gebührensatz von 0,5 – genau einmal – an, sobald – wenigstens – eine der in KV Nr. 22200 GNotKG genannten Tätigkeit aufgrund eines Auftrags der Beteiligten durch den Notar übernommen wird.   **200**

Für den Überlassungsvertrag relevant sind hier etwa

■ Prüfen und Mitteilung der Fälligkeit von Erwerberleistungen bei teilentgeltlicher Übertragung (KV Nr. 22200 Nr. 2 GNotKG)

■ Umschreibungsüberwachung, wenn die Umschreibung von Leistungen des Erwerbers abhängig gemacht ist (KV Nr. 22200 Nr. 3 GNotKG).

Daneben können **Treuhandgebühren** anfallen, wenn z.B. abzulösende Gläubiger die Verwendung von Löschungsbewilligungen von einem Zahlungseingang abhängig machen, den der Notar zu überwachen hat. Diese Gebühren können mehrfach anfallen und betragen 0,5 nach dem Wert des einzelnen Sicherungsinteresses (§ 113 Abs. 2 GNotKG), das ist in der Regel der geforderte Ablösebetrag.

---

64 Fackelmann/Heinemann/*Macht*, KV Nr. 22110–21114 Rn 42.

VII. Besonderheiten bei der Abwicklung eines Überlassungsvertrages

201 Für die Abwicklung von Überlassungsverträgen gelten folgende Besonderheiten:

a) Es ist eine *beglaubigte* Abschrift an die für den Übergeber örtlich zuständige Schenkungsteuerstelle zu senden.

b) Sofern land- oder forstwirtschaftlich nutzbare Grundstücke (auch etwa eine ehemalige Hofstelle) übertragen werden, bedarf es einer Genehmigung oder eines Negativattests nach dem GrdstVG, sofern die Grundstücke die von Land zu Land verschiedenen Freigrenzen überschreiten (vgl. Rdn 250). Zu diesem Zweck wird eine (unbeglaubigte) Abschrift des Vertrages an die örtlich zuständige Genehmigungsbehörde mit dem Antrag geschickt, zu dem Vertrag ein Negativattest zu erteilen, hilfsweise, ihn zu genehmigen.

c) Zu der Frage, ob zur Teilung eines Grundstücks eine Teilungsgenehmigung einzuholen und daher vom Notar insoweit eine Tätigkeit auszuüben ist, siehe Rdn 2 f., 255.

VIII. Hof- und Landgutsübergabe

1. Das Wesen des Hofübergabevertrages

202 Wird ein Hof i.S.d. HöfeO zum Zweck der Vorwegnahme der Erbfolge übertragen, so handelt es sich um einen Hofübergabevertrag.[65] Für ihn gelten einige Besonderheiten.

203 Es muss sich um einen Hof i.S.d. HöfeO handeln. „Die" Höfeordnung gilt in den Ländern Hamburg, Niedersachsen, Nordrhein-Westfalen und Schleswig-Holstein. Sie wird deshalb auch „nordwestdeutsche Höfeordnung" genannt. Vergleichbare Höfeordnungen gelten in den Ländern Rheinland-Pfalz und Bremen. In Brandenburg gilt seit kurzem ebenfalls eine eigene Höfeordnung, die sich sehr eng an die nordwestdeutsche HöfeO anlehnt. Wesentlich für die Vererbung einer Besitzung nach Höferecht ist, dass sie geschlossen nur an *einen* Erben fallen kann. Bei einem Hofübergabevertrag kann ein Hof i.S.d. HöfeO dementsprechend auch nur an *eine* Person übertragen werden. In Hessen gibt es eine Landgüterordnung, die jedoch nur ein Übernahmerecht zum Ertragswert gewährt.

Zu einem vollständigen Hof gehören die Wohn- und Wirtschaftsgebäude (Hofstelle) und land- oder forstwirtschaftliche Nutzflächen. Hoffähig sind nur Betriebe ab einer gewissen Mindestgröße. In den nord- und westdeutschen Ländern liegt sie bei 5.000 EUR Wirtschaftswert (das ist der Einheitswert abzüglich Wohnungswert), in Rheinland-Pfalz bei einer sog. Ackernahrung (das ist so viel Land, wie nötig ist, um eine Familie zu ernähren und zu versorgen) und in Brandenburg bei einer Fläche von mindestens 10 Hektar. Hof wird der Betrieb entweder **kraft Gesetzes** (in den Ländern der nordwestdeutschen HöfeO ab 10.000 EUR Wirtschaftswert, in Brandenburg bei Besitzungen ab 20 Hektar) oder auf **Antrag** (in Rheinland-Pfalz) bzw. aufgrund **Hofeinführungserklärung** des Eigentümers (in den Ländern der nordwestdeutschen HöfeO bei Besitzungen mit einem Wirtschaftswert von mindestens 5.000 EUR und weniger als 10.000 EUR, in Brandenburg bei Besitzungen mit einer Größe von mindestens 10 Hektar und weniger als 20 Hektar). Im gesamten Geltungsbereich der nordwestdeutschen Höfeordnung und in Brandenburg kann der Eigentümer jederzeit die Hofeigenschaft aufheben. Die Hofaufgabeerklärung ist gegenüber dem Landwirtschaftsgericht abzugeben. Sie bedarf der öffentlichen Beglaubigung. Gleiches gilt jeweils für die Hofeinführungserklärung.

In Rheinland-Pfalz kann die Aufhebung der Hofeigenschaft nur aus wichtigem Grund beantragt werden.

204 Die Begründung oder Aufhebung der Hofeigenschaft kann auch mehrmals nacheinander geschehen. Es bestehen daher keine Bedenken, wenn der Hofeigentümer vor der geplanten Übergabe die Hofeigenschaft aufhebt, z.B. weil Zweifel an der Wirtschaftsfähigkeit des Erwerbers bestehen, und der Erwerber nach der Übergabe die Hofeigenschaft wieder einführt. Das stellt, wie der BGH entschieden hat, selbst dann keine unzulässige Umgehung des Höferechts nach der HöfeO dar, wenn der Erwerber sich zuvor zur Wieder-

---

65 In den Ländern, die kein besonderes Höferecht kennen, nennt man auch die „Landgüter" Höfe und spricht auch bei ihnen von „Hofübergabe".

einführung der Hofeigenschaft verpflichtet hatte.[66] Soll die Hofeigenschaft eines land- oder forstwirtschaftlichen Betriebes nach deren Aufhebung durch Hofeinführungserklärung wieder neu begründet werden, so muss dieser die genannten Mindestgrößen erreichen (in den Ländern der nordwestdeutschen HöfeO also einen Wirtschaftswert von 5.000 EUR, in Brandenburg eine Größe von 10 Hektar).

Hof kann nur eine Besitzung sein, die einer natürlichen Person, Ehegatten oder einer fortgesetzten Gütergemeinschaft gehört. Ob ein Betrieb Hof ist, kann man in Rheinland-Pfalz einer besonderen, beim Grundbuchamt geführten Höferolle entnehmen. In den nordwestdeutschen Ländern soll zwar auf dem Titelblatt des Grundbuchs ein Hofvermerk eingetragen werden. Dies ist jedoch nicht Voraussetzung für die Entstehung der Hofeigenschaft und in vielen Fällen unterblieben. Daher ist die Frage, ob ein Hof vorliegt, im Bereich der Höfeordnung oft *schwierig* zu beantworten. In Zweifelsfällen kann in einem besonderen Verfahren auf Antrag eines Beteiligten, der ein rechtliches Interesse daran glaubhaft macht, vom Landwirtschaftsgericht für alle an dem Verfahren Beteiligten verbindlich festgestellt werden, ob ein Hof vorliegt oder beim Erbfall vorgelegen hat (§ 11 Abs. 1a HöfeVfO). In der Praxis kommt man zumeist auch mit einer vorsorglichen Hofeinführungs- bzw. -aufhebungserklärung aus.[67] Die vorsorgliche Hofaufgabeerklärung wird recht häufig abgegeben, nämlich dann, wenn zweifelhaft ist, ob eine Besitzung Hof ist, der Eigentümer aber die etwa doch bestehende Hofeigenschaft nicht mehr wünscht.

Die Hofeigenschaft hat außer der Vererbung des Betriebes auf nur einen Hoferben im Wesentlichen zur Folge, dass sich die Abfindung aller anderen Erben nach dem 1½-fachen Einheitswert, in Rheinland-Pfalz nach dem Ertragswert, richtet. Auf diese Weise wird die geschlossene Erhaltung landwirtschaftlicher und forstwirtschaftlicher Betriebe zu erträglichen Abfindungsbedingungen gewährleistet und die sog. Realteilung vermieden.

Wie jeder Übergabevertrag ist auch der Hofübergabevertrag dadurch gekennzeichnet, dass mit ihm die Erbfolge vorweggenommen werden soll. Die Abgrenzung zu anderen Verträgen, insbesondere zu Kaufverträgen und Schenkungsverträgen, ist oft schwierig (vgl. dazu Rdn 135 ff.). **205**

2. Die Wirkung des Hofübergabevertrages

Der Übergabevertrag hat nach der nordwestdeutschen Höfeordnung die besondere Wirkung, dass zugunsten der anderen Abkömmlinge des Übergebers der Erbfall als eingetreten gilt, wenn der Hof einem hoferbenberechtigten Abkömmling übertragen wird (§ 17 Abs. 2 HöfeO). Sie erlangen dann schon zu Lebzeiten des Erblassers die vertraglich vereinbarten, sonst die gesetzlichen Geldabfindungsansprüche (§ 12 HöfeO), mindestens die nach dem 1 ½-fachen Einheitswert des Hofes zu berechnenden Pflichtteilsansprüche. **206**

3. Der Inhalt des Hofübergabevertrages

a) Wesentlich für einen Hofübergabevertrag ist, dass in ihm ein Hof i.S.d. HöfeO übertragen, d.h. übereignet wird. Behält der Übergeber für sich, seinen Ehegatten oder etwa andere („weichende") Erben unwesentliche Teile des Hofes zurück, so ändert dies zwar nichts daran, dass es sich um einen Hofübergabevertrag handelt. Ein solcher Vertrag ist jedoch nur genehmigungsfähig, wenn der übergebene Betrieb aufgrund seiner Größe und Ertragstärke den Rückbehalt dieser Grundstücke wirtschaftlich verkraften kann. Vorsicht ist in diesem Fall aus steuerlichen Gründen geboten, da die zurückbehaltenen Grundstücke aus dem Betriebsvermögen entnommen werden. **207**

b) In aller Regel werden im Hofübergabevertrag die Abfindungsansprüche der weichenden Erben festgelegt. Dies kann, was anzustreben ist, unter Mitwirkung der Abfindlinge, aber auch ohne sie in der Form eines Vertrages zugunsten Dritter geschehen. Hier gelten gegenüber sonstigen Übergabeverträgen keine Besonderheiten. Auf die Erläuterungen oben (siehe Rdn 184) wird verwiesen.

---

66 BGH ZEV 2009, 144.

67 Zur vorsorglichen Hofaufgabeerklärung vgl. OLG Köln RNotZ 2009, 323 m. Anm. *Roemer.* Ausführlich zur Hofeinführungs- und Hofaufgabeerklärung, auch zur vorsorglichen Hoferklärung, *Roemer*, RNotZ 2015, 556.

Die gesetzlichen Abfindungsansprüche können bis zur Grenze des Pflichtteils herabgesetzt und bis zur Grenze der Leistungsfähigkeit des Hofes heraufgesetzt werden. Wird diese überschritten, so kann der Vertrag vom Landwirtschaftsgericht nicht genehmigt werden.

c) Regelmäßig werden in einem Hofübergabevertrag auch Versorgungsleistungen für den Übergeber und seinen Ehegatten vereinbart, die in der nordwestdeutschen HöfeO und in der HöfeO Rhl.-Pf. als „Altenteil" (siehe hierzu Rdn 173 f.) bezeichnet werden, deshalb aber nicht unbedingt zu einem Altenteil im Grundbuch zusammengefasst werden müssen. Es können grundsätzlich Leistungen beliebiger Art und beliebigen Umfanges vereinbart werden, jedoch unter Beachtung der nachfolgend unter d) dargelegten Besonderheiten.

d) Allerdings sind beim Hofübergabevertrag die Grenzen der *Vertragsfreiheit* verhältnismäßig eng gezogen, und zwar, weil neben den allgemeinen Beschränkungen nach dem Grundstückverkehrsgesetz zusätzlich die nach der Höfeordnung gelten.

208

Dies bedeutet vor allem, dass

(1) der Übernehmer „wirtschaftsfähig", d.h., in der Lage sein muss, den Betrieb ordnungsgemäß zu bewirtschaften. Davon gibt es Ausnahmen. So muss etwa der Ehegatte eines Hofeigentümers, der dessen Hof erbt oder übertragen erhält, nicht wirtschaftsfähig sein;

(2) es problematisch sein kann, ob und in welchem Umfang Rücktritts- und Rückforderungsrechte vereinbart werden können (ein gesetzliches Rücktrittsrecht hat der Übergeber nicht, da in den Ausführungsgesetzten zum BGB das Recht des Übergebers, wegen Verzug oder Nichterfüllung einer vertraglich vereinbarten Leistung vom Vertrag zurückzutreten, ausgeschlossen ist); bei Vereinbarung von Verfügungsverboten ist die neue und sehr strenge Entscheidung des BGH[68] zu beachten (vgl. hierzu Rdn 181);

(3) der Hof nicht mehreren Personen (außer Ehegatten) und nicht einer juristischen Person übergeben werden kann,

(4) der Hof grundsätzlich geschlossen und zu erträglichen Bedingungen übergeben werden muss, und

(5) ein durch die Übertragung der Bewirtschaftung oder die Beschäftigung auf dem Hof verbindlich bestimmter Hofanwärter nicht übergangen werden darf.

4. Die Landgutsübergabe

209 Im Geltungsbereich der HöfeO können die Beteiligten dieser Inhaltskontrolle entgehen, wenn die Hofeigenschaft vor der Übergabe durch eine entsprechende Erklärung des Eigentümers und anschließende Löschung des Hofvermerks im Grundbuch aufgehoben wird (§ 1 Abs. 4 HöfeO). Denn dann muss die Genehmigungsbehörde den Vertrag ohne Rücksicht auf seinen Inhalt genehmigen, sofern der Betrieb geschlossen auf den Ehegatten, einen Abkömmling, einen Verwandten bis zum 3. Grad in der Seitenlinie oder einen Verschwägerten bis zum 2. Grad übertragen wird (§ 8 Nr. 2 GrdstVG).

Außerhalb des Geltungsbereichs der Anerbengesetze, also auch in den neuen Ländern (in Brandenburg gilt allerdings seit Kurzem eine eigene Höfeordnung mit enger Anlehnung an die nordwestdeutsche HöfeO), können landwirtschaftliche Betriebe nur bei ihrer Überlassung als Landgut unter Lebenden oder von Todes wegen überlebensfähig gehalten werden. Sofern der Eigentümer wünscht, dass der Betrieb fortgeführt werde, muss er in der Verfügung seine Veranschlagung mit dem Ertragswert positiv anordnen. Dann bemessen sich auch die Pflichtteilsansprüche nur nach dem Ertragswert (§§ 2049, 2312 BGB). Bei der Bewertung von Bauland oder Bauerwartungsland, das zu einem Landgut gehört, ist von dessen Verkehrswert auszugehen. Andererseits muss die darauf ruhende „latente Steuerlast" wertmindernd berücksichtigt werden, wenn sein Wert nur durch seinen Verkauf realisiert werden kann und dieser eine Entnahmegewinn-Besteuerung zur Folge hat.

210 Bei der Landgutsübergabe sollten die *Abfindungen* der *„weichenden Erben"* möglichst genau bestimmt werden. Es gibt keine gesicherte, jedenfalls keine gesetzlich verbindliche Methode zur Berechnung des Ertragswerts. Die Abfindungsbeträge können vertraglich etwa an ein Vielfaches der Jahrespacht aus-

---

68 BGH NJW 2012, 3162.

gerichtet werden, z.B. das 25–30-fache der erzielbaren ortsüblichen Jahrespacht, deren Ermittlung – wenn sich die Beteiligten nicht einigen – einem von der Landwirtschaftskammer bzw. dem Amt für Agrarordnung zu benennenden Sachverständigen als Schiedsgutachter aufgetragen wird.) Die Abfindungen werden häufig auf einige Jahre zinslos gestreckt. Die Grenze für derartige Anordnungen sind die Pflichtteilsansprüche der weichenden Erben auf der Basis des Ertragswerts.

Landgutsfähig sind nur Alleineigentumsbesitzungen und Besitzungen in fortgesetzter Gütergemein-   **211**
schaft (§ 1515 BGB), die bei realistischer Betrachtung auch in Zukunft weiter als aktive landwirtschaftliche Betriebe in der – bäuerlichen – Familie gehalten werden können. Der Betrieb muss leistungsfähig sein. Er muss als geschlossene Einheit übertragen bzw. vererbt werden. Eine starre Mindestgrenze gibt es nicht. Auch ein Neben- oder Zuerwerbsbetrieb ist grundsätzlich landgutsfähig, wenn er eine selbstständige und dauernde Nahrungsquelle abgibt und zu einem erheblichen Teil zum Lebensunterhalt seines Eigentümers beiträgt. Ein auf Dauer verpachteter oder ein übergroßer Betrieb kann nach herrschender Meinung nicht zu Ertragswertbedingungen übergeben oder vererbt werden. Gleiches gilt für gewerblich geprägte Betriebe, reine Pachtbetriebe und Betriebe mit gepachteter Hofstelle.

Das Landgut kann nur *einer* Person zu Ertragswertbedingungen übertragen werden. Der Übernehmer oder Erbe muss zu den Pflichtteilsberechtigten gehören, also entweder Abkömmling, Ehegatte oder Elternteil sein.

5. Die Genehmigung des Übergabevertrages

Wenn der Übergabevertrag die Übereignung von land- oder forstwirtschaftlich nutzbaren Grundstücken   **212**
zum Gegenstand hat, bedarf er der Genehmigung nach dem GrdstVG (§ 3). Für die Genehmigung eines *Hof*übergabevertrages ist das Landwirtschaftsgericht zuständig (§ 17 Abs. 3 HöfeO). Wird sie versehentlich von der Genehmigungsbehörde erteilt, so ist sie zwar deshalb fehlerhaft und mit einem Antrag auf gerichtliche Entscheidung anfechtbar; sie wird aber, wenn ein solcher Antrag unterbleibt, wirksam. Wird umgekehrt ein Übergabevertrag, für dessen Genehmigung die Grundstücksverkehrsbehörde zuständig wäre, vom Landwirtschaftsgericht genehmigt, so ist dessen Genehmigung wirksam und kann, da das Landwirtschaftsgericht der Landwirtschaftsbehörde in seiner Entscheidungsbefugnis übergeordnet ist, auch nicht wegen fehlender Zuständigkeit angefochten werden. Örtlich zuständig für die Genehmigung des Hofübergabevertrages ist das Landwirtschaftsgericht, in dessen Bezirk die Hofstelle liegt. Der Notar gilt als ermächtigt, den Genehmigungsantrag für die Beteiligten zu stellen (§§ 13, 16 HöfeVfO). Dies geschieht in der Regel dadurch, dass der Notar zwei *(beglaubigte)* Abschriften des Vertrages mit dem Antrag an das Landwirtschaftsgericht schickt, den Vertrag zu genehmigen.

Am Genehmigungsverfahren sind die Vertragsparteien und – wenn der Hof nahezu das ganze Vermögen des Übergebers darstellt – dessen Ehegatte beteiligt, die weichenden Erben nur, wenn sie an dem Vertrag beteiligt worden sind. Die Entscheidung des Gerichts ist nur den Verfahrensbeteiligten zuzustellen, nicht einem etwa übergangenen hoferbberechtigten Abkömmling.

Wird die Genehmigung eines *Hof*übergabevertrages versagt oder nur unter einer Auflage oder Bedingung erteilt, so kann jeder Vertragsbeteiligte gegen die Entscheidung Beschwerde an das Oberlandesgericht richten, bei einer Landgutsübergabe Antrag auf gerichtliche Entscheidung stellen.

IX. Das Wohnungs- und Teileigentum

1. Begriff

a) Allgemeines

Das BGB lässt ein selbstständiges Eigentum an Teilen von Gebäuden nicht zu. Das Eigentum an einem   **213**
Grundstück erstreckt sich somit auf alles, was oberhalb und unterhalb seiner Oberfläche vorhanden ist. Daher gehören Gebäude und Gebäudeteile, sofern sie nicht nur zu einem vorübergehenden Zweck mit dem Grundstück verbunden sind (§ 95 BGB), zu den wesentlichen Bestandteilen eines Grundstücks (§ 94 BGB). Sie können nicht Gegenstand besonderer Rechte, also auch nicht von selbstständigem Eigentum sein (§ 93 BGB). Eine Ausnahme hiervon bildete früher nur das Erbbaurecht (vgl. Rdn 398 ff.).

Die nach dem Zweiten Weltkrieg bestehende Wohnungsnot verlangte jedoch nach einer Ergänzung der rechtlichen Rahmenbedingungen für die Schaffung von Wohnraum und Wohneigentum. In Folge dessen kam es zum Erlass des Wohnungseigentumsgesetzes (WEG) vom 15.3.1951, das erstmals selbstständiges Eigentum an Teilen eines Gebäudes zuließ. Dieses Gesetz ist mehrfach grundlegend geändert worden, zuletzt mit Wirkung zum 1.12.2020.

Die Wohnungs- und Teileigentümer bilden gemeinsam die Gemeinschaft der Wohnungseigentümer. Diese Gemeinschaft ist ihrerseits rechtsfähig (vgl. §§ 9a, 9b WEG). Demnach kann die Wohnungseigentümergemeinschaft Rechte erwerben, Verbindlichkeiten eingehen, vor Gericht klagen und verklagt werden (§ 9a Abs. 1 S. 1 WEG). Im Rechtsverkehr tritt sie unter Angabe des betreffenden Grundstücks, z.B. als „Wohnungseigentümergemeinschaft Kölner Straße 3, 51429 Bergisch Gladbach" oder als „Gemeinschaft der Wohnungseigentümer Kölner Straße 3, 51429 Bergisch Gladbach", auf (§ 9a Abs. 1 S. 3 WEG).

214 Die Wohnungseigentümergemeinschaft kann auch Inhaberin dinglicher Rechte sein. Große praktische Bedeutung hat dies insbesondere in Form von Zwangssicherungshypotheken zugunsten von Wohnungseigentümergemeinschaften als Sicherheit für bestehende Hausgeldrückstände von Wohnungs- oder Teileigentümern. Aber auch sonst kann die Wohnungseigentümergemeinschaft als Gläubigerin einer Hypothek oder einer Grundschuld im Grundbuch eingetragen werden, vorausgesetzt, die zu sichernde Verbindlichkeit ist dem Verwaltungsvermögen zuzurechnen.

Schließlich ist auch der Erwerb von Sonder- oder Teileigentum durch die Eigentümergemeinschaft zulässig. Typisches Beispiel hierfür ist der Erwerb einer Hausmeisterwohnung durch die Eigentümergemeinschaft. Als Eigentümerin wäre z.B. die „Wohnungseigentümergemeinschaft Kölner Straße 3, 51429 Bergisch Gladbach" (nicht alle Wohnungseigentümer) in das Grundbuch einzutragen. Der Abschluss eines solchen Grundstückskaufvertrages durch den Verwalter setzt allerdings voraus, dass die Wohnungseigentümer einen entsprechenden Ermächtigungsbeschluss gefasst haben (vgl. § 9a Abs. 1 S. 1 Hs. 2 WEG).

Wohnungseigentum ist das Sondereigentum an einer bestimmten Wohnung i.V.m. dem Miteigentumsanteil an dem gemeinschaftlichen Eigentum, zu dem es gehört (§ 1 Abs. 2 WEG). Teileigentum ist das Sondereigentum an nicht zu Wohnzwecken dienenden Räumen eines Gebäudes i.V.m. dem Miteigentumsanteil an dem gemeinschaftlichen Eigentum, zu dem es gehört (§ 1 Abs. 3 WEG). Gemeinschaftliches Eigentum (Miteigentum nach Bruchteilen) an den gemeinschaftlichen Teilen des Hausgrundstücks tritt bei der Begründung von Wohnungs- bzw. Teileigentum daher untrennbar neben das Sondereigentum an der Wohnung bzw. an den nicht zu Wohnzwecken dienenden Räumen. Ähnlich dem Erbbaurecht wird auch das Wohnungs- bzw. Teileigentum rechtlich weitgehend wie ein Grundstück behandelt. Für jeden Miteigentumsanteil wird ein Wohnungs- bzw. Teileigentumsgrundbuch angelegt. Das Grundbuchblatt des Stammgrundstücks wird von Amts wegen geschlossen.

215 Die Landesregierungen können unter bestimmten Voraussetzungen durch Rechtsverordnung eine Genehmigungsbedürftigkeit für die Begründung von Wohnungs- und Teileigentum an Gebäuden vorsehen, die ganz oder teilweise Wohnzwecken zu dienen bestimmt sind (§ 172 Abs. 1 S. 4 BauGB). Genehmigungsbedürftig ist dann nur die „Begründung von Sondereigentum", nicht eine spätere Änderung der Teilungserklärung, soweit kein neues Sondereigentum begründet wird. Das Grundbuchamt darf eine Aufteilung in Wohnungs- und Teileigentum in einem solchen Fall nur vollziehen, wenn ihm die Erteilung der Genehmigung oder das Entfallen des Genehmigungserfordernisses nachgewiesen wurde (§ 172 Abs. 1 S. 6 i.V.m. § 22 Abs. 6 BauGB). Es ist zweckmäßig, die Genehmigung bzw. ein entsprechendes Negativtattest zugleich mit der Abgeschlossenheitsbescheinigung zu beantragen.

Das Land Nordrhein-Westfalen wird von der Ermächtigung, durch Rechtsverordnung zu bestimmen, dass die Begründung von Sondereigentum an Wohngebäuden nicht ohne Genehmigung erfolgen darf, keinen Gebrauch machen (vgl. Schreiben des Ministeriums für Bauen und Wohnen des Landes NRW vom 18.12.1997 – Az.: II A 1 – 901.10 – an den Präsidenten der Rheinischen Notarkammer). Demzufolge erlangt die Bestimmung des § 172 Abs. 1 S. 4 BauGB für *NRW* keine Bedeutung.

b) Gemeinschaftliches Eigentum

Gemeinschaftliches Eigentum sind **216**

- das Grundstück und das Gebäude, soweit sie nicht im Sondereigentum oder im Eigentum eines Dritten stehen (§ 1 Abs. 5 WEG),
- Teile des Gebäudes, die für dessen Bestand und Sicherheit erforderlich sind (sog. konstitutive Elemente: Fundamente, tragende Mauern, Dach, Schornsteine, Außenputz des Gebäudes usw., § 5 Abs. 2 WEG),
- Anlagen und Einrichtungen, die dem gemeinsamen Gebrauch der Wohnungseigentümer dienen (z.B. Treppenhaus, Fahrstuhl, Zentralheizung usw., § 5 Abs. 2 WEG),
- Bestandteile des Gebäudes, die nicht verändert, beseitigt oder eingefügt werden können, ohne dass dadurch das gemeinschaftliche Eigentum oder ein auf Sondereigentum beruhendes Recht eines Wohnungseigentümers über das bei einem geordneten Zusammenleben unvermeidliche Maß hinaus beeinträchtigt oder die äußere Gestaltung des Gebäudes verändert wird (Fenster, Fensterläden, Wohnungsabschlusstüren).

c) Sondereigentum

Das Sondereigentum umfasst **217**

- bestimmte Wohnungen und Räume, die in sich abgeschlossen sind (§ 5 Abs. 1 WEG),
- zu diesen Räumen gehörende Bestandteile des Gebäudes, die verändert, beseitigt oder eingefügt werden können, ohne dass dadurch das gemeinschaftliche Eigentum oder ein auf Sondereigentum beruhendes Recht eines anderen Wohnungseigentümers über das bei einem geordneten Zusammenleben unvermeidliche Maß hinaus beeinträchtigt oder die äußere Gestaltung des Gebäudes verändert wird und die weder für den Bestand oder die Sicherheit des Gebäudes erforderlich sind noch dem gemeinschaftlichen Gebrauch der Wohnungseigentümer dienen (z.B. Fußböden, Innentüren, nichttragende Zwischenwände, Wand- und Deckenputz, Innenanstriche, Sanitäranlagen, Ver- und Entsorgungsleitungen innerhalb des Sondereigentums,[69] § 5 Abs. 1 und 2 WEG).

An Garagenstellplätzen in Gebäuden (Parkhaus, Sammelgarage, Tiefgarage) kann Sondereigentum begründet werden. Seit der letzten Reform des Wohnungseigentumsgesetzes mit Wirkung zum 1.12.2020 gilt dies nun auch für Kfz-Stellplätze im Freien. Voraussetzung für die Sondereigentumsfähigkeit von Stellplätzen ist in allen Fällen, dass ihre Flächen durch entsprechende Maßangaben im Aufteilungsplan bestimmt sind (§ 3 Abs. 3 Alt. 2 WEG).

Seit dem 1.12.2020 besteht ferner die Möglichkeit, das Sondereigentum an Räumen auf einen außerhalb des Gebäudes liegenden Teil des Grundstücks (z.B. eine Gartenfläche) zu erstrecken, es sei denn, die Wohnung oder die nicht zu Wohnzwecken dienenden Räume bleiben dadurch wirtschaftlich nicht die Hauptsache (§ 3 Abs. 2 WEG). Voraussetzung für die Bildung von Sondereigentum an Außenfläche ist wiederum, dass die betreffenden Flächen mit Maßangaben im Aufteilungsplan bestimmt sind.

Aus § 3 Abs. 2 WEG folgt, dass z.B. eine Gartenfläche nur Teil des zu einer Wohnungseigentumsheit gehörenden Sondereigentums sein kann. Eine Gartenfläche kann daher – anders als ein Stellplatz – kein eigenständiges Teileigentum bilden.

Beachte:

Das Sondereigentum kann grundsätzlich nicht ohne den Miteigentumsanteil am Gemeinschaftseigentum übertragen werden und umgekehrt.

---

69 BGH MittBayNot 2012, 212: Sondereigentumsfähigkeit ab der ersten für die Handhabung durch den Sondereigentümer vorgesehenen Absperrmöglichkeit.

2. Begründung

218   Wohnungseigentum kann durch Vertrag (§ 3 WEG) zwischen Miteigentümern oder durch (einseitige) Teilungserklärung des Alleineigentümers (§ 8 WEG) begründet werden.

Die Rechte und Pflichten der Wohnungseigentümer ergeben sich aus dem WEG und dem BGB, soweit keine zulässigen abweichenden Vereinbarungen getroffen worden sind.

a) Begründung durch Vertrag der Miteigentümer

219   Bei der Begründung des Wohnungseigentums nach § 3 WEG müssen die künftigen Sondereigentümer entweder bereits Miteigentümer sein oder das Grundstück gleichzeitig erwerben; die vertragliche Begründung setzt also das Bestehen einer *Miteigentümergemeinschaft* mit feststehenden Bruchteilen an dem Grundstück voraus. Steht das Grundstück einer Gesamthandsgemeinschaft (z.B. einer Gesellschaft oder Erbengemeinschaft) zu, so müssen sich die Beteiligten für eine Teilung gemäß § 3 WEG erst auseinandersetzen und als Eigentümer nach Bruchteilen in das Grundbuch eintragen lassen. Die Größe des Miteigentumsanteils braucht in keinem Wertverhältnis z.B. zur Größe der Wohnung, an der das Sondereigentum begründet wird, zu stehen. Steht das zu teilende Grundstück im Eigentum einer Gesamthandsgemeinschaft ist es allerdings regelmäßig kostengünstiger, zunächst nach § 8 WEG zu teilen (1,0 Gebühr gemäß KV 21100 GNotKG) und die Gesamthandsgemeinschaft erst anschließend auseinanderzusetzen.

Zur Eintragung des Sondereigentums ist die Einigung aller Miteigentümer über den Eintritt der Rechtsänderung (§ 4 Abs. 1 WEG) in der für die Auflassung vorgeschriebenen Form (§ 4 Abs. 2 WEG) und die Eintragung in das Grundbuch erforderlich. Ein Nachweis der Einigung, ähnlich wie in § 20 GBO, wird nicht verlangt. Es genügt die Vorlage einer öffentlich beglaubigten Eintragungsbewilligung aller Miteigentümer, wenn es auch üblich ist, die Einigung zu beurkunden und dem Grundbuchamt einzureichen.

b) Begründung durch – einseitige – Teilungserklärung

220   Vielfach wird Wohnungseigentum nicht durch Vertrag, sondern durch Teilungserklärung des Eigentümers nach § 8 WEG begründet. Diese Erklärung erfolgt gegenüber dem Grundbuchamt in öffentlich beglaubigter Form (§ 29 GBO). Der Grundstückseigentümer kann in diesem Fall die Miteigentumsanteile bestimmen und gleichzeitig die Rechtsbeziehungen der künftigen Wohnungseigentümer zueinander mit dinglicher Wirkung regeln.

In der Praxis wird auch die Teilung gemäß § 8 WEG beurkundet. Dies ermöglicht es, bei einem späteren Verkauf von Wohnungs- und Teileigentumseinheiten auf die Teilungserklärung zu verweisen, ohne diese noch einmal verlesen zu müssen (vgl. § 13a BeurkG).

Die Teilung nach § 8 WEG zur Bildung von Wohnungseigentum ist keine Teilung i.S.d. § 19 Abs. 2 BauGB.

> *Beachte:*
> Wohnungseigentum kann durch Vertrag oder einseitige Teilung auch an Gebäuden, die erst noch errichtet werden sollen, begründet werden.

Zwecks Verwaltung des gemeinschaftlichen Eigentums wird, jedenfalls bei größeren Eigentümergemeinschaften, regelmäßig ein Verwalter bestellt. Die Verwalterbestellung darf auf höchstens fünf Jahre erfolgen, im Falle der ersten Bestellung nach der Begründung von Wohnungseigentum auf höchstens drei Jahre (§ 26 Abs. 2 WEG). Die Rechte und Pflichten des Verwalters werden insbesondere in § 27 WEG angesprochen. Der Verwalter ist im Außenverhältnis zur umfassenden Vertretung der Wohnungseigentümergemeinschaft befugt (§ 9b Abs. 1 WEG). Für den Abschluss von Grundstückskauf- und Darlehensverträgen namens der Eigentümergemeinschaft benötigt der Verwalter auch im Außenverhältnis einen Ermächtigungsbeschluss der Wohnungseigentümer (vgl. § 9a Abs. 1 S. 1 Hs. 2 WEG).

c) **Kurzes Muster einer Teilungserklärung nach § 8 WEG**

Erklärung zur Begründung von Wohnungs- und Teileigentum durch Teilung nach § 8 des Wohnungs-eigentumsgesetzes

Teil I

Begründung von Wohnungs- und Teileigentum

§ 1

Grundstücksbezeichnung

Wir, die unterzeichneten Eheleute (…), sind je zur Hälfte Eigentümer des im Grundbuch von (…) Blatt (…) eingetragenen Grundstücks Flur (…), Flurstück (…)

Auf diesem Grundstück befindet sich ein Gebäude mit sieben Wohnungen und zwei Garagen.

§ 2

Teilung

Wir teilen das Eigentum an dem vorbezeichneten Grundstück gemäß § 8 WEG in Miteigentumsanteile in der Weise auf, dass mit jedem Miteigentumsanteil das Sondereigentum an einer in sich abgeschlossenen Wohnung (Wohnungseigentum) oder an einer Garage (Teileigentum) verbunden ist, und zwar in folgender Weise:

1. Miteigentumsanteil von $^{6}/_{100}$

   verbunden mit dem Sondereigentum an der Wohnung im Untergeschoss links mit einer Wohnfläche von 28,7 qm sowie einem Abstellraum im Kellergeschoss, im Aufteilungsplan mit Nr. 1 bezeichnet,

2. Miteigentumsanteil von $^{6}/_{100}$

   verbunden mit dem Sondereigentum an der Wohnung im Untergeschoss rechts mit einer Wohnfläche von 28 qm sowie einem Abstellraum im Kellergeschoss, im Aufteilungsplan mit Nr. 2 bezeichnet,

3. Miteigentumsanteil von $^{14}/_{100}$

   verbunden mit dem Sondereigentum an der Wohnung im Erdgeschoss mit einer Wohnfläche von 56,1 qm sowie einem Kellerraum im Kellergeschoss, im Aufteilungsplan mit Nr. 3 bezeichnet,

4. Miteigentumsanteil von $^{19}/_{100}$

   verbunden mit dem Sondereigentum an der Wohnung im ersten Obergeschoss mit einer Wohnfläche von 79,6 qm sowie einem Kellerraum im Kellergeschoss, im Aufteilungsplan mit Nr. 4 bezeichnet,

5. Miteigentumsanteil von $^{12}/_{100}$

   verbunden mit dem Sondereigentum an der Wohnung im Dachgeschoss links mit einer Wohnfläche von 47,7 qm sowie einem Kellerraum im Kellergeschoss, im Aufteilungsplan mit Nr. 5 bezeichnet,

6. Miteigentumsanteil von $^{11}/_{100}$

   verbunden mit dem Sondereigentum an der Wohnung im Dachgeschoss rechts mit einer Wohnfläche von 45,5 qm sowie einem Abstellraum im Kellergeschoss, im Aufteilungsplan mit Nr. 6 bezeichnet,

7. Miteigentumsanteil von $^{30}/_{100}$

   verbunden mit dem Sondereigentum an der Wohnung im ersten Obergeschoss mit einer Wohnfläche von 120,4 qm sowie den zu ihr gehörigen Nutzungsräumen, im Aufteilungsplan mit Nr. 7 bezeichnet,

8. Miteigentumsanteil von $1/100$
    verbunden mit dem Sondereigentum an der im Aufteilungsplan mit Nr. 8 bezeichneten Garage,

9. Miteigentumsanteil von $1/100$
    verbunden mit dem Sondereigentum an der im Aufteilungsplan mit Nr. 9 bezeichneten Garage.

Teil II

Bestimmungen über das Verhältnis der Wohnungs- und Teileigentümer untereinander und über die Verwaltung

§ 3

Es gelten die Bestimmungen des Wohnungseigentumsgesetzes, soweit nachfolgend nichts Abweichendes vereinbart ist:

a) Dem jeweiligen Eigentümer des $30/100$ ausmachenden Miteigentumsanteils verbunden mit dem Sondereigentum an der in den anliegenden Aufteilungsplänen mit Nr. 7 bezeichneten Raumeinheit wird die ausschließliche Benutzung und Nutzung der in der als Anlage zu dieser Urkunde genommenen Handzeichnung mit den Buchstaben A – B – C – D – E – F – A umschriebenen Gartenterrasse (plattiert) und des gesamten Hausgartens eingeräumt. Die Kosten der Instandhaltung und Instandsetzung der Gartenterrasse und des Hausgartens trägt der jeweilige Eigentümer der Raumeinheit Nr. 7.
b) Jeder volle $1/100$-Miteigentumsanteil gewährt bei Abstimmungen eine Stimme.

Teil III

Eintragungsbewilligung und -antrag

§ 4

Wir bewilligen und beantragen, in das Grundbuch einzutragen:

a) die Teilung des eingangs erwähnten Grundstücks nach Maßgabe des § 2 der Teilungserklärung,
b) die Bestimmungen des § 3 dieser Urkunde als Inhalt des Sondereigentums.

Teil IV

§ 5

Die Abgeschlossenheitsbescheinigung und die Aufteilungspläne liegen vor und werden als Anlagen zu dieser Urkunde zu den Grundakten gereicht.

§ 6

Der Verkehrswert des Grundstücks beträgt 450.000 EUR.

Mettmann, den (…)

(Unterschriftsbeglaubigung)

d) Eintragungsvoraussetzungen

222 In beiden vorgenannten Fällen der Begründung von Wohnungseigentum sind zwei wichtige Anlagen dem Grundbuchamt mit einzureichen (§ 7 Abs. 4 WEG):

1. ein Aufteilungsplan, d.h. eine von der Baubehörde mit Unterschrift und Siegel oder Stempel versehene Bauzeichnung nebst Gebäudeschnitten und Seitenansichten, aus der die Aufteilung des Gebäudes sowie die Lage und Größe der im Sondereigentum und der im gemeinschaftlichen Eigentum stehenden Gebäudeteile ersichtlich ist,
2. eine Bescheinigung der Baubehörde, dass die Voraussetzungen des § 3 Abs. 3 WEG vorliegen, d.h. die Wohnungen oder sonstigen Räume in sich abgeschlossen sind.

3. Belastung und Veräußerung, Veräußerungsbeschränkungen

Das Wohnungseigentum kann mit Grundpfandrechten, Reallasten, Nießbrauchs- und Vorkaufsrechten sowie Dienstbarkeiten belastet werden. Es ist veräußerlich, grundsätzlich aber nur zusammen mit dem Miteigentumsanteil am Grundstück (§ 6 WEG). Es gelten für die Veräußerung im Vergleich zum gewöhnlichen Eigentum keine Besonderheiten. **223**

4. Tausch von „Außenräumen"

Ein Fall, in dem Sondereigentum auch ohne einen Miteigentumsanteil an einen anderen Wohnungseigentümer derselben Wohnungseigentümergemeinschaft übertragen werden kann, ist z.B. der Kellertausch. Hierbei müssen nur die *Tausch*partner mitwirken, weil durch den Tausch weder das Gemeinschaftseigentum noch das Sondereigentum anderer Miteigentümer berührt werden. Die Grenzen des Sondereigentums verändern sich durch den Austausch nicht; deshalb sind sowohl ein neuer Aufteilungsplan als auch eine neue Abgeschlossenheitsbescheinigung entbehrlich. Zur Abtrennung der Kellerräume ist die Zustimmung der dinglich Berechtigten der betroffenen Sondereigentumseinheiten erforderlich. Hierbei sollte darauf geachtet werden, dass die dinglich Berechtigten ausdrücklich einer „lastenfreien" Übertragung der Kellerräume zustimmen. Grundbuchlich ist der Kellertausch als Inhaltsänderung des jeweiligen Sondereigentums zu vollziehen.[70] In Abteilung II und III eingetragene Rechte erstrecken sich auf das seinem Inhalt nach geänderte Sondereigentum. **224**

Muster für einen Kellertausch **225**

Verhandelt zu (…)

Vor mir Notar (…)

erschienen, mir von Person bekannt:

1. Herr X, (…)
2. die Eheleute Y, (…)

und erklärten:

Herr X ist als Eigentümer des im Wohnungsgrundbuch von (…) Blatt (…) eingetragenen Miteigentumsanteils von 25/1000 an dem Grundstück Gemarkung (…) Flur (…) Flurstück (…), verbunden mit dem Sondereigentum an der im Aufteilungsplan mit Nr. 3 bezeichneten Wohnung nebst Kellerraum Nr. 3. Das Wohnungseigentum ist in Abteilung II lastenfrei und in Abteilung III unter Nr. 1 mit einer Grundschuld von 50.000 EUR für die (…) Bankgesellschaft AG in (…) belastet.

Die Eheleute Y sind Eigentümer je zur Hälfte des im Wohnungsgrundbuch von (…) Blatt (…) eingetragenen Miteigentumsanteils von 37,5/1000 an der im Aufteilungsplan mit Nr. 5 bezeichneten Wohnung nebst Kellerraum Nr. 5. Das Wohnungseigentum ist in Abteilung II und III lastenfrei.

Es tauschen und übertragen ohne Veränderung der jeweiligen Miteigentumsanteile

a) Herr X das Sondereigentum an dem im Aufteilungsplan mit Nr. 3 bezeichneten Kellerraum an die Eheleute Y je zur Hälfte,
b) die Eheleute Y das Sondereigentum an dem im Aufteilungsplan mit Nr. 5 bezeichneten Kellerraum an Herrn X.

Die Kellerräume Nrn. 3 und 5 werden jeweils von dem Miteigentumsanteil, zu dem sie bisher gehören, abgetrennt und neu verbunden mit dem Miteigentumsanteil der jeweiligen Erwerber.

Die Beteiligten sind über den entsprechenden Übergang des jeweiligen Sondereigentums einig. Sie bewilligen die Eintragung der Rechtsänderungen in die Wohnungsgrundbücher, und zwar unter Beibehaltung der bisherigen Nummerierung der Kellerräume, wie folgt:

---

70 Vgl. zum Ganzen *Schöner/Stöber*, Grundbuchrecht, 16. Aufl. 2020, Rn 2969 f.

a) Zum Wohnungsgrundbuch von (…) Blatt (…): Der Gegenstand des Sondereigentums ist dahingehend geändert, dass der dort verzeichnete Miteigentumsanteil von 25/1000 an dem Grundstück Gemarkung (…) Flur (…) Flurstück (…) fortan nicht mehr mit dem im Aufteilungsplan mit Nr. 3 bezeichneten Kellerraum sondern mit dem dort mit Nr. 5 bezeichneten Kellerraum verbunden ist;
b) Zum Wohnungsgrundbuch von (…) Blatt (…): Der Gegenstand des Sondereigentums ist dahingehend geändert, dass der dort verzeichnete Miteigentumsanteil von 37,5/1000 an dem Grundstück Gemarkung (…) Flur (…) Flurstück (…) fortan nicht mehr mit dem im Aufteilungsplan mit Nr. 5 bezeichneten Kellerraum sondern mit dem dort mit Nr. 3 bezeichneten Kellerraum verbunden ist.

Die Beteiligten stimmen allen Pfandfreigaben zu und beantragen den Vollzug im Grundbuch.

Die Beteiligten betrachten die ausgetauschten Kellerräume als gleichwertig; eine Herauszahlung findet daher nicht statt.

Der Wert eines jeden Kellerraumes beträgt (…) EUR.

Die mit dieser Urkunde verbundenen Kosten tragen die Vertragsteile je zur Hälfte. Die Gerichtskosten und die Grunderwerbsteuer trägt jeder für seinen Erwerb. Die Kosten der Lastenfreistellung gehen zulasten des Herrn X.

Die in dieser Urkunde enthaltenen Anträge sollen nicht als ein einheitlicher Antrag angesehen werden. Der Notar kann demnach die Anträge aus dieser Urkunde auch einzeln oder beschränkt dem Grundbuchamt zur Erledigung vorlegen und sie in gleicher Weise zurückziehen. Im Übrigen ist der Notar ermächtigt, diese Urkunde – soweit zum grundbuchlichen Vollzug notwendig – zu ergänzen und zu ändern.

Diese Niederschrift (…)

226 Grundsätzlich muss bei der (Erst-)Begründung von Wohnungseigentum auch jeder Kellerraum die gleiche Nummer wie die Wohnung erhalten (§ 7 Abs. 4 Nr. 1 WEG). Es wird allgemein vertreten, dass es beim – späteren – Kellertausch bei der bisherigen Nummer verbleiben kann.[71] Dagegen kann nach OLG München[72] das Grundbuchamt aber verlangen, die neu zugeordneten Räume so umzubenennen, dass nicht Räume mit gleicher Nummer zu unterschiedlichen Einheiten gehören. Wenn man sich dieser Auffassung anschließt, sollte in die Urkunde über den Kellertausch etwa Folgendes aufgenommen werden (in dem vorstehenden Muster könnte dies vor der Auflassung stehen):

Die Beteiligten verweisen auf den dieser Urkunde beigefügten Plan, in dem die ausgetauschten Kellerräume neu nummeriert worden sind und fortan die Nummern der Wohnungen führen, denen sie zugewiesen sind. Demgemäß tragen in dem Plan

der bisherige Kellerraum Nr. 3 die Nr. 5,

der bisherige Kellerraum Nr. 5 die Nr. 3.

Der Plan wurde den Beteiligten zur Durchsicht vorgelegt, von ihnen genehmigt und unterzeichnet. Er ist Bestandteil dieser Urkunde.

Wenn so verfahren wird, dann müssten jedoch in der Eintragungsbewilligung des vorstehenden Musters die Worte „und zwar unter Beibehaltung der bisherigen Nummerierung der Kellerräume" entfallen.

227 *Hinweis*

Für jeden Erwerb entsteht Grunderwerbsteuer (wegen deren Höhe siehe Rdn 101), es sei denn, der Wert eines jeden Erwerbs liegt unter 2.500 EUR oder es ist ein anderer Befreiungsgrund, wie z.B. nach § 3 Nr. 6 GrEStG, gegeben.

---

71 *Schöner/Stöber*, Grundbuchrecht, 16. Aufl. 2020, Rn 2968.
72 MittBayNot 2011, 229 = RNotZ 2010, 646.

*Belastungs*beschränkungen – etwa ähnlich wie § 5 Abs. 2 ErbbauRG – können nicht begründet werden. Es kann aber nach § 12 Abs. 1 WEG als Inhalt des Sondereigentums vereinbart werden, dass ein Wohnungseigentümer zur *Veräußerung* seines Wohnungseigentums der Zustimmung anderer Wohnungseigentümer oder eines Dritten (insb. des Verwalters) bedarf. Diese Zustimmung muss dem Grundbuchamt in öffentlich beglaubigter Form nachgewiesen werden (§ 29 GBO). Der Nachweis der Bestellung des Verwalters wird durch die Vorlage des Protokolls über den Bestellungsbeschluss geführt, unter dem die Unterschriften des Vorsitzenden der Versammlung und eines Wohnungseigentümers sowie, falls ein Verwaltungsbeirat bestellt ist, auch von dessen Vorsitzenden oder seinem Vertreter notariell beglaubigt sind (§§ 26 Abs. 4, 24 Abs. 6 WEG).

Die Wohnungseigentümer können die Aufhebung einer solchen Veräußerungsbeschränkung beschließen und deren Löschung im Grundbuch herbeiführen. Zur Löschung im Grundbuch bedarf es der Vorlage des Protokolls über den Aufhebungsbeschluss, unter dem die Unterschriften der in § 24 Abs. 6 WEG genannten Personen (s.o.) beglaubigt sind (§ 12 Abs. 4 S. 3 i.V.m § 7 Abs. 2 WEG). Der Löschungsantrag selbst stellt einen Antrag auf Grundbuchberichtigung gemäß § 22 GBO dar. Antragsberechtigt sind jeder Wohnungseigentümer und die durch den Verwalter vertretene Wohnungseigentümergemeinschaft. Statt der Aufhebung der Veräußerungsbeschränkung im Beschlusswege mit anschließender Grundbuchberichtigung, ist auch eine Löschung aufgrund Bewilligung aller Wohngseigentümer in der Form des § 29 GBO möglich.

5. Inhaltsänderung

Änderungen des Inhalts des Sondereigentums, insbesondere der in § 10 Abs. 2 WEG erwähnten Miteigentumsordnung oder der Regelung des Gebrauchs von Gemeinschaftseigentumsflächen (z.B. von Garten- oder Hofflächen), bedürfen nach der Begründung des Wohnungseigentums und Bildung einer Wohnungseigentümergemeinschaft eines Vertrages (Einigung) aller Wohnungseigentümer und der Eintragung in das Grundbuch. Sind die Wohnungseigentumsrechte belastet, müssen auch die dinglich Berechtigten der Inhaltsänderung zustimmen (§§ 877, 876 BGB). Die Zustimmung des Gläubigers einer Hypothek, Grund- oder Rentenschuld bzw. einer Reallast zu einer Vereinbarung oder einer Änderung einer Vereinbarung der Wohnungseigentümer ist nur dann erforderlich, wenn ein Sondernutzungsrecht begründet oder ein mit dem Wohnungseigentum verbundenes Sondernutzungsrecht aufgehoben, geändert oder übertragen wird (§ 5 Abs. 4 S. 2 WEG). Nach alter Rechtslage war zur Begründung eines Sondernutzungsrechts die Zustimmung eines Gläubigers nicht notwendig, wenn durch die Vereinbarung gleichzeitig das zu seinen Gunsten belastete Wohnungseigentum mit einem Sondernutzungsrecht verbunden wurde (§ 5 Abs. 4 S. 3 WEG). Diese Regelung ist mit Wirkung zum 1.12.2020 ersatzlos entfallen, sodass die Begründung von Sondernutzungsrechten stets der Zustimmung eingetragener Gläubiger bedarf.

228

6. Aufhebung des Sondereigentums

Die Aufhebung ist eine Inhaltsänderung und bedarf daher der Einigung sämtlicher Wohnungseigentümer in der Form der Auflassung und der Eintragung in das Grundbuch. Wie bei sonstigen Inhaltsänderungen ist auch hier die Zustimmung etwaiger dinglich Berechtigter erforderlich.

229

Das Wohnungseigentum erlischt außer durch Aufhebung ferner, wenn sich sämtliche Wohnungseigentumsrechte in der Person eines Eigentümers vereinigen und auf Antrag des Eigentümers ein Grundbuchblatt nach den allgemeinen Vorschriften angelegt wird (§ 9 Abs. 1 Nr. 2 WEG).

7. Dauerwohnrecht – Dauernutzungsrecht

Siehe hierzu Rdn 426 ff.

230

X. Genehmigungserfordernisse beim Grundstücksvertrag

1. Private Genehmigungen

231 Oft werden einzelne Beteiligte eines Grundstücksvertrages bei der Beurkundung von einem Bevollmächtigten oder vollmachtlos vertreten. Die Vollmacht bedarf auch für Grundstücksverträge grundsätzlich keiner Form (§ 167 Abs. 2 BGB). Mündlich oder privatschriftlich erteilte Vollmachten führen daher zu einem sofort wirksamen, insbesondere auch für den Vollmachtgeber verbindlichen Vertrag. Allein deshalb, weil dem Grundbuchamt nach der Grundbuchordnung alle Unterlagen in öffentlicher oder öffentlich beglaubigter Form vorgelegt werden müssen (§§ 20, 29 GBO), bedarf es in diesen Fällen einer zusätzlichen Erklärung des Vollmachtgebers in Beglaubigungsform. Genau genommen handelt es sich dabei entweder um die *Bestätigung*, dass der Vertreter bevollmächtigt war, oder um eine nachträgliche Zustimmung, wenn der Vertreter vollmachtlos gehandelt hat. Die Praxis macht diesen Unterschied zumeist nicht. In beiden Fallgruppen arbeitet sie mit einer *„Genehmigung"*. Eine vorherige Zustimmung, die das Gesetz „Einwilligung" nennt (§ 183 BGB), wird nur ausnahmsweise in notariell beglaubigter Form erteilt. Stattdessen wählt man regelmäßig eine Spezialvollmacht. Die Genehmigung hat etwa folgenden Wortlaut:

> *Muster*
>
> **Genehmigung**
>
> Ich genehmige hiermit alle Erklärungen, die in dem Vertrag vom (…) vor Notar (…) – UR.Nr. (…)/20(…) – für mich abgegeben worden sind, und meine Vertretung.

Die besondere Genehmigung der Vertretung ist nur angezeigt, wenn der Vertreter zugleich für sich selbst oder für weitere Beteiligte gehandelt hat. Nach einer verfehlten, aber von manchen Grundbuchämtern vertretenen Auffassung enthält die Genehmigung der Erklärung des Vertreters nicht zugleich seine Befreiung von den Beschränkungen des § 181 BGB.

232 Die Genehmigung wirkt (wenn nichts anderes erklärt wird) auf den Zeitpunkt der Beurkundung des Vertrages zurück (§ 184 Abs. 1 BGB), d.h., es wird nachträglich der Rechtszustand geschaffen, der bestanden hätte, wenn der Vertretene den Vertrag von Anfang an selbst abgeschlossen haben würde. Bis zur Genehmigung ist der Vertrag „schwebend unwirksam", seine Wirksamkeit hängt also „in der Schwebe". Die Vertragspartner können – bei offen erklärter vollmachtloser Vertretung – ihre Erklärungen nicht widerrufen (§ 178 BGB). Der Vertretene kann die Genehmigung nach Belieben verweigern oder erteilen. Das gilt nicht, wenn die „Genehmigung" genau genommen eine „Bestätigung" der formlos erteilten Vollmacht ist, der Vertretene den Vertreter also mündlich oder privatschriftlich bevollmächtigt hatte. Hier können die anderen Vertragspartner den Vertretenen notfalls auf Abgabe der erforderlichen Grundbucherklärungen verklagen.

233 Der Vertretene kann seine Entscheidung nicht beliebig lange hinauszögern. Wenn die Vertragspartner ihn auffordern, die Genehmigung zu erklären, so gilt sie als verweigert, wenn der Vertretene sie nicht innerhalb von *zwei Wochen* nach dem Zugang der Aufforderung erklärt (§ 177 Abs. 2 BGB).

234 Die Genehmigung ist für den Vertragspartner bestimmt, der wissen muss, woran er ist. Daher handelt es sich bei ihr um eine so genannte *empfangsbedürftige Willenserklärung*. Sie wird wirksam, wenn sie dem Partner zugeht (§ 130 BGB). Da der Eintritt der Wirksamkeit dem Grundbuchamt in öffentlicher oder öffentlich beglaubigter Form nachgewiesen werden muss, bedarf es stets noch eines mindestens öffentlich beglaubigten Empfangsbekenntnisses des Vertragspartners, wenn nicht – was das Gesetz zulässt – der Eintritt der Wirksamkeit anderweitig festgelegt worden ist. Dem Zweck, den Eintritt der Wirksamkeit ohne weiteres nachweisbar zu machen, dient der bei genehmigungsbedürftigen Rechtsgeschäften übliche und stets zweckmäßige Satz: „Alle Genehmigungen werden wirksam mit ihrem Eingang beim Notar". Denn dass die Genehmigung beim Notar eingegangen ist, ergibt sich ohne weiteres daraus, dass er sie dem Grundbuchamt einreicht. Aufgrund der in öffentlicher Form nachgewiesenen Vereinbarung, dass alle Genehmigungen mit ihrem Eingang beim Notar wirksam werden sollen, ist damit zugleich schlüssig und in der vorgeschriebenen Form nachgewiesen, dass die Genehmigung wirksam geworden ist.

2. Genehmigung des Betreuungsgerichts und des Familiengerichts

Wenn Eltern für ihre minderjährigen Kinder als deren gesetzliche Vertreter Verträge abschließen oder Betreuer für die von ihnen Betreuten handeln, sind sie nicht in gleicher Weise frei wie bei einem Handeln im eigenen Namen. Vielmehr sieht das BGB für derartige Rechtsgeschäfte zum Schutz der Kinder und der Betreuten in bestimmten Fällen gerichtliche Genehmigungserfordernisse vor. In der notariellen Praxis besonders wichtige Genehmigungstatbestände sind die Veräußerung und die Belastung von Grundstücken des minderjährigen Kindes (§ 1643 Abs. 1, § 1821 Nr. 1, 4 BGB) oder des Betreuten (§ 1908i, 1821 Nr. 1 und 4 BGB) und der entgeltliche Erwerb von Grundstücken durch den Minderjährigen oder den Betreuten (§ 1643 Abs. 1, § 1908i, 1821 Nr. 5 BGB). Zuständig für die Erteilung der Genehmigung ist, soweit Minderjährige betroffen sind, das Familiengericht, und zwar unabhängig davon ob diese bei Vornahme des Rechtsgeschäfts durch ihre Eltern, einen Vormund oder einen Ergänzungspfleger vertreten werden. Dagegen ist für Genehmigungen zu Rechtsgeschäften, die ein Betreuer für den Betreuten abschließt, das Betreuungsgericht zuständig. Bis zum 31.8.2009 gab es noch das Vormundschaftsgericht, das ebenfalls für Genehmigungen zuständig sein konnte. Das Vormundschafsgericht ist durch das FGG-Reformgesetz, das am 1.9.2009 in Kraft getreten ist, abgeschafft worden. Seine bisherigen Zuständigkeiten sind teils auf die neu geschaffenen Betreuungsgerichte, teils auf die Familiengerichte übertragen worden.

Unterscheide:

(a) *Erwerb eines Grundstücks:*
  (aa) *unentgeltlich:*
      Beschränkt Geschäftsfähige können selbst handeln; der Erwerb durch Eltern, Vormund, Betreuer und Pfleger bedarf keiner Genehmigung des Familien- oder Betreuungsgerichts,
  (bb) *entgeltlich:*
      Der Erwerb sowohl durch Vormund oder Pfleger als auch durch Eltern bedarf der familiengerichtlichen Genehmigung. Der Betreute kann, sofern er nicht geschäftsunfähig ist, selbst handeln, bedarf aber, sofern dies für Rechtsgeschäfte dieser Art angeordnet ist, der Einwilligung des Betreuers (§ 1903 BGB). Handelt der Betreuer für den Betreuten oder stimmt er im Rahmen eines Einwilligungsvorbehalts dem Handeln des Betreuten zu, so bedarf es der Genehmigung des Betreuungsgerichts (siehe hierzu auch Rdn 670 ff.).
      Sollen im Zusammenhang mit dem Erwerb Belastungen auf dem erworbenen Grundbesitz vorgenommen werden, z.B. die Bestellung eines Grundpfandrechts zur Finanzierung des Kaufpreises, so bedürfen diese Belastungen nicht der familien- oder betreuungsgerichtlichen Genehmigung.[73] Hiermit nicht zu verwechseln ist die Belastung eines vom Minderjährigen/ Betreuten *veräußerten* Grundstücks mit Grundpfandrechten, die der Erwerber in Ausübung einer Belastungsvollmacht zur Kaufpreisfinanzierung bestellt. Derartige Grundpfandrechte bedürfen der Genehmigung des Familien- bzw. Betreuungsgerichts, und zwar nach herrschender Meinung auch dann, wenn der Kaufvertrag, der die Belastungsvollmacht enthält, bereits vom Gericht genehmigt worden ist.[74]
(b) *Veräußerung eines Grundstücks:*
  (aa) beschränkt Geschäftsfähige können nicht selbst handeln,
  (bb) es bedarf immer der Genehmigung des Familien- bzw. Betreuungsgerichts,
  (cc) die unentgeltliche Veräußerung ist schlechthin unmöglich (§§ 1641, 1804 BGB), nämlich stets *nichtig,* auch wenn sie mit Genehmigung des Familien- oder Betreuungsgerichts vorgenommen werden sollte, es sei denn, mit ihr würde einer „sittlichen Pflicht" entsprochen, was u.U. auch bei einem Übergabevertrag der Fall sein kann,
  (dd) Betreute können selbst handeln, sofern sie geschäftsfähig sind. Sie bedürfen allerdings der Einwilligung des Betreuers, wenn für Rechtsgeschäfte dieser Art ein Einwilligungsvorbehalt gem. § 1903 BGB angeordnet wurde. Handelt der Betreuer für den Betreuten oder stimmt er im Rahmen eines Einwilligungsvorbehalts dem Handelnd des Betreuten zu, so bedarf es der Genehmigung des Betreuungsgerichts.

---

73 BGH MittRhNotK 1998, 91.
74 OLG Zweibrücken MittBayNot 2005, 313; Palandt/*Götz*, § 1821 Rn 10.

236 Bei Grundstücksverträgen übernimmt es regelmäßig der Notar, die familien- und betreuungsgerichtliche Genehmigung zu beantragen. Das Gericht prüft die Ordnungsmäßigkeit und die Vorteilhaftigkeit des Vertrages für den Mündel. Die Genehmigung kann versagt, nur unter einer Auflage oder Bedingung oder vorbehaltlos erteilt werden. Gegen die Versagung der Genehmigung oder ihre eingeschränkte Erteilung können die Beteiligten Beschwerde einlegen. In betreuungsgerichtlichen Genehmigungsverfahren ist das Landgericht Beschwerdeinstanz (§ 72 Abs. 1 S. 2 GVG), in familiengerichtlichen Genehmigungssachen dagegen das Oberlandesgericht (§ 119 Abs. 1 Nrn. 1 a) und 1 b) GVG).

Die Entscheidung über die Genehmigung wird dem gesetzlichen Vertreter (Eltern, Vormund, Betreuer, Pfleger) gegenüber erklärt (§ 1828 BGB). Sie wird dem Vertragspartner gegenüber erst wirksam, wenn der Vertreter sie ihm mitteilt (§ 1829 BGB). Dem Grundbuchamt muss beides, also die Zustellung an den Vertreter und dessen Mitteilung der Genehmigung an den Vertragspartner, in öffentlicher oder öffentlich beglaubigter Form nachgewiesen werden (§§ 20, 29 GBO). Deshalb beantragt der Notar von vornherein eine Ausfertigung des Genehmigungsbeschlusses mit dem Vermerk, dass er dem Vertreter zugestellt worden ist. Der Vermerk bedarf der Unterzeichnung und Siegelung.

237 In aller Regel ist sich der Vertreter schon bei der Beurkundung des Vertrages klar darüber, dass er die Genehmigung des Familien- bzw. Betreuungsgerichts dem anderen Vertragsteil ohne weitere Prüfung der Vorteilhaftigkeit des Geschäfts für den Vertretenen und ohne neuen Entschluss darüber mitteilen wird. Nur ganz ausnahmsweise will es – anders gesagt – der Vertreter in der Hand behalten, durch das Unterlassen der Mitteilung die Genehmigung des Familien- oder Betreuungsgerichts dem anderen Vertragsteil gegenüber unwirksam zu machen. Andererseits ist der Nachweis, dass der Vertreter die Genehmigung den anderen Vertragspartnern mitgeteilt hat, in grundbuchmäßiger Form schwierig zu führen. Praktisch käme nur die Zustellung dieser Mitteilung durch den Gerichtsvollzieher oder eine besondere, in notariell beglaubigter Form abgegebene Erklärung der anderen Vertragsteile in Frage, wonach ihnen die Genehmigung des Gerichts vom Vertreter mitgeteilt worden ist. Dieses Verfahren wäre umständlich, zeitraubend und relativ kostspielig. Um es zu vereinfachen, wird in der Praxis nahezu ausnahmslos von der sogenannten *Doppelvollmacht* Gebrauch gemacht. Darin wird der Notar bevollmächtigt, von der familien-/betreuungsgerichtlichen Genehmigung für die Vertragsbeteiligten Kenntnis zu nehmen. Das bedeutet: Er wird vom Vertreter bevollmächtigt, die Genehmigung entgegenzunehmen und den anderen Vertragsteilen mitzuteilen; zugleich wird er von diesen bevollmächtigt, die Mitteilung der Genehmigung entgegenzunehmen.

238 Dieser innere Vorgang muss, um dem Grundbuchamt gegenüber als vollzogen dargetan werden zu können, irgendwie verlautbart werden. Dies geschieht zumeist dadurch, dass die Mitteilung der Genehmigung und deren Entgegennahme an die Übersendung einer beglaubigten Abschrift oder Ausfertigung des Vertrages einschließlich des Genehmigungsbeschlusses geknüpft wird. Damit wird erreicht, dass der Eintritt der Wirksamkeit des Vertrages dem Grundbuchamt mit der Übersendung der beglaubigten Abschrift oder Ausfertigung des Vertrages einschließlich des Genehmigungsbeschlusses in grundbuchmäßiger Form dargetan werden kann. Mit der bloßen Beiheftung des Beschlusses zur Urschrift würde dies nicht erreicht. Vereinzelt wird in der Praxis auf der Urschrift ein Vermerk angebracht (mit Ort, Datum und Unterschrift), wonach der Notar die ihm zugegangene Genehmigung sich selbst als Bevollmächtigten der anderen Vertragsteile mitgeteilt und für diese in Empfang genommen hat. Dies ist jedoch dann überflüssig, wenn der Notar – wie im nachstehenden ersten Muster – seinen Entschluss, von der gerichtlichen Genehmigung Kenntnis zu nehmen, sie den anderen Vertragsteilen mitzuteilen und diese Mitteilung für sie entgegenzunehmen, sonst wie, nämlich durch die Erteilung einer beglaubigten Abschrift oder Ausfertigung der Urkunde einschließlich des Genehmigungsbeschlusses, nach außen kenntlich macht.

239 *Muster einer Doppelvollmacht*

Der gesetzliche Vertreter (Eltern, Vormund, Pfleger, Betreuer), der sich die Genehmigung des Familien- bzw. Betreuungsgerichts vorbehält und sie hiermit beantragt, bevollmächtigt den amtierenden Notar, diese Genehmigung vom Familien- bzw. Betreuungsgericht für ihn in Empfang zu nehmen und sie den anderen Vertragsbeteiligten mitzuteilen. Diese bevollmächtigen den Notar zur Empfangnahme der Mitteilung.

> Die Empfangnahme und die Mitteilung sollen durch die Einreichung einer Ausfertigung (beglaubigten Abschrift) dieser Urkunde mit einer beglaubigten Abschrift des Genehmigungsbeschlusses zu den Grundakten als bewirkt gelten.

Der letzte Absatz könnte weggelassen werden. Dann wäre es aber notwendig, den inneren Willen des Doppelbevollmächtigten, die Genehmigung sich selbst als Vertreter des Vertragsgegners mitzuteilen und entgegenzunehmen, nach außen hin erkennbar zu machen.

Dies könnte durch die Anbringung eines Vermerks auf dem Genehmigungsbeschluss durch den Notar **240** etwa so geschehen:

> Diese mir als dem Bevollmächtigten des gesetzlichen Vertreters/Betreuers zugegangene Genehmigung habe ich heute in dieser Eigenschaft mir selbst als dem Bevollmächtigten der anderen Vertragsbeteiligten mitgeteilt und für sie in Empfang genommen.
>
> (…), den (…)
>
> Unterschrift des Notars

Der Beidrückung des Amtssiegels bedarf es nicht. Gegen die Beifügung des Amtssiegels dürfte jedoch nichts einzuwenden sein.

In der notariellen Praxis bereitete die Abwicklung der nach BGB (§§ 1821, 1822) genehmigungsbedürf- **241** tigen Verträge, die der gesetzliche Vertreter oder Betreuer für den Minderjährigen oder Betreuten abschloss, lange Zeit keine besonderen Schwierigkeiten. Der Notar holte die gerichtliche Genehmigung für die Beteiligten ein. Nach Eingang der Genehmigung bei ihm übte der Notar die dargestellte Doppelvollmacht aus und der Vertrag wurde damit wirksam. Eine Beschwerde gegen den Genehmigungsbeschluss sah das FGG nicht vor. Zwar hatte das Bundesverfassungsgericht in einer Entscheidung aus dem Jahre 2000[75] die fehlende gerichtliche Überprüfbarkeit des Genehmigungsbeschlusses gerügt. Die Genehmigungsgerichte hatten hierauf mit einer Vorverlagerung des Rechtsschutzes reagiert: Sie kündigten den selbst nicht beschwerdefähigen Genehmigungsbeschluss mit einem sog. Vorbescheid an. Gegen diesen Vorbescheid konnte sodann Beschwerde eingelegt werden. Wurde – wie regelmäßig – innerhalb der Rechtsmittelfrist keine Beschwerde eingelegt, so erging der Genehmigungsbeschluss selbst, der unanfechtbar war. Hieran schloss sich wieder das geschilderte Verfahren an (Entgegennahme der Genehmigung durch den Notar und Ausübung der Doppelvollmacht) und der Vertrag wurde wirksam.

Mit Inkrafttreten des FamFG zum 1.9.2009 hat sich die Rechtslage geändert. Zwar blieben der Kreis der **242** genehmigungsbedürftigen Rechtsgeschäfte in §§ 1821, 1822 BGB und der materiell-rechtliche Gehalt dieser Vorschriften unberührt (abgesehen davon, dass in § 1821 und 1822 jeweils das Wort „Vormundschaftsgericht" durch das Wort „Familiengericht" ersetzt wurde). Grundlegend geändert hat sich jedoch das familien- und betreuungsgerichtliche Genehmigungsverfahren. Der Gesetzgeber hat sich im FamFG nicht für die oben dargestellte und seit dem Jahr 2000 praktizierte *Vorbescheidlösung,* sondern für die sog. *Rechtskraftlösung* (auch Suspensivlösung genannt) entschieden. Das heißt: Beschlüsse, auch solche, mit denen Rechtsgeschäfte antragsgemäß genehmigt werden, können mit dem Rechtsmittel der Beschwerde angegriffen werden (§ 40 Abs. 2 FamFG). Damit wird das genehmigte Rechtsgeschäft nicht bereits mit Zustellung des Genehmigungsbeschlusses, sondern erst mit Eintritt der formellen Rechtskraft wirksam. Rechtskräftig wird der Beschluss nach § 45 S. 1 FamFG mit Ablauf der Rechtsmittelfrist. Diese beträgt bei Beschlüssen, welche die Genehmigung eines Rechtsgeschäftes zum Gegenstand haben, gemäß § 63 Abs. 2 Nr. 2 FamFG zwei Wochen und beginnt nach § 41 Abs. 3 FamFG für jeden Beteiligten mit der schriftlichen Bekanntgabe des Beschlusses. Über den Eintritt der formellen Rechtskraft erteilt die Geschäftsstelle des Gerichts ein *Rechtskraftzeugnis* (§ 46 FamFG). Dieses Zeugnis muss der Notar beim Vollzug von Grundbesitzgeschäften dem Grundbuchamt zum Nachweis der formellen Rechtskraft vorlegen, und zwar in Urschrift oder beglaubigter Abschrift. Nun kommt aber dem Rechtskraftzeugnis – und

---

75 NJW 2000, 1709.

hierin liegt das eigentliche Problem – weder konstitutive Wirkung noch Gutglaubenswirkung zu.[76] Das bedeutet: Sollte das Zeugnis unrichtig sein, z.B. weil der Genehmigungsbeschluss nicht ordnungsgemäß zugestellt oder die Beschwerdefrist für einen Beteiligten noch nicht abgelaufen ist, so bleibt das genehmigungsbedürftige Rechtsgeschäft weiterhin schwebend unwirksam. Unsicherheit besteht auch deshalb, weil bisher noch nicht abschließend geklärt erscheint, welchen Personen der Genehmigungsbeschluss bekannt gegeben werden muss und in welchen Fällen zusätzliche Verfahrensvertreter (Verfahrenspfleger, Verfahrensbeistand und Ergänzungspfleger) zum Empfang des Genehmigungsbeschlusses bestellt werden müssen.

243   Handeln Eltern für ihr minderjähriges Kind, so ist ihnen der Beschluss bekannt zu geben. Daneben ist er aber zusätzlich auch dem Kind selbst bekannt zu geben, jedenfalls dann, wenn das Kind das 14. Lebensjahr vollendet hat und nicht geschäftsunfähig ist (§ 164 FamFG). Ob für den mindestens 14-jährigen Minderjährigen darüber hinaus für den Empfang der Mitteilung ein Verfahrensbeistand oder Ergänzungspfleger zu bestellen ist, dem der Beschluss dann ebenfalls zuzustellen ist, wird kontrovers diskutiert.[77] Hat der Minderjährige das 14. Lebensjahr noch nicht vollendet, so kann der Beschluss nicht ihm persönlich mitgeteilt werden, da er noch nicht verfahrensfähig ist (§ 9 FamFG). Dessen Eltern als gesetzliche Vertreter können nicht für ihn den Beschluss in Empfang nehmen, weil das rechtliche Gehör nicht durch denjenigen vermittelt werden kann, dessen Handeln im Genehmigungsverfahren überprüft werden soll.[78] Daher ist für den noch nicht 14-jährigen Minderjährigen auf jeden Fall zusätzlich ein gerichtlicher Verfahrensvertreter zu bestellen, wobei streitig ist, ob dieser ein Verfahrensbeistand i.S.d. § 158 FamFG oder ein Ergänzungspfleger nach § 1909 BGB sein muss.[79]

Handelt dagegen ein Betreuer für den Betreuten, so ist, da der Betreute gemäß § 275 FamFG ohne Rücksicht auf seinen Gesundheitszustand und seine Geschäftsfähigkeit stets verfahrensfähig ist, der Genehmigungsbeschluss immer auch dem Betreuten bekannt zu geben. Ist der Betreute geschäftsunfähig oder steht er unter Einwilligungsvorbehalt, so ist gemäß § 276 FamFG ein Verfahrenspfleger zu bestellen. Diesem (und dem Betreuer) ist der Genehmigungsbeschluss sodann ebenfalls bekannt zu geben.

Die Bestellung eines Verfahrenspflegers oder Verfahrensbeistands ist Sache des Familien- bzw. Betreuungsgerichts. Der Notar kann hier lediglich Anregungen zur Bestellung selbst und zur Person des zu Bestellenden geben.

244   Noch nicht vollständig geklärt ist, ob und welche Beschwerdefristen laufen, wenn eine Person, die eigentlich am Genehmigungsverfahren hätte beteiligt werden müssen, versehentlich nicht formell beteiligt worden ist (Problem des sog. „vergessenen Beteiligten"). Teilweise wird vertreten, dass für diesen vergessenen Beteiligten die Beschwerdefrist überhaupt nicht zu laufen beginnt.[80] Nach anderer Auffassung beträgt die Beschwerdefrist in einem solchen Fall gemäß § 63 Abs. 3 S. 2 FamFG fünf Monate und zwei Wochen ab Erlass des Genehmigungsbeschlusses,[81] während eine recht häufig vertretene Ansicht annimmt, dass nur solange Beschwerde eingelegt werden kann, bis die Frist für den Letzten, der tatsächlich am Verfahren beteiligt worden ist, abgelaufen ist.[82] Der BGH hat nunmehr entschieden, dass die Rechtsmittelfrist für einen nicht hinzugezogenen Beteiligten jedenfalls nicht vor der Möglichkeit seiner Kenntnisnahme von der Entscheidung beginnt.[83]

245   Trotz der geschilderten Schwierigkeiten darf sich der Notar darauf verlassen, dass das Rechtskraftzeugnis richtig ist und das Gericht die verfahrensrechtlichen Vorschriften beachtet hat.[84] Da das Rechtskraftzeugnis jedoch unrichtig sein kann und keinen öffentlichen Glauben genießt und der Notar nicht sicher beurteilen kann, wem und wann der Genehmigungsbeschluss bekannt gegeben worden ist, sollte er sich nicht

---

76 Allgemeine Ansicht, vgl. *Heinemann*, DNotZ 2009, 6, 17.

77 Vgl. *Litzenburger*, RNotZ 2010, 32.

78 *Litzenburger*, RNotZ 2010, 32.

79 Zum Streitstand *Litzenburger*, RNotZ 2010, 32, 33.

80 *Bolkart*, MittBayNot 2009, 268, 270, 272.

81 *Litzenburger*, RNotZ 2009, 380, 381.

82 OLG Hamm RNotZ 2011, 46 m. Anm. *Bremkamp*; *Kölmel*, ZNotP 2011, 59, 62 ff.; *Netzer*, ZNotP 2009, 305; *Bumiller*, in: Bumiller/Harders/Schwamb, FamFG, 12. Aufl. 2019, § 63 Rn 6.

83 BGH NZFam 2017,350, Rn 13.

84 DNotI-Report, 19/2009, 145, 149 f.; *Brambring*, NotBZ 2009, 394.

durch eine ungeschickte Fälligkeitsregelung in die Rolle eines „Gerichtskontrolleurs" drängen lassen.[85] In diesen Fällen sollte daher die Fälligkeit nicht von der Mitteilung des Notars, dass der Vertrag „rechtswirksam" ist, abhängig gemacht werden, sondern stattdessen als Fälligkeitsvoraussetzung etwa formuliert werden:

> „Der Kaufpreis ist fällig innerhalb von zwei Wochen nach Zugang der Mitteilung des Notars beim Käufer, dass
>
> ■ dem Notar die Genehmigung des Familiengerichts/Betreuungsgerichts zu diesem Vertrag nebst Rechtskraftzeugnis gemäß § 46 FamFG vorliegt und die Genehmigung sodann den Beteiligten gemäß § 1829 BGB von dem Notar aufgrund der in diesem Vertrag erteilten Vollmacht mitgeteilt worden ist."

Da, wie dargelegt, § 1829 BGB durch das FGG-Reformgesetz materiell-rechtlich nicht geändert worden ist, ist weiterhin die Aufnahme der Doppelvollmacht in den Vertrag und deren Ausübung durch den Notar erforderlich. Von der Doppelvollmacht darf jedoch erst nach formeller Rechtskraft des Genehmigungsbeschlusses, also nach Erteilung des Rechtskraftzeugnisses Gebrauch gemacht werden.[86] **246**

Die vorstehenden Ausführungen zur familien- und betreuungsgerichtlichen Genehmigung gelten entsprechend auch für die nachlassgerichtliche Genehmigung von Rechtsgeschäften des Nachlasspflegers und Nachlassverwalters. Handelt daher ein Nachlasspfleger für die unbekannten Erben, so muss im Verfahren zur nachlassgerichtlichen Genehmigung eines von ihm abgeschlossenen Rechtsgeschäfts den unbekannten Erben für die Bekanntgabe des Genehmigungsbeschlusses zusätzlich ein Verfahrenspfleger bestellt werden, dem der Beschluss ebenfalls zuzustellen ist.[87]

Zu weiteren Einzelheiten des familien-, betreuungs- und nachlassgerichtlichen Genehmigungsverfahrens nach Inkrafttreten des FamFG zum 1.9.2009 vgl. das Gutachten des DNotI.[88]

3. Genehmigung nach dem Grundstückverkehrsgesetz

a) Die Veräußerung eines land- oder forstwirtschaftlich nutzbaren Grundstücks bedarf im Regelfall einer Genehmigung nach dem Grundstückverkehrsgesetz (§§ 1, 2 GrdstVG). Das Grundstück braucht nicht tatsächlich land- oder forstwirtschaftlich genutzt zu werden. Es genügt, wenn es in land- oder forstwirtschaftliche Kultur gebracht werden kann. Daher unterliegen auch land- oder forstwirtschaftlich *nutzbares* Bauland sowie Moor- und Ödland grundsätzlich der Grundstückverkehrskontrolle nach dem GrdstVG. **247**

Das GrdStVG ist ein aus dem Jahre 1961 stammendes Bundesgesetz. Nach einer Änderung des Grundgesetzes im Jahre 2006 (Föderalismusreform) gehört jedoch u.a. die Gesetzgebungsmaterie des landwirtschaftlichen Grundstücksverkehrs, die Gegenstand des GrdStVG ist, nicht mehr zur konkurrierenden Gesetzgebung des Bundes, sondern fällt nunmehr in die Gesetzgebungskompetenz der Bundesländer. Diese haben es seitdem in der Hand, das GrdStVG zu ändern oder aufzuheben und durch ein neues Landesgesetz zu ersetzen. Solange sie von dieser Möglichkeit keinen Gebrauch machen, gilt das GrdStVG mit seinem jetzigen Inhalt als Bundesrecht in den Ländern fort (Art. 125a GG). Von der Möglichkeit, das GrdStVG durch ein eigenes Gesetz zum landwirtschaflichen Gründstücksverkehr zu ersetzen, hat bisher nur Baden-Württemberg durch das Agrarstrukturverbesserungsgesetz v. 10.11.2009 Gebrauch gemacht. Das Gesetz lehnt sich eng an die Regelungen des GrdStVG an, so dass die nachstehend dargestellten Regelungen sinngemäß auch für Baden-Württemberg gelten, auch wenn sie dort in einem eigenständigen Gesetz niedergelegt sind.

---

85 *Krauß*, Immobilienkaufverträge in der Praxis, 7. Aufl., Rn 1813.
86 DNotI-Report 19/2009, 145, 151.
87 OLG Hamm RNotZ 2011, 46 m. Anm. *Bremkamp*.
88 DNotI-Report 19/2009, 145 ff.

Mit der Kontrolle nach dem GrdStVG soll erreicht werden, dass

- land- oder forstwirtschaftlich nutzbare Grundstücke möglichst in der Hand von Hauptberufslandwirten bleiben oder an sie gelangen,
- keine ungesunden Bodenanhäufungen entstehen,
- Grundstücke nicht in zu kleine Parzellen zerschnitten,
- lebensfähige Betriebe nicht zerteilt und
- für Land weder Überpreise noch Schleuderpreise bezahlt werden (§ 9 GrdstVG).

Unter Landwirtschaft sind nicht nur der Ackerbau und die Viehzucht zu verstehen, sondern auch der Anbau von Wein, Obst, Flachs, Hopfen, Tabak, Schilfrohr usw., der Gartenbau, die Binnenfischerei und die Imkerei.

Gärtnereien, aber auch Eierfabriken, Schweinemästereien, Abmelkställe und dergleichen können ohne oder nahezu ohne Bodenbewirtschaftung betrieben werden. Dann gehören sie nicht zur Landwirtschaft, sind vielmehr Gewerbe. Die Abgrenzung kann im Einzelfall schwierig sein.

248   b) Aus dem Grundbuch ist nur in *Großstädten* zuverlässig zu entnehmen, ob ein Grundstück als land- oder forstwirtschaftliches in Frage kommt. Dass z.B. in Köln an der Schildergasse keine land- oder forstwirtschaftlichen Grundstücke liegen, ist offenbar. Aber schon in den Außenbereichen der Großstädte, jedenfalls auf dem Lande, könnte mehr oder weniger jedes Grundstück ein land- oder forstwirtschaftlich nutzbares sein, etwa eine Hofstelle, eine ehemalige Hofstelle oder landwirtschaftlich nutzbares Bauland. Auch aus der Katasterbezeichnung, der Lage oder Nutzungsart lässt sich nur selten mit Sicherheit entnehmen, dass das Grundstück kein land- oder forstwirtschaftliches sein kann.

Dies ist der Grund, warum für die Veräußerung solcher Grundstücke von den Grundbuchämtern regelmäßig eine Genehmigung oder ein so genanntes Negativattest (das ist eine Bescheinigung, dass der Vertrag keiner Genehmigung bedarf) verlangt wird, sofern sie die Freigrenze (vgl. unten bei d) überschreiten. Das wiederum ist der Grund, warum solche Verträge stets bei der Genehmigungsbehörde mit dem Antrag auf Erteilung eines Negativattests, hilfsweise auf Erteilung der Genehmigung, eingereicht werden müssen, es sei denn, auch dem Grundbuchamt wäre sicher bekannt, dass es sich nicht um ein land- oder forstwirtschaftlich nutzbares Grundstück im vorgenannten Sinne handelt, oder die Freigrenze würde nicht überschritten.

249   c) Für die Erteilung der Genehmigung bzw. des Negativattests ist die Genehmigungsbehörde zuständig, in deren Bezirk die Hofstelle liegt, zu der das Grundstück gehört. Ist keine Hofstelle vorhanden, so ist örtlich zuständig die Behörde, in deren Bezirk die veräußerten Grundstücke ganz oder zum größeren Teil liegen (§ 18 Abs. 1 GrdstVG).

Genehmigungsbedürftig ist der Vertrag über die rechtsgeschäftliche Veräußerung eines Grundstücks, in Ermangelung eines solchen Vertrages die Auflassung. Nicht nur die Veräußerung eines Grundstücks ist genehmigungsbedürftig, sondern auch die Veräußerung eines Teils eines Grundstücks, die Einräumung oder Veräußerung eines Miteigentumsanteils, die Veräußerung eines Erbteils an einen Nichterben, wenn der Nachlass im Wesentlichen aus einem land- oder forstwirtschaftlichen Betrieb besteht, und die Bestellung eines Nießbrauchs (§§ 1, 2 GrdstVG).

250   d) Nach § 4 GrdstVG sind u.a. genehmigungsfrei Verträge,

- an denen der Bund oder ein Land beteiligt ist,
- mit denen eine Kirche Grundstücke erwirbt, es sei denn, es handelte sich um einen ganzen Betrieb,
- wenn das Grundstück in einem Bebauungsplan als nicht landwirtschaftliches ausgewiesen ist (Ausnahme: Hofstelle),

Genehmigungsfrei sind ferner Verträge über Grundstücke, die innerhalb der von dem jeweiligen Bundesland festgesetzten Freigrenzen liegen. Folgende Länder haben von der Möglichkeit der Bestimmung von Freigrenzen Gebrauch gemacht:

- *Baden-Württemberg:*
Genehmigungsfrei ist die Veräußerung eines Grundstücks, das für sich allein oder zusammen mit anderen Grundstücken des Veräußerers, mit denen es eine zusammenhängende Fläche bildet, folgende Größen unterschreitet:
0,5 ha, wenn das Grundstück dem Weinbau oder Betrieben mit gartenbaulicher Erzeugung dient, 1 ha bei allen anderen Veräußerungen. Unabhängig von der Grundstücksgröße besteht keine Genehmigungsfreiheit, wenn sich auf dem Grundstück eine Hofstelle befindet.
An die Stelle der vorgenannten Größen tritt bei näher bestimmten Gemarkungen der Landkreise Lörrach, Waldshut, Schwarzwald-Baar-Kreis, Konstanz und Tuttlingen eine Größe von 10 ar.

- *Bayern:*
Genehmigungsfrei ist die Veräußerung eines Grundstücks bis zu einer Größe von weniger als 1 ha, wenn das Grundstück nicht mit Gebäuden einer Hofstelle besetzt ist. Die Grundstücksgröße errechnet sich dabei unter Einschluss von Grundstücken, die innerhalb von drei Jahren vor dem Grundstücksgeschäft aus dem im Zuständigkeitsbereich derselben Genehmigungsbehörde gelegenen Grundbesitz des Veräußerers genehmigungsfrei veräußert wurden. Erwirbt eine Gemeinde, ein Gemeindeverband oder ein kommunaler Zweckverband, so erhöht sich die Freigrenze auf 2 ha.

- *Berlin:*
Genehmigungsfrei ist die Veräußerung von Grundstücken bis zu einer Größe von 1 ha.

- *Brandenburg:*
Genehmigungsfrei ist die Veräußerung von Grundstücken, die kleiner als 2 ha sind.

- *Bremen:*
Genehmigungsfrei ist die Veräußerung von Grundstücken bis zu einer Größe von 25 a.

- *Hamburg:*
Genehmigungsfrei ist die Veräußerung von Grundstücken bis zu 1 ha.

- *Hessen:*
Genehmigungsfrei ist die Veräußerung von Grundstücken, die kleiner sind als 25 a und nicht bebaut sind.

- *Mecklenburg-Vorpommern:*
Genehmigungsfrei ist die Veräußerung eines Grundstückes, dessen Größe weniger als 2 ha beträgt.

- *Niedersachsen:*
Genehmigungsfrei ist die Veräußerung von Grundstücken, die kleiner als 1 ha sind.

- *Nordrhein-Westfalen:*
Genehmigungsfrei ist die Veräußerung von Grundstücken bis zu einer Größe von 1 ha.

- *Rheinland-Pfalz:*
Genehmigungsfrei ist die Veräußerung eines Grundstückes, das nicht größer als 50 a ist, es sei denn, das Grundstück wird weinbaulich genutzt und ist größer als 10 a oder auf dem Grundstück befindet sich die Wirtschaftsstelle eines land- oder forstwirtschaftlichen Betriebes.

- *Saarland:*
Genehmigungsfrei ist die Veräußerung einzelner oder mehrerer zusammenhängender Grundstücke, die eine Wirtschaftseinheit bilden und deren Gesamtfläche 15 a nicht überschreitet.

- *Sachsen:*
Genehmigungsfrei ist die Veräußerung eines Grundstücks, das für sich allein oder mit anderen Grundstücken des Veräußerers, mit denen es eine zusammenhängende Fläche bildet, 50 a nicht übersteigt; bei einer Veräußerung an Gemeinden, Verwaltungsverbände oder Landkreise, in deren Gebiet das Grundstück liegt, erhöht sich die Freigrenze auf 1 ha. Die Genehmigungsfreiheit gilt nicht für die Veräußerung eines Grundstücks, auf dem sich die Hofstelle befindet, oder das dem Weinbau, dem Erwerbsgartenbau oder der Teichwirtschaft dient.

- *Sachsen-Anhalt:*
Genehmigungsfrei ist die Veräußerung von unbebauten Grundstücken, die kleiner als 2 ha sind. Die Veräußerung eines mit einem für die land- oder forstwirtschaftliche Nutzung geeigneten Wirtschaftsgebäude bebauten und nach der Bauleitplanung als Fläche für die Land- oder Forstwirtschaft dargestellten oder festgesetzten Grundstücks bedarf keiner Genehmigung, wenn das Grundstück kleiner als 0,25 ha ist.

■ *Schleswig-Holstein:*
Genehmigungsfrei ist die Veräußerung eines Grundstücks bis zu einer Größe von 2 ha.

■ *Thüringen:*
Genehmigungsfrei ist die Veräußerung von Flächen, die kleiner als 0,25 ha sind.

251   Werden mehrere Grundstücke verkauft, von denen jedes einzelne innerhalb einer landesrechtlichen Freigrenze liegt, die jedoch in ihrer Gesamtheit diese Freigrenze überschreiten, so gilt Folgendes:

Grundsätzlich ist nach dem GrdstVG der rechtliche und nicht der wirtschaftliche Grundstücksbegriff maßgeblich.[89] Es kommt also auf die Größe des einzelnen Grundstücks und nicht auf die Gesamtgröße aller verkauften Grundstücke an, so dass bei einer landesrechtlichen Freigrenze von 2500 m^2 z.B. ein Kaufvertrag über drei Grundstücke von je 1000 m^2 keiner Genehmigung bedürfte.[90] Jedoch können die einzelnen Bundesländer nicht nur die Genehmigungsfreigrenzen festlegen, sondern z.B. auch bestimmen, dass bei einem Verkauf von wirtschaftlich zusammenhängenden Grundstücken die Gesamtgröße aller verkauften Grundstücke maßgeblich sein soll, wie dies etwa in Baden-Württemberg, Sachsen und im Saarland geschehen ist und trotz des insoweit nicht eindeutigen Wortlauts auch für die nordrhein-westfälischen Freigrenze von 1 ha angenommen wird.[91]

Die Genehmigung *muss* erteilt werden, wenn ein Betrieb geschlossen veräußert oder zum Zweck der Vorwegnahme der Erbfolge übertragen wird und der Erwerber entweder der Ehegatte des Veräußerers ist oder ein Verwandter in gerader Linie oder bis zum dritten Grad in der Seitenlinie. Dasselbe gilt, wenn beide Beteiligte bis zum zweiten Grad verschwägert sind (§ 8 Nr. 2 GrdstVG). Die Genehmigung ist ferner zu erteilen, wenn eine Gemeinde oder ein Gemeindeverband beteiligt ist, das Grundstück in deren Gebiet liegt und durch einen Bauleitplan nachgewiesen wird, dass es für andere als land- oder forstwirtschaftliche Zwecke vorgesehen ist. Es gibt noch eine Reihe weiterer Fälle, in denen die Genehmigung ohne Inhaltskontrolle erteilt werden muss. Sie spielen in der Praxis jedoch keine Rolle.

252   e) Die Genehmigung kann auch unter Auflagen oder Bedingungen erteilt werden (§§ 10, 11 GrdstVG). Die Einzelheiten können hier nicht dargestellt werden.

253   f) Versagt werden darf die Genehmigung nur, wenn einer der drei Versagungsgründe des § 9 GrdstVG gegeben ist. Die Veräußerung an einen Nichtlandwirt kann in der Regel nur genehmigt werden, wenn kein Hauptberufslandwirt am Erwerb zu demselben Preis interessiert ist. Auch ein Hauptberufslandwirt soll weiteres Land nicht hinzuerwerben, wenn dadurch ein übergroßer Betrieb entstehen würde (sog. ungesunde Bodenanhäufung). Parzellen dürfen bei einer Teilung grundsätzlich nicht kleiner als 1 ha werden. Ein lebensfähiger landwirtschaftlicher Betrieb darf durch die Veräußerung nicht „unwirtschaftlich verkleinert oder aufgeteilt" werden. Der Gegenwert darf nicht in einem groben Missverhältnis zum Grundstückswert stehen.

Wenn das Grundstück oder eine Mehrheit von zusammengehörenden Grundstücken 2 ha oder größer ist und gegen den Erwerb einer der vorgenannten Versagungsgründe spricht, kann eine vorkaufsberechtigte Stelle das so genannte siedlungsrechtliche Vorkaufsrecht ausüben, dies jedoch nur bei landwirtschaftlichen, nicht aber bei forstwirtschaftlichen Grundstücken (§§ 6, 12 GrdstVG, § 4 Reichssiedlungsgesetz). (Siehe hierzu auch Rdn 121.)

254   g) Gegen die Versagung der Genehmigung, die Genehmigung unter einer Auflage oder Bedingung und gegen die Ausübung des siedlungsrechtlichen Vorkaufsrechts können die Beteiligten innerhalb von zwei Wochen seit der Zustellung des Bescheids Antrag auf gerichtliche Entscheidung stellen. Dann entscheidet das Landwirtschaftsgericht. Gegen dessen Entscheidung ist die Beschwerde an das Oberlandesgericht möglich, u.U. noch weitere Beschwerde an den Bundesgerichtshof.

Entscheidet die Genehmigungsbehörde nicht innerhalb eines Monats über die Genehmigung, so gilt sie als erteilt (§ 6 Abs. 2 GrdstVG). Durch einen so genannten Zwischenbescheid verlängert sich diese Frist auf zwei Monate und, wenn eine Erklärung über die Ausübung des siedlungsrechtlichen Vorkaufsrechts herbeigeführt werden muss, auf drei Monate (§ 6 Abs. 1 GrdstVG).

---

89 BGH AgarR 1986, 211; BGHZ 49, 145.
90 BGHZ 49, 145; OLG Jena RNotZ 2010, 399; OLG Schleswig RNotZ 2007, 210.
91 OLG Hamm AgrarR 1985, 173; OLG Düsseldorf MittRNotK 1992, 188.

4. Genehmigung nach dem Baugesetzbuch

a) Bis zum 31.12.1997 bedurfte – von wenigen Ausnahmen abgesehen – jede Teilung eines Grundstücks **255** zu ihrer Wirksamkeit der Genehmigung nach § 19 BauGB. Ohne eine solche Genehmigung konnten eine Grundstücksteilung und damit auch die Veräußerung einer noch zu vermessenden Teilfläche wegen der Grundbuchsperre des § 20 BauGB a.F. nicht vollzogen werden. Nachdem der Genehmigungszwang nach § 19 BauGB a.F. durch das Bau- und Raumordnungsgesetz 1998 bereits erheblich eingeschränkt worden war, ist er durch das am 20.7.2004 in Kraft getretene Gesetz zur Anpassung des BauGB an EU-Richtlinien vom 24.6.2004 vollständig aufgehoben worden und die Grundbuchsperre des früheren § 20 BauGB damit ersatzlos entfallen. Zwar dürfen gemäß § 19 Abs. 2 BauGB n.F. durch die Teilung eines Grundstücks im Geltungsbereich eines Bebauungsplans keine Verhältnisse entstehen, die den Festsetzungen des Bebauungsplans widersprechen. Eine Grundstücksteilung, die trotz Unvereinbarkeit mit den Festsetzungen eines Bebauungsplans grundbuchlich vollzogen wird, ist jedoch nicht unwirksam.[92] Der teilende Grundstückseigentümer schafft dadurch allerdings baurechtswidrige Umstände.

Allerdings bestehen noch vereinzelte länderrechtliche Genehmigungserfordernisse für Grundstücksteilungen. So bedarf in Nordrhein-Westfalen die Teilung eines bebauten Grundstücks gemäß § 8 BauONRW zu ihrer Wirksamkeit der Genehmigung der Bauaufsichtsbehörde. Die Teilung darf in diesem Fall in das Liegenschaftskataster erst übernommen werden, wenn der Genehmigungsbescheid vorgelegt ist. In Hessen ist die Teilung eines Grundstücks, das bebaut oder dessen Bebauung genehmigt ist oder das aufgrund einer Genehmigungsfreistellung bebaut werden darf, nur wirksam, wenn die Bauaufsichtsbehörde die Teilung genehmigt (§ 7 Abs. 1 der Hessischen Bauordnung).

Darüber hinaus bedarf in einigen Bundesländern die Teilung von Waldgrundstücken der landesrechtlichen Genehmigung, für deren Erteilung die Forstbehörden zuständig sind. Das gilt für Baden-Württemberg und Schleswig-Holstein.

b) Für die Teilung von Grundstücken, die in einem Umlegungsgebiet, Sanierungsgebiet oder einem städtebaulichen Entwicklungsbereich liegen, besteht jedoch weiterhin eine Genehmigungspflicht (§§ 51 Abs. 1 S. 1 Nr. 1, 144 Abs. 2 Nr. 5, 169 Abs. 1 Nr. 3 BauGB). (Siehe hierzu auch Rdn 2 ff.)

c) Die Veräußerung und Belastung von Grundstücken, die in einem Umlegungsgebiet, Sanierungsgebiet oder einem städtischen Entwicklungsbereich liegen, bedürfen zu ihrer Wirksamkeit ebenfalls der Genehmigung nach dem Baugesetzbuch (Näher hierzu Rdn 618 ff.).

5. Preisklauselgesetz

a) Die alten Mitbürger haben zweimal den völligen Wertverfall der Währung erlebt (sog. galoppierende **256** Inflation). Seit 1948 hat die Deutsche Mark von Jahr zu Jahr an Kaufkraft verloren (sog. schleichende Inflation). Die Teuerungsraten lagen in der Bundesrepublik Deutschland selten unter 1 %, gelegentlich um 7 %, in anderen europäischen Ländern zum Teil deutlich darüber.

Bei Geldschulden, die über einen längeren Zeitraum oder erst nach längerer Zeit zu bezahlen sind, besteht daher auf der Seite des Gläubigers die begründete Sorge, dass seine Forderung schließlich mit geringwertigem Geld bezahlt wird.

Andererseits sieht der Schuldner in der Regel ein, dass ihm ein entsprechender „Inflationsgewinn" nicht zusteht. Das führt dann zur Vereinbarung einer sog. Wertsicherungsklausel.

b) Solche Klauseln, auch „Preisklauseln" oder „Indexklauseln" genannt, begegnen uns in der notariellen **257** Praxis am häufigsten bei Grundstücksverträgen. Nicht selten werden Grundstücke gegen Zahlung einer Rente für den Verkäufer verkauft, die entweder bis zu dessen Tod laufen kann (sog. Leibrente) oder für eine bestimmte Zeit (sog. Zeitrente). Auch bei anderen längerfristigen Verträgen besteht häufig das Bedürfnis für die Vereinbarung einer Wertsicherungsklausel. Das gilt etwa für Miet- und Pachtverträge, Erbbaurechtsverträge und Unterhaltsvereinbarungen.

---

92 *Grziwotz*, DNotZ 2004, 674, 681.

Aufgrund der Vertragsfreiheit könnten die Beteiligten bei jeder Art von Vertrag eine Wertsicherungsklausel beliebigen Inhalts vereinbaren. Wäre dies ohne Einschränkung möglich, so würde kaum mehr ein längerfristiger Vertrag ohne Wertsicherungsklausel abgeschlossen werden. Der Gesetzgeber befürchtete, dass durch eine solche Entwicklung das allgemeine Misstrauen in die Währung verstärkt und die Inflationstendenz gefördert wird. Er hatte daher in § 3 Währungsgesetz (WährG) die Wirksamkeit von Wertsicherungsklauseln an eine Genehmigung geknüpft, für deren Erteilung die Landeszentralbanken zuständig waren. Die Genehmigungspraxis der Landeszentralbanken richtete sich nach den von der deutschen Bundesbank aufgestellten Genehmigungsgrundsätzen.

Durch das Euro-Einführungsgesetz ist § 3 WährG mit Wirkung zum 1.1.1999 aufgehoben worden. An die Stelle der Genehmigungspflicht nach § 3 WährG trat eine solche nach § 2 Preisangaben- und Preisklauselgesetz (PaPkG). In § 2 Abs. 2 PaPkG war die Bundesregierung ermächtigt worden, durch Rechtsverordnung die Voraussetzungen für die Genehmigung von Wertsicherungsklauseln festzulegen. Dies geschah in der Preisklauselverordnung (PrKV) vom 23.9.1998. Die Preisklauselverordnung lehnte sich an die vormaligen Genehmigungsgrundsätze der Deutschen Bundesbank an.

Zuständig für die Erteilung der Genehmigung war das Bundesamt für Wirtschaft und Ausfuhrkontrolle in Eschborn/Taunus.

258   c) Die bisherige Rechtslage hat sich durch das am 14.9.2007 in Kraft getretene neue Preisklauselgesetz[93] einschneidend geändert. Das Genehmigungserfordernis für Wertsicherungsklauseln nach dem früheren Preisangaben- und Preisklauselgesetz in Verbindung mit der Preisklauselverordnung ist weggefallen. Eine Genehmigung durch das Bundesamt für Wirtschaft und Ausfuhrkontrolle ist daher nicht mehr erforderlich. Auch Negativatteste werden nicht mehr erteilt.

Dies bedeutet allerdings nicht, dass nunmehr Wertsicherungsklauseln ohne jede Einschränkung mit beliebigem Inhalt wirksam vereinbart werden können. Nach wie vor besteht nämlich ein grundsätzliches Verbot für *Gleitklauseln* (Indexierungsverbot).

Gleitklauseln sind nach der Definition des Preisklauselgesetzes (PreisklauselG) solche Vereinbarungen, durch die der Betrag von Geldschulden unmittelbar und selbsttätig durch den Preis oder Wert von anderen Gütern oder Leistungen bestimmt wird, die mit den vereinbarten Gütern oder Leistungen nicht vergleichbar sind. Hierzu zählen vor allem Wertsicherungsvereinbarungen, die eine automatische Anpassung der Geldschuld an die Veränderungen des Verbraucherpreisindexes für Deutschland knüpfen.

259   *Muster Verbraucherpreisindex*

Die Rente erhöht oder vermindert sich in demselben prozentualen Verhältnis, in dem sich der Verbraucherpreisindex für Deutschland nach den Veröffentlichungen des Statistischen Bundesamts in Wiesbaden auf der Basis 2015 = 100 gegenüber dem Stand vom (…) verändert. Eine Anpassung soll jedoch nur erfolgen, wenn sich jeweils eine Veränderung der Rente um mindestens 10 % ergibt. Die Rente ist jeweils in der veränderten Höhe ab dem Monat zu zahlen, der auf die eingetretene Veränderung folgt, ohne dass es einer Aufforderung hierzu bedarf.

260   d) Während Gleitklauseln nach bisherigem Recht genehmigungsbedürftig waren und die Preisklauselverordnung die Genehmigungsvoraussetzungen festlegte, sind sie nunmehr zwar genehmigungsfrei. Sie können aber zuverlässig nur vereinbart werden, wenn ihr Inhalt nicht gegen das PreisklauselG verstößt. Hierzu sieht das PreisklauselG in den §§ 2 ff. Ausnahmen vom Indexierungsverbot bei Gleitklauseln vor. Erfüllt die Klausel den gesetzlichen Ausnahmetatbestand, so ist sie zulässig und wirksam vereinbart; eine Genehmigung durch das Bundesamt für Wirtschaft und Ausfuhrkontrolle ist nicht mehr erforderlich. Erfüllt sie ihn nicht und verstößt somit gegen das PreisklauselG, so ist sie unzulässig und kann auch nicht genehmigt werden. Der bisherige Auffangtatbestand in § 3 Abs. 5 der PreisklauselVO, wonach die Verwendung weiterer Klauseln genehmigt werden kann, wenn schutzwürdige Interessen eines Beteiligten dies erfordern, ist weggefallen. Die Unzulässigkeit einer Klausel nach dem PreisklauselG führt jedoch abweichend vom bisherigen Recht nicht zur sofortigen Unwirksamkeit der Klausel. Vielmehr tritt die Un-

---

93 BGBl 2007, I, 2246.

wirksamkeit der Wertsicherungsklausel gemäß § 8 PreisklauselG erst zum Zeitpunkt des rechtskräftig festgestellten Verstoßes gegen das PreisklauselG ein, soweit nicht eine frühere Unwirksamkeit vereinbart ist. Bis zum Zeitpunkt der Unwirksamkeit bleiben die Rechtswirkungen der Preisklausel unberührt.

e) Nach dem ab dem 14.9.2007 geltenden neuen Preisklauselgesetz sind Gleitklauseln im Wesentlichen **261** unter den gleichen Voraussetzungen zulässig, unter denen sie nach dem bisherigen Recht genehmigungsfähig waren.

Die in der notariellen Praxis besonders bedeutsamen Gleitklauseln, die an den vom Statistischen Bundesamt in Wiesbaden veröffentlichten Verbraucherpreisindex anknüpfen, sind zulässig, wenn der Vertrag wiederkehrende Zahlungen zum Gegenstand hat, die auf die Lebenszeit des Gläubigers, Schuldners oder eines anderen Beteiligten zu erbringen sind oder für die Dauer von mindestens zehn Jahren zu leisten sind, gerechnet vom Vertragsschluss bis zur Fälligkeit der letzten Zahlung (§ 3 PreisklauselG). Daneben können gemäß § 3 PreisklauselG auch andere Gleitklauseln mit dem Verbraucherpreisindex als Bezugsgröße zulässig sein, z.B. solche

- über Zahlungen aufgrund einer Verbindlichkeit aus der Auseinandersetzung zwischen Miterben, Ehegatten, Eltern und Kindern, aufgrund einer Verfügung von Todes wegen, oder
- über Zahlungen, die der Übernehmer eines Betriebes oder eines sonstigen Sachvermögens (z.B. Grundbesitz) als Abfindung eines Dritten zu leisten hat,

sofern jeweils zwischen der Begründung der Verbindlichkeit und der Endfälligkeit ein Zeitraum von mindestens zehn Jahren liegt oder die Zahlungen nach dem Tode eines Beteiligten zu erfolgen haben.

f) Allgemeine Zulässigkeitsvoraussetzungen nach § 2 PreisklauselG ist darüber hinaus, dass die jeweilige **262** Gleitklausel hinreichend bestimmt ist und keine Vertragspartei unangemessen benachteiligt. An der erforderlichen Bestimmtheit fehlt es, wenn der geschuldete Betrag allgemein von der künftigen Preisentwicklung oder einem anderen Maßstab abhängen soll, der nicht erkennen lässt, welche Preise oder Werte maßgebend sein sollen. Eine unangemessene Benachteiligung liegt nach § 2 Abs. 3 PreisklauselG insbesondere vor, wenn einerseits ein Preis- oder Wertanstieg eine Erhöhung, nicht aber umgekehrt ein Preis- oder Wertrückgang eine entsprechende Ermäßigung des Zahlungsanspruchs bewirkt, oder der geschuldete Betrag sich gegenüber der Entwicklung der Bezugsgrößen überproportional ändern kann.

g) Für Wertsicherungsklauseln in Mietverträgen über Wohnräume gilt § 557b BGB, der als Spezial- **263** regelung die Bestimmungen des PreisklauselG verdrängt. Nach § 557b BGB können die Mietvertragsparteien schriftlich vereinbaren, dass die Miete durch den vom Statistischen Bundesamt ermittelten Preisindex für die Lebenshaltung aller privaten Haushalte in Deutschland (jetzt: Verbraucherpreisindex für Deutschland) bestimmt wird. Sie darf nicht höher als der Index festgelegt werden. Zwischen zwei Erhöhungen muss die Miete jeweils ein Jahr unverändert bleiben. Die Anpassung der Miete an die Indexveränderung erfolgt nicht automatisch, sondern muss durch Erklärung, die der Textform bedarf, geltend gemacht werden. Die geänderte Miete ist mit Beginn des übernächsten Monats nach Zugang der Erklärung zu entrichten.

Für Wertsicherungsklauseln in Miet- und Pachtverträgen über Gebäude und Räume, die nicht Wohnraummietverträge sind, gilt hingegen wiederum das Preisklauselgesetz. Derartige Klauseln sind nach § 3 Abs. 1 Nr. 1 Buchst. e) PreisklauselG zulässig, wenn der Vermieter/Verpächter für mindestens zehn Jahre auf das Recht zur ordentlichen Kündigung verzichtet oder der Mieter/Pächter das Recht hat, die Vertragsdauer auf mindestens zehn Jahre zu verlängern, und die Wertsicherungsklausel eine der in § 3 PreisklauselG zugelassenen Bezugsgrößen verwendet.

Zulässig sind auch Wertsicherungsklauseln in *Erbbaurechtsbestellungsverträgen und Erbbauzinsreallasten* mit einer Laufzeit von mindestens 30 Jahren (§ 4 PreisklauselG).

h) Des Weiteren zulässig sind die folgenden Wertsicherungsklauseln, die ganz überwiegend auch schon **264** nach bisherigem Recht genehmigungsfrei waren:

(1) **Leistungsvorbehaltsklauseln**
Das sind Klauseln, die hinsichtlich des Ausmaßes der Änderung des geschuldeten Betrages einen Ermessensspielraum lassen, der es ermöglicht, die neue Höhe der Geldschuld nach Billigkeitsgrundsätzen zu bestimmen (§ 1 Abs. 2 Nr. 1 PreisklauselG). Bei ihnen wird der Betrag der Geldschuld nicht

automatisch an eine Bezugsgröße angepasst, sondern von beiden Vertragspartnern mittels einer Anpassungsvereinbarung oder durch eine Leistungsbestimmung einer Vertragspartei nach § 315 BGB oder eines Dritten nach § 317 BGB festgelegt. Derartige Klauseln haben den Nachteil, dass ihr Ergebnis ungewiss ist und sie daher zu Streit führen können.

Muster eines Leistungsvorbehalts

Die Veräußerungsrente soll bei einer wesentlichen Veränderung des Bedarfs des Veräußerers oder der Leistungsfähigkeit des Erwerbers nach billigem Ermessen angepasst werden. Tritt eine solche Veränderung ein, so hat jeder Vertragsteil Anspruch auf eine entsprechende Anpassung. In diesem Fall haben die Vertragsparteien zunächst Verhandlungen mit dem Ziel einer einvernehmlichen Anpassung aufzunehmen. Einigen sich die Vertragsbeteiligten nicht, so soll ein von der Industrie- und Handelskammer in Köln zu benennender vereidigter Sachverständiger als Schiedsgutachter nach billigem Ermessen über eine Anpassung entscheiden.

(2) **Spannungsklauseln**
Das sind Klauseln, bei denen die in ein Verhältnis zueinander gesetzten Güter oder Leistungen im Wesentlichen gleichartig oder zumindest vergleichbar sind (§ 1 Abs. 2 Nr. 2 PreisklauselG).
Als Beispiele für eine solche Gleichartigkeit bzw. Vergleichbarkeit kommen in Betracht: Höhe der Versorgungsrente – Altersrenten der gesetzlichen Rentenversicherung oder der Beamtengehälter; Höhe der Pacht – ortsübliche Pacht für ein vergleichbares Objekt.

Muster einer Spannungsklausel

Die Miete soll sich in demselben Verhältnis ändern, wie sich in Zukunft die Mieten für Geschäftsräume vergleichbarer Art und Lage in Köln verändern. Im Streitfall soll hierüber ein vom Haus- und Grundbesitzerverein in Köln zu benennender vereidigter Sachverständiger als Schiedsgutachter entscheiden. Seine Kosten trägt derjenige, der mit seinem letzten Angebot am weitesten von dem festgestellten Betrag entfernt war, bei gleichem Abstand jeder zur Hälfte.

(3) **Kostenelementeklauseln**
Das sind Klauseln, nach denen der geschuldete Betrag insoweit von der Entwicklung der Preise oder Werte für Güter oder Leistungen abhängig gemacht wird, als diese die Selbstkosten des Gläubigers bei der Erbringung der Gegenleistungen unmittelbar beeinflussen (§ 1 Abs. 2 Nr. 3 PreisklauselG).
(4) **Ermäßigungsklauseln**
Das sind Klauseln, die lediglich zu einer Ermäßigung der Geldschuld führen können (§ 1 Abs. 2 Nr. 4 PreisklauselG).
(5) **Wahlschuldklauseln**
Danach kann der Gläubiger statt des Geldes die Lieferung einer bestimmten Menge Sachgüter verlangen.

Muster einer Wahlschuld

Als Kaufpreis für die Waldparzelle wird eine monatliche Rente von 300 EUR – in Worten: dreihundert EUR – bis zum Tode des Verkäufers vereinbart. Der Verkäufer kann verlangen, dass der Käufer ihm stattdessen jedes Halbjahr (…) Festmeter Tannenholz mittlerer Art und Güte liefert, und zwar an einen Händler oder Verarbeiter seiner Wahl, der jedoch nicht weiter als 20 km Luftlinie von Ahrdorf entfernt sein darf.

(6) **Umsatz-Gewinnklauseln**
Bei ihnen wird die Höhe des Geldbetrages von der zukünftigen Entwicklung des Umsatzes oder Gewinns aus dem übertragenen Gegenstand (Betrieb, Mietshaus) abhängig gemacht.

Muster einer Umsatz- bzw. Gewinnklausel

Als Kaufpreis wird vereinbart, dass der Käufer an den Verkäufer für einen Zeitraum von 18 Jahren ab Besitzübergang ein Drittel der monatlich fällig werdenden Bruttomieten (ohne Umlage für Heizung, Strom und für Betriebskosten i.S.d. Betriebskostenordnung) abführt. Das Vermietungsrisiko trägt also der Verkäufer mit, das Risiko des Eingangs der fälligen Mieten dagegen nicht.

f) Die nach § 2 des früheren Preisangaben- und Preisklauselgesetz in der bis zum 13.9.2007 geltenden **265** Fassung erteilten Genehmigungen gelten fort.

Für Preisklauseln, die bis zum 13.9.2007 vereinbart worden sind und deren Genehmigung bis dahin beim Bundesamt für Wirtschaft und Ausfuhrkontrolle beantragt worden ist, ist noch das alte Recht anwendbar (§ 9 PreisklauselG).

6. Genehmigung nach der Grundstücksverkehrsordnung

Bei Grundstücksverkehr in den neuen Bundesländern sind zusätzliche Genehmigungserfordernisse nach **266** der Grundstücksverkehrsordnung (GVO) zu beachten.[94] Mit Wirkung zum 1.7.2018 ist in § 2 Abs. 1 Nr. 6 GVO ein Freistellungstatbestand eingefügt worden, der die Anzahl der nach der GVO genehmigungspflichtigen Grundstücksgeschäfte erheblich verringert hat.[95] Nach § 2 Abs. 1 Nr. 6 GVO ist zu der Veräußerung eines Grundstücks eine Genehmigung nicht mehr erforderlich, wenn im Zeitpunkt der Eintragung einer Auflassungsvormerkung oder im Zeitpunkt der Eigentumsumschreibung kein Anmeldevermerk gemäß § 30b Abs. 1 des Vermögensgesetzes im Grundbuch eingetragen ist.

7. Aufsichtsbehördliche Genehmigungen

a) Für Gebietskörperschaften

aa) Veräußerung von Grundstücken

Nach den Gemeindeordnungen und Kreisordnungen mancher Bundesländer bedürfen die Gemeinden, **267** Kreise und Zweckverbände zur Veräußerung von Grundstücken der Genehmigung ihrer Aufsichtsbehörden. Die Regelungen in den einzelnen Bundesländern sind uneinheitlich und teilweise unübersichtlich.

Einzelne Bundesländer sehen eine Genehmigungspflicht nur für den Fall vor, dass kommunale Grundstücke unter ihrem vollen Wert veräußert werden.

Andere Bundesländer verzichten auf den Genehmigungszwang und verpflichten die Gemeinde lediglich, den Beschluss über die beabsichtigte Veräußerung der Aufsichtsbehörde vorzulegen. Ein Verstoß gegen diese Vorlagepflicht (Anzeigepflicht) beeinträchtigt weder die Wirksamkeit des Veräußerungsvertrages noch berührt sie den grundbuchlichen Vollzug. Wieder andere Bundesländer sehen weder eine Genehmigungs- noch eine Vorlagepflicht vor.

In nahezu allen Bundesländern ist es den Gemeinden und Kreisen zudem untersagt, ohne besondere gesetzliche Ermächtigung Grundbesitz unter seinem vollen Wert zu veräußern. Das Grundbuchamt kann daher fordern, dass ihm eine Erklärung der Gemeinde über die kommunalrechtliche Genehmigungsfreiheit des Grundstücksgeschäfts (sog. Vollwertigkeitserklärung) oder eine Versicherung der Gemeinde vorgelegt wird, dass keine Unterwertveräußerung vorliegt.[96]

---

94 Zur Genehmigung nach der Grundstücksverkehrsordnung siehe *Faßbender*, Notariatskunde, 10. sowie die 12. Auflage, jeweils unter Rn 585 ff., sowie die neuere Spezialliteratur.

95 *Schöner/Stöber*, Rn 4108.

96 *Schöner/Stöber*, Rn 4078; *Suppliet*, NotBZ 2005, 95; BayObLG MittBayNot 1995, 389.

Die Einzelheiten zu den kommunalrechtlichen Genehmigungs- und Vorlagepflichten bei Grundstücksgeschäften der Gemeinden und Kreise können hier nicht vollständig dargestellt werden; der nachstehende Überblick muss genügen.

Baden-Württemberg:

Keine Genehmigungspflicht.

Bayern:

Keine Genehmigungspflicht.

Brandenburg:

Genehmigungspflicht für unentgeltliche Veräußerung.

Die Veräußerung von Grundstücken und grundstücksgleichen Rechten ist genehmigungsfrei, wenn der Erlös dem Verkehrswert entspricht und der gesamte Kaufpreis spätestens sechs Monate nach Abschluss des Rechtsgeschäfts fällig wird. Weitere Ausnahmen nach der Genehmigungsfreistellungsverordnung vom 4.10.2019 (z.B. für Veräußerungen zur Versorgung unterstützungsbedürftiger Haushalte mit Wohnraum, für Veräußerungen im Rahmen von städtebaulichen Sanierungs- und Entwicklungsmaßnahmen nach dem Baugesetzbuch und dem Flurbereinigungsgesetz, Verfahren der Bodenordnung und Enteignung, Erfüllung von Pflichten nach dem Sachenrechtsbereinigungsgesetz).

Ist das Grundstücksgeschäft danach genehmigungsfrei, so ist dem Antrag auf Eintragung in das Grundbuch eine Erklärung der Gemeinde über die Genehmigungsfreiheit des Rechtsgeschäfts beizufügen.

Hessen:

Keine Genehmigungspflicht.

Mecklenburg-Vorpommern:

Genehmigungspflicht bei Veräußerung von Grundstücken unter ihrem vollen Wert. Die genehmigungsfreie Veräußerung von Grundstücken zum vollen Wert ist nur zulässig, wenn der Bürgermeister und einer seiner Stellvertreter gegenüber dem Grundbuchamt erklären, dass die Veräußerung zum vollen Wert erfolgt.

Niedersachsen:

Keine Genehmigungspflicht.

Nordrhein-Westfalen:

Keine Genehmigungspflicht.

Rheinland-Pfalz:

Keine Genehmigungspflicht.

Sachsen:

Genehmigungspflicht für die Veräußerung von Grundstücken und grundstücksgleichen Rechten unter ihrem vollen Wert.

Sachsen-Anhalt:

Keine Genehmigungspflicht.

Saarland:

Keine Genehmigungspflicht.

Schleswig-Holstein:

Keine Genehmigungspflicht.

Thüringen:

Keine Genehmigungs- oder Vorlagepflicht.

bb) Belastung von Grundstücken

Nach den Gemeindeordnungen aller Bundesländer dürfen Gemeinden keine Sicherheiten zugunsten Dritter bestellen. Die Aufsichtsbehörden können jedoch Ausnahmen hiervon zulassen. Das Verbot, ohne Zustimmung der Aufsichtsbehörde Grundpfandrechte zu bestellen, ist auch nicht durch Genehmigungsfreigrenzen abgeschwächt. **268**

In der Vergangenheit waren die Gemeinden meist nicht bereit, beim Verkauf ihrer Grundstücke dem Käufer mit Zustimmung der Aufsichtsbehörde zu gestatten, den Kaufgrundbesitz vor Eigentumsumschreibung auf ihn mit Grundpfandrechten zum Zwecke der Kaufpreisfinanzierung zu belasten.

Die Praxis behalf und behilft sich gelegentlich auch jetzt noch wie folgt: Der Käufer bestellt das Grundpfandrecht so, als wäre er bereits Eigentümer. Dem Gläubiger kann sofort eine vollstreckbare Ausfertigung erteilt werden. Daraufhin zahlt der Gläubiger der Gemeinde treuhänderisch unter Vorbehalt der Durchführung des Vertrages den Kaufpreis bzw. den von ihm zu finanzierenden Teil davon. Mit der Umschreibung des Eigentums wird die ranggerechte Eintragung des Grundpfandrechtes beantragt.

Nach Möglichkeit sollte jedoch versucht werden, die Eintragungsbewilligung noch vom Verkäufer – aufgrund von ihm erteilter Belastungsvollmacht – abgeben zu lassen, da ansonsten eine Pfändung des Auflassungsanspruchs oder Anwartschaftsrechts des Käufers möglich wäre mit der Folge des Entstehens einer Sicherungshypothek mit Rang vor dem rechtsgeschäftlich bestellten Grundpfandrecht (vgl. hierzu Rdn 68 ff.).

Werden die bei einer Grundpfandrechtsbestellung aufgrund Belastungsvollmacht üblichen Sicherungsmaßnahmen zugunsten des Verkäufers beachtet (Ausschluss der Übernahme der persönlichen Haftung und der Kosten durch den Verkäufer; Einschränkung des Sicherungszwecks; Abtretung des Darlehensanspruches an den Verkäufer bis zur Höhe des Kaufpreises), so sollten der Zustimmung seitens der Aufsichtsbehörde keine Hindernisse entgegenstehen.

In neuerer Zeit haben einzelne Bundesländer die Belastung von gemeindeeigenem Grundbesitz mit Grundpfandrechten, die aufgrund Belastungsvollmacht bestellt werden, erleichtert und vom Genehmigungszwang freigestellt. **269**

So können in Brandenburg, Mecklenburg-Vorpommern, Sachsen, Schleswig Holstein und Thüringen Grundstücke der Gemeinde oder des Kreises bei einem Verkauf mit Grundpfandrechten aufgrund einer Belastungsvollmacht ohne aufsichtsbehördliche Genehmigung belastet werden, wenn die in den jeweiligen länderrechtlichen Freistellungsbestimmungen enthaltenen Voraussetzungen erfüllt werden.[97]

Diese sind geregelt:

- Für Brandenburg:
  In der Verordnung über Genehmigungsfreiheit von Rechtsgeschäften der Gemeinden vom 4.10.2019 (GVBl.II Nr. 83).
- Für Mecklenburg-Vorpommern:
  Durch Genehmigungsfreistellungsverordnung vom 6.11.2008 (GVOBl. 442).
- Für Sachsen:
  In der Verwaltungsvorschrift des Sächsischen Staatsministeriums des Innern vom 13.4.2017.[98]
- Für Schleswig-Holstein:
  In der Landesverordnung über die Genehmigungsfreiheit von Rechtsgeschäften kommunaler Körperschaften vom 14.9.2016 (GVBl. 2016, 832).
- Für Thüringen:
  In der Grundpfandrechts-Genehmigungsfreistellungsverordnung vom 26.1.2006 (GVBl. 2016, 48).

Diese Freistellungsbestimmungen knüpfen die Genehmigungsfreiheit an die Einhaltung der in der notariellen Praxis bewährten Regeln bei der Vorwegbeleihung aufgrund Finanzierungsvollmacht (insbesondere Einschränkung des Sicherungszwecks der Grundschuld, Ausschluss der persönlichen Haftung und der Kostentragung des Verkäufers, Abtretung des Darlehensanspruchs an den Verkäufer bzw. **270**

---

97 Vgl. *Maaß*, NotBZ 2006, 353.
98 Sächs. ABl S. 584.

entsprechende Zahlungsanweisung). In Brandenburg und Thüringen ist teilweise eine wörtliche Übernahme der in den Freistellungsbestimmungen dieser Bundesländer enthaltenen Formulierungen in den Text der Grundschuldurkunde und der Belastungsvollmacht vorgeschrieben. Brandenburg, Mecklenburg-Vorpommern, Sachsen und Thüringen lassen bei einem Verkauf einer noch zu vermessenden Teilfläche der Kommune die Belastung der Stammparzelle zu, sofern sich der Grundpfandrechtsgläubiger verpflichtet, die nicht verkaufte Restfläche nach katasteramtlicher Fortschreibung auflagenfrei aus der Haftung zu entlassen und bis zu diesem Zeitpunkt keine Zwangsvollstreckungsmaßnahmen durchzuführen. In Brandenburg und Sachsen ist die Erfüllung der Voraussetzungen für die Genehmigungsfreiheit der Belastung dem Grundbuchamt gegenüber jeweils durch eine mit Dienstsiegel versehene Erklärung der veräußernden Körperschaft oder wahlweise (so in Sachsen) durch notarielle Eigenurkunde nachzuweisen. Die Einzelheiten müssen jeweils den genannten länderrechtlichen Bestimmungen entnommen werden.

271   In Nordrhein-Westfalen, wo sich die Rechtslage in den vergangenen Jahren mehrfach geändert hatte,[99] es aufgrund einer am 29.9.2012 in Kraft getretenen Änderung der Gemeindeordnung (§ 87 Abs. 1 S. 3 GO) zulässig, beim Kauf von gemeindeeigenen Grundstücken grundpfandrechtliche Sicherheiten zur Finanzierung des Erwerbs zu bestellen; eine Genehmigung der Aufsichtsbehörde ist hierzu nicht erforderlich. Unklar ist, ob diese Neuregelung auch die Bestellung von Finanzierungsgrundpfandrechten ermöglicht. deren Höhe den Kaufpreis übersteigt. Vorsorglich sollte daher der Nennbetrag der aufgrund von Belastungsvollmacht bestellten Grundpfandrechten nicht höher als der Kaufpreis sein.

Im Saarland können ebenfalls ohne Genehmigung der Aufsichtsbehörde gemeindeeigene Grundstücke im Rahmen ihrer Veräußerung aufgrund einer Belastungsvollmacht mit Grundpfandrechten zugunsten eines inländischen Kreditinstituts oder Versicherungsunternehmens oder einer inländischen Bausparkasse belastet werden. Die Einzelheiten, die an die in der notariellen Praxis üblichen Vorkehrungen zum Schutz des Verkäufers anknüpfen, ergeben sich aus der Verordnung vom 28.9.2001 (Amtsblatt S. 1942).

Auch in Schleswig-Holstein ist aufgrund Landesverordnung vom 14.9.2016[100] die Belastung eines gemeindeeigenen Grundstücks im Rahmen seiner Veräußerung mit Grundpfandrechten zugunsten eines Kreditinstituts, die der Finanzierung des Kaufpreises dienen, genehmigungsfrei, wenn sichergestellt ist, dass der Kredit nur an die kommunale Körperschaft ausgezahlt wird.

In Bayern ist die Bestellung von Finanzierungsgrundpfandrechten bei der Veräußerung eines gemeindeeigenen Grundstücks genehmigungsfrei, und zwar nach der Verordnung über die Genehmigungsfreiheit von Rechtsgeschäften des kommunalen Kreditwesens vom 16.8.1995.[101]

b) Für Kirchen

272   Das Vermögen der Kirchen gehört großenteils den einzelnen Pfarreien. Für die Veräußerung, den Erwerb und die Belastung von Grundstücken oder grundstücksgleichen Rechten und für die Verfügung über Rechte an Grundstücken gilt überall ein mehr oder weniger umfassendes Erfordernis der kirchenaufsichtsbehördlichen Genehmigung.

Die Einzelheiten sind von Kirche zu Kirche und von Landesteil zu Landesteil verschieden. Sie können daher hier nicht dargestellt werden. Soweit sie erforderlich ist, darf das Grundbuchamt die beantragte Rechtsänderung nicht ohne Vorlage der Genehmigung eintragen. Sie wird in der katholischen Kirche vom Generalvikariat des Bistums erteilt, dem die verfügende Pfarrgemeinde angehört, in der evangelischen Kirche vom örtlich zuständigen Landeskirchenamt. Durch Rechtsverordnung vom 3.9.1992 hat die evangelische Kirche im Rheinland die Angelegenheiten der kirchlichen Aufsicht auf die Kirchenkreise delegiert.

---

99 Vgl. *Faßbender*, Notariatskunde, 17. Aufl., § 4 Rn 588.
100 GVBl. 2016, 832.
101 GVBl. S. 812.

8. Das Einholen der Genehmigungen

Die Gemeinden und Gemeindeverbände sowie die Kirchengemeinden pflegen die aufsichtsbehördliche **273** Genehmigung selbst einzuholen. Üblicherweise wird es dem Notar aufgetragen, alle übrigen Genehmigungen bzw. Negativatteste für die Beteiligten zu besorgen. Zu diesem Zweck übersendet der Notar eine (einfache) Abschrift des Vertrages mit dem Antrag an die Genehmigungsbehörde, in erster Linie ein Negativattest, in zweiter Linie die Genehmigung zu erteilen. Das Antragsschreiben braucht nicht vom Notar eigenhändig unterschrieben zu werden. Es genügt ein vervielfältigtes Anschreiben. Da der Notar nur ausnahmsweise (so in § 3 Abs. 2 GrdstVG) kraft gesetzlicher Vermutung als ermächtigt gilt, den Genehmigungsantrag zu stellen, die Beteiligten aber die Besorgung der Genehmigungen üblicherweise dem Notar übertragen, enthalten Grundstücksverträge regelmäßig eine entsprechende Ermächtigung des Notars. Um sicherzustellen, dass die Beteiligten rechtzeitig von der Versagung der Genehmigung bzw. ihrer Einschränkung durch Auflagen oder Bedingungen Kenntnis erlangen, andererseits dem Notar nicht die alleinige Verantwortung für die Wahrung der mit der Zustellung des Bescheides beginnenden Rechtsmittelfrist aufzubürden, hat es sich in der Praxis eingebürgert, die mit der Ermächtigung zur Antragstellung verbundene Zuständigkeit zur Entgegennahme der Bescheide auf die uneingeschränkt positiven zu beschränken.

Muster: **274**

Alle erforderlichen Genehmigungen soll der Notar einholen. Anfechtbare Bescheide sind den Beteiligten selbst zuzustellen. Von ihnen wird eine Abschrift an den Notar erbeten. Alle übrigen Genehmigungen werden wirksam mit ihrem Eingang beim Notar.

Mit dem letzten Satz des Musters wird der dem Grundbuchamt gegenüber zu führende Nachweis erbracht, dass die Genehmigungen wirksam geworden sind (vgl. Rdn 234).

XI. Die Abwicklung eines Grundstückskaufvertrages

Die büromäßige Behandlung eines Grundstückskaufvertrages soll an folgendem Beispiel erläutert **275** werden:

Beispiel

Die Eheleute Volz verkaufen Herrn Peter Kappel ein noch zu vermessendes Teilstück aus einer landwirtschaftlich genutzten Wiese in der Gemarkung Seelow zum Zwecke der Bebauung mit einem Wohnhaus. Frau Volz wird bei der Beurkundung von ihrem Ehemann vollmachtlos vertreten und soll die Genehmigung an ihrem Urlaubsort erteilen. Das Grundstück ist mit einer Grundschuld der Kreissparkasse belastet. Die Fälligkeit des Kaufpreises soll eintreten, wenn eine Eigentumsvormerkung im Grundbuch eingetragen ist und sobald der Notar mitteilt, dass die lastenfreie Umschreibung des Eigentums gewährleistet erscheint. Andererseits soll der Antrag auf Umschreibung des Eigentums erst gestellt werden, wenn der Kaufpreis bezahlt ist.

Für diesen Vertrag sind drei Genehmigungen erforderlich: **276**

- ■ die Genehmigung der Ehefrau Volz,
- ■ die Genehmigung nach dem Grundstücksverkehrsgesetz (§ 2),
- ■ die Genehmigung nach der Grundstücksverkehrsordnung.

Praktisch bewährt haben sich so genannte „Verfügungsbögen". Auf ihnen sind die regelmäßig oder häu- **277** figer vorkommenden „Ausgänge" vorgedruckt. Der Tag des „Ausgangs" wird darin vermerkt, ebenso alle „Eingänge". Dazu folgendes Beispiel:

Muster:

Volz ./. Kappel	UR.Nr.	377/20	Kaufvertrag
(Beteiligte)			
	UR.Nr.	1499/20	Auflassung
Kaufvertrag	UR-Nr.		
(Sache)			

				Ausgang	Eingang
Genehmigungen:	1)		der Beteiligten Eva Volz m. Gen. E	18.2.20	4.3.20
(siehe Rdn 231 ff., 281)	2)		des Beteiligten		
	3)		des Beteiligten		
(siehe Rdn 235 ff., 666 und 666 ff.)	4)		Pflegerbestellung für		
(siehe Rdn 235 ff.)	5)		des Familiengerichts für		
(siehe Rdn 247 ff.)	6)		nach dem GrdstVG	18.2.20	6.3.20
(siehe Rdn 266)	7)		nach der GVO	18.2.20	15.4.20
	8)				
(siehe Rdn 618 ff.)	9)		des Umlegungsausschusses		
	10)				
(siehe Rdn 267 ff., 272)	11)		der Kirchenaufsichtsbehörde		
	12)				
Löschungen:	13)		zu III/1 (Freigabezusage)	18.2.20	26.2.20
	14)		zu III/1 (Freigabe + Brief m.E.)	26.8.20	10.9.20
	15)		zu		
	16)		zu		
Mitteilungen:	17)		Finanzamt (GrEStStelle) Seelow	18.2.20	
(siehe § 1 Rdn 119 ff.)	18)		Finanzamt (Wirksamkeitsmitteilung)	17.4.20	
(siehe § 1 Rdn 123 ff.)	19)		Finanzamt (SchenkungStStelle)		
(siehe § 1 Rdn 134 und § 4 Rdn 128)	20)		Gutachterausschuss	18.2.20	
Vorkaufsrechte:	21)		der Gemeinde (siehe Rdn 115 ff.)	18.2.20	15.3.20
(siehe Rdn 1347, 449 ff.)	22)		nach BGB		
Kaufpreis:	23)		Fälligkeitsmitteilung	17.4.20	
	24)		Kontrolle der Zahlung		30.4.20
	25)		hinterlegt		
	26)		ausgezahlt		
Beteiligte:	27)		begl. Abschr./Ausf. an K.	18.2.20	
+ 1499/20	28)		begl. Abschr./Ausf. an V.	26.8.20	
+ 1499/20	29)		begl. Abschr./Ausf. an K.	26.8.20	
	30)		Rechnung an K.	26.8.20	16.9.20

	31)	Rechnung an		
	32)	Rechnung an		
Grundbuchamt:	33)	Eigentumsvormerkung, nach *1)*	*4.3.20*	*19.3.20*
	34)	Umschreibung, Löschung	*10.9.20*	*30.9.20*
	35)			
Sonstiges:	36)	erledigt 2/10/20		
	37)	aufgelöst 5/10/20		

Nach der Eintragung des Vertrages in die Urkundenrolle wird verfügt, was zu geschehen hat: **278**

■ die Genehmigung der Frau Volz ist einzuholen; „m. Gen. E." soll bedeuten, dass ihr ein Entwurf für die Genehmigung mitgeschickt wird (bzgl. eines Musters für den Genehmigungsentwurf und den Begleitbrief vgl. unten Rdn 281),

■ die Genehmigungen nach dem Grundstückverkehrsgesetz (Muster siehe Rdn 282) und nach der Grundstücksverkehrsordnung (Muster siehe Rdn 283) werden beantragt,

■ von der Kreissparkasse wird eine Freigabezusage angefordert (Muster siehe Rdn 284),

■ der Vertrag wird (unter Übersendung einer einfachen Abschrift mit einer so genannten Veräußerungsanzeige) der Grunderwerbsteuerstelle des Finanzamts angezeigt (Muster siehe Rdn 285),

■ ferner dem Gutachterausschuss mitgeteilt (Muster siehe Rdn 287),

■ und der Gemeinde zur Erklärung über ihre etwaigen Vorkaufsrechte übermittelt (Muster siehe Rdn 288),

■ dem Käufer Herrn Kappel wird eine beglaubigte Abschrift geschickt, mit der er die Vermessung in die Wege leiten kann,

■ unter Nr. 33 wird vermerkt, dass „nach 1)" = nach dem Eingang der Genehmigung von Frau Volz die Eigentumsvormerkung beantragt werden muss.

Dies alles geschieht im Beispielsfall am 18.2.2020, bzgl. der Eigentumsvormerkung am 4.3.2020 und wird **279** auf dem Verfügungsbogen (der gleichzeitig als „Aktenkontrolle" dient) in der Spalte „Ausgang" notiert.

Am 26.2.2020 geht die Zusage der Kreissparkasse ein, dass sie das verkaufte Teilstück aus der Mithaft freigeben wird. Dies wird vermerkt. Am 4.3.2020 geht die Genehmigung der Frau Volz ein. Nunmehr kann – da dafür die behördlichen Genehmigungen nicht erforderlich sind – am 4.3.2020 die Eigentumsvormerkung (Auflassungsvormerkung) beantragt werden (Muster siehe Rdn 289). Auch dies wird vermerkt. Am 6.3.2020 geht die Genehmigung nach dem Grundstückverkehrsgesetz und am 15.4.2020 die nach der Grundstücksverkehrsordnung ein. Da sonstige Genehmigungen im Beispielsfall nicht benötigt werden, ist der Vertrag jetzt endgültig wirksam. Bis dahin war er „schwebend unwirksam". Dies wird dem Finanzamt am 17.4.2020 mitgeteilt. Bis dahin wartet das Finanzamt bei grunderwerbsteuerpflichtigen Vorgängen mit der Steuerveranlagung, um nicht – wenn eine Genehmigung versagt wird – zu einem unwirksam werdenden Vertrag die Steuer zu erheben und wieder erstatten zu müssen (Muster siehe Rdn 290).

Am 19.3.2020 geht die Mitteilung des Grundbuchamts über die Eintragung der Eigentumsvormerkung ein. Nach Eintragung der Eigentumsvormerkung ist zu überprüfen, dass im Grundbuch keine neuen Eintragungen mit Rang vor der Eigentumsvormerkung erfolgt sind.

Jetzt ist gesichert, dass Herr Kappel ein – lastenfreies – Grundstück erwirbt. Daher wird ihm und den Ehe- **280** leuten Volz am 17.4.2020 mitgeteilt, dass der Kaufpreis fällig ist (Muster siehe Rdn 291). Am 30.4.2020 geht beim Notar die Kaufpreisbestätigung der Verkäufer ein.

Für die weitere Abwicklung des Vertrages muss der Veränderungsnachweis des Katasteramtes abgewartet werden. Im Beispielsfall geht dieser am 26.8.2020 beim Notar ein. Anschließend kann die Auflassung beurkundet werden – zumeist unter Vertretung der Beteiligten durch einen Angestellten des Notars aufgrund einer entsprechenden Vollmacht im Kaufvertrag (Muster siehe Rdn 292). Sie erhält die Urkundennummer 1499/20. Dies wird in der Aktenkontrolle oben rechts vermerkt.

Jetzt kann bei der Kreissparkasse die Pfandfreigabe angefordert werden (Muster siehe Rdn 293). Unter Nr. 14) in der Aktenkontrolle wird vermerkt, dass dies am 26.8.2020 geschehen ist. „+ Brief m.E." bedeutet, dass der Entwurf dazu mitgeschickt und der Grundschuldbrief angefordert wurde. Den Beteiligten werden Ausfertigungen erteilt. Dem Käufer werden die Notarkosten in Rechnung gestellt. (Muster siehe Rdn 295). Dies wird wiederum in der Spalte „Ausgang" der Aktenkontrolle vermerkt.

Nachdem am 10.9.2020 die Pfandfreigabe und der Grundschuldbrief eingegangen sind – was unter „Eingang" in der Aktenkontrolle notiert wird –, können am 10.9.2020 die Umschreibung des Eigentums, die Löschung der Eigentumsvormerkung und die Eintragung der Freigabe beantragt werden (Muster siehe Rdn 296). Dies wird in der Spalte „Ausgang" vermerkt. Am 16.9.2020 bezahlt Herr Kappel die Notarkosten, am 30.9.2020 erhält der Notar vom Grundbuchamt Nachricht, dass die beantragten Grundbucheintragungen erfolgt sind. Beides wird notiert, die Richtigkeit der Grundbucheintragungen wird kontrolliert. Am 2.10.2020 wird notiert, dass die Sache „erledigt" ist, am 5.10.2020, dass sie „aufgelöst" wurde, d.h., dass die Beiakte im Archiv abgelegt wurde.

281   *Muster des Entwurfs zu einer privaten Genehmigung und des Begleitbriefes dazu*

Genehmigung

Ich, die unterzeichnende Frau Eva Volz geborene Müller, geboren am 20.3.1940, wohnhaft in 15306 Seelow, Kölner Straße 53, genehmige hiermit sämtliche Erklärungen, die mein Ehemann, Herr Heinrich Volz, in der Urkunde des Notar Dr. Franz Fröhlich in Adorf vom 15.2.2020 – UR.Nr. 377 für 2020 – für mich abgegeben hat, sowie den gesamten Inhalt der vorgenannten Urkunde in allen Teilen und allen Beteiligten gegenüber. Vom Inhalt der vorgenannten Urkunde habe ich Kenntnis genommen.

Ich ermächtige den Notar Dr. Franz Fröhlich in Adorf, den übrigen Beteiligten der vorgenannten Urkunde diese Genehmigung mitzuteilen.

Dr. Franz Fröhlich	52477 Adorf, den 18.2.2020
Notar	Markt 93

Muster eines Begleitschreibens

Frau

Eva Volz

Hotel Garni

83471 Berchtesgaden

> Mein Zeichen:
> UR.Nr. 377/2020

Kaufvertrag Volz ./. Kappel vom 15.2.2020 – meine UR.Nr. 377 für 2020 –

Sehr geehrte Frau Volz,

als Anlage übersende ich Ihnen eine beglaubigte Abschrift der vorgenannten Urkunde mit der Bitte um Kenntnisnahme.

Zu den Erklärungen in der Urkunde bedarf es Ihrer Genehmigung in notariell beglaubigter Form. Beigefügt finden Sie daher den Entwurf einer Genehmigungserklärung mit der Bitte, diese vor einem Notar zu unterzeichnen und nach Beglaubigung Ihrer Unterschrift wieder an mich zurückzusenden.

Für Rückfragen stehe ich Ihnen natürlich jederzeit gerne zur Verfügung.

Mit freundlichen Grüßen

Dr. Fröhlich

Notar

Anlagen

(Anmerkung zum Muster siehe Rdn 231 ff.)

Muster eines Antrags auf Genehmigung nach dem Grundstückverkehrsgesetz **282**

Dr. Franz Fröhlich 52477 Adorf, den 18.2.2020
Notar Markt 93
Landkreis Seelow
– Amt für Landwirtschaft –
15306 Seelow

| Mein Zeichen: |
| UR.Nr. 377/2020 |

Grundstückverkehrsgesetz

Sehr geehrte Damen und Herren,

ich beantrage hiermit, gemäß den Bestimmungen des GrdstVG zu dem in der anliegenden Abschrift enthaltenen Rechtsgeschäft einen Negativattest, hilfsweise die Genehmigung zu erteilen.

Anfechtbare Entscheidungen, insbesondere die Genehmigungsversagung, eine eingeschränkte Genehmigung und die Erklärung über die Ausübung des siedlungsrechtlichen Vorkaufsrechts, bitte ich unmittelbar den Beteiligten zuzustellen und mir eine Abschrift davon zu erteilen.

Im Falle der Erteilung eines Zwischenbescheides oder einer anfechtbaren Entscheidung bitte ich mit Rücksicht auf § 6 GrdstVG auf dem Bescheid den Tag des Eingangs des Antrages zu vermerken.

Mit freundlichen Grüßen

Dr. Fröhlich

Notar

1 Anlage

Muster eines Antrags auf Genehmigung nach der Grundstücksverkehrsordnung **283**

Dr. Franz Fröhlich 52477 Adorf, den 18.2.2020
Notar Markt 93
Landkreis Seelow
– Amt für Landwirtschaft –
15306 Seelow

| Mein Zeichen: |
| UR.Nr. 377/2020 |

Grundstücksverkehrsordnung

Sehr geehrte Damen und Herren,

ich beantrage hiermit, gemäß den Bestimmungen der GVO zu dem in der anliegenden Abschrift enthaltenen Rechtsgeschäft die Genehmigung zu erteilen. Anfechtbare Entscheidungen bitte ich den Beteiligten selbst zuzustellen und mir eine Abschrift davon zukommen zu lassen.

Mit freundlichen Grüßen

Dr. Fröhlich

Notar

1 Anlage

284   *Muster für die Einholung einer Freigabezusage*

Dr. Franz Fröhlich   52477 Adorf, den 18.2.2020
Notar   Markt 93
Kreissparkasse Seelow
Postfach
15306 Seelow

> Mein Zeichen:
> UR.Nr. 377/2020

Grundstück der Eheleute Heinrich und Eva Volz in Seelow
        hier: Grundbuch von Seelow Blatt 0123
        Darl.-Nr.:   24862

Sehr geehrte Damen und Herren,

im vorgenannten Grundbuch ist in Abteilung III unter lfd. Nr. 1 eine Grundschuld von 25.000 EUR für die Kreissparkasse Seelow eingetragen. Die Eheleute Volz haben von dem belasteten Grundstück eine unbebaute Teilfläche in Größe von voraussichtlich 960 m² verkauft. Zu Ihrer Information übersende ich eine Kopie der dem Vertrag beigefügten Skizze. Darin ist das verkaufte Teilstück mit A-B-C-D-A bezeichnet.

Ich bitte um Ihre verbindliche Zusage, dass Sie das verkaufte Teilstück ohne jede weitere Bedingung – gegebenenfalls unter Aufgabe eines Ablösungsbetrages – sofort nach der Zuleitung einer Kopie des Veränderungsnachweises aus der Mithaft für die vorgenannte Grundschuld freigeben werden.

Mit freundlichen Grüßen

Dr. Fröhlich

Notar

Anlage

---

285   *Muster einer Anzeige an das Finanzamt – Grunderwerbsteuerstelle – mit Rechtswirksamkeitsbescheinigung*

Dr. Franz Fröhlich   52477 Adorf, den 18.2.2020
Notar   Markt 93
Finanzamt
– Grunderwerbsteuerstelle –
15306 Seelow

> Mein Zeichen:
> UR.Nr. 377/2020

Sehr geehrte Damen und Herren,

gemäß § 18 Abs. 1 GrEStG zeige ich den in der Anlage beigefügten Vorgang an. Eine Veräußerungsanzeige ist beigefügt. Der Vertrag ist rechtswirksam.

Ich beantrage die Erteilung der Unbedenklichkeitsbescheinigung.

Mit freundlichen Grüßen

Dr. Fröhlich

Notar

Anlagen

(Anmerkungen zum Muster siehe § 1 Rdn 119 ff.; § 4 Rdn 127.)

Diese Anzeige wäre zu verwenden, wenn der Vertrag schon rechtswirksam wäre.

Vgl. jedoch für den oben geschilderten Fall (siehe Rdn 275) das nachstehende Muster.

286

Muster einer Anzeige an das Finanzamt bei noch nicht rechtswirksamen Verträgen

Dr. Franz Fröhlich	52477 Adorf, den 18.2.2020
Notar	Markt 93

Finanzamt

– Grunderwerbsteuerstelle –

Postfach

15306 Seelow

> Mein Zeichen:
> UR.Nr. 377/2020

Sehr geehrte Damen und Herren,

als Anlage übersende ich eine Abschrift meiner vorgenannten Urkunde. Gemäß § 18 Abs. 1 GrEStG zeige ich diesen Vorgang hiermit an. Eine Veräußerungsanzeige ist beigefügt.

Der Vertrag ist noch nicht rechtswirksam. Ich bitte, das Aktenzeichen des Vorganges auf der Kopie zu vermerken und mir diese zurückzuschicken. Die Wirksamkeit des Vertrages werde ich unter Angabe des Aktenzeichens gesondert mitteilen, sobald diese eingetreten ist.

Ich beantrage die Erteilung der Unbedenklichkeitsbescheinigung und bitte um deren Übersendung an mich.

Mit freundlichen Grüßen

Dr. Fröhlich

Notar

3 Anlagen

Aktenzeichen des Finanzamtes (…)

Finanzamt:

Kopie zurück an das

Finanzamt in Seelow mit der Bemerkung, dass der Vertrag nunmehr rechtswirksam ist.

– Datum des Poststempels –

Mit freundlichen Grüßen

Dr. Fröhlich

Notar

Muster der Mitteilung an den Gutachterausschuss

287

Dr. Franz Fröhlich	52477 Adorf, den 18.2.2020
Notar	Markt 93

> Mein Zeichen:
> UR.Nr. 377/2020

Landkreis
(Gutachterausschuss)
15306 Seelow

Sehr geehrte Damen und Herren,

Gemäß § 195 BauGB übersende ich die beigefügte Abschrift.

Mit freundlichen Grüßen

Dr. Fröhlich

Notar

Anlage

(Anmerkungen zum Muster siehe § 1 Rdn 134; § 4 Rdn 127.)

288   *Muster der Mitteilung an die Gemeinde wegen der gesetzlichen Vorkaufsrechte*

Dr. Franz Fröhlich   52477 Adorf, den 18.2.2020

Notar   Markt 93

Stadt

15306 Seelow

Erteilung einer Negativbescheinigung zu den gesetzlichen Vorkaufsrechten

                    hier: UR.Nr. 377/2020

Sehr geehrte Damen und Herren,

als Anlage übersende ich den im Betreff bezeichneten Kaufvertrag. Ich bitte zu bescheinigen, dass ein gesetzliches Vorkaufsrecht der Gemeinde nicht besteht, ersatzweise, dass es nicht ausgeübt wird. Ferner bitte ich zu bestätigen, dass der Grundbesitz nicht in einem förmlich festgelegten Sanierungsgebiet bzw. Entwicklungsbereich liegt.

Etwaige Kosten trägt ausschließlich der aus dem Vertrag ersichtliche Kostenschuldner.

Mit freundlichen Grüßen

Dr. Fröhlich

Notar

Anlage

289   *Muster eines Antrages auf Eintragung der Eigentumsvormerkung*

Dr. Franz Fröhlich   52477 Adorf, den 4.3.2020

Notar   Markt 93

Amtsgericht

– Grundbuchamt –

15306 Seelow

| Mein Zeichen: |
| UR.Nr. 377/2020 |

Seelow Blatt 0123

Sehr geehrte Damen und Herren,

als Anlage übersende ich eine beglaubigte Abschrift meiner Urkunde Nr. 377/2017 und der Genehmigung der Ehefrau Volz, UR.Nr. 478/2020 des Notars Peter Hecker in Rosenheim.

Ich beantrage im Namen aller Antragsberechtigten die Eintragung der Eigentumsvormerkung.

Nachricht erbitte ich an die Beteiligten und an mich.

Die Kosten trägt der Käufer.

Mit freundlichen Grüßen

Dr. Fröhlich

Notar

Anlagen

Muster für die Mitteilung der Wirksamkeit des Vertrages an das Finanzamt   **290**

(Vorderseite der Karte)

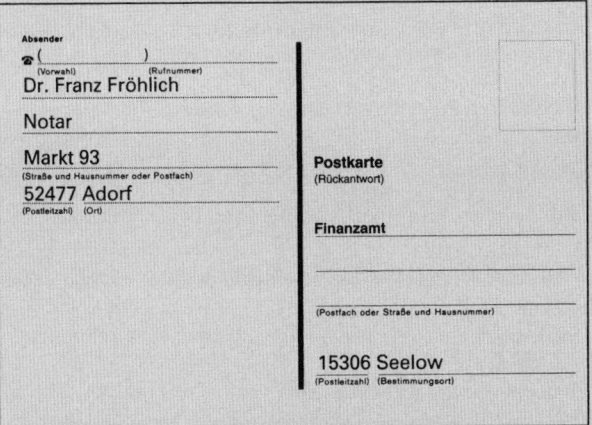

(Rückseite der Karte)

Betrifft: Grunderwerbsteuer-Liste Nr. K 5378/20

Urkunden-Rolle Nr. 377/20 – Vertrag vom 15.2.20

Die letzte zur Rechtswirksamkeit des Vertrages erforderliche Genehmigung ist am 15.4.2020 bei mir eingegangen.

Dr. Fröhlich

Notar

Muster für eine Fälligkeitsmitteilung   **291**

Dr. Franz Fröhlich   52477 Adorf, den 17.4.2020

Notar   Markt 93

1. Eheleute Volz
2. Herrn Kappel

Sehr geehrte Damen und Herren,

zu Ihrem Kaufvertrag vom 15.2.2020 – meine UR.Nr. 377 für 2020 – teile ich mit, dass

- alle Genehmigungen,
- die Vorkaufsrechtserklärung der Gemeinde,
- die Freigabezusage der Kreissparkasse und
- die Mitteilung über die rangrichtige Eintragung der Eigentumsvormerkung

bei mir eingegangen sind. Damit wird der Kaufpreis 10 Tage nach dem Absendedatum dieses Schreibens fällig.

Die Eheleute Volz bitte ich, mir schriftlich Bescheid zu geben, wenn der Kaufpreis bei ihnen eingegangen ist.

Mit freundlichen Grüßen

Dr. Fröhlich

Notar

292   *Muster einer Auflassung*

UR.Nr. 1499 für 2020

Verhandelt zu Adorf am 26.8.2020

Vor mir, Dr. Franz Fröhlich, Notar in Adorf, erschien, von Person bekannt:

> Herr Jürgen Schüller, geboren am 23.6.1957, geschäftsansässig Makt 93, 52477 Adorf, hier handelnd als Bevollmächtigter für die Beteiligten des Kaufvertrages vom 15.2.2020 vor dem amtierenden Notar – UR.Nr. 377 für 2020 –, aufgrund der ihm unter IX. erteilten Vollmacht, die bei der Beurkundung in Urschrift vorlag und nicht widerrufen war.

Der Erschienene, handelnd wie angegeben, erklärte:

Ich nehme Bezug auf den vorgenannten Kaufvertrag. Die Vermessung ist inzwischen erfolgt. Das verkaufte Teilstück hat die Bezeichnung

Gemarkung Seelow

Flur 10 Flurstück 15, Bauplatz, Ewartsweg, groß 882 m²,

erhalten.

Die Beteiligten sind darüber einig, dass das Eigentum an diesem Grundstück auf Herrn Peter Kappel übergeht; sie bewilligen und beantragen die Eigentumsumschreibung im Grundbuch.

Sie beantragen, das aufgelassene Grundstück aus der Mithaft für die Grundschuld Abteilung III Nr. 1 zu entlassen und diese Pfandentlassung im Grundbuch einzutragen.

Diese Niederschrift (…)

Jürgen Schüller

Dr. Fröhlich, Notar

(Anmerkung zum Muster siehe Rdn 107 ff.)

293

Muster für die Einholung einer Pfandfreigabe

Dr. Franz Fröhlich   52477 Adorf, den 26.8.2020
Notar   Markt 93
Kreissparkasse Seelow
Postfach
15306 Seelow

> Mein Zeichen:
> UR.Nr. 377/2020

Darlehenssache Eheleute Heinrich und Eva Volz in Seelow

Darlehns-Nr.: 24862

Ihr Schreiben vom 22.2.2020

Sehr geehrte Damen und Herren,

als Anlage übersende ich eine Kopie des Veränderungsnachweises und den Entwurf für die Pfandfrei-gabe mit der Bitte um Unterzeichnung, Siegelung und Rücksendung sowie Zusendung des Grund-schuldbriefes.

Mit freundlichen Grüßen

Dr. Fröhlich

Notar

Anlagen

294

Muster für eine Pfandfreigabe

Pfandfreigabe

Im Grundbuch von Seelow Blatt 0123 ist in Abteilung III unter lfd. Nr. 1 für die Kreissparkasse Seelow eine Grundschuld von 25.000 EUR eingetragen. Die Gläubigerin gibt das Grundstück

Gemarkung Seelow

Flur 10 Flurstück 15, Bauplatz, Ewartsweg, groß 882 m^2,

aus der Mithaft für diese Grundschuld frei und bewilligt die Eintragung der Freigabe in das Grund-buch.

Seelow, den 9.9.2020
Müller   Meier
                (Siegel)

(Anmerkung zum Muster siehe Rdn 550 f.)

295

Muster eines Begleitbriefes zur Übersendung von Abschriften bzw. Ausfertigungen

Dr. Franz Fröhlich   52477 Adorf, den 26.8.2020
Notar   Markt 93

Eheleute

Heinrich und Eva Volz

Kölner Straße 53

15306 Seelow

Sehr geehrte Eheleute Volz,

in der Anlage übersende ich eine Ausfertigung des Kaufvertrages – meine UR.Nr. 377 für 2020 – nebst Auflassung – meine UR.Nr. 1499 für 2020 –.

Mit freundlichen Grüßen

Dr. Fröhlich

Notar

Anlagen

Dr. Franz Fröhlich   52477 Adorf, den 26.8.2020

Notar   Markt 93

Herrn

Peter Kappel

Frühlingsstraße 1

15306 Seelow

Sehr geehrter Herr Kappel,

als Anlage übersende ich eine Ausfertigung des Kaufvertrages vom 15.2.2020 – meine UR.Nr. 377 für 2020 – nebst der Auflassungsurkunde – meine UR.Nr. 1499 für 2020 –. Beigefügt ist meine Kostenberechnung.

Mit freundlichen Grüßen

Dr. Fröhlich

Notar

Anlagen

296   *Muster eines Antrages auf Umschreibung und Löschung:*

Dr. Franz Fröhlich   52477 Adorf, den 10.9.2020

Notar   Markt 93

Einschreiben

Amtsgericht

– Grundbuchamt –

15306 Seelow

| Mein Zeichen: |
| UR.Nr. 377/2020 |

Betr.: Seelow 0123

Sehr geehrte Damen und Herren,

ich nehme Bezug auf meinen Antrag vom 4.3.2020 zu meiner Urkunde Nr. 377/2020.

Als Anlage übersende ich eine beglaubigte Abschrift der Auflassungsurkunde – meine UR.Nr. 1499 für 2020.

Beigefügt sind:

1. die Genehmigung nach dem Grundstückverkehrsgesetz,
2. die Genehmigung nach der Grundstücksverkehrsordnung,
3. die Vorkaufsrechtserklärung der Gemeinde,
4. die Unbedenklichkeitsbescheinigung des Finanzamts,

5. die Pfandfreigabe zu dem Recht Abteilung III Nr. 1,
6. der Grundschuldbrief dazu – Gruppe 2 Nr. 487 652.

Ich beantrage im Namen aller Antragsberechtigten die Umschreibung des Eigentums, die Eintragung der Pfandfreigabe und die Löschung der Eigentumsvormerkung – letzteres nur, sofern, außer von mir, keine Zwischenanträge eingegangen sind –.

Grundbuchnachrichten erbitte ich an die Beteiligten und an mich.

Der Grundschuldbrief kann unmittelbar der Kreissparkasse Seelow zugeleitet werden.

Die Kosten trägt der Käufer.

Mit freundlichen Grüßen

Dr. Fröhlich

Notar

Anlagen

B. Aus dem Bereich der Grundstücksbelastungen und Grundstücksbeschränkungen

I. Überblick über die beschränkten dinglichen Rechte

1. Teilberechtigungen

Das Eigentum ist das umfassende Herrschaftsrecht über eine Sache. Dies bedeutet, dass der Eigentümer mit dem ihm gehörenden Grundstück grundsätzlich nach Belieben verfahren kann: Er kann über das Grundstück frei verfügen, d.h. er kann es verkaufen, verschenken und vererben. Er kann das Grundstück auch einem anderen zum Gebrauch überlassen, z.B. vermieten oder verpachten. Ferner ist der Grundstückseigentümer in der Lage, sich einem anderen gegenüber zu verpflichten, das Grundstück überhaupt nicht oder nur in beschränktem Maße zu nutzen. Er kann einem Dritten ein Verwertungsrecht an seinem Grundstück einräumen und ihm die Möglichkeit geben, das Grundstück unter bestimmten Voraussetzungen zwangsversteigern zu lassen. Schließlich kann der Eigentümer einem anderen an seinem Grundstück ein Erwerbsrecht einräumen, also die Befugnis, das Grundstück unter bestimmten Bedingungen zu erwerben.

297

Bei der Veräußerung oder Vererbung eines Grundstücks geht das Eigentum auf einen anderen über. Wird einem anderen dagegen lediglich ein Nutzungsrecht, Verwertungsrecht oder Erwerbsrecht an dem Grundstück eingeräumt, so bleibt das Eigentum in der Hand desjenigen, der die Rechte bestellt. Er überträgt aber einen Teil der Befugnisse, die er als Eigentümer hat, auf einen Dritten. Der Dritte erwirbt somit eine Teilberechtigung am Grundstück, ein beschränktes dingliches Recht (Eigentum = umfassendes dingliches Recht = ganzer Kuchen, Teilrecht = beschränktes dingliches Recht = Stück des Kuchens).

2. Inhalt der Rechte

Die Teilberechtigungen an einem Grundstück lassen sich einteilen in *Nutzungsrechte, Verwertungsrechte* und *Erwerbsrechte*. Zu den Nutzungsrechten gehören das Erbbaurecht, die Dienstbarkeiten, wie die Grunddienstbarkeit, die beschränkte persönliche Dienstbarkeit und der Nießbrauch, und – mit Einschränkung – auch die Reallast. Verwertungsrechte sind die Grundpfandrechte, wie Hypothek, Grundschuld und Rentenschuld. Ein Erwerbsrecht ist das Vorkaufsrecht. Die Grenzen innerhalb der Gruppen sind allerdings zum Teil nicht scharf zu ziehen.

298

Hat jemand ein beschränktes dingliches Recht an dem Grundstück eines anderen, so hindert dies den anderen nicht, noch über das Grundstück zu verfügen, es also zu veräußern, zu belasten oder zu vererben. Nach dem Grundsatz, dass Rechte und Pflichten nur zwischen den an einer Vereinbarung Beteiligten begründet werden, würden die Rechte nicht gegenüber dem neuen Eigentümer wirken. Der Inhaber einer Teilberechtigung an dem Grundstück eines anderen hat aber ein Interesse daran, dass seine Berechtigung auch einem neuen Eigentümer gegenüber oder einem weiteren Inhaber einer Teilberechtigung gegenüber wirkt. Diesem Interesse hat der Gesetzgeber Rechnung getragen: Die beschränkten dinglichen Rechte wirken gegen *jedermann,* also gegen jeden späteren Eigentümer und gegen Dritte, haben also *absoluten Charakter.* Die Bestellung eines beschränkten dinglichen Rechts muss aus diesem Grund – ebenso wie die Eigentumsübertragung – offenkundig gemacht werden. Dies wird dadurch erreicht, dass eine Eintragung im Grundbuch erfolgt.

3. Typenzwang

299   Der Eigentümer kann nur *ganz bestimmte,* im Gesetz abschließend aufgezählte beschränkte dingliche Rechte als Teilberechtigungen übertragen. Das gebietet die Rechtssicherheit; denn weil die dinglichen Rechte jedem Dritten gegenüber wirksam sind, müssen sie nach Art und Inhalt festliegen. Die möglichen dinglichen Rechte sind daher der Zahl nach begrenzt. Die beschränkten dinglichen Rechte können auch nur mit dem gesetzlich bestimmten Inhalt vereinbart werden. Es gilt hier also nicht – wie sonst – der Grundsatz der Vertragsfreiheit. Zwar kann der Eigentümer frei darüber entscheiden, ob er einem anderen ein beschränktes dingliches Recht an seinem Grundstück einräumt, er kann die Teilberechtigung, die er auf einen Dritten überträgt, inhaltlich jedoch nicht nach seinem Belieben ausgestalten, eine Hypothek zum Beispiel nicht mit dem Inhalt vereinbaren, dass der Gläubiger nicht zur Verwertung (Zwangsversteigerung) berechtigt sei. Diesen Grundsatz nennt man *Typenzwang.*

4. Berechtigte aus den Rechten

300   Inhaber eines beschränkten dinglichen Rechts können eine oder mehrere natürliche Personen oder eine juristische Person sein, also eine Kapitalgesellschaft, wie AG und GmbH oder ein rechtsfähiger Verein. Den juristischen Personen stehen gleich die rechtsfähige Personengesellschaft wie OHG und KG, sowie die teilrechtsfähige Gesellschaft bürgerlichen Rechts. In allen Fällen spricht man von subjektiv persönlichen Rechten. Hierzu zählen die beschränkte persönliche Dienstbarkeit, das Wohnungsrecht, der Nießbrauch, die Grundpfandrechte, das subjektiv persönliche Vorkaufsrecht und die subjektiv persönliche Reallast.

Aus einem beschränkten dinglichen Recht kann aber auch der jeweilige Eigentümer eines anderen Grundstücks berechtigt sein, wie etwa bei der Grunddienstbarkeit, dem subjektiv dinglichen Vorkaufsrecht oder bei der subjektiv dinglichen Reallast. Alle diese Rechte sind subjektiv dingliche Rechte.

Subjektiv persönliche Rechte können mehreren Personen zustehen, etwa in Bruchteilsgemeinschaft, Erbengemeinschaft oder Gütergemeinschaft (siehe hierzu Rdn 344). Subjektiv dingliche Rechte stehen dann Mehreren zu, wenn Eigentümer des herrschenden Grundstücks mehrere Personen sind.

II. Bestellung eines beschränkten dinglichen Rechts und seine Aufhebung

301   Für die Bestellung aller beschränkten dinglichen Rechte an Grundstücken sind als „Grundtatbestand" erforderlich die Einigung und die Eintragung in das Grundbuch. Neben diesen Grundvoraussetzungen können für die Bestellung einzelner beschränkter dinglicher Rechte weitere Erfordernisse notwendig sein, wie etwa bei der Hypothek das Bestehen der zu sichernden Forderung oder die Übergabe des Hypothekenbriefes. Diese Besonderheiten werden bei der Darstellung der einzelnen beschränkten dinglichen Rechte behandelt. Hier sollen zunächst nur die für die Bestellung aller beschränkten dinglichen Rechte an Grundstücken gemeinsamen Elemente dargestellt werden.

1. Einigung über die Entstehung des Rechts

302   Der Eigentümer und derjenige, der das Recht eingeräumt erhält, müssen sich über die Bestellung eines dinglichen Rechts einig sein. Sie müssen übereinstimmend erklären, dass ein bestimmtes dingliches

Recht mit dem gesetzlich bestimmten Inhalt entstehen soll. Will der Grundstückseigentümer z.B. einem Dritten gestatten, den auf seinem Grundstück befindlichen Weg zu benutzen, müssen beide hierüber eine Einigung herbeiführen. Die Beteiligten einigen sich dann über das Entstehen einer Grunddienstbarkeit oder einer beschränkten persönlichen Dienstbarkeit. Oder will die Bank, die dem Eigentümer ein Darlehen gewährt hat, zur Sicherheit das Recht eingeräumt erhalten, im Falle der Nichtrückzahlung des Darlehens das Grundstück zwangsversteigern zu lassen und sich aus dem Erlös zu befriedigen, so müssen sich die Beteiligten über die Bestellung einer Hypothek einigen.

Die Einigung über die Bestellung eines beschränkten dinglichen Rechts bedarf grundsätzlich keiner Form, sie kann also auch *mündlich* erfolgen.

Das Erfordernis der Einigung – zu der ja mindestens zwei Personen gehören – macht es fraglich, ob der **303** Eigentümer auch an seinem eigenen Grundstück für sich selbst ein beschränktes dingliches Recht bestellen kann. Gesetzlich geregelt ist dieser Fall bei der Eigentümergrundschuld. Der Eigentümer räumt sich hier an seinem eigenen Grundstück eine Grundschuld ein. Das ist sinnvoll für den Fall, dass der Eigentümer beabsichtigt, das Grundstück zu veräußern, sich aber eine Teilberechtigung in Form eines Verwertungsrechts vorbehalten möchte. Der neue Eigentümer erwirbt dann – wenn die Grundschuld nicht gleichzeitig mitübertragen wird – ein mit einer Grundschuld zugunsten des alten Eigentümers belastetes Grundstück. Ein Eigentümer bestellt an seinem Grundstück eine Grundschuld für sich selbst häufig auch in der Absicht, sie später auf einen Dritten zu übertragen (vgl. hierzu Rdn 518 f.).

Es ist rechtlich möglich, dass der Eigentümer auch Grunddienstbarkeiten und beschränkte persönliche **304** Dienstbarkeiten für sich selbst am eigenen Grundstück bestellen kann, wenn hierfür ein *schutzwürdiges wirtschaftliches* oder *ideelles Interesse* besteht.

> **Beispiel**
>
> E ist Eigentümer zweier nebeneinander liegender Grundstücke A und B in einer Gebirgslandschaft. Er möchte auf dem Grundstück A ein Hotel errichten und das Grundstück B verkaufen. Damit der zukünftige Eigentümer des Grundstücks B dem auf dem Grundstück A geplanten Hotel nicht die Aussicht verbaut, lässt E auf dem Grundstück B eine Grunddienstbarkeit zugunsten des jeweiligen Eigentümers des Grundstückes A eintragen mit dem Inhalt, dass das Grundstück B nur eingeschossig bebaut werden darf.

Es ist umstritten, ob auf die dingliche Einigung die Regeln des Vertrages zugunsten Dritter Anwendung **305** finden. Die herrschende Rechtsprechung lehnt dies ab.[102] Dies bedeutet, dass die Personen, zugunsten derer ein dingliches Recht bestellt wird, (zumindest konkludent) an der dinglichen Einigung mitwirken müssen.

> **Beispiel**
>
> In einem Grundstücksübertragungsvertrag zwischen Vater und Sohn verpflichtet sich der Erwerber (Sohn), seine Geschwister mit bestimmten Geldbeträgen abzufinden. Zur Sicherheit bestellt er zugunsten seiner Geschwister Hypotheken an dem Grundstück.

Die Hypotheken sind nur dann gültig entstanden, wenn sich der Sohn mit seinen Geschwistern (formlos) über die Entstehung der Hypotheken einigt. Um spätere Streitigkeiten zu vermeiden, empfiehlt es sich, die Geschwister an dem notariellen Vertrag mitwirken zu lassen.

2. Eintragung des Rechts im Grundbuch

Für die Bestellung beschränkter dinglicher Rechte an Grundstücken ist neben der Einigung als weiteres **306** Entstehungselement die Eintragung der Rechte in das Grundbuch erforderlich (§ 873 BGB). Jede Rechtsänderung im Hinblick auf ein Grundstück soll offenkundig werden *(Publizitätsprinzip)*. Das Bürgerliche Gesetzbuch bestimmt lediglich, dass die Eintragung in das Grundbuch erforderlich ist, sagt aber nichts

---

102 BGH NJW-RR 1986, 848, 849; a.A.: MüKo-BGB/*Kohler*, 8. Aufl. 2020, § 873 Rn 58 m.w.N.

darüber, wie die Eintragung erfolgt und welche formellen Voraussetzungen gegeben sein müssen, damit die Eintragung vorgenommen wird. Dies ergibt sich vielmehr aus dem formellen Grundbuchrecht, insbesondere aus den Vorschriften der Grundbuchordnung. Das formelle Grundbuchrecht wird nachstehend (siehe Rdn 311 ff.) behandelt.

Nach § 874 BGB, § 44 GBO braucht das Recht nicht mit seinem ganzen Inhalt in das Grundbuch eingetragen zu werden. Es genügt die Bezugnahme auf die Eintragungsbewilligung und eine schlagwortartige Kennzeichnung im Eintragungsvermerk.

> *Beispiel*
>
> Wenn der E zugunsten des B ein Wegerecht oder ein Wohnungsrecht einräumt, so genügt es für die Eintragung, dass im Grundbuch das Wegerecht bzw. das Wohnungsrecht schlagwortartig bezeichnet wird. Es ist nicht erforderlich, im Grundbuch im Einzelnen den Inhalt des Wegerechts bzw. Wohnungsrechts aufzuführen, also z.B. die Breite des Weges anzugeben. Auch ist es entbehrlich zu beschreiben, ob der Weg befahren werden oder von welchen Personen er benutzt werden darf. Bei der Eintragung des Wohnungsrechts ist es nicht geboten, die einzelnen Zimmer, die von dem Wohnungsrecht erfasst werden, in das Grundbuch einzutragen. Es genügt die Bezeichnung „Wohnungsrecht". Aus der *Bewilligung* müssen sich freilich Inhalt und Umfang des Rechts genau ergeben.

307
> *Beispiel einer Eintragung*
>
> Grunddienstbarkeit (Wegerecht) zugunsten des jeweiligen Eigentümers des Grundstücks …, unter Bezugnahme auf die Eintragungsbewilligung vom … eingetragen am …

3. Wechsel des Rechtsinhabers

308   Der Wechsel eines Rechtsinhabers kann Folge einer Übertragung oder Vererbung des Rechts sein. Hier muss zwischen den einzelnen beschränkten dinglichen Rechten differenziert werden. Frei veräußerlich und vererblich sind die Grundpfandrechte. Der Inhaber einer Hypothek oder Grundschuld kann das Recht an einen anderen abtreten. Stirbt der Inhaber einer Hypothek oder Grundschuld, geht sie auf seine Erben über. Entsprechendes gilt für die Rentenschuld.

Weder veräußerlich noch vererblich sind die beschränkte persönliche Dienstbarkeit, das Wohnungsrecht und der Nießbrauch. Lediglich in Ausnahmefällen besteht für den Nießbrauch und die beschränkte persönliche Dienstbarkeit eine Übertragungsmöglichkeit, wenn Berechtigter eine juristische Person oder rechtsfähige Personengesellschaft ist (vgl. §§ 1059a, 1092 Abs. 2 und 3 BGB).

309   Die subjektiv persönliche Reallast kann übertragen und vererbt werden, Letzteres nur, sofern sie nicht, wie häufig, auf die Lebenszeit des Berechtigten beschränkt ist. Bei dem subjektiv persönlichen Vorkaufsrecht sind Übertragung und Vererbung nur zulässig, wenn sie durch Einigung und Eintragung im Grundbuch zum Rechtsinhalt gemacht worden sind.

Rechte, die zugunsten des jeweiligen Eigentümers eines Grundstücks bestellt sind, gehen als deren Bestandteile (§ 96 BGB) mit Übertragung des herrschenden Grundstücks auf den neuen Eigentümer über. Dazu gehören die Grunddienstbarkeit, die subjektiv dingliche Reallast und das subjektiv dingliche Vorkaufsrecht.

Einzelheiten zu den Möglichkeiten der Übertragung und Vererbung beschränkter dinglicher Rechte werden bei der Behandlung der einzelnen Rechte dargestellt.

4. Aufhebung des Rechts

310   Die Aufhebung eines beschränkten dinglichen Rechts erfolgt in der Regel durch die einseitige Erklärung des Rechtsinhabers, das Recht aufgeben zu wollen, und die Löschung des Rechts im Grundbuch (§ 875 BGB). Die Erklärung ist dem Grundbuchamt oder demjenigen gegenüber abzugeben, zu dessen Gunsten die Aufhebung erfolgt, also in der Regel dem Eigentümer. Möchte also der Wohnungsberechtigte sein

Wohnungsrecht aufgeben, muss er dies dem Eigentümer gegenüber erklären. Ferner muss das Wohnungsrecht im Grundbuch gelöscht werden. Wie die Löschung im Grundbuch erfolgt, ergibt sich wiederum aus dem formellen Grundbuchrecht, also den Vorschriften der Grundbuchordnung.

Die einseitige Erklärung des Rechtsinhabers, das Recht aufgeben zu wollen, genügt dann nicht, wenn durch die Aufhebung Rechte Dritter beeinträchtigt werden (§ 876 BGB). Ist eine Hypothek an einen Dritten verpfändet, so bedarf die Aufgabe der Hypothek der Zustimmung desjenigen, an den sie verpfändet worden ist. Denn sonst würde der Pfandgegenstand ohne den Willen des Pfandgläubigers vernichtet. Ist ein Erbbaurecht mit einer Hypothek belastet, kann der Erbbauberechtigte sein Erbbaurecht nicht ohne Zustimmung des Hypothekengläubigers aufgeben.

Will ein Hypothekengläubiger seine Hypothek aufgeben, muss der Eigentümer des Grundstücks, mit dem die Hypothek belastet ist, der Aufhebung zustimmen. Das erklärt sich daraus, dass ein Eigentümer nach den Bestimmungen des Hypothekenrechts die Möglichkeit hat, ohne Zutun des Gläubigers die Hypothek zu erwerben. Dies geschieht durch Umwandlung in eine Eigentümergrundschuld, also ein Recht, das dem Eigentümer zusteht. Durch die Aufhebung einer Hypothek kann dieses dem Eigentümer zustehende Erwerbsrecht beeinträchtigt werden. Daher muss der Eigentümer mit der Aufhebung einer Hypothek einverstanden sein. Einzelheiten hierzu werden beim Hypothekenrecht dargestellt (vgl. Rdn 542).

III. Die Eintragung der beschränkten dinglichen Rechte in das Grundbuch und ihre Löschung

1. Aufbau des Grundbuchs

Für die Bestellung und Aufhebung von Grundstücksrechten ist die Eintragung in das Grundbuch erforderlich. Die Voraussetzungen für die Eintragung ergeben sich aus der Grundbuchordnung (GBO). Nach § 1 Abs. 1 GBO werden die Grundbücher von den Amtsgerichten (Grundbuchämtern) geführt. Jedes Amtsgericht ist örtlich für alle in seinem Bezirk gelegenen Grundstücke zuständig. Beim Amtsgericht werden die Eintragungen vom Rechtspfleger vorgenommen. **311**

Das Grundbuchamt führt für jedes Grundstück ein Grundbuchblatt. Mehrere, demselben Eigentümer gehörende Grundstücke im Amtsgerichtsbezirk werden entweder in einem Grundbuchblatt zusammengefasst (sog. *Personalfolium*) oder aber – heute überwiegend – getrennt nach den Gemarkungen, in denen sie liegen (sog. *Realfolium*). Das Grundbuchblatt ist für das Grundstück als „das Grundbuch" im Sinne des BGB anzusehen. Das Grundbuchblatt (Grundbuch) ist wie folgt eingeteilt: **312**

Aufschrift: Sie gibt das Amtsgericht, den Grundbuchbezirk und die Nummer des Blattes an, ferner den Hinweis auf den Inhalt, wenn nicht nur Grundstücke enthalten sind (Wohnungsgrundbuch, Erbbaugrundbuch);

Bestandsverzeichnis: Hier sind die Angaben enthalten, die das Grundstück in seiner räumlichen Lage und Größe charakterisieren; Beschreibung der Art des Eigentums (Wohnungseigentum) bzw. Rechts (Erbbaurecht);

drei Abteilungen: die erste Abteilung kennzeichnet den Eigentümer und den Erwerbsgrund, die zweite Abteilung enthält alle sonstigen Eintragungen, außer den Grundpfandrechten, in der dritten Abteilung sind die Grundpfandrechte (Hypotheken, Grund- und Rentenschulden) eingetragen.

Für jedes Grundbuchblatt werden besondere Grundakten geführt. Darin werden alle auf das Grundbuchblatt bezogenen Urkunden gesammelt.

2. Rechtsnatur der Eintragung

Der Eintragung in das Grundbuch kommen verschiedene Bedeutungen zu. Soweit die Eintragung die Voraussetzung für das Entstehen oder das Erlöschen des Rechtes ist, handelt es sich um eine *rechtsändernde* (konstitutive) Eintragung. **313**

Beispiel

Der Nießbrauch entsteht durch Einigung und Eintragung im Grundbuch. Erst die Eintragung in das Grundbuch lässt das Recht entstehen.

314 Nicht alle Eintragungen haben eine solche Wirkung. Sie können auch erfolgen, um das Grundbuch mit der wahren Rechtslage in Einklang zu bringen, wenn es durch ein außerhalb des Grundbuchs liegendes Ereignis falsch geworden ist. Hier erfolgt eine berichtigende Eintragung (deklaratorische Eintragung, Grundbuchberichtigung).

Beispiel

Der eingetragene Eigentümer E ist verstorben. Einziger gesetzlicher Erbe ist sein Sohn S. Mit dem Erbfall ist S, ohne dass eine Eintragung in das Grundbuch vorgenommen werden müsste, Eigentümer des Grundstücks geworden. Die anschließende Eintragung des S in das Grundbuch ist lediglich eine Grundbuchberichtigung, die das Grundbuch mit der wahren Rechtslage in Einklang bringt.

3. Formelle Voraussetzungen für die rechtsändernde Eintragung

315 Bei der Eintragung oder Löschung von beschränkten dinglichen Rechten handelt es sich in der Regel um rechtsändernde Eintragungen. Sie erfolgen grundsätzlich nur auf Antrag (§ 13 GBO). Weitere Voraussetzung ist die Eintragungs- oder Löschungsbewilligung (§ 19 GBO) in der Form des § 29 GBO, erteilt von dem (eingetragenen) Betroffenen (§ 39 GBO).

a) Antrag

316 Der Antragsteller muss *antragsberechtigt* sein. Bei der rechtsändernden Eintragung ist nach § 13 Abs. 2 GBO jeder unmittelbar Beteiligte antragsberechtigt; unmittelbar beteiligt ist derjenige, dessen Rechtsstellung durch die Eintragung einen Verlust erleidet oder einen Gewinn erfährt.

Beispiel

Bei der Eintragung einer Grundschuld erleidet der Eigentümer rechtlich gesehen einen Verlust, da sein Grundstück belastet wird, der Gläubiger erfährt rechtlich einen Gewinn, da er ein Verwertungsrecht an einem anderen Grundstück erlangt. Sowohl Gläubiger als auch Eigentümer sind daher unmittelbar Beteiligte und können den Antrag auf Eintragung der Grundschuld beim Grundbuchamt stellen.

317 Der Antrag bedarf der Schriftform. Er muss inhaltlich so beschaffen sein, dass er ein bestimmtes Eintragungsbegehren erkennen lässt. Gemäß § 15 GBO gilt der beurkundende Notar als zur Stellung des Antrags ermächtigt.

Der Eintragungsantrag kann bis zur Eintragung frei widerrufen werden, allerdings nur in der Form des § 29 GBO.

Beispiel

Der Notar N beantragt namens des Eigentümers E die Eintragung einer Grundschuld zugunsten des Gläubigers G. E nimmt ohne Wissen des Gläubigers den Antrag zurück. Die Grundschuld kann nicht eingetragen werden. Die Rücknahme des Antrags durch E ist aber dann bedeutungslos, d.h., die Grundschuld wird eingetragen, wenn der Antrag vom Notar auch im Namen des Gläubigers gestellt worden ist.

318 Es ist zweifelhaft, ob der Notar stets auch zur Rücknahme der von ihm eingereichten Anträge ermächtigt ist. Er lässt sich daher oft dazu ausdrücklich von den Beteiligten bevollmächtigen. Der Form des § 29 GBO ist in diesen Fällen genügt, wenn der Notar dem Rücknahmeschreiben sein Amtssiegel beidrückt.

> *Muster:*
>
> Der Notar wird ermächtigt, die in dieser Urkunde enthaltenen Eintragungsanträge dem Grundbuchamt getrennt zur Erledigung vorzulegen, sie einzuschränken und ganz oder teilweise zurückzuziehen.

b) Bewilligung (formelles und materielles Konsensprinzip)

Wenn von einem Antragsberechtigten beim Grundbuchamt der Eintragungsantrag – etwa der Antrag auf Eintragung einer Grunddienstbarkeit – gestellt wird, prüft der Rechtspfleger grundsätzlich nicht nach, ob sich der Eigentümer mit seinem Nachbarn über die Bestellung des Wegerechts, das als Grunddienstbarkeit eingetragen werden soll, geeinigt hat. Zwar ist die Einigung Voraussetzung für das Entstehen des Rechts, der Rechtspfleger trägt das Recht jedoch bereits ein, wenn ihm die einseitige Eintragungsbewilligung (Löschungsbewilligung) des *Betroffenen* vorgelegt wird (§ 19 GBO). Betroffen ist stets derjenige, dessen Recht beeinträchtigt wird, der also einen rechtlichen Nachteil erleidet (formelles Konsensprinzip).   **319**

> *Beispiel*
>
> E will zugunsten des G eine Grundschuld eintragen lassen. Da sein Grundstück belastet wird, ist E der Betroffene, er erleidet einen rechtlichen Nachteil. Die Eintragungsbewilligung ist daher von ihm abzugeben. Soll die Grundschuld im Grundbuch wieder gelöscht werden, ist G der Betroffene, weil er durch die Aufgabe seines Rechts eine rechtliche Einbuße erfährt (Verlust der Sicherheit). Die Löschungsbewilligung ist daher von G abzugeben.

> *Beachte:*   **320**
>
> Die Einigung über die Bestellung eines beschränkten dinglichen Rechts ist und bleibt materiell-rechtliche Voraussetzung für das Entstehen des Rechts. Sie braucht dem Grundbuchamt aber nicht nachgewiesen zu werden. Fehlt die Einigung, entsteht das Recht nicht, die Eintragung macht das Grundbuch dann falsch.

> *Beispiel*   **321**
>
> E will dem N, um ihm eine Freude zu bereiten, die Nutznießung an seinem Grundstück einräumen. Er bewilligt und beantragt die Eintragung des Nießbrauchs zugunsten des N. Der Nießbrauch wird aufgrund der einseitigen Bewilligung des Betroffenen – des Grundstückseigentümers – eingetragen. Als N hiervon erfährt, erklärt er, von E nichts geschenkt bekommen zu wollen. Der Nießbrauch ist – obwohl im Grundbuch eingetragen – mangels Einigung zwischen E und N nicht entstanden. Das Grundbuch ist falsch.

Die Eintragungsbewilligung (Löschungsbewilligung) wird wirksam mit ihrem Zugang beim Grundbuchamt oder bei demjenigen, zu dessen Gunsten sie abgegeben wird. Nach dem Zugang ist sie – anders als der Antrag – nicht frei widerruflich.

Eine wichtige Ausnahme von dem Grundsatz der einseitigen Bewilligung des Betroffenen besteht im Falle der Eigentumsübertragung. Die Eintragungsbewilligung genügt als Eintragungsvoraussetzung nicht bei der Übereignung von Grundstücken; hier muss, damit das Eigentum auf den Erwerber umgeschrieben wird, dem Grundbuchamt die Auflassung – die Einigung über die Rechtsänderung, §§ 873, 925 BGB – vorgelegt werden (§ 20 GBO). Gleiches gilt für die Bestellung, Übertragung und Aufhebung eines Erbbaurechts (materielles Konsensprinzip).   **322**

> *Beispiel*
>
> E schenkt dem K ein Grundstück. Es genügt nicht, dass E bewilligt und beantragt, den Eigentumswechsel in das Grundbuch einzutragen. Dem Grundbuchamt muss vielmehr das Einigsein zwischen E und K über den Eigentumswechsel (= Auflassung) nachgewiesen werden. Will E dem K ein Erbbaurecht an seinem Grundstück bestellen, ist auch hier dem Grundbuchamt die Einigung über die Bestellung des Erbbaurechts nachzuweisen.

Der Grund dafür, dass die Einigung in den genannten Fällen dem Grundbuchamt nachzuweisen ist, liegt darin, dass mit dem Eigentum an Grundstücken und mit der Inhaberschaft am Erbbaurecht öffentlich-rechtliche Verpflichtungen verbunden sind und daher ein besonderes Interesse an der Übereinstimmung der wahren Rechtslage mit der Grundbuchlage besteht.

323

Beachte:

Bei der Eigentumsübertragung und bei der Bestellung des Erbbaurechts wird die Eintragungsbewilligung um die Auflassung (Nachweis der Einigung der Beteiligten) ergänzt.

c)   Öffentliche oder öffentlich beglaubigte Urkunden

324   Alle zur Eintragung in das Grundbuch erforderlichen Erklärungen – mit Ausnahme des Eintragungsantrags – sind durch öffentliche oder öffentlich beglaubigte Urkunden nachzuweisen. Hierdurch soll sichergestellt werden, dass die Eintragungsunterlagen „echt" sind. Als Regel kann man sich merken: Eintragungsbewilligungen und sonstige Erklärungen, die zur Eintragung erforderlich sind, bedürfen der notariellen Beurkundung oder der notariellen Beglaubigung. Andere Voraussetzungen der Eintragung (Lebensalter, Eheschließung, Erbfolge usw.) müssen beim Grundbuchamt entweder offenkundig sein oder durch öffentliche Urkunden nachgewiesen werden. Für den Eintragungsantrag genügt die Schriftform. Enthält er aber gleichzeitig die Eintragungsbewilligung (oder die Erteilung einer Vollmacht), so ist die Form des § 29 GBO einzuhalten (§ 30 GBO). Das Gleiche gilt, wenn ein Eintragungsantrag zurückgenommen wird (§ 31 GBO).

d)   Voreintragung des Betroffenen

325   Derjenige, der die Eintragungsbewilligung abgibt, also der Betroffene, muss als Berechtigter im Grundbuch eingetragen sein, d.h., er muss *voreingetragen* sein (§ 39 GBO).

Beispiel

Bewilligt und beantragt E zu Lasten seines Grundstücks eine Grundschuld zugunsten des G, so ist erforderlich, dass E als Eigentümer des Grundstücks in Abteilung I eingetragen ist.

326   Ist der Berechtigte, der die Bewilligung abgibt, als solcher nicht im Grundbuch eingetragen, muss seine Voreintragung herbeigeführt werden. Erst dann kann das Recht, das zur Eintragung bewilligt worden ist, in das Grundbuch eingetragen werden.

Beispiel

G ist als Eigentümer eines Grundstücks eingetragen. Er ist verstorben und von N allein beerbt worden. N bewilligt und beantragt die Eintragung einer Grundschuld zugunsten des H. N ist mit dem Erbfall – durch Rechtserwerb außerhalb des Grundbuchs – Eigentümer des Grundstücks geworden und somit als Betroffener berechtigt, die Eintragungsbewilligung abzugeben; denn durch die Eintragung der Grundschuld wird sein Eigentum belastet und er erleidet einen rechtlichen Nachteil. N ist als Berechtigter jedoch nicht im Grundbuch eingetragen, vielmehr noch G. Das Grundbuch muss daher zuerst dahingehend berichtigt werden, dass N Eigentümer ist. Dann ist die Voreintragung herbeigeführt. Erst jetzt trägt der Grundbuchbeamte die Grundschuld ein.

327   Es gibt mehrere Ausnahmen von dem Grundsatz der Voreintragung des Betroffenen, von denen zwei besonders wichtig sind:

1. Ist der Berechtigte, also der Bewilligende, Erbe einer noch im Grundbuch eingetragenen Person und will er sein ererbtes Recht übertragen oder aufheben, braucht er nicht vorher in das Grundbuch eingetragen zu werden. Es wäre Formalismus, die Eintragung einer Person zu verlangen, die alsbald wieder aus dem Grundbuch verschwände. Daher verzichtet § 40 GBO in diesen Fällen auf die Zwischeneintragung des Erben.

Beispiel

Will der Erbe V des noch im Grundbuch eingetragenen E sein Grundstück an K veräußern, so braucht V nicht zuvor im Wege der Grundbuchberichtigung als Eigentümer eingetragen zu werden. Wenn V sein Erbrecht durch Erbschein, öffentliche letztwillige Verfügung oder Europäisches Nachlasszeugnis (siehe hierzu Rdn 329) nachweist, kann der Erwerber K ohne Zwischeneintragung des V eingetragen werden (siehe hierzu Rdn 39).

Beachte:

Aus notarieller Sicht kann es gleichwohl empfehlenswert sein, die Voreintragung des Erben zu veranlassen, um dem Käufer die Möglichkeit des gutgläubigen Erwerbs zu eröffnen. Dies gilt insbesondere dann, wenn die Erbfolge nicht durch Erbschein, sondern durch öffentliches Testament, Erbvertrag oder Europäisches Nachlasszeugnis nachgewiesen wird (siehe hierzu Rdn 39, 1990). Öffentliches Testament und Erbvertrag vermitteln keinerlei guten Glauben; beim Europäischen Nachlasszeugnis ist der Gutglaubensschutz deutlich geringer ausgeprägt („konkreter Vertrauensschutz", Bösgläubigkeit bereits bei grob fahrlässiger Unkenntnis, siehe hierzu Rdn 1990).

Ferner ist zu beachten, dass die Ausnahme von dem Grundsatz der Voreintragung des Betroffenen im Erbfall nur gilt, wenn der Erbe sein Recht überträgt oder aufgibt, nicht wenn er lediglich sein Recht belastet. Will der Erbe also das im Nachlass befindliche Grundstück, das noch auf den Namen des Erblassers eingetragen ist, mit einer Grundschuld belasten, muss er vorher im Wege der Berichtigung in Abteilung I des Grundbuchs eingetragen werden. Hieraus folgt, dass im Rahmen eines Kaufvertrages nach Wortlaut und traditioneller Meinung die Voreintragung des Erben erfolgen muss, wenn der Erbe das Grundstück an einen Käufer verkauft, der den Kaufpreis finanziert und deswegen eine Grundschuld zu Lasten des Kaufgegenstandes vor Eigentumsumschreibung benötigt.[103]

2. Bei Grundpfandrechten (Hypothek und Grundschuld), über die ein Brief gebildet ist, bildet der Brief sozusagen einen im Besitz des Gläubigers befindlichen Teil des Grundbuchs. Der Gläubiger wird durch den Besitz des Briefes und öffentlich beglaubigter Abtretungserklärungen als Inhaber des Grundpfandrechts ausgewiesen, ohne im Grundbuch eingetragen zu sein. Diese Legitimation genügt auch gegenüber dem Grundbuchamt (§ 39 Abs. 2 GBO).

Beispiel

G ist als Grundschuldgläubiger im Grundbuch eingetragen. Die Grundschuld wird – jeweils unter Übergabe des Grundschuldbriefs – von G an D und von D an F in öffentlich beglaubigter Form abgetreten. F kann sich unter Vorlage des Grundschuldbriefs und der beiden Abtretungserklärungen als neuer Grundschuldgläubiger in das Grundbuch eintragen lassen, ohne dass es der Voreintragung des D bedarf.

e) Voraussetzung für eine Löschung

Die vorstehend dargestellten Grundsätze für die Eintragung gelten auch für die Löschung eines Rechts. **328** Das Wort „Eintragung" in der Grundbuchordnung umfasst auch die Löschung eines eingetragenen Rechts, da sie durch die Eintragung des Löschungsvermerks vorgenommen wird. Für die Löschung eines Rechts sind daher ein Antrag und die Löschungsbewilligung des eingetragenen Betroffenen in der Form des § 29 GBO erforderlich.

Beispiel

Soll der zugunsten des N eingetragene Nießbrauch im Grundbuch gelöscht werden, muss entweder N oder der Eigentümer E einen Löschungsantrag stellen. Die Löschungsbewilligung kann nur von N abgegeben werden, da allein er durch die Löschung des Rechts einen rechtlichen Nachteil erleidet und

---

103 A.A. die neuere Rspr bei Veräußerung aufgrund einer transmortal erteilten Vollmacht.: OLG Stuttgart DNotZ 2019, 194; OLG Celle DNotI-Report 2019, 150; OLG Frankfurt a.M. ZEV 2017, 719; OLG Köln FGPrax, 2018, 106.

somit Betroffener im Sinne des § 19 GBO ist. Die Löschungsbewilligung muss notariell beglaubigt und N als Inhaber des Nießbrauchs im Grundbuch eingetragen sein.

4. Grundbuchberichtigungen

329   Stimmt die Eintragung im Grundbuch mit der wahren Rechtslage nicht überein, muss eine Grundbuchberichtigung erfolgen. Sie ist erforderlich, damit der wahre Berechtigte im Sinne des § 39 GBO eingetragen wird. Denn bei einer falschen Grundbucheintragung besteht immer die Gefahr, dass der wahre Berechtigte sein Recht an einen gutgläubigen Dritten verliert (§ 892 BGB). Dem Grundbuch kommt nämlich eine „Vermutungs- und Glaubenswirkung" zu. Der Grundbuchinhalt gilt – wenn er mit der wahren Rechtslage nicht übereinstimmt – für einen gutgläubigen Dritten als richtig. Wenn also jemand zu Unrecht als Eigentümer oder als Inhaber eines beschränkten dinglichen Rechts eingetragen ist, muss der wahre Berechtigte befürchten, dass ein Dritter von dem zu Unrecht eingetragenen Nichtberechtigten gutgläubig das Eigentum bzw. das beschränkte dingliche Recht erwirbt (§ 892 BGB, vgl. Rdn 13 ff.).

330   *Beispiele*

Der dauernd geisteskranke E hat sein Grundstück an K verkauft. K wird als Eigentümer im Grundbuch eingetragen. Das Grundbuch ist falsch, denn K konnte mangels wirksamer Einigung nicht Eigentümer werden, weil Kaufvertrag und Auflassung wegen der Geisteskrankheit des E nichtig sind. Verkauft K nun seinerseits das Grundstück an den gutgläubigen D, erwirbt dieser das Eigentum an dem Grundstück, weil er sich auf die Eintragung im Grundbuch verlassen durfte.

Oder:

Der dauernd geisteskranke E hat zugunsten des G an seinem Grundstück die Eintragung einer Grundschuld bewilligt und beantragt. G ist – obwohl er als Grundschuldgläubiger in das Grundbuch eingetragen worden ist – nicht Inhaber der Grundschuld geworden. Denn die Einigung zwischen E und G ist wegen der Geschäftsunfähigkeit des E unwirksam. Tritt G nunmehr die Grundschuld an den gutgläubigen D ab, erwirbt dieser die Grundschuld und damit ein Verwertungsrecht an dem Grundstück des E.

Der wahre Berechtigte muss also bemüht sein, das Grundbuch berichtigen zu lassen. Die Berichtigung des Grundbuchs erfolgt auf Antrag. Insoweit gilt dasselbe wie bei der rechtsändernden Eintragung.

331   Möglich ist, dass der zu Unrecht im Grundbuch Eingetragene eine Berichtigungsbewilligung nach § 19 GBO abgibt. Für sie gilt ebenfalls dasselbe wie für die Bewilligung bei der rechtsändernden Eintragung.

Beispiel

In unserem vorigen Beispiel gibt der zu Unrecht eingetragene Grundschuldgläubiger G eine Löschungsbewilligung ab.

332   In den meisten Fällen wird die Grundbuchberichtigung jedoch durch den Nachweis der Unrichtigkeit (§ 22 GBO) herbeigeführt. Damit der Grundbuchbeamte das Grundbuch berichtigt, muss die Unrichtigkeit entweder offenkundig sein oder durch öffentliche Urkunden nachgewiesen werden (§ 29 Abs. 1 S. 2 GBO).

Beispiel

E bewilligt zu Lasten seines Grundstücks die Eintragung einer Reallast zugunsten des X. Die Reallast wird eingetragen. Nunmehr stellt sich heraus, dass für E nach § 1896 BGB ein Betreuer bestellt und angeordnet worden ist, dass E für Grundstücksgeschäfte dessen Einwilligung bedarf (Einwilligungsvorbehalt), die Zustimmung des Betreuers aber nicht erteilt worden ist. Gegen Nachweis der Bestellung des Betreuers und der nach § 1903 BGB getroffenen Anordnung durch Vorlage des Beschlusses des Betreuungsgerichts wird das Grundbuchamt auf Antrag die Reallast löschen.

a) Grundbuchberichtigung bei der GbR

Die Übertragung einer Beteiligung an einer Gesellschaft bürgerlichen Rechts (GbR) führt zu einem **333** Rechtserwerb außerhalb des Grundbuchs. Zur Vermeidung eines gutgläubigen Erwerbs nach § 899a BGB muss das Grundbuch berichtigt werden.

> *Beispiel*
>
> Im Grundbuch ist als Eigentümerin die GbR – bestehend aus den Gesellschaftern A und B – eingetragen. A überträgt seine Beteiligung an der GbR an C. Das Grundbuch muss berichtigt werden (im Einzelnen vgl. Rdn 1401).

Gleichermaßen ist das Grundbuch zu berichtigen, wenn ein Gesellschafter verstirbt. Der Tod eines Gesellschafters führt nach den gesetzlichen Bestimmungen grundsätzlich zur Auflösung der GbR. Häufig wird gesellschaftsvertraglich jedoch die Fortführung der Gesellschaft vereinbart. Ob und in welcher Form die Erben oder Dritte an der Gesellschaft beteiligt sind, hängt materiellrechtlich von der konkreten gesellschaftsvertraglichen Nachfolgeregelung ab. Grundbuchverfahrensrechtlich kann die Berichtigung im Wege des Unrichtigkeitsnachweises oder der Berichtigungsbewilligung erfolgen.[104]

b) Grundbuchberichtigung nach Erbfall

Ein wichtiger Fall in der notariellen Praxis ist die Grundbuchberichtigung nach einem Erbfall. Mit dem **334** Tode des Erblassers geht das Eigentum an einem im Nachlass befindlichen Grundstück oder eine im Nachlass befindliche Hypothek – durch Rechtserwerb außerhalb des Grundbuchs – auf die Erben über. Die spätere Eintragung der Erben hat lediglich berichtigenden Charakter, führt also keine Rechtsänderung herbei. Bei unvererblichen Rechten (z.B. Nießbrauch, Wohnungsrecht) wird durch die Vorlage der Sterbeurkunde des Berechtigten in öffentlicher Form nachgewiesen, dass das Recht erloschen und das Grundbuch infolgedessen unrichtig geworden ist.

Will der Erbe in das Grundbuch eingetragen werden, muss er die Unrichtigkeit des Grundbuchs nachwei- **335** sen, insbesondere also, dass er Erbe geworden ist.

Der Nachweis der Erbfolge wird dem Grundbuchamt gegenüber durch Erbschein, Europäisches Nachlasszeugnis oder notarielles Testament bzw. Erbvertrag geführt (§ 35 GBO). Der Erbschein ist in Ausfertigung vorzulegen. Eine beglaubigte Abschrift genügt nicht, da sonst nicht ausgeschlossen werden kann, dass der Erbschein zwischenzeitlich als unrichtig vom Nachlassgericht eingezogen worden ist. Das Nachlassgericht zieht in diesem Fall nämlich lediglich die Urschrift und erteilten Ausfertigungen wieder ein; die beglaubigten Abschriften bleiben im Umlauf. Beim Europäischen Nachlasszeugnis genügt die Vorlage einer beglaubigten Abschrift (Art. 70 Abs. 3 Eu-ErbVO).[105] Hierbei ist die Regelgültigkeitsdauer von sechs Monaten ab Ausstellung zu beachten (siehe auch Rdn 1812 ff.). Eine beglaubigte Abschrift des notariellen Testaments bzw. des Erbvertrages in Verbindung mit einer beglaubigten Abschrift des Eröffnungsprotokolls genügen dann zum Nachweis der Erbfolge, wenn sich diese aus dem Testament oder Erbvertrag eindeutig ergibt. Das ist dann nicht der Fall, wenn etwa ein Erblasser zu seinen Erben „seine leiblichen ehelichen Abkömmlinge nach den Regeln der gesetzlichen Erbfolge" eingesetzt hat. Dem Grundbuchbeamten wird hier nicht zugemutet, die Erben festzustellen. Das ist Aufgabe des Nachlassgerichts im Rahmen der Erteilung eines Erbscheins.

Wenn sich die Erbfolge nicht eindeutig aus dem notariellen Testament oder dem Erbvertrag ergibt sowie **336** bei gesetzlicher Erbfolge und bei Erbfolge aufgrund eines eigenhändigen Testaments, ist stets die Vorlage eines Erbscheins bzw. Europäischen Nachlasszeugnisses erforderlich. Das eigenhändige Testament ist

---

104 Vgl. im Einzelnen *Weber*, ZEV 2015, 200; es zeichnen sich gesetzgeberische Neuerungen in diesem Bereich ab (sog. MoPeG mit der geplanten Registrierungsmöglichkeit der GbR, vgl. *Reymann*, DNotZ 2021, 103).

105 Zu beachten ist allerdings, dass nur die durch das Nachlassgericht erteilte „beglaubigte Abschrift" Gutglaubensträger ist, nicht hingegen die notarielle beglaubigte Abschrift einer beglaubigten Abschrift. Die durch das Nachlassgericht erstellte beglaubigte Abschrift entspricht der Ausfertigung nach deutscher Terminologie, vgl. *Lange*, DNotZ 2016, 103, 112. Vgl. im Übrigen zum Erbnachweis durch Europäisches Nachlasszeugnis auch *Simon/Buschbaum*, ZEV 2012, 525, *Volmer*, notar 2016, 323.

daher nur vordergründig „bequemer" und „billiger". Im Todesfall macht es – wenn sich Grundbesitz, Sparbücher oder Wertpapiere im Nachlass befinden – einen Erbschein oder ein Europäisches Nachlasszeugnis erforderlich.

337   *Muster eines Grundbuchberichtigungsantrages:*

An das Amtsgericht – Grundbuchamt – in X

Im Grundbuch von B Blatt 100 ist in Abteilung III unter lfd. Nr. 1 eine Grundschuld in Höhe von 50.000 EUR für E eingetragen. E ist verstorben und beerbt worden von seinen Kindern X, Y und Z.

Ich beantrage, das Grundbuch dahingehend zu berichtigen, dass X, Y und Z in Erbengemeinschaft Inhaber der Grundschuld sind.

Bonn, den (…)

Der Antrag kann von einem der Erben allein gestellt werden. Notarielle Beglaubigung ist nicht erforderlich. Die Erbfolge ist durch einen Erbnachweis – Erbschein, Europäisches Nachlasszeugnis oder notarielle Verfügung mit Eröffnungsprotokoll – zu belegen.

c) Berichtigung nach Erlöschen auf Lebenszeit bestellter Rechte

338   Eine Besonderheit besteht bei der Löschung von Rechten, die auf die Lebenszeit des Berechtigten beschränkt sind. Hierbei handelt es sich entweder um Rechte, die *kraft Gesetzes* unvererblich sind. Dazu gehören der Nießbrauch, die beschränkte persönliche Dienstbarkeit, insbesondere das Wohnungsrecht, und, falls nichts anderes vereinbart ist, das subjektiv-persönliche Vorkaufsrecht. Andere Rechte können *durch Vereinbarung* unter den Beteiligten, d.h. rechtsgeschäftlich, auf die Lebenszeit des Berechtigten beschränkt werden.

> *Beispiel*
>
> E bestellt zugunsten des H eine Grundschuld mit der Maßgabe, dass diese mit dem Tod des H erlöschen soll.

339   Diese mit dem Tode des Berechtigten erlöschenden Rechte können grundsätzlich aufgrund Todesnachweises (Sterbeurkunde) gelöscht werden.

Dies gilt allerdings nicht für Rechte, bei denen Leistungsrückstände möglich sind, so beim Nießbrauch, bei Hypotheken und Grundschulden sowie bei der Reallast.

> *Beispiel*
>
> Im Zeitpunkt des Todes des Berechtigten einer Reallast werden noch Rentenleistungen geschuldet. Oder bei der Grundschuld, die auf die Lebenszeit des H beschränkt ist, werden beim Tode des H noch Zins- und Tilgungsleistungen geschuldet.

Demgegenüber sind Rückstände bei den meisten beschränkten persönlichen Dienstbarkeiten, insbesondere also auch beim Wohnungsrecht, in der Regel ausgeschlossen. Denn der Eigentümer ist nach dem Inhalt der Dienstbarkeit grundsätzlich nur zur Duldung einer bestimmten Nutzung verpflichtet, nicht jedoch zu einem aktiven Tun. Etwas anderes gilt nur dann, wenn bestimmte Nebenleistungen des Eigentümers zum dinglichen Inhalt der Dienstbarkeit oder des Wohnungsrechts gemacht werden.[106]

> *Beispiel*
>
> Der Eigentümer verpflichtet sich, die dem Wohnungsrecht unterliegenden Räume jederzeit in einem gut bewohnbaren Zustand zu erhalten.

---

106 BeckOK-GBO/*Wilsch*, 41. Edition, Stand: 1.2.2021, § 23 GBO Rn 13; *Schöner/Stöber*, 16. Aufl. 2020 Rn 1268 ff.; OLG München ZEV 2016, 439, 441.

Sind Rückstände möglich, so ist nach § 23 GBO der Nachweis des Todes des Berechtigten für die Lö-   340
schung des Rechts nur ausreichend, wenn sie entweder erst nach dem Ablauf eines Jahres seit dem
Tode des Berechtigten erfolgen soll und der Erbe der Löschung nicht inzwischen widersprochen hat
oder wenn bei dem betreffenden Recht eingetragen ist, „dass zur Löschung des Rechts der Nachweis
des Todes des Berechtigten genügt" (Vorlöschungsklausel oder Löschbarkeitsvermerk). Ansonsten bedarf es zur Löschung einer Bewilligung des Erben nebst Erbnachweis.

In der Praxis wird bei Rechten, die auf die Lebenszeit des Berechtigten beschränkt und bei denen Leis-   341
tungsrückstände möglich sind, häufig eine Vorlöschungsklausel zur Eintragung bewilligt. Dieser Vermerk ist entbehrlich – und wohl auch nicht eintragungsfähig – bei Rechten, bei denen Rückstände ausgeschlossen sind.

Der Vermerk, dass zur Löschung des Rechts der Todesnachweis genügen soll, wirkt wie eine vorweggenommene Löschungsbewilligung. Er muss daher von dem Berechtigten in der Form des § 29 GBO bewilligt werden; die Bewilligung des Eigentümers reicht nach herrschender Ansicht aus, wenn der Löschbarkeitsvermerk gleichzeitig mit der Eintragung des Rechts vorgenommen werden soll.

Beispiel

E bewilligt zugunsten des N die Eintragung eines Nießbrauchs mit dem Vermerk, dass zur Löschung
des Rechts der Nachweis des Todes des N genügen soll. N muss diese Urkunde nicht mitunter-
zeichnen.

d) Berichtigung nach Erlöschen zeitlich beschränkter Rechte

Nach § 24 GBO gelten diese Regeln sinngemäß bei Rechten, die in anderer Weise zeitlich beschränkt   342
sind. Die zeitliche Beschränkung kann auf einem Endtermin oder einer auflösbaren Bedingung beruhen.

Beispiel

Hypothek befristet auf die Dauer von 10 Jahren; Nießbrauch zugunsten des N grundsätzlich auf seine
Lebenszeit, jedoch mit der Maßgabe, dass er vorzeitig erlischt, falls N heiratet.

Bei derart befristeten oder auflösend bedingten Rechten kann ein Vermerk eingetragen werden, dass zur   343
Löschung des Rechts der Nachweis des Eintritts des Endtermins oder der auflösenden Bedingung genügen soll. Ist ein solcher Vermerk bei dem Recht nicht eingetragen, kann es entsprechend den Regeln des
§ 23 GBO erst nach Ablauf eines Jahres seit dem Eintritt des Endtermins oder der auflösenden Bedingung
– wenn der Berechtigte der Löschung nicht widersprochen hat – oder nur aufgrund einer Bewilligung des
Berechtigten gelöscht werden.

5. Mehrere Berechtigte eines Rechts

Wird ein beschränktes dingliches Recht für mehrere Berechtigte eingetragen, muss im Grundbuch das für   344
die Gemeinschaft maßgebende Rechtsverhältnis (sog. Beteiligungsverhältnis) angegeben werden (§ 47
GBO). Ein Recht kann mehreren Personen entweder in Bruchteilsgemeinschaft, in Gesamthandsgemeinschaft oder als Gesamtberechtigten im Sinne des § 428 BGB zustehen.

Beispiel

Nießbrauch zugunsten von A und B zu je einem ideellen Hälfteanteil, Wohnungsrecht zugunsten von
Eheleuten N in Gütergemeinschaft, Nießbrauch zugunsten der Eheleute N als Gesamtberechtigten im
Sinne des § 428 BGB.

Bruchteilsgemeinschaft und Gesamthandsgemeinschaft sind also nicht nur Rechtsformen für mehrere Ei-   345
gentümer eines Grundstücks, sondern ebenso für mehrere Inhaber eines Rechts an einem Grundstück,
also eines Nießbrauchs, einer beschränkten persönlichen Dienstbarkeit oder einer Hypothek. Als Gesamt-
handsgemeinschaften kommen – wie beim Eigentum an einem Grundstück – die Erbengemeinschaft und
die eheliche Gütergemeinschaft in Betracht.

> *Beispiel*
>
> Bestellt E zugunsten der Eheleute N, die im Güterstand der Gütergemeinschaft leben, ein Wohnungs-recht, so fällt das Wohnungsrecht in das Gesamtgut. Daher steht das Wohnungsrecht den Eheleuten N „in Gütergemeinschaft" zu. Stirbt der Hypothekar H und wird er von seinen Kindern A, B und C beerbt, steht die Hypothek A, B und C „in Erbengemeinschaft" zu.

346   Eine Besonderheit besteht bei der Gesellschaft bürgerlichen Rechts. Diese ist zwar Gesamthandsgemein-schaft, aber teilrechtsfähig (siehe Rdn 1395 ff.). Soll ein Recht für eine Gesellschaft bürgerlichen Rechts eingetragen werden, so sind die Gesellschaft mit ihrem Namen und auch deren Gesellschafter im Grund-buch einzutragen (§ 47 Abs. 2 GBO).

347   Ein besonderes Rechtsverhältnis ist die Gesamtberechtigung im Sinne des § 428 BGB. Diese Form einer Berechtigung mehrerer ist bei einer Hypothek oder Grundschuld ebenso möglich wie bei einem Nieß-brauch, einer beschränkten persönlichen Dienstbarkeit, einem Wohnungsrecht, einer Reallast oder einem Erbbaurecht (bei letzterem str.). Steht ein Recht mehreren als Gesamtberechtigten im Sinne des § 428 BGB zu, so ist jeder der Gläubiger berechtigt, die ganze Leistung an sich selbst zu verlangen, der Schuld-ner braucht aber nur einmal zu leisten. Die Leistung an einen der Gläubiger befreit also den Schuldner allen anderen gegenüber. Bei Tod eines Berechtigten steht das Recht dem Überlebenden allein zu. Ent-sprechende Grundbuchberichtigung erfolgt durch Vorlage einer Sterbeurkunde.

> *Beispiel*
>
> Ein Wohnungsrecht steht A und B als Gesamtberechtigten im Sinne des § 428 BGB zu. Nur B übt das Wohnungsrecht aus. Der Eigentümer hat seine Verpflichtungen erfüllt. Stirbt A, verbleibt das Recht B allein.

6. Belastungsgegenstand

348   Nur ein Grundstück „im Rechtssinne" kann mit einem beschränkten dinglichen Recht belastet werden. Ein Grundstück im Rechtssinne ist ein katastermäßig erfasstes Flurstück, das unter *einer eigenen laufen-den Nummer* im Bestandsverzeichnis des Grundbuchs eingetragen ist. Mehrere Grundstücke nach dem Kataster bilden ebenfalls ein Grundstück im Rechtssinne, wenn sie zusammen unter einer laufenden Nummer des Bestandsverzeichnisses gebucht sind. Der Teil eines Grundstücks kann nur dann zugunsten des jeweiligen Eigentümers des anderen Teils belastet werden, wenn zwei Grundstücke gebildet worden sind.

> *Beispiel*
>
> V verkauft an K ein Trennstück aus dem ihm gehörenden Flurstück 501. Es handelt sich hierbei um den vorderen, zur Straße hin gelegenen Teil seines Grundstücks. Daher soll der Käufer dem Verkäufer an dem Teilstück, das er erwirbt, ein Wegerecht als Grunddienstbarkeit bestellen, was vereinbart wird. Damit der Käufer als Eigentümer und eine Grunddienstbarkeit eingetragen werden kann, ist es erfor-derlich, dass das an K verkaufte Teilstück aus dem Flurstück 501 vermessen und katastermäßig fort-geschrieben wird. Erst dann ist aus dem Teilstück ein Grundstück im Rechtssinne geworden, das den Eigentümer wechseln und belastet werden kann. Die im Kaufvertrag einem Notariatsmitarbeiter regel-mäßig erteilte Auflassungsvollmacht enthält zusätzlich die Vollmacht, nach Vermessung und katas-termäßiger Fortschreibung gleichzeitig mit der Auflassung die Eintragungsbewilligung bezüglich der Grunddienstbarkeit zu erklären.

Möglich ist auch die Belastung eines ideellen Miteigentumsanteils mit einem beschränkten dinglichen Recht mit Ausnahme einer Grunddienstbarkeit und einer beschränkten persönlichen Dienstbarkeit. Die Belastung eines Miteigentumsanteils mit einem Grundpfandrecht ist für den Gläubiger allerdings in der Regel ohne wirtschaftliches Interesse, weil in der Zwangsversteigerung lediglich ein Hälfteanteil des verpfändeten Grundbesitzes zur Verwertung gelangt.

Die Belastung mehrerer Grundstücke mit einem einheitlichen Recht (Gesamtrecht) ist ohne weiteres nur möglich bei den Grundpfandrechten und der Reallast, eingeschränkt beim Erbbaurecht, nicht jedoch bei den Dienstbarkeiten, dem Nießbrauch oder Vorkaufsrecht. Hier muss jedes Grundstück jeweils mit einem Einzelrecht gleichen Inhalts belastet werden.

IV. Die Dienstbarkeiten

Dienstbarkeiten sind der Nießbrauch, die Grunddienstbarkeit und die beschränkte persönliche Dienstbarkeit. Allen Dienstbarkeiten ist gemeinsam, dass dem Berechtigten eine *Befugnis zur Nutzung* des belasteten Grundstücks zusteht. Nießbrauch und sonstige Dienstbarkeiten unterscheiden sich durch die Intensität der Nutzung: Während der Nießbrauch zur *umfassenden* Nutzung des belasteten Grundstücks berechtigt, beinhalten beschränkte persönliche Dienstbarkeit und Grunddienstbarkeit das Recht, das belastete Grundstück *in einzelnen Beziehungen* zu nutzen. — 349

1. Grunddienstbarkeit und beschränkte persönliche Dienstbarkeit

a) Inhalt der Dienstbarkeit

Grunddienstbarkeit und beschränkte persönliche Dienstbarkeit haben denselben Inhalt. Drei mögliche Inhalte sind zu unterscheiden: — 350

- Der Inhaber der Dienstbarkeit darf das Grundstück des Eigentümers „in einzelnen Beziehungen benutzen" (§ 1018 BGB, erste Fallgruppe) oder
- der Eigentümer des belasteten Grundstücks darf auf seinem Grundstück bestimmte Handlungen nicht vornehmen, die er an sich als Eigentümer vornehmen dürfte (§ 1018 BGB, zweite Fallgruppe) oder
- der Eigentümer des belasteten Grundstücks darf gegenüber dem Inhaber der Dienstbarkeit Rechte nicht ausüben, die er an sich aufgrund seines Eigentums ausüben dürfte (§ 1018 BGB, dritte Fallgruppe).

Die Dienstbarkeit muss dem Berechtigten einen Vorteil bringen (§ 1019 BGB).

Bei der ersten Fallgruppe besteht die Verpflichtung des Eigentümers des belasteten Grundstücks in einem *Dulden*. Der Eigentümer duldet, dass ein anderer sein Grundstück in einzelnen Beziehungen benutzt. — 351

Beispiel

Hierzu gehören die so genannten Entnahmerechte: Der Berechtigte darf auf dem Grundstück des Eigentümers Holz schlagen, Kies baggern oder aus einem auf dem Grundstück befindlichen Brunnen Wasser schöpfen.

In diese Gruppe fallen auch die in der Praxis wichtigen Wege- oder Fahrrechte. Der Berechtigte darf das Grundstück des Eigentümers zum Gehen oder Fahren benutzen oder mitbenutzen. Häufig ist auch eine Nutzung in der Weise, dass der Berechtigte Anlagen auf dem Grundstück des Eigentümers errichtet oder unterhält. Hierzu gehören die Leitungsrechte, Fensterrechte, Grenzbebauungsrechte, Grenzmauermitbenutzungsrechte.

Die Ausübung der Dienstbarkeit kann auf einen begrenzten Bereich des Grundstücks beschränkt werden (Ausübungsstelle). Es kann auch vorgesehen werden, dass der Berechtigte einzelne Räume auf einem fremden Grundstück umfassend nutzt.[107] — 352

---

107 BGH MittBayNot 2019, 336; OLG Düsseldorf RNotZ 2020, 156.

> *Beispiel*
>
> Der Eigentümer des herrschenden Grundstücks ist befugt, einen entlang der nördlichen Grenze verlaufenden drei Meter breiten Streifen des Grundstücks zum Gehen und Fahren mitzubenutzen.

353   Inhalt einer Dienstbarkeit kann weiter sein, dass sich der Eigentümer gegenüber dem Berechtigten verpflichtet, bestimmte Handlungen auf seinem Grundstück nicht vorzunehmen. Hierbei handelt es sich um *Unterlassungspflichten* (zweite Fallgruppe).

> *Beispiel*
>
> Der Eigentümer verpflichtet sich einem anderen gegenüber, sein Grundstück überhaupt nicht oder nur in einer bestimmten Weise zu bebauen (Bebauungsbeschränkung) oder sein Grundstück nur in bestimmter Weise zu bepflanzen. Hierher gehört auch der Fall, dass sich ein Eigentümer verpflichtet, auf seinem Grundstück kein Konkurrenzunternehmen zu betreiben.

354   Bei der dritten Art der Dienstbarkeit ist die Ausübung eines Rechts, das dem Eigentümer an und für sich zusteht, ausgeschlossen.

> *Beispiel*
>
> E betreibt auf seinem Grundstück eine Fabrik, die erhebliche Rauch- und Geruchsbelästigungen hervorruft. Der Nachbar N, der Unterlassung der Belästigungen verlangen könnte, will seine Unterlassungsansprüche – weil er mit E befreundet ist – nicht geltend machen. Mit diesem Inhalt kann N zu Lasten seines Grundstücks eine Grunddienstbarkeit oder eine beschränkte persönliche Dienstbarkeit eintragen lassen.

Es ist dagegen nicht möglich, mit Hilfe einer Dienstbarkeit die allgemeine Handlungsfreiheit des Eigentümers eines Grundstücks einzuschränken. Sie kann vielmehr nur darauf gerichtet sein, die Befugnisse des Eigentümers auszuschließen bzw. zu beschränken, die ihm als *Ausfluss* seines Eigentums an und für sich zustehen. Nicht eintragungsfähig ist daher eine Dienstbarkeit, wonach sich der Eigentümer einem anderen gegenüber verpflichtet, nur dessen Produkte und keine anderen von dem Grundstück aus zu verkaufen. Der Verkauf von Waren hat mit seiner rechtlichen Stellung als Grundstückseigentümer nichts zu tun. Eine Beschränkung der rechtlichen Freiheit des Grundstückseigentümers kann nicht Inhalt einer Grunddienstbarkeit oder beschränkten persönlichen Dienstbarkeit sein.

b) Berechtigte der Dienstbarkeit

355   Der Unterschied zwischen einer Grunddienstbarkeit und einer beschränkten persönlichen Dienstbarkeit liegt nicht im Inhalt der Rechte, sondern in der Person des Berechtigten. Berechtigter aus einer Grunddienstbarkeit ist der *jeweilige Eigentümer* eines anderen Grundstücks. Die beschränkte persönliche Dienstbarkeit wird dagegen für eine *bestimmte Person* bestellt, unabhängig davon, ob sie Eigentümerin eines Grundstücks ist oder nicht.

Da man es bei der Grunddienstbarkeit stets mit zwei Grundstücken zu tun hat, nämlich mit dem belasteten und mit demjenigen, dem ein Vorteil anhängt, spricht man vom *„dienenden"* und vom *„herrschenden"* Grundstück.

> *Beispiel*
>
> E bestellt seinem Nachbarn N an seinem Grundstück ein Wegerecht zugunsten des jeweiligen Eigentümers des dem N gehörenden Grundstücks. Das Grundstück des E ist das dienende, das des N das herrschende Grundstück.

356   Der wesentliche Unterschied zwischen der Grunddienstbarkeit und der beschränkten persönlichen Dienstbarkeit liegt in Folgendem:

Die beschränkte persönliche Dienstbarkeit ist *höchstpersönlich,* d.h., sie kann nicht auf einen anderen übertragen werden und ist *unvererblich.* Sie erlischt mit dem Tode des Berechtigten.

Die Grunddienstbarkeit dagegen ist wesentlicher Bestandteil des Eigentumsrechts am herrschenden Grundstück (§ 96 BGB) und geht mit dem Eigentum am herrschenden Grundstück auf einen neuen Eigentümer über.

Beispiel   **357**

E hat dem Nachbarn N gestattet, den über das Grundstück des E verlaufenden Weg mitzubenutzen. Das Wegerecht ist als Grunddienstbarkeit zu Lasten des Grundstücks des E und zugunsten des jeweiligen Eigentümers des Grundstücks des N im Grundbuch eingetragen. Veräußert N sein Grundstück an den X, so geht die Grunddienstbarkeit mit dem Eigentum am herrschenden Grundstück auf den neuen Eigentümer über. X ist daher – obwohl er mit E keine Vereinbarung getroffen hat – berechtigt, den Weg zu begehen und zu befahren.

Wäre das Wegerecht als beschränkte persönliche Dienstbarkeit zugunsten des N eingetragen worden, hätte die Veräußerung des dem N gehörenden Grundstücks keinen Einfluss auf die Inhaberschaft bezüglich der beschränkten persönlichen Dienstbarkeit gehabt. Diese stünde nicht dem neuen Eigentümer, sondern nach wie vor dem N persönlich zu.

Der Unterschied zwischen einer Grunddienstbarkeit und einer beschränkten persönlichen Dienstbarkeit wirkt sich also bei der Veräußerung des herrschenden Grundstücks aus, nicht dagegen bei einer Veräußerung des dienenden Grundstücks.

Verkauft E in dem oben genannten Beispiel sein Grundstück an den Z, so ist Z verpflichtet, die Ausübung des Wegerechts zu dulden, gleichgültig, ob das Wegerecht als Grunddienstbarkeit oder als beschränkte persönliche Dienstbarkeit eingetragen ist.

c) Entstehung und Aufhebung der Dienstbarkeit

Grunddienstbarkeit und beschränkte persönliche Dienstbarkeit entstehen wie alle beschränkten ding-   **358**
lichen Rechte durch Einigung und Eintragung in Abteilung II des dienenden Grundstücks. Die Grunddienstbarkeit kann darüber hinaus im Bestandsverzeichnis des herrschenden Grundstücks vermerkt werden (sog. Herrschvermerk). Der Vermerk im Bestandsverzeichnis des herrschenden Grundstücks erfolgt auf einseitigen formlosen Antrag seines Eigentümers oder desjenigen, dessen Zustimmung nach § 878 S. 2 BGB zur Aufhebung des Rechts erforderlich ist (§ 9 Abs. 1 GBO).

Die Eintragung der Dienstbarkeit nimmt der Grundbuchbeamte bei Vorliegen der allgemeinen Eintragungsvoraussetzungen vor (siehe oben Rdn 311 ff.). Die Eintragungsbewilligung für die Dienstbarkeit muss also vom Grundstückseigentümer des dienenden Grundstücks abgegeben werden. Der Nachweis der Einigung ist nicht erforderlich. Die Grunddienstbarkeit kann auch dann bestellt werden, wenn herrschendes und belastetes Grundstück demselben Eigentümer gehören.

In der Eintragung muss der Inhalt der Dienstbarkeit schlagwortartig bezeichnet werden ("Wegerecht"), im Übrigen kann auf die Eintragungsbewilligung Bezug genommen werden (§ 44 Abs. 2 S. 3 GBO).

Auch die Aufhebung bzw. das Erlöschen der Dienstbarkeit erfolgt nach allgemeinen Regeln. Sie erlischt   **359**
durch die einseitige Erklärung des Berechtigten, dass er das Recht aufgebe, und die Löschung im Grundbuch. Für die Löschung ist erforderlich, dass der Berechtigte eine Löschungsbewilligung abgibt. Dies ist bei der Grunddienstbarkeit derjenige, der im Zeitpunkt der Löschung des Rechts Eigentümer des herrschenden Grundstücks ist. Die beschränkte persönliche Dienstbarkeit erlischt durch den Tod des Berechtigten. Sie kann durch Unrichtigkeitsnachweis (Sterbeurkunde) zur Löschung gebracht werden (vgl. Rdn 329). Dienstbarkeiten erlöschen ferner durch dauernden Wegfall des Vorteils für den Berechtigten.

Gemäß § 876 S. 2 BGB ist ferner die Zustimmung der am herrschenden Grundstück dinglich Berechtigten   **360**
erforderlich. Materiellrechtlich ist diese Zustimmung immer erforderlich, es sei denn das Recht wird durch die Aufhebung der Dienstbarkeit nicht berührt. Grundbuchverfahrensrechtlich muss die Zustimmung jedoch nur dann in öffentlich beglaubigter Form nachgewiesen werden, wenn ein Herrschvermerk eingetragen ist (§§ 9, 21 GBO).

Beispiel

Das Grundstück des E ist zugunsten des jeweiligen Eigentümers des Grundstücks des D mit einer Grunddienstbarkeit (Wegerecht) belastet. Die Grunddienstbarkeit ist im Bestandsverzeichnis des Grundbuchs des D als Berechtigung vermerkt. Im Grundbuch des D ist in Abteilung III eine Grundschuld zugunsten des G eingetragen. Zur Löschung der Grunddienstbarkeit im Grundbuch des E sind eine Löschungsbewilligung des D und eine Zustimmungserklärung des G in notariell beglaubigter Form erforderlich.

d) Unterhaltungspflichten

361 Befinden sich bei einer Grunddienstbarkeit auf dem dienenden Grundstück Anlagen, z.B. Leitungen oder ein gepflasterter Weg, den der Berechtigte in Ausübung seiner Dienstbarkeit benutzt, so erhebt sich die Frage, wer diese Anlagen zu unterhalten hat. Nach § 1020 BGB fällt die Unterhaltung von Anlagen auf dem belasteten Grundstück grundsätzlich dem Berechtigten zur Last. Nach § 1021 BGB kann jedoch eine hiervon abweichende Vereinbarung getroffen und in das Grundbuch eingetragen werden. So kann etwa vereinbart werden, dass der Eigentümer des belasteten Grundstücks die Anlagen zu unterhalten hat oder dass dies dem Eigentümer und dem Dienstbarkeitsberechtigten gemeinsam obliegt.

Die gesetzlichen Begriffe der Anlage und der Instandhaltung werden weit ausgelegt. Eine Regelung mit dinglichem Inhalt kann sowohl hinsichtlich der tatsächlichen Instandsetzung als auch hinsichtlich der Kostenübernahme vereinbart werden. So können – wenn die Anlage etwa von dem Eigentümer des dienenden Grundstücks und dem Berechtigten gemeinsam benutzt wird – die Kosten der Unterhaltung dem Berechtigten und dem Verpflichteten z.B. je zur Hälfte zur Last fallen.

e) Nicht eingetragene Dienstbarkeiten

362 In den Gebieten, in denen bis 1900 – Zeitpunkt des Inkrafttretens des Bürgerlichen Gesetzbuchs – der Code civil gegolten hat, bestehen nach wie vor die früher entstandenen Grunddienstbarkeiten, auch wenn sie nicht in das Grundbuch eingetragen sind (sog. altrechtliche Dienstbarkeiten). In diesen Gebieten ergibt sich mithin aus dem Grundbuch kein zuverlässiger Aufschluss über das Bestehen solcher Rechte. Vorsorglich sollte daher bei Grundstücksverträgen die Erklärung des Veräußerers aufgenommen werden, dass ihm von der Existenz nicht eingetragener Dienstbarkeiten nichts bekannt ist, oder aber, dass etwa nicht eingetragene Dienstbarkeiten vom Erwerber übernommen werden.

363 *Muster einer Eintragungsbewilligung für eine Grunddienstbarkeit (Abwasserleitungsrecht):*

Ich bewillige und beantrage, zu Lasten meines im Grundbuch des Amtsgerichts A von X Blatt 460 eingetragenen Grundstücks Gemarkung G Flur 2 Flurstück 769 und zugunsten des jeweiligen Eigentümers des im Grundbuch desselben Amtsgerichts von D Blatt 504 eingetragenen Grundstücks Gemarkung G Flur 2 Flurstück 770, unter Vermerk der Dienstbarkeit im Bestandsverzeichnis beim herrschenden Grundstück, eine Grunddienstbarkeit (Abwasserleitungsrecht) mit folgendem Inhalt einzutragen:

Der jeweilige Eigentümer des herrschenden Grundstücks ist berechtigt, über das dienende Grundstück eine Kanalleitung zum herrschenden Grundstück zu führen, dauernd zu unterhalten und Schmutz- und Regenwasser durch diese Leitung in das auf der Parzelle Z befindliche Kanalnetz abzuleiten. Der jeweilige Eigentümer des herrschenden Grundstücks darf sich an die auf dem dienenden Grundstück vorhandenen Anlagen anschließen.

Zur Instandhaltung der auf dem dienenden Grundstück vorhandenen Anlagen sind der jeweilige Eigentümer des dienenden und des herrschenden Grundstücks je zur Hälfte verpflichtet.

Wegen der Möglichkeit der – zu beurkundenden – Unterwerfung unter die sofortige Zwangsvollstreckung bezüglich der aus der Grunddienstbarkeit entspringenden Duldungspflicht siehe § 3 Rdn 209 ff.

2. Das Wohnungsrecht

Eine besondere Art der beschränkten persönlichen Dienstbarkeit ist das Wohnungsrecht. Es gibt dem Be- **364** rechtigten die Befugnis, ein Gebäude ganz oder teilweise unter Ausschluss des Eigentümers als Wohnung zu benutzen (§ 1093 BGB).

Wesentlich ist, dass der Eigentümer in Bezug auf die dem Wohnungsrecht unterliegenden Räume von der **365** Benutzung ausgeschlossen ist. Darf der Berechtigte bestimmte Räume nur zusammen mit dem Eigentümer benutzen, so kann nur eine „gewöhnliche" beschränkte persönliche Dienstbarkeit (Mitbenutzungsrecht), nicht aber ein Wohnungsrecht nach § 1093 BGB in das Grundbuch eingetragen werden. Die Räume müssen dem Berechtigten zu *Wohnzwecken* überlassen werden. Unschädlich ist jedoch, wenn einzelne Räume zu beruflichen oder gewerblichen Zwecken genutzt werden, solange diese Nutzung untergeordneter Natur ist (z.B. Arbeitszimmer in der Wohnung des Lehrers). Das Wohnungsrecht kann auch die Benutzung eines Kfz-Stellplatzes oder einer Garage umschließen, sofern diese Nutzung wesensmäßig zur Wohnung dazugehört und der Stellplatz nicht auf einem rechtlich selbstständigen Grundstück oder Teileigentum liegt.

Soll eine darüber hinausgehende Nutzung von Räumen zu gewerblichen oder sonstigen Zwecken im Grundbuch gesichert werden, kann nur eine normale beschränkte persönliche Dienstbarkeit bestellt werden.

Das Wohnungsrecht schließt auch das Recht zur Mitbenutzung der zum *gemeinschaftlichen* Gebrauch bestimmten Anlagen und Einrichtungen des Hauses durch den Berechtigten (z.B. Keller, Waschküche, Speicher, Heizungsanlage und Hof) ein.

Die Räume, auf die sich das Wohnungsrecht erstrecken soll, müssen in der Eintragungsbewilligung – ggf. unter Bezugnahme auf einen Plan – *genau* bezeichnet werden (z.B. „alle Räume im Erdgeschoss", oder „die zwei Räume im zweiten Obergeschoss zur Straße hin, links von der Straße aus gesehen", oder „alle Räume im ersten Obergeschoss des Hauses mit Ausnahme des an der südlichen Giebelseite gelegenen Raumes").

Das Wohnungsrecht ist als Dienstbarkeit nicht veräußerlich und nicht vererblich. Der Berechtigte kann **366** jedoch stets seine Familie, soweit sie zu seinem Hausstand gehört, sowie Bedienungs- und Pflegepersonal in die Wohnung aufnehmen. Wenn der Eigentümer dem Wohnungsberechtigten gestattet, die Ausübung des Wohnungsrechts ganz oder teilweise einem Dritten zu überlassen, ist auch eine Vermietung möglich.

Das Wohnungsrecht ist seiner Natur nach *unentgeltlich*. Wollen die Beteiligten ein Entgelt vereinbaren, **367** kann dies nur *schuldrechtlich* geschehen, d.h. die Vereinbarung gilt lediglich zwischen den Beteiligten, kann nicht in das Grundbuch eingetragen werden und berechtigt daher nicht einen etwaigen Rechtsnachfolger des Eigentümers, sofern der Anspruch nicht im Erbgang oder durch besondere Abtretung auf ihn übergeht. Inwieweit eine Vereinbarung über Kostentragungspflichten mit dinglicher Wirkung getroffen werden kann, ist im Einzelnen umstritten. Grundsätzlich hat der Berechtigte keine Lasten des Grundstücks zu tragen und die Kosten der Erhaltung der Wohnung in ihrem wirtschaftlichen Bestand nur insoweit aufzubringen, als es sich um „gewöhnliche Unterhaltungskosten" handelt. Die verbrauchsabhängigen Kosten für Wasser, Strom, Heizung und Treppenhausbeleuchtung trägt der Berechtigte. Soll der Eigentümer dinglich verpflichtet werden, solche Kosten zu übernehmen, ist der sicherste Weg, eine selbstständige Reallast zu bestellen.

Praktische Bedeutung hat das Wohnungsrecht bei Grundstücksübertragungen von Eltern auf ihre Kinder.

Beispiel **368**

Die Eltern schenken ihrer Tochter zum Zweck der Vorwegnahme der Erbfolge das ihnen gehörende Hausgrundstück und behalten sich an den im ersten Obergeschoss befindlichen Räumen auf Lebenszeit ein Wohnungsrecht vor.

369   *Muster einer Vereinbarung über den Vorbehalt eines Wohnungsrechts in einem Übertragungsvertrag:*

Die Veräußerer behalten sich in dem übertragenen Haus die ausschließliche Nutzung aller Räume im ersten Obergeschoss vor.

Demgemäß räumt die Erwerberin den Veräußerern als Gesamtberechtigten im Sinne des § 428 BGB und mit der Maßgabe, dass das Recht dem Überlebenden der Berechtigten ungeschmälert allein zusteht, an dem übertragenen Grundstück ein Wohnungsrecht ein mit dem Inhalt, dass die Veräußerer berechtigt sind, die im ersten Obergeschoss des Hauses liegenden Räume unter Ausschluss des Eigentümers auf ihre Lebenszeit als Wohnung zu benutzen und die gemeinschaftlichen Räume und Einrichtungen des Hauses sowie die unbebauten Grundstücksteile mitzubenutzen.

Den Veräußerern ist es nicht gestattet, die Ausübung des Wohnungsrechts ganz oder teilweise Dritten zu überlassen.

Wir bewilligen und beantragen die Eintragung eines Wohnungsrechts für die Veräußerer als Gesamtberechtigte gemäß § 428 BGB in das Grundbuch.

Schuldrechtlich wird vereinbart, dass die Kosten der Versorgung der dem Wohnungsrecht unterliegenden Räume mit Strom, Wasser und Wärme den Wohnungsberechtigten zur Last fallen.

Die Eintragung eines Vermerks, dass zur Löschung des Rechts der Nachweis des Todes der Berechtigten genügt, ist grundsätzlich entbehrlich, da beim Wohnungsrecht in der Regel Rückstände von Leistungen ausgeschlossen sind und die Löschung des Rechts daher – ohne dass dies bei dem Recht vermerkt sein muss – aufgrund Todesnachweises erfolgen kann (vgl. Rdn 338 ff.).

3.   Der Nießbrauch

a)   Inhalt und Berechtigte des Nießbrauchs

370   Der Nießbrauch an einem Grundstück gibt dem Berechtigten die Befugnis, das Grundstück in Besitz zu nehmen und sämtliche Nutzungen daraus zu ziehen. Im Gegensatz zur Dienstbarkeit beinhaltet der Nießbrauch nicht die Berechtigung, das Grundstück *in einzelnen Beziehungen* zu nutzen, sondern verschafft dem Berechtigten ein *umfassendes Nutzungsrecht*. Auf der anderen Seite hat er aber alle mit dem Grundstück verbundenen Lasten zu tragen.

Das Nutzungsrecht erstreckt sich auf die Sachfrüchte und auf die Rechtsfrüchte.

> *Beispiel*
>
> Sachfrüchte sind z.B. Obst, Gras, Gemüse. Sie stehen dem Nießbraucher zu. Rechtsfrüchte sind z.B. die Mieten, gleichgültig ob das Haus bei der Nießbrauchsbestellung schon vermietet war oder erst später vom Nießbraucher vermietet wird. Auch die persönliche tatsächliche Nutzung des Grundstücks steht dem Nießbraucher zu. Der Nießbrauch schließt also ein Wohnungsrecht mit ein.

371   Nießbraucher kann eine natürliche oder juristische Person oder rechtsfähige Personengesellschaft sein. Eine Bestellung für den jeweiligen Eigentümer eines anderen Grundstücks (subjektiv dinglich) ist nicht möglich. Mehrere Berechtigte können Inhaber in Gütergemeinschaft, Bruchteilsgemeinschaft oder als Gesamtberechtigte gemäß § 428 BGB sein.

b)   Verteilung der Rechte und Pflichten

372   Die Rechte und Pflichten des Eigentümers und des Nießbrauchers sind im Gesetz geregelt. Die Verteilung der Rechte und Pflichten zwischen Grundstückseigentümer und Nießbraucher kann abweichend vereinbart werden; damit eine solche abweichende Vereinbarung für und gegen Rechtsnachfolger des Eigentümers wirkt, bedarf sie jedoch der Eintragung in das Grundbuch.

373   Der Nießbraucher hat nach den gesetzlichen Bestimmungen insbesondere die Pflicht, die wirtschaftliche Bestimmung der Sache zu erhalten und ordnungsgemäß zu wirtschaften. Daraus ergibt sich das Verbot, die Sache wesentlich umzugestalten. Gebäude muss der Nießbraucher in ihrem Bestand erhalten. Ausbesserungen und Erneuerungen, die zur *gewöhnlichen Unterhaltung* gehören, hat er auf eigene Kosten vorzunehmen oder vornehmen zu lassen. Die Kosten der *außergewöhnlichen Unterhaltung* gehen jedoch zu Lasten des Eigentümers.

> *Beispiel*
>
> Weist das Dach des Hauses, an dem der Nießbrauch bestellt ist, einige schadhafte Ziegel auf, so muss sie der Nießbraucher auf seine Kosten ersetzen lassen. Muss das Dach insgesamt neu gedeckt werden, so ist das Sache des Eigentümers.

Abweichend von dieser Regelung kann jedoch mit dinglicher Wirkung vereinbart werden, dass auch die außergewöhnlichen Ausbesserungen und Erneuerungen vom Nießbraucher zu tragen sind.

Der Nießbraucher hat ferner die laufenden öffentlichen und privatrechtlichen Lasten zu tragen, die mit **374** dem Grundbesitz verbunden sind. Der Grund hierfür liegt darin, dass diese Kosten regelmäßig aus den Nutzungen gedeckt werden. Zu den laufenden öffentlichen Lasten gehören insbesondere die Grund- und Gebäudesteuern und die Gebühren für die Müllabfuhr, den Schornsteinfeger und die Kanalbenutzung. Zu den privatrechtlichen Lasten, die der Nießbraucher nach dem Gesetz zu tragen hat, gehören die Zinsen für Verbindlichkeiten, die durch Grundpfandrechte auf dem mit dem Nießbrauch belasteten Grundstück abgesichert sind, ferner die Kosten für die Gebäudeversicherung.

Anlieger- und Erschließungskosten ebenso wie Tilgungsleistungen auf die dinglich abgesicherten Verbindlichkeiten obliegen hingegen nach dem Gesetz dem Eigentümer. Auch insoweit kann eine abweichende Vereinbarung mit dinglicher Wirkung getroffen werden.[108]

c) Ausübungsüberlassung und Erlöschen des Nießbrauchs

Der Nießbrauch ist grundsätzlich nicht übertragbar. Eine Ausnahme gilt für den Nießbrauch einer juris- **375** tischen Person in den in § 1059a BGB genannten Fällen (Umwandlung, Unternehmensübertragung). Dagegen kann die Ausübung des Nießbrauchs einem Dritten überlassen werden, sofern diese Befugnis nicht ausgeschlossen wird. Die Überlassung begründet einen lediglich schuldrechtlichen Anspruch des Dritten gegen den Nießbraucher auf Duldung der Nießbrauchsausübung, also der Ausübung der aus dem Nießbrauch fließenden Rechte, insbesondere der Fruchtziehung. Eine Inhaltsänderung des Nießbrauchs ist mit der Überlassung nicht verbunden, der Nießbraucher bleibt also Inhaber des Rechts.

Die rechtliche Konsequenz der Möglichkeit einer Ausübungsüberlassung ist die Pfändbarkeit des Nieß- **376** brauchs, etwa durch einen Träger der Sozialhilfe.

Der Nießbrauch erlischt mit dem Tode des Berechtigten, ist also nicht vererblich. Es sollte daher bewilligt **377** werden, dass zur Löschung des Rechts der Nachweis des Todes des Berechtigten genügt, weil beim Nießbrauch stets Rückstände von Leistungen denkbar sind und daher die Wartezeit von einem Jahr eingehalten werden müsste, wenn diese Vorlöschungsklausel fehlt. Steht der Nießbrauch einer juristischen Person oder einer rechtsfähigen Personengesellschaft zu, erlischt er mit dieser, also in der Regel mit Beendigung der Liquidation der Gesellschaft.

d) Vorbehalts- und Zuwendungsnießbrauch

Der Nießbrauch wird häufig bei Grundstücksübertragungen zum Zweck der Vorwegnahme der Erbfolge **378** vom Veräußerer vorbehalten (vgl. Rdn 156 ff.), dann spricht man von einem Vorbehaltsnießbrauch, oder er wird unter Lebenden oder durch Verfügung von Todes wegen vermächtnisweise zugewendet; hier handelt es sich um einen Zuwendungsnießbrauch. Im letzteren Fall sind die Erben verpflichtet, nach Eintritt des Erbfalls dem Vermächtnisnehmer den Nießbrauch an dem Grundstück zu bestellen.

---

108 Vgl. im Einzelnen zu den Gestaltungsmöglichkeiten hinsichtlich des dinglichen Inhalts des Nießbrauchs *Trömer*, RNotZ 2016, 421.

Beispiel

E setzt sein Kind K zu seinem alleinigen Erben ein und vermacht seiner Ehefrau den Nießbrauch an dem in seinem Nachlass befindlichen Wohnhaus. K ist nach Eintritt des Erbfalls verpflichtet, seiner Mutter den Nießbrauch einzuräumen.

Die Differenzierung zwischen Vorbehalts- und Zuwendungsnießbrauch hat in erster Linie einen steuerlichen Hintergrund. An den Zuwendungsnießbrauch knüpfen sich andere – in der Regel ungünstigere – steuerliche Folgen als an den Vorbehaltsnießbrauch.

379   Eine Zuwendung des Nießbrauchs unter Lebenden kann entgeltlich oder unentgeltlich erfolgen.

Beispiel

Der Vater schenkt seinem Sohn den Nießbrauch an einem Mehrfamilienhaus, um die Einkünfte aus Vermietung und Verpachtung – damit sie bei der Besteuerung seines Einkommens außer Betracht bleiben – auf den Sohn zu verlagern, der weniger hoch besteuert wird.

380   *Muster einer Vereinbarung über die Bestellung eines Nießbrauchs:*

Im Wege der Schenkung bestellt X für Y an dem im Grundbuch von D Blatt 100 verzeichneten Grundstück der Gemarkung G Flur 2 Flurstück 111 einen unentgeltlichen Nießbrauch. Der Nießbrauch soll dem Berechtigten auf seine Lebenszeit zustehen. Der Nießbraucher ist verpflichtet, nicht nur die gewöhnlichen, sondern auch die außergewöhnlichen Ausbesserungen und Erneuerungen auf seine Kosten vornehmen zu lassen. Ihm obliegen ferner die Tilgungsleistungen auf die dinglich abgesicherten Verbindlichkeiten, nämlich (...).

Wir bewilligen und beantragen die Eintragung eines Nießbrauchs für Y in das Grundbuch mit dem Vermerk, dass zur Löschung des Rechts der Nachweis des Todes des Berechtigten genügt.

e)   Bruchteilsnießbrauch – Quotennießbrauch

381   Der Nießbrauch kann auch zu Lasten eines Miteigentumsanteils eingetragen werden. Dann handelt es sich um einen Bruchteilsnießbrauch, der in § 1066 BGB geregelt ist. Der Nießbraucher übt die Rechte aus, die sich für den Miteigentümer des belasteten Anteils in Ansehung der Verwaltung des Grundstücks und der Art seiner Benutzung ergeben.

382   *Beispiel*

A und B sind Miteigentümer je zur ideellen Hälfte eines Zweifamilienhauses. Die Benutzung ist dergestalt geregelt, dass A die vermietete Erdgeschosswohnung und B die Obergeschosswohnung nutzt. A bestellt dem N den Nießbrauch an seinem halben Miteigentumsanteil. N steht die Miete der Erdgeschosswohnung zu. Er hat die Hälfte aller Grundstückskosten zu tragen.

383   Vom Bruchteilsnießbrauch zu unterscheiden ist der Quotennießbrauch. Hier wird auf dem gesamten Grundstück zugunsten des Berechtigten ein Nießbrauch lediglich zu einem Bruchteil (Quote) der Nutzungen bestellt. Zwischen Eigentümer und Nießbraucher besteht eine Nutzungs- und Verwaltungsgemeinschaft, für die die Bestimmungen der Bruchteilsgemeinschaft (§§ 741 ff. BGB) entsprechend gelten.

384   *Beispiel*

E bestellt zugunsten des N an seinem Grundstück einen Nießbrauch zu einem ideellen Bruchteil von einem Drittel. Zwei Drittel der Nutzungen verbleiben dann dem E, ein Drittel der Nutzungen stehen dem N zu. Entsprechendes gilt für die Lasten, die mit dem Grundstück verbunden sind.

Die Eintragung des Nießbrauchs lediglich auf einem Gebäudeteil ist rechtlich ausgeschlossen, weil das Gebäude wesentlicher Bestandteil des Grundstücks und nur eine einheitliche Belastung möglich ist. Hier bietet sich als Lösung für das wirtschaftlich Gewollte die Bestellung eines Quotennießbrauchs an, etwa in Höhe einer Quote, die dem Verhältnis der Nutzfläche des betreffenden Gebäudeteils zur Gesamtnutzfläche des Gebäudes entspricht.

Beispiel   385

E ist Eigentümer eines Zweifamilienhauses mit einer Erdgeschoßwohnung in Größe von 90 qm und einer Obergeschoßwohnung in Größe von 70 qm. N soll den Nießbrauch an der Obergeschoßwohnung erhalten, der ihm zu einem Bruchteil (Quote) von 70/160 zu bestellen wäre.

V. Die Reallast

1. Gesetzlicher Inhalt der Reallast

Für die Reallast ist kennzeichnend, dass vom Eigentümer an den Berechtigten „wiederkehrende Leistun-   386
gen aus dem Grundstück zu entrichten sind". Im Gegensatz zur Dienstbarkeit, bei der der Eigentümer eine Einwirkung auf sein Grundstück dulden muss oder bestimmte Tätigkeiten auf seinem Grundstück zu unterlassen hat, ist der Grundstückseigentümer bei der Reallast verpflichtet, aus eigenem Handeln dem Berechtigten etwas zu geben oder ihm gegenüber etwas zu tun (Handlungspflichten).

Beispiel   387

Will E dem K ein Kieslieferungsrecht gewähren, so kann er ihm eine beschränkte persönliche Dienstbarkeit bestellen; dies hat zur Folge, dass K auf dem Grundstück des E den Kies auf seine (des K) Kosten abbauen kann (Duldung). Bewilligt E dem K dagegen eine Reallast, so bedeutet dies, dass E den Kies selbst und auf seine Kosten gewinnt (K hat auf dem Grundstück des E nichts zu suchen) und an K liefert (Handlung).

Die wiederkehrenden Leistungen müssen in einem positiven Geben oder Tun bestehen. Bei den Leistungen, die an den Berechtigten zu erbringen sind, kann es sich um Geldzahlungen, Lieferung von Naturalien, insbesondere von Früchten oder sonstigen Erzeugnissen des Grundstücks, aber auch um bloße Tätigkeiten, wie Arbeits- oder Dienstleistungen handeln. Die wiederkehrenden Leistungen müssen dauernd oder wenigstens mehrmals anfallen, nicht unbedingt regelmäßig.

Beispiel   388

Geldrente (Leibrente), Lieferung von Lebensmitteln, Unterhaltsleistungen, Dienstleistungen wie Pflege für Alte oder Kranke, Stromlieferung, Wasserlieferung, Pflicht zur Erhaltung einer Brücke oder eines sonstigen Bauwerks oder eines Weges.

2. Anwendungsfälle

Große Bedeutung hat die Reallast für Grundstücksverträge, in denen als Gegenleistung eine Rentenzah-   389
lung vereinbart wird. Die Rentenzahlung wird für den Veräußerer dadurch gesichert, dass zu seinen Gunsten auf dem übertragenen Grundstück eine Reallast eingetragen wird. Gegenüber der Hypothek oder Grundschuld hat dies den Vorteil, dass Schwankungen in der Höhe der Rente abgesichert werden können.

Ein weiterer Anwendungsfall für die Reallast ist das sog. *Altenteilsrecht:* Der Landwirt, der den Hof an seinen Nachfolger übergibt, behält sich üblicherweise ein Wohnungsrecht, die Lieferung von Naturalien entsprechend den Bedürfnissen des Altenteilers und der Produktion des Hofes, die Zahlung einer monatlichen Versorgungsrente und die Pflege in kranken Tagen vor. Die Natural-, Geld- und Dienstleistungen könnten durch eine Reallast gesichert werden, das Wohnungsrecht durch eine entsprechende Dienstbarkeit. Eine grundbuchrechtliche Besonderheit ergibt sich aus § 49 GBO: Statt der Reallast und der beschränkten persönlichen Dienstbarkeit (Wohnungsrecht) kann zusammengefasst ein „Altenteilsrecht" in das Grundbuch eingetragen werden.

3. Ansprüche des Inhabers der Reallast

390 Dass die Leistungen bei der Reallast „aus dem Grundstück" zu erbringen sind, bedeutet nicht, dass es sich um Leistungen handeln müsste, die das Grundstück „hervorbringt". Das kann zwar bei der Lieferung von Naturalien der Fall sein. Bei der Leistung von Geld oder Diensten erkennt man jedoch, dass der Begriff „aus dem Grundstück" so nicht verstanden werden kann. Er bedeutet vielmehr, dass der Berechtigte die Verwertung des Grundstücks betreiben kann, wenn der Eigentümer die Leistungen nicht erbringt. Das geschieht, indem die Zwangsversteigerung und die Zwangsverwaltung des Grundstücks – wie bei den Grundpfandrechten – beantragt wird. Die Reallast steht also den Verwertungsrechten (Grundpfandrechten) nahe; insbesondere bei Reallasten, die auf Geld gerichtet sind – Zahlung von Rentenleistungen – überwiegt von vornherein der Sicherungszweck.

391 Neben der dinglichen Haftung des Eigentümers mit dem belasteten Grundstück haftet er dem Inhaber der Reallast für die gesicherte Leistung auch kraft Gesetzes persönlich mit seinem gesamten Vermögen (§ 1108 BGB). Davon zu unterscheiden ist der schuldrechtliche Anspruch auf die Leistung aus dem zugrundeliegenden Vertrag, zum Beispiel der Rentenanspruch aus dem Kaufvertrag. Auch für die Erfüllung dieses Anspruchs haftet der Eigentümer mit seinem gesamten Vermögen.

4. Wertsicherungsvereinbarung

392 Bei Geldrenten wird meistens eine Wertsicherungsvereinbarung getroffen, um die Höhe der Rente an die veränderten wirtschaftlichen Verhältnisse anzupassen (siehe nachfolgendes Muster). Gemäß § 1105 S. 2 BGB kann als zulässiger Inhalt einer Reallast eine Anpassung der Leistungen an die geänderten Verhältnisse vereinbart werden, wenn die Anpassung aufgrund objektiver Kriterien bestimmbar ist. Dies ist bei einer Veränderung aufgrund einer Anpassung an den Verbraucherpreisindex in der Regel der Fall.

Seit der Neufassung des § 9 Abs. 2 S. 1 ErbbauRG kann die Wertsicherungsvereinbarung auch Inhalt der Erbbauzinsreallast sein. Die Sicherung eines Erhöhungsanspruchs durch Eintragung einer Vormerkung ist also entbehrlich geworden, wenn sie auch nach wie vor rechtlich möglich ist (vgl. Rdn 402 ff.).

5. Entstehung, Übertragung, Löschung

393 Die Reallast entsteht wie alle beschränkten dinglichen Rechte durch Einigung und Eintragung in das Grundbuch. Sie kann bestellt werden als „subjektiv-persönliches" Recht. Dann ist sie vererblich und übertragbar, sofern nicht etwas anderes vereinbart und in das Grundbuch eingetragen wird. Die Reallast kann auch als „subjektiv-dingliches" Recht bestellt werden. Dann ist Berechtigter aus der Reallast der jeweilige Eigentümer eines Grundstücks (wie bei der Grunddienstbarkeit). Auch hier kann die Reallast im Bestandsverzeichnis des herrschenden Grundstücks vermerkt werden (§ 9 GBO).

394 Die subjektiv-dingliche Reallast geht mit dem Eigentum am herrschenden Grundstück auf den Rechtsnachfolger über. Die subjektiv-persönliche Reallast ist nicht übertragbar, wenn es vereinbart ist oder nach Übertragung der Inhalt der Leistung verändert würde, wie etwa bei persönlichen Dienstleistungen. Übertragbar sind daher Reallasten, wenn sie reine Geldleistungen zum Inhalt haben.

395 Die Reallast kann auch – wie bei den Grundpfandrechten – als Gesamtreallast an mehreren Grundstücken bestellt werden. Sie kann auch zu Lasten eines ideellen Miteigentumsanteils eingetragen werden.

396 Für die Löschung der Reallast gelten die allgemeinen Grundsätze. Sie wird aufgehoben durch einseitige Aufgabeerklärung des Berechtigten und Löschung des Rechts im Grundbuch. Ist die Reallast auf die Lebenszeit des Berechtigten bestellt, erlischt sie mit seinem Tode. Wenn es gewollt ist, empfiehlt sich die Eintragung des Vermerks, dass zur Löschung des Rechts der Nachweis des Todes des Berechtigten genügt. Denn bei der Reallast sind stets Rückstände von Leistungen denkbar (vgl. § 23 GBO), so dass die Frist von einem Jahr abgewartet werden muss, wenn die Löschung aufgrund Todesnachweises von den Erben nicht bewilligt wird.

Muster einer Vereinbarung über eine durch Reallast gesicherte Leibrente:

397

Der Erwerber verpflichtet sich, an den Veräußerer eine Rente von monatlich zurzeit 1.000 EUR – in Worten: eintausend EUR – zu zahlen. Der Anspruch soll dem Rentenberechtigten auf seine Lebenszeit zustehen.

Die Rente ist monatlich im Voraus bis zum dritten Werktag eines jeden Monats, erstmals für den Monat März 2019 zu entrichten.

Der Erwerber unterwirft sich wegen seiner Verpflichtung zur Zahlung der Rente der sofortigen Zwangsvollstreckung aus dieser Urkunde in sein gesamtes Vermögen. Er ist mit der jederzeitigen Erteilung einer vollstreckbaren Ausfertigung an den Rentenberechtigten einverstanden, ohne dass es hierzu eines besonderen Nachweises bedarf.

Erhöht oder ermäßigt sich der Verbraucherpreisindex für Deutschland auf der Basis 2015 = 100 um 10 Prozent oder mehr gegenüber dem Stand des Monats März 2019, so erhöht oder ermäßigt sich die Rente bei gleich bleibender Laufzeit in dem gleichen prozentualen Verhältnis. Die Änderung tritt mit dem Monat in Kraft, der auf die maßgebliche Indexänderung folgt.

In der Folgezeit soll eine Anpassung jeweils dann erfolgen, wenn sich für einen späteren Monat, der auf eine Erhöhung oder Ermäßigung der Rente folgt, wieder ein um 10 Prozent oder mehr erhöhter oder ermäßigter Preisindex ergibt.

Die Beteiligten bewilligen und beantragen, für den Veräußerer als Belastung des übertragenen Grundstücks eine Reallast mit den Bedingungen der Rente einschließlich der getroffenen Wertsicherungsvereinbarung einzutragen mit dem Vermerk, dass zur Löschung des Rechts der Nachweis des Todes des Berechtigten genügt.

VI. Das Erbbaurecht

1. Gesetzlicher Inhalt und Bedeutung

Ein Grundstück kann in der Weise belastet werden, dass demjenigen, zu dessen Gunsten die Belastung erfolgt, das veräußerliche und vererbliche Recht zusteht, auf oder unter der Oberfläche des Grundstücks ein Bauwerk zu haben (§ 1 ErbbauRG). Dieses Recht heißt Erbbaurecht. Ein Erbbaurecht kann an mehreren – sogar verschiedenen Eigentümern gehörenden – Grundstücken bestellt werden (Gesamterbbaurecht). Das im ErbbauRG nicht geregelte *Gesamt*erbbaurecht hat durch § 6a GBO seine gesetzliche Anerkennung gefunden. Bei der Eintragung eines Gesamterbbaurechts ist jedoch diese gesetzliche Bestimmung zu beachten. Hiernach sollen die zu belastenden Grundstücke in der Regel aneinandergrenzen. Das Erbbaurecht kann auch auf einen für das Bauwerk nicht erforderlichen Teil des Grundstücks (z.B. Hof und Garten) erstreckt werden.

398

Formulierung im Vertrag:

399

Dem Erbbauberechtigten steht das veräußerliche und vererbliche Recht zu, auf dem Grundstück, das Gegenstand dieses Vertrages ist, vier Einfamilienhäuser und vier Garagen mit allen dazu erforderlichen Anlagen und Einrichtungen sowie Entwässerungs- und Versorgungsleitungen mit allen dazu gehörenden baulichen Anlagen und Einrichtungen herzustellen, zu haben und zu unterhalten und den für die Bauwerke und die Anlagen nicht erforderlichen Teil des Grundstücks als Hofraum, Gartenland und Grünfläche zu nutzen.

Die rechtliche Bedeutung des Erbbaurechts liegt in Folgendem:

400

Nach § 94 BGB ist ein Gebäude wesentlicher Bestandteil des Grundstücks. Es teilt sein rechtliches Schicksal, kann also nur zusammen mit dem Grundstück veräußert, belastet oder vererbt werden. Das Erbbaurecht bewirkt demgegenüber eine Trennung dergestalt, dass künftig Grundstück und Gebäude jeweils ein eigenes rechtliches Schicksal haben. Über das Gebäude kann also nach Entstehen des Erbbau-rechts unabhängig vom Grundstück verfügt werden, sodass in der Regel der Eigentümer des Grundstücks und der Inhaber des Gebäudes (Erbbaurechts) verschiedene Personen sind. Ist der Eigentümer des Grund-stücks und der Eigentümer des Gebäudes (Inhaber des Erbbaurechts) ein und dieselbe Person, spricht man vom Eigentümererbbaurecht.

401 Die wirtschaftliche Bedeutung des Erbbaurechts besteht für den Erbbauberechtigten darin, bauen zu kön-nen, ohne den Kaufpreis für das Grundstück aufbringen zu müssen. Als Gegenleistung für die meist lang-fristige (z.B. 99-jährige) Nutzung des Grundstücks zahlt der Erbbauberechtigte an den Grundstückseigen-tümer jährlich einen im Erbbaurechtsvertrag festgelegten Betrag (Erbbauzins). Das Interesse des Eigentümers an der Einräumung des Erbbaurechts besteht darin, dass er trotz Bebauung seines Grund-stücks durch eine andere Person Eigentümer des Grund und Bodens bleibt und zudem noch Nutzen in Form von jährlich wiederkehrenden Bezügen hat.

2. Entstehung und vertragsmäßiger Inhalt

402 Das Erbbaurecht wird begründet durch einen Vertrag zwischen dem Eigentümer und dem Erbbauberech-tigten (siehe hierzu Rdn 417 ff.). Das Erbbaurecht entsteht durch Einigung (entsprechend der Auflassung, § 20 GBO) und Eintragung in das Grundbuch. Der Eigentümer kann auch für sich selbst ein Erbbaurecht bestellen (Eigentümererbbaurecht). Das Erbbaurecht ist veräußerlich und vererblich (siehe hierzu Rdn 421 ff.).

> *Beispiel*
>
> Ein Bauträger beabsichtigt, Häuser ohne Grundstück zu verkaufen. Zunächst bestellt er für sich selbst ein Erbbaurecht; anschließend verkauft er das Erbbaurecht mit einem schlüsselfertig zu erstellenden Haus.

403 Der Erbbaurechtsvertrag enthält Vereinbarungen des Grundstückseigentümers und des Erbbauberechtig-ten über die Errichtung, Instandhaltung und Verwendung des Bauwerks, seine Versicherung und die Tra-gung der öffentlichen und privatrechtlichen Lasten und Abgaben, ferner eine Bestimmung über die Dauer. Sie werden dinglicher Inhalt. Weitere Vereinbarungen, die zum dinglichen Inhalt des Erbbau-rechts gemacht werden können, sind in § 2 ErbbauRG aufgezählt.

> *Formulierung im Vertrag:*
>
> Das Erbbaurecht beginnt mit der Eintragung in das Grundbuch und endet mit dem 31.12.2092.
>
> Der Erbbauberechtigte ist berechtigt, ein Einfamilienhaus mit Garage nach seinen Plänen herzu-stellen.
>
> Er hat das hergestellte Bauwerk in einem ordnungsgemäßen und guten Zustand zu erhalten. Dazu ge-hört insbesondere die Vornahme der erforderlichen Reparaturen und sonstigen Erneuerungsarbeiten.
>
> Der Erbbauberechtigte trägt alle auf das Erbbaurecht und das Grundstück entfallenden einmaligen und laufenden Steuern, Gebühren und Beiträge sowie die sonstigen öffentlichen und privaten Lasten und Abgaben jeder Art. Dazu gehören insbesondere die Grundsteuern sowie die Beträge für die Anlegung, Verbesserung und Erhaltung öffentlicher Straßen und Plätze, ferner die Erschließungs- und Anlieger-beiträge.
>
> Der Erbbauberechtigte ist zur Reinigung der Straßen und Bürgersteige verpflichtet. Er übernimmt die Haftung für die Verkehrssicherheit auf dem Erbbaugrundstück und trägt alle sonstigen Haftpflicht-schäden, die sich aus dem Eigentum oder Besitz an dem Grundstück ergeben.

404 Regelmäßig enthält der Erbbaurechtsvertrag als dinglicher Inhalt auch eine Verpflichtung des Erbbaube-rechtigten, das Erbbaurecht beim Eintreten bestimmter Voraussetzungen auf den Grundstückseigentümer zu übertragen (Heimfall). Dem Heimfallanspruch selbst kommt jedoch nur schuldrechtliche Wirkung zu.

Sind dessen Voraussetzungen bei einem früheren Erbbauberechtigten eingetreten, kann der Anspruch somit nicht gegen den Erwerber des Erbbaurechts geltend gemacht werden.[109] Zahlungsverzug des Erbbauberechtigten mit dem Erbbauzins kann den Heimfallanspruch nur dann begründen, wenn der Erbbauberechtigte mit dem Erbbauzins mindestens in Höhe zweier Jahresbeträge im Rückstand ist (§ 9 Abs. 3 ErbbauRG).

Formulierung im Vertrag:

Der Grundstückseigentümer ist berechtigt, die Übertragung des Erbbaurechts auf sich oder einen von ihm zu benennenden Dritten zu verlangen,

a) wenn das Insolvenzverfahren über das Vermögen des Erbbauberechtigten eröffnet oder mangels Masse nicht eröffnet, oder wenn die Zwangsverwaltung oder die Zwangsversteigerung des Erbbaurechts angeordnet wird;

b) wenn der Erbbauberechtigte gegen eine der Bestimmungen dieses Vertrages trotz Abmahnung verstößt;

c) wenn der Erbbauberechtigte mit dem Erbbauzins für zwei Jahre im Rückstand ist.

Macht der Grundstückseigentümer von seinem Heimfallanspruch Gebrauch, gehen – ebenso wie bei Beendigung des Erbbaurechts durch Aufhebung oder Zeitablauf – die errichteten Bauwerke, baulichen Anlagen und Einrichtungen in das Eigentum des Grundstückseigentümers über. In diesen Fällen hat der Grundstückseigentümer dem Erbbauberechtigten für das Bauwerk eine Entschädigung zu gewähren. Als Inhalt des Erbbaurechts können Vereinbarungen über die Höhe dieser Entschädigung bzw. Vergütung, die Art ihrer Zahlung sowie über ihre Ausschließung getroffen werden.   **405**

Formulierung im Vertrag:

Erlischt das Erbbaurecht durch Zeitablauf oder durch Ausübung des Heimfallanspruchs, so ist dem Erbbauberechtigten eine Entschädigung von ⅔ des gemeinen Wertes der Bauwerke, baulichen Anlagen und Einrichtungen zum Zeitpunkt des Zeitablaufs bzw. der Ausübung zu zahlen.

Falls sich die Beteiligten darüber und über die Zahlungsbedingungen nicht einigen, entscheidet ein vom Präsidenten der Industrie- und Handelskammer in (…) auf Antrag eines Beteiligten zu benennender vereidigter Sachverständiger als Schiedsgutachter gemäß § 317 BGB.

Als Inhalt des Erbbaurechts kann auch vereinbart werden, dass der Erbbauberechtigte zur Veräußerung und zur Belastung des Erbbaurechts mit einer Hypothek oder Grundschuld der Zustimmung des Grundstückseigentümers bedarf (§ 5 ErbbauRG).   **406**

Formulierung im Vertrag:

Zur Veräußerung und zur Belastung des Erbbaurechts mit einer Hypothek, Grund- oder Rentenschuld sowie mit Reallasten und zur Inhaltsänderung eines solchen Rechts, welche die Belastungen des Erbbaurechts erweitert, bedarf der Erbbauberechtigte der vorherigen schriftlichen Zustimmung des Grundstückseigentümers.

Der Grundstückseigentümer ist verpflichtet, seine Zustimmung zur Belastung des Erbbaurechts mit Hypotheken, Grundschulden, Rentenschulden oder Reallasten zu erteilen, soweit sie nachweislich der Finanzierung des Bauvorhabens des Erbbauberechtigten dienen. Er hat seine Zustimmung zur Veräußerung des Erbbaurechts zu erteilen, wenn in der Person des Erwerbers kein wichtiger Grund vorliegt, der ein Versagen der Zustimmung rechtfertigt.

---

109 BGH notar 2016, 265 m. Anm. *Eckart.*

3. Erbbauzins

a) Dingliche Absicherung

407   Das für die Bestellung und Überlassung des Erbbaurechts zu zahlende Entgelt nennt man Erbbauzins. Der dingliche Erbbauzins ist ein reallastartiges Recht; die Bestimmungen über die Reallast (§§ 1105 ff. BGB) finden entsprechende Anwendung, soweit § 9 ErbbauRG keine Spezialregelung enthält. Die Erbbauzinsreallast ist ein subjektivdingliches Recht, das nur zugunsten des jeweiligen Grundstückseigentümers bestellt und im Grundbuch eingetragen werden kann. Der Erbbauzins ist nicht Inhalt des Erbbaurechts. Seine dingliche Wirkung erhält er dadurch, dass er als Reallast im Grundbuch abgesichert wird.

b) Wertsicherung

408   Zwischen Grundstückseigentümer und Erbbauberechtigtem werden in der Regel Wertsicherungsvereinbarungen getroffen, die eine Anpassung des Erbbauzinses an veränderte wirtschaftliche Verhältnisse (insbesondere Steigerung der Lebenshaltungskosten) ermöglichen. Solche Wertsicherungsvereinbarungen können auch weiterhin vereinbart werden, wenn die Erbbaurechtslaufzeit mindestens 30 Jahre beträgt (§ 4 PreisklauselG). Eine Genehmigung des Bundesamtes für Wirtschaft und Ausfuhrkontrolle ist nicht mehr erforderlich.

409   Nach der Rechtslage vor dem 1.10.1994 (Zeitpunkt des Inkrafttretens des Sachenrechtsbereinigungsgesetzes vom 21.9.1994) musste der dingliche Erbbauzins für die ganze Laufzeit des Erbbaurechts im Voraus bestimmt sein. Aufgrund einer vereinbarten Wertsicherung wurden die Vertragsteile verpflichtet, bei Eintritt bestimmter Voraussetzungen oder Erreichen bestimmter Zeitpunkte (Steigerung des Verbraucherpreisindexes für Deutschland um eine bestimmte Anzahl von Punkten oder Prozenten) den Erbbauzins an die veränderten Verhältnisse anzupassen. Der Anspruch des Grundstückseigentümers auf eine Erhöhung des Erbbauzinses aufgrund der getroffenen Wertsicherungsvereinbarung konnte durch Eintragung einer Vormerkung zur Sicherung des Erhöhungsanspruchs im Grundbuch gesichert werden.

Nach Inkrafttreten des Sachenrechtsbereinigungsgesetzes kann eine Anpassungsklausel zum Inhalt der dinglichen Erbbauzinsreallast gemacht werden, und zwar entweder bei der Neubestellung des Erbbaurechts oder als Inhaltsänderung einer bestehenden Erbbauzinsreallast. Voraussetzung ist nur noch die Bestimmbarkeit der Klausel nach Anpassungszeit und Wertmaßstab. Dies entspricht den Anforderungen an eine normale Reallast nach §§ 1105 ff. BGB, bei der bisher schon eine Wertsicherungsklausel zum Inhalt des Rechts gemacht werden konnte. Die Eintragung einer Vormerkung zur Sicherung des Erhöhungsanspruchs wird in diesem Fall also entbehrlich.

410   Ein Anspruch auf Erhöhung des Erbbauzinses darf jedoch frühestens nach Ablauf von drei Jahren seit Vertragsabschluss und, wenn eine Erhöhung des Erbbauzinses bereits erfolgt ist, frühestens nach Ablauf von drei Jahren seit der jeweils letzten Erhöhung geltend gemacht werden (§ 9a Abs. 1 S. 5 ErbbauRG).

Formulierung im Vertrag:

Der Erbbauzins beträgt jährlich 6.000 EUR. Er ist jeweils nachträglich zum 31.12. eines jeden Jahres zu entrichten. Bis zum (…) ist der Erbbauzins der Höhe nach unveränderlich.

Der Erbbauzins ist auf der Grundlage der Lebenshaltungskosten vereinbart und soll wertgesichert sein. Erhöht oder ermäßigt sich nach dem vorgenannten Zeitpunkt der vom Statistischen Bundesamt festgestellte Verbraucherpreisindex für Deutschland auf der Basis 2015 = 100 gegenüber dem Stand des Monats (…) um 10 Prozent oder mehr, so ändert sich der Erbbauzins in dem gleichen prozentualen Verhältnis.

Wenn aufgrund dieser Bestimmungen eine Anpassung des Erbbauzinses erfolgt ist, werden dieselben Bestimmungen erneut anwendbar, soweit sich der Preisindex gegenüber der Indexzahl, die der vorangegangenen Anpassung zugrunde lag, erneut um 10 Prozent oder mehr erhöht oder ermäßigt hat. Eine weitere Erhöhung kann jedoch frühestens nach Ablauf von drei Jahren seit der jeweils letzten Erhöhung des Erbbauzinses geltend gemacht werden.

Der Erbbauzins samt Anpassungsklausel ist im Grundbuch als Reallast einzutragen.

---

c) Konkurrenz zwischen Erbbauzins und Grundpfandrechten

In der Praxis steht die Erbbauzinsreallast – was ihren grundbuchmäßigen Rang angeht – in Konkurrenz **411** insbesondere zu den in Abt. III eingetragenen Grundpfandrechten. Dies ist für die Zwangsversteigerung des Erbbaurechts von Bedeutung.

Steht die Erbbauzinsreallast im Rang vor einem Grundpfandrecht, aus welchem der Gläubiger die Zwangsversteigerung betreibt, fällt sie in das geringste Gebot und ist vom Ersteher zu übernehmen. Ist sie dagegen nachrangig eingetragen, erlischt sie in der Zwangsversteigerung, sodass der Ersteher insoweit lastenfrei erwirbt. Für den Ersteher gilt nur der nach § 2 ErbbauRG auch gegen Sonderrechtsnachfolger wirkende Erbbaurechtsinhalt, zu dem jedoch der Erbbauzins gerade nicht gehört. Dies führt dazu, dass der Grundstückseigentümer für die restliche Laufzeit des Erbbaurechts keinen Erbbauzins mehr erhält.

Bis zum 1.10.1994 wurde in der Praxis versucht, den drohenden Verlust des Erbbauzinses in der Zwangs- **412** versteigerung durch die Abgabe einer sog. Stillhalteerklärung abzuwenden. In ihr erklärt sich der vorrangige Gläubiger des Grundpfandrechts bzw. der mit seiner Reallast vorrangige Grundstückseigentümer bereit, im Falle der Zwangsversteigerung des Erbbaurechts darin einzuwilligen, dass der Erbbauzins nicht kapitalisiert, sondern sein Fortbestand nach § 59 ZVG vereinbart wird. Gleichzeitig wird die Verpflichtung begründet, auf eine Vereinbarung des Bestehenbleibens gemäß § 91 Abs. 2 ZVG hinzuwirken. Diese Vorschrift eröffnet die Möglichkeit, die durch den Zuschlag erloschene Erbbauzinsreallast durch Vereinbarung zwischen dem Grundstückseigentümer und dem Ersteher bestehen zu lassen.

Muster einer Stillhalteerklärung des Gläubigers, der den Vorrang erhält:

Die (…) Bank als Gläubiger der oben genannten Grundschuld sichert dem Grundstückseigentümer zu, im Falle einer Zwangsversteigerung des Erbbaurechts die Erbbauzinsreallast stehen zu lassen. Dieses Stehenbleiben kann zur Vermeidung einer möglichen Kapitalisierung der genannten Last am Erbbaurecht entweder über § 59 Abs. 1 ZVG oder – sofern der Ersteher damit einverstanden ist – über § 91 Abs. 2 ZVG herbeigeführt werden. Der Gläubiger verpflichtet sich, im Zwangsversteigerungsverfahren auf Verlangen des Eigentümers unverzüglich einen entsprechenden Antrag gemäß § 59 ZVG zu stellen und evtl. vom Grundstückseigentümer gestellten Änderungsanträgen zuzustimmen. Im Fall des § 91 Abs. 2 ZVG soll der Ersteher verpflichtet werden, auch in die rein schuldrechtlich wirkenden Verpflichtungen des Erbbaurechtsvertrages einzutreten.

Die Stillhalteerklärung bringt jedoch keine wirkliche Sicherheit für den Grundstückseigentümer als Berechtigten aus dem Erbbauzins. Das Rangverhältnis zwischen Erbbauzins und Grundpfandrecht einerseits und der Ausfall des Erbbauzinses in der Zwangsversteigerung andererseits waren daher die Hauptprobleme des Erbbaurechts, die letztlich nur de lege lata zu lösen waren.

Das Sachenrechtsänderungsgesetz vom 21.9.1994 hat die geltende Rechtslage mit Wirkung vom **413** 1.10.1994 insoweit verändert, als nunmehr im Erbbaurechtsvertrag vereinbart werden kann, dass die Reallast abweichend von § 52 Abs. 1 ZVG in der Zwangsversteigerung bestehen bleibt, wenn der Grundstückseigentümer aus der Reallast oder der Inhaber eines vorrangigen oder gleichstehenden Rechts die Zwangsversteigerung des Erbbaurechts betreibt (§ 9 Abs. 3 S. 1 Nr. 1 ErbbauRG). Die Erbbauzinsreallast wird auf diese Weise versteigerungsfest.

Ferner kann gemäß § 9 Abs. 3 S. 1 Nr. 2 ErbbauRG ein Rangvorbehalt zugunsten des jeweiligen Erbbau- **414** berechtigten begründet werden, wonach der jeweilige Erbbauberechtigte dem Inhaber der Reallast gegenüber berechtigt ist, das Erbbaurecht in einem bestimmten Umfang mit einem der Reallast im Rang vorgehenden Grundpfandrecht im Erbbaugrundbuch zu belasten. Dadurch wird erreicht, dass dem Ersteher des Erbbaurechts die Möglichkeit zu einer vorrangigen Belastung des Erbbaurechts erhalten bleibt.

Formulierung im Vertrag:

Als dinglicher Inhalt des Erbbauzinses wird vereinbart, dass

a) die Reallast abweichend von § 52 Abs. 1 des Gesetzes über die Zwangsversteigerung und die Zwangsverwaltung mit ihrem Hauptanspruch bestehen bleibt, wenn der Grundstückseigentümer aus der Reallast oder der Inhaber eines im Range vorgehenden oder gleichstehenden dinglichen Rechts die Zwangsversteigerung des Erbbaurechts betreibt und

b) der jeweilige Erbbauberechtigte dem jeweiligen Inhaber der Reallast gegenüber berechtigt ist, das Erbbaurecht mit einer der Reallast im Rang vorgehenden Grundschuld oder Hypothek in Höhe von (…) EUR nebst Zinsen und sonstigen Nebenleistungen zusammen bis 20 % jährlich ab Eintragung des vorbehaltenen Rechts im Erbbaugrundbuch zu belasten.

4. Wechselseitige Vorkaufsrechte, Ankaufsrecht

415 Regelmäßig räumt der Erbbauberechtigte dem Grundstückseigentümer an dem Erbbaurecht (Gebäude) und oft der Eigentümer dem Erbbauberechtigten am Grundstück ein dingliches, also auch gegenüber Rechtsnachfolgern wirkendes Vorkaufsrecht ein (siehe hierzu Rdn 449 ff.).

> *Formulierung im Vertrag:*
>
> Der Erbbauberechtigte räumt dem jeweiligen Grundstückseigentümer ein Vorkaufsrecht gemäß §§ 1094 ff. BGB an dem Erbbaurecht für alle Verkaufsfälle während der Dauer des Erbbaurechts ein.
>
> Der Grundstückseigentümer räumt dem jeweiligen Erbbauberechtigten ein Vorkaufsrecht gemäß §§ 1094 ff. BGB an dem Grundstück für alle Verkaufsfälle während der Dauer des Erbbaurechts ein.

416 Da das Vorkaufsrecht des Erbbauberechtigten an dem Grundstück nur dann greift, wenn der Grundstückseigentümer das Grundstück verkauft, lässt sich der Erbbauberechtigte vielfach an dem Grundstück ein Ankaufsrecht einräumen, welches ihn in die Lage versetzt, das Grundstück nach seinem Belieben unter bestimmten Voraussetzungen und zu bestimmten Bedingungen anzukaufen. Dieses Ankaufsrecht kann durch eine Auflassungsvormerkung zugunsten des Erbbauberechtigten in Abteilung II des Grundbuchs des Grundstücks gesichert werden.

5. Grundstücksrecht und Grundbuchvorschriften

417 Der Erbbaurechtsvertrag bedarf der notariellen Beurkundung (§ 311b BGB). Das Erbbaurecht entsteht durch Einigung und Eintragung in das Grundbuch. Anders als bei den sonstigen beschränkten dinglichen Rechten erfolgt die Eintragung in das Grundbuch nicht aufgrund einer einseitigen Bewilligung des Eigentümers (§ 19 GBO, formelles Konsensprinzip); vielmehr muss dem Grundbuchamt – wie bei der Auflassung – die Einigung über die Bestellung des Erbbaurechts nachgewiesen werden (§ 20 GBO, materielles Konsensprinzip).

418 Das Erbbaurecht wird in Abteilung II des Grundbuchs, in dem das Grundstück verbucht ist, eingetragen. Es kann dort nur an absolut *erster* Rangstelle eingetragen werden (§ 10 ErbbauRG). Ist das Grundstück also belastet, müssen die Gläubiger bzw. Berechtigten der eingetragenen Rechte dem Erbbaurecht den Vorrang einräumen.

Grundpfandrechtsgläubiger räumen dem Erbbaurecht am Grundstück regelmäßig nur den Vorrang ein, wenn das zu begründende Erbbaurecht ihrem Grundpfandrecht nachverpfändet wird. Die Vorrangseinräumungserklärung wird dem Notar dann zu treuen Händen mit der Auflage übersandt, von ihr nur Zug um Zug gegen Nachverpfändung des Erbbaurechts Gebrauch zu machen.

419 In Abteilung II des Grundbuchs eingetragene Vermerke, die kein Rangverhältnis begründen, brauchen dem Erbbaurecht dagegen keinen Vorrang einzuräumen. Dies gilt zum Beispiel für den Umlegungsvermerk; einzuholen und dem Grundbuchamt vorzulegen ist in diesem Fall jedoch die Genehmigung des Umlegungsausschusses.

Einzuholen und dem Grundbuchamt vorzulegen ist ferner bei Bestellung eines Erbbaurechts die Unbedenklichkeitsbescheinigung des Finanzamts wegen der Grunderwerbsteuer. Sowohl die Bestellung als auch die Veräußerung eines Erbbaurechts stellen einen grunderwerbsteuerpflichtigen Vorgang dar.

Keine Grunderwerbsteuer dagegen wird erhoben bei Bestellung eines Eigentümererbbaurechts, weil hier kein Verkehrsgeschäft vorliegt. In diesem Fall ist auch die Vorlage einer Unbedenklichkeitsbescheinigung des Finanzamts beim Grundbuchamt entbehrlich.

Für das Erbbaurecht wird bei der Eintragung in das Grundbuch von Amts wegen ein besonderes Grundbuchblatt (Erbbaugrundbuch) angelegt. Das Erbbaugrundbuch ist für das Erbbaurecht (Gebäude) das Grundbuch im Sinne des Bürgerlichen Gesetzbuchs. Im Bestandsverzeichnis des Erbbaugrundbuchs ist der jeweilige Eigentümer des Grundstücks zu vermerken. Entsprechend ist auch nach Eintragung eines neuen Erbbauberechtigten in Abteilung I des Erbbaugrundbuchs unverzüglich in Abteilung II auf dem Blatt des Grundstücks der Inhaber des Erbbaurechts zu berichtigen. Es besteht also eine Wechselwirkung zwischen Erbbaugrundbuch und Grundbuch des Grundstücks.   **420**

Formulierung der Grundbucherklärungen im Erbbaurechtsvertrag:

Die Beteiligten sind sich über die Entstehung des Erbbaurechts einig.

Sie bewilligen und beantragen einzutragen:

1. in das Grundbuch des Grundstücks
   a) ein Erbbaurecht zu den in dieser Urkunde niedergelegten Bedingungen – soweit sie mit dinglicher Wirkung als Inhalt des Erbbaurechts vereinbart werden können – also mit den Bedingungen der §§ …,
   b) das Vorkaufsrecht zugunsten des jeweiligen Erbbauberechtigten mit Rang nach dem Erbbaurecht;
2. in das anzulegende Erbbaugrundbuch
   a) den Erbbauzins als Reallast einschließlich der Wertsicherung zugunsten des jeweiligen Grundstückseigentümers und einschließlich der Vereinbarung über das Bestehenbleiben in der Zwangsversteigerung,
   b) mit Rang danach das Vorkaufsrecht zugunsten des jeweiligen Grundstückseigentümers.

Die Beteiligten stimmen sämtlichen Löschungen und Rangänderungen gemäß den Bewilligungen der Berechtigten zu.

Der Notar ist berechtigt, die in dieser Urkunde enthaltenen Anträge dem Grundbuchamt getrennt oder beschränkt zur Erledigung einzureichen und sie in gleicher Weise zurückzuziehen. Die Beteiligten bevollmächtigen den Notar, die vorstehenden Anträge zu berichtigen, zu ergänzen oder grundbuchrechtlichen Erfordernissen inhaltlich anzupassen.

6. Übertragung und Belastung

Das Erbbaurecht kann verkauft, verschenkt, belastet und vererbt werden. Insoweit gelten keine Besonderheiten. Wirtschaftlich beziehen sich die genannten Rechtsvorgänge lediglich auf das Gebäude, nicht auf das Grundstück. Ist im Erbbaurechtsvertrag geregelt, dass die Veräußerung und die Belastung des Erbbaurechts der Zustimmung des Grundstückseigentümers bedürfen, darf der Rechtsübergang und die Belastung erst eingetragen werden, wenn dem Grundbuchamt die Zustimmung des Grundstückseigentümers in der Form des § 29 GBO nachgewiesen wird.   **421**

Die Zustimmung des Grundstückseigentümers zur Belastung des Erbbaurechts mit Hypotheken oder Grundschulden hat in der notariellen Praxis Bedeutung. Weil der Grundpfandrechtsgläubiger in der Regel vor den in Abteilung II des Erbbaugrundbuchs eingetragenen Rechten des Grundstückseigentümers eingetragen werden will, ist in der notariell zu beglaubigenden Zustimmungserklärung zur Belastung zugleich die Vorrangseinräumungserklärung hinsichtlich der in Abteilung II des Erbbaugrundbuchs zugunsten des Grundstückseigentümers eingetragenen Rechte abzugeben.

Hierzu wird der Eigentümer jedoch nur dann bereit sein, wenn der vorrangige Grundpfandrechtsgläubiger entweder eine sog. Stillhalteerklärung im Hinblick auf eine Zwangsversteigerung des Erbbaurechts abgibt oder der Erbbauzins durch Vereinbarung im Erbbaurechtsvertrag „versteigerungsfest" gemacht worden ist (siehe Rdn 411 ff.).

422

Muster einer Belastungsgenehmigung mit Vorrangseinräumungserklärung:

Der unterzeichnende Grundstückseigentümer stimmt hiermit der Belastung des Erbbaurechts im Erbbaugrundbuch von Moers Blatt 1888 mit der Grundschuld von 50.000 EUR zugunsten der Sparkasse Moers nebst Zinsen von 15 % jährlich zu. Zugleich räumt er dieser Grundschuld nebst Zinsen den Vorrang ein vor den zu seinen Gunsten im Erbbaugrundbuch eingetragenen Rechten, nämlich

Nr. 1 = Erbbauzins-Reallast

Nr. 2 = Vorkaufsrecht für alle Verkaufsfälle

und bewilligt die Eintragung der Rangänderung in das Erbbaugrundbuch.

423   Wird ein Erbbaurecht verkauft oder übertragen, sind in den Vertrag, der der notariellen Beurkundung bedarf, Bestimmungen aufzunehmen, wonach der Käufer oder Erwerber in die Rechte und Pflichten aus dem Erbbaurechtsvertrag einzutreten hat. Insbesondere ist vom Käufer oder Erwerber die Verpflichtung zur Zahlung des Erbbauzinses zu übernehmen (Schuldübernahme). In der Zustimmung des Grundstückseigentümers zur Veräußerung des Erbbaurechts wird regelmäßig die erforderliche Genehmigung der Schuldübernahme hinsichtlich des Erbbauzinses enthalten sein.

Formulierung im Vertrag:

Der Käufer – mehrere als Gesamtschuldner – tritt mit Wirkung vom Tage des Besitzübergangs an zur gänzlichen Entlastung des Verkäufers in alle Verpflichtungen ein, die sich aus dem Erbbaurechtsvertrag ergeben. Dies gilt insbesondere auch für die Verpflichtung zur Zahlung des Erbbauzinses.

Die in Abteilung II des Erbbaugrundbuchs eingetragenen Belastungen (Erbbauzinsreallast, Vorkaufsrecht zugunsten des jeweiligen Grundstückseigentümers und Vormerkung zur Sicherung des Anspruchs auf Erhöhung des Erbbauzinses) werden vom Käufer übernommen.

Der Käufer tritt auch in alle Rechte ein, die im Erbbaurechtsvertrag dem Verkäufer und dem jeweiligen Erbbauberechtigten eingeräumt worden sind. Der Verkäufer tritt diese Rechte sowie alle Ansprüche aus dem Erbbaurechtsvertrag hiermit an den Käufer ab.

7. Wohnungs- und Teilerbbaurecht

424   Ein Erbbaurecht kann auch in Wohnungs- und Teilerbbaurechte nach dem Wohnungseigentumsgesetz aufgeteilt werden.

Beispiel

Ein Bauträger bestellt für sich selbst ein Erbbaurecht (Eigentümererbbaurecht). Sodann teilt er das Erbbaurecht (Gebäude) in Wohnungserbbaurechte nach dem Wohnungseigentumsgesetz auf und verkauft die einzelnen Wohnungen.

Es gelten hier keine Besonderheiten. Wird ein Erbbaurecht nach dem Wohnungseigentumsgesetz geteilt, wird das Erbbaugrundbuch geschlossen. Für die einzelnen Wohnungen werden Wohnungserbbaugrundbücher und für nicht zu Wohnzwecken dienende Einheiten, wie Läden und Garagen, Teilerbbaugrundbücher angelegt. Die Teilungserklärung hinsichtlich des Erbbaurechts hat eine Bestimmung zu enthalten, wonach die Erbbauzinsreallast auf die einzelnen Wohnungs- und/oder Teilerbbaugrundbücher verteilt wird.

425

Formulierung in der Teilungserklärung:

Der Grundstückseigentümer als Berechtigter aus der Erbbauzinsreallast in Höhe von 10.000 EUR jährlich verteilt hiermit diese Reallast auf die vorstehend gebildeten Wohnungserbbaurechtseinheiten dergestalt, dass jede Einheit künftig für einen jährlichen Betrag von 1.000 EUR haftet und bewilligt und beantragt die Eintragung der Verteilung in die Wohnungserbbaugrundbücher.

Die Veräußerung eines Wohnungs- oder Teilerbbaurechts bedarf der Zustimmung des Verwalters – sofern in der Teilungserklärung ein solches Zustimmungserfordernis vorgesehen ist – und der Zustimmung des Grundstückseigentümers, wenn diese im Erbbaurechtsvertrag vereinbart ist. Im Übrigen gelten auch für den Wohnungs- und Teilerbbauberechtigten alle Rechte und Pflichten aus dem zugrunde liegenden Erbbaurechtsvertrag.

VII. Das Dauerwohn- und Dauernutzungsrecht

1. Dauerwohnrecht

Das Dauerwohnrecht ist im Wohnungseigentumsgesetz (WEG) geregelt (§§ 31 ff. WEG). Es hat zum Inhalt, dass derjenige, zu dessen Gunsten es bestellt wird, berechtigt ist, unter Ausschluss des Eigentümers eine bestimmte Wohnung in einem auf dem Grundstück errichteten Gebäude zu bewohnen. Praktisch kommt es nicht besonders häufig vor, da typischerweise unmittelbar Wohnungseigentum begründet wird. Die Bestellung des Dauerwohnrechts richtet sich nach den allgemeinen Bestimmungen: Es entsteht also durch Einigung und Eintragung im Grundbuch (Abteilung II). Für das Recht wird also kein besonderes Grundbuchblatt wie beim Erbbaurecht angelegt. Die Eintragung erfolgt – ohne dass die Einigung nachgewiesen werden müsste – aufgrund einseitiger Eintragungsbewilligung. **426**

Das Dauerwohnrecht kann nur bestellt werden, wenn die Wohnung in sich abgeschlossen ist. Der Eintragungsbewilligung ist daher eine sog. *Abgeschlossenheitsbescheinigung* der Baubehörde beizufügen. Weiterer Bestandteil der Eintragungsbewilligung ist ein baubehördlicher Aufteilungsplan, in dem die Wohnung, auf die sich das Recht erstreckt, dargestellt ist. Er ist ebenfalls als Anlage beizufügen. Insoweit gelten dieselben Voraussetzungen wie bei Wohnungs- und Teileigentum. **427**

Die Besonderheit des Dauerwohnrechts liegt darin, dass es *veräußerlich* und *vererblich* ist. Hierin unterscheidet es sich wesentlich vom Wohnungsrecht nach § 1093 BGB. Der Berechtigte darf die dem Recht unterliegende Wohnung auch vermieten. Als Inhalt des Dauerwohnrechts kann vereinbart werden, dass die Veräußerung des Rechts der Zustimmung des Eigentümers bedarf. **428**

Es kann ferner vereinbart werden, dass der Berechtigte verpflichtet ist, das Recht beim Eintritt bestimmter Voraussetzungen (etwa bei Vertragsverletzungen durch den Berechtigten) gegebenenfalls gegen Entschädigung auf den Eigentümer zu übertragen (Heimfallanspruch). Weitere Vereinbarungen, die als Inhalt des Dauerwohnrechts getroffen werden können, sind in § 33 Abs. 4 WEG aufgeführt. **429**

Bei entgeltlichem Erwerb eines Dauerwohnrechts kann ein Bedürfnis für die Absicherung eines Finanzierungsdarlehens bestehen. Da es sich um ein in Abteilung II des Grundbuchs eingetragenes Recht handelt, scheidet eine Belastung mit Grundpfandrechten aus. Möglich ist allerdings eine Verpfändung des Rechts (siehe § 1273 BGB), die im Grundbuch vermerkt werden kann. Das Dauerwohnrecht kann auch gepfändet werden. Die Pfändung wird mit Eintragung der Pfändung im Grundbuch wirksam. **430**

2. Dauernutzungsrecht

Das Dauernutzungsrecht erstreckt sich auf nicht zu Wohnzwecken dienende Räume, also z.B. auf Praxisräume, Läden und Garagen. Das Dauerwohn- und Dauernutzungsrecht kann als ein einheitliches Recht eingetragen werden, wenn sich die Berechtigung des Inhabers sowohl auf Wohnräume als auch auf Räume erstreckt, die nicht zu Wohnzwecken bestimmt sind. Für das Dauernutzungsrecht gelten die Vorschriften über das Dauerwohnrecht entsprechend. **431**

VIII. Die Vormerkung

1. Wirkung und Wesen der Vormerkung

Die Vormerkung ist ein Sicherungsmittel eigener Art. Sie schützt den Inhaber eines schuldrechtlichen Anspruchs auf dingliche Rechtsänderung, indem sie vertragswidrige Verfügungen des bisherigen Rechts- **432** inhabers ihm gegenüber unwirksam sein lässt (§ 883 BGB). Zwischen dem Abschluss des schuldrechtlichen Vertrages auf Übertragung des Eigentums an einem Grundstück und der Eintragung der Rechtsänderung im Grundbuch liegt in der Praxis ein nicht unerheblicher Zeitraum. Für den Erwerber besteht daher die Gefahr, dass er seinen Anspruch nicht durchsetzen kann, wenn der Veräußerer in der Zwischenzeit über das Grundstück anderweitig durch Veräußerung oder Belastung verfügt oder ein Dritter eine Zwangseintragung – etwa eine Zwangshypothek – erwirkt hat.

> *Beispiel*
>
> V verkauft K sein Grundstück. Wenn V nach Abschluss des Vertrages sein Grundstück an einen Dritten übereignet oder mit einer Hypothek belastet, ist diese Übereignung bzw. Belastung wirksam. K wird nicht geschützt. Er ist lediglich auf Schadenersatzansprüche verwiesen.

433   Auch könnte der Veräußerer nach Abschluss des Vertrages insolvent werden. Dann wäre der Anspruch auf Übereignung des Grundstücks nicht mehr durchsetzbar. Um solchen Gefahren zu begegnen, kann in das Grundbuch zugunsten des Erwerbers eine Art Reservierung, nämlich die Vormerkung, eingetragen werden. Sie gibt dem Berechtigten die Gewähr, dass er seinen schuldrechtlichen Anspruch uneingeschränkt verwirklichen kann. Denn sämtliche Eintragungen, die mit Rang nach der Vormerkung in das Grundbuch gelangen, braucht der Vormerkungsberechtigte nicht gegen sich gelten zu lassen.

> *Beispiel*
>
> Wenn im obigen Beispielsfall für K eine Auflassungsvormerkung bewilligt und im Grundbuch eingetragen ist, kann V dennoch – weil er nach wie vor Eigentümer des Grundstücks ist – ein Grundpfandrecht in das Grundbuch eintragen lassen oder das Grundstück verkaufen. Die Vormerkung bewirkt also keine Grundbuchsperre. Eintragungen, die nach ihr erfolgen, sind jedoch dem Vormerkungsberechtigten gegenüber unwirksam. Ihre Löschung muss auf sein Verlangen hin vom eingetragenen Berechtigten bewilligt werden (§ 888 BGB).

434   Sichert die Vormerkung einen Anspruch auf Eigentumsübertragung bezüglich eines Grundstücks, so spricht man von einer Vormerkung zur Sicherung des Eigentumsverschaffungsanspruchs (die Bezeichnungen variieren: Eigentumsvormerkung, Auflassungsvormerkung). Sie wird in Abteilung II des Grundbuchs eingetragen.

435   Bei der Eigentumsumschreibung auf den Erwerber des Grundstücks wird die Vormerkung auf Antrag gelöscht, wenn zu diesem Zeitpunkt keine sonstigen Anträge beim Grundbuchamt vorliegen und keine nachrangigen Zwischeneintragungen erfolgt sind. Anderenfalls darf die Vormerkung bei der Eigentumsumschreibung nicht gelöscht werden, damit aus dem Grundbuch zu ersehen ist, dass die zwischenzeitlich – d.h. nach der Vormerkung – eingetragenen Rechte dem Erwerber des Grundstücks gegenüber unwirksam sind (relative Unwirksamkeit).

> *Beispiel*
>
> V hat ein Grundstück an K verkauft. Zur Sicherung des Eigentumsverschaffungsanspruchs des K ist im Grundbuch eine Vormerkung eingetragen worden. Danach bewilligt und beantragt V die Eintragung einer Hypothek für D. Die Hypothek wird in das Grundbuch eingetragen (keine Grundbuchsperre!). Bei der Eigentumsumschreibung auf K darf die Vormerkung nicht gelöscht werden, damit aus dem Grundbuch zu ersehen ist, dass die Hypothek nach der Vormerkung eingetragen worden und somit K gegenüber unwirksam ist.

436   *Muster der Bewilligung einer Vormerkung zur Sicherung eines Eigentumsverschaffungsanspruchs:*

Die Beteiligten bewilligen und beantragen zur Sicherung des Anspruchs des Käufers auf Eigentumsverschaffung die Eintragung einer Vormerkung auf dem verkauften Grundbesitz – für mehrere Käufer in dem Beteiligungsverhältnis, zu dem sie erwerben. Sie bewilligen und beantragen die Löschung dieser Vormerkung gleichzeitig mit der Eigentumsumschreibung, sofern zu diesem Zeitpunkt keine Zwischeneintragungen erfolgt sind und keine Zwischenanträge vorliegen, denen der Käufer nicht zugestimmt hat.

2. Entstehungsvoraussetzungen

Voraussetzungen für die Entstehung der Vormerkung sind ein schuldrechtlicher Anspruch auf dingliche **437** Rechtsänderung (etwa auf Eigentumsübertragung an einem Grundstück), die Bewilligung des Betroffenen (Grundstückseigentümer oder Inhaber des zu schützenden Rechts) und die Eintragung der Vormerkung im Grundbuch. Die Eintragung einer Vormerkung kann auch aufgrund einer gerichtlichen einstweiligen Verfügung erfolgen. Sie ersetzt die Bewilligung des Betroffenen (§ 883 BGB). Der Gläubiger kann auf diese Weise bei einer Gefährdung der Erfüllung seines Anspruchs im Eilverfahren die Schutzwirkung der Vormerkung ohne Mitwirkung des Eigentümers oder Berechtigten erlangen.

Vormerkungsfähig sind alle noch nicht erfüllten schuldrechtlichen Ansprüche auf dingliche Rechtsänderung, auch künftige und bedingte Ansprüche. Jeder Anspruch, der gesichert werden soll, bedarf einer eigenen Vormerkung. Durch Vormerkung gesichert werden nicht nur Ansprüche auf Übertragung von Eigentum an einem Grundstück, sondern z.B. auch ein Anspruch auf Eintragung einer Grundschuld, auf Abtretung einer Grundschuld oder etwa ein Anspruch auf Rangrücktritt. **438**

Beispiel

E verpflichtet sich, für den H an seinem Grundstück eine Hypothek zu bestellen. Die Bedingungen für die Hypothek sind noch nicht ausgehandelt und die Verhandlungen werden sich voraussichtlich über einen längeren Zeitraum erstrecken. Da die Hypothek an erster Rangstelle eingetragen werden soll und H befürchtet, dass diese Stelle zwischenzeitlich besetzt wird, lässt er sich in das Grundbuch eine Vormerkung zur Sicherung seines Anspruchs auf Eintragung der Hypothek eintragen. Diese Vormerkung wird in Abteilung III des Grundbuchs eingetragen und erhält dem H den ersten Rang, gleichgültig, ob zwischenzeitlich andere Grundpfandrechte in das Grundbuch eingetragen werden. Die Vormerkung dient also auch der Rangwahrung für künftig einzutragende beschränkte dingliche Rechte.

Durch eine Vormerkung kann auch ein Anspruch aus einem Vertrag gesichert werden, der noch einer Genehmigung bedarf. **439**

Beispiel

Der Käufer hat sich bei Abschluss des Kaufvertrages vollmachtlos vertreten lassen. Seine Genehmigung steht noch aus. Dennoch kann die Vormerkung zu seinen Gunsten in das Grundbuch eingetragen werden, da für die Eintragung die einseitige Bewilligung des Betroffenen – die des Eigentümers (Verkäufers) – genügt. Die Vormerkung kann natürlich *nicht* eingetragen werden, wenn sich der Verkäufer hat vollmachtlos vertreten lassen, bevor er den Vertrag genehmigt. Hier fehlt die Eintragungsbewilligung des Betroffenen.

Schließlich sind auch künftige und bedingte Ansprüche vormerkungsfähig. Wird ein Kaufvertrag unter **440** der aufschiebenden Bedingung des Eintritts eines bestimmten Ereignisses abgeschlossen, so kann – noch bevor die Bedingung eingetreten ist – eine Vormerkung für den Käufer eingetragen werden. Vormerkungsfähig sind auch die Ansprüche aus einem Vorvertrag und aus einem Kaufangebot.

Beispiel

Der Verkäufer macht dem K ein Angebot auf Abschluss eines Kaufvertrages. Dem Käufer wird für die Annahme eine Frist von zwei Monaten gesetzt. Zu seinen Gunsten kann bereits vor der Annahme des Angebots eine Vormerkung eingetragen werden.

3. Keine Grundbuchsperre

Durch die Vormerkung wird der Eigentümer (oder Inhaber des betroffenen Rechts) in seiner Verfügungs- **441** macht nicht beschränkt. Er kann weiter verfügen. Nur sind Verfügungen, falls der vorgemerkte Anspruch durchgesetzt wird, dem Vormerkungsberechtigten gegenüber unwirksam. Das gilt auch für Verfügungen im Wege der *Zwangsvollstreckung*.

> *Beispiel*
>
> V verkauft K ein Grundstück und lässt eine Vormerkung eintragen. Ein Gläubiger des V erwirkt die Eintragung einer Zwangshypothek. Sie ist dem Käufer gegenüber unwirksam, wenn er Eigentümer des Grundstücks wird.

442   Auch wenn über das Vermögen des Schuldners (Eigentümers) nach der Eintragung der Vormerkung das Insolvenzverfahren eröffnet wird, kann der vorgemerkte Anspruch durchgesetzt werden. Der Insolvenzverwalter muss den Anspruch erfüllen. Die Vormerkung ist also insolvenzsicher.

> *Beispiel*
>
> Nach Abschluss des Kaufvertrages und Eintragung der Vormerkung für K wird das Insolvenzverfahren über das Vermögen des Verkäufers eröffnet. K wird dennoch Eigentümer des verkauften Grundstücks. Es verbleibt also nicht in der Insolvenzmasse.

Da die Anträge vom Grundbuchamt grundsätzlich in der Reihenfolge ihres Eingangs erledigt werden müssen, tritt die Schutzwirkung der Vormerkung schon mit dem Eingang des Antrags beim Grundbuchamt ein. Wenn der Eigentümer danach, aber vor der Eintragung der Vormerkung seine Verfügungsmacht verliert, etwa über sein Vermögen das Insolvenzverfahren eröffnet wird, entfaltet die Vormerkung dennoch ihre Schutzwirkung. § 878 BGB, wonach eine gemäß § 873 BGB bindend gewordene Erklärung nicht dadurch unwirksam wird, dass der Berechtigte in der Verfügung beschränkt wird, wenn zu diesem Zeitpunkt der Eintragungsantrag beim Grundbuchamt bereits gestellt worden ist, ist also entsprechend anzuwenden.

443   Der Vormerkungsberechtigte kann von dem Dritten, der durch die vormerkungswidrige Verfügung ein Recht erworben hat, die Zustimmung zu der Eintragung oder Löschung verlangen, die zur Verwirklichung des durch die Vormerkung gesicherten Anspruchs erforderlich ist (§ 888 BGB).

> *Beispiel*
>
> Nach Abschluss des Kaufvertrages und nach Eintragung der Vormerkung für K belastet V das Grundstück mit einer Grundschuld zugunsten des B. Nach der Eigentumsumschreibung auf K kann dieser von B die Zustimmung zur Löschung der Grundschuld verlangen, im Ergebnis also die Abgabe einer Löschungsbewilligung.
>
> *Oder:* V verkauft bei Notar A das Grundstück an K und lässt eine Vormerkung für ihn eintragen. Sodann verkauft er das Grundstück bei Notar B an X. Notar B stellt als erster den Umschreibungsantrag. X wird als Eigentümer eingetragen. K kann aufgrund seiner Vormerkung verlangen, dass er als Eigentümer in das Grundbuch eingetragen wird; X muss alle hierzu nötigen Erklärungen abgeben. Letztlich verliert X sein Eigentum.

4.   Sicherung schuldrechtlicher Verfügungsbeschränkungen

444   Bedeutung hat die Vormerkung zur Sicherung von schuldrechtlichen Verfügungsbeschränkungen. Grundsätzlich kann man einen Eigentümer nicht daran hindern, über ein ihm gehörendes Grundstück durch Veräußerung oder Belastung zu verfügen, selbst wenn er sich verpflichtet hat, dies nicht zu tun.

> *Beispiel*
>
> Eltern schenken ihrem Sohn ein Grundstück unter der Auflage, darüber – solange die Eltern leben – nicht ohne deren Zustimmung durch Veräußerung oder Belastung zu verfügen. Veräußert nun der Sohn dennoch das Grundstück an X, so wird X Eigentümer. Die Eltern können allenfalls Schadenersatzansprüche gegen ihren Sohn geltend machen. Daran sind die Eltern jedoch nicht interessiert. Sie wollen vielmehr, dass das Grundstück im Eigentum des Sohnes verbleibt.

445   Eine Verfügungsbeschränkung als solche ist nicht eintragungsfähig, weil ein solcher Vermerk im Gesetz nicht vorgesehen ist (numerus clausus der Sachenrechte). Um die Absicht der Beteiligten zu verwirk-

lichen, wird daher in Übertragungsverträgen zwischen Eltern und Kindern vereinbart, dass – falls der Erwerber gegen das Verfügungsverbot verstößt – das übertragene Grundstück auf die Eltern zurückzuübertragen ist. Mit dieser Hilfskonstruktion wird erreicht, dass zugunsten der Veräußerer ein Recht eingetragen werden kann, nämlich eine Vormerkung. Diese verlangt als unabdingbare Entstehungsvoraussetzung die Begründung eines schuldrechtlichen Anspruchs auf dingliche Rechtsänderung, hier der Rückübertragung auf die Veräußerer. Der bedingte Rückübereignungsanspruch der Eltern wird also durch Eintragung einer „Rückauflassungsvormerkung" gesichert. Ist die Vormerkung zugunsten der Eltern eingetragen und verfügt der Erwerber nunmehr durch Veräußerung oder Belastung über das Grundstück, so ist diese Verfügung den Eltern gegenüber unwirksam (relative Unwirksamkeit).

Beispiel

Entgegen der von ihm übernommenen Verpflichtung belastet der Sohn S das Grundstück mit einer Hypothek zugunsten des B. Die Eltern können die Rückübereignung des Grundstücks und – da die Hypothek mit Rang nach ihrer Vormerkung eingetragen worden ist – die Löschung der Hypothek vom Hypothekengläubiger verlangen.

Muster der Sicherung einer Verfügungsbeschränkung durch Vormerkung in einem Übertragungsvertrag: **446**

Der Erwerber verpflichtet sich gegenüber dem Veräußerer, das Grundstück, solange der Veräußerer lebt, nicht ohne dessen Zustimmung zu veräußern oder zu belasten.

Verstößt der Erwerber gegen diese Verpflichtung, so ist der Veräußerer berechtigt, von ihm die unentgeltliche, kosten- und steuerfreie Rückübereignung des Grundstücks zu verlangen.

Zur Sicherung des Anspruchs auf Rückübereignung bewilligen und beantragen die Beteiligten die Eintragung einer Auflassungsvormerkung auf dem übertragenen Grundstück für den Veräußerer.

Der Veräußerer bevollmächtigt den Erwerber, nach seinem Tode die Löschung der Vormerkung zu bewilligen.

Sind mehrere zu Bruchteilen Eigentümer eines Grundstücks, so haben sie ein Interesse daran, dass ein   **447**
Miteigentümer seinen Anteil nicht ohne Zustimmung der anderen veräußert oder belastet. Es soll verhindert werden, dass unerwünschte Personen Miteigentümer werden. Auch hier kann jedem Miteigentümer die Verpflichtung auferlegt werden, über seinen Anteil nicht ohne Zustimmung der Miteigentümer zu verfügen. Als Sanktion für die Verletzung des Verfügungsverbots kann eine Übereignungsverpflichtung vereinbart werden, die wiederum durch die Eintragung einer Vormerkung zu Lasten der Miteigentumsanteile und zugunsten der jeweiligen Eigentümer der anderen Miteigentumsanteile gesichert wird.

Muster der Vereinbarung einer Verfügungsbeschränkung zwischen Miteigentümern:

Die beiden Miteigentümer verpflichten sich und ihre Gesamtrechtsnachfolger schuldrechtlich, über ihre Miteigentumsanteile, solange einer von ihnen lebt, nicht ohne Zustimmung des anderen Miteigentümers zu verfügen, sie insbesondere weder zu veräußern noch zu belasten.

Verstößt ein Miteigentümer gegen diese Verpflichtung, so ist der jeweils andere berechtigt, von ihm die Übereignung des Miteigentumsanteils zu verlangen.

Zur Sicherung des bedingten Anspruchs auf Übereignung des Miteigentumsanteils bewilligen und beantragen die Beteiligten die Eintragung je einer Auflassungsvormerkung als Belastung der Miteigentumsanteile zugunsten des jeweiligen Eigentümers des jeweils anderen Miteigentumsanteils.

Nicht vormerkungsfähig ist der aufgrund einer Verfügung von Todes wegen zu erwartende Erwerb eines   **448**
dinglichen Rechts.

Beispiel

E vermacht seiner Tochter T in einem Erbvertrag ein Grundstück. T ist dann zwar sicher, dass E das Grundstück keinem anderen durch Verfügung von Todes wegen zuwenden kann. Sie ist jedoch grundsätzlich nicht davor geschützt, dass E das Grundstück zu Lebzeiten veräußert oder belastet.

E kann sich jedoch in dem Erbvertrag seiner Tochter T gegenüber verpflichten, auch zu Lebzeiten über das vermachte Grundstück nicht mehr anderweitig zu verfügen. Es kann vereinbart werden, dass – falls E dem zuwiderhandelt – das Grundstück der Tochter bereits zu Lebzeiten des Vaters übertragen werden muss, gegebenenfalls gegen Eintragung eines Nießbrauchs für den Vater. Dieser bedingte, insoweit durch Rechtsgeschäft unter Lebenden begründete Übereignungsanspruch der Tochter kann wiederum durch die Eintragung einer Vormerkung gesichert werden.

IX. Die Erwerbsrechte

1. Das Vorkaufsrecht

a) Inhalt und Wirkung des dinglichen Vorkaufsrechts

449   Ein Grundstück kann in der Weise belastet werden, dass derjenige, zu dessen Gunsten die Belastung erfolgt, dem Eigentümer gegenüber zum Vorkauf berechtigt ist.

Das dingliche, in Abteilung II des Grundbuchs eingetragene Vorkaufsrecht dient einem Sicherungsbedürfnis: Der Vorkaufsberechtigte kann im Falle des Verkaufs des Grundstücks durch den Eigentümer von diesem die Übereignung des Grundstücks zu den in dem Kaufvertrag mit dem Dritten vereinbarten Bedingungen fordern. Das Sicherungsbedürfnis wird dadurch erfüllt, dass das Vorkaufsrecht Dritten gegenüber die Wirkung einer Vormerkung zur Sicherung des durch die Ausübung des Rechts entstehenden Anspruchs auf Übertragung des Eigentums entfaltet (§ 1098 Abs. 2 BGB). Der Berechtigte ist also gegen Verfügungen des Eigentümers, die das Vorkaufsrecht vereiteln oder erschweren, geschützt. Kommt es infolge des Verkaufs, der das Vorkaufsrecht auslöst, zu einer Übertragung an den Dritten, kann der Vorkaufsberechtigte von diesem entsprechend § 888 BGB die Auflassung an sich verlangen (siehe oben Rdn 432 ff.).

Beispiel

Der Grundstückseigentümer E räumt dem B an seinem Grundstück ein Vorkaufsrecht ein, das in Abteilung II des Grundbuchs eingetragen wird. Danach verkauft E das Grundstück an X zu einem Preis von 100.000 EUR und lässt es ihm auf. B übt, als er von dem Verkauf erfährt, sein Vorkaufsrecht aus. Mit der Ausübung des Vorkaufsrechts kommt kraft Gesetzes ein Kaufvertrag zwischen E und B zustande, und zwar zu den Bedingungen, die E mit X vereinbart hat. B muss also einen Kaufpreis von 100.000 EUR an E zahlen. Er kann nicht geltend machen, der Kaufpreis sei ihm zu hoch. B kann von X die Auflassung und gegebenenfalls Herausgabe des Grundstücks verlangen.

b) Entstehung des Rechts

450   Das dingliche Vorkaufsrecht entsteht durch Einigung und Eintragung. Für die Eintragung genügt die Bewilligung des Eigentümers in beglaubigter Form. Die Einigung ist also nicht beurkundungspflichtig und braucht dem Grundbuchamt nicht nachgewiesen zu werden.[110] Das Verpflichtungsgeschäft bedarf gleichwohl der notariellen Beurkundung (§ 311b BGB). Durch Eintragung des Vorkaufsrechts in das Grundbuch wird ein etwaiger Formmangel allerdings geheilt.

451   Das dingliche Vorkaufsrecht kann

- zugunsten einer Person *(subjektiv persönlich)*, aber auch
- zugunsten des jeweiligen Eigentümers eines anderen Grundstücks *(subjektiv dinglich)*,

---

110 BGH notar 2016, 311.

- ■ nur für den ersten Verkaufsfall oder
- ■ für mehrere oder für alle Verkaufsfälle

bestellt werden.

Beispiel   **452**

Ist das Vorkaufsrecht nur für einen Verkaufsfall bestellt, so erlischt es mit dem Verkauf an den Dritten, wenn der Vorkaufsberechtigte von seinem Vorkaufsrecht keinen Gebrauch macht. Ist das Vorkaufsrecht für alle Verkaufsfälle bestellt, kann der Berechtigte es auch noch bei einem Weiterverkauf durch den Käufer ausüben.

Für mehrere Berechtigte kann ein Vorkaufsrecht nach Auffassung des BGH nicht als Gesamtgläubiger   **453** gemäß § 428 BGB eingetragen werden.[111] Anwendbar ist vielmehr die Vorschrift des § 472 BGB. Sie besagt, dass ein Vorkaufsrecht nur im Ganzen ausgeübt werden kann, wenn es Mehreren gemeinschaftlich zusteht. Ist es für einen der Berechtigten erloschen oder übt er es nicht aus, so sind die Übrigen berechtigt, das Vorkaufsrecht im Ganzen auszuüben. Das Gemeinschaftsverhältnis nach § 472 BGB ist gemäß § 47 GBO im Grundbuch zu verlautbaren.[112]

c) Ausübungsfrist

Der Vorkaufsberechtigte muss das Vorkaufsrecht innerhalb einer Frist von zwei Monaten nach Übermitt- **454** lung einer Abschrift des – wirksamen, also gegebenenfalls *genehmigten* – Kaufvertrages ausüben, wenn keine andere Ausübungsfrist vereinbart ist (§ 469 BGB). In der Praxis wird der Notar regelmäßig bevollmächtigt, dem Vorkaufsberechtigten eine Ausfertigung des Kaufvertrages – *einschließlich aller behördlichen und privaten Genehmigungen* – namens des Verkäufers und des Käufers mittels Einschreiben zu übersenden. Durch diese Mitteilung wird die Frist zur Ausübung des Vorkaufsrechts in Gang gesetzt. Zweckmäßig kann auch die Zustellung durch einen Gerichtsvollzieher sein.

Auf diese Weise werden

- ■ der Abschluss des Vertrages,
- ■ der Nachweis seiner Wirksamkeit und
- ■ der Zeitpunkt des Zugangs beim Vorkaufsberechtigten

durch eine öffentliche Urkunde beweisbar. Dies kann bedeutsam werden, wenn der Vorkaufsberechtigte nach dem Erlöschen des Vorkaufsrechts infolge Fristablaufs auf Abgabe einer Löschungsbewilligung in Anspruch genommen werden soll.

d) Vorkaufsfall

Das Vorkaufsrecht kann nur ausgeübt werden, wenn das belastete Grundstück an einen Dritten verkauft **455** wird. Daher ist kein Vorkaufsfall gegeben bei Schenkung, Tausch oder Einbringung, aber auch nicht bei einer Erbauseinandersetzung oder einer Auseinandersetzung der Bruchteilsgemeinschaft, weil der Erwerber in allen diesen Fällen nicht Dritter ist. Das Vorkaufsrecht erstreckt sich im Zweifel auch nicht auf den Verkauf, der mit Rücksicht auf ein künftiges Erbrecht an einen gesetzlichen Erben erfolgt (§ 470 BGB). Ein Vorkaufsfall liegt schließlich auch nicht vor bei Verkauf eines Erbanteils, zu dem das mit dem Vorkaufsrecht belastete Grundstück gehört.

e) Erlöschen des Vorkaufsrechts

Das Vorkaufsrecht erlischt immer durch seine Ausübung. Für das Erlöschen in anderen Fällen ist es von **456** entscheidender Bedeutung, ob es lediglich für den ersten Verkaufsfall oder für alle oder mehrere Verkaufsfälle bestellt ist.

---

111 BGH FGPrax 2017, 54.
112 Vgl. im Einzelnen *Schöner/Stöber*, 16. Aufl. 2020, Rn 1406 ff.

Denn § 1097 S. 1 BGB beschränkt das Vorkaufsrecht für den ersten Verkaufsfall auf einen Verkauf durch denjenigen Eigentümer, welchem das belastete Grundstück zur Zeit der Bestellung des Vorkaufsrechts gehört, oder durch dessen Erben. Ein derart beschränktes Vorkaufsrecht erlischt nicht nur bei Nichtausübung, sondern auch aufgrund einer Veräußerung, die keinen Vorkaufsfall im Sinne des vorhergehenden Abschnitts d) darstellt. Denn der veräußernde Ersterwerber ist dann nicht mehr derjenige, dem das Grundstück bei Bestellung des Rechts gehörte.

> *Beispiel*
>
> A bestellt ein Vorkaufsrecht für den ersten Verkaufsfall für X. A schenkt das Grundstück dann dem B. B verkauft es an C. Obwohl dies der erste Verkaufsfall ist, nützt das Vorkaufsrecht dem X nichts, weil es bereits mit dem Eigentumserwerb des B erloschen ist.

Hier besteht also die Möglichkeit einer Umgehung durch eine vorgeschaltete Schenkung. Soll nach dem Willen der Beteiligten, wenn schon kein Vorkaufsrecht für mehrere oder für alle Verkaufsfälle, sondern nur für den ersten Verkaufsfall bestellt wird, eine umgehungsfeste Formulierung gewünscht sein, könnte diese etwa folgenden Wortlaut haben:

457

Muster:

Frau (…) bestellt hierdurch zugunsten des Herrn (…) an dem im Grundbuch von (…) Blatt (…) eingetragenen Grundstück Flur (…) Flurstück (…) ein dingliches Vorkaufsrecht für denjenigen ersten Verkaufsfall, bei welchem dem Vorkaufsberechtigten erstmals eine Ausübung des Vorkaufsrechts rechtlich möglich ist. Das Vorkaufsrecht besteht also auch dann, wenn ein solcher Verkaufsfall erst bei einem Gesamt- oder Sonderrechtsnachfolger der derzeitigen Grundstückseigentümerin eintritt. Das Vorkaufsrecht ist vererblich, aber nicht übertragbar.

Herr (…) nimmt die vorstehenden Erklärungen der Frau (…) an.

Die Eintragung dieses Vorkaufsrechts in das Grundbuch wird hierdurch bewilligt.

Bis zu seiner Eintragung gilt das Vorkaufsrecht mit schuldrechtlicher Wirkung zwischen den Beteiligten.

Ist das Vorkaufsrecht demgegenüber für alle oder mehrere Verkaufsfälle bestellt, erlischt es nicht durch Nichtausübung in einem von mehreren Verkaufsfällen und auch nicht aufgrund einer Veräußerung mittels Nichtverkaufs. Hätte also im vorhergehenden Beispiel das Vorkaufsrecht für alle Verkaufsfälle bestanden, hätte es im Falle des Verkaufs durch B noch ausgeübt werden können. In diesen Fällen ist Verpflichteter also nicht der Eigentümer zur Zeit der Bestellung, sondern derjenige zur Zeit des Verkaufs.

f) Erschwernisse für den Eigentümer

458   Bei Vorhandensein eines eingetragenen Vorkaufsrechts wird ein Verkauf des Grundstücks erschwert, weil für jeden potentiellen Käufer die Ungewissheit besteht, ob das Vorkaufsrecht ausgeübt wird oder nicht. Insbesondere das für alle oder mehrere Verkaufsfälle bestellte Vorkaufsrecht führt zu einer nicht unerheblichen Wertminderung des Grundstücks, weil es bei Nichtausübung im ersten Verkaufsfall nicht erlischt, vom Käufer also übernommen werden muss.

459   Auch die Beleihbarkeit des Grundstücks wird erschwert. Insoweit kann es zweckmäßig sein, für den Grundstückseigentümer einen Rangvorbehalt für einzutragende Grundpfandrechte vorzusehen (zum Rangvorbehalt vgl. Rdn 584 ff.).

Denn das dingliche Vorkaufsrecht hat gegenüber nachrangigen Grundpfandrechten die Wirkung einer Eigentumsvormerkung (§ 1098 Abs. 2 BGB). Der Vorkaufsberechtigte kann zwar die Löschung eines nachrangigen Grundpfandrechts nach Ausübung des Vorkaufsrechts dann nicht verlangen, wenn dieses bereits vor dem Verkaufsfall entstanden ist. Die Bank kann aber bei der Beleihung nicht zuverlässig feststellen, ob vor Entstehung ihres Grundpfandrechts noch ein Verkauf stattgefunden hat. Sie verlangt daher regelmäßig einen Rangrücktritt des Vorkaufsberechtigten. Dieser muss dann über die Grundpfandrechtsbestellung unterrichtet werden und ist gleichwohl nicht verpflichtet zurückzutreten.

Verkauft der Eigentümer ein mit einem Vorkaufsrecht belastetes Grundstück und übt der Vorkaufs- **460** berechtigte daraufhin sein Recht aus, bestehen zwei Kaufverträge. Erfüllen muss der Eigentümer gegenüber dem Vorkaufsberechtigten, was ihn einer Schadenersatzverpflichtung gegenüber dem Erstkäufer aussetzt. Um dieses Risiko zu vermeiden, sollte sich der Eigentümer in dem Kaufvertrag mit dem Dritten ein Rücktrittsrecht für den Fall der Ausübung des Vorkaufsrechts vorbehalten. Der Rücktritt führt dann zur Auflösung des mit dem Dritten abgeschlossenen Kaufvertrages, lässt aber die Wirksamkeit des mit dem Vorkaufsberechtigten infolge der Ausübung seines Rechts zustandegekommenen Kaufvertrages unberührt (vgl. § 465 BGB).

g) Vereinbarung von Übertragbarkeit und Vererblichkeit

Das Vorkaufsrecht ist nicht übertragbar und geht nicht auf die Erben des Berechtigten über (§ 473 BGB). **461** Hierdurch wird der Verpflichtete vor einem ihm nicht genehmen Wechsel in der Person des Berechtigten geschützt. Das Gesetz gestattet jedoch, die Übertragbarkeit oder die Vererblichkeit des subjektiv-persönlichen Vorkaufsrechts zu vereinbaren. Hiervon sollte jedoch nur in Ausnahmefällen Gebrauch gemacht werden, ebenso wie von der Vereinbarung eines Vorkaufsrechts für alle oder mehrere Verkaufsfälle, wegen der damit verbundenen, nicht unerheblichen Beschränkungen für den Eigentümer.

Die Übertragbarkeit und Vererblichkeit des subjektiv-persönlichen Vorkaufsrechts bedarf der Einigung **462** und Eintragung im Grundbuch. Das subjektiv-dingliche Vorkaufsrecht geht infolge einer Übertragung oder Vererbung des herrschenden Grundstücks als dessen Bestandteil (§ 96 BGB) auf einen Rechtsnachfolger über.

h) Das schuldrechtliche Vorkaufsrecht

Vom dinglichen Vorkaufsrecht ist das schuldrechtliche zu unterscheiden. Es wird nicht in das Grundbuch **463** eingetragen und wirkt daher nur zwischen dem Eigentümer (bzw. seinem Erben) und dem Vorkaufsberechtigten. Der Vertrag über seine Begründung bedarf der notariellen Beurkundung.

> *Beispiel*
>
> E bestellt dem B ein schuldrechtliches Vorkaufsrecht an seinem Grundstück. Danach verkauft er es an X. Nachdem es auf X umgeschrieben worden ist, erfährt B von dem Abschluss des Kaufvertrages und übt sein Vorkaufsrecht. Zwar kommt auch hier ein Kaufvertrag zwischen E und B zustande, den E aber nicht mehr erfüllen kann, weil X inzwischen Eigentümer des Grundstücks geworden ist. B muss die Eigentumsumschreibung auf X gegen sich gelten lassen. Das Eigentum an dem Grundstück ist für ihn verloren; er hat allenfalls Schadenersatzansprüche gegen E.

Das schuldrechtliche Vorkaufsrecht hat also wesentlich geringere Schutzwirkungen als das dingliche. Al- **464** lerdings ist es möglich, den bedingten Anspruch des Vorkaufsberechtigten auf Übertragung des Grundstücks aus dem schuldrechtlichen Vorkaufsrecht durch Eintragung einer Auflassungsvormerkung zugunsten des Vorkaufsberechtigten zu sichern. Dann hat das schuldrechtliche Vorkaufsrecht dieselben Wirkungen wie ein dingliches: Die Eigentumsumschreibung auf einen Dritten ist dem Vorkaufsberechtigten gegenüber – für den Fall, dass er sein Vorkaufsrecht ausübt – unwirksam. Er kann – wie beim dinglichen Vorkaufsrecht – die Zustimmung zu seiner Eintragung als Eigentümer im Grundbuch auch von dem Dritten verlangen.

Beim schuldrechtlichen Vorkaufsrecht können die Beteiligten – im Gegensatz zum dinglichen Vorkaufs- **465** recht – auch vereinbaren, dass bei der Ausübung des Vorkaufsrechts nicht der mit dem Dritten vereinbarte Kaufpreis, sondern ein von vornherein vereinbarter, möglicherweise niedrigerer Kaufpreis zu zahlen ist (limitiertes Vorkaufsrecht).

i) Wirtschaftlicher Hintergrund für ein Vorkaufsrecht

In der Praxis werden Vorkaufsrechte vor allem in Verbindung mit langjährigen Miet- und Pachtverträgen, **466** zwischen Nachbarn zur Ermöglichung des eventuellen Zuerwerbs eines Grundstücks und zwischen Miteigentümern bestellt.

Muster für die Bestellung eines dinglichen Vorkaufsrechts:

E räumt hiermit B ein dingliches Vorkaufsrecht an dem Grundstück (…) ein.

Das Vorkaufsrecht besteht für die Dauer des Mietverhältnisses. Es erstreckt sich auf alle Verkaufsfälle. Es soll auf etwaige Nachfolger im Mietverhältnis übergehen und für die Dauer des Mietverhältnisses auch vererblich sein.

Die Beteiligten bewilligen und beantragen die Eintragung des Vorkaufsrechts in das Grundbuch.

Ist die Vereinbarung des Vorkaufsrechts zugunsten des Mieters/Pächters auf Erwerb des gemieteten/gepachteten Grundstücks im Miet-/Pachtvertrag enthalten, bedarf der gesamte Vertrag – also auch hinsichtlich der reinen miet-/pachtrechtlichen Vereinbarungen – der Beurkundungsform (§ 311b BGB).

j) Gesetzliche Vorkaufsrechte

467 Gesetzliche Vorkaufsrechte beruhen nicht auf einer Vereinbarung und werden nicht in das Grundbuch eingetragen. Mit ihrer Hilfe sichert sich die öffentliche Hand den Zugriff auf Grundstücke, um sie für Zwecke des öffentlichen Bedarfs zu verwenden. Hierzu zählen die Vorkaufsrechte nach dem Baugesetzbuch, dem Reichssiedlungsgesetz, dem Bundesnaturschutzgesetz und zahlreichen Landesgesetzen (vgl. Rdn 114 ff.). Aus Gründen des Mieterschutzes ist dem Mieter in § 577 BGB (vgl. Rdn 124) ein gesetzliches Vorkaufsrecht eingeräumt. Wird eine vermietete Wohnung, an der nach der Überlassung an den Mieter Wohnungseigentum begründet worden ist oder begründet werden soll, also bereits nach Errichtung der Teilungserklärung, an einen Dritten verkauft, so ist der Mieter zum Vorkauf berechtigt.

2. Das Ankaufsrecht

468 Der Vorkaufsberechtigte hat nicht die Sicherheit, das Grundstück einmal zu erwerben; denn Bedingung für die Ausübung seines Rechts ist der Verkauf des Grundstücks. Wird das Grundstück nicht verkauft, kann der Vorkaufsberechtigte nicht zum Zuge kommen. Im Gegensatz zum Vorkaufsrecht hängt die Ausübung des Ankaufsrechts allein vom Willen des Berechtigten oder dem Eintritt einer anderen Bedingung als dem Verkauf des Grundstücks ab. Der Eigentümer macht dem Ankaufsberechtigten ein *bindendes Verkaufsangebot,* das dieser bei Eintritt eines bestimmten Ereignisses oder während einer gewissen Zeit annehmen kann. Häufig wird das Ankaufsrecht auch in der Form eines Vorvertrages zum Kaufvertrag begründet.

Beispiel

Der Vermieter räumt dem Mieter das Recht ein, das vermietete Objekt während der Dauer des Mietvertrages jederzeit anzukaufen. Oder: Der Eigentümer räumt dem Erbbauberechtigten das Recht ein, das mit dem Erbbaurecht belastete Grundstück innerhalb einer bestimmten Frist seit Abschluss des Erbbaurechtsvertrages anzukaufen.

469 Das Ankaufsrecht wird durch einen Vertrag (oder ein Vertragsangebot) begründet, der der notariellen Beurkundung bedarf. Dabei werden bereits alle als wesentlich erachteten Bestimmungen für den Ankauf einschließlich der Ausübungsvoraussetzungen so vollständig vereinbart, dass grundsätzlich – außer dem Eintritt einer etwa vereinbarten zusätzlichen Bedingung – nur noch die Ausübungserklärung des Berechtigten zum endgültigen Zustandekommen des Kaufs erforderlich ist. Die Parteien können jedoch auch einzelne Punkte einer späteren Vereinbarung vorbehalten, sofern *objektive* Merkmale für die spätere nähere Bestimmung festgelegt werden. Auch die genaue Bestimmung des Ankaufspreises kann einer späteren Festsetzung vorbehalten bleiben, falls der Kaufpreis nach objektiven Merkmalen bestimmbar und die Grundlage hierfür in dem Ankaufsrechtsvertrag enthalten ist.

470 Außer durch Vertrag kann ein Ankaufsrecht auch durch Verfügung von Todes wegen eingeräumt werden, so durch ein Vermächtnis oder die Zuwendung eines Übernahmerechts gegen Herauszahlung des (oft ermäßigten) Gegenwerts an die Erben bzw. Miterben.

3. Das Wiederkaufsrecht

Das Wiederkaufsrecht ist das Recht des Verkäufers, das Kaufobjekt unter bestimmten Bedingungen zu- **471**
rückzukaufen. Es wird auch Rückkaufsrecht genannt und ist ein geeignetes Mittel, um den Käufer in der
Verwendung des Kaufgegenstandes zu binden. Insbesondere die Gemeinden vereinbaren oft ein Wiederkaufsrecht, um die mit dem Verkauf verfolgten wirtschaftlichen oder sozialen Ziele zu sichern, z.B. für
den Fall, dass vom Käufer der vorgesehene Industriebetrieb oder das geplante Wohnhaus nicht innerhalb
einer festgelegten Frist auf dem verkauften Grundstück errichtet wird.

Muster für ein Wiederkaufsrecht:

Der Käufer räumt der Verkäuferin an dem verkauften Grundbesitz nebst Aufbauten bis zur schlüssel-
fertigen Herstellung des Gebäudes ein Wiederkaufsrecht ein.

Die Verkäuferin ist berechtigt, das Wiederkaufsrecht auszuüben, wenn der Käufer die Aufbauver-
pflichtung gemäß Abschnitt (…) dieses Vertrages verletzt. Die Frist zur Ausübung des Wiederkaufsrechts endet drei Monate nach dem Zeitpunkt, in dem die Verkäuferin Kenntnis von den ihr Wiederkaufsrecht begründenden Tatsachen erlangt hat.

Für den Wiederkauf gilt als Kaufpreis der Verkehrswert im Zeitpunkt der Ausübung des Wiederkaufsrechts, abzüglich (…) vom Hundert. Können sich die Parteien über den Verkehrswert nicht einigen, so
soll er auf Antrag eines Beteiligten von einem vom Präsidenten der Industrie- und Handelskammer in
(…) zu benennenden vereidigten Sachverständigen als Schiedsgutachter gemäß § 317 BGB verbindlich festgesetzt werden.

4. Sicherung des schuldrechtlichen Wieder- und Ankaufsrechts

Wiederkaufsrecht und Ankaufsrecht haben nur *schuldrechtliche Wirkung.* Der Eigentümer wird durch die **472**
Einräumung eines Wiederkaufs- oder Ankaufsrechts nicht gehindert, nach wie vor über sein Grundstück
zu verfügen. Der Wiederkaufs- oder Ankaufsberechtigte kann also letztlich nicht verhindern, dass der Eigentümer – wenn er auch dadurch seinen Vertrag verletzt – das Grundstück an einen Dritten verkauft oder
verschenkt. Der Wiederkaufs- oder Ankaufsberechtigte ist dann allenfalls auf Schadenersatzansprüche
verwiesen.

Der Anspruch auf Eigentumsübertragung nach der Ausübung eines Wiederkaufs- oder Ankaufsrechts **473**
kann jedoch – wie beim schuldrechtlichen Vorkaufsrecht – durch die Eintragung einer Auflassungsvormerkung zugunsten des Berechtigten „verdinglicht" werden. Dann sind vertragswidrige Verfügungen des
Eigentümers über das Grundstück dem Berechtigten gegenüber unwirksam. Dem Wiederkaufs- oder Ankaufsberechtigten bleibt – wie bei dem durch Vormerkung gesicherten schuldrechtlichen Vorkaufsrecht –
der Zugriff auf das Grundstück erhalten.

Eine weitere Annäherung an ein dingliches Recht kann durch die Vereinbarung einer so genannten *Nach-* **474**
folgeklausel erreicht werden. Dadurch wird der Grundstückseigentümer verpflichtet, bei einer Weiterveräußerung die ihm obliegenden Verpflichtungen gegenüber dem Wiederkaufs- oder Ankaufsberechtigten
seinem Rechtsnachfolger im Eigentum aufzuerlegen mit der Verpflichtung zur entsprechenden Weitergabe der Verpflichtungen bei weiteren Grundstücksübertragungen. Tritt ein Grundstückserwerber in die
bestehenden Vereinbarungen ein, so besteht für ihn eine unmittelbare Verpflichtung dem Wiederkaufs-
bzw. Ankaufsberechtigten gegenüber.

Muster einer Vormerkung zur Sicherung eines Wiederkaufsrechts:

Die Beteiligten bewilligen und beantragen zugunsten der Verkäuferin die Eintragung einer Vormerkung zur Sicherung des bei der Ausübung des Wiederkaufsrechts entstehenden Anspruchs der Verkäuferin auf Rückübereignung des Grundbesitzes.

5. Das gesetzliche Wiederkaufsrecht nach dem Reichssiedlungsgesetz

475 Das Wiederkaufsrecht nach dem Reichssiedlungsgesetz steht dem Siedlungsunternehmen für die von ihm begründete Siedlerstelle zu. Es ist beschränkt auf die Fälle,

- dass der Siedler die Siedlerstelle ganz oder teilweise veräußert oder aufgibt oder
- sie nicht dauernd bewohnt oder bewirtschaftet.

Die Veräußerung an eine Körperschaft des öffentlichen Rechts oder an einen nahen Familienangehörigen löst das Wiederkaufsrecht nicht aus. Es entspricht in seiner Wirkung dem dinglichen Vorkaufsrecht des BGB, hat also Dritten gegenüber die Wirkung einer Vormerkung zur Sicherung des durch die Ausübung des Wiederkaufsrechts bedingten Anspruchs auf Übertragung des Eigentums.

476 Das Wiederkaufsrecht des Reichssiedlungsgesetzes entsteht ohne Vereinbarung und auch ohne Eintragung in das Grundbuch kraft Gesetzes. Gegen Dritte erlangt es allerdings erst mit der Eintragung in das Grundbuch (Abteilung II) dingliche Wirkung, die – da das Recht außerhalb des Grundbuchs entstanden ist – auf Antrag im Wege der Grundbuchberichtigung erfolgt.

In dem Siedlungsvertrag werden in der Regel der Wiederkaufspreis, die näheren Bedingungen des Wiederkaufs und die Dauer des Wiederkaufsrechts festgelegt.

X. Die Grundpfandrechte

1. Wirtschaftliche Bedeutung der Grundpfandrechte

a) Sicherungsbedürfnis des Gläubigers

477 Der Gläubiger einer Geldforderung, der dem Schuldner Zahlungsfristen einräumt, hat ein berechtigtes Interesse an einer „Sicherheit". Da die künftigen wirtschaftlichen Verhältnisse des Schuldners nicht voraussehbar sind, will der Gläubiger für den Fall der Zahlungsunfähigkeit des Schuldners entweder auf bestimmte Vermögenswerte zurückgreifen können, oder es soll ihm eine andere Person für die Schuld einstehen.

Beispiel

E leiht sich von der Bank B Geld. E und B schließen einen Darlehensvertrag. Aus diesem Darlehensvertrag hat die Bank B einen Anspruch auf Rückzahlung des Geldes. Für die Darlehensschuld haftet E mit seinem ganzen Vermögen. Die Bank kann jedoch nicht sicher sein, ob E seine Verbindlichkeiten erfüllt und ob sein Vermögen erhalten bleibt. Daher lässt sie sich von E eine „Sicherheit", ein Pfand, geben, welches die Bank für den Fall, dass der Schuldner seinen Verpflichtungen nicht nachkommt, verwerten kann.

478 Als Sicherheit kommt ein wertvoller Gegenstand des Schuldners in Betracht, den dieser der Bank übergibt. Die Bank erwirbt dann an der Sache ein Pfandrecht (Mobiliarpfandrecht, § 1204 BGB). Erfüllt der Schuldner seine Verbindlichkeiten nicht, kann die Bank die ihr zur Sicherheit übergebene Sache verwerten, d.h. öffentlich versteigern lassen und sich aus dem Erlös für ihre Forderung befriedigen. Denkbar ist auch, dass der Schuldner einen Bürgen stellt. Hat sich ein Dritter der Bank gegenüber für die Verbindlichkeiten des Schuldners verbürgt, kann er von der Bank in Anspruch genommen werden, wenn der Schuldner seinen Verpflichtungen nicht nachkommt (§ 765 BGB).

Ist der Schuldner Eigentümer eines Grundstücks, so kann er zur Sicherung einer Forderung des Gläubigers für diesen an seinem Grundstück eine Grundschuld oder eine Hypothek eintragen lassen. Kommt der Schuldner seinen Verpflichtungen nicht nach, kann der Gläubiger aus der Hypothek oder der Grundschuld – dem Grundpfandrecht – die Zwangsversteigerung betreiben und sich aus dem Versteigerungserlös für seine Forderung befriedigen (Immobiliarpfandrecht).

b) Anwendungsfälle

Grundpfandrechte dienen zur Sicherung von Forderungen in mannigfacher Art. Häufig wird gesichert ein   **479** Kredit zur Finanzierung des Ankaufs eines Grundstücks oder zur Erhöhung oder Erhaltung des Grundstückswerts, insbesondere durch Errichtung, Modernisierung oder Verbesserung eines auf dem Grundstück stehenden Hauses oder Betriebes. Der Kaufmann, der laufend Waren einkaufen und Angestellte und Arbeiter bezahlen muss, erhält von seiner Bank bei Bedarf einen so genannten *Kontokorrentkredit* bis zu einer bestimmten Höhe eingeräumt. Er darf dann sein Konto bei der Bank bis zu diesem Limit überziehen. Sofern die sonstigen Sicherheiten (Warenlager, Außenstände) dafür nicht ausreichen, wird zusätzlich ein Grundpfandrecht bestellt.

Beim Verkauf eines Grundstücks kann vereinbart werden, dass der Verkäufer einen Teil des Kaufpreises   **480** stundet. Hier spricht man von einer Restkaufpreisforderung, die – wenn das Grundstück vor der vollständigen Zahlung des Kaufpreises auf den Käufer umgeschrieben werden soll – durch eine *Restkaufpreishypothek* zugunsten des Verkäufers gesichert werden kann. Schließlich kommen Abfindungsforderungen von Erben gegen den Miterben in Frage, der bei einer Erbauseinandersetzung ein Grundstück übertragen erhält. Werden diese Forderungen für längere Zeit gestundet, so kann zur Sicherung der Abfindungsberechtigten ein Grundpfandrecht eingetragen werden.

Sofern nicht das Gegenteil vereinbart wurde, wird für die Hypothek bzw. Grundschuld ein „Brief" gebil-   **481** det. Dieser ist ein vom Grundbuchamt ausgestelltes Dokument über das Grundpfandrecht. Er enthält Angaben über die laufende Nummer des belasteten Grundstücks, unter der es im Bestandsverzeichnis des Grundbuchs eingetragen ist, die Höhe und den Inhaber des Grundpfandrechts.

c) Einführung des Euro

Seit dem 1.1.2002 können Grundpfandrechte nur noch in EUR, Schweizer Franken, US-Dollar und in den   **482** Währungen von EU-Staaten eingetragen werden, die nicht der Währungsunion angehören (z.B. Englische Pfund). Auf Deutsche Mark lautende Altrechte können vom Grundbuchamt von Amts wegen gebührenfrei auf EUR umgestellt werden. Das geschieht in der Regel, wenn bei einem Grundpfandrecht, das auf Deutsche Mark lautet, eine Eintragung vorzunehmen ist (§ 26a GBMaßnG).

2. Die Bestellung von Hypotheken und Grundschulden

a) Entstehung von Grundpfandrechten

Voraussetzungen für das Entstehen einer Hypothek und einer Grundschuld sind die Einigung des Eigen-   **483** tümers und des Gläubigers über die Bestellung des Grundpfandrechts, die Eintragung des Grundpfandrechts in das Grundbuch und bei „Briefrechten" die Übergabe des Hypotheken- bzw. Grundschuldbriefs an den Gläubiger.

Für die Einigung und die Eintragung gelten die allgemeinen Regeln (vgl. Rdn 301 ff.). Die Einigung über die Bestellung eines Grundpfandrechts erfolgt also formlos. Für die Eintragung des Grundpfandrechts in das Grundbuch sind erforderlich:

- die Eintragungsbewilligung des Eigentümers in notariell beglaubigter Form,
- ein (formloser) Eintragungsantrag des Eigentümers oder des Gläubigers.

b) Unterwerfungserklärung

Die notariell beglaubigte Eintragungsbewilligung genügt also grundsätzlich, um ein Grundpfandrecht in   **484** das Grundbuch eintragen und damit entstehen zu lassen. Dennoch erfolgt in der überwiegenden Zahl der Fälle die Bestellung von Grundpfandrechten in Form von Verhandlungsniederschriften. Dies hat folgenden Grund:

Der Grundpfandrechtsgläubiger bedarf, um aus dem Grundpfandrecht in das Grundstück vollstrecken zu können, eines so genannten Titels. Ein vollstreckbarer Titel ist etwa ein rechtskräftiges Gerichtsurteil. Die Erwirkung eines solchen Urteils kostet Zeit und Geld. Ein Titel, der einem gerichtlichen Urteil gleichsteht, ist die vollstreckbare Ausfertigung einer notariellen Urkunde. Voraussetzung für die Erteilung einer vollstreckbaren Ausfertigung ist, dass sich der Schuldner in der Urkunde der sofortigen Zwangsvollstreckung unterworfen hat. Diese Unterwerfung kann nur zu notariellem Protokoll erklärt werden, also in einer Verhandlungsniederschrift. Weil der Gläubiger in der Regel vom Schuldner verlangt, dass er sich bei der Grundpfandrechtsbestellung der sofortigen Zwangsvollstreckung unterwirft, werden die Grundpfandrechte also regelmäßig in der Form der notariellen Beurkundung bestellt.

485 In erster Linie hat der Gläubiger einen Anspruch auf Rückzahlung des Darlehens (Zahlungsanspruch). Dafür haftet der Schuldner mit seinem gesamten Vermögen. In zweiter Linie hat er einen Anspruch aus dem Grundpfandrecht, d.h. auf Zwangsversteigerung des mit der Hypothek oder der Grundschuld belasteten Grundstücks (Duldungsanspruch).

Für beide Ansprüche wünscht der Gläubiger in der Regel einen „Titel" (= eine vollstreckbare Urkunde). Wenn er aus der Verwertung des Grundstücks nicht voll befriedigt wird, möchte er sich an dem sonstigen Vermögen des Schuldners schadlos halten. Der Schuldner unterwirft sich daher zu Protokoll des Notars sowohl der sofortigen Zwangsvollstreckung in sein gesamtes Vermögen als auch den jeweiligen Eigentümer wegen des Grundpfandrechts in das Grundstück.

Die Unterwerfung des jeweiligen Eigentümers unter die sofortige Zwangsvollstreckung in das Grundstück bedarf der Eintragung in das Grundbuch (§ 800 ZPO). Die Klausel „jeweiliger Eigentümer" bedeutet, dass der Gläubiger auch gegen einen Rechtsnachfolger des Eigentümers aufgrund der vollstreckbaren Ausfertigung der Bestellungsurkunde – ohne einen Prozess anstrengen zu müssen – Zwangsvollstreckungsmaßnahmen in das Grundstück einleiten kann. Zuvor muss der Notar dann allerdings die Vollstreckungsklausel gegen den neuen Eigentümer umschreiben (vgl. § 3 Rdn 227 ff.).

486 *Muster einer Grundschuldbestellung mit dinglicher Zwangsvollstreckungsunterwerfung:*

Auf dem Grundbesitz (…) wird für die vorstehend genannte Gläubigerin eine Buchgrundschuld i.H.v. (…) EUR bestellt. Die Grundschuld ist vom Tage der Eintragungsbewilligung ab mit 15,0 vom Hundert jährlich zu verzinsen. Die Zinsen sind am ersten Tage des folgenden Kalenderjahres nachträglich zu zahlen.

Die Erteilung eines Briefes ist ausgeschlossen.

Wegen des Grundschuldbetrages und der Zinsen wird die Unterwerfung unter die sofortige Zwangsvollstreckung in den belasteten Grundbesitz in der Weise erklärt, dass die Zwangsvollstreckung aus dieser Urkunde gegen den jeweiligen Eigentümer des belasteten Grundstücks zulässig ist.

Es wird bewilligt und beantragt, die Grundschuld gemäß den vorstehenden Vereinbarungen und die Unterwerfung unter die sofortige Zwangsvollstreckung in das Grundbuch einzutragen.

Der Gläubigerin ist jederzeit eine für den Grundschuldbetrag und die Zinsen vollstreckbare Ausfertigung dieser Urkunde zu erteilen, ohne dass es des Nachweises der Fälligkeit der Grundschuld bedarf.

c) Herbeiführung der Bindung (§ 873 Abs. 2 BGB)

487 Vor der Eintragung eines Grundpfandrechts sind die Beteiligten an die Einigung (§ 873 Abs. 1 BGB; siehe hierzu Rdn 301 ff.) nur gebunden, wenn die Erklärung bindend, d.h. unwiderruflich geworden ist. Diese im § 873 Abs. 2 BGB geregelte Bindungswirkung tritt bei einseitigen Erklärungen, wenn also die Erklärungen nur vom Grundstückseigentümer abgegeben worden sind, erst ein, wenn der Berechtigte (Eigentümer) dem *anderen Teil* (Gläubiger) eine den Vorschriften der GBO (§§ 19, 28, 29) entsprechende Eintragungsbewilligung ausgehändigt hat. Die Bindung tritt erst ein bei – beurkundeten – Grundpfandrechtsbestellungen mit der Aushändigung einer *Ausfertigung,* bei beglaubigten Grundpfandrechtsbestellungen mit der Aushändigung der *Urschrift* der Urkunde. Der Gläubiger kann – was vielfach geschieht – den Notar zur Entgegennahme einer Ausfertigung bzw. der Urschrift bevollmächtigen. Eine solche Entgegennahme löst zusätzliche Kosten in Form einer Betreuungsgebühr (KV-Nr. 22200 Nr. 7 GNotKG) aus.

Vorschlag für den Vermerk auf der der Gläubigerin zu erteilenden Ausfertigung:

> Die vorstehende Ausfertigung, die eine vollständige Wiedergabe der Urschrift ist, wird hiermit der XY-Bank in (…)
>
> zur Vorlage beim Amtsgericht (…) – Grundbuchamt – in (…) erteilt.
>
> Zugleich nehme ich diese Ausfertigung aufgrund der mir von der Gläubigerin hierzu erteilten Vollmacht für diese entgegen.
>
> (…), den (…)
>
> (L. S.) Notar

Vorschlag für das Anschreiben an die Gläubigerin bei einer beurkundeten Grundschuldbestellung: **488**

> (Aufführung der zu übersendenden Ausfertigung etc., dann weiter:)
>
> Aufgrund der mir von Ihnen erteilten Vollmacht habe ich die für Sie bestimmte, jedoch dem Grundbuchamt weitergeleitete Ausfertigung der Grundschuldbestellungsurkunde am heutigen Tage für Sie in Empfang genommen und dies sowohl auf der Originalurkunde als auch auf der Ausfertigung, die ich mit gleicher Post dem Amtsgericht (…) – Grundbuchamt – mit dem Antrag auf Eintragung der Grundschuld übersende, vermerkt.
>
> Mit freundlichen Grüßen
>
> Notar

Auf der Urschrift der Niederschrift könnte folgender Vermerk (hier wird nur wegen des vorgenannten Sachverhalts die bezüglich der Bindungswirkung erteilte Ausfertigung erwähnt) angebracht werden: **489**

> Am (…) habe ich der Gläubigerin eine Ausfertigung zur Vorlage beim Grundbuchamt erteilt; diese Ausfertigung habe ich für die Gläubigerin aufgrund der mir erteilten Vollmacht für diese am heutigen Tage entgegengenommen.

d) Buchrecht – Briefrecht

Sowohl bei der Grundschuld als auch bei der Hypothek ist – soweit es sich um ein „Briefrecht" handelt –   **490** Entstehungsvoraussetzung, dass der Brief dem Gläubiger übergeben wird. Nach der Eintragung des Grundpfandrechts übergibt das Grundbuchamt den Brief – wenn keine andere Anweisung vorliegt – dem Eigentümer. Der Gläubiger erwirbt in diesem Fall das Recht erst, wenn ihm der Eigentümer den Brief übergibt. Für den Gläubiger besteht somit die Gefahr, dass er bei Insolvenz des Eigentümers oder bei Pfändung vor Briefübergabe das Recht nicht erwirbt.

Dass das Grundbuchamt den gebildeten Brief dem Eigentümer aushändigt, kommt daher in der Praxis so   **491** gut wie nicht vor. Die Übergabe vom Eigentümer an den Gläubiger wird vielmehr durch die so genannte *Aushändigungsabrede* ersetzt: Gläubiger und Eigentümer vereinbaren, dass der Gläubiger berechtigt sein soll, sich den Brief vom Grundbuchamt aushändigen zu lassen. Schon mit dieser Vereinbarung, nicht erst mit der Aushändigung des Briefes an den Gläubiger, entsteht das Grundpfandrecht für den Gläubiger, sobald das Grundpfandrecht im Grundbuch eingetragen ist und alle sonstigen Voraussetzungen für das Entstehen des Grundpfandrechts gegeben sind.

> *Muster einer Aushändigungsabrede:*
>
> Mit dem Gläubiger ist gemäß § 1117 Abs. 2 BGB vereinbart worden, dass er berechtigt sein soll, sich den Grundschuldbrief vom Grundbuchamt aushändigen zu lassen. Der Brief ist daher unmittelbar dem Gläubiger zu Händen des Notars vom Grundbuchamt auszuhändigen.

Das „Buchrecht" ist nach der Vorstellung des Gesetzgebers die Ausnahme, tatsächlich aber mittlerweile der Regelfall. Neben der Einigung und Eintragung setzt die Entstehung des Buchrechts die Einigung der Parteien über den Ausschluss des Briefes und die Eintragung des Briefausschlusses im Grundbuch voraus. Gebräuchlich sind Formulierungen wie: „Grundschuld ohne Brief", „brieflos", „die Erteilung eines Briefes ist ausgeschlossen".

492   Das Buchrecht kann in ein Briefrecht umgewandelt werden und umgekehrt. In beiden Fällen handelt es sich um eine Inhaltsänderung. Einigung und Eintragung der Änderung (bei der Umwandlung in ein Briefrecht zusätzlich die Übergabe des Briefes) sind daher erforderlich. Die Eintragungsbewilligung ist vom Eigentümer und Gläubiger in notariell beglaubigter Form abzugeben.

e)   Forderung als Entstehungsvoraussetzung der Hypothek

493   Der Unterschied zwischen Hypothek und Grundschuld besteht im Hinblick auf die zu *sichernde Forderung*. Der Gläubiger wird erst Inhaber der Hypothek (d.h., die Hypothek entsteht erst dann), wenn er gegen den Schuldner die mit der Hypothek zu sichernde Forderung erlangt hat. Die Hypothek ist streng abhängig von der Forderung (sog. *Akzessorietät*).

Die Forderung muss auf die Leistung einer bestimmten Geldsumme gerichtet sein. Ansprüche auf Sach- und Dienstleistungen können also ebenso wenig durch eine Hypothek gesichert werden wie Forderungen auf unbestimmte Geldleistungen (Ausnahme: Höchstbetragshypothek, vgl. unten Rdn 554 ff.). Die Forderung kann künftig oder bedingt sein.

494   Der Schuldner der Forderung und der Eigentümer des Grundstücks brauchen nicht identisch zu sein: Es kann sich jemand für die Schuld eines anderen mit seinem Grundstück „verbürgen".

> *Beispiel*
>
> E bestellt zur Sicherung einer Forderung der Bank B gegen seinen Schwiegersohn S eine Hypothek an seinem Grundstück.

495   Selbst wenn eine Hypothek im Grundbuch eingetragen steht, ist damit noch nichts darüber gesagt, ob sie auch dem Gläubiger zusteht. Dies ist dann nicht der Fall, wenn der Gläubiger noch keine Forderung gegen den Schuldner hat oder sie nicht mehr hat.

> *Beispiele*
>
> Der Schuldner und Eigentümer hat die Hypothek zugunsten der Bank eintragen lassen, das zugesagte Darlehen aber nicht erhalten. Oder der Schuldner und Eigentümer hat das Darlehen inzwischen zurückgezahlt.

496   Ist eine Hypothek zugunsten des Gläubigers im Grundbuch eingetragen, besteht aber keine Forderung des Gläubigers (mehr), so steht das eingetragene Recht in Wirklichkeit dem Eigentümer des Grundstücks zu (als *Eigentümergrundschuld*). Das Grundbuch ist falsch, weil die Eintragung im Grundbuch mit der wahren Rechtslage nicht übereinstimmt. Der Eigentümer kann das Grundbuch dahingehend berichtigen lassen, dass eine Eigentümergrundschuld eingetragen wird. Hierzu muss er allerdings eine öffentlich beglaubigte Erklärung des Gläubigers vorlegen, dass eine Forderung entweder nie bestanden hat *(Nichtvalutierungserklärung)* oder eine Forderung nicht mehr besteht *(löschungsfähige Quittung)*.

> *Muster einer löschungsfähigen Quittung:*
>
> Im Grundbuch von (…) ist in Abteilung III Nr. (…) für mich eine Hypothek von 20.000 EUR – in Worten: zwanzigtausend EUR – nebst Zinsen und Nebenleistungen eingetragen. Ich bekenne mich durch den jetzigen Eigentümer und persönlichen Schuldner für voll befriedigt und übergebe ihm den Hypothekenbrief.

497   Die Eigentümergrundschuld ist ein Grundpfandrecht, dessen Inhaber der Eigentümer des Grundstücks selbst ist. Der Eigentümer kann seine Eigentümergrundschuld an einen Gläubiger, der ihm ein Darlehen gibt, abtreten und somit „zu Geld machen". Die Grundschuld wird dann wieder zur „Fremdgrundschuld".

Beispiel

E hat zugunsten der Bank B eine Hypothek eintragen lassen. Wider Erwarten gewährt die Bank B das Darlehen nicht. Eine Hypothek in der Hand der Bank ist nicht entstanden. Vielmehr besteht eine Eigentümergrundschuld des E. Das Grundbuch ist falsch. Erhält nunmehr E von der Bank X ein Darlehen, kann er nach Berichtigung der „Hypothek" in eine Eigentümergrundschuld diese zur Sicherheit an die Bank X abtreten.

Die im Grundbuch eingetragene Hypothek, der ein Darlehen zugrunde liegt, verwandelt sich mit fortschreitender Tilgung des Darlehens in eine Eigentümergrundschuld. Entsprechend verringert sich die Hypothek in der Hand des Gläubigers, ohne dass dies aus dem Grundbuch ersichtlich wäre. Der Eigentümer entzieht dem Gläubiger die Sicherheit in Höhe der geleisteten Tilgung.

f) Die Grundschuld

aa) Keine Akzessorietät

Während die Hypothek von dem Bestand der zugrunde liegenden Forderung streng abhängig ist, entsteht die Grundschuld in der Hand des Gläubigers auch dann, wenn ihr eine Forderung nicht zugrunde liegt (sie ist *„abstrakt" oder nicht akzessorisch*).   **498**

Beispiel

E lässt zugunsten der Bank B auf seinem Grundstück eine Grundschuld eintragen. Die Bank ist Inhaberin der Grundschuld, gleichgültig, ob sie das Darlehen gewährt oder nicht. Da die Grundschuld jedoch in Erwartung dessen, dass ein Darlehen gewährt wird, bestellt worden ist, hat der Eigentümer, wenn die Valutierung ausbleibt, einen Anspruch darauf, dass die Bank eine Löschungsbewilligung bezüglich der Grundschuld abgibt oder die Grundschuld an ihn, den Eigentümer, abtritt. Nach der Abtretung besteht, weil dann der Eigentümer Inhaber der Grundschuld ist, wiederum eine Eigentümergrundschuld.

Dem Fehlen der Akzessorietät steht nicht entgegen, dass die Grundschuld überwiegend der Sicherung von Forderungen dient. Man spricht hier von einer Sicherungsgrundschuld. In der Kreditsicherungspraxis hat die Grundschuld die Hypothek fast völlig verdrängt. Das liegt daran, dass sie wegen ihrer Abstraktheit im Gegensatz zur Hypothek mehrfach und zur Sicherung verschiedener, auch künftiger Verbindlichkeiten verwendet werden kann. Ihr Vorteil liegt also in der Flexibilität.   **499**

Auch die Grundschuld wird aber – wie die Hypothek – dann zur Eigentümergrundschuld, wenn auf sie selbst, also nicht auf die durch sie zumeist gesicherte Forderung, gezahlt wird. Um dem Gläubiger bis zur Beendigung des Schuldverhältnisses die Grundschuld unverkürzt zu erhalten, wird daher zumeist vereinbart, dass die Zahlungen nicht auf die Grundschuld, sondern auf die persönliche Schuld erfolgen. Die Grundschuld verbleibt dann bis zur Löschung bzw. Abtretung in der Hand des Gläubigers, gleichgültig, ob ihm noch etwas geschuldet wird oder nicht.

bb) Nebenleistungen der Grundschuld

Während der bei der Hypothek einzutragende Zinssatz demjenigen des Darlehensvertrages entspricht (Akzessorietät), ist der mit einer Grundschuld ausgestattete Zins vom Darlehenszins unabhängig, also ebenso wenig akzessorisch wie die Grundschuld selbst.   **500**

Bei der Grundschuld werden Jahres-Festzinssätze zwischen 12 % und 20 % eingetragen. Diese Zinssätze haben mit den vereinbarten Darlehenszinsen nichts zu tun. Es handelt sich um einen Sicherheitszins, der das Volumen der Sicherheit des Gläubigers insgesamt erweitert. Mit dem abstrakten hohen Zinssatz werden spätere Erhöhungen des Darlehenszinses, etwaige Verzugszinsen sowie gegebenenfalls erhöhte Zinsen für Kontokorrentüberziehungen abgesichert.

Häufig werden bei der Grundschuld auch Nebenleistungen eingetragen (beispielsweise 10 % des Grundschuldbetrages). Diese sichern im Darlehensvertrag zusätzlich vereinbarte Zahlungsverpflichtungen ab, etwa die Zahlung einer Vorfälligkeitsentschädigung bei vorzeitiger Ablösung des Darlehens.   **501**

cc) Kündigung der Grundschuld

502   In der Vergangenheit wurde in Grundschuldformularen von Banken, Sparkassen und Bausparkassen das Kapital der Grundschuld in Abänderung zur gesetzlichen Kündigungsfrist von sechs Monaten (§ 1193 Abs. 2 BGB) sofort fällig gestellt. Durch das am 19.8.2008 in Kraft getretene Risikobegrenzungsgesetz ist nunmehr die Fälligkeit des Grundschuldkapitals zwingend an die sechsmonatige Kündigungsfrist geknüpft, wenn die Grundschuld – wie in der Regel der Fall – der Sicherung einer Geldforderung dient. Die Vereinbarung der sofortigen Fälligkeit ist somit bei Sicherungsgrundschulden nicht mehr zulässig. Zulässig ist jedoch nach wie vor die sofortige Erteilung einer vollstreckbaren Ausfertigung der Grundschuldbestellungsurkunde durch den Notar, wenn der Schuldner auf den Nachweis der Tatsachen, die das Entstehen oder die Fälligkeit der Grundschuld bedingen, verzichtet.[113]

503   Das nunmehr gesetzlich zwingende Kündigungserfordernis des § 1193 Abs. 2 S. 2 BGB gilt allerdings nur für nach dem 19.8.2008 neubestellte Grundschulden. Bei Nachverpfändungen von Altgrundschulden, die nach diesem Zeitpunkt erfolgen, muss darauf geachtet werden, dass die Grundschuld in Bezug auf das nachverpfändete Grundstück mit der nunmehr geltenden gesetzlichen Kündigungsfrist ausgestattet wird (siehe hierzu Rdn 521 ff.). Diese Grundschulden haben dann also zwei Fälligkeiten, nämlich eine sofortige für die ursprünglich belasteten Grundstücke und eine mit gesetzlicher Kündigungsfrist für das nachverpfändete Grundstück.

dd) Flexibilität der Grundschuld

504   Ist die gesicherte Forderung getilgt, bleibt die Grundschuld oft als Sicherheit für spätere Fälle im Grundbuch stehen. Die Grundschuld kann also im Gegensatz zur Hypothek als Sicherheit für mehrere, auch nacheinander entstehende und für Forderungen unterschiedlicher Höhe dienen. Sie hat sich wegen ihrer leichteren Handhabbarkeit in der Praxis der Banken als gängiges Sicherungsmittel durchgesetzt. Wegen ihrer Unabhängigkeit von einer bestimmten Forderung ist die Grundschuld insbesondere zur Sicherheit von Kontokorrentkrediten geeignet.

ee) Sicherungsabrede, Zweckbestimmung

505   Da die Grundschuld als Grundpfandrecht dem Grundschuldgläubiger das Recht gewährt, im Falle der Versteigerung aus dem Versteigerungserlös einen Betrag zu entnehmen, der dem Grundschuldbetrag entspricht, der also möglicherweise über den noch bestehenden persönlichen Anspruch hinausgeht, setzt die Bestellung einer Grundschuld zur Sicherung für eine Forderung großes Vertrauen in den Gläubiger voraus. Denn der Gläubiger ist rechtlich in der Lage, die Grundschuld auch dann zu verwerten, wenn eine Forderung nicht besteht. Nur einem absolut vertrauenswürdigen Gläubiger sollte daher eine Grundschuld bestellt werden.

506   In der Regel schließen Gläubiger und Eigentümer einen so genannten *Sicherungsvertrag*. In dem Sicherungsvertrag, der teilweise auch als Zweckerklärung oder Zweckabrede bezeichnet wird, wird vereinbart, welche Forderungen durch die Grundschuld gesichert werden sollen, dass die Grundschuld – wenn eine Forderung nicht mehr besteht – auf den Eigentümer zurückzuübertragen oder ihm eine Löschungsbewilligung über die Grundschuld zu erteilen ist, und dass dem Eigentümer die dazu erforderlichen Unterlagen, etwa ein Grundschuldbrief, auszuhändigen sind. Schließlich kann vereinbart werden, dass Grundschuld und Forderung nur zusammen abgetreten werden dürfen. Der Sicherungsvertrag verknüpft also die Grundschuld mit der zu sichernden Forderung. Während sich bei der Hypothek die Verknüpfung bereits aus dem Gesetz ergibt, erfolgt bei der Grundschuld die Verknüpfung durch Parteivereinbarung. Folglich sind im Zusammenhang mit der Grundschuld drei Dinge gedanklich auseinanderzuhalten: Die Sicherheit selbst (Grundschuld), die zu sichernde Forderung (z.B. Anspruch auf Rückzahlung des Darlehens) und der Sicherungsvertrag, der Grundschuld und zu sichernde Forderung miteinander verbindet.

507   *Muster einer Zweckerklärung (verkürzt):*

Die Grundschuld dient – auch wenn die Sicherheit anlässlich einer bestimmten Kreditgewährung bestellt wird – zur Sicherung aller bestehenden und künftigen, auch bedingten oder befristeten Ansprü-

---

113 BNotK Rundschreiben Nr. 23 v. 26.8.2008; *Schindeldecker*, RNotZ 2016, 440.

che aus der Geschäftsverbindung (insbesondere aus Krediten irgendwelcher Art, Bürgschaften, Gewährleistungen, Wechseln, Schecks, Lieferungen oder Leistungen) und der Ansprüche aus den im Rahmen der üblichen Bankgeschäfte von Dritten erworbenen Forderungen, welche der Gläubiger gegen den Kreditnehmer und persönlichen Schuldner oder dessen Gesamtrechtsnachfolger zustehen.

Eine umfassende Zweckbestimmungserklärung versetzt den Kreditgläubiger in die Lage, auf die bestellte Grundschuld ungeachtet des ursprünglichen Schuldgrundes hinsichtlich weiterer Forderungen gegen den Sicherungsgeber als Sicherheit zurückgreifen zu können. Bei der Beurkundung von Grundschulden hat der Notar die Beteiligten darüber zu belehren, dass die Grundschuld ihrem dinglichen Inhalt nach von einer Forderung unabhängig ist und die Rechtsstellung des Grundschuldbestellers ganz entscheidend vom Umfang der Zweckbestimmungserklärung abhängt.

ff) Einschränkungen der Sicherungsabrede

Zweifel an der Bereitschaft des Grundstückseigentümers, der Bank eine solche umfassende Sicherheit gewähren zu wollen, können sich dann ergeben, wenn Grundstückseigentümer und Kreditnehmer nicht dieselbe Person sind. Der Bundesgerichtshof hat in einer Entscheidung ausgeführt, bei formularmäßig verwendeten Zweckerklärungen mit dem vorangegebenen Inhalt liege die Annahme einer überraschenden Klausel im Sinne Allgemeiner Geschäftsbedingungen (§§ 305 ff. BGB) nahe. So braucht nach dem BGH derjenige, der zur Sicherung eines fremden zweckgebundenen Darlehens an seinem Grundstück eine Grundschuld bestellt, billigerweise nicht damit zu rechnen, dass er mit dem Grundstück für „alle gegenwärtigen und zukünftigen Ansprüche aus der Geschäftsverbindung" zwischen Darlehensschuldner und Darlehensgläubiger haftet. Der BGH hat in seiner Entscheidung festgestellt, dass eine solche Ausweitung des Sicherungszwecks außerhalb des durch den Anlass des Geschäftes bestimmten Rahmens liege.[114] 508

Bei Auseinanderfallen von Schuldner und Grundstückseigentümer kann also eine umfassende Zweckerklärung im vorbeschriebenen Sinne gegen § 307 BGB verstoßen und somit zur Unwirksamkeit der Grundschuldbestellungsurkunde führen. Hier ist die Sicherungsabrede gegebenenfalls einzuschränken.

Einen besonders häufig vorkommenden Fall einer nur auf ein bestimmtes Kreditgeschäft bezogenen Hingabe einer Sicherheit stellt die Mitwirkung des Verkäufers bei der Kaufpreisfinanzierung vor Umschreibung des Kaufgrundbesitzes dar. Hier sollte in einer in der Grundschuldbestellungsurkunde enthaltenen Zweckerklärung deutlich gemacht werden, dass die Grundschuld bis zur Eigentumsumschreibung auf den Käufer lediglich zur Sicherung von Verbindlichkeiten dient, die zum Zwecke der Kaufpreisfinanzierung eingegangen werden (vgl. Rdn 71). 509

gg) Isolierte Grundschuld

Wenn dem Grundschuldgläubiger ein Geldbetrag zufließen soll, ohne dass eine Verrechnung auf eine zugrunde liegende Forderung erfolgt, so handelt es sich um eine so genannte *isolierte* Grundschuld. Diese Grundschuld wird bestellt, wenn der Eigentümer dem Grundschuldgläubiger – früher oder später – wertmäßig einen bestimmten Teil des Grundstücks zuwenden will, weil er zurzeit über keine hinreichenden Barmittel verfügt. Die isolierte Grundschuld hat vor allem im Bereich des Familien- und Erbrechts Bedeutung. 510

Beispiele

1. Eltern wollen ihrer Tochter zur Hochzeit ein Geschenk machen. Da sie über kein Bargeld verfügen, bestellen sie der Tochter an ihrem Grundstück eine Grundschuld. Damit ist gewährleistet, dass der Tochter bei Fälligkeit der Grundschuld ein Geldbetrag in Höhe des Grundschuldbetrages zukommen wird.
2. Der Erblasser will jemandem einen Wert zuwenden. Er ordnet durch Vermächtnis die Bestellung einer Grundschuld an. Es hat dann der Vermächtnisnehmer gegen den Erben gemäß § 2174 BGB einen schuldrechtlichen Anspruch auf Bestellung einer Grundschuld. Bei Fälligkeit der Grundschuld ist an den Vermächtnisnehmer der Geldbetrag zu zahlen, der der Grundschuldsumme entspricht.

---

114 Vgl. BGH DNotZ 1982, 314.

Falls die Grundschuld bei Fälligkeit nicht abgelöst wird, d.h., wenn die Grundschuldsumme nicht bezahlt wird, kann sich der Grundschuldgläubiger den Grundschuldbetrag über die Zwangsversteigerung verschaffen. Hierin liegt die Sicherheit des Berechtigten aus der Grundschuld, den zugewendeten oder zugesagten Betrag letztlich auch zu erhalten.

g)   Die Rangbescheinigung

511   In der überwiegenden Zahl der Fälle werden Grundpfandrechte zugunsten von Banken oder Sparkassen zur Sicherung von Krediten bestellt, die diese dem Grundstückseigentümer gewähren. Die Darlehen werden in der Regel erst ausgezahlt, wenn die Grundpfandrechte entstanden, also im Grundbuch eingetragen sind und – falls es sich um Briefrechte handelt – der Gläubiger im Besitz des Briefes ist. Zwischen der Beurkundung des Grundpfandrechts und seiner Eintragung in das Grundbuch kann, insbesondere auch wegen unterschiedlicher Bearbeitungsdauer beim Grundbuchamt, manchmal eine längere Zeit liegen.

512   Will der Schuldner eine schnellere Auszahlung, also vor Eintragung des Rechts im Grundbuch erreichen, hilft in der Praxis eine *„Notarbestätigung"* oder *„Rangbescheinigung"*. Bescheinigt der Notar dem Geldinstitut, dass er den Antrag auf Eintragung des Grundpfandrechts bei dem Grundbuchamt eingereicht hat und dass für ihn keine Hindernisse ersichtlich sind, dass das Grundpfandrecht die verlangte Rangstelle im Grundbuch erhalten wird, zahlt es das Darlehen bereits aufgrund dieser Bescheinigung dem Schuldner aus. Bevor der Notar die Rangbescheinigung erteilt, muss er anhand der Grundbuchlage, insbesondere aber durch Einsicht in die *Grundakten* feststellen, ob das Grundpfandrecht mit dem ausbedungenen Rang in das Grundbuch eingetragen wird. Eine Rangbescheinigung ist stets sorgsam zu behandeln, da sie mit einem erheblichen Haftungsrisiko für den Notar verbunden ist.

513   Bei der Erteilung einer Rangbescheinigung ist auf Folgendes besonders zu achten:

Dem Notar ist es im Hinblick auf § 14 Abs. 4 S. 1 BNotO untersagt, die künftige Eintragung eines Grundpfandrechts zu garantieren oder zu garantieren, dass ein zur Eintragung beantragtes Grundpfandrecht tatsächlich eine bestimmte Rangstelle erhalten wird. Andererseits lassen sich wegen der Bindung des Grundbuchamtes an die Grundbuchordnung aus den vorliegenden Anträgen Folgerungen über die künftigen Eintragungen im Grundbuch ziehen. Derartige Folgerungen aus festgestellten Tatsachen sind gutachterliche Äußerungen, in denen die künftige Erledigung eines Antrages beurteilt, nicht aber für eine Eintragung Gewähr geleistet wird. Zu einer solchen gutachterlichen Stellungnahme ist der Notar nach § 24 Abs. 1 BNotO berufen.

514   Der Notar gewinnt seine Erkenntnisse im Zusammenhang mit der Erstellung einer Rangbescheinigung aus den eigenen Akten, dem Grundbuch und insbesondere aus den Grundakten bzw. beim elektronisch geführten Grundbuch aus der elektronischen Antragsliste, auch Markentabelle genannt. Sowohl die Einsicht in die Grundakten als auch in die Markentabelle dient dazu, vorrangige Eintragungsanträge zu erkennen. Die Markentabelle bzw. die elektronische Antragsliste ist ein Hilfsverzeichnis im Sinne von § 12a Abs. 1 GBO, in der grundbuchblattbezogene Eintragungsanträge vermerkt sind, die dem Grundbuchamt vorliegen und noch in Bearbeitung sind.

Als Hilfsverzeichnis nehmen elektronische Antragsliste oder Markentabelle allerdings nicht an den Rechtswirkungen des Grundbuchs teil, vermitteln also insbesondere keinen Schutz des guten Glaubens. Das Grundbuchamt haftet nicht für eine etwaige Unvollständigkeit (§ 12a Abs. 1 S. 2 Hs. 2 GBO). Es empfiehlt sich also, zur Vermeidung einer Haftung des Notars neben der Markentabelle bzw. der elektronischen Antragsliste, wie bisher, auch die Grundakten einzusehen. Nützlich – wenn auch letztlich nicht verbindlich – ist immer auch eine mündliche Auskunft des Geschäftsstellenbeamten über vorliegende Anträge.

515   Das nachfolgende Muster einer Rangbescheinigung basiert auf einem Formulierungsvorschlag der Bundesnotarkammer.[115]

---

[115] Weitere Musterformulierungen zu Ranggutachten unter besonderer Berücksichtigung des elektronischen Rechtsverkehrs finden sich bei *Lindow*, RNotZ 2019, 505.

Muster einer Rangbescheinigung:

An das XY-Kreditinstitut

Ihr Zeichen:

Darlehensnehmer:

Pfandobjekt:

Eigentümer/Erbbauberechtigter:

Grundbuch des Amtsgerichts (…) vom (…), Blatt (…)

Rangbescheinigung

Meine Urkunde vom (…), UR-Nr. (…), übersende ich Ihnen/habe ich Ihnen bereits übersandt in

- einfacher Ausfertigung
- vollstreckbarer Ausfertigung
- Urschrift

In meiner Eigenschaft als Notar bestätige ich Ihnen gegenüber

1. Am (…) habe ich dem Grundbuchamt (…) die vorgenannte Urkunde vorgelegt; die Eintragungsanträge habe ich im zulässigen Umfang auch in ihrem Namen gestellt. Hierbei habe ich für das Pfandobjekt festgestellt:
   a) Als Eigentümer/Erbbauberechtigter ist/sind eingetragen (…),
   b) Folgende Belastungen und Beschränkungen sind eingetragen:
      Abteilung II:
      Abteilung III:
2. Auf der Grundlage meiner Akten und der Einsicht in
- das Grundbuch am (…)
- die elektronische Antragsliste (Markentabelle) am (…)
- die Grundakten am (…)
   sind mir keine Umstände bekannt, die der Eintragung des Grundpfandrechts im Rang nach bzw. im Gleichrang mit folgenden Belastungen entgegenstehen:
   Abteilung II:
   Abteilung III:

(…), den (…)

(Ort und Datum)

(…)

(Unterschrift des Notars)

Da die Rangbescheinigung keine öffentliche Urkunde im Sinne der §§ 415, 418 ZPO ist, bedarf sie zu ihrer Wirksamkeit nicht der Beifügung des Amtssiegels und erhält auch keine eigene Urkundennummer. Andererseits dürfte gegen die Beifügung des Amtssiegels nichts einzuwenden sein, wenn es ausschließlich zur Identifizierung des Notars dient.

h) Die Eigentümergrundschuld

Der Eigentümer eines Grundstücks kann auch für sich selbst eine Grundschuld als Eigentümergrundschuld eintragen lassen. Sie ist eine echte Grundschuld. Möglich ist, dass sich der Eigentümer dem zukünftigen Gläubiger gegenüber sowohl der sofortigen Zwangsvollstreckung in das Grundstück als auch persönlich in sein gesamtes Vermögen unterwirft. Zwar kann der Eigentümer die Zwangsvollstreckung nicht gegen sich selbst betreiben. Sinn der dinglichen und persönlichen Unterwerfung ist jedoch, dass ein späterer Gläubiger, der die Grundschuld nach deren Abtretung erwirbt, einen Titel besitzt, um die Zwangsvollstreckung in den verpfändeten Grundbesitz und das persönliche Vermögen des Schuldners betreiben zu können.

516

517   Die persönliche Zwangsvollstreckungsunterwerfung in der Eigentümergrundschuldbestellungsurkunde ist aber nur gegenüber dem *ersten* Abtretungsempfänger wirksam. Ob der spätere Inhaber der Grundschuld auch der erste Abtretungsempfänger ist, lässt sich jedenfalls bei einem Briefrecht, das in der Regel außerhalb des Grundbuchs übertragen wird, nicht ohne weiteres nachweisen. Deshalb empfiehlt es sich, die persönliche Zwangsvollstreckungsunterwerfung in die – dann notariell zu beurkundende – Abtretungsurkunde aufzunehmen.

518   Die Bestellung einer Eigentümerbriefgrundschuld und deren Abtretung außerhalb des Grundbuchs werden in der Praxis häufig vorgenommen, damit der Kreditgeber des Eigentümers aus dem Grundbuch nicht ersichtlich wird oder wenn zunächst noch nicht feststeht, bei welchem Gläubiger ein Kredit in Anspruch genommen werden soll.

> **Beispiel**
>
> E lässt zu seinen Gunsten an seinem Grundstück eine Eigentümergrundschuld mit Brief eintragen. Sodann tritt er die Eigentümergrundschuld durch schriftliche Erklärung unter Übergabe des Grundschuldbriefes an einen Gläubiger ab, der ihm ein Darlehen gewährt. Aufgrund der Abtretung wird der Gläubiger Inhaber der Grundschuld, ohne dass die Abtretung in das Grundbuch eingetragen werden müsste. Im Grundbuch steht nach wie vor lediglich die Eigentümergrundschuld zugunsten des E.

519   *Muster einer Eigentümergrundschuldbestellung:*

Verhandelt zu (…)

Im Grundbuch des Amtsgerichts (…) bin ich als Eigentümer des dort verzeichneten Grundstücks eingetragen.

Auf diesem Grundstück bestelle für mich selbst eine Grundschuld von 80.000 EUR – in Worten: achtzigtausend EUR – zu 15 % Zinsen jährlich vom heutigen Tage an mit Brief. Die Zinsen sind am Schluss eines jeden Kalendervierteljahres zahlbar.

In das belastete Grundstück unterwerfe ich mich aus der Grundschuld nebst Zinsen der sofortigen Zwangsvollstreckung in der Weise, dass sie auch gegen den jeweiligen Eigentümer zulässig ist.

Ich bewillige und beantrage, die Grundschuld von 80.000 EUR mit den Zins- und Zahlungsbedingungen und der Unterwerfung des jeweiligen Eigentümers unter die sofortige Zwangsvollstreckung in das Grundbuch einzutragen.

Protokollabschlussvermerk

520   *Muster der anschließenden Abtretungserklärung mit persönlichem Schuldbekenntnis:*

Verhandelt zu (…)

Die in der Urkunde – UR.Nr. (…) des amtierenden Notars – für mich als Eigentümer bestellte Grundschuld in Höhe von 80.000 EUR – in Worten: achtzigtausend EUR – trete ich mit den Zinsen seit dem heutigen Tage an die Bank B ab und bewillige die Eintragung dieser Abtretung in das Grundbuch. Meinen Anspruch gegen das Grundbuchamt auf Aushändigung des Grundschuldbriefes trete ich ebenfalls an die Bank ab.

Wegen der Verpflichtung zur Zahlung des Betrages von 80.000 EUR nebst 15 vom Hundert Jahreszinsen seit dem heutigen Tage unterwerfe ich mich dem Abtretungsempfänger gegenüber der sofortigen Zwangsvollstreckung aus dieser Urkunde in mein gesamtes Vermögen.

Ich beantrage, dem Abtretungsempfänger eine vollstreckbare Ausfertigung dieser Urkunde ohne weitere Nachweise zu erteilen.

Protokollabschlussvermerk

i) Gesamtgrundpfandrecht und Nachverpfändung

Werden mehrere Grundstücke oder Miteigentumsanteile an einem Grundstück mit ein und demselben Grundpfandrecht belastet, so spricht man von einer *„Gesamthypothek"* bzw. einer *„Gesamtgrundschuld"*. Ist zunächst nur ein Grundstück mit einer Hypothek oder einer Grundschuld belastet und soll später ein weiteres Grundstück in die Pfandhaft mit einbezogen werden, so spricht man von „Nachverpfändung". 521

Soll der jeweilige Eigentümer des nachverpfändeten Grundstücks der sofortigen Zwangsvollstreckung unterworfen sein (§ 800 ZPO), sind in der Nachverpfändungsurkunde die für die Unterwerfung erforderlichen Angaben (Betrag, Zinshöhe, Zinsbeginn und gegebenenfalls sonstige Nebenleistung) vollständig anzugeben, oder es ist eine Verweisung gemäß § 13a BeurkG auf die ursprüngliche Grundpfandrechtsbestellungsurkunde vorzunehmen.

aa) Nachverpfändungsformulierung und Erläuterungen

Muster einer Nachverpfändung: 522

Herr (…) ist Eigentümer des nachstehend verzeichneten Pfandobjekts:

[genaue Bezeichnung des Grundstücks, das nachverpfändet werden soll.]

Der Sicherungsgeber hat durch Urkunde vom (…) UR. Nr. (…) des Notars (…) zugunsten der Sparkasse Musterstadt (nachstehend: Gläubigerin) eine Grundschuld ohne Brief i.H.v. (…) EUR nebst 10 vom Hundert Jahreszinsen bestellt.

Diese Urkunde wird nachfolgend „Bezugsurkunde" genannt. Sie lag bei Beurkundung in Urschrift vor; hierauf wird verwiesen. Ihr Inhalt ist den Beteiligten bekannt. Auf erneutes Verlesen und Beifügen einer beglaubigten Abschrift zu dieser Niederschrift wird verzichtet. Die Beteiligten wissen, dass durch diese Verweisung der Inhalt der Bezugsurkunde auch Inhalt der gegenwärtigen Niederschrift wird.

Diese Grundschuld ist im Grundbuch von (…) Blatt (…) an Flurstück (…) in Abteilung III unter Nr. 1 eingetragen.

Das vorgenannte Pfandobjekt soll für die in der Bezugsurkunde bestellte Grundschuld zugunsten der Sparkasse Musterstadt in Höhe von (…) EUR nebst 10 vom Hundert Jahreszinsen ab Grundschuldbestellung nachverpfändet werden.

Demgemäß verpfändet der Sicherungsgeber das vorgenannte Pfandobjekt zur weiteren Sicherheit der Sparkasse Musterstadt für die zur Vorurkunde bestellte Grundschuld i.H.v. 100.000 EUR nebst 10 vom Hundert Jahreszinsen hieraus zu den Grundpfandrechtsbedingungen der Bezugsurkunde.

Der Sicherungsgeber unterwirft sich hinsichtlich des nachverpfändeten Pfandobjekts der Gläubigerin gegenüber der sofortigen Zwangsvollstreckung aus dieser Urkunde und zwar in der Weise, dass die Zwangsvollstreckung gegen den jeweiligen Grundstückseigentümer zulässig sein soll.

Der Sicherungsgeber bewilligt und beantragt die Eintragung dieser Nachverpfändung sowie die Unterwerfung des jeweiligen Eigentümers des nachverpfändeten Pfandobjekts unter die sofortige Zwangsvollstreckung gemäß § 800 ZPO in das Grundbuch.

Die Nachverpfändung soll den gleichen Rang erhalten, den sie auf dem bereits belasteten Grundbesitz hat; sie soll jedoch zunächst Rang an bereiter Stelle erhalten, sofern die Verschaffung der ausbedungenen Rangstelle zurzeit noch nicht möglich ist.

Allen zur Verschaffung der genannten Rangstelle erforderlichen Löschungen und Rangänderungen wird hiermit zugestimmt.

Der Gläubigerin sollen sofort vollstreckbare Ausfertigungen dieser Urkunde erteilt werden, ohne dass es hierzu irgendeines besonderen Nachweises bedarf. Die Erteilung einer vollstreckbaren Ausfertigung kann ohne weitere Nachweise erfolgen, insbesondere wird auf den Nachweis der Fälligkeit der Grundschuld nebst Zinsen und etwaigen Nebenleistungen verzichtet.

523   *Anmerkung*

Nach § 1193 Abs. 2 S. 2 BGB, der durch das am 19.8.2008 in Kraft getretene Risikobegrenzungsgesetz eingefügt worden ist, ist die Fälligkeit des Grundschuldkapitals an die sechsmonatige Kündigungsfrist geknüpft, wenn die Grundschuld der Sicherung einer Geldforderung dient. In der Praxis dienen für Kreditinstitute bestellte Grundschulden wohl ausnahmslos der Sicherung von Geldforderungen. Die Vereinbarung der sofortigen Fälligkeit ist bei Sicherungsgrundschulden nicht mehr zulässig. Das nunmehr gesetzlich zwingende Kündigungserfordernis des § 1193 Abs. 2 S. 2 BGB gilt nur bezüglich des *neu* der Grundschuld unterstellten Grundstücks; die Nachverpfändung ist Neubestellung. Bei Nachverpfändungen muss daher darauf geachtet werden, *wann* die Bestellung der Grundschuld erfolgt ist (Bestellung = Datum der Unterzeichnung der Eintragungsbewilligungsurkunde).

bb) Gleichzeitige Eintragung des Grundpfandrechts auf mehreren Grundstücken ist noch nicht möglich

524   Ist von vornherein beabsichtigt, mehrere Grundstücke mit einem Grundpfandrecht zu belasten, jedoch eine Belastung aller Grundstücke zurzeit nicht möglich, etwa weil ein Grundstück noch nicht im Eigentum des Grundpfandrechtsbestellers steht, so kann zweifelhaft sein, ob das Gesamtgrundpfandrecht bereits wirksam entsteht, wenn es zunächst nur auf einigen – nicht auf allen – Grundstücken eingetragen wird. Es empfiehlt sich, in solchen Fällen folgende Formulierung in die Grundpfandrechtsbestellungsurkunde aufzunehmen:

Formulierungsvorschlag

Erfolgt die Eintragung der Gesamtgrundschuld nicht zugleich auf allen verpfändeten Grundstücken, so ist zwischen dem Eigentümer und der Gläubigerin Folgendes vereinbart:

Die Grundschuld soll in diesem Fall an denjenigen Pfandobjekten, an denen sie jeweils eingetragen wird, bereits mit der Eintragung entstehen, unabhängig vom weiteren Vollzug der Urkunde.

j) Mitbelastung von ideellen Miteigentumsanteilen

525   In der Praxis von Bedeutung ist beim Kauf von Eigenheimen und Eigentumswohnungen die Mitbelastung von Miteigentumsanteilen an Wegeflächen und an Garagenvorplätzen. Lässt der Käufer zwecks Finanzierung des Kaufpreises bereits vor Eigentumsumschreibung aufgrund einer Vollmacht des Verkäufers Grundpfandrechte zu Lasten des Hausgrundstücks oder zu Lasten der Eigentumswohnung eintragen, können die etwa mitgekauften Miteigentumsanteile an Wegeflächen und Garagenvorplätzen grundsätzlich nicht mitbelastet werden, weil die Miteigentumsanteile erst nach Eigentumsumschreibung auf den Käufer entstehen, diese aber erst nach vollständiger Zahlung des Kaufpreises, also zu einem späteren Zeitpunkt, erfolgt. In der Grundpfandrechtsbestellungsurkunde werden diese Miteigentumsanteile zwar regelmäßig mit aufgeführt. Der Antrag an das Grundbuchamt muss jedoch dahingehend eingeschränkt werden, dass das Grundpfandrecht zunächst nur auf der Hausparzelle bzw. auf der Eigentumswohnung eingetragen wird. Später mit dem Antrag auf Eintragung des Eigentumswechsels kann dann – weil der Miteigentumsanteil entsteht – die Erstreckung des Grundpfandrechts auf ihn beantragt werden.

526   Der ideelle Bruchteil eines Alleineigentümers kann jedoch dann – also auch bereits vor Eigentumsumschreibung – belastet werden, wenn er gemäß § 3 Abs. 6 GBO separat gebucht ist. In der Praxis legt der Grundbuchrechtspfleger bereits bei Stellung des Antrages auf Eintragung einer Auflassungsvormerkung für die gekaufte Hausparzelle ein neues Grundbuchblatt an und bucht die mitgekauften Miteigentumsanteile auf dieses Blatt. In diesem Fall können die Miteigentumsanteile sogleich mitbelastet werden.

3. Die Abtretung von Grundpfandrechten

a) Wirtschaftliche Bedeutung

Der Gläubiger kann sein Grundpfandrecht an einen anderen abtreten. An seine Stelle tritt dann ein neuer **527** Gläubiger. Die Zustimmung des Schuldners ist dazu nicht erforderlich. In der Regel wird zusammen mit dem Grundpfandrecht auch die damit gesicherte Forderung abgetreten. Bei der Hypothek ist dies sogar erforderlich, da die Hypothek wegen ihrer Abhängigkeit von der Forderung nicht ohne diese abgetreten werden kann. Der neue Gläubiger erwirbt also sowohl den Zahlungsanspruch gegen den Schuldner als auch das Recht, notfalls die Zwangsvollstreckung in das Grundstück zu betreiben. Die Abtretung kann schenkweise oder gegen Entgelt erfolgen. Dies ist eine Frage des zugrunde liegenden Schuldverhältnisses (vgl. Rdn 1627 ff.).

Beispiel

G ist Inhaber einer durch Hypothek gesicherten Forderung in Höhe von 10.000 EUR – in Worten: zehntausend Euro – gegen E. X will von G Forderung und Hypothek gegen Zahlung eines Betrages von 9.000 EUR erwerben. G ist damit einverstanden und tritt Forderung und Hypothek an den X ab.

b) Rechtliche Erfordernisse

Die Abtretung der Forderung erfolgt durch formlose Vereinbarung zwischen dem alten und dem neuen **528** Gläubiger. Für die Form der Abtretung der Grundpfandrechte, also der Sicherheiten, muss zwischen Briefrechten und Buchrechten unterschieden werden. Die Abtretung von Buchhypotheken und Buchgrundschulden erfordert Einigung und Eintragung in das Grundbuch. Bei Briefrechten ist ein Brief ausgestellt worden, ein Wertpapier, dessen Besitz notwendig ist, um über das verbriefte Recht zu verfügen und es auszuüben. Das wirkt sich auf die Form der Abtretung aus:

Stets sind erforderlich

- eine formlose Einigung über den Übergang des Grundpfandrechts und
- die Übergabe des Briefs.

Dazu muss kommen

- entweder die Eintragung der Abtretung in das Grundbuch,
- oder eine Abtretungserklärung in schriftlicher Form (§ 1154 BGB).

Für die Abtretungserklärung begnügt sich das Gesetz zwar mit der Schriftform. Seine volle Legitimation **529** erreicht der neue Gläubiger aber nur, wenn die Abtretungserklärung *öffentlich beglaubigt* ist. Um die Verkehrsfähigkeit des Briefrechts zu erhöhen, ist im Gesetz bestimmt, dass derjenige, der seine Inhaberschaft anhand ununterbrochener öffentlich beglaubigter Abtretungserklärungen zurück bis zu dem im Grundbuch eingetragenen Gläubiger nachweisen kann, als Inhaber des Grundpfandrechts genauso legitimiert ist, wie wenn er selbst im Grundbuch eingetragen wäre.

Die Abtretungserklärungen werden in der Regel noch aus einem anderen Grund notariell beglaubigt. Will **530** sich der Inhaber eines Grundpfandrechts, der das Recht nach mehrmaligen, außerhalb des Grundbuchs erfolgten Abtretungen erworben hat, als Gläubiger in das Grundbuch eintragen lassen, muss er nach §§ 19, 29 GBO eine Kette von öffentlich beglaubigten Abtretungserklärungen und den Brief dem Grundbuchamt vorlegen. In diesem Fall bedarf es – ausnahmsweise nicht der Voreintragung des Betroffenen, d.h. des vorangehenden Gläubigers (§ 39 Abs. 2 GBO und vgl. Rdn 20, 327).

Die gesetzliche Regel, dass für die Abtretung eines Briefrechts die Schriftform genügt, bildet in der Praxis **531** also die Ausnahme.

Muster für die Abtretung einer Hypothek:

Im Grundbuch für Blasewitz Blatt 1450 ist als Belastung des dort verzeichneten Grundstücks in Abteilung III unter lfd. Nr. 1 eine Hypothek in Höhe von 25.000 EUR – in Worten: fünfundzwanzigtausend EUR – für mich eingetragen.

Ich trete diese Hypothek einschließlich der ihr zugrunde liegenden Forderung mit Zinsen und sonstigen Nebenleistungen seit dem (…) an (…) ab. Ich bewillige und beantrage die Eintragung der Abtretung in das Grundbuch.

532   *Muster für die Abtretung einer Grundschuld:*

Im Grundbuch von Kapellen Blatt 0341 ist zu Lasten des dort verzeichneten Grundstücks in Abteilung III unter lfd. Nr. 1 für mich eine Grundschuld ohne Brief von 100.000 EUR – in Worten: einhunderttausend EUR – eingetragen.

Diese Grundschuld mit den Zinsen seit der Eintragung der Grundschuld trete ich an (…) ab.

Ferner trete ich alle Rechte aus der Grundschuldbestellungsurkunde, insbesondere auch den persönlichen Haftungsanspruch gegen den Grundstückseigentümer, an den neuen Gläubiger ab (siehe hierzu § 3 Rdn 228).

Ich bewillige und beantrage die Eintragung der Abtretung in das Grundbuch.

533   Die Abtretbarkeit einer Hypothek oder Grundschuld kann ausgeschlossen werden. Der Abtretungsausschluss bedarf, damit er gegenüber Dritten wirkt, der Eintragung in das Grundbuch, zumindest durch Bezugnahme auf die Eintragungsbewilligung. Er schützt den Eigentümer vor ihm nicht genehmen Gläubigern.

c) Einreden gegenüber dem neuen Gläubiger

534   Eine Einrede, die dem Eigentümer aufgrund eines zwischen ihm und dem bisherigen Gläubiger bestehenden Rechtsverhältnisses gegen die Hypothek zusteht, kann auch dem neuen Gläubiger entgegengehalten werden (§ 1157 BGB). Allerdings kann der neue Gläubiger die Hypothek einredefrei erwerben, wenn er gutgläubig ist, also von der Einrede nichts weiß (zum gutgläubigen Erwerb siehe Rdn 13).

535   Entsprechendes gilt für Einreden gegen die Grundschuld. Hier gilt eine Besonderheit für Sicherungsgrundschulden nach einer Gesetzesänderung durch das Risikobegrenzungsgesetz (siehe oben Rdn 502). Einreden, die dem Eigentümer aufgrund des Sicherungsvertrages mit dem bisherigen Gläubiger gegen die Grundschuld zustehen, können auch einem gutgläubigen Erwerber der Grundschuld entgegengesetzt werden. Insoweit findet also ein einredefreier Erwerb selbst bei Gutgläubigkeit nicht statt (§ 1192 Abs. 1a BGB).

4. Die Ansprüche aus den Grundpfandrechten

536   Der Gläubiger eines der Sicherheit für eine Geldforderung dienenden Grundpfandrechts hat zwei Ansprüche: Einmal einen *Zahlungsanspruch* aus der gesicherten Forderung, zum anderen, falls der Schuldner die Forderung nicht erfüllt, einen *Anspruch auf Duldung der Zwangsvollstreckung,* d.h. der Verwertung des Grundstücks.

a) Anspruch auf Duldung der Zwangsvollstreckung

537   Das Verwertungsrecht des Gläubigers erstreckt sich auf das Grundstück und seine wesentlichen Bestandteile (Gebäude) und darüber hinaus auf bestimmte Gegenstände, die den wirtschaftlichen Wert des Grundstücks ausmachen. Hierzu gehören insbesondere das Zubehör, die Erzeugnisse und die sonstigen Bestandteile, die mit der Trennung in das Eigentum des Eigentümers fallen, sowie Miet-, Pachtzins- und Versicherungsforderungen.

Beispiel

H ist Inhaber einer Hypothek am Hof des Bauern E. Dem Gläubiger haften die Grundstücke und die darauf befindlichen Gebäude, ferner – falls der Eigentümer den Hof selbst bewirtschaftet – die aufstehende Saat, die Maschinen, das Saatgut sowie das Vieh. Hat E den Hof verpachtet, so erstreckt sich die Hypothek auf die Pachtzinsforderungen.

b) Zwangsversteigerung, Zwangsverwaltung

Der Grundpfandrechtsgläubiger kann, falls seine Forderung aus dem gesicherten Darlehen nicht beglichen wird, das Grundstück verwerten, indem er die Zwangsverwaltung oder die Zwangsversteigerung betreibt. Dazu bedarf er – wie stets für eine Zwangsvollstreckung – eines Titels, der mit der Vollstreckungsklausel versehen sein muss. Liegt eine notarielle Urkunde mit Unterwerfung unter die sofortige Zwangsvollstreckung vor, genügt eine vollstreckbare Ausfertigung der Urkunde und deren Zustellung durch den Gerichtsvollzieher an den Schuldner (vgl. § 3 Rdn 245). Auf Antrag des Gläubigers wird vom Vollstreckungsgericht das Zwangsverwaltungs- oder das Zwangsversteigerungsverfahren angeordnet. Hierdurch wird das Grundstück „beschlagnahmt" (siehe unten Rdn 607 ff.). **538**

Der die Zwangsversteigerung anordnende Beschluss gilt zugunsten der betreibenden Gläubigerin als Beschlagnahme des Grundstücks (§ 20 ZVG). Die Beschlagnahme wird wirksam **539**

- entweder durch Zustellung des Beschlusses beim Schuldner (§ 22 Abs. 1 S. 1 ZVG)
- oder mit dem Zeitpunkt, in dem das Ersuchen des Vollstreckungsgerichts um Eintragung des Versteigerungsvermerks beim Grundbuchamt eingeht, sofern daraufhin die Eintragung „demnächst" erfolgt (§ 22 Abs. 1 S. 2 ZVG).

Ist die Beschlagnahme zum Zwecke der Zwangsverwaltung angeordnet, so erstreckt sie sich auf alle Gegenstände, die dem Gläubiger haften. Die Beschlagnahme zum Zwecke der Zwangsversteigerung erstreckt sich ebenfalls auf alle Gegenstände, die zum Haftungsverband gehören, jedoch mit Ausnahme der Miet- und Pachtzinsforderungen und der Ansprüche auf wiederkehrende Leistungen. Bei Objekten, die Mieten einbringen, betreibt der Gläubiger daher in der Regel sowohl die Zwangsversteigerung als auch die Zwangsverwaltung, um zur Befriedigung seiner Ansprüche auch einen Zugriff auf die Mietzinsforderungen zu erhalten.

c) Fälligkeit der Grundpfandrechte

Bevor der Gläubiger die Zwangsvollstreckung einleiten kann, muss die Hypothek bzw. die Grundschuld fällig sein. **540**

Für eine etwa die Fälligkeit herbeiführende Kündigung ist zwischen Hypothek und Grundschuld zu unterscheiden. Weil die Hypothek akzessorisch, also von der gesicherten Forderung abhängig ist, muss sie gekündigt werden, wenn auch die Fälligkeit der Forderung, wie meistens der Fall, von einer Kündigung abhängt (§ 1141 BGB). Die Grundschuld wird nach vorgängiger Kündigung mit einer Frist von sechs Monaten fällig, eine sofortige Fälligkeit (ohne Kündigung) kann allerdings vereinbart werden (§ 1193 BGB). Die abweichende Vereinbarung bedarf der Eintragung in das Grundbuch.

Dient die Grundschuld, wie in der Regel, der Sicherung einer Geldforderung (Sicherungsgrundschuld), ist eine Vereinbarung über einen Kündigungsausschluss nicht zulässig (siehe oben Rdn 502 f.). Bei ihr gilt also stets die gesetzliche Kündigungsfrist von sechs Monaten. **541**

5. Das Erlöschen der Grundpfandrechte

a) Interessen des Eigentümers

Wenn die gesicherte Forderung nicht mehr besteht, kann das Grundpfandrecht gelöscht werden. Grundsätzlich steht es im Belieben des Eigentümers, ob er nach Tilgung der Schuld das Grundpfandrecht im Grundbuch löschen lässt. Eine Grundschuld lässt der Eigentümer häufig aber dann im Grundbuch stehen, **542** wenn er beabsichtigt, sich später erneut ein Darlehen geben zu lassen. Dann kann er – ohne Löschungs- und Neueintragungskosten – die Grundschuld zur Sicherung des neuen Darlehens verwenden.

543   Eine getilgte Hypothek wird kraft Gesetzes zu einer Eigentümergrundschuld und kann nach entsprechender Grundbuchberichtigung zwecks Neuvalutierung an einen neuen Darlehensgeber abgetreten werden (siehe oben Rdn 493 ff.). Diese theoretische Möglichkeit ist aufwändig und mit Kosten verbunden, weshalb sie in der Praxis selten vorkommt.

Eine Verpflichtung des Eigentümers zur Löschung eines Grundpfandrechts kann sich aufgrund eines gesetzlichen oder vertraglichen Anspruchs eines nachrangigen Inhabers eines beschränkten dinglichen Rechts ergeben, der grundsätzlich ein Interesse daran hat, sich im Rang zu verbessern (siehe unten Rdn 569 ff.).

544   Zur Löschung eines Grundpfandrechts bedarf es nach § 27 GBO stets der Zustimmung des Eigentümers. Durch die Löschung eines Grundpfandrechts kann nämlich auch der Eigentümer in seinen Rechten beeinträchtigt werden. Denn jedes Grundpfandrecht kann Eigentümergrundschuld, also ein Recht des Eigentümers, geworden sein. Die Hypothek verwandelt sich – soweit ihr eine Forderung nicht mehr zugrunde liegt – kraft Gesetzes in eine Eigentümergrundschuld. Dasselbe gilt für eine Fremdgrundschuld, wenn die Zahlungen nicht auf die Forderung, sondern auf die Grundschuld selbst erfolgen (was in der Praxis allerdings meistens abbedungen wird, siehe oben Rdn 499). Außerdem hat der Eigentümer ein berechtigtes Interesse daran, dass nachrangige Gläubiger nicht ohne seine Zustimmung den durch die Löschung frei werdenden Rang als Folge ihres Aufrückens besetzen.

Aus diesen Gründen fordert das Gesetz für die Löschung der Grundpfandrechte die Zustimmung des Eigentümers. Da sie eine Art Löschungsbewilligung ist, verlangt die Grundbuchordnung für sie – zur Sicherung des Rechtsverkehrs – notarielle Beglaubigung (vgl. Rdn 22).

545   Bei Briefrechten ist für die Löschung des Rechts der Brief dem Grundbuchamt vorzulegen. Vorsicht ist insofern bei der Vorbereitung und Abwicklung von Kaufverträgen geboten, wenn auf dem Kaufgegenstand noch Briefrechte lasten: Am besten sollte noch vor der Beurkundung geklärt werden, wo sich die Grundpfandrechtsbriefe befinden. Sind diese nämlich nicht mehr auffindbar, ist ein aufwändiges und zeitintensives gerichtliches Aufgebotsverfahren erforderlich.

Muster einer Löschungsbewilligung:

Im Grundbuch von Neudorf Blatt 0086 ist in Abteilung III unter lfd. Nr. 2 für mich eine brieflose Hypothek von 15.000 EUR – in Worten: fünfzehntausend EUR – eingetragen. Ich bewillige deren Löschung. Kosten übernehme ich nicht.

(Unterschriftsbeglaubigung)

---

546   *Muster eines Löschungsantrages (Zustimmung):*

Im Grundbuch von Neudorf Blatt 0086 ist in Abteilung III unter lfd. Nr. 2 für G eine brieflose Hypothek von 15.000 EUR – in Worten: fünfzehntausend EUR – eingetragen.

Ich, der Eigentümer, stimme deren Löschung zu und beantrage sie.

(Unterschriftsbeglaubigung)

---

b)   Teillöschung

547   Schon nach der teilweisen Befriedigung des Gläubigers kann der Eigentümer ein Interesse daran haben, dass ein entsprechender Teil der Hypothek gelöscht wird. In der Praxis wird stets ein „letztrangiger" Teil des Grundpfandrechts gelöscht.

Muster einer Teillöschungsbewilligung:

Im Grundbuch von (…) ist für mich in Abteilung III unter lfd. Nr. 2 eine Hypothek von 50.000 EUR – in Worten: fünfzigtausend EUR – eingetragen. Ich bewillige die Löschung eines rangletzten Teils von 10.000 EUR – in Worten: zehntausend EUR – dieser Hypothek.

(Unterschriftsbeglaubigung)

Häufig schließt der Gläubiger im Darlehensvertrag seine Verpflichtung zur Abgabe einer Teillöschungsbewilligung aus.

c) Löschungsfähige Quittung

Der Löschungsbewilligung des Gläubigers einer Hypothek bedarf es ausnahmsweise nicht, wenn er erklärt, vom Eigentümer und Schuldner wegen seiner Forderung befriedigt worden zu sein. Denn daraus ergibt sich, dass die Hypothek zu einer Eigentümergrundschuld geworden ist, also nicht mehr dem Gläubiger, sondern dem Eigentümer selbst zusteht. Diese Erklärung nennt man „löschungsfähige Quittung". Wird sie dem Grundbuchamt in notariell beglaubigter Form vorgelegt, so genügt zur Löschung ein (notariell beglaubigter) Löschungsantrag des Eigentümers.   **548**

Muster einer löschungsfähigen Quittung mit Löschungsantrag des Eigentümers:

Im Grundbuch von (…) ist in Abteilung III unter lfd. Nr. 4 für mich eine Hypothek von 20.000 EUR – in Worten: zwanzigtausend EUR – eingetragen. Ich bekenne mich durch den jetzigen Eigentümer und persönlichen Schuldner für voll befriedigt und übergebe ihm den Hypothekenbrief.

Ich, der Eigentümer, stimme der Löschung zu und beantrage sie.

(Unterschriftsbeglaubigung)

d) Verzicht des Gläubigers

Denkbar ist auch ein Verzicht des Gläubigers auf sein Grundpfandrecht. Er gibt dann seine Sicherheit auf. Dies wird er – obwohl seine Forderung noch besteht – möglicherweise tun, wenn ihm vom Schuldner eine andere Sicherheit geboten wird.   **549**

> *Beispiel*
>
> E hat die Hälfte seiner Schuld an G bezahlt. G, der Inhaber einer Hypothek am Grundstück des E ist, hält eine Sicherheit für seine Forderung nicht mehr für erforderlich. Denkbar ist auch, dass sich B für die Schuld verbürgt und G eine doppelte Sicherheit nicht für nötig hält. Er verzichtet auf die Hypothek.

Der Verzicht auf die Hypothek führt nicht zur Beseitigung des Rechts, sondern lässt die Hypothek auf den Eigentümer als Eigentümergrundschuld übergehen. Der Verzicht bedarf nicht der Zustimmung des Eigentümers. Er wird durch die Eintragung des Vermerks im Grundbuch wirksam. Der Eigentümer kann dann das Grundbuch dahingehend berichtigen lassen, dass für ihn eine Eigentümergrundschuld besteht, oder das Recht löschen lassen. Entsprechendes gilt für die Grundschuld. Durch Verzicht auf die Grundschuld entsteht also eine Eigentümergrundschuld.

e) Pfandfreigabe

Bei Gesamtgrundpfandrechten, also solchen, die auf mehreren Grundstücken oder Miteigentumsanteilen lasten, kommt es vor, dass das Grundpfandrecht nur auf einem Teil des Grundbesitzes gelöscht werden soll. Hier spricht man von einer „Pfandfreigabe" oder einer „Pfandentlassung". Die Pfandfreigabe ist das Gegenstück zur Nachverpfändung (vgl. Rdn 521).   **550**

Muster einer Pfandentlassungserklärung:

Ich, der Gläubiger, bewillige hiermit, bei der im Grundbuch von (…) verzeichneten Grundschuld Abteilung III lfd. Nr. 1 einzutragen, dass das Grundstück Flur 5 Flurstück 516 aus der Mithaft entlassen ist. Kosten trage ich nicht.

551 Die Pfandfreigabe ist ein Teilverzicht auf das Grundpfandrecht. Die Zustimmung des Eigentümers ist entbehrlich, weil das Grundpfandrecht als solches in der Hand des Gläubigers bestehen bleibt und sich lediglich der Pfandumfang verringert.

Pfandfreigaben kommen vor allem beim Verkauf eines Teilstücks aus einem Grundstück vor. Wenn das Grundstück, aus dem das Teilstück verkauft wird, belastet und dem Käufer Lastenfreiheit zugesichert worden ist, muss das verkaufte Teilstück nach Vermessung und Fortschreibung im Kataster aus der Haftung freigegeben werden.

f) Verteilung

552 Bei Gesamtgrundpfandrechten kommt in der Praxis ferner eine Hypotheken- oder Grundschuldverteilung in Betracht.

Beispiel

Auf den Flurstücken 574 und 575 lastet eine Gesamthypothek von 50.000 EUR. E, der Eigentümer, will die Hypothek vom Gläubiger so aufteilen lassen, dass auf jedem Flurstück eine Hypothek von 25.000 EUR lastet.

553 *Muster einer Verteilungserklärung:*

Im Grundbuch von (…) ist in Abteilung III Nr. 4 für mich eine Gesamthypothek von 50.000 EUR – in Worten: fünfzigtausend EUR – eingetragen. Ich verteile diese Hypothek auf die Flurstücke 574 und 575 so, dass ein jedes Flurstück nur für 25.000 EUR je nebst Zinsen haftet, und bewillige und beantrage, die Hypothekenverteilung in das Grundbuch einzutragen.

Zur Verteilung von Grundpfandrechten durch den Gläubiger ist die Zustimmung des Eigentümers ebenfalls, wie bei der Pfandfreigabe, *nicht* erforderlich.

6. Verschiedene Hypothekenarten

554 Man unterscheidet zwischen der *Verkehrshypothek* (Brief- und Buchhypothek), der *Sicherungshypothek,* der *Höchstbetragshypothek,* der *Gesamthypothek* und der *Zwangshypothek.*

a) Verkehrshypothek

555 Wenn die Beteiligten keine besondere Abrede treffen, bestellen sie eine Briefhypothek. Ist die Erteilung eines Briefes ausgeschlossen, so wollen sie eine Buchhypothek. Da sowohl bei der Brief- als auch bei der Buchhypothek zum Schutz des Rechtsverkehrs das Recht gutgläubig erworben werden kann, obwohl eine Forderung des Gläubigers nicht besteht, nennt man diese Hypotheken „Verkehrshypotheken". Sie sind für den Umlauf im Rechtsverkehr (Abtretung) geeignet.

Beispiel

G ist Inhaber einer Hypothek am Grundstück des E. E hat die Darlehensschuld getilgt. Dennoch tritt G die Hypothek mit der angeblichen Forderung an den gutgläubigen X ab. Obwohl in Wirklichkeit eine Eigentümergrundschuld des E bestand, das Grundbuch also falsch war, erwirbt X die Hypothek (mit einer ihr gleichsam „untergeschobenen" Forderung).

b) Sicherungshypothek

Wollen die Beteiligten verhindern, dass ein Dritter die Hypothek gutgläubig erwirbt, obwohl eine Forderung nicht mehr besteht, können sie eine Sicherungshypothek bestellen. Sie ist streng von der Forderung abhängig. Nur der Inhaber der Forderung kann Inhaber der Hypothek sein. Die Sicherungshypothek kann nur als Buchhypothek bestellt werden. Im Falle der Abtretung erwirbt der Erwerber die Hypothek nur, wenn noch eine Forderung gegen den Schuldner besteht. Ohne Forderung kann die Sicherungshypothek also auch nicht gutgläubig erworben werden. Sie ist im Gegensatz zur Verkehrshypothek für den Umlauf im Rechtsverkehr also ungeeignet. **556**

Beispiel

Im vorigen Beispiel wird X, weil der Gläubiger keine Forderung mehr gegen E besaß, nicht Inhaber der Hypothek, wenn sie eine Sicherungshypothek ist.

c) Höchstbetragshypothek

Bei Hypotheken muss die zu sichernde Forderung ihrer Höhe nach grundsätzlich feststehen. Es gibt aber zahlreiche Rechtsbeziehungen, bei denen sich weder die konkret zu sichernde Forderung noch deren Höhe schon von vornherein bestimmen lassen, wo aber gleichwohl ein Bedürfnis nach Sicherung der Forderungen aus der „Geschäftsverbindung" vorhanden ist. Man denke etwa an den Kontokorrentkredit. **557**

Für diese Fälle stellt das Gesetz die Höchstbetragshypothek zur Verfügung. Sie ist eine Sicherungshypothek, bei der nur der Höchstbetrag, bis zu dem das Grundstück haften soll, bestimmt ist, im Übrigen aber die Feststellung der Forderung ihrer Art und Höhe nach vorbehalten wird. Nur der Höchstbetrag muss im Grundbuch angegeben werden, nicht der Schuldgrund, da er noch nicht bezeichnet werden kann. Ist die Forderung verzinslich, so werden die Zinsen in den Höchstbetrag eingerechnet und nicht gesondert ausgewiesen. Die Höchstbetragshypothek ist also stets ohne Zinsen einzutragen. Die Unterwerfung unter die sofortige Zwangsvollstreckung wegen des Höchstbetrages ist wegen fehlender Bestimmtheit unzulässig; wohl aber ist sie wegen eines innerhalb des Höchstbetrages liegenden Betrages möglich, weil sie sich dann auf einen nach Schuldgrund und Höhe festbestimmten Teil der gesicherten Forderung bezieht. Bei einer Höchstbetragshypothek von 30.000 EUR kann sich also z.B. wegen eines Betrages von 25.000 EUR der sofortigen Zwangsvollstreckung unterworfen werden (siehe auch § 3 Rdn 220). **558**

Die Höchstbetragshypothek hat keine große praktische Bedeutung. Hin und wieder wird sie zur Sicherung der Höhe nach nicht feststehender Leistungen der Sozialhilfe verwendet. Wenn mehrere Forderungen gesichert werden sollen, oder die Höhe der einzelnen Forderungen nicht von vornherein feststeht, wählt man als Sicherungsmittel zumeist die von der Forderung unabhängige Grundschuld.

d) Gesamthypothek

Eine Gesamthypothek liegt vor, wenn für die Forderung eine Hypothek an mehreren Grundstücken oder Miteigentumsanteilen besteht. In diesem Fall haftet jedes der Grundstücke bzw. jeder Miteigentumsanteil für die gesamte Forderung. Der Hypothekengläubiger kann aber nur einmal den Schuldbetrag verlangen. Zur Realisierung seiner Forderung kann er nach seinem Belieben in den gesamten oder nur einen Teil des Grundbesitzes zwangsvollstrecken (vgl. Rdn 536 ff.). Entsprechendes gilt für die Gesamtgrundschuld. **559**

e) Zwangshypothek

Der Gläubiger einer „titulierten" Forderung (Urteil, vollstreckbare Ausfertigung einer notariellen Urkunde) kann die Eintragung einer Zwangshypothek auf dem Grundstück des Schuldners beantragen. Voraussetzung für die Eintragung der Zwangshypothek ist, dass die titulierte Forderung mehr als 750 EUR beträgt. Auch für mehrere titulierte Forderungen kann eine einheitliche Sicherungshypothek eingetragen werden. **560**

Bei der Zwangshypothek gibt es keine Gesamthypothek. Sollen mehrere Grundstücke mit einer Hypothek belastet werden, ist eine Verteilung der Forderung notwendig. Die Größe der Teile bestimmt der Gläubiger; die Teile müssen aber auch hier jeweils höher als 750 EUR sein.

561

> *Beispiel*
>
> G hat dem E ein Auto verkauft. E bezahlt die Rechnung nicht. G erwirkt gegen E einen Vollstreckungsbescheid. G kann nunmehr an einem Grundstück des E die Eintragung einer Zwangshypothek erwirken.

Dem Grundbuchamt muss mit dem Antrag auf Eintragung einer Zwangshypothek ein mit der Vollstreckungsklausel und dem Zustellungsvermerk versehener Titel vorgelegt werden. Die Zwangshypothek ist stets Sicherungshypothek.

7. Die Rentenschuld

a) Inhalt

562   In der Praxis ist die Bedeutung der Rentenschuld sehr gering. Ihre Funktion als Sicherungsmittel für „Renten" kann sie nicht mehr erfüllen, weil sie nicht wertgesichert werden kann, etwa durch Koppelung an den Verbraucherpreisindex.

Die Rentenschuld ist eine Abart der Grundschuld, bei der eine Geldrente zu regelmäßig wiederkehrenden Terminen „aus dem Grundstück" zu zahlen ist. Dabei muss der Betrag *bestimmt* und im Grundbuch eingetragen werden, durch dessen Zahlung die Rentenschuld abgelöst werden kann (Ablösungssumme). Das Recht der Ablösung steht nur dem Eigentümer zu. Der Gläubiger kann die Ablösung von sich aus nicht verlangen, ein Recht dazu kann ihm auch nicht eingeräumt werden. Auf die einzelnen Leistungen der Rentenschuld sind die Vorschriften über die Hypothekenzinsen anwendbar.

b) Unterschied zur Reallast

563   Die Rentenschuld ist nicht zu verwechseln mit der Reallast (siehe hierzu Rdn 386 ff.). Diese wird in Abteilung II eingetragen, die Rentenschuld in Abteilung III. Die Reallast hat einen breiteren Anwendungsbereich als die Rentenschuld. Die Reallast verpflichtet zwar auch zu wiederkehrenden Leistungen „aus dem Grundstück", nicht aber wie die Rentenschuld zu *regelmäßig* wiederkehrenden Leistungen gleicher Höhe. Daher können die mit der Reallast gesicherten Forderungen indexabhängig gemacht werden. Dies ist der Grund, warum bei Veräußerungen „auf Rentenbasis" statt der an sich dafür vorgesehenen Rentenschuld die Reallast als Sicherungsmittel gewählt wird.

Die Rentenschuld sichert nur Geldleistungen, während die Reallast jemanden berechtigen kann, auch andere Leistungen zu fordern. Während die Reallast entweder dem jeweiligen Eigentümer eines Grundstücks (subjektiv dinglich) oder einer bestimmten Person (subjektiv persönlich) zustehen kann, wird die Rentenschuld *nur für eine bestimmte Person* bestellt. Bei der Reallast haftet der Eigentümer nicht nur mit dem Grundstück, sondern für die während der Dauer seines Eigentums fällig werdenden Leistungen auch persönlich. Bei der Rentenschuld haftet der Eigentümer nur mit dem Grundstück. Wird eine Reallast abgelöst, dann erlischt sie, wird eine Rentenschuld abgelöst, so geht sie als Eigentümerrentenschuld auf den Eigentümer über.

XI. Der Rang der Grundstücksrechte

1. Die wirtschaftliche Bedeutung des Ranges eines Rechts

564   Das Gesetz gibt dem Eigentümer die Möglichkeit, sich ihm zustehender Nutzungs- und Verwertungsrechte zu entäußern und sie in Gestalt eines beschränkten dinglichen Rechts (eines Nutzungsrechts, z.B. Nießbrauch, oder eines Verwertungsrechts, z.B. einer Hypothek oder einer Grundschuld) einem anderen zu übertragen. Dies ist so lange problemlos, wie nur *ein* Nutzungsrecht oder *ein* Verwertungsrecht bestellt wird. Die Lage ändert sich, wenn an ein und demselben Grundstück mehrere beschränkte dingliche Rechte begründet werden. Solange „alles gut geht", also etwa die Hypotheken vereinbarungsgemäß „bedient", d.h. der Zins- und Tilgungsdienst pünktlich geleistet wird, besteht zwischen den Rechten keine Konkurrenz. Muss aber das Grundstück – in der Zwangsverwaltung und/oder Zwangsversteigerung – verwertet werden und reicht der Erlös nicht für alle Beteiligten aus, so wird die Konkurrenz der Rechte, ihr Verhältnis zueinander, d.h. ihr Rang, von entscheidender Bedeutung.

In der Zwangsversteigerung werden die eingetragenen Rechte grundsätzlich in der Reihenfolge ihrer Eintragung befriedigt. Es gilt der Grundsatz, dass das früher begründete Recht den Vorrang vor dem zeitlich später entstandenen hat. Entsprechend der unterschiedlichen Chance, bei einer zwangsweisen Verwertung des Grundstücks voll oder nur teilweise zum Zuge zu kommen, werden die Rechte „bewertet": Eine an zweiter Rangstelle eingetragene Hypothek bietet geringere Sicherheit als eine an erster Stelle stehende (und ist daher in der Regel „teurer", also höher verzinslich, oder wird überhaupt nicht als Sicherheit akzeptiert).[116]   **565**

Bedeutung hat der Rang auch für Gläubiger von Nutzungs- oder Erwerbsrechten (Dienstbarkeiten, Vorkaufsrechten, Vormerkungen). Betreibt der Gläubiger eines Grundpfandrechts die Zwangsversteigerung, fallen diese Rechte in das sog. geringste Gebot, wenn sie *vorrangig* eingetragen sind. Dies bedeutet, dass sie auch nach dem Zuschlag bestehen bleiben und von dem Erwerber zu übernehmen sind. Sind sie dagegen *nachrangig* eingetragen, erlöschen sie mit dem Zuschlag.   **566**

Beispiel

An erster Rangstelle ist in Abteilung III eine Grundschuld für den Gläubiger G eingetragen. Nachrangig besteht ein Wohnungsrecht für die Mutter des Eigentümers M. Der G betreibt nun die Zwangsversteigerung in das Grundstück. Durch den Zuschlag erwirbt der Ersteigerer E lastenfreies Eigentum. Das Wohnungsrecht für M erlischt.

Wäre die Grundschuld hingegen mit Rang *nach* dem Wohnungsrecht eingetragen gewesen, hätte der Ersteigerer E das Wohnungsrecht übernehmen müssen.

2. Grundsätze der Rangordnung

a) Beweglichkeit der Rangordnung

Das Rangverhältnis unter mehreren Rechten bestimmt sich nach § 879 BGB (siehe unten Rdn 575 ff.). Die einmal gegebene Rangordnung ist nicht unumstößlich, sondern *„beweglich"*. Es ist also nicht ausgeschlossen, dass die Beteiligten eine abweichende Vereinbarung treffen. Dies kann von vornherein geschehen. Dann spricht man von einer Rangvereinbarung. Ihr kann auch durch einen so genannten *Rangvorbehalt* Rechnung getragen werden. Erfolgt die Vereinbarung nachträglich, spricht man von einer *Rangänderung*. Sie erfordert die Einigung des zurücktretenden und des vortretenden Berechtigten und die Eintragung der Änderung in das Grundbuch (§ 880 BGB). Auch durch Löschung eines vorrangigen Rechts im Grundbuch erfolgt ein automatisches Aufrücken der nachrangigen Rechte im Rang.   **567**

Es gibt eine Ausnahme von dem Grundsatz der „Beweglichkeit" der Rangordnung: **568**

Bei der Vereinigung von Eigentum und beschränktem dinglichen Recht in einer Person geht das beschränkte dingliche Recht nicht unter, sondern bleibt bestehen (§ 889 BGB). Ein automatisches Aufrücken nachrangiger Gläubiger erfolgt nicht.

Beispiel

E hat dem N einen Nießbrauch, später dem H eine Hypothek bewilligt. Beerbt N den E, so bleibt sein Nießbrauch (als Recht an eigener Sache) bestehen, hindert also eine Rangverbesserung des H.

b) Löschungsverpflichtung

Praktisch bedeutsamer ist eine zweite Ausnahme vom Grundsatz der Beweglichkeit der Rangordnung: Bei der Hypothek führt das Nichtentstehen oder Erlöschen der gesicherten Forderung nicht zum Untergang der Hypothek und damit zu einem Aufrücken der nachfolgenden Gläubiger; das Pfandrecht steht vielmehr jetzt dem Eigentümer als Eigentümergrundschuld zu unter Beibehaltung des bisherigen Ranges. Früher suchten sich die nachfolgenden Gläubiger ein Aufrücken durch die mit dem Eigentümer von vorn-   **569**

---

116 Vgl. hierzu *Grauel*, JurBüro 1979, 494 ff.

herein getroffene und im Grundbuch durch Vormerkung gesicherte Vereinbarung zu sichern, wonach der Eigentümer sich verpflichtete, das auf ihn übergegangene Grundpfandrecht sofort löschen zu lassen (Löschungsvormerkung).

Seit dem 1.1.1978 haben nachrangige Grundpfandrechtsgläubiger einen gesetzlichen Löschungsanspruch gegen den Eigentümer, falls sich ein vorrangiges oder gleichstehendes Grundpfandrecht mit dem Eigentum in einer Person vereinigt (§ 1179a BGB). Dies gilt jedoch nur für nach dem 31.12.1977 eingetragene Rechte. Die Eintragung von Löschungsvormerkungen für Gläubiger von „neuen" Grundpfandrechten ist also seit dem 1.1.1978 nicht mehr zulässig. Dennoch behält die Löschungsvormerkung nach wie vor Bedeutung für Inhaber nachrangiger Rechte, die nicht Grundpfandrechte sind, also insbesondere für Inhaber von in Abteilung II des Grundbuchs eingetragenen Rechten, sowie beim Rangwechsel mit einem vor dem 1.1.1978 eingetragenen Grundpfandrecht.

570 *Beispiel*

Einem Wohnungsrecht gehen Grundpfandrechte im Range vor. Um dem Inhaber des Wohnungsrechts ein Aufrücken im Rang zu sichern, verpflichtet sich der Grundstückseigentümer, die dem Wohnungsrecht im Range vorgehenden Grundpfandrechte löschen zu lassen, wenn sie sich mit dem Eigentum in einer Person vereinigen.

Oder:

Der Gläubiger einer vor dem 1.1.1978 eingetragenen Hypothek tritt hinter eine nach dem 31.12.1977 eingetragene zurück. Der Eigentümer verpflichtet sich dem Gläubiger des zurücktretenden Rechts gegenüber, das einzutragende Recht löschen zu lassen, wenn und soweit es sich mit dem Eigentum in einer Person vereinigt.

571 *Muster einer durch Vormerkung zu sichernden Löschungsverpflichtung:*

Der Eigentümer verpflichtet sich gegenüber A (Inhaber des Wohnungsrechts), sämtliche jetzt oder später im Range vorgehenden oder gleichstehenden Grundpfandrechte löschen zu lassen, wenn und soweit sie sich mit dem Eigentum an dem belasteten Grundbesitz in einer Person vereinigen. Der Eigentümer bewilligt und beantragt, bei allen dem Wohnungsrecht im Range vorgehenden oder gleichstehenden Grundpfandrechten entsprechende Löschungsvormerkungen einzutragen.

c) Abtretung von Rückgewähransprüchen

572 Bei der Grundschuld bestehen Besonderheiten, weil sie von der zugrunde liegenden Forderung unabhängig ist und sie sich daher bei Nichtbestehen der Forderung gerade nicht mit dem Eigentum in einer Person vereinigt. Sie bleibt vielmehr in der Hand des Gläubigers und somit Fremdgrundpfandrecht. Der gesetzliche Löschungsanspruch des nachrangigen Gläubigers ist in aller Regel nicht gegeben.

Die Grundschuld vereinigt sich allerdings dann mit dem Eigentum in einer Person, wenn „auf sie bezahlt wird". Die Zahlung auf die Grundschuld wird jedoch in Grundschuldbestellungsformularen meistens ausgeschlossen:

573 *Muster:*

Zahlungen an die Gläubigerin erfolgen nicht unmittelbar zur Tilgung der Grundschuld, sondern zur Begleichung der durch die Grundschuld gesicherten persönlichen Forderungen der Gläubigerin.

Da also bei Grundschulden der gesetzliche Löschungsanspruch des nachrangigen Grundpfandrechtsgläubigers nicht greift, wird für ihn ein Aufrücken im Rang verhindert. Dies führt dazu, dass in der Zwangsversteigerung der auf eine nicht valutierte Grundschuld oder auf einen nicht valutierten Grundschuldteil entfallende Erlös oder Erlösanteil dem Eigentümer zufallen kann. Hierdurch können dem nachrangigen Grundpfandrechtsgläubiger erhebliche Nachteile entstehen.

Um diese Nachteile auszugleichen, wird folgender Weg gegangen: **574**

Bestehen bei einer Grundschuld keine Forderungen oder sind sie erloschen, so erhält nach der getroffenen Sicherungsabrede der Eigentümer einen Anspruch auf Übertragung oder Löschung der Grundschuld und in der Zwangsversteigerung einen Anspruch auf Auskehrung des auf den Gläubiger hinsichtlich der nicht valutierten Grundschuld entfallenden Erlösanteils. Diese Ansprüche des Eigentümers lässt sich der nachrangige Grundpfandrechtsgläubiger in der Grundschuldbestellungsurkunde in der Regel abtreten. Auf diese Weise erreicht er zumindest wirtschaftlich ein Aufrücken mit seinem Recht.

Muster einer Abtretung von Rückgewähransprüchen:

Sofern der in dieser Urkunde bestellten Grundschuld jetzt oder künftig andere Grundschulden im Range vorgehen oder gleichstehen, trete ich, der Eigentümer hiermit zusätzlich sicherungshalber folgende Ansprüche gegen die jeweiligen Grundschuldgläubiger an die Gläubigerin ab:

a) den mit Wegfall des Grundes für die Bestellung oder Abtretung entstehenden Anspruch auf Rückübertragung, Aufhebung oder Verzicht dieser Grundschulden,

b) für den Fall, dass bei der Verwertung vorgehender oder gleichstehender Grundschulden ein Betrag erzielt wird, der die durch die Grundschulden gesicherten Forderungen übersteigt, den Anspruch auf Auszahlung des Mehrerlöses.

Sollten Rückgewähransprüche bezüglich vorrangiger oder gleichrangiger Grundschulden bereits an Dritte abgetreten sein, trete ich hiermit meine gegenwärtigen und künftigen Ansprüche auf Rückabtretung dieser Ansprüche an die Gläubigerin ab.

---

d) Grundbuchvorschriften

Die Rangordnung von Rechten, die in derselben Abteilung des Grundbuchs eingetragen sind, bestimmt **575** sich nach der *Reihenfolge* der Eintragungen. Sind Rechte in verschiedenen Abteilungen eingetragen, so entscheidet das angegebene Eintragungsdatum; bei gleichem Datum haben die Rechte gleichen Rang (§ 879 BGB).

Eine Ergänzung zu der genannten Vorschrift stellen die §§ 17 und 45 GBO dar. § 17 GBO besagt, dass die **576** später beantragte Eintragung nicht vor der Erledigung des früher gestellten Antrags erfolgen darf. In § 45 GBO ist bestimmt, dass Eintragungen einen der Zeitfolge der Anträge entsprechenden Rang erhalten, wenn sie in derselben Abteilung vorgenommen werden. Sollen nach dem Willen der Beteiligten die in derselben Abteilung eingetragenen Rechte gleichen Rang haben, so muss dies im Grundbuch vermerkt werden. Die Grundbuchordnung regelt also, in welcher Reihenfolge die Rechte einzutragen sind, damit sie den ihnen gebührenden Rang (eben den der zeitlichen Folge der Anträge) erhalten. Der Notar hat daher durch die Reihenfolge der Antragstellung die Möglichkeit, Einfluss auf die Rangfolge zu nehmen.

e) Rangvereinbarung

Die Vereinbarung eines Rangverhältnisses setzt die Einigung der Parteien über den Rang, den das Recht **577** erhalten soll, und die Eintragung dieses Rangverhältnisses im Grundbuch voraus (§ 880 BGB).

Beispiel

E vereinbart mit seinen Gläubigern H 1 und H 2, dass H 1 die erste, H 2 die zweite Rangstelle erhalten soll. Dies wird in den notariellen Hypothekenbestellungsurkunden mit dinglicher Wirkung erklärt. Auch wenn der Notar nun beide Anträge gleichzeitig gestellt hat und die Anträge gleichzeitig erledigt werden, erhält H 1 den Vorrang. Dies ist durch einen Rangvermerk im Grundbuch klarzustellen.

In der Praxis spielt die Vereinbarung eines Rangverhältnisses mit dinglicher Wirkung keine große Rolle. **578** Die Banken schließen in ihren Grundschuldbestellungsformularen eine Rangbestimmung mit dinglicher Wirkung sogar regelmäßig aus, da sie das Risiko birgt, dass das Grundpfandrecht überhaupt nicht zur Entstehung gelangt, wenn der gewünschte Rang nicht erreicht werden kann. Die Praxis behilft sich vielmehr dadurch, dass sie durch die Reihenfolge der Eintragungsanträge das gewünschte Rangverhältnis herbeiführt.

> *Beispiel*
>
> Der Notar beantragt zuerst die Eintragung der Grundschuld für H 1 (Antrag I), sodann wird zeitlich später der Antrag II auf Eintragung der Grundschuld für H 2 dem Grundbuchamt vorgelegt. Wegen der Vorschrift des § 17 GBO werden die Grundschulden in der gewünschten Reihenfolge eingetragen.

Anträge, die hintereinander erledigt werden sollen, werden mit römischen Zahlen versehen, um so die gewünschte Reihenfolge der Eintragungen zu kennzeichnen. Ob der Grundbuchbeamte jedoch verpflichtet ist, die römischen Zahlen zu beachten, wenn die Anträge gleichzeitig eingehen, ist streitig.[117] Es empfiehlt sich, vor Versendung mehrerer Anträge die Vorgehensweise des Grundbuchamts in den betreffenden Fällen zu erfragen.

f) Vermerke ohne Rang

579   Im Grundbuch finden sich auch Eintragungen, die keine „Grundstücksrechte" betreffen, z.B. der Insolvenzvermerk, der Umlegungsvermerk, der Sanierungsvermerk, der Testamentsvollstreckervermerk oder der Nacherbenvermerk. Zwischen solchen Vermerken untereinander und im Verhältnis zu eingetragenen Rechten besteht kein Rangverhältnis.

3. Die Rangänderung

580   Bei der Rangänderung kommt es zu einem Rangtausch.

> *Beispiel*
>
> Der bisher an erster Stelle eingetragene Hypothekar (z.B. eine Bausparkasse) tritt hinter eine neu einzutragende Hypothek eines Instituts, das Darlehen nur gegen erststellige Sicherheit gibt, zurück.

Eine Rangänderung liegt nicht nur dann vor, wenn der Rangtausch zwischen zwei bestehenden Rechten erfolgt, sondern auch dann, wenn das vortretende Recht erst noch eingetragen werden soll.

581   Voraussetzung für die Rangänderung sind die Einigung des Inhabers des vortretenden Rechts mit dem Berechtigten des zurücktretenden und die Eintragung im Grundbuch (siehe oben Rdn 567 ff.). Zum Vollzug der Rangänderung im Grundbuch genügt die Vorlage einer öffentlich beglaubigten Rangrücktrittserklärung des Inhabers des zurücktretenden Rechts.

Tritt ein Grundpfandrecht im Range zurück, muss der Eigentümer dem zustimmen (§ 880 Abs. 2 S. 2 BGB). Denn hinter jedem Grundpfandrecht steckt eine mögliche Eigentümergrundschuld (vgl. Rdn 493 ff.), der Eigentümer wird also von der Rangänderung „betroffen". Durch die Rangänderung werden Zwischenrechte nicht berührt.

582
> *Beispiel*
>
> **Grundbuchlage:**
>
> 1. 7.000 EUR für A
>
> 2. 5.000 EUR für B
>
> 3. 4.000 EUR für C
>
> A räumt C den Vorrang ein.
>
> **Neue Rangfolge:**
>
> 4.000 EUR für C
>
> 3.000 EUR für A

---

117 Dagegen: OLG Koblenz DNotZ 1976, 549; dafür die h.L., vgl. MüKo-BGB/*Kohler*, 8. Aufl. 2020, § 879 Rn 14; DNotI-Report 2006, 149; *Spiritus*, DNotZ 1977, 343 jeweils m.w.N.

5.000 EUR für B

4.000 EUR für A.

Dem B dürfen also auch nach der Rangänderung nicht mehr als 7.000 EUR vorgehen.

Muster einer Vorrangseinräumung: **583**

Im Grundbuch von (…) Blatt (…) ist in Abteilung III Nr. 2 eine Grundschuld von 10.000 EUR für X eingetragen. Der Gläubiger räumt der durch Urkunde vom heutigen Tage – UR.Nr. (…) des Notars (…) für A bestellten Hypothek von 20.000 EUR – in Worten: zwanzigtausend EUR – samt Nebenleistungen den Vorrang vor seiner Grundschuld ein und bewilligt die Eintragung dieser Rangänderung in das Grundbuch.

Kosten trägt der Gläubiger nicht.

(Unterschriftsbeglaubigung)

4. Der Rangvorbehalt

Der Eigentümer kann sich bei der Belastung des Grundstücks mit einem Recht die Befugnis vorbehalten, **584** ein anderes, dem Umfange nach bestimmtes Recht mit dem Range vor jenem Recht eintragen zu lassen (§ 881 BGB). Der Vorbehalt bedarf der Eintragung in das Grundbuch; die Eintragung muss bei dem Recht erfolgen, das zurücktreten soll.

Beispiel

Die für die zweite Rangstelle vorgesehene Grundschuld soll bereits eingetragen werden; für die Eintragung der erstrangigen Grundschuld fehlt es noch an einer Voraussetzung.

a) Möglichkeiten der Rangwahrung

Um dem später einzutragenden Grundpfandrecht den besseren Rang zu sichern, gibt es verschiedene **585** Möglichkeiten. Praktikabel ist die Rangänderung, wonach der Gläubiger des zuerst eingetragenen Grundpfandrechts dem später einzutragenden den Vorrang einräumt. Möglich ist auch, dass der Eigentümer mit Rang vor dem nachrangig vorgesehenen Grundpfandrecht eine Eigentümergrundschuld eintragen lässt, die er später an den für die bessere Rangstelle vorgesehenen Gläubiger abtritt. Die Eigentümergrundschuld wird nach der Abtretung zur Fremdgrundschuld und sichert das Darlehen vorrangig. Hier ist allerdings zu beachten, dass die Eigentümergrundschuld der Pfändung von Gläubigern des Eigentümers unterliegt und daher unter Umständen das angestrebte Ziel nicht erreicht wird.

Daneben gibt es zur Wahrung der besseren Rangstelle die Möglichkeit der Eintragung einer Vormerkung **586** zur Sicherung des Anspruchs auf Eintragung eines Grundpfandrechts; dies setzt jedoch voraus, dass der Gläubiger und die Bedingungen des vorgemerkten Grundpfandrechts bereits feststehen.

b) Rangvorbehalt als Mittel der Rangwahrung

Als Mittel der Rangwahrung ist der Rangvorbehalt für den Eigentümer ein Stück vorbehaltenen Eigen- **587** tumsrechts, für den Gläubiger dagegen, bei dessen Recht er eingetragen ist, eine Beschränkung. Der Rangvorbehalt kann bei jedem Recht an einem Grundstück eingetragen werden, also nicht nur bei Grundpfandrechten, sondern auch bei in Abteilung II des Grundbuchs einzutragenden Rechten (z.B. bei dem Wohnungsrecht).

Der Rangvorbehalt entsteht durch Einigung zwischen dem Eigentümer und dem Inhaber des Rechts, das durch den Vorbehalt beschränkt wird und durch Eintragung bei diesem Recht in das Grundbuch. Er wird ausgeübt durch Einigung zwischen dem Eigentümer und dem Inhaber des später einzutragenden Rechts über die Ausnutzung des Vorbehalts und die Eintragung dieser Ausnutzung in das Grundbuch.

588   *Beispiel*

Der Eigentümer bewilligt und beantragt die Eintragung der Hypothek unter Ausnutzung des Rangvorbehalts bei dem Recht Abteilung III Nr. 3 mit Rang vor diesem Recht.

589   Das Recht, dem der bessere Rang vorbehalten wird, muss dem Umfang nach bestimmt sein, also den Höchstbetrag von Kapital, Zinsen und Nebenleistungen ersehen lassen. Bei den Nebenleistungen ist der Berechnungszeitraum (jährlich, monatlich, einmalig) anzugeben. Dem Bestimmtheitsgrundsatz dient auch die Angabe des Anfangstages für Zinsen und fortlaufende andere Nebenleistungen.

590   Der Rangvorbehalt kann nach allgemeiner Meinung mehrfach ausgeübt werden, es sei denn, er ist auf eine nur einmalige Ausübung beschränkt. Weil diesbezüglich eine gesetzliche Regelung fehlt, ist es ratsam, eine klare Bestimmung zu treffen.

c)   Rangvorbehaltsformulierung

591   *Muster eines Rangvorbehalts*

(im Zusammenhang mit der Bestellung einer Grundschuld oder der Bewilligung einer Eigentumsvormerkung):

Vorbehalten bleibt die Befugnis, mit Rang vor der vorbestellten Grundschuld *(vorbewilligten Eigentumsvormerkung)* Grundpfandrechte bis zum Gesamtbetrag von (…) EUR nebst (…) vom Hundert Jahreszinsen und (…) vom Hundert jährlichen oder einmaligen sonstigen Nebenleistungen vom Grundpfandrechtsnennbetrag ab Eintragung *(oder alternativ: ab Bewilligung)* des vorbehaltenen Rechts eintragen zu lassen mit der Maßgabe, dass dieser Rangvorbehalt bis zur genannten Höhe nur einmal *(oder: mehrfach)* und nur für solche Grundpfandrechte ausgenutzt werden darf, die unter Mitwirkung des *(vormerkungsberechtigten)* Käufers bestellt und für die die Bestellungsurkunde(n) *(Eintragungsbewilligung(en))* vom amtierenden Notar, dessen Sozius oder deren Vertreter im Amt beurkundet oder beglaubigt worden sind. Der Rangvorbehalt kann nur dann ausgenutzt werden, wenn die in den Rangvorbehalt einzuweisenden Rechte auch Vorrang vor allen anderen Belastungen erhalten, die der heute mit dem Rangvorbehalt versehenen Grundschuld *(bewilligten Eigentumsvormerkung)* im Zeitpunkt der Eintragung des einzuweisenden Rechts im Range nachfolgen oder gleichstehen.

Die Eintragung dieses Rangvorbehalts wird bewilligt und beantragt.

(Wenn der Rangvorbehalt bei einer Eigentumsvormerkung eingetragen werden soll: Mit Löschung der Eigentumsvormerkung wird die Löschung des Rangvorbehalts – soweit noch nicht ausgenutzt – bewilligt und auf Kosten des Käufers beantragt.)

d)   Auswirkungen des Rangvorbehalts bei Zwischenrechten

592   Gläubiger wünschen häufig nicht, dass das zu ihren Gunsten einzutragende Recht unter Ausnutzung eines Rangvorbehalts bestellt wird. Beim Vorhandensein von Zwischenrechten kommt es nämlich in der Zwangsversteigerung zu dem sinnwidrigen Ergebnis, dass die Beteiligung des in den Rangvorbehalt einrückenden Rechts am Versteigerungserlös sinkt, wenn dieser steigt. So kann es sogar vorkommen, dass das unter Ausnutzung des Rangvorbehalts eingetragene Recht in der Zwangsversteigerung ganz ausfällt, also überhaupt nichts vom Versteigerungserlös erhält, während das mit dem Rangvorbehalt belastete (also „zurücktretende") Recht voll befriedigt wird. Das Beispiel bei *Herrler*[118] zeigt dies deutlich.

5.   Der Wirksamkeitsvermerk

593   Regelmäßig muss im Zusammenhang mit dem Abschluss von Grundstückskaufverträgen der Kaufpreis finanziert werden. Für gewöhnlich werden in diesen Fällen die Grundschulden noch vom *Ver*käufer bestellt und zur Eintragung bewilligt. Die Grundschuld wird dann zu einem Zeitpunkt in das Grundbuch

---

118 Palandt/*Herrler*, BGB, 79. Aufl. 2020, § 881 Rn 12.

eingetragen, in dem der *Ver*käufer noch als Grundstückseigentümer eingetragen steht. Die für den Verkäufer notwendige Sicherung wird vor allem durch eine Beschränkung der sog. Zweckerklärung oder Sicherungsvereinbarung für das Grundpfandrecht (vgl. Rdn 69, 508 f. und insbesondere das Muster in Rdn 71) erreicht. Die Grundpfandrechtsgläubiger verlangen mit ihren Grundpfandrechten Rang vor der zugunsten des Käufers eingetragenen Eigentumsvormerkung. Der Vorrang kann grundsätzlich dadurch erreicht werden, dass der Käufer mit seiner Vormerkung hinter das Grundpfandrecht zurücktritt oder dass bei Eintragung der Vormerkung ein Rangvorbehalt eingetragen wird. Ferner ist es möglich, bei Vormerkung und Grundpfandrecht einen sog. Wirksamkeitsvermerk einzutragen. Durch diesen Vermerk wird bestätigt, dass das Grundpfandrecht gegenüber der eingetragenen Vormerkung wirksam ist.

Das Institut des Wirksamkeitsvermerks wurde ursprünglich aus zweierlei Gründen entwickelt und praktiziert: Zum einen gingen einige Autoren davon aus, dass die Auflassungsvormerkung nicht rangfähig sei und insofern ein Rangrücktritt nicht in Betracht komme. Zum anderen stellte man sich auf den Standpunkt, der Wirksamkeitsvermerk sei aus Kostengründen das Mittel der Wahl. Beide Argumente haben sich heute im Prinzip erledigt. Das Kostenargument ist durch Einführung des GNotKG weggefallen. Sowohl der Rangrücktritt als auch der Wirksamkeitsvermerk sind notar- und gerichtsgebührenfrei, da sie gemäß § 109 Abs. 1 Nr. 3 GNotKG denselben Beurkundungsgegenstand wie die Grundschuld betreffen und die Vormerkung in der Vorbemerkung 1.4.1.2 zu GNotKG KV Nr. 14130 nicht genannt ist.[119] Ferner wird die Rangfähigkeit der Vormerkung von der mittlerweile h.M. anerkannt.[120] Daher sollte mit der finanzierenden Bank abgestimmt werden, welches Rechtsinstitut sie bevorzugt. **594**

Muster eines Wirksamkeitsvermerks: **595**

Der Schuldner stimmt als Berechtigter der zu seinen Gunsten am Pfandobjekt eingetragenen Eigentumsvormerkung der Grundschuldbestellung ausdrücklich zu und bewilligt und beantragt die Eintragung eines Vermerks sowohl bei der Vormerkung als auch bei der Grundschuld, dass die Grundschuld gegenüber dem vorgemerkten Eigentumsübertragungsanspruch wirksam ist.

XII. Vermerke in Abteilung II des Grundbuchs und ihre Bedeutung

Abteilung II ist schließlich Eintragungsort für zahlreiche Vermerke. Der Eintragung dieser Vermerke ist gemein, dass sie nicht rechtsbegründend ist, sondern lediglich auf bestimmte, besondere Genehmigungserfordernisse bzw. auf bestehende Verfügungsbeschränkungen hinweist. Eine Ausnahme bildet die Eintragung einer Miteigentümervereinbarung gemäß § 1010 BGB. Diese wirkt nur dann gegen einen Sondernachfolger, wenn sie im Grundbuch eingetragen ist. Die Eintragung ist also konstitutiv. **596**

1. Der Nacherbenvermerk

Hat ein Erblasser in einer Verfügung von Todes wegen Vor- und Nacherbschaft angeordnet, so fällt der gesamte Nachlass zunächst an den Vorerben. Mit dem Eintritt des Nacherbfalls geht das Vermögen an den Nacherben. Befindet sich im Nachlass ein Grundstück, wird zunächst der Vorerbe Eigentümer und als solcher in das Grundbuch eingetragen. Anlässlich dieser Eintragung ist jedoch nach § 51 GBO das Nacherbenrecht in Abteilung II zu vermerken, und zwar von Amts wegen. Stehen die Namen der Nacherben bereits fest, so sind auch sie einzutragen. **597**

Zweck des Vermerks ist es, die Beschränkungen, denen der Vorerbe nach materiellem Recht in der Verfügung über ein zum Nachlass gehörendes Grundstück unterliegt (§ 2113 BGB), im Grundbuch für Dritte erkennbar zu machen und dadurch den Nacherben vor nicht gestatteten Verfügungen des Vorerben zu sichern (vgl. hierzu Rdn 1076). Ein nach dem Gesetz (§ 2113 Abs. 3 BGB) möglicher gutgläubiger Erwerb eines Dritten wird so verhindert. **598**

---

119 *Böhringer*, BWNotZ 2015, 98.
120 *Schöner/Stöber*, 16. Aufl. 2020, Rn 1531a m.w.N.

Grundsätzlich darf nämlich der Vorerbe über ein zum Nachlass gehörendes Grundstück insoweit nicht durch Veräußerung und Belastung verfügen, als dadurch das Recht des Nacherben beeinträchtigt oder vereitelt würde. Das gilt sowohl für entgeltliche als auch für unentgeltliche Verfügungen.

Allerdings kann der Erblasser dem Vorerben Verfügungen über Nachlassgrundstücke gestatten, wenn sie nicht unentgeltlich erfolgen (vgl. §§ 2136, 2113 Abs. 1 BGB), weil dann ein Gegenwert (Surrogat) in den Nachlass gelangt, dieser also nicht geschmälert wird. Dann spricht man von einem befreiten Vorerben. Die Befreiung des Vorerben ist im Nacherbenvermerk anzugeben.

599   Dem Nacherben gegenüber unwirksam sind also sämtliche unentgeltliche Verfügungen sowohl des befreiten als auch des unbefreiten Vorerben, nicht aber entgeltliche Verfügungen des befreiten Vorerben. Zu beachten ist bei entgeltlichen Verfügungen eines befreiten Vorerben allerdings, dass nach Auffassung einiger Oberlandesgerichte die Nacherben – nicht jedoch die Ersatznacherben – vor Löschung des Nacherbenvermerks anzuhören sind.[121]

600   Der Nacherbe kann einer Verfügung des Vorerben, die ansonsten unwirksam wäre (unentgeltliche Verfügung eines befreiten Vorerben oder generell die Verfügung eines unbefreiten Vorerben), zustimmen, was sie in jedem Falle wirksam macht. Der Nacherbenvermerk wird dann auf Antrag gelöscht. Einer Zustimmung von Ersatznacherben bedarf es nicht.[122] Verkauft ein befreiter Vorerbe ein Nachlassgrundstück und bestehen Zweifel hinsichtlich der Angemessenheit der Gegenleistung und damit an der Entgeltlichkeit, ist er – wenn er in solchen Fällen die Zustimmung des Nacherben nicht vorsorglich beibringen kann oder will – genötigt, die Entgeltlichkeit des Rechtsgeschäfts nachzuweisen. Dazu genügt es, dass die Würdigung der dem Grundbuchamt vorgelegten Urkunde zur Annahme der Entgeltlichkeit führt. Für zweiseitige Rechtsgeschäfte, insbesondere für normale Kaufverträge unter sich fremden Personen, kann die Entgeltlichkeit regelmäßig angenommen werden. Der Nacherbenvermerk wird dann ohne weiteres auf Antrag im Grundbuch gelöscht. Eine Verfügung ist unentgeltlich, wenn der Vorerbe keine objektiv gleichwertige Gegenleistung erhält.

2. Der Testamentsvollstreckervermerk

601   Hat der Erblasser in einer Verfügung von Todes wegen Testamentsvollstreckung angeordnet und gehört zum Nachlass ein Grundstück, so wird das Grundbuch auf den Namen des Erben berichtigt, zugleich aber gemäß § 52 GBO von Amts wegen ein Testamentsvollstreckervermerk eingetragen. Der Erbe kann über nachlasszugehörige Gegenstände nicht verfügen. Dies kann nur der Testamentsvollstrecker (vgl. Rdn 41, 1121). Der Testamentsvollstreckervermerk soll diese Rechtslage offenkundig machen und somit insbesondere auch einen etwaigen gutgläubigen Erwerb eines Dritten (vgl. § 2211 Abs. 2 BGB) ausschließen.

Der Testamentsvollstrecker kann über Nachlassgrundstücke verfügen, ohne dass der Erbe zuvor im Grundbuch einzutragen ist (§ 40 GBO). Er kann die Nachlassgrundstücke auch ohne Voreintragung der Erben mit Grundpfandrechten belasten. Er bedarf hierzu lediglich der Vorlage eines Testamentsvollstreckerzeugnisses, nicht also eines Erbnachweises.

602   Dem Testamentsvollstrecker ist es allerdings untersagt, unentgeltlich über Nachlassgegenstände zu verfügen. Ausgenommen sind Pflicht- und Anstandsschenkungen. Auch der Testamentsvollstrecker muss dem Grundbuchamt also gegebenenfalls nachweisen, dass er nicht unentgeltlich verfügt. Eine unentgeltliche Verfügung liegt ebenso wie beim Vorerben dann vor, wenn der Testamentsvollstrecker objektiv ohne eine (annähernd) gleichwertige Gegenleistung bzw. ohne dazu verpflichtet zu sein, wie etwa bei der Erfüllung eines Vermächtnisses, die Erbmasse vermindert.

---

121 OLG Düsseldorf RNotZ 2012, 328; OLG München notar 2015, 329; OLG Bamberg MittBayNot 2015, 402.
122 BGHZ 40,115.

3. Der Insolvenzvermerk

Das Insolvenzverfahren dient dazu, die Gläubiger eines Schuldners gemeinschaftlich zu befriedigen, in- **603** dem das Vermögen des Schuldners verwertet und der Erlös verteilt oder in einem Insolvenzplan eine abweichende Regelung insbesondere zum Erhalt des Unternehmens getroffen wird (§ 1 InsO).

Vor Eröffnung des Insolvenzverfahrens kann das Insolvenzgericht dem Schuldner ein allgemeines Verfügungsverbot auferlegen oder anordnen, dass Verfügungen des Schuldners nur mit Zustimmung eines vorläufigen Insolvenzverwalters wirksam sind (§ 21 Abs. 2 Nr. 2 InsO). *Mit der Eröffnung des Insolvenzverfahrens verliert der Schuldner die Befugnis, sein zur Insolvenzmasse gehörendes Vermögen zu verwalten und darüber zu verfügen* (§ 80 InsO). Diese Verwaltung und Verfügung geschieht durch den Insolvenzverwalter (§§ 27 ff., 56 ff. InsO). Der Verwalter erhält vom Insolvenzgericht eine Urkunde über seine Bestellung (§ 56 Abs. 2 InsO; siehe auch Rdn 43).

Die vorgenannte Verfügungsbeschränkung wie auch die Eröffnung des Insolvenzverfahrens sind auf Ersuchen des Insolvenzgerichts oder auf Antrag des Insolvenzverwalters in das Grundbuch einzutragen (§§ 23 Abs. 3, 32 Abs. 2 InsO).

Ist zur Sicherung des Anspruchs auf Eigentumsverschaffung aus einem formwirksam vor Eröffnung des Insolvenzverfahrens abgeschlossenen, aber grundbuchlich noch nicht vollzogenen Grundstückskaufvertrag eine Eigentumsvormerkung vor Verfahrenseröffnung im Grundbuch eingetragen worden, so kann der Käufer für seinen Anspruch Befriedigung aus der Insolvenzmasse verlangen (§ 106 Abs. 1 S. 1 InsO); die Eigentumsübertragung ist daher mit der Eintragung der Eigentumsvormerkung insolvenzfest.

Nach Eröffnung des Insolvenzverfahrens vorgenommene Verfügungen des Schuldners sind unwirksam (§ 81 Abs. 1 S. 1 InsO). Allerdings lassen die §§ 81 Abs. 1 S. 2, 91 Abs. 2 InsO unter bestimmten Voraussetzungen einen gutgläubigen Erwerb entsprechend § 892 BGB zu, sofern der Insolvenzvermerk noch nicht im Grundbuch eingetragen ist.

Die nachstehenden Beispiele mögen zeigen, welche Bedeutung dem Zeitpunkt der Eröffnung des Insolvenzverfahrens und der Eintragung des Insolvenzvermerks in das Grundbuch zukommt.

Fall 1: **604**

A bestellt am 5.7.2016 eine Grundschuld von 100.000 EUR nebst 18 vom Hundert Jahreszinsen für die Kreissparkasse und bewilligt in der gleichen Urkunde die Eintragung der Grundschuld nebst Zinsen. Der Kreissparkasse sind keine Umstände bekannt, die auf die Zahlungsunfähigkeit oder einen Insolvenzeröffnungsantrag des Grundstückseigentümers schließen lassen. Die Gläubigerin hatte den beurkundenden Notar zur Empfangnahme der Eintragungsbewilligung bevollmächtigt; der Notar hat am Beurkundungstag zum Zwecke des Eintritts der Unwiderruflichkeit der Eintragungsbewilligung (§ 873 Abs. 2 BGB) von der ihm erteilten Vollmacht Gebrauch gemacht. Er hat darüber hinaus der Kreissparkasse eine Ausfertigung der Grundschuldbestellungsurkunde einschließlich der Eintragungsbewilligung zugesandt; diese Urkunde ist am 6.7.2016 bei der Kreissparkasse eingegangen.

Damit ist am 5.7.2016 die Bindungswirkung nach § 873 Abs. 2 BGB eingetreten.

Der Notar hat am 5.7.2016 – auch im Namen der Gläubigerin – beim Grundbuchamt (GBA) den Antrag auf Eintragung der Grundschuld gestellt.

Am 10.7.2016 geht noch vor der *Eintragung* der Grundschuld das Ersuchen des Insolvenzgerichts auf Eintragung des Insolvenzvermerks beim Grundbuchamt ein. Aus diesem Ersuchen ergibt sich, dass das Insolvenzverfahren am 9.7.2016 eröffnet worden ist.

Kurze Zusammenfassung:

(Einigung und) Eintragsbewilligung: 5.7.2016

Eintritt der Bindungswirkung: 5.7.2016

Eingang des Eintragungsantrages beim GBA: 5.7.2016

Insolvenzeröffnung: 9.7.2016

Die Insolvenz des Grundstückseigentümers (Schuldners) hat gemäß § 91 InsO mit der Verweisung auf § 878 BGB keinen Einfluss auf die Eintragung der Grundschuld, weil die Bindungswirkung nach § 873 Abs. 2 BGB vor der Eröffnung des Insolvenzverfahrens und auch des Eingangs des Ersuchens um Eintragung des Insolvenzvermerks eingetreten ist. Das Grundbuchamt muss die Grundschuld eintragen.

605　*Fall 2:*

Sachverhalt ähnlich wie im Fall 1, jedoch:

(Einigung und) Eintragungsbewilligung: 5.7.2016

Eintritt der Bindungswirkung: 5.7.2016

Insolvenzeröffnung: 8.7.2016

Eingang des Eintragungsantrages des Notars beim GBA: 9.7.2016

§ 878 BGB findet keine Anwendung, weil der Eintragungsantrag erst *nach* der Insolvenzeröffnung beim GBA eingegangen ist. Der Gläubiger kann jedoch nach § 91 Abs. 2 InsO i.V.m. § 892 BGB das Recht noch erwerben, wenn er *gutgläubig* ist. Er darf jedoch keine Kenntnis von der Eröffnung des Insolvenzverfahrens haben, auch darf der Insolvenzvermerk noch nicht im Grundbuch eingetragen sein. Diese Wirkung würde aber nur dann eintreten, wenn der Eintragungsantrag – auch – vom Gläubiger gestellt worden ist, weil der Antrag des Eigentümers nach § 81 InsO unwirksam ist.

In diesem Fall ist es nicht unbestritten, ob das GBA noch eintragen darf. Trotzdem wird man die Verpflichtung zur Eintragung noch annehmen können, da das Grundbuchamt von der Gutgläubigkeit des Gläubigers ausgehen kann.

606　*Fall 3:*

Insolvenzeröffnung: 8.7.2016

(Einigung und) Eintragungsbewilligung und Eintritt der Bindung: 9.7.2016

Eingang des Eintragungsantrages beim GBA: 10.7.2016

Die – erst nach der Insolvenzeröffnung abgegebene – Bewilligung kann nicht mehr wirksam gemacht werden (§ 81 InsO). Die Eintragung darf nicht vorgenommen werden.

Werden ein Grundstück oder ein Recht, bei denen die Eröffnung des Insolvenzverfahrens eingetragen ist, vom Verwalter freigegeben oder veräußert, so hat das Insolvenzgericht auf Antrag das GBA um Löschung der Eintragung zu ersuchen (§ 32 Abs. 3 S. 1 InsO). Die Löschung kann auch vom Verwalter beim GBA beantragt werden (§ 32 Abs. 3 S. 2 InsO).

4. Zwangsversteigerungs- und Zwangsverwaltungsvermerk

a) Einleitung des Vollstreckungsverfahrens

607　Ein Gläubiger des Grundstückseigentümers kann zur Befriedigung seiner Forderungen die Zwangsvollstreckung in den Grundbesitz betreiben. Die Zwangsvollstreckung kann entweder durch Zwangsversteigerung oder durch Zwangsverwaltung erfolgen. Bei der Zwangsversteigerung wird der Gläubiger im Wege der Verwertung des Grundstücks aus dem erzielten Erlös befriedigt. Die Zwangsverwaltung bietet sich hingegen bei vermieteten Grundstücken an: Hier wird der Gläubiger aus den laufenden Einkünften des Grundstücks befriedigt.

Zwangsversteigerung und Zwangsverwaltung werden auf Antrag eines Gläubigers eingeleitet, der hierfür eines mit Vollstreckungsklausel und Zustellungsvermerk versehenen Titels bedarf und der bei dem Vollstreckungsgericht des Amtsgerichts zu stellen ist. Alsdann ordnet das Gericht durch Beschluss die Zwangsversteigerung und/oder Zwangsverwaltung an. Auf Ersuchen des Vollstreckungsgerichts wird vom Grundbuchamt ein Vermerk über den ergangenen Beschluss, nämlich der Zwangsversteigerungs- und/oder Zwangsverwaltungsvermerk, in das Grundbuch eingetragen (§ 19 ZVG).

Durch den Zwangsversteigerungs- oder Zwangsverwaltungsbeschluss wird das Grundstück einschließ- **608** lich aller mithaftenden Gegenstände zugunsten des Gläubigers beschlagnahmt (wegen der Wirksamkeit der Beschlagnahme siehe Rdn 538 f.). Die Beschlagnahme bewirkt ein Veräußerungsverbot zugunsten des betreibenden Gläubigers. Anders als im Falle der Insolvenz verliert der Grundstückseigentümer nicht die Verfügungsbefugnis über den Grundbesitz. Die Eintragung des Versteigerungsvermerks bewirkt keine Grundbuchsperre, sondern führt lediglich dazu, dass Verfügungen des Grundstückseigentümers dem die Zwangsvollstreckung betreibenden sowie allen beigetretenen Gläubigern gegenüber unwirksam sind. In der Praxis kommt es häufig vor, dass der Eigentümer nach einer Beschlagnahme noch versucht, sein Grundstück freihändig zu verkaufen, um einen höheren Erlös als bei der Zwangsversteigerung zu erzielen. Der betreibende Gläubiger wird in der Regel mit einem freihändigen Verkauf einverstanden sein, wenn die Ablösung seiner Forderung dabei hinreichend sichergestellt ist. Dann nimmt der betreibende Gläubiger seinen Versteigerungsantrag zurück. Das Vollstreckungsgericht ersucht danach das Grundbuchamt um die Löschung des Vermerks.

b) Das versteigerungsbefangene Grundstück

Die Eintragung eines Zwangsversteigerungsvermerks hindert den freihändigen Verkauf des Grundstücks **609** im Grundsatz nicht. Bei der Gestaltung und Abwicklung des notariellen Kaufvertrages sind jedoch einige Besonderheiten zu beachten.[123] Häufig lässt der Vermerk auf wirtschaftliche Schwierigkeiten des Verkäufers schließen. Oftmals sind weitere Kosten rückständig, die möglicherweise auch beim Käufer eingetrieben werden können (z.B. öffentliche Abgaben und Lasten, Wohngeldrückstände etc.). An sich vom Verkäufer zu tragende Kosten der Vertragsabwicklung können von diesem in der Regel nicht gezahlt werden. Da sich die abzulösenden Gläubiger nicht allein aus dem Grundbuch ergeben, sondern auch die das Zwangsversteigerungsverfahren betreibenden und dem Verfahren beigetretenen Gläubiger zu berücksichtigen sind, stellt sich die Frage, ob der Kaufpreis zur Ablösung aller Gläubiger reicht bzw. unter welchen Bedingungen sich die Gläubiger mit einer Einstellung des Verfahrens einverstanden erklären.

Wenn über das versteigerungsbefangene Grundstück ein Kaufvertrag abgeschlossen worden ist, sollte schnellstmöglich der Antrag auf Eintragung der Eigentumsvormerkung beim Grundbuchamt gestellt werden, damit die Vormerkung Rang vor später beitretenden Gläubigern erhält. Das Versteigerungsgericht sollte dann unter Beifügung einer beglaubigten Abschrift des Kaufvertrages von der Veräußerung unterrichtet und der Erwerber als künftiger Berechtigter aus der Vormerkung zum Versteigerungsverfahren angemeldet werden, um zu erreichen, dass der Käufer zum Beteiligten des Versteigerungsverfahrens wird und über den Verfahrensstand unterrichtet wird.

Muster: **610**

Notar (…)

Amtsgericht – Versteigerungsgericht –

Zwangsversteigerungsverfahren Schmitz – Az.: K 192/20 –

Sehr geehrte Damen und Herren,

über das im Grundbuch von (…) Blatt (…) eingetragene Grundstück wurde der in beglaubigter Abschrift beigefügte Kaufvertrag geschlossen. Den Antrag auf Eintragung der zugunsten des Käufers bewilligten Eigentumsvormerkung habe ich heute beim Grundbuchamt gestellt. Im ausdrücklichen Auftrag und in Vollmacht des Käufers melde ich hierdurch diese Eintragung der Eigentumsvormerkung an, sodass der Vormerkungsberechtigte gemäß § 9 Nr. 2 ZVG zum Beteiligten des Versteigerungsverfahrens wird. Etwaige Zustellungen, insbesondere über Terminbestimmungen (§ 41 ZVG) und den Zuschlagsbeschluss, erbitte ich für den Käufer an mich.

---

123 S. hierzu *Weirich*, DNotZ 1989, 143 ff., *Hansmeyer*, MittRhNotK 1989, 149 ff., *Jursnik*, MittBayNot 1999, 125 ff. und 1999, 433 ff., *Franck*, MittBayNot 2012, 345 ff. und 2012, 439 ff.

Ich bitte, mir mitzuteilen,

■ welcher Gläubiger das Versteigerungsverfahren betreibt und wer evtl. dem Verfahren beigetreten ist,

■ zu welchem Zeitpunkt der Zwangsversteigerungsantrag bzw. ein evtl. Beitritt wirksam geworden ist,

■ wie hoch sich die angemeldeten Forderungen belaufen,

■ welche öffentlichen Lasten (§ 10 Abs. 1 Nr. 3 ZVG) zu welchen Zeitpunkten angemeldet worden sind.

Für den Fall, dass bereits ein Versteigerungstermin anberaumt sein sollte, bitte ich um baldläufige Rückäußerung. In diesem Fall werde ich den betreibenden Gläubiger zur Beantragung der einstweiligen Einstellung des Verfahrens veranlassen.

Mit freundlichen Grüßen

Notar

611   Die Vormerkung bietet keinen Schutz davor, dass einem Dritten im laufenden Versteigerungsverfahren das Eigentum zugeschlagen wird. Im Rahmen der Kaufpreisfälligkeit müssen daher Vorkehrungen getroffen werden, nach denen der Kaufpreis erst zu zahlen ist, wenn die Rücknahme des Versteigerungsantrages von *allen* betreibenden und beigetretenen Gläubigern vorliegt. Ferner muss sichergestellt werden, dass der Kaufpreis auch zur Abdeckung rückständiger öffentlicher Abgaben und Lasten sowie zur Zahlung ausstehender Wohngeldforderungen ausreicht. Eine Abwicklung über Notaranderkonto ist nicht in jedem Fall zwingend erforderlich. Sie ist jedoch insbesondere bei einer Vielzahl von offenen Forderungen in Erwägung zu ziehen. Häufig erklären sich die Gläubiger zur Abgabe der erforderlichen Erklärungen auch nur bei Abwicklung über Anderkonto bereit.

Im Zusammenhang mit der Löschung der Vormerkung im Rahmen des Vollzuges ist die Entscheidung des *BGH* vom 10.7.2008[124] zu beachten. Hiernach endet die Beschlagnahme des Grundstücks *nicht* schon mit dem *Eingang* der Rücknahmeerklärung der betreibenden und beigetretenen Gläubiger beim Vollstreckungsgericht, sondern erst mit dem der Zustellung bedürfenden *Aufhebungsbeschluss* (§ 32 ZVG).[125] Aus Sicherheitsgründen sollte die Löschung der zugunsten des Käufers eingetragenen Vormerkung daher erst veranlasst werden, wenn das Zwangsversteigerungsverfahren aufgehoben ist.[126]

Ist dem Ersteher das versteigerungsbefangene Grundstück bereits zugeschlagen worden, kommt es häufig vor, dass sich der Ersteher den Versteigerungserlös im Darlehenswege beschaffen muss. Wie ist in diesem Fall eine Sicherung des Grundpfandrechtsgläubigers möglich, der dem Ersteher ein Darlehn zum Zwecke der Erfüllung seiner Zahlungsverpflichtungen aus dem Versteigerungsverfahren gegeben hat? Für die Eintragung des Grundpfandrechts sind formell-rechtlich Bewilligung des Eigentümers (§ 19 GBO), Antrag eines Beteiligten (§ 13 GBO) und Voreintragung des Eigentümers (§ 39 GBO) erforderlich. Nach § 90 Abs. 1 ZVG wird der Ersteher durch den Zuschlag Eigentümer des Grundstücks. Dieser Eigentumsübergang tritt also außerhalb des Grundbuchs ein. Erfolgt die Grundpfandrechtsbestellung – erst – nach dem Zuschlag, ist der Ersteher in diesem Zeitpunkt Eigentümer, sodass *seine* Eintragungsbewilligung ausreicht, ohne dass der Vollstreckungsschuldner (= früherer Eigentümer) mitwirken müsste. Die Eintragung des Erstehers als Eigentümer in das Grundbuch ist jedoch Voraussetzung für die Eintragung des Grundpfandrechts (§ 39 GBO, § 130 Abs. 3 ZVG). Das Grundbuchamt darf aber gleichwohl den gestellten Antrag auf Eintragung des Grundpfandrechts nicht zurückweisen, auch nicht beanstanden.[127] Es muss vielmehr den Antrag bei den Grundakten verwahren und ihn erledigen, sobald die Eintragungen nach § 130 Abs. 1 ZVG vollzogen sind. Der Notar kann und *muss* also beim Grundbuchamt die Eintragung des Grundpfandrechts mit *rangwahrender Wirkung* beantragen; er muss aber mit der Auszahlung von

---

124 DNotZ 2009, 43 = NotBZ 2009, 127 = Rpfleger 2008, 586 = NJW 2008, 3067 = DNotI-Report 2008, 150.

125 S. hierzu auch *Krauß*, notar 2009, 433. und *Heggen*, RNotZ 2009, 384 ff.

126 S. hierzu auch *Kesseler*, DNotZ 2010, 404 ff.; *Franck*, MittBayNot 2012, 439, 444, je mit Formulierungsvorschlag für Anweisung an den Notar, der den Kaufvertrag beurkundet hat, zum Gebrauch der Löschungsbewilligung bezüglich der AV.

127 *Schöner/Stöber*, 16. Aufl. 2020, Rn 1002 m.w.H.

bei ihm hinterlegtem Geld oder auch mit der Veranlassung der Auszahlung der Darlehensvaluta durch den Grundpfandrechtsgläubiger sehr vorsichtig sein.

Es wäre denkbar und auch anzuraten, dass sich der Ersteher – am besten in der Grundpfandrechtsbestellungsurkunde – dem Finanzierungsgläubiger gegenüber ausdrücklich verpflichtet, keine Liegenbelassung von durch den Zuschlag erloschenen Rechten zu vereinbaren. Mit *dinglicher* Wirkung kann diese Vereinbarung nicht ausgestattet werden, sodass der Ersteher trotz seiner eingegangenen Verpflichtung gleichwohl eine solche Liegenbelassung vereinbaren könnte. Der Ersteher sollte für den Fall der Liegenbelassung seine sämtlichen Ansprüche gegen den Gläubiger des liegenbelassenen Rechts an den Finanzierungsgläubiger abtreten und diese Abtretung dem Gläubiger anzeigen.

Muster für Erklärungen in der Grundpfandrechtsbestellungsurkunde: 612

Der Besteller hat den vorbezeichneten Grundbesitz im Wege der Zwangsversteigerung (Aktenzeichen (…) des Amtsgerichts (…)) erworben; der Zuschlag wurde bereits erteilt. Ihm ist bekannt, dass die Eintragung des Grundpfandrechts erst vollzogen werden kann, wenn er auf Ersuchen des Vollstreckungsgerichts im Wege der Berichtigung als Eigentümer eingetragen ist. Er verpflichtet sich, alles hierfür Erforderliche unverzüglich vorzunehmen, insbesondere die Grunderwerbsteuer zu entrichten. Die Urkunde soll aber bereits jetzt dem Grundbuchamt zur Rangwahrung zur Eintragung vorgelegt werden (§ 130 Abs. 3 ZVG). Allerdings kann sich der Rang dadurch verschlechtern, dass durch den Zuschlag erloschene Rechte doch eingetragen bleiben, etwa aufgrund nachträglicher Liegenbelassensvereinbarungen (§ 91 ZVG) oder als Sicherungshypotheken gem. § 128 ZVG, wenn das Bargebot nicht im Verteilungstermin entrichtet wird.

Der Besteller verpflichtet sich hierdurch gegenüber der vorgenannten Grundschuldgläubigerin, der XY-Bank (…), keine Liegenbelassung von durch den Zuschlag erloschenen Rechten zu vereinbaren. Weiterhin tritt er für den Fall, dass er dennoch eine Liegenbelassung vereinbaren sollte, seine sämtlichen Ansprüche gegenüber dem Gläubiger des liegenbelassenen Rechts, die durch das liegenbelassene Recht gesichert werden, an die Gläubigerin der vorbestellten Grundschuld ab, und verpflichtet sich, diese Abtretung dem Gläubiger des liegenbelassenen Rechts anzuzeigen.

Ggf. sollte versucht werden, von dem Gläubiger des liegenbelassenen Rechts eine Vorrangseinräumungserklärung zu bekommen, worin dem Grundpfandrecht des Finanzierungsgläubigers der Vorrang vor dem liegenbelassenen Recht eingeräumt wird.

Für das Finanzierungsinstitut besteht die Gefahr, dass im Rang vor dem Finanzierungsgrundpfandrecht   613
Sicherungshypotheken der befriedigungsberechtigten Gläubiger im Grundbuch eingetragen werden, weil das Bargebot nicht ordnungsgemäß berichtigt wurde (§§ 118, 128 ZVG). Ferner kann der Rang des Finanzierungsgrundpfandrechts dadurch verschlechtert werden, dass der Ersteher eine sogenannte Liegenbelassungsvereinbarung abgibt. Diese muss im Verteilungstermin oder spätestens vor Berichtigung des Grundbuchs dem Vollstreckungsgericht durch öffentlich beglaubigte Erklärung nachgewiesen werden. Vor diesem Hintergrund bietet eine notarielle Rangbescheinigung keine umfassende Sicherheit, da der Notar nicht bestätigen kann, dass nicht zwischenzeitlich Sicherungshypotheken oder Liegenbelassungsvereinbarungen entstanden sind. Gleichwohl wird eine eingeschränkt aussagekräftige Rangbescheinigung in der Praxis akzeptiert.[128]

Der Notar sollte nach der Einreichung des Eintragungsantrages beim Grundbuchamt Feststellungen treffen, ob

■ Forderungen gegen den Ersteher übertragen sind und daher gemäß § 128 ZVG Sicherungshypotheken mit Rang *vor* den rechtsgeschäftlich begründeten Grundpfandrechten einzutragen sind,

■ die zur Eintragung der Eigentums*eintragung* des Erstehers im Grundbuch erforderliche Unbedenklichkeitsbescheinigung des Finanzamts wegen der Grunderwerbsteuer dem Versteigerungsgericht

---

128 Vgl. zu all dem *Franck*, MittBayNot 2012, 439, 445.

vorliegt und daher das Ersuchen um Eintragung des Erstehers als Grundstückseigentümer seitens des Versteigerungsgerichts an das Grundbuchamt ergehen kann,

- die Liegenbelassung für ein Grundpfandrecht gemäß § 91 Abs. 2 ZVG vereinbart ist und dem Versteigerungsgericht vorliegt (letzte Sicherheit, ob nicht doch – ggf. nach dem Verteilungstermin – ein Liegenbelassen vereinbart worden ist, ist damit jedoch nicht gegeben),
- ein Beitritt zum Versteigerungsverfahren erfolgt ist.

614   *Vor* der Erteilung einer Rangbescheinigung müssten die *Versteigerungsakten* eingesehen werden, um festzustellen, ob

- die steuerliche Unbedenklichkeitsbescheinigung vorliegt,
- sich möglicherweise eine Liegenbelassungsvereinbarung bei den Versteigerungsakten befindet.

615   *Muster einer Rangbescheinigung:*

(Eingang der Rangbescheinigung sinngemäß wie beim Muster oben (siehe Rdn 515) bis einschließlich der Urkundenübersendung)

1. Am (…) habe ich auch in Ihrem Namen den Antrag auf Eintragung der Grundschuld von (…) EUR beim Grundbuchamt (…) gestellt.
2. Durch Grundbucheinsicht vom gleichen Tage habe ich für das Pfandobjekt folgende Eintragungen festgestellt:
Eigentümer:
Abteilung II:
Abteilung III:
3. Auf der Grundlage meiner Akten, der Einsichten in das Grundbuch, die elektronische Antragsliste (Markentabelle) sowie die Grundakten habe ich weiterhin heute festgestellt, dass insoweit keine Umstände der Eintragung des Grundpfandrechts entsprechend der zu meiner Urkunde abgegebenen Bewilligung entgegenstehen.
4. Auf der Grundlage der am (…) erfolgten Einsicht in die Versteigerungsakten des Vollstreckungsgerichts (…) zu AZ (…) bestätige ich, dass unter der Voraussetzung der Zahlung des Steigpreises und des Vollzugs des Zuschlagsbeschlusses und vorbehaltlich dessen, dass durch den Zuschlag erloschene Rechte durch Vereinbarung zwischen Ersteher und Gläubigern erloschener Rechte nicht noch nachträglich liegenbelassen werden, oder bei Nicht- oder nicht vollständiger Entrichtung des Bargebots Forderungen gegen den Ersteher übertragen sind/werden und daher gem. § 128 ZVG Sicherungshypotheken mit Rang vor der zu Ihren Gunsten rechtsgeschäftlich bestellten Grundschuld in das Grundbuch eingetragen werden *(ggf.: und unter der Voraussetzung der Zahlung der Grunderwerbsteuer)*, aus meiner Sicht keine Umstände ersichtlich sind, die der Eintragung der zu Ihren Gunsten bestellten Grundschuld von (…) EUR in Abteilung II und in Abteilung III des Grundbuchs ohne Vorlasten entgegenstehen.
Die steuerliche Unbedenklichkeitsbescheinigung des Finanzamts liegt dem Versteigerungsgericht vor. *(Alternativ: Die steuerliche Unbedenklichkeitsbescheinigung des Finanzamts liegt bislang nicht vor. Ich weise darauf hin, dass bei Nichtbezahlung der Grunderwerbsteuer Ihr Grundpfandrecht* **nicht** *eingetragen wird.)*
Eine Liegenbelassungserklärung von durch den Zuschlag erloschenen Rechten habe ich in den Versteigerungsakten nicht vorgefunden. Ich weise jedoch darauf hin, dass Ihr Grundpfandrecht bei etwa später erfolgenden Liegenbelassungsvereinbarungen nicht ranggerecht eingetragen wird.
5. Weitere Vollzugsvoraussetzungen, abgesehen von der Bezahlung der Gerichtsgebühren, sind mir nicht bekannt.

(…), den (…)

Notar

616   Sofern die Unbedenklichkeitsbescheinigung des Finanzamts nicht bei den Versteigerungsakten ist, muss der Notar dies in der Rangbescheinigung zum Ausdruck bringen. Bei seinen Feststellungen über die ranggerechte Eintragung des Grundpfandrechts sollte er daher klarstellen, dass diese Feststellungen vorbehaltlich der Zahlung der Grunderwerbsteuer durch den Ersteher erfolgen und daher die Möglichkeit besteht, dass das Grundpfandrecht nicht nur nicht an der ausbedungenen Rangstelle, sondern u.U. überhaupt nicht eingetragen wird. Es sollte weiterhin zum Ausdruck gebracht werden, dass die ranggerechte Eintragung des Grundpfandrechts noch durch die Liegenbelassung eines durch Zuschlag erloschenen Rechts verhindert werden kann, und zwar auch dann, wenn nach seinen getroffenen Feststellungen in den Akten des Versteigerungsgerichts keine Liegenbelassungsvereinbarung vorliegt.

5. Der Reichsheimstättenvermerk

Ein im Grundbuch – noch – eingetragener Heimstättenvermerk ist infolge Aufhebung des Reichsheimstättengesetzes durch Gesetz vom 17.6.1993 (BGBl I, 912) seit dem 1.1.1999 nicht mehr beachtlich; er ist kostenfrei *von Amts wegen* zu löschen. **617**

6. Sanierungs- und Umlegungsvermerk

a) Wirtschaftliche Bedeutung der Umlegung

Die Umlegung ist ein im Baugesetzbuch geregeltes Grundstückstauschverfahren (§§ 45 ff. BauGB). Der Rat der Gemeinde ordnet durch Beschluss das Umlegungsverfahren an. In dem Beschluss wird ein Umlegungsgebiet festgesetzt. Am Umlegungsverfahren sind insbesondere die Eigentümer der im Umlegungsgebiet liegenden Grundstücke und die Gemeinde beteiligt. Zweck des Umlegungsverfahrens ist es, zur Erschließung oder Neugestaltung bestimmter Gebiete die Grundstücke in der Weise neu zu ordnen, dass nach Form und Größe für die bauliche und sonstige Nutzung zweckmäßig gestaltete Grundstücke entstehen. **618**

Im Umlegungsverfahren werden den beteiligten Eigentümern neue Grundstücke möglichst im gleichen Wert wie die eingebrachten Grundstücke zugeteilt. Der Verkehrswert der alten wie der neuen Grundstücke wird ermittelt. Ergibt sich ein Wertunterschied, so ist dieser in Geld auszugleichen.

Beispiel **619**

Der Eigentümer bringt ein Grundstück mit einem Wert von 48.260 EUR in die Umlegung ein. Er erhält ein neues Grundstück mit einem Bodenwert von 73.237 EUR. Der Wertunterschied von 24.977 EUR ist vom Eigentümer an die Gemeinde zu zahlen.

b) Rechtsfolgen der Umlegung

Ab Bekanntmachung des Umlegungsbeschlusses tritt bezüglich der an der Umlegung beteiligten Grundstücke eine Verfügungsbeschränkung ein (§ 51 BauGB). Verfügungen über ein Grundstück (Veräußerung und Belastung) bedürfen einer Genehmigung des bei den Gemeinden gebildeten Umlegungsausschusses. **620**

Auf Ersuchen der Gemeinde wird in Abteilung II des Grundbuchs zu Lasten der in das Verfahren einbezogenen Grundstücke ein Umlegungsvermerk eingetragen (§ 54 BauGB). Hierdurch soll offenkundig gemacht werden, dass Verfügungen über das Grundstück der Genehmigung des Umlegungsausschusses bedürfen. Genehmigungsbedürftig sind Veräußerungsverträge – sowohl der schuldrechtliche Vertrag als auch die Auflassung – und die Bestellung und Löschung von Grundstücksbelastungen. Keiner Genehmigung bedarf die Eintragung einer Auflassungsvormerkung.

Der Notar hat für den Vollzug seiner Urkunden die Genehmigung des Umlegungsausschusses einzuholen und dem Grundbuchamt zusammen mit seinem Eintragungsantrag vorzulegen.

Das Umlegungsverfahren endet mit der Erstellung eines Umlegungsplans. Mit der Bekanntmachung im Amtsblatt der Gemeinde treten die neuen Rechtsverhältnisse an die Stelle der alten. Das Eigentum an den neu zugeteilten Grundstücken geht kraft Gesetzes über, ohne dass es einer Auflassung bedarf. Die Grundbücher werden von Amts wegen berichtigt und die Umlegungsvermerke gelöscht. **621**

c) Das Sanierungsverfahren

622 Wie das Umlegungsverfahren dient das Sanierungsverfahren der Neuordnung von Grundstücken in einem Teil des Gemeindegebiets.

Nach dem Baugesetzbuch hat die Gemeinde auch hier die Möglichkeit, durch Satzung mit Genehmigung der höheren Verwaltungsbehörde ein Sanierungsgebiet festzulegen. Auf Ersuchen der Gemeinde wird bei den betroffenen Grundstücken ein „Sanierungsvermerk" in Abteilung II des Grundbuchs eingetragen (§ 143 BauGB). Der Sanierungsvermerk hat ähnliche Wirkungen wie der Umlegungsvermerk, führt also auch zu einer Verfügungsbeschränkung.

623 Nach § 144 BauGB sind in förmlich festgesetzten Sanierungsgebieten genehmigungsbedürftig:

- die rechtsgeschäftliche Veräußerung eines Grundstücks und die Bestellung und Veräußerung eines Erbbaurechts;
- die Bestellung eines das Grundstück belastenden Rechts;
- der schuldrechtliche Vertrag zu beidem;
- Vereinbarungen, durch die ein schuldrechtliches Nutzungsverhältnis (etwa Mietvertrag) auf unbestimmte Zeit oder von mehr als einem Jahr eingegangen oder verlängert wird;
- die Teilung eines Grundstücks.

Genehmigungsfrei ist auch hier die Eintragung einer Auflassungsvormerkung.

624 Genehmigungsbehörde ist die Gemeinde (Sanierungsausschuss). Die Genehmigung darf nur versagt werden, wenn Grund zu der Annahme besteht, dass der Rechtsvorgang oder die mit ihm bezweckte Nutzung die Durchführung der Sanierung unmöglich machen, wesentlich erschweren oder dem Sanierungszweck zuwiderlaufen würden.

Wird die Genehmigung versagt, so ist zwar das Rechtsgeschäft unwirksam, der Eigentümer hat jedoch in diesem Fall das Recht, die Übernahme des Grundstücks durch die Gemeinde zu verlangen, wenn ihm mit Rücksicht auf die Durchführung der Sanierung nicht zumutbar ist, das Grundstück zu behalten und zu nutzen.

7. Vereinbarungen unter Miteigentümern (Vermerk nach § 1010 BGB)

a) Verwaltungs- und Benutzungsregelung

625 Haben Miteigentümer nach Bruchteilen die Verwaltung und Benutzung des Grundstücks geregelt (vgl. § 745 BGB), so wirkt die getroffene Vereinbarung gegen Sonderrechtsnachfolger eines Miteigentümers nur, wenn sie als Belastung seines Anteils im Grundbuch eingetragen ist. Diesem Zweck dient die Eintragung eines entsprechenden Vermerks nach § 1010 BGB.

> *Beispiel*
>
> A und B sind je zu ½ Anteil Miteigentümer an einem Hausgrundstück. In dem Haus befinden sich zwei Wohnungen. A und B vereinbaren, dass A die Wohnung im Erdgeschoss und B die Wohnung im Obergeschoss jeweils unter Ausschluss des anderen Miteigentümers allein nutzen darf. Gesamtrechtsnachfolger, also Erben, sind an diese Nutzungsvereinbarung stets gebunden, nicht aber ohne weiteres Sonderrechtsnachfolger. Verkauft z.B. A seinen Miteigentumsanteil an X, so braucht X die Nutzungsvereinbarung nur gegen sich gelten zu lassen, wenn sie im Grundbuch zu Lasten des Miteigentumsanteils eingetragen ist.

b) Auseinandersetzungsverbot

626 Jeder Miteigentümer nach Bruchteilen hat das Recht, gegen den Willen des oder der anderen Miteigentümer jederzeit die Aufhebung der Gemeinschaft, die Auseinandersetzung zu verlangen (§ 749 BGB). Dies geschieht im Wege der Zwangsversteigerung *(Teilungsversteigerung)* des Grundstücks und Teilung des Versteigerungserlöses. Vor einer solchen zwangsweisen Auseinandersetzung suchen sich Miteigentümer dadurch zu schützen, dass sie ein Auseinandersetzungsverbot vereinbaren. Es kann für immer, aber auch lediglich für eine bestimmte Zeit vereinbart werden. Ein Miteigentümer kann dann nicht gegen den Willen des oder der anderen Miteigentümer die Teilungsversteigerung betreiben.

Das Auseinandersetzungsverbot wirkt für und gegen Sonderrechtsnachfolger nur, wenn es im Grundbuch   **627** in Abteilung II zu Lasten der Miteigentumsanteile und zugunsten des oder der jeweiligen Inhaber der anderen Miteigentumsanteile eingetragen ist, und zwar auch hier durch einen entsprechenden Vermerk gemäß § 1010 BGB.

Das Recht, die Auseinandersetzung aus einem wichtigen Grund zu verlangen, kann allerdings nicht ausgeschlossen werden, wenn etwa die Fortsetzung der Gemeinschaft für einen Miteigentümer unzumutbar ist. Das kann der Fall sein, wenn einem Miteigentümer der ihm zustehende Gebrauch des gemeinsamen Eigentums nachhaltig vorenthalten wird oder wenn überhaupt durch eine heillose Zerrüttung des Vertrauensverhältnisses eine gemeinsame Verwaltung und Nutzung nicht mehr möglich ist.

c) Wechselseitige Verfügungsbeschränkungen und Vorkaufsrechte

Möglich ist auch, dass sich die Miteigentümer gegenseitig Verfügungsbeschränkungen auferlegen.   **628**

> *Beispiel*
>
> Miteigentümer vereinbaren, dass keiner von ihnen ohne Zustimmung des anderen über seinen Miteigentumsanteil durch Veräußerung oder Belastung verfügen darf.

> Wird an die Verletzung der Verfügungsbeschränkung eine Übereignungsverpflichtung geknüpft, so kann diese durch eine Vormerkung gesichert werden (vgl. Rdn 432 ff.). Häufig werden auch wechselseitige Vorkaufsrechte an den Miteigentumsanteilen bestellt. Die Vereinbarung von Verfügungsbeschränkungen und wechselseitigen Vorkaufsrechten unter Miteigentümern an Grundstücken soll verhindern, dass unerwünschte Personen Mitglieder der Gemeinschaft werden.

C. Aus dem Bereich des Familienrechts

I. Verwandtschaft, Schwägerschaft

„Verwandtschaft" ist die blutsmäßige Verbindung zwischen mehreren Personen. Das BGB geht über die   **629** durch Blutsbande vermittelte Verwandtschaft hinaus und erkennt auch die durch Adoption vermittelten Bande als (künstliche) Verwandtschaft an (§ 1754 BGB). Miteinander verwandt sind auch Personen, deren blutsmäßigen Bande durch eine nichteheliche Geburt vermittelt werden. Dabei ist es gleichgültig, ob die Verwandtschaft über die nichteheliche Mutter oder den nichtehelichen Vater begründet ist. Das Kindschaftsrechtsreformgesetz von 1998 hat die Unterscheidung in eheliche und nichteheliche Kinder aufgehoben.

Man unterscheidet Verwandtschaft in gerader Linie und Verwandtschaft in der Seitenlinie. Personen, deren eine von der anderen abstammt, sind in gerader Linie verwandt (§ 1589 S. 1 BGB).

> *Beispiel*
>
> Großvater – Vater – Sohn – Enkel – Urenkel …

Personen, die nicht in gerader Linie verwandt sind, aber von derselben dritten Person abstammen, sind in der Seitenlinie verwandt (§ 1589 S. 2 BGB).

> *Beispiel*
>
> Bruder – Onkel – Vetter.

630   Der Grad der Verwandtschaft, d.h. die Nähe der Verwandtschaft, bestimmt sich gemäß § 1589 S. 3 BGB nach der Zahl der die Verwandtschaft vermittelnden Geburten. Es sind also Eltern und Kinder im ersten Grade, Großeltern und Enkel im zweiten Grade, Urgroßeltern und Urenkel im dritten Grade miteinander verwandt.

In der Seitenlinie gibt es keine Verwandtschaft ersten Grades, da der Verwandtschaftsgrad immer über den gemeinsamen Stammvater hinweg gezählt werden muss.

Demgemäß sind Geschwister im 2. Grade in der Seitenlinie miteinander verwandt, Onkel und Neffe im 3. Grade und Vettern im 4. Grade.

Die gerade Linie ist entweder „aufsteigend" *(Aszendenten)* oder „absteigend" *(Deszendenten),* je nachdem, ob das Verhältnis einer Person zu ihren Vorfahren oder zu ihren Nachkommen in Frage steht. Die Verwandten der absteigenden Linie bezeichnet das Gesetz ohne Rücksicht auf den Verwandtschaftsgrad als „Abkömmlinge" (§ 1924 BGB) oder auch als „Nachkommenschaft" (§ 2107 BGB). „Kinder" nennt das Gesetz nur die Abkömmlinge 1. Grades (§§ 207, 1924 Abs. 4 BGB).

Die Verwandten aufsteigender Linie 1. Grades werden als „Eltern" (§ 1925 Abs. 1 BGB), diejenigen 2. Grades als „Großeltern" (§ 1926 Abs. 1 BGB), diejenigen 3. Grades als „Urgroßeltern" (§ 1928 Abs. 1 BGB) bezeichnet. Vollbürtige Verwandte sind solche, die von demselben Vorelternpaar abstammen, halbbürtige solche, die nur den Vater, Großvater usw. oder die Mutter, Großmutter usw. gemeinsam haben.

Die Verwandtschaft wird rechtlich bedeutsam für die Unterhaltspflicht (§§ 1601 ff. BGB), das Rechtsverhältnis zwischen Eltern und Kindern (§§ 1616 ff. BGB), das Erbrecht (§§ 1924 ff. BGB), das Pflichtteilsrecht (§§ 2303 ff. BGB), die Berufung zum Vormund (§ 1776 BGB), die Berufung zum Betreuer (§ 1897 Abs. 5 BGB), die Anhörung der Verwandten bei gewissen Gelegenheiten (§ 1847 BGB), für die Ausschließung der Vertretungsmacht des gesetzlichen Vertreters bei Rechtsgeschäften des Kindes mit seinen Verwandten (§§ 1629 Abs. 2, 1795 BGB) sowie bei verschiedenen Mitwirkungsverboten als Richter oder Notar. Nahe Verwandtschaft begründet ferner ein Eheverbot (§ 1307 BGB).

631   Die Verwandten eines Ehegatten sind mit dem anderen Ehegatten verschwägert. Die Linie und der Grad der Schwägerschaft bestimmen sich nach der Linie und dem Grad der sie vermittelnden Verwandtschaft (§ 1590 Abs. 1 BGB). Die Schwägerschaft dauert fort, auch wenn die Ehe, durch die sie begründet wurde, aufgelöst ist (§ 1590 Abs. 2 BGB).

Dabei unterscheidet man auch wieder Schwägerschaft in gerader und in der Seitenlinie. In gerader Linie verschwägert sind die Eltern und Voreltern (Schwiegereltern), in der Seitenlinie die Seitenverwandten des einen Ehegatten mit dem anderen Ehegatten (Schwager, Schwägerin).

Entgegen dem allgemeinen Sprachgebrauch sind nach dem Gesetz Ehegatten nicht miteinander verwandt.

Nicht miteinander verschwägert sind die Verwandten eines Ehegatten mit den Verwandten des anderen Ehegatten, also z.B. nicht der Bruder der Ehefrau mit dem Bruder des Ehemannes. Aus demselben Grunde sind auch die Ehemänner zweier Schwestern nicht miteinander verschwägert (landläufig „Schwippschwäger" genannt).

Die Wirkungen der Schwägerschaft sind erheblich geringer als die der Verwandtschaft. Insbesondere begründet die Schwägerschaft kein Erbrecht. Die verbreitete Vorstellung, wonach Schwiegerkinder anstelle weggefallener Kinder zur Erbfolge gelangen, ist irrig. Verschwägerte sind auch nicht zum Unterhalt verpflichtet.

632   § 11 LPartG bezieht den Lebenspartner in den Kreis der Familienangehörigen des anderen Lebenspartners mit ein und bestimmt weiter, dass die Verwandten des einen Lebenspartners mit dem anderen Lebenspartner als verschwägert gelten.

Schaubilder zu den Verwandtschafts- und Schwägerschaftsverhältnissen

Zum besseren Verständnis mögen die nachfolgenden Darstellungen dienen, bei denen bedeuten:

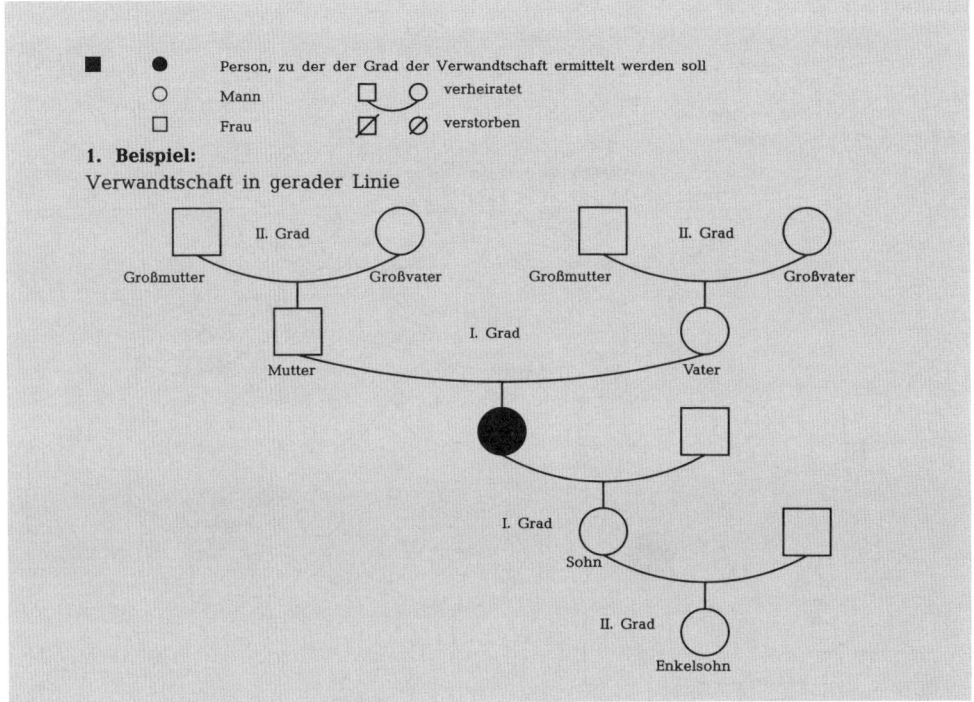

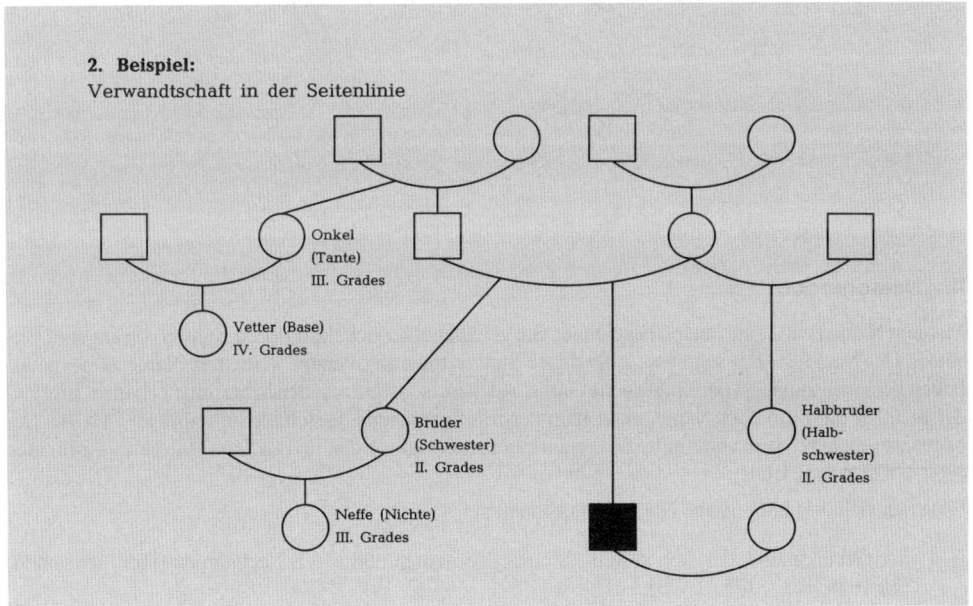

3. Beispiel:

Schwägerschaftsverhältnis

Hierin bedeuten:

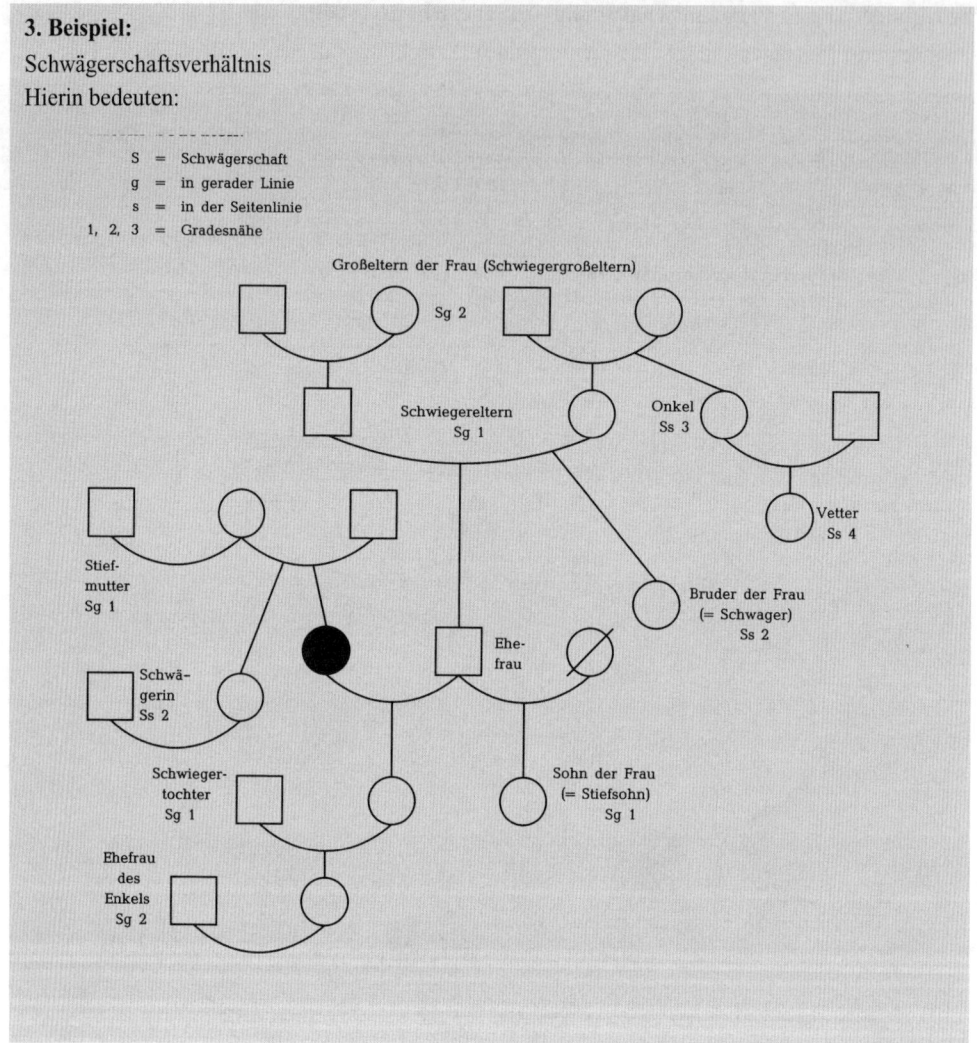

II. Namensrecht

633   Mit dem Namen wird eine Person bezeichnet. Sie unterscheidet sich durch ihren Namen von anderen Personen. Der Name ist „der schönste, lebendigste Stellvertreter der Person" (Goethe). Name ist bei natürlichen Personen zunächst der bürgerliche Name. Auch juristische Personen haben einen Namen. Im Handelsrecht ist die Firma der Name, unter dem der Kaufmann seine Geschäfte betreibt (§ 17 HGB). Der Name ist geschützt, sein unbefugter Gebrauch kann untersagt werden und zu Schadenersatz verpflichten (§§ 12, 823 Abs. 1 BGB).

Es lassen sich drei bürgerliche Namen unterscheiden:

1. der Geburtsname, der sich aufteilt in einen Vornamen und einen Nachnamen (Familiennamen) (§§ 1616, 1617, 1757 BGB),
2. der gemeinsame Familienname von Ehegatten (= Ehename) (§ 1355 Abs. 1 BGB),
3. der Begleitname, nämlich die Beifügung des übergangenen Geburtsnamens bei Ehegatten (§ 1355 Abs. 4 BGB).

1. Geburtsname

Führen die Eltern eines Kindes einen Ehenamen, so erhält das Kind zwingend diesen Ehenamen als Geburtsnamen (§ 1616 BGB).

634

Führen die Eltern keinen Ehenamen, weil sie nicht miteinander verheiratet sind oder bei der Eheschließung keinen Ehenamen bestimmt haben, so ist folgende Unterscheidung zu treffen:

a) Steht den Eltern die gemeinsame Sorge zu, so können sie den Namen des Vaters oder den Namen der Mutter zum Geburtsnamen des Kindes bestimmen (§ 1617 BGB). Die einmal getroffene Bestimmung der Eltern gilt auch für ihre weiteren Kinder. Treffen die Eltern binnen eines Monats nach der Geburt des Kindes keine Bestimmung, so überträgt das Familiengericht das Bestimmungsrecht einem Elternteil. Die Namenserklärung, die die gemeinsam sorgeberechtigten Eltern nach der Beurkundung der Geburt des Kindes abgeben, muss öffentlich beglaubigt werden. Sie muss dem Standesamt gegenüber abgegeben werden (§ 1617 Abs. 1 BGB).

635

b) Steht die elterliche Sorge nur einem Elternteil zu, so erhält das Kind kraft Gesetzes den Namen dieses sorgeberechtigten Elternteils als Geburtsnamen (§ 1617a BGB).

636

Ein Elternteil, dem die elterliche Sorge für ein unverheiratetes Kind alleine zusteht, kann dem Kind den Namen des anderen Elternteiles erteilen. Die Erteilung bedarf der Einwilligung des anderen Elternteils und, wenn das Kind das 5. Lebensjahr vollendet hat, auch der Einwilligung des Kindes (§ 1617a Abs. 2 BGB).

Muster:

An das

Standesamt (…)

Wir, die unterzeichnenden Frau Elisabeth Müller, geborene Schmidt, und Herr Johannes Kaiser, sind die Eltern des am (…) in (…) geborenen Kindes Klara. Die elterliche Sorge für das Kind steht uns gemeinsam zu.

Wir bestimmen, dass das Kind Klara den Familiennamen seines Vaters führen soll.

(…), den

(Unterschriftsbeglaubigung)

Muster:

An das

Standesamt (…)

Mir, der unterzeichnenden Frau Elisabeth Müller, geborene Schmidt, steht die elterliche Sorge für das am (…) in (…) geborene Kind Klara alleine zu.

Ich, der unterzeichnende Herr Johannes Kaiser, bin der Vater des Kindes. Ich, Frau Elisabeth Müller, geborene Schmidt, erteile meinem Kind hiermit den Namen seines Vaters. Ich, Herr Johannes Kaiser, willige in die Namensgebung ein.

(…), den

(Unterschriftsbeglaubigung)

c) Zuständig, die Namenserklärung anzunehmen, ist das Standesamt, das das Geburtenregister in dem die Geburt des Kindes beurkundet ist, führt (§ 45 Abs. 1 und 2 PStG).

637

2. Ehename

638   Die Ehegatten sollen einen gemeinsamen Familiennamen (Ehenamen) führen, § 1355 Abs. 1 BGB. Mit der Aufforderung, einen gemeinsamen Ehenamen zu bestimmen („sollen"), behält das BGB die Namenseinheit der Familie als rechtspolitisches Ziel weiter aufrecht, ohne jedoch einen entsprechenden Zwang in dieser Richtung auszuüben.

Zum Ehenamen können die Ehegatten durch unwiderrufliche Erklärung gegenüber dem Standesbeamten den Geburtsnamen oder den zur Zeit der Erklärung über die Bestimmung des Ehenamens geführten Namen der Frau oder des Mannes bestimmen, § 1355 Abs. 2 BGB. Die Möglichkeit, auch den zur Zeit der Erklärung über die Bestimmung des Ehenamens geführten Namen zum Ehenamen zu bestimmen, ist durch das Gesetz vom 6.2.2005 in das BGB eingeführt worden. Damit wird nunmehr die Weitergabe eines durch Ehenamenswahl „erheirateten" Namens ermöglicht. Zugleich wird durch § 1355 Abs. 2 BGB die Möglichkeit eröffnet, einen aus Ehenamen und Begleitnamen zusammengesetzten Namen eines Ehegatten als Ehenamen zu bestimmen.

> *Beispiel*
>
> Julia Schmitz heiratet den Grafen von Waldersee. Zum Ehenamen bestimmen die Ehegatten den Namen Graf von Waldersee. Die Ehefrau heißt demnach Julia Gräfin von Waldersee geborene Schmitz. Nach Ehescheidung vom Grafen von Waldersee heiratet die Ehefrau Herrn Josef Müller. Zum Ehenamen bestimmen die Eheleute den Namen Graf von Waldersee. Die Eheleute heißen nunmehr Julia Gräfin von Waldersee geborene Schmitz und Josef Graf von Waldersee geborener Müller.

Beide Ehegatten führen den von ihnen auf diese Weise bestimmten Ehenamen. Bestimmen die Ehegatten **keinen** Ehenamen, so führen sie – trotz Heirat – ihren zur Zeit der Eheschließung geführten Namen auch nach der Eheschließung weiter, § 1355 Abs. 1 S. 3 BGB.

Einen gemeinsamen Namen können auch Lebenspartner führen (§ 3 LPartG). § 3 LPartG ist dem § 1355 BGB nachgebildet, jedoch mit einem Unterschied: Sie „sollen" den gemeinsamen Namen nicht führen, sondern „können" ihn führen. Das Gesetz legt ihnen somit *nicht* nahe, einen gemeinsamen Namen zu führen.

> *Beispiel*
>
> Wolfgang Fleischhauer und Beate Kupka heiraten. Sie haben die Möglichkeit, als Ehenamen Fleischhauer oder Kupka zu wählen. Wählen sie Fleischhauer, so heißen die Ehegatten: Wolfgang Fleischhauer und Beate Fleischhauer geborene Kupka. Die Kinder der Eheleute heißen Fleischhauer. Wählen sie Kupka zum Ehenamen, so heißen die Ehegatten: Wolfgang Kupka geborener Fleischhauer und Beate Kupka. Die Kinder heißen Kupka.

3. Begleitname

639   Ein Ehegatte, dessen Geburtsname nicht Ehename wird, kann durch Erklärung gegenüber dem Standesbeamten dem Ehenamen seinen Geburtsnamen oder den Namen, den er zurzeit führt, voranstellen oder beifügen. Dies gilt nicht, wenn der Ehename aus mehreren Namen besteht. Besteht der Geburtsname eines Ehegatten aus mehreren Namen, so kann er nur einen dieser Namen hinzufügen (§ 1355 Abs. 4 BGB).

> *Beispiel*
>
> Wenn die Eheleute als Ehenamen Fleischhauer wählen, kann Frau Fleischhauer ihren Namen Kupka voranstellen oder anfügen, also Beate Kupka-Fleischhauer geborene Kupka oder Beate Fleischhauer-Kupka geborene Kupka heißen. Die Kinder heißen Fleischhauer.

640   Der vorangestellte oder angefügte Name (Begleitname) wird nicht Bestandteil des Ehenamens, sondern bleibt bloßer persönlicher Namenszusatz des einen Ehegatten. Der Begleitname geht somit insbesondere nicht auf die Kinder über. Er wird durch öffentlich beglaubigte Erklärung gegenüber dem Standesbeamten angenommen. Die Annahme ist an keine Frist gebunden, sodass sie auch längere Zeit nach der

Eheschließung und auch im Fall der Scheidung nachgeholt werden kann. Zuständig ist der Standesbeamte, der das Eheregister, in dem die Eheschließung beurkundet wurde, führt (§ 41 Abs. 2 PStG).

Muster:

An das

Standesamt Aachen

Betr.: Beifügung des Geburtsnamens

Meine am 1.10.1998 geschlossene Ehe mit Wolfgang Fleischhauer wurde vom Standesbeamten in Aachen unter Heiratsregister-Nr. 1000/1998 beurkundet. Ehename ist der Geburtsname meines Mannes: Fleischhauer.

Ich erkläre hiermit, dass ich dem Ehenamen Fleischhauer meinen Geburtsnamen Kupka voranstelle, sodass ich künftig heißen werde: Beate Kupka-Fleischhauer geborene Kupka.

Aachen, den (…)   Unterschrift
(Beglaubigungsvermerk)

Der verwitwete oder geschiedene Ehegatte behält den Ehenamen. Er kann durch öffentlich beglaubigte **641** Erklärung gegenüber dem Standesbeamten seinen Geburtsnamen oder den Namen, den er zur Zeit der Eheschließung geführt hat, wieder annehmen oder seinen Geburtsnamen dem Ehenamen voranstellen oder anfügen (§ 1355 Abs. 5 BGB). Die Zuständigkeit des Standesamtes ist in § 41 PStG geregelt.

Muster:

An das

Standesamt Aachen

Betr.: Wiederannahme des Geburtsnamens

Meine am 1.10.1998 vor dem Standesbeamten in Aachen geschlossene Ehe mit Herrn Wolfgang Fleischhauer (Heiratsregister-Nr. 1000/1998) ist durch das am 1.9.1999 rechtskräftig gewordene Urteil des Familiengerichts Aachen (Aktenzeichen 10 F 259/99) geschieden worden.

Unser Ehename lautet Fleischhauer, sodass ich zurzeit den Namen führe: Beate Fleischhauer geborene Kupka.

Ich erkläre hiermit, dass ich gemäß § 1355 Abs. 5 BGB meinen Geburtsnamen Kupka wieder annehme.

Aachen, den (…)   Unterschrift
(Beglaubigungsvermerk)

---

4. Vorname

Die Bestimmung des Vornamens eines Kindes, dessen Eltern miteinander verheiratet sind, steht **642** beiden Eltern gemeinsam zu. Das Bestimmungsrecht ist ein Ausfluss der elterlichen Sorge. Können sich die Eltern nicht auf einen Vornamen einigen, so kann das Familiengericht auf Antrag eines Elternteils die Entscheidung einem Elternteil übertragen (§ 1628 BGB). Sind die Eltern des Kindes nicht miteinander verheiratet, so bestimmt der sorgeberechtigte Elternteil den Vornamen des Kindes (§ 1626a BGB).

III. Kindschaftsrecht

1. Vorbemerkung

643 Das Kindschaftsrecht ist im Jahre 1998 reformiert worden. Ziel der Reformgesetze war es, den Verfassungsauftrag zu erfüllen, eheliche und nichteheliche Kinder gleichzustellen. Die Unterscheidung von ehelichen und nichtehelichen Kindern ist aufgehoben. Kinder, die nichteheliche Kinder genannt wurden, werden nunmehr als Kinder bezeichnet, deren Eltern nicht miteinander verheiratet sind.

2. Abstammungsrecht

644 Das Kindschaftsrechtsreformgesetz hat die Regelungen über die Abstammung ehelicher und nichtehelicher Kinder in *einen* Titel des BGB zusammengefasst und in §§ 1591 ff. BGB gänzlich neu gefasst.

a) Mutter ist die Frau, die das Kind geboren hat (§ 1591 BGB). Dadurch wird der Tatsache Rechnung getragen, dass durch eine Ei- oder Embryonenspende gebärende Frau nicht auch zugleich die genetische Mutter des Kindes sein muss. Mutter i.S.d. BGB ist aber immer die *gebärende* Frau und nicht die genetische Mutter.

b) Vater ist gemäß § 1592 BGB der Mann,
   - der zum Zeitpunkt der Geburt mit der Mutter des Kindes verheiratet ist,
   - der die Vaterschaft anerkannt hat
     oder
   - dessen Vaterschaft gemäß § 1600d BGB gerichtlich festgestellt ist.

Die Ehe mit der Mutter begründet also wie bisher die Vermutung der Vaterschaft. Eine bloße Lebensgemeinschaft des Vaters mit der Mutter lässt die väterliche Abstammung bis zur Anerkennung oder gerichtlichen Feststellung nach wie vor offen.

3. Anerkennung der Vaterschaft

645 Bei Kindern, deren Eltern nicht miteinander verheiratet sind, wird die Vaterschaft durch Anerkennung – oder gerichtliche Entscheidung – mit Wirkung für und gegen alle festgestellt. Die Rechtswirkungen der Anerkennung können erst von dem Zeitpunkt an geltend gemacht werden, zu dem die Anerkennung wirksam wird. Die Vaterschaftsanerkennung ist eine Wissenserklärung und gleichzeitig eine einseitige nicht empfangsbedürftige Willenserklärung. Sie beinhaltet, dass der Anerkennende der Mutter in der Empfängniszeit beigewohnt hat und das Kind als von ihm erzeugt ansieht. Die Anerkennung ist schon vor der Geburt des Kindes zulässig (§ 1594 Abs. 4 BGB). Der Mann kann die Anerkennung widerrufen, wenn sie ein Jahr nach der Beurkundung noch nicht wirksam geworden ist (§ 1597 Abs. 3 BGB). Die Anerkennung ist unwirksam, wenn sie unter einer Bedingung oder Zeitbestimmung erfolgt (§ 1594 Abs. 3 BGB). Eine Anerkennung der Vaterschaft ist nicht wirksam, solange die Vaterschaft eines anderen Mannes besteht (§ 1594 Abs. 2 BGB). Durch einen Bevollmächtigten kann die Anerkennung nicht erklärt werden (§ 1596 Abs. 4 BGB). Wer in der Geschäftsfähigkeit beschränkt ist, kann nur selbst anerkennen. Die Zustimmung seines gesetzlichen Vertreters ist erforderlich. Für einen Geschäftsunfähigen kann nur der gesetzliche Vertreter mit Genehmigung des Familiengerichtes anerkennen (§ 1596 Abs. 1 BGB).

646 Die Anerkennung bedarf der Zustimmung der Mutter (§ 1595 Abs. 1 BGB), und zwar aus eigenem Recht, nicht als die gesetzliche Vertreterin des Kindes. Das ist eine ganz wesentliche Änderung gegenüber dem früheren Rechtszustand. Früher bedurfte die Anerkennung der Zustimmung des Kindes (§ 1610 BGB a.F.). Die Zustimmung des Kindes ist neben der Zustimmung der Mutter zusätzlich erforderlich, wenn der Mutter insoweit die elterliche Sorge nicht zusteht (§ 1595 Abs. 2 BGB). Für ein Kind, das geschäftsunfähig oder noch nicht 14 Jahre alt ist, kann nur der gesetzliche Vertreter der Anerkennung zustimmen. Im Übrigen kann ein Kind, das in der Geschäftsfähigkeit beschränkt ist, nur selbst zustimmen; es bedarf hierzu der Zustimmung des gesetzlichen Vertreters (§ 1596 Abs. 2 BGB).

Die Anerkennungserklärung und die Zustimmungserklärung müssen öffentlich beurkundet werden (§ 1597 Abs. 1 BGB). Beglaubigte Abschriften der Anerkennung und aller Erklärungen, die für die Wirksamkeit der Anerkennung bedeutsam sind, sind dem Vater, der Mutter und dem Kind sowie dem Standesamt zu übersenden. Zuständig ist der Standesbeamte, der die Geburt des Kindes beurkundet hat (§ 44 Abs. 3 PStG).

Die Rechtswirkungen der Vaterschaft treten ein mit der Anerkennung und dem Zugang der Zustimmungserklärung. Der Standesbeamte vermerkt die Vaterschaft am Rande des Geburtseintrages des Kindes; das Kind ist mit dem Vater verwandt, der Vater dem Kinde unterhaltspflichtig (und umgekehrt); das Kind hat ein Erbrecht nach dem Vater, der Vater hat ein Erbrecht nach dem Kind. Neben diese familienrechtlichen und erbrechtlichen Ansprüche treten die sonstigen Rechtswirkungen der Vaterschaft, etwa das Zeugnisverweigerungsrecht im Zivilprozess und Strafprozess.

Muster: Vaterschaftsanerkennung eines Volljährigen   647

Verhandelt zu (…) am (…)

Vor dem unterzeichnenden Notar (…) erschien (…):

Herr (…)

Der Beteiligte erklärte:

Ich bin am (…) in (…) geboren – Standesamt (…) Reg.Nr. (…) – und deutscher Staatsangehöriger.

Ich erkenne an, der Vater des von (…) am (…) in (…) geborenen Kindes namens (…) zu sein. Die Geburt des Kindes ist bei dem Standesamt (…) Reg.Nr. (…) beurkundet.

Mir ist bekannt, dass zur Wirksamkeit der Anerkennung die Zustimmung der Mutter erforderlich ist und dass ich die Anerkennung widerrufen kann, wenn sie ein Jahr nach der Beurkundung noch nicht wirksam geworden ist.

Die Zustimmung der Mutter muss in öffentlich beurkundeter Form erfolgen.

Der Notar hat mich auf die verwandtschaftlichen, unterhaltsrechtlichen und erbrechtlichen Folgen der Anerkennung der Vaterschaft hingewiesen.

Beglaubigte Abschriften sind zu erteilen:

mir, der Mutter, dem Kind sowie dem Standesbeamten, der die Geburt des Kindes beurkundet hat.

Die Kosten trage ich.

Diese Niederschrift (…)

Zustimmung der Mutter des Kindes zur Vaterschaftsanerkennung

Verhandelt zu (…) am (…)

Vor dem unterzeichnenden Notar (…) erschien (…)

Frau (…)

Die Beteiligte erklärte:

In der Urkunde des Notars (…) in (…) vom (…) – dessen Urkundenrolle Nummer (…) – hat Herr (…), wohnhaft in (…), anerkannt, der Vater des Kindes zu sein, das ich am (…) in (…) geboren habe.

Als Mutter des Kindes erkläre ich zu der Vaterschaftsanerkennung meine Zustimmung.

Der Notar hat mich über die verwandtschaftlichen, unterhaltsrechtlichen und erbrechtlichen Folgen der Anerkennung der Vaterschaft hingewiesen.

Beglaubigte Abschriften sind zu erteilen:

mir, dem Vater, dem Kind sowie dem Standesbeamten, der die Geburt des Kindes beurkundet hat.

Die Kosten trage ich.

Diese Niederschrift (…)

4. Unterhaltspflicht gegenüber Kindern

648   Das Kindesunterhaltsgesetz hat jede sachlich nicht gerechtfertigte Unterscheidung zwischen dem Unterhalt der ehelichen und nichtehelichen Kinder beseitigt.

Das minderjährige Kind – sei es ehelich oder nichtehelich – macht nunmehr den ihm nach § 1610 ff. BGB geschuldeten angemessenen Unterhalt in zweierlei Form geltend

a) als statische monatliche Unterhaltsrente
b) als dynamisierte monatliche Unterhaltsrente mit Hilfe der Regelbeträge nach der Regelbetrag-Verordnung (§ 1612a BGB).

Als dynamisierte Rente passt sich der individuell festgesetzte Unterhaltsbetrag automatisch im Zweijahres-Rhythmus den Änderungen der Regelbetrag-Verordnung an (§ 1612a Abs. 4 BGB).

5. Elterliche Sorge

a) Vorbemerkung

649   Auch das Recht der elterlichen Sorge ist durch das Kindschaftsrechtsreformgesetz neu geregelt worden. Die Reform hat auch hier die rechtlichen Unterschiede zwischen ehelichen und nichtehelichen Kindern soweit wie möglich abgebaut. Weiter ist in § 1629a BGB eine Beschränkung der Haftung Minderjähriger eingeführt worden, die es vorher nicht gab.

b) Elterliche Sorge bei Kindern, deren Eltern miteinander verheiratet sind

650   Grundsätzlich obliegt den Eltern, und zwar gemeinsam, die Personen- und Vermögenssorge ihrer minderjährigen ehelichen Kinder (§§ 1626, 1627 BGB). Das Recht und die Pflicht hierzu nennt das Gesetz „elterliche Sorge".

Diese gesetzliche Vertretungsmacht (elterliche Sorge) kann von den Eltern nur einverständlich ausgeübt werden. Einigen sie sich nicht, so kommt eine Vertretung des Kindes nicht zustande. Jeder Elternteil kann in wichtigen Angelegenheiten bei Uneinigkeiten das Familiengericht anrufen, das dann die Entscheidung einem Elternteil übertragen kann (§ 1628 BGB). Bei der Pflege und Erziehung berücksichtigen die Eltern die wachsende Fähigkeit und das wachsende Bedürfnis des Kindes zu selbstständigem verantwortungsbewusstem Handeln. Sie besprechen mit dem Kind, soweit es nach dessen Entwicklungsstand angezeigt ist, Fragen der elterlichen Sorge und streben ein Einvernehmen mit dem Kind an (§ 1626 Abs. 2 BGB). Entwürdigende Erziehungsmaßnahmen, insbesondere körperliche und seelische Misshandlungen, sind unzulässig (§ 1631 Abs. 2 BGB). Zum Wohl des Kindes gehört in der Regel der Umgang mit beiden Elternteilen. Gleiches gilt für den Umgang mit anderen Personen, zu denen das Kind Bindungen besitzt, wenn ihre Aufrechterhaltung für seine Entwicklung förderlich ist (§ 1626 Abs. 3 BGB). Stand die elterliche Sorge den Eltern gemeinsam zu und ist ein Elternteil gestorben, so steht die elterliche Sorge dem überlebenden Elternteil allein zu (§ 1680 Abs. 1 BGB). Ist ein Elternteil, dem die elterliche Sorge allein zustand, gestorben, so hat das Familiengericht die elterliche Sorge dem überlebenden Elternteil zu übertragen, wenn dies dem Wohl des Kindes nicht widerspricht (§ 1680 Abs. 2 BGB).

Leben die Eltern, denen die elterliche Sorge gemeinsam zusteht, nicht nur vorübergehend getrennt, insbesondere im Falle der Scheidung, so kann jeder Elternteil beantragen, dass ihm das Familiengericht die elterliche Sorge oder einen Teil der elterlichen Sorge allein überträgt (§ 1671 BGB). Dem Antrag auf Übertragung der alleinigen Sorge ist stattzugeben, soweit

- der andere Elternteil zustimmt, es sei denn, dass das Kind das vierzehnte Lebensjahr vollendet hat und der Übertragung widerspricht
oder
- zu erwarten ist, dass die Aufhebung der gemeinsamen Sorge und die Übertragung auf den Antragsteller dem Wohl des Kindes entsprechen.

Wird kein Antrag „Übertragung der elterlichen Sorge" nach § 1671 BGB gestellt, so bleibt es trotz Getrenntleben und Scheidung der Eltern bei dem gemeinsamen Sorgerecht beider Eltern.

c) Elterliche Sorge bei Kindern, deren Eltern nicht miteinander verheiratet sind

Durch das Kindschaftsreformgesetz und das Gesetz vom 16.4.2013 (BGBl I 2013 Nr. 18) zur Reform der **651** elterlichen Sorge nicht miteinander verheirateter Eltern ist eine bedeutsame Änderung eingetreten. Eltern, auch wenn sie nicht miteinander verheiratet sind, steht die elterliche Sorge über ihr (nichteheliches) Kind gemeinsam zu,

1. wenn sie erklären, dass sie die Sorge gemeinsam übernehmen wollen (Sorgeerklärung), § 1626a Abs. 1 Nr. 1 BGB oder
2. wenn sie einander heiraten, § 1626a Abs. 1 Nr. 2 BGB oder
3. soweit ihnen das Familiengericht die elterliche Sorge gemeinsam überträgt.

Das Familiengericht überträgt auf Antrag eines Elternteiles die elterliche Sorge beiden Eltern gemeinsam, wenn die Übertragung dem Kindeswohl nicht widerspricht, § 1626a Abs. 2 S. 1 BGB. Im Übrigen, wenn also keiner der vorgenannten Fälle Nr. 1–3 vorliegen, hat die Mutter die elterliche Sorge allein, § 1626a Abs. 3 BGB. Damit hat auch künftig die Mutter mit der Geburt des Kindes die alleinige Sorge. Allerdings ermöglicht die Neuregelung auf Antrag des Vaters die **gemeinsame** Sorge – auch gegen den Willen der Mutter – immer dann, wenn das Wohl des Kindes der gemeinsamen Sorge nicht entgegensteht.

Sorgeerklärungen unter einer Bedingung oder eine Zeitbestimmung sind unwirksam, § 1626b BGB. Die Sorgeerklärung kann schon vor der Geburt des Kindes abgegeben werden. Die Sorgeerklärungen sind höchstpersönlich und können nur von den Eltern **selbst** abgegeben werden, §§ 1626c ff. BGB.

Eine einmal erklärte Bestimmung über die gemeinsame elterliche Sorge kann nur nach Maßgabe des **652** § 1671 BGB wieder geändert werden. Eine gemeinsame Sorge „auf Probe" ist nicht möglich. Nach § 1671 Abs. 1 BGB kann das Familiengericht auf Antrag einem Elternteil die elterliche Sorge allein übertragen, wenn die Eltern nicht nur vorübergehend getrennt leben und der andere Elternteil der Übertragung zustimmt oder zu erwarten ist, dass die Aufhebung der gemeinsamen Sorge und die Übertragung auf einen Elternteil **allein** dem Wohl des Kindes am besten entspricht. Leben die Eltern nicht nur vorübergehend getrennt, und steht die elterliche Sorge der Mutter nach § 1626a Abs. 3 BGB zu, so kann der Vater beantragen, dass ihm das Familiengericht die elterliche Sorge allein überträgt. Das Familiengericht hat dem Antrag auf Übertragung der Sorge stattzugeben, wenn zu erwarten ist, dass die Übertragung auf den Vater dem Wohl des Kindes am besten entspricht, § 1671 Abs. 2 BGB.

Die Sorgeerklärungen sollen aus Gründen der Praktikabilität in einer Urkunde beurkundet werden. Die **653** Ausfertigung dieser Urkunde erbringt den Nachweis der gemeinsamen elterlichen Sorge. Die Sorgeerklärung muss öffentlich beurkundet werden, § 1626d BGB.

Bei dem nach § 87c Abs. 6 S. 2 SGB VIII zuständigen Jugendamt (des Geburtsortes des Kindes oder des **654** Jugendlichen) wird ein Sorgeregister geführt. In das Sorgeregister werden jeweils eingetragen:

die Sorgeerklärungen nach § 1626a Abs. 1 Nr. 1 BGB und die Übertragung der elterlichen Sorge aufgrund gerichtlicher Entscheidung, § 58a SGB VIII.

Der Notar ist deshalb verpflichtet, die Abgabe von Sorgeerklärungen, die er beurkundet hat, dem zuständigen Jugendamt mitzuteilen. Das Gleiche gilt für das Familiengericht für Entscheidungen gemäß § 1626a Abs. 2 BGB. Liegen keine Eintragungen im Sorgeregister vor, so erhält die Mutter auf Antrag hierüber eine Bescheinigung vom Jugendamt, § 58a Abs. 2 SGB VIII. Durch diese Bescheinigung kann sie die elterliche Sorge, die ihr gemäß § 1626a Abs. 3 BGB zusteht, nachweisen.

Muster einer Sorgeerklärung:

Verhandelt zu (…) am (…)

Vor Notar (…)

1. Frau (…)
2. Herr (…)

Die Erschienenen wiesen sich aus durch Vorlage ihrer Personalausweise.

Die Erschienenen erklärten:

Am (…) hat Frau (…) das Kind (…) in (…) geboren. Vater des Kindes ist der zu 2. erschienene Herr …. Die Eltern sind nicht miteinander verheiratet. Die Vaterschaft ist anerkannt durch (…). Die Erschienenen erklären, dass sie die Sorge für das Kind (…) gemeinsam übernehmen wollen.

Der Notar hat die Erschienenen darauf hingewiesen, dass die Sorgeerklärung unter einer Bedingung oder Zeitbestimmung unwirksam ist und die gemeinsame Sorge nur in Ausnahmefällen vom Familiengericht auf Antrag eines Elternteils aufgehoben werden kann. Ein solcher Antrag setzt voraus, dass die Eltern nicht nur vorübergehend getrennt leben.

Wir beauftragen den beurkundenden Notar, die Abgabe der Sorgeerklärungen unter Angabe des Geburtsortes des Kindes sowie des Namens des Kindes dem nach § 87c Abs. 6 S. 2 SGB VIII für den Geburtsort des Kindes zuständigen Jugendamt zu den in § 58a SGB VIII genannten Zwecken mitzuteilen. Der Notar soll jedem von uns beliebig viele Ausfertigungen dieser Sorgeerklärung erteilen.

Diese Niederschrift wurde den Erschienenen von dem Notar vorgelesen, von ihnen genehmigt und von ihnen und dem Notar wie folgt eigenhändig unterschrieben.

6. Die gesetzliche Vertretungsmacht der Eltern

655 Die elterliche Sorge umfasst die Sorge für die Person des Kindes (Personensorge) und das Vermögen des Kindes (Vermögenssorge), § 1626 Abs. 1 BGB. Diese gesetzliche Vertretungsmacht der Eltern ist eingeschränkt:

- In manchen Fällen sind die Eltern kraft Gesetzes von der Vertretung des Kindes ausgeschlossen (§ 1629 Abs. 2 i.V.m. § 1795 BGB).
- Zu einer Reihe von Rechtsgeschäften bedürfen die Eltern der Genehmigung des Familiengerichtes (§§ 1643 ff. BGB).
- Höchstpersönliche Rechtsgeschäfte können nur von dem Minderjährigen selbst vorgenommen werden.
- Geben die Eltern das Kind für längere Zeit in Familienpflege, so kann das Familiengericht Angelegenheiten der elterlichen Sorge auf die Pflegeperson übertragen (§ 1630 Abs. 3 BGB).

656 a) Kein Elternteil kann das Kind bei Rechtsgeschäften zwischen seinem Ehegatten oder einem seiner Verwandten in gerader Linie einerseits und dem Kind andererseits sowie bei einem Rechtsgeschäft zwischen sich selbst und dem Kind vertreten (§ 1629 Abs. 2 i.V.m. §§ 1795, 181 BGB).

Durch diese Vorschrift soll eine sonst mögliche Gefährdung der Interessen des Kindes verhütet werden.

Beispiel

Das Kind kauft ein Grundstück von seinem Vater. Es könnte ein überhöhter Kaufpreis vereinbart werden. Vater und Mutter sind von der Vertretung ausgeschlossen; der Vater, weil er selbst an dem Geschäft beteiligt ist (§§ 1629, 1795, 181 BGB); die Mutter, weil ihr Ehemann an dem Geschäft beteiligt ist (§§ 1629, 1795 Abs. 1 Ziff. 1 BGB).

Da die Vertretungsmacht der Eltern eine gemeinsame (Gesamtvertretung) ist, sind *beide* Elternteile von der Vertretung ausgeschlossen, auch wenn die Ausschließungsgründe nur in der Person eines Elternteils vorliegen.

Beispiel

Das Kind kauft ein Grundstück von seinem Großvater väterlicherseits. Der Vater kann das Kind nicht vertreten, weil einer seiner Verwandten in gerader Linie beteiligt ist. Die Mutter, die mit dem Großvater (ihrem Schwiegervater) nur verschwägert ist, kann das Kind ebenfalls nicht vertreten, weil ihr Ehemann als Vater ausgeschlossen ist.

Das Vertretungsverbot erstreckt sich nicht auf Verwandte in der Seitenlinie.

Beispiel

Das Kind kauft ein Grundstück von seinem Onkel. Beide Eltern können das Kind wirksam vertreten.

Können die Eltern das Kind nicht vertreten, so hat gemäß § 1693 BGB das Familiengericht die im Interesse des Kindes erforderlichen Maßregeln zu treffen. Nach § 1909 BGB ist wegen der Verhinderung der Eltern für das Kind ein Ergänzungspfleger zu bestellen. Dies geschieht üblicherweise vor dem Abschluss des Rechtsgeschäfts. Möglich ist aber auch – insbesondere bei eiligen Verträgen – eine Bestellung nach bereits abgeschlossenem Vertrag. Hier muss dann der Pfleger, die von einem Vertreter ohne Vertretungsmacht für ihn abgegebenen Erklärungen genehmigen.

657

Wenn das Kind lediglich einen rechtlichen Vorteil durch das Rechtsgeschäft erhält, ist der Ausschluss der Eltern von der Vertretung zur Vermeidung einer Benachteiligung des Kindes nicht nötig.

Beispiel

Die Großeltern schenken dem Kind ein unbelastetes Grundstück. Hier ist ein Interessenkonflikt nicht denkbar. Der BGH hat aus diesem Grund das Vertretungsverbot des § 1795 BGB eingeschränkt ausgelegt und dahin erkannt, dass es nicht gelten soll für Geschäfte, die dem Kind lediglich einen rechtlichen Vorteil bringen.[129] Ähnlich liegen die Fälle, in denen die Eltern und das Kind auf derselben Seite des Vertragsverhältnisses stehen und daher „an einem Strang ziehen".

b) Das Gesetz schreibt vor, dass die Eltern/Vormund/Pfleger zu bestimmten, besonders wichtigen Geschäften, die außerhalb der gewöhnlichen Verwaltung des Kindesvermögens liegen, der Genehmigung des Familiengerichts bedürfen (§ 1643 BGB i.V.m. §§ 1821, 1822 Nrn. 1, 3, 5, 8–11 BGB). Wenn für einen Betreuten gehandelt wird, ist die Genehmigung des Betreuungsgerichts erforderlich (§ 1908i i.V.m. §§ 1821 ff. BGB). Es handelt sich hierbei im Wesentlichen um folgende Rechtsgeschäfte:

658

- die Verpflichtung zur Verfügung und die Verfügung über ein Grundstück, Erbbaurecht oder eine Eigentumswohnung,
- die Verpflichtung zu Verfügungen über das Vermögen im Ganzen, eine angefallene Erbschaft, ein künftiges gesetzliches Erb- und Pflichtteilsrecht sowie zur Verfügung über einen Erbteil,
- Verträge, die auf den entgeltlichen Erwerb oder die Veräußerung eines Erwerbsgeschäfts gerichtet sind, wozu auch der Beitritt zu einer GmbH und die Umwandlung von Gesellschaften gehören,
- Miet- oder Pachtverträge über die Volljährigkeit hinaus,
- gewagte Geschäfte wie Kreditaufnahme, Schuldverschreibung, Prokura, Übernahme einer fremden Verbindlichkeit (Bürgschaft, Schuldübernahme), Wechselverbindlichkeit, Sicherungsübereignung,
- Verträge, die auf den entgeltlichen Erwerb eines Grundstücks, Erbbaurechts oder einer Eigentumswohnung gerichtet sind.

Auch zur Ausschlagung einer Erbschaft des Kindes bedürfen die Eltern der Genehmigung des Familiengerichts. Fällt die Erbschaft an das Kind jedoch erst infolge der Ausschlagung eines Elternteils, so ist die Genehmigung nicht erforderlich (§ 1643 Abs. 2 BGB).

Beispiel

Die Mutter wird kraft Gesetzes Erbin ihres Vaters (also des Großvaters des Kindes). Weil der Nachlass überschuldet ist, schlägt sie die Erbschaft aus. Die Ausschlagung hat die Wirkung, dass die Erbschaft demjenigen anfällt, welcher berufen sein würde, wenn der Ausschlagende zur Zeit des Erbfalles nicht gelebt hätte (§ 1953 Abs. 2 BGB). Gemäß § 1924 Abs. 3 BGB tritt somit das Enkelkind an die Stelle der Mutter. In diesem Fall dürfen die Eltern die Erbschaft für das Kind *ohne* Genehmigung des Familiengerichts ausschlagen. Werden dagegen Mutter und Kind nebeneinander Erben, so bedarf die Mutter für die Ausschlagung der Erbschaft des Kindes der Genehmigung des Familiengerichts.

129 Vgl. dazu BGH NJW 1975, 1885.

659 Die familiengerichtliche Genehmigung kann vor oder auch, wie meist, nach der Vornahme des Rechtsgeschäfts eingeholt werden. Wird sie nachträglich eingeholt, so erklärt das Familiengericht die Genehmigung gemäß § 1828 BGB nur gegenüber den Eltern (Vormund, Pfleger). Ein Vertrag wird nach § 1829 BGB aber nicht schon damit wirksam, sondern erst, wenn die Eltern (Vormund, Pfleger) die Genehmigung dem anderen Vertragsteil mitteilen. Das verzögert die Abwicklung und erfordert, zumal in Grundbuchsachen, den Nachweis der Mitteilung. Der Notar kann, um das Verfahren abzukürzen, bevollmächtigt werden, die mit Rechtskraftvermerk versehene Genehmigung des Familiengerichts einzuholen, für den gesetzlichen Vertreter entgegenzunehmen, sie dem Vertragspartner mitzuteilen und diese Mitteilung für den Vertragspartner entgegenzunehmen. Eine solche **Doppelvollmacht** kann etwa wie folgt lauten:

> *Muster:*
>
> Der Notar wird ermächtigt, die familiengerichtliche Genehmigung für den gesetzlichen Vertreter im Empfang zu nehmen, sie dem Vertragspartner mitzuteilen und diese Mitteilung für den Vertragspartner entgegenzunehmen. Eine Ausfertigung des Genehmigungsbeschlusses soll dem Notar erteilt werden. Mit der Erteilung einer beglaubigten Abschrift oder Ausfertigung dieser Urkunde einschließlich des Genehmigungsbeschlusses wird die Genehmigung allen Beteiligten gegenüber wirksam.

Über geschenktes, geerbtes oder als Unterhaltsabfindung erlangtes Vermögen des Kindes haben die Eltern ein Verzeichnis zu errichten, wenn sein Wert 15.000 EUR übersteigt, es sei denn, der Zuwendende hätte bei der Zuwendung etwas anderes angeordnet. Reichen die Eltern das Verzeichnis nicht ein oder ist es ungenügend, so kann das Familiengericht anordnen, dass es von einer Behörde oder einem Notar aufgenommen wird (§ 1640 BGB).

660 c) Eine Reihe höchstpersönlicher Rechtsgeschäfte kann nur von den Minderjährigen selbst vorgenommen werden. Es handelt sich hierbei in erster Linie um Vorgänge des Familienrechts, z.B. die Einwilligung zur Annahme als Kind (§ 1746 BGB) oder die Eheschließung (§ 1311 BGB). Die Eltern haben das Recht, den „Umgang" des Kindes zu bestimmen, also festzulegen, mit wem das Kind „umgehen" darf und mit wem nicht (§ 1632 Abs. 2 BGB). Über Streitigkeiten entscheidet das Familiengericht auf Antrag eines Elternteils (§ 1632 Abs. 3 BGB).

Aber auch manche Vermögensangelegenheiten sind höchstpersönlicher Natur:

z.B. die Errichtung eines Testaments oder eines Erbvertrages.

661 d) Ist eine Willenserklärung gegenüber dem Kind abzugeben, so genügt die Abgabe gegenüber einem Elternteil (§ 1629 BGB).

7. Einbenennung

662 Der sorgeberechtigte Elternteil und sein (neuer) Ehegatte können dem Kind durch Erklärung gegenüber dem Standesbeamten ihren Ehenamen erteilen (§ 1618 S. 1 BGB). Die Erteilung des Namens bedarf, wenn das Kind den Namen des anderen Elternteils führt, der Einwilligung dieses Elternteils, und wenn das Kind das 5. Lebensjahr vollendet hat, auch der Einwilligung des Kindes. Das Familiengericht kann die Einwilligung des anderen Elternteils ersetzen, wenn die Erteilung des Namens zum Wohl des Kindes erforderlich ist. Die Erklärungen müssen ebenfalls öffentlich beglaubigt werden.

Die „Stiefkind-Einbenennung" gilt für nichteheliche und auch für Kinder aus geschiedenen Ehen, so genannte „Scheidungskinder". Die Einbenennung war nach altem Recht nur bei nichtehelichen Kindern möglich, nicht jedoch bei Scheidungskindern.

Dabei ist zu beachten:

Die Einbenennung ist *ausschließlich eine Namenserteilung*. Sie hat weder Rechte noch Pflichten des Stiefvaters zur Folge.

Muster: **663**

An das

Standesamt

Wir, die unterzeichnenden Eheleute (…) erteilen dem Kind (…) aus der geschiedenen Ehe der Frau (…) mit Herrn (…) unseren Ehenamen Müller.

Herr (…), der Vater des Kindes, erteilt hierzu seine Zustimmung. Über den Unterschied zwischen der Namenserteilung und der Annahme als Kind sind wir belehrt.

(…), den (…)

Unterschriftsbeglaubigung

IV. Vormundschaft, Pflegschaft und Betreuung

Das BGB unterscheidet Vormundschaft, Pflegschaft und Betreuung.   **664**

- *Vormundschaft* ist die allgemeine Fürsorge für *Minderjährige* (§§ 1773–1895 BGB). Sie ist allgemein und umfasst alle persönlichen und vermögensrechtlichen Angelegenheiten des „Mündels".
- *Pflegschaft* ist die Fürsorge für begrenzte Angelegenheiten.
  Hauptfall der Pflegschaft ist die Ergänzungspflegschaft für Personen, die unter elterlicher Sorge oder unter Vormundschaft stehen (§ 1909 BGB).
  Pflegebefohlene können auch sein: Abwesende, die Leibesfrucht, subjektiv unbekannte, objektiv ungewisse Beteiligte (z.B. noch nicht erzeugte Nacherben).
- *Betreuung* ist staatlicher Beistand für volljährige, behinderte Personen: Kann ein Volljähriger aufgrund einer psychischen Krankheit oder einer körperlichen, geistigen oder seelischen Behinderung seine Angelegenheiten ganz oder teilweise nicht besorgen, so stellt das Betreuungsgericht auf seinen Antrag oder von Amts wegen für ihn einen Betreuer (§ 1896 Abs. 1 BGB).

Bemerkung:

Das Vormundschaftsgericht ist mit Wirkung vom 1.9.2009 abgeschafft. Wenn Vormund oder Pfleger für Minderjährige bestellt werden, ist das *Familiengericht* zuständig (§ 151 FamFG). Auch soweit eine Genehmigung benötigt wird, ist diese vom Familiengericht zu erteilen.

Für die Betreuung ist das *Betreuungsgericht* zuständig (§ 271 FamFG). Das gilt auch für Genehmigungen.

1. Vormundschaft

Ein Vormund wird für alle Minderjährigen bestellt, die nicht unter elterlicher Sorge stehen (§§ 1773–1895   **665**
BGB), für Waisenkinder, aber auch Kinder, die von ihren Eltern nicht vertreten werden können, weil deren elterliche Sorge ruht (§§ 1673 ff. BGB).

Die Vormundschaft wird von Amts wegen vom *Familiengericht* ausgesprochen, wenn ein Kind des Vormundes bedarf (§ 1774 BGB). Ehegatten können gemeinschaftlich zu Vormündern bestellt werden (§ 1775 BGB). Der Vormund übt seine verwaltende Tätigkeit im Wesentlichen selbstständig aus. Im Interesse des Mündels untersteht er aber der Aufsicht des Familiengerichts. Die Vermögensverwaltung ist gesetzlich geregelt. Der Vormund hat ein Vermögensverzeichnis aufzustellen (§ 1802 BGB), das zum Vermögen des Mündels gehörende Geld „mündelsicher" anzulegen (§ 1807 BGB), Wertpapiere zu hinterlegen (§ 1814 BGB) und über seine Verwaltung dem Familiengericht Rechenschaft zu geben.

Zu bestimmten Geschäften bedarf der Vormund der Genehmigung des Familiengerichts (§§ 1821, 1822 BGB). Dazu gehören u.a. die Geschäfte, die auch die Eltern für ihre Kinder nur mit Zustimmung des Familiengerichts tätigen dürfen (vgl. Rdn 655).

Das Jugendamt (§ 1791b BGB, § 55 SGB VIII) und rechtsfähige Vereine, die vom Landesjugendamt für geeignet erklärt sind (§ 1791a BGB, § 54 SGB VIII), können zum Vormund bestellt werden, wenn eine als Einzelvormund geeignete Person nicht vorhanden ist.

2. Pflegschaft

666   Die Pflegschaft beschränkt sich auf besondere Angelegenheiten, in denen ein Fürsorgebedürfnis besteht. Auf das Verfahren bei der Pflegschaft finden die Vorschriften über die Vormundschaft entsprechende Anwendung (§ 1915 BGB). Zu allen Handlungen, zu denen ein Vormund/die Eltern der Genehmigung des Familiengerichts bedürfen, muss auch der Pfleger die familiengerichtliche Genehmigung einholen. Die Pflegschaft ist vom Familiengericht aufzuheben, wenn der Grund für die Anordnung weggefallen ist (§ 1919 BGB).

Man unterscheidet:

a)   Ergänzungspflegschaft (§ 1909 BGB)

667   Wer unter elterlicher Gewalt oder Vormundschaft steht, erhält für Angelegenheiten, an deren Besorgung die Eltern oder der Vormund (wegen der Gefahr von Interessenkollisionen) gehindert sind, einen Pfleger. Zuständig ist das Familiengericht (§ 151 FamFG). Dies gilt auch für die Verwaltung des Vermögens, das der „Pflegling" von Todes wegen erwirbt oder das ihm geschenkt wird, wenn bei der Zuwendung bestimmt wurde, dass die Eltern (bzw. der Vormund) das Vermögen nicht verwalten dürfen (§ 1909 Abs. 1 S. 2 BGB). Sind mehrere Kinder an dem Rechtsgeschäft beteiligt und treffen sie auch Abmachungen untereinander, so genügt nicht die Bestellung eines Pflegers für alle Kinder. In diesem Fall muss vielmehr für jedes Kind ein besonderer Pfleger bestellt werden.

Wenn der *Betreuer* an der Erledigung der Rechtsgeschäfte gehindert ist, kommt gemäß § 1899 Abs. 4 BGB nicht die Bestellung eines Ergänzungspflegers, sondern Ergänzungsbetreuers zur Anwendung.

b)   Abwesenheitspflegschaft (§ 1911 BGB)

668   Wer unbekannten Aufenthalts ist, erhält für seine Vermögensangelegenheiten, soweit sie der Fürsorge bedürfen, einen *Abwesenheitspfleger*.

Dasselbe gilt, wenn der Aufenthaltsort des Pfleglings zwar bekannt ist, er aber an der Rückkehr und der Besorgung seiner Vermögensangelegenheiten verhindert ist. Die Abwesenheitspflegschaft darf nur im Interesse des Abwesenden eingerichtet werden; nicht auch im Interesse seiner Gläubiger.[130] Zur Bestellung des Abwesenheitsbetreuers ist gemäß § 340 FamFG das *Betreuungsgericht* zuständig. Zu den Geschäften, zu denen der Vormund die Genehmigung des Familiengerichts einholen muss, bedarf der Abwesenheitspfleger der Genehmigung des Betreuungsgerichts.

c)   Nachlasspflegschaft (§§ 1960, 1961, 1962 BGB)

669   Das Nachlassgericht kann eine Nachlasspflegschaft anordnen,

- wenn vor der Annahme der Erbschaft Verwaltungshandlungen erforderlich werden,
- wenn der Erbe unbekannt ist,
- wenn ungewiss ist, ob der wahre Erbe die Erbschaft angenommen hat.

Der Nachlasspfleger ist gesetzlicher Vertreter des Erben. Er hat den Erben zu ermitteln und den Nachlass zu erhalten. Dazu gehört auch die Befriedigung von Nachlassverbindlichkeiten, ggf. mittels Versilberung von Nachlassgegenständen (auch Grundstücken).

Bei der Nachlasspflegschaft tritt an die Stelle des Familiengerichts oder des Betreuungsgerichts das *Nachlassgericht* (§ 1962 BGB). Zu den Geschäften, zu denen der Vormund die Genehmigung des Familiengerichts einholen muss, bedarf der Nachlasspfleger der Genehmigung des Nachlassgerichts.

---

130 OLG Zweibrücken Rpfleger 1987, 201.

3. Betreuung

Kann ein Volljähriger aufgrund einer psychischen Krankheit oder einer körperlichen oder seelischen Behinderung seine Angelegenheiten ganz oder teilweise nicht selbst besorgen, so bestellt das Betreuungsgericht für ihn einen Betreuer (§ 1896 Abs. 1 BGB).

670

a) Allgemeines

Die Entmündigung (§ 6 BGB) ist seit 1.1.1992 abgeschafft. Gleichzeitig entfallen sind der mit der Entmündigung automatisch verbundene Verlust der Geschäftsfähigkeit (§ 104 Nr. 3 BGB a.F.) bzw. die Beschränkung der Geschäftsfähigkeit. §§ 114 und 115 BGB sind ebenfalls aufgehoben. Die Geschäftsunfähigkeit einer Person kann nicht mehr konstitutiv festgestellt werden. Die Geschäftsunfähigkeit beurteilt sich nunmehr allein nach § 104 Nr. 2 BGB, der so genannten „natürlichen" Geschäftsunfähigkeit. Nur wer sich in einem die freie Willensbestimmung ausschließenden Zustand krankhafter Störung der Geistestätigkeit befindet, ist geschäftsunfähig.

671

Daraus ergibt sich eine wichtige Folgerung:

Die Betreuung *allein* hat keine Auswirkung auf die Geschäftsfähigkeit der Person. Auch der Betreute bleibt grundsätzlich handlungsfähig, wenn er nicht geschäftsunfähig im natürlichen Sinne ist (§ 104 Nr. 2 BGB). Er kann also Testamente errichten oder allein (ohne Betreuer) Kaufverträge abschließen. Gegen den freien Willen eines Volljährigen darf ein Betreuer nicht bestellt werden (§ 1896 Abs. 1a BGB).

b) Erforderlichkeit der Betreuung

Die Bestellung eines Betreuers und die Festlegung seines Aufgabenkreises dürfen nur erfolgen, wenn und soweit die Betreuung *erforderlich* ist (§ 1896 Abs. 2 BGB). Eine Betreuung ist dann nicht erforderlich, wenn die Angelegenheiten des Volljährigen durch einen Bevollmächtigten oder durch andere Hilfen ebenso gut wie durch einen Betreuer besorgt werden können (vgl. Vorsorgevollmacht nachstehend Ziffer 4.). Eine Vollmacht vermeidet die Bestellung eines Betreuers. Sie geht daher einer Betreuung vor.

672

Der Grundsatz der Erforderlichkeit schränkt auch den *Umfang* der Betreuung ein. Erfolgte nach dem alten Recht die Anordnung der Pflegschaft pauschal für Vermögenssorge und/oder Personensorge, so ist die Anordnung der Betreuung begrenzt auf das Notwendige. Entsprechend der Art und Schwere der Behinderung wird der Aufgabenkreis des Betreuers weit oder eng gefasst. Alle Bereiche, die der Betreute trotz seiner Behinderung selbst weiter erledigen kann, müssen aus dem Aufgabenbereich des Betreuers herausgenommen werden. Das Betreuungsgericht muss den Aufgabenkreis differenziert aussprechen.

Die Betreuung darf in zeitlicher Hinsicht nur so lange aufrechterhalten bleiben, wie das unumgänglich ist. Spätestens alle sieben Jahre hat das Betreuungsgericht über Aufhebung oder Verlängerung zu entscheiden (§§ 294 Abs. 3, 295 Abs. 2 FamFG).

Die Auswahlfreiheit des Betreuungsgerichts in der Person des Betreuers ist eng. Schlägt der Volljährige eine Person vor, die zum Betreuer bestellt werden kann, so ist diesem Vorschlag zu entsprechen, wenn er nicht dem Wohl des Volljährigen zuwiderläuft (§ 1897 Abs. 4 BGB). Schlägt der Volljährige niemanden vor, so ist bei der Auswahl des Betreuers auf die verwandtschaftlichen und sonstigen persönlichen Bindungen Rücksicht zu nehmen (§ 1897 Abs. 5 BGB).

c) Einwilligungsvorbehalt

Da durch die Anordnung der Betreuung keine Feststellung darüber getroffen wird, ob jemand geschäftsfähig ist oder nicht, muss der Gesetzgeber den Betroffenen vor schädlichen Geschäften, die er nicht verantworten kann, schützen. Dies geschieht durch den Einwilligungsvorbehalt. Nach § 1903 Abs. 1 BGB kann das Betreuungsgericht anordnen, dass der Betreute zu einer Willenserklärung, die den Aufgabenbereich des Betreuers betrifft, dessen Einwilligung bedarf. Der Vorbehalt darf aber nur ausgesprochen werden, soweit dies zur Abwendung einer erheblichen Gefahr für die Person oder das Vermögen des Betreuten notwendig ist. Nicht betroffen von der Anordnung sind Willenserklärungen, die dem Betreuten lediglich einen rechtlichen Vorteil bringen oder eine geringfügige Angelegenheit des täglichen Lebens betreffen (§ 1903 Abs. 3 BGB).

673

Der Einwilligungsvorbehalt bewirkt, dass der Betreute zu einem Rechtsgeschäft, das den Aufgabenkreis des Betreuers betrifft, dessen Einwilligung bedarf. Ist der Betreute natürlich geschäftsfähig und ist ein Einwilligungsvorbehalt angeordnet, so ist der Betreute dadurch beschränkt geschäftsfähig geworden. Das Betreuungsgesetz führt eine „partielle" beschränkte Geschäftsfähigkeit ein, die es im BGB bisher nicht gab. § 1903 BGB verweist hinsichtlich der Folgen des Vorbehaltes auf §§ 108 ff. BGB. Die §§ 108–113, 131 Abs. 2 und 206 BGB gelten entsprechend.

Das bedeutet:

- Ein ohne Einwilligung des Betreuers geschlossener Vertrag ist schwebend unwirksam, seine Wirksamkeit hängt von der Genehmigung des Betreuers ab (§ 108 BGB);
- einseitige Rechtsgeschäfte, die der Betreute ohne die erforderliche Einwilligung des Betreuers getätigt hat, sind unwirksam (§ 111 BGB);
- Willenserklärungen, die gegenüber dem Betreuten abgegeben werden, werden nicht wirksam, bevor sie dem Betreuer zugegangen sind (§ 131 Abs. 2 BGB);
- der Taschengeldparagraph gilt ebenfalls, sodass der Betreute in geringem Umfang eigenverantwortlich am Rechtsverkehr teilnehmen kann.

d) Stellung des Betreuers

674   Der Betreuer hat die Stellung des gesetzlichen Vertreters des Betreuten; er vertritt den Betreuten gerichtlich und außergerichtlich (§ 1902 BGB). Da die Bestellung des Betreuers (solange kein Einwilligungsvorbehalt ausgesprochen wurde) keinen Einfluss auf die Geschäftsfähigkeit des Betreuten hat, bleibt der Betreute auch im Aufgabenbereich des Betreuers handlungsfähig, soweit er im natürlichen Sinne geschäftsfähig ist.

Auf die Betreuung sind die Vorschriften über die Vormundschaft sinngemäß anzuwenden (§ 1908i BGB). Der Betreuer bedarf zu seinen Maßnahmen – mit und ohne Einwilligungsvorbehalt – der Genehmigung des Betreuungsgerichts in demselben Umfang, wie dies bisher der Pfleger oder Vormund bedurfte. Für den Notar besonders wichtig: § 1795 BGB (gesetzlicher Ausschluss der Vertretungsmacht); § 1802 BGB (Vermögensverzeichnis); § 1821 BGB (Genehmigung für Grundstücksgeschäfte); § 1822 Nr. 1 bis 4, 6 bis 13 BGB (Genehmigung für sonstige Geschäfte); § 1823 BGB (Erwerbsgeschäft); vgl. im Einzelnen den Katalog des § 1908i BGB.

Steht ein Volljähriger unter Betreuung und ist der Betreuer an der Besorgung einer bestimmten Angelegenheit verhindert (z.B. weil er selbst ein Rechtsgeschäft mit dem Betreuten vornehmen will), dann ist nach § 1899 Abs. 4 BGB ein weiterer Betreuer (sog. Ergänzungsbetreuer) mit dem entsprechenden beschränkten Aufgabenkreis zu bestellen.

e) Betreuungsverfügung

675   § 1901 Abs. 3 BGB verpflichtet den Betreuer, den Wünschen des Betreuten zu entsprechen. Dies gilt auch für Wünsche, die der Betreute vor der Bestellung des Betreuers geäußert hat. Damit haben Erklärungen, die in einer „Betreuungsverfügung" festgelegt worden sind, eine bindende Wirkung erhalten. § 1901c BGB ordnet eine Ablieferungspflicht für Schriftstücke an, in denen jemand für den Fall seiner Betreuung Vorschläge zur Auswahl des Betreuers oder Wünsche zur Wahrnehmung der Betreuung geäußert hat. Ein besonderes Formerfordernis ist für Betreuungsverfügungen nicht vorgesehen. Inhalt solcher Betreuungsverfügungen kann zunächst die Auswahl des Betreuers und Regelung seiner Vergütung sein. Der ältere Mensch wird auch Wünsche äußern, wie er untergebracht sein möchte, etwa welches Altenheim ihn aufnehmen soll, ob seine Wohnung aufgelöst werden soll und vieles andere mehr.

Auch nach der gesetzlichen Regelung der Patientenverfügung durch das dritte Betreuungsrechtsänderungsgesetz, das zum 1.9.2009 in Kraft getreten ist, können in die Betreuungsverfügung Regelungen über die medizinische Versorgung für den Fall einer Erkrankung aufgenommen werden. Ein Schriftstück, das solche Regelungen neben der Betreuungsverfügung enthält, sollte als Betreuungsverfügung nebst Patientenverfügung bezeichnet werden.

Anders als die Vorsorgevollmacht soll die Betreuungsverfügung die Betreuung nicht verhindern, sondern nach dem Willen des Betreuten inhaltlich *ausgestalten*. Das kann ein wichtiger Gesichtspunkt bei der notariellen Beratung sein: Hat der Betroffene keine Person, der er vertraut oder der er eine Vorsorgevollmacht erteilen kann, so bietet es sich an, eine Betreuungsverfügung zu empfehlen. Der Betroffene kann in der Betreuungsverfügung einen Personenkreis benennen, aus dem der Betreuer ausgewählt werden soll, und weitere Betreuungswünsche niederlegen, die der Betreuer zu beachten hat. Anders als der Bevollmächtigte steht diese Person unter der Kontrolle des Betreuungsgerichts.

Nicht nur Vorsorgevollmachten können im Zentralen Vorsorgeregister registriert werden, sondern auch (isolierte) Betreuungsverfügungen.

Verhandelt zu (…)

Vor Notar (…)

erschien

Herr/Frau (…)

Der Erschienene ließ folgende

Betreuungsverfügung

beurkunden und erklärte:

Für den Fall, dass ich betreuungsbedürftig werden sollte, schlage ich dem Betreuungsgericht vor, eine Person zu meinem Betreuer zu bestellen, die der Sozialdienst Katholischer Frauen e.V. meiner Heimatstadt (…) benennt.

Bezüglich der Ausgestaltung der Betreuung bitte ich den Betreuer, meinen folgenden Wünschen zu entsprechen:

1. Der Betreuer soll so weit wie möglich für mich eine häusliche Pflege einrichten, damit ich so lange wie möglich in meiner Wohnung bleiben kann.
2. Sollte, auch mit Unterstützung von Hilfskräften, es nicht mehr möglich sein, dass ich in meiner Wohnung bleiben kann, so soll der Betreuer meine Wohnung auflösen und mich in dem Seniorenstift A in B unterbringen. Die Unterbringung soll aus meiner Pension bezahlt werden. Wenn diese nicht ausreicht, sollen meine Ersparnisse verwendet werden. Der Betreuer soll meinen Hausrat, soweit ich ihn nach meinem Umzug in das Seniorenstift nicht mehr benötige, auflösen und versilbern.
3. Der Betreuer soll die Grabstätte meines verstorbenen Ehemannes gärtnerisch pflegen lassen.

Ich bitte, mir zwei Ausfertigungen dieser Betreuungsverfügung zu erteilen.

Diese Niederschrift wurde der/dem Erschienenen vorgelesen.

(…)

4. Vorsorgevollmacht

a) Subsidiarität der Betreuung

Eine Betreuung ist nach § 1896 Abs. 2 S. 1 BGB nicht erforderlich, soweit die Angelegenheiten des Volljährigen durch einen Bevollmächtigten ebenso gut wie durch einen Betreuer besorgt werden können. Die Vorsorgevollmacht schließt eine Betreuung gemäß §§ 1896 ff. BGB aus. Die Vorsorgevollmacht geht daher einer Betreuung vor. Der Gesetzgeber unterstützt damit die privatautonome Vorsorge. Die Betreuung soll nur subsidiär (ersatzweise) sein: Nur wenn der Vollmachtgeber nicht durch Vorsorgevollmacht für den Fall seiner Behinderung vorgesorgt hat, soll eine staatliche Betreuung eingerichtet werden. **676**

b) Begriff der Vorsorgevollmacht

Die Vorsorgevollmacht ist eine rechtsgeschäftliche Vollmacht nach §§ 164 ff. BGB, die regelmäßig ausdrücklich für die Zeit der Betreuungsbedürftigkeit gelten soll. Der Begriff „Alters"-Vorsorgevollmacht **677** ist zu eng, denn die Erteilung der Vorsorgevollmacht kann auch für jüngere Menschen sinnvoll sein, die z.B. durch einen Unfall oder durch eine absehbare Verschlechterung eines bereits vorhandenen Leidens in eine Betreuungssituation geraten können.

Im Hinblick auf die Reichweite der Vollmacht wird regelmäßig zwischen den vermögensrechtlichen Angelegenheiten einerseits und den persönlichen Angelegenheiten andererseits unterschieden. Wird eine Vollmacht für beide Bereiche erteilt, spricht man auch von einer General- und Vorsorgevollmacht.

c) Form der Vorsorgevollmacht

678 Grundsätzlich bedarf die Vorsorgevollmacht auch als Generalvollmacht keiner notariellen Form. Jedoch ist Folgendes zu beachten:

Im Hinblick auf § 29 Abs. 1 GBO und § 12 Abs. 1 HGB und § 311b Abs. 1 S. 1 BGB (bzw. die Rechtsprechung hierzu) ist eine Vorsorgevollmacht, mit der der Bevollmächtigte für den Vollmachtgeber auch Grundstücksgeschäfte vornehmen und Erklärungen gegenüber dem Grundbuchamt oder dem Handelsregister abgeben soll, nur verwendbar, wenn sie zumindest notariell beglaubigt ist. Ein Verbraucherkredit kann im Namen des Vollmachtgebers regelmäßig nur aufgenommen werden, wenn die Vollmacht notariell beurkundet ist (§ 492 Abs. 4 S. 2 BGB), da anderenfalls bereits bei der schriftlichen Vollmachtserteilung der Inhalt des Darlehensvertrages in die Vollmacht aufgenommen werden müsste (§ 492 Abs. 4 S. 1 BGB).

Wird die Vollmacht notariell beurkundet, muss der Notar die Geschäftsfähigkeit des Betroffenen prüfen. Damit bietet eine in dieser Form errichtete Vorsorgevollmacht einen Schutz gegen den nachträglich vorgebrachten Einwand, die Vollmacht sei bereits wegen zum Zeitpunkt ihrer Errichtung vorhandener Geschäftsunfähigkeit des Vollmachtgebers unwirksam.

Wenn der Bevollmächtigte auch zur Einwilligung in eine Untersuchung des Gesundheitszustandes, eine Heilbehandlung oder einen ärztlichen Eingriff befugt sein soll, bei dem begründete Gefahr besteht, dass der Betroffene aufgrund der Maßnahme stirbt oder einen schweren und länger dauernden gesundheitlichen Schaden erleidet, so ist die Einwilligung nur wirksam, wenn die Vollmacht zumindest schriftlich erteilt ist und die vorgenannten Maßnahmen *ausdrücklich* (nicht notwendig wörtlich) umfasst (§ 1904 Abs. 1 und 5 BGB). Dies gilt nach dem durch das dritte Betreuungsrechtsänderungsgesetz neu eingefügten § 1904 Abs. 2 i.V.m. § 1904 Abs. 5 BGB nun auch für die Nichteinwilligung oder den Widerruf der Einwilligung des Bevollmächtigten in eine entsprechende Untersuchung, Heilbehandlung oder einen ärztlichen Eingriff, wenn die Maßnahme medizinisch angezeigt ist und die begründete Gefahr besteht, dass der Betroffene *aufgrund des Unterbleibens oder des Abbruchs der Maßnahme* stirbt oder einen schweren und länger dauernden gesundheitlichen Schaden erleidet.

679 Entsprechendes gilt für Unterbringungen gemäß § 1906 Abs. 1 BGB oder für unterbringungsähnliche Maßnahmen gemäß § 1906 Abs. 4 BGB, die mit einer Freiheitsentziehung verbunden sind. Auch sie werden von einer Vollmacht nur dann umfasst, wenn die Vollmacht schriftlich erteilt ist und sich ausdrücklich auf die Möglichkeit einer Unterbringung oder unterbringungsähnlichen Maßnahme erstreckt (§ 1906 Abs. 5 S. 1 BGB).

Die Einwilligung eines Betreuers in eine ärztliche Zwangsmaßnahme ist nur unter bestimmten, nunmehr in § 1906a Abs. 1 BGB geregelten Voraussetzungen möglich und bedarf der Genehmigung des Betreuungsgerichts. Gemäß § 1906a Abs. 5 BGB gilt dies ebenso für einen Vorsorgebevollmächtigten. Die Vorsorgevollmacht muss daher ausdrücklich auch die Befugnis zur Einwilligung in eine ärztliche Zwangsmaßnahme umfassen. Im Zentralen Vorsorgeregister wird diesbezüglich eine Registrierungsmöglichkeit vorgesehen, ob Maßnahmen nach §§ 1906 f. BGB von der Vollmacht umfasst sind.

d) Genehmigung des Betreuungsgerichts zu Handlungen des Bevollmächtigten

680 Zu der in § 1904 Abs. 1 BGB genannten Einwilligung in eine Untersuchung des Gesundheitszustandes, eine Heilbehandlung oder einen ärztlichen Eingriff oder eine Unterbringung (§ 1906 Abs. 1 BGB) oder eine ärztliche Zwangsmaßnahme (§ 1906a Abs. 1 BGB) bedürfen der Bevollmächtigte und der Betreuer der Genehmigung des Betreuungsgerichtes (§§ 1904 Abs. 1 S. 1, 1906 Abs. 2 S. 1 BGB, § 1906a Abs. 2 BGB), es sei denn mit dem Aufschub der Maßnahme ist Gefahr verbunden; soweit möglich ist die Genehmigung dann aber nachzuholen (§ 1906 Abs. 2 S. 2 BGB). Das Gleiche gilt nach dem neu eingefügten § 1904 Abs. 2 i.V.m. § 1904 Abs. 5 BGB nun auch für die Nichteinwilligung in die Heilbehandlung oder den ärztlichen Eingriff, auch wenn die begründete Gefahr besteht, dass der Betreute aufgrund des Abbruchs oder Unterbleibens der Maßnahme stirbt.

Eine Genehmigung ist allerdings seit der durch das dritte Betreuungsrechtsänderungsgesetz in § 1904 Abs. 4 und 5 BGB eingefügten Regelung *nicht mehr erforderlich,* wenn zwischen Bevollmächtigtem (Betreuer) und behandelndem Arzt Einvernehmen darüber besteht, dass die Erteilung, die Nichterteilung oder der Widerruf der Einwilligung dem Willen des Betroffenen entspricht, sei es in Form einer Patientenverfügung nach § 1901a Abs. 1 BGB, eines Behandlungswunschs nach § 1901a Abs. 2 BGB oder seines mutmaßlichen Willens im Sinne des § 1901a Abs. 2 BGB.

Bis zu dieser gesetzlichen Regelung war lange zweifelhaft, ob die Einwilligung eines Vertreters bzw. Betreuers in die Beendigung einer lebenserhaltenden Maßnahme der gerichtlichen Genehmigung bedurfte. Der BGH hatte in einem Beschluss[131] über die Beendigung einer Sondenernährung bei einem Komapatienten zu entscheiden. Der BGH hat rechtsfortbildend eine Genehmigungspflicht durch das Vormundschaftsgericht für die Beendigung der lebenserhaltenden Maßnahme nicht aus einer analogen Anwendung des § 1904 BGB hergeleitet, sondern aus einem unabweisbaren Bedürfnis des Betreuungsrechts. Zugleich hat der BGH in dieser Entscheidung Richtlinien für das Verhalten von Betreuern und Bevollmächtigten vorgegeben. Diese Richtlinien für das Verhalten von Betreuern und Bevollmächtigten sind in die gesetzliche Regelung durch das dritte Betreuungsrechtsänderungsgesetz eingeflossen.

e) Hinweise auf Risiken der Vollmacht und Vorschläge zur Sicherung des Vollmachtgebers

Enthält die Vollmacht keine ausdrückliche Befreiung von den Beschränkungen des § 181 BGB, gilt diese Vorschrift grundsätzlich uneingeschränkt. Eine Befreiung ist mit dem Vollmachtgeber in jedem Fall zu besprechen. Ob die Befreiung erteilt werden sollte, hängt vom Einzelfall ab. Hilfreich ist die Befreiung in vielen Fällen, z.B. bei Erbauseinandersetzung. Die Missbrauchsgefahr ist jedoch nicht zu übersehen.   681

Der Notar wird mit dem Vollmachtgeber darüber sprechen, ob nicht einige risikoreichen Geschäfte von der Vollmacht ausgenommen sein sollen. Z.B. können Grundstücksgeschäfte ausgenommen werden.

Muster:

Der Bevollmächtigte ist nicht befugt, über meinen Grundbesitz zu verfügen. Er darf diesen insbesondere weder veräußern noch belasten.

f) Weiterer Bevollmächtigter

Häufig ist es sinnvoll, einen weiteren Bevollmächtigten zu bestimmen, der dann handeln soll, wenn der zunächst in der Urkunde Genannte ausfallen sollte. Es könnte daran gedacht werden, wenn Ehegatten sich gegenseitig bevollmächtigen, die Kinder oder eines der Kinder als weiteren Bevollmächtigten einzusetzen für den Fall, dass der zunächst Bevollmächtigte ausfällt.   682

Muster (weitere Vollmacht):

Eine Vollmacht mit dem Inhalt gemäß Abschnitt I. §§ 1 und 2 dieser Urkunde erteilt ein jeder von uns unseren Kindern (…),

und zwar jeweils allein handlungsbefugt (oder jeweils zwei gemeinsam handlungsbefugt).

Der Notar soll diesen Bevollmächtigten jetzt noch keine Ausfertigung dieser Urkunde erteilen. Eine Ausfertigung soll diesen Bevollmächtigten nur erteilt werden, wenn die Vollmachtgeber den Notar hierzu schriftlich anweisen. Sollten die Vollmachtgeber dazu nicht mehr in der Lage sein, so dürfen die in dieser Ziffer genannten Bevollmächtigten gegen Vorlage einer dies belegenden ärztlichen Bescheinigung beliebig viele Ausfertigungen dieser Urkunde vom Notar verlangen.

---

131 BGH DNotZ 2003, 850.

g) Vorlage einer Ausfertigung

683　Zu einer Wirksamkeitsvoraussetzung der Vollmacht kann gemacht werden, dass der Bevollmächtigte eine gemäß § 49 Abs. 2 BeurkG auf *seinen Namen* erteilte Ausfertigung der Vollmachtsurkunde vorlegt. Dies sichert den Vollmachtgeber davor, dass der Bevollmächtigte – obwohl die Vollmacht widerrufen wurde – unter Vorlage einer Ausfertigung, sei sie auch auf den Namen des Vollmachtgebers ausgestellt, handelt. Diese Wirksamkeitsvoraussetzung anzuordnen ist empfehlenswert, wenn in einer Urkunde mehrere Personen bevollmächtigt werden oder zwei Personen, z.B. Eheleute, sich gegenseitig bevollmächtigen.

> *Muster:*
>
> Jeder der Bevollmächtigten kann aufgrund dieser Vollmacht nur handeln, wenn er eine Ausfertigung dieser Urkunde vorlegt, die ihm persönlich erteilt ist, das heißt, deren Ausfertigungsvermerk seine Person bezeichnet. Eine bloße, auch beglaubigte, Abschrift dieser Urkunde ist nicht ausreichend.

h) Vollmachtsüberwachungsbetreuer

684　§ 1896 Abs. 3 BGB sieht vor, als Aufgabenkreis eines Betreuers auch die Geltendmachung von Rechten des Betreuten gegenüber seinem Bevollmächtigten zu bestimmen. § 1896 Abs. 3 BGB geht von der Situation aus, dass der Betroffene einen Bevollmächtigten bestellt hat, ihn aber nicht überwachen kann, und, falls er zwischenzeitlich geschäftsunfähig ist, die Vollmacht insbesondere auch nicht mehr widerrufen kann.

Die Einrichtung einer Vollmachtsüberwachungsbetreuung wird jedoch selten vorkommen. Zur Einrichtung muss hinzukommen, dass ein *konkreter* Überwachungsbedarf besteht. Allein die Unfähigkeit des Betroffenen, seinen Bevollmächtigten zu überwachen, kann dazu nicht ausreichen. Denn der Vollmachtgeber wollte gerade in den Fällen, in denen er geschäftsunfähig ist, dem Bevollmächtigten sein Vertrauen schenken und eine staatliche Intervention vermeiden.

i) Zentrales Vorsorgeregister

685　Die Bundesnotarkammer hat ein zentrales elektronisches Register für Vorsorgevollmachten und Betreuungsverfügungen eingerichtet. Das Register dient dazu, im Falle eines Betreuungsverfahrens dem Betreuungsgericht die schnelle und zuverlässige Information über relevante Urkunden zu ermöglichen, um unnötige Betreuungen im Interesse des Bürgers zu vermeiden. Hinsichtlich der Auffindbarkeit von Urkunden ist das Register vergleichbar mit dem Benachrichtigungssystem in Nachlasssachen nach den Allgemeinen Verfügungen (AV) der Bundesländer. Auf die Möglichkeit der Registrierung soll der Notar gemäß § 20a BeurkG hinweisen.

Das für die Übermittlung der Handelsregisteranmeldungen dienende Programm „X-Notar" ist geeignet, die notwendigen Daten dem zentralen Vorsorgeregister zu übermitteln. Ebenso können die Daten über die Homepage des Zentralen Vorsorgeregisters unter *www.vorsorgeregister.de* übertragen werden. Zusätzliche Angaben wie Telefonnummern der Bevollmächtigten bzw. vorgeschlagenen Betreuer oder ergänzende Angaben zum Inhalt der Urkunden sind ebenfalls möglich.

Wenn der Bevollmächtigte, der an der Urkunde nicht beteiligt ist, auf der Datenerfassungsseite genannt wird, ist es notwendig, seine Zustimmung einzuholen. Er wird dazu vom Zentralen Vorsorgeregister angeschrieben und kann der Registrierung seiner Daten widersprechen.

Das Zentrale Vorsorgeregister stellt auf Verlangen zudem mit der „ZVR-Karte" eine Plastikkarte im Scheckkartenformat für den Vollmachtgeber zur Verfügung, die auf die Registrierung der Vorsorgevollmacht im Zentralen Vorsorgeregister verweist und die der Vollmachtgeber in seiner Geldbörse bei sich tragen kann. In die Karte können neben dem Namen des Vollmachtgebers die Namen von bis zu zwei Bevollmächtigten und deren Telefonnummern sowie der Aufbewahrungsort der Vollmacht eingetragen werden. Zudem kann angekreuzt werden, ob auch eine Betreuungsverfügung und/oder eine Patientenverfügung mit der Vorsorgevollmacht verbunden ist.

Muster einer Vorsorgevollmacht (ohne Patientenverfügung) einer Einzelperson: **686**

Der Erschienene ließ folgende

VORSORGEVOLLMACHT

beurkunden und erklärte:

Die nachstehende Vollmacht dient der Vermeidung der Bestellung eines Betreuers gemäß den §§ 1896 ff. BGB. Sie geht daher einer Betreuung vor.

Der Bevollmächtigte soll von der nachstehenden Vollmacht nur dann Gebrauch machen, wenn ich durch Alter oder Krankheit daran gehindert bin, für mich selbst zu sorgen. Diese Bestimmung ist jedoch keine Beschränkung der Vollmacht gegenüber Dritten, sondern lediglich eine Anweisung des Vollmachtgebers an den Bevollmächtigten, die nur im Innenverhältnis gilt; im Außenverhältnis gegenüber Dritten und Behörden ist diese Vollmacht unbeschränkt.

I. BEVOLLMÄCHTIGUNG

Ich bevollmächtige hiermit Herrn/Frau

(...)

mich in allen persönlichen und vermögensrechtlichen Angelegenheiten nach Maßgabe der nachstehenden Bestimmungen gerichtlich und außergerichtlich zu vertreten.

§ 1 Vermögensrechtliche Angelegenheiten

1. Der Bevollmächtigte ist berechtigt, mich in allen vermögensrechtlichen Angelegenheiten zu vertreten.
2. Der Bevollmächtigte kann in einzelnen Vermögensangelegenheiten Untervollmacht erteilen.
3. Der Bevollmächtigte ist befugt, Rechtsgeschäfte mit sich im eigenen Namen und als Vertreter Dritter vorzunehmen.

§ 2 Persönliche Angelegenheiten

1. Der Bevollmächtigte ist ferner berechtigt, mich in allen persönlichen Angelegenheiten, soweit dies gesetzlich zulässig ist, zu vertreten. Insbesondere ist der Bevollmächtigte zu allen Erklärungen und Handlungen berechtigt, zu denen ein Betreuer mit oder ohne Genehmigung des Betreuungsgerichts befugt wäre, wie
   a) die Einwilligung in eine Untersuchung des Gesundheitszustandes, eine Heilbehandlung oder einen ärztlichen Eingriff zu erteilen oder nicht zu erteilen oder eine solche Einwilligung zu widerrufen, auch wenn die begründete Gefahr besteht, dass ich aufgrund der Maßnahme sterbe oder einen schweren dauernden gesundheitlichen Schaden erleide (§ 1904 BGB); hierbei ist der Bevollmächtigte auch befugt, Krankenunterlagen einzusehen und alle Informationen von den behandelnden Ärzten einzuholen, die von ihrer Schweigepflicht hiermit entbunden werden,
   b) in den Abbruch lebenserhaltender Maßnahmen einzuwilligen, nicht einzuwilligen oder eine solche Einwilligung zu widerrufen, auch wenn Gefahr besteht, dass ich aufgrund des Abbruches sterbe;
   c) zur Einwilligung in eine Unterbringung, die mit einer freiheitsentziehenden Maßnahme verbunden ist (§ 1906 BGB),
   d) zur Einwilligung in freiheitsbeschränkende Maßnahmen im Sinne von § 1906 Abs. 4 BGB (Freiheitsentziehung durch mechanische Vorrichtung, Medikamente oder auf andere Weise),
   e) zur Einwilligung in eine meinem natürlichen Willen widersprechende ärztliche Maßnahme (ärztliche Zwangsmaßnahme) im Sinne von § 1906a Abs. 1 BGB,
   f) zur Bestimmung meines Aufenthalts und zur Kündigung eines Mietverhältnisses über Wohnraum (§ 1907 BGB).
2. Die Vollmacht in persönlichen Angelegenheiten ist übertragbar. Untervollmacht darf auch in persönlichen Angelegenheiten erteilt werden.

II. BETREUUNGSVERFÜGUNG

Sollte trotz der hier bestellten Vollmacht für mich eine Betreuung notwendig werden, bestimme ich, dass der Bevollmächtigte zu meinem Betreuer bestellt wird. Ist der Bevollmächtigte nicht bereit oder in der Lage, meine Angelegenheiten wahrzunehmen, so soll der Betreuer jeweils aus dem Kreis der nächsten Verwandten bestimmt werden.

III. SCHLUSSBESTIMMUNGEN

1. Die Vollmacht soll durch meinen Tod nicht erlöschen, ebenfalls nicht durch meine Geschäftsunfähigkeit. Sie soll auch dann wirksam bleiben, wenn ein Betreuer für mich bestellt wird.
2. Dem Bevollmächtigten sind auf Verlangen beliebig viele Ausfertigungen dieser Urkunde zu erteilen.
3. Jeder Bevollmächtigte kann aufgrund dieser Vollmacht nur handeln, wenn er eine Ausfertigung dieser Urkunde vorlegt, die ihm persönlich erteilt ist, das heißt, deren Ausfertigungsvermerk seine Person bezeichnet.

Umstände, aufgrund derer die erforderliche Geschäftsfähigkeit der Erschienenen in Zweifel gezogen werden könnte, waren nicht ersichtlich.

Diese Niederschrift wurde dem Erschienenen von dem Notar vorgelesen, von ihm genehmigt und von ihm und dem Notar wie folgt eigenhändig unterschrieben:

5. Patientenverfügung und Behandlungswünsche

a) Begriff

687 Als Patientenverfügung (§ 1901a Abs. 1 S. 1 BGB) bezeichnet man schriftliche Willensäußerungen eines Volljährigen im Hinblick auf bestimmte medizinische Behandlungen oder Nichtbehandlung, wenn der Verfügende seinen Willen aufgrund einer Krankheit oder Behinderung zeitweise oder dauerhaft nicht mehr äußern kann. Der Bevollmächtigte/Betreuer hat zu prüfen, ob diese Festlegungen auf die aktuelle Lebens- und Behandlungssituation zutreffen (§ 1901a Abs. 1 S. 1 BGB). Ist dies der Fall, so hat der Betreuer dem Willen des Betreuten Ausdruck und Geltung zu verschaffen (§ 1901a Abs. 1 S. 2 BGB).

Es ist im Einzelfall schwierig, vor einer konkreten Krankheitssituation die gewünschten oder unerwünschten Behandlungsmaßnahmen hinreichend konkret zu beschreiben, um den Anforderungen an eine (qualifizierte) Patientenverfügung im Sinne des § 1901a Abs. 1 BGB zu genügen.

Liegt somit keine (qualifizierte) Patientenverfügung vor oder treffen die Festlegungen einer Patientenverfügung nicht auf die aktuelle Lebens- und Behandlungssituation zu, hat der Betreuer die *Behandlungswünsche* oder den mutmaßlichen Willen des Betreuten festzustellen und auf dieser Grundlage zu entscheiden, ob er in eine ärztliche Maßnahme nach § 1901a Abs. 1 BGB einwilligt oder sie untersagt. Der mutmaßliche Wille ist aufgrund konkreter Anhaltspunkte zu ermitteln. Zu berücksichtigen sind insbesondere frühere mündliche oder schriftliche Äußerungen, ethische oder religiöse Überzeugungen und sonstige persönliche Wertvorstellungen des Betreuten. Vor diesem Hintergrund wird zwischen der qualifizierten Patientenverfügung nach § 1901a Abs. 1 BGB und der „einfachen Patientenverfügung" im Sinne des § 1901a Abs. 2 BGB unterschieden. Würde man nur die gemäß § 1901a Abs. 1 BGB qualifizierten Patientenverfügungen als Patientenverfügungen im Sinne des BGB ansehen, so dürfte das dazu führen, dass es Patientenverfügungen in der Praxis kaum noch gibt. Auch die gemäß § 1901a Abs. 2 BGB festgelegten Behandlungswünsche des Betroffenen sind als eine Patientenverfügung zu werten. Mit Beschl. v. 6.7.2016 – XII ZB 61/16 stellte der Bundesgerichtshof ganz aktuell klar, dass auch im Rahmen einer Patientenverfügung eine hinreichend konkrete Behandlungsentscheidung geäußert werden muss. Man sollte daher in einer Patientenverfügung immer bestimmte ärztliche Maßnahmen nennen und Krankheitsbilder oder Behandlungssituationen klar umschreiben, statt nur allgemeine Anweisungen und Wünsche zu äußern.

b) Verbindlichkeit der Patientenverfügung unabhängig vom Krankheitsstadium

An die Patientenverfügung *nicht* gebunden ist deren Urheber. Die Patientenverfügung kann von dem Be-   **688**
troffenen jederzeit formlos widerrufen werden, also auch mündlich oder durch konkludentes Verhalten.
Alle anderen Beteiligten sind an die Patientenverfügung gebunden, unabhängig von Art und Stadium der
Erkrankung des Betroffenen. § 1901a Abs. 3 BGB hat den Einsatzbereich der Patientenverfügungen erweitert: Anders als nach der bisher geltenden Rechtslage kann nunmehr ein Behandlungsabbruch aufgrund einer Patientenverfügung vorgenommen werden ohne Vorliegen eines unumkehrbaren Grundlei-
dens, das schon einen tödlichen Verlauf genommen hat. Das Recht des Patienten, Behandlungen
abzulehnen, hängt gemäß § 1901a Abs. 3 BGB nicht vom Stadium seiner Erkrankung ab. Im Ergebnis
wird damit sichergestellt, dass die Patientenverfügungen mit ihrer Freiheit zu lebensbegrenzenden Entscheidungen auch für Koma- und Demenzpatienten gelten.[132]

c) Gespräch zur Feststellung des Patientenwillens

§ 1901b Abs. 2 BGB verlangt zur Feststellung des Patientenwillens, der Behandlungswünsche oder des   **689**
mutmaßlichen Willens (§ 1901a Abs. 1 und § 1901a Abs. 2 BGB), dass nahen Angehörigen und sonstigen
Vertrauenspersonen des Vollmachtgebers die Gelegenheit zur Äußerung gegeben werden soll, wenn das
ohne erhebliche Verzögerungen möglich ist.

d) Trennung von Vorsorgevollmacht und Patientenverfügung?

Zweckmäßig und sinnvoll ist es, Vorsorgevollmacht und Patientenverfügung in einer Urkunde zusam-   **690**
menzufassen. Die Vorsorgevollmacht bestimmt an sich nicht, *wie* der Bevollmächtigte verfahren soll,
sondern nur *wer* die Befugnis zur Entscheidung erhält. Deshalb ist es sinnvoll, mit der Vorsorgevollmacht
eine Patientenverfügung zu verbinden, damit der Bevollmächtigte weiß, *wie* er handeln soll.

Geht es im konkreten Fall nicht um die Durchsetzung der Patientenverfügung, sondern nur um ein Handeln aufgrund der Generalvollmacht, so ist der Vollmachtgeber möglicherweise daran interessiert, dass
die Patientenverfügung Dritten, z.B. der Bank, nicht zur Kenntnis gelangt. Dieses Ziel lässt sich statt
durch eine Trennung in zwei Urkunden auch dadurch erreichen, dass der Notar auszugsweise Ausfertigungen der Vollmacht erteilt, die die Patientenverfügung nicht enthalten.

Muster: Einfache Patientenverfügung (Behandlungswunsch i.S.v. § 1901a Abs. 2 BGB) mit Vorsor-
gevollmacht – Ehegatten wechselseitig –

Die Erschienenen ließen folgende

Vorsorgevollmacht und Patientenverfügung

beurkunden und erklärten:

I. VORSORGEVOLLMACHT

Die nachstehende Vollmacht dient der Vermeidung der Bestellung eines Betreuers gemäß den
§§ 1896 ff. BGB. Sie geht daher einer Betreuung vor.

Der Bevollmächtigte soll von der nachstehenden Vollmacht nur dann Gebrauch machen, wenn der jeweilige Vollmachtgeber durch Alter oder Krankheit daran gehindert ist, für sich selbst zu sorgen.
Diese Bestimmung ist jedoch keine Beschränkung der Vollmacht gegenüber Dritten, sondern lediglich eine Anweisung des Vollmachtgebers an den Bevollmächtigten, die nur im Innenverhältnis gilt;
im Außenverhältnis gegenüber Dritten und Behörden ist diese Vollmacht unbeschränkt.

Wir bevollmächtigen uns hiermit wechselseitig, also jeder von uns den anderen von uns, uns in allen
vermögensrechtlichen und persönlichen Angelegenheiten nach Maßgabe der nachstehenden Bestimmungen gerichtlich und außergerichtlich zu vertreten.

– Jeder von uns nachstehend „der Bevollmächtigte" und „der Vollmachtgeber" genannt –.

---

§ 1 Vermögensrechtliche Angelegenheiten

1. Der Bevollmächtigte ist berechtigt, uns in allen vermögensrechtlichen Angelegenheiten, soweit dies rechtlich möglich ist, zu vertreten.
2. Der Bevollmächtigte kann in einzelnen Vermögensangelegenheiten Untervollmacht erteilen.
3. Der Bevollmächtigte ist befugt, Rechtsgeschäfte mit sich im eigenen Namen und als Vertreter Dritter vorzunehmen.

§ 2 Persönliche Angelegenheiten

1. Der Bevollmächtigte ist ferner berechtigt, uns in allen persönlichen Angelegenheiten, soweit dies rechtlich zulässig ist, zu vertreten. Insbesondere ist der Bevollmächtigte zu allen Erklärungen und Handlungen berechtigt, zu denen ein Betreuer mit oder ohne Genehmigung des Betreuungsgerichts befugt wäre, wie
   a) die Einwilligung in eine Untersuchung des Gesundheitszustandes, eine Heilbehandlung oder einen ärztlichen Eingriff zu erteilen oder nicht zu erteilen oder eine solche Einwilligung zu widerrufen, auch wenn die begründete Gefahr besteht, dass ich aufgrund der Maßnahme sterbe oder einen schweren dauernden gesundheitlichen Schaden erleide (§ 1904 BGB); hierbei ist der Bevollmächtigte auch befugt, Krankenunterlagen einzusehen und alle Informationen von den behandelnden Ärzten einzuholen, die von ihrer Schweigepflicht hiermit entbunden werden,
   b) in den Abbruch lebenserhaltender Maßnahmen einzuwilligen, nicht einzuwilligen oder eine solche Einwilligung zu widerrufen, auch wenn Gefahr besteht, dass ich aufgrund des Abbruches sterbe,
   c) die Einwilligung in eine Unterbringung, die mit einer freiheitsentziehenden Maßnahme verbunden ist (§ 1906 BGB),
   d) die Einwilligung in freiheitsbeschränkende Maßnahmen im Sinne von § 1906 Abs. 4 BGB (Freiheitsentziehung durch mechanische Vorrichtung, Medikamente oder auf andere Weise),
   e) zur Einwilligung in eine meinem natürlichen Willen widersprechende ärztliche Maßnahme (ärztliche Zwangsmaßnahme) im Sinne von § 1906a Abs. 1 BGB,
   f) die Bestimmung meines Aufenthaltes und zur Kündigung eines Mietverhältnisses über Wohnraum (§ 1907 BGB).
2. Die Vollmacht in persönlichen Angelegenheiten ist nicht übertragbar. Untervollmacht darf in persönlichen Angelegenheiten nicht erteilt werden.

II. PATIENTENVERFÜGUNG

Weiter erklärt jeder von uns:

Für den Fall, dass ich meinen Willen nicht mehr bilden oder verständlich äußern kann, weil

- ich mich aller Wahrscheinlichkeit nach unabwendbar und unmittelbar im Sterbeprozess befinde, oder
- ich mich in einem unzweifelhaft hoffnungslosen gesundheitlichen Zustand befinde, in dem, auch wenn der Tod noch nicht unmittelbar bevorsteht, eine Behandlung nur noch Leidensverlängerung bewirkt, oder
- ich infolge einer Gehirnschädigung meine Fähigkeiten verloren habe, Einsichten zu gewinnen, Entscheidungen zu treffen und mit anderen Menschen in Kontakt zu treten, und diese Fähigkeiten auch nach ärztlicher Einschätzung unwiderruflich erloschen sind, selbst wenn der Tod noch nicht absehbar ist, oder
- ich infolge eines weit fortgeschrittenen Hirnabbauprozesses (z.B. bei Demenzerkrankung) auch mit ausdauernder Hilfestellung nicht mehr in der Lage bin, Nahrung und Flüssigkeit auf natürliche Weise zu mir zu nehmen,
- ich mich in einem vergleichbaren, hier nicht ausdrücklich erwähnten Krankheitszustand befinde,

bestimme ich Folgendes:

Ich wünsche, dass man mich sterben lässt und nicht durch künstliche Mittel (z.B. Intensivtherapie, Reanimation) am Leben erhält; auch Transplantationen oder künstliche Beatmung lehne ich in diesem

Zusammenhang ab. Sollte durch solche ärztlichen Maßnahmen nicht mehr erreicht werden können als eine Verlängerung des Sterbevorgangs oder eine Verlängerung des Leidens, verweigere ich hiermit ausdrücklich die Zustimmung zu irgendwie gearteten ärztlichen Eingriffen, zumal wenn sie mit erheblichen Schmerzen verbunden sind.

Ich bitte, mir jede notwendige Menge von Medikamenten zu geben, die erforderlich ist, um mich von Schmerz und großer Belastung zu befreien, auch wenn sie lebensverkürzend sind oder zu einer Bewusstseinsausschaltung führen.

Der Bevollmächtigte ist beauftragt und ermächtigt, meinen Wünschen Geltung zu verschaffen. Im Übrigen richtet sich die vorstehende Erklärung an alle, die es angeht, insbesondere meine Familie und meine Ärzte.

III. BETREUUNGSVERFÜGUNG

Sollte trotz der hier bestellten Vollmacht eine Betreuung notwendig werden, bestimmt jeder von uns, dass der Bevollmächtigte zu seinem Betreuer bestellt wird. Ist der Bevollmächtigte nicht bereit oder nicht in der Lage, die Angelegenheiten des Vollmachtgebers wahrzunehmen, so soll der Betreuer jeweils aus dem Kreis der nächsten Verwandten bestimmt werden.

IV. VORSORGEREGISTER

Die Erschienenen wünschen die Erfassung dieser Urkunde einschließlich der in ihr enthaltenen personenbezogenen Daten im zentralen Register der Bundesnotarkammer für Vorsorgeurkunden. Dieses Register dient der Information der mit Betreuungsverfahren befassten Stellen.

V. SCHLUSSBESTIMMUNGEN

1. Die Vollmacht soll durch den Tod des Vollmachtgebers nicht erlöschen. Sie soll auch dann wirksam bleiben, wenn der Vollmachtgeber geschäftsunfähig werden sollte oder ein Betreuer für ihn bestellt wird.
2. Dem Bevollmächtigten sind auf Verlangen beliebig viele Ausfertigungen dieser Urkunde zu erteilen. Unser behandelnder Arzt, Herr Dr. (...), in (...), soll eine auszugsweise beglaubigte Abschrift dieser Niederschrift erhalten, die die Patientenverfügung (Abschnitt II.) enthält.
3. Jeder der Bevollmächtigten kann aufgrund dieser Vollmacht nur handeln, wenn er eine Ausfertigung dieser Urkunde vorlegt, die ihm persönlich erteilt ist, das heißt, deren Ausfertigungsvermerk seine Person bezeichnet.

Umstände, aufgrund derer die erforderliche Geschäftsfähigkeit der Erschienenen in Zweifel gezogen werden könnte, waren nicht ersichtlich.

Diese Niederschrift wurde den Erschienenen von dem Notar vorgelesen, von ihnen genehmigt und von ihnen und dem Notar wie folgt eigenhändig unterschrieben:

V. Annahme als Kind

Die Annahme als Kind (früher Annahme an Kindes statt) richtet sich nach den Bestimmungen der §§ 1741 bis 1772 BGB. **691**

Das Gesetz geht von der Minderjährigenadoption als dem Regelfall aus. Daneben gibt es die Annahme Volljähriger mit schwächeren Wirkungen.

1. Allgemeines

a) Wohl des Kindes/Herstellung eines Eltern-Kind-Verhältnisses

Ziel und Voraussetzung der Minderjährigenadoption ist, dass sie dem Wohl des Kindes dient und die Herstellung eines Eltern-Kind-Verhältnisses zu erwarten ist (§ 1741 Abs. 1 BGB). Das Kind wird wie ein ehe- **692** liches Kind des Annehmenden in jeder Beziehung voll in dessen Familienverband eingegliedert und ganz aus seinem ursprünglichen Familienverband herausgelöst (Volladoption). Die Annahme erfolgt durch staatlichen Hoheitsakt (Beschluss des Familiengerichts). Verheiratete können ein familienfremdes Kind stets nur *gemeinschaftlich* annehmen (§ 1741 Abs. 2 S. 2 BGB). Ein Ehegatte allein kann ein Kind seines Ehegatten annehmen (§ 1741 Abs. 2 S. 3 BGB). Er kann allein ein familienfremdes Kind dann annehmen, wenn der andere Ehegatte das Kind nicht annehmen kann, weil er geschäftsunfähig ist oder das 21. Lebensjahr noch nicht vollendet hat (§ 1741 Abs. 2 S. 4 BGB). Adoptiert werden können also familienfremde Kinder sowie Kinder von Verwandten oder des Ehegatten.

b)   Verwandtschaftsverhältnisse/Rechte und Pflichten des Kindes

693   Die Verwandtschaftsverhältnisse sowie die Rechte und Pflichten gegenüber der Ursprungsfamilie erlöschen mit der förmlichen Zustellung des Adoptionsbeschlusses (§ 1755 Abs. 1 BGB). Das Kind erlangt die rechtliche Stellung eines Kindes (§ 1754 BGB) mit allen Rechten und Pflichten gegenüber dem Annehmenden und seiner Familie. Mit der Adoption gehen der Unterhalts- und der Erbanspruch gegen die leibliche Familie verloren. Nimmt ein Ehegatte das Kind seines Ehegatten an, so tritt das Erlöschen des Verwandtschaftsverhältnisses nur im Verhältnis zu dem anderen Elternteil und dessen Verwandten ein (§ 1755 Abs. 2 BGB).

Bei der Annahme eines Verwandten oder Volljährigen sind die Wirkungen schwächer. Daher spricht man hier von einer „schwachen" oder „kleinen" Adoption (vgl. Rdn 713).

c)   Alterserfordernisse

694   Das *Mindestalter der Adoptiveltern* ist 25 Jahre. Bei der Annahme durch ein Ehepaar muss ein Ehegatte das 25. Lebensjahr, der andere das 21. Lebensjahr vollendet haben (§ 1743 S. 2 BGB). Wer ein Kind seines Ehegatten annehmen will, muss das 21. Lebensjahr vollendet haben (§ 1743 S. 1 BGB). Wegen der Adoption durch – eingetragene – Lebenspartner siehe Rdn 698. Der Annehmende muss unbeschränkt geschäftsfähig sein. Befreiung vom *Erfordernis des Mindestalters* ist *nicht möglich*. Das Mindestalter des Adoptivkindes beträgt acht Wochen (§ 1747 Abs. 2 BGB).

Eine Befreiung vom Erfordernis der Kinderlosigkeit ist nicht möglich. Die Interessen der vorhandenen Kinder des Annehmenden oder des Anzunehmenden dürfen der Adoption nicht entgegenstehen (§ 1745 BGB).

d)   Namensführung

695   Das Kind erhält als Geburtsnamen den Familiennamen des Annehmenden (§ 1757 Abs. 1 S. 1 BGB). Nimmt ein Ehepaar ein Kind an oder nimmt ein Ehegatte ein Kind des anderen Ehegatten an und führen die Ehegatten keinen Ehenamen, so bestimmen sie den Geburtsnamen des Kindes vor dem Ausspruch der Annahme durch Erklärung gegenüber dem Familiengericht; § 1617 Abs. 1 BGB gilt entsprechend. Das Kind, das das fünfte Lebensjahr vollendet hat, muss in diesem Fall zustimmen (§ 1757 Abs. 2 S. 2 BGB). Die Änderung des Geburtsnamens erstreckt sich auf den Ehenamen des Kindes nur dann, wenn sich auch der Ehegatte der Namensänderung vor dem Ausspruch der Annahme durch – mindestens öffentlich beglaubigte – Erklärung gegenüber dem Familiengericht anschließt (§ 1757 Abs. 3 BGB). Wenn es dem Wohl des Kindes entspricht, kann das Familiengericht auf Antrag des Annehmenden mit Einwilligung des Kindes beim Ausspruch der Annahme den Vornamen des Kindes ändern oder ihm einen oder mehrere neue Vornamen beigeben, und wenn dies aus schwer wiegenden Gründen zum Wohl des Kindes erforderlich ist, dem neuen Familiennamen den bisherigen Familiennamen voranstellen oder anfügen (§ 1757 Abs. 4 BGB).

e)   Staatsangehörigkeit – ausländisches minderjähriges Kind

696   Wird ein ausländisches minderjähriges Kind durch Deutsche wirksam angenommen, so erwirbt es zugleich die deutsche Staatsangehörigkeit (§ 6 StAG). Diese Wirkung tritt nicht ein bei der Volljährigenadoption (§§ 1767 ff. BGB), auch nicht bei der Volljährigenadoption mit den Wirkungen der Minderjährigenannahme (§ 1772 BGB).

f) Einzureichende Urkunden

Folgende, der notariellen Beurkundung bedürfende Erklärungen müssen für die Adoption dem Familiengericht vorgelegt werden: **697**

(1) Antrag des Annehmenden,
(2) Einwilligung des Kindes,
(3) Einwilligung der Eltern,
(4) Einwilligung des anderen Ehegatten.

Von allen Anträgen, Einwilligungen und sonstigen beurkundeten Erklärungen sind *Ausfertigungen* einzureichen, da nur Ausfertigungen die Urschrift, die allein diese Erklärungen verkörpert, ersetzen (nicht beglaubigte Abschriften).

g) Adoption durch eingetragene Lebenspartner

Ein Partner einer *eingetragenen Lebenspartnerschaft* kann mit Zustimmung des anderen Lebenspartners   **698**
ein Kind *allein* annehmen (§ 9 Abs. 6 LPartG). Die *gemeinschaftliche Adoption* eines fremden Kindes durch beide Lebenspartner ist – noch – nicht möglich. Nachdem das BVerfG[133] die Nichtzulassung der Sukzessivadoption durch eingetragene Lebenspartner für verfassungswidrig und damit die Adoption des von einem eingetragenen Lebenspartner angenommenen Kindes durch den anderen Lebenspartner für zulässig erklärt hat, ist damit zu rechnen, dass auch bald die gemeinschaftliche Adoption eines fremden Kindes durch eingetragene Lebenspartner zugelassen wird. Nach § 9 Abs. 7 S. 1 LPartG kann jedoch ein Lebenspartner ein – eheliches oder vor oder nach der Begründung der eingetragenen Lebenspartnerschaft nichtehelich geborenes, auch adoptiertes – Kind seines Lebenspartners *allein* annehmen (Stiefkindadoption). Für diesen Fall gelten die im § 9 Abs. 7 S. 2 LPartG genannten, für eine Stiefkindadoption ansonsten erforderlichen Sonderregelungen (z.B. das Erlöschen [§ 1755 Abs. 2 BGB] oder das Bestehenbleiben [§ 1756 Abs. 2 BGB] von Verwandtschaftsverhältnissen) entsprechend. Durch diese Stiefkindadoption wird das Kind gemeinschaftliches Kind beider Lebenspartner. Bei der Stiefkindadoption unter eingetragenen Lebenspartnern bestehen grundsätzlich keine Besonderheiten gegenüber der Stiefkindadoption unter Ehegatten. Das gilt insbesondere für die im LPartG nicht ausdrücklich erwähnten, jedoch nach der Literatur für erforderlich gehaltenen Einwilligungserklärungen des anderen Elternteils des zu adoptierenden Kindes (§ 1747 BGB) und des Kindes selbst (§ 1746 BGB).

Unten ist ein Musterentwurf zu einer Stiefkindadoption eines ehelichen Kindes einer Partnerin einer eingetragenen Lebenspartnerschaft durch ihre Partnerin abgedruckt (siehe Rdn 704).

Durch die Einführung der „Ehe für alle" kann die Lebenspartnerschaft nun gem. § 20a LPartG in eine Ehe umgewandelt werden. Dadurch wird eine gemeinschaftliche Adoption ermöglicht. Es ist daher davon auszugehen, dass sich der Umweg über die Sukzessivadoption bald erledigt, insbesondere als Lebenspartnerschaften nach dem LPartG auch nicht mehr begründet werden können.

h) Zuständigkeit

Sachlich zuständig für die zu den Familiensachen gehörenden Adoptionssachen (§ 111 Nr. 4 FamFG) ist   **699**
nicht mehr das – abgeschaffte – Vormundschaftsgericht, sondern das Familiengericht (§ 1752 Abs. 1 BGB). *Örtlich* zuständig ist ausschließlich das Amtsgericht, in dessen Bezirk der Annehmende oder einer der Annehmenden seinen gewöhnlichen Aufenthalt hat (§ 187 Abs. 1 FamFG). Haben annehmende Eheleute keinen einheitlichen gewöhnlichen Aufenthalt, dann ist das Gericht zuständig, das zuerst mit der Angelegenheit befasst ist (§ 2 FamFG). Der gewöhnliche Aufenthalt des Kindes ist dann maßgebend, wenn keiner der Annehmenden seinen gewöhnlichen Aufenthalt im Inland hat (§ 187 Abs. 2 FamFG). Ist nach § 187 Absätze 1 und 2 BGB eine Zuständigkeit nicht gegeben, ist das Amtsgericht Schöneberg in Berlin zuständig (§ 187 Abs. 4 S. 1 FamFG), das die Sache aus wichtigem Grund mit bindender Wirkung an ein anderes Gericht verweisen kann (§ 187 Abs. 4 S. 2 i.V.m. § 3 Abs. 3 FamFG). Die Zuständigkeit deutscher Gerichte setzt voraus, dass einer der Annehmenden oder das Kind Deutscher ist oder einer von ihnen seinen gewöhnlichen Aufenthalt im Inland hat (§ 101 FamFG).

---

133 Urt. v. 19.2.2013, BGBl I, 428.

Nach § 23 Abs. 1 S. 2 FamFG sollen im Antrag die im § 188 FamFG bezeichneten und im Adoptionsverfahren zu beteiligenden Personen benannt werden. Aus diesem Grund sollte der Notar z.B. nachfragen, ob der Anzunehmende verheiratet ist und ggf. den Ehegatten in der Urkunde angeben, sofern dieser nicht bereits mitwirkt. Ebenso sollten Feststellungen getroffen werden über das Vorhandensein etwaiger Kinder der Annehmenden und der Anzunehmenden (wegen §§ 1745, 1769 BGB).

Das Familiengericht hat einem minderjährigen Beteiligten entsprechend § 158 FamFG einen Verfahrensbeistand zu bestellen, wenn dies zur Wahrnehmung seiner Interessen erforderlich ist (§ 191 FamFG).

2. Antrag des Annehmenden

700 Die Adoption wird nur auf Antrag des Annehmenden und mit Einwilligung des Anzunehmenden ausgesprochen (§§ 1752 Abs. 1, 1746 BGB). Beides bedarf der notariellen Beurkundung (§§ 1752 Abs. 2, 1750 Abs. 1 BGB) und ist an das nach § 187 FamFG zuständige Amtsgericht – Familiengericht – (siehe Rdn 699) zu richten.

701 *Muster eines Antrages auf Annahme eines fremden Kindes durch Eheleute:*

(Protokolleingang; es erscheinen die annehmenden Eheleute)

I.

Ich, Max Schröder, bin am (…) in (…) geboren (Geburtenregister Nr. (…) des Standesamts (…)).

Ich, Karoline Schröder, bin am (…) in (…) geboren (Geburtenregister Nr. (…) des Standesamts (…)).

Wir haben am (…) vor dem Standesbeamten in (…) die Ehe miteinander geschlossen (Eheregistereintrag Nr. (…) des Standesamts (…)).

Wir sind ausschließlich deutsche Staatsangehörige.

II.

Wir wollen die am (…) in (…) (Geburtenregister Nr. (…) des Standesamts (…)) als Kind der Eheleute (…) geborene Anita Holz, die ausschließlich die deutsche Staatsangehörigkeit besitzt, als gemeinschaftliches Kind annehmen und beantragen daher,

die Annahme der Anita Holz als unser gemeinschaftliches Kind auszusprechen.

Das Kind erhält als Geburtsnamen den Familiennamen „Schröder" der Annehmenden.

III.

Wir beauftragen den Notar, eine Ausfertigung dieser Urkunde und den Antrag auf Annahme als Kind beim zuständigen Familiengericht, und zwar auch nach unserem Tod, einzureichen sowie uns eine Ausfertigung dieser Urkunde zu erteilen. Die Kosten der Adoption tragen wir. (Protokollabschluss)

702 *Muster eines Antrages auf Annahme des Kindes eines Ehegatten aus einer geschiedenen Ehe durch den anderen Ehegatten:*

(Protokolleingang)

(…) erschienen:

1. Herr (…)
2. dessen Ehefrau (…)
   hier handelnd im eigenen Namen und als gesetzliche Vertreterin ihres minderjährigen, bei ihr wohnhaften Kindes Fritz Schütze,

beide dem Notar von Person bekannt.

I. (wie Muster oben)

II.

Zunächst erklärte der Erschienene zu 1.:

Aus der geschiedenen Ehe meiner Ehefrau und des Herrn (…) ist der am (…) geborene Fritz Schütze hervorgegangen (Geburtenregister Nr. (…) des Standesamtes (…)). Ich will dieses Kind meiner Ehefrau als Kind annehmen, damit es die rechtliche Stellung eines gemeinschaftlichen Kindes von mir und meiner Ehefrau erlangt. Ich beantrage daher,

> die Annahme des Fritz Schütze als Kind von mir mit der Wirkung auszusprechen, dass es die rechtliche Stellung eines gemeinschaftlichen Kindes von mir und meiner Ehefrau erlangt.

Das anzunehmende Kind erhält als Geburtsnamen den Familiennamen des Erschienenen zu 1.

Ich besitze ausschließlich die deutsche Staatsangehörigkeit.

III.

Sodann erklärte die Erschienene zu 2.:

Ich gebe dem Familiengericht gegenüber zu der Annahme meines Kindes Fritz Schütze als Kind meines Ehemannes meine Einwilligung, und zwar als Mutter und gesetzliche Vertreterin des Kindes und als Ehefrau des Annehmenden.

Sowohl mein Sohn als auch ich sind ausschließlich deutsche Staatsangehörige.

IV. (wie III. Muster oben)

Anmerkung:

Der Antrag auf Annahme als Kind und die Einwilligungserklärungen betreffen denselben Beurkundungsgegenstand i.S.d. § 109 Abs. 1 GNotKG. Daher ist nur **eine** Gebühr nach dem höchsten infrage kommenden Gebührensatz (GNotKG KV Nr. 21200) anzusetzen.

Muster eines Antrages auf Annahme eines Kindes mit Einwilligung des gesetzlichen Vertreters: **703**

(Protokolleingang)

(…) erschienen, dem Notar bekannt:

1. die Eheleute (…)
2. (…) hier handelnd als Leiter der Verwaltung des Jugendamtes der Stadt (…), das Jugendamt der Stadt (…) handelnd als Vormund für die am (…) in (…) geborene, demgemäß noch nicht 14 Jahre alte Karola Licht, wohnhaft in (…)

I.

Zunächst erklärte der Erschienene zu 2.:

Bei dem hier vertretenen Kind Karola Licht handelt es sich um das Kind des (…) und der (…), die nicht miteinander verheiratet sind. Beide Elternteile haben in die Annahme als Kind eingewilligt; die Einwilligungserklärungen liegen dem Familiengericht vor. Das Jugendamt der Stadt (…) ist durch das Familiengericht zum Vormund bestellt worden. Das Kind ist ausschließlich deutsche Staatsangehörige.

II.

Die Erschienenen zu 1. erklärten:

Wir wollen die am (…) geborene Karola Licht als gemeinschaftliches Kind annehmen und beantragen daher,

die Annahme der Karola Licht als unser gemeinschaftliches Kind auszusprechen.

Das anzunehmende Kind erhält als Geburtsnamen den Familiennamen der Erschienenen zu 1.

Wir besitzen ausschließlich die deutsche Staatsangehörigkeit.

III.

Nunmehr erklärte der Erschienene zu 2.:

Ich willige in die Annahme der Karola Licht als gemeinschaftliches Kind der Eheleute (…) ein. Mir ist bekannt, dass diese Einwilligungserklärung, die ich dem Familiengericht gegenüber abgebe, unwiderruflich ist und dass sie mit ihrem Zugang beim Familiengericht wirksam wird, jedoch ihre Kraft verliert, wenn der Antrag zurückgenommen oder die Annahme versagt wird.

Schließlich erklärten wiederum die Erschienenen zu 1.:

IV.

(Wie Ziff. III des ersten Musters oben siehe Rdn 701.)

704 *Muster des Antrages zu einer Stiefkindadoption (eheliches Kind einer Partnerin einer eingetragenen Lebenspartnerschaft) unter Mitwirkung des über 14 Jahre alten, noch minderjährigen Kindes:*

(Protokolleingang)

(…) erschienen:

1. Frau (…)
2. Fräulein (…)
3. Frau (…), hier handelnd im eigenen Namen und als alleinige gesetzliche Vertreterin ihrer zu 2. genannten Tochter.

Die Erschienenen wiesen sich aus (…)

Die Erschienenen ersuchten, über den Antrag auf Annahme der Erschienenen zu 2. als Kind der Erschienenen zu 1. eine Niederschrift aufzunehmen; sie erklärten:

I.

Ich, die Erschienene zu 1., bin am (…) in (…) geboren (Geburtenregister-Nr. (…) des Standesamts (…)).

Ich, die Erschienene zu 3., bin am (…) in (…) geboren (Geburtenregister-Nr. (…) des Standesamts (…)).

Wir, die Erschienenen zu 1. und 3., haben am (…) vor dem Standesbeamten des Standesamts (…) eine eingetragene Lebenspartnerschaft begründet (Nr. (…) des Lebenspartnerschaftsregisters des Standesamts (…)).

Bei der Begründung der Lebenspartnerschaft haben wir als gemeinsamen Lebenspartnerschaftsnamen den Geburtsnamen der Erschienenen zu 1., nämlich „(…)", gewählt.

Die Erschienene zu 2. lebt seit Begründung der eingetragenen Lebenspartnerschaft im Haushalt der Erschienenen zu 1. und 3. und wird von der Erschienenen zu 1. wie ein eigenes Kind angesehen und behandelt.

Die Erschienenen zu 1. und 3. besitzen ausschließlich die deutsche Staatsangehörigkeit.

Die Erschienene zu 2. ist am (…) in (…) (Geburtenregister-Nr. (…) des Standesamts (…)) geboren.

Sie besitzt ebenfalls ausschließlich die deutsche Staatsangehörigkeit.

II.

Sodann erklärte die Erschienene zu 1.:

Ich will das Kind meiner hier mit erschienenen Lebenspartnerin aus ihrer durch rechtskräftiges Urteil des Amtsgerichts – Familiengerichts – in (…) vom (…) – Aktenzeichen: (…) – geschiedenen Ehe mit

Herrn (…), nämlich die Erschienene zu 2., als Kind annehmen, damit es die rechtliche Stellung eines gemeinschaftlichen Kindes von mir und meiner hier mit erschienenen Lebenspartnerin erlangt. Ich beantrage daher, durch das Familiengericht auszusprechen:

1. Die Annahme des vorgenannten, hier vertretenen Kindes als Kind von mir mit der Wirkung, dass es die rechtliche Stellung eines gemeinschaftlichen Kindes von mir und meiner hier mit erschienenen Lebenspartnerin erlangt.
2. Die Anzunehmende erhält als Geburtsnamen den Lebenspartnerschaftsnamen „(…)".

III.

Sodann erklärte der Erschienene zu 2.:

Ich willige in die Annahme als Kind durch die zu 1. erschienene Lebenspartnerin meiner Mutter ein. Ich gebe diese Einwilligungserklärung gegenüber dem zuständigen Familiengericht ab.

Ich bin darüber belehrt worden, dass ich meine Einwilligung bis zum Wirksamwerden des Ausspruchs der Annahme in öffentlich beurkundeter Form ohne Zustimmung meiner gesetzlichen Vertreterin gegenüber dem Familiengericht widerrufen kann.

IV.

Nunmehr erklärte die Erschienene zu 3.:

Ich erteile als Mutter und unbeschränkte gesetzliche Vertreterin meiner Tochter meine Zustimmung zu der vorstehend von ihr abgegebenen Einwilligungserklärung. Weiterhin gebe ich auch als Lebenspartnerin der Annehmenden meine Einwilligung zu der Annahme als Kind.

Diese Erklärung gebe ich gegenüber dem zuständigen Familiengericht ab. Über die Unwiderruflichkeit der Erklärungen nach Zugang beim Familiengericht bin ich belehrt worden.

V.

Der Kindesvater hat seine Einwilligung in der Urkunde vom (…) – UR.Nr. (…) des Notars (…) – abgegeben.

VI.

Schließlich erklärten alle Erschienenen:

Wir beantragen, zunächst eine Ausfertigung dieser Urkunde zu erteilen und diese dem zuständigen Familiengericht einzureichen. Uns soll je eine beglaubigte Abschrift dieser Urkunde erteilt werden.

Ferner betraue ich, die Erschienene zu 1., den Notar, den Antrag auf Annahme als Kind beim zuständigen Familiengericht, und zwar auch nach meinem Tod, einzureichen.

VII.

Die mit dieser Urkunde jetzt und in der Folge verbundenen Kosten gehen zulasten der hier Erschienenen.

VIII.

Die Beteiligten sind vom amtierenden Notar darauf hingewiesen worden, dass Fräulein (…) mit dem Ausspruch der Annahme als Kind die rechtliche Stellung eines gemeinschaftlichen Kindes der hier zu 1. und 3. Erschienenen erlangt. Über die weiteren Wirkungen der Annahme als Kind sind wir vom amtierenden Notar eingehend belehrt worden.

(Protokollabschluss)

Kostenberechnung

3. Einwilligung des Kindes

705   Zur Annahme ist die Einwilligung des Kindes erforderlich (§ 1746 Abs. 1 BGB), die nur sein gesetzlicher Vertreter abgeben kann. Das Kind muss jedoch die Einwilligung selbst erklären, wenn es das 14. Lebensjahr vollendet hat und nicht geschäftsunfähig ist; es bedarf in diesem Falle der Zustimmung seines gesetzlichen Vertreters. Die Einwilligung bedarf bei unterschiedlicher Staatsangehörigkeit des Annehmenden und des Kindes der Genehmigung des Familiengerichts; dies gilt nicht, wenn sich die Annahme nach deutschem Recht richtet (§ 1746 Abs. 1 S. 4 BGB). Das Kind kann, wenn es das 14. Lebensjahr vollendet hat und nicht geschäftsunfähig ist, die Einwilligung bis zum Wirksamwerden des Ausspruchs der Annahme als Kind (d. i. die Zustellung des Adoptionsbeschlusses an den oder die Annehmenden) gegenüber dem Familiengericht in öffentlich beurkundeter Form widerrufen (§ 1746 Abs. 2 BGB), ohne dass es hierzu einer Zustimmung des gesetzlichen Vertreters bedarf.

706   *Muster des Widerrufs der Einwilligung durch das Kind:*

(Protokolleingang)

(…) erschien, dem Notar bekannt,

der Schüler (…), geboren am (…), daher über 14 Jahre alt, wohnhaft zu (…)

Der Erschienene erklärte:

Durch Urkunde vom (…) – UR.-Nr. (…) des Notars (…) – habe ich meine Einwilligung dazu erteilt, dass ich von den Eheleuten Fritz Schultze und Maria geborene Westermeyer in (…) als gemeinschaftliches Kind angenommen werde. Der Antrag auf Annahme als Kind durch die vorgenannten Eheleute ist in der Urkunde des Notars (…) – dessen UR.-Nr. (…) für 20(…) – gestellt worden. Der Ausspruch der Annahme durch das Familiengericht (vgl. den Beschl. v. (…) Akt.-Z.: (…)) ist noch nicht wirksam geworden, weil seine Zustellung noch nicht erfolgt ist.

Ich widerrufe hiermit meine Einwilligung und bitte, eine Ausfertigung dieser Urkunde dem Familiengericht zuzusenden.

(Protokollabschluss)

4. Einwilligung der Eltern

707   Zur Annahme eines Kindes ist die *Einwilligung* der Eltern (§ 1747 Abs. 1 BGB) erforderlich. Diese Einwilligungserklärungen sind unwiderruflich (§ 1750 Abs. 2 S. 2 BGB); sie können erst nach der Geburt, und zwar acht Wochen danach, abgegeben werden (§ 1747 Abs. 2 BGB). Sind die Eltern nicht miteinander verheiratet und steht ihnen die elterliche Sorge nicht gemeinsam zu, so

- kann die Einwilligung des Vaters bereits vor der Geburt erteilt werden,
- kann der Vater in öffentlicher Urkunde darauf verzichten, die Übertragung der Sorge nach § 1626a Abs. 2 und § 1671 Abs. 2 BGB zu beantragen
- darf, wenn der Vater die Übertragung der Sorge nach § 1626a Abs. 2 oder § 1671 Abs. 2 BGB beantragt hat, die Annahme erst ausgesprochen werden, nachdem über den Antrag des Vaters entschieden worden ist
- (§ 1747 Abs. 3 BGB).

708   *Muster einer Einwilligungserklärung der Kindesmutter:*

(Protokolleingang)

Die Erschienene erklärte:

Ich gebe als Mutter des von mir am (…) in (…) geborenen Kindes Angelika Hohaus hiermit meine Einwilligung dazu, dass mein Kind von den in der Adoptionsliste des Jugendamtes (…) unter Nr. (…) genannten Eheleuten, deren Namen zu erfahren ich verzichte, gemeinschaftlich, bei Wegfall eines der Eheleute durch den Überlebenden allein, als Kind angenommen wird. Diese Einwilligungserklärung gebe ich dem Familiengericht gegenüber ab.

Mir ist bekannt, dass diese Einwilligungserklärung unwiderruflich ist und dass sie mit ihrem Zugang beim Familiengericht wirksam wird, jedoch ihre Kraft verliert, wenn das Kind nicht innerhalb von drei Jahren danach angenommen, der Antrag zurückgenommen oder die Annahme versagt wird.

Ich ersuche den amtierenden Notar, eine Ausfertigung dieser Urkunde dem Jugendamt zu erteilen.

Die rechtliche Tragweite der Einwilligung in die Annahme als Kind ist mir bekannt. Der Notar hat mich insbesondere darüber belehrt, dass mit dem Zugang meiner Einwilligung in die Annahme bei dem Familiengericht meine elterliche Sorge ruht, die Befugnis, mit dem Kind persönlich umzugehen, nicht ausgeübt werden darf, und von diesem Zeitpunkt an das Jugendamt Vormund des Kindes ist; das Jugendamt wird jedoch kein Vormund, wenn der andere Elternteil die elterliche Sorge allein ausübt (§ 1751 Abs. 1 S. 2 BGB).

Mein Kind und ich sind ausschließlich deutsche Staatsangehörige.

(Protokollabschluss)

Muster einer Einwilligungs- und Verzichtserklärung des Kindesvaters, der mit der Kindesmutter nicht verheiratet ist:

709

(Protokolleingang)

Der Erschienene erklärte:

Am (…) hat Frau (…), mit der ich nicht verheiratet bin, das Kind (…) in (…) geboren. Ich bin der Vater dieses Kindes.

Ich gebe als Vater meines vorgenannten Kindes (…) hiermit ausdrücklich meine Einwilligung dazu, dass mein Kind von

- dem jetzigen Ehemann der Kindesmutter, nämlich (…), als Kind angenommen wird mit der Wirkung, dass es die rechtliche Stellung eines gemeinschaftlichen Kindes von dem genannten Herrn (…) und seiner Ehefrau, der Kindesmutter, erlangt.
  (alternativ:)
- den in der Adoptionsliste des Jugendamtes (…) unter Nr. (…) genannten Eheleuten, deren Namen ich zu erfahren verzichte, gemeinschaftlich, bei Wegfall eines der Eheleute durch den Überlebenden allein, als Kind angenommen wird.
  Ich verzichte hierdurch unwiderruflich, die Übertragung der Sorge nach § 1626a Abs. 2 und § 1671 Abs. 2 BGB zu beantragen.
  Diese Einwilligungserklärung und Verzichtserklärung gebe ich dem zuständigen Familiengericht gegenüber ab.
  Mir ist bekannt, dass diese Einwilligungserklärung und Verzichtserklärung unwiderruflich sind und mit ihrem Zugang beim Familiengericht wirksam werden.
  Die rechtliche Tragweite der Einwilligung in die Annahme als Kind und des Verzichts auf Übertragung der elterlichen Sorge sind mir bekannt.
- Mir ist insbesondere bekannt, dass mit dem Wirksamwerden der Annahme als Kind mein/meine vorgenannte(r) Sohn/Tochter die rechtliche Stellung eines gemeinschaftlichen Kindes des Annehmenden und der Kindesmutter erlangt, insbesondere hinsichtlich des Unterhalts und des Erbrechts, und dass die Verwandtschaftsverhältnisse sowie die Rechte und Pflichten des Kindes und seiner Abkömmlinge zu seinen Verwandten väterlicherseits erlöschen.

Ich bitte, dem Annehmenden/dem Jugendamt (…) eine Ausfertigung dieser Urkunde zu erteilen.

Mein Kind und ich besitzen ausschließlich die deutsche Staatsangehörigkeit.

(Protokollabschluss)

5. Einwilligung des anderen Ehegatten

710   Die Einwilligung des anderen Ehegatten ist notwendig, wenn die Annahme eines Kindes durch einen Ehegatten allein erfolgen soll (§§ 1741 Abs. 2 S. 3 und 4, 1749 Abs. 1 S. 1 BGB).

Zu den Einwilligungen der Eltern bzw. der Kindesmutter und des Ehegatten:

Die Einwilligung eines Elternteils und die des Ehegatten kann in bestimmten Fällen durch das Familiengericht ersetzt werden (§§ 1748, 1749 Abs. 1 BGB). Sie ist überhaupt nicht erforderlich, wenn der Elternteil oder der Ehegatte zur Abgabe der Erklärung dauernd außerstande oder sein Aufenthalt dauernd unbekannt ist (§§ 1747 Abs. 4, 1749 Abs. 3 BGB).

711   *Zu den Einwilligungen des Kindes, der Eltern und des anderen Ehegatten:*

Diese Einwilligungserklärungen müssen *notariell beurkundet* und dem Familiengericht gegenüber abgegeben werden; sie werden mit ihrem Zugang beim Gericht wirksam (§ 1750 Abs. 1 BGB). Von diesem Zeitpunkt ab tritt – abgesehen von dem Fall, dass ein Ehegatte das Kind des anderen Ehegatten annimmt – Amtsvormundschaft ein, weil das Kind ohne gesetzlichen Vertreter ist (§ 1751 Abs. 1 BGB). Die Einwilligungserklärung verliert ihre Kraft, wenn der Antrag auf Annahme als Kind zurückgenommen oder die Annahme versagt oder das Kind nicht innerhalb von drei Jahren seit dem Wirksamwerden der Einwilligung (= Zugang beim Familiengericht) angenommen wird (§ 1750 Abs. 4 BGB). Die Einwilligung zu einer Inkognitoadoption ist zulässig (§ 1747 Abs. 2 S. 2 BGB). Zuständiges Familiengericht – auch für die Entgegennahme der Einwilligungserklärungen – ist das nach § 187 FamFG zuständige Amtsgericht (siehe Rdn 699).

Da die vorgenannten Erklärungen dem Familiengericht gegenüber abgegeben werden müssen, genügt die Übersendung einer beglaubigten Abschrift *nicht*. Nur eine Ausfertigung ersetzt im Rechtsverkehr die Urschrift. Zweckmäßigerweise sollte auch darauf geachtet werden, dass der Nachweis über das Zugehen der Erklärungen beim Gericht geführt werden kann.

6. Zusammenstellung der dem Familiengericht vorzulegenden Urkunden

712   Dem Familiengericht müssen für das Annahmeverfahren folgende Urkunden vorgelegt werden:

(1)   Antrag des Annehmenden auf Annahme als Kind.
(2)   Einwilligungserklärung des anzunehmenden Kindes.
(3)   Einwilligungserklärung des Ehegatten des anzunehmenden Kindes, sofern es verheiratet ist.
(4)   Einwilligungserklärung der Eltern des anzunehmenden Kindes (Sterbeurkunde, falls ein Teil verstorben ist).
(5)   Einwilligungserklärung des Ehegatten des Annehmenden.
(6)   Geburtsurkunde des Annehmenden.
(7)   Eheurkunde der annehmenden Eheleute.
(8)   Geburtsurkunde des anzunehmenden Kindes.
(9)   Sofern der Ehegatte des Annehmenden verstorben ist, dessen Sterbeurkunde.
(10) Führungszeugnis über die Annehmenden.
(11) Ärztliche Zeugnisse (nicht notwendig muss es sich hier um *amtsärztliche* Zeugnisse handeln) über das anzunehmende Kind und den oder die Annehmenden, z.B. auch wegen Drogenabhängigkeit; evtl. AIDS-Test.[134]
(12) Nachweis der Staatsangehörigkeit des Annehmenden und des Anzunehmenden (einfache Bescheinigung der Ortspolizeibehörde genügt).

Zweckmäßigerweise wird zur Beschleunigung des Verfahrens bei der Annahme Minderjähriger sogleich eine gutachterliche Äußerung der Adoptionsvermittlungsstelle (§ 189 FamFG) oder eine Stellungnahme des Jugendamts (§ 194 FamFG) vom Notar dem Familiengericht mit vorgelegt.

---

134 Vgl. LG Berlin FamRZ 1989, 427; KG FamRZ 1991, 1101.

Beachte

Die Unterlagen zu (1) bis (5) sind in **Ausfertigung**, nicht in beglaubigter Abschrift, einzureichen.

7. Verwandtenadoption

Die oben (siehe Rdn 692 f.) erwähnten Wirkungen der Volladoption gelten nicht uneingeschränkt bei der **713** *Verwandtenadoption,* der Annahme von *Stiefkindern* (§ 1756 BGB) und der *Volljährigenadoption* (§§ 1767 ff. BGB).

Bei der Annahme eines Kindes durch Verwandte (Verschwägerte) im zweiten oder dritten Grad (etwa Großeltern/Geschwister oder Onkel/Tante) erlischt nur das Verwandtschaftsverhältnis des Kindes zu seinen *Eltern* (um zu vermeiden, dass das Kind zwei Elternpaare hat, § 1756 Abs. 1 BGB). Adoptiert ein Ehegatte das Kind seines Ehegatten, so erlöschen die Verwandtschaftsbeziehungen lediglich zu dem verstorbenen Elternteil, nicht aber zu dem noch lebenden Elternteil, der jetzt mit dem Annehmenden verheiratet ist, auch nicht zu den Verwandten des anderen Elternteils, wenn dieser die elterliche Sorge hatte und verstorben ist (§ 1756 Abs. 2 BGB). In einem solchen Fall kann das angenommene Kind sechs Großeltern mit gegenseitigen Unterhalts- und Erbansprüchen haben. Durch § 1925 Abs. 4 BGB ist festgelegt worden, dass die *leiblichen* Geschwister des angenommenen Kindes nicht mehr zu den Erben der zweiten Ordnung gehören. Sie können aber Erben der dritten Ordnung sein, wenn weder Erben der ersten Ordnung (Abkömmlinge) noch der zweiten Ordnung (Adoptiveltern und Adoptivgeschwister) vorhanden sind und die gemeinsamen Großeltern – oder einer von ihnen – (als Erben der dritten Ordnung) zur Zeit des Todes des angenommenen Kindes nicht mehr leben (vgl. § 1926 Abs. 3 BGB).

Zur Verdeutlichung mögen die nachstehenden Stammbäume dienen. In dem ersten Schema sind die Verwandtschafts- und Schwägerschaftsverhältnisse aus der Zeit *vor* der wirksamen Annahme als Kind aufgeführt, um den Anwendungsbereich des § 1756 BGB besser erkennbar zu machen.

Es bedeuten:

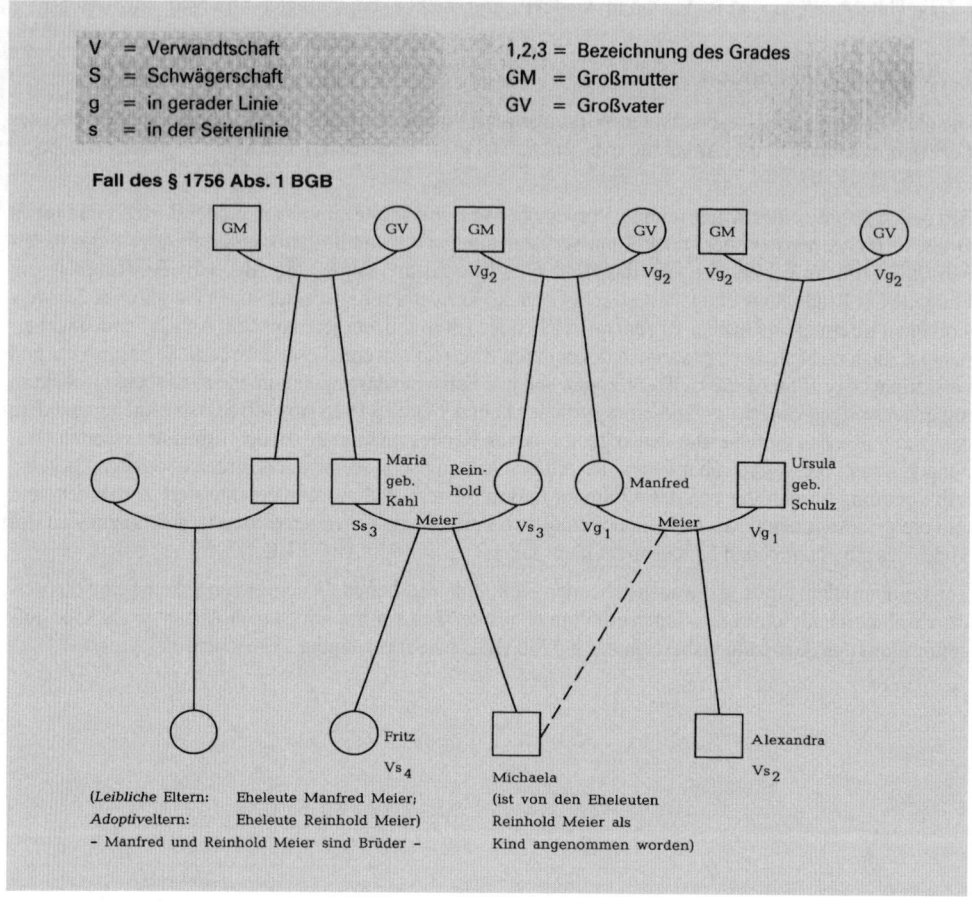

V = Verwandtschaft
S = Schwägerschaft
g = in gerader Linie
s = in der Seitenlinie

1,2,3 = Bezeichnung des Grades
GM = Großmutter
GV = Großvater

Fall des § 1756 Abs. 1 BGB

(Leibliche Eltern: Eheleute Manfred Meier;
Adoptiveltern: Eheleute Reinhold Meier)
– Manfred und Reinhold Meier sind Brüder –

(ist von den Eheleuten
Reinhold Meier als
Kind angenommen worden)

Nach der Adoption sind in unserem Beispiel gesetzliche Erben

a) der *ersten* Ordnung
   die eventuellen Abkömmlinge der angenommenen Michaela Meier,
b) der *zweiten* Ordnung
   die (annehmenden) Eheleute Reinhold und Maria Meier, bei ihrem Vorversterben deren Sohn Fritz
   (der jetzige Bruder der Angenommenen),
c) der *dritten* Ordnung
   die – sechs – Großeltern der Angenommenen, bei ihrem Vorversterben deren Abkömmlinge, zu denen
   auch die leibliche Schwester Alexandra der Angenommenen gehören kann.

Wenn der Ehemann das Kind seiner Ehefrau aus deren Ehe mit ihrem *verstorbenen* Ehemann annimmt,
erlangt das Kind die rechtliche Stellung eines gemeinschaftlichen Kindes der jetzigen Eheleute. Das Verwandtschaftsverhältnis erlischt nur zu dem verstorbenen Vater des Kindes, nicht aber zu seiner Mutter
und den Verwandten der leiblichen Elternteile. Dazu folgendes Schaubild:

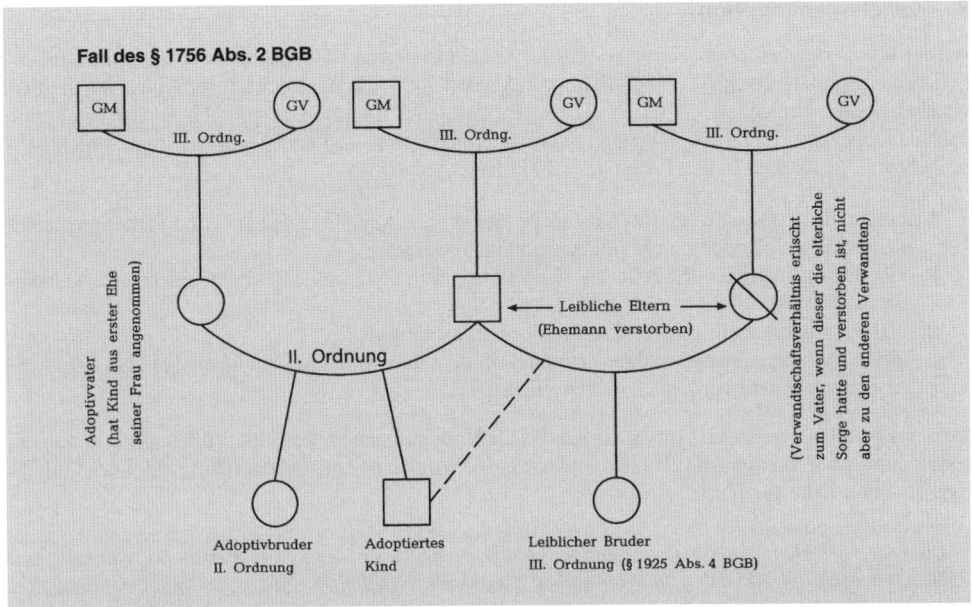

Fall des § 1756 Abs. 2 BGB

Anders ist es aber dann, wenn Kinder des Ehegatten aus einer früheren Ehe, die durch *Scheidung* aufgelöst worden ist, angenommen werden (vgl. hierzu § 1755 Abs. 2 BGB). Hier treten die Wirkungen der Volladoption (vgl. Rdn 692 f.) ein.

Auch hierzu ein Schaubild:

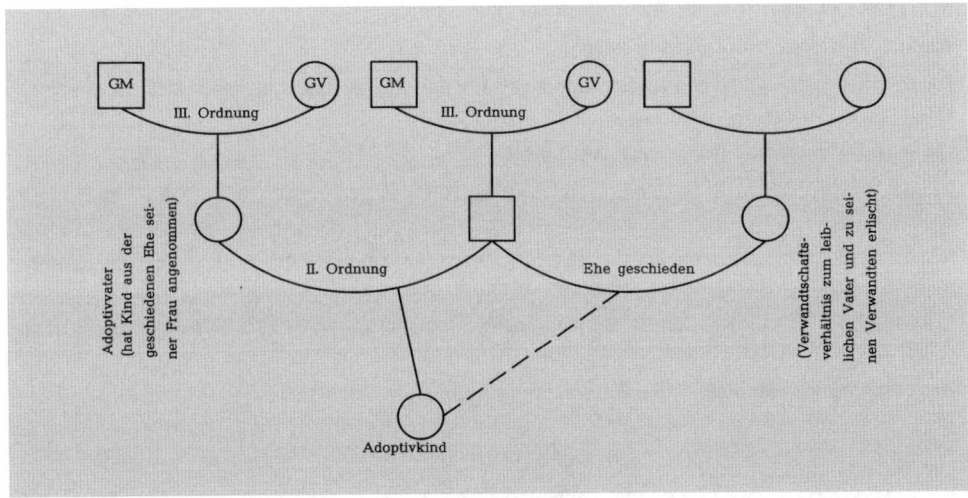

Bei dem im letzten Schaubild dargestellten Fall nimmt der Ehemann das Kind aus der geschiedenen (ersten) Ehe seiner Frau an. Dadurch erlangt das Kind die rechtliche Stellung eines Kindes der *jetzigen* Eheleute. Es tritt „Volladoption" ein. Daher werden die Beziehungen zum leiblichen Vater und zu seinen Verwandten gelöst.

8. Volljährigenadoption

714   Bei der Volljährigenadoption, die auf Antrag des Annehmenden und des Anzunehmenden vom Familiengericht ausgesprochen wird (§ 1768 BGB), erstrecken sich die Wirkungen der Annahme nicht auf die Verwandten des Annehmenden (§ 1770 BGB). Diese „schwache" Adoption entspricht in etwa der Adoption nach dem bis zum 31.12.1976 geltenden Recht, allerdings verschafft sie ein gegenseitiges – nicht ausschließbares – Erbrecht. In den Fällen des § 1772 BGB, wenn also

- minderjährige Geschwister des Anzunehmenden vom Annehmenden als Kind vorher angenommen worden sind oder gleichzeitig angenommen werden
- oder der Anzunehmende bereits als Minderjähriger in die Familie des Annehmenden aufgenommen worden ist
- oder der Annehmende das Kind seines Ehegatten annimmt
- oder der Anzunehmende in dem Zeitpunkt, in dem der Antrag auf Annahme bei dem Familiengericht eingereicht wird, noch nicht volljährig ist,

kann das Familiengericht auf Antrag auch bei einer Volljährigenadoption eine Volladoption anordnen, sodass dann die Wirkungen die gleichen sind wie bei der Annahme eines Minderjährigen.[135] Zur Volljährigenadoption siehe ausführlich *Brandt*.[136]

715   *Muster der Annahme eines Volljährigen mit den Wirkungen der Minderjährigenadoption durch den Ehemann der Kindesmutter beim Vorhandensein gemeinschaftlicher Kinder des Annehmenden und seiner Ehefrau:*

(Protokolleingang)

(…) erschienen:

1. Herr (…)
2. Frau (…)
3. die Ehefrau des zu 1. erschienenen Herrn (…),

sämtlich dem Notar von Person bekannt.

Die Erschienenen ersuchten, über den Antrag auf Annahme der zu 2. Erschienenen als Kind des zu 1. Erschienenen eine Niederschrift aufzunehmen; sie erklärten:

Zunächst erklärten die Erschienenen zu 1. und 3.:

Ich, der Erschienene zu 1., bin am (…) in (…) geboren (Geburtenregister-Nr. (…) des Standesamts (…)).

Ich, die Erschienene zu 3., bin am (…) in (…) geboren (Geburtenregister-Nr. (…) des Standesamts (…)).

Wir haben am (…) vor dem Standesbeamten des Standesamtes (…) die Ehe miteinander geschlossen (Eheregister-Nr. (…) des Standesamts (…)).

Aus unserer Ehe sind folgende Kinder hervorgegangen:

1. (…)
2. (…)

Ich, der Erschienene zu 1., habe keine weiteren Kinder.

Wir sind ausschließlich deutsche Staatsangehörige.

Die Erschienene zu 2. ist das Kind der Erschienenen zu 3. aus deren geschiedener Ehe mit (…)

---

135 Wegen der Mehrfachadoption Volljähriger siehe *Grauel*, ZNotP 2000, 421 ff.
136 RNotZ 2013, 459 ff.

Sodann erklärte die Erschienene zu 2.:

Ich bin am (…) in (…) geboren (Geburtenregister-Nr. (…) des Standesamtes (…)).

Ich bin ledig, habe keine Kinder und besitze ausschließlich die deutsche Staatsangehörigkeit.

Nunmehr erklärten die Erschienenen zu 1. und 3.:

Die Erschienene zu 2. befand sich seit unserer Eheschließung im Jahre (…) bis zu ihrem Auszug im Jahre (…) in unserem Haushalt und wird seitdem wie ein eheliches Kind von uns beiden gehalten.

Auch unsere voraufgeführten gemeinschaftlichen Kinder betrachten die Erschienene zu 2. als ihre Schwester.

Dies vorausgeschickt, erklärten die Erschienenen zu 1. und 2.:

Wir beantragen:

1. die Annahme der Erschienenen zu 2. als Kind des Erschienenen zu 1. durch das Familiengericht auszusprechen,
2. beim Ausspruch der Annahme als Kind zu bestimmen, dass sich die Wirkungen der Annahme nach den Vorschriften über die Annahme eines Minderjährigen richten. Die Anzunehmende erhält als Geburtsnamen den Familiennamen des Erschienenen zu 1.

Hierzu erklären wir, dass

a) die Anzunehmende bereits als Minderjährige, nämlich etwa von ihrem zweiten Lebensjahr ab, in dem von uns seit dem Jahre (…) gemeinsam geführten Haushalt gelebt hat, dort aufgewachsen ist, die gesamte Kindheit dort verbracht und bei uns bis zum Beginn ihres Studiums im Jahre (…) gelebt hat,
b) der Annehmende das Kind seines Ehegatten annimmt

(§ 1772 BGB).

Die Anzunehmende ist auch nach ihrem Auszug aus unserem Haushalt noch in häufigem Kontakt mit uns und besucht uns stetig.

Wir betrauen den amtierenden Notar, den Antrag auf Annahme als Kind, und zwar auch nach unserem Tod, beim zuständigen Familiengericht zu stellen und einzureichen.

Nunmehr erklärte die Erschienene zu 3.:

Ich willige als Ehefrau des zu 1. Erschienenen in die Annahme meines Kindes durch meinen Ehemann ein. Diese Einwilligungserklärung gebe ich dem zuständigen Familiengericht gegenüber ab. Mir ist bekannt gegeben, dass meine Einwilligungserklärung mit dem Zugang beim Familiengericht unwiderruflich wird.

Schließlich erklärten noch alle Erschienenen:

Der beantragten Annahme der Erschienenen zu 2. als Kind des Erschienenen zu 1. stehen keine – weder vermögensrechtlichen, erbrechtlichen noch sonstigen – überwiegenden Interessen der anderen Kinder der Erschienenen zu 1. und 3. im Sinne des § 1769 BGB entgegen. Hinsichtlich der Interessen der anderen Kinder der Erschienenen zu 1. und 3. bleibt zu berücksichtigen, dass die Erschienene zu 2. bereits seit ihrem zweiten Lebensjahr im Familienverband des Annehmenden ist und daher schon seit Anfang an faktisch ein Vater-Kind-Verhältnis und entsprechende Geschwisterverhältnisse bestehen. Vor diesem Hintergrund ist die Adoption trotz des Vorhandenseins von gemeinsamen Kindern der Erschienenen zu 1. und 3. zuzulassen.

Der Notar hat uns darüber belehrt, dass

■ mit dem Ausspruch der Annahme die Erschienene zu 2. die rechtliche Stellung eines gemeinschaftlichen Kindes der Erschienenen zu 1. und 3. erlangt, was mit Rechten und Pflichten insbesondere im Unterhalts- und Erbrecht verbunden ist,
■ das Verwandtschaftsverhältnis der Erschienenen zu 2. zu ihrem leiblichen Vater sowie dessen Verwandten nebst den sich daraus ergebenden Rechten und Pflichten erlischt.

Die mit dieser Urkunde jetzt und in der Folge verbundenen Kosten gehen zu Lasten der Erschienenen zu 1. und 3.

Hierbei waren miterschienen:

a) (...),

b) (...),

die Kinder der hier Erschienenen zu 1. und 3.

Sie wiesen sich aus durch (...) und erklärten:

Wir sind mit der Adoption der Erschienenen zu 2. durch unseren Vater einverstanden.

(Protokollabschluss)

9. Entscheidung über die Adoption

716 Über die Annahme als Kind entscheidet der Richter durch Beschluss (§ 14 Nr. 3 f. RpflG). Der Beschluss ist zu begründen. In ihm ist anzugeben, auf welche Gesetzesvorschriften sich die Annahme (§§ 1754 Abs. 1 und 2, 1755 Abs. 1 und 2 oder: 1756 Abs. 1 oder: 1756 Abs. 2 oder: 1767 oder: 1772 BGB, ggf. zusätzlich § 1757 Abs. 4 Nrn. 1 und 2 BGB, evtl. auch § 1747 Abs. 4 BGB) gründet (§ 197 Abs. 1 FamFG). Der Beschluss ist nicht anfechtbar und kann vom Gericht nicht geändert werden (§ 197 Abs. 3 FamFG).

10. Zusammenstellung der wesentlichen Wirkungen der Annahme als Kind

717 *§ 1754 Abs. 1 BGB:*

Annahme durch Ehepaar oder durch anderen Ehegatten (rechtliche Stellung eines gemeinschaftlichen Kindes).

§ 1754 Abs. 2 BGB:

Annahme durch Einzelperson (rechtliche Stellung eines Kindes des Annehmenden).

§ 1755 Abs. 1 BGB:

Erlöschen des Verwandtschaftsverhältnisses des Kindes und seiner Abkömmlinge zu den bisherigen Verwandten und der sich aus ihm ergebenden Rechte und Pflichten („normale" Adoption).

§ 1755 Abs. 2 BGB:

Bei Annahme des Kindes des Ehegatten: Erlöschen des Verwandtschaftsverhältnisses nur im Verhältnis zum anderen Elternteil und dessen Verwandten.

§ 1756 Abs. 1 BGB:

Verwandtenadoption: Sind Annehmende mit dem Kind im 2. oder 3. Grad verwandt oder verschwägert, so erlöschen nur das Verwandtschaftsverhältnis des Kindes und seiner Abkömmlinge zu den Eltern des Kindes und die sich aus ihm ergebenden Rechte und Pflichten.

§ 1756 Abs. 2 BGB:

Verwandtenadoption: Nimmt der Ehegatte das Kind seines Ehegatten an, dessen frühere Ehe durch Tod aufgelöst ist, so erlischt das Verwandtschaftsverhältnis nicht im Verhältnis zu den Verwandten des verstorbenen Elternteils, wenn dieser die elterliche Sorge hatte *(anders aber nach Ehescheidung!).*

§ 1757 Abs. 1 BGB:

Das Kind erhält als Geburtsnamen den Familiennamen des Annehmenden.

§ 1757 Abs. 2 BGB:

Nimmt ein Ehepaar ein Kind an oder nimmt ein Ehegatte ein Kind des anderen Ehegatten an und führen die Ehegatten keinen Ehenamen, so bestimmen sie den Geburtsnamen des Kindes vor dem Ausspruch der Annahme durch Erklärung gegenüber dem Familiengericht; § 1617 Abs. 1 BGB gilt entsprechend. Hat das Kind das fünfte Lebensjahr vollendet, so ist die Bestimmung nur wirksam, wenn es sich der Bestimmung vor dem Ausspruch der Annahme durch Erklärung gegenüber dem Familiengericht anschließt; § 1617c Abs. 1 S. 2 BGB gilt entsprechend.

§ 1757 Abs. 3 BGB:

Die Änderung des Geburtsnamens erstreckt sich auf den Ehenamen des Kindes nur dann, wenn sich auch der Ehegatte der Namensänderung vor dem Ausspruch der Annahme durch Erklärung gegenüber dem Familiengericht anschließt; die Erklärung muss öffentlich beglaubigt werden.

§ 1757 Abs. 4 BGB:

Das Familiengericht kann auf Antrag mit Einwilligung des Kindes mit dem Ausspruch der Annahme den Vornamen des Kindes ändern, dem Kind einen oder mehrere neue Vornamen „beigeben" oder seinem neuen Familiennamen den bisherigen Familiennamen voranstellen oder anfügen.

§ 1767 Abs. 1 BGB:

Ein Volljähriger kann als Kind angenommen werden, wenn die Annahme sittlich gerechtfertigt ist; dies ist insbesondere anzunehmen, wenn zwischen dem Annehmenden und dem Anzunehmenden ein Eltern-Kind-Verhältnis bereits entstanden ist.

§ 1767 Abs. 2 BGB:

Für die Annahme Volljähriger gelten die Vorschriften über die Annahme Minderjähriger sinngemäß, soweit sich aus den folgenden Vorschriften nichts anderes ergibt. § 1757 Abs. 3 BGB ist entsprechend anzuwenden, wenn der Angenommene eine Lebenspartnerschaft begründet hat und sein Geburtsname zum Lebenspartnerschaftsnamen bestimmt worden ist.

§ 1770 BGB:

„*Normale" Volljährigenadoption:* Wirkungen entsprechend dem früheren Recht mit seinen schwach ausgestalteten Adoptionswirkungen. Der Angenommene wird nicht verwandt und nicht verschwägert mit den Verwandten und Verschwägerten des Annehmenden. Rechte und Pflichten des Angenommenen und seiner Abkömmlinge zu deren leiblichen Verwandten bleiben bestehen. Annehmender und Angenommener sind gegenseitig erbberechtigt.

§ 1772 BGB:

Volljährigenadoption: Das Familiengericht kann beim Ausspruch der Annahme auf Antrag des Annehmenden und des Anzunehmenden bestimmen, dass sich die Wirkungen unter den dort genannten Umständen nach den Vorschriften über die Minderjährigenadoption richten.

Das Annahmeverhältnis kann bei Minderjährigen nur in ganz besonderen Ausnahmefällen und auch nur dann aufgelöst werden, wenn die Auflösung im Einklang mit dem Wohl des Kindes steht (§§ 1759 ff. BGB), bei Volljährigen auf Antrag des Annehmenden und des Angenommenen, wenn ein wichtiger Grund vorliegt oder notwendige Erklärungen gefehlt haben (§§ 1760, 1771 BGB).[137]

D. Aus dem Bereich des Ehegüterrechts, des Versorgungsausgleichs und der Eingetragenen Lebenspartnerschaft

I. Allgemeines

Im ehelichen Güterrecht unterscheidet man zwischen dem *gesetzlichen* Güterstand und den *vertragsmäßigen* Güterständen.   **718**

Eheleute leben im gesetzlichen Güterstand, wenn sie keine ehevertraglichen Vereinbarungen treffen oder wenn ein vereinbarter Güterstand aufgehoben wird und ein anderer vertraglicher Güterstand nicht vereinbart wird (Ausnahme: bei Aufhebung der Gütergemeinschaft tritt Gütertrennung ein, §§ 1416, 1414 S. 2 BGB).

Vertragsmäßiger Güterstand ist derjenige, den die Eheleute durch einen Ehevertrag vereinbaren.

---

137 Zu den familien- und erbrechtlichen Wirkungen der Adoption – auch nach altem Recht – siehe auch *Grauel*, ZNotP 2001, 185 und *Grauel*, ZFE 2002, 81 ff.

719 Der heute geltende gesetzliche Güterstand der Zugewinngemeinschaft (vgl. hierzu Rdn 725 ff.) ist erst mit Inkrafttreten des Gleichberechtigungsgesetzes am 1.7.1958 in das BGB eingeführt worden.

In seiner ursprünglichen Fassung bestimmte das BGB als gesetzlichen Güterstand den Güterstand der Verwaltung und Nutznießung des Vermögens der Frau durch den Ehemann. Nach Inkrafttreten des Grundgesetzes war dieser Güterstand nicht mehr mit der Verfassung vereinbar: Er verstieß gegen Art. 3 Abs. 2 GG, wonach Mann und Frau gleichberechtigt sind. Darüber hinaus ordnete das GG ausdrücklich an, dass mit Ablauf des 31.3.1953 alle Vorschriften außer Kraft traten, die dem Grundsatz der Gleichberechtigung von Mann und Frau widersprachen. Am 1.4.1953 war damit der bis dahin geltende Güterstand der Verwaltung und Nutznießung des Vermögens der Frau durch den Mann außer Kraft getreten. Von diesem Zeitpunkt an galt – bis zum Inkrafttreten des Gleichberechtigungsgesetzes am 1.7.1958 – der Güterstand der Gütertrennung als gesetzlicher Güterstand.

Übersicht

a) vom 1.1.1990–31.3.1953:
   Gesetzlicher Güterstand der Verwaltung und Nutznießung des Vermögens der Frau durch den Mann.
b) vom 1.4.1953–30.6.1958:
   Gesetzlicher Güterstand = Gütertrennung.
c) vom 1.7.1958–heute:
   Gesetzlicher Güterstand der Zugewinngemeinschaft.

720 Der Güterstand der Zugewinngemeinschaft gilt für alle Ehen, die seit dem 1.7.1958 geschlossen worden sind. Aber auch die Ehen, die vor dem 1.7.1958 geschlossen worden sind und in denen der gesetzliche Güterstand galt, wurden durch das Gleichberechtigungsgesetz in den neuen gesetzlichen Güterstand übergeleitet.

Vertraglich vereinbarte Güterstände wurden jedoch nicht in den Güterstand der Zugewinngemeinschaft übergeleitet. Daneben räumte das Gleichberechtigungsgesetz den Eheleuten, die am 30.6.1958 im gesetzlichen Güterstand – d.h. Gütertrennung lebten – das Recht ein, einseitig, also ohne Mitwirkung des anderen Ehegatten, zu erklären, dass weiterhin Gütertrennung gelten sollte. Diese Erklärung bedurfte der notariellen Beurkundung.

Als Regel kann man sich also merken:

Eheleute leben heute ohne Rücksicht auf das Datum der Eheschließung im gesetzlichen Güterstand der Zugewinngemeinschaft, wenn sie nicht durch Ehevertrag etwas anderes vereinbart haben oder wenn nicht ein Ehegatte durch einseitige Erklärung Gütertrennung herbeigeführt hat.

1. Staatsangehörigkeit und Güterstand

721 Haben nicht beide Ehegatten die deutsche Staatsangehörigkeit, sondern ist nur einer der Ehegatten Deutscher oder sind sogar beide Ehegatten Ausländer, so stellt sich die Frage, welche Rechtsordnung für die ehegüterrechtlichen Beziehungen maßgeblich ist.

Es ist zu unterscheiden:

Für Ehen, die vor dem 29.1.2019 geschlossen worden sind, gilt weiterhin Art. 15 Abs. 1 des Einführungsgesetzes zum Bürgerlichen Gesetzbuch.[138] Danach unterliegen die güterrechtlichen Wirkungen der Ehe dem bei der Eheschließung für die allgemeinen Wirkungen der Ehe maßgebenden Recht. Diese wiederum werden bestimmt durch Art. 14 Abs. 1 EGBGB: der Reihe nach ist das Recht desjenigen Staates berufen

---

138 Neugefasst durch das Gesetz zur Neuregelung des Internationalen Privatrechts vom 25.7.1986, BGBl I, S. 1142.

- dem beide Ehegatten angehören oder während der Ehe zuletzt angehörten, wenn einer von ihnen diesem Staat noch angehört, sonst
- in dem beide Ehegatten ihren gewöhnlichen Aufenthalt haben oder während der Ehe zuletzt hatten, wenn einer von ihnen dort noch seinen gewöhnlichen Aufenthalt hat, hilfsweise
- mit dem die Ehegatten auf andere Weise gemeinsam am engsten verbunden sind.

(Hierzu näher die Ausführungen siehe Rdn 38 ff., 1740 ff.).

Für die nach dem 29.1.2019 geschlossenen Ehen gilt nach der EU-Ehegüterrechtsverordnung (EUGüVO) folgende abweichende Anknüpfung.

Nach Art. 26 Abs. 1 lit. a EUGüVO unterliegt der eheliche Güterstand nicht mehr vorrangig dem gemeinsamen Heimatrecht der Ehegatten, sondern dem Recht des Staates, in dem die Ehegatten nach der Eheschließung ihren ersten gemeinsamen gewöhnlichen Aufenthalt haben. Fehlt es an einem solchen gemeinsamen Aufenthalt, so wird hilfsweise an die gemeinsame Staatsangehörigkeit angeknüpft (Art. 26 Abs. 1 lit. b). Fehlt auch diese, kommt es auf die gemeinsame engste Verbindung an (Art. 26 Abs. 1 lit. c EUGüVO).

Die EUGüVO ist, obwohl bereits am 28.7.2016 in Kraft getreten, erst ab dem 29.1.2019 anwendbar. Die darin enthaltenen Güterrechtskollisionsnormen gelten zudem nur, wenn die Ehegatten nach dem 29.1.2019 die Ehe geschlossen oder nach diesem Datum eine Rechtswahl getroffen haben.[139] Die EuGüVO lässt weitgehende Rechtswahlmöglichkeiten zu (Art. 22 EUGüVO). Vgl. auch Rdn 1736 ff.

2. Begriff, Zulässigkeit und Inhalt eines Ehevertrages

Unter einem Ehevertrag versteht das Gesetz (§ 1408 Abs. 1 BGB) die vertragliche Regelung der güterrechtlichen Verhältnisse zwischen Ehegatten. Eheverträge können bereits vor der Ehe zwischen den Verlobten und während der Ehe jederzeit geschlossen werden. **722**

Als Inhalt eines Ehevertrages kann vereinbart werden:

a) An die Stelle des gesetzlichen Güterstandes soll Gütertrennung (vgl. Rdn 765) oder Gütergemeinschaft (vgl. Rdn 768 ff.) treten; der gesetzliche Güterstand wird hier durch einen vom Gesetz bereits geregelten Wahl-Güterstand ersetzt.
b) Die Ehegatten treffen innerhalb eines bestimmten Güterstandes eine vom gesetzlichen Modell abweichende Vereinbarung, die ihren persönlichen Zwecken am besten entspricht *(spezieller Ehevertrag)*. Derartige vertragliche Abweichungen von den gesetzlich beschränkten Güterstands-Typen sind allerdings nur insoweit zulässig, als nicht gegen zwingende gesetzliche Bestimmungen verstoßen wird.

Der Umstand, dass das Gesetz als „Ehevertrag" die vertragliche Regelung der güterrechtlichen Verhältnisse bezeichnet, bedeutet nicht, dass Gegenstand eines Ehevertrages nur Vereinbarungen über den Güterstand sein können. In der notariellen Praxis enthält ein Ehevertrag häufig auch andere ehebezogene Regelungen, insbesondere zum Versorgungsausgleich und zum Unterhalt. Man spricht dann auch von einem Ehevertrag im erweiterten Sinn, im Unterschied zum Ehevertrag im engeren Sinn, der sich auf güterrechtliche Vereinbarungen beschränkt.

3. Form des Ehevertrages

Der Ehevertrag muss bei gleichzeitiger Anwesenheit der Eheleute vor einem Notar geschlossen werden (§ 1410 BGB). **723**

Gleichzeitige Anwesenheit bedeutet nicht auch *persönliche* Anwesenheit beim Abschluss des Vertrages. Vertretung ist also zulässig, in der Praxis allerdings unüblich und nicht zu empfehlen. Wird der Vertrag nicht notariell beurkundet, so ist er unwirksam. Die Aufhebung oder Änderung eines Ehevertrages bedarf ebenfalls der notariellen Beurkundung.

---

139 Zur Ehegüterrechtsverordnung vgl. DNotI-Report 2016, 109; *Weber*, DNotZ 2016, 659.

Beschränkt Geschäftsfähige (§ 106 BGB) können einen Ehevertrag nur mit Zustimmung des gesetzlichen Vertreters schließen. Dagegen kann der gesetzliche Vertreter nicht selbst für einen beschränkt Geschäftsfähigen einen Ehevertrag schließen.

Für einen Geschäftsunfähigen (§ 104 BGB) wird der Ehevertrag durch den gesetzlichen Vertreter geschlossen. Gütergemeinschaft kann hierbei weder vereinbart noch – eine bestehende Gütergemeinschaft – aufgehoben werden (§ 1411 Abs. 2 S. 1 BGB).

Der Ehevertrag bedarf zu seiner Wirksamkeit nicht der Eintragung in das Güterrechtsregister (vgl. Rdn 793).

4. Gerichtliche Kontrolle von Eheverträgen

724   Eheverträge bedürfen nicht der gerichtlichen Genehmigung. Sie unterliegen jedoch zur Vermeidung sittenwidriger und gegen Treu und Glauben verstoßender Ergebnisse der gerichtlichen Inhaltskontrolle nach den von der Rechtsprechung des BGH hierzu entwickelten Grundsätzen.[140] Näher hierzu Rdn 807 f., 828 und 828 f.

II. Der gesetzliche Güterstand der Zugewinngemeinschaft

725   Der gesetzliche Güterstand der Zugewinngemeinschaft wird durch drei Merkmale geprägt:

- grundsätzlich Gütertrennung,
- in bestimmtem Umfang Verfügungsbeschränkungen der Ehegatten,
- Ausgleich des Zugewinns.

Die Vermögen der Ehegatten, seien sie vor oder während der Ehe erworben, bleiben getrennt, sodass an sich Gütertrennung herrscht. Die Bezeichnung „Zugewinngemeinschaft" ist also eher irreführend. Es entsteht kein „gemeinschaftliches" Eigentum am „Zugewinn". Aus der prinzipiellen Gütertrennung folgt ferner, dass ein Ehegatte nicht für die Schulden des anderen mithaftet. Jeder haftet für seine Schulden allein mit seinem Vermögen. Der Ehegatte wird am Vermögen des anderen weder bei Beginn noch während des Güterstandes oder nach seiner Beendigung dinglich beteiligt.

726   Jeder der Ehegatten verwaltet sein Vermögen selbstständig (§ 1364 BGB). Dieser Grundsatz wird allerdings durch die §§ 1365 ff. BGB eingeschränkt:

- Jeder Ehegatte kann sich nur mit Einwilligung des anderen verpflichten, über sein Vermögen im Ganzen zu verfügen (§ 1365 Abs. 1 BGB). Mit Hilfe dieser Bestimmung soll der Familie die wirtschaftliche Grundlage erhalten bleiben.
- Jeder Ehegatte kann über ihm gehörende Gegenstände des ehelichen Haushalts nur verfügen und sich dazu nur verpflichten, wenn der andere Ehegatte einwilligt (§ 1369 BGB).

1. Die Verfügungsbeschränkungen im Einzelnen

727   In der notariellen Praxis ist die Verfügungsbeschränkung aus § 1365 BGB besonders wichtig. Danach kann sich, wie bereits erwähnt, ein Ehegatte nur mit Einwilligung des anderen verpflichten, über sein Vermögen im Ganzen zu verfügen.

Beispiel

Der Ehemann E ist Eigentümer zweier Grundstücke, die sein gesamtes Vermögen darstellen. Ohne Wissen seiner Frau verkauft er sie an K und lässt sie ihm auf. K wird als Eigentümer in das Grundbuch eingetragen. Die Ehefrau des E erfährt hiervon und erklärt, sie sei mit dem Verkauf nicht einverstanden. K wusste, dass die beiden Grundstücke die einzigen nennenswerten Vermögensgegenstände des E waren.

---

140 Palandt/*Brudermüller*, § 1408 Rn 7 ff.

Ein wirksamer Eigentumserwerb des K scheitert hier an § 1365 BGB. Ein Ehegatte kann sich nur mit Einwilligung des anderen verpflichten, über sein Vermögen im Ganzen zu verfügen. E hat ohne Einwilligung seiner Frau die Grundstücke verkauft und aufgelassen. Der Verkauf und die Übereignung sind unwirksam, da die Ehefrau ihre Einwilligung nicht erteilt und das Rechtsgeschäft auch nicht genehmigt hat, was möglich ist (§ 1366 BGB). Keine Rolle spielt dabei, dass E den Kaufpreis erhalten hat und das Geschäft vielleicht sogar für ihn wirtschaftlich vorteilhaft war. Nach herrschender Meinung ist jedoch erforderlich, dass K auch die Umstände kannte, aus denen sich ergab, dass E über sein Vermögen im Ganzen verfügte. **728**

Ein zustimmungsbedürftiges Geschäft liegt bereits dann vor, wenn sich ein Ehegatte verpflichtet, über einen einzelnen Gegenstand – z.B. ein Grundstück –, zu verfügen, der sein gesamtes Vermögen ausmacht. Es genügt, wenn der Gegenstand über den verfügt werden soll, *im Wesentlichen* das gesamte Vermögen darstellt.

Schwierigkeiten bereitet häufig die Feststellung, ob ein bestimmter Gegenstand bereits im Wesentlichen das Vermögen ausmacht. Die Fälle, dass ein Ehegatte über sein Vermögen im Ganzen verfügt, sind in der Praxis recht selten. Weit häufiger kommt es vor, dass ein Ehegatte über ein Grundstück verfügt, welches nahezu sein ganzes Vermögen darstellt. Auch hier ist die Verfügungsbeschränkung des § 1365 BGB zu beachten. Problematisch ist dann immer die Feststellung, ob es sich bei dem Gegenstand, über den verfügt wird, nahezu um das ganze Vermögen des Ehegatten handelt. Genaue Prozentzahlen oder Wertverhältnisse lassen sich als Regel kaum feststellen. Als Faustregel für die Praxis wird man sagen können, dass eine Verfügung über das Vermögen im Ganzen noch nicht vorliegt, wenn der verfügende Ehegatte Eigentümer mehrerer Grundstücke ist und lediglich eines verkauft. Bei der Abwägung, ob ein veräußerter Gegenstand im Wesentlichen das gesamte Vermögen des verfügenden Ehegatten darstellt, ist der Wert nicht nur der ihm verbleibenden Vermögensstücke, sondern auch der Wert des veräußerten Gegenstandes um die darauf ruhenden dinglichen Belastungen zu mindern. Nach der Rechtsprechung des Bundesgerichtshofs ist der Tatbestand des § 1365 BGB grundsätzlich nicht erfüllt, wenn dem verfügenden Ehegatten bei einem größeren Vermögen (das sind solche ab 250.000 EUR) Werte von 10 % und bei einem kleinen Vermögen Werte von 15 % seines ursprünglichen Gesamtvermögens verbleiben.[141] Keinesfalls greift § 1365 BGB bei einem verbleibenden Vermögen von 30 % ein.[142] Das Grundbuchamt darf die Verfügungsbefugnis des ohne Zustimmung seines Ehegatten verfügenden Grundstückseigentümers nur anzweifeln, wenn konkrete Anhaltspunkte für das Vorliegen sowohl der objektiven als auch der subjektiven Voraussetzungen des § 1365 BGB bestehen.[143] **729**

Den Notar trifft nach § 17 BeurkG eine Prüfungs- und Belehrungspflicht, und er muss somit auch über die Bedeutung des § 1365 BGB belehren. Andererseits ist der Notar nicht verpflichtet, genau zu ermitteln, ob das zu verkaufende Grundstück das ganze oder so gut wie das ganze Vermögen des Verkäufers ausmacht. In der Praxis behilft man sich damit, dass man einen allein verfügenden Ehegatten versichern lässt, dass es sich bei dem Grundstück, welches verkauft wird, nicht um sein ganzes oder nahezu ganzes Vermögen handelt. Hierdurch wird ein gewisser Schutz des Vertragsgegners erreicht, denn nur wenn dieser weiß, dass es sich um nahezu das ganze Vermögen des Ehegatten handelt, kommt § 1365 BGB zum Zuge. In Zweifelsfällen sollte vorsorglich die Zustimmung des Ehegatten des Veräußerers eingeholt werden. **730**

Bei Belastungen eines Grundstücks mit Grundpfandrechten ist § 1365 BGB ebenfalls zu beachten. Seine Anwendung kommt jedoch nur dann in Betracht, wenn an einem Grundstück, das das wesentliche Vermögen des Ehegatten bildet, Grundpfandrechte bestellt werden sollen, die den Verkehrswert dieses Grundstücks ganz oder nahezu vollständig ausschöpfen, und dem Gläubiger diese Umstände bekannt sind. Da nach einer neueren Entscheidung des BGH hierbei nicht nur der Nennbetrag einer bestellten Grundschuld, sondern auch die oft sehr hohen Grundschuldzinsen einzubeziehen sind, und zwar regelmäßig mit ihrem zweieinhalbfachen Jahresbetrag,[144] kann eine derartige Wertausschöpfung durchaus häufiger vorkommen. **731**

141 BGH NJW 1991, 1739.
142 BGH NJW 1980, 2350.
143 BGH BeckRS 2013, 06773.
144 BGH MittBayNot 2012, 222 m. Anm. *Gladenbeck*.

Beispiel

Ein Hausgrundstück im Verkehrswert von 300.000 EUR wird mit einer Grundschuld in Höhe von 200.000 EUR nebst 18 % Jahreszinsen belastet. Im Rahmen des § 1365 BGB beträgt die Belastung damit: 200.000 + 90.000 (= 2,5 × 36.000 Zinsen) = 290.000 EUR.

2. Der Zugewinn

732 Wesentliches Kennzeichen des gesetzlichen Güterstandes ist der Ausgleich des Zugewinns. Die Zugewinngemeinschaft wird erst dann bedeutsam, wenn der von einem Ehegatten während der Ehe erzielte Zugewinn ausgeglichen werden muss.

Das Gesetz sieht zur Durchführung des Zugewinns zwei voneinander getrennte Lösungen vor:

- die güterrechtliche Lösung (§§ 1372 ff. BGB),
- die erbrechtliche Lösung (§ 1371 Abs. 1 BGB).

Die güterrechtliche Lösung gilt immer dann, wenn der Zugewinn zu *Lebzeiten* der Ehegatten ausgeglichen wird.

Die erbrechtliche Lösung kommt dann grundsätzlich zum Zuge, wenn die Ehe durch den Tod eines Ehegatten aufgelöst wird. Aber auch bei Auflösung der Ehe durch den Tod wird der Zugewinnausgleich nach der güterrechtlichen Lösung durchgeführt, sofern der überlebende Ehegatte nicht Erbe nach dem Verstorbenen wird und ihm auch kein Vermächtnis zugewandt wurde (§ 1371 Abs. 2 BGB).

3. Der Ausgleich des Zugewinns zu Lebzeiten beider Ehegatten

a) Allgemeines

733 Wird der Güterstand der Zugewinngemeinschaft zu Lebzeiten beider Ehegatten beendet, so ist zu prüfen, welchen Zugewinn jeder Ehegatte in der Ehe erzielt hat. Die Zugewinngemeinschaft endet zu Lebzeiten der Ehegatten:

- wenn die Ehegatten einen anderen Güterstand vereinbaren,
- wenn die Ehe geschieden oder aufgehoben wird,
- wenn durch Gerichtsurteil die Zugewinngemeinschaft vorzeitig aufgehoben wird.

Übersteigt der Zugewinn des einen Ehegatten den des anderen, so steht die Hälfte des Überschusses dem anderen Ehegatten als Ausgleichsforderung zu (§ 1378 Abs. 1 BGB).

Der Überschuss wird dadurch ausgeglichen, dass der Ehegatte, der den geringeren oder keinen Zugewinn erzielt hat, gegenüber dem anderen eine *Geld*forderung erhält. Der ausgleichsberechtigte Ehegatte wird also am Vermögen des anderen *dinglich nicht* beteiligt.

Beispiel

	Mann	Frau
Zugewinn	20.000 EUR	10.000 EUR
Anspruchsberechtigt:	Frau (da Zugewinn des Mannes höher)	

Ausgleichsforderung (nach § 1378 Abs. 1 BGB):

$1/2$ (20.000 EUR – 10.000 EUR) = 5.000 EUR (Hälfte von 10.000 EUR)

Zugewinn ist der Betrag, um den das Endvermögen eines Ehegatten sein Anfangsvermögen übersteigt (§ 1373 BGB).

Anfangsvermögen ist das Vermögen, das einem Ehegatten nach Abzug der Verbindlichkeiten beim Eintritt des Güterstandes gehört (§ 1374 BGB). *Endvermögen* ist dasjenige, was ein Ehegatte nach Abzug der Verbindlichkeiten beim Ende des Güterstandes besitzt (§ 1375 BGB).

Beispiel   **734**

	Mann	Frau
Vermögen bei Beginn des Güterstandes (in der Regel also im Zeitpunkt der Eheschließung):	10.000 EUR	20.000 EUR
Verbindlichkeiten in diesem Zeitpunkt:	2.000 EUR	0 EUR
Anfangsvermögen:	**8.000 EUR**	**20.000 EUR**
Vermögen bei Ende des Güterstandes:	45.000 EUR	32.000 EUR
Verbindlichkeiten in diesem Zeitpunkt:	1.000 EUR	2.000 EUR
Endvermögen:	44.000 EUR	30.000 EUR
– Anfangsvermögen:	8.000 EUR	20.000 EUR
Zugewinn:	**36.000 EUR**	**10.000 EUR**

Der Zugewinn des Mannes übersteigt den Zugewinn der Frau um 26.000 EUR. Der Frau steht also gegen den Mann eine Ausgleichsforderung in Höhe der Hälfte davon (= 13.000 EUR) zu.

Nach früherem Recht (§ 1374 Abs. 1 BGB a.F.) konnte das für die Berechnung des Zugewinns maßgebliche Anfangsvermögen nie negativ sein, da Verbindlichkeiten nur bis zur Höhe des Vermögens abgezogen werden konnten. Hatte z.B. ein vermögensloser Ehegatte bei Eheschließung Schulden in Höhe von 50.000 EUR und bei Beendigung des Güterstands nach Schuldentilgung ein Aktivvermögen von 30.000 EUR, so belief sich sein Zugewinn bei wirtschaftlicher Betrachtungsweise zwar auf 80.000 EUR, rechtlich betrug er jedoch lediglich 30.000 EUR. Dieses Schuldenabzugsverbot konnte den anderen Ehegatten, der die Ehe ohne Verbindlichkeiten eingegangen war und während der Ehe einen Zugewinn erzielt hatte, erheblich benachteiligen. Er konnte ausgleichspflichtig sein, obwohl sein Zugewinn – rechnerisch gesehen – geringer war als der seines bei Eheschließung überschuldeten Ehepartners. Abhilfe konnte insoweit nur durch einen Ehevertrag geschaffen werden, durch das An- fangsvermögen des überschuldeten Ehegatten ins Minus gesetzt wurde.   **735**

Nach der am 1.9.2009 in Kraft getretenen Reform des Zugewinnausgleichsrechts ist nunmehr abweichend vom bisherigen Recht auch das negative Anfangsvermögen kraft Gesetzes zu berücksichtigen (§ 1374 Abs. 3 BGB n.F.).

Beispiel

Der Ehemann hat bei Eheschließung Verbindlichkeiten in Höhe von 100.000 EUR, die er während der Ehe vollständig tilgt. Bei Beendigung des Güterstands verfügt er über ein Aktivvermögen von 100.000 EUR. Die Ehefrau hat bei Eingehung der Ehe weder Vermögen noch Schulden (Anfangsvermögen also 0 EUR). Ihr Endvermögen beträgt 100.000 EUR. Der Zugewinn des Ehemanns beträgt nach neuem Recht somit 200.000 EUR, derjenige der Ehefrau 100.000 EUR, sodass der Ehemann 50.000 EUR (100.000 EUR : 2) als Zugewinnausgleich zu zahlen hat.

Der ausgleichspflichtige Ehegatte soll jedoch nach dem Willen des Gesetzgebers höchstens so viel als Zugewinn zahlen müssen, wie er bei Beendigung des Güterstandes überhaupt an Vermögen hat. Daher sieht § 1378 Abs. 2 S. 1 BGB eine entsprechende Kappungsgrenze vor und bestimmt: Die Höhe der Ausgleichsforderung wird durch den Wert des Vermögens begrenzt, das nach Abzug der Verbindlichkeiten bei Beendigung des Güterstandes vorhanden ist. Das wirkt sich vor allem dann aus, wenn der Zugewinn eines Ehegatten im Wesentlichen darauf beruht, dass er bei der Eheschließung bereits vorhandene Schulden getilgt hat.   **736**

Beispiel

Der Ehemann hat bei Eheschließung Verbindlichkeiten in Höhe von 100.000 EUR, die er während der Ehe vollständig tilgt. Bei Beendigung des Güterstands verfügt er über ein Aktivvermögen von 20.000 EUR. Die Ehefrau hat bei Eingehung der Ehe keine Schulden und ein Vermögen von 10.000 EUR. Ihr Endvermögen beläuft sich auf 30.000 EUR. Der Zugewinn des Ehemanns beträgt somit 120.000.000 EUR, derjenige der Ehefrau 20.000 EUR. Daher müsste der Ehemann rechnerisch an seine Ehefrau als Zugewinnausgleich eigentlich einen Betrag von 50.000 EUR zahlen (120.000 – 20.000 : 2). Da sein Vermögen jedoch nur 20.000 EUR beträgt, beschränkt sich seine Ausgleichspflicht nach § 1378 Abs. 2 S. 1 BGB auf diesen Betrag. Er muss daher nur 20.000 EUR als Zugewinn zahlen.

Die Kappungsgrenze gilt allerdings nicht, wenn der ausgleichspflichtige Ehegatte unlautere Vermögenstransaktionen nach § 1375 Abs. 2 BGB vorgenommen hat, z.B. Schenkungen an Dritte oder Vermögensverschiebungen in der Absicht, seinen Ehegatten zu benachteiligen (§ 1378 Abs. 2 S. 2). In einem solchen Fall muss er, um die Zugewinnausgleichsforderung zu erfüllen, nicht nur sein gesamtes Aktivvermögen einsetzen, sondern sich auch verschulden; er wird dann so behandelt, als hätte er das illoyal weggegebene Vermögen noch.[145]

b)   Der Ausgleich des Zugewinns bei Schenkungen und Erbschaften

737   Vermögen, das ein Ehegatte von Todes wegen (Erbschaft) oder mit Rücksicht auf ein künftiges Erbrecht durch Schenkung oder als Ausstattung erwirbt, unterliegt nicht dem Zugewinnausgleich. Der Beschenkte oder Erbe soll die Zuwendung in voller Höhe behalten dürfen. Ein derartiger Vermögenserwerb wird daher dem Anfangsvermögen hinzugerechnet (§ 1374 Abs. 2 BGB). Zugewinn ist jedoch die etwaige Wertsteigerung dieses Vermögens (vgl. Rdn 748).

Beispiel

	Mann	Frau
Vermögen bei Beginn des Güterstandes	10.000 EUR	20.000 EUR
Verbindlichkeiten in diesem Zeitpunkt:	2.000 EUR	1.000 EUR
Anfangsvermögen (§ 1374 Abs. 1 BGB):	8.000 EUR	19.000 EUR
Erbschaft während des Bestehens der Zugewinngemeinschaft:	50.000 EUR	0 EUR
Schenkung während des Bestehens der Zugewinngemeinschaft	0 EUR	10.000 EUR
Anfangsvermögen (nach § 1374 Abs. 1 und 2 BGB):	58.000 EUR	29.000 EUR
Vermögen bei Ende des Güterstandes:	70.000 EUR	34.000 EUR
Verbindlichkeiten in diesem Zeitpunkt:	8.000 EUR	4.000 EUR
Endvermögen:	62.000 EUR	30.000 EUR
– Anfangsvermögen:	58.000 EUR	29.000 EUR
Zugewinn:	**4.000 EUR**	**1.000 EUR**

Der Frau steht hiernach gegen den Mann eine Ausgleichsforderung von 1.500 EUR zu (4.000 EUR – 1.000 EUR : 2). Der „Zugewinn" des Mannes durch Erbschaft und der „Zugewinn" der Frau durch Schenkung beeinflussen demnach nicht die Höhe des Zugewinns i.S.d. § 1373 BGB. Würden die Schenkung und die Erbschaft nicht zum Anfangsvermögen hinzugerechnet, sondern als „Zugewinn" lediglich im Endvermögen berücksichtigt, so betrüge das Anfangsvermögen des Mannes 8.000 EUR, sein Endvermögen 62.000 EUR (bei der Frau: 19.000 EUR Anfangsvermögen und 30.000 EUR Endvermögen), sodass der Ehemann an die Ehefrau als Zugewinnausgleich [(54.000 EUR – 11.000 EUR) : 2] = 21.500 EUR zahlen müsste, d.h., die Erbschaft würde ihm nicht in vollem Umfang verbleiben. Die Re-

---

145 MüKo-BGB/*Koch*, § 1378 Rn 8.

gelung in § 1374 BGB führt demgegenüber dazu, dass ein Ehegatte die während des Bestehens des Güterstandes gemachte Erbschaft (Schenkung, Ausstattung) in vollem Umfang behalten kann.

c) Der Ausgleich des Zugewinns bei Vermögensminderungen während des Bestehens des Güterstandes

Um den ausgleichsberechtigten Ehegatten davor zu schützen, dass der andere durch Schenkungen, durch Verschwendung oder sonstige Vermögensverschiebungen die Ausgleichsforderung vermindert oder gar vereitelt, wird das Endvermögen erhöht um: **738**

- unentgeltliche Zuwendungen, sofern sie nicht einer sittlichen Pflicht oder dem Anstand genügen,
- verschwendetes Vermögen,
- Vermögensverschiebungen in der Absicht, den anderen Ehegatten zu benachteiligen (§ 1375 BGB).

Das Endvermögen wird in diesen Fällen nicht erhöht, wenn die Vermögensminderung mindestens 10 Jahre vor Beendigung des Güterstandes eingetreten ist oder wenn der andere Ehegatte mit ihr einverstanden war.

Dem Schutz des ausgleichsberechtigten Ehegatten vor Vermögensmanipulationen dient auch § 1384 BGB n.F. Danach tritt im Scheidungsfall für die Berechnung des Zugewinns und für die Höhe der Ausgleichsforderung an die Stelle der Beendigung des Güterstands der Zeitpunkt der Rechtshängigkeit des Scheidungsantrags. Nach bisherigem Recht (§ 1384 BGB a.F.) kam es zwar für die Berechnung des Zugewinns ebenfalls auf die Rechtshängigkeit des Scheidungsantrags an. Die Höhe der Ausgleichsforderung wurde jedoch durch den Wert des Vermögens begrenzt, das bei Rechtskraft der Scheidung vorhanden war. Nach dem neuen, ab 1.9.2009 geltenden § 1384 BGB können nunmehr Vermögensänderungen nach Zustellung des Scheidungsantrags die Höhe des Ausgleichsanspruchs nicht mehr beeinflussen.

Schenkungen unter Ehegatten und unbenannte ehebedingte Zuwendung   **739**

Zuwendungen unter Ehegatten können:

- Schenkungen oder
- so genannte unbenannte ehebedingte Zuwendungen sein.

1. Eine echte Schenkung liegt vor, wenn der erworbene Vermögenswert aus dem Vermögen des Zuwendenden kommt und beide Teile darüber einig sind, dass die Zuwendung unentgeltlich zum Zwecke der Bereicherung des Zuwendungsempfängers erfolgt.   **740**

Der Vertrag, der das Schenkungsversprechen enthält, bedarf der notariellen Beurkundung und wird als „Schenkungsvertrag" ausdrücklich bezeichnet. In der notariellen Praxis findet sich häufig auch die Bezeichnung „Übertragungsvertrag", „Überlassungsvertrag", im landwirtschaftlichen Bereich auch „Übergabevertrag".

Derartige Schenkungen sind auch unter Eheleuten zulässig.

Nicht jede Zuwendung, die ein Ehegatte dem anderen macht, ohne eine ausdrückliche Gegenleistung zu fordern, ist jedoch eine „Schenkung". Vielmehr dürfte in der überwiegenden Zahl derartiger Zuwendungen unter Ehegatten die Vorstellung oder Erwartung des Zuwendenden zugrunde liegen, dass die eheliche Lebensgemeinschaft Bestand haben werde, oder dass die Zuwendung sonst „um der Ehe willen" und als Beitrag zur Verwirklichung oder Ausgestaltung, Erhaltung oder Sicherung der ehelichen Lebensgemeinschaft erbracht wird und hierin ihre Grundlage hat. In derartigen Fällen spricht man von so genannten ehebedingten unbenannten Zuwendungen.

741   2. In der Praxis kommen vor allem folgende Fallgruppen der ehebedingten unbenannten Zuwendung vor:

- Eheleute erwerben Grundbesitz zu hälftigem Miteigentum mit Mitteln, die ganz oder überwiegend aus dem Vermögen nur eines Ehegatten stammen,
- ein Ehegatte überträgt einen hälftigen Miteigentumsanteil eines Grundstücks, das er vor oder nach der Eheschließung insbesondere durch Erbschaft oder in Vorwegnahme der Erbfolge erworben hatte, auf seinen Ehepartner,
- ein Ehegatte erwirbt Grundbesitz zu Alleineigentum mit Mitteln, die ihm von dem anderen Ehegatten zur Verfügung gestellt worden sind.

Der Erwerb zu hälftigem Miteigentum beruht regelmäßig auf der Vorstellung der Eheleute, es sei üblich und richtig, dass insbesondere das von den Eheleuten bewohnte Familienheim auch beiden gemeinsam gehören soll. Der Erwerb zu Alleineigentum kann dagegen z.B. haftungsrechtliche oder steuerrechtliche Gründe haben (der Grundbesitz soll nicht Haftungsobjekt sein oder nicht zum Betriebsvermögen gehören).

742   3. Die Unterscheidung zwischen Schenkung und unbenannter Zuwendung ist für das zivilrechtliche Verhältnis der Ehegatten von erheblicher Bedeutung. Das gilt etwa für die Frage, ob und wie eine Zuwendung bei Scheitern der Ehe zurückzugewähren ist.

a) Liegt keine Schenkung, sondern eine unbenannte Zuwendung vor, kann der Zuwendende nicht nach § 530 BGB wegen groben Undanks die Rückgewähr der Zuwendung, also z.B. die Rückübereignung des übertragenen ½ Miteigentumsanteils verlangen.

b) Auch aus dem Gesichtspunkt des Wegfalls der Geschäftsgrundlage bei Scheitern der Ehe ist eine Rückforderung nahezu ausgeschlossen. Das gilt jedenfalls bei Ehen im gesetzlichen Güterstand, da die Regeln über den Zugewinnausgleich als speziellere Vorschriften vorgehen. Nur in extremen Ausnahmefällen, wenn der Verbleib der Zuwendung beim Zuwendungsempfänger schlechthin unangemessen und unzumutbar wäre, kommt im Güterstand der Zugewinngemeinschaft eine Verpflichtung zur Rückgewähr in Betracht.[146]

Leben die Ehegatten im Güterstand der Gütertrennung, so scheitert eine Rückforderung wegen Wegfalls der Geschäftsgrundlage zwar nicht an der Vorrangigkeit der Regeln über den Zugewinnausgleich. Die Rechtsprechung lässt jedoch auch hier eine Rückforderung nur unter besonderen Voraussetzungen zu und räumt dem Ausgleich in Geld den Vorzug ein.[147]

c) Dies zeigt, wie wichtig es ist, in Übertragungsverträgen unter Ehegatten die Frage einer Rückforderung zu regeln.

Muster:

Der Ehemann ist berechtigt, von seiner Ehefrau im Falle der Scheidung die Rückübereignung des ihr in der heutigen Urkunde übertragenen ½ Miteigentumsanteils zu verlangen.

Übt er dieses Recht aus, so hat er zur vollständigen Entlastung seiner Ehefrau diejenigen Verbindlichkeiten zur Alleinschuld zu übernehmen, die durch seiner nachstehend bewilligten Auflassungsvormerkung im Range vorgehenden Grundpfandrechte gesichert werden.

Die mit der Rückübertragung verbundenen Kosten und Steuern hat der Ehemann zu tragen. Weitere Gegenleistungen für die Rückübertragung hat er nicht zu erbringen.

Zug um Zug mit der Rückübertragung findet sodann auf der Grundlage der nach der Rückforderung bestehenden Vermögenslage der gesetzliche Zugewinnausgleich statt.

Zur Sicherung des Rückübereignungsanspruchs des Ehemannes bewilligen und beantragen die Vertragsbeteiligten die Eintragung einer Auflassungsvormerkung für den Ehemann auf dem eingangs dieser Urkunde genannten Grundbesitz.

---

146 BGH NJW 1991, 2553.
147 BGH NJW 1989, 1986.

743

Muster:

Eine Rückforderung der in dieser Urkunde erfolgten Zuwendung wird ausgeschlossen. Der Ausschluss gilt auch für den Fall, dass die Ehe der Vertragsbeteiligten geschieden werden sollte oder beide voneinander getrennt leben. Die Scheidung oder Trennung führt auch nicht zu einem Wegfall der Geschäftsgrundlage.

Ob die Unterscheidung zwischen Schenkung und unbenannter Zuwendung nicht nur im Verhältnis der Ehegatten untereinander, sondern auch gegenüber Dritten Auswirkungen hat, ist sehr fraglich. **744**

Die von manchen gehegte Erwartung, die unbenannte Zuwendung sei – weil keine Schenkung – weder Grundlage von Pflichtteilsergänzungsansprüchen (§§ 2325, 2329 BGB) noch von Ansprüchen aus §§ 2287, 2288 BGB, könne auch nicht wie eine Schenkung nach den Vorschriften des Anfechtungsgesetzes und der Insolvenzordnung angefochten werden und löse auch keine Schenkungssteuer aus, hat sich nicht erfüllt. Nach der Rechtsprechung ist die unbenannte Zuwendung im Erbrecht grundsätzlich wie eine Schenkung[148] und im Anfechtungsgesetz wie eine anfechtbare unentgeltliche Leistung zu behandeln[149] und ist auch nicht von der Schenkungsteuer ausgenommen.[150]

Ist allerdings ein Familienheim Gegenstand der Zuwendung unter Ehegatten, so ist diese nach § 13 Nr. 4a ErbStG von der Schenkungsteuer befreit, und zwar unabhängig davon, ob es sich um eine Schenkung oder eine unbenannte Zuwendung handelt. Familienheim in diesem Sinne ist das Eigentum oder Miteigentum an Ein- und Zweifamilienhäusern, Mietwohngrundstücken, Wohnungs- und Teileigentum nach dem WEG, Geschäftsgrundstücken und gemischt genutzten Grundstücken, soweit darin jeweils eine Wohnung zu eigenen Wohnzwecken genutzt wird. § 13 Abs. 1 Nr. 4a ErbStG in seiner neuen, seit dem 1.1.2009 geltenden Fassung begünstigt auch solche Objekte, die nur teilweise für eigene Wohnzwecke genutzt werden. Allerdings ist in diesem Fall die Begünstigung auf den zu eigenen Wohnzwecken genutzten Teil beschränkt. Das Zuwendungsobjekt muss entweder in Deutschland, in einem Mitgliedstaat der EU oder in einem Staat des Europäischen Wirtschaftsraumes gelegen sein.

d) Zuwendungen unter Ehegatten beim Zugewinnausgleich

Häufig kommt es vor, dass ein Ehegatte den anderen während der Ehe an dem Vermögenszuwachs beteiligt. Zum Beispiel sind die Ehegatten zu je ½ Anteil Miteigentümer ihres Einfamilienhauses, obgleich es ausschließlich oder überwiegend mit Mitteln des Ehemannes erworben wurde. Würde die Zuwendung des Miteigentumsanteils am Einfamilienhaus des Ehemannes bei der Berechnung des Zugewinns nicht berücksichtigt, so erhielte die Ehefrau neben dem Anteil noch den ungekürzten Zugewinnausgleich. Auf die Ausgleichsforderung eines Ehegatten wird aber angerechnet, was er vom anderen durch Rechtsgeschäft unter Lebenden mit der Bestimmung erhalten hat, dass es auf die Ausgleichsforderung angerechnet werden soll. Im Zweifel werden Zuwendungen angerechnet, wenn ihr Wert den von üblichen Gelegenheitsgeschenken übersteigt (§ 1380 BGB). **745**

Die technische Durchführung der Anrechnung erfolgt in der Weise, dass der Wert der Zuwendung bei der Berechnung der Ausgleichsforderung dem Zugewinn des Ehegatten hinzugerechnet wird, der die Zuwendung gemacht hat (§ 1380 Abs. 2 BGB).

Beispiel

	Mann	Frau
Anfangsvermögen (§ 1374 Abs. 1 BGB)	100.000 EUR	0 EUR
Schenkung des Mannes an die Frau (§ 1374 Abs. 2 BGB):	<u>0 EUR</u>	<u>50.000 EUR</u>
Anfangsvermögen (§ 1374 Abs. 1 und 2 BGB):	100.000 EUR	50.000 EUR

---

148 BGH NJW 1992, 564.
149 BGH NJW 1991, 1610.
150 BFH NJW 1994, 2044.

Endvermögen:	200.000 EUR	50.000 EUR
– Anfangsvermögen:	100.000 EUR	50.000 EUR
Zugewinn:	100.000 EUR	0 EUR
Hinzurechnung (§ 1380 Abs. 2 S. 1 BGB):	50.000 EUR	0 EUR
Ausgleichspflichtiger Zugewinn:	150.000 EUR	0 EUR
Ausgleichsforderung:	–	75.000 EUR
– Anrechnung (§ 1380 Abs. 1 BGB):	–	50.000 EUR
Rest-Ausgleichsforderung:	–	**25.000 EUR**

e) Die Wertermittlung des Anfangs- und Endvermögens

746 Das Anfangsvermögen wird mit dem Wert veranschlagt, den es beim Eintritt des Güterstandes hat (§ 1376 Abs. 1 BGB). Das Endvermögen wird mit dem Wert, den es bei Beendigung des Güterstandes hat, berücksichtigt.

Die Bewertung von Verbindlichkeiten erfolgt in der gleichen Weise.

Die Bewertung eines Vermögens führt in der Praxis häufig zu Schwierigkeiten, da nicht nur der Gegenwartswert festzustellen ist, sondern auch der Wert, den es vor einem unter Umständen lange zurückliegenden Zeitpunkt gehabt hat. Um die hier auftauchenden Schwierigkeiten zu mildern, sieht das Gesetz zwei Möglichkeiten vor:

Haben die Ehegatten den Bestand und den Wert des Anfangsvermögens gemeinsam in einem Verzeichnis festgehalten, so wird bei der Auseinandersetzung vermutet, dass das Verzeichnis richtig ist (§ 1377 Abs. 1 BGB). Ein solches Verzeichnis wird aber nur sehr selten errichtet. Ist ein solches Verzeichnis nicht errichtet worden, so wird nach dem Gesetz vermutet, dass das Endvermögen eines Ehegatten seinen Zugewinn darstellt (§ 1377 Abs. 3 BGB).

f) Berücksichtigung von Wertschwankungen

747 Ein Gegenstand (z.B. Grundstück), der zum Anfangs- wie zum Endvermögen eines Ehegatten gehört, kann in dem Zeitraum, der zwischen den beiden Bewertungsstichtagen liegt, Wertschwankungen unterliegen.

Beispiel

Ein Ehegatte war bei Beginn und bei der Beendigung des Güterstandes Eigentümer eines Grundstücks, dessen Wert sich in diesem Zeitraum von 20.000 EUR auf 200.000 EUR erhöht hat, weil es von Ackerland zu Bauland geworden ist. Das Endvermögen dieses Ehegatten übersteigt somit sein Anfangsvermögen um 180.000 EUR. Diese 180.000 EUR sind ausgleichspflichtiger Zugewinn.

748 Hieraus ergibt sich für die Gestaltung von eheverträglichen Vereinbarungen eine wichtige Konsequenz, die oft übersehen wird. Vermögen, das ein Ehegatte nach Eintritt des Güterstandes der Zugewinngemeinschaft von Todes wegen oder mit Rücksicht auf ein künftiges Erbrecht, durch Schenkung oder als Ausstattung erwirbt, wird dem Anfangsvermögen hinzugerechnet (§ 1374 Abs. 2 BGB). Wie bereits erwähnt, hat dies zur Folge, dass es bei der Berechnung des Zugewinns außer Betracht bleibt. Erhält ein Ehegatte von seinen Eltern während der Ehe ein Grundstück geschenkt, so bleibt es also bei der Berechnung seines Zugewinns außer Ansatz. Anders verhält es sich jedoch mit den Wertsteigerungen, die es während des Bestehens der Ehe erfährt. Diese Wertsteigerungen unterliegen dem Zugewinnausgleich. Wird dieses Ergebnis nicht gewünscht, muss durch notariell zu beurkundenden Ehevertrag eine abweichende Regelung getroffen werden (vgl. Rdn 762).

Lediglich scheinbare Wertsteigerungen, etwa durch Geldentwertung, fallen nicht in den Zugewinn. In der höchstrichterlichen Rechtsprechung ist anerkannt, dass nur echte Wertsteigerungen auszugleichen sind.

g) Die Ausgleichsforderung

Die Ausgleichsforderung entsteht mit der Beendigung des Güterstandes und ist von diesem Zeitpunkt an **749** vererblich und übertragbar (§ 1378 Abs. 3 BGB). Hieraus ergibt sich, dass eine Ausgleichsforderung nicht nur entsteht, wenn die Ehe geschieden oder aus sonstigen Gründen aufgelöst wird, sondern auch dann, wenn anstelle des gesetzlichen Güterstandes ein vertraglicher, z.B. Gütertrennung, vereinbart wird.

Vor Beendigung des Güterstandes kann sich kein Ehegatte verpflichten, über die Ausgleichsforderung zu verfügen. Nur während eines Verfahrens, das auf die Auflösung der Ehe gerichtet ist, kann eine solche Vereinbarung getroffen werden. Sie bedarf der notariellen Beurkundung (§ 1378 Abs. 3 BGB).

Die Ausgleichsforderung verjährt in drei Jahren von dem Zeitpunkt an, in dem der ausgleichsberechtigte Ehegatte von der Beendigung des Güterstands Kenntnis erlangt oder ohne grobe Fahrlässigkeit Kenntnis erlangen müsste, unabhängig davon nach zehn Jahren. Im Falle der Beendigung des Güterstands durch Tod (vgl. Rdn 750) beträgt die Verjährungshöchstfrist dreißig Jahre, da die Geltendmachung des Anspruchs von der Kenntnis einer Verfügung von Todes wegen abhängt (§ 199 Abs. 3a BGB).

4. Der Ausgleich des Zugewinns bei Beendigung der Zugewinngemeinschaft durch den Tod eines Ehegatten

Die Beendigung der Zugewinngemeinschaft durch den Tod ist die Regel. Der Gesetzgeber wollte den Be- **750** teiligten ersparen, nach unter Umständen langjähriger Ehe und der damit verbundenen Schwierigkeiten eine Einzelabrechnung des Zugewinnausgleichs nach den vorstehend geschilderten Grundsätzen durchzuführen. Der Zugewinnausgleich wird daher beim Tod eines Ehegatten pauschaliert in der Weise durchgeführt, dass sich der gesetzliche Erbteil des überlebenden Ehegatten um ein Viertel erhöht (§ 1371 Abs. 1 BGB; vgl. Rdn 858). Unerheblich ist, ob die Ehegatten im Einzelfall tatsächlich einen Zugewinn erzielt haben oder nicht. Der Erbteil des überlebenden Ehegatten erhöht sich mithin auch dann um $1/4$, wenn er selbst keinen oder den höheren Zugewinn während der Ehe erzielt hat.

Die Verwirklichung des Zugewinnausgleichs durch Erhöhung des gesetzlichen Erbteils ist nicht zwin- **751** gend. Der überlebende Ehegatte kann den Ausgleich des Zugewinns nach den Regeln über den güterrechtlichen Ausgleich verlangen, wenn er nicht Erbe ist und ihm auch kein Vermächtnis zusteht (§ 1371 Abs. 2 BGB). Diesen Weg wird der überlebende Ehegatte möglicherweise dann wählen, wenn der tatsächliche Zugewinn des verstorbenen Ehegatten höher ist als der Wert des erhöhten Erbteils. Diesen Anspruch kann der überlebende Ehegatte, falls er Erbe oder Miterbe geworden ist oder ihm zumindest ein Vermächtnis zugewandt wurde, nur dann erheben, wenn er die Erbschaft bzw. das Vermächtnis ausschlägt.

> *Beachte*
>
> Schlägt der überlebende Ehegatte die Erbschaft aus, so kann er neben dem Zugewinnausgleich noch den sog. *kleinen Pflichtteil* verlangen, d.h., bei der Berechnung des Pflichtteils ist von dem nicht um ein Viertel erhöhten Ehegattenerbrecht (§ 1931 Abs. 1 BGB) auszugehen. Ist der überlebende Ehegatte dagegen Testamentserbe geworden, so ist für die Ermittlung eines etwaigen Pflichtteilsrestanspruchs nach § 2305 BGB vom „großen Pflichtteil" auszugehen, also von dem um ein Viertel erhöhten gesetzlichen Erbteil.

> *Beispiel* **752**
>
> M lebt mit seiner Frau F im gesetzlichen Güterstand. In seinem Testament setzt M seine Frau F zu $1/8$ und seinen Sohn S zu $7/8$ als Erben ein. Bei seinem Tode hinterlässt M ein Vermögen im Wert von 48.000 EUR, das nur aus Zugewinn besteht. F hat keinen Zugewinn erzielt.
>
> Da F zu $1/8$, also in Höhe von 6.000 EUR, als Erbin eingesetzt ist und somit der Wert der Hälfte ihres gesetzlichen Erbteils nicht erreicht wird (§§ 1931, 1371 Abs. 1 BGB), steht ihr nach § 2305 BGB ein Pflichtteilsrestanspruch von 6.000 EUR zu.

Schlägt F die Erbschaft aus, so kann sie den Pflichtteil beanspruchen (§ 1371 Abs. 3 BGB). Dies ist eine Ausnahme von dem allgemeinen Grundsatz, dass bei Ausschlagung kein Pflichtteil verlangt werden kann. Dieser Pflichtteil berechnet sich nach dem nicht erhöhten Erbteil der F (daher „kleiner" Pflichtteil).

Ferner steht ihr der güterrechtliche Zugewinnausgleich zu. Güterrechtlicher Zugewinnausgleich nach § 1378 BGB: ½ von 48.000 EUR = 24.000 EUR.

Daneben erhält F den kleinen Pflichtteil. Dieser berechnet sich nach dem nicht erhöhten gesetzlichen Erbteil (§ 1931 Abs. 1 BGB = ¼) und beträgt davon die Hälfte, also ⅛. Der Zugewinnausgleich in Höhe von 24.000 EUR wird als Nachlassverbindlichkeit abgezogen. Der Pflichtteilsanspruch der F beträgt also ⅛ von (48.000 EUR – 24.000 EUR) = 3.000 EUR, F erhält also insgesamt 27.000 EUR.

5. Abänderung der gesetzlichen Regelung durch Ehevertrag

753   Inwiefern die Vorschriften über den gesetzlichen Güterstand der Zugewinngemeinschaft durch einen Ehevertrag abgeändert werden können, ist in der Rechtslehre umstritten. Die herrschende Meinung nimmt an, dass die Regeln des gesetzlichen Güterrechts nur zum geringen Teil zwingendes Recht darstellen, und daher vertragliche Abweichungen möglich sind. Der BGH hat klargestellt, dass den Ehegatten ein sehr weiter Gestaltungsspielraum zusteht, der es ihnen z.B. erlaubt, unter Beibehaltung des gesetzlichen Güterstandes im Übrigen Vermögenswerte wie z.B. ein Unternehmen oder eine Unternehmensbeteiligung vom Ausgleich des Zugewinns auszuklammern.[151] Nach einer grundlegenden Entscheidung des BGH aus dem Jahre 2004 gehört der Zugewinnausgleich – anders als der Versorgungsausgleich und der Unterhalt – nicht zum Kernbereich des Scheidungsfolgenrechts und lässt daher in weitem Umfang abweichende ehevertragliche Vereinbarungen zu, auch den Ausschluss des gesetzlichen Güterstands.[152]

a) Änderung der Ausgleichsforderung

754   Im notariell beurkundeten Ehevertrag kann vereinbart werden, dass der Ausgleich des Zugewinns abweichend vom Gesetz durchzuführen ist. So kann vereinbart werden, dass dem ausgleichsberechtigten Ehegatten weniger als die Hälfte des Zugewinnüberschusses als Forderung zusteht. Besonders häufig kommt es vor, dass im Ehevertrag festgelegt wird, ob und wie bestimmte Vermögensgegenstände im Rahmen des Zugewinnausgleichs zu bewerten sind. Es wird z.B. vereinbart, dass bestimmte Vermögenswerte im Endvermögen nicht mit einem höheren Wert als im Anfangsvermögen anzusetzen sind oder gänzlich außer Betracht zu bleiben haben. Gehört ein Unternehmen zum Vermögen eines Ehegatten, wird häufiger vereinbart, dass die während des Güterstandes eingetretenen Wertsteigerungen des Betriebes nicht oder nur zu einem gewissen Prozentsatz berücksichtigt werden oder nach einem bestimmten Bewertungsverfahren zu ermitteln sind oder Betriebsvermögen beim Zugewinnausgleich vollständig außer Betracht bleiben soll.

Zulässig ist auch eine Vereinbarung, wonach die Ausgleichsforderung unterschiedlich zu berechnen ist, je nachdem, ob der Güterstand durch den Tod eines Ehegatten oder auf andere Weise – also insbesondere durch Scheidung – beendet wird. Derartige Gestaltungen werden häufig bei großen Vermögen gewählt, damit die erbschaftsteuerlichen Vorteile des gesetzlichen Güterstandes erhalten bleiben (vgl. Rdn 787 ff.), andererseits im Falle der Scheidung kein hoher Zugewinn entsteht.

755   *Beispiel*

Im Ehevertrag wird vereinbart, dass grundsätzlich der gesetzliche Güterstand gelten soll, jedoch mit der Abweichung, dass

- ein Zugewinnausgleich nicht stattfinden soll, wenn der Güterstand auf andere Weise als durch den Tod eines Ehegatten beendet wird,
  oder
- dem überlebenden Ehegatten nur ein bestimmter Prozentsatz des Zugewinnüberschusses zustehen soll, wenn die Ehe durch Tod aufgelöst wird und der Überlebende die güterrechtliche Lösung wählt.

756   Eine derartige Regelung stellt sicher, dass der Nachlass des erstversterbenden Ehegatten nicht durch zu hohe Ausgleichsforderungen belastet wird, was insbesondere von Bedeutung ist, wenn zum Nachlass ein Unternehmen gehört, das durch die grundsätzlich sofort fällige Ausgleichsforderung ruiniert werden

---

151 BGH NJW 1997, 2239.
152 BGH NJW 2004, 930, seitdem ständige Rechtsprechung, vgl. BGH NJW 2008, 3426; BGH NJW 2013, 457.

könnte; andererseits bleiben die steuerlichen Vorteile der Zugewinngemeinschaft erhalten (hoher Freibetrag für den überlebenden Ehegatten).

b) Aufhebung der Verfügungsbeschränkungen

Wiederum hauptsächlich in der „Unternehmer-Ehe" kann es geboten sein, den unternehmerisch tätigen Ehegatten von den Beschränkungen der §§ 1365, 1369 BGB zu befreien (vgl. Rdn 727 ff.). Im Interesse des reibungslosen Funktionierens eines Unternehmens wäre es u.U. unerträglich, wenn die Wirksamkeit unternehmerischer Entscheidungen von der Zustimmung des anderen – häufig nicht einmal sachkundigen – Ehegatten abhängig wäre.   757

c) Vereinbarungen, durch die mittelbar die Höhe der Ausgleichsforderung beeinflusst wird

Die Höhe der Ausgleichsforderung kann durch Abreden, die sich auf die Bewertung des Anfangs- und Endvermögens beziehen, reguliert werden. Folgende Gestaltungen kommen in Betracht: 758

- der Gewerbebetrieb eines Ehegatten wird nur mit dem Buchwert und nicht mit dem Verkehrswert angesetzt,
- Wertsteigerungen bei Vermögen, das ein Ehegatte von Todes wegen oder im Wege der vorweggenommenen Erbfolge erwirbt, werden nicht berücksichtigt (vgl. Rdn 762),
- Erträge der vorgenannten Vermögensgegenstände und mit ihnen angeschaffte Gegenstände (sog. Surrogate) werden nicht berücksichtigt.

Beispiel für die „modifizierte Zugewinngemeinschaft"   759

1. Aufhebung der Verfügungsbeschränkungen und Ausschluss des Zugewinnausgleichs für den Fall, dass der Güterstand auf andere Weise als durch den Tod beendet wird:

Muster:

(Protokoll-Eingang):

Die Erschienenen erklärten:

Wir schließen folgenden Ehevertrag:

Wir haben am 1.6.2010 vor dem Standesbeamten in Jülich geheiratet.

Wir sind deutsche Staatsangehörige, haben bisher keinen Ehevertrag abgeschlossen und leben somit im gesetzlichen Güterstand der Zugewinngemeinschaft.

Dieser Güterstand soll für unsere Ehe mit folgenden Abweichungen gelten:

a) Keiner von uns soll den Beschränkungen der §§ 1365 und 1369 des Bürgerlichen Gesetzbuchs unterworfen sein.

b) Wird der Güterstand auf andere Weise als durch den Tod eines von uns beendet, wird insbesondere die Ehe geschieden, so soll kein Zugewinnausgleich stattfinden; das gilt auch für den bis zum heutigen Tag etwa bereits erzielten Zugewinn.

Ein Verzeichnis der zu unserem Vermögen gehörenden Vermögensstücke soll einstweilen nicht aufgenommen werden.

Wir nehmen die vorstehenden Erklärungen gegenseitig an. Den Wert der vorstehenden Erklärungen geben wir mit 20.000 EUR an.

Die mit diesem Vertrag jetzt und in der Folge verbundenen Kosten tragen wir je zur Hälfte.

Diese Niederschrift …

Diese Modifizierungen können in das Güterrechtsregister eingetragen werden.[153]

---

153 OLG Köln MittRhNotK 1994, 176.

760 2. Zusätzliche Vereinbarungen für den Fall, dass die Ehe durch Tod aufgelöst wird und der Überlebende die güterrechtliche Lösung wählt:

> a) wie oben
> b) wie oben
> c) Wird unsere Ehe durch den Tod aufgelöst und verlangt der Überlebende von uns, weil er nicht Erbe des Erstversterbenden geworden ist und ihm auch kein Vermächtnis zusteht, gemäß § 1371 Abs. 2 BGB den Ausgleich des Zugewinns, so steht ihm abweichend von der in § 1378 Abs. 1 BGB enthaltenen Vorschrift nur 25 vom Hundert des dort genannten Zugewinnüberschusses als Ausgleichsforderung zu.
>
> Diese Niederschrift …

761 3. Vereinbarung über Wertermittlung:

> Soweit zum Anfangs- oder Endvermögen eines Ehegatten Grundbesitz gehört, ist für die Bewertung dieses Grundbesitzes nicht der Verkehrswert, sondern derjenige Wert zugrunde zu legen, der nach den steuerrechtlichen Vorschriften für die Ermittlung der Schenkungsteuer maßgebend wäre.

762 4. Herausnahme von Schenkungen und Erbschaften aus der „Ehe-Schluss-Bilanz":

> Vermögen, das ein Ehegatte vor oder nach Eintritt des Güterstandes von Todes wegen oder mit Rücksicht auf ein künftiges Erbrecht, durch Schenkung oder als Ausstattung erworben hat oder noch erwerben wird, soll sowohl bei der Ermittlung des Anfangsvermögens als auch bei der Ermittlung des Endvermögens außer Ansatz bleiben.

763 5. Herausnahme von Hausrats- und Kunstgegenständen:

> Hausrat und alle sonstigen zum Haushalt gehörenden Gegenstände wie Kunstgegenstände und Schmuck bleiben bei der Ermittlung sowohl des Anfangsvermögens als auch des Endvermögens beider Ehegatten außer Ansatz.

III. Die vertraglichen Güterstände des BGB – Der FGB-Güterstand

764 Die Ehegatten können ihre güterrechtlichen Verhältnisse durch Ehevertrag regeln und hierbei den gesetzlichen Güterstand abwandeln oder aber einen anderen Güterstand vereinbaren. Das BGB sieht zwei Vertragsgüterstände vor:

Die *Gütertrennung* und die *Gütergemeinschaft*.

1. Die Gütertrennung

765 Eheleute leben im Güterstand der Gütertrennung, wenn:

- sie durch Ehevertrag vereinbart wurde,
- der gesetzliche Güterstand vertraglich ausgeschlossen wird, ohne dass ein anderer Güterstand vereinbart wird,
- der Zugewinnausgleich durch Vertrag gänzlich ausgeschlossen wird,
- eine Gütergemeinschaft aufgehoben wird (§ 1414 BGB).

Die Bestimmung in § 1414 S. 2 BGB a.F., wonach Gütertrennung auch dann eintrat, wenn die Ehegatten den Versorgungsausgleich ausschlossen, ist mit Wirkung ab 1.9.2009 aufgehoben worden. Vereinbarungen über den Versorgungsausgleich haben daher nach neuem Recht keine Änderung des Güterstandes zur Folge.

Im Güterstand der Gütertrennung verwaltet und nutzt jeder Ehegatte sein Vermögen selbst. Ein Zugewinnausgleich findet bei Beendigung der Ehe nicht statt. Jeder der Ehegatten haftet nur für seine Schulden mit seinem Vermögen. Wird die Ehe durch den Tod eines der Ehegatten beendet, verbleibt es bei den allgemeinen erbrechtlichen Bestimmungen, d.h., der Erbteil des überlebenden Ehegatten wird nicht um ¼ erhöht. Sind jedoch neben dem überlebenden Ehegatten ein oder zwei Abkömmlinge des Erblassers gesetzliche Erben, so erben der überlebende Ehegatte und jedes der Kinder zu gleichen Teilen (§ 1931 Abs. 4 BGB, vgl. Rdn 858).

766

Vereinbaren Eheleute, die bisher im gesetzlichen Güterstand der Zugewinngemeinschaft gelebt haben, Gütertrennung, so ist zu beachten, dass mit der Beendigung der Zugewinngemeinschaft der Anspruch auf Ausgleich des Zugewinns entsteht. In der Regel wünschen die Eheleute, dass dieser Anspruch ausgeschlossen sein soll. Eine entsprechende Vereinbarung muss ausdrücklich in den Ehevertrag aufgenommen werden.

Allerdings unterliegt der Anspruch eines Ehegatten auf den Ausgleich des Zugewinns nicht bereits im Zeitpunkt der Beendigung des Güterstandes dem Zugriff seiner Gläubiger; der Anspruch ist vielmehr erst pfändbar, wenn er durch Vertrag anerkannt oder rechtshängig geworden ist (§ 852 Abs. 2 ZPO).

Muster für die Vereinbarung der Gütertrennung:

(Protokoll-Eingang)

Die Erschienenen erklärten:

Wir schließen folgenden Ehevertrag:

Wir haben am 7.7.2007 vor dem Standesbeamten in Jülich geheiratet, haben bisher keinen Ehevertrag geschlossen, sind deutsche Staatsangehörige und leben somit im gesetzlichen Güterstand der Zugewinngemeinschaft.

Für unsere Ehe schließen wir den gesetzlichen Güterstand der Zugewinngemeinschaft aus und vereinbaren stattdessen den Güterstand der Gütertrennung. Keiner von uns soll somit den Beschränkungen der §§ 1365 und 1369 BGB unterworfen sein. Ein Zugewinnausgleich nach Maßgabe der §§ 1372 ff. BGB soll ebenfalls nicht stattfinden. Der gesetzliche Erbteil des Überlebenden von uns soll auch nicht nach Maßgabe der in § 1371 BGB enthaltenen Vorschriften erhöht werden. Jeder von uns verzichtet gegenüber dem anderen auf den Ausgleich des Zugewinns, der bis zum heutigen Tag bereits entstanden sein sollte.

Wir beantragen die Eintragung der Gütertrennung in das Güterrechtsregister. Der Notar soll jedoch unbeschadet seines Rechts hierzu die Eintragung nur auf besondere schriftliche Anweisung wenigstens eines von uns veranlassen.

Wir nehmen die vorstehenden Erklärungen gegenseitig an.

Ein Verzeichnis der zu unserem Vermögen gehörigen Vermögensstücke soll einstweilen nicht aufgenommen werden. Den Wert unseres Vermögens geben wir mit 50.000 EUR an. Die mit dieser Urkunde jetzt und in der Folge verbundenen Kosten tragen wir je zur Hälfte. Diese Niederschrift …

Abwicklung einer Gütertrennungs-Vereinbarung **767**

(1) Zur Eintragung in das Güterrechtsregister (vgl. Rdn 793).
(2) Nach § 34a BeurkG hat der Notar alle erbfolgerelevanten Urkunden im Sinne von § 78 Abs. 2 S. 1 BNotO dem Zentralen Testamentsregister bei der Bundesnotarkammer elektronisch zu melden (vgl. Rdn 973 ff., § 1 Rdn 127 ff.). Diese Meldepflicht besteht daher auch bei der Beurkundung eines Ehe-

vertrages mit erbrechtlichen Auswirkungen, also etwa beim Übergang vom gesetzlichen Güterstand zur Gütertrennung oder Gütergemeinschaft und umgekehrt, da sich das Erbrecht der Ehegatten ändert.

Beachte

Wird der gesetzliche Güterstand durch Ehevertrag lediglich modifiziert (vgl. Rdn 754), so entfällt eine Benachrichtigung, da sich an der gesetzlichen Erbfolge nichts ändert.

2. Die Gütergemeinschaft

a) Allgemeines

768   Der Güterstand der Gütergemeinschaft wird heute nur noch selten vereinbart. Früher war er insbesondere im ländlichen Bereich verbreiteter.

Bei der Gütergemeinschaft sind fünf Vermögensmassen zu unterscheiden:

- das gemeinschaftliche Vermögen beider Eheleute (Gesamtgut, § 1416 BGB),
- Vorbehaltsgut des Mannes (§ 1418 BGB),
- Vorbehaltsgut der Frau (§ 1418 BGB),
- Sondergut des Mannes (§ 1417 BGB),
- Sondergut der Frau (§ 1417 BGB).

b) Die Vermögensmassen

769   **Das Gesamtgut**

Zum Gesamtgut gehört das bei Abschluss des Ehevertrages vorhandene und das später hinzuerworbene Vermögen sowohl des Mannes als auch der Frau ohne Rücksicht darauf, ob es entgeltlich oder unentgeltlich erworben wurde. Mit Abschluss des Ehevertrages verschmelzen also die beiden getrennten Vermögensmassen der Eheleute und werden ihr gemeinschaftliches Eigentum.

Das gemeinschaftliche Vermögen ist *gesamthänderisch* gebunden, d.h., keiner der Eheleute kann über seinen Anteil am Gesamtgut oder über einen Anteil an einem einzelnen, zum Gesamtgut gehörenden Gegenstand verfügen. Keiner von ihnen ist berechtigt, Teilung zu verlangen, solange die Gütergemeinschaft besteht. Wird die Gütergemeinschaft beendet und alsbald auseinandergesetzt, so gebührt den Ehegatten der Überschuss, der nach Berichtigung der Verbindlichkeiten des Gesamtguts verbleibt, zu gleichen Teilen (§ 1476 Abs. 1 BGB).

770   **Das Vorbehaltsgut**

Zum Vorbehaltsgut eines jeden Ehegatten gehören die Gegenstände, die durch Ehevertrag dazu erklärt worden sind (§ 1418 Abs. 1 BGB). Daneben gehören die Gegenstände, die ein Ehegatte von Todes wegen erwirbt (Erbschaft, Vermächtnis, Pflichtteil), oder die ihm von einem Dritten unentgeltlich zugewendet werden, zum Vorbehaltsgut, sofern der Zuwendende bestimmt hat, dass das Zugewandte Vorbehaltsgut sein soll (§ 1418 BGB). Vorbehaltsgut fällt nicht in das Gesamtgut, wird daher nicht gemeinschaftliches Vermögen der Eheleute, sondern steht im Alleineigentum eines Ehegatten. Die Vorbehaltsgutseigenschaft tritt automatisch ein – also auch gegen den Willen des Erwerbers –, das so Erworbene kann jedoch durch eine ehevertragliche Vereinbarung in das Gesamtgut überführt werden. Häufig wird die Zuwendung aber unter der Bedingung gemacht, dass das Zugewandte nur Vorbehaltsgut sein darf. Dann kann es nicht zum Gesamtgut gemacht werden.

Beachte

Werden Gesamtgutsgegenstände durch Ehevertrag zu Vorbehaltsgut erklärt, so ist dinglicher Vollzug erforderlich, bei beweglichen Sachen also Übergabe, bei Grundstücken Auflassung.

Die aus dem Vorbehaltsgut gezogenen Früchte werden ihrerseits auch Vorbehaltsgut.

Das Sondergut 771

Sondergut eines jeden Ehegatten sind die Gegenstände, die nicht durch Rechtsgeschäft übertragen werden können (§ 1417 BGB), z.B. ein Nießbrauch, beschränkte persönliche Dienstbarkeiten (nicht aber: ein Wohnungsrecht zugunsten beider Eheleute), unpfändbares Gehalt und Rente, Urheberrechte, Beteiligung an einer OHG oder der Anteil an einer Kommanditgesellschaft als persönlich haftender Gesellschafter, jedoch nicht der Kommanditanteil. Die Nutzungen der beiden Sondergüter fallen *in das Gesamtgut.*

c) Die Verwaltung der Vermögensmassen

(1) Die Verwaltung des Gesamtguts: 772

Für die Verwaltung des Gesamtguts sind in erster Linie die Vereinbarungen der Eheleute im Ehevertrag maßgebend: Die Ehegatten sollen im Ehevertrag bestimmen, ob sie gemeinschaftlich oder nur einer von ihnen das Gesamtgut verwalten. Fehlt eine solche Bestimmung im Ehevertrag, verwalten sie das Gesamtgut gemeinschaftlich (§ 1421 BGB).

Der Ehegatte, der das Gesamtgut verwaltet, ist berechtigt, die zum Gesamtgut gehörenden Sachen in Besitz zu nehmen. Bei gemeinschaftlicher Verwaltung steht dieses Recht beiden Eheleuten gemeinschaftlich zu.

Der verwaltende Ehegatte kann über Gegenstände des Gesamtgutes verfügen (nicht jedoch über seinen Anteil an den Gegenständen, vgl. Rdn 769).

Bei gemeinschaftlicher Verwaltung müssen beide Ehegatten verfügen.

Verwalten die Ehegatten das Gesamtgut gemeinschaftlich, so haften für Gesamtgutsverbindlichkeiten das Gesamtgut selbst und das Vorbehalts- und Sondergut beider Ehegatten, also alle fünf Vermögensmassen.

Verwaltet ein Ehegatte das Gesamtgut allein, dann haften für Gesamtgutsverbindlichkeiten das Gesamtgut und das Vorbehalts- und Sondergut des verwaltenden Ehegatten. Der andere Ehegatte wird mit seinem Vorbehalts- und Sondergut nicht verpflichtet.

Von der Regel, dass der Alleinverwalter ohne Mitwirkung des anderen Ehegatten über das Gesamtgut verfügen und das Gesamtgut verpflichten kann, gibt es drei wichtige Ausnahmen:

Er bedarf der Zustimmung des anderen Ehegatten, wenn

- über das Gesamtgut im Ganzen verfügt werden soll (§ 1423 BGB),
- über ein zum Gesamtgut gehörendes Grundstück verfügt werden soll, oder wenn ein solches Grundstück belastet werden soll (§ 1424 BGB),
- Schenkungen, die nicht durch eine sittliche Pflicht oder eine auf den Anstand zu nehmenden Rücksicht geboten sind (§ 1425 BGB), erfolgen sollen.

(2) Die Verwaltung des Vorbehalts- und Sonderguts:

Jeder Ehegatte verwaltet sein Vorbehalts- und Sondergut selbstständig (§§ 1417, 1418 BGB).

Beachte

Das Sondergut wird für Rechnung des Gesamtguts verwaltet. Die Erträge des Sonderguts werden also Gesamtgut. Die Erträge des Vorbehaltsguts fallen dagegen an das Vorbehaltsgut.

d) Schuldenhaftung

(1) Grundsatz: Jeder Ehegatte haftet für seine persönlichen Schulden, ohne Rücksicht darauf, ob sie vor 773 oder nach Eingehung der Ehe begründet worden sind. Für diese Schulden haften sowohl das Vorbehalts- wie das Sondergut.

(2) Haftung für gemeinsame Verbindlichkeiten: Für die Schulden beider Ehegatten haftet das Gesamtgut (Gesamtgutsverbindlichkeiten). Gesamtgutsverbindlichkeiten sind jedoch gleichzeitig auch persönliche Verbindlichkeiten desjenigen Ehegatten, der das Gesamtgut allein verwaltet oder mitverwaltet, sodass sein Vorbehalts- und Sondergut ebenfalls haften. Gesamtgutsverbindlichkeiten sind grundsätzlich alle Schulden eines Ehegatten, sofern sich nicht aus den §§ 1438–1440 BGB etwas anderes ergibt. Wegen dieser Regelung der Schuldenhaftung ist die Gütergemeinschaft *nicht ungefährlich.* Der Verwaltende haftet für Gesamtgutsverbindlichkeiten des anderen Ehegatten auch persönlich.

Bei gemeinschaftlicher Verwaltung haftet jeder der Ehegatten für die persönlichen Schulden des anderen. In der Regel dürfte daher die Vereinbarung von Gütergemeinschaft nicht in Frage kommen. Das gilt vor allem dann, wenn einer der Eheleute durch seine berufliche Tätigkeit einem hohen Haftungsrisiko ausgesetzt ist.

e) Die Beendigung der Gütergemeinschaft

774   Die Gütergemeinschaft endet:

- wenn die Ehe aufgelöst wird (Tod eines Ehegatten, Scheidung der Ehe),
- wenn sie durch Ehevertrag aufgehoben wird,
- wenn auf Klage eines Ehegatten durch rechtskräftiges Urteil auf Aufhebung der Gütergemeinschaft erkannt wird.

Nach der Beendigung der Gütergemeinschaft folgt die Auseinandersetzung über das Gesamtgut (§ 1471 BGB). Bis zur Durchführung der Auseinandersetzung besteht eine *Liquidationsgemeinschaft*, in der die Verwaltung des Gesamtguts beiden Ehegatten zusteht, auch wenn im Ehevertrag Alleinverwaltung vereinbart war. Bei Beendigung der Gütergemeinschaft durch den Tod eines der Ehegatten wird diese grundsätzlich nicht fortgesetzt, sondern der Anteil des Verstorbenen am Gesamtgut fällt in seinen Nachlass (§ 1482 BGB). Mit den gemeinschaftlichen Abkömmlingen wird sie nur fortgesetzt, wenn die Eheleute dies im Ehevertrag vereinbart haben (§ 1483 BGB). Die vorstehende Regelung gilt, sofern die Gütergemeinschaft nach dem 30.6.1958 vereinbart wurde. Bestand dagegen bereits am 1.7.1958 Gütergemeinschaft und sind Abkömmlinge vorhanden, tritt fortgesetzte Gütergemeinschaft ein, sofern sie nicht im Ehevertrag ausgeschlossen worden ist.

Bis zur endgültigen Auseinandersetzung sind Verfügungen über das Gesamtgut und die einzelnen Gesamtgutsgegenstände nur durch alle Anteilsberechtigten gemeinsam möglich. Zulässig ist es, die Auseinandersetzung des Gesamtguts bei beendigter Gütergemeinschaft durch Vereinbarung auszuschließen.

Die Auseinandersetzung ist in den §§ 1471 bis 1482 BGB geregelt. Auf ihre Darstellung wird hier verzichtet.

775   *Muster für Gütergemeinschaft:*

(Protokoll-Eingang):

Die Erschienenen erklärten:

Wir schließen folgenden Ehevertrag:

Wir sind am … vor dem Standesbeamten in … die Ehe miteinander eingegangen und sind deutsche Staatsangehörige. Wir haben bisher keinen Ehevertrag abgeschlossen und leben somit im gesetzlichen Güterstand der Zugewinngemeinschaft.

Wir vereinbaren nunmehr für unsere Ehe die Gütergemeinschaft nach den Vorschriften der §§ 1415 ff. des Bürgerlichen Gesetzbuches.

Das Gesamtgut wird von Herrn Albert Schmitz verwaltet. Zum Vorbehaltsgut der Ehefrau Josefa Schmitz erklären wir alles, was sie von Todes wegen oder im Wege der Schenkung durch ihre eigenen Verwandten erhalten hat oder noch erhalten wird, insbesondere das in B. Blatt 0570 eingetragene Grundstück.

Wir nehmen die vorstehenden Erklärungen gegenseitig an. Die mit dieser Urkunde jetzt und in der Folge verbundenen Kosten treffen das Gesamtgut.

Den Wert der vorstehenden Erklärungen geben wir mit 250.000 EUR an.

Wir beantragen die Eintragung der Gütergemeinschaft in das Güterrechtsregister. Der Notar soll jedoch unbeschadet seines Rechts hierzu die Eintragung nur auf besondere schriftliche Anweisung wenigstens eines von uns veranlassen.

> Wir beantragen ferner die Berichtigung des Grundbuches dahin, dass alle Grundstücke und Rechte an Grundstücken, die uns oder einem von uns gehören, jedoch mit Ausnahme des vorstehend zum Vorbehaltsgut von Frau Josefa Schmitz erklärten Grundbesitzes, als zum Gesamtgut der zwischen uns bestehenden Gütergemeinschaft gehörig in das Grundbuch eingetragen werden. Dies gilt insbesondere für die im Grundbuch von B. Blatt 0241 eingetragenen Grundstücke … Die Grundbuchnachrichten werden an den Notar erbeten.
>
> Diese Niederschrift …

Für die büromäßige Abwicklung gilt das Gleiche wie bei der Gütertrennung, d.h., es besteht eine Meldepflicht an das Zentrale Testamentsregister (vgl. Rdn 767).

f) Die fortgesetzte Gütergemeinschaft

In einem Ehevertrag, in dem die Ehegatten Gütergemeinschaft vereinbaren, kann bestimmt werden, dass die Gütergemeinschaft nach dem Tode eines Ehegatten zwischen dem überlebenden Ehegatten und den gemeinschaftlichen Abkömmlingen fortgesetzt wird (§ 1483 BGB). Die fortgesetzte Gütergemeinschaft muss also (bei Eheverträgen, die nach dem 30.6.1958 geschlossen wurden) ausdrücklich im Ehevertrag vereinbart werden, und mindestens ein *gemeinschaftlicher* Abkömmling muss beim Tode des erstversterbenden Ehegatten vorhanden sein. Mit Abkömmlingen des verstorbenen Ehegatten, die nicht gemeinschaftliche Abkömmlinge sind, kann die Gütergemeinschaft nicht fortgesetzt werden. Die Erbrechte nicht gemeinschaftlicher Abkömmlinge bestimmen sich so, als ob die fortgesetzte Gütergemeinschaft nicht eingetreten wäre. Nachlass ist insoweit das Vorbehaltsgut, das Sondergut und $\frac{1}{2}$ Anteil des verstorbenen Ehegatten am Gesamtgut. **776**

Die fortgesetzte Gütergemeinschaft kennt im Gegensatz zur Gütergemeinschaft nur vier Vermögensmassen:

- das Gesamtgut (§ 1485 BGB),
- das Vorbehaltsgut des überlebenden Ehegatten (§ 1486 BGB),
- das Sondergut des überlebenden Ehegatten (§ 1486 BGB),
- die Vermögen der anteilsberechtigten Abkömmlinge.

Die gemeinschaftlichen Abkömmlinge sind nur mit dem Anteil des verstorbenen Ehegatten an der Gütergemeinschaft beteiligt, nicht dagegen mit ihrem eigenen Vermögen.

Ausschluss der Fortsetzung der Gütergemeinschaft **777**

(1) Die Fortsetzung der Gütergemeinschaft kann von beiden Ehegatten ausgeschlossen werden:

- durch Ehevertrag in notariell beurkundeter Form,
- durch gemeinschaftliches Testament und
- durch Erbvertrag.

(2) Die Fortsetzung kann von einem Ehegatten ausgeschlossen werden durch letztwillige Verfügung:

- wenn er berechtigt ist, dem anderen Ehegatten den Pflichtteil zu entziehen oder auf Aufhebung der Gemeinschaft zu klagen; ferner, wenn der Ehegatte auf Aufhebung der Ehe zu klagen berechtigt ist und die Klage erhoben hat (§ 1509 BGB);
- wenn alle gemeinschaftlichen Abkömmlinge mit Zustimmung des anderen Ehegatten (§ 1516 BGB) von der Gütergemeinschaft ausgeschlossen werden (§ 1511 BGB).

(3) Die Fortsetzung der Gütergemeinschaft ist schließlich ausgeschlossen, wenn der überlebende Ehegatte die Fortsetzung der Gütergemeinschaft ablehnt (§ 1484 BGB). Auf diese Ablehnung finden die Vorschriften über die Ausschlagung einer Erbschaft entsprechende Anwendung.

In den vorgenannten Fällen erhält der überlebende Ehegatte bei der Auseinandersetzung der aufgelösten Gütergemeinschaft seinen $\frac{1}{2}$ Anteil am Gesamtgut sowie in Höhe seiner Erbquote einen Anteil an dem des verstorbenen Ehegatten.

Die fortgesetzte Gütergemeinschaft ist beendet:

- mit dem Tode des überlebenden Ehegatten (§ 1494 BGB),
- mit dem Wegfall aller Abkömmlinge (§§ 1490, 1491 BGB),
- mit der Wiederverheiratung des überlebenden Ehegatten (§ 1493 BGB),
- durch einseitige Erklärung des überlebenden Ehegatten gegenüber dem für den Nachlass des verstorbenen Ehegatten zuständigen Gericht; diese Erklärung muss öffentlich beglaubigt werden (§ 1492 Abs. 1 BGB),
- durch Vertrag zwischen dem überlebenden Ehegatten und den anteilsberechtigten Abkömmlingen; der Vertrag bedarf der notariellen Beurkundung (§ 1492 Abs. 2 BGB),
- durch Urteil nach entsprechender Klage eines Abkömmlings (§ 1495 BGB).

Die Auseinandersetzung der beendeten, fortgesetzten Gütergemeinschaft zwischen dem überlebenden Ehegatten und den anteilsberechtigten Abkömmlingen erfolgt nach den gleichen Regeln wie bei der einfachen Gütergemeinschaft (§ 1498 BGB).

3. Der FGB-Güterstand

778   In der DDR war der Güterstand der Eigentums- und Vermögensgemeinschaft nach dem FGB der gesetzliche Güterstand. Von der bis zum 2.10.1992 gegebenen Möglichkeit, für die Beibehaltung des FGB-Güterstandes zu optieren, ist – soweit zu sehen – nur wenig Gebrauch gemacht worden.

Alle anderen Ehen sind mit Wirkung vom 3.10.1990 in den Güterstand der sog. Zugewinngemeinschaft nach dem BGB übergeleitet worden. Es war umstritten, ob damit das seitherige Gesamteigentum „von selbst" in Bruchteilseigentum zu je ½ umgewandelt worden ist. Seit dem RegVBG steht fest, dass dies erst mit Wirkung vom 25.12.1993 geschehen ist (Art. 234 § 4a EGBGB). Die Ehegatten konnten bis zum 25.6.1994 durch – formlosen – Antrag auf Berichtigung des Grundbuchs andere Anteile als je ½ „bestimmen".[154]

IV. Gütergemeinschaft und Grundbuch

779   Erwerben Eheleute, die in Gütergemeinschaft leben, ein Grundstück zum Gesamtgut, so ist das Grundstück für sie „in Gütergemeinschaft" in das Grundbuch einzutragen (§ 47 GBO).

> *Beispiel*
>
> Der alleinvertretungsberechtigte Ehemann Albert Schmitz erwirbt für die Eheleute ein Grundstück zum Gesamtgut. Der Kaufvertrag lautet:
>
> Herr Werner Schneider verkauft dem dies annehmenden Albert Schmitz das im Grundbuch von Bonn Blatt 01213 eingetragene Grundstück
>
> Gemarkung Kessenich
>
> Flur 7, Flurstück 125, Hof- und Gebäudefläche, 2,87 a groß.
>
> Die Übertragung erfolgt, da Herr Albert Schmitz mit seiner Ehefrau in Gütergemeinschaft lebt, an Herrn Albert Schmitz und Frau Josefine Schmitz in Gütergemeinschaft.
>
> Die Grundbucheintragung in Abteilung I Spalte 2 lautet:
>
> a) Albert Schmitz …
> b) seine Ehefrau Josefine Schmitz, geb. Pütz in …
>
> in Gütergemeinschaft.

780   Wird Gütergemeinschaft erst vereinbart, nachdem entweder einer der Ehegatten das Grundstück allein oder beide es zu je ½ Anteil erworben hatten, so wird das Grundstück automatisch Gesamtgut, wenn

---

154 Zum FGB-Güterstand vgl. Faßbender/*Roemer*, 17. Aufl., § 4 Rn 863 ff.

es nicht durch Ehevertrag zum Vorbehaltsgut eines der Ehegatten erklärt worden ist. Damit wird das Grundbuch unrichtig, und es kann auf Antrag berichtigt werden. Der Berichtigungsantrag kann von beiden Ehegatten oder von einem allein gestellt werden. Wird der Berichtigungsantrag formlos gestellt, so bedarf es des Nachweises des Bestehens der Gütergemeinschaft. Dieser Nachweis ist in der Regel dadurch zu führen, dass eine beglaubigte Abschrift des Ehevertrages vorgelegt wird. Ist die Gütergemeinschaft im Güterrechtsregister eingetragen, so wird der Nachweis durch ein Zeugnis des Gerichts über die Eintragung der güterrechtlichen Verhältnisse im Güterrechtsregister geführt (§ 33 GBO). Werden Grundbuch und Güterrechtsregister beim selben Gericht geführt, so genügt statt des Zeugnisses die Bezugnahme auf das Register (§ 34 GBO).

Wird Eheleuten, die in Gütergemeinschaft leben, versehentlich ein Grundstück zu je ½ Anteil aufgelassen, so können sie die Eintragung des Rechtserwerbs für das Gesamtgut im Wege der Grundbuchberichtigung beantragen, ohne dass hierbei der Veräußerer mitwirken muss. Eine erneute Auflassung ist also nicht erforderlich.

Gehört ein Grundstück zum Vorbehaltsgut eines Ehegatten, so kann dies nicht in das Grundbuch eingetragen werden (wohl aber in das Güterrechtsregister). Allerdings wird dann nur der eine Ehegatte als Eigentümer vermerkt.

Ist die Gütergemeinschaft beendet, aber noch nicht auseinandergesetzt, so kann die bis zur Auseinandersetzung bestehende Liquidationsgemeinschaft in das Grundbuch eingetragen werden. Die Eintragung in Abteilung I des Grundbuchs lautet dann: **781**

„Gesamtgut der beendeten, noch nicht auseinandergesetzten Gütergemeinschaft."

Die fortgesetzte Gütergemeinschaft kann in das Grundbuch eingetragen werden. Der Nachweis über das Bestehen einer fortgesetzten Gütergemeinschaft wird durch ein Zeugnis des Nachlassgerichts erbracht (§ 1507 BGB). Es kann durch ein Überweisungszeugnis des Nachlassgerichts ersetzt werden (§§ 36, 37 GBO; vgl. Rdn 1290 ff.). Vorlage des Ehevertrages oder eines Erbscheins genügt nicht.

Das Zeugnis ist dem Grundbuchamt in *Ausfertigung* vorzulegen. Zulässig ist es jedoch, auf die Akten des Nachlassgerichts zu verweisen, sofern es sich um dasselbe Amtsgericht handelt.

Der Antrag auf Grundbuchberichtigung kann von dem überlebenden Ehegatten allein gestellt werden.

V. Gesichtspunkte für die Wahl eines Güterstandes

1. Die Zugewinngemeinschaft

Mögliche Nachteile   **782**

Die Verpflichtungs- und Verfügungsbeschränkung nach § 1365 BGB kann den Ehegatten erheblich beeinträchtigen. Kommt eine Anwendbarkeit des § 1365 BGB in Betracht, wird der Vertragspartner bereits bei Abschluss des Vertrages auf einer Zustimmung des Ehegatten bestehen, um das Zustandekommen eines wirksamen Vertrages sicherzustellen. Kreditinstitute verlangen häufig bei der Bestellung von Grundpfandrechten auch die Zustimmung des Nichteigentümer-Ehegatten (zu § 1365 BGB vgl. Rdn 727 ff.). § 1365 BGB kann daher dazu führen, dass sinnvolle und notwendige Maßnahmen verzögert werden oder gänzlich unterbleiben, weil die erforderliche Zustimmung des anderen Ehegatten nicht oder nicht rechtzeitig erteilt wird. Ist der auf Zustimmung angewiesene Ehegatte überdies Inhaber eines Unternehmens, so kann das Zustimmungserfordernis zu unhaltbaren Erschwernissen führen.

Gehört zum Vermögen eines Ehegatten ein Betrieb oder eine Unternehmensbeteiligung, so kann die Zugewinnausgleichsforderung derart hoch sein, dass der Bestand des Unternehmens gefährdet ist. Besonders schmerzlich ist dies dann, wenn der andere Ehegatte auch noch die entscheidende Ursache für das Scheitern der Ehe gesetzt hat. Zudem ist die Ausgleichsforderung in der Regel sofort fällig und kann oft nur durch den Verkauf von Grundbesitz unter dem Verkehrswert erfüllt werden. Im Extremfall kann dies zur Zerschlagung ganzer Vermögenskomplexe führen, sofern das Familiengericht nicht die auf Antrag mögliche Stundung der Ausgleichsforderung ausspricht (§ 1382 BGB).

Die erwähnten Nachteile der Zugewinngemeinschaft sind indes für eine „Normal-Ehe" von geringerer Bedeutung. Im Regelfall überwiegen die Vorteile, sodass es sich für Ehegatten empfiehlt, die Zugewinngemeinschaft als Güterstand beizubehalten und allenfalls in einzelnen Punkten von ihr abzuweichen (zur modifizierten Zugewinngemeinschaft vgl. die nachfolgende Ziffer 4 und vgl. Rdn 753 ff.).

783 So hat der gesetzliche Güterstand deutliche erbrechtliche Vorzüge, da er zu einer Erhöhung des Erbteils des überlebenden Ehegatten und damit gleichzeitig zu einer erwünschten Verringerung der Pflichtteilsquote der Kinder führt.

> *Beispiel*
>
> **Ehepaar mit zwei Kindern:** Im Güterstand der Gütertrennung beträgt der Erbteil des überlebenden Ehegatten und der beiden Kinder jeweils $1/3$ (§ 1931 Abs. 4 BGB), die Pflichtteilsquote der Kinder damit jeweils $1/6$, während im gesetzlichen Güterstand die Erbquoten des überlebenden Ehegatten $1/2$ und die der zwei Kinder jeweils $1/4$ betragen, sodass hier den Kindern nur ein Pflichtteil von jeweils $1/8$ zusteht.

Der Ausgleich des Zugewinns führt in vielen Fällen zu einer ausgewogenen Beteiligung des Ehegatten am wirtschaftlichen Erfolg des anderen, insbesondere dann, wenn der ausgleichsberechtigte Ehegatte aus familiären Gründen, insbesondere wegen der Betreuung der gemeinschaftlichen Kinder, kein oder nur ein deutlich geringeres Berufseinkommen erzielen konnte. Zudem haftet auch im Güterstand der Zugewinngemeinschaft jeder Ehegatte nur für seine eigenen Schulden und nicht für die Schulden des Ehepartners, ein Umstand, der weitgehend unbekannt ist und dessen Unkenntnis in vielen Fällen zu dem dann nicht sachgerechten Wunsch nach Vereinbarung der Gütertrennung führt. Hinzu kommen erbschaftsteuerliche Vorteile der Zugewinngemeinschaft (siehe Rdn 788).

2. Die Gütertrennung

784 Der Vorteil der Gütertrennung besteht darin, dass beide Ehegatten in vermögensrechtlicher Hinsicht so behandelt werden, als ob sie nicht verheiratet wären. Jeder kann also selbstständig nach seinem Belieben über sein Vermögen verfügen, ohne von der Zustimmung des anderen abhängig zu sein; ein Ausgleich des Zugewinns findet nicht statt. Der wesentliche Nachteil der Gütertrennung besteht aber darin, dass der Ehegatte, der während des Bestehens der Ehe keine oder nur sehr eingeschränkte Möglichkeiten hatte, Vermögen zu erwerben – meist also immer noch die Ehefrau –, am Vermögenszuwachs des anderen Ehegatten im Falle der Scheidung nicht beteiligt wird. Zudem erhöhen sich beim Güterstand der Gütertrennung die Pflichtteilsansprüche von Abkömmlingen, ein regelmäßig nicht gewünschtes Ergebnis. Schließlich ist die Gütertrennung auch in erbschaftsteuerrechtlicher Hinsicht nachteilhaft, da die wichtige Vergünstigung des § 5 ErbStG auf den Güterstand der Zugewinngemeinschaft beschränkt ist.

3. Die Gütergemeinschaft

785 Im Gegensatz zur Zugewinngemeinschaft, bei der die Vermögensbeteiligung des Ehegatten mit dem geringeren Zugewinn erst nach Beendigung des Güterstandes über seine Geldforderung erfolgt, werden bei der Gütergemeinschaft beide Ehegatten bereits während des Bestehens des Güterstandes dinglich an dem gemeinsamen Vermögen beteiligt, über das sie auch nur gemeinsam verfügen können. Bei fortgesetzter Gütergemeinschaft kommt als weiterer Vorteil in Betracht, dass nach dem Tode des zuerst versterbenden Ehegatten *keine Pflichtteilsansprüche* der gemeinsamen Abkömmlinge entstehen können, sodass das gemeinsame Vermögen der Eheleute ungeschmälert zusammengehalten werden kann. Andererseits besteht jedoch bei der Gütergemeinschaft die große Gefahr, dass einer der Ehegatten durch die Mithaft für die Schulden des anderen sein gesamtes Vermögen verliert.

4. Modifizierte Zugewinngemeinschaft

Mit der Vereinbarung einer modifizierten Zugewinngemeinschaft lassen sich die Vorteile der „reinen" **786** Gütertrennung und der „reinen" Zugewinngemeinschaft vereinen, ohne deren Nachteile hinnehmen zu müssen.

So können Eheleute durch Ehevertrag unter Aufrechterhaltung des gesetzlichen Güterstandes den Zugewinnausgleich für den Fall der Ehescheidung ausschließen oder beschränken, ihn für den Fall der Beendigung des Güterstandes durch den Tod eines Ehegatten jedoch beibehalten. Sie bewahren sich damit die erbrechtlichen und erbschaftsteuerlichen Vorzüge der Zugewinngemeinschaft. Ergänzend können sie die Verfügungsbeschränkung des § 1365 BGB aufheben.

Damit soll allerdings nicht gesagt werden, dass es in allen Fällen erstrebenswert ist, durch Ehevertrag den Zugewinnausgleich für den Fall der Scheidung auszuschließen. Es kommt vielmehr auf den jeweiligen Zuschnitt der Ehe, den „Ehetyp" an. So kann es bei jüngeren Eheleuten mit Kindern oder Kinderwunsch geboten sein, den Zugewinnausgleich auch im Falle der Scheidung beizubehalten (bei noch kinderlosen Ehen z.B. mit der Einschränkung, dass aus der Ehe tatsächlich Kinder hervorgehen sollten), während ältere und beiderseits berufstätige Eheleute ohne Kinder auch im Scheidungsfall leichter auf den Ausgleich des Zugewinns verzichten können.

Zusammenfassend lässt sich sagen, dass die Vereinbarung der Gütertrennung, obwohl von vielen Beteiligten gewünscht, in den meisten Fällen unzweckmäßig und überdies – im Hinblick auf die erbrechtlichen und erbschaftsteuerrechtlichen Folgen – auch nachteilhaft ist. Unabhängig hiervon sollte jede ehevertragliche Vereinbarung nach einiger Zeit überprüft werden, um festzustellen, ob angesichts der Ausgestaltung und vermögensmäßigen Entwicklung der Ehe Änderungen angebracht sind.

VI. Erbschaftsteuerliche Auswirkungen des Güterstandes

1. Zugewinngemeinschaft

Die erbschaftsteuerliche Behandlung der Zugewinngemeinschaft ist unterschiedlich, je nachdem, ob der **787** Zugewinn nach § 1371 Abs. 1 (erbrechtliche Lösung) oder § 1371 Abs. 2 BGB (güterrechtliche Lösung) ausgeglichen wird (vgl. Rdn 750).

a) Erbrechtliche Lösung

Nach § 5 Abs. 1 ErbStG gilt der Betrag, den der überlebende Ehegatte als Ausgleichsforderung geltend **788** machen könnte, nicht als steuerbarer Erwerb, ist also steuerfrei.

Allerdings ist hierbei die *Kappungsvorschrift* zu beachten (§ 5 Abs. 1 S. 5 ErbStG): Soweit der Nachlass des Erblassers bei der Ermittlung des als Ausgleichsforderung steuerfreien Betrages mit einem höheren Wert als dem nach den steuerlichen Bewertungsgrundsätzen maßgebenden Wert angesetzt worden ist, gilt höchstens der dem Steuerwert des Nachlasses entsprechende Betrag nicht als steuerbarer Erwerb.

Zur Verdeutlichung Folgendes

> *Beispiel*
>
> Der Verkehrswert des Nachlasses beträgt 2.000.000 EUR, der Wert i.S.d. Steuergesetze hingegen nur 1.600.000 EUR. Angenommen, der überlebende Ehegatte hätte bei güterrechtlicher Lösung einen Ausgleichsanspruch in Höhe von 200.000 EUR, so sind bei erbrechtlicher Lösung diese 200.000 EUR nicht steuerfrei, sondern nur der Teil, der dem Steuerwert des Nachlasses entspricht, also 160.000 EUR. Der Steuerfreibetrag kann nach folgender Formel berechnet werden:
>
> $$\text{Steuerfreibetrag} = \frac{\text{Steuerwert des Nachlasses} \times \text{Ausgleichsforderung}}{\text{Verkehrswert}}$$

In dem vorgenannten Beispiel ergibt sich also folgender Freibetrag:

$$\frac{1.600.000 \text{ EUR} \times 200.000 \text{ EUR}}{2.000.000} = 160.000 \text{ EUR}$$

Es bleiben mithin nur 160.000 EUR von dem insgesamt 200.000 EUR betragenden Zugewinn steuerfrei. Hinzu kommt jedoch der allgemeine Ehegatten-Freibetrag von 500.000 EUR nach § 16 Abs. 1 Nr. 1 ErbStG.

b) Güterrechtliche Lösung

789   Wird der Güterstand der Zugewinngemeinschaft in anderer Weise als durch den Tod eines Ehegatten beendet oder wird der Zugewinn nach § 1371 Abs. 2 BGB ausgeglichen, so gehört die Ausgleichsforderung nicht zum steuerbaren Erwerb. In diesem Fall wird also der Steuerfreibetrag nicht ins Verhältnis zum Verkehrswert des Vermögens des anderen Ehegatten gesetzt. Dies kann für den überlebenden Ehegatten unter Umständen ein Anreiz dazu sein, statt der erbrechtlichen die güterrechtliche Lösung zu wählen, indem er die Erbschaft ausschlägt und nach § 1371 Abs. 2 BGB den Zugewinn nebst kleinem Pflichtteil verlangt. Dieser Anreiz ist besonders dann groß, wenn sich das Vermögen des zuerst verstorbenen Ehegatten überwiegend aus Gegenständen zusammensetzt, die nach steuerlichen Bewertungsgrundsätzen mit einem niedrigeren Wert als dem Verkehrswert anzusetzen sind.

2. Gütergemeinschaft

790   Die Bereicherung, die ein Ehegatte bei Vereinbarung der Gütergemeinschaft erfährt, gilt als Schenkung unter Lebenden, ist also nach dem Erbschaftsteuer- und Schenkungsteuergesetz zu versteuern (§ 7 Abs. 1 ErbStG). Hierbei kommt es nicht darauf an, ob mit der Vereinbarung des Güterstandes in erster Linie güterrechtliche oder auch schon erbrechtliche Zwecke verfolgt werden. Die Bereicherung bemisst sich nach der Hälfte des Unterschiedsbetrages zwischen den von beiden Ehegatten zum Gesamtgut eingebrachten Vermögen. Grunderwerbsteuer fällt dagegen bei einem Grundstückserwerb durch einen Ehegatten bei der Gründung der Gütergemeinschaft nicht an (§ 3 Nr. 4 GrEStG).

Beispiel

Der Ehemann bringt Grundstücksvermögen im Wert von 500.000 EUR ein, die Ehefrau Wertpapiervermögen im Wert von 300.000 EUR. Die Ehefrau ist hierbei um 100.000 EUR bereichert.

Wird die Gütergemeinschaft durch den Tod eines der Ehegatten beendet, so kommt für den überlebenden Ehegatten lediglich der generelle Freibetrag von 500.000 EUR in Betracht (§ 16 Abs. 1 Nr. 1 ErbStG).

3. Fortgesetzte Gütergemeinschaft

791   Beim Tode eines Ehegatten wird dessen Anteil am Gesamtgut so behandelt, wie wenn er ausschließlich den anteilsberechtigten Abkömmlingen angefallen wäre (§ 4 Abs. 1 ErbStG). Die kraft Güterrechts eintretende Hinausschiebung des Vermögensübergangs vom erstversterbenden Ehegatten auf die Erben wird also vom Erbschaftsteuerrecht nicht angenommen. In Abweichung vom Zivilrecht sieht damit das Steuerrecht den Eintritt der Abkömmlinge in die Gütergemeinschaft als echte Erbfolge an.

VII. Verbindung von Ehevertrag mit Erbvertrag

792   Da das eheliche Güterrecht erbrechtliche Auswirkungen hat, liegt es nahe, zugleich mit dem Ehevertrag Verfügungen von Todes wegen zu treffen. Hinzu kam, dass die KostO in § 46 Abs. 3 den Abschluss eines „Ehe- und Erbvertrages" kostenmäßig begünstigt hatte, da für beide Verträge nur einmal die 20/10 – Gebühr anfiel. Dieses Kostenprivileg ist jedoch mit Inkrafttreten des GNotKG seit dem 1.8.2013 entfallen. Zudem kann ein Erbvertrag, der mit einem Ehevertrag in einer Urkunde verbunden ist (§ 2276 Abs. 2

BGB), nicht gemäß § 2300 Abs. 2 BGB aus der amtlichen Verwahrung zurückgenommen und den Vertragsschließenden zurückgegeben werden. Daher sollten Ehevertrag und Erbvertrag in zwei getrennten Urkunden beurkundet werden.

VIII. Das Güterrechtsregister

Das Güterrechtsregister wird bei dem Amtsgericht geführt, in dessen Bezirk auch nur einer der Ehegatten   793
seinen gewöhnlichen Aufenthalt hat (§ 1558 Abs. 1 BGB). Verlegt ein Ehegatte nach der Eintragung seinen gewöhnlichen Aufenthalt in einen anderen Bezirk, so muss die Eintragung im Register dieses Bezirks wiederholt werden.

Die Einsicht des Güterrechtsregisters ist jedem gestattet (§ 1563 BGB); die Darlegung eines berechtigten Interesses ist nicht erforderlich.

Die Eintragungen in das Güterrechtsregister erfolgen ausschließlich auf Antrag (§ 1560 BGB). Der Antrag ist in öffentlich beglaubigter Form zu stellen. Antragsberechtigt sind grundsätzlich nur beide Ehegatten gemeinsam. Allerdings genügt der Antrag eines Ehegatten, wenn das einzutragende Güterrechtsverhältnis aus einem vorgelegten Ehevertrag hervorgeht (§ 1561 Abs. 2 BGB).

Eheverträge sind auch ohne Eintragung in das Güterrechtsregister wirksam. Von der Eintragungsmöglichkeit wird daher nur höchst selten Gebrauch gemacht. Das Güterrechtsregister ist in der Praxis nahezu bedeutungslos.

Welche Eintragungen in das Güterrechtsregister eingetragen werden können, richtet sich nach seinem Zweck. Das Güterrechtsregister bezweckt die Offenlegung der güterrechtlichen Verhältnisse der Ehegatten, um den Rechts- und Geschäftsverkehr zu erleichtern. Eine güterrechtliche Vereinbarung kann somit nur dann eingetragen werden, wenn sie eine Außenwirkung entfaltet, also die rechtlichen oder wirtschaftlichen Beziehungen der Ehegatten zu Dritten berühren kann. Nicht eintragungsfähig sind solche Vereinbarungen, die die Ehegatten intern treffen und für den Rechtsverkehr ohne Bedeutung sind.

Eintragungsfähig sind:

- die Vereinbarung der Gütertrennung,
- die Vereinbarung der Gütergemeinschaft,
- die Aufhebung von Gütertrennung/Gütergemeinschaft, sofern der aufgehobene Güterstand eingetragen war,
- der ehevertragliche Ausschluss des Zugewinns für den Fall der Scheidung,[155]
- die ehevertragliche Aufhebung der Verfügungsbeschränkungen der §§ 1365, 1369 BGB.

Eintragungsfähig sind ferner einseitige Rechtsgeschäfte, durch welche die güterrechtlichen Verhältnisse oder die Rechtsstellung eines Ehegatten gegenüber Dritten beeinflusst werden können, so z.B. die Entziehung der Befugnis zur Führung von Geschäften zur Deckung des Lebensbedarfs (§ 1357 BGB).

Dem Güterrechtsregister kommt kein öffentlicher Glaube – wie etwa dem Grundbuch – zu. Lediglich dem Fortbestand einer einmal richtigen Eintragung oder dem Schweigen des Registers darf man vertrauen. Ist eine erhebliche Tatsache nicht eingetragen, so muss der Dritte sie nur dann gegen sich gelten lassen, wenn er sie kennt.

Allerdings geht der öffentliche Glaube des Grundbuchs (§ 892 BGB) der Eintragung im Güterrechtsregister vor. Ist z.B. ein Grundstück auf einen Ehegatten allein eingetragen, obwohl es zum Gesamtgut gehört, so kann sich der Grundstückserwerber, der von der Gesamtgutseigenschaft nichts weiß, auf den öffentlichen Glauben des Grundbuchs verlassen.

Seit dem 1.1.2005 steht das Güterrechtsregister auch den Partnern einer eingetragenen Lebenspartnerschaft offen (§ 7 S. 2 LPartG).

---

155 OLG Köln MittRhNotK 1994, 176.

IX.   Grundzüge des Versorgungsausgleichs

1.   Bisheriges Recht

794   Der Versorgungsausgleich soll dem Ehegatten im Scheidungsfall eine Teilhabe an den von seinem Ehepartner während der Ehezeit erworbenen Anwartschaften und Ansprüchen auf Versorgung bei Alter und Invalidität ermöglichen. Bis zum Inkrafttreten des 1. Gesetzes zur Reform des Ehe- und Familienrechts im Jahre 1977 erwarb ein Ehegatte, der während der Ehe nicht oder nicht voll erwerbstätig war, häufig keine oder nur eine geringe eigene Alters- und Invaliditätssicherung. Dies benachteiligte regelmäßig die Ehefrauen, die wegen der Betreuung der Kinder und der Führung des Haushalts nicht oder nur eingeschränkt berufstätig waren. Dem sollte der Versorgungsausgleich nach dem Grundgedanken des Zugewinnausgleichs abhelfen.

Derjenige Ehegatte, der in der Ehezeit keine oder geringere Versorgungsanwartschaften als sein Ehepartner erworben hatte, hatte dann einen Anspruch auf Ausgleich in Höhe der Hälfte des Wertunterschieds. Der Versorgungsausgleich wurde in der Weise durchgeführt, dass zugunsten des ausgleichsberechtigten und zulasten des ausgleichspflichtigen Ehegatten Rentenanwartschaften in der gesetzlichen Rentenversicherung übertragen oder begründet wurden (sog. öffentlich-rechtlicher Versorgungsausgleich).

Statt des öffentlich-rechtlichen Versorgungsausgleichs als Regelfall kam in bestimmten Fällen auch der schuldrechtliche Versorgungsausgleich in Betracht, der dem ausgleichsberechtigten Ehepartner eine Geldrente gegen den ausgleichspflichtigen Ehegatten gewährte.

Der Versorgungsausgleich war im BGB, und zwar in den §§ 1587 ff. BGB, sowie im Gesetz zur Regelung von Härten im Versorgungsausgleich geregelt.

2.   Neues Recht

795   Mit Wirkung zum 1.9.2009 ist das Recht des Versorgungsausgleichs grundlegend reformiert worden.[156] Der Versorgungsausgleich ist nunmehr außerhalb des BGB in einem eigenen Gesetz, dem Versorgungsausgleichsgesetz (VersAusglG) geregelt. § 1587 BGB n.F. enthält nur noch einen Verweis auf das neue VersAusglG. Das Grundanliegen des Versorgungsausgleichs, die Teilhabe des Ehegatten an den während der Ehezeit erworbenen Versorgungsanwartschaften seines Ehepartners, ist beibehalten worden.

a)   Interne Teilung

796   Nach bisherigem Recht wurden die in der Ehezeit erworbenen Anwartschaften der beiden Ehegatten gegenübergestellt und im Rahmen eines Gesamtsaldos ermittelt, welche Gesamtaltersversorgung jedem Ehegatten, bezogen auf diese Anwartschaften, zustand. Der Ehegatte mit den werthöheren Anwartschaften war ausgleichspflichtig. Es gab also immer nur einen Ausgleichspflichtigen und einen Ausgleichsberechtigten. Das neue Recht verzichtet dagegen auf eine Gesamtsaldierung. Stattdessen wird jedes einzelne Versorgungsanrecht der Ehegatten grundsätzlich intern geteilt (§§ 10 ff. VersAusglG), d.h. innerhalb des Versorgungssystems des jeweils ausgleichspflichtigen Ehegatten *(interne Teilung)*. Nach neuem Recht gibt es also nicht mehr nur einen Ausgleichspflichtigen und einen Ausgleichsberechtigten, sondern so viele Ausgleichspflichtige und Ausgleichsberechtigte wie Versorgungsanrechte bestehen.

> *Beispiel*
>
> Die Ehefrau hat in der Ehezeit zwei Versorgungsanrechte erworben, nämlich in der gesetzlichen Rentenversicherung und in der Zusatzversorgungskasse des öffentlichen Dienstes. Der Ehemann hat in der Ehezeit drei Versorgungsanrechte erworben, und zwar in dem Versorgungswerk der Ärzte, in einer privaten Rentenversicherung des Versicherers A-AG und in einer weiteren privaten Rentenversicherung des Versicherers B-AG.

---

156 Zum früheren Recht vgl. Faßbender/*Roemer*, Notariatskunde 17. Aufl., § 4 Rn 885 ff.

Sämtliche von beiden Ehegatten in der Ehezeit erworbenen Anteile werden nunmehr im Versorgungsausgleich hälftig geteilt. Das Familiengericht überträgt daher von jedem der drei Anrechte des Ehemanns jeweils die Hälfte auf die Ehefrau, während es von den zwei Anrechten der Ehefrau jeweils die Hälfte auf den Ehemann überträgt. Der Ehemann ist daher im Beispielsfall zweimal Ausgleichsberechtigter und dreimal Ausgleichsverpflichteter, die Ehefrau dreimal Ausgleichsberechtigte und zweimal Ausgleichsverpflichtete.

Ein Saldenausgleich (ähnlich wie im früheren Recht) statt eines Hin-und-her-Ausgleichs findet dagegen statt, wenn beide Ehegatten über auszugleichende Anrechte gleicher Art bei demselben Versorgungsträger verfügen (§ 10 Abs. 2 VersAusglG). Haben z.B. beide Ehegatten Anrechte in der gesetzlichen Rentenversicherung erworben, so wird insoweit der Ausgleich nur in Höhe des Wertunterschieds durch Verrechnung durchgeführt.

b)   Externe Teilung

Abweichend vom Regelfall der internen Teilung ist in Ausnahmefällen eine externe Teilung der Versorgungsanrechte vorzunehmen. Hiernach versteht das Gesetz (§ 14 VersAusglG) die Begründung von Anrechten bei einem anderen Versorgungsträger als demjenigen, bei dem das Anrecht der ausgleichspflichtigen Person besteht. Eine externe Teilung kommt in drei Fällen in Betracht: **797**

- wenn der ausgleichsberechtigte Ehegatte und der Versorgungsträger des ausgleichspflichtigen Ehegatten eine externe Teilung vereinbaren;
- wenn der Versorgungsträger des ausgleichspflichtigen Ehegatten dies verlangt und es sich um einen geringen Ausgleichswert i.S.d. § 14 Abs. 2 Nr. 2 VersAusglG handelt, (die Wertgrenzen betragen zurzeit (im Jahr 2021) 65,80 EUR bei monatlichen Renten und 7.896 EUR bei Kapitalwerten);
- wenn der Träger einer Versorgung aus einem öffentlich-rechtlichen Dienst- oder Amtsverhältnis keine interne Teilung vorsieht (§ 16 VersAusglG).

c)   Schuldrechtliche Ausgleichsrente

Bezieht der ausgleichspflichtige Ehegatte bereits eine laufende Versorgung aus einem noch nicht ausgeglichenen Anrecht, so kann der ausgleichsberechtigte Ehegatte von ihm gem. § 20 VersAusglG den Ausgleichswert als Rente (schuldrechtliche Ausgleichsrente) verlangen. Der ausgleichsberechtigte Ehegatte kann verlangen, dass ihm der Anspruch gegen den Versorgungsträger in Höhe der Ausgleichsrente abgetreten wird. Soweit für den ausgleichspflichtigen Ehegatten zumutbar, kann der ausgleichsberechtigte Ehegatte für ein noch nicht ausgeglichenes Anrecht von dem ausgleichspflichtigen Ehegatten eine zweckgebundene Abfindung verlangen. Sie ist an den Versorgungsträger zu zahlen, bei dem ein bestehendes Anrecht ausgebaut oder ein neues Anrecht begründet werden soll.   **798**

3.   Gegenstand des Versorgungsausgleichs

Im Versorgungsausgleich sind folgende in der Ehezeit erworbenen Anrechte auszugleichen (§ 2 VersAusglG), d.h. zu teilen: **799**

- im In- und Ausland bestehende Anwartschaften auf Versorgung und Ansprüche auf laufende Versorgungen, insbesondere aus der gesetzlichen Rentenversicherung,
- aus anderen Regelsicherungssystemen wie der Beamtenversorgung oder der berufsständischen Versorgung,
- aus der privaten Alters- und Invaliditätsvorsorge.

Die Ehezeit im Sinne des VersAusglG beginnt mit dem 1. Tag des Monats, in dem die Ehe geschlossen worden ist; sie endet am letzten Tag des Monats vor Zustellung des Scheidungsantrags (§ 3 VersAusglG).

4. Ausnahmen vom Versorgungsausgleich

a) Geringfügigkeit

800 Der Versorgungsausgleich soll nicht durchgeführt werden, wenn entweder die Ausgleichsdifferenz der beiderseitigen Anrechte gleicher Art nur gering ist (§ 18 Abs. 1 VersAusglG) oder einzelne Anrechte nur einen geringen Ausgleichswert haben (§ 18 Abs. 2 VersAusglG). Die einschlägigen Wertgrenzen betragen derzeit (im Jahr 2021) 32,90 EUR bei monatlichen Renten und 3.948 EUR als Kapitalwert.

b) Kurze Ehedauer

801 Ein Versorgungsausgleich findet auch dann nicht statt, wenn die Ehe nur bis zu drei Jahre gedauert hat, es sei denn, ein Ehegatte beantragt in diesem Fall den Versorgungsausgleich (§ 3 Abs. 3 VersAusglG).

c) Ausschluss des Versorgungsausgleichs durch Vereinbarung

802 Der Versorgungsausgleich ist auch dann nicht durchzuführen, wenn die Ehegatten ihn durch notariell zu beurkundende Vereinbarung ausgeschlossen haben (§ 6 Abs. 1 Nr. 2 VersAusglG). Zu den Einzelheiten vgl. die nachfolgenden Ausführungen in Ziffer 6.

5. Vereinbarungen zum Versorgungsausgleich

a) Formelle Wirksamkeitsvoraussetzungen

803 Vereinbarungen über den Versorgungsausgleich, die vor Rechtskraft der Entscheidung über den Wertausgleich getroffen werden, bedürfen zu ihrer Wirksamkeit der notariellen Beurkundung (§ 7 Abs. 1 VersAusglG). Wird die Vereinbarung im Rahmen eines Ehevertrages geschlossen, ist gem. § 7 Abs. 3 VersAusglG die Formvorschrift des § 1410 BGB einzuhalten, also eine notarielle Beurkundung bei gleichzeitiger Anwesenheit beider Ehegatten. Nach dem Wortlaut des § 1410 BGB ist damit zwar der Abschluss des Ehevertrages durch Angebot und Annahme ausgeschlossen, nicht jedoch die Vertretung eines bei der Beurkundung nicht anwesenden Ehegatten. Gleichwohl sollte von einer solchen Vertretung abgesehen werden und der Notar auf eine persönliche Anwesenheit beider Ehegatten bei der Beurkundung bestehen.

Wird das Verfahren über den Versorgungsausgleich abgetrennt und eine gerichtliche Entscheidung über den Wertausgleich erst nach Rechtskraft der Scheidung getroffen, besteht das Beurkundungserfordernis fort. Erst nach Rechtskraft der Entscheidung über den Wertausgleich sind Vereinbarungen über noch nicht ausgeglichene Anrechte formfrei möglich.

b) Wegfall der Jahresfrist des § 1408 Abs. 2 S. 2 BGB a.F.

804 Nach bisherigem Recht (§ 1408 Abs. 2 S. 2 BGB a.F.) wurde der vertraglich vereinbarte Ausschluss des Versorgungsausgleichs unwirksam, wenn innerhalb eines Jahres nach Vertragsabschluss Antrag auf Scheidung der Ehe gestellt wurde. Diese gesetzliche Bestimmung ist mit Wirkung zum 1.9.2009 ersatzlos entfallen. Das Schicksal des Vertrages hängt daher nicht mehr vom Zeitpunkt des Scheidungsantrags ab.

c) Wegfall des Genehmigungserfordernisses des § 1587o BGB a.F.

805 Nach § 1587o BGB a.F. bedurften Vereinbarungen zum Versorgungsausgleich, die in einem Scheidungsfolgenvertrag geschlossen wurden, der Genehmigung des Familiengerichts. Dieses Genehmigungserfordernis ist durch das am 1.9.2009 in Kraft getretene Gesetz zur Strukturreform des Versorgungsausgleichs aufgehoben worden. Vereinbarungen zum Versorgungsausgleich unterliegen daher nicht mehr der gerichtlichen Genehmigungspflicht, und zwar unabhängig davon, ob sie in einem vorsorgenden Ehevertrag oder in einer Scheidungsfolgenvereinbarung getroffen werden.

Aus dem Wegfall der bisherigen Sperrfrist des § 1408 Abs. 2 S. 2 BGB a.F. als auch des Genehmigungszwangs nach § 1587o Abs. 2 BGB a.F. folgt:

Es ist nicht mehr erforderlich, bei bestehender Unsicherheit über den Zeitpunkt des Scheidungsantrags den gewünschten Ausschluss des Versorgungsausgleichs gleichzeitig sowohl als ehevertragliche gemäß

§ 1408 Abs. 2 BGB a.f. als auch vorsorglich als Scheidungsfolgenvereinbarung gemäß § 1587o BGB a.F. zu vereinbaren.[157]

d) Wegfall der güterrechtlichen Folgen der Ausschlussvereinbarung

Nach § 1414 Abs. 2 BGB a.f. führte der vereinbarte Ausschluss des Versorgungsausgleichs kraft Geset-   **806** zes zur Gütertrennung, sofern sich aus dem Ehevertrag nichts anderes ergab.

Diese – schon bisher überwiegend als verfehlt angesehene – Regelung ist mit Wirkung zum 1.9.2009 aufgehoben worden. Vereinbarungen über den Versorgungsausgleich haben daher nach neuem Recht keine Änderung des Güterstandes mehr zur Folge.

e) Materielle Wirksamkeitsvoraussetzungen

Vereinbarungen über den Versorgungsausgleich müssen gemäß § 8 VersAusglG einer gerichtlichen In-   **807** halts- und Ausübungskontrolle standhalten. Das war nach der Rechtsprechung des BVerfG und des BGH auch schon bisher der Fall, ist aber vom Gesetzgeber nach Wegfall des Genehmigungserfordernisses des § 1587o BGB a.f. nunmehr ausdrücklich festgeschrieben worden.

Nach der Rechtsprechung des BGH[158] unterliegen die gesetzlichen Regelungen über den Versorgungsausgleich, den Zugewinn und den nachehelichen Unterhalt grundsätzlich der vertraglichen Disposition der Ehegatten. Dies – so der BGH – darf jedoch nicht dazu führen, dass der Schutzzweck gesetzlicher Regelung durch vertragliche Vereinbarung beliebig unterlaufen werden kann. Dies wäre der Fall, wenn dadurch eine evident einseitige und durch die individuelle Gestaltung der ehelichen Lebensverhältnisse nicht gerechtfertigte Lastenverteilung entstünde, die für den belasteten Ehegatten bei verständiger Würdigung als unzumutbar erscheint. Die Belastungen des einen Ehegatten würden daher umso schwerer wiegen und die Belange des anderen Ehegatten umso genauerer Prüfung bedürfen, je unmittelbarer die vertragliche Abbedingung gesetzlicher Regelungen in den *Kernbereich* des Scheidungsfolgenrechts eingreift. Zu diesem Kernbereich gehört nach Ansicht des BGH an erster Stelle der Betreuungsunterhalt (§ 1570 BGB), gefolgt von dem Krankheitsunterhalt (§ 1572 BGB) und dem Unterhalt wegen Alters (§ 1571 BGB). Auf derselben Stufe wie der Altersunterhalt rangiert nach der Rechtsprechung des BGH der Versorgungsausgleich. Als vorweggenommener Altersunterhalt steht er der vertraglichen Disposition nur begrenzt offen. Im Rahmen einer *Wirksamkeitskontrolle* ist zunächst zu prüfen, ob die ehevertragliche Vereinbarung schon im Zeitpunkt ihres Zustandekommens zu einer derart einseitigen Lastenverteilung für den Scheidungsfall führt, dass ihr wegen Verstoßes gegen die guten Sitten (§ 138 BGB) die Anerkennung zu versagen ist. Erforderlich ist dabei eine Gesamtwürdigung, die insbesondere die Einkommens- und Versorgungsverhältnisse des Ehegatten, den Zuschnitt der Ehe, die Auswirkungen auf die Ehegatten und Kinder und subjektiv die von den Ehegatten mit der Vereinbarung verfolgten Zwecke und Beweggründe berücksichtigen muss. Sittenwidrigkeit wird regelmäßig nur dann in Betracht kommen, wenn durch den Vertrag Regelungen aus dem Kernbereich des gesetzlichen Scheidungsfolgenrechts ganz oder jedenfalls zu erheblichen Teilen abbedungen werden, ohne dass dieser Nachteil für den anderen Ehegatten durch anderweitige Vorteile gemildert oder durch gewichtige Belange des begünstigten Ehegatten gerechtfertigt wird. So hat der BGH[159] die Sittenwidrigkeit eines kompensationslos vereinbarten Ausschlusses des Versorgungsausgleichs angenommen, wenn die Ehegatten bei Abschluss des Vertrages bewusst in Kauf nehmen, dass die Ehefrau (diese war bei Vertragsabschluss im 9. Monat schwanger) wegen Kinderbetreuung alsbald aus dem Berufsleben ausscheidet und bis auf Weiteres abgesehen von Kindererziehungszeiten keine eigenen Versorgungsanrechte erwerben wird.

Soweit eine Vereinbarung der Wirksamkeitskontrolle standhält, muss der Richter sodann im Rahmen ei-   **808** ner *Ausübungskontrolle* prüfen, ob und inwieweit ein Ehegatte die ihm durch den Vertrag eingeräumte Rechtsmacht durch Berufung auf die Rechtswirksamkeit des Vertrages missbraucht. Entscheidend ist hierbei, ob sich nunmehr im Zeitpunkt des Scheiterns der Lebensgemeinschaft aus dem vereinbarten Ausschluss der Scheidungsfolge eine evident einseitige Lastenverteilung ergibt, die für den belasteten Ehegatten unzumutbar ist. Das kann insbesondere dann der Fall sein, wenn die tatsächliche einvernehmliche

---

157 Vgl. zu dieser Kombination Faßbender/*Faßbender*, Notariatskunde, 17. Aufl., Rn 888.
158 NJW 2004, 930.
159 NJW 2008, 3426.

Gestaltung der ehelichen Lebensverhältnisse von der ursprünglichen bei Vertragsabschluss bestehenden Lebensplanung grundlegend abweicht, z.B. durch die Geburt gemeinsamer Kinder.

Bestehen keine Wirksamkeits- und Durchsetzungshindernisse, ist das Familiengericht gemäß § 6 Abs. 2 VersAusglG an die Vereinbarung über den Versorgungsausgleich gebunden.

f)   Zustimmungsbedürftigkeit seitens des Versorgungsträgers

809   In bestimmten Fällen bedarf die Vereinbarung über den Versorgungsausgleich der Zustimmung des Versorgungsträgers. So können gemäß § 8 Abs. 2 VersAusglG Anrechte durch eine Vereinbarung nur übertragen oder begründet werden, wenn die maßgeblichen Regelungen dies zulassen und die betreffenden Versorgungsträger zustimmen. Hauptanwendungsfall ist die Vereinbarung über eine externe Teilung von Anrechten (vgl. oben Rdn 797). Vereinbaren z.B. die Ehegatten, dass der Versorgungsträger der betrieblichen Altersversorgung des ausgleichspflichtigen Ehegatten den Ausgleichswert als Kapitalbetrag an die private Rentenversicherung (z.B. Riester-Rente) des ausgleichsberechtigten Ehegatten zahlen soll, erfordert dies die Zustimmung beider Versorgungsträger.[160]

Durch das Zustimmungserfordernis sollen Manipulationen zulasten der Sicherungssysteme verhindert werden. Nicht unter § 8 Abs. 2 VersAusglG fällt der vereinbarte Ausschluss des Versorgungsausgleichs, hierzu bedarf es also keiner Zustimmung des Versorgungsträgers.

6.   Regelungsmöglichkeiten zum Versorgungsausgleich

a)   Vollständiger Ausschluss des Versorgungsausgleichs

810   Er kommt z.B. in folgenden Fällen in Betracht:

- ■ Eheschließung im fortgeschrittenen Alter, z.B. jenseits der Fünfzig (beide Ehegatten verfügen bereits über Versorgungsanrechte);
- ■ bei Ehegatten, die beide berufstätig sind und keine Kinder haben werden.

811   *Muster für einen Vertrag über den vollständigen Ausschluss des Versorgungsausgleichs:*

(Protokolleingang)

Die Erschienenen erklärten:

Wir schließen folgenden Ehevertrag über den Ausschluss des Versorgungsausgleichs:

Wir haben am 20.5.2009 vor dem Standesbeamten in Jülich die Ehe geschlossen. Der Ehemann ist 55 Jahre alt, die Ehefrau 53 Jahre. Jeder von uns war bereits einmal verheiratet. Die jeweiligen Kinder aus erster Ehe sind volljährig und haben bereits eine eigene Familie.

Wir sind beide ganztags berufstätig.

Wir schließen hiermit den Versorgungsausgleich vollständig und für die gesamte Ehezeit aus.

Der Notar hat uns über die Bedeutung und Tragweite dieses Ausschlusses belehrt. Er hat insbesondere darauf hingewiesen, dass

- ■ bei einem Ausschluss des Versorgungsausgleichs die in der Ehezeit erworbenen Anwartschaften auf Versorgung und Ansprüche auf laufende Versorgung im Scheidungsfall zwischen uns nicht ausgeglichen werden und jeder Ehegatte für seine eigene Altersversorgung sorgen muss,
- ■ die Ausschlussvereinbarung einer Wirksamkeits- und Ausübungskontrolle nach § 8 VersAusglG und der hierzu ergangenen Rechtsprechung unterliegt. Ehevertragliche Vereinbarungen können unwirksam oder unanwendbar sein, wenn sie zu einer evident einseitigen Lastenverteilung führen und sich ein Ehepartner bei Vertragsabschluss in einer erheblichen schwächeren Verhandlungsposition befand. Sie können ferner bei einer gewichtigen Änderung der Ehekonstellation nachträglich einer gerichtlichen Ausübungskontrolle unterliegen.

---

160 *Brambring*, NotBZ 2009, 429, 432.

b) Teilweiser Ausschluss des Versorgungsausgleichs

812

Muster:

(Protokolleingang)

Wir sind Angestellte und haben beide Anwartschaften in der gesetzlichen Rentenversicherung erworben. Wir vereinbaren, dass alle Anwartschaften auf Versorgung und Ansprüche auf laufende Versorgungen, die außerhalb der gesetzlichen Rentenversicherung in der Ehezeit erworben worden sind und noch erworben werden sollten, insbesondere alle Ansprüche aus der betrieblichen Altersversorgung und aus der privaten Alters- und Invaliditätsvorsorge, nicht nach dem VersAusglG auszugleichen sind. Insoweit schließen wir den Versorgungsausgleich aus.

Nach früherem Recht konnte der Teilausschluss des Versorgungsausgleichs rechtlich problematisch sein, und zwar unter dem Aspekt des Verbots des sog. Super-Splittings. Danach durften Vereinbarungen zum Versorgungsausgleich nicht dazu führen, dass mehr Rentenanwartschaften (aus der gesetzlichen Rentenversicherung) zu übertragen waren als dies ohne eine solche Vereinbarung nach dem Gesetz zu geschehen hatte. Das neue Recht lässt hingegen den Teilausschluss des Versorgungsausgleichs in § 6 Abs. 1 S. 2 VersAusglG ausdrücklich zu. Das Verbot des Super-Splittings ist daher als Folge der neuen Halbteilung jedes Einzelrechts weggefallen. Unzulässig ist es hingegen zu vereinbaren, ein einzelnes Anrecht mehr als hälftig zu übertragen, also z.B. zu vereinbaren, dass die Ausgleichsquote 75 % statt 50 % betragen solle.

c) Ausschluss für bestimmte Ehezeiten
Hierunter fallen z.B. Vereinbarungen über:

813

- den Ausschluss des Versorgungsausgleichs für den Zeitraum des Getrenntlebens,
- die Beschränkung des Versorgungsausgleichs auf die Zeiten der Kindesbetreuung.

d) Einseitiger Ausschluss des Versorgungsausgleichs
Er kommt z.B. in folgenden Fällen in Betracht:

814

Nur ein Ehegatte, nämlich der als Arbeitnehmer berufstätige, verfügt über im Rahmen des Versorgungsausgleichs auszugleichende Anrechte. Der andere beruflich selbstständige Ehegatte hat seine gesamte Altersversorgung auf Kapitallebensversicherungen aufgebaut, die nur im Rahmen des Zugewinns zu berücksichtigen sind. Vereinbaren die Ehegatten bei einer solchen Konstellation Gütertrennung oder schließen den Zugewinn im Scheidungsfalle aus, so läuft der Arbeitnehmer-Ehegatte Gefahr, bei einer Scheidung die Hälfte seiner Versorgungsanrechte an den Ehepartner zu verlieren, ohne hierfür einen Ausgleich zu erhalten. Hier bietet sich ein einseitiger Verzicht des anderen Ehegatten auf den Versorgungsausgleich an.

e) Aufschiebend bedingter oder mit Rücktrittsvorbehalt vereinbarter Versorgungsausgleich
Wollen junge, beiderseits berufstätige Ehegatten den Versorgungsausgleich ausschließen, so ist zu bedenken, dass die Geburt eines gemeinsamen Kindes die beruflichen Pläne und damit auch den Aufbau einer eigenen Altersversorgung erheblich beeinflussen und beeinträchtigen kann. Hier kommt z.B. in Betracht, die Geburt des ersten gemeinsamen Kindes als auflösende Bedingung für den Ausschluss des Versorgungsausgleichs oder als Rücktrittsgrund zu vereinbaren.

815

X. Scheidungsfolgenvereinbarungen

In einer Scheidungsfolgenvereinbarung treffen Ehegatten Regelungen im Hinblick auf eine bereits beabsichtigte Scheidung. Auch Eheverträge enthalten nicht selten Vereinbarungen über die vermögensmäßigen Folgen einer Scheidung. Während bei der Scheidungsfolgenvereinbarung die Scheidung konkret in Aussicht genommen ist, weil die Ehe der Vertragsbeteiligten gescheitert ist oder vermutlich scheitern

816

wird, ist dies bei Abschluss eines Ehevertrages regelmäßig nicht der Fall. Soweit dieser scheidungsbezogene Vereinbarungen vorsieht, werden sie nicht aus Anlass einer bevorstehenden Scheidung, sondern lediglich vorsorglich getroffen.

817   Die Scheidungsfolgenvereinbarung hat ihre hauptsächliche Bedeutung im Bereich der einverständlichen Scheidung nach einjährigem Getrenntleben. Nach dieser Trennungszeit kann eine Ehe geschieden werden, wenn beide Ehegatten die Scheidung beantragen oder einer von ihnen den Scheidungsantrag stellt und der andere ihm zustimmt (§§ 1565, 1566 BGB). Bis zum 31.8.2008 war nach § 630 ZPO prozessuale Voraussetzung für eine derartige Scheidung, dass die Eheleute sich zuvor über den Geschiedenenunterhalt, den Kindesunterhalt und die Rechtsverhältnisse an Ehewohnung und Hausrat einigten und gegenüber dem Familiengericht übereinstimmende Erklärungen oder Anträge zur elterlichen Sorge und zum Umgangsrecht abgaben. Über den Unterhalt und die Rechtsverhältnisse an Ehewohnung und Hausrat mussten die Eheleute, wollten sie nach einem Jahr Getrenntleben geschieden werden, zudem grundsätzlich einen vollstreckbaren Titel herbeiführen (§ 630 Abs. 3 ZPO). Durch das am 1.9.2009 in Kraft getretene FamFG ist § 630 ZPO aufgehoben worden. Die darin enthaltenen Voraussetzungen für eine einvernehmliche Scheidung sind damit entfallen. Stattdessen fordert § 133 FamFG nur noch, dass die Antragsschrift im Scheidungsverfahren die Erklärung enthalten müsse, *ob* die Ehegatten eine Regelung über die vorgenannten Rechtsmaterien getroffen haben. Eine Einigung hierüber ist also nicht mehr Scheidungsvoraussetzung. Gleichwohl hat die Scheidungsfolgenvereinbarung ihre Bedeutung behalten und ist nach wie vor zweckmäßig und empfehlenswert. Nach wie vor ist nämlich über die Scheidung und die Folgesachen wie z.B. Unterhalt, Versorgungsausgleich, Güterrecht und Hausrat zusammen in einem Verbund zu entscheiden, wenn ein Ehegatte dies beantragt (§ 137 FamFG). Eine Scheidungsfolgenvereinbarung, in der diese Bereiche einvernehmlich geregelt werden, erleichtert und beschleunigt daher eine beiderseitig gewünschte Scheidung.

818   Sie trägt darüber hinaus zur Rechtssicherheit bei und ist als gütliche Einigung einer prozessualen Auseinandersetzung vorzuziehen.

Gegenstand einer Scheidungsfolgenvereinbarung könnten sein:

- Regelungen zum Güterstand,
- Versorgungsausgleich,
- Unterhalt der Ehegatten,
- Unterhalt der Kinder,
- Regelung der elterlichen Sorge und des Umgangsrechts,
- Wohnung und Hausrat,
- Übertragung von Miteigentum bei gemeinschaftlichem Grundbesitz,
- sonstiges Vermögen,
- Zuordnung von Verbindlichkeiten,
- Aufhebung von gemeinschaftlichen Testamenten oder Erbverträgen,
- wechselseitige Erb- und/oder Pflichtteilsverzichte.

1.   Vereinbarungen zum Güterstand

819   Mit Scheidung der Ehe endet der Güterstand. Die güterrechtlichen Folgen einer Scheidung richten sich nach dem jeweiligen Güterstand, in dem die Ehegatten gelebt haben.

a) Im gesetzlichen Güterstand der Zugewinngemeinschaft entsteht mit Rechtskraft des Scheidungsurteils der Anspruch auf Ausgleich des Zugewinns (§ 1378 Abs. 3 S. 1 BGB). Demjenigen Ehegatten, dessen Zugewinn geringer ist als der des anderen, steht die Hälfte des Überschusses als Ausgleichsforderung zu (§ 1378 Abs. 1 BGB).
Die Ehegatten können gemäß § 1378 Abs. 3 S. 2 BGB während eines Scheidungsverfahrens für den Fall der Auflösung der Ehe eine Vereinbarung über den Ausgleich des Zugewinns treffen, die der notariellen Beurkundung bedarf. Entgegen dem Wortlaut der Vorschrift sind derartige Vereinbarungen nach der Rechtsprechung des Bundesgerichtshofes auch *vor* Anhängigkeit des Scheidungsverfahrens zulässig. Daneben können die Ehegatten auch bei bestehender Scheidungsabsicht wie in einem vor-

sorgenden Ehevertrag gemäß § 1408 Abs. 1 BGB güterrechtliche Regelungen treffen, insbesondere den gesetzlichen Güterstand aufheben und Gütertrennung vereinbaren sowie im Zusammenhang hiermit den etwaigen Ausgleich des bis dahin entstandenen Zugewinns regeln.

Hinsichtlich der Ausgleichsforderung kann die Vereinbarung z.B. Folgendes zum Inhalt haben:

- Verzicht auf den Ausgleich,
- einvernehmliche Festlegung der Höhe der Ausgleichsforderung,
- Vereinbarung der Zahlung in Teilbeträgen,
- Erfüllung der Ausgleichsforderung nicht durch Geldzahlung, sondern durch Übertragung von Vermögenswerten, z.B. von Grundbesitz.

b) Leben die Ehegatten im Güterstand der Gütergemeinschaft, so haben sie sich nach dessen Beendigung über das Gesamtgut auseinanderzusetzen (§ 1471 BGB). Entschließen sie sich zu einer Scheidungsfolgevereinbarung, so werden sie häufig ihren Güterstand durch Vereinbarung der Gütertrennung beenden und einen Auseinandersetzungsvertrag schließen, der Bestandteil ihrer Scheidungsfolgenvereinbarung ist. Der Auseinandersetzungsvertrag regelt insbesondere die Übertragung der zum Gesamtgut gehörenden und im Gesamthandseigentum befindlichen Gegenstände in das Alleineigentum oder Bruchteilseigentum der Ehegatten. Bei Grundstücken ist hierzu die Auflassung (§ 925 BGB) erforderlich.

c) Hatten die Ehegatten für ihre Ehe den Güterstand der Gütertrennung gewählt, so werden sie hieran regelmäßig bei bevorstehender Scheidung nichts ändern. Da bei diesem Güterstand keine güterrechtlichen Beziehungen zwischen den Ehegatten bestehen, insbesondere auch kein Zugewinn auszugleichen ist, besteht aus Anlass einer Scheidung hier auch kein Bedarf für besondere güterrechtliche Vereinbarungen. Dies gilt jedoch nicht für die übrigen Scheidungsfolgen, die auch im Güterstand der Gütertrennung zweckmäßigerweise einvernehmlich geregelt werden sollten.

2. Vereinbarungen zum Versorgungsausgleich

Die Ehegatten können gemäß § 6 VersAusglG Vereinbarungen über den Versorgungsausgleich schließen. Die Vereinbarung bedarf, wenn sie vor Rechtskraft der gerichtlichen Versorgungsausgleichsentscheidung getroffen wird, der notariellen Beurkundung (§ 7 VersAusglG). **820**

Nach bisherigem Recht (§ 1587o BGB a.F.) war zu Vereinbarungen über den Versorgungsausgleich, die in einem Scheidungsfolgenvertrag geschlossen wurden, die Genehmigung des Familiengerichts erforderlich. Dieser Genehmigungszwang ist seit dem 1.9.2009, dem Inkrafttreten des Gesetzes über die Strukturreform des Versorgungsausgleichs, weggefallen. Ebenfalls weggefallen ist die bisherige einjährige Sperrfrist (§ 1408 Abs. 2 BGB a.F.).

Die Vereinbarungen müssen jedoch der Inhalts- und Ausübungskontrolle standhalten (vgl. Rdn 807 f.). Bezüglich der verschiedenen Regelungsmöglichkeiten zum Versorgungsausgleich wird auf die Ausführungen (siehe oben Rdn 810 ff.) verwiesen.

3. Vereinbarungen über den Ehegattenunterhalt

Das Gesetz unterscheidet den Unterhalt bei Getrenntleben und den Unterhalt nach Scheidung der Ehe. **821**

a) Unterhalt bei Getrenntleben

Leben die Ehegatten getrennt, so kann ein Ehegatte von dem anderen gemäß § 1361 BGB den nach den Lebensverhältnissen und den Erwerbs- und Vermögensverhältnissen der Ehegatten angemessenen Unterhalt verlangen. Vereinbarungen über den Trennungsunterhalt sind nicht unzulässig, unterliegen jedoch wegen § 1614 Abs. 1 BGB einschränkenden Voraussetzungen. Nach dieser Vorschrift kann auf künftigen Unterhalt nicht, auch nicht teilweise, verzichtet werden. Das Verbot gilt auch für die Zeit des Getrenntlebens der Ehegatten, und zwar selbst dann, wenn der Scheidungsantrag bereits gestellt sein sollte. Zwar können Eheleute Abreden über die Ausgestaltung des Trennungsunterhalts treffen, etwa über Art und – in Grenzen – Höhe des Unterhalts; ein Verzicht oder Teilverzicht auf Unterhalt darf jedoch hiermit nicht **822** verbunden sein.[161] Eine gegen § 1614 BGB verstoßende Unterhaltsvereinbarung ist gemäß § 134 BGB nichtig. Das gilt auch für eine Vereinbarung, durch die der unterhaltsberechtigte Ehegatte zwar nicht auf künftigen Trennungsunterhalt verzichtet, jedoch die Verpflichtung eingeht oder das Versprechen abgibt, keinen Trennungsunterhalt geltend zu machen. Denn hierbei handelt sich um ein unzulässiges und damit unwirksames Umgehungsgeschäft.[162]

b) Unterhalt für die Zeit nach der Scheidung

823 Kann ein Ehegatte nach der Scheidung nicht selbst für seinen Unterhalt sorgen, so hat er gegen den anderen Ehegatten gemäß § 1569 BGB Anspruch auf Unterhalt, sofern der andere Ehegatte hierzu ohne Gefährdung des eigenen Unterhaltes in der Lage ist und einer der folgenden Unterhaltstatbestände vorliegt:

824
- Unterhalt wegen Betreuung eines gemeinschaftlichen Kindes (§ 1570 BGB),
- Unterhalt wegen Alters (§ 1571 BGB),
- Unterhalt wegen Krankheit oder Gebrechen (§ 1572 BGB),
- Unterhalt wegen Erwerbslosigkeit (§ 1573 Abs. 1 BGB),
- Aufstockungsunterhalt (§ 1573 Abs. 2 BGB),
- Unterhalt zur Ausbildung, Fortbildung und Umschulung (§ 1575 BGB),
- Unterhalt aus Billigkeitsgründen (§ 1576 BGB).

825 Das am 1.1.2008 in Kraft getretene Unterhaltsrechtsänderungsgesetz betont nunmehr den Grundsatz der Eigenverantwortung, wenn es in § 1569 BGB bestimmt: „Nach der Scheidung obliegt es jedem Ehegatten, selbst für seinen Unterhalt zu sorgen." Nur wenn er dazu nicht in der Lage ist, kann er bei Vorliegen der gesetzlichen Voraussetzungen nachehelichen Unterhalt von seinem geschiedenen Ehegatten verlangen.

Sind die Voraussetzungen des Anspruchs auf Geschiedenenunterhalt erfüllt, so richtet sich dessen Höhe grundsätzlich nach den ehelichen Lebensverhältnissen (§ 1578 Abs. 1 BGB). In der Praxis wird die Höhe des Unterhalts mit Hilfe von Unterhaltstabellen ermittelt, von denen die „Düsseldorfer Tabelle" die bekannteste ist.

In der gerichtlichen Praxis spielt der Unterhaltstatbestand des § 1570 BGB (Unterhalt wegen der Betreuung eines gemeinsamen Kindes) eine besonders wichtige Rolle. Nach der bis zum 31.12.2007 geltenden Fassung des § 1570 BGB konnte ein Ehegatte von dem anderen Unterhalt verlangen, solange und soweit von ihm wegen der Pflege oder Erziehung eines gemeinschaftlichen Kindes eine Erwerbstätigkeit nicht erwartet werden konnte. Dabei folgten die Gerichte regelmäßig einem sog. Altersphasenmodell. Hiernach konnte von dem betreuenden Elternteil bis zu einem bestimmten Alter des Kindes keinerlei Erwerbstätigkeit (bei Kindern unter 8 Jahren), ab Vollendung des 15. Lebensjahres des Kindes eine Vollzeitbeschäftigung und bei Kindern zwischen 8 und 14 Jahren allenfalls eine Teilzeitbeschäftigung verlangt werden. Nach der am 1.1.2008 in Kraft getretenen Neufassung des § 1570 BGB kann dieses Altersphasenmodell nicht mehr angewendet werden. Vielmehr unterscheidet § 1570 BGB n.F. wie folgt:

826
- Stufe 1: Zeitlicher Basisunterhalt
  Bis zur Vollendung des 3. Lebensjahres des Kindes ist dem betreuenden Elternteil keine Erwerbstätigkeit zuzumuten. Bis zu diesem Zeitpunkt steht ihm daher auf jeden Fall Betreuungsunterhalt zu, sofern auch die allgemeinen sonstigen Unterhaltsvoraussetzungen vorliegen.
- Stufe 2: Verlängerung aus kindbezogenen Gründen
  Die Dauer des Unterhaltsanspruchs verlängert sich über diesen Zeitraum hinweg, solange und soweit dies der Billigkeit entspricht. Dabei sind die Belange des Kindes (z.B. Krankheit, Schulschwierigkeiten) und die bestehenden Möglichkeiten der Kindesbetreuung (z.B. Kindergarten, Hort) zu berücksichtigen.

---

161 Hierzu BGH DNotZ 2016,59; OLG Hamm RNotZ 2001, 49.
162 BGH DNotZ 2016, 59.

■ Stufe 3: Verlängerung aus elternbezogenen Gründen
Die Dauer des Unterhaltsanspruchs verlängert sich weiter und über die Stufen 1 und 2 hinaus, wenn dies unter Berücksichtigung von Kindesbetreuung und Erwerbstätigkeit in der Ehe sowie der Dauer der Ehe der Billigkeit entspricht.

Die Ehegatten können gemäß § 1585c BGB Vereinbarungen über die Unterhaltspflicht für die Zeit nach der Scheidung treffen. Die Verzichtssperre des § 1614 Abs. 1 BGB besteht hier nicht, sodass die Ehegatten auf nachehelichen Unterhalt verzichten können. Allerdings ist hierbei die Rechtsprechung des Bundesgerichtshofes zur Inhaltskontrolle von Eheverträgen zu beachten (vgl. hierzu den folgenden Text). Vereinbarungen über nachehelichen Unterhalt, die *vor* Rechtskraft der Scheidung getroffen werden, sind seit dem 1.1.2008 zudem nur wirksam, wenn sie notariell beurkundet werden (§ 1585c S. 2 BGB).

Muster: 827

Wir verzichten wechselseitig auf nachehelichen Unterhalt, auch für den Fall der Not, und nehmen diesen Verzicht wechselseitig an. Der Notar hat uns darauf hingewiesen, dass aufgrund des Unterhaltsverzichts jeder von uns nach der Scheidung selbst für seinen Unterhalt Sorge tragen muss und den geschiedenen Ehepartner hierfür nicht mehr in Anspruch nehmen kann.

Der Verzicht eines Ehegatten, der minderjährige Kinder zu betreuen hat, auf nachehelichen Unterhalt ist   828
kritisch zu beurteilen, sofern nicht aufgrund sonstiger Umstände eine Benachteiligung des Verzichtenden ausgeschlossen werden kann.[163] Nach einer grundlegenden Entscheidung des BGH aus dem Jahre 2004 zur Inhaltskontrolle von Eheverträgen gehört der Unterhalt eines geschiedenen Ehegatten wegen Betreuung eines gemeinsamen Kindes (§ 1570 BGB) zum Kernbereich des Scheidungsfolgenrechts.[164] Danach unterliegt der Betreuungsunterhalt schon wegen seiner Ausrichtung am Kindesinteresse nicht der freien Disposition der Ehegatten. In einer Rangabstufung, die der BGH entsprechend der Bedeutung der verschiedenen Unterhaltstatbestände vornimmt und bei der der jeweils nachrangige Unterhaltstatbestand einen größeren Vereinbarungsspielraum gewährt, folgen auf den Betreuungsunterhalt der Krankheitsunterhalt (§ 1572 BGB) und der Unterhalt wegen Alters (§ 1571 BGB), die ebenfalls noch zum Kernbereich des Scheidungsfolgenrechts gehören, sodann der Unterhalt wegen Erwerbslosigkeit (§ 1573 BGB), danach Krankenvorsorge- und Altersvorsorgeunterhalt (§ 1578 Abs. 2, 3 BGB) und schließlich und als am ehesten verzichtbar die Ansprüche auf Aufstockungs- und Ausbildungsunterhalt (§§ 1573 Abs. 2, 1575 BGB). Auf derselben Stufe wie der Altersunterhalt rangiert der Versorgungsausgleich, der jedoch nach Ansicht des BGH jedenfalls bei deutlich gehobenen Vermögensverhältnissen eine weitergehende Dispositionsbefugnis rechtfertigen soll.[165] Erforderlich ist immer eine Gesamtschau und Gesamtwürdigung aller getroffenen Vereinbarungen, der Gründe und Umstände ihres Zustandekommens sowie der ehelichen Einkommens- und Vermögensverhältnisse und des Zuschnitts der jeweiligen Ehe. Je stärker die getroffenen Vereinbarungen zum Nachteil eines Ehegatten in den Kernbereich des Scheidungsfolgenrechts eingreifen, ohne dass diese Nachteile durch anderweitige Vorteile gemildert oder durch sonstige gewichtige Belange gerechtfertigt werden, desto größer ist die Gefahr, dass die getroffenen Vereinbarungen keinen rechtlichen Bestand haben.

Auch wenn danach ehevertragliche Ausschlussvereinbarungen einer Wirksamkeitskontrolle nach § 138   829
Abs. 1 BGB standhalten sollten, ist sodann im Rahmen einer richterlichen Ausübungskontrolle zu prüfen, ob und inwieweit es einem Ehegatten gleichwohl nach Treu und Glauben (§ 242 BGB) verwehrt ist, sich auf eine ihn begünstigende Regelung wie z.B. den Verzicht auf nachehelichen Unterhalt zu berufen (vgl. hierzu Rdn 807 f.).[166]

---

163 BVerfG NJW 2001, 957.
164 BGH NJW 2004, 930 und seitdem ständige Rechtsprechung, vgl. z.B. BGH NJW 2013, 380.
165 BGH NJW 2004, 930, 934.
166 BGH NJW 2004, 930; BGH NJW 2013, 380.

Unterhaltsvereinbarungen können zum Gegenstand haben:

830

- die Höhe des Unterhalts,
- die Dauer der Unterhaltsverpflichtung (insbesondere die zeitliche Beschränkung),
- den Ausschluss und die Aufrechterhaltung einzelner Unterhaltstatbestände, etwa die Beibehaltung des Unterhalts für den Fall der Not,
- den Umfang der Anrechnung von Einkünften,
- die Leistung von Sachwerten anstelle von regelmäßig wiederkehrenden Unterhaltsleistungen.

4. Vereinbarungen über den Kindesunterhalt

831   Eltern sind gegenüber ihren Kindern unterhaltspflichtig (§ 1601 BGB). Das Gesetz unterscheidet zwischen Barunterhalt und Naturalunterhalt. Derjenige Elternteil, der das Kind betreut, erfüllt seine Unterhaltsverpflichtung in der Regel durch die Pflege und Erziehung des Kindes (§ 1606 Abs. 3 BGB), während der andere Elternteil Unterhalt in Form einer Geldrente (Barunterhalt) zu leisten hat.

Für den Kindesunterhalt gilt die Verzichtssperre des § 1614 BGB, sodass auf Kindesunterhalt nicht mit Wirkung gegen das Kind verzichtet werden kann. Zwar ist eine Vereinbarung möglich, mit der ein Elternteil den anderen von Unterhaltsansprüchen des Kindes freistellt, sofern sie sich in den vom BVerfG gezogenen Grenzen bewegt (keine Freistellung des nicht betreuenden Elternteils vom Kindesunterhalt durch den Betreuenden, wenn der betreuende Elternteil über keine angemessenen finanziellen Mittel verfügt).[167] Eine solche Abrede wirkt jedoch nur im Innenverhältnis zwischen den Eltern, nicht aber zu Lasten des Kindes, dem es unbenommen bleibt, den freigestellten Elternteil auf Unterhalt in Anspruch zu nehmen.

832   Die Ehegatten können den Umfang des gesetzlichen Unterhaltsanspruchs ihres Kindes zwar nicht mindern, wohl aber vereinbaren, dass dem Kind ein höherer als der nach dem Gesetz geschuldete Unterhalt zustehen soll und diese Höhe sodann festlegen. Auch können sie Abreden im Bereich des Kindergeldes treffen, da das staatliche Kindergeld nicht den Kindern, sondern den Eltern zusteht.

Der Kindesunterhalt kann als statischer Unterhalt in Form eines monatlichen Festbetrages vereinbart werden, der bei einer Änderung der Verhältnisse (Alter des Kindes; Änderung der Tabellensätze der Düsseldorfer Tabelle) jeweils neu angepasst werden muss. Er kann jedoch gemäß § 1612a BGB stattdessen auch als dynamischer Unterhalt verlangt und vereinbart werden. In diesem Fall wird der geschuldete Unterhalt in Form eines Prozentsatzes des gesetzlichen Mindestunterhalts formuliert und im Vollstreckungstitel ausgewiesen. Die Richtsätze der Einkommensstufe 1 der Düsseldorfer Tabelle entsprechen dabei jeweils 100 % des Mindestunterhalts. Ein derart vereinbarter Kindesunterhalt ermöglicht auch eine entsprechende Vollstreckungsunterwerfung in notarieller Urkunde und damit einen dynamischen Vollstreckungstitel. Damit erübrigen sich dann spätere neue Titulierungen.

833   *Muster:*

Der Ehemann M verpflichtet sich, für das gemeinsame achtjährige Kind B zu Händen der Ehefrau Kindesunterhalt in Höhe von 120 % des Mindestunterhalts gemäß § 1612a BGB in der jeweils geltenden Altersstufe zu zahlen, abzüglich des hälftigen auf das Kind entfallenden Kindergeldes. Danach beträgt der monatliche Kindesunterhalt für das Kind B auf der Grundlage der Düsseldorfer Tabelle (Stand 1.1.2021) derzeit 542 EUR, abzüglich 109,50 EUR Kindergeldanteil, somit 432,50 EUR. Das Kind soll durch die vorstehende Vereinbarung einen eigenen Anspruch im Sinne eines echten Vertrages zugunsten Dritter erhalten.

Wegen der vorstehenden Verpflichtung zur Zahlung des dynamischen Kindesunterhalts – derzeit in der bezifferten Höhe von 432,50 EUR monatlich – unterwirft sich der Ehemann gegenüber seinem Kind B der sofortigen Zwangsvollstreckung aus dieser Urkunde in sein gesamtes Vermögen. Der Notar wird ermächtigt, dem Kind zu Händen der Ehefrau jederzeit ohne weitere Nachweise vollstreckbare Ausfertigungen dieser Urkunde erteilen.

---

167 BVerfG NJW 2001, 957.

Die Eltern können bei Abschluss der Unterhaltsvereinbarung ihr Kind wegen §§ 1629 Abs. 2, 1795 Abs. 1 Nr. 1 BGB nicht vertreten. Hierzu bedürfte es der Bestellung eines Ergänzungspflegers. Zur Vermeidung der Pflegerbestellung wird daher die Vereinbarung üblicherweise zwischen den Ehegatten selbst zugunsten des Kindes als echter Vertrag zugunsten Dritter (§ 328 BGB) geschlossen, durch den das Kind einen eigenen vollstreckbaren Unterhaltsanspruch erhält.

5. Vereinbarungen über die elterliche Sorge und das Umgangsrecht

Nach früherem Recht hatte das Familiengericht im Scheidungsverfahren von Amts wegen darüber zu ent- **834** scheiden, wem die elterliche Sorge zu übertragen war. Als Voraussetzung für eine einverständliche Scheidung hatten die Ehegatten dem Gericht einen übereinstimmenden Vorschlag zur Regelung der elterlichen Sorge zu unterbreiten. Das am 1.7.1998 in Kraft getretene Kindschaftsrechtsreformgesetz hat auch insoweit zu einschneidenden Änderungen geführt. Danach behalten die Eltern auch nach Trennung und Scheidung die gemeinsame elterliche Sorge, ohne dass hierfür ein Antrag und eine gerichtliche Entscheidung erforderlich sind. Jeder Elternteil kann jedoch gemäß § 1671 BGB beantragen, dass ihm das Familiengericht die elterliche Sorge oder einen Teil der elterlichen Sorge allein überträgt. Dem Antrag ist stattzugeben, wenn der andere Elternteil zustimmt (und ein bereits 14 Jahre altes Kind der Übertragung nicht widerspricht) oder zu erwarten ist, dass die Aufhebung der gemeinsamen Sorge und die Übertragung auf einen Elternteil dem Wohl des Kindes am besten entsprechen.

Möglich ist nunmehr auch, dass nur ein Teil der elterlichen Sorge (z.B. das Aufenthaltsbestimmungs- und Erziehungsrecht) einem Elternteil allein übertragen wird (partielle Alleinsorge), während sie im Übrigen bei beiden Eltern gemeinsam verbleibt.

Für die Scheidungsfolgenvereinbarung bedeutet dies Folgendes:

Soll die elterliche Sorge auch nach der Scheidung beiden Eltern gemeinsam zustehen (nunmehr gesetzlicher Regelfall), empfiehlt sich die Aufnahme einer entsprechenden Bestimmung in den Vertrag, auch wenn diese nur klarstellenden Charakter haben sollte.

Muster: **835**

Hinsichtlich der elterlichen Sorge für das gemeinsame Kind Maximilian soll es bei der gesetzlichen Regelung verbleiben. Die elterliche Sorge soll daher auch künftig ungeachtet einer Trennung und Scheidung beiden Eltern gemeinsam zustehen. Abweichende Sorgerechtsanträge werden die Vertragsbeteiligten nicht stellen.

Soll die elterliche Sorge einem Elternteil allein übertragen werden, so könnte in der Scheidungsfolgen- **836** vereinbarung etwa wie folgt formuliert werden:

Muster:

Die elterliche Sorge für das gemeinsame Kind Maximilian soll der Mutter übertragen werden. Diese wird in dem Scheidungsverfahren einen entsprechenden Sorgerechtsantrag stellen. Der Kindesvater und Ehemann stimmt diesem Antrag bereits jetzt zu. Er verpflichtet sich, diese Zustimmung im Scheidungsverfahren erforderlichenfalls erneut zu erklären.

In beiden Fällen, also sowohl für den Fall des Fortbestands der gemeinsamen elterlichen Sorge als auch für den Fall ihrer – vollständigen oder teilweisen – Übertragung auf einen Elternteil, können die Ehegatten Vereinbarungen zur näheren Ausgestaltung der elterlichen Sorge und des Umgangsrechtes treffen.

Soll die elterliche Sorge einem Elternteil allein übertragen werden, behält der andere Elternteil das Recht zum Umgang mit dem gemeinsamen Kind (§ 1684 BGB), dessen Einzelheiten die Ehegatten vertraglich regeln können.

837   *Muster:*

> Der Vater ist berechtigt, den gemeinsamen Sohn Thomas an jedem zweiten Wochenende des Monats in der Zeit von Freitag 17.00 Uhr bis Sonntag 18.00 Uhr bei sich zu haben. Der Vater holt das Kind jeweils in der Wohnung der Mutter ab und bringt es dorthin zurück. Der Vater ist ferner berechtigt, jeweils in den Sommerferien einen dreiwöchigen Urlaub mit dem Kind zu verbringen.

Soll die elterliche Sorge nach der Scheidung beiden Eltern gemeinsam zustehen, besteht ebenfalls Regelungsbedarf. So ist etwa zu klären, bei welchem Elternteil das Kind wohnen soll und wie das Umgangsrecht des anderen Elternteils ausgeübt werden soll (vgl. hierzu § 5 des folgenden Musters einer Scheidungsfolgenvereinbarung, nachstehende Ziffer 12, siehe Rdn 846).

6. Vereinbarungen über Ehewohnung und Hausrat

838   Können sich die Ehegatten anlässlich der Scheidung nicht darüber einigen, wer von ihnen die Ehewohnung künftig bewohnen und wer die Wohnungseinrichtung und den sonstigen Hausrat erhalten soll, so regelte früher gemäß § 1 der Hausratsverordnung der Richter auf Antrag die Rechtsverhältnisse an Wohnung und Hausrat. Die Hausratsverordnung ist mit Wirkung zum 1.9.2009 gesetzlich aufgehoben worden. Stattdessen ist diese Rechtsmaterie in das BGB übernommen worden, und zwar in die §§ 1568a und 1568 b BGB. Danach kann z.B. ein Ehegatte verlangen, dass ihm der Ehepartner anlässlich der Scheidung die gemietete Ehewohnung überlässt, wenn er auf deren Nutzung in stärkerem Maße angewiesen ist als der andere Ehegatte oder dies der Billigkeit entspricht. Der Ehegatte, dem die Ehewohnung nach § 1568a Abs. 1 BGB überlassen wurde, tritt an Stelle des anderen Ehegatten in das Mietverhältnis ein oder setzt dieses alleine fort (§ 1568a Abs. 2 BGB), und zwar ab dem Zeitpunkt, an dem die Mitteilung der Ehegatten über die Überlassung dem Vermieter zugegangen ist. Ganz entsprechend kann ein Ehegatte gemäß § 1568b BGB verlangen, dass sein Ehepartner ihm anlässlich der Scheidung die im gemeinsamen Eigentum stehenden Haushaltsgegenstände gegen angemessene Ausgleichszahlung überlässt und übereignet, wenn er auf deren Nutzung in stärkerem Maße angewiesen ist als der andere Ehegatte oder dies der Billigkeit entspricht.

Da es durchaus zweifelhaft sein kann, ob derartige Ansprüche im Einzelfall tatsächlich bestehen, empfiehlt sich eine gütliche Regelung hierüber.

839   *Muster:*

> Wir sind gemeinsame Mieter der bisherigen Ehewohnung in Düren, Kaiserstraße 5. Der Ehemann ist aus dieser Wohnung ausgezogen. Er scheidet mit Beginn des nächsten Monats aus dem Mietverhältnis aus, das von der Ehefrau alleine fortgesetzt wird. Uns ist bekannt, dass diese Vereinbarung gegenüber dem Vermieter nur dann wirkt, wenn dieser ihr zustimmt. Der Vermieter hat die Zustimmung bereits schriftlich erteilt.
>
> Den Hausrat haben wir bereits zwischen uns aufgeteilt. Wir stellen fest und vereinbaren, dass jeder von uns Alleineigentümer derjenigen Hausratsgegenstände ist, die sich in seinem jetzigen Besitz befinden. Wir sind uns über den Übergang des Eigentums einig.

7. Zuordnung von Verbindlichkeiten

840   Häufig bestehen bei Trennung der Ehegatten noch Verbindlichkeiten aus Darlehen, die von beiden Ehegatten oder einem von ihnen während der Ehezeit aufgenommen worden sind. Die Eheleute können im Zusammenhang mit der Scheidung Vereinbarungen über die künftige Zuordnung dieser Verbindlichkeiten treffen. Sie können vereinbaren, dass einer von ihnen die Darlehensschuld alleine übernimmt und der andere aus der Mithaft entlassen wird. Sie können sich auch über eine vorzeitige Tilgung des Darlehens einigen. Möglich ist ferner die Aufspaltung eines Darlehens in zwei getrennte Darlehen über jeweils die Hälfte der Verbindlichkeiten, für die jeder von ihnen sodann nur noch als Alleinschuldner und nicht als

Gesamtschuldner haftet. Dem Darlehensgläubiger gegenüber wirken derartige Vereinbarungen nur, wenn dieser hierzu seine Zustimmung erteilt.

Sind die Verbindlichkeiten durch Grundpfandrechte auf dem gemeinsamen Grundbesitz der Ehegatten gesichert und soll der Grundbesitz im Rahmen der Scheidungsfolgenvereinbarung auf einen der Ehegatten übertragen werden, so werden die Regelungen über die Zuordnung dieser Verbindlichkeiten in den Abschnitt über die Grundstücksübertragung aufgenommen (zur Schuldübernahme siehe Rdn 61 ff., 186, 1636 ff.).

8. Übertragung von Grundbesitz

Bei bestehendem Alleineigentum und insbesondere bei Miteigentum der Ehegatten an Grundbesitz wird vielfach vereinbart, dass einer von ihnen den Grundbesitz zu Alleineigentum übertragen erhält. Regelmäßig handelt es sich um denjenigen Ehepartner, der nach Auszug des anderen das bislang gemeinsam genutzte Haus allein oder mit den Kindern weiter bewohnt. Als Gegenleistung für die Übertragung übernimmt der Erwerber üblicherweise die auf dem Grundbesitz durch Grundpfandrechte gesicherten Verbindlichkeiten als alleiniger Schuldner. Zusätzlich verpflichtet er sich häufig, an den übertragenden Ehegatten eine Herauszahlung zu leisten. Ansonsten unterscheidet sich diese Übertragung meist nicht von anderen Grundstücksübertragungen.   **841**

9. Aufhebung von Verfügungen von Todes wegen, Erb- und Pflichtteilsverzicht

Getrennt lebende Ehegatten mit Scheidungsabsicht möchten zumeist nicht, dass ein Ehepartner den anderen trotz Trennung noch gesetzlich beerben oder den Pflichtteil geltend machen kann. Ihnen ist aber häufig unbekannt, dass nicht schon die Trennung, sondern erst die Scheidung oder, wenn der Todesfall vor Scheidung eintritt, der Scheidungsantrag, sofern die Voraussetzungen für die Scheidung der Ehe gegeben waren, das gesetzliche Erb- und Pflichtteilsrecht des überlebenden Ehegatten gegenüber dem Erstversterbenden beseitigt (§ 1933 BGB) und zum Wegfall einer letztwilligen Verfügung führt, in der der erstversterbende Ehegatte den Überlebenden bedacht hat (§ 2077 BGB).   **842**

Daher entspricht es in vielen Fällen dem Willen der Ehegatten, in der notariellen Scheidungsfolgenvereinbarung auch etwa bestehende gemeinschaftlich errichtete Testamente oder Erbverträge aufzuheben und wechselseitig auf das gesetzliche Erb- und/oder Pflichtteilsrecht zu verzichten.

10. Formbedürftigkeit der Vereinbarung

Zu ihrer Wirksamkeit bedürfen der notariellen Beurkundung die Vereinbarungen über den Güterstand (§ 1408 Abs. 1 BGB) und den Ausgleich des Zugewinns (§ 1378 Abs. 3 BGB), den Versorgungsausgleich (§ 7 VersAusglG), eine vor Rechtskraft der Scheidung getroffene Vereinbarung über den nachehelichen Unterhalt (§ 1585c S. 2 BGB), die Übertragung von Grundbesitz (§ 311b Abs. 1 BGB) sowie der Erb- und Pflichtteilsverzicht (§ 2346 BGB). Ebenfalls formbedürftig ist die Aufhebung eines gemeinschaftlichen Testamentes oder eines Erbvertrages der Ehegatten; einzuhalten ist hierbei entweder die für Erbverträge vorgeschriebene Form der notariellen Beurkundung (§§ 2290 Abs. 4, 2276 BGB) oder die für gemeinschaftliche Testamente angeordnete Form (§ 2292 BGB). Für sich genommen formfrei möglich sind bislang noch die Vereinbarungen über den Kindesunterhalt – nicht jedoch die diesbezügliche Vollstreckungsunterwerfung – sowie über den Hausrat und die eheliche Wohnung. Stehen diese Abreden jedoch – wie häufig – im Zusammenhang mit beurkundungspflichtigen Vereinbarungen etwa zum Güterrecht oder zur Grundstücksübertragung, so kann es fraglich sein, ob auch sie dem Beurkundungszwang unterliegen.[168] Es ist zumindest zweckmäßig, solche Vereinbarungen mit zu beurkunden.   **843**

---

168 Vgl. *Kanzleiter*, NJW 1997, 217.

11.　Scheidungsvorbehalt

844　Die Ehegatten schließen den Scheidungsfolgenvertrag regelmäßig vor dem Hintergrund einer konkret beabsichtigten Scheidung, die nicht selten bereits bei Gericht beantragt ist. Die Durchführung dieser Scheidung kann rechtsgeschäftliche Bedingung (§ 158 BGB) oder nur Anlass der Vereinbarung sein. Die Frage wird dann bedeutsam, wenn die Ehegatten nach Abschluss der Vereinbarung die Scheidung nicht weiter verfolgen und zum Beispiel den Scheidungsantrag zurücknehmen, weil sie sich wieder versöhnt oder aus anderen Gründen von einer Scheidung Abstand genommen haben. Wird dann, vielleicht Jahre später, erneut die Scheidung betrieben, so könnte der Fortbestand der damaligen Scheidungsvereinbarung möglicherweise in Zweifel gezogen werden. Um dies zu vermeiden, empfiehlt sich eine entsprechende Klarstellung in dem Vertrag.

845　*Muster:*

Wir leben getrennt und beabsichtigen, unsere Ehe scheiden zu lassen. Der Scheidungsantrag ist bereits gestellt. Die Scheidung ist jedoch nicht Bedingung unseres heutigen Vertrages. Die in dieser Urkunde enthaltenen Vereinbarungen treffen wir vielmehr unabhängig davon, ob und zu welchem Zeitpunkt unsere Ehe geschieden werden sollte.

12.　Muster einer Scheidungsfolgenvereinbarung

846　Verhandelt zu (…)

Die Erschienenen erklärten:

Wir sind beide deutsche Staatsangehörige.

Wir haben am (…) vor dem Standesbeamten in (…) die Ehe miteinander geschlossen. Wir leben getrennt und beabsichtigen, unsere Ehe scheiden zu lassen. Der Scheidungsantrag ist noch nicht bei Gericht gestellt.

Im Hinblick auf die Scheidung, jedoch nicht durch diese bedingt, treffen wir die folgenden Vereinbarungen:

§ 1 Güterstand, Ausgleich des Zugewinns

1. Wir haben bislang keinen Ehevertrag geschlossen, sodass für unsere Ehe der gesetzliche Güterstand der Zugewinngemeinschaft gilt. Wir heben mit sofortiger Wirkung den gesetzlichen Güterstand auf und vereinbaren den Güterstand der Gütertrennung gemäß § 1414 BGB.
   Über die damit verbundenen Rechtsfolgen hat uns der Notar belehrt.
   Jeder von uns ist in Zukunft frei von den Beschränkungen der §§ 1365 und 1369 BGB, kann also ohne Zustimmung des anderen Ehegatten über sein Vermögen – auch über sein Vermögen im Ganzen – oder über ihm gehörende Gegenstände des ehelichen Hausrats verfügen und sich zu solchen Verfügungen verpflichten. Die in § 1371 BGB vorgesehene Erhöhung des gesetzlichen Erbteils des Überlebenden von uns tritt nicht ein. Der künftig in unserer Ehe erzielte Zugewinn wird nicht ausgeglichen.
2. Der bis zum heutigen Tag entstandene Zugewinn wird wie folgt ausgeglichen:
   Der Ehemann verpflichtet sich, an die Ehefrau innerhalb von einem Monat ab dem heutigen Tag einen Betrag in Höhe von (…) EUR zinslos zu zahlen. Mit Zahlung dieses Betrages ist der Zugewinn vollständig ausgeglichen. Die Ehefrau verzichtet vorsorglich auf weitergehenden Zugewinnausgleich.
   Wegen der Verpflichtung zur Zahlung des Betrages von (…) EUR unterwirft sich der Ehemann der sofortigen Zwangsvollstreckung aus dieser Urkunde in sein gesamtes Vermögen. Vollstreckbare Ausfertigung kann ohne weitere Nachweise erteilt werden.

§ 2 Versorgungsausgleich

Der Versorgungsausgleich soll nach den gesetzlichen Bestimmungen durchgeführt werden.

§ 3 Ehegattenunterhalt

1. Der Ehemann verpflichtet sich, an die Ehefrau für die Zeit der Trennung bis zur Rechtskraft des Scheidungsurteils einen monatlichen Unterhaltsbetrag in Höhe von (…) EUR zu zahlen. Der Unterhalt ist monatlich im Voraus bis zum ersten Tag eines jeden Monats zu entrichten, erstmals am ersten Tag des folgenden Monats.
   Unterhaltsrückstände bestehen nicht. Der Notar hat drüber belehrt, dass auf künftigen Trennungsunterhalt nicht rechtswirksam verzichtet werden kann. Mit der vorstehenden Vereinbarung ist kein Verzicht auf künftigen Trennungsunterhalt verbunden. Sollte der Ehefrau daher nach dem Gesetz ein höherer als der hier vereinbarte Trennungsunterhalt zustehen, so ist sie nicht gehindert, diesen geltend zu machen.
2. Für die Zeit ab Rechtskraft des Scheidungsurteils vereinbaren wir Folgendes:
   a) Der Ehemann verpflichtet sich in Ausgestaltung der gesetzlichen Unterhaltspflicht, an seine Ehefrau für die Zeit ab Rechtskraft des Scheidungsurteils einen Unterhaltsbetrag in Höhe von (…) EUR monatlich zu zahlen. Der Unterhalt ist monatlich im Voraus bis zum ersten Tag eines jeden Monats zu entrichten.
   b) Der Anspruch der Ehefrau auf nacheheliche Unterhalt wird befristet. Er entfällt mit dem Monat, der auf die Vollendung des (…) Lebensjahres des gemeinsamen Sohnes Thomas folgt. Ab diesem Zeitpunkt verzichtet die Ehefrau auf nachehelichen Unterhalt, auch für den Fall der Not.
   c) Der Ehemann verzichtet vollständig auf nachehelichen Unterhalt, auch für den Fall der Not.
3. Wegen der Verpflichtung zur Zahlung des Trennungsunterhalts von monatlich (…) EUR und des nachehelichen Unterhalts von monatlich (…) EUR unterwirft sich der Ehemann der sofortigen Zwangsvollstreckung aus dieser Urkunde in sein gesamtes Vermögen. Vollstreckbare Ausfertigung kann ohne weitere Nachweise erteilt werden.
4. Bei der Bemessung des Unterhalts sind wir von unseren derzeitigen monatlichen Nettoeinkünften aus Berufstätigkeit ausgegangen, die bei dem Ehemann (…) EUR und bei der Ehefrau (…) EUR betragen. Der Ehemann ist als Industriekaufmann, die Ehefrau halbtags als städtische Angestellte tätig. Sie wird, womit sich der Ehemann ausdrücklich einverstanden erklärt, den zeitlichen Umfang ihrer Berufstätigkeit im Interesse der Betreuung des gemeinsamen Sohnes Thomas bis zur Vollendung seines (…) Lebensjahres nicht erhöhen.
5. Die Ehefrau stimmt bereits jetzt der Geltendmachung der an sie zu zahlenden Unterhaltsleistungen als Sonderausgabe nach § 10 Abs. 1 Nr. 1 Einkommensteuergesetz durch den Ehemann zu und verpflichtet sich, alle Erklärungen abzugeben, die zur Durchführung des Sonderausgabenabzuges bei der Einkommensteuerveranlagung des Ehemannes erforderlich sind. Der Ehemann verpflichtet sich, die Ehefrau von den ihr hierdurch entstehenden steuerlichen Nachteilen freizustellen. Die Steuervorteile stehen dem Ehemann zu.

§ 4 Kindesunterhalt

Der Ehemann M verpflichtet sich, für das gemeinsame fünfjährige Kind B zu Händen der Ehefrau Kindesunterhalt in Höhe von 120 % des Mindestunterhalts gemäß § 1612a BGB in der jeweils geltenden Altersstufe zu zahlen, abzüglich des hälftigen auf das Kind entfallenden Kindergeldes. Danach beträgt der monatliche Kindesunterhalt für das Kind B auf der Grundlage der Düsseldorfer Tabelle (Stand 1.1.2021) derzeit 472 EUR, abzüglich 109,50 EUR Kindergeldanteil, somit 362,50 EUR. Das Kind soll durch die vorstehende Vereinbarung einen eigenen Anspruch im Sinne eines echten Vertrages zugunsten Dritter erhalten.

Wegen der vorstehenden Verpflichtung zur Zahlung des dynamisierten Kindesunterhalts – derzeit in der bezifferten Höhe von 362,50 EUR monatlich – unterwirft sich der Ehemann gegenüber seinem Kind B der sofortigen Zwangsvollstreckung aus dieser Urkunde in sein gesamtes Vermögen. Der Notar wird ermächtigt, dem Kind zu Händen der Ehefrau jederzeit ohne weitere Nachweise vollstreckbare Ausfertigungen dieser Urkunde zu erteilen.

§ 5 Elterliche Sorge

Die elterliche Sorge für den Sohn Thomas soll auch nach der Scheidung beiden Eltern gemeinsam zustehen. Hiervon abweichende Anträge auf Übertragung der elterlichen Sorge oder eines Teils der elterlichen Sorge auf nur einen Elternteil werden wir nicht stellen.

Zur näheren Ausgestaltung der elterlichen Sorge und des Umgangsrechts vereinbaren wir Folgendes:

Das Kind nimmt seinen gewöhnlichen Aufenthalt bei der Mutter und wohnt in deren Wohnung.

Die Mutter trifft die Entscheidungen in Angelegenheiten des täglichen Lebens. Bei allen darüber hinausgehenden Entscheidungen, die das Kind betreffen, ist das gegenseitige Einvernehmen beider Elternteile erforderlich. Zwischen Vater und Sohn soll ein ständiger Kontakt gewährleistet sein. Die Ehegatten verpflichten sich wechselseitig, alle hierfür notwendigen Voraussetzungen zu schaffen und aufrecht zu erhalten. Ohne weitergehende Kontakte damit zu beschränken, ist der Vater berechtigt,

- das Kind jeden ersten Samstag des Monats von 10.00 Uhr bis 19.00 Uhr und jedes dritte Wochenende des Monats in der Zeit von Freitag 17.00 Uhr bis Sonntag 18.00 Uhr bei sich zu haben,
- mit dem Kind in den Sommerferien einen zweiwöchigen Urlaub und in den Herbstferien einen einwöchigen Urlaub zu verbringen.

§ 6 Hausrat

Der Hausrat und die Möbel sind zwischen uns aufgeteilt. Wir vereinbaren, dass die in der Anlage 1 dieser Urkunde genannten Gegenstände in das Alleineigentum der Ehefrau und die in der Anlage 2 dieser Urkunde aufgeführten Gegenstände in das Alleineigentum des Ehemannes übergehen sollen. Auf die vorgenannten Anlagen wird verwiesen; sie werden mit vorgelesen.

§ 7 Grundstücksübertragung

1. Wir sind zu je ½ Anteil Miteigentümer des im Grundbuch von Jülich Blatt 114 eingetragenen Grundbesitzes:
   Gemarkung Jülich,

Flur 8 Nr. 40	Hof- und Gebäudefläche,	
	Theaterstraße 20,	groß 5,80 Ar.

   Der in Abteilung II lastenfreie Grundbesitz ist in Abteilung III lfd. Nr. 1 mit einer Grundschuld in Höhe von 100.000 EUR zugunsten der Sparkasse Düren belastet.
2. Die Ehefrau überträgt hiermit dem Ehemann ihren ½ Miteigentumsanteil an dem vorbezeichneten Grundbesitz, sodass der Ehemann Alleineigentümer wird.
3. Für die Übertragung hat der Ehemann folgende Gegenleistungen zu erbringen:
   a) Er verpflichtet sich, an die Ehefrau eine Herauszahlung in Höhe von 100.000 EUR zu leisten. Der Herauszahlungsbetrag ist zinslos fällig innerhalb von einem Monat, gerechnet ab dem heutigen Tag.
   Wegen dieser Zahlungsverpflichtung unterwirft sich der Ehemann der sofortigen Zwangsvollstreckung aus dieser Urkunde in sein gesamtes Vermögen. Vollstreckbare Ausfertigung kann ohne weitere Nachweise erteilt werden.
   b) Zusätzlich und ohne Anrechnung auf die Zahlungsverpflichtung nach Buchst. a) übernimmt der Ehemann die der Belastung Abteilung III Nr. 1 zugrunde liegenden Verbindlichkeiten, für die die Eheleute bislang als Gesamtschuldner haften, zur gänzlichen Entlastung seiner Ehefrau zur Alleinschuld. Fortan sollen durch die Grundschuld nurmehr Verbindlichkeiten des Ehemannes, nicht aber solche der Ehefrau gesichert werden. Der Notar wird gebeten, der Gläubigerin eine beglaubigte Abschrift dieser Urkunde mit dem Ersuchen zu übersenden, die Entlassung der Ehefrau aus der Mithaft zu genehmigen und die Änderung der Sicherungszweckerklärung zu bestätigen.
   Ansprüche auf Rückgewähr der Grundschuld werden mit Wirkung zum Zeitpunkt der Leistung des Herauszahlungsbetrages an den Ehemann abgetreten.

4. Der Notar wird angewiesen, den Antrag auf Umschreibung des $\frac{1}{2}$ Miteigentumsanteils auf den Ehemann erst dann beim Grundbuchamt zu stellen, wenn ihm die Zahlung des Betrages von 100.000 EUR an die Ehefrau sowie deren Entlassung aus der Mithaft für die dem Recht Abteilung III Nr. 1 zugrunde liegenden Verbindlichkeiten nachgewiesen worden sind. Dem Nachweis der Schuldhaftentlassung steht es gleich, wenn der Gläubiger diese Entlassung lediglich von der Eintragung des Ehemannes als Alleineigentümer im Grundbuch abhängig macht. Vor Erfüllung dieser Voraussetzungen soll der Notar dem Ehemann und dem Grundbuchamt keine beglaubigten Abschriften oder Ausfertigungen dieser Urkunde, die die Auflassung enthalten, erteilen.
(…) (Es folgt der sonstige Text einer Grundstücksübertragung.)

§ 8 Erb- und Pflichtteilsverzicht

Wir verzichten hiermit wechselseitig auf unser gesetzliches Erb- und Pflichtteilsrecht und nehmen diesen Verzicht gegenseitig an.

Wir wurden darauf hingewiesen, dass beim Tod eines jeden von uns die gesetzliche Erbfolge eintritt, falls keine Verfügung von Todes wegen besteht. Über die gesetzliche Erbfolge hat uns der Notar belehrt.

§ 9 Schlussbestimmungen

1. Die mit dieser Urkunde und ihrem grundbuchlichen Vollzug verbundenen Kosten trägt der Ehemann.
2. Sollte eine Bestimmung dieser Urkunde nicht rechtswirksam sein oder nicht durchgeführt werden können, so soll hierdurch die Gültigkeit der übrigen Vertragsbestimmungen nicht berührt werden. Anstelle der unwirksamen oder nicht durchführbaren Bestimmungen soll eine angemessene Regelung gelten, die dem von den Beteiligten Gewollten am nächsten kommt.

Diese Niederschrift (…)

XI. Eingetragene Lebenspartnerschaft

Seit dem 1.8.2001 konnten zwei Personen gleichen Geschlechts durch Erklärung gegenüber der zuständigen Behörde eine eingetragene Lebenspartnerschaft begründen. Rechtsgrundlage hierfür war das Gesetz über die Eingetragene Lebenspartnerschaft (Lebenspartnerschaftsgesetz-LPartG). Die eingetragene Lebenspartnerschaft war, auch aufgrund späterer Gesetzesänderungen, in ihren Rechtswirkungen der Ehe weitestgehend angenähert, sodass man auch von einer „Quasi-Ehe" sprach. Dies galt insbesondere für den Güterstand, den Versorgungsausgleich, den Unterhalt und das Erbrecht. Ebenso wie Ehegatten durch Ehevertrag (§ 1408 BGB), konnten auch die Partner einer eingetragenen Lebenspartnerschaft durch Lebenspartnerschaftsvertrag (§ 7 LPartG) ihre güterrechtlichen Verhältnisse regeln, z.B. Gütertrennung vereinbaren. Der Lebenspartnerschaftsvertrag konnte darüber hinaus auch weitere Vereinbarungen enthalten, insbesondere zum Versorgungsausgleich und zum Unterhalt. Wegen der Einzelheiten der eingetragenen Lebenspartnerschaft und des Lebenspartnerschaftsvertrages wird auf die Erläuterungen in der 19. Aufl. verwiesen (§ 4 Rdn 847 ff.); dort findet sich auch das Muster eines Lebenspartnerschaftsvertrages.

Am 1.10.2017 ist das Gesetz zur Einführung des Rechts auf Eheschließung für Personen gleichen Geschlechts in Kraft getreten. § 1353 Abs. 1 S. 1 BGB lautet seitdem: „Die Ehe wird von zwei Personen verschiedenen oder gleichen Geschlechts geschlossen." Seit dem 1.10.2017 können gleichgeschlechtliche Paare keine eingetragene Lebenspartnerschaft nach dem LPartG mehr begründen (Art. 3 Abs. 3 des Gesetzes zur Einführung des Rechts auf Eheschließung für Personen gleichen Geschlechts), sondern nur noch heiraten wie Paare verschiedenen Geschlechts. Für bereits eingetragene Lebenspartnerschaften gilt Folgendes: Diese werden nicht automatisch in Ehen umgewandelt. Vielmehr haben die Partner einer eingetragenen Lebenspartnerschaft ein Wahlrecht. Sie können gemäß § 20a Abs. 1 LPartG vor dem Standesbeamten persönlich und bei gleichzeitiger Anwesenheit erklären, miteinander eine Ehe auf Lebenszeit führen zu wollen; dann wird ihre Lebenspartnerschaft in eine Ehe umgewandelt. Geben

847

sie diese Erklärung nicht ab, verbleibt es bei einer eingetragenen Lebenspartnerschaft, für die dann weiterhin die Bestimmungen des LPartG gelten.

E. Aus dem Bereich des Erbrechts

I. Gesetzliche Erbfolge (Intestaterbfolge)

1. Einleitung

848   Die Erbfolge beruht entweder auf dem Gesetz *(gesetzliche Erbfolge)* oder auf dem Willen des Erblassers *(gewillkürte Erbfolge)*. Der Mensch kann also über sein Vermögen auch für die Zeit nach seinem Tode verfügen, indem er durch Testament oder Erbvertrag einen oder mehrere Erben bestimmt. Die gesetzliche Erbfolge tritt ein, wenn der Erblasser keinen Erben berufen hat.

Mit dem Tode (Erbfall) geht das Vermögen (die Erbschaft) des Erblassers auf den oder die Erben über (§ 1922 BGB). Jede natürliche oder juristische Person kann Erbe sein. Nach § 1923 BGB kann aber Erbe nur werden, wer zur Zeit des Erbfalls lebt. Eine juristische Person muss im Zeitpunkt des Erbfalles die Rechtsfähigkeit erlangt haben. Eine Ausnahme macht das Gesetz für ein beim Erbfall noch nicht lebendes, aber bereits gezeugtes Kind (sog. *nasciturus*). Wenn es nach dem Erbfall lebend geboren wird, behandelt man es so, wie wenn es vorher geboren wäre (§ 1923 Abs. 2 BGB).

849   Erbe wird nicht,

- wer in einem notariell beurkundeten Vertrag mit dem Erblasser auf sein Erbrecht verzichtet (§§ 2346, 2349 BGB),
- wer die Erbschaft ausschlägt (§ 1953 BGB),
- wer für erbunwürdig erklärt wurde (§ 2344 BGB),
- wer durch Testament von der Erbfolge ausgeschlossen ist (§ 1938 BGB).

850   Das BGB sieht die Erbfolge der Blutsverwandten nach Verwandtschaftsgraden vor (so genannte *Erbordnungen*). Ein Verwandter einer vorhergehenden Ordnung schließt die Verwandten aller nachfolgenden Ordnungen von der Erbfolge aus (§ 1930 BGB). Neben den Blutsverwandten wird der überlebende Ehegatte gesetzlicher Erbe.

Wegen des gesetzlichen Erbrechts gleichgeschlechtlicher Lebenspartner siehe unten (vgl. Rdn 867 ff.).

Grundsätzlich erbt ein Adoptivkind wie ein eheliches Kind, §§ 1754, 1755 BGB (vgl. auch Rdn 691 ff.). Wegen der Ausnahmen bei

- Verwandtenadoption, § 1756 BGB (siehe Rdn 713 ff., 853 a.E.),
- Volljährigenadoption, § 1770 BGB (siehe Rdn 714 f.)

851   Sind weder Verwandte noch ein Ehegatte oder ein Lebenspartner vorhanden, so ist der Fiskus gesetzlicher Erbe (§ 1936 BGB).

Erklärung der Zeichen für die folgenden Stammbäume:

2. Erbrecht der Verwandten (§§ 1924–1930 BGB)

a) Gesetzliche Erben der *ersten Ordnung* sind die Abkömmlinge (Kinder) des Erblassers (§ 1924 Abs. 1 **852** BGB). Ist ein Abkömmling vor dem Erblasser verstorben, so treten die durch ihn mit dem Erblasser verwandten Abkömmlinge – sein „Stamm" – an seine Stelle (§ 1924 BGB).

Kinder erben zu gleichen Teilen (§ 1924 Abs. 4 BGB).

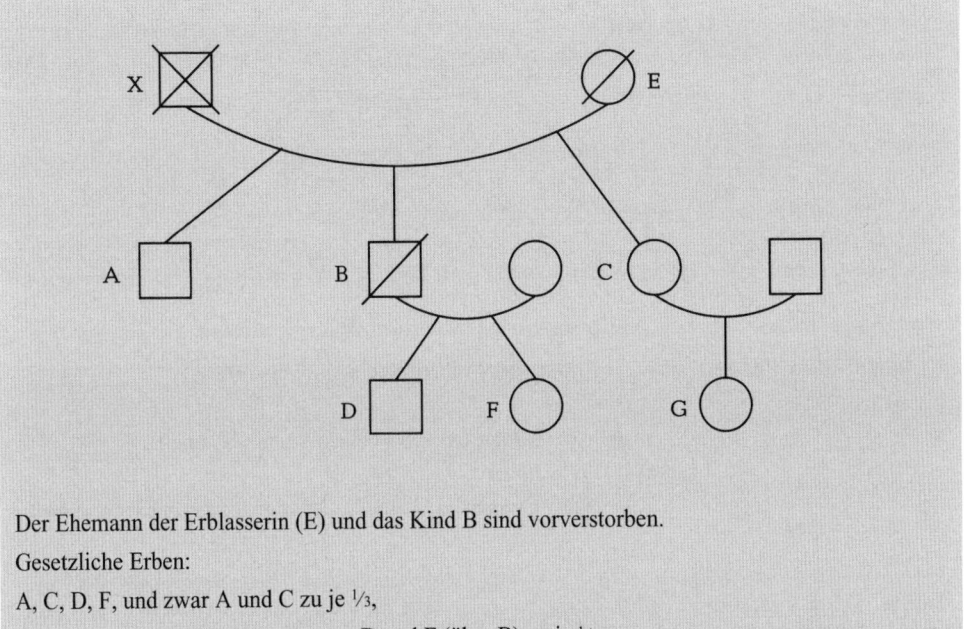

Der Ehemann der Erblasserin (E) und das Kind B sind vorverstorben.

Gesetzliche Erben:

A, C, D, F, und zwar A und C zu je ⅓,

D und F (über B) zu je ⅙,

G wird gemäß § 1924 Abs. 2 BGB durch seinen Vater C von der Erbfolge ausgeschlossen.

b) Gesetzliche Erben der *zweiten Ordnung* sind die Eltern des Erblassers und deren Abkömmlinge (§ 1925 **853** Abs. 1 BGB).

Leben zur Zeit des Erbfalls beide Eltern, so erben sie zu gleichen Teilen; sie schließen die Geschwister des Erblassers und deren Nachkommen von der Erbfolge aus (§ 1925 Abs. 2 BGB).

Lebt zur Zeit des Erbfalls ein Elternteil nicht mehr, so treten dessen Abkömmlinge an seine Stelle; sind Abkömmlinge nicht vorhanden, so erbt der überlebende Elternteil allein (§ 1925 Abs. 3 BGB).

Beispiel 1

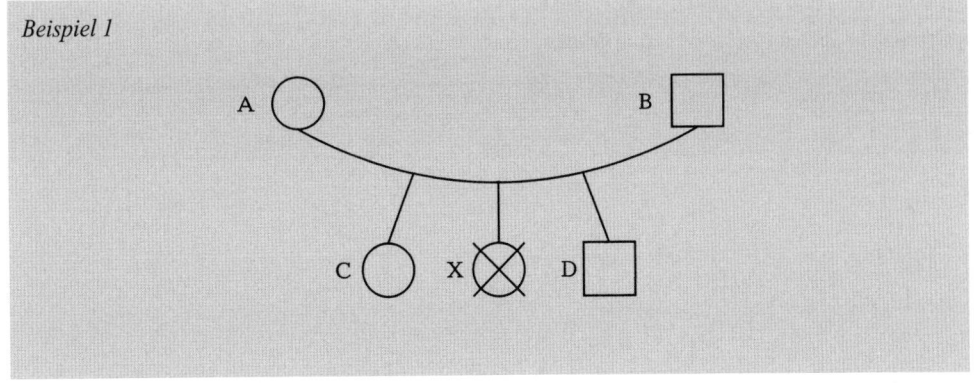

Gesetzliche Erben: A und B zu je ½ (Eltern)

C und D kommen nicht zum Zuge.

Beispiel 2

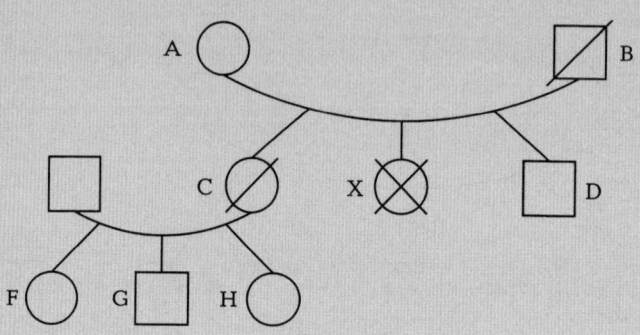

B (= Mutter des Erblassers) und C (= Bruder des Erblassers) sind vorverstorben.

Gesetzliche Erben: A (= Vater) ½

anstelle der Mutter erben die beiden Stämme C und D,

also D (= Schwester) ¼

F, G, H je ¹/₁₂ (als Stamm nach C, der auch ¼ geerbt haben würde).

Beispiel 3

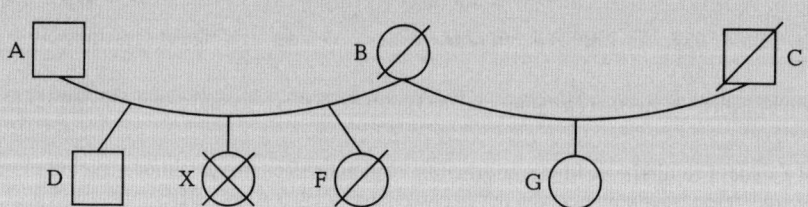

B (Vater des Erblassers) und F (Bruder des Erblassers) sind vorverstorben. Die Hälfte, die B geerbt haben würde, fällt an dessen Kinder D und G.

Gesetzliche Erben: A (= Mutter) ½

D und G je ¼

Beispiel 4

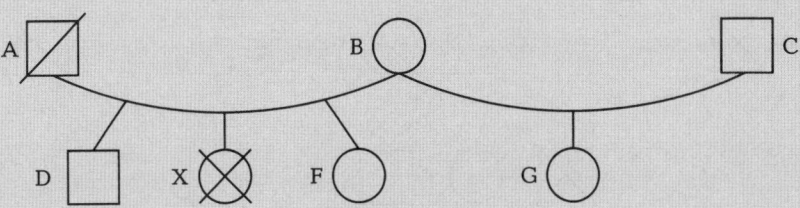

Die Mutter A des Erblassers ist vorverstorben. Ihre Hälfte erben nur *ihre* Kinder D und F.

Gesetzliche Erben: B (= Vater) ½
                               D und F je ¼

G geht leer aus, weil er kein Abkömmling der vorverstorbenen Mutter des Erblassers ist.

Beispiel 5

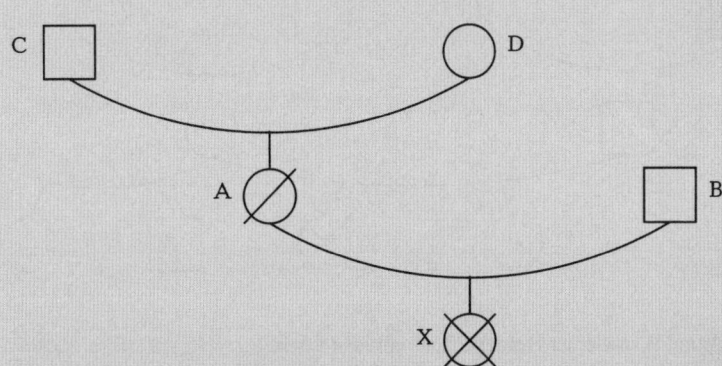

Der Vater A des Erblassers ist vorverstorben.

Alleiniger gesetzlicher Erbe: die Mutter B.

Als gesetzliche Erbin der zweiten Ordnung schließt B die Großeltern des Erblassers C und D (= gesetzliche Erben der dritten Ordnung) von der Erbfolge aus (§ 1930 i.V.m. § 1925 Abs. 3 BGB).

Beispiel 6

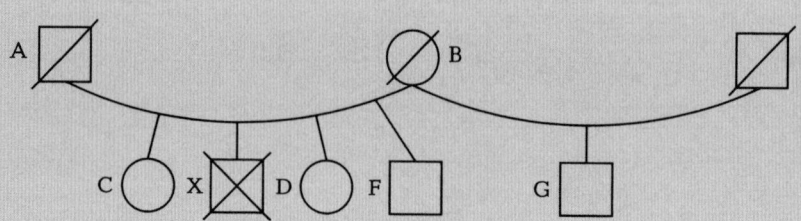

Die Eltern des Erblassers (A und B) sind vorverstorben. Die Hälfte der A erben deren Kinder C, D und F, die Hälfte des B dessen Kinder C, D, F und G.

Gesetzliche Erben: C, D, F je $7/24$ (je $1/6 = 4/24$ über A, je $1/8 = 3/24$ über B); G $1/8 = 3/24$ über B.

Beispiel 7

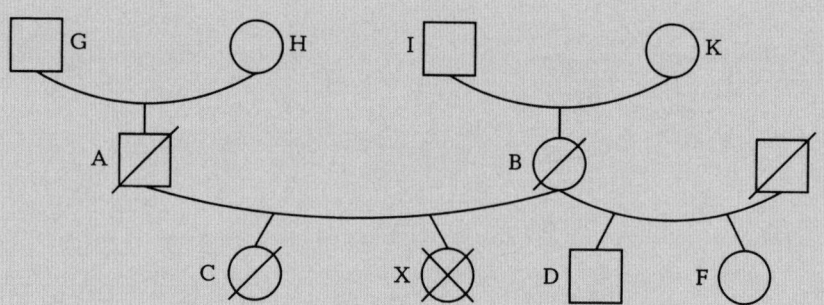

Die Eltern A und B sowie der Bruder C sind vorverstorben.

Gesetzliche Erben: D und F (= Halbgeschwister des Erblassers) zu je $1/2$.

Als gesetzliche Erben der zweiten Ordnung schließen D und F die Großeltern G, H, I, K des Erblassers (gesetzliche Erben der dritten Ordnung) von der gesetzlichen Erbfolge aus (§ 1930 BGB).

Adoptieren z.B. Großeltern ihr Enkelkind, so verliert es im Verhältnis zu seinen Geschwistern die Stellung eines Erben zweiter Ordnung und umgekehrt, §§ 1925 Abs. 4, 1756 BGB (vgl. auch Rdn 713).

854   c) Gesetzliche Erben der *dritten Ordnung* sind die Großeltern des Erblassers und deren Abkömmlinge (§ 1926 BGB).

Leben zur Zeit des Erbfalls die Großeltern, so erben sie zu gleichen Teilen (§ 1926 Abs. 2 BGB).

Lebt zur Zeit des Erbfalls von einem Großelternpaar ein Teil nicht mehr, so treten an die Stelle des Verstorbenen dessen Abkömmlinge. Hinterlässt der verstorbene Großelternteil keine Abkömmlinge, so fällt sein Anteil an den anderen Teil und, falls auch dieser nicht mehr lebt, an dessen Abkömmlinge (§ 1926 Abs. 3 BGB).

Lebt zur Zeit des Erbfalls ein Großelternpaar nicht mehr und sind Abkömmlinge der Verstorbenen nicht vorhanden, so erben die anderen Großeltern oder ihre Abkömmlinge allein (§ 1926 Abs. 4 BGB).

Auf die Abkömmlinge finden die Grundsätze der ersten Erbordnung Anwendung (§ 1926 Abs. 5 BGB).

Beispiel 1

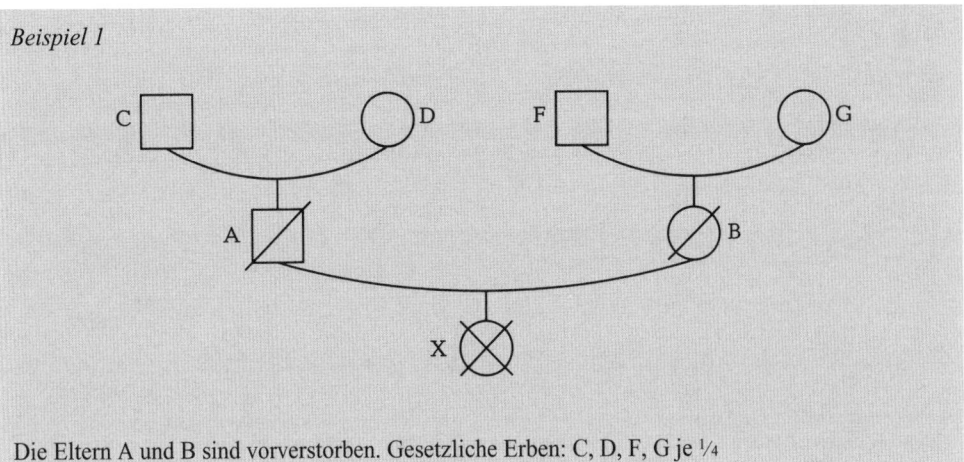

Die Eltern A und B sind vorverstorben. Gesetzliche Erben: C, D, F, G je ¼

Beispiel 2

Vorverstorben sind:

A und B (Eltern des Erblassers), C (Großmutter väterlicherseits) und G (Großvater mütterlicherseits). Das Viertel, das C geerbt haben würde, fällt an dessen Kinder H und I, das Viertel, das G geerbt haben würde, an dessen Kinder K, L und M.

Gesetzliche Erben: D und F je ¼, H und I je ⅛, K, L und M je ¹⁄₁₂.

Beispiel 3

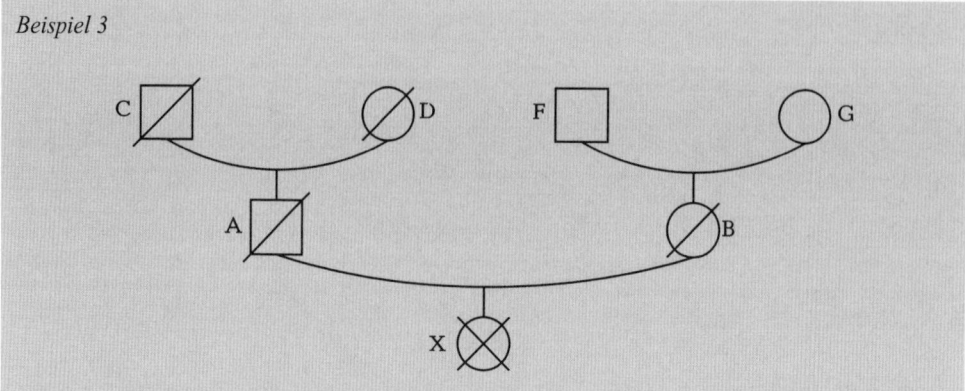

A und B (Eltern) sowie C und D (Großeltern mütterlicherseits) sind vorverstorben.

Gesetzliche Erben: F und G je ½.

Beispiel 4

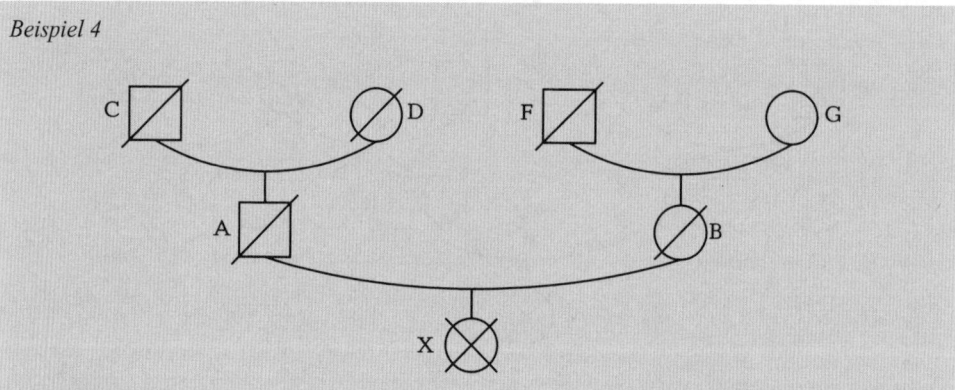

A und B (Eltern), C und D (Großeltern mütterlicherseits) sowie F (Großmutter väterlicherseits) sind vorverstorben.

Alleiniger gesetzlicher Erbe: G.

855 *Beachte*

Ein Verwandter ist nicht zur Erbfolge berufen, solange ein Verwandter einer vorhergehenden Ordnung vorhanden ist (§ 1930 BGB).

856 d) Hier ist das gesetzliche Erbrecht nur bis zur dritten Ordnung dargestellt worden. Das BGB kennt darüber hinaus noch gesetzliche Erben der vierten, der fünften und der „ferneren" Ordnungen. Über die dritte Erbordnung hinausgehende Erbfolgen kommen in der Praxis jedoch höchst selten vor.

3. Erbrecht des Ehegatten (§ 1931 BGB)

857 Der überlebende Ehegatte erhält, wenn er neben Abkömmlingen des Erblassers erbt, ein Viertel des Nachlasses (§ 1931 Abs. 1 BGB). Neben Verwandten der zweiten Ordnung oder neben Großeltern fällt ihm die Hälfte des Nachlasses zu.

Treffen mit – noch lebenden – Großeltern Abkömmlinge von – verstorbenen – Großeltern zusammen, so erbt der überlebende Ehegatte außer der Hälfte des Nachlasses auch die Anteile, welche den Abkömmlingen anstelle der verstorbenen Großeltern zufallen würden (§ 1931 Abs. 1 S. 2 BGB). Hat ein verstorbener Großelternteil keine Abkömmlinge hinterlassen, wächst dessen Anteil dem anderen Teil des Großelternpaares (§ 1926 Abs. 3 S. 3 BGB) oder dem anderen Großelternpaar an (§ 1926 Abs. 4 BGB). Der Ehegatte steht somit in diesem Fall schlechter da, als wenn der verstorbene Großelternteil Abkömmlinge hinterlassen hätte. Dies ist ein nicht nachvollziehbarer Systembruch des Gesetzes.

Sind weder Verwandte der ersten oder der zweiten Ordnung noch Großeltern vorhanden, wird der überlebende Ehegatte Alleinerbe (§ 1931 Abs. 2 BGB).

Der Ehegatte erhält, wenn er neben Verwandten der zweiten Ordnung (Eltern, Geschwister) oder neben Großeltern gesetzlicher Erbe wird, zusätzlich den *„Voraus"*. Darunter versteht man die zum ehelichen Haushalt gehörenden Gegenstände, soweit sie nicht Zubehör eines Grundstücks sind, und die Hochzeitsgeschenke (§ 1932 BGB). Diesen Anspruch hat der Ehegatte neben Abkömmlingen des Erblassers nur insoweit, als er die Gegenstände zur Führung eines angemessenen Haushalts benötigt. (Wegen des Ehegattenerbrechts nach DDR-Recht siehe Rdn 874 ff.). Auf den Voraus sind die für Vermächtnisse geltenden Vorschriften anzuwenden (vgl. Rdn 1033 ff.). Der Ehegatte hat somit gegen die Erbengemeinschaft einen Anspruch auf Eigentumübertragung der dem Voraus unterfallenden Nachlassgegenstände (§ 2174 BGB).

858 Die Erbquote des überlebenden Ehegatten hängt davon ab, wann der Erbfall eingetreten ist und in welchem Güterstand die Eheleute gelebt haben.

Für Erbfälle nach dem 30.6.1958 gilt Folgendes:

Der Erbteil des überlebenden Ehegatten erhöht sich um ein Viertel, wenn die Eheleute im *gesetzlichen Güterstand der Zugewinngemeinschaft* gelebt haben (§ 1371 Abs. 1 BGB). Damit soll ein Ersatz für den Ausgleich des Zugewinns geboten werden. Der überlebende Ehegatte wird also in diesem Fall neben Abkömmlingen des Erblassers zur Hälfte, neben Eltern des Erblassers oder deren Abkömmlingen oder neben Großeltern des Erblassers zu drei Vierteln Erbe. Wäre der Ehegatte ohnehin zu ¾ oder mehr berufen (§ 1931 Abs. 1 S. 2 BGB), wird er beim gesetzlichen Güterstand Alleinerbe (str.).[169]

Lebten die Eheleute in *Gütergemeinschaft*, so erbt der Überlebende neben Abkömmlingen ein Viertel, neben Eltern, Geschwistern, Geschwisterkindern und Großeltern die Hälfte.

Bei *Gütertrennung* ist zu unterscheiden:

Liegt der Erbfall vor dem 1.7.1970, so hat der Ehegatte eine nicht erhöhte Quote geerbt, also ebenso viel wie bei Gütergemeinschaft. Bei Erbfällen nach dem 30.6.1970 erbt der Überlebende neben einem Kind die Hälfte, neben zwei Kindern ein Drittel, neben drei und mehr Kindern ein Viertel (§ 1931 Abs. 4 BGB) und neben Verwandten der zweiten Ordnung oder neben Großeltern die Hälfte (§ 1931 Abs. 1 BGB).

859 *Beachte*

Beim Ehegattenerbrecht ist also zu prüfen,

a) *wann* der Erblasser gestorben ist,
b) in *welchem Güterstand* er bei seinem Tode lebte.

---

169 Vgl. hierzu Palandt/*Weidlich*, 80. Aufl. 2021, § 1931 Rn 7.

860 *Die gesetzliche Erbfolge des überlebenden Ehegatten beim gesetzlichen Güterstand bis zum 30.6.1958 und von diesem Zeitpunkt ab sowohl beim gesetzlichen Güterstand als auch bei Vertragsgüterständen*

Eintritt des Erbfalls	Ehegatte	
	neben Abkömmlingen	neben Erben der 2. Ordnung und neben Großeltern
I. Erbfall in der Zeit vom 1.1.1900 bis zum 31.3.1953	**Verwaltung und Nutznießung des Ehemannes am eingebrachten Gut seiner Ehefrau** $^{1}/_{4}$ (§ 1931 Abs. 1 BGB)	$^{1}/_{2}$ (§ 1931 Abs. 1 BGB)
II. Erbfall in der Zeit vom 1.4.1953 bis zum 30.6.1958	**Gütertrennung** (zwar gesetzloser Zustand, aber durch die Rechtsprechung, insbesondere des BGH, herausgebildet) $^{1}/_{4}$ (§ 1931 Abs. 1 BGB)	$^{1}/_{2}$ (§ 1931 Abs. 1 BGB)
III. Erbfall in der Zeit vom 1.7.1958 bis zum 30.6.1970	a) **Zugewinngemeinschaft** $^{1}/_{4}$ + $^{1}/_{4}$ (§§ 1931 Abs. 1, 1371 Abs. 1 BGB) b) **Gütertrennung** $^{1}/_{4}$ (§ 1931 Abs. 1 BGB) c) **Gütergemeinschaft** $^{1}/_{4}$ (§ 1931 Abs. 1 BGB)	$^{1}/_{2}$ + $^{1}/_{4}$ (§§ 1931 Abs. 1, 1371 Abs. 1 BGB) $^{1}/_{2}$ (§ 1931 Abs. 1 BGB) $^{1}/_{2}$
IV. Erbfall seit dem 1.7.1970	a) **Zugewinngemeinschaft** $^{1}/_{4}$ + $^{1}/_{4}$ (§§ 1931 Abs. 1, 1371 Abs. 1 BGB) b) **Gütertrennung** (Ehegatte erbt zu gleichen Anteilen wie jedes Kind, erhält aber mindestens $^{1}/_{4}$ (§ 1931 Abs. 4 BGB) c) **Gütergemeinschaft** $^{1}/_{4}$ (§ 1931 Abs. 1 BGB	$^{1}/_{2}$ + $^{1}/_{4}$ (§§ 1931 Abs. 1, 1371 Abs. 1 BGB) $^{1}/_{2}$ (§ 1931 Abs. 1 BGB) $^{1}/_{2}$

861 *Beispiel 1 (neben Erben erster Ordnung)*

– Bei den mit einem Buchstaben hinter der laufenden Nummer (z.B. 1 a) versehenen Beispielen lebte der Erblasser in Zugewinngemeinschaft (§§ 1931 Abs. 1, 1371 Abs. 1 BGB), sonst in einem früheren oder in einem vertraglichen Güterstand (§ 1931 Abs. 1, 4 BGB). –

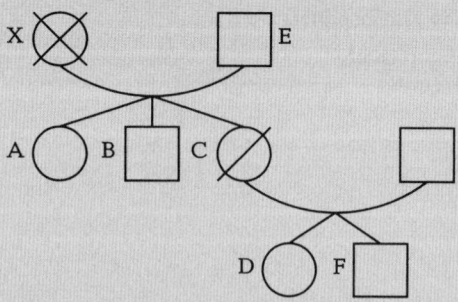

C (Sohn des Erblassers) vorverstorben.

Gesetzliche Erben: E, A und B je $^{1}/_{4}$, D und F je $^{1}/_{8}$ (über C).

Beispiel 2 (neben Erben zweiter Ordnung)

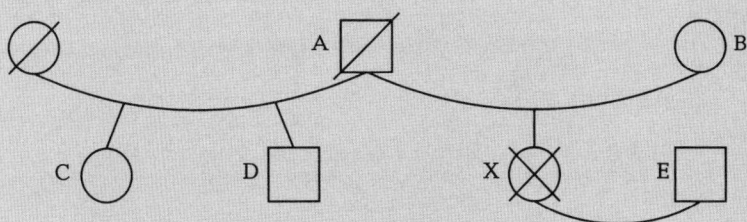

A (Mutter des Erblassers) vorverstorben.

Gesetzliche Erben: E ½
                      B ¼
                      C und D je ⅛ (über A).

Beispiel 3 (neben Großeltern)

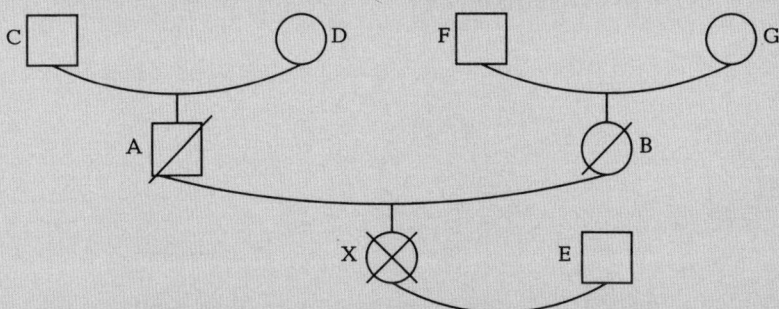

A und B (Eltern der Erblasser) vorverstorben.

Gesetzliche Erben: E ½
                      C, D, F und G je ⅛.

Beispiel 4

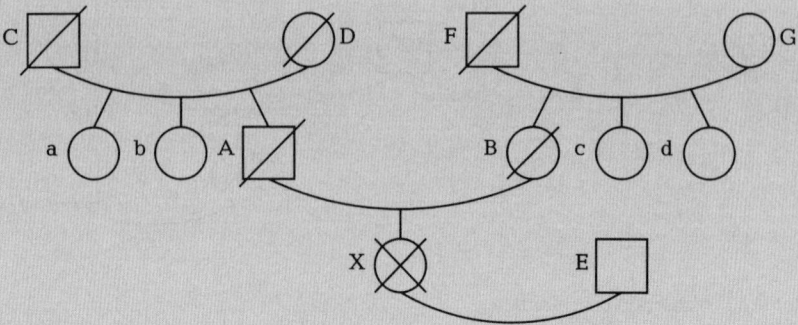

A und B (Eltern des Erblassers) sowie C und D (Großeltern mütterlicherseits) und F (Großmutter väterlicherseits) vorverstorben.

Gesetzliche Erben: E $\frac{7}{8}$, und zwar $\frac{1}{2}$ (§ 1931 Abs. 1 S. 1 BGB) und je $\frac{1}{8}$ statt C und D (§ 1931 Abs. 1 S. 2 BGB) und $\frac{1}{8}$ statt F (§ 1931 Abs. 1 S. 2 BGB)

G $\frac{1}{8}$

a, b, c und d fallen aus.

Beispiel 5

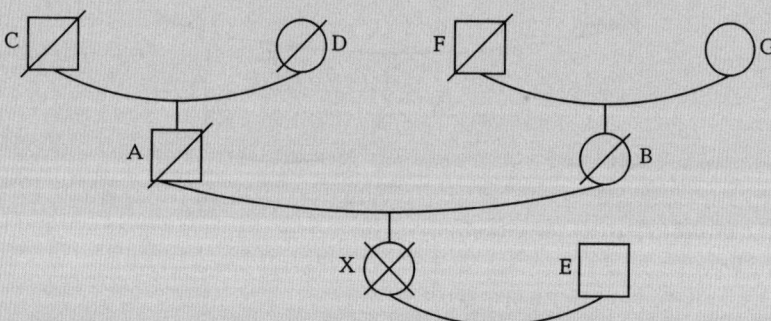

A und B (Eltern des Erblassers), C und D (Großeltern mütterlicherseits) sowie F (Großmutter väterlicherseits) vorverstorben.

Gesetzliche Erben: E $\frac{1}{2}$

G $\frac{1}{2}$.

Die E erhält, da hier noch Großeltern – nämlich G – vorhanden sind, gemäß § 1931 Abs. 1 S. 1 BGB eine Hälfte des Nachlasses. Die andere Hälfte geht, da Großeltern mütterlicherseits nicht mehr leben, auf die Großeltern väterlicherseits über (§ 1926 Abs. 4 BGB!). Da die Großmutter väterlicherseits nicht mehr lebt, tritt an ihre Stelle Großvater G (§ 1926 Abs. 3 S. 2 BGB).

Beispiel 6

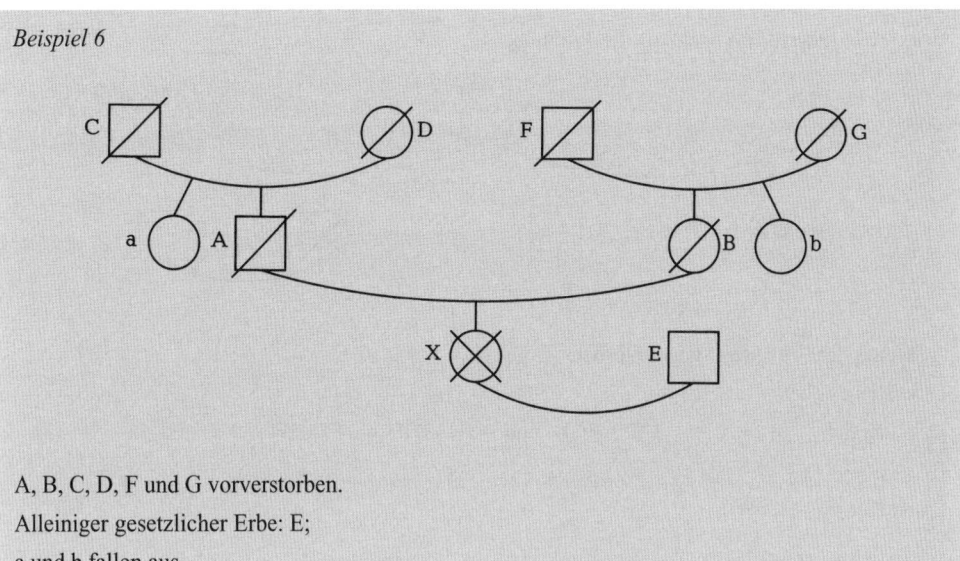

A, B, C, D, F und G vorverstorben.

Alleiniger gesetzlicher Erbe: E;

a und b fallen aus.

In den folgenden Beispielen 1a bis 5a lebte der Erblasser in Zugewinngemeinschaft.

862

Beispiel 1a (neben Erben erster Ordnung)

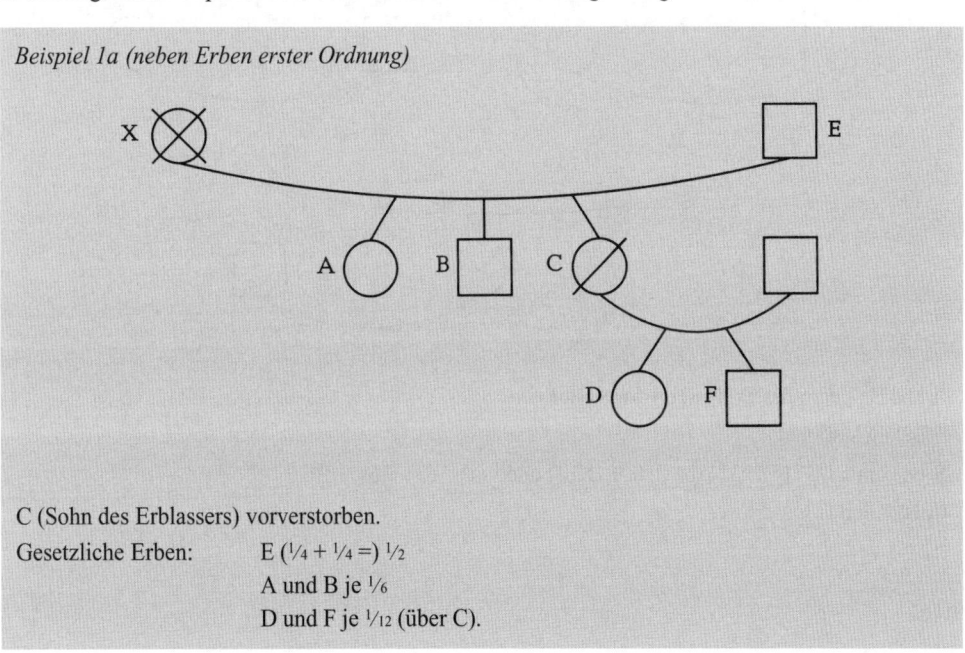

C (Sohn des Erblassers) vorverstorben.

Gesetzliche Erben: E $(\frac{1}{4} + \frac{1}{4} =) \frac{1}{2}$

A und B je $\frac{1}{6}$

D und F je $\frac{1}{12}$ (über C).

Beispiel 2a (neben Erben der zweiten Ordnung)

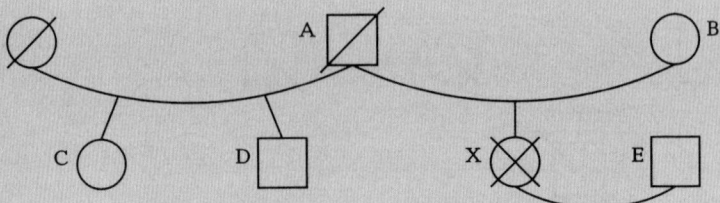

A (Mutter des Erblassers) vorverstorben.

Gesetzliche Erben:

E ¾, nämlich ½ (§ 1931 Abs. 1 S. 1 BGB) und ¼ (§ 1371 Abs. 1 BGB)

B ⅛

C und D je ¹⁄₁₆ (über A).

Beispiel 3a (neben Großeltern)

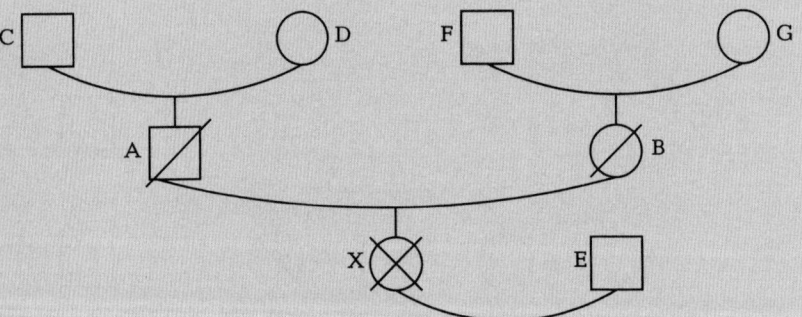

A und B (Eltern des Erblassers) vorverstorben.

Gesetzliche Erben:

E ¾, nämlich ½ (§ 1931 Abs. 1 S. 1 BGB) und ¼ (§ 1371 Abs. 1 BGB)

C, D, F und G je ¹⁄₁₆.

Beispiel 4a

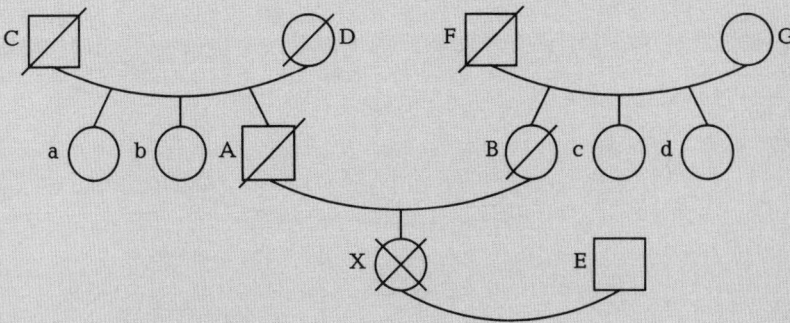

A und B (Eltern des Erblassers) sowie C und D (Großeltern mütterlicherseits) und F (Großmutter väterlicherseits) vorverstorben.

Die Lösung dieses Falles ist umstritten. Eine Meinung im Schrifttum geht von Folgendem aus:

E **alleinige** gesetzliche Erbin, und zwar

$\frac{1}{2} =$	$\frac{4}{8}$ nach § 1931 Abs. 1 S. 1 BGB
	$\frac{3}{8}$ nach § 1931 Abs. 1 S. 2 BGB
	$\frac{7}{8}$ (siehe Beispiel 4)
	$\frac{1}{4}$ nach § 1371 Abs. 1 BGB
	$\frac{8}{8}$ = Alleinerbin
	==

Der Großvater väterlicherseits geht leer aus, a, b, c und d fallen ebenfalls aus.

Nach einer anderen Meinung im Schrifttum wird hier wie folgt verteilt:

E $\frac{1}{2} =$	$\frac{8}{16}$ nach § 1931 Abs. 1 S. 1 BGB
$\frac{1}{4} =$	$\frac{4}{16}$ nach § 1371 Abs. 1 BGB
	$\frac{12}{16}$
	$\frac{3}{16}$ nach § 1931 Abs. 1 S. 2 BGB
G =	$\frac{1}{16}$
	$\frac{16}{16}$
	==

a, b, c und d fallen auch hier aus.

Beispiel 5a

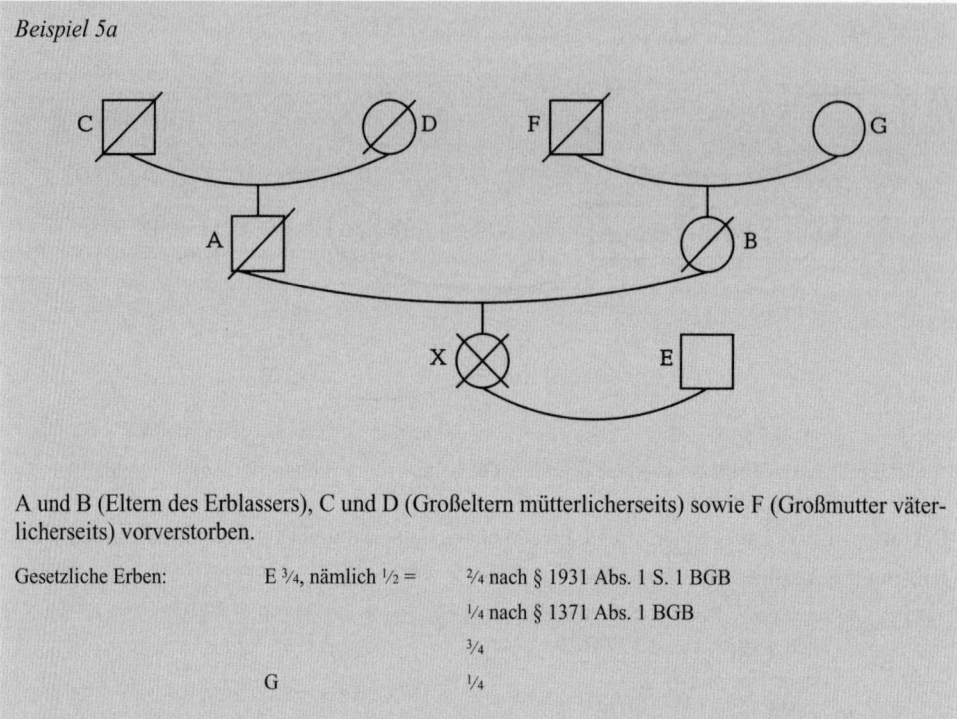

A und B (Eltern des Erblassers), C und D (Großeltern mütterlicherseits) sowie F (Großmutter väterlicherseits) vorverstorben.

Gesetzliche Erben:	E ¾, nämlich ½ =	²⁄₄ nach § 1931 Abs. 1 S. 1 BGB
		¼ nach § 1371 Abs. 1 BGB
		¾
	G	¼

863   Bei Erbfällen nach dem 30.6.1970 und Gütertrennung ergibt sich:

Beispiel 1

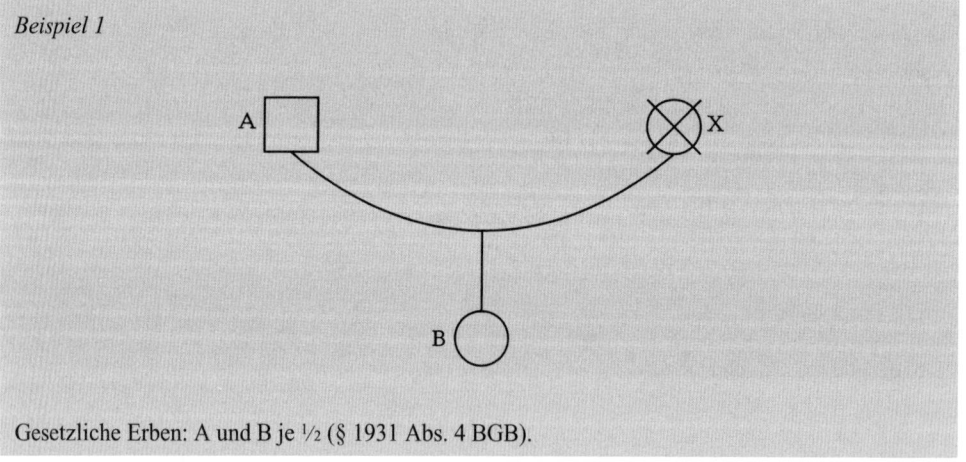

Gesetzliche Erben: A und B je ½ (§ 1931 Abs. 4 BGB).

Beispiel 2

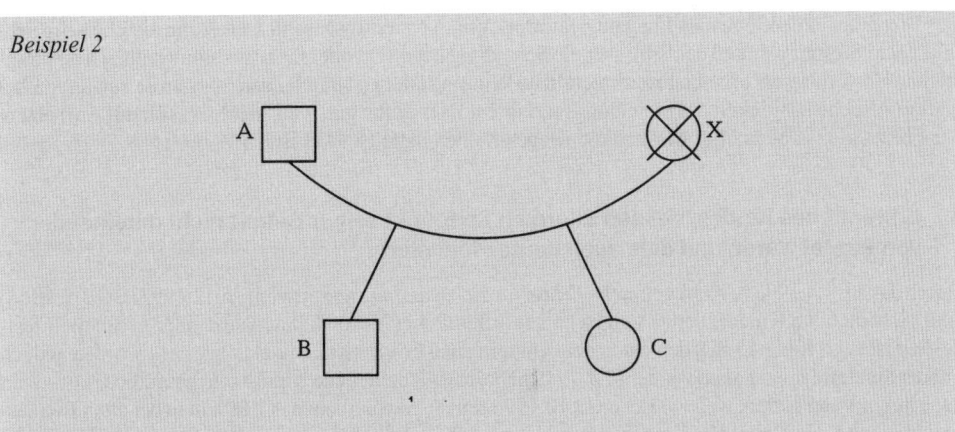

Gesetzliche Erben: A, B und C je ⅓ (§ 1931 Abs. 4 BGB).

Beispiel 3

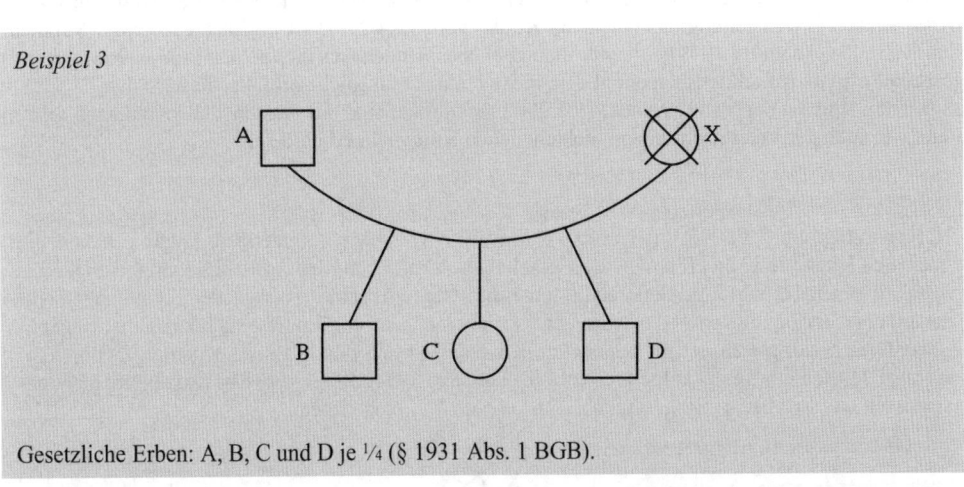

Gesetzliche Erben: A, B, C und D je ¼ (§ 1931 Abs. 1 BGB).

Beispiel 4

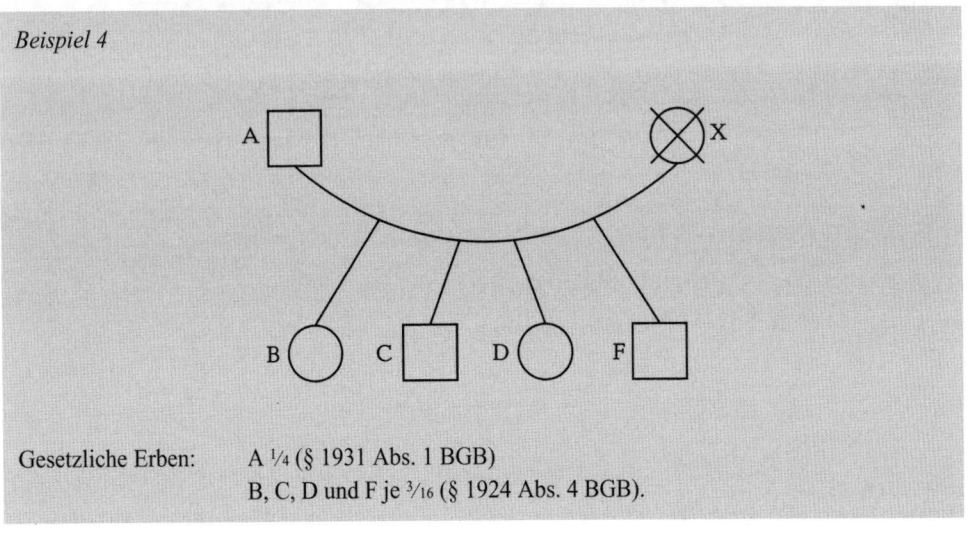

Gesetzliche Erben: A ¼ (§ 1931 Abs. 1 BGB)
                      B, C, D und F je ³⁄₁₆ (§ 1924 Abs. 4 BGB).

Das Erbrecht des überlebenden Ehegatten und der „Voraus" sind ausgeschlossen, wenn die Ehe beim Erbfall scheidungsreif war und der Erblasser die Scheidung beantragt oder ihr zugestimmt hatte. Die Antragstellung des Erblassers erlangt ihre erbrechtliche Wirkung aber erst durch Zustellung an den anderen Ehegatten (= Rechtshängigkeit des Scheidungsverfahrens). Dasselbe gilt, wenn der Erblasser auf Aufhebung der Ehe zu klagen berechtigt war und die Klage erhoben hatte (§ 1933 BGB).

4. Erbrecht des Kindes, dessen Eltern im Zeitpunkt seiner Geburt nicht miteinander verheiratet waren und dies auch heute nicht sind

864 Durch das am 1.4.1998 in Kraft getretene *Erbrechtsgleichstellungsgesetz* vom 16.12.1997 (BGBl I, 2968) sind nichteheliche Kinder, deren Vaterschaft in öffentlicher Urkunde anerkannt oder gerichtlich festgestellt ist (vgl. Rdn 645 ff.), den ehelichen Kindern auch erbrechtsmäßig gleichgestellt worden, jedoch mit der Sonderregelung, dass vor dem 1.7.1949 geborene nichteheliche Kinder kein gesetzliches Erbrecht nach ihrem Vater hatten, wenn dieser am 2.10.1990 seinen gewöhnlichen Aufenthalt in der alten Bundesrepublik hatte. Nichteheliche Kinder, deren Vater am 2.10.1990 seinen gewöhnlichen Aufenthalt in der ehemaligen DDR hatte und nach diesem Zeitpunkt verstorben ist, erbten wie eheliche Kinder, auch wenn sie vor dem 1.7.1949 geboren sind. Diese erbrechtliche Ungleichbehandlung hat das Zweite Gesetz zur erbrechtlichen Gleichstellung nichtehelicher Kinder vom 12.4.2011[170] weitgehend beseitigt. Nunmehr sind auch alle vor dem 1.7.1949 geborenen nichtehelichen Kinder nach ihrem Vater (wie auch umgekehrt) gesetzlich erb- und pflichtteilsberechtigt. Dies gilt jedoch nur für solche Erbfälle, die nach dem 28.5.2009 eingetreten sind. Ist der Vater vor dem 29.5.2009 verstorben, sind das nichteheliche Kind nach seinem Vater wie auch der Vater nach seinem nichtehelichen Kind nicht erbberechtigt.[171]

865 *Beispiel a*

X (verstorben am 2.1.2002 mit letztem Wohnsitz in Düsseldorf) hinterlässt Ehefrau A und die ehelichen Kinder B, C und D sowie das nichteheliche Kind E, das am 1.4.1971 geboren ist. Die Vaterschaft zu E hat er wirksam anerkannt. X lebte zum Zeitpunkt seines Todes in der Zugewinngemeinschaft; eine Verfügung von Todes wegen hat er nicht hinterlassen. Ein fortgeltender (siehe Rdn 866) vorzeitiger Erbausgleich des nichtehelichen Kindes nach den durch das vorgenannte Zweite Erbrechtsgleichstellungsgesetz aufgehobenen §§ 1934d und 1934e BGB zwischen X und E ist nicht geschlossen worden. Es ist also gesetzliche Erbfolge nach X eingetreten.

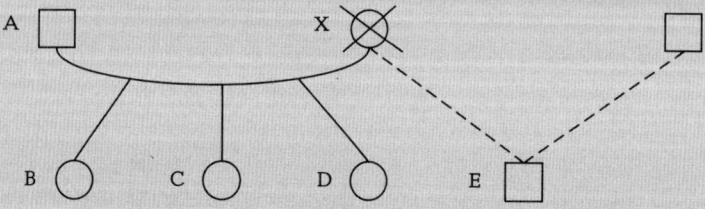

Gesetzliche Erben:

A ½, nämlich ¼ (§ 1931 Abs. 1 S. 1 BGB) und ¼ (§ 1371 Abs. 1 BGB)

B, C, D und E je ⅛ (§ 1924 Abs. 1 und 4 BGB).

---

170 BGBl I S. 615.

171 Wegen Lücken und Tücken des alten und neuen Nichtehelichenerbrechts ausführlich *Bestelmeyer*, Rpfleger 2012, 361 ff.

Beispiel b

Sachverhalt wie im vorstehenden Beispiel, jedoch ist X am 30.5.2009 verstorben, während E am 30.6.1949 geboren ist.

Die Erbfolge und die Erbquoten sind wie im vorigen Beispiel.

Beispiel c

Sachverhalt wie im ersten Beispiel; X ist jedoch am 27.5.2009 verstorben; E ist am 30.6.1949 geboren.

Gesetzliche Erben:

A ½, nämlich ¼ (§ 1931 Abs. 1 S. 1 BGB) und ¼ (§ 1371 Abs. 1 BGB)

B, C und D je ⅙ (§ 1924 Abs. 1 + 4 BGB).

E wird nicht Erbe, weil sein Vater X vor dem 29.5.2009 verstorben ist. E könnte jedoch vom Staat Ersatz in Höhe des Wertes der ihm entgangenen erbrechtlichen Ansprüche verlangen, wenn der Staat gemäß 1936 BGB Erbe geworden ist.

5. Weiterhin geltende Vorschriften über das Erbrecht nichtehelicher Kinder

Die bis zum 1.4.1998 gegolten Vorschriften über das Erbrecht nichtehelicher Kinder[172] sind jedoch weiterhin anzuwenden, wenn *vor* diesem Zeitpunkt   **866**

1. der Erblasser gestorben ist oder
2. über den Erbausgleich eine wirksame Vereinbarung getroffen oder der Erbausgleich durch rechtskräftiges Urteil zuerkannt worden ist (Art. 227 Abs. 1 EGBGB).

6. Erbrecht der Lebenspartner einer eingetragenen Lebenspartnerschaft

Nach dem am 1.8.2001 in Kraft getretenen Gesetz über die Eingetragene Lebenspartnerschaft[173] konnten   **867** zwei Personen gleichen Geschlechts eine Lebenspartnerschaft begründen, wenn sie gegenseitig persönlich und bei gleichzeitiger Anwesenheit gegenüber der zuständigen Behörde erklären, miteinander eine Lebenspartnerschaft auf Lebenszeit führen zu wollen (§ 1 LPartG a.F.).[174] Seit dem 1.10.2017 können auch zwei Personen gleichen Geschlechts eine Ehe schließen (vgl. den neuen § 1353 Abs. 1 S. 1 BGB). Eine eingetragene Lebenspartnerschaft können sie ab diesem Zeitpunkt nicht mehr begründen (§ 1 LPartG n.F.). Das Lebenspartnerschaftsgesetz gilt aber für alle vor dem 1.10.2017 begründeten Lebenspartnerschaften weiter (§ 1 LPartG n.F.). § 20a LPartG n.F. ermöglicht es eingetragenen Lebenspartnern, ihre eingetragene Lebenspartnerschaft vor einem Standesbeamten bei persönlicher und gleichzeitiger Anwesenheit durch Erklärung in eine Ehe umzuwandeln (vgl. zur eingetragenen Lebenspartnerschaft und zur neuen Rechtslage ab dem 1.10.2017 auch Rdn 847). Die nachfolgenden Ausführungen betreffen vor dem 1.10.2017 begründete eingetragene Lebenspartnerschaften, die nicht in eine Ehe umgewandelt worden sind.

Durch das Gesetz zur Überarbeitung des Lebenspartnerschaftsrechts[175] wurde der Lebenspartner im Erbrecht einem Ehegatten gleichgestellt (zum *Ehegattenerbrecht* siehe Rdn 857 ff.).

Der überlebende Lebenspartner des Erblassers ist neben Verwandten der ersten Ordnung zu einem Viertel, neben Verwandten der zweiten Ordnung oder neben Großeltern zur Hälfte der Erbschaft gesetzlicher Erbe (§ 10 Abs. 1 S. 1 LPartG). Treffen mit – noch lebenden – Großeltern Abkömmlinge von – vorver-   **868**

---

172 Siehe hierzu auch *Faßbender*, Notariatskunde, 12. Aufl., Rn 910 ff.
173 Lebenspartnerschaftsgesetz – LPartG vom 16.2.2001, BGBl I S. 266.
174 Zur eingetragenen Lebenspartnerschaft siehe auch Rdn 847 ff.
175 Vom 15.12.2004 BGBl I S. 3396.

storbenen – Großeltern zusammen, so erhält der Lebenspartner auch von der anderen Hälfte den Anteil, der nach § 1926 BGB den Abkömmlingen zufallen würde (§ 10 Abs. 1 S. 2 LPartG). Gehört der überlebende Lebenspartner zu den erbberechtigten Verwandten, so erbt er zugleich als Verwandter. Der Erbteil, der ihm aufgrund der Verwandtschaft zufällt, gilt als besonderer Erbteil (§ 10 Abs. 1 Sätze 6 und 7 LPartG).

§ 1371 Abs. 1 BGB gilt entsprechend. Demnach erhöht sich der Erbteil des überlebenden Lebenspartners um ¼, wenn er mit dem Erblasser im Zeitpunkte dessen Todes in der Zugewinngemeinschaft (§ 6 LPartG) lebte.

Die Erhöhung des Erbteils tritt nicht ein, wenn die Lebenspartner einen Lebenspartnerschaftsvertrag (§ 7 LPartG) geschlossen und darin die Gütergemeinschaft oder die Gütertrennung vereinbart haben.

869   Sind weder Verwandte der ersten noch der zweiten Ordnung noch Großeltern vorhanden, erhält der überlebende Lebenspartner die ganze Erbschaft (§ 10 Abs. 2 S. 1 LPartG). Bestand beim Erbfall Gütertrennung und sind als gesetzliche Erben neben dem überlebenden Lebenspartner ein oder zwei Kinder des Erblassers berufen, so erben der überlebende Lebenspartner und jedes Kind zu gleichen Teilen; § 1924 Abs. 3 BGB gilt auch in diesem Fall (§ 10 Abs. 2 S. 2 LPartG). Das entspricht der für Ehegatten geltenden Regelung des § 1931 Abs. 4 BGB.

Der Lebenspartner erhält neben Verwandten der ersten und zweiten Ordnung sowie neben Großeltern die zum lebenspartnerschaftlichen Haushalt gehörenden Gegenstände, auch die Geschenke zur Begründung der Lebenspartnerschaft, als Voraus. Der Voraus steht ihm als gesetzlicher Erbe neben Verwandten der ersten Ordnung nur zu, soweit er ihn zur Führung eines angemessenen Haushalts benötigt (§ 10 Abs. 1, Sätze 3 und 4 LPartG).

870   Das Erbrecht des überlebenden Lebenspartners ist jedoch ausgeschlossen, wenn zur Zeit des Todes des Erblassers

- die Voraussetzungen für die Aufhebung der Lebenspartnerschaft nach § 15 Abs. 2 Nr. 1 oder 2 LPartG gegeben waren und der Erblasser die Aufhebung beantragt oder ihr zugestimmt hatte oder
- der Erblasser einen Antrag nach § 15 Abs. 2 Nr. 3 LPartG (Fortsetzung der Lebensgemeinschaft als unzumutbare Härte) gestellt hatte und dieser Antrag begründet war

(§ 10 Abs. 3 LPartG).

Lebenspartner können ein gemeinschaftliches Testament errichten (§ 10 Abs. 4 LPartG). Die Umwandlung der eingetragenen Lebenspartnerschaft in eine Ehe hat keine Auswirkungen auf ein gemäß § 10 Abs. 4 LPartG errichtetes gemeinschaftliches Testament (§ 20a LPartG n.F.).

Der überlebende Lebenspartner kann, wenn ihn der Erblasser durch Verfügung von Todes wegen von der Erbfolge ausgeschlossen hat, von den Erben die Hälfte des Wertes des gesetzlichen Erbteils als Pflichtteil verlangen (§ 10 Abs. 6 LPartG).

871   *Muster eines Erbscheinsantrages aufgrund gesetzlicher Erbfolge*

UR.Nr. 2353 für 2019

Verhandelt zu Mettmann, am 4.10.2019

Vor dem unterzeichnenden

Dr. Fritz Emsig,

Notar für den Oberlandesgerichtsbezirk Düsseldorf

mit Amtssitz zu Mettmann

erschien, dem Notar von Person bekannt,

Herr Anton Schmitz, geboren am 17.5.1988, wohnhaft zu 40215 Düsseldorf, Königsallee 105.

Der Erschienene ersuchte, die eidesstattliche Versicherung und den Antrag auf Erteilung eines Erbscheins zu beurkunden. Nachdem er auf die Bedeutung einer eidesstattlichen Versicherung und die strafrechtlichen Folgen einer falschen eidesstattlichen Versicherung hingewiesen worden war, erklärte er:

Am 1.4.2019 verstarb in Düsseldorf, seinem letzten Wohnsitz, mein eingetragener Lebenspartner, der am 13.6.1989 geborene Max Schmitz-Meyer. Er besaß ausschließlich die deutsche Staatsangehörigkeit. Im Ausland belegenes Vermögen hat er nicht hinterlassen. Zum Nachlass gehört auch kein Hof im Sinne der Höfeordnung. Der Erblasser hat als gesetzliche Erben hinterlassen:

1. mich, seinen eingetragenen Lebenspartner,   zu ¾

2. seine Eltern:

    a) Martin Meyer, geboren am 6.6.1942, wohnhaft in 40878
    Ratingen, Grabenstr. 17,

    b) Karoline Meyer geborene Schulze, geboren am
    30.8.1943, ebenda wohnhaft,   zusammen zu ¼ oder zu je ⅛.

Ich versichere, dass der nachstehende Erbscheinsantrag – nach Rücksprache mit allen Miterben – nicht dem erklärten Willen eines Miterben widerspricht.

Eine Verfügung von Todes wegen hat der Erblasser nicht hinterlassen.

Nichteheliche oder adoptierte Kinder hat der Erblasser nicht hinterlassen (zur Adoption siehe oben Rdn 698.[176]

Personen, durch welche die vorgenannten Erben von der Erbfolge ausgeschlossen oder deren Erbteile gemindert werden würden, sind und waren nicht vorhanden.

Ein Rechtsstreit über das Erbrecht der Erben ist nicht anhängig.

Alle Erben haben die Erbschaft angenommen.

Der Erblasser lebte im Zeitpunkt seines Todes mit mir im gesetzlichen Güterstand der Zugewinngemeinschaft nach § 6 LPartG.

Ein Verfahren zur Aufhebung unserer Eingetragenen Lebenspartnerschaft gemäß § 15 LPartG i.V.m. § 10 Abs. 3 LPartG ist nicht anhängig.

Ich versichere hierdurch vor dem Notar an Eides statt, dass mir nichts bekannt ist, was der Richtigkeit meiner vorstehenden Angaben entgegensteht.

An das Amtsgericht Düsseldorf richte ich den Antrag, nach dem Erblasser einen gemeinschaftlichen Erbschein vorstehenden Inhalts zu erteilen und eine Ausfertigung dem amtierenden Notar zuzusenden.

Die Kosten dieser Verhandlung und des Erbscheines sind von mir zu erheben.

Der Wert des reinen Nachlasses beträgt 300.000 EUR.

Diese Niederschrift wurde in Gegenwart des Notars vorgelesen, von dem Erschienenen genehmigt und eigenhändig, wie folgt, unterschrieben.

Anton Schmitz

Dr. Emsig, Notar

Weitere Bemerkungen zum Erbrecht der eingetragenen Lebenspartner: 872

Der Lebenspartner hat bei dem vorstehenden Fall das gleiche Erbrecht wie Ehegatten im gesetzlichen Güterstand der Zugewinngemeinschaft (§ 10 Abs. 1, Abs. 2 S. 1 LPartG).

---

176 Zur Adoption durch eingetragene Lebenspartner siehe *Grauel*, ZNotP 2007, 90 ff.

Hätte der Erblasser durch Lebenspartnerschaftsvertrag einen anderen Güterstand vereinbart, würde die Erbquote des überlebenden Lebenspartners anders sein. Es müsste dann der – andere – Güterstand angegeben werden, etwa durch folgende Erklärung:

Der Erblasser lebte im Zeitpunkt seines Todes mit mir in durch Lebenspartnerschaftsvertrag vereinbarter

■ Gütertrennung nach § 7 LPartG,

(Erbrecht wie bei Ehegatten in Gütertrennung, § 10 Abs. 1, Abs. 2 LPartG)

alternativ

■ Gütergemeinschaft nach § 7 LPartG

(Erbrecht wie bei Ehegatten, bei denen der Güterstand der Gütergemeinschaft bestand, § 10 Abs. 1, Abs. 2 LPartG)

7. Gesetzliches Erbrecht des Staates (§ 1936 BGB)

873   Ist im Zeitpunkt des Erbfalls kein Verwandter, Ehegatte oder Lebenspartner des Erblassers vorhanden, so erbt das Land, in dem der Erblasser zur Zeit des Erbfalls seinen letzten Wohnsitz oder, wenn ein solcher nicht feststellbar ist, seinen gewöhnlichen Aufenthalt hatte. Hatte der Erblasser im Zeitpunkt seines Todes in keinem Bundesland Wohnsitz oder gewöhnlichen Aufenthalt, dann erbt der Bund.

Wird ein Ausländer nach deutschem Recht beerbt und liegen die vorgenannten Voraussetzungen vor, dann ist der Bund Erbe des Ausländers.[177] Sollte ein ab dem 15.8.2015 verstorbener Erblasser (ab diesem Zeitpunkt ist die EU-Erbrechtsverordnung anwendbar, vgl. dazu unter Rdn 1812 ff.) bei Anwendbarkeit deutschen Erbrechts auch Nachlassvermögen im Ausland hinterlassen haben, so ist vorrangig Art. 33 EU-ErbVO zu beachten. Sieht demnach das Recht der Belegenheit des Nachlassgegenstandes ein öffentlich-rechtliches Aneignungsrecht für diesen Gegenstand vor, so ist dieses vorrangig vor dem deutschen Erbrecht des Fiskus zu beachten. Voraussetzung ist allerdings, dass die Nachlassgläubiger auch auf die Nachlassgegenstände im Aneignungsstaat zugreifen können.

8. Erbfolgen nach DDR-Recht (ZGB)

874   *Übersicht über die gesetzliche Erbfolge des überlebenden Ehegatten unter Berücksichtigung des DDR-Erbrechts (ZGB):*

Sterbefälle	DDR-Bürger	Bundesbürger
bis 31.3.1966	**(Altes) BGB-Recht** (Ehegatte – neben Abkömmlingen: ¼	**Recht in der Bundesrepublik** (vgl. Rdn 857)
	– neben II. O. + Großeltern: ½)	
1.4.1966 bis 31.12.1975	**DDR-Recht**[1] (Ehegatte neben Abkömmlingen[2]: gleiche Teile, mindestens ¼; wenn keine Abk. vorhanden sind, **allein,** aber Besonderheit, wenn Erblasser im Zeitpunkt des Erbfalles den eigenen Eltern unterhaltspflichtig war)	**Recht der Bundesrepublik** (siehe vorstehend)

---

177 Siehe hierzu auch Palandt/*Weidlich*, BGB, 80. Aufl. 2021, § 1936 Rn 3; *Baumann/Karsten*, RNotZ 2010, 95, 99.

Sterbefälle	DDR-Bürger	Bundesbürger	
1.1.1976 bis 2.10.1990	**DDR-Recht**[3] (Ehegatte neben Abkömmlingen, **auch nichtehelichen:** gleiche Teile, mindestens ¼; wenn keine Abk. vorhanden sind, **allein**)	Eigentum und andere Rechte an Grundstücken u. Gebäuden, § 25 Abs. 2 RAG, Art. 235 § 1 Abs. 1 EGBGB: **DDR-Recht**	Sonstiges Vermögen: **Recht der Bundesrepublik** (siehe vorstehend)
ab 3.10.1990	**Recht der Bundesrepublik Deutschland** (siehe Rdn 857 ff.), aber Sonderregelung für nichteheliche Kinder[4]	**Recht der Bundesrepublik** (siehe vorstehend)	

[1] § 10 des mit Wirkung vom 1.1.1976 aufgehobenen EGFGB.

[2] Das nichteheliche Kind erbt beim Tode seines Vaters oder der Großeltern väterlicherseits wie ein eheliches Kind, solange es **minderjährig** ist (§ 9 Abs. 1 EGFGB). Für **volljährige** nichteheliche Kinder siehe die Sondervorschrift des § 9 Abs. 2 und 3 EGFGB. – Art. 235 § 1 Abs. 2 EGBGB –

[3] (§§ 364 – 369 ZGB; Art. 235 § 1 Abs. 1 EGBGB). Ein nichteheliches Kind erbt uneingeschränkt wie ein eheliches.

[4] Nach Art. 235 § 1 Abs. 2 EGBGB gelten die Vorschriften über das Erbrecht des ehelichen Kindes des BGB für nichteheliche Kinder (im Beitrittsgebiet, § 230 Abs. 2 EGBGB), wenn diese **vor** dem **3.10.1990** geboren sind.

Kurzer Überblick über die wesentlichen erbrechtlichen Bestimmungen des Zivilgesetzbuches (ZGB) der ehemaligen DDR 875

Das ZGB kennt im Gegensatz zum BGB nur drei Erbordnungen. Wenn keine Erben bis zur dritten Ordnung vorhanden waren, wurde gemäß § 369 ZGB der Staat gesetzlicher Erbe.

Gesetzliche Erben der ersten Ordnung sind der überlebende Ehegatte und die Nachkommen des Erblassers zu gleichen Teilen, der Ehegatte erbt jedoch mindestens ¼ (§ 365 ZGB). Nichteheliche Kinder werden gleichbehandelt. 876

Nach § 366 ZGB erbt der Ehegatte allein, wenn Nachkommen des Erblassers nicht vorhanden sind.

Beispiele 877
Ehegatte und zwei Abkömmlinge

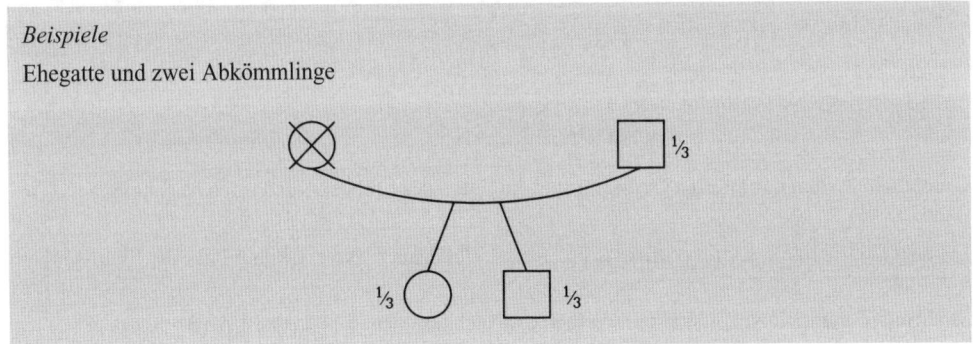

Ehegatte, keine Abkömmlinge des Erblassers, Eltern des Erblassers leben noch

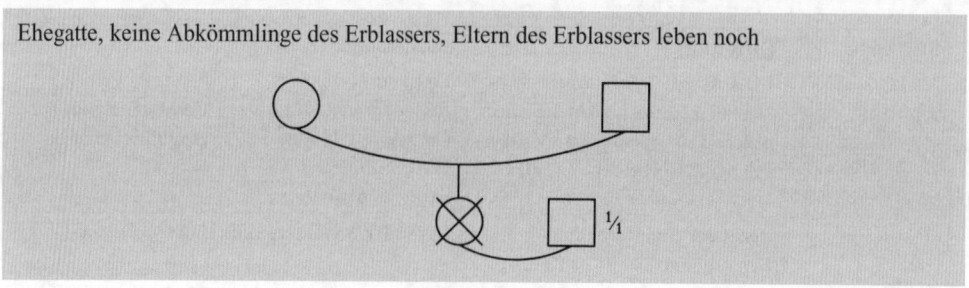

Ehegatte, zwei Abkömmlinge aus der Ehe, ein nichteheliches Kind des Erblassers

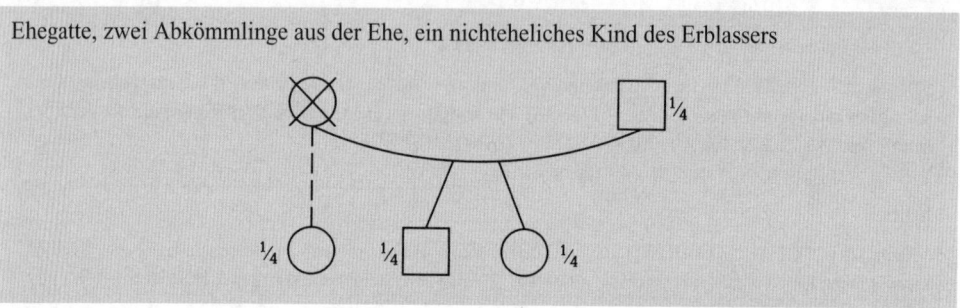

Ehegatte, zwei Kinder, von denen eines unter Hinterlassung von Kindern vorverstorben ist

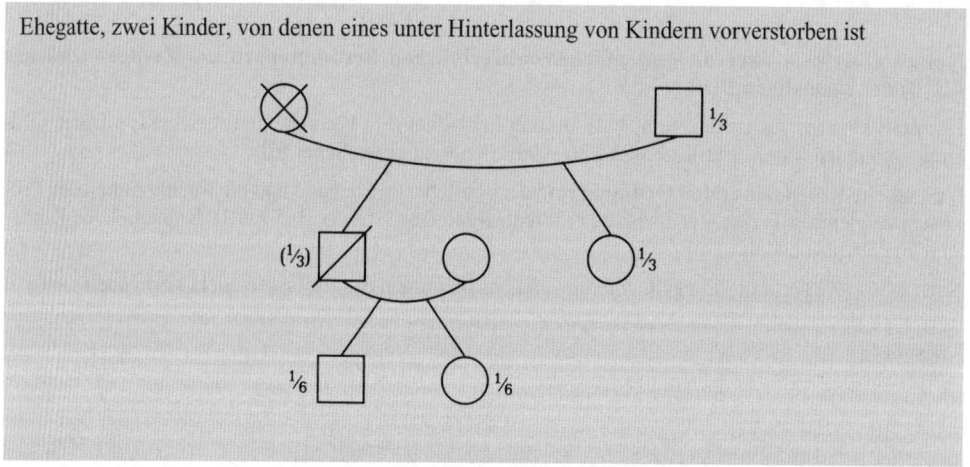

878 **Gesetzliche Erben der zweiten Ordnung** sind die Eltern des Erblassers und deren Nachkommen (§ 367 Abs. 1 ZGB).

Lebt nur ein Elternteil, so erbt er allein (§ 367 Abs. 2 ZGB), auch wenn Abkömmlinge der Eltern vorhanden sind.

Sind beide Elternteile vorverstorben, so erben die Nachkommen (§ 367 Abs. 3 ZGB).

Beispiele

879

Es leben beide Elternteile und zwei Geschwister

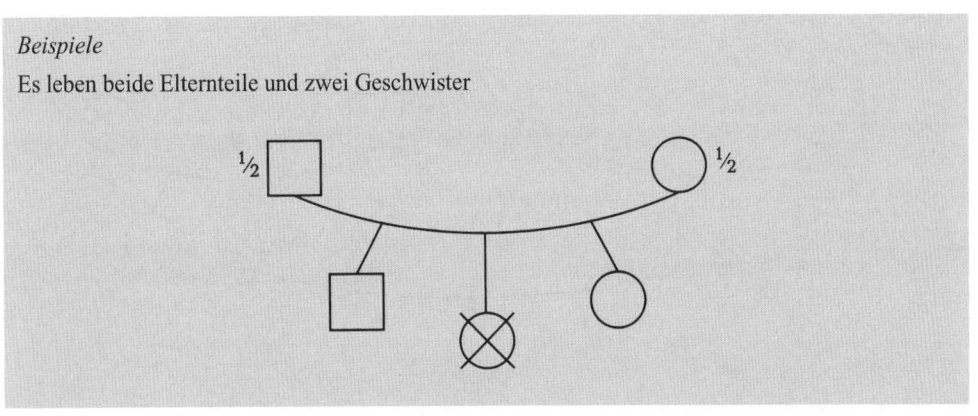

Es leben ein Elternteil und zwei Geschwister

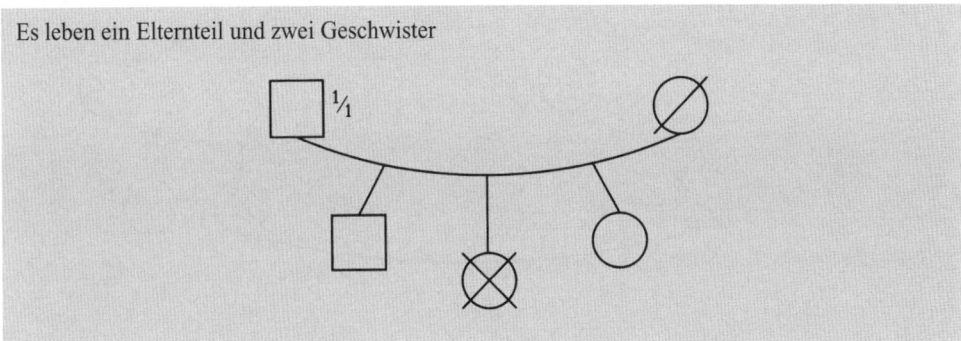

Beide Elternteile sind vorverstorben; es sind zwei Geschwister vorhanden

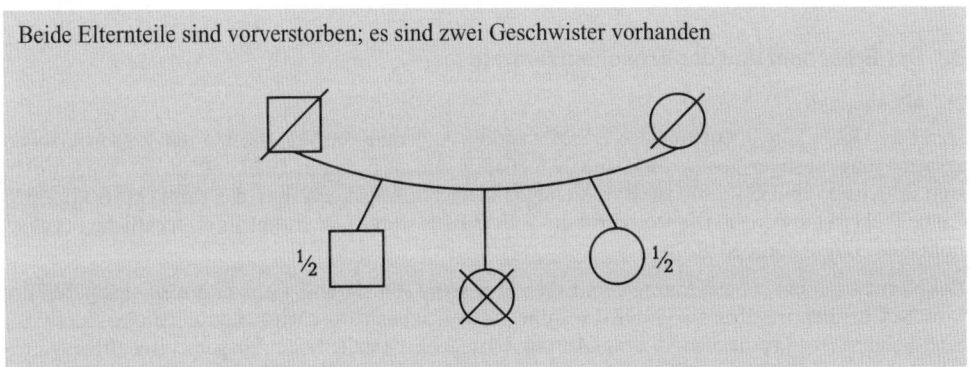

Gesetzliche Erben der dritten Ordnung sind die Großeltern des Erblassers und deren Nachkommen (§ 368 Abs. 1 ZGB).

880

Lebt ein Teil eines Großelternpaares nicht mehr, so erbt der andere dessen Erbteil mit (§ 368 Abs. 3 S. 1 ZGB).

Lebt ein Großeltern*paar* nicht mehr, so treten die Nachkommen an die Stelle (§ 368 Abs. 3 S. 2 ZGB).

881   *Beispiele*

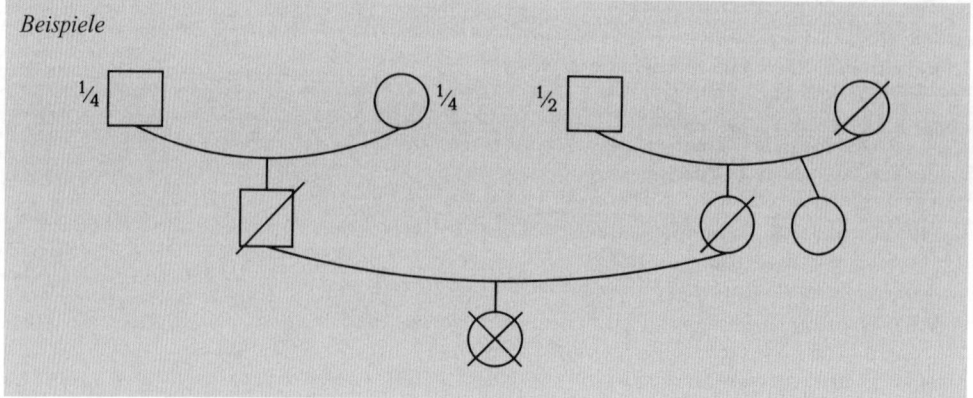

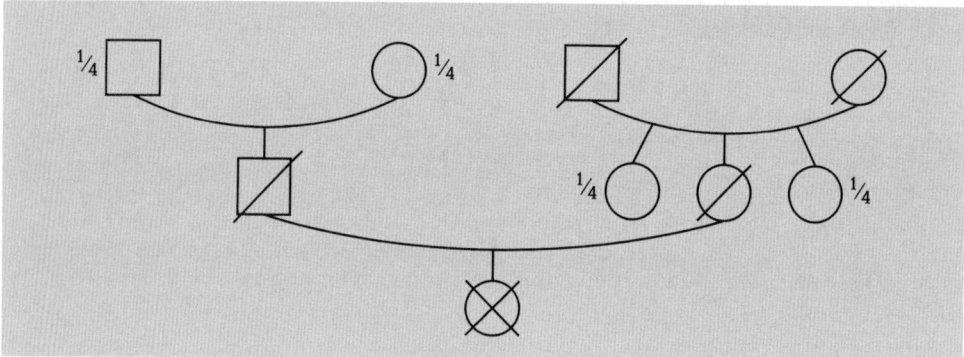

9. Der Erbschein und der Erbscheinsantrag

a) Allgemeines

882   Durch das Gesetz zum Internationalen Erbrecht und zur Änderung von Vorschriften zum Erbschein sowie zur Änderung sonstiger Vorschriften vom 29.6.2015[178] sind die bisher im BGB enthaltenen Vorschriften zum Erbschein (§§ 2354–2360 BGB) mit einigen kleineren Anpassungen in das FamFG (§§ 352–352e FamFG) überführt worden. Die Vorschrift des § 2353 BGB wurde gleichwohl als erbrechtliche Legaldefintion des Erbscheins beibehalten.

883   Das Nachlassgericht hat auf Antrag dem Erben über sein Erbrecht und, wenn er nur zu einem Teil der Erbschaft berufen ist, über die Größe des Erbteils ein Zeugnis (Erbschein) zu erteilen (§ 2353 BGB). Sind mehrere Erben vorhanden, so ist auf Antrag, den jeder Erbe stellen kann, ein gemeinschaftlicher Erbschein zu erteilen (§ 352a FamFG). In dem Erbschein sind eventuelle Beschränkungen des Erbrechts, wie Einsetzung eines Nacherben oder Testamentsvollstreckers, anzugeben (§§ 352b Abs. 1 und 2 FamFG). Nicht in den Erbschein gehören Angaben über den Umfang des Nachlasses oder Nachlassverbindlichkeiten, wie z.B. Pflichtteilsansprüche oder Vermächtnisse, Auflagen, Teilungsanordnungen oder Angaben über nach dem Erbfall angeordnete Verfügungsbeschränkungen, wie Nachlassverwaltung oder Nachlassinsolvenz. Einen nur auf bestimmte Nachlassgegenstände beschränkten Erbschein – ausgenommen den Fall des § 352c FamFG (siehe hierzu Rdn 2000 ff.) – kennt das BGB nicht.

884   Aufgrund des Erbscheins wird *widerlegbar* vermutet, dass dem darin als Erben Aufgeführten das angegebene Erbrecht zusteht und dass er nicht durch weitere, nicht aufgeführte Anordnungen (Nacherbfolge,

---

178 BGBl I S. 1042.

Ersatznacherbfolge oder Testamentsvollstreckung) beschränkt ist (§ 2365 BGB). Im Rahmen dieser Vermutung gilt gegenüber Dritten, die von dem im Erbschein als Erbe Bezeichneten durch Rechtsgeschäft einen Erbschaftsgegenstand oder ein Recht hieran erwerben oder die an diesen aufgrund eines zur Erbschaft gehörenden Rechts eine Leistung erbringen, der Inhalt des Erbscheins als richtig (§§ 2366, 2367 BGB). Das gilt jedoch nicht, wenn der Dritte die Unrichtigkeit des Erbscheins kennt oder weiß, dass das Nachlassgericht die Rückgabe des Erbscheins wegen Unrichtigkeit verlangt hat. Der Schutz des öffentlichen Glaubens an die Richtigkeit des Erbscheins erlischt ebenfalls, sobald das Nachlassgericht den Erbschein eingezogen oder für kraftlos erklärt hat (§ 2361 BGB und § 353 FamFG) oder der Besitzer den Erbschein auf Verlangen des wahren Erben dem Nachlassgericht herausgegeben hat (§ 2362 BGB).

Vor der Geltung der EU-ErbVO, d.h. bei Erbfällen bis zum 16.8.2015, galt, dass die deutschen Gerichte in Nachlasssachen dann international zuständig sind, wenn sie auch örtlich zuständig sind (§§ 105, 343, 344 FamFG), und zwar unabhängig davon, ob deutsches oder ausländisches Erbrecht anwendbar war. Fraglich war zunächst, ob für Erbfälle ab dem 17.8.2015 die nationalen Zuständigkeitsvorschriften des FamFG für die Erteilung von nationalen Erbscheinen durch die Zuständigkeitsvorschriften der EU-ErbVO verdrängt werden oder ob die nationalen Zuständigkeitsvorschriften nach wie vor ihre Eigenständigkeit behalten. Sollten also zukünftig für die Ermittlung der internationalen Zuständigkeit der deutschen Nachlassgerichte für die Erteilung von Erbscheinen §§ 105, 343, 344 FamFG oder die Art. 4 ff. EU-ErbVO gelten? Gemäß Art. 4 der EU-ErbVO wären die deutschen Nachlassgerichte für die Erteilung eines Erbscheins nur dann international zuständig, und zwar für den gesamten Weltnachlass, wenn der Erblasser im Zeitpunkt seines Todes seinen gewöhnlichen Aufenthalt in Deutschland hatte. (vgl. zur ausnahmsweisen Zuständigkeit deutscher Nachlassgerichte für Erblasser, die mit letztem gewöhnlichen Aufenthalt in einem Drittstaat – also Nicht-Mitgliedstaat – der EU-ErbVO gestorben sind, unten Rdn 1940 ff.) Die vorstehende Frage war praktisch von großer Bedeutung, da die Zuständigkeitsvorschriften der EU-ErbVO viel enger sind als die des FamFG, den deutschen Nachlassgerichten also bei einer ausschließlichen Anwendbarkeit der Art. 4 ff. EU-ErbVO in vielen Fällen eine Zuständigkeit auch in praktisch relevanten Fällen abgeschnitten wäre. Die Erteilung von sogenannten „Fremdrechtserbscheinen" (vgl. zum Begriff unten Rdn 1994) durch deutsche Nachlassgerichte würde damit quasi bis auf wenige Ausnahmefälle ausscheiden.

885

Die vorstehende Frage war in der juristischen Literatur zunächst sehr umstritten.[179] Gerichtliche Entscheidungen existierten zu dieser Frage zunächst nicht. Eine klare Antwort hatte dann der deutsche Gesetzgeber mit dem vorgenannten Gesetz zum Internationalen Erbrecht und zur Änderung von Vorschriften zum Erbschein sowie zur Änderung sonstiger Vorschriften gegeben. Durch dieses Gesetz wurden die nationalen Zuständigkeitsvorschriften der §§ 105, 343 FamFG für die Erteilung von Erbscheinen mit Auslandsberührung nicht aufhoben oder dem Wortlaut der Art. 4 ff. EU-ErbVO entsprechend angeglichen, sondern nur einzelne Begriffe (insbesondere „gewöhnlicher Aufenthalt" statt „Wohnsitz" i.R.d. § 343 FamFG) an die EU-ErbVO angepasst. Die Begründung zu § 343 FamFG führte aus, dass es hinsichtlich der internationalen Zuständigkeit (von Erbscheinen) bei der Anwendung des § 105 FamFG bleibt. Danach sollte es für die internationale Zuständigkeit der deutschen Nachlassgerichte allein darauf ankommen, ob die örtliche Zuständigkeit nach § 343 FamFG gegeben ist. Betroffen hiervon sollten diejenigen erbrechtlichen Verfahren mit Auslandsberührung sein, die nicht vom Zuständigkeitsregime der EU-ErbVO erfasst werden, wie z.B. die Erteilung und Einziehung und gegebenenfalls Kraftloserklärung von Erbscheinen.[180] Hiernach sollte sich also die internationale Zuständigkeit der deutschen Nachlassgerichte für die Erteilung von deutschen Erbscheinen mit Auslandsberührung nach wie vor nach den nationalen Zuständigkeitsvorschriften des FamFG und nicht nach den Vorschriften der EU-ErbVO richten.

886

Der vorstehenden Auffassung des deutschen Gesetzgebers und zahlreicher Literaturstimmen hat aber der Europäische Gerichtshof (EuGH) mit seinem Urt. v. 21.6.2018[181] einen Riegel vorgeschoben. Der EuGH erklärte die deutschen Zuständigkeitsvorschriften der §§ 105, 343 FamFG für gemeinschaftsrechtswidrig, soweit Sachverhalte betroffen sind, die in den Anwendungsbereich der EU-ErbVO fallen, also Sach-

887

---

179 Vgl. zum Meinungsstreit bis zum Urteil des EuGH v. 21.6.2018 – C-20/17 z.B. *Wall*, ZErb 2015, 9 ff. mit weiteren Nachweisen; Palandt/*Weidlich*, 76. Aufl. 2017, § 2353, Rn 8.
180 Vgl. BT-Drucks 18/4201, S. 59.
181 Urteil des EuGH v. 21.6.2018 – C-20/17 vgl. ZEV 2018, 465.

verhalte mit Auslandsberührung bzw. mit Gemeinschaftsbezug. Art. 4 ff. EU-ErbVO begründen also insoweit eine umfassende internationale Zuständigkeit der mitgliedstaatlichen Gerichte für den gesamten Nachlass, gleich wo sich die Nachlassgegenstände befinden, unabhängig von der Staatsangehörigkeit des Erblassers und unabhängig davon, ob das betreffende Verfahren streitig oder nicht streitig (also auch für das deutsche Erbscheinsverfahren!) geführt wird. Durch den Anwendungsvorrang der Art. 4 ff. EU-ErbVO vor den deutschen Zuständigkeitsvorschriften verlieren die deutschen Nachlassgerichte ihre bisherige Zuständigkeit für die Erteilung von Erbscheinen in all denjenigen praktisch relevanten Erbfällen mit Auslandsberührung bzw. Gemeinschaftsbezug, in denen der Erblasser nicht mit letztem gewöhnlichen Aufenthalt in Deutschland verstorben ist.[182] So müssen beispielsweise nunmehr die Erben eines deutschen Erblassers, der mit letztem Wohnsitz und gewöhnlichem Aufenthalt in Italien verstorben ist und der ausschließlich Immobilien in Deutschland hinterlässt, als Erbnachweis ein Europäisches Nachlasszeugnis (vgl. hierzu im Detail unten Rdn 1940 ff.) vor einem italienischen Nachlassgericht auf der Grundlage des italienischen Rechts beantragen. Ein deutsches Erbscheinsverfahren ist in diesem Fall nun nicht mehr möglich.

888   Örtlich zuständig ist für die Erteilung eines Erbscheins – gleich ob mit oder ohne Auslandsberührung – gemäß § 343 Abs. 1 FamFG primär das Amtsgericht (§ 23a Abs. 1 Nr. 2, Abs. 2 Nr. 2 GVG), in dessen Bezirk der Erblasser im Zeitpunkt seines Todes seinen gewöhnlichen Aufenthalt hatte (§ 343 Abs. 1 FamFG). Dieses Amtsgericht ist das Nachlassgericht. Auch für reine Inlandssachverhalte wurden die Zuständigkeitsvorschriften zur Erbscheinserteilung von den Begriffen her an die EU-ErbVO angeglichen, da nunmehr nicht mehr auf den letzten Wohnsitz, sondern in erster Linie auf den letzten gewöhnlichen Aufenthalt des Erblassers (Deutscher oder Ausländer) im Todeszeitpunkt abgestellt wird, vgl. zum Begriff des gewöhnlichen Aufenthalts im Sinne der EU-ErbVO Rdn 1846 ff. Hatte der Erblasser zum Todeszeitpunkt keinen gewöhnlichen Aufenthalt im Inland, ist hilfsweise das Gericht zuständig, in dessen Bezirk der Erblasser seinen letzten gewöhnlichen Aufenthalt im Inland hatte (§ 343 Abs. 2 FamFG). Weiterhin hilfsweise, d.h. wenn eine Zuständigkeit nach den § 343 Abs. 1 und 2 FamFG nicht gegeben ist, ist das Amtsgericht Schöneberg in Berlin zuständig, wenn der Erblasser Deutscher ist oder sich Nachlassgegenstände im Inland befinden (§ 343 Abs. 3 FamFG). Für deutsche Erblasser ergibt sich somit immer eine örtliche Zuständigkeit für die deutschen Nachlassgerichte, für ausländische Erblasser nur, wenn sie zum Zeitpunkt ihres Todes oder irgendwann einmal davor ihren gewöhnlichen Aufenthalt in Deutschland hatten oder sie Nachlassgegenstände in Deutschland hinterlassen haben, § 343 Abs. 2, 3 FamFG. Nach der vorgenannten Rechtsprechung des EuGH spielen die Zuständigkeitsregelungen der § 343 Abs. 2 u. 3 FamFG aber in der Praxis nur noch eine untergeordnete Rolle, z.B. bei Vorliegen einer Gerichtsstandsvereinbarung nach Art. 5 EU-ErbVO, wenn der Erblasser nach Art. 22 EU-ErbVO eine Rechtswahl zum deutschen Heimatrecht getroffen hat (vgl. dazu unter Rdn 890 und Rdn 1946 ff.).

889   Fraglich ist, wie sich im Rahmen von § 343 FamFG die örtliche Zuständigkeit der deutschen Nachlassgerichte im Falle von Staatenlosen oder von Personen, deren Staatsangehörigkeit nicht festgestellt werden kann, bestimmt. Bei solchen Personen ist das Recht des Staates anzuwenden, in dem sie ihren gewöhnlichen Aufenthalt (wegen des Begriffs „gewöhnlicher Aufenthalt" vgl. Rdn 38, 1694 ff., 1846 ff.) oder, mangels eines solchen, ihren – schlichten bzw. einfachen – Aufenthalt[183] hatten (Art. 5 Abs. 2 EGBGB). Im Falle staatenloser Erblasser oder von Erblassern, deren Staatsangehörigkeit nicht festgestellt werden kann, ist also eine örtliche Zuständigkeit der deutschen Nachlassgerichte grundsätzlich nur gegeben, wenn diese zum Zeitpunkt ihres Todes ihren gewöhnlichen Aufenthalt oder schlichten Aufenthalt (z.B. Tod während einer Urlaubsreise) in Deutschland (§ 343 Abs. 1 FamFG) haben.

890   Für die Erbfolge nach Personen, die ab dem 17.8.2015 versterben, bestimmt sich das anwendbare Erbrecht nach den Bestimmungen der EU-ErbVO. Danach ist grundsätzlich das Recht des Staates, in dem der Erblasser im Zeitpunkt seines Todes seinen gewöhnlichen Aufenthalt hatte, für alle Bereiche der Rechtsnachfolge von Todes wegen maßgebend, nicht mehr die Staatsangehörigkeit des Erblassers (Art. 21 Abs. 1 EU-ErbVO). Der Erblasser hat jedoch die Möglichkeit, in einer *Verfügung von Todes wegen* zu wählen, dass für die Rechtsnachfolge von Todes wegen in sein gesamtes Vermögen das deutsche

---

182 Zur ausnahmsweisen internationalen Zuständigkeit deutscher Nachlassgerichte in Fällen, in denen der Erblasser mit letztem gewöhnlichen Aufenthalt nicht in einem Mitgliedstaat verstorben ist, Art. 10 EU-ErbVO, vgl. unten Rdn 1940 ff.

183 Zum „schlichten bzw. einfachen Aufenthalt" siehe MüKo/*v. Hein*, BGB, 8. Aufl. 2020, Art. 5 EGBGB, Rn 130 ff.

Recht als das Recht des Staates, dessen Staatsangehörigkeit er im Zeitpunkt seines Todes besitzt, gelten soll, Art. 22 EU-ErbVO, vgl. hierzu im Einzelnen unten Rdn 1867 ff.

b) Arten des Erbscheins

Man unterscheidet folgende Arten: **891**

- den Alleinerben-Erbschein (§ 2353 Alt. 1 BGB);
- den Teilerbschein (§ 2353 Alt. 2 BGB); er beinhaltet, wie das Wort schon sagt, nur das Erbrecht eines *Miterben;* er kann auch von einem anderen Miterben beantragt werden;
- den gemeinschaftlichen Erbschein (§ 352a FamFG), wenn mehrere Erben vorhanden sind. Er weist das Erbrecht aller Miterben und die Größe ihrer Erbteile aus, betrifft also die Erbfolge in den ganzen Nachlass. Entgegen der alten Rechtslage ist nunmehr die Angabe der Erbteile nicht mehr zwingend erforderlich, wenn alle Antragsteller (nicht: Erben) in dem Antrag auf die Aufnahme der Erbteile in den Erbschein verzichten (§ 352a Abs. 2 S. 2 FamFG);
- den Gruppenerbschein. Er fasst mehrere Teilerbscheine über das Erbrecht mehrerer zu demselben Stamm gehörender Erben in einer Urkunde zusammen, setzt jedoch voraus, dass *alle* aufgeführten Erben ihn beantragen und die erforderlichen Erklärungen abgeben. Dieser Erbschein ist wenig praktisch; daher wird er auch nur äußerst selten erwirkt;
- den gemeinschaftlichen Teilerbschein. Er weist – wie der Gruppenerbschein – nicht alle Miterben, sondern nur mehrere von ihnen aus. Es handelt sich also um einen Erbschein über die Erbteile eines Teiles der Erben. Er kann auf Antrag eines jeden der in ihm genannten Miterben ausgestellt werden;
- den Sammelerbschein. Er fasst die Erbscheine über Erbfälle nach mehreren Erblassern, die sich *nacheinander* beerbt haben, in einer Urkunde zusammen;
- den gegenständlich beschränkten Erbschein (§ 352c FamFG). Gehören zu einer Erbschaft auch Gegenstände, die sich im Ausland befinden, kann der Antrag auf Erteilung eines Erbscheins auf die im Inland befindlichen Gegenstände beschränkt werden;
- den Hoffolgeerbschein (Hoffolgezeugnis) nach § 18 Abs. 2 S. 3 HöfeO. Er ist ein Zeugnis nur über die Hoferbfolge, also über die Sondererbfolge in das hofgebundene Vermögen nach dem Höferecht. Von ihm sind zu unterscheiden:
  aa) der Erbschein über den Gesamtnachlass, zu dem ein Hof im Sinne der HöfeO gehört, mit dem besonderen Zeugnis über die Hoferbfolge;
  bb) der Erbschein nur über das hoffreie Vermögen. Wenn ein Hof i.S.d. HöfeO zum Nachlass gehört, so ist sowohl für die Erteilung des Hoffolgezeugnisses als auch des Erbscheins über den hoffreien Nachlass statt des Nachlassgerichts das *Landwirtschaftsgericht ausschließlich* zuständig.

c) Erbscheinsantrag

Der Erbschein ist nur auf *Antrag* vom Nachlassgericht zu erteilen. Antragsberechtigt sind: **892**

- jeder Erbe (§ 2353 BGB), auch der Vorerbe (§ 352b FamFG); der Nacherbe ist jedoch vor dem Eintritt der Nacherbfolge nicht berechtigt, einen Erbschein für sich selbst oder für den Vorerben zu beantragen;
- der Rechtsnachfolger des Erben (Erbeserbe), wobei allerdings der ursprüngliche Erbe im Erbschein ausgewiesen wird;
- der Erbteilserwerber (§ 2033 BGB), wobei ebenfalls der Name dessen, der unmittelbar Erbe geworden ist, im Erbschein angegeben wird; ob der Erbschaftskäufer einen Erbschein auf den Namen dessen, der unmittelbar Erbe geworden ist, beantragen kann, ist umstritten;
- der Testamentsvollstrecker;
- der Nachlassverwalter;
- der Nachlassinsolvenzverwalter;
- der gesetzliche Vertreter eines Erben;
- der Abwesenheitspfleger (§ 1911 BGB);
- der Nachlass- wie der Erbengläubiger (§§ 792, 896 ZPO), sofern er einen vollstreckbaren Titel vorlegt;

Nicht antragsberechtigt sind:

- der Nachlasspfleger für *den* Nachlass, für den die Pflegschaft besteht, da er keinen bestimmten Erben zu vertreten hat,
- der Vermächtnisnehmer, wozu auch derjenige gehört, dem der Nießbrauch am ganzen Nachlass oder an einem Teil desselben zusteht (vermacht ist), es sei denn, er legt einen vollstreckbaren Titel vor.

893   Der Antrag selbst bedarf keiner Form. Daher kann er durch die Vorlage einer *beglaubigten Abschrift* der von einem Notar beurkundeten Erbscheinsverhandlung gestellt werden;[184] der Vorlage *einer Ausfertigung* der notariellen Urkunde bedarf es nicht.

Der Antrag soll begründet werden. In dem Antrag sollen die zur Begründung dienenden Tatsachen und Beweismittel angegeben sowie die in Betracht kommenden Beteiligten benannt werden (§ 23 Abs. 1 FamFG). Zu den Beteiligten gehören z.B. gesetzliche und testamentarische Erben, auch Nacherben (nicht aber Pflichtteilsberechtigte), wenn ein Rechtsstreit über das Erbrecht anhängig ist, die Gegner des Antragstellers. Wegen der Beteiligten im Übrigen siehe § 345 Abs. 1 S. 2 FamFG.

894   Auch sollte der Antragsteller im Erbscheinsantrag über das Vorhandensein oder Nichtvorhandensein von Vermögen des Erblassers im Ausland Angaben machen, und zwar insbesondere um die Zulässigkeit eines gegenständlich beschränkten Erbscheins gemäß § 352c Abs. 1 FamFG festzustellen.

Bevor der Erbschein vom Nachlassgericht erteilt wird, ist ein Beschluss zu erlassen, in dem festgestellt wird, dass die Voraussetzungen für die Erteilung („die zur Erteilung eines Erbscheins erforderlichen Tatsachen für festgestellt erachtet") vorliegen (§ 352e Abs. 1 S. 1 FamFG). Vor Erlass dieses Beschlusses können die in § 345 Abs. 1 S. 2 FamFG genannten Beteiligten hinzugezogen werden; auf ihren Antrag hin sind sie hinzuzuziehen (§ 345 Abs. 1 S. 3 FamFG). Das Verfahren kann beschleunigt werden durch Aufnahme einer Versicherung in die notarielle Urkunde des Inhalts, dass der Erbscheinsantrag nicht dem erklärten Willen eines Miterben widerspricht (siehe Rdn 904). Entsprechend der Anregung von *Baumann*[185] könnte auch von den am Erbscheinsverfahren nicht mitwirkenden Beteiligten die von ihm angesprochene und als Muster gebrachte Einverständniserklärung beschafft werden.[186]

895   In einer unstreitigen Sache wird der Beschluss mit Erlass wirksam, ohne dass es einer Bekanntgabe an die Beteiligten bedarf.

Widerspricht der Beschluss dem erklärten Willen eines Beteiligten, ist der Beschluss den Beteiligten bekanntzugeben. In diesem Fall hat das Gericht die sofortige Wirksamkeit auszusetzen und die Erteilung des Erbscheins bis zur Rechtskraft des Beschlusses zurückzustellen (§ 352e Abs. 2 FamFG).

Der Erbschein darf vom Nachlassgericht nur genau dem Antrag entsprechend erteilt werden; der Erbscheinsantrag muss daher einen bestimmten Vorschlag für den Inhalt des zu erteilenden Erbscheins bringen. Der Antragsteller darf es nicht dem Ermessen des Gerichts überlassen, den Inhalt des Erbscheins zu bestimmen. Es ist jedoch zulässig, mit dem bestimmt gestellten Antrag auf Erteilung eines Erbscheins für den Fall, dass dieser Antrag abgelehnt wird, *einen oder mehrere Hilfsanträge* zu verbinden. Der im Erbscheinsverfahren früher häufig praktizierte Vorbescheid, durch den das Nachlassgericht ankündigte, es werde einen im Wortlaut festgelegten Erbschein erteilen, falls nicht innerhalb einer bestimmten Frist Beschwerde eingelegt werde, ist nicht mehr zulässig.

896   Der Notar gilt nur dann als zur Stellung des Antrages auf Erteilung des Erbscheins, zur Zurücknahme des Erbscheinsantrages und zur Einlegung der Beschwerde für bevollmächtigt, wenn die Erteilung einer Ausfertigung des Erbscheins zu Händen des Notars beantragt wird. In zweifelhaften Fällen empfiehlt es sich, eine ausdrückliche Vollmacht für den Notar abgeben zu lassen, die etwa folgenden Inhalt haben könnte:

> „Der Notar wird ermächtigt, diese Erbscheinsverhandlung zu ergänzen oder zu berichtigen, den Erbscheinsantrag zurückzunehmen sowie Rechtsmittel einzulegen."

---

184 LG Wuppertal Rpfleger 1972, 100 mit zust. Anm. *Grauel.*
185 NotBZ 2011, 197.
186 NotBZ 2011, 202.

Durch die Aufnahme einer solchen Vollmacht kann unter Umständen ein umfangreicher Schriftwechsel zwischen dem Nachlassgericht und dem Notar einerseits und zwischen dem Notar und dem Antragsteller andererseits vermieden werden.

d) Erforderliche Angaben und Nachweise

Zur Erwirkung eines Erbscheins aufgrund gesetzlicher Erbfolge hat der Antragsteller nach § 352 Abs. 1 FamFG anzugeben: **897**

1. den Zeitpunkt des Todes des Erblassers,
2. den letzten gewöhnlichen Aufenthalt und die Staatsangehörigkeit des Erblassers,
3. das Verhältnis, auf dem sein Erbrecht beruht, wobei dann, wenn ein Ehegatte zur Erbfolge gelangt ist, anzugeben ist, in welchem Güterstand der Erblasser mit ihm lebte,
4. ob und welche Personen vorhanden sind oder vorhanden waren, durch die er von der Erbfolge ausgeschlossen oder sein Erbteil gemindert werden würde,
5. ob und welche Verfügungen von Todes wegen des Erblassers vorhanden sind,
6. ob ein Rechtsstreit über das Erbrecht anhängig ist,
7. dass er die Erbschaft angenommen hat,
8. die Größe seines Erbteils,
9. wenn eine Person weggefallen ist, durch die der Antragsteller von der Erbfolge ausgeschlossen oder sein Erbteil gemindert werden würde, in welcher Weise die Person weggefallen ist (z.B. durch Tod, Ausschlagung, Erbverzicht); bei Ehegatten ist der Überlebende von der Erbfolge ausgeschlossen, wenn zurzeit des Eintritts des Erbfalles die Voraussetzungen für die Scheidung der Ehe gegeben waren und wenn der Erblasser die Scheidung beantragt oder ihr zugestimmt hatte oder wenn der Erblasser auf Aufhebung der Ehe zu klagen berechtigt war und die Klage erhoben hatte; die Rechtsprechung verlangt deshalb vereinzelt eine eidesstattliche Versicherung, dass eine Ehesache (Scheidungsverfahren bzw. Aufhebungsklage) nicht anhängig ist;[187] nach OLG Hamm[188] ist es dagegen ermessensmissbräuchlich, wenn der Rechtspfleger *routinemäßig* in jedem Fall eine eidesstattliche Versicherung verlangt, dass die Voraussetzungen für den Ausschluss des Ehegattenerbrechts nach § 1933 BGB nicht vorliegen;
10. ob und ggf. welches Vermögen der Erblasser im Ausland hinterlassen hat (vgl. § 352c Abs. 1 FamFG),

bei Beantragung eines *gemeinschaftlichen* Erbscheins zusätzlich zu den Angaben zu 1. bis 10:

11. die Erben und ihre Erbteile (§ 352a Abs. 1 S. 1, Abs. 2 S. 1 FamFG); auf die Angabe der Erbteile kann verzichtet werden, wenn alle Antragsteller in dem Antrag auf die Aufnahme der Erbteile in den Erbschein verzichten (§ 352a Abs. 2 S. 2 FamFG),
12. wenn der Antrag nicht von allen Erben gestellt wird: dass die übrigen Erben die Erbschaft angenommen haben (§ 352a Abs. 3 FamFG).

Der Antragsteller hat die Richtigkeit seiner Angaben teils durch öffentliche Urkunden, teils durch Abgabe einer eidesstattlichen Versicherung nachzuweisen (§ 352 Abs. 3 S. 1 bis 4 FamFG). **898**

Die Richtigkeit der Angaben zu 1., 3. und 9. ist durch öffentliche Urkunden im Sinne des § 415 ZPO nachzuweisen (§ 352 Abs. 3 S. 1 FamFG). Nach § 352 Abs. 3 S. 2 FamFG genügt die Angabe anderer Beweismittel (z.B. Auskünfte von Behörden, Benennung von Zeugen, Beibringung eidesstattlicher Versicherungen, Bezugnahme auf andere Akten), wenn die Urkunden nicht oder nur mit *unverhältnismäßigen* Schwierigkeiten zu beschaffen sind. Als „öffentliche Urkunden" kommen in erster Linie die *Personenstandsurkunden* (Geburts-, Ehe- oder Lebenspartnerschafts- und Sterbeurkunden), die der Standesbeamte nach § 55 PStG ausstellt, in Betracht. Personenstandsurkunden aus den Gebieten östlich der Oder-Neiße-Linie können meistens nicht beigebracht werden, weil die entsprechenden Personenstandsbücher vernichtet sind. In diesen Fällen musste ein Familienbuch nach § 15a PStG a.F. angelegt werden. Hat ein Deutscher im Ausland die Ehe geschlossen, so kann die Eheschließung auf Antrag von dem Wohnsitz-

187 OLG Braunschweig Rpfleger 1990, 462.
188 DNotZ 1993, 139 = Rpfleger 1993, 66.

Standesamt im Eheregister beurkundet werden (§ 34 PStG). Dadurch wird die früher im § 15a PStG a.F. geregelte Funktion des Familienbuchs ersetzt. § 36 PStG erklärt die Wohnsitz-Standesämter für zuständig, auch Geburten und Todesfälle Deutscher im Ausland zu beurkunden. Für den Besitz der deutschen Staatsangehörigkeit ist der Zeitpunkt der Antragstellung maßgebend. Mit eidesstattlichen Versicherungen geben sich die Nachlassgerichte schon lange nicht mehr zufrieden.

899   Folgende Personenstandsurkunden sind dem Nachlassgericht vorzulegen:

Der Tod des Erblassers ist durch eine Sterbeurkunde oder einen beglaubigten Ausdruck aus dem Personenstandsregister (§ 55 PStG), gegebenenfalls durch die Vorlage einer Ausfertigung des Beschlusses über die Todeserklärung, zu beweisen.

Zum Nachweis des Erbrechts des Ehegatten des Erblassers ist eine Eheurkunde gemäß § 57 PStG notwendig, die nach dem Erbfall ausgestellt sein muss. Es genügt nicht, dass der Ehegatte in der Sterbeurkunde des Erblassers oder in einer Geburtsurkunde eines Kindes als solcher aufgeführt ist. In den nach dem 1.1.2009 ausgestellten Sterbeurkunden wird nur noch der Familienstand des Verstorbenen ohne Namensnennung des Ehepartners angegeben (§ 60 Nr. 2 PStG), sodass auch aus diesem Grunde die Eheurkunde vorzulegen ist.

Bei Personen, die in einer eingetragenen Lebenspartnerschaft lebten (vgl. Rdn 867 ff.), ist die Vorlage einer Lebenspartnerschaftsurkunde erforderlich.[189]

Hat der verheiratete oder in eingetragener Lebenspartnerschaft verbundene Erblasser – abweichend vom gesetzlichen Güterstand – in Gütertrennung oder Gütergemeinschaft gelebt, so ist dieser Güterstand durch Ehevertrag bzw. Lebenspartnerschaftsvertrag oder über das Güterrechtsregister nachzuweisen.

900   Zum Nachweis des Erbrechts eines *Kindes* sind erforderlich: dessen Geburtsurkunde,

beim Enkel: dessen Geburtsurkunde und die Geburts- und Sterbeurkunde des weggefallenen Elternteils,

für einen Elternteil: die Geburtsurkunde des Erblassers,

bei Bruder oder Schwester: die Geburtsurkunde des erbenden Bruders (Schwester) und des Erblassers sowie die Sterbeurkunde des weggefallenen Elternteils des Erblassers,

bei einem Geschwisterkind: die Geburtsurkunden des Erblassers, des erbenden Geschwisterkindes und des weggefallenen Vaters (Mutter) des Geschwisterkindes sowie die Sterbeurkunden des weggefallenen Elternteils des Geschwisterkindes und des weggefallenen Elternteils des Erblassers.

Ein Wegfall von erbberechtigten Personen kann eingetreten sein durch Tod vor dem Erblasser (§ 1923 BGB), Erbausschlagung (§§ 1942 ff. BGB), Erbverzicht (§§ 2346 ff. BGB), Erbunwürdigkeit (§§ 2339 ff. BGB) und Ausschließung (§ 1938 BGB) sowie dadurch, dass zur Zeit des Todes des Erblassers die Voraussetzungen für die Scheidung einer Ehe gegeben waren und der Erblasser die Scheidung beantragt oder ihr zugestimmt hatte oder der Erblasser auf Aufhebung der Ehe zu klagen berechtigt war und die Klage erhoben hatte (§ 1933 BGB). Weiterhin kann ein Wegfall bei unverheirateten Erblassern eintreten, wenn bei einer Eingetragenen Lebenspartnerschaft (vgl. Rdn 870) zur Zeit des Todes des Erblassers die Voraussetzungen für die Aufhebung der Lebenspartnerschaft nach § 15 Abs. 2 Nr. 1 oder 2 LPartG gegeben waren und der Erblasser die Aufhebung beantragt oder ihr zugestimmt hatte oder der Erblasser einen Antrag nach § 15 Abs. 2 Nr. 3 LPartG gestellt hatte und dieser Antrag begründet war (§ 10 Abs. 3 LPartG). Diese Tatsachen sind ebenfalls durch öffentliche Urkunden nachzuweisen.

901   Zu den übrigen Angaben (siehe Rdn 897), d.h. den Angaben

- über den letzten gewöhnlichen Aufenthalt und die Staatsangehörigkeit des Erblassers,
- ob und welche Personen vorhanden sind und waren, durch die die Erben von der Erbfolge ausgeschlossen oder ihre Erbteile gemindert werden würden,
- ob und welche Verfügungen von Todes wegen vorhanden sind,
- ob ein Rechtsstreit über das Erbrecht anhängig ist,

---

[189] Wegen der landesrechtlichen Vorschriften für die Ausstellung entsprechender Urkunden siehe *Brandhuber*, MittBayNot Sonderheft November 2001, S. 11, 16 und 19 ff.

- dass er die Erbschaft angenommen hat, und falls der Antrag nicht von allen Erben gestellt wird, dass die übrigen Erben die Erbschaft angenommen haben,
- über die Größe seines Erbteils,
- sofern ein im gesetzlichen Güterstand lebender Ehegatte oder eingetragener Lebenspartner zu den gesetzlichen Erben gehört: dass der Erblasser zur Zeit seines Todes im gesetzlichen Güterstand lebte,
- ob und ggf. welches Vermögen der Erblasser im Ausland hinterlassen hat (vgl. § 352c Abs. 1 FamFG),
- dass keine Ehesache anhängig ist (vgl. Rdn 897) oder die Voraussetzungen für die Aufhebung der eingetragenen Lebenspartnerschaft nicht vorliegen (vgl. vorstehenden Absatz und siehe auch Rdn 870),

hat der Antragsteller vor einem Notar oder Gericht an Eides statt zu versichern, dass ihm nichts bekannt sei, was der Richtigkeit seiner Angaben entgegensteht (§ 352 Abs. 3 S. 3 FamFG).

Aufgrund der erforderlichen Angabe des Antragsstellers in dem Erbschein, ob und welche Personen vorhanden sind oder vorhanden waren, durch die er von der Erbfolge ausgeschlossen oder sein Erbteil gemindert sein könnte, sowie der Angabe der Größe des Erbteils des Antragsstellers muss vor der Aufnahme der Urkunde für die Erwirkung des Erbscheins gefragt werden, ob der Erblasser im Zeitpunkt seines Todes verheiratet war oder in einer eingetragenen Lebenspartnerschaft (siehe Rdn 867 ff.) gelebt hat.

Wegen des Erbrechts von Lebenspartnern einer eingetragenen Lebenspartnerschaft mit dem Muster eines Erbscheinsantrages siehe oben (vgl. Rdn 867 ff.).   **902**

Die eidesstattliche Versicherung i.S.v. § 352 Abs. 3 S. 3 FamFG ist vom Antragsteller selbst bzw. seinem gesetzlichen Vertreter (z.B. Betreuer) abzugeben, und zwar auch dann, wenn ein anderer als der Erbe den Erbschein beantragt (z.B. Testamentsvollstrecker oder Gläubiger). Die eidesstattliche Versicherung eines Bevollmächtigten – auch eines Vorsorgebevollmächtigten – ist unzulässig. Sie braucht vom Notar nicht in Ausfertigung vorgelegt zu werden, vielmehr genügt auch hier eine beglaubigte Abschrift der notariellen Urkunde.[190]

Zum notariellen Erbscheinsverfahren nach dem FamFG siehe ausführlich *Baumann*.[191]

§ 352d FamFG bietet dem Nachlassgericht die Möglichkeit, eine öffentliche Aufforderung zur Anmeldung der anderen Personen zustehenden Erbrechte zu erlassen. Die öffentliche Aufforderung ist das letzte Mittel, etwa wenn die Beibringung urkundlicher Nachweise zum Tod oder zur Existenz weiterer Mitberechtigter dem Antragsteller unverhältnismäßige Schwierigkeiten bereiten würde oder etwa eine als Miterbe in Betracht kommende Person seit vielen Jahren unbekannten Aufenthalts ist. Als Folge eines nach § 352d FamFG durchgeführten Erbenaufgebots wird im Rahmen der Entscheidung über den Erbscheinsantrag angenommen, dass weitere Erben nicht existieren. Die Art der Bekanntmachung und die Dauer der Anmeldungsfrist bestimmen sich nach den für das Aufgebotsverfahren geltenden Vorschriften.[192]   **903**

e) Muster eines Erbscheinsantrages

(Protokolleingang)   **904**

Die Erschienene (Ehefrau des Erblassers) erklärte, nachdem sie auf die Bedeutung einer eidesstattlichen Versicherung hingewiesen worden war:

Am 31.12.2018 verstarb in Düsseldorf, seinem letzten Wohnsitz und gewöhnlichen Aufenthalt, mein Ehemann, der Schreinermeister Franz Meier. Der Erblasser besaß ausschließlich die deutsche Staatsangehörigkeit; er hat im Ausland belegenes Vermögen nicht hinterlassen. Zum Nachlass gehört auch kein Hof im Sinne der Höfeordnung.

---

190 LG Berlin DNotZ 1968, 51; LG Düsseldorf MittRhNotK 1969, 725.
191 NotBZ 2011, 157 ff.; 2011, 193 ff.
192 Zur Pflicht des Nachlassgerichts zum Aufgebot unbekannter Erben zur inhaltsgleichen Vorgängervorschrift des § 2358 Abs. 2 BGB siehe OLG Hamm, Beschl. vom 13.2.2015 – 15 W 313/14, NJW-RR 2015, 1160.

Er hat als gesetzliche Erben hinterlassen:

1. mich, seine Witwe, zu $\frac{1}{2}$,
2. seine Abkömmlinge:
    a) Franz Meier, geboren am 1.4.1968, Schlosser zu Mettmann, Johannes-Flintrop-Straße 96, zu $\frac{1}{4}$,
    b) die Kinder seines vorverstorbenen Sohnes Karl Meier:
        aa) Karl Meier jun., geboren am 5.5.1961, Metzgermeister zu Ratingen, Düsseldorfer Straße 36,
        bb) Christel Meier, geboren am 9.9.1963, kaufmännische Angestellte, ebenda wohnhaft, zu je $\frac{1}{8}$.

Vor ihm verstarben:

1. sein Sohn Karl Meier am 9.5.1964,
2. seine Tochter Hildegard Meier am 30.6.1969 ohne Hinterlassung von Abkömmlingen.

Nichteheliche oder adoptierte Kinder hat der Erblasser nicht hinterlassen.

Andere Personen, durch welche die vorgenannten Erben von der Erbfolge ausgeschlossen oder deren Erbteile gemindert werden würden, sind und waren nicht vorhanden.

Die Erbschaft ist von allen Erben angenommen worden.

Eine Verfügung von Todes wegen hat der Erblasser nicht hinterlassen.

Ein Rechtsstreit über das Erbrecht der Erben ist nicht anhängig.

Der Erblasser lebte im Zeitpunkt seines Todes mit mir im gesetzlichen Güterstand.

Eine Ehesache (Scheidungsverfahren bzw. Aufhebungsklage – § 1933 BGB) ist nicht anhängig.

Ich versichere hiermit an Eides statt, dass mir nichts bekannt ist, was der Richtigkeit meiner Angaben entgegensteht und versichere weiterhin, dass der Erbscheinsantrag – nach Rücksprache mit allen Miterben – nicht dem erklärten Willen eines Miterben widerspricht.

Ich beantrage, nach dem Erblasser einen gemeinschaftlichen Erbschein vorstehenden Inhalts zu erteilen und eine Ausfertigung davon an den Notar zu senden.

Die Kosten dieser Verhandlung und des Erbscheins trage ich.

Der Nettowert des Nachlasses beträgt 150.000 EUR.

Der Notar wird ermächtigt, diese Erbscheinsverhandlung zu ergänzen oder zu berichtigen, den Erbscheinsantrag zurückzunehmen sowie Rechtsmittel einzulegen.

Diese Niederschrift wurde in Gegenwart des Notars der Beteiligten vorgelesen, von ihr genehmigt und eigenhändig, wie folgt, unterschrieben:

Kostenberechnung (ohne Auslagen)

Geschäftswert: Nettowert des Nachlasses
(gemäß § 40 Abs. 1 S. 1 Nr. 1 GNotKG);
hier: 150.000 EUR
Gebühr nach GNotKG KV Nr. 23300 (1,0);
hier: 354 EUR (+ MwSt).

Die zur Erlangung eines Erbscheins erforderlichen Erklärungen brauchen nicht in einem bestimmten Wortlaut beurkundet zu werden. Es würde auch eine Urkunde folgenden Inhalts ausreichend sein:

(Protokolleingang) **905**

Der Erschienene ersuchte um die Beurkundung einer eidesstattlichen Versicherung und des Antrages auf Erteilung eines Erbscheins und machte folgende Angaben:

1. Erblasser:
2. Familienstand: ledig/verheiratet/verwitwet
   Güterstand im Zeitpunkt des Todes:
3. Zeit und Ort des Todes:
4. Letzter gewöhnlicher Aufenthalt:
5. Staatsangehörigkeit:
6. Der Erblasser hat im Ausland belegenes Vermögen nicht hinterlassen. Zum Nachlass gehört auch kein Hof im Sinne der Höfeordnung.
7. Vorhandene Verfügungen von Todes wegen:
8. Gesetzliche Erben sind (Angabe des Verhältnisses, auf dem das Erbrecht beruht):
9. Als Erben ausgeschieden sind durch:

Andere Personen, durch welche die genannten Erben von der Erbfolge ausgeschlossen oder ihre Erbteile gemindert würden, sind und waren nicht vorhanden.

Eine Ehesache (Scheidungsverfahren bzw. Aufhebungsklage – § 1933 BGB) ist nicht anhängig.

Nichteheliche oder adoptierte Kinder hat der Erblasser nicht hinterlassen.

Verfügungen von Todes wegen hat der Erblasser nicht hinterlassen.

Alle Erben haben die Erbschaft angenommen.

Ein Rechtsstreit über das Erbrecht ist nicht anhängig.

Nach Belehrung über die Bedeutung einer eidesstattlichen Versicherung und auf die strafrechtlichen Folgen einer vorsätzlich oder fahrlässig falsch abgegebenen Erklärung an Eides statt hingewiesen, versichere ich hiermit an Eides statt, dass mir nichts bekannt ist, was der Richtigkeit meiner Angaben entgegensteht.

Ich beantrage die Erteilung eines – gemeinschaftlichen – Erbscheins vorstehenden Inhalts und die Übersendung einer Ausfertigung an den Notar. Ich versichere, dass der Erbscheinsantrag – nach Rücksprache mit allen Miterben – nicht dem erklärten Willen eines Miterben widerspricht.

Der Nettowert des Nachlasses beträgt (…) EUR.

Die Kosten können von mir erhoben werden.

Der Notar wird ermächtigt, diese Erbscheinsverhandlung zu ergänzen oder zu berichtigen, den Erbscheinsantrag zurückzunehmen sowie Rechtsmittel einzulegen.

Diese Niederschrift wurde vom Notar vorgelesen, von dem Beteiligten genehmigt und von ihm eigenhändig, wie folgt, unterschrieben:

Bedarf es zum Zwecke der Zwangsvollstreckung, insbesondere zur Erteilung oder Umschreibung einer **906** Vollstreckungsklausel (§§ 727, 728, 795 ZPO), des Nachweises der Erbfolge nach dem Schuldner, so kann der Gläubiger anstelle des Schuldners die Erteilung eines Erbscheins beantragen (§ 792 ZPO). Dabei hat er die nach § 352 Abs. 3 FamFG erforderliche eidesstattliche Versicherung abzugeben, wie wenn er Erbe oder Miterbe wäre. Er muss allerdings sein Antragsrecht durch einen vollstreckbaren Titel nachweisen.

Ist dem Erben bereits ein Erbschein erteilt, so kann jeder, der – wie hier der Gläubiger des Schuldners – ein rechtliches Interesse hat, gemäß § 357 Abs. 2 FamFG eine Ausfertigung verlangen.

907

Formulierungsbeispiel für einen Antrag des Gläubigers des Erblassers auf Erteilung eines Erbscheins zum Zwecke der Zwangsvollstreckung:

(Urkundeneingang wie üblich)

In der vor Notar (…) am (…) errichteten Urkunde hat der Kaufmann (…) anerkannt, von mir ein Darlehn von (…) EUR erhalten zu haben und sich verpflichtet, es mit (…) % jährlich zu verzinsen und am (…) zurückzuzahlen. Für das Darlehen nebst Zinsen hat er sich der sofortigen Zwangsvollstreckung unterworfen.

Herr (…), der Schuldner, ist ausweislich der Sterbeurkunde am (…) verstorben.

(Jetzt folgen die Erklärungen wie beim „normalen" Erbschein.)

(*Ggf.:* Der Erblasser lebte im Zeitpunkte seines Todes mit seiner vorgenannten Ehefrau im gesetzlichen Güterstand der Zugewinngemeinschaft.)

Es sind und waren keine Personen vorhanden, durch die das Erbrecht der Erben ausgeschlossen oder ihre Erbteile gemindert werden würden.

Ein Rechtsstreit über das Erbrecht der Erben ist nicht anhängig.

Eine Verfügung von Todes wegen hat der Erblasser nicht hinterlassen.

Ich versichere an Eides statt, dass mir nichts bekannt ist, was der Richtigkeit meiner vorstehenden Angaben entgegensteht.

Da ich zur Zwangsvollstreckung aus der oben bezeichneten vollstreckbaren Urkunde gegen die Erben meines Schuldners eines Erbscheins bedarf, beantrage ich, mir einen Erbschein dahin zu erteilen, dass Erben des eingangs genannten Erblassers die Vorgenannten zu je ½ (oder zu anderen Bruchteilen) geworden sind. Eine Ausfertigung des Erbscheins erbitte ich an mich.

Der reine Wert des Nachlasses ist schwer zu ermitteln. Ich schätze ihn auf 50.000 EUR.

Diese Niederschrift (…)

Nach BGH[193] hat der Notar die Pflicht, den erteilten Erbschein zu prüfen, ob er antragsgemäß erteilt worden ist; die Ausfertigung eines unrichtig erteilten Erbscheins darf der Notar dem Erben nicht aushändigen.

II. Gewillkürte Erbfolge (Testaterbfolge)

1. Der Grundsatz der Testierfreiheit

908 Das deutsche Erbrecht geht – stillschweigend – vom Grundsatz der Testierfreiheit aus, die im Wesentlichen nur

a) durch das Pflichtteilsrecht,
b) die allgemeine Sittenordnung und
c) bindende frühere Verfügungen von Todes wegen

eingeschränkt ist. Daneben gibt es noch zeitliche Grenzen für die Wirksamkeit einer Verfügung von Todes wegen (siehe Rdn 1143), das Verbot, die Verfügung einem anderen zu überlassen (siehe Rdn 1187 ff.) und einige Beschränkungen aus dem Lenkungsrecht (Höferecht, Grundstückverkehrsgesetz, Baugesetzbuch sowie Preisklauselgesetz, vgl. Rdn 1194 ff., 1197 ff.). Schließlich ist es einem deutschen Staatsangehörigen verwehrt, für seinen Erbfall zu bestimmen, dass das Erbrecht eines ausländischen Staates angewendet werden soll. Dies gilt auch für deutsche Erblasser, die ab dem 17.8.2015 versterben, und bei denen sich das auf ihre Rechtsnachfolge anwendbare Erbrecht nach der EU-Erbrechtsverordnung Nr. 650 vom 4.7.2012 richtet. Dagegen konnte ein Ausländer bis zum 16.8.2015 gemäß Art. 25 Abs. 2 EGBGB (Ein-

---

193 DNotZ 1988, 372.

führungsgesetz zum Bürgerlichen Gesetzbuch) bestimmen, dass für sein in der Bundesrepublik Deutschland belegenes, unbewegliches Vermögen das Erbrecht des BGB gilt. Seit dem 17.8.2015 ist eine derartige gegenständlich beschränkte Rechtswahl nach der EU-Erbrechtsverordnung Nr. 650/2012 vom 4.7.2012 nicht mehr zulässig (vgl. Rdn 1871). Niemand kann seine Testierfreiheit aufgeben, d.h. sich verpflichten, eine Verfügung von Todes wegen zu treffen bzw. nicht zu treffen (§ 2302 BGB). Eine Bindung ist nur in einem gemeinschaftlichen Testament oder Erbvertrag möglich.

Im Rahmen dieser Grenzen überlässt es das deutsche Erbrecht dem Einzelnen, über die Nachfolge in sein **909** Vermögen beliebige Bestimmungen zu treffen. Es hält dafür ein vielfältiges Instrumentarium von Regelungsmöglichkeiten bereit: Verfügungen von Todes wegen können in verschiedener Form errichtet werden. Die inhaltlichen Gestaltungsmöglichkeiten sind nahezu unbegrenzt.

2. Testament und Erbvertrag

a) Arten

Nach dem Sprachgebrauch des BGB unterscheidet man bei Verfügungen von Todes wegen zwischen **910**

(1) Testamenten und
(2) Erbverträgen.

Testamente nennt man auch „letztwillige Verfügungen", weil sie „das letzte Wort" oder auch „den letzten Willen" eines Erblassers über seinen Nachlass enthalten.

Testamente unterscheidet man

(1) hinsichtlich der Beteiligung in *Einzel*testamente und *gemeinschaftliche* Testamente,
(2) hinsichtlich der Form in
   (a) *ordentliche,* nämlich
      (aa) eigenhändige und
      (bb) öffentliche,
      sowie
   (b) *außerordentliche,* nämlich
      (aa) Nottestamente (Bürgermeistertestament, 3-Zeugen-Testament, Seetestament) und
      (bb) Konsulartestamente.

b) Erfordernisse für das eigenhändige Einzeltestament

Der volljährige Erblasser kann ein Testament durch eine eigenhändig *geschriebene* und *unterschriebene* **911** Erklärung errichten (§ 2247 Abs. 1 BGB). Minderjährige Erblasser sind auf die Errichtung von öffentlichen Testamenten beschränkt (§§ 2233 Abs. 1, 2247 Abs. 4 BGB, vgl. Rdn 1020 f.). „Eigenhändig" bedeutet, dass der gesamte Testamentswortlaut vom Erblasser handschriftlich niedergelegt werden muss. Wer nicht mit der Hand schreiben kann, darf die Prothese, einen Fuß oder den Mund benutzen. Es muss nicht Papier verwendet werden. Jedes beliebige Material, etwa Pergament, Leder, Kunststoff, eine Schiefertafel, ist zugelassen, ebenso jedes Schreibmittel, also auch Kreide oder Farbe. Mehrere Blätter brauchen nicht miteinander verbunden und nicht einzeln unterschrieben zu sein. Der Erblasser braucht sich nicht der deutschen Sprache zu bedienen. Ebenso wenig kommt es auf die Schriftart an. Druckbuchstaben, Kurzschrift, arabische oder hebräische Buchstaben z.B. können also durchaus verwendet werden. Entscheidend ist, dass der Text überhaupt gelesen und verstanden werden kann, und dass es sich nicht um die bloße Ankündigung eines Testaments, einen bloßen Entwurf oder einen Scherz handelt. Durchstreichen und Radieren sind nicht verboten, schmälern aber die Beweiskraft der Urkunde, wenn nicht feststeht, dass die Korrekturen vom Erblasser selbst vorgenommen worden sind.

Schreibhilfe, also das Stützen der Hand des Testators, ist zulässig. Die Schriftzüge müssen jedoch vom Erblasser bestimmt, sie dürfen nicht von dem Helfer geformt sein. Zusätze von fremder Hand oder mit der Schreibmaschine sind nichtig, lassen den übrigen Text aber wirksam bleiben. Dasselbe gilt von unlesbaren Teilen.

Ein Testament ist folglich vor allem ungültig, wenn es

- ein anderer geschrieben hat,
- mit einer Schreibmaschine, einem Computer oder als E-Mail bzw. WhatsApp o.Ä. hergestellt wurde,
- mittels Durchpausens oder Abmalens eines von einem anderen geschriebenen Textes gefertigt wurde.

912 Die Unterschrift braucht nicht leserlich zu sein. Bloße Handzeichen, Schnörkel oder Kreuze genügen jedoch nicht. Es muss sich um einen dem Erblasser eigentümlichen individuellen Schriftzug handeln, der ihn ausreichend identifiziert. Daher unterschreibt er am besten mit Vor- und Zunamen. Sofern dadurch die Urheberschaft des Erblassers nicht zweifelhaft wird, kann er auch nur mit dem Familiennamen, nur mit dem Vornamen, seinem Künstlernamen, seiner Familienstellung („Euer Vater") oder einem Kosenamen unterschreiben. Unter diesen Voraussetzungen sind auch Abkürzungen bis hin zu den bloßen Anfangsbuchstaben des Namens ausreichend.

Die Unterschrift bildet ihrem Wesen nach den Abschluss des Textes. Zeit- und Ortsangaben können gleichwohl auch unter der Unterschrift stehen. Die Unterschrift auf einem Briefumschlag, in den der Erblasser das Testament gesteckt hat, genügt nur dann, wenn sie erkennbar einen Zusammenhang mit der Urkunde und keine eigene Bedeutung hat. Spätere Berichtigungen von Unrichtigkeiten brauchen nicht besonders unterschrieben zu werden; Zusätze nur, wenn sie eine neue Verfügung enthalten.

913 Das Testament kann formwirksam auch auf mehreren losen Blättern, und auch zu verschiedenen Zeitpunkten, errichtet werden, wenn nur aus der Gesamturkunde die Einheitlichkeit der Willenserklärung des Erblassers erkennbar ist. Es muss feststehen, dass der Erblasser eine einheitliche Erklärung gewollt hat und diese als seinen letzten Willen angesehen hat.

Der Erblasser soll den Ort und Tag der Errichtung des Testaments angeben (§ 2247 Abs. 2 BGB). Mit der Ortsangabe lässt sich die Frage klären, ob das Testament nach den an diesem Ort maßgeblichen Gesetzen formgültig ist. Die Zeitangabe soll Aufschluss darüber geben, ob der Erblasser zur Zeit der Testamentserrichtung testierfähig (volljährig, nicht entmündigt) war und welches von mehreren Testamenten das zuletzt errichtete und damit das wirksame ist. Das Fehlen der Angaben über Ort und Zeit macht indes das Testament nicht ungültig. Die Angaben dürfen daher auch falsch oder anders als handschriftlich zu Papier gebracht worden sein (Druck, Schreibmaschine).

c) Erfordernisse für das eigenhändige gemeinschaftliche Testament

914 Ein gemeinschaftliches Testament kann *nur von Ehegatten* errichtet werden (§ 2265 BGB). Minderjährige können nach der ersatzlosen Aufhebung des § 1303 Abs. 2 BGB a.F. durch das Gesetz zur Bekämpfung von Kinderehen vom 17.7.2017 mit Wirkung ab dem 31.12.2017 kein gemeinschaftliches Testament mehr errichten. Vor dem 1.1.2018 errichtete gemeinschaftliche Testamente bleiben jedoch wirksam. Lebenspartnern einer „Eingetragenen Lebenspartnerschaft" steht dasselbe Recht zu (§ 10 Abs. 4 LPartG). Gemeinschaftliche Testamente von Verlobten oder von Verwandten sind nichtig, soweit es sich um wechselbezügliche Verfügungen handelt, also um solche, von denen anzunehmen ist, dass die Verfügung des einen nicht ohne die des anderen getroffen worden wäre (§ 2270 BGB). Wenn jede Verfügung für sich die Formerfordernisse erfüllt und die Verfügungen unabhängig voneinander sind, können auch gemeinschaftliche Testamente von Nichtehegatten als gültig anerkannt werden.

Beispiele

(1) Geschwister berufen sich in ein und derselben Urkunde gegenseitig zu Alleinerben. Dies sind wechselbezügliche Verfügungen, da nicht angenommen werden kann, dass der eine Erblasser den anderen zum Alleinerben berufen hätte, wenn er nicht von diesem ebenfalls zum Alleinerben berufen worden wäre. Das Testament ist ungültig.

(2) Ein nichtehelicher Lebenspartner beruft seine Geschwister zu seinen Erben. In derselben Urkunde beruft der andere nichteheliche Lebenspartner seine Geschwister zu seinen Erben. Diese Verfügungen sind nicht wechselbezüglich, da angenommen werden muss, dass der eine nichteheliche Lebenspartner seine Verfügung auch getroffen haben würde, wenn der andere nichteheliche

Lebenspartner seine Verfügung nicht getroffen hätte, und umgekehrt. Beide Verfügungen sind daher wirksam, wenn jeder sie selbst mit der Hand geschrieben und unterschrieben hat.

Nur äußerlich verbundene Einzeltestamente von Nichtehegatten sind stets gültig, ebenso gleichzeitig errichtete, äußerlich getrennte Testamente, auch wenn sie wechselseitig begünstigende oder wechselbezügliche Verfügungen enthalten (Paralleltestamente). Inhaltsgleiche Testamente von Eheleuten, die nicht durch die Wortwahl („wir" oder „gemeinsam") deutlich machen, dass sie ein gemeinschaftliches Testament sein sollen, gelten nur als Einzeltestamente. **915**

Es gelten jeweils dieselben Formerfordernisse wie bei einem eigenhändigen Einzeltestament.

Das gemeinschaftliche Testament kann errichtet werden, indem einer der Ehegatten den gesamten Text mit der Hand schreibt und unterschreibt und der andere Ehegatte ebenfalls unterschreibt (§ 2267 BGB). Dabei sollen Ort und Zeit der Unterzeichnung durch beide Ehegatten angegeben werden. Auch hier ist dies keine zwingende Wirksamkeitsvoraussetzung. Vielfach schreibt der mitunterzeichnende Ehegatte noch eine eigenhändige Beitrittserklärung etwa des Inhalts: „Dieses ist auch mein letzter Wille". Erforderlich ist das nicht. Die Reihenfolge der Unterschriften unter dem handschriftlichen Text ist unerheblich, solange klar ist, dass sich beide Unterschriften auf die handschriftliche Erklärung beziehen.

Gemeinschaftliche Testamente können auch in anderer Form errichtet werden. Es kommt stets nur darauf an, dass die Verfügungen nach dem zum Ausdruck gebrachten Willen der Ehegatten gemeinschaftliche sein sollen und in einem räumlichen Verhältnis zueinander stehen. So kann jeder seine Erklärungen schreiben und wechselseitig beide unterschreiben. Oder jeder bringt die Verfügungen beider Ehegatten zu Papier und unterschreibt nur den von ihm gefertigten Text. Es genügt nicht, dass ein Ehegatte seine Verfügung schreibt und unterschreibt, die des anderen ebenfalls schreibt und nur von diesem unterschreiben lässt. Auch genügt es nicht, wenn beide Ehegatten abwechselnd den Text schreiben und der Text von beiden Ehegatten unterschrieben wird. Ein zeitlicher Abstand zwischen den Verfügungen der beiden Ehegatten ist unschädlich, jedoch müssen bei der letzten Unterschrift noch beide Ehegatten leben. **916**

d) Erfordernisse für das beurkundete Einzeltestament

Der Erblasser kann seinen letzten Willen von einem Notar beurkunden lassen. Dazu muss er ihn dem Notar gegenüber erklären. Der Notar muss darüber eine formgültige Niederschrift fertigen. Die Verhandlung muss der Notar selbst führen. Er darf sie keinem Dritten überlassen. Dies schließt nicht aus, dass ein Mitarbeiter des Notars die Vorbesprechung führt und den Text der Niederschrift entwirft. Das wird aber der Bedeutung und Tragweite dieses wichtigsten Rechtsgeschäfts des Testators nur selten angemessen sein. **917**

Als Erklärung des Erblassers genügt jede Art der Verständigung, aus der für den Notar erkennbar die Äußerung des letzten Willens des Erblassers folgt. Zulässig sind neben der ausdrücklichen mündlichen Erklärung auch stillschweigende und schlüssige Erklärungen des Erblassers, die durch Gebärden, Lautsprachen, Zeichen oder auf andere Weise zum Ausdruck gebracht werden. Das zunächst in § 2232 BGB festgelegte Erfordernis der Abgabe einer *mündlichen* Erklärung des Erblassers gegenüber dem Notar ist durch die vom 1.8.2002 an geltende Gesetzesneufassung entfallen, nachdem zuvor das Bundesverfassungsgericht den generellen Ausschluss bestimmter Mehrfachbehinderter von jeder Testiermöglichkeit als verfassungswidrig festgestellt hat (vgl. hierzu auch § 3 Rdn 91 ff.). Die Vorschrift des § 2233 Abs. 3 BGB, die einem Sprachbehinderten bzw. stummen Erblasser die Errichtung eines öffentlichen Testamentes nur durch Übergabe einer Schrift ermöglichte, wurde demzufolge mit Wirkung zum 1.8.2002 aufgehoben. Verfahrensrechtlich hat der Notar je nach Art und Umfang der Behinderung des Erblassers gemäß § 24 BeurkG als Kommunikationshilfe eine Person zur Beurkundung hinzuzuziehen, die sich mit dem behinderten Erblasser zu verständigen vermag. Weiterhin soll gemäß § 22 BeurkG auf Verlangen des behinderten Erblassers ein Gebärdensprachdolmetscher hinzugezogen werden (zu den diesbezüglichen beurkundungsrechtlichen Besonderheiten vgl. oben § 3 Rdn 91 ff.).

Ist der Erblasser in der Lage, eine mündliche Erklärung gegenüber dem Notar abzugeben, so sollte dies – trotz der Streichung des Mündlichkeitserfordernisses im Gesetz – in der Urkunde zum Ausdruck gebracht werden. Hierdurch werden die Art und auch die Zuverlässigkeit der Verständigung zwischen dem Erblasser und dem Notar in der Urkunde dokumentiert (vgl. wegen der Formulierung des Testaments eines schreibunfähigen Stummen unten das Muster, siehe Rdn 1019). **918**

919 Für die Beurkundung gelten die allgemeinen Regeln (vgl. § 3 Rdn 29 ff.) und einige Besonderheiten (vgl. § 3 Rdn 91 ff.). Das Testament ist – nach der Fertigung von beglaubigten Abschriften – unverzüglich in einen Umschlag zu stecken. Nach herrschender Meinung darf der Notar von Urkunden, die in gerichtliche Verwahrung gegeben werden, keine *Ausfertigungen,* sondern nur (beglaubigte) Abschriften erteilen. Der Umschlag ist mit dem Prägesiegel zu verschließen. Auf ihm sind nähere Angaben über die Person des Erblassers und den Zeitpunkt der Testamentserrichtung zu verzeichnen. Sie sind vom Notar zu unterschreiben. Für seine Urkundensammlung hat der Notar ein Vermerkblatt anzufertigen (§ 20 Abs. 1 DONot). Das Testament ist unverzüglich in die besondere amtliche Verwahrung des Gerichts zu schaffen (§ 34 BeurkG), nachdem die Registrierung im Zentralen Testamentsregister erfolgt ist. Zuständig ist das Amtsgericht, in dessen Bezirk der Notar seinen Amtssitz hat (§ 344 Abs. 1 S. 1 Nr. 1 FamFG). Der Erblasser kann jedoch jederzeit die Verwahrung bei einem anderen Amtsgericht verlangen, für gewöhnlich das Gericht seines Wohnsitzes bzw. gewöhnlichen Aufenthalts (§ 344 Abs. 1 S. 2 FamFG).

920 Der Notar hat gemäß § 34a Abs. 1 BeurkG erbfolgerelevante Urkunden (neben allen Verfügungen von Todes wegen sowie Änderungen, Widerrufen, Anfechtungen, Aufhebungen oder Rücktritten von Erbverträgen sind dies z.B. auch Erb- und Zuwendungsverzichtsverträge – nicht jedoch Pflichtteilsverzichtsverträge – Ehe- und Partnerschaftsverträge wie z.B. Vereinbarung einer Gütertrennung oder Gütergemeinschaft und erb- und güterrechtliche Rechtswahlen; vgl. § 78d Abs. 2 BNotO), also auch Testamente, die er beurkundet hat, unverzüglich elektronisch zur Registrierung an das Zentrale Testamentsregister bei der Bundesnotarkammer zu melden. Die – frühere – Pflicht zur Mitteilung der Inverwahrnahme der Testamente durch das Amtsgericht an die Geburtsstandesämter der Erblasser ist weggefallen.

921 Die dem Zentralen Testamentsregister zu machenden, aus den folgenden Mustern zu ersehenden Angaben sind erforderlich, um den Erblasser zuverlässig von anderen registrierten Personen unterscheiden zu können. Wichtigstes, weil das einzige eindeutige Unterscheidungsmerkmal, ist die Geburtenbuch-/-registernummer des Erblassers. Gibt es für den Erblasser kein deutsches Geburtsstandesamt und keine Geburtenbuch-/-registernummer, muss dies bei der Meldung angegeben werden.

922 Die Registrierung beim Zentralen Testamentsregister muss erfolgen, bevor das Testament in die besondere amtliche Verwahrung beim Amtsgericht gebracht wird. Auf diese Registrierung kann weder vom Erblasser noch vom Notar verzichtet werden. Die Registerbehörde erteilt dann eine Eintragungsbestätigung an den Notar mit der Angabe der von der Registerbehörde vergebenen Verwahrnummer. Der Notar teilt dann dem zuständigen Amtsgericht als Verwahrgericht mit der Übersendung des in dem versiegelten Briefumschlag befindlichen Testaments die Verwahrnummer mit. Ferner hat der Notar die Eintragungsbestätigung der Registerbehörde auszudrucken und dem Erblasser – zweckmäßigerweise mit dem nachgenannten Testamentsregisterauszug – zu übermitteln. Ein weiterer Ausdruck dieser Bestätigung sind einschließlich der elektronischen Empfangsbestätigung des Amtsgerichts in der Urkundensammlung bei der Urkunde, deren beglaubigter Abschrift oder dem Vermerkblatt aufzubewahren (§ 20 Abs. 2 DONot). Im Übrigen kann im Zuge jeder Neuregistrierung kostenfrei ein vollständiger Testamentsregisterauszug für den Erblasser abgerufen werden. Dieser enthält über die aktuelle Registrierung hinaus auch sämtliche Verwahrangaben zu früheren erbfolgerelevanten Urkunden, die für den betroffenen Erblasser gespeichert sind. Dem Erblasser soll vom Amtsgericht ein Hinterlegungsschein erteilt werden (§ 346 Abs. 3 FamFG). Dieser Hinterlegungsschein braucht nicht – mehr – unterschrieben und mit dem Dienstsiegel des Amtsgerichts versehen zu werden.[194]

923 Zu dem Protokoll eines Testaments, dem Vermerkblatt, der Eintragungsbestätigung des Zentralen Testamentsregisters, dem Testamentsregisterauszug, dem Schreiben an das Amtsgericht über die Einreichung des Testaments, dem Testamentsumschlag, der Empfangsbestätigung des Amtsgerichts und des Hinterlegungsscheins siehe die nachfolgenden Muster.

---

194 Siehe hierzu auch *Heinemann,* DNotZ 2009, 27.

aa) Protokoll eines Testaments

UR. Nr. 2232 für 201(...)   924

Verhandelt zu (...) am (...)

Vor dem unterzeichneten

(...)

Notar in (...)

erschien, dem Notar bekannt,

(alternativ: Der Erschienene wies sich aus durch Vorlage seines gültigen Bundespersonalausweises.)

Herr (...), geboren am (...) in (...) (Geburtenregister Nr. (...) des Standesamts (...)), wohnhaft in (...)

Der Erschienene erklärte:

Ich will ein Testament errichten und bin hieran durch frühere Verfügungen von Todes wegen (Erbvertrag oder gemeinschaftliches Testament) nicht gehindert.

Ich besitze seit meiner Geburt ausschließlich die deutsche Staatsangehörigkeit und meinen gewöhnlichen Aufenthalt in Deutschland. Ich beabsichtige aller Voraussicht nach nicht, in Zukunft meinen gewöhnlichen Aufenthalt ins Ausland zu verlegen.

Mein gesamtes Vermögen, zu dem kein Hof im Sinne der Höfeordnung und auch keine Beteiligungen an Personengesellschaften oder Gesellschaften bürgerlichen Rechts gehören, befindet sich ausschließlich in Deutschland.

Ich verlange keine Zuziehung von Zeugen zu dieser Verhandlung.

Der Notar überzeugte sich durch den Gang der Verhandlung von der Geschäfts- und Testierfähigkeit des Erschienenen.

Der Erschienene erklärte sodann mündlich zur Niederschrift des Notars als seinen letzten Willen Folgendes

Testament

I.

Ich widerrufe hiermit sämtliche bisher von mir errichteten Verfügungen von Todes wegen.

II.

Ich berufe hierdurch zu meinem alleinigen und unbeschränkten Erben (...).

(Weitere Erklärungen, z.B.: Ersatzerbenbestimmung, Anordnung von Vermächtnissen und/oder Testamentsvollstreckung.)

III.

Weitere Verfügungen von Todes wegen will ich heute nicht zu treffen.

IV.

Der Notar soll eine beglaubigte Abschrift dieses Testaments zu seiner Urkundensammlung nehmen und diese dort unverschlossen aufbewahren.

Diese Niederschrift wurde in Gegenwart des Notars vorgelesen, von dem Erschienenen genehmigt und von ihm eigenhändig, wie folgt, unterschrieben:

bb) Vermerkblatt

925

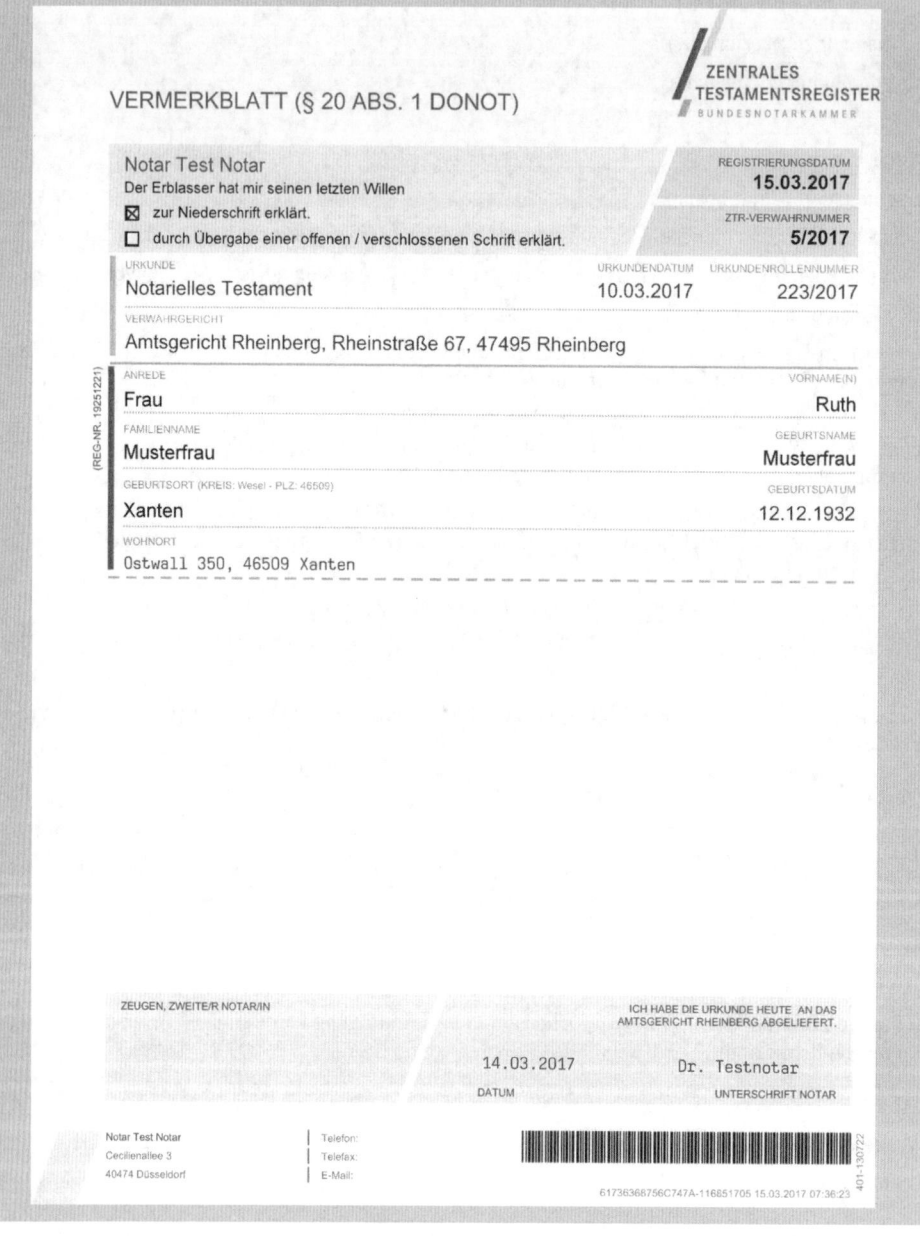

cc) Eintragungsbestätigung

926

EINTRAGUNGSBESTÄTIGUNG

ZENTRALES
TESTAMENTSREGISTER
B U N D E S N O T A R K A M M E R

Neuregistrierung
Die nachstehenden Verwahrangaben wurden in das Zentrale
Testamentsregister aufgenommen. Bitte überprüfen Sie diese,
insbesondere die Erblasserdaten.

VORGANGSDATUM
15.03.2017

REGISTRIERUNGSNUMMER
19251221

ANREDE	VORNAME(N)
Frau	Ruth

FAMILIENNAME	GEBURTSNAME
Musterfrau	Musterfrau

GEBURTSORT (KREIS: Wesel - PLZ: 46509)	GEBURTSDATUM
Xanten	12.12.1932

GEBURTSSTANDESAMT (BEHÖRDENNUMMER: 05170130 – Nordrhein-Westfalen)	GEBURTENREGISTERNUMMER
Xanten	3/1932

URKUNDE	URKUNDENROLLENNUMMER	URKUNDENDATUM
Notarielles Testament	223/2017	10.03.2017

NOTAR	AMTSSITZ
Test Notar	Düsseldorf

VERWAHRSTELLE	ZTR-VERWAHRNUMMER
Amtsgericht Rheinberg	5/2017

ANSCHRIFT VERWAHRSTELLE	EIGENES VERWAHRKENNZEICHEN
Rheinstraße 67, 47495 Rheinberg	--

WEITERE REGISTRIERUNGEN ZU DIESER URKUNDE

BEMERKUNGEN

GEBÜHRENFESTSETZUNG   **15,00 €**   AMTLICHE HINWEISE
Die Gebühr wurde nach § 1 Abs. 2 ZTR-
GebS festgesetzt. Sie wird durch den
Notar für die Registerbehörde erhoben.

Bundesnotarkammer, K. d. ö. R. | Zentrales Testamentsregister
Internet: www.testamentsregister.de | Telefon: 0800.35.50.600 (gebührenfrei)
E-Mail: info@testamentsregister.de | Telefax: 030.38.38.66.88

61736368756C747A-116851705 15.03.2017 07:36:16

100-150305

dd) Testamentsregisterauszug

927

TESTAMENTSREGISTERAUSZUG

/ ZENTRALES
TESTAMENTSREGISTER
BUNDESNOTARKAMMER

Seite 1 von   1

Die nachstehende Verwahrangabe ist im Zentralen Testamentsregister eingetragen. Bitte prüfen Sie auch etwaige anliegende Verwahrungsnachrichten auf zusätzliche Angaben.

REGISTRIERUNGSDATUM
15.03.2017

REGISTRIERUNGSNUMMER
19251221

ANREDE	VORNAME(N)
Frau	Ruth

FAMILIENNAME	GEBURTSNAME
Musterfrau	Musterfrau

GEBURTSORT (KREIS: Wesel - PLZ: 46509)	GEBURTSDATUM
Xanten	12.12.1932

GEBURTSSTANDESAMT (BEHÖRDENNUMMER: 05170130 – Nordrhein-Westfalen)	GEBURTENREGISTERNUMMER
Xanten	3/1932

URKUNDE	URKUNDENROLLENNUMMER	URKUNDENDATUM
Notarielles Testament	223/2017	10.03.2017

NOTAR	AMTSSITZ
Test Notar	Düsseldorf

VERWAHRSTELLE	ZTR-VERWAHRNUMMER
Amtsgericht Rheinberg	5/2017

ANSCHRIFT VERWAHRSTELLE	EIGENES VERWAHRKENNZEICHEN
Rheinstraße 67, 47495 Rheinberg	---

WEITERE REGISTRIERUNGEN ZU DIESER URKUNDE	BEMERKUNGEN

REGISTRIERUNGSHISTORIE	STAND	15.03.2017
	TVÜ-STATUS	überführt

Bundesnotarkammer, K. d. ö. R. | Zentrales Testamentsregister
Internet: www.testamentsregister.de | Telefon: 0800.35.50.600 (gebührenfrei)
E-Mail: info@testamentsregister.de | Telefax: 030.38.38.66.88

61736368756C747A-116851705 15.03.2017 07:36:46

200-140807

ee) Schreiben an das Amtsgericht

928

Notar
Test Notar
Cecilienallee 3
40474 Düsseldorf

**ZENTRALES
TESTAMENTSREGISTER**
BUNDESNOTARKAMMER

ZTR-VERWAHRNUMMER

5/2017

Test Notar · Cecilienallee 3 · 40474 Düsseldorf

Amtsgericht Rheinberg
Rheinstraße 67
47495 Rheinberg

Besondere amtliche Verwahrung   Düsseldorf,
Meine URNr. 223/2017   15.03.2017

Sehr geehrte Damen und Herren,

die verschlossen beiliegende Urschrift meiner Urkunde Nr. 223/2017 vom 10.03.2017 beantrage ich in die besondere amtliche Verwahrung zu nehmen. Die Kosten der Verwahrung trägt der Erblasser, dem Sie bitte auch den Hinterlegungsschein übersenden.

Bitte bestätigen Sie den Eingang der Urkunde und deren Inverwahrnahme elektronisch im Zentralen Testamentsregister (§ 3 Abs. 3 Satz 2 ZTRV), damit ich die daraufhin von der Registerbehörde erzeugte Empfangsbestätigung zu meinen Akten nehmen kann.

Für Rückfragen stehe ich jederzeit gern zur Verfügung.

Mit freundlichem Gruß

Test Notar,
Notar

ANLAGE
Notarielles Testament vom 10.03.2017, meine URNr. 223/2017

Zentrales Testamentsregister	Notar Test Notar
Telefon: 0800.35.50.600	Telefon:
Telefax: 030.38.38.66.88	Telefax:
www.testamentsregister.de	E-Mail:

61736368756C747A-116851705 15.03.2017 07:36:20

400-130912

ff) Testamentsumschlag

929

ZENTRALES
TESTAMENTSREGISTER
BUNDESNOTARKAMMER

ERBLASSER ZU 1: ZTR-REG-NR 19251221

Frau — ANREDE

Ruth — VORNAME

Musterfrau — FAMILIENNAME

Musterfrau — GEBURTSNAME

12.12.1932 — GEBURTSDATUM

Xanten — GEBURTSORT

Xanten — GEBURTSSTANDESAMT

3/1932 — GEBURTENREGISTERNUMMER

Amtsgericht Rheinberg
5/2017
ZTR-VERWAHRNUMMER

VERWAHRUNGSBUCH-NUMMER

URKUNDE / DATUM / URNR.
Notarielles Testament vom 10.03.2017, URNr. 223/2017

NOTAR / AMTSSITZ
Test Notar, Düsseldorf

NACH ABLEBEN DES ERBLASSERS ZU ...

ERÖFFNET AM ... UND WIEDERVERSCHL.

AMTSGERICHT ....

UNTERSCHRIFT DES MELDERS

UNTERSCHRIFT

300-121022

gg) Empfangsbestätigung des Amtsgerichts

930

EMPFANGSBESTÄTIGUNG

ZENTRALES
TESTAMENTSREGISTER
BUNDESNOTARKAMMER

Eingang bei der Verwahrstelle

EINGANGSDATUM
15.03.2017

Die nachstehend bezeichnete Urkunde ist bei der angegebenen
Verwahrstelle eingegangen.

REGISTRIERUNGSDATUM
15.03.2017

URKUNDE	URKUNDENROLLENNUMMER	URKUNDENDATUM
Notarielles Testament	223/2017	10.03.2017

NOTAR	AMTSSITZ
Test Notar	Düsseldorf

VERWAHRSTELLE	ZTR-VERWAHRNUMMER
Amtsgericht Rheinberg	5/2017

ANSCHRIFT VERWAHRSTELLE	EIGENES VERWAHRKENNZEICHEN
Rheinstraße 67, 47495 Rheinberg	--

ANREDE	VORNAME(N)
Frau	Ruth

FAMILIENNAME	GEBURTSNAME
Musterfrau	Musterfrau

GEBURTSORT (KREIS: Wesel - PLZ: 46509)	GEBURTSDATUM
Xanten	12.12.1932

GEBURTSSTANDESAMT	GEBURTENREGISTERNUMMER
Xanten	3/1932

ERBLASSER ZU 1 (REG-NR. 19251221)

Bundesnotarkammer, K. d. ö. R. | Zentrales Testamentsregister
Internet: www.testamentsregister.de | Telefon: 0800.35.50.600 (gebührenfrei)
E-Mail: notare@testamentsregister.de | Telefax: 030.38.38.66.88

61736368756C747A-116851705 15.03.2017 07:40:47

101-130620

---

hh) Hinterlegungsschein

931

Amtsgericht Rheinberg

Rheinstraße 67
47495 Rheinberg

Datum:

Zentrale: 02843-1730
Ansprechpartner: 02843-173 (Frau ____)
Telefax: 170

Geschäftsnummer: (Bitte bei allen Schreiben angeben!)
7a IV

Sorgfältig aufbewahren, bei Eröffnung oder Rücknahme zurückgeben.

Hinterlegungsschein
über eine Verfügung von Todes wegen

_____

Ein mit dem Siegel des Notars/Amtsgerichts _____ aus _____ verschlossener Umschlag, der nach der Aufschrift

das Einzeltestament/Erbvertrag von _____

errichtet am _____, UR-Nr. _____, enthält, ist in besondere amtliche Verwahrung genommen worden.

Nr. des Verwahrungsbuches

_____

ZTR-Verwahr-Nr

_____

Tag der Annahme

_____

_____

Justizbeschäftigte

als Urkundsbeamtin der Geschäftsstelle

e) Erfordernisse für das beurkundete gemeinschaftliche Testament

Hier gelten hinsichtlich der Voraussetzungen dieselben Grundsätze wie beim eigenhändigen gemeinschaftlichen Testament (vgl. Rdn 914 ff.), hinsichtlich der Beurkundungsförmlichkeiten die dargestellten Regeln (siehe § 3 Rdn 29 ff., 91 ff.) und hinsichtlich der Versiegelung und Ablieferung dieselben Vorschriften wie beim beurkundeten Einzeltestament (vgl. Rdn 917 ff.). **932**

Zu beachten ist, dass ab dem 1.1.2018 Minderjährige kein gemeinschaftliches Testament mehr errichten können (vgl. oben Rdn 914) und die Ehegatten bei der Beurkundung nicht vertreten werden können. Sie brauchen grundsätzlich ihre Erklärungen nicht gleichzeitig und nicht vor demselben Notar abzugeben. Jeder Ehegatte kann die beiderseitigen Erklärungen abgeben, wenn der andere beitritt. Der eine Ehegatte kann durch Erklärung (mündlich, durch Gebärden, Zeichen u.s.w.) vor dem Notar, der andere eigenhändig testieren. Will ein Ehegatte durch Übergabe einer Schrift, der andere durch Erklärung vor dem Notar testieren, so müssen beide Ehegatten gleichzeitig vor demselben Notar erscheinen. Ist ein Ehegatte minderjährig, so können beide nur durch Erklärung vor einem Notar oder durch Übergabe einer offenen Schrift testieren (vgl. hierzu Rdn 1021).

f) Besondere Formen der Testamentserrichtung

aa) Übergabe einer Schrift

Das Gesetz sieht vor, dass der Erblasser ein Testament auch durch die Übergabe einer (offenen oder verschlossenen) Schrift an den Notar errichten kann (§ 2232 BGB). Leseunkundige Personen können kein Testament durch die Übergabe einer Schrift errichten, sondern nur durch Erklärung gegenüber dem Notar (§ 2233 Abs. 2 BGB). Minderjährige Personen können ein Testament nur durch die Übergabe einer offenen Schrift errichten (§ 2233 Abs. 1 BGB). Der Notar hat nach einhelliger Meinung über die Übergabe der Schrift eine Niederschrift gemäß §§ 8 ff. BeurkG zu errichten, die dem Erblasser vom Notar gemäß § 13 BeurkG vorzulesen, vom Erblasser zu genehmigen und vom Notar und dem Erblasser (gegebenenfalls auch von Dolmetschern, Zeugen oder Verständigungspersonen) eigenhändig zu unterschreiben ist. Das öffentliche Testament besteht somit aus der übergebenen Schrift des Erblassers und der vom Notar aufgenommenen Niederschrift. **933**

Die übergebene Schrift braucht nicht vom Erblasser selbst geschrieben oder unterschrieben sein. Sie muss auch keine Orts- oder Datumsangabe enthalten. Die Schrift kann auch von einem Dritten, z.B. auch dem Notar, entworfen worden sein. Sie kann in Maschinenschrift, Kurz- oder Blindenschrift, im fremden Schriftzeichen und in jeder beliebigen Sprache verfasst sein. Keine Schrift sind jedoch elektronische Speichermedien wie CD-Rom, USB-Stick, usw. Eine Verlesung der Schrift ist nicht erforderlich (§ 30 S. 5 Hs. 2 BeurkG). **934**

Die vom Notar aufzunehmende Niederschrift (vgl. Rdn 939) umfasst zwei wesentliche Komponenten, zum einen die Tatsachenfeststellung des Notars, dass eine Schrift übergeben worden ist (§ 30 S. 1 BeurkG) – das Fehlen dieser Feststellung würde zur Unwirksamkeit der Niederschrift führen – und zum anderen die Erklärung des Erblassers, dass die Schrift seinen letzten Willen enthält (§ 2232 S. 1 BGB). Auch diese Erklärung kann nach der seit dem 1.8.2002 geltenden Gesetzeslage (vgl. hierzu Rdn 917 ff.) in jeder Form, also mündlich, schriftlich oder durch Gebärden, Lautsprachen bzw. Zeichen erfolgen. § 31 BeurkG, der bei der Übergabe einer Schrift durch einen stummen Erblasser eine schriftliche Erklärung verlangte und somit den stummen und schreibunfähigen Erblasser auch von dieser Testierform ausschloss (eine mündliche Erklärung gegenüber dem Notar kam für diesen mehrfach behinderten Erblasser nach der alten Gesetzeslage ja auch nicht in Betracht), ist ebenfalls mit Wirkung vom 1.8.2002 ersatzlos gestrichen worden (vgl. hierzu § 3 Rdn 91 ff.). Gegebenenfalls hat der Notar auch für diese Erklärung Hilfspersonen im Sinne von §§ 22 und/oder 24 BeurkG (vgl. oben Rdn 917 ff.; § 3 Rdn 91 ff.) heranzuziehen. In der Niederschrift soll ferner auch vermerkt werden, ob die Schrift offen oder verschlossen übergeben wurde (§ 30 S. 3 BeurkG). **935**

Bei der Übergabe einer offenen Schrift soll der Notar, sofern er der in der Schrift verwendeten Sprache hinreichend kundig ist, vom Inhalt Kenntnis nehmen, diese auf Rechtswirksamkeit prüfen und wie bei einer selbst verfassten Verfügung belehren (§ 30 S. 4 Hs. 2 BeurkG i.V.m. § 17 BeurkG). Bei der Übergabe der Schrift soll diese der Niederschrift beigefügt werden mit einer Kennzeichnung, die eine Verwechselung ausschließt (§ 30 S. 2 BeurkG). Die Art und Weise der Kennzeichnung steht im pflichtgemä- **936** ßen Ermessen des Notars. Eine Kennzeichnung kann maschinenschriftlich, handschriftlich oder mittels eines Stempels erfolgen. Empfehlenswert ist es, die Kennzeichnung wie bei Anlagen zu Urkunden mithilfe der Urkundennummer des konkreten Urkundsvorgangs vorzunehmen, zweckmäßigerweise unmittelbar nach der Übergabe der Schrift während des Beurkundungsvorgangs.

937   Wird die Schrift verschlossen abgegeben, so kann der Notar von ihrem Inhalt naturgemäß keine Kenntnis nehmen und sie mithin weder auf ihre formale Richtigkeit noch auf die Zulässigkeit und Zweckmäßigkeit ihres Inhalts prüfen. Diese bei der Beurkundung vom Notar stets geleistete Hilfe entgeht einem Erblasser also, der durch die Übergabe einer verschlossenen Schrift testieren will. Andererseits löst die Beurkundung der Übergabe dieselben Gebühren aus, die von der Beurkundung des Testaments ausgelöst werden würden. Der Erblasser erhält mithin für dasselbe Geld erheblich weniger wertvolle Dienste des Notars, wenn er eine verschlossene Schrift übergibt. Das ist der Grund, warum diese Testamentsform in der Praxis grundsätzlich nur vorkommt, wenn der Erblasser keine Sprache spricht oder schreibt, die der Notar verstehen kann.

938   Auch für die Übergabe einer offenen Schrift war der praktische Anwendungsbereich bislang sehr eingeschränkt. Denn „Laientestamente" enthalten zumeist textliche Ungenauigkeiten, werfen also Auslegungsfragen auf, sodass kaum ein Testament in seiner ursprünglichen Fassung bliebe. Wenn es aber neu geschrieben werden muss, dann kann es auch sogleich in die Beurkundungsform gebracht werden, zumal dies nicht mehr kostet und den Vorteil bietet, dass mit dem beurkundeten Testament in der Regel später der Erbschein erübrigt wird. Anwendungsfälle für die Übergabe einer offenen Schrift waren bislang z.B. solche, in denen eine Verfügung von Todes wegen von einem anderen Berater als dem Notar verfasst wurde, die sehr umfangreich ist oder der Erblasser schwer krank, aber noch testierfähig ist. Ganz aktuelle Bedeutung gewinnt diese Testamentsform allerdings im Rahmen der Covid-19-Pandemie. Insbesondere durch das nicht erforderliche Verlesen der übergebenden Schrift ist es möglich, den Beurkundungsvorgang zeitlich stark zu verkürzen und somit die beiderseitige Ansteckungsgefahr von Erblasser und Notar zu reduzieren. So haben auch die Notarkammern eine entsprechende Empfehlung an die Notare ausgesprochen. Macht ein Notar pandemiebedingt von diesem Verfahren Gebrauch, wird er allerdings üblicherweise das Testament wie im normalen Verfahren der Errichtung eines öffentlichen Testamentes zur Niederschrift des Notars (vgl. oben Rdn 917) selbst entwerfen und dieses nach Möglichkeit vor der Beurkundung mit dem Erblasser fernmündlich oder per Video-Konferenz besprechen. So kommt der Notar seinen Prüfungs- und Belehrungspflichten ausreichend nach und erspart sich im Endeffekt nur die Zeit der Verlesung und damit ein höheres Ansteckungsrisiko für sich und den Erblasser.

939   *Muster: Übergabe einer offenen Schrift*

Verhandelt zu (…)

Vor dem unterzeichneten Notar (…)

mit dem Amtssitz in (…)

erschien, von Person bekannt:

(…)

Der Erschienene erklärte:

Ich will ein

Testament

errichten und bin durch frühere Verfügungen von Todes wegen daran nicht gehindert. Ich bin Deutscher, habe meinen gewöhnlichen Aufenthalt in Deutschland, beabsichtige diesen auch voraussichtlich bis zu meinem Tode beizubehalten und bitte, keine Zeugen zuzuziehen. Ich bin in der Lage, den Inhalt der von mir zu übergebenden offenen Schrift zu lesen.

Der Notar überzeugte sich von der Geschäfts- und Testierfähigkeit des Erblassers.

Der Erblasser übergab dem Notar die der Niederschrift beigefügte offene Schrift. Bedenken gegen ihren Inhalt waren nicht zu erheben. Der Erblasser erklärte, die Schrift enthalte seinen letzten Willen.

Die offene Schrift wurde vom beurkundenden Notar durch folgenden Vermerk gekennzeichnet: „Offen übergebene Schrift zu UR.Nr..../2020 des Notars ... in ... ."

Der Verkehrswert des Nettonachlasses ist etwa (...) EUR.

Diese Niederschrift wurde in Gegenwart des Notars dem Erschienenen vorgelesen, von ihm genehmigt und sodann von ihm und dem Notar eigenhändig unterschrieben.

Muster: Übergabe einer verschlossenen Schrift   940

Vor dem unterzeichneten Notar etc.

erschien etc.

Der Erschienene erklärte:

Ich will ein

Testament

errichten .... etc. (vgl. vorherige Rdn 939)

Der Notar überzeugte sich von der Geschäfts- und Testierfähigkeit des Erblassers.

Der Erblasser übergab dem Notar die verschlossene Schrift, die dieser Niederschrift beigefügt ist, mit der Erklärung, dass sie seinen letzten Willen enthalte.

Kennzeichnung der verschlossenen Schrift (vgl. vorherige Rdn 939)

Den Wert des Nettonachlasses gab er mit (...) EUR an.

Diese Niederschrift etc.

bb) Bürgermeistertestament

Da in unserer Zeit überall ein Notar ebenso schnell zu erreichen ist wie ein Bürgermeister, spielt das sog.   941
Bürgermeistertestament der §§ 2249, 2250 Abs. 1 BGB keine praktische Rolle mehr. Es soll daher nur erwähnt werden, dass der Bürgermeister am Aufenthaltsort des Erblassers unter Hinzuziehung zweier Zeugen befugt ist, ein Testament zu beurkunden, wenn kein Notar zu erreichen ist, bevor der Erblasser zu sterben droht, oder weil der Aufenthaltsort des Erblassers von der Außenwelt abgeschnitten ist. Es verliert seine Gültigkeit, wenn seit der Errichtung drei Monate verstrichen sind und der Erblasser noch lebt (§ 2252 BGB). In dieser Form ist auch ein gemeinschaftliches Testament von Ehegatten oder eingetragenen Lebenspartnern möglich, sofern die gesetzlichen Voraussetzungen bei mindestens einem Ehegatten oder Lebenspartner vorliegen (§ 2266 BGB).

cc) Drei-Zeugen-Testament

Wer sich in so naher Todesgefahr befindet, dass voraussichtlich vor seinem Tod weder ein Notar noch ein   942
Bürgermeister herbeizuholen ist, kann sein Testament auch durch *mündliche* Erklärung vor *drei Zeugen* errichten, die darüber eine Niederschrift fertigen müssen (§ 2250 Abs. 2 und 3 BGB). Sprachunfähige sind auch nach der seit dem 1.8.2002 geltenden Gesetzeslage von dieser Testamentsform ausgeschlossen. Ehegatten oder eingetragene Lebenspartner können ebenfalls ein gemeinschaftliches Nottestament errichten, sofern die gesetzlichen Voraussetzungen bei mindestens einem der Partner vorliegen (§ 2266 BGB). Auch diese Testamentsform spielt keine nennenswerte Rolle. Sie kommt allenfalls bei Unglücksfällen an entlegenen Orten in Frage. Auch das Drei-Zeugen-Testament verliert seine Gültigkeit, wenn seit der Errichtung drei Monate verstrichen sind und der Erblasser noch lebt (§ 2252 BGB).

dd) Seetestament

Ein Testament durch mündliche Erklärung vor drei Zeugen, die darüber eine Niederschrift fertigen müs-   943
sen, kann auch errichten, wer sich an Bord eines deutschen Schiffes außerhalb eines deutschen Hafens befindet. Dies gilt nicht bei Fahrten auf Fischereifahrzeugen oder bei kurzen Sport- und Vergnügungs-

fahrten. Eine besondere Notlage braucht nicht zu bestehen. Von Sprachunfähigen kann ein Seetestament nach wie vor nicht errichtet werden.

Ehegatten oder eingetragene Lebenspartner können ebenfalls ein gemeinschaftliches Seetestament errichten.

Die gesetzlichen Voraussetzungen werden grundsätzlich bei beiden Partnern vorliegen. Zwingend ist dies jedoch nicht.

Für das Seetestament gilt ebenfalls grundsätzlich, dass es ungültig wird, wenn seit der Errichtung drei Monate verstrichen sind und der Erblasser noch lebt. Sticht der Erblasser jedoch vor dem Ablauf dieser Frist erneut in See, so beginnt die Drei-Monats-Frist mit der Beendigung der weiteren Seereise erneut zu laufen (§ 2252 Abs. 3 BGB).

ee) Konsulartestament

944   Die deutschen Konsularbeamten sind im Rahmen ihrer auswärtigen Amtstätigkeit befugt, für deutsche Erblasser Testamente und Erbverträge zu beurkunden. Dabei gelten die deutsche Erbrechtsordnung und die deutschen Beurkundungsregeln. Die so aufgenommenen Urkunden stehen den von einem deutschen Notar aufgenommenen gleich (§§ 10, 11 Konsulargesetz).

g) Widerruf, Anfechtung, Unwirksamkeit von Testamenten
aa) Widerruf

945   Der Erblasser kann sein Testament ganz oder teilweise jederzeit widerrufen (§ 2253 BGB). Auf dieses Recht kann er nicht wirksam verzichten (§ 2302 BGB).

Der Widerruf kann erfolgen

(1) durch ein *„reines" Widerrufstestament,* also durch eine in Testamentsform niedergelegte Verfügung, wonach ein früheres Testament widerrufen sein soll (§ 2254 BGB); ein öffentliches Testament kann in einem eigenhändigen Testament widerrufen werden oder umgekehrt; es genügt, wenn sich der Wille, ein früheres Testament zu widerrufen, durch Auslegung oder Umdeutung ermitteln lässt;

(2) durch *Vernichtung* (§ 2255 BGB); dazu ist erforderlich, dass der Erblasser die Urschrift des Testaments eigenhändig oder durch einen Beauftragten zu Lebzeiten zerstört; dies muss freiwillig und in der Absicht geschehen, dadurch das Testament zu widerrufen; unfreiwilliger Verlust oder versehentliche Vernichtung bedeuten mithin keinen Widerruf; das Wegwerfen der Urkunde, etwa in den Papierkorb, steht der Vernichtung gleich; die bloße Unauffindbarkeit spricht dagegen nicht für den Widerruf durch Vernichtung;

(3) durch *Veränderung* (§ 2255 BGB); in Frage kommen Durchstreichen, Abschneiden, Einschneiden und Einreißen, aber auch Vermerke wie „gilt nicht mehr", „aufgehoben" und dergleichen; bei Streichungen, die keine neue positive Verfügung ergeben, sondern lediglich Textteile ungültig machen, brauchen nicht die Formen für ein Testament (Ort, Zeit, Unterschrift) eingehalten zu werden; ein Ungültigkeitsvermerk muss auf der Urschrift angebracht werden; auch er braucht nicht unterschrieben zu sein;

(4) durch *Rücknahme aus der besonderen amtlichen Verwahrung* (§ 2256 BGB); der Erblasser kann jederzeit die Rückgabe seines Testaments aus der besonderen amtlichen Verwahrung bei Gericht verlangen; das Testament darf dann aber nur an den Erblasser *persönlich* zurückgegeben werden; dabei ist er darauf hinzuweisen, dass die Rücknahme des Testaments dessen Widerruf bedeutet; das gilt nicht für ein eigenhändiges Testament, das nach § 2248 BGB ebenfalls bei Gericht hinterlegt werden kann;

(5) durch ein *späteres Testament* (§ 2258 BGB); das letzte Testament ist stets maßgebend; wenn das frühere Testament nicht ausdrücklich widerrufen wird, bleibt es insoweit gültig, als das neue Testament mit ihm nicht in Widerspruch steht; wer sich auf ein späteres, aber unauffindbares Testament beruft, muss die formgültige Errichtung und den Inhalt des Testaments beweisen und trägt im Verfahren auf Erteilung eines Erbscheins insoweit die Feststellungslast; an diesen Nachweis sind zwar strenge Anforderungen zu stellen, allerdings kann sogar eine Kopie des Originaltestamentes als Nachweis ausreichen, wenn mit ihr die formgerechte Errichtung des Originaltestamentes nachgewiesen werden

kann; ob das Testament von dem Erblasser unterschrieben wurde, kann nicht das Nachlassgericht, sondern nur ein Sachverständiger bewerten.[195]

Beispiel 946

In einem früheren Testament vermacht der Erblasser seinem Neffen die Briefmarkensammlung, in einem späteren setzt er seine Frau zur Alleinerbin ein. Die Erbeinsetzung widerspricht dem Vermächtnis nicht, es sei denn, der Erblasser macht deutlich, dass seine Frau „alles" erhalten soll. Ansonsten bleibt das Vermächtnis gültig.

Beispiel 947

Vermacht der Erblasser im vorherigen Beispiel (vgl. Rdn 946) dagegen die Briefmarkensammlung in einem späteren Testament seiner Nichte, so wird damit das frühere Testament widerrufen.

Auch der durch Testament erfolgte Widerruf kann widerrufen werden. Dann wird das widerrufene Testament wieder wirksam (§§ 2257, 2258 Abs. 2 BGB). Nicht möglich ist dies bei einem Widerruf durch Vernichtung, Veränderung oder Rücknahme aus der besonderen amtlichen Verwahrung. Das vernichtete, veränderte oder zurückgenommene Testament bleibt ungültig. Zur Wiederherstellung muss es neu errichtet werden. 948

Beispiel 949

Der Erblasser testiert am 1.2.2018: „Meine Briefmarkensammlung vermache ich meinem Neffen Anton". Am 2.4.2018 verfügt er: „Mein Neffe Anton erhält nichts, weil er aus der Kirche ausgetreten ist". Am 6.8.2018 bringt er zu Papier: „Das Testament vom 2.4.2018 gilt nicht mehr. Anton ist – wie ich jetzt erfahren habe – gar nicht aus der Kirche ausgetreten". Dann wird das Testament vom 1.2.2018, also das Vermächtnis der Briefmarkensammlung an Anton, wieder wirksam.

Hat der Erblasser das Testament vom 1.2.2018 zerrissen und weggeworfen, dann muss es zur Wiederherstellung neu errichtet werden.

Der Widerruf kann ferner nach dem Erbfall angefochten werden, wenn der Erblasser nachweisbar gar nicht widerrufen wollte oder zu dem Widerruf von irrigen Vorstellungen oder durch Drohung bestimmt worden ist (§ 2078 BGB). Infolge der Anfechtung des Widerrufs wird das widerrufene Testament wieder wirksam. 950

Beispiel

Der Erblasser testiert am 1.2.2018 wie im vorherigen Beispiel (vgl. Rdn 949). Der Erblasser schreibt dann am 2.4.2018: „Mein Neffe Anton erhält nichts, weil er aus der Kirche ausgetreten ist". Dabei bleibt es. Nach dem Tode des Erblassers weist Anton nach, dass er überhaupt nicht aus der Kirche ausgetreten ist. Seine Anfechtung des Testaments vom 2.4.2018 macht das Testament vom 1.2.2018 wieder wirksam.

bb) Anfechtung

Auch das Testament selbst kann unter den Voraussetzungen des § 2078 BGB angefochten werden. Hat der Erblasser einen zur Zeit des Erbfalles vorhandenen Pflichtteilsberechtigten übergangen, von dessen Existenz ihm bei der Errichtung des Testaments nichts bekannt war oder der zu dieser Zeit noch nicht geboren oder pflichtteilsberechtigt war, so kann das Testament schon deshalb angefochten werden (§ 2079 BGB). Das gilt nicht, wenn anzunehmen ist, dass der Erblasser seine Verfügungen auch getroffen haben würde, wenn ihm die Existenz des Pflichtteilsberechtigten bekannt gewesen wäre. 951

195 Vgl. dazu OLG Köln NJW-Spezial 2017, 40.

952

> *Beispiel*
>
> Der Erblasser beruft seine Töchter A und B je zur Hälfte zu seinen Erben. Nach seinem Tode wird der Sohn C geboren. Hier kann das Testament mit dem Ergebnis angefochten werden, dass A, B und C zu je ⅓ erben.
>
> Beruft der Erblasser dagegen seine Frau zur alleinigen Erbin, „gleichviel, ob und welche Pflichtteilsberechtigte bei meinem Tode vorhanden sind", so macht die Geburt des C das Testament nicht anfechtbar.

953   Anfechtungsberechtigt ist stets nur derjenige, dem die Unwirksamkeit des Testaments unmittelbar zustatten käme (§ 2080 BGB). Die Anfechtung hat durch den Berechtigten selbst oder einen gesetzlichen Vertreter (z.B. Eltern) oder gewillkürten Vertreter (z.B. Bevollmächtigter) zu erfolgen. Die Anfechtung einer Erbeinsetzung, einschließlich einer Nacherbeneinsetzung, Enterbung, Testamentsvollstreckerernennung oder Auflage erfolgt formlos gegenüber dem Nachlassgericht (in der Praxis regelmäßig schriftlich oder zur Niederschrift der Geschäftsstelle), die Anfechtung anderer Verfügungen (Vermächtnisse, Teilungsanordnungen) gegenüber dem daraus Begünstigten (§ 2081 BGB).

954

> *Muster: Anfechtung einer Erbeinsetzung*
>
> Amtsgericht
>
> –Nachlassgericht –
>
> Köln
>
> **Betr.:** Nachlass meines Mannes Peter Schmitz
>
> Mein Mann hat in seinem Testament vom 3.5.2018 unsere beiden Töchter je zur Hälfte zu seinen Erben berufen. Nach seinem Tode ist unser Sohn Cäsar geboren. Als seine alleinige gesetzliche Vertreterin fechte ich hiermit dieses Testament für meinen Sohn Cäsar an.
>
> Köln, den (…)

955

> *Muster: Anfechtung eines Vermächtnisses*
>
> Lieber Anton!
>
> Ich habe gestern erfahren, dass du am 5.8.2018 doch aus der Kirche ausgetreten bist. Das Testament meines Mannes vom 6.8.2018 beruht demnach auf einem Irrtum. Ich fechte es daher hiermit an.
>
> Mit freundlichen Grüßen

956   Die Anfechtung kann nur innerhalb eines Jahres erklärt werden, nachdem der Anfechtungsberechtigte von dem Anfechtungsgrund Kenntnis erlangt hat (§ 2082 BGB).

cc) Besonderheiten beim gemeinschaftlichen Testament

957   Da die folgenden Erläuterungen nicht nur für Ehegatten, sondern gemäß § 10 Abs. 4 LPartG auch für eingetragene Lebenspartner gelten, wird im Folgenden der Begriff „Partner" als Oberbegriff für die Begriffe „Ehegatte(n)" und „eingetragene(r) Lebenspartner" verwendet.

Beim gemeinschaftlichen Testament sind zu unterscheiden:

(1) Widerruf

958   (a) *Einseitige Erklärungen.* Sie können von jedem Partner jederzeit, auch noch nach dem Tode des anderen, frei widerrufen werden. Bis zur Ablieferung des Testaments an das Nachlassgericht kann der Widerruf einseitiger Verfügungen auch durch Vernichtung oder Veränderung (§ 2255 BGB) erfolgen.

(b) *Wechselbezügliche Verfügungen.* Das sind solche, von denen anzunehmen ist, dass die des einen Partners nicht ohne die des anderen getroffen worden wären (§ 2270 BGB). Im Zweifel gehören dazu Verfügungen zugunsten des jeweils anderen Partners. Aber auch Verfügungen des überlebenden Partners zugunsten von Verwandten oder sonstigen, dem Erstversterbenden nahestehenden Personen gelten im Zweifel als wechselbezügliche, wenn der Erstversterbende dem Überlebenden Zuwendungen gemacht hat. Nur Erbeinsetzungen, Vermächtnisse, Auflagen und die Wahl des anzuwendenden Erbrechts können in dieses Abhängigkeitsverhältnis gebracht werden (§ 2270 Abs. 3 BGB), nicht also z.B. Teilungsanordnungen, die Ernennung eines Testamentsvollstreckers und Enterbungen bzw. Pflichtteilsentziehungen.

Die wechselbezüglichen Verfügungen können widerrufen werden: **959**

- Zu Lebzeiten beider Partner gemeinschaftlich in jeder möglichen Form (Widerrufstestament, widersprechendes Testament – hier gelten die für die Errichtung des Testaments genannten Grundsätze entsprechend (vgl. Rdn 911 ff.) –, Vernichtung, Veränderung, Rücknahme aus der besonderen amtlichen Verwahrung).
- Zu Lebzeiten beider Partner einseitig nur durch eine persönlich abzugebende Erklärung, die
  aa) notariell beurkundet und
  bb) in *Ausfertigung* dem Partner zugestellt werden muss.
  Hier liegt eine gefährliche Quelle für Amtshaftungsansprüche gegen den Notar. Die Übermittlung nur einer beglaubigten Abschrift führt nicht zum Widerruf. Die Zustellung muss nicht, sollte aber über den Gerichtsvollzieher vorgenommen werden, weil nur so in einer öffentlichen Urkunde die Art des zugestellten Schriftstücks und die Zustellung selbst unwiderleglich festgehalten werden. Damit der Gerichtsvollzieher erst gar nicht in die Versuchung gerät, eine (beglaubigte) Abschrift von der Ausfertigung zuzustellen, empfiehlt es sich, ihm zwei Ausfertigungen zu schicken. Der Widerruf ist ferner unwirksam, wenn er dem anderen Partner nicht vor dessen Tod zugeht. Deshalb ist die Zustellung *stets eilbedürftig*. Stirbt der widerrufende Partner vor dem Zugang des Widerrufs beim anderen, so wird er nur wirksam, wenn sich der Widerruf beim Tod des widerrufenden Partners bereits ordnungsgemäß, d.h. in Ausfertigung, auf dem Weg zum anderen Partner befand und der Zugang alsbald nachfolgte (§ 130 Abs. 2 BGB). Unwirksam ist der Widerruf jedoch, wenn der widerrufende Partner dessen Zugang bewusst hinauszögerte, um bis zu seinem Tod den anderen Partner vom Widerruf nichts wissen zu lassen.
- Nach dem Tode des erstversterbenden Partners überhaupt nicht mehr. Der Überlebende ist an sie grundsätzlich gebunden. Spätere Verfügungen von Todes wegen sind insoweit unwirksam, als sie die bindend Bedachten beeinträchtigen würden. Das hindert den Überlebenden nicht an Verfügungen unter Lebenden. Sie sind uneingeschränkt wirksam, auch wenn sie die Aushöhlung des gemeinschaftlichen Testaments zur Folge haben. Nur wenn ganz besondere Umstände vorliegen, können sie einmal nichtig sein. Bei Schenkungen steht dem Bedachten jedoch u.U. ein Bereicherungsanspruch gegen den Beschenkten zu, wenn der Erblasser die Schenkung in der Absicht vorgenommen hat, den Vertragspartner zu benachteiligen (§ 2287 BGB entsprechend). Eine solche Absicht ist immer dann zu verneinen, wenn der Erblasser mit der Schenkung ein lebzeitiges Eigeninteresse verfolgt hat (z.B. der Erblasser will seine Altersversorgung durch den Beschenkten sichern). Ein Bereicherungsanspruch besteht dann nicht, wenn der Bedachte sein Einverständnis mit einer ihn beeinträchtigenden lebzeitigen Verfügung erteilt hat, und zwar vor Eintritt des Erbfalls in notarieller Form (BGH und h.M.). Nach Eintritt des Erbfalls kann der Bedachte dem Beschenkten gegenüber durch formlosen Erlassvertrag (§ 397 BGB) auf seine Bereicherungsansprüche verzichten.
- Befreien kann sich der überlebende Partner von der Bindung nur,
  aa) wenn er das ihm Zugewendete ausschlägt,
  bb) bei Verschwendung, Überschuldung oder Verfehlungen des Bedachten, die zur Entziehung bzw. Beschränkung des Pflichtteils berechtigen würden,
  cc) wenn er sich ein Widerrufsrecht vorbehalten hatte,
  dd) durch einen so genannten Zuwendungsverzicht nach § 2352 BGB (z.B. durch den als Schlusserben eingesetzten Abkömmling des verstorbenen Ehegatten, vgl. hierzu Rdn 1341 ff.).

960

Muster: Einseitiger Widerruf zu Lebzeiten des anderen Partners

(Protokolleingang)

Der Erschienene erklärte:

Ich widerrufe hiermit das mit meinem Ehemann Peter Schmitz am 11.11.2018 errichtete gemeinschaftliche Testament, soweit es Verfügungen von mir enthält, und ersuche den Notar, eine Ausfertigung dieser Urkunde meinem Ehemann durch den Gerichtsvollzieher zustellen zu lassen.

Der Notar hat mich darüber belehrt, dass dadurch auch die in diesem Testament von meinem Ehemann getroffenen Verfügungen unwirksam werden und dass – sofern ich keine andere Verfügung von Todes wegen treffe – die gesetzliche Erbfolge eintritt, die mir der Notar erläutert hat.

Diese Niederschrift (…)

(2) Anfechtung

961   Nach dem Tod eines Partners ist die Anfechtung des gemeinschaftlichen Testaments möglich, und zwar sowohl durch den überlebenden Partner als auch durch einen Dritten.

962   (a) So kann sich der überlebende Partner durch (Selbst-)Anfechtung von den Bindungen des gemeinschaftlichen Testaments lösen, wenn er die wechselbezüglichen Verfügungen nachweislich

- aufgrund eines Irrtums

oder

- infolge einer Drohung getroffen hat,

oder

- wenn er noch einmal heiratet oder Kinder bekommt, es sei denn, dass er erkennbar auch in diesem Fall an die Verfügung gebunden sein soll (§ 2079 BGB).

Auf die Selbstanfechtung des überlebenden Partners sind die Vorschriften über die Anfechtung vertragsmäßiger Verfügungen in einem Erbvertrag entsprechend anzuwenden (§§ 2281 ff. BGB; vgl. hierzu Rdn 997).

Die Anfechtung der eigenen wechselbezüglichen Verfügungen bedarf der *notariellen Beurkundung*. Dabei ist Vertretung ausgeschlossen. Das frühere Anfechtungsrecht eines beschränkt Geschäftsfähigen ist mit Inkrafttreten des Gesetzes zur Bekämpfung von Kinderehen zum 22.7.2017 entfallen. Die Anfechtung erfolgt durch Erklärung gegenüber dem Nachlassgericht. Daher ist auch hier stets nach Auffassung des BGH und zahlreicher Obergerichte eine Ausfertigung an das Gericht zu senden. Das Nachlassgericht soll die Erklärung dem betroffenen Dritten mitteilen. Dafür genügt eine beglaubigte Abschrift, die zweckmäßigerweise zusammen mit der Ausfertigung dem Gericht eingereicht wird. Die Anfechtungsfrist beträgt ein Jahr. Sie beginnt im Fall der Drohung mit der Beendigung der Zwangslage, sonst mit dem Zeitpunkt, in dem der überlebende Ehegatte Kenntnis von dem Anfechtungsgrund erlangt.

Die (Selbst-)Anfechtung einer eigenen wechselbezüglichen Verfügung des überlebenden Partners bewirkt nach § 2270 BGB grundsätzlich auch die Unwirksamkeit der wechselbezüglichen Verfügungen des erstverstorbenen Partners, insbesondere dessen Verfügung, durch die der überlebende Ehegatte als Erbe eingesetzt wurde, sodass in der Regel nachträglich gesetzliche Erbfolge nach dem erstverstorbenen Partner eintritt. Etwas anderes gilt nur, wenn ausnahmsweise anzunehmen ist, dass der erstverstorbene Partner seine wechselbezüglichen Verfügungen auch in Kenntnis der Anfechtung der wechselbezüglichen Verfügungen des überlebenden Partners getroffen hätte.

Muster: Selbstanfechtung   963

(Protokolleingang)

Der Erschienene erklärte:

Im gemeinschaftlichen Testament vom 15.10.2018 – eröffnet vom Nachlassgericht Jülich unter IV 72/2018 – habe ich unsere Kinder Ingeborg und Christoph zu meinen Erben berufen. Dies fechte ich hiermit an. Ich habe wieder geheiratet.

Den Notar bitte ich, eine Ausfertigung und zwei beglaubigte Abschriften dieser Urkunde dem Nachlassgericht zuzuleiten.

Diese Niederschrift (…)

(b) Sofern die Voraussetzungen der Irrtumsanfechtung (§ 2078 BGB) vorliegen, kann der überlebende   964
Partner auch die einseitigen oder wechselbezüglichen Verfügungen des erstverstorbenen Partners anfechten. Die Anfechtung ist formlos möglich (vgl. hierzu Rdn 951 ff.). Ein Anfechtungsrecht nach § 2079 BGB wegen Übergehung eines Pflichtteilsberechtigten steht dem überlebenden Partner nicht zu (§ 2080 Abs. 3 BGB).

Die wirksame Anfechtung der wechselbezüglichen Verfügungen des erstverstorbenen Partners durch den überlebenden Partner bewirkt nach § 2270 BGB grundsätzlich auch die Nichtigkeit seiner eigenen wechselbezüglichen Verfügungen.

Muster: Anfechtung nach dem Tode des Partners   965

An das Amtsgericht

– Nachlassgericht –

Köln

Betr.: Nachlass meiner Frau Maria geborene Schneider – 6 IV 111/2018

Ich habe am 17.12.2018 mit meiner Ehefrau Maria geborene Schneider ein gemeinschaftliches Testament errichtet, das nach ihrem Tode vom dortigen Nachlassgericht unter dem Aktenzeichen 6 IV 111/2018 eröffnet worden ist. Dieses Testament fechte ich hiermit insoweit an, als sie unseren Sohn Karl enterbt hat. Dabei ist sie davon ausgegangen, dass unser Sohn Karl Alleinerbe seiner Tante Anna Schneider werden würde. Meine Schwägerin Anna Schneider hat jedoch mich zum Alleinerben berufen.

(c) Ein Dritter kann die einseitigen oder wechselbezüglichen Verfügungen des erstverstorbenen Partners   966
gemäß §§ 2078, 2079 ff. BGB formlos anfechten, wenn ihm der Wegfall der angefochtenen Verfügung unmittelbar zustatten kommt (z.B. pflichtteilsberechtigte Kinder, die zwischen der Errichtung des gemeinschaftlichen Testaments und dem Erbfall geboren wurden; vgl. hierzu Rdn 951 ff.).

Die Verfügungen des überlebenden Partners können von einem Dritten erst nach dem Tod dieses Partners, nicht zu dessen Lebzeiten, nach den vorgenannten Grundsätzen angefochten werden.

(3) Unwirksamkeit von Testamenten gemäß § 2077 BGB/§ 10 Abs. 5 LPartG
Verfügungen von Todes wegen, mit denen der Erblasser seinen Ehegatten/eingetragenen Lebenspartner   967
bedacht hat, werden von selbst unwirksam, wenn die Ehe/eingetragene Lebenspartnerschaft

    (a) nichtig war, oder
    (b) vor dem Tod des Erblassers aufgelöst wurde, oder
    (c) im Zeitpunkt des Todes des Erblassers scheidungsreif (= rechtshängiges Scheidungsverfahren) war, sofern der Erblasser die Scheidung bereits beantragt oder ihr zugestimmt hatte (Scheidungsantrag des bedachten Partners ohne Zustimmung des Erblassers reicht somit für die Anwendbarkeit der Vorschrift nicht aus!), oder

(d) im Zeitpunkt des Todes des Erblassers hätte aufgehoben werden können, sofern der Erblasser bereits die Aufhebungsklage erhoben hatte (§ 2077 BGB).

968 In diesen vier Fällen wird auch ein gemeinschaftliches Testament von selbst seinem ganzen Inhalt nach unwirksam (§ 2268 Abs. 1 BGB). Davon gibt es eine wichtige Ausnahme: In den Fällen (b) bis (d) bleiben Verfügungen insoweit wirksam, als angenommen werden muss, dass sie trotz der zerstörten Ehe/eingetragenen Lebenspartnerschaft gelten sollen. Wenn z.B. in einem gemeinschaftlichen Testament die Eheleute ihre gemeinschaftlichen Kinder zu Erben eingesetzt und dem überlebenden Ehegatten lediglich ein Nießbrauchsrecht am Einfamilienhaus vermacht haben, so ist in den drei vorgenannten Fallgruppen zwar ohne weiteres anzunehmen, dass die wechselseitigen Vermächtnisse entfallen sind. Die Erbeinsetzung jedoch ist – soweit keine besonderen Umstände dagegensprechen – weiterhin wirksam geblieben. Insbesondere entfällt die Wechselbezüglichkeit der Verfügungen nicht mit der Aufhebung der Ehe (h.M.). Die Erbeinsetzung der gemeinschaftlichen Kinder könnte hier somit nicht durch einen Ehegatten einseitig aufgehoben werden, sondern sie könnte dann nur nach Maßgabe des § 2271 Abs. 1 S. 1 BGB förmlich, d.h. in notarieller Form, widerrufen oder nach einer Wiederheirat oder der Geburt weiterer Kinder angefochten werden.

Desgleichen wird eine Verfügung zugunsten eines Verlobten unwirksam, wenn das Verlöbnis vor dem Tode des Erblassers aufgelöst worden ist (§ 2077 Abs. 2 BGB).

969 Viele ausländische Rechtsordnungen, zumal die des romanischen Rechtskreises (Frankreich, Italien, Portugal, Spanien), lassen wechselbezügliche gemeinschaftliche Testamente nicht zu. Sie behandeln derartige Testamente teils als unwirksam, teils als zwar wirksam, aber nicht bindend (vgl. hierzu Rdn 1893). Bis zum 16.8.2015, also bis zur Anwendbarkeit der EU-Erbrechtsverordnung Nr. 650 vom 4.7.2012, konnte allerdings noch ein Ausländer für im Inland belegenes unbewegliches Vermögen in der Form einer Verfügung von Todes wegen deutsches Recht wählen (Art. 25 Abs. 2 EGBGB). Dann unterlagen diesbezüglich auch die Frage der Gültigkeit der Errichtung einer Verfügung von Todes wegen und die Frage der Bindung an sie dem deutschen Recht (Art. 26 Abs. 5 EGBGB a.F., heute Art. 24, 25 EU-ErbVO). Die Rechtswahlerklärung konnte einseitig in Form einer Verfügung von Todes wegen getroffen werden, aber auch vertragsmäßig mit der Folge, dass die im Zuge dessen dem anderen gemachten Zuwendungen auch dann bindend bleiben, wenn der Erblasser die Wahl des deutschen Erbrechts widerruft (zur Rechtswahl im Erbrecht unter Geltung der EU-ErbVO vgl. auch Rdn 1867). Eine vor dem 17.8.2015 danach wirksam getroffene Rechtswahl bleibt unter den Voraussetzungen der Übergangsvorschrift des Art. 83 Abs. 2 EU-ErbVO auch nach dem 17.8.2015 wirksam (Rdn 1826). Seit dem 17.8.2015 werden Ausländer, die zum Zeitpunkt ihres Todes ihren gewöhnlichen Aufenthalt in Deutschland hatten, gemäß Art. 21 der Verordnung grundsätzlich nach deutschem Recht beerbt, so dass in diesem Fall sowohl ein deutsch-ausländisches Ehepaar als auch ein rein ausländisches Ehepaar wirksam ein gemeinschaftliches Testament nach deutschem Recht errichten können.

970 Gemäß der seit dem 17.8.2015 neu gefassten Vorschrift des § 2270 Abs. 3 BGB können ausdrücklich auch Erbrechtswahlen in gemeinschaftlichen Testamenten wechselbezüglich vereinbart werden.

971 Vgl. Muster zu Wahlen des deutschen Erbrechts gemäß Art. 22 EU-ErbVO unter Rdn 2078 im Rahmen eines einseitigen Testaments, Rdn 2082 im Rahmen eines Erbvertrages und Rdn 2086 im Rahmen eines Pflichtteilsverzichtsvertrages.

972 Soweit bis zu ihrem Tode in Deutschland lebende Deutsche in einem anderen Mitgliedstaat der EU-ErbVO, etwa in Frankreich oder Luxemburg, Grundbesitz haben, wurden sie insoweit bis zum 16.8.2015 nach dem dortigen Erbrecht und ab dem 17.8.2015 nach deutschem Recht beerbt. Bezüglich dieses Grundbesitzes können sie daher wirksam ein bindendes gemeinschaftliches Testament oder einen Erbvertrag nur dann errichten, wenn der Erbfall ab dem 17.8.2015 eintritt (zu dieser Problematik vgl. auch Rdn 1856 ff. Etwas anderes kann gelten, wenn bis zu ihrem Tode in Deutschland lebende Deutsche in einem Nicht-Mitgliedstaat der EU-ErbVO Grundbesitz hinterlassen, etwa in Großbritannien (England), weil hierfür aus Sicht des Lageortes das eigene Recht anzuwenden ist und dieses Recht ein gemeinschaftliches Testament nicht kennt bzw. zulässt (vgl. hierzu Rdn 1858, 2006).

h) Erbvertrag

Der Erbvertrag ist eine Verfügung von Todes wegen in der Form eines Vertrages. Er ist daher – wie jeder Vertrag – auch zu Lebzeiten aller Vertragspartner grundsätzlich *bindend*. Das unterscheidet ihn vom gemeinschaftlichen Testament. Ein weiterer Unterschied besteht darin, dass er nicht nur zwischen Ehegatten oder Lebenspartnern und auch von mehr als zwei Personen abgeschlossen und mit anderen vertraglichen Abreden (Ehevertrag, Unterhalt, Pflege, Verpflegung des Erblassers) verbunden werden kann. Zahlreiche Rechtsordnungen, insbesondere diejenigen des romanischen Rechtskreises und diejenigen des so genannten ehemaligen sozialistischen Rechtskreises, verbieten vertragsgemäße Verfügungen. Die Staatsangehörigen dieser Staaten (z.B. Franzosen, Italiener, Portugiesen, Bulgaren, Polen, Rumänen usw.) konnten bis zum Inkrafttreten der EU-ErbVO zum 17.8.2015 somit nicht wirksam einen Erbvertrag schließen, sofern sie nicht über im Inland (Deutschland) belegenes unbewegliches Vermögen verfügt *oder* das deutsche Erbrecht gemäß Art. 25 Abs. 2 EGBGB bis zum 16.8.2015 gewählt haben. Dasselbe galt für Deutsche, sofern sie über Grundbesitz z.B. in Frankreich oder Luxemburg verfügten (vgl. auch Rdn 1857). Ab dem 17.8.2015 werden Deutsche und Ausländer, die zum Zeitpunkt ihres Todes ihren gewöhnlichen Aufenthalt in Deutschland hatten, gemäß Art. 21 der Verordnung, unabhängig davon, ob sich ihr Vermögen in Deutschland oder im Ausland befindet, grundsätzlich einheitlich nach deutschem Recht beerbt, so dass in diesem Fall sowohl ein deutsch-ausländisches Ehepaar als auch ein rein ausländisches Ehepaar wirksam einen Erbvertrag nach deutschem Recht abschließen können. Etwas anderes kann gelten, wenn bis zu ihrem Tode in Deutschland lebende Deutsche in einem Nicht-Mitgliedstaat der EU-ErbVO Grundbesitz hinterlassen, etwa in Großbritannien (England), weil hierfür aus Sicht des Lageortes das eigene Recht anzuwenden ist und dieses Recht einen Erbvertrag nicht kennt bzw. zulässt (Rdn 1858, 2006).

973

Man unterscheidet

974

(1) *einseitige Erbverträge,* in denen nur eine Person vertragsmäßige Verfügungen von Todes wegen trifft und eine oder mehrere andere diese „annehmen", und
(2) *zweiseitige Erbverträge,* in denen zwei (oder mehr) Personen vertragsmäßige Verfügungen von Todes wegen treffen und sie wechselseitig annehmen.

Die Annahme der Verfügungen ist *wesentliches Merkmal* für den Erbvertrag und sollte daher stets ausdrücklich mit beurkundet werden.

Vertragsmäßig, also bindend, können nur Erbeinsetzungen, Vermächtnisse, Auflagen oder seit dem 17.8.2015 auch die Wahl des anzuwendenden Erbrechts verfügt werden (§ 2278 Abs. 2 BGB). Andere Anordnungen beliebigen Inhalts können zwar in den Erbvertrag aufgenommen werden. Sie sind aber stets wie ein einseitiges Testament frei widerruflich. Die Form des Erbvertrages entspricht der eines beurkundeten gemeinschaftlichen Testaments. Eigenhändige Erbverträge sind mithin *ausgeschlossen*. Zur Beurkundung sind nur die Notare, die Konsularbeamten im Rahmen ihrer auswärtigen Amtstätigkeit und die Richter bei gerichtlichen Vergleichen zuständig, nicht also in Notfällen die Bürgermeister oder drei Zeugen.

Ein Erbvertrag kann nur noch von unbeschränkt geschäftsfähigen Erblassern abgeschlossen werden. Die bisherige Möglichkeit, dass auch ein beschränkt geschäftsfähiger Ehegatte als Erblasser mit seinem unbeschränkt geschäftsfähigen Ehegatten einen Erbvertrag abschließen kann, ist durch das Gesetz zur Bekämpfung von Kinderehen zum 22.7.2017 mit Wirkung ab dem 1.1.2018 entfallen (vgl. Rdn 914 zum gemeinschaftlichen Testament). Die Fortgeltung vor diesem Zeitpunkt wirksam abgeschlossener Erbverträge unter Mitwirkung eines Minderjährigen ist umstritten, dürfte aber wohl zu bejahen sein.[196] Für den Vertragsgegner gelten die allgemeinen Vorschriften über Verträge der §§ 104 ff. BGB (vgl. unten Rdn 1022). So kann der Vertragsgegner sich beim Abschluss des Vertrages vertreten lassen. Nimmt der beschränkt geschäftsfähige Vertragsgegner nur Erklärungen des Erblassers an (z.B. Erbenstellung oder ein Vermächtnis), benötigt er keine Zustimmung seines gesetzlichen Vertreters, da der Abschluss des Vertrages für ihn lediglich rechtlich vorteilhaft (bzw. neutral) ist.

---

196 So z.B. Palandt/*Weidlich*, 80. Aufl. 2021, § 2275 BGB Rn 3.

Alle Vertragsteile müssen *gleichzeitig* anwesend sein (§ 2276 BGB). Wer in dem Vertrag Verfügungen von Todes wegen trifft („der Erblasser"), kann dabei nicht vertreten werden (§ 2274 BGB). Wer die Verfügungen nur annimmt („der Vertragsgegner"), kann sich dagegen – auch vollmachtlos – vertreten lassen.

Ein Erbvertrag kann grundsätzlich auch durch Übergabe einer verschlossenen oder offenen Schrift errichtet werden (§§ 2276 Abs. 1 S. 2 Hs. 1, 2232 BGB). Hierbei ist es sogar möglich, dass nur die Willenserklärung der einen Vertragspartei durch Übergabe einer Schrift erfolgt, während der andere Vertragsteil seine Willenserklärungen mündlich gegenüber dem Notar abgibt.[197]

Das Gesetz geht zwar davon aus, dass die Urschrift des Erbvertrages in die besondere amtliche Verwahrung des Gerichts gegeben wird (§ 34 BeurkG). Das ist jedoch im Bereich des Nurnotariats die Ausnahme. Schon aus Kostengründen wünschen die Beteiligten in der Regel, dass der Notar den Erbvertrag in seiner amtlichen Verwahrung behält (vgl. auch Rdn 1013).

975   Soll der Erbvertrag in die Verwahrung des Gerichts gebracht werden, so ist wie beim beurkundeten Testament zu verfahren (vgl. Rdn 917 ff.). Wird der Erbvertrag vom Notar verwahrt, fertigt er ein Vermerkblatt für seine Urkundensammlung (§ 20 Abs. 1 DONot) und erteilt den Beteiligten Ausfertigungen oder (beglaubigte) Abschriften vom Erbvertrag. Auf Wunsch des Erblassers oder der Vertragschließenden soll eine beglaubigte Abschrift des Erbvertrages zurückbehalten werden. Sie soll in einem *verschlossenen* Umschlag zur Urkundensammlung genommen werden, es sei denn, dass die Beteiligten sich mit der *offenen* Aufbewahrung *schriftlich* einverstanden erklären (§ 20 Abs. 1 S. 4 DONot). Die beglaubigte Abschrift ist auf Wunsch den Beteiligten auszuhändigen.

976   Bleibt der Erbvertrag in der amtlichen Verwahrung des Notars, ist an die Stelle der früher erforderlichen schriftlichen Benachrichtigung der Geburtsstandesämter durch den Notar die elektronische Übermittlung der Verwahrangaben an das Zentrale Testamentsregister der Bundesnotarkammer getreten (§ 34a Abs. 1 BeurkG). Der Notar meldet daher die Beurkundung und Inverwahrnahme des Erbvertrages elektronisch dem Zentralen Testamentsregister. Für jeden am Erbvertrag beteiligten Erblasser ist eine eigene Benachrichtigung vorzunehmen. Sobald der Notar die Eintragungsbestätigung(en) – für jeden am Erbvertrag beteiligten Erblasser erhält der Notar eine getrennte Bestätigung – erhalten hat, leitet er diese an den/die Erblasser weiter. Einen weiteren Ausdruck der Eintragungsbestätigung(en) bzw. der inhaltsgleichen Testamentsregisterauszüge nimmt er zum Erbvertrag und zweckmäßigerweise zum Vermerkblatt. Die vorstehende Pflicht des Notars zur elektronischen Übermittlung der Verwahrangaben erstreckt sich gleichermaßen auch auf Aufhebungsverträge, Rücktritts- und Anfechtungserklärungen (§ 78d Abs. 2 BNotO).

977   Das Vermerkblatt und die Eintragungsbestätigungen bzw. die Testamentsregisterauszüge unterscheiden sich nicht wesentlich von denjenigen im Falle eines Testamentes (hierzu die nachfolgenden Muster siehe Rdn 983 ff.).

Der Notar hat über die Erbverträge, die er gemäß § 34 Abs. 3 BeurkG in Verwahrung nimmt, ein Verzeichnis zu führen (§ 9 Abs. 1 DONot). Stattdessen genügt allerdings auch das Sammeln von Ausdrucken der (Eintragungs)Bestätigungen der Registerbehörde über die Registrierung der Erbverträge im Zentralen Testamentsregister (§ 20 Abs. 2 DONot) in einer Kartei in zeitlicher Reihenfolge und mit laufenden Nummern versehen. Wird der Erbvertrag später in besondere amtliche Verwahrung gebracht oder nach Eintritt des Erbfalls an das Amtsgericht abgeliefert, sind in dem Erbvertragsverzeichnis bzw. in der Kartei das Gericht und der Tag der Abgabe einzutragen (§ 9 Abs. 3 DONot).

978   Der Notar hat das Verzeichnis bzw. die Kartei der Ausdrucke der Registrierungsbestätigungen regelmäßig daraufhin zu überprüfen, ob bei ihm Erbverträge verwahrt werden, die älter als 30 Jahre sind. Findet er solche, so hat er Ermittlungen darüber anzustellen, ob der Erblasser noch lebt bzw. die Erblasser noch leben (§ 351 FamFG). Kann er das nicht feststellen, so hat er den Erbvertrag dem Amtsgericht zur Eröffnung einzureichen und die Ablieferung der Registerbehörde elektronisch mitzuteilen. Dasselbe gilt, wenn er von der Registerbehörde benachrichtigt wird, dass der Erblasser verstorben ist. Auf diese Weise soll sichergestellt werden, dass jeder Erbvertrag zu Tage kommt und seine Wirksamkeit entfaltet.

---

197 Vgl. Staudinger/*Kanzleiter*, BGB 2019, § 2276, Rn 5.

Ergeben die Ermittlungen des Notars, dass der Erblasser noch lebt bzw. die Erblasser noch leben, ist über die von Amts wegen durchgeführte Ermittlung ein Vermerk zu fertigen und die Ermittlung im 5-Jahres-abstand zu wiederholen. Der schriftliche Ermittlungsvermerk unterliegt der Dienstprüfung und ist mit der Liste der Erbverträge zu führen. 979

Vermerk über die jährliche Durchsicht älterer Erbverträge 980

Muster: Vermerk über die jährliche Durchsicht älterer, in meiner Verwahrung befindlicher Erbver-träge

Dr. Fritz Genau – Notar in X-Stadt

Am (…) habe ich das Erbvertragsverzeichnis (§ 9 Abs. 1 DONot/die Kartei bezüglich der Bestätigun-gen der Registerbehörde über die Registrierungen der Erbverträge im Zentralen Testamentsregister (§ 9 Abs. 2 DONot) über die seit mehr als 30 Jahren in meiner amtlichen Verwahrung befindlichen Erbverträge durchgesehen. Dabei habe ich vorgefunden

1. Erbverträge, die mein Amtsvorgänger, Notar Dr. Hermann Schmitz, beurkundet hat, nämlich:
   vom 6.7.1987 – UR.Nr. 712 für 1987 –,
   vom 2.1.1988 – UR.Nr. 2 für 1988 –,
   vom 13.8.1989 – UR.Nr. 1100 für 1989 –,
   vom 6.3.1990 – UR.Nr. 318 für 1990 –,
2. von mir beurkundete Erbverträge
   vom 2.2.1987 – meine UR.Nr. 60 für 1987 –,
   vom 15.12.1988 – meine UR.Nr. 1512 für 1988 –
   vom 3.4.1989 – meine UR.Nr. 510 für 1989 –,
   vom 20.8.1990 – meine UR.Nr. 1113 für 1990.

Meine bei den zuständigen Einwohnermeldeämtern entsprechend § 351 FamFG und § 20 Abs. 5 DONot angestellten Ermittlungen haben ergeben, dass

I. die Erblasser, die die Erbverträge UR.Nrn. 2/1988, 1100/1989, 318/1990 und 60/1991 errichtet haben, teils beide, teils einer von ihnen verstorben sind,
II. die Erblasser, die die übrigen vorgenannten Erbverträge errichtet haben, noch leben.

Die vorstehend zu I. bezeichneten Erbverträge habe ich den infrage kommenden Nachlassgerichten eingereicht und die Ablieferung der Registerbehörde elektronisch mitgeteilt. Die übrigen Erbverträge bleiben in meiner amtlichen Verwahrung.

X-Stadt, den (…)

Dr. Genau, Notar

Zum Protokoll eines Erbvertrages, dem Vermerkblatt, den Eintragungsbestätigungen, den Testaments-registerauszügen und dem Verzeichnis der Erbverträge vergleiche die nachfolgenden Muster. 981

aa) Protokoll eines Erbvertrages

UR.-Nr. 2274 für 2019 982

Verhandelt zu Xanten am 21.10.2019

Vor dem unterzeichnenden

Dr. Fritz Emsig,

Notar für den Oberlandesgerichtsbezirk Düsseldorf

mit Amtssitz in Xanten

erschienen, dem Notar von Person bekannt,[198]

die Eheleute Herr Josef Schmitz, geboren am 15.12.1949 in Düsseldorf (Geburtenregister Nr. 1926/49 des Standesamts Düsseldorf) und Frau Inge, geborene Müller, geboren am 6.3.1951 in Mettmann (Geburtenregister Nr. 290/51 des Standesamts Mettmann), beide wohnhaft in 46509 Xanten, Im Grund 12.

Die Erschienen erklärten:

Wir wollen einen Erbvertrag schließen und sind durch frühere Verfügungen von Todes wegen (Erbvertrag oder gemeinschaftliches Testament) hieran nicht gehindert.

Wir besitzen beide seit der Geburt ausschließlich die deutsche Staatsangehörigkeit. Wir haben beide zurzeit unseren gewöhnlichen Aufenthalt in Deutschland und beabsichtigen diesen aller Voraussicht nach auch bis zu unserem Tode beizubehalten.

Unser gesamtes gegenwärtiges Vermögen, zu dem kein Hof im Sinne der Höfeordnung und auch keine Beteiligungen an Personengesellschaften oder Gesellschaften bürgerlichen Rechts gehören, befindet sich ausschließlich in Deutschland.

Wir verlangen keine Zuziehung von Zeugen zu dieser Verhandlung

Der Notar überzeugte sich durch den Gang der Verhandlung von der Geschäfts- und Testierfähigkeit der Erschienenen.

Die Erschienenen erklärten dem Notar mündlich, was folgt:

Wir schließen den nachstehenden

Erbvertrag,

der in der amtlichen Verwahrung des Notars verbleiben soll.[199]

I. bis II.

(Z.B.: Widerruf bisher errichteter Verfügungen von Todes wegen, Gegenseitige Erbeinsetzung)

III.

Rechtswahl nach Art. 22 EU-ErbVO[200]

Ein jeder von uns wählt hiermit auf der Grundlage der Europäischen Erbrechtsverordnung (EU-ErbVO) für die Erbfolge sowie für die Zulässigkeit, die materielle Wirksamkeit und die Bindungswirkung dieses Erbvertrages das deutsche Recht als das Recht seiner Staatsangehörigkeit zum Zeitpunkt der Rechtswahl.

IV. bis V.

(Z.B.: Einsetzung des/der Erben des Überlebenden, Verfügungen für den Fall des gleichzeitigen Versterbens der Eheleute Schmitz)

VI.

Wir nehmen alle vorstehenden Erklärungen – soweit gesetzlich zulässig – wechselseitig an.

Keiner von uns behält sich ein einseitig ausübbares Rücktrittsrecht von diesem Erbvertrag vor.

(Alternativ: Ein jeder von uns behält sich das Recht zum einseitigen Rücktritt von diesem Erbvertrag vor. Der Notar hat uns darauf hingewiesen, dass der Rücktritt der notariellen Beurkundung bedarf. Im Fall des Rücktritts soll dieser Erbvertrag mit all seinen vertragsmäßigen und einseitigen Verfügungen unwirksam werden.)

---

198 Alternativ: ausgewiesen durch Vorlage ihrer Bundespersonalausweise.

199 Alternativ: der unverzüglich dem Amtsgericht Rheinberg zur besonderen amtlichen Verwahrung eingereicht werden soll.

200 Um die mit der Anknüpfung an den gewöhnlichen Aufenthalt des Erblassers im Zeitpunkt seines Todes (Art. 21 EU-ErbVO) möglicherweise verbundenen Rechtsunsicherheiten zu vermeiden.

Der Überlebende von uns ist jedoch berechtigt, die hier getroffenen Verfügungen von Todes wegen zugunsten und zu Lasten von Abkömmlingen (ggf.: und deren Ehegatten), nicht aber zugunsten dritter Personen einseitig abzuändern und zu ergänzen.

Er darf dabei insbesondere

- die Erbquoten unter den Abkömmlingen ändern sowie deren Ehegatten in die Erbfolge einbeziehen,
- gemeinschaftlichen Abkömmlingen (ggf.: und deren Ehegatten) Vermächtnisse zuwenden,
- Teilungsanordnungen treffen,
- einzelne Abkömmlinge auf den Pflichtteil setzen oder, falls die Voraussetzungen vorliegen, ihnen den Pflichtteil entziehen.

Machen alle Abkömmlinge, die gesetzliche Erben wären, nach dem Tode des Erstversterbenden von uns Pflichtteilsansprüche geltend, dann hat der Überlebende von uns das Recht, über den beiderseitigen Nachlass völlig frei anderweitig Verfügungen von Todes wegen zu treffen.

VII.

Soweit ein Erbe oder Vermächtnisnehmer in Gütergemeinschaft des deutschen oder eines ausländischen Rechts lebt, sollen alle Vermögenswerte, die dem Erben oder Vermächtnisnehmer aufgrund der hier getroffenen Verfügungen von Todes wegen zufallen, Vorbehalts- oder Eigengut sein.

Alle Verfügungen in dieser Urkunde werden von uns ohne Rücksicht darauf getroffen, ob und welche Pflichtteilsberechtigten in der Zeit bis zum Tode eines jeden von uns oder aber im Zeitpunkt des Todes eines jeden von uns vorhanden sind. Das Anfechtungsrecht nach § 2079 BGB ist deshalb insbesondere auch im Falle der Wiederverheiratung eines jeden von uns ausgeschlossen.

Ist beim Tode eines Ehegatten ein Scheidungsantrag zugestellt, sollen die Verfügungen von Todes wegen ihrem ganzen Inhalt nach unwirksam sein, und zwar ohne dass die gesetzlichen Voraussetzungen für die Eheauflösung gegeben sein müssten. Auch das gesetzliche Erbrecht des überlebenden Ehegatten ist dann ausgeschlossen. Entsprechendes gilt bei Auflösung der Ehe.

Diese Niederschrift wurde in Gegenwart des Notars den Erschienenen vorgelesen, von ihnen genehmigt und eigenhändig unterschrieben:

Josef Schmitz   *Inge Schmitz geb. Müller*

                                                        Dr. Emsig, Notar

Hinweis: Wegen der vorstehend in Ziffer **III.** getroffenen Rechtswahl siehe oben (vgl. auch Rdn 1867 ff. und Rdn 1903 f., 1908, 1911 f.).

bb) Vermerkblatt

983

VERMERKBLATT (§ 20 ABS. 1 DONOT)

ZENTRALES
TESTAMENTSREGISTER
BUNDESNOTARKAMMER

Notar Test Notar
Der Erblasser hat mir seinen letzten Willen

REGISTRIERUNGSDATUM
15.03.2017

☐ zur Niederschrift erklärt.
☐ durch Übergabe einer offenen / verschlossenen Schrift erklärt.

ZTR-VERWAHRNUMMER
--

URKUNDE
Erbvertrag

URKUNDENDATUM
10.03.2017

URKUNDENROLLENNUMMER
224/2017

VERWAHRGERICHT
--

(REG.-NR. 19251123)

ANREDE
Frau

VORNAME(N)
Monika

FAMILIENNAME
Mustermensch

GEBURTSNAME
Musterfrau

GEBURTSORT (KREIS: Wesel - PLZ: 46509)
Xanten

GEBURTSDATUM
02.02.1938

WOHNORT
Südwall 200, 46509 Xanten

(REG.-NR. 19251124)

ANREDE
Herr

VORNAME(N)
Andreas

FAMILIENNAME
Mustermensch

GEBURTSNAME
Mustermensch

GEBURTSORT (KREIS: Wesel - PLZ: 46509)
Xanten

GEBURTSDATUM
01.01.1935

WOHNORT
Südwall 200, 46509 Xanten

ZEUGEN, ZWEITE/R NOTAR/IN

ICH HABE DIE URKUNDE HEUTE IN MEINE
VERWAHRUNG GENOMMEN.

14.03.2017
DATUM

Dr. Testnotar
UNTERSCHRIFT NOTAR

Notar Test Notar
Cecilienallee 3
40474 Düsseldorf

Telefon:
Telefax:
E-Mail:

61736368756C747A-116851714 15.03.2017 07:56:51

401-130722

cc) Eintragungsbestätigung

(1) Ehefrau

984

EINTRAGUNGSBESTÄTIGUNG

ZENTRALES
TESTAMENTSREGISTER
B U N D E S N O T A R K A M M E R

Neuregistrierung

Die nachstehenden Verwahrangaben wurden in das Zentrale Testamentsregister aufgenommen. Bitte überprüfen Sie diese, insbesondere die Erblasserdaten.

VORGANGSDATUM
15.03.2017

REGISTRIERUNGSNUMMER
19251123

ANREDE	VORNAME(N)
Frau	Monika

FAMILIENNAME	GEBURTSNAME
Mustermensch	Musterfrau

GEBURTSORT (KREIS: Wesel - PLZ: 46509)	GEBURTSDATUM
Xanten	02.02.1938

GEBURTSSTANDESAMT (BEHÖRDENNUMMER: 05170130 – Nordrhein-Westfalen)	GEBURTENREGISTERNUMMER
Xanten	30/1938

URKUNDE	URKUNDENROLLENNUMMER	URKUNDENDATUM
Erbvertrag	224/2017	10.03.2017

NOTAR	AMTSSITZ
Test Notar	Düsseldorf

VERWAHRSTELLE	ZTR-VERWAHRNUMMER
Notar Test Notar, Düsseldorf	nicht vergeben

ANSCHRIFT VERWAHRSTELLE	EIGENES VERWAHRKENNZEICHEN
Cecilienallee 3, 40474 Düsseldorf	

WEITERE REGISTRIERUNGEN ZU DIESER URKUNDE
Andreas Mustermensch (19251124)

BEMERKUNGEN

GEBÜHRENFESTSETZUNG   **15,00 €**   AMTLICHE HINWEISE

Die Gebühr wurde nach § 1 Abs. 2 ZTR-GebS festgesetzt. Sie wird durch den Notar für die Registerbehörde erhoben.

Bundesnotarkammer, K. d. ö. R. | Zentrales Testamentsregister
Internet: www.testamentsregister.de | Telefon: 0800.35.50.600 (gebührenfrei)
E-Mail: info@testamentsregister.de | Telefax: 030.38.38.66.88

6173636875 6C747A-116651733 15.03.2017 07:50:40

(2) Ehemann

985

dd) Testamentsregisterauszug

(1) Ehefrau

986

TESTAMENTSREGISTERAUSZUG

ZENTRALES
TESTAMENTSREGISTER
BUNDESNOTARKAMMER

Seite 1 von 1

Die nachstehende Verwahrangabe ist im Zentralen Testamentsregister eingetragen. Bitte prüfen Sie auch etwaige anliegende Verwahrungsnachrichten auf zusätzliche Angaben.

REGISTRIERUNGSDATUM	15.03.2017
REGISTRIERUNGSNUMMER	19251124

ANREDE	VORNAME(N)
Frau	Monika

FAMILIENNAME	GEBURTSNAME
Mustermensch	Mustermensch

GEBURTSORT (KREIS: Wesel - PLZ: 46509)	GEBURTSDATUM
Xanten	01.01.1935

GEBURTSSTANDESAMT (BEHÖRDENNUMMER: 05170130 – Nordrhein-Westfalen)	GEBURTENREGISTERNUMMER
Xanten	3/1935

URKUNDE	URKUNDENROLLENNUMMER	URKUNDENDATUM
Erbvertrag	224/2017	10.03.2017

NOTAR	AMTSSITZ
Test Notar	Düsseldorf

VERWAHRSTELLE	ZTR-VERWAHRNUMMER
Notar Test Notar, Düsseldorf	nicht vergeben

ANSCHRIFT VERWAHRSTELLE	EIGENES VERWAHRKENNZEICHEN
Cecilienallee 3, 40474 Düsseldorf	--

WEITERE REGISTRIERUNGEN ZU DIESER URKUNDE	BEMERKUNGEN
Andreas Mustermensch (19251122)	--

REGISTRIERUNGSHISTORIE	STAND	15.03.2017
	TVÜ-STATUS	überführt

Bundesnotarkammer, K. d. ö. R.
Internet: www.testamentsregister.de
E-Mail: info@testamentsregister.de

Zentrales Testamentsregister
Telefon: 0800.35.50.600 (gebührenfrei)
Telefax: 030.38.38.66.88

61736368756C747A-116851733 15.03.2017 07:51:07

(2) Ehemann

987

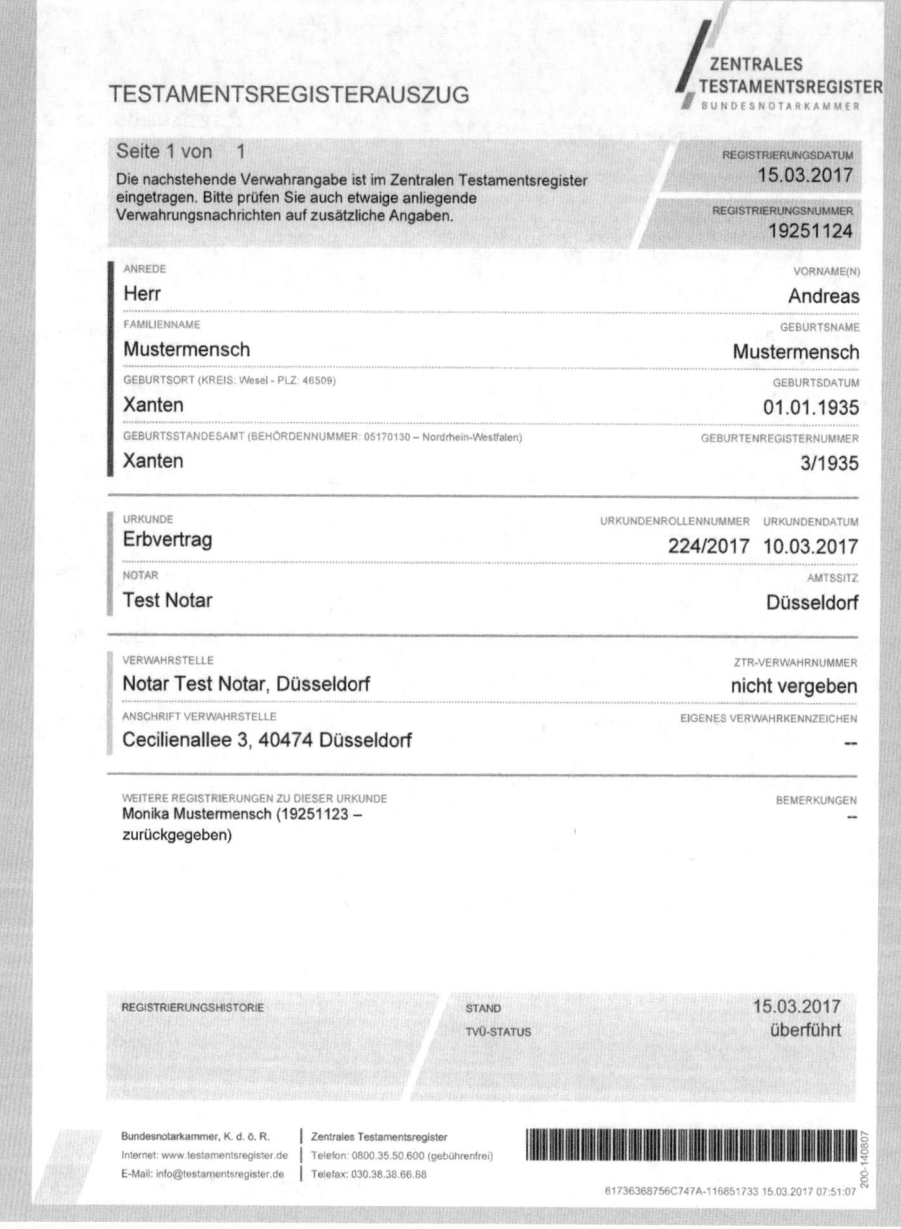

ee) Verzeichnis der Erbverträge

Verzeichnis der Erbverträge 2019 988

Lfd. Nr.	Name des Erblassers	Geburtsdatum	Tag der Ausstellung der Urkunde	Nr. der Urkundenrolle	in besondere amtl. Verwahrung abgeliefert an (Gericht)	Tag der Abgabe
163	Hans Adam	14.2.1953	29.11.2019	1302/19		
163	Elisabeth Adam	23.4.1956	29.11.2019	1302/19		
164	Günter Habertz	28.6.1961	3.12.2019	1330/19	an Amtsgericht Köln	03.09.20
165	Maria Anna Kuno	13.7.1963	5.12.2019	1342/19		
166	Herbert Krause	20.7.1973	9.12.2019	1380/19		
167	Manfred Meier	25.9.1976	19.12.2019	1420/19		
168	Klaus Schmitz	18.10.1937	22.12.2019	1452/19		
169	Jürgen Esser	2.11.1939	28.12.2019	1483/19		
169	Anna Esser	11.12.1953	28.12.2019	1483/19		

Die Bindung an den Erbvertrag hindert den Erblasser nicht, lebzeitige Verfügungen zu treffen, auch solche, die den Erbvertrag aushöhlen (§ 2286 BGB). Hier gelten dieselben Grundsätze wie bei den wechselbezüglichen Verfügungen in gemeinschaftlichen Testamenten (vgl. Rdn 957 ff.).[201] Derartige Verfügungen des Erblassers können jedoch oft dadurch praktisch zum Schutze des Bedachten verhindert werden, dass der Erblasser sich dem Bedachten gegenüber ausdrücklich verpflichtet, nicht mehr ohne dessen Zustimmung über die ihm zugedachten Gegenstände zu verfügen, insbesondere sie nicht zu veräußern und nicht zu belasten und sie ihm bei einem Verstoß dagegen zu übereignen (ggf. unter Nießbrauchsvorbehalt). Diese bedingte Übertragungspflicht kann bei Grundstücken, grundstücksgleichen Rechten und Rechten an Grundstücken durch eine Vormerkung gesichert werden. 989

Muster: Verfügungsverbot 990

(Erbvertrag)

Ich verpflichte mich, über das Hausgrundstück Bonn, Beethovenplatz 8, eingetragen in Bonn Blatt 0027, nicht mehr ohne Zustimmung meiner Tochter Karin Schulz zu verfügen, insbesondere es weder zu belasten noch zu veräußern und auch kein Verpflichtungsgeschäft dazu einzugehen. Die Zwangsvollstreckung in dieses Grundstück steht dem gleich. Für den Fall des Verstoßes gegen diese Vereinbarung verpflichte ich mich, das Hausgrundstück meiner Tochter Karin Schulz unter Vorbehalt des Nießbrauchs und auf deren Kosten zu übereignen. Zur Sicherung des etwaigen Auflassungsanspruchs beantrage ich die Eintragung einer Vormerkung in das Grundbuch.

Diese Niederschrift (…)

Der Erblasser kann sich in vielfältiger Weise von den Bindungen des Erbvertrages lösen oder sie von vornherein einschränken: 991

(1) Gebunden ist der Erblasser ohnehin nur an seine vertragsmäßigen Verfügungen. Alle anderen kann er frei widerrufen. Durch die Beschränkung der Bindung auf nur eine oder wenige vertragsmäßige Ver-

---

201 Zur Zustimmung des Bedachten zu erbvertragswidrigen lebzeitigen Verfügungen, insbesondere Schenkungen vgl. *Ivo*, ZEV 2003, 101 ff.

fügungen kann der Erblasser im Übrigen freie Hand behalten. Zumindest eine Verfügung muss freilich eine vertragsmäßige sein, da sonst kein Erbvertrag vorläge. Im Protokoll sollte festgehalten werden, welche Erbeinsetzungen, Vermächtnisse, Auflagen und Rechtswahlen der Erblasser als vertragsmäßige Verfügungen anordnen will, um den Umfang der eintretenden Bindung deutlich zu machen. Über die Bedeutung der eintretenden Bindung hat der Notar den Erblasser zu belehren.

992   (2) Der Erblasser kann sich das Recht vorbehalten, auch (alle) seine vertragsmäßigen Verfügungen für den Fall beliebig abzuändern, dass sich bis zu seinem Tod „die Verhältnisse" ändern, seien es die persönlichen Beziehungen zu den Bedachten, seine eigenen oder die Verhältnisse der Bedachten. Allerdings kann eine solche Klausel Streit darüber auslösen, ob sich die Verhältnisse in einer für den Erbvertrag erheblichen Hinsicht geändert haben. Sie sollte daher möglichst vermieden werden.[202]

993   (3) Der Erblasser kann sich nach h.M. auch das Recht vorbehalten, nach Belieben Schenkungen vorzunehmen und so Bereicherungsansprüche nach § 2287 BGB von vornherein ausschließen (vgl. auch Rdn 957 ff., 989).

994   (4) Der Erblasser kann sich ein *Rücktrittsrecht* vorbehalten. Das Rücktrittsrecht kann vom Eintritt bestimmter Bedingungen abhängig gemacht oder zeitlich befristet, aber auch so vereinbart werden, dass der Erblasser jederzeit und ohne weiteres zurücktreten kann. Alsdann ist die Bindung des Erbvertrages nicht größer als die eines gemeinschaftlichen Testaments. Auch wenn ein Rücktrittsrecht nicht ausdrücklich vorbehalten wurde, kann der Erblasser zurücktreten, wenn

- sich der Bedachte einer Verfehlung schuldig macht, die dazu berechtigen würde, einem Abkömmling den Pflichtteil zu entziehen (§ 2294 BGB),
- die Verpflichtungen des Bedachten zu wiederkehrenden Leistungen an den Erblasser (Unterhalt, Pflege, Verpflegung etc.) aufgehoben werden (§ 2295 BGB).

995   Für die Form des Rücktritts gelten dieselben Regeln wie beim einseitigen Widerruf eines gemeinschaftlichen Testaments zu Lebzeiten beider Ehegatten. Die Rücktrittserklärung bedarf somit insbesondere der notariellen Beurkundung und muss dem Vertragspartner in *Ausfertigung* zugestellt werden (vgl. Rdn 959). Nach dem Tode des Vertragsgegners erfolgt der Rücktritt beim einseitigen Erbvertrag in der Form eines Widerrufstestaments (§ 2297 BGB). Bei einem Erbvertrag, in dem beide Beteiligte vertragsmäßige Verfügungen getroffen haben, erlischt das Rücktrittsrecht mit dem Tod eines Vertragsteils (§ 2298 Abs. 2 S. 2 BGB), es sei denn

- die Beteiligten haben das Gegenteil vereinbart oder
- der überlebende Beteiligte schlägt das ihm Zugewendete aus (§ 2298 Abs. 2 S. 3 BGB).

Bei einem Erbvertrag, bei dem beide Vertragspartner vertragsmäßige Verfügungen getroffen haben, wird durch den Rücktritt eines Vertragspartners der ganze Vertrag – d.h. alle vertragsmäßigen Verfügungen des Erbvertrages – aufgehoben, es sei denn, die Vertragspartner wollten etwas anderes (§ 2298 Abs. 2, 3 BGB). Die Aufhebung erfasst im Zweifel auch die einseitigen Verfügungen (§ 2299 Abs. 3 BGB).

Der beiderseitige Rücktrittsvorbehalt ist bei Partnern einer nichtehelichen Lebensgemeinschaft dringend zu empfehlen, weil ihr Erbvertrag nicht durch eine Scheidung im Rechtssinne hinfällig werden kann und sonst nur über eine in den Voraussetzungen nicht immer einfache Anfechtung beseitigt werden könnte. Bei Eheleuten kann der Rücktrittsvorbehalt – der zwar häufig abgelehnt wird, weil in ihm ein Ausdruck von Misstrauen liege – zweckmäßig sein, um die Möglichkeit der Lossagung von dem Erbvertrag schon für die Zeit zwischen der Trennung und dem Scheidungsantrag (bzw. der Zustimmung zur Scheidung) zu schaffen (§ 2077 Abs. 1 S. 2 BGB). Die Anfechtung ist hier in der Regel nicht möglich, weil das harmonische Zusammenbleiben nicht ohne weiteres als Motiv für die Verfügungen angenommen werden kann.

---

202 Vgl. zu den nicht unumstrittenen Grenzen von Änderungsvorbehalten in Erbverträgen *Musielak*, ZEV 2007, 245 ff.

996

Muster: Rücktritt

(Rubrum)

In dem Erbvertrag mit meiner Lebensgefährtin Eva Schneider vom 27.8.2019 vor Notar Dr. Bringmann in Köln – UR.Nr. 1335/2019 – haben wir uns beide ein Rücktrittsrecht für den Fall vorbehalten, dass wir unsere nichteheliche Lebensgemeinschaft auflösen. Ich habe mich vor etwa 2 Wochen von meiner Lebensgefährtin getrennt und beabsichtige nicht, die Lebensgemeinschaft mit ihr wieder aufzunehmen.

Hiermit trete ich von dem Erbvertrag zurück und ersuche den Notar, eine Ausfertigung dieser Urkunde meiner früheren Lebensgefährtin durch den Gerichtsvollzieher zustellen zu lassen.

Der Notar hat mich darüber belehrt, dass dadurch auch die in dem Erbvertrag von meiner ehemaligen Lebensgefährtin getroffenen Verfügungen unwirksam werden und dass – sofern ich keine andere Verfügung von Todes wegen treffe – die gesetzliche Erbfolge nach mir eintritt, die mir der Notar erläutert hat.

Diese Niederschrift (…)

997

(5) Der Erblasser kann seine vertragsmäßigen Verfügungen anfechten, wenn er sich geirrt hat oder unter einer Drohung stand oder ansonsten ein Pflichtteilsberechtigter übergangen würde (§§ 2078, 2079 BGB). Hauptfälle:

- Der Erblasser wollte überhaupt keine Verfügung von Todes wegen treffen.
- Der Erblasser wollte keine bindenden Verfügungen treffen.
- Der Vertragspartner oder der Bedachte haben sich wesentlich anders verhalten, als sie dem Erblasser versprochen oder er von ihnen erwartet hatte.
- Der Vertragspartner oder der Bedachte haben die dem Erblasser gegenüber eingegangenen Verpflichtungen nicht oder nicht ordentlich erfüllt.
- Der Erblasser hat versehentlich einen Pflichtteilsberechtigten übergangen (z.B. der Ehemann erfährt erst später von der Existenz eines nichtehelichen Kindes).
- Ein Pflichtteilsberechtigter ist erst nach dem Abschluss des Erbvertrages geboren oder durch Heirat dazugekommen.

Die Anfechtung ist dem Vertragsgegner gegenüber zu erklären, nach dessen Tode dem Nachlassgericht gegenüber, das die Anfechtung dem Bedachten mitteilen soll (§ 2281 Abs. 2 BGB). Sie kann nicht durch einen Vertreter des Erblassers erklärt werden (Ausnahme: Für den geschäftsunfähigen Erblasser kann sein gesetzlicher Vertreter mit Genehmigung des Familien- bzw. Betreuungsgerichts anfechten) und bedarf der notariellen Beurkundung (§ 2282 BGB). Es muss eine Ausfertigung zugestellt werden. Das frühere Anfechtungsrecht eines beschränkt Geschäftsfähigen ist durch das Gesetz zur Bekämpfung von Kinderehen vom 22.7.2017 entfallen. Die Frist für die Anfechtung beträgt ein Jahr seit Wegfall der Drohung bzw. seit Kenntniserlangung vom Anfechtungsgrund (§ 2283 BGB). Der Erblasser kann aber einen anfechtbaren Erbvertrag auch gelten lassen, indem er entweder die Anfechtungsfrist verstreichen lässt oder den Erbvertrag bestätigt (§ 2284 BGB). In diesen Fällen können die durch den Wegfall der anzufechtenden Verfügung begünstigten Dritten ihrerseits nicht mehr anfechten.

(6) Exkurs:

998

Auch der Vertragsgegner und Dritte können die vertragsmäßigen Verfügungen des Erblassers anfechten (§ 2285 BGB). Das Anfechtungsrecht entsteht erst mit dem Tod des Erblassers. Die Anfechtung richtet sich nach den §§ 2078 ff. BGB. Anfechtungsberechtigt ist somit derjenige, welchem die Aufhebung der letztwilligen Verfügung unmittelbar zustatten kommen würde (§ 2080 BGB). Die Anfechtungserklärung ist formlos möglich und bei Erbeinsetzung und Auflagen gegenüber dem Nachlassgericht sowie bei Vermächtnissen gegenüber dem Bedachten abzugeben (vgl. oben Rdn 951 ff.). Dieses Anfechtungsrecht ist jedoch von dem des Erblassers abhängig. So können der Vertragsgegner und Dritte vertragsgemäße Verfügungen des Erblassers dann nicht mehr anfechten, wenn das Anfechtungsrecht des Erblassers zur Zeit des Erbfalles erloschen ist (z.B. durch Fristversäumnis i.S.v. § 2283 BGB oder durch Bestätigung des Erblassers gemäß § 2284 BGB).

999   *Muster: Anfechtung Erbvertrag*

(Protokolleingang)

Den mit meiner Nichte Anna Schmitt am 10.9.2019 vor dem amtierenden Notar geschlossenen Erbvertrag – UR.Nr. 1378/2019 – fechte ich hiermit an. Meine Nichte Anna Schmitt erfüllt seit einem Monat ihre im Erbvertrag übernommene Pflicht, mich zu pflegen, nicht mehr. Ich habe mich insoweit beim Abschluss des Erbvertrages über deren zukünftiges Verhalten geirrt.

Den Notar ersuche ich, eine Ausfertigung dieser Urkunde meiner Nichte vom Gerichtsvollzieher zustellen zu lassen.

Diese Niederschrift (…)

1000   (7) Selbstverständlich können die Beteiligten den Erbvertrag übereinstimmend *aufheben,* und zwar durch Vertrag (§ 2290 BGB) oder im Falle von Ehegatten oder Lebenspartnern i.S.d. Lebenspartnerschaftsgesetzes durch gemeinschaftliches Testament (§ 2292 BGB). Der Aufhebungsvertrag bedarf derselben Form wie der Erbvertrag, nämlich der notariellen Beurkundung bei gleichzeitiger Anwesenheit beider Teile. Auch hier kann der Erblasser nicht, wohl aber der Vertragsgegner, vertreten werden. Bei nachträglicher Geschäftsunfähigkeit kann der Erblasser den Erbvertrag nicht mehr aufheben. Seit Inkrafttreten des Gesetzes zur Bekämpfung von Kinderehen am 22.7.2017 ist die Aufhebung eines Erbvertrages („Altvertrag") durch einen minderjährigen Erblasser nicht mehr möglich. Hierbei handelt es sich wohl um ein Versehen des Gesetzgebers.[203] Steht der Vertragsgegner unter Betreuung, so ist die betreuungsgerichtliche Genehmigung erforderlich. Bei nachträglicher Geschäftsunfähigkeit kann der Vertragsgegner durch seinen gesetzlichen Vertreter handeln. Eine einseitige formlose Zustimmung des Vertragspartners hingegen lässt nach h.M. die Bindungswirkung der Verfügung des Erblassers nicht entfallen.

Vermächtnisse, Auflagen sowie Rechtswahlen können auch durch ein (eigenhändiges) Widerrufstestament mit Zustimmung des Vertragsgegners aufgehoben werden (§ 2291 BGB). Die Zustimmung bedarf der notariellen Beurkundung. Auch hier ist eine formlose Zustimmung nicht ausreichend.

1001   (8) Die Beteiligten können den Erbvertrag auch dadurch aufheben, dass sie ihn aus der besonderen amtlichen Verwahrung oder aus der notariellen Verwahrung zurücknehmen (§ 2300 Abs. 2 BGB).

Bis zur Einfügung des Absatzes 2 in die Vorschrift des § 2300 BGB mit Wirkung zum 1.8.2002 konnten nur Testamente aus der besonderen amtlichen Verwahrung zurückgenommen werden (§ 2256 BGB, vgl. hierzu oben Rdn 945). Erbverträge hingegen mussten, selbst wenn sie bereits aufgehoben waren, vom Nachlassgericht eröffnet werden. Dies widersprach in vielen Fällen dem Geheimhaltungsinteresse des Erblassers. Nach umfangreicher Kritik der bestehenden Rechtslage durch die juristische Literatur hat der Gesetzgeber reagiert und eine Rücknahmemöglichkeit auch von Erbverträgen aus der besonderen amtlichen Verwahrung bzw. notariellen Verwahrung in das Gesetz aufgenommen.

1002   Für die Zurücknahme eines Erbvertrages aus der notariellen Verwahrung sind folgende Punkte zu berücksichtigen:

■ Der zurückzunehmende Erbvertrag darf nur *Verfügungen von Todes wegen* enthalten. So kann z.B. ein in einer notariellen Urkunde – früher häufig aus Kostengründen – verbundener Ehe- und Erbvertrag nicht zurückgenommen werden.
■ Der Erbvertrag kann nur allen Vertragsbeteiligten gemeinsam zurückgegeben werden.
■ Die Rückgabe setzt eine körperliche Aushändigung der Urkunde durch den Notar oder seinen amtlichen Vertreter voraus. Eine postalische Übersendung des Erbvertrages bzw. seine Rückgabe durch Mitarbeiter des Notars ist nicht zulässig. Die Einschaltung eines anderen Notars oder des

---

203 Vgl. hierzu zu einem Vorschlag zur Schließung dieser Regelungslücke Palandt/*Weidlich*, 80. Aufl. 2021, § 2290 BGB, Rn 2.

Amtsgerichts bei auswärtigen Erblassern ist nicht möglich. Allerdings könnte z.B. ein durch Krankheit verhinderter Erblasser die besondere amtliche Verwahrung beim Amtsgericht seiner Wahl herbeiführen (§ 344 Abs. 1 S. 2 FamFG); sodann könnte die Rückgabe von diesem Amtsgericht verlangt werden.

■ Alle Vertragsbeteiligten müssen zur Zeit der Rückgabe noch leben. Stellvertretung kommt nur für den Vertragspartner, der keine eigene Verfügung von Todes wegen getroffen hat, in Betracht, nicht jedoch für den Erblasser. Für die Geschäftsfähigkeit der Vertragsbeteiligten gelten dieselben Regelungen wie bei der Aufhebung eines Erbvertrages durch einen Aufhebungsvertrag (§ 2290 BGB).

Im Falle der ordnungsgemäßen Rücknahme des Erbvertrages gelten sämtliche vertragsmäßigen und einseitigen Verfügungen von Todes wegen als aufgehoben. Auch bereits anderweitig – z.B. durch Aufhebungsvertrag – aufgehobene Erbverträge können aus der besonderen amtlichen oder notariellen Verwahrung zurückgenommen werden. Die Anfechtungsfiktion greift in diesem Falle allerdings nicht mehr. **1003**

Da sich die gesetzliche Eröffnungspflicht nach ganz überwiegender Meinung auch auf Ausfertigungen und beglaubigte Abschriften der Erbverträge bezieht, müssten – um dem Geheimhaltungsinteresse der Vertragsbeteiligten gerecht zu werden – auch sämtliche, dem Notar vorliegende Ausfertigungen und beglaubigte Abschriften zurückgegeben werden bzw. müssten die Vertragsbeteiligten sämtliche ihnen vorliegende Ausfertigungen und beglaubigten Abschriften vernichten. Hierauf sollte der Notar die Vertragsbeteiligten hinweisen.

Mit Zustimmung der Erbvertragsparteien behält der Notar eine einfache Abschrift des Erbvertrages für die Urkundensammlung zurück. **1004**

Der Notar hat die Beteiligten ferner über die Widerrufswirkung der Zurücknahme zu belehren, dies auf der Urschrift zu vermerken und beides zusammen mit dem Datum der Rücknahme aktenkundig zu machen. Dies erfolgt entweder auf dem in der Urkundensammlung verwahrten Vermerkblatt oder der beglaubigten Abschrift oder in Form eines Aktenvermerks gemäß § 39 BeurkG (§ 20 Abs. 3 DONot).

Schließlich hat der Notar gemäß § 34a Abs. 2 BeurkG die Rückgabe des Erbvertrages aus der notariellen Verwahrung dem Zentralen Testamentsregister bei der Bundesnotarkammer mitzuteilen. Neben den üblichen Verwahrangaben ist insbesondere auch das Datum der Rücknahme zu übermitteln. Für jeden am Erbvertrag beteiligten Erblasser ist eine getrennte Benachrichtigung vorzunehmen. Sobald der Notar die entsprechenden Eintragungsbestätigung(en) erhalten hat, leitet er diese an den/die Erblasser weiter. Einen weiteren Ausdruck der Eintragungsbestätigung(en) nimmt er zu der zur Urkundensammlung genommenen beglaubigten Abschrift des Erbvertrages und/oder zum Vermerkblatt und/oder zu der Urkunde nach § 20 Abs. 3 S. 3 DONot (§ 20 Abs. 3 S. 5 DONot).[204]

Vermerk über die Rückgabe eines Erbvertrages **1005**

Muster eines Aktenvermerks über die Rückgabe eines Erbvertrages aus der Verwahrung des Notars:

Am (…) erschienen vor mir:

1. Herr Max Meier, geboren am (…), wohnhaft in (…), (…),
2. Frau Antonia Schmitz, geboren am (…), wohnhaft in (…), (…),

mir von Person bekannt,

– oder: ausgewiesen durch (…) –.

Ich überzeugte mich durch die mit den Erschienenen geführte Unterhaltung von ihrer Geschäftsfähigkeit.

---

204 Vgl. im Einzelnen zum Rücknahmeverfahren von *Dickhuth-Harrach*, RNotZ 2002, 384 ff.

Die Vertragsschließenden beantragten die Rückgabe des von ihnen am (…) errichteten Erbvertrages – meine UR.Nr. (…) für 20 (…) – aus der notariellen Verwahrung. Die Urschrift des Erbvertrages wurde den Beteiligten vorgelegt. Sie bestätigten, dass es sich um den Erbvertrag handelt, dessen Rückgabe sie beantragt haben. Ich überzeugte mich davon, dass der Erbvertrag nur Verfügungen von Todes wegen enthält.

Ich habe die Beteiligten darüber belehrt, dass der Erbvertrag durch die Rückgabe als aufgehoben gilt. Ein entsprechender Vermerk ist auf der Urschrift des Erbvertrages angebracht worden. Die Beteiligten sind ferner von mir darüber belehrt worden, dass durch die Rückgabe die gesetzliche Erbfolge eintritt, gegebenenfalls eine frühere Verfügung von Todes wegen, die durch den Erbvertrag aufgehoben wurde, wieder wirksam werden kann.

Die Urschrift des Erbvertrages mit dem Aufhebungsvermerk ist den Beteiligten persönlich zurückgegeben worden. Mit ihrer Zustimmung habe ich eine Abschrift des Erbvertrages zurückbehalten und mit diesem Aktenvermerk zur Urkundensammlung genommen.

(…), den (…)

             Unterschrift der Vertragsschließenden

(L.S.)   Unterschrift des Notars

1006   Auf der an die Vertragschließenden zurückzugebenden Urschrift des Erbvertrages ist ein Vermerk nachstehenden Inhalts – zweckmäßigerweise mit dem vorgesehenen Belehrungsvermerk – anzubringen. Für diesen Vermerk kann auch ein Stempel verwendet werden.

Dieser Erbvertrag gilt durch die am (…) erfolgte Rückgabe aus der notariellen Verwahrung als aufgehoben (§§ 2300 Abs. 2, 2290, 2256 Abs. 1 BGB). Die Beteiligten sind durch den Notar über die Rechtsfolgen der Rückgabe belehrt worden.

(…), den (…)   Notar

Eintragungsbestätigung seitens des zentralen Testamentsregisters bei der Bundesnotarkammer   1007

EINTRAGUNGSBESTÄTIGUNG

ZENTRALES
TESTAMENTSREGISTER
BUNDESNOTARKAMMER

Rückgabe

Die Rückgabe der Urkunde aus der amtlichen Verwahrung vom
15.03.2017 wurde registriert. Im Sterbefall erfolgt keine
Benachrichtigung der Verwahrstelle.

VORGANGSDATUM
15.03.2017
REGISTRIERUNGSNUMMER
19251123

ANREDE	VORNAME(N)
Frau	Monika

FAMILIENNAME	GEBURTSNAME
Mustermensch	Musterfrau

GEBURTSORT (KREIS: Wesel - PLZ: 46509)	GEBURTSDATUM
Xanten	02.02.1938

GEBURTSSTANDESAMT (BEHÖRDENNUMMER: 05170130 – Nordrhein-Westfalen)	GEBURTENREGISTERNUMMER
Xanten	30/1938

URKUNDE	URKUNDENROLLENNUMMER	URKUNDENDATUM
Erbvertrag	224/2017	10.03.2017

NOTAR	AMTSSITZ
Test Notar	Düsseldorf

VERWAHRSTELLE	ZTR-VERWAHRNUMMER
Notar Test Notar, Düsseldorf	nicht vergeben

ANSCHRIFT VERWAHRSTELLE	EIGENES VERWAHRKENNZEICHEN
Cecilienallee 3, 40474 Düsseldorf	--

WEITERE REGISTRIERUNGEN ZU DIESER URKUNDE	BEMERKUNGEN
Andreas Mustermensch (19251124 - zurückgegeben)	--

GEBÜHRENFESTSETZUNG

Dieser Vorgang wurde gebührenfrei
registriert.

AMTLICHE HINWEISE

Bundesnotarkammer, K. d. ö. R. | Zentrales Testamentsregister
Internet: www.testamentsregister.de | Telefon: 0800.35.50.600 (gebührenfrei)
E-Mail: info@testamentsregister.de | Telefax: 030.38.38.66.88

61736368756C747A-116851719 15.03.2017 08:03:00

EINTRAGUNGSBESTÄTIGUNG

ZENTRALES
TESTAMENTSREGISTER
BUNDESNOTARKAMMER

Rückgabe

Die Rückgabe der Urkunde aus der amtlichen Verwahrung vom 15.03.2017 wurde registriert. Im Sterbefall erfolgt keine Benachrichtigung der Verwahrstelle.

VORGANGSDATUM
15.03.2017

REGISTRIERUNGSNUMMER
19251123

ANREDE	VORNAME(N)
Frau	Monika

FAMILIENNAME	GEBURTSNAME
Mustermensch	Musterfrau

GEBURTSORT (KREIS: Wesel – PLZ: 46509)	GEBURTSDATUM
Xanten	02.02.1938

GEBURTSSTANDESAMT (BEHÖRDENNUMMER: 05170130 – Nordrhein-Westfalen)	GEBURTENREGISTERNUMMER
Xanten	30/1938

URKUNDE	URKUNDENROLLENNUMMER	URKUNDENDATUM
Erbvertrag	224/2017	10.03.2017

NOTAR	AMTSSITZ
Test Notar	Düsseldorf

VERWAHRSTELLE	ZTR-VERWAHRNUMMER
Notar Test Notar, Düsseldorf	nicht vergeben

ANSCHRIFT VERWAHRSTELLE	EIGENES VERWAHRKENNZEICHEN
Cecilienallee 3, 40474 Düsseldorf	--

WEITERE REGISTRIERUNGEN ZU DIESER URKUNDE
Andreas Mustermensch (19251124 - zurückgegeben)

BEMERKUNGEN
--

GEBÜHRENFESTSETZUNG
Dieser Vorgang wurde gebührenfrei registriert.

AMTLICHE HINWEISE

Bundesnotarkammer, K. d. ö. R. | Zentrales Testamentsregister
Internet: www.testamentsregister.de | Telefon: 0800.35.50.600 (gebührenfrei)
E-Mail: info@testamentsregister.de | Telefax: 030.38.38.66.88

61736368756C747A-116851719 15.03.2017 08:03:00

100-1150305

Die Rücknahme des Erbvertrages und der Tag der Rückgabe sind in das Erbvertragsverzeichnis (§ 9 Abs. 1 DONot)/die Kartei bezüglich der Bestätigungen der Registerbehörde über die Registrierungen der Erbverträge im Zentralen Testamentsregister (§ 9 Abs. 2 DONot) einzutragen (§ 20 Abs. 3 S. 6 DONot).

Für die Rückgabe eines Erbvertrages aus der notariellen Verwahrung entsteht eine Verfahrensgebühr von 0,3 nach GNotKG KV Nr. 23100. Der Geschäftswert bestimmt sich nach § 102 Abs. 1–3, § 114 GNotKG, wobei für die Wertberechnung der Zeitpunkt der Rückgabe maßgebend ist (§ 96 GNotKG). Wird von demselben Notar demnächst nach der Rückgabe des Erbvertrages eine – neue – Verfügung von Todes wegen desselben Erblassers beurkundet, wird die Rückgabe-Verfahrensgebühr auf die Gebühr des Beurkundungsverfahrens angerechnet.

(9) Erbverträge zwischen Ehegatten oder Verlobten und Erbverträge zugunsten von Ehegatten oder Verlobten verlieren wie ein gemeinschaftliches Testament von selbst ihre Wirksamkeit, und zwar auch insoweit, als ein Dritter durch den Erbvertrag bedacht ist: **1009**

- mit der Lösung des Verlöbnisses,
- mit der Scheidung der Ehe,
- wenn die Ehe nichtig war,
- wenn sie hätte aufgehoben werden können und der Erblasser die Aufhebungsklage erhoben hatte,
- wenn sie scheidungsreif war und der Erblasser die Scheidung beantragt oder ihr zugestimmt hatte,

es sei denn, dass sie erkennbar auch für einen solchen Fall gelten sollen (§§ 2279 Abs. 2, 2077 Abs. 3 BGB).

Entsprechendes gilt bei eingetragenen Lebenspartnerschaften (§ 10 Abs. 5 LPartG).

i) Gesichtspunkte für die Wahl zwischen Testament, gemeinschaftlichem Testament und Erbvertrag

Wenn sich der Erblasser nicht binden will oder kann – etwa weil ein deutscher oder ausländischer Erblasser ganz oder teilweise nach einem ausländischen Erbrecht beerbt wird, das die Errichtung von bindenden Verfügungen von Todes wegen verbietet und eine Rechtswahl zum deutschen Recht nicht oder nicht umfassend oder nur für den deutschen Ehegatten einer gemischt-nationalen Ehe zulässig ist –, ist stets von daher schon das Testament als Form der Verfügung von Todes wegen vorgeschrieben. Mehrere Erblasser, die sich wechselseitig oder übereinstimmend einen Dritten bedenken wollen, können das in diesen Fällen nicht bindend, wohl aber nebeneinander in Einzeltestamenten tun (Paralleltestamente). Jeder kann dann seine Verfügung ohne weiteres (auch ohne Wissen des anderen Ehegatten) widerrufen. Dagegen kann sich der jeweils andere nur dadurch einigermaßen schützen, dass er seine eigene Verfügung von der Fortgeltung der Verfügung des anderen abhängig macht.   **1010**

Beispiel   **1011**

Die italienischen Eheleute A und B lebten lange Zeit in Deutschland, sind jetzt aber im Alter nach Italien gezogen und beabsichtigen auch bis zu ihrem Tode in Italien zu bleiben. Sie haben fast ausschließlich bewegliches und unbewegliches Vermögen in Deutschland. Sie wollen sich wechselseitig vor einem deutschen Notar bindend zu Alleinerben und ihren einzigen Sohn zum Schlusserben einsetzen. Da in diesem Fall ab dem 17.8.2015 sowohl aus deutscher Sicht als auch aus italienischer Sicht wegen des gewöhnlichen Aufenthalts der Erblasser zum Zeitpunkt der Errichtung des Erbvertrages und voraussichtlich zum Zeitpunkt ihres Todes in Italien hinsichtlich des gesamten Nachlassvermögens der Eheleute A und B das italienische Recht sowohl Errichtungsstatut (Art. 25 Abs. 2 EU-ErbVO) als auch Erbstatut (Art. 21 Abs. 2 EU-ErbVO) ist, das italienische Recht aber sowohl gemeinschaftliche Testamente als auch Erbverträge verbietet, könnten sich A und B hier nur in getrennten Testamenten zu Erben und ihren Sohn jeweils zum Ersatzerben bestimmen. Bis zum 16.8.2015 wären allerdings sowohl eine gegenständlich beschränkte Rechtswahl gemäß Art. 25 Abs. 2 EGBGB a.F. für den Grundbesitz in Deutschland als auch eine umfassende Rechtswahl zum deutschen Recht nach Art. 46 Abs. 2 des italienischen IPRG zulässig gewesen, die auch über den 17.8.2015 hinaus wirksam gewesen wären. Dann hätten A und B entsprechend für den Grundbesitz in Deutschland (bei einer Rechtswahl nach Art. 25 Abs. 2 EGBGB a.F.) bzw. für den gesamten Nachlass in Deutschland (bei einer Rechtswahl nach Art. 46 Abs. 2 ital. IPRG) bindende Verfügungen von Todes wegen errichten können. Seit dem 17.8.2015 lässt die EU-ErbVO aber derartige Rechtswahlen nicht mehr zu (vgl. hierzu Rdn 1829).

Soll eine Bindung geschaffen werden und sind die Beteiligten weder miteinander verheiratet noch in einer eingetragenen Lebenspartnerschaft verbunden, so kann die Verfügung nur in einem Erbvertrag getroffen werden. Wenn Ehegatten bzw. eingetragene Lebenspartner wechselbezüglich verfügen wollen, stellt sich   **1012** die Frage, ob die Form des gemeinschaftlichen Testaments oder die des Erbvertrages gewählt werden soll. Wird eine sehr weitgehende Bindung angestrebt, soll also etwa der Widerruf für beide und die Selbstanfechtung für den Überlebenden bei einer Wiederheirat oder der Geburt weiterer Kinder ausgeschlossen werden, so erreicht man das nur mit einem Erbvertrag. Soll die Bindung insbesondere zu Lebzeiten beider Ehegatten bzw. Lebenspartner nur locker sein, also jeder ohne weiteres, wenn auch in einer erschwerten (notariellen) Form, widerrufen können (was übrigens bei Ehegatten in der Praxis nur selten vorkommt), so steht auch die Form des gemeinschaftlichen Testaments zur Verfügung.

1013   Die Bindung an den Erbvertrag kann freilich durch die Vereinbarung eines unbefristeten und bedingungslosen Rücktrittsrechts genau auf diejenige an ein gemeinschaftliches Testament beschränkt werden. Das gemeinschaftliche Testament hat dann diesbezüglich dem Erbvertrag gegenüber keinen Vorteil. Darüber hinaus ist zu berücksichtigen, dass die in der Praxis von Ehegatten errichteten eigenhändigen gemeinschaftlichen Testamente in ihrer typischen Ausgestaltung des sog. „Berliner Testamentes" (gegenseitige Erbeinsetzung der Ehegatten und Einsetzung der gemeinschaftlichen Abkömmlinge zu Schlusserben des Überlebenden; vgl. hierzu unten Rdn 1085 ff.) den überlebenden Ehegatten in der Regel mangels ausdrücklich vereinbarter Widerrufsvorbehalte weit stärker binden als ein notariell beurkundeter Erbvertrag, bei dem die Verfügungen des überlebenden Ehegatten nur einseitig und ohne erbvertragliche Bindung getroffen werden. Letzteres ist in der notariellen Praxis immer häufiger anzutreffen. Außerdem bietet der Erbvertrag im Verhältnis zum gemeinschaftlichen Testament ungleich mehr Gestaltungs- und Kombinationsmöglichkeiten (Ehe- und Erbvertrag, Verpflegungsvertrag, Ausschluss lebzeitiger Verfügungen etc.), und verdient so schon aus diesem Grunde den Vorzug. Nicht ohne Gewicht ist auch ein Kostengesichtspunkt: Gemeinschaftliches Testament und Erbvertrag lösen beide eine 2,0 Gebühr nach (Nr. 21100 KV) aus. Der Erbvertrag bleibt in der Regel gebührenfrei in der amtlichen Verwahrung des Notars. Das gemeinschaftliche Testament muss dagegen beim Amtsgericht hinterlegt werden. Dadurch entsteht eine zusätzliche Verwahrungsgebühr. Mit der Festgebühr des Gerichts von 75 EUR für die Annahme einer Verfügung von Todes wegen (KV Nr. 12100 GNotKG) werden aber auch die Verwahrung, die Mitteilung nach § 347 FamFG und die Herausgabe abgegolten.

1014   Dem ursprünglich gegen einen Erbvertrag sprechenden Argument, dass dieser nicht durch Zurücknahme aus der besonderen amtlichen oder notariellen Verwahrung „vernichtet" und dadurch vollends ungeschehen gemacht werden kann, ist durch die seit dem 1.8.2002 vom Gesetzgeber in § 2300 Abs. 2 BGB vorgesehene Rücknahmemöglichkeit von Erbverträgen (vgl. oben Rdn 1001) der Boden entzogen.

Es spricht also praktisch alles für den Erbvertrag. Gleichwohl wird in weiten Bereichen des Anwaltsnotariats traditionsgemäß dem gemeinschaftlichen Testament der Vorzug gegeben. Dies scheint insbesondere einen Grund darin zu haben, dass die Verwahrung des Erbvertrages beim Notar im Bereich des Anwaltsnotariats wegen der dort zumeist nur kürzeren Lebensdauer der Notarstellen nicht oder nicht so ohne weiteres gewährleistet ist, wie die Verwahrung beim Nurnotar, der praktisch immer einen Nachfolger bekommt.

j)   Regelung der Erbfolge in außerehelicher Lebensgemeinschaft

1015   In der notariellen Praxis ist zunehmend ein Bedürfnis für die Regelung der Erbfolge bei Personen festzustellen, die – ohne verheiratet zu sein oder in einer eingetragenen Lebenspartnerschaft zu leben – eine Lebensgemeinschaft führen. Die Gültigkeit solcher Verfügungen kann zweifelhaft sein, etwa wenn die Partner noch anderweitig verheiratet sind oder ihre legitimen Kinder – ohne wichtigen Grund – enterben wollen. Das gemeinschaftliche Testament scheidet in diesen Fällen aus, da es nur von Ehegatten oder eingetragenen Lebenspartnern errichtet werden kann (§ 2265 BGB, § 10 Abs. 4 LPartG). Es bleibt die Möglichkeit, dass jeder Partner ein einseitiges Testament zugunsten des anderen errichtet. Der Nachteil liegt in der fehlenden Bindungswirkung; jeder ist in der Lage, sein Testament – ohne dass der andere es erfährt – zu widerrufen.

Um eine Bindungswirkung herbeizuführen, bietet sich der Erbvertrag an. Es empfiehlt sich jedoch, für jeden Vertragsbeteiligten ein Rücktrittsrecht von dem Erbvertrag für den Fall vorzusehen, dass sich die Partner trennen.

Muster: **1016**

Wir nehmen unsere Erklärungen wechselseitig an.

Die in diesem Erbvertrag enthaltenen Verfügungen sollen für uns bindend sein, soweit wir uns gegenseitig bedacht haben.

Jeder von uns behält sich jedoch das Recht vor, von dem Erbvertrag einseitig zurückzutreten. Wir wurden darüber belehrt, dass die Rücktrittserklärung der notariellen Beurkundung bedarf und dem anderen zugehen muss.

3. Testierfähigkeit und Geschäftsfähigkeit

Wer eine Verfügung von Todes wegen treffen will, muss testierfähig sein. **1017**

a) Testierunfähig sind

- Jugendliche unter 16 Jahren (§ 2229 Abs. 1 BGB),
- geistig Gestörte, Geistesschwache und im Bewusstsein Gestörte, solange die Störung anhält (§ 2229 Abs. 4 BGB). Gestört in diesem Sinne ist, wer die Bedeutung und Tragweite seiner Verfügungen nicht zu erfassen, das Für und Wider nicht abzuwägen oder nach dieser Abwägung einen klaren und freien Willensentschluss nicht zu treffen vermag. Das Bestehen einer Betreuung an sich führt nicht zur Geschäfts- oder Testierunfähigkeit des Betreuten (vgl. Rdn 673); gemäß § 1903 Abs. 2 BGB kann die Wirksamkeit einer Verfügung von Todes wegen auch nicht durch Anordnung eines Einwilligungsvorbehalts von der Zustimmung des Betreuers abhängig gemacht werden.

b) Aufgrund der oben dargestellten Gesetzesänderungen (siehe Rdn 917 ff.; § 3 Rdn 91 ff.) können die **1018** meisten sog. „Mehrfachbehinderten" (z.B. ein stummer und schreibunfähiger, ein sprech- und leseunfähiger oder ein stummer und blinder Erblasser, der die Blindenschrift nicht beherrscht) nunmehr eine Verfügung von Todes wegen mit Hilfe der gesetzlichen Verständigungsmittel und Verständigungspersonen wirksam errichten. Aber auch nach der aktuellen Rechtslage ist ein mehrfach behinderter Erblasser dann von der Errichtung einer Verfügung von Todes wegen ausgeschlossen, wenn eine hinreichende Verständigung mit ihm nicht möglich ist (z.B. ein gehörloser Erblasser kann nicht lesen und sich auch nicht über eine Mittelsperson verständigen).

Taubstummentestament **1019**

Muster zur Errichtung eines Testaments durch einen taubstummen Erblasser, mit dem eine schriftliche Verständigung nicht möglich ist, der auch seinen Namen nicht schreiben kann:

UR.Nr. 2232 für 201(…)

Verhandelt zu (…), am (…)

Vor dem unterzeichneten

(…)

Notar in (…)

erschien, dem Notar bekannt,

Herr XY, (…)

Gegen die Geschäfts- und Testierfähigkeit des Erschienenen bestehen nach der Überzeugung des Notars keine Bedenken.

Der Erschienene vermag jedoch nach der Überzeugung des Notars weder zu hören noch zu sprechen; eine schriftliche Verständigung mit ihm ist nicht möglich, auch vermag er seinen Namen nicht zu schreiben. Der Notar zog daher zu dieser Verhandlung zu, dem Notar persönlich bekannt:

1. als Verständigungsperson Herrn A, geboren am (…), wohnhaft in (…), der sich nach der Überzeugung des Notars mit dem Erblasser zu verständigen vermag. Der Erblasser ist nach Überzeugung des Notars mit der Zuziehung von Herrn A einverstanden.
Die Zuziehung eines Gebärdensprachdolmetschers wurde vom Erblasser nicht verlangt.
2. als Zeugen nach § 22 BeurkG und zugleich auch als Schreibzeugen gemäß § 25 BeurkG Herrn B, geboren am (…), wohnhaft in (…)
Mitwirkungsverbote für den Zeugen lagen nicht vor.

Die Zuziehung von Zeugen nach § 29 BeurkG wurde nicht gewünscht.

Herr A verständigte sich mit Herrn XY durch Gebärdensprache so, dass der Notar erkannte, was der Erblasser beurkunden lassen wollte. Der Notar gewann die Überzeugung, dass der Erblasser Herrn A verstanden hat. Einen rechtlichen Vorteil kann die Verständigungsperson aus der Beurkundung nicht erlangen.

Der Erblasser erklärte unter Vermittlung von Herrn A durch Gebärden seinen letzten Willen, wie folgt:

(…)

Diese Niederschrift wurde durch den Notar vorgelesen, von Herrn A dem Erblasser verständlich gemacht, vom Erblasser durch Kopfnicken und Gebärden genehmigt und von Herrn A, dem Zeugen Herrn B und dem Notar eigenhändig, wie folgt, unterschrieben:

1020   c) Auf bestimmte *Formen* der Errichtung ihrer Verfügung von Todes wegen sind angewiesen

- Jugendliche, die 16, aber noch nicht 18 Jahre alt sind (§ 2233 Abs. 1 BGB). Sie können nur durch Erklärung vor dem Notar oder durch die Übergabe einer offenen Schrift an den Notar testieren, beides – sofern die Voraussetzungen dafür vorliegen – auch vor dem Bürgermeister und zwei Zeugen, wohl nicht aber vor drei Zeugen (§ 2250 BGB, str.), da es sich hierbei um eine Privaturkunde handelt und eine dem Minderjährigenschutz angemessene Beratung nicht gewährleistet ist. Die Übergabe einer verschlossenen Schrift würde die Unwirksamkeit des Testaments zur Folge haben. Eigenhändige Testamente Minderjähriger sind unwirksam (§ 2247 Abs. 4 BGB).
- Wer nicht lesen kann, ist darauf verwiesen, sein Testament durch Erklärung zu errichten (§ 2233 Abs. 2 BGB). Ein Blinder, der die Blindenschrift beherrscht, kann auch durch die Übergabe einer in Blindenschrift gefassten Schrift testieren.
- Wer nicht schreiben kann, ist nur gehindert, ein eigenhändiges Testament zu errichten. Mit dem Nachmalen einer Vorlage wäre ein ungültiges Testament errichtet. Bei der Beurkundung muss ein Schreibzeuge zugezogen werden (§ 25 BeurkG, im Übrigen vgl. § 3 Rdn 84 ff.).

1021   d) Wenn ein *Ehegatte minderjährig* ist, können beide Ehegatten seit Inkrafttreten des Gesetzes zur Bekämpfung von Kinderehen vom 17.7.2017 mit Wirkung zum 1.1.2018 kein gemeinschaftliches Testament mehr errichten (vgl. hierzu auch oben Rdn 914).

1022   e) Auch beim *Erbvertrag* muss der Erblasser unbeschränkt geschäftsfähig sein (§ 2275 BGB) (vgl. zur Möglichkeit des Abschlusses eines Erbvertrages durch einen beschränkt geschäftsfähigen Ehegatten als Erblasser bis zum 31.12.2017 oben Rdn 974).

Geistig Gestörte, Geisteschwache und im Bewusstsein Gestörte sind testierunfähig, können aber gleichwohl in lichten Augenblicken auch als Erblasser einen Erbvertrag schließen, und zwar ohne dass es der Zustimmung eines Dritten oder des Familien- bzw. Betreuungsgerichts bedarf.

Für den Vertragsgegner, also denjenigen, der selbst in dem Erbvertrag keine Verfügung von Todes wegen trifft, sofern er keine Verpflichtungen übernimmt, gelten die gesetzlichen Vorschriften zum Abschluss von Verträgen (§§ 104 ff. BGB; vgl. auch oben Rdn 974).

1023   f) Für die Aufhebung eines Erbvertrages muss der Erblasser unbeschränkt geschäftsfähig sein. Die Aufhebung des Erbvertrages durch einen beschränkt geschäftsfähigen, mindestens 16 Jahre alten Erblasser ist seit dem 1.1.2018 durch das Inkrafttreten des Gesetzes zur Bekämpfung von Kinderehen vom 17.7.2017 nicht mehr möglich (vgl. auch Rdn 1000). Der Vertragsgegner bedarf – wenn er unter Betreuung steht und die Aufhebung vom Aufgabenbereich des Betreuers umfasst ist – der Genehmigung des Betreuungsgerichts. Dasselbe gilt, wenn der Erbvertrag durch ein gemeinschaftliches Testament aufgehoben werden soll (§ 2292 BGB). Vom Erbvertrag zurücktreten kann der beschränkt geschäftsfähige Erblasser seit dem 1.1.2018 auch nicht mehr. Hierbei handelt es sich aber wohl um einen gesetzgeberischen Irrtum (vgl. oben Rdn 1000 und dort Fn 35). Dasselbe gilt für den Widerruf wechselbezüglicher Verfügungen in einem gemeinschaftlichen Testament (§§ 2271 Abs. 1, 2296 Abs. 1 BGB).

g) Der Notar hat zu prüfen, ob die an einer Verfügung von Todes wegen Beteiligten die jeweils erforderliche Geschäfts- und Testierfähigkeit haben (§§ 11, 28 BeurkG). Er hat seine Feststellungen darüber in der Niederschrift zu vermerken. In zweifelsfreien Fällen genügt der Satz: **1024**

> *Muster:*
>
> „Der Notar überzeugte sich durch die Verhandlung von der erforderlichen Geschäfts- und Testierfähigkeit der Beteiligten."

h) Kommt der Notar zu der sicheren Überzeugung, dass ein Beteiligter die erforderliche Geschäfts- bzw. Testierfähigkeit nicht hat, so soll er die Beurkundung ablehnen (§ 11 BeurkG). In allen Zweifelsfällen soll der Notar zwar im Protokoll die Umstände schildern, die seine Zweifel begründen (etwa den Krankheitszustand), und die Mittel beschreiben, die er zur Aufklärung der Frage eingesetzt hat (Kontrollfragen an den Kranken, Befragung des behandelnden Arztes). Er darf in diesen Fällen jedoch die Beurkundung nicht ablehnen. Die Beteiligten sollen nicht um die Chance gebracht werden, die beabsichtigte Verfügung von Todes wegen für den Fall wirksam zu treffen, dass sich später – etwa in einem Prozess – die Zweifel des Notars als unbegründet erweisen. Durch die Beurkundung einer sich später als unwirksam erweisenden Verfügung von Todes wegen wird niemand geschädigt. Durch die letztlich unbegründete Verweigerung der Beurkundung würde jedoch derjenige um seine Zuwendung gebracht werden, der in der Verfügung bedacht werden sollte. **1025**

> *Muster: Erbvertrag bei zweifelhafter Geschäftsfähigkeit* **1026**
>
> (Protokolleingang)
>
> (…)
>
> erschienen, von Person bekannt:
>
> Eheleute Herr Adam Müller (…)
>
> und Frau Eva geborene Meier (…)
>
> Herr Adam Müller lag im Bett. Er war beim Sprechen stark behindert, antwortete jedoch jeweils auf die Frage, ob der gerade vorgelesene Satz seinen Willen richtig wiedergebe, zwar leise und hauchend, aber hörbar und eindeutig mit „ja" bzw. „nein". Nach Auskunft des behandelnden Arztes ist bei Herrn Adam Müller infolge eines Gehirnschlags das Sprachzentrum nahezu völlig gelähmt. Sein Bewusstsein sei beeinträchtigt, aber nicht so stark, dass er nicht mehr seinen letzten Willen fassen und bekunden könnte.
>
> (…)

4. Die Gestaltungsmöglichkeiten des Erbrechts

a) Erbeinsetzung

In seiner Verfügung von Todes wegen kann der Erblasser bestimmen, auf wen im Augenblick seines Todes sein Vermögen mit allen Rechten und Pflichten übergeht. Diese Bestimmung nennt man „Erbeinsetzung", den Vermögensübergang „Erbfolge" oder „Gesamtrechtsnachfolge" (zur Unterscheidung von der „Einzelrechtsnachfolge", bei der zu Lebzeiten nur einzelne Vermögensgegenstände übergehen). **1027**

Häufig ist zweifelhaft, ob der Bedachte nach dem Willen des Erblassers die Zuwendung als Erbe oder als Vermächtnisnehmer erhalten soll. Auf die verwendeten Worte kommt es nicht an. In Laientestamenten wird oft mit „Ich vermache" in Wahrheit eine Erbeinsetzung gemeint, umgekehrt auch mit „… soll … erben" nur ein Vermächtnis.

Bei der Zuwendung einzelner Vermögensstücke oder eines Rechts an einem Nachlassgegenstand (Nießbrauch, Wohnungsrecht) liegt in der Regel ein Vermächtnis vor (§ 2087 Abs. 2 BGB). Bei der Zuwendung der Gesamtheit aller Vermögensstücke (mit Ausnahme der anderweitig verteilten) und bei der Zuwendung eines Bruchteils vom Vermögen handelt es sich in der Regel um eine Erbeinsetzung (§ 2087 Abs. 1 BGB). Schreibt der Erblasser im Einzelnen vor, wer die Gegenstände seines Nachlasses bekommen soll, so ist das auch bei Verwendung des Wortes „vermache" in Wirklichkeit eine Erbeinsetzung (mit Teilungsanordnung). Die Erbquoten bestimmen sich dann nach dem ungefähren Wertverhältnis der den Erben zugedachten Gegenstände. Hinterlässt der Erblasser überhaupt nur oder im Wesentlichen nur einen Gegenstand, so ist die Zuwendung dieses Gegenstandes im Zweifel Erbeinsetzung.

1028   Der alleinige Erbe wird mit dem Tod des Erblassers automatisch kraft Gesetzes, d.h. ohne weiteren Rechtsakt, Eigentümer aller Nachlassgegenstände. Bei Grundbesitz bedarf es daher nur der Berichtigung des Grundbuchs, bei Sparbüchern der Umschreibung. Sind mehrere Erben berufen, so werden auch sie mit dem Tod des Erblassers Eigentümer der Nachlassgegenstände, jedoch alle gemeinschaftlich („in Erbengemeinschaft", § 2032 BGB). Um den einzelnen Erben das Alleineigentum an den ihnen zugedachten Gegenständen zu verschaffen, müssen alle Erben jeden einzelnen Gegenstand dem jeweiligen Miterben übereignen (auflassen, übergeben, abtreten etc.). Diesen Vorgang nennt man „Erbauseinandersetzung". Bis dahin kann kein Erbe über die ihm zugedachten Gegenstände oder seinen Anteil an einzelnen Nachlassgegenständen verfügen (§ 2033 Abs. 2 BGB), jeder jedoch über seinen Anteil am gesamten Nachlass, also seinen Erbteil (§ 2033 Abs. 1 BGB).

1029   Der Erblasser kann sich auf die Anordnung beschränken, dass einer seiner gesetzlichen Erben, also der Personen, die ihn nach dem Gesetz beerben würden, wenn er keine Verfügung von Todes wegen träfe, nichts bekommen soll („Enterbung", § 1938 BGB). Dann erben anstelle des Ausgeschlossenen dessen Abkömmlinge, sofern sie nicht ebenfalls ausgeschlossen sein sollen. Sind auch die Abkömmlinge ausgeschlossen, so erben die anderen gesetzlichen Erben so viel, wie wenn der Ausgeschlossene und seine Abkömmlinge beim Erbfall nicht gelebt hätten.

1030   *Beispiel*

E hat den Sohn S und die Tochter T. S hat zwei Töchter EN 1 und EN 2. Verfügt E: „Mein Sohn S erhält nichts", so erben EN 1 und EN 2 an dessen Stelle je ¼. Verfügt er: „Mein Sohn S und seine gesamte Nachkommenschaft bekommen nichts", so erbt T alles.

1031   Formulierungen wie: „Mein Haus erbt mein Sohn, meine Wertpapiere meine Tochter" sind zwar sehr populär, jedoch unjuristisch und je nachdem, in welchem Wertverhältnis das Haus und die Wertpapiere zueinander und zum Gesamtnachlass stehen, als eine wertentsprechende Erbeinsetzung mit Teilungsanordnung oder als bloße Vermächtnisse auszulegen.

Der bewusste Verzicht auf eine Erbeinsetzung kann angezeigt sein, wenn der Bedachte nicht oder nicht sicher *erbfähig* ist. So ist es nicht unumstritten, ob zum Beispiel nicht rechtsfähige Vereine und Stiftungen des kirchlichen Rechts Erben werden können. Da sie ohne Zweifel Vermächtnisse anzunehmen vermögen, bietet es sich in solchen Fällen an, einen Testamentsvollstrecker zu berufen, der den Nachlass verteilt.

1032   *Beispiel: Verzicht auf Erbeinsetzung*

Der Erblasser will einige persönliche Gegenstände seinen Nichten und Neffen vermachen, den Nachlass im Wesentlichen jedoch den „Freunden neuer Kunst" hinterlassen. Es ist nicht klar und auf die Schnelle nicht zu ermitteln, ob es sich dabei um einen eingetragenen Verein handelt oder nicht.

Der Erblasser verzichtet hier auf eine ausdrückliche Erbeinsetzung, beruft einen Testamentsvollstrecker und trägt ihm auf, nach der Erfüllung der Vermächtnisse und der Nachlassverbindlichkeiten alles andere zu versilbern und den Erlös an diese Vereinigung zu übertragen.

Dann kann es dahinstehen, ob es sich bei den „Freunden neuer Kunst" um eine erbrechtsfähige Vereinigung handelt oder nicht: Ist sie erbrechtsfähig, wird sie Alleinerbin, ist sie es nicht, erlangt sie das Zugewendete als Vermächtnis. Letzteres ist unzweifelhaft möglich.

b) Vermächtnis

aa) Abgrenzung Vermächtnis – Vorausvermächtnis

Wendet der Erblasser dem Bedachten etwas zu, ohne ihn zum Erben zu berufen, so handelt es sich um ein Vermächtnis (§ 1939 BGB). Der Vermächtnisnehmer ist mithin in der Regel nicht zugleich Erbe. Aber auch einem Erben kann etwas als Vermächtnis zugewendet werden. Das Gesetz nennt das ein „*Vorausvermächtnis*" (§ 2150 BGB). Die häufigsten Fälle sind: **1033**

(a) Der Miterbe erhält bestimmte Vermögensvorteile zusätzlich zu seinem Erbteil, also vorweg und ohne Anrechnung auf seinen Erbteil.

(b) Der alleinige Vorerbe erhält einzelne Gegenstände zu freiem Eigentum.

> *Beispiel* **1034**
>
> Ich berufe meine Frau zu meiner alleinigen Vorerbin. Nacherben sind unsere Kinder. Mein Wohnhaus in Bonn, Beethovenstraße 22, erhält meine Frau zu freiem Eigentum.

Dann wird die Ehefrau mit dem Tod des Erblassers Eigentümerin des gesamten Nachlasses. Um sie im Grundbuch ohne den insoweit ja unzutreffenden Nacherbenvermerk als Eigentümerin des Hauses Beethovenstraße 22 eintragen zu können, muss ausnahmsweise im Erbschein und dementsprechend auch im Erbscheinsantrag dieses Haus als von der Nacherbfolge nicht betroffen besonders aufgeführt werden (vgl. Rdn 1287 ff.).

Vermächtnisse können im Erbvertrag vertraglich und im gemeinschaftlichen Testament mit wechselbezüglicher Wirkung angeordnet werden (§§ 2278 Abs. 2, 2270 Abs. 3 BGB). **1035**

bb) Gesetzliche Vermächtnisse

Es gibt folgende *gesetzliche Vermächtnisse:* **1036**

(a) den so genannten „*Voraus*" (§ 1932 BGB). Ihn erhält der Ehegatte des Erblassers, wenn er gesetzlicher Erbe, nicht also, wenn er Erbe aufgrund Verfügung von Todes wegen wird. Er besteht in den Haushaltsgegenständen einschließlich dem Mietrecht an der ehelichen Wohnung. Für eingetragene Lebenspartner gelten die vorgenannten Regelungen entsprechend (§ 10 Abs. 1 S. 3 bis 5 LPartG; vgl. auch oben Rdn 869).

(b) Den so genannten „*Dreißigsten*" (§ 1969 BGB). Ihn erhalten die Familienangehörigen des Erblassers (auch der eingetragene Lebenspartner, § 11 LPartG, und der nichteheliche Lebenspartner, str., nicht jedoch Hausangestellte), die bei seinem Tod zu seinem Hausstand gehörten und von ihm Unterhalt erhielten, auch wenn sie nicht mit ihm verwandt waren (z.B. Pflegekinder). Er besteht in dem Anspruch, noch 30 Tage nach dem Tod des Erblassers den bisherigen Unterhalt weiter zu bekommen und die Wohnung des Erblassers in dieser Zeit weiter mit benutzen zu dürfen. **1037**

(c) Den Anspruch auf Bezahlung einer angemessenen *Ausbildung* (§ 1371 Abs. 4 BGB). Er entsteht nur, wenn **1038**

(aa) der Erblasser einen Ehegatten hinterlassen hat,
(bb) er mit diesem im gesetzlichen Güterstand gelebt hat,
(cc) der Ehegatte deshalb als Ausgleich des Zugewinns ¼ vom Nachlass zusätzlich erhält,
(dd) der Erblasser erbberechtigte Abkömmlinge hinterlassen hat und
(ee) die Abkömmlinge nicht aus der Ehe des Erblassers mit dem hinterlassenen Ehegatten stammen.

1039   (d) den Ausgleichsanspruch bei besonderen Leistungen (insbesondere Pflegeleistungen, aber auch erhebliche Geldleistungen) eines Abkömmlings nach § 2057a BGB (früher auch „Lidlohn" genannt); der im Rahmen der Erbauseinandersetzung geltend zu machende Ausgleichsanspruch steht nur Abkömmlingen (nicht anderen Verwandten oder dem Ehegatten des Erblassers) zu, wenn diese entweder zur gesetzlichen Erbfolge gelangen oder testamentarisch auf ihre gesetzlichen Erbteile oder im Verhältnis derselben eingesetzt sind; Voraussetzung für den Anspruch ist, dass der Abkömmling längere Zeit im Haushalt oder Betrieb des Erblassers ohne angemessenes Entgelt mitgearbeitet oder in sonstiger Weise dazu beigetragen hat, das Vermögen des Erblassers zu erhalten oder zu vermehren oder der Abkömmling den Erblasser während längerer Zeit gepflegt hat, und zwar gemäß der ab dem 1.1.2010 geltenden Rechtslage unabhängig davon, ob die besonderen Leistungen unter Verzicht auf berufliches Einkommen erbracht wurden oder nicht; besondere Bedeutung erlangt die Regelung dadurch, dass in einer Vielzahl von Fällen nicht berufstätige Abkömmlinge Pflegeleistungen für ihre Eltern erbringen; der Erblasser kann die gesetzliche Ausgleichsregelung durch Verfügung von Todes wegen ausschließen, einschränken oder abändern; es handelt sich dann bei einer derartigen Anordnung um ein Vermächtnis zugunsten der übrigen Abkömmlinge des Erblassers.

cc) Forderungsrecht des Vermächtnisnehmers gegen den/die Erben – Ausnahme: Vorausvermächtnis des einzigen Vorerben

1040   Nur das Vorausvermächtnis an den einzigen Vorerben führt mit dem Erbfall zum *Erwerb des Eigentums* an dem vermachten Gegenstand (siehe auch Rdn 1287 f.). Ansonsten begründet das Vermächtnis stets nur *ein Forderungsrecht* gegen den oder die Erben auf Übereignung des vermachten Gegenstandes (§ 2174 BGB). Bewegliche Sachen müssen also unter Einigung über den Eigentumsübergang übergeben, Grundstücke aufgelassen, Forderungen abgetreten werden etc. Die Kosten der Auflassung und der Umschreibung trägt im Zweifel der Erbe, nicht – wie es dem allgemeinen Rechtsempfinden entsprechen würde – der Vermächtnisnehmer. Bei der Gestaltung einer Verfügung von Todes wegen empfiehlt sich auf jeden Fall eine ausdrückliche Regelung darüber, wer die mit der Erfüllung des Vermächtnisses verbundenen Kosten zu tragen hat, aufzunehmen.

dd) Sicherstellung der Erfüllung des Vermächtnisses

1041   Um für den Vermächtnisnehmer die Erfüllung des Vermächtnisses nach Eintritt des Erbfalls sicherzustellen (es besteht z.B. die Gefahr, dass die Erben die Erfüllung des Vermächtnisses verweigern oder den vermachten Gegenstand entgegen der Erblasseranordnung an einen Dritten übertragen), kann bei dinglichen Rechten als Vermächtnisgegenstand (z.B. Grundbesitz, Nießbrauch usw.) im Grundbuch eine Vormerkung eingetragen werden, sofern dies vom Erblasser in seiner Verfügung von Todes wegen vorgesehen war. Oder dem Vermächtnisnehmer kann in der Verfügung von Todes wegen eine erst mit dem Tode des Erblassers beginnende Vollmacht (sog. *postmortale* Vollmacht) zwecks Erfüllung des Vermächtnisses erteilt werden oder der Erblasser ordnet eine Testamentsvollstreckung lediglich zur Erfüllung des Vermächtnisses an (hier kann auch der Vermächtnisnehmer selbst der Testamentsvollstrecker sein).[205]

ee) Belasteter Vermächtnisgegenstand

1042   Wenn ein vermachtes Grundstück mit einem Grundpfandrecht belastet ist, sollte in der Verfügung des Erblassers klargestellt werden, ob der Erbe oder der Vermächtnisnehmer die Belastung weiter zu tragen hat. Im Zweifel trägt sie der Vermächtnisnehmer (§§ 2165, 2166 BGB).

ff) Vermachter Ersatzanspruch

1043   Hat der Erblasser den vermachten Gegenstand noch vor dem Erbfall veräußert, so ist damit das Vermächtnis unwirksam geworden. Ist der Gegenstand untergegangen oder dem Erblasser entzogen worden, so gilt im Zweifel ein etwaiger Ersatzanspruch als vermacht (§ 2169 Abs. 3 BGB).

---

205 Vgl. zu den Sicherungsmöglichkeiten im Einzelnen *Halding-Hoppenheit*, RNotZ 2005, 311 ff.

gg) Ersatzvermächtnisnehmer

*Ersatz*vermächtnisnehmer ist derjenige, der den vermachten Gegenstand bekommen soll, wenn der Vermächtnisnehmer vor dem Erbfall stirbt, das Vermächtnis ausschlägt oder sonst wegfällt. Der Ersatzvermächtnisnehmer ist der Figur des Ersatz*erben* vergleichbar. **1044**

> *Muster: Ersatzvermächtnisnehmer* **1045**
>
> Meine blaue Mauritius vermache ich meinem Neffen Anton, ersatzweise seinem Sohn Peter.

hh) Wichtige besondere Arten von Vermächtnissen

(1) Untervermächtnis

Soll der Vermächtnisnehmer mit Leistungen an einen anderen beschwert werden, so ist ein *Untervermächtnis* gewollt (§ 2186 BGB). Es braucht nicht denselben Gegenstand wie das Vermächtnis zu haben. Die Fälligkeit des Untervermächtnisses setzt den Anfall beider Vermächtnisse und die Fälligkeit des Hauptvermächtnisses voraus. **1046**

> *Muster: Untervermächtnis* **1047**
>
> „Meinem Neffen Anton vermache ich meine Briefmarkensammlung. Dafür muss er seinem Sohn Peter 500 EUR zahlen." (Dies ist ein Untervermächtnis als Verschaffungsvermächtnis.)

(2) Nachvermächtnis

Der *Nach*vermächtnisnehmer bekommt den Gegenstand nach dem Vermächtnisnehmer. Er ist wieder Vermächtnisnehmer, hat also nur einen Übereignungsanspruch gegen den Nachlass des Vermächtnisnehmers (§ 2191 BGB). Der Vorvermächtnisnehmer haftet nur für die Sorgfalt wie in eigenen Angelegenheiten. Die Eintragung des Nachvermächtnisnehmers im Grundbuch wie bei der Nacherbschaft ist nicht möglich, wohl aber – bei entsprechender Anordnung des Erblassers – die Eintragung einer Auflassungsvormerkung. **1048**

> *Muster: Nachvermächtnis* **1049**
>
> Das Grundstück in Xanten Flur 17 Nr. 222, Ackerland, Am Fürstenberg, groß 1.22,33 ha, vermache ich meinem Neffen Anton. Nach seinem Tod (oder: wenn sein Sohn Peter 25 Jahre alt ist) fällt dieses Grundstück als Nachvermächtnis an dessen Sohn Peter. Dieser kann verlangen, dass sein späterer Auflassungsanspruch durch die Eintragung einer Vormerkung im Grundbuch auf seine Kosten gesichert wird.

(3) Verschaffungsvermächtnis

Wird bewusst ein dem Erblasser nicht gehörender Gegenstand vermacht, so sollte klargestellt werden, dass es sich um ein so genanntes *Verschaffungsvermächtnis* im Sinne der §§ 2169, 2170 BGB handelt und welche Aufwendungen für die Anschaffung den Erben zugemutet werden sollen. **1050**

> *Beispiel* **1051**
>
> E verfügt: „Meinem Patenkind Anton vermache ich eine goldene Taschenuhr mit eingravierter Widmung. Mein Sohn soll eine solche Uhr in Abstimmung mit meinem Patenkind für insgesamt etwa 5.000 EUR kaufen."

(4) Wahlvermächtnis

Beim *Wahl*vermächtnis hat der Vermächtnisnehmer nur einen von mehreren in Frage kommenden Gegenständen zu beanspruchen („einen der Teppiche"). Die Auswahl steht im Zweifel dem Erben zu, kann aber auch einem Dritten oder dem Vermächtnisnehmer selbst eingeräumt werden (§ 2154 BGB). **1052**

(5) Gattungsvermächtnis

1053   Von einem *Gattungs*vermächtnis (§ 2155 BGB) spricht man, wenn die vermachten Sachen nur ihrer Gattung nach bestimmt sind (z.B. 100 Flaschen französischen Rotwein).

c) Auflage

1054   Vom Vermächtnis ist die *Auflage* zu unterscheiden. Man sollte nur da von „Auflage" sprechen, wo wirklich eine solche und nicht das zumeist gewollte Vermächtnis oder Untervermächtnis gemeint ist. Der aus einer Auflage Begünstigte hat keinen eigenen Durchsetzungsanspruch (§ 1940 BGB). Auflagen zugunsten von Personen sind daher selten. Praktisch kommen sie nur für Leistungen vor, die niemandem direkt zugute kommen, etwa für die Grabpflege, das Lesenlassen von Messen, das Bestehenlassen einer über den Tod hinaus wirkenden (so genannten *transmortalen)* Vollmacht und dergleichen.

Die Vollziehung der Auflage kann jeder Miterbe, ein etwaiger Testamentsvollstrecker und derjenige verlangen, dem der Wegfall des mit der Auflage Beschwerten als Erbe oder Vermächtnisnehmer unmittelbar zustatten käme (§ 2194 BGB). Liegt die Vollziehung der Auflage im öffentlichen Interesse, so kann ihre Erfüllung auch von der nach Landesrecht zuständigen Behörde verlangt werden.

d) Teilungsanordnung, Abgrenzung vom Vorausvermächtnis, Übernahmerecht, Ausschluss der Auseinandersetzung

1055   Der Erblasser kann im Einzelnen anordnen, wer von seinen Erben welche Gegenstände bekommen soll. Sofern er dabei nicht die Absicht hat, über die Verteilung einem der Erben einen besonderen Vorteil zukommen zu lassen, liegt eine bloße *Teilungsanordnung* vor, anderenfalls ein *Vorausvermächtnis*. Es kommt also auf den *Begünstigungswillen* an: Ist er vorhanden, dann handelt es sich um ein Vorausvermächtnis, fehlt er, um eine bloße Teilungsanordnung. Beide Rechtsinstitute haben unterschiedliche Wirkungen.

So kann die Teilungsanordnung als solche nicht bindend getroffen werden, das Vorausvermächtnis hingegen wohl (vgl. oben Rdn 1033 ff.). Soll sie in einem gemeinschaftlichen Testament oder Erbvertrag verbindlich gemacht werden, so hat die Verfügung einen doppelten Charakter: Sie ist Teilungsanordnung und Vorausvermächtnis zugleich, wobei der besondere *Vorteil* für den Bedachten darin liegt, dass der Erblasser die Verteilung nicht mehr zu seinen Ungunsten abändern kann.

1056   *Beispiel*

Die Eheleute M und F verfügen im Erbvertrag: „Der Überlebende wird alleiniger Vorerbe des Erstversterbenden. Nacherben des Erstversterbenden und Erben des Überlebenden werden unsere beim Tode des Überlebenden vorhandenen oder gezeugten Abkömmlinge zu gleichen Teilen nach Stämmen. Unser Sohn Karl erhält unser Haus, unsere Tochter Ruth unser Ackerland und unsere Tochter Brigitte alles andere. Daran soll der Überlebende gebunden sein."

Die drei Vermögenskomplexe sind gleichwertig und gehören M und F je zur Hälfte. An und für sich ist das nur eine Teilungsanordnung, da keines der Kinder begünstigt werden soll. Dann könnte aber die überlebende F sie noch ändern und ihren Anteil am Haus etwa der Tochter Ruth, ihren Anteil am Ackerland der Tochter Brigitte und ihren Anteil an dem anderen Vermögen dem Sohn Karl zuteilen. Damit würden alle drei praktisch benachteiligt, da sie jeweils nur die Hälfte der Vermögensstücke erhielten, die Hälfte eines Gegenstandes in der Regel aber weniger wert ist als 50 % des Gesamtwertes des Gegenstandes (kaum jemand bezahlt für einen ½ Anteil an einem Haus 50 % dessen, was er für das ganze Haus bezahlen würde).

Vor dieser Benachteiligung sollten die Kinder geschützt werden, um diesen Schutz sollten sie „begünstigt" werden. Insoweit liegt also ein – bindendes – Vorausvermächtnis vor. Dies hindert F an der Änderung ihrer Teilungsanordnungen.

1057   Während ein Vorausvermächtnis ausgeschlagen werden kann, kann sich ein Miterbe der Teilungsanordnung nicht einseitig entziehen.

Das Recht, die Übertragung bestimmter Gegenstände oder einer Sachgesamtheit (Betrieb) aus dem Nachlass verlangen zu können, nennt man *„Übernahmerecht"*. Es kann ohne, mit einer verkürzten oder mit einer vollen Herauszahlungspflicht verbunden sein. Sofern dabei der Übernahmeberechtigte begünstigt werden soll – eine Begünstigung liegt in der Regel schon darin, dass der Berechtigte frei wählen kann, ob er einen Nachlassgegenstand zu einem seinem wahren Wert entsprechenden Preis übernimmt oder nicht (= Gestaltungsrecht) –, handelt es sich um ein Vorausvermächtnis, im Übrigen um eine bloße Teilungsanordnung. **1058**

Aus verschiedenen Gründen, zumeist wegen der Jugendlichkeit der Erben, kann es dem Erblasser zweckmäßig erscheinen, die *Auseinandersetzung* seines Nachlasses bis zu einem bestimmten Zeitpunkt oder bis zum Eintritt eines bestimmten Ereignisses („bis der jüngste Erbe 25 Jahre alt ist") hinauszuschieben. Das Gesetz räumt ihm das Recht ein, die Auseinandersetzung des Nachlasses insgesamt oder bezüglich einzelner Nachlassgegenstände bis zu 30 Jahre nach seinem Tod auszuschließen (§ 2044 BGB). Über diesen Zeitraum hinaus kann der Erblasser auch anordnen, dass die Auseinandersetzung des Nachlasses bis zur Heirat oder zum Tod eines Miterben oder bis zum Eintritt eines anderen Ereignisses in der Person eines Miterben ausgeschlossen wird. Der Ausschluss der Auseinandersetzung hat aber stets nur schuldrechtliche Wirkung, sodass sich alle Miterben gemeinsam und einvernehmlich über die Anordnung des Erblassers hinwegsetzen können. **1059**

e) Ersatzerbe

Der Ersatzerbe ist nur für den Fall berufen, dass der eingesetzte Erbe wegfällt, sei es, weil er vor dem Erblasser stirbt, einen Erbverzichtsvertrag schließt, die Erbschaft ausschlägt oder erbunwürdig ist, sei es, weil seine Einsetzung nichtig ist, widerrufen oder angefochten wird (§ 2096 BGB). **1060**

Hat der Erblasser einen seiner Abkömmlinge zum Erben eingesetzt, so ist nach einer gesetzlichen Auslegungsregel im Zweifel anzunehmen, dass die Abkömmlinge eines weggefallenen Erben Ersatzerben sind, sofern es sich dabei um eigene Abkömmlinge, also Verwandte des Erblassers, handelt (§ 2069 BGB).

> *Beispiel* **1061**
>
> Vater V hat Sohn S zum Alleinerben eingesetzt. S stirbt vor V und hinterlässt als einziges Kind die als zweijähriges Kind adoptierte Tochter E. Hier wird im Zweifel E als mit dem V Verwandte (§ 1754 Abs. 1, 2 BGB) Erbin. Würde S als einziges Kind die als Volljährige adoptierte Tochter NE hinterlassen, so würde diese als Nicht-Verwandte des V (§ 1770 Abs. 1 BGB) im Zweifel nicht dessen Erbin.

Eine entsprechende Anwendung des § 2069 BGB bei der Einsetzung von sonstigen nahen Angehörigen (Ehegatten, Geschwistern usw.) kommt zwar nach h.M. nicht in Betracht. Doch führt eine ergänzende Auslegung der Verfügung des Erblassers im Falle der Einsetzung einer dem Erblasser nahestehenden Person als Erbe oft zum Nachrücken der Abkömmlinge des weggefallenen, dem Erblasser nahestehenden Erben. **1062**

Die Erbeinsetzung eines Nacherben bedeutet im Zweifel dessen Berufung zum Ersatzerben für den Fall, dass der Vorerbe ausfällt (§ 2102 BGB). **1063**

f) Vor- und Nacherbschaft

aa) Allgemeines

Nacherbe ist, wer Erbe wird, nachdem ein anderer, der Vorerbe, bereits Erbe war (§ 2100 BGB). Der Nacherbe löst also den Vorerben in der Herrschaft über den Nachlass des Erblassers ab. Er ist nicht etwa Rechtsnachfolger (Erbe) des Vorerben. Es handelt sich vielmehr um einen einzigen *Erbfall,* wenn auch mit mehrfacher *Erbfolge,* nach dem *Erblasser.* Mit dem Nacherbfall geht der Nachlass ebenso auf den Nacherben über, wie wenn der Erblasser erst in diesem Zeitpunkt gestorben wäre: automatisch, ohne Übertragungsakt, mit dinglicher Wirkung. Bei Grundstücken ist das Grundbuch lediglich zu berichtigen. Einer Auflassung vom Vorerben oder dessen Erben an den Nacherben bedarf es nicht (anders beim Nach*vermächtnis*). **1064**

Mit der Anordnung der Vor- und Nacherbschaft wird häufig bezweckt, den Nachlass nicht an die Erben des Erben, sondern an die eigenen Nachfolger des Erblassers fallen zu lassen. Zwei **Beispiele** sollen das deutlich machen:

1065

(1) Der Erblasser hat eine Frau und zwei Kinder. Beruft er seine Frau zur Vollerbin, dann wandert sein Vermögen bei deren Tod zur Hälfte an einen etwaigen zweiten Ehemann und zu $1/6$ an ein etwaiges Kind aus zweiter Ehe. Die eigenen Kinder erhalten im Ergebnis nur je $1/6$ des Vermögens, $2/3$ gelangen also in andere Blutslinien. Die Frau kann dieses Ergebnis noch verstärken, wenn sie die erstehelichen Kinder auf den Pflichtteil setzt. Dann erhalten sie nur je $1/12$, mehr als 80 % des Vermögens wandert ab.

(2) Der Erblasser hat einen Sohn, der seinerseits kinderlos ist, und eine Tochter mit Kindern. Sein schon von seinen Eltern stammendes Vermögen (Betrieb, Fabrik) soll der Sohn erben, die Tochter nur eine geringe Abfindung erhalten. Wird hier der Sohn zum Vollerben eingesetzt, so fällt das Erblasservermögen bei seinem Tod zu $3/4$ an dessen Ehefrau, bei einer entsprechenden Verfügung von Todes wegen sogar ganz, ohne dass die Schwester und deren Kinder noch irgendwelche Ansprüche stellen könnten.

1066   In beiden Fällen kann der Erblasser die Situation mit der Anordnung der Vor- und Nacherbschaft angemessen regeln: In dem einen Fall wird die Frau als Vorerbin, in dem anderen der Sohn als Vorerbe zunächst alleinige(r) „Herrin" bzw. „Herr" des Nachlasses, allein verwaltungs- und nutzungsberechtigt, je nach dem Grad der „Befreiung" des Vorerben (vgl. Rdn 1081 ff.) sogar verfügungsbefugt. Beim Tod des Vorerben fällt in dem einen Fall der Nachlass an die zu Nacherben berufenen eigenen Kinder des Erblassers, in dem anderen Fall an die Tochter des Erblassers bzw. deren Kinder, jedenfalls an eigene Abkömmlinge.

Dem mutmaßlichen Erblasserwillen trägt das Gesetz Rechnung, indem es vorsieht, dass die Anordnung der Nacherbschaft nicht gilt, wenn nach der Testamentserrichtung ein bis dahin kinderloser Abkömmling doch noch Nachkommenschaft bekommt (§ 2107 BGB).

1067   Die Anordnung der Vor- und Nacherbschaft bedeutet mithin weniger den Ausdruck von Misstrauen gegenüber dem Vorerben als vielmehr eine Vorsichtsmaßnahme gegen das Abwandern des aus der Familie des Erblassers stammenden Vermögens. Da diese Gefahr mit der Erhöhung der Ehegattenerbquote im Jahre 1958 (vgl. § 1371 Abs. 1 BGB) und beim Vorhandensein von Kindern aus einer weiteren Ehe oder Beziehung noch größer geworden ist, ist das Bedürfnis nach Vorkehrungen dagegen gestiegen, wenn auch verschieden stark: Der in traditionellen, auf Sicherheit bedachten Denkweisen sich bewegende Erblasser wird zumindest die geerbte Familienhabe als ihm zur Weitergabe an seine Abkömmlinge anvertraut betrachten und bemüht sein, ihr Abwandern in andere Blutslinien zu verhindern. Wer dagegen nur Errungenschaft zu vererben hat, also Vermögen, das er – möglicherweise zusammen mit seinem Ehegatten – selbst angesammelt hat, wird eher damit einverstanden sein, dass sein Ehegatte es zur freien Verfügung erlangt und von sich aus weitervererbt. In jedem Fall muss der Erblasser bei der Frage, ob die Anordnung einer Vor- und Nacherbschaft sinnvoll ist, Folgendes abwägen: Zum einen die Gefahr des Abwanderns des Erblasservermögens (Wiederheirat des überlebenden Ehegatten, dem Erblasserwillen widersprechende Verfügungen von Todes wegen durch den überlebenden Ehegatten oder die Abkömmlinge des Ehegatten), zum anderen aber das durch die Vor- und Nacherbschaft bewirkte „An-die-Kette-Legen" des Vorerben, welches allerdings durch die Anordnung einer befreiten Vor- und Nacherbschaft (vgl. unten Rdn 1081 ff.) stark abgemildert werden kann.

Außerdem bietet sich die Vor- und Nacherbschaft auch an, um einen unzuverlässigen (verschwenderischen, überschuldeten) Erben an der Verschleuderung des Erbes bzw. Pflichtteils zu hindern (§ 2338 BGB).

bb) „Konstruktive" Nacherbschaft, Dauer

1068   Der Gesetzgeber hat sich der Vor- und Nacherbschaft in einigen Fällen als Hilfskonstruktion bedient:

(1) Der zur Zeit des Erbfalls noch nicht gezeugte Erbe kann naturgemäß nicht sofort zur Erbfolge gelangen. Er wird vielmehr mit seiner Geburt Nacherbe. Bis dahin sind die gesetzlichen Erben des Erblassers Vorerben (§ 2101 BGB).

(2) Hat der Erblasser nur angeordnet, dass der Erbe die Erbschaft nach einer gewissen Zeit oder mit dem Eintritt einer bestimmten Bedingung verliert, ohne zu regeln, wer sie dann erhalten soll, so werden die gesetzlichen Erben des Erblassers Nacherben (§ 2104 BGB).

(3) Hat der Erblasser umgekehrt nur angeordnet, dass der Erbe die Erbschaft erst von einem gewissen Zeitpunkt ab oder mit dem Eintritt eines bestimmten Ereignisses erhält, ohne zu regeln, wer sie bis dahin bekommen soll, so sind seine gesetzlichen Erben zunächst als Vorerben berufen (§ 2105 BGB).

Je nach den Anordnungen des Erblassers tritt der Nacherbfall beim Tod des Vorerben, oft aber auch schon früher, etwa bei dessen Wiederverheiratung oder nach dem Ablauf einer bestimmten Zeit, ein (§ 2106 BGB).

cc) Vererblichkeit der Nacherbanwartschaft

Stirbt der Nacherbe nach Eintritt des Erbfalls, aber bevor der Nachlass an ihn gefallen ist (Nacherbfall = oft Tod des Vorerben), so geht sein Recht im Zweifel auf seine Erben über (§ 2108 BGB). Die bloße Berufung von Ersatznacherben bedeutet noch nicht den Ausschluss der Vererblichkeit des Nacherbrechts, da die Ersatzberufung auch für andere Fälle des Wegfalls des Nacherben als durch Tod, z.B. durch Ausschlagung (§ 2142 Abs. 2 BGB) getroffen sein kann. Der Unterschied zwischen Vererblichkeit und Nicht-Vererblichkeit des Nacherbrechts ist bedeutsam. **1069**

Beispiel **1070**

Der Erblasser hinterlässt seine Frau als Vorerbin und einen Sohn als Nacherben. Dieser ist verheiratet und hat eine Tochter. Der Sohn verstirbt vor seiner Mutter. Ist das Nacherbrecht vererblich, werden die Schwiegertochter und die Enkelin je zur Hälfte Nacherben. Ist es nicht vererblich, erbt die Enkelin allein.

Das Letztere ist eine Folge der gesetzlichen *Ersatzberufung* des Stammes eines vorverstorbenen Nacherben (§ 2069 BGB). Fallen alle in Frage kommenden Nacherben weg, so wird der Vorerbe zum Vollerben. **1071**

Es ist daher ratsam, in der Verfügung von Todes wegen die Frage der Vererblichkeit des Nacherbrechts eindeutig zu regeln.

Beispiel (1) **1072**

E verfügt: „Meine Frau wird alleinige Vorerbin, meine Abkömmlinge Nacherben". Er hinterlässt seine Frau, den Sohn S und die Tochter T. S stirbt vor seiner Mutter und hinterlässt Frau und Sohn E.

Die Vererblichkeit des Nacherbrechts ist hier nicht ausgeschlossen. Statt des S werden daher (wenn er im gesetzlichen Güterstand oder in Gütertrennung gelebt und keine Verfügung von Todes wegen getroffen hat) seine Frau und der Enkel E je zur Hälfte, jeder also zu $\frac{1}{4}$, Nacherben.

Beispiel (2)

Wie (1): E hat jedoch verfügt: „... Die Nacherbanwartschaften sind nicht vererblich und nicht übertragbar". Hier ist die Vererblichkeit des Nacherbrechts ausgeschlossen. Da die Frau des S nicht zu den Abkömmlingen des E zählt, tritt der Enkel E allein an die Stelle seines Vaters S. Er wird hier also zu $\frac{1}{2}$ Nacherbe.

dd) Teils Vollerbschaft, teils Nacherbschaft

Der Erblasser kann den einen zum *Voll*erben, den anderen zum *Vor*erben berufen. Der Vollerbe kann zugleich zum Nacherben für den Anteil des Vorerben bestimmt werden. Auch können mehrere Vor- und Nacherben hintereinander berufen werden. **1073**

Beispiel **1074**

„Meine Frau wird zuerst Erbin, nach ihrem Tod meine Tochter, nach deren Tod meine Enkelin."

Dann ist die Ehefrau erste Vorerbin, die Tochter erste Nacherbin und zugleich zweite Vorerbin, die Enkelin zweite Nacherbin.

ee) Surrogation

1075 An den Nacherben fällt alles, was im Nacherbfall vom Nachlass noch vorhanden ist, aber auch alles, was der Vorerbe als Ersatz für den Verlust (z.B. Versicherungssumme für ein abgebranntes Haus) oder die Hingabe von Nachlassgegenständen bei Kauf, Verkauf oder Tausch erlangt hat (so genannte Surrogate, § 2111 BGB).

ff) Verfügungsrecht des Vorerben, Inventarisierungspflicht

1076 Grundsätzlich kann der Vorerbe über die Nachlassgegenstände verfügen (§ 2112 BGB). Davon gibt es jedoch bedeutsame *Ausnahmen:*

(1) Schenkungen aus dem Nachlass, die über Anstandsschenkungen hinausgehen, sind nach dem Nacherbfall dem Nacherben gegenüber unwirksam (§ 2113 Abs. 2 BGB).

(2) Dasselbe gilt für Verfügungen über Grundstücke, Rechte an Grundstücken und eingetragene Schiffe, sofern sie die Rechte des Nacherben vereiteln oder beeinträchtigen (§ 2113 Abs. 1 BGB). Hier ist jedoch gutgläubiger Erwerb möglich, wenn ein Nacherbvermerk im Grundbuch bzw. Schiffsregister nicht eingetragen war. Eine Grundbuchsperre bewirkt der Nacherbenvermerk jedoch nicht, so dass Verfügungen des Vorerben über den Grundbesitz im Grundbuch eingetragen werden, wenn dabei der Nacherbenvermerk weiterhin eingetragen bleibt und damit der Nacherbe geschützt bleibt.

(3) Der Vorerbe kann zwar hypothekarisch gesicherte Forderungen allein kündigen und einziehen. Sofern das Geld an ihn gezahlt werden soll, muss er jedoch die Einwilligung des Nacherben beibringen. Anderenfalls wird es für ihn und den Nacherben gemeinschaftlich hinterlegt (§ 2114 BGB).

(4) Wertpapiere hat der Vorerbe auf Verlangen des Nacherben bei einer Hinterlegungsstelle oder einer Zentralkasse zu hinterlegen. Über diese Papiere kann er nur mit Zustimmung des Nacherben verfügen (§ 2116 BGB).

(5) Geld hat der Vorerbe mündelsicher im Sinne der §§ 1807 ff. BGB – d.h. so sicher, wie es für ein Mündel notwendig erscheint und in diesen Vorschriften geregelt ist – anzulegen (§ 2119 BGB).

Gehört die Verfügung zur ordnungsmäßigen Verwaltung des Nachlasses (etwa: Verkauf von Nachlassgegenständen zur Bezahlung von Schulden des Nachlasses), so ist der Nacherbe verpflichtet, ihr zuzustimmen (§ 2120 BGB).

1077 Der Nacherbe kann verlangen, dass der Vorerbe ein von ihm unterschriebenes Verzeichnis (mit Unterschriftsbeglaubigung) der zur Erbschaft gehörenden Gegenstände – in seiner Anwesenheit – aufnimmt oder von einem Notar aufnehmen lässt und dass der Zustand der Nachlassgegenstände von Sachverständigen festgestellt wird. Die Kosten dafür trägt der Nachlass (§§ 2121, 2122 BGB). Damit kann sich der Nacherbe gegen das spurlose Verschwinden von Nachlassgegenständen, der Vorerbe gegen Verdächtigungen schützen, Nachlassgegenstände beiseite geschafft oder verschlechtert zu haben. Um den überlebenden Ehegatten von dieser Inventarisierungspflicht hinsichtlich des Hausrats freizustellen, wird dieser oft dem Überlebenden zu freiem Eigentum im Voraus vermacht. Bei Wald kann jede Seite die Aufstellung eines Wirtschaftsplans verlangen (§ 2123 BGB).

Der Nacherbe kann vom Vorerben Auskunft über den Nachlass verlangen, wenn er berechtigte Sorge hat, dass seine Rechte erheblich verletzt werden (§ 2127 BGB). Besteht diese Gefahr, so kann der Nacherbe Sicherheitsleistung verlangen (§ 2128 BGB). Wird sie nicht erbracht, so verliert der Vorerbe das Recht, über Nachlassgegenstände zu verfügen (§ 2129 BGB).

gg) Erhaltung der Nachlassgegenstände

1078 Die gewöhnlichen Kosten der Erhaltung (Steuern, Abgaben, Zinsen, Reparaturen) trägt der Vorerbe. Macht er darüber hinaus Aufwendungen auf den Nachlass, so kann er beim Nacherbfall dafür Ersatz verlangen (§§ 2125, 2126 BGB). Umgekehrt muss er dem Nacherben Ersatz leisten, wenn er dem Nachlass übermäßig Früchte entzieht und soweit er die Substanz für sich verwendet hat (§§ 2133, 2134 BGB).

Beispiel 1 1079

Der Vorerbe bezahlt die Tilgungsraten für die auf dem Nachlassgrundstück lastende Hypothek aus der eigenen Tasche und erneuert mit eigenen Mitteln die verfallene Hausfassade. Diese Aufwendungen kann er vom Nacherben ersetzt verlangen.

Beispiel 2 1080

Der Vorerbe schlägt den Wald kahl, ohne ihn wieder aufzuforsten. Hier kann der Nacherbe beim Nacherbfall vom Vorerben bzw. seinen Erben Ersatz verlangen.

hh) Der „befreite" Vorerbe

Der Erblasser kann den Vorerben von den meisten der Beschränkungen und Verpflichtungen befreien (so 1081 genannter *„befreiter"* Vorerbe). Er kann ihn nicht berechtigen, Schenkungen vorzunehmen, und nicht von der Pflicht zur Inventarerrichtung befreien (§ 2136 BGB). Im Übrigen kann der befreite Vorerbe voll wirksam verfügen, auch über Grundstücke und Wertpapiere. Das, was er vom Nachlass versilbert und verlebt hat, braucht er nicht zu ersetzen. Ist der Nacherbe auf den Überrest des Nachlasses eingesetzt oder ist dem Vorerben das Recht eingeräumt, über die Nachlassgegenstände frei zu verfügen, so gilt er als umfassend befreit (§ 2137 BGB).

Beispiel 1082

E verfügt: „Meine Frau F berufe ich zur alleinigen Vorerbin. Sie ist von allen Verpflichtungen und Beschränkungen befreit, von denen sie befreit werden kann. Ihr stehen alle Rechte zu, die ihr nach dem Gesetz zustehen können, einschließlich des Rechts auf Verzehr des Nachlasses. Nacherben sind meine Abkömmlinge."

Hier ist F befreite Vorerbin. Sie kann jedoch vom Nachlass nichts verschenken und nichts vererben, wohl aber Nachlassgegenstände verkaufen und verleben.

Beispiel 1083

E verfügt: „Nach meinem Tode kann meine Frau mit meinem Vermögen tun und lassen, was sie will. Wenn noch etwas übrig bleibt, bekommen es später meine Kinder."

Wer „tun und lassen" kann, „was er will", muss auch Schenkungen vornehmen können. Das kann aber selbst der befreite Vorerbe nicht. Daher ist dieses Testament dahin auszulegen, dass F Vollerbin und den Kindern lediglich der Überrest vermacht ist.

In der Regel wird der Vorerbe entweder von keiner Beschränkung und Verpflichtung befreit oder aber von 1084 allen, von denen er befreit werden kann. Nur ausnahmsweise beschränkt der Erblasser die Befreiung auf einzelne Punkte.

g) Berliner Testament (§ 2269 BGB)

Beim „Berliner Testament" berufen sich die Ehegatten gegenseitig zum alleinigen *Vollerben* und einen 1085 Dritten, zumeist die gemeinschaftlichen Abkömmlinge, zum Erben des Überlebenden. Hier erlangt der Dritte nicht nur das, was vom Nachlass des Erstversterbenden noch übrig ist, sondern auch das Vermögen des Überlebenden, und zwar unmittelbar von diesem, aber erst mit seinem Tod. Der überlebende Ehegatte kann – da Vollerbe – auch *unentgeltlich* im Rahmen der gesetzlichen Grenzen (§§ 2286, 2287 BGB) verfügen.

Besonders in den Fällen, in denen der Erblasser hohe Vermögenswerte, die aus der eigenen Familie stam- 1086 men (Unternehmen, Grundbesitz, etc.), hinterlässt, ist die Gefahr des Abwanderns des Erblasserver-mögens an Dritte zu beachten. Die Gefahr besteht insbesondere dann, wenn der überlebende Ehegatte wieder heiratet. Daher ist zu prüfen, ob nicht anstelle der Regelungen eines „Berliner Testamentes" durch die Anordnung einer befreiten Vor- und Nacherbschaft zu Lasten des überlebenden Ehegatten ein sinn-voller Schutz des Erblasservermögens vor Abwanderung an Dritte erreicht und gleichzeitig der über-lebende Ehegatte in seiner Verfügungsgewalt nicht zu stark eingeschränkt wird.

Im Falle des „Berliner Testaments" profitiert bei Wiederheirat des überlebenden Ehegatten der zweite Ehegatte mittelbar vom Vermögen des erstversterbenden Ehegatten, und zwar insbesondere über sein Pflichtteilsrecht. Im Falle der Anordnung einer (befreiten) Vor- und Nacherbschaft ist dies nicht der Fall.

1087 Beim Berliner Testament bemisst sich der Pflichtteil des überlebenden zweiten Ehegatten nach dem Gesamtvermögen seines Ehegatten einschließlich der Hinterlassenschaft des zuerst verstorbenen Ehegatten erster Ehe, und zwar berechnet von der um ein Viertel erhöhten Erbquote, sofern er von seinem Ehegatten irgendetwas erbt oder vermacht bekommt. Bei gleicher Vermögensgröße ergibt das ein Viertel des Gesamtvermögens der ersten Ehe, wenn in der zweiten Ehe der gesetzliche Güterstand galt und Kinder hinterlassen werden.

1088 *Beispiel 1*

M und F berufen sich gegenseitig zum alleinigen Vollerben, der Überlebende von ihnen den Sohn S zu seinem Alleinerben. M verstirbt. F heiratet M 2. Beide leben im gesetzlichen Güterstand der Zugewinngemeinschaft. F stirbt vor M 2. Aufgrund eines entsprechenden Vorbehalts im gemeinschaftlichen Testament mit M hat F ihrem zweiten Mann M 2 ein Wohnungsrecht in dem von ihrem ersten Ehemann geerbten Haus vermacht. M und F hatten je 100.000 EUR Vermögen. Der Pflichtteilsanspruch des M 2 beläuft sich auf 50.000 EUR, jedoch verringert um den Wert des vermachten Wohnungsrechts ($\frac{1}{4}$ des Nachlassvermögens der F; §§ 1371 Abs. 1, 1931 Abs. 1, 2307 Abs. 1 S. 2 BGB). Hier erhält M 2 mittelbar 25 000 EUR aus dem Nachlassvermögen des M.

Wäre F nur (befreite) Vorerbin des M geworden, wäre das Nachlassvermögen des M nach dem Tode der F auf S übergegangen. Der Pflichtteilsanspruch nach M 2 hätte sich somit nur nach dem Nachlassvermögen der F in Höhe von 100.000 EUR berechnet und somit 25.000 EUR betragen. In diesem Fall erhält M 2 auch mittelbar nichts vom Vermögen des M.

1089 Andererseits kann der überlebende Ehegatte beim „Berliner Testament" – sofern kein entsprechender Änderungsvorbehalt gemacht wurde – seinem zweiten Ehegatten nicht mehr als den Pflichtteil, also eine Geldforderung, hinterlassen, und zwar nur den so genannten „kleinen" Pflichtteil, neben Kindern also ein Achtel.

1090 *Beispiel 2*

Wie Beispiel 1 (siehe Rdn 1088): In dem gemeinschaftlichen Testament zwischen M und F war kein Änderungsvorbehalt vereinbart, sodass F nach ihrem Tode allein von S beerbt wird und M 2 auch kein Vermächtnis erhält. M 2 erhält somit nur seinen Pflichtteil von $\frac{1}{8}$ (§ 1371 Abs. 2 BGB) des Nachlassvermögens der F, also in Höhe von 25.000 EUR; M 2 erhält in diesem Fall mittelbar vom Nachlassvermögen des M 12.500 EUR. Zusätzlich kann M 2 gegenüber F Zugewinnausgleich verlangen.

1091 Damit können die Versorgungsbedürfnisse des überlebenden zweiten Ehegatten oft nicht befriedigt werden. Sie zielen auf den Hausrat, das Bar- und Spargeld, ein Wohnungs- oder Nießbrauchsrecht, eventuell eine Geldrente ab. In der Regel werden die Abkömmlinge erster Ehe davon auch weniger hart getroffen als von einer bar zu entrichtenden Kapitalforderung. Dieser unangenehmen Zwangslage kann sich der überlebende Ehegatte nur entziehen, indem er das „Berliner Testament" innerhalb eines Jahres nach der Wiederverheiratung anficht (§§ 2079, 2082 BGB). Dadurch werden allerdings alle wechselbezüglichen Verfügungen (§§ 2270, 2271 BGB, zum Begriff vgl. Rdn 958 ff.) vernichtet, im Zweifel also auch seine eigene Erbeinsetzung (vgl. oben Rdn 962 ff.). Die dann nachträglich eintretende gesetzliche Erbfolge führt zu einer oft schwierigen und konfliktträchtigen Rückrechnung aller Vermögensvorgänge seit dem Erbfall.

1092 *Beispiel 3*

Wie Beispiel 1 (siehe Rdn 1088): F ficht innerhalb eines Jahres nach der Heirat mit M 2 das mit M errichtete gemeinschaftliche Testament an. Ihre Erbeinsetzung wird hinfällig. Sie ist nur noch gesetzlicher Erbe zu $\frac{1}{2}$ (= 50.000 EUR). M 2 wird gesetzlicher Erbe der F zu $\frac{1}{2}$ Anteil. Der Nachlass der F beläuft sich nunmehr auf 150.000 EUR. Davon erhält M 2 die Hälfte, also 75.000 EUR. M 2 erhält in diesem Fall mittelbar vom Nachlass des M 25.000 EUR.

Wird die Anfechtbarkeit ausgeschlossen (§ 2079 S. 2 BGB) und ist keine Änderungsbefugnis vorgesehen bzw. wird von ihr kein Gebrauch gemacht, so kann der überlebende Ehegatte in der zweiten Ehe weder Erbe werden noch ein Vermächtnis erhalten. Es gilt dann Beispiel 2 (siehe Rdn 1090).

Im Ergebnis erhält also M 2 – je nach Fall-Lage – mittelbar ¼ oder ⅛ des Nachlassvermögens des M. Im Falle der Anordnung einer (befreiten) Vor- oder Nacherbschaft erhält M 2 hingegen nichts vom Vermögen des M.

h) Wiederverheiratungsklauseln

Die nachteiligen Folgen des „Berliner Testaments" lassen sich durch eine so genannte Wiederverheiratungsklausel – die aber ihrerseits eine Reihe rechtlicher und praktischer Probleme aufwirft (vgl. hierzu unten Rdn 1103 ff.) – weitgehend vermeiden. Die wichtigsten Gestaltungen sind: **1093**

aa) Durch Wiederverheiratung bedingte Vor- und Nacherbschaft

Beispiel   **1094**

„Der Erstversterbende von uns beruft den Überlebenden zu seinem alleinigen Vollerben. Sollte der Überlebende jedoch noch einmal heiraten, so soll er nur alleiniger Vorerbe gewesen sein, und zwar befreit von allen Verpflichtungen und Beschränkungen, von denen er befreit werden kann, und mit dem Recht zum Verzehr des Nachlasses. Mit der Wiederverheiratung werden unsere dann lebenden bzw. gezeugten Abkömmlinge nach den Regeln der gesetzlichen Erbfolge Nacherben."

Hier wird der Überlebende zum auflösend bedingten *Voll*erben und zugleich zum aufschiebend bedingten *Vor*erben eingesetzt. Der Nacherbfall tritt ein mit der Wiederverheiratung des Überlebenden. Er muss dann den Nachlass an die Nacherben herausgeben. Der überlebende Ehegatte unterliegt wegen der nur auflösend bedingten Vollerbeinsetzung bei dieser Gestaltung von vornherein allen Beschränkungen des Vorerben. Das hat zur Folge, dass seine Stellung zugunsten der Nacherben erheblich eingeschränkt ist. Es empfiehlt sich deshalb, ihn im Regelfall von allen Beschränkungen, soweit gesetzlich zulässig, zu befreien (§ 2136 BGB, vgl. dazu Rdn 1081 ff.). Er kann dann immerhin wirksam Nachlassgegenstände verkaufen, belasten und den Erlös verzehren.

Der Überlebende kann auch so eingesetzt werden, dass er z.B. einen seiner gesetzlichen Quote entsprechenden Erbteil als Vorerbe bis zu seinem Tode behält.   **1095**

Beispiel   **1096**

E verfügt: „Meine Frau F wird alleinige befreite Vorerbin, mein Sohn S Nacherbe. Heiratet meine Frau wieder, so behält sie nur den Teil als Vorerbin, der ihr nach dem Gesetz als Erbteil zusteht. Der andere Teil fällt dann sofort an meinen Sohn S, ihr Teil bei ihrem Tode."

bb) Bedingte Einsetzung auf den gesetzlichen Erbteil

Beispiel   **1097**

E verfügt: „Meine Frau F soll meine alleinige Erbin werden. Heiratet sie wieder, so behält sie nur den Teil als Vollerbin, der ihr nach dem Gesetz zusteht. Der andere Teil fällt dann an meinen Sohn S. Bis dahin kann meine Frau über meinen Nachlass verfügen. Zum Nachlass gehören ein Haus im Wert von 200.000 EUR und Aktien im Wert von ebenfalls 200.000 EUR." Hier ist die überlebende Ehefrau nur hinsichtlich ihrer gesetzlichen Erbquote endgültig *Voll*erbin, im Übrigen aufschiebend bedingte *Vor*erbin. Die Besonderheit besteht hier darin, dass sich die bedingte Nacherbschaft lediglich auf eine Erbteilsquote bezieht. Dann darf die überlebende Ehefrau die der Höhe ihrer Vollerbenquote entsprechenden Nachlassgegenstände aus dem von der bedingten Teilnacherbschaft befangenen Nachlass herauslösen, um sich so freie Nachlassgegenstände zu verschaffen. Im Übrigen gilt dasselbe wie unter aa) (siehe Rdn 1094 ff.). F ist also zur Hälfte Vollerbin geworden. Sie kann das Haus oder die Aktien in ihr freies Vermögen überführen und dann darüber auch unentgeltlich und letztwillig verfügen. Praktisch geht dies nicht ohne Mitwirkung des S, zu der dieser jedoch für verpflichtet gehalten werden muss. Es genügt seine „Zustimmung", sein „Einverständnis" oder seine „Bestätigung", da eine Übereignung (Auflassung) der Gegenstände nicht stattfindet. Für das Grundbuchamt genügt die Bewilligung des S zur Löschung des Nacherbenvermerks.

cc) Bedingtes Vermächtnis zugunsten der Kinder

1098 Hier wird und bleibt der Überlebende Vollerbe des ganzen Nachlasses. Er muss aber an die Kinder die vermachten Gegenstände oder den vermachten Geldbetrag, der sich z.B. nach dem Wert ihrer Erbquoten bemessen kann, herausgeben, gegebenenfalls unter Abzug bereits erhaltener Vorempfänge oder eines bereits erfüllten Pflichtteilsanspruchs.

1099 *Beispiel*

E verfügt: „Ich berufe meine Frau F zur alleinigen Erbin. Heiratet sie wieder, so hat sie meinen Kindern das Ackerland zu übertragen (oder: an jedes Kind 50.000 EUR zu zahlen; oder: an jedes Kind so viel herauszuzahlen, wie dem Wert seines gesetzlichen Erbteils bei meinem Tod entsprochen hätte). Meine Tochter T hat sich dabei die Baustelle anrechnen zu lassen, die ich ihr geschenkt habe. Die Ansprüche meiner Kinder verringern sich um den Betrag, den sie gegebenenfalls als Pflichtteil bekommen haben.“

1100 Das Vermächtnis kann sich auch – als Verschaffungsvermächtnis (vgl. Rdn 1050) – auf einen Bruchteil oder Gesamtgutsanteil erstrecken, der dem Überlebenden bereits vor dem Erbfall gehört hat. Diese Regelung ist oft zweckmäßig, wenn zum gemeinschaftlichen Vermögen der Ehegatten ein landwirtschaftlicher oder gewerblicher Betrieb gehört. Eine entsprechende Regelung kann als Teilungsanordnung und Übernahmerecht auch mit Wirkung vom Tod des Überlebenden an vereinbart oder als Verpflichtung zur Verpachtung des Betriebes (zu ermäßigten Bedingungen) konstruiert werden unter Festlegung eines Zeitpunkts oder Mindestalters für die Übergabe.

1101 *Beispiel 1*

E verfügt: „Ich berufe meine Frau zu meiner alleinigen Erbin. Heiratet sie wieder, so hat sie meine Hälfte unseres Auto-Centers meinem Sohn S sofort zu übertragen. Für diesen Fall vermache ich meinem Sohn ferner den Anspruch, auch die Hälfte meiner Frau an unserem Auto-Center übertragen zu bekommen, diese jedoch unter Vorbehalt des Nießbrauchs für meine Frau. Sobald mein Sohn die Meisterprüfung gemacht hat, ist der Betrieb meinem Sohn zu verpachten. Dies gilt auch, wenn meine Frau nicht wieder heiratet. Die Pacht soll 30 % unter derjenigen liegen, die ein Fremder bezahlen müsste. Im Streitfall entscheidet darüber mein Kollege Meier aus Kiel als Schiedsgutachter verbindlich.“

1102 *Beispiel 2*

M und F verfügen im Erbvertrag: „Wir berufen uns gegenseitig zu alleinigen Erben. Nach dem Tode des Überlebenden erhält unser Sohn S unseren landwirtschaftlichen Betrieb in Xanten einschließlich allen Zubehörs und gegen Abfindung unserer Tochter T mit einem Geldbetrag, der dann 10 Morgen Ackerland mittlerer Art und Güte entspricht. Im Streitfall entscheidet ein von der örtlich zuständigen Landwirtschaftskammer zu benennender vereidigter Sachverständiger als Schiedsgutachter verbindlich.

Heiratet der Überlebende wieder, so hat er den Betrieb sofort unserem Sohn S zu übereignen, also auch seinen ursprünglich eigenen Anteil daran, und zwar gegen Vorbehalt des Nießbrauchs und zu den vorgenannten Abfindungsbedingungen. Der Betrieb einschließlich Inventar ist unserem Sohn S ab dem 11.11.2019 zu verpachten, und zwar für 300 Doppelzentner abzugsfreien Weizen im Jahr zuzüglich der Grundbesitzabgaben (Gemeindesteuern, Beitrag zur Berufsgenossenschaft und Beitrag zur Landwirtschaftskammer).“

1103 Wiederverheiratungsklauseln sind zumeist problematisch. So wird dem überlebenden Ehegatten, der die Erbschaft angenommen hat, im zuvor unter aa) genannten Fall (1. Beispiel siehe Rdn 1094) der ersatzlose Verlust der gesamten Erbschaft zugemutet, während er bei Ausschlagung der Erbschaft nach dem erstversterbenden Ehegatten den Pflichtteil und den Zugewinnausgleich hätte verlangen (§ 1371 Abs. 3 BGB) und bei Wiederheirat auch hätte behalten können. Von daher sollte die Beschränkung des überlebenden Ehegatten nur so weit gehen, dass er für den Fall der Wiederheirat zum befreiten Vorerben eingesetzt ist, der Nacherbfall aber erst mit seinem Tode eintritt. Die der Nacherbschaft unterfallenden Nachlassgegenstände müssten somit vom überlebenden Ehegatten zu dessen Lebzeiten nicht an die Nacherben herausgegeben werden.

Außerdem führen Wiederverheiratungsklauseln den Überlebenden in Versuchung, der Wiederverheiratung die Eingehung eines eheähnlichen Verhältnisses vorzuziehen. Abgesehen davon ist der bedingten Vor- und Nacherbschaft die unbedingte auch deshalb vorzuziehen, weil sie klarere Rechtsverhältnisse schafft und einfacher zu verstehen und zu handhaben ist. Die bedingte Voll- und Vorerbenstellung wird nicht selten als einfache Vor- und Nacherbschaft missverstanden, zumal wenn sie missverständlich formuliert ist. Dann werden – oft im Nachhinein – lebzeitige Verfügungen des Überlebenden als relativ unwirksam und letztwillige als Verfügungen eines Nichtberechtigten angesehen.

> *Beispiel*   **1104**
>
> E verfügt: „Meine Frau erbt von mir alles. Wenn sie wieder heiratet, wird sie bloße Vorerbin, meine Kinder werden bei ihrem Tode Nacherben."

Hier soll die Frau für den Fall, dass sie nicht wieder heiratet, Vollerbin sein. Sie ist also zugleich auflösend bedingte Vollerbin und aufschiebend bedingte Vorerbin. Derartige Verfügungen werden aber oft als bloße Vorerbberufung missverstanden. Der Unterschied ist bedeutsam: Richtig ausgelegt, kann F – wenn sie nicht wieder heiratet – aus dem Nachlass des E Schenkungen machen und auch darüber letztwillig verfügen. Wird die Verfügung als bloße Vorerbberufung missverstanden, könnte sie beides nicht.

Vermächtnisse zugunsten der Kinder werfen eine Reihe von praktischen und rechtlichen Problemen auf. **1105** So ist es oft fraglich, ob der Wert im Erbfall oder im Wiederverheiratungsfall für die Berechnung des Quotenvermächtnisses zugrunde zu legen ist. Die Bewertung selbst führt fast immer zu einem Streit über die Methode, die angewendet werden, und die Person, die sie vornehmen soll. Geldvermächtnisse sind nur in komplizierter Weise gegen Geldwertschwund zu sichern.

Problematisch ist auch die Auswirkung der Wiederverheiratungsklausel und der Wiederheirat auf die Verfügungen, die der Überlebende selbst im Testament getroffen hat. Nach herrschender Meinung führt die Wiederheirat lediglich zum Wegfall der Bindung des Überlebenden an seine Verfügungen, die demnach fortgelten, wenn er sie nicht aufhebt. Nach einer Mindermeinung führt die Wiederheirat dagegen automatisch zum Wegfall der Verfügungen selbst, sodass mangels anderweitiger Verfügungen des Überlebenden gesetzliche Erbfolge eintritt.

i) Testamentsvollstreckung

aa) Bedeutung – Anlass

Der Erblasser kann in einer Verfügung von Todes wegen eine oder mehrere natürliche oder juristische **1106** Personen damit beauftragen, seinen letzten Willen auszuführen und den Nachlass – grundsätzlich jedoch längstens für 30 Jahre (§ 2210 BGB) – in Verwaltung zu nehmen (§§ 2197 ff. BGB). Die Bestimmung der Person des Testamentsvollstreckers kann er einem Dritten oder dem Nachlassgericht, nicht aber dem die notarielle Verfügung von Todes wegen beurkundenden Notar, auftragen. Auch ein Miterbe kann zum Testamentsvollstrecker berufen werden, der alleinige Erbe (oder Vorerbe) grundsätzlich nicht. Der Alleinerbe oder der alleinige Vorerbe kann nur ausnahmsweise Testamentsvollstrecker sein, wenn er entweder nur die Erfüllung eines Vermächtnisses zulasten eines anderen Vermächtnisnehmers überwacht (§ 2223 BGB) oder wenn er die Aufgabe eines Dauervollstreckers bezüglich eines einem – zumeist minderjährigen Vermächtnisnehmer – zugewandten Vermächtnisses übernehmen soll – vgl. nachfolgendes Beispiel (siehe Rdn 1107)[206] – oder sich seine Aufgabe auf die sofortige Erfüllung eines zulasten des Nachlasses angeordneten Vermächtnisses beschränkt und das Nachlassgericht bei groben Pflichtverstößen einen anderen Testamentsvollstrecker benennen kann oder er lediglich Mitvollstrecker (§ 2224 BGB) ist.

---

206 Vgl. hierzu auch das Muster in *Dorsel/Dorsel*, Kölner Formularbuch Erbrecht, 3. Aufl. 2020, Kap. 9 Rn 87.

1107   *Beispiel*

Dauervollstreckung durch den überlebenden Ehegatten als Alleinerben bezüglich eines zugunsten eines minderjährigen Kindes ausgesetzten Vermächtnisses

Wir, Eheleute M und F setzen uns wechselseitig zu Alleinerben ein. Der Erstversterbende von uns vermacht unserem Sohn S ein Barvermächtnis in Höhe von 100.000 EUR. Bezüglich dieses Vermächtnisses ordnet der Erstversterbende von uns Dauertestamentsvollstreckung an. Die Dauervollstreckung endet mit Vollendung des 25. Lebensjahres unseres Sohnes S. Testamentsvollstrecker ist der Längstlebende von uns.

Die Person des Testamentsvollstreckers kann nicht bindend in einem gemeinschaftlichen Testament oder in einem Erbvertrag bestimmt werden.

1108   *Beispiel: Bestimmung der Person des Testamentsvollstreckers*

Eheleute berufen in einem Erbvertrag ihre Kinder zu Erben des Erstversterbenden und setzen für den Überlebenden lediglich ein Nießbrauchsvermächtnis und das Vermächtnis des beweglichen Nachlasses zu Eigentum aus. Zur Stärkung der Stellung des Überlebenden soll dieser zusätzlich lebenslang Verwaltungstestamentsvollstrecker werden. Diese Testamentsvollstreckungs-Anordnung kann nicht bindend verfügt werden.

1109   Ungeachtet dieser Vereinbarung kann jeder der Ehegatten – auch heimlich – in einer späteren Verfügung von Todes wegen eine andere Person zu seinem Testamentsvollstrecker bestimmen. Hat im Beispielsfall (siehe Rdn 1108) auch der Überlebende eine Testamentsvollstreckung angeordnet und eine bestimmte Person zum Testamentsvollstrecker ernannt, die das Vertrauen beider Ehegatten genießt, dessen Beibehaltung daher von beiden gewünscht wird, so kann der Überlebende gleichwohl einen anderen zu seinem Testamentsvollstrecker bestimmen. Der Testamentsvollstrecker soll noch das Vertrauen des Erblassers bei der Niederlegung von dessen „letztem" Willen genießen.

1110   Der Testamentsvollstrecker kann sein Amt jederzeit kündigen bzw. niederlegen (§ 2226 BGB). Er ist nicht der Vertreter der Erben, des Erblassers oder des Nachlasses, er handelt vielmehr aus eigener Machtbefugnis, aber für Rechnung des Nachlasses. Die Erben können ihn daher nicht abberufen oder in seiner Verfügungsmacht beschränken. Das Interesse der Erben an der ungestörten Verwaltung des Nachlasses kann jedoch im Einzelfall höher als der Wille des Erblassers zu veranschlagen sein und die Entlassung des Testamentsvollstreckers durch das Nachlassgericht rechtfertigen. Nach herrschender Meinung führt dies noch nicht zur Aufhebung der Vollstreckung als solcher. Sie kann nur dadurch erreicht werden, dass alle etwaigen Ersatztestamentsvollstrecker das Amt kündigen bzw. nicht annehmen oder entlassen werden, wenn sie auf Beibehaltung einer wirtschaftlich nicht tragbaren Vollstreckung uneinsichtig beharren. Ein bestimmter Testamentsvollstrecker kann ferner auf Antrag eines Beteiligten entlassen werden, wenn ein wichtiger Grund vorliegt (§ 2227 BGB, z.B. Feindschaft zwischen Testamentsvollstrecker und Erben, Interessenkollision, Gefährdung der Erben oder sonstiger Beteiligter, grobe Pflichtverletzung, Unfähigkeit). Dass der Erbe die Verwaltung des Nachlasses oder etwa die Leitung des zum Nachlass gehörenden Betriebes selbst übernehmen will und kann, ist für sich genommen kein Entlassungsgrund.

1111   Testamentsvollstreckung wird etwa angeordnet,

- um die Regulierung des Nachlasses zu erleichtern und zu vereinfachen,
- bei einer Vielzahl von Erben oder Vermächtnisnehmern,
- wenn die Erben oder einzelne von ihnen im Erbfall voraussichtlich noch minderjährig sein werden,
- wenn Erben gegen ihre Unerfahrenheit oder Schwäche (Sucht, Leichtsinn, Krankheit) geschützt werden sollen,
- um die Fortsetzung der Unternehmensstrategie des Erblassers zu gewährleisten oder die Unternehmensführung schlagkräftig zu erhalten,
- allgemein zur Sicherstellung des Vollzugs der Verfügungen des Erblassers,

- um die Stellung etwa des überlebenden Ehegatten, der nur Miterbe oder Vermächtnisnehmer wird, zu stärken und von den Kindern unabhängig zu machen, oder
- wenn sichergestellt werden soll, dass ein Übernahmeberechtigter oder ein Vermächtnisnehmer sich ohne Mitwirkung der Erben seine Ansprüche selbst erfüllen kann.

Vielfach wird die Testamentsvollstreckung auf Teile des Nachlasses oder die Anteile einzelner Erben bzw. Nacherben beschränkt. **1112**

Ist der Erblasser durch Erbvertrag oder bindend gewordenes gemeinschaftliches Testament in der Berufung seiner Erben festgelegt, so kann er deren Stellung nicht mehr durch die Anordnung einer Testamentsvollstreckung beschränken. Etwas anderes gilt nur, wenn sich der Erblasser das vorbehalten hatte oder durch entsprechende Testamentsauslegung objektiv feststellbar ist, dass die Anordnung dem übereinstimmenden Willen der Erbvertragspartner bzw. der Eheleute oder der eingetragenen Lebenspartner beim gemeinschaftlichen Testament entspricht. Ansonsten kann der gebundene Erblasser die Berechtigung zur Anordnung einer Testamentsvollstreckung nur dadurch gewinnen, dass er mit dem bestimmten Erben einen entsprechenden, darauf beschränkten Zuwendungsverzichtsvertrag nach § 2352 BGB schließt, der gemäß § 2348 BGB der notariellen Beurkundung bedarf. **1113**

> *Beispiel: Anordnung der Testamentsvollstreckung durch einen gebundenen Erblasser nach Zuwendungsverzicht des Erben* **1114**
>
> In einem „Berliner Testament" haben sich die Eheleute wechselseitig zu Vollerben und den Sohn S – vorbehaltlos, also bindend – zum Erben des Überlebenden (sog. Schlusserben) berufen. Der Überlebende hat sich die Anordnung einer Testamentsvollstreckung nicht vorbehalten. Nach dem Tod der Ehefrau wird der Sohn S rauschgiftsüchtig. Der Ehemann möchte ihm daher einen Testamentsvollstrecker zum Beistand geben. Er ist sich sicher, damit auch dem mutmaßlichen Willen seiner Frau zu entsprechen. Ein objektiver Anhaltspunkt dafür ist dem Testament indes nicht zu entnehmen.
>
> Hier kann der Ehemann Testamentsvollstreckung wirksam nur anordnen, nachdem er mit S einen entsprechenden materiellen Zuwendungsverzichtsvertrag geschlossen hat. Inhalt etwa:
>
> „Im bindend gewordenen gemeinschaftlichen Testament vom … ist S zum Erben nach seinem Vater berufen worden. S verzichtet dem dies annehmenden V gegenüber auf die uneingeschränkte Berufung zum Alleinerben in der Weise, dass V die Befugnis zur Beschränkung der Erbenstellung des S durch die Anordnung einer Dauertestamentsvollstreckung eingeräumt wird."
>
> Ein anderweitig – vor oder nach dem Erbfall – erklärtes Einverständnis des Bedachten wäre unwirksam. Im Beispielsfall könnte zwar V ohne weiteres der als Testamentsvollstrecker vorgesehenen Vertrauensperson eine mit seinem Tod beginnende oder darüber hinaus wirksame (General-)Vollmacht erteilen. Diese könnte S indes – nachdem er Alleinerbe geworden ist – jederzeit widerrufen.

bb) Aufgaben und Befugnisse

Aufgabe des Testamentsvollstreckers ist es, die letztwilligen Verfügungen des Erblassers auszuführen. Sofern der Erblasser seine Aufgaben nicht näher beschreibt, obliegt es dem Testamentsvollstrecker, **1115**

- für die Bestattung des Erblassers zu sorgen,
- wenn erforderlich, einen Erbschein oder ein Testamentsvollstreckerzeugnis zu beantragen,
- den Nachlass in Besitz zu nehmen und ordnungsgemäß zu verwalten (§§ 2205, 2216 BGB),
- ein Verzeichnis über die Aktiva und Passiva zu erstellen (§ 2215 BGB),
- Forderungen einzuziehen und Verbindlichkeiten zu erfüllen,
- Vermächtnisse, Teilungsanordnungen und sonstige Verfügungen des Erblassers auszuführen (§ 2203 BGB),
- einen Teilungsplan aufzustellen, in dem er den Erben mitteilt, wie er mit dem übrigen Nachlass verfahren will,
- die Erbschaftsteuererklärung abzugeben und die Erbschaftsteuer abzuführen,
- den in Natur teilbaren Nachlass (z.B. Bankkonten, gleichartige und gleichwertige Goldmünzen) unter die Erben entsprechend ihren Erbquoten zu verteilen,

- nicht mehr benötigte Gegenstände den Erben zu überlassen (sofern keine Dauertestamentsvollstreckung angeordnet ist) und bei Grundstücken die Löschung des Testamentsvollstreckervermerks im Grundbuch zu beantragen,
- den nicht in Natur teilbaren Nachlass (z.B. Grundstücke, Häuser, einen Betrieb) nach einem Teilungsplan den Erben zu übertragen,
- im Nichteinigungsfalle diese Nachlassgegenstände freihändig zu verkaufen oder versteigern zu lassen und den Erlös unter die Erben zu verteilen,
- den Erben Auskunft über den Verbleib der Nachlassgegenstände zu geben und Rechnung über alle Einnahmen und Ausgaben zu legen (§ 2218 BGB) und
- seine Vergütung aus dem Nachlass zu entnehmen (§ 2221 BGB).

1116 Der Umfang der Befugnisse des Testamentsvollstreckers richtet sich nach den zugewiesenen Aufgaben. Nach dem Willen des Erblassers können die Befugnisse abweichend vom gesetzlichen Normalfall (§§ 2204 ff. BGB) im Rahmen der gesetzlichen Grenzen eingeschränkt oder erweitert werden. So ist der Testamentsvollstrecker bei der Erfüllung seiner Aufgaben an Vereinbarungen und Weisungen der Erben nicht gebunden, wenngleich er sie regelmäßig beachten wird.

Die Testamentsvollstreckung kann darauf beschränkt werden, nur ein Vermächtnis zu erfüllen oder etwa die Übernahme eines Betriebes vorzunehmen. Dazu kann der Übernahmeberechtigte oder Vermächtnisnehmer selbst die Befugnis erhalten.

1117 Die Befugnisse des Testamentsvollstreckers können etwa durch die Anordnung beschränkt werden, dass er zur Veräußerung von Grundbesitz der Einwilligung der Erben, einzelner von ihnen oder derjenigen bedarf, die ein bestimmtes Alter erreicht haben. Die Befugnis zu unentgeltlichen Verfügungen kann dem Testamentsvollstrecker nicht erteilt werden (§§ 2207 S. 2, 2205 S. 3 BGB). Im Falle der Veräußerung eines zum Nachlass gehörenden Grundbesitzes durch den Testamentsvollstrecker muss von daher das Grundbuchamt für die Eigentumsumschreibung die Entgeltlichkeit der Verfügung prüfen. Ein Nachweis der Entgeltlichkeit in der Form des § 29 GBO ist aber weder möglich noch erforderlich. Das Zurückgreifen auf allgemeine Erfahrungssätze reicht aus. So ist im Falle der Veräußerung des Grundbesitzes an einen unbeteiligten Dritten grundsätzlich von einer Entgeltlichkeit der Verfügung auszugehen.[207] Die Erfüllung eines Vermächtnisses ist keine unentgeltliche Verfügung im vorgenannten Sinne.[208] Ein Vergleich ist (teilweise) unentgeltlich, wenn objektiv keine gleichwertigen Leistungen vereinbart werden und der Testamentsvollstrecker dies weiß oder bei ordnungsmäßiger Verwaltung hätte erkennen müssen. Mit Zustimmung sämtlicher Erben und betroffener Vermächtnisnehmer kann der Testamentsvollstrecker auch unentgeltlich verfügen.

1118 Die Befugnisse des Testamentsvollstreckers können zur *Dauer-* oder *Verwaltungsvollstreckung erweitert* werden (§ 2209 BGB). Sie wird vor allem angeordnet,

- wenn der überlebende Ehegatte als bloßer Miterbe oder neben einem Nießbrauchsrecht durch die zusätzliche Berufung zum Testamentsvollstrecker größere Unabhängigkeit von den Erben erlangen soll,
- wenn die Testamentsvollstreckung dem Schutz minderjähriger oder kranker Erben dient. Dem Testamentsvollstrecker kann z.B. auch aufgegeben werden, in dem nach den einschlägigen sozialhilferechtlichen Regelungen unangreifbaren Umfang aus dem Nachlass Zahlungen an das sozialhilfeberechtigte Kind zu leisten oder
- wenn durch die Dauervollstreckung das Familien- oder Betreuungsgericht ausgeschaltet werden soll, was angezeigt ist, wenn schnelle Entscheidungen getroffen werden müssen, also vor allem bei Unternehmen.

Im Falle eines Dauertestamentsvollstreckers sollte regelmäßig angeordnet werden, dass der Testamentsvollstrecker in der Eingehung von Verbindlichkeiten nicht beschränkt sein soll (§§ 2207, 2209 S. 2 BGB).

---

207 Vgl. hierzu *Schöner/Stöber*, Grundbuchrecht, 16. Aufl. 2020, Rn 3435, 3441.
208 Vgl. hierzu OLG München, Beschl. v. 16.3.2015 – 34 Wx 430/14, RNotZ 2015, 359; auch allgemein zu den Anforderungen an den Nachweis der Entgeltlichkeit von Verfügungen des Testamentsvollstreckers zur Erfüllung von Vermächtnissen und zur Erbauseinandersetzung im Grundbuchverfahren.

Ihm sollte aufgegeben werden, sogleich nach der Annahme des Amtes einen Ersatztestamentsvollstrecker zu bestimmen, damit keine Vakanz entsteht. Die Stellung des Testamentsvollstreckers kann ferner durch die Aufnahme einer Schiedsklausel in die Verfügung von Todes wegen noch wesentlich verstärkt werden.

Beispiel 1 1119

Meiner Frau vermache ich mein bewegliches Vermögen zu Eigentum und an meinem unbeweglichen ein lebenslanges unentgeltliches Nießbrauchsrecht. Zugleich berufe ich sie auf Dauer zu meiner Testamentsvollstreckerin. Sie ist von allen Einschränkungen und Verpflichtungen befreit, soweit dies gesetzlich zulässig ist. Insbesondere befreie ich sie von den Beschränkungen des § 181 BGB. Für den Fall, dass ihre Einkünfte nicht ausreichen, um ihren standesgemäßen Lebensunterhalt zu bestreiten, soll sie im erforderlichen Umfang nachlasszugehörigen Grundbesitz verkaufen und den Erlös verzehren können. Diesen vermache ich ihr hiermit ebenfalls zu Eigentum. Bis zur Grenze des Missbrauchs soll sie Art und Umfang des zu veräußernden Grundbesitzes selbst bestimmen können.

Beispiel 2 1120

Die Testamentsvollstreckung soll andauern, bis das jüngste meiner als Erben eingesetzten Kinder das 24. Lebensjahr vollendet hat. Beschränkt auf den Erbteil meines behinderten Sohnes Anton dauert sie bis zu dessen Tod fort. Der Testamentsvollstrecker kann einen Ersatzvollstrecker bestimmen. Auch die Erträgnisse des Nachlasses unterliegen seiner Verwaltung. Er soll sie im erforderlichen Umfang den Erben zu ihrem Unterhalt und zu ihrer angemessenen Ausbildung zur Verfügung stellen.

cc) Die Stellung der Erben

Durch die Testamentsvollstreckung sind den Erben die Verfügungsbefugnisse über den Nachlass entzogen. Dennoch getroffene Verfügungen sind bis zur Genehmigung durch den Testamentsvollstrecker schwebend unwirksam. Wer von den Erben gutgläubig erwirbt, wird durch § 2211 Abs. 2 BGB geschützt. Dies gilt, 1121

- wenn der Erwerber meint, der Gegenstand gehöre nicht zum Nachlass, oder
- wenn der Erwerber nichts von der Testamentsvollstreckung weiß oder
- wenn er annimmt, der Gegenstand unterliege nicht der Testamentsvollstreckung.

Um gutgläubigen Erwerb auszuschließen, wird bei Grundstücken im Zuge der Grundbuchberichtigung von Amts wegen ein Testamentsvollstreckervermerk eingetragen. Damit wird zugleich verhindert, dass Gläubiger des Erben, die nicht auch Gläubiger des Nachlasses sind (sogenannte Eigengläubiger des Erben), in die der Verwaltung des Testamentsvollstreckers unterliegenden Grundstücke vollstrecken. Im Zuge der Veräußerung des Grundstücks durch den Testamentsvollstrecker wird der Vermerk als gegenstandslos gelöscht.

dd) Pflichten gegenüber dem Finanzamt

Der Testamentsvollstrecker hat alle ertrag- und vermögensteuerlich relevanten Dinge dem Finanzamt anzuzeigen (§ 34 Abs. 3 AO) und eine Erbschaftsteuererklärung abzugeben (§ 31 Abs. 5 ErbStG). Für die von ihm verwalteten Nachlassgegenstände trifft ihn die Steuerpflicht. Sofern er vorzeitig den Nachlass aus der Hand gibt, haftet er persönlich für die Erbschaftsteuer. 1122

ee) Grenzen der Testamentsvollstreckung bei Personengesellschaften

Die Beteiligung an einer *Personengesellschaft* als solche kann grundsätzlich nicht der Testamentsvollstreckung unterliegen (wohl aber zum Beispiel der Abfindungsanspruch oder der Auseinandersetzungsanspruch des bzw. der Erben des verstorbenen Gesellschafters gegen die Gesellschaft). Grund hierfür ist die Unvereinbarkeit der unbeschränkten persönlichen Haftung des Gesellschafters nach § 128 HGB einerseits mit der auf den Nachlass beschränkten Rechtsmacht des nicht persönlich haftenden Testamentsvollstreckers andererseits. Die Beteiligung an einer Personengesellschaft geht im Falle einer sog. erbrechtlichen Nachfolgeklausel (§ 139 HGB) im Wege der Sondererbfolge unmittelbar auf den Nachfolger über. Da die Beteiligung somit aber gleichwohl zum Nachlass gehört, ist nach h.M. zumindest 1123 eine auf die „Außenseite" des Gesellschaftsanteils beschränkte Verwaltung möglich, d.h. der Testaments-vollstrecker kann zwar nicht selbst mit Wirkung für den Erben in seiner Funktion als Gesellschafter handeln, wohl aber ist die Verfügung des Erben über den Gesellschaftsanteil ohne den Testamentsvollstrecker nicht möglich und Eigengläubiger des Gesellschafter-Erben können in den Gesellschaftsanteil und die daraus erwachsenen Vermögensrechte nicht vollstrecken. Für diese „beschränkte Verwaltung" hinsichtlich der Außenseite des Gesellschaftsanteils ist weder die Zustimmung der Mitgesellschafter nötig noch kann sie durch den Gesellschaftsvertrag ausgeschlossen werden.

1124   Grundsätzlich anders stellt sich die Rechtslage für die Mitgliedschaftsrechte der Erben eines *Kommanditisten* dar: Da der Kommanditist nicht unbeschränkt und persönlich, sondern nur auf seine Einlage beschränkt haftet, ist eine Testamentsvollstreckung, auch eine Dauervollstreckung, hinsichtlich eines Kommanditanteils grundsätzlich uneingeschränkt für die „Außenseite" des Gesellschaftsanteils ohne Zustimmung und für die „Innenseite" des Gesellschaftsanteils (z.B. Stimmrecht oder Recht zur Teilnahme an der Gesellschafterversammlung) mit Zustimmung aller Mitgesellschafter – diese kann bereits im Gesellschaftsvertrag oder auch für den Einzelfall durch alle Mitgesellschafter erteilt werden – zulässig. Bei Anordnung einer Dauertestamentsvollstreckung über den Nachlass eines Kommanditisten ist auf Antrag des Testamentsvollstreckers ein Testamentsvollstreckervermerk in das Handelsregister der Kommanditgesellschaft einzutragen.[209] Auch kann dem Testamentsvollstrecker eine *Treuhänderstellung* für die KG-Beteiligung eingeräumt werden, wenn der Gesellschaftsvertrag dies vorsieht oder die übrigen Gesellschafter dem zustimmen. Ansonsten kann der Erblasser ihm eine mit dem Tod beginnende *(post-mortale)* oder über den Tod hinaus wirksam bleibende *(transmortale) Vollmacht* erteilen und anordnen, dass der Erbe, der diese – wozu er berechtigt ist – zu widerrufen unternimmt (oder nicht in einer erforderlichen Form erteilt), damit enterbt ist. Mit einer entsprechenden Auflage erlangt der Testamentsvollstrecker zwar keinen darauf gerichteten durchsetzbaren Anspruch. Der „ungehorsame" Erbe bringt sich jedoch mit deren Nichterfüllung um sein Erbe.[210]

ff) Der Notar als Testamentsvollstrecker

1125   Der beurkundende Notar kann sich nicht selbst zum Testamentsvollstrecker berufen lassen (vgl. §§ 7, 27 BeurkG). Wird die Testamentsvollstreckung jedoch in der beurkundeten Verfügung geregelt und die Benennung des Testamentsvollstreckers z.B. in einer eigenhändigen Verfügung von Todes wegen vorgenommen, so kann auch der Urkundsnotar Testamentsvollstrecker werden. Die eigenhändige Zusatzurkunde sollte nicht mit in den Umschlag gesteckt werden, in dem das Testament in die amtliche Verwahrung gegeben wird. Das Nachlassgericht kann auf Wunsch des Erblassers auch den Urkundsnotar zum Testamentsvollstrecker ernennen. Ob die Ernennung in einer vom Sozius beurkundeten Verfügung vorgenommen werden kann, war umstritten. Nach § 3 Abs. 1 S. 1 Nr. 4 BeurkG ist – jetzt – die Beurkundung der Ernennung des Sozius als Testamentsvollstrecker ausgeschlossen.[211] Ein bei der Beurkundung mitwirkender Zeuge soll nicht zum Testamentsvollstrecker berufen (oder sonst wie bedacht) werden (§§ 26, 27 BeurkG).

gg) Banken und Steuerberater als Testamentsvollstrecker

1126   Banken und Steuerberater können ohne weiteres Testamentsvollstrecker werden. Für das bis zum 30.6.2008 geltende Rechtsberatungsgesetz hatte der BGH im Jahre 2005 entschieden (vgl. NJW 2005, 968, 969), dass die Tätigkeit des Testamentsvollstreckers keine Besorgung fremder Rechtsangelegenheiten i.S.v. Art. 1 § 1 Abs. 1 S. 1 Rechtsberatungsgesetz ist. Im Rechtsdienstleistungsgesetz vom 12.12.2007 (kurz RDG), in Kraft getreten am 1.7.2008, welches das Rechtsberatungsgesetz abgelöst hat und dessen Ziel es ist, die Rechtsuchenden, den Rechtsverkehr und die Rechtsordnung vor unqualifizierten Rechtsdienstleistungen zu schützen (§ 1 Abs. 1 S. 2 RDG), regelt nun § 5 ausdrücklich den Fall der Testamentsvollstreckung. Danach sind die Rechtsdienstleistungen im Zusammenhang mit einer anderen Tätigkeit erlaubt, wenn sie als Nebenleistung zum Berufs- oder Tätigkeitsbild gehören. Als erlaubte Nebenleistung

---

209 So BGH, ZEV 2012, 335.
210 Vgl. zu diesem Problemkreis *Everts*, MittBayNot 2003, 427 ff., Beck'sches Notarhandbuch/*Hermanns*, 7. Aufl. 2019, § 20 Rn 135 ff. und kritisch dazu *Dorsel/Dorsel*, Kölner Formularbuch, Erbrecht, 3. Aufl. 2020, 11. Kap. Rn 181 ff.
211 So auch *Vaasen/Starke*, DNotZ 1998, 661, 669, Fn 22; *Mihm*, DNotZ 1999, 8, 14.

gelten nach § 5 Abs. 2 Ziff. 1 insbesondere Rechtsdienstleistungen, die im Zusammenhang mit einer Testamentsvollstreckung erbracht werden.

hh) Gebühren des Testamentsvollstreckers

Für die Berechnung der Testamentsvollstreckergebühren existieren in der Praxis unterschiedliche Tabellen, die jeweils bestimmte Vergütungsrichtsätze festlegen. Vielfach wird der Berechnung die so genannte „Möhring'sche Tabelle" zugrunde gelegt,[212] die Vergütungsrichtsätze zwischen 2,81 % und 7,5 % des Aktivnachlasses vorschlägt. Abgesehen von den in den Tabellen vorgeschlagenen Vergütungsrichtsätzen ist es möglich und oft angezeigt, die Höhe der Testamentsvollstreckergebühren im Testament zu beschränken. Bei einer Dauertestamentsvollstreckung erhält der Testamentsvollstrecker üblicherweise neben der Gebühr für die Ausführung der Verfügungen des Erblassers eine laufende Verwaltergebühr, etwa in Höhe eines bestimmten Prozentsatzes des von ihm erwirtschafteten Gewinns. Die Notare sollten den Empfehlungen des Deutschen Notarvereins folgen, der die am längsten gebräuchliche „Rheinische Tabelle" des Notariatsvereins für Rheinpreußen von 1925[213] überarbeitet und aktualisiert hat, sog. „Neue Rheinische Tabelle". Die Vergütungsrichtsätze betragen hiernach zwischen 1,5 % und 4 % des Bruttowertes des Nachlasses. Darüber hinaus hat der Deutsche Notarverein für vom Normalfall abweichende Abwicklungen (z.B. Dauervollstreckungen, Abwicklung durch mehrere Testamentsvollstrecker, usw.) spezielle typisierende Vorschläge unterbreitet.[214] **1127**

ii) Mehrere Testamentsvollstrecker – Ersatztestamentsvollstrecker

Mehrere Testamentsvollstrecker können nebeneinander berufen werden. Das verteuert naturgemäß die Verwaltung und kann – sollen beide nur gemeinschaftlich handeln – zu Unbeweglichkeit führen. Bei Großvermögen wird gelegentlich eine Testamentsvollstrecker-GmbH gegründet, deren Gesellschafter aus dem Management des Unternehmens stammen. Ob beim Wegfall aller Testamentsvollstrecker das Nachlassgericht einen Ersatztestamentsvollstrecker ernennt, richtet sich nach dem erklärten, hilfsweise nach dem mutmaßlichen Erblasserwillen. Bei der Anordnung einer Dauertestamentsvollstreckung ist der Wille des Erblassers anzunehmen, dass beim Wegfall aller eingesetzten Testamentsvollstrecker das Nachlassgericht bis zur Beendigung der Vollstreckung einen Testamentsvollstrecker ernennen soll. **1128**

jj) Der Antrag auf Erteilung eines Testamentsvollstreckerzeugnisses

Wie der Erbscheinsantrag kann auch der Antrag auf Erteilung eines Testamentsvollstreckerzeugnisses sowohl vom Nachlassgericht als auch von einem Notar beurkundet werden. Er folgt weitgehend den Regeln für den Erbscheinsantrag (§ 2368 S. 2 Hs. 1 BGB, § 354 Abs. 1 FamFG). Im Testamentsvollstreckerzeugnis ist auch anzugeben, wenn der Testamentsvollstrecker in der Verwaltung des Nachlasses beschränkt ist oder der Erblasser angeordnet hat, dass der Testamentsvollstrecker in der Eingehung von Verbindlichkeiten für den Nachlass nicht beschränkt sein soll (§ 354 Abs. 2 FamFG). **1129**

Muster: Antrag auf ein Testamentsvollstreckerzeugnis **1130**

Am 17.6.2020 verstarb mein Ehemann Reiner Berck. Sein letzter Wohnsitz war Bedorf. Er war deutscher Staatsangehöriger. Als einzige Verfügungen von Todes wegen hat er hinterlassen:

1. den Erbvertrag vom (…) UR.Nr. (…) des Notars (…),
2. das eigenhändige Testament vom (…)

In dem Testament hat er mich zu seiner Testamentsvollstreckerin mit der Befugnis berufen, unbeschränkt für den Nachlass Verbindlichkeiten einzugehen. Der Erbvertrag enthält lediglich Vermächtnisse. Er stand daher der Anordnung der Testamentsvollstreckung nicht entgegen. Ein Rechtsstreit über die Gültigkeit des Testaments oder meine Ernennung ist nicht anhängig. Ich nehme das Amt an.

---

212 Abgedr. bei *Möhring/Beisswingert/Klingelhöfer*, Vermögensverwaltung in Vormundschafts- und Nachlasssachen, 7. Aufl. 1992, S. 224 ff.
213 Abgedr. bei OLG Köln in FamRZ 94, 328.
214 Vgl. *Reimann*, DNotZ 2001, 344 oder im Internet unter www.dnotv.de.

Der Notar hat mich über die Bedeutung einer eidesstattlichen Versicherung, insbesondere die Strafbarkeit einer falschen eidesstattlichen Versicherung, belehrt. Ich erkläre daraufhin Folgendes an Eides statt:

Mir ist nichts bekannt, was der Richtigkeit meiner vorstehenden Angaben entgegensteht.

Ich beantrage die Erteilung eines Testamentsvollstreckerzeugnisses mit dem Vermerk gemäß § 354 Abs. 2 FamFG und bitte, eine Ausfertigung davon an den Notar zu schicken.

Den Wert des Brutto-Nachlasses gebe ich mit 300.000 EUR an. Die Nachlassverbindlichkeiten belaufen sich auf 200.000 EUR. Die Verwaltung wird voraussichtlich nur kurze Zeit dauern und weder wirtschaftliche noch rechtliche Schwierigkeiten machen.

Diese Niederschrift (…)

Gebühren:

Wert: § 40 Abs. 5: 60.000 EUR (20 % vom Nachlasswert ohne Abzug von Verbindlichkeiten)

Gebühr: KV Nr. 23300.

1,0 (mindestens 60 EUR)   192 EUR.

1131 Ist der Testamentsvollstrecker in einer *beurkundeten* Verfügung von Todes wegen ernannt worden, so reicht vielfach statt eines Testamentsvollstreckerzeugnisses eine vom Nachlassgericht beglaubigte Abschrift der Urkunde nebst Ausfertigung oder beglaubigter Abschrift des Eröffnungsprotokolls zusammen mit einer weiteren Urkunde aus, in der das Nachlassgericht

- entweder dem Testamentsvollstrecker die Annahme des Amtes in öffentlicher Form („mit Siegel") bestätigt,
- oder ihm auch nur den Eingang der Annahmeerklärung (mit beglaubigter Unterschrift) bescheinigt.

Bei nicht beurkundeten Testamenten kann diese Bestätigung bzw. Bescheinigung die Vorlage eines Testamentsvollstreckerzeugnisses nicht ersetzen.

1132 *Muster: Annahme des Testamentsvollstreckeramtes*

An das Amtsgericht

– Nachlassgericht –

47495 Rheinberg

Der am 15.10.2020 verstorbene, zuletzt in Xanten wohnhaft gewesene Jakob Schmitz – er war deutscher Staatsangehöriger und hatte seinen letzten gewöhnlichen Aufenthalt in Deutschland – hat in seinem Testament vom 12.8.2012 vor Notar Hans Schmitz in Köln – UR.Nr. 1234 für 2012 –, eröffnet vom dortigen Nachlassgericht unter 74b IV 383/2020, mich zum Testamentsvollstrecker ernannt. Ich nehme das Amt an und füge eine beglaubigte Abschrift dieser Erklärung mit der Bitte um Bescheinigung des Eingangs und Rückgabe bei.

(Beglaubigung der Unterschrift)

1133 Entwirft der Notar die Annahmeerklärung, so ist dafür folgende Gebühr zu erheben:

Kosten bei Entwurf der Annahmeerklärung durch den Notar:

Wert: §§ 119 Abs. 1, 40 Abs. 5 GNotKG: 60.000 EUR (20 % vom Nachlasswert ohne Abzug von Verbindlichkeiten)

Gebühr: KV Nr. 24102 (denn Beurkundungsgebühr wäre 0,5 gemäß KV Nr. 21201 Nr. 6)

Rahmen 0,3–0,5, hier zwingend 0,5 (§ 92 Abs. 2) → 96 EUR.

Für die Unterschriftsbeglaubigung unter dem Entwurf entsteht keine Gebühr (Vorbem. 2.4.1 (2) KV GNotKG). Für die Beglaubigung der zusätzlichen Abschrift fällt außerdem eine Gebühr von 10 EUR an (Mindestgebühr bei bis zu 10 Seiten, KV Nr. 25102 GNotKG). Eine Dokumentenpauschale fällt nicht an (Bem. 1 zu KV Nr. 25102 GNotKG).

j) Ausschluss der Auseinandersetzung, familienrechtliche Anordnungen

Sind minderjährige Erben zu erwarten, so ist zu erwägen, ob der Erblasser nicht die Auseinandersetzung **1134** des Nachlasses bis zur Volljährigkeit des jüngsten Erben oder noch länger ausschließen sollte (§ 2044 BGB, vgl. hierzu auch oben Rdn 1055 ff.). Der Erblasser kann auch das Verwaltungsrecht der Eltern oder eines Elternteils am Kindesvermögen ausschließen (§ 1638 BGB), Vorschriften für die Verwaltung machen (§ 1639 bzw. § 1803 BGB), einen Vormund bestimmen (§§ 1776, 1777 BGB) oder auch ausschließen (§ 1782 BGB).

5. Die Grenzen der Testierfreiheit

a) Beschränkungen durch frühere bindende Verfügung

Der Erblasser kann durch frühere Verfügungen in seiner Testierfreiheit beschränkt sein, und zwar durch **1135**

(1) einen Erbvertrag,
(2) ein wechselbezügliches gemeinschaftliches Testament oder
(3) eine formlose, aber bindende Hoferbenbestimmung.

Falls eine derartige Bindung besteht, ist zunächst zu prüfen, ob die beabsichtigte Verfügung den in der früheren Verfügung Bedachten überhaupt beeinträchtigt. Dies ist keineswegs immer der Fall. Ist in der bindenden Verfügung beispielsweise lediglich ein Vermächtnis ausgeworfen, dann hindert dies nicht eine Erbeinsetzung und beliebige Zuwendungen aus dem Nachlass mit Ausnahme der des vermachten Gegenstandes. Eine Bindung besteht auch z.B. dann nicht, wenn die Verfügung von Todes wegen nur Bestimmungen des Erstversterbenden enthält, der Verfügende aber der Überlebende ist.

Falls durch die frühere Verfügung eine beabsichtigte neue Regelung ausgeschlossen ist, muss geprüft **1136** werden, ob und wie der Erblasser sich von dieser Bindung befreien kann, wenn eine einverständliche vertragliche Aufhebung nicht zu erzielen ist. Ein früherer Erbvertrag könnte beispielsweise einen Änderungsvorbehalt oder ein Rücktrittsrecht enthalten. Oder es könnte ein gesetzliches Rücktrittsrecht wegen Verfehlungen des Bedachten (§ 2294 BGB) oder Wegfalls der Gegenverpflichtung (§ 2295 BGB) gegeben sein. Ein wechselbezügliches gemeinschaftliches Testament kann der Erblasser bis zum Tod des anderen stets widerrufen (§ 2271 BGB). Er muss dabei allerdings die Form des § 2296 BGB einhalten: Beurkundung und förmliche Zustellung einer *Ausfertigung* (nicht einer bloßen beglaubigten Abschrift) sind also erforderlich. Nach dem Tode des anderen kann er seine Verfügungen aufheben, wenn er das ihm Zugewendete ausschlägt (§ 2271 Abs. 2 BGB). Bei Verschwendung, Überschuldung und Verfehlungen des Abkömmlings kann der Überlebende auch ohne Ausschlagung diesem die Zuwendung entziehen oder beschränken, sofern Pflichtteilsentziehungs- bzw. Beschränkungsgründe vorliegen (§§ 2271, 2289 Abs. 2, 2338 Abs. 1, 2294 BGB, vgl. dazu Rdn 1144). Schließlich ist auf die Anfechtungsmöglichkeit beim Erbvertrag gemäß § 2281 BGB hinzuweisen, insbesondere bei Irrtum, Drohung (§ 2078 BGB) oder wenn der Erblasser nach dem Tod seines ersten Ehegatten ein zweites Mal heiratet und/oder ein (weiterer) Abkömmling des Erblassers geboren wird (§ 2079 BGB).

Die Frage, ob eine Bindung durch formlose Hoferbenbestimmung eingetreten ist, kann im Einzelfall **1137** schwierig zu beantworten sein. Nach der inzwischen allgemein anerkannten Rechtsprechung des BGH[215] ist ein Hofeigentümer, der durch die Art und den Umfang der Beschäftigung eines Nachfolgers auf dem Hof zu erkennen gegeben hat, dass er diesen zum Hofnachfolger bestimmen will, daran gehindert, einen anderen durch Testament oder Hofübergabevertrag zum Hofnachfolger zu machen, wenn der Anwärter im Vertrauen auf das Verhalten des Eigentümers sein Leben auf die Hofübernahme ausgerichtet hat. Seit

---

215 BGHZ 101, 57.

der am 1.7.1976 in Kraft getretenen Höferechtsnovelle ist der Erblasser schon bei vorbehaltloser Übertragung der Bewirtschaftung des Betriebes oder durch die Beschäftigung des Abkömmlings auf dem Hof daran gehindert, einen anderen zum Hoferben zu bestimmen, ohne dass die von der Rechtsprechung entwickelten strengen Voraussetzungen für eine bindende formlose Hoferbenbestimmung vorzuliegen brauchen (§ 7 Abs. 2 HöfeO). Diese Hinderung entfällt mit der Beendigung der Beschäftigung bzw. der Bewirtschaftungsüberlassung. Nach der ständigen Rechtsprechung des BGH kann der Eigentümer trotz einer formwirksamen oder formlos bindenden Hoferbenbestimmung die Hofeigenschaft aufheben und so den Anfall des Betriebes zu Hofbedingungen vereiteln.

b) Beschränkungen bei Sittenwidrigkeit

1138 Verfügungen von Todes wegen dürfen nicht sittenwidrig sein (Stichworte früher: „Geliebtentestament" – spielt aber heute aufgrund der geänderten Moralvorstellungen keine nennenswerte Rolle mehr – und „Behindertentestament"). Wo die Grenze zu ziehen ist, muss von Fall zu Fall entschieden werden. Diese Entscheidung ist für den Notar oft im Voraus nicht zu treffen.

Eindeutig sittenwidrig und daher nichtig sind Zuwendungen an einen Ehebrecher zur Abgeltung seiner geschlechtlichen Hingabe oder die Einsetzung eines Erben unter der Bedingung, dass er eine Straftat begeht. Wirksam sind dagegen Zuwendungen eines Ledigen an einen Lebensgefährten, wenn damit die geschlechtliche Hingabe nicht abgegolten werden soll, sondern Gesichtspunkte der Alterssicherung und der Vergütung sonstiger Dienste im Vordergrund stehen. Irgendwo zwischen diesen beiden Extremen liegt die Grenze. Im Grenzfall sollte der Notar über die Zweifel belehren, dies auch zu Protokoll bringen, ansonsten es in einem von den Beteiligten zu unterschreibenden Aktenvermerk festhalten, aber die Verfügung beurkunden. Hier gelten dieselben Grundsätze wie bei Zweifeln an der Testierfähigkeit (vgl. Rdn 1024).

1139 Eine Verfügung von Todes wegen, mit der Eltern ihr behindertes, auf Kosten der Sozialhilfe unterzubringendes Kind nur als Vorerben auf einen den Pflichtteil kaum übersteigenden Erbteil einsetzen, bei seinem Tod ein anderes Kind als Nacherben berufen und dieses auch zum Vollerben des übrigen Nachlasses bestimmen, ist – auch in Kombination mit einer Verwaltungstestamentsvollstreckung bezüglich des an das behinderte Kind fallenden Vermögens – nicht sittenwidrig, auch soweit dadurch der Kostenersatzanspruch des Sozialhilfeträgers vereitelt wird (vgl. auch unten Rdn 1232 ff.).[216]

c) Beschränkungen aufgrund gesetzlicher Verbote (§ 14 Heimgesetz und entsprechende Landesheimgesetze)

1140 Verfügungen von Todes wegen dürfen nicht gegen gesetzliche Verbote verstoßen, da sie sonst nichtig sind (§ 134 BGB). Ein wichtiges gesetzliches Verbot ist der bis zum 31.8.2006 deutschlandweit anwendbare § 14 Heimgesetz (HeimG). Im Rahmen der Föderalismusreform ist die Gesetzgebungskompetenz für das Heimwesen mit Wirkung ab dem 1.9.2006 in die ausschließliche Gesetzgebungskompetenz der Länder übergegangen. Seitdem haben alle Länder eine landesgesetzliche Regelung des öffentlich-rechtlichen Teiles des Heimgesetzes ausgearbeitet und damit von der neuen Gesetzgebungskompetenz für das öffentlich-rechtliche Heimwesen Gebrauch gemacht. Eine Übersicht nebst der einschlägigen Landesgesetze findet sich im Internet unter www.dnoti.de unter Gesetzesänderungen/Erbrecht.[217] Die neuen Landesgesetze ersetzen das bisherige Heimgesetz des Bundes. Die meisten der neuen Landesgesetze enthalten dem § 14 HeimG wörtlich oder zumindest inhaltlich weitgehend entsprechende Regelungen, sodass die zum Bundesheimgesetz ergangene Rechtsprechung und vorherrschende Auslegung weiterhin maßgeblich bleiben wird.

1141 Gemäß § 14 HeimG sind u.a. auch letztwillige Verfügungen eines Erblassers, der sich in einem Heim befindet oder der sich um einen Heimplatz bewirbt, zugunsten des Heimträgers, der Heimleitung, von Beschäftigten des Heimes oder von sonstigen Heimmitarbeitern unwirksam. Welche Kriterien für eine Bewerbung um einen Heimplatz vorliegen müssen, ist von der Rechtsprechung bislang noch nicht geklärt;

216 BGH MittRhNotK 1993, S. 320; OLG Köln Rpfleger 2010, 140; vgl. auch Dorsel/*Perau*, Kölner Formularbuch Erbrecht, 3. Aufl. 2020, Kap. 5 Rn 568 ff.
217 Vgl. auch Dorsel/*Perau*, Kölner Formularbuch Erbrecht, 3. Aufl. 2020, Kap. 5, Rn 537 Fn 777.

der Anwendungsbereich des § 14 HeimG ist von daher in diesem Punkt noch unsicher. Schutzzweck des § 14 HeimG und der entsprechenden landesgesetzlichen Regelungen ist es, den „Heimfrieden" durch die Vermeidung einer unterschiedlichen, sachlich nicht gerechtfertigten Behandlung einzelner Heimbewohner zu wahren und die Heimbewohner vor einer „Doppelbezahlung" neben dem eigentlichen Heimentgelt zu schützen. Heime im Sinne des Heimgesetzes sind Einrichtungen, die dem Zweck dienen, ältere Menschen oder pflegebedürftige oder behinderte Volljährige aufzunehmen, ihnen Wohnraum zu überlassen sowie Betreuung und Verpflegung zur Verfügung zu stellen (§ 1 Abs. 1 HeimG). Die Rechtsprechung dehnt das vorstehende Verbot auch auf Verwandte von Heimmitarbeitern aus. Das Verbot betrifft in erster Linie vertragsmäßige Zuwendungen (Erbeinsetzung oder Vermächtnisse) im Rahmen eines Erbvertrages. Einseitige Testamente unterfallen dem Verbot nur dann, wenn die Zuwendung auf ein Einvernehmen zwischen dem Erblasser und dem Bedachten gründet. Wenn also der Heimträger, dessen Leitung oder Mitarbeiter erst nach dem Tod des Erblassers von der Zuwendung Kenntnis erlangt haben (= sog. „stille Testamente), ist die testamentarische Verfügung wirksam. Das gilt auch dann, wenn z.B. ein Angehöriger eines Heimbewohners diesen zum nicht befreiten Vorerben und den Heimträger zum Nacherben einsetzt und letzterer zwar erst nach dem Tode des Erblassers, aber vor Eintritt des Nacherbfalls von dem Testament und der Erbeinsetzung erfährt. Einrichtungen des so genannten „betreuten Wohnens" waren nach der Neufassung des Heimgesetzes ab dem 1.1.2002 vom Anwendungsbereich des Gesetzes ausgenommen, solange keine Verpflichtung des Mieters bestand, Verpflegung und weitergehende Betreuungsleistungen von bestimmten Anbietern anzunehmen (§ 1 Abs. 2 HeimG). Die Nachfolgegesetze der Länder des Heimgesetzes handhaben den Fall des betreuten Wohnens allerdings sehr unterschiedlich.[218] Problematisch ist, ob das vorstehende gesetzliche Verbot auch auf die Betreuung und Pflege durch ambulante Pflegedienste in der Wohnung der zu pflegenden Person oder durch private Pflegepersonen in deren Privatwohnung entsprechend anzuwenden ist. Hier dürfte es wohl bereits an einer „Einrichtung" im Sinne des § 1 Abs. 1 HeimG und an einer Vergleichbarkeit der besonders eingeschränkten Lebenssituation eines stationär untergebrachten Heimbewohners mit der Lebenssituation einer im eigenen Hause oder im Hause einer privaten Pflegeperson gepflegten Person fehlen. So hat auch das OLG Düsseldorf bei einer letztwilligen Zuwendung an einen ambulanten Pflegedienst, der den Behinderten zu Hause versorgt, einen Verstoß gegen § 14 HeimG verneint. Einige Landesgesetze erstrecken jedoch das Zuwendungsverbot auch auf ambulante Pflegedienste.[219] Auch für Zuwendungen des behinderten Betreuten an seinen zivilrechtlichen Betreuer im Sinne der §§ 1896 ff. BGB oder für Zuwendungen des Vollmachtgebers an seinen Vorsorgebevollmächtigten hat die Rechtsprechung einen Verstoß gegen § 14 HeimG verneint. Unabhängig von den vorerwähnten unterschiedlichen Auffassungen der Bundesländer empfiehlt sich aber für den Notar auf jeden Fall, den zugunsten einer privaten Pflegeperson testierenden Erblasser auf die Problematik des § 14 HeimG bzw. der entsprechenden Regelungen in den Nachfolgegesetzen der Bundesländer hinzuweisen und den Hinweis gegebenenfalls auch in die Urkunde mit aufzunehmen. Außerdem hat der eine letztwillige Verfügung in diesen Fällen beurkundende Notar darauf zu achten, dass die zu begünstigende Pflegeperson keine übermäßige Willensbeeinflussung auf den Erblasser ausübt, da die letztwillige Zuwendung sonst im Einzelfall sittenwidrig sein könnte. Auch kann es sich empfehlen, Auffangregelungen durch Ersatzerbeneinsetzungen für den Fall zu treffen, dass die getroffenen Verfügungen wegen Verstoßes gegen ein Heimgesetz unwirksam sein sollten. In allen Fällen der Anwendbarkeit des § 14 HeimG bzw. in den meisten Fällen der einschlägigen Landesheimgesetze kann die zuständige Aufsichtsbehörde in Einzelfällen Ausnahmen von den gesetzlichen Verboten zulassen, soweit der Schutz der Bewohner die Aufrechterhaltung der Verbote nicht erfordert und die Leistungen noch nicht versprochen oder gewährt worden sind (vgl. z.B. § 14 Abs. 6 HeimG).[220]

Besonderheiten galten insbesondere zunächst für das am 10.12.2008 in Kraft getretene Wohn- und Teilhabegesetz – WTG NRW.[221] Das WTG NRW hatte § 14 HeimG nicht inhaltlich übernommen, sondern im § 10 eine eigenständige Regelung getroffen, die sich in wesentlichen Punkten von § 14 HeimG unterschieden hat. Seitens der Literatur bestanden Zweifel an der Verfassungsmäßigkeit dieser Bestimmung.[222]

1142

218 Vgl. *Keim*, Die Testierverbote nach den Heimgesetzen der Länder in notar 2017, 119 ff.
219 Vgl. *Keim*, notar 2017, a.a.O.
220 Vgl. zu den vorstehenden Problematiken *Suyter*, ZEV 2003, 104 f. und Gutachten im DNotI-Report, 2005, 137 ff.
221 Vgl. GVBl NRW 2008, 738.
222 Vgl. hierzu im Einzelnen *Tersteegen*, RNotZ 2009, 222 ff.; *Karl*, ZEV 2009, 544 ff.

Durch Artikel 2 des Gesetzes vom 2.10.2014 zur Entwicklung und Stärkung einer demographiefesten, teilhabeorientierten Infrastruktur und zur Weiterentwicklung und Sicherung der Qualität von Wohn- und Betreuungsangeboten für ältere Menschen, Menschen mit Behinderungen und ihre Angehörigen wurde das ursprüngliche WTG NRW vom 18.11.2008 außer Kraft und das neue WTG NRW in Kraft gesetzt.[223] Die ursprünglich in § 10 WTG NRW enthaltene Regelung über Leistungen an Betreiber und Beschäftigte findet sich nunmehr in § 7 WTG NRW und ist der ursprünglichen Regelung des § 14 HeimG inhaltlich in großen Teilen nachgebildet.

d) Zeitliche Grenzen für Verfügungen von Todes wegen

1143   Der Erblasser kann keine Gestaltung auf unbegrenzte Zeit treffen. Er kann sein Vermögen nicht über *dreißig Jahre* nach seinem Tod hinaus binden. Dies schreiben § 2044 BGB für den Ausschluss der Auseinandersetzung, § 2109 BGB für die Vor- und Nacherbschaft, § 2162 BGB für das Vermächtnis und § 2210 BGB für die Testamentsvollstreckung vor. Es gibt gewisse eng begrenzte Ausnahmen. Auch kann der Erblasser eine Familienstiftung einrichten. Deren Bedeutung hat in der Praxis in den letzten Jahren zugenommen.

Der Notar sollte dem Erblasser von allzu weit in die Zukunft hineinwirkenden Verfügungen abraten. Schon das Überspringen einer Generation oder auch nur die Beschränkung der Kinder durch die Anordnung von Vor- und Nacherbschaft zugunsten der Enkelkinder sollte nur empfohlen werden, um Unheil von der Familie abzuwenden, also etwa bei Alkohol- oder Drogenabhängigkeit, drohender Insolvenz, Verschwendungssucht oder Geistesschwäche des Erben oder bei der Gefahr von Vollstreckungsmaßnahmen in den Erbteil eines Erben.

e) Beschränkungen durch das Pflichtteilsrecht
aa) Grundsätze

1144   Eine weitere Grenze zieht das Pflichtteilsrecht (§§ 2303 ff. BGB). Es war in der DDR auf einen unbedeutenden Rest reduziert. Die Regelung im ZGB entsprach besser den heutigen Verhältnissen als die im BGB. Die Bürger akzeptieren nur schwer, dass der Staat sie daran hindert, mit dem von ihnen geschaffenen Vermögen nach Belieben zu verfahren. Bei geerbtem Vermögen ist das anders. Hier wird eine weitgehende Bindung zugunsten der Nachkommen häufig geradezu gewünscht. Trotz kritischer Betrachtung des Pflichtteilsrechts in Teilen der deutschen Bevölkerung ist das Pflichtteilsrecht durch die am 1.1.2010 in Kraft getretene Erbrechtsreform (Gesetz zur Änderung des Erb- und Verjährungsrechts) grundsätzlich unangetastet geblieben. Nur in einzelnen Punkten wurde das Pflichtteilsrecht vereinfacht bzw. praxisnäher gestaltet (zu § 2325 Abs. 3 BGB im Rahmen des Pflichtteilsergänzungsanspruchs vgl. Rdn 1148 ff. und zur Neufassung der §§ 2305 und 2306 BGB vgl. Rdn 1170 ff., 1179 ff.). Der Erblasser sollte wissen, dass mit der Geltendmachung von Pflichtteilsansprüchen zu rechnen ist, wenn er einem Pflichtteilsberechtigten weniger hinterlässt, als ihm an Pflichtteil zusteht. Will der Erblasser die Ungewissheit beseitigen, so bleibt nur die Möglichkeit der Vereinbarung eines Pflichtteilsverzichts, § 2346 BGB (vgl. Rdn 1332 ff.). Ist er nicht zu erreichen, so kann der Erblasser es darauf ankommen lassen, ob der Pflichtteilsanspruch tatsächlich und rechtzeitig im Rahmen der gesetzlichen Verjährungsfrist (vgl. unten Rdn 1154) geltend gemacht wird. Vernünftiger ist es aber, dem Pflichtteilsberechtigten von vornherein so viel zukommen zu lassen, wie der Pflichtteilsanspruch voraussichtlich betragen wird.

bb) Berechnung des Pflichtteils

1145   Der Pflichtteil besteht in der Hälfte des Wertes des gesetzlichen Erbteils in Geld (§ 2303 Abs. 1 S. 2 BGB), bei enterbten Ehegatten im gesetzlichen Güterstand, denen auch kein Vermächtnis zugewendet wurde, berechnet von ihrer *nicht* erhöhten Erbquote (§ 1371 Abs. 2 BGB); neben Abkömmlingen des Erblassers beträgt er also ein Achtel, bei einem kinderlosen Erblasser neben Eltern und Geschwistern ein Viertel des Nettonachlasses (sog. kleiner Pflichtteil). Der Pflichtteilsanspruch ist ein reiner Geldanspruch gegenüber dem Erben bzw. den Miterben. Der Pflichtteilsberechtigte wird somit nicht Erbe, also auch nicht (Mit)Eigentümer des Nachlasses. Er hat bei dessen Auseinandersetzung nicht mitzuwirken. Der Pflichtteilsanspruch wird der Höhe nach berechnet aufgrund einer *Nachlassbilanz,* in die alle Aktivwerte und Passiv-

---

223 Vgl. GVBl NRW 2014, 625.

werte – grundsätzlich mit ihrem Verkehrswert zum Zeitpunkt des Erbfalls – eingesetzt werden. Der Saldo ist der Nettonachlass (§ 2311 BGB). Dann wird festgestellt, wie viel der Pflichtteilsberechtigte geerbt haben würde, wenn gesetzliche Erbfolge eingetreten wäre. Die Hälfte davon ist der Pflichtteil.

cc) Berechtigte – Rechte – Pflichten

Pflichtteilsberechtigt sind die Abkömmlinge des Erblassers und sein Ehegatte. Die Eltern des Erblassers **1146** sind pflichtteilsberechtigt, wenn entweder der Erblasser keine Abkömmlinge hinterlassen hat (§§ 2303 Abs. 2, 1930 BGB) oder der Erblasser zwar Abkömmlinge hinterlassen hat, diese aber durch Ausschlagung, Erbverzicht oder Erbunwürdigkeitserklärung nicht Erben geworden sind. Das Pflichtteilsrecht der Eltern wird in letzteren Fällen aber durch die schwer verständliche Vorschrift des § 2309 eingeschränkt.

Auch der überlebende Lebenspartner der „Eingetragenen Lebenspartnerschaft" kann von den Erben die Hälfte des Wertes des gesetzlichen Erbteils (siehe hierzu Rdn 867 ff.) als Pflichtteil verlangen, wenn er vom Erblasser durch Verfügung von Todes wegen von der Erbfolge ausgeschlossen worden ist. Die Vorschriften des BGB über den Pflichtteil gelten mit der Maßgabe entsprechend, dass der Lebenspartner wie ein Ehegatte zu behandeln ist (§ 10 Abs. 6 LPartG).

Der Pflichtteilsberechtigte kann vom Erben Auskunft über den Bestand des Nachlasses verlangen. Wenn er darauf besteht, muss ein vom Notar aufzunehmendes Nachlassverzeichnis erstellt werden (§ 2314 BGB).[224] Auf Verlangen ist der Pflichtteilsberechtigte bei der Aufnahme des Verzeichnisses zuzuziehen. Die Verkehrswerte der Nachlassgegenstände sind durch Sachverständige zu ermitteln (§ 2314 BGB). Die Kosten dafür fallen dem Nachlass zur Last (§ 2314 Abs. 2 BGB).

Der Pflichtteilsberechtigte hat sich auf den Pflichtteil anrechnen zu lassen, was ihm vom Erblasser zu **1147** Lebzeiten mit der Bestimmung übertragen worden ist, dass er es auf den Pflichtteil anrechnen lassen muss (§ 2315 BGB). Die Anrechnungsbestimmung muss (z.B. im Rahmen von Übertragungsverträgen) vor oder spätestens mit der Zuwendung erfolgen. Die einseitige Nachholung einer unterbliebenen Bestimmung durch den Übertragenden ist nicht möglich. Eine derartige nachträgliche Anrechnungsmöglichkeit wurde im Rahmen der am 1.1.2010 in Kraft getretenen Erbrechtsreform diskutiert und war auch zunächst im Regierungsentwurf enthalten, ist dann letztendlich aber im Gesetzgebungsverfahren gescheitert. Die nachträgliche Einwilligung des Pflichtteilsberechtigten in die Anrechnungsbestimmung kann jedoch als teilweiser Pflichtteilsverzicht beurkundet werden (vgl. Rdn 1332 ff.).

dd) Pflichtteilsergänzungsanspruch

Der Erblasser könnte grundsätzlich durch Schenkungen zu Lebzeiten an Miterben oder Dritte den Pflicht- **1148** teil des bzw. der Berechtigten, dessen Höhe vom Wert des Nachlasses zum Zeitpunkt des Erbfalles abhängt (vgl. Rdn 1145), verkleinern oder gar vollständig aushöhlen. Um dies zu verhindern, gewährt § 2325 BGB dem bzw. den Pflichtteilsberechtigten einen vom ordentlichen Pflichtteilsanspruch unabhängigen und selbstständigen Pflichtteilsergänzungsanspruch, in dem die Gegenstände, die der Erblasser in den letzten zehn Jahren vor seinem Tod (bei Schenkungen an den Ehegatten auch über diesen Zeitraum hinaus, § 2325 Abs. 3 S. 3 BGB) verschenkt hat, dem Nettonachlass ganz oder anteilsmäßig hinzugerechnet werden und dann der entsprechende Pflichtteil vom somit erhöhten Nettonachlasswert bestimmt wird.

Im Falle sogenannter „gemischter Schenkungen" (z.B. Übertragung eines Hauses von den Eltern an ein **1149** Kind gegen Einräumung eines lebzeitigen Wohnungsrechts und einer Pflegeverpflichtung) ist nur der tatsächliche Schenkungsanteil ergänzungspflichtig. Den Vertragsparteien steht es dabei bis zur Grenze des Missbrauchs grundsätzlich frei, den Wert des geschenkten Gegenstandes (z.B. des Hauses) und den Wert der vereinbarten Gegenleistungen (z.B. des Wohnungsrechts und der Pflegeverpflichtung) zu bestimmen. Für die Bewertung der Schenkung ist auf den Verkehrswert abzustellen. Bei nicht verbrauchbaren Sachen (z.B. bei Grundstücken) sind die Verkehrswerte zum Zeitpunkt der Schenkung und zum Zeitpunkt des Erbfalls miteinander zu vergleichen und der niedrigere Wert der Berechnung zugrunde zu legen (§ 2325 Abs. 2 BGB). Nach stark umstrittener Auffassung des Bundesgerichtshofs kann der Wert von vor-

---

224 Vgl. zu den Anforderungen an die Erstellung eines notariellen Nachlassverzeichnisses etwa OLG Bamberg ZEV 2016, 580; OLG Koblenz DNotZ 2014, 780; OLG Düsseldorf ZEV 2020, 294; OLG Stuttgart ZEV 2020, 292; ausführlich zum notariellen Nachlassverzeichnis *Damm*, notar 2016, 219; *Schmitz*, RNotZ 2016, 231 und *Keim*, NJW 2020, 2996.

behaltenen Nutzungsrechten (z.B. Nießbrauch oder Wohnungsrecht) nur dann wertmindernd vom Verkehrswert des Grundbesitzes abgezogen werden, wenn der Wert des Grundbesitzes zum Zeitpunkt des Erbfalls höher war als zum Zeitpunkt der Schenkung, also bei der Wertermittlung auf den Wert des Grundbesitzes zum Zeitpunkt der Schenkung abgestellt wird. Dies ist in Zeiten fallender Immobilienpreise problematisch.

1150 Der Pflichtteilsergänzungsanspruch richtet sich grundsätzlich gegen den Erben (§ 2325 BGB) und nur ausnahmsweise gegen den Beschenkten (§ 2329 BGB), wenn der Erbe aus rechtlichen Gründen (z.B. es ist kein Nachlass oder nur ein überschuldeter Nachlass vorhanden) – nicht aber aus tatsächlichen Gründen (z.B. Zahlungsunfähigkeit oder Insolvenz des Erben) – nicht zur Pflichtteilsergänzung verpflichtet ist.[225]

1151 Gemäß der seit dem 1.1.2010 geltenden „Abschmelzungsregelung" des § 2325 Abs. 3 BGB (durch das Gesetz zur Änderung des Erb- und Verjährungsrechts wurde die bis Ende 2009 geltende starre Ausschlussfrist, die ein „Alles-oder-nichts-Prinzip" beinhaltete, abgeschafft) werden für die Bemessung des Pflichtteilsergänzungsanspruchs Schenkungen umso weniger berücksichtigt, je länger diese zurückliegen. Eine Schenkung im ersten Jahr vor dem Erbfall wird danach voll berücksichtigt, im zweiten Jahr nur noch zu $9/10$, im dritten Jahr zu $8/10$ u.s.w. Durch die neue Regelung wird dem Erblasser bzw. Schenker und dem Beschenkten (oft einzelne Kinder des Erblassers) mehr Planungssicherheit eingeräumt, die übergangenen Pflichtteilsberechtigten (oft Geschwister des beschenkten Kindes) werden hierdurch hingegen benachteiligt.

1152 Wie im Falle der bisherigen starren Ausschlussfrist greift aber auch die neue Abschmelzungsregelung nicht, wenn der Schenker noch gar nicht geleistet hat, also eine wirtschaftliche Ausgliederung des geschenkten Gegenstandes aus dem Vermögen des Schenkers noch nicht stattgefunden hat, wie z.B. im Falle von Schenkungen unter Nießbrauchsvorbehalt. Umstritten ist nach wie vor, wie z.B. Schenkungen gegen Einräumung eines Wohnungsrechts behandelt werden, wenn sich das Recht nur auf einzelne Räumlichkeiten des übertragenen Grundbesitzes bezieht. Hat dann bereits eine die Abschmelzungsregelung in Gang setzende Leistung des Schenkers stattgefunden? Dieselbe Rechtsunsicherheit existiert nach wie vor für die in Übertragungsverträgen üblichen Rückforderungsklauseln mit konkreten Rückforderungsgründen wie z.B. Veräußerungs- und Belastungsverbote für den Beschenkten oder Insolvenz des Beschenkten. Zumindest in Bezug auf die Einräumung eines Wohnungsrechts hat der BGH nunmehr klargestellt, dass der Beginn des Fristablaufs gemäß § 2325 Abs. 3 BGB nur in Ausnahmefällen gehindert sein wird.[226] Zwar ließe sich nicht abstrakt beantworten, ob auch ein vorbehaltenes Wohnungsrecht wie ein Nießbrauch den Fristbeginn hindern kann. Maßgebend seien vielmehr die Umstände des Einzelfalls, anhand derer beurteilt werden muss, ob der Erblasser den verschenkten Gegenstand auch nach Vertragsschluss noch im Wesentlichen weiterhin nutzen konnte. Soweit das im Wohnungsrecht verankerte Ausschließungsrecht jedoch nur an Teilen der übergebenen Immobilie bestehe, sei der Erblasser – anders als beim Vorbehalt des Nießbrauchs – mit Vollzug des Übergabevertrages nicht mehr als „Herr im Haus" anzusehen. Für den Beginn des Fristablaufs spreche auch die fehlende Gestattung der Übertragbarkeit des Wohnungsrechts auf Dritte. Es ist damit zwar nicht ausgeschlossen, dass die Einräumung eines Wohnungsrechts den Beginn des Fristablaufs gemäß § 2325 Abs. 3 BGB hindert, der Erblasser wird in solchen Konstellationen jedoch in aller Regel den „Genuss" des verschenkten Gegenstands nach der Schenkung auch tatsächlich entbehren müssen.

Bei Schenkungen an den Ehegatten oder den eingetragenen Lebenspartner beginnt die Frist erst mit der Auflösung der Ehe bzw. der eingetragenen Lebenspartnerschaft. Die nichteheliche Lebenspartnerschaft außerhalb des Lebenspartnerschaftsgesetzes wird also nach wie vor bevorzugt, da durch Schenkungen an die Lebensgefährtin bzw. an den Lebensgefährten diese bereits nach einem Jahr gegenüber den Kindern des Schenkers von der Abschmelzungsregelung profitieren.

1153 Ehebezogene Zuwendungen werden im Pflichtteilsrecht als Schenkungen behandelt. Die dem Pflichtteilsberechtigten gemachten Geschenke sind dem Nachlass ebenso hinzuzurechnen wie die Dritten schenkweise übertragenen Gegenstände (§ 2327 BGB). So genannte Anstandsschenkungen, also Schen-

---

225 Vgl. zur Geltendmachung des Pflichtteilsergänzungsanspruchs gegen den Beschenkten *Siebert*, ZEV 2013, 241.
226 Urt. v. 29.6.2016 – IV ZR 474/15, DNotZ 2016, 805.

kungen von geringerem Wert etwa zu Weihnachten oder zum Geburtstag, werden nicht dem Nachlass hinzugerechnet (§ 2330 BGB). Der Anspruch auf Pflichtteilsergänzung entfällt, wenn im Nachhinein durch eine Vertragsänderung die ursprüngliche Schenkung durch Vereinbarung von Gegenleistungen des Erwerbers (z.B. Zahlung einer Rente) zu einem entgeltlichen Übertragungsvertrag wird.

ee) Verjährung und Stundung

Der Pflichtteilsanspruch verjährt grundsätzlich in drei Jahren (§ 195 BGB, früher § 2332 BGB). Gemäß §199 Abs. 1 BGB beginnt die Verjährungsfrist mit dem Schluss des Jahres, in dem der Anspruch entstanden ist und der Pflichtteilsberechtigte vom Eintritt des Erbfalls, von der ihn beeinträchtigenden Verfügung von Todes wegen und von der Person des bzw. der Erben Kenntnis erlangt oder ohne grobe Fahrlässigkeit hätte Kenntnis erlangen müssen („Silvesterverjährung"). Ohne Rücksicht auf die Kenntnis oder grob fahrlässige Unkenntnis verjährt der Pflichtteilsanspruch in dreißig Jahren ab dem Erbfall (§ 199 Abs. 3a BGB). **1154**

Beispiel **1155**

Der am 1.9.2016 verstorbene verwitwete Erblasser E hat sein einziges Kind K zugunsten seiner Lebensgefährtin durch ein privatschriftliches Testament enterbt. Von dem Testament und seiner Enterbung erfährt K erst am 5.1.2017 aufgrund der schriftlichen Bekanntgabe des eröffneten Testaments durch das zuständige Nachlassgericht.

Die Verjährung beginnt hier mit dem Ablauf des 31.12.2017 (also um 24:00 Uhr), sodass der Pflichtteilsanspruch des K erst mit dem Ablauf des 31.12.2020 (also um 24:00 Uhr) verjährt.

§ 2332 BGB regelt für alle Erbfälle ab dem 1.1.2010 (die Vorschrift wurde durch das Gesetz zur Änderung des Erb- und Verjährungsrechts neu gefasst) nur noch die Verjährung des nur hilfsweise bestehenden Pflichtteilsergänzungsanspruchs des durch eine Schenkung beeinträchtigten Pflichtteilsberechtigten gegen den Beschenkten nach § 2329 BGB (vgl. Rdn 1148 ff.). Im Interesse des Beschenkten beginnt hier die Verjährungsfrist von drei Jahren stets mit dem Erbfall zu laufen, und zwar unabhängig von Kenntnis oder grob fahrlässiger Unkenntnis der vorgenannten anspruchsbegründenden Tatsachen im Sinne des § 199 Abs. 1 BGB seitens des Pflichtteilsberechtigten. **1156**

Gemäß § 2331a BGB in der seit dem 1.1.2010 geltenden Fassung (die Vorschrift wurde durch das Gesetz zur Änderung des Erb- und Verjährungsrechts geändert) kann jeder Erbe (nicht nur wie bisher der selbst pflichtteilsberechtigte Erbe) die Stundung des Pflichtteils verlangen, wenn die sofortige Erfüllung des gesamten Anspruchs für den Erben wegen der Art der Nachlassgegenstände eine unbillige Härte wäre. Dies ist insbesondere der Fall, wenn der Erbe zur Aufgabe des Familienheims oder zur Veräußerung eines Wirtschaftsguts gezwungen würde, das für ihn und seine Familie die wirtschaftliche Lebensgrundlage bildet (z.B. ein Unternehmen oder ein Mietshaus, woraus der Erbe hauptsächlich seine Einkünfte bezieht). Die Interessen des Pflichtteilsberechtigten sind angemessen zu berücksichtigen. Ist der Pflichtteilsanspruch nicht streitig, so entscheidet über die Stundung das Nachlassgericht, andernfalls das Prozessgericht. Praktisch relevant ist die Stundung von Pflichtteilsansprüchen z.B. in dem Fall, in dem der Ehegatte, der Alleineigentümer des von den Ehegatten gemeinsam bewohnten Eigenheims ist, zuerst verstirbt, die Ehegatten keinerlei nennenswertes sonstiges Vermögen hatten bzw. haben und die Kinder den Pflichtteil vom überlebenden Ehegatten verlangen. **1157**

ff) Entziehung des Pflichtteils

Durch das am 1.1.2010 in Kraft getretene Gesetz zur Änderung des Erb- und Verjährungsrechts ist das Pflichtteilsentziehungsrecht grundlegend neu geordnet worden. Die bisherigen Vorschriften der §§ 2334 und 2335 BGB, die die Pflichtteilsentziehung von Eltern und Ehegatten bzw. eingetragenen Lebenspartnern regelten, sind aufgehoben worden. Gemäß der neu gefassten Verweisungsvorschrift des § 2333 Abs. 2 BGB gelten nicht nur für Abkömmlinge, sondern auch für Eltern und Ehegatten bzw. eingetragene Lebenspartner die Pflichtteilsentziehungsgründe des § 2333 Abs. 1 BGB. **1158**

Einem Abkömmling, einem Elternteil, seinem Ehegatten bzw. eingetragenen Lebenspartner kann der Erblasser gemäß § 2333 Abs. 1, 2 BGB den Pflichtteil entziehen, wenn

(1) dem Erblasser, dem Ehegatten (bzw. eingetragenen Lebenspartner) des Erblassers, einem anderen Abkömmling oder einer dem Erblasser ähnlich nahestehenden Person nach dem Leben getrachtet wird, oder

(2) sich der betreffende Pflichtteilsberechtigte eines Verbrechens oder eines schweren vorsätzlichen Vergehens gegen eine der in Nummer 1 bezeichneten Personen schuldig macht, oder

(3) der Pflichtteilsberechtigte die ihm dem Erblasser gegenüber gesetzlich obliegende Unterhaltspflicht böswillig verletzt, oder

(4) der Pflichtteilsberechtigte wegen einer vorsätzlichen Straftat zu einer Freiheitsstrafe von mindestens einem Jahr ohne Bewährung rechtskräftig verurteilt wird oder wenn die Unterbringung des Pflichtteilsberechtigten in einem psychiatrischen Krankenhaus oder in einer Entziehungsanstalt wegen einer ähnlich schwerwiegenden Tat rechtskräftig angeordnet wird *und* im betreffenden Fall die Teilhabe des Pflichtteilsberechtigten am Nachlass deshalb für den Erblasser unzumutbar ist.

Der in der Praxis bedeutungslos gewordene Pflichtteilsentziehungsgrund des „ehrlosen und unsittlichen Lebenswandels" ist mit der Erbrechtsreform entfallen. Stattdessen ist der vorgenannte Grund der rechtskräftigen Verurteilung von mindestens einem Jahr bzw. der rechtskräftigen Anordnung einer Unterbringung in einem psychiatrischen Krankenhaus oder in einer Entziehungsanstalt wegen einer ähnlich schwerwiegenden Tat als neuer Pflichtteilsentziehungsgrund hinzugekommen. Hier kann das Tatbestandsmerkmal der „Unzumutbarkeit der Nachlassteilhabe" in der Praxis vielfach zu Streit führen. Je schwerer die Straftat ist, desto eher wird sich die Unzumutbarkeit bereits aus der Begehung der Tat ergeben und desto geringer werden die Anforderungen an die Darlegung der Gründe für die Unzumutbarkeit sein.

Erweitert worden ist der Personenkreis, der in den Schutzbereich der Pflichtteilsentziehung einbezogen wird. Auch ein Fehlverhalten des Pflichtteilsberechtigten gegen Stief- und Pflegekinder des Erblassers oder gegen dessen Lebensgefährten kann zu einer berechtigten Pflichtteilsentziehung führen.

1159   Die Entziehung des Pflichtteils kann nur in einer letztwilligen Verfügung ausgesprochen werden. Dabei muss der Grund für die Entziehung angegeben werden. Er muss zur Zeit der Errichtung der Verfügung bestehen (§ 2336 Abs. 1, 2 BGB). Im Falle des zuvor unter (4) genannten Pflichtteilsentziehungsgrundes muss die Straftat zur Zeit der Errichtung der Verfügung begangen sein und der Grund für die Unzumutbarkeit vorliegen. Beides muss in der Verfügung von Todes wegen angegeben werden. Dies kann im Einzelfall zu großen Problemen führen, so z.B. wenn der Erblasser bereits seit Jahren keinerlei Kontakt mehr zu einem Kind hat und nur über Dritte von der Begehung von Straftaten und verbüßten Freiheitsstrafen des Kindes gehört hat ohne jedoch Einzelheiten zu kennen.

1160   Derjenige, der sich auf die Entziehung des Pflichtteils beruft, muss den Grund für die Pflichtteilsentziehung im Streitfall nachweisen (§ 2336 Abs. 3 BGB). Das Recht zur Entziehung des Pflichtteils erlischt durch Verzeihung. Eine Verfügung, in der die Entziehung angeordnet ist, wird durch die Verzeihung unwirksam (§ 2337 BGB).

gg) Beschränkung des Pflichtteils

1161   Wenn sich ein Abkömmling als verschwendungssüchtig zeigt oder wenn er in solchem Maße überschuldet ist, dass sein späterer Erwerb erheblich gefährdet scheint, so kann der Erblasser das Pflichtteilsrecht durch die Anordnung beschränken, dass nach dem Tod des Pflichtteilsberechtigten dessen gesetzliche Erben das ihm Hinterlassene als Nacherben oder als Nachvermächtnisnehmer erhalten (§ 2338 BGB, Pflichtteilsbeschränkung in guter Absicht). Auf diese Weise wird der Pflichtteil dem Zugriff der Gläubiger des Abkömmlings entzogen. Der Erblasser kann auch anordnen, dass das durch den Pflichtteil Erlangte von einem Testamentsvollstrecker verwaltet wird, solange der Abkömmling lebt. Dann hat der Abkömmling nur einen Anspruch auf den jährlichen Reinertrag dieses Vermögens (§ 2338 Abs. 1 S. 2 BGB).

Muster:

„Mein Sohn Siegfried ist total verschuldet. Ich enterbe ihn daher hiermit. Das, was er als Pflichtteil bekommt, erhalten bei seinem Tode dessen gesetzliche Erben als Nacherben nach dem Verhältnis ihrer gesetzlichen Erbteile. Bis dahin verwaltet es mein Sohn Otto als Testamentsvollstrecker."

hh) Verringerung des Pflichtteils

Der Erblasser kann dem Berechtigten die Geltendmachung von Pflichtteilsansprüchen verleiden und sie **1163** auf ein Mindestmaß verringern. Dafür bieten sich vor allem folgende Möglichkeiten:

(1) Pflichtteilsstrafklausel

Der in der Praxis häufigste Fall ist die Einsetzung auf den Pflichtteil nach dem Überlebenden für den Fall, **1164** dass ein Kind nach dem Erstversterbenden seinen Pflichtteil verlangt.

Diese Wirkung kann verstärkt werden, wenn für den Fall der Geltendmachung des Pflichtteils durch ein Kind den anderen Kindern ein Geldvermächtnis nach dem Erstversterbenden in Höhe des gesetzlichen Erbteils zugewendet wird, fällig beim Tode des Überlebenden (sog. Jastrow'sche Klausel).

Beispiel **1165**

„Sollte einer unserer Abkömmlinge nach dem Tode des Erstversterbenden seinen Pflichtteil verlangen, so sollen er und seine Abkömmlinge nach dem Tode des Überlebenden auch nur den Pflichtteil erhalten. Für diesen Fall vermacht der Erstversterbende den anderen Abkömmlingen, die den Pflichtteil nicht geltend machen, eine Geldforderung in Höhe des Werts ihres gesetzlichen Erbteils, die mit dem Tod des Erstversterbenden entsteht, mit 6 % p.a. zu verzinsen ist und mit den Zinsen beim Tod des Überlebenden fällig wird."

Auf diese Weise wird der Nachlass des Überlebenden um das Vermächtnis verkleinert und im selben Verhältnis der Pflichtteil nach ihm verringert.[227]

(2) Vereinbarung einer Gütergemeinschaft

Hat der Elternteil, der vermutlich zuerst verstirbt, ein mehr als dreimal so großes Vermögen wie der an- **1166** dere, so können die Pflichtteilsansprüche der Kinder dadurch verringert werden, dass die Eltern Gütergemeinschaft vereinbaren.

Dies kommt aber nur dann in Betracht, wenn gegen die Gütergemeinschaft nicht wichtige andere Gründe, etwa Haftungsgesichtspunkte, die Wahrscheinlichkeit einer Ehescheidung oder schenkungsteuerliche Gesichtspunkte sprechen. Wird die Gütergemeinschaft ausschließlich vereinbart, um die Pflichtteilsansprüche zu verringern, so kann darin in extremen Fällen eine Schenkung liegen. Mit einer Schenkung kann aber die Verringerung des Pflichtteils wegen der Vorschrift des § 2325 BGB (vgl. Rdn 1148 ff.) nicht erreicht werden. Im Übrigen hängt der Eintritt des erwarteten Ergebnisses von der zukünftigen Entwicklung der Vermögensverhältnisse beider Ehegatten und davon ab, ob sie in der vermuteten Reihenfolge versterben, also stets von ungewissen Ereignissen.

Beispiel **1167**

M hat 300.000 EUR, F 100.000 EUR Vermögen. Das einzige Kind von M und F, Sohn S, kann, wenn M zuerst verstirbt, bei gesetzlichem Güterstand als Pflichtteil nach M 75.000 EUR (¼ von 300.000 EUR) und bei Gütergemeinschaft ebenfalls 75.000 EUR (⅜ von 200.000 EUR) verlangen. Hat M 310.000 EUR Vermögen, so lauten die Zahlen 77.500 EUR bei gesetzlichem Güterstand und 76.875 EUR bei Gütergemeinschaft.

---

227 Vgl. zur Jastrow'schen Klausel und zu Verbesserungsvorschlägen *Worm*, RNotZ 2003, 535, 553 ff.

(3) Einführung einer Hofeigenschaft

1168   Bei landwirtschaftlichem Besitz ist ein wirksames Mittel zur Verringerung der Pflichtteilsansprüche die Einführung der Hofeigenschaft. Beim Hof im Sinne der Höfeordnung berechnen sich die Pflichtteilsansprüche seit dem 1.7.1976 nach dem 1½fachen Einheitswert (§§ 16 Abs. 2, 12 Abs. 2 HöfeO). Dies ist nur ein Bruchteil des Verkehrswerts.

(4) Anordnung gemäß § 2312 BGB bei einem Landgut

1169   Bei Nicht-Höfen, die aber die Eigenschaft eines Landgutes haben, also aus einer Hofstelle und landwirtschaftlicher Nutzfläche bestehen, kann durch entsprechende Anordnungen erreicht werden, dass der Pflichtteilsanspruch nur nach dem *Ertragswert* des Betriebes errechnet wird, nicht nach dem Verkehrswert (§§ 2312, 2049 BGB, Übernahme als Landgut). Da sich der Ertragswert (in den alten Bundesländern) etwa bei einem Drittel des Verkehrswerts bewegt, erreicht der Erblasser mit einer solchen Anordnung ebenfalls eine wesentliche Verringerung der Pflichtteilsansprüche (vgl. hierzu Rdn 184, 193).

ii) Zusatzpflichtteil gemäß § 2305 BGB und Erbeinsetzung mit Beschränkungen und Beschwerungen gemäß § 2306 BGB

1170   Grenzen der Testierfreiheit des Erblassers ergeben sich insbesondere auch aus den Vorschriften der §§ 2305 und 2306 BGB, die beide durch das Gesetz zur Änderung des Erb- und Verjährungsrechts mit Wirkung zum 1.1.2010 geändert bzw. neu gefasst worden sind. Beide Vorschriften sollen den Pflichtteilsberechtigten schützen und ihm den gesetzlich zugebilligten Pflichtteil auch bei abweichender Verfügung des Erblassers erhalten.[228]

Bedenkt der Erblasser einen Pflichtteilsberechtigten durch eine Verfügung von Todes wegen mit einem Erbteil ohne Beschränkungen und Beschwerungen, der mindestens dem gesetzlichen Pflichtteil des Berechtigten entspricht, so muss sich dieser mit dem zugewendeten Erbteil zufrieden geben. Ein Pflichtteilsanspruch steht dem Pflichtteilsberechtigten dann nicht zu, da kein Ausschluss von der Erbfolge (§ 2303 BGB) gegeben ist.

1171   *Beispiel*

Witwer W hat zwei Kinder, Tochter T und Sohn S. Er beruft beide in einem Testament zu gleichen Teilen zu Erben.

Hier steht keinem der Kinder ein Pflichtteil zu. Auch durch Ausschlagung könnte keines der Kinder den Pflichtteil erlangen, da das betreffende Kind dann nicht durch Verfügung von Todes wegen (vgl. § 2303 Abs. 1 BGB), sondern durch eigenen Entschluss von der Erbfolge ausgeschlossen wäre. Das ausschlagende Kind würde dann gar nichts erhalten.

1172   Wendet der Erblasser einem Pflichtteilsberechtigten jedoch einen Erbteil ohne Beschränkungen und Beschwerungen zu, der quotenmäßig kleiner als der gesetzliche Pflichtteil ist, so steht dem Pflichtteilsberechtigten gemäß § 2305 BGB ein Zusatzpflichtteil zu. Die Höhe des Zusatzpflichtteils bestimmt sich nach der Differenz zwischen dem Wert des angenommenen unzureichenden Erbteils und dem Wert des Pflichtteils.

1173   *Beispiel*

Witwer W hat zwei Kinder, Tochter T und Sohn S. Er beruft in einem Testament die T zu $^4/_5$ und den S zu $^1/_5$ Anteil zu Erben. Der Wert des Nettonachlasses beträgt 100.000 EUR.

Hier beträgt der Wert des dem S zustehenden Erbteils 20.000 EUR und der Wert des ihm zustehenden Pflichtteils (= die Hälfte des gesetzlichen Erbteils von $^1/_2$ = $^1/_4$) 25.000 EUR. S steht somit gemäß § 2305 BGB ein Zusatzpflichtteil in Höhe von 5.000 EUR zu.

---

228   Siehe zur alten bis zum 31.12.2009 gültigen Rechtslage z.B. die Kommentierungen in Palandt, BGB-Kommentar zu den §§ 2305 und 2306 BGB bis zur 68. Auflage.

Setzt der Erblasser hingegen einen Pflichtteilsberechtigten zum Erben oder Miterben ein und ist der **1174** Pflichtteilsberechtigte durch Beschränkungen und/oder Beschwerungen belastet, so gibt § 2306 BGB in der ab dem 1.1.2010 gültigen Fassung dem Pflichtteilsberechtigten unabhängig von der Größe des zugewendeten Erbteils ein Wahlrecht: Entweder er nimmt den Erbteil mit allen Beschränkungen und Beschwerungen an oder er schlägt seinen Erbteil aus und verlangt den Pflichtteil (vgl. zur Ausschlagungserklärung im Rahmen des § 2306 BGB auch die Empfehlung in Rdn 1314). Die möglichen Beschränkungen und Beschwerungen sind in § 2306 BGB abschließend aufgeführt. Als Beschwerungen kommen lediglich Vermächtnisse und Auflagen in Betracht. Als Beschränkungen sind die Anordnung einer Testamentsvollstreckung, einer Teilungsanordnung sowie die Einsetzung des Pflichtteilsberechtigten lediglich als Vorerbe oder lediglich als Nacherbe zu nennen.[229]

Beispiel **1175**

Witwer W hat zwei Kinder, Tochter T und Sohn S. Er beruft in einem Testament die T und den S zu gleichen Teilen zu Erben. Im Wege eines Vorausvermächtnisses (vgl. Rdn 1055 ff.) wendet W der T sein Einfamilienhaus im Werte von 100.000 EUR zu, was praktisch den gesamten Nachlasswert ausmacht.

Hier hat S die Wahl: Schlägt er fristgerecht die Erbschaft aus (zu beachten ist aber hier die kurze Ausschlagungsfrist von sechs Wochen gemäß § 1944 Abs. 1 BGB; siehe Rdn 1309), kann er den Pflichtteil in Höhe von 25.000 EUR verlangen. Nimmt er jedoch die Erbschaft an, erhält er praktisch nichts, da sein Erbteil von $\frac{1}{2}$, der quotenmäßig seinen Pflichtteil von $\frac{1}{4}$ übersteigt, durch das Vorausvermächtnis der T aufgezehrt wird. In diesem Fall steht dem S auch kein Zusatzpflichtteil zu. Denn nach der Neufassung des § 2305 durch das Gesetz zur Änderung des Erb- und Verjährungsrechts bleiben Beschränkungen und Beschwerungen der in § 2306 BGB bezeichneten Art bei der Berechnung des Wertes außer Betracht (§ 2305 S. 2 BGB). Durch den Zusatzpflichtteil wird somit nur noch der quotenmäßig fehlende Teil aufgestockt (so das nächste Beispiel), nicht aber werden hierdurch wertmäßige Aufzehrungen des Erbteils ausgeglichen.

Auch wenn dem pflichtteilsberechtigten Erben ein Zusatzpflichtteil gemäß § 2305 BGB zusteht, kann der **1176** „aushöhlungswillige" Erblasser durch geschickte Testamentsgestaltung erreichen, dass der pflichtteilsberechtigte Erbe letztendlich nicht den vollen Wert seines Pflichtteils erhält, wenn er die Erbschaft mit allen angeordneten Beschränkungen und Beschwerungen annimmt, anstatt die Erbschaft auszuschlagen.

Beispiel **1177**

Witwer W hat nur ein Kind, seinen Sohn S. Er beruft in einem Testament den S zu $\frac{1}{4}$ Anteil zum Erben und seine Lebensgefährtin L zu $\frac{3}{4}$ Anteil zur Erbin. Den S belastet W noch mit einem Geldvermächtnis in Höhe von 10.000 EUR zugunsten einer wohltätigen Organisation. Der Wert des gesamten Nachlasses beträgt 100.000 EUR.

Schlägt S die Erbschaft nicht aus, erhält er zum einen den mit dem Vermächtnis beschwerten Erbteil von 15.000 EUR (= 25.000 EUR minus 10.000 EUR) und zum anderen den Zusatzpflichtteil von $\frac{1}{4}$ (Pflichtteil des einzigen Kindes = $\frac{1}{2}$ minus $\frac{1}{4}$ zugewendeter Erbteil = $\frac{1}{4}$; das Vermächtnis bleibt als Beschwerung nach § 2305 S. 2 BGB außer Betracht!), also in Höhe von 25.000 EUR, insgesamt also 40.000 EUR. Schlägt S die Erbschaft aus, erhält er seinen Pflichtteil von $\frac{1}{2}$, also 50.000 EUR. S wäre also zu empfehlen, die Erbschaft auszuschlagen. Durch den Zusatzpflichtteil erhält er also nicht seinen vollen Pflichtteil.

Durch die Neufassung der §§ 2305 und 2306 BGB sind zwar viele rechtliche und praktische Probleme aus **1178** der Vergangenheit gelöst worden, insbesondere auf der Ebene der Gestaltung einer Verfügung von Todes wegen; einige Probleme bestehen jedoch nach wie vor. So muss der Pflichtteilsberechtigte nach dem Erbfall innerhalb der in der Regel kurzen Ausschlagungsfrist von sechs Wochen (§ 1944 BGB) eine wirtschaftliche Bewertung der testamentarischen bzw. erbvertraglichen Zuwendung einschließlich der durch

---

229 Vgl. zu der schwierigen Entscheidung eines pflichtteilsberechtigten Nacherben, ob er besser die Erbschaft mit der Vorerbschaft belastet annimmt oder er besser die Nacherbschaft ausschlägt und seinen Pflichtteil verlangt, *Beckmann*, ZEV 2012, 637.

den Erblasser angeordneten Beschränkungen und Beschwerungen vornehmen und die wirtschaftlichen Folgen der Ausschlagungsentscheidung abschätzen. Dies setzt zumindest eine ungefähre Kenntnis des Nachlassbestandes voraus. Allerdings dürfte dem Pflichtteilsberechtigten für den Fall, dass er sich über das Vorhandensein und die Werte wesentlicher Nachlassgegenstände geirrt und er deshalb die „falsche" Entscheidung getroffen hat, in Zukunft in großzügiger Form die Möglichkeit eröffnet werden, die Annahme oder die Ausschlagung der Erbschaft wegen Eigenschaftsirrtums (§ 119 Abs. 2 BGB) anzufechten. Zu den Auswirkungen der neuen Rechtslage auf das „Behindertentestament" bzw. den „Behindertenerbvertrag" (siehe Rdn 1232 f.) sowie auf die sogenannte „Cautela Socini" (siehe Rdn 1180).[230]

jj) Pflichtteilsanspruch bei Personengesellschaften

1179 Bei Personengesellschaften (OHG-Gesellschafter und Komplementäre einer KG) wird im Falle des Todes eines Gesellschafters die Gesellschaft mangels abweichender Bestimmungen im Gesellschaftsvertrag von den übrigen Gesellschaftern und im Falle nur eines überlebenden Gesellschafters von dem überlebenden Gesellschafter als Einzelfirma fortgesetzt. In diesen Fällen fällt die Beteiligung des verstorbenen Gesellschafters nicht in den Nachlass. Die Erben haben dann Anspruch auf eine Abfindung. Die Abfindung der Erben des verstorbenen Gesellschafters wird in der Regel im Gesellschaftsvertrag festgelegt. So kann dort bestimmt werden, dass eine Abfindung der Erben des Ausscheidenden nicht oder etwa nur nach dem Buchwert oder nach dem nominalen Kapitalanteil erfolgt. Der Wert des Pflichtteils berechnet sich grundsätzlich nach dem Betrag des Abfindungsanspruchs. Bleibt die Abfindung aufgrund gesellschaftsvertraglicher Regelungen aber hinter dem Verkehrswert zurück, so ist es allerdings fraglich, ob der Berechnung des Pflichtteils nicht dennoch der wahre Wert der Gesellschaftsbeteiligung oder der Verkehrswert des etwaigen Abfindungsguthabens zugrunde zu legen ist. Die Kommanditbeteiligung des Kommanditisten einer KG ist hingegen vererblich (§ 177 HGB). Die Gesellschaft wird daher mit den Erben fortgesetzt, so dass sich hier eine Abfindungs- und Pflichtteilsproblematik zunächst nicht ergibt (siehe im Einzelnen Rdn 1420 ff.).

kk) Die sogenannte „Cautela Socini"

1180 Mit der „Cautela Socini" kann dem oft bedrohlichen Abfluss liquider Mittel aus dem Gesellschaftsvermögen durch sofort fällige Pflichtteilsansprüche begegnet werden. Mit ihr wird ein Pflichtteilsberechtigter, dessen Erbteil größer ist als sein Pflichtteil und der die vom Erblasser angeordneten Beschränkungen und Beschwerungen nicht hinzunehmen bereit ist und deshalb die Erbschaft ausschlägt (§ 2306 Abs. 1 BGB), für diesen Fall in Höhe des seinem Pflichtteil entsprechenden Bruchteils des Nachlasses sozusagen ein *zweites Mal* zum Erben berufen, für diesen Fall befreit von den in § 2306 BGB abschließend aufgezählten Beschränkungen und Beschwerungen (Nacherbschaft, Testamentsvollstreckung, Teilungsanordnung, Vermächtnisse oder Auflagen). Schlägt der Erbe auch diese Erbeinsetzung aus, so erhält er vom Nachlass nichts, auch nicht seinen Pflichtteil.

Begründung: Er ist dann nicht durch eine Verfügung des Erblassers, sondern durch seine eigene Willenserklärung von der Erbfolge ausgeschlossen worden. Ein Ehegatte im gesetzlichen Güterstand kann allerdings auch einen unbeschränkten und unbeschwerten Erbteil gleich welcher Höhe ausschlagen und dann Zugewinnausgleich plus „kleinen" Pflichtteil verlangen.

1181 Der „sozinische" Erbe muss die nicht in § 2306 BGB aufgezählten Beschwerungen und Beschränkungen hinnehmen. Dazu zählen auch nicht beschwerende Teilungsanordnungen und familienrechtliche Verfügungen des Erblassers wie die Zuweisung des Erbes zum Vorbehaltsgut und der Ausschluss der Eltern von der Verwaltung des Kindesvermögens, die Veranschlagung eines Landguts zum Ertragswert nach § 2312 BGB sowie die Pflichtteilsbeschränkung in guter Absicht nach § 2338 BGB. Dagegen wird der Ausschluss der Auseinandersetzung nach § 2044 BGB als nicht hinzunehmende Teilungsanordnung angesehen. Eine qualifizierte Nachfolgeklausel in einen Gesellschaftsanteil ist keine der unannehmbaren Beschränkungen und Beschwerungen.

---

230 Allgemein zu den aktuellen Regelungen der §§ 2305 und 2306 siehe z.B. *Keim*, MittBayNot 2010, 85/86; *Baumann/Karsten*, RNotZ 2010, 95/96.

Der „*sozinische*" *Erbe* ist zwar am Nachlass dinglich beteiligt und hat daher eine stärkere Rechtsstellung als der auf einen Geldanspruch beschränkte Pflichtteilsberechtigte. Der Pflichtteilsanspruch wird jedoch sofort fällig (§ 2317 BGB) und kann nur unter strengen Voraussetzungen gestundet werden (§ 2331a BGB, vgl. Rdn 1154 f.). Dies würde oft, wenn ein Unternehmen oder eine Unternehmensbeteiligung zum Nachlass gehört, zu einem unerwünschten Liquiditätsabfluss führen. Der „sozinische" Erbe ist dagegen auf das zeitraubende Auseinandersetzungsverfahren nach §§ 2042 ff., 750 ff. BGB verwiesen.

Wenn die Unternehmensbeteiligung in einem Anteil an einer Personengesellschaft besteht und dieser zwar zum Nachlass gehört, dessen ungeachtet aber in Sondererbfolge an den in einer qualifizierten Nachfolgeklausel Berufenen fällt, hat der „sozinische" Erbe bei der Auseinandersetzung des Nachlasses nur den seinem Erbteil entsprechenden Bruchteil von den Gewinnansprüchen und ansonsten nur seinen Bruchteil an dem zukünftigen Auseinandersetzungsguthaben zu fordern.

Während die Zulässigkeit der „cautela socini" unter der Anwendbarkeit des § 2306 BGB alter Fassung (zu der ab dem 1.1.2010 anwendbaren Fassung des § 2306 BGB siehe Rdn 1170) umstritten war und diese Regelung vom Bundesgerichtshof im Rahmen des § 2306 Abs. 1 S. 1 BGB alter Fassung (also wenn der dem Pflichtteilsberechtigten hinterlassene Erbteil kleiner oder gleich dem gesetzlichen Pflichtteil war) für unwirksam gehalten wurde – denn dem Pflichtteilsberechtigten müsse ohne sein Zutun der ihm zugewendete Erbteil ohne Beschränkungen und Beschwerungen zukommen –, geht nach der neuen Rechtslage die wohl herrschende Meinung von der Zulässigkeit socinischer Klauseln aus: Zwar erhalte hierbei der Pflichtteilsberechtigte im Falle seiner Ausschlagung nicht seinen Pflichtteilsanspruch, sondern eine Erbenstellung, sodass ein Unterschied zur gesetzlichen Rechtslage des § 2306 Abs. 1 BGB neuer Fassung bestehe. Da aber das Gesetz selbst in § 2305 BGB die Möglichkeit anerkenne, dass dem Pflichtteilsberechtigten anstatt des Pflichtteils ein Erbteil in gleicher Höhe zugewandt werden kann, ohne dass er sich dagegen wehren könne, werde durch das Gesetz selbst unterstrichen, dass der Erbteil in Höhe des Pflichtteils gegenüber dem Pflichtteilsanspruch kein Minus darstellt.[231]   **1182**

> *Muster: Cautela Socini*   **1183**
>
> „Schlägt meine Tochter Eva die Erbschaft (oder: das ihr zugedachte Vermächtnis) aus, so wird sie zu einem der Höhe ihres Pflichtteils gemäß § 2311 BGB entsprechenden Bruchteil des Nachlasses Erbin, und zwar befreit von den in § 2306 BGB aufgezählten Beschränkungen und Beschwerungen."

f) Verhinderung des Pflichtteilsanspruchs durch Anordnung einer Vor- und Nacherbschaft oder ein Nießbrauchsvermächtnis

Beim Vorhandensein von Kindern, die ein Ehegatte mit in die Ehe gebracht hat (hier z.B. ein Kind des Ehemannes aus einer früheren Ehe oder Beziehung), kann der andere Ehegatte (hier die Ehefrau) so testieren, dass sein bzw. ihr Nachlass der Substanz nach nicht bzw. nicht endgültig an den Ehegatten mit den erstehelichen Kindern (hier den Ehemann) fällt und daher auch der mittelbare Anfall an das nicht gemeinschaftliche Kind – und damit auch ein Pflichtteilsanspruch dieses Kindes – vermieden wird. Hier bieten sich die Anordnung von Vor- und Nacherbschaft oder ein bloßes Nießbrauchsvermächtnis zugunsten des Ehemannes als Lösungen an.   **1184**

> *Beispiel*   **1185**
>
> M hat ein Kind N aus einer früheren Ehe. M und F haben den Sohn S als gemeinschaftliches Kind. Das Vermögen der F ist 200.000 EUR wert. Stirbt F zuerst, so geht bei gesetzlicher Erbfolge und gesetzlichem Güterstand die Hälfte, also 100.000 EUR, an M, und davon wieder die Hälfte, also 50.000 EUR, bei dessen Tod an N. Selbst wenn M nur seinen Sohn S als Alleinerben einsetzen würde, stünde N ein Pflichtteil von $\frac{1}{4}$, also 25.000 EUR, zu. Beruft F den M dagegen zum Vorerben und S zum Nacherben, so erhält N von ihrem Vermögen nichts. Dasselbe gilt, wenn sie S zum Alleinerben beruft und M ein Nießbrauchsrecht an ihrem Nachlass vermacht.

---

231 Siehe zu der Problematik der sozinischen Klauseln nach aktuellem Recht z.B. *Keim*, NJW 2008, 2072, 2075; *Palandt/Weidlich*, 80. Aufl. 2021, § 2306 Rn 8.

g) Beschränkungen der Testierfreiheit durch den Zugewinnausgleichsanspruch

1186   Der Zugewinnausgleichsanpruch (vgl. Rdn 733 ff.) trifft den Nachlass und vermindert folglich die verfügbare Vermögensmasse des Erblassers. Er kommt in Betracht, wenn der überlebende Ehegatte nicht miterbt und auch kein Vermächtnis bekommt (§ 1371 Abs. 2 BGB). Alsdann kann er den so genannten kleinen Pflichtteil zuzüglich Zugewinnausgleich verlangen. Der kleine Pflichtteil beträgt die Hälfte des nicht um ein Viertel gemäß § 1371 Abs. 1 BGB erhöhten gesetzlichen Erbteils, bei Vorhandensein von Abkömmlingen also ein Achtel. Wird der überlebende Ehegatte Miterbe oder Vermächtnisnehmer – sei es auch mit einer noch so kleinen Zuwendung – (§ 1371 Abs. 1 BGB), so kann er nach herrschender Meinung nur den so genannten großen Pflichtteil, der dann auch Grundlage für die Ansprüche aus §§ 2305 und 2307 BGB darstellt, also berechnet von dem um ein Viertel gemäß § 1371 Abs. 1 BGB erhöhten gesetzlichen Erbteil, verlangen, daneben aber keinen Zugewinnausgleich.[232] Im letzteren Fall kann der Überlebende die Zuwendung ausschlagen und dann wiederum den kleinen Pflichtteil plus Zugewinnausgleich verlangen (§ 1371 Abs. 3 BGB).

Um Zweifel und Streit darüber auszuschließen, kann es sich empfehlen, von den Ehegatten einen wechselseitigen Verzicht auf möglicherweise weitergehende Pflichtteilsansprüche im Todesfall abgeben zu lassen und ehevertraglich für den Todesfall die güterrechtliche Lösung des Zugewinnausgleichs auszuschließen. Sowohl der Ehevertrag als auch der Pflichtteilsverzichtsvertrag bedürfen der notariellen Beurkundung (§§ 1410, 2348 BGB).

h) Verbot der Verlagerung der Entscheidung auf einen anderen

1187   Der Erblasser darf die Bestimmung über die Wirksamkeit seiner Verfügung und die Empfänger seiner Zuwendungen nicht einem Dritten überlassen (§ 2065 BGB). Dies klingt einfach und selbstverständlich. Im Einzelfall kann diese Grenze der Testierfreiheit jedoch schwierig festzustellen sein.

So kann zwar der erstversterbende Ehegatte die Änderung oder Aufhebung seiner Anordnungen nicht dem Überlebenden überlassen. Wählt er für seine Verfügung jedoch die Vor- und Nacherbschaft, so kann er die Nacherbschaft unter die auflösende Bedingung stellen, dass der Vorerbe nicht anderweitig über seinen, des Erstversterbenden, Nachlass letztwillig verfügt, am besten beschränkt auf den Fall, dass dies ausschließlich zugunsten gemeinschaftlicher Abkömmlinge erfolgt. Nach herrschender Meinung wird darin eine bedingte Berufung des Überlebenden zum Vollerben gesehen, der dann ja über seinen eigenen Nachlass verfügt. Praktisch läuft dies auf das hinaus, was § 2065 BGB unterbinden will.

1188   *Beispiel*

E verfügt: „Meine Frau F wird meine alleinige Vorerbin. Nacherben sind unsere gemeinschaftlichen Abkömmlinge zu gleichen Teilen. Verfügt meine Frau F jedoch letztwillig auch über meinen Nachlass, und zwar ausschließlich zugunsten unserer gemeinschaftlichen Abkömmlinge, so soll sie Vollerbin gewesen sein. Dies gilt nicht, wenn sich dadurch Erb- oder Pflichtteilsansprüche eines zweiten Ehemannes oder nicht gemeinschaftlicher Kinder erhöhen."

Heiratet F nicht mehr und bekommt sie kein weiteres Kind, so kann sie auch über das Vermögen, das sie von E erbt, letztwillig verfügen, allerdings nur zugunsten gemeinschaftlicher Abkömmlinge. Hinterlässt sie einen zweiten Ehemann oder Kinder zweiter Ehe (bzw. nichteheliche Kinder), so steht ihr das Verfügungsrecht nur zu (d.h. wird sie nur Vollerbin), wenn der zweite Ehemann bzw. die Kinder zweiter Ehe durch entsprechende Pflichtteilsverzichtsverträge von der Nachfolge in das Vermögen des E ausgeschlossen wurden.

1189   Ferner wird zwischen *der Bezeichnung* und *der Bestimmung* des Bedachten unterschieden. Die Bestimmung darf keinem Dritten überlassen werden, wohl aber die Bezeichnung, wenn der Erblasser selbst die Gesichtspunkte festgelegt hat, nach denen sie erfolgen soll. In der Praxis kann ein Unternehmer oder Landwirt oft noch nicht absehen, wer sein Nachfolger werden soll. Man muss dann notgedrungen darauf ausweichen, einem Dritten, im Zweifel dem Ehegatten, die Bezeichnung des Nachfolgers zu übertragen. Es müssen jedoch die Anhaltspunkte festgelegt werden, nach denen die Bezeichnung erfolgen soll, also

---

232 So MüKo-BGB/*Lange*, 8. Aufl. 2020, § 2303 BGB Rn 37 ff.

z.B.: „dasjenige meiner Kinder, das eine kaufmännische Lehre erfolgreich absolviert, bei mehreren das älteste". Oder: „der älteste Sohn, der die berufliche Qualifikation als Einzelhandelskaufmann erlangt".

Ein Landwirt kann durch die Schaffung eines Ehegattenhofes den Überlebenden zum Hofvollerben machen und ihm damit ein *freies Bestimmungsrecht* verschaffen. Beim Alleineigentumshof kann der Hofeigentümer dem überlebenden Ehegatten letztwillig die Befugnis erteilen, unter den Abkömmlingen des Erblassers den Hoferben zu bestimmen. Diese Befugnis erlischt, wenn der Überlebende sich wiederverheiratet oder wenn der gesetzliche Hoferbe das 25. Lebensjahr vollendet (§ 14 Abs. 3 HöfeO).   **1190**

In anderen Fällen hilft die Berufung eines Testamentsvollstreckers. Diesem kann die Verteilung des Nachlasses nach billigem Ermessen übertragen werden. Auch kann einem Dritten, einem Testamentsvollstrecker oder dem Nachlassgericht die Ernennung eines Testamentsvollstreckers aufgetragen werden. Ein Dritter kann ferner berufen werden, darüber zu befinden, ob eine vom Erblasser gesetzte Bedingung eingetreten ist.   **1191**

Der Erblasser kann auch wahlweise mehrere mit einem Vermächtnis bedenken (§§ 2151, 2152 BGB). Im Zweifel entscheidet dann der Erbe als Beschwerter, wer es bekommt. Ferner kann der Erblasser mehrere in der Weise mit einem Vermächtnis bedenken, dass der Beschwerte oder ein Dritter bestimmen soll, wer was davon bekommt (§ 2153 BGB).   **1192**

Der Grundsatz des § 2065 BGB ist mithin vielfach durchbrochen. Für eine großzügige Handhabung besteht ein praktisches Bedürfnis. Allerdings ist Vorsicht geboten. Man sollte nur auf Hilfslösungen ausweichen, wenn die eigene Bestimmung durch den Erblasser aus tatsächlichen Gründen noch nicht möglich ist, dagegen nicht, wenn der Erblasser lediglich unentschlossen ist.   **1193**

i) Beschränkungen aus dem Bodenlenkungsrecht (Baurecht, Grundstückverkehrsgesetz)

Beschränkungen der Testierfreiheit können sich aus den Bauordnungen der Länder ergeben (die früher nach § 19 Baugesetzbuch erforderliche Teilungsgenehmigung im Geltungsbereich eines Bebauungsplans ist seit dem 20.4.2004 entfallen). Viele Landesbauordnungen sehen aber die Genehmigungsbedürftigkeit der Teilung eines Grundstücks vor (z.B. § 8 BauO NRW für bebaute Grundstücke). Wenn der Erblasser z.B. anordnen will, dass ein bebautes Grundstück im so genannten Innenbereich geteilt werden soll, können sich Schwierigkeiten ergeben (vgl. dazu Rdn 2 ff.). In diesen Fällen bedarf es der Prüfung, ob die Anordnung überhaupt durchführbar sein wird. In Zweifelsfällen kann eine Stellungnahme, etwa ein Negativattest oder eine Genehmigung der zuständigen Behörde, eingeholt werden.   **1194**

Bei landwirtschaftlichem Grundbesitz können sich Beschränkungen der Testierfreiheit aus dem Grundstückverkehrsgesetz ergeben. Verfügungen sind zu vermeiden, deren Durchführung wegen der Versagung der erforderlichen Genehmigung voraussichtlich scheitern würde. Anordnungen z.B., die zu einer so genannten *ungesunden Bodenverteilung* (Erwerb durch Nichtlandwirte), zur unwirtschaftlichen Aufteilung eines Betriebes oder zur Zersplitterung eines Grundstücks im Sinne der Versagungsgründe des § 9 GrdstVG führen, sollten vermieden werden. Dasselbe gilt für Nießbrauchsvermächtnisse (§ 2 Abs. 2 Nr. 3 GrdstVG). Auch hier sollte in Zweifelsfällen eine Negativbescheinigung oder eine Genehmigung der Behörde eingeholt werden. Falls diese Genehmigung versagt wird, bieten sich oft Ersatzlösungen an. So kann der Erblasser den Nichtlandwirt zum Erben einsetzen und dem Landwirt den Kern des Betriebes vermächtnisweise zuwenden. In solchen Fällen sieht sich die Genehmigungsbehörde gezwungen, die Vermächtniserfüllung zu genehmigen, weil sie sonst den Landwirt um seine Existenz bringen würde.   **1195**

Beispiel   **1196**

E hat eine Hofstelle und 9 ha Land. Es handelt sich nicht um einen Hof im Sinne der Höfeordnung. Sein Sohn S soll die Hofstelle und 7 ha Land erhalten, seine Tochter T 2 ha Land.

Würde E beide Kinder zu Erben berufen und die Aufteilung durch Vorausvermächtnisse bzw. Teilungsanordnungen regeln, so bedürfte es zu deren Ausführung eines Erbauseinandersetzungsvertrages, der nach dem Grundstückverkehrsgesetz genehmigungsbedürftig und wegen unwirtschaftlicher Aufteilung eines Betriebes nicht genehmigungsfähig wäre.

Beruft E dagegen die Tochter T zu seiner Alleinerbin und wendet er die Hofstelle und die 7 ha Land dem Sohn als Vermächtnis zu, so wird T mit dem Erbfall Eigentümer der ganzen Besitzung. Die Vermächtniserfüllung (Auflassung der Hofstelle und der 7 ha Land an S) bedarf zwar ebenfalls der Genehmigung nach dem Grundstückverkehrsgesetz. Wird sie jedoch versagt, so kann S (der Landwirt) nicht Eigentümer des ihm zugedachten Betriebskerns werden. Die Genehmigung ist daher hier zu erwarten.

j) Beschränkungen nach der Höfeordnung

1197 Eine bindende Hoferbenbestimmung steht nach der Rechtsprechung des BGH der Aufhebung der Hofeigenschaft ebenso wenig entgegen wie andere erbrechtliche Bindungen der Einführung der Hofeigenschaft (vgl. auch Rdn 1137). Über einen Hof kann der Erblasser aber nur beschränkt letztwillig verfügen. Insbesondere kann er nicht dessen Aufteilung anordnen. Ebenso wenig kann er mehrere zu Erben des Hofes bestimmen, ausgenommen ein Ehepaar. Bevor eine Verfügung von Todes wegen über eine landwirtschaftliche Besitzung beurkundet wird, sollte daher zunächst geklärt werden, ob sie die Eigenschaft eines Hofes im Sinne der Höfeordnung hat. Ist dies der Fall, so ist als zweites zu prüfen, ob die Hofeigenschaft aufgehoben werden kann, wozu der Hofeigentümer seit dem 1.7.1976 in allen Ländern der ehemaligen britischen Zone *jederzeit* berechtigt ist. Sofern er den Betrieb als Hof einem bestimmten Anwärter bereits verbindlich zugesagt hat, ist er daran gehindert, einen anderen zum Hoferben zu bestimmen oder ihm den Hof zu „übergeben" (= zu übereignen).

In allen zweifelhaften Fällen gibt es nach der Höfeverfahrensordnung die Möglichkeit, durch einen Beschluss des Landwirtschaftsgerichts für alle Beteiligten verbindlich feststellen zu lassen, ob die Hofeigenschaft besteht und ob sie aufgehoben bzw. eingeführt werden könnte.

1198 Die Höfeordnung verbietet den *Ausschluss* der Erbfolge kraft Höferechts und schreibt die Genehmigung für Verfügungen von Todes wegen vor, wenn sie als Rechtsgeschäft unter Lebenden genehmigungsbedürftig wären (§ 16 HöfeO). Einen Ausschluss der Hoferbfolge nimmt man beispielsweise an:

(1) wenn der Hof mehreren Erben oder Nacherben anfallen soll,
(2) wenn so viele Grundstücke vom Hof vermacht sind, dass der Hof ausgehöhlt würde,
(3) wenn die Abfindungen so hoch angesetzt werden, dass der Hof sie nicht tragen kann,
(4) wenn dem Hoferben zur Auflage gemacht wird, den Hof zu veräußern und den Erlös unter die Erben zu verteilen.

1199 Die *Beschränkung* der Hoferbfolge ist zwar grundsätzlich genehmigungsfrei zulässig. Sie bedarf jedoch der Genehmigung, wenn ein Rechtsgeschäft unter Lebenden gleichen Inhalts genehmigungsbedürftig wäre (§ 16 HöfeO). Als Beschränkungen dieser Art sind vor allem das Vermächtnis einzelner Grundstücke oberhalb der Freigrenze und ein Nießbrauchsvermächtnis zu nennen.

In allen zweifelhaften Fällen sollte eine Genehmigung oder ein Negativattest des Landwirtschaftsgerichts eingeholt oder ein Feststellungsverfahren nach der Höfeverfahrensordnung durchgeführt werden.

k) Wertsicherungsklauseln

1200 Nach § 2 Abs. 1 Nr. 1, § 3 Abs. 1 Nr. 2a des am 14.9.2007 in Kraft getretenen Preisklauselgesetzes (hierdurch wurde das bis zu diesem Zeitpunkt geltende Preisangaben- und Preisklauselgesetz in Verbindung mit der Preisklauselverordnung ersetzt) sind Wertsicherungsklauseln, nach denen der geschuldete Betrag durch die Änderung eines vom Statistischen Bundesamt oder einem Statistischen Landesamt ermittelten Preisindexes für die Gesamtlebenshaltung oder eines vom Statistischen Amt der Europäischen Union ermittelten Verbraucherindexes bestimmt werden soll, in Verträgen über Zahlungen im Rahmen von Erbauseinandersetzungen aufgrund einer Verfügung von Todes wegen zulässig. Das bisherige Genehmigungserfordernis durch das Bundesamt für Wirtschaft und Ausfuhrkontrolle ist weggefallen (siehe auch Rdn 258).

6. Modelle für Verfügungen von Todes wegen

a) Beim Durchschnittsnachlass

Das typische Vermögen, dessen Vererbung es zu regeln gilt, besteht aus einem Haus oder einer Eigen-   **1201**
tumswohnung bzw. einem Miteigentumsanteil daran, einigen Ersparnissen, dem Hausrat sowie den persönlichen Gegenständen des Erblassers.

Die Hauptvarianten sind:

(1) der Erblasser, der einen Ehegatten und Abkömmlinge hinterlässt,
(2) der Erblasser, der nur einen Ehegatten hinterlässt,
(3) der Erblasser, der nur Abkömmlinge hinterlässt,
(4) der Erblasser, der weder einen Ehegatten noch Abkömmlinge hinterlässt.

Das gesetzliche Erbrecht hat beim normalen Nachlass drei wesentliche Nachteile: **1202**

(1) Es führt zu seiner Zersplitterung auf eine oft handlungsunfähige Erbengemeinschaft.
(2) Es führt zur Abhängigkeit des überlebenden Ehegatten von den Kindern oder sonstigen zur Erbfolge gelangenden Verwandten bzw. dem Familien- oder Betreuungsgericht, sofern Miterben
minderjährig sind.
(3) Es führt zum Abwandern von Vermögen im Falle der Wiederverheiratung, wenn der überlebende
Ehegatte vor seinem zweiten Ehegatten verstirbt, oder falls weitere, mit dem Erblasser nicht verwandte Erben des überlebenden Ehegatten hinzukommen.

Der Erblasser verfolgt mit seiner Verfügung von Todes wegen meistens zwei Ziele: **1203**

(1) Er will den überlebenden Ehegatten mehr oder weniger unabhängig machen von Abkömmlingen,
Seitenverwandten und dem Familien- und Betreuungsgericht.
(2) Andererseits will er das Abwandern seines Vermögens an nicht verwandte Personen möglichst
verhindern.

Die beiden vorgenannten Ziele widersprechen sich jedoch zum Teil, da einerseits eine weitreichende Unabhängigkeit des überlebenden Ehegatten von Abkömmlingen, Seitenverwandten und dem Familien-
und Betreuungsgericht das Abwandern des Erblasservermögens an nicht verwandte Dritte erleichtert
und andererseits eine möglichst hohe Absicherung des Erblasservermögens vor einem solchen Abwandern eine mehr oder weniger starke Bindung des überlebenden Ehegatten nach sich zieht.

Der Erblasser muss die Bedeutung dieser beiden Ziele für sich selbst abwägen und entscheiden, auf welches er den Schwerpunkt legen will.

Sollte der Erblasser die Gefahr des Abwanderns seines Vermögens an nicht verwandte Personen, ins-   **1204**
besondere im Falle der Wiederheirat des überlebenden Ehegatten an den neuen Ehegatten, für gering einschätzen, bietet sich folgende Lösung an, die dem überlebenden Ehegatten eine weitreichende Freiheit im
Hinblick auf spätere, auch das Erblasservermögen betreffende Verfügungen von Todes wegen einräumt:

Die Ehegatten M und F setzen sich in einem Erbvertrag oder einem gemeinschaftlichen Testament gegenseitig mit bindender Wirkung zu Vollerben und ihre gemeinschaftlichen Abkömmlinge zu gleichen Teilen zu Schlusserben ein. Die Schlusserbeneinsetzung der Abkömmlinge erfolgt einseitig und ohne erbvertragliche Bindung.

Im Hinblick auf eine etwaige spätere Wiederheirat des Überlebenden könnte folgende Regelung in den
Erbvertrag bzw. das gemeinschaftliche Testament aufgenommen werden (vgl. zu den Problemen der sog.
„echten" Wiederverheiratungsklauseln Rdn 1093 ff.).

Muster: **1205**

„Für den Fall der Wiederverheiratung des Überlebenden von uns wollen wir keine besonderen Anordnungen treffen. Wir erwarten jedoch – ohne damit irgendeine Rechtspflicht oder eine Rechtsfolge zu
verbinden –, dass der Überlebende von uns im Falle seiner Wiederverheiratung vor seiner Ehe-

schließung in notarieller Form Gütertrennung vereinbart und mit seinem neuen Ehegatten einen Erb- oder Pflichtteilsverzichtsvertrag schließt."

1206   Sollte der Erblasser hingegen die Gefahr des Abwanderns des eigenen Vermögens an nicht verwandte Personen für relativ hoch einschätzen – der Erblasser hinterlässt z.B. Abkömmlinge, die nicht auch Abkömmlinge des überlebenden Ehegatten sind (sog. Stiefkinder), sodass das Risiko des Übergehens dieser Abkömmlinge, sei es durch spätere Verfügungen von Todes wegen des überlebenden Ehegatten, sei es durch einfaches Nichttreffen notwendiger rechtlicher Maßnahmen zugunsten der Abkömmlinge –, bieten sich im Wesentlichen folgende zwei Gestaltungen an:

aa) Vor- und Nacherbschaftslösung

1207   Entweder der überlebende Ehegatte wird zum befreiten oder nicht befreiten *Vorerben* und die Abkömmlinge des Erblassers werden zu Nacherben berufen bei gleichzeitiger vermächtnisweiser Zuwendung des Hausrates, des Personenwagens, der persönlichen Gegenstände und oft auch der Ersparnisse an den überlebenden Ehegatten zu freiem Eigentum.

1208   *Muster:*

„Meine Ehefrau F berufe ich zur alleinigen nicht befreiten Vorerbin. Nacherben sind meine Abkömmlinge nach den Regeln der gesetzlichen Erbfolge. Meinen beweglichen Nachlass vermache ich meiner Ehefrau zu freiem Eigentum, so dass sich die Beschränkungen der angeordneten Vor- und Nacherfolge nicht auf diese vermachten Gegenstände beziehen."

Oder:

1209   *Muster:*

„Meine Ehefrau F berufe ich zur alleinigen Vorerbin. Sie ist von allen Beschränkungen und Verpflichtungen befreit, von denen sie nach dem Gesetz befreit werden kann. Ihr stehen alle Rechte zu, die ihr nach dem Gesetz zustehen können, einschließlich des Rechts auf Verzehr des Nachlasses. Nacherben sind meine Abkömmlinge nach den Regeln der gesetzlichen Erbfolge."

Anmerkung: Auch bei diesem Muster ist das Vermächtnis des beweglichen Nachlasses zu freiem Eigentum zweckmäßig, wenn der Vorerbe insoweit von der Inventarisierungspflicht befreit werden soll.

bb) Nießbrauchs-Lösung

1210   Oder aber die Kinder werden zu Erben berufen mit einem *Nießbrauchsrecht* für den Überlebenden am gesamten Nachlass, oft gekoppelt mit einer Verwaltungstestamentsvollstreckung bis zum Tod des Überlebenden oder bis zu seiner Wiederverheiratung und dem Vermächtnis der beweglichen Gegenstände sowie des Anspruchs, im Notfall auch Substanz des Nachlasses verzehren zu dürfen.

1211   *Muster:*

„Ich berufe meine Kinder A und B zu meinen Erben. Meiner Frau vermache ich meinen beweglichen Nachlass zu Eigentum und den Anspruch, Substanz des übrigen Nachlasses verzehren zu können, wenn ihre Einkünfte nicht ausreichen, um ihren standesgemäßen Lebensunterhalt zu bestreiten. Sie soll den Nachlass bis zu ihrem Tode als Testamentsvollstreckerin verwalten und den Anspruch auf Substanzverzehr selbst erfüllen können. An meinem unbeweglichen Vermögen vermache ich ihr den lebenslänglichen Nießbrauch."

Anmerkung: Dies vermeidet eine oft demütigende „Bevormundung" des Ehegatten. Bei missbräuchlicher Ausnutzung dieser Machtstellung können die Erben bzw. das Nachlassgericht eingreifen.

Sind keine Abkömmlinge vorhanden, so soll in aller Regel der überlebende Ehegatte alleiniger Vollerbe **1212** werden. Hier müssen gegebenenfalls gewisse Vorkehrungen getroffen werden, um die Pflichtteilsansprüche anderer möglichst gering zu halten, und für den Fall, dass die Ehegatten gemeinsam ums Leben kommen.

Beispiel **1213**

M und F sind kinderlos. Das Haus, das sie gemeinsam erspart haben, ist im Grundbuch allein auf den Mann als Eigentümer eingetragen. Sein Nettonachlass ist 100.000 EUR. Stirbt er, so erben seine Eltern – bei gesetzlichem Güterstand – je $\frac{1}{8}$. Deren Ansprüche können durch die Berufung der F zur Alleinerbin auf den Pflichtteil, also je $\frac{1}{16}$ = 6.250 EUR oder zusammen 12.500 EUR, verkürzt werden. Vereinbaren M und F außerdem einen vorzeitigen Zugewinnausgleich, im Zuge dessen M der F einen halben Miteigentumsanteil an dem Haus übereignet, so werden die Pflichtteilsansprüche der Eltern nochmals halbiert, belaufen sich also dann auf insgesamt 6.250 EUR. Dabei sollte klargestellt werden, dass damit der gesetzliche Güterstand nicht aufgehoben, sondern lediglich der bis dahin entstandene Zugewinn ausgeglichen werden soll (§ 1414 BGB). Als davon unabhängige „ehebezogene Zuwendung" würde die Übertragung nicht pflichtteilsmindernd wirken (§ 2325 Abs. 3 S. 3 BGB).

b) Bei großen Privatvermögen

Eine völlig andere Interessenlage besteht bei großen Vermögen. Hier nehmen steuerliche Überlegungen **1214** einen wichtigen Platz ein. Die steuerlichen Auswirkungen sollten stets sorgfältig mitbedacht und berücksichtigt werden. Dies hat allerdings eine Grenze: Man sollte eine Verfügung von Todes wegen nie ausschließlich nach steuerlichen Gesichtspunkten abfassen. Entscheidend sind die familiäre Situation, das zu verteilende Vermögen, das Sicherungsbedürfnis des Überlebenden, die Existenzsicherung des Betriebsnachfolgers bzw. die gerechte Abfindung der weichenden Erben. Gewisse steuerliche Nachteile können eher in Kauf genommen werden als familiäre oder betriebliche Misshelligkeiten.

Auch bei großen Vermögen kann das Ziel des Erblassers im Vordergrund stehen, den überlebenden Ehegatten möglichst unabhängig von Abkömmlingen, Familien- und Betreuungsgericht zu machen (vgl. Rdn 1201 ff.) und ihn deshalb zum alleinigen und unbeschränkten Vollerben einzusetzen. Hierdurch unter Umständen entstehende erbschaftsteuerliche Nachteile können wie folgt abgemildert oder gar verhindert werden: Die Abkömmlinge machen im Einverständnis und im Interesse des überlebenden Elternteils den Pflichtteil nach dem verstorbenen Elternteil geltend und senken so unter Ausnutzung der eigenen Steuerfreibeträge die Steuerlast des überlebenden Elternteils. Oder der überlebende Ehegatte schlägt die Erbschaft nach dem Erblasser unter der Bedingung aus, dass der überlebende Ehegatte von den dann zur Erbfolge gelangenden Abkömmlingen eine in der Höhe nach steuerlicher Zweckmäßigkeit zu bemessende Abfindung erhält.

Die Vor- und Nacherbschaft hat bei großen Vermögen einen erheblichen steuerlichen Nachteil, weil Vorerbfall und Nacherbfall jeweils als eigener Erbfall behandelt und gesondert besteuert werden. Auch werden die Freibeträge nach den Eltern nur einmal, nämlich nach dem Überlebenden, genutzt (§ 6 Abs. 1, 2 ErbStG).

c) Bei gewerblichen Unternehmen

Bei Gesellschaftsbeteiligungen sollte klargestellt werden, ob der mit einem Nießbrauchsrecht bedachte **1215** überlebende Ehegatte über die gesetzliche Gestaltung hinaus im zulässigen Umfang die Rechtsstellung eines Gesellschafters erhalten soll oder ob er lediglich den ausgeschütteten Gewinn zu beanspruchen hat. Auch sollte geklärt werden, was mit den während des Nießbrauchs angesammelten stillen Reserven und was bei einer Kapitalerhöhung zu geschehen hat.

Muster: **1216**

„An meinem Gesellschaftsanteil der ‚Otto Meier OHG3' vermache ich meiner Frau ein lebenslanges Nießbrauchsrecht. Sie hat lediglich den Anspruch auf den ausgeschütteten Gewinnanteil. Das Stimmrecht steht mithin meinem Sohn und Erben S zu. Ihm gebühren alle während des Nießbrauchs angesammelten stillen Reserven. Bei einer Kapitalerhöhung aus Gesellschaftsmitteln erstreckt sich der Nießbrauch auf den erhöhten Kapitalanteil. Bei einer Kapitalerhöhung aus Mitteln der Gesellschafter hat mein Sohn das Kapital aufzubringen. An dem erhöhten Kapitalanteil steht meiner Frau das Nießbrauchsrecht nicht zu."

1217   Zu denken ist auch an ein Rentenvermächtnis für den überlebenden Ehegatten. Bei einer festen Rente bis zum Tode, wenn auch wertgesichert, handelt es sich um eine sogenannte *Leibrente*. Soll die Höhe der wiederkehrenden Leistung von der Leistungsfähigkeit des Verpflichteten und/oder den Bedürfnissen des Berechtigten oder von sonstigen Veränderungen (z.B. des Umsatzes oder des Gewinns des Unternehmens) abhängig gemacht werden, handelt es sich um eine sogenannte *dauernde Last*. Zivilrechtlich wird in vielen Fällen das Versorgungsinteresse und die Sicherheit des bedachten überlebenden Ehegatten im Vordergrund stehen, sodass in der Regel eine (allenfalls wertgesicherte) Leibrente in Betracht kommen wird. Dies umso mehr, als mit Inkrafttreten des Jahressteuergesetzes 2008 am 1.1.2008 die bis dahin geltende einkommensteuerliche Unterscheidung zwischen einer nur mit dem Ertragsteil beim Verpflichteten steuermindernd absetzbaren Leibrente und der beim Verpflichteten voll absetzbaren dauernden Last entfallen ist (vgl. hierzu noch die 16. Auflage). Handelt es sich bei der wiederkehrenden Leistung um eine begünstigte Versorgungsleistung im Sinne des Einkommensteuergesetzes, so handelt es sich unabhängig von der zivilrechtlichen Ausgestaltung um beim Verpflichteten voll absetzbare (§ 10 Abs. 1a Nr. 2 EStG, vorher: § 10 Abs. 1 Nr. 1a EStG) und beim Empfänger voll steuerpflichtige Leistungen (§ 22 Nr. 1a EStG, vorher: § 22 Nr. 1b EStG).[233]

1218   *Muster: Leibrente und dauernde Last*

(1) E verfügt: „Mein Sohn S erhält meine Bauunternehmung mit allem Zubehör. Er hat an meine Frau F bis zu deren Tode monatlich eine Rente von 2.000 EUR zu zahlen, die sich im selben Verhältnis ändert, wie sich der Verbraucherpreisindex für Deutschland (2015 = 100) ab heute verändert, wobei eine Anpassung stets nur auf Verlangen meiner Frau F und nur mit Wirkung für die Zukunft erfolgen soll, wenn sich eine Änderung um mindestens 10 % ergibt, und zwar ab dem 1. des Monats, der auf das Änderungsverlangen folgt."

(2) Wie (1). E verfügt: „… einen Betrag von 2.000 EUR zu zahlen, der sich im selben Verhältnis wie der steuerliche Reingewinn der Bauunternehmung verändert, jedoch nicht niedriger als 2.000 EUR im Monat sein darf."

1219   Dass der Unternehmer sorgfältige, vor allem mit dem Gesellschaftsvertrag abgestimmte erbrechtliche Anordnungen über die Betriebsnachfolge treffen soll, versteht sich von selbst. Hier sollen nur die folgenden allgemeinen Hinweise gegeben werden:

■ Der Lebensfähigkeit des Unternehmens gehört zumeist das Hauptinteresse. Deshalb orientieren sich die Versorgungsansprüche überlebender Ehegatten und die Abfindungsansprüche weichender Erben vor allem an der Leistungsfähigkeit des Unternehmens, also an seinem Ertragswert, der in der Regel geringer ist als der Substanz- oder Verkehrswert. Für die Berechnung des Ertragswerts sollten möglichst genaue Anweisungen festgelegt werden. Wird die Übernahme zum Zeitwert angeordnet, so sollte klargestellt werden, ob eine besondere Abfindungsbilanz erstellt werden muss oder die letzte Jahresbilanz maßgebend sein soll, wie bewertet werden soll (nach dem Buchwert, dem Verkehrswert, dem Teilwert mit oder ohne stille Reserven). Ferner sollte klargestellt werden, ob der so genannte Firmenwert (Goodwill = Kundschaft, günstige Bezugsquellen, eingearbeiteter Mitarbeiterstab etc.) mit veranschlagt, gegebenenfalls wie er errechnet werden soll.

■ Für die Betriebsnachfolge hat der Gesellschaftsvertrag Vorrang. Schreibt er also z.B. vor, dass nur einer Nachfolger werden kann, so ist der Erblasser gehindert, mehrere Nachfolger zu bestimmen. Es muss ferner Übereinstimmung geschaffen werden zwischen der Nachfolgeklausel des Gesellschaftsvertrages und der im Testament.

---

233 Zu den Einzelheiten der Vorgängervorschriften siehe *Wälzholz*, MittBayNot 2008, 93 ff.

Als Modelle für die Unternehmensnachfolge kommen vor allem in Frage: **1220**

(1) Die Einsetzung des Nachfolgers zum Alleinerben mit einem Vermächtnis zugunsten des Ehegatten und der weichenden Erben, das wiederum in einer Kapitalabfindung, einer Rente oder einer Gewinnbeteiligung bestehen kann.
(2) Die Zuwendung des Unternehmens oder der Beteiligung daran an den Nachfolger als Vermächtnis.
(3) Die Zuwendung an den Nachfolger durch Teilungsanordnung.

Die Art der Zuwendung hat bedeutsame ertragsteuerliche Auswirkungen.

Bei Vermächtnis und Teilungsanordnung sollte eine *Frist* für die Annahme durch den Bedachten vorgesehen werden, um eine zu lange dauernde Ungewissheit über das Schicksal des Unternehmens zu vermeiden.

An weiteren Anordnungen kommen vor allem in Frage: **1221**

(1) Bestimmungen über die Fortführung der Firma,
(2) Konkurrenzverbote für die weichenden Erben,
(3) der Aufschub der Auseinandersetzung bis zum Erreichen eines bestimmten Mindestalters des Übernehmers,
(4) die Auseinandersetzung durch eine bestimmte Person nach pflichtgemäßem Ermessen (Testamentsvollstrecker),
(5) die Einrichtung eines Schiedsgerichts,
(6) die Fortsetzung des Unternehmens als juristische Person oder Personengesellschaft unter Angabe der wichtigsten Bestimmungen des Gesellschaftsvertrages.

Wegen der oft schwierigen steuerlichen Fragen im Zusammenhang mit einem „Unternehmertestament" ist die Hinzuziehung eines Steuerberaters dringend zu empfehlen.

d) Bei landwirtschaftlichen Betrieben

Für Landwirte gilt grundsätzlich das Gleiche wie bei den sonstigen Unternehmern. Sie wollen den Betrieb **1222** lebensfähig, zumeist geschlossen erhalten, den überlebenden Ehegatten sichern und die weichenden Erben möglichst gerecht abfinden. Hier ergeben sich folgende Besonderheiten:

(1) Das gesetzliche Altenteil (§ 14 HöfeO) wird weithin als zu kümmerlich angesehen. Der überlebende Ehegatte wird dabei zu kurzgehalten und ist zu sehr vom Hoferben abhängig. Man weicht daher oft auf eine Nießbrauchsbestellung oder die Berufung des Überlebenden zum Hofvorerben aus. Beides kann mit einem Vermächtnis für den Hoferben verbunden werden, aufgrund dessen er ab einem gewissen Alter die Verpachtung des Hofes zu Vorzugsbedingungen verlangen kann.
(2) Auch die gesetzlichen Abfindungsansprüche (§ 12 HöfeO) sind nach wie vor sehr gering. Oft wird daher deren Anhebung bis zur Höhe des Ertragswerts vorgesehen.
(3) Die so genannten Abfindungsergänzungs- bzw. Nachabfindungsansprüche (§ 13 HöfeO), die entstehen, wenn der Hoferbe innerhalb einer bestimmten Frist den Hof oder Teile davon veräußert, können in der Verfügung von Todes wegen abgewandelt werden. So kann die Frist verlängert, die Voraussetzung für die Entstehung des Anspruchs verschärft oder erleichtert und die Abnahme der Ansprüche mit Zeitablauf (Degression) gemildert oder verstärkt werden.

Muster: Hofvererbung **1223**

„Mein Sohn S wird Hoferbe. Meine Frau F erhält am Hof das lebenslange Nießbrauchsrecht. Sie hat den Hof mit Zubehör meinem Sohn S im Herbst 2020 zu verpachten, und zwar zu Bedingungen, die 25 % unter der ortsüblichen Pacht liegen. Meine Tochter T erhält als Abfindung nach dem Tod meiner Frau in drei gleichen Jahresraten, von denen die erste ein Jahr nach dem Tod meiner Frau fällig wird, insgesamt 1.000 Doppelzentner abzugsfreien Weizen. Veräußert mein Sohn den Hof oder wesentliche Teile davon innerhalb von 30 Jahren nach meinem Tode, so hat er den Nettoerlös nach Steuer zur Hälfte an meine Tochter abzuführen. Meine Frau erhält also davon nichts. Von dem Nettoerlös ist

¼ abzusetzen, wenn die Veräußerung später als 15 Jahre, und ¾, wenn sie später als 25 Jahre nach meinem Tod erfolgt. Im Übrigen gilt § 13 HöfeO.“

1224 Ist der Betrieb nicht ein Hof im Sinne der Höfeordnung, so wird oft seine Übernahme als Landgut zum Ertragswert angeordnet (§ 2312 BGB). Für dessen Berechnung können im Testament bereits Vorschriften gemacht werden. Ebenso einfach wie brauchbar ist die Anordnung, dass der Wert des Betriebes mit einem Preis von × Doppelzentnern eines auf dem Hof gewonnenen Erzeugnisses pro Hektar der übernommenen Fläche anzusetzen ist. Man kann in diesen Betrag den Wert der Gebäude und des Inventars von vornherein einrechnen. Dies ist eine einfache, sichere und Geldwertschwankungen sowie Änderungen der Erzeugerpreise berücksichtigende Berechnungsmethode. Die in der Landwirtschaft zunehmend wichtiger werdenden Subventionen (Ausgleichszahlungen, Stilllegungsprämien etc.) werden dabei nicht berücksichtigt, was indes zumeist der Absicht der Beteiligten entspricht. Die Herauszahlungsbeträge werden meistens auf eine Reihe von Jahren verteilt fällig gestellt, oft zinslos. Bei Nichthöfen sowie bei Höfen nach dem Badischen Hofgütergesetz und der Hessischen Landgüterordnung empfiehlt es sich aus steuerlichen Gründen, den Betriebsnachfolger zum Alleinerben zu berufen und die Zuwendungen an die anderen Kinder als Vermächtnisse zu gestalten.

1225 *Muster: Vererbung eines Nicht-Hofes*

„Ich berufe meinen Sohn S zu meinem alleinigen Erben. Alles, was nicht zum Betriebsvermögen meines landwirtschaftlichen Betriebes im steuerrechtlichen Sinne gehört, vermache ich meinen Kindern B und C. An diese hat mein Sohn S ferner je einen Geldbetrag zu zahlen, der einem Viertel des Ertragswerts des Betriebes entspricht. Als Ertragswert des gesamten Betriebes sind 5.000 Doppelzentner abzugsfreien Weizens (oder: 170 Doppelzentner abzugsfreien Weizens pro Hektar, wobei Gebäude und Zubehör nicht zusätzlich veranschlagt werden) anzusetzen. Die Lieferung des Weizens, nach Wahl der Berechtigten den Verkaufserlös dafür, hat mein Sohn zinslos in fünf gleichen Jahresraten aufzubringen, von denen die erste ein Jahr nach meinem Tode fällig wird.“

1226 Gelegentlich beschränkt sich der Eigentümer auch auf gewisse Einzelheiten der Nachlassregulierung, ohne im Übrigen die Betriebsnachfolge festzulegen. Wenn er keine Erbeinsetzung vornimmt und das Zuweisungsverfahren nach dem Grundstückverkehrsgesetz nicht ausschließt, kann der Betrieb nach seinem Tod im Zuweisungsverfahren an einen Betriebsnachfolger übergehen (§ 13 GrdstVG).

e) Bei Geschiedenen

1227 Bei Geschiedenen besteht zumeist das Bedürfnis, Vorsorge dagegen zu treffen, dass der geschiedene Ehegatte indirekt zur Erbfolge gelangt. Werden keine besonderen Vorkehrungen getroffen, so kann der geschiedene Ehegatte kraft Gesetzes oder kraft Testaments über ein gemeinsames Kind Erbeserbe werden.

1228 *Beispiel*

Die geschiedene Ehefrau wird von ihren Kindern beerbt. Eines davon verstirbt unverheiratet und kinderlos vor dem Vater. Er – also der geschiedene Ehemann – beerbt das Kind nach dem Gesetz zur Hälfte, aufgrund eines Testaments möglicherweise auch allein. Nach ihm fällt das Erbe ganz oder teilweise, jedenfalls in Höhe des Pflichtteils, an die neue Ehefrau neben den Kindern oder auch über sie an die Kinder früherer Ehen.

1229 Soll dieses Ergebnis ausgeschlossen werden, so bietet sich als Lösung die Anordnung von Vor- und Nacherbschaft an.

1230 *Muster:*

„Meine Kinder berufe ich zu befreiten Vorerben. Nacherben sind deren Erben. Mein geschiedener Ehemann und dessen Abkömmlinge aus anderen Ehen werden als Nacherben oder als Erbeserben ausgeschlossen. Sie sollen unter keinen Umständen, auch nicht indirekt, aus meinem Nachlass etwas erlangen. Hinterlässt ein Kind einen Ehegatten und Abkömmlinge, so soll er Vollerbe gewesen sein.

Dasselbe gilt, wenn seine Erben nicht zu dem ausgeschlossenen Personenkreis gehören und ab dem Tod meines geschiedenen Mannes. Das Verwaltungsrecht meines Mannes am Kindesvermögen schließe ich aus (§ 1638 BGB)."

f) Unter gleichzeitiger Änderung der güterrechtlichen Beziehungen

In der Praxis werden oft Einzelheiten der güterrechtlichen Rechtsbeziehungen im Rahmen eines Erbver-   1231
trages abgewandelt, z.B.

(1) Die Ehegatten verzichten wechselseitig auf etwaige über die in dem Erbvertrag gemachten Zuwendungen hinausgehende Erb- und/oder Pflichtteilsrechte.

(2) Die Ehegatten schließen wechselseitig ihre Zugewinnausgleichsansprüche im Falle des Todes aus.

(3) Die Verfügungsbeschränkung über das Vermögen im Ganzen (§ 1365 BGB) wird aufgehoben.

(4) Entweder schließen die Ehegatten generell oder aber für denjenigen, der an der Zerrüttung der Ehe nachweisbar allein schuld ist, auch für den Fall der Scheidung die Zugewinnausgleichsansprüche aus.

7. Behindertentestament/Behindertenerbvertrag

Behinderte sind in vielen Fällen sozialhilfeberechtigt. Eltern behinderter Kinder haben daher regelmäßig   1232
den Wunsch, ihr Vermögen im Wege der Erbfolge ihren Kindern zukommen zu lassen und dem Zugriff des Sozialhilfeträgers zu entziehen. Um dies zu erreichen, werden in der Praxis in erster Linie zwei Lösungswege vorgeschlagen, die mit den Schlagworten „Vor- und Nacherbschaft mit Testamentsvollstreckung" und „Vor- und Nachvermächtnis mit Testamentsvollstreckung" umschrieben werden können. Der nach wie vor favorisierte Weg ist die Vor- und Nacherbschaft mit Testamentsvollstreckung. In diesem Fall reicht es allerdings nicht aus, dass sich die Eltern des behinderten Kindes gegenseitig zu alleinigen Erben und für den Fall des Todes des Überlebenden von ihnen zu dessen Erben ihre Kinder zu gleichen Teilen, das behinderte Kind jedoch nur zum nicht befreiten Vorerben und seine Geschwister zu Nacherben einsetzen. Denn bei dieser Gestaltung würde schon nach dem Erstversterbenden der Eltern ein Pflichtteilsanspruch für das behinderte Kind entstehen, der gemäß § 93 des zwölften Buches des Sozialgesetzbuches (SGB XII, vorher § 90 des Bundessozialhilfegesetzes) auf den Sozialhilfeträger überleitbar ist. Zwar hat der BGH entschieden,[234] dass der Pflichtteilsverzicht eines behinderten Sozialleistungsbeziehers grundsätzlich nicht sittenwidrig sei. Ein solcher Pflichtteilsverzicht, insbesondere nach dem erstversterbenden Elternteil, kommt aber von vornherein grundsätzlich nur bei einem voll geschäftsfähigen Verzichtenden in Betracht. Denn der durch einen gesetzlichen Vertreter ausgesprochene oder genehmigte Pflichtteilsverzicht (zur grundsätzlichen Möglichkeit der Vertretung beim Verzichtenden vgl. § 2347 Abs. 1 BGB) bedarf grundsätzlich der familiengerichtlichen bzw. betreuungsgerichtlichen Genehmigung. Diese Genehmigung dürfte im Zweifel nicht erteilt werden. Um also die Überleitung des Pflichtteilsanspruchs des behinderten Kindes durch den Sozialhilfeträger auch unabhängig von einem im Einzelfall möglichen Pflichtteilsverzicht des Kindes zu vermeiden, wird das behinderte Kind schon nach dem Erstversterbenden der Eltern zu einem Bruchteil, der seine Pflichtteilsquote übersteigt, zum Miterben eingesetzt. Parallel wird dann Dauertestamentsvollstreckung für den Erbteil des behinderten Kindes angeordnet mit der Aufgabe, diesen Erbteil zu verwalten und dem Kind die Erträgnisse, die der Sozialhilfe nicht unterliegen, zukommen zu lassen. Zu beachten ist hierbei, dass aufgrund der Rechtsprechung mehrerer Obergerichte der gesetzliche Vertreter des Behinderten (in der Regel der Betreuer) und der Testamentsvollstrecker nicht personenidentisch sein sollten. Im Hinblick auf das behinderte Kind sollten die gleichen Bestimmungen auch für den Fall des Todes des Überlebenden der Eltern getroffen werden. Der BGH,[235] das OLG Köln[236] und auch das OLG Hamm[237] haben die Sittenwidrigkeit dieser Lösung grundsätzlich verneint.

---

234 Urt. v. 19.1.2011, vgl. z.B. ZEV 2011, 258.
235 DNotZ 1994, 380 und aktuell auch ZEV 2011, 258.
236 Rpfleger 2010, 140.
237 Urt. v. 27.10.2016, Az.: 10 U 13/16, BeckRS 2016, 110649, ZEV 2017, 158.

1233   Die bisherigen Entscheidungen des BGH sind zu kleinen bis mittleren Vermögen ergangen. In der Literatur ist daraus gefolgert worden, dass die Gerichte bei einem (sehr) großen Nachlassvermögen möglicherweise die Sittenwidrigkeit bejahen würden, wenn das behinderte Kind aus den Nutzungen des Pflichtteils neben den Annehmlichkeiten praktisch auch die gesamte Grundversorgung auf Lebenszeit bestreiten könnte.[238] Das OLG Hamm hat mit vorgenanntem Urt. v. 27.10.2016[239] jedoch entschieden, dass die Anordnung der Vor- und Nacherbfolge, die im Ergebnis dazu führt, dass der Sozialhilfeträger selbst nach dem Tod des Sozialhilfeberechtigten nicht auf ein gegebenenfalls dann noch verbleibendes Erbe zurückgreifen kann, selbst dann nicht gegen § 138 Abs. 1 BGB verstößt, wenn sich der Wert des Gesamtnachlasses auf über 7 Mio. EUR und der Wert des Erbteils auf über 960.000 EUR beläuft und selbst der geringere Pflichtteil noch einen beträchtlichen Vermögenswert hat, der unter Zugrundelegung des geltenden Sozialhilfestandards voraussichtlich ausreichen würde, um eine weitere Versorgung des behinderten Kindes bis zu seinem Lebensende sicherzustellen. Nach Ansicht des OLG Hamm ist für die Beurteilung des Behindertentestaments nicht danach zu differenzieren, wie groß das dem behinderten Kind hinterlassene Vermögen ist. Es sei weder eine klar umrissene Wertung des Gesetzgebers noch eine allgemeine Rechtsauffassung festzustellen, dass Eltern einem behinderten Kind ab einer gewissen Größe ihres Vermögens einen über den Pflichtteil hinausgehenden Erbteil hinterlassen müssen, damit es nicht ausschließlich der Allgemeinheit zur Last fällt.

1234   Durch die im Rahmen der am 1.1.2010 in Kraft getretenen Erbrechtsreform unter anderem neu gefassten pflichtteilsrechtlichen Vorschriften der §§ 2305 und 2306 BGB (vgl. hierzu Rdn 1170 ff.) hat sich die Rechtslage hinsichtlich des Behindertentestamentes bzw. des Behindertenerbvertrages grundsätzlich nicht geändert. Durch die nicht mehr bestehende Differenzierung zwischen pflichtteilsunter- und pflichtteilsüberschreitenden Zuwendungen und die Abschaffung der daraus bislang resultierenden Wertgrenze des § 2306 Abs. 1 S. 1 BGB alter Fassung entfällt die Gefahr eines „Supergaus", wonach bislang bei der Wahl eines zu kleinen Erbteils für das behinderte Kind die angeordnete Vor- und Nacherbschaft sowie die angeordnete Testamentsvollstreckung kraft Gesetzes als nicht angeordnet galten. Dennoch sollte der Erbteil zugunsten des behinderten Kindes deutlich über der Pflichtteilsquote liegen. Denn da der Betreuer seine Entscheidungen zum Wohl des Betreuten treffen muss, könnte der Betreuer im Einzelfall auch bei Einsetzung einer für die Interessen des betreuten Kindes nicht ausreichenden Erbquote – selbst wenn diese über der Pflichtteilsquote liegt – zur Ausschlagung verpflichtet sein. Zu beachten ist hierbei, dass die Ausschlagung des Betreuers der Genehmigung des Betreuungsgerichts bedarf (§§ 1908i Abs. 1 S. 1, 1822 Nr. 2 BGB) und der Sozialhilfeträger seinerseits nicht die Ausschlagung im Rahmen des § 2306 Abs. 1 BGB neuer Fassung vornehmen kann, da es sich bei der Ausschlagung um ein persönliches Gestaltungsrecht des behinderten Kindes handelt.[240] Beim Unterschreiten der Pflichtteilsquote könnte der Sozialhilfeträger aber den Zusatzpflichtteil gemäß § 2305 BGB geltend machen und auf sich überleiten.

Dem Vorteil, durch die vorstehend beschriebene, komplexe rechtliche Gestaltung das Familienvermögen weitestgehend dem Zugriff des Sozialhilfeträgers und anderen Gläubigern zu entziehen, stehen aber auch nicht unerhebliche Nachteile gegenüber. So entsteht bereits nach dem erstversterbenden Elternteil eine Erbengemeinschaft aus dem überlebenden Elternteil und dem behinderten Kind, wenn auch die hieraus entstehenden Beeinträchtigungen durch die Einsetzung des überlebenden Elternteils als Testamentsvollstrecker und zugleich als Nacherbentestamentsvollstrecker größtenteils vermieden werden können. Der überlebende Elternteil darf in diesem Fall dann aber – wie bereits zuvor ausgeführt – weder gesetzlicher Vertreter noch Betreuer des behinderten Kindes sein. Alternativ könnte das Amt des Testamentsvollstreckers und der Nacherbentestamentsvollstreckers auch von einem nicht behinderten Geschwisterkind des behinderten Kindes ausgefüllt werden. Hier müssen sich die verfügenden Eltern aber im Einzelfall fragen, ob sie ihrem nicht behinderten Kind diese langfristige zeitintensive und auch emotionale Bürde des Amtes auferlegen wollen. Außerdem unterliegt der Erbteil des behinderten Kindes nach wie vor dem Gläubigerzugriff, wenn auch die Verwertung des Erbteils aufgrund der vorgenannten Rechtsgestaltung weder einem Gläubiger noch dem Sozialhilfeträger praktisch etwas bringt. So sollte im Einzelfall ernsthaft überlegt werden, ob nicht auf die vorstehende Rechtskonstruktion verzichtet wird, die Eltern sich stattdessen

---

238 Vgl. Dorsel/*Perau*, Kölner Formularbuch Erbrecht, 3. Aufl. 2020, Kap. 5, Rn 578 m.w.N.
239 BeckRS 2016, 110649.
240 Vgl. BGH ZEV 2011, 258, 260.

wechselseitig zu alleinigen Vollerben und ihr nicht behindertes Kind bzw. ihre nicht behinderten Kinder unter Ausschluss des behinderten Kindes zu Schlusserben einsetzen und so den zweifachen Pflichtteilsanspruch des behinderten Kindes in Kauf nehmen. Je mehr Kinder die Eltern haben, desto eher bietet sich diese einfachere Lösung an, da dann die Pflichtteilsquoten des behinderten Kindes nach beiden Elternteilen entsprechend kleiner werden.[241]

8. Muster

Behindertenerbvertrag 1235

Muster eines Behindertenerbvertrages:

(Eingang der Niederschrift wie beim Erbvertrag vgl. Rdn 982)

Wir schließen den folgenden

Erbvertrag,

der in der amtlichen Verwahrung des Notars bleiben soll:

I.

Wir widerrufen hiermit alle bisher von uns getroffenen Verfügungen von Todes wegen.

II.

1. Der Erstversterbende von uns bestimmt zu seinen Erben
- unser behindertes, bei uns wohnhaftes Kind Elisabeth Meyer (…), zu einem 10 % über dem im Zeitpunkt des Ablebens des Erstversterbenden von uns für unsere behinderte Tochter Elisabeth nach den gesetzlichen Regeln bestehenden Pflichtteil liegenden Anteil zum Miterben,
- den Überlebenden von uns hinsichtlich des verbleibenden Erbteils zum alleinigen Erben.
Sollte unsere Tochter Elisabeth vor oder nach Eintritt des Erbfalls des Erstversterbenden von uns wegfallen, so wächst deren Anteil dem Überlebenden von uns beiden gemäß § 2094 BGB an, sodass der Überlebende von uns alleiniger Erbe des Erstversterbenden wird.
2. Unsere Tochter Elisabeth wird jedoch nur nicht befreite Vorerbin. Nacherbe auf den Tod der Vorerbin ist der Überlebende von uns beiden.
Ersatznacherben sind unsere Kinder Max Meyer (…), und Fritz Meyer (…), zu gleichen Teilen, ersatzweise deren Abkömmlinge unter sich zu gleichen Stammanteilen nach den Regeln der gesetzlichen Erbfolge.
Sollte eines unserer Kinder Max und Fritz ohne Hinterlassung von Abkömmlingen wegfallen, wächst dessen Anteil dem anderen (Mit-)Nacherben, ersatzweise dessen Abkömmlingen im Verhältnis untereinander nach den Regeln der gesetzlichen Erbfolge an. Die Nacherbenanwartschaften sind nicht vererblich und nicht übertragbar.

III.

1. Der Überlebende von uns – sofern wir beide gleichzeitig versterben sollten, ein jeder von uns – bestimmt zu seinen Erben
- unsere Tochter Elisabeth zu einem 10 % über dem im Zeitpunkt des Ablebens des Letztversterbenden von uns beiden für sie nach den gesetzlichen Regeln bestehenden Pflichtteil liegenden Anteil,
- unsere Kinder Max und Fritz Meyer je zur Hälfte hinsichtlich des verbleibenden Erbteils.
2. Ersatzerben anstelle unserer nicht behinderten Kinder Max und Fritz Meyer sind deren Abkömmlinge, untereinander entsprechend den Regeln der gesetzlichen Erbfolge.

---

241 Wegen Einzelheiten der Vor- und Nacherbschaftslösung und der damit auch verbundenen Nachteile, zu Alternativ-Lösungen sowie zur aktuellen Rechtslage nach der Erbrechtsreform 2010 siehe z.B. *Kössinger* in: Nieder/Kössinger, Handbuch der Testamentsgestaltung, 5. Aufl. 2015, § 21 Rn 63 ff.; *Grziwotz*, ZEV 2002, 409 ff.; *Kleensang*, RNotZ 2007, 22 ff.; *Spall*, ZErb 2007, 272 ff.; *Baumann/Karsten*, RNotZ 2010, 95, 97; vgl. zu den unterschiedlichen Gestaltungsmöglichkeiten mit Mustern auch Dorsel/*Perau*, Kölner Formularbuch Erbrecht, 3. Aufl. 2020, Kap. 5, Rn 568 ff. mit einem Formulierungsvorschlag in Rn 664.

Falls eines unserer Kinder Max und Fritz ohne Hinterlassung von Abkömmlingen wegfällt, wächst dessen Anteil jeweils dem anderen, ersatzweise dessen Abkömmlingen im Verhältnis untereinander nach den Regeln der gesetzlichen Erbfolge, an.

3. Unser behindertes Kind Elisabeth Meyer ist nur nicht befreite Vorerbin. Nacherben auf den Tod des Vorerben sind

■ unsere Kinder Max und Fritz Meyer zu gleichen Teilen,

■ ersatzweise deren Abkömmlinge, untereinander beteiligt entsprechend den Regeln der gesetzlichen Erbfolge.

   Sollte eines unserer Kinder Max und Fritz ohne Hinterlassung von Abkömmlingen wegfallen, wächst dessen Anteil jeweils dem anderen (Mit-)Nacherben, ersatzweise dessen Abkömmlingen im Verhältnis untereinander nach den Regeln der gesetzlichen Erbfolge, an.

Die Nacherbenanwartschaften sind nicht vererblich und nicht übertragbar. Nacherben und Ersatz-nacherben sind auch Ersatzerben für den Fall, dass unser behindertes Kind nicht zur Erbfolge gelangt.

IV.

Klarstellend bemerken wir, dass die in diesem Erbvertrag ausgesprochene Erbeinsetzung zugunsten der gemeinsamen Abkömmlinge auch im Falle der etwaigen Wiederheirat des Überlebenden von uns gelten und dass daher eine Anfechtung des Erbvertrages auch in diesem Falle ausgeschlossen sein soll.

Der Längstlebende von uns ist jedoch berechtigt, im Falle seiner Wiederheirat seinem neuen Ehepart-ner und etwaigen Abkömmlingen aus der neuen Ehe vermächtnisweise diejenigen Vermögenswerte von Todes wegen zuzuwenden, die er nach der Wiederverheiratung hinzuerworben hat. Ausgenom-men bleibt jedoch ein Zuerwerb, der aus dem früheren Vermögen des Längstlebenden herrührt oder wirtschaftlich an die Stelle solcher Vermögenswerte tritt, die bei der Wiederheirat bereits vorhanden waren.

V.

1. Mit Rücksicht darauf, dass unser Kind Elisabeth Meyer wegen seiner Behinderung nicht in der Lage sein wird, seine Angelegenheiten selbst zu besorgen, insbesondere die ihm durch den jeweiligen Erbfall zufallenden Vermögenswerte selbst zu verwalten, ordnen sowohl der Erstversterbende als auch der Überlebende von uns für seinen Nachlass Testamentsvollstreckung an.
   Die Testamentsvollstreckung soll sich jedoch nicht auf die unseren Kindern Max und Fritz Meyer zufallenden Erbteile erstrecken.
   Zum Testamentsvollstrecker bestimmt der Erstversterbende

■ den Überlebenden von uns,

■ ersatzweise (…),

■ ersatzweise (…)
   Zum Testamentsvollstrecker bestimmt der Überlebende von uns

■ (…),

■ ersatzweise (…)
   Sollte keiner der Vorgenannten das Testamentsvollstreckeramt annehmen oder sollten sie alle vor oder nach dem Erbfall wegfallen, ohne einen Ersatztestamentsvollstrecker bestimmt zu haben, so soll das zuständige Nachlassgericht einen Testamentsvollstrecker ernennen.
   Der Testamentsvollstrecker ist in der Eingehung von Verbindlichkeiten für den Nachlass nicht be-schränkt und vom Verbot des § 181 BGB befreit.

2. Aufgabe des Testamentsvollstreckers ist die Verwaltung des Erbteils unseres behinderten Kindes Elisabeth und damit die Verwaltung des Nachlasses zusammen mit den weiteren Miterben.
   Der Testamentsvollstrecker hat alle Verwaltungsrechte auszuüben, die unserem behinderten Kind Elisabeth als Vorerbin zustehen. Über den verwalteten Erbteil selbst darf der Testamentsvollstre-cker nicht verfügen. Nach Teilung des Nachlasses setzt sich die Testamentsvollstreckung an den der Vorerbin zugefallenen Vermögenswerten fort.

3. Sowohl der Erstversterbende als auch der Überlebende von uns trifft folgende, für den Testamentsvollstrecker verbindliche Verwaltungsanordnungen gemäß § 2216 Abs. 2 BGB:
Der Testamentsvollstrecker hat unserem behinderten Kind Elisabeth die ihm gebührenden anteiligen jährlichen Reinerträgnisse (Nutzungen) des Nachlasses, wie beispielsweise etwaige anteilige
Miet- und Pachtzinsen, Zinserträge, Dividenden- und Gewinnanteile und etwaige sonstige Ge-
brauchsvorteile und Früchte von Nachlassgegenständen, nur in Form folgender Leistungen zuzuwenden:

- Überlassung von Geldbeträgen in Höhe des jeweiligen Rahmens, der nach den jeweiligen einschlä-
  gigen Gesetzen einem Behinderten maximal zur freien Verfügung stehen kann;
- Geschenke zu Weihnachten, Ostern, Pfingsten und zum Geburtstag, wobei bei der Auswahl der Ge-
  schenke auf die Bedürfnisse und Wünsche unseres behinderten Kindes Elisabeth einzugehen ist;
- Zuschüsse zur Finanzierung eines Urlaubs oder zur Urlaubsgestaltung;
- Zuwendungen zur Befriedigung geistiger Bedürfnisse sowie zur Befriedigung der individuellen
  Bedürfnisse in Bezug auf Freizeit, wozu insbesondere auch Hobbys und Liebhabereien zählen;
- Aufwendungen für ärztliche und sonstige Heilbehandlungen und Therapien, Medikamente und
  medizinische Hilfsmittel, die von der Krankenkasse nicht vollständig bezahlt werden.

Für welche der genannten Leistungen die jährlichen Reinerträgnisse verwendet werden sollen, ob
diese also auf sämtliche Leistungen gleichmäßig oder nach einem bestimmten Schlüssel verteilt
werden oder ob diese in einem Jahr nur für eine oder mehrere der genannten Leistungen verwendet
werden, entscheidet der Testamentsvollstrecker nach billigem Ermessen, wobei er allerdings immer auf das Wohl unseres Kindes Elisabeth bedacht sein muss.
Werden die jährlichen Reinerträgnisse in einem Jahr nicht in voller Höhe in Form der bezeichneten
Leistungen unserem Kind Elisabeth zugewendet, sind die entsprechenden Teile vom jeweiligen
Testamentsvollstrecker gewinnbringend anzulegen.
Sind größere Anschaffungen für unser Kind Elisabeth, wie beispielsweise der Kauf eines Gegen-
standes zur Steigerung des Lebensstandards oder eine größere Reise oder ähnliches, beabsichtigt,
hat der Testamentsvollstrecker entsprechende Rücklagen zu bilden, die dann zugunsten unseres
Kindes zur gegebenen Zeit entsprechend zu verwenden sind.

Im Übrigen gelten für die Testamentsvollstreckung die gesetzlichen Bestimmungen.

Die von uns hier benannten Testamentsvollstrecker erhalten keine Vergütung, wohl aber Ersatz ihrer
Auslagen. Ein vom Nachlassgericht ernannter Testamentsvollstrecker erhält eine angemessene
Vergütung. Diese muss sich nach den Empfehlungen des Deutschen Notarvereins in ihrer jeweils aktuellen Fassung richten. Eine hierauf anfallende Umsatzsteuer ist gesondert zu erstatten. Im Innenverhältnis der Erben sind die bis zur Erbauseinandersetzung anfallenden Gebühren des Testamentsvollstreckers im Verhältnis der Erbquoten zu tragen. Die Gebühren für die anschließende Verwaltung
gehen ausschließlich zu Lasten des betroffenen Erbteils.

VI.

Sowohl der Erstversterbende als auch der Überlebende von uns schließt die zwangsweise Auseinandersetzung gegen den Willen eines Miterben in Ansehung des gesamten Nachlasses gemäß § 2044
BGB auf Lebenszeit des längstlebenden Miterben aus.

VII.

Ein jeder von uns regt an, nach dem Ableben des länger lebenden Elternteils (…) zum **Betreuer** unserer Tochter Elisabeth zu bestellen.

VIII.

Wir nehmen vorstehende Erklärungen – soweit gesetzlich zulässig – wechselseitig an.

Keiner von uns behält sich den einseitigen Rücktritt von diesem Erbvertrag vor.

Der amtierende Notar hat uns über die durch diesen Erbvertrag eingegangene Bindung belehrt. Er hat
uns ferner hingewiesen auf

■ das gesetzliche Pflichtteilsrecht, vor allem auf die Bestimmungen des § 2306 BGB,
■ das Wesen einer Vor- und Nacherbfolge,
■ die Bedeutung einer Testamentsvollstreckung.

Der Überlebende von uns ist jedoch berechtigt, die hier getroffenen Verfügungen von Todes wegen zugunsten und zu Lasten von Abkömmlingen und deren Ehegatten, nicht aber zugunsten dritter Personen einseitig abzuändern und zu ergänzen. Er darf dabei insbesondere

■ die Erbquoten unter den Abkömmlingen ändern,
■ gemeinschaftlichen Abkömmlingen und ihren Ehegatten Vermächtnisse zuwenden,
■ Teilungsanordnungen treffen,
■ einzelne Abkömmlinge auf den Pflichtteil setzen oder, falls die Voraussetzungen vorliegen, den Pflichtteil entziehen.

Machen alle Abkömmlinge, die gesetzliche Erben wären, nach dem Tode des Erstversterbenden von uns Pflichtteilsansprüche geltend, darf der Überlebende von uns über den beiderseitigen Nachlass völlig frei anderweitige Verfügungen von Todes wegen treffen.

IX.

Sollte die in dieser Urkunde getroffene Gestaltung wider Erwarten, etwa aufgrund der Änderung der Rechtslage, unwirksam sein oder werden, erhält unsere Tochter Elisabeth in beiden Erbfällen nur den Pflichtteil.

Diese Niederschrift (…)

9. Die Eröffnung einer Verfügung von Todes wegen

1236 Jede Urkunde, die eine Verfügung von Todes wegen enthalten könnte, muss nach dem Tod des Erblassers „unverzüglich" beim Nachlassgericht abgeliefert werden (§ 2259 BGB). Dies gilt auch, wenn die Verfügung offensichtlich ungültig, widerrufen oder gegenstandslos ist. Das Unterlassen der Ablieferung kann strafbar sein und schadensersatzpflichtig machen. Das Nachlassgericht kann die Ablieferung ferner durch Zwangsgeld erzwingen (§§ 358, 35 FamFG).

Die Ablieferungspflicht dient der Vorbereitung der „Eröffnung" des Testaments oder Erbvertrages und der Erhaltung und Sicherstellung der nicht vom Gericht verwahrten Verfügungen. Die Eröffnung soll den letzten Willen des Erblassers an die „Öffentlichkeit" bringen, damit für jedermann klar wird, wer Erbe geworden ist, und damit die Erben und die sonstigen Bedachten und Beteiligten erfahren, was sie bekommen bzw. nicht bekommen oder was sie sonst mit dem Nachlass zu tun haben (z.B. der Testamentsvollstrecker). Die Eröffnung wird vom Nachlassgericht von Amts wegen betrieben (§ 348 Abs. 1 FamFG). Sofern das Gericht keine Verfügung des Erblassers verwahrt und deshalb vom Zentralen Testamentsregister über den Tod des Erblassers nicht informiert wird, bedarf es naturgemäß eines Anstoßes von einem Beteiligten, den man üblicherweise „Antrag" nennt, obwohl er das genau genommen nicht ist.

1237 Zuständig ist das Nachlassgericht des letzten gewöhnlichen Aufenthalts des (deutschen oder ausländischen) Erblassers (§ 343 Abs. 1 FamFG), mangels eines inländischen gewöhnlichen Aufenthalts das Nachlassgericht, in dessen Bezirk der Erblasser seinen letzten gewöhnlichen Aufenthalt im Inland hatte (§ 343 Abs. 2 FamFG). Soweit eine Zuständigkeit nicht nach § 343 Abs. 1 oder 2 FamFG gegeben ist, ist das Amtsgericht Schöneberg in Berlin zuständig, wenn der Erblasser Deutscher ist oder – im Fall eines ausländischen Erblassers – sich Nachlassgegenstände im Inland befinden (§ 343 Abs. 3 S. 1 FamFG). Eine von einem anderen Gericht als dem zuständigen Nachlassgericht (§ 343 FamFG) verwahrte Verfügung von Todes wegen wird von dem Verwahrungsgericht eröffnet (§ 344 Abs. 6 FamFG).

1238 Zum Zweck der Eröffnung der vom Erblasser hinterlassenen Verfügungen von Todes wegen bestimmt der Rechtspfleger des Nachlassgerichts einen Termin. Dazu lädt er in der Regel die gesetzlichen Erben und die sonstigen Beteiligten nicht ein. Durch die seit dem 1.9.2009 gültige Vorschrift des § 348 Abs. 2 FamFG wird diese in der Praxis überwiegend geübte „stille Eröffnung" als praktischer Regelfall – zumindest bei notariellen Verfügungen von Todes wegen – ermöglicht. Sollten ausnahmsweise Beteiligte zur Eröffnung geladen werden, so wären dies die gesetzlichen Erben – also die Personen, die geerbt haben würden, wenn keine Verfügung von Todes wegen vorläge –, etwaige Testamentserben, sonstige Bedachte und ein etwaiger Testamentsvollstrecker. Anhand der Todesurkunde stellt der Rechtspfleger im Eröffnungstermin fest, dass der Erblasser gestorben ist. Die Verfügungen von Todes wegen werden – sofern jemand erscheint – verlesen und auf Verlangen den Erschienenen auch vorgelegt (§ 348 Abs. 2 S. 3 FamFG). Über den Vorgang wird eine Niederschrift errichtet (§ 348 Abs. 1 S. 2 FamFG, siehe das folgende Muster vgl. Rdn 1240). Die nicht erschienenen Beteiligten erhalten davon und von den Verfügungen des Erblassers – soweit der Inhalt sie betrifft – eine Abschrift (§ 348 Abs. 3 S. 1 FamFG).

Damit der Rechtspfleger die gesetzlichen Erben und die bedachten Personen im Ausnahmefall laden kann **1239** bzw. er im Falle der „stillen" Eröffnung diese den Beteiligten bekannt geben kann, muss er deren Namen und Anschriften mitgeteilt bekommen. Auch muss der Rechtspfleger wissen, an wen er sich wegen der Kosten wenden soll. Daraus ergibt sich für den Eröffnungs-„Antrag", den der Notar zumeist für die Beteiligten oder einen von ihnen stellt, folgender Inhalt:

- Übersendung einer Sterbeurkunde des Erblassers,
- Übersendung der Verfügungen von Todes wegen bzw. Angaben darüber, dass, wo und – möglichst – unter welchem Aktenzeichen Verfügungen von Todes wegen verwahrt werden,
- gegebenenfalls die Übersendung des Hinterlegungsscheins,
- die Namen und Anschriften der gesetzlichen Erben und der Bedachten,
- die Angabe des Kostenschuldners.

Muster: Antrag auf Eröffnung eines Testaments **1240**

Dr. Kurt Mende   Adorf, den (…)

Notar

Einschreiben

Amtsgericht

– Nachlassgericht –

80331 München

Betr.: Nachlass des Josef Müller aus München

Als Anlagen übersende ich:

1. eine Sterbeurkunde des Erblassers,
2. sein eigenhändiges Testament vom 14.8.2013,
3. den Erbvertrag vom 23.9.2004 – meine UR.Nr. 1082/04 –,

mit dem Antrag auf Eröffnung.

Der Erblasser hat ferner noch ein Testament vom 17.4.2005 beim dortigen Nachlassgericht hinterlegt. Der Hinterlegungsschein ist nicht auffindbar.

Gesetzliche Erben sind:

1. seine Ehefrau Maria geborene Meier, geboren am 1.8.1977, wohnhaft in München, Pfingststraße 12,
2. seine Kinder, nämlich:
   a) Josef Müller, jun., geboren am 2.5.2008,
   b) Berthold Müller, geboren am 8.10.2009,
   beide bei der Mutter wohnhaft.

Die Kosten können bei der Ehefrau erhoben werden.

Anlagen

Hochachtungsvoll

Notar

1241   *Muster: Eröffnungsprotokoll*

Amtsgericht Adorf

Adorf, den (…)

– IV 372/2020 –

Gegenwärtig:

Schuster, Rechtspfleger

In dem auf heute anberaumten Termin zur Eröffnung der Verfügung von Todes wegen der am 19.7.2020 in Adorf verstorbenen, zuletzt in Adorf wohnhaft gewesenen

Frau Elisabeth Schmitz

geborene Müller

erschien niemand. Ladungen erfolgten nicht.

Der Hinterlegungsschein über das unter Nr. 7716 des Verwahrungsbuches eingetragene Testament sowie die Sterbeurkunde befinden sich bei den Akten.

Das nach dem Hinterlegungsschein am 5.4.2005 zur besonderen amtlichen Verwahrung übergebene Testament der Erblasserin vom 4.4.2005 – UR.Nr. 538/2005 des Notars Baumann in Bedorf – war aus der Verwahrung entnommen. Das Testament ist mit einem Siegelabdruck des Notars Baumann verschlossen. Es wurde festgestellt, dass der Verschluss unversehrt war.

Notar Baumann in Bedorf hat den Ehe- und Erbvertrag vom 7.8.2008 – seine UR.Nr. 1102/2008 – abgeliefert.

Das Testament vom 4.4.2005 und der Ehe- und Erbvertrag vom 7.8.2008 wurden eröffnet.

Der Inhalt der Verfügungen von Todes wegen und diese Niederschrift werden den Beteiligten schriftlich bekannt gegeben (§ 348 Abs. 3 S. 1 FamFG).

gez. Schuster, Rechtspfleger

1242   Von besonderer Bedeutung kann der Umfang der Eröffnung von gemeinschaftlichen Testamenten oder Erbverträgen nach dem Tod des Erstversterbenden sein. So kann durch die Bekanntgabe der Verfügungen des Überlebenden bereits nach dem Tod des Erstversterbenden unter Umständen der Familienfrieden erheblich gestört werden. Setzen sich beispielsweise die Eheleute gegenseitig zum alleinigen Vollerben ein und berufen eines ihrer beiden Kinder zum alleinigen Erben des Überlebenden, wodurch das zweite Kind sowohl nach dem erstversterbenden Ehegatten als auch nach dem überlebenden Ehegatten enterbt wird, kann es durchaus im Interesse des überlebenden Ehegatten liegen, dass die Enterbung des zweiten Kindes diesem erst nach dem Tode des überlebenden Ehegatten bekannt gemacht wird. Gemäß § 349 Abs. 1, 4 FamFG sind bei gemeinschaftlichen Testamenten und Erbverträgen die Verfügungen des überlebenden Ehegatten, soweit sie sich trennen lassen, den Beteiligten nicht bekannt zu geben. Hiernach müssen also die Verfügungen des überlebenden Ehegatten, soweit sie sich von denen des erstverstorbenen Ehegatten nicht trennen lassen, mit diesen bekannt gegeben werden. Nach ständiger Rechtsprechung ist letzteres immer dann der Fall, wenn Verfügungen des Überlebenden mit Verfügungen des Erstverstorbenen in ein und demselben Satz oder Satzteil enthalten sind. Es wird von daher in der Literatur empfohlen, dass jeder Ehegatte die Verfügungen, die er für den Fall seines Überlebens vorgesehen hat, von denen des anderen Ehegatten auch sprachlich trennt, selbst wenn die Verfügungen beider Ehegatten – wie in der Regel – inhaltsgleich sind.

1243   *Beispiele*

(1) Der Überlebende von uns – und falls wir gleichzeitig versterben – ein jeder von uns, setzt hiermit unseren Sohn A zum alleinigen Erben ein.

(2) Für den Fall, dass ich, der Ehemann X, der Überlebende von uns bin oder gleichzeitig mit meiner Frau X versterbe, setze ich unseren Sohn A zum alleinigen Erben ein.

Für den Fall, dass ich, Frau X, die Überlebende von uns bin oder gleichzeitig mit meinem Mann X versterbe, setze ich unseren Sohn A zum alleinigen Erben ein.

Im Fall (1) lassen sich die Verfügungen beider Ehegatten bereits sprachlich nicht trennen, sodass hier nach dem Tod des einen Ehegatten auch die Verfügungen des anderen Ehegatten mit eröffnet und bekannt gemacht würden, während im Fall (2) grundsätzlich nur die Verfügung des Erstverstorbenen Herrn X, nicht aber die Verfügung der überlebenden Frau X eröffnet und bekannt gemacht würde. Aber auch in dem Fall (2) lässt sich nicht erreichen, dass die an sich gegenstandslose Verfügung des Herrn X, die er als Überlebender getroffen hat, geheim gehalten wird. Dies widerspricht schon dem Gesetzeswortlaut des § 349 Abs. 1 FamFG (Ausnahme von der Bekanntgabepflicht nur für Verfügungen des überlebenden Ehegatten oder eingetragenen Lebenspartners, nicht für gegenstandslose Verfügungen des verstorbenen Ehegatten oder eingetragenen Lebenspartners) und ist auch mit dem Interesse an der richtigen und zweifelsfreien Beurteilung der Erbfolge nicht zu vereinbaren. So kann unter Umständen erst aus der Zusammensicht sämtlicher Verfügungen des erstverstorbenen Ehegatten erkennbar sein, ob dieser im Hinblick auf den überlebenden Ehegatten und die gemeinsamen Kinder eine Vollerben- und Schlusserbeneinsetzung oder eine Vor- und Nacherbeneinsetzung gewollt hat. Da aber die Ehegatten die Erbfolge nach dem Überlebenden in den allermeisten Fällen identisch regeln, hilft die Eröffnung und Bekanntmachung nur der Verfügungen des erstverstorbenen Ehegatten im Hinblick auf ein etwaiges Geheimhaltungsinteresse des Überlebenden kaum weiter. Es bliebe dann nur die – aber aus vielen anderen Gründen nicht zu empfehlende – Lösung, in der bindenden Verfügung von Todes wegen zunächst nur die Erbfolge nach dem Erstversterbenden zu regeln und dem Überlebenden dann nach dem Tode des anderen Ehegatten die Errichtung einer weiteren Verfügung von Todes wegen zu überlassen. Auf jeden Fall sollte der Notar in den so genannten „kritischen" Fällen (z.B. Enterbung einzelner Abkömmlinge nach dem überlebenden Ehegatten) auf die Eröffnungsproblematik hinweisen und mit den Erblassern eine möglichst günstige Lösung für den Einzelfall suchen.[242]

1244

10. Der Erbschein beim Vorhandensein einer Verfügung von Todes wegen

a) Erforderlichkeit

Eine nicht beurkundete Verfügung von Todes wegen ist kein Erbnachweis. Sie könnte ungültig, widerrufen, gefälscht, überholt oder mehrdeutig sein. Um das Grundbuch nach dem Tod des Erblassers auf die Erben umzuschreiben oder etwa die Konten oder Wertpapierdepots des Erblassers aufzulösen, bedarf es aber einer möglichst sicheren Grundlage. Sie ist nur mit einem Zeugnis über die Erbfolge zu erreichen, das Beweiskraft hat, in der Regel also nur mit einem Erbschein, der vom Nachlassgericht ausgestellt wird und dem das Gesetz „öffentlichen Glauben" beilegt (§ 2366 BGB), sodass sich jeder, der gutgläubig ist, auf seine Richtigkeit verlassen kann (§ 2365 BGB, vgl. auch Rdn 882 ff.).

1245

b) Entbehrlichkeit

Öffentlichen Glauben genießen aber auch die Urkunden des Notars. Deshalb ist ein Erbschein zumeist entbehrlich, wenn ein „öffentliches" Testament, also ein vom Notar beurkundetes oder ihm vom Erblasser übergebenes (§ 2232 BGB) Testament, oder wenn ein Erbvertrag vorliegt. Die Grundbuchordnung sieht das ausdrücklich vor (§ 35 Abs. 1 GBO). Die Registergerichte wenden diese Vorschrift vielfach auch für die Anmeldung des Ausscheidens eines Gesellschafters und des Eintritts seiner Erben in eine Gesellschaft entsprechend an. Nach den Allgemeinen Geschäftsbedingungen der Banken und Sparkassen genügt als Erbnachweis in entsprechender Anwendung des § 35 Abs. 1 GBO ein öffentliches Testament oder ein Erbvertrag jeweils in Verbindung mit dem Eröffnungsprotokoll.[243] Der BGH hat in diesem Zusammenhang mit Urt. v. 5.4.2016[244] entschieden, dass eine Bank bei einem eigenhändigen Testament nicht regel-

1246

---

242 Vgl. zu dem vorstehenden Problem ausführlich *Gehse*, RNotZ 2006, 270 ff.
243 Vgl. hierzu das Gutachten, DNotI-Report 2005, 83 ff.
244 ZEV 2016, 320.

mäßig auf Vorlage eines Erbscheins bestehen könne. Der Erbe müsse vielmehr die Möglichkeit haben, seinen Erbnachweis auch in anderer Form, z.B. durch Vorlage einer beglaubigten Ablichtung eines eigenhändigen Testaments nebst einer beglaubigten Abschrift des Eröffnungsprotokolls, zu erbringen. Dies gelte jedenfalls in klaren Erbfolgefällen. Die Bank habe bei Vorlage eines eigenhändigen Testaments nicht das Recht, ohne weiteres einen Erbschein zu verlangen. Vielmehr komme es auf die Umstände des Einzelfalls an. Nur bei konkreten und begründeten Zweifeln an der Richtigkeit der Erbfolge sei die Bank berechtigt, sich ergänzende Unterlagen wie den Erbschein vorlegen zu lassen. Lediglich abstrakte Zweifel genügten nicht.

Da das öffentliche Testament bzw. der Erbvertrag nicht die letzte und gültige Verfügung des Erblassers zu enthalten braucht, bedarf es außer einer vom Nachlassgericht beglaubigten Abschrift der Verfügung zusätzlich einer *beglaubigten Abschrift des Eröffnungsprotokolls*. Aus ihm ergibt sich nämlich, welche Verfügungen von Todes wegen der Erblasser insgesamt hinterlassen hat, also auch, ob noch eine Verfügung vorliegt, in der die Erbfolge geändert worden sein könnte.

Voraussetzung ist im Übrigen stets, dass sich aus dem öffentlichen Testament bzw. aus dem Erbvertrag die Erbfolge unzweideutig ergibt. Bestehen nach seinem Wortlaut darüber Zweifel, so kann die Vorlegung eines Erbscheins verlangt werden (für das Grundbuchamt § 35 Abs. 1 S. 2 Hs. 2 GBO). Dasselbe gilt, wenn der Wortlaut zwar eindeutig ist, die Erbfolge sich aber gleichwohl nicht aus ihm ergibt, etwa weil es nur Vermächtnisse oder Teilungsanordnungen enthält oder die Person des Nacherben nicht bezeichnet ist.

1247

    Beispiel

    „Ich setze meine Ehefrau zu meiner alleinigen Vorerbin ein, Nacherben sind meine Abkömmlinge nach den Regeln der gesetzlichen Erbfolge."

    Hier ist zwar klar und unzweideutig festgelegt, wer Erbe bzw. Vorerbe werden soll. Die Nacherben ergeben sich indes ihrer Person nach nicht aus dem Testament. Deshalb müssen sie – wie bei gesetzlicher Erbfolge – im Erbscheinsverfahren ermittelt und im Erbschein ausgewiesen werden.

1248   Im Übrigen bedarf es auch bei Vorliegen eines öffentlichen Testamentes bzw. eines Erbvertrages eines weiteren Nachweises gegenüber dem Grundbuchamt oder einem Kreditinstitut z.B. in den Fällen, in denen die Erbeinsetzung vom Eintritt einer aufschiebenden oder Nichteintritt einer auflösenden Bedingung abhängt. Haben sich beispielsweise Eltern in einem Erbvertrag gegenseitig zu Alleinerben und ihre beiden einzigen Kinder K 1 und K 2 zu gleichen Teilen zu Schlusserben eingesetzt und haben die Eltern weiterhin bestimmt, dass ein Kind bei Geltendmachung des Pflichtteiles nach dem Erstversterbenden auch nach dem Letztversterbenden nur den Pflichtteil erhalten soll (sog. „Pflichtteilsstrafklausel", vgl. hierzu Rdn 1163 ff.), so muss gegenüber dem Grundbuchamt oder dem Kreditinstitut auch der Nachweis des Nichteintritts der auflösenden Bedingung (Geltendmachung des Pflichtteils nach dem Erstversterbenden) geführt werden. Entsprechendes gilt, wenn das öffentliche Testament bzw. ein Erbvertrag eine sog. Wiederverheiratungsklausel enthält (vgl. dazu Rdn 1093 ff.). Uneinigkeit herrscht darüber, ob der Nachweis zwingend durch Vorlegung eines Erbscheins zu erbringen ist oder ob auch eine in öffentlicher Urkunde abgegebene eidesstattliche Versicherung ausreicht.[245]

1249   Ein Erbschein ist zumeist entbehrlich, wenn der Erblasser Testamentsvollstreckung angeordnet hat. Denn dann kann der Testamentsvollstrecker über die Nachlassgegenstände verfügen, sie insbesondere den Erben übereignen (auflassen) bzw. an Dritte verkaufen, ohne dass vorher die Erben als Eigentümer in das Grundbuch eingetragen werden müssten. Es genügt dann ein Nachweis über die Testamentsvollstreckung und die Person des Testamentsvollstreckers. Er besteht in einem Testamentsvollstreckerzeugnis oder – sofern die Ernennung in einem öffentlichen Testament oder Erbvertrag erfolgt ist – in einer Bescheinigung des Nachlassgerichts über den Eingang der Erklärung des Testamentsvollstreckers, dass er das

---

245 Vgl. hierzu OLG Köln Rpfleger 2010, 263, ohne sich für eine Ansicht zu entscheiden; der BGH hat mit Beschl. v. 2.6.2016 entschieden, dass das Grundbuchamt sowohl beim Vorliegen einer Pflichtteilsstrafklausel als auch einer allgemein gehaltenen Verwirkungsklausel Eintragungen nicht ohne Vorlage eines Erbscheins vornehmen darf (ZEV 2016, 635); zu weiteren Fällen, in denen ein Erbschein trotz Vorliegens einer notariellen Verfügung von Todes wegen notwendig sein kann, siehe *Böhringer*, ZEV 2017, 68.

Amt angenommen hat, verbunden mit einer vom Nachlassgericht beglaubigten Abschrift der Verfügungen von Todes wegen und des Eröffnungsprotokolls (siehe hierzu Rdn 1129 ff.).

c) Erbscheinsantrag bei Erbeinsetzung

Hier gelten grundsätzlich dieselben Regeln wie beim Erbscheinsantrag nach gesetzlicher Erbfolge (vgl. Rdn 892 ff.). **1250**

Zur Erwirkung eines Erbscheins aufgrund einer Verfügung von Todes wegen hat der Antragsteller nach § 352 Abs. 2 FamFG anzugeben:

1. die Verfügung zu bezeichnen, auf der sein Erbrecht beruht,
2. anzugeben, ob und welche sonstigen Verfügungen des Erblassers von Todes wegen vorhanden sind,
3. den Zeitpunkt des Todes des Erblassers,
4. den letzten gewöhnlichen Aufenthalt und die Staatsangehörigkeit des Erblassers,
5. ob ein Rechtsstreit über das Erbrecht anhängig ist,
6. dass er die Erbschaft angenommen hat,
7. die Größe seines Erbteils,
8. wenn eine Person weggefallen ist, durch die der Antragsteller von der Erbfolge ausgeschlossen oder sein Erbteil gemindert werden würde, in welcher Weise die Person weggefallen ist (z.B. durch Tod, Ausschlagung, Erbverzicht);
9. ob und ggf. welches Vermögen der Erblasser im Ausland hinterlassen hat (vgl. § 352c Abs. 1 FamFG), sowie die zusätzlichen Angaben bei Beantragung eines *gemeinschaftlichen* Erbscheins (vgl. dazu Rdn 897).

(1) Es müssen alle, auch offenbar ungültige Verfügungen von Todes wegen, angeführt werden.

(2) Die Verfügung, in der die maßgeblich gebliebene Erbeinsetzung vorgenommen worden ist, muss bezeichnet und gegebenenfalls ausgelegt werden.

Die Auslegung ist immer dann erforderlich, wenn der Wortlaut der Verfügung nicht ohne weiteres oder nicht eindeutig ergibt, wer mit welchem Beteiligungsverhältnis Erbe werden soll.

> *Beispiel* **1251**
>
> „Ich vermache alles, was ich hinterlasse, meinem Sohn A."
>
> Dann ergibt die Auslegung, dass in Wahrheit A zum Alleinerben berufen worden ist.

Oder:

> „Mein Haus erhält meine Tochter A, mein Ackerland mein Sohn B, alles andere mein Enkel C." **1252**
>
> Dann sind A, B und C Erben. Anhand der Wertverhältnisse zwischen dem Haus, dem Ackerland und dem sonstigen Nachlass muss durch Auslegung ermittelt werden, wie groß die Erbquoten der drei Erben sind. Dabei genügen grob geschätzte Wertangaben des Antragstellers, da es für die Verteilung des Nachlasses hier auf die Erbquoten im Ergebnis nicht ankommt: Was jeder zu bekommen hat, liegt aufgrund der Teilungsanordnung des Erblassers fest, gleichviel, wie groß die Quoten der einzelnen Erben, die im Erbschein und daher auch im Antrag angegeben werden müssen, auch immer sein mögen.
>
> Ist das Haus 100.000 EUR, das Ackerland 60.000 EUR und die Wertpapiere 40.000 EUR wert, so sind die Tochter mit 50 % des Nachlasses, also zu $5/10$, der Sohn mit 30 % des Nachlasses oder $3/10$ und der Enkel mit 20 % des Nachlasses oder $2/10$ Erben geworden.

Oder:

> „Meine Frau soll bis zu ihrem Tod die alleinige Nutzung und Verwaltung über mein Vermögen haben. **1253** Danach sollen es meine Kinder bekommen."
>
> Hier ist unklar, ob die Frau Vollerbin oder Vorerbin bzw. Verwaltungstestamentsvollstreckerin und Nießbraucherin sein soll. Es bedarf daher der Ermittlung der Hintergründe, Beweggründe und Absich-

ten, die der Erblasser verfolgt hat. Dazu müssen u.U. auch außerhalb des Testaments liegende Umstände herangezogen werden. Hat der Erblasser z.B. zu einem Freund gesagt: „Ich habe meiner Frau alles vermacht. Sie soll damit machen, was sie will. Die Kinder haben sich mit dem zu begnügen, was sie übrig lässt", dann kann man dies im Antrag selbst oder in einer getrennten Urkunde von dem Freund an Eides statt versichern lassen und den Testamentsinhalt anhand dieser Bekundung in die Vollerbeinsetzung der Frau und ein Vermächtnis des Überrestes zugunsten der Kinder auslegen. Hat der Erblasser dagegen zu seinem Freund gesagt: „Meine Kinder bekommen mein Vermögen. Meine Frau bekommt nur die Nutznießung. Sie soll aber mein Vermögen für die Kinder verwalten können, ohne sie fragen zu müssen", dann führt dies zu der Auslegung, dass die Kinder Erben geworden sind und der Frau ein Nießbrauchsrecht am gesamten Nachlass vermacht wurde, verbunden mit einer lebenslangen Verwaltungstestamentsvollstreckung. Hat der Erblasser schließlich seinem Freund gesagt: „Zuerst soll meine Frau alles bekommen, sie kann aber nichts von meinem Vermögen verkaufen oder einem zweiten Mann vererben. Denn nach ihrem Tod sollen meine Kinder mein Vermögen allein bekommen", dann ergibt sich daraus, dass er seine Frau zur (nicht befreiten) Vorerbin und seine Kinder zu Nacherben berufen hat.

Zur Auslegung können z.B. auch frühere und ungültige Verfügungen herangezogen werden.

1254   (3) Das Gesetz selbst enthält eine Reihe von Auslegungsregeln. Die wichtigsten sind:

1255   § 2066 BGB

Hat der Erblasser seine gesetzlichen Erben ohne Namensnennung und ohne Angabe der Erbquoten eingesetzt, so sind diejenigen Personen Erben, die der Erblasser bei seinem Tode als gesetzliche Erben hinterlässt, und zwar mit den Quoten, die sie als gesetzliche Erben hätten. Eine solche pauschale Erbeinsetzung lässt mithin praktisch die gesetzliche Erbfolge zum Zuge kommen.

1256   § 2067 BGB

Hat der Erblasser seine „Verwandten" oder „Angehörigen" ohne nähere Bestimmung eingesetzt, so gilt dasselbe wie bei der Einsetzung der „gesetzlichen Erben".

1257   § 2068 BGB

Setzt der Erblasser seine „Kinder" zu Erben ein, so zählen dazu auch etwaige Enkelkinder, wenn deren Elternteil, also das Kind des Erblassers, vor dem Erblasser verstirbt.

1258   § 2069 BGB

Hat der Erblasser einen seiner Abkömmlinge namentlich bedacht und fällt dieser später weg, so ist im Zweifel anzunehmen, dass an seine Stelle seine, d.h. die mit dem Erblasser verwandten Abkömmlinge treten sollen (vgl. Rdn 1060 ff.). Diese Auslegungsregel gilt nicht nur für Erbeinsetzungen, sondern auch bei der Anordnung von Vermächtnissen.

1259   § 2072 BGB

Wenn der Erblasser „die Armen" ohne nähere Bestimmung bedenkt, so fällt diese Zuwendung an das Sozialamt seines letzten Wohnsitzes mit der Auflage, dass dieses das angefallene Vermögen an arme Einwohner des Sozialamtsbezirks zu verteilen hat.

1260   § 2074 BGB

Wenn der Erblasser die Zuwendung nicht sofort an den Bedachten fallen lassen will, sondern nach einer gewissen Zeit oder nur unter einer bestimmten Bedingung, so gilt die Zuwendung nur als gemacht, wenn der Bedachte den Eintritt des Zeitpunkts oder der Bedingung erlebt.

Beispiel

E verfügt: „Meine Briefmarkensammlung erhält mein Enkel C, sobald er 25 Jahre alt ist." C stirbt, bevor er 25 Jahre alt geworden ist. Das Vermächtnis gilt nicht mehr. Die Erben des C können nicht statt seiner die Briefmarkensammlung verlangen.

§ 2103 BGB   1261

Wenn der Erblasser anordnet, dass der Erbe die Erbschaft nach dem Ablauf einer bestimmten Zeit oder dem Eintritt eines bestimmten Ereignisses einem anderen herausgeben muss, so ist der zunächst Bedachte Vorerbe, der danach zum Zuge kommende Nacherbe.

> *Beispiel*
>
> E verfügt: „Nach meinem Tode wird meine Ehefrau alleinige Erbin. Sie hat den Nachlass an meinen Sohn S herauszugeben, sobald dieser 25 Jahre alt ist. Meine Frau erhält dann an meinem Vermögen den lebenslangen unentgeltlichen Nießbrauch." Hier sind die Ehefrau Vorerbin, der Sohn Nacherbe. Zusätzlich ist der Ehefrau für die Zeit nach dem Nacherbfall der Nießbrauch vermacht.

§ 2104 BGB   1262

Hat der Erblasser angeordnet, dass der Erbe nur vorübergehend oder bis zum Eintritt eines bestimmten Ereignisses Erbe sein soll, ohne zu bestimmen, wer nach ihm die Erbschaft erhalten soll, so ist anzunehmen, dass als Nacherben diejenigen eingesetzt sind, die im Zeitpunkt des Nacherbfalls die gesetzlichen Erben des Erblassers wären.

> *Beispiel*
>
> E verfügt: „Meine Frau wird meine alleinige Erbin. Heiratet sie wieder, so fällt sie als Erbin weg." E hat die Töchter A, B und C hinterlassen. Die Tochter A ist zwischen seinem Tod und der Wiederheirat der Mutter verstorben und hat ihrerseits den Enkel D hinterlassen. „Im Zeitpunkt des Nacherbfalls", also der Wiederverheiratung, wären die gesetzlichen Erben des E seine Töchter B und C sowie sein Enkel D gewesen. Diese werden daher Nacherben des E mit der Wiederverheiratung seiner Frau.

§ 2105 BGB   1263

Hat der Erblasser bestimmt, dass der Erbe die Erbschaft erst nach einer gewissen Zeit oder nach dem Eintritt eines bestimmten Ereignisses erhalten soll, ohne zu bestimmen, wer die Erbschaft bis dahin bekommen soll, so sind die gesetzlichen Erben die Vorerben und der Bedachte Nacherbe.

> *Beispiel*
>
> E verfügt: „Mein Sohn S soll mein alleiniger Erbe werden, wenn er 25 Jahre alt geworden ist". Weitere Bestimmungen hat er nicht getroffen. E hinterlässt seine Frau F, seinen Sohn S und seine Tochter T. Bis S 25 Jahre alt wird, werden die gesetzlichen Erben des E dessen Vorerben, also F zu $1/2$ (bei gesetzlichem Güterstand) und S sowie T je zu $1/4$. Mit Vollendung des 25. Lebensjahres wird S der alleinige Nacherbe des E.

(4) Angaben über den Güterstand und vorverstorbene gesetzliche Erben sind entbehrlich, weil beides   1264
ohne Einfluss auf die im Erbschein auszuweisende Erbfolge ist. Entsprechend bedarf es nicht der Versicherung, dass andere als die im Antrag bezeichneten Personen vorhanden sind oder waren, durch die sie von der Erbfolge ausgeschlossen oder ihre Erbteile gemindert worden wären (§ 352 Abs. 2 FamFG i.V.m. § 352 Abs. 3 S. 3 FamFG). Einzelne Nachlassgerichte verlangen die Angabe, dass zur Zeit des Erbfalls keine Ehesache anhängig bzw. rechtshängig war (§ 2077 BGB und vgl. Rdn 1009), und deren Bekräftigung in der eidesstattlichen Versicherung. Begründung: Wäre im Zeitpunkt des Todes des Erblassers ein Scheidungs- oder Eheanfechtungsverfahren rechtshängig gewesen, so hätte der Ehegatte nicht geerbt (siehe auch Rdn 897 ff.).

Muster: 1265

(Protokolleingang)

Der Erschienene erklärte:

Am 1.12.2018 verstarb meine Mutter, die verwitwete Frau Sibilla Schmitz geborene Krämer. Ihr letzter Wohnsitz und gewöhnlicher Aufenthalt war Bonn. Die Erblasserin hat kein Vermögen im Ausland hinterlassen. Sie hat als einzige folgende Verfügungen von Todes wegen hinterlassen:

1. das eigenhändige Testament vom 20.7.1997,
2. das eigenhändige gemeinschaftliche Testament mit ihrem vorverstorbenen Ehegatten Anton Schmitz vom 2.1.2003,
3. das eigenhändige Testament vom 15.4.2013.

Das Testament vom 20.7.1997 wurde im gemeinschaftlichen Testament vom 2.1.2003 widerrufen bzw. aufgehoben. Im gemeinschaftlichen Testament hat nur der Erstversterbende der Eheleute Anton Schmitz und Sibilla Schmitz geborene Krämer Verfügungen getroffen. Die Erblasserin ist Überlebende geblieben. In ihrem Testament vom 15.4.2013 hat sie bestimmt, dass mein Bruder Johann das Haus und ich das gesamte andere Vermögen bekommen sollen. Das Haus und das gesamte andere Vermögen sind je etwa gleich viel wert. Die Anordnung der Erblasserin ist daher dahin zu verstehen, dass sie zu Erben berufen hat:

1. mich, den Erschienenen,
2. meinen Bruder Johann Schmitz, geboren am 14.1.1977, wohnhaft in Köln, Holweider Straße 188,

je zur Hälfte.

Die Erben haben die Erbschaft angenommen. Ein Rechtsstreit über das Erbrecht ist nicht anhängig. Höferechtsgebundener Nachlass ist nicht vorhanden. Meine Schwester Rita Schmitz ist im Kindesalter vorverstorben.

Über die Bedeutung einer eidesstattlichen Versicherung belehrt, versichere ich an Eides statt, dass mir nichts bekannt ist, was der Richtigkeit meiner vorstehenden Angaben entgegensteht.

Ich beantrage die Erteilung eines Erbscheins vorstehenden Inhalts und bitte um die Übersendung einer Ausfertigung an den Notar.

(Die Versicherung, dass kein höferechtsgebundener Nachlass vorhanden sei, ist zwar nicht erforderlich, aber zweckmäßig, damit halbwegs gewährleistet wird, dass nicht statt des Erbscheins ein Hoffolgezeugnis beim Landwirtschaftsgericht beantragt werden müsste.)

d)   Erbscheinsantrag bei Verfügung ohne Erbeinsetzung

1266   Nicht jede Verfügung von Todes wegen enthält eine Erbeinsetzung. So kann sich der Erblasser darauf beschränken, lediglich Vermächtnisse auszuwerfen, Auflagen zu machen oder Testamentsvollstreckung anzuordnen. Dann tritt trotz der Verfügung von Todes wegen gesetzliche Erbfolge ein. In diesen Fällen stellt man den Inhalt der Verfügung im Erbscheinsantrag kurz dar, zieht den Schluss, dass mithin gesetzliche Erbfolge eingetreten sei, und verfährt dann wie beim Erbscheinsantrag aufgrund gesetzlicher Erbfolge (vgl. Rdn 904).

1267   *Muster:*

(Protokolleingang)

Der Erschienene erklärte:

Am 23.10.2017 verstarb mein Vater Heinrich Schmitz. Sein letzter Wohnsitz und gewöhnlicher Aufenthalt war Köln. Der Erblasser hat kein Vermögen im Ausland hinterlassen. Er hat als einzige Verfügung von Todes wegen ein eigenhändiges Testament vom 27.4.1999 hinterlassen. Darin hat er lediglich Vermächtnisse ausgeworfen (oder: Erbeinsetzungen hat er darin nicht getroffen). Er wurde demnach gesetzlich beerbt.

Im Zeitpunkt seines Todes lebte er mit seiner Ehefrau im gesetzlichen Güterstand. Eine Ehesache war nicht anhängig. Vorverstorben ist die Tochter Anneliese im Kindesalter.

Erben sind demnach geworden:

…

III. Hoferbfolge

1. Alleineigentumshof

Ob ein Hof i.S.d. HöfeO vorliegt, ist oft schwierig festzustellen (vgl. hierzu Rdn 202 ff.). Zur Unterscheidung vom *Ehegattenhof* spricht man von einem *„Alleineigentumshof"*, wenn der Hof nur einer Person gehört. **1268**

a) Nach der Höfeordnung (HöfeO), die nur in Hamburg, Niedersachsen, Nordrhein-Westfalen und Schleswig-Holstein gilt, gibt es vier Hoferbenordnungen (§ 5 HöfeO): **1269**

- die Kinder des Erblassers und deren Abkömmlinge,
- den Ehegatten des Erblassers,
- die Eltern des Erblassers, wenn der Hof von ihnen oder aus ihren Familien stammt,
- die Geschwister des Erblassers und deren Abkömmlinge.

In der ersten Hoferbenordnung ist zunächst berufen, wer die Bewirtschaftung des Hofes im Erbfall auf Dauer übertragen erhalten hatte, es sei denn, der Erblasser hätte sich dabei ausdrücklich die anderweitige Bestimmung des Hoferben vorbehalten (§ 6 Abs. 1 S. 1 HöfeO) und von dieser vorbehaltenen Befugnis Gebrauch gemacht. In zweiter Linie ist derjenige berufen, dem der Erblasser eine landwirtschaftliche Ausbildung hat zukommen lassen oder durch seine Beschäftigung auf dem Hof zum Erbanwärter gemacht hat. Eine ähnliche Bestimmung kennt die HöfeO Rheinland-Pfalz (§ 17 Abs. 2). Treffen diese Voraussetzungen auf mehrere Anwärter gleichermaßen zu, so ist der ältere von ihnen (in Gebieten mit Jüngstenrecht der jüngere) Hoferbe. Treffen die Voraussetzungen auf keinen zu, so ist stets je nach dem Erbbrauch der ältere oder der jüngere Hoferbe.

In Rheinland-Pfalz wird der Ehegatte, solange Verwandte entfernterer Ordnung leben, nur (nicht befreiter) Hofvorerbe (§ 16 Abs. 2 HöfeO Rhl.-Pf.). In Nordwestdeutschland scheidet der Ehegatte beim Vorhandensein von Verwandten entfernterer Ordnungen als Hoferbe aus, wenn „ihr Ausschluss von der Hoferbfolge, insbesondere wegen der von ihnen für den Hof erbrachten Leistungen, grob unbillig wäre". Weiter scheidet er aus, wenn er wegen eines laufenden Scheidungsverfahrens nach § 1933 BGB von der Erbfolge ausgeschlossen ist. **1270**

Der Ehegatte braucht nicht wirtschaftsfähig zu sein. Das gilt in Rheinland-Pfalz nur bei Ehegattenhöfen. Ansonsten scheidet als Hoferbe aus, wer nicht wirtschaftsfähig ist (§ 6 Abs. 6 HöfeO bzw. § 17 Abs. 4 HöfeO Rhl.-Pf.), es sei denn, allein mangelnde Altersreife wäre der Grund für das Fehlen der Wirtschaftsfähigkeit.

Wirtschaftsfähig ist, wer nach seinen Fähigkeiten, Kenntnissen und nach seiner Persönlichkeit in der Lage ist, den Hof selbstständig und ordnungsgemäß zu bewirtschaften (§ 6 Abs. 7 HöfeO). Fällt ein Hoferbe wegen fehlender Wirtschaftsfähigkeit aus, so wird er als nicht lebend behandelt. Seine Abkömmlinge gehen etwaigen Geschwistern vor (str.). Ist kein (wirtschaftsfähiger) Hoferbe vorhanden oder wirksam bestimmt, so vererbt sich der Betrieb als Nicht-Hof nach dem BGB (§ 10 HöfeO).

b) Grundsätzlich kann der Hofeigentümer den Hoferben durch Verfügung von Todes wegen oder durch Übergabevertrag frei bestimmen (§ 7 Abs. 1 HöfeO bzw. § 15 HöfeO Rhl.-Pf.). Der durch Verfügung von Todes wegen oder durch Übergabevertrag Berufene muss ebenso wirtschaftsfähig sein wie der gesetzliche Hoferbe. Dies gilt nur dann nicht, wenn kein Abkömmling wirtschaftsfähig und auch kein wirtschaftsfähiger Ehegatte vorhanden ist (§ 7 Abs. 1 S. 2 Hs. 2 HöfeO). **1271**

Der Eigentümer kann im Übergabevertrag oder in der Verfügung von Todes wegen die Abfindung der weichenden Erben bis zur Pflichtteilsgrenze, berechnet nach dem 1½fachen Einheitswert (§ 12 Abs. 2 HöfeO; in Rheinland-Pfalz nach dem Ertragswert, § 21 Abs. 2 HöfeO Rhl.-Pf. i.V.m. § 2049 BGB), herab- und bis zur Grenze der Belastbarkeit des Hofes heraufsetzen.

c) Hat der Eigentümer in einem Erbvertrag oder in einem bindend gewordenen gemeinschaftlichen Testament den Hoferben bestimmt, oder hat er sich dadurch auf einen Hoferben festgelegt, dass er ihm vorbehaltlos die Bewirtschaftung des Hofes übertragen hat, oder dadurch, dass er ihn durch die Beschäftigung auf dem Hof zum Anwärter berufen hat, so kann er weder durch Verfügung von Todes wegen noch **1272** durch Übergabevertrag einem anderen den Hof zuwenden (§ 7 Abs. 2 HöfeO). Nach der – umstrittenen – Rechtsprechung des BGH kann der Erblasser diese Bindungen durch die Aufhebung der Hofeigenschaft unterlaufen.

1273   d) In Nordwestdeutschland kann der Eigentümer seinem Ehegatten durch Verfügung von Todes wegen die Befugnis einräumen, unter den Abkömmlingen des Eigentümers den Hoferben auszuwählen. Diese Befugnis erlischt, wenn der Ehegatte sich wieder verheiratet oder der gesetzliche Hoferbe 25 Jahre alt wird. Die Bestimmung erfolgt durch eine mündliche Erklärung zur Niederschrift des Landwirtschaftsgerichts oder durch eine notariell beglaubigte Erklärung (§ 14 Abs. 3 HöfeO).

2. Ehegattenhof

1274   a) Den Ehegattenhof erhält seit dem 1.7.1976 in Nordwestdeutschland stets der überlebende Ehegatte zu Volleigentum (§ 8 Abs. 1 HöfeO). In Rheinland-Pfalz kommt es darauf an, von wem der Hof stammt (§ 18 HöfeO Rhl.-Pf.). Stirbt der Ehegatte, von dem der Hof nicht stammt, so wird der Überlebende Volleigentümer. Stirbt dagegen der Ehegatte, von dem der Hof stammt, so wird der Überlebende nur (nicht befreiter) Hofvorerbe. Hofnacherbe wird derjenige, der Hoferbe geworden wäre, wenn der Ehegatte, von dem der Hof stammt, erst beim Tod des überlebenden Ehegatten gestorben wäre.

b) Beim Ehegattenhof können die Ehegatten einen Dritten nur gemeinsam zum Hoferben bestimmen und diese Bestimmung nur gemeinsam widerrufen (§ 8 Abs. 2 S. 1 HöfeO bzw. § 15 Abs. 2 HöfeO Rhl.-Pf.). Haben die Eheleute keine Hoferbenbestimmung getroffen oder die Bestimmung widerrufen, so kann in Nordwestdeutschland der überlebende Ehegatte nach Belieben einen Hoferben berufen (§ 8 Abs. 2 S. 2 HöfeO). In Rheinland-Pfalz kann er, wenn er nur Hofvorerbe wird, den Nacherben nicht bestimmen.

c) Sowohl das Bestimmungsrecht beider Ehegatten als auch das des Überlebenden unterliegt denselben Beschränkungen wie das Bestimmungsrecht beim Alleineigentumshof: Eine entgegenstehende Verfügung von Todes wegen oder eine formlose, aber bindende sonstige Hoferbenbestimmung schließt das Bestimmungsrecht aus (vgl. Rdn 1268 ff.).

IV. Digitaler Nachlass

1275   Hinsichtlich des sogenannten „digitalen Nachlasses" (z.B. auf Servern vorhandene elektronische Post, E-Mail-Accounts, Benutzerkonten bei sozialen Netzwerken, Blogs als quasi öffentlich geführte Tagebücher, usw.) wurden viele Jahre zahlreiche juristische Diskussionen darüber geführt, wie dieser Nachlass in die Bestimmungen des deutschen Erbrechts einzuordnen ist. In einer Grundsatzentscheidung aus dem Jahre 2018[246] hat der Bundesgerichtshof entschieden, dass es für den digitalen Nachlass keine erbrechtlichen Sonderregelungen gibt, sondern dass hierfür die allgemeinen Erbrechtsgrundsätze, vor allem der Grundsatz der Gesamtrechtsnachfolge, gilt. Diese Grundsätze umfassen so insbesondere auch Nutzungsverträge von sozialen Netzwerken, sodass der betreffende Anbieter den Erben grundsätzlich Zugang zum Konto des Erblassers einschließlich der darin enthaltenen höchstpersönlichen und vermögensrechtlichen Inhalte zu gewähren hat. Ein Nutzungsvertrag sei nämlich nicht seinem Wesen nach höchstpersönlicher Natur. Und ein Verstoß gegen das Fernmeldegeheimnis sei in der Weitergabe der Inhalte der Benutzerkonten an die Erben nicht begründet, denn die Erben seien keine „anderen" im Sinne von § 88 Abs. 1 Telekommunikationsgesetz (TKG). AGB-Klauseln der Anbieter sozialer Netzwerke, die das Vertragsverhältnis ihrer Kunden für unvererblich erklären, verstoßen grundsätzlich gegen § 307 Abs. 1, 2 BGB. Eine entsprechende Individualvereinbarung zwischen Anbieter und Nutzer wäre aber aufgrund der Vertragsfreiheit wohl möglich.

Ob aufgrund der vorgenannten Rechtslage auch eine aktive Weiternutzung des digitalen Benutzerkontos des Erblassers durch seine Erben möglich ist, hat der Bundesgerichtshof nicht entschieden und ist in der juristischen Literatur bislang umstritten, wegen der Personenbezogenheit der digitalen Konten wohl aber eher zu verneinen.

---

246 BGH-Entscheidung vom 12.7.2018, vgl. BGHZ 219, 243; NJW 2018, 3178.

Aus der vorstehenden BGH-Entscheidung folgt, dass für die erbrechtliche Gestaltung hinsichtlich des digitalen Nachlasses grundsätzlich auf die allgemeinen erbrechtlichen Gestaltungsmittel zurückzugreifen ist. Ergänzend hierzu wäre zum einen zu erwägen, ob der Erblasser seinen Erben eine postmortale Vollmacht erteilt, die es diesen ermöglicht, über den digitalen Nachlass im Rahmen der mit dem Anbieter getroffenen Vereinbarungen uneingeschränkt zu verfügen. Zum anderen könnte der Erblasser in einer Verfügung von Todes wegen z.B. über Auflagen den Erben auferlegen, über den digitalen Nachlass in bestimmter Weise zu verfahren, z.B. für die sofortige Löschung bestimmter persönlicher Inhalte zu sorgen. Diese Aufgaben könnten auch einem Testamentsvollstrecker übertragen werden.[247]

V. Gewöhnlicher Aufenthalt und Staatsangehörigkeit des Erblassers und Belegenheit des Nachlasses zur Vorbereitung von Verfügungen von Todes wegen und Erbscheinsanträgen

Sowohl bei der Gestaltung von Verfügungen von Todes wegen (Erbverträge und Testamente) zu Lebzeiten eines Erblassers als auch bei der Vorbereitung von Erbscheinsanträgen nach dem Tode eines Erblassers ist es von großer Bedeutung, ob der dem Notar und seinen Mitarbeitern vorgelegte Sachverhalt Auslandsberührung hat oder nicht. So beeinflussen der gewöhnliche Aufenthalt und die Staatsangehörigkeit des Erblassers, aber auch das Vorhandensein von Vermögenswerten des Erblassers in Deutschland und/ oder im Ausland maßgeblich die Gestaltungsmöglichkeiten für die Vorbereitung von Verfügungen von Todes wegen oder Erbscheinsanträgen. Es ist von daher für den Notar und seine Mitarbeiter wichtig zu wissen, welches Recht auf die Erbfolge nach dem Erblasser anzuwenden ist, welches Recht für die Wirksamkeit einer zu errichtenden Verfügung von Todes wegen einschlägig ist, ob ein deutsches Nachlassgericht für die Erteilung eines Erbscheins international zuständig ist – bei einem Sachverhalt mit Auslandsberührung ist das unter Umständen nicht der Fall –, und ob und welcher Erbschein im konkreten Fall erteilt werden kann (vgl. hierzu im Einzelnen Rdn 1837 ff., 1889 ff., 1959 ff., 1994 ff.). So enthält, wie bereits ausgeführt (vgl. Rdn 1250), der Katalog des neuen § 352 FamFG als Pflichtangaben im Antrag auf Erteilung eines Erbscheins den letzten gewöhnlichen Aufenthalt und die Staatsangehörigkeit des Erblassers.   1276

Der Notar und seine Mitarbeiter sind somit schon im Rahmen der ersten Beratung gehalten, nach dem aktuellen gewöhnlichen Aufenthalt des Erblassers, dessen Staatsangehörigkeit und nach dem Vorhandensein von Vermögenswerten im Ausland zu fragen und dies auch entsprechend zu protokollieren. Im Hinblick auf die seit dem 17.8.2015 anwendbare „EU-Erbrechtsverordnung" Nr. 650 vom 4.7.2012 ist es für die Testaments- und Erbrechtsgestaltungen auch empfehlenswert, nach der Lebensplanung der Erblasser, insbesondere im Hinblick auf einen später beabsichtigten Wohnsitzwechsel ins Ausland, zu befragen und auch dies im Protokoll zu vermerken. Ob nämlich ein deutscher oder ausländischer Erblasser in Deutschland überhaupt wirksam verfügen, insbesondere ob er bindend im Rahmen von gemeinschaftlichen Testamenten oder Erbverträgen verfügen kann, hängt von dem Erbrecht ab, das auf die Rechtsnachfolge von Todes wegen des betreffenden Erblassers anwendbar ist.   1277

Besondere Vorsicht ist bei Erblassern angezeigt, die in Deutschland ein gemeinschaftliches Testament oder einen Erbvertrag beurkunden lassen wollen, und auf deren Rechtsnachfolge von Todes wegen ein ausländisches Recht zur Anwendung kommt. Denn viele ausländische Rechte lassen dies nicht zu. So erklären die Gesetze des romanischen und des so genannten ehemaligen sozialistischen Rechtskreises (Frankreich, Italien, Portugal, Spanien, Bulgarien, Polen, Rumänien und andere Staaten) bindende Verfügungen für unwirksam (vgl. Rdn 969, 1010, 1011).   1278

Um das auf die Rechtsnachfolge von Todes wegen nach einem Erblasser anwendbare Recht zu bestimmen, galten bis zur Anwendbarkeit der „EU-Erbrechtsverordnung" Nr. 650 vom 4.7.2012 am 17.8.2015 die Regeln des deutschen EGBGB. Nach Art. 25 Abs. 1 EGBGB a.F. wurde das auf die Rechtsnachfolge von Todes wegen anzuwendende Recht grundsätzlich an die Staatsangehörigkeit des Erblassers zum Zeitpunkt seines Todes angeknüpft (vgl. zu den Einzelheiten des bis zum 17.8.2015 anzuwendenden Erbrechts die Vorauflagen der Notariatskunde).   1279

---

247 Vgl. zu praktischen Empfehlungen zum digitalen Nachlass *Steiner/Holzer*, ZEV 2015, 262 ff.

1280   Seit dem 17.8.2015, dem Zeitpunkt der Anwendbarkeit der „EU-Erbrechtsverordnung" Nr. 650 vom 4.7.2012, gilt für die Ermittlung des anwendbaren Erbrechts Folgendes:

Anstelle der Anknüpfung an die Staatsangehörigkeit des Erblassers unterliegt nach der „EU-Erbrechts-verordnung" die gesamte Rechtsnachfolge von Todes wegen grundsätzlich dem Recht des Staates, in dem der Erblasser im Zeitpunkt seines Todes seinen gewöhnlichen Aufenthalt hatte. Für die Zulässigkeit und die Wirksamkeit einer Verfügung von Todes wegen muss ermittelt werden, welches Erbrecht des Erblassers bzw. der Erblasser anwendbar gewesen wäre, wenn der bzw. die Erblasser zum Zeitpunkt der Errichtung der Verfügung von Todes wegen gestorben wäre bzw. wären (= hypothetisches Erbstatut; vgl. hierzu im Einzelnen Rdn 1889 ff.).

1281   Leichter ist für den deutschen Notar und seine Mitarbeiter nunmehr die Gestaltung von gemeinschaftli-chen Testamenten und Erbverträgen für ausländische Erblasser, die dauerhaft in Deutschland leben und auch aller Voraussicht nach beabsichtigen, hier bis zu ihrem Tode wohnen bzw. leben zu bleiben. Denn in diesen Fällen kann der Notar auf der Grundlage des ihm bekannten deutschen Erbrechts ohne Rücksicht auf ausländische Rechtsordnungen erbrechtlich gestalten. Auch die Vorbereitung von Erbscheinsanträ-gen nach ausländischen Erblassern, die mit letztem gewöhnlichen Aufenthalt in Deutschland verstorben sind, wird für den deutschen Notar und seine Mitarbeiter leichter, da der deutsche Rechtsanwender auch hier aufgrund des grundsätzlich einschlägigen deutschen Erbrechts in der Materie „zu Hause" ist.

1282   Schwieriger ist es für die Gestaltung von Verfügungen von Todes wegen, insbesondere von gemein-schaftlichen Testamenten und Erbverträgen, unter Umständen im Falle deutscher Erblasser, die beabsich-tigen, später ins Ausland zu ziehen. Hier ist aber nach der „EU-Verordnung" eine Rechtswahl zum deut-schen Heimatrecht möglich, so dass auch bei einem späteren Umzug – z.B. auf eine spanische „Sonneninsel" – deutsches Erbrecht anwendbar bleibt und somit auch die in Deutschland errichteten Ver-fügungen von Todes wegen, insbesondere gemeinschaftliche Testamente und Erbverträge, wirksam blei-ben (vgl. hierzu Rdn 1867 ff.).

VI.   Erbscheinsanträge in besonderen Fällen

1.   Gegenständlich beschränkter Erbschein

1283   Im Grundsatz gibt es keinen Erbschein, der nur die Rechtsnachfolge hinsichtlich einzelner Nachlass-gegenstände ausweist (zu unterscheiden vom Teilerbschein und vom Mindesterbschein, die nur die Rechtsnachfolge hinsichtlich einer Quote des – gesamten – Nachlasses ausweisen). Gemäß § 352c Abs. 1 FamFG kann der Antrag auf Erteilung eines Erbscheins auf die im Inland befindlichen Gegen-stände beschränkt werden, wenn zu einer Erbschaft auch Gegenstände gehören, die sich im Ausland be-finden. Durch das am 1.9.2009 in Kraft getretene Gesetz über das Verfahren in Familiensachen und in den Angelegenheiten der freiwilligen Gerichtsbarkeit (kurz: FamFG) war die internationale Zuständigkeit der deutschen Nachlassgerichte neu geregelt worden. Die internationale Zuständigkeit wurde seither aus der örtlichen Zuständigkeit abgeleitet. Die Neuregelung hatte zu einer erheblichen Ausweitung der internationalen Zuständigkeit der deutschen Nachlassgerichte insbesondere dadurch geführt, dass sich diese Zuständigkeit bei deutschen und ausländischen Erblassern auf das gesamte Weltvermögen des Erb-lassers und nicht nur – wie bis zum 1.9.2009 – auf den im Inland befindlichen Nachlass erstreckt, und zwar unabhängig davon, ob auf den Erbfall deutsches Erbrecht, ein oder mehrere ausländische Erbrechte oder deutsches und ausländisches Erbrecht anwendbar sind. Die vorstehenden Vorschriften zur Bestimmung der internationalen Zuständigkeit der deutschen Nachlassgerichte für die Erteilung von Erbscheinen mit Auslandsberührung finden aber nach der Anwendbarkeit der EU-Erbrechtsverordnung ab dem 17.8.2015 keine Anwendung mehr. Der Europäische Gerichtshof hat die deutschen Zuständigkeitsvorschriften der §§ 105, 343 FamFG für gemeinschaftsrechtswidrig erklärt, soweit Sachverhalte betroffen sind, die in den Anwendungsbereich der EU-ErbVO fallen, also Sachverhalte mit Auslands- bzw. Gemeinschaftsbezug. Die internationale Zuständigkeit, u.a. auch für deutsche Nachlassgerichte zur Erteilung von Erbscheinen mit Auslands- bzw. Gemeinschaftsbezug, beurteilt sich also seit der Anwendbarkeit der EU-ErbVO aus-schließlich nach den Art. 4, 10 EU-ErbVO (vgl. hierzu ausführlich Rdn 886 ff.).

Aus Praktikabilitäts- und Kostengründen ermöglicht § 352c Abs. 1 FamFG in Fällen, in denen ein deutsches Nachlassgericht zur Erteilung eines Erbscheins mit Auslandsbezug nach wie vor international zuständig ist, den Erbschein auf die im Inland, also in Deutschland befindlichen Nachlassgegenstände zu beschränken, und zwar unabhängig vom anwendbaren Recht. Von besonderer Bedeutung ist diese Beschränkungsmöglichkeit, wenn ein mit letztem gewöhnlichen Aufenthalt in Deutschland verstorbener deutscher oder ausländischer Erblasser Vermögen in Deutschland und im Ausland hinterlässt (z.B. ein deutscher oder belgischer Erblasser hinterlässt neben einem Haus in Deutschland noch ein Ferienhaus in Belgien), der Erbschein für in Deutschland befindliches Nachlassvermögen (z.B. ein zu verkaufendes Haus) dringend benötigt wird, der deutsche Erbschein für das im Ausland (z.B. in Belgien) befindliche unbewegliche Vermögen ohnehin nicht anerkannt würde und der Antragssteller somit wegen des geringeren Geschäftswertes Gebühren sparen kann (§ 40 Abs. 3 GNotKG; zur ausführlichen Behandlung des § 352c FamFG siehe unten Rdn 2000 ff. und zu den praktischen Anwendungsfällen siehe Fälle 1 ff., Rdn 2005 ff.)

2. Hoffolgezeugnis

Das Hoffolgezeugnis ist ein Nachweis über die Erbfolge in den Hof. Es ist mithin ein gegenständlich beschränkter Erbschein im weiteren Sinne. Ein Hof i.S.d. HöfeO vererbt sich ohne Rücksicht auf die Staatsangehörigkeit des Erblassers nach der Höfeordnung. Für den Antrag, der ansonsten den Regeln über den Erbscheinsantrag unterliegt, gelten einige Besonderheiten. So ist insbesondere darzutun,   **1284**

- dass ein Hof i.S.d. HöfeO zum Nachlass gehört,
- ob es sich dabei um einen Alleineigentumshof oder einen Ehegattenhof handelt,
- ob über die Hoferbfolge eine Verfügung von Todes wegen vorliegt,
- ob anderenfalls oder in Konkurrenz dazu eine formlose bindende Hoferbenbestimmung oder ein faktischer Erbvertrag vorliegt,
- ob der Hoferbe wirtschaftsfähig sein muss, gegebenenfalls dass er wirtschaftsfähig ist,
- wer demnach Hoferbe geworden ist,
- in welchen Grundbuchblättern der Hof eingetragen ist und welche dort eingetragenen Grundstücke nicht zum Hof gehören,
- wo sich die Hofstelle befindet,
- dass vom Landwirtschaftsgericht (statt vom Nachlassgericht) die Erteilung eines Hoffolgezeugnisses begehrt wird (gilt nur in Hamburg, Niedersachsen, Nordrhein-Westfalen und Schleswig-Holstein),
- ob auch hoffreier Nachlass vorhanden ist und darüber ebenfalls ein Erbnachweis begehrt wird sowie gegebenenfalls die Darstellung der Erbfolge in den hoffreien Nachlass und die Bezeichnung der Erben wie bei einem regulären Erbscheinsantrag.

Muster: **1285**

Am (…) verstarb mein Vater Johann Schmitz ohne Hinterlassung einer Verfügung von Todes wegen. Er war deutscher Staatsangehöriger. Sein letzter Wohnsitz und gewöhnlicher Aufenthalt war (…). Er lebte mit seiner Ehefrau Gertrud geborene Meyer im gesetzlichen Güterstand. Im Zeitpunkt seines Todes war eine Ehesache nicht anhängig. Zum Nachlass gehört ein Hof im Sinne der Höfeordnung mit der Hofstelle in (…), eingetragen in den Grundbüchern von (…). Er stand im Alleineigentum meines Vaters. Seit etwa 10 Jahren ist mir die Bewirtschaftung des Hofes übertragen worden. Ich habe mit Erfolg die Landwirtschaftsschule absolviert und seit meiner Schulentlassung ständig auf dem Betrieb meines Vaters mitgearbeitet. Ich bin wirtschaftsfähig. Gemäß § 6 Abs. 1 Nr. 1 HöfeO bin ich daher Hoferbe geworden.

Der hoffreie Nachlass ist kraft gesetzlicher Erbfolge zugefallen:

1. meiner Mutter zu ½,
2. den Kindern des Erblassers:
   a) mir, dem Erschienenen,
   b) meinem Bruder Franz Schmitz, geboren am (…), wohnhaft in (…) zu je ¼.

> Andere Personen, durch die die vorgenannten Erben von der Hoferbfolge oder von der Erbfolge ausgeschlossen oder ihre Erbteile gemindert werden würden, sind und waren nicht vorhanden. Ich habe die Hoferbfolge, die Erben haben die Erbfolge angenommen. Ein Rechtsstreit über die Erbfolgen ist nicht anhängig.
>
> Über die Bedeutung einer eidesstattlichen Versicherung belehrt, versichere ich an Eides statt, dass mir nichts bekannt ist, was der Richtigkeit meiner vorstehenden Angaben entgegensteht.
>
> Ich beantrage beim zuständigen Landwirtschaftsgericht die Erteilung eines Hoffolgezeugnisses sowie eines Erbscheins vorstehenden Inhalts und bitte um die Übersendung einer Ausfertigung an den Notar.
>
> Der Hof hat einen Einheitswert von 50.000 EUR, der hoffreie Nachlass einen Verkehrswert von 80.000 EUR. Nachlassverbindlichkeiten bestehen nicht.

1286   Beim Vorhandensein eines Hofes i.S.d. HöfeO ist das Landwirtschaftsgericht nicht nur für die Erteilung des *Hoffolgezeugnisses,* sondern auch für die Erteilung des *Erbscheins* oder eines Europäischen Nachlasszeugnisses (§ 18 HöfeO) über den hoffreien Nachlass *zuständig.* Gleiches gilt nach der Höfeordnung in Rheinland-Pfalz (§ 30). Nach dem Höfegesetz für Bremen (§ 31) wird das Nachfolgezeugnis in den Hof vom Nachlassgericht erteilt. Für den Antrag auf Erteilung eines solchen Erbscheins gelten die Besonderheiten wie beim Hoffolgezeugnis. Nach den in Hessen und Baden geltenden Anerbengesetzen tritt keine unmittelbare Hoferbfolge ein. Dem Hoffolger steht vielmehr ein bloßes Übernahmerecht an dem Hof zu. Für den Erbschein und den Erbscheinsantrag ergeben sich daher keine Besonderheiten, wenn ein Landgut bzw. ein Hofgut zum Nachlass gehört. Für die Kostenberechnung des Notars und des Gerichts ist der Hof mit seinem vierfachen Einheitswert zu veranschlagen (§ 48 Abs. 3, Abs. 1 GNotKG).

3.   Vorausvermächtnis an den alleinigen Vorerben

1287   Dem Vorerben können einzelne Gegenstände zu freiem Eigentum vermacht werden (vgl. Rdn 1033). Bei einer Mehrheit von Vorerben ist die Übereignung der vermachten Gegenstände sowohl möglich als auch nötig. Sie wird die Grundlage für den Erwerb des alleinigen Eigentums durch den jeweiligen Bedachten. Sind jedoch dem alleinigen Vorerben bestimmte Gegenstände frei von den Bindungen der Vorerbschaft zugewendet, so werden auch sie sein Eigentum kraft Gesamtrechtsnachfolge. Eine besondere Übereignung ist weder nötig noch überhaupt möglich.

Würde beim alleinigen Vorerben im Erbschein hinsichtlich der zu freiem Eigentum vermachten Gegenstände keine Einschränkung gemacht, so würde der Erbschein die Rechtsverhältnisse falsch darstellen: Es sähe so aus, als bestünde die Vorerbschaftsbindung am gesamten Nachlass. Da der Erbschein hier – anders als bei einer Mehrheit von Vorerben – die einzige Grundlage etwa für die Eintragung des Erben im Grundbuch ist, müsste er dazu führen, dass der Nacherbenvermerk auch bei den Grundstücken eingetragen würde (vgl. Rdn 597 ff.), die der Nacherbfolge nicht unterliegen, sofern sie nicht im Erbschein als frei von den Bindungen der Vorerbschaft aufgeführt werden könnten.

Dies ist der Grund, warum hier der Grundsatz durchbrochen wird, wonach im Erbschein der Nachlass nicht beschrieben werden darf. Dem alleinigen Vorerben im Voraus vermachte Gegenstände sind aufzuführen. Entsprechend müssen sie auch im Erbscheinsantrag einzeln angegeben werden.

Auch der nach Eintritt der Nacherbfolge erteilte Erbschein muss diejenigen Gegenstände angeben, die dem Vorerben als Vorausvermächtnis zugewandt wurden und auf die sich das Erbrecht des Nacherben daher nicht erstreckt. Das kann – wie beim Erbschein für den Vorerben – positiv oder negativ ausgedrückt werden.[248]

---

248 Vgl. hierzu OLG München, Beschl. v. 1.10.2014 – 31 Wx 314/14, NJW-RR 2014, 1417.

Muster: **1288**

„(...)

Er hat als einzige Verfügung von Todes wegen das eigenhändige Testament vom (...) hinterlassen. Darin hat er mich zur alleinigen Vorerbin berufen. Zum Zeitpunkt seines Todes war eine Ehesache nicht anhängig. Seinen Miteigentumsanteil an unserem Haus in Starnberg, eingetragen im Grundbuch von Starnberg Blatt 2044 als

Gemarkung Starnberg

Flur 7, Flurstück 17, Hof- und Gebäudefläche, Opfergasse 27,

groß 14,44 a,

hat er mir im Voraus zu freiem Eigentum vermacht. Ich beantrage, dies im Erbschein zu vermerken (...)"

4. Bescheinigung über Heimstättenfolge

Die Erbfolge in eine Reichsheimstätte richtete sich für bis zum 30.9.1993 eingetretene Erbfälle nach dem   **1289** Reichsheimstättengesetz vom 24.11.1937 und der Ausführungsverordnung vom 19.7.1940 (siehe auch Rdn 617). Für die vor seiner durch Gesetz vom 17.6.1993 mit Wirkung vom 1.10.1993 erfolgten Aufhebung eingetretenen Erbfälle wird auf *Faßbender*[249] verwiesen.

5. Auseinandersetzungszeugnis

Besteht der Nachlass nur aus Grundbesitz oder einem Erbbaurecht und soll nur einer der Erben als Eigen-   **1290** tümer oder Erbbauberechtigter in das Grundbuch eingetragen werden, kann der Erbnachweis statt eines Erbscheins auch durch ein so genanntes vom Nachlassgericht auszustellendes Auseinandersetzungszeugnis gemäß § 36 GBO geführt werden. Es dient der Erleichterung der grundbuchlichen Durchführung der Erbauseinandersetzung, da das Grundbuchamt weder die Rechtsnachfolge noch das Vorliegen der zur Eintragung notwendigen Erklärungen der Beteiligten und die zur Rechtswirksamkeit der Auflassung erforderlichen Erklärungen von Behörden zu prüfen braucht.

Kostenvorteile bestehen nicht.   **1291**

Gerichtskosten:

■ Nach § 41 GNotKG ist Geschäftswert für das Zeugnis nach § 36 GBO der Wert des Grundbesitzes, auf den sich die Erbauseinandersetzung bezieht.

■ Für das Auseinandersetzungszeugnis entsteht eine 1,0-Gebühr gemäß GNotKG KV Nr. 12210.

Notarkosten: Vom Notar sind der Antrag auf Erteilung des Auseinandersetzungszeugnisses wie ein Erbscheinsantrag nebst eidesstattlicher Versicherung und die Überweisungsvereinbarung wie ein Erbauseinandersetzungsvertrag abzurechnen.

Muster eines Antrages auf Erteilung eines Auseinandersetzungszeugnisses und einer Überweisungs-   **1292** *vereinbarung:*

(...)

Die Erschienenen erklärten:

A.   Zeugnis über die Auseinandersetzung eines Nachlasses

Am (...) verstarb unser Vater (...) Sein letzter Wohnsitz und gewöhnlicher Aufenthalt war (...). Er war deutscher Staatsangehöriger. Als einzige Verfügungen von Todes wegen hat er hinterlassen:

---

249 Faßbender/*Faßbender*, Notariatskunde, 12. Aufl. Rn 1092.

1.   (…)

2.   (…)

In dem maßgeblich gebliebenen Testament vom (…) hat er uns gleichanteilig zu seinen Erben berufen. Wir sind daher zu je ⅓ seine Erben geworden. Die Erbschaft haben wir angenommen. Ein Rechtsstreit über das Erbrecht ist nicht anhängig. Ein Hof im Sinne der Höfeordnung gehört nicht zum Nachlass.

(Es folgen die üblichen Kautelen wie bei einem Erbscheinsantrag, insbesondere die eidesstattliche Versicherung gemäß § 352 Abs. 3 BGB)

Wir beantragen die Erteilung eines Zeugnisses gem. § 36 GBO über die Auseinandersetzung des Nachlasses dahin, dass wir zugeteilt haben:

den im Grundbuch von (…) Blatt (…) Gemarkung (…) Flur (…) Flurstück (…) groß (…) eingetragenen Grundbesitz dem Miterben A zu Alleineigentum,

den im Grundbuch von (…) Blatt (…) Gemarkung (…) Flur (…) Flurstück (…) groß (…) eingetragenen Grundbesitz dem Miterben B zu Alleineigentum,

den im Grundbuch von (…) Blatt (…) Gemarkung (…) Flur (…) Flurstück (…) groß (…) eingetragenen Grundbesitz der Miterbin C zu Alleineigentum.

Wir sind darüber einig, dass das Eigentum wie angegeben übergeht und bewilligen die Umschreibung im Grundbuch.

Den Netto-Wert des Grundstücks (…) geben wir mit (…) EUR an, den des Grundstücks (…) mit (…) EUR und den des Grundstücks (…) mit (…) EUR.

B.   Schuldrechtliche Vereinbarungen

(Es folgen die üblichen Kautelen eines Erbauseinandersetzungsvertrages)

Diese Niederschrift (…)

Kostenberechnung:

Gebühr für Beurkundung des Antrags auf Erteilung des Auseinandersetzungszeugnisses mit eidesstattlicher Versicherung GNotKG KV Nr. 23300 (1,0)

(Angenommener) Geschäftswert (§ 41 GNotKG):

Je Grundstück 100.000 EUR = 300.000 EUR	635 EUR
Gebühr für Beurkundung der Überweisungsvereinbarung GNotKG KV Nr. 21100 (2,0)	
Geschäftswert: 300.000 EUR (§ 46 Abs. 1 GNotKG)	1.270 EUR
Vollzugsgebühr für Beschaffung der Genehmigung nach dem GrdstVG GNotKG KV Nr. 22110, 22112 (0,3) [höchstens 50 EUR]	
Geschäftswert: 300.000 EUR (§ 112 S. 1 GNotKG)	50 EUR
	1.955 EUR

VII. Die Grundbuchberichtigung

1293   Das Grundbuch stimmt nicht immer mit der wirklichen Rechtslage überein. In einem solchen Fall kann für den wahren Rechtsinhaber wegen des öffentlichen Glaubens des Grundbuchs und der Möglichkeit eines gutgläubigen Erwerbs Dritter (vgl. hierzu Rdn 13 ff.) die Gefahr eines Rechtsverlustes bestehen. Weicht die Grundbucheintragung von der tatsächlichen Rechtslage ab, so kann derjenige, dessen Recht nicht oder nicht richtig eingetragen oder fälschlicherweise durch die Eintragung einer nicht bestehenden Belastung oder Beschränkung beeinträchtigt ist, die Zustimmung zu der Berichtigung des Grundbuchs von demjenigen verlangen, dessen unrichtig eingetragenes Recht durch die Berichtigung formell betroffen wird bzw. von seinen Erben (§ 894 BGB). Diese Zustimmung ist nicht erforderlich, wenn der Berechtigte dem Grundbuchamt gegenüber den Nachweis der Unrichtigkeit durch öffentliche oder öffentlich beglaubigte Urkunden erbringen kann. Dann wird die Grundbuchberichtigung aufgrund eines – formlosen – Antrages vorgenommen. Nach einem Erbfall genügt ein privatschriftlicher Antrag unter Beifügung einer Ausfertigung des Erbscheins bzw. des Europäischen Nachlasszeugnisses oder je einer beglaubigten Abschrift der eröffneten, in öffentlicher Urkunde enthaltenen Verfügung von Todes wegen und der Eröffnungsverhandlung (§ 35 GBO), um die Eigentumseintragung zu berichtigen. Wenn es sich um Akten des gleichen Amtsgerichts handelt, genügt eine Verweisung auf die Nachlassakten. An der Berichtigung der Eigentümereintragung besteht ein öffentliches Interesse, um bei richtig eingetragenen Eigentümern die Arbeit der Behörden, insbesondere der Flurbereinigungs- und Umlegungsbehörden, zu erleichtern. Aus diesem Grunde bestimmt das GNotKG (KV Nr. 14110), dass die Grundbuchberichtigung dann gerichtsgebührenfrei ist, wenn bei der Eintragung von Erben des eingetragenen Eigentümers der Eintragungsantrag innerhalb von zwei Jahren seit dem Erbfall dem Grundbuchamt eingereicht wird. Im Übrigen kann das Grundbuchamt den Eigentümer zur Herbeiführung der Grundbuchberichtigung – gegebenenfalls unter Auferlegung von Zwangsgeld, § 35 FamFG – anhalten und diese notfalls auch von Amts wegen vornehmen (§§ 82 bis 83 GBO).

Für die Umschreibung eines Grundstücks oder eines Erbbaurechts im Wege der Grundbuchberichtigung auf den oder die Erben braucht dem Grundbuchamt eine Unbedenklichkeitsbescheinigung des Finanzamts nicht vorgelegt zu werden.[250]

Muster von Grundbuchberichtigungsanträgen   1294

a) bei Erbfolge:
Im Grundbuch von (…) ist als Eigentümer des dort verzeichneten Grundbesitzes der Herr Max Hobel aus Ratingen eingetragen. Er ist am 1.4.2019 verstorben und ausweislich des Erbscheins des Amtsgerichts Ratingen vom 26.4.2019 – VI 415/19 – beerbt worden von:
(a) mir, seiner Witwe Klara Hobel geborene Wurm, geboren am (…), Hausfrau, wohnhaft zu Ratingen, Düsseldorfer Straße 3,
(b) seinem Sohn Friedrich Hobel, geboren am (…), Holzhändler, ebenda wohnhaft.
Ich beantrage, das vorbezeichnete Grundbuch dahin zu berichtigen, dass anstelle des Verstorbenen seine Erben als Eigentümer in Erbengemeinschaft eingetragen werden.
Den Verkehrswert des Grundbesitzes schätze ich auf (…) EUR.
Kosten für die Eintragung der Grundbuchberichtigung entstehen nicht (GNotKG KV Nr. 14110).

Ratingen, den (…)

b) nach Vereinbarung von Gütergemeinschaft:
Im Grundbuch von Velbert Blatt 713 ist als Eigentümerin des dort verzeichneten Grundbesitzes (…) die Frau Katharina Schulze geborene Meier aus Velbert eingetragen.
Durch Ehevertrag vom 6.5.2016 – UR.Nr. 1415 für 2016 des Notars (…) – haben wir, die Eheleute Max Schulze, den Güterstand der Gütergemeinschaft vereinbart. Unsere genauen Personalien einschließlich der Geburtsdaten bitten wir dem überreichten Ehevertrag zu entnehmen.
Wir beantragen die Berichtigung des Grundbuchs dahin, dass wir als Eigentümer in Gütergemeinschaft eingetragen werden.
Eine Ausfertigung des Ehevertrages fügen wir bei.
Den Verkehrswert des Grundbesitzes schätzen wir auf (…) EUR.
Velbert, den (…)
Es folgen die Unterschriften beider Ehegatten;
Beglaubigung der Unterschriften ist nicht notwendig!
Der Berichtigungsantrag kann von beiden Eheleuten gemeinsam oder von einem von ihnen allein gestellt werden. Der Vorlage einer steuerlichen Unbedenklichkeitsbescheinigung bedarf es auch in diesem Falle nicht.

---

250 Zur Entbehrlichkeit der Unbedenklichkeitsbescheinigung in den einzelnen Bundesländern siehe Beck'sches Notar-Handbuch/*Hagemann*, 7. Aufl. 2019, § 1 Rn 563 und *Schöner/Stöber*, Grundbuchrecht, 16. Aufl. 2020, 1. Teil Rn 150.

Kostenberechnung zu den vorstehenden Mustern:

Für den Entwurf des Grundbuchberichtigungsantrages fällt eine halbe (0,5-)Gebühr gemäß GNotKG KV Nr. 21200, 21201 Nr. 4, 24102 – mindestens 30 EUR – an. Wenn der Antrag auf Grundbuchberichtigung gleichzeitig mit dem Ehevertrag beurkundet wird, gilt jedoch § 109 Abs. 1 GNotKG; in diesem Fall darf der Grundbuchberichtigungsantrag nicht besonders berechnet werden. Um sich nicht dem Vorwurf der unrichtigen Sachbehandlung auszusetzen, sollte der Notar immer den Grundbuchberichtigungsantrag zusammen mit dem Ehevertrag beurkunden.

Geschäftswert: Verkehrswert des Grundbesitzes (§§ 119 Abs. 1, 97 Abs. 1, 46 Abs. 1 GNotKG). Auch hinsichtlich der Grundbuchberichtigung bei der Gütergemeinschaft gilt nichts anderes, da hier nicht nur die Umschreibung eines Hälfteanteils erfolgt, sondern neue Eigentumsverhältnisse in das Grundbuch eingetragen werden.

1295 Einige Fälle, bei denen nur eine Grundbuchberichtigung – also keine Auflassung – notwendig ist:

1. Eintritt der Erbfolge (§§ 1922 ff. BGB),
2. Begründung der Gütergemeinschaft durch Ehevertrag (§ 1416 Abs. 2 BGB),
3. Erbteilsübertragung (§ 2033 BGB),
4. Erfüllung eines Vorausvermächtnisses an den durch Nacherbfolge beschränkten Alleinerben (vgl. auch Rdn 1287 f.),
5. Eintritt eines neuen Gesellschafters in eine BGB-Gesellschaft oder Ausscheiden eines Gesellschafters unter Fortbestehen der BGB-Gesellschaft,
6. Umwandlung einer offenen Handelsgesellschaft in eine Kommanditgesellschaft oder umgekehrt,
7. Umwandlung einer offenen Handelsgesellschaft oder Kommanditgesellschaft in eine BGB-Gesellschaft oder umgekehrt,
8. Übernahme der Firma mit Grundstück durch einen Gesellschafter bei Auflösung der offenen Handelsgesellschaft oder Kommanditgesellschaft ohne Liquidation durch Vereinbarung unter Lebenden oder mit dem Erben eines verstorbenen Gesellschafters,
9. Umwandlungen (Verschmelzungen, Spaltungen, formwechselnde Umwandlungen) nach dem Umwandlungsgesetz; formwechselnde Umwandlungen, da Identität des Rechtsträgers erhalten bleibt; Verschmelzungen und Spaltungen (Aufspaltungen, Abspaltungen und Ausgliederungen), da das Vermögen des übertragenden Rechtsträgers bzw. der übertragenden Rechtsträger im Wege der Gesamtrechtsnachfolge bzw. der partiellen Gesamtrechtsnachfolge auf den bzw. die übernehmenden Rechtsträger übergeht.

VIII. Die Erbauseinandersetzung

1. Gesetzliche Erbfolge

1296 Bis zur Auseinandersetzung des Nachlasses stehen die Verwaltung und Verfügung über die Nachlassgegenstände allen Erben gemeinschaftlich zu (§§ 2038, 2040 BGB). Maßnahmen zur ordnungsgemäßen Verwaltung können mit Mehrheit beschlossen werden. Alles andere kann nur einstimmig geschehen. Das macht Erbengemeinschaften vielfach bewegungsunfähig. Auch drängen die Erben in der Regel nach einer gewissen Zeit darauf, das ihnen Zugefallene in die alleinige Verfügungsgewalt zu bekommen. Jeder Miterbe kann die Auseinandersetzung grundsätzlich jederzeit verlangen, sofern sie nicht gemäß §§ 2043 bis 2045 BGB aufgeschoben bzw. ausgeschlossen ist (zum Ausschluss der Auseinandersetzung vgl. Rdn 1059, 1305 ff.). Diese Umstände veranlassen, dass der Nachlass zumeist verhältnismäßig kurze Zeit nach dem Tode des Erblassers auseinandergesetzt wird.

Dies kann erfolgen als

a) persönliche Teilauseinandersetzung,
b) gegenständliche Teilauseinandersetzung,
c) vollständige Auseinandersetzung.

a) Persönliche Teilauseinandersetzung („Abschichtung")

Ist z.b. einer der Miterben unverträglich oder braucht er dringend Geld, während die anderen noch zusammenbleiben wollen, so kann allen geholfen werden, indem der eine Miterbe – sei es in Geld, sei es mit Gegenständen des Nachlasses – abgefunden wird und dafür aus der Erbengemeinschaft ausscheidet (= „Abschichtung"). Sein Erbteil wächst dann den übrigen Miterben im Verhältnis ihrer Erbquoten an. Diese auch als „Abschichtung" bezeichnete Möglichkeit der persönlichen Teilauseinandersetzung kann nur im Einvernehmen aller Miterben und nach Auffassung des Bundesgerichtshofs jederzeit formfrei erfolgen. Dies soll auch dann gelten, wenn Grundbesitz zum Nachlass gehört und dieser im Nachlass verbleibt. Eine Abschichtungsvereinbarung stellt lediglich eine bloße Aufgabe der Mitgliedschaftsrechte in der Erbengemeinschaft und keine das strenge Formerfordernis auslösende Rechtsübertragung dar.[251] Lediglich wenn im Wege der Abschichtung Grundbesitz aus dem Nachlass auf den ausscheidenden Miterben – z.B. als Abfindung – übertragen wird, ist die notarielle Form des § 311b BGB zu beachten.[252]

1297

> *Beispiel*
>
> A, der zu ¹/₁₀ Miterbe ist, wird abgefunden und scheidet aus. B war vorher zu ³/₁₀, C zu ⁶/₁₀ Miterbe. Durch Anwachsung werden B zu ³/₉, C zu ⁶/₉ Anteil am Rest des Nachlasses beteiligt.

1298

Wird der ausscheidende Miterbe nicht aus dem Nachlass, sondern von einem der Miterben aus dessen sonstigem Vermögen abgefunden, so würde die Anwachsung zu einem sachwidrigen Ergebnis führen, weil sie auch den Miterben zugutekäme, die keine Abfindung geleistet haben. Hier bietet es sich stattdessen an, den Erbteil des Ausscheidenden auf den Abfindenden zu übertragen (vgl. hierzu Rdn 1345).

1299

b) Gegenständliche Teilauseinandersetzung

Von gegenständlicher Teilauseinandersetzung spricht man, wenn die Erben unverändert dieselben bleiben, aber ein Teil des Nachlasses im Einvernehmen aller Miterben veräußert wird. Es kann sich dabei um den Verkauf an Dritte, aber auch darum handeln, dass ein Miterbe bestimmte Nachlassgegenstände gegen Zahlung einer Herausgabe zu Alleineigentum erhält. Im Falle der Veräußerung von Grundstücken ist notarielle Beurkundung gemäß § 311b BGB erforderlich. Die Herauszahlung kann wiederum entweder in den Nachlass erfolgen; dann ist sie praktisch nichts anderes als ein (ermäßigter) Kaufpreis; der Übernehmer bleibt an diesem Erlös in Höhe seiner Erbquote beteiligt. Oder sie erfolgt an die Miterben jeweils unmittelbar in deren sonstiges Vermögen; dann behält der übernehmende Miterbe vom Anschlagspreis den seiner Erbquote entsprechenden Teil von vornherein zurück und zahlt an die Miterben nur so viel, wie sie bekommen würden, wenn der volle „Kaufpreis" sogleich verteilt worden wäre.

1300

> *Beispiel*
>
> Zum Nachlass gehört ein Wohnhaus im Verkehrswert von 160.000 EUR. A, B und C sind zu je ¹/₃ Miterben. A übernimmt das Haus. Man einigt sich, dass er dafür 150.000 EUR bezahlen soll.
>
> Lösung 1:   A zahlt 150.000 EUR auf ein Nachlass-Konto. Dann bleibt er rechnerisch daran mit ¹/₃, also mit 50.000 EUR, beteiligt.
>
> Lösung 2:   A zahlt an B und C je 50.000 EUR in deren sonstiges Vermögen. Seinen „Anteil" von 50.000 EUR behält er einfach ein.

1301

c) Die vollständige Auseinandersetzung

Sie erfordert grundsätzlich einen Vertrag sämtlicher Miterben über die Verteilung bzw. Veräußerung der Nachlassgegenstände. Er bedarf der notariellen Beurkundung, wenn zum Nachlass Grundstücke gehören.

1302

Werden sich die Miterben nicht einig, so kann auf Antrag mindestens eines Miterben hin eine Vermittlung bei der Auseinandersetzung durch einen Notar erfolgen (§§ 363 ff. FamFG). Bis zum 31.8.2013 war hier das Nachlassgericht zuständig. Durch das „Gesetz zur Übertragung von Aufgaben im Bereich der freiwil-

---

251 OLG Hamm, Beschl. v. 12.11.2013 – 15 W 43/13, DNotZ 2014, 695.
252 Vgl. zur Kritik der juristischen Literatur an dieser Form der Auseinandersetzung sowie zu einem Mustervorschlag *Dietz*, in Beck'sches Notar-Handbuch, 7. Aufl. 2019, § 17, Rn 463 f.; *Keim*, RNotZ 2003, 375 ff. sowie *Kanzleiter*, ZEV 2012, 447.

ligen Gerichtsbarkeit auf Notare"[253] wurden Notaren bundeseinheitlich verschiedene Aufgaben des Nachlassgerichts im Bereich der Nachlass- und Gesamtgutauseinandersetzung übertragen, so dass für die vollständige Auseinandersetzung nunmehr gem. § 344 Abs. 4a FamFG nur noch der Notar zuständig ist, und zwar in räumlicher Hinsicht jeder Notar, der seinen Amtssitz im Bezirk des Amtsgerichts hat, in dem der Erblasser seinen letzten gewöhnlichen Aufenthalt hatte. Eine gerichtliche Zuständigkeit ist nicht mehr gegeben, vielmehr übernimmt der Notar im Wege einer Art Beleihung diese hoheitliche Aufgabe.[254] Hatte der Erblasser keinen gewöhnlichen Aufenthalt im Inland, ist jeder Notar zuständig, der seinen Amtssitz im Bezirk eines Amtsgerichts hat, in dem sich Nachlassgegenstände befinden. Von mehreren örtlich zuständigen Notaren ist derjenige zur Vermittlung berufen, bei dem zuerst ein auf Auseinandersetzung gerichteter Antrag eingeht. Der Antragsteller hat insoweit ein Wahlrecht. Der Vermittlungsantrag wird beim Notar gestellt, nicht mehr, wie vor der Reform, beim Nachlassgericht.

Vermittlungsverfahren sind in der Praxis verhältnismäßig selten, insbesondere da ein Verfahren bereits dann scheitert, wenn mit nur einem Miterben keine Einigung erzielt werden kann, Mehrheitsentscheidungen in dem Verfahren nicht vorgesehen sind und Zwangsmittel gegen einen unwilligen Miterben nicht existieren. Vereinfachend in diesem Verfahren ist jedoch, dass hier unter Umständen nicht erschienene Beteiligte als zustimmend behandelt werden können (§§ 366 Abs. 3, 368 Abs. 2 FamFG). Dies ergibt einen gewissen Zwang zum Erscheinen und vermittelt dem Notar die Möglichkeit, auf uneinsichtige Beteiligte im Sinne einer sachgerechten und gleichmäßigen Verteilung des Nachlasses hinzuwirken.

Können sich die Miterben zwar nicht zur Sache, wohl aber auf einen oder mehrere Personen einigen, denen sie die Verteilung des Nachlasses anzuvertrauen bereit sind, so bietet es sich an, diese in einem Schiedsvertrag zu Schiedsrichtern zu berufen. Sie können dann die Auseinandersetzung unter Ausschluss des Prozessweges vornehmen, den Miterben also die erheblichen Kosten und größeren Belastungen eines Zivilprozesses ersparen.

1303   Eine Auseinandersetzungsklage ist erst möglich, wenn der Nachlass „teilungsreif" ist. Dies ist er, wenn

> (1) alle Nachlassverbindlichkeiten beglichen sind (§ 2046 BGB),
> (2) alle Gegenstände, die sich nicht ohne weiteres auf die Erben gleichmäßig verteilen lassen, veräußert worden sind (§§ 2042, 753 BGB).

Geld, Sparbuchforderungen, sonstige Forderungen, (gleichartige und -wertige) Münzen, Wertpapiere (sofern sie gestückelt werden können) gehören zu den in Natur teilbaren Gegenständen, Grundstücke nur, wenn gleichartige und gleichwertige Teilstücke gebildet werden können (was nur ausnahmsweise der Fall ist). Häuser, Hausratsgegenstände, Sammlungen und dergleichen sind praktisch nie in gleichartige und gleichwertige Teile zerlegbar. Diese so genannten unteilbaren Gegenstände werden, soweit es sich um Grundstücke handelt, durch Zwangsversteigerung, im Übrigen nach den Regeln über den Pfandverkauf (§§ 1233 ff. BGB) in Geld umgesetzt. Dieses Geld wird an die Miterben entsprechend ihren Erbquoten verteilt, wobei anrechnungspflichtige Vorausempfänge ausgeglichen werden (§§ 2050 ff. BGB).

d)   Zuweisung

1304   Bei landwirtschaftlichen Betrieben, die nicht Hof im Sinne der HöfeO sind, kann die Auseinandersetzung auf Antrag auch durch die Zuweisung des Betriebes an einen Miterben erfolgen (§§ 13 ff. GrdstVG). Der Sinn dieses Verfahrens ist die geschlossene Erhaltung des Betriebes in einer Hand zu erträglichen Bedingungen.

Voraussetzung ist, dass der Betrieb durch *gesetzliche Erbfolge* an die Erbengemeinschaft gefallen ist. Testamentserbfolge schließt mithin die Zuweisung aus. Der Betrieb muss eine ausreichende Hofstelle haben und so groß sein, dass eine bäuerliche Familie im Wesentlichen auf ihm ihren Unterhalt verdienen kann (so genannte hinkende Ackernahrung). Er wird demjenigen zugewiesen, dem er nach dem wirklichen oder mutmaßlichen Willen des Erblassers zugedacht war. Der Erwerber muss die Fähigkeit haben,

---

253 BGBl I 2013, 1800.
254 Vgl. hierzu ausführlich *Zimmermann*, NotBZ 2013, 335, 336.

den Betrieb selbst zu bewirtschaften. Die anderen Miterben werden (regelmäßig) in Geld abgefunden. Dabei wird der Betrieb nicht mit seinem Verkehrswert, sondern mit seinem Ertragswert veranschlagt, der oft nur einen Bruchteil des Verkehrswerts ausmacht. Die Abfindung nach Verkehrswert würde den Übernehmer in der Regel unfähig machen, den Betrieb fortzuführen.

2. Die Erbauseinandersetzung aufgrund einer Verfügung von Todes wegen

Hier ist die Verfügung des Erblassers die Richtschnur für die Auseinandersetzung. Enthält sie lediglich Erbeinsetzungen, so gelten für die Auseinandersetzung keine Besonderheiten gegenüber der gesetzlichen Erbfolge. Ansonsten kommt es auf ihren Inhalt an. Die Auseinandersetzung hat zu unterbleiben, wenn und soweit der Erblasser sie ausgeschlossen hat (§ 2044 BGB).   **1305**

Über das Auseinandersetzungsverbot können sich die Miterben im allseitigen Einvernehmen hinwegsetzen, sofern die Anordnung nicht als Auflage zu verstehen ist, wonach die Auseinandersetzung auch mit dem Einverständnis aller Erben verboten sein soll. Auch letzterenfalls ist das dingliche Verfügungsgeschäft wirksam.[255] Gehört zum Nachlass Grundbesitz, ist das Auseinandersetzungsverbot im Grundbuch nicht eintragungsfähig.

Beispiel   **1306**

Erblasser E hat seine drei Kinder A (12 Jahre), B (10 Jahre) und C (8 Jahre) zu gleichen Teilen zu Erben eingesetzt und angeordnet, dass die Erbauseinandersetzung erst stattfinden soll, wenn das jüngste Kind das 25. Lebensjahr vollendet hat. Zum Nachlass des E gehört unter anderem ein Haus. A und B und C können auch schon vor Vollendung des 25. Lebensjahres des C (z.B. wenn C das 21. Lebensjahr vollendet hat) gemeinsam und einvernehmlich das Haus veräußern und einem Dritten Eigentum hieran verschaffen.

Vermächtnisse sind durch Übereignung der vermachten Gegenstände, Auflagen – soweit möglich – durch Vornahme der auferlegten Maßnahme (z.B. Messestiftung, Grabpflegevertrag) zu erfüllen. Wenn der Erblasser Teilungsanordnungen getroffen hat, kann jeder Miterbe verlangen, die ihm zugeteilten Gegenstände übereignet zu bekommen (§ 2048 BGB). Die Unterscheidung zwischen einer Teilungsanordnung und einem Vorausvermächtnis ist oft schwierig (vgl. Rdn 1055 ff.).[256] Sofern erkennbar wird, dass der Erblasser mit seiner Anordnung ungleiche Zuteilungen erreichen wollte, ist ein Vorausvermächtnis anzunehmen.   **1307**

Beispiel   **1308**

„Der Sohn A soll mein Landgut erhalten, meine Tochter B den gewerblichen Betrieb zum Buchwert, meine Tochter C die Mietshäuser zum vollen Verkehrswert, mein Sohn D die Aktien zu 80 % ihres Kurswertes bei meinem Tode."

Eine bloße Teilungsanordnung ist lediglich die Zuwendung der Mietshäuser an die Tochter C. Alle anderen Anordnungen sind zugleich begünstigende Zuwendungen an Erben, also Vorausvermächtnisse (vgl. Rdn 1055 ff.). Da im Beispielsfall kein Anhaltspunkt für die gegenteilige Annahme vorliegt, greift bezüglich des Landguts die Vermutung des § 2049 BGB ein: Es ist zum Ertragswert, nicht zum Verkehrswert, anzusetzen. In der Differenz dieser beiden Werte liegt die Begünstigung für den A.

Wenn sich alle Beteiligten einig sind, steht nichts dagegen, von den Anordnungen des Erblassers abzuweichen oder sie auch völlig zu ignorieren. Dies gilt nicht, wenn der Erblasser die Auseinandersetzung des Nachlasses einem Testamentsvollstrecker aufgetragen hat (siehe hierzu Rdn 1106 ff.).

---

255 Vgl. Palandt/*Weidlich*, 80. Aufl. 2021, § 2044 BGB Rn 2.

256 Sowie im Einzelnen zur Abgrenzung und zu den einzelnen Rechtsfolgen *Bengel/Dietz*, in Beck'sches Notar-Handbuch, 6. Aufl., C. Rn 170, 171.

IX. Annahme und Ausschlagung der Erbschaft

1. Annahme

1309 Mit der Annahme einer Erbschaft wird der Notar in der Regel nicht befasst. Sie tritt nach dem Gesetz von selbst ein

- durch Verstreichenlassen der sechswöchigen Ausschlagungsfrist, sie beginnt mit der Kenntnis vom Anfall der Erbschaft, beim Vorliegen einer Verfügung von Todes wegen nicht vor Bekanntgabe der Verfügung von Todes wegen durch das Nachlassgericht, also bei oder nach Eröffnung der Verfügung an den Erben, sei es mündlich bei Anwesenheit im Termin, sei es mit Zugang einer Abschrift bei Abwesenheit (§ 348 Abs. 2, 3 FamFG); hatte der Erblasser seinen letzten Wohnsitz im Ausland oder hielt sich der Erbe beim Beginn der Frist im Ausland auf, so beträgt sie sechs Monate (§ 1944 Abs. 3 BGB),
- durch ausdrückliche oder stillschweigende Erklärung, also auch etwa durch die Verfügung über Nachlassgegenstände oder die Bezahlung von Nachlassschulden.

1310 Die Ausschlagungsfrist wird im Falle höherer Gewalt gehemmt (§§ 1944 Abs. 2 S. 3, 206 BGB). Unter höhere Gewalt fallen z.B. unvorhersehbare schwere Krankheiten wie beispielsweise Covid-19, wenn der Krankheitszustand ein Handeln unmöglich macht; aber auch ein Stillstand der Rechtspflege, z.B. wenn keine rechtzeitige Terminvergabe beim Nachlassgericht wegen Covid-19 erfolgt.[257]

1311 Hat sich der Erbe über die Ausschlagungsfrist geirrt (§ 1956 BGB), hat er nicht gewusst, dass der Nachlass überschuldet ist, oder hat er sonstige falsche Vorstellungen über die Zusammensetzung des Nachlasses oder die Höhe seiner Beteiligung gehabt, so kann er die Annahme anfechten. Auch hier beträgt die Frist sechs Wochen, beim Wohnsitz des Erblassers im Ausland oder Auslandsaufenthalt des Erben sechs Monate. Die Anfechtung wird gegenüber dem Nachlassgericht (= Amtsgericht am Ort des inländischen gewöhnlichen Aufenthalts des Erblassers zum Zeitpunkt seines Todes, hilfsweise das AG Schöneberg für deutsche Erblasser mit letztem gewöhnlichen Aufenthalt im Ausland oder für ausländische Erblasser, die Nachlassgegenstände im Inland hinterlassen) in notariell beglaubigter Form erklärt (§ 1945 BGB, § 343 Abs. 1, 2 FamFG). Allerdings kann seit Inkrafttreten des FamFG am 1.9.2009 die Ausschlagung auch bei demjenigen Nachlassgericht wirksam und fristgerecht erklärt werden, in dessen Bezirk der/die Ausschlagende seinen/ihren gewöhnlichen Aufenthalt hat (§ 344 Abs. 7 S. 1 FamFG). Dieses nimmt die Erklärung in eigener Zuständigkeit entgegen und übersendet die Niederschrift über die Ausschlagungserklärung dem nach § 343 FamFG zuständigen Nachlassgericht (also grundsätzlich dem Amtsgericht am Ort des gewöhnlichen Aufenthalts des Erblassers zum Zeitpunkt seines Todes). Von daher kann auch der die Ausschlagung beurkundende Notar nach herrschender Meinung die Ausschlagungserklärung fristwahrend bei diesem Amtsgericht am gewöhnlichen Aufenthaltsort des/der Ausschlagenden einreichen.[258]

1312 *Muster:*

Amtsgericht

– Nachlassgericht –

Köln

Betr.: Nachlass meines Vaters Anton Früh, Köln – 19 IV 154/19 –

Wie sich erst gestern herausgestellt hat, ist der Nachlass meines am 2.9.2019 verstorbenen Vaters überschuldet. Er hat mich zum alleinigen Erben berufen. Ich fechte hiermit die durch Fristablauf eingetretene Annahme der Erbschaft wegen Irrtums über eine wesentliche Eigenschaft des Nachlasses an und schlage die Erbschaft aus allen Berufungsgründen, also auch als gesetzlicher Erbe, aus.

Aufgrund dieser Ausschlagung fällt der Nachlass meinem Sohn Hans, wohnhaft bei mir, als gesetzlichem Erben an.

---

257 Vgl. Palandt/*Weidlich*, 80. Aufl. 2021, § 1944 Rn 7.
258 Vgl. *Keidel*, FamFG, 20. Aufl. 2020, § 344 Rn 48.

Köln, den (…)

(Beglaubigungsvermerk)

Gebühren   Wert: 0 EUR (§§ 119, 103 Abs. 1 GNotKG)

Gebühr: 0,5 (KV Nr. 24102, 21201 Nr. 7), grundsätzlich Rahmen 0,3 – 0,5, hier zwingend 0,5 (§ 92 Abs. 2 GNotKG), mindestens 30 EUR.[259]

2. Ausschlagung

a) Eine Erbschaft wird zumeist ausgeschlagen   **1313**

- wegen Überschuldung des Nachlasses; dann wird der Erbe mit der Erbschaft auch die Schulden los;
- um Steuern zu sparen, etwa wenn ein Sohn zur Erbfolge gelangt, der selbst ein großes Vermögen hat und vermeiden will, dass der Nachlass seines Vaters von ihm und später von seiner Tochter – zusammen mit seinem eigenen Nachlass – nochmals versteuert werden muss, oder der erreichen will, dass seine Tochter aus dem Vermögen seines Vaters eigene Einkünfte erlangt, die sie selbst mit einem geringeren Steuersatz versteuern muss, als er sie wegen seiner sonstigen Einkünfte versteuern müsste;
- aus persönlichen Gründen („von *dem* will ich nichts haben");
- um die Bindung aus einer wechselbezüglichen Verfügung oder einem Erbvertrag loszuwerden (§ 2271 BGB, vgl. Rdn 957 ff., 991 ff.);
- bei Ehegatten im gesetzlichen Güterstand: um den Zugewinnausgleich und den so genannten kleinen Pflichtteil geltend machen zu können (§§ 1371 Abs. 3, 1931 BGB), was möglicherweise für den überlebenden Ehegatten günstiger ist als die Annahme der Erbschaft (vgl. Rdn 750 ff.).

Die Ausschlagung der Erbschaft führt grundsätzlich zum Verlust des Pflichtteilsanspruchs. Von diesem **1314** Grundsatz macht das Gesetz nur wenige Ausnahmen. Neben der vorgenannten Möglichkeit des Ehegatten im gesetzlichen Güterstand, die Erbschaft auszuschlagen und dann den Zugewinnausgleich und den so genannten kleinen Pflichtteil geltend zu machen, kann nach § 2306 BGB auch ein als Erbe berufener Pflichtteilsberechtigter, der durch die Einsetzung eines Nacherben, die Ernennung eines Testamentsvollstreckers oder eine Teilungsanordnung beschränkt oder mit einem Vermächtnis oder einer Auflage beschwert ist, den Pflichtteil verlangen, wenn er den Erbteil ausschlägt. Dabei steht es einer Beschränkung der Erbeinsetzung gleich, wenn der Pflichtteilsberechtigte als Nacherbe eingesetzt ist. In der Literatur wird die Ansicht vertreten, eine umfassende Ausschlagungserklärung „aus allen Berufungsgründen" hätte auch in diesem Fall den Verlust des Pflichtsanspruchs zur Folge, da eine derartige umfassende Ausschlagungserklärung auch den Berufungsgrund der gesetzlichen Erbfolge einschließe, der gerade Grundlage für die Zuerkennung eines Pflichtteilsanspruchs sei. Obwohl diese Ansicht auch von der Rechtsprechung abgelehnt wird,[260] empfiehlt sich im Falle einer notariellen Ausschlagungserklärung im Zusammenhang mit § 2306 BGB stets die Aufnahme der Erklärung, dass die Ausschlagung der Erbschaft zur Geltendmachung des Pflichtteils erfolgt.

b) Die Ausschlagung ist dem Nachlassgericht gegenüber in deutscher Sprache[261] in öffentlich beglaubig- **1315** ter Form oder zur Niederschrift des Nachlassgerichts zu erklären. Sie kann gemäß § 344 Abs. 7 S. 1 FamFG auch bei demjenigen Nachlassgericht wirksam und fristgerecht erklärt werden, in dessen Bezirk der/die Ausschlagende seinen/ihren gewöhnlichen Aufenthalt hat (vgl. hierzu Rdn 1311). Ein Bevollmächtigter benötigt eine öffentlich beglaubigte Vollmacht (§ 1945 Abs. 1, 3 BGB).

(Wegen der Ausschlagungsfrist vgl. Rdn 1311.)

---

259 Muster bearbeitet von *Dr. Otto*.

260 So etwa das OLG Schleswig mit Darstellung des aktuellen Meinungsstandes, Urt. v. 2.9.2014 – 3 U 3/14, ZEV 2015, 109.

261 Vgl. § 184 GVG; nach OLG Köln, Beschl. v. 12.2.2014 – 2 Wx 25/14, NJW-RR 2014, 1037, ist eine Ausschlagungserklärung, die in einer fremden Sprache ohne Übersetzung in die deutsche Sprache bei dem Nachlassgericht eingereicht wird, nicht geeignet, die Ausschlagungsfrist zu wahren.

1316 c) Ist der Erbe durch Verfügung von Todes wegen berufen und wäre er auch nach dem Gesetz Erbe geworden, so kann er die Erbschaft als eingesetzter Erbe ausschlagen, als gesetzlicher Erbe dagegen annehmen („ich will nur das, was mir nach dem Gesetz zusteht") (§ 1948 BGB). Dies kann er nur dann nicht, wenn der Erblasser ihn für diesen Fall von jeder Erbfolge ausgeschlossen hat, in dem der Erblasser für diesen Fall z.B. einen Ersatzerben berufen hat oder eine Ersatzerbschaft vom Gesetz vermutet wird (z.B. § 2069 BGB, vgl. Rdn 1258) oder gemäß § 2094 BGB Anwachsung erfolgt. Mit der Ausschlagung nur der gewillkürten Erbfolge erreicht der Erbe nicht, dass er etwaige damit verbundene Lasten und Beschränkungen (Teilungsanordnungen, Auflagen, eine Nacherbeinsetzung) los wird, es sei denn, nach dem Willen des Erblassers sollen diese nur den durch Verfügung von Todes wegen berufenen Erben treffen.

1317 *Muster:*

(Kopf siehe Rdn 1312)

Mein Vater hat mich in seinem Testament vom 18.9.2007 zum Alleinerben berufen. Diese Erbschaft als Testamentserbe schlage ich hiermit aus. Nach dem Gesetz bin ich zu ½ Erbe geworden. Diese Erbschaft nehme ich hiermit an.

Köln, den (…)

(Beglaubigungsvermerk)

1318 d) Man kann nicht „zugunsten" einer bestimmten Person ausschlagen mit der Wirkung, dass diese statt des Ausschlagenden zur Erbfolge gelangt. Vielmehr wird durch die Ausschlagung *zwingend der Nächstberufene* (bzw. der vom Erblasser bestimmte Ersatzerbe) zum Erben. Ist die Ausschlagung „zugunsten" eines Dritten ihr Zweck (so genannter Beweggrund), so wäre dies unbeachtlich. Ist sie als Bedingung zu verstehen, so wäre die Ausschlagung unwirksam (§ 1947 BGB). Das damit beabsichtigte Ergebnis kann nur durch eine Erbteilsübertragung auf den Dritten (vgl. Rdn 1345 ff.) bzw. die Übertragung der Erbschaft (vgl. Rdn 1344) erreicht werden.

1319 *Beispiel*

E hinterlässt seine Ehefrau F, den Sohn S und die Tochter T. Er hat seine beiden Kinder, ersatzweise deren Abkömmlinge, zu seinen Erben berufen. S will seinen Erbteil der Mutter zugutekommen lassen und deshalb ausschlagen. Dies führt jedoch nur dazu, dass er als im Zeitpunkt des Todes des E nicht mehr lebend angenommen wird. Dann hätten an seiner Stelle seine Kinder geerbt. Die Ausschlagung kommt mithin zwangsläufig seinen Kindern, nicht seiner Mutter zugute. Schlägt S „unter der Bedingung" aus, dass die Ausschlagung seiner Mutter zugutekommt, so ist sie unwirksam. Hatte er zwar beabsichtigt, die Erbschaft seiner Mutter zugutekommen zu lassen, diese Folge aber nicht zur Bedingung seiner Erklärung gemacht, so wäre dieser Beweggrund unbeachtlich, d.h., die Kinder kommen zum Zuge. Um zum Ziel zu kommen, müsste S seiner Mutter seinen Erbteil übertragen.

1320 e) Das Recht zur Ausschlagung steht nur dem Erben persönlich zu und ist daher nicht auf Dritte übertragbar. Das Recht ist jedoch vererblich, wenn der Erbe das Recht zur Ausschlagung nicht bereits durch Annahme oder Ablauf der Ausschlagungsfrist verloren hat (§ 1952 Abs. 1 BGB). Stirbt also der Erbe noch während der laufenden Ausschlagungsfrist, geht das Ausschlagungsrecht als Rechtsposition des Nachlasses des Erben auf den Erbeserben über.

1321 *Beispiel*

Witwer E (= Erblasser) ist am 1.5.2019 verstorben und allein beerbt worden von seinem unverheirateten Sohn S (= Erbe). S verstirbt dann am 1.6.2019 und hinterlässt als alleinige gesetzliche Erbin Tochter T (= Erbeserbin).

Im vorliegenden Fall hat T folgende Möglichkeiten:

(1) Sie nimmt die Erbschaft nach ihrem Vater S an und ebenfalls nach ihrem Großvater E.

(2) T nimmt die Erbschaft nach Vater S an und schlägt dann die Erbschaft nach Großvater E aus. Die Ausschlagungsfrist für T nach Großvater E endet nicht vor Ablauf der Ausschlagungsfrist ihrer Erbschaft nach dem Vater S (§ 1952 Abs. 2 BGB).

Nicht möglich ist es für T, die Erbschaft nach Vater S auszuschlagen und die Erbschaft nach Großvater E anzunehmen, da sie infolge der Ausschlagung der Erbschaft nach S das Ausschlagungsrecht des S nach E nicht geerbt hat.

Zur äußerst komplizierten Frage der Behandlung der Ausschlagung des Erstnachlasses durch einen von mehreren Erbeserben (im vorliegenden Fall hinterlässt S als gesetzliche Erben Ehefrau F und Tochter T, wobei T die Erbschaft nach E ausschlägt, F diese jedoch annimmt).[262]

f) Die Ausschlagung bewirkt, dass es so angesehen wird, als hätte der Ausschlagende den Erbfall nicht erlebt. Der durch die Ausschlagung zur Erbfolge gelangende Dritte wird so behandelt, als wäre er sofort beim Tod des Erblassers Erbe geworden. Dies ist u.a. beim Erbscheinsantrag zu beachten (vgl. Rdn 892 ff.). **1322**

g) Die Ausschlagung erfordert die volle Geschäftsfähigkeit des ausschlagenden Erben. Für geschäfts- **1323** unfähige Erben kann die Ausschlagung nur durch den gesetzlichen Vertreter erklärt werden. Nach herrschender Meinung kann für einen beim Erbfall noch nicht geborenen, aber schon gezeugten künftigen Erben (§ 1923 Abs. 2 BGB) die Erbschaft zwar nicht angenommen, wohl aber durch seine künftigen gesetzlichen Vertreter (in der Regel die Eltern) ausgeschlagen werden. Für beschränkt Geschäftsfähige (Kinder ab 7 Jahren, § 106 BGB) muss die Ausschlagung durch den Erben selbst mit Einwilligung des gesetzlichen Vertreters oder durch den gesetzlichen Vertreter erklärt werden, da die Ausschlagung der Erbschaft für den ausschlagenden Erben nicht lediglich rechtlich vorteilhaft ist (§ 107 BGB). Im Falle einer Betreuung (§§ 1896 ff. BGB) ist der Betreuer im Rahmen seines Aufgabenkreises zur Ausschlagung berechtigt (§ 1902 BGB), daneben der Betreute selbst, wenn er geschäftsfähig ist und kein Einwilligungsvorbehalt angeordnet worden ist (§ 1903 Abs. 1 BGB). Sind beide Eltern gemeinsam gesetzliche Vertreter ihres Kindes (vgl. § 3 Rdn 43 ff.), müssen auch beide Eltern die Ausschlagung erklären. Für den Beginn der kurzen Ausschlagungsfrist des § 1944 Abs. 1 BGB müssen beide Eltern vom Anfall der Erbschaft und dem Grunde der Berufung Kenntnis erlangt haben. Vormund, Pfleger und Betreuer benötigen für die Ausschlagung stets die Genehmigung des Familien- bzw. Betreuungsgerichts. Eltern bedürfen für die Ausschlagung grundsätzlich der Genehmigung des Familiengerichts. Dies gilt dann nicht, wenn der Vertretene erst durch die Ausschlagung seines gesetzlichen Vertreters zur Erbfolge gelangt, und zwar unabhängig davon, ob der Nachlass werthaltig oder überschuldet ist (§ 1643 Abs. 2 S. 1, 2 BGB).[263]

Beispiele **1324**

(1) Der Sohn des Erblassers ist Alleinerbe. Er schlägt aus. Dadurch würde seine – minderjährige – Tochter (= Enkelin des Erblassers) Alleinerbin. Hier können die *Eltern* ohne Genehmigung des Familiengerichts auch für die Tochter ausschlagen.

(2) Der minderjährige Neffe des Erblassers ist in einem Testament zum Alleinerben berufen worden. Hier brauchen die Eltern des Neffen für die Ausschlagung die Genehmigung des Familiengerichts.

Muster: Ausschlagung der Eltern zugleich für ein Kind, wenn das Kind erst durch die Ausschlagung **1325** *des einen Elternteils Erbe würde*

Amtsgericht

– Nachlassgericht –

Köln

---

262 Vgl. Gutachten, DNotI-Report 2006, 135 f.
263 Vgl. hierzu OLG Köln, ZEV 2013, 199 und *Sagmeister*, ZEV 2012, 121.

Betr.: Nachlass des am 15.10.2019 verstorbenen Peter Schmitz aus Köln

– 19 IV 1154/19 –

Ich bin die alleinige gesetzliche Erbin meines Vaters Peter Schmitz aus Köln. Ich schlage hiermit diese Erbschaft aus.

Dadurch würde mein Sohn Heinz Müller, geboren am 5.5.2012, alleiniger Erbe meines Vaters werden. Wir, seine Eltern Eheleute Josef Müller und Klara geb. Schmitz, handelnd als seine gesetzlichen Vertreter, schlagen auch für unseren Sohn diese Erbschaft aus.

Als weiterer gesetzlicher Erbe kommt der Neffe des Erblassers, Adam Schmitz aus Brühl, Kölner Straße 15, in Betracht.

Köln, den (…)

(Beglaubigungsvermerk)

Anmerkung: Hier ist die familiengerichtliche Genehmigung *nicht* erforderlich.

1326 *Muster: Ausschlagung für ein Kind, das nicht erst durch die Ausschlagung eines Elternteils zur Erbfolge gelangen würde*

Amtsgericht

– Nachlassgericht –

Köln

Betr.: Nachlass des am 15.10.2019 verstorbenen Peter Schmitz aus Köln

– 19 IV 1154/19 –

Aufgrund des Testaments des Erblassers vom 18.9.2012 ist unser minderjähriger Sohn Heinz Pütz Alleinerbe seines Onkels Peter Schmitz geworden. Wir, seine Eltern und gesetzlichen Vertreter, schlagen für ihn diese Erbschaft aus. Dadurch gelangt der Sohn des Erblassers, Herr Peter Schmitz in Frechen, Adenauerstraße 14, zur Erbfolge.

Köln, den (…)

(Beglaubigungsvermerk)

Anmerkung: Hier ist die familiengerichtliche Genehmigung erforderlich.

1327 Wird die Genehmigung des Familien- bzw. Betreuungsgerichts rechtzeitig vor Ablauf der Ausschlagungsfrist beantragt, so wird der Ablauf der Frist bis zur Erteilung der gerichtlichen Genehmigung gehemmt. Denn durch eine nicht im Einflussbereich des ausschlagenden Erben liegende Verzögerung der gerichtlichen Genehmigung soll dem Erben nicht die gesetzliche Ausschlagungsmöglichkeit genommen werden. Diese Verzögerung wird von der herrschenden Meinung auch als „höhere Gewalt" angesehen (§§ 1944 Abs. 2 S. 3, 206 BGB). Zu beachten ist jedoch, dass der Zugang der rechtskräftigen gerichtlichen Genehmigung samt Rechtskraftvermerk der Ausschlagungserklärung, etwa des Betreuungsgerichts, beim Empfangsberechtigten, etwa dem Betreuer, dazu führt, dass die gehemmte 6-Wochen-Frist weiterläuft. Die (betreuungsrechtliche) Genehmigung samt Rechtskraftvermerk muss dann innerhalb der restlichen Laufzeit der Frist beim Nachlassgericht eingehen. Das OLG Brandenburg hat diesbezüglich entschieden, dass die betreuungsrechtliche Genehmigung und deren Bekanntmachung gegenüber dem Betreuer dem Nachlassgericht vor Ablauf der zwischenzeitlich gehemmten Ausschlagungsfrist nachgewiesen werden muss.[264]

1328 h) Grundsätzlich kann niemand die Erbschaft hinsichtlich einzelner Nachlassgegenstände ausschlagen (§ 1950 BGB). Dies gilt nur dann nicht, wenn zum Nachlass ein Hof gehört. Der Hoferbe kann den Hofanfall ausschlagen, ohne zugleich die Erbfolge in den hoffreien Nachlass auszuschlagen (§ 11 HöfeO,

---

264 OLG Brandenburg, Beschl. v. 22.4.2014 – 3 W 13/14, ZEV 2014, 540.

§ 19 HöfeO Rhl.-Pf., § 13 des Badischen Hofgüter-Gesetzes und § 9 des Bremischen Höfegesetzes). Nach herrschender Meinung kann der Hoferbe auch umgekehrt den Hof annehmen und die übrige Erbschaft ausschlagen. Die Ausschlagung nur des Hofanfalls muss gegenüber dem Landwirtschaftsgericht, also nicht gegenüber dem sonst zuständigen Nachlassgericht, erklärt werden. Die Ausschlagung gegenüber dem (örtlich oder sachlich) unzuständigen Gericht nimmt ihr jedoch nach herrschender Meinung nicht die Wirksamkeit.

Muster: Ausschlagung des Hofanfalls   **1329**

Amtsgericht

– Landwirtschaftsgericht –

Aachen

Betr.: Hof des Johann Schmitz in Adorf

Ich bin beim Tod meines Vaters Johann Schmitz Hoferbe seines im Grundbuch von Adorf Blatt 1540 eingetragenen Hofes im Sinne der HöfeO mit der Hofstelle in Adorf, Bachstraße 17, geworden.

Ich schlage hiermit den Anfall des Hofes aus, nehme dagegen die Erbschaft in den hoffreien Nachlass an. Nächstberufener Hoferbe ist mein Sohn Peter Schmitz.

Der Einheitswert des Hofes ist 140.000 EUR.

Adorf, den (…)

(Beglaubigungsvermerk)

Gebühren	Wert: 560.000 EUR (vierfacher Einheitswert, § 119, § 103 Abs. 2, § 48 Abs. 3, Abs. 1 GNotKG)[265]	
	Entwurfsgebühr: KV Nr. 24101 – hier 1,0	1.095 EUR
	Erläuterungen:	
	1) Die Beurkundungsgebühr wäre hier 1,0 nach KV Nr. 21200 (Erklärungen gegenüber dem Landwirtschaftsgericht sind in 21201 nicht berücksichtigt).[266]	
	2) Innerhalb des Rahmens von 0,3 bis 1,0 ist wegen § 92 Abs. 2 GNotKG (vollständiger Entwurf) zwingend der Höchstsatz einzusetzen.	
	Weitere Hinweise:	
	1) Die erste Beglaubigung wird nicht berechnet, Vorbem. 2.4.1 (2) KV GNotKG.	
	2) Die (bloße) Übermittlung an das Landwirtschaftsgericht ist mit abgegolten, Vorbem. 2.4.1 (4) KV GNotKG.	

---

i) Die Annahme und Ausschlagung eines Vermächtnisses ist nicht dem Nachlassgericht, sondern dem   **1330** *Beschwerten* (also regelmäßig dem Erben) gegenüber zu erklären. Sie bedarf keiner Form und ist nicht fristgebunden. Ansonsten gelten die Regeln über die Annahme bzw. Ausschlagung einer Erbschaft entsprechend (§ 2180 BGB).

j) Mit der Ausschlagung entfällt für den Ausschlagenden die sonst etwa entstehende Erbschaftsteuer. Sie   **1331** ist keine Schenkung an den durch sie Begünstigten, löst also auch ihrerseits keine Schenkungsteuer aus. Eine Abfindung für die Ausschlagung ist wie ein Erwerb vom Erblasser zu versteuern. Zahlt sie der durch

---

265 Hier wird vorausgesetzt, dass die Bewertungsvorschrift § 48 Abs. 3 GNotKG eine Prüfung der weiteren Anwendungsvoraussetzungen des § 48 Abs. 1 GNotKG entbehrlich macht. Das Ergebnis entspricht der Praxis zur KostO, die an dieser Stelle vom Gesetzgeber nicht geändert werden sollte. Vgl. dazu Fackelmann/Heinemann/*Fackelmann*, § 48 Rn 7.

266 Anders Kostenspiegel, Teil 19 Rn 77: KV Nr. 21201 Nr. 7.

die Ausschlagung zum Zuge kommende Erbe, so ist sie bei ihm als Erwerbsaufwand vom Steuerwert der Erbschaft abzuziehen. Zahlt sie ein Dritter, so wird sie wie eine schenkungsteuerpflichtige Zuwendung des Erblassers an den Begünstigten behandelt.

X. Erbverzicht und Zuwendungsverzicht (§§ 2346 ff. BGB)

1332 1. Mit einem Erbverzichtsvertrag (Kosten § 5 Rdn 379 ff.) kann bereits vor dem Erbfall (statt, wie mit der Ausschlagung, im Nachhinein) erreicht werden, dass der Verzichtende nicht zur Erbfolge gelangt, also behandelt wird, als hätte er beim Erbfall nicht gelebt. Ein Bedürfnis für solche Regelungen tritt zumeist auf, wenn ein Erbe bereits zu Lebzeiten des Erblassers abgefunden wird und daher von der Erbschaft nichts mehr erhalten soll. Der Verzicht kann auf das Pflichtteilsrecht (§ 2346 Abs. 2 BGB) oder auf einen Bruchteil des Erbteils beschränkt werden. Durch den Erbverzicht scheidet der Verzichtende (und bei einem Verzicht eines Abkömmlings oder eines Seitenverwandten des Erblassers gemäß § 2349 BGB auch die Abkömmlinge des Verzichtenden) für die Berechnung der Pflichtteile der gesetzlichen Erben aus, sodass sie sich erhöhen. Soll dies vermieden werden, so darf nur ein Pflichtteilsverzicht erklärt werden. Dann erhöhen sich die Pflichtteile der anderen nicht. Allerdings erbt dann der Verzichtende trotz des Verzichts auf den Pflichtteil in Höhe seiner gesetzlichen Quote, sofern der Erblasser ihn nicht durch Verfügung von Todes wegen ausschließt. Ein auf einzelne Nachlassgegenstände beschränkter Erbverzicht („… was das Haus angeht …“) ist nichtig. Er kann jedoch in der Regel in einen Bruchteilsverzicht umgedeutet werden. Die Gegenleistung für einen Erb- bzw. Pflichtteilsverzicht gilt steuerlich als Zuwendung des Erblassers an den Verzichtenden, auch wenn sie der Begünstigte aufbringt.

1333 2. Den Erbverzichtsvertrag kann der Erblasser nur *höchstpersönlich* abschließen. Der Verzichtende dagegen kann rechtsgeschäftlich vertreten werden (§ 2347 BGB). Man neigt dazu anzunehmen, es wäre umgekehrt, weil die Erklärung des Verzichtenden als die wichtigere erscheint. Deshalb werden hier nicht selten Fehler gemacht. Ein beschränkt geschäftsfähiger *Erblasser* bedarf nicht der Zustimmung seines gesetzlichen Vertreters. Ist der Erblasser geschäftsunfähig, so wird der Vertrag durch seinen gesetzlichen Vertreter abgeschlossen. Der Vertrag bedarf in diesem Fall der Genehmigung des Familien- oder Betreuungsgerichts. Dies gilt insbesondere, wenn der Erblasser unter elterlicher Sorge steht. Bestehen Zweifel, ob der Erblasser geschäftsunfähig ist oder nicht, so sollte in der Praxis sowohl der Erblasser selbst als auch der gesetzliche Vertreter den Erbverzichtsvertrag abschließen. Steht der *Verzichtende* unter elterlicher Sorge oder unter Vormundschaft oder Betreuung, so bedarf der Verzicht ebenfalls stets der Genehmigung des Familien- bzw. des Betreuungsgerichts. Die bisherige gesetzliche Ausnahme vom gerichtlichen Genehmigungserfordernis für Verträge zwischen Ehegatten und Verlobten mit einem minderjährigen Partner ist seit Inkrafttreten des Gesetzes zur Bekämpfung von Kinderehen am 22.7.2017 entfallen.

1334 3. Der Erbverzichtsvertrag ist nur wirksam, wenn er notariell beurkundet wurde (§ 2348 BGB). Bloße Unterschriftsbeglaubigung oder gar privatschriftliche Form machen die Vereinbarung nichtig. Sie kann aber in ein Testament mit dem Inhalt der Enterbung des Verzichtenden umgedeutet werden, wenn die Form dafür gewahrt ist (eigenhändig vom Erblasser geschrieben und unterschrieben).

1335 4. Sofern nicht das Gegenteil bestimmt ist, erstreckt sich der Verzicht eines Abkömmlings oder eines Seitenverwandten des Erblassers auf den ganzen Stamm des Verzichtenden, also auch auf seine Abkömmlinge (§ 2349 BGB). Da in der Regel dem Verzicht eine vorweggenommene Abfindung des Verzichtenden zugrunde liegt, würde sein Stamm bevorzugt, wenn seine Abkömmlinge trotz des Verzichts zur Erbfolge gelangten.

1336 5. Wird ein Verzicht auf das gesetzliche Erbrecht zugunsten eines anderen erklärt, so gilt er im Zweifel nicht, wenn der andere nicht Erbe wird, ihm der Verzicht also nicht zugute kommen kann (§ 2350 Abs. 1 BGB). Die Auslegungsregel gilt weder für den bloßen Pflichtteilsverzicht noch für den Zuwendungsverzicht im Sinne von § 2352 BGB (für Letzteren str.). Ist der Verzichtende ein Abkömmling des Erblassers, so wird vermutet, dass der Verzicht zugunsten der anderen Abkömmlinge und des Ehegatten des Erblassers erklärt werden sollte (§ 2350 Abs. 2 BGB). Fallen mithin der Ehegatte und alle anderen Abkömmlinge des Erblassers weg, so gilt ein solcher Verzicht nicht. Durch diese Auslegungsregel soll verhindert werden, dass unbeabsichtigt Verwandte der aufsteigenden oder der Seitenlinie oder der Staat begünstigt werden.

1337

Beispiel

Der Sohn S hat – gegen Abfindung – auf alle Erb- und Pflichtteilsrechte dem Vater V gegenüber verzichtet. Durch einen Unfall kommen dessen Ehefrau F und das einzige weitere Kind, die Tochter T, ums Leben. Würde der Erbverzicht weitergelten, so kämen die Eltern des V, dessen Geschwister oder Geschwisterkinder zum Zuge. Das Gesetz unterstellt, dass dieses Ergebnis von den Beteiligten nicht gewollt gewesen sein kann. S wird also trotz seines Verzichts (alleiniger) Erbe des V.

1338

Muster: Erbverzicht

Verhandelt zu (…)

Die Erschienenen erklärten:

Herr Adam Pütz hat seinem Sohn Johann Pütz für die Einrichtung eines Möbelhauses 100.000 EUR – i.W.: einhunderttausend EUR – im Wege der Schenkung zwecks Vorwegnahme der Erbfolge zur Verfügung gestellt.

Mit Rücksicht darauf verzichtet Herr Johann Pütz seinem dies annehmenden Vater Adam Pütz gegenüber für sich und seine Abkömmlinge auf alle Erb- und Pflichtteilsrechte am Nachlass seines Vaters.

6. Auf das Pflichtteilsrecht kann selbstständig verzichtet werden (§ 2346 Abs. 2 BGB). Im Unterschied zum Erbverzicht ist ein gegenständlich beschränkter Pflichtteilsverzicht insofern möglich, als bestimmte Gegenstände bei der Nachlassbewertung (§ 2311 BGB) als nicht zum Nachlass gehörig anzusehen sind. Der Erbverzicht schließt dagegen den Pflichtteilsverzicht ein (§ 2346 Abs. 1 BGB). Daher würde im vorstehenden Muster die Formulierung „auf sein gesetzliches Erbrecht" genügen. In der Praxis ist es gleichwohl üblich, auch den Verzicht auf das Pflichtteilsrecht ausdrücklich erklären zu lassen, um den Beteiligten deutlich zu machen, dass auf beide Rechte verzichtet wird.

1339

7. Wird nicht auf das gesetzliche Erbrecht, sondern auf eine Zuwendung (Erbeinsetzung, Vermächtnis usw.) verzichtet, die dem Verzichtenden in einem Testament oder Erbvertrag gemacht worden ist (§ 2352 BGB), so spricht man von einem „Zuwendungsverzicht". Ist der Verzichtende der einzige Vertragspartner des Erblassers beim Erbvertrag, so kann ersterer nicht nach § 2352 BGB verzichten. Er ist darauf verwiesen, den Weg der Aufhebung des Erbvertrages mit dem Erblasser zu wählen.

1340

Beispiel

Die Eheleute V und M haben sich in einem Erbvertrag gegenseitig zum Alleinerben und den Neffen N mit bindender Wirkung zum Erben des Überlebenden berufen. M stirbt. V möchte von der Erbeinsetzung des N loskommen. Er bietet ihm 10.000 EUR, wenn er auf die Erbeinsetzung verzichtet. N ist einverstanden. Hier kann V nur durch einen Zuwendungsverzichtsvertrag nach § 2352 BGB seine Testierfreiheit zurückerlangen. Wäre dagegen N in einem Erbvertrag zum Erben berufen worden, den er selbst mit V abgeschlossen hat, so könnte V nur dadurch von der Bindung befreit werden, dass er den Erbvertrag mit N aufhebt.

1341

Früher spielte der Zuwendungsverzicht in der Praxis kaum eine Rolle, da sich dieser, anders als der Erbverzicht, nach herrschender Meinung mangels gesetzlicher Regelung grundsätzlich nicht auf die Abkömmlinge des Verzichtenden erstreckte. Folglich traten in den Fällen, in denen z.B. ein Abkömmling gegenüber seinem überlebenden Elternteil auf sein in einem gemeinschaftlichen Testament oder in einem Erbvertrag begründetes Erbrecht als Schlusserbe verzichtete, an Stelle des Verzichtenden dessen Abkömmlinge, und zwar entweder kraft ausdrücklicher Ersatzerbenbestimmung in der bindenden Verfügung von Todes wegen oder kraft der Auslegungsregel des § 2069 BGB (vgl. Rdn 1258). Zur Durchbrechung der erbrechtlichen Bindung hätten dann auch die (zum Teil noch minderjährigen) Ersatzberufenen einen Zuwendungsverzicht abgeben müssen. Seit 1.1.2010 erstreckt sich nunmehr bei Erbfällen ab diesem Zeitpunkt der Zuwendungsverzicht auch auf die Abkömmlinge des Verzichtenden, sofern dieser ein Abkömmling oder ein Seitenverwandter des Erblassers ist (§§ 2352 S. 3, 2349 BGB). Dadurch sollen die bisherigen praktischen Probleme beseitigt und die Testierfreiheit des Erblassers gestärkt werden.

1342

1343 *Beispiel*

Die Eheleute V und M haben sich in einem Erbvertrag gegenseitig zum Alleinerben und den gemeinsamen Sohn S mit bindender Wirkung zum Erben des Überlebenden berufen. Ersatzschlusserben wurden nicht benannt. M stirbt. S hat zwei Kinder E 1 und E 2. V möchte nun anstelle des S die Tochter T zur Alleinerbin einsetzen, da T den V bereits seit Jahren alleine pflegt und versorgt. S ist einverstanden. Hier kann S mit V einen Zuwendungsverzichtsvertrag abschließen. Dieser Verzicht erstreckt sich nach der aktuellen Rechtslage auch auf E 1 und E 2, sodass V seine Testierfreiheit zurückerlangt und nunmehr in einer Verfügung von Todes wegen die T zur Alleinerbin berufen kann.

XI.   Erbschaftskauf und Erbteilsübertragung

1.   Erbschaftskauf

1344 Der Verkauf einer ganzen Erbschaft durch den Alleinerben (§§ 2371 ff. BGB) kommt in der Praxis so gut wie nicht vor. Daher soll hier nur erwähnt werden,

- dass er der notariellen Beurkundung bedarf (§ 2371 BGB),
- dass damit nicht das Erbrecht als solches, sondern der Inbegriff des Nachlasses veräußert wird,
- dass deshalb die *einzelnen Nachlassgegenstände übertragen werden müssen* (also Grundstücke durch Auflassung, Forderungen durch Abtretung, bewegliche Gegenstände durch Einigung und Übergabe), und
- dass er dem Nachlassgericht *angezeigt* werden muss (§ 2384 BGB).

2.   Erbteilsübertragung

1345 a) Ein Miterbe kann über seine Anteile an den einzelnen Nachlassgegenständen nicht verfügen (§ 2033 Abs. 2 BGB). Gehören also z.B. ein Haus und ein Sparbuch von 10.000 EUR zum Nachlass und ist der Miterbe zu ½ beteiligt, so kann er weder seine Hälfte an dem Haus noch seine Hälfte an dem Guthaben aus dem Sparbuch getrennt übertragen. Dagegen kann er seine Gesamtbeteiligung am Nachlass – ohne die Miterben oder einen etwaigen Testamentsvollstrecker fragen zu müssen und auch entgegen einem vom Erblasser angeordneten Auseinandersetzungsverbot gemäß § 2044 BGB (vgl. Rdn 1134) – an einen Miterben, aber auch an einen Dritten übertragen (§ 2033 Abs. 1 BGB). Der Erbteilserwerber tritt mit allen Rechten und Pflichten an die Stelle des Veräußerers, haftet also neben dem Veräußerer auch für alle Nachlassverbindlichkeiten einschließlich der Erbschaftsteuer. Im Verhältnis zum Veräußerer hat der Erwerber diese Verbindlichkeiten zu tragen, sofern im Vertrag keine gegenteilige Vereinbarung getroffen wird. Die Miterbenstellung erhält der Erbteilserwerber jedoch nicht, da die Erbenstellung rechtsgeschäftlich nur durch eine Verfügung von Todes wegen eingeräumt werden kann. Der Erbteilserwerber wird durch den Erwerb insbesondere nicht vorkaufsberechtigt, falls ein Miterbe seinen Erbteil seinerseits veräußert.

1346 *Beispiel*

Die Erbengemeinschaft besteht aus A, B und C. A hat seinen Erbteil an K 1 verkauft und übertragen. K 1 tritt nun zwar mit allen Rechten und Pflichten an die Stelle des A. Veräußert aber nunmehr B seinen Erbteil an K 2, so steht K 1 kein Vorkaufsrecht nach § 2034 BGB zu.

1347 b) Eine Erbteilsübertragung wird vor allem vorgenommen,

- wenn ein Miterbe ausscheiden will, bevor der Nachlass auseinandergesetzt ist, und die anderen oder ein anderer Miterbe den Anteil des Veräußerers aufzukaufen gewillt ist,
- wenn ein Miterbe durch den Verkauf seines Anteils an einen Dritten vor der Erbauseinandersetzung bereits zu Geld kommen will,
- wenn die Ausschlagungsfrist verpasst worden ist und ein Miterbe über die Anteilsübertragung das gleiche Ergebnis wie mit der Ausschlagung (vgl. Rdn 1313 ff.) erreichen will.

Die Erbteilsübertragung führt zum Erwerb einer gesamthänderischen Mitberechtigung an den Nachlassgegenständen, ohne dass es einer besonderen Übertragung (Auflassung, Abtretung, Übergabe usw.) bedarf. Sofern Grundbesitz zum Nachlass gehört, wird das Grundbuch lediglich berichtigt (vgl. Rdn 1293 ff.). Die Veräußerung eines Erbteils bedarf der Genehmigung nach dem Grundstückverkehrsgesetz, wenn der Nachlass im Wesentlichen aus einem landwirtschaftlichen oder forstwirtschaftlichen Betrieb besteht und der Erwerber nicht bereits Miterbe ist (§ 2 Abs. 2 Nr. 2 GrdstVG). Die Miterben haben ein gesetzliches *Vorkaufsrecht,* wenn der Erbteil an einen Dritten verkauft wird (§ 2034 BGB). Dies gilt auch dann, wenn der Erwerber bereits früher einen Erbteil erworben hatte.

c) Das Kernproblem im Rahmen einer Erbteilsübertragung ist die Abstimmung der Sicherungsbedürfnisse von Erbteilsverkäufer und Erbteilskäufer im Hinblick auf die Erbringung von Leistung und Gegenleistung.   **1348**

Das Interesse des Erbteilsverkäufers liegt darin, die Inhaberschaft an dem Erbteil erst dann zu verlieren, wenn der vereinbarte Kaufpreis vom Käufer vertragsgerecht gezahlt worden ist. Das Interesse des Erbteilskäufers hingegen liegt darin, den Kaufpreis erst dann zu zahlen, wenn die Übertragung des Erbteils auf ihn erfolgt oder zumindest sichergestellt ist.

Im Folgenden werden die möglichen Risiken des Erbteilsverkäufers und des Erbteilskäufers im Rahmen eines Erbteilskaufvertrages getrennt betrachtet und – soweit möglich – Vertragsgestaltungsvorschläge zur Risikovermeidung bzw. Risikoverminderung dargestellt:

aa) Risiken und Schutz des Erbteilsverkäufers   **1349**

Werden das schuldrechtliche Geschäft (z.B. Kaufvertrag) und die dingliche, unmittelbar rechtsändernd wirkende Übertragung in einer notariellen Urkunde gemeinsam beurkundet, sodass der Käufer den Erbteil unmittelbar erwirbt, trägt der Verkäufer das Risiko, dass der Käufer vor Kaufpreiszahlung über den Erbteil anderweitig verfügt oder insolvent wird. Zum Schutze des Erbteilsverkäufers vor diesen Risiken werden in der Literatur verschiedene Lösungswege vorgeschlagen:

(1) Die dingliche Übertragung des Erbteils wird bis zur Bezahlung des Kaufpreises zurückgestellt. Verkäufer und Käufer bevollmächtigen einen Notarangestellten, das dingliche Übertragungsgeschäft sowie – für den Fall, dass der Nachlass Grundbesitz enthält – auch den Grundbuchberichtigungsantrag erst nach erfolgter Kaufpreiszahlung namens der Vertragsbeteiligten zu erklären. Der Kaufpreis soll erst dann fällig gestellt werden, wenn etwa erforderliche Genehmigungen (z.B. nach dem Grundstückverkehrsgesetz) erteilt oder Verzichtserklärungen der Miterben hinsichtlich ihres gesetzlichen Vorkaufsrechts gemäß § 2034 BGB vorliegen bzw. die zweimonatige Ausübungsfrist verstrichen ist. Der Nachteil dieses Vorschlages liegt darin, dass hier der Käufer nicht vor vertragswidrigen Verfügungen des Verkäufers (anderweitige Übertragung, Verpfändung oder Pfändung des Erbteils) oder vor der Insolvenz des Verkäufers geschützt ist. Außerdem entsteht für die getrennte Beurkundung der dinglichen Übertragung neben der 2,0 Gebühr für den Erbteilskaufvertrag noch eine weitere 0,5 Gebühr für die dingliche Übertragung (wenn diese – wie in der Regel – von dem Notar beurkundet wird, der auch den Erbteilskaufvertag beurkundet hat, ansonsten wenn die dingliche Übertragung von einem anderen Notar beurkundet wird, sogar eine 1,0 Gebühr).

(2) Vorgeschlagen wird weiterhin die Hinterlegung des Kaufpreises auf Notaranderkonto vor Beurkundung des Erbteilskaufvertrages. Der Notar wird in diesem Fall angewiesen, die Auszahlung erst dann vorzunehmen, wenn alle Genehmigungen bzw. Vorkaufsrechtsverzichtserklärungen der Miterben vorliegen. Der Nachteil dieses Vorschlages liegt darin, dass den Vertragsbeteiligten Zinsverluste dadurch entstehen, dass insbesondere wegen der Vorkaufsrechtsverzichtserklärungen der Miterben oder etwa erforderlicher Genehmigungen zwischen der Hinterlegung und der Auszahlung des Kaufpreises ein relativ langer Zeitraum liegen kann.

(3) Ferner wird vorgeschlagen, den Erbteil zwar mit sofortiger dinglicher Wirkung auf den Käufer zu übertragen, gleichzeitig diesen Anteil aber durch den Käufer an den Verkäufer zur Absicherung seines Kaufpreisanspruchs zu verpfänden. Gleichzeitig könnte – sofern der Nachlass Grundbesitz enthält – diesbezüglich ein entsprechender Verpfändungsvermerk in Abteilung II des Grundbuchs eingetragen werden. Nachteil dieses Vorschlags ist, dass der Verkäufer im Falle der nicht vertragsgerechten Zahlung des Kaufpreises versuchen müsste, seine Rechte

durch Verwertung des Erbteils im Wege der Versteigerung, Verwaltung oder Überweisung zur Einziehung durchzusetzen.

(4) Die zurzeit herrschende Meinung in der Literatur schlägt vor, das schuldrechtliche und das dingliche Rechtsgeschäft beim Erbteilskaufvertrag zwar gemeinsam zu beurkunden, die dingliche Übertragung im Sinne von § 2033 BGB jedoch nur bedingt zu erklären. Da es sich bei der Erbteilsübertragung, selbst wenn der Nachlass ausschließlich oder teilweise aus Grundbesitz besteht, nicht um eine Verfügung über Grundstücke oder um eine Auflassung handelt, steht § 925 Abs. 2 BGB der bedingten Übertragung nicht entgegen. Vorgeschlagen wird zum einen eine aufschiebend bedingte Übertragung des Erbteils. Als Bedingung kommt hier zunächst die vertragsgerechte Kaufpreiszahlung durch den Käufer in Betracht. Problematisch ist jedoch in diesem Fall, den Eintritt der Bedingung für eine bei Nachlassgrundbesitz erforderliche Grundbuchberichtigung in öffentlicher oder öffentlich-beglaubigter Form nachzuweisen. Es sollte daher weiter vereinbart werden, dass die Bedingung auch durch Erteilung einer den Grundberichtigungsantrag enthaltenden Ausfertigung oder beglaubigten Abschrift der Urkunde durch den Notar eintritt. Der Notar wird in diesem Fall zunächst nur eine auszugsweise Ausfertigung oder beglaubigte Abschrift der Urkunde erteilen. Erst nachdem ihm die vertragsgerechte Kaufpreiszahlung nachgewiesen ist, erfolgt die Erteilung einer vollständigen Ausfertigung oder beglaubigten Abschrift des Erbteilskaufvertrages. Alternativ wird vorgeschlagen, als Bedingungseintritt die Bestätigung des Notars an das Grundbuchamt zu vereinbaren, dass der Kaufpreis vollständig gezahlt ist.

(5) Zum anderen wird eine auflösend bedingte Übertragung des Erbteils vorgeschlagen. Die Erbteilsübertragung ist dann auflösend bedingt durch Ausübung eines dem Verkäufer vorbehaltenen Rücktrittsrechts vom Erbteilskaufvertrag für den Fall, dass die Kaufpreiszahlung nicht vertragsgerecht durch den Käufer erfolgt. Gegen vertragswidrige Verfügungen des Käufers ist der Verkäufer gemäß § 161 Abs. 2, 1 BGB geschützt. Um auch zu verhindern, dass der Käufer – sofern der Nachlass Grundbesitz enthält – zusammen mit den übrigen Miterben den Grundbesitz an eine gutgläubige dritte Person veräußert (§§ 892, 161 Abs. 3 BGB), sollte eine Verfügungsbeschränkung des Käufers infolge der auflösenden Bedingung in Abteilung II des Grundbuchs eingetragen werden. Der Verkäufer bewilligt bereits in der Vertragsurkunde die Löschung dieser Verfügungsbeschränkung und weist den Notar an, die Löschungsbewilligung erst nach erfolgter vertragsgerechter Kaufpreiszahlung herauszugeben.[267]

1350   bb) Risiken und Schutz des Erbteilskäufers

(1) Der Käufer möchte zunächst davor geschützt werden, dass der Verkäufer gar nicht Erbe ist oder Nachlassgegenstände nicht zum Nachlass gehören oder der Erbteil bereits vor Abschluss des Erbteilskaufvertrages anderweitig veräußert worden oder mit Rechten Dritter (z.B. durch einen Nacherben, Testamentsvollstreckung, Vermächtnisse, Verpfändung oder Pfändung des Erbteils usw.) belastet ist.

In diesem Rahmen ist allerdings nur ein sehr eingeschränkter Schutz des Käufers möglich, da die Gutglaubensvorschriften der §§ 892, 932 ff., 2366 BGB nur beim Erwerb einzelner Nachlassgegenstände, nicht aber beim Kauf eines Erbteils greifen. Der Erbteilskaufvertrag sollte dementsprechend zumindest Versicherungen des Verkäufers enthalten, dass er den Erbteil nicht anderweitig veräußert oder sonst mit Rechten Dritter belastet hat. Darüber hinaus sollte der Kaufpreis erst dann fällig gesetzt werden, wenn sich die Miterbenstellung des Verkäufers entweder aus einer notariellen Verfügung von Todes wegen mit einem entsprechenden Eröffnungsprotokoll oder aus einem Erbschein oder einem Europäischen Nachlasszeugnis (vgl. Art. 69 EU-ErbVO) ergibt. Zusätzlich sollte der Notar vor Fälligsetzung des Kaufpreises das Grundbuch und im Hinblick auf die Anzeigepflicht des § 2384 BGB die Nachlassakten einsehen.

(2) Gegen nachträgliche Verfügungen des Verkäufers oder Vollstreckungsmaßnahmen in den Erbteil kann der Käufer für den Fall, dass der Nachlass Grundbesitz umfasst, nicht durch eine Vor-

---

267 Vgl. zur Eintragungsfähigkeit einer solchen Verfügungsbeschränkung *Neusser*, MittRhNotK 1979, 143, 149; *Schöner/Stöber*, Grundbuchrecht, 16. Aufl. 2020, Rn 970 und Muster Rn 955 mit weiteren Nachweisen; Dorsel/*Terner*, Kölner Formularbuch Erbrecht, 3. Aufl. 2020, Kap. 18, Rn 162.

merkung geschützt werden, und zwar selbst dann nicht, wenn der Nachlass nur aus einem einzigen Grundstück besteht. Der Erbteilskaufvertrag begründet nämlich keinen vormerkbaren Anspruch, da hierin kein Anspruch auf Einräumung oder Aufhebung eines Rechts an einem Grundstück begründet wird. Der Erbteilskaufvertrag verpflichtet lediglich zur Übertragung des Erbteils an sich und die Übertragung des Erbteils erfolgt nach § 2033 BGB, d.h. insbesondere im Falle von Grundbesitz außerhalb des Grundbuchs.

Geschützt wird der Käufer gegen nachträgliche Verfügungen des Verkäufers oder vollstreckbare Maßnahmen jedoch durch die unter c) aa) (4) und (5) genannten Fälle der bedingten Erbteilsübertragung. Im Falle einer aufschiebenden Bedingung gemäß c) aa) (4) besteht jedoch die Gefahr, dass der Verkäufer mit den übrigen Miterben – also die Erbengemeinschaft in bisheriger Zusammensetzung – einen einzelnen Nachlassgegenstand, insbesondere Grundbesitz, an einen gutgläubigen Dritten veräußert. Hier kann der Käufer durch die Eintragung einer aus der aufschiebenden Übertragung resultierenden Verfügungsbeschränkung in Abteilung II des Grundbuchs gesichert werden. Die Eintragung setzt allerdings voraus, dass die Erbengemeinschaft mit dem Erbteilsverkäufer bereits im Grundbuch eingetragen ist. Im Falle einer auflösenden Erbteilsübertragung gemäß Ziffer c) aa) (5) kann bei Vorhandensein von Nachlassgrundbesitz bis zur Stellung des Grundbuchberichtigungsantrages einige Zeit, und zwar insbesondere im Hinblick auf die erforderliche Unbedenklichkeitsbescheinigung des Finanzamtes, vergehen. Hier kann zunächst zum Schutz des Käufers ein Widerspruch gegen die Richtigkeit in das Grundbuch eingetragen werden.

Der nachfolgende Mustervorschlag wählt die aufschiebend bedingte Übertragung des Erbteils. Ausführliche Mustervorschläge für eine auflösend bedingte Erbteilsübertragung finden sich bei *Schöner/Stöber*.[268]

Muster eines Erbteilskauf- und Übertragungsvertrages: **1351**

Verhandelt zu (…)

Die Erschienenen erklärten:

I.   Herr Peter Meier und dessen Schwester, Frau Anna Schmitz geborene Meier, sind zu je ½ Anteil Miterben nach ihrem Vater Paul Meier (AG Aachen VI 143/19). Herr Peter Meier verkauft seinen Erbteil dem dies annehmenden Herrn Karl Müller.

II.   Zum Nachlass gehört nur noch der Grundbesitz des landwirtschaftlichen Betriebes im Grundbuch von Adorf Blatt 1777. Der Grundbuchinhalt wurde vom Notar am (…) festgestellt. Danach handelt es sich um die Grundstücke
Gemarkung Adorf
Flur 10, Flurstück 18, Hof- und Gebäudefläche, Eschweilerstraße 17,
groß 14,18 Ar, und
Flur 18, Flurstück 22, Acker, Am Untergrund, groß 5,14 Hektar.
In Abt. II und III des Grundbuchs sind keine Rechte eingetragen. Als Eigentümer ist bereits die Erbengemeinschaft Meier/Schmitz vermerkt.
Der Notar hat darüber belehrt, dass dieser Kaufvertrag der Genehmigung nach dem Grundstückverkehrsgesetz bedarf. Er wird beauftragt, diese Genehmigung einzuholen. Sie wird wirksam mit dem Eingang beim Notar.
Herr Peter Meier erklärt,
1. dass keine Nachlassverbindlichkeiten mehr bestehen,
2. dass er die Erbschaftsteuer bereits bezahlt hat,
3. dass er den Erbteil noch nicht anderweitig veräußert und nicht verpfändet hat,
4. dass der Erbteil weder gepfändet noch mit Vermächtnissen, Auflagen, Pflichtteilslasten, Ausgleichspflichten, Teilungsanordnungen, einer Testamentsvollstreckung, einem Nacherbrecht oder sonstigen Rechten Dritter belastet ist.

---

268 *Schöner/Stöber*, Grundbuchrecht, 16. Aufl. 2020, Rn 955; siehe auch bei *Otto*, in: Münchner Vertragshandbuch, Band 6, 8. Aufl. 2020, S. 1283 ff. Muster XVIII 1., Erbteilskauf und Übertragungsvertrag sowie Dorsel/*Terner*, Kölner Formularbuch Erbrecht, 3. Aufl. 2020, Kap. 18, Rn 161 für einen Erbteilskauf mit Notaranderkonto.

Der Notar hat darüber belehrt, dass über diese Umstände aus dem Grundbuch kein sicherer Aufschluss zu gewinnen ist und dass daher das Risiko des Bestehens von Rechten Dritter nicht gänzlich ausgeschlossen werden kann. Herr Karl Müller erklärt, das persönliche Vertrauen in Herrn Peter Meier zu setzen, das erforderlich ist, um dennoch diesen Vertrag abzuschließen.

III. Der Notar hat darüber belehrt, dass die weitere Miterbin Anna Schmitz geborene Meier ein gesetzliches Vorkaufsrecht hat. Er wird beauftragt, nach dem Eingang der Genehmigung gemäß dem Grundstückverkehrsgesetz eine Ausfertigung dieses Vertrages der Vorkaufsberechtigten zur Erklärung über ihr Vorkaufsrecht durch einen Gerichtsvollzieher zustellen zu lassen.

IV. Für den Zustand der Nachlassgegenstände übernimmt der Verkäufer keine Haftung. Er ist dem Käufer bekannt. In der Vergangenheit gezogene Nutzungen werden nicht an den Käufer abgeführt, Aufwendungen werden dem Verkäufer nicht erstattet.

V. Der Kaufpreis beträgt 100.000 EUR (in Worten: einhunderttausend EUR).
Er ist zinslos fällig innerhalb einer Woche, nachdem der Notar mitgeteilt hat, dass

1. die Genehmigung nach dem Grundstückverkehrsgesetz erteilt worden ist,
2. bei ihm eine Verzichtserklärung zum Vorkaufsrecht der Miterbin Anna Schmitz eingegangen ist bzw. die Frist von zwei Monaten für die Ausübung des Vorkaufsrechts verstrichen ist, ohne dass die Beteiligten den Notar von einer Vorkaufsrechtsausübung schriftlich verständigt haben,
3. die Verfügungsbeschränkung des Veräußerers gemäß Ziffer VI. 3. dieser Urkunde im Grundbuch eingetragen ist.

Bei Zahlungsverzug hat der Verkäufer das Recht, wahlweise 6 % p. a. Zinsen zu verlangen oder von diesem Vertrag zurückzutreten. Nur zu Vollstreckungszwecken wird der Beginn des Zinslaufs auf den (…) festgelegt. Der Notar hat darauf hingewiesen, dass Zahlungsverzug auch ohne Mahnung des Verkäufers eintritt.

Der Käufer unterwirft sich wegen der Verpflichtung zur Zahlung des Kaufpreises und der Zinsen dem Verkäufer gegenüber der sofortigen Zwangsvollstreckung aus dieser Urkunde. Der Notar kann dem Verkäufer jederzeit eine vollstreckbare Ausfertigung dieser Urkunde erteilen, ohne dass es hierzu eines besonderen Nachweises bedarf. Im Verfahren der Vollstreckungsgegenklage liegt die Beweislast jedoch unverändert beim Verkäufer.

VI. Der Verkäufer überträgt dem dies annehmenden Käufer mit dinglicher Wirkung den Erbteil unter der aufschiebenden Bedingung, dass

1.a) der Käufer dem Verkäufer den Kaufpreis vertragsgerecht zahlt,
oder
   b) der Notar dem Grundbuchamt eine den Grundbuchberichtigungsantrag gemäß Ziffer VI. 2. dieser Urkunde enthaltende Ausfertigung oder beglaubigte Abschrift dieser Urkunde einreicht.

2. Der Verkäufer und der Käufer bewilligen und beantragen, die Erbteilsübertragung im Wege der Grundbuchberichtigung in das Grundbuch einzutragen.
Der beurkundende Notar wird von den Vertragsbeteiligten angewiesen, dem Grundbuchamt erst dann eine diesen Grundbuchberichtigungsantrag enthaltende Ausfertigung oder beglaubigte Abschrift dieser Urkunde einzureichen, wenn ihm die vertragsgemäße Zahlung des Kaufpreises nachgewiesen ist.

3. Um den Käufer bis zum Eintritt der aufschiebenden Bedingung gegen einen möglichen gutgläubigen Erwerb eines Dritten zu schützen, bewilligen und beantragen der Verkäufer und der Käufer die in der aufschiebenden Bedingung liegende Verfügungsbeschränkung des Verkäufers in Abteilung II des Grundbuchs in der Weise einzutragen, dass dort vermerkt wird, dass die heutige Erbteilsübertragung aufschiebend bedingt ist und die Bedingung erst entweder mit der Kaufpreiszahlung oder mit der Einreichung einer die Grundbuchberichtigung enthaltenden Ausfertigung oder beglaubigten Abschrift dieser Urkunde durch den Notar beim Grundbuchamt eintritt.
Die Beteiligten bewilligen und beantragen schon jetzt die Löschung dieser Verfügungsbeschränkung gleichzeitig mit der Eintragung des Käufers im Grundbuch anstelle des Ver-

käufers, sofern bis dahin in Abteilung II und III des Grundbuches keine Zwischeneintragungen ohne Zustimmung des Käufers erfolgt oder beantragt sind.

VII. Die Kosten dieses Vertrages und seiner Durchführung einschließlich der Kosten für die Berichtigung des Grundbuchs und die Grunderwerbsteuer trägt der Käufer.

Der Notar wird von den Vertragsbeteiligten angewiesen, dem Amtsgericht – Nachlassgericht – in Aachen gemäß § 2384 BGB den Verkauf und zu gegebener Zeit die dingliche Abtretung des Erbteils unter Übersendung einer einfachen Abschrift dieser Urkunde anzuzeigen.

Diese Niederschrift (…)

Das Schreiben an die Vorkaufsberechtigte könnte lauten: **1352**

Sehr geehrte Frau Schmitz,

als Anlage übersende ich eine Ausfertigung des Erbteilskaufvertrages vom (…) – meine UR.Nr. 180/2019 – einschließlich der Genehmigung nach dem Grundstückverkehrsgesetz. Gemäß § 2034 BGB steht Ihnen ein gesetzliches Vorkaufsrecht innerhalb von zwei Monaten ab Zugang dieses Schreibens zu. Bitte teilen Sie mir möglichst bald mit, ob Sie das Vorkaufsrecht ausüben wollen oder nicht.

Mit freundlichen Grüßen

Um den Zeitpunkt des Zugangs dieses Briefes beweisbar zu machen, empfiehlt es sich, ihn durch den Gerichtsvollzieher zustellen zu lassen.

Das Schreiben an die Beteiligten zur Fälligstellung des Kaufpreises könnte lauten: **1353**

Sehr geehrte Herren,

zu dem Erbteilskaufvertrag vom (…) – meine UR.Nr. 180/2019 – teile ich mit, dass die Genehmigung nach dem Grundstückverkehrsgesetz erteilt wurde und dass Frau Schmitz in einem bei mir heute eingegangenen Schreiben auf ihr gesetzliches Vorkaufsrecht verzichtet hat. Der Kaufpreis ist daher innerhalb einer Woche nach Eingang dieses Schreibens zu bezahlen. Ich bitte Sie, mir die Bezahlung des Kaufpreises nachzuweisen bzw. zu bestätigen.

Mit freundlichen Grüßen

Muster für die Einigung über den Rechtsübergang, **1354**

wenn diese bis zur Bezahlung des Kaufpreises zurückgestellt worden ist:

Verhandelt zu (…)

Es erschien, von Person bekannt:

Frau Eva Emunds, Bürovorsteherin in Aachen, Rurstraße 17, geboren am 18.7.1972, hier handelnd für die Beteiligten des Erbteilskaufvertrages vom (…) – UR.Nr. 180/2019 – des amtierenden Notars, aufgrund der ihr unter VI. erteilten Vollmacht, die bei der Beurkundung in Urschrift vorlag und nicht widerrufen war.

Die Erschienene, handelnd wie angegeben, erklärte: Ich nehme Bezug auf den vorgenannten Vertrag. Die Genehmigung nach dem GrdstVG und eine Verzichtserklärung der Vorkaufsberechtigten Anna Schmitz aus Köln zu dem ihr zustehenden gesetzlichen Vorkaufsrecht sind beim amtierenden Notar eingegangen. Herr Peter Meier hat durch den heute beim Notar eingegangenen Brief vom (…) bestätigt, den Kaufpreis erhalten zu haben.

Die Beteiligten sind nunmehr darüber einig, dass der ½ Erbanteil des Herrn Peter Meier am Nachlass seines Vaters Paul Meier mit sofortiger dinglicher Wirkung auf Herrn Karl Müller übergeht (oder:

Herr Peter Meier überträgt hiermit dem dies annehmenden Herrn Karl Müller mit sofortiger dinglicher Wirkung seinen ½ Erbanteil am Nachlass seines Vaters Paul Meier). Sie beantragen die Berichtigung des Grundbuchs von Adorf Blatt 1777 dahin, dass Frau Anna Schmitz aus Köln und Herr Karl Müller in Erbengemeinschaft als Eigentümer eingetragen werden.

Gebühren:

1. Beurkundung des Erbteilskaufvertrags samt Erbteilsübertragung

Geschäftswert: 100.000 EUR (§ 97 GNotKG)

KV Nr. 21100, Gebühr 2,0   546,00 EUR

(Die dingliche Erbteilsübertragung ist Durchführungsgeschäft und bleibt im Ergebnis nach § 109 GNotKG unbewertet).

2. Vollzug

[Einholen und Prüfen der Genehmigung nach dem Grundstückverkehrsgesetz

und

Einholen und Prüfen einer Vorkaufsrechtsverzichtserklärung]

Geschäftswert: 100.000 EUR (§ 112 GNotKG)

KV Nr. 22110, Gebühr 0,5   136,50 EUR

3. Betreuung

[Prüfen und Mitteilung der Kaufpreisfälligkeit

und

Überwachen Kaufpreiszahlung

und

Anzeige einer Tatsache]

Geschäftswert: 100.000 EUR (§ 113 GNotKG)

KV Nr. 22200, Gebühr 0,5	136,50 EUR
Summe	819,00 EUR

Abwandlungen:

(1) Die dingliche Einigung war bis zur Bezahlung des Kaufpreises zurückgestellt (im Regelfall nicht zu empfehlen!) und wird nunmehr bei demselben Notar nachgeholt:

1. Beurkundung der Erbteilsübertragung

Geschäftswert: 100.000 EUR (§ 97 GNotKG)

KV Nr. 21101, Gebühr 0,5   136,50 EUR

2. Betreuung

[Anzeige einer Tatsache an das Nachlassgericht]

Geschäftswert: 100.000 EUR (§ 113 GNotKG)

KV Nr. 22200, Gebühr 0,5	136,50 EUR
Summe	273,00 EUR

(2) Das Grundbuch war noch nicht berichtigt. In der Urkunde (Grundfall) wird daher zunächst die Berichtigung des Grundbuchs nach dem Erblasser beantragt. Dazu wird angenommen, dass der Kaufpreis für den ½-Erbteil dem anteiligen Verkehrswert des Grundstücks entspricht.

1. Beurkundungsverfahren

a) Berichtigungsantrag:

Geschäftswert: 200.000 EUR (§§ 46, 38)

KV Nr. 21201 Nr. 4, Gebühr 0,5   217,50 EUR

b) Beurkundung des Erbteilskaufvertrags samt Erbteilsübertragung

Geschäftswert: 100.000 EUR (§ 97 GNotKG)

KV Nr. 21100, Gebühr 2,0   546,00 EUR

(Die dingliche Erbteilsübertragung ist Durchführungsgeschäft und bleibt im Ergebnis nach § 109 GNotKG unbewertet).

Es handelt sich um verschiedene Gegenstände (u.a. geht die Bedeutung der Grundbuchberichtigung über eine Durchführung des Erbteilsverkaufs hinaus).

Vergleich nach § 94 Abs. 1:

Summe der Einzelgebühren   763,50 EUR

Gebühr 2,0 nach Wert 300.000 EUR   1.270,00 EUR

→ Es bleibt bei dem Einzelansatz der Gebühren.

2. Vollzug

[Einholen und Prüfen der Genehmigung nach dem Grundstückverkehrsgesetz

und

Einholen und Prüfen einer Vorkaufsrechtsverzichtserklärung]

Geschäftswert: 300.000 EUR (§ 112 GNotKG)

KV Nr. 22110, Gebühr 0,5   317,50 EUR

3. Betreuung

[Prüfen und Mitteilung der Kaufpreisfälligkeit

und

Überwachen Kaufpreiszahlung

und

Anzeige einer Tatsache]

Geschäftswert: 300.000 EUR (§ 113 GNotKG)

KV Nr. 22200, Gebühr 0,5   317,50 EUR

Summe   1.398,50 EUR

Der Grundsatz, dass Vollzugs- und Betreuungsgebühren stets aus dem vollen Wert des Verfahrens bestimmt werden, führt hier zu erheblichen Mehrgebühren. Trotzdem sollte zum Schutz der Beteiligten trotz § 40 Abs. 1 GBO grundsätzlich nicht auf die Grundbuchberichtigung verzichtet werden.

XII. Steuerfragen

1355   In den vergangenen Jahren haben sich das Erbschaft- und Schenkungsteuerrecht sowie die mit Erbschaften bzw. Schenkungen zusammenhängenden Regelungen auch im Ertragsteuerrecht immer wieder und zum Teil grundlegend geändert. Diese Entwicklung ist anscheinend noch nicht annähernd abgeschlossen. Zugleich und nicht zuletzt deswegen ist dieses Rechtsgebiet so schwierig geworden, dass es zuverlässig nur noch von Spezialisten beherrscht werden kann. Seine Darstellung im Rahmen dieses Lehrbuchs ist daher nicht mehr sinnvoll möglich.

F. Aus dem Bereich des Handels- und Vereinsrechts

I. Die Unternehmensformen

1. Wirtschaftliche Bedeutung des Unternehmens

a) Gegenstand des Unternehmens

1356   Das Handelsrecht kann als das Sonderrecht des Kaufmanns bezeichnet werden. Seine Vorschriften betreffen im Wesentlichen die Rechtsbeziehungen des Unternehmers zu seinen Geschäftspartnern und Mitunternehmern.

1357   Das Unternehmen ist ein wirtschaftlich-rechtlich organisiertes Gebilde, das auf *Gewinnerzielung* ausgerichtet ist. Zu seinen Vermögenswerten gehören nicht nur bewegliche Sachen (Maschinen, Büroeinrichtung) und Grundstücke, sondern auch Rechte, wie Firmen-, Marken-, Patent- und Urheberrechte. Insbesondere gehören zu einem Unternehmen auch *immaterielle Werte,* z.B. der Kundenstamm, sein guter Ruf, eine besonders eingeführte und bekannte Firma oder Marke. Die immateriellen Werte des Unternehmens bezeichnet man auch als *„good-will"* oder *„Firmenwert".*

1358   Die unternehmerischen Leistungen werden im Betrieb erbracht. Nach der Art der wirtschaftlichen Leistung unterscheidet man *Produktionsbetriebe* (Handwerks- und Industriebetriebe) und *Dienstleistungsbetriebe* (wie Verkehrs-, Handels-, Bank- oder Versicherungsbetriebe). Die Leistungen im Betrieb werden durch die Arbeit der Arbeitnehmer mit Hilfe des vom Unternehmer zur Verfügung gestellten *Betriebsvermögens* (Maschinen, Werkzeuge, Gebäude, Rohstoffe usw.) und nach Maßgabe seiner unternehmerischen Entscheidungen erbracht.

b) Träger des Unternehmens

1359   Personen, die ein Unternehmen planen, mit Erfolg gründen, und/oder selbstständig und verantwortlich leiten, nennt man „Unternehmer". Der Unternehmer trägt das Wagnis, dass das Unternehmen finanzielle Einbußen erleidet oder gar scheitert. Dies kann z.B. durch die allgemeine wirtschaftliche Entwicklung (grundlegende Bedarfsumschichtungen, Kriege, sonstige Katastrophen), durch Besonderheiten der Branche (z.B. starke Schwankungen der Mode) oder durch falsche Dispositionen des Unternehmers verursacht werden. Das Unternehmerwagnis wird durch den Gewinn abgegolten.

Das Unternehmen kann in verschiedenen Formen geführt werden. Wird es von einer Person geführt, spricht man von einem *Einzelunternehmen* (Einzelkaufmann). Schließen sich mehrere zur Führung eines Unternehmens zusammen, spricht man von einer *Gesellschaft.* Letztere werden je nach der kapitalmäßigen Beteiligung der einzelnen Gesellschafter und nach ihrer Haftung in *Personen- oder Kapitalgesellschaften* unterschieden.

1360   Zu den Personengesellschaften zählen die Gesellschaft bürgerlichen Rechts (GbR), die offene Handelsgesellschaft (OHG), die Kommanditgesellschaft (KG) und die Partnerschaftsgesellschaft. Kapitalgesellschaften sind insbesondere die Aktiengesellschaft (AG), die Gesellschaft mit beschränkter Haftung (GmbH) und als Sonderform die Genossenschaft (eG).

2. Kapitalgesellschaft – Personengesellschaft

Das Gesellschaftsrecht ist beherrscht vom Gegensatz der Kapital- und Personengesellschaft. **1361**

a) Struktur der Kapitalgesellschaft

Die Kapitalgesellschaft ist eine juristische Person, d.h., sie selbst ist Trägerin von Rechten und Pflichten. **1362** Dies bedeutet, dass Eigentümerin der zum Gesellschaftsvermögen gehörenden Gegenstände nicht die Gesellschafter, sondern die Gesellschaft als solche ist. Sie ist ebenso Gläubigerin der Forderungen und Schuldnerin der Verbindlichkeiten.

> *Beispiel*
>
> Eine GmbH kauft ein Auto. Der Vertrag kommt zwischen dem Verkäufer und der GmbH zustande. Für die Zahlung des Kaufpreises haftet allein die GmbH, nicht deren Gesellschafter. Eigentümer des Autos wird die GmbH selbst, nicht die Gesellschafter.

Die Gesellschafter der Kapitalgesellschaften haben Anteile an der Gesellschaft. Bei der GmbH nennt man **1363** diesen Anteil „Geschäftsanteil", bei der AG „Aktie".

b) Struktur der Personengesellschaft

Bei der Personengesellschaft (OHG, KG und GbR) ist die Gesellschaft Eigentümer der zum Gesell- **1364** schaftsvermögen gehörenden Gegenstände. Gläubiger der Forderungen und Schuldner der Verbindlichkeiten ist die Gesellschaft selbst. Sie ist also, ohne eine juristische Person zu sein, rechtsfähig, besser teilrechtsfähig, das heißt Trägerin von Rechten und Pflichten. Das Gesellschaftsvermögen ist aber im Innenverhältnis gesamthänderisch gebunden. Es gehört allen Gesellschaftern „zur gesamten Hand", ähnlich wie bei der Erbengemeinschaft und bei der Gütergemeinschaft (siehe Rdn 1388 ff.).

Im Gegensatz zu der Kapitalgesellschaft gibt es bei der Personengesellschaft keinen Anteil des Gesell- **1365** schafters an der Gesellschaft, sondern nur eine Beteiligung an den vielfältigen Rechtsbeziehungen, die zusammen das Gesellschaftsvermögen bilden. Die Personengesellschaft ist die Verbindung der Gesellschafter zu einem gemeinsamen Unternehmen. Das Vermögen der Personengesellschaft ist nur das gesamthänderisch gebundene Vermögen der Gesellschafter.

Obwohl die Personengesellschaften keine juristischen Personen sind, gibt ihnen § 124 Abs. 1 HGB die Möglichkeit, unter ihrer Firma Rechte zu erwerben und Verbindlichkeiten einzugehen, Eigentum und andere dingliche Rechte an Grundstücken zu erwerben und vor Gericht zu klagen und verklagt zu werden. Die offene Handelsgesellschaft und die Kommanditgesellschaft treten daher im Rechtsverkehr auf *wie* selbstständige juristische Personen, ohne es zu sein. Entsprechendes gilt heute auch für die GbR (siehe Rdn 1388 ff.).

> *Beispiel*
>
> Die offene Handelsgesellschaft „Meyer & Co. OHG" kauft von V ein Grundstück. Der notarielle Kaufvertrag kann abgeschlossen werden zwischen V und der OHG. Für die Zahlung des Kaufpreises haften aber nicht nur die OHG, sondern auch die Gesellschafter der OHG (§ 128 HGB). V kann also unmittelbar von einem Gesellschafter Zahlung verlangen. Als Eigentümer in das Grundbuch wird die offene Handelsgesellschaft „Meyer & Co. OHG" eingetragen. Das Grundstück gehört den Gesellschaftern der OHG jedoch zur gesamten Hand.
>
> Die von der OHG oder KG erworbenen Rechte und die von ihr eingegangenen Verpflichtungen sind also genau genommen Rechte bzw. Verbindlichkeiten der Gesellschafter.

c) Anzeigepflichten bei Kapitalgesellschaften

Im Zusammenhang mit Beurkundungen bei Kapitalgesellschaften obliegen dem Notar umfangreiche **1366** Anzeigepflichten gegenüber Finanzämtern, und zwar gegenüber der Kapitalverkehrsteuerstelle (§ 54 EStDV). Notare sind verpflichtet, eine beglaubigte Abschrift von Urkunden, die die Gründung, Kapitalerhöhung oder -herabsetzung, Umwandlung oder Auflösung von Kapitalgesellschaften oder die Verfügung über Anteile an Kapitalgesellschaften zum Gegenstand haben, dem für die Gesellschaft zuständigen Finanzamt zu übersenden. Diese Anzeigepflicht besteht auch bei der Handelsregisteranmeldung einer inländischen Zweigniederlassung einer Kapitalgesellschaft mit Sitz im Ausland. Den Beteiligten dürfen Ausfertigungen und beglaubigte Abschriften der betreffenden Urkunden erst ausgehändigt werden, wenn eine Abschrift der Urkunde an das Finanzamt abgesandt ist.

3. Bedeutung der Wahl der Gesellschaftsform

1367   Für die Wahl der Gesellschaftsform können verschiedene Gesichtspunkte maßgebend sein. Im Vordergrund stehen zumeist *Haftungs- und Steuerfragen.* Da bei den Personengesellschaften stets mindestens ein Gesellschafter unbeschränkt mit seinem gesamten Vermögen den Gläubigern der Gesellschaft haften muss, empfiehlt sich – wenn das Unternehmen ein „riskantes Geschäft" zum Gegenstand hat (Erprobung von Patenten, Entwicklung neuer Methoden, Befriedigung eines „Augenblick-Bedarfs", von dem man noch nicht weiß, wie lange er fortbestehen wird) – die Kapitalgesellschaft, meist in der Form einer GmbH. Auf der anderen Seite ist die Personengesellschaft kreditwürdiger als die Kapitalgesellschaft; denn durch die Übernahme der unbeschränkten Haftung für die Verbindlichkeiten der Gesellschaft hat zumindest ein Gesellschafter zum Ausdruck gebracht, dass er zu dem Unternehmen Vertrauen hat und mit ihm „steht und fällt". Die Kreditwürdigkeit der Personengesellschaft beruht also im besonderen Maße auf der persönlichen Haftung der Gesellschafter.

Ein weiterer Vorteil der Personengesellschaft besteht darin, dass die Gründung einfach und nicht an besondere Formen gebunden ist. Die Gründung einer Kapitalgesellschaft (GmbH und AG) bedarf dagegen der notariellen Beurkundung. Auch die Gründung einer Personengesellschaft bedarf dann der notariellen Beurkundung, wenn sich ein Gesellschafter verpflichtet, in die Gesellschaft ein Grundstück einzubringen (§ 311b BGB).

1368   Die Vorzüge der Kapitalgesellschaft, insbesondere der GmbH, liegen darin, dass die Gesellschafter den Gläubigern der Gesellschaft nicht haften. Die Gesellschafter sind lediglich der GmbH gegenüber verpflichtet, ihre Einlage zu leisten. Ein Vorteil der GmbH kann auch darin liegen, dass bei ihr die Möglichkeit besteht, Geschäftsführer zu bestellen, die nicht zugleich Gesellschafter sind. Die GmbH kennt daher keine Nachfolgeprobleme beim Tod eines Gesellschafters. Während bei der Personengesellschaft der Tod eines persönlich haftenden Gesellschafters einen empfindlichen Verlust an Führung bedeuten kann, bleibt der Tod eines Gesellschafters der GmbH zunächst ein Vorgang, der die Gesellschaft unmittelbar nicht berührt.

Vorteile und Nachteile der einzelnen Gesellschaftsformen lassen sich nicht leicht abwägen. So bedeutet z.B. die unbeschränkte Haftung bei der OHG auch größere Kreditfähigkeit, während die Formlosigkeit des Gesellschaftsvertrages zwar die Gesellschaftsgründung erleichtert, auf der anderen Seite aber die Gefahr mit sich bringt, dass später Unklarheiten im Gesellschaftsvertrag zu Streit zwischen den Gesellschaftern führen. Steuerliche Gründe allein sollten nicht den Ausschlag für die Wahl der Gesellschaftsform geben. Steuerliche Vorteile wiegen die Nachteile einer an sich verfehlten Konstruktion in der Regel nicht auf.

II. Der Einzelkaufmann

1369   Durch das Handelsrechtsreformgesetz, das am 1.7.1998 in Kraft getreten ist, ist die Unterscheidung zwischen dem Muss- (oder Ist-) Kaufmann, dem Sollkaufmann und dem Kann-Kaufmann entfallen. Nunmehr unterscheidet das HGB nur noch zwischen dem Ist-Kaufmann und dem Kann-Kaufmann.

1. Ist-Kaufmann

1370   Nach § 1 Abs. 1 HGB ist Kaufmann, wer ein Handelsgewerbe betreibt. Ein Handelsgewerbe setzt zunächst voraus, dass die ausgeübte Tätigkeit überhaupt ein Gewerbe darstellt. Gewerbe ist nach herrschender Meinung jede selbstständige, planmäßig und auf gewisse Dauer zum Zwecke der Gewinnerzielung ausgeübte Tätigkeit, die nicht „freier Beruf" ist. Ärzte, Rechtsanwälte, Steuerberater und Architekten üben also kein Gewerbe aus.

Ein Handelsgewerbe liegt vor, wenn das Unternehmen nach Art oder Umfang einen in kaufmännischer Weise eingerichteten Geschäftsbetrieb erfordert (§ 1 Abs. 2 HGB). Die *Art* eines in kaufmännischer Weise eingerichteten Gewerbebetriebes bestimmt sich nach der Komplexität und Vielfalt der Geschäftsvorgänge, nach dem Anfall der Geschäftskorrespondenz und dem Zuschnitt der betrieblichen Organisation. Maßgebend sind auch, ob Kredite in Anspruch genommen und Bilanzen erstellt werden. Für den *Umfang* ausschlaggebend sind der Umsatz, die Höhe des Anlage- und Kapitalvermögens, die Anzahl der Betriebsstätten und deren Größe, die Anzahl der Beschäftigten und die Höhe der Lohnsumme. Die genannten Kriterien sind aber nur Anhaltspunkte, letztlich entscheidend ist die Würdigung des Gesamtbildes des gewöhnlichen Geschäftsablaufes. Häufig ist maßgebend, ob eine kaufmännische Buchführung erforderlich ist.   **1371**

Für den Kaufmann gelten die Vorschriften des Handelsrechts (HGB). Der Kaufmann nach § 1 HGB ist kraft Gesetzes Kaufmann (Ist-Kaufmann) und muss sich in das Handelsregister eintragen lassen (§ 29 HGB). Seine Eintragung führt also die Kaufmannseigenschaft nicht herbei, sondern hat nur *deklaratorische* Bedeutung. Demjenigen, der seiner Verpflichtung zur Anmeldung einer Eintragung in das Handelsregister nicht nachkommt, kann unter Androhung eines Zwangsgeldes aufgegeben werden, innerhalb einer bestimmten Frist seiner gesetzlichen Verpflichtung nachzukommen.

2. Kann-Kaufmann

Personen, die einen Gewerbebetrieb führen, der nach Art und Umfang einen in kaufmännischer Weise eingerichteten Geschäftsbetrieb *nicht* erfordert, werden als Nichtkaufleute behandelt, auf die das HGB keine Anwendung findet. Dem Kleingewerbetreibenden ist allerdings gem. § 2 S. 2 HGB die Möglichkeit eingeräumt, die Firma seines Unternehmens in das Handelsregister eintragen zu lassen (Kann-Kaufmann). Er hat ein Wahlrecht, *kann* also die Eintragung nach den für kaufmännische Firmen geltenden Vorschriften herbeiführen, ist dazu aber nicht verpflichtet. Macht er davon Gebrauch, gilt er als Kaufmann (§ 2 S. 2 HGB). Die Eintragung in das Handelsregister hat hier *konstitutive,* d.h. rechtsbegründende, Wirkung. Dabei kommt es auf Art und Größe des Gewerbebetriebes nicht an. Ist die Eintragung eines Kleingewerbetreibenden erfolgt, so kann die Firma später auf Antrag des Unternehmers wieder gelöscht werden, es sei denn, dass das Unternehmen sich inzwischen zu einem in kaufmännischer Weise eingerichteten Geschäftsbetrieb entwickelt hat (§ 2 S. 3 HGB).   **1372**

3. Land- und Forstwirte

Land- und Forstwirte sind kraft Gesetzes grundsätzlich keine Kaufleute (§ 3 Abs. 1 HGB). Sie können sich jedoch in das Handelsregister eintragen lassen, wenn ihr Unternehmen nach Art und Umfang einen in kaufmännischer Weise eingerichteten Geschäftsbetrieb erfordert (§ 3 Abs. 2 HGB). Die Eintragung hat *konstitutive* Wirkung.   **1373**

4. Form-Kaufmann, Handelsgesellschaften

Die für Kaufleute geltenden Vorschriften des HGB gelten nach § 6 Abs. 1 HGB auch für Handelsgesellschaften, insbesondere also für die offene Handelsgesellschaft und die Kommanditgesellschaft. Aktiengesellschaften, Kommanditgesellschaften auf Aktien, die GmbH und die eingetragene Genossenschaft besitzen allein wegen ihrer Rechtsform und ohne Rücksicht auf den Gegenstand des Unternehmens Kaufmannseigenschaft (Form-Kaufmann), auch wenn ein nach Art und Umfang in kaufmännischer Weise eingerichteter Geschäftsbetrieb nicht vorliegt (§ 6 Abs. 2 HGB).   **1374**

III. Die Handelsfirma – Der Name des Kaufmanns

1. Begriff der Firma

1375 Die Firma ist der Name des Kaufmanns, unter dem er im Handelsverkehr seine Geschäfte betreibt, seine Unterschrift abgibt sowie klagen und verklagt werden kann (§ 17 HGB). Die Firma ist nur der Name des Handelsgeschäfts und nicht das Unternehmen oder der Betrieb selbst. Sie ist jedoch mit dem Unternehmen unlösbar verknüpft und kann nur mit ihm zusammen, also niemals selbstständig veräußert werden (§ 23 HGB).

2. Unterscheidungskraft, Firmenwahrheit

1376 Durch das Handelsrechtsreformgesetz – in Kraft getreten am 1.7.1998 – ist das Firmenrecht liberalisiert worden, der Kaufmann ist in der Wahl seiner Firma also weitgehend frei. Der Grundsatz der Firmenunterscheidbarkeit steht im Vordergrund. Die Firma muss zur Kennzeichnung geeignet sein und Unterscheidungskraft besitzen (§ 18 Abs. 1 HGB). Sie muss sich weiterhin von allen an demselben Ort eingetragenen Firmen deutlich unterscheiden (§ 30 Abs. 1 HGB), es darf keine Verwechslungsgefahr bestehen.

1377 Über die Kennzeichnungs- und Unterscheidungskraft sowie die Beifügung eines Rechtsformzusatzes hinaus werden keine weiteren Anforderungen mehr gestellt. Beim Einzelkaufmann und bei allen Gesellschaften sind somit Personenfirmen, Sachfirmen, aber auch reine Fantasiebezeichnungen als Firma möglich. Unterscheidungskraft ist die hinreichende Eigenart, die eine Firma für sich genommen von anderen unterscheidbar macht bzw. den Verkehr als einen Hinweis auf das Unternehmen verstehen lässt. Entscheidend ist die Individualisierung. Die Firma muss sich als namensmäßiger Hinweis auf ein bestimmtes Unternehmen eignen.

1378 Bezeichnungen, die ausschließlich den Unternehmensgegenstand wiedergeben, sind nicht unterscheidungskräftig (z.B.: Bauunternehmung). Für solche Begriffe, also reine Gattungsbezeichnungen besteht auch ein Freihaltebedürfnis, da andere ein berechtigtes Interesse an der Verwendung solcher Begriffe als Firmenbestandteil haben. Beschreibende Bezeichnungen können aber dann Unterscheidungskraft haben, wenn ein individualisierender Zusatz beigefügt wird (z.B.: BAUWO Bauunternehmung).

1379 Nach § 18 Abs. 2 S. 1 HGB darf die Firma keine Angaben enthalten, die geeignet sind, die geschäftlichen Verhältnisse, die für die angesprochenen Verkehrskreise wesentlich sind, zu täuschen, es besteht also der Grundsatz der Firmenwahrheit. Das Registergericht prüft einen eventuellen Verstoß gegen das Täuschungsverbot im Eintragungsverfahren. Dritte können gem. §§ 37 Abs. 2, 18 Abs. 2 HGB Unterlassung der irreführenden Angaben verlangen.

3. Rechtsformzusatz

1380 Die uneingeschränkte Zulassung von Fantasie- und Sachfirmen, auch beim Einzelkaufmann und Personenhandelsgesellschaften, macht es im Interesse des Erhalts der Informationsfunktion erforderlich, dass ein Rechtsformzusatz in die Firma aufgenommen wird. Dieses Erfordernis ist in § 19 HGB geregelt.

1381 Die Anforderungen an den Rechtsformzusatz im Überblick:

Einzelkaufmann	§ 19 Abs. 1 Nr. 1 HGB: „eingetragener Kaufmann", „eingetragene Kauffrau" oder eine allgemein verständliche Abkürzung dieser Bezeichnung, insbesondere „e.K.", „e.Kfm." oder „e.Kfr."
OHG	§ 19 Abs. 1 Nr. 2 HGB: „offene Handelsgesellschaft" oder eine allgemein verständliche Abkürzung, wie „OHG"
KG	§ 19 Abs. 1 Nr. 3 HGB: „Kommanditgesellschaft" oder eine allgemein verständliche Abkürzung, wie „KG"

OHG oder KG, bei der keine natürliche Person persönlich haftet (z.B. GmbH & Co. KG)	§ 19 Abs. 2 HGB: Hinweis auf Haftungsbeschränkung durch Aufnahme des Rechtsformzusatzes „GmbH"
GmbH	§ 4 GmbHG: „Gesellschaft mit beschränkter Haftung" oder eine allgemein verständliche Abkürzung, wie „GmbH"
UG (haftungsbeschränkt)	§ 5a Abs. 1 GmbHG: „Unternehmergesellschaft (haftungsbeschränkt)" oder „UG (haftungsbeschränkt)"
AG	§ 4 AktG: „Aktiengesellschaft" oder eine allgemein verständliche Abkürzung, wie „AG"
KGaA	§ 279 AktG: „Kommanditgesellschaft auf Aktien" oder eine allgemein verständliche Abkürzung, wie „KGaA"
eG	§ 3 GenG: „eingetragene Genossenschaft" oder die Abkürzung „eG"

4. Abgeleitete Firmen

a) Grundsatz der Firmenbeständigkeit

Der Grundsatz der Firmenbeständigkeit besagt, dass die Firma in bestimmten Fällen unverändert bestehen bleiben darf, obwohl sie unrichtig geworden ist. Die Unrichtigkeit kann z.B. darauf beruhen, dass in der Firma der Name des Inhabers enthalten ist und sich dieser geändert hat (§ 21 HGB), der Inhaber des Handelsgeschäftes rechtsgeschäftlich oder kraft Erbfolge gewechselt hat (§ 22 HGB) oder Gesellschafter ein- oder ausgetreten sind (§ 24 HGB). Der Grundsatz der Firmenbeständigkeit führt also zur Durchbrechung der Firmenwahrheit. Man spricht in diesen Fällen auch von „abgeleiteten Firmen". Diese Durchbrechung beruht auf dem Gedanken, dass die Firma einen erheblichen Vermögenswert darstellen kann, der dem Geschäftsinhaber auch bei rechtlichen oder tatsächlichen Veränderungen erhalten bleiben soll. **1382**

Beispiele

(1) A firmiert unter „Autohaus A e.K.". Er verkauft sein Unternehmen an B. § 22 HGB erlaubt es dem B, die Firma unverändert oder mit einem Nachfolgezusatz fortzuführen.

(2) B scheidet aus der „A & B OHG" aus. A übernimmt das Handelsgeschäft. Hier kann die Firma nicht unverändert fortgeführt werden. Dies folgt daraus, dass mit der Firmierung unter „OHG" der Geschäftsverkehr insoweit irregeführt wird, als nur noch eine Person und nicht mehrere Personen persönlich haften. Zulässig ist daher nur die Fortführung unter „A e.K." oder „A & B OHG, Inhaber A".

Wenn in einer offenen Handelsgesellschaft oder Kommanditgesellschaft keine natürliche Person sondern eine Kapitalgesellschaft, wie etwa eine GmbH haftet, muss die Firma, auch wenn sie nach den §§ 21, 22, 24 HGB oder nach anderen gesetzlichen Vorschriften fortgeführt wird, eine Bezeichnung enthalten, welche die Haftungsbeschränkung kennzeichnet.

Beispiel

Die Gesellschafter der „A & B OHG" nehmen in die Gesellschaft als weitere persönlich haftende Gesellschafterin die „X GmbH" auf. Zugleich werden A und B Kommanditisten. Die Firma kann unter „A & B GmbH & Co. KG" fortgeführt werden.

b) Haftung bei Firmenfortführung

Bei Fortführung der Firma durch einen rechtsgeschäftlichen Erwerber haftet dieser für die in dem Betrieb begründeten Verbindlichkeiten des früheren Inhabers (§ 25 Abs. 1 S. 1 HGB). Voraussetzung ist, dass der Erwerber das Handelsgeschäft unter der bisherigen Firma fortführt, wobei eine wort- und buchstabengetreue Übereinstimmung zwischen alter und neuer Firma nicht erforderlich ist. Entscheidend ist vielmehr, ob der Geschäftsverkehr die neue Firma noch mit der alten identifiziert. Es genügt also, dass der „Kern" der Firma und die „prägenden Zusätze" übernommen werden. **1383**

1384 Die Haftung kann jedoch durch Vereinbarung zwischen dem Erwerber und dem Veräußerer ausgeschlossen werden. Gegenüber Dritten wirkt eine solche Vereinbarung gem. § 25 Abs. 2 HGB aber nur dann, wenn sie im Handelsregister eingetragen und bekannt gemacht oder dem Dritten vom Erwerber oder Veräußerer mitgeteilt worden ist. Dies muss allerdings unverzüglich nach der Übergabe erfolgen, da der Übergang der Verbindlichkeiten und Forderungen kraft Gesetzes im Zeitpunkt des Geschäftsübergangs erfolgt.

5. Anmeldung zum Handelsregister

1385 Anzumelden zum Handelsregister sind beim Einzelkaufmann die Firma und der Ort der Handelsniederlassung. Anzumelden ist ferner stets eine inländische Geschäftsanschrift (§ 29 HGB).

> *Muster der Anmeldung eines Einzelkaufmanns zum Handelsregister:*
>
> Zur Eintragung in das Handelsregister melde ich an, dass ich, der unterzeichnende Hugo Huber, geboren am 23.8.1965, Köln, Karolingerring 16, unter der Firma „Baustoffe Huber e.K." den Handel mit Baustoffen betreibe.
>
> Der Ort meiner Handelsniederlassung ist Köln.
>
> Die Geschäftsräume befinden sich in Köln, Karolingerring 16. Dies ist zugleich die inländische Geschäftsanschrift.
>
> Köln, den
>
>

Angaben zu Art und Umfang des Gewerbebetriebes müssen bei der Erstanmeldung eines Einzelkaufmanns nicht mehr gemacht werden. Jeder Gewerbetreibende kann sich nämlich nunmehr in das Handelsregister als Einzelkaufmann eintragen lassen. Erfordert das Geschäft nach Art und Umfang kaufmännische Einrichtungen, ist die Eintragung lediglich deklaratorisch, andernfalls konstitutiv (siehe oben Rdn 1369 ff.).

1386 Ausführungen zu Art und Umfang des Gewerbebetriebes müssen nur noch bei folgenden Handelsregisteranmeldungen gemacht werden:

a) Eintragung eines Landwirts gemäß § 3 HGB (Kann-Kaufmann). Der Landwirt wird nur eingetragen, wenn sein Geschäft nach Art und Umfang kaufmännische Einrichtungen erfordert.

b) Löschung der Eintragung eines Einzelkaufmanns. Die Löschung der Firma des Einzelkaufmanns darf nicht erfolgen, wenn sein Geschäft nach Art und Umfang kaufmännische Einrichtungen erfordert (Ist-Kaufmann).

1387
> *Muster der Anmeldung eines Inhaberwechsels mit Firmenfortführung:*
>
> Zur Eintragung in das Handelsregister melden wir an, dass das unter der Firma „Baustoffe Huber e.K." betriebene Geschäft an den Kaufmann Werner Schmitz veräußert worden ist.
>
> Der Veräußerer Hugo Huber willigt ein, dass das Geschäft unter der bisherigen Firma mit oder ohne Beifügung eines das Nachfolgeverhältnis andeutenden Zusatzes fortgeführt wird.
>
> Der Erwerber führt die Firma unverändert unter „Baustoffe Huber e.K." fort.
>
> Wir beantragen, in das Handelsregister einzutragen, dass der Übergang der in dem Betrieb des Geschäfts begründeten Verbindlichkeiten bei dem Erwerb des Geschäfts durch Werner Schmitz ausgeschlossen wurde.
>
> Die inländische Geschäftsanschrift lautet unverändert: Köln, Karolingerring 16.
>
> Köln, den
>
>

Diese Anmeldung ist besonders eilbedürftig, weil der Haftungsausschluss Dritten gegenüber nur dann wirksam ist, wenn er unverzüglich in das Handelsregister eingetragen wird.

IV. Die Gesellschaften

1. Die Gesellschaft bürgerlichen Rechts (GbR)

a) Zweck der Gesellschaft

Eine Personengesellschaft ist die in den §§ 705 ff. BGB geregelte Gesellschaft bürgerlichen Rechts. Sie ist die auf Vertrag beruhende Verbindung mehrerer Personen zur Erreichung eines gemeinsamen Zwecks. Dieser gemeinsame Zweck ist nicht der Betrieb eines Handelsgewerbes gem. § 1 Abs. 2 HGB. Die Gesellschafter einer Gesellschaft bürgerlichen Rechts sind daher Nichtkaufleute. **1388**

Betreiben die Gesellschafter ein Handelsgeschäft, das nach § 1 Abs. 2 HGB nach Art und Umfang kaufmännische Einrichtungen erfordert, liegt zwangsläufig eine OHG vor, die in das Handelsregister eingetragen werden *muss* (§ 105 Abs. 1 HGB).

> *Beispiel*
>
> A und B eröffnen einen Autohandel, der nach Art und Umfang keinen in kaufmännischer Weise eingerichteten Geschäftsbetrieb erfordert. Im zweiten Jahr weitet sich das Geschäft stark aus. A und B beschäftigen nun 12 Mitarbeiter und erreichen einen beträchtlichen Umsatz. Zunächst bestand zwischen A und B eine BGB-Gesellschaft. Im zweiten Jahr wurde der von A und B geführte Betrieb zum Handelsgewerbe gemäß § 1 Abs. 2 HGB. Die BGB-Gesellschaft wandelt sich ohne weiteres, also von selbst, in eine OHG um. A und B sind verpflichtet, die OHG in das Handelsregister eintragen zu lassen. Die Eintragung ist in diesem Fall lediglich deklaratorisch.

Weil die Gesellschaft bürgerlichen Rechts von Nichtkaufleuten betrieben wird, gilt für sie nicht das Sonderrecht des HGB. Die Gesellschaft führt infolgedessen auch keine Firma. Sie darf im Geschäftsverkehr nicht unter einer firmenähnlichen Bezeichnung auftreten, die den Eindruck erweckt, es handele sich um ein eingetragenes Unternehmen.

Entsprechend der Regelung in § 2 HGB sieht § 105 Abs. 2 S. 1 HGB vor, dass eine Gesellschaft, deren Gewerbebetrieb nicht schon nach § 1 Abs. 2 HGB Handelsgewerbe ist oder die nur eigenes Vermögen verwaltet, eine offene Handelsgesellschaft ist, wenn die Firma dieses Unternehmens in das Handelsregister eingetragen ist. Nichtkaufleute, die sich zu einem gemeinsamen Zweck verbunden haben oder nur eigenes Vermögen verwalten, *können* (Wahlrecht) durch Eintragung in das Handelsregister die Rechtsform der offenen Handelsgesellschaft erlangen. Diese Eintragung hat dann – wie im Fall des § 2 HGB – konstitutive Wirkung. Es wird also durch § 105 Abs. 2 HGB Nichtkaufleuten der Zugang zur Rechtsform der offenen Handelsgesellschaft eröffnet. **1389**

b) Erscheinungsformen

Im täglichen Leben, insbesondere im Wirtschaftsleben, hat die Gesellschaft bürgerlichen Rechts (nachfolgend kurz: GbR) erhebliche Bedeutung erlangt und zwar immer dann, wenn es vermögensrechtliche Beziehungen zwischen Beteiligten zu regeln gilt. Die Rechtsform der GbR wird gewählt für Besitzgesellschaften, insbesondere wenn sie sich auf Grundstücke beziehen, die von Mehreren gehalten werden. Die GbR wird ferner verwendet für Bauherrengemeinschaften zur Errichtung eines Bauwerks, für Gemeinschaftspraxen von Ärzten oder Sozietäten von Rechtsanwälten, Steuerberatern und Wirtschaftsprüfern, regelmäßig auch für Zusammenschlüsse zum Betrieb eines Erwerbsgeschäfts, das kein Handelsgewerbe ist, häufig auch im Dienstleistungsbereich wie etwa bei Friseuren. Häufiger Anwendungsfall ist die Verwaltung eigenen Vermögens durch Mehrere. **1390**

c) Rechtsfähigkeit

Soweit die GbR als Außengesellschaft durch Teilnahme am Rechtsverkehr Rechte und Pflichten gegenüber Dritten begründet, besitzt sie Rechtsfähigkeit. Daraus folgt, dass die GbR im eigenen Namen Rechts- **1391** geschäfte, insbesondere Verträge, abschließen, einen Namen führen oder sich an Gesellschaften beteiligen kann. Infolge ihrer Rechtsfähigkeit ist die GbR auch parteifähig, sie kann also unter ihrem Namen klagen und verklagt werden. Insoweit kann gegen sie auch ein Vollstreckungstitel erwirkt werden. Die GbR ist insolvenz- und nach herrschender Meinung auch erbfähig.

Eigentümer eines Grundstücks sind nicht wie früher die Gesellschafter in Gesamthandsgemeinschaft, sondern Eigentümerin ist die GbR als solche. Verkauft sie ein ihr gehörendes Grundstück oder kauft sie ein Grundstück, ist sie selbst Verkäuferin bzw. Käuferin. Sie wird vertreten durch ihre Gesellschafter.

d) Gesamthänderische Gebundenheit

1392   Die Rechte und Pflichten der Gesellschafter im Verhältnis zueinander (Innenverhältnis) werden vom Grundsatz der gesamthänderischen Gebundenheit bestimmt. Hiernach kann ein Gesellschafter nicht über seinen Anteil an dem Gesellschaftsvermögen und an den einzelnen dazugehörenden Gegenständen allein verfügen (§ 719 BGB). Jeder Gesellschafter kann aber über seine Rechtsstellung im Ganzen, seine Mitgliedschaft (Beteiligung an der GbR), mit Zustimmung der anderen Gesellschafter verfügen, sie also auf einen Dritten übertragen. Dies führt zu einem Gesellschafterwechsel.

e) Vertretung der Gesellschaft

1393   Die GbR wird im Rechtsverkehr durch alle Gesellschafter gemeinschaftlich vertreten (§§ 714, 709 BGB) und sie führen die Geschäfte gemeinschaftlich (organschaftliche Vertretung). Es können jedoch einzelne Gesellschafter von der Geschäftsführungs- und/oder Vertretungsbefugnis ausgeschlossen werden. Die Gesellschafter können ihre Vertretungsmacht durch rechtsgeschäftliche Vollmacht auf einen anderen Gesellschafter oder einen Dritten übertragen. In der Vollmacht muss zum Ausdruck kommen, dass die Vertretungsmacht die Bevollmächtigung zum Handeln für die Gesellschaft umfasst.

Die zur Vertretung berechtigten Gesellschafter treten im Rechtsverkehr im Rahmen ihrer Vertretungsmacht im Namen der GbR auf. Aus ihrem Handeln wird die Gesellschaft selbst als rechtsfähiges Gebilde berechtigt und verpflichtet.

f) Haftung gegenüber Dritten

1394   Folge der Rechtsfähigkeit der GbR ist, dass für Verbindlichkeiten gegenüber Dritten die Gesellschaft als solche haftet. Daneben besteht jedoch eine akzessorische Haftung der Gesellschafter. Daraus folgt, dass ein Gläubiger für eine von der Gesellschaft geschuldete Leistung jeden Gesellschafter persönlich in Anspruch nehmen kann. Jeder Gesellschafter haftet für Verbindlichkeiten der GbR mit seinem gesamten Vermögen unbeschränkt und primär. Ein Gläubiger kann sich also sofort an den Gesellschafter halten, ohne zunächst die Gesellschaft als solche in Anspruch nehmen zu müssen. Insoweit ist die Außenhaftung weitgehend den Regelungen für die offene Handelsgesellschaft gleichgestellt (siehe unten Rdn 1412).

g) Die GbR im Grundstücksverkehr

aa) Eintragung im Grundbuch

1395   Früher wurde ein Recht für eine GbR als Gesamthandsgemeinschaft unter den Namen der Gesellschafter und Beifügung des Beteiligungsverhältnisses „in Gesellschaft bürgerlichen Rechts" im Grundbuch eingetragen, ebenso wie bei der Erben- oder Gütergemeinschaft. Wegen ihrer Rechtsfähigkeit muss die GbR nunmehr folgerichtig unter ihrem Namen eingetragen werden, wie die OHG unter ihrer Firma (§ 124 HGB).

Seit dem 18.8.2009 gilt insoweit eine gesetzliche Neuregelung. Soll ein Recht für eine Gesellschaft bürgerlichen Rechts eingetragen werden, so sind *auch* deren Gesellschafter im Grundbuch einzutragen (§ 47 Abs. 2 GBO).

> *Beispiel*
>
> Führt eine GbR mit den Gesellschaftern A, B und C den Namen „Florestan GbR", ist sie unter der Bezeichnung „Florestan GbR, bestehend aus A, B und C" in das Grundbuch einzutragen. Die Eintragung könnte jedoch auch lediglich lauten „Gesellschaft bürgerlichen Rechts, bestehend aus A, B und C".

§ 15 Grundbuchverfügung regelt entsprechend, dass neben der Rechtsform „Gesellschaft bürgerlichen Rechts" oder „GbR" und den Gesellschaftern (mit Vornamen, Familiennamen und Geburtsdatum) zusätzlich Name und Sitz der GbR angegeben werden können.

bb) Gutgläubiger Erwerb von der GbR

Ist eine GbR im Grundbuch eingetragen, so wird in Ansehung des eingetragenen Rechts vermutet, dass diejenigen Personen Gesellschafter sind, die nach § 47 Abs. 2 GBO im Grundbuch eingetragen sind, und dass darüber hinaus keine weiteren Gesellschafter vorhanden sind (§ 899a BGB). Durch diese Vorschrift wird also der öffentliche Glaube an die Gesellschafterstellung und damit auch an die Vertretungsmacht begründet. Es besteht eine Positivvermutung, dass diejenigen Personen Gesellschafter sind, welche als solche im Grundbuch eingetragen sind, und eine negative Vermutung, dass die GbR keine weiteren Gesellschafter hat. Aus der Kombination beider Vermutungen ergibt sich die weitere, dass die GbR ordnungsgemäß vertreten ist, wenn diejenigen Personen in ihrem Namen handeln, die als ihre Gesellschafter im Grundbuch verlautbart sind.

1396

> *Beispiel*
>
> Im Grundbuch ist als Eigentümerin eines Grundstücks die „Florestan GbR", bestehend aus A, B und C, eingetragen. C hatte seine Beteiligung an der Gesellschaft auf D übertragen. Das Grundbuch ist noch nicht berichtigt worden. Die GbR, vertreten durch A, B und C, verkauft das Grundstück an K, der von dem Gesellschafterwechsel nichts weiß. Obwohl die GbR nicht ordnungsgemäß vertreten war, weil sie nur von allen Gesellschaftern gemeinsam vertreten werden kann, hat K gutgläubig das Eigentum am Grundstück erworben.

Nach wohl herrschender Meinung bezieht sich die Gutglaubenswirkung des § 899a BGB auch auf den schuldrechtlichen Kaufvertrag. Andernfalls wäre im vorigen Beispiel das Eigentum ohne Rechtsgrund erworben worden – weil mangels ordnungsgemäßer Vertretung ein Kaufvertrag nicht zustande gekommen ist – und könnte nach den Vorschriften der ungerechtfertigten Bereicherung zurückverlangt werden. Ein solches Ergebnis widerspräche Sinn und Zweck der neu eingeführten Gutglaubensvorschrift.

cc) Grundstückserwerb durch eine GbR

Erwirbt eine anlässlich des Erwerbs neu gegründete GbR ein Grundstück, enthält die Erklärung der handelnden Gesellschafter gegenüber dem Notar konkludent die Bestätigung, dass es die genannte GbR tatsächlich gibt und dass sie (gegenwärtig) aus den erschienenen Gesellschaftern besteht. Hieraus folgt auch, dass diese die GbR nach §§ 709, 714 BGB gemeinsam vertreten können.

1397

Dies gilt auch für eine bereits bestehende GbR, wobei es genügt, die Erklärungen der Gesellschafter der erwerbenden GbR zu deren Existenz, Gesellschafterbestand und Vertretungsverhältnissen in die notarielle Urkunde aufzunehmen. Weiterer Nachweise der Existenz, der Identität und der Vertretungsverhältnisse dieser GbR – etwa der Vorlage eines Gesellschaftsvertrages in der Form des § 29 GBO – bedarf es gegenüber dem Grundbuchamt ausdrücklich nicht.[269]

> *Formulierung im Vertrag:*
>
> Wir, A, B und C, haben eine GbR gegründet unter dem Namen „Florestan GbR, bestehend aus A, B und C".
>
> Wir bestätigen als unverändert einzige Gesellschafter vorsorglich heute nochmals die Gründung dieser GbR. Wir haben vereinbart, dass die GbR von allen Gesellschaftern gemeinsam vertreten wird.

---

269 BGH RNotZ 2011, 341.

h) Übertragung der Beteiligung an einer GbR

1398   Die Übertragung der Beteiligung an einer GbR bedarf, selbst wenn zu ihrem Vermögen ein Grundstück gehört, grundsätzlich keiner notariellen Beurkundung, insbesondere auch keiner Auflassung. Es genügt die Schriftform.

1399   Die Beteiligung des Gesellschafters an der GbR ist sein Gesellschaftsanteil, seine Stellung im Ganzen in der Gesellschaft, also der Inbegriff seiner vermögens- und mitgliedschaftsrechtlichen Rechte und Pflichten. Nur diese Gesellschafterstellung im Ganzen kann übertragen werden, unwirksam ist dagegen die Übertragung einzelner Rechte aus diesem Bündel von Rechtsbeziehungen (vgl. §§ 717, 719 BGB).

1400   Die Übertragung eines Gesellschaftsanteils kann nur mit Zustimmung aller übrigen Gesellschafter erfolgen. Sie führt zu einem Gesellschafterwechsel. Der Erwerber einer Beteiligung tritt als Rechtsnachfolger des Veräußerers in die Gesellschaft ein.

1401   Ein Gesellschafterwechsel aufgrund der Übertragung einer Beteiligung vollzieht sich außerhalb des Grundbuchs, das Grundbuch wird also falsch; es muss berichtigt werden, wozu die Gesellschafter unter den Voraussetzungen des § 82 GBO auch gezwungen werden können. Die Berichtigung nach einer Änderung im Gesellschafterbestand ist erforderlich, um einen gutgläubigen Erwerb Dritter zu verhindern und wirksame Verfügungen der GbR über ihr Eigentum oder ihr zustehende dingliche Rechte z.B. durch Veräußerung und Belastung zu ermöglichen.

Der Gesellschafterwechsel muss zur Berichtigung des Grundbuchs in der Form des § 29 GBO (öffentliche Beglaubigung) nachgewiesen werden

- entweder gemäß § 19 GBO aufgrund Berichtigungsbewilligung des Veräußerers und Zustimmung aller übrigen eingetragenen Gesellschafter
- oder aufgrund Unrichtigkeitsnachweises gemäß § 22 Abs. 1 GBO durch Vorlage des Übertragungsvertrages selbst und der Zustimmung aller übrigen Gesellschafter.

Dem Grundbuchamt ist eine Unbedenklichkeitsbescheinigung des Finanzamtes vorzulegen.

1402   Die Übertragung einer Beteiligung an einer BGB-Gesellschaft löst – wenn zum Vermögen der Gesellschaft Grundbesitz gehört – keine Grunderwerbsteuer aus. Wenn sich jedoch innerhalb von fünf Jahren der Gesellschafterbestand dergestalt ändert, dass mindestens 95 % der Anteile auf neue Gesellschafter übergehen, liegt ein grunderwerbsteuerpflichtiger Rechtsträgerwechsel vor.

1403   *Muster der Übertragung einer Beteiligung an einer GbR*

(1) Horst Meyer (Veräußerer) überträgt seine Beteiligung an der Gesellschaft bürgerlichen Rechts mit allen Rechten und Pflichten auf den dies annehmenden Wilhelm Becker (Erwerber).
Werner Müller und Rainer Schulz stimmen dieser Übertragung in ihrer Eigenschaft als Mitgesellschafter zu.

(2) Der Erwerber ist verpflichtet, den Veräußerer von jeder Inanspruchnahme aus Verbindlichkeiten der Gesellschaft freizuhalten. Sicherheitsleistungen wegen noch nicht fälliger Gesellschaftsschulden kann der Veräußerer nicht verlangen.

(3) Persönliche Steuerschulden des Veräußerers übernimmt der Erwerber nicht.
Fehler eines zum Gesellschaftsvermögen gehörenden Gegenstandes hat der Veräußerer nicht zu vertreten. Dies gilt auch für alle Ansprüche auf Schadenersatz, es sei denn, der Veräußerer handelt vorsätzlich.
Das Recht des Veräußerers auf Beteiligung am Ertrag der Gesellschaft geht mit dem heutigen Tage auf den Erwerber über.

(4) Wenn und soweit der Veräußerer Unterlagen in Händen hat, die das Gesellschaftsvermögen oder die Geschäftsführung der Gesellschaft betreffen, hat er sie den verbleibenden Gesellschaftern auszuhändigen. Er bleibt jedoch berechtigt, die ausgehändigten Unterlagen einzusehen und Auszüge daraus zu fertigen, soweit seine berechtigten Interessen dies erfordern.
Der Veräußerer garantiert, dass ihm die veräußerte Beteiligung ohne Einschränkungen zustand.

Er erklärt, dass er darüber nicht in anderer Weise verfügt hat und dass der Gesellschaftsanteil auch nicht zugunsten eines Dritten gepfändet ist.

(5) Eine Grunderwerbsteuer kommt nach Auffassung der Beteiligten, weil es sich lediglich um einen Wechsel in der Person der Gesellschafter handelt, nicht in Betracht.

(6) Die Beteiligten bewilligen und beantragen, das Grundbuch von Kapellen Blatt 1234 aufgrund der in dieser Urkunde vereinbarten Übertragung des Gesellschaftsanteils dahin zu berichtigen, dass der Veräußerer als Eigentümer ausscheidet und an seiner Stelle der Erwerber als Miteigentümer eingetragen wird.

(7) Hinsichtlich der zwischen ihnen bisher bestehenden Gesellschaft des bürgerlichen Rechts stehen den Beteiligten keine weiteren Rechte oder Ansprüche mehr gegeneinander zu als diejenigen, die in dieser Urkunde ausdrücklich anerkannt oder begründet sind.

Moers, den

Müller   Schulz   Meyer   Becker

2. Die offene Handelsgesellschaft (OHG)

a) Begriff der OHG

Schließen sich Mehrere zu einer Gesellschaft zusammen, deren gemeinsamer Zweck auf den Betrieb eines Handelsgewerbes gerichtet ist, entsteht gem. § 105 Abs. 1 HGB eine OHG, wenn bei keinem der Gesellschafter die Haftung gegenüber den Gesellschaftsgläubigern beschränkt ist. Handelsgewerbe ist gemäß § 1 Abs. 2 HGB jeder Gewerbebetrieb, der nach Art oder Umfang des Unternehmens einen in kaufmännischer Weise eingerichteten Geschäftsbetrieb erfordert. Wird ein Kleingewerbe (kein nach Art und Umfang in kaufmännischer Weise eingerichteter Geschäftsbetrieb) betrieben, entsteht mit Abschluss des Gesellschaftsvertrages eine GbR. Diese *kann* sich aber gemäß § 105 Abs. 2 HGB in das Handelsregister eintragen lassen und ist dann eine OHG (vgl. oben Rdn 1388 ff.). **1404**

Diese Möglichkeit besteht gemäß § 105 Abs. 2 HGB auch für Gesellschaften, die nur eigenes Vermögen verwalten, etwa für die GbR, die nur Grundbesitz hält.

Eine Gesellschaft, die nach Art und Umfang einen in kaufmännischer Weise eingerichteten Geschäftsbetrieb erfordert, ist kraft Gesetzes eine OHG. Ihre Eintragung in das Handelsregister hat lediglich *deklaratorische* Wirkung. Demgegenüber werden Gesellschaften, die ein Kleingewerbe betreiben (keinen in kaufmännischer Weise eingerichteten Geschäftsbetrieb) oder die lediglich eigenes Vermögen verwalten, erst mit ihrer Eintragung in das Handelsregister eine OHG. Die Eintragung hat hier also *konstitutive* Wirkung. **1405**

b) Anmeldung zum Handelsregister

Die Gesellschaft ist bei dem Gericht, in dessen Bezirk sie ihren Sitz hat, zur Eintragung in das Handelsregister anzumelden. Die Anmeldung hat zu enthalten den Namen, Vornamen, das Geburtsdatum und den Wohnort jedes Gesellschafters, die Firma der Gesellschaft und den Ort, wo sie ihren Sitz hat, sowie die abstrakte und konkrete Vertretungsmacht der Gesellschafter (siehe Rdn 1407). Wird die Firma einer Gesellschaft geändert oder der Sitz der Gesellschaft an einen anderen Ort verlegt oder tritt ein neuer Gesellschafter in die Gesellschaft ein, so ist dies ebenfalls zur Eintragung in das Handelsregister anzumelden (§ 107 HGB). Die Anmeldungen sind von sämtlichen Gesellschaftern zu bewirken. Anzumelden ist schließlich stets eine inländische Geschäftsanschrift. **1406**

Ausführungen zu Art und Umfang des Gewerbebetriebes einer Personengesellschaft müssen nur noch bei folgenden Handelsregisteranmeldungen gemacht werden:

a) Anmeldung einer OHG oder KG zwischen Landwirten (§§ 161 Abs. 2, 105 Abs. 2 S. 2 i.V.m. § 3 HGB), denn Voraussetzung für die Eintragung von Landwirten ist, dass ihr Geschäft nach Art und Umfang kaufmännische Einrichtungen erfordert.

b) Löschung der Eintragung einer OHG oder KG, denn sie darf nicht erfolgen, wenn der Geschäftsbetrieb nach Art und Umfang kaufmännische Einrichtungen erfordert.

c) Vertretung der Gesellschaft

1407 Die OHG wird grundsätzlich von jedem Gesellschafter allein im Rechtsverkehr, also im Außenverhältnis, vertreten. Es kann jedoch im Gesellschaftsvertrag bestimmt werden, dass nur alle oder mehrere Gesellschafter gemeinschaftlich oder nur zusammen mit einem Prokuristen zur *Vertretung* der Gesellschaft berechtigt sein sollen (§ 125 HGB). Diese Beschränkungen der Vertretungsmacht müssen in das Handelsregister eingetragen werden, wenn sie Dritten gegenüber wirksam sein sollen. Unterschieden wird dabei wie bei der Kapitalgesellschaft zwischen der abstrakten Vertretungsbefugnis, die sich aus dem Gesetz oder dem Gesellschaftsvertrag ergibt und der konkreten Vertretungsbefugnis.

1408 Bei folgenden Handelsregisteranmeldungen sind die abstrakte Vertretungsbefugnis aller persönlich haftenden Gesellschafter – das ist die generelle Vertretungsregelung nach Gesetz oder Gesellschaftsvertrag – und die konkrete Vertretungsbefugnis oder der konkrete Ausschluss von der Vertretung für *jeden* persönlich haftenden Gesellschafter anzumelden:

- bei jeder Erstanmeldung,
- bei jeder Änderung der abstrakten Vertretungsregelung,
- bei jeder Anmeldung der Liquidation einer OHG und KG.

Ferner ist bei jeder Änderung der konkreten Vertretungsbefugnis sowie auch bei dem Eintritt eines neuen persönlich haftenden Gesellschafters oder der Bestellung eines neuen Liquidators die abstrakte und die konkrete Vertretungsbefugnis oder der konkrete Ausschluss von der Vertretung für den oder die betroffenen persönlich haftenden Gesellschafter oder Liquidatoren anzumelden.

1409 Für bereits bestehende Personenhandelsgesellschaften gilt die Übergangsregelung des § 52 Einführungsgesetz zum Handelsgesetzbuch (EGHGB). Danach können Anmeldungen zu einer dem gesetzlichen Regelfall entsprechenden konkreten Vertretungsbefugnis der persönlich haftenden Gesellschafter erst zur Eintragung gelangen, wenn eine vom gesetzlichen Regelfall abweichende Bestimmung des Gesellschaftsvertrages über die Vertretungsmacht (abstrakte Vertretungsregelung) zugleich angemeldet und eingetragen wird. Dasselbe gilt für die erstmalige Anmeldung und Eintragung von Liquidatoren.

d) Geschäftsführungsbefugnis

1410 Von der Vertretungsbefugnis gegenüber Dritten im Rechtsverkehr ist die Geschäftsführung der Gesellschafter im Innenverhältnis, also im Verhältnis der Gesellschafter zueinander, zu unterscheiden. Zu ihr sind alle Gesellschafter berechtigt und verpflichtet, wobei auch hier Abweichungen vereinbart werden können (vgl. § 114 Abs. 2 HGB). Zudem kann im *Innenverhältnis* ein vertretungsberechtigter Gesellschafter verpflichtet werden, sich bei der *Geschäftsführung* im Rahmen bestimmter Schranken und an Weisungen zu halten.

1411 Die Befugnis zur Geschäftsführung erstreckt sich nur auf Handlungen, die der gewöhnliche Betrieb mit sich bringt. Zu Handlungen, die darüber hinausgehen, ist ein Beschluss aller Gesellschafter erforderlich (§ 116 HGB). Geschäfte eines Gesellschafters, der allein zu handeln berechtigt ist, müssen unterbleiben, wenn ein anderer geschäftsführungsberechtigter Gesellschafter widerspricht. Überschreitet ein Gesellschafter diese Grenzen, so wird er unter Umständen der Gesellschaft gegenüber schadenersatzpflichtig; dem Dritten gegenüber ist seine Handlung jedoch grundsätzlich rechtswirksam.

> *Beispiel*
>
> A und B sind die alleinigen Gesellschafter der offenen Handelsgesellschaft „A & B OHG". Jeder von ihnen ist allein zur Vertretung der Gesellschaft berechtigt. A beabsichtigt, ein Patent zu kaufen, von dem er sich einen großen Erfolg verspricht. B ist anderer Meinung und weist A an, den Kauf nicht zu tätigen. A schließt den Kaufvertrag dennoch namens der OHG ab. Der Kaufvertrag mit dem Verkäufer des Patents kommt rechtswirksam zustande. A hat sich jedoch der Gesellschaft gegenüber schadenersatzpflichtig gemacht, wenn sich das Patent als wertlos erweist.

e) Haftung gegenüber Dritten

1412 Für die Schulden der OHG haften alle Gesellschafter auch persönlich (§ 128 HGB). Dies kann weder durch den Gesellschaftsvertrag noch durch Vereinbarung unter den Gesellschaftern abgeändert werden.

Die Haftung besteht auch für den ausgeschiedenen Gesellschafter, soweit die Verbindlichkeiten bei seinem Ausscheiden bestanden haben. Die Ansprüche gegen ihn verjähren jedoch in fünf Jahren seit der Eintragung seines Ausscheidens in das Handelsregister, falls sie zu diesem Zeitpunkt fällig gewesen waren, andernfalls erst fünf Jahre nach der Fälligkeit (§ 159 HGB).

Der Gläubiger hat grundsätzlich die Wahl, ob er die Gesellschaft oder den einzelnen Gesellschafter in Anspruch nehmen will. Zur Zwangsvollstreckung in das Vermögen der OHG ist ein Urteil gegen diese erforderlich. Dagegen ist die Zwangsvollstreckung in das Vermögen der einzelnen Gesellschafter nur aufgrund eines gegen sie persönlich ergangenen Urteils möglich. Zulässig und zweckmäßig ist es deshalb, ein Urteil zugleich gegen die OHG und die Gesellschafter oder einzelne von ihnen zu erwirken, indem der Klageantrag entsprechend gestellt wird. **1413**

f) Rechtliche Selbstständigkeit

Zwar ist die offene Handelsgesellschaft als Personengesellschaft keine juristische Person, genießt aber gemäß § 124 HGB eine rechtliche Selbstständigkeit, die derjenigen einer juristischen Person nahekommt (Rechtsfähigkeit). Die offene Handelsgesellschaft kann unter ihrer Firma Rechte erwerben und Verbindlichkeiten eingehen, Eigentum und andere dingliche Rechte an Grundstücken erwerben, vor Gericht klagen und verklagt werden. Als Eigentümerin im Grundbuch wird die offene Handelsgesellschaft unter ihrer Firma eingetragen. **1414**

Muster der Anmeldung einer OHG zum Handelsregister:

Zur Eintragung in das Handelsregister melden wir an:

Wir haben eine offene Handelsgesellschaft unter der Firma „Müller & Co. Bauunternehmung OHG" gegründet. Die Gesellschaft hat ihren Sitz in Moers. Ihre Geschäftsräume befinden sich in 47441 Moers, Steinstraße 5. Dies ist auch die inländische Geschäftsanschrift.

Gesellschafter sind:

Kurt Müller in Moers, geboren am 5.6.1960 und

Franz Maier aus Köln, geboren am 8.8.1961.

Abstrakt gilt für die Vertretung Folgendes: Jeder Gesellschaft vertritt die Gesellschaft einzeln. Jedem von ihnen kann Befreiung von den Beschränkungen des § 181 BGB erteilt werden. Konkret gilt Folgendes:

Der Gesellschafter Müller ist berechtigt, die Gesellschaft stets einzeln zu vertreten. Er ist von den Beschränkungen des § 181 BGB befreit. Der Gesellschafter Maier ist von der Vertretung ausgeschlossen.

Gegenstand des Unternehmens sind der Hoch- und Tiefbau. Die Gesellschaft ist berechtigt, andere Unternehmen zu erwerben, sich an solchen zu beteiligen und Zweigniederlassungen zu errichten.

Die inländische Geschäftsanschrift lautet:

Moers, den

@

---

g) Wechsel im Gesellschafterbestand

Die Gesellschaft verändert sich in ihrem Personenbestand, wenn ein Gesellschafter ausscheidet und/oder ein neuer Gesellschafter eintritt. Ausscheiden und Eintreten kann auch in der Weise kombiniert werden, dass ein Gesellschafterwechsel erfolgt, dass also ein neuer Gesellschafter an die Stelle des alten tritt (Sonderrechtsnachfolge). **1415**

aa) Ausscheidungsgründe

Personengesellschaften sind im Gegensatz zu den Kapitalgesellschaften grundsätzlich von ihrem Mitgliederbestand abhängig. Vor Inkrafttreten des Handelsrechtsreformgesetzes am 1.7.1998 führte z.B. der Tod eines Gesellschafters nach der gesetzlichen Regelung zur Auflösung der Gesellschaft. Der **1416**

Grundsatz der Abhängigkeit vom Gesellschafterbestand ist nach heutigem Recht weitgehend aufgegeben. Der Tod eines Gesellschafters und andere in der Person des Gesellschafters begründete Umstände führen nach § 131 Abs. 2 HGB nicht mehr zur Auflösung der Gesellschaft, sondern zum Ausscheiden des Gesellschafters. Die Gesellschaft wird unter den verbleibenden Gesellschaftern fortgesetzt.

1417   Kraft Gesetzes scheidet ein Gesellschafter aus der Gesellschaft aus bei seinem Tod, bei Eröffnung des Insolvenzverfahrens über sein Vermögen, bei Kündigung durch ihn oder durch einen seiner Privatgläubiger. Bei Vorliegen eines wichtigen Grundes in der Person eines Gesellschafters – insbesondere, wenn er eine ihm nach dem Gesellschaftsvertrag obliegende wesentliche Verpflichtung vorsätzlich oder grob fahrlässig verletzt – kann sein Ausschluss gemäß § 140 HGB von den übrigen Mitgesellschaftern betrieben werden. Der Ausschluss erfolgt durch gerichtliches Gestaltungsurteil, das des Antrages der übrigen Gesellschafter bedarf. Mit Rechtskraft des obsiegenden Urteils scheidet der beklagte Gesellschafter automatisch aus der fortbestehenden Gesellschaft aus.

Der Gesellschaftsvertrag kann weitere Ausscheidungsgründe vorsehen.

bb) Folgen des Ausscheidens

1418   Für die bis zum Zeitpunkt des Ausscheidens begründeten Verbindlichkeiten (Altschulden) besteht die Haftung aus § 128 HGB fort. Nach § 160 HGB erlischt die Haftung des Ausgeschiedenen nach fünf Jahren, wenn die Ansprüche nicht innerhalb der Frist gerichtlich geltend gemacht oder schriftlich anerkannt worden sind.

Scheidet ein Gesellschafter aus einer fortbestehenden Gesellschaft aus, so bleibt die Identität der Gesellschaft erhalten. Der Ausscheidende verliert mit seiner Mitgliedschaft zugleich seine Berechtigung am Gesellschaftsvermögen; sein Anteil wächst den übrigen Gesellschaftern gem. § 738 Abs. 1 S. 1 BGB an. Die Anwachsung vollzieht sich automatisch, ohne dass irgendwelche Übertragungsakte erforderlich oder überhaupt möglich sind. Der ausscheidende Gesellschafter hat gegen die übrigen Gesellschafter Ansprüche auf Rückgabe der Gegenstände, die er der Gesellschaft zur Benutzung überlassen hat, auf Schuldbefreiung von den gemeinschaftlichen Schulden und auf Abfindung.

cc) Eintritt eines Gesellschafters

1419   Der Eintritt eines Gesellschafters in die Gesellschaft erfolgt durch Abschluss eines Aufnahmevertrages. Der Eintretende wird automatisch am Gesellschaftsvermögen beteiligt. Er haftet gemäß § 130 HGB auch für Altschulden der Gesellschaft.

dd) Tod eines Gesellschafters

1420   Gemäß § 131 Abs. 2 S. 1 Nr. 1 HGB führt der Tod eines Gesellschafters einer OHG nicht zur Auflösung der Gesellschaft, sondern lediglich zum Ausscheiden des Gesellschafters. Eine etwa im Gesellschaftsvertrag enthaltene Fortsetzungsklausel wird daher überflüssig. Der Anteil des Verstorbenen am Gesellschaftsvermögen wächst den verbliebenen Gesellschaftern an. Dem Erben steht als Ausgleich für den Verlust des Anteils ein schuldrechtlicher Abfindungsanspruch zu, der sich nach dem wirklichen Wert des Gesellschaftsvermögens am Tag des Todes richtet.

1421   Die Gesellschafter können im Gesellschaftsvertrag jedoch vereinbaren, dass ein, mehrere oder alle Erben des verstorbenen Gesellschafters in seine Gesellschafterstellung nachrücken (erbrechtliche Nachfolgeklausel). Auf diese Weise können nur gesetzliche oder gewillkürte Erben, nicht Vermächtnisnehmer in die Gesellschaft eintreten. Die erbrechtliche Nachfolge in den Gesellschaftsanteil erfolgt durch eine Sondererbfolge, der vererbte Gesellschaftsanteil wird vom übrigen Nachlass abgesondert und geht auf den oder die durch letztwillige Verfügung oder gesetzliche Erbfolge bestimmten Erben des verstorbenen Gesellschafters über.

1422   Die Sondererbfolge führt dazu, dass bei einem Eintrittsrecht mehrerer Erben (einfache Nachfolgeklausel) diese den Gesellschaftsanteil zu einem ihrer Erbquote entsprechenden Teil (also nicht im Rechtsverhältnis der Erbengemeinschaft) erwerben und beim Eintrittsrecht eines oder eines bestimmten Erben (qualifizierte Nachfolgeklausel) dieser den Anteil im Ganzen unmittelbar, abgesondert vom übrigen Nachlass, erwirbt.

Gemäß § 139 Abs. 1 HGB kann ein Erbe sein Verbleiben in der Gesellschaft davon abhängig machen, dass 1423
ihm die Stellung eines Kommanditisten eingeräumt wird. Hierdurch erreicht er eine Haftungsbeschränkung (vgl. Rdn 1434 ff.). Diese Befugnis ist innerhalb von drei Monaten nach Kenntnis vom Anfall der Erbschaft auszuüben (vgl. § 139 Abs. 3 HGB). Nehmen die übrigen Gesellschafter den Antrag des Erben nicht an, so ist dieser befugt, ohne Einhaltung einer Kündigungsfrist sein Ausscheiden aus der Gesellschaft zu erklären (§ 139 Abs. 2 HGB). Die Gesellschaft wird von den übrigen Gesellschaftern fortgeführt; bestand sie nur aus zwei Gesellschaftern, so geht das Gesellschaftsvermögen entsprechend § 142 HGB auf den überlebenden Gesellschafter über.

h) Auflösung der Gesellschaft

Die OHG wird aufgelöst, wenn ein Auflösungsgrund eintritt. Gesetzliche Auflösungsgründe sind gemäß 1424
§ 131 HGB Zeitablauf, Gesellschafterbeschluss, Insolvenzeröffnung über das Vermögen der Gesellschaft und gerichtliche Entscheidung (Auflösungsklage).

Die Auflösung der Gesellschaft führt nicht zu deren Erlöschen. Vielmehr wird sie zu einer Abwicklungs- 1425
gesellschaft. Auch kann die Gesellschaft stets durch einen übereinstimmenden Beschluss aller Gesellschafter wieder von den verbleibenden Gesellschaftern fortgeführt werden. Die Abwicklung der Gesellschaft nennt man Liquidation. Sie liegt in der Regel in den Händen der Gesellschafter. Zu Liquidatoren können aber auch Nichtgesellschafter bestellt werden. Die Auflösung der Gesellschaft, die Liquidatoren und ihre abstrakte und konkrete Vertretungsbefugnis sind zur Eintragung in das Handelsregister anzumelden.

Der Zweck der Liquidation ist die Versilberung des Gesellschaftsvermögens, d.h. die Herstellung eines 1426
reinen Geldvermögens. Die laufenden Geschäfte sollen erledigt und die Schulden beglichen werden. Der Überschuss ist an die Gesellschafter zu verteilen. Mit der Schlussverteilung endet die Gesamthandsgemeinschaft (Vollbeendigung). Die Beendigung der Liquidation und das Erlöschen der Firma sind zur Eintragung in das Handelsregister anzumelden. Denkbar ist auch, dass Auflösung und Vollbeendigung zusammenfallen, nämlich dann, wenn bei der Auflösung Vermögen nicht mehr zu verteilen ist, wie etwa bei dem Verkauf des Geschäfts durch die OHG.

Muster einer Anmeldung der Auflösung der OHG:

Zum Handelsregister A 1237 – Firma „Müller & Co. Bauunternehmung OHG" in Moers – melden wir an:

Die Gesellschaft ist durch Gesellschafterbeschluss aufgelöst. Zum Liquidator ist der Steuerberater Hans Schlau in Moers bestellt. Er ist befugt, die Gesellschaft stets einzeln zu vertreten. Von den Beschränkungen des § 181 BGB ist er befreit.

Abstrakt gilt für die Vertretung der Liquidatoren:

Jeder Liquidator vertritt die Gesellschaft allein. Jedem Liquidator kann Befreiung von den Beschränkungen des § 181 BGB erteilt werden.

Die inländische Geschäftsanschrift lautet:

Moers, den (…)

@

Beglaubigungsvermerk

Muster einer Anmeldung des Erlöschens der Firma nach Beendigung der Liquidation: 1427

Zum Handelsregister A 1237 melde ich an, dass die Liquidation beendet und die Firma erloschen ist. Die Bücher und Papiere der aufgelösten Gesellschaft sind dem Gesellschafter Kurt Müller in Verwahrung gegeben worden.

Moers, den (…)

@

Beglaubigungsvermerk

3. Die Partnerschaftsgesellschaft

1428 Das Partnerschaftsgesellschaftsgesetz (PartGG) regelt eine besondere Gesellschaftsform der freien Berufe. Die Partnerschaft ist ähnlich der OHG eine rechtsfähige Personengesellschaft, die namens-, partei-, grundbuch-, insolvenz- und deliktsfähig ist. In ihr können sich Angehörige freier Berufe zur Ausübung ihres Berufes zusammenschließen. Sie übt kein Handelsgewerbe aus. Angehörige einer Partnerschaft können nur natürliche Personen sein. Welche freien Berufe sich zu einer Partnerschaft zusammenschließen können, ergibt sich aus § 1 Abs. 2 des Gesetzes. Notaren steht die Partnerschaft nicht offen.

Der Name der Partnerschaft muss den Namen mindestens eines Partners, den Zusatz „und Partner" oder „Partnerschaft" sowie die Berufsbezeichnungen aller in der Partnerschaft vertretenen Berufe enthalten. Die Beifügung von Vornamen ist nicht erforderlich. Die Namen anderer Personen als der Partner dürfen nicht in den Namen der Partnerschaft aufgenommen werden.

1429 Der Partnerschaftsvertrag bedarf grundsätzlich der Schriftform. Was der Gesellschaftsvertrag enthalten muss, ergibt sich aus § 3 PartGG.

Für die Verbindlichkeiten der Partnerschaft haften neben dem Vermögen der Partnerschaft die Partner als Gesamtschuldner. Die persönliche Haftung kann jedoch wegen fehlerhafter Berufsausübung vertraglich auf einen oder mehrere Partner beschränkt werden. Eine Sonderform ist die Partnerschaftsgesellschaft mit beschränkter Berufshaftung nach § 8 Abs. 4 PartGG. Bei dieser haftet nur das Gesellschaftsvermögen für Schäden, die Dritten durch fehlerhafte Berufsausübung eines Partners entstanden sind. Im Gegenzug muss die Gesellschaft eine Berufshaftpflichtversicherung unterhalten und im Namen den Zusatz „mit beschränkter Berufshaftung" oder die Abkürzung „mbB" oder eine andere allgemein verständliche Abkürzung dieser Bezeichnung enthalten.

Die Partnerschaft wird im Verhältnis zu Dritten mit ihrer Eintragung in das Partnerschaftsregister wirksam (§ 7 Abs. 1 PartGG).

§ 4 PartGG regelt die Anmeldung der Partnerschaft in das Partnerschaftsregister.

Die in öffentlich beglaubigter Form von allen Partnern elektronisch zu bewirkende Anmeldung muss enthalten den Namen, den Sitz und die Geschäftsanschrift der Partnerschaft, den Namen und den Vornamen, das Geburtsdatum, den in der Partnerschaft ausgeübten Beruf und den Wohnort jedes Partners sowie den Gegenstand der Partnerschaft. Im Hinblick darauf, dass die Partnerschaftsgesellschaft erst mit ihrer Eintragung in das Partnerschaftsregister wirksam wird, bedarf es nicht der Angabe des Beginns der Gesellschaft.

1430 Nach §§ 119 Abs. 1, 105 Abs. 2, Abs. 3 Nr. 2, 92 Abs. 2 GNotKG beträgt der Geschäftswert für den Entwurf der ersten Anmeldung einer Partnerschaftsgesellschaft mit zwei Gesellschaftern 45.000 EUR; hat die Partnerschaftsgesellschaft mehr als zwei Gesellschafter, erhöht sich der Wert für den dritten und jeden weiteren Gesellschafter um jeweils 15.000 EUR. Der Höchstwert der Anmeldung beträgt 1 Million EUR (§ 106 GNotKG).

Für den Entwurf der Anmeldung zum Partnerschaftsregister mit Unterschriftsbeglaubigung entsteht eine 0,5-Gebühr, mindestens 30 EUR, gemäß GNotKG KV Nr. 24102, 21200, 21201 Nr. 5.

1431 *Muster der Anmeldung einer Partnerschaft zum Partnerschaftsregister:*

Amtsgericht Essen

– Partnerschaftsregister –

45002 Essen

Hiermit beantragen wir gemäß § 4 PartGG i.V.m. der VO über die Einrichtung und Führung des Partnerschaftsregisters die Eintragung unserer Partnerschaft in das Partnerschaftsregister.

1. Der Name der Partnerschaft lautet „Schmitz und Partner, Steuerberater und Rechtsanwälte". Der Sitz der Partnerschaft ist Köln.

2. Partner sind:
   a) Rechtsanwalt Theo Schmitz, geboren am 1.1.1946, Köln, Hohe Straße 54,
   b) Rechtsanwältin Maria Sanftmut, geboren am 6.4.1949, Köln, Hohe Straße 54,
   c) Steuerberater Maximilian Heuschrecke, geboren am 10.10.1954, Düsseldorf, Königsallee 110.
3. Gegenstand der Partnerschaft ist die Ausübung rechtsanwaltlicher und steuerberatender Tätigkeit.
4. Jeder Partner vertritt die Partnerschaft einzeln. Einem Partner kann durch Vereinbarung der Partner Befreiung von den Beschränkungen des § 181 BGB erteilt werden. Der Rechtsanwalt Theo Schmitz und der Steuerberater Maximilian Heuschrecke sind jeweils einzelvertretungsberechtigt und von den Beschränkungen des § 181 BGB befreit.

Die Rechtsanwältin Maria Sanftmut ist von der Vertretung der Partnerschaft ausgeschlossen.

Wir versichern die Zugehörigkeit jedes Partners zu dem angegebenen freien Beruf und dass die genannten Berufe in der Partnerschaft ausgeübt werden. Zum Nachweis fügen wir jeweils einen elektronisch beglaubigten Auszug aus der Registrierung der jeweiligen Kammer bzw. berufsständigen Vereinigung bei. Berufsrechtliche Vorschriften führen weder zu einer Beschränkung noch zu einem Ausschluss der Zusammenarbeit der Partner in einer Partnerschaftsgesellschaft.

Für die Berufe, die in der Partnerschaft ausgeübt werden, bestehen folgende Berufskammern:

■ Rechtsanwaltskammer Köln, (…)
■ Steuerberaterkammer Düsseldorf, (…)

Die Geschäftsräume der Partnerschaft befinden sich in Köln, Hohe Straße 54.

Köln, den 2.10.2013

@

(Beglaubigungsvermerk)

Wegen weiterer Anmeldungen zum Partnerschaftsregister siehe *Gustavus*.[270]

1432

Kostenberechnung:

Geschäftswert:	45.000 EUR	(für zwei Gesellschafter)
	+ 15.000 EUR	(für den dritten Gesellschafter)
	60.000 EUR	

(§§ 119 Abs. 1, 105 Abs. 3 Nr. 2, 92 Abs. 2 GNotKG)
Gebühr GNotKG KV Nr. 24102, 21200, 21201 Nr. 5 (0,5) 96 EUR

Erzeugt der Notar nach der Fertigung des Entwurfs der Anmeldung zum Partnerschaftsregister und der Beglaubigung der Unterschriften der Unterzeichner strukturierte Daten in Form der Extensible Markup Language (XML) oder in einem nach dem Stand der Technik vergleichbaren Format für eine automatisierte Weiterbearbeitung, erhält er die Gebühr nach GNotKG KV Nr. 22114 von 0,2, höchstens 125 EUR; hier: bei dem Geschäftswert von 60.000 EUR in Höhe von 38 EUR. Diese Gebühr entsteht neben der vorstehend erwähnten Gebühr für die Anmeldung.

Aufgrund § 376 Abs. 2 FamFG können die Landesregierungen durch Rechtsverordnung die Führung des Partnerschaftsregisters für mehrere Amtsgerichtsbezirke einem Amtsgericht übertragen. So hat z.B. das Land Nordrhein-Westfalen von dieser Ermächtigung Gebrauch gemacht und dem Amtsgericht Essen die Führung des Partnerschaftsregisters für alle Amtsgerichtsbezirke in Nordrhein-Westfalen übertragen. In anderen Bundesländern müsste daher zunächst die Zuständigkeit geprüft werden.

---

270 *Gustavus*, Handelsregister-Anmeldungen, 7. Aufl. 2009, A 83 ff.

4. Die Kommanditgesellschaft (KG)

a) Besonderheiten der KG

1433   Die KG ist eine Abart der OHG. Es finden daher die für die OHG geltenden Bestimmungen auch auf die KG Anwendung, soweit sich nicht aus den §§ 161 ff. HGB etwas anderes ergibt. Das Besondere an der KG ist, dass mindestens ein Gesellschafter, der Komplementär, für die Schulden der Gesellschaft unmittelbar und unbeschränkt haftet, während die Haftung der übrigen Gesellschafter, der Kommanditisten, auf den Betrag einer bestimmten Einlage beschränkt ist. Eine KG setzt also voraus, dass mindestens ein Gesellschafter persönlich haftet (Komplementär) und mindestens ein Gesellschafter Kommanditist ist. Letzterer ist lediglich Kapitalgeber, während der Komplementär das eigentliche kaufmännische Unternehmen betreibt.

1434   Der Komplementär haftet den Gläubigern der Gesellschaft wie der Gesellschafter einer OHG, also unbeschränkt und persönlich mit seinem gesamten Vermögen. Bei der Haftung des Kommanditisten ist zu unterscheiden, ob er seine Einlage bereits geleistet hat oder nicht. Vor der Leistung seiner Einlage haftet er den Gläubigern der Gesellschaft gegenüber unmittelbar, aber beschränkt bis zur Höhe der von ihm zu erbringenden Einlage. Hat der Kommanditist seine Einlage geleistet, haftet er den Gläubigern der Gesellschaft überhaupt nicht mehr (§ 171 HGB).

Beispiel

K hat sich zu einer Einlage von 10.000 EUR verpflichtet. Die Einlage ist in Höhe von 5.000 EUR erbracht, mit dem Rest steht sie noch offen. Ein Gläubiger, der gegen die Gesellschaft eine Forderung von 20.000 EUR hat, wendet sich an K. Dieser ist verpflichtet, an den Gläubiger 5.000 EUR auf die Forderung zu zahlen. Hätte K seine Einlage bereits voll erbracht, wäre seine Haftung gegenüber dem Gläubiger ausgeschlossen gewesen.

1435   Die Vertretungsmacht obliegt bei einer Kommanditgesellschaft kraft zwingenden Rechts stets dem Komplementär. Ihre Übertragung auf einen Kommanditisten ist nicht möglich. Allerdings kann einem Kommanditisten *Prokura* oder Handlungsvollmacht erteilt werden. Dagegen kann einem Kommanditisten durch Gesellschaftsvertrag die Allein- oder Mitgeschäftsführung im Innenverhältnis übertragen werden.

1436   *Muster der Anmeldung einer Kommanditgesellschaft zum Handelsregister:*

Zum Handelsregister melden wir an:

Wir haben unter der Firma „Wagner & Co. KG" eine Kommanditgesellschaft gegründet. Persönlich haftender Gesellschafter ist der Kaufmann Helmut Wagner, Kommanditistin mit einer Einlage von 10.000 EUR die Kauffrau Emilie Wagner.

Gegenstand des Unternehmens ist der Betrieb einer Schlosserei.

Abstrakt gilt für die Vertretung Folgendes: Jeder persönlich haftende Gesellschafter vertritt die Gesellschaft einzeln. Jeder von ihnen kann von den Beschränkungen des § 181 BGB befreit werden. Konkret gilt: Herr Wagner ist befugt, die Gesellschaft stets einzeln zu vertreten. Er ist von den Beschränkungen des § 181 BGB befreit.

Die Geschäftsräume der Gesellschaft befinden sich in Moers, Steinstraße 22. Dies ist auch die inländische Geschäftsanschrift.

Moers, den (…)

Beglaubigungsvermerk

b) Wechsel im Gesellschafterbestand

1437   Die Beteiligung des Komplementärs und die Kommanditbeteiligung können – wie die Beteiligung an einer OHG – an einen Dritten übertragen werden. Bei der Übertragung einer Kommanditbeteiligung ist Folgendes zu beachten: Wird die Einlage des Kommanditisten ganz oder teilweise an diesen zurückgezahlt, gilt sie insoweit den Gläubigern der Gesellschaft als noch nicht geleistet mit der Folge, dass die Haftung des Kommanditisten den Gläubigern gegenüber wieder auflebt. Daher ist bei der Anmeldung eines Kommanditistenwechsels durch Sonderrechtsnachfolge zum Handelsregister von den Anmeldenden zu versichern, dass dem ausscheidenden Kommanditisten keine Abfindung aus dem Gesellschaftsvermögen gewährt oder versprochen worden ist.

Muster der Anmeldung eines Kommanditistenwechsels durch Sonderrechtsnachfolge:

Zum Handelsregister melden wir an:

Der Kommanditist Werner Müller hat seinen Kommanditanteil von 30.000 EUR im Wege der Sonderrechtsnachfolge auf seine Tochter Erika Müller, Kauffrau, Köln, übertragen und ist dadurch aus der Gesellschaft ausgeschieden. Erika Müller ist als Sonderrechtsnachfolgerin mit dem Kommanditanteil in die Gesellschaft eingetreten.

Der bisherige Kommanditist sowie der persönlich haftende Gesellschafter versichern, dass dem ausgeschiedenen Kommanditisten keinerlei Abfindung aus dem Gesellschaftsvermögen gewährt oder versprochen worden ist.

Die inländische Geschäftsanschrift lautet unverändert: (…)

Köln, den (…)

Stirbt ein Kommanditist, geht sein Kommanditanteil – wenn im Gesellschaftsvertrag nicht etwas anderes vereinbart ist – auf seine Erben über (§ 177 BGB). Der Kommanditanteil, ebenso wie die Beteiligung eines persönlich haftenden Gesellschafters, unterliegt bei Bestehen einer erbrechtlichen Nachfolgeklausel einer Sondererbfolge, wird also aus dem sonstigen Nachlass ausgegliedert und geht unmittelbar auf den Erben über. Bei mehreren Erben eines Kommanditanteils tritt jeder Erbe als selbstständiger Kommanditist mit einem seiner Erbquote entsprechenden Teil der Einlage des Erblassers in die Gesellschaft ein. Die einzelnen Beträge sind in der Anmeldung anzugeben. **1438**

Muster der Anmeldung einer Sondererbfolge:

Der Kommanditist (…) ist durch Tod aus der Gesellschaft ausgeschieden. Seine Einlage in Höhe von 10.000 EUR ist durch Erbfolge auf seine Erben übergegangen.

Diese sind im Wege einer Sondererbfolge mit folgenden Teilbeträgen in die Gesellschaft als Kommanditisten eingetreten: A mit einer Einlage in Höhe von 5.000 EUR und B mit einer Einlage in Höhe von 5.000 EUR.

Als Erbnachweis wird der gemeinschaftliche Erbschein des Amtsgerichts Moers vom (…) eingereicht.

Die inländische Geschäftsanschrift ist unverändert geblieben und lautet: (…)

5. Innengesellschaften

Von einer Innengesellschaft spricht man, wenn lediglich Rechte und Pflichten unter den Gesellschaftern, aber keine Rechtsbeziehungen der Gesellschaft zu *Dritten* entstehen. Bei den Innengesellschaften gibt es keine Vorschriften über die Vertretung und die Haftung der Gesellschafter. Sie tritt nach außen nicht in Erscheinung, d.h., im Geschäftsverkehr ist nicht erkennbar, dass eine Gesellschaft vorliegt. Die Innengesellschaften werden daher auch nicht in das Handelsregister eingetragen. Eine GbR kann Innengesellschaft sein, wenn sie nicht unternehmerisch oder gewerblich tätig ist, insbesondere wenn sie nur eigenes Vermögen verwaltet. **1439**

a) Die stille Gesellschaft

1440   Eine reine Innengesellschaft ist die stille Gesellschaft, gesetzlich geregelt in den §§ 230 ff. HGB. Sie ist eine Gesellschaft, bei der der stille Gesellschafter sich an dem Handelsgewerbe eines anderen in der Weise beteiligt, dass er in das Unternehmen des Geschäftsinhabers eine Einlage leistet und dafür am Gewinn teilnimmt. Die stille Gesellschaft hat kein eigenes Gesellschaftsvermögen, die Einlage des stillen Gesellschafters geht in das Vermögen des Inhabers des Handelsgeschäfts über. Aus den mit Dritten geschlossenen Geschäften wird allein der Inhaber des Unternehmens berechtigt und verpflichtet.

> *Beispiel*
>
> A ist Inhaber eines Damenmodegeschäfts. B beteiligt sich daran mit 50.000 EUR. Dafür soll er 20 % des Gewinns erhalten. Die 50.000 EUR gehen in das Eigentum des A über. A bleibt alleiniger Inhaber des Geschäfts. Aus den von ihm abzuschließenden Verträgen wird allein er berechtigt und verpflichtet.

1441   Bei Auflösung der stillen Gesellschaft hat der stille Gesellschafter einen Anspruch auf Rückzahlung seiner Beteiligung zuzüglich ihm gutgeschriebener Gewinne. An den Wertsteigerungen des Geschäftsvermögens nimmt er in der Regel nicht teil. Das Gegenteil kann aber vereinbart werden. Dann ist der stille Gesellschafter echter Mitunternehmer. Man spricht in diesen Fällen von einer *„atypischen"* stillen Gesellschaft.

b) Die Unterbeteiligung

1442   Eine weitere Form der Innengesellschaft ist die *Unterbeteiligung*. Sie liegt vor, wenn mehrere im Innenverhältnis an der Beteiligung eines Gesellschafters beteiligt sind. Gemeinsamer Zweck bei der Unterbeteiligung ist es, den Anteil an der Hauptgesellschaft innezuhaben und insbesondere gewinnbringend zu nützen. Der Unterbeteiligte tritt nach außen nicht in Erscheinung und ist lediglich schuldrechtlich am Gewinn und am Auseinandersetzungsguthaben, die auf den betreffenden Gesellschaftsanteil entfallen, beteiligt.

> *Beispiel*
>
> A ist Kommanditist einer KG. Er beabsichtigt, seinen Sohn S an dem auf ihn entfallenden Gewinn zu beteiligen. A schließt mit S einen Vertrag, wonach A seinen Gewinn aus der Kommanditbeteiligung zwischen sich und S in bestimmter Weise verteilt. Die Kommanditbeteiligung steht nach wie vor allein A zu. Er allein unterhält Rechtsbeziehungen zu den anderen Gesellschaftern der KG, der KG selbst und zu Dritten. A ist lediglich im Innenverhältnis zu S schuldrechtlich gehalten, den Gewinn aufzuteilen.

6. Die Gesellschaft mit beschränkter Haftung (GmbH)

a) Wesen der GmbH

1443   Die Gesellschaft mit beschränkter Haftung ist eine juristische Person und somit selbstständige Trägerin von Rechten und Pflichten. Sie kann Eigentum und andere dingliche Rechte an Grundstücken (z.B. Hypotheken und Grundschulden) erwerben, vor Gericht klagen und verklagt werden. Aus Verträgen, die die GmbH abschließt, wird sie allein berechtigt und verpflichtet. Für die Verbindlichkeiten der Gesellschaft haftet nur die GmbH mit ihrem Gesellschaftsvermögen, es haften also nicht die Gesellschafter persönlich.

1444   Die GmbH kann zu jedem gesetzlich zulässigen Zweck durch eine oder mehrere Personen errichtet werden. Gewinnerzielungsabsicht ist nicht erforderlich. Für bestimmte Tätigkeiten ist die Gesellschaftsform der GmbH ausgeschlossen (Bausparkassen, Versicherungen). Freie Berufe können sich der Rechtsform der GmbH bedienen, insbesondere Wirtschaftsprüfer und Steuerberater,[271] nicht aber Apotheker und Notare.

1445   Da die Gesellschafter für Verbindlichkeiten der Gesellschaft nicht haften, versuchen sich Gläubiger, insbesondere Banken, dadurch zu sichern, dass sie die Gesellschafter neben der Gesellschaft persönlich in Haftung nehmen, etwa durch Übernahme einer Bürgschaft gegenüber der Bank. Hierdurch wird in der Praxis die „beschränkte Haftung" für die Gesellschafter umgangen.

---

271 Für Ärzte: BGH NJW 1994, 786; für Rechtsanwälte: BayObLG NJW 1996, 3217.

Organe der GmbH sind der Geschäftsführer und die Gesamtheit der Gesellschafter, die Gesellschafter- **1446** versammlung. Die Gesamtheit der Gesellschafter ist Trägerin der Willensbildung; sie beschließt über alle Angelegenheiten und die Geschicke der Gesellschaft. Der Geschäftsführer hat diese Beschlüsse aus- zuführen. Er vertritt die Gesellschaft gerichtlich und außergerichtlich. Aus den Erklärungen, die der Ge- schäftsführer im Rechtsverkehr für die Gesellschaft abgibt, wird diese berechtigt und verpflichtet.

b) Der Gesellschaftsvertrag

aa) Form und Mindestinhalt

Der Gesellschaftsvertrag bedarf der notariellen Beurkundung. Ein Gesellschafter kann sich beim Ab- **1447** schluss des Vertrages vertreten lassen. Die Vollmacht oder die nachträgliche Genehmigung bedürfen je- doch der notariellen Beglaubigung.

Bei Gründung einer Ein-Personen-GmbH ist der Gesellschaftsvertrag nichtig, wenn ein Vertreter ohne Vertretungsmacht für den Gesellschafter aufgetreten ist. Gemäß § 180 S. 1 BGB ist nämlich eine Vertre- tung ohne Vertretungsmacht bei einseitigen, nicht empfangsbedürftigen Willenserklärungen – um eine solche handelt es sich bei der Gründung einer Ein-Personen-GmbH – unzulässig.

Der Gesellschaftsvertrag muss enthalten: die Firma und den Sitz der Gesellschaft, den Gegenstand des **1448** Unternehmens, den Betrag des Stammkapitals und die Zahl und die Nennbeträge der Geschäftsanteile, die jeder Gesellschafter gegen Einlage auf das Stammkapital übernimmt. Sitz der Gesellschaft muss ein Ort im Inland sein (Satzungssitz). Das schließt nicht aus, dass Betrieb und Verwaltung an einem an- deren Ort, auch im Ausland, liegen (Verwaltungssitz). Auch zeitliche Beschränkungen der Gesellschaft und Leistungen der Gesellschafter, die nicht in Geld bestehen (Sachen), sind in den Gesellschaftsvertrag aufzunehmen (§ 3 Abs. 2 GmbHG).

Die GmbH ist in der Firmenbildung weitgehend frei. Die Firma muss lediglich unterscheidungskräftig **1449** sein (§ 18 HGB). Außerdem muss der Zusatz „Gesellschaft mit beschränkter Haftung" oder „GmbH" hin- zugefügt werden. Dieser Hinweis muss auf allen Geschäftspapieren auch tatsächlich erscheinen (§ 35a GmbHG). Unzulässig ist die Verwendung des Begriffs „Partner" in der Firma im Hinblick auf § 11 PartGG (vgl. Rdn 1428). Eine gemeinnützige GmbH darf den Zusatz „gGmbH" führen.

Der Gegenstand des Unternehmens ist im Gesellschaftsvertrag so genau zu bezeichnen, dass den Teilneh- **1450** mern am wirtschaftlichen Verkehr ohne weiteres erkennbar wird, was das Unternehmen macht.

Formulierung im Vertrag:

(1) Die Firma der Gesellschaft lautet:
   „Vedder Schmuckwaren GmbH".
(2) Die Gesellschaft hat ihren Sitz in Düsseldorf.
(3) Gegenstand des Unternehmens ist der Handel mit Schmuckwaren und ähnlichen Gegenständen.
   Die Gesellschaft ist berechtigt, alle den Gesellschaftszweck fördernden Geschäfte zu tätigen.
   Sie ist befugt, andere Unternehmungen zu erwerben, sich an solchen zu beteiligen, deren Ge- schäftsführung zu übernehmen und Zweigniederlassungen zu errichten.

---

bb) Stammkapital, Geschäftsanteile

Das Mindeststammkapital einer GmbH beträgt 25.000 EUR. **1451**

Der Nennbetrag eines jeden Geschäftsanteils hat eine beliebige Höhe in vollen EUR (mindestens also **1452** 1 EUR) ohne Dezimalstellen. Dies gilt sowohl bei der Gründung als auch bei einer Kapitalerhöhung oder Teilung eines Geschäftsanteils. Ein Gesellschafter kann bei Gründung einer GmbH mehrere Ge- schäftsanteile (auch mit verschiedenen Nennbeträgen) übernehmen.

Die Geschäftsanteile, die jeder Gesellschafter gegen Einlage auf das Stammkapital übernimmt, müssen in **1453** der Satzung nummeriert sein. Die Anteile sind durchgehend, also fortlaufend, mit arabischen Ziffern zu versehen. Die Nummerierung ist auch bei der Teilung eines Geschäftsanteils fortzuschreiben und stets in die Gesellschafterliste aufzunehmen (siehe Rdn 1496 ff., 1509 ff.).

Bei Altgesellschaften ist die Nummerierung anlässlich einer Kapitalerhöhung oder Geschäftsanteilsübertragung vorzunehmen.

Formulierung im Vertrag:

(1) Das Stammkapital der Gesellschaft beträgt 25.000 EUR – in Worten: fünfundzwanzigtausend EUR –.

(2) Davon übernehmen

    a) Herr Kurt Müller einen Geschäftsanteil im Nennbetrag von 12.500 EUR (Geschäftsanteil Nr. 1);

    b) Herr Peter Vedder einen Geschäftsanteil im Nennbetrag von 12.500 EUR (Geschäftsanteil Nr. 2).

(3) Die Geschäftsanteile sind in Geld zu erbringen. Jeder Gesellschafter ist verpflichtet, unverzüglich nach Abschluss dieses Vertrages die Hälfte seines Geschäftsanteils in die Gesellschaftskasse einzuzahlen. Der Rest ist auf Anforderung der Geschäftsführung zu entrichten.

1454   Möglich ist auch die Leistung von Sacheinlagen. Hier müssen der Gegenstand der Sacheinlage und der Betrag des Geschäftsanteils, auf den sich die Sacheinlage bezieht, im Gesellschaftsvertrag festgelegt werden. Die Gesellschafter haben in einem Sachgründungsbericht die für die Bewertung der Sacheinlagen wesentlichen Umstände darzulegen. Die Angemessenheit der Leistung kann bei gebrauchten Gegenständen durch ein Sachverständigengutachten, bei neuwertigen Sachen durch Vorlage von Rechnungen belegt werden.

cc) Die Unternehmergesellschaft

1455   Nach § 5a GmbHG ist die Gründung einer Unternehmergesellschaft (UG) mit einem unter dem gesetzlichen Mindeststammkapital von 25.000 EUR liegenden Stammkapital möglich. Hierbei handelt es sich um eine besondere Art der Gesellschaft mit beschränkter Haftung. Für sie gelten alle Regelungen des GmbH-Rechts mit einigen wenigen Besonderheiten.

1456   Die Unternehmergesellschaft muss in ihrer Firma den Zusatz „Unternehmergesellschaft (haftungsbeschränkt)" oder „UG (haftungsbeschränkt)" führen. Das Stammkapital kann zwischen 1 EUR und 24.999 EUR liegen. Sacheinlagen sind nicht möglich. Das gewählte Stammkapital muss vor der Anmeldung zum Handelsregister voll eingezahlt sein. Eine gemeinnützige Unternehmergesellschaft kann den Firmenzusatz „gUG" führen.

1457   Die Unternehmergesellschaft ist verpflichtet, aus ihren jährlichen Gewinnen jeweils 25 % in eine gesetzliche Rücklage einzustellen. Sie kann jederzeit durch Kapitalerhöhung auf das Mindeststammkapital von 25.000 EUR in eine normale GmbH wechseln, und zwar entweder durch Leistung von baren Einlagen oder durch Umwandlung der gesetzlichen Rücklage (aus Gesellschaftsmitteln) in Kapital. Verpflichtet hierzu ist sie aber nicht. Selbst wenn die Rücklage das Mindeststammkapital erreicht oder das Stammkapital entsprechend erhöht worden ist, kann die Unternehmergesellschaft beibehalten werden.

Die UG ist eine Variante der GmbH und als solche rechtsfähig. Sie ist auch grundbuchfähig und kann sich als Komplementärin an einer Kommanditgesellschaft beteiligen (UG haftungsbeschränkt & Co.KG).

dd) Gründung im vereinfachten Verfahren

1458   Sowohl für die normale GmbH mit einem Mindeststammkapital von 25.000 EUR als auch für die Unternehmergesellschaft ist ein vereinfachtes Gründungsverfahren durch notarielle Beurkundung mit einem sogenannten „Musterprotokoll" möglich (§ 2 Abs. 1a GmbHG). Die Musterprotokolle sind im Anhang zum GmbH-Gesetz (Schönfelder Nr. 52) für eine Einpersonengesellschaft und eine Mehrpersonengesellschaft mit bis zu drei Gesellschaftern bereitgestellt. Gründer können also höchstens drei natürliche oder juristische Personen sein.

1459   Es kann nur eine Bargründung vorgenommen werden, wobei bei einer Unternehmergesellschaft das Stammkapital in voller Höhe sofort zu erbringen ist und bei einer Normal-GmbH in Höhe von mindestens 50 % sofort und mit dem Rest aufgrund Beschlusses der Gesellschafterversammlung. Beide Alternativen sind in den Musterprotokollen vorgesehen. Die Erbringung von Sacheinlagen ist bei der vereinfachten Gründung nicht zulässig.

Es kann nur ein Geschäftsführer bestellt werden, der kraft Gesetzes von den Beschränkungen des § 181 **1460** BGB befreit ist. Seine Bestellung ist in das Musterprotokoll integriert, ohne dass ein besonderer Beschluss gefasst werden müsste. Es erübrigt sich auch die Einreichung einer Gesellschafterliste.

Der Regelungsinhalt der Musterprotokolle ist beschränkt auf die Mindestangaben nach § 3 GmbHG **1461** (Firma, Sitz, Gegenstand des Unternehmens, Betrag des Stammkapitals, Zahl- und Nennbeträge der Geschäftsanteile); im Übrigen gelten sämtliche gesetzlichen Bestimmungen des GmbHG. Es dürfen bei der vereinfachten Gründung über die Protokolle hinaus keine zusätzlichen Bestimmungen in die Urkunde aufgenommen werden. Sind derartige Regelungen gewünscht, muss der normale Gründungsvorgang gewählt werden.

Das vereinfachte Gründungsverfahren ist mit einem Gebührenprivileg verbunden (§§ 107 Abs. 1 S. 2, 105 Abs. 6 S. 1 GNotKG), weil hier der für Gesellschaftsverträge und Handelsregisteranmeldungen festgeschriebene Mindestwert von 30.000 EUR (§ 107 Abs. 1 S. 1 und § 105 Abs. 1 S. 2 GNotKG) nicht gilt. Zudem entfällt die Gebühr für die Geschäftsführerbestellung, da ein entsprechender Gesellschafterbeschluss nicht nötig und damit auch nicht abzurechnen ist. Auch die Vollzugsgebühr für die Erstellung und Einreichung der Gesellschafterliste entfällt. Dies sorgt bei der Gründung einer GmbH mit 25.000 EUR Stammkapital für eine deutliche Kostenersparnis. Besonders stark wirkt sich das Gebührenprivileg bei einer im vereinfachten Verfahren gegründeten Unternehmergesellschaft (haftungsbeschränkt) mit einem Stammkapital von weniger als 25.000 EUR aus.

Musterprotokoll für die Gründung einer Einpersonengesellschaft im vereinfachten Verfahren – Anlage zu § 2 Abs. 1a GmbHG:

Der Erschienene erklärte zur Beurkundung:

(1) Der Erschienene errichtet hiermit nach § 2 Abs. 1a GmbHG eine Gesellschaft mit beschränkter Haftung unter der Firma (…) mit Sitz in (…).
(2) Gegenstand des Unternehmens ist (…)
(3) Das Stammkapital der Gesellschaft beträgt (…) EUR (in Worten: (…) EUR) und wird vollständig von Herrn/Frau (…) (Geschäftsanteil Nr. 1) übernommen. Die Einlage ist in Geld zu erbringen, und zwar sofort in voller Höhe/zu 50 Prozent, im Übrigen sobald die Gesellschafterversammlung ihre Einforderung beschließt.
(4) Zum Geschäftsführer der Gesellschaft wird Herr/Frau (…), geboren am (…), wohnhaft in (…), bestellt. Der Geschäftsführer ist von den Beschränkungen des § 181 BGB befreit.
(5) Die Gesellschaft trägt die mit der Gründung verbundenen Kosten bis zu einem Gesamtbetrag von 300 EUR, höchstens jedoch bis zum Betrag ihres Stammkapitals. Darüber hinausgehende Kosten trägt der Gesellschafter.
(6) Von dieser Urkunde erhält eine Ausfertigung der Gesellschafter, beglaubigte Ablichtungen die Gesellschaft und das Registergericht (in elektronischer Form) sowie eine einfache Abschrift das Finanzamt – Körperschaftsteuerstelle –.
(7) Der Erschienene wurde vom Notar insbesondere darauf hingewiesen, dass …

Protokollabschlussvermerk

Ein Musterprotokoll für die Gründung einer Mehrpersonengesellschaft mit bis zu drei Gesellschaftern im vereinfachten Verfahren befindet sich ebenfalls in der Anlage zum GmbH-Gesetz.

ee) Die Vertretung der Gesellschaft

Die Gesellschaft muss einen und kann mehrere Geschäftsführer haben. Geschäftsführer kann nur eine na- **1462** türliche, unbeschränkt geschäftsfähige Person sein. Zu Geschäftsführern können Gesellschafter, aber auch andere Personen (Dritte) bestellt werden. Die Bestellung erfolgt entweder im Gesellschaftsvertrag oder durch Beschluss der Gesellschafter in einer Gesellschafterversammlung. Unzweckmäßig ist die Bestellung im Gesellschaftsvertrag, weil dann ein Wechsel des Geschäftsführers eine Änderung der Satzung erforderlich macht, die stets einer notariellen Beurkundung bedarf (siehe unten Rdn 1470, 1521). Dies gilt nicht bei der Bestellung des Geschäftsführers im Musterprotokoll (siehe oben Rdn 1460).

1463 Die Gesellschaft wird durch die Geschäftsführer gerichtlich und außergerichtlich vertreten. Hat die Gesellschaft keinen Geschäftsführer (Führungslosigkeit), wird sie für den Fall, dass ihr gegenüber Willenserklärungen abgegeben oder Schriftstücke zugestellt werden, durch die Gesellschafter vertreten (§ 35 Abs. 1 GmbHG).

1464 Geschäftsführer darf nicht werden, wer unter Betreuung steht und bei der Besorgung seiner Vermögensangelegenheiten ganz oder teilweise einem Einwilligungsvorbehalt (§ 1903 BGB) unterliegt, wem ein Berufs- oder Gewerbeverbot im Bereich des Unternehmensgegenstandes auferlegt ist oder wer wegen vorsätzlich begangener Straftaten, die im § 6 GmbHG im Einzelnen aufgeführt sind, im In- oder Ausland verurteilt worden ist, sofern die Rechtskraft des Urteils weniger als fünf Jahre zurückliegt (Amtsunfähigkeitsgründe).

1465 Der Geschäftsführer ist entweder einzel- oder gesamtvertretungsberechtigt. Im letzteren Fall kann er die Gesellschaft nur mit einem weiteren Geschäftsführer oder einem Prokuristen vertreten. Unzulässig ist es, die Vertretungsbefugnis des einzigen Geschäftsführers von der Mitwirkung eines Prokuristen abhängig zu machen.

1466 Im Gesellschaftsvertrag kann die Geschäftsführungsbefugnis eines Geschäftsführers beschränkt werden, etwa dahingehend, dass er gewisse Geschäfte oder gewisse Arten von Geschäften nur mit Zustimmung der Gesellschafter vornehmen darf. Solche Beschränkungen gelten jedoch nicht gegenüber Dritten im Rechtsverkehr; diese brauchen sie sich also – selbst, wenn sie sie kennen – nicht entgegenhalten zu lassen. Der Geschäftsführer ist jedoch der Gesellschaft und den Gesellschaftern gegenüber verpflichtet, ihm auferlegte Beschränkungen in der Geschäftsführungsbefugnis zu beachten, andernfalls kann er sich schadenersatzpflichtig machen.

1467 Auf Rechtsgeschäfte des Geschäftsführers mit der Gesellschaft selbst findet die Vorschrift des § 181 BGB (Verbot des Selbstkontrahierens) Anwendung. Von diesem Verbot kann der Geschäftsführer im Gesellschaftsvertrag und später durch Beschluss der Gesellschafter über seine Bestellung befreit werden, vorausgesetzt, eine Ermächtigung hierzu ist im Gesellschaftsvertrag enthalten.

Die Befreiung des Geschäftsführers vom Verbot des Selbstkontrahierens versetzt ihn in die Lage, namens der Gesellschaft mit sich im eigenen Namen (z.B. Abschluss des Anstellungsvertrages) oder als Vertreter eines Dritten ein Rechtsgeschäft vorzunehmen. Die Befreiung des Geschäftsführers vom Verbot des Selbstkontrahierens ist in das Handelsregister einzutragen.

Formulierung im Vertrag:

Die Gesellschaft hat einen oder mehrere Geschäftsführer. Ist nur ein Geschäftsführer bestellt, so vertritt dieser die Gesellschaft allein. Sind mehrere Geschäftsführer bestellt, so wird die Gesellschaft durch zwei von ihnen gemeinschaftlich oder durch einen von ihnen in Gemeinschaft mit einem Prokuristen vertreten. Die Gesellschafter können einem oder mehreren Geschäftsführern die Befugnis erteilen, die Gesellschaft stets allein zu vertreten. Sie können auch einem oder mehreren Geschäftsführern die Befugnis erteilen, namens der Gesellschaft mit sich selbst Rechtsgeschäfte zu tätigen, gleichviel, ob sie dabei für sich oder für Dritte handeln.

Der Geschäftsführer mit der Befugnis, die Gesellschaft stets allein zu vertreten, ist von den Beschränkungen des § 181 BGB befreit.

Die Geschäftsführer dürfen für die Gesellschaft Grundstücke nur mit vorheriger Zustimmung der Gesellschafterversammlung erwerben, veräußern oder belasten.

ff) Die Gesellschafterversammlung

1468 Über die Belange der Gesellschaft entscheidet die Gesamtheit der Gesellschafter durch Beschluss in einer Gesellschafterversammlung. Die Befugnisse der Gesellschafterversammlung ergeben sich aus dem Gesellschaftsvertrag, im Übrigen aus dem Gesetz. Die Versammlung ist insbesondere zuständig für die Feststellung der Jahresbilanz, die Gewinnverteilung, die Bestellung und Abberufung von Geschäftsführern sowie ihre Entlastung und für Maßnahmen zur Prüfung und Überwachung der Geschäftsführung.

Das GmbH-Gesetz enthält Regelungen über die Gesellschafterversammlung (§ 48 GmbHG), die Abstimmung der Gesellschafter (§ 47 GmbHG), die Einberufung der Versammlung (§ 49 GmbHG) und die Form der Einberufung (§ 51 GmbHG).

Formulierung im Vertrag:

Die Gesellschafter fassen ihre Beschlüsse in Gesellschafterversammlungen. Soweit nicht zwingende Vorschriften entgegenstehen, ist auch eine schriftliche, fernschriftliche oder telefonische Abstimmung zulässig – auch in kombinierter Form –, wenn sämtliche Gesellschafter diesem Verfahren zugestimmt haben.

Die Gesellschafterversammlung wird durch die Geschäftsführer einberufen. Alle Gesellschafter sind schriftlich zu laden. Die Ladung erfolgt mit einer Frist von zwei Wochen; dabei sind der Tag der Ladung und der Tag der Versammlung nicht mitzurechnen.

Jeder Gesellschafter kann seine Rechte in der Versammlung grundsätzlich nur persönlich wahrnehmen. Er kann sich aber durch einen anderen Gesellschafter oder durch einen Sachkundigen, der zur Berufsverschwiegenheit verpflichtet ist, mit schriftlicher Vollmacht vertreten lassen.

Beschlüsse bedürfen, soweit durch Gesetz oder Gesellschaftsvertrag keine größere Mehrheit vorgeschrieben ist, der Mehrheit der Stimmen aller Gesellschafter. Je 1 EUR eines Geschäftsanteils gewährt eine Stimme.

Beschlüsse der Gesellschafterversammlung über die Erhöhung oder Herabsetzung des Stammkapitals, sonstige Satzungsänderungen und die Auflösung der Gesellschaft bedürfen einer Mehrheit von drei Vierteln der Stimmen aller Gesellschafter.

Über die Beschlussfassung in der Gesellschafterversammlung braucht in der Regel keine Niederschrift **1469** aufgenommen zu werden. Befinden sich jedoch alle Geschäftsanteile der Gesellschaft in der Hand eines Gesellschafters oder daneben in der Hand der Gesellschaft, so ist unverzüglich eine Niederschrift zu fertigen und zu unterschreiben. Hierdurch soll sichergestellt werden, dass der Beschluss des einzigen Gesellschafters auch nach außen erkennbar gemacht wird.

Eine weitere Ausnahme von der Formfreiheit stellen Beschlüsse über die Änderung der Satzung dar. Sie **1470** bedürfen der notariellen Beurkundung (§§ 53 ff. GmbHG). Schließlich müssen Beschlüsse der Gesellschafterversammlung, die Grundlage einer Eintragung in das Handelsregister sind, dem Registergericht mindestens in Schriftform vorgelegt werden. Zu denken ist hier an den Beschluss über die Bestellung und/ oder Abberufung eines Geschäftsführers.

gg) Ergebnisverwendung

Die Gesellschafter haben Anspruch auf den Jahresüberschuss (Gewinn). Die Verteilung erfolgt nach dem **1471** Verhältnis der Geschäftsanteile. Im Gesellschaftsvertrag kann jedoch ein anderer Maßstab für die Verteilung festgesetzt werden.

Nach dem Bilanzrichtliniengesetz vom 19.12.1985 (BGBl I, S. 2355) müssen alle Gesellschaften mit be- **1472** schränkter Haftung in der Satzung eine Bestimmung enthalten, die ausdrücklich den Anspruch der Gesellschafter auf den Gewinn regelt und die Voraussetzungen festlegt, unter denen der Gewinn von der Verteilung unter die Gesellschafter ausgeschlossen ist oder ausgeschlossen werden kann, etwa durch Gewinnrücklagen oder Gewinnvorträge in das nächste Geschäftsjahr. Diese Bestimmung kann wahlweise entweder die gesetzliche Regelung des § 29 GmbHG oder eine vom Gesetz abweichende Regelung enthalten, in der die Voraussetzungen für den Ausschluss einer Gewinnverteilung festgelegt sind. Die vom Gesetz abweichende Regelung könnte etwa lauten:

Die Verteilung des Gewinns unter die Gesellschafter richtet sich nach § 29 GmbHG, soweit nicht die Gesellschafter durch Beschluss etwas anderes bestimmen.

1473   Für Gesellschaften mit beschränkter Haftung, die vor dem 1.1.1986, dem Zeitpunkt des Inkrafttretens des Bilanzrichtlinien-Gesetzes, entstanden sind, gilt Folgendes:

Haben die Gesellschafter – wie meist – ganz oder teilweise Anspruch auf den Jahresüberschuss oder den Bilanzgewinn, so sind Änderungen des Gesellschaftsvertrages in das Handelsregister nur eintragbar (Registersperre), wenn – sollte eine Regelung über die Ergebnisverwendung in der Satzung fehlen – zugleich eine Änderung des Gesellschaftsvertrages angemeldet und eingetragen wird, durch die dieser Anspruch, die gesetzliche Regelung des § 29 Abs. 2 GmbHG oder eine davon abweichende Bestimmung betreffend, in den Gesellschaftsvertrag aufgenommen wird. Dies kann bei der ersten Änderung des Gesellschaftsvertrages nach dem Inkrafttreten des Bilanzrichtlinien-Gesetzes mit einfacher Mehrheit beschlossen werden.

1474   Das Ergebnis der Gesellschaft wird ermittelt durch den Jahresabschluss (Bilanz, Gewinn- und Verlustrechnung und Lagebericht). Der Jahresabschluss und der Lagebericht sind von den gesetzlichen Vertretern in den ersten drei Monaten des Geschäftsjahres für das vergangene Geschäftsjahr aufzustellen (§ 264 HGB). Kleine Kapitalgesellschaften dürfen den Jahresabschluss und den Lagebericht auch später aufstellen, wenn dies einem ordnungsgemäßen Geschäftsgang entspricht, jedoch innerhalb der ersten sechs Monate des Geschäftsjahres für das vergangene Geschäftsjahr. Die Satzung darf aber die Höchstfrist von sechs Monaten nicht von vornherein als Regelfrist zulassen, weil sie sonst in unzulässiger Weise den Begriff „ordnungsgemäßer Geschäftsgang" außer Acht lassen würde.

1475   Kleine Kapitalgesellschaften sind solche, die mindestens zwei der drei nachstehenden Merkmale nicht überschreiten (vgl. § 267 HGB):

  (a) 6.000.000 EUR Bilanzsumme nach Abzug eines auf der Aktivseite ausgewiesenen Fehlbetrages;
  (b) 12.000.000 EUR Umsatzerlös in den zwölf Monaten vor dem Abschlussstichtag;
  (c) im Jahresdurchschnitt 50 Arbeitnehmer.

Die Geschäftsführer haben den Jahresabschluss und den Lagebericht unverzüglich nach der Aufstellung den Gesellschaftern zum Zwecke der Feststellung des Jahresabschlusses vorzulegen. Die Gesellschafter haben spätestens bis zum Ablauf der ersten acht Monate (bei kleinen Gesellschaften bis zum Ablauf der ersten elf Monate) des Geschäftsjahres über die Feststellung des Jahresabschlusses und über die Ergebnisverwendung für das abgelaufene Geschäftsjahr zu beschließen. Der Gesellschaftsvertrag kann die Frist nicht verlängern.

Die Geschäftsführer haben zudem jährlich den Jahresabschluss zum Handelsregister einzureichen.

Formulierung im Vertrag:

Alljährlich muss in den ersten drei Monaten eines jeden Geschäftsjahres der Jahresabschluss (Bilanz, Gewinn- und Verlustrechnung und Anhang) für das abgelaufene Geschäftsjahr aufgestellt und der Gesellschafterversammlung zur Beschlussfassung vorgelegt werden. Die Gesellschafterversammlung beschließt, inwieweit ein zur Verfügung stehendes Ergebnis als Rücklage verwendet, vorgetragen oder an die Gesellschafter verteilt werden soll. An einem zu verteilenden Ergebnis nehmen die Gesellschafter nach dem Verhältnis der Nennbeträge ihrer Geschäftsanteile teil.

---

hh) Sonstige Satzungsbestimmungen

1476   Der Gesellschaftsvertrag kann Bestimmungen enthalten über Kündigungsrechte der Gesellschafter, über die Voraussetzungen für den Ausschluss eines Gesellschafters, über die Höhe der Abfindung ausscheidender Gesellschafter, über Auszahlungsmodalitäten des Abfindungsguthabens, über Beschränkungen der Vererblichkeit eines Geschäftsanteils beim Tod eines Gesellschafters oder über Zustimmungserfordernisse bei der Übertragung von Geschäftsanteilen durch einen Gesellschafter (Vinkulierung).

1477   Gemäß § 12 S. 1 GmbHG haben Bekanntmachungen bei der GmbH zwingend im „Bundesanzeiger" zu erfolgen. Dieser wird nur noch elektronisch geführt. In der Satzung kann auf eine Bestimmung zur Bekanntmachung aufgrund der zwingenden Regelung nunmehr entweder vollständig verzichtet werden oder es ist ausdrücklich eine Veröffentlichung im „Bundesanzeiger" vorzusehen.

Schließlich sollte der Vertrag eine Regelung über die von der Gesellschaft zu tragenden Gründungskosten enthalten. Das sind Notar- und Gerichtskosten, Rechts- und Steuerberatungskosten, Bankgebühren, bei Sachgründungen auch Kosten für Wertgutachten. Sie sollten der Höhe nach in einem angemessenen Verhältnis zum Stammkapital stehen und 10 % desselben nicht überschreiten. Ist der Gründungsaufwand in der Satzung bezeichnet, kann er aus dem Stammkapital beglichen werden. Ansonsten geht er zu Lasten der Gesellschafter. **1478**

c) Anmeldung zum Handelsregister

Mit dem Abschluss des Gesellschaftsvertrages ist die GmbH zwar errichtet; sie entsteht jedoch erst mit der Eintragung in das Handelsregister. Bis dahin ist sie eine sogenannte Vorgesellschaft, die Rechte und Pflichten begründen kann, welche automatisch auf die entstehende GmbH übergehen. Wer vor der Eintragung namens der Gesellschaft handelt, haftet dem Dritten grundsätzlich persönlich. Hierüber hat der Notar zu belehren. **1479**

> *Formulierung im Vertrag:*
>
> Der Notar hat die Beteiligten darauf hingewiesen, dass die Gesellschaft als solche erst mit ihrer Eintragung in das Handelsregister entsteht, und dass für Geschäfte vor der Eintragung die Handelnden persönlich und gesamtschuldnerisch (solidarisch) haften.

Nach Errichtung der GmbH durch den Abschluss des Gesellschaftsvertrages ist sie bei dem Gericht, in dessen Bezirk sie ihren Sitz hat, zur Eintragung in das Handelsregister anzumelden. Die erste Anmeldung und auch alle späteren Anmeldungen zum Handelsregister erfolgen durch den oder die Geschäftsführer. Die Neueintragung der GmbH muss – ebenso wie die Kapitalerhöhung und die Kapitalherabsetzung – durch *sämtliche* Geschäftsführer angemeldet werden. In anderen Fällen – etwa bei der Anmeldung eines Geschäftsführerwechsels – genügt die Anmeldung durch Geschäftsführer in der zur Vertretung der Gesellschaft ausreichenden Anzahl.

aa) Voraussetzungen für die Anmeldung

Die Anmeldung darf erst erfolgen, wenn auf jeden Geschäftsanteil, soweit er in bar zu erbringen ist, ein Viertel eingezahlt ist. Insgesamt muss auf das Stammkapital mindestens so viel eingezahlt sein, dass der Gesamtbetrag der eingezahlten Geldeinlagen zuzüglich des Gesamtbetrags der Geschäftsanteile, für die Sacheinlagen zu leisten sind, 12.500 EUR erreicht. Dies gilt auch für eine Ein-Personen-GmbH. **1480**

Sacheinlagen sind vor der Anmeldung der Gesellschaft zur Eintragung in das Handelsregister so an die Gesellschaft zu bewirken, dass sie endgültig zur freien Verfügung der Geschäftsführer stehen. **1481**

bb) Anlagen zur Anmeldung

Der Anmeldung müssen beigefügt sein: **1482**

(a) der Gesellschaftsvertrag nebst etwaiger (notariell beglaubigter) Vollmachten oder beglaubigte Abschriften dieser Urkunden;

(b) der Beschluss über die Bestellung des oder der Geschäftsführer, sofern die Bestellung nicht Satzungsinhalt ist;

(c) eine von dem oder den Geschäftsführern unterschriebene Liste der Gesellschafter, aus welcher deren Name, Vorname, Geburtsdatum und Wohnort derselben sowie die Nennbeträge der von ihnen übernommenen Geschäftsanteile und ihre laufenden Nummern, sowie die durch den jeweiligen Nennbetrag des Geschäftsanteils vermittelte jeweilige prozentuale Beteiligung am Stammkapital ersichtlich sind. Hält ein Gesellschafter mehr als einen Geschäftsanteil, ist in der Liste zudem der Gesamtumfang der Beteiligung am Stammkapital als Prozentsatz gesondert anzugeben.

(d) wenn Sacheinlagen vereinbart sind, die Unterlagen, die dartun, dass der Wert der Sacheinlagen den Betrag der dafür übernommenen Geschäftsanteile erreicht, ferner der Sachgründungsbericht, in dem die Gesellschafter die wesentlichen Umstände darzulegen haben, aus denen sich ergibt, dass die den Sacheinlagen beigelegten Werte angemessen sind und schließlich die Verträge, die für die Festsetzung der Höhe der Geschäftsanteile maßgebend waren.

cc) Versicherung über die bewirkten Leistungen

1483   In der Anmeldung ist von allen Geschäftsführern zu versichern, dass die erforderlichen Leistungen auf die Geschäftsanteile bewirkt sind und dass diese sich endgültig in ihrer freien Verfügung befinden. Die Versicherung hat die Namen der einzahlenden Gesellschafter, die Nummern der betreffenden Geschäftsanteile, die Nennbeträge und die Einzahlungsbeträge zu enthalten. Weitere Nachweise, etwa die Vorlage der Einzahlungsbelege, sind nicht erforderlich. Nur bei erheblichen Zweifeln kann das Registergericht Nachweise verlangen, also nicht im Regelfall. Geben die Geschäftsführer allerdings eine falsche Versicherung ab, machen sie sich strafbar.

1484   Nach der Rechtsprechung wird verlangt, dass die anmeldenden Geschäftsführer in der Versicherung auch Angaben über „Vorbelastungen" machen. Es soll versichert werden, die eingezahlten Beträge seien durch Vorbelastungen nicht derart geschmälert, dass sie unter die Mindestgrenzen des einzuzahlenden Kapitals gesunken sind. Vorbelastungen sind über die Gründungskosten (Notar-, Gerichts- und Steuerberatungskosten) hinaus getätigte Ausgaben.

dd) Versicherung über das Nichtvorliegen von Amtsunfähigkeitsgründen

1485   Ferner haben alle Geschäftsführer in der Anmeldung zu versichern, dass keine Umstände vorliegen, aufgrund deren sie nach § 6 Abs. 2 GmbHG von dem Amt als Geschäftsführer ausgeschlossen wären. Das ist der Fall bei einer in den letzten fünf Jahren im In- oder Ausland erfolgten Verurteilung wegen einer oder mehrerer vorsätzlich begangener, im Einzelnen aufgeführter Straftaten und bei Bestehen eines durch gerichtliches Urteil oder vollziehbare Entscheidung einer Verwaltungsbehörde auferlegten Berufsverbots, sofern der Unternehmensgegenstand ganz oder teilweise mit dem Gegenstand des Verbots übereinstimmt. Die Versicherung braucht sich – obwohl ein Ausschließungsgrund besteht – nicht darauf zu erstrecken, dass keine Betreuung mit Anordnung eines Einwilligungsvorbehalts gem. § 1903 BGB vorliegt.

1486   Insoweit sind die Geschäftsführer gegenüber dem Registergericht unbeschränkt auskunftpflichtig, allerdings nur dann, wenn sie hierüber belehrt worden sind. Dies ergibt sich aus § 51 Abs. 2 des Gesetzes über das Zentralregister und das Erziehungsregister.[272]

§ 8 Abs. 3 GmbHG stellt klar, dass die erforderliche Belehrung auch durch einen Notar vorgenommen werden kann. Sie hat stets in deutscher Sprache zu erfolgen, da sie dem Registergericht nachgewiesen werden muss. Die erfolgte Belehrung durch den Notar ist in der Anmeldung zum Handelsregister zu versichern.

ee) Abstrakte und konkrete Vertretungsregelung

1487   In der Anmeldung der Neueintragung einer GmbH ist sowohl die konkrete Vertretungsbefugnis des oder der Geschäftsführer als auch die abstrakte Vertretungsregelung, wie sie im Gesetz oder im Gesellschaftsvertrag enthalten ist, anzugeben. Schließlich ist anzumelden, ob der oder die Geschäftsführer befugt sind, auch namens der Gesellschaft mit sich selbst oder als Vertreter eines Dritten Rechtsgeschäfte zu tätigen (Befreiung von den Beschränkungen des § 181 BGB).

ff) Anmeldung im vereinfachten Verfahren

1488   Für Anmeldungen zum Handelsregister, die im Anschluss an eine Gesellschaftsgründung im vereinfachten Verfahren erfolgen, gelten keine Besonderheiten. Allerdings braucht hier keine Gesellschafterliste eingereicht zu werden, weil das Gründungsprotokoll zugleich als Gesellschafterliste gilt (§ 2 Abs. 1a S. 4 GmbHG). Die abstrakte Vertretungsregelung ist – entsprechend der gesetzlichen Regelung – wie folgt anzumelden:

> *Anmeldung der abstrakten Vertretungsregelung im vereinfachten Verfahren:*
>
> Ist nur ein Geschäftsführer bestellt, vertritt er die Gesellschaft allein. Sind mehrere Geschäftsführer bestellt, sind sie alle nur gemeinschaftlich zur Vertretung der Gesellschaft berechtigt.

---

272 In der Fassung der Bekanntmachung vom 21.9.1984 (BGBl I, S. 1229, ber. 1985 S. 195).

gg) Prüfung durch das Registergericht

Das Registergericht prüft, ob der Gesellschaftsvertrag und die Anmeldung den gesetzlichen Vorschriften   1489
entsprechen. Zuständig ist hier der Richter, nicht der Rechtspfleger. Bei der Überprüfung der Zulässigkeit
einer Firma und der Fassung des Unternehmensgegenstandes stützt sich das Gericht in der Regel auf eine
gutachterliche Stellungnahme der zuständigen Industrie- und Handelskammer (IHK). Über das Ergebnis
ihrer Ermittlungen stellt die IHK eine Unbedenklichkeitsbescheinigung aus, die dem Gericht vom Notar
mit vorgelegt werden kann. Die IHK prüft neben der rechtlichen Zulässigkeit der gewählten Firma auch,
ob sie sich von anderen Firmen in der betreffenden Gemeinde deutlich unterscheidet (Ausschluss der Verwechslungsgefahr, § 30 HGB). Ist Gegenstand des Unternehmens ein Handwerksbetrieb oder umfasst er
handwerkliche Tätigkeiten, so holt die IHK auch eine Stellungnahme der zuständigen Handwerkskam-
mer ein zwecks Feststellung des Vorliegens einer etwa erforderlichen handwerklichen Konzession.

Zur Beschleunigung des Verfahrens empfiehlt es sich, dass bereits der Notar den Gesellschaftsvertrag der
zuständigen IHK zur Stellungnahme vorlegt und die Erteilung der erforderlichen Unbedenklichkeitsbescheinigung beantragt.

Um Beanstandungen vorzubeugen kann es auch zweckmäßig sein, bereits vor der Beurkundung die Fassung von Firma und Gegenstand des Unternehmens mit der IHK abzustimmen.

hh) Staatliche Genehmigung

Bestimmte Tätigkeiten eines Unternehmens bedürfen einer staatlichen Genehmigung. Typische erlaub-   1490
nispflichtige Tätigkeiten von Gesellschaften mit beschränkter Haftung sind die in der Gewerbeordnung
geregelten Privatkrankenanstalten (§ 30), das Bewachungsgewerbe (§ 34a), die Vermittlung von Grundstücken, Wohnräumen u.a. (§ 34c), ferner in gewerblichen Nebengesetzen geregelte Tätigkeiten, wie der
Betrieb von Kreditinstituten (§ 32 Kreditwesengesetz), die Steuerberatungsgesellschaft (§ 32 Abs. 3
StBerG), das Gaststättengewerbe (§ 2 Gaststättengesetz) sowie die Personenbeförderung (§ 2 Personen-
beförderungsgesetz).

Die gewerberechtliche Genehmigungsurkunde muss dem Gericht im Rahmen der Anmeldung nicht mit   1491
vorgelegt werden. Dies ändert allerdings nichts daran, dass bei Vorliegen eines genehmigungspflichtigen
Unternehmensgegenstandes eine gewerberechtliche Erlaubnis für die Aufnahme der satzungsmäßigen
Tätigkeit behördlicherseits erforderlich ist. In der Gründungsurkunde sollte auf diesen Umstand hingewiesen werden.

Wurde eine Kapitalgesellschaft ohne die erforderliche gewerberechtliche Genehmigung eingetragen, be-   1492
steht ein Auflösungsgrund mit der Rechtsfolge, dass die Gesellschaft von Amts wegen gelöscht werden
kann. Außerdem droht ein Bußgeld nach dem OWiG.

ii) Inländische Geschäftsanschrift

Damit an die Gesellschaft wirksam zugestellt oder ihr gegenüber eine Willenserklärung abgegeben wer-   1493
den kann, ist das Handelsregister ihre inländische Geschäftsanschrift einzutragen. Sie ist daher in der
Anmeldung anzugeben. Dies gilt auch für Aktiengesellschaften, Einzelkaufleute, Personenhandelsgesellschaften sowie Zweigniederlassungen (auch von Auslandsgesellschaften).

Ist bei Gesellschaften und Einzelkaufleuten, die im Zeitpunkt des Inkrafttretens des MoMiG (1.11.2008)
bereits in das Handelsregister eingetragen waren, eine inländische Geschäftsanschrift nicht eingetragen
oder hat sie sich geändert, ist sie mit der ersten die eingetragene Gesellschaft oder den eingetragenen
Kaufmann betreffenden Anmeldung zum Handelsregister anzumelden.

Muster der Anmeldung einer GmbH zum Handelsregister (Bargründung):   1494

Amtsgericht

– Handelsregister –

Kleve

Neueintragung einer Gesellschaft mit beschränkter Haftung unter der Firma Müller Wärmetechnik GmbH

Anbei werden überreicht:

1. eine elektronisch beglaubigte Abschrift der Urkunde vom heutigen Tage – UR.Nr. (...) des beglaubigenden Notars – einschließlich der Geschäftsführerbestellung,
2. Gesellschafterliste,
3. die firmenrechtliche Unbedenklichkeitsbescheinigung der zuständigen Industrie- und Handelskammer.

Ich melde die Gesellschaft und mich als Geschäftsführer zur Eintragung in das Handelsregister an.

Ich bin berechtigt, die Gesellschaft allein zu vertreten, auch wenn mehrere Geschäftsführer bestellt sind.

Ich bin befugt, namens der Gesellschaft mit mir selbst oder namens Dritter Rechtsgeschäfte vorzunehmen (Befreiung von den Beschränkungen des § 181 BGB).

Abstrakt gilt für die Vertretung der Gesellschaft Folgendes:

(Hier folgt die allgemeine Vertretungsregelung, wie sie in der Satzung enthalten ist und die wie folgt lauten könnte.)

Die Gesellschaft hat einen oder mehrere Geschäftsführer. Ist nur ein Geschäftsführer bestellt, vertritt dieser die Gesellschaft allein, sind mehrere Geschäftsführer bestellt, so wird die Gesellschaft durch zwei von ihnen gemeinschaftlich oder einen von ihnen in Gemeinschaft mit einem Prokuristen vertreten.

Die Gesellschafter können einem oder mehreren Geschäftsführern die Befugnis erteilen, die Gesellschaft stets allein zu vertreten. Sie können auch einem oder mehreren Geschäftsführern die Befugnis erteilen, namens der Gesellschaft mit sich selbst Rechtsgeschäfte zu tätigen, gleichviel, ob sie dabei für sich oder für Dritte handeln (Befreiung von den Beschränkungen des § 181 BGB).

Ich versichere, dass auf die übernommenen Geschäftsanteile je die Hälfte, und zwar von dem Gesellschafter Müller in Höhe von 6.250 EUR auf seinen Geschäftsanteil Nr. 1 im Nennbetrag von 12.500 EUR und von dem Gesellschafter Vedder in Höhe von 6.250 EUR auf seinen Geschäftsanteil Nr. 2 im Nennbetrag von 12.500 EUR, und insgesamt ein Betrag in Höhe von 12.500 EUR eingezahlt ist, und dass sich die eingezahlten Beträge endgültig und durch Vorbelastungen – mit Ausnahme der Gründungskosten – ungeschmälert in meiner freien Verfügung befinden.

Ich versichere ferner, dass ich

a) nicht aufgrund eines gerichtlichen Urteils oder einer vollziehbaren Entscheidung einer Verwaltungsbehörde einen Beruf, einen Berufszweig, ein Gewerbe oder einen Gewerbezweig nicht ausüben darf, insbesondere auch nicht, sofern der Unternehmensgegenstand ganz oder teilweise mit dem Gegenstand des Verbots übereinstimmt,
b) nicht wegen einer oder mehrerer vorsätzlich begangener Straftaten
■ des Unterlassens der Stellung des Antrags auf Eröffnung des Insolvenzverfahrens (Insolvenzverschleppung),
■ nach §§ 283 bis 283d StGB (Insolvenzstraftaten),
■ der falschen Angaben nach § 82 GmbHG oder § 399 AktG,
■ der unrichtigen Darstellung nach § 400 AktG, § 331 HGB, § 313 UmwG oder § 17 PublizitätsG oder
■ nach §§ 263 bis 264a oder §§ 265b bis 266a StGB zu einer Freiheitsstrafe von mindestens einem Jahr
verurteilt worden bin. Ebenso bin ich nicht wegen einer Tat, die mit den vorgenannten Taten vergleichbar ist, im Ausland verurteilt worden.

Über meine unbeschränkte Auskunftpflicht gegenüber dem Registergericht bin ich durch den beglaubigenden Notar belehrt worden.

Die inländische Geschäftsanschrift der Gesellschaft lautet: (...)

Die Benachrichtigungen des Registergerichts werden zu Händen des Notars erbeten.

Der beglaubigende Notar wird bevollmächtigt, die vorstehenden Erklärungen gegenüber dem Registergericht zu ergänzen und zu ändern, überhaupt alles zu tun, was zur verfahrensrechtlichen Durchführung dieser Urkunde erforderlich oder zweckmäßig ist.

47441 Moers, den (…)

Nach einer Entscheidung des BGH[273] genügt den gesetzlichen Anforderungen, wenn der Geschäftsführer in der Anmeldung zum Handelsregister allgemein versichert, er sei noch nie, weder im Inland noch im Ausland, wegen einer Straftat verurteilt worden, ohne die in § 6 Abs. 2 S. 2 Nr. 3 GmbHG genannten Straftatbestände im Einzelnen aufführen zu müssen.   **1495**

jj) Gesellschafterliste

Mit der Anmeldung ist eine von dem oder den Geschäftsführern unterzeichnete Gesellschafterliste dem Handelsregister einzureichen, in der die Geschäftsanteile durchgehend (fortlaufend) zu nummerieren sind, und zwar entsprechend der bereits in der Satzung bei den Bestimmungen über die Übernahme der Geschäftsanteile vorgenommenen Nummerierung. In die Liste der Gesellschaften sind aufzunehmen: Name, Vorname, Geburtsdatum und Wohnort der Gesellschafter sowie die Nennbeträge der von ihnen übernommenen Geschäftsanteile und ihre laufenden Nummern sowie die durch den jeweiligen Nennbetrag des Geschäftsanteils vermittelte jeweilige prozentuale Beteiligung am Stammkapital; hält ein Gesellschafter mehr als einen Geschäftsanteil, ist in der Liste zudem der Gesamtumfang der Beteiligung am Stammkapital als Prozentsatz gesondert anzugeben.   **1496**

Der Gesellschafterliste kommt künftig eine erhebliche Bedeutung zu. Ein Gesellschafter kann seine Mitgliedschaftsrechte nur dann ausüben, wenn er in die im Handelsregister aufgenommene Liste eingetragen ist, weil ihm im Verhältnis zur Gesellschaft nur dann die Gesellschafterstellung zukommt (§ 16 Abs. 1 GmbHG). Er braucht seine Gesellschafterstellung künftig nicht mehr durch Urkunden (Gründungsurkunde oder Geschäftsanteilsübertragungsurkunde) nachzuweisen, wenn er auf seine Eintragung in die Gesellschafterliste verweisen kann.   **1497**

Bedeutung hat die Gesellschafterliste künftig auch für einen möglichen gutgläubigen Erwerb von Geschäftsanteilen (§ 16 Abs. 3 GmbHG). Wer künftig einen Geschäftsanteil erwirbt, soll darauf vertrauen dürfen, dass die in der Gesellschafterliste verzeichnete Person auch wirklich Gesellschafter, also Inhaber des Geschäftsanteils ist. Voraussetzung für den gutgläubigen Erwerb ist, dass der Veräußerer als Inhaber des Geschäftsanteils seit mindestens drei Jahren in der im Handelsregister aufgenommenen Gesellschafterliste eingetragen oder – bei einer Unrichtigkeit der Liste für einen Zeitraum von weniger als drei Jahren – dem wahren Berechtigten und Inhaber des Geschäftsanteils die Unrichtigkeit zuzurechnen ist. Letzteres kann dann der Fall sein, wenn etwa ein Anteilserwerb nicht durch Rechtsgeschäft (unter Mitwirkung eines Notars), sondern durch Erbfall erfolgt ist und der Erbe und neue Inhaber die Berichtigung der Liste nicht veranlasst hat.   **1498**

Guter Glaube setzt voraus, dass der Erwerber keine positive Kenntnis und keine grob fahrlässige Unkenntnis von der mangelnden Berechtigung des Veräußerers hat und der dem Registergericht eingereichten Gesellschafterliste kein Widerspruch zugeordnet ist (analog im Grundbuchrecht § 899 BGB).   **1499**

Der Gutglaubensschutz der Gesellschafterliste erfasst nur den guten Glauben an die Rechtsinhaberschaft des eingetragenen Gesellschafters. Nicht geschützt wird dagegen der gute Glaube daran, dass   **1500**

- ■ der Geschäftsanteil nicht belastet ist (etwa verpfändet),
- ■ die im Gesellschaftsvertrag für die Verfügung über einen Geschäftsanteil begründeten Zustimmungserfordernisse erfüllt sind,
- ■ der Geschäftsanteil nicht bereits aufschiebend bedingt (etwa nach Zahlung des Kaufpreises) an einen anderen abgetreten worden ist.

---

273 DNotZ 2010, 930.

In den genannten Fällen kann also der Geschäftsanteil trotz Gutgläubigkeit nur belastet oder überhaupt nicht erworben werden, wenn etwa bei einer zuvor unter der Bedingung der Kaufpreiszahlung erfolgten Abtretung des Anteils an einen Dritten der Kaufpreis von diesem gezahlt wird (Eintritt der Bedingung, § 161 Abs. 1 S. 1 BGB). Es wird also nicht geschützt der gute Glaube an die Lastenfreiheit des Anteils oder die Verfügungsberechtigung des in der Liste eingetragenen Rechtsinhabers.[274]

1501   *Muster einer einfachen Gesellschafterliste:*

Gesellschafterliste der „Müller Wärmetechnik GmbH" mit dem Sitz in Moers:

	Nennbeträge und Nummern der Geschäftsanteile sowie durch den Geschäftsanteil vermittelte prozentuale Beteiligung am Stammkapital der Gesellschaft	
Herr Kurt Müller, geboren am (...), wohnhaft in Moers	12.500 EUR (Geschäftsanteil Nr. 1)	50 %
Herrn Peter Vedder, geboren am (...), wohnhaft in Moers	12.500 EUR (Geschäftsanteil Nr. 2)	50 %
	25.000 EUR	

47441 Moers, den (...)

@

d)   Die Geschäftsanteilsübertragung
aa)   Der Geschäftsanteil

1502   Die Beteiligung an einer GmbH wird durch den oder die Geschäftsanteile vermittelt. Der Geschäftsanteil jedes Gesellschafters bestimmt sich nach der von ihm übernommenen Einlage. Die Summe der Geschäftsanteile ergibt somit das Stammkapital. Wer Inhaber eines Geschäftsanteils ist, ist Gesellschafter der GmbH. Der Geschäftsanteil kann originär durch Übernahme im Gründungsvertrag oder abgeleitet durch rechtsgeschäftlichen Übertragungsakt (Kauf, Schenkung) erworben werden, ferner durch Erbgang.

1503   Die Geschäftsanteile sind veräußerlich und vererblich. Allerdings kann der Gesellschaftsvertrag die Zulässigkeit der Übertragung von Geschäftsanteilen an besondere Voraussetzungen knüpfen, sie insbesondere von der Genehmigung der Gesellschaft oder der Gesellschafter abhängig machen (Vinkulierung).

Formulierung im Vertrag:

Die Abtretung und Belastung von Geschäftsanteilen bedürfen zu ihrer Wirksamkeit der Zustimmung aller Gesellschafter. Eine Genehmigung zur Veräußerung ist nicht erforderlich, wenn der Erwerber Mitgesellschafter ist.

1504   Auch die Vererblichkeit eines Geschäftsanteils kann im Gesellschaftsvertrag eingeschränkt werden.

Formulierung im Vertrag:

Für alle Gesellschafter gilt folgende Einschränkung der Vererblichkeit:

Handelt es sich bei dem Erben oder Vermächtnisnehmer nicht um einen Mitgesellschafter, den Ehegatten oder einen Abkömmling des verstorbenen Gesellschafters, so können die Gesellschafter beschließen, dass die nicht zu diesem Kreis gehörenden Personen aus der Gesellschaft ausscheiden und nach den Bestimmungen dieses Vertrages abgefunden werden.

Bei dem zu fassenden Beschluss hat der betroffene Erbe oder Vermächtnisnehmer kein Stimmrecht.

---

274 BGH DNotZ 2011, 943.

bb) Der Übertragungsvorgang

Die Übertragung eines Geschäftsanteils vollzieht sich in zwei Stufen, dem Verpflichtungsgeschäft (Verkauf, Schenkung usw.) und dem dinglichen Übertragungsakt (Abtretung). Sowohl das Verpflichtungsgeschäft als auch die Abtretung bedürfen der notariellen Beurkundung (§ 15 GmbHG). Ein nicht in notarieller Form abgeschlossenes Verpflichtungsgeschäft wird jedoch durch eine notariell beurkundete Abtretung geheilt.   **1505**

Mehrere Personen können Inhaber eines einheitlichen Geschäftsanteils sein (Beispiele: in Erbengemeinschaft, in Gütergemeinschaft, je zu einem ideellen Bruchteil). Hier gelten die allgemeinen Grundsätze. Steht ein Geschäftsanteil mehreren Mitberechtigten ungeteilt zu, so können die Rechte aus dem Geschäftsanteil natürlich nur gemeinschaftlich ausgeübt werden.   **1506**

Ein Gesellschafter kann mehrere Geschäftsanteile innehaben, und zwar auch mit verschiedenen Nennbeträgen, die er bereits bei der Gründung oder später erwerben kann. Jeder EUR eines Geschäftsanteils gewährt nach dem Gesetz bei einer Beschlussfassung in Angelegenheiten der Gesellschaft eine Stimme.

cc) Teilung und Zusammenlegung

Geschäftsanteile können beliebig geteilt und zusammengelegt werden. Das frühere Verbot der Vorratsteilung ist, unabhängig von einer anschließenden Anteilsveräußerung, entfallen. Insbesondere ist für die Teilung eines Geschäftsanteils eine Zustimmung der Gesellschaft nicht mehr erforderlich. § 17 GmbHG a.F. ist ersatzlos aufgehoben worden.   **1507**

Für Teilung und Zusammenlegung ist nach dem Gesetz (§ 46 Nr. 4 GmbHG) künftig ein Beschluss der Gesellschafterversammlung unter Zustimmung des betroffenen Gesellschafters erforderlich. Überträgt ein Gesellschafter also einen Teilgeschäftsanteil, muss zuvor die Gesellschafterversammlung die Teilung unter Zustimmung des veräußernden Gesellschafters beschließen.   **1508**

Der Gesellschaftsvertrag kann – wie hinsichtlich der Veräußerung – auch die Teilung und Zusammenlegung von Geschäftsanteilen an weitere Voraussetzungen knüpfen, etwa an eine Genehmigung der Gesellschaft oder aller Gesellschafter (Vinkulierung).

dd) Aktualisierung der Gesellschafterliste

Nach § 40 GmbHG sind die Geschäftsführer verpflichtet, die Gesellschafterliste stets auf dem neuesten Stand zu halten und bei Veränderungen im Gesellschafterbestand eine aktuelle Liste zum Handelsregister einzureichen. Für den Fall, dass ein Notar an den Veränderungen mitgewirkt hat, ist er anstelle der Geschäftsführer zur Aktualisierung und Einreichung der Gesellschafterliste zum Handelsregister berufen (§ 40 Abs. 2 GmbHG). Hat ein Notar an einer Veränderung mitgewirkt, entfällt also die Verpflichtung der Geschäftsführer zur Erstellung und Einreichung einer neuen Liste.   **1509**

Bisher schon war der Notar verpflichtet, nach Beurkundung einer Geschäftsanteilsübertragung diese dem Registergericht mitzuteilen. Durch die Neufassung des § 40 Abs. 2 GmbHG ist er nun verstärkt in die Aktualisierung der Gesellschafterliste einbezogen worden.

Der Notar wirkt hinsichtlich der Veränderung des Gesellschafterbestandes insbesondere bei der Übertragung eines Geschäftsanteils mit, aber auch bei einer Kapitalerhöhung und bei Umwandlungen nach dem UmwG und zwar wegen der Beurkundungspflicht für diese Rechtsvorgänge. Er ist aber auch bei Beschlussfassungen über die Teilung oder Zusammenlegung von Geschäftsanteilen eingeschaltet, wenn diese anlässlich einer Geschäftsanteilsübertragung erfolgen. Der Notar hat in der Gesellschafterliste gemäß § 40 Abs. 2 S. 2 GmbHG zu bescheinigen, dass sie den Veränderungen entspricht, an denen er durch seine Beurkundung mitgewirkt hat, und dass die übrigen Angaben der Liste mit dem Inhalt der zuletzt im Handelsregister aufgenommenen Liste übereinstimmen (qualifizierte Gesellschafterliste).   **1510**

Muster eines Geschäftsanteilsübertragungsvertrages: **1511**

Die Erschienenen erklärten zur Beurkundung:

(1) Kurt Müller ist Inhaber eines Geschäftsanteils im Nennbetrag von 12.500 EUR an der im Handelsregister des Amtsgerichts Kleve unter HRB (...) eingetragenen Müller Wärmetechnik GmbH.

Dies wird nachgewiesen durch die zuletzt im Handelsregister aufgenommene Gesellschafterliste vom (…). Dabei handelt es sich um den mit Nummer 1 bezeichneten Geschäftsanteil.

Weitere Feststellungen über Entstehung und Erwerb des vorgenannten Geschäftsanteils möchten die Beteiligten in dieser Urkunde nicht treffen.

Es wird garantiert, dass die auf den Geschäftsanteil zu leistenden Einlagen ohne Verstoß gegen das Verbot der verdeckten Sacheinlage in voller Höhe erbracht und nicht zurückgewährt worden sind.

(2) Herr Müller – nachstehend Veräußerer genannt – überträgt an Herrn Kurt Meier – nachstehend Erwerber genannt – den in Ziffer (1) näher bezeichneten Geschäftsanteil.

Der Erwerber nimmt die Übertragung an.

(3) Der Geschäftsanteil wird mit sofortiger dinglicher Wirkung abgetreten.

Das Recht auf den Gewinnbezug geht mit dem heutigen Tage über.

Es wird garantiert, dass der übertragene Geschäftsanteil wirksam entstanden ist und existiert, frei von Rechten Dritter, insbesondere weder an einen Dritten abgetreten noch belastet oder gepfändet, und frei verfügbar ist.

Es wird ferner garantiert,

a) dass alle Stammkapitaleinlagen in vollem Umfang erbracht sind und dass keine verdeckten Sacheinlagen geleistet sind;

b) dass die Satzung weiterhin der Fassung vom (…) entspricht;

c) dass die Angaben zur Gesellschaft in Ziffer (1) dieser Urkunde richtig sind.

Im Übrigen wird eine Gewähr ausdrücklich nicht geleistet, insbesondere nicht für Wert und Ertragskraft des Geschäftsanteils. Vereinbarungen über die Beschaffenheit des von der Gesellschaft betriebenen Unternehmens und deren Vermögen sind weder Inhalt noch Geschäftsgrundlage des Vertrages. Sämtliche Rechte und Ansprüche insoweit sind ausgeschlossen.

Der Notar hat darauf hingewiesen, dass der Erwerber im Verhältnis zur Gesellschaft erst dann als Inhaber des Geschäftsanteils und damit als Gesellschafter gilt, wenn er in der im Handelsregister aufgenommenen Gesellschafterliste eingetragen ist.

(4) Die mit dieser Urkunde und ihrem Vollzug verbundenen Kosten und etwaigen Steuern fallen dem Erwerber zur Last.

Die Gesellschaft verfügt nach Angaben der Beteiligten über keinen Grundbesitz. Sie ist auch nicht an grundstückshaltenden Gesellschaften beteiligt. Eine steuerliche Beratung hat der Notar nicht übernommen.

Der Notar wird unmittelbar nach Wirksamkeit der Geschäftsanteilsabtretung eine Liste der Gesellschafter, die die Veränderungen aus der vorliegenden Urkunde berücksichtigt, beim Handelsregister einreichen und diese Liste auch dem Geschäftsführer übermitteln.

Der Notar hat auf die Möglichkeit des gutgläubigen Erwerbs im Zusammenhang mit dem Inhalt der Gesellschafterliste hingewiesen und darauf, dass jeder Gesellschafter daher die Gesellschafterliste regelmäßig, mindestens alle 3 Jahre, auf ihre Richtigkeit und Vollständigkeit überprüfen sollte.

Protokollabschlussvermerk

Nach der Beurkundung hat der Notar eine qualifizierte Gesellschafterliste zum Handelsregister einzureichen.

1512   *Muster einer qualifizierten Gesellschafterliste:*

Gesellschafterliste der „Müller Wärmetechnik GmbH" mit dem Sitz in Moers:

	Nennbeträge und Nummern der Geschäftsanteile sowie durch den Geschäftsanteil vermittelte prozentuale Beteiligung am Stammkapital der Gesellschaft	
Herr Kurt Meier, geboren am (…), wohnhaft in Moers	12.500 EUR (Geschäftsanteil Nr. 1)	50 %

Herrn Peter Vedder, geboren am (…), wohnhaft in Moers	<u>12.500 EUR (Geschäftsanteil Nr. 2)</u>	50 %
	25.000 EUR	

Ich bescheinige hiermit, dass die vorstehende Gesellschafterliste den Veränderungen entspricht, an denen ich als Notar durch meine Urkunde vom (…) – UR.Nr. (…) – mitgewirkt habe, und dass die übrigen Angaben in der Liste mit dem Inhalt der zuletzt im Handelsregister aufgenommenen Liste übereinstimmen

47441 Moers, den (…)

Notar

ee) Übertragung eines Teils eines Geschäftsanteils

Soll ein Teilgeschäftsanteil übertragen werden, ist zuvor eine Gesellschafterversammlung unter Mitwirkung des Veräußerers abzuhalten, welche die Teilung beschließt. Ansonsten gelten keine Besonderheiten gegenüber der Abtretung eines ganzen Geschäftsanteils. **1513**

Muster eines Teilungsbeschlusses:

Die beteiligten Gesellschafter halten unter Verzicht auf die Beachtung aller in Gesetz und Satzung vorgeschriebenen Formen und Fristen eine Gesellschafterversammlung der genannten Gesellschaft ab und beschließen unter Zustimmung des Veräußerers mit allen ihren Stimmen:

Der Geschäftsanteil des Veräußerers in Höhe von 10.000 EUR (Nr. 1) wird geteilt in zwei Geschäftsanteile im Nennbetrag von 8.000 EUR (Nr. 1) und 2.000 EUR (Nr. 2).

Damit ist die Gesellschafterversammlung beendet.

ff) Übertragung gegen Kaufpreiszahlung

Wird ein Geschäftsanteil gegen Kaufpreiszahlung übertragen, möchte der Veräußerer ihn nicht vor Erhalt des Kaufpreises verlieren. Eine sofortige dingliche Abtretung des Geschäftsanteils ist unbedenklich, wenn die Zahlung des Kaufpreises durch Bankbürgschaft oder Hinterlegung auf Notaranderkonto gesichert ist. Eine Zug-um-Zug-Wirkung wird auch dadurch erreicht, dass der Geschäftsanteil aufschiebend bedingt durch die erfolgte Kaufpreiszahlung abgetreten wird. **1514**

Muster einer aufschiebend bedingten Abtretung bei Verkauf: **1515**

Der Geschäftsanteil wird mit dinglicher Wirkung in der Weise abgetreten, dass er unmittelbar nach Zahlung des Kaufpreises übergeht (aufschiebende Bedingung).

Diese Bedingung für die dingliche Abtretung gilt als eingetreten, wenn der Notar eine Ausfertigung oder beglaubigte Ablichtung dieser Urkunde erteilt, welche die dingliche Übertragungserklärung enthält. Demgemäß wird der amtierende Notar von den Beteiligten unwiderruflich angewiesen, eine die dingliche Abtretungserklärung enthaltende Ausfertigung oder beglaubigte Ablichtung dieser Urkunde erst und nur dann zu erteilen, wenn ihm die Zahlung des Kaufpreises bestätigt oder nachgewiesen ist.

Der Notar kann in diesem Fall die berichtigte qualifizierte Gesellschafterliste erst dann dem Handelsregister einreichen, wenn ihm die Zahlung des Kaufpreises nachgewiesen oder vom Veräußerer bestätigt worden ist. Durch die Anweisung an den Notar, eine vollständige, die dingliche Übertragungserklärung enthaltende, Ausfertigung oder beglaubigte Ablichtung der Urkunde erst nach Bedingungseintritt zu erteilen, wird dieser zudem für den Rechtsverkehr objektiviert.

Nach einer aufschiebend bedingten Abtretung ist der gutgläubige Zwischenerwerb eines Dritten infolge einer vertragswidrigen zweiten Verfügung des Veräußerers nicht möglich, so dass es insoweit keiner be- **1516** sonderen Absicherung für die Kaufpreiszahlung des aufschiebend bedingten Abtretungsempfängers und Erstkäufers bedarf. Mit der Zahlung des Kaufpreises erstarkt sein Anwartschaftsrecht gemäß § 161 Abs. 1 S. 1 BGB trotz der Zwischenverfügung zum Vollrecht. Die Vorschrift des § 161 Abs. 3 BGB, die einen gutgläubigen Zwischenerwerb an und für sich ermöglichen würde, findet auf den gutgläubigen Erwerb eines Geschäftsanteils nach § 16 Abs. 3 GmbHG keine Anwendung.[275]

gg) Übertragung von Anteilen an Vorrats- und Mantelgesellschaften

1517 Eine besondere Bedeutung in der Praxis hat die Verwertung von sogenannten Vorrats- oder Mantelgesellschaften. Hierbei handelt es sich um eine GmbH, die entweder von Anfang an über keinen Geschäftsbetrieb verfügt oder nach Ablauf einer Zeit keinen Geschäftsbetrieb mehr ausübt und kein nennenswertes Vermögen mehr hat. In beiden Fällen erfolgt die Verwertung der Gesellschaft durch Übertragung und Abtretung ihrer Geschäftsanteile an Gewerbetreibende, die ihr Geschäft in der Rechtsform einer GmbH betreiben und sich das zeitlich und von den Kosten her aufwändige Gründungsverfahren ersparen wollen.

1518 Im Interesse des Gläubigerschutzes bei der Belebung einer nicht tätig gewesenen GmbH hat der BGH nunmehr entschieden,[276] dass

- die Verwendung einer auf Vorrat gegründeten GmbH wirtschaftlich eine Neugründung darstellt,
- auf die wirtschaftliche Neugründung die der Sicherstellung der Kapitalausstattung dienenden Gründungsvorschriften des GmbH-Gesetzes einschließlich der registergerichtlichen Kontrolle entsprechend anzuwenden sind,
- die Geschäftsführer in einer neuerlichen Anmeldung zum Handelsregister entsprechend § 8 Abs. 2 GmbHG zu versichern haben, dass die in § 7 Abs. 2 und 3 GmbHG bezeichneten Leistungen auf die Geschäftsanteile bewirkt sind und der Gegenstand der Leistungen sich weiterhin in der freien Verfügung der Geschäftsführer befindet.

Dieselben Grundsätze sind anzuwenden bei der Verwendung einer Mantelgesellschaft, die zwar früher gewerblich tätig gewesen ist, nunmehr aber unternehmens- und zumeist auch vermögenslos ist.

e) Beschlüsse der Gesellschafter

aa) Geschäftsführerwechsel

1519 Die Beschlüsse der Gesellschafter werden in Gesellschafterversammlungen gefasst (siehe oben Rdn 1468). Sie bedürfen grundsätzlich keiner notariellen Beurkundung. Diese ist selbst dann nicht erforderlich, wenn Gegenstand des Beschlusses eine zum Handelsregister anzumeldende Tatsache ist. Der Beschluss über die Abberufung und Neubestellung eines Geschäftsführers kann also von den Gesellschaftern in einer privatschriftlichen Niederschrift festgehalten werden.

1520 *Muster der Anmeldung eines Geschäftsführerwechsels:*

Zur Eintragung in das Handelsregister melde ich unter Überreichung der Niederschrift über die Gesellschafterversammlung vom heutigen Tage an:

1. Herr Dr. Heinrich Klein ist nicht mehr Geschäftsführer.
2. Zum Geschäftsführer bin ich, Johannes Pfeifer, geboren am 15.12.1936, Kaufmann, wohnhaft in (…) bestellt worden.

Ich bin berechtigt, die Gesellschaft einzeln zu vertreten, gleich ob ein oder mehrere Geschäftsführer bestellt sind. Ich bin befugt, namens der Gesellschaft auch mit mir selbst Rechtsgeschäfte zu tätigen, gleichviel, ob ich dabei für mich oder für Dritte handele (Befreiung von den Beschränkungen des § 181 BGB).

---

275 BGH DNotZ 2011, 943.
276 Beschl. v. 9.12.2002, RNotZ 2003, 193.

Hier folgt die Versicherung, dass keine Amtsunfähigkeitsgründe vorliegen oben (siehe Rdn 1494).

Über meine unbeschränkte Auskunftspflicht gegenüber dem Registergericht bin ich durch den beglaubigenden Notar belehrt worden.

Die inländische Geschäftsanschrift lautet nach wie vor:

Moers, den (…)

@

bb) Satzungsänderung

Ein Beschluss, der eine Abänderung des Gesellschaftsvertrages betrifft, muss notariell beurkundet werden. Er bedarf einer Mehrheit von drei Vierteln der abgegebenen Stimmen. Der Gesellschaftsvertrag kann auch noch andere Erfordernisse aufstellen (§ 53 Abs. 2 GmbHG). **1521**

Muster einer Niederschrift über eine Gesellschafterversammlung:

Die Erschienenen erklärten zur Beurkundung:

(1) (…) sind die Gesellschafter der im Handelsregister des Amtsgerichts (…) unter HRB (…) eingetragenen (…). Das Stammkapital der Gesellschaft beträgt (…) EUR. An diesem Stammkapital sind nach ihren Angaben (…) beteiligt.
Dies wird nachgewiesen durch die zuletzt im Handelsregister aufgenommene Gesellschafterliste vom (…).
Weitere Feststellungen über Entstehung und Erwerb der vorgenannten Geschäftsanteile möchten die Beteiligten in dieser Urkunde nicht treffen.
Die Beteiligten vertreten also das gesamte Stammkapital.

(2) Die beteiligten Gesellschafter halten unter Verzicht auf die Beachtung aller in Gesetz und Satzung vorgeschriebenen Formen und Fristen eine
Gesellschafterversammlung
der genannten Gesellschaft ab und beschließen mit allen ihren Stimmen:
(…)

Protokollabschlussvermerk

Eine Abänderung des Gesellschaftsvertrages ist zur Eintragung in das Handelsregister anzumelden. Die Eintragung hat konstitutive Wirkung, die Änderung ist also erst mit der Eintragung in das Handelsregister wirksam. Betreffen die Änderungen die nach § 10 GmbHG in das Handelsregister einzutragenden Satzungsbestimmungen wie Firma, Sitz, Gegenstand des Unternehmens oder die Höhe des Stammkapitals, so müssen sie in der Anmeldung konkret, wenn auch nur schlagwortartig, bezeichnet werden. Das gilt auch für den Fall der Neufassung einer Satzung.[277] **1522**

Beispiel

Zur Eintragung in das Handelsregister melde ich an:

§ 1 des Gesellschaftsvertrages, betreffend den Sitz der Gesellschaft, und § 2 (Gegenstand des Unternehmens) sind geändert worden.

Der Anmeldung einer Satzungsänderung ist nach § 54 GmbHG der vollständige neue Wortlaut des Gesellschaftsvertrages beizufügen. Dieser muss mit einer Bescheinigung des Notars versehen sein, dass die geänderten Bestimmungen des Gesellschaftsvertrages mit dem Beschluss über die Änderung und die unveränderten Bestimmungen mit dem zuletzt zum Handelsregister eingereichten vollständigen Wortlaut des Gesellschaftsvertrages übereinstimmen. **1523**

---

277 OLG Hamm RNotZ 2002, 55.

Muster einer Bescheinigung nach § 54 GmbH-Gesetz:

Zu dem vorstehend wiedergegebenen Wortlaut des Gesellschaftsvertrages bescheinige ich, dass die geänderten Bestimmungen des Gesellschaftsvertrages mit dem Beschluss über die Änderung des Gesellschaftsvertrages und die unveränderten Bestimmungen mit dem zuletzt zum Handelsregister eingereichten vollständigen Wortlaut des Gesellschaftsvertrages übereinstimmen.

Moers, den (…)

(L. S.) Dr. Flink, Notar

cc) Erhöhung des Stammkapitals

1524   Bei der Beurkundung eines Gesellschafterbeschlusses über die Erhöhung des Stammkapitals gilt Folgendes:

Zunächst ist festzulegen, in wie viele Geschäftsanteile das erhöhte Kapital zerlegt und wer zur Übernahme der neuen Geschäftsanteile zugelassen wird. Dies können die bisherigen Gesellschafter oder einzelne von ihnen, aber auch neue Gesellschafter sein.

1525   Wer eine Stammeinlage übernimmt, hat dies in einer besonderen Übernahmeerklärung zu bekunden. Die Übernahmeerklärung bedarf zumindest notarieller Beglaubigung. Sie kann in der Niederschrift über die Kapitalerhöhung enthalten sein, aber auch außerhalb dieser Urkunde erklärt werden.

1526   Mit der Übernahmeerklärung verpflichtet sich der Gesellschafter zur Leistung der betreffenden Einlage. Wird die Übernahme des neuen Geschäftsanteils von jemandem erklärt, der bisher nicht Gesellschafter war, so bedeutet dies seinen Beitritt zur Gesellschaft.

Wird von einem der Gesellschaft bereits angehörenden Gesellschafter ein Geschäftsanteil auf das erhöhte Kapital übernommen, bleibt dieser selbstständig, vereinigt sich also nicht mit dem alten Geschäftsanteil.

Für die Leistung der Einlagen auf das neue Stammkapital finden dieselben Grundsätze wie bei der Gründung Anwendung. Auf die übernommene Einlage muss also mindestens ein Viertel eingezahlt werden.

1527   *Muster eines Beschlusses über die Erhöhung des Stammkapitals mit Satzungsänderung:*

Die Erschienenen erklärten:

(1) Das Stammkapital der Gesellschaft, das zurzeit 25.000 EUR beträgt, wird um 15.000 EUR auf 40.000 EUR erhöht. Es wird ein neuer Geschäftsanteil mit der Nummer 3 gebildet, der am Gewinn der Gesellschaft vom 1. Juli 20(…) ab teilnimmt. Zur Übernahme des neuen Geschäftsanteils wird Herr X zugelassen. Der neue Geschäftsanteil ist in Geld zu erbringen, in Höhe eines Viertels sofort und mit dem Rest auf Anforderung der Geschäftsführung.

(2) Herr Y erklärt als Geschäftsführer der Gesellschaft gegenüber Herrn X, dass er zur Übernahme des neuen Geschäftsanteils zugelassen sei.
Sodann erklärte Herr X, dass er den Geschäftsanteil übernehme.
Herr Y nimmt diese Übernahmeerklärung für die Gesellschaft entgegen.

(3) § 3 des Gesellschaftsvertrages wird geändert und erhält hierdurch folgende Fassung:
„Das Stammkapital der Gesellschaft beträgt 40.000 EUR. An dem Stammkapital der Gesellschaft sind beteiligt:
a) (…) mit einem Geschäftsanteil im Nennbetrag von (…) EUR (Geschäftsanteil Nr. 1),
b) (…) mit einem Geschäftsanteil im Nennbetrag von (…) EUR (Geschäftsanteil Nr. 2),
c) (…) mit einem Geschäftsanteil im Nennbetrag von 15.000 EUR (Geschäftsanteil Nr. 3)."

1528   In der Neufassung der Satzungsregelung über das Stammkapital sind die Gesellschafter mit ihren Geschäftsanteilen nur aufzuführen, wenn das Stammkapital insgesamt noch nicht in voller Höhe eingezahlt worden ist. Ist das der Fall, kann formuliert werden, dass die Geschäftsanteile in voller Höhe geleistet sind.

dd) Anmeldung der Kapitalerhöhung

Die Erhöhung des Stammkapitals ist von allen Geschäftsführern zur Eintragung in das Handelsregister anzumelden, wenn sämtliche Übernahmeerklärungen von den Gesellschaftern bzw. den neuen Gesellschaftern abgegeben worden sind. In der Anmeldung haben die Geschäftsführer die Versicherung abzugeben, dass die Einlagen auf das neue Stammkapital mindestens zu einem Viertel bewirkt sind und dass sich die bewirkten Leistungen endgültig in der freien Verfügung der Geschäftsführer befinden. Es gelten dieselben Grundsätze wie bei der Gründung der Gesellschaft. 1529

Bisher wurde verlangt, dass bei einer Barkapitalerhöhung die Einlageleistung zum Zeitpunkt der Anmeldung zumindest wertgleich noch vorhanden sein müsse. Diese Auffassung ist aufgegeben worden.[278] Nunmehr gilt, dass 1530

■ es genügt, wenn die Bareinlage nach dem Kaptialerhöhungsbeschluss in den uneingeschränkten Verfügungsbereich der Geschäftsführer gelangt ist und nicht an die Einleger zurückgezahlt wurde,

■ es daher unschädlich ist, wenn die Geschäftsführer nach dem Kapitalerhöhungsbeschluss und vor der Handelsregisteranmeldung über die Bareinlage verfügen,

■ bei der Anmeldung zu versichern ist, dass der eingezahlte Betrag für die Zwecke der Gesellschaft zur freien Verfügung der Geschäftsführer eingezahlt und in der Folgezeit nicht an die Einleger zurückgezahlt worden ist.

Der Anmeldung sind beizufügen eine elektronisch beglaubigte Ablichtung der Niederschrift über die Gesellschafterversammlung, elektronisch beglaubigte Abschriften der Übernahmeerklärungen, sofern diese nicht in der Niederschrift der Gesellschafterversammlung enthalten sind, eine von den Geschäftsführern unterschriebene Liste der Personen, welche die neuen Geschäftsanteile übernommen haben (jeweils mit dem Betrag der übernommenen Einlage und der fortlaufenden Nummer des Geschäftsanteils) und der neue Wortlaut des Gesellschaftsvertrages mit dem geänderten, die neue Höhe des Stammkapitals betreffenden Paragraphen und der Bescheinigung des Notars nach § 54 GmbHG (siehe Rdn 1521 ff.). 1531

Mit der Anmeldung ist dem Registergericht zusätzlich eine von dem Notar erstellte, aktuelle Gesellschafterliste einzureichen, da er an der Veränderung durch Beurkundung des Kapitalerhöhungsbeschlusses amtlich mitgewirkt hat. Sie ist mit der Bescheinigung des Notars zu versehen, dass die geänderten Eintragungen in der Liste den Veränderungen entsprechen, an denen er mitgewirkt hat, und die übrigen Eintragungen mit dem Inhalt der zuletzt im Handelsregister aufgenommenen Liste übereinstimmen (qualifizierte Gesellschafterliste). 1532

Muster der Anmeldung einer Kapitalerhöhung zum Handelsregister: 1533

Amtsgericht

– Handelsregister –

Moers

– HR B (…) –

„X-GmbH"

Als Geschäftsführer überreiche ich:

1. beglaubigte Ablichtung der notariellen Niederschrift vom heutigen Tage – UR.Nr. (…) des beglaubigenden Notars –;
2. Liste der Person, welche den neuen Geschäftsanteil übernommen hat;
3. Bescheinigung nach § 54 GmbH-Gesetz;
4. Qualifizierte Gesellschafterliste des beglaubigenden Notars.

Ich melde die Erhöhung des Stammkapitals und die Änderung des § 3 des Gesellschaftsvertrages (Stammkapital) zur Eintragung in das Handelsregister an. Die Erklärung über die Übernahme des neuen Geschäftsanteils ist in der vorgenannten Niederschrift enthalten.

---

278 BGH RNotZ 2002, 287 = NJW 2002, 1716.

Ich versichere, dass auf den übernommenen Geschäftsanteil ein Viertel eingezahlt, auch in der Folge nicht an den Einleger zurückgezahlt worden ist und dass sich der eingezahlte Betrag für die Zwecke der Gesellschaft endgültig in meiner freien Verfügung befindet.

Die inländische Geschäftsanschrift lautet unverändert:

Moers, den (…)

@

ee) Umstellung von Deutsche Mark auf Euro

1534 Bei Altgesellschaften wird auch nach Einführung des EUR die Währungseinheit DM beibehalten, sofern die Gesellschafter eine Umstellung auf die neue Währung nicht vornehmen. Für Mindeststammkapital, Geschäftsanteile sowie für die Stimmrechte gelten also die bis zum 31.12.1998 maßgeblichen Beträge. Eine Verpflichtung zur Umstellung auf den EUR besteht selbst nach dem 31.12.2001 nicht, jedoch dürfen ab diesem Zeitpunkt Kapitaländerungen dieser Altgesellschaften nur in das Handelsregister eingetragen werden, wenn zugleich die Nennbeträge von Stammkapital und Geschäftsanteilen auf EUR gestellt werden (Registersperre, § 1 Abs. 1 S. 4 EGGmbHG).

1535 *Muster eines Gesellschafterbeschlusses zwecks Umstellung auf EUR mit Kapitalerhöhung:*

Die Erschienenen erklärten:

(1) (…) sind die Gesellschafter der im Handelsregister des Amtsgerichts (…) unter HR B (…) eingetragenen (…). Das Stammkapital der Gesellschaft in Höhe von 50.000 DM ist voll eingezahlt. An diesem Stammkapital sind die Erschienenen mit je einem Geschäftsanteil im Nennbetrag von 12.500 DM beteiligt.
Dies wird nachgewiesen (…).
Die Beteiligten vertreten also das gesamte Stammkapital.

(2) Die beteiligten Gesellschafter halten unter Verzicht auf die Beachtung aller in Gesetz und Satzung vorgeschriebenen Formen und Fristen eine
Gesellschafterversammlung
der genannten Gesellschaft ab und beschließen mit allen ihren Stimmen:
a) Das Stammkapital und die Geschäftsanteile der Gesellschaft sowie sämtliche DM-Betragsangaben im Gesellschaftsvertrag mit Ausnahme des Gründungsaufwands werden auf EUR umgestellt. Nach dem amtlichen Umrechnungskurs von 1 EUR = 1,95.583 DM beträgt das Stammkapital somit 25.564,59.406 EUR, die Geschäftsanteile der Gesellschafter je 6.391,14.852 EUR.
b) Das Stammkapital der Gesellschaft von 25.564,59.406 EUR wird um 4.435,40594 EUR auf 30.000 EUR erhöht.
c) Zur Übernahme werden die Gesellschafter zugelassen. Die Kapitalerhöhung erfolgt durch Aufstockung der Geschäftsanteile. Die Geschäftsanteile der Gesellschafter (…) im Nennbetrag von je 6.391,12.852 EUR werden jeweils um 1.108,85.148 EUR auf 7.500 EUR erhöht.
Es werden bezeichnet die Geschäftsanteile
  – des Gesellschafters (…) von 7.500 EUR mit Nr. 1,
  – des Gesellschafters (…) von 7.500 EUR mit Nr. 2,
  – des Gesellschafters (…) von 7.500 EUR mit Nr. 3,
  – des Gesellschafters (…) von 7.500 EUR mit Nr. 4.
d) Die neuen Einlagen zur Aufstockung der Geschäftsanteile werden zum Nennwert ausgegeben und sind sofort in voller Höhe in bar zu leisten.
e) Die neuen Einlagen zur Aufstockung der Geschäftsanteile sind ab sofort gewinnberechtigt.
f) § (…) des Gesellschaftsvertrages wird wie folgt geändert:
„§ (…) Stammkapital – Geschäftsanteile
Das Stammkapital der Gesellschaft beträgt 30.000 EUR. Es ist eingeteilt in vier Geschäftsanteile zu je 7.500 EUR."

g) § (…) Abs. (…) S. (…) des Gesellschaftsvertrages wird wie folgt geändert:
„Je 1 EUR eines Geschäftsanteils gibt eine Stimme."

(3) Die Gesellschafter erklären, dass sie auf das erhöhte Stammkapital der Gesellschaft zur Aufstockung ihrer jeweiligen Geschäftsanteile eine Einlage in Höhe von jeweils 1.108,85.148 EUR übernehmen.

(4) Der Notar hat auf die Haftung der Gesellschafter für übernommene, aber nicht einbezahlte Einlagen sowie auf den Zeitpunkt des Wirksamwerdens der Kapitalerhöhung hingewiesen.

(5) Die Kosten dieser Urkunde und ihres Vollzugs trägt die Gesellschaft.

Diese Niederschrift (…)

Muster der Handelsregisteranmeldung zur vorgenannten Urkunde: **1536**

UR.Nr. (…) für 2017

Amtsgericht – Registergericht –

(…)

XY GmbH mit Sitz in (…) – HR B (…) –

Die unterzeichneten Geschäftsführer der vorgenannten Gesellschaft überreichen eine elektronisch beglaubigte Ablichtung der Niederschrift über die Gesellschafterversammlung vom (…) – UR.Nr. (…) für 2017 – und melden zur Eintragung in das Handelsregister an:

1. Die Gesellschaft hat die Umstellung des Kapitals auf EUR beschlossen.
2. Das Stammkapital der Gesellschaft wurde durch Bareinlage von bisher 25.564,59.406 EUR um 4.435,40594 EUR auf 30.000 EUR erhöht.
   § (…) des Gesellschaftsvertrages wurde entsprechend geändert.
   Wir versichern, dass die Einlagen in voller Höhe bewirkt sind und sich der Gegenstand der Leistungen endgültig zur freien Verfügung der Geschäftsführer befindet.
3. In § (…) Abs. (…) S. (…) des Gesellschaftsvertrages (Stimmrechtsgewährung bei Beschlussfassungen in der Gesellschafterversammlung) wurde der Betrag von 100 DM in 1 EUR geändert.

Die inländische Geschäftsanschrift der Gesellschaft ist nach wie vor (…), (…).

Wir, die unterzeichneten Geschäftsführer überreichen:

■ eine elektronisch gefertigte Ablichtung der Liste der Übernehmer der Kapitalerhöhungsbeträge,
■ eine elektronisch beglaubigte Ablichtung des vollständigen Gesellschaftsvertrages mit der Bescheinigung des Notars gemäß § 54 Abs. 1 S. 2 GmbHG.

Die elektronisch gefertigte beglaubigte Bescheinigung des Notars gemäß § 40 Abs. 2 GmbHG mit der vollständigen Gesellschafterliste wird nach Eintragung der Kapitalerhöhung dem Registergericht nachgereicht.

(…), den (…)

(Die Anmeldung muss von **sämtlichen** Geschäftsführern wegen der Abgabe der Versicherung über die Volleinzahlung unterzeichnet werden.)

f) Auflösung der Gesellschaft

aa) Auflösungsgründe

Die Gesellschaft mit beschränkter Haftung wird aufgelöst durch Ablauf der im Gesellschaftsvertrag bestimmten Zeit, durch Beschluss der Gesellschafter, der, sofern im Gesellschaftsvertrag nicht etwas anderes bestimmt ist, einer Mehrheit von drei Vierteln der abgegebenen Stimmen bedarf, durch gerichtliches Urteil oder durch Entscheidung der Verwaltungsbehörde, durch die Eröffnung des Insolvenzverfahrens bzw. mit der Rechtskraft des Beschlusses, durch den die Eröffnung des Insolvenzverfahrens mangels Masse abgelehnt worden ist, mit der Rechtskraft einer Verfügung des Registergerichts, durch welche   **1537** ein Mangel des Gesellschaftsvertrages festgestellt worden ist und schließlich durch Löschung der Gesellschaft wegen Vermögenslosigkeit (§ 60 GmbHG).

1538   Die Gesellschaft kann durch gerichtliches Urteil aufgelöst werden, wenn die Erreichung des Gesellschaftszweckes unmöglich wird, oder wenn andere, in den Verhältnissen der Gesellschaft liegende, wichtige Gründe für die Auflösung vorhanden sind. Die Auflösungsklage ist gegen die Gesellschaft zu richten und kann nur von Gesellschaftern erhoben werden, deren Geschäftsanteile zusammen mindestens zehn vom Hundert des Stammkapitals ausmachen (§ 61 GmbHG).

1539   Die Auflösung durch Verwaltungsakt kommt in Betracht, wenn eine Gesellschaft das Gemeinwohl dadurch gefährdet, dass die Gesellschafter gesetzwidrige Beschlüsse fassen oder gesetzwidrige Handlungen der Geschäftsführer wissentlich geschehen lassen (§ 62 GmbHG). Wird die Gesellschaft zahlungsunfähig, so haben die Geschäftsführer unverzüglich die Eröffnung des Insolvenzverfahrens zu beantragen. Dasselbe gilt, wenn sich bei der Aufstellung einer Bilanz ergibt, dass das Vermögen nicht mehr die Schulden deckt (Überschuldung).

1540   Der Auflösungsbeschluss bedarf keiner notariellen Beurkundung, es sei denn, er enthält eine Satzungsänderung.

bb) Anmeldung der Auflösung

1541   In den Fällen des Insolvenzverfahrens und der gerichtlichen Feststellung eines Mangels des Gesellschaftsvertrages hat das Gericht die Auflösung und ihren Grund von Amts wegen in das Handelsregister einzutragen. In allen anderen Fällen erfolgt die Eintragung aufgrund einer Anmeldung zum Handelsregister.

1542   Nach Auflösung, außer im Fall des Insolvenzverfahrens, schließt sich die Liquidation der Gesellschaft an. Sie erfolgt durch den oder die Liquidatoren. Das sind häufig die ehemaligen Geschäftsführer, können aber auch Dritte sein. Die ersten Liquidatoren sowie ihre Vertretungsbefugnis – auch der abstrakten –, jeder Wechsel der Liquidatoren und jede Änderung ihrer Vertretungsbefugnis sind durch die Liquidatoren zur Eintragung in das Handelsregister anzumelden. Der Anmeldung sind die Urkunden über die Bestellung der Liquidatoren in elektronisch beglaubigter Abschrift beizufügen. In der Anmeldung haben die Liquidatoren genau wie die Geschäftsführer die Versicherung abzugeben, dass in ihrer Person keine Amtsunfähigkeitsgründe gemäß § 6 GmbHG vorliegen.

cc) Vertretung der Liquidatoren

1543   In dem Auflösungsbeschluss werden zugleich die Liquidatoren bestellt. Ihre gesetzliche Vertretungsbefugnis ergibt sich aus § 68 Abs. 1 GmbHG: Ist nur ein Liquidator vorhanden, vertritt er allein, mehrere vertreten die Gesellschaft gemeinsam. Durch Gesellschaftsvertrag oder Gesellschafterbeschluss kann eine abweichende Regelung getroffen werden, so etwa, dass jeder von mehreren Liquidatoren allein vertritt.

Von den Beschränkungen des § 181 BGB können die Liquidatoren durch Gesellschafterbeschluss nur befreit werden, wenn der Gesellschaftsvertrag eine entsprechende Ermächtigung vorsieht. Bestritten ist, ob eine Befugnis im Gesellschaftsvertrag, die Geschäftsführer vom Verbot des Selbstkontrahierens zu befreien, auch auf Liquidatoren angewendet werden kann.

Vorsorglich sollte daher in den Auflösungsbeschluss eine entsprechende Satzungsänderung aufgenommen werden, etwa dass die für die Geschäftsführer geltende Vertretungsregelung, ebenso wie die Möglichkeit der Befreiung vom Verbot des Selbstkontrahierens, auch für Liquidatoren gelten soll. Dann bedarf der Auflösungsbeschluss, für den sonst die Schriftform genügt, allerdings der notariellen Beurkundung. Das gilt auch, wenn für die Liquidatoren eine vom Gesetz abweichende abstrakte Vertretungsregelung in die Satzung aufgenommen werden soll.

Sinnvoll ist es, bereits bei Gründung der GmbH im Gesellschaftsvertrag bei den für die Geschäftsführer festgelegten Vertretungsregelungen zu bestimmen, dass diese auch für Liquidatoren gelten sollen.

Muster einer Anmeldung der Auflösung der Gesellschaft: **1544**

Amtsgericht

– Handelsregister –

Kleve

Betr.: HR B (…) „X-GmbH"

Anbei überreiche ich eine elektronisch beglaubigte Ablichtung der Niederschrift über die Gesellschafterversammlung vom heutigen Tage – UR.Nr. (…) des beglaubigenden Notars – und melde zur Eintragung in das Handelsregister an:

a) Die Gesellschaft ist aufgelöst.
b) Zum Liquidator der Gesellschaft bin ich, (…), bestellt worden. Ich bin berechtigt, die Gesellschaft stets allein zu vertreten. Von den Beschränkungen des § 181 BGB bin ich befreit.
c) (…) ist nicht mehr Geschäftsführer.
d) Die abstrakte Vertretungsbefugnis ergibt sich aus der gesetzlichen Regelung in § 68 Abs. 1 S. 2 GmbHG. Danach vertritt ein Liquidator die Gesellschaft allein, solange er der einzige Liquidator ist. Sind mehrere Liquidatoren bestellt, vertreten sie gemeinsam.

Oder:

Für die abstrakte Vertretungsbefugnis der Liquidatoren gilt die in der Satzung für die Geschäftsführer festgelegte entsprechend.

Ich versichere, (…) (hier folgt die Versicherung über das Nichtvorliegen von Amtsunfähigkeitsgründen, siehe Rdn 1494 ff.).

Die inländische Geschäftsanschrift lautet:

Moers, den (…)

@

dd) Aufgaben der Liquidatoren

Die Liquidatoren haben die laufenden Geschäfte der Gesellschaft zu beenden, deren Verbindlichkeiten zu   **1545**
erfüllen, ihre Forderungen einzuziehen und das übrige Vermögen in Geld umzusetzen (Versilberung). Sie vertreten die Gesellschaft gerichtlich und außergerichtlich. Nachdem das Gesellschaftsvermögen versilbert worden ist und alle Geschäfte abgewickelt worden sind, ist das Vermögen der Gesellschaft unter die Gesellschafter nach dem Verhältnis ihrer Geschäftsanteile zu verteilen.

Die Verteilung des Gesellschaftsvermögens darf nicht vor der Tilgung oder Sicherstellung der Schulden   **1546**
der Gesellschaft und nicht vor Ablauf eines Jahres, des sogenannten Sperrjahres, erfolgen. Das Sperrjahr wird wie folgt in Gang gesetzt:

Die Auflösung der Gesellschaft ist von den Liquidatoren im elektronischen Bundesanzeiger bekannt zu machen. In der Bekanntmachung sind die Gläubiger aufzufordern, sich bei der Gesellschaft zu melden. Die Bekanntmachung im Bundesanzeiger kann auch durch den Notar erfolgen, wenn ihn der Liquidator dazu beauftragt. In diesem Fall fällt zusätzlich zur Gebühr für den Entwurf der Registeranmeldung eine Betreuungsgebühr nach KV-GNotKG 22200 Nr. 5 an.

Muster eines Inserats im elektronischen Bundesanzeiger: **1547**

Bekanntmachung

Die X-GmbH in Moers ist aufgelöst. Die Gläubiger der Gesellschaft werden aufgefordert, sich bei ihr zu melden.

Moers, den (…)

Der Liquidator

1548   Mit der Veröffentlichung dieser Bekanntmachung beginnt das Sperrjahr zu laufen. Nach seinem Ablauf ist unter Vorlage des Belegs über die erfolgte Veröffentlichung die Löschung der Firma von dem oder den Liquidatoren anzumelden (Vollbeendigung).

> *Muster der Anmeldung des Erlöschens der Firma:*
>
> Amtsgericht
>
> – Handelsregister –
>
> Kleve
>
> – HR B (…) –
>
> „X-GmbH"
>
> Anbei überreiche ich als Liquidator der Gesellschaft den Beleg des Bundesanzeigers, wonach die Gläubiger der Gesellschaft aufgefordert worden sind, sich bei ihr zu melden.
>
> Ich melde zur Eintragung in das Handelsregister an:
>
> Die Liquidation ist beendet.
>
> Die Firma ist erloschen.
>
> Moers, den (…)
>
> gez. Pfeifer

ee) Fortsetzungsbeschluss

1549   Auch eine aufgelöste Gesellschaft kann wieder in eine werbend tätige Gesellschaft umgewandelt werden, wenn die Gesellschafter beschließen, die Gesellschaft fortzusetzen. Die Fortsetzung ist von dem oder den Geschäftsführern unter Überreichung der Niederschrift über die Gesellschafterversammlung, in welcher der Fortsetzungsbeschluss gefasst wurde, zur Eintragung in das Handelsregister anzumelden. Der oder die Geschäftsführer haben zu versichern, dass mit der Verteilung des Vermögens an die Gesellschafter noch nicht begonnen worden ist.

ff) Vermögenslosigkeit

1550   Wird festgestellt, dass eine Gesellschaft vermögenslos ist, erfolgt die Löschung – ohne Liquidation – von Amts wegen oder auf Antrag auch der Steuerbehörde (§ 394 FamFG). Sie ist auch von Amts wegen zu löschen, wenn das Insolvenzverfahren über das Vermögen der Gesellschaft durchgeführt worden ist und keine Anhaltspunkte dafür vorliegen, dass die Gesellschaft noch Vermögen besitzt.

gg) Nachtragsliquidation

1551   War die Gesellschaft im Handelsregister bereits gelöscht und ergibt sich nachträglich das Erfordernis von Rechtshandlungen durch die GmbH im Rechtsverkehr, so ist vom zuständigen Registergericht ein Nachtragsliquidator zu bestellen, der die Rechtshandlung dann namens der Gesellschaft vornimmt.

> *Beispiel*
>
> Im Grundbuch steht für die „X-GmbH" eine Grundschuld, die gelöscht werden soll. War die GmbH bereits im Handelsregister gelöscht, kann ein vom Gericht bestellter Nachtragsliquidator die Löschungsbewilligung für die bereits gelöschte GmbH abgeben.

7.   Die GmbH & Co. KG

1552   Die GmbH & Co. KG ist eine Kommanditgesellschaft, deren persönlich haftende Gesellschafterin eine GmbH ist. Kommanditisten sind zumeist die Gesellschafter der GmbH. Mit der GmbH & Co. KG verbinden die Gesellschafter die Vorteile einer Personengesellschaft mit denen der Haftungsbeschränkung einer GmbH. Als Gesellschafter der GmbH haften sie den Gläubigern gegenüber nicht. Als Kommanditisten ist ihre Haftung den Gläubigern gegenüber, soweit die Einlage geleistet und in ihrer Höhe im Handelsregister eingetragen ist, ausgeschlossen. Die haftungsrechtliche Sonderstellung der GmbH & Co. KG liegt also darin, dass sie die einzige übliche Rechtsform einer Personengesellschaft ist, bei der keine natürliche Person die unbeschränkte persönliche Haftung zu übernehmen braucht.

Für die Wahl dieser Rechtsform sind häufig steuerrechtliche Überlegungen maßgebend, wenn die Personengesellschaft im konkreten Fall steuerliche Vorteile gegenüber einer Kapitalgesellschaft bietet und zugleich eine Haftungsbeschränkung der Gesellschafter bestehen soll.

Die Gründung der GmbH & Co. KG vollzieht sich in zwei Schritten. Zunächst erfolgt die Gründung der Komplementär-GmbH nach den Bestimmungen des GmbH-Gesetzes (siehe oben Rdn 1447 ff.). Anschließend wird unter Beteiligung der GmbH als persönlich haftender Gesellschafterin die Kommanditgesellschaft (nachstehend KG) gegründet. Für den Gesellschaftsvertrag der KG besteht kein Formerfordernis. In der Mehrzahl der Fälle beschränkt sich die Tätigkeit des Notars insoweit auf die Anmeldung zum Handelsregister. Die Haftungsbeschränkungen der Gesellschafter sowohl der GmbH als auch der KG treten erst mit der Eintragung beider Gesellschaften in das Handelsregister ein. **1553**

Die Eintragung der KG kann erst nach Entstehen der GmbH durch ihre Eintragung im Handelsregister erfolgen. Die Anmeldung beider Gesellschaften kann gleichzeitig erfolgen.

Bei der Firmenwahl ist einerseits zu beachten, dass sich die Firmen der Komplementär-GmbH und der KG deutlich voneinander unterscheiden müssen, wenn die Gesellschaften, wie regelmäßig der Fall, ihren Sitz am selben Ort haben (§ 30 HGB). Andererseits muss auch die Firma der KG die Rechtsformbezeichnung „GmbH" enthalten, damit ihre Haftungsbeschränkung zum Ausdruck kommt. **1554**

Persönlich haftende Gesellschafterin der KG kann auch eine Unternehmergesellschaft sein, dann handelt es sich um eine „UG (haftungsbeschränkt) & Co. KG". Möglich ist, dass der einzige Gesellschafter und Geschäftsführer der GmbH zugleich einziger Kommanditist ist. Hier muss er als Geschäftsführer der GmbH von den Beschränkungen des § 181 BGB befreit sein, um den Gesellschaftsvertrag namens der GmbH einerseits und als Kommanditist andererseits abschließen zu können. **1555**

Die GmbH ist als Komplementärin allein zur Geschäftsführung und Vertretung der KG berechtigt. Diese Befugnisse übt sie durch ihre Organe, also ihre Geschäftsführer, aus. **1556**

Beispiel

Eine GmbH & Co. KG kauft ein Grundstück. Der Kaufvertrag wird vom Geschäftsführer der GmbH abgeschlossen, der z.B. handelt „als alleinvertretungsberechtigter Geschäftsführer der GmbH unter der Firma ..., diese als zur alleinigen Vertretung berechtigte persönlich haftende Gesellschafterin der Kommanditgesellschaft unter der Firma ..." In das Grundbuch wird die GmbH & Co. KG, also die Kommanditgesellschaft, eingetragen.

Muster der Anmeldung einer GmbH & Co. KG zum Handelsregister: **1557**

Zur Eintragung in das Handelsregister melden wir an:

1. Die „Werner Müller GmbH" in Moers und Frau Ute Müller haben eine Kommanditgesellschaft gegründet. Die Firma der Gesellschaft lautet:
   „Werner Müller GmbH & Co. Sport- und Spielwarenvertriebs-KG".
   Sie hat ihren Sitz in Moers. Die Geschäftsräume befinden sich in Moers, Steinstraße 22. Dies ist auch die inländische Geschäftsanschrift.
   Gegenstand des Unternehmens ist der Vertrieb von Spiel- und Sportwaren.
2. Persönlich haftende Gesellschafterin ist die durch den Kaufmann Werner Müller vertretene „Werner Müller GmbH" in Moers. Kommanditistin ist Frau Ute Müller. Ihre Einlage beträgt 80.000 EUR.
3. Abstrakt gilt für die Vertretung der Gesellschaft: Jeder persönlich haftende Gesellschafter vertritt die Gesellschaft einzeln. Einem persönlich haftenden Gesellschafter kann durch Gesellschafterbeschluss Befreiung von den Beschränkungen des § 181 BGB erteilt werden.

Konkret gilt Folgendes: Die persönlich haftende Gesellschafterin, die „Werner Müller GmbH", ist berechtigt, die Gesellschaft allein zu vertreten. Sie ist von den Beschränkungen des § 181 BGB befreit.

Bei der Unterzeichnung dieser Anmeldung handelt Herr Müller als zur alleinigen Vertretung berechtigter Geschäftsführer der persönlich haftenden Gesellschafterin.

Moers, den (…)

@

8. Überblick über die Aktiengesellschaft

a) Rechtsnatur und Bedeutung

1558 Die Aktiengesellschaft (nachstehend AG) ist die reinste Form der Kapitalgesellschaft. Sie ist – wie die GmbH – eine juristische Person mit eigener Rechtspersönlichkeit, also eine nur mit ihrem Vermögen haftende Gesellschaft, die ein in Aktien zerlegtes Grundkapital hat und an der die Gesellschafter (Aktionäre) mit einem Teil des Grundkapitals beteiligt sind.

Die Aktiengesellschaft ist eine Gesellschaftsform für Großbetriebe, die einen großen Kapitalbedarf haben. Durch Ausgabe von Aktien können solche Betriebe den Kapitalmarkt in Anspruch nehmen, d.h., die Aktien an eine Vielzahl von Personen über die Börse verkaufen. Erwerber von Aktien haben kein besonderes Interesse an einer wirtschaftlichen Betätigung, sondern wollen ihr Geld anlegen.

Die Beziehungen des einzelnen Aktionärs zur Gesellschaft sind daher nach dem Gesetz nur lose, nämlich rein auf die Kapitalbeteiligung beschränkt. Der Einfluss der Aktionäre auf die Geschicke der Gesellschaft, soweit sie nicht zu den beherrschenden Großaktionären gehören, ist gering.

Wie jede juristische Person kann auch die Aktiengesellschaft nur durch Organe einen Willen bilden und handeln. Organe sind der *Vorstand*, dem die Vertretung der AG obliegt, der *Aufsichtsrat*, der den Vorstand bestellt und kontrolliert, und die *Hauptversammlung* der Aktionäre, die willensbildende und Beschlüsse fassende Gesellschafterversammlung.

b) Grundkapital und Aktien

1559 Bezüglich des Grundkapitals und der Aktien gilt Folgendes:

- Das Mindestgrundkapital einer AG beträgt 50.000 EUR.
- Der Mindestnennbetrag einer Aktie beträgt 1 EUR.
- Die Ausgabe nennwertloser Stückaktien ist möglich; sie sind am Grundkapital in gleichem Umfang beteiligt, der anteilige Betrag darf einen EUR nicht unterschreiten. Der Anteil am Grundkapital bestimmt sich bei Nennbetragsaktien nach dem Verhältnis ihres Nennbetrages zum Grundkapital, bei Stückaktien nach der Zahl der Aktien.
- Aktien können auf den Inhaber oder auf den Namen ausgestellt werden; Namensaktien sind in ein Aktienregister der Gesellschaft einzutragen. Man unterscheidet Stammaktien und Vorzugsaktien; Letztere gewähren größere Rechte bei der Verteilung des Gewinns und des Gesellschaftsvermögens.
- Jede Aktie gewährt das Stimmrecht entsprechend ihrem Anteil am Grundkapital; Vorzugsaktien können ohne Stimmrecht ausgegeben werden (stimmrechtslose Vorzugsaktien).

1560 Ein Gesellschafterwechsel findet durch Übertragung der Aktie statt. Die Übertragung einer Namensaktie kann von der Zustimmung der Gesellschaft abhängig gemacht werden (vinkulierte Namensaktie).

c) Gründungsvorgang

1561 Die Gründung einer AG erfordert die Feststellung der Satzung durch notarielle Beurkundung. Der Mindestinhalt der Satzung ergibt sich aus § 23 Abs. 3 AktG. An der Gründung müssen sich eine oder mehrere Personen beteiligen, welche die Aktien gegen Einlage übernehmen. Bevollmächtigte bedürfen einer notariell beglaubigten Vollmacht.

Die Gründer haben in der Gründungsurkunde zu notariellem Protokoll den ersten Aufsichtsrat zu bestellen. Er besteht aus mindestens drei Mitgliedern; die Höchstzahl richtet sich nach der Höhe des Grundkapitals und beträgt maximal einundzwanzig (§ 95 AktG). Der Aufsichtsrat hat den ersten Vorstand zu bestellen; dieser kann aus einer oder mehreren Personen bestehen. Die Amtsunfähigkeitsgründe und die gesetzliche Vertretung (§§ 76 Abs. 2, 78 AktG) entsprechen den Regelungen für die Geschäftsführer einer GmbH (siehe oben Rdn 1479). **1562**

Die Gesellschaft ist von allen Gründern, allen Mitgliedern des Aufsichtsrats und allen Vorstandsmitgliedern zur Eintragung in das Handelsregister anzumelden. **1563**

9. Überblick über die Genossenschaft

a) Wesen der Genossenschaft

Die Genossenschaft ist eine Gesellschaft mit nicht geschlossener Mitgliederzahl, deren Zweck darauf gerichtet ist, die Erwerbs- oder Wirtschaftstätigkeit ihrer Mitglieder, aber auch ihrer sozialen oder kulturellen Belange durch einen gemeinschaftlichen Geschäftsbetrieb zu fördern (§ 1 GenG). Sie ist juristische Person und erlangt Rechtsfähigkeit mit ihrer Eintragung in das Genossenschaftsregister. Für die Verbindlichkeiten der Genossenschaft haftet den Gläubigern nur das Vermögen der Genossenschaft. Sie ist eine Handelsgesellschaft im Sinne des § 6 HGB (Formkaufmann). **1564**

Beispiele für diese Rechtsform sind Spar- und Darlehensgenossenschaften, Volks- und Raiffeisenbanken, Konsumgenossenschaften, Einkaufs- und Verkaufsgenossenschaften, landwirtschaftliche Produktionsgenossenschaften und Molkereigenossenschaften. **1565**

b) Gründung und Beitritt

Die Gründung der Genossenschaft erfolgt durch mindestens fünf Mitglieder. Die Satzung, die lediglich der Schriftform bedarf, muss unter anderem enthalten Firma, Sitz und Gegenstand des Unternehmens. Die Firma enthält die Bezeichnung „eingetragene Genossenschaft" oder die Abkürzung „eG". Jedes Mitglied hat einen in der Satzung festgelegten Betrag in die Genossenschaft einzuzahlen und erwirbt einen Geschäftsanteil, der seine Mitgliedschaft verkörpert. Der Gründungsvorgang schließt ab mit der Anmeldung zur Eintragung in das Genossenschaftsregister durch den Vorstand. **1566**

Die Mitgliedschaft an einer bestehenden Genossenschaft wird durch eine schriftliche Beitrittserklärung erworben, welche die ausdrückliche Verpflichtung enthalten muss, die nach Gesetz und Satzung geschuldeten Einzahlungen auf den Geschäftsanteil zu leisten. Die Mitglieder sind in einer Mitgliederliste eingetragen. **1567**

c) Organe der Genossenschaft

Organe der Genossenschaft sind der Vorstand, der Aufsichtsrat und die Generalversammlung. Der Vorstand vertritt die Genossenschaft gerichtlich und außergerichtlich. Er besteht aus zwei Personen, die nur gemeinsam zur Vertretung befugt sind und von der Generalversammlung gewählt und abberufen werden. Die Satzung kann die Zahl der Vorstandsmitglieder und ihre Vertretungsbefugnis abweichend bestimmen. **1568**

Der Aufsichtsrat besteht, sofern nicht die Satzung eine höhere Zahl festlegt, aus drei von der Generalversammlung zu wählenden Personen. Er hat den Vorstand bei dessen Geschäftsführung zu überwachen. Sowohl die Mitglieder des Vorstandes als auch des Aufsichtsrats müssen Mitglieder der Genossenschaft und natürliche Personen sein (Selbstorganschaft). **1569**

Die Mitglieder üben ihre Rechte in Angelegenheiten der Genossenschaft in der Generalversammlung aus. Grundsätzlich hat jedes Mitglied eine Stimme. Die Satzung kann unter bestimmten, im Gesetz geregelten Voraussetzungen mehr Stimmrechte eines Mitglieds vorsehen. Bei Genossenschaften mit mehr als 1.500 Mitgliedern kann die Satzung bestimmen, dass die Generalversammlung von Vertretern der Mitglieder (Vertreterversammlung) abgehalten wird. Die Vertreterversammlung ist aus mindestens 50 Vertretern zusammengesetzt, die von den Mitgliedern in allgemeiner, unmittelbarer, gleicher und geheimer Wahl gewählt werden. **1570**

V. Die Vertretung des Kaufmanns und der Gesellschaften

1. Die Prokura

1571   Die Handelsgesellschaften handeln im Rechtsverkehr entweder durch ihre Gesellschafter oder durch Organe. Der Einzelkaufmann und die Handelsgesellschaften werden zudem durch Prokuristen vertreten. Prokurist ist der unbeschränkte und mit Rechtswirksamkeit nach außen nicht beschränkbare Vertreter des Kaufmanns bzw. der Handelsgesellschaft. Die Prokura wird von dem Inhaber des Handelsgeschäfts oder seinem gesetzlichen Vertreter mittels ausdrücklicher Erklärung erteilt. Die Eintragung in das Handelsregister ist keine Wirksamkeitsvoraussetzung, sondern hat lediglich deklaratorische Bedeutung. Die Prokura entsteht also bereits mit dem Akt der Verleihung.

2. Umfang der Prokura

1572   Die Prokura berechtigt zur Vornahme aller Rechtsgeschäfte und Rechtshandlungen, die der Betrieb irgendeines (nicht nur dieses) Handelsgeschäfts mit sich bringt. Der Prokurist darf das Unternehmen aber als Ganzes nicht übertragen und auch nicht den Betrieb einstellen. Auch darf er keine Grundstücke veräußern oder belasten; hierzu kann er aber ermächtigt werden (§ 49 Abs. 2 HGB). Man spricht dann von einer Prokura mit erweiterter Vertretungsmacht. Demgegenüber ist der Erwerb eines Grundstücks durch die Prokura ohne weiteres gedeckt.

1573   Eine Beschränkung des Umfangs der Prokura ist Dritten gegenüber unwirksam. Dies gilt insbesondere von der Beschränkung, dass die Prokura nur für gewisse Geschäfte oder bestimmte Arten von Geschäften oder nur unter gewissen Umständen oder für eine gewisse Zeit oder an einzelnen Orten ausgeübt werden soll. Erteilt der Inhaber des Handelsgeschäfts dem Prokuristen diesbezügliche Weisungen, gelten sie nur im Innenverhältnis, machen den Prokuristen also bei Missachtung der Weisung dem Geschäftsinhaber (Prinzipal) gegenüber schadenersatzpflichtig.

1574   Möglich ist allerdings die Beschränkung der Prokura auf eine Zweigniederlassung des Geschäftsinhabers (Filialprokura), wenn diese unter einer anderen Firma betrieben wird. Eine zulässige Beschränkung stellt auch die Gesamtprokura dar. Hier sind mehrere (meist zwei) Prokuristen nur zur gemeinsamen Vertretung berechtigt. Die Prokura kann auch an die Mitwirkung des Geschäftsinhabers, eines vertretungsberechtigten Gesellschafters, Geschäftsführers oder Vorstandsmitglieds geknüpft werden.

3. Anmeldung der Prokura und ihres Erlöschens

1575   Die Prokura ist vom Einzelkaufmann bzw. von den vertretungsberechtigten Organen der Kapitalgesellschaft oder den vertretungsberechtigten Gesellschaftern einer Personengesellschaft zum Handelsregister anzumelden. Eine Mitwirkung des Prokuristen ist nicht nötig.

1576   *Muster der Anmeldung einer Prokura:*

Zum Handelsregister melde ich als einzelvertretungsberechtigter Geschäftsführer an:

Ich habe dem Buchhalter Ernst Schuster Gesamtprokura in der Weise erteilt, dass er berechtigt ist, die Gesellschaft gemeinsam mit einem weiteren Prokuristen zu vertreten.

Die inländische Geschäftsanschrift lautet nach wie vor:

Düsseldorf, den (...)

@

Die Prokura erlischt durch den Tod des Prokuristen (nicht durch den Tod des Geschäftsinhabers), durch Insolvenz des Geschäftsinhabers, durch jederzeit zulässigen Widerruf und durch Beendigung des der Prokura zugrunde liegenden Dienstvertrages.

Auch das Erlöschen ist zur Eintragung in das Handelsregister anzumelden; die Eintragung hat aber wiederum nur deklaratorische (= klarstellende) Wirkung (§ 53 HGB). Die Anmeldung ist eilbedürftig, denn gutgläubigen Dritten gegenüber gilt die Prokura als fortbestehend (siehe unten Rdn 1588 ff.).

4. Die Handlungsvollmacht

Vertreter eines Kaufmanns ist ferner der Handlungsbevollmächtigte. Die Vertretungsmacht des Handlungsbevollmächtigten kann mit Wirkung nach außen, d.h. Dritten gegenüber, beschränkt werden. Sie wird nicht in das Handelsregister eingetragen. Die uneingeschränkte Handlungsvollmacht berechtigt zur Vornahme aller Rechtshandlungen, die der Betrieb eines *derartigen* Handelsgewerbes mit sich bringt. Dies ist nach den örtlichen, zeitlichen und branchenüblichen Anschauungen zu beurteilen.   **1577**

Zur Veräußerung und Belastung von Grundstücken, zur Aufnahme von Darlehen und zur Prozessführung ist der Handlungsbevollmächtigte nur ermächtigt, wenn ihm eine solche Befugnis erteilt worden ist. Sonstige Beschränkungen muss ein Dritter nur dann gegen sich gelten lassen, wenn er sie kannte oder kennen musste.   **1578**

VI. Das Handelsregister

1. Sachliche und örtliche Zuständigkeit

Sachlich zuständig für Handelsregistersachen ist das Amtsgericht als Registergericht (§ 374 Nr. 1 FamFG). Die örtliche Zuständigkeit richtet sich nach dem Sitz des Einzelkaufmanns oder der Handelsgesellschaft. Örtlich zuständig ist das Amtsgericht, in dessen Bezirk ein Landgericht seinen Sitz hat, für den Bezirk dieses Landgerichts (§ 376 Abs. 1 FamFG). Die Aufgaben des Registergerichts sind in einigen Bundesländern zentralisiert und auf ein bestimmtes Amtsgericht übertragen worden.   **1579**

Das Handelsregister besteht aus zwei Abteilungen, A und B. Die Abteilung A dient der Eintragung von Einzelkaufleuten, offenen Handelsgesellschaften und Kommanditgesellschaften. In Abteilung B werden insbesondere die Aktiengesellschaft und die GmbH eingetragen.   **1580**

2. Elektronischer Handelsregisterverkehr

Die Übermittlung von Anmeldungen und dazugehörenden oder sonstigen Dokumenten an das Registergericht ist grundsätzlich nur in elektronischer Form möglich. Hierzu sind bei den Registergerichten virtuelle Poststellen eingerichtet (Elektronisches Gerichts- und Verwaltungspostfach, auch „EGVP"). Vor der Übermittlung von Anträgen, die nicht vom Notar entworfen werden, hat er diese Anträge gem. § 378 Abs. 3 S. 1 FamFG für das Registergericht auf ihre Eintragungsfähigkeit zu überprüfen und das Ergebnis der notariellen Prüfung z.B. im Unterschriftsbeglaubigungsvermerk zu dokumentieren.   **1581**

Um von einer Handelsregisteranmeldung ein elektronisches, in öffentlich beglaubigter Form hergestelltes Dokument zu erzeugen, hat der Notar zunächst eine Handelsregisteranmeldung in Papierform zu erstellen (§ 12 HGB i.V.m. §§ 39, 39a BeurkG). Diese wird in das EDV-System eingescannt. Für die Aufbereitung der zu versendenden elektronischen Datei und die Überprüfung und elektronische Signatur steht die Software „XNP" zur Verfügung. Die Signatur erfolgt mittels einer zweifach verschlüsselten Signaturkarte. Nachdem der Notar die elektronische beglaubigte Abschrift gemäß § 39a BeurkG hergestellt hat, wird das Original der Handelsregisteranmeldung für registerliche Zwecke nicht mehr benötigt. Es ist empfehlenswert, dass der Notar die Urschrift in seiner Urkundensammlung verwahrt, er darf sie aber auch an die Beteiligten aushändigen.   **1582**

Die Einsichtnahme in das Handelsregister sowie in die zum Handelsregister eingereichten Dokumente ist jedem zu Informationszwecken gestattet. Von den Eintragungen und den eingereichten Dokumenten kann ein Ausdruck verlangt werden (Online-Abruf).   **1583**

Das Registerblatt steht in drei verschiedenen Ansichten zur Verfügung. Der aktuelle Ausdruck gibt nur die derzeit gültigen Eintragungen wieder. Der chronologische Ausdruck enthält alle Daten ab Umstellung auf elektronische Registerführung und der historische Ausdruck alle Daten, die bis zur Umstellung auf die elektronische Registerführung gültig waren.

3. Anmeldepflichtige Tatsachen

1584   Was in das Handelsregister eingetragen werden muss, ist im HGB, im GmbH-Gesetz und im Aktiengesetz erschöpfend geregelt. Anmeldepflichtig sind beispielsweise:

- die Eintragung und das Erlöschen der Firma des Einzelkaufmanns,
- die Erteilung und der Widerruf einer Prokura.

Bei den Personengesellschaften:

- die Errichtung,
- die Vertretungsmacht der Gesellschafter,
- die Änderung der Firma,
- die Verlegung des Sitzes,
- der Wechsel eines Gesellschafters,
- die Auflösung der Gesellschaft,
- das Erlöschen der Firma.

Bei der GmbH und AG:

- die Errichtung,
- die Vertretungsmacht der Geschäftsführer (GmbH) und des Vorstandes (AG),
- jede Satzungsänderung,
- die Bestellung und die Abberufung von Geschäftsführern bzw. Vorstandsmitgliedern.

4. Zweigniederlassungen

1585   Bisher wurde das Registerblatt für *Zweigniederlassungen* beim Gericht des Ortes der Zweigniederlassung geführt. Gemäß § 13 Abs. 2 n.F. HGB wird die Zweigniederlassung nun beim Gericht der Hauptniederlassung bzw. des Sitzes eingetragen. Hierdurch werden doppelte Eintragungen und Abstimmungsschwierigkeiten zwischen den Registergerichten vermieden. Hintergrund ist, dass der örtliche Rechtsverkehr sich hinsichtlich der die Zweigniederlassung betreffenden Tatsachen problemlos über die Online-Einsicht auf dem Registerblatt der Hauptniederlassung bzw. des Sitzes informieren kann und nicht mehr auf eine Eintragung im örtlichen Register angewiesen ist.

1586   Nach der Übergangsregelung des Art. 61 Abs. 6 EGHGB waren die Zweigniederlassungsblätter zu schließen und mit einem klarstellenden Vermerk zu versehen, der auf die künftige ausschließliche Eintragung beim Gericht der Hauptniederlassung bzw. des Sitzes verweist. Zugleich war auf dem Registerblatt der Hauptniederlassung bzw. des Sitzes der Hinweis auf das Registergericht am Ort der Zweigniederlassung zu löschen.

1587   Für die Anmeldung von Zweigniederlassungen mit Hauptniederlassung oder Sitz im Ausland (§§ 13d bis 13g HGB) bleibt es natürlich bei einer Anmeldepflicht am deutschen Sitz der Zweigniederlassung und einer dortigen Eintragung.

5. Rechtsbegründende oder deklaratorische Wirkung

1588   Die Eintragungen im Handelsregister sind in der Regel nicht rechtsbegründend. Zumeist kommt ihnen nur deklaratorische Wirkung zu, d.h., sie bekunden Rechtsvorgänge, die bereits außerhalb des Handelsregisters wirksam geworden sind. Dazu zählen unter anderem die Eintragung eines Kaufmanns, der kein Kleingewerbe betreibt (§ 1 HGB), die Erteilung oder das Erlöschen der Prokura (§ 53 HGB), die Eintragung der Auflösung der Gesellschaft, des Eintritts oder des Ausscheidens eines Gesellschafters (§§ 107, 143 HGB) oder die Bestellung und Abberufung von Geschäftsführern einer GmbH.

In besonderen Fällen wirkt die Eintragung dagegen konstitutiv, d.h., ohne Eintragung tritt eine materielle **1589**
Wirkung noch nicht ein:

- Erst die Eintragung der Kleingewerbetreibenden und der Landwirte (§§ 2, 3 Abs. 2 HGB) begründet die Eigenschaft als Kaufmann; die Wirksamkeit der OHG oder KG, deren Gewerbe unter § 2 HGB fällt oder die nur eigenes Vermögen verwaltet (§ 105 Abs. 2 HGB), tritt im Außenverhältnis erst mit der Eintragung ein.
- Die GmbH und die AG entstehen erst mit der Eintragung (§ 11 Abs. 1 GmbHG, § 41 Abs. 1 AktG), Satzungsänderungen werden erst mit der Eintragung wirksam.

6. Anmeldende Personen

Anzumelden haben: **1590**

- beim Einzelkaufmann der Inhaber,
- bei den Personengesellschaften (OHG und KG) alle Gesellschafter,
- bei der GmbH die Geschäftsführer in vertretungsberechtigter Zahl, bei Gründung und Kapitalerhöhung alle;
- bei der AG grundsätzlich die Mitglieder des Vorstands in vertretungsberechtigter Zahl, bei Kapitalerhöhung neben allen Vorstandsmitgliedern zusätzlich der Vorsitzende des Aufsichtsrats, bei Gründung alle Gründer, alle Aufsichtsratmitglieder und alle Vorstandsmitglieder.

Eine Besonderheit gilt bei der Prokura. Sie braucht bei Personengesellschaften nicht von allen Gesellschaftern, sondern nur durch den bzw. die vertretungsberechtigten persönlich haftenden Gesellschafter angemeldet zu werden. Eine weitere Ausnahme gilt für die Anmeldung der Änderung der inländischen Geschäftsanschrift der Gesellschaft. Diese hat gem. § 108 S. 2 HGB ebenfalls nur durch den bzw. die vertretungsberechtigten persönlich haftenden Gesellschafter zu erfolgen.

Die Vornahme von Anmeldungen eintragungspflichtiger Tatsachen kann durch Festsetzung von Zwangs- **1591**
geld erzwungen werden.

7. Publizität des Handelsregisters

Jede Eintragung ist demjenigen gegenüber, der sie beantragt hat, bekannt zu machen. Alle Eintragungen **1592**
im Handelsregister sind auch im Bundesanzeiger ihrem ganzen Inhalt nach zu veröffentlichen. Das Gericht hat die Bekanntmachungen unverzüglich zu veranlassen.

a) Nicht eingetragene und bekanntgemachte Tatsachen

Ist eine eintragungspflichtige Tatsache nicht eingetragen oder zwar eingetragen, aber nicht bekannt ge- **1593**
macht worden, so kann sie einem Dritten nur entgegengehalten werden, wenn dieser sie positiv gekannt hat (§ 15 Abs. 1 HGB).

> *Beispiel*
>
> Der Kaufmann K widerruft eine in das Handelsregister eingetragene Prokura, ohne dass er das Erlöschen in das Handelsregister eintragen lässt. Nach dem Widerruf tätigt der Prokurist namens des K ein für ihn ungünstiges Geschäft. K ist an dieses Geschäft gebunden, es sei denn, dem Vertragspartner war das Erlöschen der Prokura bekannt.

Der Dritte wird also gegen die Folgen nicht eingetragener und bekanntgemachter Tatsachen geschützt. Im genannten Beispiel kann der Kaufmann dem Dritten nicht entgegenhalten, dass die Prokura in Wahrheit nicht bestanden hat, er also eigentlich nicht verpflichtet worden wäre (negative Publizität).

b)   Richtig eingetragene und bekanntgemachte Tatsachen

1594   Ist eine eintragungspflichtige Tatsache eingetragen und bekanntgemacht worden, so muss ein Dritter sie gegen sich gelten lassen (§ 15 Abs. 2 HGB). Dies gilt nicht bei Rechtshandlungen, die innerhalb von fünfzehn Tagen nach der Bekanntmachung vorgenommen werden, wenn der Dritte beweist, dass er die Tatsache weder kannte noch kennen musste. Innerhalb einer kurzen Frist kann der Dritte also einwenden, er habe von Eintragung und Bekanntmachung nichts gewusst, danach nicht mehr. Ein ordentlicher Kaufmann hat sich innerhalb dieser Frist zu informieren.

Beispiel

Im vorhergehenden Beispiel hatte K den Widerruf der Prokura zum Handelsregister angemeldet. Das Erlöschen ist auch ordnungsgemäß eingetragen und bekannt gemacht worden. Der Prokurist kauft drei Wochen nach Bekanntmachung von V namens K eine teure Maschine. V, der den P jahrelang als Prokuristen des K gekannt hat, denkt nicht daran, dass die Prokura widerrufen sein könnte. Der Kaufmann K braucht das Geschäft nicht gegen sich gelten zu lassen.

Die Vorschrift ist eigentlich selbstverständlich. Eine Tatsache, die eingetragen und bekanntgemacht worden ist, gilt im Geschäftsverkehr, jedenfalls nach Ablauf einer Frist von fünfzehn Tagen, als bekannt. Im letzten Beispiel wird also der Kaufmann geschützt. Etwas anderes könnte aus Gründen der Rechtsscheinhaftung in einem Ausnahmefall dann gelten, wenn zwischen V und K eine ständige Geschäftsbeziehung bestanden und V den P jahrelang als Prokuristen des K gekannt hätte.

c)   Unrichtig eingetragene und bekanntgemachte Tatsachen

1595   Ist eine eintragungspflichtige Tatsache unrichtig bekannt gemacht worden, so kann sich ein Dritter auf diese unrichtige Bekanntmachung berufen, es sei denn, der Kaufmann kann den Beweis führen, dass der Dritte die Unrichtigkeit positiv gekannt hat (§ 15 Abs. 3 HGB). Diese Vorschrift bezieht sich sowohl darauf, dass eine eintragungspflichtige Tatsache richtig eingetragen, aber unrichtig bekannt gemacht wurde, als auch darauf, dass eine falsche Tatsache eingetragen und bekannt gemacht worden ist, oder dass die Eintragung ganz unterblieb und nur eine falsche Bekanntgabe erfolgte.

1596   Hier wird ein Dritter geschützt, der auf den unrichtigen Inhalt des Handelsregisters vertraut (positive Publizität). Wer eine unrichtige Eintragung veranlasst oder eine ihn betreffende unrichtige Eintragung zu beseitigen unterlässt, muss sich das zurechnen lassen. Es handelt sich hierbei um eine Rechtsscheinhaftung.

Beispiel

Ein Kaufmann hat aus Versehen eine Prokura in das Handelsregister eintragen lassen, die in Wirklichkeit nicht erteilt worden ist. Schließt der vermeintliche Prokurist Rechtsgeschäfte für den Kaufmann ab, so muss der Kaufmann die abgeschlossenen Geschäfte gegen sich gelten lassen, es sei denn, der Geschäftspartner wusste, dass die Prokura nicht bestand.

8.   Unternehmensregister

1597   Neben dem Handelsregister gibt es ein Unternehmensregister, welches elektronisch geführt wird.

Über die Internetseite des Unternehmensregisters sind zugänglich:

- Eintragungen im Handelsregister und deren Bekanntmachung und zum Handelsregister eingereichte Dokumente,
- Eintragungen im Genossenschaftsregister und deren Bekanntmachung und zum Genossenschaftsregister eingereichte Dokumente,
- Eintragungen im Partnerschaftsregister und deren Bekanntmachung und zum Partnerschaftsregister eingereichte Dokumente,
- Unterlagen der Jahresabschlüsse von Kapitalgesellschaften und Genossenschaften und deren Bekanntmachung,

- Gesellschaftsrechtliche Bekanntmachungen im elektronischen Bundesanzeiger,
- Bekanntmachungen der Insolvenzgerichte in anhängigen Insolvenzverfahren mit Ausnahme der Verbraucherinsolvenzverfahren,

sowie weitere Bekanntmachungen und Veröffentlichungen die in § 8b HGB im Einzelnen aufgeführt sind. Auch die Einsichtnahme in das Unternehmensregister und die dort eingereichten Dokumente sind jedem zu Informationszwecken gestattet.

9. Handelsregister anderer europäischer Staaten

In Umsetzung einer europäischen Richtlinie[279] sieht § 9 HGB die Einrichtung eines europäischen Systems der Registerverknüpfung vor. Über die Europäische E-Justiz-Plattform ist es möglich, Handelsregisterauszüge betreffend die Kapitalgesellschaften aller EU-Mitgliedstaaten abzurufen. Dazu erhalten die Kapitalgesellschaften eine zusätzliche europaweit einheitliche Handelsregisternummer. Die Einzelheiten der Interoperabilität werden in einer noch zu erlassenden Rechtsverordnung des Bundes festgelegt. Auch danach verbleibt es aber dabei, dass jeder Mitgliedstaat autonom sein eigenes Handelsregistersystem betreibt. Es bestehen strukturelle Unterschiede zwischen den jeweiligen Systemen, insbesondere betreffend den Schutz des guten Glaubens an die Eintragung im Register (für das deutsche Register siehe oben Rdn 1594 ff.), was den Umfang des Gutglaubensschutzes betreffend die jeweiligen Eintragungen angeht.   **1598**

VII. Vereinsrecht

Das Vereinsrecht findet sich in den §§ 21–79 BGB. Das Gesetz selbst definiert den Verein nicht. Nach der Rechtsprechung ist der Verein ein auf Dauer angelegter körperschaftlich organisierter Zusammenschluss von Personen, die ein gemeinschaftliches Ziel verfolgen. Die zusammengeschlossenen Personen treten als Einheit auf, führen einen Gesamtnamen, werden durch einen Vorstand vertreten und bilden ihren Willen durch Beschlussfassung nach Stimmenmehrheit. Zum Wesen eines Vereins gehört die Möglichkeit eines Wechsels im Mitgliederbestand. Damit der Verein sich im Rechtsverkehr wie eine natürliche Person bewegen kann, muss er rechtsfähig sein. Die Rechtsfähigkeit erlangt er durch die Eintragung im Vereinsregister. Damit erlangt er die Fähigkeit, Träger von Rechten und Pflichten zu sein und ein eigenes, von dem der Mitglieder getrenntes Vermögen zu haben.[280]   **1599**

1. Die Entstehung des eingetragenen Vereins

Haben sich mehrere Personen (mindestens *zwei*) zur Gründung eines Vereins zusammengefunden, so besteht der Gründungsakt darin, dass sich diese Personen über die künftig für den Verein maßgebenden Regeln einigen, d.h. eine *Satzung* vereinbaren. Diese Satzung ist von mindestens *sieben* Mitgliedern zu unterzeichnen (§ 59 Abs. 3 BGB). Es empfiehlt sich also, mit der Gründung so lange zu warten, bis sieben Mitglieder vorhanden sind. Die Gründer müssen grundsätzlich unbeschränkt geschäftsfähig sein.   **1600**

Auch juristische Personen des Privatrechts (GmbH, AG, eingetragene Vereine und Genossenschaften) sowie Gesellschaften des Handelsrechts (OHG und KG) oder juristische Personen des öffentlichen Rechts (der Staat – Bundesrepublik Deutschland, die Bundesländer und die Gemeinden – sowie Körperschaften des öffentlichen Rechts) können einen Verein gründen; es ist z.B. zulässig – und kommt oft vor –, dass ein Verein allein von juristischen Personen gegründet wird (Verbände, Dachorganisationen).

Nach der Gründung muss der Vorstand den Verein zur Eintragung in das Vereinsregister anmelden. Besteht der Vorstand aus mehreren Personen, so muss die Anmeldung durch die zur Vertretung des Vereins   **1601**

---

279 Richtlinie 2012/17/EU vom 13.6.2012 ABl L 156 vom 16.6.2012 S. 1.
280 Wegen des nicht eingetragenen Vereins, der in der notariellen Praxis kaum Bedeutung erlangt, siehe Würzburger Notarhandbuch/*Katschinski*, 5.1 Rn 11 ff.; Kersten/Bühling/*Krauß*, § 122 Rn 1 ff.

berechtigten Vorstandsmitglieder erfolgen (§§ 59 Abs. 1, 77 S. 1 BGB). Besteht der Vorstand aus mehreren Personen, so wird der Verein durch die Mehrheit der Vorstandsmitglieder vertreten (§ 26 Abs. 2 S. 1 BGB), sofern die Satzung nichts anderes bestimmt (§ 40 S. 1 BGB). Durchweg wird in der Satzung die Vertretung des Vereins abweichend von § 26 Abs. 2 S. 1 BGB geregelt.

Nach § 77 S. 1 BGB sind die Anmeldungen zum Vereinsregister durch die „Mitglieder des Vorstandes …, die insoweit zur Vertretung des Vereins berechtigt sind", abzugeben. Hierdurch ist der bisher bestandene Meinungsstreit, ob der gesamte Vorstand oder der Vorstand in vertretungsberechtigter Zahl die Erstanmeldung des Vereins vorzunehmen hat, beseitigt worden.

Auch der Bevollmächtigte eines Vorstandsmitgliedes kann die Anmeldung vornehmen. Die Vollmacht bedarf jedoch der öffentlich beglaubigten Form (analog § 12 Abs. 1 S. 2 HGB; §§ 77, 129 BGB).

Die Anmeldung muss durch öffentlich beglaubigte Erklärung erfolgen (§ 77 S. 1 BGB; hierzu nachstehend siehe Rdn 1611). Die Länder können die elektronische Anmeldung vorsehen. Ein großer Teil der Länder hat von dieser Möglichkeit Gebrauch gemacht. Daneben sind weiterhin alle Anmeldungen auch in Papierform möglich.

1602 Zur *Beurkundung* und damit zur Herstellung des Entwurfs einer Vereinsregisteranmeldung mit anschließender *Unterschriftsbeglaubigung* sind grundsätzlich die Notare und Konsuln zuständig. Zur *öffentlichen Beglaubigung von Unterschriften* unter den Anmeldungen sind neben den Notaren zuständig:

- in Baden-Württemberg die Ratschreiber,
- in Hessen die Ortsgerichtsvorsteher,
- in Rheinland-Pfalz die Ortsbürgermeister, Kreisverwaltungen und die kreisfreien und großen kreisangehörigen Stadtverwaltungen.

Die Zurücknahme einer Anmeldung zum Vereinsregister ist formlos möglich, bedarf also nicht der für die Anmeldung vorgeschriebenen Form. Der Notar kann seinen gestellten Eintragungsantrag (§ 378 FamFG) zurücknehmen (§ 24 Abs. 3 S. 1 BNotO). Die Rücknahmeerklärung ist zu unterzeichnen und mit dem Amtssiegel zu versehen (§ 24 Abs. 3 S. 2 BNotO).

1603 Der Anmeldung sind beizufügen (§ 59 Abs. 2 BGB):

- die Satzung des Vereins in Abschrift (die *Urschrift* der Satzung ist dem Gericht nicht mehr einzureichen),
- eine Abschrift der Niederschrift über die Gründungsversammlung der Mitglieder des Vereins, aus der sich die Bestellung der Vorstandsmitglieder ergibt.

Beanstandet der Registerrechtspfleger vor der Eintragung des Vereins die Satzung, so bedarf es zur Abänderung der Satzung nach überholter Meinung eines einstimmigen Beschlusses der wieder aufgenommenen Gründungsversammlung, nach neuerer Auffassung reicht dafür jedoch die satzungsgemäße oder gesetzliche Mehrheit (§ 33 Abs. 1 S. 1 BGB) aus. Die Änderung der Gründungssatzung ist nicht erneut anzumelden, sondern es genügt, wenn die geänderte Satzung dem Registergericht eingereicht wird.

1604 Um die Einberufung einer neuen Mitgliederversammlung zur Änderung der Satzung zu vermeiden, empfiehlt es sich, folgende Bestimmung in die Satzung hineinzunehmen:

> Soweit infolge einer Auflage des Registergerichts oder einer anderen Behörde eine Satzungsänderung erforderlich ist, ist der Vorstand i.S.d. § 26 BGB (oder: der Vorsitzende) befugt, diese Satzungsänderung zu beschließen.

1605 In das Vereinsregister werden eingetragen (§ 64 BGB):

- der Name und der Sitz des Vereins,
- Tag der Errichtung der Satzung,
- Mitglieder des Vorstandes und ihre Vertretungsmacht.

Das Amtsgericht hat die Eintragung des Vereins in das Vereinsregister durch Veröffentlichung in dem von der Landesjustizverwaltung bestimmten elektronischen Informations- und Kommunikationssystem bekannt zu machen (§ 66 BGB). Dem Verein bzw. seinem Bevollmächtigten ist die Eintragung bekannt zu geben (§ 383 Abs. 1 FamFG).

2. Der Inhalt der Vereinssatzung

Bestimmte Vorschriften *müssen,* andere *sollen* in der Satzung enthalten sein. Für die Anmeldung eines Vereins ist diese Unterscheidung ohne Bedeutung, da der Rechtspfleger die Anmeldung auch dann zu beanstanden hat, wenn lediglich Soll-Vorschriften in der Satzung fehlen.   **1606**

a) Muss-Vorschriften sind nach § 57 BGB Bestimmungen über   **1607**

- den Zweck des Vereins,
- den Namen des Vereins,
- den Sitz des Vereins,
- die Eintragung des Vereins in das Vereinsregister.

b) Soll-Vorschriften sind gemäß § 58 BGB Bestimmungen über

- den Eintritt und Austritt der Mitglieder,
- die Beitragspflicht der Mitglieder,
- die Bildung des Vorstandes,
- die Einberufung der Mitgliederversammlung,
- die Form der Berufung der Mitgliederversammlung,
- die Beurkundung der gefassten Beschlüsse.

Ist ein Verein unter Verletzung einer Muss-Vorschrift eingetragen worden, so ist die Eintragung von Amts wegen zu löschen; bei Verletzung einer Soll-Vorschrift bleibt die Eintragung des Vereins bestehen.

In der Praxis entsprechen die Satzungen von Vereinen oft nicht den vorstehenden Erfordernissen. Der Notar, der mit der Anmeldung beauftragt wird, sollte daher entweder die Satzung auf ihre wesentlichen Erfordernisse hin überprüfen oder in der Anmeldung darauf hinweisen, dass etwaiger Schriftwechsel unmittelbar mit dem Verein und nicht über ihn zu führen ist.

Die nachstehende Check-Liste soll hierbei eine Hilfe geben: **1608**

A. **Satzung des Vereins**
   I. § 57 BGB
      1. Name
      2. Sitz
      3. Bestimmung, dass Eintragung in das Vereinsregister erfolgen soll
      4. Zweck des Vereins
  II. § 58 Nrn. 1–4 BGB
      1. Mitgliedereintritt
      2. Mitgliederaustritt
      3. Beitragspflicht
      4. Bildung des Vorstandes
      5. Vorstand gemäß § 26 BGB
      6. Voraussetzungen für Berufung einer Mitgliederversammlung – Minderheitenrecht (§ 37 BGB) beachten!
      7. Form der Berufung einer Mitgliederversammlung
      8. Beurkundung des Beschlusses einer Mitgliederversammlung
 III. § 59 BGB
      1. Liegt die Satzung in Abschrift vor?
      2. Abschrift der Urkunden über die Bestellung des Vorstandes (in der Regel Abschrift des Gründungsprotokolls)

      3. Ist die Urschrift der Satzung von mindestens sieben Mitgliedern unterschrieben?

      4. Ist der Tag der Errichtung der Satzung angegeben?

  IV. §§ 26, 28 BGB

      1. Enthält die Satzung eine Vertretungsbeschränkung des Vorstandes? Ist diese Beschränkung zulässig?

      2. Weichen die Bestimmungen der Satzung über die Beschlussfassung des Vorstandes (§ 28 BGB) von den §§ 32, 34 BGB ab?

B. Anmeldung des Vereins

  1. Haben alle anmeldepflichtigen Vorstandsmitglieder angemeldet (§§ 59 Abs. 1, 77 BGB)?

  2. Ist die Urschrift der Satzung von mindestens 7 Personen unterschrieben?

  3. Liegt die Abschrift der Satzung bei?

  4. Liegt die Abschrift des Protokolls über die Vorstandsbestellung bei?

C. Inhalt der zum Vereinsregister einzureichenden Protokolle

  1. Ort und Tag der Versammlung

  2. Bezeichnung des Vorsitzenden und des Schriftführers

  3. Zahl der erschienenen Mitglieder

  4. Feststellung der satzungsgemäßen Berufung der Versammlung

  5. Tagesordnung mit der Angabe, ob sie bei der Berufung der Versammlung mitangekündigt war

  6. Feststellung der Beschlussfähigkeit der Versammlung, falls die Satzung eine diesbezügliche Bestimmung enthält

  7. die gestellten Anträge sowie die gefassten Beschlüsse und die Wahlen, soweit hierdurch eintragungsbedürftige Verhältnisse berührt werden (insbesondere Vorstand)

  8. Art der Abstimmung und ziffernmäßige Angabe des Abstimmungsverhältnisses (es genügt nicht z.B. „mit großer Mehrheit")

  9. die Gewählten sind nach Vor- und Familienname, Geburtsdatum und Wohnort zu bezeichnen; es ist anzugeben, dass sie die Wahl angenommen haben

  10. bei Satzungsänderungen eine Abschrift des die Änderung enthaltenden Beschlusses und der Wortlaut der Satzung. In dem Wortlaut der Satzung müssen die geänderten Bestimmungen mit dem Beschluss über die Satzungsänderung, die unveränderten Bestimmungen mit dem zuletzt eingereichten vollständigen Wortlaut der Satzung und, wenn die Satzung geändert worden ist, ohne dass ein vollständiger Wortlaut der Satzung eingereicht wurde, auch mit den zuvor eingetragenen Änderungen übereinstimmen (§ 71 Abs. 1 BGB)

  11. Unterschriften derjenigen Personen, die nach der Satzung die Beschlüsse der Mitgliederversammlung zu beurkunden haben

3. Die Vertretung des Vereins

1609   Der eingetragene Verein wird durch seinen Vorstand vertreten. Jeder Verein muss einen Vorstand haben. Durch den Vorstand handelt der Verein als juristische Person im Rechtsverkehr. Der Vorstand hat gemäß § 26 BGB die rechtliche Stellung des gesetzlichen Vertreters des Vereins. Nach § 58 Nr. 3 BGB sind in der Satzung Bestimmungen über die Bildung, d.h. die Zusammensetzung des Vorstandes, zu treffen. Der Vorstand kann aus einer oder mehreren Personen bestehen. Besteht der Vorstand aus mehreren Personen, so wird der Verein durch die Mehrheit der Vorstandsmitglieder vertreten (§ 26 Abs. 2 S. 1 BGB). Hierbei handelt es sich um eine nachgiebige Vorschrift (§ 40 S. 1 BGB). Die Satzung kann daher eine andere Vertretung des Vereins regeln. Von dieser Möglichkeit wird in der Praxis überwiegend Gebrauch gemacht.

Der Vorstand des Vereins hat folgende Aufgaben:

  1. er vertritt den Verein gerichtlich und außergerichtlich,

  2. er besorgt die Vereinsangelegenheiten,

  3. er beruft die Mitgliederversammlung ein,

  4. er meldet den Verein zur Eintragung in das Vereinsregister an,

  5. er hat jede Änderung des Vorstandes und jede Änderung der Satzung zur Eintragung in das Vereinsregister anzumelden,

6. er hat auf Verlangen des Amtsgerichts eine schriftliche Bescheinigung über die Zahl der Vereins-
mitglieder einzureichen,

7. er führt die Liquidation nach Auflösung des Vereins durch.

Bei den Satzungsbestimmungen über die Zusammensetzung des Vorstandes ist darauf zu achten, dass die   **1610**
Vertretungsbefugnisse der einzelnen Vorstandsmitglieder klar und eindeutig geregelt sind. Häufig trifft
man in Vereinssatzungen die Bestimmung an:

> Vorstand ist der 1. Vorsitzende, im Verhinderungsfall einer der beiden stellvertretenden Vorsitzenden.

In einer derartigen Bestimmung kann man eine bedingte Zugehörigkeit der stellvertretenden Vorsitzenden zum Vorstand erblicken. Eine bedingte Bildung des Vorstandes ist jedoch nicht zulässig und kann
nicht in das Vereinsregister eingetragen werden. Ebenso wenig kann eine Bestimmung über die Bildung
des Vorstandes in das Vereinsregister eingetragen werden, wonach Vorstand im Sinne des § 26 BGB entweder der Vorsitzende *oder* der stellvertretende Vorsitzende ist. Möglich ist es dagegen zu bestimmen,
dass der Vorstand des Vereins aus dem 1. Vorsitzenden und dem 2. Vorsitzenden gebildet wird, wobei
jeder von ihnen Einzelvertretungsbefugnis hat, und im *Innen*verhältnis der 2. Vorsitzende sein Amt
nur ausüben darf, wenn der 1. Vorsitzende verhindert ist.

Die Bestellung des Vorstandes erfolgt durch Beschluss der Mitgliederversammlung (§ 27 Abs. 1 BGB).
Geschäftsunfähige können nicht zum Vorstand bestellt werden, wohl aber in der Geschäftsfähigkeit beschränkte Personen (z.B. Minderjährige). Hierbei ist jedoch die Einwilligung des gesetzlichen Vertreters
erforderlich, da der Minderjährige durch die Übernahme eines Vorstandsamtes in einem Verein wegen
der damit verbundenen Pflichten nicht lediglich einen rechtlichen Vorteil erlangt (§ 107 BGB).

4. Die Anmeldung zum Vereinsregister

Zur Eintragung in das Vereinsregister sind anzumelden: **1611**

- jede Änderung des Vorstandes (§ 67 Abs. 1 BGB), nicht dagegen eine Wiederwahl des Vorstandes;
- jede Änderung der Satzung (§ 71 Abs. 1 BGB);
- die Auflösung des Vereins (§ 74 Abs. 1 BGB);
- die Liquidatoren des Vereins (§ 76 Abs. 1 BGB).

Die Anmeldungen zum Vereinsregister sind von den vertretungsberechtigten Mitgliedern des Vorstandes
durch öffentlich beglaubigte Erklärung zu bewirken, d.h., die Erklärung muss schriftlich abgefasst sein
und die Unterschrift der Anmeldenden von einem Notar beglaubigt werden (§ 129 Abs. 1 BGB. Wegen
der Beglaubigungsbefugnis nach Landesrecht vgl. Rdn 1602). Die Anmeldung kann in Urschrift oder in
öffentlich beglaubigter Abschrift beim Gericht eingereicht werden (§ 77 S. 2 BGB).

Nach § 55 Abs. 2 BGB können die Landesregierungen die Vereinssachen durch Rechtsverordnung einem
Amtsgericht für die Bezirke mehrerer Amtsgerichte zuweisen. Die Landesregierungen können diese Ermächtigung durch Rechtsverordnung auf die Landesjustizverwaltungen übertragen.

Von diesen Ermächtigungen haben wohl zwischenzeitlich alle Länder Gebrauch gemacht.

Muster von Anmeldungen zum Vereinsregister   **1612**

Muster 1: Neuanmeldung eines Vereins zum Vereinsregister:

Amtsgericht Wuppertal

– Registergericht –

Eiland 2

42103 Wuppertal

Betr.: Neuanmeldung des Turnvereins „Heb mich hoch, runter falle ich allein" mit dem Sitz in Mettmann

Wir, die vertretungsberechtigten Vorstandsmitglieder des vorbezeichneten, in Gründung befindlichen Vereins, überreichen als Anlage in Abschrift die Satzung des Vereins sowie Abschrift des Protokolls über die Gründungsversammlung der Mitglieder des Vereins, aus der sich auch die Bestellung der Vorstandsmitglieder ergibt, und melden den Verein und die Mitglieder des Vorstandes:

1.   Vorsitzender: …,
2.   Stellvertretender Vorsitzender: …,
3.   Schriftführer: …,   } (Name, Vorname, Geburtsdatum, Anschrift)
4.   Kassenwart: …,

zur Eintragung in das Vereinsregister an.

Der Verein wird gerichtlich und außergerichtlich vertreten entweder durch den 1. Vorsitzenden allein oder durch den Schriftführer und den Kassenwart in Gemeinschaft.

Die Anschrift des Vereins lautet: (…)

Mettmann, den (…)

(Es folgt der Beglaubigungsvermerk unter den Unterschriften der *vertretungsberechtigten* Vorstandsmitglieder.)

1613 Bei Anmeldungen zum Vereinsregister kommen bestimmte Geldbeträge kaum vor. Daher richtet sich der Geschäftswert nach §§ 119 Abs. 1, 36 Abs. 2, 3 GNotKG; er ist daher regelmäßig mit 5.000 EUR anzunehmen. Bei der Bemessung des Wertes nach § 36 Abs. 2 GNotKG ist auf die Bedeutung des Vereins, seine Mitgliederzahl, seine Betätigung etwa auf Orts-, Landes- oder Bundesebene, seine Vermögenslage, seinen Zweck und seine Mitgliedsbeiträge sowie auf die Bedeutung der Anmeldung abzustellen. Der Wert der Anmeldung eines auf Bundesebene tätigen Verbandes ist in jedem Fall höher als der Regelwert zu bestimmen.

Beispiel

Der Turnverein „Heb mich hoch, runter falle ich allein" hat 300 Mitglieder.

Geschäftswert: regelmäßig 5.000 EUR; wegen der großen Anzahl von Mitgliedern und der Höhe der dadurch anfallenden Mitgliedsbeiträge ist vom Regelwert abzuweichen. Ein Geschäftswert von 10.000 EUR (oder auch höher) ist daher durchaus angemessen.

1614 *Kostenberechnung zu Muster 1 – ohne Auslagen*

(siehe Rdn 1612)

Geschäftswert: (angenommen) 10.000 EUR (§§ 119 Abs. 1, 92 Abs. 2, 36 Abs. 3, Abs. 2 GNotKG)

Gebühr GNotKG KV Nr. 24102, 21201 Nr. 5, 21200 (0,5)   37,50 EUR.

Erzeugt der Notar nach der Fertigung des Entwurfs der Vereinsregisteranmeldung und der Beglaubigung der Unterschriften der Anmeldenden strukturierte Daten in Form der Extensible Markup Language (XML) oder in einem nach dem Stand der Technik vergleichbaren Format für eine automatisierte Weiterbearbeitung, erhält er die Gebühr nach

GNotKG KV Nr. 22114 von 0,2   höchstens 125 EUR, hier:

15 EUR, *neben* der 0,5-Gebühr nach KV Nr. 24102, 21201 Nr. 5, 21200.

Hätte der Notar beim vorgenannten Strukturierungsverfahren den Entwurf *nicht* gefertigt, sondern lediglich die Unterschriften der Anmelder beglaubigt und auftragsgemäß die Einreichung beim Amtsgericht vorgenommen, entständen folgende Gebühren:

GNotKG KV Nr. 25100 in Höhe von 0,2,	mindestens 20 EUR, höchstens 70 EUR,
hier bei dem Wert von 10.000 EUR 15 EUR, jedoch wegen der Mindestgebühr 20 EUR für die Unterschriftsbeglaubigung	
GNotKG KV Nr. 22124 für die Übermittlung an das Gericht (Vollzugsgebühr)	20 EUR,
GNotKG KV Nr. 22125 in Höhe von 0,5,	höchstens 250 EUR, bei dem Wert von 10.000 EUR 38 EUR, für die Strukturierung.

Muster 2: Anmeldungen einer Satzungsänderung **1615**

Amtsgericht (…)

Betr.: VR-Nr. (…)

Wir, die vertretungsberechtigten Vorstandsmitglieder des vorbezeichneten Vereins, überreichen als Anlage in Abschrift das Protokoll über die Mitgliederversammlung vom (…), enthaltend den Beschluss über die Änderung der Satzung sowie die geänderten Satzungsbestimmungen.

Wir fügen weiterhin den Wortlaut der Satzung bei, in der die geänderten Bestimmungen mit dem Beschluss über die Satzungsänderung und die unveränderten Bestimmungen mit dem zuletzt eingereichten vollständigen Wortlaut der Satzung übereinstimmen.

Zur Eintragung in das Vereinsregister melden wir an: Die Satzung des Vereins ist in folgenden Punkten geändert: (hier folgt die schlagwortartige Bezeichnung der geänderten Gegenstände der Satzung).

Die Vereinsanschrift ist unverändert.

Mettmann, den (…)

(Es folgt der Beglaubigungsvermerk unter den Unterschriften der vertretungsberechtigten Vorstandsmitglieder.)

Kostenberechnung:

Geschäftswert: 5.000 EUR (§§ 119 Abs. 1, 92 Abs. 2, 36 Abs. 3, Abs. 2 GNotKG)

Gebühr GNotKG KV Nr. 24102, 21201 Nr. 5, 21200 (0,5)

22,50 EUR, mindestens aber …30 EUR

Gebühr für Erzeugung der strukturierten Daten wie

vorstehendes Muster 1., jedoch bei dem Geschäftswert

von 5.000 EUR nach

GNotKG KV Nr. 22114: 15 EUR, wenn der Notar den Entwurf der Anmeldung gefertigt hat

GNotKG KV Nr. 22125: 23 EUR, wenn der Notar nur die Unterschrift beglaubigt hat

Muster 3: Anmeldung einer Satzungsänderung, wobei wegen einer Vielzahl von Satzungsänderungen **1616**
die Satzung völlig neu gefasst wurde

Amtsgericht (…)

Betr.: VR-Nr. (…)

Wir, die vertretungsberechtigten Vorstandsmitglieder des vorbezeichneten Vereins, überreichen als Anlage in Abschrift das Protokoll der Mitgliederversammlung vom (…) sowie Abschrift der Satzung in der neu gefassten Form und melden die Neufassung der Satzung zur Eintragung in das Vereinsregister an.

Die Vereinsanschrift ist unverändert.

Mettmann, den (…)

Die Änderung der gesamten Satzung kann zu einem anderen Wert als bei der Änderung nur einer einzelnen Satzungsbestimmung führen.

Kostenberechnung

(daher wie vorstehendes Muster 1. siehe Rdn 1614)

(Die Abschrift der Satzung muss in diesem Fall von den gleichen Personen unterzeichnet sein, die das Protokoll über die Mitgliederversammlung unterzeichnet haben.)

1617   *Muster 4: Anmeldung einer Vorstandsänderung*

Amtsgericht (…)

Betr.: VR-Nr. (…)

Wir, die vertretungsberechtigten Vorstandsmitglieder des vorbezeichneten Vereins, überreichen als Anlage eine Abschrift des Protokolls der Mitgliederversammlung vom (…) und melden zur Eintragung in das Vereinsregister an:

Im Vorstand des Vereins haben sich folgende Änderungen ergeben:

1. A ist aus dem Vorstand ausgeschieden,
2. E ist neues Vorstandsmitglied.

Der Verein wird gerichtlich und außergerichtlich vertreten entweder durch den 1. Vorsitzenden allein oder durch den Schriftführer und den Kassenwart in Gemeinschaft.

Die Vereinsanschrift ist unverändert.

Kostenberechnung

Geschäftswert: 2 × 5.000 EUR

(§§ 119 Abs. 1, 92 Abs. 2, 36 Abs. 3 GNotKG) Gebühr GNotKG KV Nr. 24102, 21201 Nr. 5, 21200, § 35 Abs. 1	10.000,00 EUR
(0,5) Gebühr für Erzeugung der strukturierten Daten wie vorstehendes Muster 1 (vgl. Rdn 1614)	37,50 EUR

Hier ist davon ausgegangen worden, dass ein neues Vorstandsmitglied und das Ausscheiden eines bisherigen Vorstandsmitgliedes angemeldet worden sind. Die Vorstandsänderungen betreffen mehrere Gegenstände; die Werte dieser mehreren Gegenstände werden zusammengerechnet (§ 35 Abs. 1 GNotKG); davon ist eine einheitliche Gebühr zu errechnen.

G.   Aus dem Bereich des Schuldrechts

I.   Miete und Pacht

1618   1. Mietverträge über Wohnungen werden kaum je notariell beurkundet. Angemerkt werden soll daher lediglich, dass in diesem Bereich die Vertragsfreiheit eingeengt und der Schutz des Mieters, insbesondere gegen überhöhte Mieten und gegen die Kündigung des Mietverhältnisses, stark ausgeprägt sind. Dies behindert den Rechtsverkehr mit vermieteten Einfamilienhäusern und Eigentumswohnungen, wenn und weil der Erwerber nicht absehen kann, ob und wann er in sein Haus bzw. seine Wohnung einziehen darf.

2. Miet- bzw. Pachtverträge über gewerbliche Räume oder Unternehmen sowie Pachtverträge über landwirtschaftliche Grundstücke oder Betriebe werden dagegen gelegentlich beurkundet, und zwar vor allem   **1619**

- wenn dem Mieter oder Pächter zugleich für die Dauer des Vertrages ein Vorkaufsrecht (vgl. Rdn 449 ff.) oder ein Ankaufsrecht (vgl. Rdn 468 ff.) eingeräumt werden soll. Dann ist der gesamte Vertrag beurkundungsbedürftig,
- wenn dem Vermieter bzw. Verpächter mittels der Unterwerfung unter die sofortige Zwangsvollstreckung (vgl. § 3 Rdn 207 ff.) eine Handhabe zum schnellen Zugriff wegen rückständiger Leistungen des Mieters bzw. Pächters und/oder mit einer Hypothek oder Grundschuld auf Grundbesitz des Mieters bzw. Pächters eine Sicherheit verschafft werden soll,
- wenn im Zuge der Übergabe eines gewerblichen oder landwirtschaftlichen Betriebes zum Zweck der Vorwegnahme der Erbfolge dem Übergeber der Nießbrauch vorbehalten und zugleich in Ausübung des Nießbrauchs der Betrieb vom Übergeber an den Übernehmer verpachtet wird (vgl. Rdn 156 ff.).

3. Miete ist die entgeltliche Überlassung eines Gegenstandes zum Gebrauch (§ 535 BGB). Die unentgelt-   **1620**
liche wäre Leihe (§ 598 BGB). Pacht ist die entgeltliche Überlassung eines Gegenstandes zur Ausbeute (§ 581 BGB). Häuser, Wohnungen, Räume, Autos, Maschinen usw. werden in der Regel vermietet, eben weil sich die Überlassung auf ihre Benutzung beschränkt. Ganze Unternehmen (z.B. Gaststätten, Apotheken, Einzelhandelsgeschäfte, landwirtschaftliche Betriebe), aber auch Grundstücke (zum Beackern, zur Kiesausbeute) werden dagegen verpachtet, wenn und weil die Überlassung einschließt, dass der Pächter berechtigt ist, sich die natürlichen bzw. die „rechtlichen" Früchte (Gewinne) des Gegenstandes anzueignen.

In Grenzfällen kommt es darauf an, was die Hauptsache ist: Bei der Überlassung eines Geschäfts mit Wohnung handelt es sich um Pacht, da das Geschäft im Vordergrund steht, bei der Überlassung eines Hauses mit Hausgarten um Miete, da die Gebrauchsüberlassung des Hauses für die Beteiligten wichtiger ist als die Nutzungsüberlassung des Gartens.

Unterschiede zwischen Miete und Pacht bestehen vor allem hinsichtlich

- der Pflicht zur Instandhaltung des Gegenstandes,
- der Pflicht zur Anschaffung von Ersatzgegenständen,
- der Termine für die Zahlung der Gegenleistung (des so genannten Miet- bzw. Pachtzinses),
- der Kündigung.

4. Miet- und Pachtverträge können formfrei, also auch mündlich oder durch schlüssiges Verhalten (z.B.   **1621**
Einziehen in die Wohnung einerseits, Annahme der ersten Miete andererseits) abgeschlossen werden. Soll der Miet- oder Pachtvertrag über ein Grundstück länger als ein Jahr laufen, so bedarf er der Schriftform (§ 550 BGB), ein Landpachtvertrag, wenn er für mehr als zwei Jahre geschlossen wird (§ 585a BGB). Fehlt es an der Schriftform, so ist der Vertrag nicht unwirksam, sondern gilt als auf unbestimmte Zeit geschlossen.

5. Regelungen sollten vor allem getroffen werden darüber   **1622**

- was vermietet bzw. verpachtet wird (Vertragsobjekt),
- wann der Vertrag beginnt, wann er endet, ob er sich automatisch verlängert, wie er gekündigt werden muss usw. (Vertragszeit),
- wie hoch die Gegenleistung ist, wann sie jeweils zu erbringen ist, ob sie – bei langfristigen Verträgen – an Wertveränderungen angepasst werden soll (Wertsicherungsklausel, vgl. Rdn 256 ff.), die Unterwerfung unter die sofortige Zwangsvollstreckung (vgl. § 3 Rdn 207 ff.), welche Nebenabgaben der Mieter bzw. Pächter zu tragen hat (etwa für Wassergeld, Heizung, Strom, Kanalbenutzung, Straßenreinigung, Versicherungen, bei landwirtschaftlichen Grundstücken: Beiträge zur Berufsgenossenschaft und zur Landwirtschaftskammer),

- wer das Objekt instand zu halten, bei der Vermietung von Räumen insbesondere: wer die so genannten Schönheitsreparaturen zu tragen hat,
- ob die Untervermietung (= Vermietung durch den Mieter an einen Dritten) zugelassen ist,
- was bei der vorgesehenen bzw. einer vorzeitigen Beendigung des Vertrages zu geschehen hat,
- gegebenenfalls ein Vorkaufsrecht für den Mieter bzw. Pächter.

1623   Bei Landpachtverträgen ist ferner zu überlegen,

- ob nicht auf die Beschreibung der Pachtsache nach § 585b BGB beiderseits verzichtet werden sollte,
- ob nicht statt der Übergabebefugnis gemäß § 593a BGB das Recht zur Unterverpachtung an den Betriebsnachfolger vereinbart werden sollte,
- ob nicht das Verfahren zur Verlängerung des Pachtvertrages gemäß § 594 BGB abbedungen werden sollte,
- ob nicht das Kündigungsrecht des Verpächters beim Tod des Pächters ausgeschlossen oder auf den Fall beschränkt werden sollte, dass die ordnungsmäßige Bewirtschaftung durch die Erben gefährdet erscheint,
- ob nicht für den Fall der Veräußerung des Pachtgrundstücks an einen selbstwirtschaftenden Erwerber die Kündbarkeit zum Ende eines Pachtjahres mit halbjähriger Frist vereinbart werden sollte.

1624   6. Das Pachtrecht, insbesondere das Landpachtrecht, ist durch das Gesetz zur Neuordnung des landwirtschaftlichen Pachtrechts vom 8.11.1985 grundlegend geändert, insbesondere bei der Landpacht wesentlich erweitert worden. Der früher im Landpachtgesetz geregelte Pächterschutz ist in das BGB eingearbeitet worden. Das Landpachtgesetz wurde durch das Gesetz über die Anzeige und Beanstandung von Landpachtverträgen (LPachtVG) vom 8.11.1985 abgelöst. Wichtig ist, dass nach wie vor grundsätzlich alle Landpachtverträge bei der Landwirtschaftsbehörde angezeigt werden müssen und von dieser beanstandet werden können. Ausnahmen gelten vor allem für Landpachtverträge zwischen Verwandten und über Flächen unterhalb der von den Ländern zu bestimmenden Freigrenzen.

1625   *Muster eines Mietvertrages über Geschäftsräume:*

Verhandelt zu (…)

Die Erschienenen erklärten:

I. Mietobjekt

Herr Meier vermietet Herrn Müller die Lagerräume auf dem Grundstück in Bonn, Mozartstraße 1, einschließlich Büro im Erdgeschoss an der Straße, Keller und Speicher, zum Betrieb eines Antiquitätengeschäfts.

II. Zustand des Mietobjekts

Der Mieter hat das Mietobjekt besichtigt. Er verpflichtet sich, unverzüglich und auf seine Kosten das Dachfenster reparieren und die Decke im Büroraum beiputzen zu lassen. Er erkennt den Zustand der Mieträume im Übrigen als ordnungsgemäß an und verpflichtet sich, sie in ordnungsgemäßem Zustand zu erhalten. Alle Innenreparaturen sind Sache des Mieters.

III. Mietzeit

Das Mietverhältnis beginnt am 1.3.2021. An diesem Tag wird der Vermieter dem Mieter 2 Torschlüssel, 1 Schlüssel für den Büroraum und 1 Kellerschlüssel aushändigen. Der Mietvertrag wird bis zum 31.3.2026 fest abgeschlossen. Er verlängert sich jeweils um 1 Jahr, wenn er nicht 6 Monate vor seinem Ablauf schriftlich gekündigt wird.

IV. Mietzins und Nebenabgaben

1. Der Mietzins beträgt 800 EUR – i.W. achthundert EUR – im Monat. Zusätzlich trägt der Mieter die nach der Höhe der Mieten des Gesamtobjekts umzulegenden anteiligen Kosten für Heizung, Wasser, Abwasser, Grundsteuer, Straßenreinigung und Schornsteinfeger. Darauf leistet er monatlich mit der Miete Abschlagszahlungen von 200 EUR – i.W. zweihundert EUR –. Jeweils zum 1. April legt ihm der Vermieter die genaue Abrechnung über diese Aufwendungen vor, und zwar unter Übersendung von Kopien der Ölrechnungen und der Abgabenbescheide. Der Spitzenbetrag ist danach sofort auszugleichen. Vom nächsten Monatsersten an sind als Abschlagszahlung monatlich 1/12 der tatsächlichen Aufwendungen des vorangegangenen Kalenderjahres zu zahlen.
2. Der Mietzins und die Abschlagszahlungen haben jeweils spätestens am 3. Werktag eines jeden Monats beim Vermieter einzugehen. Der Vermieter kann das Mietverhältnis fristlos kündigen, wenn der Mieter mit mehr als einer Monatsleistung in Verzug gerät und auch auf eine schriftliche Mahnung hin nicht innerhalb 1 Woche seit deren Zugang zahlt. Wegen des Betrages von monatlich 1.000 EUR – i.W. eintausend EUR – unterwirft sich der Mieter dem Vermieter gegenüber der sofortigen Zwangsvollstreckung aus dieser Urkunde. Der Notar soll dem Vermieter sofort eine vollstreckbare Ausfertigung dieser Urkunde erteilen.
3. Die Miete soll sich im selben Verhältnis ändern, wie sich die Mieten für vergleichbare Objekte in Bonn erhöhen bzw. ermäßigen. Einigen sich die Beteiligten nicht auf eine neue Miethöhe, so ist sie von einem von der Industrie- und Handelskammer in Köln zu benennenden vereidigten Sachverständigen als Schiedsgutachter verbindlich festzusetzen. Die Kosten dafür tragen die Beteiligten je zur Hälfte. Die neue Miethöhe ist von dem Monat an zu zahlen, der auf das schriftlich zu stellende Verlangen nach einer Anpassung folgt. Etwaige zusätzlich eingeführte Grundbesitzabgaben kann der Vermieter entsprechend Ziff. IV. 1. umlegen.
4. Der Mieter hat vor seinem Einzug dem Vermieter als Sicherheit den Betrag von 2.000 EUR – i.W. zweitausend EUR – zu zahlen. Dieser Betrag ist nach Erhalt von dem Vermieter bei einem Kreditinstitut zu dem für Spareinlagen mit dreimonatiger Kündigungsfrist üblichen Zinssatz anzulegen. Die Zinsen werden bei der Jahresabrechnung (Ziff. 1) verrechnet. Die Kaution ist nach dem Auszug des Mieters zurückzuzahlen. Der Vermieter darf etwaige restliche Forderungen dagegen aufrechnen.

V. Benutzung der Mieträume, Beheben von Schäden

1. Der Mieter darf die Mieträume nur zu dem vereinbarten Zweck (I.) benutzen und nur mit Zustimmung des Vermieters untervermieten. Ein Verstoß dagegen berechtigt den Vermieter zur fristlosen Kündigung.
2. Vom Mieter, seinen Mitbewohnern und Besuchern, seinen Kunden, Lieferanten und Handwerkern verursachte Schäden hat der Mieter auf seine Kosten beheben zu lassen.
3. Vom Mieter nicht zu vertretende Schäden am Baukörper (Dach, Fenster, Türen usw.) hat der Mieter dem Vermieter unverzüglich anzuzeigen. Nach Ablauf einer angemessenen Frist kann er sie auf Kosten des Vermieters beheben lassen. Weitergehende Rechte (Kündigung, Minderung) hat er nicht.

VI. Auszug des Mieters

1. Der Mieter hat die Mieträume besenrein zu hinterlassen. Die ihm nach Abschnitt III. überlassenen Schlüssel hat er zurückzugeben. Der Vermieter ist berechtigt, die Mieträume auf Kosten des Mieters instand setzen zulassen, wenn dieser sie nicht so zurückgibt, dass der Nachfolger sie ohne weiteres für einen vergleichbaren Zweck verwenden kann.
2. Der Mieter kann Einrichtungen, die er in den Mieträumen angebracht hat, wegnehmen. Auf Verlangen des Vermieters hat er sie jedoch zurückzulassen, wenn der Vermieter ihm eine angemessene Entschädigung bezahlt.
3. Hat der Mieter einen Grund zur fristlosen Kündigung gegeben, so hat er dem Vermieter den Schaden zu ersetzen, der entsteht, weil der Vermieter die Räume nicht sofort oder nur zu einer geringeren Miete neu vermieten kann. Diese Haftung ist auf die Zeit bis zum Ende der vereinbarten Mietdauer und höchstens auf die Dauer von einem Jahr seit dem Auszug des Mieters beschränkt.

VII. Schlussbestimmungen

1. Mündliche Nebenabreden gelten nicht. Änderungen des Vertrages bedürfen der Schriftform, soweit nicht das Gesetz eine strengere Form vorschreibt.
2. Die Kosten dieses Vertrages trägt der Mieter.
3. Soweit in diesem Vertrag keine abweichenden Regelungen getroffen wurden, gelten die gesetzlichen Bestimmungen.

Diese Niederschrift (…)

1626   *Muster eines Pachtvertrages über einen landwirtschaftlichen Betrieb (kurze Fassung):*

Verhandelt zu (…)

Die Erschienenen erklärten:

Wir schließen folgenden

Pachtvertrag:

§ 1 Gegenstand der Pacht

(1) Verpachtet wird der landwirtschaftliche Betrieb in Hambach mit der Hofstelle in Hambach, Hauptstraße 17, eingetragen im Grundbuch von Hambach Blatt 1789, groß 17,48 ha.
(2) Das Inventar ist Eigentum des Pächters. Aufstehende Saat ist nicht vorhanden. Sie ist auch nicht bei der Beendigung des Pachtvertrages zu hinterlassen.
(3) Der Verpächter darf bis zu 5 % der Pachtfläche mit der Wirkung veräußern, dass sie aus dem Pachtverhältnis ausscheidet, sobald der Pächter die im Zeitpunkt der Anzeige ihrer Veräußerung ggf. aufstehende Saat abgeerntet hat. Der Pachtpreis vermindert sich dadurch im Verhältnis der verpachteten zur veräußerten Fläche.

§ 2 Pachtdauer

Das Pachtverhältnis beginnt am 12.11.2017 und endet am 11.11.2027. Wird es nicht 2 Jahre vor seinem Ablauf schriftlich gekündigt, so verlängert es sich jeweils um 3 Jahre. Der Pächter kann die Verlängerung des Pachtvertrages verlangen, wenn der Betrieb seine wirtschaftliche Lebensgrundlage bildet und die vertragsmäßige Beendigung des Pachtverhältnisses für ihn eine Härte bedeuten würde, die auch unter Würdigung der berechtigten Interessen des Verpächters nicht zu rechtfertigen ist. Das Anfrageverfahren nach § 594 BGB wird abbedungen.

§ 3 Pachtzins

(1) Der jährliche Pachtzins beträgt 6.000 EUR – in Worten sechstausend EUR –. Er ist in monatlichen Teilbeträgen von jeweils 500 EUR zu zahlen. Der monatliche Teilbetrag ist im Voraus bis zum 3. Tag des Monats zu zahlen, erstmals am …. Wegen der vorstehenden Verpflichtung zur Zahlung des Pachtzinses in Höhe von 6.000 EUR jährlich und 500 EUR monatlich unterwirft sich der Pächter dem Verpächter gegenüber der sofortigen Zwangsvollstreckung aus dieser Urkunde in sein gesamtes Vermögen. Der Notar wird ermächtigt, jederzeit ohne weitere Nachweise vollstreckbare Ausfertigung dieser Urkunde zu erteilen.
(2) Die auf dem verpachteten Grundbesitz derzeit ruhende Grundsteuer trägt der Verpächter. Der Pächter trägt außer der Pacht
   a) etwaige Grundsteuererhöhungen,
   b) den Beitrag zur landwirtschaftlichen Berufsgenossenschaft,
   c) die Umlage der Landwirtschaftskammer,
   d) alle Beiträge für die Feuer-, Sturm-, Wasser- und Hagelversicherung, sofern die Versicherungssummen angemessen sind,

e) etwaige neu eingeführte Steuern und Abgaben, die auf dem verpachteten Grundbesitz ruhen. Im Schadensfall ist die Versicherungssumme zur Behebung des Schadens zu verwenden.

(3) Dem Verpächter steht die Jagdpacht zu, dem Pächter etwaige Ersatzansprüche wegen Wildschäden.

(4) Der Verpächter kann den Pachtvertrag fristlos kündigen, wenn der Pächter mit einem nicht unerheblichen Teil des Pachtzinses länger als 3 Monate in Verzug ist. Die Kündigung ist ausgeschlossen, wenn der Verpächter vorher befriedigt wird. Sie wird unwirksam, wenn sich der Pächter durch Aufrechnung von der Schuld befreien konnte und die Aufrechnung unverzüglich nach der Kündigung erklärt. Der Pächter hat dem Verpächter den Schaden zu ersetzen, den dieser erleidet, weil er das Pachtobjekt nach der fristlosen Kündigung nicht sofort oder nur zu einem geringeren Zins neu verpachten kann. Die Haftung dauert bis zum Ende der Pachtzeit, höchstens jedoch für 2 Jahre nach dem Abzug des Pächters.

§ 4 Zustand des Pachtobjekts, Instandhaltung, Verbesserungen

(1) Der Pächter erkennt das Pachtobjekt als mängelfrei an. Auf eine Betriebsbeschreibung nach § 585b BGB wird wechselseitig verzichtet.

(2) Der Pächter hat das Pachtobjekt auf seine Kosten instand zu halten. Dazu gehört auch die regelmäßige Düngung des Bodens. Im Betrieb gewonnener Dünger und Kompost darf nur mit Zustimmung des Verpächters veräußert werden und ist bei der Beendigung des Pachtverhältnisses entschädigungslos zurückzulassen. Zur Änderung der Nutzungsart bedarf der Pächter der Zustimmung des Verpächters. Sie darf nur aus triftigem Grund verweigert werden.

(3) Der Pächter ist nur mit Zustimmung des Verpächters berechtigt, bauliche Veränderungen, insbesondere den Ausbau oder Neubau von Gebäuden, vorzunehmen sowie die bisherige Nutzung zu ändern. Die Zustimmung darf nur aus triftigem Grund verweigert werden. Zulässige Werterhöhungen hat der Verpächter dem Pächter bei der Beendigung des Pachtverhältnisses zum Zeitwert zu ersetzen. Im Übrigen gilt § 590 BGB.

(4) Der Pächter ist berechtigt, Einrichtungen, mit denen er die Pachtsache versehen hat, wegzunehmen. Der Verpächter kann das Wegnahmerecht durch die Zahlung einer angemessenen Entschädigung abwenden.

§ 5 Unterverpachtung, Betriebsübergabe, Tod des Pächters

(1) Unterverpachtung ist nur mit Zustimmung des Verpächters zulässig. Die Überlassung von Pachtsachen an einen landwirtschaftlichen Zusammenschluss und ein Pflugtausch gelten nicht als Unterverpachtung und sind demnach erlaubt.

(2) Übergibt der Pächter den Betrieb zum Zweck der Vorwegnahme der Erbfolge, so kann er das Pachtverhältnis mit allen Rechten und Pflichten auf den Nachfolger übertragen.
Er haftet dem Verpächter jedoch neben dem Übernehmer weiter. Wird der Pächter berufsunfähig, so kann er den Pachtvertrag mit einer Frist von 6 Monaten zum Ende des nächsten Pachtjahres kündigen.

(3) Beim Tod des Pächters ist der Verpächter nur dann zur Kündigung des Pachtvertrages berechtigt, wenn die ordnungsmäßige Bewirtschaftung des Betriebes und die sonstige Erfüllung des Pachtvertrages durch die Erben als gefährdet erscheint. Diese können das Pachtverhältnis mit einer Frist von 6 Monaten zum Ende des nächsten Pachtjahres kündigen.

§ 6 Kündigung des Pachtverhältnisses

(1) Der Verpächter kann das Pachtverhältnis fristlos kündigen,
  a) wenn der Pächter mit der Entrichtung der monatlichen Pachtzahlung oder eines nicht unerheblichen Teils der monatlichen Pacht für zwei aufeinanderfolgende Termine in Verzug ist;
  b) wenn der Pächter von dem Pachtgegenstand einen vertragswidrigen Gebrauch macht und diesen trotz Abmahnung fortsetzt;
  c) wenn ein sonstiger wichtiger Grund vorliegt.

(2) Der Pächter kann das Pachtverhältnis fristlos aus wichtigem Grund kündigen.

(3) Die Kündigung bedarf jeweils der Schriftform. Sie kann auch zum Ende eines laufenden Pachtjahres ausgesprochen werden.

§ 7 Schlussbestimmungen

(1) Der Verpächter oder sein Vertreter ist berechtigt, das Pachtobjekt werktags zwischen 8 und 18 Uhr zu besichtigen.

(2) Mündliche Nebenabreden sind ungültig. Änderungen des Vertrages bedürfen der Schriftform, sofern nicht das Gesetz eine strengere Form vorschreibt

(3) Ergänzend gelten die jeweiligen pachtrechtlichen Bestimmungen. Der Notar soll den Pachtvertrag bei der Landwirtschaftsbehörde für den Verpächter gemäß § 2 LPachtVG anzeigen.

(4) Die Kosten dieses Vertrages trägt der Pächter.

Diese Niederschrift (...)

II. Die Abtretung

1. Übertragung einer Forderung

1627 Das Schuldverhältnis ist eine persönliche Rechtsbeziehung zwischen zwei Personen. Es bewirkt, dass der Gläubiger vom Schuldner eine Leistung verlangen kann, d.h. eine Forderung hat. Diese Forderung gehört zum Vermögen des Gläubigers; den Vermögensgegenstand „Forderung" kann der Gläubiger auf einen anderen übertragen. Diese Übertragung erfolgt durch Abtretung gemäß § 398 BGB.

1628 Die Abtretung ist eine *Verfügung*. Sie ist von dem schuldrechtlichen Geschäft, das der Abtretung zugrunde liegt, unabhängig.

> *Beispiel*
>
> G hat gegen F eine Forderung auf Zahlung von 20.000 EUR. Diese Forderung tritt G an N ab. N wird Inhaber der Forderung. Es ist denkbar, dass G an N die Forderung verkauft hat – etwa gegen Zahlung von 20.000 EUR – oder eine Schenkung vorliegt. Für die Abtretung selbst – den Rechtsübergang – ist dies ohne Bedeutung.

Die Abtretung erfordert einen Vertrag (dingliches Verfügungsgeschäft) zwischen dem Altgläubiger und dem Neugläubiger. Die Beteiligten müssen sich einigen, dass die Forderung vom Altgläubiger auf den Neugläubiger übergeht. Einer Zustimmung des Schuldners bedarf es nicht.

1629 Grundsätzlich bedarf der Abtretungsvertrag keiner Form. Die Abtretung kann daher auch durch schlüssiges Verhalten erfolgen.

Nur ausnahmsweise bedarf die Abtretung einer Form, und zwar im Fall der Übertragung einer Briefhypothek (vgl. Rdn 527 ff.). Die Briefhypothek wird übertragen durch Abtretung der Forderung. Diese ist nur wirksam, wenn sie schriftlich erfolgt und der Brief übergeben wird (§ 1154 BGB). Demgegenüber erfolgt die Übertragung einer Buchhypothek durch formfreie Abtretungserklärung und Eintragung im Grundbuch. Formellrechtlich bedarf die Eintragungsbewilligung natürlich öffentlicher Beglaubigung (§ 29 GBO).

1630 Nach § 399 BGB (Fall 1) kann eine Forderung nicht abgetreten werden, wenn die Leistung an einen anderen als den ursprünglichen Gläubiger nicht ohne Veränderung ihres Inhalts erfolgen kann.

> *Beispiel*
>
> Die Bank B hat dem A verbindlich zugesagt, ihm ein Darlehen zu gewähren. Diesen Anspruch auf Auszahlung des Darlehens kann A nicht abtreten. Entscheidend ist die Kreditwürdigkeit des Darlehensnehmers, sodass es ausschließlich auf seine Person ankommt.

1631 Nach § 399 BGB (Fall 2) kann die Möglichkeit der Abtretung zwischen Gläubiger und Schuldner ausgeschlossen werden. Eine trotzdem erfolgte Abtretung ist unwirksam.

Unpfändbare Forderungen können nicht abgetreten werden. Eine Lohnforderung kann also nur insoweit abgetreten werden, als sie den nicht pfändbaren Teil übersteigt.

2. Schutz des Schuldners

Der Schuldner, der an der Abtretung nicht beteiligt ist, hat ein berechtigtes Interesse daran, dass sich seine **1632** Rechtsstellung durch die Abtretung nicht verschlechtert. Diesem Grundsatz trägt das Gesetz dadurch Rechnung, dass der neue Gläubiger in die Rechtsstellung des alten Gläubigers eintritt, d.h. keine weitergehenden Rechte erlangen kann. Einwendungen oder Einreden, die der Schuldner gegenüber dem alten Gläubiger hatte, kann er auch dem neuen Gläubiger gegenüber geltend machen (§ 404 BGB). Leistet der Schuldner in Unkenntnis der Abtretung noch an den alten Gläubiger, braucht er nicht noch einmal an den neuen Gläubiger zu leisten (vgl. § 407 BGB). Es ist daher wichtig, den Schuldner von einer erfolgten Abtretung zu benachrichtigen.

3. Vorausabtretung

Auch künftige Forderungen können abgetreten werden. Erforderlich ist – wie auch sonst bei der Abtre- **1633** tung –, dass die abgetretene Forderung bestimmt oder bestimmbar ist. Sie muss so genau gekennzeichnet sein, dass sie spätestens im Zeitpunkt ihrer Entstehung zweifelsfrei bestimmt werden kann.

Beispiel

A tritt dem B zur Sicherung für einen Kredit die künftige Kaufpreisforderung aus dem von A beabsichtigten Verkauf eines Grundstücks ab.

Das Erfordernis der Bestimmbarkeit hat vor allem bei der Sicherungsabtretung künftiger Forderungen **1634** und beim verlängerten Eigentumsvorbehalt praktische Bedeutung. Im ersteren Fall handelt es sich um eine Globalzession (Zession = Abtretung). Zukünftige Geschäftsforderungen werden zur Sicherheit für einen gewährten Kredit an den Darlehensgeber (meistens eine Bank) abgetreten. Der verlängerte Eigentumsvorbehalt ist ein Sicherungsmittel des Warenkreditgebers.

Beispiel **1635**

V liefert Waren an K gegen Stundung des Kaufpreises. K tritt seine sämtlichen Forderungen aus dem Weiterverkauf der Waren zur Sicherheit an V ab.

Die Sicherungsabtretung bei Forderungen entspricht der Sicherungsübereignung bei beweglichen Sachen. Im Außenverhältnis zum Schuldner erlangt der Sicherungsnehmer alle Gläubigerrechte. Er ist aber im Verhältnis zum Altgläubiger (Sicherungsgeber) an die Sicherungsabrede gebunden (Innenverhältnis). Zweck der Konstruktion ist in allen Fällen die Sicherheit für ein gewährtes Darlehen. Der Neugläubiger (Sicherungsnehmer) darf über die abgetretenen Forderungen nur dann verfügen, also den Schuldner in Anspruch nehmen, wenn der Altgläubiger (Sicherungsgeber) ihm gegenüber seine Verbindlichkeiten nicht erfüllt.

III. Schuldübernahme und Vertragsübernahme

1. Schuldnerwechsel

Die Schuldübernahme ist das Gegenstück zur Abtretung. Während bei der Abtretung der Gläubiger wech- **1636** selt, verändert sich bei der Schuldübernahme die Schuldnerseite; entweder wechselt der Schuldner (befreiende Schuldübernahme) oder es kommt ein neuer Schuldner hinzu (Schuldbeitritt). Die Interessenlage ist bei der Schuldübernahme jedoch ganz anders als bei der Abtretung. Bei der Abtretung geht es darum, dass die Forderung einen Vermögenswert darstellt und dem Gläubiger die Möglichkeit gegeben wird, diesen Vermögenswert in anderer Weise zu nutzen als durch die Einziehung der Forderung, nämlich etwa durch ihren Verkauf. Dagegen geht es bei der Schuldübernahme entweder darum, dass an die Stelle eines alten Schuldners ein neuer tritt oder dass zum alten Schuldner zusätzlich ein weiterer Schuldner tritt (Schuldbeitritt).

1637 Durch eine Schuldübernahme werden die Interessen des Gläubigers berührt; denn er hat ein Interesse daran, dass sein Schuldner wirtschaftlich leistungsfähig ist. Ihm kann also nicht daran gelegen sein, dass an die Stelle eines guten alten Schuldners ein schlechter neuer tritt.

Daher bedarf die Schuldübernahme grundsätzlich der Genehmigung des Gläubigers (§ 415 Abs. 1 BGB). Durch die Genehmigung wird der alte Schuldner rückwirkend auf den Zeitpunkt des Vertragsschlusses von der Verbindlichkeit befreit.

2. Erfüllungsübernahme

1638 Vereinbaren Altschuldner und Neuschuldner eine Schuldübernahme und erteilt der Gläubiger hierzu nicht seine Genehmigung, so kann dennoch im Innenverhältnis zwischen Altschuldner und Neuschuldner gewollt sein, dass der Neuschuldner den Altschuldner von allen Verbindlichkeiten freizustellen hat. Dies bedeutet, dass sich der Gläubiger zwar nach wie vor nur an den Altschuldner zu halten braucht, der Neuschuldner jedoch verpflichtet ist, den Altschuldner so zu stellen, als habe er mit der Schuld nichts mehr zu tun (§ 415 Abs. 3 BGB).

Beispiel

V verkauft an K ein Grundstück. K übernimmt unter Anrechnung auf den Kaufpreis die den in Abteilung III des Grundbuchs eingetragenen Grundpfandrechten zugrunde liegenden Verbindlichkeiten. Der Gläubiger der Grundpfandrechte genehmigt die Schuldübernahme nicht, da sich seiner Ansicht nach K in wirtschaftlichen Schwierigkeiten befindet. Der Gläubiger hält sich weiterhin an V. Im Innenverhältnis ist K verpflichtet, den V aus einer Inanspruchnahme des Gläubigers freizustellen, d.h. ihm entweder an den Gläubiger geleistete Beträge zu erstatten oder noch nicht gezahlte vorzuschießen.

3. Schuldbeitritt

1639 Neben der befreienden Schuldübernahme – Schuldnerwechsel – gibt es die kumulative Schuldübernahme, den Schuldbeitritt. Hier wird der Schuldner nicht von der Schuld befreit, sondern der Übernehmer tritt neben den bisherigen Schuldner als weiterer Schuldner. Beide werden Gesamtschulder (§ 421 BGB). Einer Zustimmung des Gläubigers bedarf es nicht, weil sich seine Rechtsstellung verbessert. Häufig verlangt der Gläubiger die Mitverpflichtung eines Dritten, um etwa bei mangelnder Bonität des Schuldners seine Sicherheit zu verstärken. Regelmäßig hat der der Schuld beitretende Dritte ein sachliches Interesse an der Erfüllung der Verbindlichkeit, etwa bei persönlichen Beziehungen zum Schuldner.

1640 *Beispiel*

Eltern übertragen ihr Hausgrundstück auf die Tochter. Die Tochter übernimmt in dem Übergabevertrag die den im Grundbuch eingetragenen Grundpfandrechten zugrunde liegenden Verbindlichkeiten. Die Gläubiger verlangen häufig, dass der Ehemann der Tochter den übernommenen Verbindlichkeiten als weiterer Schuldner beitritt.

Der rechtsgeschäftliche Schuldbeitritt ist im Gesetz nicht geregelt. Dagegen gibt es den gesetzlichen Schuldbeitritt, etwa in § 25 HGB (siehe oben Rdn 1383 ff.).

4. Übernahme einer durch Grundpfandrecht gesicherten Schuld

1641 In Kaufverträgen über ein Grundstück kann vereinbart werden, dass der Käufer die durch ein Grundpfandrecht dinglich abgesicherte Verbindlichkeit in Anrechnung auf den Kaufpreis übernimmt. Hierbei handelt es sich um eine Schuldübernahme, zu deren Wirksamkeit es der Genehmigung des Gläubigers bedarf. § 416 BGB regelt für Hypotheken die Rechtsfolge, dass unter bestimmten Voraussetzungen bei Schweigen des Gläubigers die Genehmigung als erteilt gilt. Die Vorschrift gilt analog auch für durch Grundschuld gesicherte Verbindlichkeiten.

In der Praxis ist die Bedeutung der Vorschrift gering, weil in der Regel bei einer beabsichtigten Schuld- **1642**
übernahme zuerst mit dem Gläubiger dahingehend verhandelt wird, ob seine Genehmigung in Aussicht
gestellt wird. Ist dies nicht der Fall, wird die Schuldübernahme unterbleiben. In Fällen der Übernahme
einer dinglich abgesicherten Verbindlichkeit wird der Gläubiger aber nur in Ausnahmefällen eine Genehmigung versagen, weil ihm selbst bei nicht optimaler Bonität des Neuschuldners die Sicherheit der Verpfändung des Grundbesitzes jedenfalls immer erhalten bleibt.

Muster einer Schuldübernahme mit gleichzeitigem Schuldbeitritt: **1643**

Der Erwerber übernimmt zur Entlastung der Veräußerer und etwa mithaftender Personen mit Wirkung
vom (...) die durch die Hypothek Abteilung III lfd. Nr. 5 gesicherte Darlehensverbindlichkeit nebst
8 vom Hundert Jahreszinsen gegenüber der Westdeutschen Bodenkredit-Anstalt in Köln; darauf
werden zurzeit noch (...) EUR geschuldet.

Die Übernahme der Verbindlichkeit erfolgt zu den Bedingungen, wie sie sich aus der zugrunde liegenden Schuldurkunde ergeben.

Die Ehefrau des Erwerbers tritt den von ihrem Ehemann übernommenen Verbindlichkeiten als weitere
Selbst- und Gesamtschuldnerin bei.

Die Schuldübernahme erfolgt in der Weise, dass der Erwerber und seine Ehefrau von dem angegebenen Zeitpunkt ab so in das Schuldverhältnis eintreten, dass die Gläubigerin gegen sie unmittelbare Ansprüche auf die Leistungen erlangt, ohne Rücksicht darauf, ob sie die Veräußerer aus der Haftung ent-
lässt oder nicht.

Den Beteiligten ist bekannt, dass die Veräußerer aus der Haftung erst frei werden, wenn die Schuldübernahme von der Gläubigerin genehmigt worden ist.

Der Erwerber und seine Ehefrau unterwerfen sich wegen der vorstehend übernommenen Verbindlichkeit der Gläubigerin gegenüber der sofortigen Zwangsvollstreckung aus dieser Urkunde in ihr gesamtes Vermögen. Der Gläubigerin kann jederzeit ohne besonderen Nachweis eine vollstreckbare Ausfertigung dieser Urkunde erteilt werden.

Der Erwerber übernimmt das zur Sicherung der übernommenen Verbindlichkeit eingetragene Grundpfandrecht. Soweit daraus Rechte des Eigentümers, insbesondere Eigentümergrundschulden, entstanden sind oder bis zur Eintragung des Eigentumswechsels noch entstehen, werden diese Rechte hiermit
an den Erwerber abgetreten.

Wegen der Schuldübernahme im Grundstückskaufvertrag siehe Rdn 61 ff.

5. Vertragsübernahme

Möglich ist auch die Übertragung eines Schuldverhältnisses im Ganzen mit allen Rechten und Pflichten. **1644**
Im Gesetz ist die Vertragsübernahme nicht geregelt, im Wege der Rechtsfortbildung ist sie aber allgemein
anerkannt. Eine Vertragsübernahme kommt bei Dauerschuldverhältnissen oder langfristigen Verträgen
in Betracht, etwa bei Miet-, Pacht- oder Leasingverträgen. Auf die Vertragsübernahme finden hinsichtlich der Rechte die Vorschriften über die Abtretung und in Bezug auf die Pflichten diejenigen der Schuldübernahme Anwendung, es handelt sich aber um ein einheitliches Rechtsgeschäft. In jedem Falle bedarf
es der Mitwirkung aller Beteiligten, also der bisherigen Vertragspartner, von denen einer ausscheidet, und
des neuen, an seine Stelle tretenden Vertragspartners.

IV. Schuldversprechen und Schuldanerkenntnis

Das selbstständige Schuldversprechen (§ 780 BGB) und das selbstständige Schuldanerkenntnis (§ 781 **1645**
BGB) kommen durch einen Vertrag zwischen Schuldner und Gläubiger zustande, in welchem der
Schuldner dem Gläubiger gegenüber eine bestimmte (Geld-)Leistung zu erbringen verspricht oder

eine Verbindlichkeit anerkennt. Die Abgrenzung von Schuldanerkenntnis und Schuldversprechen ist äußerlich und oft nicht sicher zu treffen, wegen der Gleichheit der Rechtsfolgen aber auch in der Praxis entbehrlich.

1646   Die Erklärung des Schuldners, also desjenigen, der verspricht oder anerkennt, bedarf *der Schriftform.* Bei fehlender Schriftform ist das Schuldversprechen oder das Schuldanerkenntnis nichtig. Ausnahmsweise können Schuldversprechen und Schuldanerkenntnis mündlich abgegeben werden, nämlich von einem Kaufmann im Sinne des HGB im Rahmen eines Handelsgeschäfts (§ 350 HGB). Die nach § 126 Abs. 3 BGB mögliche Ersetzung der Schriftform durch die elektronische Form ist bei Schuldversprechen und Schuldanerkenntnis ausdrücklich ausgeschlossen.

1647   Notarielle Beurkundung des Schuldanerkenntnisses oder des Schuldversprechens ist erforderlich, wenn Rechtsgrund eine Schenkung ist (§ 518 Abs. 1 S. 2 BGB) oder wenn die Verpflichtung zur Übereignung eines Grundstücks übernommen oder anerkannt wird (§ 311b BGB). Im letzteren Fall bedarf auch die Annahmeerklärung des Gläubigers der notariellen Beurkundung. Notarielle Beurkundung ist natürlich auch dann erforderlich, wenn sich der Schuldner im Hinblick auf das Schuldanerkenntnis der sofortigen Zwangsvollstreckung in sein gesamtes Vermögen unterwirft, um dem Gläubiger einen vollstreckbaren Titel zu verschaffen.

1648   Das selbstständig verpflichtende Schuldversprechen oder Schuldanerkenntnis stellt einen vom zugrunde liegenden Rechtsgeschäft *losgelösten* Verpflichtungsgrund dar. Die Verpflichtung tritt im Zweifel neben die Verpflichtung aus einem etwa schon bestehenden Schuldverhältnis. Die Selbstständigkeit des Schuldversprechens oder des Schuldanerkenntnisses besteht darin, dass Einwendungen aus dem zugrunde liegenden Rechtsverhältnis grundsätzlich ausgeschlossen sind; dieser Ausschluss von Einwendungen ist in der Regel gerade Sinn und Zweck für die Abgabe eines abstrakten Schuldanerkenntnisses oder -versprechens. Sie erleichtern dem Gläubiger die Durchsetzung seines Anspruchs, weil sie im Prozess eine Anspruchsbegründung und gegebenenfalls Beweisführung entbehrlich machen.

1649   *Beispiel*

V hat an K ein Grundstück verkauft. Gibt K für seine Kaufpreisschuld dem V gegenüber ein abstraktes Schuldanerkenntnis ab, so kann er – wenn V Zahlung aus dem Schuldanerkenntnis verlangt – keine Mängeleinreden aus dem zugrunde liegenden Kaufvertrag geltend machen. Das Kaufverhältnis soll zurücktreten und das Schuldverhältnis nunmehr, soweit es sich um die Zahlungsverpflichtung des Käufers handelt, losgelöst vom Kaufvertrag selbstständig begründet sein.

1650   *Muster eines selbstständigen Schuldversprechens mit Vollstreckungsunterwerfung:*

Verhandelt zu (…)

Mit der Maßgabe, dass dieses Anerkenntnis die Verpflichtung selbstständig begründen soll, bekenne ich, dem (…) einen Betrag in Höhe von (…) EUR nebst (…) vom Hundert Zinsen jährlich seit dem (…) zu schulden. Das Kapital und die Zinsen sind fällig.

Wegen der Verpflichtung zur Zahlung des Betrages nebst Zinsen unterwerfe ich mich der sofortigen Zwangsvollstreckung aus dieser Urkunde in mein gesamtes Vermögen. Dem Gläubiger kann jederzeit eine vollstreckbare Ausfertigung dieser Urkunde erteilt werden, ohne dass es eines besonderen Nachweises bedarf.

Ich beantrage, dem Gläubiger sofort eine vollstreckbare Ausfertigung dieser Urkunde zu erteilen und verzichte auf den Widerruf der in dieser Urkunde abgegebenen Erklärungen.

Diese Niederschrift (…)

V. Die Bürgschaft

1. Allgemeines

Die Bürgschaft ist ein Sicherungsgeschäft, das es dem Gläubiger ermöglicht, außer auf das Vermögen des Schuldners noch auf das Vermögen einer dritten Person zuzugreifen. Die Bürgschaft gehört neben den Grundpfandrechten, Pfandrechten und der Figur der Sicherungsübereignung zu den gebräuchlichsten Sicherungsgeschäften des täglichen Lebens. **1651**

a) Begriff (§ 765 BGB)

Durch den Bürgschaftsvertrag verpflichtet sich der Bürge gegenüber dem Gläubiger eines Dritten, für die Erfüllung der Verbindlichkeit des Dritten einzustehen. Hierbei muss es sich nicht um eine bereits bestehende Verbindlichkeit handeln, sondern es genügt eine künftige oder eine bedingte Verbindlichkeit, für deren Erfüllung der Bürge einzustehen verspricht. Art und Inhalt der Hauptverbindlichkeit sind gleichgültig. In der Praxis handelt es sich jedoch überwiegend um Zahlungsverbindlichkeiten, für deren Erfüllung der Bürge einzustehen verspricht. **1652**

b) Vertrag zwischen Gläubiger und Bürge

Die Bürgschaft kommt zustande durch einen Vertrag zwischen dem Gläubiger und dem Bürgen. Zur Gültigkeit des Bürgschaftsvertrages ist *schriftliche* Erteilung der Bürgschaftserklärung erforderlich (§ 766 BGB); elektronische Form genügt nicht. Zweck dieser Formvorschrift ist es vornehmlich, dem Bürgen die Bedeutung und Tragweite seiner Verpflichtungserklärung vor Augen zu führen, um ihn vor vorschnellen Bürgschaftserklärungen zu warnen. Ist der Bürge Kaufmann und stellt die Übernahme der Bürgschaft für ihn ein Handelsgeschäft dar, so bedarf es der Schriftform nicht (§ 350 HGB). **1653**

Wesentlicher Inhalt des Bürgschaftsvertrages:

- Bezeichnung der Hauptverbindlichkeit, deren Erfüllung der Bürge verspricht,
- Bezeichnung der Person des Gläubigers,
- Bezeichnung der Person des Hauptschuldners und
- Bürgschaftserklärung des Bürgen.

Im Bürgschaftsvertrag übernimmt der Bürge nicht die Schuld des Hauptschuldners, sondern er verpflichtet sich nur, den Gläubiger wegen seiner Forderung gegen den Hauptschuldner zu befriedigen. Daher setzt die Verpflichtung aus der Bürgschaft stets das Bestehen einer Schuld des Hauptschuldners voraus: Die Verpflichtung des Bürgen folgt in Bezug auf Entstehung, Inhalt und Fortbestand der Schuld des Hauptschuldners – die Verpflichtung des Bürgen ist also „akzessorisch" – (§ 767 Abs. 1 BGB).

c) Abhängigkeit der Bürgschaftsverpflichtung von der Hauptschuld

Aus dem Grundsatz, dass die Verpflichtung des Bürgen von der Hauptschuld abhängig ist, folgt: **1654**

- Erlischt die Hauptschuld, so erlischt die Verpflichtung aus der Bürgschaft.
- Wird die Hauptschuld nur teilweise verringert, so gilt entsprechendes für die Bürgschaftsverpflichtung.
- Erhöht sich die Hauptverbindlichkeit durch Verschulden oder Verzug des Hauptschuldners, so erhöht sich entsprechend die Bürgschaftsverpflichtung (§ 767 Abs. 1 S. 2 BGB).

Nimmt dagegen der Hauptschuldner nach der Übernahme der Bürgschaft ein Rechtsgeschäft mit dem Gläubiger vor, durch das die Verpflichtung des Bürgen erweitert wird, so ist dies im Hinblick auf den Umfang der Verpflichtung des Bürgen ohne Belang, sofern der Bürge nicht zugestimmt hat (§ 767 Abs. 1 S. 3 BGB). **1655**

Beispiel

Der Hauptschuldner hat vom Gläubiger ein Darlehen erhalten, verzinslich zu 7 v.H. im Jahr, rückzahlbar nach 2 Jahren. B hat sich verbürgt. Nunmehr vereinbaren der Hauptschuldner und der Gläubiger, dass das Darlehen zu 10 v.H. jährlich verzinslich sein soll und bereits nach einem Jahr zurückzuzahlen ist. Diese, die Verpflichtung des Bürgen erweiternde Vereinbarung ist gegenüber dem Bürgen unwirksam.

d) Einreden des Bürgen

1656 Dem Bürgen stehen die gleichen Einreden gegen die Hauptschuld zu, die der Hauptschuldner geltend machen kann (§ 768 Abs. 1 BGB). Hat z.B. im vorhergehenden Beispiel der Gläubiger die Rückzahlung des Darlehens nach Fälligkeit gestundet, so kann sich hierauf auch der Bürge berufen; dies kann er selbst dann, wenn der Hauptschuldner später auf die Einrede verzichtet hat (§ 768 Abs. 2 BGB).

e) Die Einrede der Vorausklage

1657 Da die Bürgschaft in erster Linie dem Gläubiger dazu dienen soll, eine Sicherheit für seine Forderung zu erhalten, nicht dagegen einen weiteren (Gesamt-)Schuldner, der zusätzlich mit seinem gesamten Vermögen haftet, hat der Gläubiger zunächst zu versuchen, vom Hauptschuldner im Wege der Zwangsvollstreckung Befriedigung zu erlangen. Erst wenn dieser Versuch erfolglos geblieben ist, kann er sich an den Bürgen halten. Verlangt der Gläubiger vorher vom Bürgen Befriedigung, so steht diesem die so genannte Einrede der Vorausklage zu (§ 771 BGB), d.h., er kann den Gläubiger darauf verweisen, zunächst im Wege der Zwangsvollstreckung beim Hauptschuldner Befriedigung zu suchen. Der Gläubiger muss daher im Wege der Zwangsvollstreckung gegen den Hauptschuldner – aufgrund eines Urteils oder eines anderen Zwangsvollstreckungstitels, etwa aufgrund einer vollstreckbaren Urkunde – ohne Erfolg versucht haben, sich wegen seiner Forderung zu befriedigen; es reicht daher nicht aus, wenn er lediglich vom Hauptschuldner vergeblich Zahlung verlangt hat.

Die Einrede der Vorausklage ist ausgeschlossen:

■ wenn der Bürge auf die Einrede verzichtet, insbesondere wenn er sich als Selbstschuldner verbürgt hat,

■ wenn die Rechtsverfolgung gegen den Hauptschuldner infolge einer nach der Übernahme der Bürgschaft eingetretenen Änderung des Wohnsitzes, der gewerblichen Niederlassung oder des Aufenthaltsortes des Hauptschuldners wesentlich erschwert ist,

■ wenn über das Vermögen des Hauptschuldners das Insolvenzverfahren eröffnet ist,

■ wenn anzunehmen ist, dass die Zwangsvollstreckung in das Vermögen des Hauptschuldners nicht zur Befriedigung des Gläubigers führen wird.

1658 Häufigster Fall des Ausschlusses der Einrede der Vorausklage in der Praxis ist die Verbürgung als Selbstschuldner. Der Verzicht auf die Einrede der Vorausklage muss ebenso wie die Bürgschaftsverpflichtung selbst *schriftlich* erklärt sein. Hierbei genügt allerdings jeder Ausdruck, aus dem sich erkennbar ein Verzicht auf die Einrede der Vorausklage ergibt (beispielsweise Verbürgung als „Selbstschuldner", „Selbstzahler"). Hat sich ein Kaufmann verbürgt und stellt die Bürgschaft ein Handelsgeschäft für ihn dar, so steht ihm kraft Gesetzes die Einrede der Vorausklage nicht zu; es bedarf keines besonderen Verzichtes auf die Einrede der Vorausklage (§ 349 HGB).

2. Verhältnis zwischen Hauptschuldner und Bürge

a) Nach Befriedigung des Gläubigers durch den Bürgen

1659 Das Rechtsinstitut der Bürgschaft ist nicht dazu geschaffen, um dem Gläubiger des Hauptschuldners zu einer wahlweisen Befriedigungsmöglichkeit zu verhelfen und dabei den Hauptschuldner völlig von seiner Verbindlichkeit zu befreien. Vielmehr soll der Hauptschuldner im Ergebnis an seiner Verpflichtung festgehalten bleiben. Daher lässt das Gesetz die Forderung des Gläubigers auf den Bürgen übergehen, soweit er den Gläubiger befriedigt hat (gesetzlicher Forderungsübergang, § 774 BGB). Der Anspruch des Gläubigers steht also dem Bürgen zu, wenn er den Gläubiger befriedigt hat. Mit der Hauptforderung gehen die sichernden Nebenrechte gemäß § 401 BGB auf den Bürgen über, z.B. eine zur Sicherung der Forderung bestellte Hypothek oder ein Pfandrecht.

b) Vor Befriedigung des Gläubigers durch den Bürgen

Unter bestimmten Voraussetzungen braucht es der Bürge allerdings nicht darauf ankommen zu lassen, **1660** aus der Bürgschaft in Anspruch genommen zu werden, um erst alsdann einen möglicherweise wertlosen Anspruch gegen den Hauptschuldner zu erlangen. Unter den in § 775 Abs. 1 BGB genannten Voraussetzungen kann er vom Hauptschuldner Befreiung von der Bürgschaft verlangen, nämlich dann,

- wenn sich die Vermögensverhältnisse des Hauptschuldners wesentlich verschlechtert haben,
- wenn die Rechtsverfolgung gegen den Hauptschuldner infolge einer nach der Übernahme der Bürgschaft eingetretenen Änderung des Wohnsitzes, der gewerblichen Niederlassung oder des Aufenthaltsortes des Hauptschuldners wesentlich erschwert ist,
- wenn der Hauptschuldner mit der Erfüllung seiner Verbindlichkeit im Verzug ist,
- wenn der Gläubiger gegen den Bürgen ein vollstreckbares Urteil auf Erfüllung erwirkt hat.

3. Besondere Formen der Bürgschaft

a) Nachbürgschaft

Der Nachbürge ist Bürge für die von einem Vorbürgen eingegangene Bürgschaftsverpflichtung. **1661**

b) Rückbürgschaft

Der Rückbürge verbürgt sich für die Rückgriffsforderung des Bürgen gegen den Hauptschuldner nach **1662** Zahlung durch den Bürgen. Daher kann sich der Bürge an den Rückbürgen erst dann halten, wenn er den Gläubiger befriedigt hat und vom Hauptschuldner keinen Ersatz erlangt.

c) Mitbürgschaft (§ 769 BGB)

Verbürgen sich mehrere für dieselbe Verbindlichkeit, so haften sie als Gesamtschuldner, auch wenn sie **1663** die Bürgschaft nicht gemeinschaftlich übernehmen.

d) Ausfallbürgschaft

Voraussetzung für die Inanspruchnahme des Ausfallbürgen ist, dass der Gläubiger mit seiner Forderung **1664** trotz Zwangsvollstreckung beim Schuldner und nach erfolgloser Verwertung von sonstigen Sicherheiten einen Ausfall erleidet. Bei der Ausfallbürgschaft braucht daher der Ausfallbürge die Einrede der Vorausklage überhaupt nicht zu erheben In der Regel wird die Ausfallbürgschaft vereinbart für den Fall, dass der Gläubiger sich nicht aus einer ganz bestimmten Sicherheit Befriedigung verschaffen kann.

VI. Die Sicherungsübereignung

Das Pfandrecht an beweglichen Sachen setzt voraus, dass der Eigentümer dem Gläubiger den Besitz an **1665** den Pfandsachen verschafft (§ 1205 BGB). Ein besitzloses Pfandrecht ist dem geltenden Recht unbekannt. Häufig ist es aber gerade nötig, dass der Schuldner den Besitz an den Sachen, die er zur Kreditsicherung verwenden will, weiter behält. Für den Schuldner ist es sinnlos, den Besitz an seinem Auto, wenn er das Auto für Finanzierungszwecke beleihen will, weiterzugeben. Auch ein Kaufmann muss die Ware in seinem Laden haben, wenn er damit Handel treiben will.

Eine Verpfändung verbietet sich aus diesen praktischen Erwägungen in den meisten Fällen.

Es ist das Bestreben der Rechtspraxis gewesen, ein „besitzloses Pfandrecht" zu bilden. Die Sicherungsübereignung kommt in ihren Wirkungen dem Pfandrecht nahe, ohne dass der Schuldner den Besitz an den beliehenen Gegenständen verliert. Sie ist heute allgemein anerkannt und ersetzt das im BGB nicht vorgesehene „besitzlose Pfandrecht".

Bei der Sicherungsübereignung erhält der Gläubiger volles Eigentum, nicht jedoch den Besitz an den ihm übereigneten Sachen. Die Übergabe der Sachen wird regelmäßig durch die Vereinbarung eines so genannten Besitzmittlungsverhältnisses ersetzt. Als ein solches Besitzmittlungsverhältnis bietet sich die Leihe an:

Der Schuldner übereignet dem Gläubiger die Sachen, die er als Sicherheit geben will. Der Gläubiger verleiht dem Schuldner die Sachen, die der Schuldner ihm zur Sicherung übereignet hat, zurück. Schuldrechtlich ist der Gläubiger verpflichtet, die ihm übereigneten Sachen nur zur Sicherung seiner Forderung zu verwenden. Nach Abzahlung des Kredites hat er das Eigentum an den ihm übereigneten Sachen auf den Kreditnehmer zurück zu übertragen. Oft vereinbaren Schuldner und Gläubiger auch, dass beim Erlöschen der gesicherten Forderungen das Eigentum automatisch auf den Schuldner im Wege der auflösenden Bedingung zurückfällt.

1666 *Muster der Sicherungsübereignung einer Wohnungseinrichtung:*

Zwischen den Eheleuten Emil Stein, Rentner, und Frau Christa geborene Last, Rentnerin, beide wohnhaft in Berlin, Germaniastraße 10,

■ – nachstehend auch Schuldner genannt –,

und

der Firma Schröder Bau GmbH in Berlin, Kaninenbergstraße 12,

■ – nachstehend auch Gläubiger genannt –,

wird Folgendes vereinbart:

I.

1. Die Schuldner bekennen hiermit, aus Reparaturverträgen, die in verschiedenen Zeiten getätigt worden sind, dem Gläubiger als Gesamtschuldner einen Betrag von 5.000 EUR zu schulden.
2. Die Beteiligten sind darüber einig, dass diese Forderung in eine Darlehensforderung umgewandelt und den Schuldnern gestundet wird. Das Darlehen ist vom 1. Januar 20(…) ab mit 5 % jährlich zu verzinsen. Die Zinsen sind in vierteljährlich nachträglich fällig werdenden Raten, jeweils zum 1. Januar, 1. April, 1. Juli und 1. Oktober eines jeden Jahres, zu entrichten.
   Das Darlehen ist zu tilgen vierteljährlich mit gleichbleibenden Raten von 500 EUR, fällig jeweils zum 1. Januar, 1. April, 1. Juli und 1. Oktober eines jeden Jahres. Die Schuldner sind zur vorzeitigen ganzen oder teilweisen Tilgung berechtigt; bei teilweiser Tilgung müssen die Tilgungsbeträge jedoch durch 100 teilbar sein.
3. Bleiben die Schuldner mit einer Kapital- oder Zinsrate länger als 2 Wochen im Rückstand, so kann der Gläubiger die sofortige Zahlung der gesamten Restschuld verlangen.

II.

1. Zur Sicherung der in I. bezeichneten Ansprüche nebst Zinsen übereignen die Schuldner dem Gläubiger die in der Anlage zu diesem Vertrag aufgeführten Gegenstände. Diese Gegenstände bilden die Einrichtung der Privatwohnung der Schuldner in Berlin, Germaniastraße 10, 5. Stock rechts.
2. Die Schuldner versichern, dass die genannten Gegenstände in ihrem gemeinschaftlichen Eigentum stehen und nicht mit Rechten Dritter belastet sind, insbesondere kein Eigentumsvorbehalt eines Lieferanten an diesen Gegenständen besteht.
   Die Beteiligten sind darüber einig, dass das Eigentum an den vorgenannten Gegenständen auf den Gläubiger übergeht.

III.

Die Übergabe der Sachen wird dadurch ersetzt, dass der Gläubiger die Sachen den Schuldnern leiht. Die Schuldner verpflichten sich, die Sachen pfleglich zu behandeln und auf eigene Kosten instand zu halten. Sie dürfen die Sachen im Rahmen ihrer Haushaltsführung wie bisher weiter benutzen, jedoch nicht aus der Wohnung entfernen.

IV.

Sollten die Rechte des Gläubigers durch Maßnahmen Dritter oder sonst wie beeinträchtigt oder gefährdet werden, so sind die Schuldner verpflichtet, den Gläubiger hiervon unverzüglich zu benachrichtigen.

V.

Mit der vollständigen Tilgung der Schuld fällt das Eigentum an den Sachen an die Schuldner zurück, ohne dass es eines besonderen Übertragungsaktes bedarf. Die Eigentumsübertragung an den Sachen ist insoweit auflösend bedingt.

VI.

Tritt die Fälligkeit des Darlehens gemäß I. Abs. 3 ein, so ist der Gläubiger berechtigt, die Herausgabe der Sachen zu verlangen, wenn die Schuldner nicht unverzüglich die Restschuld bezahlen. Der Gläubiger ist berechtigt, die Sachen in dem erforderlichen Umfang nach pflichtgemäßem Ermessen zu verwerten, ohne an die Vorschriften über den Pfandverkauf gebunden zu sein. Den Erlös hat der Gläubiger zur Befriedigung seiner Ansprüche zu verwenden und den Überschuss an die Schuldner – zu je ½ Anteil – auszuzahlen.

VII.

Die Kosten dieses Vertrages und seiner Durchführung zahlen die Schuldner.

Berlin, den (…)

H. Internationales Privatrecht

I. Bedeutung, Definition und Aufgabe des „Internationalen Privatrechts"

Das Internationale Privatrecht gewinnt in der notariellen Praxis von Jahr zu Jahr ständig an Bedeutung. **1667** Ausdruck einer stetig wachsenden Internationalisierung in den persönlichen und wirtschaftlichen Beziehungen ist der Zuzug von Millionen von Ausländern nach Deutschland,[281] der Wegzug von zahlreichen Deutschen ins Ausland und damit verbunden eine ansteigende Zahl von Ehen zwischen Ausländern und Deutschen sowie ein vermehrter Erwerb von Vermögen – insbesondere von Immobilien – in Deutschland durch Ausländer bzw. im Ausland durch Deutsche. So wird die notarielle Tätigkeit zunehmend durch Sachverhalte mit Auslandsberührung geprägt. Und die Beurkundungspflicht des deutschen Notars besteht selbstverständlich auch bei Sachverhalten mit Auslandsberührung, insbesondere also auch im Falle der Beteiligung von Ausländern.

Auslandsberührung weisen z.B. die folgenden notarrelevanten Fälle auf: **1668**

a) Ein 18-jähriger Japaner möchte eine Eigentumswohnung in Berlin kaufen.
b) Ein mit einer Portugiesin verheirateter Portugiese möchte sein Einfamilienhaus in Dresden verkaufen.
c) Ein italienisches Ehepaar möchte ein Baugrundstück in Bonn kaufen.
d) Eine Deutsche möchte eine Ferienwohnung auf Mallorca kaufen.
e) Ein seit vielen Jahren in Aachen lebendes niederländisches Ehepaar möchte einen Erbvertrag errichten.
f) Ein mit letztem gewöhnlichen Aufenthalt in Deutschland lebender italienischer Erblasser verstirbt und hinterlässt Grundbesitz in Deutschland und in Italien. Die Erben benötigen einen Erbnachweis u.a. für den Verkauf des Grundbesitzes in beiden Ländern.
g) Ein deutsch-griechisches Ehepaar aus Düren möchte einen Ehevertrag abschließen und Gütertrennung vereinbaren.
h) Zwei türkische Unternehmer möchten in Jena eine GmbH gründen.

Bei allen Fällen mit Auslandsberührung stellt sich die Frage, welches Recht – das deutsche oder ein ausländisches Recht – auf den konkreten Sachverhalt anwendbar ist. **1669**

---

281 Nach aktuellen Angaben des Statistischen Bundesamtes in Wiesbaden – vgl. www.destatis.de – haben zurzeit mehr als 12 % der in Deutschland lebenden Bürger eine ausländische Staatsangehörigkeit.

Art. 3 Einführungsgesetz zum Bürgerlichen Gesetzbuch (EGBGB) bestimmt:

„Soweit nicht ... (unmittelbar anwendbares EU-Recht oder völkerrechtliche Vereinbarungen) ... maßgeblich sind, bestimmt sich das anzuwendende Recht bei Sachverhalten mit einer Verbindung zu einem ausländischen Staat nach den Vorschriften dieses Kapitels (internationales Privatrecht)."

Das Internationale Privatrecht (IPR) beantwortet also „lediglich" die Frage, welches Recht in einem Fall mit Auslandsberührung anzuwenden ist.

Das IPR löst nicht die konkrete materiellrechtliche Frage des Falles (z.B. ist ein 18-jähriger Japaner geschäftsfähig oder von wem wird ein italienischer Erblasser beerbt?). Diese Frage löst das konkrete materielle Recht (Sachrecht) – das deutsche oder ein ausländisches Recht –, das vom IPR zur Anwendung bestimmt worden ist. Das IPR enthält somit auch **keine Sachnormen**, sondern lediglich **Kollisionsnormen**, d.h. Normen, die sich mit dem „Zusammenstoß" bzw. dem „Zusammentreffen" von eigenem und fremdem Recht befassen.

1670 *Beispiele für Kollisionsnormen im EGBGB sind*

- ◼ Art. 7 Abs. 1 S. 1 EGBGB „Die Rechtsfähigkeit und Geschäftsfähigkeit einer Person unterliegen dem Recht des Staates, dem die Person angehört."
- ◼ Art. 22 Abs. 1 S. 1 EGBGB: „Die Annahme als Kind unterliegt dem Recht des Staates, dem der Annehmende bei der Annahme angehört."
- ◼ Art. 43 Abs. 1 EGBGB: „Rechte an einer Sache unterliegen dem Recht des Staates, in dem sich die Sache befindet."

Beispiel für Kollisionsnormen im EU-Recht

- ◼ Art. 21 Abs. 1 EU-Erbrechtsverordnung: „Sofern in dieser Verordnung nichts anderes vorgesehen ist, unterliegt die gesamte Rechtsnachfolge von Todes wegen dem Recht des Staates, in dem der Erblasser im Zeitpunkt seines Todes seinen gewöhnlichen Aufenthalt hatte."
- ◼ Art. 26 Abs. 1 lit. a) EU-Güterrechtsverordnung: „Mangels einer Rechtswahlvereinbarung nach Artikel 22 unterliegt der eheliche Güterstand dem Recht des Staates, in dem die Ehegatten nach der Eheschließung ihren ersten gemeinsamen gewöhnlichen Aufenthalt haben, [...]."

1671 Probleme des Internationalen Privatrechts spielen in der notariellen Praxis vor allem in folgenden Bereichen eine Rolle:

- ◼ Grundstücksgeschäfte – insbesondere Kauf-, Schenkungs- und sonstige Übertragungsverträge – unter Beteiligung von ausländischen Staatsangehörigen auf der Veräußerer- und/oder Erwerberseite
- ◼ Vollmachten für Grundstücksgeschäfte im Ausland (Verkauf/Kauf einer Eigentumswohnung auf Mallorca)
- ◼ Eheverträge, Scheidungsfolgenvereinbarungen und Adoptionsanträge unter Beteiligung von ausländischen Staatsangehörigen
- ◼ Verfügungen von Todes wegen von ausländischen Staatsangehörigen
- ◼ Verfügungen von Todes wegen von deutschen Staatsangehörigen mit gewöhnlichem Aufenthalt und/oder Vermögenswerten (insbesondere Immobilien) im Ausland
- ◼ Erbscheinsanträge, Anträge auf Erteilung von Testamentsvollstreckerzeugnissen oder Anträge auf Erteilung von europäischen Nachlasszeugnissen nach deutschen oder ausländischen Erblassern mit letztem gewöhnlichen Aufenthalt in Deutschland oder im Ausland mit Nachlassvermögen im In- und/oder Ausland.

1672 Schwerpunkte für die Notarfachangestellten bilden in diesem Rahmen zum einen die Vorbereitung von Grundstücksgeschäften unter Beteiligung von ausländischen Staatsangehörigen (erste Kontaktaufnahme mit den Vertragsbeteiligten, Beschaffung der vertragsrelevanten Daten wie z.B. Staatsangehörigkeit, bei Ehegatten oder eingetragenen Lebenspartnern Heiratszeitpunkt und Heiratsort, gewöhnlicher Aufenthalt und Wohnsitz zum Zeitpunkt der Eheschließung bzw. der Begründung der eingetragenen Lebenspartnerschaft sowie Güterstand der Vertragsbeteiligten bis hin zur Entwurfsfertigung) und zum anderen die Vorbereitung von Erbscheinsanträgen, Anträgen auf Erteilung von Testamentsvollstreckerzeugnissen oder

Anträgen auf Erteilung von europäischen Nachlasszeugnissen sowie die Vorbereitung einfacherer Verfügungen von Todes wegen sowie von Pflichtteilsverzichtsverträgen (Zusammenstellung der Informationen zur Person des Erblassers wie Staatsangehörigkeit, aktueller gewöhnlicher Aufenthalt, weitere Lebensplanung im Hinblick auf einen etwaigen Umzug ins Ausland, Bestimmung von Art, Umfang und Lage des Nachlassvermögens im In- und Ausland usw. sowie gegebenenfalls Entwurfsfertigung).

Anhand der nachfolgenden Ausführungen sollen den Notarfachangestellten zunächst die IPR-rechtlichen **1673** Grundlagen für die Prüfung eines Falles mit Auslandsberührung vermittelt werden. In diesem Rahmen werden erst einige elementare Grundbegriffe des IPR erläutert und dann die Methodik der Fallbearbeitung anhand von Beispielsfällen anhand des deutschen EGBGB in Grundzügen dargestellt. Anschließend werden dann Grundprobleme des Grundstückskaufvertrages unter Beteiligung ausländischer Staatsangehöriger behandelt und in diesem Rahmen die zentralen familienrechtlichen Kollisionsnormen der Art. 14 und 15 EGBGB aF. sowie der relevanten Vorschriften der in diesem Bereich seit dem 29.1.2019 geltenden Regelungen der EU-Güterrechtsverordnungen (= Verordnung der Europäischen Union Nr. 1103/2016 vom 24.6.2016 zur Durchführung einer Verstärkten Zusammenarbeit im Bereich der Zuständigkeit, des anzuwendenden Rechts und der Anerkennung und Vollstreckung von Entscheidungen in Fragen des ehelichen Güterstands [EU-GüVO] und Verordnung der Europäischen Union Nr. 1104/2016 vom 24.6.2016 zur Durchführung der Verstärkten Zusammenarbeit im Bereich der Zuständigkeit, des anzuwendenden Rechts und der Anerkennung und Vollstreckung von Entscheidungen in Fragen güterrechtlicher Wirkungen eingetragener Partnerschaften [EU-PartVO]) beleuchtet. In diesem Zusammenhang wird es notwendig sein, auch die bisher geltenden Bestimmungen der Art. 14, 15 EGBGB aF. zu skizzieren, da die Regelungen der EU-Güterrechtsverordnung für Ehen gelten, die erst nach dem 29.1.2019 geschlossen wurden bzw. werden. Es folgt schließlich eine Erörterung von grundlegenden Fragen im Zusammenhang mit der Beantragung und Erteilung von Erbscheinen mit Auslandsberührung und europäischen Nachlasszeugnissen, wobei in diesem Rahmen zunächst die für Erbfälle ab dem 17.8.2015 einschlägige EU-Erbrechtsverordnung (= Verordnung der Europäischen Union Nr. 650/2012 vom 4.7.2012 über die Zuständigkeit, das anzuwendende Recht, die Anerkennung und Vollstreckung von Entscheidungen, die Annahme und Vollstreckung öffentlicher Urkunden in Erbsachen, sowie zur Einführung eines Europäischen Nachlasszeugnisses – im Folgenden kurz EU-ErbVO) in Grundzügen vorgestellt wird, dann die Ermittlung des auf einen Erbfall anwendbaren Erbrechts nach den Vorschriften der EU-ErbVO dargestellt und die Frage der internationalen Zuständigkeit der deutschen Nachlassgerichte für die Erteilung von europäischen Nachlasszeugnisssen einerseits und deutschen Erbscheinen mit Auslandsberührung andererseits erörtert wird. Es folgt eine ausführlichere Vorstellung sowohl des neuen Instituts des europäischen Nachlasszeugnisses als auch von deutschen Erbscheinen mit Auslandsberührung, die dann mit der Lösung mehrerer praxisrelevanter Beispielsfälle einschließlich Muster-Formulierungsvorschlägen abgeschlossen wird. Schließlich werden noch einige für die notarielle Praxis wichtige Hinweise für die Vorbereitung von Verfügungen von Todes wegen (Erbverträge und Testamente) sowie Pflichtteilsverzichtsverträgen mit Musterformulierungen gegeben.

II. Prüfung eines Falles mit Auslandsberührung

1. Sachverhalt mit Auslandsberührung

a) Fallkonstellationen mit Auslandsberührung
Ein Sachverhalt mit Auslandsberührung liegt z.B. vor, wenn **1674**

- ein Urkundsbeteiligter nicht ausschließlich die deutsche Staatsangehörigkeit besitzt, also ein „Nur-Ausländer" (z.B. der Verkäufer hat ausschließlich die italienische Staatsangehörigkeit) oder ein „Auch-Deutscher" (z.B. der Käufer hat sowohl die deutsche als auch die US-amerikanische Staatsangehörigkeit) oder ein Staatenloser oder Personen mit einem besonderen Status wie Flüchtlinge, Asylberechtigte oder Spätaussiedler,
- ein Urkundsbeteiligter, gleich ob Deutscher oder Ausländer, seinen gewöhnlichen Aufenthalt oder seinen Wohnsitz im Ausland hat,
- der Gegenstand eines Rechtsgeschäfts (z.B. der Kaufgrundbesitz) oder Nachlassvermögen eines verstorbenen Erblassers im Ausland belegen ist,
- ein Rechtsgeschäft (z.B. ein Grundstückskaufvertrag) im Ausland vorgenommen werden soll,

- ein Rechtsgeschäft in Deutschland vorgenommen werden soll, das im Ausland gelten soll (z.B. Erteilung einer Vollmacht für den Verkauf einer Eigentumswohnung auf Mallorca),
- wenn eine juristische Person (z.B. GmbH oder AG) oder eine Personengesellschaft (z.B. OHG oder KG) oder deren Zweigniederlassung ihren Sitz im Ausland hat oder nach einer ausländischen Rechtsordnung gegründet worden ist,
- wenn die Urkundsbeteiligten die Geltung ausländischen Rechts vereinbart haben oder vereinbaren wollen.

b) Anhaltspunkte für eine Auslandsberührung

1675   Zuverlässige Anhaltspunkte für einen Fall mit Auslandsberührung sind insbesondere für die Notarfachangestellten, die zumeist den ersten Kontakt mit den Urkundsbeteiligten aufnehmen,

- Erklärungen der Beteiligten (z.B. Angaben über Staatsangehörigkeit, gewöhnlichen Aufenthalt bzw. Wohnsitz, ggf. auch Geburtsort im Ausland, Vermögenswerte, die sich im Ausland befinden),
- Unterlagen, die eingereicht werden (z.B. ausländische Ausweispapiere, Geburtsurkunden, ausländische Urkunden wie z.B. ein Grundbuch- oder ein Registerauszug).

1676   Wenn keine objektiv erkennbaren Anhaltspunkte für eine Auslandsberührung vorliegen, besteht für den Notar und seine Mitarbeiter nach herrschender Auffassung keine Pflicht, nach einer Auslandsberührung zu forschen. Es sollten aber Anhaltspunkte erkannt werden, die auf eine Auslandsberührung hinweisen, wie z.B. äußeres Erscheinungsbild (Hautfarbe, u.s.w.), Sprache und Akzent oder ausländisch klingende Vor- und Familiennamen. Hierbei handelt es sich allerdings heute nicht mehr um zuverlässige Indizien.

1677   *Beispiel*

Ein im Notariat vorsprechender Grundstücksverkäufer, der farbige, die deutsche Sprache mit einem starken amerikanischen Akzent sprechende ledige William Earp, hat aufgrund seiner ausschließlich deutschen Staatsangehörigkeit und seines gewöhnlichen Aufenthaltes in Deutschland im Hinblick auf den geplanten Verkauf des in Leipzig belegenen Grundbesitzes keinerlei fallrelevante Auslandsberührung.

1678   Ist jedoch eine Auslandsberührung objektiv erkennbar, so müssen der Notar und seine Mitarbeiter auf Angaben und Informationen der Beteiligten hinwirken, um entweder die Möglichkeit der Geltung ausländischen Rechts auszuschließen oder die Beteiligten auf die Möglichkeit der Geltung ausländischen Rechts hinzuweisen oder im Einzelfall dann auf der Grundlage des geltenden ausländischen Rechts beraten und gestalten zu können.

2. Rechtsquellen des Internationalen Privatrechts

1679   Wichtig ist zunächst die Feststellung, dass jede Rechtsordnung ihr eigenes Internationales Privatrecht hat. Es gibt von daher kein universell geltendes Internationales Privatrecht, sondern so viele Internationale Privatrechte wie es Staaten gibt. Der deutsche Rechtsanwender (Notar, Richter, Rechtspfleger, Rechtsanwalt) geht bei seiner Fallprüfung immer vom deutschen IPR aus. Und insbesondere der Notar muss das deutsche IPR (dieses umfasst auch EU-Kollisionsrecht, das in Deutschland unmittelbar gilt, z.B. die EU-ErbVO), welches deutsches, und nicht etwa ausländisches Recht ist, beherrschen und auch darüber belehren.

1680   Die bislang über Jahrzehnte wichtigste Rechtsquelle für das deutsche IPR war das EGBGB.[282] Das Kapitel „Internationales Privatrecht", das die Art. 3 bis 46 umfasst (vgl. auch die Übergangsregelungen des Art. 220), ist mehrfach grundlegend geändert worden, erstmals durch das Gesetz zur Neuregelung des Internationalen Privatrechts vom 25.7.1986 (BGBl I, S. 1142), in Kraft getreten am 1.9.1986. Daneben finden sich Vorschriften des deutschen IPR auch vereinzelt in einigen deutschen Spezialgesetzen (z.B. Asylverfahrensgesetz).

---

[282] Abrufbar unter www.gesetze-im-internet.de/bgbeg.

Eine wichtige Rechtsquelle, die von der Rangfolge her noch vor dem EGBGB zu nennen ist, die von Jahr zu Jahr zunehmend an Bedeutung gewinnt, und die die Vorschriften des EGBGB mehr und mehr ablöst, sind die unmittelbar anwendbaren Regelungen der Europäischen Gemeinschaft (insbesondere die EU-Erbrechtsverordnung, das Haager Unterhaltsprotokoll und die sogenannten Rom I, II und III-Verordnungen zu den vertraglichen und außervertraglichen Schuldverhältnissen sowie zum Ehescheidungs- und Trennungsrecht; vgl. zu den genauen Bezeichnungen Art. 3 EGBGB in der aktuellen Fassung) sowie die völkerrechtlichen Verträge bzw. Staatsverträge, welche Deutschland mit anderen Staaten (bilaterale Verträge, z.B. das deutsch-iranische Niederlassungsabkommen, der deutsch-türkische Konsularvertrag oder der deutsch-sowjetische Konsularvertrag; vgl. Rdn 1736 ff., 1819 ff.) oder mit Staatengruppen oder im Rahmen von Internationalen Organisationen (multilaterale Verträge, z.B. Haager Testamentsformabkommen oder Genfer Abkommen über die Rechtsstellung von Flüchtlingen) abgeschlossen hat. Nach Art. 3 EGBGB gehen diese Regelungen, soweit sie unmittelbar anwendbares deutsches Recht geworden sind, den Vorschriften des EGBGB vor. In den für die Notarfachangestellten praxisrelevanten Fällen (vgl. Rdn 1724 ff.) spielten diese immer vorrangig zu prüfenden EU-Regelungen, völkerrechtlichen Verträge und Staatsverträge jedoch bislang nur sehr selten eine Rolle. Seit dem 17.8.2015 hat jedoch im Bereich des Erbkollisionsrechts die EU-ErbVO vom 4.7.2012 das bisher geltende deutsche IPR (Art. 25 Abs. 1 EGBGB aF.) vollständig verdrängt. Seit dem 29.1.2019 ist auch die bislang zentrale Vorschrift des Art. 15 EGBGB aF. für die Anknüpfung im Ehegüterrecht für Ehen, die ab dem Tage des Inkrafttretens der EU-Verordnungen zum ehelichen Güterrecht (EU-GüVO) und zum Güterrecht eingetragener Lebenspartnerschaften (EU-PartVO) geschlossen werden, durch die Kollisionsnormen dieser Verordnungen ersetzt worden. Somit weicht das deutsche IPR des EGBGB von Jahr zu Jahr mehr den europäischen Kollisionsvorschriften. **1681**

3. Anknüpfungsgegenstand und Anknüpfungspunkt

Wenn die Untersuchung des Sachverhaltes eine Auslandsberührung ergeben hat, ist nunmehr zu prüfen, welches materielle Recht – Sachrecht – auf den Fall anzuwenden ist. Hierzu muss die einschlägige Kollisionsnorm gesucht werden, die auf das anzuwendende Recht verweist. Sofern keine speziellen Regelungen in völkerrechtlichen Verträgen oder in unmittelbar anwendbarem EU-Recht vorliegen, ist die Kollisionsnorm dann – da der deutsche Rechtsanwender bei seiner Fallprüfung immer vom deutschen IPR ausgeht –, in erster Linie im EGBGB zu suchen. Liegt vorrangiges, in Deutschland unmittelbar anwendbares EU-Recht vor, wie z.B. die EU-Erbrechtsverordnung vom 4.7.2012 für Erbfälle ab dem 17.8.2015, ist die Kollisionsnorm im Rahmen des einschlägigen EU-Rechts, das dann auch Teil des deutschen IPR ist, zu suchen. **1682**

a) Anknüpfungsgegenstand

Ausgangspunkt für die Suche nach der einschlägigen Kollisionsnorm ist das materiellrechtliche Gebiet, in dem sich der zu untersuchende Fall bewegt (z.B. Geschäftsfähigkeit eines Urkundsbeteiligten, güterrechtliche Beziehungen zwischen Eheleuten, die eine Immobilie erwerben wollen, Adoption eines minderjährigen Kindes, Erbrecht nach einem verstorbenen Erblasser, usw.). Zu fragen ist also, welche Kollisionsnorm dieses materiell-rechtliche Gebiet behandelt oder welche Kollisionsnorm den entsprechenden **Anknüpfungsgegenstand** hat. **1683**

Beispiele im EGBGB **1684**

Art. 7 Abs. 1:	Die *Rechtsfähigkeit* und die *Geschäftsfähigkeit* einer Person unterliegen dem Recht …
Art. 10 Abs. 1:	Der *Name* einer Person unterliegt dem Recht des Staates …
Art. 14 Abs. 1:	Die *allgemeinen Wirkungen einer Ehe* unterliegen dem Recht …
Art. 22 Abs. 1:	Die *Annahme als Kind* unterliegt dem Recht …
Art. 40 Abs. 1:	*Ansprüche aus unerlaubter Handlung* unterliegen dem Recht …
Art. 43 Abs. 1:	*Rechte an einer Sache* unterliegen dem Recht …

> Beispiel im unmittelbar in Deutschland geltenden EU-Recht
>
> Art. 21 Abs. 1 EU-ErbVO: Die *Rechtsnachfolge von Todes wegen* unterliegt dem Recht …
>
> Art. 26 Abs. 1 EU-GüVO: Der *eheliche Güterstand* unterliegt dem Recht …

b) Anknüpfungspunkt

1685 Da Sachverhalte des IPR regelmäßig Beziehungen zu mehreren Rechtsordnungen aufweisen, muss die Kollisionsnorm den konkreten Fall nun mit einer bestimmten Rechtsordnung verbinden bzw. an eine bestimmte Rechtsordnung anknüpfen. Der jeweilige staatliche Gesetzgeber entscheidet sich in jeder Kollisionsnorm, welcher **Anknüpfungspunkt** für den konkreten Fall der wichtigste ist.

Der deutsche Gesetzgeber hat sich im EGBGB als wichtigsten Anknüpfungspunkt für die Staatsangehörigkeit entschieden.

1686 *Beispiele im EGBGB*

> Art. 7 Abs. 1: Die Rechtsfähigkeit und die Geschäftsfähigkeit einer Person unterliegen dem Recht des Staates, dem die Person angehört.
>
> Art. 10 Abs. 1: Der Name einer Person unterliegt dem Recht des Staates, dem die Person angehört.
>
> Art. 22 Abs. 1 S. 1 Die Annahme als Kind unterliegt dem Recht des Staates, dem der Annehmende bei der Annahme angehört.

1687 In einigen Fällen wird aber auch – zumeist ersatzweise – an den gewöhnlichen oder schlichten Aufenthalt angeknüpft.

> *Beispiele im EGBGB*
>
> Art. 14 Abs. 2 Ziff. 1 Die allgemeinen Wirkungen der Ehe unterliegen … dem Recht des Staates, in dem beide Ehegatten ihren gewöhnlichen Aufenthalt haben …
>
> Art. 19 Abs. 1 Die Abstammung eines Kindes unterliegt dem Recht des Staates, in dem das Kind seinen gewöhnlichen Aufenthalt hat.
>
> Art. 21 Das Rechtsverhältnis zwischen einem Kind und seinen Eltern unterliegt dem Recht des Staates, in dem das Kind seinen gewöhnlichen Aufenthalt hat.

1688 Weitere Anknüpfungspunkte im EGBGB sind u.a. die Belegenheit der Sache (z.B. Art. 43 EGBGB), der Ort der Vornahme des Rechtsgeschäfts (z.B. Art. 11 Abs. 1 oder Art. 39 Abs. 1 EGBGB), der Ort der Handlung des Ersatzpflichtigen bzw. der Ort des Eintritts des Verletzungserfolges (z.B. Art. 40 Abs. 1 EGBGB) oder die Rechtsordnung, nach der eine juristische Person oder Personengesellschaft gegründet wurde (= Gründungstheorie, diese gilt heute nach der Rechtsprechung des EuGH für alle mit Satzungssitz in einem EU-Mitgliedstaat gegründeten Gesellschaften) oder die Rechtsordnung des Sitzes einer juristischen Person oder Personengesellschaft (= Sitztheorie, diese gilt nach ständiger Rechtsprechung und überwiegender Lehre für Gesellschaften aus Nicht-EU-Mitgliedstaaten).

1689 Im Rahmen der zunehmend an Bedeutung gewinnenden Kollisionsnormen in unmittelbar anwendbaren Regelungen der Europäischen Gemeinschaft (insbesondere Verordnungen) ist der gewöhnliche Aufenthalt der zentrale Anknüpfungspunkt und nicht die Staatsangehörigkeit wie im deutschen IPR. Inzwischen hält auch der deutsche Gesetzgeber den gewöhnlichen Aufenthalt bei Neuregelungen für vorrangig (z.B. Art. 14 Abs. 2 Ziff. 1 EGBGB neuer Fassung).

Beispiele aus dem EU-Recht

Art. 21 Abs. 1 EU-ErbVO	Sofern in dieser Verordnung nicht anderes vorgesehen ist, unterliegt die gesamte Rechtsnachfolge von Todes wegen dem Recht des Staates, in dem der Erblasser im Zeitpunkt seines Todes seinen gewöhnlichen Aufenthalt hatte.
Art. 26 Abs. 1 EU-GüVO	„Mangels einer Rechtswahlvereinbarung nach Artikel 22 unterliegt der eheliche Güterstand dem Recht des Staates, in dem die Ehegatten nach der Eheschließung ihren ersten gemeinsamen gewöhnlichen Aufenthalt haben, […]."

Bei den in der Praxis des deutschen IPR (wozu auch das in Deutschland unmittelbar anwendbare EU-Recht gehört) am häufigsten verwendeten Anknüpfungspunkten ist Folgendes zu beachten:

aa) Staatsangehörigkeit

Welche Staatsangehörigkeit jemand besitzt, erwirbt oder verliert (z.B. durch Geburt, Adoption, Einbürgerung usw.), entscheidet allein das Staatsangehörigkeitsrecht des betreffenden Staates. Dies ist eine Frage des öffentlichen Rechts. In Deutschland befinden sich die Regelungen im Staatsangehörigkeitsgesetz (StAG).[283]   **1690**

Bei Personen, die staatenlos sind oder deren Staatsangehörigkeit nicht festgestellt werden kann, wird im Rahmen des Anwendungsbereichs des EGBGB gemäß Art. 5 Abs. 2 EGBGB an den gewöhnlichen Aufenthalt oder, mangels eines solchen, an den (schlichten) Aufenthalt angeknüpft (zur Behandlung von Staatenlosen im Rahmen der EU-ErbVO vgl. Rdn 1872).   **1691**

Bei Mehrstaatern wird im Rahmen des Anwendungsbereichs des EGBGB gemäß Art. 5 Abs. 1 EGBGB an die engste Verbundenheit der Person mit dem betreffenden Staat angeknüpft. Bei „Auch-Deutschen" hat die deutsche Staatsangehörigkeit gemäß Art. 5 Abs. 1 S. 2 EGBGB Vorrang. Der „Auch-Deutsche" wird somit vom deutschen Rechtsanwender wie ein „Nur-Deutscher" behandelt (zur Behandlung von Personen mit mehreren Staatsangehörigkeiten im Rahmen der EU-ErbVO vgl. Rdn 1837 ff.).   **1692**

Zum Teil sehr komplizierte Sonderregelungen gibt es für spezielle Personengruppen wie Flüchtlinge, Asylberechtigte oder Vertriebene.[284]   **1693**

bb) Gewöhnlicher Aufenthalt

Der Begriff des gewöhnlichen Aufenthaltes ist gesetzlich im Rahmen des EGBGB nicht definiert. Literatur und Rechtsprechung verstehen hierunter den Daseinsmittelpunkt bzw. den Schwerpunkt der Lebensverhältnisse einer natürlichen Person (zum Begriff des gewöhnlichen Aufenthalts im Rahmen der EU-ErbVO vgl. Rdn 1845).   **1694**

Im Unterschied zur deutschen Rechtsordnung knüpfen verschiedene ausländische Rechtsordnungen schwerpunktmäßig nicht an die Staatsangehörigkeit, sondern an den gewöhnlichen Aufenthalt oder Wohnsitz einer Person an (z.B. Dänemark und Schweden). Insbesondere die anglo-amerikanischen Staaten wie England, Schottland, Kanada, Australien und die USA knüpfen an das so genannte „Domizilrecht" *(domicile)* an. Hierunter versteht man aus Sicht dieser Rechtsordnungen den Ort, an dem sich ein Mensch ständig aufhält mit der Absicht, dort auch dauerhaft zu bleiben.   **1695**

cc) Belegenheit der Sache („lex rei sitae")

Wiederum andere ausländische Rechtsordnungen knüpfen im Rahmen verschiedener Anknüpfungsgegenstände (z.B. Güterrecht und Erbrecht) bezüglich Immobilien an den jeweiligen Lageort der Immobilien an *(lex rei sitae)*; so z.B. im Bereich des Ehegüterrechts die anglo-amerikanischen Staaten wie England, Schottland, Kanada, Australien und mit Einschränkungen auch ein Großteil der US-amerikanischen Bundesstaaten oder im Bereich des Erbrechts ebenfalls diese anglo-amerikanischen Staaten, die meisten   **1696**

---

283 Staatsangehörigkeitsgesetz vom 22.7.1913, RGBl S. 583 in der aktuellen Fassung vom 19.6.2020, abrufbar unter www.gesetze-im-internet.de/stag.

284 Vgl. hierzu *Hausmann/Odersky*, § 2 Rn 42 ff.

Nachfolgestaaten der ehemaligen Sowjetunion mit Ausnahme der baltischen Staaten sowie bis zur Anwendung der EU-ErbVO am 17.8.2015 die europäischen Staaten des romanischen Rechtskreises wie z.B. Belgien, Luxemburg und Frankreich. Da die vorstehenden Rechtsordnungen in den vorgenannten Bereichen hinsichtlich des beweglichen Vermögens überwiegend einen anderen Anknüpfungspunkt wählen (z.B. den gewöhnlichen Aufenthalt bzw. das Domizil), kann es bei der Anknüpfung zu so genannten **„Spaltungen"** kommen. D. h. durch die unterschiedliche Anknüpfung von beweglichem und unbeweglichem Vermögen unterliegen die beiden Vermögensmassen u.U. verschiedenen Rechtsordnungen (im Einzelnen für den Bereich des Ehegüterrechts siehe unten Rdn 1780 ff. und für den Bereich des Erbrechts im Rahmen der EU-ErbVO vgl. Rdn 1849 ff.).

4. Methodik der Fallbearbeitung für die Ermittlung der anzuwendenden Rechtsverweisung, Rückverweisung, Weiterverweisung

1697 Die Prüfung eines Falles vollzieht sich immer in zwei verschiedenen Stufen:

1. Stufe: IPR mit Kollisionsnormen: Hier wird das auf den Fall anwendbare Recht ermittelt.
2. Stufe: anwendbares materielles Recht (Sachrecht): Hier wird anhand des auf der 1. Stufe ermittelten Sachrechts die konkrete Rechtsfrage beantwortet.

Die Prüfung dieser beiden Stufen ist streng zu unterscheiden!

1698 Das anwendbare Recht wird auch als „Statut" bezeichnet. So heißt das auf die Rechtsnachfolge von Todes wegen anwendbare Recht „Erbstatut" oder das auf die güterrechtlichen Wirkungen einer Ehe anwendbare Recht „Güterrechtsstatut".

1699 *Beispiel*

Die Ausgangsfrage lautet, ob ein lediger 18-jähriger Japaner für den Abschluss eines Grundstückskaufvertrages in Berlin die erforderliche Geschäftsfähigkeit besitzt.

Hier ist zunächst auf der 1. Stufe vom deutschen IPR ausgehend das auf die Geschäftsfähigkeit des Japaners anwendbare Recht zu ermitteln. Erst dann ist auf der 2. Stufe anhand des vom IPR zur Anwendung berufenen Sachrechts zu prüfen, ob nach diesem Recht ein 18-jähriger Japaner geschäftsfähig ist (zur Lösung dieses Falles vgl. Rdn 1723).

1700 Wie bereits oben ausgeführt, geht der deutsche Rechtsanwender (Notar, Richter, Rechtspfleger, Rechtsanwalt) bei seiner Fallprüfung immer vom deutschen IPR, also vom deutschen Kollisionsrecht, gegebenenfalls aber auch von vorrangigen unmittelbar anwendbaren Regelungen der Europäischen Gemeinschaft oder völkerrechtlichen Verträgen oder Staatsverträgen (z.B. von den Kollisionsvorschriften der EU-ErbVO oder der EU-GüVO), aus. Die nachfolgende Methodik der Fallbearbeitung bezieht sich auf die bislang fast ausschließlich einschlägigen Anknüpfungen nach dem deutschen EGBGB. Sie ist somit im Rahmen der nachfolgenden Ausführungen insbesondere für das Ehe- bzw. Ehegüterrecht, aber auch für sonstige im EGBGB noch geregelte Rechtsgebiete, wie die Rechts- und Geschäftsfähigkeit, das Namensrecht, das Adoptionsrecht oder das Sachenrecht, einschlägig. Die im Rahmen des unmittelbar in Deutschland geltenden EU-Rechts geregelten Anknüpfungen folgen ganz oder teilweise anderen Grundsätzen. Die entsprechende Vorgehensweise für die Ermittlung des anzuwendenden Rechts im Rahmen der für das Güterrecht nunmehr einschlägigen EU-GüVO wird nachfolgend unter Rdn 1788 ff., der für das Erbrecht nunmehr einschlägigen EU-ErbVO unter Rdn 1837 ff. näher behandelt.

1701 Die Anwendung einer Kollisionsnorm im EGBGB kann zu drei unterschiedlichen Ergebnissen führen:

a) Die Kollisionsnorm bestimmt, dass die eigene Rechtsordnung (deutsches Recht) anwendbar ist.
b) Die Kollisionsnorm bestimmt, dass eine ausländische Rechtsordnung berufen ist.
c) Die Kollisionsnorm ermöglicht eine Rechtswahl.

Beispiele 1702

zu a) Ein deutsch-portugiesisches Ehepaar lebt seit Jahren in Dresden und heiratet auch dort. Die güterrechtlichen Wirkungen der Ehe, soweit diese vor dem 29.1.2019 geschlossen wurde, unterliegen gemäß Art. 15 Abs. 1 EGBGB i.V.m. Art. 14 Abs. 1 Nr. 2 EGBGB aF. wegen des gemeinsamen gewöhnlichen Aufenthaltes der Ehegatten zum Zeitpunkt der Eheschließung in Deutschland dem deutschen Recht.

Zu b) Beide Ehegatten haben seit ihrer Geburt die niederländische Staatsangehörigkeit; sie leben seit vielen Jahren in Düsseldorf und heiraten auch dort. Wegen der gemeinsamen niederländischen Staatsangehörigkeit der Ehegatten zum Zeitpunkt der Eheschließung (vor dem 29.1.2019) verweisen Art. 15 Abs. 1 EGBGB i.V.m. Art. 14 Abs. 1 Nr. 1 EGBGB aF. auf das niederländische Recht.

zu c) Ein in Wuppertal lebendes italienisches Ehepaar möchte eine Eigentumswohnung in Wuppertal zu je ½ Anteil erwerben. Dies setzt die Anwendbarkeit des deutschen Rechts (z.B. mit dem gesetzlichen Güterstand der Zugewinngemeinschaft) voraus, da nach italienischem Recht als gesetzlicher Güterstand eine Errungenschaftsgemeinschaft der Ehegatten bestünde und somit nur in dieser Errungenschaftsgemeinschaft erworben werden könnte, soweit die Ehe vor dem 29.1.2019 geschlossen wurde. In einem solchen Fall ermöglichte bereits früher Art. 15 Abs. 2 EGBGB aF. unter bestimmten Voraussetzungen eine Rechtswahl zum deutschen Recht. Nunmehr ist eine solche Rechtswahl nach Art. 22 Abs. 1 EU-GüVO möglich.

a) Verweisung auf das deutsche Recht

aa) Grundsatz der einheitlichen Verweisung auf das eigene Sachrecht

Die Verweisung auf das eigene Recht ist immer eine Verweisung auf das eigene materielle Recht (Sachrecht). Verweist also eine Kollisionsnorm des deutschen IPR bei einem Fall mit Auslandsberührung auf das deutsche Recht, so ist auch grundsätzlich ohne weitere Prüfung einheitlich deutsches Sachrecht auf den Fall anzuwenden. 1703

Beispiel 1704

Ein deutsch-portugiesisches Ehepaar lebt seit Jahren in Bonn und heiratet auch dort. Nach welchem Recht beurteilen sich die güterrechtlichen Wirkungen der Ehe der Ehegatten, wenn diese ihre Ehe vor dem 29.1.2019 geschlossen haben? Art. 15 Abs. 1 EGBGB i.V.m. Art. 14 Abs. 1 Nr. 2 EGBGB aF. knüpft wegen des gemeinsamen gewöhnlichen Aufenthaltes der Ehegatten zum Zeitpunkt der Eheschließung an das deutsche Recht an. Es bleibt in diesem Fall somit bei der Anwendung des deutschen Sachrechts.

Die Verweisung auf das deutsche Sachrecht umfasst grundsätzlich das gesamte, für den jeweiligen Rechtsbereich (Anknüpfungsgegenstand) relevante Vermögen. So unterliegt z.B. im Bereich des ehelichen Güterrechts grundsätzlich das gesamte Vermögen der Ehegatten dem deutschen Recht oder im Bereich des Sachenrechts beurteilen sich die Rechte an einer Sache grundsätzlich hinsichtlich des gesamten Vermögens einer Person nach deutschem Recht.

bb) Bisherige Ausnahme für im Ausland belegenes unbewegliches Vermögen nach Art. 3a Abs. 2 EGBGB aF.

Eine wichtige Ausnahme der einheitlichen Verweisung auf das deutsche Sachrecht enthielt bis vor Kurzem Art. 3a Abs. 2 EGBGB, eine vom Wortlaut her nur sehr schwer verständliche Norm. 1705

Art. 3a Abs. 2 EGBGB aF. bestimmte:

„*Soweit Verweisungen im Dritten Abschnitt (des EGBGB, also im Bereich des Internationalen Familienrechts) das Vermögen einer Person dem Recht eines Staates unterstellen, beziehen sie sich nicht auf Gegenstände, die sich nicht in diesem Staat befinden und nach dem Recht des Staates, in dem sie sich befinden, besonderen Vorschriften unterliegen.*"

Sofern also eine Kollisionsnorm im Bereich des Internationalen Familienrechts auf die eigene deutsche Rechtsordnung verwies, wurde diese Verweisung für einzelne Gegenstände oder Gruppen von Gegenständen durchbrochen, sofern sich diese im Ausland befanden und der betreffende Lageort-Staat hierfür besondere Vorschriften vorsah („Einzelstatut bricht Gesamtstatut"). Solche für die Praxis wichtigen „besonderen Vorschriften" waren z.B. Kollisionsnormen eines ausländischen IPR, die eine besondere Anknüpfung für unbewegliches Vermögen vorsahen, indem sie diesbezüglich an das Recht der Belegenheit der Sache (lex rei sitae) anknüpften, während für das bewegliche Vermögen z.B. an das Heimatrecht oder den Wohnsitz bzw. gewöhnlichen Aufenthalt der betroffenen Person (Ehegatten) angeknüpft wurde.

1706   Bereits nach Anwendbarkeit der EU-ErbVO am 17.8.2015 fand die Vorschrift des Art. 3a Abs. 2 EGBGB im Erbrecht keine Anwendung mehr. Entsprechend war auch Art. 3a Abs. 2 EGBGB für den Zeitraum nach dem 17.8.2015 neu gefasst worden und bezog sich nicht mehr auf den Vierten Abschnitt (Erbrecht) des EGBGB (vgl. auch unter Rdn 1857). Inzwischen hat der deutsche Gesetzgeber diese Vorschrift, die einen Sonderweg des deutschen IPR bildete, aufgrund ihres geringen Anwendungsbereichs ersatzlos gestrichen.

b) Verweisung auf ein ausländisches Recht

1707   Art. 4 Abs. 1 S. 1 EGBGB bestimmt:

> *„Wird auf das Recht eines anderen Staates verwiesen, so ist auch dessen Internationales Privatrecht anzuwenden, sofern dies nicht dem Sinn der Verweisung widerspricht."*

Dies ist eine zentrale Aussage für die Prüfung eines Falles mit Auslandsberührung. Bei der Verweisung auf eine ausländische Rechtsordnung handelt es sich also regelmäßig (d.h. von Ausnahmen abgesehen, die sich häufig schon aus dem Wortlaut der Kollisionsnorm ergeben) um eine **Gesamtverweisung**, d.h. eine Verweisung nicht nur auf die Sachvorschriften der ausländischen Rechtsordnung, sondern auch auf das ausländische IPR. Bedeutsame Konsequenz hieraus ist, dass die Prüfung des Falles nach der Verweisung auf das ausländische Recht durch das deutsche Kollisionsrecht noch nicht zu Ende ist. Das betreffende ausländische IPR muss nun entscheiden, wie die Prüfung weitergeht. Hier gibt es wiederum drei Möglichkeiten:

a) Das ausländische IPR nimmt die Verweisung an.
b) Das ausländische IPR verweist auf das deutsche Recht zurück.
c) Das ausländische IPR verweist an eine dritte Rechtsordnung weiter.

1708   Das Gegenteil von einer Gesamtverweisung ist die so genannte **Sachnormverweisung** (bislang in Art. 3a Abs. 1 EGBGB aF. normiert). Hier wird unmittelbar auf die Sachvorschriften der ausländischen Rechtsordnung unter Ausschluss des ausländischen IPR verwiesen. Sachnormverweisungen fanden bzw. finden sich im deutschen IPR bislang im Unterhaltsrecht (Art. 18 EGBGB, mittlerweile abgelöst durch das Haager Unterhaltsprotokoll), im Recht der eingetragenen Lebenspartnerschaften (Art. 17b Abs. 1 S. 1 EGBGB) und darüber hinaus bei Rechtswahlen (vgl. Art. 4 Abs. 2 EGBGB) – Rechtswahlmöglichkeiten enthalten z.B. Art. 14 Abs. 1 oder Art. 42 EGBGB – sowie in EU-rechtlich oder völkerrechtlich bzw. staatsvertraglich festgelegten Kollisionsnormen, wie z.B. Art. 22 EU-ErbVO (vgl. dazu unter Rdn 1856 ff.) oder Art. 22 EU-GüVO (vgl. dazu unter Rdn 1793 ff.).

1709   *Beispiel*

Wählen z.B. in Deutschland lebende italienische Ehegatten nach Art. 22 Abs. 1 lit. a) EU-GüVO für die güterrechtlichen Wirkungen ihrer Ehe das deutsche Recht, so ist diesbezüglich unmittelbar deutsches Güterrecht anwendbar.

1710   Wird auf ein ausländisches Recht eines Staates verwiesen, auf dessen Gebiet es mehrere unterschiedliche Rechtsordnungen gibt (z.B. in Spanien, Großbritannien oder in den USA), so bestimmt – sofern nicht das deutsche Internationale Privatrecht selbst die maßgebende Teilrechtsordnung bestimmt (z.B. durch eine ortsbezogene Anknüpfung wie der gewöhnliche Aufenthalt oder die Belegenheit der Sache) – das Recht dieses „Mehrrechtstaates" in Form einer Unteranknüpfung (z.B. in Spanien durch die Anknüpfung an die zivilrechtliche Gebietszugehörigkeit von spanischen Staatsangehörigen), welche Teilrechtsordnung im konkreten Fall anwendbar ist. Enthält das Recht des Mehrrechtsstaates (wie z.B. Großbritannien) keine derartige einheitliche Unteranknüpfung, so ist die Teilrechtsordnung anzuwenden, mit welcher der Sachverhalt am engsten verbunden ist (Art. 4 Abs. 3 EGBGB). Man spricht hier vom so genannten „**Interlokalen Privatrecht**".

Von „**Interpersonalem Privatrecht**" hingegen spricht man, wenn in einem Staat verschiedene Unterrechtsordnungen für unterschiedliche Religionsgemeinschaften existieren (z.B. im Iran für die Religionsgemeinschaften der Schiiten und der Sunniten). Hier entscheidet das interpersonale Recht dieses Staates, welche Unterrechtsordnung anwendbar ist.

Im Folgenden sollen nun die drei unterschiedlichen Reaktionsmöglichkeiten des ausländischen IPR auf die vom deutschen IPR ausgesprochene Gesamtverweisung näher behandelt werden.

aa) Annahme der Verweisung durch das ausländische IPR

Das vom deutschen IPR berufene ausländische IPR nimmt die Verweisung insbesondere dann an, wenn es denselben Anknüpfungspunkt wie das deutsche Recht wählt. Es kommen dann die Sachvorschriften der ausländischen Rechtsordnung zur Anwendung. **1711**

> *Beispiel* **1712**
>
> Ein polnisches Ehepaar lebt seit vielen Jahren in Frankfurt (Oder). Welches Recht ist auf die güterrechtlichen Wirkungen der vor dem 29.1.2019 geschlossenen Ehe anwendbar? Art. 15 Abs. 1 i.V.m. Art. 14 Abs. 1 Nr. 1 Alt. 1 EGBGB aF. verweist als Gesamtverweisung auf das polnische Recht einschließlich dessen IPR. Das polnische IPR knüpft ebenso an die gemeinsame Staatsangehörigkeit der Ehegatten an und nimmt die Verweisung somit an. Von daher ist polnisches (Sach-)Recht auf die güterrechtlichen Wirkungen der Ehe der polnischen Eheleute anwendbar.

bb) Rückverweisung des ausländischen IPR auf das deutsche Recht

Geht das vom deutschen IPR berufene ausländische IPR von einem anderen Anknüpfungspunkt aus, so kann es zu Rück- oder Weiterverweisungen kommen. Der Hauptgrund für solche Verweisungen liegt darin, dass viele ausländische Rechtsordnungen im Unterschied zum deutschen IPR nicht in erster Linie an die Staatsangehörigkeit, sondern bevorzugt an den gewöhnlichen Aufenthalt, den Wohnsitz bzw. das Domizil oder für Immobilien an die Belegenheit der Sache anknüpfen. **1713**

Verweist das ausländische IPR auf das deutsche Recht zurück, so wird diese Verweisung vom deutschen IPR immer angenommen (Art. 4 Abs. 1 S. 2 EGBGB), sodass in diesem Fall deutsches Sachrecht anwendbar ist. Es gibt somit kein „Ping-Pong-Spiel" des Hin-und-Her-Verweisens. **1714**

> *Beispiel* **1715**
>
> Das deutsche Ehepaar Walesa lebt seit vielen Jahren in Deutschland. Die Ehegatten besaßen zum Zeitpunkt der Eheschließung im Jahre 1995 beide noch die polnische Staatsangehörigkeit. Erst im Jahre 2001 haben beide Ehegatten die deutsche Staatsangehörigkeit erworben und die polnische Staatsangehörigkeit verloren. Welches Recht ist auf die güterrechtlichen Wirkungen der Ehe der Eheleute Walesa anwendbar? Art. 15 Abs. 1 i.V.m. Art. 14 Abs. 1 Nr. 1 EGBGB aF. verweisen wegen der gemeinsamen polnischen Staatsangehörigkeit der Ehegatten zum Zeitpunkt der Eheschließung auf das polnische Recht einschließlich dessen IPR. Auch das polnische IPR knüpft an die gemeinsame Staatsangehörigkeit der Ehegatten an, allerdings nicht unwandelbar zum Zeitpunkt der Eheschließung, sondern wandelbar an das jeweils geltende Heimatrecht der Ehegatten. Bis zum Staatsangehörigkeitswechsel der Ehegatten hat das polnische Recht die Verweisung somit angenommen, so dass bis dahin polnisches Ehegüterrecht anwendbar war. Nach dem Staatsangehörigkeitswechsel der Ehegatten verweist das polnische IPR aber auf das deutsche Recht zurück, das die Verweisung gemäß Art. 4 Abs. 1 S. 2 EGBGB annimmt. Es ist somit deutsches Ehegüterrecht als Sachrecht anwendbar, vgl. hierzu auch unten Rdn 1775.[285]

---

285 Die dargestellte Lösung des Falles entspricht der ganz herrschenden Meinung in der Rechtsprechung und Literatur, die davon ausgeht, dass die Wandelbarkeit eines ausländischen Güterstatuts auch im Rahmen der Rückverweisung auf das deutsche Recht zu beachten ist; eine andere Ansicht vertritt lediglich das OLG Nürnberg MittBayNot, 2011, 337.

cc) Weiterverweisung des ausländischen IPR auf eine dritte Rechtsordnung

1716　Verweist das ausländische IPR auf eine dritte Rechtsordnung weiter, so kann dies wiederum entweder in Form einer Gesamtverweisung oder in Form einer Sachnormverweisung erfolgen. Das ausländische IPR entscheidet selbst, in welcher Form die Verweisung erfolgt. Im Falle einer Sachnormverweisung ist dann das materielle Recht der dritten Rechtsordnung anwendbar. Im Falle einer Gesamtverweisung entscheidet wiederum das IPR der dritten Rechtsordnung, wie weiterhin angeknüpft wird.

1717　*Beispiel*

> Das deutsche Ehepaar Romanov lebt zurzeit in Warschau und beabsichtigt, in Deutschland eine Eigentumswohnung zu je ½ Anteil zu erwerben. Die Ehegatten besaßen zum Zeitpunkt der Eheschließung im Jahre 2000 beide noch die russische Staatsangehörigkeit. Erst im Jahre 2011 haben beide Ehegatten die deutsche Staatsangehörigkeit erworben und die russische Staatsangehörigkeit verloren. Ob der Erwerb der Immobilie zu je ½ Anteil möglich ist, hängt davon ab, welches Güterrecht auf die Ehe der Eheleute Romanov anwendbar ist. Art. 15 Abs. 1 i.V.m. Art. 14 Abs. 1 Nr. 1 EGBGB aF. verweisen wegen der gemeinsamen russischen Staatsangehörigkeit der Ehegatten zum Zeitpunkt der Eheschließung auf das russische Recht einschließlich dessen IPR. Das russische IPR (Art. 161 russ. FGB) knüpft wandelbar an den jeweiligen gemeinsamen Wohnsitz der Ehegatten an. Das russische IPR verweist somit wegen des aktuellen Wohnsitzes der Eheleute Romanov in Warschau an das polnische Recht weiter, und zwar als Sachnormverweisung (Art. 1190 russ. ZGB). Es ist somit polnisches Ehegüterrecht als Sachrecht anwendbar. In Polen ist die Errungenschaftsgemeinschaft der gesetzliche Güterstand, so dass ein Erwerb der Eigentumswohnung in Deutschland zu je ½ Anteil ausscheidet. Zur Möglichkeit einer Rechtswahl nach der EU-GüVO vgl. unten Rdn 1793 ff.

1718　Im Zusammenhang mit der Verweisung des deutschen IPR auf eine ausländische Rechtsordnung ist abschließend festzuhalten, dass der Notar – und dies gilt erst recht für seine Mitarbeiter – ausländisches Recht nicht kennen und über dessen Inhalt nicht belehren muss (§ 17 Abs. 3 S. 2 BeurkG). Nicht zum ausländischen Recht gehören aber neben dem deutschen IPR auch die IPR-Regelungen in unmittelbar anwendbaren Regelungen der Europäischen Gemeinschaft im Sinne von Art. 3 EGBGB, also vor allem in den EU-Verordnungen, insbesondere also in der EU-ErbVO und der EU-GüVO. Diese muss der Notar kennen und hierüber muss der Notar auch belehren. Führt die Verweisung einer Kollisionsnorm des deutschen IPR oder einer unmittelbar anwendbaren Regelung der Europäischen Gemeinschaft (zumeist in einer EU-Verordnung) zu einem ausländischen Recht, muss der Notar zwar die Beteiligten darauf hinweisen und dies in der Niederschrift vermerken (§ 17 Abs. 3 S. 1 BeurkG). Der Notar ist jedoch nicht zur Belehrung darüber verpflichtet, ob die durch die deutsche Kollisionsnorm oder durch die Kollisionsnorm des unmittelbar in Deutschland geltenden EU-Rechts ausgesprochene Verweisung auf das ausländische Recht von diesem angenommen wird oder nicht und wenn ja, welchen Inhalt das konkret anzuwendende ausländische materielle Recht hat. Dem Notar und seinen Mitarbeitern sollte es jedoch mit relativ leicht zugänglichen Hilfsmitteln möglich sein, zumindest die einschlägigen ausländischen IPR-rechtlichen Vorschriften in den zentralen Rechtsbereichen Ehegüterrecht und Erbrecht zu ermitteln, um so festzustellen, ob im Endeffekt deutsches oder ausländisches Sachrecht auf den konkreten Fall anzuwenden ist.[286] Der Notar ist nämlich bei der Lösung eines Falles auf der Grundlage des deutschen materiellen Rechts unabhängig davon „zu Hause", ob sich die Anwendbarkeit des deutschen Sachrechts unmittelbar aus der Verweisung durch eine Kollisionsnorm des deutschen IPR bzw. des unmittelbar in Deutschland geltenden EU-Rechts oder erst aufgrund einer Rück- oder Weiterverweisung durch das ausländische IPR ergibt.

1719　Als Hilfsmittel zur Ermittlung von ausländischen Kollisionsnormen – insbesondere in den praxisrelevanten Bereichen des Ehegüterrechts und des Erbrechts – bieten sich zum einen Standardwerke der notariel-

---

[286] Anders *Heinemann*, Kölner Formularbuch Grundstücksrecht, 3. Aufl. 2021, Kap. 5 Rn 93, der auf eine vom Notar nicht geschuldete Beratung über ausländisches Recht hinweist (§ 17 Abs. 3 BeurkG): *„Wer sich am Glasperlenspiel des internationalen Privatrechts berauscht, mag insoweit auf eigenes Risiko forschen …"*.

len Literatur an,[287] zum anderen aber auch verschiedene Gesetzessammlungen.[288] Eine besonders geeignete, hochqualifizierte und schnell zugängliche Hilfestellung bietet darüber hinaus die Gutachtenanfrage beim Deutschen Notarinstitut in Würzburg, die bei (komplexeren) Sachverhalten mit Auslandsberührung in der Regel zu empfehlen ist.

c) Ermöglichung einer Rechtswahl

Verschiedene Kollisionsnormen des deutschen IPR sowie des EU-Rechts ermöglichen eine Rechtswahl. **1720** Hierdurch wird es den Beteiligten überlassen, die auf den konkreten Fall anwendbare Rechtsordnung selbst zu bestimmen. Nahezu unbeschränkte Rechtswahlmöglichkeiten eröffnet das Schuldvertragsrecht (Art. 3 der EU-Verordnung [EG] Nr. 593/2008 [Rom I], die in Deutschland unmittelbar anwendbares Recht darstellt).

> *Beispiel* **1721**
>
> So können ein deutscher Verkäufer und ein deutscher Käufer für den Kaufvertrag über ein in Deutschland gelegenes Grundstück z.B. französisches Recht wählen und somit die strenge Formvorschrift des § 311b BGB umgehen. Das dingliche Rechtsgeschäft, die Auflassung, würde allerdings gemäß Art. 43 Abs. 1 EGBGB wegen des Anknüpfungspunktes der Belegenheit der Sache (*„lex rei sitae"*) zwingend ohne Rechtswahlmöglichkeit nach deutschem Recht beurteilt und somit der nach deutschem BGB vorgeschriebenen strengen Form des § 925 BGB unterfallen, wobei die für die Auflassung bestimmte Form nur durch deren Erklärung vor einem im Inland bestellten Notar gewahrt wird.[289]

Für die notarielle Praxis relevante Rechtswahlen enthalten Art. 14 Abs. 1 EGBGB (zuvor Art. 14 Abs. 2 **1722** und 3 EGBGB aF.) im Bereich der allgemeinen Ehewirkungen sowie seit dem 29.1.2019 Art. 22 EU-GüVO (zuvor Art. 15 Abs. 2 EGBGB aF.) im Bereich des ehelichen Güterrechts. Die bislang im Bereich des Erbrechts praxisrelevante Rechtswahl nach der Vorschrift des Art. 25 Abs. 2 EGBGB aF. ist aufgrund der Anwendbarkeit der EU-ErbVO seit dem 17.8.2015 nach Aufhebung dieser Vorschrift nicht mehr möglich. Die vorgenannten familienrechtlichen Rechtswahl-Vorschriften werden unten im Abschnitt III (siehe Rdn 1724 ff.) näher behandelt. Soweit eine Rechtswahl zulässig ist, können die Beteiligten nur auf die Sachvorschriften des betreffenden Staates verweisen, nicht auch auf das betreffende IPR (Art. 4 Abs. 2 EGBGB). Rück- und/oder Weiterverweisungen des ausländischen IPR sind somit nicht zu beachten.

> *Abschlussbeispiel:* **1723**
>
> Besitzt ein lediger 18-jähriger Japaner für den Abschluss eines Grundstückskaufvertrages in Berlin die erforderliche Geschäftsfähigkeit? – Hier wird zunächst auf der 1. Stufe das auf die Geschäftsfähigkeit des Japaners anwendbare materielle Recht ermittelt. Nach Art. 7 Abs. 1 S. 1 EGBGB unterliegen die Rechtsfähigkeit und die Geschäftsfähigkeit einer Person dem Recht des Staates, dem die Person angehört (**Personalstatut**). Das deutsche IPR verweist somit auf das japanische Recht in Form einer Gesamtverweisung, somit auch auf das japanische IPR. Art. 3 des japanischen Rechtsanwendungsgesetzes knüpft bei der Geschäftsfähigkeit wie das deutsche Recht an die Staatsangehörigkeit bzw. an das Heimatrecht der Person an. Das japanische Recht nimmt also die Verweisung an. Somit ist japanisches Sachrecht anwendbar. Nun wird auf der 2. Stufe anhand des anwendbaren japanischen materiellen Rechts die konkrete Frage nach der Geschäftsfähigkeit eines 18-jährigen Japaners überprüft. Die ein-

---

287 Z.B. Beck'sches Notar-Handbuch, 7. Aufl. München 2019; *Süß*, Erbrecht in Europa, 4. Aufl. 2020; *Süß/Ring*, Eherecht in Europa, 4. Aufl. 2021; *Hertel*, Würzburger Notarhandbuch, 5. Aufl. 2018, Teil 7, Kap. 2 Rn 74 und Kap. 3 Rn 56, Güterrechts- bzw. Erbstatute in verschiedenen Staaten.

288 Zu nennen ist insbesondere die Gesetzessammlung „Internationales Privat- und Verfahrensrecht", herausgegeben von *Erik Jayme/Rainer Hausmann*, München 2020; ferner die aktuellen Loseblatt-Sammlungen zu einzelnen Rechtsgebieten von *Bergmann/Ferid/Henrich* im Internationalen Ehe- und Kindschaftsrecht sowie *Ferid/Firsching/Dörner/Hausmann* im Internationalen Erbrecht.

289 Vgl. BGH NJW 2020, 1670 = DNotZ 2020, 742.

schlägige Sachnorm ist Art. 3 des japanischen Zivilgesetzbuchs. Danach wird die Volljährigkeit mit Vollendung des 20. Lebensjahres erreicht. Ergebnis: Der ledige 18-jährige Japaner hat nicht die für den Abschluss des Grundstückskaufvertrages erforderliche Geschäfts- bzw. Handlungsfähigkeit.

(Anmerkungen zum Muster siehe Rdn 1697 ff.)

III. Der Grundstückskaufvertrag unter Beteiligung ausländischer Staatsangehöriger

1724   Ein für Notarfachangestellte sehr praxisrelevanter Bereich sind Grundstücksverträge unter Beteiligung ausländischer Staatsangehöriger. Hier werden durch die erste Kontaktaufnahme mit den Beteiligten und die in diesem Rahmen gewonnenen Informationen (Staatsangehörigkeit, Familienstand, bei Verheirateten der Heiratszeitpunkt, der gemeinsame Wohnsitz bzw. der gewöhnliche Aufenthalt der Eheleute zum Zeitpunkt der Heirat und zum heutigen Zeitpunkt, Vorhandensein eines Ehevertrages usw.) entscheidende Weichen für die Vorbereitung und auch für die spätere Beurkundung gestellt. So können sich im Einzelfall schon in diesem frühen Stadium gewichtige Gründe für eine Ablehnung oder zumindest eine Verschiebung der Beurkundung ergeben. Im Folgenden wird schwerpunktmäßig der Grundstückskaufvertrag behandelt. Die in diesem Rahmen angestellte Untersuchung und die gefundenen Ergebnisse lassen sich aber in güterrechtlicher Hinsicht ohne weiteres auch auf andere Grundstücksverträge (z.B. Übertragungsverträge im Rahmen der vorweggenommenen Erbfolge, Schenkungsverträge, Tauschverträge usw.) übertragen.

1. Die einzelnen Problemfälle

1725   Keine Probleme entstehen bei unverheirateten – d.h. bei ledigen, geschiedenen oder verwitweten – und nicht in einer eingetragenen Lebenspartnerschaft lebenden ausländischen Vertragsbeteiligten. Im Falle der Beteiligung von verheirateten ausländischen oder mit einem Ausländer verheirateten deutschen Staatsangehörigen können Besonderheiten aus dem unter Umständen anwendbaren ausländischen Güterrecht resultieren. Die Fälle der Beteiligung von ausländischen Staatsangehörigen, die in einer eingetragenen Lebenspartnerschaft leben, werden im Folgenden nicht behandelt. Nach Art. 17b EGBGB unterliegen aber u.a. die vermögensrechtlichen Beziehungen von Lebenspartnern dem Recht des Staates, in dem die Lebenspartnerschaft registriert ist, und zwar unabhängig von der Nationalität der Lebenspartner, sodass zumindest für in Deutschland registrierte Lebenspartnerschaften immer das deutsche Recht zur Anwendung kommt. Hinsichtlich der Ermittlung des „Partnerschaftsstatuts" nach Art. 17b EGBGB wird verwiesen auf die Ausführungen in *Hausmann/Odersky* bzw. *Süß*.[290] Die durch die Beteiligung von verheirateten ausländischen oder mit einem Ausländer verheirateten deutschen Staatsangehörigen an einem Grundstückskaufvertrag möglicherweise entstehenden Probleme zeigen sich vornehmlich in drei Fallkonstellationen, für die zunächst jeweils ein Beispielsfall aufgezeigt wird:

> *Beispiele*
>
> ■ Ein mit einer Portugiesin verheirateter Portugiese möchte sein Einfamilienhaus in Dresden verkaufen. Die Ehefrau befindet sich zurzeit in Lissabon im Urlaub.
>
> ■ Eine mit einem Italiener verheiratete Deutsche möchte eine Eigentumswohnung in Leipzig zu Alleineigentum erwerben.
>
> ■ Ein polnisches Ehepaar möchte ein Baugrundstück in Frankfurt (Oder) zu je $\frac{1}{2}$ Anteil erwerben.

---

290 *Hausmann/Odersky*, Internationales Privatrecht in der Notar- und Gestaltungspraxis, 3. Aufl. 2017, § 13 Rn 35 ff.; *Süß*, in Beck'sches Notar-Handbuch, 7. Aufl. München 2019, § 28 Rn 205 ff.

a) Beteiligung von Ausländern auf der Veräußererseite

Ausgangsfrage: Kann ein ausländischer Ehegatte oder ein mit einem Ausländer verheirateter deut- **1726**
scher Ehegatte allein ohne Mitwirkung des anderen Ehegatten Grundbesitz ver-
äußern?

Problematisch kann hier der Verkauf von Grundbesitz durch einen ausländischen Ehegatten ohne Mitwirkung des anderen Ehegatten sein, und zwar selbst dann, wenn der Verkäufer als Alleineigentümer des
Grundbesitzes im Grundbuch eingetragen ist. Denn zahlreiche ausländische Rechtsordnungen sehen
im Rahmen des ehelichen Ehegüterrechts Verfügungsbeschränkungen des veräußernden bzw. Zustimmungserfordernisse seitens des anderen, nicht veräußernden Ehegatten vor. Von daher kann der Kaufvertrag über in Deutschland belegenen Grundbesitz durch einen ausländischen Ehegatten ohne Mitwirkung
des anderen Ehegatten aufgrund einer solchen Verfügungsbeschränkung schwebend unwirksam oder gar
nichtig, zumindest aber angreifbar sein. Dieselbe Problematik besteht auch für einen deutschen Verkäufer, der mit einem Ausländer verheiratet ist und mit diesem in einem entsprechenden ausländischen Güterrecht lebt, welches solche Verfügungsbeschränkungen vorsieht.

Beispiele **1727**

- So bedarf z.B. nach dem portugiesischen Güterrecht u.a. die Veräußerung oder Belastung von eigenen oder gemeinsamen unbeweglichen Sachen der Zustimmung beider Ehegatten.
- Nach dem belgischen Güterrecht ist grundsätzlich die Zustimmung beider Ehegatten erforderlich
für den Erwerb oder die Veräußerung von unbeweglichem Vermögen oder die Belastung mit dinglichen Rechten.
- Im türkischen Güterrecht findet sich eine Verfügungsbeschränkung, wonach eine Veräußerung der
Familienwohnung nur mit der ausdrücklichen Zustimmung des anderen Ehegatten zulässig ist.

b) Beteiligung von Ausländern auf der Erwerberseite

In diesem Zusammenhang gibt es in erster Linie zwei Problemfelder für die notarielle Praxis, die unter der **1728**
Überschrift „Gesetzlicher Vermögenserwerb im Rahmen von Gütergemeinschaften oder Errungenschaftsgemeinschaften" zusammengefasst werden können.

Ausgangsfragen: (a) Wenn ein von einem ausländischen Ehegatten oder einem mit einem Ausländer verheirateten deutschen Ehegatten auf der Erwerberseite allein abgeschlossener Kaufvertrag und die mit beurkundete Auflassung wirksam
abgeschlossen werden können, erwirbt dann der nicht beteiligte Ehegatte
kraft ausländischen Güterrechts unter Umständen – obwohl nicht gewollt! –
automatisch eine Mitberechtigung an dem erworbenen Grundbesitz?

(b) In welchem Beteiligungsverhältnis i.S.v. § 47 Abs. 1 GBO kann ein Ehepaar
mit Ausländerbeteiligung Grundbesitz erwerben?

Praktisch bedeutsam sind die Fälle, in denen das ausländische Güterrecht einen gesetzlichen, d.h. auto- **1729**
matischen Übergang von Vermögenswerten des einen Ehegatten auf den anderen Ehegatten – vergleichbar mit den Rechtswirkungen der deutschen Gütergemeinschaft – vorsieht, somit eine automatische Verschiebung der Eigentumszuordnung in der Ehe stattfindet. Dies ist insbesondere in den Rechtsordnungen
der Fall, die die Güterstände der Gütergemeinschaft oder der Errungenschaftsgemeinschaft als gesetzlichen Güterstand verankert haben.

Beispiele **1730**

- So fallen im Rahmen der italienischen Errungenschaftsgemeinschaft in das Gemeinschaftsvermögen (Gesamtgut) der Ehegatten alle Vermögenswerte, die von beiden Ehegatten gemeinsam
oder von jedem von ihnen getrennt während der Ehe erworben werden.
- Im Rahmen der französischen Errungenschaftsgemeinschaft umfasst das gemeinschaftliche Vermögen alles, was die Ehegatten seit der Eheschließung zusammen oder getrennt erwerben.

aa) Problem des „Miterwerbs" durch den nicht beteiligten Ehegatten

1731   Es ist denkbar, dass in einem notariellen Grundstückskaufvertrag ein ausländischer Ehegatte (oder ein mit einem Ausländer verheirateter deutscher Ehegatte) zwar allein als Käufer auftritt mit der Absicht, Alleineigentum an dem Grundbesitz zu erwerben, der andere Ehegatte aber dadurch, dass die Immobilie kraft Gesetzes in das eheliche Gemeinschaftsvermögen (Gesamtgut) fällt, automatisch eine Mitberechtigung an der Immobilie erlangt (so z.B. ein Franzose, der mit seiner Frau im gesetzlichen Güterstand der Errungenschaftsgemeinschaft des französischen Rechts lebt).

1732   *Beispiel*

Noch kritischer und auf den ersten Blick noch schwieriger zu erkennen ist folgender Fall:

Die verwitwete deutsche Mutter beabsichtigt, ihrer deutschen Tochter ein Einfamilienhaus im Wege der vorweggenommenen Erbfolge gegen Gewährung einer lebenslangen Rente zu übertragen. Der Notar klärt nicht auf, dass die deutsche Tochter mit einem Franzosen verheiratet ist und mit diesem im gesetzlichen Güterstand der Errungenschaftsgemeinschaft des französischen Rechts lebt. Hier besteht die Gefahr, dass der französische Ehemann kraft französischen Güterrechts automatisch eine Mitberechtigung an dem Einfamilienhaus erlangt (Art. 1401 französ. Code Civile). Nach der Rechtsprechung des BGH wäre auch die beurkundete Auflassung nur an die deutsche Frau wirksam und würde nur nach dem richtigen Ergebnis ausgelegt bzw. entsprechend umgedeutet. Würde die Tochter und Ehefrau entgegen der tatsächlichen Rechtslage als Alleineigentümerin in das Grundbuch eingetragen, könnte die Grundbuchberichtigung entweder durch Berichtigungsantrag der Eheleute in der Form des § 29 GBO oder – sofern der Unrichtigkeitsnachweis durch öffentliche Urkunden möglich ist –, durch formlosen Antrag eines Ehegatten, z.B. des französischen Ehegatten, ohne Mitwirkung des Veräußerers erfolgen.

bb) Angabe des Beteiligungsverhältnisses nach § 47 Abs. 1 GBO

1733   Die automatische Verschiebung der Eigentumszuordnung in der Ehe kraft ausländischen Güterrechts spielt auch im Rahmen des § 47 Abs. 1 GBO eine Rolle. Hiernach müssen beim Erwerb von Grundbesitz durch mehrere Personen gemeinschaftlich „entweder die Anteile der Berechtigten in Bruchteilen angegeben werden oder das für die Gemeinschaft maßgebende Rechtsverhältnis bezeichnet werden." Das materiell-rechtlich einschlägige Erwerbsverhältnis (also z.B. Gesamthandsverhältnisse nach ausländischem Recht) muss somit zum Ausdruck gebracht werden. So können z.B. Ehegatten nur dann als Bruchteilseigentümer (in der Regel zu je ½ Anteil) in das Grundbuch eingetragen werden, wenn das jeweils einschlägige ausländische Güterrecht dies zulässt. So ist Bruchteilserwerb problemlos in allen Rechtsordnungen zulässig, die als gesetzlichen Güterstand die Gütertrennung oder die Zugewinngemeinschaft vorsehen – vorausgesetzt, die Eheleute haben keinen abweichenden Güterstand vereinbart (z.B. Finnland, Griechenland, Großbritannien, Japan, Österreich, ein Großteil der US-amerikanischen Bundesstaaten, die meisten islamischen Staaten usw.). Nicht möglich ist dies in den Rechtsordnungen, die Gütergemeinschaften oder Errungenschaftsgemeinschaften vorsehen (z.B. Belgien, Frankreich, Italien, Polen, Portugal, viele osteuropäische Rechtsordnungen, usw.), sofern nicht abweichende ehevertragliche Vereinbarungen bestehen. Ein Überblick über die gesetzlichen Güterstände in vielen ausländischen Rechtsordnungen findet sich bei *Süß*.[291]

1734   *Beispiel*

Ein polnisches Ehepaar kann eine Immobilie in Deutschland grundsätzlich nur in gesetzlicher Gütergemeinschaft des polnischen Rechts (Errungenschaftsgemeinschaft) erwerben. Ein Erwerb zu je ½ Anteil wäre nur möglich, wenn die Eheleute entweder auf der Grundlage des polnischen Rechts einen Ehevertrag schließen und Gütertrennung vereinbaren oder auf der Grundlage des deutschen

---

291 *Süß*, in: Beck'sches Notar-Handbuch, 7. Aufl. 2019, § 28 Rn 168, *Süß/Ring*, Eherecht in Europa, 4. Aufl. 2021.

Kollisionsrechts eine Rechtswahl zum deutschen Recht treffen und es dann auf dieser Grundlage entweder beim gesetzlichen Güterstand der Zugewinngemeinschaft belassen oder Gütertrennung vereinbaren.[292]

Ist der Güterstand der erwerbenden Ehegatten bei der Vorbereitung des Kaufvertrages nicht richtig ermit- **1735** telt worden, sodass die Ehegatten in einem falschen Rechtsverhältnis erwerben, ist auch hier die Auflassung grundsätzlich wirksam und als Auflassung im richtigen Rechtsverhältnis auszulegen bzw. entsprechend umzudeuten. Ein irrtümlich erfolgter Erwerb zu Bruchteilen würde dann gegebenenfalls in einen Erwerb in Gesamthandsgemeinschaft und ein irrtümlich erfolgter Erwerb in Gesamthandsgemeinschaft gegebenenfalls in einen Erwerb in Bruchteilsgemeinschaft ausgelegt bzw. umgedeutet. Eine entsprechende Grundbuchberichtigung könnte aufgrund eines Berichtigungsantrages der Eheleute in der Form des § 29 GBO oder – sofern der Unrichtigkeitsnachweis durch öffentliche Urkunden möglich ist –, durch formlosen Antrag mindestens eines der Ehegatten erfolgen.

c) Notwendige Ermittlung des Güterrechtsstatuts

Zur Beantwortung der zuvor aufgeworfenen Fragen muss nun geklärt werden, welches Recht auf die gü- **1736** terrechtlichen Wirkungen der Ehe des bzw. der an dem Grundstücksvertrag beteiligten ausländischen Ehegatten anwendbar ist. Zu ermitteln ist somit das so genannte **„Güterrechtsstatut".**

Als einzig praktisch relevanter, vorab zu prüfender, vorrangiger Staatsvertrag (vgl. dazu auch im Erbrecht **1737** siehe Rdn 1816 ff.) kommt das deutsch-iranische Niederlassungsabkommen vom 17.2.1929 in Betracht, das allerdings nicht auf gemischt-nationale, sondern nur auf rein deutsche oder rein iranische Ehen Anwendung findet. Auf EU-Ebene sind nach jahrelanger Diskussion im Verfahren der verstärkten Zusammenarbeit zwei Verordnungen (EU-GüVO und EU-PartVO) erlassen worden, die von 18 Mitgliedstaaten – u.a. von Deutschland – angenommen worden sind. Die beiden Verordnungen sind jeweils ab dem 29.1.2019 in Kraft getreten. Die Kollisionsnormen der beiden Verordnungen gelten aber nur für Ehen, die nach dem Stichtag geschlossen bzw. für Partnerschaften, die nach dem Stichtag registriert worden sind bzw. für Ehegatten oder eingetragene Lebenspartner, die nach dem Stichtag eine Rechtswahl getroffen haben. Das bisherige, nachfolgend noch darzustellende deutsche Kollisionsrecht wird somit für die vor dem 29.1.2019 geschlossenen Ehen bzw. registrierten Partnerschaften noch lange neben den Vorschriften der neuen EU-Verordnungen auch nach dem genannten Stichtag eine wichtige Rolle spielen.[293] Das Abkommen vom 4.2.2010 zum deutsch-französischen Wahlgüterstand[294] ist hingegen kein vorrangiger Staatsvertrag im Sinne des Art. 3 EGBGB. Das Abkommen schafft lediglich zwischen den Vertragsstaaten (zurzeit sind dies lediglich Deutschland und Frankreich) einen neuen Güterstand auf der sach- bzw. materiell-rechtlichen Ebene. Nach Art. 1 des Abkommens kann der Güterstand von Ehegatten gewählt werden, deren Güterstand dem Sachrecht eines der beiden Vertragsstaaten unterliegt. Er besteht neben den in beiden Staaten ohnehin geltenden Güterständen und ist im deutschen Recht durch § 1519 BGB als „Wahl-Zugewinngemeinschaft" übernommen worden. Die Wahl-Zugewinngemeinschaft kann seit dem 1.5.2013 durch notarielle Beurkundung mit Registrierung im Zentralen Testamentsregister aufgrund des Einflusses auf die gesetzliche Erbfolge (§ 78b Abs. 2 S. 1 BNotO) begründet werden. Mangels einer zurzeit vorrangigen unmittelbar anwendbaren EU-Regelung und mangels eines vorrangigen Staatsvertrages, also außer in Fällen, die dem deutsch-iranischen Niederlassungsabkommen unterliegen, beginnt die Prüfung im deutschen EGBGB.

Die einschlägige Kollisionsnorm im deutschen IPR, die sich mit dem Anknüpfungsgegenstand „Güter- **1738** recht" befasst, war bislang Art. 15 EGBGB aF. Das hierdurch ermittelte, auf den konkreten Fall anwendbare Güterrecht entscheidet u.a., welches Schicksal der im Rahmen eines Grundstücksvertrages erwor-

---

292 Vgl. hierzu allerdings die Entscheidung des OLG München NJW 2016, 1186 = NotBZ 2016, 226, wonach die Eintragung der Ehegatten als Miteigentümer zu je ½ dennoch möglich sein könnte: *„Ergibt deshalb die grundbuchamtliche Prüfung, dass – abstrakt betrachtet – auch in dem maßgeblichen ausländischen Güterstand der Errungenschaftsgemeinschaft ein Alleinerwerb bzw. ein Erwerb zu Miteigentum eines jeden Ehegatten möglich ist, so wird antragsgemäß in dem bezeichneten Verhältnis (§ 47 Abs. 1 GBO) einzutragen sein."*.

293 Vgl. zu einem kurzen Überblick über die Ermittlung des Güterrechtsstatuts nach der neuen EU-GüVO *Weber*, MittBayNot, 2016, 482, 484.

294 Vgl. BGBl 2012 II, S. 178 und ausführlich zum Abkommen z.B. *Hoischen*, RNotZ 2015, 317; *Braun*, MittBayNot 2012, 89.

bene Grundbesitz in seiner Eigentumszuordnung beim Erwerb durch Ehegatten (Bruchteilserwerb, Erwerb in Gesamthandsgemeinschaft, usw.) hat und ob und inwieweit die Ehegatten bei der Verfügung über Grundbesitz Verfügungsbeschränkungen unterliegen.

1739 Nach Art. 15 Abs. 1 EGBGB aF. unterliegen die güterrechtlichen Wirkungen einer vor dem 29.1.2019 geschlossenen Ehe dem bei der Eheschließung für die allgemeinen Wirkungen der Ehe (Art. 14 EGBGB aF.) maßgebenden Recht. Art. 15 EGBGB sagt also noch nicht selbst, welches Recht auf den konkreten Fall anwendbar ist, sondern verweist seinerseits auf eine Norm, welche die allgemeinen Ehewirkungen zum Gegenstand hat. Im Folgenden soll von daher zunächst die Kollisionsnorm des vor dem 29.1.2019 geltenden Art. 14 EGBGB behandelt werden, um dann anschließend die für die vorliegende Untersuchung wichtige Kollisionsnorm des Art. 15 EGBGB aF. darzustellen.

2. Das auf die allgemeinen Ehewirkungen anwendbare Recht nach Art. 14 EGBGB (Ehewirkungsstatut)

1740 Auch im Bereich der allgemeinen Ehewirkungen ist als einzig praktisch relevanter, vorab zu prüfender, vorrangiger Staatsvertrag (Art. 3 EGBGB) das deutsch-iranische Niederlassungsabkommen vom 17.2.1929 zu nennen, das allerdings nur zur Anwendung kommt, wenn beide Ehegatten entweder die deutsche oder die iranische Staatsangehörigkeit besitzen.

a) Art. 14 EGBGB als Grundnorm des Internationalen Familienrechts

1741 Die unmittelbare Bedeutung des Art. 14 EGBGB ist gering. Vom Anwendungsbereich umfasst sind die in den §§ 1353 ff. BGB geregelten Rechtsfragen (mit Ausnahme des Namensrechts – Art. 10 EGBGB – und des Unterhaltsrechts – früher in Art. 18 EGBGB, heute im Haager Unterhaltsprotokoll vom 23.11.2007 geregelt –) wie z.B. die Pflicht zur ehelichen Lebensgemeinschaft, die Einigung über Haushaltsführung und Erwerbstätigkeit oder die so genannte „Schlüsselgewalt" (§ 1357 BGB). Bedeutung gewinnt Art. 14 EGBGB dadurch, dass in zahlreichen anderen Kollisionsnormen auf Art. 14 EGBGB verwiesen wird. Art. 14 EGBGB wird von daher auch als Grundnorm des Familienrechts bezeichnet.

1742 Die nunmehr geltende EU-GüVO umfasst einige der Fragen der allgemeinen Ehewirkungen mit. Die EU-GüVO gilt für alle Ehen, die ab dem 29.1.2019 geschlossen werden, und für Ehen aus der Zeit davor dann, wenn die Eheleute ab dem 29.1.2019 eine Rechtswahl treffen. Sie umfasst nicht nur das Güterrecht nach bisherigem deutschen Verständnis, sondern alle vermögensrechtlichen Beziehungen, die sich aufgrund der Ehe oder aufgrund ihrer Auflösung ergeben. Unter das nach der EU-GüVO anwendbare Recht fallen daher z.B. auch alle Verfügungsbeschränkungen (egal ob sie für alle Ehen oder nur für bestimmte Güterstände gelten) und die Schlüsselgewalt nach § 1357 BGB.[295] Damit ist der Anwendungsbereich des Art. 14 EGBGB enger geworden.

1743 In folgenden noch aktuell gültigen Vorschriften des Internationalen Familienrechts des EGBGB wird auf Art. 14 EGBGB verwiesen:

- ■ Art. 19 Abs. 1 S. 3 Abstammung eines Kindes einer verheirateten Mutter
- ■ Art. 22 Abs. 1 S. 2 Annahme als Kind durch Ehegatten.

Art. 15 Abs. 1 EGBGB aF. enthielt ebenfalls eine Verweisung auf Art. 14 EGBGB aF. Soweit es um die Ermittlung des Güterstandes für vor dem 29.1.2019 geschlossene Ehen geht, hat die bisherige Fassung des Art. 14 EGBGB immer noch eine hohe praktische Relevanz.

b) Objektive Anknüpfung (Anknüpfungsleiter)

1744 Art. 14 EGBGB aF. sah für die Ermittlung des anzuwendenden Rechts eine stufenweise Anknüpfung in **fünf Stufen** vor (so genannte „Kegel'sche Leiter"; benannt nach Kegel, der die stufenweise Anknüpfung grundlegend entwickelt hat); diesbezüglich sowie zu den Fallbeispielen zu jeder Stufe wird auf die Vorauflagen der Notariatskunde verwiesen. Die Prüfung hatte streng von Stufe zu Stufe zu erfolgen, d.h. die

---

295 *Weber*, DNotZ 2016, 659, 665.

nächste Stufe durfte erst dann geprüft werden, wenn die vorhergehende Stufe nicht einschlägig war. Bei einem Abweichen von dieser strikten Reihenfolge, führte die Prüfung häufig zu falschen Ergebnissen.

Wenn keine Rechtswahl bezüglich der allgemeinen Ehewirkungen erfolgt, bestimmt sich das anwendbare Recht nach Art. 14 Abs. 2 EGBGB in der seit dem 29.1.2019 geltenden Fassung wie folgt: **1745**

- das Recht des Staates, in dem beide Ehegatten ihren gewöhnlichen Aufenthalt haben, sonst
- das Recht des Staates, in dem beide Ehegatten ihren gewöhnlichen Aufenthalt während der Ehe zuletzt hatten, wenn einer von ihnen dort noch seinen gewöhnlichen Aufenthalt hat, sonst
- das Recht des Staates, dem beide Ehegatten angehören, sonst
- das Recht des Staates, mit dem die Ehegatten auf andere Weise gemeinsam am engsten verbunden
sind.

Die objektive Anknüpfung nach Art. 14 Abs. 2 EGBGB enthält zwar wie Art. 14 Abs. 1 EGBGB aF. eine mehrstufige Anknüpfungsleiter mit den Elementen gemeinsamer gewöhnlicher Aufenthalt, gemeinsame Staatsangehörigkeit und sonstige gemeinsame engste Verbindung. Im Einklang mit dem Regelungskon-
zept des Art. 26 EU-GüVO und der internationalen rechtspolitischen Entwicklung hat der deutsche Gesetzgeber den gemeinsamen gewöhnlichen Aufenthalt bzw. den letzten gemeinsamen gewöhnlichen Aufenthalt der Ehegatten in den Vordergrund gerückt (Art. 14 Abs. 2 Nr. 1 und 2 EGBGB). Parallel dazu wurde die gemeinsame Staatsangehörigkeit auf die dritte Stufe der Anknüpfungsleiter verlagert (Art. 14 Abs. 2 Nr. 3 EGBGB) und die hilfsweise Anknüpfung an die letzte gemeinsame Staatsangehörigkeit (Art. 14 Abs. 1 Nr. 1 Alt. 2 EGBGB aF.) abgeschafft. Auf der letzten Stufe ist es bei der Anknüpfung an die sonstige gemeinsame engste Verbindung der Ehegatten zu einer Rechtsordnung geblieben (Art. 14 Abs. 2 Nr. 4 EGBGB).

c) Die Wandelbarkeit des Ehewirkungsstatuts

Das Ehewirkungsstatut ist wandelbar. Art. 14 Abs. 1 EGBGB enthält keinen Zeitpunkt für die Prüfung der jeweiligen Anknüpfungspunkte, sodass es auf das jeweilige Heimatrecht oder das jeweilige Aufenthalts-
recht oder die jeweilige engste Verbundenheit zu einem Staat zum Zeitpunkt der Fallprüfung ankommt. Ändern sich somit die für die Bestimmung des anwendbaren Rechts maßgebenden Rechtsverhältnisse (Staatsangehörigkeit, Wohnsitz usw.), so ändert sich unter Umständen auch das auf den konkreten Fall anwendbare Recht. **1746**

Beispiel **1747**

Der Ehemann ist und war stets französischer Staatsangehöriger; die Ehefrau ist und war stets spa-
nische Staatsangehörige. Die Eheleute lebten im Zeitpunkt der Eheschließung und für einige Zeit danach in Deutschland. Danach ziehen sie gemeinsam in die Schweiz um. Eine Rechtswahl haben sie nicht getroffen. – Maßgeblich ist nach Art. 14 Abs. 2 Nr. 1 EGBGB der gemeinsame gewöhnliche Aufenthalt der Eheleute. Sie waren zunächst gemeinsam in Deutschland ansässig, sodass sich die allgemeinen Ehewirkungen zunächst nach deutschem Recht richteten. Später zogen die Eheleute jedoch in die Schweiz um. Wie oben beschrieben, ist das Statut der allgemeinen Ehewirkungen wan-
delbar. Der gemeinsame Umzug in die Schweiz führte daher zu einem Verweis auf das Schweizer Recht. Dieser Verweis schließt auch die Vorschriften des Schweizer Kollisionsrechts mit ein (Art. 4 Abs. 1 S. 1 EGBGB), sodass dieses auch zu prüfen ist. Nach dem Schweizer IPR ist für die allgemeinen Ehewirkungen vorrangig der gemeinsame Wohnsitz der Eheleute maßgeblich. Das Schweizer Recht nimmt die Verweisung also an. Ab dem Zeitpunkt des Umzugs in die Schweiz ist daher so-
wohl aus deutscher als auch aus Schweizer Sicht das Schweizer Recht auf die allgemeinen Ehewir-
kungen anwendbar.

Intertemporal regelt das deutsche IPR, dass sich die allgemeinen Wirkungen der Ehe bis einschließlich 28.1.2019 nach Art. 14 EGBGB in der bis zu diesem Tag geltenden Fassung bestimmen. Dies kann zu einer zeitlichen Spaltung des allgemeinen Ehewirkungsstatuts führen. Angesichts der unterschiedlichen objektiven Anknüpfung der alten und der neuen Fassung des Art. 14 EGBGB ist es etwa für Ehegatten, die außerhalb des gemeinsamen Heimatstaates leben und keine Rechtswahl getroffen haben, am 29.1.2019 unversehens zu einem Statutenwechsel gekommen. **1748**

d)   Rechtswahlmöglichkeiten nach Art. 14 Abs. 1 EGBGB

1749   Nach bisherigem deutschen Kollisionsrecht war eine Rechtswahl bezüglich der allgemeinen Ehewirkungen nur sehr eingeschränkt möglich (Art. 14 Abs. 2 und 3 EGBGB aF.). Hatten beispielsweise ausländische Ehegatten eine gemeinsame Staatsangehörigkeit, war eine Rechtswahl zugunsten des deutschen Rechts trotz des gewöhnlichen Aufenthalts in Deutschland nicht möglich. Deutsches Recht kam in solchen Fällen nur dann zur Anwendung, wenn das ausländische IPR hierauf verwies.

1750   Nach der Neufassung des Art. 14 Abs. 1 EGBGB sind im Rahmen einer Rechtswahl wählbar:

- das Recht des Staates, in dem beide Ehegatten zur Zeit der Rechtswahl ihren gewöhnlichen Aufenthalt haben;
- das Recht des Staates, in dem beide ihren gewöhnlichen Aufenthalt während der Ehe zuletzt hatten, wenn einer ihn dort zur Zeit der Rechtswahl noch innehat;
- das Recht des Staates, dem ein Ehegatte zur Zeit der Rechtswahl angehört, wobei davon auszugehen ist, dass bei mehrfacher Staatsangehörigkeit jedes Heimatrecht gewählt werden kann.

1751   Auch wenn den allgemeinen Ehewirkungen weniger Bedeutung zukommt, empfiehlt sich in internationalen Fällen dennoch eine (vorsorgliche) Rechtswahl bezüglich der allgemeinen Ehewirkungen. Denn es ist nicht absehbar, ob sich das Ehewirkungsstatut durch einen Wechsel der Staatsangehörigkeit und/oder einen Umzug später ändert. Ferner könnten sich bei einem ausländischen Ehewirkungsstatut Konflikte mit dem (deutschen) Güterrechtsstatut und Abgrenzungsprobleme ergeben.

1752   Mit der Neufassung des Art. 14 EGBGB hat der deutsche Gesetzgeber sich für die Anknüpfung der Ehewirkungen vom staatsangehörigkeitsbestimmten Personalstatut gelöst und die unionsrechtliche Anknüpfung an den gewöhnlichen Aufenthalt mit Betonung der Rechtswahl übernommen. Die Rechtswahl muss allerdings die allgemeinen Ehewirkungen unter Ausschluss der ehelichen Vermögensbeziehungen, die in den Anwendungsbereich der EU-GüVO fallen, zum Gegenstand haben. In der Rechtspraxis wird es eine solche Rechtswahl in reiner Form kaum geben. Vielmehr werden die Ehegatten für ihre Ehe oder ihre ehelichen Beziehungen allgemein eine Rechtswahl treffen. In diesem Fall ist zu ermitteln, worauf sich die Willenseinigung bezieht. Erstreckt sie sich auf die vermögensrechtliche und die nicht vermögensrechtliche Seite, so unterliegt der erste Teil dem Kollisionsrecht der EU-GüVO und der zweite Teil dem EGBGB.

1753   Die Verweisung durch Rechtswahl ist eine Sachnormverweisung, sodass Rück- und Weiterverweisungen ausgeschlossen sind. Das gewählte Recht ist unwandelbar. Rechtswahlen haben Wirkung immer nur für die Zukunft; die Vereinbarung einer Rückwirkung ist unzulässig. Die Rechtswahl muss notariell beurkundet werden (Art. 14 Abs. 1 S. 3 EGBGB). Die Ehegatten können die Rechtswahl jederzeit während der Ehe vornehmen. Im Unterschied zu Art. 22 Abs. 1 EU-GüVO werden „künftige Ehegatten" in Art. 14 Abs. 1 EGBGB nicht ausdrücklich erwähnt. Es ist aber anerkannt, dass die Rechtswahl schon vor der Eheschließung getroffen werden kann. In diesem Fall treten ihre Wirkungen aber erst mit der Eheschließung ein.

Wenn die Rechtswahl in der Zeit vor der Eheschließung und bis zum Ablauf des 28.1.2019 erfolgte, musste sie dem Zentralen Testamentsregister angezeigt werden, da sie über Art. 15 Abs. 1 EGBGB aF. Auswirkungen auf das Güterrecht hatte. Ab dem 29.1.2019 besteht diese Anzeigepflicht nicht mehr. Für alle Eheschließungen ab diesem Tag gilt die EU-GüVO. Diese bestimmt das Güterrechtsstatut selbstständig und nicht mehr unter Rückgriff auf Art. 14 EGBGB (wie bisher Art. 15 Abs. 1 EGBGB aF.). Daher kann eine (isolierte) Rechtswahl der allgemeinen Ehewirkungen ab dem 29.1.2019 das Güterrecht und damit die Erbquoten nicht mehr beeinflussen.

3.   Das auf die güterrechtlichen Wirkungen einer Ehe vor dem 29.1.2019 anwendbare Recht nach Art. 15 EGBGB aF. (Güterrechtsstatut)

a)   Die drei Stufen des Art. 15 Abs. 1 EGBGB aF. – Grundsätze der Unwandelbarkeit und der Einheitlichkeit des Güterrechtsstatuts

1754   Art. 15 Abs. 1 EGBGB aF. ist die für die güterrechtlichen Wirkungen der Ehe anzuwendende Kollisionsnorm des deutschen IPR, die noch mangels Einschlägigkeit eines vorrangigen Staatsvertrages bzw. einer unmittelbar anwendbaren Regelung der Europäischen Gemeinschaft zu prüfen ist (vgl. hierzu

Rdn 1736 ff.). Hiernach unterliegen die güterrechtlichen Wirkungen der vor dem 29.1.2019 geschlossenen Ehe dem bei der Eheschließung für die allgemeinen Wirkungen der Ehe maßgebenden Recht. Art. 15 Abs. 1 EGBGB aF. verweist somit auf die Voraussetzungen des Art. 14 Abs. 1 EGBGB aF. zum Zeitpunkt der Eheschließung. Diese Anknüpfung zum Zeitpunkt der Eheschließung hat zur Folge, dass die auf diesen Zeitpunkt ermittelte Rechtsordnung auch dann maßgebend bleibt, wenn sich im Nachhinein Veränderungen im Hinblick auf die Anknüpfungspunkte (z.B. Staatsangehörigkeits- oder Wohnsitzwechsel) ergeben. Das so einmal zum Zeitpunkt der Eheschließung für die güterrechtlichen Wirkungen der Ehe ermittelte Recht (= Güterrechtsstatut) ist von daher im Unterschied zum allgemeinen Ehewirkungsstatut des Art. 14 Abs. 1 EGBGB aF. **unwandelbar**. Das ermittelte Güterrechtsstatut umfasst grundsätzlich das gesamte Vermögen der Ehegatten, gleichgültig, wo sich die Vermögensgegenstände befinden und gleichgültig, ob es sich um bewegliches oder unbewegliches Vermögen handelt.

Art. 15 Abs. 1 EGBGB aF. ist aufgrund der Verweisung auf Art. 14 Abs. 1 EGBGB aF. unter Berücksichtigung des Grundsatzes der Unwandelbarkeit wie folgt zu lesen: **1755**

Hinweis

Die güterrechtlichen Wirkungen der Ehe unterliegen

(1) dem Recht des Staates, dem beide Ehegatten bei der Eheschließung angehören, hilfsweise
(2) dem Recht des Staates, in dem beide Ehegatten bei der Eheschließung ihren gewöhnlichen Aufenthalt haben, hilfsweise
(3) dem Recht des Staates, mit dem die Ehegatten bei der Eheschließung auf andere Weise gemeinsam am engsten verbunden sind.

Es gibt somit wegen der Anknüpfung zum Zeitpunkt der Eheschließung im Unterschied zu Art. 14 Abs. 1 EGBGB nur drei Stufen, die aber ebenfalls streng der Reihe nach geprüft werden müssen.

aa) Beispiele

Hinweis für Beispiele 1 bis 5 vorweg: Das portugiesische IPR knüpft die güterrechtlichen Wirkungen   **1756**
der Ehe wie das deutsche IPR in erster Linie an das gemeinsame Heimatrecht der Eheschließenden zum Zeitpunkt der Eheschließung und hilfsweise an das Recht des gemeinsamen gewöhnlichen Aufenthaltes der Eheschließenden zum Zeitpunkt der Eheschließung an.

Welches Recht ist jeweils auf die güterrechtlichen Wirkungen der Ehe der Eheleute anwendbar?

bb) Beispiel 1

Beispiel 1   **1757**

Beide Ehegatten haben seit ihrer Geburt die portugiesische Staatsangehörigkeit; sie leben seit vielen Jahren in Dresden und heiraten auch dort. – Art. 15 Abs. 1 EGBGB i.V.m. Art. 14 Abs. 1 Nr. 1 EGBGB aF. ist einschlägig und verweist als Gesamtverweisung auf das portugiesische Recht einschließlich dessen IPR (Zur zweiten Stufe – gemeinsamer gewöhnlicher Aufenthalt zum Zeitpunkt der Eheschließung – kommt man hier gar nicht, weil schon die erste Stufe – gemeinsame Staatsangehörigkeit der Ehegatten zum Zeitpunkt der Eheschließung greift.). Das portugiesische IPR knüpft ebenso an die gemeinsame Staatsangehörigkeit der Ehegatten zum Zeitpunkt der Eheschließung an und nimmt die Verweisung somit an. Von daher ist portugiesisches Sachrecht auf die güterrechtlichen Wirkungen der Ehe der portugiesischen Ehegatten anwendbar.

cc) Beispiel 2

Beispiel 2   **1758**

Ein deutsch-portugiesisches Ehepaar lebt seit Jahren in Leipzig und heiratet auch dort. – Die erste Stufe greift nicht. Die zweite Stufe des Art. 15 Abs. 1 EGBGB aF. i.V.m. Art. 14 Abs. 1 Nr. 2 EGBGB aF. ist einschlägig und verweist wegen des gemeinsamen gewöhnlichen Aufenthaltes der Eheleute zum Zeitpunkt der Eheschließung auf das deutsche Recht, welches somit anwendbar ist. (Die zweite Stufe ist in der Praxis sehr wichtig und in den meisten Fällen von gemischt-nationalen Ehen einschlägig.).

dd) Beispiel 3

1759

Beispiel 3

Der deutsche Ehemann lebt in Köln, die portugiesische Ehefrau in Lissabon. Die Heirat fand in Las Vegas (USA) statt. Die Ehegatten beabsichtigen, demnächst ihren ersten gemeinsamen ehelichen Wohnsitz in Köln zu begründen. – Die ersten beiden Stufen sind hier mangels gemeinsamer Staatsangehörigkeit und mangels gemeinsamen gewöhnlichen Aufenthaltes der Ehegatten zum Zeitpunkt der Eheschließung nicht einschlägig. Es greift somit die dritte Auffangstufe des Art. 15 Abs. 1 i.V.m. Art. 14 Abs. 1 Nr. 3 EGBGB aF. Hier ist die engste gemeinsame Verbundenheit der Eheleute zu einem Staat zum Zeitpunkt der Eheschließung zu ermitteln. Dies bereitet im Einzelfall größere Probleme. Anhaltspunkt ist wie auch im Rahmen des Art. 14 Abs. 1 EGBGB aF. z.B. die gemeinsame Lebensplanung der Ehegatten, nicht jedoch der oft nur zufällige Heiratsort. Hier kommt man aufgrund der Lebensplanung der Ehegatten „wohl" über die dritte Stufe zu einer Sachnormverweisung auf das deutsche Recht. Dieses Ergebnis ist aber nicht sicher! Um Rechtssicherheit hinsichtlich des anwendbaren Rechts zu erlangen, könnte eine Rechtswahl getroffen werden, die allerdings, da sie nach dem 29.1.2019 getroffen wird, nunmehr nach den Bestimmungen der EU-GüVO zu vereinbaren wäre (vgl. Rdn 1763).

ee) Beispiel 4

1760

Beispiel 4

Ein deutsch-portugiesisches Ehepaar lebt seit vielen Jahren in Erfurt, wo auch die Hochzeit stattfindet. Ein Jahr später ziehen beide um nach Lissabon. – Zunächst greift hier die zweite Stufe des Art. 15 Abs. 1 EGBGB aF. i.V.m. Art. 14 Abs. 1 Nr. 2 EGBGB aF., wodurch auf das deutsche Sachrecht verwiesen wird. Deutsches Ehegüterrecht ist somit anwendbar. Der spätere Umzug nach Lissabon hat wegen des Grundsatzes der Unwandelbarkeit des Güterrechtsstatuts keine Bedeutung mehr. Es bleibt also nach wie vor deutsches Güterrecht anwendbar.

ff) Beispiel 5

1761 Und nun noch ein wichtiger Fall zur Unwandelbarkeit des Güterrechtsstatuts, der für die notarielle Praxis große Relevanz hat:

Beispiel 5

Das deutsche Ehepaar Eusebio möchte in Weimar eine Eigentumswohnung zu je ½ Anteil erwerben. Ist das möglich? – Dieser Fall hat auf den ersten Blick keine Auslandsberührung. Dann erklären jedoch die Ehegatten, dass sie zum Zeitpunkt der Eheschließung im Jahre 1995 beide noch die portugiesische Staatsangehörigkeit besessen haben und sie erst im Jahre 2001 die deutsche Staatsangehörigkeit erworben und die portugiesische Staatsangehörigkeit verloren haben. – Art. 15 Abs. 1 EGBGB aF. i.V.m. Art. 14 Abs. 1 Nr. 1 EGBGB aF. verweist wegen der gemeinsamen Staatsangehörigkeit der Ehegatten zum Zeitpunkt der Eheschließung auf das portugiesische Recht einschließlich dessen IPR. Auch das portugiesische IPR knüpft an die gemeinsame Staatsangehörigkeit der Ehegatten zum Zeitpunkt der Eheschließung – also ebenso unwandelbar – an und nimmt die Verweisung somit an. Von daher ist portugiesisches Sachrecht auf die güterrechtlichen Wirkungen der portugiesischen Ehegatten anwendbar. Der im Jahre 2001 erfolgte Staatsangehörigkeitswechsel spielt somit keine Rolle mehr. Die heute deutschen Eheleute Eusebio leben somit nach wie vor im portugiesischen Güterrecht und mangels Abschlusses eines Ehevertrages im gesetzlichen Güterstand der Errungenschaftsgemeinschaft des portugiesischen Rechts. Ein Erwerb der Eigentumswohnung zu je ½ Anteil ist somit nicht (ohne weiteres) möglich. Hier konnte früher aber eine Rechtswahl nach Art. 15 Abs. 2 EGBGB aF. weiterhelfen. Soweit nach dem 29.1.2019 eine Rechtswahl in Erwägung gezogen wird, wäre diese nunmehr nach Art. 22 EU-GüVO zu treffen.

Hinweis   **1762**

Achtung: Auf ein rein deutsches Ehepaar ist somit nicht zwangsläufig deutsches Güterrecht anwendbar. Es kommt darauf an, ob die Ehegatten die deutsche Staatsangehörigkeit auch schon zum Zeitpunkt der Eheschließung besaßen! Dies ist mitunter in der Praxis nicht immer auf den ersten Blick erkennbar. Ein Anhaltspunkt dafür könnte der Geburtsort der Beteiligten sein. Liegt dieser im Ausland, ist nach der Staatsangehörigkeit der Ehegatten zum Zeitpunkt der Eheschließung zu fragen.

b) Bisherige Rechtswahlmöglichkeiten nach Art. 15 Abs. 2 EGBGB aF.

Im Unterschied zu den nur sehr eingeschränkt möglichen Rechtswahlen nach Art. 14 Abs. 2 und 3 EGBGB aF. waren Rechtswahlen zur Bestimmung des Güterrechtsstatuts nach Art. 15 Abs. 2 EGBGB aF. in sehr weitem Umfang möglich. Eine mittelbare Bestimmung des auf die güterrechtlichen Wirkungen einer Ehe anwendbaren Rechts war darüber hinaus durch eine bereits zum Zeitpunkt der Eheschließung wirksam werdende Rechtswahl nach Art. 14 Abs. 2 und 3 EGBGB möglich. Sofern die Ehegatten die Rechtswahl zum deutschen Recht vor dem 29.1.2019 getroffen haben, ist diese bei der Prüfung des Sachverhalts zu berücksichtigen.   **1763**

Gewählt werden konnte nach Art. 15 Abs. 2 EGBGB aF.   **1764**

- das Recht des Staates, dem (mindestens) einer der Ehegatten angehört,
- das Recht des Staates, in dem (mindestens) einer der Ehegatten seinen gewöhnlichen Aufenthalt hat,
- für unbewegliches Vermögen das Recht des Lageortes.

Beispiel   **1765**

Vgl. oben Beispiel 1 (siehe Rdn 1757). Das in Dresden lebende und seit 2005 verheiratete portugiesische Ehepaar möchte dort ein Grundstück zu je ½ Anteil erwerben. – Ein solcher Erwerb käme dann in Betracht, wenn auf die güterrechtlichen Wirkungen der Ehe der Eheleute deutsches Güterrecht anwendbar wäre und die Ehegatten dann in diesem Rahmen entweder mangels weiterer ehevertraglicher Regelungen im gesetzlichen Güterstand der Zugewinngemeinschaft oder aufgrund Ehevertrages im Güterstand der Gütertrennung leben würden. Nur ein Erwerb in Errungenschaftsgemeinschaft wäre hingegen möglich, wenn sich die güterrechtlichen Wirkungen der Eheleute nach portugiesischem Recht beurteilen und die Ehegatten dann in diesem Rahmen mangels Abschlusses eines Ehevertrages im gesetzlichen Güterstand der Errungenschaftsgemeinschaft leben würden. Wie oben bei der Falllösung gesehen, ist portugiesisches Güterrecht auf die güterrechtlichen Wirkungen der Ehe der portugiesischen Ehegatten anwendbar. Ein Erwerb des Grundstücks zu je ½ Anteil ist somit ohne weiteres nicht möglich. Nach den vor dem 29.1.2019 geltenden Bestimmungen des EGBGB kam jedoch eine Rechtswahl zum deutschen Recht in Betracht, und zwar entweder nach Art. 15 Abs. 2 Nr. 2 EGBGB aF. (gewöhnlicher Aufenthalt beider Ehegatten in Deutschland) oder nach Art. 15 Abs. 2 Nr. 3 EGBGB aF. (Lageort des Grundstücks in Deutschland). Nach einer solchen Rechtswahl zum deutschen Recht lebten die Ehegatten mangels Abschlusses weiterer ehevertraglicher Regelungen im gesetzlichen Güterstand der Zugewinngemeinschaft (im Falle der Rechtswahl nach Art. 15 Abs. 2 Nr. 3 EGBGB aF. nur bezüglich des unbeweglichen Vermögens in Deutschland), sodass dann ein Erwerb des Grundstücks zu je ½ Anteil möglich war. Sofern eine Rechtswahl zugunsten deutschen Rechts nach dem 29.1.2019 vorgenommen wird, bestimmt sich diese nunmehr nach Art. 22 EU-GüVO.[296]

Die Verweisung durch Rechtswahl, die vor dem 29.1.2019 getroffen war, war Sachnormverweisung, sodass Rück- und Weiterverweisungen nicht zu beachten waren. Rechtswahlen hatten Wirkung immer nur für die Zukunft; die Vereinbarung einer Rückwirkung war auf kollisionsrechtlicher Ebene unzulässig, gegebenenfalls aber auf der sachrechtlichen Ebene möglich.   **1766**

Im vorherigen Beispiel konnten die portugiesischen Ehegatten nicht auf der kollisionsrechtlichen Ebene (= 1. Stufe der Prüfung) eine „rückwirkende Rechtswahl" dergestalt vereinbaren, dass das deutsche Güterrecht und damit auch der gesetzliche Güterstand der Zugewinngemeinschaft bereits vom Zeitpunkt der

---

296 Dazu ausführlich *Döbereiner*, notar 2018. 244, 250 ff.

Eheschließung an galt. Aber auf der sachrechtlichen Ebene des gewählten deutschen Rechts (= 2. Stufe der Prüfung; zur strengen Unterscheidung der beiden Stufen vgl. auch Rdn 1697 ff.) konnten die Ehegatten im Rahmen eines Ehevertrages z.B. vereinbaren, dass für die Berechnung des Anfangsvermögens eines jeden Ehegatten nicht der Zeitpunkt des Beginns des Güterstandes, sondern der Tag der Eheschließung maßgebend sein sollte.

1767   Die bisherige Rechtswahl hatte nur Folgen auf der kollisionsrechtlichen Ebene und führte grundsätzlich zu einem Wechsel des anwendbaren Rechts („Statutenwechsel"). Wollten die Ehegatten auf der Ebene der gewählten Rechtsordnung vom gesetzlichen „Normalzustand" abweichen, also z.B. im Rahmen des deutschen Rechts statt in Zugewinngemeinschaft in Gütertrennung leben, so bedurfte es hierzu eines separaten Ehevertrages auf der sachrechtlichen Ebene. (Hier ist der deutsche Rechtsanwender, also insbesondere der Notar und seine Mitarbeiter, dann problemlos „zu Hause".) Der durch die Rechtswahl beendete Güterstand musste gegebenenfalls auf der Grundlage des abgewählten Rechts (str.) abgewickelt werden (z.B. Auseinandersetzung hinsichtlich des den portugiesischen Ehegatten in Errungenschaftsgemeinschaft gehörenden Vermögens).

Die Rechtswahl musste notariell beurkundet werden (Art. 15 Abs. 3 EGBGB i.V.m. Art. 14 Abs. 4 EGBGB). Es bestand eine Anzeigepflicht wegen der mittelbaren erbrechtlichen Auswirkungen der Rechtswahl (§§ 1371 Abs. 1, 1931 Abs. 4 BGB) beim Zentralen Testamentsregister bei der Bundesnotarkammer in Berlin.

1768   Die Rechtswahl nach Art. 15 Abs. 2 Nr. 3 EGBGB (Wahl des Lageortes für unbewegliches Vermögen) kann zu einer Güterrechtsspaltung führen, d.h. für die Beurteilung der güterrechtlichen Wirkungen einer Ehe können hinsichtlich des beweglichen Ehevermögens einerseits und des unbeweglichen Ehevermögens andererseits unterschiedliche Rechtsordnungen zur Anwendung kommen. Besonders umstritten war in diesem Zusammenhang die Frage, ob eine solche Rechtswahl für ein einzelnes Grundstück zulässig war; diesbezüglich wird auf die Vorauflagen der Notariatskunde verwiesen. Im Geltungsbereich der EU-GüVO ist eine Rechtswahl für ein einzelnes Grundstück, die vor dem 29.1.2019 in der Praxis durchaus verbreitet war, nicht möglich.

c) Sonderprobleme bei der Ermittlung des anwendbaren Güterrechts – Durchbrechung der Grundsätze der Unwandelbarkeit und der Einheitlichkeit des Güterrechtsstatuts

1769   Nach Behandlung der Grundsätze der Ermittlung des Güterrechtsstatuts für vor dem 29.1.2019 geschlossene Ehen – sowohl durch objektive Anknüpfung nach Art. 15 Abs. 1 EGBGB aF. i.V.m. Art. 14 Abs. 1 EGBGB aF. als auch durch Rechtswahl nach Art. 15 Abs. 2 EGBGB aF. – werden nun noch einige Sonderprobleme der Ermittlung des anwendbaren Güterrechts angesprochen. Die Darstellung dieser Sonderprobleme erfolgt in erster Linie, um dem Rechtsanwender im Notariat ein Gespür für mögliche problematische Fallkonstellationen im Hinblick auf die Vorbereitung und Beurkundung von Grundstückskaufverträgen unter Beteiligung ausländischer Staatsangehöriger zu geben. Im Vordergrund steht somit nicht eine ausführliche IPR-rechtliche Analyse dieser Sonderprobleme.

aa) Ausnahmen vom Grundsatz der Unwandelbarkeit des Güterrechtsstatuts

1770   Der oben genannte Grundsatz der Unwandelbarkeit des Güterrechtsstatuts wird in mehreren Fällen durchbrochen. So kann ein Wechsel des auf den Zeitpunkt der Eheschließung der Ehegatten ermittelten anwendbaren Güterrechts (Statutenwechsel) insbesondere stattfinden

- durch die bereits dargestellten Rechtswahlmöglichkeiten nach Art. 15 Abs. 2 EGBGB aF.,
- möglicherweise durch die Übergangsvorschrift des Art. 220 Abs. 3 EGBGB für so genannte „Altehen",
- durch Kollisionsnormen des vom deutschen IPR berufenen ausländischen IPR.

(1) Die Übergangsvorschrift des Art. 220 Abs. 3 EGBGB – Problem der so genannten „Altehen" –

1771   Die selbst für den geübten Juristen nur mit großen Mühen zu erfassende Übergangsvorschrift des Art. 220 Abs. 3 EGBGB spielt bei der Vorbereitung bzw. Beurkundung von Grundstückskaufverträgen unter Beteiligung ausländischer Staatsangehöriger dann eine Rolle, wenn einer der als Verkäufer oder Käufer beteiligten Ehegatten vor dem 9.4.1983 geheiratet hat. Dies dürfte bei der jetzigen Altersstruktur der Bevölkerung in Deutschland recht häufig vorkommen.

In Art. 220 Abs. 3 EGBGB werden für die Ermittlung der güterrechtlichen Wirkungen von Ehen inzwischen vier Zeiträume unterschieden: **1772**

■ Ehen, die vor dem 1.4.1953 geschlossen worden sind. – Hier wird an das Heimatrecht des Ehemannes zum Zeitpunkt der Eheschließung angeknüpft. Die Ehegatten konnten aber in der Vergangenheit eine Rechtswahl nach Art. 15 Abs. 2 EGBGB aF. treffen, sofern die entsprechenden Voraussetzungen dieser Vorschrift vorliegen. Ab dem 29.1.2019 ist eine entsprechende Rechtswahl nach den Bestimmungen der EU-GüVO zu treffen.

■ Ehen, die in der Zeit vom 1.4.1953 bis einschließlich zum 8.4.1983 geschlossen worden sind. – Dies ist der „problematische" Zeitraum mit den komplizierten Übergangsregelungen, die nachfolgend ausführlicher behandelt werden.

■ Ehen, die vom 9.4.1983 an geschlossen worden sind. – Für diese Ehen gilt der bisherige Art. 15 EGBGB aF. Umstritten ist, ob die Bestimmung des Art. 5 Abs. 1 S. 2 EGBGB, wonach bei Mehrstaatern mit deutscher Staatsangehörigkeit nur diese maßgebend ist, erst ab der Neufassung dieser Bestimmung zum 1.9.1986 oder auch schon für den Übergangszeitraum ab dem 9.4.1983 gilt.

■ Ehen, die vom 29.1.2019 an geschlossen worden sind bzw. geschlossen werden – Für diese Ehen gilt nunmehr die EU-GüVO.

Der in Art. 220 Abs. 3 EGBGB genannte Stichtag des 8. bzw. 9.4.1983 ist vom Gesetzgeber gewählt worden, da am 9.4.1983 der Beschluss des Bundesverfassungsgerichts zur Nichtigkeit des früheren Art. 15 Abs. 1 und 2 EGBGB, der zur Ermittlung des Güterrechtsstatuts allein an die Staatsangehörigkeit des Ehemannes anknüpfte, im Bundesgesetzblatt verkündet worden ist. **1773**

Art. 220 Abs. 3 EGBGB unterscheidet für den vorgenannten (nunmehr ersten) „mittleren" Heiratszeitraum (1.4.1953 bis 8.4.1983) zwischen den güterrechtlichen Wirkungen bis zum 8.4.1983 und den güterrechtlichen Wirkungen nach dem 8.4.1983. Die Ermittlung des Güterrechtsstatuts von Ehegatten zwecks Vorbereitung bzw. Beurkundung eines Grundstückskaufvertrages mit Ausländerbeteiligung betrifft von vornherein nur die güterrechtlichen Wirkungen nach dem 8.4.1983, weshalb auch nur dieser Zeitraum näher betrachtet werden soll. **1774**

Folgende Grundsätze können für Ehen, die vom 1.4.1953 bis zum 8.4.1983 geschlossen worden sind, hinsichtlich der güterrechtlichen Wirkungen nach dem 8.4.1983 festgehalten werden:

■ Bei gemeinsamer Staatsangehörigkeit beider Ehegatten zum Zeitpunkt der Eheschließung wird dieses gemeinsame Heimatrecht der Ehegatten berufen. Bei der Verweisung handelt es sich um eine Gesamtverweisung auf das ausländische Recht einschließlich dessen IPR. Rück- und Weiterverweisungen sind somit zu beachten. Für diese Fälle gibt es somit keinen Unterschied zu Ehen, die vom 9.4.1983 an geschlossen worden sind.

■ Bei gemischt-nationalen Ehen, bei denen die Ehegatten vor dem 9.4.1983 keine ausdrückliche (notarielle oder formfreie) oder stillschweigende Rechtswahl hinsichtlich des Güterrechts getroffen haben (= Fall des Art. 220 Abs. 3 S. 1 Nr. 3, Anknüpfung an das Heimatrecht des Ehemannes bei der Eheschließung) – ! und das dürfte ein Großteil der betroffenen Ehen darstellen, da sich die meisten Ehegatten gar keine Gedanken über das auf ihre Ehe anwendbare Güterrecht gemacht haben! –, ist Art. 15 EGBGB (in der bis einschließlich 28.1.2019 geltenden Fassung) anzuwenden, wobei der Stichtag für die Ermittlung des anwendbaren Güterrechts nicht der Zeitpunkt der Eheschließung, sondern der 9.4.1983 ist (Art. 220 Abs. 3 S. 3 EGBGB). In der notariellen Praxis kommt es somit in der Regel auf den gemeinsamen gewöhnlichen Aufenthalt der Eheleute am 9.4.1983 an. Bei der Vorbereitung der Urkunden ist es also wichtig, den gemeinsamen gewöhnlichen Aufenthalt der Eheleute am 9.4.1983 zu ermitteln.

■ Beim bisherigen Hauptproblemfall der gemischt-nationalen Ehen, bei denen die Ehegatten vor dem 9.4.1983 eine ausdrückliche oder stillschweigende Rechtswahl hinsichtlich des Güterrechts getroffen haben – eine solche Rechtswahl im Einzelfall festzustellen, bereitete in der Praxis häufig große Probleme –, stellt sich in den allermeisten Fällen die Rechtslage seit dem Beschluss des Bundesverfassungsgerichts vom 18.12.2002 (NJW 2003, 1656) vereinfacht dar, wenn auch für diese Fallgruppe durch die Entscheidung noch keine letztendliche Klarheit und Rechtssicherheit geschaffen worden ist. Sollten nach dieser Entscheidung Eheleute davon ausgegangen sein, dass für die güterrechtlichen Wirkungen ihrer Ehe das Heimatrecht des Ehemannes gilt – und das dürfte in der Zeit bis zu der Entscheidung des Bundesverfassungsgerichts die Regel gewesen sein, da die Ehegatten von der bis dahin gültigen Rechtslage geprägt worden sind –, so kann diese auf einem gleichheitswidrigen Zustand (Verstoß gegen Art. 3 Abs. 2 Grundgesetz) basierende stillschweigende Rechtswahl nicht über den 8.4.1983 hinaus Geltung beanspruchen. Von diesem Zeitpunkt an ist von daher als Folge der Entscheidung nach h.M. auf der Grundlage der sog. **Kegel'schen Leiter** (vgl. hierzu Rdn 1740) anzuknüpfen, die bei unterschiedlicher Staatsangehörigkeit der Ehegatten an den gemeinsamen gewöhnlichen Aufenthalt der Ehegatten anknüpft. Als relevanter Anknüpfungszeitpunkt ist hier auch auf den 9.4.1983 abzustellen, da die Rechtslage einer subjektiven (wenn auch verfassungswidrigen) Anknüpfung an das Mannesrecht mit der einer objektiven Anknüpfung an das Mannesrecht i.S.v. Art. 220 Abs. 3 S. 3 EGBGB vergleichbar ist (str. vertreten wird auch das Abstellen auf den Zeitpunkt der Eheschließung oder auf den Zeitpunkt der Sachverhaltsprüfung). *Hausmann/Odersky* sehen für die gesamte Übergangsregelung des Art. 220 Abs. 3 EGBGB im Falle gemischt-nationaler Ehen nach der Entscheidung des Bundesverfassungsgerichts keinerlei Raum mehr.[297]

1775   *Hinweis*

Als Faustregel für Ehen, die zwischen dem 1.4.1953 und dem 9.4.1983 geschlossen worden sind, gilt:

- Bei gemeinsamer Staatsangehörigkeit der Eheleute zum Zeitpunkt der Eheschließung wird auf das gemeinsame Heimatrecht der Eheleute verwiesen.
- Bei unterschiedlicher Staatsangehörigkeit der Ehegatten zum Zeitpunkt der Eheschließung wird auf das Recht des gemeinsamen gewöhnlichen Aufenthaltes der Ehegatten am 9.4.1983 verwiesen.

(Jeweils Gesamtverweisung mit der Beachtung von Rück- oder Weiterverweisungen!)

1776   Für die notarielle Praxis sollte allerdings Eheleuten, die in der Zeit vom 1.4.1953 bis zum 8.4.1983 geheiratet haben, aufgrund der nach wie vor bestehenden rechtlichen und tatsächlichen Unsicherheiten dringend eine Rechtswahl (nunmehr nach den Bestimmungen der EU-GüVO), gegebenenfalls ergänzt um zusätzliche Vereinbarungen auf der sachrechtlichen Ebene, empfohlen werden, um klare und sichere Rechtsverhältnisse für ihre Ehe zu schaffen.

(2) Wandelbarkeit aufgrund einer ausländischen Kollisionsnorm

1777   Zu einer Wandelbarkeit des Güterrechtsstatuts kann es ferner kommen, wenn das durch das deutsche IPR berufene ausländische Recht im Unterschied zum deutschen Recht von der Wandelbarkeit des Güterrechtsstatuts ausgeht.[298]

1778   *Beispiel*

Vgl. oben das Beispiel in Rdn 1715. Das deutsche Ehepaar Walesa möchte in Weimar eine Eigentumswohnung zu je ½ Anteil erwerben. Ist das möglich? – Auch dieser Fall hat auf den ersten Blick keine Auslandsberührung. Dann erklären jedoch die Ehegatten, dass sie zum Zeitpunkt der Eheschließung im Jahre 1995 beide noch die polnische Staatsangehörigkeit besessen haben und sie erst im Jahre 2001 die deutsche Staatsangehörigkeit erworben und die polnische Staatsangehörigkeit verloren haben. – Art. 15 Abs. 1 EGBGB aF. i.V.m. Art. 14 Abs. 1 Nr. 1 EGBGB aF. verweist wegen der gemeinsamen Staatsangehörigkeit der Ehegatten zum Zeitpunkt der Eheschließung auf das polnische Recht einschließlich dessen IPR. Auch das polnische IPR knüpft an die gemeinsame Staatsangehörigkeit der Ehegatten an, allerdings nicht unwandelbar zum Zeitpunkt der Eheschließung, sondern wandelbar an das jeweils geltende Heimatrecht der Ehegatten. Bis zum Staatsangehörigkeitswechsel der Ehegatten hat das polnische Recht die Verweisung somit angenommen, sodass bis dahin polnisches Ehegü-

---

[297] *Hausmann/Odersky*, Internationales Privatrecht in der Notar- und Gestaltungspraxis, 3. Aufl. 2017, § 9 Rn 144 ff.

[298] Dies entspricht zumindest der ganz herrschenden Meinung in der Rechtsprechung und in der Literatur, wonach sich das Wandelbarkeitsprinzip der ausländischen Rechtsordnung im Rahmen einer Rück- oder Weiterverweisung durchsetzt; a.A. nur OLG Nürnberg MittBayNot, 2011, 337; vgl. Palandt/*Thorn*, 78. Aufl. 2019, Art. 15 EGBGB, Rn 3 mit weiteren Verweisen.

terrecht anwendbar war. Nach dem Staatsangehörigkeitswechsel der Ehegatten verweist das polnische IPR auf das deutsche Recht zurück, das die Verweisung gemäß Art. 4 Abs. 1 S. 2 EGBGB annimmt. Es hat somit mit dem Wechsel der Staatsangehörigkeit aufgrund der Wandelbarkeit des polnischen IPR auch das anwendbare Güterrecht gewechselt (Statutenwechsel).

Die beiden Fälle („Portugiesen-Fall" in Rdn 1761 und „Polen-Fall" in Rdn 1717) verdeutlichen, dass man sich bei der Vorbereitung eines Grundstückkaufvertrages mit Ausländerbeteiligung nicht zwangsläufig auf die aktuelle Staatsangehörigkeit der Vertragsbeteiligten verlassen kann. Sobald Anhaltspunkte dafür vorliegen (ausländisch klingende Familien- und/oder Vornamen, Sprache, Geburtsort im Ausland, usw.), dass die Ehegatten nicht immer die heutige (in der Regel die deutsche) Staatsangehörigkeit besessen haben, muss weiter ermittelt werden. Kommt man zu einer anderen Staatsangehörigkeit der Ehegatten zum Zeitpunkt ihrer Eheschließung, muss geprüft werden (notfalls mit Hilfe eines DNotI-Gutachtens oder anderer dem Notar und seinen Mitarbeitern zugänglichen Hilfsmitteln), ob das betreffende ehemalige Heimatrecht der Ehegatten unwandelbar (dann bleibt es bei der Anwendung diesen Rechts) oder wandelbar (dann kommt es gegebenenfalls zu einer Rück- oder Weiterverweisung, wobei die Rückverweisung im Falle des deutschen IPR immer angenommen wird) anknüpft. **1779**

bb) Ausnahmen vom Grundsatz der Einheitlichkeit des Güterrechtsstatuts

Auch vom Grundsatz, dass das anwendbare Güterrecht einheitlich das gesamte Vermögen der Ehegatten umfasst, unabhängig davon, wo sich die Vermögensgegenstände befinden und unabhängig davon, ob es sich um bewegliches oder unbewegliches Vermögen handelt, gibt es mehrere Ausnahmen. Diese sind **1780**

- die oben schon dargestellte Rechtswahl nach Art. 15 Abs. 2 Nr. 3 EGBGB aF. für unbewegliches Vermögen, die vor dem 29.1.2019 zulässig war,
- die bisherige Sonderanknüpfung nach Art. 3a Abs. 2 EGBGB aF. (vgl. hierzu Rdn 1781 ff.),
- die teilweise Rück- oder Weiterverweisung durch das vom deutschen IPR berufene ausländische IPR.

Für die beiden letzteren Fälle soll zur Problemerkennung jeweils nur ein praktisches Beispiel gegeben werden.

(1) Sonderanknüpfung nach Art. 3a Abs. 2 EGBGB aF.

Beispiel **1781**

Ein deutsches Ehepaar hat diverses Vermögen in Deutschland und eine Ferienwohnung in Schottland. – Zur Ermittlung des anwendbaren Güterrechts verweist Art. 15 Abs. 1 EGBGB aF. i.V.m. Art. 14 Abs. 1 Nr. 1 EGBGB aF. für die vor dem 29.1.2019 geschlossene Ehe in Form der Sachnormverweisung auf das deutsche Recht. Es ist also deutsches Recht auf die güterrechtlichen Wirkungen der Ehe anwendbar. Die einheitliche Verweisung auf das deutsche Recht wird jedoch durch die Sonderanknüpfung nach der komplizierten Vorschrift des Art. 3a Abs. 2 EGBGB aF. durchbrochen. Das schottische Recht (IPR) enthält nämlich für die Ermittlung des anwendbaren Güterrechts „besondere Vorschriften" dahingehend, dass für unbewegliches Vermögen anders als für das bewegliche Vermögen angeknüpft wird, und zwar an das Recht der Belegenheit der Sache (lex rei sitae). Diese Sonderanknüpfung geht somit nach Art. 3a Abs. 2 EGBGB aF. vor (**Einzelstatut bricht Gesamtstatut**). Hinsichtlich der Ferienwohnung in Schottland gilt also schottisches Güterrecht, während für das übrige Vermögen der Ehegatten deutsches Güterrecht einschlägig ist.

(2) Teilweise Rück- oder Weiterverweisung durch das ausländische IPR

Beispiel **1782**

Dieser Fall ist praktisch der Umkehrfall zum vorherigen Beispielsfall.

Ein in Glasgow lebendes schottisches Ehepaar hat diverses Vermögen in Schottland und möchte in St. Peter Ording eine Ferienwohnung zu je ½ Anteil erwerben. – Zur Ermittlung des anwendbaren Güterrechts verweist, sofern die Ehe vor dem 29.1.2019 geschlossen wurde, Art. 15 Abs. 1 EGBGB aF. i.V.m. Art. 14 Abs. 1 Nr. 1 EGBGB aF. hier auf das schottische Recht einschließlich dessen IPR. Das schottische Recht unterscheidet, wie im letzten Fall gesehen, im Bereich des ehelichen Güterrechts zwischen beweglichem und unbeweglichem Vermögen. Für bewegliches Vermögen der Ehegatten wird an das Domizil (vgl. zum Begriff Rdn 1694 f.), für unbewegliches Vermögen der Ehegatten an die Belegenheit der Sache (*lex rei sitae*) angeknüpft. Hinsichtlich des beweglichen Vermögens nimmt das schottische Recht somit die Verweisung an, so dass diesbezüglich schottisches Güterrecht zur Anwendung kommt. Hinsichtlich des unbeweglichen Vermögens wird auf das deutsche Recht zurückverwiesen, das die Rückverweisung gemäß Art. 4 Abs. 1 S. 2 EGBGB annimmt. Da somit für die in St. Peter Ording zu erwerbende Ferienwohnung deutsches Güterrecht – und mangels Abschlusses eines Ehevertrages der gesetzliche Güterstand der Zugewinngemeinschaft – gilt, ist ein Erwerb der Ferienwohnung der Ehegatten zu je ½ Anteil möglich.

1783 Das letzte Beispiel zeigt, dass man auch bei ausländischen Ehegatten hinsichtlich in Deutschland belegenen Grundbesitzes durchaus zur Anwendung deutschen Güterrechts und damit zu einer „gewohnten" Vorbereitung des Grundstückskaufvertrages gelangen kann.

4. Das auf die güterrechtlichen Wirkungen einer nach dem 29.1.2019 geschlossenen Ehe anwendbare Recht nach der EU-GüVO (Güterrechtsstatut)

a) Anwendungsbereich, Prüfungsreihenfolge

1784 Für alle Ehen, die ab dem 29.1.2019 geschlossen werden, bestimmt sich das anwendbare Güterrecht ausschließlich nach der EU-GüVO. Für Ehen, die bis zum Ablauf des 28.1.2019 geschlossen wurden, gilt grundsätzlich nur Art. 15 EGBGB aF. für die Bestimmung des an-wendbaren Güterrechts. Dies gilt auch für eine bis zu diesem Zeitpunkt getroffene Rechtswahl (die nach Art. 15 Abs. 2 EGBGB aF. zu beurteilen ist). Nur wenn die Ehegatten erst ab dem 29.1.2019 eine Rechtswahl treffen, bestimmt sich diese Rechtswahl ausschließlich nach der EU-GüVO.

1785 Die Vorschriften der EU-GüVO zum anwendbaren Recht finden immer dann Anwendung, wenn die Eheleute

- nach dem 29.1.2019 die Ehe eingegangen sind, oder
- nach dem 29.1.2019 eine Rechtswahlvereinbarung getroffen haben.

1786 Der Verweisungsumfang der EU-GüVO ist weiter als der bisherige nach Art. 15 EGBGB aF. Das heißt, die EU-GüVO erfasst auch Materien, die nach bisherigem nationalen Recht nicht unter den Güterstand (bisher Art. 15 EGBGB aF.), sondern unter die allgemeinen Ehewirkungen (Art. 14 EGBGB aF.) fielen. Denn die EU-GüVO erfasst alle vermögensrechtlichen Rechtsbeziehungen, die sich aufgrund der Ehe oder ihrer Auflösung ergeben. Daher zählen nach der EU-GüVO insbesondere auch alle Verfügungsbeschränkungen (z.B. für das Familienheim nach einigen ausländischen Rechten) zum Güterrechtsstatut.[299]

1787 Von den bisher vor Art. 15 EGBGB aF. vorrangigen Sonderregelungen ist im Rahmen der EU-GüVO nur noch das Deutsch-Iranische Niederlassungsabkommen zu beachten (siehe Art. 62 Abs. 1 EU-GüVO). Alle anderen Sonderregelungen beanspruchen keinen Vorrang mehr oder kommen zeitlich ohnehin nicht mehr in Betracht. Anders als nach bisherigem deutschen Recht gilt insbesondere auch keine Ausnahme für Grundstücke in Drittstaaten oder sonstiges dort belegenes Vermögen mehr: Auch wenn nach dem Recht des Drittstaats das dort belegene Vermögen immer dem Recht des Drittstaats unterliegt, wird das nach der EU-GüVO zu bestimmende Recht angewandt. Art. 3a Abs. 2 EGBGB aF. (der dies für das deutsche Recht anders bestimmte), findet im Rahmen der EU-GüVO keine Anwendung, da diese in dieser Hinsicht abschließendes und höherrangiges Europarecht darstellt. Das nach der EU-GüVO anwendbare Recht gilt einheitlich für das gesamte Güterrecht (vgl. Art. 21 EU-GüVO).

1788 Bei der Prüfung des Sachverhalts nach dem Kollisionsrecht der EU-GüVO ist wie folgt vorzugehen:

Soweit keine vorrangige Sonderregelung (z.B. das Deutsch-Iranische Niederlassungsabkommen) greift, ist zu ermitteln, wo die Ehegatten ihren ersten gemeinsamen gewöhnlichen Aufenthalt *nach* der Eheschließung hatten (Art. 26 Abs. 1 lit. a) EU-GüVO). Ein solcher gewöhnlicher Aufenthalt kann innerhalb

---

299 Vgl. *Weber*, DNotZ 2017, 659, 665.

von ca. drei bis acht Monaten nach der Eheschließung begründet werden, kann jedoch auch schon im Zeitpunkt der Eheschließung bestehen. Haben die Ehegatten keinen solchen gewöhnlichen Aufenthalt, ist dann auf die gemeinsame Staatsangehörigkeit im Zeitpunkt der Eheschließung abzustellen (Art. 26 Abs. 1 lit. b) EU-GüVO). Ist dies auch nicht gegeben, ist die engste Verbindung im Zeitpunkt der Eheschließung maßgeblich (Art. 26 Abs. 1 lit. c) EU-GüVO). Anders als nach bisherigem deutschen Kollisionsrecht ist also der gemeinsame gewöhnliche Aufenthalt vorrangig vor der Staatsangehörigkeit.

Hat ein Ehegatte mehrere Staatsangehörigkeiten, dann ist die effektive Staatsangehörigkeit maßgeblich, **1789** d.h. die Staatsangehörigkeit, mit der er am engsten verbunden ist. Wenn ein Ehegatte auch Deutscher ist, hat diese Staatsangehörigkeit nicht automatisch (wie im deutschen Recht) Vorrang. Art. 5 Abs. 1 S. 2 EGBGB, der dies bestimmt, gilt im europäischen Recht nicht. Auch die deutsche Staatsangehörigkeit ist daher bei einem Mehrstaater nur dann maßgeblich, wenn sie auch die effektive Staatsangehörigkeit ist.

Wenn die Ehegatten mehrere gemeinsame Staatsangehörigkeiten haben (z.B. zwei Doppelstaater deutsch-polnisch), findet nur die Anknüpfung an den gemeinsamen gewöhnlichen Aufenthalt und an die engste Verbindung Anwendung (Art. 26 Abs. 2 EU-GüVO). In diesem Fall kommt es also auf eine effektive Staatsangehörigkeit nicht an.

Rück- oder Weiterverweisungen durch das Recht eines Drittstaats werden (anders als nach bisherigem **1790** deutschen Recht) nicht mehr zu beachten sein (Art. 32 EU-GüVO). Das nach den vorstehenden Regelungen bestimmte Güterrecht findet also immer unmittelbar Anwendung; die Prüfung ist sofort beendet. Auf ein fremdes Kollisionsrecht kommt es nicht mehr an, was die Prüfung erheblich erleichtern soll.

b) Sonderregelung in Art. 26 Abs. 3 EU-GüVO

Art. 26 Abs. 3 EU-GüVO enthält eine Sonderregelung, die dann Anwendung findet, wenn sich das an- **1791** wendbare Recht eigentlich nach dem ersten gemeinsamen gewöhnlichen Aufenthalt nach der Eheschließung bestimmt (vgl. Art. 26 Abs. 1 lit. a) EU-GüVO). Das Gericht kann dann aufgrund der vorstehenden Sonderregelung ausnahmsweise ein anderes Recht anwenden. Voraussetzung ist insbesondere, dass die Ehegatten tatsächlich erheblich länger in einem anderen Land gelebt haben als in dem Land, in dem sie ihren ersten gemeinsam gewöhnlichen Aufenthalt genommen haben.

Beispiel

Die Ehegatten sind beide ausschließlich deutsche Staatsangehörige. Sie lernen sich in einem Hotel in Frankreich kennen, in dem sie beide arbeiten. Am 5.2.2019 heiraten sie in Frankreich und leben dort für ein weiteres Jahr. Im Februar 2020 ziehen sie zurück nach Deutschland und leben dort für zwölf Jahre, bis die Ehefrau die Scheidung beantragt. In diesem Fall kommt die Anwendung von Art. 26 Abs. 3 EU-GüVO in Betracht, da die Ehegatten erheblich länger gemeinsam in Deutschland gelebt haben und möglicherweise auf die Anwendung deutschen Güterrechts vertraut haben.

Da die Voraussetzungen von Art. 26 Abs. 3 EU-GüVO unklar sind, empfiehlt sich in solchen Fällen eine **1792** Rechtswahl. Eine Rechtswahl empfiehlt sich auch dann, wenn absehbar ist, dass die Ehegatten das Land ihres Aufenthalts dauerhaft verlassen werden. Denn auch dann ist eine mögliche Anwendung von Art. 26 Abs. 3 EU-GüVO schon absehbar.

c) Rechtswahlmöglichkeiten, Art. 22 EU-GüVO

Folgende Rechtswahlmöglichkeiten bestehen nach Art. 22 Abs. 1 EU-GüVO: **1793**

- gemeinsamer gewöhnlicher Aufenthalt oder gewöhnlicher Aufenthalt eines Ehegatten/Verlobten, jeweils zum Zeitpunkt der Rechtswahl,
- Staatsangehörigkeit eines Ehegatten/Verlobten zum Zeitpunkt der Rechtswahl (bei Mehrstaatern ist das Recht jeder Staatsangehörigkeit wählbar; auf die effektive Staatangehörigkeit kommt es hier nicht an).

Seit dem 29.1.2019 sind Rechtswahlen nur noch in diesem Umfang zulässig. Insbesondere ist daher eine beschränkte Rechtswahl nur für Grundstücke wie nach bisherigem deutschen Recht (Art. 15 Abs. 2 Nr. 3 EGBGB aF.) nicht mehr möglich.

1794 Im Rahmen einer Rechtswahl sind die Vorgaben des Art. 22 Abs. 2 und 3 EU-GüVO zu beachten. Danach gilt die Änderung des anwendbaren Rechts während der Ehe grundsätzlich nur für die Zukunft. Gleichwohl können die Ehegatten eine rückwirkende Änderung vereinbaren, sofern diese die Rechte Dritter nicht beeinträchtigt. Jedenfalls wenn die Ehegatten einen Wechsel des anwendbaren Rechts (und damit des Güterstands) nur für die Zukunft vereinbaren, so ist der bisherige Güterstand ggf. abzuwickeln. Eine rückwirkende Rechtswahl wirkt hingegen wohl auch sachenrechtlich und macht eine Auseinandersetzung des bisherigen Güterstands damit teilweise entbehrlich. Die Einzelheiten sind jedoch derzeit noch nicht abschließend geklärt.

1795 Häufig leben ausländische Paare in Deutschland – zum Teil ohne es zu wissen – in einem ausländischen Güterstand. Wünschen sie eheverträgliche Regelungen zum Güterstand, kann dies in der Regel nur auf Grundlage des deutschen Rechts erfolgen. Dann muss zunächst eine Rechtswahl zugunsten des deutschen Rechts erfolgen. Aufgrund der Rechtswahl endet der ausländische Güterstand, sodass er abzuwickeln ist. Die Abwicklung sollte die Urkunde zumindest kurz regeln. Bei den Regelungen zur Auseinandersetzung ist zu unterscheiden, ob die Ehegatten bisher in einer Gütergemeinschaft/Errungenschaftsgemeinschaft oder in bloßer Zugewinngemeinschaft/Gütertrennung gelebt haben. Nur bei der Gütergemeinschaft/Errungenschaftsgemeinschaft bilden die Ehegatten grundsätzlich gemeinsames Eigentum. Dann ist zur Beendigung der Gemeinschaft eine Eigentumszuordnung erforderlich. Selbstverständlich sind die Beteiligten nicht gezwungen, bei Beendigung des Güterstands alle ihnen gehörende Sachen sofort unter sich aufzuteilen. Sie können sich über die Zuordnung auch noch später einigen. Die Übereignung beweglicher Sachen ist für sich nicht beurkundungspflichtig. Wenn es den Beteiligten jedoch auf die Zuordnung bestimmter beweglicher Sachen ankommt und die Zuordnung Bedingung ihrer übrigen Vereinbarungen ist, sollte eine Regelung unmittelbar in der Urkunde erfolgen. Dies gilt insbesondere dann, wenn in einer Trennungs- und/oder Scheidungssituation die korrekte Zuordnung zwischen den Beteiligten umstritten war und daher Bedarf zur Klarstellung besteht.

1796 Bei einer zulässigen rückwirkenden Rechtswahl des deutschen Rechts nach Art. 22 EU-GüVO (möglich seit dem 29.1.2019) ist hingegen wohl davon auszugehen, dass diese auch sachenrechtlich wirkt.[300] Das heißt, die Eigentumszuordnung ändert sich rückwirkend, z.B. von einer Errungenschaftsgemeinschaft zu Bruchteilseigentum. Die Einzelheiten sind derzeit nicht abschließend geklärt. So ist z.B. nicht sicher, ob die Ehegatten automatisch immer Bruchteilseigentum zu je ½ Anteil erwerben, oder ob für das Anteilsverhältnis maßgeblich ist, wie die Ehegatten zur Finanzierung der Sache beigetragen haben, oder ob sie die Anteilsverhältnisse ggf. doch vereinbaren müssen. Es ist also nicht gesichert, dass alle Gegenstände automatisch und ohne Weiteres in den neuen Güterstand überführt werden. Daher empfehlen sich stets klarstellende Vereinbarungen sowie (zumindest vorsorgliche) dingliche Einigungen/Auflassungen zur Überführung der Sachen in ein bestimmtes Bruchteilsverhältnis.

1797 Wenn die Ehegatten hingegen in einem der deutschen Zugewinngemeinschaft ähnlichen Güterstand oder in Gütertrennung leben, ist nicht zwingend gemeinsames Eigentum an Sachen entstanden. Auch dann ist es jedoch möglich, dass die Ehegatten gemeinsame Anschaffungen getätigt haben und Eigentum zu Bruchteilen erworben haben. Wenn daher eine Eigentumszuordnung erforderlich ist, könnten auch hier klarstellende Vereinbarungen getroffen werden.

5. Praktische Hinweise zur Vorbereitung und Beurkundung von Grundstückskaufverträgen unter Beteiligung ausländischer Staatsangehöriger

1798 Zusammenfassend können die folgenden praktischen Hinweise für die Vorbereitung und Beurkundung eines Grundstückskaufvertrages unter Beteiligung ausländischer Staatsangehöriger gegeben werden. Hierbei ist stets im Auge zu behalten, zu welchem Zeitpunkt die Ehegatten ihre Ehe geschlossen haben. In der Praxis werden uns noch eine Zeit lang Ehen beschäftigen, die vor dem 29.1.2019 geschlossen wurden. Für diese gelten zur Ermittlung des Güterrechtsstatuts die bisherigen Bestimmungen der Art. 15 Abs. 1 EGBGB aF. i.V.m. Art. 14 Abs. 1 EGBGB aF. Für Ehen, die nach dem genannten Stichtag ge-

---

300 Dazu *Döbereiner*, notar 2018, 244, 255.

schlossen wurden, gilt nunmehr die EU-GüVO. Rechtswahlen, die ab diesem Stichtag vereinbart werden, bestimmen sich ausschließlich nach der EU-GüVO.

a) Beteiligung von Ausländern auf der Veräußererseite

Der sicherste und beste Weg ist immer, beide Ehegatten auf der Veräußererseite an der Beurkundung mitwirken zu lassen. Veräußerungsbeschränkungen und Zustimmungserfordernisse nach ausländischen Rechtsordnungen stehen dann der Beurkundung nicht im Wege. Es sollte von daher nach Möglichkeit immer darauf hingewirkt werden, dass beide Ehegatten an der Beurkundung teilnehmen oder die Urkunde zumindest im Nachhinein ordnungsgemäß genehmigen. Um dies zu erreichen, sollte im Einzelfall auch eine zeitliche Verschiebung der Beurkundung in Kauf genommen werden. | 1799

Wenn die Mitwirkung beider Ehegatten nicht möglich oder nicht gewollt ist, kann durch Ermittlung des einschlägigen Güterrechtsstatuts – aufgrund entsprechender Auskünfte und Informationen der Vertragsbeteiligten und gegebenenfalls mittels entsprechender Fachliteratur oder Rechtsgutachten des DNotI – festgestellt werden, ob überhaupt Verfügungsbeschränkungen oder Zustimmungserfordernisse existieren, die der Beurkundung entgegenstehen. So bereiten z.B. die Rechtsordnungen, die als gesetzlichen Güterstand eine Gütertrennung vorsehen in diesem Rahmen keine Probleme. Oder die Prüfung ergibt, dass die betreffende ausländische Rechtsordnung hinsichtlich unbeweglichen Vermögens auf deutsches – also vertrautes – Recht zurückverweist (vgl. „Schottland-Fall", Rdn 1782) und dann lediglich die „Hürde" des § 1365 BGB zu nehmen ist. | 1800

Ist eine Beteiligung beider Ehegatten an der Beurkundung nicht möglich und ergibt die Ermittlung des einschlägigen Güterrechts das Vorliegen von Verfügungsbeschränkungen bzw. Zustimmungserfordernissen, so sollte überlegt werden, inwieweit eine Rechtswahl möglich ist. Eine Rechtswahl zum deutschen Güterrecht wie bislang gemäß Art. 15 Abs. 2 Nrn. 1 bis 3 EGBGB aF. ist nicht mehr möglich. Seit dem 29.1.2019 richtet sich die Zulässigkeit einer Rechtswahl nach Art. 22 EU-GüVO.[301] Aber auch eine solche Rechtswahl setzt die – hier ja nicht mögliche – Mitwirkung beider Ehegatten voraus. Auch im Übrigen wird eine Rechtswahl in den meisten Fällen vom Veräußerer nicht gewollt sein, da er sich ja gerade durch den Kaufvertrag seines Grundbesitzes – und damit häufig seines wesentlichen Vermögenswertes – in Deutschland „entledigt", für den das gewählte deutsche Güterrecht dann keine Bedeutung mehr haben kann. | 1801

Hilfe könnte für Ehen, die vor dem 29.1.2019 geschlossen wurden, die Schutzvorschrift des Art. 16 Abs. 1 EGBGB aF. bieten. Diese Vorschrift schützt das Vertrauen eines gutgläubigen Dritten in die Geltung des deutschen Güterrechts, und zwar unter folgenden Voraussetzungen (bezogen auf die hier zu untersuchende Problematik eines Grundstückskaufvertrages): | 1802

- Mindestens einer der Ehegatten, die einem ausländischen Güterrecht unterstehen, muss in Deutschland seinen gewöhnlichen Aufenthalt haben oder hier ein Gewerbe betreiben;
- der ausländische Güterstand darf nicht im Güterrechtsregister des zuständigen Amtsgerichts eingetragen sein;
- der Vertragspartner (hier der Erwerber) darf bei Vertragsschluss nicht positiv wissen, dass der Ehegatte (hier der Veräußerer) in einem ausländischen Güterstand lebt;
- der Grundstückskaufvertrag wird in Deutschland vorgenommen.

Die vorstehenden Voraussetzungen müssen gleichzeitig vorliegen; fehlt nur eine der Voraussetzungen, entfällt der Schutz des guten Glaubens. Da Eintragungen in das Güterrechtsregister nur äußerst selten vorkommen und der Vertragspartner in aller Regel keine positive Kenntnis darüber hat, in welchem Güterstand sein Vertragspartner lebt (! Kennenmüssen schadet nicht und allein die Kenntnis der ausländischen Staatsangehörigkeit des Vertragspartners begründet für sich noch keine positive Kenntnis des ausländischen Güterstandes!), wird das Vertrauen in die Geltung des deutschen Güterrechts durch Art. 16 Abs. 1 EGBGB aF. sehr weitgehend geschützt. Wichtig ist aber, dass Art. 16 Abs. 1 EGBGB aF. nur einseitig den Vertragspartner, nicht die ausländischen Ehegatten selbst schützt. Liegen also die Voraussetzungen des Art. 16 Abs. 1 EGBGB aF. vor, kann der Vertragspartner wählen, ob er an dem Kaufvertrag festhalten oder sich auf die wirkliche Rechtslage (Verfügungsbeschränkung für den allein veräußernden Ehegatten) und damit auf die Unwirksamkeit des Kaufvertrages berufen will. Dem veräußernden Ehegat- | 1803

---

301 Dazu ausführlich *Döbereiner*, notar 2018, 244, 250 ff.

ten steht dieses Recht nicht zu. Da der Notar aber verpflichtet ist, beide Vertragsparteien gleichermaßen zu schützen, muss er auch beide Vertragsparteien ausführlich über die Voraussetzungen, Rechtsfolgen, die einseitige Schutzrichtung der Vorschrift und deren Risiken belehren. Alles in allem sollte ein „Sich-Verlassen" auf die Schutzvorschrift des Art. 16 Abs. 1 EGBGB aF. nur das „letzte Mittel" nach Ausschöpfung aller anderen Lösungswege sein. Eine ausführliche Behandlung dieser Vorschrift einschließlich eines Formulierungsvorschlages für eine umfassende notarielle Belehrung findet sich bei *Schotten*.[302]

1804   Letztendlich sollte die Beurkundung eines Grundstückskaufvertrages unter Mitwirkung nur eines Ehegatten, der aufgrund der Anwendung ausländischen Güterrechts einer Verfügungsbeschränkung bzw. einem Zustimmungserfordernis des anderen Ehegatten unterliegt, grundsätzlich abgelehnt oder zumindest bis zur möglichen Mitwirkung des anderen Ehegatten verschoben werden. Eine Beurkundung unter Berufung auf Art. 16 Abs. 1 EGBGB aF. sollte nur erfolgen, wenn beide Vertragsparteien in Kenntnis der hiermit verbundenen Risiken darauf bestehen, und dann nur unter Aufnahme einer umfassenden Belehrung in die Urkunde. Die notarielle Praxis zeigt aber, dass die Vertragsparteien in den meisten Fällen die für eine reibungslose Vorbereitung und Beurkundung erforderliche Kooperationsbereitschaft zeigen und grundsätzlich den Empfehlungen des Notars folgen, sodass es nur in den seltensten Fällen zu Problemen kommt.

1805   Für Ehen, die nach dem 29.1.2019 geschlossen wurden, bestimmt sich der Schutz Dritter gegenüber Beschränkungen seines Vertragspartners durch ausländisches Ehegüterrecht künftig nach Art. 28 EU-GüVO. Danach ist maßgeblich, ob der Dritte Kenntnis von dem auf den Güterstand anwendbaren Recht des oder der Ehegatten hatte, mit dem/denen er kontrahiert hat, oder diese Kenntnis bei Anwendung der erforderlichen Sorgfalt hätte haben können.[303] Die Reichweite des Art. 28 EU-GüVO ist nicht enger als jene des bisherigen Art. 16 EGBGB aF. Dennoch sollte auch hier in der Praxis auf die ordnungsgemäße Beteiligung des anderen Ehegatten hingewirkt werden. Denn es ist oft nicht sicher zu beurteilen, ob die Gutglaubensvorschriften eingreifen. Ferner bietet ein Erwerb, der nur auf gutem Glauben basiert, jedenfalls rechtliches Angriffspotential, insbesondere im Scheidungsfall.

b)   Beteiligung von Ausländern auf der Erwerberseite

1806   Wegen des oben dargestellten Problems eines gesetzlichen Vermögenserwerbs im Rahmen von Güter- oder Errungenschaftsgemeinschaften durch den an der Urkunde nicht mitwirkenden Ehegatten und wegen der notwendigen Angabe des Beteiligungsverhältnisses beim Erwerber gemäß § 47 Abs. 1 GBO ist grundsätzlich das für die Erwerber-Ehegatten einschlägige Güterrechtsstatut mit den entsprechenden juristischen Hilfsmitteln zu bestimmen. Die für die Ermittlung notwendigen Erklärungen der Vertragsbeteiligten sollten in die Urkunde aufgenommen werden und hierbei klargestellt werden, dass es sich hierbei um Erklärungen der Vertragsbeteiligten und nicht um Erklärungen des Notars handelt.

1807   *Muster für die Erklärungen der Beteiligten zur Bestimmung des Güterrechtsstatuts im Falle gemischt-nationaler Ehen, die nach dem 8.4.1983 geschlossen wurden:*

Die Eheleute (…) erklären zunächst, dass

- (…) seit seiner Geburt ausschließlich die (…) Staatsangehörigkeit besitze,
- (…) seit ihrer Geburt ausschließlich die (…) Staatsangehörigkeit besitze,
- sie am (…) vor dem Standesbeamten des Standesamtes (…) die Ehe geschlossen haben,
- jeder von ihnen zu diesem Zeitpunkt seinen gewöhnlichen Aufenthalt in Deutschland hatte,
- sie ihren ersten gemeinsamen ehelichen Wohnsitz in Deutschland begründet haben,
- sie keine Rechtswahl hinsichtlich des Güterrechts getroffen und keinen Ehevertrag geschlossen haben,

sodass sie im gesetzlichen Güterstand der Zugewinngemeinschaft des deutschen Rechts leben.[304]

---

302 *Schotten*, Der Schutz des Rechtsverkehrs im Internationalen Privatrecht, DNotZ 1994, 670 ff.; vgl. auch *Hausmann/Odersky*, Internationales Privatrecht in der Notar- und Gestaltungspraxis, 3. Aufl. 2017, § 9 Rn 208 ff.

303 Näher dazu *Hausmann/Odersky*, Internationales Privatrecht in der Notar- und Gestaltungspraxis, 3. Aufl. 2017, § 9 Rn 213 ff.; *Döbereiner*, notar 2018, 244, 257 f.

304 Nach *Schotten/Schmellenkamp*, Das Internationale Privatrecht in der notariellen Praxis, 2. Aufl. 2007, Rn 208; für Ehen, die vor dem 8.4.1983 geschlossen wurden, vgl. das Muster ebenfalls bei *Schotten/Schmellenkamp*, Rn 208.

Gelangt man aufgrund der Prüfung zur Anwendung eines ausländischen Güterrechts und sind die hier-durch festgelegten Rechtsfolgen nicht erwünscht (z.B. Erwerb des Grundbesitzes nur in Errungenschafts-gemeinschaft möglich), so müssen weitere Überlegungen angestellt werden: **1808**

Hinweis

Ein Rechtsschutz über Art. 16 Abs. 1 EGBGB aF. (bzw. nach Art. 28 EU-GüVO) kommt – wie bereits oben ausgeführt – von vornherein nur für den Vertragspartner des bzw. der ausländischen Ehegatten, nicht jedoch für diese Ehegatten selbst (hier den bzw. die Erwerber-Ehegatten) in Betracht. Über Art. 16 Abs. 1 EGBGB aF. kann somit insbesondere nicht der gesetzliche „Miterwerb" des an der Be-urkundung nicht beteiligten Ehegatten im Rahmen einer ausländischen Güter- bzw. Errungenschafts-gemeinschaft verhindert werden.

Die Beteiligten sollten auf die Möglichkeit einer Rechtswahl hingewiesen werden. Eine umfassende **1809** Rechtswahl, die nunmehr nach Art. 22 EU-GüVO zu treffen wäre, ist insbesondere dann sinnvoll, wenn die Erwerber-Ehegatten schon seit vielen Jahren in Deutschland leben und von ihrer Lebensplanung her auch weiterhin in Deutschland bleiben wollen. Denn dann sind auch weitergehende, unmittelbar nicht beabsichtigte Auswirkungen der Rechtswahl auf eine etwaige spätere Scheidung und deren güterrecht-liche Abwicklung akzeptabel. Aufgrund der Reichweite einer solchen Rechtswahl ist es empfehlenswert, die Rechtswahl in einer gesonderten Urkunde zu vereinbaren. In diese Urkunde sollte eine entsprechende Belehrung über den durch die Rechtswahl bewirkten Wechsel des anwendbaren Rechts aufgenommen werden. Mit den betroffenen Ehegatten wäre weiterhin zu erörtern, ob es im Rahmen des gewählten deut-schen Rechts entweder bei der Zugewinngemeinschaft bleibt und in diesem Rahmen für die Berechnung des Anfangsvermögens der Zeitpunkt der Eheschließung oder der Zeitpunkt der Rechtswahl gelten oder eventuell ein anderer Güterstand (etwa die Gütertrennung) vereinbart werden soll. Schließlich müsste ge-klärt werden, ob der nunmehr beendete Güterstand des ausländischen Rechts abgewickelt werden soll, sofern die Rechtswahl nicht rückwirkend gelten soll (vgl. Art. 22 Abs. 3 EU-GüVO).

Insbesondere dann, wenn eine Immobilie an einen im Güterstand der Gütergemeinschaft oder Errungen- **1810** schaftsgemeinschaft des ausländischen Rechts lebenden Erwerber übertragen wird, ohne dass gleichzei-tig ein automatischer gesetzlicher Übergang des Grundbesitzes auf den nicht an der Urkunde beteiligten Ehegatten stattfinden soll, können für den geübten Rechtsanwender unter Umständen Regelungen auf der Basis des materiellen ausländischen Rechts weiterhelfen. So wird z.B. nach mehreren ausländischen Rechtsordnungen einerseits unentgeltlich übertragener Grundbesitz von vornherein als Vorbehalts-oder Eigengut behandelt, und/oder kann andererseits entgeltlich übertragener Grundbesitz als Vor-behalts- bzw. Eigengut festgelegt werden, sodass der übertragene Grundbesitz von daher jeweils nicht in das Gesamtgut der Ehegatten übergeht.

Fraglich ist, welche Risiken es nach sich zieht, wenn im Rahmen der vorstehenden Ermittlungen ein fal- **1811** sches Güterrechtsstatut und/oder ein falscher Güterstand ermittelt werden. Nach herrschender Auffas-sung gehört die Angabe des Erwerbsverhältnisses zum zwingenden Inhalt der Auflassung in einem Grundstückskaufvertrag und ist somit materielle Wirksamkeitsvoraussetzung für den Eigentumserwerb. Der „Super-Gau" einer unwirksamen Auflassung und eines unwirksamen Eigentumserwerbs tritt aber aufgrund der Rechtsprechung des BGH und des BayObLG im Falle der Ermittlung eines falschen Er-werbsverhältnisses nicht ein. Denn erfolgt die Auflassung an einen Ehegatten zu Alleineigentum oder an beide Ehegatten zu Bruchteilseigentum, obwohl sie im Güterstand einer Güter- oder Errungenschafts-gemeinschaft leben, so gehen sowohl der BGH[305] als auch die h.M. in der juristischen Literatur – wenn auch mit unterschiedlicher Argumentation – davon aus, dass beide Ehegatten kraft Gesetzes in Güter-bzw. Errungenschaftsgemeinschaft erwerben, so dass letztendlich trotz falscher Auflassung das mate-riellrechtlich richtige Ergebnis herauskommt. Wird z.B. die Auflassung an einen französischen Ehegatten allein erklärt, der im Güterstand der Errungenschaftsgemeinschaft des französischen Rechts lebt, so ha-ben tatsächlich der französische Erwerber und sein nicht an der Beurkundung mitwirkender Ehegatte den Kaufgrundbesitz in Errungenschaftsgemeinschaft des französischen Rechts erworben. Das Grundbuch

---

305 Vgl. hierzu die Grundsatzentscheidung BGH NJW 1982, 1097.

wird somit unrichtig und es kann somit von jedem Erwerber – also auch von dem nicht beteiligten Ehegatten – die entsprechende Grundbuchberichtigung beantragt werden. Wird hingegen umgekehrt an ein Ehepaar in Errungenschaftsgemeinschaft aufgelassen, obwohl gar keine Gesamthandsgemeinschaft im Sinne des deutschen Rechts vorliegt, so ist die Auflassung nach herrschender Meinung unwirksam. Sie kann jedoch nach Auffassung des BayObLG und eines Teils der juristischen Literatur in eine Auflassung an die Ehegatten als Bruchteilseigentümer zu je ½ Anteil umgedeutet werden. Diese Auffassung kann aber – insbesondere mangels höchstrichterlicher Rechtsprechung hierzu – noch nicht als gesichert angesehen werden. Für die Praxis bedeutet dies, dass in den Fällen, in denen der Notar nicht sicher ist, ob ein ausländisches Güterrecht zur Anwendung gelangt und wenn ja, ob der im Rahmen des ausländischen Güterrechts anwendbare ausländische Güterstand eine Gesamthand im Sinne des deutschen Rechts darstellt, der Kaufgrundbesitz im Zweifel an die Ehegatten als Bruchteilseigentümer zu je ½ Anteil aufgelassen werden sollte, da dies immer zu einem wirksamen Eigentumserwerb führt.[306]

IV. Das Europäische Nachlasszeugnis und der deutsche Erbschein mit Auslandsberührung

1. Allgemeines zur Europäischen Erbrechtsverordnung (EU-ErbVO)

1812 Eine besondere praktische Relevanz für die notarielle Tätigkeit hat auch die Vorbereitung und Beurkundung von Europäischen Nachlasszeugnissen und Erbscheinsanträgen mit Auslandsberührung. Eine solche Auslandsberührung ist dann gegeben, wenn entweder der Erblasser zum Zeitpunkt des Erbfalles eine ausländische Staatsangehörigkeit besessen hat und/oder der Erblasser zu diesem Zeitpunkt seinen gewöhnlichen Aufenthalt bzw. seinen Wohnsitz bzw. sein Domizil im Ausland hatte und/oder wenn der Erblasser Nachlassvermögen im Ausland hinterlassen hat.

1813 Am 16.8.2012 ist die Verordnung der Europäischen Union Nr. 650/2012 vom 4.7.2012 über die Zuständigkeit, das anzuwendende Recht, die Anerkennung und Vollstreckung von Entscheidungen, die Annahme und Vollstreckung öffentlicher Urkunden in Erbsachen, sowie zur Einführung eines Europäischen Nachlasszeugnisses (im Folgenden kurz EU-ErbVO) in Kraft getreten. Sie ist anwendbar auf alle Erbfälle, die ab dem 17.8.2015 eintreten. Durch die EU-ErbVO sind insbesondere die bisher geltenden nationalen Kollisionsnormen zur Ermittlung des anwendbaren Erbrechts (Art. 25 und 26 EGBGB) verdrängt worden. Darüber hinaus schafft die EU-ErbVO ein neues Europäisches Nachlasszeugnis und regelt die entsprechenden Zuständigkeitsvorschriften. Nachfolgend wird zunächst ein kurzer Überblick über wichtige Eckpunkte der neuen EU-ErbVO (Anwendungsbereiche, Inhalt, Ziel, zeitliche Übergangsvorschriften, usw.) gegeben und in diesem Rahmen das Verhältnis vom neuen, durch die Verordnung geschaffenen Rechtsinstitut des Europäischen Nachlasszeugnisses zum deutschen Erbschein, insbesondere die Abgrenzung der entsprechenden Zuständigkeitsvorschriften der EU-ErbVO von den nationalen Zuständigkeitsvorschriften des FamFG, dargestellt. Es folgt die Ermittlung des auf einen Erbfall anzuwendenden Rechts anhand der neuen Kollisionsvorschriften der EU-ErbVO (Erbstatut). Anschließend wird das Errichtungsstatut bzw. das hypothetische Erbstatut bei Testamenten und Erbverträgen im Rahmen der EU-ErbVO näher beleuchtet. Die alte Rechtslage gemäß Art. 25, 26 EGBGB aF. wird nicht mehr aufgegriffen; diesbezüglich wird auf die Vorauflagen der Notariatskunde verwiesen. Dann werden die Vorschriften zur Zuständigkeit deutscher Nachlassgerichte für die Erteilung von Europäischen Nachlasszeugnissen einerseits und von deutschen Erbscheinen mit Auslandsberührung andererseits erörtert. Es folgen detailliertere Ausführungen zum einen zum Europäischen Nachlasszeugnis und zum anderen zum deutschen Erbschein mit Auslandsberührung. Anhand von typisierten Beispielsfällen wird dann die Erteilung von Europäischen Nachlasszeugnissen und deutschen Erbscheinen mit Auslandsberührung vertieft. Schließlich werden noch einige wichtige Hinweise für die Vorbereitung von Verfügungen von Todes wegen und Pflichtteilsverzichtsverträgen mit Auslandsberührung samt Musterformulierungen gegeben.

---

306 Vgl. zu diesem Themenbereich ausführlich auch mit weiteren Gestaltungsvorschlägen *Weber*, Erwerb von Grundstücken durch Ehegatten mit ausländischem Güterstand, MittBayNot 2016, 482 und 2017, 22.

a) Anwendungsbereich der EU-ErbVO

aa) Zeitlicher Anwendungsbereich der EU-ErbVO

Die EU-ErbVO ist am 16.8.2012 in Kraft getreten. Sie gilt für Erbfälle, die ab dem 17.8.2015 eingetreten **1814** sind. Die EU-ErbVO – und mit ihr insbesondere die Kollisionsvorschriften zur Ermittlung des anwendbaren Erbrechts – gilt somit auch erst für Verfahren zur Erteilung von Europäischen Nachlasszeugnissen sowie für deutsche Erbscheinsverfahren, die Erbfälle ab diesem Zeitpunkt betreffen. Für Erbfälle vor dem vorgenannten Stichtag kommt die Erteilung eines Europäischen Nachlasszeugnisses überhaupt nicht in Betracht und die Ermittlung des anwendbaren Erbrechts im Rahmen von deutschen Erbscheinsanträgen mit Auslandsberührung richtet sich ausschließlich nach den bisherigen deutschen Kollisionsvorschriften der Art. 25, 26 EGBGB aF.

bb) Örtlicher Anwendungsbereich

Die EU-ErbVO ist in allen EU-Staaten anzuwenden mit Ausnahme von Dänemark und Irland.[307] **1815**

Die Kollisionsnormen der EU-ErbVO gelten aber auch dann, wenn sie auf das Erbrecht eines Drittstaates bzw. auf das Recht Dänemarks, Großbritanniens oder Irlands verweisen. Sie enthalten somit universelles Recht (= loi uniforme, Art. 20 EU-ErbVO).

cc) Vorrangige internationale Abkommen

Gemäß Art. 75 EU-ErbVO lässt die Verordnung die Anwendung internationaler Abkommen unberührt, **1816** denen ein oder mehrere Mitgliedstaaten zum Zeitpunkt der Annahme dieser Verordnung angehören und die Bereiche betreffen, die in der EU-ErbVO geregelt sind.

Vorrangig ist hiernach als einziges, Deutschland betreffendes multilaterales Abkommen das in Art. 75 **1817** Abs. 1 EU-ErbVO ausdrücklich genannte Haager Testamentsformübereinkommen vom 5.10.1961. Die Formwirksamkeit von letztwilligen Verfügungen (einseitige und gemeinschaftliche Testamente) richtet sich somit für die in Deutschland errichteten Testamente nach dem Haager Testamentsformübereinkommen. Für Erbverträge gilt das Haager Testamentsformübereinkommen jedoch nicht, hier greift die Vorschrift des Art. 27 EU-ErbVO, die allerdings die sehr weitgehenden Formvorschriften des Haager Testamentsübereinkommens übernommen hat. Formwirksam errichtet sind aufgrund beider Rechtsgrundlagen Verfügungen von Tode wegen, die entweder der Ortsform, der Form des Heimatstaates oder des Aufenthalts- bzw. Wohnsitzstaates eines an der Verfügung beteiligten Erblassers (wobei Staatsangehörigkeit, gewöhnlicher Aufenthalt oder Wohnsitz entweder zum Zeitpunkt der Errichtung der Verfügung von Todes wegen oder zum Zeitpunkt des Erbfalls vorliegen müssen) oder der Form des Lageortes einer im Nachlass befindlichen Immobilie (*lex rei sitae*) entsprechen.

Vorrangige Deutschland betreffende bilaterale Abkommen sind das deutsch-iranische Niederlassungs- **1818** abkommen vom 17.2.1929, der deutsch-sowjetische Konsularvertrag vom 25.4.1958 und der deutsch-türkische Konsularvertrag vom 28.5.1929 (vgl. hierzu unter im Einzelnen die Ausführungen unter Rdn 1838 ff.).

b) Inhalt der EU-ErbVO

Die Verordnung umfasst alle Bereiche der „Rechtsnachfolge von Todes wegen" (Art. 1 Abs. 1 EU-Erb- **1819** VO), also insbesondere die gesetzliche und gewillkürte Erbfolge (Art. 3 Abs. 1 lit. a) EU-ErbVO) und in diesem Rahmen die Berufung der Berechtigten, die Festlegung der Erbquoten und die Bestimmung von Rechten und Pflichten am Nachlass, weiterhin den Anfall und den Übergang des Nachlasses, die Ausschlagung von Erbschaft und Vermächtnissen, die Rechte von Testamentsvollstreckern und Nachlassverwaltern, die Erbauseinandersetzung, die Haftung für Nachlassverbindlichkeiten, die Pflichtteils- und Noterbrechte, aber auch die Auswirkungen von gesetzlichen oder vertraglichen Ausgleichs- und Anrechnungsbestimmungen wie z.B. §§ 2050, 2315 BGB (vgl. Art. 23 EU-ErbVO und unter Rdn 1886 ff.).

Die Verordnung umfasst hingegen nicht Fragen der Rechts-, Geschäfts- und Handlungsfähigkeit, des ehe- **1820** lichen Güterrechts, des Unterhaltsrechts, des Gesellschaftsrechts (z.B. des Grundbuchrechts und des Han-

---

307 Vgl. hierzu Erwägungsgründe (=EG) 82, 83 zur EU-ErbVO.

delsregisters) oder des Sachenrechts. Die Abgrenzung ist im Einzelfall recht schwierig. Dies betrifft insbesondere die Bereiche des Güterrechts (z.B. Frage der Qualifikation der Vorschrift des § 1371 Abs. 1 BGB; vgl. dazu unter Rdn 1975 ff.) und des Sachenrechts (vgl. dazu unter Rdn 1991).

1821   Inhaltlich behandelt die Verordnung von ihrer Gliederung her folgende fünf Bereiche:

(1) Zuständigkeit der Gerichte
(2) Anzuwendendes Recht
(3) Anerkennung und Vollstreckung von Entscheidungen
(4) Öffentliche Urkunden und gerichtliche Vergleiche
(5) Europäisches Nachlasszeugnis

Weiter untersucht werden im Folgenden nur die Punkte (1) Zuständigkeit der Gerichte, (2) Anzuwendendes Recht und (5) Europäisches Nachlasszeugnis.

c) Ziel der Verordnung

1822   Ziel der EU-ErbVO ist die Erleichterung der Rechtsdurchsetzung im Zusammenhang mit grenzüberschreitenden Erbfällen, somit die Wahrung der Rechte von Erben, Vermächtnisnehmern und Nachlassgläubigern im europäischen Rechtsraum. Nach Möglichkeit soll ein Gleichlauf zwischen der gerichtlichen Zuständigkeit und dem anwendbaren Recht erreicht werden, und zwar jeweils durch die Regelanknüpfung an den gewöhnlichen Aufenthalt des Erblassers zum Zeitpunkt des Todes. Die Gerichte sollen somit im Regelfall ihr eigenes Recht anwenden, so dass eine schnellere und unkompliziertere Nachlassabwicklung möglich sein soll. Ein weiteres wichtiges Anliegen der EU-ErbVO ist die Vermeidung der oft mit erheblichen Nachteilen verbundenen Nachlassspaltung durch Verankerung des Grundsatzes der Nachlasseinheit (vgl. Art. 21 Abs. 1 EU-ErbVO).

1823   Da nationale Erbscheine und andere Erbnachweise in anderen Staaten grundsätzlich nicht anerkannt werden und somit grundsätzlich in jedem Staat ein eigenes Nachlassverfahren durchgeführt werden muss, soll in Zukunft ein einheitliches Europäisches Nachlasszeugnis eine zügige, unkomplizierte und effiziente Abwicklung grenzüberschreitender Erbfälle ermöglichen, ohne allerdings die bewährten nationalen Erbnachweise zu verdrängen.

d) Zeitliche Übergangsvorschriften gemäß Art. 83 EU-ErbVO

1824   Die EU-ErbVO enthält in Art. 83 wichtige zeitliche Übergangsvorschriften.

aa) Art. 83 Abs. 3 der Verordnung: Vor dem 17.8.2015 errichtete Verfügungen von Todes wegen

1825   Gemäß Art. 83 Abs. 3 der Verordnung bleiben vor dem 17.8.2015 nach bisherigem nationalen Recht wirksam errichtete Verfügungen von Todes wegen auch nach dem vorgenannten Zeitpunkt dann zulässig sowie formell und materiell wirksam, wenn sie (1) entweder dem nach der EU-ErbVO anwendbaren Erbrecht oder (2) dem zum Zeitpunkt der Errichtung der Verfügung geltenden Recht des Staates entsprechen, dessen Staatsangehörigkeit der Erblasser zum Zeitpunkt der Errichtung der Verfügung von Todes wegen hatte oder (3) in dem der Erblasser zum Zeitpunkt der Errichtung der Verfügung von Todes wegen seinen gewöhnlichen Aufenthalt hatte oder (4) dessen Behörde mit der Erbsache befasst war. So bleiben insbesondere von deutschen Erblassern oder von in Deutschland lebenden ausländischen Erblassern nach deutschem Recht wirksam errichtete Verfügungen von Todes wegen auch nach dem 17.8.2015 zulässig sowie formell und materiell wirksam. Art. 83 Abs. 3 der Verordnung bezieht sich aber ausdrücklich nicht auf die Bindungswirkung oder die übrigen Wirkungen der betreffenden Verfügung von Todes wegen. Diese sind bei Eintritt des Erbfalls nach dem gemäß den Kollisionsvorschriften der EU-ErbVO zu ermittelnden Erbrecht (Art. 22, 24, 25) zu bestimmen (vgl. hierzu unten die Ausführungen unter Rdn 1889 ff.).

bb) Art. 83 Abs. 2 der Verordnung: Vor dem 17.8.2015 getroffene Rechtswahlen

1826   Gemäß Art. 83 Abs. 2 der Verordnung bleiben vor dem 17.8.2015 getroffene Rechtswahlen auch über den vorgenannten Zeitpunkt hinaus unter anderem auch dann in Kraft, wenn die Rechtswahlen nach dem zum Zeitpunkt der Rechtswahl anwendbaren Erbrecht wirksam getroffen wurden und der Erblasser entweder die Staatsangehörigkeit des Staates des maßgeblichen Rechts oder in diesem Staat seinen gewöhnlichen Aufenthalt hatte. Dementsprechend bleiben z.B. vor dem 17.8.2015 getroffene gegenständlich beschränkte Rechtswahlen nach Art. 25 Abs. 2 EGBGB aF., die nach dem vorgenannten Zeitpunkt nicht mehr zulässig sind (vgl. hierzu unter Rdn 1867 ff.), auch über den genannten Zeitpunkt hinaus wirksam, wenn der Erblasser zum Zeitpunkt der Rechtswahl entweder deutscher Staatsangehöriger war oder er seinen gewöhnlichen Aufenthalt in Deutschland hatte. Allerdings verliert die Rechtswahl ihre Wirkung, wenn der Erblasser nach dem 17.8.2015 neu testiert, da sich seine Verfügung dann ausdrücklich oder konkludent an den beschränkten Rechtswahlmöglichkeiten der EU-ErbVO orientieren muss.

Beispiel für die Anwendbarkeit des Art. 83 Abs. 2 EU-ErbVO   **1827**

Ein in Deutschland lebender Ungar hat im Jahre 2010 vor einem deutschen Notar in einem Testament gemäß Art. 25 Abs. 2 EGBGB aF. für seine in Düsseldorf befindliche Eigentumswohnung das deutsche Recht gewählt. Er zieht im Jahre 2014 nach Budapest um, wo er im Jahre 2016 stirbt. Da der Erblasser zum Zeitpunkt der Rechtswahl vor dem 17.8.2015 seinen gewöhnlichen Aufenthalt in Deutschland hatte, bleibt die Rechtswahl auch ab dem 17.8.2015 wirksam, obwohl ab diesem Stichtag nach den Vorschriften der EU-ErbVO diese gegenständlich beschränkte Rechtswahl nicht mehr zulässig ist.

Beispiel für die Nicht-Anwendbarkeit des Art. 83 Abs. 2 der Verordnung   **1828**

Die von einem in Frankreich lebenden spanischen Erblasser mit Grundbesitz in Deutschland nach Art. 25 Abs. 2 EGBGB aF. getroffene gegenständlich beschränkte Rechtwahl ist nur bis zum 17.8.2015 wirksam, da der Erblasser zum Zeitpunkt der Rechtswahl weder deutscher Staatsangehöriger war noch seinen gewöhnlichen Aufenthalt in Deutschland hatte.

Über den 17.8.2015 hinaus wirksam bleiben unter den vorgenannten Voraussetzungen auch vor einem   **1829** deutschen Notar auf der Grundlage eines ausländischen Rechts getroffene Rechtswahlen. So konnte bis zu dem vorgenannten Stichtag z.B. ein in Deutschland lebender italienischer Staatsangehöriger gemäß Art. 46 Abs. 2 italienisches IPRG, ein in Deutschland lebender polnischer Staatsangehöriger gemäß Art. 64 Abs. 1 polnisches IPRG oder ein in Deutschland lebender niederländischer Staatsangehöriger gemäß Art. 1 des niederländischen Erbrechtskollisionsgesetzes in Verbindung mit Art. 5 Abs. 1 des Haager Erbrechtsübereinkommens vom 1.8.1989 für sein gesamtes Nachlassvermögen das deutsche Recht wählen, und zwar zum Teil als das Recht des gewöhnlichen Aufenthaltes des Erblassers (so in Italien, Polen und den Niederlanden) und zum Teil als das Recht der Staatsangehörigkeit des Erblassers (so in Polen und in den Niederlanden). Zu beachten ist aber, dass die auf der Grundlage des italienischen Rechts getroffene Rechtswahl zum deutschen Recht nach dem bisher geltenden italienischen Recht dann unwirksam ist bzw. wird, wenn der Erblasser zum Zeitpunkt seines Todes nicht mehr seinen gewöhnlichen Aufenthalt in Deutschland hat.

cc) Art. 83 Abs. 4 der Verordnung: Fiktion einer umfassenden Rechtswahl

Die sehr weitreichende Vorschrift des Art. 83 Abs. 4 der Verordnung fingiert eine umfassende Rechts-   **1830** wahl für den Fall, dass ein Erblasser vor dem 17.8.2015 eine Verfügung von Todes wegen nach dem Recht errichtet hat, welches er gemäß der Verordnung hätte wählen können, nämlich sein Heimatrecht (vgl. dazu unter Rdn 1867 ff.). In diesem Fall gilt dieses Heimatrecht des Erblassers als das auf seine gesamte Rechtsnachfolge von Todes wegen anzuwendende Recht, und zwar unabhängig davon, ob sich der Erblasser über die Frage des anwendbaren Rechts überhaupt Gedanken gemacht hat.

Beispiel   **1831**

Ein in Slowenien lebender deutscher Erblasser hat dort im Jahre 2005 ein den deutschen Vorschriften des BGB entsprechendes privatschriftliches Testament errichtet und hierin die Regelungen eines „typischen" Behindertentestamentes mit Vor- und Nacherbschaft und Dauertestamentsvollstreckung (vgl. hierzu oben Rdn 1232 ff.) aufgenommen. Das slowenische Recht kennt eine derartige rechtliche Konstruktion nicht, die es ermöglicht, den Nachlass im Hinblick auf das behinderte Kind dem Zugriff des Sozialhilfeträgers zu entziehen. Deshalb muss die Verfügung wohl nach dem dem Erblasser bekannten deutschen Erbrecht errichtet worden sein. Dieses ist das Heimatrecht des Erblassers, welches er nach den Vorschriften der EU-ErbVO auch hätte wählen können (Art. 22; vgl. unten Rdn 1867 ff.).

Damit unterliegt die Erbfolge nach dem Erblasser gemäß der Fiktion des Art. 83 Abs. 4 der Verordnung dem deutschen Heimatrecht des Erblassers.

e) Abgrenzung der Zuständigkeitsvorschriften für die Erteilung von Europäischen Nachlasszeugnissen und deutschen Erbscheinen

1832   Sehr wichtig für die folgenden Ausführungen ist die Frage der Abgrenzung der Zuständigkeitsvorschriften für die deutschen Nachlassgerichte zur Erteilung von Europäischen Nachlasszeugnissen (kurz: ENZ) einerseits und zur Erteilung von deutschen Erbscheinen mit Auslandsberührung andererseits. Ausgangspunkt der Überlegungen ist Art. 62 Abs. 3 S. 1 der EU-ErbVO. Hiernach tritt das ENZ nicht an die Stelle der innerstaatlichen Schriftstücke, die in den Mitgliedstaaten zu ähnlichen Zwecken verwendet werden. Das ENZ tritt also insbesondere nicht an die Stelle des deutschen Erbscheins gemäß § 2353 BGB, §§ 352 ff. FamFG. Fraglich ist somit, wann welches der beiden erbrechtlichen Nachweisinstrumente von den deutschen Nachlassgerichten angewandt werden kann bzw. wann die deutschen Nachlassgerichte für die Erteilung eines ENZ einerseits und die Erteilung eines deutschen Erbscheins mit Auslandsberührung andererseits international zuständig sind.

1833   Die Zuständigkeit für die Erteilung eines ENZ ergibt sich aus Art. 64 in Verbindung mit Art. 4, 5, 7, 10 und 11 der EU-ErbVO. Die internationale Zuständigkeit der deutschen Nachlassgerichte für die Erteilung von Erbscheinen mit Auslandsberührung folgte bis zur Anwendbarkeit der EU-ErbVO aus den nationalen Zuständigkeitsvorschriften der §§ 105, 343, 344 FamFG (vgl. im Einzelnen hierzu Rdn 1940 ff.). Fraglich ist, ob nunmehr die nationalen Zuständigkeitsvorschriften des FamFG für die Erteilung von nationalen Erbscheinen durch die Zuständigkeitsvorschriften der EU-ErbVO verdrängt werden oder ob die nationalen Zuständigkeitsvorschriften nach wie vor ihre Eigenständigkeit behalten. Sind also die Vorschriften des FamFG nach wie vor auch nach Anwendbarkeit der EU-ErbVO für die Ermittlung der internationalen Zuständigkeit der deutschen Nachlassgerichte zur Erteilung von Erbscheinen mit Auslandsberührung einschlägig oder gelten stattdessen ausschließlich die Art. 4 ff. EU-ErbVO?

1834   Diese Frage ist praktisch von großer Bedeutung, da die Zuständigkeitsvorschriften der EU-ErbVO viel enger sind als die des FamFG, den deutschen Nachlassgerichten also bei einer ausschließlichen Anwendbarkeit der Art. 4 ff. EU-ErbVO in vielen Fällen eine Zuständigkeit auch in praktisch relevanten Fällen abgeschnitten wäre. Da die EU-ErbVO sowohl bei den Zuständigkeitsvorschriften als auch bei den Vorschriften über die Ermittlung des anzuwendenden Rechts dem Aufenthaltsprinzip folgt und somit einen weitestgehenden Gleichlauf von Zuständigkeit der Gerichte und Behörden einerseits und dem von diesen anzuwendenden Recht andererseits herstellt, würden die deutschen Nachlassgerichte in der Regel nur dann für die Erteilung von Erbscheinen mit Auslandsberührung zuständig sein, wenn der Erblasser mit letztem Wohnsitz in Deutschland verstorben ist und deutsches Erbrechts zur Anwendung kommt. Aus dem Zuständigkeitsbereich herausfallen würden all die praktisch wichtigen Fälle, in denen ein Erblasser (gleich ob Deutscher oder Ausländer) mit letztem Wohnsitz im Ausland verstirbt, von daher in diesen Fällen zumeist ausländisches Erbrecht anzuwenden ist, der Erblasser aber Vermögenswerte nennenswerter Art, insbesondere Immobilien, in Deutschland hinterlässt. Die Erteilung von sogenannten „Fremdrechtserbscheinen" (vgl. zum Begriff Rdn 1994 ff.) durch deutsche Nachlassgerichte würde damit quasi grundsätzlich ausscheiden.

1835   Die vorstehende Frage war bis vor kurzem in der juristischen Literatur sehr umstritten.[308] Bislang ging die überwiegende Meinung in der Literatur davon aus, dass sich die Zuständigkeit für deutsche Erbscheine nur nach § 343 FamFG richtet. Danach konnten die Erben und weitere Antragsberechtigte in sehr vielen Fällen einen deutschen Erbschein beantragen, auch wenn der Erblasser seinen gewöhnlichen Aufenthalt nicht in Deutschland hatte.

So hat auch das KG in seinem Beschl. v. 10.1.2017[309] festgestellt, dass sich seiner Auffassung nach die internationale Zuständigkeit der deutschen Nachlassgerichte für die Erteilung von Erbscheinen nach wie vor nach den Vorschriften der §§ 105, 343 FamFG, und nicht nach den Zuständigkeitsvorschriften der Art. 4 ff. EU-ErbVO richtet. Kernargument des KG ist hierbei, wie bereits zuvor ausgeführt, dass ein deut-

---

308 Vgl. zum damaligen Meinungsstreit z.B. *Wall*, ZErb 2015, 9 ff. mit weiteren Nachweisen.
309 ZEV 2017, 213.

scher Erbschein keine gerichtliche Entscheidung im Sinne des Art. 4 EU-ErbVO darstellt. Dennoch hat das KG dem EuGH die Frage zur Vorabentscheidung vorgelegt, ob Art. 4 EU-ErbVO dahingehend auszulegen ist, dass damit auch die ausschließliche Zuständigkeit für den Erlass der nicht vom ENZ ersetzten nationalen Nachlasszeugnisse in den jeweiligen Mitgliedstaaten bestimmt wird, mit der Folge, dass abweichende Bestimmungen der nationalen Gesetzgeber hinsichtlich der internationalen Zuständigkeit für die Ausstellung der nationalen Nachlasszeugnisse – wie z.B. in Deutschland § 105 FamFG – wegen Verstoßes gegen höherrangiges Europarecht unwirksam sind. Der EuGH hat nunmehr (für alle Erbfälle ab dem 17.8.2015) entschieden, dass nationale Erbnachweise – insbesondere also auch deutsche Erbscheine! – von den Zuständigkeitsvorschriften der EU-ErbVO erfasst werden.[310] Maßgeblich für die gerichtliche Zuständigkeit ist also zunächst der gewöhnliche Aufenthalt in einem Mitgliedstaat. Hatte der Erblasser seinen gewöhnlichen Aufenthalt in Deutschland, sind die deutschen Nachlassgerichte daher zuständig. Hatte der Erblasser hingegen seinen gewöhnlichen Aufenthalt in einem anderen Mitgliedstaat der EU-ErbVO (alle EU-Mitgliedstaaten außer Irland und Dänemark), so sind die Gerichte dieses Mitgliedstaats zuständig. Die deutschen Gerichte sind dann nicht zuständig. Ein Erbschein kann dann in Deutschland nicht beantragt werden! Nur in dem Mitgliedstaat, in dem der Erblasser seinen gewöhnlichen Aufenthalt hatte, können nationale Erbnachweise und/oder ein Europäisches Nachlasszeugnis beantragt werden.

Wenn zur Nachlassabwicklung in Deutschland ein Erbnachweis erforderlich ist, empfiehlt es sich daher, bei dem jeweils zuständigen ausländischen Gericht ein ENZ zu beantragen. Einfacher ist es in diesem Fall in der Regel, wenn die Beteiligten das Nachlasszeugnis vor Ort beantragen. Sind sie hingegen in Deutschland ansässig und möchten sie hier den Antrag stellen, sollte möglichst das Formblatt für den Antrag auf Erteilung eines Europäischen Nachlasszeugnisses verwendet werden, da das Formblatt in allen Mitgliedstaaten bekannt ist.   **1836**

2. Ermittlung des auf die Erbfolge anwendbaren Rechts (Erbstatut) nach der EU-ErbVO

Da nach aktueller Rechtslage die die Europäischen Nachlasszeugnisse oder Erbscheine erteilenden deutschen Nachlassgerichte, aber auch die die Erbscheinsanträge beurkundenden bzw. ENZ-Anträge begleitenden Notare, vermehrt Erbfälle mit Auslandsberührung bearbeiten müssen, in denen auch ausländisches Recht zur Anwendung kommen kann, ist es von besonderer Bedeutung – schon im Rahmen der Vorbereitung eines ENZ- bzw. Erbscheinsantrags mit Auslandsberührung – das auf den konkreten Fall anwendbare materielle Erbrecht (= „Erbstatut") zu ermitteln.   **1837**

a) Vorrangige internationale Abkommen im Sinne von Art. 75 EU-ErbVO

Bevor das anwendbare Recht durch eine Kollisionsnorm der EU-ErbVO festgestellt werden kann, muss zunächst geprüft werden, ob es vorrangige internationale Abkommen im Sinne vom Art. 75 EU-ErbVO gibt. Im Hinblick auf die Ermittlung des anwendbaren Erbrechts gibt es für Deutschland die drei schon genannten bilateralen Abkommen im Verhältnis zum Iran, zu einigen Nachfolgestaaten der ehemaligen Sowjetunion (z.B. Russland) und zu der Türkei. Bei den Verweisungen in den Abkommen handelt es sich stets um Sachnormverweisungen, sodass Rück- oder Weiterverweisungen ausgeschlossen sind. Wenn also der sachliche Anwendungsbereich eines dieser drei Abkommen eröffnet ist, hat die Ermittlung des anwendbaren Rechts grundsätzlich aufgrund der in diesen Abkommen enthaltenen Kollisionsnormen und nicht nach den Kollisionsvorschriften der EU-ErbVO zu erfolgen.   **1838**

aa) Deutsch-iranisches Niederlassungsabkommen vom 17.2.1929

Das **deutsch-iranische Niederlassungsabkommen** vom 17.2.1929,[311] das nur für ausschließlich deutsche oder ausschließlich iranische Erblasser (also keine Mehrstaater) gilt, knüpft für die Ermittlung des Erbstatuts an das Heimatrecht des Erblassers zum Zeitpunkt seines Todes an. Diese Anknüpfung an die Staatsangehörigkeit entsprach der bisherigen Anknüpfung des Art. 25 Abs. 1 EGBGB, weicht aber von der nunmehr geltenden Regelanknüpfung der EU-ErbVO an den letzten gewöhnlichen Aufenthalt des Erblassers (vgl. dazu unter Rdn 1845 ff.) ab. Von der EU-ErbVO abweichende Lösungen gibt es   **1839**

---

310 EuGH DNotZ 2018, 699 = RNotZ 2018, 486.
311 RGBl 1930 II, 1006.

von daher für von in Deutschland lebenden „Nur"-Iranern und von im Iran lebenden ausschließlich deutschen Staatsangehörigen.

1840

> *Beispiel*
>
> Der ausschließlich iranische Erblasser E verstirbt mit letztem gewöhnlichen Aufenthalt in Deutschland unter hinterlässt bewegliches und unbewegliches Vermögen in Deutschland und im Iran. – Der iranische Erblasser wird hinsichtlich seines gesamten Vermögens nach iranischem Recht beerbt.

bb) Deutsch-sowjetischer Konsularvertrag vom 25.4.1958

1841   Der **deutsch-sowjetische Konsularvertrag** vom 25.4.1958,[312] der nach der Auflösung der Sowjetunion auch im Verhältnis zu Russland als Rechtsnachfolger der Sowjetunion und grundsätzlich auch zu den anderen Nachfolgestaaten der Sowjetunion aufgrund besonderer Erklärungen und Notenwechsel Anwendung findet (nicht anwendbar ist das Abkommen im Verhältnis zu Estland, Lettland, Litauen und Turkmenistan), enthält für unbewegliches Nachlassvermögen eine Sonderanknüpfung; es wird diesbezüglich an das Recht der Belegenheit der Sache (*lex rei sitae*) angeknüpft (Art. 28 Abs. 3). Der Vertrag gilt auch für Erblasser, die sowohl die deutsche als auch die russische Staatsangehörigkeit bzw. die Staatsangehörigkeit eines anderen Nachfolgestaates der Sowjetunion besitzen, aber auch für Erblasser, die entweder die deutsche Staatsangehörigkeit und die eines Drittstaates oder aber die Staatsangehörigkeit eines Nachfolgestaates der Sowjetunion und die eines Drittstaates haben, in letzterem Fall aber nur, wenn die Staatsangehörigkeit des Nachfolgestaates die effektivere ist (vgl. Art. 5 Abs. 1 S. 1 EGBGB). In sachlicher Hinsicht ist das Abkommen nur anwendbar, wenn sich in einem Vertragsstaat unbewegliche Nachlassgegenstände befinden, die zum Nachlass eines Angehörigen eines anderen Vertragsstaates gehören. Nach ganz herrschender Meinung sind die Regelungen des Konsularvertrages territorial begrenzt, sodass sich der Konsularvertrag nicht auf Immobilien bezieht, die sich in einem Drittstaat befinden. Sofern und soweit das Abkommen nicht anwendbar ist, wird nach den Kollisionsvorschriften der EU-ErbVO angeknüpft. Durch die unterschiedlichen Anknüpfungspunkte vom Konsularvertrag einerseits und der EU-ErbVO andererseits kann es zu einer Nachlassspaltung kommen.

1842

> *Beispiel*
>
> Der deutsche Erblasser E verstirbt mit letztem Wohnsitz in Xanten und hinterlässt bewegliches und unbewegliches Vermögen in Deutschland und ein Haus in Moskau. – Der sachliche Anwendungsbereich des deutsch-sowjetischen Konsularvertrages umfasst nur das Haus des deutschen Erblassers in Moskau. Diesbezüglich gilt nach Art. 28 Abs. 3 des Konsularvertrages russisches Recht (Sachnormverweisung). Für das Nachlassvermögen in Deutschland ist der sachliche Anwendungsbereich des Abkommen nicht eröffnet, so dass diesbezüglich das anzuwendende Recht nach den Kollisionsvorschriften der EU-ErbVO zu ermitteln ist. Es gilt diesbezüglich gemäß Art. 21 der Verordnung das deutsche Recht (vgl. dazu unten Rdn 1845 ff.). Es kommt somit zu einer Nachlassspaltung.

cc) Deutsch-türkischer Konsularvertrag vom 28.5.1929

1843   Der deutsch-türkische Konsularvertrag vom 28.5.1929[313] knüpft hinsichtlich des beweglichen Nachlassvermögens an das Heimatrecht des Erblassers zum Zeitpunkt seines Todes und hinsichtlich des unbeweglichen Nachlassvermögens an den Lageort (*lex rei sitae*) der Vermögenswerte an (Art. 20 § 14 Abs. 1 u. 2). Hinsichtlich des beweglichen Vermögens fallen deutsch-türkische Doppelstaater nicht unter das Abkommen, und zwar unabhängig davon, welche Staatsangehörigkeit die effektivere ist. Jeder Staat wendet hier sein eigenes Recht an, Deutschland somit die Kollisionsnormen der EU-ErbVO. Es entsteht ein sogenanntes „hinkendes Rechtsverhältnis".[314] Hinsichtlich des unbeweglichen Vermögens findet der Vertrag aber auch auf Erblasser Anwendung, die sowohl die deutsche als auch die türkische Staatsangehörigkeit besitzen (str.). In sachlicher Hinsicht ist das Abkommen nur anwendbar, wenn sich in einem Vertragsstaat Nachlassgegenstände befinden, die zum Nachlass eines Angehörigen des anderen Vertragsstaates gehö-

---

312 BGBl 1959 II, 232.
313 RGBl 1930 II, 748.
314 Vgl. hierzu *Hausmann/Odersky*, Das internationale Privatrecht in der notariellen Praxis, 3. Aufl. 2017, § 15 Rn 357.

ren. Nach ganz herrschender Meinung sind die Regelungen des Konsularvertrages territorial begrenzt, so dass sich der Konsularvertrag nicht auf Immobilien bezieht, die sich in einem Drittstaat befinden. Sofern und soweit das Abkommen nicht anwendbar ist, wird nach den Kollisionsvorschriften der EU-ErbVO angeknüpft. Für deutsche Erblasser mit Immobilien in der Türkei und türkische Erblasser mit Immobilien in Deutschland kommt es schon aufgrund der unterschiedlichen Anknüpfung des Abkommens für bewegliches und unbewegliches Vermögen zwingend zu einer Nachlassspaltung.

Beispiel   **1844**

Der deutsche Erblasser verstirbt mit letztem Wohnsitz in Istanbul und hinterlässt ein Bankkonto und ein Ferienhaus in der Türkei. Gemäß dem vorrangig zu prüfenden deutsch-türkischen Konsularvertrag wird der deutsche Erblasser hinsichtlich des in Istanbul befindlichen beweglichen Vermögens nach seinem deutschen Heimatrecht und hinsichtlich des in Istanbul gelegenen Grundstücks nach türkischem Recht (Recht des Lageortes) beerbt – die Verweisung durch Kollisionsnormen in Staatsverträgen ist grundsätzlich Sachnormverweisung. Es kommt somit zu einer Nachlassspaltung aufgrund der Kollisionsvorschriften des deutsch-türkischen Konsularvertrages.

b) Objektive Anknüpfung gemäß Art. 21 EU-ErbVO

Sofern und soweit keine vorrangigen internationalen Abkommen einschlägig sind, ist das auf die Erbfolge anzuwendende Recht (Erbstatut) nach den Regelungen der EU-ErbVO zu ermitteln. Da die EU-ErbVO als sog. *„loi uniforme"* ausgestaltet ist, ist das nach der Verordnung ermittelte Recht auch dann anzuwenden, wenn es sich hierbei um das Recht eines Drittstaates (Nicht-Mitgliedsstaat, wozu auch Dänemark und Irland zählen) handelt (Art. 20 EU-ErbVO).   **1845**

Nach der Verordnung unterliegt grundsätzlich die gesamte Rechtsnachfolge von Todes wegen gemäß Art. 21 Abs. 1 EU-ErbVO dem Recht des Staates, in dem der Erblasser im Zeitpunkt seines Todes seinen gewöhnlichen Aufenthalt hatte. Art. 21 Abs. 2 EU-ErbVO macht hiervon eine Ausnahme für die Fälle, in denen, der Erblasser im Zeitpunkt seines Todes aufgrund der Gesamtheit der Umstände eine offensichtlich engere Verbindung zu einem anderen Staat hatte.   **1846**

Fraglich ist, was unter einem „gewöhnlichen Aufenthalt" im Sinne des Art. 21 Abs. 1 der Verordnung zu verstehen ist. Die EU-ErbVO definiert diesen Begriff selbst nicht. In Anlehnung an die Rechtsprechung des Europäischen Gerichtshofs (EuGH) zu diesem Begriff im Zusammenhang mit anderen Rechtsgebieten ist hierunter der „Daseinsmittelpunkt" als Schwerpunkt der familiären, sozialen und beruflichen Beziehungen einer Person zu verstehen. Die EU-ErbVO fordert in ihrem Erwägungsgrund 23 eine enge und feste Beziehung zu einer bestimmten Rechtsordnung, die anhand einer Gesamtbeurteilung aller Lebensumstände des Erblassers in den Jahren vor seinem Tode und im Zeitpunkt seines Todes zu ermitteln ist. Hierbei sollen alle relevanten Tatsachen berücksichtigt werden, insbesondere die Dauer und die Regelmäßigkeit des Aufenthalts des Erblassers in dem betreffenden Staat sowie die damit zusammenhängenden Umstände. Ein Großteil der Fälle wird sich anhand dieser Kriterien problemlos lösen lassen.

Daneben gibt es aber auch Fallkonstellationen, die sich als komplexer und schwerer zu lösen erweisen, da der Erblasser aufgrund seiner konkreten Lebensumstände Beziehungen zu mehreren Staaten unterhalten hat. Erwägungsgrund 24 der Verordnung behandelt hier zwei typische Problemfälle, und zwar zum einen die der Berufspendler, Diplomaten und Studenten und zum anderen die der Personen, die sich abwechselnd in mehreren Staaten aufhalten („Mallorca-Rentner"). Hiernach wird bei Berufspendlern,[315] Diplomaten und Studenten der gewöhnliche Aufenthalt im Zweifel eher im Herkunftsstaat liegen und nicht im Staat der Berufstätigkeit bzw. des Studiums, solange noch die familiären und sonstigen sozialen Bindungen im Herkunftsstaat und nicht am Berufs- oder Studienort bestehen. Bei Personen – z.B. Senioren und Rentner –, die nur einen Teil des Jahres in Deutschland, den Rest des Jahres jedoch auf einer „Sonneninsel" z.B. den Kanaren oder den Balearen verbringen, können als ausschlaggebende Faktoren für die Bestimmung des gewöhnlichen Aufenthaltes ausnahmsweise auch die Staatsangehörigkeit und der Lageort   **1847**

---

315 Zu dieser Fallgruppe lesenswert ist der Beschluss des KG vom 26.4.2016 (ZEV 2016,514), wonach der gewöhnliche Aufenthalt eines bejahrten Grenzpendlers, der im Zweitstaat nicht integriert ist, beim Erststaat verbleibt, obwohl dieser keinen Wohnsitz mehr dort hat.

der wesentlichen Vermögenswerte des Erblassers eine Rolle spielen. Für etwaige weitere Zweifelsfälle wird man die Rechtsprechung der in Zukunft mit den Erbangelegenheiten befassten Nachlassgerichte abwarten müssen.

1848   Die Ausnahmevorschrift des Art. 21 Abs. 2 EU-ErbVO ist sehr eng auszulegen. Ein Beispiel hierfür ist Erwägungsgrund 25 zur Verordnung zu entnehmen. Hiernach kann das mit der Erbsache befasste Nachlassgericht zu dem Schluss kommen, nicht das Recht des letzten gewöhnlichen Aufenthaltes, sondern das Recht des Staates, zu dem der Erblasser einer offensichtlich engere Verbindung hatte, anzuwenden, wenn z.B. der Erblasser ist erst kurz vor seinem Tod in ein anderes Land gezogen, das gesamte Vermögen des Erblassers sich jedoch noch in dem ursprünglichen Aufenthaltsstaat des Erblassers befindet bzw. wenn dessen gesamten persönlichen Beziehungen noch an dem ursprünglichen Aufenthaltsstaat hängen. Erwägungsgrund 25 stellt auch klar, dass die „offensichtlich engste Verbindung des Erblassers" nicht als subsidiärer Anknüpfungspunkt gebraucht werden darf, wenn sich die Feststellung des letzten gewöhnlichen Aufenthaltes des Erblassers als schwierig erweist. Vorrangig zur Prüfung des Art. 21 Abs. 2 EU-ErbVO muss also immer die Festlegung auf einen bestimmten gewöhnlichen Aufenthalt im Sinne des Art. 21 Abs. 1 der Verordnung erfolgen.

c)   Interlokale und interpersonale Anknüpfung gemäß Art. 36, 37 EU-ErbVO

1849   Verweist Art. 21 Abs. 1 EU-ErbVO auf das Recht eines Staates mit einem einheitlichen Rechtssystem, wie z.B. Deutschland, ist dieses einheitliche Recht problemlos anwendbar. Es gibt aber auch Staaten, die kein einheitliches Recht auf dem Gebiet des Erbrechts haben, bei denen es also mehrere parallele Rechtsordnungen nebeneinander gibt. Beispiele für Staaten mit verschiedenen örtlichen (territorialen) Rechtsordnungen sind Großbritannien, Spanien, die USA, Kanada, Australien, Mexiko oder China. Beispiele für Staaten mit verschiedenen personalen Rechtsordnungen sind z.B. Indonesien oder Staaten des islamischen Rechtskreises (Nordafrika und Naher Osten), in denen für verschiedene ethnische Gruppen oder Gruppen unterschiedlicher Religionszugehörigkeiten verschiedene Rechtsordnungen existieren.

aa)   Interlokale Anknüpfung gemäß Art. 36 EU-ErbVO

1850   Für die Fälle der interlokalen Rechtsspaltung (jedes Gebiet des betroffenen Staates hat eine unterschiedliche Rechtsordnung) muss, da Art. 21 EU-ErbVO nur auf das Recht eines Staates, nicht aber auf das Recht eines bestimmten Ortes verweist, eine Unteranknüpfung stattfinden; diese ist in Art. 36 der Verordnung geregelt. Art. 36 EU-ErbVO unterscheidet zwischen Staaten mit einem einheitlichen interlokalen Privatrecht (Art. 36 Abs. 1 EU-ErbVO) und Staaten, die ein solches einheitliches interlokales Privatrecht nicht haben (Art. 36 Abs. 2 EU-ErbVO).

1851   Staaten mit einem einheitlichen interlokalen Privatrecht sind heute die Ausnahme. Als Beispiel kann hierfür noch Spanien genannt werden. Gemäß Art. 36 Abs. 1 EU-ErbVO wird in diesem Fall auf das einheitliche interlokale Privatrecht Spaniens verwiesen. Art. 14 des Codigo civil sieht als Unteranknüpfungspunkt die zivilrechtliche bzw. bürgerlich-rechtliche Gebietszugehörigkeit (*vecindad civil*) vor, die ausschließlich spanische Staatsangehörige entweder bei Geburt durch Abstammung von den Eltern oder bei Einbürgerung durch entsprechende Option zu erwerben. Sie kann sich später durch dauernden Aufenthalt in einem anderen Gebiet oder durch Erklärung gegenüber der zuständigen Behörde ändern. So würde z.B. ein mit letztem gewöhnlichen Aufenthalt in Spanien verstorbener spanischer Erblasser mit katalanischer Gebietszugehörigkeit nach katalanischem Recht beerbt. Problematisch ist in diesem Zusammenhang, dass ausländische Staatsangehörige keine vecindad civil erwerben können. Ungeklärt bzw. umstritten ist somit, wie der Fall eines Erblassers ausländischer Staatsangehörigkeit (z.B. eines deutschen Erblassers), der mit letztem gewöhnlichen Aufenthalt in Barcelona/Katalonien verstirbt, zu behandeln ist. Eine Meinung wendet Art. 36 Abs. 1 EU-ErbVO entsprechend an, sodass nach wie vor der spanische Codigo civil die lokale Zuordnung regelt, wobei statt der bürgerlich-rechtlichen Gebietszugehörigkeit der gewöhnliche Aufenthalt des Erblassers relevant sein soll. Eine andere Meinung knüpft, da der Fall nicht vom spanischen interlokalen Privatrecht geregelt wird, über Art. 36 Abs. 2 EU-ErbVO an.[316]

---

316 Vgl. hierzu im einzelnen Süß/*Steinmetz/Huzel/Garcia Alcazar*, Erbrecht in Europa, 4. Aufl. 2020, Länderbericht Spanien, Rn 65 ff.; und Ferid/Firsching/*Dörner/Hausmann/Hierneis*, Spanien, Rn 63 ff.

Existiert in dem Staat, auf den die EU-ErbVO verweist, kein einheitliches interlokales Privatrecht, wie in   **1852**
den meisten Mehrrechtsstaaten (z.B. Großbritannien oder die USA), wird im Falle der Verweisung gemäß
Art. 21 Abs. 1 EU-ErbVO gemäß Art. 36 Abs. 2 lit. a) der Verordnung – quasi als verlängerte Verweisung
– auf das Recht der Gebietseinheit verwiesen, in dem der Erblasser seinen letzten gewöhnlichen Aufenthalt hatte.

Beispiel   **1853**

Der deutsche Erblasser E verstirbt mit letztem gewöhnlichen Aufenthalt und Domizil in London.

Art. 21 in Verbindung mit Art. 36 Abs. 2 lit. a) EU-ErbVO verweisen somit auf das englische Recht (zu
der Frage der Gesamtverweisung auf das englische Recht gemäß Art. 34 Abs. 1 EU-ErbVO vgl. unten
Rdn 1859 ff.).

Verweist die EU-ErbVO aufgrund Anknüpfung an die Staatsangehörigkeit des Erblassers (z.B. aufgrund   **1854**
Rechtswahl gemäß Art. 22 EU-ErbVO, vgl. dazu unten Rdn 1867 ff.), wird gemäß Art. 36 Abs. 2 lit. b) auf
das Recht der Gebietseinheit verwiesen, zu der der Erblasser die engste Verbindung hatte. Das bedeutet,
dass ein Erblasser gemäß Art. 22 EU-ErbVO nur das Recht eines Gesamtstaates, nicht aber das Recht einer Gebietseinheit wählen kann. Dieses Recht ergibt sich zwingend aus der objektiven Anknüpfung gemäß Art. 36 Abs. 2 lit. b) EU-ErbVO.

Beispiel

Ein US-amerikanischer Erblasser, der eine offensichtlich engste Verbindung zum Staat Kalifornien
hat, kann somit in einer Verfügung von Todes wegen nur die Anwendbarkeit des US-Rechts, nicht
aber z.B. die Anwendbarkeit des Staates Ohio wählen. Beerbt wird der Erblasser im Falle einer Rechtswahl dann aufgrund der Regelungen der Art. 22, 36 Abs. 2 lit. b) EU-ErbVO zwingend nach kalifor-
nischem Erbrecht.

bb) Interpersonale Anknüpfung gemäß Art. 37 EU-ErbVO

Sieht ein Staat für verschiedene Personengruppen unterschiedliche Rechtssysteme oder Regelwerke vor   **1855**
(z.B. für Schiiten und Sunniten im islamischen Rechtskreis), so ist gemäß Art. 37 EU-ErbVO vorrangig
ein internes interpersonales Kollisionsrecht dieses Staates anzuwenden. Hilfsweise gilt das Rechtssystem
oder das Regelwerk, zu dem der Erblasser die engste Verbindung hatte. In der Regel ergibt sich aus den
Rechtssystemen bzw. Regelwerken der betroffenen Staaten der oft ungeschriebene, aber allgemein anerkannte Grundsatz, dass jede Person den Regeln seiner Religionsgemeinschaft bzw. seiner ethnischen Herkunft unterliegt.

d) Grundsatz der Nachlasseinheit – Kein Vorrang des Einzelstatuts mehr

Es gilt bei der Anknüpfung nach Art. 21 EU-ErbVO der Grundsatz der Nachlasseinheit, so dass das Recht   **1856**
des letzten gewöhnlichen Aufenthalts unabhängig davon gilt, wo (in welchem Staat) sich die Nachlassgegenstände befinden und unabhängig davon, ob es sich um bewegliches oder unbewegliches Nachlassvermögen handelt. Nachlassspaltungen kommen im Unterschied zur bisherigen Rechtslage nur noch viel
seltener vor.

Eine dem bisherigen Art. 3a Abs. 2 EGBGB entsprechende Norm („Einzelstatut bricht Gesamtstatut")   **1857**
gibt es in der EU-ErbVO nicht mehr. Zwar räumt Art. 30 EU-ErbVO besonderen Regelungen in Mitgliedstaaten für bestimmte unbewegliche Sachen, Unternehmen oder andere besondere Arten von Vermögenswerten, die die Rechtsnachfolge von Todes wegen in Bezug auf diese Vermögenswerte aus wirtschaftlichen, familiären oder sozialen Erwägungen beschränken oder berühren, den Vorrang ein. Diese
Ausnahmevorschrift ist jedoch eng auszulegen. Hierunter fällt in Deutschland z.B. das Höferecht. Nicht
hierunter fallen aber insbesondere nationale Kollisionsnormen derjenigen Staaten, die eine Sonderanknüpfung für unbewegliches Vermögen vorsehen (in der Regel den Lageort der Sache, *„lex rei sitae"*).[317]

---

317 Vgl. Erwägungsgrund 54 der Verordnung.

Und dies gilt nicht nur im Verhältnis zu den Mitgliedstaaten der EU-ErbVO (wie z.B. bis zum Inkrafttreten der EU-ErbVO in Belgien, Frankreich und Luxemburg), sondern auch im Verhältnis zu Drittstaaten, wozu neben den meisten Staaten der USA auch Dänemark, Großbritannien und Irland zählen.

1858   *Beispiel*

Der seit vielen Jahren in Deutschland lebende deutsche Erblasser, der am 10.1.2017 in Deutschland verstorben ist, hinterlässt bewegliches und unbewegliches Nachlassvermögen in Deutschland sowie Bankvermögen und jeweils eine Ferienwohnung in Belgien (Mitgliedstaat) und in England (Drittstaat).

In diesem Fall wird der deutsche Erblasser für das gesamte Nachlassvermögen nach deutschem Recht beerbt. Während Belgien als Mitgliedstaat der Verordnung zum selben kollisionsrechtlichen Ergebnis kommt, gibt es hinsichtlich der Ferienwohnung in England im Verhältnis zu England einen Entscheidungsdissenz, da diese Immobilie aus englischer Sicht nach dem Grundsatz der Belegenheit der Sache (*lex rei sitae*) ausschließlich nach englischem Recht vererbt wird.[318] Bis zum Inkrafttreten der EU-ErbVO wäre der Erblasser aus deutscher Sicht über Art. 3a Abs. 2 EGBGB aF. in Verbindung mit den Vorschriften des belgischen bzw. englischen internationalen Privatrechts hinsichtlich der Ferienwohnung in Belgien nach belgischem Recht und hinsichtlich der Ferienwohnung in England nach englischem Recht beerbt worden.

e)   Grundsatz der Sachnormverweisung – Ausnahme des Art. 34 Abs. 1 EU-ErbVO

1859   Innerhalb des Anwendungsbereichs der EU-ErbVO enthält die Verordnung im Verhältnis zwischen Mitgliedstaaten ausschließlich Sachnormverweisungen, so dass Rück- und Weiterverweisungen durch das internationale Privatrecht anderer Mitgliedstaaten nicht mehr zu beachten sind. Verstirbt somit der Erblasser mit letztem gewöhnlichen Aufenthalt in einem Mitgliedstaat der Verordnung, so verweist Art. 21 Abs. 1 EU-ErbVO stets auf das Sachrecht, also das materielle Erbrecht, dieses Mitgliedstaates.

1860   *Beispiel*

Ein belgischer Erblasser ist am 5.3.2017 in Belgien mit letztem Wohnsitz und gewöhnlichem Aufenthalt in Brüssel verstorben. Er hinterlässt neben beweglichem und unbeweglichem Nachlassvermögen in Belgien auch ein Grundstück in Köln.

Nach bisherigem Recht wäre der belgische Erblasser wegen der teilweisen Rückverweisung durch das belgische Recht (Lageort für unbewegliches Vermögen) hinsichtlich seines Grundstücks in Deutschland nach deutschem Recht beerbt worden. Nach Art. 21 Abs. 1 EU-ErbVO wird diese Rückverweisung aber gegenstandslos, so dass der belgische Erblasser wegen seines letzten gewöhnlichen Aufenthaltes in Brüssel hinsichtlich seines gesamten Nachlassvermögens, also auch hinsichtlich seines Grundstücks in Köln, nach belgischem Recht beerbt wird.

1861   Eine wichtige Ausnahme von der Sachnormverweisung enthält Art. 34 Abs. 1 der Verordnung im Verhältnis zu Drittstaaten. Wird hiernach auf das Recht eines Drittstaates (Nicht-EU-Staaten, aber auch Dänemark und Irland) verwiesen, so sind Rück- und Weiterverweisungen dieser Rechtsordnungen auf das Recht eines Mitgliedstaates oder eines Drittstaates, der sein eigenes Recht anwenden würde, zu beachten. Umstritten ist, ob eine Rückverweisung auf das Recht eines Mitgliedstaates (insbesondere auf das deutsche Recht) ohne weiteres angenommen wird oder ob es gegebenenfalls wiederum zu einer Rückverweisung auf das Recht des Drittstaates kommen kann (eine Art Ping-Pong-Spielen von Hin- und Rückverweisungen). Vor Inkrafttreten der EU-ErbVO hätte das deutsche Kollisionsrecht gemäß Art. 4 Abs. 1 S. 2 EGBGB einen Abbruch der Verweisungskette angenommen und im Falle einer Rückverweisung ohne weiteres deutsches Sachrecht (Erbrecht) angewendet, vgl. hierzu oben Rdn 1713. Eine dem Art. 4 Abs. 1 S. 2 EGBGB vergleichbare Vorschrift enthält die EU-ErbVO jedoch nicht. Die bislang herrschende Meinung geht insbesondere unter Verweis auf Erwägungsgrund 57 der Verordnung, wonach Rück- und Weiterverweisungen zur Wahrung des internationalen Entscheidungseinklanges gefolgt wer-

---

[318] Vgl. Süß/*Odersky*, Erbrecht in Europa, 4. Aufl. 2020: Großbritannien: England und Wales, Rn 13.

den soll, davon aus, dass insbesondere Rückverweisungen durch das Recht des Drittstaates auf das Recht eines Mitgliedstaates ohne weiteres zu beachten sind.[319] Dieser herrschenden Meinung ist zu folgen, da nach den Kollisionsregelungen der EU-ErbVO dann dasjenige Sachrecht des betreffenden Staates (in der Regel des betreffenden Mitgliedstaates) anzuwenden ist, welches auch nach dem Kollisionsrecht des betreffenden Drittstaates anzuwenden wäre. Dies spielt insbesondere eine Rolle für Drittstaaten, die für das unbewegliche Nachlassvermögen an die Belegenheit der Sache (*lex rei sitae*) wie z.B. England oder die meisten Staaten der USA, anknüpfen.[320] Hierdurch kann es dann aber abweichend vom Grundsatz der Nachlasseinheit der Verordnung zu Nachlassspaltungen kommen.

> *Beispiel*   **1862**
>
> Der englische Erblasser E ist am 18.4.2017 in England mit letztem Domizil und gewöhnlichem Aufenthalt in London verstorben. Dort lebte er bereits seit zehn Jahren. Er hinterlässt neben beweglichem und unbeweglichem Nachlassvermögen in England auch ein Grundstück in Köln (vgl. dazu auch ausführlich nachfolgend Fall 6 in Rdn 2046 ff.).
>
> Nach bisherigem Recht wäre der englische Erblasser wegen der teilweisen Rückverweisung durch das englische Recht (Lageort für unbewegliches Vermögen) hinsichtlich seines Grundstücks in Deutschland nach deutschem Recht beerbt worden. Nach der EU-ErbVO bleibt es gemäß Art. 34 Abs. 1 bei dieser Rückverweisung auf das deutsche Recht, die von diesem nach der hier vertretenen Auffassung ohne weiteres angenommen wird, so dass der englische Erblasser zwar hinsichtlich seines gesamten in England befindlichen Vermögens nach englischem Recht (= Domizil-Prinzip für bewegliches Vermögen und Lageort-Prinzip für das unbewegliche Vermögen), hinsichtlich des Grundstücks in Köln aber nach deutschem Recht beerbt wird. Aus Sicht des englischen Rechts käme man hier zum selben Ergebnis.[321] Durch Art. 34 Abs. 1 der EU-ErbVO wird somit ein internationaler Entscheidungseinklang hergestellt. Im vorliegenden Fall findet also (wie im auch schon vor Inkrafttreten der EU-ErbVO) abweichend vom Grundsatz der Nachlasseinheit eine Nachlassspaltung statt.

Zu einer Rück- oder Weiterverweisung durch das IPR eines Drittstaates im Sinne des Art. 34 Abs. 1 EU-ErbVO kann es aber nicht nur aufgrund objektiver Anknüpfung durch das IPR des Drittstaates kommen (z.B. Lagerecht für Immobilien wie in dem zuvor behandelten Englandfall), sondern auch durch eine nach dem IPR des Drittstaates zulässige Rechtswahl (Rechtswahl nach ausländischem Recht). Vgl. zu Rechtswahlen nach ausländischem Recht im Hinblick auf Mitgliedstaaten (Italien, Polen, Niederlande) bis zur Anwendbarkeit der EU-ErbVO oben Rdn 1829. Zwingende Voraussetzung hierfür ist aber, dass das ausländische Recht aufgrund der objektiven Anknüpfung gemäß Art. 21 Abs. 1 EU-ErbVO und nicht durch die Ausnahmevorschrift des Art. 21 Abs. 2 EU-ErbVO oder durch Rechtswahl (Art. 22 EU-ErbVO) anwendbar ist. Voraussetzung ist auch hier, dass das ausländische Recht auf das Recht eines Mitgliedstaates oder das Recht eines Drittstaates, der sein eigenes Recht anwenden würde, verweist. Praktische Bedeutung kann die vorstehende Fallkonstellation für den deutschen Rechtsanwender vor allem in Fällen der Rückverweisung auf das deutsche Recht haben, um das deutsche Aufenthaltsrecht endgültig festzulegen.   **1863**

> *Beispiel*   **1864**
>
> Ein südkoreanischer Erblasser lebt seit längerer Zeit in München und möchte ein notarielles Testament errichten, in dem er u.a. eine Vor- und Nacherbfolge nach deutschem Recht anordnen will. Da der Erblasser umfangreiches Immobiliarvermögen in Deutschland hat, soll das Testament auch dann wirksam bleiben, wenn der Erblasser später seinen gewöhnlichen Aufenthalt nach Südkorea verlegt und dort auch verstirbt. Das südkoreanische Recht sieht eine Vor- und Nacherbschaftslösung nicht vor.[322]

---

319 Für die herrschende Meinung, die dem Prinzip des „single renvoi" folgt, z.B. OLG Bremen DNotZ 2020, 833, 835; Palandt/*Thorn*, Art. 34 EuErbVO Rn 3, MüKo/*Dutta*, Art. 34 EuErbVO, Rn 3, BOGK/*J. Schmidt*, Art. 34 EuErbVO, Rn 7 ff.; für die Mindermeinung, die der Lehre des „double renvoi" bzw. der „foreign court"-Theorie folgt, z.B. Süß/*Süß*, Erbrecht in Europa, Allgemeiner Teil, § 2 Rn 54; *Odersky*, in: Hausmann/Odersky, Internationales Privatrecht in der Notar- und Gestaltungspraxis, § 15 Rn 65 ff.; eine eindeutige Klärung der Frage wird wohl erst eine Entscheidung des EuGH herbeiführen.

320 Vgl. OLG Bremen DNotZ 2020, 833, 835.

321 Vgl. zu diesem Fall auch Süß/*Odersky*, Erbrecht in Europa, 4. Aufl. 2020: Großbritannien: England und Wales, Rn 10.

322 Fall nachgebildet nach Süß/*Süß*, Erbrecht in Europa, 4. Aufl. 2020, Allgemeiner Teil, § 2 Rn 122.

Nach Art. 49 Abs. 1 des koreanischen IPR unterliegt zwar die Erbfolge dem Heimatrecht des Erblassers zum Zeitpunkt seines Todes. Art. 49 Abs. 2 des koreanischen IPR gestattet einem Erblasser aber die Wahl des gewöhnlichen Aufenthaltsrechts zum Zeitpunkt der Rechtswahl oder auch im Hinblick auf unbewegliches Vermögen die Wahl des Lageortrechtes. Die Rechtswahl zum gewöhnlichen Aufenthaltsrecht ist jedoch nur wirksam, wenn der Erblasser zum Zeitpunkt seines Todes noch seinen gewöhnlichen Aufenthalt in dem Staat hat, in dem er zum Zeitpunkt der Rechtswahl seinen gewöhnlichen Aufenthalt hatte. Bei der Rechtswahl des Lageortrechtes gibt es eine derartige Einschränkung nicht. Würde der koreanische Erblasser in dem deutschen Testament eine Rechtswahl auf der Grundlage des koreanischen Rechts zum deutschen Lageortrecht hinsichtlich der Immobilien in Deutschland treffen, dann nach Südkorea umziehen und dort auch versterben, würde Art. 21 Abs. 1 EU-ErbVO auf das koreanische Recht einschließlich dessen IPR verweisen. Wegen der wirksam auf der Grundlage des koreanischen Rechts getroffenen Rechtswahl (die immer Sachnormverweisung ist) käme es hinsichtlich der in Deutschland gelegenen Immobilien zu einer Rückverweisung auf das deutsche Recht, die auch vom deutschen Recht im Sinne vom Art. 34 Abs. 1 lit. a) EU-ErbVO angenommen wird.[323]

1865 Art. 34 Abs. 2 EU-ErbVO enthält wiederum Ausnahmen von Art. 34 Abs. 1 EU-ErbVO. So sind Rück- und Weiterverweisungen bei Verweisung auf das Recht eines Drittstaates insbesondere dann nicht zu beachten, wenn entweder das Recht des Drittstaates aufgrund einer offensichtlich engeren Bindung des Erblassers zu einem anderen Staat als dem seines letzten gewöhnlichen Aufenthaltes ermittelt wird (Art. 21 Abs. 2 EU-ErbVO) oder das Recht des Drittstaates durch Rechtswahl des Erblassers gemäß Art. 22 der Verordnung zur Anwendung gelangt. In letztem Fall würde nämlich die Beachtung des ausländischen IPR regelmäßig die Erwartung des Erblassers zerstören. In den vorgenannten Fällen wird somit auf das Sachrecht (Erbrecht) des Drittstaates verwiesen.

1866 *Beispiel*

Abwandlung vom vorvorherigen Fall Rdn 1862: Der englische Erblasser E ist am 18.4.2017 in England mit letztem Domizil und gewöhnlichem Aufenthalt in London verstorben. Dort lebte er bereits seit zehn Jahren. Zuvor hatte er mehrere Jahre in Köln gelebt und dort in einem notariellen Testament gemäß Art. 22 EU-ErbVO eine Rechtswahl zum britischen Recht getroffen. Er hinterlässt neben beweglichem und unbeweglichem Nachlassvermögen in England auch ein Grundstück in Köln.

Der englische Erblasser wird aufgrund der Rechtswahl hinsichtlich seines gesamten Vermögens gemäß Art. 22 in Verbindung mit Art. 36 Abs. 2 lit. b) (eine unmittelbare Rechtswahl des englischen Rechts ist nicht möglich; vgl. dazu oben Rdn 1854) aufgrund seiner engsten Verbindung zu England hinsichtlich seines gesamten Nachlassvermögens, also auch hinsichtlich seines Grundstücks in Köln, nach englischem Recht beerbt. Eine Rückverweisung auf das deutsche Recht hinsichtlich des Grundstücks in Köln gemäß Art. 34 Abs. 1 EU-ErbVO findet wegen der Ausnahmevorschrift des Art. 34 Abs. 2 EU-ErbVO nicht statt.

f) Rechtswahl gemäß Art. 22 EU-ErbVO

1867 Gemäß Art. 22 Abs. 1 der Verordnung kann der Erblasser für die Rechtsnachfolge von Todes wegen das Recht des Staates wählen, dem er im Zeitpunkt der Rechtswahl oder im Zeitpunkt seines Todes angehört.

aa) Praktische Bedeutung der Rechtswahl

1868 Durch die Rechtswahl hat der Erblasser die Möglichkeit das auf seine Erbfolge anwendbare Recht (Erbstatut) zu fixieren, es also von einem späteren Umzug ins Ausland unabhängig zu machen. Hierdurch wird Rechtssicherheit gewährleistet. Diese äußert sich insbesondere darin, dass der Erblasser Rechtsgestaltungen wählen kann (z.B. Vor- und Nacherbschaft oder Dauertestamentsvollstreckung nach deutschem Recht), die u.U. nur sein Heimatrecht kennt und gestattet, die aber im Falle des Umzuges in einen anderen Staat nach dem dann anwendbaren Aufenthaltsrecht dieses Staates nicht mehr möglich wären. Ferner vermeidet eine Rechtswahl im Einzelfall die unsichere Bestimmung des anwendbaren Rechts nach der Ausnahmevorschrift des Art. 21 Abs. 2 EU-ErbVO (Anknüpfung an eine offensichtlich engere Verbindung

---

323 Vgl. zum IPR Südkoreas auch Ferid/Firsching/*Dörner/Hausmann/Kim-Ukkon*, Republik Korea, Rn 22 ff.

des Erblassers zu einem anderen Staat als dem Aufenthaltsstaat). Schließlich ermöglicht eine Rechtswahl den Erben eine Gerichtsstandsvereinbarung zugunsten der Nachlassgerichte des Heimatstaates (Art. 5 EU-ErbVO). Vgl. zu den Zuständigkeitsregelungen der EU-ErbVO für die Nachlassgerichte zur Erteilung eines ENZ unten Rdn 1940 ff. Dies kann z.B. für einen im Ausland lebenden deutschen Erblasser von Bedeutung sein, der Nachlassvermögen in Deutschland und im Ausland hinterlässt und der seinen in Deutschland lebenden Erben eine Gerichtsstandsvereinbarung für die deutschen Nachlassgerichte zur Erteilung eines ENZ ermöglichen will.[324]

bb) Wählbares Recht

Gewählt werden kann gemäß Art. 22 Abs. 1 der Verordnung aber nur das Recht der Staatsangehörigkeit des Erblassers entweder zum Zeitpunkt der Rechtswahl oder aber zum Zeitpunkt seines Todes. So kann z.B. ein deutscher Erblasser das deutsche Erbrecht wählen, wenn er zum Zeitpunkt der Rechtswahl die deutsche Staatsangehörigkeit hatte. Ein späterer Verlust der Staatsangehörigkeit macht die Rechtswahl nicht unwirksam. Die Rechtswahl des Rechts eines Staates, dessen Staatsangehörigkeit der Erblasser noch nicht hat, aber vielleicht zum Zeitpunkt seines Todes haben wird, dürfte praktisch nicht sehr relevant sein. In Betracht käme unter Umständen ein Erblasser, der sich zum Zeitpunkt der Rechtswahl kurz vor dem erfolgreichen Abschluss eines Einbürgerungsverfahrens befindet. Umstritten ist, ob der Erblasser das zu wählende Recht in der Rechtswahl konkret benennen muss, oder ob es z.B. ausreicht, allgemein „das Recht des Staates zu wählen, dessen Staatsangehörigkeit der Erblasser zum Zeitpunkt seines Todes haben wird".[325] Aufgrund der momentanen Unsicherheit der Rechtslage ist aber von einer derartigen Rechtswahl abzuraten. **1869**

Ein Doppelstaater kann eines seiner Staatsangehörigkeitsrechte wählen (Art. 22 Abs. 1 S. 2 der Verordnung). **1870**

Welche Staatsangehörigkeit jemand besitzt, erwirbt oder verliert (z.B. durch Geburt, Adoption, Einbürgerung usw.), entscheidet allein das Staatsangehörigkeitsrecht des betreffenden Staates. Dies ist eine Frage des öffentlichen Rechts. In Deutschland befinden sich die Regelungen – wie bereits oben ausgeführt im StAG. Vgl. hierzu oben Rdn 1690.

Ausdrücklich nicht wählbar sind nach den Vorschriften der EU-ErbVO das Recht des gewöhnlichen Aufenthaltes des Erblassers zum Zeitpunkt der Rechtswahl oder zum Zeitpunkt seines Todes oder das Recht des Belegenheitsstaates z.B. für Immobilien. Diese Rechtswahlmöglichkeiten wurden nach langwierigen Diskussionen zwischen den Mitgliedstaaten trotz eines sicherlich vorhandenen praktischen Bedürfnisses nicht in die Verordnung aufgenommen, da mehrere Mitgliedsstaaten befürchteten, dass mit solchen Rechtswahlen die in den Staaten sehr unterschiedlich ausgestalteten Pflicht- und Noterbrechte zu leicht umgangen werden könnten.[326] Auch eine gegenständlich beschränkte Rechtswahl – wie z.B. bislang in Art. 25 Abs. 2 EGBGB aF. enthalten – ist ab Inkrafttreten der EU-ErbVO wegen des Grundsatzes der Nachlasseinheit der Verordnung nicht mehr zulässig. **1871**

Umstritten ist, ob auch Staatenlose eine Rechtswahl nach Art. 22 EU-ErbVO treffen können. Mangels einer Staatsangehörigkeit könnte hier (ähnlich wie in Art. 5 Abs. 2 EGBGB) hilfsweise an den gewöhnlichen Aufenthalt angeknüpft werden. Dies wird von einer Meinung unter Hinweis auf Vorschriften in internationalen Abkommen (z.B. New Yorker Abkommen über die Rechtsstellung der Staatenlosen vom 28.9.1954 oder Genfer Flüchtlingskonvention vom 28.7.1951) im Hinblick auf die Schutzbedürftigkeit dieses Personenkreises bejaht. Eine andere Meinung verneint eine Rechtswahlmöglichkeit durch Staatenlose, da sich die EU-ErbVO ja bewusst gegen die Möglichkeit der Wahl des Rechts des Staates des letzten gewöhnlichen Aufenthaltes des Erblassers entschieden hat.[327] Bis zur Klärung dieser Frage durch die Rechtsprechung sollte auf eine Rechtswahl von Staatenlosen in der notariellen Praxis verzichtet werden. **1872**

---

324 Wendet man hinsichtlich der internationalen Zuständigkeit der deutschen Nachlassgerichte Art. 4 ff. der EU-ErbVO an, würde dann auch eine Gerichtsstandsvereinbarung für die deutschen Nachlassgerichte zur Erteilung eines deutschen Erbscheins ermöglicht, was z.B. für in Deutschland befindliche Nachlass-Immobilien von praktischer Bedeutung ist.
325 Vgl. zum Meinungsstreit z.B. Süß/*Süß*, Erbrecht in Europa, 4. Aufl. 2020, Allgemeiner Teil, § 2, Rn 93.
326 Vgl. Erwägungsgrund 38 S. 2 der Verordnung.
327 Für eine Rechtswahl für Staatenlose vgl. z.B. Palandt/*Thorn*, 80. Aufl. 2021, Art. 22 EuErbVO Rn 4, gegen eine Rechtswahlmöglichkeit z.B. Süß/*Süß*, Erbrecht in Europa, 4. Aufl. 2020, Allgemeiner Teil, § 2 Rn 95, 96.

1873 Die Wahl einer Teilrechtsordnung von Staaten mit unterschiedlichen territorialen oder personalen Rechtsordnungen (z.B. Spanien, Großbritannien, USA einerseits und Staaten des islamischen Rechtskreises andererseits) ist – wie bereits oben ausgeführt – nicht zulässig. Der Erblasser kann hier nur das Recht des Gesamtstaates wählen. Die Unteranknüpfung findet hier zwingend nach den Vorschriften der Art. 36 und 37 EU-ErbVO statt. Vgl. Rdn 1854, 1866.

cc) Sachnormverweisung durch Rechtswahl

1874 Eine wirksame Rechtswahl beinhaltet zwingend eine Sachnormverweisung, und zwar unabhängig davon, ob der Erblasser das Recht eines Mitgliedstaates der EU-ErbVO oder das Recht eines Drittstaats wählt (Art. 34 Abs. 2 EU-ErbVO). Rück- und Weiterverweisungen sind somit nicht zu beachten. Der Erblasser hat somit keine Möglichkeit, durch die Wahl seines Heimatrechtes mittels Weiter- oder Rückverweisung zu einem anderen dritten Recht zu gelangen oder aber sein aktuelles Aufenthaltsrecht zu zementieren.

dd) Erklärung der Rechtswahl durch eine Verfügung von Todes wegen

1875 Gemäß Art. 22 Abs. 2 EU-ErbVO muss die Rechtswahl ausdrücklich in Form einer Verfügung von Todes wegen erfolgen oder sich konkludent aus einer solchen Verfügung ergeben. Eine Verfügung von Todes wegen kann gemäß Art. 3 Abs. 1 lit. d) EU-ErbVO ein Testament, ein gemeinschaftliches Testament oder ein Erbvertrag sein. Die Rechtswahl kann isoliert in der Verfügung von Todes wegen, aber auch neben anderen Verfügungen (z.B. Festlegung einer bestimmten Erbfolge) getroffen werden.

1876 Das auf die Form der Rechtswahl anwendbare Recht richtet sich für Testamente und gemeinschaftliche Testamente nach dem Haager Testamentsformübereinkommen und für Erbverträge nach Art. 27 EU-ErbVO. Hiernach gelten die sehr weitreichenden Formvorschriften, die praktisch einem Großteil der errichteten Verfügungen von Todes wegen zur Formwirksamkeit verhelfen. Formwirksam errichtet sind gemäß dem Haager Testamentsformübereinkommen sowie gemäß den fast inhaltsgleichen Regelungen des Art. 27 EU-ErbVO insbesondere diejenigen Verfügungen von Todes wegen, die entweder dem Recht des Staates entsprechen, in dem die Verfügung von Todes wegen errichtet worden ist oder dem Recht des Staates, dem der Erblasser im Zeitpunkt der Errichtung der Verfügung von Todes wegen angehörte (Art. 27 Abs. 1 lit. a), b) bzw. Art. 1 Abs. 1 S. 1 lit. a) und b) des Haager Testamentsformübereinkommens). Die vor einem deutschen Notar in einem den Formvorschriften des BGB entsprechenden notariellen Testament oder Erbvertrag von einem deutschen Erblasser getroffene Rechtswahl zum deutschen Recht ist also demgemäß formwirksam; vgl. auch oben Rdn 1817.

1877 Gemäß Erwägungsgrund 39 zur Verordnung kann von einer stillschweigenden (konkludenten) Rechtswahl des Erblassers ausgegangen werden, wenn er in seiner Verfügung Bezug auf spezifische Bestimmungen des Rechts des Staates, dem er angehört, genommen hat oder er das Recht dieses Staates in anderer Weise erwähnt hat.

1878 *Beispiel*

Ein in Polen lebender deutscher Erblasser ordnet in einem privatschriftlichen Testament befreite Vor- und Nacherbfolge kombiniert mit einer Dauertestamentsvollstreckung an.

Hier kann man wegen der Bezugnahme auf spezifische Regelungen des deutschen Erbrechts im BGB von einer stillschweigenden Rechtswahl zum deutschen Recht ausgehen, insbesondere da das polnische Erbrecht die Anordnung einer Vor- und Nacherbfolge nicht kennt.

ee) Materielle Wirksamkeit der Rechtswahl

1879 Die materielle Wirksamkeit der Rechtswahl unterliegt gemäß Art. 22 Abs. 3 EU-ErbVO dem gewählten Heimatrecht des Erblassers. Zur materiellen Wirksamkeit einer Verfügung von Todes wegen zählen gemäß Art. 26 EU-ErbVO u.a. die Testierfähigkeit, die Zulässigkeit von Stellvertretung bei Verfügungen von Todes wegen oder die Fragen von Willensmängeln bei der Errichtung von Verfügungen von Todes wegen wie z.B. Irrtum, Nötigung und Täuschung. So kann z.B. ein Erblasser, der nach dem Recht des gewöhnlichen Aufenthaltes nicht testierfähig ist, durch Wahl seines Heimatrechts nicht nur seine Testierfähigkeit erreichen, sondern auch die Fähigkeit, überhaupt eine Rechtswahl vorzunehmen.

Beispiel **1880**

Ein seit vielen Jahren in Italien lebender 16-jähriger deutscher Erblasser wählt während einer Urlaubsreise in Deutschland vor einem deutschen Notar in einem notariellen Testament gemäß Art. 22 EU-ErbVO das deutsche Recht und verfügt anschließend noch eine bestimme Erbfolge.

Nach Art. 591 ital. Codice Civile sind Minderjährige nicht testierfähig. Nach deutschem Recht ist eine Person ab Vollendung des 16. Lebensjahres testierfähig und kann in notarieller Form eine Verfügung von Todes wegen errichten (§§ 2229, 2247 Abs. 4 BGB). Der 16-jährige Erblasser kann somit – auch wenn er in Italien sterben und nach italienischem Recht beerbt würde, durch die Rechtswahl zum deutschen Recht seine Testierfähigkeit und somit seine Fähigkeit, eine Rechtswahl zu treffen, erreichen.

ff) Änderung und Widerruf einer Rechtswahl – Bindungswirkung einer Rechtswahl

Eine Rechtswahl kann vom Erblasser auch jederzeit widerrufen oder geändert werden. Dies folgt aus **1881** Art. 22 Abs. 4 EU-ErbVO. Diese Vorschrift regelt aber nur, dass der Widerruf und die Änderung den allgemeinen Formvorschriften zur Änderung und zum Widerruf von Verfügungen von Todes wegen entsprechen müssen, somit also für Testamente einschließlich gemeinschaftlicher Testamente den Vorschriften des Haager Testamentsformübereinkommens und für Erbverträge den fast inhaltsgleichen Regelungen des Art. 27 EU-ErbVO (vgl. hierzu oben Rdn 1876). Zur Frage der materiellen Voraussetzungen für den Widerruf und die Änderung der Rechtswahl enthält die Verordnung keine Regelungen. Erwägungsgrund 40 S. 3 der Verordnung enthält diesbezüglich nur einen unklaren und auslegungsbedürftigen Hinweis. Die ganz herrschende Meinung in der Literatur geht davon aus, dass bei einer Änderung bzw. Neufassung entsprechend Art. 22 Abs. 3 EU-ErbVO allein das neu gewählte Recht maßgebend ist. Im Falle des reinen Widerrufs einer Rechtswahl, die dann ja nur wieder den gesetzlichen Anknüpfungszustand des Art. 21 EU-ErbVO, also die Anknüpfung an das Aufenthaltsrecht, herstellt, geht die herrschende Meinung in der Literatur davon aus, dass hier das Recht des gewöhnlichen Aufenthalts einschlägig ist, da der Erblasser aufgrund des Widerrufs mit dem Recht seiner Staatsangehörigkeit nicht mehr verbunden sein will.

Von der Frage der materiellen Wirksamkeit des Widerrufs bzw. der Änderung der Rechtswahl ist die **1882** Frage zu unterscheiden, ob ein Widerruf bzw. eine Änderung überhaupt möglich ist oder die ursprüngliche Rechtswahl Bindung entfaltet. Diese Frage unterliegt nach herrschender Meinung in der Literatur dem für die ursprüngliche Rechtswahl gewählten Recht. Sieht dieses eine Bindungswirkung vor, so bleibt die ursprüngliche Rechtswahl bindend, auch wenn das neu gewählte Recht oder das Recht des gewöhnlichen Aufenthalts eine Bindungswirkung nicht kennt.

Nach den durch Art. 16 des Gesetzes zum internationalen Erbrecht und zur Änderung von Vorschriften **1883** zum Erbschein sowie zur Änderung sonstiger Vorschriften vom 29.6.2015[328] neu gefassten Vorschriften der §§ 2270 Abs. 3 und 2278 Abs. 2 BGB können nunmehr Rechtswahlen gemäß der EU-ErbVO in gemeinschaftlichen Testamenten mit wechselbezüglicher Wirkung und in Erbverträgen mit erbvertraglicher Bindung vereinbart werden (vgl. dazu auch oben Rdn 958, 974). Wählt somit ein deutscher Erblasser formgerecht gemäß Art. 22 EU-ErbVO das deutsche Erbrecht, so kann dieser Rechtswahl gemäß den beiden deutschen Vorschriften des BGB Bindungswirkung verliehen werden.

gg) Folgen für die notarielle Praxis

Aus dem Vorgesagten ergibt sich, dass zwar für deutsche Erblasser, gleich ob sie ihren gewöhnlichen **1884** Aufenthalt zur Zeit in Deutschland oder im Ausland haben, das deutsche Heimatrecht – gegebenenfalls nur rein vorsorglich – gewählt werden kann, so dass auch bei einem späteren Wohnsitzwechsel ins Ausland nach wie vor das deutsche Erbrecht anwendbar wäre. Der deutsche Notar bzw. dessen Mitarbeiter haben stets zu prüfen, ob eine solche Rechtswahl für den deutschen Erblasser möglich und sinnvoll ist. Die Entscheidung für die Aufnahme einer Rechtswahl gemäß Art. 22 EU-ErbVO sollte aber nur im Einzelfall unter Abwägung aller Umstände getroffen werden (Wahrscheinlichkeit eines späteren Umzugs ins Ausland, Art, Umfang und Lage im In- oder Ausland – des jetzigen und noch zu erwartenden Vermögens, Kosten der Rechtswahl). Eine standardmäßige Aufnahme einer Rechtswahl eines deutschen Erblassers in

---

328 BGBl 2015, 1042.

sein Testament ist schon aus Kostengründen nicht zu empfehlen. § 104 Abs. 2 GNotKG setzt für die erbrechtliche Rechtswahl 30 % des nach § 102 GNotKG zu ermittelnden bereinigten Nettovermögens des Erblassers an.[329] Dagegen lässt sich allerdings einwenden, dass der Notar für die Beurkundung verantwortlich ist und deshalb in aller Regel ein noch viel offensichtlicheres Interesse an der Wahl seines deutschen Heimatrechts als die Beteiligten hat.[330]

1885   Für ausländische Erblasser mit gewöhnlichem Aufenthalt in Deutschland ist eine vorsorgende Rechtswahl zum deutschen Aufenthaltsrecht nicht möglich. Hier kann im Einzelfall eine Rechtswahl nach ausländischem Recht möglich und zweckmäßig sein. Vgl. hierzu oben Rdn 1829, 1864. Die Erblasser sind aber auf jeden Fall über die Rechtsfolgen eines späteren Aufenthaltswechsels ins Ausland zu belehren (vgl. hierzu unter Ziffer 7. mit Mustervorschlägen in Rdn 2004 ff.).

g)   Reichweite des anzuwendenden Rechts gemäß Art. 23 Abs. 1 und 2 EU-ErbVO

1886   Die Reichweite des anzuwendenden Rechts ergibt sich aus dem Positivkatalog des Art. 23 EU-ErbVO und dem Negativkatalog des Art. 1 Abs. 2 EU-ErbVO. Vgl. hierzu auch Rdn 1817 ff.

1887   Hiernach sind vom anzuwendenden Erbrecht z.B. positiv umfasst

- Ort, Zeitpunkt und Gründe für den Eintritt des Erbfalls,
- Berufung von Erben oder Vermächtnisnehmern aufgrund gesetzlicher Erbfolge oder im Wege der gewillkürten Erbfolge,
- Erbfähigkeit des Erblassers,
- Enterbung und Erbunwürdigkeitsregelungen,
- Übergang von Vermögenswerten an Erben oder Vermächtnisnehmer (Gesamtrechtsnachfolge, automatischer dinglicher Übergang eines Vermächtnisses an den Vermächtnisnehmer bei einem sog. „Vindikationslegat" oder schuldrechtlicher Anspruch des Vermächtnisnehmers gegen den/die Erben auf Übertragung von Nachlassgegenständen wie im deutschen Recht),
- Rechte von Erben und Testamentsvollstreckern (z.B. im Hinblick auf Veräußerung von Vermögen),
- Pflichtteils- und Noterbrechte und deren rechtliche Ausgestaltung,
- Ausgleichungs- und Anrechnungsbestimmungen bei lebzeitigen Zuwendungen (z.B. §§ 2050 und 2315 BGB).

1888   Das Erbstatut umfasst nicht die Fragen, die gemäß Art. 1 Abs. 2 EU-ErbVO allgemein vom Anwendungsbereich der Verordnung ausgenommen sind. Hierzu zählen z.B. Fragen der Rechts-, Geschäfts- und Handlungsfähigkeit, des ehelichen Güterrechts, des Unterhaltsrechts, des Gesellschaftsrechts, des Registerrechts (z.B. des Grundbuchrechts und des Handelsregisters) oder des Sachenrechts. Die Abgrenzung ist im Einzelfall recht schwierig. Dies betrifft insbesondere die Bereiche des Güterrechts (z.B. Frage der Qualifikation der Vorschrift des § 1371 Abs. 1 BGB; vgl. dazu unter Rdn 1975 ff. und des Sachenrechts vgl. dazu unter Rdn 1978, 1991).

3.   Das Errichtungsstatut (hypothetisches Erbstatut) bei Testamenten und Erbverträgen

a)   Bedeutung des Errichtungsstatuts

1889   Für den Fall des Wechsels des gewöhnlichen Aufenthaltes des Erblassers, aber auch im Falle des Wechsels der Staatsangehörigkeit des Erblassers nach Errichtung einer Verfügung von Todes wegen besteht die Gefahr, dass eine formell und materiell wirksam errichtete Verfügung von Todes wegen im Nachhinein unwirksam wird.

1890   Für die Formwirksamkeit wird dieses Problem durch die sehr weitreichenden Anknüpfungsmöglichkeiten gelöst, die das Haager Testamentsformübereinkommen für die Errichtung von einseitigen und gemeinschaftlichen Testamenten und Art. 27 EU-ErbVO für die Errichtung von Erbverträgen vorsehen. So ist danach ein Testament u.a. dann formwirksam errichtet, wenn es dem Recht des Staates entspricht,

---

329 Vgl. hierzu auch § 5 Rdn 139 ff.
330 So neuerdings *Kanzleiter*, DNotZ 2020, 902, 905, der auch darauf hinweist, dass bei der Schaffung des GNotKG das Interesse an der Förderung sinnvoller Rechtswahlen betont wurde.

in dem das Testament errichtet wurde oder dem Recht des Staates, dessen Staatsangehörigkeit der Erblasser zum Zeitpunkt der Errichtung des Testamentes hatte oder dem Recht des Staates, in dem der Erblasser bei Errichtung des Testamentes seinen gewöhnlichen Aufenthalt oder Wohnsitz hatte. Ein späterer Staatsangehörigkeits- oder Aufenthalts- bzw. Wohnsitzwechsel berührt somit die Formwirksamkeit einer einmal formwirksam errichteten Verfügung von Todes wegen nicht mehr.

Damit der Erblasser sicher sein kann, dass eine einmal von ihm errichtete Verfügung von Todes wegen nicht nur hinsichtlich ihrer Form, sondern auch dauerhaft materiell wirksam bleibt, schafft die EU-ErbVO in ihren §§ 24 und 25 für die materielle Wirksamkeit einer Verfügung von Todes wegen, aber auch für deren Zulässigkeit sowie bei Erbverträgen zusätzlich auch für deren Bindungswirkungen ein sogenanntes Errichtungsstatut, auch hypothetisches Erbstatut genannt. Hierdurch wird die Anknüpfung dieser Fragen vom Erbfall auf den Zeitpunkt der Errichtung der Verfügung von Todes wegen vorverlegt. Vor Inkrafttreten der EU-ErbVO wurden die Fragen des hypothetischen Erbstatuts in Art. 26 Abs. 5 EGBGB aF. geregelt.[331]   1891

b) Reichweite des Errichtungsstatuts

Da sich das Errichtungsstatut der Art. 24 und 25 EU-ErbVO nur auf die „Zulässigkeit", die „materielle Wirksamkeit" von Verfügungen von Todes wegen und bei Erbverträgen zusätzlich auf die „Bindungswirkung", nicht aber auf die Wirkungen einer Verfügung von Todes wegen im Übrigen (z.B. welche rechtlichen Wirkungen eine angeordnete Vor- und Nacherbschaft hat oder welche Rechte einem eingesetzten Testamentsvollstrecker zustehen) bezieht, sind zunächst die vom Errichtungsstatut umfassten Begrifflichkeiten zu klären.   1892

Die „Zulässigkeit" betrifft die Frage, ob eine beabsichtigte Verfügung von Todes wegen nach der betreffenden Rechtsordnung überhaupt vorgesehen oder unter Umständen sogar verboten ist. Von besonderer Bedeutung ist hier die Frage, ob die im deutschen Recht bekannten Rechtsinstitute des gemeinschaftlichen Testamentes und des Erbvertrages nach der betreffenden Rechtsordnung zugelassen sind. Vielen Staaten des romanischen Rechtskreises, des ehemals kommunistischen Rechtskreises und des islamischen Rechtskreises verbieten derartige Verfügungen mit Bindungswirkung. Teilweise werden die Verbote in den betreffenden Staaten als Formverbote (z.B. Frankreich), teilweise aber auch als materielle Sachverbote (z.B. Italien) behandelt.[332] Umstritten ist, ob beide Arten der Verbote dem hypothetischen Erbstatut der Art. 24 und 25 EU-ErbVO unterfallen oder nur die Sachverbote.[333] Der vorsichtige Rechtsanwender sollte auf jeden Fall nur dann einen Erbvertrag oder ein gemeinschaftliches Testament beurkunden, wenn diese nach dem hypothetischen Erbstatut aller Staaten zulässig sind, in denen sich Nachlassvermögen befinden.[334]   1893

Der Begriff der „materiellen Wirksamkeit" ist in Art. 26 EU-ErbVO definiert. Demnach fallen unter den Begriff insbesondere Fragen der Testierfähigkeit, der Zulässigkeit von Stellvertretung bei der Errichtung von Verfügungen von Todes wegen und der Willensmängel des Erblassers (Irrtum, Drohung, Täuschung).   1894

Der Begriff der „Bindungswirkung" umfasst die Frage, in welchem Umfang, in welcher Art und Weise und wie lange die Vertragsparteien an die Bestimmungen eines Erbvertrages gebunden sind. Im deutschen Recht würden hierunter z.B. die Fragen fallen, welche Anordnungen mit Bindungswirkung getroffen werden können (vgl. §§ 2270 Abs. 3 und 2278 Abs. 3 BGB) oder welche Auswirkungen eine bindende Verfügung auf spätere widersprechende Verfügungen hat (vgl. z.B. §§ 2271, 2289 BGB).   1895

c) Begriffe des Erbvertrages und des gemeinschaftlichen Testamentes

Art. 24 EU-ErbVO behandelt die Zulässigkeit und die materielle Wirksamkeit von Verfügungen von Todes wegen, Art. 25 EU-ErbVO bezieht sich auf die Zulässigkeit, materielle Wirksamkeit und Bindungswirkungen von Erbverträgen.   1896

---

331 Vgl. hierzu die entsprechenden Ausführungen in den Vorauflagen der Notariatskunde.
332 Vgl. zu der Unterscheidung *Hausmann/Odersky*, Das Internationale Privatrecht in der notariellen Praxis, 3. Aufl. 2017, § 15 Rn 195.
333 Vgl. zu dem Meinungsstreit z.B. Palandt/*Thorn*, 80. Aufl. 2021, Art. 25 EU-ErbVO, Rn 4.
334 So auch die Empfehlung von *Odersky:* in Hausmann/Odersky, Internationales Privatrecht in der Notar- und Gestaltungspraxis, 3. Aufl. 2017, § 15 Rn 197.

1897   Der Erbvertrag ist eine Verfügung von Todes wegen (Art. 3 Abs. 1 lit. d) EU-ErbVO). Nach der Definition in Art. 3 Abs. 1 lit. b) EU-ErbVO ist hierunter „eine Vereinbarung einschließlich einer Vereinbarung aufgrund gegenseitiger Testamente" zu verstehen, „die mit oder ohne Gegenleistung Rechte am künftigen Nachlass oder künftigen Nachlässen einer oder mehrerer an dieser Vereinbarung beteiligter Personen begründet, ändert oder entzieht." Der Begriff der EU-ErbVO ist viel weiter als der Erbvertragsbegriff des deutschen BGB. Er umfasst aber unzweifelhaft den deutschen Erbvertrag im Sinne der §§ 2274 ff. BGB. Unter den verordnungsrechtlichen Erbvertragsbegriff fallen aber auch die für den deutschen Rechtsanwender sehr wichtigen Erb- und Pflichtteilsverzichtsverträge.[335]

1898   Unter einem einseitigen Erbvertrag bzw. einem Erbvertrag, der den Nachlass nur einer einzigen Person betrifft (Art. 25 Abs. 1 EU-ErbVO), ist ein Erbvertrag zu verstehen, bei dem nur eine Vertragspartei Verfügungen von Todes wegen errichtet, während die andere Partei oder die anderen Parteien nur die Annahme des Vertrages erklären. Unter einem mehrseitigen Erbvertrag bzw. einem Erbvertrag, der den Nachlass mehrerer Personen betrifft (Art. 25 Abs. 2 EU-ErbVO), ist ein Erbvertrag zu verstehen, bei dem mehrere Parteien Verfügungen von Todes wegen treffen, und zwar unabhängig davon, ob alle verfügenden Parteien bindende Verfügungen treffen oder nicht.

1899   Äußerst umstritten ist, ob gemeinschaftliche Testamente im deutschen Recht gemäß §§ 2265 ff. BGB unter die Vorschrift des Art. 24 EU-ErbVO oder die Vorschrift des Art. 25 EU-ErbVO fallen, also entweder wie ein einseitiges Testament oder wie ein Erbvertrag behandelt werden. Unter Berufung auf Art. 3 Abs. 1 lit. b) und c) EU-ErbVO, wonach der Gesetzeswortlaut klar zwischen Erbverträgen und gemeinschaftlichen Testamenten unterscheidet, geht die eine Meinung davon aus, dass ein gemeinschaftliches Testament nicht als Erbvertrag anzusehen ist. Die herrschende Meinung in der deutschen Literatur unterstellt jedoch zumindest das wechselbezügliche gemeinschaftliche Testament dem weiten Erbvertragsbegriff der Verordnung.[336] Diese Auffassung dürfte aber von vielen anderen Mitgliedstaaten der Verordnung nicht geteilt werden. Bis zu einer verbindlichen Entscheidung des EuGH wird diese wichtige Frage nicht zuverlässig geklärt werden können. Von daher sollte der beratende deutsche Notar bzw. seine Mitarbeiter bei erbrechtlichen Gestaltungen mit Auslandsberührung von Ehegatten oder eingetragenen Lebenspartnern bis zu einer sicheren Klärung dieser Frage immer zum Erbvertrag und nicht zum gemeinschaftlichen Testament raten. Im Folgenden wird von daher auch nur das Errichtungsstatut im Hinblick auf einseitige Testamente und Erbverträge, nicht jedoch im Hinblick auf gemeinschaftliche Testamente, behandelt.

d)   Objektive Anknüpfung bei einseitigen Testamenten (Art. 24 Abs. 1 EU-ErbVO)

1900   Gemäß Art. 24 Abs. 1 EU-ErbVO unterliegen die Zulässigkeit und materielle Wirksamkeit einer Verfügung von Todes wegen dem Recht, das nach dieser Verordnung auf die Rechtsnachfolge von Todes wegen anwendbar wäre, wenn die Person, die die Verfügung errichtet hat, zu diesem Zeitpunkt verstorben wäre. Damit verweist Art. 24 Abs. 1 EU-ErbVO auf Art. 21 Abs. 1 und Art. 22 EU-ErbVO.

1901   Angeknüpft wird somit grundsätzlich an das Recht des gewöhnlichen Aufenthaltes des Verfügenden zum Zeitpunkt der Errichtung des Testamentes. Liegt der gewöhnliche Aufenthalt in einem Drittstaat, ist wie auch im Rahmen der Prüfung des anwendbaren Rechts gemäß Art. 21 EU-ErbVO eine mögliche Rück- oder Weiterverweisung gemäß Art. 34 Abs. 1 EU-ErbVO zu beachten. Abzustellen ist auch hier auf den Zeitpunkt der Testamentserrichtung. Da es im Nachhinein schwierig sein kann, den für das Errichtungsstatut relevanten gewöhnlichen Aufenthalt zum Zeitpunkt der Testamentserrichtung festzustellen, sollte im Testament neben dem Errichtungsort auch der aktuelle gewöhnliche Aufenthalt des Verfügenden festgestellt werden.

1902   Hat der Erblasser bereits vor der Errichtung des Testamentes eine Rechtswahl gemäß Art. 22 EU-ErbVO hinsichtlich des anwendbaren Rechts getroffen, so ist für die Zulässigkeit und die materiellen Wirkungen des Testaments über Art. 24 Abs. 1 EU-ErbVO das Heimatrecht des Erblassers das Errichtungsstatut.

---

335 Vgl. für viele Palandt/*Thorn*, 80. Aufl. 2021, Art. 25 EU-ErbVO, Rn 2 sowie unter Rn 2091 ff.
336 Vgl. zum Meinungsstreit ausführlich *Hausmann/Odersky*, Internationales Privatrecht in der Notar- und Gestaltungspraxis, 3. Aufl. 2017, § 15 Rn 228 ff.

e) Rechtswahl bei einseitigen Testamenten (Art. 24 Abs. 2 EU-ErbVO)

Wie das Erbstatut kann auch das Errichtungsstatut – neben den mittelbaren Wirkungen einer Rechtswahl **1903** gemäß Art. 22 EU-ErbVO vor Errichtung des Testaments – unmittelbar durch eine Rechtswahl des Errichtungsstatuts durch den Verfügenden beeinflusst werden.

So kann der Verfügende gemäß Art. 24 Abs. 2 EU-ErbVO das Recht seines Heimatstaates wählen, das er **1904** auch nach Art. 22 EU-ErbVO hätte wählen können. Wählbar ist aber aufgrund der Systematik des Art. 24 Abs. 2 EU-ErbVO nur das Heimatrecht des Verfügenden zum Zeitpunkt der Rechtswahl, nicht aber ein etwaiges zukünftiges Heimatrecht (= Unterschied zu Art. 22 Abs. 1 EU-ErbVO). Die Rechtswahl bezieht sich auch nur auf die Zulässigkeit und die materielle Wirksamkeit (Art. 26 EU-ErbVO) der Verfügung von Todes wegen, nicht aber auf das auf die Erbfolge des Erblassers anwendbare Recht. Dieses muss der Verfügende gegebenenfalls separat gemäß Art. 22 EU-ErbVO wählen. Der Verfügende kann sich somit aussuchen, ob er beide Rechtswahlen gemeinsam trifft oder nur eine der beiden Rechtswahlen isoliert. In der Regel werden die beiden Rechtswahlen gemeinsam und einheitlich getroffen, um eine Übereinstimmung von auf die Erbfolge anwendbarem Recht und dem Recht, das die Zulässigkeit und die Wirksamkeit der Verfügung beurteilt, zu erreichen. Im Einzelfall kann es sinnvoll sein, nur eine der beiden Rechtswahlen, z.B. die nach Art. 24 Abs. 2 EU-ErbVO, zu treffen, wenn der Verfügende die für ihn günstigen Rechtsinstitute des Aufenthaltsrechts (z.B. Vor- und Nacherbschaft nach deutschem Recht) und gleichzeitig die für ihn günstigen Regelungen des Errichtungsstatuts nutzen will (z.B. Nutzung einer günstigeren Testierfähigkeitsregelung des Heimatrechts).

Beispiel **1905**

Ein 14-jähriger schottischer Jugendlicher mit gewöhnlichem Aufenthalt in Xanten möchte ein notarielles Testament errichten und darin u.a. ein Vor- und Nacherbschaftsregelung nach deutschem Recht treffen.

Da nach deutschem Recht die Testierfähigkeit für notarielle Testamente erst ab 16 Jahren erreicht wird (§§ 2229, 2247 Abs. 4 BGB), könnte der schottische Jugendliche das schottische Recht als Errichtungsstatut gemäß Art. 24 Abs. 2 EU-ErbVO wählen, denn nach schottischem Recht sind Jugendliche schon ab 12 Jahren testierfähig, inhaltlich aber das Testament nach dem deutschen Aufenthaltsrecht gemäß Art. 21 Abs. 1 EU-ErbVO errichten.[337]

Die Rechtswahl gemäß Art. 24 Abs. 2 EU-ErbVO muss sich einheitlich auf alle Fragen der Zulässigkeit **1906** und der materiellen Wirksamkeit der Verfügung von Todes wegen beziehen. Eine Beschränkung auf Einzelaspekte ist nicht statthaft.

Ändert der Verfügende ein Testament durch ein späteres Testament, so sind die Zulässigkeit und die ma- **1907** teriellen Wirkungen für das Änderungstestament neu zu bestimmen, wenn es zwischen der Errichtung der beiden Testamente zu einem Statutenwechsel gekommen ist, z.B. durch Umzug in ein anderes Land. Art. 24 Abs. 3 EU-ErbVO regelt die Bestimmung des auf die Änderung bzw. den Widerruf des Testamentes anzuwendenden hypothetischen Erbstatuts. Da der Wortlaut dieser Vorschrift nicht eindeutig ist und Auslegungsspielräume eröffnet, herrscht in der juristischen Literatur Streit darüber, ob sich Änderung und Widerruf nach dem ursprünglichen Errichtungsstatut oder nach dem neuen aktuellen Errichtungsstatut beurteilen. Die herrschende Meinung geht davon aus, dass das ursprüngliche Errichtungsstatut aus Rechtssicherheitsgründen darüber entscheiden muss, ob ein Testament überhaupt widerruflich ist oder ob es gewisse Bindungswirkungen entfaltet, die einen Widerruf ausschließen. Das Errichtungsstatut zum Zeitpunkt der Errichtung des neuen Testamentes entscheidet hingegen einheitlich über alle Fragen der Zulässigkeit und der materiellen Wirksamkeit der neuen Verfügung von Todes wegen.[338]

---

337 Vgl. zu diesem Fall *Hausmann/Odersky*, Internationales Privatrecht in der Notar- und Gestaltungspraxis, 3. Aufl. 2017, § 15 Rn 204 ff., 237.

338 Vgl. zum Meinungsstreit ausführlich *Hausmann/Odersky*, Internationales Privatrecht in der Notar- und Gestaltungspraxis, 3. Aufl. 2017, § 15 Rn 241 ff.

f)   Einseitige Erbverträge gemäß Art. 25 Abs. 1 EU-ErbVO

1908   Die Anknüpfung von einseitigen Erbverträgen entspricht grundsätzlich der Anknüpfung von einseitigen Testamenten. So unterliegen gemäß Art. 25 Abs. 1 EU-ErbVO die Zulässigkeit, die materielle Wirksamkeit und die Bindungswirkungen eines einseitigen Erbvertrages einschließlich der Voraussetzungen für seine Auflösung dem vorgezogenen Erbstatut zum Zeitpunkt der Errichtung des Erbvertrages. Grundsätzlich ist somit auf den gewöhnlichen Aufenthalt der verfügenden Erbvertragspartei zum Zeitpunkt der Errichtung des Erbvertrages abzustellen. Hat die verfügende Erbvertragspartei bereits vor Errichtung des Erbvertrages eine Rechtswahl seines Heimatrechtes gemäß Art. 22 EU-ErbVO getroffen, so ist dieses Heimatrecht auch Errichtungsstatut gemäß Art. 25 Abs. 1 EU-ErbVO. Gemäß Art. 25 Abs. 3 EU-ErbVO können die Erbvertragsparteien ferner auch das Heimatrecht der verfügenden Erbvertragspartei als Errichtungsstatut wählen, und zwar unabhängig davon, ob die verfügende Erbvertragspartei auch für das Erbstatut eine Rechtswahl zum Heimatrecht gemäß Art. 22 EU-ErbVO getroffen hat. Wie auch beim einseitigen Testament können die beiden Rechtswahlen je nach Interessenlage der Erbvertragsparteien unabhängig voneinander getroffen werden.

g)   Objektive Anknüpfung bei mehrseitigen Erbverträgen (Art. 25 Abs. 2 EU-ErbVO)

1909   Art. 25 Abs. 2 EU-ErbVO unterscheidet für die objektive Anknüpfung zwischen der Zulässigkeit des Erbvertrages einerseits und seiner materiellen Wirksamkeit und seiner Bindungswirkung andererseits.

Im ersten Schritt ist auf der Zulässigkeitsebene zu prüfen, ob der Erbvertrag als Rechtsinstitut erlaubt bzw. zulässig oder aber verboten ist. Für die Zulässigkeit findet gemäß Art. 25 Abs. 2 S. 1 EU-ErbVO eine kumulative Prüfung statt, d.h. der Erbvertrag muss nach dem Errichtungsstatut aller Erbvertragsparteien zulässig sein. Wie auch beim Testament ist Errichtungsstatut bzw. hypothetisches Erbstatut entweder das Recht des Staates, in dem die betreffende Erbvertragspartei bei Abschluss des Erbvertrages ihren gewöhnlichen Aufenthalt hat oder das Heimatrecht der betreffenden Erbvertragspartei, sofern von ihr eine entsprechende Rechtswahl gemäß Art. 22 EU-ErbVO vor Abschluss des Erbvertrages getroffen worden ist. Der für die notarielle Praxis praktisch wichtigste Hauptanwendungsfall von mehrseitigen Erbverträgen ist der Erbvertrag von Ehegatten bzw. eingetragenen Lebenspartnern.

> *Beispiel*
>
> Ein italienisches Ehepaar mit gewöhnlichem Aufenthalt in Deutschland möchte vor einem deutschen Notar einen Erbvertrag abschließen und sich wechselseitig bindend zu Erben einsetzen.
>
> Errichtungsstatut ist hier gemäß Art. 25 Abs. 2, 21 EU-ErbVO das deutsche Recht als das Recht des gewöhnlichen Aufenthaltes der Erbvertragsparteien bei Abschluss des Erbvertrages. Nach deutschem Erbrecht ist der Abschluss eines bindenden Erbvertrages zulässig. Der Erbvertrag bleibt nun dauerhaft wirksam, auch wenn die Ehegatten später nach Italien umziehen und dort versterben würden (das italienische Recht verbietet den Abschluss bindender Erbverträge als sog. „Sachverbot", vgl. Rdn 1893).
>
> Würde in dem Beispielsfall einer der Ehegatten zum Zeitpunkt der Errichtung des Erbvertrages seinen gewöhnlichen Aufenthalt in Italien haben, wäre der Abschluss eines Erbvertrages der Ehegatten nicht ohne weiteres, d.h. nicht ohne Rechtswahl, zulässig, da der Erbvertrag nicht nach dem Errichtungsstatut aller am Erbvertrag beteiligten Personen (kumulative Prüfung) zulässig ist.

1910   Die materielle Wirksamkeit und Bindungswirkung, aber auch die Voraussetzungen für die Auflösung des Erbvertrages unterliegen nach Art. 25 Abs. 2 S. 2 EU-ErbVO demjenigen der für die Erbvertragsparteien ermittelten Errichtungsstatut, zu dem der Erbvertrag die engste Verbindung hat. Durch diese Regelung sollen widersprüchliche Auslegungs- und Bindungsregelungen vermieden werden. Der Begriff der „engsten Verbindung" wird in der EU-ErbVO nicht geregelt. Wie auch im Rahmen von Art. 21 Abs. 2 EU-ErbVO wird man auch hier eine Beurteilung der Gesamtumstände vornehmen müssen (z.B. familiäre und soziale Bindungen sowie Staatsangehörigkeiten der Erbvertragsparteien, Belegenheit der Vermögenswerte, jeweils zum Zeitpunkt des Erbvertragsabschlusses usw.). Für den Notar und seine Mitarbeiter dürfte es in vielen Fällen nicht einfach sein, diese „engste Verbindung" eindeutig festzustellen. Der Erbvertrag sollte aber auf jeden Fall nähere Informationen zu den Gründen machen, aus denen die Erbvertragsparteien selbst die engste Verbindung zu einer bestimmten Rechtsordnung ableiten. In vielen Fällen kann aber auch eine Rechtswahl gemäß Art. 25 Abs. 3 EU-ErbVO Klarheit schaffen.

h) Rechtswahl bei mehrseitigen Erbverträgen (Art. 25 Abs. 3 EU-ErbVO)

Die Risiken für die Errichtung von Erbverträgen, die aus der kumulativen Anknüpfung des Art. 25 Abs. 2 **1911** EU-ErbVO für die Zulässigkeit von Erbverträgen resultieren, werden gemindert durch die großzügige Rechtswahlmöglichkeit des Art. 25 Abs. 3 EU-ErbVO. Hiernach können die Erbvertragsparteien für die Zulässigkeit, die materielle Wirksamkeit und die Bindungswirkungen des Erbvertrages, aber auch für die Voraussetzungen für seine Auflösung, das Staatsangehörigkeitsrecht nur eines an dem Erbvertrag beteiligten Erblassers wählen. Gewählt kann allerdings im Hinblick auf den Sinn und Zweck sowie die Systematik des Errichtungsstatuts nur die Staatsangehörigkeit, welche ein am Erbvertrag beteiligter Erblasser bereits bei Abschluss des Erbvertrages besitzt; ein etwaiges zukünftiges Heimatrecht kann somit nicht gewählt werden. Ein späterer Statutenwechsel, etwa durch einen Umzug ins Ausland der Erbvertragsparteien, berührt dann die Zulässigkeit, die materiellen Wirkungen und die Bindungswirkungen eines Erbvertrages nicht mehr. Ist somit zumindest ein deutscher Erblasser am Erbvertrag beteiligt (z.B. ein deutscher Ehegatte oder ein deutscher eingetragener Lebenspartner), so kann der Erbvertrag durch Rechtswahl nach Art. 25 Abs. 3 EU-ErbVO dauerhaft wirksam und bindend nach den Vorschriften des deutschen Rechts vereinbart werden, und zwar unabhängig davon, wo die Erbvertragsparteien bei Abschluss des Erbvertrages oder zu einem späteren Zeitpunkt ihren gewöhnlichen Aufenthalt haben. Gegenüber Mitgliedstaaten der EU-ErbVO kann somit eine sichere Grundlage für einen deutschen Erbvertrag geschaffen werden.

Beispiel **1912**

Ein in Deutschland lebendes deutsch-italienisches Ehepaar errichtet vor einem deutschen Notar einen Erbvertrag. Der deutsche Ehegatte wählt rein vorsorglich nach Art. 22 der Verordnung das deutsche Recht. Beide Ehegatten wählen gemäß Art. 25 Abs. 3 der Verordnung für die Zulässigkeit, die materielle Wirksamkeit und die Bindungswirkungen des Erbvertrages das deutsche Recht. Dann ziehen die Ehegatten nach Italien um, wo der italienische Ehegatte nach dem 1.4.2017 verstirbt.

Hier besteht trotz des im italienischen Recht bestehenden Sachverbots (nicht nur Formverbot) für Erbverträge ein wirksamer Erbvertrag mit Bindungswirkung, obwohl der italienische Erblasser nach Art. 21 der Verordnung nach italienischem Recht beerbt wird.

Sehr wichtig ist es zu beachten, dass trotz einer Rechtswahl gemäß Art. 25 Abs. 3 EU-ErbVO das anwend- **1913** bare Erbrecht für die Erbvertragsparteien getrennt nach Art. 21, 22 EU-ErbVO zu bestimmen ist. So kann z.B. ein späterer Umzug der Erbvertragsparteien ins Ausland zu einem Statutenwechsel und somit zur Anwendbarkeit des ausländischen Erbrechts führen (wie im vorherigen Beispiel Rdn 1912). Und das anwendbare Erbrecht betrifft – wie bereits gezeigt – die Frage, ob die im Erbvertrag getroffenen Verfügungen inhaltlich wirksam sind und welche Rechtsfolgen von ihnen ausgehen. So kann z.B. ein in einem in Deutschland errichteten Erbvertrag enthaltenes Rechtsinstitut (z.B. die Vor- und Nacherbschaft) nach dem Erbstatut der Erblasser oder zumindest eines Erblassers materiell unwirksam sein. Anhand des anwendbaren Erbrechts wäre dann zu prüfen, ob unter Umständen eine Umdeutung der bindenden Verfügungen dem Erblasserwillen entsprechend in Betracht kommt. Der Wille der Erblasser wäre somit nach dem Prinzip des „Handelns unter falschem Recht"[339] nach den Grundsätzen des deutschen Erbrechts zu ermitteln und – soweit wie möglich – mit den Mitteln des anwendbaren Erbrechts umzusetzen. Ist eine derartige Umdeutung nicht möglich, könnte die entsprechende Verfügung unwirksam sein, obwohl der Erbvertrag nach dem Errichtungsstatut zulässig und materiell wirksam ist und Bindungswirkungen entfaltet.

---

339 Vgl. zu dem Begriff *Hausmann/Odersky*, Das Internationale Privatrecht in der notariellen Praxis, 3. Aufl. 2017, § 3 Rn 84 ff.

1914

Beispiel

Vgl. vorheriges Beispiel Rdn 1912:

Das deutsch-italienische Ehepaar hat in dem deutschen Erbvertrag eine Vor- und Nacherbschaft zulasten des erstehelichen Kindes eines der Ehegatten verfügt.

Da das italienische Erbrecht eine Vor- und Nacherbschaft grundsätzlich bis auf sehr enge Ausnahmen für nichtig hält (Art. 692 Abs. 5 ital. CC), ist die Verfügung, sofern und soweit eine Umdeutung nicht in Betracht kommt, unwirksam. Da die Nichtigkeitssanktion des italienischen Rechts nur die Beschränkungen des Vorerben betrifft, bleibt die eigentliche Erbeinsetzung wirksam. Der Vorerbe wird somit zum Vollerben.[340]

1915 Die deutschen Notare bzw. ihre Mitarbeiter sollten somit in den Fällen, in denen ein Ausländer an einer Verfügung von Todes wegen beteiligt ist und ein späterer Aufenthaltswechsel gerade in sein Heimatland nicht ganz unwahrscheinlich ist, inhaltlich möglichst nur einfache Verfügungen empfehlen, die im internationalen Vergleich unproblematisch sind, z.B. einfache Erbeinsetzungen oder einfache Vermächtnisse.

1916 Ein aufgrund einer Rechtswahl gemäß Art. 25 Abs. 3 EU-ErbVO vom Erbstatut (Art. 21 Abs. 1 EU-ErbVO) abweichendes Errichtungsstatut kann somit einerseits zu Problemen bei der Gestaltung von Erbverträgen bzw. zu einer Einschränkung der rechtlichen Gestaltungsmöglichkeiten führen. Es kann aber andererseits für die erbvertragsgestaltenden deutschen Notare auch zu neuen interessanten Gestaltungsmöglichkeiten führen, wobei gerade die Vorteile von unterschiedlichem Erbstatut und Errichtungsstatut genutzt werden können.

1917

Beispiel

Beispiel nach *Süß*:[341]

Eine deutsche Ehefrau lebt mit ihrem niederländischen Ehemann in Köln. Die beiden möchten sich gerne gegenseitig bindend zu Erben einsetzen und die Kinder des Ehemannes aus erster Ehe möglichst wenig am Nachlassvermögen des Ehemannes teilhaben lassen.

Das niederländische Recht kennt keinen Erbvertrag, sieht aber vor, dass der überlebende Ehegatte den gesamten Nachlass übernehmen kann und die Kinder des Erblassers erst nach dessen Tod zum Zuge kommen. Das deutsche Recht kennt den Erbvertrag, gewährt den Kindern aber sofort fällige Pflichtteilsansprüche. Keine der beiden Rechtsordnungen gewährt den Eheleuten demnach beide Wünsche. Wählen hier die Eheleute gemäß Art. 25 Abs. 3 EU-ErbVO das deutsche Recht als das Heimatrecht der Ehefrau bei Erbvertragserrichtung (Errichtungsstatut) und der niederländische Ehemann gemäß Art. 22 EU-ErbVO sein niederländisches Heimatrecht (Erbstatut), so kann beiden Wünschen der Ehegatten Rechnung getragen werden, und das zwar auch für den Fall, dass die Ehegatten zu einem späteren Zeitpunkt ihren gewöhnlichen Aufenthalt in die Niederlande verlegen und ein oder beide Ehegatten auch dort versterben sollten.

i) Praktische Fallkonstellationen für Rechtswahlen bei mehrseitigen Erbverträgen

1918 Aus Sicht der deutschen Notare und ihrer Mitarbeiter können sich bei der Vorbereitung und der Beurkundung von Erbverträgen mit Auslandsbezug verschiedene Fallkonstellationen ergeben, die die Gestaltung der Erbverträge maßgeblich beeinflussen. Nachfolgend wird immer davon ausgegangen, dass ein Ehepaar den Notar um die Vorbereitung eines bindenden Erbvertrages bittet und die engste Verbindung der Ehegatten zu ihrem jeweiligen Aufenthaltsstaat besteht (die Ausnahmeanknüpfung gemäß Art. 21 Abs. 2 EU-ErbVO liegt somit nicht vor). Entsprechende Musterformulierungen finden sich nachfolgend unter Rdn 2080 ff.

---

340 Vgl. Ferid/Firsching/*Dörner/Hausmann/Hausmann, Trabucchi*, Italien, Rn 417.
341 Süß/*Süß*, Erbrecht in Europa, 4. Aufl. 2020, Allgemeiner Teil, § 2 Rn 119 ff.

1. Fallgruppe: 1919

Ein deutsch/deutsches Ehepaar mit gewöhnlichem Aufenthalt in Deutschland

Dieser Fall weist zunächst keinerlei Auslandsberührung auf. Beide deutschen Ehegatten würden gemäß Art. 21 Abs. 1 EU-ErbVO nach deutschem Recht beerbt, sofern sie beide auch mit gewöhnlichem Aufenthalt in Deutschland versterben würden. Um für den Fall eines späteren Aufenthalts- und Wohnsitzwechsels ins Ausland das deutsche Recht zu „zementieren", könnten beide Ehegatten gemäß Art. 22 EU-ErbVO ihr deutsches Heimatrecht wählen, und zwar gemäß § 2278 Abs. 2 BGB mit erbvertraglicher Bindung. Ob diese Rechtswahl zu empfehlen ist, hängt auch unter Berücksichtigung der durch eine Rechtswahl ausgelösten zusätzlichen Notargebühren (§ 104 Abs. 2 GNotKG) von den Umständen des Einzelfalls, insbesondere von der Lebensplanung der Ehegatten (z.B. geplanter Wohnsitzwechsel ins Ausland), ab.

Errichtungsstatut ist gemäß Art. 25 Abs. 2 EU-ErbVO einheitlich sowohl für die Zulässigkeit, als auch für   1920
die materiellen Wirkungen und die Bindungswirkungen des Erbvertrages sowie für die Voraussetzungen für seine Auflösung, das deutsche Recht als das Aufenthaltsrecht beider Ehegatten zum Zeitpunkt der Errichtung des Erbvertrages. Ein hiernach zulässiger und wirksam errichteter bindender Erbvertrag würde insbesondere durch einen späteren Wechsel des Aufenthaltsortes der Ehegatten (oder zumindest eines der Ehegatten) ins Ausland nicht mehr beeinflusst. Eine vorsorgende Rechtswahl gemäß Art. 25 Abs. 3 EU-ErbVO ist nicht erforderlich.

Der Erbvertrag kann somit entweder für den Fall, dass beide Ehegatten eine Rechtswahl zum deutschen   1921
Erbrecht gemäß Art. 22 EU-ErbVO treffen oder ein Aufenthalts- und Wohnsitzwechsel ins Ausland nicht beabsichtigt ist, alle vom deutschen Erbrecht vorgesehenen Rechtsinstitute (z.B. Vor- und Nacherbschaft und Dauertestamentsvollstreckung) beinhalten, selbst wenn diese im späteren Aufenthaltsstaat des/der Ehegatten unbekannt und/oder unwirksam bzw. nichtig wären.

2. Fallgruppe: 1922

Ein deutsch/ausländisches Ehepaar mit gewöhnlichem Aufenthalt in Deutschland

Sowohl der deutsche als auch der ausländische Ehegatte würde gemäß Art. 21 Abs. 1 EU-ErbVO nach deutschem Recht beerbt, sofern sie beide auch mit gewöhnlichem Aufenthalt in Deutschland versterben würden. Um für den Fall eines späteren Aufenthalts- und Wohnsitzwechsels ins Ausland das deutsche Recht dauerhaft festzulegen, könnte zumindest der deutsche Ehegatte gemäß Art. 22 EU-ErbVO sein deutsches Heimatrecht wählen (zur Zweckmäßigkeit einer solchen Rechtswahl vgl. 1. Fallgruppe Rdn 1919 ff.). Eine Rechtswahl des ausländischen Erblassers zum deutschen Recht scheidet aus, da die EU-ErbVO keine Wahl des Aufenthaltsrechts des Erblassers gestattet.

Errichtungsstatut ist gemäß Art. 25 Abs. 2 EU-ErbVO einheitlich sowohl für die Zulässigkeit, als auch für   1923
die materiellen Wirkungen und die Bindungswirkungen des Erbvertrages sowie für die Voraussetzungen für seine Auflösung, das deutsche Recht als das Aufenthaltsrecht beider Ehegatten zum Zeitpunkt der Errichtung des Erbvertrages. Auch ein späterer Wechsel des Aufenthaltsortes der Ehegatten ins Ausland würde einen nach deutschem Recht zulässigen und wirksam errichteten bindenden Erbvertrag nicht mehr beeinflussen. Eine vorsorgende Rechtswahl gemäß Art. 25 Abs. 3 EU-ErbVO ist nicht erforderlich. Sie könnte aber zweckmäßig sein, um sich im Falle eines späteren Aufenthaltswechsels ins Ausland, z.B. in das Heimatland des ausländischen Ehegatten, die Bestimmung des gewöhnlichen Aufenthaltes der Ehegatten bei Erbvertragserrichtung zu ersparen. Gewählt werden könnte hier gemäß Art. 25 Abs. 3 EU-ErbVO das deutsche Recht als das Heimatrecht des deutschen Ehegatten zum Zeitpunkt der Erbvertragserrichtung. Abzuwägen sind aber auch hier die durch die vorsorgende Rechtswahl entstehenden zusätzlichen Notargebühren (§ 104 Abs. 2 GNotKG).

Da im Falle des Umzuges und Aufenthaltswechsels beider Ehegatten – oder zumindest des ausländischen   1924
Ehegatten – ins Ausland für diesen Ehegatten ausländisches Erbrecht zur Anwendung käme, sollte der Erbvertrag – je nach Wahrscheinlichkeit eines späteren Aufenthaltswechsels – nur einfache Verfügungen enthalten (z.B. einfache Erbeinsetzungen oder einfache Vermächtnisse), die auch nach dem Recht des potentiellen zukünftigen Aufenthaltsstaates anerkannt werden bzw. wirksam sind.

1925   **3. Fallgruppe:**

Ein deutsch/ausländisches Ehepaar mit getrenntem gewöhnlichem Aufenthalt in Deutschland und im Ausland

Unterstellt, dass der deutsche Ehegatte zum Zeitpunkt der Errichtung des Erbvertrages seinen gewöhnlichen Aufenthalt in Deutschland und der ausländische Ehegatte seinen gewöhnlichen Aufenthalt zu diesem Zeitpunkt in seinem Heimatstaat hat, würde der deutsche Ehegatte gemäß Art. 21 Abs. 1 EU-ErbVO nach deutschem Recht beerbt, sofern er auch mit gewöhnlichem Aufenthalt in Deutschland versterben würde. Der ausländische Erblasser würde grundsätzlich nach dem ausländischen Aufenthaltsrecht beerbt, wenn er zum Zeitpunkt seines Todes noch seinen gewöhnlichen Aufenthalt in dem betreffenden Staat haben sollte. Sollte dieser Aufenthaltsstaat ein Drittstaat im Sinne der EU-ErbVO sein, käme allenfalls eine Rückverweisung gemäß Art. 34 Abs. 1 EU-ErbVO auf das deutsche Recht in Betracht. Vgl. hierzu oben Rdn 1862 und unten Rdn 2046 ff. (Englandfall). Um für den Fall eines späteren Aufenthalts- und Wohnsitzwechsels des deutschen Ehegatten ins Ausland für diesen das deutsche Recht dauerhaft festzulegen, könnte dieser gemäß Art. 22 EU-ErbVO sein deutsches Heimatrecht wählen. Eine Rechtswahl des ausländischen Erblassers zum deutschen Recht kommt nicht in Betracht.

1926   Da in dieser Fallkonstellation für jeden der Ehegatten ein anderes Errichtungsstatut einschlägig ist – für den deutschen Ehegatten in Deutschland das deutsche Recht und für den ausländischen Ehegatten im Ausland das betreffende ausländische Aufenthaltsrecht – wäre ein Erbvertrag gemäß Art. 25 Abs. 2 S. 1 EU-ErbVO nur zulässig, wenn beide einschlägigen Rechtsordnungen das Rechtsinstitut eines bindenden Erbvertrages kennen und gestatten. Wäre der ausländische Ehegatte beispielsweise Österreicher und hätte dieser seinen gewöhnlichen Aufenthalt bei der Erbvertragserrichtung in Österreich, wäre der Abschluss eines Erbvertrages unter Ehegatten grundsätzlich nach beiden Rechtsordnungen zulässig.[342] Wäre der ausländische Ehegatte hingegen Italiener und hätte er seinen gewöhnlichen Aufenthalt bei der Erbvertragserrichtung in Italien, wäre der Abschluss eines Erbvertrages nach italienischem Recht nichtig[343] und somit insgesamt nach Art. 25 Abs. 2 S. 1 EU-ErbVO nicht zulässig. Die materielle Wirksamkeit und die Bindungswirkungen des Erbvertrages beurteilen sich gemäß Art. 25 Abs. 2 S. 2 EU-ErbVO nach demjenigen der beiden Errichtungsstatute, zu dem der Erbvertrag die engste Verbindung aufweist. Hier müsste eine Beurteilung der Gesamtumstände erfolgen und die familiären bzw. sozialen Bindungen beider Ehegatten, die Belegenheit von Vermögenswerten usw., berücksichtigt werden. In den Erbvertrag sollten von daher die Gründe aufgenommen werden, aus denen die Erblasser selbst die engste Verbindung zu einer Rechtsordnung herleiten. Unabhängig davon dürfte jedoch eine eindeutige Bestimmung der engsten Verbindung für den Praktiker in der Regel schwierig sein. Im vorliegenden Fall würde aber eine Rechtswahl gemäß Art. 25 Abs. 3 EU-ErbVO helfen. Die Ehegatten könnten hier aufgrund der Staatsangehörigkeit eines Ehegatten zum Zeitpunkt der Erbvertragserrichtung das deutsche Recht als Errichtungsstatut wählen.

1927   Da im vorliegend Fall auch bei Rechtswahl des deutschen Errichtungsstatuts gemäß Art. 25 Abs. 3 EU-ErbVO mit einer gewissen Wahrscheinlichkeit der ausländische Ehegatte nach ausländischem Erbrecht beerbt werden würde (sofern er nicht noch seinen gewöhnlichen Aufenthalt nach Deutschland verlegt), sollte der Erbvertrag entweder nur einfache Verfügungen enthalten (z.B. einfache Erbeinsetzungen oder einfache Vermächtnisse), die auch nach dem Erbrecht des ausländischen Erblassers anerkannt werden bzw. wirksam sind oder nur Verfügungen treffen, die auf das Erbrecht des ausländischen Erblassers abgestimmt sind, wie z.B. im Falle eines österreichischen Erblassers die Besonderheit, dass nach österreichischem Recht nur über drei Viertel des Nachlassvermögens erbvertraglich verfügt werden kann.[344]

---

342 Vgl. Süß/*Haunschmidt*, Erbrecht in Europa, 4. Aufl. 2020: Österreich, Rn 86 ff. auch zu den Besonderheiten, die bei der Errichtung eines Erbvertrages nach österreichischem Recht zu beachten sind.

343 Vgl. Süß/*Wiedemann/WiedemannPertot/Ballerini*, Erbrecht in Europa, 4. Aufl. 2020: Italien, Rn 175 ff.

344 Vgl. Süß/*Haunschmidt*, Erbrecht in Europa, 4. Aufl. 2020: Österreich, Rn 88.

4. Fallgruppe:

1928

Rein ausländisches Ehepaar mit gewöhnlichem Aufenthalt in Deutschland

Beide ausländischen Ehegatten würden gemäß Art. 21 Abs. 1 EU-ErbVO nach deutschem Recht beerbt, sofern sie beide auch mit gewöhnlichem Aufenthalt in Deutschland versterben würden. Eine vorsorgende Rechtswahl zum deutschen Recht für den Fall eines späteren Umzuges ins Ausland kommt nicht in Betracht, da keiner der Ehegatten die deutsche Staatsangehörigkeit hat und die EU-ErbVO keine Wahl des Aufenthaltsrechts des Erblassers gestattet.

Errichtungsstatut ist (wie in der 2. Fallgruppe) gemäß Art. 25 Abs. 2 EU-ErbVO einheitlich sowohl für die Zulässigkeit, als auch für die materiellen Wirkungen und die Bindungswirkungen des Erbvertrages sowie für die Voraussetzungen für seine Auflösung, das deutsche Recht als das Aufenthaltsrecht beider Ehegatten zum Zeitpunkt der Errichtung des Erbvertrages. Auch ein späterer Wechsel des Aufenthaltsortes der Ehegatten ins Ausland würde einen nach deutschem Recht zulässigen und wirksam errichteten bindenden Erbvertrag nicht mehr beeinflussen. Eine vorsorgende Rechtswahl gemäß Art. 25 Abs. 3 EU-ErbVO zum deutschen Recht als Errichtungsstatut kommt von vornherein nicht in Betracht, da keiner der Ehegatten die deutsche Staatsangehörigkeit besitzt.

1929

Da im Falle des Umzuges und Aufenthaltswechsels beider Ehegatten – oder zumindest eines der Ehegatten – ins Ausland für den betreffenden Ehegatten ausländisches Erbrecht zur Anwendung käme, sollte der Erbvertrag – je nach Wahrscheinlichkeit eines späteren Aufenthaltswechsels – nur einfache Verfügungen enthalten (z.B. einfache Erbeinsetzungen oder einfache Vermächtnisse), die auch nach dem Recht des potentiellen zukünftigen Aufenthaltsstaates anerkannt werden bzw. wirksam sind.

1930

5. Fallgruppe:

1931

Ein deutsch/deutsches Ehepaar mit gewöhnlichem Aufenthalt im Ausland

Beide deutschen Ehegatten würden gemäß Art. 21 Abs. 1 EU-ErbVO nach dem ausländischen Aufenthaltsrecht beerbt, sofern sie beide auch mit gewöhnlichem Aufenthalt in diesem Staat versterben würden und – im Falle eines Drittstaates als Aufenthaltsstaat – keine Rückverweisung auf das deutsche Recht in Betracht kommt. Beide Ehegatten könnten jedoch gemäß Art. 22 EU-ErbVO ihr deutsches Heimatrecht wählen, und zwar gemäß § 2278 Abs. 2 BGB mit erbvertraglicher Bindung. Zweckmäßig kann die Rechtswahl insbesondere dann sein, wenn sich die hauptsächlichen Vermögenswerte der Ehegatten in Deutschland befinden.

Sollten die beiden Ehegatten jeweils vor und mit der Errichtung des Erbvertrages gemäß Art. 22 EU-ErbVO das deutsche Erbrecht als Erbstatut gewählt haben, so wäre auch das Errichtungsstatut für beide Ehegatten einheitlich nach Art. 25 Abs. 2 EU-ErbVO das deutsche Recht. Mangels einer Rechtswahl gemäß Art. 22 EU-ErbVO wäre das Errichtungsstatut für beide Ehegatten einheitlich das gemeinsame Aufenthaltsrecht. Beide Ehegatten könnten aber auch hier gemäß Art. 25 Abs. 3 EU-ErbVO unabhängig vom anwendbaren Recht das deutsche Recht als das Recht ihrer gemeinsamen Staatsangehörigkeit zum Zeitpunkt der Errichtung des Erbvertrages als Errichtungsstatut wählen und damit die Zulässigkeit, die materiellen Wirkungen und die Bindungswirkungen des Erbvertrags dauerhaft sichern.

1932

Der Erbvertrag kann somit für den Fall, dass beide Ehegatten jeweils beide Rechtswahlen sowohl zum anwendbaren Recht gemäß Art. 22 EU-ErbVO als auch zum Errichtungsstatut gemäß Art. 25 Abs. 3 EU-ErbVO treffen, alle vom deutschen Erbrecht vorgesehenen Rechtsinstitute (z.B. Vor- und Nacherbschaft und Dauertestamentsvollstreckung) nutzen, selbst wenn diese nach dem Recht des Aufenthaltsstaates der Ehegatten unbekannt und/oder unwirksam bzw. nichtig wären. Sollte es sich bei dem Aufenthaltsstaat der Ehegatten aber nicht um einen Mitgliedstaat der EU-ErbVO handeln, sondern um einen Drittstaat (z.B. Großbritannien/England), so kann es hinsichtlich des anwendbaren Rechts und des Errichtungsstatuts zu

1933

einem internationalen Entscheidungsdissens kommen,[345] so dass insbesondere für Vermögenswerte, die in einem solchen Drittstaat belegen sind, der deutsche Erbvertrag und die darin enthaltenen Verfügungen unter Umständen nicht anerkannt werden.

1934 **6. Fallgruppe:**

Ein deutsch/ausländisches Ehepaar mit gewöhnlichem Aufenthalt im Ausland

Beide Ehegatten würden gemäß Art. 21 Abs. 1 EU-ErbVO nach dem ausländischen Aufenthaltsrecht beerbt, sofern sie beide auch mit gewöhnlichem Aufenthalt in diesem Staat versterben würden und – im Falle eines Drittstaates als Aufenthaltsstaat – keine Rückverweisung auf das deutsche Recht oder eine Weiterverweisung auf das Recht eines dritten Staates in Betracht kommt. Nur der deutsche Ehegatte könnte jedoch gemäß Art. 22 EU-ErbVO sein deutsches Heimatrecht als anwendbares Erbrecht wählen. Zweckmäßig kann die Rechtswahl insbesondere dann sein, wenn sich die hauptsächlichen Vermögenswerte dieses Ehegatten in Deutschland befinden.

1935 Sollte der deutsche Ehegatte vor und mit der Errichtung des Erbvertrages gemäß Art. 22 EU-ErbVO das deutsche Erbrecht als Erbstatut gewählt haben, so wäre auch das Errichtungsstatut für den deutschen Ehegatten nach Art. 25 Abs. 2 EU-ErbVO das deutsche Recht. Mangels einer Rechtswahl des deutschen Ehegatten gemäß Art. 22 EU-ErbVO wäre das Errichtungsstatut für beide Ehegatten einheitlich das gemeinsame Aufenthaltsrecht. Beide Ehegatten könnten aber auch hier gemäß Art. 25 Abs. 3 EU-ErbVO unabhängig vom anwendbaren Recht das deutsche Recht als das Recht der Staatsangehörigkeit des deutschen Ehegatten zum Zeitpunkt der Errichtung des Erbvertrages als Errichtungsstatut wählen und damit die Zulässigkeit, die materiellen Wirkungen und die Bindungswirkungen des Erbvertrags dauerhaft sichern.

1936 Da für den ausländischen Ehegatten keine Rechtswahl zum deutschen Erbrecht möglich ist, sollte der Erbvertrag nur einfache Verfügungen enthalten (z.B. einfache Erbeinsetzungen oder einfache Vermächtnisse), die auch nach dem Recht des Aufenthaltsstaates anerkannt werden bzw. wirksam sind.

1937 **7. Fallgruppe:**

Zwei ausländische Ehegatten mit gewöhnlichem Aufenthalt im Ausland

Praktische Relevanz kann diese Fallgruppe für den deutschen Rechtsgestalter allenfalls haben, wenn die Ehegatten nennenswerte Vermögenswerte, z.B. Immobilien, in Deutschland haben. Beide Ehegatten würden gemäß Art. 21 Abs. 1 EU-ErbVO grundsätzlich nach dem ausländischen Aufenthaltsrecht beerbt, sofern sie beide auch mit gewöhnlichem Aufenthalt in diesem Staat versterben würden. Eine Rechtswahl nach Art. 22 EU-ErbVO zum deutschen Recht kommt für die ausländischen Erblasser nicht in Betracht.

1938 Errichtungsstatut für beide Ehegatten ist hier einheitlich das gemeinsame Aufenthaltsrecht (bei unterschiedlichen Aufenthaltsstaaten wären dann zwei unterschiedliche Errichtungsstatute zu beachten; vgl. hierzu 3. Fallgruppe). Eine Rechtswahl zum deutschen Recht gemäß Art. 25 Abs. 3 EU-ErbVO scheidet aus, da keiner der Ehegatten die deutsche Staatsangehörigkeit besitzt.

1939 Da hier das deutsche Recht weder Erbstatut noch Errichtungsstatut ist, sollte hier, falls die Ehegatten nicht konkret planen, ihren gewöhnlichen Aufenthalt demnächst nach Deutschland zu verlegen, von der Errichtung eines Erbvertrages abgesehen werden und allenfalls zwei Einzeltestamente mit einfachen Verfügungen errichtet werden, die auch nach dem Recht des Aufenthaltsstaates anerkannt werden bzw. wirksam sind.

---

345 So würde eine in London gelegene Immobilie aus Sicht des englischen internationalen Privatrechts ausschließlich nach englischem Recht vererbt, aus deutscher Sicht aufgrund des gewöhnlichen Aufenthaltes in einem anderen Staat oder aufgrund einer Rechtswahl nach Art. 22 EU-ErbVO zum deutschen Heimatrecht aber im ersteren Fall nach dem betreffenden Aufenthaltsrecht oder im zweiten Fall nach deutschem Recht; und das englische Recht kennt das Rechtsinstitut des Erbvertrages nicht; vgl. hierzu auch Süß/*Odersky*, Erbrecht in Europa, 4. Aufl. 2020: Großbritannien: England und Wales, Rn 13, 101.

4. Zuständigkeiten der deutschen Nachlassgerichte für die Erteilung von Europäischen Nachlasszeugnissen (ENZ) und Erbscheinen mit Auslandsberührung

Die erste Frage, die sich im Zusammenhang mit der Vorbereitung eines Antrags auf Erteilung eines ENZ oder eines Erbscheins mit Auslandsberührung stellt, ist die nach der Zuständigkeit – zunächst insbesondere nach der internationalen Zuständigkeit – deutscher Nachlassgerichte für die Erteilung des zu beantragenden ENZ bzw. Erbscheins. Die nachfolgenden Ausführungen zu b) für die Erteilung von deutschen Erbscheinen gelten im Übrigen entsprechend auch für die Vorbereitung und Erteilung von Testamentsvollstreckerzeugnissen. **1940**

a) Zuständigkeiten der deutschen Nachlassgerichte für die Erteilung von Europäischen Nachlasszeugnissen

aa) Internationale Zuständigkeit für die Erteilung von ENZ

Die internationale Zuständigkeit für die Erteilung eines ENZ als eines von der EU-ErbVO neu eingeführten mitgliedstaatsweiten einheitlichen Erbnachweises richtet sich ausschließlich nach den Vorschriften der EU-ErbVO. Gemäß Art. 64 Abs. 1 S. 1 EU-ErbVO wird das ENZ in dem Mitgliedstaat ausgestellt, dessen Gerichte nach den Artikeln 4, 7, 10 oder 11 EU-ErbVO zuständig sind. Gerichte in diesem Sinne sind gemäß Art. 3 Abs. 2 EU-ErbVO nicht nur jedes Gericht, sondern auch alle sonstigen Behörden und Angehörigen von Rechtsberufen mit Zuständigkeiten in Erbsachen, die gerichtliche Funktionen ausüben oder in Ausübung einer Befugnisübertragung durch ein Gericht oder unter Aufsicht eines Gerichts handeln. Für Deutschland regelt § 34 des deutschen Internationalen Erbrechtsverfahrensgesetzes (kurz: IntErbRVG),[346] welches der Durchführung der EU-ErbVO in Deutschland dient, dass in Deutschland die in § 34 näher bezeichneten Gerichte für die Erteilung eines ENZ sachlich und örtlich zuständig sind (vgl. dazu Rdn 1955 ff.). **1941**

Um das Ziel der EU-ErbVO eines möglichst regelmäßigen Gleichlaufs von anwendbarem Erbrecht und internationaler Zuständigkeit zu erreichen, regelt die Verordnung die internationale Zuständigkeit der Gerichte, die grundsätzlich immer eine ausschließliche Zuständigkeit darstellt, in folgender Reihenfolge: **1942**

- Art. 4 EU-ErbVO: Gerichte des Staates des letzten gewöhnlichen Aufenthalts des Erblassers **1943**
- Art. 7 in Verbindung mit Art. 6, 5 EU-ErbVO: Gerichte des Heimatstaates des Erblassers bei Rechtswahl zum deutschen Recht gemäß Art. 22 EU-ErbVO unter bestimmten weiteren Voraussetzungen
- Art. 10 EU-ErbVO: Hilfsweise Zuständigkeit der Gerichte eines Mitgliedstaates bzw. mehrerer Mitgliedstaaten, in dem bzw. in denen sich Nachlassvermögen befindet, bei letztem gewöhnlichen Aufenthalt des Erblassers in einem Nicht-Mitgliedstaat, und zwar unter bestimmten weiteren Voraussetzungen
- Art. 11 EU-ErbVO: Notzuständigkeit der Gerichte der Mitgliedstaaten, wenn keine Zuständigkeit gemäß Art. 4, 7, 10 EU-ErbVO gegeben ist.

Demgemäß sind deutsche Gerichte für die Erteilung eines ENZ international zuständig, wenn **1944**

- der Erblasser seinen letzten gewöhnlichen Aufenthalt in Deutschland hatte (Art. 4 EU-ErbVO) oder
- der deutsche Erblasser unabhängig von seinem letzten gewöhnlichen Aufenthalt eine Rechtswahl zum deutschen Recht gemäß Art. 22 EU-ErbVO getroffen hat und die weiteren Voraussetzungen des Art. 7 in Verbindung mit Art. 6, 5 EU-ErbVO vorliegen oder
- wenn der Erblasser (gleich ob Deutscher oder Ausländer) seinen letzten gewöhnlichen Aufenthalt nicht in einem Mitgliedstaat hatte, er Nachlassvermögen in Deutschland hinterlassen hat und die weiteren Voraussetzungen des Art. 10 EU-ErbVO vorliegen, oder
- wenn die Notzuständigkeit der deutschen Gerichte gemäß Art. 11 EU-ErbVO gegeben ist.

---

346 BGBl I 2015, S. 1042; abrufbar unter http://www.gesetze-im-internet.de/interbrvg/.

(1) Allgemeine Zuständigkeit gemäß Art. 4 EU-ErbVO

1945   Die internationale Zuständigkeit für den gesamten Nachlass des Erblassers bestimmt sich gemäß Art. 4 EU-ErbVO im Regelfall nach dem letzten gewöhnlichen Aufenthalt des Erblassers, so dass hierdurch grundsätzlich eine Übereinstimmung von zuständigem Gericht und anwendbarem Erbrecht (Art. 21 Abs. 1 EU-ErbVO) entsteht. Damit kommt es im Bereich der Mitgliedstaaten nur noch in Ausnahmefällen (z.B. Zuständigkeit verschiedener Gerichte zur Entgegennahme von Ausschlagungserklärungen gemäß Art. 13 EU-ErbVO) zu Doppelzuständigkeiten.

(2) Zuständigkeit der Heimatgerichte des Erblassers gemäß Art. 7, 6, 5 EU-ErbVO im Falle einer Erblasser-Rechtswahl nach Art. 22 der Verordnung

1946   Sofern der Erblasser gemäß Art. 22 der Verordnung eine Rechtswahl seines Heimatrechts (= Staatsangehörigkeitsrecht) getroffen hat, sind die Gerichte des Heimatstaates des Erblassers international zuständig, wenn

- sich entweder das Nachlassgericht am letzten Erblasserwohnsitz wegen mangelnder Sachnähe für unzuständig erklärt hat (Art. 7 lit. a) i.V.m. Art. 6 lit. a) EU-ErbVO)
  oder
- die Verfahrens- bzw. Nachlassparteien eine Gerichtsstandsvereinbarung zugunsten der Heimatstaatgerichte getroffen haben (Art. 7 lit. b) i.V.m. Art. 5 EU-ErbVO)
  oder
- die Verfahrensparteien die Zuständigkeit eines Heimatstaatsgerichts ausdrücklich anerkannt haben (Art. 7 lit. c) EU-ErbVO)
  oder
- bei rügeloser Einlassung der Verfahrensparteien (Art. 9 EU-ErbVO).

1947   Auch in diesen Fällen wird wieder erreicht, dass das international zuständige Gericht das eigene Erbrecht anwendet. Der praktisch wichtigste Fall ist wohl die Gerichtsstandsvereinbarung seitens der Verfahrensparteien – genauer der „betroffenen Parteien" – gemäß Art. 5 EU-ErbVO. Die Verordnung regelt nicht, wer diese „betroffenen Parteien" sind. Art. 37 IntErbRVG gibt hier eine Orientierung. Da das ENZ mit seiner Gutglaubenswirkung Auswirkungen auf alle in einer Verfügung von Todes wegen bedachten Erben, auf Vermächtnisnehmer mit einer unmittelbaren Berechtigung am Nachlass (sog. Vindikationslegate), auf die potentiellen gesetzlichen Erben sowie auf andere verfügungsbefugte Personen, wie z.B. Testamentsvollstrecker, haben kann, wird man wohl die Zustimmung all dieser Beteiligten verlangen müssen.[347] Die Gerichtsstandvereinbarung bedarf der Schriftform und ist von den betroffenen Parteien zu unterzeichnen. Elektronische Übermittlungen, die eine dauerhafte Aufzeichnung der Vereinbarung ermöglichen, sind der Schriftform gleichgestellt (Art. 5 Abs. 2 S. 2 EU-ErbVO).

1948   *Beispiel*

Ein deutscher Erblasser, der in seinem Testament eine wirksame Rechtswahl zum deutschen Recht gemäß Art. 22 EU-ErbVO getroffen hat, es sonst aber bei der gesetzlichen Erbfolge belassen hat, verstirbt mit letztem Wohnsitz in Mailand. Er hinterlässt neben mehreren Immobilien und beweglichem Vermögen in Deutschland auch ein Wertpapierdepot in Mailand. Die Erben des Erblassers leben ausschließlich in Deutschland.

Hier ist es für die deutschen Erben praktikabler, ein deutsches Gericht mit der Erteilung eines europäischen Nachlasszeugnisses (oder eines Erbscheins; vgl. dazu unten Rdn 1959 ff.) zu betrauen. Hier bietet sich schon aus Sprach-, Zeitersparnis- und Kostengründen eine schriftliche Gerichtsstandsvereinbarung der gesetzlichen Erben gemäß Art. 5 EU-ErbVO an, um zu erreichen, dass ein deutsches Nachlassgericht unter Anwendung des deutschen Erbrechts ein ENZ für das Wertpapierdepot in Mailand erteilt, welches dann auch für die umfangreichen Vermögenswerte in Deutschland verwendet

---

347 Nicht erforderlich, weil nicht praktikabel, ist wohl darüber hinaus die Zustimmung von Nach- und Ersatzerben oder Vermächtnisnehmern mit rein schuldrechtlichen Ansprüchen gegen die Erben; so auch *Hausmann/Odersky*, Internationales Privatrecht in der Notar- und Gestaltungspraxis, 3. Aufl. 2017, § 15 Rn 371 mit weiteren Nachweisen.

werden kann. Die internationale Zuständigkeit der deutschen Gerichte folgt hier aus Art. 64 Abs. 1 S. 1, 7 lit. b, 5 EU-ErbVO.

(3) Hilfsweise Zuständigkeit bei Erblassern ohne letzten gewöhnlichen Aufenthalt in einem Mitgliedstaat

Gemäß Art. 10 der Verordnung sind Fälle der hilfsweisen Zuständigkeit der Nachlassgerichte der Mitgliedstaaten geregelt, falls der Erblasser nicht mit gewöhnlichem Aufenthalt in einem Mitgliedstaat verstorben ist, er aber Nachlassvermögen in einem Mitgliedstaat hinterlassen hat. **1949**

So sind gemäß Art. 10 Abs. 1 lit. a) und b) EU-ErbVO Gerichte eines Mitgliedstaates, in dem sich Nachlassvermögen befindet, für den gesamten Nachlass des Erblassers international zuständig, wenn der Erblasser entweder die Staatsangehörigkeit dieses Mitgliedstaates im Todeszeitpunkt hatte oder der Erblasser seinen vorhergehenden gewöhnlichen Aufenthalt in diesem Mitgliedstaat hatte, sofern die Änderung dieses gewöhnlichen Aufenthalts zum Zeitpunkt der Anrufung des Gerichts nicht länger als fünf Jahre zurückliegt. **1950**

> *Beispiel* **1951**
>
> Ein deutscher Erblasser verstirbt mit letztem gewöhnlichen Aufenthalt in Japan und hinterlässt neben Vermögenswerten in Japan auch jeweils eine Eigentumswohnung und ein Wertpapierdepot in Deutschland und Österreich. Eine Rechtswahl gemäß Art. 22 EU-ErbVO hat der Erblasser nicht getroffen.
>
> Hier wäre wegen der deutschen Staatsangehörigkeit des Erblassers eine internationale Zuständigkeit der deutschen Gerichte gemäß Art. 10 Abs. 1 lit. a) EU-ErbVO zur Erteilung eines ENZ für den gesamten Weltnachlass des Erblassers gegeben.

Ist gemäß Art. 10 Abs. 1 EU-ErbVO keine internationale Zuständigkeit gegeben, so sind gemäß Art. 10 Abs. 2 der Verordnung die Gerichte des Mitgliedstaates, in dem sich Nachlassvermögen befindet, nur für dieses Nachlassvermögen zuständig. Da die jeweiligen Mitgliedstaatsgerichte immer nur für das in dem jeweiligen Mitgliedstaat befindliche Nachlassvermögen international zuständig sind, können die jeweiligen Gerichte auch ausnahmsweise ein ENZ zur Verwendung nur im eigenen Mitgliedstaat und nicht zur Verwendung in einem anderen Mitgliedstaat (vgl. Art. 62 Abs. 1 EU-ErbVO) ausstellen.[348] **1952**

> *Beispiel* **1953**
>
> Ein japanischer Erblasser, der früher in Deutschland gelebt hat, nun aber bereits seit zehn Jahren seinen gewöhnlichen Aufenthalt in Japan hat, verstirbt mit letztem Wohnsitz in Japan und hinterlässt neben Vermögenswerten in Japan auch jeweils eine Eigentumswohnung und ein Wertpapierdepot in Deutschland und Österreich.
>
> Eine Zuständigkeit der deutschen Nachlassgerichte für die Erteilung eines ENZ nach Art. 10 Abs. 1 EU-ErbVO ist hier nicht gegeben (Erblasser war kein deutscher Staatsangehöriger; Erblasser hatte die letzten fünf Jahre nicht mehr seinen gewöhnlichen Aufenthalt in Deutschland). Eine internationale Zuständigkeit der deutschen Gerichte für die Erteilung eines ENZ ergibt sich nach der hier vertretenen Auffassung jedoch aus Art. 10 Abs. 2 EU-ErbVO, und zwar nur für das in Deutschland befindliche Nachlassvermögen.

(4) Notzuständigkeit gemäß Art. 11 EU-ErbVO

Schließlich enthält Art. 11 EU-ErbVO eine Notzuständigkeit. Besteht nach den zuvor unter Ziffer (1) bis (3) genannten Vorschriften keine anderweitige Zuständigkeit eines Gerichtes eines Mitgliedstaates, können die Gerichte eines Mitgliedstaates, zu dem die Sache einen ausreichenden Bezug aufweist, gleich- **1954**

---

348 Strittig, so wie hier *Müller-Lukoschek*, Die neue EU-Erbrechtsverordnung, 2. Aufl. 2015, § 2 Rn 341; a.A. *Süß/Süß*, Erbrecht in Europa, 4. Aufl. 2020, Allgemeiner Teil, § 6 Rn 25, der in diesem Fall die Erteilung eines ENZ ganz ausschließt und die Erben auf einen nationalen Erbnachweis verweist; nach dieser Ansicht würde aber die Auffangvorschrift des Art. 10 Abs. 2 EU-ErbVO für die Erteilung von ENZ völlig leerlaufen und das kann nicht die Absicht des Verordnungsgebers gewesen sein.

wohl entscheiden, wenn die Durchführung eines Verfahrens anderweitig nicht zumutbar oder unmöglich ist (z.B. Kriegssituationen o.Ä. im Aufenthaltsstaat des Erblassers).

bb) Sachliche Zuständigkeit für die Erteilung von ENZ

1955 Die sachliche Zuständigkeit für die Erteilung von ENZ liegt gemäß § 34 Abs. 4 IntErbRVG beim Amtsgericht, das als Nachlassgericht entscheidet. Sind nach landesrechtlichen Vorschriften für die Aufgaben der Nachlassgerichte andere Stellen als Gerichte zuständig, so sind diese Stellen sachlich ausschließlich zuständig. Im Geltungsbereich der Höfeordnung kann etwa das Landwirtschaftsgericht sachlich zuständig sein (§ 18 Abs. 2 HöfeO).

cc) Örtliche Zuständigkeit für die Erteilung von ENZ

1956 Die örtliche Zuständigkeit eines deutschen Amts- bzw. Nachlassgerichts für die Erteilung eines ENZ ergibt sich aus § 34 Abs. 1 bis 3 IntErbRVG. Hat der Erblasser eine wirksame Rechtswahl nach Art. 22 EU-ErbVO und die betroffenen Verfahrensparteien eine wirksame Gerichtsstandsvereinbarung gemäß Art. 5 EU-ErbVO getroffen, dann ist gemäß § 34 Abs. 1 IntErbRVG das in der Gerichtsstandsvereinbarung festgelegte Nachlassgericht (z.B. AG Köln) für die Erteilung des ENZ örtlich zuständig. Zuvor muss sich das an sich zuständige Nachlassgericht (z.B. am letzten gewöhnlichen Aufenthalt des Erblassers gemäß Art. 4 EU-ErbVO) für unzuständig erklären (Art. 6 lit. b) EU-ErbVO).

1957 Im Übrigen ergibt sich die örtliche Zuständigkeit des zuständigen Amts- bzw. Nachlassgerichts aus § 34 Abs. 3 IntErbRVG. Hiernach ergibt sich die örtliche Zuständigkeit deutscher Nachlassgerichte gemäß folgender Prüfungsreihenfolge:

- Primär zuständig ist das Gericht, in dessen Bezirk der Erblasser bei seinem Tode seinen gewöhnlichen Aufenthalt hatte.
- Hatte der Erblasser seinen letzten gewöhnlichen Aufenthalt nicht in Deutschland, ist hilfsweise das Gericht zuständig, in dessen Bezirk der Erblasser seinen letzten gewöhnlichen Aufenthalt in Deutschland hatte.
- Gab es niemals einen gewöhnlichen Aufenthalt in Deutschland, ist wiederum hilfsweise das Amtsgericht Schöneberg in Berlin zuständig, das die Sache aber aus wichtigem Grund an ein anderes Nachlassgericht verweisen kann.

Der Begriff des gewöhnlichen Aufenthalts ist in gleicher Weise wie in Art. 21 Abs. 1 EU-ErbVO zu verstehen (vgl. Rdn 1846 ff.).

dd) Funktionelle Zuständigkeit für die Erteilung von ENZ

1958 Die Grundzuständigkeit für die Erteilung von ENZ liegt gemäß § 3 Nr. 2c) RPflG beim Rechtspfleger. Gemäß § 16 Abs. 2 RPflG bleiben aber in Verfahren im Zusammenhang mit dem ENZ die Ausstellung, Berichtigung, Änderung oder der Widerruf eines ENZ sowie die Aussetzung der Wirkungen eines ENZ (§ 33 IntErbRVG) dem Richter vorbehalten, sofern eine Verfügung von Todes wegen vorliegt oder die Anwendung ausländischen Rechts in Betracht kommt. Letzteres ist z.B. dann der Fall, wenn der Erblasser ein ausländisches Erbrecht gewählt hat oder der Erblasser mit letztem gewöhnlichen Aufenthalt im Ausland verstorben ist. Gemäß § 16 Abs. 3 RPflG kann der Richter dem Rechtspfleger die Ausstellung eines ENZ aber dann übertragen, wenn trotz Vorliegens einer Verfügung von Todes wegen die gesetzliche Erbfolge maßgeblich ist und deutsches Erbrecht zur Anwendung kommt. Gemäß §§ 19 Abs. 1 Nr. 5, 16 Abs. 2 RPflG kann jedoch jedes Bundesland den Richtervorbehalt weiter zugunsten der Rechtspfleger einschränken.

b) Zuständigkeiten der deutschen Nachlassgerichte für die Erteilung von Erbscheinen mit Auslandsberührung

aa) Internationale und örtliche Zuständigkeit für die Erteilung von Erbscheinen

1959 Wie bereits ausführlich erörtert (vgl. Rdn 1832 ff.) beurteilt sich die internationale Zuständigkeit der deutschen Nachlassgerichte für die Erteilung von Erbscheinen mit Auslandsberührung auch nach Anwendbarkeit der EU-ErbVO am 17.8.2015 nach den nationalen Zuständigkeitsvorschriften der §§ 105, 343, 344 FamFG und nicht nach den Zuständigkeitsvorschriften der EU-ErbVO. Diese umstrittene Frage hat der deutsche Gesetzgeber mit dem Gesetz zum Internationalen Erbrecht und zur Änderung von Vorschriften zum Erbschein sowie zur Änderung sonstiger Vorschriften zugunsten der deutschen Zuständigkeitsvorschriften beantwortet. Durch dieses Gesetz wurden die nationalen Zuständigkeitsvorschriften der §§ 105, 343 FamFG für die Erteilung von Erbscheinen mit Auslandsberührung nicht aufhoben oder dem Wortlaut der Art. 4 ff. EU-ErbVO entsprechend angeglichen, sondern nur einzelne Begriffe (insbesondere „gewöhnlicher Aufenthalt" statt „Wohnsitz" i.R.d. § 343 FamFG) an die EU-ErbVO angepasst. Auch die Begründung des Gesetzgebers zu § 343 FamFG führt ausdrücklich aus, dass es hinsichtlich der internationalen Zuständigkeit (von Erbscheinen) bei der Anwendung der Vorschriften des FamFG bleibt.

Zu den nationalen Regelungen zur internationalen Zuständigkeit der deutschen Nachlassgerichte für die Erteilung von Erbscheinen mit Auslandsberührung zunächst ein kurzer „historischer" Rückblick: **1960**

Durch das am 1.9.2009 in Kraft getretene Gesetz über das Verfahren in Familiensachen und in den Angelegenheiten der freiwilligen Gerichtsbarkeit (kurz: FamFG) wurde die internationale Zuständigkeit deutscher Nachlassgerichte grundlegend neu geregelt. Gemäß §§ 105, 343 FamFG ist seitdem ein deutsches Gericht in Nachlasssachen (also insbesondere im Erbscheinsverfahren) dann international zuständig, wenn es örtlich zuständig ist. Die internationale Zuständigkeit wird somit aus der örtlichen Zuständigkeit abgeleitet (= „Grundsatz der Doppelfunktionalität"). Bis zum Inkrafttreten des FamFG war die Frage der internationalen Zuständigkeit der deutschen Gerichte in Nachlasssachen gesetzlich nicht geregelt. Nach ständiger Rechtsprechung und der herrschenden Meinung in der Literatur war bis dahin die internationale Zuständigkeit der deutschen Nachlassgerichte immer dann gegeben, wenn das Gericht deutsches Erbrecht auf den konkreten Fall anzuwenden hatte (= sogenannter „Gleichlaufgrundsatz"). Im Falle eines ausländischen Erblassers, der ganz oder teilweise nach seinem Heimatrecht beerbt wurde, bestand darüber hinaus gemäß § 2369 BGB alter – also bis zum 1.9.2009 gültigen – Fassung eine auf das in Deutschland befindliche Nachlassvermögen beschränkte internationale Zuständigkeit der deutschen Nachlassgerichte. Dem „Gleichlaufgrundsatz" hat das FamFG mit den neuen Zuständigkeitsregelungen eine Absage erteilt. Die internationale Zuständigkeit der deutschen Nachlassgerichte wird seither unabhängig von dem auf den Erbfall anzuwendenden Recht bestimmt.[349]

Die allgemeine örtliche Zuständigkeit der Nachlassgerichte, aus der deren internationale Zuständigkeit abgeleitet wird, ergibt sich aus § 343 FamFG, einer Vorschrift, die dem bis zum 1.9.2009 geltenden § 73 FGG (= Gesetz über die Angelegenheiten der freiwilligen Gerichtsbarkeit) weitestgehend nachgebildet wurde und die durch das Gesetz zum Internationalen Erbrecht und zur Änderung von Vorschriften zum Erbschein sowie zur Änderung sonstiger Vorschriften[350] mit Wirkung zum 17.8.2015 ab Anwendbarkeit der EU-ErbVO in einigen Punkten an die EU-ErbVO angepasst worden ist.   **1961**

Bei einem deutschen Erblasser   **1962**

- ◼ bestimmt sich die örtliche Zuständigkeit in erster Linie nach dem inländischen gewöhnlichen Aufenthalt des Erblassers zum Zeitpunkt des Erbfalls,

hilfsweise

- ◼ wenn der Erblasser zum Zeitpunkt seines Todes keinen inländischen gewöhnlichen Aufenthalt hatte, nach dem letzten inländischen gewöhnlichen Aufenthalt des Erblassers,

hilfsweise

- ◼ wenn der Erblasser niemals einen gewöhnlichen Aufenthalt in Deutschland hatte, ist das Amtsgericht Schöneberg zuständig, das allerdings die Sache aus wichtigen Gründen an ein anderes Gericht abgeben kann.

Bei einem ausländischen Erblasser   **1963**

- ◼ bestimmt sich die örtliche Zuständigkeit ebenfalls in erster Linie nach dem inländischen gewöhnlichen Aufenthalt des Erblassers zum Zeitpunkt des Erbfalls (§ 343 Abs. 1 FamFG),

---

349 Vgl. zum alten Recht die Ausführungen Faßbender/*Wittkowski*, Notariatskunde, 16. Aufl., Rn 1327 und *Wittkowski*, RNotZ 2010, 102.
350 BGBl 2015 I, S. 1042.

hilfsweise

- wenn der Erblasser zum Zeitpunkt seines Todes keinen inländischen gewöhnlichen Aufenthalt hatte, ebenfalls nach dem letzten inländischen gewöhnlichen Aufenthalt des Erblassers (§ 343 Abs. 2 FamFG),

hilfsweise

- wenn der Erblasser niemals einen gewöhnlichen Aufenthalt in Deutschland hatte, ist das Amtsgericht Schöneberg zuständig, wenn sich Nachlassgegenstände in Deutschland befinden. Auch hier kann das Amtsgericht Schöneberg allerdings die Sache aus wichtigen Gründen an ein anderes Gericht abgeben kann (§ 343 Abs. 3 FamFG).

1964 Der Begriff des „gewöhnlichen Aufenthalts" hat in § 343 FamFG die bisherigen Begriffe des „Wohnsitzes" (§§ 7, 9 BGB) und des „schlichten Aufenthaltes" in Anpassung an die Begrifflichkeiten der EU-ErbVO abgelöst. Weder die EU-ErbVO noch das FamFG liefern aber eine Definition dieses Begriffes, vgl. hierzu oben Rdn 1846 f. Die zurzeit herrschende Meinung in der Literatur definiert den Begriff des „gewöhnlichen Aufenthalts" im Rahmen der Zuständigkeitsvorschrift des § 343 FamFG entsprechend dem Begriff des „gewöhnlichen Aufenthalts" im Rahmen des Art. 21 Abs. 1 EU-ErbVO zur Ermittlung des anwendbaren Erbrechts, um so möglichst ein Auseinanderfallen von internationaler Zuständigkeit und anwendbarem Recht zu verhindern.[351] Wie bereits ausgeführt, ist unter dem „gewöhnlichen Aufenthalt" in Anlehnung an die Rechtsprechung des Europäischen Gerichtshofs (EuGH) zu diesem Begriff im Zusammenhang mit anderen Rechtsgebieten der „Daseinsmittelpunkt" als Schwerpunkt der familiären, sozialen und beruflichen Beziehungen einer Person zu verstehen. Die EU-ErbVO fordert in ihrem Erwägungsgrund 23 eine enge und feste Beziehung zu einer bestimmten Rechtsordnung, die anhand einer Gesamtbeurteilung aller Lebensumstände des Erblassers in den Jahren vor seinem Tode und im Zeitpunkt seines Todes zu ermitteln ist. Hierbei sollen alle relevanten Tatsachen berücksichtigt werden, insbesondere die Dauer und die Regelmäßigkeit des Aufenthalts des Erblassers in dem betreffenden Staat sowie die damit zusammenhängenden Umstände. Ein Großteil der Fälle wird sich anhand dieser Kriterien problemlos lösen lassen. Zu den daneben bestehenden problematischeren Fallkonstellationen (z.B. Berufspendler, Diplomaten und Studenten oder Personen, die sich abwechselnd in mehreren Staaten aufhalten – „Mallorca-Rentner" –) vgl. Rdn 1847. Für etwaige weitere Zweifelsfälle wird man die Rechtsprechung der in Zukunft mit den Erbangelegenheiten befassten Nachlassgerichte abwarten müssen.

1965 Zusammenfassend ist somit gemäß §§ 105, 343 FamFG im Falle eines deutschen Erblassers die internationale Zuständigkeit deutscher Nachlassgerichte stets eröffnet, während im Falle eines ausländischen Erblassers dieser entweder seinen letzten gewöhnlichen Aufenthalt oder einen früheren gewöhnlichen Aufenthalt in Deutschland gehabt oder zumindest Nachlassvermögen in Deutschland hinterlassen haben muss. Anders ausgedrückt: Die internationale Zuständigkeit deutscher Nachlassgerichte bei Erbfällen mit Auslandsbezug besteht grundsätzlich nur nicht im Falle eines ausländischen Erblassers, der nie seinen gewöhnlichen Aufenthalt in Deutschland hatte und auch keinerlei Nachlassvermögen in Deutschland hinterlassen hat. Das aktuelle Recht führt somit die seit dem 1.9.2009 eingeführte erhebliche Ausweitung der internationalen Zuständigkeit der deutschen Nachlassgerichte für die Erteilung von Erbscheinen mit Auslandsberührung fort, und zwar insbesondere dadurch, dass sich diese Zuständigkeit bei ausländischen Erblassern – aber auch bei deutschen Erblassern – auf das gesamte „Weltvermögen" des Erblassers und nicht mehr nur auf den im Inland befindlichen Nachlass erstreckt, und zwar unabhängig vom anwendbaren Recht. So werden deutsche Nachlassgerichte auch nach Anwendbarkeit der EU-ErbVO mit einer Vielzahl von Verfahren mit Auslandsberührung konfrontiert sein. Ausländisches Recht wird jedoch auf solche Fälle seit der Anwendbarkeit der EU-ErbVO durch die weitgehende Harmonisierung von internationaler Zuständigkeit und anwendbarem Recht erheblich seltener zur Anwendung kommen.

1966 Umstritten ist im Rahmen der Zuständigkeitsregelungen des § 343 FamFG, ob in den Nachlassfällen mit Auslandsberührung, in denen sich die internationale Zuständigkeit z.B. nur aus der Belegenheit der Nachlassgegenstände in Deutschland ergibt, bzw. nach Anwendbarkeit der EU-ErbVO z.B. durch einen früheren, vielleicht nur kurzzeitigen gewöhnlichen Aufenthalt eines ausländischen Erblassers in Deutsch-

---

351 Vgl. *Keidel*, FamFG, 19. Aufl. 2017, § 343, Rn 61 ff. mit weiteren Nachweisen.

land, diese weite internationale Zuständigkeit der deutschen Nachlassgerichte wieder dadurch einge-schränkt werden kann, dass mangels eines hinreichenden Inlandsbezugs ein ausreichendes Rechtsschutz-bedürfnis des Antragstellers verneint wird. So könnte z.B. ein deutsches Nachlassgericht mangels ausrei-chenden Inlandsbezuges im Falle eines ausländischen Erblassers mit letztem gewöhnlichen Aufenthalt im Ausland, der nur ein Girokonto mit einem geringen Geldbetrag bei einem deutschen Kreditinstitut hin-terlässt, die Erteilung eines Erbscheins mangels Rechtsschutzbedürfnisses ablehnen. Gegen die Einfüh-rung eines derartigen zusätzlichen Zulässigkeitskriteriums im Nachlassverfahren spricht aber, dass sich der Gesetzgeber insbesondere im Erbscheinsverfahren bewusst und gezielt durch die Ableitung der inter-nationalen aus der örtlichen Zuständigkeit für eine deutliche Ausweitung der internationalen Zuständig-keit der deutschen Nachlassgerichte entschieden hat, ohne irgendeinen zusätzlichen Inlandsbezug bzw. ein Rechtsschutzbedürfnis zu fordern. Auch hat der Gesetzgeber im Rahmen der Neufassung des § 343 FamFG im Jahre 2015 trotz der bereits schon vorher vorhandenen Kritik an dem weiten Anwen-dungsbereich der Zuständigkeitsvorschrift im Kern diesen Anwendungsbereich nicht nennenswert einge-schränkt und auch im Rahmen des im Jahre 2015 neu gefassten § 343 Abs. 3 FamFG nach wie vor keine besonderen Anforderungen an Wert und Umfang der im Inland befindlichen Nachlassgegenstände auf-gestellt. So kann und darf dann auch nicht über die „Hintertür" der Verneinung eines Rechtsschutzbedürf-nisses oder eines hinreichenden Inlandsbezuges im Einzelfall die durch das FamFG geschaffene erweiter-te internationale Zuständigkeit der deutschen Nachlassgerichte wieder quasi „beliebig" eingeengt werden. Dies würde auch zu einer großen Rechtsunsicherheit führen, denn die Grenze für einen ausrei-chenden Inlandsbezug bzw. für ein ausreichendes Rechtsschutzinteresse wäre kaum sinnvoll zu ziehen.

bb) Sachliche Zuständigkeit für die Erteilung von Erbscheinen

Sachlich zuständig für die Erteilung von Erbscheinen mit Auslandsberührung sind gemäß § 23a Abs. 1 Nr. 2 Abs. 2 Nr. 2 GVG die Amtsgerichte. Im Geltungsbereich der Höfeordnung kann auch das Landwirt-schaftsgericht sachlich zuständig sein (§ 18 Abs. 2 HöfeO). **1967**

cc) Funktionelle Zuständigkeit für die Erteilung von Erbscheinen

Nach der bis zum 1.9.2009 geltenden Rechtslage bestand gemäß § 16 Abs. 1 Nr. 6 RPflG aF. ein Richter-vorbehalt unter anderem für die Fälle, dass eine Verfügung von Todes wegen vorliegt oder ein gegen-ständlich beschränkter Erbschein nach § 2369 BGB aF. beantragt wird. Nach der aktuellen, ab dem 17.8.2015 gültigen Rechtslage sieht auch § 16 Abs. 1 Nr. 6 RPflG einen generellen Richtervorbehalt für alle Fälle vor, in denen entweder eine Verfügung von Todes wegen vorliegt oder die Anwendung aus-ländischen Rechts in Betracht kommt. Letzteres ist z.B. dann der Fall, wenn der Erblasser ein auslän-disches Erbrecht gewählt hat oder der Erblasser mit letztem gewöhnlichen Aufenthalt im Ausland verstor-ben ist. Gemäß § 16 Abs. 3 RPflG kann der Richter dem Rechtspfleger die Erteilung eines Erbscheins aber dann übertragen, wenn trotz Vorliegens einer Verfügung von Todes wegen die gesetzliche Erbfolge maß-geblich ist und deutsches Erbrecht zur Anwendung kommt. Gemäß §§ 19 Abs. 1 Nr. 5, 16 Abs. 1 Nr. 6 RPflG kann jedoch jedes Bundesland den Richtervorbehalt weiter zugunsten der Rechtspfleger ein-schränken. **1968**

5. Das Europäische Nachlasszeugnis (ENZ)

Als eine der wichtigsten „Errungenschaften" der EU-ErbVO wird die Schaffung eines Europäischen Nachlasszeugnisses (kurz: ENZ) angesehen.[352] Ein ENZ kann nur für einen Erbfall beantragt und aus-gestellt werden, der ab dem 17.8.2015 eingetreten ist. Für Erbfälle vor diesem Zeitpunkt kommt nur die Erteilung eines nationalen Erbnachweises, z.B. eines deutschen Erbscheins in Betracht. **1969**

a) Ziel für die Schaffung eines Europäischen Nachlasszeugnisses

Das ENZ soll die Verwaltung und Abwicklung von über mehrere Mitgliedstaaten verteilten Nachlässen erleichtern und beschleunigen. So zielt das ENZ darauf ab, solchen Erben, unmittelbar am Nachlass be-teiligten Vermächtnisnehmern und Testamentsvollstreckern den Nachweis zu erleichtern, die ihre **1970**

---

352 *Süß* spricht von der „Krönung" der EU-ErbVO; vgl. Süß/*Süß*, Erbrecht in Europa, 4. Aufl. 2020, Allgemeiner Teil, § 1 Rn 19.

Rechtsstellung bzw. Befugnis in einem anderen Mitgliedstaat geltend machen wollen. Dies wird dadurch erreicht, dass das ENZ nach Erteilung durch das Nachlassgericht eines Mitgliedstaates in allen Mitgliedstaaten eine einheitliche Gültigkeit besitzt (Art. 62 Abs. 1 EU-ErbVO). Das ENZ tritt aber nicht an die Stelle der nationalen Erbnachweise, insbesondere des deutschen Erbscheins, und zwar auch nicht bei Erbfällen mit Auslandsberührung bzw. EU-Berührung (Art. 62 Abs. 3 S. 1 EU-ErbVO). Beide Zeugnisse können somit bei der international zuständigen Behörde (Gericht) nebeneinander beantragt und erteilt werden. Wird das ENZ auf der Grundlage der Verordnung erteilt, ist ein nationaler Erbnachweis aber grundsätzlich entbehrlich, denn das ENZ kann nach der Erteilung auch in dem Mitgliedstaat verwendet werden, in dem es ausgestellt worden ist (Art. 62 Abs. 3 S. 3 EU-ErbVO).

b) Inhalt eines Europäischen Nachlasszeugnisses – Sonderprobleme der §§ 1931 Abs. 4, 1371 Abs. 1 BGB und der Aufnahme von Vermächtnissen unterschiedlicher Art

1971 Art. 68 EU-ErbVO enthält eine umfangreiche Aufstellung von Angaben, die ein ENZ enthalten kann. Die Punkte lit. a) bis g) betreffen zunächst allgemeine Angaben insbesondere zum Erblasser (persönliche Daten, Staatsangehörigkeit, Todesdatum und Todesort, Anschrift zum Zeitpunkt des Todes, usw.), zum Antragsteller (persönliche Daten, Staatsangehörigkeit, Verwandtschaftsverhältnis zum Erblasser, usw.) und zur ausstellenden Behörde (Gerichtsbezeichnung, Aktenzeichen, usw.). Die Punkte lit. h) bis k) zählen die rechtlichen Grundlagen für das ausgewiesene Erbrecht auf (auf das Erbrecht anzuwendendes Recht, Verfügungen von Todes wegen und Eheverträge des Erblassers, Annahme- und Ausschlagungserklärungen der Begünstigten, usw.). Schließlich umfassen die Punkte lit. l) bis o) das ausgewiesene Erbrecht (Erbquoten, Vermächtnisse, Beschränkungen der Erben und Vermächtnisnehmer z.B. durch Testamentsvollstreckung oder Nachlassverwaltung sowie Befugnisse von Testamentsvollstreckern und Nachlassverwaltern).

1972 Die vorstehenden Angaben sind in dem ENZ nur enthalten, soweit dies für die Zwecke, zu denen es ausgestellt wird, erforderlich ist (Art. 68, Hs. 1 EU-ErbVO). Die Aufstellung in Art. 68 EU-ErbVO ist auch nicht abschließend. Erst praktische Erfahrungen mit dem ENZ werden zeigen, inwieweit die Angaben noch erweitert oder verändert werden müssen. Aus Praktikabilitätsgründen wird das ENZ auf einem von einem Spezialgremium der Kommission entworfenen Formblatt, das in Zukunft beliebig verändert und erweitert werden kann, ausgestellt (Art. 67 Abs. 1 S. 2 EU-ErbVO). Nach der jüngsten Entwicklung in der Rechtsprechung ist darüber hinaus die Verwendung des Formblatts nicht zwingend, sondern fakultativ, sodass Notare in der Praxis ihre eigenen Muster verwenden dürfen (dazu unten Rdn 1983).

1973 Fraglich und ungeklärt ist, ob auch ein Teilzeugnis entsprechend z.B. einem deutschen Teilerbschein gemäß § 2353, 2. Alt. BGB beantragt und erteilt werden kann, das nur einzelne Rechte am Nachlass ausweist. Ferner ist ungeklärt, ob eine Beschränkung des ENZ auf den in einem Mitgliedstaat befindlichen Nachlass vergleichbar mit § 352c FamFG, wonach der Erbschein bei Vorhandensein von Auslandsvermögen auf inländische Nachlassgegenstände beschränkt werden kann, möglich ist. Diese Fragen werden wohl erst durch die Praxis und dadurch hervorgerufene Gerichtsentscheidungen beantwortet. Dem mit der Abfassung eines Antrages auf Erteilung eines ENZ befassten Notar ist zu empfehlen, diese Fragen nach Möglichkeit vor der Abfassung des Antrags mit dem zuständigen Nachlassgericht abzuklären.[353]

1974 Probleme bereitet die Aufnahme von erbrechtlichen Rechtsinstituten in ein ENZ, die nur in einzelnen Mitgliedstaaten oder nur in einem einzigen Mitgliedstaat existieren oder die in verschiedenen Mitgliedstaaten unterschiedlich behandelt werden und die unter Umständen im Staat des das ENZ ausstellenden Gerichtes unbekannt sind oder dort zumindest anders rechtlich behandelt werden als vom Erblasser gewollt.

1975 Als Paradebeispiel hierfür steht die Behandlung der deutschen Vorschriften, die die Schnittstellen zwischen dem Güterrecht und dem Erbrecht bilden. Zu nennen sind hier § 1931 Abs. 4 BGB einerseits und § 1371 Abs. 1 in Verbindung mit § 1931 Abs. 1 BGB andererseits. Da das Güterrechtsstatut und das Erbstatut aufgrund der unterschiedlichen Anknüpfungspunkte im Einzelfall auseinander fallen können (so wird z.B. der mit einer deutschen Frau verheiratete und aufgrund des ersten gemeinsamen ehelichen Wohnsitzes in Deutschland im deutschen Güterrecht lebende italienische Erblasser, der mit letz-

---

353 Vgl. zu diesen Fragen Süß/*Süß*, Erbrecht in Europa, 4. Aufl. 2020, Allgemeiner Teil, § 6 Rn 5, 6.

tem gewöhnlichen Aufenthalt in Italien verstirbt, nach italienischem Recht beerbt), ist fraglich, unter welchen Voraussetzungen diese Vorschriften zur Anwendung gelangen. Setzt die Anwendbarkeit voraus, dass im konkreten Fall deutsches Güterrecht und gleichzeitig deutsches Erbrecht anwendbar sind oder reicht es, wenn entweder nur deutsches Güterrecht oder nur deutsches Erbrecht einschlägig ist? Die Beantwortung der Frage hängt davon ab, wie die Vorschriften der §§ 1371 Abs. 1, 1931 Abs. 4 BGB rechtlich einzuordnen (zu qualifizieren) sind. Die Frage war bzw. ist in beiden Fällen seit langer Zeit umstritten. § 1931 Abs. 4 BGB wird nach der herrschenden Auffassung erbrechtlich qualifiziert, sodass die Vorschrift zwar einerseits die Anwendbarkeit des deutschen Erbrechts voraussetzt, sie andererseits aber grundsätzlich auch bei einer ausländischen Gütertrennung anwendbar ist, sofern diese – wie in den meisten Fällen – der deutschen Gütertrennung entspricht. Im Falle des § 1371 Abs. 1 BGB hat der BGH in seiner Entscheidung vom 13.5.2015 den pauschalen Zugewinnausgleich des § 1371 Abs. 1 BGB rein güterrechtlich qualifiziert, da es der Zweck dieser Vorschrift sei, „den Güterstand als Sonderordnung des Vermögens der Eheleute während und aufgrund ihrer Ehe abzuwickeln, nicht aber den Längstlebenden kraft seiner nahen Verbundenheit mit dem Verstorbenen an dessen Vermögen zu beteiligen".[354] Die pauschale Erhöhung des gesetzlichen Erbteils des überlebenden Ehegatten um das pauschale Viertel findet somit auch statt, wenn der Erblasser nach einem ausländischen Erbrecht beerbt wird. Die hieraus unter Umständen resultierenden Ungerechtigkeiten, die z.B. dadurch entstehen können, dass der überlebende Ehegatte doppelt, d.h. sowohl nach dem ausländischen Erbrecht als auch nach dem deutschen Güterrecht begünstigt wird, sind nach Auffassung des BGH durch eine sog. Anpassung oder Angleichung des gefundenen Ergebnisses auf der sachrechtlichen, nicht aber durch eine anderweitige Qualifikation des § 1371 Abs. 1 BGB auf der kollisionsrechtlichen Ebene, zu lösen. So kann z.B. einem durch die Anwendung von zwei verschiedenen Rechtsordnungen für das Erb- und das Güterrecht begünstigten überlebenden Ehegatten auf der sachrechtlichen Ebene der gesetzliche Erbteil so gekürzt werden, dass der überlebende Ehegatte nicht mehr erhält, als ihm nach jedem der beiden zusammentreffenden Rechte zustünde, wenn diese jeweils insgesamt sowohl auf das Güter- und als auch das Erbrecht angewendet würden.[355]

Der vorstehenden Auffassung hat allerdings der EuGH in seiner Entscheidung in der Sache „*Mahnskopf*" vom 1.3.2018 eine Absage erteilt und festgestellt, dass § 1371 Abs. 1 BGB erbrechtlich zu qualifizieren ist.[356] Dies bedeutet, dass diese Norm allenfalls dann Anwendung findet, wenn nach der EU-ErbVO deutsches Erbrecht gilt. Für alle Erbfälle unter dem Regime der EU-ErbVO ist demnach die erbrechtliche Qualifikation maßgeblich. § 1371 Abs. 1 BGB findet daher jedenfalls dann immer Anwendung, wenn deutsches Erbrecht gilt und die Ehegatten auch im deutschen gesetzlichen Güterstand der Zugewinngemeinschaft gelebt haben. Ob § 1371 Abs. 1 BGB auch Anwendung finden kann, wenn ein ausländisches Güterrecht gilt, ist derzeit noch nicht geklärt. **1976**

Von der Frage, ob dem überlebenden Ehegatten das pauschale Viertel gemäß § 1371 Abs. 1 BGB überhaupt nach dem anzuwendenden Erb- und Güterrecht zusteht, ist die Frage zu unterscheiden, ob und wie dieses pauschale Viertel, wenn es dem überlebenden Ehegatten zusteht, im ENZ auszuweisen ist. In Folge der Entscheidung des EuGH in der Sache „*Mahnskopf*" ist die nach § 1371 Abs. 1 BGB erhöhte Erbquote auch immer in das ENZ aufzunehmen. Denn § 1371 Abs. 1 BGB ist nach dem EuGH nunmehr erbrechtlich zu qualifizieren und fällt damit in den Anwendungsbereich der EU-ErbVO.[357] **1977**

Problematisch ist auch die Aufnahme von Vermächtnissen in ein ENZ, die rechtlich in den verschiedenen Rechtsordnungen völlig unterschiedlich ausgestaltet sind. Unterschieden wird hier z.B. zwischen Vermächtnissen mit dinglicher Wirkung (sog. „Vindikationslegate" z.B. im französischen, italienischen und polnischen Recht), bei denen der Vermächtnisnehmer unmittelbar und ohne Mitwirkung der Erben die ihm aufgrund einer Verfügung von Todes wegen zugewendete dingliche Rechtsstellung (z.B. das Eigentum) erwirbt und Vermächtnissen, die – wie im deutschen Recht – nur einen schuldrechtlichen Anspruch auf Einräumung des dinglichen Rechts gegenüber den Erben begründen (sog. Damnationslegate; **1978**

---

354 BGH DNotZ 2015, 624.
355 Vgl. hierzu ein praktisches Beispiel in *Hausmann*, in Hausmann/Odersky, Internationales Privatrecht in der Notar- und Gestaltungspraxis, 3. Aufl. 2017, § 3 Rn 67 ff.
356 EuGH RNotZ 2018, 250.
357 Süß/*Süß*, Erbrecht in Europa, 4. Aufl. 2020, Allgemeiner Teil, § 6 Rn 8.

vgl. z.B. § 2174 BGB für das deutsche Recht).[358] Schon vor Anwendbarkeit der EU-ErbVO war heftig umstritten, ob sich die dinglich verfügende Wirkung von Vindikationslegaten nach dem anwendbaren Erbrecht oder dem Sachenrechtsstatut, das zumeist an die Belegenheit der Sache anknüpft (vgl. z.B. Art. 43 Abs. 1 EGBGB), richtet. Im Hinblick auf Art. 1 Abs. 2 lit. l EU-ErbVO, wonach jede Eintragung von Rechten an beweglichen oder unbeweglichen Vermögensgegenständen in einem Register, einschließlich der gesetzlichen Voraussetzungen für eine solche Eintragung sowie die Wirkung der Eintragungen nicht dem Anwendungsbereich der EU-ErbVO unterfallen, ist davon auszugehen, dass hierin auch ein Vorbehalt für das materielle Sachenrecht enthalten ist, so dass sich z.B. der Erwerb des Eigentums an einem in Deutschland belegenen Grundstück durch einen Vermächtnisnehmer unabhängig von der rechtlichen Einordnung des Vermächtnisses und des anzuwendenden Erbrechts nach dem deutschen Sachenrecht als dem Recht der Belegenheit der Sache richtet (Art. 43 Abs. 1 EGBGB), und somit auch bei einem dem Vermächtnisnehmer im Wege eines dinglichen Vermächtnisses zugewendeten Grundstücks eine Auflassung gemäß §§ 873, 925 BGB und die Eintragung im Grundbuch erforderlich ist.[359]

1979 In der „*Kubicka*"-Entscheidung vom 12.10.2017 hat der EuGH nunmehr entschieden, dass ein ausländisches Vindikationslegat aufgrund der EU-ErbVO auch in Deutschland anzuerkennen ist.[360] In Folge dieser Entscheidung müssen deutsche Grundbuchämter Grundbesitz im Wege der Grundbuchberichtigung auch auf einen Vermächtnisnehmer umschreiben, wenn dieser nach ausländischem Erbrecht den Vermächtnisgegenstand unmittelbar dinglich aufgrund eines Vindikationslegats erworben hat.[361] Voraussetzung hierfür ist ein ausreichender Nachweis des dinglich wirkenden Vermächtnisses. Hierfür genügt einerseits eine notarielle Verfügung von Todes wegen nebst Eröffnungsniederschrift, wenn sich aus der Verfügung eindeutig ergibt, dass ein dinglich wirkendes Vermächtnis angeordnet ist. Hierin muss auch der betroffene Grundbesitz hinreichend bestimmt bezeichnet sein. Wenn keine ausreichende Verfügung von Todes wegen vorliegt, muss der Vermächtnisnehmer einen Erbschein oder ein ENZ vorlegen, aus dem sich das dinglich wirkende Vermächtnis ergibt. Der Grundbesitz sollte hierfür möglichst übereinstimmend mit dem Grundbuch oder unter Angabe von Grundbuchbezirk und Grundbuchblattnummer bezeichnet sein (vgl. § 28 S. 1 GBO), damit der Erbschein bzw. das ENZ eine ausreichende Eintragungsgrundlage für das Grundbuchamt darstellen. Die bislang herrschende Meinung im deutschen Recht lehnte es zwar ab, ein Vindikationslegat in einen deutschen Erbschein aufzunehmen. Jedenfalls nach der nun vorliegenden Entscheidung des EuGH ist diese Auffassung jedoch zu revidieren. Ein Vindikationslegat kann daher nun auch in einen Erbschein aufgenommen werden.[362] Zur Grundbuchberichtigung ist außerdem eine grunderwerbsteuerliche Unbedenklichkeitsbescheinigung vorzulegen.

1980 Gemäß Art. 68 lit. m) EU-ErbVO sind in das ENZ auch die Vermögenswerte aufzunehmen, die einem bestimmten Vermächtnisnehmer zustehen. Hierunter sind praktischerweise nicht nur Vermögenswerte zu verstehen, die dem Vermächtnisnehmer aufgrund eines dinglich wirkenden Vermächtnisses zufallen, sondern auch diejenigen, die aufgrund eines nur rein schuldrechtlich wirkenden Vermächtnisses vom Erben an den Vermächtnisnehmer übertragen werden müssen. Denn einerseits wird die das ENZ ausstellende Behörde bzw. das ausstellende Gericht die dinglichen Wirkungen eines Vermächtnisses auf Nachlassgegenstände in einem anderen Mitgliedstaat nicht immer zuverlässig beurteilen können und andererseits soll das ENZ (z.B. von einem deutschen Nachlassgericht ausgestellt) theoretisch in sämtlichen Mitgliedstaaten mit ihren unterschiedlichen Nachlassbeteiligungen seine Wirkungen entfalten können.[363] Wie sich dann im Einzelnen der Eigentumserwerb auf den Vermächtnisnehmer vollzieht, entscheidet nach der hier vertretenen Auffassung dann das Sachenrecht des Belegenheitsstaates (Staat, in dem sich das Grundstück befindet).

1981 Die vorstehenden Ausführungen zu §§ 1931 Abs. 4, 1371 Abs. 1, 1931 Abs. 1 BGB und zu den verschiedenen Vermächtnissen gelten entsprechend auch im Rahmen eines deutschen Erbscheinsverfahrens.

---

358 Vgl. zur Unterscheidung Schotten/*Schmellenkamp*, Das Internationale Privatrecht in der notariellen Praxis, 2. Aufl. 2007, Rn 331; vgl. EG 47 zur EU-ErbVO, der die unterschiedlichen Vermächtnistypen ausdrücklich aufführt.
359 Vgl. Süß/*Süß*, Erbrecht in Europa, 4. Aufl. 2020, Allgemeiner Teil, § 6 Rn 13, 14.
360 EuGH DNotZ 2018, 33.
361 So nunmehr OLG Saarbrücken, ZEV 2019, 640; vgl. dazu auch *Schöner/Stöber*, Grundbuchrecht, 16. Aufl. 2020, Rn 844 ff.
362 Dazu *Weber*, DNotZ 2018, 16, 28 f.
363 So auch *Dörner*, ZEV 2012, 505/509.

c) Antragserfordernis mit Zweckangabe, Form

Die Erteilung eines ENZ erfolgt nur auf Antrag einer Person, die sich in einem anderen Mitgliedstaat auf ihre Rechte als Erbe oder als unmittelbar am Nachlass beteiligter Vermächtnisnehmer oder auf ihre Befugnisse als Testamentsvollstrecker oder Nachlassverwalter berufen will (Art. 65 Abs. 1 i.V.m. Art. 63 Abs. 1 EU-ErbVO). Der Antrag muss neben zahlreichen Angaben, die in weiten Bereichen den Angaben des ENZ gemäß Art. 68 EU-ErbVO entsprechen (z.B. persönliche Angaben des Erblassers und des Antragstellers, Sachverhalt, der zur Erbfolge führt, vorliegende Verfügungen von Todes wegen und Eheverträge des Erblassers, Angaben über Annahme- und Ausschlagungserklärungen von Berechtigten, Auskunft über einen etwaigen Rechtsstreit, usw., Art. 65 Abs. 3 EU-ErbVO), insbesondere auch Auskunft über den Zweck geben, der mit der Ausstellung des ENZ verfolgt wird. Die zulässigen Zwecke werden in Art. 63 der Verordnung genannt:

- Nachweis der Rechtsstellung und Rechte von Erben und Vermächtnisnehmern;
- Zuweisung von bestimmten Vermögenswerten des Nachlasses an die im ENZ genannten Personen;
- Befugnisse von Testamentsvollstreckern und Nachlassverwaltern.

Gemeinsam ist allen Zwecken, dass sie die Verwendung in einem anderen Mitgliedstaat voraussetzen. Für reine Binnensachverhalte darf ein ENZ grundsätzlich nicht erteilt werden.[364] Ist das Zeugnis jedoch einmal ausgestellt, so kann es auch in dem Mitgliedstaat verwendet werden, in dem es ausgestellt wurde (Art. 62 Abs. 3 S. 2 EU-ErbVO). Für den Antrag hat die EU-Kommission in der Durchführungsverordnung vom 9.12.2014 (1329/2014 der Kommission) ein Formblatt festgelegt, das freiwillig vom Antragsteller verwendet werden kann (Art. 65 Abs. 2 der Verordnung).[365] Dessen Länge und Komplexität schrecken so manchen Antragsteller von der Verwendung des Formblattes ab und veranlassen – was Deutschland betrifft – wohl eher zur Beantragung eines deutschen Erbscheins.[366] Vor diesem Hintergrund ist es nicht verwunderlich, dass das OLG Köln dem EuGH die Frage vorgelegt hat, ob für den Antrag auf Erlass eines ENZ zwingend das Formblatt IV zur EU-ErbVO zu verwenden ist.[367] Der EuGH hat diese Frage nunmehr dahingehend entschieden, dass das Formblatt für den Antrag auf Ausstellung des ENZ nur fakultativ ist und der Antragssteller somit auch ein eigenes Muster verwenden kann.[368] Hierbei beruft sich der EuGH auf den Wortlaut des Art. 65 Abs. 2 EU-ErbVO („kann"): Der Antragsteller könne das Formblatt verwenden, müsse dies aber nicht. Im Ergebnis bedeutet die Entscheidung des EuGH für die Praxis eine erfreuliche Klarstellung. Notare können ihr eigenes Muster verwenden, wenn sie einen Antrag auf Ausstellung eines ENZ beurkunden.[369]

Gemäß Art. 66 Abs. 3 EU-ErbVO kann die Ausstellungsbehörde (in Deutschland das Nachlassgericht) – soweit ihr eigenes Recht dies vorsieht und unter den dort festgelegten Bedingungen – verlangen, dass Erklärungen unter Eid oder durch eidesstattliche Versicherung abgegeben werden. Es ist davon auszugehen, dass in Anlehnung an § 352 Abs. 3 S. 3 FamFG (vgl. hierzu Rdn 898) von den deutschen Nachlassgerichten grundsätzlich die Abgabe einer eidesstattlichen Versicherung verlangt werden wird, die dann entweder vor dem Nachlassgericht selbst oder vor einem Notar abgeben werden kann.

d) Ausstellung des Zeugnisses durch die zuständige Behörde – begrenzte Geltungsdauer der beglaubigten Abschriften

Die zuständige Behörde (in Deutschland das zuständige Nachlassgericht) stellt, sobald sie die zu bezeugenden Umstände festgestellt hat und weder Einwände gegen den zu bescheinigenden Inhalt rechtshängig

1982

1983

1984

1985

---

364 Vgl. zu einer Ausnahme hiervon in den Fällen der subsidiären internationalen Zuständigkeit der Gerichte und Behörden gemäß Art. 10 Abs. 2 EU-ErbVO, bei denen der Erblasser mit letztem Wohnsitz in einem Drittstaat verstorben ist, und sich die Zuständigkeit des betreffenden Gerichts bzw. der betreffende Behörde nur auf das in dem jeweiligen Staat des Gerichts/der Behörde befindliche Nachlassvermögen bezieht, Rn 1957 f.

365 Die Formblätter sind in allen Sprachen abrufbar unter: https://e-justice.europa.eu/content_general_information-166-de.do?init=true.

366 Vgl. zur Kritik an dem Formblatt *Volmer*, notar 2016, 323.

367 OLG Köln ZEV 2018, 340.

368 EuGH DNotZ 2019, 460.

369 In der Praxis kann ein vereinfachtes Muster zugrunde gelegt werden, das sich am Muster für den Erbschein orientiert, vgl. hierzu Formulierungsvorschläge bei *Eckelskemper/Schmitz*, in: Beck'sches Formularbuch Erbrecht, 4. Aufl. 2019, J. V. 9.-11; *Schmitz*, RNotZ 2017, 269, 279.

sind noch eine Entscheidung ergangen ist, die mit dem Zeugnis unvereinbar ist, gemäß Art. 67 Abs. 1 S. 2 EU-ErbVO unverzüglich das ENZ aus. Sie hat dafür ein vom Ausschuss der EU-Kommission erstelltes Formblatt zu verwenden (Art. 67 Abs. 1 S. 2 EU-ErbVO).[370]

1986   Im Unterschied zum deutschen Erbscheinsverfahren wird das ENZ im Original nicht dem Antragsteller ausgehändigt, sondern es verbleibt in den Akten der Nachlassbehörde bzw. des Nachlassgerichtes. Der Antragsteller und jede andere Person, die ein berechtigtes Interesse nachweisen, erhalten nur eine beglaubigte Abschrift des ENZ ausgehändigt (Art. 70 Abs. 1 EU-ErbVO). Die Ausstellungsbehörde führt über alle Empfänger einer beglaubigten Abschrift ein Verzeichnis (Art. 70 Abs. 2 EU-ErbVO). Aus Gründen der Verkehrssicherheit sind die beglaubigten Abschriften nur für einen begrenzten Zeitraum von sechs Monaten gültig, der in der beglaubigten Abschrift jeweils durch ein Ablaufdatum angeben wird (Art. 70 Abs. 3 EU-ErbVO). Die Verlängerung der Gültigkeitsfrist oder die Erteilung einer neuen beglaubigten Abschrift kann aber beantragt werden.

1987   Für betroffene Erben oder sonstige Berechtigte im Immobilienbereich dürfte diese Befristung zu praktischen Schwierigkeiten führen. Im internationalen Rechtsverkehr wird in der Regel eine vollständige Erbauseinandersetzung nicht innerhalb von sechs Monaten durchführbar sein. Im Bereich von Immobilienkaufverträgen vor einem deutschen Notar dürfte es häufiger als bisher zu Grundbuchberichtigungen auf die Erben auch beim sofortigen Verkauf der Immobilie kommen. Denn ohne Grundbuchberichtigung müsste bei der Kaufpreisfälligkeitsstellung durch den Notar im Rahmen eines Kaufvertrages das zur Verfügung stehende Zeitfenster genau abgeschätzt werden, wenn für die spätere Eigentumsumschreibung eine Verlängerung bzw. Neubeantragung des ENZ erforderlich werden sollte. Letztendlich könnten auch diese praktischen Schwierigkeiten die Erben dazu bewegen, statt eines ENZ eher das bekannte und vertraute deutsche Erbscheinsverfahren als Erbnachweis zu wählen.

e)   Wirkungen des Europäischen Nachlasszeugnisses und Gutglaubensschutz

1988   Das ENZ entfaltet seine Wirkungen in allen Mitgliedstaaten, ohne dass es eines besonderen Verfahrens bedarf (Art. 69 Abs. 1 EU-ErbVO). Wie bereits ausgeführt, entfaltet das ENZ nach Ausstellung zur Verwendung im Ausland seine Beweis- und sonstigen Wirkungen auch im Staat der ausstellenden Behörde bzw. des ausstellenden Gerichts.

1989   Das ENZ entfaltet folgende Wirkungen: Es wird vermutet, dass die im ENZ genannten Sachverhalte zutreffend sind. Weiter wird vermutet, dass die aufgeführten Erben, dinglichen Vermächtnisnehmer, Testamentsvollstrecker oder Nachlassverwalter die im ENZ genannte Rechtsstellung haben und keinen anderen als den im ENZ aufgeführten Beschränkungen unterliegen (Art. 69 Abs. 2 EU-ErbVO). Die Gutglaubenswirkungen des ENZ bleiben aber hinter denen vieler nationaler Rechtsordnungen zurück. So sind diejenigen Personen, die sich auf ein ENZ berufen, bereits dann nicht geschützt, wenn ihnen die Unrichtigkeit des Zeugnisses infolge grober Fahrlässigkeit nicht bekannt war (Art. 69 Abs. 3 EU-ErbVO). Im deutschen Recht z.B. schadet nach § 2366 BGB nur positive Kenntnis von der Unrichtigkeit des Erbscheins. Gemäß Art. 69 Abs. 5 EU-ErbVO stellt das ENZ ein wirksames Schriftstück zur Eintragung in ein Register (z.B. in das deutsche Grundbuch) dar. Aus dem Erwägungsgrund 69 zur EU-ErbVO folgt, dass Personen oder Behörden bzw. Gerichte, denen ein in einem anderen Mitgliedstaat ausgestelltes ENZ vorgelegt wird, die Vorlage weiterer Nachweise nicht verlangen können. Daraus ergibt sich aber im Umkehrschluss, dass allein bei Vorlage eines im Inland (z.B. in Deutschland) ausgestellten ENZ Personen oder Behörden bzw. Gerichte auf die Vorlage eines nationalen Erbnachweises (z.B. eines deutschen Erbscheins) bestehen dürfen.[371]

1990   Die Voraussetzungen für den Gutglaubensschutz im Rahmen eines ENZ einerseits und eines deutschen Erbscheins andererseits sind auch abgesehen von der Frage, ob bereits grobe Fahrlässigkeit oder nur Vorsatz einer sich auf die Gutglaubenswirkungen des betreffenden Erbnachweises berufenden Person schadet, unterschiedlich ausgestaltet. Zum einen gewährt der deutsche Erbschein einen sogenannten „abstrakten" Vertrauensschutz, während das ENZ nur einen „konkreten" Vertrauensschutz vorsieht. So muss

---

370 Vgl. Text des in der Durchführungsverordnung der EU-Kommission vom 9.12.2014 (1329/2014 der Kommission) festgelegten Formblattes V auf https://e-justice.europa.eu/content_general_information-166-de.do als word- und pdf-Datei.
371 Vgl. Süß/Süß, Erbrecht in Europa, 4. Aufl. 2020, Allgemeiner Teil, § 6 Rn 13.

derjenige, der sich auf den Schutz des guten Glaubens bei einem ENZ beruft, gemäß Art. 69 Abs. 3, 4 EU-ErbVO „auf der Grundlage der in dem Zeugnis enthaltenen Angaben" gehandelt haben, ihm muss somit der Inhalt des ENZ, z.B. über eine von der Behörde bzw. dem Gericht ausgestellte Abschrift, bekannt gemacht worden sein. Nach der BGH-Rechtsprechung zum deutschen Erbscheinsverfahren genügt für den Gutglaubensschutz allein, dass der Erbschein erteilt worden ist, selbst wenn der sich auf den Vertrauensschutz Berufende den Erbschein gar nicht kannte.[372] Die Gutglaubenswirkungen des deutschen Erbscheins gehen somit auch diesbezüglich über diejenigen des ENZ hinaus. Zum anderen folgt aus der Tatsache, dass die erteilten beglaubigten Abschriften widerrufener oder geänderter ENZ im Unterschied zum deutschen Erbschein nicht eingezogen werden (vgl. dazu Rdn 1992) und somit unrichtige beglaubigte Abschriften im Rechtsverkehr verbleiben können, dass ein sich auf die Gutglaubenswirkungen eines ENZ Berufender zwar wohl dann grob fahrlässig handelt, wenn er sich in Kenntnis eines Widerrufs oder einer Änderung auf eine ihm vorliegende unrichtige beglaubigte Abschrift eines ENZ beruft, dass er aber in Unkenntnis eines solchen Widerrufs bzw. einer solchen Änderung des ENZ den Vertrauensschutz weiterhin genießt. Im Unterschied dazu verlieren mehrere im Umlauf befindliche, sich inhaltlich widersprechende deutsche Erbscheine nach herrschender Meinung alle ihre Gutglaubenswirkungen, und zwar unabhängig davon, ob dem sich auf die Gutglaubenswirkung des Erbscheins Berufenden das Vorhandensein eines inhaltlich widersprechenden Erbscheins bekannt ist oder nicht.[373] Hier gehen die Gutglaubenswirkungen des ENZ ausnahmsweise über diejenigen des deutschen Erbscheins hinaus.

f) Das Europäische Nachlasszeugnis im deutschen Grundbuchverkehr

Gemäß Art. 69 Abs. 5 EU-ErbVO muss das ENZ als Nachweis einer erbrechtlichen Stellung bei der Eintragung von Rechten, insbesondere also auch im Grundbuch, akzeptiert werden. Demgemäß ist auch § 35 Abs. 1 GBO dahingehend mit Wirkung zum 17.8.2015 angepasst worden, dass der Nachweis der Erbfolge nicht nur über eine in einer öffentlichen Urkunde enthaltene Verfügung von Todes wegen samt gerichtlicher Niederschrift über die Eröffnung dieser Verfügung oder einen Erbschein, sondern auch durch ein ENZ geführt werden kann. Wie bereits zuvor ausgeführt (vgl. zuvor b), Rdn 1978) regelt die EU-ErbVO weder das Eintragungsverfahren an sich noch die rechtlichen Voraussetzungen für die Eintragung und deren Wirkungen (Art. 1 Abs. 2 lit. l). Das ENZ kann von daher nur als Nachweis einer Rechtsstellung verwendet werden, die in den Anwendungsbereich der Verordnung fällt. Das in den Anwendungsbereich der EU-ErbVO fallende Erbstatut regelt aber nur das Recht der Erben bzw. Vermächtnisnehmer auf einen bestimmten Nachlassgegenstand. Darüber, wie der betreffende Gegenstand (z.B. eine Immobilie) auf die berechtigte Person nach dem Erbfall übergeht, regelt das nicht von der EU-ErbVO umfasste Sachenrechtsstatut. Für in Deutschland befindliche Nachlassgegenstände gilt hierfür gemäß Art. 43 Abs. 1 EGBGB das Recht des Lageortes, also das deutsche Recht. Muss also z.B. im Rahmen einer Vermächtniserfüllung nach deutschem Recht (§ 2174 BGB) Grundbesitz vom Erben auf den Vermächtnisnehmer übertragen werden, ist dem deutschen Grundbuchamt neben dem ENZ auch die Erklärung über die Auflassung in grundbuchtauglicher Form vorzulegen, da die Vermächtniserfüllung durch Übertragung von Grundbesitz keine erbrechtliche Frage, sondern eine Frage des dinglichen Rechtsübergangs ist, die der *lex rei sitae*, dem Recht des Lageortes, zugeordnet wird.

g) Berichtigung, Änderung oder Widerruf von Europäischen Nachlasszeugnissen

Gemäß Art. 71 Abs. 1 EU-ErbVO werden Schreibfehler von der Ausstellungsbehörde bzw. dem Ausstellungsgericht von Amts wegen oder auf Antrag eines Betroffenen (Erben, Vermächtnisnehmer mit dinglicher Nachlassberechtigung, Testamentsvollstrecker, Nachlassverwalter), der ein berechtigtes Interesse nachweist, berichtigt. Bei inhaltlichen Fehlern erfolgt eine Änderung oder ein Widerruf ausschließlich auf Antrag einer solchen Person, die ein berechtigtes Interesse nachweist (Art. 71 Abs. 2 EU-ErbVO). Die gemäß Art. 70 EU-ErbVO ausgestellten, zeitlich befristeten beglaubigen Abschriften werden jedoch weder widerrufen noch eingezogen. Es sollen lediglich sämtliche Personen, denen eine Abschrift des Zeugnisses ausgestellt wurde, über die Berichtigung, die Änderung oder der Widerruf benachrichtigt werden (Art. 71 Abs. 3 EU-ErbVO). Diese werden dann durch die Benachrichtigung zwar bösgläubig, aber an

1991

1992

---

372 BGHZ 33, 314/317; Palandt/*Weidlich*, BGB, 80. Aufl. 2021, § 2366, Rn 1.
373 Vgl. Palandt/*Weidlich*, BGB, 80. Aufl. 2021, § 2366, Rn 3.

einem Missbrauch der Abschrift nicht gehindert. Hierin liegt eine weitere Schwäche des ENZ gegenüber dem deutschen Erbschein, bei dem die vom Nachlassgericht angeordnete Einziehung erst mit Ablieferung der Urschrift des erteilten Erbscheins samt aller erteilten Ausfertigungen durchgeführt ist.[374] Solange die Ausstellungsbehörde bzw. das Ausstellungsgericht einen Antrag auf Änderung oder Widerruf des ENZ prüft, können die Wirkungen des ENZ gemäß Art. 73 EU-ErbVO ausgesetzt werden. Das bedeutet, dass keine weiteren Abschriften von dem betroffenen ENZ ausgestellt werden dürfen. Sollten bereits Abschriften ausgestellt worden sein, so ist lediglich eine Information an die Empfänger vorgesehen, nicht aber die Rückgabe an die Behörde bzw. an das Gericht.

h) Kritik und Ausblick

1993   Die Einführung des ENZ soll die Abwicklung grenzüberschreitender Nachlässe beschleunigen. Dennoch wird das ENZ den deutschen Erbschein nicht ersetzen, zumal das ENZ ja ohnehin nicht bei einem deutschen Gericht ausschließlich zur Verwendung vor deutschen Behörden und Registern beantragt werden kann. Außerdem stellen sie gegenüber dem deutschen Erbschein die aufgeführten Nachteile dar:

- langes und komplexes, für die Praxis nur schwer handhabbares Formular für die Erteilung eines ENZ (abgemildert durch die Rechtsprechung des EuGH, wonach eigene Formulare des Notars verwendet werden dürfen),
- nur befristete Gültigkeit der beglaubigten Abschriften des ENZ für sechs Monate,
- schwächer ausgestaltete Gutglaubenswirkung des ENZ gegenüber dem deutschen Erbschein (schon grobe Fahrlässigkeit des Dritten schadet und nur konkreter Vertrauensschutz des ENZ),
- keine Einziehung von widerrufenen oder geänderten ENZ und somit Eröffnung von Missbrauchsmöglichkeiten.

Es bleibt abzuwarten, ob, inwiefern und in welchem Zeitraum sich die Verwendung des ENZ speziell im deutschen Rechtsverkehr als ergänzender und im Einzelfall auch den deutschen Erbschein verdrängender Erbnachweis durchsetzen wird.[375]

6. Art und Inhalt von deutschen Erbscheinen mit Auslandsberührung

a) Arten von Erbscheinen mit Auslandsberührung

aa) Eigenrechts- oder Fremdrechtserbschein

1994   Die seit dem 1.9.2009 gültigen Zuständigkeitsregelungen der §§ 105, 343 FamFG, die auch nach Anwendbarkeit der EU-ErbVO über den 17.8.2015 hinaus für die Bestimmung der internationalen Zuständigkeit der deutschen Gerichte für die Erteilung von Erbscheinen mit Auslandsberührung einschlägig sind (vgl. zu dem hierzu bestehenden Meinungsstreit Rdn 1832 ff. und Rdn 1959 ff.), bewirken eine erhebliche Ausweitung der internationalen Zuständigkeit der deutschen Nachlassgerichte auf das gesamte „Weltvermögen" des Erblassers, und zwar unabhängig von dem auf die Rechtsnachfolge von Todes wegen anwendbaren Recht. Dies hat zur Folge, dass das zuständige deutsche Nachlassgericht unabhängig von der Staatsangehörigkeit des Erblassers und unabhängig von dem anwendbaren Erbrecht grundsätzlich einen allgemeinen und unbeschränkten, den gesamten „Weltnachlass" des Erblassers umfassenden Erbschein gemäß § 2353 BGB erteilen wird. Dieser wird im Falle der ausschließlichen Anwendbarkeit deutschen Erbrechts als **„Eigenrechtserbschein"** und im Falle der ausschließlichen Anwendbarkeit eines ausländischen Erbrechts als **„Fremdrechtserbschein"** bezeichnet. Im Falle der ausschließlichen Anwendbarkeit des deutschen Erbrechts (insbesondere in den Fällen, in denen der Erblasser – gleich welcher Staatsangehörigkeit – mit letztem gewöhnlichen Aufenthalt in Deutschland verstorben ist) ist die Angabe des anwendbaren deutschen Rechts nicht erforderlich und allenfalls deklaratorisch möglich. Kommt das deutsche Recht durch eine Rückverweisung einer ausländischen Rechtsordnung zur Anwendung (insbesondere in den Fällen des Art. 34 Abs. 1 EU-ErbVO), ist – wie auch bisher – im Erbschein zweckmäßi-

---

374 Vgl. Palandt/*Weidlich*, BGB, 80. Aufl. 2021, § 2361 Rn 10.
375 Vgl. zur Kritik am ENZ auch *Schmitz*, RNotZ 2017, 269 („zweite Wahl" gegenüber dem deutschen Erbschein); *Volmer*, notar 2016, 323 sowie zu den ersten „schleppenden" Erfahrungen deutscher Notare mit deutschen Nachlassgerichten bei der Beantragung eines ENZ *Röhl/Schmitz-Vornmoor*, notar 2017, 37.

gerweise anzugeben, dass sich die Erbfolge aufgrund Rückverweisung durch das betreffende ausländische Erbrecht nach deutschem Recht beurteilt. Im Falle eines Fremdrechtserbscheins ist das anwendbare ausländische Recht stets anzugeben. Bezieht sich der jeweilige Erbschein (Eigenrechts- oder Fremdrechtserbschein) nur auf einen Teil des in einem Staat (insbesondere in Deutschland) befindlichen Nachlassvermögens, so ist diese Beschränkung im Erbschein zu vermerken (vgl. hierzu Rdn 2034 ff.).

bb) Fälle der Nachlassspaltung – Eigenrechts- und Fremdrechtserbscheine

Komplexer ist die Situation, wenn auf die Erbfolge nach dem Erblasser aufgrund einer Nachlassspaltung (vgl. die Hauptfälle einer Nachlassspaltung im Rahmen des Art. 34 Abs. 1 EU-ErbVO, Fall 5 Rdn 2034 ff., Fall 6 Rdn 2046 ff. und Fall 7 Rdn 2053 ff.) unterschiedliche Rechtsordnungen anzuwenden sind. Rechtliche Folge der Nachlassspaltung ist, dass der jeweilige Nachlass, der einer eigenen Rechtsordnung unterliegt, als selbstständiger Nachlass angesehen und so behandelt wird, als ob er der gesamte Nachlass wäre. Eine Nachlassspaltung hat u.a. die nachstehenden Folgen: **1995**

- Das jeweilige anwendbare Recht entscheidet für sich selbst, wer zu gesetzlichen Erben berufen ist, welche Quoten bestehen usw.
- Es kann hinsichtlich eines Teiles des Nachlasses gesetzliche Erbfolge und hinsichtlich eines anderen Teiles des Nachlasses testamentarische Erbfolge gelten.
- Im Rahmen des anwendbaren deutschen Rechts sind Erbverträge und gemeinschaftliche Testamente zulässig, im Rahmen des ausländischen anwendbaren Rechts u.U. nicht.
- Die Erbschaft kann für den einen Nachlass angenommen und für den anderen Nachlass ausgeschlagen werden.
- Pflichtteils- und Noterbrechte sind für jeden Nachlass getrennt zu bestimmen.
- Für jeden Nachlass entstehen gegebenenfalls getrennte Erbengemeinschaften, sodass die jeweiligen Erbschaften auch getrennt veräußert werden können.

Dementsprechend liegen im Falle der Nachlassspaltung auch im Rahmen der Erteilung eines Erbscheins gemäß § 2353 BGB mehrere Erbschaften vor. Erbschaft im Sinne dieser Vorschrift ist somit jeder selbstständige Nachlass. Folglich ist dann für jeden Nachlass bzw. Nachlassteil ein eigener Erbschein zu erteilen, ein Eigenrechtserbschein für den dem deutschen Recht unterliegenden Nachlass und ein Fremdrechtserbschein oder mehrere Fremdrechtserbscheine für den dem jeweiligen ausländischen Recht unterliegenden Nachlass, und zwar jeweils als allgemeiner Erbschein gemäß § 2353 BGB. Die Erbscheine können – wie auch nach der bis zum 1.9.2009 bzw. bis zum 17.8.2015 geltenden Rechtslage – in einer Urkunde als „Doppelerbschein" oder sogar als „Mehrfacherbschein" zusammengefasst werden. **1996**

Zur klaren und eindeutigen Abgrenzung der zu erteilenden Erbscheine (Eigenrechts- und Fremdrechtserbschein bzw. Fremdrechtserbscheine) muss aus der gemeinsamen Urkunde klar und eindeutig hervorgehen, dass es sich um zwei bzw. mehrere Spaltnachlässe handelt, die sich jeweils nach einer anderen Rechtsordnung beurteilen und die sich jeweils auf unterschiedliche Nachlassgegenstände beziehen. Von daher ist zum einen im Rahmen jedes der zu erteilenden Erbscheine anzugeben, nach welchem Recht sich die bezeugte Erbfolge richtet, wobei im Rahmen des Eigenrechtserbscheins die Angabe des deutschen Rechts nur deklaratorische Bedeutung hat. **1997**

Zum anderen sollten auch für den Fall, dass alle Erbscheine in einer Urkunde zusammengefasst werden, die einzelnen Erbscheine – je nach Fallkonstellation – einen Geltungsbeschränkungsvermerk oder einen Geltungsausschlussvermerk enthalten. Die bis zur Anwendbarkeit der EU-ErbVO am 17.8.2015 häufiger zu behandelnden Fälle der durch Art. 3a Abs. 2 EGBGB alter Fassung hervorgerufenen Nachlassspaltung (ein grundsätzlich nach deutschem Recht zu beerbende Erblasser wurde gemäß hinsichtlich einzelner unbeweglicher Nachlassgegenstände in einem Drittstaat, für die das betreffende ausländische Belegenheitsrecht einschlägig war, nach diesem Lageortrecht beerbt) existieren für Erbfälle ab dem 17.8.2015 nicht mehr, da es eine Art. 3a Abs. 2 EGBGB alter Fassung vergleichbare Vorschrift in der EU-ErbVO nicht mehr gibt (vgl. Rdn 1857). **1998**

In den auch nach dem 17.8.2015 noch relevanten Fällen (Art. 34 Abs. 1 EU-ErbVO), in denen ein deutscher oder ausländischer Erblasser grundsätzlich hinsichtlich seines gesamten Nachlassvermögens nach dem letzten Aufenthaltsrecht in einem Drittstaat und aufgrund teilweiser Rückverweisung auf sein Heimatrecht nur hinsichtlich in seinem Heimatstaat (z.B. in Deutschland) befindlicher Vermögenswerte **1999** (zumeist nur auf Immobiliarvermögen bezogen) nach deutschem Recht beerbt wird (vgl. unten Fall 5, Rdn 2034 ff.), sollte der auf der Grundlage des ausländischen Rechts zu erteilende Fremdrechtserbschein klarstellend den Geltungsausschluss hinsichtlich des in Deutschland befindlichen (unbeweglichen) Vermögens und der den deutschen Grundbesitz betreffende Eigenrechtserbschein klarstellend eine diesbezügliche Geltungsbeschränkung enthalten. Die vorgenannten Geltungsvermerke gewinnen dann eine besondere Bedeutung, wenn isoliert lediglich ein Eigenrechtserbschein oder ein Fremdrechtserbschein beantragt wird; in diesem Fall wäre ein entsprechender Geltungsvermerk zwingend.

cc) Gegenständlich beschränkter Erbschein gemäß § 352c FamFG (früher § 2369 BGB)

2000   Gemäß der im Zusammenhang mit den aktuellen Regelungen zur internationalen Zuständigkeit der deutschen Nachlassgerichte mit Wirkung zum 1.9.2009 – geänderten Vorschrift des § 2369 Abs. 1 BGB alter Fassung, die mit Wirkung zum 17.8.2015 wortgleich in die Vorschrift des § 352c Abs. 1 FamFG überführt worden ist, kann der Antrag auf Erteilung eines Erbscheins „aus Praktikabilitätsgründen" auf die im Inland befindlichen Gegenstände beschränkt werden, wenn zu einer Erbschaft auch Gegenstände gehören, die sich im Ausland befinden. Entgegen dem Wortlaut der Vorschrift reicht auch ein im Ausland befindlicher Gegenstand aus, z.B. die Ferienwohnung in Spanien. Die Beantragung und Erteilung eines gegenständlich beschränkten Erbscheins gemäß § 352c Abs. 1 FamFG ist unabhängig vom anwendbaren Erbrecht möglich, so insbesondere auch in den Fällen der uneingeschränkten Anwendbarkeit des deutschen oder eines ausländischen Rechts. Auch in den Fällen der Nachlassspaltung ist die Erteilung eines gegenständlich beschränkten Erbscheins gemäß § 352c Abs. 1 FamFG möglich, und zwar grundsätzlich getrennt für jeden Spaltnachlass, d.h. sowohl für den dem deutschen Recht als auch für den dem ausländischen Recht unterfallenden Nachlass bzw. für die den verschiedenen ausländischen Rechtsordnungen unterfallenden Nachlassteile. Die gegenständliche Beschränkung im Sinne des § 352c Abs. 1 FamFG ist in jedem Erbschein (Eigenrechts- und/oder Fremdrechtserbschein) zwingend zu vermerken. Eine Einzelbezeichnung der Nachlassgegenstände erfolgt nicht, da die Zugehörigkeit eines einzelnen Gegenstandes zum Nachlass nicht durch den Erbschein bezeugt wird.

2001   Für die Beantragung eines gegenständlich beschränkten Erbscheins gemäß § 352c Abs. 1 FamFG können im Einzelfall folgende Gründe sprechen:

- Als Hauptargument wird in den meisten Fällen die Kostenersparnis für einen beschränkten Erbscheinsantrag sprechen: Gemäß § 40 Abs. 3 GNotKG bleiben für den Fall, dass sich die Wirkungen eines Erbscheins nur auf einen Teil des Nachlasses erstrecken, diejenigen Gegenstände, die von der Erbscheinswirkung nicht erfasst werden, bei der Berechnung des Werts außer Betracht. In diesem Rahmen ist oft die entscheidende Frage, ob der in Deutschland erteilte – auch das Auslandsvermögen des Erblassers umfassende – allgemeine Erbschein im entsprechenden ausländischen Staat, in dem sich die entsprechenden beweglichen und unbeweglichen Nachlassgegenstände befinden, ohne weitere nachlassverfahrensrechtliche Schritte anerkannt würde. Ist dies nicht der Fall, und dies dürfte in den meisten ausländischen Staaten der Fall sein, spricht das Argument der Kostenersparnis immer für eine gegenständliche Beschränkung. Wird hingegen der deutsche Erbschein im Ausland grundsätzlich anerkannt, müssten die im deutschen Erbscheinsverfahren im Rahmen eines allgemeinen unbeschränkten Erbscheins für die Erfassung auch des ausländischen Grundbesitzes zusätzlich anfallenden Kosten mit den hierdurch ersparten Kosten nach dem ausländischen Nachlassverfahren verglichen und Kostennachteil und Kostenvorteil gegeneinander abgewogen werden.
- Durch die Ausklammerung des im Ausland befindlichen Nachlassvermögens können Zeitverzögerungen vermieden werden, wenn z.B. hinsichtlich des Auslandsvermögens ein Rechtsstreit besteht, dessen Ausgang für die ansonsten einfache und reibungslose Abwicklung des in Deutschland befindlichen Nachlasses nicht abgewartet werden soll.
- In den Fällen, in denen der Erblasser mit letztem gewöhnlichen Aufenthalt in Deutschland verstirbt und Nachlassvermögen nicht nur in Deutschland, sondern auch in einem anderen Mitgliedstaat der EU-ErbVO hinterlässt, in dem der deutsche Erbschein als Erbnachweis nicht akzeptiert wird, müsste für dieses Auslandsvermögen ein ENZ beantragt werden. Ein erteiltes ENZ könnte dann zwar auch in Deutschland verwendet werden, aus Verfahrensbeschleunigungs- und auch Kostenersparnisgründen (§ 40 Abs. 3 GNotKG) könnte aber vorzugsweise nur für das deutsche Nachlassvermögen das bekannte und „eingeübte" Erbscheinsverfahren gewählt werden.

■ In den Fällen, in denen ein deutscher Erblasser mit letztem gewöhnlichen Aufenthalt in einem anderen Mitgliedstaat der EU-ErbVO ohne Verfügung einer Rechtswahl gemäß Art. 22 EU-ErbVO verstirbt und sein hauptsächliches Nachlassvermögen (insbesondere Immobilien) in Deutschland hinterlässt, könnte ein ENZ nur von dem zuständigen Gericht bzw. der zuständigen Behörde des betreffenden anderen Mitgliedstaates erteilt werden, und zwar zur Verwendung in Deutschland bezüglich des deutschen Nachlassvermögens. Zur Überwindung der Sprachbarriere vor den ausländischen Gerichten bzw. Behörden, aber auch aus Verfahrensbeschleunigungs- und Kostenersparnisgründen, könnte auch in diesen Fällen nur für das deutsche Nachlassvermögen das bekannte und geläufigere Erbscheinsverfahren gewählt werden.

dd) Zwei Möglichkeiten, den Erbschein auf einzelne Vermögensgruppen zu beschränken

Zusammenfassend sind dem Antragsteller im Erbscheinsverfahren mit Auslandsbezug grundsätzlich **2002** zwei Möglichkeiten eröffnet, einzelne Nachlassgegenstände im In- oder Ausland aus dem Geltungs- bzw. Wirkungsbereich eines Erbscheins auszuschließen:

(1) So können zum einen durch die isolierte Beantragung nur eines von mehreren möglichen Erbscheinen (beantragt wird z.B. nur der Eigenrechtserbschein, nicht aber der mögliche Fremdrechtserbschein oder beantragt wird nur der Fremdrechtserbschein, nicht aber der mögliche Eigenrechtserbschein oder beantragt wird nur einer von mehreren möglichen Fremdrechtserbscheinen) bereits bestimmte – gegebenenfalls auch sämtliche – Vermögenswerte im Ausland, im Einzelfall auch einzelne Vermögenswerte im Inland aus dem deutschen Nachlassverfahren ausgeklammert werden (vgl. unten Fälle 5 bis 7: Rdn 2034 ff., 2046 ff., 2053 ff.).

(2) Zum anderen besteht unabhängig davon die Möglichkeit, über die Beantragung eines gegenständlich beschränkten Eigenrechts- oder Fremdrechtserbscheins gemäß § 352c FamFG sämtliche im Ausland befindliche Nachlassgegenstände aus dem deutschen Nachlassverfahren herauszuhalten (vgl. unten Fall 1: Rdn 2005 ff.). Darüber hinaus können aber auch in Fällen der Nachlassspaltung über die Beantragung eines allgemeinen Eigenrechtserbscheins neben einem gegenständlich beschränkten Fremdrechtserbschein als Doppelerbschein sämtliche im Ausland befindliche Nachlassgegenstände aus dem Nachlassverfahren ausgeklammert und gleichzeitig alle in Deutschland befindlichen Nachlassgegenstände umfasst werden (vgl. unten Fälle 5 bis 7: Rdn 2034 ff., 2046 ff., 2053 ff.).

b) Inhalt der Erbscheine: Probleme bei der Anwendbarkeit ausländischen Rechts (z.B. Noterbrechte oder Vindikationslegate)

Schwierigkeiten kann es bei der Anwendbarkeit eines ausländischen Erbrechts im Rahmen eines Fremd- **2003** rechtserbscheins hinsichtlich des Inhalts des Erbscheins geben, falls sich das ausländische Erbrecht in wesentlichen Punkten vom deutschen Erbrecht unterscheidet (vgl. hierzu auch Rdn 1978). Umstritten ist, wie in solchen Fällen spezielle Rechtsinstitute des ausländischen Erbrechts in dem Erbschein wiedergegeben werden müssen. Praktische Probleme bereiten z.B. die in vielen ausländischen Rechtsordnungen bekannten Rechtsinstitute des Noterbrechts einerseits (d.h. die begünstigten Personen erhalten nicht lediglich einen schuldrechtlichen Anspruch gegen die Erben wie im deutschen Pflichtteilsrecht, sondern eine gesetzliche automatische Miterbenbeteiligung am Nachlass in Höhe der gesetzlich vorgesehenen Mindestquote; Noterbrechte gibt es z.B. in den Rechtsordnungen Frankreichs, Belgiens, Luxemburgs, Italiens und der Schweiz) und des Vindikationslegates andererseits (das Vindikationslegat fällt dem Berechtigten mit dem Erbfall automatisch kraft Gesetzes mit dinglicher Wirkung zu, während das Vermächtnis im deutschen Recht erst durch einen Vermächtniserfüllungsvertrag im Wege der Einzelrechtsnachfolge auf den Berechtigten übergeht; Vindikationslegate gibt es z.B. im französischen, italienischen oder polnischen Recht). Die allgemeine Praxis der Nachlassgerichte erteilt Fremdrechtserbscheine in solchen Fällen zumeist dahingehend, dass die ausländischen Rechtsinstitute in Begriffen des deutschen Rechts wiedergegeben werden und somit das ausländische Rechtsinstitut dem deutschen Recht angepasst wird.[376]

---

376 Vgl. zu den vorgenannten inhaltlichen Problemen eines Erbscheins *Johnen*, MittRhNotK 1986, 57 ff.; *Schotten*, Rpfleger 1991, 181 ff.; zur Aufnahme eines Vindikationslegats in einen Erbschein *Weber*, DNotZ 2018, 16, 28 f.

7. Praktische Anwendungsfälle von Europäischen Nachlasszeugnissen und/oder deutschen Erbscheinen in typischen Fallkonstellationen mit Musterformulierungen

2004   Nachfolgend werden die verschiedenen Fälle von Erbfällen mit Auslandsberührung in verschiedene Fallgruppen unterteilt, für jede Fallgruppe ein oder mehrere praxisrelevante Beispiele gegeben und im Rahmen jedes Falles folgende Punkte abgehandelt:

(1) Zunächst wird das anwendbare Erbrecht nach den Bestimmungen der EU-ErbVO ermittelt, sofern nicht vorrangige Regelungen in internationalen Abkommen (Art. 75 EU-ErbVO) existieren (Fallgruppen 1 bis 6), ansonsten nach den Bestimmungen des vorrangigen internationalen Abkommens (vgl. Fallgruppe 7).

(2) Anschließend werden dann die Rechtsgrundlagen zum einen für die internationale Zuständigkeit – und bei deutschen Gerichten auch für die sachliche und örtliche Zuständigkeit – der mitgliedstaatlichen Gerichte bzw. Behörden zur Ausstellung eines ENZ ermittelt

(3) und zum anderen die internationale, sachliche und örtliche Zuständigkeit der deutschen Nachlassgerichte zur Erteilung eines deutschen Erbscheins festgestellt.

(4) Es folgt eine kurze Darstellung von Art und Inhalt des vom zuständigen deutschen Nachlassgericht zu erteilenden deutschen Erbscheins bzw. der zu erteilenden Erbscheine, wobei auch eine mögliche gegenständliche Beschränkung des jeweils zu beantragenden Erbscheins gemäß § 352c FamFG (früher § 2369 Abs. 1 BGB) erörtert wird.

(5) Schließlich wird ein kurzer Formulierungsvorschlag für mindestens eine praxisrelevante Erbscheinskonstellation unterbreitet.

a) Fallgruppe 1: Deutscher Erblasser verstirbt mit letztem gewöhnlichen Aufenthalt in Deutschland

2005   *Fall 1*

Der seit seiner Geburt in Deutschland lebende deutsche Erblasser E verstirbt am 5.1.2017 in Köln, seinem letzten gewöhnlichen Aufenthaltsort und hinterlässt ein Mehrfamilienhaus sowie ein Wertpapierdepot in Deutschland sowie jeweils eine Ferienwohnung in Italien (Rom) und in England (London). Die in Deutschland lebenden Erben benötigen Erbnachweise für die verschiedenen Nachlasswerte, wobei insbesondere ein zeitnaher Verkauf des Mehrfamilienhauses in Deutschland angestrebt wird.

aa) Anwendbares Erbrecht

2006   Ein vorrangiges internationales Abkommen, insbesondere im Verhältnis zwischen Deutschland und Italien einerseits und Deutschland und Großbritannien andererseits, existiert im vorliegenden Fall nicht. Es gelten somit die Vorschriften der EU-ErbVO, und zwar unabhängig davon, dass Großbritannien in Bezug auf die Verordnung bis vor kurzem als „Drittstaat" angesehen wurde (vgl. EG 82 zur EU-ErbVO) und nunmehr aus der EU ausgetreten ist. Anhaltspunkte für ein Eingreifen der Ausnahmevorschrift des Art. 21 Abs. 2 EU-ErbVO gibt es im vorliegenden Fall nicht. Der Erblasser wird somit aufgrund seines letzten gewöhnlichen Aufenthaltes in Deutschland gemäß Art. 21 Abs. 1 EU-ErbVO nach deutschem Erbrecht beerbt, und zwar nach dem Grundsatz der Nachlasseinheit hinsichtlich seines gesamten Nachlassvermögens, somit auch hinsichtlich der Ferienwohnungen in Rom und London. Eine dem bisherigen Art. 3a Abs. 2 EGBGB entsprechende Norm („Einzelstatut bricht Gesamtstatut") gibt es im Rahmen der EU-ErbVO nicht mehr. Die Ausnahmenorm des Art. 30 EU-ErbVO greift hier nicht. Auch aus der Sicht Italiens als Mitgliedstaat der EU-ErbVO gilt für das gesamte Nachlassvermögen deutsches Recht. England als Gebietseinheit des Mehrrechtsstaates Großbritannien wendet aber für die Immobilie in England nach dem Grundsatz der *lex rei sitae* (= Belegenheit der Sache) das englische Erbrecht an. Diesbezüglich besteht folglich ein im Rahmen des IPR hinzunehmender internationaler Entscheidungsdissens.[377]

---

[377] Vgl. Süß/*Odersky*, Erbrecht in Europa, 4. Aufl. 2020: Großbritannien: England und Wales, Rn 13.

bb) Internationale, sachliche und örtliche Zuständigkeit zur Erteilung eines ENZ

Die internationale Zuständigkeit der deutschen Nachlassgerichte für die Erteilung eines ENZ ergibt sich **2007** aus Art. 64 in Verbindung mit Art. 4 EU-ErbVO, da der Erblasser seinen letzten gewöhnlichen Aufenthalt in Deutschland hatte. Das ENZ kann zwar nicht zur ausschließlichen Verwendung in Deutschland ausgestellt werden, im vorliegenden Fall aber zur Verwendung in einem anderen Mitgliedstaat, nämlich Italien (Art. 63 Abs. 1 EU-ErbVO). Nach der Ausstellung kann das ENZ dann auch in Deutschland verwendet werden (Art. 62 Abs. 3 S. 2 EU-ErbVO). Die sachliche und örtliche Zuständigkeit des Amtsgerichts Köln ergibt sich hier aus § 34 Abs. 3, 4 IntErbRVG (= Amtsgericht, in dessen Bezirk der Erblasser im Zeitpunkt seines Todes seinen gewöhnlichen Aufenthalt hatte). Für die Ferienwohnung in Italien könnte somit vor dem Amtsgericht Köln ein ENZ beantragt werden, welches nach Ausstellung auch für den Nachlass in Deutschland, insbesondere gegenüber dem Grundbuchamt für das Mehrfamilienhaus (§ 69 Abs. 5 EU-ErbVO; vgl. auch § 35 GBO neuer Fassung), verwendet werden könnte. Im Nichtmitgliedstaat Großbritannien wird das ENZ wohl keine Anerkennung finden, so dass für die Ferienwohnung in London das in England vorgesehene Nachlassverfahren (insbesondere unter Einschaltung eines *„executors"*) durchlaufen werden muss.

cc) Internationale, sachliche und örtliche Zuständigkeit zur Erteilung eines deutschen Erbscheins

Die internationale Zuständigkeit der deutschen Gerichte für die Erteilung eines Erbscheins bestimmte **2008** sich auch nach Anwendbarkeit der EU-ErbVO bis vor kurzem nach den nationalen Vorschriften der §§ 105, 343 FamFG, wonach die internationale Zuständigkeit der örtlichen Zuständigkeit folgte. Die deutschen Nachlassgerichte waren danach gemäß §§ 105, 343 Abs. 1 FamFG aufgrund des letzten gewöhnlichen Aufenthalts des Erblassers in Deutschland für die Erteilung eines Erbscheins international zuständig. Nunmehr folgt die internationale Zuständigkeit aus Art. 4 EU-ErbVO. Die Zuständigkeit umfasst das gesamte „Weltvermögen" des Erblassers, somit auch die Ferienwohnungen in Rom und London. Die sachliche Zuständigkeit des Amtsgerichts Köln folgt aus § 23a Abs. 1 Nr. 2, Abs. 2 Nr. 2 GVG, die örtliche Zuständigkeit aus § 343 Abs. 1 FamFG (Gericht, in dessen Bezirk der Erblasser zum Zeitpunkt seines Todes seinen gewöhnlichen Aufenthalt hatte).

dd) Art und Inhalt des Erbscheins – gegenständliche Beschränkung gemäß § 352c FamFG

Das Amtsgericht Köln könnte hier einen allgemeinen und unbeschränkten, das gesamte im Inland und **2009** Ausland befindliche Nachlassvermögen umfassenden Eigenrechtserbschein nach § 2353 BGB erteilen. Gemäß § 352c FamFG (früher § 2369 BGB) kann der Antrag auf Erteilung eines Erbscheins hier, da zur Erbschaft auch Gegenstände (ein Gegenstand, z.B. eine Immobilie würde auch ausreichen) im Ausland gehören, auf die in Deutschland befindlichen Gegenstände beschränkt werden. § 352c FamFG gilt unabhängig vom anwendbaren Recht, also sowohl bei ausschließlicher Anwendbarkeit deutschen oder ausländischen Rechts als auch in den Fällen einer Nachlassspaltung, wenn also auf die Erbfolge zum Teil deutsches und zum Teil ausländisches Recht zur Anwendung kommt. Die Beantragung eines gegenständlichen beschränkten Erbscheins ist auch zweckmäßig. Die Erben brauchen zügig einen Erbnachweis, um das Mehrfamilienhaus in Deutschland zu veräußern. Der Erbschein dürfte hier – zumindest zum heutigen Zeitpunkt – gegenüber dem ENZ noch die geläufigere und somit für die deutschen Nachlassgerichte schneller zu handhabenden Nachweismöglichkeit darstellen. Und da der deutsche Erbschein weder in England anerkannt würde – hier kann selbst bei Anwendbarkeit eines ausländischen Rechts der inländische Nachlass nur durch einen *„personal representative"* (*executor*) nach englischem Recht abgewickelt werden und außerdem gehen die englischen Behörden im vorliegenden Fall abweichend von den deutschen Gerichten von der Anwendbarkeit des englischen Rechts aus – noch der Erbschein in Italien eine dem § 2366 BGB vergleichbare Gutglaubenswirkung und auch keine Feststellungs- bzw. Gestaltungswirkung entfaltet, bietet sich auch aus Kostengründen (die im Ausland befindlichen Nachlasswerte bleiben bei der Wertberechnung außer Betracht, § 40 Abs. 3 GNotKG) die Beantragung nur eines auf das deutsche Nachlassvermögen beschränkten Eigenrechtserbscheins gemäß § 2353 BGB, § 352c FamFG an.

ee) Formulierungsvorschlag für einen nur das deutsche Nachlassvermögen umfassenden Eigenrechtserbschein

2010

Der mit letztem gewöhnlichen Aufenthalt in Köln verstorbene deutsche Erblasser E ist (nach deutschem Recht) hinsichtlich seines im Inland befindlichen Nachlasses gesetzlich (oder aufgrund einer Verfügung von Todes wegen) beerbt worden von (…).

Es wird die Erteilung eines gegenständlich auf den im Inland befindlichen Nachlass beschränkten Eigenrechtserbscheins gemäß § 2353 BGB, § 352c FamFG mit dem vorgenannten Inhalt beantragt.

b) Fallgruppe 2: Ausländischer Erblasser verstirbt mit letztem gewöhnlichen Aufenthalt in Deutschland

2011

Fall 2a)

Wie Fall 1 (Rdn 2005), nur der Erblasser war italienischer Staatsangehöriger. Eine Rechtswahl zum italienischen Heimatrecht gemäß Art. 22 EU-ErbVO hat der Erblasser nicht getroffen.

2012 Da sowohl Art. 21 Abs. 1 EU-ErbVO als auch die Zuständigkeitsvorschriften des Art. 4 EU-ErbVO und des § 343 FamFG an den gewöhnlichen Aufenthalt des Erblassers zum Zeitpunkt seines Todes und nicht an die Staatsangehörigkeit des Erblassers zum Zeitpunkt seines Todes anknüpfen, wird dieser Fall grundsätzlich genauso wie Fall 1 gelöst. Vgl. zu der Fallkonstellation, dass der Erblasser eine Rechtswahl gemäß Art. 22 EU-ErbVO getroffen hat, Fall 3b, Rdn 2023.

2013

Fall 2b)

Wie Fall 1 (Rdn 2005), nur der Erblasser war britischer Staatsangehöriger, eine Rechtswahl zum britischen Heimatrecht gemäß Art. 22 EU-ErbVO hat der Erblasser nicht getroffen und der Erblasser hinterlässt neben dem Mehrfamilienhaus und dem Wertpapierdepot in Deutschland nur noch ein Haus in Manchester.

aa) Anwendbares Erbrecht

2014 Ein vorrangiges internationales Abkommen, insbesondere im Verhältnis zwischen Deutschland und Großbritannien, existiert nicht. Es gelten somit die Vorschriften der EU-ErbVO. Der Erblasser wird wie in Fall 1 (Art. 21 Abs. 2 EU-ErbVO greift hier ebenfalls nicht ein) aufgrund seines letzten gewöhnlichen Aufenthaltes in Deutschland gemäß Art. 21 Abs. 1 EU-ErbVO nach deutschem Erbrecht beerbt, und zwar nach dem Grundsatz der Nachlasseinheit hinsichtlich seines gesamten in Deutschland und England befindlichen Nachlassvermögens. Aus englischer Sicht ist jedoch bezüglich des Hauses in Manchester englisches Recht anwendbar (vgl. Fall 1, Rdn 2006).

bb) Internationale Zuständigkeit zur Erteilung eines ENZ

2015 Die internationale Zuständigkeit der deutschen Nachlassgerichte für die Erteilung eines ENZ würde sich in diesem Fall zwar auch aus Art. 64 in Verbindung mit Art. 4 EU-ErbVO ergeben, da der Erblasser seinen letzten gewöhnlichen Aufenthalt in Deutschland hatte. Da das ENZ aber nur zur Verwendung in einem anderen Mitgliedstaat ausgestellt werden kann (Art. 63 Abs. 1 EU-ErbVO), Großbritannien aber kein Mitgliedstaat der EU-ErbVO ist (vgl. Erwägungsgrund 82 zur Verordnung), kommt hier die Ausstellung eines ENZ durch ein deutsches Nachlassgericht nicht in Betracht.

cc) Internationale, sachliche und örtliche Zuständigkeit zur Erteilung eines deutschen Erbscheins

2016 Die internationale Zuständigkeit der deutschen Nachlassgerichte für die Erteilung eines Erbscheins folgt auch in diesem Fall aufgrund des letzten gewöhnlichen Aufenthalts des Erblassers in Deutschland nunmehr aus Art. 4 EU-ErbVO. Zur sachlichen und örtlichen Zuständigkeit des Amtsgerichts Köln vgl. Fall 1, Rdn 2008.

dd) Art und Inhalt des Erbscheins – gegenständliche Beschränkung gemäß § 352c FamFG

Auch hier kann auf die Ausführungen zu Fall 1, Rdn 2009, verwiesen werden. Das Amtsgericht Köln wird somit auch hier einen auf das deutsche Nachlassvermögen beschränkten Eigenrechtserbschein gemäß §§ 2353 BGB, 352c FamFG erteilen.

2017

ee) Formulierungsvorschlag für einen nur das deutsche Nachlassvermögen umfassenden Eigenrechtserbschein

Der mit letztem gewöhnlichen Aufenthalt in Köln verstorbene britische Erblasser E ist nach deutschem Recht hinsichtlich seines im Inland befindlichen Nachlasses gesetzlich (oder aufgrund einer Verfügung von Todes wegen) beerbt worden von (...)

2018

Es wird die Erteilung eines gegenständlich auf den im Inland befindlichen Nachlass beschränkten Eigenrechtserbscheins gemäß § 2353 BGB, § 352c FamFG mit dem vorgenannten Inhalt beantragt.

c) Fallgruppe 3: Deutscher Erblasser verstirbt mit letztem Wohnsitz in einem anderen Mitgliedstaat der EU-ErbVO

Fall 3a)

2019

Der deutsche verwitwete Erblasser E, der bis vor zwölf Jahren in Deutschland (Düsseldorf) gelebt und dann nach Gent/Belgien umgezogen ist, verstirbt dort mit letztem gewöhnlichen Aufenthalt am 2.2.2017 ohne Hinterlassung einer Verfügung von Todes wegen. Er hinterlässt zwei erwachsene Töchter. Eine Rechtswahl zum deutschen Heimatrecht gemäß Art. 22 EU-ErbVO hat E nicht getroffen. E hinterlässt ein Wertpapierdepot in Belgien sowie zwei Einfamilienhäuser in Deutschland. Die in Deutschland lebenden Erben möchten die Häuser in Deutschland möglichst zeitnah verkaufen.

aa) Anwendbares Erbrecht

Ein vorrangiges internationales Abkommen, insbesondere im Verhältnis zwischen Deutschland und Belgien, existiert im vorliegenden Fall nicht. Es gelten somit die Vorschriften der EU-ErbVO. Anhaltspunkte für ein Eingreifen der Ausnahmevorschrift des Art. 21 Abs. 2 EU-ErbVO gibt es im vorliegenden Fall nicht. Der Erblasser wird somit aufgrund seines letzten gewöhnlichen Aufenthaltes in Belgien gemäß Art. 21 Abs. 1 EU-ErbVO nach belgischem Erbrecht beerbt, und zwar nach dem Grundsatz der Nachlasseinheit hinsichtlich seines gesamten Nachlassvermögens, somit auch hinsichtlich der Einfamilienhäuser in Deutschland. Dieser Grundsatz wird auch nicht durch eine Rückverweisung des belgischen Rechts auf das deutsche Recht hinsichtlich der Einfamilienhäuser in Deutschland durchbrochen, denn innerhalb des Anwendungsbereichs der EU-ErbVO enthält die Verordnung im Verhältnis zwischen den Mitgliedstaaten ausschließlich Sachnormverweisungen, so dass Rück- und Weiterverweisungen nicht mehr zu beachten sind. Und die Ausnahmevorschrift des Art. 34 Abs. 1 EU-ErbVO betrifft nur den Fall, dass durch die Vorschriften der EU-ErbVO auf das Recht eines Drittstaates (nicht aber auf das Recht eines Mitgliedstaates, z.B. auf das Recht Belgiens) verwiesen wird.

2020

bb) Internationale Zuständigkeit zur Erteilung eines ENZ

Die internationale Zuständigkeit der belgischen Gerichte bzw. Behörden für die Erteilung eines ENZ ergibt sich aus Art. 64 in Verbindung mit Art. 4 EU-ErbVO, da der Erblasser seinen letzten gewöhnlichen Aufenthalt in Belgien hatte. Das ENZ kann zwar nicht zur ausschließlichen Verwendung in Belgien ausgestellt werden, im vorliegenden Fall aber zur Verwendung in einem anderen Mitgliedstaat, nämlich Deutschland (Art. 63 Abs. 1 EU-ErbVO). Das ENZ würde auch gemäß Art. 69 Abs. 5 EU-ErbVO gegenüber dem deutschen Grundbuchamt die vollen Legitimationswirkungen entfalten (vgl. auch § 35 GBO neuer Fassung). Nach der Ausstellung kann das ENZ dann auch in Belgien verwendet werden (Art. 62 Abs. 3 S. 2 EU-ErbVO).

2021

cc) Internationale, sachliche und örtliche Zuständigkeit zur Erteilung eines deutschen Erbscheins

Die internationale Zuständigkeit der deutschen Gerichte für die Erteilung eines Erbscheins bestimmte sich nach der bis vor Kurzem vorherrschenden Auffassung (auch nach Anwendbarkeit der EU-ErbVO)

2022

nach den nationalen Vorschriften der §§ 105, 343 FamFG, wonach die internationale Zuständigkeit der örtlichen Zuständigkeit folgt. Die deutschen Nachlassgerichte wären danach gemäß §§ 105, 343 Abs. 2 FamFG für die Erteilung eines Erbscheins international zuständig gewesen, da der Erblasser früher einmal seinen gewöhnlichen Aufenthalt in Deutschland hatte. Die Zuständigkeit hätte das gesamte „Weltvermögen" des Erblassers, somit auch das Nachlassvermögen in Belgien, umfasst. Nach der jüngsten Rechtsprechung des EuGH ist allerdings im vorliegenden Fall eine internationale Zuständigkeit der deutschen Nachlassgerichte ausgeschlossen, da sich auch die internationale Zuständigkeit für die Erteilung eines deutschen Erbscheins nach Art. 4 ff. EU-ErbVO beurteilt und hiernach keine Zuständigkeit der deutschen Nachlassgerichte eröffnet wäre, vgl. zum bisherigen Meinungsstreit sowie zur aktuellen Rechtsprechung Rdn 1832 ff. In dieser Konstellation kann ein deutscher Erbschein – auch nicht in gegenständlich beschränkter Form nach § 352c FamFG – nicht beantragt werden und wird somit nicht erteilt.

2023 *Fall 3b)*

Wie Fall 3a), Rdn 2019, nur der Erblasser E hat, als er noch in Deutschland lebte, vor einem deutschen Notar rechtswirksam eine Rechtswahl gemäß Art. 22 EU-ErbVO zum deutschen Recht getroffen. Sonst hat er keine Verfügungen von Todes wegen errichtet.

(1) Anwendbares Erbrecht

2024 Im Unterschied zu Fall 3a) hat der Erblasser wirksam, also formwirksam und materiell wirksam, gemäß Art. 22 Abs. 1 EU-ErbVO das deutsche Recht als das Recht seiner Staatsangehörigkeit sowohl zum Zeitpunkt der Rechtswahl als auch zum Zeitpunkt seines Todes gewählt. Die Rechtswahl umfasst das gesamte Nachlassvermögen des Erblassers, hier also auch das Wertpapierdepot in Belgien. Eine gegenständlich beschränkte Rechtswahl – wie früher Art. 25 Abs. 2 EGBGB aF. – ist seit Anwendbarkeit der EU-ErbVO nicht mehr zulässig. Die Rechtswahl beinhaltet zwingend eine Sachnormverweisung auf das deutsche Erbrecht, so dass Rück- und Weiterverweisungen von vornherein nicht zu beachten sind. E wird somit hinsichtlich seines gesamten Nachlassvermögens nach deutschem Recht beerbt.

(2) Internationale, sachliche und örtliche Zuständigkeit zur Erteilung eines ENZ

2025 Hier würde sich zunächst einmal eine internationale Zuständigkeit der belgischen Gerichte bzw. Behörden für die Erteilung eines ENZ aus Art. 64 in Verbindung mit Art. 4 EU-ErbVO ergeben, da der Erblasser seinen letzten gewöhnlichen Aufenthalt in Belgien hatte. Gemäß Art. 7 EU-ErbVO wären aber die deutschen Nachlassgerichte für die Erteilung eines ENZ international dann zuständig, wenn sich entweder das Nachlassgericht am letzten Erblasserwohnsitz wegen mangelnder Sachnähe für unzuständig erklären würde oder die Verfahrensparteien die Zuständigkeit des Heimatgerichts ausdrücklich anerkennen würden, oder im Falle rügeloser Einlassung der Verfahrensparteien oder – und das ist wohl der praktisch wichtigste Fall – die Verfahrensparteien eine ausschließliche Gerichtsstandsvereinbarung gemäß Art. 7 lit. b) in Verbindung mit Art. 5 EUErbVO treffen. Als Verfahrensparteien würden im vorliegenden Fall wohl nur die beiden Töchter des Erblassers als gesetzliche Erbinnen in Betracht kommen (vgl. hierzu im Einzelnen Rdn 1947). Die Gerichtsstandvereinbarung bedarf grundsätzlich der Schriftform und ist von den betroffenen Parteien zu unterzeichnen. Aufgrund einer derartigen Gerichtsstandsvereinbarung der beiden Töchter wären somit die deutschen Nachlassgerichte international für die Erteilung eines ENZ zuständig. Dies wäre schon aus dem Grunde anzuraten, dass das zuständige deutsche Nachlassgericht dann sein eigenes Recht, das deutsche Recht, anwenden könnte und dies zu einer Verfahrensvereinfachung bzw. Verfahrensbeschleunigung beitragen würde.

2026 Die sachliche Zuständigkeit des Amtsgerichts Düsseldorf ergibt sich hier aus § 34 Abs. 4 IntErbRVG. Die örtliche Zuständigkeit folgt aus § 34 Abs. 1 Nr. 2 IntErbRVG. Hiernach kann das konkrete Nachlassgericht in der Gerichtsstandsvereinbarung von den Verfahrensparteien bezeichnet werden. Das ENZ kann zwar nicht zur ausschließlichen Verwendung in Deutschland ausgestellt werden, im vorliegenden Fall aber zur Verwendung in einem anderen Mitgliedstaat, nämlich Belgien (Art. 63 Abs. 1 EU-ErbVO). Nach der Ausstellung kann das ENZ dann auch in Deutschland verwendet werden (Art. 62 Abs. 3 S. 2 EU-ErbVO). Das ENZ würde auch gemäß Art. 69 Abs. 5 EU-ErbVO gegenüber dem deutschen Grundbuchamt die vollen Legitimationswirkungen entfalten (vgl. auch § 35 GBO neuer Fassung).

(3) Internationale, sachliche und örtliche Zuständigkeit zur Erteilung eines deutschen Erbscheins

Bezüglich der internationalen Zuständigkeit der deutschen Gerichte für die Erteilung eines Erbscheins **2027** ergibt sich hier ein Unterschied gegenüber Fall 3a), Rdn 2022. Die internationale Zuständigkeit des Amtsgerichts Düsseldorf für die Erteilung eines Erbscheins ergibt sich nicht mehr aus §§ 105, 343 Abs. 2 FamFG, sondern aus Art. 7 lit. b), 5 EU-ErbVO, was auch für die Ausstellung eines ENZ gilt.

(4) Art und Inhalt des Erbscheins – gegenständliche Beschränkung gemäß § 352c FamFG

Das Amtsgericht Düsseldorf könnte hier einen allgemeinen und unbeschränkten, das gesamte im Inland **2028** und Ausland befindliche Nachlassvermögen umfassenden Eigenrechtserbschein nach § 2353 BGB erteilen. Gemäß § 352c FamFG kann auch hier der Antrag auf Erteilung eines Erbscheins auf die in Deutschland befindlichen Gegenstände beschränkt werden. Die Beantragung eines gegenständlich beschränkten Erbscheins ist auch zweckmäßig. Die Erben brauchen kurzfristig einen Erbnachweis, um die Einfamilienhäuser in Deutschland zu veräußern. Und hierfür stellt der deutsche Erbschein einen bekannten etablierten Erbnachweis dar, der auch die Sprachbarriere gegenüber belgischen Gerichten, Behörden und Notaren vermeidet. Und da der deutsche Erbschein für das in Belgien befindliche Nachlassvermögen wohl nicht anerkannt würde (in Belgien erfolgt der Erbnachweis für in Belgien befindliche Vermögenswerte, insbesondere dann, wenn der Erblasser mit letztem gewöhnlichen Aufenthalt in Belgien unter Anwendbarkeit des belgischen Erbrechts verstirbt, durch von belgischen Notaren ausgestellte Erbfolgebescheinigungen[378]), bietet sich aus Kostengründen (die im Ausland befindlichen Nachlasswerte bleiben bei der Wertberechnung außer Betracht, § 40 Abs. 3 GNotKG) die Beantragung nur eines auf das deutsche Nachlassvermögen beschränkten Fremdrechtserbscheins gemäß § 2353 BGB, § 352c FamFG an.

(5) Formulierungsvorschlag für einen den Gesamtnachlass bzw. alternativ für einen nur das deutsche Nachlassvermögen umfassenden Eigenrechtserbschein

> Der mit letztem gewöhnlichen Aufenthalt in Gent/Belgien verstorbene deutsche Erblasser E ist auf- **2029** grund Rechtswahl gemäß Art. 22 Abs. 1 EU-ErbVO nach deutschem Recht gesetzlich beerbt worden von seinen beiden Töchtern zu gleichen Teilen (alternativ: hinsichtlich seines im Inland befindlichen Nachlasses gesetzlich beerbt worden von seinen beiden Töchtern) (...).
>
> Es wird die Erteilung eines allgemeinen und unbeschränkten (alternativ: eines gegenständlich auf den im Inland befindlichen Nachlass beschränkten) Eigenrechtserbscheins gemäß § 2353 BGB (alternativ: in Verbindung mit § 352c FamFG) auf der Grundlage des deutschen Rechts mit dem vorgenannten Inhalt beantragt.

d) **Fallgruppe 4: Erblasser eines anderen Mitgliedstaates der EU-ErbVO verstirbt mit letztem gewöhnlichen Aufenthalt in diesem Mitgliedstaat und hinterlässt Nachlassvermögen in Deutschland**

Fall 4 **2030**

Die verwitwete italienische Erblasserin E, die immer in Italien (Tirol) gelebt hat, verstirbt mit letztem gewöhnlichen Aufenthalt in Bozen/Italien und hinterlässt neben einem Einfamilienhaus und Bar- und Sparvermögen in Italien auch eine Ferienwohnung in München. Die Erblasserin hat keine Verfügung von Todes wegen errichtet. Sie hinterlässt einen Sohn S (Italiener ebenfalls mit Wohnsitz in Bozen). Dieser möchte die Ferienwohnung in München möglichst zeitnah verkaufen.

aa) Anwendbares Erbrecht

Ein vorrangiges internationales Abkommen, insbesondere im Verhältnis zwischen Deutschland und Ita- **2031** lien, existiert im vorliegenden Fall nicht. Es gelten somit die Vorschriften der EU-ErbVO. Anhaltspunkte für ein Eingreifen der Ausnahmevorschrift des Art. 21 Abs. 2 EU-ErbVO gibt es im vorliegenden Fall nicht. Die Erblasserin wird somit aufgrund ihres letzten gewöhnlichen Aufenthaltes in Italien gemäß

---

378 Vgl. Süß/*Schür*, Erbrecht in Europa, 4. Aufl. 2020: Belgien, Rn 111 ff. zu den sog. „actes d'hérédité" und „certificats d'hérédité".

Art. 21 Abs. 1 EU-ErbVO nach italienischem Erbrecht beerbt, und zwar nach dem Grundsatz der Nachlasseinheit hinsichtlich ihres gesamten Nachlassvermögens, somit auch hinsichtlich der Ferienwohnung in Deutschland.

bb) Internationale Zuständigkeit zur Erteilung eines ENZ

2032 Die internationale Zuständigkeit der italienischen Gerichte bzw. Behörden für die Erteilung eines ENZ ergibt sich aus Art. 64 in Verbindung mit Art. 4 EU-ErbVO, da die Erblasserin ihren letzten gewöhnlichen Aufenthalt in Italien hatte. Das ENZ kann zwar nicht zur ausschließlichen Verwendung in Italien ausgestellt werden, im vorliegenden Fall aber zur Verwendung in einem anderen Mitgliedstaat, nämlich Deutschland (Art. 63 Abs. 1 EU-ErbVO). Nach der Ausstellung kann das ENZ dann auch in Italien verwendet werden (Art. 62 Abs. 3 S. 2 EU-ErbVO). Das ENZ würde auch gemäß Art. 69 Abs. 5 EU-ErbVO gegenüber dem deutschen Grundbuchamt die vollen Legitimationswirkungen entfalten (vgl. auch § 35 GBO neuer Fassung).

cc) Internationale Zuständigkeit zur Erteilung eines deutschen Erbscheins

2033 Da die Erblasserin weder im Zeitpunkt ihres Todes noch früher einmal ihren gewöhnlichen Aufenthalt in Deutschland hatte, sie Nicht-Deutsche war, jedoch Nachlassvermögen in Deutschland hinterlassen hat, wäre in der Vergangenheit das Amtsgericht Schöneberg in Berlin gemäß §§ 105, 343 Abs. 3 FamFG für die Erteilung eines Erbscheins international zuständig gewesen, wobei diese Zuständigkeit das gesamte „Weltvermögen" der Erblasserin, somit auch das Nachlassvermögen in Italien umfasst hätte. Nunmehr ist im vorliegenden Fall eine internationale Zuständigkeit der deutschen Nachlassgerichte von vornherein ausgeschlossen, da sich auch die internationale Zuständigkeit für die Erteilung eines deutschen Erbscheins nach Art. 4 ff. EU-ErbVO beurteilt und hiernach keine Zuständigkeit der deutschen Nachlassgerichte eröffnet ist, vgl. zu dieser Rechtslage Rdn 1832 ff.

e) Fallgruppe 5: Deutscher Erblasser verstirbt mit letztem Wohnsitz in einem Drittstaat und hinterlässt auch Nachlassvermögen in Deutschland – Nachlassspaltung –

2034 *Fall 5*

Die deutsche verwitwete Erblasserin E, die bis vor zehn Jahren in Deutschland (Bonn) gelebt und dann nach London/Großbritannien, England umgezogen ist, verstirbt dort mit letztem gewöhnlichen Aufenthalt und Domizil (*domicile*) am 24.3.2017 ohne Hinterlassung einer Verfügung von Todes wegen. E hinterlässt zwei erwachsene Söhne. Eine Rechtswahl zum deutschen Heimatrecht gemäß Art. 22 EU-ErbVO hat sie nicht getroffen. E hinterlässt eine Ferienwohnung und Sparvermögen in London sowie ein Mehrfamilienhaus und ein Wertpapierdepot in Bonn. Die in Deutschland lebenden Erben möchten das Mehrfamilienhaus in Deutschland möglichst zeitnah verkaufen.

aa) Anwendbares Recht

2035 Ein vorrangiges internationales Abkommen, insbesondere im Verhältnis zwischen Deutschland und Großbritannien, existiert im vorliegenden Fall nicht. Es gelten somit die Vorschriften der EU-ErbVO, insbesondere Art. 21 EU-ErbVO. Gemäß Art. 20 EU-ErbVO ist das Recht des letzten gewöhnlichen Aufenthalts auch dann maßgeblich, wenn auf das Recht eines Drittstaates verwiesen wird. Die EU-ErbVO schafft somit universell anwendbares Recht (= loi uniforme). Anhaltspunkte für ein Eingreifen der Ausnahmevorschrift des Art. 21 Abs. 2 EU-ErbVO gibt es in diesem Fall nicht. Aufgrund des letzten gewöhnlichen Aufenthaltes und Domizils (*domicile*)[379] der E in London verweist Art. 21 Abs. 1 EU-ErbVO in Verbindung mit Art. 36 Abs. 2a) EU-ErbVO (= interlokale Unteranknüpfung im Falle eines Mehrrechtsstaates ohne einheitliches interlokales Privatrecht) quasi im Wege des verlängerten Verweisung auf das Recht der Gebietseinheit des letzten gewöhnlichen Aufenthaltes der Erblasserin, somit auf das englische Recht. Zwar enthält die EU-ErbVO grundsätzlich Sachnormverweisungen. Art. 34 Abs. 1 EU-ErbVO

---

379 Vgl. zu den unterschiedlichen Begriffen des Domizils (*domicile*) im anglo-amerikanischen Recht und dessen Abgrenzung vom Begriff des gewöhnlichen Aufenthalts, Süß/*Odersky*, Erbrecht in Europa, 4. Aufl. 2020: Großbritannien: England und Wales, Rn 7 ff.

macht jedoch hiervon im Falle der Verweisung gemäß Art. 21 Abs. 1 EU-ErbVO auf das Recht eines Drittstaates eine Ausnahme. Hiernach sind Rück- oder Weiterverweisungen dieser Drittstaaten-Rechtsordnung unter anderem dann zu beachten, wenn auf das Recht eines Mitgliedstaates (z.B. das deutsche Recht) rück- oder weiterverwiesen wird. Großbritannien war bis vor kurzem ein Drittstaat und kein Mitgliedstaat der EU-ErbVO (vgl. Erwägungsgrund 82 zur Verordnung) und ist nunmehr kein EU-Mitglied. Das englische IPR folgt dem Prinzip der Nachlassspaltung: Während für die Erbfolge in den unbeweglichen Nachlass das jeweilige Belegenheitsrecht (*lex rei sitae*) Anwendung findet, gilt für die Erbfolge in den beweglichen Nachlass das Recht des letzten Domizils des Erblassers.[380] Das englische Recht nimmt also die Verweisung für das bewegliche Nachlassvermögen – sowohl das in England als auch das in Deutschland befindliche – und für die Ferienwohnung in London der E an, während es hinsichtlich des Mehrfamilienhauses in Bonn auf das deutsche Recht zurückverweist. Diese Rückverweisung wird vom deutschen Recht angenommen, vgl. zu der Frage, ob eine Rückverweisung im Rahmen der EU-ErbVO automatisch angenommen wird oder nicht, Rdn 1861. Erblasserin E wird somit hinsichtlich des Mehrfamilienhauses in Bonn nach deutschem Recht und im Übrigen nach englischem Recht beerbt. Aus Sicht des englischen Rechts käme man hier zum selben Ergebnis.[381]

bb) Internationale Zuständigkeit zur Erteilung eines ENZ

Die internationale Zuständigkeit der deutschen Nachlassgerichte für die Erteilung eines ENZ würde sich zwar in diesem Fall aus Art. 64 in Verbindung mit Art. 10 Abs. 1 lit. a) EU-ErbVO für das gesamte Nachlassvermögen der Erblasserin ergeben, da diese nicht mit gewöhnlichem Aufenthalt in einem Mitgliedstaat verstorben ist, sie aber zum Todeszeitpunkt deutsche Staatsangehörige war und in ihrem Heimatstaat Nachlassvermögen hinterlassen hat. Da das ENZ aber nur zur Verwendung in einem anderen Mitgliedstaat ausgestellt werden kann (Art. 63 Abs. 1 EU-ErbVO), Großbritannien aber, wie gesehen, kein Mitgliedstaat der EU-ErbVO war und nunmehr kein EU-Mitglied ist, kommt hier die Ausstellung eines ENZ durch ein deutsches Nachlassgericht nicht in Betracht.

2036

cc) Internationale, sachliche und örtliche Zuständigkeit zur Erteilung eines deutschen Erbscheins

Die internationale Zuständigkeit der deutschen Gerichte für die Erteilung eines Erbscheins bestimmte sich früher (auch nach Anwendbarkeit der EU-ErbVO) nach den nationalen Vorschriften der §§ 105, 343 FamFG, wonach die internationale Zuständigkeit der örtlichen Zuständigkeit folgte. Die deutschen Nachlassgerichte waren danach gemäß §§ 105, 343 Abs. 2 FamFG für die Erteilung eines Erbscheins international zuständig, da die Erblasserin früher einmal ihren gewöhnlichen Aufenthalt in Deutschland hatte. Die Zuständigkeit hätte das gesamte „Weltvermögen" der Erblasserin, somit auch das Nachlassvermögen in London, umfasst. Die sachliche Zuständigkeit des Amtsgerichts Bonn folgte aus § 23a Abs. 1 Nr. 2, Abs. 2 Nr. 2 GVG, die örtliche Zuständigkeit aus § 343 Abs. 2 FamFG (Gericht, in dessen Bezirk die Erblasserin ihren letzten gewöhnlichen Aufenthalt im Inland hatte). Nunmehr ist im vorliegenden Fall eine internationale Zuständigkeit der deutschen Nachlassgerichte für die Erteilung eines Erbscheins – parallel zur ENZ-Zuständigkeit – gemäß Art. 10 Abs. 1 lit. a) EU-ErbVO festzustellen, und zwar ebenfalls für den gesamten Nachlass der E.

2037

dd) Art und Inhalt des Erbscheins – gegenständliche Beschränkung gemäß § 352c FamFG

Als Folge der Nachlassspaltung ist der jeweilige Nachlass, der einer eigenen Rechtsordnung unterliegt, als selbstständiger Nachlass anzusehen und so zu behandeln, als ob er der gesamte Nachlass wäre. Insbesondere ist somit für jeden Nachlass bzw. Nachlassteil ein eigener Erbschein zu erteilen, ein Eigenrechtserbschein für den dem deutschen Recht unterliegenden Nachlass und ein Fremdrechtserbschein für den dem englischen Recht unterliegenden Nachlass, und zwar jeweils als allgemeiner Erbschein gemäß § 2353 BGB. Die beiden Erbscheine können in einer Urkunde als „Doppelerbschein" zusammengefasst werden.

2038

Zur klaren und eindeutigen Abgrenzung der zu erteilenden Erbscheine ist zunächst im Rahmen jedes der zu erteilenden Erbscheine anzugeben, nach welchem Recht sich die bezeugte Erbfolge richtet, im vorlie-

2039

---

380 Vgl. z.B. Süß/*Odersky*, Erbrecht in Europa, 4. Aufl. 2020: Großbritannien: England und Wales, Rn 3.
381 Vgl. Süß/*Odersky*, Erbrecht in Europa, 4. Aufl. 2020: Großbritannien: England und Wales, Rn 13.

genden Fall somit die Erbfolge hinsichtlich des unbeweglichen Vermögens in Deutschland nach deutschem Recht sowie die Erbfolge hinsichtlich des gesamten übrigen Nachlasses, also sowohl hinsichtlich des beweglichen „Weltvermögens" als auch hinsichtlich des unbeweglichen Vermögens in England, nach englischem Recht. Im Rahmen des Eigenrechtserbscheins hat die Angabe des deutschen Rechts nur deklaratorische Bedeutung. Folgt die Anwendbarkeit des deutschen Rechts, wie im vorliegenden Fall nicht unmittelbar aus Art. 21 Abs. 1 EU-ErbVO, sollte klarstellend vermerkt werden, dass das deutsche Recht aufgrund teilweiser Rückverweisung des englischen Rechts zur Anwendung kommt. Weiterhin sollte der auf der Grundlage des deutschen Rechts zu erteilende Eigenrechtserbschein klarstellend eine ausdrückliche Geltungsbeschränkung auf den in Deutschland befindlichen unbeweglichen Nachlass enthalten, während der auf der Grundlage des englischen Rechts zu erteilende Fremdrechtserbschein klarstellend den Geltungsausschluss hinsichtlich des außerhalb Englands befindlichen Grundbesitzes enthalten sollte. Sollte nur isoliert ein Eigenrechtserbschein oder ein Fremdrechtserbschein beantragt werden, wäre ein entsprechender Geltungsvermerk zwingend.

2040   Durch die isolierte Beantragung lediglich eines Eigenrechtserbscheines, der ein allgemeiner Erbschein nach § 2353 BGB ist, würde hiermit nur der in Deutschland befindliche unbewegliche Nachlass umfasst und das gesamte übrige Erblasservermögen aus dem deutschen Nachlassverfahren ausgeklammert, insbesondere auch das in Deutschland befindliche bewegliche Nachlassvermögen. Diese isolierte Beantragung eines Eigenrechtserbscheins könnte z.B. dann zweckmäßig sein, wenn es den Erben nur um eine zügige Erteilung des Erbscheins geht, um das in Bonn befindliche Mehrfamilienhaus zeitnah zu veräußern. Denn in diesem Fall erspart sich das deutsche Nachlassgericht die unter Umständen zeitaufwendige Ermittlung des auf das übrige Nachlassvermögen anwendbaren ausländischen Erbrechts.

2041   Die Erteilung eines auf das in Deutschland befindliche Nachlassvermögen beschränkten Erbscheins nach § 352c FamFG ist möglich, und zwar grundsätzlich getrennt für jeden Spaltnachlass, d.h. sowohl für den dem deutschen Recht als auch für den dem jeweiligen ausländischen Recht unterfallenden Nachlass. Im vorliegenden Fall, in dem lediglich das Immobiliarvermögen in Deutschland dem deutschen Recht, das gesamte übrige Nachlassvermögen jedoch dem englischen Recht unterliegt, kommt die gegenständliche Beschränkung nur im Rahmen des auf der Grundlage des englischen Rechts zu beantragenden Fremdrechtserbscheins in Betracht. Hierdurch könnte das gesamte in England befindliche bewegliche und unbewegliche Nachlassvermögen aus dem deutschen Erbscheinsverfahren ausgeklammert werden und der Fremdrechtserbschein somit nur auf das in Deutschland befindliche bewegliche Nachlassvermögen beschränkt werden. Die gegenständliche Beschränkung auf das in Deutschland befindliche bewegliche Nachlassvermögen – diese Einschränkung auf das bewegliche Inlandsvermögen ist zwingend wegen der vorliegenden Inlandsnachlassspaltung – müsste auch in diesem Fall zwingend in dem Eigenrechtserbschein vermerkt werden.

2042   Durch eine gegenständliche Beschränkung des Fremdrechtserbscheins gemäß § 352c FamFG wird dem deutschen Nachlassgericht zwar nicht die unter Umständen zeitintensive Ermittlung der Erbfolge nach englischem Recht erspart, da hier das englische Erbrecht auch für den in Deutschland befindlichen beweglichen Nachlass ermittelt und geprüft werden müsste. Für eine gegenständliche Beschränkung spricht aber das Kostenargument des § 40 Abs. 3 GNotKG, wonach die nicht von der Erbscheinswirkung des nach § 352c FamFG erteilten gegenständlich beschränkten Erbscheins umfassten Gegenstände bei der Wertberechnung für das deutsche Erbscheinsverfahren außer Betracht bleiben. Denn ein auch das in England befindliche Nachlassvermögen umfassender deutscher Fremdrechtserbschein würde in England nicht anerkannt. Darüber hinaus könnte der englische Nachlass nur durch einen „*personal representative*" (*executor*) nach englischem Recht abgewickelt werden.

2043   Zweckmäßig ist im vorliegenden Fall somit die Kombination eines allgemeinen Eigenrechtserbscheins gemäß § 2353 BGB mit einem gegenständlich beschränkten Fremdrechtserbschein gemäß § 352c FamFG. Hierdurch wird lediglich der gesamte deutsche Nachlass umfasst.

ee) Formulierungsvorschläge für nur das deutsche Nachlassvermögen umfassende Eigenrechts- und Fremdrechtserbscheine – Doppelerbschein – bzw. für einen nur das deutsche Immobiliarvermögen umfassenden Eigenrechtserbschein

Allgemeiner Eigenrechtserbschein gemäß § 2353 BGB und gegenständlich beschränkter Fremdrechtserbschein gemäß § 352c FamFG (Doppelerbschein)

2044

umfasst das gesamte Inlandsvermögen des Erblassers, nicht aber das bewegliche und unbewegliche Vermögen in England.

Die mit letztem gewöhnlichen Aufenthalt in England verstorbene deutsche Erblasserin E ist

- nach deutschem Recht aufgrund Rückverweisung des englischen Rechts hinsichtlich ihres in Deutschland belegenen unbeweglichen Vermögens (ggfs. konkrete Angabe des Grundbesitzes) gesetzlich beerbt worden von (…)
- nach englischem Recht hinsichtlich ihres im Inland befindlichen beweglichen Vermögens gesetzlich beerbt worden von (…).

Es wird beantragt die Erteilung

- eines allgemeinen Eigenrechtserbscheins gemäß § 2353 BGB – die Anwendbarkeit des deutschen Rechts folgt aus einer teilweisen Rückverweisung durch das englische Recht – mit dem vorgenannten Inhalt, und zwar lediglich hinsichtlich des in Deutschland belegenen unbeweglichen Vermögens (ggfs. konkrete Angabe des Grundbesitzes) der Erblasserin
- und eines gegenständlich auf den im Inland befindlichen beweglichen Nachlass beschränkten Fremdrechtserbscheins gemäß § 352c FamFG auf der Grundlage des englischen Rechts mit dem vorgenannten Inhalt.

Isolierter allgemeiner Eigenrechtserbschein gemäß § 2353 BGB

2045

umfasst nur das in Deutschland befindliche unbewegliche Nachlassvermögen, nicht jedoch das in Deutschland befindliche bewegliche Nachlassvermögen.

Die mit letztem gewöhnlichen Aufenthalt in London verstorbene deutsche Erblasserin E ist nach deutschem Recht aufgrund Rückverweisung des englischen Rechts hinsichtlich ihres in Deutschland belegenen unbeweglichen Vermögens (ggfs. konkrete Angabe des Grundbesitzes) gesetzlich beerbt worden von (…).

Es wird beantragt die Erteilung eines allgemeinen Eigenrechtserbscheins gemäß § 2353 BGB – die Anwendbarkeit des deutschen Rechts folgt aus einer teilweisen Rückverweisung durch das englische Recht – mit dem vorgenannten Inhalt, und zwar lediglich hinsichtlich des in Deutschland belegenen unbeweglichen Vermögens (ggfs. konkrete Angabe des Grundbesitzes) der Erblasserin.

f) Fallgruppe 6: Staatsangehöriger eines Drittstaates verstirbt mit letztem Wohnsitz in diesem Drittstaat und hinterlässt auch Nachlassvermögen in Deutschland – Nachlassspaltung

Fall 6

2046

Die britische verwitwete Erblasserin E, die von Geburt an in London gelebt hat, verstirbt dort mit letztem gewöhnlichen Aufenthalt und Domizil (*domicile*) am 1.4.2017 ohne Hinterlassung einer Verfügung von Todes wegen. E hinterlässt einen erwachsenen Sohn S. Eine Rechtswahl gemäß Art. 22 EU-ErbVO hat E nicht getroffen. E hinterlässt wie in Fall 5 eine Ferienwohnung und Sparvermögen in London sowie ein Mehrfamilienhaus und ein Wertpapierdepot in Bonn, zusätzlich aber auch ein Wertpapierdepot in Luxemburg. Alleinerbe Sohn S möchte das Mehrfamilienhaus in Deutschland möglichst zeitnah verkaufen.

aa) Anwendbares Recht

2047   Hier kann grundsätzlich auf die Ausführungen zu Fall 5 Rdn 2034 ff. und die dort aufgeführten Verweise Bezug genommen werden. Mangels Vorliegens eines internationalen Abkommens und mangels Hinweise für das Vorliegen einer Ausnahme gemäß Art. 21 Abs. 2 EU-ErbVO ist das anzuwendende Erbrecht gemäß Art. 21 Abs. 1 EU-ErbVO zu ermitteln. Aufgrund des letzten gewöhnlichen Aufenthaltes und Domizils (*domicile*) der E in London verweist Art. 21 Abs. 1 EU-ErbVO in Verbindung mit Art. 36 Abs. 2a) EU-ErbVO auf das Recht der Gebietseinheit des letzten gewöhnlichen Aufenthaltes der Erblasserin, somit auf das englische Recht. Gemäß Art. 34 Abs. 1 EU-ErbVO sind aber im Falle der Verweisung durch Art. 21 Abs. 1 EU-ErbVO auf das Recht eines Drittstaates, wozu auch Großbritannien zählt, Rück- oder Weiterverweisungen dieses Drittstaaten-Rechts unter anderem dann zu beachten, wenn auf das Recht eines Mitgliedstaates (z.B. das deutsche Recht) rück- oder weiterverwiesen wird. Das englische IPR folgt dem Prinzip der Nachlassspaltung: Während für die Erbfolge in den unbeweglichen Nachlass das jeweilige Belegenheitsrecht (*lex rei sitae*) Anwendung findet, gilt für die Erbfolge in den beweglichen Nachlass das Recht des letzten Domizils des Erblassers. Das englische Recht nimmt also die Verweisung für das bewegliche Nachlassvermögen – sowohl das in England als auch das in Deutschland und Luxemburg befindliche – und für die Ferienwohnung in London der E an, während es hinsichtlich des Mehrfamilienhauses in Bonn auf das deutsche Recht zurückverweist. Diese Rückverweisung wird vom deutschen Recht angenommen. Erblasserin E wird somit hinsichtlich des Mehrfamilienhauses in Bonn nach deutschem Recht und im Übrigen nach englischem Recht beerbt. Aus Sicht des englischen Rechts käme man hier zum selben Ergebnis.

bb) Internationale Zuständigkeit zur Erteilung eines ENZ

2048   Die internationale Zuständigkeit der deutschen Nachlassgerichte für die Erteilung eines ENZ ergibt sich in diesem Fall nach der hier vertretenen Auffassung aus Art. 64 in Verbindung mit Art. 10 Abs. 2 EU-ErbVO. Denn E hatte zum Zeitpunkt ihres Todes nicht ihren gewöhnlichen Aufenthalt in einem Mitgliedstaat, sie hatte zum Zeitpunkt ihres Todes keine Staatsangehörigkeit eines Mitgliedstaates und hatte auch keinen früheren gewöhnlichen Aufenthalt in einem Mitgliedstaat, der nicht länger als fünf Jahre zurückliegt. Nach Art. 10 Abs. 2 EU-ErbVO sind aber die jeweiligen Mitgliedstaatsgerichte immer nur für das in dem jeweiligen Mitgliedstaat befindliche Nachlassvermögen international zuständig. Die deutschen Nachlassgerichte wären hier also nur für das in Deutschland befindliche Nachlassvermögen (Mehrfamilienhaus in Bonn) für die Erteilung eines ENZ zuständig. Nach einer anderen Auffassung ist hier von vornherein überhaupt keine Zuständigkeit für die Erteilung eines ENZ gegeben, da das ENZ nicht zur Verwendung in einem anderen Mitgliedstaat (hier z.B. Luxemburg) beantragt und ausgestellt werden kann (vgl. Rdn 1952). Die Erben hätten nach dieser Auffassung nur die Möglichkeit der Beantragung eines nationalen Erbnachweises (z.B. eines deutschen Erbscheins).

cc) Internationale Zuständigkeit zur Erteilung eines deutschen Erbscheins

2049   Die internationale Zuständigkeit der deutschen Gerichte für die Erteilung eines Erbscheins bestimmte sich (auch nach Anwendbarkeit der EU-ErbVO) nach den nationalen Vorschriften der §§ 105, 343 FamFG, wonach die internationale Zuständigkeit der örtlichen Zuständigkeit folgte. Das Amtsgericht Schöneberg in Berlin war danach gemäß §§ 105, 343 Abs. 3 FamFG für die Erteilung eines Erbscheins international zuständig, da die Erblasserin weder im Zeitpunkt ihres Todes noch früher einmal ihren gewöhnlichen Aufenthalt in Deutschland hatte, sie Nicht-Deutsche war, jedoch Nachlassvermögen in Deutschland hinterlassen hatte. Die Zuständigkeit hätte das gesamte „Weltvermögen" der Erblasserin, somit auch das Nachlassvermögen in England und Luxemburg, umfasst. Nunmehr ist auch im vorliegenden Fall eine internationale Zuständigkeit der deutschen Nachlassgerichte über Art. 10 Abs. 2 EU-ErbVO eröffnet, allerdings nur für das in Deutschland befindliche Nachlassvermögen.

dd) Art und Inhalt des Erbscheins – gegenständliche Beschränkung gemäß § 352c FamFG

2050   Hier kann auf die Ausführungen zu Fall 5 Rdn 2038 ff. verwiesen werden. Zweckmäßig ist also auch hier die Kombination eines allgemeinen Eigenrechtserbscheins gemäß § 2353 BGB für das Mehrfamilienhaus in Bonn mit einem gegenständlich beschränkten Fremdrechtserbschein gemäß § 352c FamFG für das Wertpapierdepot in Bonn. Hierdurch wird der gesamte im Ausland (England und Luxemburg) befindliche Nachlass ausgeklammert. Da es im Rahmen der Vorschrift des § 352c FamFG (früher § 2369 BGB) nicht möglich ist, nur einzelne im Ausland befindliche Nachlassgegenstände, z.B. nur das in England, nicht aber das in Luxemburg befindliche Nachlassvermögen, aus dem Erbscheinsverfahren auszuklammern,[382] kommt es im vorliegenden Fall auch nicht auf die Beantwortung der umstrittenen Frage an, ob ein in Deutschland ausgestellter Erbschein in Luxemburg anerkannt würde.[383]

ee) Formulierungsvorschläge für nur das deutsche Nachlassvermögen umfassende Eigenrechts- und Fremdrechtserbscheine – Doppelerbschein – bzw. für einen nur das deutsche Immobiliarvermögen umfassenden Eigenrechtserbschein

Allgemeiner Eigenrechtserbschein gemäß § 2353 BGB und gegenständlich beschränkter Fremd-rechtserbschein gemäß § 352c FamFG (Doppelerbschein)   **2051**

umfasst das gesamte Inlandsvermögen des Erblassers, nicht aber das bewegliche und unbewegliche Vermögen in England und das bewegliche Vermögen in Luxemburg.

Die mit letztem gewöhnlichen Aufenthalt in England verstorbene britische Erblasserin E ist

- nach deutschem Recht aufgrund Rückverweisung des englischen Rechts hinsichtlich ihres in Deutschland belegenen unbeweglichen Vermögens (ggfs. konkrete Angabe des Grundbesitzes) gesetzlich beerbt worden von (…)
- nach englischem Recht hinsichtlich ihres im Inland befindlichen beweglichen Vermögens gesetzlich beerbt worden von (…).

Es wird beantragt die Erteilung

- eines allgemeinen Eigenrechtserbscheins gemäß § 2353 BGB – die Anwendbarkeit des deutschen Rechts folgt aus einer teilweisen Rückverweisung durch das englische Recht – mit dem vorgenannten Inhalt, und zwar lediglich hinsichtlich des in Deutschland belegenen unbeweglichen Vermögens (ggfs. konkrete Angabe des Grundbesitzes) der Erblasserin
  und
- eines gegenständlich auf den im Inland befindlichen beweglichen Nachlass beschränkten Fremd-rechtserbscheins gemäß § 352c FamFG auf der Grundlage des englischen Rechts mit dem vorgenannten Inhalt.

Isolierter allgemeiner Eigenrechtserbschein gemäß § 2353 BGB   **2052**

umfasst nur das in Deutschland befindliche unbewegliche Nachlassvermögen, nicht jedoch das in Deutschland befindliche bewegliche Nachlassvermögen.

Die mit letztem gewöhnlichen Aufenthalt in London verstorbene britische Erblasserin E ist nach deutschem Recht aufgrund Rückverweisung des englischen Rechts hinsichtlich ihres in Deutschland belegenen unbeweglichen Vermögens (ggfs. konkrete Angabe des Grundbesitzes) gesetzlich beerbt worden von (…).

Es wird beantragt die Erteilung eines allgemeinen Eigenrechtserbscheins gemäß § 2353 BGB – die Anwendbarkeit des deutschen Rechts folgt aus einer teilweisen Rückverweisung durch das englische Recht – mit dem vorgenannten Inhalt, und zwar lediglich hinsichtlich des in Deutschland belegenen unbeweglichen Vermögens (ggfs. konkrete Angabe des Grundbesitzes) der Erblasserin.

---

382 Vgl. hierzu *Wittkowski*, RNotZ 2010, 102/112.
383 Vgl. hierzu Süß/*Frank*, Erbrecht in Europa, 4. Aufl. 2020: Luxemburg, Rn 160.

g) Fallgruppe 7: Türkischer Staatsangehöriger verstirbt mit letztem gewöhnlichen Aufenthalt in Deutschland und hinterlässt auch Nachlassvermögen in Deutschland – Vorrangiges internationales Übereinkommen – Nachlassspaltung

2053

Fall 7

Erblasser E mit ausschließlich türkischer Staatsangehörigkeit verstirbt am 3.4.2017 mit letztem gewöhnlichen Aufenthalt in Kleve. E war im Jahre 2001 aus der Türkei nach Deutschland gezogen. E hat keine Verfügung von Todes wegen errichtet und keine Rechtswahl zum türkischen Heimatrecht getroffen. E hinterlässt ein Einfamilienhaus und Sparvermögen in Deutschland sowie ein Grundstück und Wertpapiere in Istanbul/Türkei. Die in Deutschland lebende Familie benötigt zeitnah einen Erbnachweis für das deutsche Nachlassvermögen, vgl. zum umgekehrten Fall, dass ein deutscher Erblasser mit letztem gewöhnlichen Aufenthalt in der Türkei verstirbt, Rdn 1844.

aa) Anwendbares Recht

2054

Gemäß Art. 75 EU-ErbVO sind vorrangige internationale Übereineinkommen, insbesondere auch bilaterale Abkommen zwischen einem Mitgliedstaat und einen Drittstaat, die die Rechtsbereiche der Verordnung betreffen, zu beachten. Ein solch vorrangiges internationales Übereinkommen ist der **deutsch-türkische Konsularvertrag** vom 28.5.1929.[384] Dieser knüpft hinsichtlich des beweglichen Nachlassvermögens an das Heimatrecht des Erblassers zum Zeitpunkt seines Todes und hinsichtlich des unbeweglichen Nachlassvermögens an den Lageort (*lex rei sitae*) der Vermögenswerte an (Art. 20 § 14 Abs. 1 und 2). Unstreitig fallen Erblasser unter den Anwendungsbereich des Konsularvertrages, die ausschließlich die deutsche oder die türkische Staatsangehörigkeit besitzen, vgl. zum Problem der Erblasser mit doppelter (deutsch-türkischer) Staatsangehörigkeit Rdn 1843. In sachlicher Hinsicht ist das Abkommen nur anwendbar, wenn sich in einem Vertragsstaat Nachlassgegenstände befinden, die zum Nachlass eines Angehörigen des jeweils anderen Vertragsstaates gehören. Sofern und soweit das Abkommen nicht anwendbar ist, wird aus deutscher Sicht nach den Kollisionsvorschriften der EU-ErbVO angeknüpft.

2055

Im vorliegenden Fall wird somit der türkische Erblasser E aufgrund der Kollisionsnormen des vorrangigen deutsch-türkischen Konsularvertrages hinsichtlich seines in Deutschland befindlichen Sparvermögens nach türkischem Recht und hinsichtlich seines in Deutschland befindlichen Einfamilienhauses nach deutschem Recht beerbt. Die Verweisung durch Kollisionsnormen in internationalen Übereinkommen sind grundsätzlich Sachnormverweisungen. Es kommt somit zu einer Nachlassspaltung. Für das Grundstück und die Wertpapiere des türkischen Staatsangehörigen in der Türkei findet der Konsularvertrag keine Anwendung, so dass aus deutscher Sicht diesbezüglich nach Art. 21 Abs. 1 EU-ErbVO mangels einer Rechtswahl gemäß Art. 22 EU-ErbVO deutsches Erbrecht zur Anwendung gelangt. Aus Sicht der Türkei unterliegt aber das gesamte in der Türkei befindliche bewegliche und unbewegliche Vermögen dem türkischen Recht.[385] Diesbezüglich kommt es somit zu einem internationalen Entscheidungsdissenz.

bb) Internationale Zuständigkeit zur Erteilung eines ENZ

2056

Die internationale Zuständigkeit der deutschen Nachlassgerichte für die Erteilung eines ENZ würde sich in diesem Fall zwar auch aus Art. 64 in Verbindung mit Art. 4 EU-ErbVO ergeben, da der Erblasser seinen letzten gewöhnlichen Aufenthalt in Deutschland hatte. Da das ENZ aber nur zur Verwendung in einem anderen Mitgliedstaat ausgestellt werden kann (Art. 63 Abs. 1 EU-ErbVO), die Türkei aber kein Mitgliedstaat der EU-ErbVO ist, kommt hier die Ausstellung eines ENZ durch ein deutsches Nachlassgericht nicht in Betracht.

cc) Internationale, sachliche und örtliche Zuständigkeit zur Erteilung eines deutschen Erbscheins

2057

Die internationale Zuständigkeit der deutschen Nachlassgerichte für die Erteilung eines Erbscheins folgt in diesem Fall aufgrund des letzten gewöhnlichen Aufenthalts des Erblassers in Deutschland aus Art. 4

---

384 RGBl 1930 II, 748.
385 Vgl. Süß/*Kilic*, Erbrecht in Europa, 4. Aufl. 2020: Türkei, Rn 1.

EU-ErbVO (und nicht mehr aus §§ 105, 343 Abs. 1 FamFG). Die Zuständigkeit umfasst das gesamte „Weltvermögen" des Erblassers, somit auch das Grundstück und die Wertpapiere in Istanbul. Die sachliche Zuständigkeit des Amtsgerichts Kleve folgt aus § 23a Abs. 1 Nr. 2, Abs. 2 Nr. 2 GVG, die örtliche Zuständigkeit aus § 343 Abs. 1 FamFG (Gericht, in dessen Bezirk der Erblasser zum Zeitpunkt seines Todes seinen gewöhnlichen Aufenthalt hatte).

dd) Art und Inhalt des Erbscheins – gegenständliche Beschränkung gemäß § 352c FamFG

Als Folge der Nachlassspaltung ist der jeweilige Nachlass, der einer eigenen Rechtsordnung unterliegt, als selbstständiger Nachlass anzusehen und so zu behandeln, als ob er der gesamte Nachlass wäre. Insbesondere ist somit für jeden Nachlass bzw. Nachlassteil ein eigener Erbschein zu erteilen, ein Eigenrechtserbschein für den dem deutschen Recht unterliegenden Nachlass und ein Fremdrechtserbschein für den dem türkischen Recht unterliegenden Nachlass, und zwar jeweils als allgemeiner Erbschein gemäß § 2353 BGB. Die beiden Erbscheine können in einer Urkunde als „Doppelerbschein" zusammengefasst werden. Vgl. zum Inhalt des Doppel-Erbscheins Fall 5, Rdn 2039 ff. | **2058**

Durch die isolierte Beantragung lediglich eines Eigenrechtserbscheines, der ein allgemeiner Erbschein nach § 2353 BGB ist, würde hier nur der in Deutschland befindliche unbewegliche Nachlass sowie der gesamte Nachlass (beweglich und unbeweglich) in der Türkei umfasst und der in Deutschland befindliche bewegliche Nachlass aus dem deutschen Nachlassverfahren ausgeklammert. Diese isolierte Beantragung eines Eigenrechtserbscheins könnte z.B. dann zweckmäßig sein, wenn es den Erben nur um eine zügige Erteilung des Erbscheins geht, um das in Deutschland befindliche Einfamilienhaus zeitnah zu veräußern. Denn in diesem Fall erspart sich das deutsche Nachlassgericht die unter Umständen zeitaufwendige Ermittlung des auf das bewegliche Nachlassvermögen in Deutschland anwendbaren türkischen Erbrechts. Durch die isolierte Beantragung lediglich eines Fremdrechtserbscheins, der ebenfalls ein allgemeiner Erbschein nach § 2353 BGB ist, würde hingegen nur der in Deutschland befindliche bewegliche Nachlass abgedeckt. | **2059**

Die Erteilung eines auf das in Deutschland befindliche Nachlassvermögen beschränkten Erbscheins nach § 352c FamFG ist möglich, und zwar grundsätzlich getrennt für jeden Spaltnachlass, d.h. sowohl für den dem deutschen Recht als auch für den dem jeweiligen ausländischen Recht unterfallenden Nachlass. Im vorliegenden Fall, in dem lediglich das bewegliche Vermögen in Deutschland dem türkischen Recht, das gesamte übrige Nachlassvermögen jedoch dem deutschen Recht unterliegt, kommt die gegenständliche Beschränkung nur im Rahmen des auf der Grundlage des deutschen Rechts zu beantragenden Eigenrechtserbscheins in Betracht. Hierdurch könnte das gesamte in der Türkei befindliche bewegliche und unbewegliche Nachlassvermögen aus dem deutschen Erbscheinsverfahren ausgeklammert werden und der Eigenrechtserbschein somit nur auf das in Deutschland befindliche unbewegliche Nachlassvermögen beschränkt werden. | **2060**

Für eine gegenständliche Beschränkung spricht in erster Linie das Kostenargument des § 40 Abs. 3 GNotKG, wonach die nicht von der Erbscheinswirkung des nach § 352c FamFG erteilten gegenständlich beschränkten Erbscheins umfassten Gegenstände bei der Wertberechnung für das deutsche Erbscheinsverfahren außer Betracht bleiben. Denn ein auch das in der Türkei befindliche Nachlassvermögen umfassender deutscher Eigenrechtserbschein würde in der Türkei schon deshalb nicht anerkannt, weil aus türkischer Sicht bezüglich dieser Nachlasswerte türkisches und nicht deutsches Recht zur Anwendung kommt. | **2061**

Zweckmäßig ist im vorliegenden Fall somit die Kombination eines allgemeinen Fremdrechtserbscheins gemäß § 2353 BGB mit einem gegenständlich beschränkten Eigenrechtserbschein gemäß § 352c FamFG, die in einem „Doppelerbschein" zusammengefasst werden können. Hierdurch wird lediglich der gesamte deutsche Nachlass umfasst. | **2062**

ee) Formulierungsvorschlag für einen allgemeinen Fremdrechtserbschein gemäß § 2353 BGB und einen gegenständlich beschränkten Eigenrechtserbschein gemäß § 352c FamFG (Doppelerbschein)

2063

Formulierungsvorschlag für einen allgemeinen Fremdrechtserbschein gemäß § 2353 BGB und einen gegenständlich beschränkter Eigenrechtserbschein gemäß § 352c FamFG (Doppelerbschein)

umfasst das gesamte Inlandsvermögen des Erblassers, nicht aber das bewegliche und unbewegliche Vermögen in der Türkei.

Der mit letztem gewöhnlichem Aufenthalt in Kleve verstorbene türkische Erblasser E ist

■ nach deutschem Recht aufgrund der Kollisionsnormen des deutsch-türkischen Konsularvertrages hinsichtlich seines in Deutschland belegenen unbeweglichen Vermögens (ggfs. konkrete Angabe des Grundbesitzes) gesetzlich beerbt worden von (…)
■ nach türkischem Recht aufgrund der Kollisionsnormen des deutsch-türkischen Konsularvertrages hinsichtlich seines in Deutschland befindlichen beweglichen Vermögens gesetzlich beerbt worden von (…).

Es wird beantragt die Erteilung

■ eines gegenständlich auf das in Deutschland befindliche unbewegliche Nachlassvermögen (ggfs. konkrete Angabe des Grundbesitzes) beschränkten Eigenrechtserbscheins gemäß § 352c FamFG – die Anwendbarkeit des deutschen Rechts folgt aus den Kollisionsnormen des deutsch-türkischen Konsularvertrages – mit dem vorgenannten Inhalt, und
■ eines allgemeinen Fremdrechtserbscheins gemäß § 2353 BGB – die Anwendbarkeit des türkischen Rechts folgt aus den Kollisionsnormen des deutsch-türkischen Konsularvertrages – auf der Grundlage des türkischen Rechts mit dem vorgenannten Inhalt, und zwar lediglich hinsichtlich des in Deutschland befindlichen beweglichen Nachlassvermögens.

8. Hinweise zur Vorbereitung von Verfügungen von Todes wegen sowie von Pflichtteilsverzichtsverträgen – Formulierungsvorschläge –

2064   Die folgenden Ausführungen gelten auch für den Erbverzicht im Sinne des § 2346 Abs. 1 BGB; praktisch relevanter für die notarielle Praxis ist aber wohl der Pflichtteilsverzicht. Vgl. zu den Begriffen Rdn 1332 ff.

Da die Vorbereitung von Verfügungen von Todes wegen (Erbverträge und Testamente) sowie Pflichtteilsverzichtsverträgen mit Auslandsberührung wohl aufgrund der rechtlichen Komplexität des Erbrechts und des IPR in den meisten Fällen den Notaren und den sehr erfahrenen Notarmitarbeitern vorbehalten sein wird, sollen nachfolgend nur einige praktische Hinweise verbunden mit Formulierungsvorschlägen für diesen Bereich gegeben werden.

a) Neue Beratungssituation durch Wechsel vom Staatsangehörigkeitsprinzip zum Aufenthaltsprinzip im Erbrecht

2065   Die grundsätzliche Anknüpfung der EU-ErbVO an den letzten gewöhnlichen Aufenthalt des Erblassers stellt eine Abkehr von der bisher im deutschen Recht geltenden Anknüpfung an das Heimatrecht (= Staatsangehörigkeitsrecht) des Erblassers (Art. 25 Abs. 1 EGBGB aF.) dar. Für die Notare, die Verfügungen von Todes wegen bzw. Pflichtteilsverzichtsverträge mit Auslandsbezug beurkunden, ergeben sich hieraus einerseits praktische Vereinfachungen, andererseits aber auch Unsicherheiten, die sich auch auf die Beratungssituation gegenüber den ratsuchenden Erblassern auswirken und eine vorausschauende Beratung erforderlich machen.

2066   So können zum einen bei ausländischen Staatsangehörigen (auch Eheleuten), die zur Zeit und auch perspektivisch bis zu ihrem Tode ihren gewöhnlichen Aufenthalt in Deutschland haben, im Unterschied zur alten Rechtslage auf der Grundlage des deutschen Rechts Verfügungen von Todes wegen bzw. Pflichtteilsverzichtsverträge beurkundet werden, und zwar sowohl im Hinblick auf die Zulässigkeit, materielle Wirksamkeit und etwaige Bindungswirkungen einer Verfügung von Todes wegen bzw. eines Pflichtteilsverzichtsvertrages (Errichtungsstatut) als auch im Hinblick auf die inhaltliches Ausgestaltung unter Anwendung der im deutschen Erbrecht vorhandenen Rechtsinstitute (z.B. Vor- und Nacherbschaft, Testamentsvollstreckung, Erb- und Pflichtteilsverzicht unter Einschluss eines Zuwendungsverzichts usw.).

Zum anderen muss aber bei deutschen Erblassern, bei denen bislang unabhängig von ihrem gewöhnlichen Aufenthalt eine Verfügung von Todes wegen (Testament und Erbvertrag) bzw. ein Pflichtteilsverzichtsvertrag grundsätzlich ohne Probleme nach deutschem Erbrecht gestaltet werden konnte, darauf geachtet werden, dass einerseits ein bereits im Ausland bestehender gewöhnlicher Aufenthalt zur Anwendbarkeit des entsprechenden ausländischen Erbrechts führen kann und somit eine Gestaltung der Verfügung von Todes wegen bzw. eines Pflichtteilsverzichtsvertrages auf der Grundlage des deutschen Rechts unter Umständen ausgeschlossen ist und dass andererseits ein späterer Wechsel des bislang in Deutschland bestehenden gewöhnlichen Aufenthaltes ins Ausland zu einer Unwirksamkeit der bisherigen, auf der Grundlage des deutschen Rechts errichteten Verfügung von Todes wegen bzw. eines auf dieser Grundlage abgeschlossenen Pflichtteilsverzichtsvertrages führen kann. In diesen Fällen müsste je nach Fallkonstellation eine entsprechende vorsorgende Rechtswahl zum deutschen Erbrecht (nach Art. 22 und 24 bzw. 25 der Verordnung) in der Urkunde getroffen werden. | 2067

In allen Fällen, also sowohl bei in Deutschland lebenden deutschen als auch hier lebenden ausländischen Erblassern, sollte stets eine klare und ausführliche Belehrung in der Urkunde dahingehend enthalten sein, dass ein Wohnsitz- bzw. Aufenthaltswechsel ins Ausland, aber auch der Erwerb von Vermögenswerten im Ausland entscheidende Auswirkungen auf die Wirksamkeit und den Inhalt der betreffenden Verfügung von Todes wegen bzw. des betreffenden Pflichtteilsverzichtsvertrages haben kann. So kennen viele ausländische Rechtsordnungen bestimmte deutsche erbrechtlichen Rechtsinstitute (z.B. Vor- und Nacherbschaft, Testamentsvollstreckung, usw.) nicht oder vielen ausländischen Staaten ist ein Pflichtteilsverzicht unbekannt bzw. sie verbieten einen solchen. So sollte jedem Erblasser empfohlen werden, im Falle eines – zumeist zurzeit nicht geplanten – Umzugs ins Ausland noch einmal notariellen Rat einzuholen. Vgl. zu entsprechenden Belehrungsvorschlägen im Testament, Erbvertrag und Pflichtteilsverzichtsvertrag nachfolgend unter Rdn 2079, 2083, 2087. | 2068

b) Wichtige einzuholende Informationen des Erblassers zur Vorbereitung einer Verfügung von Todes wegen bzw. eines Pflichtteilsverzichtsvertrages

Aufgrund der neuen Rechtslage ist es wichtig und empfehlenswert, bereits im Rahmen des ersten Beratungsgesprächs mit dem Erblasser bzw. den Erblassern verschiedene Informationen einzuholen, die für die Vorbereitung der Verfügung von Todes wegen bzw. des Pflichtteilsverzichtsvertrages von großer Bedeutung sind: | 2069

Hinweis | 2070

■ aktueller gewöhnlicher Aufenthalt (bzw. Wohnsitz) des Erblassers bzw. der Erblasser (zur Bestimmung des Errichtungsstatuts für die Verfügung von Todes wegen bzw. den Pflichtteilsverzichtsvertrag bzw. des voraussichtlichen Erbstatuts)

■ konkrete Umzugspläne ins Ausland (dadurch wahrscheinlicher Wechsel des anwendbaren Rechts; zumindest bei deutschen Erblassern empfiehlt sich dann die Vornahme einer Rechtswahl zum deutschen Heimatrecht + Wahl von einfachen Verfügungen, die auch im Ausland akzeptiert werden)

■ aktuelle (und eventuell – z.B. bei Flüchtlingen – zukünftige) Staatsangehörigkeit (zur Auslotung einer etwa möglichen Rechtswahl zum Heimatrecht des Erblassers).

■ Vermögenswerte im Ausland, insbesondere in Nicht-Mitgliedstaaten der EU-ErbVO (für diese Vermögenswerte gilt aus Sicht des Lageortstaates unter Umständen dessen eigenes Recht, welches dann von den eigenen Behörden und Gerichten dieses Staates bei der rechtlichen Beurteilung, insbesondere bei der Nachlassabwicklung, zugrunde gelegt wird)

■ Erben eines in Deutschland lebenden ausländischen Erblassers, die selbst ihren gewöhnlichem Aufenthalt im EU-Ausland (Heimatstaat des Erblassers) haben (dann bietet sich unter Umständen eine Rechtswahl zum Heimatrecht des Erblassers an, damit die Erben dann über eine Gerichtsstandsvereinbarung die internationale Zuständigkeit der Gerichte des Heimatstaates des Erblassers zur Erteilung eines ENZ erreichen können)

c) Dokumentation der relevanten Informationen in der Urkunde (Erbvertrag, Testament, Pflichtteilsverzichtsvertrag)

2071   Die im Rahmen der Vorbereitung der Urkunde erhaltenen Informationen sollten nach Möglichkeit auch in der Urkunde vermerkt werden, quasi als Merkposten nicht nur für den Notar, sondern auch für den/die Erblasser bzw. die Vertragsparteien eines Pflichtteilsverzichtsvertrages.

2072   Die Informationen, die in ein einseitiges Testament, einen Erbvertrag oder einen Pflichtteilsverzichtsvertrag aufgenommen werden können, lauten – je nach Fallkonstellation – wie folgt:

- in allen Fällen:
  Die/der Erschienene(n) erklärt/erklären, die deutsche/ausländische Staatsangehörigkeit zu besitzen und im Güterstand der ... des ... Rechts zu leben/nicht verheiratet bzw. ledig zu sein.
- Erblasser mit gewöhnlichem Aufenthalt dauerhaft in Deutschland:
  Die/der Erschienene(n) erklärt/erklären weiter, zurzeit ihren/seinen gewöhnlichen Aufenthalt und Wohnsitz in Deutschland zu haben und beides aller Voraussicht nach auch bis zu ihrem/seinem Tode beibehalten zu wollen.
- Erblasser mit Wohnsitz dauerhaft im Ausland:
  Die/der Erschienene(n) erklärt/erklären weiter, dass sie/er zurzeit ihren/seinen gewöhnlichen Aufenthalt und Wohnsitz in X-Staat hat/haben und diesen aller Voraussicht nach auch bis zu ihrem/seinem Tode beibehalten wird/werden.
- Erblasser mit Wohnsitz zurzeit in Deutschland, aber Umzugsplan ins Ausland:
  Die/der Erschienene(n) erklärt/erklären weiter, zurzeit ihren/seinen gewöhnlichen Aufenthalt und Wohnsitz in Deutschland zu haben, sie/er aber beabsichtigt/beabsichtigen, voraussichtlich in Zukunft nach X-Staat zu ziehen und somit ihren/seinen gewöhnlichen Aufenthalt und Wohnsitz ins Ausland zu verlegen.
- in allen Fällen:
  Die/der Erschienene(n) erklärt/erklären ferner, zurzeit nur über Vermögenswerte in Deutschland zu verfügen und sie/er auch aller Voraussicht nicht beabsichtigt/beabsichtigen, in Zukunft Vermögenswerte, insbesondere Immobilien, im Ausland zu erwerben.
  oder
  Die/der Erschienene(n) erklärt/erklären ferner, zurzeit außerhalb Deutschlands nur folgende Vermögenswerte in folgendem Staat/in folgenden Staaten zu haben: ....

d) Formulierungsvorschläge zu (möglichen) Rechtswahlen und Belehrungen in einer Verfügung von Todes wegen bzw. in einem Pflichtteilsverzichtsvertrag

2073   Da ein späterer Wechsel des gewöhnlichen Aufenthaltes des Erblassers in das Ausland grundsätzlich zu einem Erbstatutenwechsel, also zur Anwendbarkeit eines anderen Erbrechts führt, hat dies in der Regel weitreichende Folgen für die Wirksamkeit einer Verfügung von Todes wegen bzw. eines Pflichtteilsverzichtsvertrages. Diesen möglichen Unsicherheiten für die Zukunft kann zumindest bei deutschen Erblassern effektiv mit einer Rechtswahl zum deutschen Heimatrecht gemäß Art. 22 EU-ErbVO begegnet werden. Parallel kann auch eine Rechtswahl gemäß Art. 24 Abs. 2 bzw. 25 Abs. 3 EU-ErbVO hinsichtlich der Zulässigkeit und der materiellen Wirksamkeit einer Verfügung von Todes wegen und bei Erbverträgen auch hinsichtlich der Bindungswirkungen getroffen werden (vgl. zu den einzelnen Fallgruppen Rdn 1918 ff.). Bei ausländischen Erblassern kommt allerdings eine Wahl des deutschen Rechts als das Recht des aktuellen oder letzten gewöhnlichen Aufenthaltes des Erblassers nach der EU-ErbVO nicht in Betracht. Auch eine Art. 25 Abs. 2 EGBGB aF. entsprechende Rechtswahl für in Deutschland belegene Immobilien lässt die EU-ErbVO nicht mehr zu. Im Einzelfall kann für den ausländischen Erblasser aber die Rechtswahl zum eigenen Heimatrecht sinnvoll sein.

2074   Die deutschen Notare bzw. deren Mitarbeiter haben stets zu prüfen, ob eine Rechtswahl für einen deutschen Erblasser bzw. mehrere deutsche Erblasser (z.B. Ehegatten im Rahmen eines Erbvertrages) zweckmäßig ist. Die Entscheidung für die Aufnahme einer Rechtswahl gemäß Art. 22 EU-ErbVO sollte aber – wie bereits ausgeführt – nur im Einzelfall unter Abwägung aller Umstände getroffen werden.

(Wahrscheinlichkeit eines späteren Umzugs ins Ausland, Art, Umfang und Lage – im In- oder Ausland – des jetzigen und noch zu erwartenden Vermögens, Kosten der Rechtswahl). Eine standardmäßige Aufnahme einer Rechtswahl eines deutschen Erblassers in seine Verfügung von Todes wegen bzw. in einen Pflichtteilsverzichtsvertrag ist schon aus Kostengründen nicht zu empfehlen. § 104 Abs. 2 GNotKG setzt für die erbrechtliche Rechtswahl 30 % des nach § 102 GNotKG zu ermittelnden bereinigten Nettovermögens des Erblassers an. Bei Pflichtteilsverzichtsverträgen ist das eigene Interesse des Erblassers besonders hoch, das deutsche Erbrecht zu zementieren. Denn zumeist wird der Pflichtteilsverzichtvertrag auf Wunsch und Initiative des Erblassers abgeschlossen und die im Einzelfall gravierenden Nachteile einer späteren Unwirksamkeit eines solchen Vertrages trägt ausschließlich der Erblasser selbst.

Die in den folgenden Formulierungsvorschlägen enthaltenen Regelungen können zweckmäßig sein, je nach Fallkonstellation zukünftige Rechtsunsicherheiten zu verhindern oder zumindest abzuschwächen und den Erblassern bzw. Vertragsparteien die Augen für die Probleme eines späteren Wechsels des anwendbaren Rechts zu öffnen.   **2075**

aa) Formulierungsvorschläge im Rahmen eines einseitigen Testamentes

Deutsche(r) Erblasser(in) mit voraussichtlich dauerhaftem gewöhnlichen Aufenthalt in Deutschland   **2076**

Im Hinblick darauf, dass die/der Erschienene bis zu ihrem/seinem Tode aller Voraussicht nach ihren/seinen gewöhnlichen Aufenthalt in Deutschland beibehalten wird, verzichtet die/der Erschienene auf die Vornahme einer Rechtswahl zum deutschen Recht gemäß der seit dem 17.8.2015 geltenden EU-Erbrechtsverordnung Nr. 650/2012 vom 4.7.2012.

Der beurkundende Notar/die beurkundende Notarin hat die/den Erschienene(n) darüber belehrt, dass für den Fall, dass sie/er in Zukunft wider Erwarten ihren/seinen gewöhnlichen Aufenthalt in das Ausland verlegen und diesen ausländischen gewöhnlichen Aufenthalt auch noch zum Zeitpunkt ihres/seines Todes haben sollte, sie/er wahrscheinlich nach dem betreffenden ausländischen Aufenthaltsrecht und nicht mehr nach deutschem Heimatrecht beerbt würde. In diesem Fall könnten die in dieser Urkunde getroffenen Verfügungen von Todes wegen gegebenenfalls unwirksam sein.

Die/der Erschienene wünscht dennoch keine vorsorgende Rechtswahl zum deutschen Recht in dieser Urkunde zu treffen.

Ausländische(r) Erblasser(in) mit voraussichtlich dauerhaftem gewöhnlichen Aufenthalt in Deutschland   **2077**

Der beurkundende Notar/die beurkundende Notarin hat die/den Erschienene(n) zunächst darüber belehrt, dass für den Fall, dass sie/er in Zukunft wider Erwarten ihren/seinen gewöhnlichen Aufenthalt in das Ausland verlegen und diesen ausländischen gewöhnlichen Aufenthalt auch noch zum Zeitpunkt ihres/seines Todes haben sollte, sie/er wahrscheinlich nach dem betreffenden ausländischen Aufenthaltsrecht und nicht mehr nach deutschem Recht beerbt würde. In diesem Fall könnten die in dieser Urkunde getroffenen Verfügungen von Todes wegen gegebenenfalls unwirksam sein.

Der Notar/die Notarin hat die/den Erschienene(n) ferner darüber belehrt, dass es nach der seit 17.8.2015 geltenden EU-Erbrechtsverordnung Nr. 650/2012 vom 4.7.2012 nicht möglich ist, das deutsche Recht als das Recht des jetzigen gewöhnlichen Aufenthaltes zu wählen.

Eine mögliche Rechtswahl zum … Recht als dem Recht ihrer/seiner Staatsangehörigkeit wünscht die/der Erschienene in dieser Urkunde ausdrücklich nicht zu treffen.

Der Notar/die Notarin hat die/den Erschienene(n) in dieser Urkunde ferner darüber belehrt, dass er ausländisches Recht und insbesondere das … Recht nicht kennen muss, er/sie über dessen Inhalt nicht belehrt und insoweit auch keine Haftung übernommen hat.

2078 *Deutsche(r) Erblasser/Erblasserin mit aktuellem gewöhnlichen Aufenthalt in Deutschland mit Absicht ins Ausland umzuziehen – Vorsorgende Rechtswahlen*

Ich, Frau/Herr... wähle hiermit rein vorsorglich gemäß Art. 22 Abs. 1 der EU-Verordnung Nr. 650/2012 vom 4.7.2012 für die Rechtsnachfolge von Todes wegen hinsichtlich meines gesamten Nachlasses das deutsche Recht als das Recht meiner Staatsangehörigkeit im Zeitpunkt der Rechtswahl.

Ich, Frau/Herr ... wähle weiterhin rein vorsorglich gem. Art. 24 Abs. 2 EU-ErbVO für die Zulässigkeit und die materielle Wirksamkeit des heutigen Testaments das deutsche Recht als das Recht meiner Staatangehörigkeit im Zeitpunkt der Rechtswahl.

Die vorstehenden vorsorglichen Rechtswahlen treffe ich insbesondere im Hinblick darauf, dass auch für den Fall, dass ich meinen gewöhnlichen Aufenthalt in das Ausland verlege und diesen ausländischen gewöhnlichen Aufenthalt auch noch zum Zeitpunkt meines Todes haben sollte, ich nach wie vor nach deutschem Heimatrecht und nicht nach dem betreffenden ausländischen Recht des gewöhnlichen Aufenthaltes beerbt werde.

Der beurkundende Notar/die beurkundende Notarin hat den/die Erschienene(n) darauf hingewiesen, dass

- es fraglich ist, ob die Rechtswahlen im Ausland außerhalb des örtlichen Anwendungsbereiches der EU-Verordnung Nr. 650/2012 vom 4.7.2012 anerkannt werden und der Notar/die Notarin hierüber nichts aussagen kann,
- der Notar/die Notarin ausländisches Recht und damit auch das durch eine Rechtswahl unter Umständen ausgeschaltete fremde Erbrecht nicht kennen muss, er/sie über dessen Inhalt nicht belehrt hat und insoweit auch keine Beratung oder Betreuung übernommen hat.

2079 *Belehrung am Ende des Testamentes*

Der beurkundende Notar/die beurkundende Notarin hat mich schließlich darauf hingewiesen, dass es notwendig, zumindest aber zweckmäßig ist, das vorliegende Testament auf seine Wirksamkeit und Anerkennungsfähigkeit hin überprüfen zu lassen und es gegebenenfalls entsprechend zu ändern und/ oder zu ergänzen, wenn ich entweder den gewöhnlichen Aufenthalt außerhalb Deutschlands verlegen oder im Ausland Vermögenswerte nennenswerter Art, insbesondere Immobilien, erwerben sollte.

bb) Formulierungsvorschläge im Rahmen eines Erbvertrages zwischen Ehegatten

2080 *Deutsche Erblasser mit voraussichtlich dauerhaftem gewöhnlichen Aufenthalt in Deutschland*

Im Hinblick darauf, dass die Erschienenen bis zu ihrem Tode aller Voraussicht nach ihren gewöhnlichen Aufenthalt in Deutschland beibehalten werden, verzichten die Erschienenen einvernehmlich auf die Vornahme einer Rechtswahl zum deutschen Recht gemäß der seit dem 17.8.2015 geltenden EU-Erbrechtsverordnung Nr. 650/2012 vom 4.7.2012.

Der beurkundende Notar/die beurkundende Notarin hat die Erschienenen darüber belehrt, dass für den Fall, dass einer oder beide von ihnen in Zukunft wider Erwarten seinen/ihren gewöhnlichen Aufenthalt in das Ausland verlegen und diesen ausländischen gewöhnlichen Aufenthalt auch noch zum Zeitpunkt seines/ihres Todes haben sollte(n), sie bzw. der betreffende Erblasser von ihnen wahrscheinlich nach dem betreffenden ausländischen Aufenthaltsrecht und nicht mehr nach deutschem Heimatecht beerbt würde(n). In diesem Fall könnten die in dieser Urkunde getroffenen Verfügungen von Todes wegen gegebenenfalls unwirksam sein.

Die Erschienenen wünschen dennoch keine vorsorgende Rechtswahl zum deutschen Recht in dieser Urkunde zu treffen.

Ausländische Erblasser mit voraussichtlich dauerhaftem gewöhnlichen Aufenthalt in Deutschland   **2081**

Der beurkundende Notar/die beurkundende Notarin hat die Erschienenen zunächst darüber belehrt, dass für den Fall, dass einer oder beide von ihnen in Zukunft wider Erwarten seinen/ihren gewöhnlichen Aufenthalt in das Ausland verlegen und diesen ausländischen gewöhnlichen Aufenthalt auch noch zum Zeitpunkt seines/ihres Todes haben sollte(n), sie bzw. der betreffende Erblasser von ihnen wahrscheinlich nach dem betreffenden ausländischen Aufenthaltsrecht und nicht mehr nach deutschem Recht beerbt würde. In diesem Fall könnten die in dieser Urkunde getroffenen Verfügungen von Todes wegen gegebenenfalls unwirksam sein.

Der Notar/die Notarin hat die Erschienenen ferner darüber belehrt, dass es nach der seit 17.8.2015 geltenden EU-Erbrechtsverordnung Nr. 650/2012 vom 4.7.2012 nicht möglich ist, das deutsche Recht als das Recht des jetzigen gewöhnlichen Aufenthaltes zu wählen.

Eine Rechtswahl zum … Recht als dem Recht ihrer Staatsangehörigkeit wünschen die Erschienenen in dieser Urkunde ausdrücklich nicht zu treffen.

Der Notar/die Notarin hat die Erschienenen in dieser Urkunde ferner darüber belehrt, dass er/sie ausländisches Recht und insbesondere das … Recht nicht kennen muss, er/sie über dessen Inhalt nicht belehrt und insoweit auch keine Haftung übernommen hat.

Deutsche Erblasser mit aktuellem gewöhnlichen Aufenthalt in Deutschland mit Absicht ins Ausland umzuziehen – Vorsorgende Rechtswahlen   **2082**

Ein jeder von uns wählt hiermit rein vorsorglich gemäß Art. 22 Abs. 1 der EU-Verordnung Nr. 650/2012 vom 4.7.2012 für die Rechtsnachfolge von Todes wegen hinsichtlich seines gesamten Nachlasses das deutsche Recht als das Recht seiner Staatsangehörigkeit im Zeitpunkt der Rechtswahl.

Ein jeder von uns wählt weiterhin rein vorsorglich gemäß Art. 25 Abs. 3 der EU-Verordnung Nr. 650/2012 vom 4.7.2012 für die Zulässigkeit, die materielle Wirksamkeit und die Bindungswirkung des heutigen Erbvertrages einschließlich der Voraussetzungen für seine Auflösung das deutsche Recht als das Recht seiner Staatsangehörigkeit im Zeitpunkt der Rechtswahl.

Die vorstehenden vorsorglichen Rechtswahlen treffen wir insbesondere im Hinblick darauf, dass auch für den Fall, dass wir beide oder einer von uns seinen gewöhnlichen Aufenthalt in das Ausland verlegen und diesen ausländischen gewöhnlichen Aufenthalt auch noch zum Zeitpunkt seines Todes haben sollte(n), ein jeder von uns nach wie vor nach deutschem Heimatrecht und nicht nach dem betreffenden ausländischen Recht des gewöhnlichen Aufenthaltes beerbt wird.

Wir, Eheleute …, nehmen die vorgenannten vorsorglichen Rechtswahlen des jeweils anderen Ehegatten gegenseitig an und treffen sie mit erbvertraglich bindender Wirkung. Wir sind über die Bindung belehrt worden. Ein jeder von uns behält sich jedoch das Recht vor, einseitig von der jeweiligen mit erbvertraglich bindender Wirkung getroffenen Rechtswahl zurückzutreten, falls er der Überlebende von uns ist oder falls die nachstehend unter Ziffern … auf der sachrechtlichen Ebene mit erbvertraglich bindender Wirkung getroffenen Verfügungen von Todes wegen aufgehoben oder unwirksam werden sollten.

Der beurkundende Notar/die beurkundende Notarin hat die Erschienenen darauf hingewiesen, dass

- es fraglich ist, ob die Rechtswahlen im Ausland außerhalb des örtlichen Anwendungsbereiches der EU-Verordnung Nr. 650/2012 vom 4.7.2012 anerkannt werden und der Notar/die Notarin hierüber nichts aussagen kann,
- der Notar/die Notarin ausländisches Recht und damit auch das durch Rechtswahl unter Umständen ausgeschaltete fremde Erbrecht nicht kennen muss, er/sie über dessen Inhalt nicht belehrt hat und insoweit auch keine Beratung oder Betreuung übernommen hat.

2083   *Belehrung am Ende des Erbvertrages*

Der beurkundende Notar hat uns schließlich darauf hingewiesen, dass es notwendig, zumindest aber zweckmäßig ist, den vorliegenden Erbvertrag auf seine Wirksamkeit und Anerkennungsfähigkeit hin überprüfen zu lassen und ihn gegebenenfalls entsprechend zu ändern und/oder zu ergänzen bzw. den Erbvertrag durch testamentarische, nicht bindende Verfügungen von Todes wegen zu ersetzen, wenn wir – oder zumindest einer von uns – entweder den gewöhnlichen Aufenthalt außerhalb Deutschlands verlegen oder im Ausland Vermögenswerte nennenswerter Art, insbesondere Immobilien, erwerben sollte(n).

cc) Formulierungsvorschläge im Rahmen eines Pflichtteilsverzichtsvertrages eines Kindes gegenüber seinen beiden Eltern

2084   *Deutsche Erblasser mit voraussichtlich dauerhaftem gewöhnlichen Aufenthalt in Deutschland*

Im Hinblick darauf, dass die erschienenen Eheleute … bis zu ihrem Tode aller Voraussicht nach ihren gewöhnlichen Aufenthalt in Deutschland beibehalten wollen, verzichten sie einvernehmlich auf die Vornahme einer Rechtswahl zum deutschen Recht gemäß der seit dem 17.8.2015 geltenden EU-Erbrechtsverordnung Nr. 650/2012 vom 4.7.2012.

Der beurkundende Notar/die beurkundende Notarin hat Eheleute … darüber belehrt, dass für den Fall, dass einer oder beide von ihnen in Zukunft wider Erwarten seinen/ihren gewöhnlichen Aufenthalt in das Ausland verlegen und diesen ausländischen gewöhnlichen Aufenthalt auch noch zum Zeitpunkt seines/ihres Todes haben sollte(n), sich die Erbfolge nach dem betreffenden Erblasser bzw. der betreffenden Erblasserin wahrscheinlich nach dem betreffenden ausländischen Aufenthaltsrecht und nicht mehr nach deutschem Heimatrecht beurteilen würde. Da das anzuwendende Erbrecht auch die Zulässigkeit und Wirksamkeit eines Pflichtteilsverzichts nach dem betreffenden Erblasser beurteilt, könnten auch die in der Urkunde nachfolgend zu vereinbarenden Pflichtteilsverzichte nach dem betreffenden Erblasser aufgrund des dann unter Umständen anzuwendenden ausländischen Aufenthaltsrechts unwirksam sein.

Die Erschienenen wünschen dennoch keine vorsorgende Rechtswahl zum deutschen Recht in dieser Urkunde zu treffen.

2085   *Ausländische Erblasser mit voraussichtlich dauerhaftem gewöhnlichen Aufenthalt in Deutschland*

Der beurkundende Notar/die beurkundende Notarin hat die Erschienenen zunächst darüber belehrt, dass für den Fall, dass einer oder beide von ihnen in Zukunft wider Erwarten seinen/ihren gewöhnlichen Aufenthalt in das Ausland verlegen und diesen ausländischen gewöhnlichen Aufenthalt auch noch zum Zeitpunkt seines/ihres Todes haben sollte(n), sie bzw. der betreffende Erblasser von ihnen wahrscheinlich nach dem betreffenden ausländischen Aufenthaltsrecht und nicht mehr nach deutschem Recht beerbt würde. Da das anzuwendende Erbrecht auch die Zulässigkeit und Wirksamkeit eines Pflichtteilsverzichts nach dem betreffenden Erblasser beurteilt, könnten auch die in der Urkunde zu vereinbarenden Pflichtteilsverzichte nach dem betreffenden Erblasser aufgrund des dann unter Umständen anzuwendenden ausländischen Aufenthaltsrechts unwirksam sein.

Der Notar/die Notarin hat die Erschienenen ferner darüber belehrt, dass es nach der seit 17.8.2015 geltenden EU-Erbrechtsverordnung Nr. 650/2012 vom 4.7.2012 nicht möglich ist, das deutsche Recht als das Recht des jetzigen gewöhnlichen Aufenthaltes zu wählen.

Eine Rechtswahl zum … Recht als dem Recht ihrer Staatsangehörigkeit wünschen die Erschienenen in dieser Urkunde ausdrücklich nicht zu treffen.

Der Notar/die Notarin hat die Erschienenen in dieser Urkunde ferner darüber belehrt, dass er/sie ausländisches Recht und insbesondere das … Recht nicht kennen muss, er/sie über dessen Inhalt nicht belehrt und insoweit auch keine Haftung übernommen hat.

Deutsche Erblasser mit aktuellem gewöhnlichen Aufenthalt in Deutschland mit Absicht ins Ausland umzuziehen – Vorsorgende Rechtswahlen

Ein jeder von uns wählt hiermit rein vorsorglich gemäß Art. 22 Abs. 1 der EU-Verordnung Nr. 650/2012 vom 4.7.2012 für die Rechtsnachfolge von Todes wegen hinsichtlich seines gesamten Nachlasses das deutsche Recht als das Recht seiner Staatsangehörigkeit im Zeitpunkt der Rechtswahl.

Ein jeder von uns wählt weiterhin rein vorsorglich gemäß Art. 25 Abs. 3 der EU-Verordnung Nr. 650/2012 vom 4.7.2012 für die Zulässigkeit, die materielle Wirksamkeit und die Bindungswirkung des heutigen Pflichtteilsverzichtsvertrages einschließlich der Voraussetzungen für seine Auflösung das deutsche Recht als das Recht seiner Staatsangehörigkeit im Zeitpunkt der Rechtswahl.

Die vorstehenden vorsorglichen Rechtswahlen treffen wir insbesondere im Hinblick darauf, dass auch für den Fall, dass wir beide oder einer von uns seinen gewöhnlichen Aufenthalt in das Ausland verlegen und diesen ausländischen gewöhnlichen Aufenthalt auch noch zum Zeitpunkt unseres/seines Todes haben sollte(n), der in dieser Urkunde jeweils vereinbare Pflichtteilsverzicht nach unserem deutschem Heimatrecht und nicht nach dem betreffenden ausländischen Recht des gewöhnlichen Aufenthaltes beurteilt wird.

Der beurkundende Notar/die beurkundende Notarin hat die Erschienenen darauf hingewiesen, dass

- es fraglich ist, ob die Rechtswahlen im Ausland außerhalb des örtlichen Anwendungsbereiches der EU-Verordnung Nr. 650/2012 vom 4.7.2012 anerkannt werden und der Notar/die Notarin hierüber nichts aussagen kann,
- der Notar/die Notarin ausländisches Recht und damit auch das durch Rechtswahl unter Umständen ausgeschaltete fremde Erbrecht nicht kennen muss, er/sie über dessen Inhalt nicht belehrt hat und insoweit auch keine Beratung oder Betreuung übernommen hat.

2087

Der beurkundende Notar hat uns schließlich darauf hingewiesen, dass es unbedingt erforderlich ist, den vorliegenden Pflichtteilsverzichtsvertrag auf seine Wirksamkeit und Anerkennungsfähigkeit hin überprüfen zu lassen und ihn gegebenenfalls entsprechend zu ändern und/oder zu ergänzen, wenn wir – oder zumindest einer von uns – entweder seinen gewöhnlichen Aufenthalt außerhalb Deutschlands verlegen oder im Ausland Vermögenswerte nennenswerter Art, insbesondere Immobilien, erwerben sollte(n). Denn in diesen Fällen könnte der jeweilige Pflichtteilsverzichtsvertrag in der heutigen Urkunde aufgrund des dann unter Umständen anwendbaren ausländischen Aufenthaltsrechts des betreffenden Erblassers bzw. des dann unter Umständen anwendbaren Lageortrechtes im Hinblick auf die betreffende Immobilie ganz oder teilweise unwirksam sein.

§ 5 Notarkostenrecht

A. Grundzüge

I. Rechtsquelle – das GNotKG

1. Einführung

Die Notarkosten bestimmen sich nach dem **Gerichts- und Notarkostengesetz (GNotKG)**.[1] Das Gesetz 1
gilt seit dem 1.8.2013 (BGBl I S. 2586). Bei einem Blick auf die Vorgängerbestimmungen zeigt sich, dass
maßgebliche Grundstrukturen weiter gelten und auch schon lange Zeit unverändert sind.

Die Reichskostenordnung von 1935 hatte eine Vereinheitlichung des bis dahin je nach dem Recht der ein- 2
zelnen deutschen Länder zersplitterten Kostenrechts der Notare gebracht. In der Bundesrepublik
Deutschland galt sie auch nach 1945 fort und wurde als Kostenordnung (KostO) im Jahr 1957 neu gefasst.
In der DDR herrschten für das ganz überwiegend staatliche Notariat spätestens seit 1952 eigene Regeln,
ab der Wiedervereinigung dann die KostO (zunächst mit verschiedenen Gebührenermäßigungen).

Das GNotKG teilt sich in einen **Paragrafenteil** und ein **Kostenverzeichnis**. In den Paragrafen werden 3
außer den Geschäftswerten vor allem auch das Kostenschuldverhältnis und das Verfahren geregelt.
Die Nummern des Kostenverzeichnisses („KV-Nummern") enthalten die eigentliche Gebühr (bei Betragsgebühren) oder den Gebührensatz, außerdem die Auslagen. Eine vergleichbare Systematik gilt
zum Beispiel im Rechtsanwaltsvergütungsgesetz und im Gerichtskostengesetz schon seit 2004 (das
Jahr der „ersten Kostenrechtsmodernisierung"). Die Freiwillige Gerichtsbarkeit, d.h. die Notare und
die Gerichte in Betreuungssachen, Nachlasssachen, Registerangelegenheiten, die Grundbuchämter etc.[2]
zogen 2013 mit dem „zweiten Kostenrechtsmodernisierungsgesetz"[3] nach.

2. Geltungsbereich

Das GNotKG erfasst bis auf ganz wenige Ausnahmen (z.B. Fälle der Sachenrechtsbereinigung in den 4
neuen Bundesländern) alle Tätigkeiten des Notars abschließend. Was der Notar in Ausübung dieses Amtes erledigt, darf er nur berechnen, wenn das Gesetz dafür eine Vergütung vorsieht. Er muss es aber auch
(siehe unten Rdn 54). Andere Regeln, um die es hier nicht weiter gehen wird, gelten natürlich für die anwaltliche Tätigkeit eines Anwaltsnotars und (zulässige) Nebentätigkeiten des Notars (Übernahme einer
Testamentsvollstreckung, einer Schiedsrichtertätigkeit und ähnliches).

Wie sein Name schon sagt, regelt das GNotKG die Kosten der Notare und der Gerichte gemeinsam. Es gilt 5
für die **Freiwillige Gerichtsbarkeit** (siehe § 1 Rdn 3). Kosten der anderer Gerichtszweige (Verwaltungs-
gerichte, Finanzgerichte, Arbeits- und Sozialgerichte) sowie in den streitigen Verfahren der Ordentlichen
Gerichtsbarkeit werden zumeist nach dem Gerichtskostengesetz (GKG) abgerechnet. Im Rahmen der
Freiwilligen Gerichtsbarkeit gibt es einige speziellere Regelungen, so dass in diesen Bereichen das
GNotKG für die Gerichtskosten nicht gilt. Bedeutsam sind z.B. die Familiensachen, geregelt im Gesetz
über Gerichtskosten in Familiensachen (FamGKG). In Handels-, Partnerschafts- sowie Genossenschafts-
registersachen richten sich die Eintragungsgebühren (nicht die Notargebühren!) nach der Handelsregis-
tergebührenverordnung (HRegVO).

3. Aufbau

Die gemeinsame Regelung für Notare und Gerichte hat ihren Grund darin, dass für einheitliche Lebensvor- 6
gänge möglichst gleiche Kostengrundsätze gelten sollen. Viele Eckpunkte der Kostenberechnung, zum Bei-

---

1 In diesem Abschnitt angegebenen Kostenverzeichnisnummern (KV) sind solche des GNotKG.
2 Wichtige Teilbereiche der Freiwilligen Gerichtsbarkeit kannten diese Systematik schon länger, siehe etwa die Handelsregister-
gebührenverordnung und das Gesetz über die Kosten in Familiensachen (2008).
3 Das GNotKG ist gesetzgebungstechnisch ein Teil des zweiten Kostenrechtsmodernisierungsgesetzes.

spiel die Bestimmung des „Geschäftswerts" (dazu gleich) gelten für das Gericht ebenso wie für den Notar, es soll in solchen Punkten möglichst keine Abweichungen der beiden Rechnungen geben. Trotzdem gibt es zahlreiche Themen, die sinnvollerweise für Notar und Gericht abweichend bestimmt werden.

7   Der **Aufbau des Gesetzes** wird beiden Überlegungen gerecht: Kapitel 1 (§§ 1–54 GNotKG) enthält (hauptsächlich) allgemeine Bestimmungen, die für beide gelten. Das Kapitel ist thematisch in Abschnitte aufgeteilt, in Unterabschnitten wird dann teilweise wieder nach Gericht und Notar aufgegliedert. Kapitel 2 behandelt ausschließlich Fragen der Gerichtskosten und kann deshalb nachfolgend ganz ausgespart bleiben. Kapitel 3 (§§ 85–131 GNotKG) dagegen ist ganz den Notarkosten gewidmet. Kapitel 4 enthält Schlussbestimmungen. Im Kostenverzeichnis befasst sich Teil 1 ganz mit den Gerichtskosten, Teil 2 mit den Notarkosten, Teil 3 enthält die Auslagentatbestände.

> *Hinweis*
>
> Bedingt durch die teilweise gemeinsame Behandlung der Gerichts- und Notargebühren kann sich ergeben, dass anders als aus anderen Gesetzen gewohnt in einem „vor die Klammer gezogenen" Abschnitt, der „allgemeine" (nämlich für Notare und Gerichte) geltenden Bestimmungen enthält, speziellere Regelungen zu finden sind als in einem späteren „besonderen" Abschnitt, der nur für Notare gilt.
>
> *Beispiele*
>
> - § 42 GNotKG regelt den Geschäftswert einer Begründung von Wohnungseigentum spezieller als § 97 GNotKG und hat daher Vorrang.
> - § 51 Abs. 2 GNotKG ist spezieller als § 100 GNotKG.[4]

8   Die fünfstelligen Kostenverzeichnisnummern sind nicht fortlaufend. Es gibt also zwar eine KV Nr. 32015, aber bei weitem keine 32.000 Kostenziffern. In den KV-Nummern spiegelt sich vielmehr der Aufbau wider: Beginnt die Nummer mit der Ziffer 1, gehört sie zum Teil 1 und muss damit eine Gerichtsgebühr sein. Folglich betreffen uns im Folgenden allein die mit der Ziffer 2 beginnenden Nummern. Oder solche, die mit „32" beginnen, denn dann geht es um Nummern aus dem 3. Teil des Kostenverzeichnisses, genauer aus dessen Hauptabschnitt 2. Alle Nummern dieses Teils befassen sich mit Auslagen, nur die des 2. Hauptabschnitts mit solchen der Notare.

9   Die Systematik der KV-Nummern geht entsprechend weiter.

Beispiel: KV Nr. 21100

2	1	1	0	0
→ Hier geht es um Notargebühren				
	→ und zwar dort um Hauptabschnitt 1 = Beurkundungsverfahren			
		→ dort Abschnitt 1 = einen Vertrag oder Ähnliches		
			→ und dabei um den Grundfall (die letzten beiden Ziffern sind hier fortlaufend und enthalten Abwandlungen zu vorangehenden Nummern oder auch weitere Grundfälle innerhalb des Abschnitts.)	
			Andere Abschnitte (lies z.B. Teil 2 Hauptabschnitt 2 Abschnitt 1) sind auch noch in Unterabschnitte weiter untergliedert.	

10   Wer sich die fünfstelligen Ziffern schwer merken kann, wird sich beim Nachschlagen im Gesetz wenigstens deutlich leichter tun, wenn er sich als Orientierungshilfe zumindest die relevanten Hauptabschnitte einprägt:

2	X	X	X	X
→ Teil 2 des KV = Hier geht es um Notargebühren				
2	1	X	X	X
	→ und zwar dort um Hauptabschnitt 1 = Beurkundungsverfahren			

---

4 Leipziger-GNotKG/*Reetz/Riss*, § 100 Rn 26.

2	2	X	X	X
→ und zwar dort um Hauptabschnitt 2 = Vollzug und Betreuung				
2	3	X	X	X
→ und zwar dort um Hauptabschnitt 3 = Andere Verfahren (also keine Beurkundung. Achtung: die Beglaubigung von Unterschriften oder Abschriften gehört nicht hierher, das GNotKG versteht diese nicht als „Verfahren"!)				
2	4	X	X	X
→ und zwar dort um Hauptabschnitt 4 = Entwurf oder Beratung				
2	5	X	X	X
→ und zwar dort um Hauptabschnitt 5 = Sonstige Geschäfte (das sind vor allem die Beglaubigungen, ebenso Bescheinigungen)				
2	6	X	X	X
→ und zwar dort um Hauptabschnitt 6 = Zusatzgebühren				
3	2	X	X	X
→ Teil 3	→ Hauptabschnitt 2 = Auslagen der Notare			

Einzelne Unterabschnitte werden in der Praxis besonders häufig vorkommen:

11

2	1	X	X	X
→ Notargebühren für Beurkundungsverfahren				
2	1	1	X	X
→ Verträge (inkl. Antrag/Annahme), Beschlüsse, Testamente				
2	1	2	X	X
→ Sonstige beurkundete (!) Erklärungen (Widerrufe, Anträge, Anmeldungen etc.)				
2	1	3	X	X
→ Vorzeitige Beendigung des Beurkundungsverfahrens				

2	2	X	X	X
→ Notargebühren für Vollzug und Betreuung				
2	2	1	X	X
→ Vollzug (definiert in Vorbem. 2.2.1.1), inkl. einer besonderen Vollzugsgebühr für die Erstellung von XML-Strukturdateien				
2	2	2	X	X
→ Betreuung (definiert in KV Nr. 22200) und Treuhandgebühr				

2	4	X	X	X
→ Notargebühren für Entwurf und Beratung				
2	4	1	X	X
→ Entwurf (soweit außerhalb des Beurkundungsverfahrens!): – insbesondere Entwürfe für unterschriftsbeglaubigte Erklärungen – abzugrenzen von den Fällen Teil 2 Hauptabschnitt 1 Abschnitt 3				
2	4	2	X	X
→ Beratung (soweit außerhalb des Beurkundungsverfahrens!)				

2	5	X	X	X
→ Notargebühren für „sonstige Geschäfte"				
2	5	1	X	X
→ Beglaubigungen und sonstige Zeugnisse				
2	5	3	X	X
→ Verwahrung von Geld, Wertpapieren und Kostbarkeiten (das Notaranderkonto!)				

12 Wie für jedes Gesetz gilt die Regel: Wer die auf seinen Fall „passende" Bestimmung gefunden hat, sollte sicherheitshalber immer noch auf die Normen kurz davor und danach sehen. Als Besonderheit des Kostenverzeichnisses kommt noch hinzu, dass der Gesetzgeber selbst in „Vorbemerkungen" und (im Gesetzestext des Bundesgesetzblatts etwas kleiner abgedruckten) „Anmerkungen" oder „Bemerkungen" ergänzende Weisungen oder Klarstellungen bzw. Erläuterungen zu den eigentlichen KV-Nummern erteilt. Es handelt sich dabei um gleichwertige Teile des Gesetzesbefehls und nicht nur um unverbindliche Erklärungshilfen, auch wenn sich inhaltlich gelegentlich Wiederholungen ergeben.

13 *Hinweis*

Natürlich ist die Auflassung (also das Verfügungsgeschäft z.B. zum schuldrechtlichen Grundstückskauf, siehe § 4 Rdn 107 ff.) in der Praxis ein beurkundeter Vertrag. Wer dazu KV Nr. 21100 findet, muss aber zwingend auch KV Nr. 21101 und KV Nr. 21102 berücksichtigen. Erst die Zusammenschau der Vorschriften ergibt:

■ Die 2,0 Gebühr aus KV Nr. 21100 gilt für die Auflassung (ganz ausnahmsweise) nur dann, wenn die schuldrechtliche Verpflichtung nicht (ausreichend) beurkundet war. Das kann zum Beispiel der Fall sein bei nicht (vollständig) anerkannter Beurkundung im Ausland (streitig!) oder wenn eine Verpflichtung aus einem seinerseits nicht beurkundeten testamentarischen Vermächtnis erfüllt werden soll.

■ Die 1,0 Gebühr aus KV Nr. 21102 gilt dann, wenn das schuldrechtliche Geschäft (also meist der Kaufvertrag) schon beurkundet ist[5] und jetzt ein anderer Notar die Auflassung entgegennimmt. Dazu muss man auch noch die Vorbemerkung 2 (1) beachten: Wenn die Kaufvertragsbeurkundung beim Sozius erfolgte, wäre das im Sinne der KV Nr. 21101 kein (!) anderer Notar. Spätestens nach dieser Klärung wird deutlich, dass auch die 1,0 Gebühr für die Auflassung nicht der Hauptfall ist. Sie gilt allerdings häufig bei Aufspaltung des Vertrags in Angebot und Annahme sowie für die Vermächtniserfüllung bei notariell beurkundeter letztwilliger Verfügung (vgl. die Anmerkung (1) zu KV Nr. 21101).

■ Die 0,5 Gebühr aus KV Nr. 21101 Nr. 2 gilt, wenn vorher schon derselbe Notar (oder sein Sozius, Büropartner, Vertreter) das schuldrechtliche Geschäft (d.h. in der Regel den Kaufvertrag, aber auch z.B. ein dingliches Vorkaufsrecht, das nun ausgeübt wird)[6] beurkundet hatte – das wird der häufigste Fall sein.

14 Hinsichtlich der Vorbemerkungen muss man außerdem beachten, dass sie sich teilweise auf den gesamten Notargebührenteil beziehen – so im Beispiel oben die Vorbemerkung 2 (1), oder auf den gesamten Hauptabschnitt, Abschnitt bzw. Unterabschnitt – je nach ihrer Stellung im Text. Die Bezeichnung der Vorbemerkungen entspricht der Regelungsebene, für die sie gelten sollen, sie sind also nicht fortlaufend nummeriert.

15 *Hinweis*

Die drei Absätze der Vorbemerkung 2.2.1.1 gelten für alle KV-Nummern im 2. Teil, 2. Hauptabschnitt, 1. Abschnitt, 1. Unterabschnitt. Bei Anwendung dieser Nummern (also 22110 bis 22114) sind grundsätzlich außerdem Vorbemerkung 2.2 (gilt nach Stellung und Bezeichnung für den ganzen 2. Teil 2. Hauptabschnitt) und auch die Vorbemerkung 2 zu beachten.

---

5 Dabei reicht es, wenn der Kaufvertrag erst durch die zusammen mit der Auflassung beurkundete Vertragsannahme komplett wird, BGH, Beschl. v. 1.10.2020 – V ZB 67/19 = NotBZ 2021, 31 m. Anm. *Otto*.

6 LG Aachen, Beschl. v. 28.3.2019 – 2 OH 4/18 = ZNotP 2020, 268 m. Anm. *Bachmayer*.

Dabei wird längst nicht jede Vorbemerkung immer relevant. Aber auch die in Vorbemerkung 2.2 (1) ent- **16** haltene Aussage, dass die dort getroffene Anordnung für KV Nr. 22114 gerade *nicht* gelten soll, enthält natürlich für den Rechtsanwender eine wichtige Erkenntnis: Zur Erhebung der besonderen Datenerfassungsgebühr (XML) bedarf es gerade keines besonderen Auftrags (Gegenschluss).

Insbesondere das Verhältnis von Entwurfsgebühr, der Gebühr bei abgebrochener Verhandlung, wenn **17** schon ein Entwurf gefertigt war, sowie Unterschriftsbeglaubigung nach Entwurf sowie von Vollzug und Entwurfstätigkeit erschließt sich vorrangig über die folgenden Vorbemerkungen, die man mehr als einmal gelesen haben sollte: 2.2 (2); 2.4.1 (1); 2.4.1 (2).

II. Grundbegriffe

1. Kosten

Wer von **Notarkosten** spricht, meint **Gebühren** oder **Auslagen** (§ 1 GNotKG). Gebühren verdient der **18** Notar für die Beurkundungsverhandlung oder das Geschäft, das er und seine Mitarbeiter für den **Kostenschuldner** erledigen. Dazu kommen im Teil 3 Hauptabschnitt 2 des Kostenverzeichnisses genau festgelegte Auslagen. Gebühren und Auslagen zusammen sind die Einnahmen des Notars bzw. das Entgelt für seine Tätigkeit, das selbstverständlich nicht mit seinem Gewinn verwechselt werden darf.

Die **Auslagen** sind längst nicht, wie der allgemeine Sprachgebrauch vielleicht nahelegen könnte, eine di- **19** rekte Erstattung der bei dem Notar angefallenen Ausgaben. Welche Auslagen er in welcher Höhe erhält, bestimmt vielmehr ausschließlich das Gesetz. Das kann im Ergebnis der Betrag sein, den der Notar selbst an Dritte zahlen musste (z.B. im Rahmen einer Geschäftsreise an einen Taxifahrer, siehe KV Nr. 32007), sehr viel häufiger setzt das Gesetz aber vereinfachend Pauschalen an (z.B. für die Geschäftsreise im eigenen Pkw, siehe KV Nr. 32006). Ein Beispiel für eine Wahlmöglichkeit des Notars ist hier etwa KV Nr. 32003 (bitte lesen). Nur dann, wenn der Notar eine von einem Dritten auf den Kostenschuldner ausgestellte Rechnung „ausgelegt" hat, erhält er den Betrag direkt erstattet (so genannte durchlaufende Posten, KV Nr. 32015).

2. Wertgebühren

Die Gebühren sind zumeist so genannte **Wertgebühren** (§ 3 GNotKG). Zu ihrer Bestimmung ist für das **20** abzurechnende Geschäft bzw. Verfahren zunächst ein **Geschäftswert** zu ermitteln. Auf welche Gegenstände es für die Gebührenermittlung ankommt, bestimmen die **Geschäftswertvorschriften** (den Notar betreffen §§ 40–45 GNotKG und §§ 97–124 GNotKG) unterschiedlich je nach Verfahren und Amtstätigkeit. Die **allgemeinen Wertvorschriften** (§§ 35–39 GNotKG; §§ 95–96 GNotKG) enthalten neben einer allgemeinen Geschäftswertvorschrift (§ 36 GNotKG), die dann zum Tragen kommt, wenn die spezielleren Bestimmungen nicht weiterhelfen, ergänzende generelle Anweisungen. Sie bestimmen z.B. den Berechnungszeitpunkt und den Umgang mit Nebenrechten oder Verbindlichkeiten. **Bewertungsvorschriften** (§§ 46–54 GNotKG) legen fest, wie der Wert bestimmter Sachen und Rechte zu ermitteln ist. Mehrere Gegenstände eines Verfahrens werden meistens zugunsten des Schuldners zusammengerechnet (siehe unten Rdn 248 ff.). Das ist deshalb für den Schuldner vorteilhaft, weil die Gebühr mit steigendem Geschäftswert nicht in demselben Verhältnis ansteigt. Die Gebühr wächst vielmehr auf einer flacheren Kurve, also „degressiv". Manchmal verlangt das Gesetz, dass (zur weiteren Kostenersparnis) mehrere Geschäfte so behandelt werden, als seien sie ein und dasselbe (siehe unten Rdn 254). Das macht sie für den Auftraggeber noch günstiger.

Die konkrete **Gebühr** ergibt sich aus Multiplikation des für den jeweiligen **Gebührentatbestand** im Kos- **21** tenverzeichnis vorgesehenen Gebührensatzes (0,5; 1,0; 1,5 etc.) mit dem in § 34 GNotKG für eine 1,0 Gebühr aus dem jeweiligen Geschäftswert bestimmten **Gebührenbetrag**. Wer noch mit der Kostenordnung gearbeitet hat, spricht bei dem Gebührensatz gelegentlich noch von 5/10, 10/10, 15/10 etc., was mathematisch natürlich nichts anderes ist.

22   Das GNotKG arbeitet mit zwei **Tabellen**: A und B. Welche Tabelle gilt, kann man der betreffenden Überschriftzeile bei den Gebührensätzen im Kostenverzeichnis entnehmen. Für die Geschäfte des Notars gilt praktisch immer Tabelle B. Geschäfte nach Tabelle A (Gerichtsgebühren) weisen deutlich höhere Gebührenbeträge auf.[7] Der Gesetzgeber begründet das damit, dass bei den betreffenden Geschäften regelmäßig der Geschäftswert geringer sei. Die Praxis nutzt anstelle der Berechnungsformel in § 34 GNotKG eine der gängigen **Gebührentabellen**. Besonderheiten gelten für die Auszahlungsgebühren der KV Nr. 25300, 25301 KV bei besonders hohen Auszahlungen (bitte nachlesen!). Außerdem enthält § 91 GNotKG eine eigene Ermäßigungstabelle für Geschäftswerte über 25.000 EUR, denn zugunsten öffentlicher Kostenschuldner und gemeinnütziger Einrichtungen sind die Notargebühren ermäßigt.

3. Mindest- und Höchstgebühren

23   Für die Wertgebühren gilt: Nicht das Maß an Arbeit, die auf eine Angelegenheit verwendet wird, sondern die Wichtigkeit der Angelegenheit bestimmt die Höhe der Gebühren. Dies kann bei einem hohen Geschäftswert dazu führen, dass für eine verhältnismäßig einfache und schnell besorgte Verrichtung überhöht anmutende Gebühren anfallen, aber auch dazu, dass bei einer arbeitsreichen Angelegenheit mit geringem Geschäftswert die Selbstkosten des Notars von den Gebühren nicht gedeckt werden. Das Gesetz reagiert auf beide Situationen:

24   Die **allgemeine Mindestgebühr** beträgt 15 EUR (§ 34 Abs. 5 GNotKG). Sie gilt auch dann, wenn sich bei einem Gebührensatz kleiner als 1,0 nach der Rechenanweisung „eigentlich" ein geringerer Betrag ergeben würde.

25   Für bestimmte Wertgebühren sind abweichend **spezielle Mindestgebühren** festgesetzt. Wichtig für den Notar sind z.B. die allgemeine Beurkundungsgebühr für Verträge mit mindestens 120 EUR (KV Nr. 21100) und für andere Beurkundungen von 30 oder 60 EUR (siehe KV Nr. 21101 bzw. 21102). Spezifische Mindestgebühren erhält der Notar auch bei vorzeitiger Beendigung eines Beurkundungsverfahrens (KV Nr. 21302–21304: je nach Stadium des Verfahrens wenigstens 30, 60 oder 120 EUR; wenn noch nichts veranlasst war fest 20 EUR, KV Nr. 21300) und für seine Entwürfe (lies dazu: KV Nr. 24100–24102). Bei den Beglaubigungen von Unterschriften und Handzeichen (Nr. 25100) gilt einerseits eine Mindestgebühr von 20 EUR, andererseits eine Höchstgebühr von 70 EUR. Die Mindestgebühr für die einfache Abschriftsbeglaubigung beträgt nur 10 EUR (KV Nr. 25102).

26   Betragsmäßig festgelegte **Mindestgeschäftswerte** in einigen gesellschaftsrechtlichen Angelegenheiten bzw. bei Anmeldungen führen im praktischen Ergebnis genauso zu Mindestergebnissen.

27   **Höchstgebühren** bedeuten gleichfalls eine Abweichung vom Wertgebührenprinzip. Sie greifen z.B. für die Vollzugsgebühren, wenn sich der Notar auf einzelne Standardtätigkeiten beschränken kann (lies dazu: KV Nr. 22112–22113), für die besondere Vollzugsgebühr für die Erstellung von XML-Strukturdateien (KV Nr. 22114: 125 EUR bzw Nr. 22125: 250 EUR), ferner für die Beglaubigung von Unterschriften und Handzeichen (KV Nr. 25100: 70 EUR; bitte nicht verwechseln mit der Gebühr für den Entwurf einer Erklärung und die erste anschließende Unterschriftsbeglaubigung!). Für Beurkundungen in fremder Sprache bekommt der Notar maximal 5.000 EUR zusätzlich (KV Nr. 26001).

28   Immer gilt ein **allgemeiner Höchstwert** von 60 Millionen EUR (§ 35 Abs. 2 GNotKG). Im praktischen Ergebnis führt er zu einer höchstmöglichen 1,0 Gebühr von 26.585 EUR. Das ist nicht unproblematisch, weil das Haftungsrisiko des Notars bei diesem Betrag nicht endet (zur Versicherung lies KV Nr. 32012 und 32013). Für bestimmte Gebührenvorfälle gelten außerdem spezielle betragsmäßige **Höchstgeschäftswerte**. So z.B. für nichtvermögensrechtliche Angelegenheiten (1 Million EUR, § 36 Abs. 2 GNotKG), Vollmachten und Zustimmungen (1 Million EUR, § 98 Abs. 4 GNotKG), Gesellschaftsverträge, Satzungen und bestimmte Unternehmensverträge (10 Millionen EUR, § 107 GNotKG) und Beschlüsse gesellschaftsrechtlicher Organe (5 Millionen EUR, § 108 Abs. 5 GNotKG).

---

7 Die Werte der Tabelle A wurden zum 1.1.2021 um 10 % angehoben. Tabelle B blieb unverändert (Kostenrechtsänderungsgesetz 2020 v. 21.12.2020 BGBl I 2020, 3229).

4. Betragsgebühr und Festgebühr

Abweichend vom Prinzip der Wertgebühr sind für einige Verfahren oder Amtstätigkeiten von einem Geschäftswert unabhängige **Betragsgebühren** bestimmt. Mangels Geschäftswert scheidet für sie bei mehreren Geschäften eine Zusammenrechnung der Werte aus. Zumeist sind diese Gebühren zugleich **Festgebühren**, teilweise sind sie aber auch nach der aufgewandten Zeit oder anderen Kriterien berechnet.   **29**

Für **vorzeitig beendigte notarielle Beurkundungsverfahren** fallen 20 EUR an (KV Nr. 21301), wenn weder ein Entwurf versandt bzw. ausgehändigt noch auf Grundlage eines Entwurfs verhandelt war. Bei bestimmten **einfachen Vollzugstätigkeiten** und für die „Prüfung auf Eintragungsfähigkeit" (§ 15 Abs. 3 GBO, § 378 Abs. 3 FamFG) in Angelegenheiten, in denen der Notar keine Beurkundungs- oder Entwurfsgebühr vereinnahmt, kann eine Festgebühr von 20 EUR anfallen (KV Nr. 22124). Für einige Standarderklärungen (insbesondere Löschungszustimmung und damit verbundener Antrag des Grundstückseigentümers nach § 27 GBO; Verwalternachweis nach § 26 Abs. 3 WEG) ist die **Beglaubigungsgebühr** auf 20 EUR festgelegt (KV Nr. 25101). Wenn mehrere solche privilegierten Erklärungen in einem Dokument zusammengefasst werden, bleibt es dennoch bei dem Betrag von 20 EUR (ein Vermerk → eine Beglaubigungsgebühr).[8] **Bescheinigungen** aus dem Register (§ 21 Abs. 1 BNotO) werden mit 15 EUR je dazu eingesehenem Registerblatt (also je HR-Nummer – nicht etwa je eingesehener Seite!) berechnet (KV Nr. 25200), Bescheinigungen über das Vertretungsrecht gemäß § 21 Abs. 3 BNotO werden mit 15 EUR vergütet (KV Nr. 25214). Allerdings kann eine Bescheinigung mehrere Schritte umfassen; im Grundbuchverfahren (lies: § 34 GBO) muss z.B. immer die ganze „Vollmachtskette" nachgewiesen werden. Der Bundesgerichtshof[9] hat bestätigt, dass die Gebühr dabei für jede Vollmacht einzeln anfällt. Für die isolierte **Registereinsicht** fallen 15 EUR je Registerblatt an (KV Nr. 25209), für die Erteilung eines einfachen Grundbuchabdrucks erhält der Notar jedoch nur 10 EUR (KV Nr. 25210) bzw. 15 EUR, wenn der Ausdruck beglaubigt wird (KV Nr. 25211).   **30**

Beispiel

C lässt von dem Notar eine Grundbuchbewilligung beglaubigen. Er handelt als Vertreter des eingetragenen Eigentümers A. Dazu legt er eine unterschriftsbeglaubigte Originalvollmacht von B vor, außerdem eine Ausfertigung der notariellen Vollmacht von A an B.

Wenn keine sonstigen Nachweise beigefügt werden, kann eine Bescheinigung des Notars, dass er sich von der Vertretungsmacht des C für A überzeugt habe, dem Grundbuchamt nicht genügen. Der Notar wird vielmehr bescheinigen, dass ihm in Ausfertigung die Vollmacht des A an B vorlag sowie im Original die unterschriftsbeglaubigte Untervollmacht des B an C. Dafür fällt die Gebühr nach KV Nr. 25214 zweimal an.

Beispiel

Wie oben, aber eingetragener Eigentümer des betroffenen Grundstücks ist nicht A, sondern die A-GmbH. A ist deren alleinvertretungsberechtigter Geschäftsführer.

In dieser Abwandlung ist auch noch das Vertretungsrecht des A für die A-GmbH nachzuweisen. Dafür stehen mehrere Wege zur Verfügung. Der Notar kann z.B. die Bescheinigungen über die Vollmachten (§ 21 Abs. 3 BNotO) mit einer weiteren Bescheinigung über seine Registereinsicht (§ 21 Abs. 1 BNotO) in einem einzigen Vermerk kombinieren. Dann fallen an: Zweimal die Gebühr nach KV Nr. 25214 und einmal die Gebühr nach KV Nr. 25200.

Nach **Zeit** berechnet wird die Zusatzgebühr bei Auswärtsbeurkundung (50 EUR je angefangener halber Stunde, KV Nr. 26002), es sei denn, dass nur besonders begünstigte Verfahren betroffen sind (lies dazu KV Nr. 26003).   **31**

---

8 BGH, Beschl. v. 23.1.2020 – V ZB 70/19 = NotBZ 2020, 218.
9 BGH, Beschl. v. 22.9.2016 – V ZB 177/15 = DNotZ 2017, 303 = WM 2017, 20. Die Entscheidung ist auch für Auszubildende insgesamt lesenswert wegen ihrer ausführlichen Darstellung der anderen Nachweismöglichkeiten für Vertretungsrechte gegenüber dem Grundbuchamt.

5. Rahmengebühren, Teil- und Schätzwerte

32 Keinen festen Gebührensatz, sondern eine Gebührenspanne bzw. einen **Gebührensatzrahmen** bestimmt das Kostenverzeichnis z.B. bei vorzeitiger Beendigung einer Vertragsbeurkundung (KV Nr. 21302: 0,5 bis 2,0), ebenso für den Vertragsentwurf ohne Beurkundung (KV Nr. 24100: 0,5 bis 2,0, mindestens 120 EUR), für Erklärungen, die beurkundet die 1,0 Gebühr auslösen würden (KV Nr. 24101: 0,3 bis 1,0, mindestens 60 EUR) oder aber die 0,5 Gebühr (KV Nr. 24102: 0,3 bis 0,5, mindestens 30 EUR). Ein **Rahmen** gilt auch für die isolierte, d.h. außerhalb des Beurkundungsverfahrens erfolgende Beratung (je nach Gegenstand von 0,3 bis 1,0 in den Fällen KV Nr. 24200 bis zu 0,5 bis 2,0 in KV Nr. 24203 KV). Innerhalb dieses Rahmens entscheidet der Notar zwar nach dem Einzelfall, aber niemals willkürlich. Die Festlegung erfolgt vielmehr nach **billigem Ermessen** unter Berücksichtigung des **Umfangs** der erbrachten Leistungen (§ 92 Abs. 1 GNotKG). Wenn ein Entwurf bereits vollständig erstellt ist, fällt immer die höchstmögliche Gebühr an (§ 92 Abs. 2 GNotKG). Soweit danach noch ein Spielraum bleibt, ist der bei dem Notar entstandene **Aufwand** entscheidend.[10] Dabei geht es um Umfang der bereits erledigten Leistungen im Verhältnis zu denen, die bis zur vollständigen Beurkundung noch angefallen wären.[11]

33 Zur Zeit der KostO meinte die Praxis, ohne die Bildung so genannter „Teilwerte" nicht auszukommen. Wenn keine unmittelbar geltende Geschäftswertbestimmung aufzufinden war oder die bei vollem Wertansatz entstehenden Gebühren als zu hoch empfunden wurden (so für die Betreuungstätigkeiten, für die 20–50 % des Kaufvertragswerts angesetzt wurden, vgl. dagegen jetzt § 113 GNotKG), wurden Geschäftswertbestimmungen eng ausgelegt oder gegen ihren Wortlaut nur als Bezugspunkt verwendet. Die Idee war, im Wege der Schätzung zu einer als angemessen empfundenen Gebühr zu gelangen. Das führte zu erheblicher Rechtsunsicherheit, vor allem durch die regional unterschiedliche Praxis der Notare und der Rechtsprechung.[12] Das GNotKG reduziert den Anwendungsbereich der Teilwertbildung ganz erheblich (teilweise stattdessen: Rahmengebühr). In einzelnen Bestimmungen ordnet das GNotKG aber auch ausdrücklich an, den maßgeblichen Wert aus einem (nun allerdings festen) Prozentsatz von einem Bezugswert zu bestimmen: § 98 Abs. 1 und Abs. 2, § 100 Abs. 3, § 104 GNotKG. Soweit dem Notar ein Ermessen bei der Geschäftswertbestimmung eingeräumt ist (z.B. §§ 36 Abs. 1, 98 Abs. 3 GNotKG), wird er einen passenden **Bezugswert** ermitteln und darauf einen Abschlag vornehmen. Man kann im Rahmen des § 36 Abs. 1 GNotKG die Teilwerte auch als **Schätzwerte** ansprechen.

34 Kommt es zu einer gerichtlichen Überprüfung des Kostenansatzes, ist das Landgericht (nur) bei Ermessensfehlern befugt, nach eigenem Ermessen zu entscheiden.

6. Verfahrensgebühr, Vollzug und Betreuung sowie Aktgebühr

35 Für jedes Verfahren, auch wenn es einmal vorzeitig abgebrochen wird, fällt genau eine **Verfahrensgebühr** an. Jede notarielle Urkunde begründet grundsätzlich ein eigenes Beurkundungsverfahren. **Vollzugsgebühren** (KV Nr. 22110–22113 bzw. 22120–22124) und **Betreuungsgebühren** (KV Nr. 22200) entstehen in jedem Verfahren des Notars neben der Verfahrensgebühr (oder wenn eine solche fehlt) je höchstens einmal (§ 93 Abs. 1 GNotKG). Der Katalog von Tätigkeiten, die eine Betreuungsgebühr (KV Nr. 22200) auslösen, ist abschließend. Die Vollzugsgebühr kann um eine zusätzliche Komponente erhöht sein, wenn zur Weiterverarbeitung elektronisch **strukturierte Daten** erzeugt werden (KV Nr. 22114, 22125). **Treuhandgebühren** (KV Nr. 22201) beruhen auf einer Betreuungstätigkeit für am Beurkundungsverfahren nicht beteiligte Dritte, die im Rahmen des Vollzugs eigene Treuhandaufträge erteilt haben.

Nach der Rechtslage bis 31.12.2020 konnte es in den vom Gesetz begünstigten Beglaubigungsfällen der KV Nr. 25101 (z.B. Zustimmung des Eigentümers zur Löschung einer Grundschuld) zu der wunderlichen Situation kommen, dass die vom Kostenschuldner als „Hauptsache" und Grund seines Notarbesuchs empfundene Tätigkeit (Beglaubigung) mit 20 EUR günstiger war, als die Gebühr für die Erfassung der Daten, die er nur vermeiden konnte, wenn er die Unterlagen dann selbst beim Gericht einreichte. Der Ge-

---

10 RegEntwurf BT-Drucks 17/11471, S. 179.
11 Fackelmann/Heinemann/*Teubel*, § 92 Rn 29/35; Leipziger-GNotKG/*Heinze*, § 92 Rn 8.
12 Dazu ausführlich bis zur 17. Auflage, Rn 1441.

setzgeber hat reagiert und gewährt dem Notar in der Kombination mit nach Nr. 251010 abgerechneten Tätigkeiten keine „XML-Gebühr" mehr.[13]

Es genügt zur Bestimmung der Gebühren des Notars die Bestimmung eines **einzigen Verfahrenswertes** (§ 35 Abs. 1 GNotKG). Er ist maßgeblich für die Verfahrensgebühr ebenso wie für die Vollzugs- und Betreuungsgebühr (vgl. §§ 112, 113 GNotKG). Letzteres gilt auch dann, wenn infolge der Vergleichsrechnung nach § 94 GNotKG ein zusammengesetztes Verfahren im Ergebnis nach Einzelwerten abgerechnet wird.[14]   **36**

Aktgebühren entstehen für sonstige Geschäfte des Notars außerhalb eines Verfahrens im Sinn von § 85 Abs. 1 GNotKG: Unterschriftsbeglaubigungen (Berechnung je Vermerk), Abschriftsbeglaubigungen (je Seite), Verwahrung (je Auszahlung) etc. Zu **Entwurf und Beratung** siehe Rdn 206 ff.   **37**

7. Zusatzgebühren und Anknüpfungsgebühren

Wenn Tätigkeiten außerhalb bestimmter Geschäftszeiten (alter Begriff: „**Unzeitgebühr**", KV Nr. 26000), in fremder Sprache ohne Dolmetscher (KV Nr. 26001) oder auf Verlangen außerhalb der Geschäftsstelle des Notars (**Auswärtsgebühr**, KV Nr. 26002 und 26003) vorgenommen werden, erhält der Notar ergänzende Zusatzgebühren. Wenn eine Auswärtsgebühr anfällt, kann nicht zugleich Tage- oder Abwesenheitsgeld (KV Nr. 32008) verlangt werden.   **38**

Namentlich einige Zusatzgebühren (aber auch KV Nr. 25205 – Tätigkeit als zweiter oder hinzugezogener Notar) knüpfen an eine andere Gebühr an. Man kann auch sagen, dass sie als **Annex** aus dieser berechnet sind. So beträgt etwa die Gebühr nach KV Nr. 26000 30 % der konkret einschlägigen Verfahrensgebühr (aber maximal 30 EUR).   **39**

B. Kostenschuldner und Kostenverfahren

I. Kostenschuldner – Grundsatz

Die Zahlungspflicht des Schuldners richtet sich nach den Vorschriften der §§ 29 ff. GNotKG. Der Notar übt seine Tätigkeit auf Antrag oder nach Auftrag aus, das ist im Ergebnis gleichbedeutend (§ 4 GNotKG). Für die Notariatskosten haftet in erster Linie derjenige, dessen Erklärung beurkundet oder dessen Unterschrift beglaubigt worden ist (§ 30 Abs. 1 GNotKG), und wer sonst die Tätigkeit des Notars veranlasst hat (§ 29 Nr. 1 GNotKG). Für die Veranlassung genügt eine Auftragserteilung durch schlüssiges Handeln. Beispielsweise kann Veranlasser sein, wer auf der Grundlage eines vom Notar übersandten Entwurfs Ergänzungs- oder Änderungswünsche vorträgt.[15] Nach der Rechtsprechung des BGH ist aber noch nicht Veranlasser eines Verfahrens, wer mitteilt, dass der vom Notar vorgeschlagene Termin nicht passe und er eine Beurkundung an einem bestimmten anderen Tag wünsche.[16] Wenn den Erklärenden nur einzelne Rechtsverhältnisse betreffen, über die in der Urkunde verhandelt wird, dann haftet er nur für „seinen" Teil (§ 30 Abs. 2 GNotKG). Im Ergebnis nicht als Veranlasser haftet der Makler, der, für den Notar erkennbar, ausschließlich für Dritte und ohne deren Vollmacht handelt (lies: § 179 Abs. 3 und Abs. 2 BGB).[17]   **40**

Der Notar ist nicht verpflichtet, mit den Beteiligten ungefragt Gebührenfragen zu erörtern. Das gilt auch dann, wenn der Notar im konkreten Fall eine Gestaltung für im Interesse der Beteiligten geboten hält und deshalb allein eine Gestaltung vorschlägt, die teurer als andere ist.[18] Wenn jemand vom Notar eine bestimmte Tätigkeit verlangt, muss er damit rechnen, dass der Notar Gebühren beanspruchen kann. Er darf sich andererseits darauf verlassen, dass nur die gesetzlich vorgeschriebenen Gebühren erhoben werden. Berechnung und Einzug der Kosten sind Teil der Amtsprüfung. Die vorsätzliche Erhebung zu hoher   **41**

---

13 KV Nr. 22125 Anm (2) i.d.F. seit 1.1.2021.

14 Siehe Leipziger-GNotKG/*Otto*, § 112 Rn 11.

15 LG Chemnitz, Beschl. v. 18.3.2016 – 3 OH 8/14 = NotBZ 2016, 272; OLG Celle, Beschl. v. 23.2.2015 – 2 W 37/15 = NdsRpfl. 2015, 374.

16 BGH, Beschl. v. 19.1.2017 – V ZB 79/16 = DNotZ 2017, 394 = NotBZ 2017, 270.

17 LG Freiburg, Beschl. v. 15.2.2016 – 3 OH 29/15 = RNotZ 2016, 543.

18 BGH, Beschl. v. 1.10.2020 – V ZB 67/19 = NotBZ 2021, 31 m. Anm. *Otto*.

Gebühren ist strafbar, § 352 StGB. Nur ausnahmsweise kann eine Verpflichtung zur Angabe der Kostenhöhe bestehen, wenn nämlich nach dem erkennbaren Willen der Beteiligten der Abschluss des Geschäfts davon abhängt.

II. Weitere Kostenschuldner – gesamtschuldnerische Haftung

42   Kostenschuldner ist ferner derjenige, der die Kosten in einer vor dem Notar abgegebenen oder dem Notar mitgeteilten Erklärung übernommen hat (§ 29 Nr. 2 GNotKG). Dabei muss nach § 30 Abs. 3 GNotKG bei Beurkundungsverfahren die Kostenübernahme nicht ausdrücklich (als eigene Erklärung) dem Notar gegenüber erfolgen. Es reicht, wenn ein Beteiligter in der Urkunde allgemein gegenüber den anderen Beteiligten sämtliche Kosten des Beurkundungsverfahrens übernimmt. Im Zweifel schließt diese Übernahme Vollzug und Betreuung mit ein.[19] Er haftet schon damit (über seine Beteiligung nach § 30 Abs. 2 GNotKG hinaus) auch dem Notar.

43   Kostenschuldner ist auch, wer nach den Vorschriften des bürgerlichen Rechts für die Kostenschuld eines anderen kraft Gesetzes haftet (§ 29 Nr. 3 GNotKG). Somit haften beispielsweise der Gesellschafter einer offenen Handelsgesellschaft oder der persönlich haftende Gesellschafter einer Kommanditgesellschaft für die Kosten der Gesellschaft, ebenso der Kommanditist bis zur Höhe der Kommanditeinlage (§§ 128, 171 HGB), der Erbe (§ 1967 BGB), oder der Übernehmer eines Handelsgeschäfts (§ 25 HGB).

44   § 32 Abs. 1 GNotKG spricht ausdrücklich aus, dass *mehrere Kostenschuldner als Gesamtschuldner* haften. Der Notar entscheidet also grundsätzlich frei, welchen Kostenschuldner er mit welchem Betrag in Anspruch nimmt. Er ist nicht an eine Reihenfolge zwischen den unterschiedlichen Tatbeständen der §§ 29 ff. GNotKG gebunden. Praktisch wird er sich aber zumeist an das halten, was die Beteiligten untereinander zur Kostenhaftung vereinbart haben.

Beispiel

Gründung einer GmbH durch drei Personen mit Einlagen von je 25.000 EUR = 75.000 EUR. Die Gründungserklärung eines jeden Gesellschafters bezieht sich auf diese Summe; daher ist jeder der Gesellschafter Schuldner der 2,0 Gebühr aus 75.000 EUR und nicht etwa nur der Gebühr aus seiner Einlage von 25.000 EUR. Die Gebühr von 438 EUR kann der Notar von einem jeden der Gesellschafter fordern; er kann den Betrag aber auch verteilen.

Wenn durch einen besonderen Antrag eines Beteiligten Mehrkosten entstehen, so hat er diese allein zu tragen (§ 32 Abs. 2 GNotKG). Ein Beispiel dafür kann sein, dass nur ein Beteiligter ausdrücklich seine Erklärungen in einer fremden Sprache abgeben will und damit die Zusatzgebühr nach KV Nr. 26001 auslöst (so früher ausdrücklich § 59 Abs. 2 KostO).

Beispiel

A verkauft in einer Urkunde sein Grundstück je zur Hälfte an B und C. Hier haftet (wegen § 30 Abs. 2 GNotKG) jeder nur für die durch seine Beurkundung verursachten Kosten; es haften also B und C nur jeweils für die durch *ihren* Kauf erwachsenen Kosten, während A dem Notar für die gesamten Kosten haftet. Dieses Ergebnis kann sich in der Praxis wiederum ändern, wenn nämlich beide Käufer als Gesamtschuldner in der Urkunde die Kosten übernommen haben.

45   Der Grundsatz, dass in jedem Beurkundungsverfahren jeweils nur eine Vollzugsgebühr und eine Betreuungsgebühr anfallen können (§ 93 Abs. 1 GNotKG), führt dazu, dass beispielsweise beim Grundstückskaufvertrag bislang übliche Vereinbarungen zur Kostentragung („Kosten trägt der Käufer mit Ausnahme der Kosten der Lastenfreistellung, die der Verkäufer übernimmt") teilweise nur erschwert umgesetzt werden können. Hier bieten sich Pauschalierungen an (siehe unten Rdn 309).

---

19 LG Düsseldorf, Beschl. v. 4.2.2016 – 25 T 655/15 = RNotZ 2016, 197.

III. Fälligkeit von Gebühren und Auslagen

Die Gebühren außer KV 25300 und 25301 werden mit der **Beendigung** des gebührenpflichtigen **Verfahrens** oder **Geschäfts** fällig, die Verwahrgebühren (KV Nr. 25300 und 25301) sofort mit der jeweiligen Auszahlung vom Notaranderkonto. **Auslagen** werden fällig mit ihrer Entstehung (§ 10 GNotKG). Die Fälligkeit ist z.B. nach der Verlesung und Unterzeichnung einer Niederschrift durch den Notar (Beurkundungsgebühr), nach der Fertigstellung (nicht erst: Aushändigung) eines Entwurfes (Entwurfsgebühr) oder nach der Beglaubigung einer Unterschrift eingetreten. Es ist gleichgültig, ob noch gebührenfreie Nebengeschäfte zu erledigen sind. Wird ein Beurkundungsverfahren vorzeitig beendet, werden die für diesen Fall bestimmten Gebühren mit der Rücknahme oder Zurückweisung des Auftrags fällig oder mit Feststellung des Notars, dass mit Beurkundung aus Gründen, die nicht in der Person des Notars begründet sind (z.B. Amtsaufgabe), nicht mehr zu rechnen ist (vgl. Vorbem. 2.1.3 (1)). | 46

Für die **Vollzugsgebühren** war unter Geltung der KostO streitig, ob sie bereits mit Einholung oder erst mit Eingang bzw. Prüfung aller vom Notar einzuholenden Genehmigungen und Erklärungen fällig werden. In dem (abschließenden) Katalog der Vollzugstätigkeiten (Vorbemerkung 2.2.1.1) wird die Vollzugsgebühr insoweit ausdrücklich für die „Anforderung und Prüfung" angeordnet. Sie wird also erst nach Eingang und Sichtung der genannten Dokumente durch den Notar fällig. Bei den **Betreuungsgebühren** kommt es auf den Abschluss der in KV Nr. 22200 genannten Tätigkeit an, welche die Gebühr auslöst. Ist eine Vollzugsgebühr oder Betreuungsgebühr durch **mehrere Tätigkeiten** begründet, kommt es auf die letzte an.[20] | 47

Durch **Stundung** kann die Fälligkeit einer Gebühr im Sonderfall des so genannten **Serienentwurfs** aufgeschoben werden (Vorbemerkung 2.4.1 (7)). Ein Serienentwurf ist nach Vorbemerkung 2.4.1 (5) dazu bestimmt, für mehrere gleichartige Rechtsgeschäfte verwendet zu werden (z.B. Bauträgervertrag). Auf die Entwurfsgebühr werden die Gebühren nachfolgender Einzelbeurkundungen angerechnet, so dass nach Ablauf der Stundungsfrist (längstens zulässig ist ein Jahr) von dem Entwurfsbesteller nur noch der offene „Rest" eingefordert werden muss. | 48

IV. Vorschüsse

Der Notar ist grundsätzlich berechtigt, einen zur Deckung der Kosten hinreichenden Vorschuss zu verlangen (§ 15 GNotKG, Ausnahmen in § 16 GNotKG). In der Praxis werden zumeist die Vollzugs-, Betreuungs- und Treuhandgebühren als Vorschuss erhoben, damit sie in einer Rechnung zusammen mit der Gebühr für das Beurkundungsverfahren präsentiert werden können. Dabei muss § 15 GNotKG aber nicht in der Kostenrechnung genannt werden. Werden allerdings zu einer Gebühr mehrere Rechnungen erstellt, muss der bereits erhaltene Vorschuss in der Folgerechnung offengelegt werden (§ 19 Abs. 2 Nr. 5 GNotKG). | 49

Beispiel | 50

Zusammen mit der Beurkundungsgebühr wurden als Vollzugsgebühr 50 EUR als Vorschuss angefordert. Später muss eine neue Rechnung über die Vollzugsgebühr erstellt werden, weil sich herausgestellt hat, dass nicht nur eine, sondern zwei öffentlich-rechtliche Erklärungen einzufordern waren. Der Höchstbetrag der Vollzugsgebühr KV Nr. 22110 ist also „gewachsen" (von 50 EUR auf 100 EUR für zwei Tätigkeiten nach KV Nr. 22112, Vorbemerkung 2.2.1.1 (1) S. 2 Nr. 1; es wird hier unterstellt, dass die Höchstgebühr eingreift). In der ersten Rechnung muss der Vorschusscharakter nicht zwingend offengelegt werden, auch wenn sich das aus Gründen der Transparenz empfehlen kann. In der neuen Vollzugsrechnung aber muss ganz deutlich werden, dass ein Teilbetrag von 50 EUR als Vorschuss bereits bezahlt ist. Ein Denkfehler wäre es hier übrigens, von einer weiteren Vollzugsgebühr auszugehen, es gibt stets nur eine!

---

20 Kostenspiegel Teil 1 Rn 103.

V. Zurückbehaltungsrecht

51 Nach § 11 GNotKG kann der Notar Ausfertigungen, Ablichtungen, Ausdrucke und Kopien sowie gerichtliche Unterlagen nach billigem Ermessen zurückbehalten, bis die in der Angelegenheit erwachsenen Kosten bezahlt sind. Das Zurückbehaltungsrecht gilt demnach sowohl für die vom Notar herzustellenden Urkunden (z.B. Ausfertigung eines Kaufvertrages usw.) als auch für die von den Beteiligten eingereichten Unterlagen (Erbscheine, Hypothekenbriefe, Grundbuchauszüge, Vollmachten). Es muss um die Kosten derselben Angelegenheit gehen, an in einer *anderen* Sache eingereichten Urkunden besteht somit kein Recht auf Zurückbehaltung. „Zurückhalten" heißt außerdem niemals „Zurückfordern" (z.B. vom Gericht, nachdem die Ausfertigung schon dort vorgelegt ist). Der Begriff der Angelegenheit ist weiter zu fassen als der engere Vorgang eines „Verfahrens". Es reicht ein Sachzusammenhang. Z.B. bilden Kaufvertrag, Auflassung und Vollmachten zu diesen Geschäften eine Angelegenheit, auch die Finanzierungsgrundschuld mit dem Kauf.

52 Das Zurückbehaltungsrecht des Notars steht im Konflikt mit der in § 53 Beurkundungsgesetz niedergelegten Verpflichtung des Notars, alle seine zum Vollzug eines Registers oder des Grundbuchamts bestimmten Urkunden einzureichen, sobald etwaige zum Vollzug noch erforderlichen Unterlagen vorliegen („Vollzugsreife") – es sei denn, die Beteiligten wünschen es ausdrücklich anders. Das GNotKG bestimmt ausdrücklich einen Vorrang der Vollzugspflicht. Damit ist das Zurückbehaltungsrecht für den Notar heute nahezu kraftlos. Bei Beurkundungsansuchen von Personen, mit denen der Notar insoweit schlechte Erfahrungen gemacht hat oder gegenüber welchen eine zwangsweise Durchsetzung der Kostenforderung besonders schwierig wäre (Sitz bzw. Wohnsitz im Ausland; Gesellschaft in Gründung), wird er auf einem Vorschuss bestehen.

53 Hinweise für die Ermessensausübung geben die früher ausdrücklich im Gesetz enthaltenen Gegengründe. Man sollte sie weiter beachten. Nach § 10 KostO war von der Zurückbehaltung abzusehen, wenn einer dieser Fälle vorlag:

- wenn der Eingang der Kosten mit Sicherheit zu erwarten ist (z.B. wenn der Bund, ein Land, eine Gemeinde, ein Gemeindeverband oder eine sonstige Körperschaft des öffentlichen Rechts Kostenschuldner ist),
- wenn glaubhaft gemacht wird, dass die Verzögerung der Herausgabe einem Beteiligten einen nicht oder nur schwer zu ersetzenden Schaden bringen würde und nicht anzunehmen ist, dass die Kosten entzogen werden sollen,
- wenn ein Schriftstück nicht vom Kostenschuldner, sondern von einem Dritten eingereicht ist, dem gegenüber die Zurückbehaltung eine unbillige Härte wäre, z.B. in Fällen, in denen nach den Gesamtumständen dem Dritten eine Zahlung nicht zuzumuten ist.

VI. Verbot der Gebührenvereinbarung, Kostengläubigerschaft des Notars

54 Der Notar muss die gesetzlichen Gebühren berechnen und darf **weder mehr noch weniger** in Ansatz bringen (§ 17 Abs. 1 BNotO). Dies wiederholt unzweideutig § 125 GNotKG: „Vereinbarungen über die Höhe der Kosten sind unwirksam, soweit sich aus der folgenden Vorschrift nichts anderes ergibt" (zur Pflicht, die berechneten Kosten sodann auch einzufordern siehe unten Rdn 87). § 126 GNotKG lässt für einen ganz eng bestimmten Anwendungsbereich die Vereinbarung einer Gegenleistung für die Tätigkeit des Notars durch schriftlichen **öffentlich-rechtlichen Vertrag** zu. Gedacht ist beispielsweise an die Tätigkeiten als **Mediator** und die Verwahrung anderer Sachen als „Wertpapiere und Kostbarkeiten".

55 Weitere Ausnahmen ergeben sich aus § 17 Abs. 1 S. 2–3 und Abs. 2 BNotO: In wenigen Fällen hat der Notar das Recht, die Gebühren nach ihrer Entstehung mit Zustimmung der zuständigen Notarkammer bzw. Notarkasse ganz oder teilweise zu erlassen oder zu ermäßigen. Wenn der Kostenschuldner im Zivilprozess Anspruch auf **Prozesskostenhilfe** hätte, muss der Notar ihm entsprechend entgegenkommen.

56 Die Notarkosten fließen stets dem **Notar selbst** zu. Unwirksam wären Vereinbarungen, nach denen der Notar Dritte anteilig an den Gebühreneinnahmen beteiligt (§ 17 Abs. 1 S. 4 BNotO). Auch die Gebühren aus Tätigkeiten eines **Notarvertreters** im Sinn von § 39 BNotO stehen dem vertretenen Notar zu. Der Notarvertreter erhält seinerseits eine angemessene Vergütung von dem Notar oder als Notarassessor seine laufenden Anwärterbezüge. Ein **Notariatsverwalter** dagegen versieht ein eigenes Amt. Er ist selbst Kostengläubiger für alle Kostenforderungen, die während seiner Amtszeit fällig werden. Im Verhältnis zum Kostenschuldner kommt es insoweit nicht darauf an, ob der Notariatsverwalter seine Erträge selbst behält oder ob er sie an eine Notarkammer oder Kasse abführen muss.

VII. Gebührenbefreiung und Gebührenermäßigung

1. Gebührenbefreiung

Nach Vorbemerkung 2 (2) gelten bundes- und landesrechtliche Vorschriften, die Gebühren- oder Auslagenbefreiung gewähren, nicht für den Notar. Etwas anderes ist ausdrücklich bestimmt für Beurkundungen und Beglaubigungen aus Anlass einer staatlichen Sozialleistung (nicht für die Träger der Sozialhilfe untereinander), also insbesondere bei **Grundpfandrechtsbestellungen** zur Absicherung von Leistungen der **Grundsicherung**.   **57**

Maßgeblich ist die Nr. 2 des § 64 Abs. 2 SGB X:

> *Geschäfte und Verhandlungen, die aus Anlass der Beantragung, Erbringung oder der Erstattung einer Sozialleistung nötig werden, sind kostenfrei. Dies gilt auch für die im Gerichts- und Notarkostengesetz bestimmten Gerichtskosten. Von Beurkundungs- und Beglaubigungskosten sind befreit Urkunden, die …*

> *2. im Sozialhilferecht, im Recht der Grundsicherung für Arbeitsuchende, im Recht der Grundsicherung im Alter und bei Erwerbsminderung, im Kinder- und Jugendhilferecht sowie im Recht der Kriegsopferfürsorge aus Anlass der Beantragung, Erbringung oder Erstattung einer nach dem Zwölften Buch, dem Zweiten und dem Achten Buch oder dem Bundesversorgungsgesetz vorgesehenen Leistung benötigt werden, ….*

Beurkundungen nach § 62 Abs. 1 BeurkG (**Vaterschaftsanerkennungen** und die dazu erforderlichen Zustimmungen sowie **Unterhaltsverpflichtungen**) sowie bestimmte Unterhaltstitel zur Vollstreckung im Ausland sind nach Vorbemerkung 2 (3) gebührenfrei.   **58**

2. Gebührenermäßigung

Nach § 91 Abs. 1 S. 1 GNotKG ist den folgenden Kostenschuldnern eine Ermäßigung auf die Beurkundungsgebühren (Teil 2 Hauptabschnitt 1), Entwurfs- und Beratungsgebühren (Teil 1 Hauptabschnitt 4) und die für Erteilung einer vollstreckbaren Ausfertigung (KV Nr. 23803) und Erteilung eines Teilhypotheken-, Rentenschuld- oder Grundschuldbriefs (KV Nr. 25202) zu gewähren: **59**

1. dem Bund, einem Land sowie einer nach dem Haushaltsplan des Bundes oder eines Landes für Rechnung des Bundes oder eines Landes verwalteten öffentlichen Körperschaft oder Anstalt,
2. einer Gemeinde, einem Gemeindeverband, einer sonstigen Gebietskörperschaft oder einem Zusammenschluss von Gebietskörperschaften, einem Regionalverband, einem Zweckverband,
3. einer Kirche, sonstigen Religions- oder Weltanschauungsgemeinschaft, jeweils soweit sie die Rechtsstellung einer juristischen Person des öffentlichen Rechts hat,

wenn die Angelegenheit *nicht deren wirtschaftliche Unternehmen* betrifft. Der Begriff des „nicht wirtschaftlichen Unternehmens" ist im GNotKG nicht definiert, seine Auslegung ist immer wieder streitig. Der BGH orientiert sich an dem herkömmlichen kommunalrechtlichen Verständnis als einem wesentlichen Anhaltspunkt.[21]

---

21 *Lappe*, NotBZ 2002, 177; BGH, Beschl. v. 1.6.2017 – V ZB 23/16 = MittBayNot 2017, 633 = NotBZ 2017, 426 = RNotZ 2017, 618.

Keine Ermäßigung erhalten insbesondere:

- die Deutsche Bahn AG und die Deutsche Post AG,
- Versorgungsbetriebe (Gas- und Wasserwerke),
- Verkehrsbetriebe.
- *Nicht als wirtschaftlich* anzusehen sind z.B.:
- Kindergärten und Kindertageseinrichtungen, die von Gemeinden oder Kirchen betrieben werden.[22]

60   Nur wenn und soweit der begünstigte Kostenschuldner nach materiellen gesetzlichen Regelungen die Kostenlast zu tragen hat, wirkt sich dies auf alle Gesamtschuldner aus. Eine Kostenübernahmeerklärung des Begünstigten oder vertragliche Regelungen zur Kostenlast führen nicht zur Begünstigung (§ 91 Abs. 3 GNotKG). Als anzuerkennende gesetzliche Regelungen kommen insbesondere in Betracht: §§ 369 Abs. 1 und 2, 403, 426 Abs. 1, 448 Abs. 2, 452, 453, 480, 670, 683, 897 BGB, wobei bei § 426 Abs. 1 BGB zu beachten ist, dass dieser nur einen teilweisen Kostenerstattungsanspruch begründen kann; ferner § 3 Abs. 1 FStrG, § 12 VerkFlBerG.[23] § 91 Abs. 4 GNotKG stellt klar, dass ein an sich begünstigter Kostenschuldner sich dann nicht auf die Gebührenermäßigung berufen kann, wenn er für die fremde Kostenschuld eines nicht Begünstigten aufgrund gesetzlicher Vorschrift des bürgerlichen Rechts haftet (Fälle des § 29 Nr. 3 GNotKG).

61   Hängt die Tätigkeit des Notars mit dem Erwerb eines Grundstücks oder grundstücksgleichen Rechtes zusammen, so ermäßigen sich die Gebühren nur dann, wenn dargelegt wird, dass keine (auch keine teilweise) Weiterveräußerung an einen nicht begünstigten Dritten beabsichtigt ist. Wenn diese Absicht innerhalb von drei Jahren nach der Beurkundung der Auflassung geändert wird, entfällt eine bereits gewährte Ermäßigung. Der Begünstigte ist verpflichtet, den Notar zu unterrichten.

Nicht begünstigt wäre z.B. der Erwerb eines Grundstücks durch eine Gemeinde, wenn der Ankauf zum Zwecke der Weiterveräußerung als Bau- oder Industrieland erfolgt.

Zweckmäßigerweise wird in Grundstücks-*Erwerbsverträgen,* bei denen eine Gebührenermäßigung zu gewähren ist (also der Geschäftswert – Kaufpreis oder Verkehrswert – mehr als 25.000 EUR beträgt), folgende – oder eine ähnliche – Bestimmung aufgenommen:

> Der Erwerber versichert, dass eine auch nur teilweise Weiterveräußerung an einen nicht gebühren-begünstigten Dritten nicht beabsichtigt ist. Ihm ist bekannt, dass
>
> - die bereits gewährte Gebührenermäßigung entfällt, wenn er seine Absicht innerhalb von drei Jahren seit Beurkundung der Auflassung ändert,
> - er nach den gesetzlichen Bestimmungen verpflichtet ist, den Notar von der Änderung seiner Absicht zu unterrichten.

Die gemeinnützigen Wohnungsunternehmen sowie die Organe der staatlichen Wohnungspolitik gehören nicht zu dem begünstigten Personenkreis.

62   § 91 Abs. 2 GNotKG begünstigt ferner eine Körperschaft, Vereinigung oder Stiftung, die ausschließlich *und* unmittelbar mildtätige oder kirchliche Zwecke im Sinne der Abgabenordnung verfolgt, wenn diese Voraussetzung durch einen Freistellungs- oder Körperschaftssteuerbescheid oder durch einen Feststellungsbescheid oder vorläufige Bescheinigung des Finanzamts nachgewiesen und dargelegt wird, dass die Angelegenheit nicht einen steuerpflichtigen wirtschaftlichen Geschäftsbetrieb betrifft.

63   *Gebührenstaffelung·* Die Ermäßigung setzt erst bei Geschäftswerten über 25.000 EUR ein.

Die Gebühren sind zu ermäßigen bei Geschäftswerten von

über	25.000 EUR	bis	110.000 EUR	um 30 %
über	110.000 EUR	bis	260.000 EUR	um 40 %,

---

22 BGH, Beschl. v. 1.6.2017 – V ZB 23/16 = MittBayNot 2017, 633 = NotBZ 2017, 426 = RNotZ 2017, 618 (noch zu § 144 KostO – aber übertragbar).

23 Aufzählung nach Leipziger-GNotKG/*Heinze*, § 91 Rn 52.

| über | 260.000 EUR | bis | 1.000.000 EUR | um 50 %, |
| über | 1.000.000 EUR | | | um 60 %. |

(Siehe hierzu die Tabelle für die ermäßigten Gebühren im Anhang).

§ 91 Abs. 1 S. 2 GNotKG bestimmt ausdrücklich, dass eine ermäßigte Gebühr die bei einem niedrigeren Geschäftswert nach S. 1 zu erhebende Gebühr nicht *unterschreiten* darf.

Beispiel 64

Eine 1,0 Gebühr bei einem Geschäftswert von 25.000 EUR beträgt 115 EUR. Wäre der Geschäftswert 30.000 EUR, so betrüge – ohne Ermäßigung – die Gebühr 125 EUR. Nach § 91 Abs. 1 S. 1 GNotKG müsste sie um 30 % auf 87,50 EUR ermäßigt werden. Die ermäßigte Gebühr darf jedoch die bei einem niedrigeren Geschäftswert zu erhebende Gebühr nicht unterschreiten. Untere Grenze ist in unserem Fall die Gebühr von 115 EUR aus einem Geschäftswert von 25.000 EUR.

Die allgemeine Mindestgebühr von 15 EUR und die geschäftsspezifischen Mindestgebühren (siehe oben 65 Rdn 25) dürfen nicht unterschritten werden. Soweit bei mehreren Verfahrensgegenständen eine Vergleichsrechnung nach § 94 GNotKG zu erfolgen hat, erfolgt die Ermäßigung als Rechenschritt nach der Vergleichsbetrachtung. Auf das Ergebnis (also auf jede gesonderte Gebühr zum jeweiligen Wert oder auf die höchste Gebühr zum zusammengerechneten Wert) sind dann die Abschläge vorzunehmen.[24]

Von der Ermäßigung der Notargebühren werden *nicht betroffen:* 66

- sämtliche Auslagen,
- Vollzugs- und Betreuungsgebühren,
- Beglaubigungsgebühren,
- Verlosungen, Eide, Wechsel- und Scheckprotest,
- Vermögensverzeichnisse,
- Siegelungen,
- Auszahlungen vom Notaranderkonto,
- die Gebühr für die Erteilung einer Vertretungsbescheinigung oder sonstiger Bescheinigungen nach § 21 BNotO.

Die Zusatzgebühr bei Beurkundung in fremder Sprache (KV Nr. 26001) reduziert sich mittelbar, da sie aus der Beurkundungsgebühr abgeleitet wird.

Beispiele zur Gebührenermäßigung 67

(1) Eine Privatperson verkauft ein Grundstück an die Gemeinde; sie hat keine Weiterveräußerungsabsicht. Die von der Gemeinde erhobene Beurkundungsgebühr (KV Nr. 21200) ist begünstigt nach § 91 Abs. 1 S. 1 Nr. 2 GNotKG, § 448 Abs. 2 BGB. Sollte die Privatperson vom Notar in Anspruch genommen werden, gilt die Ermäßigung auch für die Privatperson, § 91 Abs. 3 GNotKG i.V.m. § 448 Abs. 2 BGB.

(2) Eine Gemeinde verkauft ein Grundstück an privat: Die von der Privatperson erhobene Beurkundungsgebühr (KV Nr. 21200) ist nicht begünstigt nach § 91 Abs. 1 S. 1 Nr. 2 GNotKG, auch nicht nach § 91 Abs. 3 GNotKG, weil nach § 448 Abs. 2 BGB den Privaten die Kostenlast trifft. Erhebt der Notar die Beurkundungsgebühr aber von der Gemeinde (etwa weil die Privatperson zahlungsunfähig ist), hat er die Ermäßigung zu berücksichtigen, weil alle Tatbestandsvoraussetzungen des § 91 Abs. 1 S. 1 Nr. 2 GNotKG erfüllt sind; der Rechtsgedanke aus § 91 Abs. 3 GNotKG ist aber nicht gegen den begünstigen Kostenschuldner umkehrbar.[25]

---

24 Fackelmann/Heinemann/*Macht*, § 91 Rn 28.
25 Beispiele entnommen aus Leipziger-GNotKG/*Heinze*, § 91 Rn 55. Siehe dort auch die komplexeren Lösungen zum Tausch und Tausch mit Wertausgleich.

VIII. Nichterhebung von Kosten wegen unrichtiger Sachbehandlung

68   Bei unrichtiger Sachbehandlung hat der Notar vom Ansatz von Kosten abzusehen (§ 21 Abs. 1 GNotKG). Der Notar muss gegen eine klare Vorschrift so verstoßen haben, dass die unrichtige Sachbehandlung durch offenbar irrige Entscheidung ganz einwandfrei zutage liegt. Der Schuldner muss dem Notar Gelegenheit zu kostenfreier Nachbesserung geben.[26] Sofern durch die unrichtige Tätigkeit eine vollständig neue Beurkundung erforderlich wird, entsteht nur hierfür eine Gebühr, während die Gebühr für die unrichtige Tätigkeit nicht in Ansatz gebracht werden darf. Kosten, die auch bei richtiger Handhabung angefallen wären, sind zu bezahlen.

Ebenfalls werden Auslagen, die durch eine vom Notar veranlasste Verlegung eines Termins oder die Vertagung einer Verhandlung entstanden sind, nicht erhoben.

Es ist keine unrichtige Sachbehandlung, wenn der Notar nach Abwägung der Interessen der Beteiligten eine Gestaltung wählt, die vielleicht teurer als andere Lösungen, aber nach seiner pflichtgemäßen Einschätzung zweckmäßiger ist.[27]

IX. Verjährung

69   Für die Verjährung der dem Notar zufließenden Kosten gilt § 6 Abs. 1 S. 3 GNotKG. Danach verjähren diese Kosten in *vier* Jahren. Die Verjährung beginnt mit dem Ablauf des Kalenderjahres, in dem die Kosten fällig (§ 10) geworden sind. Die Verjährungsfrist endet also mit dem vierten ganzen Kalenderjahr, das auf den Zeitpunkt des Anfalls der Gebühr folgt.

> *Beispiel*
>
> Die Gebühren fielen am 15.6.2010 an. Die vierjährige Verjährungsfrist begann demnach am 1.1.2011.
>
> Die Gebührenforderung ist mit Ablauf des 31.12.2014 verjährt.

70   Die Verjährung beginnt neu mit Aufforderung zur Zahlung, das ist in der Regel die Übersendung der Kostenberechnung. Eine zweite oder weitere Aufforderung, auch die Zusendung einer vollstreckbaren Ausfertigung, bewirken aber keinen erneuten Neubeginn. Dieser erfolgt jedoch durch Mitteilung einer Stundung (§ 205 BGB gilt also insoweit nicht) und durch jede Zwangsvollstreckungsmaßnahme oder ein Anerkenntnis des Schuldners (§ 6 Abs. 3, § 212 BGB). Eine Zustellung per Post an die letzte bekannte Anschrift genügt bei unbekanntem Aufenthalt. Ansonsten ist in kritischen Fällen die förmliche Zustellung der Kostenberechnung wegen des Nachweises ihres Zugangs zu empfehlen. Gehemmt (§ 203 BGB) wird die Verjährung durch eine Verhandlung über den Kostenanspruch, ebenso wenn Kostenschuldner oder Notar (auf Weisung der Dienstaufsicht) einen Antrag auf Kostenprüfung (§ 127 GNotKG) bei Gericht stellen. Bei Beträgen unter 25 EUR beginnt die Verjährungsfrist nicht neu und wird auch nicht gehemmt.

X. Kostenberechnung

71   Nach § 19 Abs. 1 GNotKG darf die Einziehung der dem Notar selbst zufließenden Kosten nur aufgrund einer dem Zahlungspflichtigen mitgeteilten und vom Notar unterschriebenen Berechnung stattfinden. § 19 Abs. 1 GNotKG verlangt **zwingend**:

- Mitteilung an den Zahlungspflichtigen. Das setzt außer der Bekanntgabe der Rechnung eine klare Angabe im Rechnungstext voraus, wer in Anspruch genommen wird.
- Unterschrift des Notars, der auch Kostengläubiger ist, bzw. seines Vertreters im Amt. Unzureichend wäre z.B. eine Unterschrift seines Sozius, wenn dieser nicht als Notarvertreter handelt.
- Die Unterschrift muss eigenhändig erfolgen, also kein Faksimilestempel, kein Computerausdruck einer Unterschriftsabbildung.

---

26 OLG Düsseldorf, Beschl. v. 11.8.2016 – 10 W 115/16 = NotBZ 2016, 469.
27 BGH, Beschl. v. 1.10.2020 – V ZB 67/19 = NotBZ 2021, 31 m. Anm. *Otto*.

■ Die Unterschrift muss mindestens die zwingenden Inhalte der Kostenrechnung (§ 19 Abs. 2 GNotKG) abdecken. Wird der Rechnung ein Zusatzblatt beigefügt, auf dem die Geschäftswertermittlung über die gesetzlichen Vorgaben hinaus näher erläutert wird, muss dieses Blatt nicht unterschrieben sein.[28]

Die Kostenberechnung **muss** außerdem enthalten (§ 19 Abs. 2 GNotKG): 72

1. eine Bezeichnung des Verfahrens oder Geschäfts,
2. die angewandten Nummern des Kostenverzeichnisses,
3. den Geschäftswert bei Gebühren, die nach dem Geschäftswert berechnet sind,
4. die Beträge der einzelnen Gebühren und Auslagen, wobei bei Entgelten für Post- und Telekommunikationsdienstleistungen (Nummer 32004) die Angabe des Gesamtbetrags genügt, und
5. die gezahlten Vorschüsse.

Die Kostenberechnung **soll** enthalten (§ 19 Abs. 3 GNotKG): 73

1. eine kurze Bezeichnung des jeweiligen Gebührentatbestands und der Auslagen,
2. die angewandten Wertvorschriften dieses Gesetzes (also des GNotKG) und
3. die Werte der einzelnen Gegenstände, wenn sich der Geschäftswert aus der Summe der Werte mehrerer Verfahrensgegenstände ergibt (§ 35 Abs. 1 GNotKG).

Gemäß § 19 Abs. 4 GNotKG ist eine Kostenberechnung (nur) dann unwirksam, wenn eine der Grundvoraus- 74
setzungen des Abs. 1 oder eine der Vorgaben in Abs. 2 nicht beachtet ist. Auf eine unwirksame Rechnung hin muss der Kostenschuldner nicht zahlen. Auf der Basis einer solchen Rechnung vorgenommene weitere Handlungen (Stundung, Vollstreckungsmaßnahme etc.) führen nicht zum Neubeginn der Verjährung. In einem Kostenprüfungsverfahren ist die unwirksame Rechnung ohne weiteres aufzuheben – allerdings hat der Notar stets die Möglichkeit, unverjährte Kostenforderungen im laufenden Verfahren noch richtig einzufordern.

Ein Verstoß gegen die Sollvorschriften des Abs. 3 macht die Rechnung im Rahmen einer vom Schuldner 75
angestrengten gerichtlichen Überprüfung aufhebbar (auch hier hat der Notar aber die Nachbesserungsmöglichkeit). Obwohl also sowohl die Verstöße gegen Abs. 2 wie Abs. 3 zur Aufhebung führen können, ist der wichtige Unterschied, dass es bei Verletzung (nur) des Abs. 3 bei einem vorher eingetretenen Neubeginn der Verjährung bleibt (Abs. 5). Es bleibt bei den Folgen bereits vor Aufhebung eingeleiteter Vollstreckungsmaßnahmen.

Dienstrechtlich ist der Notar zur Einhaltung von Abs. 3 ebenso wie von Abs. 1 und 2 verpflichtet. Er hat 76
(auch zu Prüfungszwecken) eine Ablichtung oder einen Ausdruck der Berechnung zu seinen Akten zu nehmen oder die Berechnung elektronisch aufzubewahren. Direkt auf alle Ausfertigungen muss (anders als früher nach der KostO) kein Kostenvermerk gesetzt werden. Im Tätigkeitsbereich der Kassen (Notarkasse und Ländernotarkasse) sind alle Kostenberechnungen fortlaufend und zeitnah in einem **Kostenregister** zu erfassen (Muster zur bayDONot bzw. Abgabensatzung der Ländernotarkasse).

Die in § 19 Abs. 2 und Abs. 3 GNotKG enthaltenen so genannten Zitiergebote dienen der Transparenz: Der 77
Kostenschuldner soll wenigstens durch Nachlesen der genannten Bestimmungen im Wesentlichen nachvollziehen können, welche Beträge ihm wofür in Rechnung gestellt werden. Es werden insoweit verlangt von:

■ Abs. 2 Nr. 1: eine **schlagwortartige Bezeichnung** des Gegenstands der Urkunde oder des Geschäfts („Kaufvertrag"; „Testament" etc.). Wenn, was als zulässig angesehen wird, für mehrere Urkunden nur ein Rechnungsdokument erstellt wird, müssen alle bezeichnet werden („Beschluss und Entwurf Handelsregisteranmeldung"). Sinnvoll, aber nicht zwingend, sind Angabe von Datum und soweit vorhanden Urkundenrollennummer des Geschäfts.
■ Abs. 2 Nr. 2: die Angabe der **KV-Nummer**. Vorbemerkungen und Anmerkungen müssen nicht erwähnt werden. Der Gebührensatz muss nicht zwingend aufgenommen werden. Er (oder zumindest ein Rahmen) ergibt sich aus der KV-Nummer. Die einzelnen Ziffern oder Absätze bzw. Tatbestände einer KV-Nummer werden nicht zitiert. Das kann allerdings dazu führen, dass zum Beispiel bei Ein-

---

28 LG Münster, Beschl. v. 3.6.2020 – 5 OH 22/19.

greifen der Höchstgebühr nach KV-Nr. 22112 bei alleiniger Nennung dieser Nummer nicht klar wird, ob hier die (0,5) Gebühr nach KV Nr. 22110 oder die (0,3) Gebühr nach Nr. 22111 gemeint ist. In solchen Fällen, wenn sich also die einschlägige KV-Nummer auf unterschiedliche andere Normen beziehen kann, ist die konkrete Ausgangsnorm mit zu zitieren.[29] Ansonsten muss die Ausgangsnorm nicht mit angeführt werden, auch wenn die herangezogene KV-Nummer sich technisch als deren Modifikation darstellt (vgl. etwa KV Nr. 21101 und 21102, die beide als Abwandlungen der Grundnorm KV Nr. 21100 formuliert sind). Ist eine Höchstgebühr in einer eigenen KV-Nummer bestimmt, muss sie dann zitiert werden, wenn sie sich im Ergebnis auswirkt (die speziellen Mindestgebühren sind dagegen stets bei den Gebührensätzen vermerkt, es gibt dafür keine eigenen KV-Nummern).

- Abs. 2 Nr. 3: bei den **Wertgebühren** die Angabe des **Geschäftswerts**. Im Fall einer Wertzusammenrechnung ist an dieser Stelle (nur) die Summe gemeint (vgl. aber Abs. 3 Nr. 2). Betragsgebühren haben keinen Geschäftswert, es braucht also z.B. bei einer nach Seitenzahlen berechneten Auslage, einer nach Zeit berechneten oder aus einer anderen Gebühr abgeleiteten Gebühr nicht die Seitenzahl, die Zeitdauer oder der Wert der anderen Gebühr angegeben werden.[30]

Die weiteren Mussinhalte des Abs. 2 verlangen kein Gesetzeszitat, sondern konkrete Betragsangaben:

- Abs. 2 Nr. 4: Bezifferung der im Einzelnen eingeforderten Gebühren und nach Auslagentatbeständen zusammengefasste Angabe der Auslagen.
- Abs. 2 Nr. 5: Mitteilung bereits entgegengenommener Vorschüsse – nur in Zusammenschau von Nr. 4 und Nr. 5 erkennt der Adressat, was er letztlich noch zahlen soll.

78 Die Zitiergebote setzen sich fort mit:

- Abs. 3 Nr. 1: Kurzbezeichnung des Gebühren- bzw. Auslagentatbestandes. Hier kann der Text des Kostenverzeichnisses übernommen werden (die mittlere Spalte zu der jeweiligen KV-Nummer bzw. zum dort einschlägigen Tatbestand, ohne Anmerkungen). Es darf aber auch schlagwortartig abgekürzt werden.
- Abs. 3 Nr. 2: Nur die hier ausdrücklich genannten Paragrafen müssen zitiert werden, wenn sie für die konkrete Rechnung einschlägig sind (auch die Höchstgeschäftswerte in §§ 98, 106, 107 GNotKG nur dann, wenn sie eingreifen). Es genügt (wie auch hinsichtlich der KV-Nummern), wenn die Information, dass es sich um „Paragraphen gemäß GNotKG" handelt, einmal im Text der Kostenberechnung deutlich wird. Absätze, Sätze, Buchstaben oder Ziffern/Nummern der Paragrafen sind nicht verlangt. Schon um Nachfragen zu vermeiden, kann sich deren Aufnahme aber empfehlen.[31] Praktisch wird man versuchen, die jeweilige Bestimmung dem Wertansatz (Abs. 1 Nr. 3 oder aufgegliedert nach Abs. 2 Nr. 3) zuzuordnen, zwingend ist das aber nicht.[32]
- Abs. 3 Nr. 3: Ergibt sich der Geschäftswert aus der Zusammenrechnung der Werte mehrerer Beurkundungsgegenstände, sind die Einzelwerte darzustellen (dazu § 35 Abs. 1 und § 86 Abs. 2 GNotKG bzw. siehe auch Rdn 248). Wird bei demselben Beurkundungsgegenstand allein nach dem Wert des Hauptgeschäfts bewertet (siehe Rdn 269), müssen die anderen Geschäfte nicht angegeben werden. Wenn die Wertermittlungsvorschriften bestimmte Zurechnungen innerhalb der Wertbestimmung vorsehen (z.B. § 47 S. 2 GNotKG „gegenstandsinterne Addition"[33]) oder umgekehrt eine Berücksichtigung bei der Wertermittlung verbieten (z.B. § 52 Abs. 7 GNotKG), handelt es sich dabei doch stets um die Bestimmung des Einzelwerts, nicht um einen zusammengesetzten Wert im Sinne des § 35 GNotKG.

79 Über die Pflichtangaben hinaus sollte die Herleitung des Geschäftswerts immer erläutert werden, sobald er nicht unmittelbar aus einem für den Mandanten unschwer erkennbaren Betrag besteht (wie etwa dem Kaufpreis). Das dient der vom Kostenschuldner erwarteten Transparenz und ist weniger eine Rechts- als eine Stilfrage.

---

29 Es kann aber auch reichen, wenn die gemeinte Ausgangsnorm aus dem sonstigen Rechnungstext, insbesondere aus der Bezeichnung des Geschäfts klar wird, siehe dazu Fackelmann/Heinemann/*Macht*, § 19 Rn 20.

30 *Diehn/Sikora/Tiedtke*, Rn 974 m.w.N.

31 Vgl. auch das – insoweit aber ausdrücklich nicht zwingende – Muster einer Kostenberechnung in dem Regierungsentwurf zum GNotKG, BT-Drucks 17/11471, S. 159.

32 Die Kostenberechnung ist „gegenstandsblind" – so *Diehn/Sikora/Tiedtke*, Rn 1011.

33 *Diehn/Sikora/Tiedtke*, Rn 1008.

Neben den Angaben nach § 19 GNotKG muss die Kostenberechnung aufgrund zwingender Vorgaben des **80** **Umsatzsteuergesetzes** (dort § 14 UStG) enthalten:

- Angabe von Namen und Anschrift des Notars sowie der dem Notar erteilten Steuer-Nr. *oder* der ihm vom Bundesamt für Finanzen erteilten Umsatzsteuer-Identifikations-Nr. (USt-IdNr.),
- Angabe der fortlaufenden Rechnungsnummer. Dies kann die Urkundenrollennummer sein, das muss dann klargestellt werden. Rechnungen, die keiner Urkunde direkt zuzuordnen sind, erhalten so genannte „Bruchnummern" („123a" oder „123/1"). Im Bereich der Notarkassen kann die dort zwingend erforderliche Kostenregisternummer verwendet werden,
- Datum der Rechnung und Zeitpunkt der Leistung,
- Angabe des Umsatzsteuersatzes[34] und des daraus resultierenden Betrags der Steuer.

Fehlt eine dieser Angaben, hat der Kostenschuldner nicht die Möglichkeit, die Umsatzsteuer als Vorsteuer von seiner Umsatzsteuer abzusetzen. In bestimmten Fällen ist der Notar außerdem verpflichtet, auf die Pflicht zur Aufbewahrung der Kostenberechnung hinzuweisen (§ 14b Abs. 1 S. 5 UStG). Allein aufgrund Verletzung der Steuerbestimmungen kann die Rechnung nicht vom Gericht aufgehoben werden.

Beispiel einer einfachen Kostenberechnung: **81**

Absender: Notar Hubert Höflich, Hausgasse 2 in Dorf

Herrn

Benno Beispiel

Hofstraße 1

38017 Dorf

Beurkundung eines Gesellschaftsvertrags samt Beschluss zur Geschäftsführerbestellung

Meine UR-Nr. 444/2017 vom 1.4.2020

Sehr geehrter Herr Beispiel,

für meine o.g. Amtstätigkeit bitte ich um Ausgleich der folgenden Kosten. Bei den genannten Bestimmungen handelt es sich um §§ des Gerichts- und Notarkostengesetzes (GNotKG) und bei den genannten KV-Nummern (KV Nr.) um solche der Anlage 1 = Kostenverzeichnis zum GNotKG.

Beurkundungsverfahren, KV Nr. 21100

Geschäftswert: 60.000 EUR (30.000 EUR + 30.000 EUR gem. §§ 97, 107 sowie §§ 105, 108 GNotKG)

Gebühr	384 EUR
Tätigkeit auf Ihr Ansuchen am Werktag nach 18 Uhr, KV Nr. 26000	30 EUR
Vertretungsbescheinigung, KV Nr. 25200	15 EUR
Dokumentenpauschale, KV Nr. 32001	2,40 EUR
Post- und Telekommunikationsdienstleistungen, KV Nr. 32005	20 EUR
Zwischensumme	451,40 EUR
Umsatzsteuer, KV Nr. 32014	85,76 EUR

USt-IdNr. 987/654/321. Die UR-Nr. ist Rechnungsnummer.

Bitte zahlen Sie auf Kto. IBAN DE09 7405 0000 0230 7604 30, Inhaber Notar Höflich.	537,16 EUR

Dorf, den 2.4.2020

(Unterschrift), Notar

---

34 Steuersatz gemäß § 12 Abs. 1 UStG, gemäß § 28 Abs. 1 GNotKG i.d.F. 29.6.2020 (BGBl I S. 1512) war er temporär abgesenkt.

82   Schließlich ist jede Kostenberechnung um eine **Rechtsbehelfsbelehrung** zu ergänzen (§ 7a GNotKG). Ein Verstoß führt nicht zur Unwirksamkeit oder auch nur Anfechtbarkeit der Rechnung, kann aber in einem Kostenprüfungsverfahren für den Notar im Einzelfall zu Nachteilen führen.[35] Stets wird die Dienstaufsicht auf Einhaltung des § 7a GNotKG achten.

> *Formulierungsbeispiel*
>
> Gegen diese Kostenberechnung kann die gerichtliche Entscheidung durch das Landgericht *(Bezeichnung und Anschrift des für den Amtssitz des Notars zuständigen LG)* beantragt werden. Der Antrag kann schriftlich, zur Niederschrift in der Geschäftsstelle des Gerichts, oder schriftlich über mich zur Weiterleitung an das Gericht gestellt werden.
>
> Fakultativ (bzw. zwingend nur bei Zustellung der vollstreckbaren Ausfertigung):
>
> Eine bestimmte Frist gilt nur dann, wenn Ihnen eine vollstreckbare Ausfertigung dieser Kostenberechnung bereits zugestellt wurde oder noch zugestellt wird. In diesem Fall muss der Antrag bis zum Ablauf des Kalenderjahres nach dem Jahr der Zustellung bei dem Gericht eingehen.
>
> Fakultativ bietet sich schließlich noch eine weitere Ergänzung ungefähr in diesem Sinne an:
>
> Manche Unklarheit oder Beanstandung lässt sich gut auf dem direkten Weg ohne Inanspruchnahme des Gerichts klären. Ich bitte Sie daher, sich bei Einwänden gegen die Kostenberechnung zunächst an mich zu wenden.

XI. Beitreibung der Kosten und Verzinsung

1. Vollstreckungsklausel

83   § 89 GNotKG bestimmt, dass die Notarkosten und die auf sie entfallenden Zinsen aufgrund einer dem Zahlungspflichtigen mitgeteilten, vom Notar unterschriebenen und mit der Vollstreckungsklausel des Notars versehenen Ausfertigung der Kostenberechnung nach den Vorschriften der Zivilprozessordnung beigetrieben werden. Die zur Vollstreckung zu benutzende „Ausfertigung" der Kostenberechnung braucht keine solche im strengen Sinne zu sein; sie kann es meistens auch gar nicht sein, weil die Urschrift dem Kostenschuldner übersandt worden ist und der Notar nur eine Abschrift davon zurückbehalten hat. Der Notar fertigt sich eine Abschrift der bei seinen Akten verbliebenen Kostenberechnung und versieht sie mit der Vollstreckungsklausel. Diese Klausel kann folgendermaßen lauten:

> Vorstehende Ausfertigung meiner Kostenberechnung erteile ich mir zum Zwecke der Zwangsvollstreckung gegen ...

Die Klausel muss vom Notar unterschrieben und mit dem Prägesiegel oder Farbdrucksiegel versehen werden. Der Wortlaut der Vollstreckungsklausel ist nicht wesentlich; der in § 725 ZPO vorgeschriebene Wortlaut ist nicht zwingend. Die vollstreckbare Ausfertigung wird alsdann dem Kostenschuldner nach den Vorschriften der Zivilprozessordnung, also über den Gerichtsvollzieher, zugestellt. Mit der Zwangsvollstreckung darf erst *zwei* Wochen nach erfolgter Zustellung begonnen werden (§ 89 i.V.m. § 798 ZPO).

2. Verzinsung

84   Die Kostenforderungen des Notars sind nur dann vom Zahlungspflichtigen zu verzinsen, wenn der Notar § 88 GNotKG beachtet. Dazu muss dem Schuldner eine vollstreckbare Ausfertigung der Kostenberechnung zugestellt werden, die Angaben über die Höhe der zu verzinsenden Forderung, den Verzinsungsbeginn und den Zinssatz enthält. Die Verzinsung beginnt dann einen Monat nach der Zustellung der vollstreckbaren Ausfertigung. Der Zinssatz beträgt für das Jahr fünf Prozentpunkte über dem Basiszinssatz

---

35 Siehe dazu Kostenspiegel Teil 1 Rn 92.

nach § 247 BGB. Der Basiszinssatz wird jeweils halbjährlich zum 1. Januar und 1. Juli von der Deutschen Bundesbank im Bundesanzeiger veröffentlicht; er ist im Internet unter https://www.bundesbank.de/de/ bundesbank/organisation/agb-und-regelungen/basiszinssatz-607820 abrufbar. Seit 1.7.2016 (zuletzt bestätigt zum 1.7.2020) und mindestens noch bis zum 31.12.2020 beträgt der Basiszinssatz – 0,88 %. Seit 1.7.2016 und vorbehaltlich einer Änderung ab 1.1.2021 ist eine Notarkostenforderung also mit 4,12 % auf das Jahr zu verzinsen. Dabei muss in der ergänzten Rechnung gemäß § 88 GNotKG der konkrete Zinssatz nicht genannt werden, es genügt die Formulierung des Gesetzes.

85 Der Verzinsung unterliegt die gesamte vom Notar ordnungsgemäß eingeforderte Rechnungssumme. Das gilt auch für den **Vorschuss** (mit Anforderung wird dieser fällig),[36] **durchlaufende Posten** im Sinn der KV Nr. 32015[37] und die **Umsatzsteuer**.[38] Die Zinsen ihrerseits unterliegen nicht der Umsatzsteuer.[39]

86 Es steht dem Notar frei, die Hinweise nach § 88 GNotKG sofort mit der ersten Rechnung zu geben[40] oder sie erst in die vollstreckbare Ausfertigung aufzunehmen. Im Regelfall kann immerhin vorausgesetzt werden, dass der Kostenschuldner pünktlich zahlt. Es kann sich deshalb anbieten, die Rechnung zunächst nicht zu überfrachten. Wenn der Schuldner jedoch nicht zahlt, gebieten die Regelungszwecke der § 17 Abs. 1 BNotO und § 125 GNotKG, dass der Notar letztlich auch die Voraussetzungen zur Verzinsung schafft. Er hat dabei aber ein weites Ermessen.[41]

Beispiel

(Ergänzung der Kostenberechnung um den Zinsanspruch und die erforderlichen Angaben erst im Rahmen der mit der Vollstreckungsklausel zu versehenden Ausfertigung):

Auf die Kostenforderung von 537,16 EUR werden Verzugszinsen in Höhe von fünf Prozentpunkten über dem Basiszinssatz des § 247 BGB jährlich geschuldet. (zweckmäßigerweise zur Erhöhung der Transparenz für den Schuldner und als Erleichterung für die Ausrechnung durch den Gerichtsvollzieher und die Überprüfung durch den Notar kann hinzugefügt werden: Der Basiszinssatz nach § 247 BGB beträgt derzeit (...) %, somit betragen die anfallenden Zinsen derzeit (...) % jährlich, das entspricht einem Tageszins von derzeit (...) EUR). Die Verzinsung beginnt einen Monat nach der Zustellung der vollstreckbaren Ausfertigung der vorstehenden Kostenberechnung. Die Verzinsungspflicht ergibt sich aus § 88 GNotKG.

Die vorstehende Ausfertigung erteile ich mir wegen der geschuldeten Kostenforderung und der genannten Zinsen zum Zwecke der Zwangsvollstreckung gegen (...)

(...), den (...)

(Prägesiegel oder Farbdrucksiegel)   Notar

---

3. Beitreibung der Kosten

87 Der vom Notar selbst titulierte Anspruch kann wie jeder andere Vollstreckungstitel nach der ZPO durchgesetzt werden. Zusätzliche Mahnspesen kann der Notar nicht einfordern. Notwendige Kosten der Zwangsvollstreckung (§ 788 ZPO) trägt der Vollstreckungsschuldner, sie kann aber der Notar nicht in seine Rechnung nach § 19 GNotKG aufnehmen und folglich nicht selbst titulieren.

Wegen § 17 Abs. 1 BNotO und § 125 GNotKG, also in Konsequenz seiner Pflicht, die Kosten gleichmäßig nach dem Gesetz zu berechnen, ist der Notar zu einem Einzug der Kosten in angemessener Zeit verpflichtet (vgl. auch Ziffer VI.3.1. der Empfehlung der BNotK für die Berufsausübungsrichtlinien der Notar-

---

36 Fackelmann/Heinemann/*Krause*, § 88 Rn 11; Leipziger-GNotKG/*Klingsch*, § 88 Rn 6 f., dort auch zur teilweise vertretenen Gegenmeinung.
37 Unter Geltung der Kostenordnung war dies anders zu sehen, vgl. Leipziger-GNotKG/*Klingsch*, § 88 Rn 9 m.w.N.
38 Wie hier Leipziger-GNotKG/*Klingsch*, § 88 Rn 8 mit Hinweis auf die Gegenmeinung.
39 Fackelmann/Heinemann/*Krause*, § 88 Rn 13; Leipziger-GNotKG/*Klingsch*, § 88 Rn 8.
40 Beispiel etwa Kostenspiegel, Teil 1 Rn 93.
41 Ausführlich hierzu Leipziger-GNotKG/*Klingsch*, § 88 Rn 1; Leipziger-GNotKG/*Renner*, § 125 Rn 53.

kammer). Der Einzug wird durch die Dienstaufsicht geprüft (§§ 93 Abs. 3 S. 2, 113 Abs. 17 Nr. 9 BNotO). Ausnahmen sind vor allem dann zu machen, wenn (weitere) Vollstreckungsmaßnahmen objektiv aussichtslos wären.[42]

XII. Einwendungen gegen die Kostenberechnung

88 Wenn der Kostenschuldner mit der ihm vom Notar übersandten Kostenberechnung nicht einverstanden ist, kann er dagegen Einwendungen geltend machen (§ 127 GNotKG). Ihm stehen dabei grundsätzlich zwei Wege zur Verfügung:

- der schriftliche, jedenfalls vor Zustellung einer vollstreckbaren Ausfertigung der Kostenberechnung an keine Frist gebundene Antrag auf **Entscheidung des Landgerichts** oder
- die **formlose Beanstandung** gegenüber dem Notar.

Im ersteren Falle entscheidet das Landgericht über den gestellten Antrag. Es fallen keine Gerichtsgebühren an. Wenn der Kostenschuldner dem Notar gegenüber die Kostenberechnung beanstandet hat, stehen dem Notar drei Möglichkeiten offen, entweder:

- er ändert die Kostenberechnung ab oder
- er ändert sie nicht ab und beantragt die Entscheidung des Landgerichts (§ 127 Abs. 1 S. 2 GNotKG) oder
- er verweist den Kostenschuldner auf die Möglichkeit des Antrages auf landgerichtliche Entscheidung.

89 Gegen die Entscheidung des Landgerichts ist die wert- und zulassungsunabhängige **Beschwerde zum OLG** zulässig (§ 129 Abs. 1 GNotKG). Sie ist binnen einer Frist von einem Monat ab der schriftlichen Bekanntgabe des landgerichtlichen Beschlusses schriftlich beim Landgericht oder zu Protokoll der Geschäftsstelle des Landgerichts einzulegen (§ 130 Abs. 3 i.V.m. §§ 63 Abs. 1 und 3, 64 Abs. 1 und 2 FamFG).

Gegen die Entscheidung des OLG findet die **Rechtsbeschwerde zum BGH** statt (§ 129 Abs. 2 GNotKG), vorausgesetzt, sie ist vom OLG zugelassen worden (§ 130 Abs. 3 GNotKG i.V.m. § 70 Abs. 1 und 2 FamFG). Sie ist an eine Frist von einem Monat gebunden, beginnend mit schriftlicher Bekanntgabe des Beschlusses des OLG (§ 71 Abs. 1 S. 1 FamFG). Vor dem BGH herrscht für den Kostenschuldner (nicht für den Notar als Gebührengläubiger) Anwaltszwang. Für den Antrag nach § 127 GNotKG und die Einlegung einer Beschwerde vor dem OLG bedarf es dagegen keines Anwalts.

90 Die Rechtsbehelfe haben grundsätzlich keine aufschiebende Wirkung, dies kann aber im Verfahren angeordnet werden. In den Verfahren werden die Dienstaufsicht und in deren Tätigkeitsbereich auch die Notarkassen angehört. In den Fällen der § 92 und § 126 GNotKG, wenn also der Notar innerhalb des gesetzlichen Rahmens (siehe Rdn 32) einen Gebührensatz festzulegen hatte oder eine Gebühr ausnahmsweise vereinbart werden durfte (siehe Rdn 54), holt das Gericht vor seiner Entscheidung insbesondere zur Billigkeit der Ermessenausübung bzw. Angemessenheit der Gebühr ein Gutachten der Notarkammer bzw. Notarkasse ein. Es kann bei Verletzung des § 92 GNotKG sein Ermessen an die Stelle der Ermessensausübung des Notars setzen bzw. bei Verstoß gegen § 126 Abs. 1 S. 3 GNotKG selbst eine angemessene Vergütung bestimmen.

91 Der Notar kann unabhängig von Anträgen des Kostenschuldners auch durch die ihm vorgesetzte Dienstbehörde **angewiesen** werden, einen Antrag auf gerichtliche Entscheidung zu stellen oder Rechtsmittel gegen eine solche Entscheidung einzulegen. In diesem Fall kann das Gericht auch eine Erhöhung der ursprünglichen Rechnung aussprechen.

---

42 Ausführlich dazu Leipziger-GNotKG/*Renner*, § 125 Rn 64 ff.

C. Geschäftswert

I. Grundsätze

1. Wertgebühr

Für die Wertgebühr (zunächst siehe oben Rdn 20) sprechen hauptsächlich zwei Gründe:　　92

(1) *die Praktikabilität:*
Es ist einfacher, die Gebühren nach dem Wert des Geschäfts als nach dem Arbeitsaufwand zu ermitteln. Bei einer Zeitgebühr wäre im Übrigen der schneller Arbeitende gegenüber dem Langsameren benachteiligt;
(2) *ihre Zumutbarkeit:*
Wer Geschäfte mit einem hohen Wert zu besorgen hat, kann dafür in der Regel unschwer auch höhere Gebühren bezahlen. Gebühren nach Zeitaufwand wären bei komplizierten Angelegenheiten von geringer Bedeutung für den Betreffenden zumeist unzumutbar, weil sie den Wert aufwögen oder gar überstiegen. Die Wertgebühr trägt dem sozialen Prinzip der Belastung nach der Leistungsfähigkeit Rechnung, das etwa auch das Steuerrecht beherrscht.

Mit Rücksicht darauf, dass bei sehr geringen Geschäftswerten zahlreiche Geschäfte vom Notar bei Weitem nicht wenigstens kostendeckend ausgeführt werden können, sieht das GNotKG einige spezifische Mindestgebühren für bestimmte Geschäfte vor (siehe oben Rdn 25). Mindestgebühren und Mindestgeschäftswerte bedeuten genauso wie Höchstgebühren und Höchstgeschäftswerte (siehe oben Rdn 27 f.) eine Abweichung vom Prinzip der Wertgebühr.

2. Ermittlung des Geschäftswerts

Es ist Aufgabe des Notars, den Geschäftswert zu ermitteln. Bei bezifferten Geschäftswerten macht dies　　93
keine Schwierigkeiten. Bei Testamenten und Erbverträgen wird der Notar in der Regel die **Wertangaben der Beteiligten** zugrunde legen, sofern sie stimmen können. Ansonsten muss sich der Notar tatsächliche Anhaltspunkte geben lassen, aus denen er den Wert ermitteln kann. Er gelangt so zu einem bestimmten Wert, wenigstens über die Auffangnorm § 36 GNotKG. Mit bloßen Wertangaben der Beteiligten „im Kosteninteresse" darf sich der Notar nicht zufriedengeben. Auch darf er über den Geschäftswert nicht mit sich „handeln" lassen (§ 125 GNotKG). Die Beteiligten sind verpflichtet, **geeignete Angaben** zur Ermittlung des Wertes zu machen, wenngleich sie nicht dazu gezwungen werden können. Weigern sie sich oder machen sie erkennbar unzureichende oder falsche Angaben, so soll der Notar einen von ihm nach billigem Ermessen geschätzten Wert zugrunde legen und seine Forderungen beitreiben (§ 95 GNotKG).[43] Die Beteiligten müssen gegen den angesetzten Wert vorgehen, wenn er ihrer Meinung nach zu hoch sein sollte (§§ 127 ff. GNotKG). In dem sich anschließenden Verfahren (vgl. Rdn 88 ff.) müssen sie dem Gericht Ermessensfehler des Notars überzeugend darlegen. An einer einmal gemachten eigenen Wertangabe müssen sich die Beteiligten in der Regel festhalten lassen.[44] Wenn der Notar zur Schätzung berechtigt war, wird in einem späteren Gerichtsverfahren nur noch geprüft, ob er dabei die Grenzen der Ermessensausübung gewahrt hat. Er darf also nicht willkürlich schätzen und muss alle ihm bekannten Anhaltspunkte der Wertfindung berücksichtigen. Stellt sich nach der zum Zeitpunkt der Rechnungslegung ermessensfehlerfreien Wertfestsetzung des Notars erst nachträglich heraus, dass den von dem Notar im Rahmen seiner Ermessensausübung angenommenen Wert zu hoch war, kommt eine Korrektur grundsätzlich nicht mehr in Betracht, auch wenn die Beteiligten nun neue Aspekte vorbringen.[45]

Es besteht eine wechselseitige **Auskunftspflicht** zwischen **Notar und Gericht**, um sicherzustellen, dass　　94
möglichst übereinstimmende Werte eingesetzt werden (§ 39 GNotKG). Da der Notar in der Regel im unmittelbaren Kontakt zu den Beteiligten auf einfache Weise Anhaltspunkte für den „richtigen", d.h. dem Verkehrswert möglichst angenäherten Wertansatz, gewinnen kann – zumal über die Angaben der Betei-

---

43 Eine bestimmte Frist besteht dabei nicht. Es kommt vielmehr auf die Art des Geschäftes an, in welcher Zeitspanne von den Beteiligten abgefragte Angaben abzuwarten sind. Vgl. Leipziger-GNotKG/*Heit/Genske*, § 95 Rn 12.
44 OLG Celle, Beschl. v. 9.3.2015 – 2 W 17/15 – JurBüro 2015, 320.
45 OLG Düsseldorf, Beschl. v. 14.6.2018 – 10 W 29/18 – NotBZ 2019, 219 m. Anm. *Otto.*

ligten (§ 19 GNotKG) – erscheint es sachgerecht, ihm die Wertermittlung in erster Linie zu überantworten. Über die Mitteilungspflicht werden seine Erkenntnisse für die Wertansätze des Gerichts nutzbar gemacht. Der Notar teilt praktisch bei allen Vorgängen ohne bezifferten Geschäftswert seine Wertansätze dem Gericht im Antragsschreiben mit, sofern sie sich nicht aus der Urkunde ergeben. Das Gericht teilt ihm mit, wenn es zu anderen Ansätzen gelangt. Dann kann der Notar nach eigener Überprüfung seinen Wertansatz ändern. Wenn das Gericht Zweifel an den Wertansätzen des Notars hat, hat es den Wert selbst zu ermitteln. Es kann den Notar weder zu weiteren Ermittlungen noch zu einer Korrektur anhalten. Das Gesetz nimmt es hin, wenn von Gericht und Notar unterschiedliche Werte angesetzt werden.

95 Entscheidend ist nach § 96 GNotKG der Wert zu dem Zeitpunkt, zu dem die jeweilige Gebühr fällig (siehe oben Rdn 46 ff.) wird. Spätere Wertveränderungen (extrem: das verkaufte Haus versinkt nach Fälligkeit der Gebühr unversichert im Hochwasser) bleiben unberücksichtigt. Sie können ausnahmsweise aber zu einer Nachbewertung führen, wenn schon bei Fälligkeit Anhaltspunkte für die Wertänderung bestanden, die nur dem Notar nicht bekannt waren (Beispiel: das unter Wertansatz von 500.000 EUR zwischen Konzerngesellschaften übertragene Grundstück wird eine Woche später zu 800.000 EUR verkauft. Es wird jetzt bekannt, dass das Angebot dafür bereits länger vorlag, aus Steuergründen sollte aber zunächst die Übertragung erfolgen).

3. Maßgeblichkeit des Hauptgegenstandes

96 Für den Geschäftswert ist nur der Wert des Hauptgegenstandes des Geschäfts (Grundstück, Forderung, Anteil einer Gesellschaft, Erbteil usw.) maßgebend. Früchte (z.B. aufstehende Saat), Nutzungen (etwa bis zum Besitzübergang oder Gewinnanteile bei einer Gesellschaftsbeteiligung), Zinsen, Vertragsstrafen und Kosten werden daher nur zusätzlich veranschlagt, wenn sie Gegenstand eines besonderen Geschäfts sind (§ 37 Abs. 2 GNotKG), also etwa in folgenden Fällen:

- Kaufvertrag über ein Grundstück. In derselben Urkunde vermietet der Käufer das Grundstück an den Verkäufer.
- Übergabevertrag unter Nießbrauchsvorbehalt. Der Übergeber (= Nießbraucher) verpachtet den Betrieb an den Übernehmer.
- Darlehensvertrag: In einer späteren Beurkundung wird der Zinssatz geändert.

Wenn Früchte, Nutzungen, Zinsen, Kosten und andere Nebengegenstände ausnahmsweise einmal bewertet werden, ist ihr Wert gemäß § 37 Abs. 2 und 3 GNotKG nur soweit maßgeblich, als er niedriger ist als der Wert des Hauptgegenstands.

4. Schuldenabzugsverbot

97 Verbindlichkeiten, die auf dem Gegenstand lasten, werden bei der Ermittlung des Geschäftswerts grundsätzlich nicht abgezogen (§ 38 GNotKG). Aktivposten und Passivposten werden wegen dieses „Bruttoprinzips" also nicht saldiert, auch wenn den Beteiligten oft aufgrund wirtschaftlicher Betrachtungsweise nur der Saldo als Gegenstand des Geschäfts erscheint.

Beispiele

- Schenkung eines Grundstücks (Wert: 100.000 EUR) unter Nießbrauchsvorbehalt (Wert: 30.000 EUR). Geschäftswert ist hier 100.000 EUR.
- Schenkung eines Grundstücks (Wert: 200.000 EUR) unter Übernahme der darauf ruhenden dinglich gesicherten Verbindlichkeiten von 180.000 EUR. Der Geschäftswert ist hier 200.000 EUR.
- Vermächtniserfüllung (Wert des Gegenstandes: 10.000 EUR) unter Übernahme einer dinglich gesicherten Verbindlichkeit (Wert: 8.000 EUR). Hier ist der Geschäftswert 10.000 EUR.
- Uneingeschränkte, d.h. zur sofortigen Verwendung bestimmte Generalvollmacht. Geschäftswert ist nach der wohl h.M. das hälftige Aktivvermögen, auch wenn fast ebenso hohe Schulden vorhanden sind (aber siehe auch Rdn 137, Rdn 377).

■ Aufnahme eines Gesellschafters mit einer Einlage von 50.000 EUR in das Geschäft eines Einzel-
kaufmanns, für das in den Aktiven 100.000 EUR, in den Passiven 30.000 EUR ausgewiesen sind.
Der Geschäftswert ist 50.000 EUR.
■ Aufnahme eines Nachlassverzeichnisses. Der Geschäftswert bestimmt sich allein nach den Aktiva.

Nur wenn spezielle Bestimmungen es anordnen, werden die Passiva (teilweise) von den Aktiva abge- **98**
zogen:

■ bei Testamenten und Erbverträgen: Berücksichtigung der Verbindlichkeiten jedes Erblassers einzeln
bis zur Grenze von 50 % des Aktivvermögens (§ 102 Abs. 1 S. 2, Abs. 2 S. 2, Abs. 3 GNotKG),
■ bei Eheverträgen und Lebenspartnerschaftsverträgen: Berücksichtigung der Verbindlichkeiten jedes
Ehegatten bzw. Lebenspartners bei seinem Vermögen bis zur Grenze von 50 % seines Aktivvermögens (§ 100 Abs. 1 S. 3, Abs. 4 GNotKG),
■ beim Erbscheinantrag (mit eidesstattlicher Versicherung, § 40 GNotKG) werden die Erblasserschul-
den (§ 1967 Abs. 1 Hs. 1 BGB) berücksichtigt. Eine Erblasserschuld ist z.B. auch eine zu Lebzeiten
begründete, mit dem Versterben wirksam werdende Verpflichtung zur Rückübertragung eines
Grundstücks,[46] nicht aber eine erst nach dem Erbfall entstehende Verbindlichkeit wie z.B. die Bestat-
tungskosten. Bei anderen Anträgen an das Nachlassgericht (§ 103 GNotKG), z.B. bei der Erbausschlagung kommen die zum Zeitpunkt der Erklärung vorhandenen Verbindlichkeiten zum Abzug
(z.B. noch unbezahlte Begräbniskosten).

Es reicht in diesen Fällen nicht, wenn die Betroffenen das Bestehen von Verbindlichkeiten behaupten.
Zwar gilt eine Ermittlungspflicht des Notars oder Gerichts, aber lücken- und mangelhafte Darlegungen
des Kostenschuldners gehen zu dessen Lasten.[47] Nur wenn spezielle Bestimmungen es anordnen, werden
die Passiva (teilweise) von den Aktiva abgezogen.

Eine andere Berechnungsweise gilt wiederum für die Bestimmung des Werts bestimmter Gesellschafts- **99**
anteile. Für den Anteil an einer Kapitalgesellschaft oder ein Kommanditanteil (**nicht**: Anteile an der offenen Handelsgesellschaft, Anteil des Komplementärs, Mitgliedschaft in einer Genossenschaft oder in
einem Verein) gilt nach § 54 GNotKG folgender Rechenweg:

1. Zuerst wird das Eigenkapital der Gesellschaft bestimmt (in der Regel unter Heranziehung der Aktivseite der Bilanz).[48]
2. Der Buchwert enthaltener Grundstücke, grundstücksgleiche Rechte,[49] Schiffe und Schiffsbauwerke
wird davon abgezogen.
3. Der nach den Wertermittlungsvorschriften des GNotKG bestimmte Wert dieser Gegenstände wird
dazu addiert.
4. Das Ergebnis ist dann auf die Beteiligungsquote des in Rede stehenden Anteils umzurechnen.
5. Bestehen Anhaltspunkte dafür, dass der Wert höher ist als gemäß 1–4 berechnet, dann ist der höhere
Wert maßgeblich (z.B. Kaufpreis des Anteils bei kurz vorher erfolgter Veräußerung), sonst das Ergebnis gemäß Schritt 4.

Ausnahme

Diese Berechnung gilt nicht, wenn die Gesellschaft überwiegend **vermögensverwaltend** tätig ist (§ 54 S. 3
GNotKG). Es soll für die Bewertung keinen Unterschied machen, ob Vermögensgegenstände im Eigenver-
mögen oder im Rahmen einer Gesellschaftskonstruktion gehalten werden, wenn diese Gesellschaft praktisch keine operative Tätigkeit ausübt. Die Bilanz ist auch hier heranzuziehen, weil sie Auskunft über die
überhaupt vorhandenen Vermögenswerte gibt. In diesem Fall wird der Wert eines Gesellschaftsanteils
aber nicht aus der Bilanz abgeleitet, sondern (wie beim Einzelkaufmann und für voll haftende Gesellschafter der oHG oder KG) einzeln aus den nach den Bewertungsvorschriften des GNotKG ermittelten Werten
der Vermögensgegenstände der Gesellschaft aufsummiert. Dabei gilt das Schuldenabzugsverbot.

---

46 OLG Düsseldorf, Beschl. v. 20.4.2016 – 3 Wx 62/16 = ZEV 2016, 382.
47 OLG Düsseldorf, Beschl. v. 16.1.2017 – I-25 Wx 78/16 –, juris.
48 Soweit bilanzrechtlich zutreffend auf der Aktivseite der Bilanz ein nicht durch Eigenkapital gedeckter Fehlbetrag ausgewiesen ist,
muss dieser nach dem Sinn der Regelung jedoch abgezogen werden, siehe dazu Leipziger-GNotKG/*Heinze*, § 54 Rn 19.
49 Als Beispiel für bilanzwirksame Gebäude und Anlagen auf fremden Grundstücken siehe Kostenspiegel, Teil 21 Rn 56.

II. Bewertungsvorschriften

1. Abgrenzung zu den Geschäftswertvorschriften

100 §§ 46–54 GNotKG regeln, wie der Wert einzelner Gegenstände (Sachen, Rechte) bestimmt werden soll. Diese **Bewertungsvorschriften** sagen aber nichts darüber aus, auf welche Gegenstände es für das einzelne Verfahren oder sonstige Geschäft des Notars zur Bestimmung des Geschäftswerts ankommt und wie sich mehrere Verfahrensgegenstände zueinander verhalten. Dazu sind §§ 35–45 GNotKG und die in den §§ 95–124 GNotKG enthaltenen **Geschäftswertvorschriften** heranzuziehen.

101 *Beispiel: Geschäftswert eines Kaufvertrags*

- Einschlägige Wertvorschrift für den Grundstückskaufvertrag ist § 97 GNotKG. Es handelt sich um einen Austauschvertrag, also ist zu bestimmen, welchen Wert die beiden Leistungsversprechen (Veräußerungspflicht/Zahlungspflicht) haben – entscheidend ist der höhere der beiden (§ 97 Abs. 3 GNotKG).
- Die Bewertungsvorschrift § 47 S. 1 GNotKG sagt dazu grundsätzlich, dass im Zusammenhang mit einem Kauf der Wert der Verkäuferleistung (also die verkaufte Sache, das Grundstück) mit dem Kaufpreis gleichgesetzt werden kann.
- Das gilt aber nur dann, wenn kein höherer Verkehrswert festzustellen ist (§ 47 S. 3 GNotKG). Die Bewertungsvorschrift § 46 GNotKG enthält Anordnungen, was unter dem Begriff „Verkehrswert" zu verstehen ist und wie er ermittelt wird.
- Außerdem verlangt § 47 S. 2 GNotKG, dass der Kaufpreis zur Wertermittlung um den Wert solcher Nutzungen erhöht wird, die sich der Verkäufer vorbehalten hat. Die Bewertungsvorschrift § 45 GNotKG enthält Anordnungen, wie zum Beispiel der Wert eines Wegerechts zu bestimmen ist, dass sich der Verkäufer am Vertragsgegenstand zurückbehält.
- Letztlich sind nach § 97 Abs. 3 GNotKG also zu vergleichen: Der Verkehrswert einerseits, der Kaufpreis zuzüglich Zurechnungen andererseits. Es gilt der höhere Wert.

102 *Beispiel: Geschäftswerte einer Erbbaurechtsbestellung und einer Erbbaurechtsveräußerung*

- Einschlägige Wertvorschriften für die **Bestellung eines Erbbaurechts** sind §§ 97 Abs. 1, 43 GNotKG. Gemäß § 43 GNotKG ist dabei der Wert eines bei Bestellung vereinbarten Erbbauzinses mit demjenigen Wert zu vergleichen, der sich als Wert des Erbbaurechts ergibt. Das bestimmt sich nach den Bewertungsvorschriften § 52 GNotKG (in einer Summe kapitalisierter Wert des Erbbauzinses) bzw. § 49 Abs. 2 GNotKG (Wert des Erbbaurechts, dabei auch Rückgriff auf § 46 GNotKG zur Ermittlung des Grundstückswerts).
- Wird hingegen das **Erbbaurecht veräußert**, gilt § 97 Abs. 3 GNotKG. Daneben gibt es keine speziellere Wertvorschrift. Gegenüberzustellen sind der Kaufpreis und der nach der Bewertungsvorschrift § 49 GNotKG bestimmte Wert des Kaufgegenstands.

2. Sachen und grundstücksgleiche Rechte

103 Der Wert von Sachen richtet sich allgemein nach ihrem **Verkehrswert**. Das ist gemäß § 46 Abs. 1 GNotKG der Preis, den die Sache nach ihrer Beschaffenheit und unter Berücksichtigung aller den Preis beeinflussender Umstände im gewöhnlichen Geschäftsverkehr erzielen würde. Bei Wertpapieren ist dies der Kurswert, bei Münzen und ausländischen Zahlungsmitteln der Verkaufswert, bei marktgängigen Waren (z.B. Weizen) der an der Warenbörse notierte Preis. Diese Werte lassen sich zumeist aus dem Wirtschaftsteil überregionaler Tageszeitungen entnehmen.

Schwierigkeiten ergeben sich oft bei Sachgesamtheiten (Unternehmen, Nachlässen, Sammlungen) und bei Grundstücken, wenn sie nicht Gegenstand eines Kaufvertrages sind. Dann fehlt der Kaufpreis als Anknüpfungspunkt für den Geschäftswert. Hauptfälle: Schenkungen, Tauschverträge, Verfügungen von Todes wegen, Erbscheinsanträge.

Steht der Verkehrswert nicht fest, ist er gemäß § 46 Abs. 2 GNotKG zu bestimmen: **104**

1. nach dem Inhalt des Geschäfts,
2. nach den Angaben der Beteiligten,
3. anhand von sonstigen amtlich bekannten Tatsachen oder Vergleichswerten aufgrund einer amtlichen Auskunft oder
4. anhand offenkundiger Tatsachen.

Bei der Bestimmung des Verkehrswerts eines Grundstücks können auch herangezogen werden (§ 46 Abs. 3 GNotKG):

1. im Grundbuch eingetragene Belastungen,
2. aus den Grundakten ersichtliche Tatsachen oder Vergleichswerte oder
3. für Zwecke der Steuererhebung festgesetzte Werte (das Steuergeheimnis greift hier nicht).

Für gewöhnlich wird ein Grundstück z.B. nicht höher als mit etwa 60–80 % seines Wertes beliehen. Wenn **105** auf einem Haus also z.B. 160.000 EUR Grundpfandrechte lasten, so dürfte es in der Regel mindestens 250.000 EUR wert sein. In Zeiten starker Preisrückgänge ergeben die auf dem früheren Preisniveau basierenden Ermittlungen indes überhöhte Geschäftswerte.

Die in der Praxis häufig verwandten Gebäudeversicherungswerte sind im Gesetz nicht genannt, jedoch als Angabe der Beteiligten oder sonstige amtliche bekannte Tatsache weiter verwendbar. Eine Beweisaufnahme zur Feststellung des Verkehrswerts findet nicht statt. Die Angaben der Beteiligten können sich unmittelbar auf den Verkehrswert beziehen (Vorlage eines Verkehrswertgutachtens), häufiger werden es aber Umstände sein, die zur Wertermittlung dienen können.

Solche wesentlichen Umstände der Wertermittlung sind vor allem:[50]

- Lagemerkmale,
- Grundstücksgröße und Zuschnitt,
- bei Mietshäusern und gewerblichen Objekten die Jahreserträge (als Ertragswert gilt die etwa 12- bis 15-fache Jahresmiete, je nach der jeweiligen Höhe des Kapitalmarktzinses),
- der Entwicklungszustand (Erschließung im weitesten Sinn),
- Art und Maß der baulichen und sonstigen Nutzung,
- Rechte und Belastungen, die den Preis beeinflussen,
- Gebäudeart, Bauweise, Gestaltung, Baujahr,
- Gebäudequalität und energetische Eigenschaften, erwartete Restnutzungsdauer.

Mit derartigen Angaben kann unter Heranziehung des Baukostenindexes des statistischen Bundesamtes[51] und des Bodenrichtwerts grundsätzlich ein Verkehrswert ermittelt werden.

Der Notar ist berechtigt, gegebenenfalls zur Vermeidung einer unerlaubten Gebührenermäßigung sogar **106** verpflichtet, seine weitere Amtstätigkeit zu verweigern, wenn ihm die Beteiligten nur den Einheitswert anzugeben bereit sind, um die Gebühren zu drücken. Kommen die Beteiligten ihrer Mitwirkungspflicht bei der Wertermittlung nicht nach, wird geschätzt (§ 95 GNotKG). Ein pauschales Mehrfaches des Einheitswerts darf der Notar aber nicht ohne weiteres als Geschäftswert ansetzen. Die Schätzung hat sich ausschließlich an objektiven Gesichtspunkten zu orientieren, also nicht etwa an der Leistungsfähigkeit des Kostenschuldners oder der mit dem Amtsgeschäft verbundenen Arbeit. Zumeist wird ein Prozentsatz des Werts des betroffenen Wirtschaftsguts genommen. Nur wenn auch dafür alle Anhaltspunkte fehlen, ist der Wert mit 5.000 EUR zu veranschlagen (§ 36 Abs. 3 GNotKG).

Ist die Sache **Gegenstand eines Kaufs**, kommt es gemäß § 47 GNotKG zum Vergleich zwischen Kauf- **107** preis und Verkehrswert (siehe Rdn 7). Zur Übernahme zusätzlicher Verpflichtungen im Kaufvertrag siehe §§ 50–52 GNotKG (siehe auch Rdn 111 ff.).

---

50 Leipziger-GNotKG/*Heinze*, § 46 Rn 18 mit Hinweis auf die ImmobilienWertermittlungs-VO. Ausführliche Praxishinweise und Berechnungsbeispiele auch im Kostenspiegel, Teil 3 Rn 11–24.
51 Siehe www.destatis.de (dort Fachserie 17, Reihe 4).

108   **Land- und forstwirtschaftliche Betriebe** sowie Höfe im Sinne der **Höfeordnung** sind nach § 48 GNotKG privilegiert, wenn sie Gegenstand einer Schenkung oder Hofübergabe sind. Es greift eine niedrigere Bewertung, wenn eine unmittelbare Fortführung des Betriebes durch den Erwerber selbst beabsichtigt ist und der Betrieb unmittelbar nach Vollzug der Zuwendung einen wesentlichen Teil der Existenzgrundlage des zukünftigen Inhabers bildet. Verpachtete Betriebe sind hingegen mit dem Verkehrswert zu bewerten.

109   **Grundstücksgleiche Rechte** sind grundsätzlich wie Grundstücke zu bewerten (§ 49 Abs. 1 GNotKG).

110   Eine besondere Bewertung erfahren allerdings **Erbbaurechte** (§ 49 Abs. 2 GNotKG, siehe unten Rdn 335 f.). Die Werte des Grundstücks und der vom Erbbaurecht erfassten Gebäude sind zu addieren (sie werden zunächst getrennt gesehen; d.h. die Belastung mit einem Erbbaurecht ist ein im Rahmen der Verkehrswertbestimmung des Grundstücks nach § 46 Abs. 1 GNotKG zu berücksichtigender preismindernder Umstand bzw. die Gebäude sind beim Erbbaurecht gerade nicht Bestandteil des Grundstücks). Von diesem Wert werden sodann 80 % angesetzt. Wer die Gebäude errichtet (oder bezahlt) hat, ist unerheblich. Es muss sich aber um bestehende Gebäude handeln.[52] Umfasst das Erbbaurecht nicht das gesamte Grundstück, wird anteilig nach dem Verhältnis von Ausübungsbereich[53] zu Gesamtfläche geteilt. Gebäude außerhalb des Ausübungsbereichs sollten allerdings von vornherein nicht in die Rechnung einbezogen werden, auch wenn sich der Wortlaut des § 49 Abs. 2 GNotKG dazu nicht verhält.

3.   Bestimmte schuldrechtliche Verpflichtungen, Erwerbs- und Veräußerungsrechte sowie Verfügungsbeschränkungen

111   § 50 GNotKG enthält Bewertungsvorschriften für mehrere Gegenstände, deren Bewertungen unter Geltung der Kostenordnung umstritten oder allein durch die Rechtsprechung gelöst waren. Es handelt sich zumeist um zusätzliche Verpflichtungen einer Vertragsseite im Rahmen eines Austauschvertrags. Durch § 50 GNotKG ist klargestellt, dass es sich jedenfalls bei den dort aufgezählten Gegenständen nicht um unbewertete Nebengegenstände im Sinne des § 37 GNotKG handelt. Für die Bewertung eines Kaufgegenstands ist die Hinzurechnung derartiger weiterer Verpflichtungen in § 47 GNotKG ausdrücklich angeordnet, dabei ist der Katalog des § 50 GNotKG insofern längst nicht abschließend.[54]

Die Bewertungen erfolgen notgedrungen sehr pauschal, nämlich durch Festlegung von Teilwerten:

1. Verfügungsverbot oder Verfügungsbeschränkung: 10 % des Verkehrswerts der Sache oder des Rechts.
2. Nutzungseinschränkung hinsichtlich einer Sache: 20 % des Verkehrswerts der Sache.
3. Bauverpflichtung: 20 % des Verkehrswerts des unbebauten Grundstücks bei Wohngebäuden, 20 % der voraussichtlichen Herstellungskosten bei gewerblich genutzten Bauwerken.
4. Sonstige Investitionsverpflichtungen: 20 % der Investitionssumme.

Eine zusätzliche Bewertung etwaiger Sicherungsgeschäfte, Vertragstrafen etc., um die Einhaltung derartiger Vereinbarungen zu gewährleisten, die alle nur schuldrechtlich erfolgen, erfolgt nicht.

112   § 51 Abs. 1 S. 1 GNotKG regelt den Wert von Erwerbs- und Veräußerungsrechten einschließlich von Vorkaufsrechten. **Ankaufsrechte** und sonstige Erwerbs- oder Veräußerungsrechte werden ebenso bewertet wie der Gegenstand (Sache oder Recht), auf den sie sich beziehen.

113   **Vorkaufsrechte** werden ebenso wie Wiederkaufsrechte nach § 51 Abs. 1 S. 2 GNotKG mit der Hälfte des Bezugswerts angesetzt. Keiner eigenen Bewertung unterliegt jedoch das Vorkaufsrecht des Erbbauberechtigten am Grundstück (siehe unten Rdn 336).

114   **Verfügungsbeschränkungen** (hier sind anders als nach § 50 Nr. 1 GNotKG solche mit unmittelbarer Wirkung gemeint) sind mit einem Teilwert von 30 % des Verkehrswerts des betroffenen Gegenstands zu bewerten. Beispiele sind außer § 1365 BGB etwa die Miteigentümervereinbarung nach § 1010

---

52 OLG München, Beschl. 31.10.2018 – 34 Wx 448/17 = ZflR 2019, 92 m.abl.Anm. *Wilsch*; Kostenspiegel, Teil 5 Rn 22. Anders wohl *Fackelmann*, Einführung Rn 588.

53 Der Ausübungsbereich (ausf. Hügel/*Otto*, GBO 4. Aufl. Sonderteil Erbbaurecht Rn 56 ff.) ist dabei nicht zu verwechseln mit der Standfläche der Gebäude, Leipziger-GNotKG/*Deecke*, § 50 Rn 11.

54 Fackelmann/Heinemann/*Fackelmann*, § 50 Rn 1. Zu den einschlägigen Bewertungsvorschriften bei Hinzurechnung Leipziger-GNotKG/*Heinze*, § 47 Rn 67.

BGB oder die Anordnung von Nacherbschaft oder Testamentsvollstreckung[55] – die beiden letzteren allerdings nur, wenn sie nicht in einer nach § 102 GNotKG bewerteten Verfügung aufgehen. Die vereinbarte Veräußerungsbeschränkung nach § 12 WEG oder § 5 ErbbauRG ist Inhalt des Sondereigentums bzw. Erbbaurechts und unterliegt bei Bestellung somit keiner gesonderten Bewertung. Es kann hier aber auf § 51 Abs. 2 GNotKG zurückgegriffen werden, wenn allein die Aufhebung oder Änderung einer bestehenden Beschränkung zu bewerten ist.

Der Notar kann aus Billigkeitsgründen von den pauschalierten Werten abweichen (Abs. 3). **115**

4. Dienstbarkeiten, sonstige Nutzungs- und Leistungsrechte

§ 52 GNotKG enthält Bewertungsvorschriften für Dienstbarkeiten, Reallasten (einschließlich der Erbbauzinsreallast[56]) und sonstige Rechte auf wiederkehrende oder dauernde Nutzungen und Leistungen. **116**
Es ist dabei zu unterscheiden zwischen Rechten, die auf eine bestimmte Zeit beschränkt sind, und solchen, die auf unbestimmte Zeit oder auf gänzlich unbeschränkte Dauer bestellt werden. Besondere Regelungen gelten außerdem für Rechte, die auf Lebzeit des Berechtigten bestellt werden. Hierher gehören alle zugunsten einer natürlichen Person bestellten Rechte, die – entweder kraft Gesetzes oder aufgrund vertraglicher Vereinbarung – mit dem Tode einer (nicht notwendigerweise der berechtigten) Person enden, so namentlich Nießbrauchsrechte, beschränkte persönliche Dienstbarkeiten und Altenteile. Die Kostenordnung kannte eine Begünstigung zugunsten naher Verwandter, sie wurde im GNotKG nicht übernommen.

Ausgangspunkt der Bewertung ist der **Jahreswert** des Rechts zu Beginn. Bei Reallasten etc. ist das die Jahresleistung. Nur wenn keine Möglichkeit der direkten Wertermittlung besteht, sind 5 % des Verkehrswerts des betroffenen Gegenstands anzunehmen. Teilweise abweichend von früheren Regelungen wird allein abgestellt auf den **Wert**, den das Recht **für den Berechtigten** bzw. **für das herrschende Grundstück** hat (§ 52 Abs. 1 GNotKG). **117**

Beispiele zur Ermittlung des Jahreswerts **118**

Bei einer beschränkten persönlichen Dienstbarkeit, die das Verlegen und Halten einer elektrischen *Hochspannungsleitung* über ein Grundstück beinhaltet, ist der Wert des Rechtes für den Berechtigten, nicht etwa die durch die Dienstbarkeit herbeigeführte Wertminderung des belasteten Grundstücks, maßgebend. Da dieser Wert nur schwer feststellbar ist, muss regelmäßig eine Schätzung nach § 36 Abs. 1 GNotKG vorgenommen werden.

Als jährlicher Bezugswert bei der Begründung einer *Tankstellendienstbarkeit* kommt der Wert in Betracht, den die Dienstbarkeit für den Berechtigten (Mineralölgesellschaft) hat. Der Jahreswert kann auf verschiedene Weise festgestellt werden: **119**

(1) entweder durch das Jahresentgelt, das an den Grundstückseigentümer gezahlt wird, oder
(2) der Jahreswert ist – ggf. unter Berücksichtigung des der Dienstbarkeit zugrunde liegenden Mietverhältnisses oder nach dem Jahresumsatz – gemäß § 36 Abs. 1 GNotKG nach freiem Ermessen zu schätzen,
(3) unter Umständen ist der Jahreswert der Dienstbarkeit gleich dem Unterschied zwischen der Jahresvergütung eines Tankstellenwartes, der die Dienstbarkeit auf seinem Grundstück gewährt, und der Jahresvergütung eines Tankstellenwartes, der nur die Arbeit leistet, oder
(4) der Jahresnutzungswert ist nach § 52 Abs. 5 GNotKG mit fünf vom Hundert des Verkehrswertes des Grundstücks anzunehmen, vorausgesetzt, dass die Dienstbarkeit *sämtliche* Nutzungen des Grundstücks erfasst.

---

55 Leipziger-GNotKG/*Zapf*, § 51 Rn 18 f.; Kostenspiegel, Teil 19 Rn 46. Anders für die isolierte Anordnung einer Testamentsvollstreckung Leipziger-GNotKG/*Hüttinger*, § 36 Rn 25; Fackelmann/Heinemann/*Krause*, § 102 Rn 56: Anwendung des § 36 Abs. 2 GNotKG.
56 Zu der daraus abgeleiteten Bewertung des Erbbaurechts siehe § 43 und § 49 Abs. 2 GNotKG.

120   Für die Bewertung im Rahmen **späterer Änderungen** (z.B. Löschung, Übertragung oder Rangänderung) ist der Änderungszeitpunkt maßgeblich. Ist jedoch das Recht bei der Änderung (z.B. Beurkundung des Löschungsantrages) bereits erloschen (so etwa das Nießbrauchsrecht durch den Tod des Berechtigten), so gilt mit dem Wert Null die niedrigste Wertstufe, d.h. die Mindestgebühr von 15 EUR (§ 52 Abs. 6 S. 4 GNotKG).

121   **Bei Rechten, die auf die Lebensdauer einer Person beschränkt sind, wird der Jahreswert**

- multipliziert mit 20, wenn die Person bei Beginn höchstens das 30. Lebensjahr vollendet hat;
- multipliziert mit 15, wenn die Person bei Beginn darüber höchstens das 50. Lebensjahr vollendet hat;
- multipliziert mit 10, wenn die Person bei Beginn darüber höchstens das 70. Lebensjahr vollendet hat;
- multipliziert mit 5, wenn die Person bei Beginn mehr als 70 Lebensjahre vollendet hat.

Diese Staffelung gilt als Obergrenze auch dann, wenn das Recht außer an die Lebenszeit an weitere Befristungen geknüpft wird.

Der Jahreswert wird in den sonstigen Fällen

- multipliziert mit der vorgesehenen Dauer bei einem befristeten Recht. Höchstgrenze ist aber der Faktor 20;
- multipliziert mit dem Faktor 20 bei ewigen Rechten. Hierher gehören z.B. unbefristete Grunddienstbarkeiten oder beschränkte persönliche Dienstbarkeit zugunsten einer unsterblichen Person (einer Gemeinde), auch die Reallast (z.B. Überbaurente) zugunsten des jeweiligen Eigentümers eines anderen Grundstücks;
- multipliziert mit dem Faktor 10 bei Rechten, deren Dauer unbestimmt ist (weil z.B. gekündigt werden kann[57]). Hier ist ihr Wegfall gewiss, nur der *Zeitpunkt* des Wegfalls ist noch ungewiss. Es gehören hierzu z.B. Nießbrauchsrechte oder beschränkte persönliche Dienstbarkeiten für eine OHG oder KG, wenn die Gesellschaft durch den Tod eines persönlich haftenden Gesellschafters aufgelöst wird.

122   Die obige Aufstellung setzt gleichbleibende Jahreswerte voraus. Eine Anpassung an die allgemeine Preissteigerung erfolgt regelmäßig nicht. Das gilt auch dann, wenn dies ausdrücklich in einer Wertsicherungsklausel (Preisklausel) so vorgesehen ist. Wenn allerdings ausnahmsweise für einzelne Jahre ausdrücklich unterschiedliche Leistungen vereinbart sind, ist nach dem insoweit genaueren Wortlaut des Gesetzes nicht zu multiplizieren, sondern es sind die „ersten" 10 bzw. 20 Jahre maßgeblich etc.

> *Beispiele zur Anwendung der § 52 Abs. 2–4 GNotKG:*
>
> (1) Dauer des Nießbrauchsrechts zugunsten einer GmbH 30 Jahre: Es kann höchstens das 20-fache der einjährigen Nutzungen als Geschäftswert angenommen werden.
> (2) Beträgt die Dauer des Nießbrauchsrechts der GmbH nur neun Jahre, so beträgt der Wert das 9-fache der einjährigen Nutzungen.
> (3) Dauer des Nießbrauchsrechts 15 Jahre. Der Berechtigte ist 64 Jahre alt:[58] Es ist nur das 10-fache der einjährigen Nutzungen als Geschäftswert anzunehmen (§ 52 Abs. 2 S. 3 GNotKG).
> (4) Lebenslängliche Rente von 150 EUR monatlich an einen Berechtigten im Alter von 56 Jahren. Es ist der zehnfache Jahresbetrag maßgebend. Der Geschäftswert beträgt daher $150 \times 12 \times 10 = 18.000$ EUR.
> (5) Bei einer im Grundbuch eingetragenen, jederzeit vollstreckbaren und mit vierteljährlicher Frist kündbaren Grundschuld von 100.000 EUR werden die bisherigen Zinsen von 10 % auf 14 % jährlich erhöht.
>
> Geschäftswert: Jahreszinsdifferenz zwischen 10 % und 14 % = 4 %; 4 % von 100.000 EUR = 4.000 EUR;
>
>   Ergebnis: $4.000 \text{ EUR} \times 10 = 40.000$ EUR.

---

57 Leipziger-GNotKG/*Zapf*, § 52 Rn 60 m.w. Beispielen.

58 Der Nießbrauch erlischt stets mit dem Tod des Nießbrauchers, wenn dieser eine natürliche Person ist, § 1061 BGB. Es gilt hier also § 52 Abs. 2 S. 3 GNotKG, ohne dass die Beschränkung auf die Lebensdauer ausdrücklich bei Bestellung geregelt wird.

Ist die Dauer eines Rechts an die **Lebzeit mehrerer Personen** geknüpft, dann gilt: 123

- das Alter der jüngsten Person, wenn das Recht erst mit dem Tod des zuletzt Versterbenden enden soll
- das Alter der ältesten Person, wenn das Recht schon mit dem Tod des zuerst Versterbenden enden soll.

Das gilt aber nur, wenn und soweit es sich um ein einheitliches Recht handelt.

> *Beispiel* 124
>
> Lebenslängliche Rente in Höhe von 200 EUR für Eheleute im Alter von 66 und 72 Jahren.
>
> Erlischt das Recht
>
> beim Tode des Erstversterbenden: Wert: $5 \times 2.400 = 12.000$ EUR,
>
> beim Tode des Längstlebenden: Wert: $10 \times 2.400 = 24.000$ EUR

Sollen aber in unserem Beispiel die Eheleute bis zum Tode des Erstversterbenden monatlich 200 EUR und 125
soll der Überlebende nur noch 100 EUR erhalten, so ist der Geschäftswert folgendermaßen zu ermitteln:

Es gelten der Wert der vollen Leistungen für beide Berechtigten nach dem Alter des Ältesten und der Wert
der geringeren Leistung für den Überlebenden.

> *Beispiel*
>
> Die vollen Leistungen ($2.400 \times 5 =$) 12.000 EUR
>
> Hinzuzurechnen ist der Wert des Rechtes des Überlebenden. Da dieses
> schon in den „vollen Leistungen" miterfasst ist, und zwar für 5 Jahre, kann
> es nur noch für $10 - 5 = 5$ weitere Jahre mit dem ermäßigten Betrag be-
> rücksichtigt werden $= 1.200 \times 5 =$ <u>3.600 EUR</u>
>
> Der Geschäftswert beläuft sich demnach auf 15.600 EUR

Handelt es sich um *mehrere selbstständige Rechte,* ist der Wert für jedes Recht zu ermitteln. Ist an *jeden* 126
der vorgenannten Eheleute eine Rente von monatlich 100 EUR zu zahlen, dann ist der Geschäftswert:

> $1.200 \times 5 =$ 6.000 EUR
>
> $+ 1.200 \times 10 =$ <u>12.000 EUR</u>
>
> 18.000 EUR.

5. Grundpfandrechte und sonstige Sicherheiten

Bei Grundpfandrechten ergibt sich der Geschäftswert aus dem Nennbetrag der Schuld (§ 53 Abs. 1 GNotKG). 127

Wert einer Bürgschaft oder Garantie ist der Betrag, für den sich verbürgt wird. Bei anderen Sicherungs- 128
geschäften ist ein Vergleich vorzunehmen zwischen dem Wert der gesicherten Forderung und dem Wert
des Gegenstands, der zur Sicherung übereignet oder verpfändet ist (§ 53 Abs. 2 GNotKG).

> *Hinweis*
>
> Werden Verpflichtung und Sicherungsgeschäft zugleich beurkundet, bleibt die Sicherheit im Ergebnis
> zumeist unbewertet (Durchführungsgeschäft nach § 109 Abs. 1 S. 2 GNotKG).

6. Bestimmte Gesellschaftsanteile

Zu § 54 GNotKG siehe oben Rdn 99. 129

III. Besondere Geschäftswertvorschriften

Besondere Geschäftswertvorschriften finden sich unter den §§ 40–45 GNotKG und §§ 97–124 GNotKG. 130
Sie werden hier nur kurz vorgestellt, einige Beispiele finden sich dann unten bei den einzelnen Geschäftsvorfällen (siehe Rdn 303 ff.).

1. Gemeinsame Bestimmungen für Gericht und Notar

131 Gemeinsam für Gericht und Notar gelten die Geschäftswertvorschriften für das Verfahren zur Erlangung eines **Erbscheins** oder **Testamentsvollstreckerzeugnisses** (§ 40 GNotKG) und ein Auseinandersetzungszeugnis (§ 41 GNotKG). Auch der Geschäftswert bei Begründung von **Wohnungseigentum** oder Aufhebung/Erlöschen von Sondereigentum ist mit § 42 GNotKG für Notar und Gericht einheitlich. Ein **Erbbaurecht** wird bei der Bestellung (und Eintragung im Grundbuch) nach § 43 GNotKG bewertet, wenn ein Erbbauzins geschuldet ist (sonst: § 36 Abs. 1 GNotKG). Wird eine Belastung zur **Mithaft** auf ein weiteres Grundstück erstreckt oder umgekehrt ein Grundstück pfandentlassen, gilt § 44 GNotKG. Bei **Rangveränderungen** (entsprechend für die Vormerkung) gilt § 45 GNotKG.

2. Beurkundung von Verträgen und Erklärungen

a) Allgemeine Bestimmung

132 Für die Beurkundung von **Verträgen und Erklärungen** gilt allgemein § 97 GNotKG. Geschäftswert ist hier der Wert des Rechtsverhältnisses, das Beurkundungsgegenstand ist (§ 97 Abs. 1 GNotKG). Damit ist zugleich der Begriff des „**Gegenstands**" im kostenrechtlichen Sinn definiert. Er ist wichtig, wenn es um die Bewertung mehrerer Gegenstände in einer Urkunde geht (siehe unten Rdn 248 ff.).

b) Beurkundung von Vertragsänderungen

133 Handelt es sich um eine Veränderung eines Rechtsverhältnisses, zumeist durch **Änderungsvertrag**, gilt zunächst § 36 Abs. 1 GNotKG (siehe unten Rdn 145 f.). Speziell ist aber § 97 Abs. 2 GNotKG: Auch **mehrere Änderungen** in einem Vertrag dürfen nicht dazu führen, dass der Wert des (ursprünglichen) Vertrags insgesamt überschritten wird. Dasselbe gilt, wenn ein (isoliert gesehen höherwertiger) Teil der ursprünglichen Urkunde geändert wird, der bei der ersten Urkunde nur deshalb unbewertet geblieben ist, weil ein anderer Gegenstand mit geringerem Wert die Hauptsache war.[59]

c) Austauschvertrag

134 **Gegenseitige Verträge** sind zumeist Austauschverträge. Die Leistung (auch Verpflichtung) der einen Vertragsseite erfolgt in Hinblick darauf, dass die andere leistet bzw. sich entsprechend verpflichtet. Leistung und Gegenleistung stehen sich gegenüber, denkbar sind aber auch Leistungen zugunsten Dritter (z.B. Überlassungsvertrag mit Abfindungszahlung des Übernehmers an weichende Geschwister). Die Bewertung erfolgt nach einem Wertvergleich der (zusammengefassten) Leistungen je Seite, maßgeblich ist der höhere Wert.

135 Abzugrenzen ist der Austauschvertrag insbesondere von **Auseinandersetzungsverträgen**: Wird z.B. ein Gesamthandsvermögen unter den Gesellschaftern verteilt, ist Geschäftswert das auseinandergesetzte Vermögen im Ganzen. Die Auseinandersetzung eines Nachlasses unter den Erben wird demgemäß nach dem Wert des Nachlasses bewertet, der Erbteilskauf ist hingegen Austauschvertrag. Auch wenn in Vorbereitung einer Ehescheidung häufig von „Auseinandersetzung" gesprochen wird, handelt es sich zumeist um einen Austausch – auseinanderzusetzendes Gesamtgut gibt es nur bei der Gütergemeinschaft.

d) Vollmachten und Zustimmungen

136 Keine Vollmacht oder Zustimmung ist mit mehr als 1.000.000 EUR zu bewerten (§ 98 Abs. 4 GNotKG). Ansonsten ist bei **Vollmachten** zu unterscheiden, ob sie sich auf ein bestimmtes Geschäft beziehen oder allgemein erteilt sind. **Spezialvollmachten** werden ebenso wie **Zustimmungserklärungen** mit der **Hälfte** des Geschäftswerts angesetzt, der für das Geschäft gilt, zu dessen Abschluss bevollmächtigt bzw. dem zugestimmt wird (§ 98 Abs. 1 GNotKG). Ist der Erklärende nur anteilig beteiligt, kürzt sich der Wert entsprechend (§ 98 Abs. 2 GNotKG).

---

59 Zu einem Beispiel siehe Ländernotarkasse, NotBZ 2016, 456: Änderung der (bezifferten) Käufervollmacht (zunächst im Kaufvertrag enthalten) um einen Betrag, der höher ist als der Kaufpreis.

Beispiel

A hat seinen Lebenspartner B beim Kauf einer Eigentumswohnung zum Preis von 180.000 EUR mit privatschriftlicher Vollmacht vertreten. A und B erwerben je zu ½ Bruchteil.

Wert der wegen § 29 GBO erforderlichen notariellen Vollmacht bzw. Vollmachtsbestätigung durch B: ½ (§ 98 Abs. 2 GNotKG) von ½ (§ 98 Abs. 1 GNotKG) von 180.000 EUR (§ 47) = 45.000 EUR (bei Beurkundung – selten – daraus 1,0 Gebühr nach KV Nr. 21200).

Wenn die Vollmacht bzw. Bestätigung nicht beurkundet, sondern entworfen und dann unterschriftsbeglaubigt wird, gilt für den Wert nichts anderes: § 119 Abs. 1 GNotKG verweist für den Geschäftswert auf die für die Beurkundung geltenden Vorschriften, hier also § 98 GNotKG (1,0 Gebühr gemäß KV Nr. 24101, KV 21200, § 92 Abs. 2 GNotKG).

Wenn B vor dem Notar seine Unterschrift unter der selbst entworfenen Vollmacht anerkennt und der Notar dies beglaubigt, gilt wegen § 121 GNotKG auch für die Unterschriftbeglaubigung ohne Entwurf der Wert bei Beurkundung (0,2 Gebühr gemäß KV Nr. 25100, mindestens 20 EUR, höchstens 70 EUR).

Mehr Spielraum besteht bei der **allgemeinen Vollmacht**. Ihr Geschäftswert ist nach billigem Ermessen **137** zu bestimmen. Ermessensleitende Gesichtspunkte sind vor allem der Umfang der erteilten Vollmacht und das Vermögen des Vollmachtgebers. Höchstens kann ½ des Vermögens des Vollmachtgebers angesetzt werden. Maßgeblich ist das Aktivvermögen, d.h. es erfolgt kein Schuldenabzug (siehe oben Rdn 97). Der Umfang der Vollmacht kann in vielerlei Hinsicht beschränkt sein, was dann für die Wertbestimmung beachtlich ist: Die allgemeine Vollmacht kann sich als so genannte **Art- oder Gattungsvollmacht** auf eine bestimmte Gruppe von Geschäften (z.B. nur Vermietung – nicht Verkauf oder Ankauf; nur vermögensrechtliche Angelegenheiten – nicht Einsicht in die Patientenakte) oder einzelne Vermögensgegenstände (alle Verwaltungsangelegenheiten des Mietshauses – nicht des vom Vollmachtgeber selbst bewohnten Eigenheims; Vertretung nur in der Firma und für die Geschäftskonten – keine Kontovollmacht für das Privatkonto) beschränken. Aber auch die grundsätzlich unbeschränkte **Generalvollmacht** (häufig im Gewand der **Vorsorgevollmacht**) kann zumindest im so genannten „Innenverhältnis" in ihrem Umfang beschränkt sein: Wenn nämlich z.B. der Vorsorgebevollmächtigte dem Vollmachtgeber in oder außerhalb der Vollmachtsurkunde verspricht, nur bei dessen Geschäftsunfähigkeit von der Vollmacht Gebrauch zu machen (siehe Rdn 377). Hat der Notar **keinerlei Anhaltspunkte** für die Wertbestimmung, ist von 5.000 EUR auszugehen (nachträglich eingefügt ab 4.7.2015: § 98 Abs. 3 GNotKG).

e) Miet-, Pacht- und Dienstverträge

Im Vergleich zu § 97 GNotKG spezieller und daher vorrangig ist für Miet-, Pacht- und Dienstverträge § 99 **138** GNotKG. Die jährlichen Leistungen oder Bezüge werden kapitalisiert; dabei wird unterschieden, ob solche Verträge auf unbestimmte oder bestimmte Zeit geschlossen sind.

f) Eheverträge, Adoption, Erbrecht

Für Eheverträge, genauer: güterrechtliche Verträge gemäß § 1408 BGB, ist § 100 GNotKG speziell (siehe **139** unten Rdn 368); für die Adoptionserklärung (Minderjährige) § 101 GNotKG. Für Erbvertrag und Testament gilt § 102 GNotKG (siehe Rdn 380 ff.), für Erklärungen an das Nachlassgericht (z.B. Erbausschlagung) § 103 GNotKG. Der Erbscheinsantrag fällt grundsätzlich ebenfalls unter § 103 GNotKG; da er in der Regel aber zugleich mit eidesstattlicher Versicherung beurkundet wird, gilt § 40 Abs. 1 Nr. 1 GNotKG. Für das Europäische Nachlasszeugnis gilt dasselbe.

g) Rechtswahl

Der Geschäftswert für eine Rechtswahl (siehe § 4 Teil H: Internationales Privatrecht) beträgt 30 % des **140** Werts des Verfahrens, zu dem sie erklärt wird (genauer: § 104 Abs. 1–Abs. 3 GNotKG). Die Rechtswahl ist immer gegenstandsverschieden zu anderen von der Urkunde betroffenen Gegenständen (§ 111 Nr. 4 GNotKG).

3. Anmeldungen, Gesellschaftsrechtliche Verträge und Beschlüsse

141 Der Wert von Handelsregisteranmeldungen und Anmeldungen zum Partnerschafts- oder Genossenschaftsregister ist in § 105 GNotKG geregelt (siehe hierzu Rdn 415). Es gilt ein Höchstwert von 1 Million EUR, und zwar auch bei Zusammenfassung mehrerer Anmeldungen in einer Urkunde (§ 106 GNotKG). Für Gesellschaftsverträge greifen ein Mindestwert von 30.000 EUR und ein Höchstwert von 10 Millionen EUR (§ 107 GNotKG). Beschlüsse (und Wahlen) von Organen sind in § 108 GNotKG geregelt.

4. Vollzug, Betreuung und Treuhand

142 Für Vollzug und Betreuung bzw. Treuhand gelten § 112 bzw. § 113 GNotKG (siehe unten Rdn 178 ff.).

5. Sonstige Geschäfte

143 Eigene Geschäftswertvorschriften bestehen für die Rückgabe eines Erbvertrags aus der notariellen Verwahrung (§ 114 GNotKG, zur Gebühr siehe Rdn 219), Vermögensverzeichnis und Siegelung (§ 115 GNotKG, zur Gebühr siehe Rdn 223), Versteigerungen (§§ 116 bzw. 117 GNotKG, Gebühr siehe Rdn 224) und vorbereitende Geschäfte im Rahmen der Zwangsvollstreckung (Gebühr siehe Rdn 225). Zum **Entwurf**, § 119 GNotKG (siehe Rdn 210), zur **Beglaubigung**, § 121 GNotKG (siehe Rdn 228 ff.). Rangbescheinigungen werden mit dem Wert des beantragten Rechts angesetzt (§ 122 GNotKG). Für die Gründungsprüfung (siehe Rdn 240) gilt § 123 GNotKG. Zur **Verwahrung**, Wert nach § 124 GNotKG (siehe Rdn 244 ff.).

IV. Allgemeiner Geschäftswert, § 36 GNotKG

1. Einordnung

144 Eine Sonderstellung nimmt § 36 GNotKG ein. Die Bestimmung greift als allgemeine Geschäftswertvorschrift dann, wenn die §§ 37–45 und §§ 95–124 GNotKG keine besondere Regelung enthalten. Zugleich werden die Kriterien des § 36 GNotKG herangezogen, wenn sich für Einzelgegenstände in den §§ 46–54 GNotKG keine Bewertungsvorschrift findet.[60] Innerhalb des § 36 GNotKG befasst sich Abs. 1 mit vermögensrechtlichen Angelegenheiten. Vermögensrechtlichen Charakter besitzen alle Angelegenheiten, die – zumindest auch – unmittelbar materielle Auswirkungen haben, also insbesondere auf Geld oder Geldeswert zielen.[61] Anwendungsbereich des Abs. 2 sind die nichtvermögensrechtlichen Angelegenheiten, das sind überwiegend die Geschäfte des Personen- und Familienrechts.

2. Vermögensrechtliche Angelegenheiten

145 Zuerst sind die Spezialbestimmungen zu prüfen. Nur wenn davon keine eingreift und es in einer vermögensrechtlichen Angelegenheit daher auf Abs. 1 ankommt, bestimmt der Notar den Wert nach „billigem Ermessen". Mit der Formulierung des Gesetzes ist gesagt, dass der Notar in der Bestimmung durchaus nicht frei ist. Er hat aber einen von den Gerichten nur beschränkt überprüfbaren Beurteilungs- und Ermessensspielraum.

> Kriterien, die der Notar berücksichtigen kann und auch muss, sind etwa:
>
> ■ der konkrete Aufwand des Geschäfts für den Notar,
> ■ das Haftungsrisiko des Notars,
> ■ die Bedeutung der Sache für die Beteiligten, wenn sie sich objektiv feststellen lässt;[62]
> ■ letztere wird dabei insbesondere festgemacht an den wirtschaftlichen Interessen.

---

60 Vgl. Fackelmann/Heinemann/*Heinemann*, § 36 Rn 16; *Fackelmann*, Einführung, Rn 117.
61 BGH, Beschl. v. 11.1.2017 – XII ZB 373/16 = FamRZ 2017, 647.
62 Dazu und zum Ganzen Leipziger-GNotKG/*Hüttinger*, § 36 Rn 10.

Grundsätzlich kann in diesem Bereich mit Erfahrungswerten und Vergleichswerten gearbeitet werden.[63]   **146**
Schon weil es den „gerechten Preis" nicht gibt, sind Pauschalierungen zulässig.[64] Begriffsnotwendig hat
die vermögensrechtliche Angelegenheit stets einen Bezugspunkt, der sich mindestens in Geld umrechnen
lässt. Soweit dieser **Bezugswert** nicht unmittelbar angemessen erscheint, werden nach den genannten Kriterien abgestufte Prozentsätze davon angesetzt. Ergebnis ist ein so genannter **Teilwert** (siehe oben Rdn 33).

Beispiel

Das GNotKG enthält keine spezielle Bestimmung für den Wert der Änderung eines Kaufvertrags.
Folglich ist § 36 Abs. 1 GNotKG anwendbar. Dafür ist nach Art der Änderung zu differenzieren:

1. Wird z.B. der Kaufpreis geändert, bleibt kaum Spielraum zur Ermessenausübung: Die Differenz
   zum ursprünglich beurkundeten Preis bestimmt den Wert der Änderung.
2. Wird der Vertragsgegenstand geändert, kann sich der Wert der Änderung entweder direkt ausmachen (z.B. Anpassung an ein Messungsergebnis bei vorher vereinbartem Quadratmeterpreis)
   oder anteilig aus dem bisherigen Vertragsgegenstand ableiten lassen (z.B. als Ergebnis einer Nachverhandlung erhält der Käufer eine weitere Garage als Sondernutzungsrecht).
3. Werden andere Vertragsbestimmungen geändert, z.B. die Fälligkeit des Kaufpreises oder sonstige
   Modalitäten, ist unter Berücksichtigung des Umfangs der Änderungen ein Teilwert zu bilden, eine
   übliche Spanne sind 10–50 % des Wertes des geänderten Kaufvertrags.

Die Beispiele 1 und 2 stehen für Änderungen „mit bestimmtem Geldwert", Beispiel 3 für eine Änderung
„ohne bestimmten Geldwert". Das GNotKG führt diese früher in § 30 KostO ausdrücklich enthaltene Differenzierung nicht fort, eine inhaltliche Änderung sollte damit aber nicht verbunden sein. Der konkretere
Anhaltspunkt („bestimmter Geldwert") ist der allgemeineren Teilwertbildung im Rahmen der Ermessensausübung stets vorzuziehen.

3. Nichtvermögensrechtliche Angelegenheiten

Hierbei handelt es sich in der Hauptsache um Amtsgeschäfte im Bereich des Familienrechts (z.B. Voll-   **147**
jährigenadoption, Namenserteilung) bzw. des Personenrechts (z.B. Namensänderung, Lebensbescheinigung, Identitätsbescheinigung, Todeserklärung, Kirchenaustritt). Auch hier gilt der Vorrang der spezielleren Geschäftswertbestimmungen. Eine speziellere Bestimmung enthält z.B. § 101 GNotKG: In
Angelegenheiten, die die Adoption eines Minderjährigen betreffen, beträgt der Wert *stets* 5.000 EUR
(§ 101 GNotKG). In den nichtvermögensrechtlichen Angelegenheiten entscheidet der Notar gemäß
§ 36 Abs. 2 GNotKG wie im Fall des Abs. 1 gleichfalls nach billigem Ermessen. Die Gesichtspunkte,
die er dabei besonders zu beachten hat, sind hier aber besonders aufgeführt.

Hinweis

**In nichtvermögensrechtlichen Angelegenheiten sind vor allem folgende Aspekte zu beachten
(„ermessensleitend"):**

1. Der Umfang der Sache (hier ist der Aufwand für den Notar gemeint).
2. Die Bedeutung der Sache (für die Beteiligten).
3. Die Einkommens- und Vermögensverhältnisse der Beteiligten.

Außerdem sind in jedem Fall auch die weiteren Umstände des Einzelfalls zu berücksichtigen.

In den nichtvermögensrechtlichen Angelegenheiten gilt eine Geschäftswertobergrenze von 1 Million EUR.

---

63 Fackelmann/Heinemann/*Heinemann*, § 36 Rn 26.
64 Vgl. Leipziger-GNotKG/*Hüttinger*, § 36 Rn 11 m.N.

4. Hilfswert

148 § 36 Abs. 3 GNotKG enthält einen Hilfswert[65] für den Ausnahmefall, dass es für die Ermittlung nach Abs. 1 oder Abs. 2 einmal keinerlei Anhaltspunkte gibt. Teilweise wird der in Abs. 3 genannte Wert von 5.000 EUR darüber hinaus auch als Ausgangswert verstanden, der bei Anwendung der ermessensleitenden Kriterien des Abs. 2, also bei Vorfällen ohne eigentlichen Vermögenswert, auch dann zum Tragen kommen soll, wenn z.B. die Vermögens- oder Einkommensverhältnisse eigentlich durchaus ermittelbar sind.[66] Die in Abs. 2 genannten Kriterien können in diesem Verständnis zu einem Abschlag, aber auch zu einer Vervielfältigung des Ausgangswerts von 5.000 EUR führen.[67]

149 Im Rahmen der Ermessensausübung nach Abs. 1 und Abs. 2 soll nach anderer Ansicht statt einer Orientierung am Wert nach Abs. 3 die Mindestgebühr herangezogen werden, die der Gesetzgeber für einzelnen Geschäfte neu eingeführt hat. Für die Beurkundung einer (isolierten) Patientenverfügung (siehe unten Rdn 377) fallen z.B. mindestens 60 EUR an (KV 21200). Das entspräche einem Wertansatz von grob 8.000 EUR. Der Gesetzgeber hält die Mindestgebühr auch bei einfachen Vermögens- oder Einkommensverhältnissen für angemessen. Der Wertansatz von 8.000 EUR kann nach dieser Meinung also der Ausgangswert sein, von dem aus die Patientenverfügung einzelfallbezogen nach den Kriterien des Abs. 2 bewertet wird.[68] Die Rechtsprechung hat diese Auffassung bislang nicht aufgegriffen und akzeptiert bei nichtvermögensrechtlichen Angelegenheiten den Betrag des Abs. 3 (zumindest) als Ausgangsgröße.

D. Gebührensätze nach Verfahren und sonstigen Geschäften

I. Beurkundungsverfahren (Teil 2 Hauptabschnitt 1)

1. Verfahrensgebühr, Begriff „derselbe Notar"

150 Verfahren des Notars im kostenrechtlichen Sinn sind die im Teil 2 Hauptabschnitt 1 und die im Teil 2 Hauptabschnitt 3 des Kostenverzeichnisses genannten Geschäfte. Beurkundungsverfahren sind alle Tätigkeiten des Notars, die auf die Errichtung einer Niederschriftsurkunde abzielen (§§ 8, 36 BeurkG mit § 85 Abs. 2 GNotKG). Nicht darunter fallen also vor allem Vermerkurkunden wie z.B. die Beglaubigungen. Das Verfahren beginnt mit dem Antrag eines Beteiligten. Ab diesem Moment entsteht auch bereits eine Beurkundungsgebühr. Grundsätzlich ändert sich daran nichts, wenn die Beurkundung später nicht zustande kommt. Die Gebühr kann dann aber ermäßigt sein.

151 Mit der Verfahrensgebühr ist auch die Informationsbeschaffung im Vorfeld abgegolten, insbesondere die Einsicht in öffentliche Register, die der Notar zur Vorbereitung der Urkunde unternimmt. Dasselbe gilt für die Erstellung eines Entwurfs und die Übersendung des Entwurfs und von Kopien oder Ausfertigungen der Niederschrift an die Beteiligten. Nicht besonders berechnet wird ferner die Übermittlung von Anträgen und Erklärungen an ein Gericht oder eine Behörde und die Stellung von solchen Anträgen im Namen der Beteiligten durch den Notar (Vorbem. 2.1). Gemeint sind damit aber allein die Anträge und Erklärungen, die unmittelbar Urkundsinhalt sind. Werden im Rahmen des Vollzugs Genehmigungen und Erklärungen erforderlich, kann für deren Beantragung durchaus eine Vollzugsgebühr anfallen, wenn die Tätigkeit im 2. Hauptabschnitt bei den Vollzugsgebühren berücksichtigt ist.

152 *Hinweis*

An verschiedenen Stellen des Gesetzes (Anrechnung schon bezahlter Verfahrensgebühren auf neue Gebühren; Gebührenbegünstigung nach KV Nr. 21101) bestehen besondere Regelungen für den Fall, dass derselbe Notar bereits tätig war. Beachte hierzu stets die Vorbem. 2 (1):

---

65 Leipziger-GNotKG/*Hüttinger*, § 36 Rn 14.

66 *Fackelmann*, Einführung, Rn 118. Anders Leipziger-GNotKG/*Hüttinger*, § 36 Rn 14 mit Hinweis auf den an dieser Stelle eindeutigen Wortlaut der Regierungsbegründung. Skeptisch zur Verwendung der 5.000 EUR als Ausgangswert, wenn andere Kriterien bekannt sind, auch Fackelmann/Heinemann/*Heinemann*, § 36 Rn 40.

67 Vgl. auch *Diehn*, Rn 1316: Ansatz von 5.000 EUR im Rahmen des § 36 Abs. 2 GNotKG, wenn „keine Anhaltspunkte für einen vom Durchschnitt abweichenden Fall" vorliegen.

68 Leipziger-GNotKG/*Hüttinger*, § 36 Rn 66.

„In den Fällen, in denen es für die Gebührenberechnung maßgeblich ist, dass ein bestimmter Notar eine Tätigkeit vorgenommen hat, steht diesem Notar der Aktenverwahrer gemäß § 51 BNotO, der Notariatsverwalter gemäß § 56 BNotO oder ein anderer Notar, mit dem der Notar am Ort seines Amtssitzes zur gemeinsamen Berufsausübung verbunden ist oder mit dem er dort gemeinsame Geschäftsräume unterhält, gleich."

2. Verträge, bestimmte Erklärungen und Beschlüsse (Abschnitt 1)

a) Anwendungsbereich

Aus der Überschrift des Abschnitts 1 ergibt sich sein Anwendungsbereich. Das sind vor allem die **Verträge**, also Rechtsgeschäfte, bei deren Zustandekommen die Willenserklärungen mehrerer Personen zusammentreffen, die sich auf mehreren Seiten des Rechtsverhältnisses gegenüberstehen. Hierunter fallen alle **Austauschverträge**, also Vereinbarungen, die den Austausch von Leistung und Gegenleistung zum Inhalt haben, demnach Kauf, Tausch, Miete, Pacht, Dienstleistungs- und Werkverträge, sowie **Auseinandersetzungsverträge** zwischen Ehegatten, Gesellschaftern, einer Erbengemeinschaft oder einer Gütergemeinschaft. Hierher gehören auch Verträge über die Vereinigung von Leistungen, insbesondere **Gesellschaftsverträge**, Wohnungseigentumsverträge, Verträge über die Aufnahme von Gesellschaftern, Satzungen für Vereine, Statuten der Genossenschaften und Verschmelzungsverträge. Im Bereich des Familienrechts gibt es z.B. **Eheverträge** und Unterhaltsverträge, im Bereich des Erbrechts vor allem **Erbverträge** sowie Pflichtteilsverzichtsverträge. Gemäß Vorbem. 2.1.1 (2) wird das **gemeinschaftliche Testament** kostenrechtlich behandelt wie ein Erbvertrag. 153

Der Abschnitt gilt gemäß Vorbem. 2.1.1 (1) auch dann für den **Antrag** auf Abschluss eines Vertrags (§ 145 BGB) und dessen **Annahme**, wenn diese beiden Erklärungen getrennt beurkundet werden. 154

Die Gebühren des 1. Abschnitts gelten ferner für **Beschlüsse** von Organen einer Vereinigung oder Stiftung. Beurkundet wird hier das **Ergebnis der Willensbildung** in einer Mitgliederversammlung (Gesellschafterversammlung, Hauptversammlung, Vorstandssitzung etc.). Dabei kann die Versammlung auch aus einem einzigen Abstimmenden bestehen. Bei dem Protokoll einer Gesellschafterversammlung o.Ä. sind Beschlussinhalte und rechtsgeschäftliche Erklärungen immer getrennt zu betrachten (Gegenstandsverschiedenheit gemäß § 110 Nr. 1 GNotKG). 155

b) Gebührensatz

Für die Beurkundung schreibt KV Nr. 21100 im Ausgangspunkt eine 2,0 Gebühr vor. Bei geringen Geschäftswerten fallen mindestens 120 EUR an. In bestimmten Fällen ist die Gebühr bei Verträgen (einschließlich Antrag/Annahme) reduziert. Dazu bietet sich folgendes Prüfschema an: 156

Ermittlung der einschlägigen Gebühr nach KV Nr. 21100–21102

Ausgangspunkt: Verfahrensgegenstand ist die Beurkundung eines Vertrags (auch: Angebot/Annahme).

1. Es handelt sich um die **Aufhebung** eines Vertrags → 1,0 (mindestens 60 EUR). Fall der KV Nr. 21102 Nr. 2.
2. Es handelt sich um die **Annahme** eines Vertragsangebots → 0,5 (mindestens 30 EUR) Fall der KV Nr. 21101 Nr. 1.
3. Es handelt sich um ein **Verfügungsgeschäft** und
   a) derselbe Notar hat für die zugrundeliegende Verpflichtung bereits eine Vertragsgebühr (KV Nr. 21100) oder Zuschlagsgebühr (KV Nr. 23600) erhalten, wobei es sich dabei nicht um eine letztwillige Verfügung handelte → 0,5 (mindestens 30 EUR); Fall der KV Nr. 21101 Nr. 2,
   b) die zugrunde liegende Verpflichtung ist bereits beurkundet, aber durch einen anderen Notar (beachte dazu Vorbem. 2 (1)) oder als letztwillige Verfügung (Anmerkung (1) zu KV Nr. 21101); Fall der KV Nr. 21102 Nr. 1 → 1,0 (mindestens 60 EUR),

c) die Verpflichtung war nicht beurkundet (streitig bei Auslandsbeurkundung), z.B. ausschließlich in einer privatschriftlichen Verfügung von Todes wegen enthalten (insbesondere: Vermächtniserfüllungsvertrag); Fall der KV Nr. 21100 → 2,0 (mindestens 120 EUR).
4. Alle anderen Fälle → KV Nr. 21100 → 2,0 (mindestens 120 EUR).

c) Verfügungsgeschäfte

157 Wichtigster Anwendungsfall für die KV Nr. 21101 und 21102 ist die **Auflassung**. Die vom schuldrechtlichen Vertrag abgetrennte, besonders beurkundete Einigung über den Eigentumsübergang am Grundstück ist nach dem System des BGB ein Vertrag. Dasselbe gilt für die **Einigung** über die Einräumung oder Aufhebung von Sondereigentum (Wohnungseigentum), für die Einigung über die Bestellung oder Übertragung eines Erbbaurechts sowie die **Abtretung eines GmbH-Anteils**. Bei diesen Rechtsgeschäften kann die Verpflichtung bereits anderweitig beurkundet sein, so dass für das Verfügungsgeschäft die oben gezeigte reduzierte Gebühr anfällt.

158 Die Abtrennung der Auflassung vom Veräußerungsvertrag kommt unter anderem vor, wenn nur ein Teilstück veräußert wird, das noch nicht vermessen ist. Hier kann im Zeitpunkt der Beurkundung des Grundgeschäfts das zu übertragende Grundstück in der Regel noch nicht mit der für die Vollziehung beim Grundbuchamt erforderlichen Genauigkeit angegeben werden, weil die neue Flurstücks-Nr. und die genaue Größe des Grundstücks noch unbekannt sind (Beispiel siehe unten Rdn 322 ff.). Bei der Veräußerung von Grundstücken mit hohem Wert trennt man gelegentlich auch die Auflassung vom Grundgeschäft ab, um den Gefahren vorzubeugen, die bei einer gemeinsamen Beurkundung von Grundgeschäft und dinglicher Einigung drohen.

d) Aufhebung und Änderung

159 Die *Aufhebung* eines Vertrages ist ihrerseits ein Vertrag (so genannter actus contrarius). Sie ist gemäß KV Nr. 21102 Nr. 2 begünstigt. Die dort vorgesehene Gebühr von 1,0 (mindestens 60 EUR) gilt aber nicht (d.h. es bleibt bei KV Nr. 21100 → 2,0):

- für die Aufhebung eines Beschlusses (die einmal erfolgte Willensbildung kann nicht aufgehoben, sondern nur ein entgegengesetzter neuer Beschluss gefasst werden);
- für die Aufhebung eines Ehevertrags (mit Aufhebung der güterrechtlichen Regelungen werden sie notwendig neu geregelt);[69]
- wenn ein bereits vollzogener Vertrag vollständig rückabgewickelt werden soll.[70]

160 Die **teilweise Aufhebung** eines Vertrags ist nichts anderes als seine Änderung. Für die Vertragsänderung bleibt es aber bei KV Nr. 21100. Generell entsteht für die **Vertragsänderung** dieselbe Gebühr wie für die entsprechende Vertragsbeurkundung selbst. Eine Begünstigung gibt es nicht (zum Wert der Änderung siehe Rdn 133). Die Grenze zwischen bloßen Ergänzungen oder Änderungen und der Beurkundung eines neuen Geschäfts ist nicht immer leicht zu ziehen. Wird ein Vertragspartner oder der Vertragsgegenstand ausgewechselt oder werden die vereinbarten Leistungen *„wesentlich"* geändert, so liegt ein neues Rechtsgeschäft vor.

3. Sonstige Erklärungen, Tatsachen und Vorgänge (Abschnitt 2)

a) Anwendungsbereich

161 Die Gebühren KV Nr. 21200 und 21201 gelten vor allem für einseitige Erklärungen (ohne Antrag und Annahme, dazu bereits oben). Es kommt auf die Richtung der Erklärung, nicht auf die Anzahl der Personen an, die sie abgeben. Hierunter fallen alle einseitigen Rechtsgeschäfte. Dies sind solche, für deren Zustandekommen die Willenserklärung nur einer Seite genügt. Der Abschnitt gilt aber auch für geschäftsähnliche und andere Erklärungen einschließlich Tatsachenerklärungen. Die wichtigsten Beispiele sind:

---

69 Leipziger-GNotKG/*Deecke*, Nr. 21102 Rn 7.
70 *Streifzug*, Rn 95a.

Schuldanerkenntnis, Unterwerfung unter die sofortige Zwangsvollstreckung, Abtretung einer Forderung (oder z.B. einer Grundschuld), Quittung (auch so genannte „löschungsfähige Quittung"), Rücktritt von einem Vertrag, Widerruf einer Schenkung, Ausübung eines Vorkaufs-, Ankaufs- oder Wiederkaufsrechts, Teilungserklärung bei Wohnungseigentum nach § 8 WEG, Verzicht auf ein Grundpfandrecht, einseitige Zustimmungserklärungen aller Art und Bürgschaft, Erklärungen zur Gründung einer GmbH oder Aktiengesellschaft durch den Alleingesellschafter, Einzeltestament.

b) Gebührensatz

Es fällt grundsätzlich eine Gebühr zum Satz 1,0 bzw. mindestens eine Gebühr von 60 EUR an (KV Nr. 21200). Günstiger sind die folgenden, in KV Nr. 21201 genannten Geschäfte. Für diese sind eine 0,5 Gebühr bzw. mindestens 30 EUR anzusetzen: **162**

1. der Widerruf einer letztwilligen Verfügung,
2. der Rücktritt von einem Erbvertrag (§ 2296 Abs. 2 BGB),
3. die Anfechtung einer Verfügung von Todes wegen (§ 2282 Abs. 3 BGB),
4. ein Antrag oder eine Bewilligung nach der Grundbuchordnung, der Schiffsregisterordnung oder dem Gesetz über Rechte an Luftfahrzeugen oder die Zustimmung des Eigentümers zur Löschung eines Grundpfandrechts oder eines vergleichbaren Pfandrechts,
Wichtige Anwendungsfälle für Grundbucherklärungen gem. KV Nr. 21201 Nr. 4 sind:[71]
- reine Anträge zur Eintragung von Pfandrechten (Grundschuld, Hypothek),
- reine Nachverpfändungen,
- Abtretungen von Buchgrundschulden, soweit keine Ansprüche aus dem persönlichen Schuldverhältnis mit abgetreten werden,
- Anträge zur Eintragung von Grunddienstbarkeiten oder beschränkten persönlichen Dienstbarkeiten,
- Anträge des Eigentümers zur Vorrangseinräumung,
- Löschungsbewilligungen von Gläubigern bzw. Berechtigten,
- Pfandhaftentlassungen von Gläubigern oder Freigabeerklärungen von Berechtigten,
- erforderliche Zustimmungen des Eigentümers oder dessen Antrag zur Löschung eines Rechts,
- Bewilligungen von Gläubigern bzw. Berechtigten zur Einräumung eines Vorrangs,
- Anträge auf Grundbuchberichtigung, auch wenn diese trotz materieller Formfreiheit notariell beurkundet oder beglaubigt werden,
- Anträge auf Grundstücksvereinigungen und/oder -zuschreibungen,
- die Rücknahme eines Antrags, selbst in den Fällen, in denen die Rücknahme zwar formfrei möglich ist, doch notariell beurkundet oder beglaubigt wird,
- die formell-rechtliche Zustimmung des Eigentümers zur Löschung eines Grundpfandrechts (§ 27 Abs. 1 GBO). Die Bestimmung ist auch anwendbar, falls der Eigentümer einer teilweisen Entlassung aus der Pfandhaft (z.B. einer Teilfläche oder eines Grundstücks aus der Gesamthaft) zustimmt.
5. eine Anmeldung zum Handelsregister oder zu einem ähnlichen Register,
6. ein Antrag an das Nachlassgericht,
7. eine Erklärung, die gegenüber dem Nachlassgericht abzugeben ist (vor allem die Erbausschlagung, § 1945 GNotKG),
8. die Zustimmung zur Annahme als Kind.

c) Eintragung einer Grundschuld

Eintragungs- und Löschungsanträge sowie Eintragungs- und Löschungsbewilligungen für das Grundbuch etc. lösen nur dann die halbe Gebühr nach 21201 KV Nr. 4 aus, wenn es sich um „reine" Eintragungs- oder Löschungserklärungen handelt. Grundschuld-Bestellungsurkunden enthalten zumeist neben dem Eintragungsantrag auch eine Abtretung von Rückgewähransprüchen oder das Schuldanerkenntnis und/oder die Unterwerfung unter die sofortige Zwangsvollstreckung. In diesen Fällen handelt es sich um einseitige Erklärungen nach KV Nr. 21200, für die eine volle Gebühr zu erheben ist.   **163**

---

71 Aufstellung nach Leipziger-GNotKG/*Deecke*, Nr. 21201 Rn 16.

164   KV Nr. 21201 betrifft die als Niederschrift verlesene beurkundete Grundschuld. Für den Antrag auf Eintragung eines Grundpfandrechts reicht aber auch die Unterschriftsbeglaubigung, wenn in der Urkunde keine Unterwerfung unter die sofortige Zwangsvollstreckung erklärt ist (dies ist beurkundungspflichtig, § 794 ZPO). Beglaubigt der Notar nur die Unterschrift des Beteiligten unter einem Antrag auf Eintragung eines Grundpfandrechts, wird ihm also der Entwurf dazu vom dem Beteiligten oder dem Gläubiger bereits fertig geliefert, kann der Entwurf ohne Ergänzung verwendet werden und muss der Entwurf bis auf eine kursorische Durchsicht (§ 15 Abs. 3 GBO n.F.) vom Notar nicht weiter geprüft werden, erhält er lediglich eine Beglaubigungsgebühr nach KV KV Nr. 25100 (0,2 bzw. mindestens 20 EUR, höchstens 70 EUR). Zumeist hat der Notar bei Beglaubigung der Grundschuld jedoch den mitgebrachten Entwurf zu ergänzen oder einen eigenen Entwurf zu fertigen. Dann entspricht die Entwurfsgebühr der Gebühr für die Beurkundung (KV Nr. 24102), die nachfolgende erste Unterschriftsbeglaubigung wird nicht gesondert abgerechnet (Vorbem. 2.4.1 (2)).

165   Nur in seltenen Ausnahmen wird die materiell zur Begründung des Grundpfandrechts erforderliche Einigung (§ 873 BGB) mitbeurkundet. Für sie würde eine Gebühr nach dem ersten Abschnitt (KV Nr. 21100–21102) anfallen. Sehr viel häufiger enthalten die Bestellungsurkunden materiellrechtliche Erklärungen, die wie ein Angebot des Bestellers an den Sicherungsnehmer anmuten. Hier geht die Praxis ganz regelmäßig davon aus, dass dies keine Angebote im Sinn der KV Nr. 21100 sind.[72]

166   Grundpfandrechtsbestellungen können demnach fünf verschiedene Gebühren auslösen:

- bei der bloßen Unterschriftsbeglaubigung eine 0,2 Gebühr nach KV Nr. 25100 (Beglaubigungsgebühr),
- bei der Unterschriftsbeglaubigung nach Entwurfsfertigung eine 0,5 Gebühr nach KV Nr. 24102 (einschlägig bei Beurkundung wäre KV Nr. 21201). Wenn die Abtretung der Rückgewährsansprüche oder ein Schuldanerkenntnis (aber ohne Zwangsvollstreckungsunterwerfung, kommt praktisch nicht vor) erklärt wird, kann auch eine 1,0 Gebühr entstehen (KV Nr. 24101). Zum Wert siehe § 119 GNotKG. Ebenso ist diese Gebühr und nicht lediglich eine Beglaubigungsgebühr zu erheben, falls der Notar den vorgelegten Entwurf so wesentlich vervollständigen muss, dass dadurch erst eine für den Vollzug geeignete Urkunde, also ein eigener Entwurf des Notars, entsteht,
- bei der Beurkundung des Eintragungsantrages eine 0,5 Gebühr nach KV Nr. 21201, sofern die Urkunde weder eine Abtretungserklärung (Rückgewährsansprüche), noch ein Schuldanerkenntnis oder die Unterwerfung unter die sofortige Zwangsvollstreckung enthält,
- eine volle Gebühr nach KV Nr. 21200, wenn die Urkunde entweder die Abtretung von Rückgewährsansprüchen oder ein Schuldanerkenntnis oder die Unterwerfung unter die sofortige Zwangsvollstreckung enthält.
- Unter Privaten kann ausnahmsweise auch einmal in Vertragsform zu beurkunden sein (KV Nr. 21100 → 2,0).

Dazu können in allen Fällen noch eine Vollzugsgebühr und eine Betreuungsgebühr kommen. Vollzugstätigkeiten (lies die Vorbemerkung 2.2.1.1 Abs. 1 KV) sind etwa das Einholen von Löschungs- und Rangrücktrittserklärungen zu vorrangig eingetragenen Rechten (dann je nach Bestimmung des Dritten u.U. auch noch Treuhandgebühr) oder das Anfordern von Genehmigungen (z.B. im Sanierungsgebiet). Typische Betreuungstätigkeiten (KV Nr. 22200) sind die Anzeige der Verpfändung oder einer eingeschränkten Zweckerklärung (Sicherungsabrede) oder die Entgegennahme einer Grundschuldausfertigung für den Gläubiger (§ 873 Abs. 2 BGB).[73]

d)   Anträge an das Nachlassgericht, Erbscheinsantrag

167   Unter KV Nr. 21201 Nr. 6 fallen z.B. Anträge auf Erteilung eines Testamentsvollstreckerzeugnisses (§ 2386 BGB), Anordnung der Nachlasspflegschaft (§§ 1961, 1975, 1981 BGB), Anordnung der Nachlassverwaltung (§ 1981 BGB). An und für sich würde auch der Erbscheinsantrag hierhergehören. Er ist jedoch fast ausnahmslos mit einer eidesstattlichen Versicherung des Antragstellers verbunden, in der

---

72 Vgl. Kostenspiegel Teil 6 Rn 6–10.
73 Der Auftrag dazu muss nicht ausdrücklich erteilt sein, OLG Düsseldorf, Beschl. v. 11.11.2014 – I-10 W 159/14, juris.

er die Richtigkeit seiner Angaben beteuert (§ 2365 Abs. 2 BGB). Für eidesstattliche Versicherungen schreibt KV Nr. 23300 jedoch die Erhebung der vollen Gebühr vor. Der Antrag wird daneben nicht gesondert bewertet (Vorbem. 2.3.3 (2)). Dies ist der Grund, warum Erbscheinsanträge in aller Regel mit einer 1,0 Gebühr abzurechnen sind.

Hinweise **168**

1. Anders als bei der Gebühr nach KV Nr. 21201 (0,5, mindestens 30 EUR) gilt für KV Nr. 23300 (1,0) keine Mindestgebühr. Für geringe Nachlasswerte (bis zur Wertstufe 2.000 EUR) kann der Erbscheinsantrag mit eidesstattlicher Versicherung somit günstiger ausfallen als ein isolierter Antrag an das Nachlassgericht. Eine Vergleichsrechnung ist durch Vorbem. 2.3.3 (2) aber eindeutig ausgeschlossen.

2. Die Gebühr nach KV Nr. 23300 deckt nur den Erbscheinsantrag mit ab. Werden in derselben Urkunde noch andere Anträge gestellt (z.B. Grundbuchberichtigung nach der Erbfolge), ist das zusätzlich zu bewerten (Bemerkung zu KV Nr. 21201).

4. Vorzeitige Beendigung des Verfahrens (Abschnitt 3)

a) Anwendungsbereich

Eröffnet wird das Beurkundungsverfahren durch einen Antrag, der formlos erteilt und auch aus den Umständen geschlossen werden kann. Es ist vorzeitig beendet, wenn es ohne Beurkundung einer notariellen Niederschrift (§§ 8, 36 BeurkG) endet. Dafür kann es vielfältige Gründe geben: Die Beteiligten haben es sich anders überlegt, können sich nicht einigen oder bestehen auch nach Besprechung auf einen Urkundsinhalt, den der Notar als rechtlich unzulässig zurückweisen muss. Der Auftraggeber kann den Beurkundungsauftrag jederzeit durch formlose Erklärung gegenüber dem Notar zurücknehmen, mit Zugang bei dem Notar ist das Verfahren beendet. Häufig ist aber nicht so klar, ob die Beteiligten nur überlegen (bzw. verhandeln) oder ihr Vorhaben aufgegeben haben. Dann entscheidet der Notar, ob nach seiner Überzeugung mit der Beurkundung noch zu rechnen ist. In der Regel ist das nach Vorbem. 2.1.3 (1) dann der Fall, wenn das Verfahren länger als sechs Monate von den Beteiligten nicht betrieben wurde. Keine Beendigung würde vorliegen, wenn der Notar die Verzögerung zu vertreten hat. Die Frist kann nach Lage des Einzelfalls aber auch kürzer (z.B. bei einfacheren Erklärungen) oder länger (z.B. bei komplexen Geschäften mit viel externem Beratungsbedarf) angenommen werden. Stellt der Notar fest, dass das Verfahren beendet ist, werden die im Hauptabschnitt 1 Abschnitt 3 für die vorzeitige Beendigung vorgesehenen Gebühren fällig. Sie werden auf die spätere erneute Beurkundungsgebühr angerechnet, wenn „demnächst" doch noch auf der Grundlage des Entwurfs (d.h. ohne Austausch des Vertragsinhalts) beurkundet wird (Vorbem. 2.1.3 (2)). **169**

Beispiel **170**

Der Notar war beauftragt mit Entwurf und anschließender Beurkundung. Nachdem er seit Entwurfsversand drei Wochen nichts von den Beteiligten gehört hat, lässt er nachfragen. Er erfährt, dass der vorgesehene Käufer verstorben sei. Der Verkäufer lässt ausrichten, dass er sich auf die Suche nach einem neuen Käufer macht.

Der Notar wird die Feststellung treffen, dass das Verfahren beendet ist.

Er muss dazu nicht die Sechs-Monatsfrist abwarten

Wenn sich anschließend ein neuer Käufer anzeigt, können dieser und der Verkäufer ein neues Verfahren einleiten. Der vollständige Käuferwechsel ist eine so weit reichende Änderung, dass keine Anrechnung erfolgt.

Stellt der Notar von vornherein fest, dass er die Beurkundung ablehnen muss, weil „unrettbar" rechtlich Unzulässiges verlangt wird (§ 4 BeurkG) oder weil er selbst nicht mitwirken darf (§ 3 oder § 6 BeurkG), dann lehnt er den Beurkundungsauftrag sofort ab. In diesem Fall ist ein Verfahren erst gar nicht eröffnet. Es fällt keine Verfahrensgebühr an.[74] **171**

---

74 Vgl. Leipziger-GNotKG/*Heit/Schreiber*, Vorbem 2.1.3 Rn 4.

b) Nach Verfahrensstadium gestaffelte Gebühren

172 Die Gebühren des Hauptabschnitts 1 Abschnitt 3 sehen für die abgebrochenen Beurkundungsverfahren folgende je nach Fortschritt des Verfahrens gestaffelte Gebühren vor:

---

1. Stadium

Die Beendigung tritt ein,

- bevor ein Entwurf gefertigt wurde oder
- es wurde ein Entwurf gefertigt, aber erst am Tag der Beendigung des Verfahrens zur Post gegeben oder
- es wurde ein Entwurf gefertigt, aber vor der Beendigung des Verfahrens nicht mehr ausgehändigt oder als Telefax oder E-Mail übermittelt
  und
- es wurde auch noch nicht auf der Grundlage eines Entwurfs in einem Beurkundungstermin verhandelt (betrifft i.d.R. einfache Fälle ohne vorherige Entwurfsübersendung).

→ Hatte der Notar in diesem Fall bereits persönlich[75] oder schriftlich beraten, dann ist für das Verfahren gemäß KV Nr. 21301 dieselbe Gebühr anzusetzen, die für eine Beratung angefallen wäre (KV Nr. 24200–24203, dazu siehe unten Rdn 216). Die Beteiligten werden also so gestellt, als hätten sie von vornherein (nur) einen Beratungsauftrag erteilt.

→ Ansonsten, insbesondere also, wenn bislang keine oder ausschließlich Vorbesprechungen mit einem Notariatsmitarbeiter erfolgt sind, beträgt die Beurkundungsgebühr unabhängig von der Bedeutung des Geschäfts und dem bisherigen Aufwand gemäß KV Nr. 21300 fest 20 EUR.

2. Stadium

Vorzeitige Beendigung nach einem der zu KV Nr. 21300, 21301 genannten Zeitpunkten, also insbesondere dann:

- wenn eine Verhandlung im Beurkundungstermin scheitert,
- wenn (bei Briefpost am Tag zuvor) ein Entwurf verschickt oder ausgehändigt war,
- wenn der Notar persönlich beraten, also wenigstens ein Vorgespräch geführt hatte.

→ Die 2,0 Gebühren für das Beurkundungsverfahren reduzieren sich auf den Gebührensatz 0,5–2,0, mindestens aber 120 EUR (KV Nr. 21302).

→ Die 1,0 Gebühren für das Beurkundungsverfahren reduzieren sich auf den Gebührensatz 0,3–1,0, mindestens aber 60 EUR (KV Nr. 21303).

→ Die 0,5 Gebühren für das Beurkundungsverfahren reduzieren sich auf den Gebührensatz 0,2–0,5, mindestens aber 30 EUR (KV Nr. 21304).

---

173 Bei den KV Nr. 21302–21304 handelt es sich um einen Anwendungsfall der durch das GNotKG neu im Notarkostenrecht eingeführten **Rahmensatzgebühren**. Für sie gilt § 92 GNotKG:

- Der Notar bestimmt den Gebührensatz innerhalb des Rahmens nach billigem Ermessen. Dabei ist praktisch ausschließlich der vor Beendigung entstandene Aufwand zu berücksichtigen[76] und zwar grundsätzlich im Vergleich zu dem Aufwand, der bis zum vollständigen Abschluss noch angefallen wäre.[77] Der Schweregrad der Sache fließt mittelbar dadurch ein, dass eine schwierige Aufgabe in der Vorbereitung natürlich zumeist mehr Zeit in Anspruch nimmt.[78]

---

[75] LG Bonn, Beschl. v. 4.9.2014 – 6 OH 7/14 = NotBZ 2015, 113.

[76] Kriterien wie Wert und Bedeutung der Sache, Verhältnisse der Beteiligten und das Haftungsrisiko sollen an dieser Stelle nicht berücksichtigt werden, da sie bereits in den Geschäftswert einfließen, siehe dazu Leipziger-GNotKG/*Heinze*, § 92 Rn 5–16.

[77] Fackelmann/Heinemann/*Teubel*, § 92 Rn 29/35; Leipziger-GNotKG/*Heinze*, § 92 Rn 8.

[78] *Fackelmann*, Einführung, § 2 Rn 59.

■ Eine Grenze setzt die Entwurfsfertigung: Wenn bereits ein vollständiger Entwurf angefertigt wurde, ist der höchste Gebührensatz anzusetzen (§ 92 Abs. 2 GNotKG). Die Anordnung des Gesetzes, dass „schon" der vollständige Entwurf somit im Ergebnis zu derselben Gebühr führt wie ein abgeschlossenes Beurkundungsverfahren, führt in der Praxis dazu, dass der Gebührensatz bei KV Nr. 21302–21304 stets im oberen Bereich der Spanne anzusetzen sein wird, sobald ein (auch unvollständiger) Entwurf versandt ist.[79]

Hinweis **174**

Ein Entwurf gilt als vollständig, wenn der Notar alle ihm übermittelten Informationen bei der Erstellung verarbeitet hat, auch wenn für das Rechtsgeschäft noch (einzelne) wesentliche Informationen fehlen.[80] Der Entwurf kann also auch dann schon vollständig sein, wenn der Notar in einzelnen Punkten Alternativen darstellt. Ebenso, wenn der Auftraggeber Einzelheiten zunächst bewusst offen halten wollte[81] oder wenn er einen zur Klärung offener Fragen angebotenen weiteren Termin nicht wahrnimmt.[82]

Praxistipp **175**

Die Gebühr für das vorzeitige Beurkundungsverfahren beläuft sich spätestens dann (es gibt also weitere Fälle) auf denselben Betrag wie bei vollständig durchgeführter Beurkundung, wenn entweder:

■ Die Beteiligten vor Beendigung einen vollständigen Entwurf in den Händen hatten
 oder wenn
■ der Notar vor den Beteiligten im dazu angesetzten Termin mit der Verlesung der Niederschrift begonnen hat.

II. Vollzug und Betreuungstätigkeiten

1. Grundsätze

a) Abgeschlossener Katalog

Das GNotKG führt alle Vollzugs- und Betreuungstätigkeiten (einschließlich Treuhandtätigkeiten) einzeln auf, für die der Notar eigene Gebühren enthält. Man spricht von den abgeschlossenen **Katalogen** der Vorbemerkung 2.2.1.1 (1) bzw. KV Nr. 22114, KV Nr. 22200, KV Nr. 22201. Aus Gründen der Rechtsklarheit und Transparenz ist **kein Auffangtatbestand** für nicht ausdrücklich geregelte Tätigkeiten vorgesehen. Die Zuordnung, welches der einzelnen Geschäfte eher Vollzug, welches eher Betreuung darstellt und welche Tätigkeit als Nebengeschäft ganz unbewertet bleibt, war eine wesentliche Streitfrage zur KostO. Sie hat sich mit der eindeutigen und abschließenden (**enumerativen**) Aufzählung erledigt. **176**

b) Einmalanfall

Innerhalb eines Beurkundungsverfahren (d.h. **je Urkunde**) oder sonstigen Verfahrens können jeweils nur genau **eine Vollzugsgebühr** (gegebenenfalls aber ergänzt um die Gebühr für die Erfassung strukturierter Daten, dazu Rdn 197) und **eine Betreuungsgebühr** anfallen. **Treuhandgebühren** erhält der Notar je Treuhandauftrag. Die Regel bedeutet zugleich, dass z.B. bei Aufspaltung eines Vertrags in Angebot und Annahme insgesamt zwei Vollzugs- oder Betreuungsgebühren anfallen können. **177**

Praxistipp

Obwohl es grundsätzlich ausreicht, wenn (nur) einer der einzelnen Gebührentatbestände der Vorbem. 2.2.1.1 (1) erfüllt ist und obwohl die Gebühr „sowieso" nur einmal anfallen kann, müssen die einzelnen Vollzugstätigkeiten trotzdem einzeln ermittelt werden, denn

---

79 Fackelmann/Heinemann/*Drempetic*, KV Nr. 21300–21314, Rn 79; *Fackelmann*, Einführung, Rn 238. Im Ergebnis auch Leipziger-GNotKG/*Bauer*, KV Nr. 21302 Rn 2.
80 OLG Naumburg, Beschl. v. 2.2.2016 – 2 W 1/16 = NotBZ 2016, 153; *Sikora*, MittBayNot 2013, 349/351.
81 *Streifzug*, Rn 2563.
82 LG Chemnitz, Beschl. v. 24.3.2016 – 3 OH 14/14 = NotBZ 2016, 237.

- für Tätigkeiten nach 2.2.1.1. (1) Nr. 1–3 ist die Gebühr auf einen Höchstbetrag gedeckelt (KV Nr. 22112–22113), der Höchstbetrag wächst mit der Anzahl der Tätigkeiten.
- fällt (wenigstens auch) eine der Tätigkeiten nach 2.2.1.1. (1) Nr. 4–11 an, dann gilt kein Höchstbetrag.
- die Fälligkeit der Gebühr bestimmt sich nach dem Abschluss der letzten Vollzugstätigkeit.

c) Geschäftswert

178 Erfolgen Vollzug oder Betreuung ergänzend zu einem Beurkundungsverfahren, bestimmt sich der **Geschäftswert** stets aus dem Wert der Beurkundung (§ 112 bzw. § 113 GNotKG). Erklärungen in der Urkunde, die gar keines Vollzugs oder keiner weiteren Betreuung bedürfen, werden also nicht „herausgerechnet". Es gilt der volle Urkundenwert, in diesem Bereich werden keine „Teilwerte" mehr gebildet. Gelegentlich kann fraglich sein, „welche Urkunde" vollzogen wird: Dient es primär dem Vollzug des Gesellschaftsvertrags oder der Handelsregisteranmeldung derselben Gesellschaft, wenn der Notar eine Gesellschafterliste erstellt? Der BGH hat entschieden, dass die Listenerstellung materiell dem Vollzug der Gesellschaftsgründung dient. Die Registeranmeldung ist als Verfahrenserklärung hingegen selbst der Gründung untergeordnet. Ihr Zweck als Verfahrenserklärung erschöpft sich darin, dieser zur Wirksamkeit zu verhelfen.[83]

179 *Beispiel*

A verkauft B ein Grundstück (Wert = Preis 20.000 EUR) und vereinbart in derselben Urkunde mit ihm für die Dauer von vier Jahren einen Pachtvertrag zu 1.000 EUR jährlich. Der Notar erhält Vollzugsauftrag (Genehmigung Grundstücksverkehrsgesetz und Negativattest der Gemeinde) und soll die Umschreibung erst nach Bestätigung der Kaufpreiszahlung veranlassen.

Wert des Beurkundungsverfahrens:

Verkauf und Pacht sind gegenstandsverschieden, die Werte also zusammenzurechnen.

Kauf: 20.000 EUR (§§ 97 Abs. 3, 47 GNotKG)

Pacht: 4.000 EUR (§ 99 Abs. 1 GNotKG)

Verfahrenswert somit: 24.000 EUR.

Die Vollzugsgebühr gemäß KV Nr. 22111 (0,5) wird aus dem Wert von 24.000 EUR erhoben.

Ergebnis: 57,50 EUR (die Höchstgebühr für zwei Tätigkeiten nach KV Nr. 22112, Vorbem. 2.2.1.1 (1) S. 2 Nr. 1 und 2 wird nicht überschritten).

Dasselbe gilt auch für die Betreuungsgebühr nach KV Nr. 22200 Nr. 3.

Wird der Notar (wie zumeist) auch beauftragt, die Fälligkeit des Kaufpreises erst nach Eintritt bestimmter Voraussetzungen mitzuteilen, ist zugleich der Tatbestand nach KV Nr. 22200 Nr. 2 erfüllt. Das führt aber zu keiner weiteren Gebühr.

d) Auftrag, Entwürfe

180 Gebühren für den Vollzug eines Geschäfts oder für Betreuungstätigkeit können grundsätzlich nur dann erhoben werden, wenn dem Notar hierzu ein besonderer Auftrag erteilt worden ist. Er bedarf keiner besonderen Form und kann sich auch aus den Umständen ergeben.[84] Er kann, muss aber nicht ausdrücklich in der Urkunde enthalten sein. Nur in den ausdrücklich in Vorbemerkung 2.2 (1) aufgeführten Fällen ist ein Auftrag entbehrlich:

- Gebührentatbestände KV Nr. 22114 und KV Nr. 22125: Erzeugung strukturierter Daten für eine automatisierte Weiterverarbeitung der Daten, insbesondere durch Gerichte,
- Gebühr nach Gebührenziffer KV Nr. 22200 im Fall der Nummer 6: Erteilung einer Bescheinigung im Zusammenhang mit der Änderung einer Gesellschafterliste nach dem GmbH-Recht.

---

83 BGH, Beschl. v. 4.6.2019 – II ZB 16/18 = MittBayNot 2019, 613 = NotBZ 2019, 344 = RNotZ 2019, 563.
84 Ausführlich zu Auslegungskriterien Leipziger-GNotKG/*Harder*, Vorbemerkung 2.2. Rn 16 ff.

Fertigt der Notar in Ausführung seines Vollzugs- oder Betreuungsauftrags (einschließlich der Treuhand- **181** tätigkeit) **Entwürfe**, erhält er nach der Vorbemerkung 2.2 (2) hierfür keine zusätzlichen Gebühren. In diesem Fall fällt aber eine Gebühr (KV Nr. 25100) für eine etwaige Unterschriftsbeglaubigung unter der entworfenen Erklärung auch dann an, wenn sie durch denselben Notar erfolgt. Die Sperrwirkung der Vorbemerkung 2.4.1 (2) greift hier nicht.[85] War der Notar zunächst nicht mit dem Entwurf einer einzuholenden Erklärung beauftragt, beauftragt dann aber derjenige, der die Erklärung abgeben soll, „zufällig" denselben Notar, erteilt er damit einen neuen Auftrag. Dieser begründet ein eigenes Verfahren, das getrennt abzurechnen ist (str.). Diese Auffassung ist streitig, muss aber jedenfalls dann gelten, wenn der Notar nicht einmal mit der Einholung betraut war. Die Rechtsprechung tendiert hingegen dazu, jeden Entwurfsauftrag „im Vollzugsbereich" kostenrechtlich als einen Vollzugsauftrag zu werten.[86]

2. Vollzugsgebühr

a) Tätigkeiten

Die Vollzugsgebühr entsteht gemäß Vorbemerkung 2.2.1.1 (1) S. 2 für **182**

1. Anforderung und Prüfung einer Erklärung oder Bescheinigung nach öffentlich-rechtlichen Vorschriften, mit Ausnahme der Unbedenklichkeitsbescheinigung des Finanzamts,
2. Anforderung und Prüfung einer anderen als der in Nummer 4 genannten gerichtlichen Entscheidung oder Bescheinigung, dies gilt auch für die Ermittlung des Inhalts eines ausländischen Registers,
3. Fertigung, Änderung oder Ergänzung der Liste der Gesellschafter (§ 8 Abs. 1 Nr. 3 GNotKG, § 40 GmbHG) oder der Liste der Personen, welche neue Geschäftsanteile übernommen haben (§ 57 Abs. 3 Nr. 2 GmbHG),
4. Anforderung und Prüfung einer Entscheidung des Familien-, Betreuungs- oder Nachlassgerichts einschließlich aller Tätigkeiten des Notars gemäß den §§ 1828 und 1829 BGB im Namen der Beteiligten sowie die Erteilung einer Bescheinigung über die Wirksamkeit oder Unwirksamkeit des Rechtsgeschäfts,
5. Anforderung und Prüfung einer Vollmachtsbestätigung oder einer privatrechtlichen Zustimmungserklärung,
6. Anforderung und Prüfung einer privatrechtlichen Verzichtserklärung,
7. Anforderung und Prüfung einer Erklärung über die Ausübung oder Nichtausübung eines privatrechtlichen Vorkaufs- oder Wiederkaufsrechts,
8. Anforderung und Prüfung einer Erklärung über die Zustimmung zu einer Schuldübernahme nach § 415 BGB,
9. Anforderung und Prüfung einer Erklärung oder sonstigen Urkunde zur Verfügung über ein Recht an einem Grundstück oder einem grundstücksgleichen Recht sowie zur Löschung oder Inhaltsänderung einer sonstigen Eintragung im Grundbuch oder in einem Register,
10. Anforderung und Prüfung einer Verpflichtungserklärung betreffend eine in Nummer 9 genannte Verfügung oder einer Erklärung über die Nichtausübung eines Rechts und
11. über die in Nummer 1 und 2 hinausgehende Tätigkeit für die Beteiligten gegenüber der Behörde, dem Gericht oder der Körperschaft oder Anstalt des öffentlichen Rechts.

Wenn der mit dem Vollzug beauftragte Notar nicht zugleich Beurkundungs- oder Entwurfsgebühren er- **183** hält oder wenn ein ausländisches Gericht oder eine ausländische Behörde zu beteiligen sind, kommen weitere in KV Nr. 22122–22124 genannte Tätigkeiten in Betracht (**bloße Übermittlung** von Anträgen, **Prüfen** von Urkunden, Erledigung von **Beanstandungen**), die im anderen Fall unvergütet bleiben. Für die **kursorische Prüfung** von Erklärungen auf Eintragungsfähigkeit im Register bzw. Grundbuch (§ 378 Abs. 3 FamFG bzw. § 15 Abs. 3 GBO)[87] erhält der Notar nur in dem seltenen Fall eine eigene Fest-

---

85 OLG Hamm, Beschl. v. 16.7.2015 – 15 W 152/15 = FGPrax 2015, 276; *Sikora*, MittBayNot 2013, 349/355.
86 LG Düsseldorf, Beschl. v. 28.7.2015 – 25 T 74/15 = RNotZ 2015, 666.
87 Neufassung durch Gesetz v. 1.6.2017 (BGBl I 2017, 1396). Zu Anwendungsbereich, Dokumentation und verfahrensrechtlicher Bedeutung der Vorprüfung ausf. BeckOK-FamFG/*Otto*, § 378 Rn 21–83 und BeckOK-GBO/*Otto*, § 15 Rn 103a–103f sowie hier in § 3 Rdn 266, § 4 Rdn 22, 1581.

gebühr von 20 EUR, wenn weder eine Beglaubigungsgebühr noch eine Übermittlungsgebühr oder andere Vollzugsgebühren entstanden sind (KV Nr. 22124 Nr. 2 mit Anm. 2).[88]

184   Bei entsprechendem Auftrag können Vollzugstätigkeiten auch schon vor Beurkundung erfolgen. Die Gebühren dafür fallen dann an, auch wenn das Beurkundungsverfahren vorzeitig beendet wird.

185   Beispiele zu den einzelnen Tatbeständen sind unten bei den einzelnen Geschäftsvorfällen dargestellt. Für die Erfüllung einer **Anzeigepflicht**, die den Notar selbst trifft (z.B. steuerliche Anzeigepflichten; Übersendung einer Abschrift an den Gutachterausschuss), erhält der Notar grundsätzlich keine Gebühren, es sei denn eine Gebühr ist hierfür ausnahmsweise gesetzlich vorgesehen.

186   Hinzu kommt die Gebühr für die **Datenerzeugung** in der „XML-Struktur" oder vergleichbarem Format – sie ist praxisrelevant im Handelsregisterverkehr und zunehmend auch für die elektronische Antragstellung zum Grundbuchamt (KV Nr. 22114 bzw. 22125).[89]

b)   Gebührensatz und Höchstgebühren

187   Für den Gebührensatz ist danach zu unterscheiden, ob derselbe Notar (oder sein Sozius etc., siehe Vorbemerkung 2 (1) KV) eine Gebühr für das Beurkundungsverfahren oder für die Fertigung eines Entwurfs erhält, die das zugrunde liegende Geschäft betrifft. Wenn das der Fall ist und keine ausländische Behörde oder ein ausländisches Gericht zu beteiligen ist, gelten die KV Nr. 22110–22114.

188   Der Notar, der nicht auch Beurkundungs- oder Entwurfsgebühren erhält, vereinnahmt dagegen Vollzugsgebühren nach den grundsätzlich höheren Sätzen bzw. zusätzlichen Vollzugstatbeständen der KV Nr. 22120–22125. Es handelt sich also um den Vollzug von öffentlichen Urkunden, die ein **anderer Notar beurkundet** hat oder von privaten Urkunden, die jedenfalls der **vollziehende Notar nicht entworfen** hat. Es kommt nicht darauf an, ob er eine Unterschriftsbeglaubigung vorgenommen hat oder ob die Unterschriften auf der zu vollziehenden Urkunde überhaupt beglaubigt werden. Die KV Nr. 22120–22125 gelten außerdem auch dann, wenn der Vollzug unter Beteiligung eines ausländischen Gerichts oder einer ausländischen Behörde erfolgt. Nachfolgend sollen nur die häufigeren Fälle der KV Nr. 22110–22114 näher beleuchtet werden.

189   Auf den ersten Blick kommt es bei den vom Notar beurkundeten oder entworfenen Urkunden nur darauf an, ob für die Beurkundung ein Gebührensatz von 2,0 (dann Gebühr 0,5 nach KV Nr. 22110 – das sind die Fälle der KV Nr. 21100) oder darunter anfallen würde (dann Gebühr 0,3 nach KV Nr. 22111 – so bei KV Nr. 21200 oder 21102–21201). Im praktischen Ergebnis allerdings reduziert sich die Gebühr in zahlreichen Fällen recht deutlich. Wenn nämlich ausschließlich eine oder mehrere der in Vorbemerkung 2.2.1.1 (1) S. 2 Nr. 1 oder 2 genannten Tätigkeiten anfallen, das sind:

- nach Nr. 1: Anforderung und Prüfung einer Erklärung oder Bescheinigung nach öffentlich-rechtlichen Vorschriften (mit Ausnahme der Unbedenklichkeitsbescheinigung des Finanzamts),
- nach Nr. 2: zum Beispiel die Erbscheinsausfertigungen und anderen erbrechtlichen Nachweisen sowie von Bescheinigungen eines Registergerichts nach den §§ 32 ff. GBO über die Vertretungsberechtigung von Handelsgesellschaften oder über den Güterstand,

dann sind sowohl die 0,3 Gebühr wie auch die 0,5 Gebühr auf 50 EUR je Tätigkeit gedeckt. Besonders bei Grundstücksgeschäften (Auflistung siehe unten Rdn 305) sind gerade die Tätigkeiten der Nr. 1 die **typischen Vollzugstätigkeiten**.

190   Die Höchstgrenze fällt allerdings weg, sobald der Notar im Rahmen einer (eigentlich) den Standardanschreiben nach Nr. 1 zuzuordnenden Tätigkeit in eine **Verhandlung** mit der Behörde oder dem Gericht eintreten muss. Das kann z.B. der Fall sein, wenn sich bei der nach Nr. 1 vorgenommenen Prüfung einer Vorkaufsrechtsverzichtserklärung herausstellt, dass dort möglicherweise versehentlich eines von mehreren verkauften Flurstücken nicht aufgenommen ist. Dann greift der Vollzugstatbestand der Nr. 11.

---

[88] Neufassung durch Gesetz v. 1.6.2017 (BGBl I 2017, 1396). Vgl. dazu Ländernotarkasse NotBZ 2017, 302.

[89] Nicht, wenn allein eine WEG-Verwalterzustimmung oder Löschungsunterlagen für ein Grundpfandrecht zum Gericht gegeben werden, bei denen nur eine nach KV Nr. 25101 verbilligte Beglaubigung abzurechnen war, Anm. 2 zu KV Nr. 22125 seit 1.1.2021.

Wenn nur Tätigkeiten nach Nr. 3 anfallen oder zu Tätigkeiten nach Nr. 1 und 2 noch Tätigkeiten nach Nr. 3 hinzukommen, dann gilt gleichfalls eine Höchstgebühr. Sie wächst mit jeder Tätigkeit nach Nr. 3 um 250 EUR. Das betrifft die in der gesellschaftsrechtlichen Praxis wichtigen und häufigen Fälle der **Gesellschafterlisten.** **191**

Wenn nur Tätigkeiten nach Nr. 1–3 angefallen sind, ist also immer eine **Vergleichsrechnung** anzustellen. Die 0,5 bzw. 0,3 Gebühr greift letztlich nur, wenn sie geringer ist als die Summe der Anzahlen aller Tätigkeiten nach Nr. 1–2 multipliziert mit 50 EUR zuzüglich der Anzahl von Tätigkeiten nach Nr. 3 multipliziert mit 250 EUR. **192**

Praxistipp **193**

Wenn ausschließlich Tätigkeiten nach Nr. 1 oder Nr. 2 anfallen, wirken sich die Höchstgebühren wie folgt aus:

Zahl der Tätigkeiten	Höchstgebühr	Gebührensatz 0,5 – Höchstgebühr greift ab einem Wert über	Gebührensatz 0,3 – Höchstgebühr greift ab einem Wert über
1	50 EUR	19.000 EUR	50.000 EUR
2	100 EUR	65.000 EUR	140.000 EUR
3	150 EUR	125.000 EUR	230.000 EUR
4	200 EUR	170.000 EUR	320.000 EUR

Beispiel **194**

Der Vollzugsauftrag zum Grundstückskaufvertrag umfasst Einholung einer Genehmigung der Kommunalaufsicht sowie von Erklärungen zum Vorkaufsrecht nach Denkmalschutzrecht sowie nach § 28 Abs. 1 Baugesetzbuch. Ab einem Kaufpreis (genauer: Verfahrenswert) von 125.000 EUR und darüber wird der Blick in die Tabelle entbehrlich, es greift immer die Höchstgebühr von 150 EUR.

Beispiel **195**

Zu einer beurkundeten Grundschuld soll (nur) die sanierungsrechtliche Genehmigung eingeholt werden. Ab einem Grundschuldnennwert (genauer: Verfahrenswert) von 50.000 EUR und darüber fallen stets 50 EUR an. Auf den Gebührensatz von 0,3 gemäß KV Nr. 22111 i.V.m. 21200 kommt es ab da nicht mehr an.

Soweit es auf die Anzahl der Vollzugstätigkeiten ankommt, sind die rechtlich erforderlichen einzelnen Genehmigungen oder Erklärungen maßgeblich. Auch dann, wenn z.B. für eine vom Vollzugsauftrag umfasste sanierungsrechtliche Genehmigung und die Vorkaufsrechtsverzichte nach Denkmalschutzgesetzen und BauGB dieselbe Behörde zuständig ist, sind dies drei Vollzugstätigkeiten mit Höchstgebühr 150 EUR. Auf die Zahl der dazu versandten oder erhaltenen Schreiben kommt es nicht an.[90] **196**

Zur Vollzugsgebühr bei mehreren Verfahrensgegenständen siehe Rdn 253.

c) Besondere Gebühr für die Datenerzeugung

Die Gebühr für die Erzeugung strukturierter Daten (KV Nr. 22114 oder 22125) ist im Gesetz bei der Vollzugsgebühr eingeordnet, sie hat aber eine Sonderstellung. Die Tätigkeit dient der Beschleunigung der Weiterbearbeitung bei dem Empfänger der Daten, deshalb hält der Gesetzgeber einen besonderen Auftrag dazu für entbehrlich. Außerdem handelt es sich nicht um einen Teil der Vollzugsgebühr, die gemäß § 93 GNotKG generell nur einmal je Urkunde anfallen dürfte. Die Gebühr fällt neben einer Gebühr nach KV Nr. 22110–22113 oder 22120–22124 an. Sie entsteht aber nicht, wenn XML-Daten aus **197**

---

90 Leipziger-GNotK/*Harder*, Nr. 22110–22114 Rn 16/17.

einer bloßen Beglaubigung zu generieren sind, die nach KV Nr. 25101 abgerechnet wird (Anm. 2 zu KV Nr. 22125 seit 1.1.2021).

198 Auch hier ist danach zu unterscheiden, ob der Notar Gebühren für die zugrundeliegende Urkunde oder den Entwurf erhält. Seit 1.1.2021 wird der Gebührensatz außerdem reduziert, wenn eine andere Vollzugsgebühr (22110 bis 22113) angefallen ist. Geht es um die Daten einer vom Notar beurkundeten oder entworfenen Urkunde und sind weitere Vollzugsgebühren angefallen, dann beträgt der Gebührensatz nur noch 0,1 (KV Nr. 22115), ohne Vollzug 0,2 (KV Nr. 22114), höchstens in beiden Fällen 125 EUR.[91] Erhält der Notar für dasselbe Verfahren keine Beurkundungs- oder Entwurfsgebühr (also vor allem bei bloßer Unterschriftsbeglaubigung außerhalb der Fälle der Anm. 2 zu KV Nr. 22125), dann gelten der Gebührensatz von 0,5 und eine Höchstgebühr von 250 EUR (KV Nr. 22125).

199 *Praxistipp*

Bei einer Datenerzeugungsgebühr zu dem vom Notar beurkundeten Antrag fällt oberhalb eines Werts von 290.000 EUR stets die Höchstgebühr von 125 EUR an, nur darunter gilt der Tabellenwert mit Satz 0,2. Erhält der Notar auch eine Vollzugsgebühr, fällt die Höchstgebühr von 125 EUR zum Gebührensatz von 0,1 ab einem Wert von mehr als 650.000 EUR an. Bei einer Datenerzeugung zur „Fremddurkunde" gilt der Tabellensatz 0,5 nur bis zum Wert von 230.000 EUR, darüber fallen immer 250 EUR an.

3. Betreuungsgebühr

a) Tätigkeiten

200 Die Betreuungsgebühr entsteht für die:

1. Erteilung einer Bescheinigung über den Eintritt der Wirksamkeit von Verträgen, Erklärungen und Beschlüssen,
2. Prüfung und Mitteilung des Vorliegens von Fälligkeitsvoraussetzungen einer Leistung oder Teilleistung,
3. Beachtung einer Auflage eines an dem Beurkundungsverfahren Beteiligten im Rahmen eines Treuhandauftrags, eine Urkunde oder Auszüge einer Urkunde nur unter bestimmten Bedingungen herauszugeben, wenn die Herausgabe nicht lediglich davon abhängt, dass ein Beteiligter der Herausgabe zustimmt, oder die Erklärung der Bewilligung nach § 19 GBO aufgrund einer Vollmacht, wenn diese nur unter bestimmten Bedingungen abgegeben werden soll,
4. Prüfung und Beachtung der Auszahlungsvoraussetzungen von verwahrtem Geld und der Ablieferungsvoraussetzungen von verwahrten Wertpapieren und Kostbarkeiten,
5. Anzeige oder Anmeldung einer Tatsache, insbesondere einer Abtretung oder Verpfändung, an einen nicht an dem Beurkundungsverfahren Beteiligten zur Erzielung einer Rechtsfolge, wenn sich die Tätigkeit des Notars nicht darauf beschränkt, dem nicht am Beurkundungsverfahren Beteiligten die Urkunde oder eine Kopie oder eine Ausfertigung der Urkunde zu übermitteln,
6. Erteilung einer Bescheinigung über Veränderungen hinsichtlich der Personen der Gesellschafter oder des Umfangs ihrer Beteiligung (§ 40 Abs. 2 GmbHG), wenn Umstände außerhalb der Urkunde zu prüfen sind, und
7. Entgegennahme der für den Gläubiger bestimmten Ausfertigung einer Grundpfandrechtsbestellungsurkunde zur Herbeiführung der Bindungswirkung gemäß § 873 Abs. 2 BGB.

201 Beispiele zu den einzelnen Tatbeständen sind unten bei den einzelnen Geschäftsvorfällen dargestellt.

b) Gebührensatz

202 Der Gebührensatz ist 0,5.

---

91 Auch der Höchstbetrag ist seit 1.1.2021 reduziert.

4. Treuhandgebühr

Häufig werden dem Notar im Rahmen des Vertragsvollzugs Treuhandauflagen von nicht selbst am Vertrag beteiligten Dritten erteilt. Für deren Beachtung erhält der Notar eine zusätzliche Gebühr von 0,5. Sie wird aus dem Sicherungsinteresse (§ 113 Abs. 2 GNotKG) berechnet. **203**

Hauptanwendungsfall ist die Erteilung von **Löschungs- oder Pfandfreigabeunterlagen** für im Grundbuch eingetragene Belastungen unter Auflagen, deren Einhaltung der Notar zu überwachen bzw. für die er selbst Sorge zu tragen hat. Das Sicherungsinteresse entspricht hier dem Ablösebetrag, der vom Gläubiger insgesamt (d.h. auch inkl. Tageszinsen u.Ä.) für die Verwendung der Erklärung gefordert wird.[92] In diesen Fällen kann die Treuhandgebühr erst abgerechnet werden, wenn der endgültige Ablösebetrag feststeht. Häufig wird der Notar nach den Angaben der Beteiligten (offene Darlehensvaluta etc.) eine vorläufige Berechnung vornehmen und die Gebühr insofern als Vorschuss anfordern.[93] Es ist nicht Sache des Notars zu ermitteln, ob der vom abzulösenden Gläubiger angeforderte Betrag das Sicherungsinteresse richtig wiedergibt.[94] **204**

Treuhandgebühren können neben der Vollzugs- oder Betreuungsgebühr anfallen und bei mehreren Treuhandaufträgen auch mehrfach entstehen. **205**

III. Entwurf und Beratung

1. Verhältnis zu anderen Gebührentatbeständen

Entwurfsgebühren nach KV Nr. 24100–24103 entstehen nur dann, wenn der Entwurf nicht im Rahmen eines Beurkundungsverfahrens und auch nicht in Ausführung einer als solche gebührenpflichtigen Vollzugs- oder Betreuungstätigkeit gefertigt wird („isolierter Entwurf"). Es bedarf eines ausdrücklichen Auftrags zur Fertigung eines Entwurfs. Der Notar kann den Entwurf durch einen Mitarbeiter fertigen lassen, muss aber die Verantwortung für dessen Richtigkeit übernehmen.[95] Werden Entwürfe dagegen in einem Beurkundungsverfahren erstellt, das anschließend nicht fortgeführt wird, gelten die speziellen Regelungen der KV Nr. 21300 ff.[96] Wenn eine Entwurfsgebühr anfällt, ist die erste von demselben Notar in nicht zu langem zeitlichen Abstand („demnächst") vorgenommene Unterschriftsbeglaubigung gebührenfrei (Vorbemerkung 2.1.4 (2)). Zu Entwürfen im Rahmen des Vollzugs siehe Rdn 181. Eine **Beratungsgebühr** kann neben der Gebühr für eine Unterschriftsbeglaubigung entstehen.[97] **206**

In Vorbemerkung 2.4.1 (4) werden mehrere Tätigkeiten genannt, die sich typischerweise an eine Entwurfsfertigung anschließen können und die daneben nicht gesondert abgerechnet werden dürfen: **207**

1. die Übermittlung von Anträgen und Erklärungen an ein Gericht oder eine Behörde,
2. die Stellung von Anträgen im Namen der Beteiligten bei einem Gericht oder einer Behörde und
3. die Erledigung von Beanstandungen einschließlich des Beschwerdeverfahrens.

Die **allgemeine Beratungsgebühr** nach KV Nr. 24200–24202 kommt nur in Betracht, wenn der Gegenstand der Beratung im konkreten Fall nicht Gegenstand eines anderen gebührenpflichtigen Verfahrens oder Geschäfts ist. Dabei kann darauf abgestellt werden, wie weit die Amtspflichten hinsichtlich des anderen Verfahrens oder Geschäfts reichen. Da der Notar nur begrenzt zu steuerlichen Hinweisen verpflichtet ist, wird man eine darüber hinausgehende (qualifizierte) steuerliche Beratung durch den Notar als einen anderen Gegenstand anzusehen haben.[98] Auch neben Unterschriftsbeglaubigungen ohne Entwurf kommen Beratungsgebühren in Frage.[99] Für die **besondere Beratungsgebühr** KV Nr. 24203 – Beratung **208**

---

92 LK-GNotKG/*Harder*, § 114 Rn 15; Korintenberg/*Tiedtke*, § 113 Rn 14.
93 Korintenberg/*Tiedtke*, § 113 Rn 15.
94 Bormann/Diehn/Sommerfeldt/*Bormann*, GNotKG § 113 Rn 9; Korintenberg/*Tiedtke*, § 113 Rn 14; LK-GNotKG/*Harder*, § 114 Rn 15. Anders (wohl Einzelfall) OLG Hamm v. 1.6.2015 – 15 W 237/15 = FGPrax 2015, 229.
95 LG Münster, Beschl. v. 22.7.2016 – 5 OH 8/16 = ErbR 2017, 181.
96 Ein hilfreicher „Roter Faden" zu den Anforderungen an die Abrechnung eines Entwurfs im Rahmen eines abgebrochenen Beurkundungsverfahrens findet sich bei *Sikora/Strauß*, DNotZ 2020, 593 f.
97 LG Schwerin, Beschl. v. 8.12.2015 – 4 T 1/15 = NotBZ 2016, 194.
98 Leipziger-GNotK/*Heit/Genske*, KV Nr. 24200 Rn 7.
99 *Sikora*, MittBayNot 2013, 349/356.

bei der Vorbereitung oder Durchführung einer Hauptversammlung oder Gesellschafterversammlung – spricht der Gesetzgeber in einer gesetzlichen Anmerkung zum Gebührentatbestand selbst davon, dass es um eine Beratung gehen muss, die über die im Rahmen des Beurkundungsverfahrens (zumeist Protokollierung des Versammlungsverlaufs) bestehenden Amtspflichten hinaus geht.

209 Entwurfsgebühr und allgemeine Beratungsgebühr werden auf die spätere Gebühr **angerechnet**, wenn sich demnächst zum selben Gegenstand bzw. auf der Grundlage des Entwurfs ein gebührenpflichtiges Verfahren oder Geschäft anschließt.

2. Entwurf

210 Der **Geschäftswert** für einen einzelnen Entwurf ist wie für ein Beurkundungsverfahren mit demselben Gegenstand zu bestimmen (§ 119 Abs. 1 GNotKG).

211 Die für die Fertigung eines Entwurfs vorgesehenen Gebühren gelten ebenso, wenn der Notar einen **fremden Entwurf** überprüft, abgeändert oder ergänzt hat. Es kommt für diese **Überprüfungsgebühr** nicht darauf an, ob und ggfs. wie umfänglich der Entwurf geändert wurde oder geändert werden musste. Die – nur kursorische – Mindestprüfung von Erklärungen, die zur Eintragung in einem Register oder im Grundbuch bestimmt sind (§ 378 Abs. 3 FamFG bzw. § 15 Abs. 3 GBO) ist hier allerdings nicht gemeint. Sie führt lediglich zu einer Festgebühr gemäß KV Nr. 22124 von 20 EUR und auch dies nur, wenn einmal keine Beglaubigungsgebühr oder eine Vollzugsgebühr angefallen sind (lies dazu Anm. zu KV Nr. 22124). Wenn allerdings infolge der kursorischen Prüfung Änderungen am Entwurf vorgenommen werden, entsteht eine Entwurfsgebühr.

212 Im Rahmen der Bestimmung des Gebührensatzes ist durchaus zu berücksichtigen, welchen Aufwand der Notar hatte und ob dieser einer vollständigen eigenen Entwurfsfertigung entspricht. Denn es handelt sich um einen **Rahmensatz** (siehe oben Rdn 32). Je nachdem, welcher Gebührensatz für das entsprechende Beurkundungsverfahren gelten würde, beträgt der Rahmen 0,5–2,0, mindestens 120 EUR (Beurkundung wäre 2,0); 0,3–1,0, mindestens 60 EUR (Beurkundung wäre 1,0) oder 0,3–0,5, mindestens 60 EUR (Beurkundung wäre 0,5). Bei vollständiger eigener Entwurfsfertigung (Begriff siehe oben Rdn 174) fällt stets die höchste Gebühr an (§ 92 Abs. 2 GNotKG). Die Überprüfung eines fremden Entwurfs erfordert stets größte Sorgfalt. Sie kann daher ebenfalls die höchste Gebühr auslösen.[100]

3. Serienentwurf

213 Serienentwurf ist ein Entwurf, der zur Verwendung für mehrere gleichartige Rechtsgeschäfte oder Erklärungen beabsichtigt ist (Vorbemerkung 2.4.1 (5)). Der Geschäftswert für den Serienentwurf beträgt die Hälfte des Wertes der zum Zeitpunkt der Entwurfsfertigung beabsichtigten Rechtsgeschäfte (§ 119 Abs. 2 GNotKG), Gebührensatz ist derjenige sonstiger Entwürfe.

214 Die Gebühr für einen solchen Serienentwurf darf bis auf ein Jahr nach Fälligkeit gestundet werden. Jede Beurkundung, die auf der Grundlage des Serienentwurfs erfolgt, führt zur Reduzierung der Entwurfsgebühr für den Serienentwurf um die konkret entstandene Beurkundungsgebühr.

215 *Beispiel*

Der Bauträger plant den Bau eines Mehrfamilienhauses und Verkauf der 10 noch zu errichtenden Eigentumswohnungen. Er wünscht sich im Wesentlichen identische Vertragsbedingungen. Die Käufer sind zum Zeitpunkt seines Entwurfsauftrags noch unbekannt, mit Sonderwünschen einzelner Käufer ist zu rechnen. Der Fertigstellungszeitraum, einzelne Inhalte der Baubeschreibung und die Einzelkaufpreise sind gleichfalls noch offen. Es steht aber fest, dass ein Gesamtverkaufspreis von 2 Millionen EUR herauskommen soll.

---

100 LG Bonn, Beschl. v. 1.9.2015 – 6 OH 5/15; RNotZ 2016, 132.

Bewertung des vollständigen (nämlich alle Informationen und Vorgaben des Auftraggebers berücksichtigenden, wenn auch naturgemäß lückenhaften) Entwurfs:

Wert: 1.000.000 EUR (§§ 119 Abs. 2, 97, 47 GNotKG).

Gebührensatz: 2,0 (§ 92 Abs. 2 GNotKG) → 3.470 EUR

Der Notar stundet die Gebühr zunächst.

Spätestens[101] nach einem Jahr bzw. mit Ende einer von ihm früher angesetzten Stundungsfrist (nur eine längere Frist ist nicht möglich) rechnet der Notar ab:

Es sind mittlerweile erfolgt:

1) Verkauf einer Eigentumswohnung zu 230.000 EUR
   Gebühr: 970 EUR
2) Verkauf einer Eigentumswohnung zu 200.000 EUR
   Gebühr: 870 EUR
3) Verkauf einer Eigentumswohnung zu 230.000 EUR
   Gebühr: 970 EUR
4) Verkauf einer Eigentumswohnung zu 180.000 EUR
   Gebühr: 816 EUR

Anrechnung: 3.470 EUR ./. 3.626 EUR < 0.

Die bislang gestundete Gebühr ist auf Null reduziert.

Sollten sich später ein anderer Gesamtkaufpreis herausstellen oder gar einzelne Einheiten längere Zeit unverkäuflich bleiben, kommt es darauf nicht an, wenn die Preiserwartung bei Entwurfserstellung nicht völlig unrealistisch war.

4. Beratung

Für die allgemeine Beratung ist kein spezieller **Geschäftswert** bestimmt. Es gilt § 36 GNotKG. Bei Themen, die auch Gegenstand einer Beurkundung sein könnten (also für die KV Nr. 24201 und 24201), wird man sich nach § 36 Abs. 1 GNotKG an deren Wert halten. Für KV Nr. 24203 ist mit § 120 GNotKG eine eigene Wertvorschrift vorgesehen: Es gilt die Summe der Werte der in der Versammlung zu fassenden Beschlüsse, maximal 5 Millionen EUR. **216**

Es gelten für die allgemeine Beratungsgebühr ein **Gebührensatz** von 0,3, wenn der Gegenstand der Beratung auch Gegenstand einer Beurkundungsgebühr sein könnte und die Beurkundungsgebühr weniger als 1,0 betrüge (KV Nr. 24202) sowie ein Rahmen (dazu siehe Rdn 32) von 0,3–0,5, wenn der Gegenstand der Beratung auch Gegenstand einer Beurkundungsgebühr sein könnte und die Beurkundungsgebühr 1,0 betrüge (KV Nr. 24201) und ein Rahmen von 0,3–1,0 in den übrigen Fällen (KV Nr. 24200). Die besondere Beratungsgebühr (KV Nr. 24203) ist aus dem Rahmen von 0,5–2,0 festzulegen. **217**

IV. Sonstige Verfahren

1. Unterscheidung nach Verfahren und Geschäft

Im Kostenverzeichnis wird auch für Tätigkeiten, die nicht Beurkundung sind, nach Verfahren und Geschäften unterschieden. Praktisch wirkt sich das in zweifacher Hinsicht aus: **218**

■ Eine Verfahrensgebühr wird grundsätzlich durch den vom Notar übernommenen Auftrag ausgelöst. Wird das Verfahren später aus irgendeinem Grund **nicht zu Ende geführt**, ändert das an der Gebühr nur dann etwas, wenn spezielle Ermäßigungsvorschriften das vorsehen (z.B. KV Nr. 23701). Bei Ge-

---

101 Soweit der Notar zur Führung eines Kostenregisters verpflichtet ist, wird allerdings wenigstens ein unverzüglicher Vermerk bei Folgegeschäften verlangt, so jedenfalls § 19 Abs. 5 der Abgabensatzung der Ländernotarkasse.

schäften gilt im Gegensatz dazu meist der abgeschlossene Vorgang (z.B. KV Nr. 25200: Die Bescheinigung muss erteilt sein).

■ Für Verfahren gilt generell der Grundsatz der **Zusammenrechnung** (§ 35 GNotKG), wenn mehrere Gegenstände zugleich betroffen sind. Besonderheiten greifen dabei für Beurkundungsverfahren (§ 86 Abs. 2, §§ 109–111 GNotKG). Geschäfte, die nicht Verfahren sind, werden grundsätzlich getrennt für sich abgerechnet. Es sei denn, zu der konkreten Gebühr ist jeweils angeordnet, wie mit der Betroffenheit mehrerer Gegenstände umzugehen ist. Wichtig ist etwa § 121 GNotKG: Obwohl es sich bei der **Unterschriftsbeglaubigung** um ein sonstiges Geschäft handelt, gelten die Regeln der Geschäftswertermittlung wie bei einer Beurkundung.

2. Rückgabe eines Erbvertrags

219 Nach § 2300 Abs. 2 BGB darf ein Erbvertrag, der *nur Verfügungen von Todes wegen* enthält, aus der besonderen amtlichen Verwahrung des Amtsgerichts oder der notariellen Verwahrung zurückgenommen werden (vgl. hierzu auch § 4 Rdn 1005 ff.). Der Gebührensatz dafür beträgt 0,3 (KV Nr. 23100). Geschäftswert: §§ 114, 102 Abs. 1–3 GNotKG. Sehr häufig wird nicht nur der Erbvertrag aufgehoben (das ist die Wirkung der Rückgabe!), sondern eine neue Verfügung getroffen. Wenn das in ausreichendem zeitlichem Zusammenhang zur Rückgabe erfolgt, wird die Rückgabegebühr auf die Beurkundungsgebühr angerechnet.

3. Verlosung, Auslosung

220 Für das Verfahren der Protokollierung einer Verlosung oder Auslosung wird eine 2,0 Gebühr erhoben (KV Nr. 23200). Bei vorzeitiger Beendigung reduziert sie sich auf 0,5 (KV Nr. 23201). Der Geschäftswert ist nach § 36 GNotKG zu bestimmen. Bezugspunkt ist der Geldwert dessen, was ausgelost wird (§ 36 Abs. 1 GNotKG). Nur wenn bei immateriellen Gütern keine Anhaltspunkte für einen höheren oder niedrigeren Wert bestehen, können notfalls 5.000 EUR angesetzt werden (§ 36 Abs. 3 GNotKG).[102]

4. Eide, eidesstattliche Versicherungen etc.

221 Die eidesstattliche Versicherung begegnet in der Praxis vorwiegend im Rahmen eines Erbscheinsantrags oder Antrags auf Erteilung eines Europäischen Nachlasszeugnisses (siehe oben Rdn 139). Die Gebühr beträgt 1,0 (KV Nr. 23300), bei vorzeitiger Beendigung wird ermäßigt (KV Nr. 23301). Wert: § 40 GNotKG bzw. je nach Adressaten und Inhalt der Erklärung. Die Vernehmung von Zeugen und Sachverständigen (KV Nr. 23302) kommt nur zur Verwendung im Ausland ausnahmsweise einmal in Betracht (vgl. § 22 Abs. 1 BNotO).

5. Wechsel- und Scheckprotest

222 Das Verfahren zur Aufnahme eines *Wechsel- oder Scheckprotestes* führt zu einer Gebühr von 0,5 (KV Nr. 23400) bzw. 0,3, wenn es um die verweigerte Ehrenannahme oder Nichtzahlung des Notadressaten (§ 55 Wechselgesetz) geht (KV Nr. 23401). Geschäftswert ist die Wechsel- bzw. Schecksumme (§ 36 Abs. 1 GNotKG). Richtet sich der Protest gegen mehrere Schuldner, so ist die Gebühr pro Schuldner zu erheben. Soweit der Notar Geld in Empfang nimmt, fällt für die Auskehrung keine zusätzliche Gebühr nach KV Nr. 25300 an. Da der Protest regelmäßig außerhalb der eigenen Geschäftsstelle zu erklären ist, ist auch Nichtanfall der Zusatzgebühr 26002 angeordnet (zu beiden Vorbemerkung 2.3.4). Andere Zusatzgebühren und Auslagen können anfallen. Die Ausgestaltung als Verfahrensgebühr führt dazu, dass auch ein zurückgenommener Auftrag an der Berechnung nichts ändert.[103] Für den Fall, dass vor Aufnahme des Protests an den Notar gezahlt wird, ist das ausdrücklich auch im Gesetz vermerkt (Anm. zu KV Nr. 23400) – damit ist auch dann die Verwahrgebühr gesperrt.

---

102 Mehrere Beispiele z.B. in Kostenspiegel, Teil 16.
103 Leipziger-GNotKG/*Klingsch*, KV 2340–23401 Rn 3.

6. Vermögensverzeichnis und Siegelung

Zu Anwendungsfällen für die Aufnahme eines Vermögensverzeichnisses lies §§ 1035, 1377 Abs. 2, 1379 Abs. 1, 1640 Abs. 3, 1667 Abs. 1, 1802 Abs. 3, 2003 Abs. 1, 2121 Abs. 3, 2215 Abs. 4, 2314 Abs. 1 BGB.[104] Die Gebühren hierfür regeln KV Nr. 23500 ff.

223

7. Freiwillige Versteigerung

Für eine freiwillige *Versteigerung* von **Grundstücken**[105] erhält der Notar eine 0,5 Gebühr (KV Nr. 23600) sowie für jeden abgehaltenen Versteigerungstermin eine Gebühr von 1,0 (KV Nr. 23602). Für die Versteigerung von **beweglichen Gegenständen** beträgt der Gebührensatz 3,0 (KV Nr. 23700, Ermäßigung auf 0,5 bei Beendigung vor erster Gebotsabgabe). Der Wert bestimmt sich nach § 116 bzw. § 117 GNotKG. Voraussetzung ist jeweils, dass der Notar selbst als Auktionator tätig wird und der Zuschlag die Bindung auslöst (§ 156 BGB).[106] Wird dagegen durch den Zuschlag nur der Käufer für eine nachfolgende Beurkundung ausgewählt, gelten für diese die normalen Beurkundungsgebühren. Je nach Gestaltung des Versteigerungsverfahrens kann noch eine Beurkundung des Zuschlags außerhalb des Versteigerungsprotokolls erforderlich werden. Sie wird dann zusätzlich mit einer 1,0 Gebühr berechnet (aber weitere Ausnahmen in Anm. zu KV Nr. 23603). Schuldner in diesem Fall: siehe § 31 Abs. 1 GNotKG.

224

8. Vorbereitung der Zwangsvollstreckung

Diese Verfahren sind geregelt in KV Nr. 23800–23808. Der **Geschäftswert** richtet sich nach den Ansprüchen, die Gegenstand der Vollstreckbarerklärung sein sollen (§ 118 GNotKG). Nach §§ 796a–796c ZPO kann ein von den Rechtsanwälten der Parteien unterschriebener Vergleich, in dem der Schuldner sich der sofortigen Zwangsvollstreckung unterworfen hat (sog. *vollstreckbarer Anwaltsvergleich*), mit Zustimmung der Parteien von einem Notar für vollstreckbar erklärt werden (vgl. § 3 Rdn 246 ff.). Für das Verfahren über den Antrag auf Vollstreckbarerklärung eines Anwaltsvergleichs erhält der Notar eine Festgebühr von 66 EUR (KV Nr. 23800). Eine 2,0 Gebühr fällt dagegen für das Verfahren an, in dem der Notar einen Schiedsspruch des Schiedsgerichts mit vereinbartem Wortlaut gemäß § 1053 Abs. 4 ZPO für vollstreckbar erklären soll (siehe § 3 Rdn 251) – Ermäßigung bei vorzeitiger Beendigung. Für die Erteilung einer vollstreckbaren Ausfertigung fällt eine 0,5 Gebühr an, wenn der Eintritt einer Tatsache oder einer Rechtsnachfolge zu prüfen ist (KV Nr. 23803). Für die Erteilung einer weiteren vollstreckbaren Ausfertigung der bei ihm verwahrten Urkunden gemäß § 797 Abs. 3 ZPO (siehe § 3 Rdn 243 f.) gilt ein eigener Gebührentatbestand (KV Nr. 23804).

225

Für weitere Bescheinigungsverfahren, u.a. zur Verwendung der vollstreckbaren Urkunde im Ausland, sind jeweils Festgebühren bestimmt.[107]

226

9. Teilungssachen

Seit dem 1.9.2013 sind die Notare in allen Bundesländern anstelle der Gerichte für die Durchführung spezieller Verfahren zur Auseinandersetzung von Nachlässen und des Gesamtguts von Gütergemeinschaften zuständig. Das Verfahren (§§ 363 ff. FamFG)[108] gilt als besonders aufwändig, sodass hierfür die ganz ungewöhnliche 6,0 Gebühr (KV Nr. 23900) eingeführt wurde. Ermäßigungen gelten bei vorzeitiger Beendigung (KV Nr. 23901–23903). Der Wert ist nach § 118a GNotKG der Wert des Gegenstands der Auseinandersetzung.[109]

227

---

104 Für Fallbeispiele siehe Kostenspiegel, Teil 15.
105 Ausführliche Darstellung anhand von Beispielen siehe Kostenspiegel, Teil 25.
106 Leipziger-GNotKG/*Klingsch*, Vorbem. 2.3.6 Rn 1.
107 Gesamtübersicht zu diesem Abschnitt des KV Kostenspiegel, Teil 24.
108 Ausführlich zur Vermittlung der Erbauseinandersetzung durch den Notar: *Zimmermann*, NotBZ 2013, 335.
109 Fallbeispiele siehe Kostenspiegel Teil 19 Rn 94–97.

V. Sonstige Geschäfte

1. Unterschriftsbeglaubigung

228 Für die Beglaubigung von *Unterschriften* und Handzeichen wird grundsätzlich eine 0,2 Gebühr, mindestens 20 EUR, höchstens 70 EUR, erhoben (KV Nr. 25100). Der Geschäftswert bestimmt sich ebenso, wie wenn die Erklärung beurkundet worden wäre (§ 121 GNotKG).

229 Bestimmte Erklärungen sind begünstigt. Betrifft die Unterschriftsbeglaubigung ausschließlich:

1. eine Erklärung, für die nach den Staatsschuldbuchgesetzen eine öffentliche Beglaubigung vorgeschrieben ist,
2. eine Zustimmung gemäß § 27 GNotKG der Grundbuchordnung sowie einen damit verbundenen Löschungsantrag gemäß § 13 der Grundbuchordnung,
3. den Nachweis der Verwaltereigenschaft gemäß § 26 Abs. 3 WEG,

dann werden unabhängig vom Wert fest 20 EUR erhoben (KV Nr. 25101). Außerdem entsteht keine XML-Gebühr (Anm. 2 zu KV Nr. 22125). Wenn mehrere solcher Erklärungen in einem Dokument zusammengefasst werden, bleibt es bei dem einmaligen Betrag von 20 EUR (ein Vermerk → eine Beglaubigungsgebühr).[110]

230 Die Gebühr kommt nur dann zur Anwendung, wenn der Notar lediglich die Unterschrift oder das Handzeichen in einem Vermerk beglaubigt. Werden die Unterschriften oder Handzeichen mehrerer Personen mit einem Vermerk beglaubigt, so wird die Gebühr nur *einmal vom Gesamtwert* erhoben, den die Erklärung hat. Es wird also nicht jede einzelne Unterschrift gesondert abgerechnet. Etwas anderes gilt, wenn zu den unter einem einheitlichen Schriftstück und zu unterschiedlichen Zeiten abgegebenen Unterschriften mehrerer Personen jeweils einzelne Beglaubigungsvermerke vorgenommen werden. Mehrere Vermerke sind je getrennt zu berechnen, auch wenn sie sämtlich zu derselben Privaturkunde gehören.

> *Beispiel*
>
> Die Unterschriften der drei gemeinschaftlich vertretenden Geschäftsführer einer GmbH unter einer Grundschuldbestellung (Fremdentwurf, Nennwert 300.000 EUR) sollen beglaubigt werden. Sie schaffen es terminlich nicht, zugleich im Notariat zu erscheinen. Der Notar kann die drei getrennt empfangen, jeweils die Unterschriftsleistung überwachen und seine diesbezüglichen Feststellungen (§ 40 BeurkG) am Ende in einem einzigen Vermerk zusammenfassen. Denn er kann den Beglaubigungsvermerk errichten, solange er sich an den Vorgang erinnern kann.[111] Gebühr: 0,2 aus 300.000 EUR Wert bzw. Höchstgebühr: 70 EUR.
>
> Wenn die Geschäftsführer allerdings nicht in kurzem Abstand erscheinen (z.B. am selben Tag), wird der Notar (z.B. bei Büroschluss) zunächst die Unterschrift des oder der bis dahin Erschienenen beglaubigen. Es entsteht die Gebühr: 0,2 aus 300.000 EUR Wert bzw. Höchstgebühr: 70 EUR. Wegen der nachfolgenden weiteren Unterschrift(en) ist dann beurkundungsrechtlich zwingend ein weiterer Vermerk (und gegebenenfalls ein dritter) auf das Grundschuldformular zu setzen bzw. anzuheften. Dafür fällt dieselbe Gebühr je Vermerk erneut an. Diese Vorgehensweise, auch sofortige Beglaubigung jeder Unterschrift, wäre nicht zu beanstanden, da der vorsichtige Notar im Interesse der Antragsteller immer damit rechnen muss, kurzfristig/vorübergehend das Amt nicht ausüben zu können. Ein Vertreter könnte zu der fremden Wahrnehmung aber nichts beglaubigen – die terminnotgeplagten Geschäftsführer müssten im Vertretungsfall erneut erscheinen.

231 Die Gebühr für die Beglaubigung kommt nicht in Frage, wenn es sich um die erstmalige Unterzeichnung handelt und der Notar (beachte auch Vorbemerkung 2 (1) KV!) die Erklärung, unter der sich die Unterschriften befinden, entworfen hat. Dann ist ausschließlich die Gebühr für den Entwurf dieser Erklärung zu erheben, die sich letztlich nach der Beurkundungsgebühr richtet (siehe oben Rdn 212).

---

110 BGH, Beschl. v. 23.1.2020 – V ZB 70/19, NotBZ 2020, 218 = RNotZ 2020, 348.
111 Armbrüster/Preuß/Renner/*Preuß*, § 40 Rn 25.

2. Abschriftsbeglaubigung

Für die Beglaubigung von Dokumenten wird pro angefangene Seite eine Gebühr von 1 EUR, mindestens **232** eine Gebühr von 10 EUR, erhoben (KV Nr. 25102). Eine Dokumentenpauschale erhält der Notar daneben nicht. Die Gebühr fällt nicht an für die Beglaubigung von Kopien oder Ausdrucken von Urkunden, die der Notar selbst aufgenommen oder in Urschrift seiner dauernden Verwahrung hat (dann aber u.U. Dokumentenpauschale). § 12 BeurkG verpflichtet den Notar zur Beglaubigung bestimmter Vertretungsnachweise, die er der Urschrift beizufügen hat. Dies bleibt unberechnet (Anm. zu KV Nr. 25102).

Beispiele

(1) Dem Notar wird neben dem Original eines eine Seite umfassenden Abschlusszeugnisses noch eine Fotokopie davon zur Beglaubigung vorgelegt.

Kosten: Beglaubigungsgebühr (KV Nr. 25102)   10 EUR.

(2) Ein Klient legt die Ausfertigung einer 20 Seiten langen Urkunde eines anderen Notars vor und bittet, davon eine beglaubigte Abschrift herzustellen.

Kosten: Dokumentenpauschale (in Betracht käme KV Nr. 32000, es gilt
              aber KV Nr. 25102 (1)).   0 EUR
              Beglaubigungsgebühr (KV KV Nr. 25102)   20 EUR
              (je angefangene Seite 1 EUR, mindestens 10 EUR).

3. Sonstige Zeugnisse, Bescheinigungen und andere Geschäfte

In Form des sonstigen Zeugnisses bzw. **einfachen Vermerks** (§ 39 BeurkG) kann der Notar außer der **233** Beglaubigung der Echtheit einer Unterschrift bzw. der Übereinstimmung der Kopie mit der Urschrift noch weitere Feststellungen treffen.[112] Gebührentatbestände dafür enthalten KV Nr. 25103 und 25104.

Gebühren für **Bescheinigungen** nach **§ 21 BNotO** (KV Nr. 25000 und 25214) sind gesondert auch neben **234** der Gebühr für Tätigkeiten zu erheben, die selbst Beurkundungs- oder Beglaubigungsgebühren auslösen. Bescheinigungen nach § 21 Abs. 1 BNotO nimmt der Notar vor, wenn er sich aus dem **Register** über die **Vertretungsverhältnisse** informiert und daraus die bescheinigten rechtlichen Schlussfolgerungen gezogen hat. Mit der Bescheinigung nach § 21 Abs. 3 GNotKG bestätigt der Notar das Vorliegen von **Vollmachten** und seine daraus gezogene Überzeugung zur Vertretungsmacht. Gebührenrechtlich ist ohne Belang, auf welche Weise die Bescheinigung erteilt wird. Sie kann sowohl in gesonderter Vermerkform gem. §§ 39 ff. BeurkG erfolgen als auch in die Niederschrift bzw. den Beglaubigungsvermerk mit aufgenommen werden.

Jede gesondert erteilte Bescheinigung löst die Gebührenfolge gesondert aus. Um nur eine Bescheinigung handelt es sich aber, wenn eine Vertretungsbescheinigung für mehrere gemeinsam vertretungsberechtigte Personen in einem Vermerk erfolgt.

Mehrere Bescheinigungen nach § 21 Abs. 1 und Abs. 3 BNotO können in einem Vermerk zusammengefasst werden. Bei gestaffelten Vertretungsverhältnissen bzw. den so genannten **Vollmachtsketten** sind die Bescheinigungen für jeden Rechtsträger bzw. jede Vollmacht gesondert zu berechnen, auch wenn sie textlich zusammengefasst werden.[113]

Abzugrenzen ist die Bescheinigungsgebühr von der bloßen Registereinsicht (KV Nr. 25209). Neben KV **235** Nr. 25200 werden für die zugrunde liegenden Einsichten keine weiteren Gebühren erhoben. Auslagen oder Zusatzgebühren sind hingegen gesondert zu berechnen. Dies betrifft v.a. Gerichtskosten für Handelsregisterauszüge sowie die Abrufgebühren bei elektronischer Registereinsicht.

---

112 Zu Anwendungsfällen siehe Leipziger-GNotKG/*Arnold*, KV Nr. 25104 Rn 10 ff. sowie Kostenspiegel, Teil 13.
113 BGH, Beschl. v. 22.9.2016 – V ZB 177/15, NotBZ 2017, 100 m. Anm. *Otto*; Leipziger-GNotKG/*Arnold*, KV Nr. 25200 Rn 14.

236 Die Gebühr nach KV Nr. 25200 richtet sich nach der Anzahl der Registerstellen, die einzusehen sind. Es fallen 15 EUR je Registerblatt an. Die Gebühr nach KV Nr. 25214 (Bescheinigung nach § 21 Abs. 3 GNotKG) beträgt fest 15 EUR, bei Vollmachtketten (Untervollmachten) wird man auch sie mehrfach ansetzen.[114]

237 Die Gebühr für eine **Rangbescheinigung** ist in KV Nr. 25201 bestimmt. Die Wertbestimmung ergibt sich aus § 122 GNotKG.

238 Eine **Eigenurkunde** (siehe oben § 3 Rdn 179 ff.) erhält der Notar gemäß KV Nr. 25204 vergütet, aber nur dann, wenn für diese Tätigkeit nicht bereits eine Vollzugs- oder Betreuungsgebühr anfällt.

239 Der hinzugezogene **zweite Notar** wird nach KV Nr. 25205 vergütet.

240 Wird der Notar als **Gründungsprüfer** tätig (§ 33 Abs. 3 AktG), erhält er eine 1,0 Gebühr (Wert: § 123 GNotKG), mindestens aber 1.000 EUR.

241 Für Tätigkeiten im Zusammenhang der Einholung einer **Apostille** bzw. **Legalisation** gelten die KV Nr. 25207–25208. Die Vollzugsgebühr nach KV Nr. 22124 kann daneben anfallen.[115]

242 Für die **Grundbucheinsicht** oder die Einsicht in andere öffentliche Register und Akten erhält der Notar eine Festgebühr von 15 EUR (KV Nr. 25209), das gilt allerdings nur, wenn die Tätigkeit nicht mit anderen gebührenpflichtigen Verfahren oder Geschäften in Zusammenhang steht. Eine Mitteilung des Inhalts des Registers bzw. der Akte ist mit abgegolten (insbesondere wegen § 12 GBO kann sich im Einzelfall erst nach Einsicht ergeben, dass der Inhalt **nicht** mitgeteilt wird – dadurch ändert sich die Gebühr nicht). Die Gebühr steht in einem **derzeit nicht geklärten Spannungsfeld** zu KV Nr. 25210–25213. Nach diesen Tatbeständen erhält der Notar (teilweise unter 15 EUR liegende) Gebühren, wenn er außerhalb eines sonstigen Verfahrens oder Geschäfts den Beteiligten auf Antrag selbst „isolierte" Register- oder Grundbuchabdrucke erteilt bzw. elektronisch übermittelt. Jedenfalls dann, wenn die Weitergabe des Ausdrucks letztlich aus Rechtsgründen scheitert, sollte die „Sperre" der Bemerkung zu KV Nr. 25209 wieder aufgehoben sein.

243 *Beispiel*

- Der Notar wird durch den angeblich Berechtigten einer Dienstbarkeit am Grundstück beauftragt, ihm einen einfachen Grundbuchausdruck zu fertigen. Nach Grundbucheinsicht stellt er fest, dass nicht der Antragsteller, sondern dessen Eltern berechtigt sind, von denen keine Vollmacht vorliegt.
- Der Notar weist den Antrag zurück, weil das berechtigte Interesse fehlt (§§ 133a, 12 GBO).
- Die Grundbucheinsicht rechnet er nach KV Nr. 25209 mit 15 EUR ab (kein Verfahren, sondern sonstiges Geschäft). Dass er nur eingesehen (und nicht auch mitgeteilt) hat, ist nach dem Gebührentatbestand unerheblich. Hinzukommen als Auslage die Abrufgebühren (KV Nr. 32011).

Hinweis

Im Beispiel ist die Gebühr höher als wenn der Ausdruck erfolgt wäre.[116] Denn dafür fiele an: KV Nr. 25210 – 10 EUR. Daneben erhält der Notar auch die Abrufgebühr als Auslage ersetzt (KV Nr. 32011).

4. Verwahrgeschäfte

244 Für **jede einzelne Auszahlung** oder Rückzahlung des von ihm **verwahrten Geldes** erhält der Notar eine 1,0 Gebühr aus dem Wert des jeweils ausgezahlten Betrags (§ 124 GNotKG). Bei geringen Auszahlungsbeträgen kann die (Mindest-)gebühr (§ 34 Abs. 5 GNotKG) auch einmal höher sein als der Auszahlungsbetrag. Umgekehrt ist es bei der Annahme von **Wertpapieren und Kostbarkeiten** zur Verwahrung: Hier fällt die Gebühr bereits bei deren Entgegennahme an, sie hat dieselbe Höhe (KV Nr. 25300 bzw. 25301).

---

114 BGH, Beschl. v. 22.9.2016 – V ZB 177/15, NotBZ 2017, 100 m. Anm. *Otto*, Leipziger-GNotKG/*Otto*, KV Nr. 25214 Rn 4.
115 LG Düsseldorf, Beschl. v. 1.12.2015 – 19 T 59/15 = ZNotP 2016, 79, m. ablehnender Anm. v. *Fackelmann*.
116 Das kann ein Versehen des Gesetzgebers sein, es wird aber letztlich dem in der Praxis erhöhten Aufwand des Notars Rechnung getragen, der dem Antragsteller gegenüber die Verweigerung begründen muss, Leipziger-GNotKG/*Otto*, KV Nr. 25213 Rn 8. Weitergehend mag man auch vertreten, dass die erst später in das Gesetz eingefügten KV Nr. 25210–25213 von der Anmerkung zu KV Nr. 25209 ohnehin nicht gemeint sind.

Für besonders hohe Geschäftswerte gilt eine von der allgemeinen Gebührentabelle abweichende Rechen- **245** formel: Werden mehr als 13 Millionen EUR ausbezahlt (bei Geld) bzw. als entsprechender Wert entgegengenommen (andere), dann beträgt die Gebühr für den überschießenden Teil (und nur für diesen) 0,1 % des Auszahlungsbetrags (bei Geld) bzw. entgegengenommenen Werts (andere).

Beispiel **246**

Zur Auszahlung gelangen:

1)	100.000 EUR	Die Gebühr beträgt 1,0 aus dem Wert 100.000	→ Tabelle	→ 273 EUR.
2)	14.000.000 EUR	Die Gebühr setzt sich wie folgt zusammen:		
		1,0 Gebühr aus 13.000.000	→ Tabelle	→ 13.185 EUR
		0,1 % aus 1.000.000 EUR =		1.000 EUR
				14.185 EUR

Der Tabellenwert für 14.000.000 EUR würde nur 13.785 EUR betragen. Mit der besonderen Berechnungsweise sollen wegen der besonderen Haftungsrisiken des Notars die Nachteile der besonders bei den sehr hohen Geschäftswerten nur noch schwach ansteigenden Wertgebühr nach Tabelle abgemildert werden.

3)	14 EUR	Die 1,0 Gebühr aus 14 EUR beträgt 15 EUR.

Die **Verwahrungsgebühr** fällt nach ausdrücklicher Bestimmung im Gesetz auch neben etwaigen **Be-** **247** **treuungsgebühren** (siehe oben Rdn 200) aus dem zugrundeliegenden Amtsgeschäft an (Vorbemerkung 2.5.3 (1)). Zu den Betreuungsgebühren zählen hier auch die Treuhandgebühren.

Beispiel

Ein von demselben Notar beurkundeter Grundstückskaufvertrag (Preis = Wert 200.000 EUR) soll über ein Notaranderkonto abgewickelt werden. Der Kaufpreis ist einzuzahlen nach Mitteilung des Notars über die Eintragung einer Eigentumsvormerkung – dann geht der Besitz über. Nach Einzahlung – Vorliegen der erforderlichen Genehmigungen und Behördenerklärungen vorausgesetzt – soll der Notar die Eigentumsumschreibung veranlassen. Der Käufer bestellt aufgrund Finanzierungsvollmacht eine Grundschuld über 180.000 EUR. Seine Bank überweist den Kaufpreis auf das Anderkonto und macht dem Notar dabei zur Auflage, die Auszahlung erst vorzunehmen, wenn die Eintragung der Grundschuld sichergestellt ist. Außerdem muss eine noch eingetragene Grundschuld über nominal 80.000 EUR gelöscht werden, sie soll aus dem Kaufpreis abgelöst werden. Der Notar holt die Löschungsunterlagen ein. Bei Auszahlungsreife überweist er der Gläubigerbank 42.000 EUR und befolgt damit eine von dieser erteilten Auflage. Der Verkäufer erhält letztlich 158.000 EUR überwiesen. Bankgebühren, Zinsen etc. bleiben hier unbeachtet.[117]

Bewertung:

Kaufvertrag: 2,0 Gebühr (KV Nr. 21100) aus 200.000 EUR (§ 47 GNotKG) → 870 EUR.

Vollzug … (hier nicht weiter berücksichtigt)

Betreuung: 0,5 Gebühr (KV Nr. 22000) aus 200.000 EUR (§ 113 Abs. 1 GNotKG) → 217,50 EUR.

Erfüllt sind die Tatbestände KV Nr. 22000 Nr. 2, Nr. 3 und Nr. 4 – Die Gebühr fällt aber stets nur einmal an (siehe oben Rdn 177).

Treuhandgebühr: 0,5 Gebühr (KV Nr. 22201) aus 42.000 EUR (§ 113 Abs. 2 GNotKG) → 77,50 EUR.

Eine Gebühr für die Beachtung der Treuhandauflage der einzahlenden Bank ist nach dem insoweit eindeutigen Wortlaut der KV Nr. 22201 nicht vorgesehen. Ihre Beachtung bleibt unbewertet.

---

117 Verkürzt nach: Leipziger-GNotKG/*Renner*, Vorbem. 2.5.3 Rn 11 f.

Verwahrungsgebühren: 1,0 Gebühr (KV Nr. 25300) aus 42.000 EUR (§ 124 GNotKG) → 155 EUR, 1,0 Gebühr (KV Nr. 25300) aus 158.000 EUR (§ 124 GNotKG) → 381 EUR.

Zu der Frage, ob und gegebenenfalls welche Kosten der Notar vor Auskehr des Rests unmittelbar aus dem Notaranderkonto für sich entnehmen könnte, lies § 54b Abs. 3 S. 8 BeurkG und die Kommentarliteratur dazu.[118]

E. Mehrere Erklärungen in einer Urkunde

I. Ausgangspunkt

1. Verfahrensgebühr

248   Häufig betrifft eine notarielle Urkunde mehrere Gegenstände. Darunter wird nicht etwa der *Vermögensgegenstand,* also die Sache = das Wirtschaftsgut, das von dem Rechtsgeschäft betroffen wird, verstanden, sondern das *Rechtsverhältnis* (das Recht), auf dessen Begründung, Übertragung, Änderung oder Aufhebung die Erklärungen gerichtet sind. Im GNotKG findet sich diese seit Jahren herkömmliche Definition sogar ausdrücklich niedergelegt: Geschäftswert bei der Beurkundung von Verträgen und Erklärungen ist der Wert des „Rechtsverhältnisses, das Beurkundungsgegenstand ist" (§ 97 Abs. 1 GNotKG).

§ 35 Abs. 1 GNotKG enthält insoweit für die Verfahrensgebühren der Gerichte und Notare übereinstimmend den Grundsatz der **Wertzusammenrechnung** oder **Summierung.** Darauf aufbauend regeln die §§ 86, 93, 94, 109–111 GNotKG die Handhabung, wenn die notarielle Tätigkeit mehrere Rechtsverhältnisse der Beteiligten betreffen kann. Es gilt der Grundsatz, dass jedes Beurkundungsverfahren sich auf genau eine notarielle Niederschrift bezieht (§ 85 Abs. 2 GNotKG). Die Werte von Gegenständen getrennter Urkunden sind für die Kostenberechnung also niemals zusammenzuzählen.

249   Aufgrund des degressiven, d.h. nach oben hin deutlich flacheren Anstiegs der Gebühren, führt die Wertsummierung bei gleichem Gebührensatz zu einer Begünstigung des Gebührenschuldners. Sind auf mehrere Beurkundungsgegenstände unterschiedliche Gebührensätze anzuwenden, kann allerdings auch die getrennte Berechnung für den Schuldner die günstigere sein. Es bleibt bei der getrennten Berechnung, wenn nicht die Gebührenerhebung aus dem zusammengerechneten Wert bei Annahme des höchsten in Frage kommenden Gebührensatzes günstiger wäre (**Vergleichsrechnung,** § 94 Abs. 1 GNotKG).

250   Wenn mehrere Beurkundungsgegenstände (§ 86 Abs. 1 GNotKG) **ohne sachlichen Grund** in einer Urkunde **zusammengefasst** sind, dann ist eine Privilegierung des Kostenschuldners nicht gerechtfertigt. In diesem Fall werden je besondere Verfahren angenommen, sodass die Summierung entfällt (§ 93 Abs. 2 GNotKG). Ein sachlicher Grund ist nach § 93 Abs. 2 S. 2 GNotKG mindestens dann anzunehmen, wenn hinsichtlich jedes Beurkundungsgegenstands die gleichen Personen beteiligt sind („Personenidentität") oder wenn die Regelungen nur gemeinsam gelten sollen (Verknüpfungswille, in der Regel durch entsprechende Bedingungen in der Urkunde). Der BGH zeigte sich in einer ersten Entscheidung relativ streng und lässt z.B. eine teilweise Personenidentität nicht ohne Weiteres genügen.[119] Der Anwendern der KostO noch geläufige Grundsatz, dass Erklärungen und Beschlüsse nie zusammengerechnet werden dürfen, gilt im GNotKG nicht.

2. Aktgebühren

251   Bei den z.B. für Bescheinigungen typischen **Festgebühren** (anders: Höchst- oder Mindestgebühren) existiert allerdings kein Geschäftswert. Schon deshalb erfolgt hier eine getrennte Bewertung, wenn mehrere Geschäfte zusammenfallen. Grundsätzlich keine Zusammenrechnung gibt es auch bei den Geschäften, die nicht Verfahren sind (siehe oben Rdn 218).

---

118 Siehe auch Leipziger-GNotKG/*Renner*, KV Nr. 253000 Rn 9–16.
119 BGH, Beschl. v. 26.9.2017 – II ZB 27/16 = FGPrax 2018, 43 = MDR 2018, 493; *Fackelmann*, ZNotP 2018, 39; *Otto*, NotBZ 2018, 99, 100; *Sikora/Tiedtke*, DNotZ 2018, 589 (590); kritisch Beck'sches Notar-HB/*Waldner*, § 30 Rn 19a.

3. Vollzug und Betreuung

Die Gebühren für das **Verfahren** des Notars und die daran anschließende **Vollzugs-** oder **Betreuungs-** **tätigkeit** sowie Zusatzgebühren entstehen je gesondert. Dabei gilt der zusammengerechnete Wert (Verfahrenswert) für Vollzug und Betreuung auch dann, wenn die Verfahrensgegenstände selbst aufgrund der Vergleichsrechnung letztlich getrennt abgerechnet werden. 252

Der Umstand, dass ein einheitlich zu betrachtendes Verfahren vollzogen wird, kann auch Auswirkung auf die **Gebührenhöhe** haben. Denn nur, wenn für das zugrundeliegende Beurkundungsverfahren eine 2,0 Gebühr angefallen ist, beträgt die Vollzugsgebühr 0,5 (KV Nr. 22110). Ansonsten gilt eine 0,3 Gebühr (Nr. 22111). Betrifft nun eine Tätigkeit des Notars mehrere Beurkundungsgegenstände, die ein einheitliches Verfahren bilden und wird er nur für den Vollzug eines dieser Gegenstände tätig, kommt es dennoch nicht auf die isoliert für dieses anfallende Beurkundungsgebühr, sondern auf die höchste im Beurkundungsverfahren relevante Gebühr an.[120] § 94 GNotKG ist auf Vollzugsgebühren nicht anwendbar. Die Vollzugsgebühr entsteht urkundenbezogen. 253

II. Einheitlicher Beurkundungsgegenstand

1. Ein betroffenes Rechtsverhältnis

Bei einheitlichem oder vom Gesetz als einheitlich definiertem Beurkundungsgegenstand unterbleibt die Wertzusammenrechnung. Ein **einheitlicher Beurkundungsgegenstand** liegt vor, wenn sich die Beurkundung allein auf ein einheitliches Rechtsverhältnis (bei Tatsachenbeurkundungen auf einen Vorgang oder eine Tatsache) bezieht. Bestimmte **Nebengegenstände** bleiben stets unberücksichtigt, wenn über sie nicht ausnahmsweise isoliert beurkundet wird (§ 37 Abs. 1 GNotKG). Es handelt sich um ein Rechtsverhältnis, wenn in einem Vertrag mehrere Grundstücke zusammen verkauft werden. Man spricht auch von einer „Gesamterklärung".[121] Erklärungen, von denen die eine notwendig nicht ohne die andere denkbar ist, haben schon einem natürlichen Verständnis folgend denselben Gegenstand.[122] Dasselbe gilt für solche Registeranmeldungen, die stets mit einer anderen, für den Gesamtvorgang „wesentlichen" Anmeldung verbunden sein müssen, wenn dazu keine eigene Willensbildung mehr erfolgt (Beispiel siehe Rdn 274). 254

2. Behandlung mehrerer Rechtsverhältnisse als einheitlich aufgrund gesetzlicher Anordnung

Daneben legt § 109 GNotKG abschließend weitere Fälle fest, bei denen von demselben Beurkundungsgegenstand auszugehen ist (siehe hierzu Rdn 262 ff.). 255

III. Verschiedener Beurkundungsgegenstand

1. Regelfall

Beziehen sich mehrere selbstständige Willenserklärungen oder Beschlüsse auf mehrere Rechtsverhältnisse, Tatsachen oder Vorgänge – handelt es sich also nicht um einen Gegenstand im Sinn von oben (siehe Rdn 254) –, so sind dies nach der Anordnung des § 86 Abs. 2 GNotKG verschiedene Beurkundungsgegenstände. 256

---

120 LG Düsseldorf, Beschl. v. 2.3.2015 – 19 T 227/14 = NotBZ 2015, 358. Weiterführend und mit Beispielen *Harder*, NotBZ 2015, 321; LK-GNotKG/*Harder*, Nr. 22110–22114 KV Rn 3.

121 *Filzek*, § 44 KostO Rn 4.

122 *Diehn/Sikora/Tiedtke*, Rn 451 verwenden den ebenso treffenden Begriff „Erklärungseinheit". Ebenso jetzt BGH, Beschl. v. 18.10.2016 – II ZB 18/15 = WM 2016, 2355: „Erklärungseinheit" der Registeranmeldungen von Auflösung einer GmbH, Erlöschen der Vertretungsbefugnis der bisherigen Geschäftsführer und Anmeldung der Liquidatoren.

2. Ausnahme und Gegenausnahmen

257 Ausnahmen von dieser Regel sind **ausschließlich** in § 109 GNotKG vorgesehen. Zu § 109 wiederum sind in § 110 und § 111 GNotKG Klarstellungen bzw. Gegenausnahmen formuliert. Greifen § 110 oder § 111 GNotKG, bleibt es im Ergebnis wieder bei § 86 Abs. 2 GNotKG. Die Unterscheidung in § 110 GNotKG einerseits (**„verschiedene Beurkundungsgegenstände"**), § 111 GNotKG andererseits (**„besondere Beurkundungsgegenstände"**) beschränkt sich darauf, dass § 110 GNotKG nur für das Verhältnis einzelner dort genannter Gegenstände zueinander gilt, § 111 GNotKG dagegen für die dort genannten Gegenstände im Verhältnis zu allen denkbaren anderen Gegenständen.

3. Bewertung und Vergleichsrechnung

258 Bei verschiedenen Beurkundungsgegenständen wird die Gebühr aus deren zusammengerechnetem Wert bestimmt, wenn die aus dem Kostenverzeichnis bestimmte Gebühr dieselbe ist (§ 35 Abs. 1 GNotKG). Soweit unterschiedliche Gebührensätze gelten, wird jeweils einzeln berechnet; die Summe ist jedoch auf den Gebührenbetrag beschränkt, der bei Anwendung der höchsten in Frage kommenden Gebühr auf die Summe anfallen würde (§ 94 Abs. 1 GNotKG).

259 *Beispiel zur Vergleichsrechnung bei verschiedenem Gegenstand:*

Gemäß § 110 Nr. 2 GNotKG haben Veräußerungsverträge und Erklärungen zur Finanzierung gegenüber Dritten verschiedene Beurkundungsgegenstände.[123] A vereinbart im Grundstückskaufvertrag (Preis 100.000 EUR) mit B die Übernahme von Verbindlichkeiten (40.000 EUR) und unterwirft sich deshalb der Bank C nach § 794 ZPO. Es gelten unterschiedliche Gebührensätze (KV Nr. 21100 bzw. KV Nr. 21200). Berechnung somit nach § 94 Abs. 1 GNotKG:

1. Schritt: Getrennter Gebührenansatz

Kaufvertrag: 2,0 aus 100.000 EUR → 546 EUR

Unterwerfungserklärung: 1,0 aus 40.000 EUR → 145 EUR

Summe → 691 EUR

2. Schritt: Vergleichsberechnung: Höchste Gebühr nach Zusammenrechnung

2,0 aus 140.000 EUR → 654 EUR.

Die Gebühr beträgt 654 EUR (Beispiel mit anderen Zahlenwerten und dadurch umgekehrtem Ergebnis siehe unten Rdn 269).

260 Wenn für **einzelne Beurkundungsgegenstände** derselbe Gebührensatz gilt, für andere ein anderer, dann werden im Rahmen der gesonderten Berechnung zunächst alle Geschäftswerte addiert, die dem gleichen Gebührensatz unterliegen. Eine gesonderte Gebührenberechnung erfolgt dann aus den einzelnen Summen (Beispiel dazu siehe unten Rdn 269).

261 Die allgemeine Mindestgebühr von 15 EUR ist sowohl bei den Einzelgebühren wie auch in der Gesamtrechnung in eine Vergleichsrechnung nach § 94 Abs. 2 GNotKG einzustellen. Soweit das Gesetz eine spezielle Mindestgebühr vorsieht (insbesondere in KV 21100 bis KV 21201), gilt diese sowohl auf der Ebene des einzelnen Geschäfts wie auch bei Bewertung nach der Summe.[124]

---

123 Leipziger-GNotKG/*Otto*, § 94 Rn 4.
124 Z.B. Leipziger-GNotKG/*Otto*, § 94 Rn 8.

IV. Einzelheiten und Prüfungsfolge zu § 109 GNotKG

1. Vorab: Prüfungsfolge zur Anwendbarkeit

Der Anwendungsbereich des § 109 GNotKG lässt sich wie folgt eingrenzen: **262**

1. Zur Bewertung steht ein **Beurkundungsverfahren** an.

Ansonsten: Getrennte Bewertung.

Dabei gilt:

a) Aktgebühren entstehen gesondert. Auch Vollzugs-, Betreuungs- und Treuhandgebühren werden nicht mit der Verfahrensgebühr zusammengerechnet;

b) Mehrere Verfahren werden stets getrennt berechnet. Für das Beurkundungsverfahren gilt immer: ein Verfahren = eine Urkunde sowie fast immer: eine Urkunde = ein Verfahren;

c) Auf andere notarielle Verfahren als Beurkundungsverfahren kann § 109 GNotKG anwendbar sein, wenn die einschlägige Wertbestimmung wie z.B. § 119 Abs. 1 GNotKG (Wert des Entwurfs) auf das Beurkundungsverfahren verweist.

2. Es sind – § 109 GNotKG „weggedacht" – **mehrere Rechtsverhältnisse** betroffen.

Ansonsten: Gegenstandidentität bereits in einem „natürlichen" Verständnis (siehe oben Rdn 254).

3. Weder **§ 110 noch § 111** GNotKG ordnen **speziell** an, dass von verschiedenen Gegenständen auszugehen ist.

Ansonsten: Es gelten § 110 bzw. § 111 GNotKG vorrangig.

Hier ist allerdings auch die **weitere Rückausnahme** in § 111 Nr. 1 GNotKG zu beachten: Obwohl § 111 für Verfügungen von Todes wegen verlangt, dass diese stets einen verschiedenen Gegenstand haben, ist dort noch spezieller wiederum ein Vorrang des § 109 Abs. 2 Nr. 2 GNotKG angeordnet: Die neue Verfügung von Todes wegen hat denselben Gegenstand mit einem in derselben Urkunde angeordneten Widerruf früherer Testamente etc.

§ 109 GNotKG kann zur Feststellung desselben Gegenstands führen.

Ist das nicht der Fall, bleibt es bei Verschiedenheit der Gegenstände bzw. Zusammenrechnung der Werte.

2. Die Fallgruppen des Absatzes 2

In Abs. 2 wird für bestimmte ganz konkrete Konstellationen die Annahme von Gegenstandsgleichheit   **263**
angeordnet. Deshalb empfiehlt es sich, innerhalb von § 109 GNotKG hier die Prüfung zu beginnen.

Derselbe Beurkundungsgegenstand ist nach § 109 Abs. 2 GNotKG stets:

1. der Vorschlag, eine bestimmte Person zum Betreuer zu bestellen, und eine Patientenverfügung;

2. der Widerruf einer Verfügung von Todes wegen, die Aufhebung oder Anfechtung eines Erbvertrags oder der Rücktritt von einem Erbvertrag jeweils mit der Errichtung einer neuen Verfügung von Todes wegen;

3. die zur Bestellung eines Grundpfandrechts erforderlichen Erklärungen und die Schulderklärung bis zur Höhe des Nennbetrags des Grundpfandrechts;

4. bei Beschlüssen von Organen einer Vereinigung oder Stiftung:

a) jeder Beschluss und eine damit im Zusammenhang stehende Änderung des Gesellschaftsvertrags oder der Satzung,

b) der Beschluss über eine Kapitalerhöhung oder -herabsetzung und die weiteren damit im Zusammenhang stehenden Beschlüsse,

c) mehrere Änderungen des Gesellschaftsvertrags oder der Satzung, deren Gegenstand keinen bestimmten Geldwert hat,

d) mehrere Wahlen, sofern nicht Einzelwahlen stattfinden,

   e) mehrere Beschlüsse über die Entlastung von Verwaltungsträgern, sofern nicht Einzelbeschlüsse gefasst werden,

   f) Wahlen und Beschlüsse über die Entlastung der Verwaltungsträger, sofern nicht einzeln abgestimmt wird,

   g) Beschlüsse von Organen verschiedener Vereinigungen bei Umwandlungsvorgängen, sofern die Beschlüsse denselben Beschlussgegenstand haben.

In diesen Fällen bestimmt sich der Geschäftswert nach dem höchsten in Betracht kommenden Wert. Der Katalog des Abs. 2 ist abschließend.

3. Die Regelbeispiele in Abs. 1 S. 4

264   Derselbe Beurkundungsgegenstand liegt nach Abs. 1 S. 1 dann vor, wenn die Rechtsverhältnisse zueinander in einem Abhängigkeitsverhältnis stehen und das eine Rechtsverhältnis unmittelbar dem Zweck des anderen Rechtsverhältnisses dient. Abs. 1 S. 4 gibt ergänzend Regelbeispiele, in denen das Abhängigkeitsverhältnis als gegeben anzusehen[125] ist. Daher ist hier der nächste Prüfungsschritt. Ein Abhängigkeitsverhältnis liegt nach gesetzlicher Anordnung stets vor zwischen

1. dem Kaufvertrag und
   a) der Übernahme einer durch ein Grundpfandrecht am Kaufgrundstück gesicherten Darlehensschuld,
   b) der zur Löschung von Grundpfandrechten am Kaufgegenstand erforderlichen Erklärungen sowie
   c) jeder zur Belastung des Kaufgegenstands dem Käufer erteilten Vollmacht; die Beurkundung des Zuschlags in der freiwilligen Versteigerung steht dem Kaufvertrag gleich;
2. dem Gesellschaftsvertrag und der Auflassung bezüglich eines einzubringenden Grundstücks;
3. der Bestellung eines dinglichen Rechts und der zur Verschaffung des beabsichtigten Rangs erforderlichen Rangänderungserklärungen (zur Behandlung der Vormerkung siehe § 45 Abs. 2 GNotKG);
4. der Begründung eines Anspruchs und den Erklärungen zur Schaffung eines Titels gemäß § 794 Abs. 1 Nummer 5 der Zivilprozessordnung.
   Erklärungen Dritter und zugunsten Dritter genügen (§ 109 Abs. 1 S. 3 GNotKG).

265   Zu Anwendungsbeispielen und ergänzenden Hinweisen siehe unten bei den einzelnen Geschäftsvorfällen. In den Fällen des § 109 Abs. 1 GNotKG bestimmt sich der Geschäftswert nach dem Wert des Rechtsverhältnisses, zu dessen Erfüllung, Sicherung oder sonstiger Durchführung die anderen Rechtsverhältnisse dienen. Das ist bei den Regelbespielen das zuerst genannte, also Kaufvertrag, Gesellschaftsvertrag, Bestellung des Rechts bzw. die Begründung des Anspruchs.

4. Die allgemeine Formel

266   Auf die abstrakte Formulierung von Abs. 1 S. 1–3 kommt es jedenfalls an, wenn weder Abs. 2 noch eines der Regelbeispiele gegeben sind.

Derselbe Beurkundungsgegenstand liegt vor, wenn Rechtsverhältnisse zueinander in einem Abhängigkeitsverhältnis stehen und das eine Rechtsverhältnis unmittelbar dem Zweck des anderen Rechtsverhältnisses dient. Ein solches Abhängigkeitsverhältnis liegt nur vor, wenn das andere Rechtsverhältnis der Erfüllung, Sicherung oder sonstigen Durchführung des einen Rechtsverhältnisses dient. Dies gilt auch bei der Beurkundung von Erklärungen Dritter und von Erklärungen der Beteiligten zugunsten Dritter.

267   Es sind also nach S. 1 zwei Voraussetzungen zu erfüllen:[126]

■ mehrere Rechtsgeschäfte müssen zueinander in einem Abhängigkeitsverhältnis stehen und
■ das eine Rechtsverhältnis muss unmittelbar dem Zweck des anderen dienen.

---

125 Ob das Kriterium der unmittelbaren Zweckrichtung (Satz 1) für die Regelbeispiele noch zusätzliche Bedeutung hat, wird unterschiedlich eingeschätzt. Vgl. *Fackelmann*, Einführung Rn 211 einerseits und Leipziger-GNotKG/*Otto*, § 109 Rn 11 f. andererseits. Praktische Unterschiede ergeben sich m.E. an dieser Stelle (nur) für die Erklärungen Dritter und zugunsten Dritter (dazu Leipziger-GNotKG/*Otto*, § 109 Rn 15).

126 Fackelmann/Heinemann/*Macht*, § 109 Rn 11.

S. 2 bestimmt, wann (ausschließlich!) von einem Abhängigkeitsverhältnis gesprochen werden darf, nämlich wenn sich das eine Geschäft als Erfüllung-, Sicherung- oder sonstiges Durchführungsgeschäft zu dem anderen Geschäft darstellt. Das andere Geschäft ist als so genanntes Hauptgeschäft bestimmend für den Geschäftswert (Abs. 1 S. 5). Das Hauptgeschäft, auf das sich andere Geschäfte desselben Gegenstands beziehen, muss unmittelbar selbst Gegenstand des Beurkundungsverfahrens sein.

S. 2 zeigt, dass allein der Umstand, dass ein Vertragsinhalt nicht ohne den anderen vereinbart worden wäre, es längst nicht rechtfertigt, die beiden Rechtsverhältnisse kostenrechtlich als eine Einheit zu behandeln. Die Kriterien des Satzes 2 sind für die Auslegung der allgemeinen Formel nach Satz 1 zentral, nach einem Teil der Literatur sogar allein maßgeblich.[127] Die Gegenauffassung verlangt auch dann, wenn ein Erfüllungs-, Sicherungs- und Durchführungsgeschäft festgestellt ist, noch die unmittelbare Zweckdienlichkeit der Vornahme dieses Geschäfts zum Hauptgeschäft.[128] Praktische Bedeutung hat das bei Beteiligung Dritter. Sie werden durch ihre Mitwirkung am Vertrag längst nicht immer allein die Durchführung des für sie fremden Geschäfts sichern wollen. Grundsätzlicher Konsens besteht wohl insoweit, dass Erfüllungs-, Sicherungs- und Durchführungsgeschäft überhaupt nur solche Geschäfte sein können, die vollständig das Hauptgeschäft betreffen und nicht darüber hinausgehen.[129]

268

5. Bewertung und Vergleichsrechnung

Die Wertberechnung erfolgt aus dem nach den Kriterien des § 109 Abs. 1 GNotKG ermittelten „Hauptgeschäft" bzw. in den Fällen des § 109 Abs. 2 aus dem höchsten in Betracht kommenden Einzelwert (§ 109 Abs. 1 S. 5 bzw. Abs. 2 S. 2 GNotKG). Es wird der höchste in Betracht kommende Gebührensatz zugrunde gelegt. Die Gebühr ist allerdings begrenzt auf die Summe der Gebühren, die bei getrennter Beurkundung aller als einheitlicher Gegenstand behandelter Inhalte entstanden wären (§ 94 Abs. 2 GNotKG). Damit ist sichergestellt, dass die Annahme eines einheitlichen Geschäftsgegenstands für den Kostenschuldner niemals ungünstiger sein kann als die Wertzusammenrechnung bei verschiedenem Gegenstand.

269

Beispiel

Gemäß § 109 Abs. 2 Nr. 2 GNotKG haben der Widerruf einer Verfügung von Todes wegen und die Errichtung einer neuen Verfügung von Todes wegen denselben Gegenstand. A widerruft sein früheres Testament.[130] Sein nach § 102 Abs. 5, Abs. 1 GNotKG maßgebliches Vermögen beträgt 40.000 EUR. In derselben Urkunde macht er zusammen mit Ehefrau B ein neues Testament. Ihr nach § 102 Abs. 1 GNotKG bestimmtes Vermögen beträgt 100.000 EUR. Es gelten unterschiedliche Gebührensätze (KV 21201 bzw. 21100). Berechnung somit nach Abs. 2:

1. Schritt: Höchster Gebührensatz

Maßgeblich ist der Geschäftswert der Testamentsbeurkundung (§ 109 Abs. 2 S. 2 GNotKG): 140.000 EUR. Daraus 2,0 → 654 EUR

2. Schritt: Vergleichsberechnung: Summe bei getrennter Beurkundung

2,0 aus 140.000 EUR → 654 EUR.

0,5 aus 40.000 EUR → 72,50 EUR.

Die Summe ist höher, es bleibt bei der Berechnung nach Schritt 1. Die Gebühr beträgt 654 EUR.

Abwandlung:

In seinem früheren Einzeltestament hatte A noch ausdrücklich ein Vermächtnis hinsichtlich des Mietshauses ausgesetzt, das von der Tante zu erben er demnächst erwartete (dessen Wert gemäß § 102 Abs. 2 GNotKG: 300.000 EUR). In dem neuen Testament werden zu dieser noch immer nicht realisierten Erbschaft keine besonderen Regelungen mehr getroffen.

---

127 Fackelmann/Heinemann/*Fackelmann*, Einführung Rn 211.
128 Leipziger-GNotKG/*Otto*, § 109 Rn 11 f.
129 *Diehn/Sikora/Tiedtke*, Rn 101; konsequent fortgeführt wird diese Überlegung bei *Diehn*, Berechnungen, Rn 285.
130 Leipziger-GNotKG/*Otto*, § 94 Rn 7.

1. Schritt: Höchster Gebührensatz

Maßgeblich ist der Geschäftswert des Widerrufs (§ 109 Abs. 2 S. 2 GNotKG): 340.000. Daraus 2,0 → 1.370 EUR

2. Schritt: Vergleichsberechnung: Summe bei getrennter Beurkundung

2,0 aus 140.000 EUR → 654 EUR.

0,5 aus 340.000 EUR → 342,50 EUR.

Die Summe ist mit 996,50 EUR geringer, sie bildet das Rechnungsergebnis.

V.   Einzelheiten zu § 110 und § 111 GNotKG

1.   Besondere Beurkundungsgegenstände (§ 111 GNotKG)

a)   Bedeutung

270   § 111 GNotKG bestimmt für einzelne Gegenstände, dass sie immer als verschieden anzusehen sind. Abgesehen von der Rückausnahme in § 111 Nr. 1 GNotKG ist eine Prüfung von § 109 GNotKG im Verhältnis der anderen Gegenstände zu dem in § 111 GNotKG genannten also stets entbehrlich.

Hinweis

Für die in der Vorschrift genannten Gegenstände muss (und darf) keine Prüfung von § 109 GNotKG erfolgen. Dennoch schließt das Auftreten von Gegenständen nach § 111 GNotKG in einer Urkunde nicht aus, dass innerhalb der Urkunde (teilweise) derselbe Gegenstand vorliegt:

(1) § 109 GNotKG bleibt zu prüfen für das Verhältnis aller sonstigen von der Urkunde betroffenen Gegenstände zueinander.

(2) § 111 GNotKG setzt voraus, dass es sich überhaupt um mehrere Gegenstände handelt (siehe oben Rdn 254). Das ist z.B. nicht der Fall für mehrere Anordnungen in einem Testament oder mehrere Anmeldegegenstände zu einem Register,[131] die regelmäßig und notwendig miteinander in einer Erklärung angemeldet werden (Einzelheiten str.).[132]

b)   Verfügungen von Todes wegen

271   Werden in einer Urkunde frühere Verfügungen von Todes wegen aufgehoben, ein Erbvertrag angefochten oder aufgehoben oder der Rücktritt vom Erbvertrag erklärt und zugleich eine neue Verfügung von Todes wegen beurkundet, so hat dies mit der Errichtung der neuen Verfügung denselben Gegenstand (§ 109 Abs. 2 Nr. 2 GNotKG). Bei Zusammentreffen mit **jeglichen anderen Erklärungen** hat eine Verfügung von Todes wegen immer einen anderen Gegenstand. Mehrere Anordnungen **innerhalb einer letztwilligen Verfügung** haben allerdings von vornherein denselben Gegenstand.

c)   Ehevertrag

272   Werden in einer Urkunde außer den Erklärungen zum Güterstand weitere Vereinbarungen getroffen, sind sie nach Anordnung des Gesetzes gegenstandsverschieden. Die gemeinsame Beurkundung von Ehe- und Erbvertrag ist über den Tabelleneffekt hinaus nicht begünstigt.

d)   Registeranmeldung

273   Anmeldungen werden mit den Werten anderer Inhalte derselben Urkunde zusammengerechnet, was die Gebühren gegenüber der früher üblichen Einzelberechnung reduziert. Trotzdem kann es gute rechtliche und praktische Gründe geben, z.B. Beschlüsse der Gesellschafterversammlung und deren Anmeldung gesondert aufzunehmen.

---

131 BGH, Beschl. v. 18.10.2016 – II ZB 18/15 = WM 2016, 2355 = NotBZ 2017, 148.

132 Vgl. die in der BGH-Entscheidung genannte Literatur, ferner: Leipziger-GNotKG/*Heinze*, § 105 Rn 16 und die Zusammenstellung bei *Diehn/Sikora/Tiedtke*, Rn 451.

Notwendig zusammengehörige Gegenstände werden in einer einheitlichen Erklärung angemeldet (siehe **274** schon Rdn 254)[133] Die Auflösung einer GmbH kann nicht angemeldet werden ohne gleichzeitige Anmeldung, dass das Vertretungsrecht der bisherigen Geschäftsführer damit endet und dieselben Personen jetzt als („geborene") Liquidatoren einzutragen sind.[134] Dafür genügt es aber noch nicht, dass die eine Anmeldung von der anderen abhängt: Beispielsweise kann der Prokurist einer neu gegründeten GmbH selbstverständlich nicht im Handelsregister eingetragen werden, bevor die Anmeldung der GmbH (notwendig damit verbunden) und von deren Geschäftsführern vorgenommen wurde. Trotzdem handelt es sich um verschiedene Gegenstände, weil die Ersteintragung der GmbH auch ohne die der Prokura möglich ist.[135] Die zu einer Anmelde- oder Erklärungseinheit verbundenen Registeranmeldungen vervollständigen ohne eigenständige Bedeutung einen die Gesamterklärung wensprägenden Anmeldetatbestand.[136] Man wird annehmen können, dass die weiteren Anmeldetatbestände jedenfalls dann eine „eigenständige Bedeutung" haben und daher zu gegenstandsverschiedenen Anmeldungen führen, wenn sie auf separaten Beschlüssen oder Willenserklärungen gründen, die nicht notwendig zusammen mit dem wensprägenden Tatbestand anfallen.

Beispiele

- Wenn die Gründung einer GmbH beschlossen wird, muss notwendig immer auch über die Person des oder der Geschäftsführer beschlossen werden. Firma, Sitz, Unternehmensgegenstand, Geschäftsführer und deren Vertretungsmacht werden zusammen angemeldet. „Wensprägend" ist allein die Erstanmeldung der Gesellschaft an sich.
- Die erste Anmeldung eines Idealvereins ist wensprägend für die zugleich erfolgende Anmeldung des ersten Vorstands.
- Die Anmeldung der Auflösung einer Gesellschaft ist wensprägend für die Anmeldung der Beendigung der Geschäftsführerämter und die Anmeldung der Geschäftsführer als Liquidatoren (Letzteres tritt ohne weiteres ein, wenn die Versammlung nichts anders beschließt).
- Wird eine Kapitalerhöhung der GmbH angemeldet, ist dies notwendig immer auch mit der Anmeldung einer korrespondierenden Satzungsänderung verbunden.[137]

Gegenbeispiele

- Bestellung eines Prokuristen (auch wenn dies unmittelbar bei Gesellschaftsgründung erfolgt).
- Bestellung besonderer Vertreter (§ 30 BGB) eines neu einzutragenden Vereins.
- Anmeldung eines in der Auflösungsversammlung gewählten Liquidators der GmbH (streitig).[138] Mit der Wahl einer bestimmten Person treffen die Gesellschafter eine eigenständige Entscheidung. Sie ist nicht zwingend mit jedem Auflösungsbeschluss verbunden. Die Gesellschafter hätten auch die gesetzliche Folge (§ 66 Abs. 1 GmbHG) eintreten lassen können.

e) Rechtswahl

Eine Rechtswahl nach dem Internationalen Privatrecht ist immer gegenstandsverschieden, auch wenn sie **275** der Durchführung eines anderen Geschäfts dienen soll.

---

133 BGH, Beschl. v. 18.10.2016 – II ZB 18/15 = WM 2016, 2355 = NotBZ 2017, 148.

134 BGH, Beschl. v. 18.10.2016 – II ZB 18/15 = WM 2016, 2355 = NotBZ 2017, 148. Differenziert für den Fall der „gekorenen", d.h. mit den früheren Geschäftsführern personenverschiedenen Liquidatoren Ländernotarkasse NotBZ 2015, 220 und ähnlich seit 11. Aufl. *Streifzug* Rn 996 (BGH lässt dies offen).

135 Leipziger-GNotKG/*Heinze*, § 105 Rn 16.

136 BGH, Beschl. v. 18.10.2016 – II ZB 18/15 = WM 2016, 2355 = NotBZ 2017, 148.

137 Leipziger-GNotKG/*Heinze*, § 105 Rn 65 kommt wie viele andere Autoren durch Annahme von Gegenstandsgleichheit in diesem und anderen Fällen praktisch zu demselben Ergebnis. Diese vor der genannten BGH-Entscheidung ganz überwiegende Meinung der Literatur kann aber nicht recht erklären, weshalb § 111 GNotKG nicht greift.

138 Der BGH lässt diese Konstellation offen. Im Ergebnis ähnlich wie hier OLG München, Beschl. v. 17.11.2015 – 32 Wx 313/15 Kost =JurBüro 2016, 537. Siehe auch *H. Schmidt* JurBüro 2016, 539.

2. Gegenstandsverschiedenheit nach § 110 GNotKG

a) Bedeutung

276   Bei § 110 GNotKG kann man von einer relativen Gegenstandsverschiedenheit sprechen.[139] Die genannten **Paare von Beurkundungsgegenständen** sind **zueinander** immer gegenstandsverschieden. Mehrere Gegenstände desselben Typs und auf einer Seite des Begriffspaars können gemäß § 109 GNotKG untereinander denselben Gegenstand haben, dasselbe gilt bei Zusammentreffen mit anderen Geschäften außerhalb des Begriffspaars.

b) Beschlüsse und Erklärungen

277   Beschlüsse (gemeint sind hier auch Wahlen) der Mitglieder- bzw. Gesellschafterversammlungen von Gesellschaften und von deren Organen haben immer verschiedenen Gegenstand zu rechtsgeschäftlichen Erklärungen in derselben Urkunde. Auf ein im Einzelfall denkbares Abhängigkeitsverhältnis nach § 109 Abs. 1 GNotKG kommt es nicht an. Mehrere Beschlüsse untereinander können aber denselben Gegenstand haben. Für wichtige Fälle ordnet § 109 Abs. 2 Nr. 4 GNotKG (siehe oben Rdn 263) das sogar direkt an. Registeranmeldungen bilden nach § 111 Nr. 3 GNotKG stets einen eigenen Beurkundungsgegenstand.

c) Veräußerungsvertrag und bestimmte Erklärungen

278   Wenn in einem Grundstückskaufvertrag Erklärungen **gegenüber Dritten** zur **Finanzierung** abgeben werden, sind sie gegenstandsverschieden **zu dem Kauf**.

279   *Beispiel – zugleich zur Vergleichsrechnung nach § 94 GNotKG:*

Auf dem für 200.000 EUR verkauften Grundstück ist eine nicht mehr werthaltige (valutierende) Grundschuld der B-Bank mit 150.000 EUR Nennbetrag eingetragen. Der Käufer K will selbst über die B-Bank finanzieren und übernimmt die Grundschuld daher, um sich die Neubestellung einer Grundschuld zu ersparen. Die Bank ist mit dieser Sicherungsvariante nur einverstanden, wenn K in der Kaufurkunde persönlich anerkennt, der B-Bank 150.000 EUR zu schulden und sich ihr gegenüber wegen dieser Schuld der sofortigen Zwangsvollstreckung unterwirft. So wird beurkundet.

Gegenstände der Beurkundung sind:

(a) Kauf: Wert 200.000 EUR

(b) Abstraktes Schuldanerkenntnis: Wert 150.000 EUR

(c) Zwangsvollstreckungsunterwerfung: Wert 150.000 EUR.

Anwendung § 110 Abs. 1 Nr. 2a GNotKG ergibt: (a) und (b) sind gegenstandsverschieden; (a) und (c) sind gegenstandsverschieden.

Anwendung § 109 Abs. 1 S. 4 Nr. 4 GNotKG ergibt: (b) und (c) haben denselben Gegenstand.

Es sind somit zusammenzurechnen: 200.000 EUR + 150.000 EUR.

Das ergibt den Verfahrenswert: 350.000 EUR.

Gebührensätze:

(a) 2,0

(b) 1,0

(c) 1,0

---

[139] Begriff von Nomos-PK-BGB/*Tiedtke*, 3. Aufl., Anhang zu Band 3, Notarkosten Rn 44 (nicht mehr in Folgeauflagen). § 111 bestimmt dann in Abgrenzung dazu die „absolute" Gegenstandsverschiedenheit.

Anwendung des § 94 Abs. 1 GNotKG

Gesonderte Berechnung:

a)   2,0 Gebühr aus 200.000 EUR → 870 EUR.

b) + c)   1,0 Gebühr aus 150.000 EUR → 354 EUR (maßgeblich ist wegen § 109 Abs. 1 S. 5
GNotKG der Gebührensatz zu b), nicht etwa c), auch wenn diese im Beispiel identisch
sind).

Vergleichsrechnung:

2,0 Gebühr aus 350.000 EUR → 1.370 EUR.

Die Gebühr bei Einzelberechnung ist günstiger. Beurkundungsgebühr daher: 1.224 EUR.

Hinweis: Vollzugs- und Betreuungsgebühren (siehe Rdn 176 ff.) würden sich im Beispiel aus dem
Verfahrenswert (350.000 EUR) bestimmen!

Wenn sich der Verkäufer im Veräußerungsvertrag dingliche Rechte vorbehält oder sich solche vom Käu- **280**
fer einräumen lässt, soll die dazugehörige Erklärung immer gegenstandsverschieden sein. In Betracht
kommen die **Grunddienstbarkeit** (§ 1018 BGB) sowie **dem jeweiligen Eigentümer** eines anderen
Grundstücks zustehende **Vorkaufsrechte** (§ 1094 Abs. 2 BGB), unter dieser Voraussetzung auch **Real-**
lasten (§ 1105 Abs. 2 BGB). Bestellungserklärungen sind **Antrag und Bewilligung**, nicht die dingliche
Einigung über die Bestellung dieser Rechte (siehe § 4 Rdn 311 ff.).[140] Die beschränkte persönliche Dienst-
barkeit (§ 1090 BGB), subjektiv-persönliche Reallast (§ 1108 Abs. 1 BGB) und Vorkaufsrecht (§ 1090
Abs. 1 BGB) sind von § 110 GNotKG nicht erfasst. Bei ihnen kommt derselbe Gegenstand nach § 109
GNotKG in Betracht, ist aber nicht zwingend (d.h. insoweit kann es nach der Grundnorm § 86 Abs. 2
GNotKG auch bei verschiedenen Gegenständen bleiben, wenn die Voraussetzungen des § 109 GNotKG
nicht erfüllt sind).

Es kommt vor, dass ein Grundstücksverkäufer zur Bewahrung anderer steuerlicher Vorteile ausdrücklich **281**
auf die grundsätzlich vorgesehene Steuerfreiheit von Grundstücksgeschäften nach dem Umsatzsteuerge-
setz verzichtet. Diese einseitige Erklärung ist zwingend im notariellen Kaufvertrag zu beurkunden (§ 9
Abs. 3 S. 2 UStG). Sie hat immer einen anderen Gegenstand als die Veräußerung.

Beispiel

Ein Betriebsgrundstück wird zum Preis (Anhaltspunkte für einen höheren Verkehrswert sind nicht ersichtlich) von 400.000 EUR von einem umsatzsteuerpflichtigen Unternehmer an einen anderen verkauft. Der Verkäufer verzichtet auf die Befreiung von der Umsatzsteuer für dieses Geschäft („er op-
tiert für die Steuer").

Gegenstände der Beurkundung sind:

(a) Kauf:	Wert	400.000 EUR
(b) Option	Wert	76.000 EUR

(Wirtschaftlich wird hier über den Umsatzsteuerbetrag disponiert, z.B. am 1.4.2020
19 % aus dem Kaufpreis. Dieser Betrag wird nach § 36 Abs. 1 GNotKG als Wert der
Erklärung angenommen.[141])

Anwendung § 110 Abs. 1 Nr. 2c GNotKG ergibt: (a) und (b) sind gegenstandsverschieden.

Es sind somit zusammenzurechnen: 400.000 EUR + 76.000 EUR.

Das ergibt den Verfahrenswert: 476.000 EUR.

---

140 Zu deren Bewertung Leipziger-GNotKG/*Otto*, § 110 Rn 7.
141 Vgl. Regierungsentwurf, BT-Drucks 17/11471, zu § 110 (S. 189).

Gebührensätze:

(a) 2,0

(b) 1,0

Anwendung des § 94 Abs. 1 GNotKG

Gesonderte Berechnung:

a) 2,0 Gebühr aus 400.000 EUR → 1.570 EUR.

b) 1,0 Gebühr aus 76.000 EUR → 219 EUR.

Vergleichsrechnung:

2,0 Gebühr aus 476.000 EUR → 1.870 EUR.

Die Gebühr bei Einzelberechnung ist günstiger. Beurkundungsgebühr daher: 1.798 EUR.

Hinweis: Vollzugs- und Betreuungsgebühren würden sich im Beispiel aus dem Verfahrenswert (476.000 EUR) bestimmen!

282 § 110 Nr. 2 GNotKG spricht nicht nur vom „Kauf-", sondern vom „Veräußerungsvertrag". Somit gilt die Bestimmung auch bei **Tausch** und **kaufähnlichen** Geschäften, wohl auch bei **gemischten Schenkungsverträgen** (Überlassungsverträge mit Gegenleistung).

d) Betreuungsverfügungen und Patientenverfügungen im Verhältnis zu Vollmachten

283 Betreuungsverfügung (§ 1897 Abs. 4 BGB – siehe § 4 Rdn 675) und Patientenverfügung (§ 1901a Abs. 1 BGB – siehe § 4 Rdn 676 ff.) haben nach § 109 Abs. 2 Nr. 1 GNotKG denselben Gegenstand. Im Verhältnis dieser Erklärungen zu einer Vorsorgevollmacht (siehe § 4 Rdn 676) besteht hingegen nach § 110 Nr. 3 GNotKG immer Gegenstandsverschiedenheit.

F. Zusatzgebühren

I. Auswärtsgebühr

284 Sobald der Notar auf Verlangen eines Beteiligten eine Beurkundung oder ein sonstiges Verfahren oder Geschäft außerhalb seiner Geschäftsräume vornimmt, erhält er dafür die so genannte *Auswärtsgebühr* (KV Nr. 26002). Sie kann grundsätzlich für alle Tätigkeiten anfallen, außer bei Scheck- und Wechselprotest sowie Siegelung (Vorbemerkungen 2.3.4 und 2.3.5). Bestimmte Geschäfte sind privilegiert, für sie gilt KV Nr. 26003 statt KV Nr. 26002:

Betrifft die Auswärtstätigkeit ausschließlich

1. die Errichtung, Aufhebung oder Änderung einer Verfügung von Todes wegen,
2. die Errichtung, den Widerruf oder die Änderung einer Vollmacht, die zur Registrierung im Zentralen Vorsorgeregister geeignet ist („Vorsorgevollmacht", siehe oben § 4 Rdn 676 ff.),
3. die Abgabe einer Erklärung gemäß § 1897 Abs. 4 BGB („Betreuungsverfügung", siehe oben § 4 Rdn 675) oder
4. eine Willensäußerung eines Beteiligten hinsichtlich seiner medizinischen Behandlung oder deren Abbruch („Patientenverfügung, siehe oben § 4 Rdn 676 ff.):

dann beträgt die Gebühr nach KV Nr. 26003 fest 50 EUR je Auftraggeber.

285 Ansonsten berechnet sich die Auswärtsgebühr nach Zeit: Der Notar erhält 50 EUR für jede angefangene Stunde, die er zur Wahrnehmung der Tätigkeit von seiner Geschäftsstelle abwesend ist. Auch für mehrere gebührenpflichtige Tätigkeiten während einer Abwesenheitszeit entsteht insgesamt nur eine Gebühr, sie ist auf die unterschiedlichen Geschäfte unter Berücksichtigung der jeweils aufgewandten Zeit angemessen zu verteilen.

Beispiel

Der Notar fährt am Ort seines Amtssitzes um 14:00 Uhr von seiner Geschäftsstelle in die örtliche Seniorenresidenz, trifft dort um 14:25 Uhr ein und nimmt die folgenden Geschäfte vor:

a) Unterschriftsbeglaubigung unter der von der Bank vorformulierten Eigentümerzustimmung zur Löschung eines Grundpfandrechts durch Frau A (ca. 5 Minuten).

b) Unterschriftsbeglaubigung unter der vom Notar entworfenen Genehmigung einer vollmachtlosen Vertretung von Herrn B durch dessen Sohn bei einer Grundstücksveräußerung. B hat viele Nachfragen, es dauert ca. 35 Minuten. Am Ende ist B nicht zur Unterschrift bereit.

Knapp 5 Minuten war der Notar innerhalb des Hauses unterwegs, nach ca. 25 Minuten Fahrt ist er um 15:35 Uhr wieder in der Geschäftsstelle. Aufträge von A und B lagen vor.

Es entsteht aufgrund der Abwesenheit von 1 Stunde 35 Minuten eine Zusatzgebühr in Höhe von 4 × 50 EUR = 200 EUR.

Verteilung: Der Zeitaufwand verteilt sich 5:35 bzw. 1:7.

8 Zeitanteile (Gesamtaufwand) → 200 EUR.

1 Zeitanteil macht somit aus → 25 EUR.

Angemessen ist also ein Gebührenanteil für A von 25 EUR und von 175 EUR für B. Bei der Verteilung muss die jeweilige Zeit nur berücksichtigt werden (Bem. 1 zu KV Nr. 26002), d.h. mathematisch exakte Berechnung ist ebenso wenig gefordert wie eine Beurkundung „mit der Stoppuhr". Dass eine Unterschriftsbeglaubigung für B letztlich nicht erfolgt, ist unerheblich (Bem. 2 zu KV Nr. 26002).

Abwandlung   286

Zunächst wie oben. Es werden aber noch weitere Tätigkeiten vorgenommen:

c) Beurkundung einer Vorsorgevollmacht von Frau C (ca. 40 Minuten) und Vorbesprechung mit Frau C, die ein Grundstück auf ihre Tochter übertragen will (ca. 20 Minuten).

d) Beurkundung des Testaments von Herrn D (ca. 50 Minuten).

Ca. 5 Minuten war der Notar innerhalb des Hauses unterwegs, nach ca. 30 Minuten Fahrt ist er um 17:30 Uhr wieder in der Geschäftsstelle. Aufträge von C und D lagen vor.

Vorrang haben Gebühren nach KV Nr. 26003:

■ Für C bleibt es bei KV Nr. 26002, da mit ihr nicht *ausschließlich* die Vorsorgevollmacht (KV Nr. 26003 Nr. 2), sondern auch ein nicht in KV Nr. 26003 genanntes Geschäft vorgenommen wurde. Dass es sich „nur" um die (als solche unberechnete) Vorbesprechung zu einer Beurkundung handelt, ist im Übrigen unerheblich. Eine Zusatzgebühr wird nochmals anfallen, wenn auch die spätere Niederschrift außerhalb der Amtsstelle erfolgt.

■ Von D ist eine Festgebühr von 50 EUR nach KV Nr. 26003 Nr. 1 zu fordern. Da es um eine – pauschalierte – Begünstigung desjenigen geht, der nur in KV Nr. 26003 genannte Tätigkeiten auslöst, sollte das Ausschließlichkeitserfordernis nicht so weit ausgedehnt werden, dass auch die Tätigkeiten für Dritte die Anwendung von KV Nr. 26003 sperren.

Berechnung der Gebühr nach KV Nr. 26002:

■ Der Notar ist 3 Stunden 30 Minuten (= 210 Minuten) abwesend. Allerdings wird die Tätigkeit für D fest mit 50 EUR berechnet (KV Nr. 26003 Nr. 1). In entsprechender Anwendung von KV Nr. 26002 Bem. 1 wird man die Gesamtzeit kürzen: Die Beurkundung mit D macht von 150 Minuten reiner Amtstätigkeit $1/3$ aus. Entsprechend wird die Gesamtabwesenheit um $1/3$, d.h. 70 Minuten gekürzt. Es entsteht aufgrund der maßgeblichen Abwesenheit von 140 Minuten eine Zusatzgebühr in Höhe von 5 × 50 EUR = 250 EUR.

Verteilung der Gebühr nach KV Nr. 26002:

Der Zeitaufwand verteilt sich zwischen a, b und c wie 5:35:60 bzw. 1:7:12.

20 Zeitanteile (Gesamtaufwand) → 250 EUR

1 Zeitanteil macht somit aus → 12,50 EUR.

Angemessen ist also ein Gebührenanteil für A von 12,50 EUR; B 87,50 EUR und C 150 EUR.

Hinweis:

Zwingend ist nur die „angemessene" Verteilung der Gebühr. Sie kann beispielsweise auch gegeben sein, wenn der Notar seine Fahrtzeit zu gleichen Teilen auf alle Auftraggeber verteilt. Das wäre nicht mehr oder weniger „gerecht" als die im Beispiel gewählte Rechenweise, denn auch zu dem Geschäft von fünf Minuten hätte er die volle Anreisezeit gebraucht. Daran zeigt sich, dass jedes Rechenschema an seine Grenzen stößt. Generell sollte hier gelten: Eine rechnerisch exakte Verteilung ist im Schulfall möglich, in der Praxis aber nicht erforderlich.

287   Neben der Auswärtsgebühr wird kein Tage- oder Abwesenheitsgeld (KV Nr. 32008) gezahlt.

II. Unzeitgebühr

288   Wird eine Amtshandlung der vorgenannten Art auf Verlangen der Beteiligten außerhalb der vom Gesetz als normal unterstellten Dienstzeit vorgenommen, so fällt die plakativ oft so genannte *Unzeitgebühr* an (KV Nr. 26000). Sie beträgt 30 % der Gebühr, die für das konkret in dieser Zeit vorgenommene Verfahren oder Geschäft angefallen ist, höchstens aber 30 EUR. Als Zeit außerhalb der normalen Dienstzeit gelten

die Sonntage,

die allgemeinen Feiertage,

an Werktagen die Zeit nach 18.00 und vor 8.00 Uhr,

an Samstagen die Zeit nach 13.00 und vor 8:00 Uhr.

Die Unzeitgebühr wird nur einmal erhoben, auch wenn mehrere der vorgenannten Voraussetzungen erfüllt sind (Beispiel: Beurkundung an einem Sonntag nach 18.00 Uhr). Es reicht, dass die Tätigkeit teilweise in die genannten Zeiten fällt. Wer einen Beurkundungstermin z.B. für 17:45 Uhr verlangt, der weiß, dass er damit einen Termin über 18:00 Uhr hinaus auslöst.[142]

289   *Beispiel*

Der Notar wird an einem Sonntag zur Beurkundung eines Testaments ins Krankenhaus gerufen.

Es entstehen an Zusatzgebühren:

a) Zusatzgebühr nach KV Nr. 26003 (Beurkundung außerhalb der Amtsräume des Notars): fest 50 EUR und

b) Zusatzgebühr nach KV Nr. 26000 (Beurkundung an einem Sonntag): 30 % der Gebühr für die Testamentsbeurkundung, höchstens 30 EUR.

III. Fremde Sprache

290   Beurkundet der Notar ohne Hinzuziehung eines Dolmetschers Erklärungen, die in einer *fremden Sprache* abgegeben werden, oder erteilt er Bescheinigungen in fremder Sprache, so erhält er eine Zusatzgebühr nach KV Nr. 26001. Sie macht 30 % der für das Beurkundungsverfahren, Beglaubigung oder Bescheinigung zu erhebenden Gebühr aus. Erst 2015 eingeführt wurde als Höchstgebühr der Betrag

---

142 LG Mühlhausen, Beschl. v. 10.11.2014 – 1 OH 1/14 = NotBZ 2015, 78.

von 5.000 EUR. Die Gebühr gibt es auch für eine Übersetzung durch den Notar; das kann auch eine Übersetzung in das Deutsche sein, wenn fremdsprachig beurkundet wird (im letztgenannten Fall fällt dann die Zusatzgebühr doppelt an).

G. Auslagen

Die vom Notar zu erhebenden Auslagen sind im 2. Hauptabschnitt des 3. Teils des Kostenverzeichnisses abschließend geregelt. **291**

I. Dokumentenpauschale

Mit der *Dokumentenpauschale* werden der personelle Büroaufwand und sämtliche Sachkosten pauschal abgegolten, die für Fertigung einer Kopie oder den Ausdruck eines Dokuments anfallen. Außerdem gibt es eine Dokumentenpauschale für die Überlassung oder Übertragung von Dateien in elektronischer Form. **292**

Den Standardfall der Praxis regelt KV Nr. 32001. Die Bestimmung gilt für Kopien und Ausdrucke, die **293**

1. ohne besonderen Antrag von eigenen Niederschriften, eigenen Entwürfen und von Urkunden, auf denen der Notar eine Unterschrift beglaubigt hat, angefertigt oder per Telefax übermittelt worden sind; dies gilt nur, wenn die Dokumente nicht beim Notar verbleiben,
2. in einem Beurkundungsverfahren auf besonderen Antrag angefertigt oder per Telefax übermittelt worden sind; dies gilt nur, wenn der Antrag spätestens bei der Aufnahme der Niederschrift gestellt wird,
3. bei einem Auftrag zur Erstellung eines Entwurfs auf besonderen Antrag angefertigt oder per Telefax übermittelt worden sind; dies gilt nur, wenn der Antrag spätestens am Tag vor der Versendung des Entwurfs gestellt wird.

Die Pauschale beträgt dann 0,15 EUR je Seite in schwarz-weiß, 0,30 EUR je Seite Farbausdruck.

Höhere Pauschalen von 0,50 EUR für die ersten 50 Seiten in schwarz-weiß bzw. 1 EUR je Farbseite (weitere Seiten dann 0,15 EUR bzw. 0,30 EUR) gemäß KV Nr. 32000 gelten in den sonstigen Fällen. Die ersten 50 Seiten werden für Schwarzweiß- und Farbdruck getrennt gezählt.[143] Es bedarf stets eines besonderen Auftrags der Beteiligten. Praktisch kommt die höhere Pauschale z.B. in Betracht, wenn die Beteiligten für sich eine zusätzliche Kopie von Dokumenten wünschen, zu denen der Notar ohne Entwurfsfertigung eine Unterschriftsbeglaubigung vorgenommen hat oder wenn eine Abschrift der in der Urkundensammlung befindlichen Urkunde angefordert wird.[144] **294**

Die KV Nr. 32000 bzw. 32001 gelten für Kopien und Ausdrucke bis zum Format DIN A3. Größerformatige Kopien und Ausdrucke können mit pauschal 3 EUR (bzw. 6 EUR bei Farbe) oder nach den tatsächlich angefallenen Kosten erhoben werden (KV Nr. 32003). **295**

Hinweis

Anschreiben und Anzeigen, die der Notar aufgrund gesetzlicher Bestimmung vornimmt, lösen keine Dokumentenpauschale aus. Anders als nach der Kostenordnung gilt das z.B. auch für die Veräußerungsanzeige an die Grunderwerbsteuerstelle:

■ KV Nr. 32001 Nr. 1 greift nicht, da es sich nicht um die Kopie oder den Ausdruck einer *eigenen* Urkunde oder eines *eigenen* Entwurfs oder eines *vom Notar* unterschriftsbeglaubigten Dokuments handelt;
■ KV Nr. 32000 scheidet aus, weil kein besonderer Auftrag vorliegt (und wenn er erteilt würde, wäre das gänzlich überflüssig, § 21 GNotKG!).

Für die **Überlassung von Dateien** erhält der Notar je Datei 1,50 EUR. Werden mehrere Dateien zusammen übertragen, beträgt die Auslage maximal 5 EUR je Arbeitsgang (KV Nr. 32002). Wird das zur elek- **296**

---

143 Siehe Kostenspiegel, Teil 27 Rn 6. Ebenso zu § 7 JVEG OLG Hamburg v. 7.6.2016 – 8 W 85/15.
144 *Sikora*, MittBayNot 2013, 349/357.

tronischen Übertragung vorgesehene Dokument zunächst aus der Papierform in eine Datei überführt, fällt aber mindestens die Dokumentenpauschale in der Höhe nach KV Nr. 32000 an („**Einscannen**"), es gilt dann auch der Höchstbetrag nicht.

II. Post- und Telekommunikationsdienstleistungen

297 Der Notar erhält seine Ausgaben für Post- und Telekommunikationsdienstleistungen in voller Höhe ersetzt (KV Nr. 32004). Er muss dazu die für das jeweilige Verfahren oder Geschäft konkret angefallenen Auslagen nachweisen. Eine Ausnahme gilt für Zustellungen mit Zustellungsurkunde bzw. Einschreiben gegen Rückschein. Dafür fallen (nur) je 3,50 EUR an (KV 32004 Anm. 2, KV Nr. 31002). Wahlweise kann sich der Notar dafür entscheiden, gem. KV Nr. 32005 eine **Pauschale** zu erheben. Sie beträgt 20 % der Gebühren, maximal aber 20 EUR je Geschäft. Anders als sonst gelten die Beurkundung und anschließende Vollzugs- und Betreuungstätigkeiten hinsichtlich der Berechnung der Pauschale und für den Höchstbetrag als ein Geschäft. Eine neuerliche Pauschale ist aber bei Verwahrgeschäften möglich.[145] Die Pauschale ersetzt Einzelberechnung und Nachweise nach KV Nr. 32004, setzt aber doch voraus, dass wenigstens eine Porto- oder Telekommunikationsausgabe angefallen ist.

III. Reisekosten

298 Vorbemerkung 3.2 (2) definiert die Geschäftsreise im Sinn der KV Nr. 32006–32009. Einen besonderen Auslagenersatz erhält der Notar danach nur, wenn das Reiseziel außerhalb der politischen Gemeinde liegt, in der sich der Amtssitz (auch eine weitere Geschäftsstelle) oder die Wohnung des Notars befinden. Für die Benutzung eines eigenen Kraftfahrzeugs werden für jeden angefangenen Kilometer des Hin- und Rückweges 0,42 EUR ersetzt (KV Nr. 32006), damit sind sämtliche Kosten für Vorhaltung und Betrieb des Pkw abgegolten. Bei Benutzung *anderer Verkehrsmittel* werden die tatsächlichen Aufwendungen erstattet, soweit sie angemessen sind (KV Nr. 32007). Im Rahmen der Angemessenheit werden auch weitere Auslagen aus Anlass der Geschäftsreise ersetzt, z.B. Parkgebühren oder Hotelkosten (KV Nr. 32009).

299 Als Tage- und Abwesenheitsgeld (KV Nr. 32008) erhält der Notar bei einer Geschäftsreise

– von nicht mehr als 4 Stunden	30 EUR,
– von mehr als 4 bis 8 Stunden	50 EUR,
– von mehr als 8 Stunden	80 EUR.

Tage- und Abwesenheitsgeld entfallen, wenn der Notar eine Auswärtsgebühr erhebt (siehe oben Rdn 287).

IV. Sonstige Auslagen

300 Wenn der Notar die Vergütungen für **Dolmetscher, Übersetzer oder Zeugen** bzw. einen zugezogenen zweiten Notar übernommen hat, wird das als Auslage nach KV Nr. 32010 weiterberechnet. Die für **Grundbuchabrufe** nach JVKostG gezahlten Beträge werden umgelegt (KV Nr. 32011). Ebenso die gezahlte Prämie für eine für den Einzelfall abgeschlossene **Haftpflichtversicherung** gegen Vermögensschäden, soweit die Prämie auf Haftungsbeträge von mehr als 60 Millionen EUR entfällt (zur Aufteilung einer Gesamtprämie siehe die Bem. zu KV Nr. 32013) bzw. bei besonderem schriftlichen Verlangen eines Beteiligten, dass eine Versicherung für den Einzelfall abgeschlossen werden soll (KV Nr. 32012).

301 Die Notare haben die **Umsatzsteuer** (19 %, nur temporär 1.7.2020 bis 1.1.2021 16 %)[146] bei den Kostenschuldnern zu erheben (KV Nr. 32014). Berechnet wird sie aus sämtlichen Gebühren und Auslagen mit Ausnahme der in KV Nr. 32015 erfassten so genannten „durchlaufenden Posten".

---

145 Kostenspiegel, Teil 27 Rn 17.
146 Vgl. § 28 Abs. 1 UStG i.d.F. vom 29.6.2020, BGBl I S. 1512. Zur Ermittlung des jeweils maßgeblichen Steuersatzes und Abgrenzung nach Fälligkeit der jeweiligen Gebühren *Elsing*, RenoPraxis 2020, 190 m.w.N.

Bei den „durchlaufenden Posten" handelt es sich um Rechnungen Dritter, für die von vornherein der Kostenschuldner nach dem Gesetz bzw. der einschlägigen Gebührenordnung alleiniger Schuldner ist und die der Notar im Rahmen seiner amtlichen Tätigkeit auf ausdrücklichen Auftrag und auf Rechnung der Beteiligten verauslagt.   **302**

Erstattungsfähige Aufwendungen können insbesondere sein:[147]

- Registrierungskosten beim Zentralen Vorsorgeregister,
- Registrierungskosten und Kosten der Auskunftserteilung beim Zentralen Testamentsregister,
- Kosten für die Erteilung einer Apostille,
- Gebühren der Verwaltung für die Erteilung von Genehmigungen (bspw. BauGB, GVO),
- Gebühren des Standesamtes für die Anforderung einer Personenstandsurkunde oder einer beglaubigten Abschrift des Geburtseintrages zum Zwecke der Ermittlung der Geburtsregisternummer für die Registrierung letztwilliger Verfügungen beim Zentralen Testamentsregister,
- Gerichtskosten (bspw. für Eintragungen in das Grundbuch, ins Schiffsregister, in das Handelsregister, für die Erteilung von papierenen Grundbuchausdrucken oder beglaubigten Grundbuch- oder Handelsregisterauszügen, für die Erteilung von Erbscheinen),
- Kosten für die Einholung eines Auszuges aus dem Liegenschaftskataster,
- Fahrtkosten, die keine Reisekosten (Rdn 298) sind, z.B. Taxi oder ÖPNV, wenn der Notar auf Antrag der Beteiligten innerhalb seines Amtssitzes unterwegs ist,[148]
- Kosten für Kurierdienste.[149]

H. Einzelne typische Geschäftsvorfälle

I. Grundstückskaufvertrag

1. Beurkundungsverfahren

Wert: Hier ist der bezifferte Betrag der Leistungen einer Seite (§ 97 Abs. 3 GNotKG) maßgebend, in einem Kaufvertrag der Kaufpreis (zuzüglich vorbehaltener Nutzungen und zusätzlich übernommener Leistungen, § 47 GNotKG). Ist jedoch der Kaufpreis niedriger als der Verkehrswert der Sache (§ 46 GNotKG), so ist der letztere zu veranschlagen.   **303**

> *Beispiel*
>
> V kauft ein Haus für 200.000 EUR. Er verkauft es ohne sehr großen zeitlichen Abstand an seinen Sohn S für 150.000 EUR weiter. Der Geschäftswert ist beide Male 200.000 EUR.

Gebühr: Für die Beurkundung eines Kaufvertrages wird eine 2,0 Gebühr erhoben (KV Nr. 21100). Enthält der Kaufvertrag zugleich die Auflassung, so fällt dafür im Ergebnis keine zusätzliche Gebühr an. Kaufvertrag und Auflassung gelten nämlich als derselbe Gegenstand im Sinne des § 109 Abs. 1 GNotKG.   **304**

Mit der Beurkundungsgebühr sind alle vorbereitenden Arbeiten (Grundbucheinsicht, Entwurf des Vertrages, sofern er nicht besonders angefordert worden ist) und alle gewöhnlichen Arbeiten zum Vollzug des Vertrages (Anzeige an Behörden, insbesondere Finanzamt und Gutachterausschuss), die Einreichung des Vertrages beim Grundbuchamt und die Kontrolle der richtigen Eintragung mit abgegolten.

Der Notar erhält also für die vor der Beurkundung – z.B. eines Kaufvertrages – vorgenommene Einsicht in das Grundbuch keine besondere Gebühr, weil er die Gebühr für das Hauptgeschäft bekommt (Vorbemerkung 2.1 (2) KV).

Dasselbe gilt auch dann, wenn eine *elektronische* Grundbucheinsicht erfolgt. In diesem Fall kann der Notar jedoch die ihm vom Gericht in Rechnung gestellte *Grundbuchabrufgebühr* als verauslagte Gerichtskosten an den Kostenschuldner weitergeben (KV Nr. 32011). Ebenso ist mit den *Kosten für den Einzel-*

---

147 Nach: Leipziger-GNotKG/*Caroli*, KV Nr. 32015 Rn 5.
148 *Streifzug*, Rn 171a.
149 *Streifzug*, Rn 171b.

abruf bei der elektronischen Einsichtnahme in das *Handelsregister* zu verfahren. Die Auslagen betragen für den Abruf von Daten

- aus dem Grundbuch 8 EUR für jeden Abruf (Gebührenverzeichnis Nr. 1151 zum Justizverwaltungskostengesetz); verbilligte Folgeabrufe gibt es nicht mehr,
- aus dem Handels-, Partnerschafts-, Genossenschafts- und Vereinsregister 4,50 EUR je Registerblatt (Gebührenverzeichnis Nr. 1140 zum Justizverwaltungskostengesetz).

Gegenüber der Justizverwaltung schuldet diese Gebühren zuerst der Notar, daher fällt bei Weiterberechnung auf den Beteiligten Umsatzsteuer an.

2. Vollzugsgebühr

305 Wert: § 112 GNotKG.

Gebühr: KV Nr. 22110–22113 (dazu zunächst siehe Rdn 176 ff.).

Besonders häufige „Standardvollzugstätigkeiten" (KV Nr. 22112, Vorbemerkung 2.2.1.1 Abs. 1 Nr. 1) sind im Grundstücksgeschäft:[150]

- die Genehmigung nach dem Grundstücksverkehrsgesetz bei landwirtschaftlichen Grundstücken;
- die Genehmigung nach der Grundstücksverkehrsordnung (die nur im Gebiet der ehemaligen DDR in einzelnen Fällen noch erforderlich sein kann);
- eine Genehmigung nach § 144 Baugesetzbuch in einem Sanierungsgebiet;
- eine Genehmigung nach § 163 Baugesetzbuch in einem städtebaulichen Entwicklungsgebiet;
- eine Genehmigung eines Umlegungsausschusses;
- eine Genehmigung nach dem Kommunalverfassungsrecht bei Rechtsgeschäften von Kommunen, soweit das einschlägige Kommunalrecht eine solche Genehmigungspflicht vorsieht, bzw. Bescheinigungen, die die kommunalaufsichtsrechtlichen Genehmigungen ersetzen;
- eine Genehmigung kirchenaufsichtsrechtlicher Behörden, soweit erforderlich;
- eine Erklärung zum Vorkaufsrecht nach § 28 Abs. 1 Baugesetzbuch;
- Erklärungen zu anderweitigen gesetzlichen Vorkaufsrechten.

306 Ist ein Erbnachweis oder Registerauszug einzuholen, fällt das unter Vorbemerkung 2.2.1.1 Abs. 1 Nr. 2).

307 In aller Regel sind die Beteiligten nicht imstande oder nicht gewillt, diese Dinge selbst zu besorgen. Dann wird der Notar mit diesen Aufgaben betraut. Sie lösen die Vollzugsgebühr aus. Auch wenn der Notar in mehreren Vollzugsangelegenheiten tätig wird, fällt zwar nur eine Gebühr an. Wenn nur Tätigkeiten nach Vorbemerkung 2.2.1.1 Abs. 1 Nr. 1 oder Nr. 2 anfallen, gilt aber eine Höchstgebühr von zunächst 50 EUR. Sie erhöht sich um 50 EUR je Einzeltätigkeit (siehe oben Rdn 193).

308 Wenn auch wenigstens eine Tätigkeit nach Vorbemerkung 2.2.1.1 Abs. 1 Nr. 4–11 anfällt, gilt die 0,5 Gebühr ohne Höchstgebühr. Solche Tätigkeiten können sein:

Nr. 4: Anfordern und Prüfen einer Entscheidung des Familien-, Betreuungs- oder Nachlassgerichts

Hierunter fällt insbesondere die Einholung einer familiengerichtlichen Genehmigung. Mit abgegolten sind alle Tätigkeiten, die der Notar im Namen der Beteiligten ausführt, um die Wirksamkeit der erteilten gerichtlichen Genehmigung herbeizuführen („Doppelvollmacht").

Nr. 5: Anfordern und Prüfen einer Vollmachtsbestätigung oder Zustimmung

Das sind vor allem:

- die Einholung von Genehmigungserklärungen vollmachtlos vertretener Beteiligter,
- die Einholung von Vollmachtbestätigungen, wenn ein Vertreter keine formgerechte Vollmachtsurkunde vorgelegt hatte,
- die Einholung von Zustimmungserklärungen, die für die Wirksamkeit des Rechtsgeschäfts erforderlich sind, also z.B. die Genehmigung eines Ehegatten nach § 1365 BGB oder die Genehmigung eines

---

150 Für weitere siehe z.B. Leipziger-GNotKG/*Harder*, Vorbemerkung 2.2.1.1. Rn 22.

Grundstückseigentümers zur Veräußerung oder Belastung eines Erbbaurechts. Fertigt der Notar auftragsgemäß einen Entwurf der Zustimmungserklärung oder der Vollmachtbestätigung, erhält er gemäß Vorbemerkung 2.2 Abs. 2 hierfür keine zusätzliche Gebühr.

Nr. 7: Anfordern und Prüfen einer Erklärung Privater über die Ausübung oder Nichtausübung eines Vorkaufs- und Wiederkaufsrechts, z.B.:

- Mietervorkaufsrecht (§ 577 BGB);
- Vorkaufsrecht von Miterben beim Erbteilskauf (§§ 2034 ff. BGB).

Nr. 8: Anfordern und Prüfen von Erklärungen über Schuldübernahmen oder Haftentlassungen

Zu den erforderlichen Erklärungen siehe Rdn 65 ff.

Nr. 9: Anfordern und Prüfen einer Erklärung über Grundstücksrechte

Hierunter fällt unter anderem die Einholung von Unterlagen zur Lastenfreistellung hinsichtlich eingetragener Rechte, die der Käufer nicht übernehmen will. Unerheblich ist, ob es sich um Rechte handelt, die in Abteilung II des Grundbuchs eingetragen sind, oder um Grundpfandrechte der Abteilung III des Grundbuchs. Es kann sich auch um Vermerke handeln (z.B. Testamentsvollstreckung), zu deren Löschung Erklärungen oder Nachweise eingeholt werden müssen. Eine Entwurfsfertigung durch den Notar ist mit abgegolten, Vorbemerkung 2.2 (2) (siehe auch Rdn 181). Sehr häufig werden solche Unterlagen dem Notar nicht auflagenfrei zugesandt. Für die Beachtung von Treuhandauflagen fällt dann zusätzlich die Treuhandgebühr nach KV Nr. 22201 KV an.

Nr. 11: Über die Standardanschreiben hinausgehende Tätigkeit in Angelegenheiten der Nr. 1 oder Nr. 2

Siehe Rdn 190. Die Vollzugsgebühr fällt nur einmal an. Das kann zu einem Verteilungsproblem zwischen Käufer und Verkäufer führen, wenn (wie üblich) der Käufer grundsätzlich alle durch den Vertrag ausgelösten Kosten übernimmt, jedoch mit Ausnahme der Kosten der Lastenfreistellung, die typischerweise Sache des Verkäufers sind. Würde der Notar *nur* Löschungsunterlagen zu beschaffen haben (Vorbemerkung 2.2.1.1 Abs. 1 Nr. 4), ohne dass er eine weitere Vollzugstätigkeit ausüben müsste, würde die Vollzugsgebühr – ohne eine anderweitige Regelung im Kaufvertrag – als Löschungskosten *allein* vom Verkäufer zu tragen sein.[151] Weil aber zumeist auch mindestens eine Tätigkeit nach Nr. 1 anfällt (Vorkaufsrechtsverzichtserklärung § 28 BauGB!), stellt sich die Frage nach der Aufteilung, zumal die Tätigkeit nach Nr. 1 allein auf 50 EUR gedeckelt wäre. Um in einem solchen Fall eine Auslegung[152] der Vertragsbestimmung über die Kostentragungspflicht und ein mögliches Rechtsmittelverfahren zu vermeiden, sollte im Kaufvertrag eine klare Regelung getroffen werden. Um spitzfindiges Hin- und Her rechnen zu vermeiden, empfiehlt sich eine pauschale, aber klare Regelung (z.B.: Vollzugsgebühren tragen der Verkäufer zu ¾ und der Käufer zu ¼, letzterer aber maximal 50 EUR).[153]

309

Die zusätzliche Vollzugsgebühr für die Erfassung von Daten in strukturierter Form zum Zweck der Weiterverarbeitung (Wert: § 112 GNotKG, Gebühr KV Nr. 22114) hat mit Einführung des elektronischen Datenaustauschs mit dem Grundbuchamt zunehmende Bedeutung. Zu dieser „XML-Gebühr" siehe Rdn 197.

310

3. Betreuungsgebühr

Wert: § 113 Abs. 1 GNotKG.

311

Gebühr: 0,5 Gebühr nach KV Nr. 22200.

Häufig ist die Fälligkeit des Kaufpreises davon abhängig, dass der Notar den Beteiligten das Vorliegen der Fälligkeitsvoraussetzungen (Vorlage der behördlichen Genehmigungen und Verzichtserklärungen

---

151 OLG Düsseldorf, Beschl. v. 22.3.2007 – I-10 W 132/06 = JurBüro 2007, 373.

152 Übernimmt eine Partei bestimmte Mehrkosten, sind damit im Zweifel Gerichts- und Notarkosten gemeint, LG Düsseldorf, Beschl. v. 4.2.2016 – 25 T 655/15 = RNotZ 2016, 197.

153 Ausführlicher: *Otto*, NotBZ 2008, 76/77.

bezüglich gesetzlicher Vorkaufsrechte, Sicherstellung der ranggerechten Eintragung einer Auflassungs-vormerkung für den Käufer) bestätigt. Vielfach wünschen die Beteiligten eines Kaufvertrages, insbeson-dere der Verkäufer, dass der Notar zusätzlich die Aufgabe übernimmt, die Zahlung des Kaufpreises zu kontrollieren, d.h., die Umschreibung des Eigentums erst zu beantragen, wenn ihm die Zahlung des Kauf-preises vom Verkäufer bestätigt oder vom Käufer nachgewiesen worden ist. Für diese zusätzlichen, teils mit erheblicher Arbeit und Risiko verbundenen Aufgaben entsteht die Betreuungsgebühr. Zu den einzel-nen Tatbeständen – für das Entstehen der Gebühr genügt, wenn einer davon erfüllt ist, mehrere führen nicht zur Erhöhung (bereits oben siehe Rdn 200).

312   Anders als zur Geltungszeit der Kostenordnung kann eine Betreuungsgebühr auch bei Abwicklung über das Notaranderkonto anfallen (siehe Rdn 247). Bei der Betreuungsgebühr kann sich grundsätzlich das-selbe Verteilungsproblem zwischen Käufer und Verkäufer stellen wie beim Vollzug (Fälligkeitsüber-wachung im Käuferinteresse/Umschreibungsüberwachung im Verkäuferinteresse). Herkömmlich über-nimmt der Käufer insoweit die gesamte Gebühr, auch dies kann aber individuell anders vereinbart werden. An der gesamtschuldnerischen Haftung dem Notar gegenüber ändern solche Vereinbarungen na-türlich nichts (siehe oben Rdn 44).

4. Treuhandgebühr

313   Wert: § 113 Abs. 2 GNotKG

Gebühr: KV Nr. 22201 (insgesamt siehe oben Rdn 203).

Zu unterscheiden sind Treuhandauflagen von Urkundsbeteiligten (für sie gilt KV Nr. 22200 Nr. 3 – Betreuungsgebühr) und solcher Dritter. Nur für letztere gilt KV Nr. 22201.

5. Belastungsvollmacht

314   Eine Belastungsvollmacht (siehe oben § 4 Rdn 71, 127 ff.) im Grundstückskaufvertrag hat denselben Ge-genstand wie dieser (§ 109 Abs. 1 S. 4 Nr. 1c GNotKG). Da der Kaufvertrag immer Hauptgeschäft ist, kommt es auf die Höhe (Wert) der möglichen Belastung für die Bewertung nicht an. Um den Käufer daran zu hindern, diese Vollmacht zu missbrauchen, wird in der Regel festgelegt, dass er sie nur für Urkunden verwenden darf, die er bei dem Notar vollzieht, der die Vollmacht beurkundet hat, und nur mit der Maß-gabe, dass er die Ansprüche auf Auszahlung der Darlehensbeträge an den Notar treuhänderisch für den Verkäufer (oder unmittelbar an diesen) abtritt. Die Übernahme dieser Kontrollaufgaben löst keine eigene Gebühr aus.

6. Übernahme einer Bauverpflichtung

315   Gelegentlich legt der Veräußerer eines Grundstücks Wert darauf, dass der Erwerber es bebaut. Dies gilt etwa für die Fälle, in denen eine Gemeinde Bauland, sei es zum Wohnungsbau, sei es für gewerbliche Zwecke, unter dem normalen Preis verkauft, um zusätzliche Einwohner bei sich sesshaft zu machen oder Industriebetriebe anzusiedeln (bessere Ausnutzung der gemeindlichen Einrichtungen, Erhöhung des Steueraufkommens!). Hier will die Gemeinde erreichen,

- dass überhaupt gebaut wird,
- dass dies innerhalb einer bestimmten Frist geschieht, und
- dass der Käufer selbst baut, also nicht mit dem ihm billig überlassenen Grundstück bei einer Weiter-veräußerung einen spekulativen Gewinn macht.

In diesen Fällen ist die Bauverpflichtung regelmäßig als echte Verpflichtung Gegenstand des Geschäfts und eine neben dem Kaufpreis übernommene Gegenleistung des Erwerbers. (Zum Wert dieser Leistung (§ 50 GNotKG) siehe oben Rdn 111).

7. Vom Käufer errichtete Gebäude

Nach der Kostenordnung wurde es für den Geschäftswert berücksichtigt, wenn der Käufer (z.B. als Päch- **316** ter oder unter Verwandten in Erwartung einer künftigen Übertragung) vorab bereits auf eigene Rechnung Bauwerke auf dem Grundstück errichtet hatte. Diese Sonderregelung ist im GNotKG vom Gesetzgeber bewusst nicht übernommen worden,[154] so dass diesbezügliche Aussagen im Vertrag keine Auswirkung auf die Bewertung mehr haben.

8. Vertretung und Genehmigung

Geschäftswert einer Vollmacht oder Zustimmung ist die Hälfte des Geschäftswerts der Beurkundung, auf **317** die sich die Erklärung bezieht (§ 98 Abs. 1 GNotKG). Bei der zustimmenden Erklärung eines einzelnen Mitberechtigten reduziert sich der Geschäftswert anteilig nach dessen Anteil am Geschäftsgegenstand (§ 98 Abs. 2 GNotKG). Bei Gesamthandsverhältnissen wird auf die interne Berechtigung abgestellt (§ 97 Abs. 2 S. 3 GNotKG).

Beispiele

(1) A und B sind zu je ½ Anteil Eigentümer eines Hauses. Sie *verkaufen* es für 100.000 EUR. A wird dabei vollmachtlos vertreten. Geschäftswert seiner Genehmigung: 25.000 EUR.

(2) A und B *kaufen* das Haus für 100.000 EUR. Sie haften für den Kaufpreis als Gesamtschuldner (also haftet auch A letztlich für volle 100.000 EUR). Auch hier ist der Geschäftswert der Genehmigung des A aber 25.000 EUR.

(3) A und B, Miteigentümer zu je ½, nehmen auf das Haus eine Grundschuld von 80.000 EUR unter Übernahme der persönlichen Haftung mit Zwangsvollstreckungsunterwerfung auf. Geschäftswert für die Genehmigung des A ist 40.000 EUR, weil nur eine Mit**verpflichtung** vorliegt, aber keine Mit**berechtigung**.

Der Unterschied zwischen den Fällen (2) und (3) liegt darin, dass im Fall (2) auch eine Mitverpflichtung (Kaufpreiszahlung) vorliegt, in Fall (3) ist ausschließlich sie Gegenstand der Erklärungen.[155]

Dieselben Normen gelten, wenn A – statt nachträglich zu genehmigen – vorher eine Vollmacht erteilt.

9. Mehrere Gegenstände einer Urkunde

a) Anordnung von Gegenstandsidentität: Gesetzliche Regelbeispiele

Zunächst siehe Rdn 262 ff. Kraft gesetzlicher Anordnung (§ 109 Abs. 1 S. 4 Nr. 1 GNotKG) besteht ein **318** Abhängigkeitsverhältnis im Sinn des § 109 Abs. 1 S. 1 GNotKG stets in folgenden Konstellationen, in denen stets der **Kaufvertrag** das **Hauptgeschäft** bildet:

(1) Übernahme einer durch ein Grundpfandrecht am Kaufgrundstück gesicherten Darlehensschuld.

Gemeint sind u.a. befreiende Schuldübernahme, kumulative Schuldübernahme und Freistellungsversprechen gegenüber dem Verkäufer und die nur dingliche Übernahme einer Grundschuld. Schuldübernahme oder Freistellungsversprechen selbst können ihrerseits wiederum Hauptgeschäft im Verhältnis zu einer Zwangsvollstreckungsunterwerfungserklärung gegenüber dem Verkäufer i.S.d. § 794 Abs. 1 ZPO sein (§ 109 Abs. 1 S 4 Nr. 4 GNotKG). Nr. 1a). Nicht eingeschlossen sind aber die im Rahmen einer solchen Schuldübernahme oder eines Schuldbeitritts abgegebenen Erklärungen gegenüber dem Gläubiger, insbesondere die von Banken in derartigen Konstellationen regelmäßig erwartete neue Zwangsvollstreckungsunterwerfungserklärung.

(2) Zur Löschung von Grundpfandrechten am Kaufgegenstand erforderliche Erklärungen.

---

154 Fackelmann/Heinemann/*Fackelmann*, § 47 Rn 7.
155 Leipziger-GNotKG/*Arnold*, § 98 Rn 37.

Hauptanwendungsfall: Der Verkäufer stimmt unmittelbar im Grundstückskaufvertrag der Löschung vom Käufer nicht übernommener Belastungen zu (§ 27 GBO) und beantragt deren Löschung.

(3) Jede zur Belastung des Kaufgegenstands dem Käufer erteilte Vollmacht.

Die Erteilung der Belastungsvollmacht wird als ein Zugeständnis des Verkäufers verstanden, das mit dem Kaufpreis abgegolten ist. Es kommt nicht darauf an, ob der Käufer den Kaufgegenstand (nur) bis zur Höhe des Kaufpreises belasten darf.

b) Gegenstandsidentität: Weitere Fälle

319 In weiteren Konstellationen führt die abstrakte Regel der § 109 Abs. 1 S. 1 und S. 2 GNotKG (zu ihr siehe oben Rdn 266) zur gesetzlichen Anordnung, dass es sich um denselben Gegenstand handelt. Beispiele (zugleich Beispiele zur Abgrenzung) sind:

■ Die Bewilligung einer Eigentumsvormerkung für den Käufer sichert die Durchführung des Grundstückskaufvertrags.

■ Die Auflassung dient unmittelbar der Erfüllung des Kaufs, ebenso zu ihrem Grundbuchvollzug erforderliche weitere Erklärungen und Anträge. Das schließt auch Grundstücksvereinigungs- oder Zuschreibungsanträge und Berichtigungsanträge ein (z.B. nach einem Erbfall).

■ Wird mit der Auflassung zugleich die Löschung der Vormerkung bewilligt, dient das unmittelbar der Durchführung des Erwerbs, wie er vertraglich gewollt ist.

■ Antrag und Bewilligung dinglicher Rechte, die sich der Verkäufer für sich oder Dritte vorbehält oder die der Käufer zusätzlich zum Grundstück erwirbt, dienen allesamt der Erfüllung des Kaufvertrags. Allerdings enthält § 110 Nr. 2b GNotKG insoweit eine spezielle Regelung für die Bestellung subjektiv-dinglicher Rechte (siehe oben Rdn 280).

■ Eine Auflassungsvollmacht an eine Vertragspartei, auch an Dritte, dient bei Beurkundung im Kaufvertrag ebenso wie eine Geldempfangsvollmacht hinsichtlich des Kaufpreises unmittelbar dessen Erfüllung.

■ Eine Regelung (nur) zur Verteilung des Kaufpreises unter mehreren Verkäufern kann man als Nebenabrede zum Kaufvertrag ansehen, so dass von vornherein nur ein Gegenstand vorliegt. Anders ist es, wenn eine darüber hinausgehende Auseinandersetzung stattfindet, die dann einen anderen Gegenstand hat.

■ Die Vereinbarung der Rückübertragung bereits im Kaufvertrag für den Fall des Eintritts bestimmter Bedingungen ist Nebengegenstand zum Kaufvertrag, die Erteilung einer Rückauflassungsvollmacht und die Bewilligung einer Rückauflassungsvormerkung für den Verkäufer dienen unmittelbar zu dessen Sicherung.

■ Eine schuldrechtliche Verfügungsbeschränkung des Käufers ist weitere Leistung zum Kaufpreis (zum Geschäftswert s. § 50 Nr. 1 GNotKG).

■ Kaufvertrag und Abtretung einer für den Verkäufer eingetragenen Eigentümergrundschuld an den Käufer haben einen identischen Gegenstand.

■ Die Abtretung der Kaufpreisforderung durch den Verkäufer an seinen Grundpfandrechtsgläubiger dient der Erfüllung des Kaufvertrags, wenn dadurch unmittelbar der lastenfreie Eigentumserwerb durch den Käufer ermöglicht werden soll. Ebenso die Abtretung eines Darlehensauszahlungsanspruchs des Käufers an den Verkäufer.

■ Die Bewilligung einer Eigentumsvormerkung zugleich mit dem Grundstücksverkaufsangebot sichert unmittelbar die mit dem Angebot eröffnete Rechtsbeziehung zwischen Anbieter und Angebotsempfänger.

c) Beteiligung Dritter

320 Wenn die genannten Voraussetzungen erfüllt sind, müssen die Beteiligten oder Begünstigten des Erfüllungs-, Sicherungs- oder sonstigen Durchführungsgeschäfts nicht mit denjenigen des Hauptgeschäfts identisch sein (§ 109 Abs. 1 S. 3 GNotKG). Desselben Gegenstands mit einem Grundstückskaufvertrag sind insbesondere die Ehegattenzustimmung (§ 1365 BGB) und die Zustimmung des Erbbaurechtsausgebers (§ 5 ErbbauRG) sowie des WEG-Verwalters (§ 12 WEG).

d) Verschiedene Gegenstände

Zur ausdrücklichen Anordnung von Gegenstandsverschiedenheit bestimmter weiterer Geschäfte im **321** Grundstückskaufvertrag siehe oben (Rdn 278 ff.). Ergibt sich weder aus § 109 GNotKG einerseits, noch § 110 oder § 111 GNotKG andererseits etwas Spezielleres, haben mehrere Gegenstände in der Kaufvertragsurkunde zueinander verschiedenen Gegenstand (zur Bewertung siehe oben Rdn 258).

II. Besonderheiten beim Teilflächenverkauf

1. Bewertungsbeispiele

Beim Teilflächenkauf sind häufig Verpflichtungsgeschäft und Auflassung getrennt. Hintergrund ist, dass **322** erst nach Vermessung der Kaufgegenstand für Grundbuchzwecke ausreichend bestimmt (identifiziert) werden kann. Das erfolgt zumeist in einer so genannten Messungsanerkennung. In Hinblick auf die Behandlung mehrerer Gegenstände in einer Urkunde sind dabei die unterschiedlichen Gestaltungen klar auseinander zu halten. Einzelheiten, auch zur Lösung der nachfolgenden Beispiele, bedürfen noch näherer Klärung in Rechtsprechung und Literatur. Die folgenden Beispiele enthalten daher Bewertungsvorschläge.[156]

Beispiel 1: **323**

Es ist bei demselben Notar bereits ein Kaufvertrag über ein Grundstück in Größe von etwa 900 qm zu einem vorläufigen Kaufpreis von 90.000 EUR beurkundet. Flächendifferenzen nach Vermessung sollen mit 100 EUR je qm ausgeglichen werden. Nach erfolgter Vermessung ist das Grundstück 960 qm groß. Es werden jetzt die Anerkennung des Messungsergebnisses, die geänderte Kaufpreisberechnung und eine Zwangsvollstreckungsunterwerfung wegen des Differenzbetrages von 6.000 EUR sowie die Auflassung beurkundet.

Geschäftsvorfälle

a) Messungsanerkennung: Dient hier allein der verfahrensrechtlichen Bezeichnung des Gegenstands des Kaufs im Rahmen des Änderungsvertrags.[157]
b) Änderung Kaufvertrag (Neubestimmung bzw. Präzisierung Kaufgegenstand, Änderung Kaufpreis) → Wert der Änderung (§ 97 Abs. 2, § 36 Abs. 1 GNotKG) → 6.000 EUR.
c) Zwangsvollstreckungsunterwerfung (§ 97 Abs. 1, § 36 Abs. 1 GNotKG) → 6.000 EUR.
d) Auflassung (§ 97 Abs. 1, § 47 GNotKG (Zusammenhang mit Kauf reicht)) → 96.000 EUR.

Gebührensätze

a) 0,5 Gebühr nach KV Nr. 21201 Nr. 4.
b) 2,0 Gebühr nach KV Nr. 21100.
c) 1,0 Gebühr nach KV Nr. 21200.
d) 0,5 Gebühr nach KV Nr. 21101 Nr. 2 (zu anderen Fällen siehe oben Rdn 13).

Einheit und Mehrheiten von Gegenständen

a) Messungsanerkennung → Geht hier als Bestimmung des Vertragsgegenstands auf in der Änderung des Kaufvertrags, also in b) (s.o.).

c) Zwangsvollstreckungsunterwerfung → dient unmittelbar der Sicherung der Kaufpreiszahlung in der geänderten Höhe → derselbe Gegenstand mit dem Änderungsvertrag, also mit b).

b) und d) haben verschiedene Gegenstände (§ 86 Abs. 2 GNotKG). Denn: Die Auflassung erfüllt den (geänderten) Kaufvertrag im Ganzen, nicht (nur) den Änderungsvertrag (siehe oben Rdn 268). Man kann hier auch nicht umgekehrt annehmen, dass die Änderung der Erfüllung, Sicherung oder sonstigen Durchführung (§ 109 Abs. 1 S. 2 GNotKG) der Auflassung dienen würde.

---

156 Zu weiteren Fallbeispielen und Lösungsansätzen siehe z.B. Kostenspiegel, Teil 2 Rn 200 ff.; *Diehn*, Kostenberechnungen Rn 276 ff.; *Streifzug*, Rn 2031–2044.
157 BGH, Beschl. v. 1.10.2015 – V ZB 181/14 = MDR 2015, 1413 = NotBZ 2016, 106 m. Anm. *Szalai*.

Einzelbewertung (§ 94 Abs. 1 GNotKG):

a) – c) 2,0 Gebühr aus 6.000 EUR (Maßgeblich sind der Wert des Hauptgeschäfts (b), § 109 Abs. 1 S 5 GNotKG, und der höchste Gebührensatz, § 94 Abs. 2 S. 1 GNotKG). Einzelberechnung (§ 94 Abs. 2 S 2 GNotKG): 2,0 Gebühr aus 9.600 EUR und 2,0 Gebühr aus 6.000 EUR wäre nicht günstiger → 102 EUR.

d)   0,5 Gebühr aus 96.000 EUR → 136,50 EUR.

Berechnung aus dem Verfahrenswert von 102.000 EUR:

2.0 Gebühr → 546 EUR.

Der *Vergleich* nach § 94 Abs. 1 GNotKG führt zur getrennten Bewertung. Beurkundungsgebühr somit 102 EUR + 136,50 EUR = 238,50 EUR.

324

Beispiel 2:

Wie vor, das Grundstück ist aber 60 qm kleiner und der Kaufpreis reduziert sich entsprechend.

Die Lösung entspricht derjenigen in Beispiel 1, für den Wert der Vertragsänderung ist es unerheblich, ob sich der Preis erhöht oder verringert.

325

Beispiel 3:

Es ist bei demselben Notar bereits ein Kaufvertrag über ein Grundstück in Größe von etwa 900 qm zum Festpreis von 90.000 EUR beurkundet und auch die Auflassung erklärt. Die verkaufte Fläche ist der Lage nach genau bezeichnet, im Zweifel hat der Verkäufer ein Bestimmungsrecht. Das Grundstück ist zwischenzeitlich vermessen, katasteramtlich bezeichnet und hat eine Flächengröße von 900 qm. Die Beteiligten identifizieren in einer Folgeurkunde das Messungsergebnis als vertragsgemäß.

Die Identitätserklärung dient allein der Bezeichnung des Grundstücks für Grundbuchzwecke (§§ 28, 102 GBO).

a) Der **Wert** bestimmt sich nach §§ 36 Abs. 1, 47 GNotKG

Hier nach billigem Ermessen 10 % des Grundstückswerts   9.000 EUR

b) Gebühr von 0,5 gemäß KV Nr. 21201 Nr. 4 (bzw. auch KV Nr. 24102 mit   34,50 EUR.[158]
§ 92 Abs. 2 GNotKG bei Entwurf mit Unterschriftsbeglaubigung)

2. Vollzug und Betreuung

326   Vollzugs- und Betreuungsgebühren beziehen sich auf das Beurkundungsverfahren, können also für die Nachtragsurkunde neu anfallen. Entscheidend ist der Verfahrenswert (siehe Rdn 252), also der zusammengerechnete Wert (bei verschiedenem Gegenstand) bzw. der des Hauptgegenstands (bei Gegenstandsidentität).

327   Ergänzend zu den oben genannten Vollzugstätigkeiten (siehe Rdn 305) ist typisch beim Teilflächenverkauf:

Vorbemerkung 2.2.1.1 Abs. 1 Nr. 10: Einholung von Verpflichtungserklärungen zu Erklärungen über die Löschung oder Inhaltsänderung von Rechten.

Von den dinglich Berechtigten kann bei Verkauf unvermessener Teilflächen zunächst nur eine Freigabeverpflichtungserklärungen anstelle von grundbuchlich vollziehbaren formgerechten Freigabeerklärungen eingeholt werden, wenn das Recht auf der nicht verkauften Fläche bestehen bleiben soll.

---

158 Weiteres Beispiel in Kostenspiegel, Teil 2 Rn 205 (Eigenurkunde des Notars).

III. Schenkungs- und Übergabevertrag, Tauschvertrag

1. Wertermittlung

Beim Schenkungsvertrag fehlt jede, beim Übergabevertrag und beim Tauschvertrag eine bezifferte Gegenleistung. Der Geschäftswert ist gleich dem Wert des Grundstücks, wenn Gegenleistungen fehlen oder wenn sie geringer sind als der Grundstückswert. Sind sie (ausnahmsweise) höher, so ergeben sie den Geschäftswert (§ 97 Abs. 3 GNotKG). **328**

> *Beispiel*
>
> Der Vater schenkt seiner Tochter ein Haus. Er hatte es kurz zuvor für 150.000 EUR gekauft. Der Geschäftswert des Schenkungsvertrages ist 150.000 EUR.
>
> Erhält die Tochter vom Vater ein Haus, das nur einen Wert von etwa 60.000 EUR hat, und übernimmt sie dem Vater gegenüber alte Schulden und Versorgungsleistungen (Pflege, Beköstigung, Licht, Brand und Wasser etc.), die insgesamt 80.000 EUR ergeben, so ist der Geschäftswert des Übergabevertrages 80.000 EUR.

Bei Verträgen dieser Art ist es zweckmäßig, in der Urkunde stets auch den Geschäftswert festzustellen.

Ergeben sich bei einem Tauschvertrag zwei verschiedene Werte (was vorkommen kann, wenn objektiv unterschiedliche Leistungen ausgetauscht werden oder etwa von dem einen Grundstück der Verkehrswert festgestellt werden kann, von dem anderen nur sein Ertragswert), so ist der höhere der beiden Werte – also nie die Summe der ausgetauschten Werte – der Geschäftswert (§ 97 Abs. 3 GNotKG). **329**

> *Beispiel*
>
> A überträgt dem B tauschweise eine Ackerparzelle im Wert von 30.000 EUR. B überträgt gegentauschweise dem A dafür einen Bauplatz im Wert von ebenfalls 30.000 EUR. Geschäftswert: 30.000 EUR.
>
> Überträgt der Vater seiner Tochter tauschweise den Bauplatz im Wert von 30.000 EUR und erhält er dafür von der Tochter eine Ackerparzelle, die objektiv nur 20.000 EUR wert ist, so ist der Geschäftswert wiederum 30.000 EUR.

2. Vereinbarung von Altenteilsleistungen

Bei einem Vertrag zum Zweck der Vorwegnahme der Erbfolge (sog. Übergabevertrag, vgl. § 4 Rdn 135 ff.) werden in der Regel Rechte und dauernde Nutzungen (z.B. lebenslanger Nießbrauch, Wohnungsrecht) vorbehalten oder wiederkehrende Leistungen (z.B. Pflege, Beköstigung) vereinbart. Sie gelten kostenrechtlich als „Gegenleistungen". Es wird aber nicht – wie bei wirtschaftlicher Betrachtungsweise geboten – der Wert der vorbehaltenen Rechte vom Wert des übertragenen Grundstücks abgezogen, also nicht saldiert. Nach der KostO waren verschiedene typische Gegenleistungen unter Angehörigen privilegiert (siehe Rdn 116). Fast stets ergab sich deshalb auf den ersten Blick, dass die Summe der vorbehaltenen Rechte und der vereinbarten Leistungen geringer war als der Wert des übertragenen Grundstücks. Dann kam es für die Kostenberechnung des Notars auf den Wert der Gegenleistungen nicht an: Der Geschäftswert ist gleich dem Grundstückswert. Seit Geltung des GNotKG ist der Wert der Versorgungsleistungen u.Ä. sorgfältiger zu prüfen, nicht selten werden die Gegenleistungen die Versorgungsleistungen an den Übergeber den Wert des übertragenen Grundstücks übersteigen. Dann ergibt sich der Geschäftswert aus der Summe der Werte der vorbehaltenen Rechte und vereinbarten Leistungen. Sie werden ihrerseits nach den Regeln der §§ 50–52 GNotKG ermittelt (dazu siehe oben Rdn 116 ff.). **330**

3. Besonderheiten bei der Übergabe eines landwirtschaftlichen Betriebes

Geschäftswert bei der Übereignung eines land- oder forstwirtschaftlichen Betriebes mit Hofstelle zum Zweck der Vorwegnahme der Erbfolge (sog. „Übergabevertrag") wie auch in einer Verfügung von To- **331** des wegen (dazu Rdn 388) ist grundsätzlich dessen vierfacher Einheitswert (§ 48 Abs. 1 GNotKG).[159] Zwingende Voraussetzung ist, dass die Fortführung durch den Erwerber als dessen wirtschaftliche Existenzgrundlage beabsichtigt ist. Das Geschäft ist nur begünstigt, wenn es der Fortführung des Betriebes in der Familie dient. Aus dem „Inhalt des Geschäfts" kann sich ein vom vierfachen Einheitswert abweichender Geschäftswert ergeben (§ 48 Abs. 2 GNotKG). Das **Kostenprivileg für die Landwirtschaft** gemäß § 48 GNotKG ist eng auszulegen.[160] Die unmittelbare *Fortführung* des Betriebes durch den oder die Erwerber (Übernehmer) muss im Zeitpunkt der Übergabe erfolgen. Diese Voraussetzung ist z.B. nicht erfüllt, wenn

■ der oder die Erwerber keine natürlichen Personen sind,
■ eine *Veräußerungsauflage* gemacht wird,
■ der Erwerber den Betrieb nicht fortführen kann oder will,
■ der übernommene Betrieb langfristig verpachtet ist,[161]
■ von dem Betrieb so viel *Land* abgetrennt oder *Inventar* anderweitig zugewendet wird, dass er seine Identität verliert,
■ der Betriebserbe übermäßig *belastet* wird oder

bei letztwilliger Zuwendung die Fortführung des Betriebes durch den Erben infolge eines *Nießbrauchsvermächtnisses* zugunsten eines Dritten nicht möglich ist.

Die Voraussetzungen nach § 48 Abs. 1 Nr. 1 und 2 GNotKG sind ebenfalls nicht erfüllt, wenn

■ der Betrieb eindeutig größer als ein „bäuerlicher Familienbetrieb" ist,[162]
■ es sich um *Hobby-Landwirtschaft* handelt,[163]
■ der Betrieb überwiegend *gewerblichen Charakter* hat,[164]
■ auf Dauer keine geeignete *Hofstelle* mehr vorhanden ist,[165]
■ der Betrieb förmlich oder tatsächlich auf Dauer im Sinne des Einkommensteuerrechts *aufgegeben* wurde[166] oder
■ die land- bzw. forstwirtschaftliche Nutzung nur *Nebenbetrieb* eines gewerblichen Hauptbetriebes ist.[167]

332 Der Wert ist ausgehend von dem zuletzt festgestellten Einheitswert zu schätzen (§ 48 Abs. 2 GNotKG), wenn er nicht dem aktuellen Bestand des Betriebes entspricht oder zwischenzeitlich eingetretene wertbeeinflussende Umstände „wesentlich" sind. Daher sind Abveräußerungen abzuziehen, Zuerwerbe hinzuzurechnen. Für Meliorationen und gewerblich genutzte Bestandteile sind Zuschläge, für denaturiertes Land (Dauerbrache, Aufforstung) Abschläge zu machen. Auf dem Betrieb lastende mitübernommene Verbindlichkeiten werden berücksichtigt. Ihr Betrag ist aber in der Weise zu kürzen, dass er in dasselbe Verhältnis gesetzt wird wie der vierfache Einheitswert zum Verkehrswert.[168]

333 In den neuen Bundesländern ist anstelle des (veralteten) Einheitswertes grundsätzlich der so genannte Ersatzwirtschaftswert maßgeblich (§§ 125 ff. Bewertungsgesetz). Darin sind Wohngebäude allerdings nicht berücksichtigt, sodass noch der vierfache Einheitswert des Wohngebäudeanteils der Hofstelle dazuzurechnen ist.[169]

---

159 Ausführlich zu dieser Sonderregelung *Schmidt*, RNotZ 2016, 658.
160 OLG Hamm, Beschl. v. 11.8.2016- 10 W 14/16 = RNotZ 2016, 696.
161 OLG Hamm, Beschl. v. 11.8.2016- 10 W 14/16 = RNotZ 2016, 696. Anders, wenn ein enger Familienangehöriger der Pächter ist: OLG Nürnberg, Beschl. v. 1.2.2017 – 8 W 2148/16 = MittBayNot 2017, 422.
162 *Faßbender*, Kostenprivileg, Rn 45 ff., so auch LG Ingolstadt Rpfleger 1993 S. 215 = JurBüro 1993 S. 40; a.A. BayObLG AgrarR 1993 S. 252, das allerdings auch die Fortführung des Betriebes als eines „bäuerlichen" voraussetzt.
163 *Faßbender*, Kostenprivileg, Rn 52.
164 *Faßbender*, Kostenprivileg, Rn 69 und 77.
165 *Faßbender*, Kostenprivileg, Rn 83 und 87.
166 *Faßbender*, Kostenprivileg, Rn 40 und 41.
167 *Faßbender*, Kostenprivileg, Rn 74.
168 Streifzug, Rn 2158.
169 Bewertungsbeispiel Kostenspiegel, Teil 2 Fall 15 (Überlassungsvertrag mit Gegenleistungen).

Sofern der Übernehmer Gegenleistungen erbringt, handelt es sich bei dem Übergabevertrag um einen **334** Austauschvertrag (§ 97 Abs. 3 GNotKG). Daher sind dann die beiderseitigen Leistungen miteinander zu vergleichen. Ist – wie regelmäßig – der Wert der Leistungen verschieden, wird der Geschäftswert von den höheren Leistungen bestimmt. Dem Gegenstandswert des Betriebes, also seinem vierfachen Einheitswert, sind die Leistungen des Übernehmers gegenüberzustellen. Sie setzen sich in der Regel zusammen aus:

a) einer *Rente* (sog. „Baraltenteil"). Sie ist mit ihrem Kapitalwert gem. § 50 GNotKG zu veranschlagen. Für eine Anpassungsklausel zur Sicherung der Kaufkraft der Rente ist kein Zuschlag vorgesehen;

b) einem sog. *Gutsabstandgeld* für den Übergeber und dessen Ehegatten, das nur auf besondere Anforderung zu zahlen ist und mit dem nicht abgerufenen Teil mit dem Tode des Überlebenden der Berechtigten erlassen wird. Wegen der Ungewissheit seiner Geltendmachung ist davon ein Abschlag in Höhe von 20–50 % zu machen;

c) einem *Wohnungsrecht.* Auch dies ist nach § 50 GNotKG zu kapitalisieren (zum Wert siehe Rdn 121);

d) der *Beköstigung* des Übergebers und seines Ehegatten;

e) der *Hege und Pflege*;

f) den *Krankheitskosten,* die nicht von der Versicherung gedeckt sind. Sie können – da bedingt – nur geschätzt werden. Ein Anschlag von 5.000 EUR dafür erscheint gerechtfertigt;

g) den *Begräbnis- und Grabpflegekosten.* Auch sie können nur geschätzt werden und sind mit etwa 5.000–10.000 EUR in Ansatz zu bringen;

h) der *Abfindung* weichender Erben. Soweit sich die Pflicht dazu aus § 12 HöfeO (bzw. einer entsprechenden Bestimmung in einem anderen Anerbengesetz) ergibt, werden diese Forderungen nicht rechtsgeschäftlich begründet. Insoweit handelt es sich daher nicht um Gegenleistungen des Übernehmers. Nur wenn die Abfindungen im Übergabevertrag höher als nach dem Gesetz vereinbart werden, stellen sie hinsichtlich des Mehrbetrages eine Gegenleistung des Übernehmers dar;

i) *Abfindungsergänzungspflichten.* Nur soweit sie über § 13 HöfeO (bzw. einer entsprechenden Bestimmung in einem anderen Anerbengesetz) hinausgehend rechtsgeschäftlich begründet werden, sind sie Gegenleistungen des Übernehmers. Sie sind mit 20–50 % der möglichen Zusatzzahlungen zu veranschlagen;

j) einem *Verfügungsverbot,* wonach der Übernehmer bis zum Tode der Übergeber nicht ohne deren Zustimmung über Hofgrundstücke verfügen darf, und einer *Sippebindung,* wonach der Hof beim kinderlosen Versterben des Übernehmers an die Familie der Übergeber zurückzuübertragen ist. Die Bewertung erfolgt nach § 51 GNotKG (siehe oben Rdn 112);

k) einer *Anrechnungspflicht.* Sie ist indes keine Gegenleistung des Übernehmers;

l) einem *aufzurechnenden Betrag* aus unbezahlter Arbeit und Investitionsleistungen (§ 50 GNotKG) des Übernehmers auf den Hof vor seiner Übergabe;

m) einem *Pflichtteilsverzicht* des Übernehmers. Er errechnet sich aus der Pflichtteilsquote des Übernehmers am „erbrechtlichen" Wert des Gesamtnachlasses der Übergeber minus den Verkehrswert des Betriebes, auch wenn es sich dabei um einen Hof i.S.d. HöfeO handelt (entgegen dem Wortlaut des § 16 Abs. 2 HöfeO);

n) einer bedingten *Rückübertragungsverpflichtung* bei Vertragsverletzungen durch den Übernehmer oder beim Eintritt einer sonstigen Bedingung (Bewertung erfolgt grundsätzlich nach § 51 GNotKG). Sie ist indes zumeist als Sicherungsgeschäft anzusehen und daher gemäß § 109 Abs. 1 GNotKG im Ergebnis nicht zusätzlich zu veranschlagen.

IV. Erbbaurecht

1. Bestellung

Zunächst siehe Rdn 110. Für die Bestellung eines Erbbaurechts unter Vereinbarung eines Erbbauzinses **335** gilt die Geschäftswertvorschrift § 43 GNotKG. Zu vergleichen ist der nach § 49 Abs. 2 GNotKG bestimmte Wert des Erbbaurechts (siehe oben Rdn 110) mit dem nach § 52 GNotKG kapitalisierten Erbbauzins (siehe oben Rdn 102).

Vereinbarungen, die nach §§ 2 und 5 der ErbbauVO zum Inhalt des Erbbaurechts gemacht werden können, oder inhaltliche Ausgestaltung des Erbbaurechtes werden bei der Bemessung des Entgeltes nicht zusätzlich berücksichtigt. So werden z.B. *nicht* besonders bewertet Vereinbarungen über:

1. Bauverpflichtung,
2. Gebäudeverwendung,
3. Gebäudeversicherung,
4. Gebäudeinstandhaltung,
5. Wiederaufbau nach Zerstörung,
6. Tragung öffentlicher und privater Lasten,
7. Heimfallanspruch,
8. Entschädigungsleistung nach Zeitablauf,
9. Vorbehalt der Zustimmung des Eigentümers zur Belastung des Erbbaurechts und Vereinbarungen über den Inhalt der Belastungen.

336   Sehr häufig werden im Erbbaurechtsvertrag wechselseitige Vorkaufsrechte bestellt. Das Vorkaufsrecht des Erbbaurechtsberechtigten am Grundstück kann Inhalt des Erbbaurechts sein und führt somit zu keiner eigenen Bewertung. Ein Vorkaufsrecht am Erbbaurecht hat dagegen stets einen verschiedenen Gegenstand zur Erbbaurechtsbestellung.

> *Beispiel*
>
> A bestellt dem B an einem Grundstück in einer Größe von 250 qm auf die Dauer von 99 Jahren ein Erbbaurecht. Der jährliche Erbbauzins beträgt 3,50 EUR/qm. Es ist eine „echte" Wertsicherungsklausel bezüglich des Erbbauzinses vereinbart worden. Voraussichtliche Baukosten: 250.000 EUR.
>
> A räumt B ein Vorkaufsrecht am Grundstück ein, während B dem A ein Vorkaufsrecht am Erbbaurecht einräumt. Die Veräußerung des Erbbaurechts bedarf der Zustimmung des Grundstückseigentümers. Der Verkehrswert des mit dem Erbbaurecht zu belastenten Grundstücks beträgt 25.000 EUR.
>
> a) Erbbaurechtsbestellung
>   **Wertvergleich nach § 43 GNotKG**
>   Wert des Erbbaurechts gemäß § 49 Abs. 2 GNotKG: 80 % von 25.000 EUR → 20.000 EUR.
>   ← Der Gebäudewert findet nur bei bestehenden Gebäuden Berücksichtigung.
>   Wert des Erbbauzinses gemäß § 52 GNotKG: 20 Jahre × (250 qm × 3,50 EUR/qm) = 17.500 EUR.
>   ← Die Erbbauzinsanpassung bleibt unbewertet (§ 52 Abs. 7 GNotKG)
>   **Geschäftswert** der Erbbaurechtsbestellung hier somit: 20.000 EUR.
>   2,0 **Gebühr** gemäß KV Nr. 21100.
> b) Vorkaufsrecht des Grundstückseigentümers
>   **Geschäftswert** gemäß § 51 Abs. 1 GNotKG → halber Wert des nach § 49 Abs. 2 GNotKG bewerteten Erbbaurechts, wobei nach h.M. anders als für die Bewertung der Bestellung unerheblich ist, wenn Gebäude noch nicht errichtet sind:[170] 50 % von 80 % von (25.000 EUR + 250.000 EUR) = 110.000 EUR.
>   2,0 **Gebühr** gemäß KV Nr. 21100.
>
> Für beide Beurkundungsgegenstände gilt derselbe Gebührensatz, eine Vergleichsrechnung nach § 94 Abs. 1 GNotKG ist daher nicht erforderlich. Die Gebühr errechnet sich aus der Summe der Werte (= 130.000) und beträgt 654 EUR.

337   Wenn der Notar auf Verlangen der Beteiligten zum Vollzug des Geschäfts (z.B. Beschaffung der Genehmigung des Familiengerichts, Vorbemerkung 2.2.1.1 (1) S. 2 Nr. 4) tätig wird, erhält er neben der Beurkundungsgebühr noch eine 0,5-Gebühr als Vollzugsgebühr (KV Nr. 22110). Geschäftswert ist nach der ausdrücklichen Anordnung des § 112 GNotKG der gesamte Verfahrenswert, also hier 130.000 EUR, obwohl die Vorkaufsrechtsvereinbarung an sich keinen Vollzug auslöst. Zu den nach wie vor zulässigen Preis-(Wertsicherungs-)klauseln in Erbbaurechtsverträgen und Erbbauzinsreallasten mit einer Laufzeit

---

170 *Diehn/Sikora/Tiedtke*, Rn 304; Fackelmann/Heinemann/*Fackelmann*, § 49 Rn 32; Kostenspiegel, Teil 5 Rn 27; *Streifzug* Rn 614.

von mindestens 30 Jahren (§ 4 PreisklauselG) ist keine Genehmigung mehr erforderlich (sonst: Vollzugstätigkeit nach Vorbemerkung 2.2.1.1 (1) S. 2 Nr. 1).

2. Verkauf

Bei dem *Verkauf* eines bereits eingetragenen oder bestellten Erbbaurechts ist als Geschäftswert der Kaufpreis anzunehmen (§ 97 Abs. 3 GNotKG), es sei denn, der nach § 49 Abs. 2 GNotKG bestimmte Wert des Erbbaurechts ist höher, dann ist dieser maßgebend.[171]   **338**

3. Inhaltsänderung des Erbbaurechts oder des Erbbauzinses

Der Wert eines Vertrags, mit dem der **Inhalt des Erbbaurechts** geändert wird, ist nach billigem Ermessen nach dem Umfang der Änderung festzulegen, Höchstgrenze ist der nach § 49 Abs. 2 GNotKG bestimmte Wert des Erbbaurechts (§ 97 GNotKG). Man wird je nach Ausmaß der Änderung einen Prozentsatz (Teilwert) vom Wert des Erbbaurechts annehmen (§ 36 Abs. 1 GNotKG). Wird allein der Erbbauzins geändert, ist Ausgangspunkt der Wertbestimmung nach § 36 Abs. 1 GNotKG dessen gemäß § 52 GNotKG kapitalisierter Wert.   **339**

Der Gebührensatz ist 2,0 (KV Nr. 21100) – das GNotKG kennt anders als die Kostenordnung keinen reduzierten Gebührensatz für Vertragsänderungen.

4. Aufhebung oder Löschung

§ 43 GNotKG gilt nur für die Bestellung des Rechts. Soll es aufgehoben oder (z.B. nach Zeitablauf) gelöscht werden, gelten hingegen für das Erbbaurecht § 49 Abs. 2 GNotKG und für die Erbbauzinsreallast § 52 GNotKG (beachte dabei § 52 Abs. 6 GNotKG: der Wert des bereits erloschenen Rechts ist Null).   **340**

V. Wohnungseigentum

1. Begründung oder Aufhebung

Bei der Begründung von Wohnungs- oder Teileigentum sowie bei der Aufhebung oder beim Erlöschen von Sondereigentum ist nach § 42 Abs. 1 GNotKG als Geschäftswert der Wert des bebauten Grundstücks (§ 46 GNotKG) anzunehmen. Ist das Grundstück noch nicht bebaut, ist der Wert der Bebauung hinzuzurechnen, die im maßgeblichen Zeitpunkt (§ 96 GNotKG) vorgesehen ist. Ist dieser Wert noch nicht bekannt, ist er gemäß § 36 Abs. 1 i.V.m. § 46 GNotKG nach den voraussichtlichen Baukosten (ohne Baunebenkosten) zu schätzen.   **341**

> *Beispiel*
>
> A und B sind je zur Hälfte Eigentümer eines Grundstücks im Wert von 20.000 EUR. Sie begründen nach §§ 3, 4 WEG Wohnungseigentum unter Mitbeurkundung der erforderlichen Grundbucherklärungen. Voraussichtliche Baukosten: 250.000 EUR.
>
> Geschäftswert: 20.000 EUR
>   + 250.000 EUR
> § 42 Abs. 1 GNotKG   270.000 EUR
> 2,0 Gebühr nach KV Nr. 21100 → 1.170 EUR.
>
> Wenn sich in dem Vertrag die Wohnungseigentums-Berechtigten noch wechselseitig Vorkaufsrechte eingeräumt hätten, müssten diese besonders bewertet werden.

---

171 OLG Celle v. 27.1.2015 – 2 W 20/15 = NotBZ 2015, 150.

> **Bestellung der Vorkaufsrechte**
>
> Hälfte (§ 51 Abs. 1 S 2 GNotKG) des Wertes *eines* Wohnungs-
> eigentumsrechtes, weil Austauschvertrag – § 97 Abs. 3 GNotKG   67.500 EUR.
> Teilung nach WEG und Vorkaufsrechtsvereinbarung haben ver-
> schiedenen Gegenstand (§ 86 Abs. 2 GNotKG).
>
> 2,0 Gebühr nach KV Nr. 21100 aus dem zusammengerechneten
> Wert (§ 35 Abs. 2 GNotKG) von 337.500 EUR → 1.370 EUR.

342   Wird die Begründung von Wohnungseigentum aus Alleineigentum nach § 8 WEG beurkundet oder wird vom Notar der Entwurf gefertigt und die Unterschrift darunter beglaubigt, so gilt hinsichtlich des Geschäftswertes dasselbe wie bei der Begründung nach §§ 3, 4 WEG. Als Gebührensatz kommt jedoch je nach Gestaltung der Urkunde eine 1,0 Gebühr gemäß KV Nr. 21200 (einseitige Erklärung mit Bewilligung), eine 0,5 Gebühr gemäß KV Nr. 21201 (bloße Eintragungsbewilligung) oder eine 0,2 Gebühr (min. 20 EUR, max. 70 EUR) gemäß KV Nr. 25100 (bloße Beglaubigung der Unterschrift unter einem vorgelegten Entwurf) in Frage.

343   Soll ein Gebäude auf mehreren Grundbuchgrundstücken (§ 3 GBO) errichtet und nach WEG geteilt werden, dann müssen die Grundstücke zunächst vereinigt oder das eine dem anderen zugeschrieben werden. Der Antrag hierauf (§ 890 BGB) dient unmittelbar und ausschließlich der Durchführung der WEG-Teilung, er hat also denselben Gegenstand (§ 109 Abs. 1 GNotKG).

2. Veräußerung

344   Beim Verkauf von Wohnungseigentum sind der Kaufpreis und der nach § 42 Abs. 1 GNotKG bestimmte Wert miteinander zu vergleichen (§§ 97 Abs. 3, 47, 46 GNotKG).

VI. Begründung und Veränderung dinglicher Rechte

1. Hypotheken und Grundschulden

345   Bei einer Hypothek oder Grundschuld bildet den Geschäftswert ihr Nennbetrag (§ 53 Abs. 1 GNotKG) – also ohne Zinsen und Nebenleistungen.

Für die Eintragungsbewilligung zu einer Grundschuld genügt an sich die Beglaubigungsform (§ 29 GBO). Das gilt jedoch dann nicht, wenn die Unterwerfung des Schuldners und/oder jeweiligen Eigentümers unter die sofortige Zwangsvollstreckung beurkundet werden soll. Dann muss der Notar eine Niederschrift aufnehmen.

Hat der Notar lediglich den Entwurf einer Eintragungsbewilligung gefertigt oder hat er in diesem Entwurf den Schuldbetrag nur erläuternd (historisch) erwähnt, dann darf er nur eine 0,5 Gebühr nach KV Nr. 24102 (abgeleitet aus KV Nr. 21201 Nr. 4, § 92 Abs. 2 GNotKG) erheben.

346   *Beispiel*

> Ich bewillige die Eintragung einer mit einer Frist von sechs Monaten kündbaren und vom Tage der Eintragung an mit 12 vom Hundert jährlich verzinslichen brieflosen Grundschuld von 50.000 EUR für ... auf dem im Grundbuch von ... Blatt ... eingetragenen Grundbesitz.

347   Sind dagegen in der Urkunde über die Bewilligung hinausgehende materiellrechtliche Erklärungen (wie z.B. Übernahme der persönlichen Haftung, Zwangsvollstreckungsunterwerfung, Abtretung der Rückgewähransprüche) enthalten, entsteht eine 1,0 Gebühr nach KV Nr. 21200; bei Entwurf gilt KV Nr. 24101 und wegen § 92 Abs. 2 GNotKG dasselbe Ergebnis.

Beispiel

X bestellt eine Grundschuld zugunsten der Kreissparkasse Y über 30.000 EUR mit Zwangsvollstreckungsunterwerfung.

Grundschuld und Zwangsvollstreckungsunterwerfung haben denselben Gegenstand (§ 109 Abs. 1 S. 1–4 GNotKG).

Die Gebühr beträgt 1,0 aus dem Nennbetrag der Grundschuld (Hauptgeschäft) → 125 EUR.

Dasselbe Beispiel,

jedoch beantragt der Eigentümer zusätzlich noch die Löschung einer zugunsten eines Dritten eingetragenen Vorbelastung (Hypothek von 70.000 EUR).

Wert des Löschungsantrags: § 53 Abs. 1 GNotKG → 70.000 EUR

0,5 Gebühr gemäß KV Nr. 2101 Nr. 4 GNotKG → 109,50 EUR.

Grundschuldbestellung und Löschungsantrag haben einen verschiedenen Gegenstand. Die getrennte Bewertung ist günstiger als die 1,0 Gebühr aus dem zusammengerechneten Wert von 100.000 EUR (nämlich 273 EUR), daher bleibt es dabei (§ 94 Abs. 1 GNotKG).

Wird der Notar beauftragt, die Löschungsunterlagen bei der Hypothekengläubigerin einzuholen, entsteht eine 0,3 **Vollzugsgebühr** (Vorbemerkung 2.2.1.1 (9), KV Nr. 22111) aus dem (zusammengerechneten) Verfahrenswert (§ 112 GNotKG), also aus 100.000 EUR → 81,90 EUR. Für die auftragsgemäße Entgegennahme einer Ausfertigung der Grundpfandrechtsbestellungsurkunde durch den Notar zum Zwecke der Herbeiführung der Bindungswirkung (§ 873 Abs. 2 BGB) entsteht eine **Betreuungsgebühr** von 0,5 (KV Nr. 22000 Nr. 7) aus dem Verfahrenswert (§ 113 GNotKG).

348 Werden dem Notar fertig ausgefüllte Grundschuld- oder Hypothekenbestellungsurkunden, ohne dass er diese überprüft oder ergänzt, vorgelegt, unter denen er lediglich die Unterschrift des Eigentümers beglaubigt, so löst dies eine 0,2 Gebühr (min. 20 EUR, max. 70 EUR) gemäß KV Nr. 25100 aus. Eine Vollzugsgebühr kann zusätzlich anfallen, wenn der Notar Tätigkeiten gemäß Vorbemerkung 2.2.1.1 übernimmt (z.B. Einholung von erforderlichen öffentlich-rechtlichen Genehmigungen). Übermittelt er in diesem Fall ausschließlich den Antrag an das Grundbuchamt, entsteht eine Festgebühr von 20 EUR nach KV Nr. 22124.

349 Überprüft der Notar auf Erfordern einen ihm vorgelegten Entwurf einer Grundpfandrechts-Bestellungsurkunde oder einen Teil des Entwurfs oder ergänzt er den Entwurf (insbesondere zur Anpassung an die Bedingungen einer Finanzierungsvollmacht), so entsteht eine Entwurfsgebühr innerhalb der Gebührensatzspanne von 0,3–0,5 (KV Nr. 24101 i.V.m. mit Vorbem. 2.4.1 (3)), je nach Umfang seiner Tätigkeit (siehe oben Rdn 212). Ergänzt der Notar das Grundschuldbestellungsformular beispielsweise (nur) bezüglich der Grund*buch*bezeichnung, obwohl die genaue Grund*stücks*bezeichnung angegeben war, wird der Gebührensatz eher am unteren Rand anzusetzen sein (0,3). Ist aber die Ergänzung des vorgelegten Entwurfs so wesentlich, dass dadurch erst eine für den grundbuchlichen Vollzug geeignete Urkunde, also ein eigener Entwurf des Notars, entstanden ist (z.B. durch Einfügung der Grundbuchstelle und/oder der Flurstücknummer, die im Entwurf *nicht* enthalten waren), dann ist ein Gebührensatz bis zu 0,5 anzunehmen.

350 Beglaubigt der Notar demnächst unter der von ihm überprüften und ergänzten Urkunde Unterschriften oder Handzeichen, so wird für die erste Beglaubigung *keine* Gebühr erhoben (Vorbemerkung 2.4.1 (2)), für weitere gesonderte Beglaubigungen werden die Gebühren gesondert erhoben.

2. Schuldanerkenntnis und Grundpfandrecht

351 Das typischerweise in den Grundschuldbestellungsurkunden mit Zwangsvollstreckungsunterwerfung enthaltene Schuldanerkenntnis bis zur Höhe des Nominalbetrags des Grundpfandrechts (samt persönlicher Zwangsvollstreckungsunterwerfung) hat nach ausdrücklicher Anordnung in § 109 Abs. 2 Nr. 3 GNotKG denselben Wert wie das Grundpfandrecht. Maßgeblich ist der höhere der beiden Werte (§ 109 Abs. 2 S. 2 GNotKG).

3. Vorkaufs-, Ankaufs- und Wiederkaufsrecht

352 Der Vertrag über die Einräumung eines Vorkaufs- oder Wiederkaufsrechts an einem Grundstück bedarf der notariellen Beurkundung (§ 311b BGB), weil darin bereits die bedingte Veräußerung des Grundstücks liegt. Auch zur Begründung eines Ankaufsrechts ist ein Vertrag, der der Form des § 311b BGB entspricht, notwendig. Daher entsteht in den Fällen der Bestellung dieser Rechte eine 2,0 Gebühr nach KV Nr. 21100.

> *Beispiele*
>
> a) A räumt B ein Vorkaufsrecht (Wiederkaufsrecht) an dem – näher bezeichneten – Grundstück (Wert 100.000) ein.
> Geschäftswert: halber Verkehrswert des Grundstücks (§ 51 Abs. 1 S. 2, 46 GNotKG) = 50.000 EUR.
> Gebühr: 2,0 nach KV Nr. 21100.
>
> b) A räumt B das Recht ein, das Grundstück zum Preis von 100.000 EUR jederzeit zu kaufen.
> Geschäftswert: 100.000 EUR (§ 51 Abs. 1 S. 1 GNotKG).
> Gebühr: 2,0 nach KV Nr. 21100.
>
> c) A verpflichtet sich, im Falle der Veräußerung des Grundstücks dieses zunächst dem B zu dem dann geltenden Verkehrswert anzubieten.
> Geschäftswert: 100.000 EUR (§ 51 Abs. 1 S. 1 GNotKG) – § 51 Abs. 1 S. 2 GNotKG beschreibt eine Ausnahme, die hier nicht gegeben ist.
> Gebühr: 2,0 nach KV Nr. 21100.

Nach wohl allgemeiner Ansicht werden die vorgenannten Rechte, wenn sie im Kaufvertrag zugunsten des Verkäufers bestellt werden, regelmäßig als unselbstständige Kaufbedingungen angesehen, die kostenrechtlich unbeachtlich sind.

4. Rangänderungen – Freigaben – Nachverpfändungen

353 Der Geschäftswert bei der nachträglichen *Einräumung des Vorranges* oder des *Gleichranges* ist der Wert des vortretenden Rechts, höchstens jedoch der des zurücktretenden Rechts (§ 45 Abs. 1 GNotKG). Es gilt also stets der geringere Wert.

> *Beispiel*
>
> 10.000 EUR räumen 7.000 EUR den Vorrang ein.
>
> Wert: 7.000 EUR.
>
> 3.000 EUR räumen 5.000 EUR den Vorrang ein.
>
> Wert: 3.000 EUR.

354 Wird gleichzeitig *mehreren* Rechten der Vorrang eingeräumt oder treten gleichzeitig mehrere Rechte zurück, so ist die Gesamtsumme der vortretenden Rechte mit dem Gesamtwert der zurücktretenden Rechte zu vergleichen; der geringere Wert ist als Geschäftswert anzusetzen.[172]

> *Beispiel*
>
> Die Rechte von 20.000 EUR, 13.000 EUR und 7.000 EUR = zusammen 40.000 EUR treten vor; zurück treten Rechte von 9.000 EUR, 15.000 EUR und 8.500 EUR = zusammen 32.500 EUR.
>
> Geschäftswert: 32.500 EUR.

---

172 Ebenso Streifzug Rn 2098 und die ganz h.M. zur KostO. Durch das GNotKG hat sich an dieser Stelle nichts geändert. Es wird allerdings auch eine differenziertere Rechenweise vertreten, siehe Kostenspiegel, Teil 6 Rn 63.

Weiteres Beispiel: **355**

Es sind in dieser Reihenfolge nacheinander eingetragen: 25.000 EUR, 10.000 EUR, 2.000 EUR und 5.000 EUR. Es ist in einer Urkunde bewilligt worden, den genannten Rechten den *gleichen* Rang einzuräumen.

Die Rechte von 10.000 EUR, 2.000 EUR und 5.000 EUR = zusammen 17.000 EUR treten vor. Die Rechte von 25.000 EUR, 10.000 EUR und 2.000 EUR = zusammen 37.000 EUR treten zurück.

Geschäftswert: 17.000 EUR.

Das vorstehend Ausgeführte gilt auch für die Löschungsvormerkung gemäß § 1179 BGB (§ 45 Abs. 2 **356** GNotKG). Der Ausschluss des Löschungsanspruchs nach § 1179a Abs. 5 BGB ist wie ein Rangrücktritt des Rechts zu behandeln, als dessen Inhalt der Ausschluss vereinbart wird. Für die Beurkundung (auch Herstellung des Entwurfes mit Unterschriftsbeglaubigung) einer Vorrangseinräumungserklärung entsteht eine 0,5 Gebühr nach KV Nr. 21201 (bzw. bei Entwurf: KV Nr. 24102, § 92 Abs. 2 GNotKG), da eine formelle Eintragungsbewilligung ausreicht.

Treffen Rangänderungs- oder Löschungsvormerkungs-Erklärungen oder Erklärungen über den Aus- **357** schluss des Löschungsanspruchs nach § 1179a Abs. 5 BGB mit anderen Erklärungen in einer Urkunde zusammen, besteht ein Abhängigkeitsverhältnis (§ 109 Abs. 1 S. 4 Nr. 3 GNotKG), das zur Feststellung desselben Gegenstands führt. Nicht darunter fallen aber Erklärungen, die nur mittelbar der Herstellung des gewünschten Rangs dienen, wie z.B. Löschungserklärungen zu einem vorrangigen Grundpfandrecht.

Wird bei der Beurkundung eines Rechts gleichzeitig ein Rangvorbehalt mit zur Eintragung bewilligt, so **358** ist dieser Inhalt des Rechts und darf daher nicht besonders bewertet werden. Anders ist es aber, wenn ein Rangvorbehalt nachträglich eingetragen oder gelöscht werden soll; sein Wert ist dann nach § 36 Abs. 1 GNotKG zu bestimmen, dazu wird man sich am Wert nach § 45 GNotKG orientieren.

Beispiel

Bei einer Grundschuld von 50.000 EUR ist ein Rangvorbehalt für ein Grundpfandrecht von 90.000 EUR eingetragen. Der Eigentümer hat die Eintragung eines Grundpfandrechts von 40.000 EUR (ohne Zwangsvollstreckungsunterwerfung) unter teilweiser Ausnutzung des Rangvorbehalts und gleichzeitiger Löschung des restlichen Rangvorbehalts beantragt.

Geschäftswert:

a) für Grundpfandrechtsbestellung: 40.000 EUR

(die Bewilligung für die Ausnutzung des Rangvorbehalts wird nicht besonders bewertet),

b) für die Löschung des restlichen Rangvorbehalts: 50.000 EUR

90.000 EUR

0,5 Gebühr gemäß KV Nr. 21201 → 123 EUR.

Bei der *Freigabe* (Entlassung aus der Mithaft, Pfandentlassung) und bei der *Nachverpfändung* (Einbezie- **359** hung in die Mithaft, Pfandunterstellung) richtet sich der Wert nach § 44 GNotKG. Danach ist entweder der Nennbetrag der Hypothek bzw. der Grundschuld (§ 53 Abs. 1 GNotKG) oder der Verkehrswert des Grundstücks (§ 46 GNotKG) maßgebend, je nachdem, welcher Wert geringer ist. Werden mehrere Grundstücke wegen eines Grundpfandrechts freigegeben oder nachverpfändet, so werden die Grundstückswerte addiert und der Gesamt-Grundstückswert mit dem Nennbetrag der Hypothek oder Grundschuld verglichen. Der geringere Wert ist maßgebend. Sollen dagegen ein oder mehrere Grundstücke wegen mehrerer Grundpfandrechte freigegeben oder für mehrere Grundpfandrechte nachverpfändet werden, so ist jeweils der Wert des Grundstücks (oder der Gesamtwert aller Grundstücke) mit dem Nennbetrag *jedes* Grundpfandrechts zu vergleichen.

360 *Beispiele*

Ein Grundstück (Verkehrswert: 20.000 EUR) wird aus der Mithaft entlassen für eine Grundschuld von 25.000 EUR. Wert: 20.000 EUR.

Würde ein Grundstück (Verkehrswert: 30.000 EUR) aus der Mithaft für Hypotheken von 40.000 EUR und 50.000 EUR entlassen werden, wäre ein Betrag von 60.000 EUR (2 × 30.000 EUR) als Geschäftswert anzunehmen.

Es werden drei Grundstücke (Verkehrswerte: 10.000 EUR, 20.000 EUR und 25.000 EUR) aus der Mithaft entlassen für eine Grundschuld von 100.000 EUR. Geschäftswert: 55.000 EUR.

Würde der Nennbetrag der Grundschuld nur 30.000 EUR betragen, so wäre der Geschäftswert auch nur 30.000 EUR.

Ein Grundstück im Wert von 10.000 EUR wird freigegeben aus einem Altenteil im kapitalisierten Wert von 15.000 EUR und aus einer Darlehenshypothek von 8.000 EUR. Wert: 10.000 EUR (Wert des Grundstücks, da dieser geringer ist als der Wert des Altenteils) und 8.000 EUR (Nennbetrag der Hypothek, da dieser geringer ist als der Grundstückswert) = 18.000 EUR.

Nachverpfändet wird ein Grundstück (Verkehrswert: 100.000 EUR) für Grundpfandrechte von 50.000 EUR und 35.000 EUR. Wert: 85.000 EUR.

Werden Grundstücke mit Verkehrswerten von 10.000 EUR, 20.000 EUR und 25.000 EUR nachverpfändet für Grundpfandrechte von 100.000 EUR und 80.000 EUR, so beträgt der Geschäftswert 2 × 55.000 EUR (= addierte Werte aller Grundstücke, da diese geringer sind als jedes einzelne Grundpfandrecht) = 110.000 EUR.

Für die Freigabe- und Nachverpfändungserklärung ist regelmäßig die Eintragungsbewilligung ausreichend. Daher ist hierfür eine 0,5 Gebühr nach KV Nr. 21201 Nr. 4 anzusetzen.

Ist aber bei der Nachverpfändung die Unterwerfung unter die sofortige Zwangsvollstreckung mitbeurkundet worden, dann entsteht eine 1,0 Gebühr nach KV Nr. 21200.

5. Abtretung von Grundpfandrechten

361 Bei der Abtretung einer Hypothek oder Grundschuld ist der Nennbetrag des Grundpfandrechts der Geschäftswert (§ 53 Abs. 1 GNotKG).

Die Beurkundung (im Ergebnis über § 92 Abs. 2 GNotKG auch die Herstellung des Entwurfes) einer Abtretungserklärung löst eine 1,0 Gebühr aus (KV Nr. 21200 bzw. Entwurf KV Nr. 24101). Das gilt grundsätzlich nur bei Briefrechten, weil ein *Briefrecht* außerhalb des Grundbuches durch Abtretungserklärung und Übergabe des Briefes abgetreten wird (§ 1154 Abs. 1 BGB). Dasselbe gilt gebührenmäßig bei einer brieflosen *Hypothek,* da nach § 1153 BGB diese nicht ohne die Forderung übertragen werden kann.

Bei einer *brieflosen* Grundschuld erfolgt die Abtretung durch Einigung und Eintragung in das Grundbuch (§ 1154 Abs. 3 BGB); die Abtretung muss also zu ihrer Wirksamkeit in das Grundbuch eingetragen werden. Dafür ist eine Eintragungsbewilligung notwendig und ausreichend (§ 19 GBO), die nur eine 0,5 Gebühr (KV Nr. 21201 oder KV Nr. 24102) auslöst.

362 Werden in einer Urkunde die Abtretung eines Grundpfandrechtes von A an B erklärt und die Änderung der Zins- und/oder Zahlungsbedingungen durch Vertrag zwischen A oder B und dem Eigentümer vereinbart, so liegen zwei verschiedene Gegenstände vor, die zusammenzurechnen sind.

Beispiel

Eine mit 10 % jährlich verzinsliche, mit ¼-jährlicher Frist kündbare Grundschuld von 30.000 EUR wird von A an B abgetreten. In derselben Urkunde wird zwischen B und dem Grundstückseigentümer vereinbart, dass die Zinsen zukünftig 14 % jährlich betragen sollen.

Es sind zu bewerten:

a) Abtretung   30.000 EUR

b) Änderung des Zinssatzes

(Jahresunterschied 4 % = 1.200 EUR; vervielfältigt mit 10, § 52 Abs. 3 GNotKG) 12.000 EUR

Gesamtgeschäftswert: 42.000 EUR

Einzelgebühr zu a) 1,0 Gebühr aus 30.000 EUR → 125 EUR;

Einzelgebühr zu b) 2,0 Gebühr aus 12.000 EUR → 166 EUR

Die 2,0 Gebühr (KV Nr. 21100) aus dem Gesamtwert → 310 EUR wäre teurer, es bleibt bei der Einzelberechnung (§ 94 Abs. 1 GNotKG).

6. Vollstreckbare Ausfertigungen

Die Erteilung der vollstreckbaren Ausfertigung einer notariellen Urkunde ist grundsätzlich gebührenfrei, **363** da sie als Nebengeschäft durch die Gebühr für das Hauptgeschäft abgegolten ist. Es entsteht jedoch dann eine 0,5 Gebühr nach KV Nr. 23803, wenn der Eintritt einer Tatsache oder einer Rechtsnachfolge zu prüfen ist.

Als Geschäftswert ist der Wert der Ansprüche anzusetzen, die Gegenstand der Vollstreckbarerklärung sind (§ 117 GNotKG).

Das Verfahren auf Erteilung jeder weiteren vollstreckbaren Ausfertigung (§§ 797 Abs. 3, 733 ZPO) löst jeweils eine Festgebühr von 22 EUR aus (KV Nr. 23804). Als Verfahrensgebühr entsteht die Gebühr auch dann, wenn der Notar nach Prüfung feststellt, dass keine weitere vollstreckbare Ausfertigung erteilt werden kann.

7. Löschungsbewilligungen und Löschungsanträge

Bei *Löschungen von Grundpfandrechten* (Bewilligung und Antrag) gilt als Wert der Nennbetrag des **364** Grundpfandrechts (§ 53 Abs. 1 GNotKG), für *andere dingliche Rechte* gelten die für diese maßgebenden Wertvorschriften. Grundsätzlich hat die Löschung eines Rechts den Wert, den es haben würde, wenn im Zeitpunkt der Unterzeichnung der Löschungsurkunde die Eintragung des Rechts vorgenommen werden würde (zu Nutzungs- und Leistungsrechten lies § 52 Abs. 6 GNotKG).

Beispiele

1. Eine Hypothek von 10.000 EUR wird nach Befriedigung des Gläubigers von diesem zur Löschung bewilligt.
   Geschäftswert: 10.000 EUR (§ 53 Abs. 1 GNotKG).
2. A bewilligt die Löschung des zu seinen Gunsten eingetragenen Vorkaufsrechts (Verkehrswert des belasteten Grundstücks: 50.000 EUR).
   Geschäftswert: 25.000 EUR (§ 51 Abs. 1 S. 2 GNotKG).
3. Im Grundbuch ist eine Vormerkung zur Sicherung des Anspruchs auf Auflassung aus einem Kaufvertrag für X eingetragen, die jetzt zur Löschung bewilligt wird (Kaufpreis: 100.000 EUR).
   Geschäftswert: 100.000 EUR (§ 51 Abs. 1 S. 1 GNotKG; nicht etwa – wie beim Vorkaufsrecht – nur 50.000 EUR), auch wenn der Auflassungsvormerkung keine wirtschaftliche Bedeutung mehr zukommt. Auch § 52 Abs. 6 S. 3 GNotKG (Wert Null) gilt nur für Nutzungs- und Leistungsrechte i.S.d. § 52 Abs. 1 GNotKG.

Bei einem Recht auf wiederkehrende Nutzungen (vgl. Rdn 116 ff.) ist, sofern es auf eine bestimmte Zeit **365** oder auf die Lebenszeit eines Berechtigten beschränkt ist, – ausnahmsweise – der Wert des Rechts zzt. der Löschung maßgebend (§ 52 Abs. 6 GNotKG).

> *Beispiel*
>
> A, jetzt 50 Jahre alt, bewilligt die Löschung des zu seinen Gunsten eingetragenen Wohnungsrechts (Jahreswert: 2.400 EUR).
>
> Geschäftswert: 2.400 EUR × 15 (vgl. § 52 Abs. 4 GNotKG) → 36.000 EUR.

366 Ist aber das Recht, z.B. durch den Tod des Berechtigten, erloschen, dann ist für das Recht auf wiederkehrende Leistung der Wert Null anzusetzen (§ 52 Abs. 6 S. 3 GNotKG).

> *Beispiel*
>
> Für den zwischenzeitlich verstorbenen A ist ein Wohnungsrecht im Grundbuch eingetragen. Der Eigentümer unterzeichnet einen vom Notar entworfenen Löschungsantrag.
>
> Geschäftswert: Null EUR (Mindeststufe).

367 Die Gebühren für Löschungsbewilligungen und -anträge belaufen sich gemäß KV Nr. 21201 Nr. 4 auf 0,5. Für diese KV-Nr. gilt eine (auch für den Wert Null relevante!) spezielle Mindestgebühr von 30 EUR.

Sofern eine löschungsfähige Quittung aufgenommen worden ist, entsteht eine 1,0 Gebühr nach KV Nr. 21200 (spezielle Mindestgebühr 60 EUR).

Die Zustimmung des Eigentümers zur Löschung eines Grundpfandrechts nach § 27 GBO fällt unter KV Nr. 21201. Wird allerdings ohne Entwurf beglaubigt, ist diese Erklärung besonders begünstigt: Gemäß KV Nr. 25101 Nr. 2 beträgt die Gebühr dann stets fest 20 EUR (Rdn 229).

Die Zurücknahme eines vom Notar selbst gestellten Antrages gemäß § 24 Abs. 3 BNotO ist grundsätzlich gebührenfrei.

VII. Ehe- und Lebenspartnerschaftsvertrag

1. Abgrenzung

368 Der in § 100 GNotKG kostenrechtlich geregelte Ehevertrag (bzw. Vertrag der eingetragenen Lebensgemeinschaft, § 7 LPartG) ist auf **güterrechtliche Angelegenheiten** (§ 1408 BGB) begrenzt. Typischerweise in Ehe- und Lebenspartnerschaftsverträgen weiter enthaltene Vereinbarungen zum **Unterhalt**, **Versorgungsausgleich** oder eine Grundstücksübertragung o.Ä. bilden stets davon verschiedene Beurkundungsgegenstände (§ 111 Nr. 2 GNotKG). Anträge auf Eintragung der Änderung des Güterstandes in das Güterrechtsregister und auf Berichtigung des Grundbuchs bei der Vereinbarung von Gütergemeinschaft sind wegen der ausdrücklichen Anordnung des Ehevertrags als besonderem Beurkundungsgegenstand ebenfalls gegenstandsverschieden. Es kommt wegen § 111 Nr. 2 GNotKG nicht darauf an, dass sie unmittelbar und ausschließlich der Durchführung der güterrechtlichen Erklärungen dienen mögen (§ 109 Abs. 1 S. 1–4 GNotKG). Unmittelbar Gegenstand des güterrechtlichen Vertrags und daher nicht gesondert bewertet ist aber eine Aufzählung der vom Ehevertrag betroffenen (oder nicht betroffenen) einzelnen Gegenstände, die Bezifferung des Ausgleichsanspruchs und eine Fälligkeitsregelung und ähnliche Vereinbarungen über den Zugewinnausgleich etwa beim Übergang zur Gütertrennung (nicht aber Geschäfte, die der Erfüllung solcher Vereinbarungen dienen). „**Scheidungsfolgevereinbarungen**" sind nichts anderes als Eheverträge, nämlich solche, die in Hinblick auf eine (zumeist demnächst erwartete) Scheidung geschlossen werden. Eheverträge und Scheidungsvereinbarungen enthalten oft **erbrechtliche Vereinbarungen** (Erbverträge oder Erb- und Pflichtteilsverzichte). Diese bilden gegenüber dem Ehevertrag stets einen eigenen Gegenstand (§ 111 Nr. 1 und Nr. 2 GNotKG).

369 Die **modifizierte Zugewinngemeinschaft** – z.B. Ausschluss des Zugewinnausgleichs für den Fall, dass die Ehe anders als durch den Tod endet – ist ein Ehevertrag i.S.d. § 1408 GNotKG und wird aus dem vollen, nach § 100 GNotKG bestimmten Wert berechnet.[173]

---

[173] Fackelmann/Heinemann/*Fackelmann/Otto*, § 100 Rn 10; GNotKG/*Hartmann*, § 100 Rn 10; Leipziger-GNotKG/*Reetz/Riss*, § 100 GNotKG Rn 22.

Ausnahmen gelten:[174]

■ Wenn die Modifikation nur einzelne bestimmte Vermögensgegenstände betreffen soll (§ 100 Abs. 2, Abs. 3 GNotKG).

■ Wenn allein Regelungen zu den Verfügungsbeschränkungen nach §§ 1365, 1369 BGB getroffen werden (dann soll § 51 Abs. 2 GNotKG speziell sein).

Beispiele für Beurkundungsgegenstände, die typischerweise in Getrenntleben- oder Scheidungsvereinbarungen mit erscheinen, aber zu dem güterrechtlichen Teil gegenstandsverschieden (§ 111 Nr. 2 GNotKG) sind:[175]   **370**

■ Regelungen zum Versorgungsausgleich (vgl. 6–8 VersAusglG) – zu bewerten nach §§ 97 Abs. 1 und 3, 36 Abs. 1 und 3 GNotKG.

■ Erfüllungs- oder Durchführungsvereinbarungen zum Zugewinnausgleich (z.B. Grundstücksübertragung) – §§ 97 Abs. 1 und 3, 46 GNotKG.

■ Unterhaltsvereinbarungen, sei es zum Trennungsunterhalt, zum nachehelichen Unterhalt und/oder zum Kindesunterhalt – abhängig vom Inhalt der jeweiligen Vereinbarung zu bewerten nach § 97 GNotKG (Zahlung von Abfindungsbeträgen) oder § 52 GNotKG (monatliche bzw. regelmäßige Zahlungen).

■ Regelungen zur elterlichen Sorge und/oder zum Umgangsrecht – § 36 Abs. 2 GNotKG.

■ Vereinbarungen zur Auseinandersetzung über Vermögensgegenstände aller Art (gemeinsamer Hausrat, Immobilien, Verbindlichkeiten, Bank- und Sparguthaben) – §§ 46, 36 Abs. 1 GNotKG. Geht es (nur) um die beweissichere Feststellung, wem welche Vermögensgegenstände gehören, Schätzung am untersten Rand (§ 36 Abs. 1 GNotKG).

■ Erb- und Pflichtteilsverzichte – § 102 Abs. 4 GNotKG.

■ Regelungen zu steuerlichen Angelegenheiten, zur Tragung der Scheidungskosten o.Ä. – §§ 97 Abs. 1, 36 Abs. 1 GNotKG.

■ Regelungen zum Namensrecht (§ 36 Abs. 2 GNotKG) oder zur Ehewohnung (zumeist § 36 Abs. 1 GNotKG).

2. Geschäftswert

Der Geschäftswert für den Ehevertrag nach § 100 Abs. 1 GNotKG bestimmt sich aus dem Vermögen der Eheleute bzw. Lebenspartner. Schulden finden Berücksichtigung, dabei sind aber zwei Vorgaben zu beachten: **371**

1) Die Vermögen werden für jeden Partner getrennt berechnet und erst zuletzt zusammengezählt, Schulden des einen also nie beim anderen abgezogen.

2) Mindestwert des Vermögens ist die Hälfte des Aktivvermögens. Die Schulden werden nicht vollständig abgezogen, wenn dadurch dieser Mindestwert unterschritten wäre.

Beispiel   **372**

M hat Sparvermögen (§ 36 Abs. 1 GNotKG, Ansatz zu 100 %), Hausrat (§ 46 GNotKG) und einen Pkw (§ 46 GNotKG) im Wert von zusammen 50.000 EUR. Für das Auto sind noch 5.000 EUR Kredit offen. F hält eine Unternehmensbeteiligung (Wert nach § 54 GNotKG: 150.000 EUR), Sparvermögen und Depots (§ 36 Abs. 1 GNotKG, 100 %), ein Hausgrundstück (Wert nach § 46 GNotKG: 600.000 EUR) Hausrat und ebenfalls einen Pkw (zusammen 50.000), Gesamtwert also 800.000 EUR. Die – ausschließlich zur Finanzierung des Hausgrundstücks aufgenommenen – Verbindlichkeiten betragen 500.000 EUR.

Vermögen M → 50.000 EUR – 5.000 EUR = 45.000 EUR.

Vermögen F → 800.000 EUR – 500.000 EUR = 300.000 EUR, aber Mindestwert ½ von 800.000 EUR → 400.000 EUR.

Der Geschäftswert nach § 100 Abs. 1 GNotKG ist 445.000 EUR.

---

174 Kostenspiegel, Teil 20 Rn 29; *Streifzug*, Rn 432.
175 Nach: Leipziger-GNotKG/*Reetz/Riss*, § 100 GNotKG Rn 60.

373 Sind in dem Ehevertrag ausschließlich Bestimmungen über einzelne Vermögenswerte getroffen, beschränkt sich der Wert auf deren nach §§ 35 ff. GNotKG – also ohne Schuldenabzug – bestimmten Wert, höchstens auf den Wert nach § 100 Abs. 1 GNotKG.

> *Beispiel*
>
> Wie oben. Einzelner Regelungsinhalt des Ehevertrags ist es, dass im Scheidungsfall die Gesellschaftsbeteiligung vom Zugewinnausgleich ausgeschlossen bleibt.
>
> Wert → 150.000 EUR.
>
> Abwandlung:
>
> Wie oben. Einzelner Regelungsinhalt des Ehevertrags ist es, dass im Scheidungsfall das Hausgrundstück vom Zugewinnausgleich ausgeschlossen bleibt.
>
> Wert → 600.000 EUR, aber Obergrenze (Wert nach Abs. 1) → 400.000 EUR.
>
> Es ist hier nur Vermögen der F betroffen (also nicht 445.000 EUR).

374 Es kommt vor, dass im Ehevertrag Regelungen zu Gegenständen getroffen werden, die zum Zeitpunkt der Beurkundung des Ehevertrags (noch) gar nicht im Vermögen eines der Partner sind. Solche Gegenstände finden mit 30 % ihres Werts Berücksichtigung. Das setzt aber voraus, dass sie in dem Vertrag ausdrücklich angesprochen werden.

> *Beispiel*
>
> Vermögensverhältnisse wie Grundfall. Die Gesellschaftsbeteiligung halten aber die Eltern von F, die sie ihrem einzigen Kind erbvertraglich zugesprochen haben. Einzelner Regelungsinhalt des Ehevertrags ist es, dass im Scheidungsfall die Gesellschaftsbeteiligung vom Zugewinnausgleich ausgeschlossen bleibt.
>
> Wert → 45.000 EUR.

3. Änderung, Aufhebung

375 Wird das zwischen den Eheleuten oder Lebenspartnern bestehende Güterrecht geändert, handelt es sich um einen nach § 100 GNotKG zu bewertenden Vertrag. Das gilt auch dann, wenn es zuvor schon vertraglich geregelt war. Jeder Änderungsvertrag oder eine Aufhebung ist also als ein neuer Vertrag nach § 100 GNotKG zu bewerten.

VIII. Vorsorgeverfügungen

376 Sehr häufig werden Vorsorgevollmacht, Betreuungsverfügung (§ 1897 Abs. 4 BGB) und Patientenverfügung (§ 1901a Abs. 1 BGB) in einer Urkunde niedergelegt (Gebühr bei Beurkundung: KV Nr. 21200). Dabei ordnet das GNotKG in § 109 Abs. 2 Nr. 1 an, dass Betreuungsverfügung und Patientenverfügung stets denselben Gegenstand haben. Die Vorsorgevollmacht jedoch hat jedoch dazu immer einen verschiedenen Gegenstand (§ 110 Nr. 3 GNotKG). Für die Bewertung sind also der höhere Wert von Patientenverfügung und Betreuungsverfügung (§ 109 Abs. 2 S. 2 GNotKG) und der Wert der Vollmacht zusammenzurechnen.

377 Der Wert der Vorsorgevollmacht (siehe auch oben Rdn 137) wird unter Berücksichtigung etwaiger Einschränkungen und des Vermögens des Vollmachtgebers nach billigem Ermessen bestimmt. Obergrenze ist ½ des Vermögens (ohne Schuldenabzug), § 98 Abs. 3 GNotKG bzw. 1 Million EUR (§ 98 Abs. 4 GNotKG). Fehlt einmal (ausnahmsweise) jeglicher Anhaltspunkt, ist der Wert mit 5.000 EUR anzusetzen (§ 98 Abs. 3 GNotKG). Betreuungsverfügung und Patientenverfügung werden jeweils nach § 36 Abs. 2 GNotKG bewertet (siehe oben Rdn 147–149).

Bei *wechselseitiger* Bevollmächtigung, z.B. von Eheleuten in einer Urkunde, liegen zwei Vollmachten **378** und damit zwei verschiedene Beurkundungsgegenstände vor. Dasselbe gilt für die Betreuungs- und Patientenverfügungen.

IX. Erbrechtliche Geschäfte

1. Testament und Erbvertrag, Verzichtsverträge

Die Beurkundung eines Einzeltestaments löst eine 1,0 Gebühr aus (KV Nr. 21200), für das gemeinschaft- **379** liche Testament oder den Erbvertrag gilt die 2,0 Gebühr (KV Nr. 21100, lies auch Vorbemerkung 2.1.1 (2)). Die Vertragsgebühr greift auch für den Erb- oder Pflichtteilsverzicht. Eine 0,5 Gebühr (KV Nr. 21201) gilt für:

(1) den Widerruf einer letztwilligen Verfügung,
(2) die Aufhebung oder Anfechtung eines Erbvertrages,
(3) den Rücktritt von einem Erbvertrag.

Den **Geschäftswert** der Verfügungen von Todes wegen regelt § 102 Abs. 1–3 GNotKG. Für die Ver- **380** zichtsverträge gilt nach § 102 Abs. 4 GNotKG dieselbe Berechnung, anteilig bezogen auf den Bruchteil der Berechtigung, auf die verzichtet wird. § 102 Abs. 5 GNotKG regelt gleichfalls ausgehend von § 102 Abs. 1–3 GNotKG den Wert für Anfechtung, Widerruf und Rücktritt.

Betrifft die Verfügung den **gesamten Nachlass** (also insbesondere immer bei Einsetzung von Erben mit **381** einer Quote von zusammen 100 %), bestimmt sich der Wert nach dem Vermögen des Erblassers. Schulden finden grundsätzlich Berücksichtigung, es greift aber ein Mindestwert in Höhe von ½ des Aktivvermögens. Treffen im Erbvertrag oder gemeinschaftlichen Testament beide Seiten Verfügungen über den Gesamtnachlass, sind die Vermögen zusammenzuzählen (§ 97 Abs. 3 GNotKG gilt nicht), nachdem Verbindlichkeiten in den Einzelvermögen berücksichtigt wurden.[176]

> *Beispiel*
>
> A hat ein Vermögen (Berechnung der Einzelgegenstände nach §§ 36 ff. GNotKG) von 100.000 EUR und Verbindlichkeiten in Höhe von 60.000 EUR. Das Vermögen von B beträgt 40.000 EUR, Schulden sind nicht vorhanden:
>
> Wert des gemeinschaftlichen Testaments mit gegenseitiger Erbeinsetzung:
>
> 50.000 EUR (A) + 40.000 EUR (B) → 90.000 EUR.
>
> Wenn das Testament außer der Einsetzung nach dem ersten Sterbefall weitere Bestimmungen enthält (Schlusserbenbestimmung, Vermächtnisse, Vor- und Nacherbfolge, Auflagen und diverse Anordnungen wie z.B. Testamentsvollstreckung) führt das zu keiner gesonderten Bewertung.

Wird nur über einen Bruchteil des Nachlasses verfügt, ist dieser entscheidend. **382**

> *Beispiel*
>
> C (Vermögen 200.000 EUR, Verbindlichkeiten 110.000 EUR) setzt seine Freundin D zu ¼ als Erbin ein. Im Übrigen soll es bei der gesetzlichen Erbfolge bleiben.
>
> Vermögen nach Schuldenabzug unter Berücksichtigung des Mindestwerts: 100.000 EUR.
>
> Wert der Verfügung: 25.000 EUR.[177]

Wenn das Testament außer der Erbeinsetzung weitere Bestimmungen enthält (Ersatzerbfolge, Vermächt- **383** nisse, Auflagen und diverse Anordnungen wie z.B. Testamentsvollstreckung) führt das im Beispiel nur

---

176 *Streifzug*, Rn 693; Leipziger-GNotKG/*Zimmer*, § 102 Rn 12.
177 Nur ein anderer Rechenweg ist es, wenn im ersten Schritt die Bruchteilsbildung getrennt für Aktivvermögen und Schulden vorgenommen wird (so Kostenspiegel, Teil 19 Rn 44). Es muss dann aber auch der Mindestwert (2. Schritt) nach dem auf den Bruchteil reduzierten Aktivvermögen bestimmt werden.

insoweit zu keiner gesonderten Bewertung, als es um den Erbteil für D geht. Ansonsten ist der Wert des Vermächtnisses etc. hinzuzurechnen.

> *Beispiel – Abwandlung:*
>
> Außer der Erbeinsetzung von D verfügt C ein Barvermächtnis von 10.000 EUR zugunsten des E-Vereins. Beschwert werden mit diesem Vermächtnis:
>
> a) nur die gesetzlichen Erben → Wert 35.000 EUR (25.000 EUR + 10.000 EUR)
>
> b) alle Erben → Wert 32.500 EUR (25.000 EUR + 7.500 EUR) – die auf C entfallende Vermächtnislast ist bereits mit dem Wert ihrer Erbeinsetzung abgegolten.

384   Bei der ausschließlichen **Verfügung über Einzelgegenstände** zählt deren Wert. Auch hier gibt es einen Schuldenabzug, maximal soweit, dass es bei ½ des Werts des Gegenstands bleibt (§ 102 Abs. 3, Abs. 2 S. 2 GNotKG).

385   Gelegentlich wird über Gegenstände verfügt, die sich bei Beurkundung noch gar nicht im Erblasservermögen befinden. Sie werden zusätzlich zu dem nach § 102 Abs. 1 GNotKG errechneten Wert mit ihrem nach §§ 36 ff. GNotKG bestimmten Wert berücksichtigt. Muss gemäß der Verfügung der mit diesen Gegenständen Bedachte auch Verbindlichkeiten übernehmen, reduzieren sie den Wert bis auf maximal die Hälfte des Werts dieser Gegenstände.

> *Beispiel*
>
> Der verwitwete F hat seinen einzigen Sohn und die von ihm gegründete F-Stiftung zu je ½ als Erben seines schuldenfreien Vermögens von 2 Millionen EUR eingesetzt. Er erwartet aufgrund eines Erbvertrags nach dem Tod des G als dessen Vermächtnis 300.000 Stück Aktien der G-AG zu erhalten. Aktueller Kurswert ist 5 EUR/Aktie. Er vermacht diese ausdrücklich in vollem Umfang[178] als Vorausvermächtnis der F-Stiftung.
>
> Bewertung des Testaments: 3.500.000 EUR.

386   > *Fortführung des Beispiels/Pflichtteilsverzicht:*
>
> Die einzige Tochter des F verzichtet diesem gegenüber auf den Pflichtteil gegen eine sofort zahlbare Barabfindung von 300.000 EUR.
>
> Wert nach §§ 97 Abs. 3, 100 Abs. 4, Abs. 1 GNotKG:
>
> Wert des Verzichts → 500.000 EUR (§ 102 Abs. 2 GNotKG gilt nicht!)
>
> Wert der Gegenleistung → 300.000 EUR.
>
> Es gilt der höhere Wert.

387   Bei der **Änderung** eines Testaments oder Erbvertrags kommt es auf den Umfang der Änderungen an. Wird die vorherige Verfügung ganz oder teilweise widerrufen bzw. aufgehoben, ist der Geschäftswert auch dafür nach § 102 GNotKG zu bestimmen, maßgeblich sind die Werte zur Zeit des Widerrufs bzw. der Aufhebung. Die neue Verfügung hat denselben Gegenstand (§ 109 Abs. 2 Nr. 2 GNotKG).

> *Beispiele*
>
> (1) Widerruf des Einzeltestaments und neues Testament über den ganzen Nachlass. Hier wird im Ergebnis so getan, als würde nur ein neues Testament beurkundet. Der Widerruf wird nicht gesondert berechnet.
>
> (2) Widerruf des Einzeltestaments. Geschäftswert: 100.000 EUR. Es wird nur neu ein Vermächtnis über 10.000 EUR ausgeworfen.

---

178 Eine grundsätzlich denkbare Reduzierung des Werts der vermachten Aktienanteile aufgrund der beim Erwerb der Anteile durch F anfallenden Kosten und Steuern kann daher unberücksichtigt bleiben.

Die Bewertung erfolgt nach dem höheren Wert (§ 109 Abs. 2 S. 2 GNotKG) zum höchsten betrof-
fenen Gebührensatz (§ 94 Abs. 2 S. 1 GNotKG), hier 1,0 aus 100.000 EUR → 273 EUR.
Vergleichsrechnung (§ 94 Abs. 2 S. 2 GNotKG):
Widerruf einzeln: 0,5 Gebühr (KV Nr. 21201) aus 100.000 EUR → 136,50 EUR.
Neues T. einzeln: 1,0 Gebühr (KV Nr. 21200) aus 10.000 EUR → 75 EUR.
Die Summe (211,50 EUR) ist geringer, sie gilt.

Ein weiteres Beispiel befindet sich oben (siehe Rdn 269).

2. Besonderheiten bei der Vererbung eines landwirtschaftlichen Betriebes

Als „Zuwendung" im Sinn des § 48 GNotKG gilt auch die Verfügung von Todes wegen. Ein Hof im Sinne **388**
der HöfeO ist in der Regel zugleich auch ein land- oder forstwirtschaftlichen „Betrieb mit Hofstelle" im
Sinn des § 48 Abs. 3 GNotKG.

Geschäftswert einer Verfügung von Todes wegen, mit der die Erbfolge in einen land- oder forstwirt- **389**
schaftlichen Betrieb geregelt wird, ist bei Vorliegen der weiteren Voraussetzungen des § 48 GNotKG
grundsätzlich nicht der Verkehrswert (§ 46 GNotKG), sondern der vierfache Einheitswert. Siehe dazu
Rdn 331–334.

3. Erbteilsverkauf und Erbteilsübertragung

Geschäftswert ist hier der Kaufpreis oder der Verkehrswert des Anteils ohne Schuldenabzug. Decken sich **390**
beide nicht, so ist der höhere der beiden Werte maßgebend (§ 97 Abs. 3 GNotKG). Sofern der Nachlass
nur noch aus dem zu übertragenden Gegenstand besteht, ist die Erbteilsübertragung kostengünstiger als
die Erbauseinandersetzung (siehe Rdn 393).

Scheidet ein Erbe aus, ohne seinen Anteil zu übertragen, mit der Folge, dass dieser nach Ansicht der
Rechtsprechung den anderen Erben anwächst, so gilt dasselbe: Geschäftswert ist der Herauszahlungsbetrag bzw. – sofern er höher ist – der Verkehrswert des abwachsenden Anteils ohne Schuldenabzug.

Die dingliche Übertragung ist Erfüllung des schuldrechtlichen Erbteilskaufs (oder einer Schenkung bzw. **391**
anderen Rechtsgrunds). Erfolgt sie in derselben Urkunde, hat sie denselben Gegenstand (§ 109 Abs. 1
S. 1–3 GNotKG), bleibt als Durchführungsgeschäft im Ergebnis unbewertet. Eine isolierte Übertragung
des Anteils (dingliche Einigung) löst dagegen eine eigene Gebühr aus. Der Gebührensatz ist 0,5, 1,0 oder
2,0 (KV Nr. 21100–21102) – teilweise je nachdem, wer das Verpflichtungsgeschäft beurkundet hat (siehe
oben Rdn 13).

Beispiel **392**

A hat in einem privatschriftlichen Testament seinem Bruder B den Erbteil nach der vorverstorbenen
Schwester S vermacht. Die Erben des A übertragen den Anteil nun in einer Urkunde des Notars N an B.

→ 2,0 Gebühr nach KV Nr. 21100 (aus dem Wert des Erbteils), mindestens 120 EUR.

Abwandlung:

Das Vermächtnis ist in einem notariellen Testament enthalten.

→ 1,0 Gebühr nach KV Nr. 21102, mindestens 60 EUR. Auf die Frage, ob genau N seinerzeit das Testament beurkundet hatte, kommt es gemäß Anm. (2) zu KV Nr. 21101 nicht an.[179] Bei einer Anteilsübertragung aufgrund früheren Kaufs, einer Schenkung oder eines Tauschvertrags wäre dies anders.

---

179 Nach h.M. bezieht sich diese Anmerkung allein auf KV Nr. 21101, vgl. Leipziger-GNotKG/*Deecke*, KV Nr. 21101 Rn 10;
Fackelmann/Heinemann/*Fackelmann*, KV Nr. 21100–21102 Rn 93.

4. Erbauseinandersetzung

393   Der Erbauseinandersetzungsvertrag hat die Übertragung einzelner Nachlassgegenstände auf die Miterben zum Gegenstand. Es fällt eine 2,0 Gebühr nach KV Nr. 21100 an. Geschäftswert ist der Verkehrswert der übertragenen Gegenstände (also das auseinandergesetzte Vermögen)[180] ohne Schuldenabzug. Der erwerbende Miterbe erhält nicht nur Anteile der anderen Erben übertragen. Daher ist die „eigene" Quote des Erwerbers nicht etwa abzuziehen.[181]

> *Beispiel*
>
> Wert des Hauses: 100.000 EUR.
>
> A und B sind Erben zu je ½.
>
> A erhält das Alleineigentum an dem Haus und zahlt an B 50.000 EUR. Geschäftswert: 100.000 EUR, nicht etwa 50.000 EUR.

394   Die vereinbarten Herauszahlungen oder sonstigen Gegenleistungen des Erwerbers sind unselbstständige Teile des Vertrages, also nicht zusätzlich zu veranschlagen, es sei denn, dass ihr Wert höher wäre als der Wert des übertragenen Gegenstandes.[182] Dann ergeben sie, aber auch nur sie, den Geschäftswert. In diesem Fall wird also der Grundstückswert nicht zusätzlich veranschlagt (§ 97 Abs. 3 GNotKG). Ein **Auseinandersetzungsvertrag** hat mit der aufgrund der Auseinandersetzung folgenden **Übertragung von Erbanteilen**, Bestellung von Hypotheken, Wohnrechten und Altenteilen denselben Gegenstand.[183]

395   Zu den Teilungssachen – förmliche **Vermittlung der Erbauseinandersetzung** durch den Notar (siehe oben Rdn 227).

5. Beispielhafte weitere Geschäfte im Zusammenhang mit dem Erbrecht

396   Reicht der Notar eine Verfügung von Todes wegen mit einem von ihm beurkundeten Erbscheinsantrag dem Nachlassgericht ein, handelt es sich um eine gebührenfreie Nebentätigkeit. Auch die bloße Einreichung des vom Notar beurkundeten Erbvertrages ist gebührenfreies Nebengeschäft. Gleiches gilt für die Hinterlegung von Testamenten, die er beurkundet hat. Der **isolierte Antrag auf Eröffnung einer Verfügung von Todes wegen** wird dagegen mit einer Festgebühr von 20 EUR vergütet (KV Nr. 22124). Zur Rückgabe eines Erbvertrags aus der Verwahrung des Notars siehe oben Rdn 219; zum **Erbscheinsantrag** siehe Rdn 167.

397   Der Entwurf für einen Grundbuchberichtigungsantrag infolge des Erbfalls löst eine halbe Gebühr nach KV Nr. 24102, § 92 Abs. 2 GNotKG (abgeleitet aus KV Nr. 21201 Nr. 4) aus. Geschäftswert ist der Verkehrswert des Grundbesitzes ohne Schuldenabzug.

398   Geschäftswert für **Annahme und Ausschlagung der Erbschaft** ist der Wert des auf den Erben entfallenden Anteils des Nachlasses, berechnet nach Verkehrswerten und unter Abzug der Nachlassverbindlichkeiten (§ 103 GNotKG). Der Notar erhält eine 0,5 Gebühr (KV Nr. 21201 Nr. 7 bzw. 24102 mit § 92 Abs. 2 GNotKG). Bei Überschuldung ist die spezielle Mindestgebühr von 30 EUR zu erheben.

399   Für die Annahmeerklärung, für den Antrag auf Erteilung einer Bescheinigung darüber, für die Benennung eines Ersatztestamentsvollstreckers oder Nachfolgers und für die Amtsniederlegung wird jeweils eine 0,5 Gebühr (KV Nr. 21201 Nr. 6/7) erhoben. Der Antrag auf Erteilung eines **Testamentsvollstreckerzeugnisses** ist regelmäßig mit einer eidesstattlichen Versicherung verbunden und löst dann eine 1,0 Gebühr (KV Nr. 23300) aus. Der Geschäftswert beläuft sich auf 20 % des Nachlasswertes ohne Schuldenabzug (§ 40 Abs. 5 GNotKG).

---

180 OLG Hamm, Beschl. v. 10.8.2016 – 15 W 62/16 = FamRZ 2017, 471.
181 § 70 Abs. 2 S. 2 GNotKG gilt gerade nicht für die Gebühren des Notars.
182 OLG Hamm, Beschl. v. 10.8.2016 – 15 W 62/16 = FamRZ 2017, 471.
183 *Kniebes*, MittRhNotK 1975, 193.

Für die Registrierung von Testamenten und Erbverträgen beim **Zentralen Testamentsregister** erhebt 400
die zuständige Bundesnotarkammer als Registerbehörde Gebühren nach einer eigenen Satzung (§ 78e
BNotO). Kostenschuldner ist der Erblasser selbst. Der Notar übernimmt hier in der Regel (nur) die Vermittlung der Zahlung, er zieht den verauslagten Gebührenbetrag als durchlaufenden Posten ein (KV
Nr. 32015). Eine eigene Gebühr erhält der Notar für die Meldung nicht. Es können aber Auslagen anfallen
(vor allem Datenübermittlung, KV Nr. 32002).

X. Geschäfte aus dem Handels- und Vereinsrecht

1. Gesellschaftsverträge

Gesellschaftsverträge lösen eine doppelte (= 2,0) Gebühr nach KV Nr. 21100 (mindestens 120 EUR) aus. 401
Insoweit unterscheiden sie sich nicht von anderen Verträgen (Für die „Einmann-Gründung" gilt jedoch
KV Nr. 21200).

Gesellschaftsverträge sind auf die Vereinigung der Leistungen aller Gesellschafter ausgerichtet. Geschäftswert ist daher der zusammengerechnete Wert aller Leistungen (Einlagen), ohne Rücksicht darauf,
ob sie schon erbracht worden sind oder noch erbracht werden sollen. Schulden werden nicht abgezogen
(§ 38 GNotKG). Der Wert ist **mindestens 30.000 EUR**, höchstens 10 Millionen. Der Mindestwert gilt
nicht bei Gründung einer Unternehmergesellschaft (haftungsbeschränkt) bzw. einer GmbH ausschließlich mit Musterprotokoll gemäß § 2 Abs. 1a GmbHG (§ 107 Abs. 1 GNotKG).

Beispiele 402

1. GmbH

a) Zwei Personen gründen eine GmbH. Jeder der Gesellschafter übernimmt einen Ge-
    schäftsanteil von 12.500 EUR. In der mitbeurkundeten Gesellschafterversammlung wird X
    zum Geschäftsführer bestellt. Er wird von den Beschränkungen des § 181 BGB befreit.

Geschäftswert Gesellschaftsvertrag
    (Stammkapital = 25.000 EUR, aber Mindestwert 30.000)

Geschäftswert Bestellungsbeschluss
    1 % des Stammkapitals (§§ 108 Abs, 1, 105 Abs. 4 Nr. 1
    GNotKG), mindestens jedoch 30.000 EUR

Zusammenrechnung, § 35 Abs. 1 GNotKG
    Verfahrenswert 60.000 EUR
    2,0 Gebühr (KV Nr. 21100) =   **384 EUR**

Die Erklärungen und Beschlüsse haben stets einen verschiedenen Gegenstand (§ 110 Nr. 1
GNotKG). Der Gebührensatz ist identisch (vgl. Überschrift zu Teil 2 Hauptabschnitt 1
Abschnitt 1), so dass keine Vergleichsrechnung nach § 94 GNotKG erforderlich wird.

Wäre die Geschäftsführerbestellung nicht durch Beschluss erfolgt, sondern direkt in der
Satzung niedergelegt, bliebe sie unbewertet.

b) A + B gründen zu notarieller Niederschrift eine *Unternehmergesellschaft – UG – (haf-
    tungsbeschränkt)* mittels des unveränderten Musterprotokolls (Anlage zu § 2 Abs. 1a
    GmbHG) mit einem Stammkapital von 200 EUR. Die von A + B übernommenen Ge-
    schäftsanteile betragen jeweils 100 EUR. Im Musterprotokoll ist C zum Geschäftsführer
    mit der Befreiung von den Beschränkungen des § 181 BGB bestellt.

Aufgrund der vom beurkundenden Notar entworfenen Urkunde werden die UG und als
Geschäftsführer C zur Eintragung in das Handelsregister angemeldet.

Hierfür entstehen folgende Gebühren (ohne Auslagen und Mehrwertsteuer):

Gründungsvertrag
Geschäftswert: 200 EUR (§§ 97 Abs. 1, 107 Abs. 1 GNotKG)
2,0 Gebühr (KV Nr. 21100), mindestens 120 EUR =   **120 EUR**

Die Bestellung des C zum Geschäftsführer einschließlich der Befreiung von den Beschränkungen des § 181 BGB ist Inhalt des Musterprotokolls und dabei Bestandteil eines einheitlichen Gründungsvorgangs. Sie wird nicht besonders berechnet. Wegen §§ 108 Abs. 1, 105 Abs. 6 gilt der Mindestwert von 30.000 EUR hier nicht.

Handelsregisteranmeldung

Geschäftswert: 200 EUR (§§ 119 Abs. 1, 105 Abs. 1 Nr. 1, Abs. 6 S. 1 Nr. 1 GNotKG)

0,5 Gebühr (KV Nr. 24102, § 92 Abs. 2 GNotKG, abgeleitet aus KV

Nr. 21201), mindestens 30 EUR =   **30 EUR**

Für die ersten, am selben Tag vorgenommenen Unterschriftsbeglaubigungen auf dem Entwurf fällt keine Gebühr an (Vorbemerkung 2.4.1 (2)).

2.   OHG

A und B errichten eine OHG, wobei A 20.000 EUR und B 25.000 EUR einbringen.

Geschäftswert:

Zusammengerechneter Wert der beiderseits erbrachten

Leistungen: 45.000 EUR

2,0 Gebühr =   **310 EUR**

3.   KG

A und B errichten eine KG. Der persönlich haftende Gesellschafter A bringt 100.000 EUR ein; B als Kommanditeinlage 50.000 EUR.

Geschäftswert:

Zusammengerechneter Wert aller Einlagen: 150.000 EUR

2,0 Gebühr =   **708 EUR**

Hierbei kommt es auf den Wert der tatsächlichen Einlagen an, nicht auf Gewinnanteile.

403   Erbringt ein Gesellschafter seine Einlage durch Einbringung eines Grundstücks, so ist zweierlei zu beachten:

1) Das Grundstück ist mit seinem Wert nach § 46 GNotKG und gemäß § 38 GNotKG ohne Schuldenabzug anzusetzen, auch wenn die Einlage in der Bilanz der Gesellschaft anders verbucht wird.

2) Eine bereits im Gründungsvertrag erklärte Auflassung hat denselben Gegenstand (§ 109 Abs. 1 S. 4 Nr. 2 GNotKG). Wird allerdings eine Personengesellschaft gegründet und werden einzelnen Gesellschaftern die erforderlichen Einlagen durch Schenkung Dritter zur Verfügung gestellt, dann sind Schenkung und Gesellschaftsvertrag gegenstandsverschieden.

404   **Vollzugstätigkeiten** (siehe oben Rdn 182 ff.) können unter anderem sein: Fertigen einer Gesellschafterliste nach § 8 Abs. 1 Nr. 3 GmbHG (nicht bei Verwendung des Musterprotokolls: § 2 Abs. 1a S. 4 GmbHG) gemäß Vorbemerkung 2.2.1.1 (1) S. 2 Nr. 3, KV Nr. 22110,[184] aber Höchstgebühr von 250 EUR, wenn nur diese Tätigkeit anfällt, KV Nr. 22113; Einholung einer IHK-Stellungnahme zu Unternehmensgegenstand oder Firma (Vorbemerkung 2.2.1.1 (1) S. 2 Nr. 1, KV Nr. 22110, aber Höchstgebühr 50 EUR, wenn nur diese Tätigkeit anfällt). Wert: § 112 GNotKG, Wert der Gründungsurkunde (str.).[185]

2.   Gesellschafterbeschlüsse

405   Für die Beurkundung von Beschlüssen der Organe einer Gesellschaft (z.B. Aktiengesellschaft = Aufsichtsrat, Vorstand, Hauptversammlung; Gesellschaft mit beschränkter Haftung = Gesellschafterver-

---

184 Zum Gebührensatz bei Ein-Mann-Gründung Kostenspiegel, Teil 21 Rn 28.
185 Der BGH, Beschl. v. 4.6.2019 – II ZB 16/18 = MittBayNot 2019, 613 = NotBZ 2019, 344 = RNotZ 2019, 563 hat mittlerweile die hier seit je vertretene Auffassung bestätigt.

sammlung), anderen Vereinigungen (z.B. Genossenschaft = Vorstand, Aufsichtsrat, Generalversammlung) und Stiftungen sowie Vereine gilt derselbe Gebührensatz wie für Verträge (vgl. Überschrift zu Teil 2 Hauptabschnitt 1 Abschnitt 1), also die 2,0 Gebühr (KV Nr. 21100).

Werden Organbeschlüsse zusammen mit rechtsgeschäftlichen Erklärungen (Gesellschaftsgründung, Zustimmungserklärungen oder Registeranmeldungen) beurkundet, kommt es zur Wertzusammenrechnung (§ 110 Nr. 1 GNotKG).

Bei der Ermittlung des Geschäftswerts ist zu unterscheiden zwischen Beschlüssen mit einem bestimmten Geldwert und solchen ohne bestimmten Geldwert (§ 108 Abs. 1 GNotKG). **406**

Wenn ein Beschluss einen bestimmten Geldwert hat (z.B. bei Beschlüssen über Gewinnverwendungen, Kapitalerhöhungen oder -herabsetzungen, Vergütung des Aufsichtsrates), gilt dieser. Der Wert ist aber immer wenigstens 30.000 EUR (§§ 108 Abs. 1 S. 2, 105 Abs. 1 GNotKG).

Für Beschlüsse ohne bestimmten Geldwert gelten gemäß § 108 Abs. 1 die § 105 Abs. 4 und Abs. 6 GNotKG entsprechend. Hierzu gehören z.B.: Entlastung von Vorstand und Aufsichtsrat, Wahl oder Abberufung von Aufsichtsrats- oder Vorstandsmitgliedern, Bestellung von Geschäftsführer oder Prokurist, Satzungsänderung, Wahl des Abschlussprüfers, Feststellung des Jahresabschlusses, Zusammenlegung mehrerer Geschäftsanteile einer GmbH zu einem Geschäftsanteil. **407**

Auch für mehrere Beschlüsse desselben Organs gilt der Grundsatz des § 86 Abs. 2 GNotKG. Es sind verschiedene Gegenstände, ihre Werte sind zu addieren (§ 35 Abs. 1 GNotKG). Dazu ordnet § 109 Abs. 2 Nr. 4 in lit. a bis g GNotKG Ausnahmen an. Werden in einer Verhandlung mehrere Beschlüsse beurkundet, haben sie daher nur in den in § 109 Abs. 2 Nr. 4 GNotKG genannten Fällen – und zwar jeweils innerhalb der dortigen Fallgruppen (Buchstaben) – zueinander denselben Gegenstand. Bei demselben Gegenstand wird dann nach dem höchsten Einzelwert bewertet. **408**

409

Beispiel

Die Hauptversammlung einer AG mit einem Grundkapital von 1,5 Mio. EUR hat Folgendes beschlossen:

1. Feststellung des Jahresabschlusses,
2. Verwendung des Reingewinns von 80.910 EUR,
3. Entlastung von Vorstand und Aufsichtsrat,
4. Wahlen zum Aufsichtsrat,
5. Wahl des Abschlussprüfers.

Der Notar hat in den Räumen der Gesellschaft hierüber eine Niederschrift aufgenommen. Er war dazu von 10:00 bis 16:00 Uhr außer Haus.

Bei den Beschlüssen zu 1., 3., 4. und 5. handelt es sich um solche mit unbestimmtem Geldwert, während der Beschluss zu 2. einen bestimmten Geldwert hat.

Bewertung:

1.	Reingewinn (Beschluss zu 2.)		80.910 EUR
2.	Grundkapital: 1,5 Mio. EUR.		
	1 % hiervon = 15.000 EUR. Mindestwert nach §§ 108 Abs. 1, 105 Abs. 4 GNotKG jedoch 30.000 EUR.		
	Das ergibt für den Beschluss zu 1. demnach	30.000 EUR	
3.–5.	Der Geschäftswert für die Beschlüsse zu 3., 4. und 5. beträgt nach denselben Bestimmungen ebenfalls je	30.000 EUR	120.000 EUR
Der Geschäftswert beträgt demnach			200.910 EUR

Die Entlastungsbeschlüsse (TOP 3) wurden in einer Abstimmung gefasst und haben daher denselben Gegenstand (§ 109 Abs. 2 Nr. 4e GNotKG), die weiteren Wahlen (TOP 4 und 5) dagegen erfolgten je einzeln. **410**

Sie sowie die Beschlüsse über die Verwendung des Reingewinns (TOP 2) und über die Feststellung des Jahresabschlusses (TOP 1) haben einen verschiedenen Gegenstand. Alle Erklärungen unterliegen demselben Gebührensatz (2,0), daher müssen die fünf Werte addiert (§ 35 Abs. 1 GNotKG) und von diesem Wert die Gebühr errechnet werden.

Die Gebühr beträgt im Beispiel   970 EUR.

Hinzu kommt noch die **Zusatzgebühr** gemäß KV Nr. 26002
(Beurkundung außerhalb der Geschäftsstelle) mit 12 × 50 EUR   600 EUR
Die Gesamtgebühr beträgt demnach   **1.570 EUR.**

3. Veräußerung von Geschäftsanteilen

411   Zur Abtretung von Geschäftsanteilen einer GmbH bedarf es eines notariell beurkundeten *Vertrages* (§ 15 GmbHG). Es wird daher für diese Beurkundung eine 2,0 Gebühr nach KV Nr. 21100 erhoben. Wenn der Vertrag durch getrennte Beurkundung von Angebot und Annahme vor demselben Notar zustande kommt, gelten KV Nr. 21100 einerseits, KV Nr. 21101 andererseits, die Gebühr beträgt zusammen also 2,5. Sie erhöht sich weiter (KV Nr. 21102), wenn ein anderer Notar die Annahme aufnimmt.

412   Beim Verkauf eines Geschäftsanteils liegt ein Austauschvertrag gemäß § 97 Abs. 3 GNotKG vor. Den Gegenleistungen des Erwerbers ist der nach § 54 GNotKG bestimmte Wert des Geschäftsanteils (siehe oben Rdn 99) gegenüberzustellen, der höhere Wert ist der Kostenberechnung zugrunde zu legen. Der Nominalwert des Geschäftsanteils hat nur bei einer neu gegründeten GmbH eine Aussagekraft für die Wertbestimmung.

413   Wenn Kaufvertrag und Abtretung in derselben Urkunde enthalten sind, hat die Anteilsabtretung denselben Gegenstand mit dem Kaufvertrag (letzterer ist Hauptgeschäft i.S.d. § 109 Abs. 1 S. 5 GNotKG). Wird nur die Abtretung beurkundet, kommt es darauf an, ob der Kaufvertrag bzw. das sonstige Verpflichtungsgeschäft beurkundet war (KV Nr. 21100, 21101 oder 21102).

4. Aufnahme und Ausscheiden eines Gesellschafters

414   Tritt jemand als Gesellschafter ein:

a) in das Geschäft eines *Einzelkaufmanns,* so handelt es sich um eine Gesellschaftsgründung; Geschäftswert ist dann das gesamte Gesellschaftsvermögen (ohne Schuldenabzug), nicht nur der Anteil des Eintretenden;

b) in eine *offene Handelsgesellschaft* oder *Kommanditgesellschaft,* so handelt es sich um einen Austauschvertrag; Geschäftswert ist bei einem vollhaftenden Gesellschafter der dem Eintretenden anwachsende Anteil am Aktivvermögen der Gesellschaft ohne Schuldenabzug oder – sofern höher – der Wert seiner Einlage. Beim Kommanditisten ist der Wert der Einlage mit dem erworbenen Anteil am Eigenkapital zu vergleichen (§ 54 GNotKG). Handelt es sich um eine **vermögensverwaltende Kommanditgesellschaft**, gilt allerdings auch für den Kommanditisten das Schuldenabzugsverbot, dann ist also das anteilige Aktivvermögen entscheidend (zum Hintergrund siehe Rdn 99).

Beispiele

a) In das Geschäft eines Einzelkaufmanns tritt ein Kommanditist mit einer Einlage von 100.000 EUR ein. Der Wert des **schuldenfreien** Geschäfts beträgt 150.000 EUR.
Geschäftswert: 100.000 EUR + 150.000 EUR = 250.000 EUR.

b) In eine bestehende OHG mit einem Aktivvermögen von 750.000 EUR tritt ein weiterer Gesellschafter mit einer Einlage von 50.000 EUR ein. Am Gewinn und Verlust ist er mit 20 % beteiligt; das entspricht einem anwachsenden Anteil am Aktivvermögen der Gesellschaft von 150.000 EUR. Der Anteil am Gesellschaftsvermögen ist höher als die Einlage und bildet daher den Geschäftswert = 150.000 EUR.

Beim Ausscheiden eines Gesellschafters aus einer Gesellschaft gilt nichts anderes: Geschäftswert ist daher entweder die an den Ausscheidenden zu zahlende Abfindung oder der Anteil des Ausscheidenden am Gesellschaftsvermögen (ohne Schuldenabzug), je nachdem, was höher ist.

5. Anmeldungen zum Handelsregister

Bei der Bewertung von Handelsregisteranmeldungen wird unterschieden zwischen: **415**

- Anmeldungen *mit bestimmtem* Geldbetrag (§ 105 Abs. 1 GNotKG),
- Anmeldungen *ohne bestimmten* Geldbetrag. Hierbei wird nochmals unterschieden zwischen
- ersten (§ 105 Abs. 3 GNotKG) und
- späteren Anmeldungen (§ 105 Abs. 4 GNotKG), ferner
- Anmeldungen *ohne wirtschaftliche Bedeutung*, wie z.B. die bloße Änderung der Geschäftsadresse (§ 105 Abs. 5 GNotKG).

Abgesehen von § 105 Abs. 5 GNotKG gilt für die Anmeldungen zum **Handelsregister** grundsätzlich ein **Mindestwert von 30.000 EUR.** Bei mehreren Anmeldungen in einer Urkunde gilt der Mindestwert jeweils einzeln. So z.B. auch bei Anmeldung mehrerer neuer Gesellschafter, die zusammen nach Teilung die Einlage eines Kommanditisten übernommen haben, der sie verkauft hat (oder verstorben ist).[186] Der Mindestwert greift aber nicht für Anmeldungen unter Verwendung des Musterprotokolls (§ 2 Abs. 1a GmbHG), § 105 Abs. 6 GNotKG.

§ 105 Abs. 3 bis 5 GNotKG gelten auch für Anmeldungen zum **Partnerschafts- oder Genossenschafts-** **416** **register.** Für Anmeldungen zum **Vereinsregister** gilt dagegen nur § 36 GNotKG. Für **Entwürfe** (mit anschließender Unterschriftsbeglaubigung) gilt § 105 wegen § 119 Abs. 1 GNotKG.

a) Anmeldungen mit bestimmtem Geldwert – also mit einem in das Handelsregister einzutragenden Geldbetrag – (§ 105 Abs. 1 GNotKG)

(1) Die *erste* Anmeldung einer *Kapitalgesellschaft* richtet sich immer nach dem einzutragenden Stamm- **417** oder Grundkapital mit der Besonderheit, dass ein in der Satzung einer GmbH, Aktiengesellschaft oder Kommanditgesellschaft auf Aktien bestimmtes genehmigtes Kapital dem Grundkapital hinzuzurechnen ist.

Beispiele

Eine neu gegründete AG mit einem Grundkapital von 200.000 EUR ist zur Eintragung in das Handelsregister angemeldet worden. Der Vorstand ist nach der Satzung ermächtigt, das Grundkapital um 100.000 EUR zu erhöhen.

Geschäftswert für die Anmeldung:

Grundkapital	200.000 EUR
+ genehmigtes Kapital von	100.000 EUR = 300.000 EUR.

Es wird die erste Anmeldung einer *Gesellschaft mit beschränkter Haftung* (GmbH) beurkundet oder vom Notar entworfen. Stammkapital: 50.000 EUR.

Geschäftswert, §§ 119, 105 Abs. 1 Nr. 1 GNotKG   50.000 EUR.

Bei der *Erhöhung oder Herabsetzung des Stammkapitals* einer *GmbH* liegt eine Anmeldung mit bestimmtem Geldbetrag vor (§ 105 Abs. 1 Nr. 3 GNotKG).
Ein bestimmter Geldbetrag ist nach § 105 Abs. 1 Nr. 4 GNotKG auch maßgebend bei der Anmeldung eines Beschlusses der Hauptversammlung einer AG oder KGaA über
(aa) Maßnahmen der Kapitalbeschaffung (§§ 182 bis 221 AktG),
(bb) Maßnahmen der Kapitalherabsetzung (§§ 222 bis 240 AktG).

---

186 *Streifzug*, Rn 933.

Die *Löschung einer Kapitalgesellschaft* ist in § 105 Abs. 1 GNotKG *nicht* genannt; sie ist demzufolge nach § 105 Abs. 4 GNotKG zu bewerten.

(2) Bei der *Erst*anmeldung einer *Kommandit*gesellschaft (KG) ist die Summe der Kommanditeinlagen maßgebend; hinzuzurechnen sind 30.000 EUR für den ersten und 15.000 EUR für jeden weiteren persönlich haftenden Gesellschafter (§ 105 Abs. 1 Nr. 5 GNotKG).

Beispiel

Angemeldet wird eine neu errichtete KG. Persönlich haftende Gesellschafter sind A und B. Kommanditisten sind C und D mit Kommanditeinlagen von je 20.000 EUR.

Geschäftswert:

– Kommanditeinlagen von C und D je 20.000 EUR =	40.000 EUR
– Persönlich haftende Gesellschafter	
A (*erster* persönlich haftender Gesellschafter)	30.000 EUR
B (*weiterer* persönlich haftender Gesellschafter)	15.000 EUR
Gesamtgeschäftswert:	**85.000 EUR**

Beim *Eintritt* eines Kommanditisten *oder* beim *Ausscheiden* eines Kommanditisten richtet sich der Geschäftswert nach der Kommanditeinlage. Beim *Kommanditistenwechsel im Wege der Gesamt- oder Sonderrechtsnachfolge* ist für die Anmeldung als Geschäftswert die einfache Kommanditeinlage anzunehmen. Das Gleiche gilt, wenn ein bisher *persönlich haftender Gesellschafter als Kommanditist* oder ein *Kommanditist als persönlich haftender Gesellschafter* einzutragen ist (§ 105 Abs. 1 Nr. 6 GNotKG).

Bei der Anmeldung der *Erhöhung oder Herabsetzung einer Kommanditeinlage* handelt es sich um eine solche mit bestimmtem Geldbetrag. Geschäftswert ist der Nennbetrag der Erhöhung oder Ermäßigung (§ 105 Abs. 1 Nr. 7 GNotKG).

b) Anmeldungen ohne bestimmten Geldwert – also ohne einen in das Handelsregister einzutragenden Geldbetrag – (§ 105 Abs. 2 bis 5 GNotKG)

418 (1) Der Geschäftswert beträgt bei der *ersten* Anmeldung

– eines *Einzelkaufmanns* (unabhängig von der Größe des einzutragenden Betriebes)	30.000 EUR
– einer *offenen Handelsgesellschaft* (OHG) mit zwei Gesellschaftern	45.000 EUR
hat die Gesellschaft mehr als zwei Gesellschafter, erhöht sich der Wert für den dritten und jeden weiteren Gesellschafter um jeweils	15.000 EUR

(2) Bei einer *späteren* Anmeldung beträgt der Geschäftswert, wenn die Anmeldung

– eine *Kapitalgesellschaft* betrifft, 1 % des eingetragenen Grund- oder Stammkapitals, mindestens	30.000 EUR
– eine *Personenhandelsgesellschaft* betrifft:	30.000 EUR
beim Eintritt oder Ausscheiden von *mehr* als zwei persönlich haftenden Gesellschaftern ist als Wert 15.000 EUR für jeden eintretenden oder ausscheidenden Gesellschafter anzusetzen.	
– einen *Einzelkaufmann* oder eine juristische Person (§ 33 HGB) betrifft:	30.000 EUR

Beispiele

Bei einer im Handelsregister eingetragenen GmbH (Stammkapital: 50.000 EUR) wird angemeldet:

– Geschäftsführer A + B sind abberufen,

– C ist zum Geschäftsführer bestellt worden.

Geschäftswert:

Abberufung von A	30.000 EUR
(= 1 % von 50.000 EUR = 500 EUR, mindestens jedoch 30.000 EUR.)	
Abberufung von B	30.000 EUR
Neubestellung von C	30.000 EUR
Gesamtgeschäftswert:	**90.000 EUR**

Wäre in diesem Falle auch die Änderung des Gesellschaftsvertrages (nur in einem Punkt oder auch in mehreren Punkten = *eine* Anmeldung wie die völlige Neufassung) anzumelden, so wäre dem vorgenannten Geschäftswert

ein Betrag von 1 % des Stammkapitals, mindestens aber hinzuzuzählen:	**30.000 EUR**
Gesamtgeschäftswert daher:	**120.000 EUR**

(3) *Prokurenanmeldung*

Nach § 105 Abs. 4 GNotKG („spätere Anmeldung") sind auch die Anmeldung von Prokuren bei Kapitalgesellschaften, Personenhandelsgesellschaften und/oder bei Einzelkaufleuten zu bewerten.

Beispiele

(1) Bei einer AG mit einem Grundkapital von 10.000.000 EUR wird angemeldet, dass dem X Prokura erteilt ist.

Geschäftswert: 1 % von 10.000.000 EUR = 100.000 EUR. Der Mindestwert von 30.000 EUR ist übertroffen.

(2) Bei einer KG wird zur Eintragung in das Handelsregister angemeldet:

A ist als persönlich haftender Gesellschafter ausgeschieden.

B + C wurde je Prokura erteilt.

Geschäftswert:

Ausscheiden des A	30.000 EUR
Erteilung der Prokura an B	30.000 EUR
Erteilung der Prokura an C	30.000 EUR
Gesamtgeschäftswert:	**90.000 EUR**

(3) Anmeldungen bei einer Einzelfirma:

Prokura des A ist erloschen.

B wurde Prokura erteilt.

Geschäftswert:

Erlöschen der Prokura des A	30.000 EUR
Erteilung der Prokura an B	30.000 EUR
Gesamtgeschäftswert:	**60.000 EUR**

(4) *Zweigniederlassungen*
Für Anmeldungen, die allein Zweigniederlassungen betreffen, gelten keine Vergünstigungen.

> *Beispiele*
>
> (1)   Eine GmbH mit einem Stammkapital von 300.000 EUR errichtet eine (erste oder auch weitere) Zweigniederlassung. Der Geschäftswert beträgt nach § 105 Abs. 1 Nr. 1 GNotKG – es handelt sich im Register der Zweigniederlassung um die erste Anmeldung! – 300.000 EUR.
>
> (2)   Nachdem die genannte Zweigniederlassung im Handelsregister eingetragen ist, wird zur Eintragung in das Handelsregister angemeldet, dass dem Y Prokura, beschränkt auf die Zweigniederlassung, erteilt ist. Geschäftswert: 1 % des Stammkapitals von 300.000 EUR = 3.000 EUR, mindestens aber 30.000 EUR (§ 105 Abs. 4 Nr. 1 GNotKG). Die Beschränkung auf die Zweigniederlassung wirkt sich nicht aus.
>
> (3)   Wenn Neueintragung der Zweigniederlassung und Prokurabestellung in einer Anmeldung enthalten sind, liegen zwei Anmeldungen mit verschiedenem Gegenstand vor (§ 111 Nr. 3 GNotKG). Die Werte müssen dann zusammengerechnet werden (§ 35 Abs. 1 GNotKG).

(5) *Anmeldungen ohne wirtschaftliche Bedeutung*
Ist eine Anmeldung z.B. nur deshalb erforderlich, weil sich:

- die Anschrift des betroffenen Rechtsträgers geändert hat (ohne dass damit eine Sitzverlegung vorgenommen wurde),
- der eingetragene Wohnort von Geschäftsführern oder Gesellschaftern geändert hat,
- der Name des Unternehmensinhabers oder Geschäftsführers oder eines Gesellschafters (z.B. wegen Verheiratung) geändert hat,
- die Firma geändert hat aufgrund der Änderung des Ortsnamens (z.B. durch eine kommunale Neugliederung),
- eine Satzungsänderung technischer oder redaktioneller Art, aber ohne wirtschaftlichen Wert, ergeben hat,
- eine isolierte Anmeldung der abstrakten Vertretungsbefugnis vorgenommen wird,

so beträgt der Geschäftswert 5.000 EUR (§ 105 Abs. 5 GNotKG).

c)   Gebührensatz

419   Für die Beurkundung der Anmeldung zum Handelsregister entsteht eine 0,5 Gebühr nach KV Nr. 21201, mindestens 30 EUR. Für den Entwurf mit anschließender Beglaubigung gilt im Ergebnis nichts anderes (KV Nr. 24102, § 92 Abs. 2 GNotKG).

d)   Vollzug und Betreuung

420   Zum Katalog der Vollzugs- und Betreuungstätigkeiten siehe oben (Rdn 182 ff.).

Regelmäßig und ohne besonderen Auftrag fällt bei Registeranmeldungen im elektronischen Rechtsverkehr die Gebühr für die Erfassung strukturierter Daten (XML) an, KV Nr. 22114 bzw. 22125 (siehe oben Rdn 197). Sie bestimmt sich aus dem Wert der Anmeldeurkunde und beträgt höchstens 125/250 EUR.

421   Teilweise wird der Notar beauftragt, Anmeldeerklärungen erst dann zum Register einzureichen, wenn die darin von den Geschäftsführern aus Gründen der Terminersparnis vorab erklärten Voraussetzungen (z.B. Kapitaleinzahlungen zur freien Verfügung) tatsächlich vorliegen. Dafür fällt eine Gebühr nach KV Nr. 22200 Nr. 3 an (Wert ist der gesamte Wert der Anmeldung, § 113 GNotKG).

6.   Anmeldungen zum Vereinsregister

422   Bei Anmeldungen zum Vereinsregister richtet sich der Geschäftswert nach § 36 GNotKG. Bei der Bemessung des Wertes ist auf die Bedeutung des Vereins, die Vermögenslage, den Zweck, die Mitgliedsbeiträge sowie auf die Bedeutung der Anmeldung abzustellen. Nur wenn Anhaltspunkte fehlen, ist auf den Hilfswert von 5.000 EUR zurückzugreifen (§ 36 Abs. 3 GNotKG).

Anmeldungen dieser Art lösen eine 0,5 Gebühr nach KV Nr. 21201 Nr. 5 aus.

Beispiele

Entwürfe mit anschließender Unterschriftbeglaubigung:

(1) Ein Stadtteil-Turnverein wird zur Eintragung in das Vereinsregister angemeldet.

Geschäftswert: 5.000 EUR (§ 36 Abs. 3 GNotKG).

0,5 Gebühr nach KV Nr. 24102, § 92 Abs. 2 GNotKG (abgeleitet aus KV Nr. 21201 Nr. 5) → 30 EUR (spezielle Mindestgebühr!). Die Anmeldung des Gründungsvorstands wird nicht gesondert berechnet (siehe oben Rdn 274).

(2) Angemeldet werden zu einem schon eingetragenen Verein ein neues Vorstandsmitglied und die Änderung der Vereinssatzung. Zwei verschiedene Gegenstände; daher sind die Werte zu addieren.

Geschäftswert: 2 × 5.000 EUR = 10.000 EUR.

0,5 Gebühr nach KV Nr. 24102, § 92 Abs. 2 GNotKG (abgeleitet aus KV Nr. 21201 Nr. 5) → 37,50 EUR.

Das OLG Hamm[187] hatte über die in einer Urkunde enthaltene Anmeldung **423**

■ einer Satzungsänderung,
■ des Neueintritts von drei Vorstandsmitgliedern,
■ des Ausscheidens von fünf Vorstandsmitgliedern.

zu entscheiden. Es ist für § 44 KostO – zu Recht – zu dem Ergebnis gekommen, es handele sich um *neun* verschiedene Gegenstände. Dies gilt auch unter Geltung des GNotKG. Der Geschäftswert beträgt daher 9 × 5.000 EUR = 45.000 EUR.

I. Anlagen: GNotKG und Kostenverzeichnis

I. Gesetz über Kosten der freiwilligen Gerichtsbarkeit für Gerichte und Notare (Gerichts- und Notarkostengesetz – GNotKG)

– Auszug – **424**

Das Gesetz wurde als Art. 1 des G v. 23.7.2013 BGBl S. 2586 (Zweites Gesetz zur Modernisierung des Kostenrechts – 2. Kostenrechtsmodernisierungsgesetz – 2. KostRMoG) vom Bundestag mit Zustimmung des Bundesrates beschlossen. Es trat gem. Art. 50 dieses G am 1.8.2013 in Kraft.

Zuletzt geändert durch:

■ das Kostenrechtsänderungsgesetz 2020 v. 21.12.2020 (BGBl I 2020, S. 3229) mit Wirkung ab 1.1.2021.

Vorher

■ mit Wirkung ab 1.1.2022 geändert durch das Gesetz zur Neuordnung der Aufbewahrung von Notariatsunterlagen und zur Einrichtung des Elektronischen Urkundenarchivs bei der Bundesnotarkammer sowie zur Änderung weiterer Gesetze (EUrkArchNotUNOGuaÄndG) vom 1.6.2017 (BGBl I 2017, S. 1396) – betrifft KV Nr. 32015,
■ mit Wirkung ab 1.10.2021 geändert durch das Gesetz zur Aktualisierung der Strukturreform des Gebührenrechts des Bundes (BGebRStrRefAktG) vom 18.7.2016 (BGBl I 2016, S. 1666) – betrifft KV Nr. 31012,
■ geändert durch das Wohnungseigentumsmodernisierungsgesetz v. 16.10.2020 (BGBl. I 2020, S. 2187).

---

187 OLG Hamm, Beschl. v. 19.5.2009 – I-15 Wx 46/09 = RNotZ 2009, 554.

- geändert durch das Gesetz zum Internationalen Güterrecht und zur Änderung von Vorschriften des Internationalen Privatrechts (IntGüRG/IntPRÄndG) vom 17.12.2018 (BGBl I 2018, S. 2573),
- geändert durch das Gesetz zur Einführung der elektronischen Akte in der Justiz und zur weiteren Förderung des elektronischen Rechtsverkehrs (EAJEGuERVFöG) vom 5.7.2017(BGBl I 2017, S. 2208),
- geändert durch das Gesetz zur Neuordnung der Aufbewahrung von Notariatsunterlagen und zur Einrichtung des Elektronischen Urkundenarchivs bei der Bundesnotarkammer sowie zur Änderung weiterer Gesetze (EUrkArchNotUNOGuaÄndG) vom 1.6.2017 (BGBl I 2017, S. 1396),
- geändert durch das Gesetz zur Durchführung der EU-Verordnung Nr. 655/2014 etc. vom 21.11.2016 (BGBl I. 2016, S. 2591),
- geändert durch das Gesetz zur Aktualisierung der Strukturreform des Gebührenrechts des Bundes vom 18.7.2016 (BGBl I 2016, S. 1666),
- geändert durch das Zweite Gesetz über die weitere Bereinigung von Bundesrecht vom 8.7.2016 (BGBl I 2016, S. 1594),
- geändert durch das Gesetz zur Abwicklung der staatlichen Notariate in Baden-Württemberg vom 23.11.2015 (BGBl I 2015, S. 2090),
- geändert durch die Zehnte Zuständigkeitsanpassungsverordnung vom 31.8.2015 (BGBl I 2015, S. 1474),
- geändert durch das Gesetz zum Internationalen Erbrecht und zur Änderung von Vorschriften zum Erbschein etc. vom 29.6.2015 (BGBl I 2015, S. 1042),
- geändert durch das Gesetz zur Durchführung des Haager Übereinkommens ... vom 10.12.2014 (BGBl I 2014, S. 2822; 2015, S. 1034),
- geändert durch das Gesetz zur Durchführung der Verordnung EU Nr. 1215/2012 etc. vom 8.7.2014 (BGBl I 2014, S. 890),
- geändert durch das Gesetz zur Förderung des elektronischen Rechtsverkehrs mit den Gerichten vom 10.10.2013 (BGBl I 2013, S. 3786),
- geändert durch das Gesetz zur Änderung des Handelsgesetzbuchs vom 4.10.2013 (BGBl I 2013, S. 3746),
- geändert durch das Gesetz zur Übertragung von Aufgaben im Bereich der freiwilligen Gerichtsbarkeit auf Notare vom 26.6.2013 (BGBl I 2013, S. 1800),
- geändert durch das Gesetz zur Intensivierung des Einsatzes von Videokonferenztechnik in gerichtlichen und staatsanwaltschaftlichen Verfahren vom 25.4.2013 (BGBl I 2013, S. 935),
- geändert durch das Gesetz zur Einführung einer Rechtsbehelfsbelehrung im Zivilprozess und zur Änderung anderer Vorschriften vom 5.12.2012 (BGBl I 2012, S. 2418).

Kapitel 1 Vorschriften für Gerichte und Notare

Abschnitt 1 Allgemeine Vorschriften

§ 1 Geltungsbereich

(1) Soweit bundesrechtlich nichts anderes bestimmt ist, werden Kosten (Gebühren und Auslagen) durch die Gerichte in den Angelegenheiten der freiwilligen Gerichtsbarkeit und durch die Notare für ihre Amtstätigkeit nur nach diesem Gesetz erhoben.

(2) Angelegenheiten im Sinne des Absatzes 1 sind auch

1. Verfahren nach den §§ 98, 99, 132, 142, 145, 258, 260, 293c und 315 des Aktiengesetzes,
2. Verfahren nach § 51b des Gesetzes betreffend die Gesellschaften mit beschränkter Haftung,
3. Verfahren nach § 26 des SE-Ausführungsgesetzes,
4. Verfahren nach § 10 des Umwandlungsgesetzes,
5. Verfahren nach dem Spruchverfahrensgesetz,
6. Verfahren nach den §§ 39a und 39b des Wertpapiererwerbs- und Übernahmegesetzes über den Ausschluss von Aktionären,
7. Verfahren nach § 8 Absatz 3 Satz 4 des Gesetzes über die Mitbestimmung der Arbeitnehmer in den Aufsichtsräten und Vorständen der Unternehmen des Bergbaus und der Eisen und Stahl erzeugenden Industrie,

8. Angelegenheiten des Registers für Pfandrechte an Luftfahrzeugen,
9. Verfahren nach der Verfahrensordnung für Höfesachen,
10. Pachtkreditsachen nach dem Pachtkreditgesetz,
11. Verfahren nach dem Verschollenheitsgesetz,
12. Verfahren nach dem Transsexuellengesetz,
13. Verfahren nach § 84 Absatz 2 und § 189 des Versicherungsvertragsgesetzes,
14. Verfahren nach dem Personenstandsgesetz,
15. Verfahren nach § 7 Absatz 3 des Erbbaurechtsgesetzes,
16. Verteilungsverfahren, soweit sich die Kosten nicht nach dem Gerichtskostengesetz bestimmen,
17. Verfahren über die Bewilligung der öffentlichen Zustellung einer Willenserklärung und die Bewilligung der Kraftloserklärung von Vollmachten (§ 132 Absatz 2 und § 176 Absatz 2 des Bürgerlichen Gesetzbuchs),
18. Verfahren über Anordnungen über die Zulässigkeit der Verwendung von Verkehrsdaten,
19. Verfahren nach den §§ 23 bis 29 des Einführungsgesetzes zum Gerichtsverfassungsgesetz,
20. Verfahren nach § 138 Absatz 2 des Urheberrechtsgesetzes und
21. gerichtliche Verfahren nach § 335 Absatz 4 des Handelsgesetzbuchs.

(3) Dieses Gesetz gilt nicht in Verfahren, in denen Kosten nach dem Gesetz über Gerichtskosten in Familiensachen zu erheben sind. In Verfahren nach der Verordnung (EU) Nr. 655/2014 des Europäischen Parlaments und des Rates vom 15.5.2014 zur Einführung eines Verfahrens für einen Europäischen Beschluss zur vorläufigen Kontenpfändung im Hinblick auf die Erleichterung der grenzüberschreitenden Eintreibung von Forderungen in Zivil- und Handelssachen werden Kosten nach dem Gerichtskostengesetz erhoben.

(4) Kosten nach diesem Gesetz werden auch erhoben für Verfahren über eine Beschwerde, die mit einem der in den Absätzen 1 und 2 genannten Verfahren im Zusammenhang steht.

(5) Soweit nichts anderes bestimmt ist, bleiben die landesrechtlichen Kostenvorschriften unberührt für

1. in Landesgesetzen geregelte Verfahren und Geschäfte der freiwilligen Gerichtsbarkeit sowie
2. solche Geschäfte der freiwilligen Gerichtsbarkeit, in denen nach Landesgesetz andere als gerichtliche Behörden oder Notare zuständig sind.

(6) Die Vorschriften dieses Gesetzes über die Erinnerung und die Beschwerde gehen den Regelungen der für das zugrunde liegende Verfahren geltenden Verfahrensvorschriften vor.

§ 3 Höhe der Kosten

(1) Die Gebühren richten sich nach dem Wert, den der Gegenstand des Verfahrens oder des Geschäfts hat (Geschäftswert), soweit nichts anderes bestimmt ist.

(2) Kosten werden nach dem Kostenverzeichnis der Anlage 1 zu diesem Gesetz erhoben.

§ 4 Auftrag an einen Notar

Die Erteilung eines Auftrags an einen Notar steht der Stellung eines Antrags im Sinne dieses Kapitels gleich.

§ 5 Verweisung, Abgabe

(3) Verweist der Notar ein Teilungsverfahren an einen anderen Notar, entstehen die Gebühren für jeden Notar gesondert.

§ 6 Verjährung, Verzinsung

(1) Ansprüche auf Zahlung von Gerichtskosten verjähren in vier Jahren nach Ablauf des Kalenderjahres, in dem das Verfahren durch rechtskräftige Entscheidung über die Kosten, durch Vergleich oder in sonstiger Weise beendet ist. Bei Dauerbetreuungen, Dauerpflegschaften, Nachlasspflegschaften, Nachlass- oder Gesamtgutsverwaltungen beginnt die Verjährung hinsichtlich der Jahresgebühren am Tag vor deren Fälligkeit, hinsichtlich der Auslagen mit deren Fälligkeit. Ansprüche auf Zahlung von Notarkosten verjähren in vier Jahren nach Ablauf des Kalenderjahres, in dem die Kosten fällig geworden sind.

(2) Ansprüche auf Rückzahlung von Kosten verjähren in vier Jahren nach Ablauf des Kalenderjahres, in dem die Zahlung erfolgt ist. Die Verjährung beginnt jedoch nicht vor dem jeweiligen in Absatz 1 bezeich-

neten Zeitpunkt. Durch die Einlegung eines Rechtsbehelfs mit dem Ziel der Rückzahlung wird die Verjährung wie durch Klageerhebung gehemmt.

(3) Auf die Verjährung sind die Vorschriften des Bürgerlichen Gesetzbuchs anzuwenden; die Verjährung wird nicht von Amts wegen berücksichtigt. Die Verjährung der Ansprüche auf Zahlung von Kosten beginnt auch durch die Aufforderung zur Zahlung oder durch eine dem Schuldner mitgeteilte Stundung erneut; ist der Aufenthalt des Kostenschuldners unbekannt, so genügt die Zustellung durch Aufgabe zur Post unter seiner letzten bekannten Anschrift. Bei Kostenbeträgen unter 25 EUR beginnt die Verjährung weder erneut noch wird sie oder ihr Ablauf gehemmt.

(4) Ansprüche auf Zahlung und Rückzahlung von Gerichtskosten werden nicht verzinst.

§ 7 Elektronische Akte, elektronisches Dokument

In Verfahren nach diesem Gesetz sind die verfahrensrechtlichen Vorschriften über die elektronische Akte und über das elektronische Dokument anzuwenden, die für das dem kostenrechtlichen Verfahren zugrunde liegende Verfahren gelten.

§ 7a Rechtsbehelfsbelehrung

Jede Kostenrechnung, jede anfechtbare Entscheidung und jede Kostenberechnung eines Notars hat eine Belehrung über den statthaften Rechtsbehelf sowie über die Stelle, bei der dieser Rechtsbehelf einzulegen ist, über deren Sitz und über die einzuhaltende Form und Frist zu enthalten.

Abschnitt 2 Fälligkeit

§ 10 Fälligkeit der Notarkosten

Notargebühren werden mit der Beendigung des Verfahrens oder des Geschäfts, Auslagen des Notars und die Gebühren 25300 und 25301 sofort nach ihrer Entstehung fällig.

Abschnitt 3 Sicherstellung der Kosten

§ 11 Zurückbehaltungsrecht

Urkunden, Ausfertigungen, Ausdrucke und Kopien sowie gerichtliche Unterlagen können nach billigem Ermessen zurückbehalten werden, bis die in der Angelegenheit entstandenen Kosten bezahlt sind. Dies gilt nicht, soweit § 53 des Beurkundungsgesetzes der Zurückbehaltung entgegensteht.

§ 15 Abhängigmachung bei Notarkosten

Die Tätigkeit des Notars kann von der Zahlung eines zur Deckung der Kosten ausreichenden Vorschusses abhängig gemacht werden.

§ 16 Ausnahmen von der Abhängigmachung

Die beantragte Handlung darf nicht von der Sicherstellung oder Zahlung der Kosten abhängig gemacht werden,

1. soweit dem Antragsteller Verfahrenskostenhilfe bewilligt ist oder im Fall des § 17 Absatz 2 der Bundesnotarordnung der Notar die Urkundstätigkeit vorläufig gebührenfrei oder gegen Zahlung der Gebühren in Monatsraten zu gewähren hat,
2. wenn dem Antragsteller Gebührenfreiheit zusteht,
3. wenn ein Notar erklärt hat, dass er für die Kostenschuld des Antragstellers die persönliche Haftung übernimmt,
4. wenn die Tätigkeit weder aussichtslos noch ihre Inanspruchnahme mutwillig erscheint und wenn glaubhaft gemacht wird, dass a) dem Antragsteller die alsbaldige Zahlung der Kosten mit Rücksicht auf seine Vermögenslage oder aus sonstigen Gründen Schwierigkeiten bereiten würde oder b) eine Verzögerung dem Antragsteller einen nicht oder nur schwer zu ersetzenden Schaden bringen würde; zur Glaubhaftmachung genügt in diesem Fall die Erklärung des zum Bevollmächtigten bestellten Rechtsanwalts,
5. wenn aus einem anderen Grund das Verlangen nach vorheriger Zahlung oder Sicherstellung der Kosten nicht angebracht erscheint, insbesondere wenn die Berichtigung des Grundbuchs oder die Eintragung eines Widerspruchs beantragt wird oder die Rechte anderer Beteiligter beeinträchtigt werden.

Abschnitt 4 Kostenerhebung

§ 19 Einforderung der Notarkosten

(1) Die Notarkosten dürfen nur aufgrund einer dem Kostenschuldner mitgeteilten, von dem Notar unterschriebenen Berechnung eingefordert werden. Der Lauf der Verjährungsfrist ist nicht von der Mitteilung der Berechnung abhängig.

(2) Die Berechnung muss enthalten

1. eine Bezeichnung des Verfahrens oder Geschäfts,
2. die angewandten Nummern des Kostenverzeichnisses,
3. den Geschäftswert bei Gebühren, die nach dem Geschäftswert berechnet sind,
4. die Beträge der einzelnen Gebühren und Auslagen, wobei bei den jeweiligen Dokumentenpauschalen (Nummern 32000 bis 32003) und bei den Entgelten für Post- und Telekommunikationsdienstleistungen (Nummer 32004) die Angabe des Gesamtbetrags genügt, und
5. die gezahlten Vorschüsse.

(3) Die Berechnung soll enthalten

1. eine kurze Bezeichnung des jeweiligen Gebührentatbestands und der Auslagen,
2. die Wertvorschriften der §§ 36, 40 bis 54, 97 bis 108, 112 bis 124, aus denen sich der Geschäftswert für die jeweilige Gebühr ergibt, und
3. die Werte der einzelnen Gegenstände, wenn sich der Geschäftswert aus der Summe der Werte mehrerer Verfahrensgegenstände ergibt (§ 35 Absatz 1).

(4) Eine Berechnung ist nur unwirksam, wenn sie nicht den Vorschriften der Absätze 1 und 2 entspricht.

(5) Wird eine Berechnung durch gerichtliche Entscheidung aufgehoben, weil sie nicht den Vorschriften des Absatzes 3 entspricht, bleibt ein bereits eingetretener Neubeginn der Verjährung unberührt.

(6) Der Notar hat eine Kopie oder einen Ausdruck der Berechnung zu seinen Akten zu nehmen oder die Berechnung elektronisch aufzubewahren.

§ 21 Nichterhebung von Kosten

(1) Kosten, die bei richtiger Behandlung der Sache nicht entstanden wären, werden nicht erhoben. Das Gleiche gilt für Auslagen, die durch eine von Amts wegen veranlasste Verlegung eines Termins oder Vertagung einer Verhandlung entstanden sind. Für abweisende Entscheidungen sowie bei Zurücknahme eines Antrags kann von der Erhebung von Kosten abgesehen werden, wenn der Antrag auf unverschuldeter Unkenntnis der tatsächlichen oder rechtlichen Verhältnisse beruht.

(2) Werden die Kosten von einem Gericht erhoben, trifft dieses die Entscheidung. Solange das Gericht nicht entschieden hat, können Anordnungen nach Absatz 1 im Verwaltungsweg erlassen werden. Eine im Verwaltungsweg getroffene Anordnung kann nur im Verwaltungsweg geändert werden.

Abschnitt 5 Kostenhaftung

Unterabschnitt 2 Notarkosten

§ 29 Kostenschuldner im Allgemeinen

Die Notarkosten schuldet, wer

1. den Auftrag erteilt oder den Antrag gestellt hat,
2. die Kostenschuld gegenüber dem Notar übernommen hat oder
3. für die Kostenschuld eines anderen kraft Gesetzes haftet.

§ 30 Haftung der Urkundsbeteiligten

(1) Die Kosten des Beurkundungsverfahrens und die im Zusammenhang mit dem Beurkundungsverfahren anfallenden Kosten des Vollzugs und der Betreuungstätigkeiten schuldet ferner jeder, dessen Erklärung beurkundet worden ist.

(2) Werden im Beurkundungsverfahren die Erklärungen mehrerer Beteiligter beurkundet und betreffen die Erklärungen verschiedene Rechtsverhältnisse, beschränkt sich die Haftung des Einzelnen auf die Kosten, die entstanden wären, wenn die übrigen Erklärungen nicht beurkundet worden wären.

(3) Derjenige, der in einer notariellen Urkunde die Kosten dieses Beurkundungsverfahrens, die im Zusammenhang mit dem Beurkundungsverfahren anfallenden Kosten des Vollzugs und der Betreuungstätigkeiten oder sämtliche genannten Kosten übernommen hat, haftet insoweit auch gegenüber dem Notar.

§ 31 Besonderer Kostenschuldner

(1) Schuldner der Kosten, die für die Beurkundung des Zuschlags bei der freiwilligen Versteigerung eines Grundstücks oder grundstücksgleichen Rechts anfallen, ist vorbehaltlich des § 29 Nummer 3 nur der Ersteher.

(2) Für die Kosten, die durch die Errichtung eines Nachlassinventars und durch Tätigkeiten zur Nachlasssicherung entstehen, haften nur die Erben, und zwar nach den Vorschriften des Bürgerlichen Gesetzbuchs über Nachlassverbindlichkeiten.

(3) Schuldner der Kosten der Auseinandersetzung eines Nachlasses oder des Gesamtguts nach Beendigung der ehelichen, lebenspartnerschaftlichen oder fortgesetzten Gütergemeinschaft sind die Anteilsberechtigten; dies gilt nicht, soweit der Antrag zurückgenommen oder zurückgewiesen wurde. Ferner sind die für das Amtsgericht geltenden Vorschriften über die Kostenhaftung entsprechend anzuwenden."

Unterabschnitt 3 Mehrere Kostenschuldner

§ 32 Mehrere Kostenschuldner

(1) Mehrere Kostenschuldner haften als Gesamtschuldner.

(2) Sind durch besondere Anträge eines Beteiligten Mehrkosten entstanden, so fallen diese ihm allein zur Last.

Abschnitt 6 Gebührenvorschriften

§ 34 Wertgebühren

(1) Wenn sich die Gebühren nach dem Geschäftswert richten, bestimmt sich die Höhe der Gebühr nach Tabelle A oder Tabelle B.

(2) Die Gebühr beträgt bei einem Geschäftswert bis 500 EUR nach Tabelle A 35 EUR, nach Tabelle B 15 EUR. Die Gebühr erhöht sich bei einem

Geschäftswert bis ... Euro	für jeden angefangenen Betrag von weiteren ... Euro	in Tabelle A um ... Euro	in Tabelle B um ... Euro
2.000	500	20	4
10.000	1.000	21	6
25.000	3.000	29	8
50.000	5.000	38	10
200.000	15.000	132	27
500.000	30.000	198	50
Über 500.000	50.000	198	
5.000.000	50.000		80
10.000.000	200.000		130
20.000.000	250.000		150
30.000.000	500.000		280
Über 30.000.000	1.000.000		120

(3) Gebührentabellen für Geschäftswerte bis 3 Millionen EUR sind diesem Gesetz als Anlage 2 beigefügt.

(4) Gebühren werden auf den nächstliegenden Cent auf- oder abgerundet; 0,5 Cent werden aufgerundet.

(5) Der Mindestbetrag einer Gebühr ist 15 EUR.

Abschnitt 7 Wertvorschriften

Unterabschnitt 1 Allgemeine Wertvorschriften

§ 35 Grundsatz

(1) In demselben Verfahren und in demselben Rechtszug werden die Werte mehrerer Verfahrensgegenstände zusammengerechnet, soweit nichts anderes bestimmt ist.

(2) Der Geschäftswert beträgt, wenn die Tabelle A anzuwenden ist, höchstens 30 Millionen EUR, wenn die Tabelle B anzuwenden ist, höchstens 60 Millionen EUR, wenn kein niedrigerer Höchstwert bestimmt ist.

§ 36 Allgemeiner Geschäftswert

(1) Soweit sich in einer vermögensrechtlichen Angelegenheit der Geschäftswert aus den Vorschriften dieses Gesetzes nicht ergibt und er auch sonst nicht feststeht, ist er nach billigem Ermessen zu bestimmen.

(2) Soweit sich in einer nichtvermögensrechtlichen Angelegenheit der Geschäftswert aus den Vorschriften dieses Gesetzes nicht ergibt, ist er unter Berücksichtigung aller Umstände des Einzelfalls, insbesondere des Umfangs und der Bedeutung der Sache und der Vermögens- und Einkommensverhältnisse der Beteiligten, nach billigem Ermessen zu bestimmen, jedoch nicht über 1 Million EUR.

(3) Bestehen in den Fällen der Absätze 1 und 2 keine genügenden Anhaltspunkte für eine Bestimmung des Werts, ist von einem Geschäftswert von 5.000 EUR auszugehen.

(4) Wenn sich die Gerichtsgebühren nach den für Notare geltenden Vorschriften bestimmen, sind die für Notare geltenden Wertvorschriften entsprechend anzuwenden. Wenn sich die Notargebühren nach den für Gerichte geltenden Vorschriften bestimmen, sind die für Gerichte geltenden Wertvorschriften entsprechend anzuwenden.

§ 37 Früchte, Nutzungen, Zinsen, Vertragsstrafen, sonstige Nebengegenstände und Kosten

(1) Sind außer dem Hauptgegenstand des Verfahrens auch Früchte, Nutzungen, Zinsen, Vertragsstrafen, sonstige Nebengegenstände oder Kosten betroffen, wird deren Wert nicht berücksichtigt.

(2) Soweit Früchte, Nutzungen, Zinsen, Vertragsstrafen, sonstige Nebengegenstände oder Kosten ohne den Hauptgegenstand betroffen sind, ist deren Wert maßgebend, soweit er den Wert des Hauptgegenstands nicht übersteigt.

(3) Sind die Kosten des Verfahrens ohne den Hauptgegenstand betroffen, ist der Betrag der Kosten maßgebend, soweit er den Wert des Hauptgegenstands nicht übersteigt.

§ 38 Belastung mit Verbindlichkeiten

Verbindlichkeiten, die auf einer Sache oder auf einem Recht lasten, werden bei Ermittlung des Geschäftswerts nicht abgezogen, sofern nichts anderes bestimmt ist. Dies gilt auch für Verbindlichkeiten eines Nachlasses, einer sonstigen Vermögensmasse und im Fall einer Beteiligung an einer Personengesellschaft auch für deren Verbindlichkeiten.

§ 39 Auskunftspflichten

(1) Ein Notar, der einen Antrag bei Gericht einreicht, hat dem Gericht den von ihm zugrunde gelegten Geschäftswert hinsichtlich eines jeden Gegenstands mitzuteilen, soweit dieser für die vom Gericht zu erhebenden Gebühren von Bedeutung ist. Auf Ersuchen des Gerichts hat der Notar, der Erklärungen beurkundet hat, die bei Gericht eingereicht worden sind, oder Unterschriften oder Handzeichen unter solchen Erklärungen beglaubigt hat, in entsprechendem Umfang Auskunft zu erteilen.

(2) Legt das Gericht seinem Kostenansatz einen von Absatz 1 abweichenden Geschäftswert zugrunde, so ist dieser dem Notar mitzuteilen. Auf Ersuchen des Notars, der Erklärungen beurkundet oder beglaubigt hat, die bei Gericht eingereicht werden, hat das Gericht über die für die Geschäftswertbestimmung maßgeblichen Umstände Auskunft zu erteilen.

Unterabschnitt 2 Besondere Geschäftswertvorschriften

§ 40 Erbschein, Europäisches Nachlasszeugnis, Zeugnis über die Fortsetzung der Gütergemeinschaft und Testamentsvollstreckerzeugnis

(1) Der Geschäftswert für das Verfahren zur

1. Abnahme der eidesstattlichen Versicherung zur Erlangung eines Erbscheins oder eines Europäischen Nachlasszeugnisses,
2. Erteilung eines Erbscheins oder Ausstellung eines Europäischen Nachlasszeugnisses, soweit dieses die Rechtsstellung und die Rechte der Erben oder Vermächtnisnehmer mit unmittelbarer Berechtigung am Nachlass betrifft,
3. Einziehung oder Kraftloserklärung eines Erbscheins
4. Änderung oder zum Widerruf eines Europäischen Nachlasszeugnisses, soweit die Rechtsstellung und Rechte der Erben oder Vermächtnisnehmer mit unmittelbarer Berechtigung am Nachlass betroffen sind,

ist der Wert des Nachlasses im Zeitpunkt des Erbfalls. Vom Erblasser herrührende Verbindlichkeiten werden abgezogen. Ist in dem Erbschein lediglich die Hoferbfolge zu bescheinigen, ist Geschäftswert der Wert des Hofs. Abweichend von Satz 2 werden nur die auf dem Hof lastenden Verbindlichkeiten mit Ausnahme der Hypotheken, Grund- und Rentenschulden (§ 15 Absatz 2 der Höfeordnung) abgezogen.

(2) Beziehen sich die in Absatz 1 genannten Verfahren nur auf das Erbrecht eines Miterben, bestimmt sich der Geschäftswert nach dem Anteil dieses Miterben. Entsprechendes gilt, wenn ein weiterer Miterbe einer bereits beurkundeten eidesstattlichen Versicherung beitritt.

(3) Erstrecken sich die Wirkungen eines Erbscheins nur auf einen Teil des Nachlasses, bleiben diejenigen Gegenstände, die von der Erbscheinswirkung nicht erfasst werden, bei der Berechnung des Geschäftswerts außer Betracht; Nachlassverbindlichkeiten werden nicht abgezogen. Macht der Kostenschuldner glaubhaft, dass der Geschäftswert nach Absatz 1 niedriger ist, so ist dieser maßgebend. Die Sätze 1 und 2 finden auf die Ausstellung, die Änderung und den Widerruf eines Europäischen Nachlasszeugnisses entsprechende Anwendung.

(4) Auf ein Verfahren, das ein Zeugnis über die Fortsetzung der Gütergemeinschaft betrifft, sind die Absätze 1 bis 3 entsprechend anzuwenden; an die Stelle des Nachlasses tritt der halbe Wert des Gesamtguts der fortgesetzten Gütergemeinschaft.

(5) In einem Verfahren, das ein Zeugnis über die Ernennung eines Testamentsvollstreckers betrifft, beträgt der Geschäftswert 20 Prozent des Nachlasswerts im Zeitpunkt des Erbfalls, wobei Nachlassverbindlichkeiten nicht abgezogen werden; die Absätze 2 und 3 sind entsprechend anzuwenden. Dies gilt entsprechend, soweit die Angabe der Befugnisse des Testamentsvollstreckers Gegenstand eines Verfahrens wegen eines Europäischen Nachlasszeugnisses ist.

(6) Bei der Ermittlung des Werts und der Zusammensetzung des Nachlasses steht § 30 der Abgabenordnung einer Auskunft des Finanzamts nicht entgegen.

§ 41 Zeugnisse zum Nachweis der Auseinandersetzung eines Nachlasses oder Gesamtguts

In einem Verfahren, das ein Zeugnis nach den §§ 36 und 37 der Grundbuchordnung oder nach § 42 der Schiffsregisterordnung, auch in Verbindung mit § 74 der Schiffsregisterordnung oder § 86 des Gesetzes über Rechte an Luftfahrzeugen, betrifft, ist Geschäftswert der Wert der Gegenstände, auf die sich der Nachweis der Rechtsnachfolge erstreckt.

§ 42 Wohnungs- und Teileigentum

(1) Bei der Begründung von Wohnungs- oder Teileigentum und bei Geschäften, die die Aufhebung oder das Erlöschen von Sondereigentum betreffen, ist Geschäftswert der Wert des bebauten Grundstücks. Ist

das Grundstück noch nicht bebaut, ist dem Grundstückswert der Wert des zu errichtenden Bauwerks hinzuzurechnen.

(2) Bei Wohnungs- und Teilerbbaurechten gilt Absatz 1 entsprechend, wobei an die Stelle des Grundstückswerts der Wert des Erbbaurechts tritt.

§ 43 Erbbaurechtsbestellung

Wird bei der Bestellung eines Erbbaurechts als Entgelt ein Erbbauzins vereinbart, ist Geschäftswert der nach § 52 errechnete Wert des Erbbauzinses. Ist der nach § 49 Absatz 2 errechnete Wert des Erbbaurechts höher, so ist dieser maßgebend.

§ 44 Mithaft

(1) Bei der Einbeziehung eines Grundstücks in die Mithaft wegen eines Grundpfandrechts und bei der Entlassung aus der Mithaft bestimmt sich der Geschäftswert nach dem Wert des einbezogenen oder entlassenen Grundstücks, wenn dieser geringer als der Wert nach § 53 Absatz 1 ist. Die Löschung eines Grundpfandrechts, bei dem bereits zumindest ein Grundstück aus der Mithaft entlassen worden ist, steht hinsichtlich der Geschäftswertbestimmung der Entlassung aus der Mithaft gleich.

(2) Absatz 1 gilt entsprechend für grundstücksgleiche Rechte.

(3) Absatz 1 gilt ferner entsprechend

1. für Schiffshypotheken mit der Maßgabe, dass an die Stelle des Grundstücks das Schiff oder das Schiffsbauwerk tritt, und
2. für Registerpfandrechte an einem Luftfahrzeug mit der Maßgabe, dass an die Stelle des Grundstücks das Luftfahrzeug tritt.

§ 45 Rangverhältnisse und Vormerkungen

(1) Bei Einräumung des Vorrangs oder des gleichen Rangs ist Geschäftswert der Wert des vortretenden Rechts, höchstens jedoch der Wert des zurücktretenden Rechts.

(2) Die Vormerkung gemäß § 1179 des Bürgerlichen Gesetzbuchs zugunsten eines nach- oder gleichstehenden Berechtigten steht der Vorrangseinräumung gleich. Dasselbe gilt für den Fall, dass ein nachrangiges Recht gegenüber einer vorrangigen Vormerkung wirksam sein soll. Der Ausschluss des Löschungsanspruchs nach § 1179a Absatz 5 des Bürgerlichen Gesetzbuchs, auch in Verbindung mit § 1179b Absatz 2 des Bürgerlichen Gesetzbuchs, ist wie ein Rangrücktritt des Rechts zu behandeln, als dessen Inhalt der Ausschluss vereinbart wird.

(3) Geschäftswert einer sonstigen Vormerkung ist der Wert des vorgemerkten Rechts; § 51 Absatz 1 Satz 2 ist entsprechend anzuwenden.

Unterabschnitt 3 Bewertungsvorschriften

§ 46 Sache

(1) Der Wert einer Sache wird durch den Preis bestimmt, der im gewöhnlichen Geschäftsverkehr nach der Beschaffenheit der Sache unter Berücksichtigung aller den Preis beeinflussenden Umstände bei einer Veräußerung zu erzielen wäre (Verkehrswert).

(2) Steht der Verkehrswert nicht fest, ist er zu bestimmen

1. nach dem Inhalt des Geschäfts,
2. nach den Angaben der Beteiligten,
3. anhand von sonstigen amtlich bekannten Tatsachen oder Vergleichswerten aufgrund einer amtlichen Auskunft oder
4. anhand offenkundiger Tatsachen.

(3) Bei der Bestimmung des Verkehrswerts eines Grundstücks können auch herangezogen werden

1. im Grundbuch eingetragene Belastungen,
2. aus den Grundakten ersichtliche Tatsachen oder Vergleichswerte oder

3. für Zwecke der Steuererhebung festgesetzte Werte. Im Fall der Nummer 3 steht § 30 der Abgabenordnung einer Auskunft des Finanzamts nicht entgegen.

(4) Eine Beweisaufnahme zur Feststellung des Verkehrswerts findet nicht statt.

§ 47 Sache bei Kauf

Im Zusammenhang mit dem Kauf wird der Wert der Sache durch den Kaufpreis bestimmt. Der Wert der vorbehaltenen Nutzungen und der vom Käufer übernommenen oder ihm sonst infolge der Veräußerung obliegenden Leistungen wird hinzugerechnet. Ist der nach den Sätzen 1 und 2 ermittelte Wert niedriger als der Verkehrswert, ist der Verkehrswert maßgebend.

§ 48 Land- und forstwirtschaftliches Vermögen

(1) Im Zusammenhang mit der Übergabe oder Zuwendung eines land- oder forstwirtschaftlichen Betriebs mit Hofstelle an eine oder mehrere natürliche Personen einschließlich der Abfindung weichender Erben beträgt der Wert des land- und forstwirtschaftlichen Vermögens im Sinne des Bewertungsgesetzes höchstens das Vierfache des letzten Einheitswerts, der zur Zeit der Fälligkeit der Gebühr bereits festgestellt ist, wenn

1. die unmittelbare Fortführung des Betriebs durch den Erwerber selbst beabsichtigt ist und
2. der Betrieb unmittelbar nach Vollzug der Übergabe oder Zuwendung einen nicht nur unwesentlichen Teil der Existenzgrundlage des zukünftigen Inhabers bildet. § 46 Absatz 3 Satz 2 gilt entsprechend. Ist der Einheitswert noch nicht festgestellt, so ist dieser vorläufig zu schätzen; die Schätzung ist nach der ersten Feststellung des Einheitswerts zu berichtigen; die Frist des § 20 Absatz 1 beginnt erst mit der Feststellung des Einheitswerts. In dem in Artikel 3 des Einigungsvertrages genannten Gebiet gelten für die Bewertung des land- und forstwirtschaftlichen Vermögens die Vorschriften des Dritten Abschnitts im Zweiten Teil des Bewertungsgesetzes mit Ausnahme von § 125 Absatz 3; § 126 Absatz 2 des Bewertungsgesetzes ist sinngemäß anzuwenden.

(2) Weicht der Gegenstand des gebührenpflichtigen Geschäfts vom Gegenstand der Einheitsbewertung oder vom Gegenstand der Bildung des Ersatzwirtschaftswerts wesentlich ab oder hat sich der Wert infolge bestimmter Umstände, die nach dem Feststellungszeitpunkt des Einheitswerts oder des Ersatzwirtschaftswerts eingetreten sind, wesentlich verändert, so ist der nach den Grundsätzen der Einheitsbewertung oder der Bildung des Ersatzwirtschaftswerts geschätzte Wert maßgebend.

(3) Die Absätze 1 und 2 sind entsprechend anzuwenden für die Bewertung

1. eines Hofs im Sinne der Höfeordnung und
2. eines landwirtschaftlichen Betriebs in einem Verfahren aufgrund der Vorschriften über die gerichtliche Zuweisung eines Betriebs (§ 1 Nummer 2 des Gesetzes über das gerichtliche Verfahren in Landwirtschaftssachen), sofern das Verfahren mit der Zuweisung endet.

§ 49 Grundstücksgleiche Rechte

(1) Die für die Bewertung von Grundstücken geltenden Vorschriften sind auf Rechte entsprechend anzuwenden, die den für Grundstücke geltenden Vorschriften unterliegen, soweit sich aus Absatz 2 nichts anderes ergibt.

(2) Der Wert eines Erbbaurechts beträgt 80 Prozent der Summe aus den Werten des belasteten Grundstücks und darauf errichteter Bauwerke; sofern die Ausübung des Rechts auf eine Teilfläche beschränkt ist, sind 80 Prozent vom Wert dieser Teilfläche zugrunde zu legen.

§ 50 Bestimmte schuldrechtliche Verpflichtungen

Der Wert beträgt bei einer schuldrechtlichen Verpflichtung

1. über eine Sache oder ein Recht nicht oder nur eingeschränkt zu verfügen, 10 Prozent des Verkehrswerts der Sache oder des Werts des Rechts;
2. zur eingeschränkten Nutzung einer Sache 20 Prozent des Verkehrswerts der Sache;
3. zur Errichtung eines Bauwerks, wenn es sich um a) ein Wohngebäude handelt, 20 Prozent des Verkehrswerts des unbebauten Grundstücks, b) ein gewerblich genutztes Bauwerk handelt, 20 Prozent der voraussichtlichen Herstellungskosten;
4. zu Investitionen 20 Prozent der Investitionssumme.

§ 51 Erwerbs- und Veräußerungsrechte, Verfügungsbeschränkungen

(1) Der Wert eines Ankaufsrechts oder eines sonstigen Erwerbs- oder Veräußerungsrechts ist der Wert des Gegenstands, auf den sich das Recht bezieht. Der Wert eines Vorkaufs- oder Wiederkaufsrechts ist die Hälfte des Werts nach Satz 1.

(2) Der Wert einer Verfügungsbeschränkung, insbesondere nach den §§ 1365 und 1369 des Bürgerlichen Gesetzbuchs sowie einer Belastung gemäß § 1010 des Bürgerlichen Gesetzbuchs, beträgt 30 Prozent des von der Beschränkung betroffenen Gegenstands.

(3) Ist der nach den Absätzen 1 und 2 bestimmte Wert nach den besonderen Umständen des Einzelfalls unbillig, kann ein höherer oder ein niedrigerer Wert angenommen werden.

§ 52 Nutzungs- und Leistungsrechte

(1) Der Wert einer Dienstbarkeit, einer Reallast oder eines sonstigen Rechts oder Anspruchs auf wiederkehrende oder dauernde Nutzungen oder Leistungen einschließlich des Unterlassens oder Duldens bestimmt sich nach dem Wert, den das Recht für den Berechtigten oder für das herrschende Grundstück hat.

(2) Ist das Recht auf eine bestimmte Zeit beschränkt, ist der auf die Dauer des Rechts entfallende Wert maßgebend. Der Wert ist jedoch durch den auf die ersten 20 Jahre entfallenden Wert des Rechts beschränkt. Ist die Dauer des Rechts außerdem auf die Lebensdauer einer Person beschränkt, darf der nach Absatz 4 bemessene Wert nicht überschritten werden.

(3) Der Wert eines Rechts von unbeschränkter Dauer ist der auf die ersten 20 Jahre entfallende Wert. Der Wert eines Rechts von unbestimmter Dauer ist der auf die ersten zehn Jahre entfallende Wert, soweit sich aus Absatz 4 nichts anderes ergibt.

(4) Ist das Recht auf die Lebensdauer einer Person beschränkt, ist sein Wert

bei einem Lebensalter von …	Der auf die ersten … Jahre
bis zu 30 Jahren	20
über 30 Jahren bis zu 50 Jahren	15
über 50 Jahren bis zu 70 Jahren	10
über 70 Jahren	5

bei einem Lebensalter von … der auf die ersten … Jahre bis zu 30 Jahren 20 über 30 Jahren bis zu 50 Jahren 15 über 50 Jahren bis zu 70 Jahren 10 über 70 Jahren 5 entfallende Wert. Hängt die Dauer des Rechts von der Lebensdauer mehrerer Personen ab, ist maßgebend,

1. wenn das Recht mit dem Tod des zuletzt Sterbenden erlischt, das Lebensalter der jüngsten Person,
2. wenn das Recht mit dem Tod des zuerst Sterbenden erlischt, das Lebensalter der ältesten Person.

(5) Der Jahreswert wird mit 5 Prozent des Werts des betroffenen Gegenstands oder Teils des betroffenen Gegenstands angenommen, sofern nicht ein anderer Wert festgestellt werden kann.

(6) Für die Berechnung des Werts ist der Beginn des Rechts maßgebend. Bildet das Recht später den Gegenstand eines gebührenpflichtigen Geschäfts, so ist der spätere Zeitpunkt maßgebend. Ist der nach den vorstehenden Absätzen bestimmte Wert nach den besonderen Umständen des Einzelfalls unbillig, weil im Zeitpunkt des Geschäfts der Beginn des Rechts noch nicht feststeht oder das Recht in anderer Weise bedingt ist, ist ein niedrigerer Wert anzunehmen. Der Wert eines durch Zeitablauf oder durch den Tod des Berechtigten erloschenen Rechts beträgt 0 EUR.

(7) Preisklauseln werden nicht berücksichtigt.

§ 53 Grundpfandrechte und sonstige Sicherheiten

(1) Der Wert einer Hypothek, Schiffshypothek, eines Registerpfandrechts an einem Luftfahrzeug oder einer Grundschuld ist der Nennbetrag der Schuld. Der Wert einer Rentenschuld ist der Nennbetrag der Ablösungssumme.

(2) Der Wert eines sonstigen Pfandrechts oder der sonstigen Sicherstellung einer Forderung durch Bürgschaft, Sicherungsübereignung oder dergleichen bestimmt sich nach dem Betrag der Forderung und, wenn der als Pfand oder zur Sicherung dienende Gegenstand einen geringeren Wert hat, nach diesem.

§ 54 Bestimmte Gesellschaftsanteile

Wenn keine genügenden Anhaltspunkte für einen höheren Wert von Anteilen an Kapitalgesellschaften und von Kommanditbeteiligungen bestehen, bestimmt sich der Wert nach dem Eigenkapital im Sinne von § 266 Absatz 3 des Handelsgesetzbuchs, das auf den jeweiligen Anteil oder die Beteiligung entfällt. Grundstücke, Gebäude, grundstücksgleiche Rechte, Schiffe oder Schiffsbauwerke sind dabei nach den Bewertungsvorschriften dieses Unterabschnitts zu berücksichtigen. Sofern die betreffenden Gesellschaften überwiegend vermögensverwaltend tätig sind, insbesondere als Immobilienverwaltungs-, Objekt-, Holding-, Besitz- oder sonstige Beteiligungsgesellschaft, ist der auf den jeweiligen Anteil oder die Beteiligung entfallende Wert des Vermögens der Gesellschaft maßgeblich; die Sätze 1 und 2 sind nicht anzuwenden.

Kapitel 3 Notarkosten

Abschnitt 1 Allgemeine Vorschriften

§ 85 Notarielle Verfahren

(1) Notarielle Verfahren im Sinne dieses Gesetzes sind das Beurkundungsverfahren (Teil 2 Hauptabschnitt 1 des Kostenverzeichnisses) und die sonstigen notariellen Verfahren (Teil 2 Hauptabschnitt 3 des Kostenverzeichnisses).

(2) Das Beurkundungsverfahren im Sinne dieses Gesetzes ist auf die Errichtung einer Niederschrift (§§ 8 und 36 des Beurkundungsgesetzes) gerichtet.

§ 86 Beurkundungsgegenstand

(1) Beurkundungsgegenstand ist das Rechtsverhältnis, auf das sich die Erklärungen beziehen, bei Tatsachenbeurkundungen die beurkundete Tatsache oder der beurkundete Vorgang.

(2) Mehrere Rechtsverhältnisse, Tatsachen oder Vorgänge sind verschiedene Beurkundungsgegenstände, soweit in § 109 nichts anderes bestimmt ist.

§ 87 Sprechtage außerhalb der Geschäftsstelle

Hält ein Notar außerhalb seiner Geschäftsstelle regelmäßige Sprechtage ab, so gilt dieser Ort als Amtssitz im Sinne dieses Gesetzes.

Abschnitt 2 Kostenerhebung

§ 88 Verzinsung des Kostenanspruchs

Der Kostenschuldner hat die Kostenforderung zu verzinsen, wenn ihm eine vollstreckbare Ausfertigung der Kostenberechnung (§ 19) zugestellt wird, die Angaben über die Höhe der zu verzinsenden Forderung, den Verzinsungsbeginn und den Zinssatz enthält. Die Verzinsung beginnt einen Monat nach der Zustellung. Der jährliche Zinssatz beträgt fünf Prozentpunkte über dem Basiszinssatz nach § 247 des Bürgerlichen Gesetzbuchs.

§ 89 Beitreibung der Kosten und Zinsen

Die Kosten und die auf diese entfallenden Zinsen werden aufgrund einer mit der Vollstreckungsklausel des Notars versehenen Ausfertigung der Kostenberechnung (§ 19) nach den Vorschriften der Zivilprozessordnung beigetrieben; § 798 der Zivilprozessordnung gilt entsprechend. In der Vollstreckungsklausel, die zum Zweck der Zwangsvollstreckung gegen einen zur Duldung der Zwangsvollstreckung Verpflichteten erteilt wird, ist die Duldungspflicht auszusprechen.

§ 90 Zurückzahlung, Schadensersatz

(1) Wird die Kostenberechnung abgeändert oder ist der endgültige Kostenbetrag geringer als der erhobene Vorschuss, so hat der Notar die zu viel empfangenen Beträge zu erstatten. Hatte der Kostenschuldner

einen Antrag auf Entscheidung des Landgerichts nach § 127 Absatz 1 innerhalb eines Monats nach der Zustellung der vollstreckbaren Ausfertigung gestellt, so hat der Notar darüber hinaus den Schaden zu ersetzen, der dem Kostenschuldner durch die Vollstreckung oder durch eine zur Abwendung der Vollstreckung erbrachte Leistung entstanden ist. Im Fall des Satzes 2 hat der Notar den zu viel empfangenen Betrag vom Tag des Antragseingangs bei dem Landgericht an mit jährlich fünf Prozentpunkten über dem Basiszinssatz nach § 247 des Bürgerlichen Gesetzbuchs zu verzinsen; die Geltendmachung eines weitergehenden Schadens ist nicht ausgeschlossen. Im Übrigen kann der Kostenschuldner eine Verzinsung des zu viel gezahlten Betrags nicht fordern.

(2) Über die Verpflichtungen gemäß Absatz 1 wird auf Antrag des Kostenschuldners in dem Verfahren nach § 127 entschieden. Die Entscheidung ist nach den Vorschriften der Zivilprozessordnung vollstreckbar.

Abschnitt 3 Gebührenvorschriften

§ 91 Gebührenermäßigung

(1) Erhebt ein Notar die in Teil 2 Hauptabschnitt 1 oder 4 oder in den Nummern 23803 und 25202 des Kostenverzeichnisses bestimmten Gebühren von

1. dem Bund, einem Land sowie einer nach dem Haushaltsplan des Bundes oder eines Landes für Rechnung des Bundes oder eines Landes verwalteten öffentlichen Körperschaft oder Anstalt,
2. einer Gemeinde, einem Gemeindeverband, einer sonstigen Gebietskörperschaft oder einem Zusammenschluss von Gebietskörperschaften, einem Regionalverband, einem Zweckverband,
3. einer Kirche oder einer sonstigen Religions- oder Weltanschauungsgemeinschaft, jeweils soweit sie die Rechtsstellung einer juristischen Person des öffentlichen Rechts hat, und betrifft die Angelegenheit nicht deren wirtschaftliche Unternehmen, so ermäßigen sich die Gebühren bei einem Geschäftswert von mehr als 25.000 EUR bis zu einem

Geschäftswert von .... Euro	um ...Prozent
110.000	30
260.000	40
1.000.000	50
Über 1.000.000	60

Eine ermäßigte Gebühr darf jedoch die Gebühr nicht unterschreiten, die bei einem niedrigeren Geschäftswert nach Satz 1 zu erheben ist. Wenn das Geschäft mit dem Erwerb eines Grundstücks oder grundstücksgleichen Rechts zusammenhängt, ermäßigen sich die Gebühren nur, wenn dargelegt wird, dass eine auch nur teilweise Weiterveräußerung an einen nichtbegünstigten Dritten nicht beabsichtigt ist. Ändert sich diese Absicht innerhalb von drei Jahren nach Beurkundung der Auflassung, entfällt eine bereits gewährte Ermäßigung. Der Begünstigte ist verpflichtet, den Notar zu unterrichten.

(2) Die Gebührenermäßigung ist auch einer Körperschaft, Vereinigung oder Stiftung zu gewähren, wenn

1. diese ausschließlich und unmittelbar mildtätige oder kirchliche Zwecke im Sinne der Abgabenordnung verfolgt,
2. die Voraussetzung nach Nummer 1 durch einen Freistellungs- oder Körperschaftsteuerbescheid oder durch eine vorläufige Bescheinigung des Finanzamts nachgewiesen wird und
3. dargelegt wird, dass die Angelegenheit nicht einen steuerpflichtigen wirtschaftlichen Geschäftsbetrieb betrifft.

(3) Die Ermäßigung erstreckt sich auf andere Beteiligte, die mit dem Begünstigten als Gesamtschuldner haften, nur insoweit, als sie von dem Begünstigten aufgrund gesetzlicher Vorschrift Erstattung verlangen können.

(4) Soweit die Haftung auf der Vorschrift des § 29 Nummer 3 (Haftung nach bürgerlichem Recht) beruht, kann sich der Begünstigte gegenüber dem Notar nicht auf die Gebührenermäßigung berufen.

§ 92 Rahmengebühren

(1) Bei Rahmengebühren bestimmt der Notar die Gebühr im Einzelfall unter Berücksichtigung des Umfangs der erbrachten Leistung nach billigem Ermessen.

(2) Bei den Gebühren für das Beurkundungsverfahren im Fall der vorzeitigen Beendigung und bei den Gebühren für die Fertigung eines Entwurfs ist für die vollständige Erstellung des Entwurfs die Höchstgebühr zu erheben.

(3) Ist eine Gebühr für eine vorausgegangene Tätigkeit auf eine Rahmengebühr anzurechnen, so ist bei der Bemessung der Gebühr auch die vorausgegangene Tätigkeit zu berücksichtigen.

§ 93 Einmalige Erhebung der Gebühren

(1) Die Gebühr für ein Verfahren sowie die Vollzugs- und die Betreuungsgebühr werden in demselben notariellen Verfahren jeweils nur einmal erhoben. Die Vollzugs- und die Betreuungsgebühr werden bei der Fertigung eines Entwurfs jeweils nur einmal erhoben.

(2) Werden in einem Beurkundungsverfahren ohne sachlichen Grund mehrere Beurkundungsgegenstände zusammengefasst, gilt das Beurkundungsverfahren hinsichtlich jedes dieser Beurkundungsgegenstände als besonderes Verfahren. Ein sachlicher Grund ist insbesondere anzunehmen, wenn hinsichtlich jedes Beurkundungsgegenstands die gleichen Personen an dem Verfahren beteiligt sind oder der rechtliche Verknüpfungswille in der Urkunde zum Ausdruck kommt.

§ 94 Verschiedene Gebührensätze

(1) Sind für die einzelnen Beurkundungsgegenstände oder für Teile davon verschiedene Gebührensätze anzuwenden, entstehen insoweit gesondert berechnete Gebühren, jedoch nicht mehr als die nach dem höchsten Gebührensatz berechnete Gebühr aus dem Gesamtbetrag der Werte.

(2) Soweit mehrere Beurkundungsgegenstände als ein Gegenstand zu behandeln sind (§ 109), wird die Gebühr nach dem höchsten in Betracht kommenden Gebührensatz berechnet. Sie beträgt jedoch nicht mehr als die Summe der Gebühren, die bei getrennter Beurkundung entstanden wären.

Abschnitt 4 Wertvorschriften

Unterabschnitt 1 Allgemeine Wertvorschriften

§ 95 Mitwirkung der Beteiligten

Die Beteiligten sind verpflichtet, bei der Wertermittlung mitzuwirken. Sie haben ihre Erklärungen über tatsächliche Umstände vollständig und wahrheitsgemäß abzugeben. Kommen die Beteiligten ihrer Mitwirkungspflicht nicht nach, ist der Wert nach billigem Ermessen zu bestimmen.

§ 96 Zeitpunkt der Wertberechnung

Für die Wertberechnung ist der Zeitpunkt der Fälligkeit der Gebühr maßgebend.

Unterabschnitt 2 Beurkundung

§ 97 Verträge und Erklärungen

(1) Der Geschäftswert bei der Beurkundung von Verträgen und Erklärungen bestimmt sich nach dem Wert des Rechtsverhältnisses, das Beurkundungsgegenstand ist.

(2) Handelt es sich um Veränderungen eines Rechtsverhältnisses, so darf der Wert des von der Veränderung betroffenen Rechtsverhältnisses nicht überschritten werden, und zwar auch dann nicht, wenn es sich um mehrere Veränderungen desselben Rechtsverhältnisses handelt.

(3) Bei Verträgen, die den Austausch von Leistungen zum Gegenstand haben, ist nur der Wert der Leistungen des einen Teils maßgebend; wenn der Wert der Leistungen verschieden ist, ist der höhere maßgebend.

§ 98 Vollmachten und Zustimmungen

(1) Bei der Beurkundung einer Vollmacht zum Abschluss eines bestimmten Rechtsgeschäfts oder bei der Beurkundung einer Zustimmungserklärung ist Geschäftswert die Hälfte des Geschäftswerts für die Beurkundung des Geschäfts, auf das sich die Vollmacht oder die Zustimmungserklärung bezieht.

(2) Bei Vollmachten und Zustimmungserklärungen aufgrund einer gegenwärtigen oder künftigen Mitberechtigung ermäßigt sich der nach Absatz 1 bestimmte Geschäftswert auf den Bruchteil, der dem Anteil der Mitberechtigung entspricht. Entsprechendes gilt für Zustimmungserklärungen nach dem Umwandlungsgesetz durch die in § 2 des Umwandlungsgesetzes bezeichneten Anteilsinhaber. Bei Gesamthandsverhältnissen ist der Anteil entsprechend der Beteiligung an dem Gesamthandsvermögen zu bemessen.

(3) Der Geschäftswert bei der Beurkundung einer allgemeinen Vollmacht ist nach billigem Ermessen zu bestimmen; dabei sind der Umfang der erteilten Vollmacht und das Vermögen des Vollmachtgebers angemessen zu berücksichtigen. Der zu bestimmende Geschäftswert darf die Hälfte des Vermögens des Auftraggebers nicht übersteigen. Bestehen keine genügenden Anhaltspunkte für eine Bestimmung des Werts, ist von einem Geschäftswert von 5.000 EUR auszugehen.

(4) In allen Fällen beträgt der anzunehmende Geschäftswert höchstens 1 Million EUR.

(5) Für den Widerruf einer Vollmacht gelten die vorstehenden Vorschriften entsprechend.

§ 99 Miet-, Pacht- und Dienstverträge

(1) Der Geschäftswert bei der Beurkundung eines Miet- oder Pachtvertrags ist der Wert aller Leistungen des Mieters oder Pächters während der gesamten Vertragszeit. Bei Miet- oder Pachtverträgen von unbestimmter Vertragsdauer ist der auf die ersten fünf Jahre entfallende Wert der Leistungen maßgebend; ist jedoch die Auflösung des Vertrags erst zu einem späteren Zeitpunkt zulässig, ist dieser maßgebend. In keinem Fall darf der Geschäftswert den auf die ersten 20 Jahre entfallenden Wert übersteigen.

(2) Der Geschäftswert bei der Beurkundung eines Dienstvertrags, eines Geschäftsbesorgungsvertrags oder eines ähnlichen Vertrags ist der Wert aller Bezüge des zur Dienstleistung oder Geschäftsbesorgung Verpflichteten während der gesamten Vertragszeit, höchstens jedoch der Wert der auf die ersten fünf Jahre entfallenden Bezüge.

§ 100 Güterrechtliche Angelegenheiten

(1) Der Geschäftswert

1. bei der Beurkundung von Eheverträgen im Sinne des § 1408 des Bürgerlichen Gesetzbuchs, die sich nicht auf Vereinbarungen über den Versorgungsausgleich beschränken, und
2. bei der Beurkundung von Anmeldungen aufgrund solcher Verträge ist die Summe der Werte der gegenwärtigen Vermögen beider Ehegatten. Betrifft der Ehevertrag nur das Vermögen eines Ehegatten, ist nur dessen Vermögen maßgebend. Bei Ermittlung des Vermögens werden Verbindlichkeiten bis zur Hälfte des nach Satz 1 oder 2 maßgeblichen Werts abgezogen. Verbindlichkeiten eines Ehegatten werden nur von seinem Vermögen abgezogen.

(2) Betrifft der Ehevertrag nur bestimmte Vermögenswerte, auch wenn sie dem Anfangsvermögen hinzuzurechnen wären, oder bestimmte güterrechtliche Ansprüche, so ist deren Wert, höchstens jedoch der Wert nach Absatz 1 maßgebend.

(3) Betrifft der Ehevertrag Vermögenswerte, die noch nicht zum Vermögen des Ehegatten gehören, werden sie mit 30 Prozent ihres Werts berücksichtigt, wenn sie im Ehevertrag konkret bezeichnet sind.

(4) Die Absätze 1 bis 3 gelten entsprechend bei Lebenspartnerschaftsverträgen.

§ 101 Annahme als Kind

In Angelegenheiten, die die Annahme eines Minderjährigen betreffen, beträgt der Geschäftswert 5.000 EUR.

§ 102 Erbrechtliche Angelegenheiten

(1) Geschäftswert bei der Beurkundung einer Verfügung von Todes wegen ist, wenn über den ganzen Nachlass oder einen Bruchteil verfügt wird, der Wert des Vermögens oder der Wert des entsprechenden

Bruchteils des Vermögens. Verbindlichkeiten des Erblassers werden abgezogen, jedoch nur bis zur Hälfte des Werts des Vermögens. Vermächtnisse und Auflagen werden nur bei Verfügung über einen Bruchteil und nur mit dem Anteil ihres Werts hinzugerechnet, der dem Bruchteil entspricht, über den nicht verfügt wird.

(2) Verfügt der Erblasser außer über die Gesamtrechtsnachfolge daneben über Vermögenswerte, die noch nicht zu seinem Vermögen gehören, jedoch in der Verfügung von Todes wegen konkret bezeichnet sind, wird deren Wert hinzugerechnet. Von dem Begünstigten zu übernehmende Verbindlichkeiten werden abgezogen, jedoch nur bis zur Hälfte des Vermögenswerts. Die Sätze 1 und 2 gelten bei gemeinschaftlichen Testamenten und gegenseitigen Erbverträgen nicht für Vermögenswerte, die bereits nach Absatz 1 berücksichtigt sind.

(3) Betrifft die Verfügung von Todes wegen nur bestimmte Vermögenswerte, ist deren Wert maßgebend; Absatz 2 Satz 2 gilt entsprechend.

(4) Bei der Beurkundung eines Erbverzichts-, Zuwendungsverzichts- oder Pflichtteilsverzichtsvertrags gilt Absatz 1 Satz 1 und 2 entsprechend; soweit der Zuwendungsverzicht ein Vermächtnis betrifft, gilt Absatz 3 entsprechend. Das Pflichtteilsrecht ist wie ein entsprechender Bruchteil des Nachlasses zu behandeln.

(5) Die Absätze 1 bis 3 gelten entsprechend für die Beurkundung der Anfechtung oder des Widerrufs einer Verfügung von Todes wegen sowie für den Rücktritt von einem Erbvertrag. Hat eine Erklärung des einen Teils nach Satz 1 im Fall eines gemeinschaftlichen Testaments oder eines Erbvertrags die Unwirksamkeit von Verfügungen des anderen Teils zur Folge, ist der Wert der Verfügungen des anderen Teils dem Wert nach Satz 1 hinzuzurechnen.

§ 103 Erklärungen gegenüber dem Nachlassgericht, Anträge an das Nachlassgericht

(1) Werden in einer vermögensrechtlichen Angelegenheit Erklärungen, die gegenüber dem Nachlassgericht abzugeben sind, oder Anträge an das Nachlassgericht beurkundet, ist Geschäftswert der Wert des betroffenen Vermögens oder des betroffenen Bruchteils nach Abzug der Verbindlichkeiten zum Zeitpunkt der Beurkundung.

(2) Bei der Beurkundung von Erklärungen über die Ausschlagung des Anfalls eines Hofes (§ 11 der Höfeordnung) gilt Absatz 1 entsprechend.

§ 104 Rechtswahl

(1) Bei der Beurkundung einer Rechtswahl, die die allgemeinen oder güterrechtlichen Wirkungen der Ehe betrifft, beträgt der Geschäftswert 30 Prozent des Werts, der sich in entsprechender Anwendung des § 100 ergibt.

(2) Bei der Beurkundung einer Rechtswahl, die eine Rechtsnachfolge von Todes wegen betrifft, beträgt der Geschäftswert 30 Prozent des Werts, der sich in entsprechender Anwendung des § 102 ergibt.

(3) Bei der Beurkundung einer Rechtswahl in sonstigen Fällen beträgt der Geschäftswert 30 Prozent des Geschäftswerts für die Beurkundung des Rechtsgeschäfts, für das die Rechtswahl bestimmt ist.

§ 105 Anmeldung zu bestimmten Registern

(1) Bei den folgenden Anmeldungen zum Handelsregister ist Geschäftswert der in das Handelsregister einzutragende Geldbetrag, bei Änderung bereits eingetragener Geldbeträge der Unterschiedsbetrag:

1. erste Anmeldung einer Kapitalgesellschaft; ein in der Satzung bestimmtes genehmigtes Kapital ist dem Grund- oder Stammkapital hinzuzurechnen;
2. erste Anmeldung eines Versicherungsvereins auf Gegenseitigkeit;
3. Erhöhung oder Herabsetzung des Stammkapitals einer Gesellschaft mit beschränkter Haftung;
4. Beschluss der Hauptversammlung einer Aktiengesellschaft oder einer Kommanditgesellschaft auf Aktien über a) Maßnahmen der Kapitalbeschaffung (§§ 182 bis 221 des Aktiengesetzes); dem Beschluss über die genehmigte Kapitalerhöhung steht der Beschluss über die Verlängerung der Frist gleich, innerhalb derer der Vorstand das Kapital erhöhen kann; b) Maßnahmen der Kapitalherabsetzung (§§ 222 bis 240 des Aktiengesetzes);

5. erste Anmeldung einer Kommanditgesellschaft; maßgebend ist die Summe der Kommanditeinlagen; hinzuzurechnen sind 30.000 EUR für den ersten und 15.000 EUR für jeden weiteren persönlich haftenden Gesellschafter;
6. Eintritt eines Kommanditisten in eine bestehende Personenhandelsgesellschaft oder Ausscheiden eines Kommanditisten; ist ein Kommanditist als Nachfolger eines anderen Kommanditisten oder ein bisher persönlich haftender Gesellschafter als Kommanditist oder ein bisheriger Kommanditist als persönlich haftender Gesellschafter einzutragen, ist die einfache Kommanditeinlage maßgebend;
7. Erhöhung oder Herabsetzung einer Kommanditeinlage. Der Geschäftswert beträgt mindestens 30.000 EUR.

(2) Bei sonstigen Anmeldungen zum Handelsregister sowie bei Anmeldungen zum Partnerschafts- und Genossenschaftsregister bestimmt sich der Geschäftswert nach den Absätzen 3 bis 5.

(3) Der Geschäftswert beträgt bei der ersten Anmeldung

1. eines Einzelkaufmanns 30.000 EUR;
2. einer offenen Handelsgesellschaft oder einer Partnerschaftsgesellschaft mit zwei Gesellschaftern 45.000 EUR; hat die offene Handelsgesellschaft oder die Partnerschaftsgesellschaft mehr als zwei Gesellschafter, erhöht sich der Wert für den dritten und jeden weiteren Gesellschafter um jeweils 15.000 EUR;
3. einer Genossenschaft oder einer juristischen Person (§ 33 des Handelsgesetzbuchs) 60.000 EUR.

(4) Bei einer späteren Anmeldung beträgt der Geschäftswert, wenn diese

1. eine Kapitalgesellschaft betrifft, 1 Prozent des eingetragenen Grund- oder Stammkapitals, mindestens 30.000 EUR;
2. einen Versicherungsverein auf Gegenseitigkeit betrifft, 60.000 EUR;
3. eine Personenhandels- oder Partnerschaftsgesellschaft betrifft, 30.000 EUR; bei Eintritt oder Ausscheiden von mehr als zwei persönlich haftenden Gesellschaftern oder Partnern sind als Geschäftswert 15.000 EUR für jeden eintretenden oder ausscheidenden Gesellschafter oder Partner anzunehmen;
4. einen Einzelkaufmann, eine Genossenschaft oder eine juristische Person (§ 33 des Handelsgesetzbuchs) betrifft, 30.000 EUR.

(5) Ist eine Anmeldung nur deshalb erforderlich, weil sich eine Anschrift geändert hat, oder handelt es sich um eine ähnliche Anmeldung, die für das Unternehmen keine wirtschaftliche Bedeutung hat, so beträgt der Geschäftswert 5.000 EUR.

(6) Der in Absatz 1 Satz 2 und in Absatz 4 Nummer 1 bestimmte Mindestwert gilt nicht

1. für die Gründung einer Gesellschaft gemäß § 2 Absatz 1a des Gesetzes betreffend die Gesellschaften mit beschränkter Haftung und
2. für Änderungen des Gesellschaftsvertrags einer gemäß § 2 Absatz 1a des Gesetzes betreffend die Gesellschaften mit beschränkter Haftung gegründeten Gesellschaft, wenn die Gesellschaft auch mit dem geänderten Gesellschaftsvertrag hätte gemäß § 2 Absatz 1a des Gesetzes betreffend die Gesellschaften mit beschränkter Haftung gegründet werden können. Reine sprachliche Abweichungen vom Musterprotokoll oder die spätere Streichung der auf die Gründung verweisenden Formulierungen stehen der Anwendung des Satzes 1 nicht entgegen.

§ 106 Höchstwert für Anmeldungen zu bestimmten Registern

Bei der Beurkundung von Anmeldungen zu einem § 105 genannten Register und zum Vereinsregister beträgt der Geschäftswert höchstens 1 Million EUR. Dies gilt auch dann, wenn mehrere Anmeldungen in einem Beurkundungsverfahren zusammengefasst werden.

§ 107 Gesellschaftsrechtliche Verträge, Satzungen und Pläne

(1) Bei der Beurkundung von Gesellschaftsverträgen und Satzungen sowie von Plänen und Verträgen nach dem Umwandlungsgesetz beträgt der Geschäftswert mindestens 30.000 EUR und höchstens 10 Millionen EUR. Der in Satz 1 bestimmte Mindestwert gilt nicht bei der Beurkundung von Gesellschaftsverträgen und Satzungen in den Fällen des § 105 Absatz 6.

(2) Bei der Beurkundung von Verträgen zwischen verbundenen Unternehmen (§ 15 des Aktiengesetzes) über die Veräußerung oder über die Verpflichtung zur Veräußerung von Gesellschaftsanteilen und -beteiligungen beträgt der Geschäftswert höchstens 10 Millionen EUR. Satz 1 gilt nicht, sofern die betroffene Gesellschaft überwiegend vermögensverwaltend tätig ist, insbesondere als Immobilienverwaltungs-, Objekt-, Holding-, Besitz- oder sonstige Beteiligungsgesellschaft.

§ 108 Beschlüsse von Organen

(1) Für den Geschäftswert bei der Beurkundung von Beschlüssen von Organen von Kapital-, Personenhandels- und Partnerschaftsgesellschaften sowie von Versicherungsvereinen auf Gegenseitigkeit, juristischen Personen (§ 33 des Handelsgesetzbuchs) oder Genossenschaften, deren Gegenstand keinen bestimmten Geldwert hat, gilt § 105 Absatz 4 und 6 entsprechend. Bei Beschlüssen, deren Gegenstand einen bestimmten Geldwert hat, beträgt der Wert nicht weniger als der sich nach § 105 Absatz 1 ergebende Wert.

(2) Bei der Beurkundung von Beschlüssen im Sinne des Absatzes 1, welche die Zustimmung zu einem bestimmten Rechtsgeschäft enthalten, ist der Geschäftswert wie bei der Beurkundung des Geschäfts zu bestimmen, auf das sich der Zustimmungsbeschluss bezieht.

(3) Der Geschäftswert bei der Beurkundung von Beschlüssen nach dem Umwandlungsgesetz ist der Wert des Vermögens des übertragenden oder formwechselnden Rechtsträgers. Bei Abspaltungen oder Ausgliederungen ist der Wert des übergehenden Vermögens maßgebend.

(4) Der Geschäftswert bei der Beurkundung von Beschlüssen von Organen einer Gesellschaft bürgerlichen Rechts, deren Gegenstand keinen bestimmten Geldwert hat, beträgt 30.000 EUR.

(5) Der Geschäftswert von Beschlüssen von Gesellschafts-, Stiftungs- und Vereinsorganen sowie von ähnlichen Organen beträgt höchstens 5 Millionen EUR, auch wenn mehrere Beschlüsse mit verschiedenem Gegenstand in einem Beurkundungsverfahren zusammengefasst werden.

§ 109 Derselbe Beurkundungsgegenstand

(1) Derselbe Beurkundungsgegenstand liegt vor, wenn Rechtsverhältnisse zueinander in einem Abhängigkeitsverhältnis stehen und das eine Rechtsverhältnis unmittelbar dem Zweck des anderen Rechtsverhältnisses dient. Ein solches Abhängigkeitsverhältnis liegt nur vor, wenn das andere Rechtsverhältnis der Erfüllung, Sicherung oder sonstigen Durchführung des einen Rechtsverhältnisses dient. Dies gilt auch bei der Beurkundung von Erklärungen Dritter und von Erklärungen der Beteiligten zugunsten Dritter. Ein Abhängigkeitsverhältnis liegt insbesondere vor zwischen

1. dem Kaufvertrag und a) der Übernahme einer durch ein Grundpfandrecht am Kaufgrundstück gesicherten Darlehensschuld, b) der zur Löschung von Grundpfandrechten am Kaufgegenstand erforderlichen Erklärungen sowie c) jeder zur Belastung des Kaufgegenstands dem Käufer erteilten Vollmacht; die Beurkundung des Zuschlags in der freiwilligen Versteigerung steht dem Kaufvertrag gleich;
2. dem Gesellschaftsvertrag und der Auflassung bezüglich eines einzubringenden Grundstücks;
3. der Bestellung eines dinglichen Rechts und der zur Verschaffung des beabsichtigten Rangs erforderlichen Rangänderungserklärungen; § 45 Absatz 2 gilt entsprechend;
4. der Begründung eines Anspruchs und den Erklärungen zur Schaffung eines Titels gemäß § 794 Absatz 1 Nummer 5 der Zivilprozessordnung. In diesen Fällen bestimmt sich der Geschäftswert nur nach dem Wert des Rechtsverhältnisses, zu dessen Erfüllung, Sicherung oder sonstiger Durchführung die anderen Rechtsverhältnisse dienen.

(2) Derselbe Beurkundungsgegenstand sind auch

1. der Vorschlag zur Person eines möglichen Betreuers und eine Patientenverfügung;
2. der Widerruf einer Verfügung von Todes wegen, die Aufhebung oder Anfechtung eines Erbvertrags oder der Rücktritt von einem Erbvertrag jeweils mit der Errichtung einer neuen Verfügung von Todes wegen;
3. die zur Bestellung eines Grundpfandrechts erforderlichen Erklärungen und die Schulderklärung bis zur Höhe des Nennbetrags des Grundpfandrechts;

4. bei Beschlüssen von Organen einer Vereinigung oder Stiftung a) jeder Beschluss und eine damit im Zusammenhang stehende Änderung des Gesellschaftsvertrags oder der Satzung, b) der Beschluss über eine Kapitalerhöhung oder -herabsetzung und die weiteren damit im Zusammenhang stehenden Beschlüsse, c) mehrere Änderungen des Gesellschaftsvertrags oder der Satzung, deren Gegenstand keinen bestimmten Geldwert hat, d) mehrere Wahlen, sofern nicht Einzelwahlen stattfinden, e) mehrere Beschlüsse über die Entlastung von Verwaltungsträgern, sofern nicht Einzelbeschlüsse gefasst werden, f) Wahlen und Beschlüsse über die Entlastung der Verwaltungsträger, sofern nicht einzeln abgestimmt wird, g) Beschlüsse von Organen verschiedener Vereinigungen bei Umwandlungsvorgängen, sofern die Beschlüsse denselben Beschlussgegenstand haben. In diesen Fällen bestimmt sich der Geschäftswert nach dem höchsten in Betracht kommenden Wert.

§ 110 Verschiedene Beurkundungsgegenstände

Abweichend von § 109 Absatz 1 sind verschiedene Beurkundungsgegenstände

1. Beschlüsse von Organen einer Vereinigung oder Stiftung und Erklärungen,
2. ein Veräußerungsvertrag und
   a) Erklärungen zur Finanzierung der Gegenleistung gegenüber Dritten,
   b) Erklärungen zur Bestellung von subjektiv-dinglichen Rechten sowie
   c) ein Verzicht auf Steuerbefreiung gemäß § 9 Absatz 1 des Umsatzsteuergesetzes sowie
3. Erklärungen gemäß § 109 Absatz 2 Satz 1 Nummer 1 und Vollmachten.

§ 111 Besondere Beurkundungsgegenstände

Als besonderer Beurkundungsgegenstand gelten stets

1. vorbehaltlich der Regelung in § 109 Absatz 2 Nummer 2 eine Verfügung von Todes wegen,
2. ein Ehevertrag im Sinne von § 1408 Absatz 1 des Bürgerlichen Gesetzbuchs,
3. eine Anmeldung zu einem Register und
4. eine Rechtswahl nach dem internationalen Privatrecht.

Unterabschnitt 3 Vollzugs – und Betreuungstätigkeiten

§ 112 Vollzug des Geschäfts

Der Geschäftswert für den Vollzug ist der Geschäftswert des zugrunde liegenden Beurkundungsverfahrens. Liegt der zu vollziehenden Urkunde kein Beurkundungsverfahren zugrunde, ist der Geschäftswert derjenige Wert, der maßgeblich wäre, wenn diese Urkunde Gegenstand eines Beurkundungsverfahrens wäre.

§ 113 Betreuungstätigkeiten

(1) Der Geschäftswert für die Betreuungsgebühr ist wie bei der Beurkundung zu bestimmen.

(2) Der Geschäftswert für die Treuhandgebühr ist der Wert des Sicherungsinteresses.

Unterabschnitt 4 Sonstige notarielle Geschäfte

§ 114 Rückgabe eines Erbvertrags aus der notariellen Verwahrung

Der Geschäftswert für die Rückgabe eines Erbvertrags aus der notariellen Verwahrung bestimmt sich nach § 102 Absatz 1 bis 3.

§ 115 Vermögensverzeichnis, Siegelung

Der Geschäftswert für die Aufnahme von Vermögensverzeichnissen sowie für Siegelungen und Entsiegelungen ist der Wert der verzeichneten oder versiegelten Gegenstände. Dies gilt auch für die Mitwirkung als Urkundsperson bei der Aufnahme von Vermögensverzeichnissen.

§ 116 Freiwillige Versteigerung von Grundstücken

(1) Bei der freiwilligen Versteigerung von Grundstücken oder grundstücksgleichen Rechten ist der Geschäftswert nach dem Wert der zu versteigernden Grundstücke oder grundstücksgleichen Rechte zu bemessen für

1. die Verfahrensgebühr,
2. die Gebühr für die Aufnahme einer Schätzung und
3. die Gebühr für die Abhaltung eines Versteigerungstermins.

(2) Bei der Versteigerung mehrerer Grundstücke wird die Gebühr für die Beurkundung des Zuschlags für jeden Ersteher nach der Summe seiner Gebote erhoben; ist der zusammengerechnete Wert der ihm zugeschlagenen Grundstücke oder grundstücksgleichen Rechte höher, so ist dieser maßgebend.

§ 117 Versteigerung von beweglichen Sachen und von Rechten

Bei der Versteigerung von beweglichen Sachen und von Rechten bemisst sich der Geschäftswert nach der Summe der Werte der betroffenen Sachen und Rechte.

§ 118 Vorbereitung der Zwangsvollstreckung

Im Verfahren über die Vollstreckbarerklärung eines Schiedsspruchs mit vereinbartem Wortlaut oder über die Erteilung einer vollstreckbaren Ausfertigung bemisst sich der Geschäftswert nach den Ansprüchen, die Gegenstand der Vollstreckbarerklärung oder der vollstreckbaren Ausfertigung sein sollen.

§ 118a Teilungssachen

Geschäftswert in Teilungssachen nach § 342 Absatz 2 Nummer 1 des Gesetzes über das Verfahren in Familiensachen und in den Angelegenheiten der freiwilligen Gerichtsbarkeit ist der Wert des den Gegenstand der Auseinandersetzung bildenden Nachlasses oder Gesamtguts oder des von der Auseinandersetzung betroffenen Teils davon. Die Werte mehrerer selbstständiger Vermögensmassen, die in demselben Verfahren auseinandergesetzt werden, werden zusammengerechnet. Trifft die Auseinandersetzung des Gesamtguts einer Gütergemeinschaft mit der Auseinandersetzung des Nachlasses eines Ehegatten oder Lebenspartners zusammen, wird der Wert des Gesamtguts und des übrigen Nachlasses zusammengerechnet.

§ 119 Entwurf

(1) Bei der Fertigung eines Entwurfs bestimmt sich der Geschäftswert nach den für die Beurkundung geltenden Vorschriften.

(2) Der Geschäftswert für die Fertigung eines Serienentwurfs ist die Hälfte des Werts aller zum Zeitpunkt der Entwurfsfertigung beabsichtigten Einzelgeschäfte.

§ 120 Beratung bei einer Haupt- oder Gesellschafterversammlung

Der Geschäftswert für die Beratung bei der Vorbereitung oder Durchführung einer Hauptversammlung oder einer Gesellschafterversammlung bemisst sich nach der Summe der Geschäftswerte für die Beurkundung der in der Versammlung zu fassenden Beschlüsse. Der Geschäftswert beträgt höchstens 5 Millionen EUR.

§ 121 Beglaubigung von Unterschriften oder Handzeichen

Der Geschäftswert für die Beglaubigung von Unterschriften oder Handzeichen bestimmt sich nach den für die Beurkundung der Erklärung geltenden Vorschriften.

§ 122 Rangbescheinigung

Geschäftswert einer Mitteilung über die dem Grundbuchamt bei Einreichung eines Antrags vorliegenden weiteren Anträge einschließlich des sich daraus ergebenden Rangs für das beantragte Recht (Rangbescheinigung) ist der Wert des beantragten Rechts.

§ 123 Gründungsprüfung

Geschäftswert einer Gründungsprüfung gemäß § 33 Absatz 3 des Aktiengesetzes ist die Summe aller Einlagen. Der Geschäftswert beträgt höchstens 10 Millionen EUR.

§ 124 Verwahrung

Der Geschäftswert bei der Verwahrung von Geldbeträgen bestimmt sich nach der Höhe des jeweils ausgezahlten Betrags. Bei der Entgegennahme von Wertpapieren und Kostbarkeiten zur Verwahrung ist Geschäftswert der Wert der Wertpapiere oder Kostbarkeiten.

Abschnitt 5 Gebührenvereinbarung

§ 125 Verbot der Gebührenvereinbarung

Vereinbarungen über die Höhe der Kosten sind unwirksam, soweit sich aus der folgenden Vorschrift nichts anderes ergibt.

§ 126 Öffentlich-rechtlicher Vertrag

(1) Für die Tätigkeit des Notars als Mediator oder Schlichter ist durch öffentlich-rechtlichen Vertrag eine Gegenleistung in Geld zu vereinbaren. Dasselbe gilt für notarielle Amtstätigkeiten, für die in diesem Gesetz keine Gebühr bestimmt ist und die nicht mit anderen gebührenpflichtigen Tätigkeiten zusammenhängen. Die Gegenleistung muss unter Berücksichtigung aller Umstände des Geschäfts, insbesondere des Umfangs und der Schwierigkeit, angemessen sein. Sofern nichts anderes vereinbart ist, werden die Auslagen nach den gesetzlichen Bestimmungen erhoben.

(2) Der Vertrag bedarf der Schriftform.

(3) Die §§ 19, 88 bis 90 gelten entsprechend. Der vollstreckbaren Ausfertigung der Kostenberechnung ist eine beglaubigte Kopie oder ein beglaubigter Ausdruck des öffentlich-rechtlichen Vertrags beizufügen.

Abschnitt 6 Gerichtliches Verfahren in Notarkostensachen

§ 127 Antrag auf gerichtliche Entscheidung

(1) Gegen die Kostenberechnung (§ 19), einschließlich der Verzinsungspflicht (§ 88), gegen die Zahlungspflicht, die Ausübung des Zurückbehaltungsrechts (§ 11) und die Erteilung der Vollstreckungsklausel kann die Entscheidung des Landgerichts, in dessen Bezirk der Notar den Amtssitz hat, beantragt werden. Antragsberechtigt ist der Kostenschuldner und, wenn der Kostenschuldner dem Notar gegenüber die Kostenberechnung beanstandet, auch der Notar.

(2) Nach Ablauf des Kalenderjahres, das auf das Jahr folgt, in dem die vollstreckbare Ausfertigung der Kostenberechnung zugestellt ist, können neue Anträge nach Absatz 1 nicht mehr gestellt werden. Soweit die Einwendungen gegen den Kostenanspruch auf Gründen beruhen, die nach der Zustellung der vollstreckbaren Ausfertigung entstanden sind, können sie auch nach Ablauf dieser Frist geltend gemacht werden.

§ 128 Verfahren

(1) Das Gericht soll vor der Entscheidung die Beteiligten, die vorgesetzte Dienstbehörde des Notars und, wenn eine Kasse gemäß § 113 der Bundesnotarordnung errichtet ist, auch diese hören. Betrifft der Antrag die Bestimmung der Gebühr durch den Notar nach § 92 Absatz 1 oder die Kostenberechnung aufgrund eines öffentlich-rechtlichen Vertrags, soll das Gericht ein Gutachten des Vorstands der Notarkammer einholen. Ist eine Kasse nach § 113 der Bundesnotarordnung errichtet, tritt diese an die Stelle der Notarkammer. Das Gutachten ist kostenlos zu erstatten.

(2) Entspricht bei einer Rahmengebühr die vom Notar bestimmte Gebühr nicht der Vorschrift des § 92 Absatz 1, setzt das Gericht die Gebühr fest. Liegt ein zulässiger öffentlich-rechtlicher Vertrag vor und entspricht die vereinbarte Gegenleistung nicht der Vorschrift des § 126 Absatz 1 Satz 3, setzt das Gericht die angemessene Gegenleistung fest.

(3) Das Gericht kann die Entscheidung über den Antrag durch Beschluss einem seiner Mitglieder zur Entscheidung als Einzelrichter übertragen, wenn die Sache keine besonderen Schwierigkeiten tatsächlicher oder rechtlicher Art aufweist und keine grundsätzliche Bedeutung hat.

§ 129 Beschwerde und Rechtsbeschwerde

(1) Gegen die Entscheidung des Landgerichts findet ohne Rücksicht auf den Wert des Beschwerdegegenstands die Beschwerde statt.

(2) Gegen die Entscheidung des Oberlandesgerichts findet die Rechtsbeschwerde statt.

§ 130 Gemeinsame Vorschriften

(1) Der Antrag auf Entscheidung des Landgerichts, die Beschwerde und die Rechtsbeschwerde haben keine aufschiebende Wirkung. Das Gericht oder das Beschwerdegericht kann auf Antrag oder von Amts wegen die aufschiebende Wirkung ganz oder teilweise anordnen; ist nicht der Einzelrichter zur Entscheidung berufen, entscheidet der Vorsitzende des Gerichts.

(2) Die dem Notar vorgesetzte Dienstbehörde kann diesen in jedem Fall anweisen, die Entscheidung des Landgerichts herbeizuführen, Beschwerde oder Rechtsbeschwerde zu erheben. Die hierauf ergehenden gerichtlichen Entscheidungen können auch auf eine Erhöhung der Kostenberechnung lauten. Gerichtskosten hat der Notar in diesen Verfahren nicht zu tragen. Außergerichtliche Kosten anderer Beteiligter, die der Notar in diesen Verfahren zu tragen hätte, sind der Landeskasse aufzuerlegen.

(3) Auf die Verfahren sind im Übrigen die Vorschriften des Gesetzes über das Verfahren in Familiensachen und in den Angelegenheiten der freiwilligen Gerichtsbarkeit anzuwenden. § 10 Absatz 4 des Gesetzes über das Verfahren in Familiensachen und in den Angelegenheiten der freiwilligen Gerichtsbarkeit ist auf den Notar nicht anzuwenden.

§ 131 Abhilfe bei Verletzung des Anspruchs auf rechtliches Gehör

Die Vorschriften des Gesetzes über das Verfahren in Familiensachen und in den Angelegenheiten der freiwilligen Gerichtsbarkeit über die Abhilfe bei Verletzung des Anspruchs auf rechtliches Gehör sind anzuwenden. § 10 Absatz 4 des Gesetzes über das Verfahren in Familiensachen und in den Angelegenheiten der freiwilligen Gerichtsbarkeit ist auf den Notar nicht anzuwenden.

Kapitel 4 Schluss- und Übergangsvorschriften

§ 134 Übergangsvorschrift

(1) In gerichtlichen Verfahren, die vor dem Inkrafttreten einer Gesetzesänderung anhängig geworden oder eingeleitet worden sind, werden die Kosten nach bisherigem Recht erhoben. Dies gilt nicht im Verfahren über ein Rechtsmittel, das nach dem Inkrafttreten einer Gesetzesänderung eingelegt worden ist. Die Sätze 1 und 2 gelten auch, wenn Vorschriften geändert werden, auf die dieses Gesetz verweist. In Verfahren, in denen Jahresgebühren erhoben werden, und in Fällen, in denen die Sätze 1 und 2 keine Anwendung finden, gilt für Kosten, die vor dem Inkrafttreten einer Gesetzesänderung fällig geworden sind, das bisherige Recht.

(2) Für notarielle Verfahren oder Geschäfte, für die ein Auftrag vor dem Inkrafttreten einer Gesetzesänderung erteilt worden ist, werden die Kosten nach bisherigem Recht erhoben.

§ 135 Sonderregelung für Baden-Württemberg

(1) Solange und soweit im Land Baden-Württemberg die Gebühren für die Tätigkeit des Notars der Staatskasse zufließen, ist § 2 anstelle von § 91 anzuwenden.

(2) Solange im Land Baden-Württemberg anderen als gerichtlichen Behörden die Aufgaben des Grundbuchamts, des Betreuungs- oder des Nachlassgerichts übertragen sind, sind die Kosten gleichwohl nach diesem Gesetz zu erheben. Der Geschäftswert ist nur auf Antrag festzusetzen. Über die Festsetzung des Geschäftswerts und über die Erinnerung gegen den Kostenansatz entscheidet das Amtsgericht, in dessen Bezirk die Behörde ihren Sitz hat.

(3) Ein Notariatsabwickler steht einem Notariatsverwalter gleich.[188]

§ 136 Übergangsvorschrift zum 2. Kostenrechtsmodernisierungsgesetz

(Die Übergangsvorschriften haben im Notariat keine praktische Bedeutung mehr).

---

188 Fassung ab 1.1.2018.

II. Kostenverzeichnis (Anlage zu § 3 Abs. 2 GNotKG)

– Auszug –

Teil 2 Notargebühren
425

Nr.	Gebührentatbestand	Gebühr oder Satz der Gebühr nach § 34 GNotKG – **Tabelle B**

Vorbemerkung 2:

(1) In den Fällen, in denen es für die Gebührenberechnung maßgeblich ist, dass ein bestimmter Notar eine Tätigkeit vorgenommen hat, steht diesem Notar der Aktenverwahrer gemäß § 51 BNotO, der Notariatsverwalter gemäß § 56 BNotO oder ein anderer Notar, mit dem der Notar am Ort seines Amtssitzes zur gemeinsamen Berufsausübung verbunden ist oder mit dem er dort gemeinsame Geschäftsräume unterhält, gleich.

(2) Bundes- oder landesrechtliche Vorschriften, die Gebühren- oder Auslagenbefreiung gewähren, sind nicht auf den Notar anzuwenden. Außer in den Fällen der Kostenerstattung zwischen den Trägern der Sozialhilfe gilt die in § 64 Abs. 2 Satz 3 Nr. 2 SGB X bestimmte Gebührenfreiheit auch für den Notar.

(3) Beurkundungen nach § 67 Abs. 1 des Beurkundungsgesetzes und die Bezifferung dynamisierter Unterhaltstitel zur Zwangsvollstreckung im Ausland sind gebührenfrei.

Hauptabschnitt 1
Beurkundungsverfahren

Vorbemerkung 2.1:

(1) Die Gebühr für das Beurkundungsverfahren entsteht für die Vorbereitung und Durchführung der Beurkundung in Form einer Niederschrift (§§ 8 und 36 des Beurkundungsgesetzes) einschließlich der Beschaffung der Information.

(2) Durch die Gebühren dieses Hauptabschnitts werden auch abgegolten

1. die Übermittlung von Anträgen und Erklärungen an ein Gericht oder eine Behörde,

2. die Stellung von Anträgen im Namen der Beteiligten bei einem Gericht oder einer Behörde,

3. die Erledigung von Beanstandungen einschließlich des Beschwerdeverfahrens und

4. bei Änderung eines Gesellschaftsvertrags oder einer Satzung die Erteilung einer für die Anmeldung zum Handelsregister erforderlichen Bescheinigung des neuen vollständigen Wortlauts des Gesellschaftsvertrags oder der Satzung.

Abschnitt 1
Verträge, bestimmte Erklärungen sowie Beschlüsse von Organen einer Vereinigung oder Stiftung

Vorbemerkung 2.1.1:

Dieser Abschnitt ist auch anzuwenden im Verfahren zur Beurkundung der folgenden Erklärungen:

1. Antrag auf Abschluss eines Vertrags oder Annahme eines solchen Antrags oder

2. gemeinschaftliches Testament.

Nr.	Gebührentatbestand	Gebühr oder Satz der Gebühr nach § 34 GNotKG – Tabelle B
21100	Beurkundungsverfahren	2,0 – mindestens 120 EUR
21101	Gegenstand des Beurkundungsverfahrens ist	
	1. die Annahme eines Antrags auf Abschluss eines Vertrags oder	
	2. ein Verfügungsgeschäft und derselbe Notar hat für eine Beurkundung, die das zugrunde liegende Rechtsgeschäft betrifft, die Gebühr 21100 oder 23603 erhoben:	
	Die Gebühr 21100 beträgt	0,5 – mindestens 30 EUR
	(1) Als zugrunde liegendes Rechtsgeschäft gilt nicht eine Verfügung von Todes wegen.	
	(2) Die Gebühr für die Beurkundung des Zuschlags in einer freiwilligen Versteigerung von Grundstücken oder grundstücksgleichen Rechten bestimmt sich nach Nummer 23603.	

Nr.	Gebührentatbestand	Gebühr oder Satz der Gebühr nach § 34 GNotKG – Tabelle B
21102	Gegenstand des Beurkundungsverfahrens ist 1. ein Verfügungsgeschäft und das zugrunde liegende Rechtsgeschäft ist bereits beurkundet und Nummer 21101 nicht anzuwenden oder 2. die Aufhebung eines Vertrags: Die Gebühr 21100 beträgt	1,0 – mindestens 60 EUR

Abschnitt 2
Sonstige Erklärungen, Tatsachen und Vorgänge

Vorbemerkung 2.1.2:

(1) Die Gebühr für die Beurkundung eines Antrags zum Abschluss eines Vertrages und für die Beurkundung der Annahme eines solchen Antrags sowie für die Beurkundung eines gemeinschaftlichen Testaments bestimmt sich nach Abschnitt 1, die Gebühr für die Beurkundung des Zuschlags bei der freiwilligen Versteigerung von Grundstücken oder grundstücksgleichen Rechten bestimmt sich nach Nummer 23603.

(2) Die Beurkundung der in der Anmerkung zu Nummer 23603 genannten Erklärungen wird durch die Gebühr 23603 mit abgegolten, wenn die Beurkundung in der Niederschrift über die Versteigerung erfolgt

Nr.	Gebührentatbestand	Gebühr oder Satz der Gebühr nach § 34 GNotKG – Tabelle B
21200	Beurkundungsverfahren Unerheblich ist, ob eine Erklärung von einer oder von mehreren Personen abgegeben wird.	1,0 – mindestens 60 EUR
21201	Beurkundungsgegenstand ist 1. der Widerruf einer letztwilligen Verfügung, 2. der Rücktritt von einem Erbvertrag, 3. die Anfechtung einer Verfügung von Todes wegen, 4. ein Antrag oder eine Bewilligung nach der Grundbuchordnung, der Schiffsregisterordnung oder dem Gesetz über Rechte an Luftfahrzeugen oder die Zustimmung des Eigentümers zur Löschung eines Grundpfandrechts oder eines vergleichbaren Pfandrechts, 5. eine Anmeldung zum Handelsregister oder zu einem ähnlichen Register, 6. ein Antrag an das Nachlassgericht, 7. eine Erklärung, die gegenüber dem Nachlassgericht abzugeben ist, oder 8. die Zustimmung zur Annahme als Kind: Die Gebühr 21200 beträgt In dem in Vorbemerkung 2.3.3 Abs. 2 genannten Fall ist das Beurkundungsverfahren für den Antrag an das Nachlassgericht durch die Gebühr 23300 für die Abnahme der eidesstattlichen Versicherung mit abgegolten; im Übrigen bleiben die Vorschriften in Hauptabschnitt 1 unberührt	0,5 – mindestens 30 EUR

Abschnitt 3
Vorzeitige Beendigung des Beurkundungsverfahrens

Vorbemerkung 2.1.3:

(1) Ein Beurkundungsverfahren ist vorzeitig beendet, wenn vor Unterzeichnung der Niederschrift durch den Notar der Beurkundungsauftrag zurückgenommen oder zurückgewiesen wird oder der Notar feststellt, dass nach seiner Überzeugung mit der beauftragten Beurkundung aus Gründen, die nicht in seiner Person liegen, nicht mehr zu rechnen ist. Wird das Verfahren länger als 6 Monate nicht mehr betrieben, ist in der Regel nicht mehr mit der Beurkundung zu rechnen.

(2) Führt der Notar nach der vorzeitigen Beendigung des Beurkundungsverfahrens demnächst auf der Grundlage der bereits erbrachten notariellen Tätigkeit ein erneutes Beurkundungsverfahren durch, wird die nach diesem Abschnitt zu erhebende Gebühr auf die Gebühr für das erneute Beurkundungsverfahren angerechnet.

(3) Der Fertigung eines Entwurfs im Sinne der nachfolgenden Vorschriften steht die Überprüfung, Änderung oder Ergänzung eines dem Notar vorgelegten Entwurfs gleich.

Nr.	Gebührentatbestand	Gebühr oder Satz der Gebühr nach § 34 GNotKG – Tabelle B
21300	Vorzeitige Beendigung des Beurkundungsverfahrens 1. vor Ablauf des Tages, an dem ein vom Notar gefertigter Entwurf an einen Beteiligten durch Aufgabe zur Post versandt worden ist, 2. vor der Übermittlung eines vom Notar gefertigten Entwurfs per Telefax, vor der elektronischen Übermittlung als Datei oder vor Aushändigung oder 3. bevor der Notar mit allen Beteiligten in einem zum Zweck der Beurkundung vereinbarten Termin auf der Grundlage eines von ihm gefertigten Entwurfs verhandelt hat: Die jeweilige Gebühr für das Beurkundungsverfahren ermäßigt sich auf	20 EUR
21301	In den Fällen der Nummer 21300 hat der Notar persönlich oder schriftlich beraten: Die jeweilige Gebühr für das Beurkundungsverfahren ermäßigt sich auf eine Gebühr	in Höhe der jeweiligen Beratungsgebühr
21302	Vorzeitige Beendigung des Verfahrens nach einem der in Nummer 21300 genannten Zeitpunkte in den Fällen der Nummer 21100: Die Gebühr 21100 ermäßigt sich	0,5 bis 2,0 – mindestens 120 EUR
21303	Vorzeitige Beendigung des Verfahrens nach einem der in Nummer 21300 genannten Zeitpunkte in den Fällen der Nummern 21102 und 21200: Die Gebühren 21102 und 21200 ermäßigen sich auf	0,3 bis 1,0 – mindestens 60 EUR
21304	Vorzeitige Beendigung des Verfahrens nach einem der in Nummer 21300 genannten Zeitpunkte in den Fällen der Nummern 21101 und 21201: Die Gebühren 21101 und 21201 ermäßigen sich auf	0,3 bis 0,5 – mindestens 30 EUR

Hauptabschnitt 2

Vollzug eines Geschäfts und Betreuungstätigkeiten

Vorbemerkung 2.2:

(1) Gebühren nach diesem Hauptabschnitt entstehen nur, wenn dem Notar für seine Tätigkeit ein besonderer Auftrag erteilt worden ist; dies gilt nicht für die Gebühren 22114, 22125 und die Gebühr 22200 im Fall der Nummer 6 der Anmerkung.

(2) Entsteht für eine Tätigkeit eine Gebühr nach diesem Hauptabschnitt, fällt bei demselben Notar insoweit keine Gebühr für die Fertigung eines Entwurfs und keine Gebühr nach Nummer 25204 an.

Abschnitt 1

Vollzug

Unterabschnitt 1

Vollzug eines Geschäfts

Vorbemerkung 2.2.1.1:

(1) Die Vorschriften dieses Unterabschnitts sind anzuwenden, wenn der Notar eine Gebühr für das Beurkundungsverfahren oder für die Fertigung eines Entwurfs erhält, die das zugrunde liegende Geschäft betrifft. Die Vollzugsgebühr entsteht für die

1. Anforderung und Prüfung einer Erklärung oder Bescheinigung nach öffentlich-rechtlichen Vorschriften mit Ausnahme der Unbedenklichkeitsbescheinigung des Finanzamts,

2. Anforderung und Prüfung einer anderen als der in Nummer 4 genannten gerichtlichen Entscheidung oder Bescheinigung, dies gilt auch für die Ermittlung des Inhalts eines ausländischen Registers,

Nr.	Gebührentatbestand	Gebühr oder Satz der Gebühr nach § 34 GNotKG – Tabelle B

3. Fertigung, Änderung oder Ergänzung der Liste der Gesellschafter (§ 8 Abs. 1 Nr. 3, § 40 GmbHG) oder der Liste der Personen, welche neue Geschäftsanteile übernommen haben (§ 57 Abs. 3 Nr. 2 GmbHG),

4. Anforderung und Prüfung einer Entscheidung des Familien-, Betreuungs- oder Nachlassgerichts einschließlich aller Tätigkeiten des Notars gemäß den §§ 1828 und 1829 BGB im Namen der Beteiligten sowie die Erteilung einer Bescheinigung über die Wirksamkeit oder Unwirksamkeit des Rechtsgeschäfts,

5. Anforderung und Prüfung einer Vollmachtsbestätigung oder einer privatrechtlichen Zustimmungserklärung,

6. Anforderung und Prüfung einer privatrechtlichen Verzichtserklärung,

7. Anforderung und Prüfung einer Erklärung über die Ausübung oder Nichtausübung eines privatrechtlichen Vorkaufs- oder Wiederkaufsrechts,

8. Anforderung und Prüfung einer Erklärung über die Zustimmung zu einer Schuldübernahme oder einer Entlassung aus der Haftung,

9. Anforderung und Prüfung einer Erklärung oder sonstigen Urkunde zur Verfügung über ein Recht an einem Grundstück oder einem grundstücksgleichen Recht sowie zur Löschung oder Inhaltsänderung einer sonstigen Eintragung im Grundbuch oder in einem Register oder Anforderung und Prüfung einer Erklärung, inwieweit ein Grundpfandrecht eine Verbindlichkeit sichert,

10. Anforderung und Prüfung einer Verpflichtungserklärung betreffend eine in Nummer 9 genannte Verfügung oder einer Erklärung über die Nichtausübung eines Rechts und

11. über die in den Nummern 1 und 2 genannten Tätigkeiten hinausgehende Tätigkeit für die Beteiligten gegenüber der Behörde, dem Gericht oder der Körperschaft oder Anstalt des öffentlichen Rechts.

Die Vollzugsgebühr entsteht auch, wenn die Tätigkeit vor der Beurkundung vorgenommen wird.

(2) Zustimmungsbeschlüsse stehen Zustimmungserklärungen gleich.

(3) Wird eine Vollzugstätigkeit unter Beteiligung eines ausländischen Gerichts oder einer ausländischen Behörde vorgenommen, bestimmt sich die Vollzugsgebühr nach Unterabschnitt 2.

Nr.	Gebührentatbestand	Gebühr oder Satz der Gebühr nach § 34 GNotKG – Tabelle B
22110	Vollzugsgebühr	0,5
22111	Vollzugsgebühr, wenn die Gebühr für das zugrunde liegende Beurkundungsverfahren weniger als 2,0 beträgt:	
	Die Gebühr 22110 beträgt	0,3
	Vollzugsgegenstand sind lediglich die in der Vorbemerkung 2.2.1.1 Abs. 1 Satz 2 Nr. 1 bis 3 genannten Tätigkeiten:	
	Die Gebühren 22110 und 22111 betragen	
22112	– für jede Tätigkeit nach Vorbemerkung 2.2.1.1 Abs. 1 Satz 2 Nr. 1 und 2	höchstens 50 EUR
22113	– für jede Tätigkeit nach Vorbemerkung 2.2.1.1 Abs. 1 Satz 2 Nr. 3	höchstens 250 EUR
22114	Erzeugung von strukturierten Daten in Form der Extensible Markup Language (XML) oder in einem nach dem Stand der Technik vergleichbaren Format für eine automatisierte Weiterbearbeitung	0,2 – höchstens 125 EUR
22115	Neben der Gebühr 22114 entstehen andere Gebühren dieses Unterabschnitts:	
	Die Gebühr 22114 beträgt	0,1 – höchstens 125 EUR

Unterabschnitt 2
Vollzug in besonderen Fällen

Vorbemerkung 2.2.1.2:

Die Gebühren dieses Unterabschnitts entstehen, wenn der Notar

1. keine Gebühr für ein Beurkundungsverfahren oder für die Fertigung eines Entwurfs erhalten hat, die das zu vollziehende Geschäft betrifft, oder

2. eine Vollzugstätigkeit unter Beteiligung eines ausländischen Gerichts oder einer ausländischen Behörde vornimmt

Nr.	Gebührentatbestand	Gebühr oder Satz der Gebühr nach § 34 GNotKG – Tabelle B
22120	Vollzugsgebühr für die in Vorbemerkung 2.2.1.1 Abs. 1 Satz 2 genannten Tätigkeiten, wenn die Gebühr für ein die Urkunde betreffendes Beurkundungsverfahren 2,0 betragen würde	1,0
22121	Vollzugsgebühr für die in Vorbemerkung 2.2.1.1 Abs. 1 Satz 2 genannten Tätigkeiten, wenn die Gebühr für ein die Urkunde betreffendes Beurkundungsverfahren weniger als 2,0 betragen würde	0,5
22122	Überprüfung, ob die Urkunde bei Gericht eingereicht werden kann (1) Die Gebühr entsteht nicht neben einer der Gebühren 22120 und 22121. (2) Die Gebühr entsteht nicht für die Prüfung der Eintragungsfähigkeit in den Fällen des § 378 Abs. 3 FamFG und des § 15 Abs. 3 der Grundbuchordnung.	0,5
22123	Erledigung von Beanstandungen einschließlich des Beschwerdeverfahrens Die Gebühr entsteht nicht neben einer der Gebühren 22120 bis 22122.	0,5
22124	Die Tätigkeit beschränkt sich auf 1. die Übermittlung von Anträgen, Erklärungen oder Unterlagen an ein Gericht, eine Behörde oder einen Dritten oder die Stellung von Anträgen im Namen der Beteiligten, 2. die Prüfung der Eintragungsfähigkeit in den Fällen des § 378 Abs. 3 FamFG und des § 15 Abs. 3 der Grundbuchordnung (1) Die Gebühr entsteht nur, wenn nicht eine Gebühr nach den Nummern 22120 bis 22123 anfällt. (2) Die Gebühr nach Nummer 2 entsteht nicht neben der Gebühr 25100 oder 25101. (3) Die Gebühr entsteht auch, wenn Tätigkeiten nach Nummer 1 und nach Nummer 2 ausgeübt werden. In diesem Fall wird die Gebühr nur einmal erhoben.	20 EUR
22125	Erzeugung von strukturierten Daten in Form der Extensible Markup Language (XML) oder einem nach dem Stand der Technik vergleichbaren Format für eine automatisierte Weiterbearbeitung (1) Die Gebühr entsteht neben anderen Gebühren dieses Unterabschnitts gesondert. (2) Die Gebühr entsteht nicht neben der Gebühr 25101.	0,5 – höchstens 250 EUR
	Abschnitt 2 **Betreuungstätigkeiten**	
22200	Betreuungsgebühr Die Betreuungsgebühr entsteht für die 1. Erteilung einer Bescheinigung über den Eintritt der Wirksamkeit von Verträgen, Erklärungen und Beschlüssen, 2. Prüfung und Mitteilung des Vorliegens von Fälligkeitsvoraussetzungen einer Leistung oder Teilleistung, 3. Beachtung einer Auflage eines an dem Beurkundungsverfahren Beteiligten im Rahmen eines Treuhandauftrags, eine Urkunde oder Auszüge einer Urkunde nur unter bestimmten Bedingungen herauszugeben, wenn die Herausgabe nicht lediglich davon abhängt, dass ein Beteiligter der Herausgabe zustimmt, oder die Erklärung der Bewilligung nach § 19 der Grundbuchordnung aufgrund einer Vollmacht, wenn diese nur unter bestimmten Bedingungen abgegeben werden soll, 4. Prüfung und Beachtung der Auszahlungsvoraussetzungen von verwahrtem Geld und der Ablieferungsvoraussetzungen von verwahrten Wertpapieren und Kostbarkeiten, 5. Anzeige oder Anmeldung einer Tatsache, insbesondere einer Abtretung oder Verpfändung, an einen nicht an dem Beurkundungsverfahren Beteiligten zur Erzielung einer Rechtsfolge, wenn sich die Tätigkeit des Notars nicht darauf beschränkt, dem	0,5

Nr.	Gebührentatbestand	Gebühr oder Satz der Gebühr nach § 34 GNotKG – Tabelle B
	nicht am Beurkundungsverfahren Beteiligten die Urkunde oder eine Kopie oder eine Ausfertigung der Urkunde zu übermitteln,	
	6. Erteilung einer Bescheinigung über Veränderungen hinsichtlich der Personen der Gesellschafter oder des Umfangs ihrer Beteiligung (§ 40 Abs. 2 GmbHG), wenn Umstände außerhalb der Urkunde zu prüfen sind, und	
	7. Entgegennahme der für den Gläubiger bestimmten Ausfertigung einer Grundpfandrechtsbestellungsurkunde zur Herbeiführung der Bindungswirkung gemäß § 873 Abs. 2 BGB.	
22201	Treuhandgebühr	0,5
	Die Treuhandgebühr entsteht für die Beachtung von Auflagen durch einen nicht unmittelbar an dem Beurkundungsverfahren Beteiligten, eine Urkunde oder Auszüge einer Urkunde nur unter bestimmten Bedingungen herauszugeben. Die Gebühr entsteht für jeden Treuhandauftrag gesondert	

Hauptabschnitt 3
Sonstige notarielle Verfahren

Vorbemerkung 2.3:

Mit den Gebühren dieses Hauptabschnitts wird auch die Fertigung einer Niederschrift abgegolten. Nummer 23603 bleibt unberührt.

Abschnitt 1
Rückgabe eines Erbvertrags aus der notariellen Verwahrung

23100	Verfahrensgebühr	0,3
	Wenn derselbe Notar demnächst nach der Rückgabe eines Erbvertrags eine erneute Verfügung von Todes wegen desselben Erblassers beurkundet, wird die Gebühr auf die Gebühr für das Beurkundungsverfahren angerechnet. Bei einer Mehrheit von Erblassern erfolgt die Anrechnung nach Kopfteilen	

Abschnitt 2
Verlosung, Auslosung

23200	Verfahrensgebühr	2,0
	Die Gebühr entsteht auch, wenn der Notar Prüfungstätigkeiten übernimmt	
23201	Vorzeitige Beendigung des Verfahrens:	
	Die Gebühr 23200 ermäßigt sich auf	0,5

Abschnitt 3
Eid, eidesstattliche Versicherung, Vernehmung von Zeugen und Sachverständigen

Vorbemerkung 2.3.3:

(1) Die Gebühren entstehen nur, wenn das in diesem Abschnitt genannte Verfahren oder Geschäft nicht Teil eines anderen Verfahrens oder Geschäfts ist.

(2) Wird mit der Niederschrift über die Abnahme der eidesstattlichen Versicherung zugleich ein Antrag an das Nachlassgericht beurkundet, wird mit der Gebühr 23300 insoweit auch das Beurkundungsverfahren abgegolten.

23300	Verfahren zur Abnahme von Eiden und eidesstattlichen Versicherungen	1,0
23301	Vorzeitige Beendigung des Verfahrens:	
	Die Gebühr 23300 beträgt	0,3
23302	Vernehmung von Zeugen und Sachverständigen	1,0

Nr.	Gebührentatbestand	Gebühr oder Satz der Gebühr nach § 34 GNotKG – Tabelle B

Abschnitt 4
Wechsel- und Scheckprotest

Vorbemerkung 2.3.4:

Neben den Gebühren dieses Abschnitts werden die Gebühren 25300 und 26002 nicht erhoben.

23400	Verfahren über die Aufnahme eines Wechsel- und Scheckprotests	0,5
	Die Gebühr fällt auch dann an, wenn ohne Aufnahme des Protestes an den Notar gezahlt oder ihm die Zahlung nachgewiesen wird.	
23401	Verfahren über die Aufnahme eines jeden Protests wegen Verweigerung der Ehrenannahme oder wegen unterbliebener Ehrenzahlung, wenn der Wechsel Notadressen enthält	0,3

Abschnitt 5
Vermögensverzeichnis und Siegelung

Vorbemerkung 2.3.5:

Neben den Gebühren dieses Abschnitts wird die Gebühr 26002 nicht erhoben.

23500	Verfahren über die Aufnahme eines Vermögensverzeichnisses einschließlich der Siegelung	2,0
	Die Gebühr entsteht nicht, wenn die Aufnahme des Vermögensverzeichnisses Teil eines beurkundeten des Vertrages ist.	
23501	Vorzeitige Beendigung des Verfahrens:	
	Die Gebühr 23500 ermäßigt sich auf	0,5
23502	Mitwirkung als Urkundsperson bei der Aufnahme eines Vermögensverzeichnisses einschließlich der Siegelung	1,0
23503	Siegelung, die nicht mit den Gebühren 23500 oder 23502 abgegolten ist, und Entsiegelung	0,5

Abschnitt 6
Freiwillige Versteigerung von Grundstücken

Vorbemerkung 2.3.6:

Die Vorschriften dieses Abschnitts sind auf die freiwillige Versteigerung von Grundstücken und grundstücksgleichen Rechten durch den Notar zum Zwecke der Veräußerung oder Verpachtung anzuwenden.

23600	Verfahrensgebühr	0,5
23601	Aufnahme einer Schätzung	0,5
23602	Abhaltung eines Versteigerungstermins:	
	für jeden Termin	1,0
	Der Versteigerungstermin gilt als abgehalten, wenn zur Abgabe von Geboten aufgefordert ist	
23603	Beurkundung des Zuschlags	1,0
	Die Beurkundung bleibt gebührenfrei, wenn sie in der Niederschrift über die Versteigerung erfolgt und wenn	
	1. der Meistbietende die Rechte aus dem Meistgebot oder der Veräußerer den Anspruch gegen den Ersteher abtritt oder	
	2. der Meistbietende erklärt, für einen Dritten geboten zu haben, oder	
	3. ein Dritter den Erklärungen nach Nummer 2 beitritt.	
	Das Gleiche gilt, wenn nach Maßgabe der Versteigerungsbedingungen für den Anspruch gegen den Ersteher die Bürgschaft übernommen oder eine sonstige Sicherheit bestellt und dies in dem Protokoll über die Versteigerung beurkundet wird	

Nr.	Gebührentatbestand	Gebühr oder Satz der Gebühr nach § 34 GNotKG – Tabelle B
	Abschnitt 7 **Versteigerung von beweglichen Sachen und von Rechten**	
23700	Verfahrensgebühr	3,0
	(1) Die Gebühr entsteht für die Versteigerung von beweglichen Sachen, von Früchten auf dem Halm oder von Holz auf dem Stamm sowie von Forderungen oder sonstigen Rechten.	
	(2) Ein Betrag in Höhe der Kosten kann aus dem Erlös vorweg entnommen werden	
23701	Beendigung des Verfahrens vor Aufforderung zur Abgabe von Geboten:	
	Die Gebühr 23700 ermäßigt sich auf	0,5
	Abschnitt 8 **Vorbereitung der Zwangsvollstreckung**	
23800	Verfahren über die Vollstreckbarerklärung eines Anwaltsvergleichs nach § 796a ZPO	66 EUR
23801	Verfahren über die Vollstreckbarerklärung eines Schiedsspruchs mit vereinbartem Wortlaut (§ 1053 ZPO)	2,0
23802	Beendigung des gesamten Verfahrens durch Zurücknahme des Antrags:	
	Die Gebühr 23801 ermäßigt sich auf	1,0
23803	Verfahren über die Erteilung einer vollstreckbaren Ausfertigung, wenn der Eintritt einer Tatsache oder einer Rechtsnachfolge zu prüfen ist (§§ 726 bis 729 ZPO)	0,5
23804	Verfahren über den Antrag auf Erteilung einer weiteren vollstreckbaren Ausfertigung (§ 797 Abs. 3, § 733 ZPO). Die Gebühr wird für jede weitere vollstreckbare Ausfertigung gesondert erhoben.	22 EUR
23805	Verfahren über die Ausstellung einer Bestätigung nach § 1079 ZPO oder über die Ausstellung einer Bescheinigung nach § 1110 ZPO	22 EUR
23806	Verfahren über einen Antrag auf Vollstreckbarerklärung einer notariellen Urkunde nach § 55 Abs. 3 AVAG, nach § 35 Abs. 3 AUG, nach § 3 Abs. 4 IntErbRVG oder nach § 4 Abs. 4 IntGüRVG	264 EUR
23807	Beendigung des gesamten Verfahrens durch Zurücknahme des Antrags:	
	Die Gebühr 23806 ermäßigt sich auf	99 EUR
23808	Verfahren über die Ausstellung einer Bescheinigung nach § 57 AVAG, § 27 IntErbRVG oder § 27 IntGüRVG oder für die Ausstellung des Formblatts oder der Bescheinigung nach § 71 Abs. 1 AUG	17 EUR

Abschnitt 9
Teilungssachen

Vorbemerkung 2.3.9:

(1) Dieser Abschnitt gilt für Teilungssachen zur Vermittlung der Auseinandersetzung des Nachlasses und des Gesamtguts einer Gütergemeinschaft nach Beendigung der ehelichen, lebenspartnerschaftlichen oder fortgesetzten Gütergemeinschaft (§ 342 Abs. 2 Nr. 1 FamFG).

(2) Neben den Gebühren dieses Abschnitts werden gesonderte Gebühren erhoben für

1. die Aufnahme von Vermögensverzeichnissen und Schätzungen,

2. Versteigerungen und

3. das Beurkundungsverfahren, jedoch nur, wenn Gegenstand ein Vertrag ist, der mit einem Dritten zum Zweck der Auseinandersetzung geschlossen wird.

Nr.	Gebührentatbestand	Gebühr oder Satz der Gebühr nach § 34 GNotKG – **Tabelle B**
23900	Verfahrensgebühr	6,0
23901	Soweit das Verfahren vor Eintritt in die Verhandlung durch Zurücknahme oder auf andere Weise endet, ermäßigt sich die Gebühr 23900 auf	1,5
23902	Soweit der Notar das Verfahren vor Eintritt in die Verhandlung wegen Unzuständigkeit an einen anderen Notar verweist, ermäßigt sich die Gebühr 23900 auf	1,5 – höchstens 100 EUR
23903	Das Verfahren wird nach Eintritt in die Verhandlung 1. ohne Bestätigung der Auseinandersetzung abgeschlossen oder 2. wegen einer Vereinbarung der Beteiligten über die Zuständigkeit an einen anderen Notar verwiesen: Die Gebühr 23900 ermäßigt sich auf	3,0

Hauptabschnitt 4
Entwurf und Beratung

Abschnitt 1
Entwurf

Vorbemerkung 2.4.1:

(1) Gebühren nach diesem Abschnitt entstehen, wenn außerhalb eines Beurkundungsverfahrens ein Entwurf für ein bestimmtes Rechtsgeschäft oder eine bestimmte Erklärung im Auftrag eines Beteiligten gefertigt worden ist. Sie entstehen jedoch nicht in den Fällen der Vorbemerkung 2.2 Abs. 2.

(2) Beglaubigt der Notar, der den Entwurf gefertigt hat, demnächst unter dem Entwurf eine oder mehrere Unterschriften oder Handzeichen, entstehen für die erstmaligen Beglaubigungen, die an ein und demselben Tag erfolgen, keine Gebühren.

(3) Gebühren nach diesem Abschnitt entstehen auch, wenn der Notar keinen Entwurf gefertigt, aber einen ihm vorgelegten Entwurf überprüft, geändert oder ergänzt hat. Dies gilt nicht für die Prüfung der Eintragungsfähigkeit in den Fällen des § 378 Abs. 3 FamFG und des § 15 Abs. 3 der Grundbuchordnung.

(4) Durch die Gebühren dieses Abschnitts werden auch abgegolten

1. die Übermittlung von Anträgen und Erklärungen an ein Gericht oder eine Behörde,

2. die Stellung von Anträgen im Namen der Beteiligten bei einem Gericht oder einer Behörde und

3. die Erledigung von Beanstandungen einschließlich des Beschwerdeverfahrens.

(5) Gebühren nach diesem Abschnitt entstehen auch für die Fertigung eines Entwurfs zur beabsichtigten Verwendung für mehrere gleichartige Rechtsgeschäfte oder Erklärungen (Serienentwurf). Absatz 3 gilt entsprechend.

(6) Wenn der Notar demnächst nach Fertigung eines Entwurfs auf der Grundlage dieses Entwurfs ein Beurkundungsverfahren durchführt, wird eine Gebühr nach diesem Abschnitt auf die Gebühr für das Beurkundungsverfahren angerechnet.

(7) Der Notar ist berechtigt, dem Auftraggeber die Gebühren für die Fertigung eines Serienentwurfs bis zu einem Jahr nach Fälligkeit zu stunden.

Nr.	Gebührentatbestand	Gebühr oder Satz der Gebühr
24100	Fertigung eines Entwurfs, wenn die Gebühr für das Beurkundungsverfahren 2,0 betragen würde	0,5 bis 2,0 – mindestens 120 EUR
24101	Fertigung eines Entwurfs, wenn die Gebühr für das Beurkundungsverfahren 1,0 betragen würde	0,3 bis 1,0 – mindestens 60 EUR
24102	Fertigung eines Entwurfs, wenn die Gebühr für das Beurkundungsverfahren 0,5 betragen würde	0,3 bis 0,5 – mindestens 30 EUR
24103	Auf der Grundlage eines von demselben Notar gefertigten Serienentwurfs finden Beurkundungsverfahren statt: Die Gebühren dieses Abschnitts ermäßigen sich jeweils um	die Gebühr für das Beurkundungsverfahren

Nr.	Gebührentatbestand	Gebühr oder Satz der Gebühr nach § 34 GNotKG – Tabelle B
	Abschnitt 2 **Beratung**	
24200	Beratungsgebühr	0,3 bis 1,0
	(1) Die Gebühr entsteht für eine Beratung, soweit der Beratungsgegenstand nicht Gegenstand eines anderen gebührenpflichtigen Verfahrens oder Geschäfts ist.	
	(2) Soweit derselbe Gegenstand demnächst Gegenstand eines anderen gebühren-pflichtigen Verfahrens oder Geschäfts ist, ist die Beratungsgebühr auf die Gebühr für das andere Verfahren oder Geschäft anzurechnen	
24201	Der Beratungsgegenstand könnte auch Beurkundungsgegenstand sein und die Beurkundungsgebühr würde 1,0 betragen:	
	Die Gebühr 24200 beträgt	0,3 bis 0,5
24202	Der Beratungsgegenstand könnte auch Beurkundungsgegenstand sein und die Beurkundungsgebühr würde weniger als 1,0 betragen:	
	Die Gebühr 24200 beträgt	0,3
24203	Beratung bei der Vorbereitung oder Durchführung einer Hauptver-sammlung oder Gesellschafterversammlung	0,5 bis 2,0
	Hauptabschnitt 5 **Sonstige Geschäfte**	
	Abschnitt 1 **Beglaubigungen und sonstige Zeugnisse (§§ 39, 39a des Beurkundungsgesetzes)**	
25100	Beglaubigung einer Unterschrift oder eines Handzeichens	0,2 – mindestens 20 EUR, höchstens 70 EUR
	(1) Die Gebühr entsteht nicht in den in Vorbemerkung 2.4.1 Abs. 2 genannten Fällen.	
	(2) Mit der Gebühr ist die Beglaubigung mehrerer Unterschriften oder Handzeichen abgegolten,	
	wenn diese in einem einzigen Vermerk erfolgt.	
25101	Die Erklärung, unter der die Beglaubigung von Unterschriften oder Handzeichen erfolgt, betrifft	
	1. eine Erklärung, für die nach den Staatsschuldbuchgesetzen eine öf-fentliche Beglaubigung vorgeschrieben ist,	
	2. eine Zustimmung gemäß § 27 der Grundbuchordnung sowie einen damit verbundenen Löschungsantrag gemäß § 13 der Grundbuchordnung,	
	3. den Nachweis der Verwaltereigenschaft gemäß § 26 Abs. 4 WEG:	
	Die Gebühr 25100 beträgt	20 EUR
25102	Beglaubigung von Dokumenten	1 EUR für jede angefan-gene Seite – mindestens 10 EUR
	(1) Neben der Gebühr wird keine Dokumentenpauschale erhoben.	
	(2) Die Gebühr wird nicht erhoben für die Erteilung	
	1. beglaubigter Kopien oder Ausdrucke der vom Notar aufgenommenen oder ent-worfenen oder in Urschrift in seiner dauernden Verwahrung befindlichen Urkunden und	
	2. beglaubigter Kopien vorgelegter Vollmachten und Ausweise über die Berechtigung eines gesetzlichen Vertreters, die der vom Notar gefertigten Niederschrift beizulegen sind (§ 12 des Beurkundungsgesetzes).	
	(3) Einer Kopie im Sinne des Absatzes 2 steht ein in ein elektronisches Dokument übertragenes Schriftstück gleich.	

Nr.	Gebührentatbestand	Gebühr oder Satz der Gebühr nach § 34 GNotKG – Tabelle B
25103	Sicherstellung der Zeit, zu der eine Privaturkunde ausgestellt ist, einschließlich der über die Vorlegung ausgestellten Bescheinigung	20 EUR
25104	Erteilung von Bescheinigungen über Tatsachen oder Verhältnisse, die urkundlich nachgewiesen oder offenkundig sind, einschließlich der Identitätsfeststellung, wenn sie über die §§ 10 und 40 Abs. 4 des Beurkundungsgesetzes hinaus selbstständige Bedeutung hat	1,0
	Die Gebühr entsteht nicht, wenn die Erteilung der Bescheinigung eine Betreuungstätigkeit nach Nummer 22200 darstellt	

Abschnitt 2

Andere Bescheinigungen und sonstige Geschäfte

Nr.	Gebührentatbestand	Gebühr oder Satz der Gebühr nach § 34 GNotKG – Tabelle B
25200	Erteilung einer Bescheinigung nach § 21 Abs. 1 BNotO	15 EUR für jedes Registerblatt, dessen Einsicht zur Erteilung erforderlich ist
25201	Rangbescheinigung (§ 122 GNotKG)	0,3
25202	Herstellung eines Teilhypotheken-, -grundschuld- oder -rentenschuldbriefs	0,3
25203	Erteilung einer Bescheinigung über das im Inland oder im Ausland geltende Recht einschließlich von Tatsachen	0,3 bis 1,0
25204	Abgabe einer Erklärung aufgrund einer Vollmacht anstelle einer in öffentlich beglaubigter Form durch die Beteiligten abzugebenden Erklärung	in Höhe der für die Fertigung des Entwurfs der Erklärung zu erhebenden Gebühr
	Die Gebühr entsteht nicht, wenn für die Tätigkeit eine Betreuungsgebühr anfällt	
25205	Tätigkeit als zu einer Beurkundung zugezogener zweiter Notar	in Höhe von 50 % der dem beurkundenden Notar zustehenden Gebühr für das Beurkundungsverfahren
	(1) Daneben wird die Gebühr 26002 oder 26003 nicht erhoben.	
	(2) Der zuziehende Notar teilt dem zugezogenen Notar die Höhe der von ihm zu erhebenden Gebühr für das Beurkundungsverfahren mit	
25206	Gründungsprüfung gemäß § 33 Abs. 3 des Aktiengesetzes	mindestens 1.000 EUR
25207	Erwirkung der Apostille oder der Legalisation einschließlich der Beglaubigung durch den Präsidenten des Landgerichts	25 EUR
25208	Erwirkung der Legalisation, wenn weitere Beglaubigungen notwendig sind:	
	Die Gebühr 25207 beträgt	50 EUR
25209	Einsicht in das Grundbuch, in öffentliche Register und Akten einschließlich der Mitteilung des Inhalts an die Beteiligten	15 EUR
	Die Gebühr entsteht nur, wenn die Tätigkeit nicht mit einem gebührenpflichtigen Verfahren oder Geschäft zusammenhängt	
	Erteilung von Abdrucken aus einem Register oder aus dem Grundbuch auf Antrag oder deren beantragte Ergänzung oder Bestätigung:	
25210	– Abdruck	10 EUR
25211	– beglaubigter Abdruck	15 EUR

Nr.	Gebührentatbestand	Gebühr oder Satz der Gebühr nach § 34 GNotKG – Tabelle B
	Neben den Gebühren 25210 und 25211 wird keine Dokumentenpauschale erhoben.	
	Anstelle eines Abdrucks wird in den Fällen der Nummern 25210 und 25211 die elektronische Übermittlung einer Datei beantragt:	
25212	– unbeglaubigte Datei	5 EUR
25213	– beglaubigte Datei	10 EUR
	Werden zwei elektronische Dateien gleichen Inhalts in unterschiedlichen Dateiformaten gleichzeitig übermittelt, wird die Gebühr 25212 oder 25213 nur einmal erhoben. Sind beide Gebührentatbestände erfüllt, wird die höhere Gebühr erhoben.	
25214	Erteilung einer Bescheinigung nach § 21 Abs. 3 BNotO	15 EUR

Abschnitt 3
Verwahrung von Geld, Wertpapieren und Kostbarkeiten

Vorbemerkung 2.5.3:

(1) Die Gebühren dieses Abschnitts entstehen neben Gebühren für Betreuungstätigkeiten gesondert.

(2) § 35 Abs. 2 GNotKG und Nummer 32013 sind nicht anzuwenden.

Nr.	Gebührentatbestand	Gebühr oder Satz der Gebühr nach § 34 GNotKG – Tabelle B
25300	Verwahrung von Geldbeträgen: je Auszahlung Der Notar kann die Gebühr bei der Ablieferung an den Auftraggeber entnehmen	1,0 – soweit der Betrag 13 Mio. EUR übersteigt: 0,1 % des Auszahlungsbetrags
25301	Entgegennahme von Wertpapieren und Kostbarkeiten zur Verwahrung Durch die Gebühr wird die Verwahrung mit abgegolten	1,0 – soweit der Wert 13 Mio. EUR übersteigt: 0,1 % des Werts

Hauptabschnitt 6
Zusatzgebühren

Nr.	Gebührentatbestand	Gebühr oder Satz der Gebühr nach § 34 GNotKG – Tabelle B
26000	Tätigkeiten, die auf Verlangen der Beteiligten an Sonntagen und allgemeinen Feiertagen, an Sonnabenden vor 8 und nach 13 Uhr sowie an den übrigen Werktagen außerhalb der Zeit von 8 bis 18 Uhr vorgenommen werden (1) Treffen mehrere der genannten Voraussetzungen zu, so wird die Gebühr nur einmal erhoben. (2) Die Gebühr fällt nur an, wenn bei den einzelnen Geschäften nichts anderes bestimmt ist	in Höhe von 30 % der für das Verfahren oder das Geschäft zu erhebenden Gebühr – höchstens 30 EUR
26001	Abgabe der zu beurkundenden Erklärung eines Beteiligten in einer fremden Sprache ohne Hinzuziehung eines Dolmetschers sowie Beurkundung, Beglaubigung oder Bescheinigung in einer fremden Sprache oder Übersetzung einer Erklärung in eine andere Sprache Mit der Gebühr ist auch die Erteilung einer Bescheinigung gemäß § 50 des Beurkundungsgesetzes abgegolten.	in Höhe von 30 % der für das Beurkundungsverfahren, für eine Beglaubigung oder Bescheinigung zu erhebenden Gebühr – höchstens 5.000,00 EUR
26002	Die Tätigkeit wird auf Verlangen eines Beteiligten außerhalb der Geschäftsstelle des Notars vorgenommen: Zusatzgebühr für jede angefangene halbe Stunde der Abwesenheit, wenn nicht die Gebühr 26003 entsteht (1) Nimmt der Notar mehrere Geschäfte vor, so entsteht die Gebühr nur einmal. Sie ist auf die einzelnen Geschäfte unter Berücksichtigung der für jedes Geschäft aufgewandten Zeit angemessen zu verteilen. (2) Die Zusatzgebühr wird auch dann erhoben, wenn ein Geschäft aus einem in der Person eines Beteiligten liegenden Grund nicht vorgenommen wird.	50 EUR

Nr.	Gebührentatbestand	Gebühr oder Satz der Gebühr nach § 34 GNotKG – Tabelle B
	(3) Neben dieser Gebühr wird kein Tages- und Abwesenheitsgeld (Nummer 32008) erhoben. Die Tätigkeit wird auf Verlangen eines Beteiligten außerhalb der Geschäftsstelle des Notars vorgenommen und betrifft ausschließlich 1. die Errichtung, Aufhebung oder Änderung einer Verfügung von Todes wegen, 2. die Errichtung, den Widerruf oder die Änderung einer Vollmacht, die zur Registrierung im Zentralen Vorsorgeregister geeignet ist, 3. die Abgabe einer Erklärung gemäß § 1897 Abs. 4 BGB oder 4. eine Willensäußerung eines Beteiligten hinsichtlich seiner medizinischen Behandlung oder deren Abbruch: Zusatzgebühr Die Gebühr entsteht für jeden Auftraggeber nur einmal. Im Übrigen gelten die Absätze 2 und 3 der Anmerkung zu Nummer 26002 entsprechend.	50 EUR

Teil 3 Auslagen

Nr.	Auslagentatbestand	Höhe
	Vorbemerkung 3: Sind Auslagen durch verschiedene Rechtssachen veranlasst, werden sie auf die Rechtssachen angemessen verteilt. Dies gilt auch, wenn die Auslagen durch Notar- und Rechtsanwaltsgeschäfte veranlasst sind. **Hauptabschnitt 2** **Auslagen der Notare** *Vorbemerkung 3.2:* (1) Mit den Gebühren werden auch die allgemeinen Geschäftskosten entgolten. (2) Eine Geschäftsreise liegt vor, wenn das Reiseziel außerhalb der Gemeinde liegt, in der sich der Amtssitz oder die Wohnung des Notars befindet.	
32000	Pauschale für die Herstellung und Überlassung von Ausfertigungen, Kopien und Ausdrucken (Dokumentenpauschale) bis zur Größe von DIN A3, die auf besonderen Antrag angefertigt oder per Telefax übermittelt worden sind:	
	für die ersten 50 Seiten je Seite	0,50 EUR
	für jede weitere Seite	0,15 EUR
	für die ersten 50 Seiten in Farbe je Seite	1 EUR
	für jede weitere Seite in Farbe	0,30 EUR
	Dieser Auslagentatbestand gilt nicht für die Fälle der Nummer 32001 Nr. 2 und 3.	

Nr.	Auslagentatbestand	Höhe
32001	Dokumentenpauschale für Ausfertigungen, Kopien und Ausdrucke bis zur Größe von DIN A3, die 1. ohne besonderen Antrag von eigenen Niederschriften, eigenen Entwürfen und von Urkunden, auf denen der Notar eine Unterschrift beglaubigt hat, angefertigt oder per Telefax übermittelt worden sind; dies gilt nur, wenn die Dokumente nicht beim Notar verbleiben; 2. in einem Beurkundungsverfahren auf besonderen Antrag angefertigt oder per Telefax übermittelt worden sind; dies gilt nur, wenn der Antrag spätestens bei der Aufnahme der Niederschrift gestellt wird; 3. bei einem Auftrag zur Erstellung eines Entwurfs auf besonderen Antrag angefertigt oder per Telefax übermittelt worden sind; dies gilt nur, wenn der Antrag spätestens am Tag vor der Versendung des Entwurfs gestellt wird: je Seite je Seite in Farbe	 0,15 EUR 0,30 EUR
32002	Dokumentenpauschale für die Überlassung von elektronisch gespeicherten Dateien oder deren Bereitstellung zum Abruf anstelle der in den Nummern 32000 und 32001 genannten Dokumente ohne Rücksicht auf die Größe der Vorlage: je Datei für die in einem Arbeitsgang überlassenen, bereitgestellten oder in einem Arbeitsgang auf denselben Datenträger übertragenen Dokumente insgesamt höchstens Werden zum Zweck der Überlassung von elektronisch gespeicherten Dateien Dokumente zuvor auf Antrag von der Papierform in die elektronische Form übertragen, beträgt die Dokumentenpauschale nicht weniger, als die Dokumentenpauschale im Fall der Nummer 32000 für eine Schwarz-Weiß-Kopie betragen würde.	 1,50 EUR 5 EUR
32003	Entgelte für die Herstellung von Kopien oder Ausdrucken der in den Nummern 32000 und 32001 genannten Art in einer Größe von mehr als DIN A3 oder pauschal je Seite oder pauschal je Seite in Farbe	 in voller Höhe 3 EUR 6 EUR
32004	Entgelte für Post- und Telekommunikationsdienstleistungen (1) Für die durch die Geltendmachung der Kosten entstehenden Entgelte kann kein Ersatz verlangt werden. (2) Für Zustellungen mit Zustellungsurkunde und für Einschreiben gegen Rückschein ist der in Nummer 31002 bestimmte Betrag anzusetzen	in voller Höhe
32005	Pauschale für Entgelte für Post- und Telekommunikationsdienstleistungen Die Pauschale kann in jedem notariellen Verfahren und bei sonstigen notariellen Geschäften anstelle der tatsächlichen Auslagen nach Nummer 32004 gefordert werden. Ein notarielles Geschäft und der sich hieran anschließende Vollzug sowie sich hieran anschließende Betreuungstätigkeiten gelten insoweit zusammen als ein Geschäft.	20 % der Gebühren – höchstens 20 EUR
32006	Fahrtkosten für eine Geschäftsreise bei Benutzung eines eigenen Kraftfahrzeugs für jeden gefahrenen Kilometer Mit den Fahrtkosten sind die Anschaffungs-, Unterhaltungs- und Betriebskosten sowie die Abnutzung.	 0,30 EUR

Nr.	Auslagentatbestand	Höhe
32007	Fahrtkosten für eine Geschäftsreise bei Benutzung eines anderen Verkehrsmittels, soweit sie angemessen sind	in voller Höhe
32008	Tage- und Abwesenheitsgeld bei einer Geschäftsreise	
	1. von nicht mehr als 4 Stunden	20 EUR
	2. von mehr als 4 bis 8 Stunden	35 EUR
	3. von mehr als 8 Stunden	60 EUR
	Das Tage- und Abwesenheitsgeld wird nicht neben der Gebühr 26002 oder 26003 erhoben.	
32009	Sonstige Auslagen anlässlich einer Geschäftsreise, soweit sie angemessen sind	in voller Höhe
32010	An Dolmetscher, Übersetzer und Urkundszeugen zu zahlende Vergütungen sowie Kosten eines zugezogenen zweiten Notars	in voller Höhe
32011	Nach dem JVKostG für den Abruf von Daten im automatisierten Abrufverfahren zu zahlende Beträge	in voller Höhe
32012	Im Einzelfall gezahlte Prämie für eine Haftpflichtversicherung für Vermögensschäden, wenn die Versicherung auf schriftliches Verlangen eines Beteiligten abgeschlossen wird	in voller Höhe
32013	Im Einzelfall gezahlte Prämie für eine Haftpflichtversicherung für Vermögensschäden, soweit die Prämie auf Haftungsbeträge von mehr als 60 Mio. EUR entfällt und wenn nicht 32012 erfüllt ist	in voller Höhe
	Soweit sich aus der Rechnung des Versicherers nichts anderes ergibt, ist von der Gesamtprämie der Betrag zu erstatten, der sich aus dem Verhältnis der 60 Mio. EUR übersteigenden Versicherungssumme zu der Gesamtversicherungssumme ergibt.	
32014	Umsatzsteuer auf die Kosten	in voller Höhe
	Dies gilt nicht, wenn die Umsatzsteuer nach § 19 Abs. 1 UStG unerhoben bleibt.	
32015	Sonstige Aufwendungen	in voller Höhe
	Sonstige Aufwendungen sind solche, die der Notar aufgrund eines ausdrücklichen Auftrags und für Rechnung eines Beteiligten erbringt. Solche Aufwendungen sind insbesondere verauslagte Gerichtskosten und Gebühren in Angelegenheiten des Zentralen Vorsorge- oder Testamentsregisters.[189]	

J. Anlage Gebührentabellen

I. Gebühren nach Tabelle B (§ 34 GNotKG)

Hinweise: 426

1. Der Mindestbetrag einer Gebühr ist 15 EUR (§ 34 Abs. 5 GNotKG).

2. Der Höchstgeschäftswert beträgt, wenn die Tabelle B anzuwenden ist, höchstens 60 Millionen EUR, wenn kein niedrigerer Höchstwert bestimmt ist (§ 35 Abs. 2 GNotKG).

3. Die Gebührentabelle B gilt auch für die Verwahrungsgebühren Nr. 25300 und Nr. 25301 KV GNotKG, jedoch nur bis zu einem Wert von 13 Millionen EUR. Bei Werten von mehr als 13 Millionen EUR betragen die Verwahrungsgebühren 0,1 % des Werts. Der Höchstgeschäftswert von 60 Millionen EUR gilt nicht für die Verwahrungsgebühren (Vorbemerkung 2.5.3 Abs. 2 GNotKG).[190]

---

189 Fassung ab 1.1.2022: Sonstige Aufwendungen sind solche, die der Notar aufgrund eines ausdrücklichen Auftrags und für Rechnung eines Beteiligten erbringt. Solche Aufwendungen sind insbesondere verauslagte Gerichtskosten und Gebühren in Angelegenheiten des Zentralen Vorsorge- oder Testamentsregisters sowie des Elektronischen Urkundenarchivs.

190 Hinweise siehe *Wudy/Drummen*, Gebührentabelle für Notare, 11. Aufl. S. 7.

Geschäftswert bis ... EUR	0,1	0,2	0,3	0,4	0,5	0,6	1,0	2,0
500	15,00	15,00	15,00	15,00	15,00	15,00	15,00	30,00
1.000	15,00	15,00	15,00	15,00	15,00	15,00	19,00	38,00
1.500	15,00	15,00	15,00	15,00	15,00	15,00	23,00	46,00
2.000	15,00	15,00	15,00	15,00	15,00	16,20	27,00	54,00
3.000	15,00	15,00	15,00	15,00	16,50	19,80	33,00	66,00
4.000	15,00	15,00	15,00	15,60	19,50	23,40	39,00	78,00
5.000	15,00	15,00	15,00	18,00	22,50	27,00	45,00	90,00
6.000	15,00	15,00	15,30	20,40	25,50	30,60	51,00	102,00
7.000	15,00	15,00	17,10	22,80	28,50	34,20	57,00	114,00
8.000	15,00	15,00	18,90	25,20	31,50	37,80	63,00	126,00
9.000	15,00	15,00	20,70	27,60	34,50	41,40	69,00	138,00
10.000	15,00	15,00	22,50	30,00	37,50	45,00	75,00	150,00
13.000	15,00	16,60	24,90	33,20	41,50	49,80	83,00	166,00
16.000	15,00	18,20	27,30	36,40	45,50	54,60	91,00	182,00
19.000	15,00	19,80	29,70	39,60	49,50	59,40	99,00	198,00
22.000	15,00	21,40	32,10	42,80	53,50	64,20	107,00	214,00
25.000	15,00	23,00	34,50	46,00	57,50	69,00	115,00	230,00
30.000	15,00	25,00	37,50	50,00	62,50	75,00	125,00	250,00
35.000	15,00	27,00	40,50	54,00	67,50	81,00	135,00	270,00
40.000	15,00	29,00	43,50	58,00	72,50	87,00	145,00	290,00
45.000	15,50	31,00	46,50	62,00	77,50	93,00	155,00	310,00
50.000	16,50	33,00	49,50	66,00	82,50	99,00	165,00	330,00
65.000	19,20	38,40	57,60	76,80	96,00	115,20	192,00	384,00
80.000	21,90	43,80	65,70	87,60	109,50	131,40	219,00	438,00
95.000	24,60	49,20	73,80	98,40	123,00	147,60	246,00	492,00
110.000	27,30	54,60	81,90	109,20	136,50	163,80	273,00	546,00
125.000	30,00	60,00	90,00	120,00	150,00	180,00	300,00	600,00
140.000	32,70	65,40	98,10	130,80	163,50	196,20	327,00	654,00
155.000	35,40	70,80	106,20	141,60	177,00	212,40	354,00	708,00
170.000	38,10	76,20	114,30	152,40	190,50	228,60	381,00	762,00
185.000	40,80	81,60	122,40	163,20	204,00	244,80	408,00	816,00
200.000	43,50	87,00	130,50	174,00	217,50	261,00	435,00	870,00
230.000	48,50	97,00	145,50	194,00	242,50	291,00	485,00	970,00
260.000	53,50	107,00	160,50	214,00	267,50	321,00	535,00	1.070,00
290.000	58,50	117,00	175,50	234,00	292,50	351,00	585,00	1.170,00
320.000	63,50	127,00	190,50	254,00	317,50	381,00	635,00	1.270,00
350.000	68,50	137,00	205,50	274,00	342,50	411,00	685,00	1.370,00
380.000	73,50	147,00	220,50	294,00	367,50	441,00	735,00	1.470,00
410.000	78,50	157,00	235,50	314,00	392,50	471,00	785,00	1.570,00
440.000	83,50	167,00	250,50	334,00	417,50	501,00	835,00	1.670,00
470.000	88,50	177,00	265,50	354,00	442,50	531,00	885,00	1.770,00
500.000	93,50	187,00	280,50	374,00	467,50	561,00	935,00	1.870,00
550.000	101,50	203,00	304,50	406,00	507,50	609,00	1.015,00	2.030,00
600.000	109,50	219,00	328,50	438,00	547,50	657,00	1.095,00	2.190,00
650.000	117,50	235,00	352,50	470,00	587,50	705,00	1.175,00	2.350,00
700.000	125,50	251,00	376,50	502,00	627,50	753,00	1.255,00	2.510,00
750.000	133,50	267,00	400,50	534,00	667,50	801,00	1.335,00	2.670,00
800.000	141,50	283,00	424,50	566,00	707,50	849,00	1.415,00	2.830,00
850.000	149,50	299,00	448,50	598,00	747,50	897,00	1.495,00	2.990,00
900.000	157,50	315,00	472,50	630,00	787,50	945,00	1.575,00	3.150,00
950.000	165,50	331,00	496,50	662,00	827,50	993,00	1.655,00	3.310,00
1.000.000	173,50	347,00	520,50	694,00	867,50	1.041,00	1.735,00	3.470,00
1.050.000	181,50	363,00	544,50	726,00	907,50	1.089,00	1.815,00	3.630,00
1.100.000	189,50	379,00	568,50	758,00	947,50	1.137,00	1.895,00	3.790,00
1.150.000	197,50	395,00	592,50	790,00	987,50	1.185,00	1.975,00	3.950,00

Geschäftswert bis ... EUR	0,1	0,2	0,3	0,4	0,5	0,6	1,0	2,0
1.200.000	205,50	411,00	616,50	822,00	1.027,50	1.233,00	2.055,00	4.110,00
1.250.000	213,50	427,00	640,50	854,00	1.067,50	1.281,00	2.135,00	4.270,00
1.300.000	221,50	443,00	664,50	886,00	1.107,50	1.329,00	2.215,00	4.430,00
1.350.000	229,50	459,00	688,50	918,00	1.147,50	1.377,00	2.295,00	4.590,00
1.400.000	237,50	475,00	712,50	950,00	1.187,50	1.425,00	2.375,00	4.750,00
1.450.000	245,50	491,00	736,50	982,00	1.227,50	1.473,00	2.455,00	4.910,00
1.500.000	253,50	507,00	760,50	1.014,00	1.267,50	1.521,00	2.535,00	5.070,00
1.550.000	261,50	523,00	784,50	1.046,00	1.307,50	1.569,00	2.615,00	5.230,00
1.600.000	269,50	539,00	808,50	1.078,00	1.347,50	1.617,00	2.695,00	5.390,00
1.650.000	277,50	555,00	832,50	1.110,00	1.387,50	1.665,00	2.775,00	5.550,00
1.700.000	285,50	571,00	856,50	1.142,00	1.427,50	1.713,00	2.855,00	5.710,00
1.750.000	293,50	587,00	880,50	1.174,00	1.467,50	1.761,00	2.935,00	5.870,00
1.800.000	301,50	603,00	904,50	1.206,00	1.507,50	1.809,00	3.015,00	6.030,00
1.850.000	309,50	619,00	928,50	1.238,00	1.547,50	1.857,00	3.095,00	6.190,00
1.900.000	317,50	635,00	952,50	1.270,00	1.587,50	1.905,00	3.175,00	6.350,00
1.950.000	325,50	651,00	976,50	1.302,00	1.627,50	1.953,00	3.255,00	6.510,00
2.000.000	333,50	667,00	1.000,50	1.334,00	1.667,50	2.001,00	3.335,00	6.670,00
2.050.000	341,50	683,00	1.024,50	1.366,00	1.707,50	2.049,00	3.415,00	6.830,00
2.100.000	349,50	699,00	1.048,50	1.398,00	1.747,50	2.097,00	3.495,00	6.990,00
2.150.000	357,50	715,00	1.072,50	1.430,00	1.787,50	2.145,00	3.575,00	7.150,00
2.200.000	365,50	731,00	1.096,50	1.462,00	1.827,50	2.193,00	3.655,00	7.310,00
2.250.000	373,50	747,00	1.120,50	1.494,00	1.867,50	2.241,00	3.735,00	7.470,00
2.300.000	381,50	763,00	1.144,50	1.526,00	1.907,50	2.289,00	3.815,00	7.630,00
2.350.000	389,50	779,00	1.168,50	1.558,00	1.947,50	2.337,00	3.895,00	7.790,00
2.400.000	397,50	795,00	1.192,50	1.590,00	1.987,50	2.385,00	3.975,00	7.950,00
2.450.000	405,50	811,00	1.216,50	1.622,00	2.027,50	2.433,00	4.055,00	8.110,00
2.500.000	413,50	827,00	1.240,50	1.654,00	2.067,50	2.481,00	4.135,00	8.270,00
2.550.000	421,50	843,00	1.264,50	1.686,00	2.107,50	2.529,00	4.215,00	8.430,00
2.600.000	429,50	859,00	1.288,50	1.718,00	2.147,50	2.577,00	4.295,00	8.590,00
2.650.000	437,50	875,00	1.312,50	1.750,00	2.187,50	2.625,00	4.375,00	8.750,00
2.700.000	445,50	891,00	1.336,50	1.782,00	2.227,50	2.673,00	4.455,00	8.910,00
2.750.000	453,50	907,00	1.360,50	1.814,00	2.267,50	2.721,00	4.535,00	9.070,00
2.800.000	461,50	923,00	1.384,50	1.846,00	2.307,50	2.769,00	4.615,00	9.230,00
2.850.000	469,50	939,00	1.408,50	1.878,00	2.347,50	2.817,00	4.695,00	9.390,00
2.900.000	477,50	955,00	1.432,50	1.910,00	2.387,50	2.865,00	4.775,00	9.550,00
2.950.000	485,50	971,00	1.456,50	1.942,00	2.427,50	2.913,00	4.855,00	9.710,00
3.000.000	493,50	987,00	1.480,50	1.974,00	2.467,50	2.961,00	4.935,00	9.870,00
3.050.000	501,50	1.003,00	1.504,50	2.006,00	2.507,50	3.009,00	5.015,00	10.030,00
3.100.000	509,50	1.019,00	1.528,50	2.038,00	2.547,50	3.057,00	5.095,00	10.190,00
3.150.000	517,50	1.035,00	1.552,50	2.070,00	2.587,50	3.105,00	5.175,00	10.350,00
3.200.000	525,50	1.051,00	1.576,50	2.102,00	2.627,50	3.153,00	5.255,00	10.510,00
3.250.000	533,50	1.067,00	1.600,50	2.134,00	2.667,50	3.201,00	5.335,00	10.670,00
3.300.000	541,50	1.083,00	1.624,50	2.166,00	2.707,50	3.249,00	5.415,00	10.830,00
3.350.000	549,50	1.099,00	1.648,50	2.198,00	2.747,50	3.297,00	5.495,00	10.990,00
3.400.000	557,50	1.115,00	1.672,50	2.230,00	2.787,50	3.345,00	5.575,00	11.150,00
3.450.000	565,50	1.131,00	1.696,50	2.262,00	2.827,50	3.393,00	5.655,00	11.310,00
3.500.000	573,50	1.147,00	1.720,50	2.294,00	2.867,50	3.441,00	5.735,00	11.470,00
3.550.000	581,50	1.163,00	1.744,50	2.326,00	2.907,50	3.489,00	5.815,00	11.630,00
3.600.000	589,50	1.179,00	1.768,50	2.358,00	2.947,50	3.537,00	5.895,00	11.790,00
3.650.000	597,50	1.195,00	1.792,50	2.390,00	2.987,50	3.585,00	5.975,00	11.950,00
3.700.000	605,50	1.211,00	1.816,50	2.422,00	3.027,50	3.633,00	6.055,00	12.110,00
3.750.000	613,50	1.227,00	1.840,50	2.454,00	3.067,50	3.681,00	6.135,00	12.270,00
3.800.000	621,50	1.243,00	1.864,50	2.486,00	3.107,50	3.729,00	6.215,00	12.430,00
3.850.000	629,50	1.259,00	1.888,50	2.518,00	3.147,50	3.777,00	6.295,00	12.590,00
3.900.000	637,50	1.275,00	1.912,50	2.550,00	3.187,50	3.825,00	6.375,00	12.750,00

Geschäftswert bis … EUR	0,1	0,2	0,3	0,4	0,5	0,6	1,0	2,0
3.950.000	645,50	1.291,00	1.936,50	2.582,00	3.227,50	3.873,00	6.455,00	12.910,00
4.000.000	653,50	1.307,00	1.960,50	2.614,00	3.267,50	3.921,00	6.535,00	13.070,00
4.050.000	661,50	1.323,00	1.984,50	2.646,00	3.307,50	3.969,00	6.615,00	13.230,00
4.100.000	669,50	1.339,00	2.008,50	2.678,00	3.347,50	4.017,00	6.695,00	13.390,00
4.150.000	677,50	1.355,00	2.032,50	2.710,00	3.387,50	4.065,00	6.775,00	13.550,00
4.200.000	685,50	1.371,00	2.056,50	2.742,00	3.427,50	4.113,00	6.855,00	13.710,00
4.250.000	693,50	1.387,00	2.080,50	2.774,00	3.467,50	4.161,00	6.935,00	13.870,00
4.300.000	701,50	1.403,00	2.104,50	2.806,00	3.507,50	4.209,00	7.015,00	14.030,00
4.350.000	709,50	1.419,00	2.128,50	2.838,00	3.547,50	4.257,00	7.095,00	14.190,00
4.400.000	717,50	1.435,00	2.152,50	2.870,00	3.587,50	4.305,00	7.175,00	14.350,00
4.450.000	725,50	1.451,00	2.176,50	2.902,00	3.627,50	4.353,00	7.255,00	14.510,00
4.500.000	733,50	1.467,00	2.200,50	2.934,00	3.667,50	4.401,00	7.335,00	14.670,00
4.550.000	741,50	1.483,00	2.224,50	2.966,00	3.707,50	4.449,00	7.415,00	14.830,00
4.600.000	749,50	1.499,00	2.248,50	2.998,00	3.747,50	4.497,00	7.495,00	14.990,00
4.650.000	757,50	1.515,00	2.272,50	3.030,00	3.787,50	4.545,00	7.575,00	15.150,00
4.700.000	765,50	1.531,00	2.296,50	3.062,00	3.827,50	4.593,00	7.655,00	15.310,00
4.750.000	773,50	1.547,00	2.320,50	3.094,00	3.867,50	4.641,00	7.735,00	15.470,00
4.800.000	781,50	1.563,00	2.344,50	3.126,00	3.907,50	4.689,00	7.815,00	15.630,00
4.850.000	789,50	1.579,00	2.368,50	3.158,00	3.947,50	4.737,00	7.895,00	15.790,00
4.900.000	797,50	1.595,00	2.392,50	3.190,00	3.987,50	4.785,00	7.975,00	15.950,00
4.950.000	805,50	1.611,00	2.416,50	3.222,00	4.027,50	4.833,00	8.055,00	16.110,00
5.000.000	813,50	1.627,00	2.440,50	3.254,00	4.067,50	4.881,00	8.135,00	16.270,00
5.200.000	826,50	1.653,00	2.479,50	3.306,00	4.132,50	4.959,00	8.265,00	16.530,00
5.400.000	839,50	1.679,00	2.518,50	3.358,00	4.197,50	5.037,00	8.395,00	16.790,00
5.600.000	852,50	1.705,00	2.557,50	3.410,00	4.262,50	5.115,00	8.525,00	17.050,00
5.800.000	865,50	1.731,00	2.596,50	3.462,00	4.327,50	5.193,00	8.655,00	17.310,00
6.000.000	878,50	1.757,00	2.635,50	3.514,00	4.392,50	5.271,00	8.785,00	17.570,00
6.200.000	891,50	1.783,00	2.674,50	3.566,00	4.457,50	5.349,00	8.915,00	17.830,00
6.400.000	904,50	1.809,00	2.713,50	3.618,00	4.522,50	5.427,00	9.045,00	18.090,00
6.600.000	917,50	1.835,00	2.752,50	3.670,00	4.587,50	5.505,00	9.175,00	18.350,00
6.800.000	930,50	1.861,00	2.791,50	3.722,00	4.652,50	5.583,00	9.305,00	18.610,00
7.000.000	943,50	1.887,00	2.830,50	3.774,00	4.717,50	5.661,00	9.435,00	18.870,00
7.200.000	956,50	1.913,00	2.869,50	3.826,00	4.782,50	5.739,00	9.565,00	19.130,00
7.400.000	969,50	1.939,00	2.908,50	3.878,00	4.847,50	5.817,00	9.695,00	19.390,00
7.600.000	982,50	1.965,00	2.947,50	3.930,00	4.912,50	5.895,00	9.825,00	19.650,00
7.800.000	995,50	1.991,00	2.986,50	3.982,00	4.977,50	5.973,00	9.955,00	19.910,00
8.000.000	1008,50	2.017,00	3.025,50	4.034,00	5.042,50	6.051,00	10.085,00	20.170,00
8.200.000	1021,50	2.043,00	3.064,50	4.086,00	5.107,50	6.129,00	10.215,00	20.430,00
8.400.000	1034,50	2.069,00	3.103,50	4.138,00	5.172,50	6.207,00	10.345,00	20.690,00
8.600.000	1047,50	2.095,00	3.142,50	4.190,00	5.237,50	6.285,00	10.475,00	20.950,00
8.800.000	1060,50	2.121,00	3.181,50	4.242,00	5.302,50	6.363,00	10.605,00	21.210,00
9.000.000	1073,50	2.147,00	3.220,50	4.294,00	5.367,50	6.441,00	10.735,00	21.470,00
9.200.000	1086,50	2.173,00	3.259,50	4.346,00	5.432,50	6.519,00	10.865,00	21.730,00
9.400.000	1099,50	2.199,00	3.298,50	4.398,00	5.497,50	6.597,00	10.995,00	21.990,00
9.600.000	1112,50	2.225,00	3.337,50	4.450,00	5.562,50	6.675,00	11.125,00	22.250,00
9.800.000	1125,50	2.251,00	3.376,50	4.502,00	5.627,50	6.753,00	11.255,00	22.510,00
10.000.000	1138,50	2.277,00	3.415,50	4.554,00	5.692,50	6.831,00	11.385,00	22.770,00
10.250.000	1153,50	2.307,00	3.460,50	4.614,00	5.767,50	6.921,00	11.535,00	23.070,00
10.500.000	1168,50	2.337,00	3.505,50	4.674,00	5.842,50	7.011,00	11.685,00	23.370,00
10.750.000	1183,50	2.367,00	3.550,50	4.734,00	5.917,50	7.101,00	11.835,00	23.670,00
11.000.000	1198,50	2.397,00	3.595,50	4.794,00	5.992,50	7.191,00	11.985,00	23.970,00
11.250.000	1213,50	2.427,00	3.640,50	4.854,00	6.067,50	7.281,00	12.135,00	24.270,00
11.500.000	1228,50	2.457,00	3.685,50	4.914,00	6.142,50	7.371,00	12.285,00	24.570,00
11.750.000	1243,50	2.487,00	3.730,50	4.974,00	6.217,50	7.461,00	12.435,00	24.870,00
12.000.000	1258,50	2.517,00	3.775,50	5.034,00	6.292,50	7.551,00	12.585,00	25.170,00

Geschäftswert bis ... EUR	0,1	0,2	0,3	0,4	0,5	0,6	1,0	2,0
12.250.000	1273,50	2.547,00	3.820,50	5.094,00	6.367,50	7.641,00	12.735,00	25.470,00
12.500.000	1288,50	2.577,00	3.865,50	5.154,00	6.442,50	7.731,00	12.885,00	25.770,00
12.750.000	1303,50	2.607,00	3.910,50	5.214,00	6.517,50	7.821,00	13.035,00	26.070,00
13.000.000	1318,50	2.637,00	3.955,50	5.274,00	6.592,50	7.911,00	13.185,00	26.370,00
13.250.000	1333,50	2.667,00	4.000,50	5.334,00	6.667,50	8.001,00	13.335,00	26.670,00
13.500.000	1348,50	2.697,00	4.045,50	5.394,00	6.742,50	8.091,00	13.485,00	26.970,00
13.750.000	1363,50	2.727,00	4.090,50	5.454,00	6.817,50	8.181,00	13.635,00	27.270,00
14.000.000	1378,50	2.757,00	4.135,50	5.514,00	6.892,50	8.271,00	13.785,00	27.570,00
14.250.000	1393,50	2.787,00	4.180,50	5.574,00	6.967,50	8.361,00	13.935,00	27.870,00
14.500.000	1408,50	2.817,00	4.225,50	5.634,00	7.042,50	8.451,00	14.085,00	28.170,00
14.750.000	1423,50	2.847,00	4.270,50	5.694,00	7.117,50	8.541,00	14.235,00	28.470,00
15.000.000	1438,50	2.877,00	4.315,50	5.754,00	7.192,50	8.631,00	14.385,00	28.770,00
15.250.000	1453,50	2.907,00	4.360,50	5.814,00	7.267,50	8.721,00	14.535,00	29.070,00
15.500.000	1468,50	2.937,00	4.405,50	5.874,00	7.342,50	8.811,00	14.685,00	29.370,00
15.750.000	1483,50	2.967,00	4.450,50	5.934,00	7.417,50	8.901,00	14.835,00	29.670,00
16.000.000	1498,50	2.997,00	4.495,50	5.994,00	7.492,50	8.991,00	14.985,00	29.970,00
16.250.000	1513,50	3.027,00	4.540,50	6.054,00	7.567,50	9.081,00	15.135,00	30.270,00
16.500.000	1528,50	3.057,00	4.585,50	6.114,00	7.642,50	9.171,00	15.285,00	30.570,00
16.750.000	1543,50	3.087,00	4.630,50	6.174,00	7.717,50	9.261,00	15.435,00	30.870,00
17.000.000	1558,50	3.117,00	4.675,50	6.234,00	7.792,50	9.351,00	15.585,00	31.170,00
17.250.000	1573,50	3.147,00	4.720,50	6.294,00	7.867,50	9.441,00	15.735,00	31.470,00
17.500.000	1588,50	3.177,00	4.765,50	6.354,00	7.942,50	9.531,00	15.885,00	31.770,00
17.750.000	1603,50	3.207,00	4.810,50	6.414,00	8.017,50	9.621,00	16.035,00	32.070,00
18.000.000	1618,50	3.237,00	4.855,50	6.474,00	8.092,50	9.711,00	16.185,00	32.370,00
18.250.000	1633,50	3.267,00	4.900,50	6.534,00	8.167,50	9.801,00	16.335,00	32.670,00
18.500.000	1648,50	3.297,00	4.945,50	6.594,00	8.242,50	9.891,00	16.485,00	32.970,00
18.750.000	1663,50	3.327,00	4.990,50	6.654,00	8.317,50	9.981,00	16.635,00	33.270,00
19.000.000	1678,50	3.357,00	5.035,50	6.714,00	8.392,50	10.071,00	16.785,00	33.570,00
19.250.000	1693,50	3.387,00	5.080,50	6.774,00	8.467,50	10.161,00	16.935,00	33.870,00
19.500.000	1708,50	3.417,00	5.125,50	6.834,00	8.542,50	10.251,00	17.085,00	34.170,00
19.750.000	1723,50	3.447,00	5.170,50	6.894,00	8.617,50	10.341,00	17.235,00	34.470,00
20.000.000	1738,50	3.477,00	5.215,50	6.954,00	8.692,50	10.431,00	17.385,00	34.770,00
20.500.000	1766,50	3.533,00	5.299,50	7.066,00	8.832,50	10.599,00	17.665,00	35.330,00
21.000.000	1794,50	3.589,00	5.383,50	7.178,00	8.972,50	10.767,00	17.945,00	35.890,00
21.500.000	1822,50	3.645,00	5.467,50	7.290,00	9.112,50	10.935,00	18.225,00	36.450,00
22.000.000	1850,50	3.701,00	5.551,50	7.402,00	9.252,50	11.103,00	18.505,00	37.010,00
22.500.000	1878,50	3.757,00	5.635,50	7.514,00	9.392,50	11.271,00	18.785,00	37.570,00
23.000.000	1906,50	3.813,00	5.719,50	7.626,00	9.532,50	11.439,00	19.065,00	38.130,00
23.500.000	1934,50	3.869,00	5.803,50	7.738,00	9.672,50	11.607,00	19.345,00	38.690,00
24.000.000	1962,50	3.925,00	5.887,50	7.850,00	9.812,50	11.775,00	19.625,00	39.250,00
24.500.000	1990,50	3.981,00	5.971,50	7.962,00	9.952,50	11.943,00	19.905,00	39.810,00
25.000.000	2018,50	4.037,00	6.055,50	8.074,00	10.092,50	12.111,00	20.185,00	40.370,00
25.500.000	2046,50	4.093,00	6.139,50	8.186,00	10.232,50	12.279,00	20.465,00	40.930,00
26.000.000	2074,50	4.149,00	6.223,50	8.298,00	10.372,50	12.447,00	20.745,00	41.490,00
26.500.000	2102,50	4.205,00	6.307,50	8.410,00	10.512,50	12.615,00	21.025,00	42.050,00
27.000.000	2130,50	4.261,00	6.391,50	8.522,00	10.652,50	12.783,00	21.305,00	42.610,00
27.500.000	2158,50	4.317,00	6.475,50	8.634,00	10.792,50	12.951,00	21.585,00	43.170,00
28.000.000	2186,50	4.373,00	6.559,50	8.746,00	10.932,50	13.119,00	21.865,00	43.730,00
28.500.000	2214,50	4.429,00	6.643,50	8.858,00	11.072,50	13.287,00	22.145,00	44.290,00
29.000.000	2242,50	4.485,00	6.727,50	8.970,00	11.212,50	13.455,00	22.425,00	44.850,00
29.500.000	2270,50	4.541,00	6.811,50	9.082,00	11.352,50	13.623,00	22.705,00	45.410,00
30.000.000	2298,50	4.597,00	6.895,50	9.194,00	11.492,50	13.791,00	22.985,00	45.970,00
31.000.000	2310,50	4.621,00	6.931,50	9.242,00	11.552,50	13.863,00	23.105,00	46.210,00
32.000.000	2322,50	4.645,00	6.967,50	9.290,00	11.612,50	13.935,00	23.225,00	46.450,00
33.000.000	2334,50	4.669,00	7.003,50	9.338,00	11.672,50	14.007,00	23.345,00	46.690,00

Geschäftswert bis ... EUR	0,1	0,2	0,3	0,4	0,5	0,6	1,0	2,0
34.000.000	2346,50	4.693,00	7.039,50	9.386,00	11.732,50	14.079,00	23.465,00	46.930,00
35.000.000	2358,50	4.717,00	7.075,50	9.434,00	11.792,50	14.151,00	23.585,00	47.170,00
36.000.000	2370,50	4.741,00	7.111,50	9.482,00	11.852,50	14.223,00	23.705,00	47.410,00
37.000.000	2382,50	4.765,00	7.147,50	9.530,00	11.912,50	14.295,00	23.825,00	47.650,00
38.000.000	2394,50	4.789,00	7.183,50	9.578,00	11.972,50	14.367,00	23.945,00	47.890,00
39.000.000	2406,50	4.813,00	7.219,50	9.626,00	12.032,50	14.439,00	24.065,00	48.130,00
40.000.000	2418,50	4.837,00	7.255,50	9.674,00	12.092,50	14.511,00	24.185,00	48.370,00
41.000.000	2430,50	4.861,00	7.291,50	9.722,00	12.152,50	14.583,00	24.305,00	48.610,00
42.000.000	2442,50	4.885,00	7.327,50	9.770,00	12.212,50	14.655,00	24.425,00	48.850,00
43.000.000	2454,50	4.909,00	7.363,50	9.818,00	12.272,50	14.727,00	24.545,00	49.090,00
44.000.000	2466,50	4.933,00	7.399,50	9.866,00	12.332,50	14.799,00	24.665,00	49.330,00
45.000.000	2478,50	4.957,00	7.435,50	9.914,00	12.392,50	14.871,00	24.785,00	49.570,00
46.000.000	2490,50	4.981,00	7.471,50	9.962,00	12.452,50	14.943,00	24.905,00	49.810,00
47.000.000	2502,50	5.005,00	7.507,50	10.010,00	12.512,50	15.015,00	25.025,00	50.050,00
48.000.000	2514,50	5.029,00	7.543,50	10.058,00	12.572,50	15.087,00	25.145,00	50.290,00
49.000.000	2526,50	5.053,00	7.579,50	10.106,00	12.632,50	15.159,00	25.265,00	50.530,00
50.000.000	2538,50	5.077,00	7.615,50	10.154,00	12.692,50	15.231,00	25.385,00	50.770,00
51.000.000	2550,50	5.101,00	7.651,50	10.202,00	12.752,50	15.303,00	25.505,00	51.010,00
52.000.000	2562,50	5.125,00	7.687,50	10.250,00	12.812,50	15.375,00	25.625,00	51.250,00
53.000.000	2574,50	5.149,00	7.723,50	10.298,00	12.872,50	15.447,00	25.745,00	51.490,00
54.000.000	2586,50	5.173,00	7.759,50	10.346,00	12.932,50	15.519,00	25.865,00	51.730,00
55.000.000	2598,50	5.197,00	7.795,50	10.394,00	12.992,50	15.591,00	25.985,00	51.970,00
56.000.000	2610,50	5.221,00	7.831,50	10.442,00	13.052,50	15.663,00	26.105,00	52.210,00
57.000.000	2622,50	5.245,00	7.867,50	10.490,00	13.112,50	15.735,00	26.225,00	52.450,00
58.000.000	2634,50	5.269,00	7.903,50	10.538,00	13.172,50	15.807,00	26.345,00	52.690,00
59.000.000	2646,50	5.293,00	7.939,50	10.586,00	13.232,50	15.879,00	26.465,00	52.930,00
60.000.000	2658,50	5.317,00	7.975,50	10.634,00	13.292,50	15.951,00	26.585,00	53.170,00

II. Ermäßigung der Gebühren nach § 91 GNotKG

Hinweise:

427

1. Der Ermäßigung unterliegen gem. § 91 Abs. 1 Satz 1 GNotKG nur die in Teil 2 Hauptabschnitt 1 oder 4 oder die in den Nummern 23803 und 25202 des Kostenverzeichnisses bestimmten Gebühren.

2. Für Geschäftswerte bis einschließlich 25.000 EUR findet keine Ermäßigung statt (§ 91 Abs. 1 Satz 1 GNotKG).[191]

Geschäftswert bis ... EUR	0,1	0,2	0,3	0,4	0,5	0,6	1,0	2,0
500,00	15,00	15,00	15,00	15,00	15,00	15,00	15,00	30,00
1.000,00	15,00	15,00	15,00	15,00	15,00	15,00	19,00	38,00
1.500,00	15,00	15,00	15,00	15,00	15,00	15,00	23,00	46,00
2.000,00	15,00	15,00	15,00	15,00	15,00	16,20	27,00	54,00
3.000,00	15,00	15,00	15,00	15,00	16,50	19,80	33,00	66,00
4.000,00	15,00	15,00	15,00	15,60	19,50	23,40	39,00	78,00
5.000,00	15,00	15,00	15,00	18,00	22,50	27,00	45,00	90,00
6.000,00	15,00	15,00	15,30	20,40	25,50	30,60	51,00	102,00
7.000,00	15,00	15,00	17,10	22,80	28,50	34,20	57,00	114,00
8.000,00	15,00	15,00	18,90	25,20	31,50	37,80	63,00	126,00
9.000,00	15,00	15,00	20,70	27,60	34,50	41,40	69,00	138,00
10.000,00	15,00	15,00	22,50	30,00	37,50	45,00	75,00	150,00
13.000,00	15,00	16,60	24,90	33,20	41,50	49,80	83,00	166,00
16.000,00	15,00	18,20	27,30	36,40	45,50	54,60	91,00	182,00
19.000,00	15,00	19,80	29,70	39,60	49,50	59,40	99,00	198,00
22.000,00	15,00	21,40	32,10	42,80	53,50	64,20	107,00	214,00
25.000,00	15,00	23,00	34,50	46,00	57,50	69,00	115,00	230,00
30.000,00	15,00	23,00	34,50	46,00	57,50	69,00	115,00	230,00
35.000,00	15,00	23,00	34,50	46,00	57,50	69,00	115,00	230,00
40.000,00	15,00	23,00	34,50	46,00	57,50	69,00	115,00	230,00
45.000,00	15,00	23,00	34,50	46,00	57,50	69,00	115,00	230,00
50.000,00	15,00	23,10	34,65	46,20	57,75	69,30	115,50	231,00
65.000,00	15,00	26,88	40,32	53,76	67,20	80,64	134,40	268,80
80.000,00	15,33	30,66	45,99	61,32	76,65	91,98	153,30	306,60
95.000,00	17,22	34,44	51,66	68,88	86,10	103,32	172,20	344,40
110.000,00	19,11	38,22	57,33	76,44	95,55	114,66	191,10	382,20
125.000,00	19,11	38,22	57,33	76,44	95,55	114,66	191,10	382,20
140.000,00	19,62	39,24	58,86	78,48	98,10	117,72	196,20	392,40
155.000,00	21,24	42,48	63,72	84,96	106,20	127,44	212,40	424,80
170.000,00	22,86	45,72	68,58	91,44	114,30	137,16	228,60	457,20
185.000,00	24,48	48,96	73,44	97,92	122,40	146,88	244,80	489,60
200.000,00	26,10	52,20	78,30	104,40	130,50	156,60	261,00	522,00
230.000,00	29,10	58,20	87,30	116,40	145,50	174,60	291,00	582,00
260.000,00	32,10	64,20	96,30	128,40	160,50	192,60	321,00	642,00
290.000,00	32,10	64,20	96,30	128,40	160,50	192,60	321,00	642,00
320.000,00	32,10	64,20	96,30	128,40	160,50	192,60	321,00	642,00
350.000,00	34,25	68,50	102,75	137,00	171,25	205,50	342,50	685,00
380.000,00	36,75	73,50	110,25	147,00	183,75	220,50	367,50	735,00
410.000,00	39,25	78,50	117,75	157,00	196,25	235,50	392,50	785,00
440.000,00	41,75	83,50	125,25	167,00	208,75	250,50	417,50	835,00
470.000,00	44,25	88,50	132,75	177,00	221,25	265,50	442,50	885,00
500.000,00	46,75	93,50	140,25	187,00	233,75	280,50	467,50	935,00
550.000,00	50,75	101,50	152,25	203,00	253,75	304,50	507,50	1.015,00
600.000,00	54,75	109,50	164,25	219,00	273,75	328,50	547,50	1.095,00
650.000,00	58,75	117,50	176,25	235,00	293,75	352,50	587,50	1.175,00

---

191 Hinweise siehe *Wudy/Drummen*, Gebührentabelle für Notare, 11. Aufl. S. 19.

Geschäftswert bis ... EUR	0,1	0,2	0,3	0,4	0,5	0,6	1,0	2,0
700.000,00	62,75	125,50	188,25	251,00	313,75	376,50	627,50	1.255,00
750.000,00	66,75	133,50	200,25	267,00	333,75	400,50	667,50	1.335,00
800.000,00	70,75	141,50	212,25	283,00	353,75	424,50	707,50	1.415,00
850.000,00	74,75	149,50	224,25	299,00	373,75	448,50	747,50	1.495,00
900.000,00	78,75	157,50	236,25	315,00	393,75	472,50	787,50	1.575,00
950.000,00	82,75	165,50	248,25	331,00	413,75	496,50	827,50	1.655,00
1.000.000,00	86,75	173,50	260,25	347,00	433,75	520,50	867,50	1.735,00
1.050.000,00	86,75	173,50	260,25	347,00	433,75	520,50	867,50	1.735,00
1.100.000,00	86,75	173,50	260,25	347,00	433,75	520,50	867,50	1.735,00
1.150.000,00	86,75	173,50	260,25	347,00	433,75	520,50	867,50	1.735,00
1.200.000,00	86,75	173,50	260,25	347,00	433,75	520,50	867,50	1.735,00
1.250.000,00	86,75	173,50	260,25	347,00	433,75	520,50	867,50	1.735,00
1.300.000,00	88,60	177,20	265,80	354,40	443,00	531,60	886,00	1.772,00
1.350.000,00	91,80	183,60	275,40	367,20	459,00	550,80	918,00	1.836,00
1.400.000,00	95,00	190,00	285,00	380,00	475,00	570,00	950,00	1.900,00
1.450.000,00	98,20	196,40	294,60	392,80	491,00	589,20	982,00	1.964,00
1.500.000,00	101,40	202,80	304,20	405,60	507,00	608,40	1.014,00	2.028,00
1.550.000,00	104,60	209,20	313,80	418,40	523,00	627,60	1.046,00	2.092,00
1.600.000,00	107,80	215,60	323,40	431,20	539,00	646,80	1.078,00	2.156,00
1.650.000,00	111,00	222,00	333,00	444,00	555,00	666,00	1.110,00	2.220,00
1.700.000,00	114,20	228,40	342,60	456,80	571,00	685,20	1.142,00	2.284,00
1.750.000,00	117,40	234,80	352,20	469,60	587,00	704,40	1.174,00	2.348,00
1.800.000,00	120,60	241,20	361,80	482,40	603,00	723,60	1.206,00	2.412,00
1.850.000,00	123,80	247,60	371,40	495,20	619,00	742,80	1.238,00	2.476,00
1.900.000,00	127,00	254,00	381,00	508,00	635,00	762,00	1.270,00	2.540,00
1.950.000,00	130,20	260,40	390,60	520,80	651,00	781,20	1.302,00	2.604,00
2.000.000,00	133,40	266,80	400,20	533,60	667,00	800,40	1.334,00	2.668,00
2.050.000,00	136,60	273,20	409,80	546,40	683,00	819,60	1.366,00	2.732,00
2.100.000,00	139,80	279,60	419,40	559,20	699,00	838,80	1.398,00	2.796,00
2.150.000,00	143,00	286,00	429,00	572,00	715,00	858,00	1.430,00	2.860,00
2.200.000,00	146,20	292,40	438,60	584,80	731,00	877,20	1.462,00	2.924,00
2.250.000,00	149,40	298,80	448,20	597,60	747,00	896,40	1.494,00	2.988,00
2.300.000,00	152,60	305,20	457,80	610,40	763,00	915,60	1.526,00	3.052,00
2.350.000,00	155,80	311,60	467,40	623,20	779,00	934,80	1.558,00	3.116,00
2.400.000,00	159,00	318,00	477,00	636,00	795,00	954,00	1.590,00	3.180,00
2.450.000,00	162,20	324,40	486,60	648,80	811,00	973,20	1.622,00	3.244,00
2.500.000,00	165,40	330,80	496,20	661,60	827,00	992,40	1.654,00	3.308,00
2.550.000,00	168,60	337,20	505,80	674,40	843,00	1.011,60	1.686,00	3.372,00
2.600.000,00	171,80	343,60	515,40	687,20	859,00	1.030,80	1.718,00	3.436,00
2.650.000,00	175,00	350,00	525,00	700,00	875,00	1.050,00	1.750,00	3.500,00
2.700.000,00	178,20	356,40	534,60	712,80	891,00	1.069,20	1.782,00	3.564,00
2.750.000,00	181,40	362,80	544,20	725,60	907,00	1.088,40	1.814,00	3.628,00
2.800.000,00	184,60	369,20	553,80	738,40	923,00	1.107,60	1.846,00	3.692,00
2.850.000,00	187,80	375,60	563,40	751,20	939,00	1.126,80	1.878,00	3.756,00
2.900.000,00	191,00	382,00	573,00	764,00	955,00	1.146,00	1.910,00	3.820,00
2.950.000,00	194,20	388,40	582,60	776,80	971,00	1.165,20	1.942,00	3.884,00
3.000.000,00	197,40	394,80	592,20	789,60	987,00	1.184,40	1.974,00	3.948,00
3.050.000,00	200,60	401,20	601,80	802,40	1.003,00	1.203,60	2.006,00	4.012,00
3.100.000,00	203,80	407,60	611,40	815,20	1.019,00	1.222,80	2.038,00	4.076,00
3.150.000,00	207,00	414,00	621,00	828,00	1.035,00	1.242,00	2.070,00	4.140,00
3.200.000,00	210,20	420,40	630,60	840,80	1.051,00	1.261,20	2.102,00	4.204,00
3.250.000,00	213,40	426,80	640,20	853,60	1.067,00	1.280,40	2.134,00	4.268,00
3.300.000,00	216,60	433,20	649,80	866,40	1.083,00	1.299,60	2.166,00	4.332,00
3.350.000,00	219,80	439,60	659,40	879,20	1.099,00	1.318,80	2.198,00	4.396,00
3.400.000,00	223,00	446,00	669,00	892,00	1.115,00	1.338,00	2.230,00	4.460,00

Geschäftswert bis ... EUR	0,1	0,2	0,3	0,4	0,5	0,6	1,0	2,0
3.450.000,00	226,20	452,40	678,60	904,80	1.131,00	1.357,20	2.262,00	4.524,00
3.500.000,00	229,40	458,80	688,20	917,60	1.147,00	1.376,40	2.294,00	4.588,00
3.550.000,00	232,60	465,20	697,80	930,40	1.163,00	1.395,60	2.326,00	4.652,00
3.600.000,00	235,80	471,60	707,40	943,20	1.179,00	1.414,80	2.358,00	4.716,00
3.650.000,00	239,00	478,00	717,00	956,00	1.195,00	1.434,00	2.390,00	4.780,00
3.700.000,00	242,20	484,40	726,60	968,80	1.211,00	1.453,20	2.422,00	4.844,00
3.750.000,00	245,40	490,80	736,20	981,60	1.227,00	1.472,40	2.454,00	4.908,00
3.800.000,00	248,60	497,20	745,80	994,40	1.243,00	1.491,60	2.486,00	4.972,00
3.850.000,00	251,80	503,60	755,40	1.007,20	1.259,00	1.510,80	2.518,00	5.036,00
3.900.000,00	255,00	510,00	765,00	1.020,00	1.275,00	1.530,00	2.550,00	5.100,00
3.950.000,00	258,20	516,40	774,60	1.032,80	1.291,00	1.549,20	2.582,00	5.164,00
4.000.000,00	261,40	522,80	784,20	1.045,60	1.307,00	1.568,40	2.614,00	5.228,00
4.050.000,00	264,60	529,20	793,80	1.058,40	1.323,00	1.587,60	2.646,00	5.292,00
4.100.000,00	267,80	535,60	803,40	1.071,20	1.339,00	1.606,80	2.678,00	5.356,00
4.150.000,00	271,00	542,00	813,00	1.084,00	1.355,00	1.626,00	2.710,00	5.420,00
4.200.000,00	274,20	548,40	822,60	1.096,80	1.371,00	1.645,20	2.742,00	5.484,00
4.250.000,00	277,40	554,80	832,20	1.109,60	1.387,00	1.664,40	2.774,00	5.548,00
4.300.000,00	280,60	561,20	841,80	1.122,40	1.403,00	1.683,60	2.806,00	5.612,00
4.350.000,00	283,80	567,60	851,40	1.135,20	1.419,00	1.702,80	2.838,00	5.676,00
4.400.000,00	287,00	574,00	861,00	1.148,00	1.435,00	1.722,00	2.870,00	5.740,00
4.450.000,00	290,20	580,40	870,60	1.160,80	1.451,00	1.741,20	2.902,00	5.804,00
4.500.000,00	293,40	586,80	880,20	1.173,60	1.467,00	1.760,40	2.934,00	5.868,00
4.550.000,00	296,60	593,20	889,80	1.186,40	1.483,00	1.779,60	2.966,00	5.932,00
4.600.000,00	299,80	599,60	899,40	1.199,20	1.499,00	1.798,80	2.998,00	5.996,00
4.650.000,00	303,00	606,00	909,00	1.212,00	1.515,00	1.818,00	3.030,00	6.060,00
4.700.000,00	306,20	612,40	918,60	1.224,80	1.531,00	1.837,20	3.062,00	6.124,00
4.750.000,00	309,40	618,80	928,20	1.237,60	1.547,00	1.856,40	3.094,00	6.188,00
4.800.000,00	312,60	625,20	937,80	1.250,40	1.563,00	1.875,60	3.126,00	6.252,00
4.850.000,00	315,80	631,60	947,40	1.263,20	1.579,00	1.894,80	3.158,00	6.316,00
4.900.000,00	319,00	638,00	957,00	1.276,00	1.595,00	1.914,00	3.190,00	6.380,00
4.950.000,00	322,20	644,40	966,60	1.288,80	1.611,00	1.933,20	3.222,00	6.444,00
5.000.000,00	325,40	650,80	976,20	1.301,60	1.627,00	1.952,40	3.254,00	6.508,00
5.200.000,00	330,60	661,20	991,80	1.322,40	1.653,00	1.983,60	3.306,00	6.612,00
5.400.000,00	335,80	671,60	1.007,40	1.343,20	1.679,00	2.014,80	3.358,00	6.716,00
5.600.000,00	341,00	682,00	1.023,00	1.364,00	1.705,00	2.046,00	3.410,00	6.820,00
5.800.000,00	346,20	692,40	1.038,60	1.384,80	1.731,00	2.077,20	3.462,00	6.924,00
6.000.000,00	351,40	702,80	1.054,20	1.405,60	1.757,00	2.108,40	3.514,00	7.028,00
6.200.000,00	356,60	713,20	1.069,80	1.426,40	1.783,00	2.139,60	3.566,00	7.132,00
6.400.000,00	361,80	723,60	1.085,40	1.447,20	1.809,00	2.170,80	3.618,00	7.236,00
6.600.000,00	367,00	734,00	1.101,00	1.468,00	1.835,00	2.202,00	3.670,00	7.340,00
6.800.000,00	372,20	744,40	1.116,60	1.488,80	1.861,00	2.233,20	3.722,00	7.444,00
7.000.000,00	377,40	754,80	1.132,20	1.509,60	1.887,00	2.264,40	3.774,00	7.548,00
7.200.000,00	382,60	765,20	1.147,80	1.530,40	1.913,00	2.295,60	3.826,00	7.652,00
7.400.000,00	387,80	775,60	1.163,40	1.551,20	1.939,00	2.326,80	3.878,00	7.756,00
7.600.000,00	393,00	786,00	1.179,00	1.572,00	1.965,00	2.358,00	3.930,00	7.860,00
7.800.000,00	398,20	796,40	1.194,60	1.592,80	1.991,00	2.389,20	3.982,00	7.964,00
8.000.000,00	403,40	806,80	1.210,20	1.613,60	2.017,00	2.420,40	4.034,00	8.068,00
8.200.000,00	408,60	817,20	1.225,80	1.634,40	2.043,00	2.451,60	4.086,00	8.172,00
8.400.000,00	413,80	827,60	1.241,40	1.655,20	2.069,00	2.482,80	4.138,00	8.276,00
8.600.000,00	419,00	838,00	1.257,00	1.676,00	2.095,00	2.514,00	4.190,00	8.380,00
8.800.000,00	424,20	848,40	1.272,60	1.696,80	2.121,00	2.545,20	4.242,00	8.484,00
9.000.000,00	429,40	858,80	1.288,20	1.717,60	2.147,00	2.576,40	4.294,00	8.588,00
9.200.000,00	434,60	869,20	1.303,80	1.738,40	2.173,00	2.607,60	4.346,00	8.692,00
9.400.000,00	439,80	879,60	1.319,40	1.759,20	2.199,00	2.638,80	4.398,00	8.796,00
9.600.000,00	445,00	890,00	1.335,00	1.780,00	2.225,00	2.670,00	4.450,00	8.900,00

Geschäftswert bis ... EUR	0,1	0,2	0,3	0,4	0,5	0,6	1,0	2,0
9.800.000,00	450,20	900,40	1.350,60	1.800,80	2.251,00	2.701,20	4.502,00	9.004,00
10.000.000,00	455,40	910,80	1.366,20	1.821,60	2.277,00	2.732,40	4.554,00	9.108,00
10.250.000,00	461,40	922,80	1.384,20	1.845,60	2.307,00	2.768,40	4.614,00	9.228,00
10.500.000,00	467,40	934,80	1.402,20	1.869,60	2.337,00	2.804,40	4.674,00	9.348,00
10.750.000,00	473,40	946,80	1.420,20	1.893,60	2.367,00	2.840,40	4.734,00	9.468,00
11.000.000,00	479,40	958,80	1.438,20	1.917,60	2.397,00	2.876,40	4.794,00	9.588,00
11.250.000,00	485,40	970,80	1.456,20	1.941,60	2.427,00	2.912,40	4.854,00	9.708,00
11.500.000,00	491,40	982,80	1.474,20	1.965,60	2.457,00	2.948,40	4.914,00	9.828,00
11.750.000,00	497,40	994,80	1.492,20	1.989,60	2.487,00	2.984,40	4.974,00	9.948,00
12.000.000,00	503,40	1.006,80	1.510,20	2.013,60	2.517,00	3.020,40	5.034,00	10.068,00
12.250.000,00	509,40	1.018,80	1.528,20	2.037,60	2.547,00	3.056,40	5.094,00	10.188,00
12.500.000,00	515,40	1.030,80	1.546,20	2.061,60	2.577,00	3.092,40	5.154,00	10.308,00
12.750.000,00	521,40	1.042,80	1.564,20	2.085,60	2.607,00	3.128,40	5.214,00	10.428,00
13.000.000,00	527,40	1.054,80	1.582,20	2.109,60	2.637,00	3.164,40	5.274,00	10.548,00
13.250.000,00	533,40	1.066,80	1.600,20	2.133,60	2.667,00	3.200,40	5.334,00	10.668,00
13.500.000,00	539,40	1.078,80	1.618,20	2.157,60	2.697,00	3.236,40	5.394,00	10.788,00
13.750.000,00	545,40	1.090,80	1.636,20	2.181,60	2.727,00	3.272,40	5.454,00	10.908,00
14.000.000,00	551,40	1.102,80	1.654,20	2.205,60	2.757,00	3.308,40	5.514,00	11.028,00
14.250.000,00	557,40	1.114,80	1.672,20	2.229,60	2.787,00	3.344,40	5.574,00	11.148,00
14.500.000,00	563,40	1.126,80	1.690,20	2.253,60	2.817,00	3.380,40	5.634,00	11.268,00
14.750.000,00	569,40	1.138,80	1.708,20	2.277,60	2.847,00	3.416,40	5.694,00	11.388,00
15.000.000,00	575,40	1.150,80	1.726,20	2.301,60	2.877,00	3.452,40	5.754,00	11.508,00
15.250.000,00	581,40	1.162,80	1.744,20	2.325,60	2.907,00	3.488,40	5.814,00	11.628,00
15.500.000,00	587,40	1.174,80	1.762,20	2.349,60	2.937,00	3.524,40	5.874,00	11.748,00
15.750.000,00	593,40	1.186,80	1.780,20	2.373,60	2.967,00	3.560,40	5.934,00	11.868,00
16.000.000,00	599,40	1.198,80	1.798,20	2.397,60	2.997,00	3.596,40	5.994,00	11.988,00
16.250.000,00	605,40	1.210,80	1.816,20	2.421,60	3.027,00	3.632,40	6.054,00	12.108,00
16.500.000,00	611,40	1.222,80	1.834,20	2.445,60	3.057,00	3.668,40	6.114,00	12.228,00
16.750.000,00	617,40	1.234,80	1.852,20	2.469,60	3.087,00	3.704,40	6.174,00	12.348,00
17.000.000,00	623,40	1.246,80	1.870,20	2.493,60	3.117,00	3.740,40	6.234,00	12.468,00
17.250.000,00	629,40	1.258,80	1.888,20	2.517,60	3.147,00	3.776,40	6.294,00	12.588,00
17.500.000,00	635,40	1.270,80	1.906,20	2.541,60	3.177,00	3.812,40	6.354,00	12.708,00
17.750.000,00	641,40	1.282,80	1.924,20	2.565,60	3.207,00	3.848,40	6.414,00	12.828,00
18.000.000,00	647,40	1.294,80	1.942,20	2.589,60	3.237,00	3.884,40	6.474,00	12.948,00
18.250.000,00	653,40	1.306,80	1.960,20	2.613,60	3.267,00	3.920,40	6.534,00	13.068,00
18.500.000,00	659,40	1.318,80	1.978,20	2.637,60	3.297,00	3.956,40	6.594,00	13.188,00
18.750.000,00	665,40	1.330,80	1.996,20	2.661,60	3.327,00	3.992,40	6.654,00	13.308,00
19.000.000,00	671,40	1.342,80	2.014,20	2.685,60	3.357,00	4.028,40	6.714,00	13.428,00
19.250.000,00	677,40	1.354,80	2.032,20	2.709,60	3.387,00	4.064,40	6.774,00	13.548,00
19.500.000,00	683,40	1.366,80	2.050,20	2.733,60	3.417,00	4.100,40	6.834,00	13.668,00
19.750.000,00	689,40	1.378,80	2.068,20	2.757,60	3.447,00	4.136,40	6.894,00	13.788,00
20.000.000,00	695,40	1.390,80	2.086,20	2.781,60	3.477,00	4.172,40	6.954,00	13.908,00
20.500.000,00	706,60	1.413,20	2.119,80	2.826,40	3.533,00	4.239,60	7.066,00	14.132,00
21.000.000,00	717,80	1.435,60	2.153,40	2.871,20	3.589,00	4.306,80	7.178,00	14.356,00
21.500.000,00	729,00	1.458,00	2.187,00	2.916,00	3.645,00	4.374,00	7.290,00	14.580,00
22.000.000,00	740,20	1.480,40	2.220,60	2.960,80	3.701,00	4.441,20	7.402,00	14.804,00
22.500.000,00	751,40	1.502,80	2.254,20	3.005,60	3.757,00	4.508,40	7.514,00	15.028,00
23.000.000,00	762,60	1.525,20	2.287,80	3.050,40	3.813,00	4.575,60	7.626,00	15.252,00
23.500.000,00	773,80	1.547,60	2.321,40	3.095,20	3.869,00	4.642,80	7.738,00	15.476,00
24.000.000,00	785,00	1.570,00	2.355,00	3.140,00	3.925,00	4.710,00	7.850,00	15.700,00
24.500.000,00	796,20	1.592,40	2.388,60	3.184,80	3.981,00	4.777,20	7.962,00	15.924,00
25.000.000,00	807,40	1.614,80	2.422,20	3.229,60	4.037,00	4.844,40	8.074,00	16.148,00
25.500.000,00	818,60	1.637,20	2.455,80	3.274,40	4.093,00	4.911,60	8.186,00	16.372,00
26.000.000,00	829,80	1.659,60	2.489,40	3.319,20	4.149,00	4.978,80	8.298,00	16.596,00
26.500.000,00	841,00	1.682,00	2.523,00	3.364,00	4.205,00	5.046,00	8.410,00	16.820,00

Geschäftswert bis ... EUR	0,1	0,2	0,3	0,4	0,5	0,6	1,0	2,0
27.000.000,00	852,20	1.704,40	2.556,60	3.408,80	4.261,00	5.113,20	8.522,00	17.044,00
27.500.000,00	863,40	1.726,80	2.590,20	3.453,60	4.317,00	5.180,40	8.634,00	17.268,00
28.000.000,00	874,60	1.749,20	2.623,80	3.498,40	4.373,00	5.247,60	8.746,00	17.492,00
28.500.000,00	885,80	1.771,60	2.657,40	3.543,20	4.429,00	5.314,80	8.858,00	17.716,00
29.000.000,00	897,00	1.794,00	2.691,00	3.588,00	4.485,00	5.382,00	8.970,00	17.940,00
29.500.000,00	908,20	1.816,40	2.724,60	3.632,80	4.541,00	5.449,20	9.082,00	18.164,00
30.000.000,00	919,40	1.838,80	2.758,20	3.677,60	4.597,00	5.516,40	9.194,00	18.388,00
31.000.000,00	924,20	1.848,40	2.772,60	3.696,80	4.621,00	5.545,20	9.242,00	18.484,00
32.000.000,00	929,00	1.858,00	2.787,00	3.716,00	4.645,00	5.574,00	9.290,00	18.580,00
33.000.000,00	933,80	1.867,60	2.801,40	3.735,20	4.669,00	5.602,80	9.338,00	18.676,00
34.000.000,00	938,60	1.877,20	2.815,80	3.754,40	4.693,00	5.631,60	9.386,00	18.772,00
35.000.000,00	943,40	1.886,80	2.830,20	3.773,60	4.717,00	5.660,40	9.434,00	18.868,00
36.000.000,00	948,20	1.896,40	2.844,60	3.792,80	4.741,00	5.689,20	9.482,00	18.964,00
37.000.000,00	953,00	1.906,00	2.859,00	3.812,00	4.765,00	5.718,00	9.530,00	19.060,00
38.000.000,00	957,80	1.915,60	2.873,40	3.831,20	4.789,00	5.746,80	9.578,00	19.156,00
39.000.000,00	962,60	1.925,20	2.887,80	3.850,40	4.813,00	5.775,60	9.626,00	19.252,00
40.000.000,00	967,40	1.934,80	2.902,20	3.869,60	4.837,00	5.804,40	9.674,00	19.348,00
41.000.000,00	972,20	1.944,40	2.916,60	3.888,80	4.861,00	5.833,20	9.722,00	19.444,00
42.000.000,00	977,00	1.954,00	2.931,00	3.908,00	4.885,00	5.862,00	9.770,00	19.540,00
43.000.000,00	981,80	1.963,60	2.945,40	3.927,20	4.909,00	5.890,80	9.818,00	19.636,00
44.000.000,00	986,60	1.973,20	2.959,80	3.946,40	4.933,00	5.919,60	9.866,00	19.732,00
45.000.000,00	991,40	1.982,80	2.974,20	3.965,60	4.957,00	5.948,40	9.914,00	19.828,00
46.000.000,00	996,20	1.992,40	2.988,60	3.984,80	4.981,00	5.977,20	9.962,00	19.924,00
47.000.000,00	1001,00	2.002,00	3.003,00	4.004,00	5.005,00	6.006,00	10.010,00	20.020,00
48.000.000,00	1005,80	2.011,60	3.017,40	4.023,20	5.029,00	6.034,80	10.058,00	20.116,00
49.000.000,00	1010,60	2.021,20	3.031,80	4.042,40	5.053,00	6.063,60	10.106,00	20.212,00
50.000.000,00	1015,40	2.030,80	3.046,20	4.061,60	5.077,00	6.092,40	10.154,00	20.308,00
51.000.000,00	1020,20	2.040,40	3.060,60	4.080,80	5.101,00	6.121,20	10.202,00	20.404,00
52.000.000,00	1025,00	2.050,00	3.075,00	4.100,00	5.125,00	6.150,00	10.250,00	20.500,00
53.000.000,00	1029,80	2.059,60	3.089,40	4.119,20	5.149,00	6.178,80	10.298,00	20.596,00
54.000.000,00	1034,60	2.069,20	3.103,80	4.138,40	5.173,00	6.207,60	10.346,00	20.692,00
55.000.000,00	1039,40	2.078,80	3.118,20	4.157,60	5.197,00	6.236,40	10.394,00	20.788,00
56.000.000,00	1044,20	2.088,40	3.132,60	4.176,80	5.221,00	6.265,20	10.442,00	20.884,00
57.000.000,00	1049,00	2.098,00	3.147,00	4.196,00	5.245,00	6.294,00	10.490,00	20.980,00
58.000.000,00	1053,80	2.107,60	3.161,40	4.215,20	5.269,00	6.322,80	10.538,00	21.076,00
59.000.000,00	1058,60	2.117,20	3.175,80	4.234,40	5.293,00	6.351,60	10.586,00	21.172,00
60.000.000,00	1063,40	2.126,80	3.190,20	4.253,60	5.317,00	6.380,40	10.634,00	21.268,00

Stichwortverzeichnis